GERHARD SCHÄFER

DIE EVANGELISCHE LANDESKIRCHE IN WÜRTTEMBERG UND DER NATIONALSOZIALISMUS

EINE DOKUMENTATION

ZUM KIRCHENKAMPF

BAND 5

BABYLONISCHE GEFANGENSCHAFT

1937–1938

CALWER VERLAG STUTTGART

CIP-Kurztitelaufnahme der Deutschen Bibliothek
Schäfer, Gerhard:
Die Evangelische Landeskirche in Württemberg und
der Nationalsozialismus : e. Dokumentation zum
Kirchenkampf / Gerhard Schäfer. – Stuttgart : Calwer Verlag.
Band 5. Babylonische Gefangenschaft: 1937–1938. 1982
ISBN 3-7668-0693-9

© 1982 CALWER VERLAG STUTTGART ISBN 3-7668-0693-9
ABDRUCK NUR MIT GENEHMIGUNG DES VERLAGS
BUCHGESTALTUNG PROF. CARL KEIDEL
DRUCK OFFIZIN CHR. SCHEUFELE STUTTGART
BINDEARBEIT E. RIETHMÜLLER STUTTGART

INHALT

Vorwort	IX
Verzeichnis der Abkürzungen	XVII
Zeittafel	XIX
Die Württ. Landeskirche zu Beginn des Jahres 1937	1
Kirchliche Wahlen	51
Der Rücktritt des Reichskirchenausschusses und die Anordnung kirchlicher Wahlen	51
Kirchliche Stellungnahmen zu Hitlers Wahlerlaß	69
Vorschriften des Staates und der Partei für die Vorbereitung der Wahl	130
Der Wahldienst der Württ. Landeskirche	134
Wahlaufrufe deutschchristlicher Gruppen	170
Das Abrücken von Staat und Partei von dem Wahlerlaß	206
Die Versuche einer Einigung der Bekennenden Kirche in Deutschland	210
Die Bildung einer Arbeitsgemeinschaft zwischen Vorläufiger Leitung und Lutherischem Rat	210
Die 13. Verordnung Kerrls und die Bemühungen der Konferenz der Landeskirchenführer	218
Das Kasseler Gremium	251
Die Errichtung von Finanzabteilungen	299
Württ. Bekenntnisgemeinschaft und Sozietät	311
Die Kontroverse zwischen Landesbruderrat und Sozietät um die Geistliche Leitung der Landeskirche	311
Die Neuwahl des Landesbruderrats	385

Der alltägliche Kampf um das kirchliche Leben 399

　Kirchliche Arbeit 399

　Staatliche Maßnahmen und kirchliche Reaktionen. 425

　　Einzelne Regelungen und einzelne Proteste 425

　　Die Staatsleistungen 442

　　Die Kirchensteuerpflicht der Deutschen Christen 446

　　Evang. Presse und Publizistik 455

　　Kirchliche Unterweisung, Konfirmation, Dienst in der Hitler-Jugend 467

　　Opfer und Sammlungen 494

　　Verhaftungen und Maßregelungen von Mitgliedern der Bekennenden Kirche 503

　　Kirchliche Anordnungen bei nationalen Anlässen 539

　Der »Fall Melle« 569

　Proteste gegen Äußerungen der Partei. Das Verhältnis von Pfarrern zur Partei. 634

　Feiern der Partei. 674

　Auseinandersetzungen mit Alfred Rosenberg. Reformationsfest . 692

Schule, Religionsunterricht, Kindergarten 698

　Die Einführung der Deutschen Gemeinschaftsschule. 698

　Der Sachverständige für evang. Religionsunterricht. Stoffpläne für den Religionsunterricht 720

　Die neuen Richtlinien für den Religionsunterricht vom 28. April 1937. 737

　Das Gelöbnis der Religionslehrer und die Verdrängung der Pfarrer aus dem Religionsunterricht. 755

　Die Kürzung der Staatsleistungen 808

　　Die Kürzung der Staatsleistungen im Frühjahr 1937 808

　　Die Sperre und Kürzung der Staatsleistungen im Sommer 1937 814

　Die weiteren Auseinandersetzungen um den Religionsunterricht. 823

　Die Auseinandersetzung um die evangelischen Kindergärten . . 843

Politische Ereignisse im Reich und die Verhältnisse in der Württ.
Landeskirche von Anfang bis Herbst 1938 854

    Der Zusammenschluß des Luthertums. Der Rat der Evang.-
    Luth. Kirche Deutschlands und die Lutherische Synode 854

    Der Anschluß Österreichs und die Volksabstimmung am
    10. April 914

    Der neue Konflikt zwischen Kirchenleitung und Bekenntnisge-
    meinschaft 960

    Der Eid der Pfarrer und die neue Gefahr einer Finanzabteilung
    für die Württ. Landeskirche 984

        Vorbereitungen für die Eidesleistung der Pfarrer 984

        Die Errichtung einer Finanzabteilung in der Badischen Lan-
        deskirche 995

        Das Treuegelöbnis der württ. Pfarrer 1003

        Der »Fall Diem« 1052

        Die Trennung von Bekenntnisgemeinschaft und Sozietät . . . 1074

    Der Versuch eines Simultaneums und einer Übergangsordnung
    für die Deutsche Evang. Kirche 1079

    Die Sudetenkrise und die Gebetsliturgie der Vorläufigen Leitung 1114

    Der 70. Geburtstag von Landesbischof D. Wurm 1123

Chronologisches Verzeichnis der Dokumente 1131

Verzeichnis der wichtigsten Sachbetreffe 1148

Verzeichnis der Orte und Länder 1156

Verzeichnis der Personen 1160

Literaturhinweise 1179

VORWORT

Im Februar 1937 mußte der NS-Staat erkennen: zwei Etappen seiner Kirchenpolitik waren gescheitert. Das Ziel, die evang. Kirche gleichzuschalten, war immer noch nicht erreicht; die Versuche des Reichsbischofs, die Landeskirchen entgegen der Verfassung der Deutschen Evang. Kirche vom Sommer 1933 seiner unmittelbaren Weisungsbefugnis zu unterstellen, endeten mit einem Mißerfolg; Staat und Partei ließen deshalb den Reichsbischof fallen. Das im Sommer 1935 neu errichtete Reichskirchenministerium sollte dann treuhänderisch und vorübergehend für eine Ordnung der kirchlichen Verhältnisse sorgen, bis die Kirche ihre Glaubens- und Bekenntnisfragen würde selbst wieder regeln können. Der vom Reichskirchenminister berufene Reichskirchenausschuß mit Generalsuperintendent D. Zoellner an der Spitze bemühte sich ehrlich und redlich, als kirchliches Gremium seiner Aufgabe gerecht zu werden. Er scheiterte letzten Endes wohl deshalb, weil ihm von den staatlichen Stellen im Grunde nur die Funktion zugedacht war, den Schein einer wirklichen Treuhänderschaft zu wahren; der Reichskirchenminister aber ging mit seinen Verordnungen eindeutig darauf aus, die Kirche dem Staat zu unterwerfen. So trat der Reichskirchenausschuß am 12. Februar 1937 zurück.

Die Vorgänge bis zu diesem Ereignis sind für die Württ. Landeskirche in den schon früher erschienenen Bänden dieser Dokumentationsreihe dargestellt. Der vorliegende fünfte Band behandelt nun den Zeitraum von Februar 1937 bis Herbst 1938. Der Staat mußte sich zu einer Neuorientierung seiner Kirchenpolitik entschließen; damit schien zunächst noch einmal ein freies Feld für eine eigene kirchliche Entscheidung und Mitbestimmung sich zu ergeben. Schon nach kurzer Zeit wurden jedoch die Zügel wieder scharf angezogen; Staat und Partei ging es ja gerade nicht darum, der Kirche einen wirklichen Lebensraum zu öffnen. So sind die Jahre 1937 und 1938 in besonderer Weise eine Zeit der Babylonischen Gefangenschaft für die Kirche. In der offiziellen Sprachregelung der Zeit wurde dieser Vorgang »Entkonfessionalisierung des öffentlichen Lebens«

genannt; tatsächlich handelte es sich darum, Deutschland zu entchristlichen.

Die aus der bisherigen Erfolgslosigkeit entspringende vorübergehende Unsicherheit der staatlichen Kirchenpolitik wird Mitte Februar 1937 deutlich sichtbar. Während der Reichskirchenminister die unmittelbare staatskirchliche Lösung, die Ordnung der kirchlichen Verhältnisse durch staatliche Maßnahmen ankündigte, ordnete Hitler freie Wahlen innerhalb der Evang. Kirche an. Die nationalsozialistische Führung war sich also nicht einig über die Mittel, die am besten, vor allem aber ohne die Gefahr unliebsamer Berichte der ausländischen Presse über eine Verfolgung der Kirche im Dritten Reich zum Ziel führen würden. Da jedoch die Bekennende Kirche überall daran ging, die zugesagten freien Wahlen durch eine umfangreiche Aufklärungsarbeit vorzubereiten, da deutlich wurde, daß die Bekennende Kirche aller Richtungen auf echten kirchlichen Wahlen bestand und nicht geneigt war, sich mit einer Scheinabstimmung wie im Sommer 1933 zufrieden zu geben, machte der Staat die Anordnung von Wahlen durch eine Verschiebung des Wahltermins auf unbestimmte Zeit rückgängig; er konnte nicht auf einen für ihn unsicheren negativen Ausgang sich einlassen.

Die Herrschaft des Nationalsozialismus war also Mitte 1937 innerlich noch nicht so fest verankert, wie es Staat und Partei erhoffte. So zeigen in dieser Periode sich auch die Richtungskämpfe innerhalb der Führung in Fragen der Taktik; zunächst mußte der Reichskirchenminister sich der vorsichtigeren politischen Entscheidung Hitlers beugen; aus dem Scheitern dieser Lösung entwickelte sich dann schließlich der grundsätzliche Kampf des NS-Staates gegen die Kirchen: das Christentum war auszurotten, halbe Lösungen wie ein Reichskirchenausschuß, ein Weltanschauungskampf mit geistigen Waffen, wie er Alfred Rosenberg in seiner schwärmerischen Art persönlich einmal vorschwebte, hatten ausgespielt. Nach dem Tode von Kerrl wurde kein neuer Reichskirchenminister berufen, Rosenberg wurde später in den eroberten Ostgebieten verwendet. Auch in Württemberg werden in ähnlicher Weise Unterschiede bei der Behandlung der Kirchenfrage und vor allem bei der Behandlung der Frage des Religionsunterrichts deutlich: Wilhelm Murr verfolgte als Reichsstatthalter nicht immer dieselbe scharfe Linie wie sein Ministerpräsident und Kultminister Christian Mergenthaler.

Die Gesamtlinie ist klar: Verdrängen der Kirche aus der Öffentlichkeit, statt dessen Ausbildung kultischer Formen, in denen die Weltanschauung des Nationalsozialismus sich darstellt. In der Wahl der Mittel brauchte man nicht zimperlich zu sein. Recht war, was dem Volke nützt. Und was dem Volk nützen sollte, das bestimmte der Wille des Führers oder was von der Partei dafür ausgegeben wurde. Dieser »Führerwille« entfaltete sich dynamisch-revolutionär, er stand über Interpretation und Anwendung des positiven Rechts, das nur als Instrument verstanden wurde zur Durchsetzung der eigenen Ziele. Ein Bezug zu einer über jedem positiven Recht stehenden und das positive Recht bestimmenden Rechtsordnung war für den Nationalsozialismus nicht vorhanden. So war es möglich, das Christentum ungestraft zu verhöhnen und in den Schmutz zu ziehen, ohne richterliches Urteil Pfarrer gefangen zu halten, der Kirche jeden rechtlichen Schutz zu verweigern. In dieser Dunkelzone mußte es fast wie ein Lichtblick erscheinen, daß Ende 1937 gegen den Württ. Landesbischof von der Staatsanwaltschaft beim Sondergericht Stuttgart ein Ermittlungsverfahren eingeleitet wurde. In der damit nötig und möglich gewordenen Entgegnung konnte ohne Schwierigkeit die von Staat und Partei immer wieder bestrittene Beschränkung der Freiheit der kirchlichen Verkündigung und Arbeit klar nachgewiesen werden. Das Verfahren wurde eingestellt, was wahrscheinlich nicht ohne Zustimmung des Reichsjustizministeriums geschehen konnte. Das Recht schien in Deutschland doch noch eine Chance zu haben.

Dieser Erfolg konnte dann Wurm nur noch mehr dazu bestimmen, an der Rechtsgrundlage allen staatlichen Lebens festzuhalten und ständig sich darauf zu berufen. Hatte doch der Führer wiederholt und in aller Öffentlichkeit feierlich versprochen, die beiden großen Kirchen als solche nicht anzutasten; dieses Versprechen wurde zwar laufend gebrochen, aber bis zuletzt auch nie ausdrücklich widerrufen. In der Praxis bedeutete diese Haltung Wurms und der Württ. Kirchenleitung, ohne Aussicht auf Gehör immer wieder zu protestieren und den aufgezwungenen Kleinkrieg um alle Gebiete kirchlichen Lebens mühsam mit großem Aufwand zu führen, gleichzeitig aber die Verbindung zu staatlichen Stellen nicht abreißen zu lassen und keine Gelegenheit für eine etwa sich doch noch bietende rechtliche Regelung zu versäumen. Es war ein Weg auf einem schmalen Grat: bald schien Widerstand und Protest angebracht, bald ein Einlenken und Eingehen auf Wünsche oder Verordnungen des Staates.

So ist es nicht verwunderlich, daß neben dem Kampf gegen die Verdrängung des Christentums, neben dem Kirchenkampf im eigentlichen Sinn gerade in Württemberg ein ebenso schweres Ringen um die Kirche und den Weg der Kirche einsetzte. Der Landesbischof hatte die Entscheidungen zu treffen, er mußte sie mit seiner Person decken, gegen ihn richtete sich der Zorn von Partei und Staat, aber auch Kritik aus seiner eigenen Landeskirche. Vor allem die in der Kirchlich-Theologischen Sozietät zusammengeschlossenen jungen Pfarrer konnten den Taktiker und Politiker Wurm nicht verstehen. Sie wollten, sich stützend auf die in den Sätzen von Barmen in der Einheit von Lehre, Ordnung und Amt sichtbar gewordenen Kirche, am liebsten aus allen rechtlichen Verpflichtungen gegenüber dem Staat sich lösen und auf dem kirchlichen Bekenntnis allein eine neue Kirche mit geistlicher Leitung bauen. An der Frage nach der Möglichkeit eines solchen Weges schieden sich die Geister. Durfte man in der Situation einer tiefen Krise ein altes Gebäude, das trotz aller Anfälligkeit wenigstens noch teilweise für die Gemeinden Raum zum Leben bot, verlassen und an einen Neubau gehen, von dem in keiner Weise abzusehen war, wie er zu verwirklichen sei? Die Württ. Bekenntnisgemeinschaft und weite Teile der württ. Pfarrerschaft konnte sich zu diesem Wagnis nicht bereit finden. Trotz vieler Bemühungen zerfiel die Integration der Sozietät in die Bekenntnisgemeinschaft; die Sozietät entschloß sich zu eigenem Handeln, das sie in schwere Auseinandersetzungen mit der Leitung der Württ. Landeskirche verwickelte. Der Kampf Wurms um die Bewahrung rechtlicher, für alle geltender Normen konnte dagegen auch dort auf Verständnis hoffen, wo man der Kirche als solcher durchaus reservierter gegenüberstand; Wurm verbindet den Kampf für die Kirche mit dem Kampf um den Rechtsstaat. So war Wurm für Staat und Partei ein durchaus ernst zu nehmender Gegner. Solange die Kirche ihre Loyalität gegenüber dem Staat betonte, solange die Kirche sogar bei nationalen Anlässen und Ereignissen ihre eigene Verbundenheit mit den Geschicken des Deutschen Volkes zeigte, war es für den Nationalsozialismus schwieriger, die Allgemeinheit von der von ihm postulierten staatsfeindlichen Haltung der Kirche zu überzeugen. Und Wurm wies immer wieder in deutlichen Worten auf seine »Hausmacht« hin, auf die Stärke der hinter ihm stehenden Kirche und weiterer Kreise, auf die Gefahr einer Reaktion des Auslandes auf die Unterdrückung der Kirche; er war sich seiner Stärke bewußt.

Für manche Pfarrer der Württ. Landeskirche aber war der Theologe und Kirchenführer Wurm gewiß eine Vatergestalt im echten Sinn. Die jungen Pfarrer der Sozietät mußten sich mit ihm als dem großen alten Mann überwerfen; Paul Schempp sprach das nach dem Krieg deutlich aus. Aber auch bei Wilhelm Rehm, dem Leiter der Reichskirchlichen Richtung der Deutschen Christen, der in grober und manchmal unflätiger Weise gegen Wurm loszog, wird der Generationenkonflikt deutlich. Gerade in den schweren Monaten der Jahre 1937 und 1938 wurde aber die Kraft der Persönlichkeit Wurms spürbar. Er hatte die Verbindungen zu Pfarrern einer gemäßigten deutsch-christlichen Richtung oder einer theologisch eher liberalen Prägung nie abreißen lassen; in seiner offenen Haltung wurde er für viele zu einer Gestalt, in der die Einheit und Geschlossenheit der Landeskirche sich darstellte. Mitte 1938 gehörten etwa 1100 württ. Pfarrer zur Bekennenden Kirche im weiteren Sinn, die in etwa der Linie Wurms sich anschließen konnten, knapp 100 hielten sich eher zur Sozietät und weniger als 50 waren als Deutsche Christen anzusprechen. Etwas von der Liebe, von der Zuneigung und von dem Vertrauen, deren Wurm sich neben aller Kritik erfreuen durfte und was ihn trug, soll in dieser Dokumentation im Zusammenhang mit seinem 70. Geburtstag im Dezember 1938 deutlich werden, indem am Schluß dieses Bandes ein »Gedicht« steht, das ihm gewidmet wurde.

Es kann nicht Aufgabe dieser einleitenden Bemerkungen sein, den Inhalt des vorliegenden Bandes im ganzen zu umschreiben. Es sollten hier nur einige Aspekte aufgezeigt werden, unter denen die beiden Jahre 1937 und 1938 betrachtet werden mögen. Die wichtigen Ereignisse sind in der Zeittafel nachgewiesen; viele Einzelvorgänge des Kleinkrieges zwischen Staat, Partei und evang. Kirche können im Rahmen einer auf eine Landeskirche bezogenen Dokumentation höchstens an bezeichnenden Beispielen dargestellt werden. Aufgabe dieser Dokumentation kann es auch nicht sein, die Vorgänge innerhalb der Deutschen Evang. Kirche als solche und lückenlos zu erfassen. Seit dem Beginn des Dritten Reiches hatte der Württ. Landesbischof und die Württ. Landeskirche immer schon eine gewichtige Rolle gespielt. So mußte versucht werden, solche kirchlichen Komplexe zu dokumentieren, an denen Württemberg maßgebend beteiligt war; dazu gehören z. B. die Versuche einer Einigung der Bekennenden Kirche, die Auseinandersetzungen um den Zusammenschluß einzelner Landeskirchen im Rat der Evang.-luth. Kirche Deutschlands, die Entwürfe für eine Lösung der Kirchenfrage durch Schaffung eines Simultaneums, das heißt einer Reichskirche, in der mehrere im Bekenntnis und in der Grundhaltung voneinander abweichende Richtungen nur locker und ohne die Gefahr einer Majorisierung zusammengefaßt sind. Die Ansetzung und Nichtdurchführung kirchlicher Wahlen, die Auseinandersetzungen um den Religionsunterricht, die Vereidigung der Religionslehrer und Pfarrer, die massive Häufung von Maßnahmen, die die Existenz der Kirche schließlich vernichten sollten, all das läßt aber die Bedeutung der beiden in diesem Band behandelten Jahre für den gesamten Kirchenkampf sichtbar werden und gibt, wie erwähnt, auch den Rahmen für die Auseinandersetzungen innerhalb der Württ. Landeskirche. Ein wichtiges Ereignis ist aber noch zu nennen: die »Heimkehr Österreichs ins Reich« im Frühjahr 1938. Damit schien ein alter Traum verwirklicht, das in den auf den Ersten Weltkrieg folgenden Friedensverträgen einem Teil der besiegten Völker der Mittelmächte nicht gewährte Selbstbestimmungsrecht endlich durchgesetzt. Eine Welle nationaler Begeisterung und nationalen Hochgefühls erfaßte Deutschland; an die Kirche aber trat ähnlich wie im Jahr 1933 die Versuchung heran, sich mitten ins Volk zu stellen, aus Dankbarkeit für die Früchte der Politik des Führers sich doch noch gleichschalten zu lassen. Wurm stellte in diesen Tagen eine Denkschrift zusammen, in der er Staat und Partei klar machen wollte, daß angesichts der außenpolitischen Erfolge es nicht mehr notwendig sei, innenpolitisch weite Kreise wie die Kirche unter Druck zu setzen, weil die Einheit des Volkes sich jetzt ganz von selbst einstelle, und daß jetzt vernünftige Wege für eine vernünftige Beendigung des Kirchenkampfes gesucht und gefunden werden können. Die Zuspitzung der Situation innerhalb der Landeskirche mit der Vereidigung der Pfarrer, die auch in Württemberg im Sommer 1938 angeordnet wurde, muß auch auf diesem Hintergrund gesehen werden.

Die nationale Hochstimmung hielt an bis zum Herbst 1938. Es bedurfte neuer Anstöße, trotz der der eigenen politischen Einstellung entsprechenden Zustimmung für die Angliederung deutschsprachiger Gebiete an das Reich das wahre Wesen des Nationalsozialismus im Blick zu behalten, trotz der eigenen, als legal und als patriotisch verstandenen Haltung doch nicht auf den Nationalsozialismus einzugehen, zu erkennen, daß der Nationalsozialismus auch ein in seiner Zeit als möglich betrachtetes deutsches Nationalgefühl bedenkenlos und ohne Skrupel seinen Zielen dienstbar zu machen trachtete. Hier bilden dann die Vorgänge in der sogenannten Kristallnacht im November 1938 wieder einen deutlichen Einschnitt. Synagogen wurden in Brand gesteckt, jüdische Mitbürger mißhandelt; der verbrecherische Charakter des nationalsozialistischen Staates zeigte sich hier in wohl nicht mehr zu übersehender Deutlichkeit, während der folgenden Monate und während des Krieges kam er vollends ganz zum Durchbruch. Ein so selbstverständliches Eingehen auf politische Erfolge konnte fortan für die Kirche nicht mehr möglich sein. Dadurch ist das Geschehen des Kirchenkampfes bis zum Ende des Zweiten Weltkriegs geprägt; die Zeit zwischen Herbst 1938 und 1945 soll im letzten Band dieser Reihe dargestellt werden. Dort wird dann auch Gelegenheit sein, in einem Überblick den Kampf von Paul Schempp um eine wahrhaft »kirchliche Kirche« zu dokumentieren.

Für die Zusammenstellung des vorliegenden Bandes war wiederum der im Landeskirchlichen Archiv Stuttgart als Bestand D 1 verwahrte Nachlaß von Landesbischof D. Wurm ein wichtiger Grundstock; zur Ergänzung herangezogen wurden die Akten des Evang. Oberkirchenrats Stuttgart. Außerdem wurde im Bundesarchiv in Koblenz, im Archiv der Evang. Kirche in Deutschland in Berlin, im Hauptstaatsarchiv Stuttgart und im Staatsarchiv Ludwigsburg nach einschlägigen Akten gesucht. Aus der Fülle des vorhandenen Materials mußte eine strenge Auswahl getroffen werden.

Viele bei den Akten liegenden Denkschriften wurden nicht berücksichtigt; die Argumentationen wiederholen sich zu oft. Alle in den Text aufgenommenen Aktenstücke werden in vollem Wortlaut wiedergegeben. Dagegen werden Artikel in Zeitungen und Zeitschriften oft nur auszugsweise aufgenommen. Die Auslassungen sind angemerkt. Gegenüber den früheren Bänden treten Veröffentlichungen in der Presse noch mehr in den Hintergrund; die staatliche Lenkung läßt ein für die Kirche sprechendes Wort kaum mehr zu.

Wie immer habe ich auch dieses Mal wieder zu danken für alle Unterstützung, die mir zuteil wurde. Die Deutsche Forschungsgemeinschaft und der Evang. Oberkirchenrat Stuttgart ermöglichten durch eine Beihilfe und durch einen Druckkostenzuschuß die Zusammenstellung und die Veröffentlichung des Bandes. Mit Herrn Vizepräsident i. R. D. Dr. Rudolf Weeber durfte ich vor allem rechtliche Fragen klären. Die Arbeitsgemeinschaft für kirchliche Zeitgeschichte in München hat Material für das Personenregister zur Verfügung gestellt. Frau Marlene Holtzmann hat vor allem bei der Erstellung der Verzeichnisse und Register entscheidend mitgeholfen und Korrekturen gelesen. Die Mitarbeiter im Landeskirchlichen Archiv Stuttgart und andere Helfer standen mir treu zur Seite; genannt seien die Damen Sabine Kicherer und Ruth Bronner, die Herren Oberkirchenrat i. R. Dr. Hans Ostmann, Martin Dais und Simon Schwarz. Ihnen allen gilt mein herzlicher Dank.

D. Dr. Gerhard Schäfer

VERZEICHNIS DER ABKÜRZUNGEN

Abl.	Amtsblatt der Evang. Landeskirche in Württemberg
AELKZ	Allgemeine Evang.-Luth. Kirchenzeitung
AG	Amtsgericht
APU	Altpreußische Union
BDM	Bund Deutscher Mädchen
BK	Bekennende Kirche
CA	Confessio Augustana
CVJM	Christlicher Verein junger Männer
DAF	Deutsche Arbeitsfront
DBG	Deutsches Beamtengesetz
DC	Deutsche Christen
DEK	Deutsche Evang. Kirche
DNB	Deutsches Nachrichtenbüro
EKBlW	Evang. Kirchenblatt für Württemberg
EKD	Evang. Kirche Deutschlands
EKG	Evang. Kirchengesangbuch 1952
EOK	Evang. Oberkirchenrat Berlin
EPD	Evang. Pressedienst
FC	Formula Concordiae
FS-Erlaß	Fernschreibeerlaß
Gestapo	Geheime Staatspolizei
GPU	Russische Politische Polizei
GVG	Gerichtsverfassungsgesetz
HJ	Hitlerjugend
IM	Innere Mission
JM	Jungmädel in der HJ
JV	Jungvolk in der HJ
KAW	Kirchlicher Anzeiger für Württemberg
KG	Württ. Gesetz über die Kirchen vom 3. 3. 1924
KGO	Kirchengemeindeordnung
KGR	Kirchengemeinderat

KJb.	Kirchliches Jahrbuch
KTA	Kirchlich-Theologische Arbeitsgemeinschaft
KV	Kirchenverfassung
LBR	Landesbruderrat
LG	Landgericht
LKA	Landeskirchliches Archiv, Landeskirchenausschuß
Min.Abl.	Ministerial-Amtsblatt
NS	Nationalsozialismus, nationalsozialistisch
NSDAP	Nationalsozialistische Deutsche Arbeiterpartei
NSKK	NS-Kraftfahrerkorps
NSLB	NS-Lehrerbund
NSV	NS-Volkswohlfahrt
OKR	Oberkirchenrat
OLG	Oberlandesgericht
Pfr.	Pfarrer
Pg.	Parteigenosse
RBDC	Reichsbewegung Deutsche Christen
RBR	Reichsbruderrat
Reg.Bl.	Regierungsblatt
REM	Reichserziehungsministerium
RGBl.	Reichsgesetzblatt
RKA	Reichskirchenausschuß
RKM	Reichskirchenministerium
RM	Reichsmark
RU	Religionsunterricht
RV	Reichsverfassung
RW	Reichswehr
SA	Sturmabteilung der NSDAP
SD	Sicherheitsdienst der SS
SS	Schutzstaffel der NSDAP
StA	Staatsarchiv
STGB	Strafgesetzbuch
VDA	Verein für das Deutschtum im Ausland
VKBDC	Volkskirchenbewegung Deutsche Christen
VKL	Vorläufige Kirchenleitung
VL	Vorläufige Leitung der DEK
VO	Verordnung
WHW	Winterhilfswerk

ZEITTAFEL

1936

4. April	Bekanntgabe der Einrichtung der Deutschen Gemeinschaftsschule in Württemberg durch Kultminister Mergenthaler.
10. Okt.	Mitteilung des Oberkirchenrats an den Reichskirchenausschuß über die Lage in den evang. Kindergärten und über die Einrichtung von NSV-Kindergärten.
12. Dez.	Mitteilung des Oberkirchenrats über die Zurückweisung seiner Rechtsbeschwerde wegen Kürzung der Staatsleistungen in den Jahren 1934 und 1935 durch den Württ. Verwaltungsgerichtshof.

1937

25. Jan.	Wort des Landesbruderrats an die Brüder im Norden.
12. Febr.	Rücktritt des Reichskirchenausschusses. Vorschläge der Landeskirchenführer für eine Neuordnung der DEK.
13. Febr.	Rede von Reichskirchenminister Kerrl vor Vorsitzenden von Landes- und Provinzialausschüssen über das Verhältnis von Staat und Kirche.
15. Febr.	Anordnung kirchlicher Wahlen durch Hitler.
Ab 17. Febr.	Stellungnahmen der Vorläufigen Kirchenleitung, des Luth. Rats, der Kirchenführer, des Beirats der Württ. Kirchenleitung, des Landesbruderrats und der Sozietät zum Wahlerlaß Hitlers.
Anfang März	Einrichtung des Wahldienstes der Württ. Landeskirche.
3. März	Bildung einer Arbeitsgemeinschaft zwischen Vorläufiger Kirchenleitung und Luth. Rat.

17. März	Weitere Kürzung der Staatsleistungen an die Württ. Landeskirche.
20. März	13. Verordnung zur Durchführung des Gesetzes zur Sicherung der DEK: Beschränkung der im Amt befindlichen Kirchenleitungen auf die Führung der laufenden Geschäfte.
April/Mai	Aufforderung der Sozietät an den Landesbruderrat, die geistliche Leitung in der Württ. Landeskirche zu übernehmen; Ablehnung durch den Landesbruderrat.
28. April	Richtlinien für die Gestaltung des Religionsunterrichts durch Mergenthaler. Proteste gegen diesen Erlaß durch Oberkirchenrat und Landesbruderrat.
Ende April	Anordnung des Reichserziehungsministers zur Verpflichtung der Religionslehrer.
12. Mai	Memorandum des Landesbruderrats »Der Leib Christi«.
8. Juni	Beurlaubung von Pfr. Dr. Schairer.
9. Juni	Kollektenerlaß des Reichsinnenministers.
10. Juni/25. Juni	14. Verordnung zur Durchführung des Gesetzes zur Sicherung der DEK: Einrichtung von Finanzabteilungen.
18. Juni	Anordnung Mergenthalers, das Gelöbnis der Religionslehrer nur ohne Vorbehalt anzunehmen.
Ab 19. Juni	Verpflichtung der Religionslehrer. Entziehung des Rechts, Religionsunterricht zu erteilen, bei ca. 700 Pfarrern.
30. Juni	Bitte des Oberkirchenrats an das Reichserziehungsministerium um Eingreifen wegen weiterer Kürzung und vorläufiger Sperre der Staatsleistungen an die Württ. Landeskirche.
1. Juli	Verhaftung von Pfr. Martin Niemöller. Verfügung des Reichserziehungsministers, Religionsunterricht in erster Linie von Lehrern, nicht von Pfarrern erteilen zu lassen.

5. Juli	Zusammentritt des Kasseler Gremiums: Vertreter der Evang.-Luth. Kirchen, der Reformierten Arbeitsgemeinschaft, der Vorläufigen Kirchenleitung, der Inneren Mission und der Deutschen Pfarrvereine.
7. Juli	Wort des Kasseler Gremiums an Hitler und Botschaft an die Gemeinden.
12. Juli / 26. Juli	Weltkonferenz für praktisches Christentum in Oxford. Erklärung von Bischof Dr. Melle zur Lage der Kirchen in Deutschland.
22. Juli	Wort des Landesbischofs an die Pfarrer zum Gelöbnis der Religionslehrer.
Ende Aug.	Zweite Botschaft des Kasseler Gremiums an die Gemeinden.
7. Sept.	Verbot der Teilnahme landeskirchlicher Pfarrer an Veranstaltungen der Bischöflichen Methodistenkirche wegen der Erklärung von Bischof Dr. Melle.
21. Okt.	Grundordnung für die Evang.-Luth. Kirche Deutschlands. Plan einer Lutherischen Synode.
26./29. Okt.	Herbsttagung der Württ. Bekenntnisgemeinschaft, Neuwahl des Landesbruderrats. Bekenntnisgemeinschaft als freie Bewegung.
27. Okt.	Angriff Kerrls gegen den Landesbischof wegen des Erlasses vom 7. September.
23. Nov./1. Dez.	Reden Kerrls in Fulda und Hagen. Endgültiger Verzicht des Staates auf kirchliche Wahlen.
10. Dez.	17. Verordnung zur Durchführung des Gesetzes zur Sicherung der DEK: Aufhebung der 13. Verordnung, Auftrag an die Kirchenkanzlei der DEK, Verordnungen in äußeren Angelegenheiten für die gesamte DEK zu erlassen.
16. Dez.	Redeverbot für Pfr. Dipper.

1938

Anfang	Einrichtung von Weltanschauungsunterricht an einzelnen württ. Schulen.

3. Jan.	Voruntersuchung gegen den Landesbischof wegen des Erlasses vom 7. September: Verstoß gegen das Heimtückegesetz.
7. Febr.	Besprechung des Anschlusses der Württ. Landeskirche an die Evang.-Luth. Kirche Deutschlands. Kontroverse um diesen Anschluß zwischen Kirchenleitung und Landesbruderrat.
2. März	Verurteilung von Pfr. Martin Niemöller.
13. März	Anschluß Österreichs an das Deutsche Reich.
21. März	Brief Dippers an Wurm wegen der Vertrauenskrise zwischen Kirchenleitung und Landesbruderrat.
31. März	Unterredung zwischen Reichsstatthalter Murr und Landesbischof Wurm. Proteste des Landesbruderrats gegen kirchliche Verlautbarungen zum Anschluß Österreichs.
6./7. April	Beratung des Rats der Evang.-Luth. Kirche in Würzburg über das Verhältnis zur Vorläufigen Kirchenleitung.
10. April	Denkschrift Wurms über »Möglichkeit und Notwendigkeit einer sofortigen Verständigung zwischen dem deutschen Staat und der Evang. Kirche«. Volksabstimmung über den Anschluß Österreichs und das Vertrauen in die Liste des Führers.
10./11. April	Mißhandlung und Verhaftung von Pfr. Mörike, Kirchheim/Teck.
20. April	Erlaß der Kanzlei der DEK über die Vereidigung der Pfarrer.
22. April	Ansprache Wurms bei der Tagung des Evang. Pfarrvereins in Württemberg zur kirchlichen Lage.
Ab 27. April	Beratungen über eine Befriedung der DEK durch eine Simultaneumslösung.
2. Mai	Ablösung von Pfr. Dipper von der Leitung des Evang. Gemeindedienstes.
20. Mai	Verordnung des Landesbischofs über die Vereidigung der Pfarrer.

25. Mai	Einrichtung einer Finanzabteilung bei der Badischen Landeskirche, Gefahr der Einrichtung einer Finanzabteilung bei der Württ. Landeskirche.
30. Mai	Erlaß des Oberkirchenrats über die christliche Unterweisung der Kinder in der Familie.
4. Juni	Hirtenbrief des Landesbischofs zum Eid der Pfarrer.
17. Juni/27. Juni	Stellungnahme der Bekenntnisgemeinschaft und der Sozietät zum Eid der Pfarrer. Kontroverse zwischen Bekenntnisgemeinschaft und Sozietät über den Eid der Pfarrer.
23. Juni	Wort des Landesbischofs an die Gemeinden zum Eid der Pfarrer.
26. Juni	Weigerung der Pfarrer der Sozietät, den geforderten Eid abzulegen.
29. Juni	Übergangsordnung zur Befriedung der DEK.
30. Juni	Beurlaubung von Pfr. Diem wegen Verlesung der Erklärung der Sozietät zum Eid der Pfarrer.
13. Juli	Erklärung von Reichsleiter Martin Bormann über die Bedeutungslosigkeit des Eides der Pfarrer.
18. Juli/24. Juli	Dienstenthebung von Pfr. Diem.
30. Juli	Denkschrift Wurms über die Kirchensteuerpflicht der DC.
26. Aug.	Einstellung des Verfahrens gegen den Landesbischof.
28. Aug.	Denkschrift Wurms über die Kirchenpolitik des Staats »Cui bono?«
Ende Sept.	Sudetenkrise.
27. Sept.	Gebetsliturgie der Vorläufigen Kirchenleitung.
2. Okt.	Dankgottesdienste für die Erhaltung des Friedens.
24. Okt.	Tagung der Vertrauensleute der Württ. Bekenntnisgemeinschaft in Stuttgart: Trennung von Bekenntnisgemeinschaft und Sozietät, Neuwahl des Landesbruderrats.
7. Dez.	70. Geburtstag Wurms.
15. Dez.	Verhaftung von Pfr. Dipper.

DIE WÜRTT. LANDESKIRCHE
ZU BEGINN DES JAHRES 1937

Die letzten Monate des Jahres 1936 und der Anfang des Jahres 1937 waren allgemein geprägt von den Versuchen des Reichskirchenausschusses, seinem Auftrag gemäß einen Ausgleich zu finden zwischen den verschiedenen kirchlichen Gruppen und damit eine Deutsche Evang. Kirche im Deutschen Reich nach dem Scheitern des Reichsbischofs doch noch zu ermöglichen. Auf der einen Seite wurde das Verhältnis zum Reichskirchenministerium in demselben Maß gespannter, als der Reichskirchenausschuß die Eigenständigkeit der Kirche betonte; auf der anderen Seite aber war Generalsuperintendent D. Zoellner, der Vorsitzende des Reichskirchenausschusses, auch aus taktischen Erwägungen gezwungen, eine kirchliche Linie einzuhalten, da ihm von seiten der Vorläufigen Leitung der Deutschen Evang. Kirche der Charakter des Reichskirchenausschusses als kirchliches Gremium bestritten wurde. Die württ. Kirchenleitung hatte dem Reichskirchenausschuß die Anerkennung nicht verweigert; die Evang. Bekenntnisgemeinschaft in Württemberg und die Kirchlich-theologische Sozietät sahen es deshalb als ein dringendes Anliegen, die Forderung nach einem »kirchlichen Kirchenregiment«[1] *immer neu zu stellen und zu verfolgen.*

Das Mitteilungsblatt der Evang. Landeskirche in Württemberg *brachte in Nr. 1/1937 vom 28. 1. 1937 einen Überblick über die Gesamtlage*[2]:

An die evangelischen Pfarrämter
Allgemeines zur Lage in der Deutschen Evangelischen Kirche

Die Lage der Deutschen Evang. Kirche ist nach wie vor gespannt und ernst. Viele Gemeindeglieder und erst recht die außerhalb der Gemeinde Stehenden sind sich über diesen Ernst keineswegs klar. Das hat bei uns z. T. seinen Grund auch darin, daß die Dinge in Württemberg in der einen oder anderen Hinsicht zur Zeit noch günstiger liegen. Und doch spüren und beobachten alle verantwortlichen Stellen in der Kirche die fortschrei-

[1] Vgl. Bd. 4, S. 874–893.
[2] LKA Stuttgart, D 1, Bd. 75; Das »Mitteilungsblatt« enthält ab Ziffer II Nachrichten aus einzelnen Kirchengebieten der DEK.

tende Zurückdrängung der Kirche aus der Öffentlichkeit, die Einengung der gesamten kirchlichen Arbeit, den zunehmenden Druck.

Der ins Stocken geratene Befriedungsversuch des Ministeriums für die kirchlichen Angelegenheiten, die dem Reichskirchenausschuß nicht mehr zur Verfügung stehende staatliche Rechtshilfe, die Förderung und Unterstützung der Thüringer Gegenkirche, die Behinderung oder Unterbindung notwendiger kirchlicher Maßnahmen gegen solche, die in der Kirche des Evangeliums gegen Lehre und Ordnung verstoßen, die Erschwerung der kirchlichen Arbeit auf vielen Gebieten, die Schwächung der Theologischen Fakultäten, das alles sind ebenso wie das Verbot der Evang. Wochen, die Aufforderung zum Kirchenaustritt und die unverhüllten Angriffe auf den christlichen Glauben und die kirchliche Verkündigung ernste Zeichen für die immer mehr wachsende Feindschaft gegen den christlichen Glauben und die Kirche, für den Tieferblickenden ernste Zeichen für die zunehmende, in der ganzen Welt zu beobachtende Verweltlichung des Denkens und Lebens.

Daß doch unter solchem Druck die Gemeinde gesichtet, gestärkt und gefestigt werden möge! Wir müssen alle miteinander unsre Brunnen noch tiefer graben und durch unerschrockenes Zeugnis und durch das Christentum der Tat die Sache unsres Herrn vor aller Welt bezeugen. Dabei wollen wir uns durch nichts erschüttern und durch nichts verbittern lassen. Wir haben in der Gewißheit, daß unser Glaube der Sieg ist, der die Welt überwunden hat[3], in Gelassenheit und Festigkeit im Blick auf den Herrn der Kirche unsern Weg zu gehen und durch Wort und Wandel zu verkündigen die Herrschaft Gottes (Jahreslosung der Evang. Jugend, Luk. 9, 60 b!).

Dazu ist aber dringend nötig, daß wir in der Waffenrüstung von Epheser 6 den Versuchungen des Bösen begegnen, der unter uns selbst Unkraut säen und Unfrieden stiften will. Wir wollen und dürfen uns nicht dazu hergeben, die Geschäfte des altbösen Feindes Jesu Christi zu besorgen, der die Bekennende Kirche spalten und durch sich selbst zerfleischen lassen will. So notwendig die Neubesinnung der Kirche auf ihre Lehre ist, so notwendig die Reinerhaltung der Lehre und Verkündigung durch saubere Scheidung von Offenbarung und Vernunft, von Glauben und selbstherrlichem Denken ist, so notwendig die Erkenntnis ist, daß das Bekenntnis zu Christus alleinige Regel und Richtschnur für die Predigt wie für die Ordnung und Leitung der Kirche sein und bleiben muß, so notwendig die

---

3 1. Joh. 5, 4.

Warnung ist vor kirchenfremdem Denken und vor taktischen und machtpolitischen Erwägungen und Überlegungen, so notwendig es ist auch, das Andere zu beherzigen: Nie darf die Lehre an die Stelle des Glaubens, Scholastik an die Stelle echter Theologie, die Lehre über Christus an die Stelle Christi treten, ein System von Heilswahrheiten an die Stelle des Heils. Schriftgelehrsamkeit ist not – gebe Gott, daß sie zum Himmelreich gelehrt sei![4] Theologische Besinnung ist not – gebe Gott, daß sie bei uns allen zur »Umsinnung« führt! Theologische und kirchenpolitische Auseinandersetzung und Klärung ist not – nur sollen und dürfen wir nie vergessen, daß es bei alledem zuerst und zuletzt um den Anspruch und um den Zuspruch des Herrn und um unser ewiges Heil geht. Theologie darf nie Selbstzweck sein; und sie muß wissen um die Relativität und Sündigkeit aller menschlichen Erkenntnis. Hüten wir uns davor, daß wir nicht in theologischem Richtgeist einander verketzern, daß wir nicht dort, wo uns Gott der Herr die Lösung der Schwierigkeiten und der uns gestellten Aufgaben z. Zt. versagt, immer gleich bösen Willen von Menschen sehen! Hüten wir uns vor der unbiblischen Ungeduld, die nicht warten kann und »das Himmelreich mit Gewalt stürmen will«[5]. Gott bewahre uns davor, daß wir nicht durch das Vielerlei von theologischen Lehren und Lehrstücken die heilige Einfalt des göttlichen Worts aufgeben und die Einheit des Leibes Christi zerreißen und zerspalten. Wir müssen alle miteinander wieder Anfänger im ABC des christlichen Glaubens werden. Eine streitende Kirche, ein Haus, das zur Freude des Feindes mit sich selbst uneins wird, das zerfällt. Wir werden den kommenden schweren Aufgaben nur gewachsen sein, wenn wir im Gehorsam gegen den Herrn der Kirche unter seinem Wort in dem uns neu geschenkten Verständnis zusammenstehen, wenn wir fleißig sind, zu halten die Einigkeit im Geist und also Panier aufwerfen.[6]

Diesem Anliegen dienen die ernsten und erfreulicherweise weit gediehenen Bemühungen des Luth. Rats um einen engeren und festeren Zusammenschluß der einander verwandten lutherischen Landeskirchen mit dem Ziel einer einigen Evang.-Luth. Kirche Deutschlands. Wir wollen hoffen, daß auch die in der Zwischenzeit in Angriff genommenen ernsten Bemühungen um die Wiederherstellung einer gemeinsamen Front und eines gemeinsamen Handelns durch die ganze Bekennende Kirche zum Ziele führen!

4 Matth. 13,52.
5 Matth. 11,12.
6 Eph. 4,3.

Auf das immer gespannter werdende Verhältnis von Partei und Staat zur Evang. Kirche wies der Oberkirchenrat in einem Rundschreiben An alle Pfarrämter *am 21.1. 1937 hin*[7]*:*

Die seit Ende des abgelaufenen Jahres im Verhältnis von Partei und Staat zur evang. Kirche eingetretene außerordentliche Verschärfung der Lage nötigt die Kirchenleitung, auf einige besonders ernste Ereignisse hinzuweisen:

Der Druck zum Kirchenaustritt, wie er da und dort seit einiger Zeit zu spüren ist, verschärft sich zusehends. Er ist in Süddeutschland noch nicht so stark wie im Norden, aber er macht sich geltend und wird wohl noch größeren Umfang erreichen.

Auf die ersten Tage im neuen Jahr waren in verschiedenen Großstädten Evang. Wochen geplant, wie sie seit 1935 unter stärkster Anteilnahme der Gemeinden in Stadt und Land abgehalten worden sind. Sie sind diesmal an mehreren Orten verboten worden, und zwar von dem Ministerium für die kirchlichen Angelegenheiten mit der Begründung, daß sie »geeignet seien, den religiösen Frieden und die Ruhe und Ordnung zu stören«. Als in Erfurt die ganze Veranstaltung auf die Abhaltung von Gottesdiensten durch drei auswärtige Prediger, darunter die Landesbischöfe D. Meiser und D. Wurm, beschränkt werden sollte, wurde gegen den schon anwesenden Landesbischof Meiser durch den persönlich in der Kirche nach Beginn des Gottesdienstes erschienenen Regierungspräsidenten ein Redeverbot erlassen, dessen Befolgung durch Gewaltandrohung erzwungen wurde. Nur in Nürnberg konnte die Aufhebung des Verbots erreicht werden. Wir haben in der Verhinderung solcher volksmissionarischer Veranstaltungen und in dem Predigtverbot völlig rechtswidrige Eingriffe staatlicher Stellen in die Wortverkündigung zu erblicken. Dem Auftreten deutschchristlicher Bischöfe, auch solcher, die vom Reichskirchenministerium entmächtigt sind, in anderen Landeskirchen wird kein Hindernis in den Weg gelegt. In dieser Haltung des Kirchenministeriums macht sich die Tatsache geltend, daß seit Dezember ein DC-Mann, der kurz vor dieser Beauftragung seinen Austritt aus der Kirche schon angezeigt hatte, Regierungspräsident Muhs, die Stellvertretung des Ministers führt.

Als ein besonders schwerer Eingriff in das innere Leben der evang. Kirche sind die Ereignisse in Lübeck zu bezeichnen, wie sie auch in dem »Mitteilungsblatt der DEK« dargestellt sind.[8] Dort hat der deutschchristliche Bischof neun Geistliche, die sich seiner bekenntniswidrigen Haltung

7 LKA Stuttgart, D 1, Bd. 70.
8 »Mitteilungsblatt der Deutschen Evang. Kirche«, Nr. 2/1937, S. 11.

widersetzt haben, ohne jedes Verfahren aus dem Dienst der Landeskirche entlassen und ihnen vom 1.Januar an den Gehalt entzogen. Hiegegen haben die Geistlichen die Hilfe des weltlichen Gerichts angerufen, das zu ihren Gunsten entschieden hat. Der Reichskirchenausschuß hat diese Geistlichen aufgefordert, in dem ihnen rechtswidrig entzogenen Amt zu bleiben, und die Gemeinden zur Treue gegen ihre Pfarrer ermahnt. Dagegen hindert die Staatspolizei unter der Begründung, daß in Lübeck Staat und Kirche eins seien, diese Geistlichen durch Verhängung des Hausarrests vom 1.Januar an in der Ausübung ihres Amtes; der Vorsitzende des Bruderrats ist sogar aus Lübeck ausgewiesen worden! Auch dazu hat das Ministerium für die kirchlichen Angelegenheiten seine Zustimmung gegeben.

In Württemberg ist, nachdem die Überlassung der Schloßkirche an die Volkskirchenbewegung DC die Parteinahme staatlicher Stellen für eine nicht auf dem Boden von Bekenntnis und außerhalb der Verfassung stehende Splittergruppe offensichtlich gemacht hat, mehrfach bei Weihnachtsfeiern in städtischen Krankenhäusern nicht der zuständige Geistliche, sondern ein jener Gruppe angehörender auswärtiger Pfarrer beigezogen worden. Neben der Schloßkirche sind eine Reihe weiterer Kirchen der Volkskirchenbewegung DC zur Verfügung gestellt worden: die Petruskirche in Bietigheim, die Kapelle im Waisenhaus in [Schwäb.] Gmünd und der Betsaal der Heilanstalt in Winnenden, nachdem früher schon die Spitalkirche in [Schwäb.] Hall für diesen Zweck eingeräumt worden war.

Auch die Entziehung der Lehrbefugnis an dem bewährten Tübinger Dozenten Rengstorf, die durch das Reichserziehungsministerium herbeigeführt wurde, zeigt dasselbe Bild, das kürzlich in der »Christlichen Welt« in einer Übersicht über die Veränderung der Theologischen Fakultäten in Deutschland gezeigt wurde: die Zurückdrängung auch der befähigsten auf Seiten der Bekennenden Kirche stehenden Dozenten, denen eine Bevorzugung von Persönlichkeiten gegenübersteht, die weder als Forscher noch als Lehrer bisher hervorgetreten sind, sowie die Lähmung der Kirche durch Zersetzung ihrer Fakultäten unter gleichzeitigem Verbot kirchlich und wissenschaftlich einwandfreier Ersatzeinrichtungen.

Schon unsere Theologiestudierenden werden in schwere Konflikte hineingezogen. Als junge, für Volk und Führer begeisterte Deutsche sind sie der SA beigetreten; Vorfälle nicht bloß an norddeutschen Universitäten, sondern auch in Tübingen zeigen, daß bei unerschrockener Abwehr von Zumutungen, die gegen ihre christliche Überzeugung gehen, ihre Stellung in den Formationen außerordentlich erschwert wird.

Daß gewisse Blätter die Tradition früherer sozialistischer und kommunistischer Blätter durch möglichste Verlästerung des Pfarrstandes aufgenommen haben, sei nur beiläufig erwähnt. Ein Artikel der »Flammenzeichen« über die Kircheneinweihung in Reutlingen, den das dortige Gemeindeblatt mit Recht niedriger gehängt hat, ist bezeichnend dafür, wie man heute da und dort versucht, im Zeichen der Volksgemeinschaft das, was anderen Volksgenossen heilig ist, zu verhöhnen und in den Staub zu ziehen.

Wir tragen diesen Zustand in der Haltung, die uns vom Neuen Testament als das Zeichen echter Jüngerschaft gezeigt wird, mit Beugung unter die gewaltige Hand Gottes[9], mit Festigkeit und Ruhe gegenüber den Menschen, mit der Liebe, die sich nicht erbittern läßt[10], mit der frohen Zuversicht dessen, der weiß, daß der Herr seiner Gemeinde in solchen Zeiten besonders nahe ist[11] und daß er den lieb hat, den er züchtigt.[12] Wir erfüllen aber eine vom Neuen Testament gebotene Pflicht auch dadurch, daß wir den Gemeinden, denen es um das Evangelium zu tun ist, Mitteilung machen von den Tatbeständen und ihnen die Fürbitte und Handreichung für solche Brüder, die besonderen Prüfungen unterworfen sind, zur Pflicht machen. Wir werden deshalb auf den Sonntag Invokavit neben einem Opfer für christliche Erziehungsanstalten auch eine Kollekte für die Amtsbrüder in besonders bedrängten Kirchengebieten ausschreiben, die am 7. Februar anzukündigen ist. Wir bitten die Gemeindeglieder, die die Not unserer Kirche auf dem Herzen tragen, auf die in diesem Schreiben erwähnten Tatsachen aufmerksam zu machen und ihnen die kommende Kollekte schon jetzt ans Herz zu legen. Wurm.

Prälat Gauß, Heilbronn, schrieb an die Pfarrer seines Sprengels am 10.1.1937[13]:

Verehrte Herren, liebe Brüder!

Zum Jahreswechsel darf ich Ihnen wieder für Haus und Amt, für Gemeinde und Bezirk von ganzem Herzen des lebendigen ewigen Herrn Segen und Geleite wünschen, leider verspätet aus rein persönlichen Gründen, aber als Ausdruck eines treuen Gedenkens, das nicht an die Marksteine der Zeit gebunden ist und dessen Gegenseitigkeit ich mir neu als

9 Vgl. Phil. 2,10.
10 1.Kor. 13,5.
11 Vgl. Ps. 145,18.
12 Hebr. 12,6.
13 LKA Stuttgart, D 1, Bd. 70.

stillen Trost und verborgene Hilfe erhoffen darf. Wenn je, so ist es uns in dieser Zeit aufgegangen, wie nötig wir die innere Verbundenheit in unserem Glauben haben, um aus ihr heraus einander, unseren Gemeinden, unserem Volk den Dienst zu tun, der aus der in Christus uns geschenkten Gabe seinen Inhalt und seine Kraft, sein Licht und seine Freude hat. Über allen Sorgen und Kämpfen, über aller leidigen Abgrenzung, die unsere ernste Zeit nötig macht, soll dieser positive Dienst stehen, auch in den engsten Grenzen, die uns gezogen werden, das Weitergeben des Friedens und der Freude, die wir für uns selbst aus der in Christus offenbaren Gottesgnade in unser armes Leben hereinbekommen. Wir alle wissen von der Gefahr, daß Polemik und Apologetik in Zeiten der Scheidung die Freude am Gemeinsamen und die gemeinsame Vertiefung in das, was uns zusammenbindet, unheimlich überwuchern können, als ob der Zaun der Garten wäre und das Ausreißen des Unkrauts die Aussaat des guten Samens ersetzen könnte. Gott schenke uns für diesen positiven Dienst im Neuen Jahr immer neu den frohen Mut und die tapfere Geduld!

Über allen Sorgen dürfen wir beim Rückblick ins vergangene Jahr den tiefen Dank nie vergessen, den wir Gott schuldig sind, den Dank für den Frieden, der uns mitten in einer unheimlich zerrissenen Welt erhalten geblieben ist, den Dank für die endgültige Wiederherstellung der deutschen Gebietshoheit[14], den Dank für den Fortgang der deutschen Arbeit, in der so viele unserer deutschen Brüder wieder Lebensinhalt, den Halt an einer Aufgabe gefunden haben, den Dank für das Wunderbare, daß in einem nassen Jahr doch noch treuer Arbeit das deutsche Durchkommen geschenkt wurde. Gewiß ist dabei Anlaß genug zu wünschen und zu klagen. Aber wir Christen wissen, daß die Welt ihre Widersprüche hat und behält und daß Gott uns immer wieder die ernstesten Aufgaben zeigt, wenn wir glauben, fertig zu sein.

Bange kann uns sein im Blick auf unsere Kirche. Nicht daß wir an der Sache unseres Herrn zu verzagen den geringsten Anlaß hätten. Aber ob wir ihm das rechte Werkzeug, Zeugen seines Willens in der Gegenwart sind? Es ist uns ja auch gegenüber mißtrauischer falscher Gewaltübung noch immer nicht gelungen, zu der rechten inneren Einheit unter den Einen lebendigen Herrn zu kommen, so sehr die Not unseres Glaubens und unserer Kirche uns zu dieser Einheit ruft. Es sollte doch ein Doppeltes zustandekommen, ein unwidersprechliches Zeugnis, daß wir mit unserer Kirche nur dienen, nur Christi Gabe in unser Volk hineintragen wollen,

---

14 Am 7.3.1936 erklärte Hitler vor dem Reichstag die Wiederherstellung der vollen deutschen Souveränität in der entmilitarisierten Zone am Rhein.

und die klare Erkenntnis, daß dieser Dienst sich mitten in aller Volksverbundenheit, mitten in der selbstverständlichen Unterordnung unter die für alle geltenden Gesetze[15] ganz aus seiner eigenen inneren Notwendigkeit frei gestalten muß, wenn er unverfälscht in unser Volk kommen soll. Gewiß, wir tragen auch in der Kirche den ewigen Schatz in sehr irdenen Gefäßen.[16] Aber je mehr wir uns mit unserer Kirche unter das Gericht des Wortes Jesu Joh. 18,36 stellen, desto weniger können wir auch das irdene Gefäß unserer Kirche uns von fremder Gewalt formen lassen, desto klarer wird es uns, daß die wichtigsten Lebensgebiete, die in der Einheit des Menschlichen zusammengehören, ohne saubere Scheidung nicht in rechter Weise aufeinander bezogen werden können, am wenigsten das innerste, unser Verhältnis zu Gott. Dazu ist uns heute noch ein Besonderes aufgegeben: es gilt, die Grenzen des Christlichen aus der Urquelle heraus neu zu bestimmen und den geschichtlichen Zusammenhang unseres Glaubens gegen alle Mißdeutungen als von Gott gewollt zu behaupten. Wir sind durch die aufgebrochenen Gegensätze aufgerufen, ein Charakterloswerden des Christlichen im gewaltigen Strom der Zeit geistig zu bekämpfen, alles zu tun, daß das Christliche unverfälscht an der Eigenart der Zeit neu sich offenbart. Sonst haben wir das Salz verloren, das uns Christus auch für unser Volk anvertraut hat. Wenn doch die Scheidungen, die hier leider notwendig sind, in allseitiger klarer Erkenntnis im Frieden vollzogen werden könnten, so daß keine äußere Gewalt Fremdartiges in die geistige Auseinandersetzung einmischt! Das Eine muß uns dabei groß werden.[17] Wir können heute das Christliche nicht durchschlagend vertreten, wenn wir es nicht ganz persönlich auf den tiefsten Ernst unseres eigenen Lebens und Sterbens beziehen und von da aus neu erfassen. Alles bloß Theoretische, d. h. aus der Zuschauerstellung für uns unverbindlich und vorläufig Erfaßte zerbricht und soll zerbrechen in der Not, in die Gott unseren Christenglauben hineinführt.

Zweierlei soll aus dieser Not uns erwachsen: Die Vereinfachung auf das Entscheidende in der Erkenntnis, daß wir Gottes unerschöpfliche Gabe aus unserer Enge und Kurzsichtigkeit heraus immer wieder in Stückwerk[18] verwandeln, das wir wohl beim Bruder, aber nicht bei uns selber wahrnehmen. Gegenseitiges Lernen und gegenseitige Korrektur sollen uns unter demselben lebendigen Herrn immer näher zusammenbinden.

15 Vgl. Verfassung des Deutschen Reiches vom Jahr 1919, Art. 137.
16 2. Kor. 4,7.
17 Vgl. Luk. 10,42.
18 1. Kor. 13,9.

Sodann Überwindung der Vorurteile. Wir können bei andern eine unheimliche Verhärtung in immer wiederholten, nie ernst nachgeprüften Urteilen, ein Erlöschen des tiefsten Fragens beobachten. Dem wollen wir als Christen aus der Quelle geschöpft die heilige Ehre der Liebe Christi entgegenstellen, die nicht charakterlose Anpassung ist, sondern die tapfere Arbeit an einer Gemeinschaft, die in dem in Christus offenbaren Gott ihr unzerstörbares Gemeinsames hat.

Gott gebe, daß wir diese Gemeinschaft zunächst untereinander immer neu, immer tiefer geschenkt bekommen, verarbeiten und dann weitertragen. Dazu segne uns Gott das Neue Jahr.

In brüderlicher Glaubensverbundenheit herzlich grüßend

Prälat Gauß.

Trotz der Spannungen, die im Anschluß an die Besprechungen zwischen Vertretern der Vorläufigen Leitung, dem Rat der Evang.-Luth. Kirche und dem Reichskirchenausschuß am Jahreswechsel 1937/1938 erneut aufbrachen, wollte der Landesbruderrat die Verbindung vor allem zu den Bruderräten in Preußen nicht abbrechen lassen; er richtete am 25.1.1937 ein Wort an die Brüder im Norden[19]:

Die Entwicklung der kirchlichen Lage im vergangenen Jahr hat zu einer schmerzlichen Zerspaltung der Bekennenden Kirche geführt. Der württ. Landesbruderrat hat sich diesen Tendenzen ständig widersetzt, weil sie nach seinem Urteil dem Herrn der Kirche nicht zur Ehre, sondern zur Schande gereichen mußten; er hat, soweit dies in seiner Macht stand, um die Solidarität der ganzen Bekennenden Kirche gerungen und sie nach beiden Seiten hin vertreten. Ein Erfolg ist seinen Bemühungen bislang leider völlig versagt geblieben; trotzdem kann er aus innersten Gründen nicht aufhören, um die Einheit der Christus bekennenden Kirche mitten in all ihrer konfessionellen Mannigfaltigkeit zu beten und zu ringen und sich den auf Aufspaltung bedachten Kräften mit geistlichen Mitteln im Kämpfen um die andersdenkenden Brüder entgegenzustellen.

Der württ. Landesbruderrat kann die Entscheidung von Barmen, in der sich die ganze Bekennende Kirche fand, nicht als eine überholte, bereits historisch gewordene Angelegenheit betrachten, sondern sieht in ihr einen Markstein, an dem alle Neuordnung der Kirche sich orientieren muß. Auch wenn die theologische Formulierung der Barmener Sätze verbesserungsbedürftig ist, erscheint uns das Faktum dieser Entscheidung als schlechthin gültig, und nur in der Einheit des dort wirklich gewordenen

---

19 LKA Stuttgart, D 1, Bd. 97; zum Zusammenhang vgl. Bd. 4, S. 892–912.

Bekennens scheint uns eine Einheit der deutschen Kirche möglich und statthaft zu sein.

Der württ. Landesbruderrat ist darum auch überzeugt, daß die Landesbruderräte in den zerstörten Kirchen ihren kirchenregimentlichen Auftrag festhalten müssen, solange sie ihn nicht an bekenntnismäßig eindeutig (und das heißt an Barmen) orientierte Organe der Leitung übergeben können. Es kann diesen Bruderräten nicht zugemutet werden, das Kirchenregiment von gemischt zusammengesetzten Ausschüssen anzuerkennen. Dagegen halten wir dafür, daß um die Männer dieser Ausschüsse brüderlich gerungen werden muß, damit auch sie entsprechend der Verfassung der Deutschen Evang. Kirche in ihrem staatlichen Treuhänderauftrag für die Geltendmachung des lauteren Bekennntnisses zu Christus, d. h. aber in der Linie der Entscheidung von Barmen eintreten.

Eine Legitimation des Reichskirchenausschusses oder anderer Kirchenausschüsse von kirchlicher Seite kann also der württ. Landesbruderrat nur dann gutheißen, wenn die betreffenden Ausschüsse die Entscheidung von Barmen klar anerkennen und in ihrem Handeln in kraft setzen; nur aus kirchlichem Handeln kann Vertrauen erwachsen, nicht aber kann kirchliches Vertrauen solchen Stellen gegenüber ausgesprochen werden, die bisher in ihrem Reden und Handeln in der Kirche an der Entscheidung von Barmen vorbeigegangen sind.

Die in der Denkschrift der Vorläufigen Leitung[20] vertretenen Anliegen bejaht der württ. Landesbruderrat als kirchliche Anliegen und dankt den Verfassern der Denkschrift für ihren opfermütigen Einsatz. Wenn in der Behandlung der Denkschrift irgendwelche Fahrlässigkeiten vorgekommen sind, die zu unerwünschten Folgen für die Bekennende Kirche führten, so bedauert das der württ. Landesbruderrat. Er lehnt es aber, wie er das schon im Herbst in einer ausführlichen Entschließung getan hat, völlig ab, sich darob vom Inhalt der Denkschrift zu distanzieren.

Der Landesbruderrat.

Aus derselben Sorge um die Erhaltung der Gemeinschaft der Bekennenden Kirche wandte der Landesbruderrat am 5.2.1937 sich an den Landesbischof[21]*:*

Hochverehrter Herr Landesbischof!

Der Landesbruderrat hat Ihnen im vergangenen Jahr mehrere Male seine Stellungnahme zu bestimmten, besonders bedeutungsvollen Fragen

20 Vgl. Bd. 4, S. 852.
21 LKA Stuttgart, D 1, Bd. 96; vgl. Dipper, S. 152–155.

des kirchlichen Handelns unterbreitet. Es war nicht das Verlangen, eine Machtstellung in der Kirche zu gewinnen, nicht menschliche Selbstgefälligkeit und menschlicher Vorwitz, was uns dazu veranlaßte, sondern die Not unserer Kirche, die auch uns als Gliedern der Kirche auf die Seele gelegt ist, für die auch wir vor dem Herrn der Kirche mit verantwortlich sind. Wir haben zugleich gesprochen im Namen der Württ. Bekenntnisgemeinschaft, die ja seit Beginn der großen kirchlichen Auseinandersetzungen diese Not ganz besonders in ihre Mitverantwortung genommen hatte. Nicht zuletzt hofften wir, sehr verehrter Herr Landesbischof, damit auch Ihren eigenen Wunsch zu erfüllen. Durch Schweigen hätten wir uns vor Gott und Menschen schuldig gemacht. Dabei haben wir uns bemüht, all unser Reden an der Schrift zu messen und Wahrheit, Ehrerbietung und Liebe mit einander zu verbinden. Die kirchlichen Entscheidungen sind ja nun in anderer Richtung gefallen, und die kirchliche Lage ist dadurch grundlegend verändert worden. In dieser Lage möchten wir Ihnen als unserem Landesbischof das Anliegen der Bekenntnisgemeinschaft und die Not, die uns diese neue Lage bereitet, noch einmal zu Gehör zu bringen.

Als im Frühjahr 1933 unsere Kirchlich-Theologischen Arbeitsgemeinschaften den Kampf gegen die Überfremdung und um die Erneuerung der Kirche aufnahmen[22], stand vor unsern Augen die Kirche des Neuen Testaments, eine Kirche, in der es nicht möglich war, durch die Unterscheidung zwischen einer unsichtbaren Kirche des Glaubens und der sichtbaren Kirche dem konkreten kirchlichen Handeln seinen geistlichen Charakter zu nehmen und es den Erwägungen menschlicher Klugheit zu unterwerfen. Die Losung »Junge Kirche« schloß das Anliegen in sich: Christus selbst, wie er in Schrift und Bekenntnis bezeugt wird, möge die geistliche Mitte der sichtbaren, irdischen Kirche sein, von ihm her möge sich Verkündigung und Leben, Ordnung und Aufbau, Leitung und Verwaltung der Kirche gestalten; alles Handeln der Kirche möge geistlichen Charakter, den Charakter einer Entscheidung für Christus tragen. Praktisch bedeutete dieses Anliegen: Die Kirche sucht ihre Sicherheit allein in Jesus Christus und in seinem Wort, nicht in ihrem Verhältnis zum Staat, nicht in der zahlenmäßigen Macht ihrer Glieder, nicht in der Autorität menschlicher Führer. Die Kirche baut sich auf im gemeinsamen Fragen nach der Wahrheit, nicht auf Mehrheitsbeschlüssen kirchlicher Gruppen, nicht durch Verwaltungsmaßnahmen kirchlicher Behörden, nicht durch

---

22 Vgl. Bd. 2, S. 205–227.

autoritative Entscheidungen kirchlicher Führer, nicht in Angleichung an irdische Ordnungen oder in Unterordnung unter kirchenfremde Gewalten. Die Kirche leistet ihren Dienst durch demütige und frohe Bezeugung des vollen Evangeliums von der Königsherrschaft Jesu Christi, als Knecht Gottes, der unter die Völker gestellt ist, nicht durch Sicherung möglichst großer Einflußgebiete unter vorläufiger Verhüllung ihrer Botschaft.

Dieses Anliegen wurde von der Württ. Bekenntnisgemeinschaft vertreten, indem sie innerhalb der bestehenden kirchlichen Ordnungen gegen den Einbruch fremder Gewalten ihr Zeugnis laut werden ließ. Sie wußte sich in diesem Zeugnis dankbar verbunden mit den kämpfenden und leidenden Brüdern in der gesamten Evang. Kirche Deutschlands. Aus diesem Zeugnis der Bekennenden Kirche Deutschlands ist ein Ansatz zu neuer kirchlicher Gemeinschaft und neuem kirchlichen Handeln auch über alte Trennungen hinweg entstanden. Es kam zu einer neuen geistlichen Verbundenheit unter den Pfarrern, zu einer Sammlung der ans Wort gebundenen Gemeinde. Aus dem Zeugnis der einzelnen erwuchs die gemeinsame Bekenntnisentscheidung der gesamten Bekennenden Kirche wider die Irrlehre unsrer Zeit. Wo die kirchliche Ordnung zerstört war, entstand neue kirchliche Notordnung, deren Kraft bei aller Anknüpfung an das bestehende Recht das Bekenntnis zu Christus war. Mit tiefem Dank sahen wir, wie durch Gottes Führung mitten in aller Zerstörung Kirche neu geworden war. Denn die neue Gemeinschaft war uns nicht ein unbestimmtes und darum unverbindliches religiöses Erlebnis, wir wußten uns vielmehr eins im Wort, in der Erkenntnis, im Zeugnis und im Leiden für den Glauben des Evangeliums. Wir waren uns freilich bewußt, daß die werdende Kirche erst in den Anfängen ihres gemeinsamen Handelns stand. Die neue Gemeinschaft mußte sich in den Fragen des kirchlichen Aufbaus, der Neugestaltung der kirchlichen Ordnung, der Handhabung der Zucht, der Gestaltung des Verhältnisses zum Staat erst noch bewähren. Aber ein erster Schritt zu einem kirchlichen Neuwerden war getan.

Was ist heute aus diesem Ansatz zur Erneuerung der Kirche geworden? Gewiß liegen heute noch die Entschließungen der Bekenntnissynoden vor. Es sind auch noch Reste der Organisation der Bekennenden Kirche und der von ihr geschaffenen Organe der Leitung vorhanden. Auch die Menschen sind noch da, welche diese Entscheidungen einst mitgetragen haben, und manche fruchtbaren Ansätze in der Pfarrerschaft und in den Gemeinden haben sich bis jetzt trotz der allgemeinen Verwirrung und Zerstörung noch erhalten. Aber eine Bekennende Kirche als geordnete kirchliche Gemeinschaft, als einen Träger kirchlichen Handelns gibt es heute in der Deutschen Evang. Kirche nicht mehr. Der Ansatzpunkt des Handelns der Bekennenden Kirche ist von vielen verlassen, die Führung der Bekennenden Kirche ist zerbrochen, die von ihr geschaffenen kirchlichen Organe sind in der Auflösung begriffen, das Vertrauen in der Bekennenden Kirche ist zerstört. Sie hat ihre Gewißheit und ihre Vollmacht verloren, und viele ziehen sich enttäuscht zurück. Diejenigen aber, die in der allgemeinen Auflösung noch bei dem ursprünglichen Zeugnis der Bekennenden Kirche bleiben, fühlen sich weithin von den Brüdern verlassen und fremden Mächten preisgegeben.

Die Ursache dieser Zerstörung ist nicht in irgend welchen äußeren Einwirkungen, sondern in der inneren Schwachheit der Bekennenden Kirche selbst zu suchen. Die Männer der Bekennenden Kirche, von denen ursprünglich die Bekenntnisbewegung ausgegangen war, hatten zwar die Leidenschaft der Distanz, die uns nötigt, das Gericht Gottes über alle menschliche Größe und Religion anzuerkennen, nicht aber in demselben Maß das Ja der Barmherzigkeit Gottes, mit dem er sich zu seiner gefallenen Schöpfung bekennt und sich ihr hingibt. So bekamen die Entschließungen und das Handeln der Bekennenden Kirche oft einen stark gesetzlichen Charakter. Es fehlte das rechte Ringen um die schwachen und schwankenden Brüder, man besaß nicht die Freiheit, die Mannigfaltigkeit der Verhältnisse und Anliegen zu berücksichtigen, und auch das Zeugnis nach außen, dem Staat gegenüber, ließ häufig den Ansatz zu einem positiven Verhältnis zu Volk und Staat vermissen. Es schien überhaupt mit der Zeit das Wissen um die Solidarität der Schuld verloren zu gehen, und statt aus der empfangenen Vergebung zu reden, führte man in der Bekennenden Kirche oft genug das Gespräch unter einander und zu den andern hin aus der eigenen Gerechtigkeit.

Diese innere Not der Bekennenden Kirche brachte es mit sich, daß in Verbindung mit der Bekennenden Kirche und unter ihrem Namen sich ein ganz andersartiges kirchliches Denken Raum schaffen konnte. Während die Bekennende Kirche aus der Grundfrage entstanden war »Wie richtet die Kirche das ihr aufgetragene Zeugnis in der heutigen Lage möglichst vollgültig aus und wird so ihrem Herrn gehorsam«, tritt dort diese Grundfrage hinter dem Anliegen zurück »Wie erhalten wir den kirchlichen Bestand, die überlieferte Bekenntnisgrundlage, das überlieferte Recht, die überlieferten Ordnungen, die geregelte Verwaltung, das überlieferte Verhältnis zum Staat und die notwendigen Einflußgebiete der Kirche«. Während die Bekennende Kirche, ursprünglich in der Ausrichtung ihres Zeugnisses die entscheidende Kraft ihres Handelns sah, in diesem

Zeugnis die Gemeinde sammelte und den Weg zu ihren Gegnern suchte, tritt dort das kluge und diplomatische Verhandeln als Möglichkeit neben oder vor die des bekennenden Handelns. Während die Bewegungen und Kräfte innerhalb und außerhalb der Kirche von der Bekennenden Kirche unter dem Gesichtspunkt der uns aufgetragenen Wahrheit gewertet wurden, kommen sie nun zugleich auch als Machtfaktoren in Betracht, die je nach der hinter ihnen stehenden Macht beachtet oder auch nicht beachtet werden. Während man in der Bekennenden Kirche versuchte, die gesamte ans Wort gebundene Gemeinde an der Verantwortung für das kirchliche Handeln zu beteiligen, wird nun mehr und mehr die autoritativ über der Gemeinde stehende Führerpersönlichkeit der Träger des kirchlichen Handelns. Während in der Bekennenden Kirche das Verhältnis zur Gemeinde realisiert wurde durch das gemeinsame Ringen um den gebotenen Weg in den Organen der Gemeindevertretung, wird es nun durch kirchliche Kundgebungen großen Stils hergestellt, bei welchen die Gemeinde den kirchlichen Führer ihres persönlichen Vertrauens und ihrer persönlichen Liebe versichert und froh ist, daß ihr auf diese Weise die Mitverantwortung für die kirchlichen Entscheidungen abgenommen ist.

Dieses kirchliche Denken und Handeln, das vor allem im Rat der Evang.-Luth. Kirche Deutschlands in starkem Maße verankert ist, steht notwendig in einem gegensätzlichen Verhältnis zur Bekennenden Kirche. Denn der Ansatzpunkt dieses kirchlichen Positivismus ist ja ein ganz anderer als der der Bekennenden Kirche. Er liegt vor den kirchlichen Entscheidungen und vor der kirchlichen Erneuerungsbewegung der letzten Jahre. Nicht als ob der positive kirchliche Bestand für die Bekennende Kirche keine Rolle spielte, die Kirche darf aber von ihm nur dann und soweit Gebrauch machen, als sie über ihm und in ihm die entscheidende Kraft des Wortes Gottes geltend macht. Wie es vom kirchlichen Positivismus aus überhaupt schwer ist, in konkreten Entscheidungsfragen ein grundsätzliches, darum praktisch bindendes Ja oder Nein zu sprechen, so werden von dort aus auch diese Bekenntnisentscheidungen relativiert. Nun erachtet man es auch nicht mehr als unausweichlich notwendig, daß die Fahne dieser Bekenntnisentscheidungen hoch gezogen bleibt, sondern kann sich auch mit allerlei Mittellösungen zufrieden geben. Nachdem aber diesem Zeichen der Bekenntnisentscheidungen die verbindliche Kraft genommen war, mußte die große Verwirrung und Unsicherheit in der Bekennenden Kirche entstehen. So setzte denn die allgemeine Auflösung in der Bekennenden Kirche ein, der Zerfall der Pfarrbruderschaften, die Erschlaffung der Bekenntnisgemeinden, die vergeblich auf das wegweisende, zur Entscheidung rufende Wort im Zusammenhang mit den bisherigen Entscheidungen wartetcn.

Dieses Schicksal der Bekennenden Kirche, von welchem die andern Kirchengebiete in verschiedenem Maß betroffen sind, hat auch unsere Württ. Bekenntnisgemeinschaft in starkem Maße berührt. Alle Bemühungen des Landesbruderrats im vergangenen Jahr hatten die eine Absicht, diese innere Zerstörung von unserer Württ. Landeskirche abzuhalten. Darum erhoben wir im Februar 1936 eindringlich unsere Stimme zu der Bitte[23], den Anschluß an den Luth. Rat rückgängig zu machen, und warnten vor wenigen Monaten eindringlich davor, die Beziehungen zur VKL abbrechen zu lassen. Darum widersprachen wir einer unkirchlichen Lösung der Synodalausschußfrage[24] und einer unkirchlichen Bereinigung des Verhältnisses zu den Deutschen Christen.[25] Darum baten wir, den neu zu wählenden Landesbeirat auf einen kirchlichen Boden zu stellen und ihn zu einem selbständig verantwortlichen Organ der Landeskirche zu machen.[26] Darum legten wir der Kirchenleitung unsere Sorge um die Neubesetzung der Prälatenstellen ans Herz.

Die Entscheidungen sind nunmehr gefallen. Die Württ. Landeskirche steht fester als je im Luth. Rat. Sie ist durch ihre engen Beziehungen zu den gemischt zusammengesetzten Ausschüssen mehr als je von den norddeutschen Brüdern getrennt, die diesen Ausschüssen gegenüber hart um die Erhaltung des klaren eindeutigen Zeugnisses ringen. Ihre Verbundenheit mit dem Luth. Rat läßt auch eine Erneuerung des Prälatenkollegiums im Sinne der Bekennenden Kirche als äußerst erschwert oder unmöglich erscheinen. Hand in Hand damit vollzieht sich im Innern unserer Landeskirche die Auflösung unserer Württ. Bekenntnisgemeinschaft. Wohl steht der größere Teil der Pfarrerschaft und der Gemeinden hinter der Kirchenleitung, solange keine außerordentlichen Anforderungen an sie gestellt werden. Es sind aber zumeist nicht die Kräfte, die den kirchlichen Widerstand der zurückliegenden Jahre geweckt und getragen haben. Der alte Liberalismus, der noch heute jeder ernsthaften Bekenntnisbindung abhold ist, tritt heute für den Luth. Rat und seine konfessionalistische Kirchenpolitik ein, und die, die bisher gegen alle ernsthafte kirchliche Autorität waren, vertreten heute das Führerprinzip. Unter diesen Einflüssen droht der neugewählte Beirat zu völliger kirchlicher Bedeutungslosig-

---

23 Siehe Bd. 4, S. 570–589.
24 Siehe Bd. 4, S. 626–647.
25 Siehe Bd. 4, S. 113–165.
26 Siehe Bd. 4, S. 779–811.

keit herabzusinken. Die ans Wort gebundene Gemeinde aber, die im kirchlichen Positivismus keinen fruchtbaren Ansatzpunkt findet, zieht sich wieder in ihre kleinen Kreise zurück, und die Pfarrerschaft, die sich dem Anliegen der Jungen Kirche verpflichtet weiß, verfällt zum Teil einer radikalen Opposition, durch welche die kirchliche Gemeinschaft überhaupt in Frage gestellt wird, zum Teil zieht sie sich enttäuscht und mit dem Gefühl, nur als Mittel für einen ihr fremden Zweck gebraucht worden zu sein, von aller Anteilnahme an den kirchlichen Entscheidungen zurück.

Das ist die innere Not unserer Württ. Landeskirche, die wir vor Augen haben. Gott hat uns in den zurückliegenden Jahren große Gaben, neue kirchliche Erkenntnis, neue Kraft und Einsatzbereitschaft geschenkt. Wir fürchten, daß vieles davon wieder verloren gegangen ist. Müßten aber nicht gerade umgekehrt, angesichts der so notvollen äußeren Lage der Kirche alle diese Gaben ergriffen und zum Einsatz gebracht werden? Wie dringend bedürften wir gerade in den kommenden Kämpfen einer Gemeinde, die im Bekenntnis des Wortes Gottes sich sammelt und im bekennenden Handeln mündig wird! Wie ganz anders könnte eine solche Gemeinde dem Kirchenregiment in seinen Entscheidungen zur Seite stehen! Wie würde dadurch die Widerstandskraft der Kirche gegenüber den antichristlichen Kräften unserer Zeit gestärkt! Wie viel Unheil könnte in unserem Volk verhütet werden, wenn die Kirche an Haupt und Gliedern ein solches Zentrum geistlichen Widerstandes wäre!

Wenn wir Ihnen, Herr Landesbischof, diese unsere Not aussprechen, so tun wir es nicht allein deshalb, weil wir Glieder der Kirche an Sie als unserem Bischof gewiesen sind, sondern auch weil wir bei Ihnen immer wieder ein offenes Ohr für unsere Anliegen gefunden haben. Wir tun es zugleich im Aufblick zu dem Herrn, von dessen Güte wir täglich leben und der gerade in unserer menschlichen Not und Schwachheit sich verherrlichen will. Sollte es nicht doch möglich sein, daß Sie auch unter den neuen Verhältnissen dem Anliegen der Bekennenden Kirche in unserer Württ. Landeskirche und im Luth. Rat Raum schaffen könnten? Wir selbst wissen uns jedenfalls im Gewissen gebunden, auch unter den neuen Verhältnissen im Aufblick zu dem Herrn der Kirche für das Anliegen der Bekennenden Kirche und für die Brüder, die in diesem Kampfe stehen, einzutreten, solange wir irgend dazu in der Lage sind. Wir gedenken Ihrer in herzlicher Fürbitte und stehen Ihnen im Sinn dieses Anliegens auch weiterhin zur Verfügung.

In Ehrerbietung. Der Landesbruderrat: I. A. Th. Dipper.

Dem Beirat, der nach einem Beschluß der Württ. Kirchenleitung vom 22.8.1936 geschaffen worden und am 4.11.1936 zu seiner ersten Sitzung zusammengetreten war[27]*, fehlte eine Verankerung in der Verfassung der Württ. Landeskirche; Verpflichtung, Zuständigkeit und Auftrag schienen nicht klar umschrieben. Die Bekenntnisgemeinschaft und die Sozietät standen dem Beirat mit einer gewissen Reserve gegenüber; der Landesbruderrat versuchte, aus dem Beirat ein Organ zu bilden, das als verantwortungsbereite und kompetente Vertretung der Gemeinde auch kirchenleitende Funktionen ausüben konnte.*

Als Vorsitzender des Landesbruderrats schrieb Pfarrer Dipper am 7.1.1937 An den Ausschuß des Landesbeirats der Kirchenleitung[28]*:*

Der Württ. Landesbruderrat hat schon vor der Konstituierung des Landesbeirats der Kirchenleitung eine Äußerung über den Auftrag des Landesbeirats dem Herrn Landesbischof vorgelegt. Er wollte dadurch seinerseits auf Grund der in den zurückliegenden Jahren uns geschenkten kirchlichen Erkenntnisse dazu mithelfen, daß der Beirat seinen Dienst möglichst wirksam ausrichten kann. Da der Beirat bis jetzt die Fragen seiner Verpflichtung, seiner Zuständigkeit und seiner Geschäftsordnung noch nicht geklärt hat, erlaubt sich der Landesbruderrat, die nachfolgende Äußerung nunmehr den Mitgliedern des Ausschusses des Landesbeirats selbst vorzulegen mit der höflichen Bitte, dazu Stellung zu nehmen.

Äußerung über den Auftrag des Landesbeirats

1. Als Organ der Gemeindevertretung hat der Landesbeirat den Auftrag, die kirchlichen Fragen und Aufgaben in seine Mitverantwortung zu nehmen, sie selbständig zu bearbeiten und so in eigener Verantwortung und Erkenntnis der Kirchenleitung zur Seite zu stehen. Je mehr er diese seine Aufgabe in bewußter Selbständigkeit und Kraft anfaßt, desto mehr wird er der Kirchenleitung eine wesentliche und in Stunden der Entscheidung wirksame Hilfe leisten können.

In der Erfüllung dieser Aufgabe ist der Beirat dadurch gehemmt, daß er keine verfassungsrechtliche Grundlage hat. Dadurch entsteht die Gefahr, daß der Beirat sich nicht als berufenes Organ der Gemeindevertretung erkennt, sondern eine selbständige Verantwortung ablehnt und sich nur als ein Organ betrachtet, welches in unmaßgeblicher Weise Mitteilungen der Kirchenleitung entgegennimmt, allerlei kirchliche Fragen, die ihm vorgelegt werden, bespricht und gelegentlich eine Anregung weitergibt. In diesem Sinne ist die Aufgabe des Beirats anläßlich der Wahlen

27 Siehe Bd. 4, S. 779–811.
28 LKA Stuttgart, D 1, Bd. 96; vgl. Dipper, S. 151.

da und dort besprochen worden. Versteht der Beirat seine Aufgabe so, so wird er gerade den entscheidenden Dienst seiner Gemeindevertretung nicht leisten können. Dann bleibt die bisherige Not bestehen, daß die Kirchenleitung allein und ausschließlich die Verantwortung für das kirchliche Handeln zu tragen hat und daß die Gemeinde ohne geordnete Vertretung und vielfach unbeteiligt beiseite steht.

Aus diesem Grund hält es der Landesbruderrat für geboten, daß im Beirat selbst die Voraussetzung seines Handelns geklärt wird. Diese Klärung wird davon ausgehen müssen, daß entsprechend § 1 unserer Kirchenverfassung alles formal geltende Recht allein in der geistlichen Autorität der Kirche begründet ist. Die geistliche Autorität aber ist damit gegeben, daß die Kirche in allen ihren Ämtern und Organen, in all ihrem kirchlichen Handeln dem Willen Gottes, wie er in der Schrift verkündigt und in den Bekenntnissen der Kirche gedeutet ist, gehorsam sein will. Ein solches Handeln vollzieht sich unabhängig von allen menschlichen Autoritäten und Bindungen und bewährt sich als Zeugnis der Wahrheit am Gewissen der ans Wort gebundenen Gemeinde. Auch das geltende Recht gestaltet sich aus diesem einen Anliegen der Kirche und hat ihm zu dienen. Der Beirat wird auch ohne verfassungsrechtliche Grundlage in solcher geistlichen Autorität beraten und beschließen und dann Wege suchen müssen, wie die von ihm vertretenen Anliegen in das geltende Recht der Kirche aufgenommen werden können, in derselben Art, wie dies bisher schon die Organe der Bekenntnisgemeinschaft, der Landesbruderrat und die Esslinger Arbeitstagung[29] versucht haben. Erweist sich dann das geltende Recht als so zerstört, so lückenhaft, daß für die Verkündigung des Evangeliums und für den Aufbau der Gemeinde daraus ernster bleibender Schaden erwächst, so wird der Beirat kraft geistlichen Notrechts sich selbst an die Stelle des verfassungsmäßigen Organs der Gemeindevertretung setzen müssen.

Diese Voraussetzung für das Handeln des Beirats bittet der Landesbruderrat gleich in der konstituierenden Versammlung zu klären und in einer Verpflichtung, welche den DC-Irrtum entsprechend der Barmer Erklärung ausschließt, niederzulegen, so daß der Beirat jederzeit auf diese seine Verpflichtung angesprochen werden kann. Außerdem müßte eine Geschäftsordnung beschlossen werden, in welcher die Befugnisse, die Aufgaben und die Geschäftsführung des Beirats verbindlich festgelegt werden.

29 Arbeitstagung der Württ. Bekenntnisgemeinschaft in Esslingen/Neckar vom 9. bis 13.10.1935; siehe Bd. 4, S. 385.

2. Ist der Beirat ein in der Bindung an Schrift und Bekenntnis selbständig arbeitendes kirchliches Organ, so bedarf das Verhältnis des Beirats zur Kirchenleitung der Klärung. Solange der Beirat nicht im Sinne des Notrechts ein verfassungsmäßiges Organ der Kirche vertritt, wird es sich bei dieser Frage nicht um eine verfassungsrechtliche Entscheidung zu Gunsten des episkopalen oder synodalen Prinzips handeln. Die Kirchenleitung steht nach dem geltenden Recht dem Beirat in voller Freiheit gegenüber. Wie jedes einzelne Gemeindeglied Recht und Pflicht geistlicher Mitverantwortung für alles kirchliche Handeln hat, so wird auch der Beirat als die Verkörperung dieses Auftrags der Gemeinde allein kraft dieses Rechts und dieser Pflicht der Kirchenleitung zur Seite stehen, d. h. aber, daß der Beirat, wenn er auf Grund von Schrift und Bekenntnis Entschließungen faßt, an diese Entschließungen gebunden ist und nicht nachher auf Grund andersartiger Erwägungen auch wieder anders kann. Er wird auch solche Entschließungen nicht anders als in der Erwartung an die Kirchenleitung weitergeben können, daß sie dort in derselben Verantwortung vor Schrift und Bekenntnis aufgenommen und behandelt werden. Auch dann noch bleibt die erste und entscheidende Verantwortung bei der Kirchenleitung, denn die Kirchenleitung ist in der Bindung an Schrift und Bekenntnis auch der Gemeindevertretung gegenüber frei. Aber es wird für die gemeinsame Arbeit und für das kirchliche Vertrauen entscheidend sein, daß die Maßnahmen der Kirchenleitung von dem ernsten Hören und Aufnehmen der auf Grund der Schrift vorgebrachten Anliegen Zeugnis geben.

3. Ist der Beirat verantwortliche Vertretung der Gemeinde, so wird sich seine Arbeit nicht auf bestimmte Einzelheiten etwa kirchenpolitischer Art beschränken, sondern er wird das gesamte kirchliche Leben in seine Mitverantwortung nehmen müssen. Damit ist aber gerade heute eine sehr umfassende Aufgabe gegeben. Es ist in den letzten Jahren immer deutlicher in Erscheinung getreten, in wie starkem Maß die bisherige Kirchen- und Gemeindeordnung von außerkirchlichen Einflüssen gestaltet war und wie ungenügend sie sich in den Stunden der Entscheidung erwiesen hat. Es müssen Wege gesucht werden, um die bisherige mangelhafte Ordnung durch eine Kirchenordnung zu ersetzen, in der das Predigtamt, das Besuchsamt, die Ordnungen für Taufe und Abendmahl, die Gottesdienstordnung und die Gemeindeordnung von wahrhaft kirchlichen Gesichtspunkten gestaltet sind. Dies ist um so dringlicher, als die Neuordnung des kirchlichen Lebens auf alle Fälle in Angriff genommen wird, wenn nicht von der Kirche selbst, dann von außerkirchlichen Kräften. So wird

der Beirat alle nur möglichen Vorarbeiten für diese Gesamtaufgabe leisten müssen und wird auch in den augenblicklich besonders dringlichen Einzelaufgaben (kirchliche Lehrzucht, Neubearbeitung des Kirchenbuchs II, insbesondere der Konfirmationsordnung, Vorbereitung einer neuen Wahlordnung) diese Gesamtaufgabe vor Augen haben müssen.
Der Landesbruderrat: Dipper.

Der Brief an den Ausschuß des Beirats wurde in einer Sitzung des Landesbruderrats am 7.1. 1937 beschlossen. Über diese Sitzung schrieb Oberkichenrat Pressel am 9.1. 1937 An die Mitglieder des Landesbruderrats[30]:

Liebe Herren und Freunde!

I

Ich habe in der letzten Landesbruderratssitzung im Anschluß an die Ausführungen von Freund Martin Haug u. a. gesagt, ich sei auch in Bezug auf führende Männer der Bekennenden Kirche im Norden freigeworden von Illusionen und von der Hoffnung auf Menschen. Als Illustration dazu und zugleich als Zeichen, wie besonders im Laufe des letzten halben Jahres ernsthafte und ehrliche Versuche zu einem Zusammengehen innerhalb der Bekennenden Kirche immer wieder an menschlichen Unarten und Sünden scheitern, gebe ich Euch in Abschrift Kenntnis von einem neuesten Schreiben Niemöllers an Professor Hermelink vom 5. 1. 1937.[31]

Hiezu bemerke ich: Hermelink hat aus eigener Initiative, jedoch im Einverständnis mit Landesbischof Wurm seinen Plan der Neuorganisation der DEK[32] (lutherisch, uniert, reformiert – mitsamt einer Reihe von guten Einzelvorschlägen) mit von Soden besprochen, auch dessen Zustimmung im wesentlichen gefunden und dann mit Niemöller besprochen. Von Soden wollte über diese ganzen Fragen und neuen Vorschläge bei Gelegenheit auch mit den Herren von der VKL sprechen. Die Eingliederungsfeier von Braunschweig in den Lutherischen Rat[33] fand am Mittwoch, 6. Januar, statt. Zoellner hat im Rahmen der Gesamtveranstaltungen, aber nicht bei dem Eingliederungsakt selbst, eine Predigt gehalten,

---

30 OKR Stuttgart, Registratur, Generalia Bd. 115 h.
31 Siehe Bd. 4, S. 906 f. Das dort genannte Datum des Briefes (15.1.1937) ist zu berichtigen in »5.1.1937«.
32 Siehe Bd. 4, S. 897–906.
33 Vgl. Dokumente des Kirchenkampfes II, Teil 2, S. 1297f. und das Schreiben des Bruderrats der Evang. Kirche der APU vom 26.1.1937 an Wurm (LKA Stuttgart, D 1, Bd. 135).

von der die Hörer mit großer Anerkennung gesprochen haben. Da Braunschweig durch den Reichskirchenausschuß im Einvernehmen mit dem Landesbruderrat in Braunschweig und mit Bischof Johnsen seinerzeit neu geordnet wurde, war die Teilnahme Zoellners an dieser Feier ebenso begründet wie an der sächsischen in Dresden. Was Niemöller mit der Bemerkung meint, »ohne irgendwelche Benachrichtigung der Bekennenden Kirche«, so verstehen wir diese Bemerkung nicht. Die Bekennende Kirche von Braunschweig war bei der Festfeier selbst beteiligt, und die ganze Veranstaltung trug, auch durch ein demütiges Wort von Bischof Dr. Johnsen selbst, wie wir hören, durchaus den Charakter einer Kundgebung der Bekennenden Kirche.

Die Schlußbemerkung Niemöllers ist geeignet (wie so manchesmal schon), auch den von mir in der Landesbruderratssitzung mitgeteilten und geplanten neuerlichen Versuch einer ehrlichen und sachlichen Aussprache zwischen Lutherischem Rat und VKL mit dem Ziel eines gemeinsamen Vorgehens wieder zu zerschlagen. Der Herr Bischof hat aber dem Herrn Präses mitgeteilt, daß er und die Herren vom Luth. Rat an der, übrigens inzwischen aus anderen Gründen um eine Woche, d. h. auf die Woche vom 17. bis 24. Januar verschobene Besprechung in Frankfurt am Main festhalten, auf die, wie Briefe von Brüdern aus dem Norden und Osten zeigen, viele mit großer Erwartung sehen! Aber es scheint, daß jeder ernst gemeinte Versuch, die heillose Zerfahrenheit und Zersplitterung der evang. Kirche (und nun angesichts der auf uns zukommenden großen Bedrohung!) zu überwinden und sich fester und enger zu gemeinsamem Zeugnis und gemeinsamer Abwehr zusammenzuschließen, immer wieder sabotiert werden muß! Auch von dieser Sachlage her ist das Bemühen des Luth. Rats um engeren und festeren Zusammenschluß der einander innerlich, geschichtlich und ihrer ganzen Struktur nach verwandten Kirchen gerechtfertigt.

II

1. Gerne würde ich mich heute auch noch ausführlicher äußern zu den in der letzten Landesbruderratssitzung wieder aufgetretenen Gegensätzen. Ich will mich aber heute darauf beschränken:

Was mich immer wieder in einen gewissen Gegensatz zu manchen Freunden bringt, ist der Eindruck, daß teilweise eine Auffassung vom Wesen der Kirche vertreten wird, die nach meiner Schriftkenntnis und nach meinem Verständnis der Bekenntnisschriften nicht statthaft ist. Es will mir scheinen, daß immer wieder durcheinandergeworfen wird die

Kirche, die wir glauben, und die Kirche, die wir sehen, mit der dann naheliegenden Versuchung, die geschichtlich-konkret greif- und faßbare Bekennende Kirche mit ihren Ordnungen in Eins zu setzen oder zu sehen mit der »Kirche Jesu Christi«, an die wir glauben. Da ist man schon nahe bei den Naumburgern und der Sozietät und ihren offiziellen Förderern in und außer Württemberg. Und das habe ich immer vermißt, daß der Landesbruderrat gegen diese eng mit Dahlem zusammenhängende, dogmatisch und kirchenpolitisch so bedenkliche Haltung nicht ebenso energisch und hörbar Front gemacht hat wie gegen die ihm so bedenklich scheinende, angeblich konfessionalistische Entwicklung des Luth. Rats, um Gemeinden und Pfarrer, besonders aber unsere jungen Amtsbrüder vor solchen Fehlentwicklungen zu schützen und ihnen aus der eingetretenen Verwirrung und Ratlosigkeit zu helfen. Und da hätte m. E. der Landesbruderrat sein Wächteramt unbedingt auch ausdehnen müssen auf die zahlreichen, m. E. schrift- und bekenntniswidrigen Irrtümer, wie sie heute in vielen Lehräußerungen und Maßnahmen innerhalb der Bekennenden Kirche zum Ausdruck kommen. Ich erinnere da nur an die viel besprochenen und viele verwirrenden Ausführungen Bonhöffers in Heft 6 der »Evang. Theologie« oder an die Beschlüsse der Naumburger Synode[34], die u. a. zu Feststellungen kommt (in ihren schillernden Sätzen betr. Kirchengewalt), durch die man es grundsätzlich anscheinend nicht mehr wahr haben will, daß es (gemäß CA 28 und 15) Ordnungen in der Kirche gibt, die »nicht notwendig zur Seligkeit« sind. Kein Wunder, wenn dann praktisch auf seiten der Sozietät die Konsequenz angedeutet wird, daß man unter Bestreitung der geistlichen Autorität des Landesbischofs die »von den Bischöfen und Pfarrherren gemachten Ordnungen, die um der Liebe und des Friedens willen zu halten sind, damit ... keine Unordnung sei« (CA 28), nicht mehr zu beachten habe, offenbar, weil sie »bloß menschliche, auf menschlicher Autorität beruhende« Ordnungen (Tract 63!) sind und weil man dort das »positive Recht« verachtet.

Weil der Landesbruderrat mit der von ihm eingenommenen Haltung »in der Mitte zwischen VKL und Luth. Rat« doch m. E. keine klare Stellung gegenüber der VKL (wohl aber gegenüber dem Luth. Rat) eingenommen hat, verstärkte sich draußen der Eindruck, daß der Landesbruderrat doch die Dahlemer Linie vertrete. Seine Basis ist m. E. mit aus diesem Grunde – nach Absplitterung der Sozietät draußen – im Lande immer

---

34 1. Schlesische Bekenntnissynode in Naumburg, 1. bis 4.7.1936; vgl. Niemöller, Handbuch, S. 129; Dokumente des Kirchenkampfes II, Teil 2, S. 814–825, 1120–1124, 1259–1265, 1320–1322, 1330-1332; Bd. 4, S. 875.

schmäler geworden. Und deshalb, weil es auch hier heißt »Nur die Wahrheit kann uns frei machen«[35], war und bin ich der Meinung, daß der Landesbruderrat – nicht erst jetzt – darüber Klarheit gewinnen muß, ob die Leute, die er als Landesbruderrat leiten will, hinter ihm stehen, sich von ihm leiten lassen und durch ihn mit ihren Anliegen vertreten sein lassen wollen!

2. Wie ich höre, ist meine letzthin wiederholte Forderung, bei der Einsammlung der Beiträge den Willen der Stifter entscheiden zu lassen und die durch die Vertrauensleute und den Bruderrat so gesammelten Gelder teils an den Notbund, teils an die Hilfskasse des Luth. Rats abzuführen, nachher so gedeutet worden, als wollte ich den bestehenden Riß organisieren und so eine Abstimmung »hie Dipper – hie Pressel« herbeiführen! Ich erkläre dazu, daß es mir herzlich leid und schmerzlich ist, daß mir solche Absicht unterstellt wird! Ich habe solche Absicht nicht!

3. Im übrigen will ich mich unter Festhalten an dem von Dipper gemachten Vorschlag Ziffer 3[36] in Bälde über meine Beurteilung des Landesbruderrats und meine künftige persönliche Stellung noch eingehender äußern. Ich glaube allerdings, daß die weiter und rasch sich zuspitzende Gesamtlage der Kirche im nackten Existenzkampf uns bald vieler, uns jetzt noch untereinander Not machender Fragen entheben und uns noch vor viel unmittelbarer uns bedrängende. Aufgaben stellen wird. Deren Lösung und Bewältigung wird von uns allen mehr Glauben als Theologie verlangen.

Einstweilen mit brüderlichem Gruß W. Pressel.

Zu derselben Sitzung schrieb Pfr. Metzger ebenfalls am 9.1. 1937 an Pfr. Dipper[37]*:*

Lieber Freund!

Als einem, der in der letzten Sitzung des Landesbruderrats am 7.1. 1937 geschwiegen hat, ist es mir vielleicht erlaubt, nachträglich noch ein paar grundsätzliche Worte zu dieser denkwürdigen Sitzung zu sagen. Denkwürdig nenne ich sie darum, weil sie in seltener Klarheit das Nebeneinander und Gegeneinander von zwei Auffassungen zeigte, die nichts miteinander zu tun haben, die einander ausschließen und zwischen denen sich der LBR entscheiden mußte und vielleicht unausgesprochen auch

---

35 Joh. 8,32.
36 Ziffer 3 des Schreibens von Dipper vom 7.1.1937, siehe S. 19 f.
37 OKR Stuttgart, Registratur, Generalia, Bd. 115 h.

schon längst entschieden hat. Es erscheint mir wichtig, Dir diese Sicht der Dinge einmal als dem Vorsitzenden vorlegen zu dürfen, da ich glaube, daß, ihre Richtigkeit vorausgesetzt, hier auch der Weg für die Zukunft unseres kirchlichen Einsatzes deutlich gemacht werden kann – für den LBR und für alle, die mit der Parole von der »Bekennenden Kirche« noch den ursprünglichen geistlichen Sinn verbinden.

Unsere letzte Sitzung war in ihrem ersten Teil vorwiegend bestimmt durch ein geistliches Selbstverständnis des LBR. Wir erkannten uns hier als Glieder am Leibe des Christus, unabdingbar in seine Nachfolge gerufen und damit auf den Weg der Demut gestellt. Hier, bei dieser Haltung, verschwand mit einer erstaunlichen Selbstverständlichkeit die Frage der Selbstrechtfertigung. Weder in der Gestalt einer Frage nach der Legitimation noch in der Gestalt einer Frage nach dem Erfolg wurde sie von den allermeisten der Brüder geduldet. Legitimation? Wenn der LBR von der Gnade des Christus lebt, die ihn auf den Christusweg der Selbstverleugnung stellt, dann ist er nicht abhängig von der Legitimation durch Menschen. Er lebt dann weder von der Gnade der Bekenntnisgemeinschaft oder des Oberkirchenrats, noch stirbt er am Verlust dieser Gnade. Erfolg? Wenn der LBR von der Gnade des Christus lebt, läßt er sich an dieser Gnade genügen. Er lebt dann nicht von den Erfolgen, die sein Wirken bei der Bekenntnisgemeinschaft oder beim Oberkirchenrat aufweist, und er stirbt nicht an den Mißerfolgen, die er hier erlebt.

Es ergab sich mit ebenso erstaunlicher Eindeutigkeit, daß dem LBR nur die eine Möglichkeit blieb, die Dein großes Eingangswort als die Möglichkeit des Weitermachens in der seitherigen geistlichen Weise bezeichnet hatte. Wenn hier gelegentlich das Wort »Weiterwursteln« fiel, so war das keine ernstgemeinte und keine zutreffende Beurteilung des Weges des LBR, sondern nur die hypothetische Außenansicht der Dinge; der Weg des Christus in die Selbstverleugnung dürfte ja wohl meistens diesen oder ähnlichen Mißverständnissen der Außenstehenden ausgesetzt sein. Es blieb, so erschien es wiederum den meisten der Freunde, hier in schlichter Klarheit nur das Eine als Aufgabe: Christus gehorsam zu sein, an ihm zu bleiben, und darum auch mit all denen verbunden zu sein, über die er gleichfalls als über die Seinigen regiert.

In die Praxis des kirchlichen Lebens der Gegenwart übertragen ergaben [!] sich daraus dem LBR eine doppelte Aufgabe. Erstens (so stellte es die Sitzung in eindringlichen Zeugnissen heraus) gelte es, die Lage der andern Glieder der Kirche wirklich zu verstehen. Ob es sich um die Nöte einer Kirchenregierung handle oder um die Nöte von bekennenden Gemeinden und Brüdern, es gelte zuerst einmal sich in ihre Lage hineinzustellen, ihre Nöte mitzutragen und ihre Aufgaben mit zu unterstützen. Es war mir freilich dabei klar, daß diese Aufgabe alles andere sei als ein Zuschauen; was wir hier tun, wenn wir als Glieder des Leibes mit den andern mitleiden[38], bedeutet zugleich auch die Verantwortung, sich über die Ursachen dieses Leidens klar zu werden. Wenn das Auge schmerzt, weil es in die Sonne geschaut hat, wenn der Magen streikt, weil er falsche Nahrung bekam, so besteht das Verständnis der andern Leibesglieder zugleich in dem energischen Drängen auf Abstellung der den Schmerz verursachenden Ursachen. Und so führt die genannte erste Aufgabe unmittelbar zu der zweiten, die der LBR immer mit immer größerer Deutlichkeit gesehen hat: der Aufgabe des Zuspruchs, der Mahnung, der Warnung, an alle diejenigen Glieder, die dem Leibe der Kirche durch ihr eigenes Verhalten Schmerzen bereiten. Dabei ist es dem LBR immer deutlich gewesen, daß er eben damit nicht die Brüderlichkeit aufhob, sondern betätigte und daß er, wenn er z. B. der Aufspaltung der Kirche durch den konfessionalistischen Bazillus aus geistlichen Gründen entgegentrat, damit die Solidarität mit den am meisten gefährdeten Vertretern dieses Irrwegs bewies.*

Bei diesem geistlichen Selbstverständnis des LBR liegt seine Macht ganz im Gehorsam des Glaubens und der Liebe, den er betätigt, und seine Ohnmacht in dem vielfachen Versagen, dessen er sich hier schuldig macht. Daß er im Gehorsam des Christus stehe, kann er nur unter Beweis stellen, indem er dem Worte des Christus Raum bei sich selber gibt und durch sein Zeugnis Raum bei den Brüdern schafft und indem er dem Geiste des Christus offen steht und sich befleißigt, die Einigkeit im Geiste zu halten durch das Band des Friedens.[39] Welche Stellung zu den augenblicklichen kirchenpolitischen oder theologischen Fragen er auch einzunehmen genötigt ist, er wird nicht durch diese Stellungnahmen sich bestimmen lassen, so unerläßlich sie sind, sondern immer neu zu dem Worte zurückkehren, aus welchem sie hervorwuchsen, und zu dem Geiste rufen, in welchem sie allein wahr sein können.

Diesem geistlichen Selbstverständnis des LBR, das den ersten Teil vorwiegend bestimmte, trat nun zur Überraschung wohl einiger Freunde gegen das Ende der Sitzung immer stärker ein anderes Verständnis entgegen, von dem wir wohl zunächst empfanden, daß es anders sei, ohne uns gleich klar darüber zu sein, was denn an ihm anders wäre. Wir verspürten es zunächst nur schmerzlicherweise als Störung, merkten, daß hier ein

---

38 1. Kor. 12, 26.
39 Eph. 4, 3.

Glied am Leibe der Kirche in radikalem Widerspruch zu dem stand, was wir als lebensnotwendig erkannt hatten, und folgerten vielleicht auch noch, daß hier eine schwere Erkrankung vorliege, die unsre gesamte liebende Abwehrkraft auf den Plan rufen müsse, um uns gegen eine Ansteckung nicht bloß selber zu schützen, sondern auch den irgendwie von solcher Erkrankung Betroffenen verstehend und mahnend beispringen zu können. Ich will es einmal das Verständnis des LBR von seiten des alten Kirchentums nennen, obwohl dieser Ausdruck bei einem unsrer Freunde leidenschaftlichen Widerspruch erregt hat.

Im Unterschied von dem geistlichen Selbstverständnis, das der LBR als hohe Pflicht, als das »Gesetz des Christus«[40] zu erkennen sich mühte, trat hier in unsrer Sitzung ein Denken in Erscheinung, das von der Machtfrage bestimmt war, wie sie in den Bereichen »dieser Welt«, und also wohl auch bei den herkömmlichen Auffassungen von Gemeinde, Amt und Kirchenregierung gültig ist. Mit Zwangsläufigkeit mußte hier der LBR als ein (kirchen-)politischer Machtfaktor gewertet oder abgewertet werden, der mit seiner »Macht« entweder fördernd oder hemmend andern Machtkonstellationen zur Seite tritt, um irgend ein sog. kirchliches Ziel zu erreichen bzw. die Erreichung eines andern derartigen Ziels zu vereiteln. Und mit Zwangsläufigkeit trat hier alsbald die Doppelfrage nach der Legitimation und nach den Auswirkungen in Erscheinung. Denn für das Machtdenken, auch in seiner kirchlichen, unter uns wirksamen Gestalt, ist es eine primäre Frage: Wer steht hinter der Stimme, die ich hier höre? Ist der Kreis genügend groß, so muß man dem Anliegen irgendwie Beachtung schenken, es mit einstellen in die Reihe der kirchlichen Machtfaktoren und es, sofern es einem unerwünscht erscheint, durch irgendwelche Gegenkräfte kompensieren. Ist der Kreis dagegen nur klein, so kann man ruhig darüber zur Tagesordnung weggehen, auch wenn (geistlich betrachtet) dort die Stimme Christi hörbar sein sollte. Und ebenso wie die Frage der Legitimation ist auch die der Auswirkungen, des »Erfolgs« für das Machtdenken eine vordergründige Frage. Man erwägt hier die Äußerungen nicht so sehr auf das sachliche Gewicht hin, das sie durch ihre Gebundenheit an das Wort und den Geist des Christus etwa beanspruchen können, sondern man schätzt den Radius ab, in welchem diese Stimme etwa hörbar werden kann, und den Erfolg oder Mißerfolg, der ihr etwa dabei beschieden sein dürfte; von diesen Gesichtspunkten aus nimmt man dann zu der betreffenden Stimme Stellung. Wie alles Machtdenken ist auch das »kirchliche«

---

40 Gal. 6, 2.

durchaus an den Kairos gebunden; denn das Spiel der Kräfte wechselt ja dauernd, und was etwa im Frühjahr 1933 durchaus übergangen werden konnte, erschien etwa im Herbst 1933 als beachtliche geistige Potenz, um dann bei neuer Konstellation der Kräfte wieder in den Hintergrund gedrängt zu werden. Die Abhängigkeit des Machtdenkens von den Ereignissen der Gegenwart, von den gestrigen Telephongesprächen und von den heutigen Empfängen im Ministerium und von den morgigen Besprechungen im Kreise von den und jenen Machtvertretern, ist ja durch die Erlebnisse der letzten Jahre tausendfach unter Beweis gestellt.

In unsrer Sitzung nun kam dieses Denken in den ganz konkreten Forderungen zum Ausdruck, der LBR müsse seine Legitimation nachprüfen, also etwa sein Amt in die Hand der Vertrauensleute zurücklegen (von welchen er es übrigens nie empfing; die eigentliche Instanz wäre hier die Esslinger Synode[41]), und die Vertrauensleute ihrerseits müßten zu der hier nötigen Abstimmung ihrerseits wieder dadurch bevollmächtigt werden, daß sie in ihren Bezirken sich des Vertrauens ihrer Amtsbrüder usw. versicherten. Da der LBR sich niemals Machtbefugnisse anmaßen wollte (das eine Mal, wo er es tat, ist er nachher durch eine Erklärung seines Vorsitzenden wieder zurückgegangen), fehlte dem LBR in seiner Sitzung offensichtlich das Organ, um diese Forderung auch nur aufzunehmen; sie wäre doch wohl sonst nicht so unbeachtet und unverstanden unter den Tisch gefallen. Daß das so ging, ist kein Zufall; für ein geistliches Denken ist ein solches Rechnen mit parlamentarischen Mehrheiten usw. eine höchst fremdartige Sache. Die Forderung selbst verrät nur, daß man nicht verstehen kann, wie man in der Kirche das Handeln von Brüdern strikte ablehnen kann als irrig und doch in der Solidarität der Not und der Schuld durch die Liebe mit ihnen bleiben kann.

Auch die dem Machtdenken nötig erscheinenden Forderungen hinsichtlich der künftigen Auswirkungen des LBR wurden mit innerer Folgerichtigkeit gestellt. Der von Dir als zweite Möglichkeit genannte Weg der (machtpolitisch zu verstehenden und zu wertenden) Opposition konnte für die Einstellung des LBR in ein neues kirchliches Kräftesystem selbstredend nicht in Frage kommen; er wurde abgelehnt, nicht etwa, weil er dem geistlichen Selbstverständnis des LBR nicht entsprach (aus diesem Grund hatte er bei uns andern von vornherein keinen Anklang gefunden), sondern weil eine Opposition machtpolitisch unerwünscht ist. Es blieb tatsächlich nur der Weg des Verzichts (die dritte von Dir genannte, für uns

41 Arbeitstagung der Württ. Bekenntnisgemeinschaft in Esslingen/Neckar vom 9. bis 13.10.1935, siehe Bd. 4, S. 385.

unmögliche) Möglichkeit: »Der LBR muß weg von der Bemühung um das Kirchenregiment, sich zurückziehen von der Kirchenpolitik.« Die etwa im LBR vorhandenen Kräfte müssen auf ein Feld geleitet werden, wo sie die machtpolitischen Faktoren auf dem Gebiet der hohen Kirchenpolitik nicht immer stören. Kann der LBR nicht Ja sagen zu dem von der Kirchenleitung eingeschlagenen Kurs, so soll er wenigstens dazu schweigen und die Kirchenpolitik denen überlassen, die dazu berufen sind. Daß man tatsächlich »zwischen OKR und Sozietät, zwischen Lutherischem Rat und VL« stehen kann, wenn man nämlich in einem geistlichen Gehorsam zu stehen sich bemüht, wird hier als Möglichkeit rundweg bestritten.

Auch die zuletzt in Erscheinung tretende Forderung nach Aufspaltung der Bekenntnisgemeinschaft in Leute, die die VL unterstützen und Leute, die die Lutheraner unterstützen, entspricht durchaus dem Urteil des Machtdenkens, daß eine Haltung, welche einfach schlicht die notleidenden Brüder unterstützt, innerlich unmöglich sei. (Daß sie etwa durch Niemöllers Kündigung äußerlich unmöglich werden könnte, liegt ja nicht in unsrer Hand; wir können auch dort nur warnen und protestieren um Christi willen.) Alles in allem war die Stimme des Machtdenkens in sich selbst völlig konsequent; sie mußte freilich dem geistlichen Selbstverständnis gegenüber als durchaus andersartig erscheinen.

Ob die Aufforderung noch nötig ist, der LBR möchte sich zwischen diesen beiderlei Verständnissen seines Auftrags entscheiden? Ich möchte nach dem, was wir im Jahr 1936 miteinander gearbeitet haben, annehmen, daß die Entscheidung längst gefallen ist, wodurch freilich nicht ausgeschlossen ist, daß wir von der andern Haltung ständig als Versuchung bedroht sind. Ich möchte glauben, daß der LBR in großer Einmütigkeit die machtpolitische Deutung seines Daseins und damit die Einreihung in die Machtgebiete des alten Kirchentums völlig und klar ablehnt und daß er den Brüdern, die diese Deutung vertreten, mit Entschiedenheit und Liebe ein Nein zuruft, in dem Wissen, daß sie unsrer Fürbitte um die bewahrende Macht Gottes ganz besonders bedürftig sind.

In diesem Zusammenhang darf ich vielleicht einen Vorschlag machen. Die Vertreter unsrer Kirchenregierung im Kreis des LBR haben wiederholt erklärt, daß sie darum bäten, aus dem LBR entlassen zu werden, zum mindesten von aller Mitverantwortung entlastet zu werden. Ich glaube, nachdem mir die Verschiedenheit des Denkens hüben und drüben hinsichtlich des Verständnisses des LBR aufgegangen ist, mich diesem Wunsch nicht länger widersetzen zu dürfen. Soweit wir der Information bedürfen, sind wir sicherlich auch ferner ihrer freundlichen Mithilfe versichert. Und was die Information des OKR über uns betrifft, so bist sicherlich Du oder Dein Vertreter im Vorsitz zum Gegendienst beim OKR gerne bereit. Von der direkten Vertretung unsres OKR in unsrer Mitte kann ich mir seit der letzten Sitzung nichts mehr versprechen, da sie offenbarte, daß die grundsätzliche Verschiedenheit des Denkens das Verständnis unsrer Anliegen völlig verhindert hatte, unsre Ablehnung des Luth. Rats z. B. als Liebhaberei einiger weniger verstanden wurde (während sie aus geistlichen Erwägungen stammt), unser Einsatz für die Unzerspaltenheit der Bekenntnisgemeinschaft, um die wir heiß gerungen hatten, als unverantwortliche Stellungnahme oder Flucht oder der Entscheidung gewertet wurde usw. Und wenn das Verständnis unsrer Haltung nicht bis zum Bewußtsein durchdrang, meine ich, sei auch mit einer Vertretung dieser Haltung im OKR nicht zu rechnen. Darum könnte es vielleicht zu einer Entspannung für beide Teile werden, wenn die Verbindung künftig weniger direkt geknüpft wäre; aus der brüderlichen Solidarität fallen wir darum nicht heraus, und das Gespräch braucht darum nicht zu erlöschen.

Für die Weiterarbeit des LBR aber ergibt sich daraus, daß sie in den Bahnen zu gehen hat, die dem LBR als einem Glied am Leibe Christi[42] gewiesen sind; sie sind darum von vornherein überhaupt nicht abzustecken. Eine Hauptregel wird sein, daß der LBR vornehmlich sich mitanzustellen hat, wenn Glieder der Kirche notleiden. Wenn z. B. Volksmission und Schulung im Schwange gehen, braucht der LBR sich nicht um sie zu sorgen; wenn die KTA-Arbeit noch notleidet, bedarf sie vorläufig noch des Einsatzes von unsrer Seite. Wenn die theologischen Entscheidungen, die uns auferlegt sind, unsre Mithilfe brauchen, werden wir sie, ob aufgefordert oder nicht, ob zur Zeit oder zur Unzeit, zu leisten haben; und ebenso wird es auch mit den kirchenpolitischen Entscheidungen sein. Die Verantwortung, dem Worte nicht bloß zu gehorchen, sondern es auch zu bezeugen wider alle Verkehrung, und ebenso die Verantwortung, der Kirche nicht bloß anzugehören, sondern ihr in Mitverantwortung echt kirchliche Dienste zu tun, wird dem LBR von niemand gegeben und von niemand genommen werden können; er hat sie, solange er unter seinem geistlichen Selbstverständnis stehend dem Einen nachjagt, was not tut[43], dem Einen, das Deine Neujahrsandacht in unsrem Kreise mit den Worten aus Matth. 16 von der Nachfolge, von der Selbstverleugnung und vom Verlieren des Lebens um Christi willen umschrieb.

---

42 Vgl. die Denkschrift des LBR, S. 334–343.
43 Luk. 10,42.

Indem ich Dir für Deine Arbeit im Monbachtal in dem erfreulich großen Kreise den reichen Segen Gottes wünsche, zugleich Dir freistelle, von diesem Brief auch den andern Freunden aus dem LBR Kenntnis zu geben, grüße ich Dich in der Verbundenheit des Glaubens herzlich Dein [Metzger].

Bei seiner Sitzung am 18.1. 1937 in Stuttgart besprach der Landesbruderrat die beiden Briefe von Oberkirchenrat Pressel und Pfr. Metzger[44]:
Die Aussprache klärt hinsichtlich des Metzgerschen Briefs, daß die beiden gegensätzlichen Haltungen des geistlichen Denkens und des Machtdenkens zwar an sich zutreffend gesehen sind, daß aber die konkreten Folgerungen, die daraus gezogen werden, noch nicht klar sind. Dies gilt insbesondere für die Frage, wie weit doch auch der LBR für sein Dasein und Wirken eine Vollmacht brauche und ohne Vertrauen nicht bestehen könne; ferner für den dort gemachten Vorschlag eines Ausscheidens der Vertreter des OKR innerhalb des LBR.

Die Anliegen des Presselschen Briefes werden, soweit sie sich auf den LBR beziehen, grundsätzlich und nach der Seite ihrer praktischen Konsequenzen erwogen; die Frage wird aufgeworfen, inwieweit mit dieser Haltung die frühere Haltung Pressels überholt ist; die materiellen Fragen [werden] sehr ernstlich durchgesprochen, ob der LBR z. B. dem Luth. Rat wirklich gerecht wurde, ob er das Vertrauen noch besitzt.

Als Ergebnis der Aussprache wird festgestellt:
1. Es soll ein Gespräch mit Pressel, der aus grundsätzlichen Erwägungen der Sitzung des LBR fernblieb, gesucht werden, und er soll gebeten werden, auch fernerhin im LBR zu bleiben. Der LBR ist nicht gewillt, ihn als Bruder fahren zu lassen. Metzger soll Pressel einen Brief schreiben, um Mißverständnisse persönlicher Art auszuschließen. Weismann und Eichler werden gebeten, mit Pressel zu sprechen.

2. Der LBR beharrt dabei, daß er auch einen Auftrag in kirchenregimentlichen Fragen habe, gedenkt jedoch, nicht zu allen Einzeldingen Stellung zu nehmen, behält sich aber hier alle Freiheit vor.

3. Um zu einem Gespräch mit der Kirchenleitung zu kommen, soll versuchsweise in Zukunft auch die zur Führung dieses Gesprächs eigens berufene Stelle, der Beirat und sein Ausschuß, angegangen werden; die Entschließungen und Eingaben des LBR an ihn sollen dann jeweils zugleich auch der Kirchenleitung zugehen.

---

44 LKA Stuttgart, D 1, Bd. 96.

Auf den Rundbrief des Landesbruderrats vom 7. Januar antwortete Stadtdekan Dr. Lempp, Stuttgart, am 19.1. 1937 in einem Schreiben an den Landesbruderrat, das er auch dem Evang. Oberkirchenrat zur Kenntnisnahme übersandte[45]:

Der Landesbruderrat hat den Mitgliedern des Ausschusses des Beirats der Kirchenleitung eine Äußerung über den Auftrag dieses Beirats vorgelegt mit der Bitte um Stellungnahme. Ich erlaube mir Folgendes zu antworten.

Nach dem Erlaß des Evang. Oberkirchenrats vom 22.8. 1936[46], der die Wahl des Beirats anordnete, und ebenso nach dem Bericht des Herrn Landesbischofs bei der 1. Sitzung dieses Beirats ist der Beirat gewählt worden, damit die Kirchenleitung die Stimme der Gemeinde höre in wichtigen Fragen. Der Beirat ist nicht gedacht als ein selbständiges Organ, das von sich aus Fragen bearbeitet und das Ergebnis dem Oberkirchenrat vorlegt. Wenn er ein solches werden soll, so ist natürlich die Aufstellung einer Geschäftsordnung, die Wahl eines Vorsitzenden und die Wahl verschiedener Ausschüsse nötig, auch sonst wohl eine Gliederung des Beirats irgend welcher Art, damit nicht in jeder Frage jeder das Wort ergreift und so eine fruchtbare Arbeit durch uferlose Debatten sehr erschwert, wenn nicht unmöglich gemacht wird.

Ich glaube nicht, daß der Beirat von sich aus auf eine solche Erweiterung seiner Kompetenz und eine solche Verselbständigung hinarbeiten soll, wenigstens nicht im jetzigen Augenblick. So unentbehrlich das synodale Element in der Kirche immer sein wird, so werden doch in kritischen Zeiten die Kirchenglieder weithin dem Führer der Kirche die Vollmacht zur Leitung übergeben und sich hüten müssen, ihm Schwierigkeiten zu machen. Der Führer muß die Stimmung in der Gemeinde kennen und muß darum die Vertreter der Gemeinde hören, muß auch die Gemeinde so viel als möglich informieren. Aber Synoden werden in solchen Zeiten sich zurückhalten müssen. Sie müssen dann unbedingt handeln, wenn kein Führer da ist, der das Vertrauen der lebendigen, auf die Hl. Schrift sich gründenden Gemeinde besitzt; wie schmerzlich das ist und wie wenig vielköpfige Synoden in solchen Zeiten eine führende, vom Vertrauen der Gemeinde getragene Kirchenleitung ersetzen können, haben uns die Bekenntnissynoden der letzten Jahre zur Genüge gezeigt. Ich bin froh, daß wir in Württemberg gegenwärtig nicht vor der zwingenden Notwendigkeit stehen, durch illegales Notrecht eine Synode zu schaffen im Sinn der Kor-

---

45 Nr. A 760; vgl. Dipper, S. 151f. Das Schriftstück wurde vom Landesbischof mit dem handschriftlichen Vermerk »gut!« versehen.
46 Siehe Bd. 4, S. 779ff.

rektur oder Ergänzung der Kirchenleitung oder der Opposition gegen dieselbe. In den Fragen, die heute die brennendsten sind (Kirchenausschüsse, Aufbau der deutsch-evang. Kirche, Lutherischer Bund, Dreisäulenkirche[47]), zu urteilen halte ich für ganz unmöglich für den, der nur die württ. Verhältnisse kennt und nicht in ständiger eingehender Fühlung mit den gesamtdeutschen Verhältnissen lebt. So wenig ich z. B. von unseren württ. Verhältnissen aus eine Freude habe an dem Aufbau der deutsch-evang. Kirche als einem Bund von 3 Konfessionskirchen, so wenig wage ich zu widersprechen oder ein eigenes Urteil entgegenzusetzen, wenn die über die Gesamtlage in der DEK genau informierten Männer diesen Weg für den einzig möglichen Weg zu einer wahren Einigung erklären.

Man kann ein solches Maß von Verantwortung auf der Schulter der Kirchenleitung als eine Not bezeichnen, wie der Landesbruderrat das tut. Auf Grund meiner synodalen Erfahrung halte ich diese Not für erträglicher als die Hemmungen und Streitigkeiten und Spaltungen, die im heutigen Augenblick die schmerzliche Folge einer Kompetenzerweiterung und Verselbständigung des Beirats wären. Daß die innere Beteiligung der Kirchenglieder am Leben der Kirche abhängt von der größeren oder geringeren Kompetenz des Beirats, wie das Schreiben des Landesbruderrats meint, vermag ich nicht zu glauben. Wo die Pfarrer ihre Pflicht tun, die Gemeinde informieren und an ihrem inneren Aufbau tatkräftig arbeiten, da wird die Gemeinde gewiß verstehen, daß es heute kirchenpolitisch nichts Wichtigeres gibt als ein geschlossenes, diszipliniertes Zusammenstehen unter der Führung des Herrn Landesbischofs gegenüber den ungeheuren Gefahren, die die Kirche Christi bedrohen.

Gewiß ist es eine Not, daß das kirchliche Handeln heute gehindert ist, weil keine arbeitsfähige, verfassungsmäßige Synode besteht. Es kann kein neuer Haushaltplan Raum schaffen zur Inangriffnahme neuer Aufgaben, es können dringende Änderungen, die nur auf gesetzmäßigem Weg zustande kommen können (z. B. Neubearbeitung von Kirchenbuch II) nicht gemacht werden. Aber diese Not kann durch den Beirat, der keine verfassungsmäßige Grundlage hat, doch nicht aus der Welt geschafft werden. Soweit Vorarbeiten für diese kommenden Aufgaben jetzt schon in Angriff genommen werden können, kann die Kirchenleitung das durch Einberufung von freien Ausschüssen (wie sie das in der Frage der Konfirmationsordnung getan hat) ebenso gut oder besser tun als der Beirat, bei dem die Wahl von Ausschüssen zu solchen Zwecken eine sehr zufällige

---

47 Vgl. die Bemühungen um eine Simultanordnung für die DEK, S. 267–275. 1086–1113.

Sache würde; er hat ja auch bei seiner 1. Sitzung in Erkenntnis dieser Unfähigkeit auf die Wahl seines Ausschusses verzichtet und dessen Berufung dem Herrn Landesbischof überlassen. Es kann natürlich sein, daß der Zeitpunkt kommt, wo der Beirat sich kraft kirchlichen Notrechts als rechtmäßige Synode erklären muß. Auch davon haben uns die letzten Jahre genügende Eindrücke gegeben, wie ernst und folgenreich ein solcher revolutionärer Akt ist und wie er nur in letzter Gewissensnot verantwortet werden kann. Solche Gewissensnot ist bis jetzt in Württemberg gottlob nicht vorhanden.

Vor allem aber hat es keinen Sinn, wenn der Beirat sich mit all den zeit- und kraftraubenden und leider oft auch die Einigkeit zerstörenden Arbeiten der Kompetenzerweiterung, der Bildung einer Geschäftsordnung, der Wahl von Vorsitzenden und Ausschüssen befaßt im jetzigen Augenblick, da der Reichskirchenausschuß den Versuch macht, in rechtmäßiger Weise eine Neuordnung der kirchlichen Organe in der ganzen deutschen Kirche durchzuführen. Von einer kritischen Bearbeitung seiner Vorschläge zur Neuordnung oder von einer selbständigen Aufstellung von Vorschlägen durch den Beirat, wie der Landesbruderrat meint, kann ich mir keine wesentliche Förderung dieses großen gesamtdeutschen Werkes versprechen. Wir haben jetzt abzuwarten, ob der vom Reichskirchenausschuß unternommene Versuch gelingt und zu einem für die an die Hl. Schrift gebundene Gemeinde befriedigenden Ergebnis führt. Gelingt er nicht, dann kann der Augenblick da sein, in welchem der Beirat den Versuch machen muß, sich zu einer wirklichen Synode umzugestalten.

[Lempp.]

Direktor Hans Walz, Stuttgart, hatte als Mitglied des Beirats den Rundbrief des Landesbruderrats vom 7. Januar erhalten; er antwortete am 28. 1. 1937[48]*:*

Nach der Rückkehr von einer geschäftlichen Auslandsreise fand ich Ihre Zuschrift vom 7. dieses Monats vor, ebenso den Abdruck eines Antwortschreibens, das Herr Stadtdekan Dr. Lempp unter dem 19. dieses Monats in der durch Ihren Brief behandelten Sache an Sie gerichtet hat. Außerdem erhielt ich Abschrift eines Briefes des Herrn Senatspräsident Dr. Seeger an Sie vom 23. dieses Monats.[49]

Ich möchte nicht unterlassen, im Anschluß an die mir aus dem Herzen gesprochenen Worte des Herrn Stadtdekan Dr. Lempp auch meinerseits aus dem tiefen Gefühl der Verantwortung für unsere evang. Kirche mit

---
48 LKA Stuttgart, D 1, Bd. 96.
49 Der Brief von Dr. Seeger befindet sich nicht bei den Akten der Kirchenleitung.

eindringlichem Ernste vor dem ungeduldigen Ansinnen zu warnen, daß der Landesbeirat zur Unzeit, d.h. ohne Not durch Beanspruchung von Rechten, die ihm zunächst nicht zustehen, den Staat herausfordert. Es mag sein, daß zu einem früheren oder späteren Zeitpunkt der Stand des kirchlichen Notrechts mit gutem Gewissen und ohne Rücksicht auf etwa eintretende Folgen wird verkündet werden müssen. Aber dieser Fall liegt zur gegenwärtigen Stunde nicht vor. Es hat keinen Sinn, nach unreifen Früchten zu greifen. Der weltlichen Macht könnte zum Nachteil der evang. Sache kein geeigneteres Stichwort zum Eingriff und Angriff geliefert werden als rechtliche Kompetenzüberschreitungen des Landesbeirats. Durch ein solches Vorgehen würden wohl auch die derzeit schwebenden Verhandlungen des Reichskirchenausschusses um eine vernünftige Neuordnung der kirchlichen Organe gestört. Gewiß ist zu bedauern, daß die vorhandenen verfassungsrechtlichen Organe wegen Lähmung ihrer Funktionsfähigkeit die kirchliche Neuordnung hemmen, andererseits richten sie, abgesehen von ihrer Passivität, doch auch keinen unmittelbaren Schaden an.

Schließlich dürfen Sie nicht verkennen, daß Sie dem Beirat, wenigstens dessen Laien-Mitgliedern, eine unmögliche Aufgabe zumuten, wenn Sie verlangen, er müsse im jetzigen Stadium der Entwicklung »das gesamte kirchliche Leben in seine Mitverantwortung nehmen«. Kann ein Mensch überhaupt gewissenhafterweise Verantwortung übernehmen für Dinge, hinsichtlich deren er sich kein bis in die Einzelheiten zutreffendes objektives Urteil zu bilden vermag, weil ihm neben dem den Tag über auszuübenden Hauptberuf die Zeit und Kraft fehlt, sich den richtigen Ein- und Überblick zu verschaffen und weil ihm in diesem oder jenem Falle auch das Fachwissen abgeht? Ich für meinen Teil lehne es ab, bei notgedrungen nur oberflächlicher Kenntnis der Einzelvorgänge sowie der in Betracht kommenden geistigen Strömungen und theologischen Richtungen in kirchlichen Entscheidungen zu dilettieren. In so tief aufgewühlten Zeiten wie den heutigen muß ohne Sturm und Drang abgewartet werden, bis die Gegensätze sich ausreifen. Wenn die widerstreitenden Probleme sich einigermaßen geklärt haben derart, daß die zur Erörterung stehenden Fragen auf einen relativ einfachen Nenner gebracht werden können, dann wird auch für Beiräte oder Ausschüsse und für die Laienmitglieder in ihnen die Zeit gekommen sein, bei vereinfachter Fragestellung Entscheidungen nach bestem Wissen und Gewissen zu treffen.

Einstweilen kann es sich nur darum handeln, nicht selber bestimmen zu wollen, sondern zu dienen, zu helfen und zu stützen. Dies geschieht am besten dadurch, daß man den berufenen Führern der Kirche, insbesondere dem Herrn Landesbischof, das nötige Vertrauen entgegenbringt, solange man die Überzeugung haben darf, daß sie das Vermächtnis Christi gemäß der Heiligen Schrift und der evangelischen Auffassung gegen alle Verfälschungen und Anmaßungen wahren. Da diese letztere Voraussetzung ohne Zweifel gegeben ist, besteht der zur Zeit allein mögliche und würdige Weg der Mitwirkung in kirchlichen Fragen darin, sich der Kirchenleitung zur Beratung zur Verfügung zu halten. Die Kirchenleitung wird ihrerseits sicher jederzeit gerne bereit sein, von außen kommende ernste Anregungen gewissenhaft zu prüfen, wie auch für uns alle noch die Zeit kommen wird, mit allen Kräften und Gaben mitzuarbeiten. Hans Walz.

Auf die ihm zugegangenen Schreiben wandte der Landesbruderrat am 2.2. 1937 sich noch einmal in einem zweiten Rundbrief An den Ausschuß des Landesbeirats der Kirchenleitung[50]:

Auf das Schreiben des Landesbruderrats vom 7. Januar sind uns verschiedene Äußerungen von Mitgliedern des Ausschusses zugegangen. Namens des Landesbruderrats danke ich herzlich für diese Äußerungen, die alle zusammen ein Zeugnis dafür sind, daß der Ausschuß des Landesbeirats bemüht ist, Anliegen, die ihm vorgebracht werden, ernstlich zu hören und zu prüfen. Da der Landesbruderrat vor der nächsten Sitzung des Ausschusses nicht mehr zusammentritt, sei es mir erlaubt, in eigener Verantwortung eine persönliche Erwiderung zu diesen Äußerungen den Mitgliedern des Ausschusses vorzulegen.

Das Schreiben des Landesbruderrats wurde vielfach so verstanden, als wollte der Landesbruderrat den Beirat veranlassen, zusammen mit der Kirchenleitung das kirchliche Notrecht zu proklamieren. Dies ist ein Mißverständnis. Der Landesbruderrat ist mit allen Mitgliedern des Ausschusses darin einig, daß eine Proklamierung des Notrechts im jetzigen Augenblick nicht in Frage kommt. Das Schreiben geht vielmehr davon aus, daß für die Anliegen, die der Landesbeirat der Kirchenleitung vorlegt, zunächst das geltende Recht gehandhabt werden muß in derselben Art, wie bisher der Landesbruderrat bei seinen Eingaben an die Kirchenleitung stets auf das geltende Recht Bezug genommen und zu zeigen versucht hat, wie innerhalb des derzeitigen Rechtszustandes diese Anliegen wahrgenommen werden können. Eine Proklamierung des Notrechts ist in dem Schreiben erst dann vorgesehen, wenn sich »das geltende Recht als so

---

50 LKA Stuttgart, D 1, Bd. 96; vgl. Dipper, S. 152.

zerstört, so lückenhaft erweist, daß für die Verkündigung des Evangeliums und für den Aufbau der Gemeinde daraus ernster bleibender Schaden erwächst«. Daß dieser Fall eintreten kann, wird von keinem Mitglied des Ausschusses bestritten.

Ein weiteres Mißverständnis ist die Annahme, der Landesbruderrat lege dem Beirat nahe, seine Zuständigkeit in eigenmächtiger Weise zu erweitern. Dies trifft nicht zu. Solange der Landesbeirat nicht gezwungen ist, sich kraft Notrechts an die Stelle des rechtmäßigen Organs der Gemeindevertretung, also des Landeskirchentags zu setzen, besitzt er überhaupt keine rechtliche Zuständigkeit. Der Landesbeirat hat weder der Kirchenleitung gegenüber noch der Gemeinde gegenüber irgend welche rechtlichen Mittel, um seinen Anliegen Geltung zu verschaffen. Er hat nur die Möglichkeit, sich in allen kirchlichen Entscheidungen auf das Wort der Schrift und auf die Bekenntnisse der Väter zu besinnen und von dort aus sein Zeugnis zu diesen Entscheidungen laut werden zu lassen. Diese Zuständigkeit besitzt jedes einzelne Gemeindeglied, auch ohne daß es Mitglied einer kirchlichen Vertretung ist. Da in der Gemeinde weithin die Bedeutung eines solchen geistlichen Zeugnisses verkannt wird, sucht das Schreiben des Landesbruderrats darzulegen, was ein solches geistliches Zeugnis in einer Kirche haben kann und haben muß, die sich »evangelisch«, also Kirche des Wortes Gottes nennt. Es sucht zu zeigen, daß der Landesbeirat sich in diesem Fall auf diejenige Autorität gründet, aus der überhaupt erst alles kirchliche Handeln, alle kirchliche Ordnung und alles kirchliche Recht entspringt. Dabei ist ausdrücklich hervorgehoben, daß die Kirchenleitung dem Landesbeirat gegenüber nicht nur juristisch keine Verpflichtung hat, sondern daß sie in der Bindung an Schrift und Bekenntnis auch geistlich dem Zeugnis des Landesbeirats in Freiheit gegenüber steht.

Die Absicht unseres Schreibens war vielmehr, dazu mitzuhelfen, daß der Landesbeirat eine wirklich kirchliche Existenz erhalte. Der Landesbeirat ist Vertretung der Gemeinde. Die Mitglieder des Landesbeirats wurden nicht von der Kirchenleitung nach eigener Wahl berufen, sondern von den noch vorhandenen und arbeitsfähigen Gemeindevertretungen gewählt und von der Kirchenleitung bestätigt. Bei der ersten Sitzung des Landesbeirats wurde deutlich ausgesprochen, daß der Landesbeirat mangels einer geordneten kirchlichen Vertretung die kirchliche Funktion einer Gemeindevertretung übernehmen solle, soweit dies ohne rechtliche Befugnisse möglich ist. Der Landesbeirat solle der Kirchenleitung in ihren ernsten Entscheidungen Beistand leisten und dabei insbesondere die Stimme der Gemeinde zum Wort kommen lassen. Im Munde einer Kirchenleitung kann dies nur bedeuten, daß die Stimme der ans Wort gebundenen Gemeinde zum Wort kommen solle, das heißt, daß die Mitglieder des Beirats als Vertreter der Gemeinde von Schrift und Bekenntnis her zu den schwebenden Fragen sich äußern sollen. Entsprechend diesem Auftrag wurde für die Wahl ausdrücklich auf die geistlichen Voraussetzungen hingewiesen, die der zu Wählende erfüllen muß. Tatsächlich sind dann auch dem Landesbeirat bzw. seinem Ausschuß bisher ganz entscheidende Fragen zur Mitberatung von der Kirchenleitung vorgelegt worden (Verhältnis zu den Kirchenausschüssen, zum Luth. Rat, zu den Rehmschen Deutschen Christen, zur Volkskirchenbewegung Deutscher Christen, die Konfirmationsfrage u. a.).

Da bei den Wahlen verschiedentlich die geistlichen Voraussetzungen für das Handeln des Landesbeirats nicht deutlich besprochen wurden, glaubte der Landesbruderrat seine früher der Kirchenleitung abgegebene Äußerung nun auch dem Ausschuß des Landesbeirats zur Beratung übergeben zu sollen, damit der Landesbeirat diese Frage eindeutig klärt. Weiß er sich in seinem Zeugnis einzig dem Herrn der Schrift verpflichtet, so wird er dadurch ein Organ mit eigner Verantwortung vor dem Herrn der Kirche und ist innerlich frei gegenüber allen menschlichen Autoritäten und Stimmungen, und doch wird er mit diesem Zeugnis nicht herrschen, sondern dienen, nicht zerstören, sondern aufbauen. Nur so handelt er kirchlich. Dagegen wäre es ein völlig unkirchliches Handeln, auf Grund des persönlichen Vertrauens zu einem menschlichen Führer kirchlichen Maßnahmen zuzustimmen, ohne sie an Hand der Schrift auf ihre kirchliche Richtigkeit zu prüfen, oder von menschlichen Stimmungen Bericht zu geben, ohne die kirchliche Berechtigung der darin zum Ausdruck kommenden Anliegen zu überdenken. Will der Landesbeirat aber in diesem Sinn kirchlich handeln, dann muß er sich der Voraussetzung seines Handelns bewußt werden; daher das Verlangen des Landesbruderrats nach einer klaren Verpflichtung des Beirats. Dann braucht der Beirat selbst, insbesondere aber sein Ausschuß einen Vorsitzenden und muß gelegentlich auch intern zusammentreten, um gemeinsame Entschließungen der Kirchenleitung vorlegen zu können und nicht nur die Stimmen einzelner zu Gehör zu bringen. Dann braucht er auch ein Mindestmaß von Geschäftsordnung, damit er sich in verantwortlicher Weise mit den kirchlichen Fragen beschäftigen kann.

In verschiedenen Zuschriften ist ausdrücklich einem kirchlichen Führerprinzip das Wort geredet. So verständlich dies ist, im Blick auf die

Schwierigkeit der zur Entscheidung stehenden Frage und auf die große persönliche Autorität, die unser Herr Landesbischof in unserer Württ. Landeskirche besitzt, so muß der Landesbruderrat doch eindringlich vor solchen Tendenzen warnen. Auch das Neue Testament kennt geistliche Führer; sie stehen aber mit ihren Entscheidungen nicht über der Gemeinde, sondern in der Gemeinde. Sie ist an allen auch z. T. schwierigsten Entscheidungen mitbeteiligt. Nur so wird dem Tatbestand Rechnung getragen, daß der Herr seiner Gemeinde seinen Geist verliehen hat und daß er als ihr alleiniger Herr sie in seinem Wort durch den heiligen Geist regiert. Durch diesen Geist ist die Gemeinde ein Leib, in dem ein Glied dem andern Handreichung tut[51] in eigenem Glauben und eigener Erkenntnis, wie es der Herr einem jeden verleiht. Wird in der Kirche das Führerprinzip eingeführt, so tritt neben die Autorität des Herrn der Kirche, die er in seinem Wort geltend macht, die Autorität eines Menschen. Die ans Wort gebundene Gemeinde wird eingeteilt in solche, die den Geist besitzen, und solche, die ihn nicht besitzen. Das kirchliche Handeln wird zu einer Geheimkunst der kirchlichen Führer, und der Gemeinde wird zugemutet, sich den Feinden der Kirche gegenüber zu dem Handeln ihrer Führer zu bekennen, ohne daß sie ein geistliches Verständnis für dieses Handeln hat. Wenn wir recht sehen, hat der Herr Landesbischof gerade durch die Schaffung des Landesbeirats der hier drohenden Gefahr begegnen wollen. Ebenso sollte ihr nun auch der Landesbeirat begegnen, indem er seine geistliche Verantwortung ergreift und sich nicht selbst geistlich entmündigt. Jedenfalls muß der Landesbruderrat, der mit der gesamten Bekennenden Kirche nun jahrelang gegen die Aufrichtung menschlicher Herrschaft in der Kirche gekämpft hat, inständig darum bitten, nicht einen Augenblick dem Führerprinzip in der Kirche Raum zu geben. Die Gefahr, daß dies geschieht, ist auch in unserer Württ. Landeskirche vorhanden und hat sich in den letzten Jahren immer wieder gezeigt. Auch in dem gegenwärtigen Übergangszustand darf diesen Tendenzen nicht Raum gegeben werden. Denn wenn dies geschieht, werden sie sich auch bei und nach der Neuordnung der Kirche aufs neue auswirken.

In dem Schreiben von Herrn Stadtdekan Dr. Lempp ist auf die vom Reichskirchenausschuß in Angriff genommene Neuordnung der kirchlichen Organe hingewiesen. Wenn es auch fraglich ist, ob der Reichskirchenausschuß die Möglichkeit haben wird, seine Vorschläge zu verwirklichen, so wird es doch notwendig sein, diese Vorschläge zu prüfen. So

---

51 Eph. 4, 16.

erfreulich sie in mancher Hinsicht sind, so geben doch die nicht veröffentlichten näheren Bestimmungen zu ernsten Bedenken Anlaß. Die Württ. Kirchenleitung ist um ihre Äußerung zu dem Vorschlag des Reichskirchenausschusses gebeten worden. Es ist also möglich, zu diesen Vorschlägen noch Anliegen und Wünsche zu äußern. Wäre es angesichts dieser Tatsache nicht richtig, wenn sich gerade auch der Landesbeirat mit diesen Dingen beschäftigen würde? Handelt es sich doch hier gerade um das Anliegen der Gemeinde, in dem Handeln ihrer Leitung mitvertreten zu sein. Und gerade im Blick auf unsere württ. Gemeindeverhältnisse wird zu diesen stark konfessionell lutherisch geprägten Vorschlägen Wesentliches zu sagen sein.

Es sind endlich noch Bedenken geäußert worden gegen die umfassende Beschreibung des Aufgabenkreises des Landesbeirats in Punkt 3 unseres Schreibens, insbesondere auch unter Hinweis auf die Neubildung der kirchlichen Organe. Dazu ist zu sagen, daß damals, als diese Äußerung der Kirchenleitung übergeben wurde, von einer solchen Absicht des Reichskirchenausschusses nichts bekannt war. Im übrigen wird auch hier ein Mißverständnis vorliegen. Der Landesbruderrat wollte den Landesbeirat nicht dazu veranlassen, eine große kirchliche Betriebsamkeit zu entfalten und zu allem Unwesentlichen und Wesentlichen seine Stimme zu erheben; er wollte vielmehr darum bitten, der Landesbeirat möge sich in seiner Arbeit nicht auf gewisse kirchliche Spezialgebiete, etwa das kirchenpolitische, und nicht auf diejenigen Aufgaben beschränken, die ihm von Fall zu Fall von der Kirchenleitung zugewiesen werden, sondern er möge auch von sich aus diejenigen Anliegen aus allen Gebieten des kirchlichen Lebens bearbeiten und der Kirchenleitung vortragen, die er als unmittelbar dringliche Nöte und Aufgaben erkannt hat. Dazu rechnet der Landesbruderrat allerdings die Vorarbeiten in der Richtung auf eine neue geistliche Kirchenordnung. Es ließe sich schon jetzt manches durch die Kirchenleitung auf dem Weg über die Kirchengemeinderäte in das geltende Recht überleiten. Auch für das Kirchenbuch II, dessen Neubearbeitung ein dringendes Erfordernis ist (Konfirmationsordnung!), können schon jetzt alle Vorarbeiten aufgenommen werden. So ist es auch mit andern Anliegen. Es wäre verkehrt, mit all diesen Dingen solange warten zu wollen, bis nach einer vielleicht möglichen Neubildung der kirchlichen Organe für diese eine gelegene ruhige Zeit kommt, in der sie sich an diese Aufgaben machen. Umgekehrt wird es richtig sein. Was jetzt in treuer, biblisch klarer Arbeit vorbereitet wird, das kann von den neuen Organen dann in rascher Arbeit vollends zur restlichen Geltung gebracht werden.

Leider ist es mir nicht möglich, bei der nächsten Sitzung des Ausschusses des Landesbeirats anwesend zu sein. Es ist mein dringender Wunsch, daß der Ausschuß in der nächsten Zeit einmal für sich zusammenkommt und diese Dinge in aller Offenheit durchspricht. Die Ergebnisse dieser Beratung würden wir dann in einer Entschließung zusammenfassen und der Kirchenleitung vorlegen.

Für den Landesbruderrat: Th. Dipper.

Schon im Sommer 1936 hatte die Kirchlich-theologische Sozietät zur Frage der Ordnung der Württ. Landeskirche und damit auch zur Frage des Verhältnisses der Kirche zum staatlichen Recht eine Denkschrift verfaßt[52]*:*

Gibt es Rechtshilfe für die Evang. Landeskirche in Württemberg?

Daß eine derartige Frage entstehen kann, ist nach dem kirchlichen Recht und nach den Satzungen der Evang. Landeskirche in Württemberg nur möglich, wenn 1. entweder äußere Kräfte die rechtmäßige Anwendung der Rechtssätze der Evang. Landeskirche in Württemberg und das hiefür vorgesehene Rechtsbeschwerdeverfahren verhindern; 2. oder aber wenn Rechtsordnung und Bekenntnisstand der Evang. Landeskirche in Württemberg in Konflikt geraten sind und damit der Tatbestand der Rechtsverletzung droht oder gegeben ist.

I

Der erste Fall ist gewissermaßen eine polizeiliche Frage, die zunächst den Staat angeht und die Kirche im gegebenen Fall auf den Weg der Rechtsbeschwerde verweist. Immerhin ist zu sagen, daß nach dem bisher gültigen Recht der Staat verpflichtet ist, entsprechend seinem Ius advocatiae der Evang. Landeskirche in Württemberg diejenige Hilfe zu leisten, die solchen Rechtsmaßnahmen zukommt, welche von der Evang. Landeskirche in Württemberg in ihrer Eigenschaft als Körperschaft öffentlichen Rechts in Ausführung ihrer Rechtssatzungen getroffen worden sind oder getroffen werden sollen. Würde also z. B. das Kultministerium auf Grund des § 63 des Württ. Staatsgesetzes über die Kirchen (StGK) die Einberufung des Landeskirchentags verhindern, so wäre damit eine Rechts-

---

[52] LKA Stuttgart, D 1, Bd. 112, nach Dipper, S. 181, wurde das Gutachten am 12.6.1936 von der Sozietät verfaßt. Vgl. auch das Schreiben des LBR vom 14.5.1937, S. 327–332. Bei einer Sitzung am 11./12.1.1937 befaßte die Sozietät sich mit dem »Amt der Kirche« als Gesamtthema; siehe das Protokoll der Sitzung LKA Stuttgart, D 1, Bd. 70.

pflicht verletzt, die sich nicht nur aus dem StGK, sondern auch aus der Verfassung der Deutschen Evang. Kirche (DEK) ergibt. Würde das Kultministerium einen Beschluß des Landeskirchentags für unwirksam erklären, so hätte der Oberkirchenrat die Möglichkeit der Rechtsbeschwerde an den Württ. Verwaltungsgerichtshof. Würde eine andere staatliche Stelle die Einberufung des LKT verhindern, so hätte das Kultministerium für Rechtshilfe zu sorgen. Käme aber der württ. Staat seinen Verpflichtungen nicht nach, so wäre die Reichskirchenregierung bzw. die die Verfassung der DEK garantierende Reichsregierung anzurufen. Dies alles wird gesagt auf Grund des an sich gültigen, jedenfalls nicht aufgehobenen bestehenden Rechtszustandes.

Faktisch ist heute zweifelhaft, wie weit heute etwa noch der Württ. Verwaltungsgerichtshof und nicht vielmehr die neu errichtete Beschlußstelle der Reichsregierung bzw. das Reichskirchenministerium für Rechtsbeschwerden der Württ. Kirchenleitung zuständig ist. Daraus entsteht eine weitgehende Rechtsunsicherheit, für die auch z. B. ein etwaiger Unterschied von Rechts- und Verwaltungsbeschwerden unerheblich erscheint, weil heute alle kirchlichen Verwaltungsbeschwerden gegenüber staatlichen Organen den Charakter von Rechtsbeschwerden tragen werden. Aus dem allem ergibt sich zwangsläufig die Frage, woher die Rechtsordnung der Evang. Landeskirche in Württemberg begrifflich zu bestimmen ist und wer diese begriffliche Bestimmung zu vollziehen hat. Ohne Beantwortung dieser Frage läßt sich die bestehende Rechtsunsicherheit nicht beheben.

2. Der zweite Fall betrifft den Zweck der Evang. Landeskirche in Württemberg überhaupt und damit die Rechtsgrenze innerhalb der Rechtsordnung der Evang. Landeskirche in Württemberg. Zunächst ist im Hinblick auf die Rechtssatzungen der Evang. Landeskirche in Württemberg zu sagen, daß eine derartige Rechtsgrenze – sie ist keineswegs die einzige! – schon in dem Organ »Landeskirchentag« selber vorliegt. Der Landeskirchentag hat nicht die Möglichkeit, das Bekenntnis der Evang. Landeskirche in Württemberg zu verändern. Er hat vielmehr die Aufgabe, darüber zu wachen, daß die Rechtssätze der Evang. Landeskirche in Württemberg dem Bekenntnis entsprechen. Nur so ist der Satz im Kommentar zur Kirchenverfassung (Mayer) verständlich, »daß die kirchlichen Gesetze sich nicht in Widerspruch zu dem Bekenntnis setzen können und dürfen« (zu § 22 KV).[53] Denn das Bekenntnis ist zwar nicht Gegenstand der kirchli-

---

53 Karl Mayer, Kirchenverfassungsgesetz und Pfarrbesetzungsgesetz. (Sammlung der Gesetze der Evang. Landeskirche in Württemberg, Bd. 1.) Stuttgart ²1930.

chen Gesetzgebung. Also kann sich die kirchliche Gesetzgebung nicht in Widerspruch zum Bekenntnis setzen. Aber das Bekenntnis ist begrifflich fixierbar und hat in § 1 KV seinen Begriff gefunden. Für den in § 1 KV aufgestellten Kirchenbegriff ist maßgebend der uneingeschränkte Inhalt des Evangeliums, daß Jesus Christus, der Sohn Gottes durch den Heiligen Geist unser alleiniger Herr ist. Die Evang. Landeskirche in Württemberg darf darum auch das Erbe ihrer Väter nur als das beständige Zeugnis der Treue zu diesem Herrn verstehen. Ihn zu bezeugen, wie er durch die Bekenntnisse der Reformation bezeugt worden ist, weiß sie sich verpflichtet. Seiner Ehre hat sie ausschließlich zu dienen. Diese Verpflichtung wird im zweiten Satz des § 1 KV als die unantastbare Grundlage für die Arbeit und Gemeinschaft der Kirche erklärt. Also darf sich die kirchliche Gesetzgebung nicht in Widerspruch zu der begrifflichen Fixierung des Bekenntnisses setzen, wie sie in § 1 der KV niedergelegt ist. Daraus ergibt sich, daß der Landeskirchentag im Einklang mit der KV darüber zu wachen hat, daß die in § 1 ausgesprochene »unantastbare Grundlage« der Landeskirche auch wirklich unverletzt in Kraft bleibt. § 22, Ziff. 2 und § 23 KV wären ein Widerspruch zu § 22, Ziff. 1 und § 1 KV, wenn eine solche Wachpflicht des Landeskirchentags nicht bestünde. Aus alledem geht hervor, daß die geschichtliche Voraussetzung des Landeskirchentags, nämlich seine Herkunft aus dem synodalen Element der Evang. Landeskirche in Württemberg, auch tatsächlich durch die KV rechtlich wirksam gemacht werden sollte. Somit hat der Landeskirchentag in den Fällen Rechtshilfe zu leisten, in denen es nötig wird, die Organisation der Evang. Landeskirche in Württemberg vor bekenntniswidrigen Anordnungen oder Eingriffen oder Veränderungen zu schützen, soweit er das als Organ einer Körperschaft des öffentlichen Rechtes, dem die Wahrung des Zwecks dieser Körperschaft gegenüber allen übrigen Organen der Körperschaft anvertraut ist, wirksam zu tun vermag. Diese Rechtshilfe braucht nicht auf dem Wege der kirchlichen Gesetzgebung vor sich zu gehen (vgl. § 21,3 und § 23 KV). Daß sie sich aber mindestens auf die in § 22 Ziff. 2 KV namhaft gemachten Gegenstände der kirchlichen Gesetzgebung erstreckt, kann nicht bestritten werden.

Im einzelnen ist noch Folgendes zu sagen: a) Wenn behauptet wird, daß der einzelne in der Evang. Landeskirche in Württemberg in seiner privaten Glaubenssphäre leider weithin geschützt sei, so ist demgegenüber zu fragen, wieweit (älteres) kirchliches Recht stellvertretend einzugreifen hat, wenn die heutigen Rechtssatzungen der Landeskirche Lücken aufweisen. b) Jedenfalls ist aber auch die landeskirchliche Gemeinschaft geschützt, sofern die ganze Rechtsordnung der Evang. Landeskirche in Württemberg ihrem Zweck nach die Verpflichtung einschließt, daß jedes in der Evang. Landeskirche in Württemberg rechtlich zum Ausdruck kommende Tun, z. B. auch die Bezahlung der Kirchensteuer, dem allgemeinen Bekenntnisstand nicht schaden darf, sondern ihm zugute kommen muß.

II

Die Rechtsgrenze der Evang. Landeskirche in Württemberg ist von innen her der Zweck der Evang. Landeskirche in Württemberg, nämlich das Bekenntnis der als öffentlich rechtliche Körperschaft organisierten Bekenntnisgemeinschaft in Württemberg, welcher der Name Evang. Landeskirche zukommt. Was in dieser Landeskirche unantastbar ist, kann nicht rechtlich verändert werden, sondern nur rechtliche Folgen haben. Nun bestand aber schon von 1920 an im Hinblick auf die nach der Revolution 1918 nötig gewordene neue Überprüfung der rechtlichen Ordnungsmöglichkeiten für die Landeskirche die Schwierigkeit, daß sie mit Hilfe von Rechtsbegriffen, die gar nicht auf ihrem Boden, nämlich von ihrem Bekenntnis her gewachsen waren, ihren Bekenntniszweck zum Ausdruck zu bringen und rechtlich zu sichern hatte. Das war staatsrechtlich nur deshalb und nur solange möglich, als die Rechtsfähigkeit der so entstandenen Körperschaft öffentlichen Rechts Evang. Landeskirche in Württemberg vom Grundsatz weitgehender Selbstverwaltung her ausgelegt wurde. Man glaubte mit der Übernahme der entsprechenden Formulierung aus Weimarer Verfassung Art. 137 in den § 2 KV der Evang. Landeskirche in Württemberg nach zwei Seiten hin gesichert zu sein, nämlich einerseits in der ideellen Behauptung der Unabhängigkeit der Kirche vom Staat und andererseits im Kampf um den Mitgliederbestand der Kirche. Die Sicherung des zweiten Gesichtspunktes (Sicherung des Mitgliederbestandes) schien die Unsicherheit beim ersten Gesichtspunkt (Unabhängigkeit vom Staat) aufzuwiegen. Der Kommentator der KV (Mayer) drückt sich in der Unabhängigkeitsfrage nur sehr dürftig aus. Jedoch ist es ganz klar, daß die »Schranken des für alle geltenden Gesetzes« (§ 2 KV) zunächst eine derartige juristische Einschnürung bedeuten, daß an ihnen die ganze Rechtssatzung der Evang. Landeskirche in Württemberg scheitern kann. Es gibt demgegenüber innerhalb der KV nur einen einzigen sichernden Satz: »Dieses Evangelium ist für die Arbeit und Gemeinschaft der Kirche unantastbare Grundlage« (§ 1 KV). Der Satz hat zwar nach der Ansicht Mayers keine »unmittelbare rechtliche« Bedeutung. Aber das ist eine falsche

Meinung. Der Satz hat sehr wohl unmittelbare rechtliche Bedeutung, sofern er das Bekenntnis, das unantastbar ist, zum Zweck der Landeskirche überhaupt erhebt (vgl. Abschnitt I). Wie sollte der entscheidende Rechtszweck der Evang. Landeskirche in Württemberg keine unmittelbare rechtliche Bedeutung besitzen? Gewiß enthält der § 1 KV kein Bekenntnis. Aber das Bekenntnis hat zur Folge, daß es im juristischen Raum definiert wird (Satz 1 des § 1 KV) und daß es als anerkannter Zweck der Evang. Landeskirche in Württemberg Rechtsquelle mit mittelbaren Rechtsfolgen für die gesamte Körperschaft geworden ist (Satz 2 § 1 KV). Alle subjektiven Rechte, die aus der Zugehörigkeit zu dieser Körperschaft erwachsen, sind ja objektiv betrachtet Rechtspflichten gegenüber dem Zweck der Evang. Landeskirche in Württemberg. In diesem Sinne hat der § 1 KV ganz erhebliche mittelbare Rechtsbedeutung und für die Rechtsgrenze der Evang. Landeskirche in Württemberg unmittelbare Rechtsbedeutung! Nach § 1 KV kann und darf kein Glied oder Organ der Evang. Landeskirche in Württemberg Herr der Landeskirche sein; sondern alle Glieder und Organe sind Diener am Zweck der Evang. Landeskirche in Württemberg, nämlich am Evangelium Jesu Christi. Beispiel: Sowohl die Kirchengemeinde als die Landeskirche sind je Körperschaft des öffentlichen Rechts. Dennoch ist die Kirchengemeinde in § 1 KGO dem Bekenntniszweck der Landeskirche untergeordnet, woraus klar hervorgeht, daß die Rechtsform der Körperschaft öffentlichen Rechts keinen selbständigen Rechtszweck in der Landeskirche setzen kann. Nur von dem beherrschenden Zweck der Evang. Landeskirche in Württemberg her war und ist das ungeklärte Nebeneinander von Verwaltungsgemeinschaft und Rechtssatzungen in der Landeskirche erträglich, ja notwendig, weil die Landeskirche um ihres Zwecks willen darauf bedacht sein muß, die Rechtsgrenze von ihrem Bekenntniszweck her nicht zu vergrößern, sondern eher zu verengern, damit möglichst wenig rechtlich geordnet und möglichst viel dem freien Dienst am Evangelium, dem Zweck der Kirche, zugeordnet wird. Nur so war und ist es möglich, daß in der Landeskirche Oberkirchenrat, Pfarramt, Landeskirchentag, Kirchengemeinde in einem weithin ungeklärten Rechtsverhältnis nebeneinander ihre Funktionen haben können, obwohl z. B. alle diese 4 Institute rechtsfähig sind.

Nach außen hin, z. B. gegenüber dem Staat, ist die Rechtsgrenze der Evang. Landeskirche in Württemberg identisch mit der Grenze ihrer Selbstverwaltung. Man tut jedoch gut, bei der Erwägung der Rechtsgrenze nach dieser Seite hin nicht von dem verschwommenen Begriff der Selbstverwaltung, sondern von dem Begriff der Körperschaft öffentlich-

Rechts auszugehen. Dieser Begriff bestimmt sich für die Evang. Landeskirche in Württemberg nicht aus einer Rechtssphäre heraus, wie sie für die Katholische Kirche etwa das Kanonische Recht darstellt. Die Körperschaft öffentlichenRechts ist für die Evang. Landeskirche in Württemberg kein kirchenrechtlicher Begriff. Der Begriff bestimmt sich vielmehr aus dem öffentlichen Recht. Dafür ließ sich früher z. B. die Weimarer Verfassung des Deutschen Reiches, etwa Art. 137, maßgebend heranziehen. Desgleichen konnte man auf das württ. StGK verweisen. Heute ist in erster Linie die Verfassung der Deutschen Evang. Kirche von Juli 1933 maßgeblich und das jene begleitende Reichsgesetz der Reichsregierung vom Juli 1933. Auch hier kehrt der Begriff der Körperschaft öffentlichen Rechts wieder. Und es findet sich in der Verfassung der DEK sogar dieselbe Vorordnung des Kirchenzwecks vor die Rechtsform der Kirche wie in der württ. KV der Evang. Landeskirche in Württemberg. Aber die neuere Rechtspraxis zeigt doch durch die Einrichtung der Beschlußstelle beim Reichskirchenministerium[54] und durch die einschlägigen neueren Reichsgesetze, daß man mit einer Umbildung des öffentlichen Rechts zu rechnen hat, die keineswegs ohne Folgen für den Inhalt einer kirchlichen Körperschaft des öffentlichen Rechts bleiben kann. Der Staat greift zwar auch heute noch nicht juristisch in die Zwecksetzung der Kirchen ein. Aber er schafft ein neues Verhältnis der von ihm ausgeteilten Rechtsformen des öffentlichen Rechts zum Zweck des öffentlichen Rechts. War früher z. B. die Körperschaft öffentlichen Rechts eine Schutzform für den kirchlichen, durch diese Rechtsform geschützten Zweck, so ist sie heute nicht weniger eine Rechtspflichtform geworden, nämlich das rechtliche Kleid für gewisse Pflichten, die den Vollzug staatlicher, mittelbarer oder unmittelbarer Anordnungen fordern, und zwar ohne Rücksicht darauf, ob diese, in den Begriff der Körperschaft neu hineingelegten Pflichten öffentlichrechtlicher Natur, dem Kirchenzweck entsprechen oder nicht. So kann der Staat – und er scheut sich nicht, das gründlich zu tun, z. B. bei den die Festtage betreffenden Anordnungen – die von ihm verliehenen Rechtsformen zu Instrumenten seiner Zwecke machen, ohne daß er unmittelbar in den Eigenzweck der betreffenden Körperschaft einzugreifen braucht. Es handelt sich hier um eine im stillen, auf dem Weg über die Rechtsbegriffe durchgeführte Umordnung des gesamten öffentlichen Lebens, an dem die Kirchen rechtlich als Körperschaften öffentlichen Rechts beteiligt

---

54 Gesetz über Beschlußverfahren in Rechtsangelegenheiten der Evang. Kirche vom 26. 6. 1935 mit 1. Durchführungsverordnung vom 3. 7. 1935; Gesetzblatt der DEK 1935, S. 79 f.

waren und noch sind. Daß diese Umordnung auf anderen Gebieten, z. B. auf dem Gebiet des Schulwesens, wesentlich revolutionärere Züge zeigt, beweist nicht, daß der Staat die übrigen Gebiete in Ruhe lassen will, sondern es beweist nur, daß er die Methoden wechselt, aber am Staatszweck festhält. Und das ist ja auch sein Recht, denn es gibt in Wirklichkeit immer nur staatlich geübtes »positives« Recht, auch wenn der Staat Rechtskonstruktionen wie das Kanonische Recht stillschweigend in gewissen Grenzen duldet. Der Rechtsbegriff und der Machtbegriff können im Raum des natürlichen Lebens nie radikal getrennt werden.

Damit erhebt sich aber für die Kirche die Frage, wie sie die Umbildung des öffentlichen Rechts und damit den Zuwachs an Rechtspflichten, der ihr aus ihrer öffentlichen Rechtssituation erwächst, mit dem für sie unveränderlich, nämlich uneingeschränkt verpflichtenden Kirchenzweck vereinbaren will oder kann. Diese Lage ist ja nicht neu. Schon immer hatte sich die Kirche zu fragen, wie sie als Verwaltungsgemeinschaft dem Kirchenzweck gerecht werde, und der § 22 KV der Evang. Landeskirche in Württemberg forderte diese Frage geradezu mit Absicht heraus im Sinne eines Wachdienstes des synodalen Organs Landeskirchentag. Aber heute ist diese Frage immerhin mit einer neuen Schärfe und angesichts akuter Staatsansprüche gestellt, die von außen in die Kirche eindringen und materiell geltend machen, was früher nur im immanenten Schwergewicht des positiven Rechts an sich lag.

III

Besäße die Evang. Landeskirche in Württemberg eine ihren Zweck hinsichtlich ihrer Lehr- und Lebensordnung genau beschreibende Kirchenordnung, etwa in Ausführung von § 1 KV und § 1 KGO, dann befände sie sich heute in der einfachen Lage, ihren rechtlich anerkannten Zweck den neuen Staatszwecken der Körperschaftsform entgegenstellen zu können. Nun hat aber die Evang. Landeskirche in Württemberg bisher auf eine derartige Kirchenordnung verzichtet und die Vorteile ihrer Rechtsform genossen, ohne sich gegen die möglichen Nachteile ausdrücklich zu sichern; sie verließ sich allzusehr auf die Weimarer Verfassung und auf die Anständigkeit ihrer früheren staatsrechtlichen Partner, vielleicht auch auf deren staatspolitische Schwäche. Heute kommt die Evang. Landeskirche in Württemberg nicht darum herum, anders als der bisher maßgebliche, wenngleich nicht rechtswirksame Kommentar ihrer KV und KGO usw. (Mayer), sich auf ihren Ursprung neu zu besinnen. Dazu ist zu sagen: Die Evang. Landeskirche in Württemberg ist nicht Kirche, weil sie

Körperschaft des öffentlichen Rechts war, sondern sie ist Körperschaft des öffentlichen Rechts geworden, weil sie Kirche war. Die Rechtsfolgen, die sich daraus ergeben, daß sie Bekenntnisgemeinschaft ist, haben sich bisher zum Teil wenigstens zweckgemäß auch so ausgewirkt, daß man in der Aufstellung rechtlicher Satzungen sparsam vorging und sich vielfach auf das rechtlich Unentbehrliche oder unentbehrlich Scheinende beschränkte. Künftig wird zu sagen und zu beachten sein, daß jedes Mehr an rechtlicher Festlegung die Schwächung des Kirchenzwecks zu Gunsten des allgemeinen Staatszwecks bedeutet. Die Evang. Landeskirche in Württemberg wird sich wieder in weit stärkerem Maße daran zu erinnern haben, daß sie als eine lutherische Kirche von der Trennung der beiden Ämter des Staates und der Kirche lebt. Sie wird daher sich bewußt werden müssen, daß sie im Gegensatz zu der modernen formalistischen Rechtspraxis, die heute materiell neu aufgefüllt werden soll, im Grunde überhaupt kein rechtliches Gebilde ist, weder im Sinn des Verwaltungsrechts noch im Sinn des Staatsrechts. Die Evang. Landeskirche in Württemberg wird nicht etwa wie die Katholische Kirche ein höheres kirchliches Recht gegen das staatliche Recht ausspielen, sondern sie wird vielmehr ihren unjuristischen Wesenszug, weil Wesenszweck zur Geltung zu bringen haben. Sie wird ihre Rechtsfähigkeit nicht verteidigen, sondern sie wird ihre Bekenntnisfähigkeit betonen und ausbauen. Damit ist nicht gesagt, daß sie aus einer Volkskirche zu einer Vereinskirche würde. Vielmehr wird die Evang. Landeskirche in Württemberg abzuwarten haben, welche rechtlichen Möglichkeiten ihr sich künftig bieten; das hängt von der Einsicht des Staates ab. Aber sie wird auf ihre Substanz zurückgreifen und sich gegenüber allen neuen formalen Rechtssetzungen über die Rechtsbegriffe hinweg auf ihren eigenen Kirchenzweck berufen. Sie wird sich die Entwicklung einer Kirchenordnung angelegen sein lassen und das Gewicht ihrer Rechtssatzungen vermindern, wenn sie gut beraten ist und sich nicht an ihr fremde Zwecke ausliefert.

Die wesentlichen Stücke einer Kirchenordnung sind:

1. Das Predigtamt (Ordination, Investitur, Lehrzucht; Predigt, Seelsorge, Jugendunterweisung);

2. das Besuchsamt (theologische und kirchliche Arbeit der Pfarrer, Visitation der Gemeinden);

3. die Sakramente (Tauflehre und -ordnung, Abendmahlslehre und -ordnung);

4. die Gottesdienstordnung (Perikopen, Kirchenjahr, Liturgie, kirchliche Handlungen);

5. die Ordnung der Gemeinde (Ältestenamt, Kirchenzucht, Diakonie).

Rechtliche Hilfe für die Evang. Landeskirche in Württemberg gibt es heute in einem umfassenden Sinn nur auf dem Weg über die Einschränkung des Rechtsbodens der Landeskirche. Es ist aber zu betonen, daß diese juristisch zu praktizierende Selbstbescheidung heute nicht etwa einen Bruch mit der bisherigen, in der KV vorliegenden Rechtssatzung der Kirche, sondern durchaus die neu notwendig werdende Geltendmachung des Kirchenzwecks darstellt, zu der sie verpflichtet ist. Die Kirche darf sich, solange sie innerhalb ihrer bisherigen Rechtssatzung Körperschaft des öffentlichen Rechts ist, die Auslegung ihrer Rechtsform von ihrem Zweck her nicht aus der Hand nehmen lassen. Damit leistet sie zugleich ihren Beitrag zu der Auslegung der Verfassung der DEK, und nur so wehrt sie die Antastung ihres lutherischen Bekenntnisses ab. Zwar wird sie durch ihre bisherige Rechtspraxis in der ihr heute aufgezwungenen Abwehr von ihren Zweck gefährdenden Eingriffen nicht begünstigt; aber nach der Struktur ihrer bisherigen Rechtssatzung ist ihr der Rückgriff auf ihre Substanz auch nicht verbaut, wenn sie nur einsieht, daß die ihr noch gegebenen juristischen Möglichkeiten weit stärker und konsequenter als bisher ihrem Zweck dienstbar gemacht werden müssen, weil sie in erster Linie eine kirchliche Pflichtengemeinschaft ist und nicht eine öffentlich rechtliche Anstalt, die vom Staate gegründet wäre.

IV

Für die heute infolge der Einrichtung und der Rechtspraxis des Reichskirchenministeriums entstandene Lage muß sich die Evang. Landeskirche in Württemberg stets folgenden normativen Satz vorhalten: Bei jeder Vereinbarung mit dem Staat bzw. den von ihm beauftragten Organen ist zu prüfen und zur Geltung zu bringen der Bekenntnisstand der Evang. Landeskirche in Württemberg als der die Organisation dieser Kirche bestimmende Zweck.

Nun sind heute die Organe der Kirche teilweise an einem reibungslosen Arbeiten gehindert. Hiefür bietet der Staat seine Hilfe an, aber nicht, indem er etwa seine Polizeimacht einsetzt, um die alte Rechtslage wiederherzustellen, sondern indem er sich an einer Umbildung der maßgebenden Organe der Kirchenleitung beteiligen möchte. Damit geschieht ein Doppeltes:

1. Das Schwergewicht der kirchlichen Organisation wird verlagert, indem die schon die bisher drohende Entmündigung der Gemeinde verstärkt wird. Die Struktur der Kirchenverfassung wird geändert, indem das

ihr noch verbliebene synodale Element, der Landeskirchentag, um Vollzug seiner Rechte und Pflichten nicht mehr im vollen Umfang beteiligt wird. Es gibt künftig kein einziges synodales Organ mehr, das über die Einhaltung der Zwecksetzung der Evang. Landeskirche in Württemberg wacht. Damit wird die wahre Bekenntnisgemeinschaft der Evang. Landeskirche in Württemberg zum Notrecht kirchlicher Natur getrieben.

2. Die Verlagerung der kirchlichen Organisation bedingt einen Eingriff in die Zwecksetzung der Kirche selber. Der Staat nimmt in Anspruch, den Träger des Kirchenzwecks durch einen Eingriff in die Organe der Evang. Landeskirche in Württemberg bestimmen zu können. Das heißt aber, daß der Staat selber an die Stelle des synodalen kirchlichen Elements treten will und damit den Zweck der kirchlichen Gemeinschaft seinen Zwecken unterordnet.

Es ist völlig klar, daß damit auch ein Kampf um die Personen entbrennt. Der Staat wird sich zunächst derjenigen Personen bedienen, die so viel Vertrauen beim Kirchenvolk besitzen, daß er seinen Eingriff vollziehen kann. Dann wird er die leitenden Personen auswechseln. Da der Staat die Machtfülle der von ihm beauftragten Träger des Kirchenzwecks verstärken wird, so wird sein Eingriff zunächst verlockend und hinterher der Untergang der Freiheit der kirchlichen Organisation zu ihrem zweckgemäßen Dienst sein. Evangelische Kirche steht aber nie auf den Augen einer weniger Personen, sondern auf der Gemeinde ihres himmlischen Herrn. Es droht uns eine Rechtskonstruktion, die nicht einmal innerhalb der Katholischen Kirche möglich wäre, die ja doch wahrhaftig einem einzelnen schon sehr viel Einfluß auf ihr Geschick und ihre Organisation zugewiesen hat. Uns droht nicht einmal ein Papst, sondern ein Machthaber, den kein Konzil einschränkt, noch weniger irgend eine Tradition. Wie man gesehen hat, gibt es verblendete Männer der Kirche, die sich dazu hergeben, weil sie von den Ordnungsmöglichkeiten einer evang. Kirche weder positiv noch negativ einen klaren Begriff haben.

Diesen Gefahren, welche eine völlige Preisgabe der Substanz der Kirche und damit ihrer Verfassung unvermeidlich machen, kann nur dadurch begegnet werden, daß die bisher vernachlässigte bzw. versäumte Aufstellung einer Kirchenordnung in Angriff genommen wird. Da der bisherige Landeskirchentag zwar formalrechtlich legalisiert, jedoch auf bekenntniswidrigem Wege zustandegekommen ist, kann ihm für diese Aufgabe keine Vollmacht zuerkannt werden. Gefordert ist vielmehr der Zusammentritt eines vorbereitenden Gremiums, welches über die Aufstellung einer Kirchenordnung sowie über die Grundsätze, nach denen eine synodale kirchliche Vertretung kirchenordnungsmäßig zusammengesetzt sein muß, Beschluß zu fassen hat.

1. Die Berufung dieses vorbereitenden Gremiums, das aus mindestens 24 Gliedern bestehen sollte, erfolgt durch den Herrn Landesbischof nach Anhören des Oberkirchenrats und des Landesbruderrats, wobei auch Vorschläge der Diözesen berücksichtigt werden sollten.

2. Eine zur Ordnung der Kirche berufene synodale Vertretung kann auf dem Wege der Delegation durch die Pfarrkonvente (und Bezirksbruderräte) zustandekommen in der Weise, daß jeder Pfarrkonvent im Benehmen mit dem Bezirksbruderrat einen oder zwei Abgeordnete für den Bezirk entsendet. Die Annahme der Beschlüsse dieser synodalen Vertretung erfolgt auf dem Wege der innerkirchlichen freiwilligen Vereinbarung durch die Einzelkirchengemeinden.

Abschließend ist die eingangs gestellte Frage: »Gibt es Rechtshilfe für die Evang. Landeskirche in Württemberg?« dahingehend zu beantworten: Rechtshilfe gibt es heute für die Evang. Landeskirche in Württemberg nur als Bekenntnishilfe.

KIRCHLICHE WAHLEN?

DER RÜCKTRITT DES REICHSKIRCHENAUSSCHUSSES UND DIE ANORDNUNG KIRCHLICHER WAHLEN

Über den Rücktritt des Reichskirchenausschusses unterrichtete der Oberkirchenrat am 15. 2. 1937 die Pfarrämter der Landeskirche durch ein Rundschreiben[1]*:*
Wir übermitteln hiemit den Pfarrämtern das von dem Reichskirchenausschuß anläßlich seines Rücktritts an die Gemeinden gerichtete Wort und ein Schreiben, worin er die Gründe dieses Rücktritts darlegt, mit dem dringenden Ersuchen, hievon in der geeignet erscheinenden Weise auch den Gemeindegliedern Mitteilung zu machen.
Der Reichskirchenausschuß hat, ehe er seinen Rücktritt vollzogen hat[2], die leitenden Amtsträger in der Deutschen Evang. Kirche aufgefordert, im Sinne von Art. 5 der Verordnung zur Einführung der Verfassung vom 11. 7. 1933 und im Blick auf die durch den Rücktritt des Reichskirchenausschusses entstehende Lücke eine einstweilige Leitung einzusetzen. Dieser Aufforderung sind die Kirchenführer, die auf dem Boden von Bekenntnis und Verfassung stehen, nachgekommen und haben je einen Vertreter der lutherischen und reformierten Bekenntnisse und der unierten Landeskirchen hiezu bestimmt und an die Spitze dieses Kollegiums den in weiten Kreisen, auch über Deutschland hinaus wohlbekannten Dr. Lilje, Generalsekretär des Lutherischen Weltkonvents, bestellt.[3] Der Reichskirchenausschuß hat in einem Schreiben an den Minister für die kirchlichen Angelegenheiten diesen Schritt begründet[4], die vollzogene Wahl mitgeteilt und den Minister um die ausdrückliche oder stillschweigende Zustim-

---

1 Nr. A 1760; zu den beiden Beilagen siehe S. 52 ff. und Dokumente des Kirchenkampfes II, 2, Nr. 461 d, S. 1345–1347 (Wort an die Gemeinden). Zum ganzen Zusammenhang vgl. KJb., S. 151–153. 162; EKBl. W 1937, Register, Vom Bau der Kirche, Nr. 9; Niemöller, Handbuch, S. 361 f.; Niemöller, Kampf, S. 378 f. und 381–392; Hermelink, Kirche im Kampf, S. 368–375; Dipper, S. 155–161; Meier, Kirchenkampf, II, S. 142–154; Meier, Deutsche Christen, S. 215–219; Zipfel, S. 90–96; Conway, S. 221–224; Wenschkewitz, S. 121–124. – Einen Vortrag aus diesem Zusammenhang siehe S. 549–556.
2 Siehe Dokumente des Kirchenkampfes II, 2, Nr. 461 a, S. 1339.
3 Siehe Dokumente des Kirchenkampfes II, 2, Nr. 461 c, S. 1343–1345.
4 Siehe S. 52–57.

mung zu dieser Regelung gebeten. Aus Mitteilungen, die der Minister am letzten Samstag einer Anzahl von ihm geladener Mitglieder von Landeskirchenausschüssen gemacht hat, muß allerdings geschlossen werden, daß hiezu wenig Aussicht besteht.

Der Versuch, den der Staat mit der Einsetzung von Ausschüssen zur Beilegung der die Evang. Kirche seit 4 Jahren erschütternden Kämpfe gemacht hat, muß als gescheitert betrachtet werden. Nachdem es dem Reichskirchenausschuß in den ersten Monaten gelungen war, in mehreren Kirchengebieten Ausschüsse einzusetzen, die teilweise im Lauf der Zeit eine wirkliche kirchliche Autorität gewonnen haben, ging das Befriedungswerk von da an nicht mehr vorwärts, wo die von den radikalen Deutschen Christen nationalkirchlicher Richtung beherrschten Landeskirchen in Angriff genommen werden sollten. Es zeigte sich, daß politische Kräfte diese Kirchenleitungen in ihren besonderen Schutz nahmen, was allerdings die Reichsstatthalter in einigen Ländern nicht hinderte, auch aus solchen DC-Kirchen auszutreten. Als vollends ein hannoverscher Regierungspräsident, der schon seinen Austritt aus der Evang. Kirche angemeldet hatte, zur Vertretung des Ministers in das Kirchenministerium berufen wurde[5], war es deutlich daß der Reichskirchenausschuß nicht mehr vorwärtskommen konnte. Die auf dem Boden des Bekenntnisses stehenden Landeskirchenführer haben, so gut sie konnten, unter diesen erschwerenden Umständen den Reichskirchenausschuß zu unterstützen gesucht und sind darüber zu Unrecht im eigenen Lager angegriffen worden. Sie können sich heute, wo durch den Rücktritt des Reichskirchenausschusses eine überaus ernste Lage geschaffen ist, sagen, daß sie in den hinter uns liegenden Monaten [bei] Besprechungen mit staatlichen Stellen und mit kirchlichen Gruppen alles versucht haben, um die Dinge zum Guten zu wenden. Gegen Versuche, eine Neuregelung unter Aufhebung oder Suspendierung der Verfassung der DEK durchzuführen, müßten sie sich, wie die beiliegende, am 12. Februar dem Herrn Minister für die kirchlichen Angelegenheiten übergebene Erklärung zeigt, mit Entschiedenheit wenden. Sie rufen Pfarrer und Gemeinden schon heute auf, mit ihnen zusammenzustehen gegen Bestrebungen, deren Sieg das Ende der Evang. Kirche in Deutschland bedeuten würde. Wurm.

Die Gründe für seinen Rücktritt hatte der Reichskirchenausschuß am 12.2.1937 dem Reichskirchenminister in einem ausführlichen Schreiben dargelegt[6]:

5 Es handelt sich um Staatssekretär Dr. Muhs.
6 Dokumente des Kirchenkampfes II, 2, Nr. 461 b, S. 1339–1343.

Der Reichskirchenausschuß teilt Ihnen, Herr Reichsminister, zur Begründung seines mit Schreiben vom heutigen Tage vollzogenen Rücktritts Folgendes mit:

1. Bei den Verhandlungen, die im Herbst 1935 anläßlich der Einsetzung des Reichskirchenausschusses geführt worden sind, und bei den mannigfachen Besprechungen, die Sie uns in den ersten Monaten unserer Tätigkeit gewährt haben, war über eine Reihe von Punkten zwischen Ihnen und uns ein Einvernehmen hergestellt. So haben Sie, Herr Reichsminister, dem zugestimmt, daß in allen Landeskirchen, in denen im Laufe des Kirchenkampfes zwei verschiedene Kirchenregimente mit beachtlicher Gefolgschaft in der Pfarrerschaft und in den Gemeinden sich gebildet hatten, so daß die betreffende Landeskirche hinsichtlich ihrer Leitung völlig aufgespalten war, Kirchenausschüsse eingesetzt werden sollten. Dabei war im Grundsatz festgelegt worden, daß nicht nach dem Gesichtspunkt einer formalen Legalität des bisherigen Kirchenregiments verfahren werden könne. Diesem Grundsatz entsprechend ist z.B. auch im Falle der Evang.-Luth. Landeskirche Sachsens verfahren worden.

Zu unserem Bedauern sind seit März 1936, also seit fast 1 Jahr, trotz unserer ununterbrochenen Vorstellungen und unserer sorgfältig ausgearbeiteten Vorschläge keine Kirchenausschüsse mehr gebildet worden, obwohl in den Gebieten wie Mecklenburg, Thüringen, Lübeck, Bremen und zum Teil auch in Oldenburg besonders große kirchliche Notstände herrschen. Wir haben unsere Arbeit im Oktober 1935 nur aufnehmen können in der Gewißheit, daß auch in den genannten Kirchengebieten Kirchenregimente geschaffen würden, die gemäß dem von Ihnen, Herr Reichsminister, ständig in den einschlägigen Verordnungen genannten Grundsatz »verpflichtet sind, mit dem Reichskirchenausschuß auf der Grundlage der Verfassung der Deutschen Evang. Kirche zusammenzuarbeiten«. Daß diese Zusammenarbeit mit den Landeskirchen im Laufe des letzten Jahres immer enger geworden ist und daß es uns möglich war, sämtliche deutschen evangelischen Landeskirchen mit Ausnahme der 5 oben genannten und Anhalt in der Kirchenführerkonferenz zu vereinigen, dürfen wir wohl als einen Erfolg unserer Tätigkeit buchen. Dadurch aber, daß einzelne Kirchenleitungen in offene Opposition gegen den Reichskirchenausschuß treten konnten, ohne daß Sie, Herr Reichsminister, daraufhin die sofortige Einsetzung eines Landeskirchenausschusses verfügten, wurde nicht nur die Durchführung unseres Befriedungswerkes gehindert, sondern auch die uns von Ihnen übertragene und von uns auch in der kirchlichen Öffentlichkeit bekannt gegebene Verpflichtung, bis zum September 1937 eine einheitliche Wahlordnung zur Neubildung der kirchlichen Körperschaften zu schaffen und in der ganzen Deutschen Evang. Kirche in die Wirklichkeit umzusetzen, undurchführbar gemacht.

2. In der Verhandlung, die wir mit Ihnen, Herr Reichsminister, Ende Januar 1936 geführt haben, haben Sie uns die Freiheit zugestanden, die Leitung der Deutschen Evang. Kirche entsprechend der Verfassung auch in den innerkirchlichen Dingen durch Erklärungen und Kundgebungen theologischer Art auszuüben. Diese uns damals zugesagte Freiheit besteht heute nicht mehr. Auf Veranlassung Ihres Ministeriums ist der Druck und die Verbreitung unseres Mitteilungsblattes wiederholt behindert worden, ja es ist sogar zur Beschlagnahme des Gesetzblattes der Deutschen Evang. Kirche gekommen. Die kirchliche Presse hat mehrfach Anweisungen erhalten, den Inhalt unserer amtlichen Nachrichten nicht nachzudrucken oder zu kommentieren. Der Nachdruck aus dem Gesetzblatt der Deutschen Evang. Kirche ist nicht mehr bzw. nur noch soweit gestattet, als das Deutsche Nachrichtenbüro die Berichte ausgibt. Am schmerzlichsten hat uns das Verbot bewegt, daß unser Wort zum 30. Januar, das ein Treuebekenntnis zum Werk des Führers und eine feierliche Bereiterklärung zur Mitarbeit im Kampf gegen den Bolschewismus darstellt, nicht einmal in der kirchlichen Presse veröffentlicht werden durfte.

3. Zu Anfang unserer Tätigkeit haben Sie, Herr Reichsminister, uns versichert, daß Sie bemüht sein würden, die Mitglieder des Reichskirchenausschusses von den Beschränkungen der kirchlichen Versammlungstätigkeit und Redefreiheit auszunehmen. Wir haben von dieser Zusage keinen oder nur geringen Gebrauch gemacht und haben mit vollem Bewußtsein die Beschränkungen mit auf uns genommen, die für die Amtsträger der Kirche verfügt waren. Wir konnten dies tun, weil Sie, Herr Reichsminister, uns immer von neuem versicherten, daß Sie in innerkirchliche Dinge, insbesondere in die Freiheit der Wortverkündigung, nicht eingreifen würden. Auf Weisung Ihres Ministeriums ist nun aber dem Vorsitzenden des Reichskirchenausschusses das Verbot erteilt, das Gebiet der Stadt Lübeck zu betreten.[7] Dadurch wurde ein Mitglied des Reichskirchenausschusses, das jenseits alles kirchenpolitischen Handelns lediglich in Ausübung seines geistlichen Amts zur Tröstung und Beruhigung der angefochtenen Gemeinden eine Predigt im Gemeindegottesdienst halten wollte, an diesem Dienst gehindert. Es wurde demnach in dem vorliegenden Falle dem Vorsitzenden des Reichskirchenausschusses als der von

---

7 Siehe Dokumente des Kirchenkampfes II, 2, Nr. 452, S. 1319–1320 und Mitteilungsblatt der Deutschen Evang. Kirche, Nr. 1/1937, S. 1–3.

Ihnen, Herr Reichsminister, eingesetzten obersten Leitung der Deutschen Evang. Kirche nicht mehr erlaubt, das in wiederholten feierlichen Zusagen der Kirche zugesprochene Recht der freien und unbehinderten Verkündigung des Wortes Gottes auf der Grundlage des Art. 1 der Verfassung auszuüben. Wir sehen in diesem Zusammenhang bewußt von der Art, wie die staatlichen Maßnahmen gegen unseren Vorsitzenden zur Anwendung gebracht wurden, ab. Das uns besonders Bewegende an diesem Vorfall ist aber, daß die Behinderung nicht auf Weisung der zur Wahrung der äußeren Ordnung berufenen Stellen des Staates ausging, sondern, wie es in dem einschlägigen Schreiben ausdrücklich heißt, auf Weisung Ihres Ministeriums.

4. Wiederholt, zum letzten Male im Falle Lübeck, hat der Reichskirchenausschuß angesichts der mancherlei Gefährdungen seines Auftrages versucht, das Ohr des Führers zu erreichen. Wir glauben, daß der Leitung der Deutschen Evang. Kirche als der größten kirchlichen Körperschaft des öffentlichen Rechts im Mutterlande der Reformation Gelegenheit gegeben würde, dem Führer unseres Volkes unmittelbar sagen zu dürfen, was uns bewegt. Die zuletzt auf unseren Einspruch gegen die im Falle Lübeck getroffenen Maßnahmen vom Chef der Reichskanzlei gegebene Antwort hat uns die schmerzliche Gewißheit gegeben, daß es der Kirchenleitung der Deutschen Evang. Kirche nicht gestattet ist, dem Führer unmittelbar ihre Nöte und Sorgen vorzutragen.

5. Besonders erschwert wurde die Stellung des Reichskirchenausschusses dadurch, daß seine innerkirchliche Autorität und Glaubwürdigkeit ernstlich in Frage gestellt wurde durch die uneingeschränkt vordringende antikirchliche und antichristliche Propaganda (Kirchenaustritte!). Das Vertrauen der Pfarrer und Kirchengemeinden in die Absichten des Kirchenministeriums und in die Möglichkeiten des im Einvernehmen mit diesem arbeitenden Reichskirchenausschusses konnte nicht erhalten werden, wenn das Befriedungswerk in immer steigendem Maße durch eine nicht eingedämmte Bekämpfung des christlichen Glaubens von außen her gestört wurde. Wir haben unablässig gebeten, die fortdauernden Angriffe in der Presse einzuschränken, die Äußerungen von Schulungsleitern in NS-Formationen zu mäßigen, das Auftreten einiger führender Amtsträger in Staat und Partei gegen die Kirche abzustellen. Wir erinnern an unsere Entschließung vom 6.11.1936, an unser »Wort an die Gemeinden« vom 10.7.1936, zuletzt an die gemeinsame Kundgebung mit den Landeskirchenführern am 20.11.1936.[8] Trotz aller Vorstellungen ist uns nichts

8 Siehe Dokumente des Kirchenkampfes II, 2, Nr. 300, S. 849–851; Nr. 398, S. 1154–1159.

sichtbar geworden, was veranlaßt wäre, um die von uns für Kirche, Staat und Volk gleich unheilvoll angesehene Entwicklung einzudämmen. Sie werden verstehen, daß dadurch das Vertrauen des Reichskirchenausschusses in das Fortbestehen der vor einem Jahr getroffenen Vereinbarung aufs schwerste erschüttert und seine Glaubwürdigkeit in den kirchlichen Kreisen aufs äußerste gefährdet wurde.

6. Besonders wichtig für unseren Rücktrittsbeschluß sind aber die Mitteilungen gewesen, die Sie, Herr Reichsminister, uns durch unsere Mitglieder Diehl, Eger und Koopmann, denen Sie eine Aussprache gewährt haben, machen ließen. Die von Ihnen in Aussicht genommene Verordnung stellt nicht nur eine völlige Abkehr von dem Einvernehmen dar, das Sie und wir im Herbst 1935 über den Weg und die Durchführung der Neuordnung der Deutschen Evang. Kirche erzielt hatten, sondern bedeutet nach unserer Überzeugung eine solche Gefährdung der durch ein vom Führer unterschriebenes Reichsgesetz anerkannten Verfassung der Deutschen Evang. Kirche, daß die Auswirkungen dieses Vorgehens für die Deutsche Evang. Kirche nach menschlichem Ermessen unabsehbar sind.

Wir haben, Herr Reichsminister, unseren Auftrag nach den Worten Ihrer Verordnung vom 3. 10. 1935[9] als Männer der Kirche übernommen. Wir haben auch von vornherein und mit Ihrer Billigung betont, daß damit auch für unsere Tätigkeit im Reichskirchenausschuß die Bindungen gelten, denen jedes Regiment in der Deutschen Evang. Kirche vom Wesen der Kirche her untersteht. Wir können uns in keinem Augenblick aus den Verpflichtungen lösen, die wir in unseren kirchlichen Ämtern durch Eid und Gelübde auf uns genommen haben. Wenn es Ihnen, Herr Reichsminister, aus Ihren Erwägungen heraus unmöglich ist, den im Oktober 1935 gemeinsam vereinbarten und begonnenen Weg weiterzugehen, so können wir unsererseits aus der Verantwortung, die uns als Männern der Kirche obliegt, und aus unserer Verpflichtung gegenüber dem Artikel 1 als der unantastbaren und unzerstörbaren Grundlage der Deutschen Evang. Kirche nicht länger mehr nach außen hin den Eindruck erwecken, als ob die zwischen Ihnen und uns im Herbst 1935 getroffenen Abmachungen weiterhin beständen. In dem Augenblick, wo die von uns übernommene Verpflichtung und der uns von Ihnen dementsprechend erteilte Auftrag mit Ihrer gegenwärtigen Stellung nicht mehr vereinbar ist, bleibt uns nur übrig, die Folgerungen zu ziehen.

9 Siehe Dokumente des Kirchenkampfes II, 1, Nr. 10, S. 16–17.

Herr Landesbischof Diehl stimmt, wie wir auf seinen ausdrücklichen Wunsch mitteilen, dem Rücktrittsbeschluß des Reichskirchenausschusses zu, hat jedoch an der Beschlußfassung über dies Schreiben nicht teilgenommen.
D. Zoellner.

Nach dem Rücktritt des Reichskirchenausschusses äußerte Reichskirchenminister Kerrl sich am 13.2.1937 in einer Versammlung der Vorsitzenden der Landeskirchenausschüsse und der preußischen Provinzialkirchenausschüsse. Der Rat der Evang.-Luth. Kirche informierte die Mitglieder der Konferenz der Landeskirchenführer über diese Besprechung[10]*:*

Streng vertraulich! Nur für die Mitglieder der Kirchenführerkonferenz zur persönlichen Unterrichtung! Nicht zur Veröffentlichung oder Vervielfältigung! Ficker.

Niederschrift über eine Besprechung des Herrn Reichsministers Kerrl mit den Vorsitzenden der Landeskirchenausschüsse der Deutschen Evang. Kirche am 13.2.1937, 11 Uhr, im Reichskirchenministerium Berlin

Herr Reichsminister Kerrl erschien etwa 11.20 Uhr in Begleitung der Herren Muhs, Ruppel, Stahn und eines weiteren mir unbekannten Herrn vom Reichskirchenministerium. Er sprach in der Hauptsache in erregtem, vorwurfsvollem Ton. Erst gegen Schluß kam eine freundlichere Note in seine Darlegungen. Durch eine auszufüllende Anwesenheitsliste war vorher festgestellt worden, welche Landeskirchenausschüsse vertreten waren. Anscheinend fehlte keiner von den Geladenen.

Herr Reichsminister Kerrl führte etwa Folgendes aus: Nächsten Montag wird im Gesetzblatt eine wichtige Verordnung des Reichskirchenministeriums erscheinen. Der Rücktritt des Reichskirchenausschusses ist mir erwünscht gekommen. Er hat sich nicht an die ihm gegebenen Richtlinien

---

10 LKA Stuttgart, D 1, Bd. 135; vgl. auch die beiden Fassungen der Rede, die in Dokumente des Kirchenkampfes II,2, Nr. 462, S. 1347–1355 wiedergegeben sind, und S. 80 f.
Auf diese Rede hin schrieb Generalsuperintendent D. Dibelius, Berlin, einen Offenen Brief an Kerrl (Ende Februar 1937 veröffentlicht), der Dibelius einen Prozeß vor dem Sondergericht in Berlin einbrachte. Kerrl bestritt eidesstattlich eine von Dibelius zitierte Äußerung, der Staatsanwalt beantragte 6 Monate Haft für Dibelius (»Wenn der Minister die Worte gesprochen hätte, ... dann wäre er unwürdig, ein Minister des Deutschen Reiches zu sein«), Dibelius wurde jedoch freigesprochen (siehe Hermelink, Kirche im Kampf, S. 382–388; Niemöller, Handbuch, S. 251 und 360 f.; Zipfel, S. 99; Dokumente des Kirchenkampfes II,2, Nr. 465, S. 1358–1362). Zu der von Kerrl in seiner Rede angekündigten Lösung des Kirchenkampfes durch rein staatliche Mittel siehe S. 277.

gehalten. Ich habe nicht reformatorische Bestrebungen verlangt oder theologische Entscheidungen. Er sollte vielmehr DC und BK an einen Tisch bekommen. Der Primat des Staates muß unter allen Umständen seitens der Kirche anerkannt werden; er muß ein Tabu sein. Er darf in keiner Weise angegriffen werden. Der Reichskirchenausschuß hat in dem von ihm bei seinem Antritt erlassenen Aufrufe vom Nationalsozialismus als der gegebenen Wirklichkeit gesprochen, in die er sich stelle. Aber ich habe kein Eingreifen des Reichskirchenausschusses bemerkt, wenn Pfarrer ihre Staatsfeindlichkeit offenbarten. Ich muß noch heute Pfarrer Niemöller bezahlen, der staatsfeindlich ist. Es muß unbedingte Gerechtigkeit gegenüber beiden Seiten geübt werden. Gewissensfreiheit muß auch für die Pastoren gelten, die nicht mit dem Reichskirchenausschuß gehen wollen. Es ist ja unmöglich, daß in der Kirche Ruhe herrsche, wo durch den Umbruch alles in Fluß ist. Der Reichskirchenausschuß hat über die Thüringer DC ein Ketzergericht gehalten.[11] Ich habe keinen Zweifel gelassen, daß ich unter keinen Umständen dulden würde, daß die Landeskirche in Thüringen beseitigt würde. Man hat gesagt, Bayern, Württemberg, Baden sei in Ordnung. Aber sie sind nicht in Ordnung, aber Mecklenburg und Thüringen wären in Ordnung, wenn die Unruhe nicht vom Reichskirchenausschuß hineingetragen worden wäre. Ich habe gesagt, daß ich in Thüringen und Mecklenburg nicht eingreifen würde, sondern höchstens die Abordnung eines Mannes der BK in die Kirchenregierung vorsehen würde. Ich kann mit dem Reichskirchenausschuß nicht mehr mitgehen, wenn die Linie der gleichen Behandlung von BK und DC verlassen wurde. Der Reichskirchenausschuß mußte so notwendig abhängig werden von einer Seite.

Von der Evang. wie von der Kath. Kirche habe ich im letzten Jahre immer wieder dieselben Klagen gehört: Die Partei rede gegen die Kirche und in Schulungslagern werde gegen die Kirche gearbeitet. Aber ich habe dem Herrn von der Kath. Kirche gesagt: Was sollen diese Albernheiten? Wenn die Herren hintreten und sagen würden: Nationalsozialismus und Christentum seien dasselbe, so wären solche Angriffe nicht möglich. Aber so kommt die Reaktion mit Notwendigkeit. Die Partei und der Führer haben betont, daß er – der Führer – absolut mit der Kirche auszukommen gewillt ist. Aber er verlangt von beiden Kirchen, daß sie den Primat des Staates anerkennen. Darein hat man sich zu finden. Die Partei als solche steht auf dem Boden des positiven Christentums. Das bedeutet nicht, daß

---

11 Siehe Dokumente des Kirchenkampfes II, 2, Nr. 295, S. 825–827.

wir uns für die Dogmen einsetzen. Positives Christentum ist gelebtes Christentum: »Es werden nicht alle, die Herr, Herr zu mir sagen, ins Himmelreich kommen, sondern die den Willen tun meines Vaters im Himmel.«[12] Positives Christentum ist: »Du sollst Gott über alles lieben und deinen Nächsten als dich selbst.«[13] Das findet seinen Hort nicht mehr in den Kirchen, sondern in der Nationalsozialistischen Partei. Die Kirche hat den Zank in den letzten Jahren in unerhörter Weise in der Nation geschürt. Die Nation in ihrem Bestand zu sichern, ist unsere Aufgabe. Wer das mit Hingabe tut, liebt Gott über alles und seinen Nächsten als sich selbst; der Nächste ist, der durch das Blut mein Nächster ist.

Die Kirche hat die Aufgabe, das Deutsche Volk zu unterstützen in den Bemühungen um seine Erhaltung. Nicht wir klopfen an die Türen der Kirche, sondern das Schicksal selbst; das Deutsche Volk hat das Klopfen gehört und in dem entscheidenden Augenblick das Öl auf der Lampe gehabt[14] und ist mit dem Führer marschiert. Und wenn das Klopfen des Schicksals die evang. Kirche auch hört, wird sie mit dem Deutschen Volk marschieren. So etwa habe ich in meiner Rede in der Akademie gesagt. Und dann wird sie von der Staatsführung nicht bekämpft werden, sondern Unterstützung finden. Beharrt die Kirche aber darauf, sie sei eine absolute Kirche als Staat im Staate, dann wird sie eines Tages sich allein befinden, und das Volk wird ihr entschwunden sein. Auf diesem Grundsatz beharre ich heute wie vordem. Ich hoffe, wenn es auch düster für die evangelische Kirche aussieht, daß es besser werden wird. Ich werde das Ringen darum fortsetzen, und es wird eines Tages gesegnet werden.

Seit Jahrhunderten geht der Kampf des kirchlichen (päpstlichen) Universalismus gegen die Nation. Aber Gott hat die Völker werden lassen. Der Nuntius hat gesagt: Wir wollen ja gar keine Völker. Die Nationen vergehen, wenn sich die Völker mischen, und damit vergehen auch Kulturen und Religionen. Die Blutmischung ist die größte Gefahr für die Nation. Der Jude ist der Träger der Dekomposition der Menschheit. Man muß den Bazillus aus dem Körper auswerfen oder einkapseln, sonst vergeht die Nation. Aber wenn man sagt: Gott hat das Heil von den Juden kommen lassen[15], Jesus ist der größte Jude, dann müssen wir dagegen auftreten. Die Pfarrer haben Christus den Menschen näher zu bringen und dürfen sich nicht nach früheren Verhältnissen richten, sondern nach

12 Matth. 7,21.
13 Vgl. 3. Mose 19,18 und Luthers Erklärung des 1. Gebotes.
14 Vgl. Matth. 25,3.
15 Joh. 4,22.

den gegenwärtigen. Wenn sie diesen Menschen von heute den Messias der Juden schildern, werden sie niemand locken. Aber wenn sie ihnen vom Heiland der Menschen reden, werden sie sie gewinnen.

Die Pfarrer sollten sich fragen, ob nicht an der Art der Verkündigung der Kirche immer wieder der Widerstand aufbrechen mußte. Wirkliche Religion hat niemals etwas mit Geschichte zu tun. Pfleiderer hat gesagt: Gott offenbart sich in der Geschichte; aber Dogmen sind Menschenwerk. Ich habe durch den Nationalsozialismus das Christentum erst wirklich verstehen gelernt, als ich nämlich durch den Führer ein neuer Mensch wurde. Dahlem und der Vorsitzende des Reichskirchenausschusses haben mir entgegen gehalten, das sei kein Christentum. Nur der Christus, der als Kyrios ein Reich gegründet, sei Herr...[16] Darüber lächle ich. Das Christentum liegt in der Gesinnung und in der Tat. Weil die Kirche das vergessen hatte, mußte Gott uns einen Mann schicken, der den Berge versetzenden Glauben hat, Gott spricht immer lebendig, nicht durch geschriebene, sondern lebendige Worte. Diskrepanzen zwischen dem Christentum und dem wirklichen Nationalsozialismus sind nicht vorhanden. Erst wenn man Nationalsozialist nach Tat und Gesinnung geworden ist, kann man das Christentum wirklich verstehen. Der Einklang zwischen Kirche und Volk muß sich wieder finden. Wir müssen andere Wege gehen als bisher. Ich halte zwar für absolut richtig, was ich bisher getan habe. Ich mußte erst feststellen, ob durch Einsetzen einer eigenen Regierung der Kirche nicht eine Bewegung würde, die wieder zum Staat hinführte und nicht wegführt. Ich bin aber der Überzeugung, daß es nur wieder ein Kampf um Stellungen und Fassaden gewesen ist und daß das Neue, das werden sollte, völlig in den Hintergrund getreten ist. Darum kann ich diesen Weg so nicht mehr weitergehen. Das Neuwerden in der Kirche muß stärker werden, wenn die Verbindung mit dem Volk nicht verloren gehen soll. Wie kann ich dies Ziel erreichen?

Von Bodelschwingh hat mir voriges Jahr gesagt: Ich möchte ein Simultaneum machen. Was ich jetzt tun will, kommt auf ein Simultaneum hinaus. Ich will nicht wieder eine Reichskirchenleitung einsetzen. Die Reichskirche ist nicht geworden und kann nicht ohne weiteres werden. 1934 fiel die Kirche wieder in zwei bis drei Strömungen auseinander. Es wäre unsinnig, wenn ich nach Rücktritt des Reichskirchenausschusses wieder versuchen sollte, eine geistliche Leitung der DEK zu schaffen. Das kann es erst geben, wenn ein gemeinschaftlicher Wille ein gemeinsames

---

16 In der Nachschrift ist hier eine Lücke angemerkt.

Gut der DEK geworden ist. Ich denke auch nicht daran, etwas Derartiges zu dulden, was nach einer Reichskirchenleitung aussieht. Ich erkenne diesen Ausschuß unter keinen Umständen an. Es gibt jetzt nicht Reichskirche, sondern Landeskirchen. Ich erkenne die Landeskirchen an, die noch nicht anerkannt sind: Thüringen, Mecklenburg, Bremen (?) und Hamburg. Die beiden letzten werden umgebildet. Ich will Landeskirchenregierungen. Die Kirchenkanzlei behalte ich unter mir. Ich übe aber keine geistliche Leitung aus. Wenn sie diese wollen, können die Vorsitzenden zusammentreten und sie ausüben. Aber ich gestatte nicht, eine geistliche Leitung herauszusetzen; sondern wenn sie sich zusammensetzen in einer Bischofskonferenz...[17]

Die Ausschüsse sind nicht Vereinigungen von DC und BK, sondern neigen zur BK-Seite. Darum betone ich, daß diese Ausschüsse nicht mehr von allen Mitgliedern der Kirche begrüßt werden. Ich will aber niemand in seiner Gewissensfreiheit bedrücken lassen. Der Ausweg ist das Simultaneum...[17] Mögen die, welche aus den Landeskirchen herauswollen, sich der Deutschen Evang. Kirchenkanzlei unterstellen und für sich allein verwaltet werden. Die Verordnung wird ihnen freilassen, diese Ordnung zu treffen. Ich erkenne nicht eine Gruppe an, auch nicht die DC. Ich erkenne nur an, daß die, welche sich mit den Leitungen der Kirche nicht einverstanden erklären, sich mit Hilfe der Staatsregierung zusammenfinden zu Vereinigungen, die dann begründet werden können. Dieser Weg bietet die Möglichkeit, nach und nach zu dem Ziel zu kommen, was wir eine Abstimmung nennen. Der Reichskirchenausschuß hat mir Vorschläge ausgearbeitet. Aber ich bin zu der Überzeugung gekommen, daß das unsinnig wäre. Es ist unsinnig, zu einer Neuwahl zu kommen. Es ist unmöglich, erst einen Ukas zu unterschreiben, daß man zur BK gehöre. Erst muß innerhalb der Kirche die Richtung bestimmt sein: nicht ein neues Dogma, sondern die Richtung, in der man marschieren will, das kann sich nicht durch eine Wahl entscheiden. Wenn erst zwei Regierungen nebeneinander stehen, wird sich das voll entscheiden können. Das Ringen nach einem Christentum auf nationaler Grundlage wird sich entfalten können. Wenn das Christentum sich auf nationaler Grundlage entfaltet, wird kein nationalsozialistischer Staat sagen können: das bekämpfe ich, sondern er wird sagen: das nehme ich aus. So wird aus dem Kampfe ein Ausweg gebahnt werden. Also ein Simultaneum!

Dann muß ich mir organisatorisch die nötigen Mittel vorbehalten: Daß ich in die Verwaltung der Kirche eingreifen kann nach der wirtschaft-

---

17 In der Nachschrift ist hier eine Lücke angemerkt.

lichen Seite. Etwa 300 Millionen Reichsmark gibt der Staat jährlich. Ich kann nicht dulden, daß diese Gelder benutzt werden zur Finanzierung...[17] Ich muß mir die Möglichkeit starker Eingriffe vorbehalten. Ich muß dafür sorgen, daß Menschen, die sich gegen den Staat wenden, nicht mehr weiter in der DEK drinbleiben. Ich muß schnell zugreifen. Ich habe mich deshalb entschlossen, ein Verfahren zu wählen, das nicht politische Entscheidung auf dem Rücken von unabhängigen Richtern austragen läßt. Ich habe mich darum entschlossen, eine politische Entscheidung ganz allein dem Träger der staatlichen Gewalt vorzubehalten. Gewisse Sicherungen sind zu treffen, Sie können die Verordnung ja am Montag selbst lesen. Einem Pfarrer, der gegen den Staat handelt, kann die Fähigkeit aberkannt werden, ein Amt in der Kirche zu verwalten oder die Landeskirche zu vertreten. Ich habe mich gezwungen gesehen, die Anstellungsbedingungen, die für die Beamten gelten, auch auf die Pastoren auszudehnen. Es ist unmöglich, daß Pastoren Juden oder Halbjuden sind. Wir können das von einer öffentlich rechtlichen Körperschaft verlangen. Nur nach Absolvierung eines dreijährigen Studiums auf einer deutschen Universität kann die Prüfung gemacht werden. Nun erst kann der Friede kommen zwischen Partei und Kirche. 1933 wollte die Partei in die Kirche; das scheiterte nicht an der Partei, sondern an den Pastoren. Wenn nun eine Einigung kommt, wird die Frontstellung der Partei aufhören. Ich betone: Eine Entscheidung trifft der Staat heute noch nicht, sondern schiebt sie hinaus zugunsten der Kirche, damit sie beweisen kann, daß eine vollkommene Wandlung eingetreten ist. Ich habe die Zuversicht, daß die Wandlung kommen wird. Wenn Sie alle mitarbeiten zu diesem Ziel, kommen Sie zu einem Zusammenstehen. Ich verkenne nicht, daß der Reichskirchenausschuß den besten Weg verfolgen wollte. Ich will nicht mit ihm rechten, sondern nur aus den Erfahrungen lernen.

Es hat keinen Zweck, daß wir über das, was ich Ihnen gesagt habe, in eine Debatte eintreten. Aber bleiben Sie zusammen und sprechen Sie sich darüber aus. Und wenn Sie danach das Bedürfnis haben, mit mir zu sprechen, bin ich bereit.[18]

---

17 In der Nachschrift ist hier eine Lücke angemerkt.
18 Eine andere Nachschrift der Rede Kerrls (LKA Stuttgart, D 1, Bd. 70) gibt den Schluß mit folgenden Worten wieder: »Nach seiner zweistündigen Rede erklärte der Minister, daß eine Debatte zwecklos sei, da die diesbezüglichen Verordnungen sich bereits im Druck befänden.«

Nach den Ausführungen des Reichskirchenministers am 13. Februar waren Maßnahmen zu erwarten, durch die der Staat die Leitung der Deutschen Evang. Kirche übernehmen würde. Statt dessen erschien nach einer Besprechung Kerrls mit Hitler am 15.2.1937 ein Erlaß Hitlers, der allgemeine Wahlen innerhalb der evang. Kirche anordnete; der unmittelbare staatskirchliche Weg schien damit verlassen[19]*:*

Erlaß des Führers und Reichskanzlers über die Einberufung einer verfassunggebenden Generalsynode der Deutschen Evang. Kirche

Nachdem es dem Reichskirchenausschuß nicht gelungen ist, eine Einigung der kirchlichen Gruppen der Deutschen Evang. Kirche herbeizuführen, soll nunmehr die Kirche in voller Freiheit nach eigener Bestimmung des Kirchenvolkes sich selbst die neue Verfassung und damit eine neue Ordnung geben. Ich ermächtige daher den Reichsminister für die kirchlichen Angelegenheiten, zu diesem Zwecke die Wahl einer Generalsynode vorzubereiten und die dazu erforderlichen Maßnahmen zu treffen.

Berchtesgaden, den 15.2.1937.

Der Führer und Reichskanzler: Adolf Hitler.

Zu dem Wahlerlaß Hitlers vom 15. Februar brachte die Presse folgende Notiz[20]*:*

Das Befriedungswerk in der Evang. Kirche

So sehr der nationalsozialistische deutsche Mensch gläubig in dieser Welt steht, so wenig Verständnis besitzt er für konfessionelle Streitigkeiten. Wer die großen Aufgaben unserer Zeit tätig miterlebt und in ihr mit offenen Augen seinen Weg geht, dem mangelt völlig das Interesse an vielem, was in den letzten Jahren manche Gemüter auf konfessionellem Gebiet eingehend beschäftigt hat. Wenn der Führer nunmehr allen unfruchtbaren Diskussionen durch eine klärende Entscheidung ein Ende bereitet hat, dann mag das für diesen oder jenen eifrigen Auslandsjournalisten, der bisher manches Zeilenhonorar durch die Auseinandersetzung in der Deutschen Evang. Kirche verdient hatte, ein bedauerliches Ereignis sein. Jeder Deutsche aber ist von Freude und Genugtuung ergriffen, daß nunmehr dieses Kapitel abgeschlossen wird, indem die strittigen Fragen durch alle Angehörigen der evang. Kirche selbst geklärt werden. Jetzt bie-

---

19 Gesetzblatt der Deutschen Evang. Kirche 1937, S. 11. Zur Position Kerrls und zu der mit Hitlers Wahlerlaß verbundenen Desavouierung Kerrls siehe Hermelink, Kirche im Kampf, S. 388 f. und Conway, S. 222 f.
20 Siehe z. B. Stuttgarter NS-Kurier, Ausgabe vom 16.2.1937; vgl. auch KAW 1937, S. 30.

tet sich für manchen Gelegenheit zu zeigen, daß er den Streit nicht um des Streites willen geführt hat und daß er nach erfolgter Klärung seine privaten, konfessionellen Meinungen und Interessen zurückstellt hinter dem größeren Interesse der inneren Geschlossenheit der deutschen Nation.

Wir wissen, daß die Millionen Deutscher protestantischer Konfession nichts sehnlicher wünschen, als daß ihnen der Glaube wieder das wird, was er sein soll, nicht Streitobjekt, sondern ein Quell innerer Kraft, der ihnen Mut und Ansporn zum tätigen Leben in der Gemeinschaft des Volkes verleiht.

Der Wahlerlaß Hitlers erregte auch im Ausland starkes Interesse. Die Times *berichteten am 16.2.1937 aus Berlin*[21]*:*

Herr Hitler und die Kirche. Ein überraschender Schritt. Vor einer neuen Verfassung. Von unserem eigenen Berichterstatter

Durch das plötzliche Eingreifen Herrn Hitlers in den deutschen evang. Kirchenkampf sind die für heute angekündigten Maßnahmen hinfällig geworden, mit denen er bis Ende letzter Woche einverstanden gewesen sein soll. Der Reichsminister für die kirchlichen Angelegenheiten Kerrl besuchte heute den Führer in Berchtesgaden und erstattete ihm Bericht über die kirchliche Lage, worauf der Führer folgenden Erlaß herausgab...[22] Diese Entscheidung, die in gewissem Sinn eine Lage schafft, wie sie im Sommer 1933 bestand, beseitigt den Plan, der am Samstag gleichzeitig mit der Nachricht vom Rücktritt des Reichskirchenausschusses bekannt wurde, wonach heute eine Verordnung erscheinen sollte, die die Kirche tatsächlich unter staatliche Verwaltung bringen würde. Noch heute Morgen rechnete man im Kirchenministerium damit, daß diese Verordnung, die in der letzten Kabinettssitzung beschlossen worden zu sein scheint, im amtlichen Regierungsanzeiger veröffentlicht würde, und man ließ durchblicken, daß Herr Kerrl selbst der täglichen Pressekonferenz beiwohnen und die Verordnung erläutern werde. Er erschien aber nicht, sondern ließ sich wegen Indisposition entschuldigen. Dabei verlautete, daß die Verordnung auf unbestimmte Zeit vertagt worden sei.

Es ist noch zu früh, die Tragweite des neuen Schritts abzuwägen, zu dem sich der Führer und sein Minister inzwischen in Berchtesgaden entschlossen haben. Es ist nicht einmal klar, welche plötzlichen Erwägungen

21 LKA Stuttgart D 1, Bd. 70; dort liegt die im Folgenden wiedergegebene Übersetzung der Originalnachricht, die Meldungen der »Times« waren also der Kirchenleitung bekannt.
22 Hier folgt der Wortlaut des Erlasses vom 15.2.1937.

dazu führten, die ziemlich drastische, gewaltsame Regelung durch eine auf den ersten Blick großzügige Geste zu ersetzen. Man wird leichter urteilen können, wenn die Wahlordnung für die Reichssynode einmal bekannt sein wird. Ob die Rückkehr zu einem mehr oder weniger normalen Wahlvorgang – wie er nicht bloß vom Nationalsozialismus grundsätzlich abgelehnt, sondern auch tatsächlich aus dem deutschen öffentlichen Leben ausgemerzt worden ist – jetzt nach Verlauf von drei Jahren befriedigendere Ergebnisse haben könnte als in den kirchlichen Wahlen von 1933, ist eine Frage, die in weitesten Kreisen erörtert werden wird. Ob die Absicht dazu überhaupt besteht, ist fraglich. Auf alle Fälle weiß niemand, wie Herr Kerrl die Wahl der Synode vorbereiten will oder wie die Wünsche der die Kirche besuchenden Gemeinde bezüglich des einzuschlagenden Vorgehens berücksichtigt oder ausgelegt werden sollen.

Auf der katholischen Seite ist festzustellen, daß Graf Preysing, der katholische Bischof von Berlin, wie Erzbischof Kardinal Faulhaber von München eine deutliche Predigt hielt, in der er u. a. sich darüber beschwerte, daß er seine beiden letzten Hirtenbriefe nicht in der Diözesan-Presse veröffentlichen durfte. Wie in München so kam es auch in Berlin zu Straßenkundgebungen der Gemeinde, die dem Bischof zu seinem Wohnsitz folgte und ihn immer wieder zu sehen begehrte.

Am 17.2.1937 erschien ein weiterer Bericht in den Times[23]*:*

Herr Hitlers Erlaß. Überlegungen in Kirchenkreisen

Da der Herr Reichskirchenminister Kerrl von seiner Beratung mit Herrn Hitler in Berchtesgaden noch nicht zurückgekehrt ist, verlautet amtlich noch nichts darüber, wie er die Vorbereitung der Wahl einer Generalsynode für die Deutsche Evang. Kirche gemäß dem Erlaß des Führers zu treffen gedenkt.

In offiziösen Presseartikeln wird angedeutet, daß es sich um freie Kirchenwahlen handeln wird, die tatsächlich die ordnungsmäßige Erneuerung der kirchlichen Körperschaften herbeiführen wird, die im kommenden Sommer auf jeden Fall durch den Ablauf der vierjährigen Amtsperiode seit den letzten unbefriedigenden Wahlen von 1933 fällig war. Durch die so gewählten Körperschaften, heißt es, sollen die Glieder der Generalsynode gewählt werden, die eine neue Kirchenverfassung zu beschließen haben. Den Erklärungen nach sollen die Wahlen gänzlich von der Kirche

---

23 LKA Stuttgart D 1, Bd. 70; vgl. Anmerkung 21, S. 64.

durchgeführt werden, wobei alle bisherigen Kirchenleitungen der verschiedenen Richtungen in vorläufiger Weise für diesen Zweck anerkannt werden sollen. Der »einzige« Beitrag des Staates soll die Aufstellung der Wahlordnung sein. Es läßt sich noch nicht voraussagen, was dort geschehen wird, wo wie in Preußen die Autorität der auf Grund der Wahlen von 1933 im Amt befindlichen Kirchenleitungen von der Bekennenden Kirche angefochten wird, weil jene Wahlen wegen der damaligen Einschüchterung durch die bewegte erste Phase der Nazi-Revolution unfair waren und die daraus abgeleiteten Ernennungen von Kirchenführern in jedem Fall verfassungswidrig erfolgten. Ebensowenig ist klar, was dort geschehen wird wie in Lübeck »deutsch-christliche Kirchenleitungen« durch örtlichen Partei- und Staatsdruck mit Hilfe von polizeilichen Maßnahmen gegen die Bekennende Kirche aufrecht erhalten wurden.

Über den Wahlvorgang selber hat des Führers Entscheidung natürlich zu lebhaften Erörterungen geführt. Diese sind überall von den Fragen beherrscht, wie es im fünften Jahr des Dritten Reichs möglich sein wird, eine wirklich freie und »demokratische« Wahl durchzuführen. Sollte man wirklich zu der Ordnung zurückkehren, nach der die Kirchenwahlen von 1933 durchgeführt wurden und die immer noch der üblichen demokratischen Methode ähnlich war, dann ist das Vertrauen der Gruppen, die auf Grund ihres christlichen Bekenntnisses dem Versuch zur Vermischung von christlichem Bekenntnis und nationalsozialistischer Weltanschauung widerstehen mußten, noch sehr gering. Denn nur wer die Wahl von 1933 mit den fanatischen Augen des jungen Revolutionärs betrachtete, kann annehmen, daß ähnliche Wahlen im Jahr 1937 über Fragen von Glauben und Gewissen mit besserem Erfolg abgehalten werden können, selbst wenn die Absichten der Urheber des Plans die reinsten wären. Heutige Presseartikel bezeichneten des Führers Erlaß als eine großherzige Geste, die der Evang. Kirche eine einzigartige Möglichkeit gebe, ihre eigene Lösung für ihre Nöte zu finden. »Gewissen Gruppen innerhalb der Evang. Kirche« – offenkundig denen, die dreieinhalb Jahre lang der Aufnötigung des Nazi-deutschen Glaubensbekenntnisses zu Blut und Rasse in das christliche Glaubensbekenntnis widerstanden haben – wird deutlich zu verstehen gegeben, daß man von ihnen erwartet, daß sie die neue Politik mit Dankbarkeit und aufrichtiger Zusammenarbeit mit »anderen Gruppen« zur Durchführung der neuen Regelung aufnehmen.

Im Zusammenhang mit Berichten in den Times *wurde in Deutschland das Gerücht verbreitet, deutsche Bischöfe haben von England aus die Änderung der ursprünglichen Absichten von Kerrl bewerkstelligt; der Oberkirchenrat informierte am 21.4.1937 die Dekanatämter*[24]*:*

Wie bekannt, ist der Reichskirchenausschuß am Freitag, den 12.2.1937, zurückgetreten. Am Samstag, den 13.2.1937, sprach der Herr Reichskirchenminister in einer Versammlung von Vorsitzenden der Landes- und Provinzialkirchenausschüsse. In der Presse wurde für Montag, den 15.2.1937, ein »Verordnungswerk« angekündigt. Es erging aber an diesem Tag der bekannte Erlaß des Führers und Reichskanzlers über die Wahl einer Generalsynode. In diesem Zusammenhang wurde von der Zentralstelle der Reichsbewegung DC in Berlin folgendes Gerücht nach Württemberg hinausgetragen:

Zwei deutsche Bischöfe oder Kirchenführer seien am Samstag, den 13. Februar, nach jener Besprechung bei dem Reichskirchenminister nach London geflogen, um dort über englische Bischöfe Einfluß auf die kirchliche Entwicklung in Deutschland zu nehmen. Es sei dann durch Einwirkung der britischen Regierung und des Botschafters Ribbentrop der Wahlerlaß des Führers und Reichskanzlers zustande gekommen.

An derartige Gerüchte knüpfen sich dann Werturteile wie Landesverräter u. ä. Wir halten diese Gerüchtebildung und -weitergabe als einen Versuch übelster Brunnenvergiftung fest. Auf diese Weise wird nun von interessierter Seite schon seit 1933 gearbeitet, um in Staat und Partei gegen die Kirche zu hetzen. Es wäre erwünscht, wenn die Hintermänner und Urheber derartiger unverantwortlicher Gerüchte festgestellt werden könnten.

Die Dekanatämter werden ersucht, hievon den Pfarrämtern Kenntnis zu geben. Sofern das Gerücht in den Gemeinden weitergetragen wird, möge hieher berichtet werden.   I. V. Müller.

Am 18.5.1937 berichtete das 3. Evang. Pfarramt Schwäb. Hall von der Weitergabe dieses Gerüchts in einer Versammlung des NS-Lehrerbundes in Schwäb. Hall[25]*:*

Es wurde mir von mehreren Seiten mitgeteilt bzw. bestätigt, daß das im Erlaß des Oberkirchenrats vom 21. April mitgeteilte verleumderische Gerücht über den Englandflug deutscher Bischöfe in einer Versammlung des NS-Lehrerbundes vom 17. April von Kreisleiter und Rektor Bosch hier weitergegeben wurde. Ob er von Bischöfen redete, ist mir nicht mehr gewiß, aber er sagte, daß zu gleicher Zeit, als Reichsminister Kerrl im Schnellzug zum Führer fuhr, um das Verordnungswerk über die Kirche

24 Nr. A 3294.
25 Nr. A 5506.

dem Führer zur Unterschrift vorzulegen, der Text dieser geplanten Verordnungen im Flugzeug zum Erzbischof von Canterbury gebracht wurde. Er habe daraufhin eine Pause gemacht, um sich die Entrüstung über solchen Landesverrat genügend entfalten zu lassen. Da Kreisleiter Bosch in den verschiedensten Versammlungen von Amtsträgern der Bewegung schon religiös gerichtete Vorträge hielt, die neben einem pathetischen Bekenntnis zum Gottesglauben die Ruchlosigkeit der Kirchen ins Licht zu stellen suchten, ist anzunehmen, daß diese Aussage auch sonst von ihm her in Umlauf gebracht wurde. Eine Bestätigung darüber fehlt noch. Jedenfalls wäre es gut, wenn wir eine Erklärung darüber zur Verkündigung an die Gemeinden erhielten. Stadtpfarrer Gölz.

Daraufhin wandte der Oberkirchenrat sich am 8.6.1937 an die Gauleitung des NS-Lehrerbundes in Stuttgart[26]*:*
Es geht uns die Mitteilung zu, daß Herr Kreisleiter und Rektor Bosch in Schwäb. Hall in einer Versammlung des NSLB am 17. April das Gerücht weitergegeben hat, einige lutherische Bischöfe seien nach dem Vortrag des Herrn Ministers Kerrl am 13.2.1937 nach England geflogen, um den Text der geplanten Verordnungen dem Erzbischof von Canterbury zuzutragen, in derselben Zeit, in der Herr Kirchenminister Kerrl das Verordnungswerk im Schnellzug nach Berchtesgaden gebracht habe.

Ganz abgesehen davon, daß die Landesbischöfe sich nicht so rasch einen Auslandspaß beschaffen könnten, woran schon die ganze Behauptung zusammenbricht, würden die Landesbischöfe auch gar nicht im Ausland Unterstützung suchen, sondern sich, wie sie es immer getan haben, an den Führer und an den Stellvertreter des Führers wenden. In dem vorliegenden Fall hat übrigens der Führer, was bekannt sein sollte, weder den von Herrn Reichsminister Kerrl den Kirchenführern vorgetragenen Plan noch Anregungen von kirchlicher Seite angenommen. Auf unseren beiliegenden Runderlaß vom 21.4.1937 Nr. A 3294 nehmen wir Bezug.

26 Nr. A 5506; das Schreiben schloß ursprünglich mit folgendem Halbsatz: »da sie geeignet sind, die in unserer Lage notwendige Geschlossenheit der ganzen Nation ernstlich zu gefährden«. Außerdem wurde im Entwurf statt des Erlasses des OKR Nr. 3294 vom 21.4.1937 der Wahlerlaß Hitlers genannt: »sondern [der Führer] ist mit seinem Erlaß vom 15.2.1937 ganz eigene Wege gegangen, die weniger auf das Reichskirchenministerium als auf die Kirchen befreiend wirkten«. Die Änderungen erfolgten auf Bitte von Kirchenrat Dr. Weeber; der Berichterstatter, Oberkirchenrat Sautter, war damit »ungern einverstanden«. Schließlich wurde im 2. Abschnitt der Ausdruck »Lüge« von Direktor Dr. Müller in »Behauptung« gemildert.

Wir bitten die Gauleitung des NSLB, solchen unwahren Gerüchten tatkräftig entgegenzutreten.
Heil Hitler! I. V. Mü[ller].

KIRCHLICHE STELLUNGNAHMEN ZU HITLERS WAHLERLASS

Schon am 17.2.1937 übersandte die Vorläufige Leitung der Deutschen Evang. Kirche den Kirchenleitungen eine erste programmatische Stellungnahme zu Hitlers Wahlerlaß zur Kenntnisnahme[27]:

Der Führer und Reichskanzler hat unter dem 15.2.1937 einen Erlaß über die Einberufung einer verfassunggebenden Generalsynode der Deutschen Evang. Kirche veröffentlicht. Dazu müssen wir zunächst Folgendes sagen:

1. Voraussetzung kirchlicher Wahlen

Die Bekennende Kirche kann sich an kirchlichen Wahlen nur beteiligen, wenn sie unter voller Wahrung des kirchlichen Bekenntnisses in kirchlichen Formen und in kirchlicher Abzielung erfolgen. Die Bekennende Kirche muß alle Wahlen ablehnen, die den Massen die Herrschaft über die Kirche einräumen und der gläubigen Gemeinde das Recht in der Kirche nehmen.

2. Freiheit der Kirche

Der Erlaß des Führers stellt einen Eingriff des Staates in das Rechtsleben der Kirche dar. Er tritt damit an die Seite der früheren unmittelbaren Staatseingriffe, wie sie in der Einsetzung staatlicher Kommissare in Landeskirchen, in der Auflösung der bestehenden Körperschaften und in ihrer Neuwahl unter Verletzung der bestehenden kirchlichen Wahlvorschriften (1933), in der Errichtung staatlicher Finanzabteilungen bei kirchlichen Behörden (1935), in der Einsetzung der Reichs- und der Landeskirchenausschüsse (1935 und 1936) erfolgt sind. Ein solcher Eingriff des Staates unterliegt schweren bekenntnismäßigen Bedenken. Der Erlaß sagt nun freilich, daß die Kirche in voller Freiheit nach eigener Bestimmung des Kirchenvolkes sich selbst die neue Verfassung und damit eine neue Ordnung geben muß.

27 LKA Stuttgart, D 1, Bd. 70; vgl. auch das Wort der VL »An die Pfarrer und Gemeinden der Deutschen Evang. Kirche« vom Februar 1937 (Dokumente des Kirchenkampfes II, 2, Nr. 464, S. 1357 f.) und das Wort des Reichsbruderrats vom 9.3.1937 (KJb., S. 163–165; Niemöller, Kampf, S. 389; Zipfel, S. 95).

Die Kirche hat bislang unter starker Beschränkung ihrer Freiheit leiden müssen. Die Bekennende Kirche wurde daran gehindert, ihre eigenen Glieder und erst recht die Öffentlichkeit über das kirchliche Geschehen und die kirchlichen Notwendigkeiten ausreichend zu unterrichten. Selbst den staatlich eingesetzten Kirchenausschüssen sind amtliche Veröffentlichungen durch staatliche Maßnahmen unmöglich gemacht worden.[28] Der Reichskirchenausschuß ist zurückgetreten, weil sein Vorsitzender es erleben mußte, daß auch für ihn eine freie Verkündigung des Evangeliums in Deutschland nicht mehr möglich war. Die Bekennende Kirche beklagt seit Monaten die Ausweisungen, die Redeverbote, die Gefangennahme von Pfarrern und Laien. Die kirchliche Verkündigung wird dadurch unerträglich eingeschränkt. Fast sämtliche kirchliche Zeitschriften und Blätter, die im Sinne der Bekennenden Kirche arbeiten, sind verboten. Fast alle Schriftleiter, die der Bekennenden Kirche angehören, sind aus der Schriftleiterliste gestrichen, aus der Reichspressekammer ausgeschlossen und damit zum Schweigen gebracht worden. Demgegenüber besteht die Tatsache, daß erst kürzlich der frühere Reichsbischof in Westfalen an etwa 25 Stellen, auch in öffentlichen Gebäuden, ungehindert hat sprechen dürfen, daß die Deutschen Christen eine ungehinderte Propaganda entfalten und daß auch das Schrifttum der Deutschen Christen sich immer mehr hat ausbreiten können.

Die zugesicherte Freiheit der Wahl setzt voraus, daß die Freiheitsbeschränkungen der Bekennenden Kirche und alle Maßregelungen gegen die Glieder der BK aufgehoben werden, daß jede Sonderbehandlung ihrer Glieder unterbleibt und daß der BK die Möglichkeit der freien Sprache in der deutschen Öffentlichkeit zurückgegeben wird.

3. Die »eigene Bestimmung des Kirchenvolks«

Auch die vom Staate angeordneten Kirchenwahlen des Jahres 1933[29] standen unter der staatlichen Zusicherung voller Wahlfreiheit. In Wirklichkeit haben sie sich unter starkem Einsatz nicht nur moralischer, sondern auch wirtschaftlicher Druckmittel vollzogen. Der Erlaß des Führers bestimmt, daß die Kirche nach eigener Bestimmung des »Kirchenvolkes« sich selbst die neue Verfassung geben soll. Das setzt voraus, daß die Einwirkung staatlicher oder parteiamtlicher Stellen nach Art der bisher schon geübten Beeinflussung unterbunden werden muß. Die BK befürchtet, daß eine starke Wahlbeeinflussung seitens der Partei einsetzt, solange

---

28 Siehe Bd. 4, S. 874.
29 Siehe Bd. 2, S. 294–345.

nicht wirksame Maßnahmen gegen jeden Eingriff getroffen worden sind. Nach den Erfahrungen von 1933 bilden Erklärungen und Anweisungen allein keine Gewähr gegen den drohenden Mißbrauch. Nicht von Staat und Partei her, sondern von der Kirche her muß sich der kirchliche Wille bilden, der zur kirchlichen Neuordnung führt.

Schweren Bedenken begegnet die Einführung des Begriffes »Kirchenvolk«. In Artikel 1 der Verfassung der Deutschen Evang. Kirche vom 11. 7. 1933 ist die unaufgebbare Grundlage der DEK herausgestellt. Dieser Artikel muß nun auch maßgebend sein für die Bestimmungen, wer denn überhaupt das Recht der Wahl in der Kirche hat. Die Kirche kann es nicht zulassen, daß eine Summe völlig unkirchlicher Menschen ihren kirchenfremden Willen in einer Wahlhandlung der Kirche aufzwingt. Die Dinge der Kirche können maßgeblich nur von denen mitbestimmt werden, die ehrlich und rückhaltlos die Grundlage der Kirche bejahen. Die Bekennende Kirche muß daher fordern, daß die Wahlbestimmungen eine genügende kirchliche Qualifikation der Wähler und der Wählbaren enthalten. Es genügt nicht, wenn die Bejahung des Artikels 1 der Verfassung der DEK zur Voraussetzung für die Verleihung des kirchlichen Wahlrechts gemacht wird. Seit der in Barmen 1934 vom Worte Gottes her getroffenen Entscheidung ist es offenbar, daß zwei einander wesensfremde Gemeinschaften nur dem Scheine nach in der Deutschen Evang. Kirche vereinigt sind. Dieser Tatsache muß nüchtern Rechnung getragen werden. Wir sind uns bewußt, daß sich daraus für einzelne Gemeinden und einzelne Gemeindeglieder, ja auch für den Anspruch der auf der unaufgebbaren Grundlage des Bekenntnisses stehenden Kirche auf ihr Kirchenvermögen nicht unerhebliche Schwierigkeiten ergeben. Diese Schwierigkeiten aber müssen angefaßt werden, wenn nicht die völlige Zerrüttung der Evang. Kirche Dauerzustand werden soll. Die Bekennende Kirche muß darauf bestehen, daß die Merkmale der Wahlberechtigung eindeutig kirchlich bestimmt werden.

4. Die Notwendigkeit einer neuen Verfassung

Die Verfassung der DEK ist in Verfolg der nationalen Revolution unter starker Berücksichtigung der mit ihr zugleich zur Herrschaft gelangten Staatsrechtstheorien 1933 geschaffen worden. Sie sollte die Einheit der Deutschen Evang. Kirche in Überwindung der bestehenden Landeskirchen gewährleisten und immer stärker gestalten. Nachdem der Reichsbischof auf dem Wege äußeren Zwanges diese Einheit vergeblich zu verwirklichen versucht hat und nachdem der Reichskirchenausschuß mit dem ihm staatlich aufgetragenen Befriedungswerk gescheitert ist, läßt sich nicht leugnen, daß eine Lücke hinsichtlich der staatlich anerkannten Leitung und Vertretung der Kirche offenbar geworden ist. Die zerstörte Ordnung kann nur von der Kirche und nur auf der unaufgebbaren Grundlage ihres Bekenntnisses wiederhergestellt werden. Diesem Ziel allein darf die in Aussicht gestellte verfassunggebende Generalsynode dienen.

5. Die Ermächtigung des Reichsministers für die kirchlichen Angelegenheiten

Besondere Bedenken ruft es hervor, daß der Reichsminister für die kirchlichen Angelegenheiten durch den Erlaß des Führers ermächtigt wird, die Wahl einer Generalsynode vorzubereiten und die dazu erforderlichen Maßnahmen zu treffen. Unmittelbar vor der Veröffentlichung des Erlaßes hat der Reichsminister für die kirchlichen Angelegenheiten in amtlicher Sitzung am 13. 2. 1937[30] den Mitgliedern der Landes- und Provinzialkirchenausschüsse programmatisch seine Stellung zur Kirche dargelegt. Dabei ist zutage getreten, daß der Reichsminister für die kirchlichen Angelegenheiten den Grundartikel des christlichen Glaubens von der Gottessohnschaft Jesu Christi für lächerlich erklärt und an seinem ursprünglichen Ziele festhält, die Kirche dem Primat des Staates zu unterstellen. Diejenigen Kirchen, in denen die deutschchristliche Irrlehre von der Kirchenregierung eindeutig vertreten und die BK am stärksten unterdrückt wird, hält er für am besten geordnet. Er erkannte in dieser Sitzung am 13. Februar im Gegensatz zur Deutschen Evang. Kirche nur das Bestehen der verschiedenen Landeskirchen an. Er erklärte jede kirchliche Wahl für unmöglich. Er kündigte die Übernahme der Kirchenleitung in die staatliche Verwaltung an, ließ auch keinen Zweifel darin obwalten, daß die deutsch-christliche Richtung und Haltung staatlich gefördert würde. Er forderte, die Kirchenfrage müsse so geregelt werden, daß Staat und Partei damit zufrieden seien. Der Reichsminister für die kirchlichen Angelegenheiten hat sich in seinem Amte ganz eindeutig wiederholt zu Lehren bekannt, die im Gegensatz zu dem Evangelium von Jesus von Nazareth als dem Christus und dem alleinigen Heil der Welt stehen. Er hat sich damit tatsächlich vom Boden der Kirche entfernt. Die Bekennende Kirche kann es ihm nicht zugestehen, daß er berechtigt sei, das Wahlrecht in der Deutschen Evang. Kirche auszuüben. Die Bekennende Kirche kann angesichts der bisherigen Haltung des Reichsministers für die kirchlichen

---

30 Siehe S. 57–62.

Angelegenheiten kein Vertrauen aufbringen, daß er imstande sei, eine kirchliche Wahl auch nur formal unparteiisch zu leiten. Wenn er als staatlicher Kommissar für die Kirchenwahlen die Aufgabe erhält, dafür zu sorgen, daß alles ordentlich und ehrlich zugehe[31], so muß die Bekennende Kirche ihn auf Grund der vorstehenden Tatsachen als befangen und parteiisch ablehnen.

6. Zusammenfassung

Wenn die Deutsche Evang. Kirche neu geordnet werden soll, so muß der Erkenntnis Rechnung getragen werden, daß sich die Kirche auf der Grundlage des Bekenntnisses aus der Gemeinde aufbaut. Diese Erkenntnis ist nicht aus dem politischen Leben gewonnen, sondern aus der Heiligen Schrift. Diese Erkenntnis gehört zum Bekenntnis der Kirche. Die Gemeinde ist nicht die Summe von Steuerzahlern, sondern sie ist die Menge derer, die an den Herrn Jesus Christus, als den für uns in das Fleisch gekommenen, den für uns gestorbenen und auferstandenen Sohn des lebendigen Gottes glauben und sich zu ihm bekennen.

Die Bekennende Kirche erstrebt eine Ordnung der Deutschen Evang. Kirche, die auch die staatliche Anerkennung findet. Ob der in dem Erlaß des Führers vorgesehene Weg der Wahl einer Generalsynode der DEK eine rechte Ordnung der Kirche ermöglicht, bleibt abzuwarten. Wir müssen heute auf Grund der Veröffentlichung des Erlasses zur Besinnung aufrufen. Dieser Erlaß kann einer kirchlichen Ordnung helfen, er kann aber auch dazu führen, die kirchliche Ordnung völlig zu vernichten. Die Kirche muß ihre Ordnung von innen her gestalten. Der Staat erweist sich und der Kirche den besten Dienst, wenn er dem, was inmitten des Volkes an kraftvoller evangelischer Kirche um seine Gestaltung ringt, freien Raum gibt.

Für die Vorläufige Leitung der Deutschen Evang. Kirche: Müller, Pfarrer.

Der Rat der Evang.-Luth. Kirche Deutschlands erließ am 23.2.1937 eine Kundgebung an die Pfarrer[32]:

Liebe Amtsbrüder!

Eine Entscheidungsstunde von größter Tragweite ist für unsere Kirche angebrochen. Der Führer hat durch seinen Erlaß vom 15.2.1937 den

31 1. Kor. 14,40.
32 LKA Stuttgart, D 1, Bd. 70; vgl. auch das Wort des Rates der Evang.-Luth. Kirche an die Gemeinden vom 23.2.1937 (LKA Stuttgart, D 1, Bd. 70).

Reichsminister für die kirchlichen Angelegenheiten ermächtigt, die Wahl einer Generalsynode für die Deutsche Evang. Kirche vorzubereiten und die dazu erforderlichen Maßnahmen zu treffen, damit »die Kirche in voller Freiheit nach eigener Bestimmung des Kirchenvolkes sich selbst die neue Verfassung und damit eine neue Ordnung geben soll«.

Wir sind demnach durch den Staat vor die Wahl gestellt, aber sie soll in völliger Freiheit und nach den Pressekommentaren auf kirchlichem Boden und durch kirchliche Organe durchgeführt werden. Wir bemühen uns, den kirchlichen Charakter der Wahl, insbesondere die nötigen kirchlichen Qualifikationen für das aktive und passive Wahlrecht und die Unantastbarkeit des Bekenntnisses als Voraussetzung der Wahl bei den staatlichen Stellen durchzusetzen. Wir bitten die Geistlichen, sie dabei auch durch Willensäußerungen zu unterstützen, die seitens kirchlicher Körperschaften und Vertretungen an das Reichskirchenministerium gerichtet werden. Andererseits bitten wir, den oberen kirchlichen Stellen von jedem Unternehmen, durch das die Freiheit der Wahl und ihrer Vorbereitung beeinträchtigt wird, sofort Mitteilung zu machen.

Die Bedeutung der Wahl liegt darin, daß sie nicht nur die Körperschaft schaffen soll, die über Verfassung und Ordnung der DEK entscheidet, sondern auch zugleich zahlenmäßig feststellt, wieviele Wahlberechtigte sich auf die Seite der Bekennenden Kirche, wieviele sich auf die Seite der Deutsch-christlichen Nationalkirche stellen. Diese Feststellung kann zu einschneidenden Folgen rechtlicher und vermögensrechtlicher Art führen.

Uns Geistlichen, liebe Amtsbrüder, fällt in diesem kirchengeschichtlichen Augenblick eine ganz besondere Verantwortung zu. Uns ist die Versorgung und Leitung der Gemeinden mit dem Worte Gottes anvertraut. Wir müssen daher vor dem Herrn der Kirche darüber Rechenschaft geben, wie unsere Gemeindeglieder sich in dieser Wahl entscheiden. Sie sehen auf uns und erwarten von uns eine klare, eindeutige Stellungnahme. Was wir im Blick auf diese Entscheidung urteilen und mitteilen und wozu wir unsere Gemeindeglieder aufrufen, das alles muß an Bibel und Bekenntnis ausgerichtet, von zuchtvoller Wahrheitsliebe und klarer Besonnenheit getragen und von allen falschen Rücksichten, besonders auch von aller Menschenfurcht frei sein. Nur so können wir unseren Gemeinden und damit unserer Kirche und unserem Volk den Dienst erweisen, der jetzt von uns gefordert wird. Dabei müssen wir in Verbindung mit Kirchenleitung, Amtsbrüdern und zuverlässigen Gemeindegliedern alle Maßnahmen treffen, um möglichst alle Wahlberechtigten über die Wahl aufzuklären, zur rechten Entscheidung zu bringen und zur Teilnahme an der Wahl zu veranlassen. Ein Nachrichten- und Materialdienst für diesen Zweck wird vorbereitet. Für gewissenhafte Durchführung der Wahl, soweit sie in unsere Hände gelegt ist, müssen wir uns verbürgen und damit die Wahlfreudigkeit heben. Vor allem kommt es darauf an, den Gemeindegliedern die zu treffende grundsätzliche Entscheidung eindringlich klar zu machen.

Im bisherigen Kirchenkampf ging es uns nicht um Sonderinteressen der überlieferten Landeskirchen. Vorbereitet durch den Deutschen Evang. Kirchenbund von 1922 ist im Jahre 1933 mit der Schaffung der DEK ein einmütiger Zusammenschluß der Landeskirchen zu einem Bund erfolgt, dessen Verfassung vom Dritten Reich gesetzlich gewährleistet wurde. Auch der Bund der lutherischen Kirchen, der sich im letzten Jahr gebildet hat und in gedeihlicher Entwicklung fortschreitet[33], erstrebt im Rahmen dieser Verfassung eine Einigung der bekennenden lutherischen Landeskirchen zu einer Evang.-Luth. Kirche Deutschlands, bedeutet somit ein wichtiges Stück Verwirklichung der Deutschen Evang. Kirche. Es ging auch der Bekennenden Kirche nicht darum, sich ein selbstsüchtiges Eigenleben abseits der Volksgemeinschaft zu sichern. Sie hat im Gegenteil um die Erfüllung ihres Auftrags gekämpft, inmitten unseres Volkes und zu seinem Heil das reine, unverkürzte Evangelium mit allem Nachdruck zu bezeugen und die Sakramente stiftungsgemäß zu spenden.[34] Dafür hat sich die Bekennende Kirche auf jede Gefahr eingesetzt und dafür kann kein Opfer zu groß sein. Es ging und geht um den ersten Artikel der Verfassung: »Die unantastbare Grundlage der Deutschen Evang. Kirche ist das Evangelium von Jesus Christus, wie es uns in der Heiligen Schrift und in den Bekenntnissen der Reformation neu ans Licht getreten ist. Hiedurch werden die Vollmachten, deren die Kirche für ihre Sendung bedarf, bestimmt und begrenzt.« Dabei war die biblisch-reformatorisch begründete, unzweideutige Abwehr der Irrtümer der Deutschen Christen, die in der Theologischen Erklärung der Barmer Bekenntnissynode ausgesprochen ist, maßgebend und ist es als kirchliche Entscheidung noch heute.

Es geht auch bei der bevorstehenden Wahl nicht um theologische oder juristische Einzelheiten oder gar Spitzfindigkeiten, sondern um die Grundentscheidung des Glaubens, um ein jedem Christen verständliches Entweder-Oder. Entweder eine evangelische Kirche, die bei dieser unantastbaren Grundlage bleibt, die allein aus dem in Jesus Christus verkör-

33 Vgl. Bd. 4, S. 179–198 und S. 570–589.
34 Vgl. CA, Artikel VII.

perten Worte Gottes Alten und Neuen Testaments lebt, getreu dem Willen und Auftrag ihres Stifters und alleinigen Herrn, und darum getreu dem Glauben der Väter, oder ein religiöser Verband, der seinen Glauben auf neue Offenbarungen abstellt, seine Grundsätze der Zeitstimmung anpaßt, die Aufgaben von Kirche und Staat durcheinander wirft und den Anspruch auf den Namen einer evangelischen, überhaupt einer christlichen Kirche verliert. Entweder ein Christentum in der Gefolgschaft des Christus, der durch Seine Erlösungstat Gotteskinder, neue Menschen, Erben in Seinem Reich und damit dienstwillige Glieder von Volk und Familie schafft, oder ein willkürlich zurechtgemachtes Christentum, das Stück für Stück der biblischen Wahrheit preisgibt, unserm Volk damit die erneuernde Kraft des Heiligen Geistes mehr und mehr verschließt und sich Schritt für Schritt in die neue Religion des Deutschglaubens auflöst.

Dieses Entweder-Oder muß in aller Deutlichkeit herausgearbeitet und jede es vernebelnde Vermittlung abgelehnt werden. Dabei gilt es, unsere Gemeindeglieder widerstandsfähig zu machen gegen den Anwurf, die Bekennende Kirche sei eine Judenkirche, womit sie rassisch und politisch diffamiert werden soll. Es muß aufgezeigt werden, daß dieser Anwurf sich ebenso gegen das Neue wie gegen das Alte Testament und letzten Endes gegen die Menschwerdung und alleinige Mittlerschaft des Sohnes Gottes richtet, die das Heil aller Völker und Rassen und die Aufhebung aller Gesetzes- und Nationalreligion bedeutet. Zugleich darf darauf hingewiesen werden, daß die Bekennende Kirche die Kirche der Reformation ist, deren biblische Botschaft unserem deutschen Volk und Volkstum in langen Jahrhunderten von unendlichem Segen war. Es wird trotzdem nicht gelingen, alle Verkennung zu überwinden. Aber so gewiß die Bekennende Kirche Kirche unter dem Kreuz sein muß, so gewiß ist allein die Kirche unter dem Kreuz die Kirche der Verheißung.

Unter diesem Zeichen müssen sich bei dieser Wahl alle zusammenfinden, denen es um die lebendige Kirche des biblischen Evangeliums geht. Unsere Gemeindeglieder werden es nicht verstehen, wenn nicht in diesem entscheidenden Augenblick alle persönlichen Spannungen und sachlichen Gegensätze zurückgestellt werden, die sich innerhalb der Bekennenden Kirche aus den verwickelten Fragen und ungeklärten Übergangszuständen der letzten Jahre herausgebildet haben. Bedenken wir es vor Gott und deshalb auch vor der Gemeinde und der Öffentlichkeit: Wir stehen gemeinsam unter dem Gericht und der Gnade Gottes; wir sind gemeinsam haftbar für das Schicksal der evangelischen Kirche und unseres Volkes. Es muß auf dem gemeinsamen Boden für die Wahl auch ein tragbarer Ausgleich zwischen den berechtigten Ansprüchen der lutherischen, reformierten und unierten Kirchen und eine Verständigung über die Personalfragen sich finden lassen. Gemeinsam haben wir, Geistliche wie Gemeindeglieder jedes Standes, evangelische Männer und Frauen einzutreten für Bibel und Bekenntnis, für die Kirche der Väter, für die Freiheit ihrer Verkündigung, für die rechte christliche Unterweisung unserer Jugend, für die Erhaltung ihrer Liebeswerke zum Besten unseres Volkes, für eine an das Wort Gottes und das Bekenntnis gebundene Kirchenleitung.

Wir wollen es gemeinsam unserem Gott befehlen, daß wir an unserem Teil unseren Kindern und unserem Volk die Kirche unter dem Wort erhalten und erkämpfen mögen.

Der Rat der Evang.-Luth. Kirche Deutschlands: Breit.

Den Wortlaut einer Eingabe der Kirchenführerkonferenz an das Reichskirchenministerium wegen der Einberufung einer Generalsynode teilte der Oberkirchenrat am 19.2.1937 An sämtliche Pfarrämter mit[35]:

Zu der in Aussicht genommenen Einberufung einer Generalsynode der DEK haben die am 18./19. dieses Monats in Berlin versammelten Kirchenführer von Altpreußen, Baden, Bayern, Braunschweig, Hamburg, Hannover (luth.), Hannover (ref.), Hessen-Kassel, Lippe-Detmold, Nassau-Hessen, Sachsen, Schaumburg-Lippe und Württemberg, denen sich Vertreter der BK von Bremen, Lübeck, Mecklenburg und Thüringen angeschlossen haben, in einer Eingabe an den Herrn Reichs- und Preußischen Minister für die kirchlichen Angelegenheiten folgende Stellung eingenommen:

»Der Erlaß des Führers und Reichskanzlers über die Einberufung einer Generalsynode der DEK vom 15. Februar stellt fest, daß es dem Reichskirchenausschuß nicht gelungen ist, eine Einigung der kirchlichen Gruppen der DEK herbeizuführen, und bestimmt, daß ›nunmehr die Kirche in voller Freiheit nach eigener Bestimmung des Kirchenvolkes sich selbst die

---

35 Nr. A 1999. Vgl. Hermelink, Kirche im Kampf, S. 379–382; zu dem ganzen Zusammenhang vgl. auch die Entschließung des Reichsführerrats des Reichsbundes der Deutschen Evang. Pfarrvereine vom 17.2.1937 und die Eingabe von Reichsbundesführer Kirchenrat Klingler, Nürnberg, vom 1.3.1937 an das Reichskirchenministerium, die auf den Schritt der Kirchenführerkonferenz Bezug nimmt, ferner die umfangreiche, von Prof. Dr. Gerber, Leipzig, dem Präsidenten des Gustav-Adolf-Vereins, entworfene Denkschrift, die vom Reichsverband der Deutschen Evang. Pfarrvereine am 21.5.1937 dem Reichskirchenministerium übersandt wurde (Bericht von Klingler bei der Tagung des Reichsbundes der Deutschen Evang. Pfarrvereine in Bautzen, 21.9.1937; LKA Stuttgart, D 1, Bd. 72); vgl. dazu KAW 1937, S. 35 f.

neue Verfassung und damit eine neue Ordnung geben soll‹. Er ermächtigt den Reichsminister für die kirchlichen Angelegenheiten zu diesem Zweck, die Wahl einer Generalsynode vorzubereiten und die dazu erforderlichen Maßnahmen zu treffen. Die unterzeichneten Landeskirchenführer begrüßen es dankbar, daß nach dem Willen des Führers von staatlichen Eingriffen in die innere Ordnung der evang. Kirche abgesehen und die Entscheidung über ihre Verfassung und Ordnung der Kirche selbst in voller Freiheit überlassen werden soll.«

Wir erklären dazu:

1. Wir sind überzeugt, daß die Einigung der in den letzten Jahren in der DEK hervorgetretenen Richtung[en] entscheidend deshalb nicht gelungen ist, weil nicht alle ›Gruppen‹ die in Art. 1 der Verfassung der DEK vom 11. 7. 1933 festgestellte ›unantastbare Grundlage‹, nämlich ›das Evangelium von Jesus Christus, wie es uns in der Heiligen Schrift bezeugt und in den Bekenntnissen der Reformation neu ans Licht getreten ist‹, gewahrt haben; sie haben vielmehr zum Teil das Ziel einer von dieser Grundlage gelösten, nicht mehr bekenntnisbestimmten ›Deutschen Nationalkirche‹ aufgerichtet. Die Bemühungen des Reichskirchenausschußes sind wesentlich deshalb gescheitert, weil er entschlossen war, keine Preisgabe dieser Grundlage zuzulassen, jedoch verhindert wurde, den Aufbau der DEK auf dieser Grundlage durchzuführen.

2. Auch für eine neue Verfassung bleibt diese Grundlage unaufgebbar, weil sie mit der religiösen Offenbarung Gottes in Jesus Christus, die zu verkündigen der stiftungsmäßige Auftrag der evang. Kirche ist, unveräußerlich gesetzt ist. Wir sind gewiß, daß gerade durch die unverkürzte Ausrichtung dieses ihres göttlichen Auftrages die evang. Kirche unserem deutschen Volk den Dienst leistet, zu dem sie berufen und bereit ist. Dafür die erforderlichen Voraussetzungen zu schaffen, ist die Aufgabe aller kirchlichen Ordnung und somit auch die der neu zu berufenden Generalsynode. Sie wird von dem ernsten Willen zur Einheit geleitet sein müssen; sie wird sich aber gegebenenfalls um der Wahrheit willen der schmerzlichen Notwendigkeit nicht entziehen dürfen, eine Ordnung zu schaffen, nach welcher diejenigen, welche auf der biblischen und reformatorischen Grundlage der 1933 errichteten DEK beharren wollen, sich scheiden von denen, die diese Grundlage auflösen, und die damit gegebenen Fragen zu regeln.

3. Nach der geltenden Verfassung gliedert sich die DEK in Kirchen, die in Bekenntnis und Kultus selbständig sind (Art. 2). Auch dieser Grundsatz bleibt unaufgebbare Grundlage jeder Neuordnung der DEK,

weil er den geschichtlichen Bekenntnisstand zum Ausdruck bringt, den abzuändern eine Generalsynode der DEK nicht befugt ist. Beschlüsse einer Generalsynode der DEK bedürfen daher für ihre kirchliche Rechtsgeltung der Anerkennung durch die bekenntnisbestimmten Kirchen.

4. Dafür wären die Voraussetzungen gegeben, wenn die geplante Generalsynode durch die Synoden dieser bekenntnisbestimmten Kirchen gebildet würde, wie es ja auch die geltende Verfassung vorsieht. Es würden dann zunächst die Landes- bzw. Provinzialsynoden neu zu bilden sein – was angesichts der Auflösung der bisherigen kirchlichen Rechtsordnung in mehreren Landeskirchen ohnehin unaufschiebbar erscheint. Da das Bekenntnis der Kirche als Bekenntnis zu ihrem Glauben einer Mehrheitsabstimmung nicht unterliegen kann, können Wahlen kirchlichen Charakters nur getätigt werden von Gliedern der Kirche, welche in diesem Bekenntnis stehen und seine Geltung in der Kirche zu wahren entschlossen sind. Es würde daher auf entsprechende Wahlfähigkeitsbestimmungen für das aktive und passive Wahlrecht Bedacht zu nehmen sein.

5. Die volle Freiheit kirchlicher Entscheidung, die der Erlaß des Führers und Reichskanzlers zusagt, ist nur gewährleistet, wenn die gesamte Durchführung der Wahlen in die Hände der kirchlichen Organe gelegt wird und alle Eingriffe nichtkirchlicher Stellen in die Wahlen sowie in die Verhandlungen und Entscheidungen der Synoden unterbunden werden und wenn eine freie, sachliche Aussprache gesichert wird. Dies erfordert die Beseitigung von jetzt der kirchlichen Presse und der kirchlichen Versammlungstätigkeit aufgelegten Beschränkungen. Dies erfordert weiter, daß alle Maßnahmen, die im Zusammenhang mit den kirchlichen Auseinandersetzungen von staatlichen oder kirchlichen Stellen gegen einzelne Personen oder Gemeinden um ihres Kampfes für das Bekenntnis der Kirche willen verhängt worden sind und diese an der Ausübung ihrer kirchlichen Rechte und Pflichten behindern, sofort aufgehoben werden.

6. Wir sind willens, die Verhandlungen für die Wahlordnung mit dem Herrn Reichsminister für die kirchlichen Angelegenheiten einheitlich zu führen.« Wurm.

Der Beirat der Württ. Kirchenleitung beschäftigte sich in einer Sitzung am 19. 2. 1937 ebenfalls mit der Anordnung allgemeiner kirchlicher Wahlen[36]:

36 Nr. A 2545; Protokoll der Sitzung von Rechnungsrat Schmidt. Dem Protokoll liegt eine Anwesenheitsliste mit 61 Namen bei.

Um 3 Uhr eröffnet Landesbischof Wurm die Sitzung mit einer kurzen Andacht (Lied: Wenn wir in höchsten Nöten sein [EKG 282], Schriftabschnitt: Joh. 16, von Vers 20 ab).

Kirchenrat Borst ruft die Mitglieder des Beirats auf.

Hierauf nimmt Landesbischof Wurm das Wort zu einer Ansprache und führt etwa aus: Das verlesene Wort stellt uns mitten hinein in die Lage, in der wir uns jetzt befinden. Es zeigt uns, wie der Herr sein großes Ziel erreicht, wenn wir ihm nur treu sind. Wir stehen vor einer ernsten Wendung der Dinge, die sich verbirgt hinter einer sensationellen und Großes versprechenden Kundgebung des Staats. Wenn man näher zusieht, ist es jedoch anders. Viele Versuche haben gezeigt, um was es uns heute geht. Der Staat wird jedoch nicht davon abgehen, seine Weltanschauung auch als eine religiöse durchzusetzen. Es ist der Kirche überlassen, wie sie ihren Auftrag damit vereinen kann. Der Staat glaubt, seine Sendung nicht ausführen zu können, wenn in ihm noch eine Gemeinschaft ist, die ihr Leben nicht von ihm bezieht, sondern es aus andern Quellen schöpft. Es wurde oft versucht, maßgebenden Persönlichkeiten in Staat und Partei zu zeigen, daß dies nicht von Anfang an im Programm der Partei gestanden habe und daß es dem Staat gar nicht dienlich ist, wenn eine völlige Gleichschaltung herrsche. Der Staat verlangt aber diese Gleichschaltung. Reichsbischof Müller und Rechtswalter Jäger waren schon 1933 in dieser Richtung aktiv, sei es nun mit Sanftmut oder mit Gewalt gewesen. Dann kam die Zeit, wo Partei usw. Glieder aus der Kirche hinausdrängten. Diese Periode scheint ihr Ende gefunden zu haben. Nicht im Sinne eines Wiederhineindrängens in die Kirche, aber des Darinbleibens, um die Kirche von innen her zu reformieren. Diese Sätze seien zur Erkennung des richtigen Zusammenhangs vorausgeschickt.

Landesbischof D. Wurm geht nun im einzelnen auf die Entscheidungen dieser Woche ein: Durch den Rücktritt des Reichskirchenausschusses ist eine neue Lage geschaffen. Anfangs letzter Woche ist der Rücktritt des Reichskirchenausschusses bekannt geworden. Wegen der Konferenz der Kirchenführer in Berlin ist dann die auf 11. Februar einberufene Sitzung des Beirats auf heute verschoben worden; heute ist sie jedoch noch nötiger. Schon lange war es Gegenstand der Frage: Was ist zu tun beim Rücktritt des Reichskirchenausschusses? Die alten Kirchenregierungen sind entmächtigt, wer ist rechtlich anerkannte Leitung der Kirche? Seit längerer Zeit hatte man für den Fall des Rücktritts des Reichskirchenausschusses vorgesehen, eine einstweilige Leitung der DEK einzusetzen, was nun geschehen ist. Sie besteht aus den Herren Dr. Lilje, Superintendent Gramlow, Landessuperintendent Henke und Pastor Langenohl. (Hiezu wird die Mitteilung der Kirchenführer an den Reichs- und Preußischen Minister für die Kirchlichen Angelegenheiten vorgelesen.[37]) Dem Mitglied Diehl des Reichskirchenausschusses waren von seiten des Staats Andeutungen gemacht worden, die zu wissen für die Kirche von Wert gewesen wären. Diehl durfte hierüber als Parteimitglied jedoch nichts aussagen. Auf Samstag, 13. Februar, hatte der Reichskirchenminister dann alle Kirchenführer der von ihm geordneten Kirchen eingeladen. (Der Bericht über diese Versammlung wird verlesen.[38]) Landesbischof Wurm macht hiezu eine Reihe richtigstellender Bemerkungen: Der Primat des Staats auf Staatsgebiet ist nie bestritten worden. Zu dem Satz: Ich kenne nur noch Landeskirchen, bemerkt er, daß dies 1933 die größte Sünde gewesen sei. Zu der Bildung des Sektors unter der unmittelbaren Leitung des Reichsministers: Innerhalb der DEK sieht man die braune Kirche entstehen, die unmittelbar vom Staat geleitet wird. Als Revolte gegen den Staat wird wohl z. B. die Subventionierung von Kindergärten zu verstehen sein. Landesbischof Wurm liest noch einige Stellen aus eigenem Manuskript vor. Der Reichsminister erklärte: Die Beschwerden über die Äußerungen in Schulungslagern verstehe er nicht. Nationalsozialismus sei gelebtes Christentum. Gott wolle die Nation. Christus sei anzuerkennen als Heiland der Welt, aber nicht als Kyrios (Herr der Welt). Gott habe einen neuen Künder gesandt. Er (Kerrl) könne nur darüber lachen, wenn Christus als Gottes Sohn verkündigt werde.

Die Kirchenführer sind von der Versammlung beim Herrn Reichsminister weggegangen in der Erwartung der von ihm angekündigten Verordnungen. Am Montag kam dann die Wendung. Im Radio wurde der Erlaß des Führers bekanntgegeben, wobei schon von dem großen Echo im Volk die Rede gewesen ist, obwohl noch niemand vorher etwas davon gelesen oder gehört hatte. Tags darauf ist die Auslandspresse angeblich bloßgestellt worden. Landesbischof Wurm glaubt nicht, daß es dem Ansehen Deutschlands dienlich ist, wenn die unter Zeugen vom Staat angekündigten Maßnahmen nicht erfolgen, sondern vielmehr Hitler dann anders entschieden hat. Er erinnert hier an den Vorgang vom September 1934, wo nach einem Schreiben der Präsidialkanzlei der Führer die Rechtsauffassung der Süddeutschen Bischöfe als unbegründet erklärt haben solle, was sich später als unrecht erwies. Die Meldung vom Montag abend habe für

---

37 Siehe S. 77–79.
38 Siehe S. 57–62.

uns etwas Befreiendes. Unbehinderte Wahlen auf dem legalen Weg müßten also so vor sich gehen: Zunächst Wahl zu den Kirchengemeinderäten, von diesen zu den Bezirkssynoden, aus diesen wiederum die Landessynoden, welche die Mitglieder in die Nationalsynode zu entsenden hätten. In diesem Sinn sollte der Reichskirchenausschuß arbeiten. Er sollte Ordnung schaffen und bis zum September 1937 Wahlen vorbereiten. Der Gedanke der Wahl ist in keiner Weise abzulehnen. Optimisten sind allerdings bald eines andern belehrt worden. Der Kommentar des »Völkischen Beobachters« (wird verlesen und an einigen Stellen gloßiert) zeige deutlich[39], wie man sich die Sache in gewissen Kreisen vorstelle, und wer die Sprache dieses Blattes einigermaßen verstehe, müße erkennen, daß es um nichts anderes geht, als um die Durchsetzung des Rosenbergschen Programms. Es sollen die, die dem Innersten der Kirche nicht näher stehen, in einer großen Massenwahl über die Zukunft der Kirche bestimmen. Der Staat hat nie davon abgelassen, sein Programm durchzuführen. Aber man hat Süddeutschland gefürchtet. Ein Rahmengesetz sollte ermöglichen, die beiden Süddeutschen Bischöfe (Wurm und Meiser) unschädlich zu machen. Im Reichskirchenministerium war man auf die vom Führer herbeigeführte Wendung nicht gefaßt. Für diese Behörde ist es keine Kleinigkeit, die Grundlagen für die Wahlen zu schaffen. Wir halten uns an die Zusicherung der vollen Freiheit.

Allerdings haben bei der Wahl 1933 die Zusicherungen und die Wirklichkeit nicht zusammengestimmt. Es sind Dokumente vorhanden über die Beeinflussung der Wahl. Über 1 000 Beschwerden sind seinerzeit beim Reichsminister eingegangen, aber keine einzige wurde beantwortet. Gleichberechtigung bei der Wahl ist Bedingung. Es muß hiezu auch die Möglichkeit gegeben sein, das Nötigste auch in der politischen Presse zu bringen, da die kirchliche Presse ja nicht alle Evangelischen erreicht. Man hört auch, daß die strenge Einschnürung in dieser Richtung durch einen Erlaß gelockert werden soll. Die Durchführung des Wahlverfahrens muß durch kirchliche Behörden erfolgen. Ob es sich um Urwahlen zur Nationalsynode oder zu den unteren kirchlichen Körperschaften handelt, ist noch nicht klar. Man hört verschiedene Meinungen. Es könnte sich um Vorschläge handeln wie bei der Reichstagswahl, wo eine Anzahl Namen auf dem Wahlvorschlag stehen und der Wähler mit Ja oder Nein zu stimmen hat. Auch an das Proportionalwahlsystem könne gedacht werden. Württemberg hat bisher immer mit etwa 1 Drittel abgestimmt. Die

39 Vgl. S. 63 f.

andern 2 Drittel waren entweder objektiv verhindert oder gleichgültig. Letztere würden da den Ausschlag geben. Weiter müßten Qualifikationsbestimmungen, wie vom Staat bei seinen Wahlen, gefordert werden, obwohl das keine leichte Sache sei. Das Wahlrecht von 1918 bis 1919 sei von der Gemeinde aus gesehen und im Zusammenklang mit den heutigen Anschauungen nicht mehr möglich. Die Männer der Kirche stimmen restlos überein bei der Beurteilung der Lage und der zu stellenden Bedingungen, wenn die Wahl wirklich eine kirchliche Entscheidung sein soll. Wenn es möglich ist festzustellen, welche Kirchenglieder sich für die eine bzw. für die andere Gruppe entscheiden, dann sei das gut. Es müsse dann eben die Liquidation stattfinden. Wir wollen uns dessen nicht weigern, daß zum Vorschein kommt, was seit 150 Jahren schon Tatsache war, daß die Kirche nicht mehr die Kirche für das ganze evang. Volk ist. Wogegen wir uns aber stemmen ist dies, daß vom Staat her den Pfarrern usw., die den Boden der Evang. Kirche verlassen haben, über die freie Betätigung in der Kirche hinaus auch noch die Herrschaft gegeben werden soll. Die Bekenntnisgrundlage selber kann durch die Wahl nicht festgestellt werden, sondern nur, wer sie anerkennt und wer nicht. Es handelt sich nicht um die Entscheidung, ob wir das alte oder ein neues Evangelium wollen.

Landesbischof Wurm gibt nun Kenntnis von den 2 Entwürfen (ein kürzerer und ein ausführlicherer), über welche von den Kirchenführern zur Zeit Beschluß gefaßt wird.[40] Die Punkte sind etwa folgende:

1. Die Kirchenführer sind überzeugt, daß die Einigung der Evang. Kirche nicht gelungen ist, weil nicht von allen Gruppen die Bekenntnisgrundlage anerkannt wurde. Wo der Reichskirchenausschuß in diesem Sinne gearbeitet hat, ist er daran gehindert worden.

2. Der Weg des Führers, eine Wahl unter Gewährung voller Freiheit zuzulassen, wird begrüßt. Die Zuversicht in die Zusicherung der vollen Freiheit würde gestärkt werden, wenn die Maßregelungen gegen einzelne Pfarrer und sonstige kirchliche Personen aufgehoben werden würden.

3. Die Bekenntnisgrundlage kann nicht Gegenstand der Abstimmung sein.

4. Die Wahlordnung muß nach kirchlichen Gesichtspunkten aufgestellt und die Durchführung des Wahlverfahrens durch kirchliche Organe sichergestellt sein.

5. Eingriffe von irgendwelcher Seite müssen unterbunden werden. Die Pressebeschränkung ist aufzuheben.

---

40 Siehe S. 77–79.

6. Die Richtlinien des verfassunggebenden Ausschusses für die Wahl 1933 bilden eine geeignete Grundlage.

7. Eine Abordnung der Kirchenführer soll vom Führer in Audienz empfangen werden.

8. Ein Ausschuß zur gemeinsamen Vertretung der Landeskirchen soll gebildet werden.

Landesbischof Wurm bemerkt, daß die Landeskirchenführer vom Reichskirchenminister um Äußerungen angegangen worden seien. Es wird festgestellt, daß ein solches Ersuchen beim Württ. Oberkirchenrat noch nicht eingegangen ist. Die Antwort hiezu wird seinerzeit von den Kirchenführern gemeinsam gegeben werden. Manche sagen, eine Beteiligung an der Wahl habe keinen Sinn. Andere sind mit solchen Äußerungen nicht voreilig. Erst wenn Sicherungen nicht gegeben werden, solle man erklären, daß die Wahl nicht anerkannt werde. Landesbischof Wurm sieht keinen andern Weg, als daß die Forderungen angemeldet werden müssen. Wenn sie vom Staat angenommen werden, dann müsse das Kirchenvolk baldigst aufgerufen werden. Die DC machten heute schon große Reklame, wobei die »Judenkirche« gegen die Deutschkirche ausgespielt werde. Landesbischof Wurm kommt anschließend auf das Verhältnis zu der Dahlemer Richtung zu sprechen, wobei zum Ausdruck kommt, daß in rein theologischen Dingen Übereinstimmung besteht. Niemöller sei eine Einzelerscheinung. Der Vorsitzende des Preußischen Ausschusses, Eger, hat in der Konferenz der Kirchenführer eine etwas unbestimmte Haltung eingenommen. Es wurde ihm deshalb insbesondere von Dr. Lilje gedroht, daß die geschichtliche Schuld ihn treffe, wenn die Altpreußische Kirche jetzt kneife, obwohl die Schwierigkeiten nicht verkannt wurden, die sich aus dem Nebeneinander von 2 Regimenten in den Provinzialkirchen ergeben. Festzuhalten sei jedoch, daß Marchstraße 2 unser Haus sei.[41] Hierauf richtet Landesbischof Wurm an den Beirat die Frage, ob er den Forderungen der Kirchenführer zustimme und ob das Kirchenvolk zur Wahl aufzurufen sei oder ob Wahlenthaltung propagiert werden müsse.

Prälat Mayer-List nimmt das Wort, um die Möglichkeiten des Wahlmodus zu erläutern. Wie soll bei den Urwahlen abgestimmt werden? Soll die Frage lauten: Bekenntniskirche oder Nationalkirche, oder sollen Namen gewählt werden, oder soll bestimmt werden, wieviel von Württemberg, wieviel von Baden usw. zu wählen sind. Sind die Wahlen von den alten Synoden oder von neuen Synoden vorzunehmen? Weil von Urwah-

---

41 Der Tagungsort der Konferenz der Landeskirchenführer in Berlin.

len die Rede ist, wohl von neuen Synoden. Zunächst Kirchengemeinderäte, dann Bezirkssynoden usw. Welcher Art sollen die Qualifikationsbestimmungen für das aktive und passive Wahlrecht sein? Soll der Wähler und der zu Wählende je eine Erklärung unterschreiben müssen? Es kann sich auch fragen, ob der Wähler sich zur Wählerliste anmelden muß. Einzelne Gemeindegruppen hätten vielleicht Vorschläge zu machen, die dann von Wahlausschüssen gesichtet und zur Liste der zu Wählenden zusammengestellt werden müßten. Die Hauptfrage bei allen diesen Möglichkeiten sei natürlich, ob die Wahlen ganz frei, ohne Einfluß von dritter Seite durchgeführt werden können. Prälat Mayer-List steht auf dem Standpunkt, daß gewählt wird. Man müsse die Gelegenheit benützen, vorausgesetzt, daß Sicherungen gegeben werden.

Prälat Lempp stellt die beiden Fragen heraus, die vom Landesbischof an den Beirat gerichtet sind. Er ist der Meinung, daß unbedingt angenommen werden müsse, was die beratende Kammer beschlossen habe. Die freie Wahl sei ja schon durch den Erlaß des Führers garantiert. Entweder werde gewählt oder werde nicht gewählt. Der Staat nehme sicher die Qualifikationsbestimmungen der beratenden Kammer nicht an, solche seien bei früheren kirchlichen Wahlen auch nie gewesen. Es sei dann schwer zu sagen, wo der Punkt sei, an dem man nicht mehr mitmachen könne. Das wichtigste sei die garantierte Freiheit der Wahl; es helfe ja nichts, wenn alles versprochen würde und nachher alles anders würde. Das Kirchenvolk könne nicht bald genug aufgerufen werden. Es handle sich um ein sehr ernstes Bekenntnis. Prälat Lempp weist noch auf die Parole der DC hin.

Dekan Dr. Dörrfuss führt aus, daß man nur im alleräußersten Fall den Verzicht auf die Wahl aussprechen solle. Solcher Verzicht wäre verhängnisvoll. Das wäre geradezu ein Freibrief für die Gegner der Kirche. Die wichtigere Frage sei: Über was soll abgestimmt werden? Die Durchführung der Wahl sei ja in die Hand der kirchlichen Organe gelegt. Bei Qualifikationsbestimmungen brauche man kein Hehl daraus zu machen, daß diese vom Staat nie angenommen werden würden. Wir müssen den Sprung wagen, wir müssen arbeiten, uns an den Laden legen; daran darf die Wahl nicht scheitern.

Bauer Michelfelder hält das Landvolk für wahlreif. Das Landvolk habe in den vergangenen 4 Jahren zu unterscheiden gelernt, was Irrlehre ist und was zur Evang. Kirche gehört. Gewisse Sprichwörtlichkeiten schrekken die Leute schon ab, etwas anderes in die Gemeinde hereinbekommen zu wollen als Kirche. Er hält die Wahl für eine vorzügliche Gelegenheit, die eine Wahrheit, um die es uns geht, darzutun.

Fürst Ernst zu Hohenlohe-Langenburg unterstreicht die Ausführungen von Dekan Dörrfuss. Die Nationalsozialisten rechnen damit, daß die Kirche einen Fehler macht, indem sie das Entgegenkommen des Führers ablehnt. Es würde dann heißen: Der Reichskirchenausschuß ist gescheitert, der neue Weg geht auch nicht, also ist keine Möglichkeit mehr gegeben. Er warnt vor diesem Weg. Besonders aber warnt er vor der Uneinigkeit im eigenen Lager, die die größte Schwäche bedeute. Er bittet den Herrn Landesbischof, seine volle Autorität dafür einzusetzen, daß in Besprechungen mit den norddeutschen Brüdern mit allem Nachdruck auf diese Gefahr der Uneinigkeit hingewiesen wird. Es handle sich jetzt um eine Entscheidung für die Evang. Kirche und damit für das ganze Volk. Beide sind untrennbar miteinander verbunden. Es gelte jetzt, sich zum Heiland zu bekennen und zu dem, was uns die Reformation gebracht hat.

Stadtpfarrer Stein ist der Überzeugung, daß die ganze Sache vom Staat her eine Verneblung des Volkes beabsichtige. In den Zeitungen werde der Erlaß des Führers kommentiert, als bestehe in der Evang. Kirche überhaupt nicht der Wille zur Einigung. Von tatsächlichen inneren Schwierigkeiten stehe nichts in der Zeitung. In einer Frauenversammlung seiner Gemeinde habe er dargestellt, welche Freiheit die Kirche in Presse, Versammlung, Rundfunk nach dem Erlaß des Führers zu erwarten habe. Die Stimme der Versammelten fand ihren Ausdruck darin, daß er wegen seiner Ausführungen ausgelacht wurde. Man solle an die Sache nur herangehen, wenn die Bedingungen erfüllt werden. Man müsse viel fordern; wer gleich entgegenkomme, der bekomme nichts. Je nachdem müßte später eine planmäßige volksmissionarische Arbeit in der Gemeinde angesetzt werden. Heute solle man noch nicht so viel darüber sprechen.

Landesbischof Wurm bemerkt hier, daß davon gesprochen worden sei, die Wahlen würden schon am 14. März stattfinden. Es sei also nicht viel Zeit zu verlieren, weshalb es ihm wertvoll ist, wenn heute schon über Beteiligung oder Nichtbeteiligung an der Wahl gesprochen werde.

Pfarrer Schnaufer weist darauf hin, daß die Kommentare der Presse inhaltlich (wenn auch nicht der Überschrift nach) sehr verschieden seien. Das zeige sich insbesondere bei einem Vergleich des »Völkischen Beobachters« mit den »Münchner Neuesten Nachrichten« oder der »Börsenzeitung«. Er glaubt, daß der Presse von oben her kein Tip gegeben worden sei. (Landesbischof Wurm berichtigt dies: Meldung im Radio vom Echo im Volk und Pressekonferenz.) Pfarrer Schnaufer wirft die Frage auf, ob man dem Erlaß des Führers nur mit Mißtrauen oder nicht rein mit Mißtrauen gegenübertreten solle. Es sei klar, daß der Erlaß des Führers eine Niederlage Kerrls bedeute. Kerrl wolle die Zerstörung der Kirche. Es bestehe aber auch die Möglichkeit, daß jetzt noch etwas Schlimmeres vorgesehen sei, als was Kerrl wollte. Er ist der Meinung, daß man machen solle, was menschenmöglich ist. Nun sei die Frage, wie die Wahlordnung ausfallen werde. Als Vorsitzender des Pfarrvereins (90% aller Pfarrer) berichtet er, daß sich die Pfarrvereine mit dem Centralausschuß für Innere Mission zusammengeschlossen hätten, dem wiederum sämtliche evangelischen Verbände und Vereine angehören würden. An die Reichsführerkonferenz sei die Bitte gerichtet worden, eine Wahlordnung der Evang. Kirche zu schaffen, daß man sagen könne, hinter dieser Wahlordnung steht alles. Einiges in den Bedingungen der Kirchenführer findet Pfarrer Schnaufer nicht am Platze (z. B. die Forderung auf Aufhebung der Maßregelungen). Notwendigst erscheine ihm, daß die Wahl durch kirchliche Organe durchgeführt werde. Thüringen und Lübeck sei eben mit dabei, das müsse getragen werden. Die Wahlvorbereitung müsse durch Versammlung, Presse und Rundfunk (soweit letzterer den andern auch zur Verfügung steht) ermöglicht sein.

Wie lautet die Frage der Wahl?

1. Will das deutsche evangelische Volk die Nationalkirche Thüringer Richtung? 2. Will das deutsche evangelische Volk die Evang. Kirche lutherischer und reformierter Prägung?

Wir dürfen Vertrauen haben zu unserem evangelischen Volk, es sind viele Treue darunter. Den Druck von außen her zurückzuhalten, ist nicht möglich; wenn auch von oben der Befehl kommt, daß jeder Druck zu unterlassen ist, so kommt er doch von unten her. Qualifikationsbestimmungen sind zu fordern für den zu Wählenden, sind aber nicht wichtig für den Wähler. Ein Verzicht auf die Wahl bedeutet die Gefährdung der Evang. Kirche in Deutschland. Nach einem kurzen Hinweis auf die Ausführungen des Fürsten Ernst zu Hohenlohe-Langenburg schließt Pfarrer Schnaufer seine Erklärungen mit den Worten, daß nunmehr der Ruf zum Sammeln an die Pfarrer und Laien laut ergehen müsse.

Pfarrer Dipper stellt als ganz grundlegend die Frage heraus: Ist die Thüringer Richtung noch Kirche oder nicht? Er sieht die Wahl nicht in dem Licht wie die früheren Wahlen, sondern wie die Abstimmungen in der Reformationszeit. Die Frage sei nicht, ob Mehr oder Weniger, sondern Entweder – Oder. Es müsse präzis formuliert werden: Das ist Kirche, das nicht. Er hält 2 Wege nur für möglich: 1. Qualifikationsbestimmungen für das passive Wahlrecht. Wenn diese nicht angenommen werden 2. Durchführung der Wahl vom Rathaus. Der Staat müsse dann bekennen, ob er eine Evangelische Kirche oder eine politische Kirche will. Im andern Fall verhülle man dem Staat die Absicht. Wir können in der Generalsynode nicht mit denen von der Nichtkirche zusammenarbeiten; mag die Entscheidung fallen, wie sie will.

Stadtpfarrer Leitz ist verwundert darüber, daß die erste Frage nicht die war: ist die Wahl überhaupt tragbar? Verfassungsfragen seien ja bisher auch als Bekenntnisfragen angesehen worden. Er sei persönlich froh, daß diese Frage nicht vorgelegt wurde, und freue sich über die Bereitschaft bei der Württ. Kirchenleitung, die Wahl durchzuführen. Durch die Wahl müsse festgestellt werden, wieviele evangelisch und wieviele politisch gerichtet sind. Zwei Einschränkungen möchte er gegenüber den vorgesehenen Forderungen geltend machen: 1. Die Aufhebung der Maßregelungen soll aus politischer Vorsicht nicht verlangt werden. 2. Es sollen keine größeren Sicherungen gefordert werden, wie bei früheren Wahlen. Die Bestimmungen, wie sie vorgeschlagen werden, könnten nicht durchgeführt werden. Die Gemeinden dazu haben wir nicht. Es bestehe fast keine Kirchenzucht mehr bei Abendmahl, Taufe, Trauung usw. Man solle nicht scheiden in solche, die nur zahlen, und solche, die zahlen und wählen. Wegen mangelnden Kirchenbesuchs könne man niemand zurückweisen. Das wirke unwahrhaftig. Irrende Brüder sind doch unsere Brüder. Sie würden sich deklassiert fühlen. Wahlenthaltung komme nie und nimmer in Frage. Entweder ist die Wahl tragbar oder nicht. Man könne ja schließlich nachher die zugeteilten Sitze nicht annehmen, aber man kann nicht vorher ablehnen.

Landesbischof Wurm erwidert: Die erste Frage, ob man überhaupt auf die Wahl eingehen soll, ist die gleiche wie 1933. Vom Prinzip aus müßte die Wahl abgelehnt werden. Das Motiv der Liebe, der Verbundenheit und des guten Willens habe bei der Kirchenführerkonferenz gar keine Rolle gespielt. Man könne das nicht auf dem Papier auszirkeln. 1933 z. B. haben alle Abgeordneten des Landeskirchentags das Gelübde abgelegt. Wenn es richtig verstanden und eingelöst worden wäre, dann wäre der Landeskirchentag heute arbeitsfähig. Es ist bei der kirchlichen Wahl nicht wie bei der staatlichen Wahl. Die Schwierigkeiten in den einzelnen Gemeinden werden nicht verkannt. Der Schein der Lieblosigkeit usw. muß in Kauf genommen werden.

Prälat Hoffmann führt aus: Schwierigkeiten ergeben sich schon aus dem Wortlaut des Erlasses des Führers. Man müsse abwarten, wie weit die Wahlvorbereitung staatlicherseits gehe. Die Forderungen der Kirchenführer hinsichtlich Aufhebung der Maßregelungen seien sehr angebracht. Wo ein deutsches Gericht gesprochen habe, müsse dem Urteil auch Folge geleistet werden. Eine kirchliche Wahl sei etwas Anderes als andere Wahlen. Es handle sich um einen heiligen Akt, bei dem alle politischen und kirchenpolitischen Leidenschaften auszuscheiden seien. Man müsse von der Wahrheit ausgehen. Der Wahltag müsse ein weihevoller Sonntag der Gemeinde werden. Die Wahlen des Staats würden mit einem uns befremdenden, religiösen Nimbus umkleidet. Es wäre zu begrüßen, wenn die Kirchenwahl im Kirchenraum vollzogen würde. Mancher würde dadurch ferngehalten, der der Kirche fremd gegenüberstehe. Die Kirchenfahne müsse an unsere Kirche, daß man von weitem sehen soll, hier ist eine kirchliche Sache. Er bittet, das Verständnis für diese Gedanken zu wecken. So würde die Wahl nicht ohne Segen bleiben. Wahlenthaltung sei unmöglich.

Schneidermeister Hansis meint, ob man nicht einfach mit Nein wählen könne. Enthaltung könnte ja auch als Ja angenommen werden, wie gewisse Beispiele gelehrt hätten. Er meint, daß Preußen instinktiv gegen Schwaben nicht nachgeben könne. Schwierigkeiten müßten vorhanden sein, sonst gebe es keinen Kampf und nachher keinen Sieg. An einem Bild versucht er anschließend die Lage und die Bewährung der Kirche darzustellen.

Kirchenrat Dr. Weeber bemerkt zu der grundsätzlichen Frage von Stadtpfarrer Leitz, ob die Wahl überhaupt tragbar sei, daß durch den Erlaß des Führers eine staatliche Stelle nur angewiesen sei, die Wahl vorzubereiten. Das Bekenntnis könnte dann verletzt sein, wenn die Wahlordnung diktiert würde. Landesbischof Wurm bittet hier Herrn Kirchenrat Dr. Weeber um Stellungnahme als Pfarrgutsverwaltungsreferent zu dem Artikel in der heutigen Morgenausgabe des »NS-Kurier«, worin über die Rede des Reichsstatthalters vor den am Bauerntag versammelten Bauern berichtet wird. Zunächst gibt Dr. Weeber (in Vertretung des verhinderten Referenten Dr. Schauffler) Aufklärung über die Gehaltskürzungen.[42] Zu den Grunderwerbungen führt er aus, daß es sich dabei um die Wiederanlage von Grundstocksvermögen (Ablösungs- und Dotationskapitalien) gehandelt habe. Wer einigermaßen Kenntnis besitze von einer Verwaltung, der wisse den Unterschied zwischen laufenden Mitteln und Grundstocksvermögen. Die Erwerbungen liegen übrigens Jahre (nicht Monate)

---

42 Vgl. S. 442–446.

zurück, die letzte ca. 1 Jahr. Über diese Vorgänge sei seinerzeit ein Erlaß des Oberkirchenrats an die Pfarrämter und andere Stellen, worunter auch die Reichsstatthalterei, hinausgegangen (der Erlaß wird verlesen). Übrigens habe der Staat bei der Aufwertung ein gutes Geschäft gemacht, da er nur zu 35 % aufgewertet habe. Die Erwerbungen seien mit ausdrücklicher Zustimmung des Reichsstatthalters und des Ministerpräsidenten erfolgt. Ein Teil der angekauften Grundstücke ist übrigens in Staatseigentum übergegangen, der Kirche steht hieran nur die Nutznießung zu.

Pfarrer Horn fragt, ob die Pfarrgutsverwaltung weiß, daß auf dem Lande systematisch gegen sie gearbeitet werde. Die Ortsbauernführer müßten dem Landesbauernführer nach Stuttgart berichten, wo und wie groß die Grundstücke der Pfarrgutsverwaltung seien usw. Den Bauern sei versprochen, daß sie die Grundstücke erhalten, es handle sich also um eine regelrechte Bauernfängerei. Weiter teilt Pfarrer Horn mit, daß auf dem Lande das Gerücht umgehe, es werde in Waldhausen ein Pfarrhaus um RM 45 000.– gebaut. Darüber werde furchtbar geschimpft.

Kirchenrat Seiz erklärt, daß wegen des Pfarrhauses in Waldhausen von ihm als dem zuständigen Referenten noch kein Federstrich gemacht worden sei.

Bauer Stooß hält es für richtig, die Landesbauernschaft von der wirklichen Sachlage zu verständigen. Zu der Kirchenwahl teilt er mit, daß bei einer Aussprache unter den Bauern des Bezirks Blaubeuren der Erlaß des Führers als süßklingend bezeichnet wurde und daß auch die Aber sehr zum Ausdruck kamen. Er unterstützt die Ausführungen von Pfarrer Dipper, daß die Forderungen zur Wahlordnung sehr deutlich zu halten seien. Auf die Frage von Landesbischof Wurm erklärt er, daß er mit den Qualifikationsbestimmungen einverstanden wäre. Die Wahl müsse nun propagiert werden. Die Parole der Wahlenthaltung könne eventuell nur in letzter Stunde, aber nicht von vornerein gegeben werden. Er glaubt, daß das Kirchenvolk sich über die Wahl freue, wenn es wirklich eine freie Wahl werde. Sie bedeute einen heiligen Akt, eine ernsteste Sache. Alle Meinungsverschiedenheiten müßten hintantreten.

Landesbischof Wurm bemerkt, insbesondere in Bezug auf die Ausführungen von Schneidermeister Hansis, daß nicht Preußen gegen Schwaben stehe, sondern Preußen gegen Preußen, welche beide die Schwaben gewinnen wollten.

Fabrikant Ilg fragt, warum man überhaupt wähle, wenn man wisse, wie man sich stelle, wenn sich eine deutsch-christliche Generalsynode bilde.

Kirchenrat Dr. Haug stellt 2 Linien heraus: 1. Entweder handle es sich um kirchliche Wahlen, dann sind Sicherungen zu fordern. Die Thüringer dürften sich nicht beteiligen. Angenommen, Thüringen bekäme 51%, dann wäre die Lage nicht geklärt. Bekämen die Thüringer 49% oder 10%, so könnten wir nicht mit ihnen zusammenarbeiten. Alle, die reden dürfen, sollen von vorneherein sagen, wir können hier nicht miteinander. Darüber brauchen wir nicht abzustimmen. 2. Es ist keine kirchliche Wahl, sondern ein Volksentscheid, was für eine Kirche das evangelische Volk wolle. Wichtiger als alle Sicherungen seien hier klare Fragen: Kirche des Evangeliums oder Thüringer Kirche? Wenn es sich um Namensvorschläge handle, dann keine »BDM-Namen«, sondern Wurm – Schneider. Er bittet, den Gedanken ernst zu beachten, daß es sich nicht um kirchliche Wahlen, sondern um einen Volksentscheid handle.

Landesbischof Wurm bemerkt: Wenn man den Volksentscheid zu sehr betone, dann könne die Durchführung der Wahl nicht gut in die Hand der kirchlichen Organe gelegt werden. (Durch Zuruf wird das Wort Volksentscheid durch Kirchenvolksentscheid ersetzt.)

Fabrikant Lechler begrüßt die Ausführungen Dr. Haugs. Man dürfe nicht nur an Württemberg denken, sondern auch an die andern Gebiete. Eine Mehrheit habe keinen Sinn. Bei einer etwaigen Mehrheit der Bekenntniskirche sei der Staat geradezu gezwungen, zugunsten der Minderheit einzugreifen. Über die Forderungen müsse der Staat hinweggehen. Es wäre offener und ehrlicher, von vornherein zu sagen, wir sitzen nicht zusammen. Es käme dabei doch nur der übelste Parlamentarismus heraus. In dem Sinn sei die Wahl zu begrüßen, daß der Staat das Stärkeverhältnis sehen soll. Wir brauchten die Scheidung der Geister. Die Brüderlichkeit habe auch eine Grenze. Eine Generalsynode sei kein Weg zur Bereinigung.

Landesbischof Wurm verliest einige Stellen aus dem Beschluß der Kirchenführer. Die Teilung und Scheidung sei Aufgabe der Wahl nach rechtlichen Gesichtspunkten. Dies wird an Hand des Beispiels der Schweizer Kirche erläutert. Die Lage sieht Landesbischof Wurm so, daß es sich um eine große Entscheidung, inhaltlich um einen Volksentscheid im Sinne Dr. Haugs handle. Es müsse aber betont werden, daß es sich um einen kirchlichen Vorgang handle, der nicht ins politische Gebiet eingreife.

Ingenieur Stahl nimmt auf die Ausführungen von Stadtpfarrer Leitz bezug und betont, daß bei den Qualifikationsbestimmungen das Motiv der Brüderlichkeit nicht zu leiden brauche. Wenn ich einem Bruder sagen müsste, daß er die Interessen der Kirche in einer Synode nicht vertreten könne, so bleibe er deshalb doch mein Bruder. Die Frage müsse wohl lauten: Thüringer Kirche oder Bekenntniskirche?

Dekan Zeller meint, daß die DC die Wahlparole schon selbst ausgeben würden. Das Kirchenvolk sei sicher der Meinung, daß Qualifikationsbestimmungen für die zu Wählenden angebracht sind. Er weist auf die NSDAP hin, wo für die Wählbarkeit eine gute Nummer verlangt werde. Wir verlangten jedoch nur eine geringe kirchliche Betätigung.

Stadtpfarrer Bauer bezeichnet es als seine einzige Sorge, daß das »Entweder Oder« nicht vernebelt werde. Nationalkirche und Bekenntniskirche gingen nie zusammen.

Prälat Mayer-List hält es für nicht richtig, den Begriff des Volksentscheids ins Volk zu werfen. Es bestehe sonst die Gefahr, daß die Begriffe politisch und kirchlich nicht auseinandergehalten werden. Staatlicherseits werde angenommen, daß die Mehrheit entscheidet. Die beiden Richtungen könnten jedoch nicht zusammengehen. Die Frage der Qualifikationsbestimmungen hänge zusammen mit dem Wahlverfahren.

Stadtpfarrer Leitz gibt die Erklärung ab, daß die Reichsbewegung der Deutschen Christen bei der Wahl auf der Seite der Kirche des Evangeliums stehe. Er bedauert einen in anderer Richtung gehenden Artikel im »Positiven Christentum«.

Landesbischof Wurm kommt nun zum Abschluß der Versammlung auf die Frage, wie die Aussprache nun ausgewertet werden solle. Er nehme an, daß die Teilnehmer, insbesondere die anwesenden Dekane, die Pfarrer und Laien in geeigneter Weise informieren werden. Der Ausschuß des Beirats werde baldigst wieder einberufen.

Um 19.10 Uhr schließt die Sitzung mit Gesang.

Nach der Beiratssitzung vom 19. Februar schrieb Pfr. Leitz, Horb, am 21.2.1937 an den Landesbischof[43]:

Hochverehrter Herr Landesbischof!

In der Beiratssitzung am 19. dieses Monats sind wir der Sache doch wohl nicht ganz auf den Grund gekommen, und ich bitte deshalb, Ihnen noch schreiben zu dürfen.

Eine unitarische Einigung der DEK ist nun zweimal mißlungen, zuerst auf dem DC-Wege der organisatorischen Gleichgestaltung von der Lei-

---

43 LKA Stuttgart, D 1, Bd. 70.

tung her, dann aber auch auf dem BK-Wege der bekenntnismäßigen Bildung von der Gemeinde her. Diese Tatsache ist der eigentliche Grund des Rücktritts des RKA.

Können nun der Führer und der Minister glauben, daß durch eine Generalsynode die Einheit der DEK zu erreichen ist? Wenn sie das glauben, sollten sie zuallererst auf die Aussichtslosigkeit dieses Planes aufmerksam gemacht werden.

Mir scheint jedoch, daß der Staat mit den angeordneten Wahlen eine andere Absicht verknüpft. Nicht zwar die, welcher Sie Ausdruck gaben »durch den Einfluß der Massen die DEK doch noch nach seinen Zwecken zu formen und die bekenntnistreuen Kreise unwirksam zu machen«. Aber das glaube ich, daß der Staat sozusagen eine Bestandsaufnahme machen will, wieviel evang. Volksgenossen der BK angehören wollen und wie viele der Nationalkirche. Darüber werden ja die Abstimmungszahlen einigen Aufschluß geben. Der Staat wird, wenn das Ergebnis vorliegt, nicht die Minderheit vergewaltigen, die BK-Leute in die Nationalkirche zwingen oder umgekehrt; aber er wird die beiden Gruppen trennen und dadurch zu befrieden versuchen. Er wird die Nationalkirche anerkennen, rechtlich und wohl auch finanziell gleichstellen, und wir haben dann 2 Kirchen, eine BK- und eine DC-Kirche.

Sie sagten nun, daß wir uns dieser Bestandsaufnahme nicht widersetzen wollten, auch wenn schmerzlich zutage tritt, daß wir seit langem nur in sehr beschränktem Sinne Volkskirche sind. Aber wir sollten doch noch mehr überlegen, was damit geschehen ist.

1. Die Nationalkirche wird zu schwach an Substanz sein, um wirklich Kirche zu werden. Sie wird ein Scheinleben führen, und dem braunen Volk, das ihr weithin zufällt, wird das Evangelium nicht verkündigt werden.

2. Die BK wird den Ruf einer Kirche der NS-Feinde zu tragen haben, sie wird auch faktisch belastet sein mit Mitgliedern, die ihr nicht aus kirchlicher Überzeugung, sondern aus NS-Feindschaft zugeströmt sind; [sie wird][44] ein verkümmertes Dasein führen und für die Verkündigung des Evangeliums an braune Menschen auch nicht viel bedeuten.

3. Die Zeit volkskirchlicher Wirkung der Evang. Kirche wird also vorüber sein.

Können wir eine solche Entwicklung in der Verantwortung vor der Geschichte von Volk und Kirche nur eben hinnehmen? Können wir gar

---

44 Sie ... sind: handschriftliche Ergänzung am Rand, ohne exakte syntaktische Zuordnung.

nichts tun, um sie vielleicht noch einmal abzuwenden? Müßte man nicht aus der Erkenntnis, daß die DEK nicht unitarisch sein kann, weder als BK noch als DC-Kirche, die Folgerungen ziehen und dem Ministerium vor Erlaß des Wahlgesetzes Folgendes mitteilen:

1. Die DEK kann nur aus bekenntnisverwandten Gruppen zusammengesetzt werden, die in ihr gleichberechtigt und bis in die Verfassungsdinge hinein selbständig sind. Der bisherige Fehler war, daß Gruppen aufs ganze gingen und damit die andern in Sorge um ihr Eigenleben brachten. Man schließe also die bekenntnisverwandten Gruppen zu Sektoren der DEK zusammen. Über ihnen kommt eine nicht dirigierende, aber repräsentierende Spitze der DEK zu stehen. Sie kann unter Umständen ein Mann sein und sogar Reichsbischof heißen. Sie vertritt die DEK nach außen und regelt das Verhältnis zum Reich. Sie erscheint den Gruppen der DEK als der Ausdruck des gemeinsamen protestantischen Lebens und Willens. Sie verkehrt, ohne in Lehre und Verfassung einzugreifen, mit den Gruppen, kann überall predigen und mit den kirchlichen Kollegien beraten in den jeweils heimischen Formen.

2. Diese Gruppen werden sein: a) ein lutherischer Block; b) ein unierter Block; c) ein reformierter Block (einschließlich Rheinland-Westfalen); d) ein Block kleinerer Sonderbekenntnisse; e) ein Block DC-Kirche. Das letztere ist ein großes Opfer der Bekenntnisgruppen; es sollte aber gebracht werden, um unsrem Volk ein offenes Schisma zu ersparen, und könnte gebracht werden, wenn die Abgrenzung der Blocks säuberlich vorgenommen ist und keiner unter ihnen aufs ganze gehen kann. Dann ist wieder »Gewissensfreiheit« da in dem Sinne, den der Staat darunter versteht. Es wäre also jetzt nicht dem Staate mitzuteilen, wie in der Beiratssitzung vorgeschlagen wurde, daß es mit dem Bund für Deutsches Christentum überhaupt keine Gemeinschaft gebe.

3. Die Gruppen oder Sektoren oder Blocks werden nur teilweise räumlich geschlossene Gebiete umfassen; namentlich der nationalkirchliche Sektor wird quer durch alle gehen. Für dieses Verhältnis wird sich aber eine organisatorische Aushilfe finden lassen.

4. Die Gewinnung einer Generalsynode könnte dann auf folgendem Wege zustandekommen: a) der Staat veranstaltet in der Art einer Volkszählung, also mit Auskunftspflicht, eine Umfrage bei allen in Betracht kommenden evang. Volksgenossen, welchem Sektor sie angehören wollen. Dies als reine Staatshandlung. Nach dem gewonnenen Zahlenverhältnis werden vom Ministerium die Sitze in der Generalsynode auf die Sektoren verteilt. b) Die Benennung der Männer, welche die Sitze einzunehmen

haben, ist dann Sache eines rein kirchlichen Verfahrens, in das der Staat sich nicht einmischt.

5. Die Generalsynode hat dann zu beraten über einen Entwurf einer Verfassung der DEK, der sich an die Verfassung vom Juli 1933 anlehnt, aber statt der Landeskirchen von Sektoren spricht. Sie hat ferner im Zusammenwirken mit dem Reich die repräsentative Spitze der DEK herauszustellen.

Schwierigkeiten enthält auch dieser Gedankengang genug. Aber das glaube ich doch: Der Staat würde sich damit zufrieden geben, daß er wenigstens eine Spitze der DEK sich gegenüber hat und daß der Streit unter den Gruppen dadurch beendet ist, daß keine mehr die andre vergewaltigen kann, weder physisch noch seelisch. Und kirchlich gesehen möchte ich die Hoffnung hegen, daß die Sektoren, von der Angst vor einander befreit, im Laufe der Zeit sich innerlich wieder näher kommen und daß die Zukunft Besseres bringen kann als jetzt, wenn zwei schismatische Kirchen entstehen.

Verehrungsvoll grüßend: G. Leitz, Stadtpfarrer.

Um Eingriffe des Staates und der Partei in die kirchlichen Wahlen zu vermeiden, schrieb der Landesbischof am 23. 2. 1937 an den Stellvertreter des Führers, Reichsminister Heß[45]*:*

Sehr geehrter Herr Minister!

Durch Erlaß des Führers sind Wahlen zu einer evangelischen Generalsynode angeordnet worden. So sehr wir es begrüßt haben, daß dadurch die Ausführung von Plänen verhindert worden ist, die größte Beunruhigung im Inland und größtes Aufsehen im Ausland erregt hätten, so können wir doch nicht verschweigen, daß auch diese Maßregel große Schwierigkeiten in sich birgt und nur dann zum ersehnten Ziele einer wirklichen Lösung der schwebenden Fragen führen kann, wenn man sich kein falsches Bild von den Möglichkeiten, die eine kommende Generalsynode bietet, macht

45 LKA Stuttgart, D 1, Bd. 70; die Beilage befindet sich nicht mehr bei den Akten, vgl. aber S. 77–79. Zu dem Schreiben Wurms vgl. Hermelink, Kirche im Kampf, S. 388–390, sowie die Schreiben vom 18. 2. 1937 der VL an Heß (Niemöller, Kampf, S. 388 f.) Am 5. 3. 1937 erhielt Wurm vom Stab des Stellvertreters des Führers die Mitteilung, seine Eingabe vom 23. 2. 1937 sei dem Reichskirchenminister zur Bearbeitung übersandt worden (LKA Stuttgart, D 1, Bd. 70). Am 6. 4. 1937 bestätigte Staatssekretär Muhs vom Reichskirchenministerium den Eingang der Eingabe Wurms, teilte er aber mit, daß ein Empfang zur Zeit nicht möglich sei: »Sollten Sie weitere Fragen erörtern wollen, so stelle ich Ihnen anheim, dies schriftlich zu tun« (LKA Stuttgart, D 1, Bd. 71).

und wenn die Zusicherung, daß die Wahlen in völliger Freiheit vor sich gehen sollen, auch von allen Instanzen eingehalten wird. Daran zu zweifeln besteht schon heute berechtigter Anlaß, wie das beiliegende Dokument, eine Verfügung des Vorsitzenden der Fachschaft der evangelischen Presse, beweist, die nicht seiner Initiative entsprungen ist. Weder der innerpolitische noch der außenpolitische Zweck der Wahlen wird erreicht, wenn sich die Vorgänge vom Jahr 1933 wiederholen.

Wie Sie, Herr Minister, aus den beiden weiteren Beilagen ersehen, ist es mein größtes Anliegen, dazu beizutragen, daß im Dritten Reich ein vernünftiges und förderliches Verhältnis zwischen Staat, Partei und Kirche hergestellt wird. Trotz aller Enttäuschungen in diesen vier Jahren gebe ich die Hoffnung nicht auf, daß die maßgebenden Stellen sich zur Aufgabe einer verfehlten Kirchenpolitik, die allerseits nur Sorgen und Nöte bereitet und dem Ganzen nicht dienlich ist, entschließen. Wer trägt den Gewinn davon, wenn die Evangelische Kirche ihres Charakters als Volkskirche entkleidet und in den Winkel gedrängt wird? Niemand anders als die Römisch-Katholische Kirche, die sich dann rühmen kann, ihre Stellung innerlich und äußerlich behauptet zu haben, und deren Ansehen in der ganzen Welt dadurch mächtig steigen wird. Kann es für den nationalsozialistischen Staat förderlich sein, die Evangelische Kirche, die stets, auch nach dem Urteil des Führers, für nationale Belange viel offener war als die Katholische, entscheidend geschwächt zu haben?

Es gäbe noch manche solche Fragen, die gar nicht bloß vom kirchlichen, sondern vom politischen Standort aus gesehen einer Beantwortung bedürfen. Aber ich möchte Sie damit heute nicht behelligen, sondern nur die dringende Bitte aussprechen, Herrn Landesbischof D. Meiser und mir Anfang nächster Woche Gelegenheit zu geben, Ihnen und vielleicht auch noch weiteren Herrn aus der Parteiführung unsere Auffassung der Lage darzulegen. Ich glaube, es würde sehr zur Beruhigung beitragen, wenn bekannt würde, daß in Fragen, die die Evangelische Kirche so unmittelbar berühren, auch verantwortliche Persönlichkeiten der Kirche selbst gehört werden.

Heil Hitler! Ihr ergebener Wurm.

Zur Orientierung der Gemeinden übersandte der Oberkirchenrat am 22.2.1937 den Pfarrämtern Ein Wort zur Lage[46]*:*
Hiemit geht den Pfarrämtern »Ein Wort zur Lage« zu. Trotzdem heute Einzelanweisungen für die Wahl zu der sogenannten Generalsynode und

46 Nr. A 2059.

ihrer Durchführung noch nicht gegeben werden können, ist es doch notwendig, daß die Gemeindevertreter und die Gemeinden an Hand dieses Worts zur Lage rasch orientiert werden über die grundsätzliche Bedeutung dieser Wahl, die von jedem Gemeindeglied eine klare Entscheidung fordert. Die Pfarrämter werden daher aufgefordert, ihren Gemeinden in einer dem Verständnis der Gemeinde angepaßten Weise davon Kenntnis zu geben und sie zu einer klaren und entschiedenen Stellungnahme aufzufordern. Nach einer bisher amtlich nicht bestätigten Nachricht soll die Wahl Anfang April stattfinden. Wurm.

Ein Wort zur Lage

Eine ernste Stunde der Entscheidung hat geschlagen. Von der Stimmabgabe der Kirchengenossen hängt es ab, ob wir eine Kirche behalten, die sich mit Recht eine christliche und evangelische Kirche nennen darf.

Die bevorstehende Wahl soll den Frieden in unsre Evangelische Kirche bringen! Gott weiß, wie sehr diejenigen, die an verantwortlicher Stelle seit 4 Jahren die schwere Last des Kampfes um die rechte Verkündigung und die rechte Gestaltung der Kirche zu tragen haben, sich nach dem Frieden sehnen, der die Zusammenfassung aller Kraft auf die Verkündigung des Evangeliums und den Aufbau der Gemeinden ermöglicht. Wir müssen aber die in der Presse vertretene Auffassung zurückweisen, als ob es um »konfessionelle Streitigkeiten« gegangen wäre, die bei einigem guten Willen längst hätten abgestellt werden können. Die Lehre der Katholischen Kirche und die Art ihres Gottesdienstes weicht in wesentlichen Stücken von der Evangelischen Kirche ab; trotzdem leben wir mit ihr im Frieden, denn sie beansprucht keinen Raum innerhalb der Evangelischen Kirche, wie auch wir keinen Raum in ihr fordern. Die Kämpfe in der Evangelischen Kirche sind dadurch entstanden, daß eine Gruppe in ihr aufgetreten ist, die mit immer größerer Entschiedenheit das Evangelium von Jesus Christus, dem Herrn, mit fremdartigen Gedanken mischt, die Heilige Schrift Alten und Neuen Testaments als alleinige Grundlage der Verkündigung nicht mehr gelten läßt, den Gegensatz zwischen der reformatorischen Verkündigung und dem Katholizismus für unerheblich oder überwunden erklärt und trotzdem den Anspruch erhebt, in der Kirche Luthers die Führung zu übernehmen. Die Auffassung der Thüringer DC, mit der die württembergische Volkskirchenbewegung DC in engster Verbindung steht, löst die Kirche zwangsläufig auf in einen religiösen Verein, der auf Grund einer Mehrheitsabstimmung seine Satzungen ändern kann, wenn sie ihm nicht mehr zeitgemäß erscheinen. Die Kirche ist aber nicht ein Verein, sondern eine Stiftung, die nach dem Willen ihres Stifters verwaltet werden muß. Deshalb kann eine Kirche nur solange Evangelische Kirche heißen, als sie das Wort ihres Herrn allein maßgebend sein läßt.

Der Reichskirchenausschuß war von dem ehrlichen Willen beseelt, die zerstörte Ordnung in der Kirche wieder herzustellen und den Kampf in der Kirche zu beenden. Er ist bei seinen Bemühungen um kirchliche Sammlung teilweise weiter gegangen, als es auch solchen, die sein Handeln zu verstehen suchten, in einzelnen Fällen tragbar erschien. Wenn er trotzdem schließlich den ihm vom Reichskirchenminister erteilten Auftrag zurückgegeben hat, so geschah es nur deshalb, weil es ihm verwehrt wurde, in allen zerstörten Kirchengebieten ein Kirchenregiment zu bestellen, das klar und entschieden auf der verfassungsmäßigen Bekenntnisgrundlage der Deutschen Evang. Kirche steht und sich für bedrängte Kirchenglieder, die auf dem Boden des reformatorischen Christentums stehen, so einzusetzen, wie es nötig gewesen wäre.

Der so dringend erwünschte Friede läßt sich also nur dadurch herstellen, daß diejenigen, die bisher die der Kirche aufgetragene Botschaft abzuändern oder umzudeuten versucht haben, entweder ihre Auffassung als irrig aufgeben, oder daß sie eine neue völkisch-religiöse Gemeinschaft gründen, die den wesentlichen Inhalt ihrer Glaubenslehre nicht aus der Heiligen Schrift, sondern aus andern Quellen herleitet. Der Sinn der bevorstehenden Wahl kann deshalb nur der sein, daß durch eine von jedem Druck freie Abstimmung, deren Durchführung in die Hand kirchlicher Organe gelegt wird, eine Versammlung gebildet wird, die die Aufgabe hat, eine saubere, in rechtlichen Formen vor sich gehende Scheidung zwischen den Gliedern der auf dem reformatorischen Bekenntnis stehenden Kirche und den Anhängern einer neuen, völkisch-religiös bestimmten Religionsgemeinschaft mit all ihren rechtlichen und finanziellen Folgen durchzuführen. Wenn diese Versammlung auch den Namen einer Synode führen soll, so unterscheidet sie sich doch von allen früheren Synoden dadurch, daß hier nicht verschiedene, unzweifelhaft auf kirchlichem Boden stehende Gruppen gemeinsam zum Wohl der Evangelischen Kirche zusammenarbeiten, sondern daß sie die Ablösung einer religiösen Neubildung von der Evangelischen Kirche zu bewirken und zu vollziehen hat. Die Wahl wird also festzustellen haben, wieviele der bisher zu den evangelischen Landeskirchen und damit zur Deutschen Evang. Kirche gehörenden Volksgenossen der Kirche ihrer Väter treu bleiben und wieviele sie verlassen wollen. Wenn diese Scheidung vollzogen ist und nicht mehr zwei so weit auseinandergehende religiöse Gemeinschaften in einen Raum zusammengedrängt sind, sondern jede in ihrem Raum nach ihren Grundsätzen reden und leben kann, dann werden die religiösen Auseinandersetzungen nicht mehr einen für den Staat und die Volksgemeinschaft bedrohlichen Charakter haben, was auch uns ein ernstes Anliegen ist. Wenn je einmal, so gilt für die Lösung der durch die Herrschaftsansprüche der radikalen DC entstandenen kirchlichen Frage das alte Wort: Schiedlich! friedlich!

Es kommt nun alles darauf an, daß unsre evangelischen Glaubensgenossen es sich deutlich machen, um was es in diesen Wahlen geht. Es geht darum, daß sie sich entweder zu der Kirche, die in ihrer Verkündigung von Jesus Christus auf dem Grund der Apostel und der Reformatoren steht, bekennen oder für eine neue, nicht auf diesem Grund stehende Religionsgemeinschaft entscheiden. Alle Aufklärung und Belehrung, für die wir gleichmäßige Freiheit in Versammlungen und Presse auf Grund der Zusage des Führers verlangen müssen und können, muß diesem Ziele dienen. Ganz besonders aber liegt uns daran, daß diese Wahl nicht unter einen politischen Gesichtspunkt gestellt wird! Es geht nicht um die Frage, wie die Kirche zu Volk und Staat steht. Sie ist sich dieser ihrer Verbundenheit und Verpflichtung stets bewußt! Es geht einzig um die Frage, ob in unserer Kirche, ihrer Verkündigung und ihrem Leben Christus der alleinige Herr und Heiland bleibt. Wurm.

Auf dieses Wort zur Lage *schrieb Pfr. Gümbel, Nagold, am 23.2.1937 an den Landesbischof*[47]:

Verehrter, lieber Freund!

Du wollest es mir nicht verargen, wenn ich noch einmal rede: Im »Wort zur Lage« ist in sehr dankenswerter Weise zum Ausdruck gebracht, daß es um die Christusfrage geht, das müssen wir in der kommenden Zeit unablässig unsern Gemeinden sagen. An einem nicht unwichtigen Punkt aber haben andre und ich eine andere Schau der Dinge.

Das »Wort« geht davon aus, daß unser feindliches Gegenüber die DC sind, daß diese sich von der Bekenntnisseite abzusetzen haben, daß in der sogenannten Generalsynode die Trennung vorzunehmen ist und daß das Resultat dieser »schiedlich-friedlichen« Auseinandersetzung sein wird,

---

47 LKA Stuttgart, D 1, Bd. 70.

daß die beiden entstandenen Gruppen »jede in ihrem Raum nach ihren Grundsätzen reden und leben kann«.

Wir gehen davon aus, daß unser feindliches Gegenüber der weltanschaulich bestimmte Staat ist, daß dieser nichts Anderes wollen kann als die Bekenntnisseite völlig ausschalten (siehe Kerrl-Rede vom 13. Februar, Wahlkommentar des »Völkischen Beobachters« u. a.), daß darum eine schiedlich-friedliche Auseinandersetzung der Gruppen gar nicht in Frage kommen kann und daß das Resultat der Wahl, wie es vom Staat erwartet wird, nur eine Nationalkirche sein kann, in der das Evangelium nimmer Quell der Verkündigung und Ordnung ist und in der eine mit Rechten ausgestattete Minderheitengruppe keinen Platz hat. Das, was dem »Wort« als Möglichkeit vorschwebt, ist meiner Überzeugung nach heute keine Möglichkeit mehr, und wir dürfen deshalb auch unsern Gemeinden gegenüber nicht davon reden, damit sie die Lage nicht für harmlos halten. Es geht wirklich, was das »Wort« in Abrede stellt, um die Frage »wie Kirche zu Volk im Staat steht«, das heißt in welchem Licht der Staat von heute gesehen werden muß – im Licht der Apokalypse. Eine (selbstverständlich dem Staat überlassene) Wahl kann lediglich die »Auszählung der Christen« herbeiführen, nicht aber ein Gremium bilden, in dem Nationalkirchler und Christen miteinander tagen.

Mit herzlichem Gruß Dein Gümbel.

Am 24. 2. 1937 ordnete der Oberkirchenrat eine Kanzelverkündigung für Sonntag, 28. Februar an[48]:

Wie der Gemeinde durch den Rundfunk und die Presse bekannt geworden ist, soll demnächst die Wahl zu einer Generalsynode der Deutschen Evang. Kirche stattfinden. Näheres kann hierüber noch nicht gesagt werden. Doch muß jedermann in der Gemeinde heute schon wissen:

Es geht bei dieser Wahl nicht um die Frage, wie die Kirche zu Volk und Staat steht. Die evang. Kirche ist sich ihrer Verbundenheit und Verpflichtung gegenüber Volk und Führer stets bewußt! Es geht vielmehr nur darum, daß Jesus Christus der alleinige Herr der Kirche bleibt. Es geht darum, welche Botschaft künftig in der Gemeinde gepredigt wird und ob unsere Gotteshäuser auch ferner allein für die Verkündigung des lauteren und unverfälschten Evangeliums von Jesus Christus offenstehen. Es geht darum, in welchem Glauben unsere Kinder in Familie, Schule und

---

48 Nr. A 2143; diese Kanzelverkündigung ging den Pfarrämtern am 2. 3. 1937 auch als Flugblatt zur Verteilung an die Gemeindeglieder zu; vgl. Dipper, S. 158.

Gemeinde erzogen werden und wessen wir alle uns im Leben und im Sterben getrösten können. Es geht um die Frage: Kirche Jesu Christi oder Nationalkirche. In der Nationalkirche, für die in Württemberg die Volkskirchenbewegung DC eintritt, wird nicht mehr das Evangelium von Jesus Christus gepredigt, wie es uns in der ganzen Heiligen Schrift geoffenbart und in der Reformation Martin Luthers neu ans Licht getreten ist. Es geht um Sein oder Nichtsein der Evang. Kirche!

Hütet Euch, auf Schlagworte zu hören, die unsere Kirche verächtlich machen oder als verjudet, romhörig und staatsfeindlich beschimpfen! Haltet auf die Freiheit unbehinderter kirchlicher Entscheidung, die uns durch das Wort des Führers zugesichert ist! Wachet, stehet im Glauben, seid männlich und seid stark![49]   Wurm.

Im Evang. Gemeindeblatt für Stuttgart *schrieb Pfr. Lic. Lempp, Stuttgart*[50]*:*

Zur Kirchenwahl

Das ganze Kirchenvolk ist aufgerufen, mitzuwirken bei der Wahl einer Generalsynode der Evangelischen Kirche. Es ist, während dieser Aufsatz geschrieben wird, noch nicht bekannt, in welcher Form diese Wahl stattfinden wird. Aber die Durchführung der Wahl mag sein, wie sie will. Folgendes steht jetzt schon fest und muß unbedingt beachtet werden:

1. Es ist diese Wahl eine Sache der Evangelischen Kirche, die nach den ausdrücklichen Worten des Führers in voller Freiheit nach eigener Bestimmung des Kirchenvolkes sich selber die neue Ordnung geben soll. Damit ist jede Art von Zwang und Druck bei der Wahl ausdrücklich untersagt. Wo auch nur der leiseste Druck ausgeübt wird, da haben wir nicht nur das Recht, sondern die Pflicht, uns zur Wehr zu setzen. Es wird sich in jedem einzelnen Fall bewähren müssen, daß das Wort des Führers im deutschen Volk Geltung hat...

---

49 1. Kor. 16,13.
50 Nr. 9 vom 28.2.1937. Der Oberkirchenrat ließ den Aufsatz von Lic. Lempp am 25.2.1937 den Dekanat- und Pfarrämtern als Flugblatt zugehen »mit dem Ersuchen um Weitergabe an die Gemeindeglieder«. Die Geheime Staatspolizei Stuttgart wendete zwar gegen den Inhalt des Flugblattes nichts ein, verbot aber eine Verteilung von Haus zu Haus und Versendung; zugelassen blieb nur eine Verteilung in kirchlichen Räumen (Mitteilung des Quell-Verlags der Evang. Gesellschaft Stuttgart an die Pfarrämter vom 27.2.1937; LKA Stuttgart, D 1, Bd. 70). Vgl. auch eine Notiz des EPD, Ausgabe B, Nr. 8, vom 25.2.1937 (LKA Stuttgart, D 1, Bd. 70).

2. Ebenso klar besagt der Erlaß des Führers, daß alles, was außerhalb der Evangelischen Kirche steht, mit dieser Wahl nichts zu tun hat und auch kein Recht hat, irgendwie in diese Wahl hineinzureden. Dazu gehören auch alle, die aus der Kirche ausgetreten sind...

3. Die Evangelische Kirche, der diese Wahl aufgetragen ist, ist tatsächlich und rechtlich auferbaut auf der Grundlage des Wortes Gottes Alten und Neuen Testamentes und des Bekenntnisses der Väter. Eine Kirche, die diese Grundlage verläßt, ist nicht mehr eine evangelische Kirche und hat also auch mit dieser Wahl nichts zu tun. Es wäre daher von all denen, die öffentlich erklären, daß sie nichts mit Bibel und Bekenntnis zu tun haben wollen und daß sie keinerlei Interesse an der Kirche haben, ein seltsames, innerlich unwahres Beginnen, wenn sie nun plötzlich die Rechte des Kirchenvolkes ausüben und über das Wohl der Kirche mitbestimmen wollten.

4. Alle aber, die persönlich in der Botschaft der Kirche die Kraft ihres Lebens gefunden haben, und auch alle, die vielleicht noch nicht zu einer persönlichen Entscheidung durchgedrungen sind, die aber den Segen der christlichen Kirche unserem Volk erhalten wollen, müssen jetzt ihre Pflicht tun und ihre volle Kraft dafür einsetzen, daß durch diese Wahl dem Evangelium in unserem Volke Raum geschaffen wird.

5. Es geht um eine Entscheidung von größtem Ausmaß. Darüber dürfen uns Wahlparolen, welche etwa die Sache auf ein politisches oder auf ein persönliches Geleise abschieben wollen, nicht hinwegtäuschen. Seit der Reformation hat es in unserem Volk auf religiösem Gebiet keine so wichtige Entscheidung mehr gegeben. Es geht letztlich um die Frage, ob das Wort Gottes, ob das Evangelium von Jesus Christus, dem Gekreuzigten und Auferstandenen, in unserem Volk seine verpflichtende und erlösende, richtende und rettende Kraft behalten soll, oder ob der Mensch über die Bibel zu Gericht sitzen und sie nach eigenem Geschmack zurechtstutzen soll...

6. In einer solchen Entscheidung fordernden Zeit kann die Generalsynode unmöglich den Sinn haben, daß sie wie ein demokratisches Parlament aus der Zeit des Liberalismus unmögliche Gegensätze durch faule Kompromisse überkleistert. Daraus entstünde nie das, was der Generalsynode aufgetragen ist, eine Befriedung der Kirche. Vielmehr wird sie die Aufgabe haben, eine klare Linie für die deutsch-evangelische Kirche herauszuarbeiten und dem Ausscheiden einer Richtung, die nun einmal dieser Linie schnurstracks entgegensteht, die rechtliche Form zu geben...

7. Eine Frage, an der die Kirche in der ganzen Welt heute in höchstem Maße interessiert ist, hat der Führer durch sein Eingreifen bereits entschieden; sie soll aber durch diese Wahl auch noch vom Kirchenvolk in diesem Sinn entschieden werden. Das ist die Frage, ob die Regelung des kirchlichen Lebens und der kirchlichen Ordnung nur eine eigene Angelegenheit der Kirche sein und nur nach rein kirchlichen Gesichtspunkten erfolgen soll, oder ob eine Vermengung von kirchlichen und politischen Gesichtspunkten zugelassen werden soll...

8. Was uns bei der Wahl vor Augen stehen muß, ist das Andenken an unsere frommen Eltern und Voreltern, an die württembergischen Väter, an die Sänger unseres Gesangbuchs und all die andern Zeugen unseres Glaubens...

9. Und vor allem muß uns bei der Wahl unsere Jugend vor Augen stehen...

Im Gotteshaus und in der kirchlichen Gemeinde hat jeder die Möglichkeit, sich die nötige Aufklärung zu holen. Und dann tue bei der Wahl jeder seine Pflicht in heiliger Verantwortung vor Gott. So allein kann diese Wahl zur wahren Erbauung unserer Kirche und zum wahren Wohl unseres Volkes ausschlagen.

Am Sonntag, 28.2.1937, predigte Landesbischof D. Wurm in der Stiftskirche in Stuttgart, am 2.3.1937 in der Stadtkirche in Esslingen und am 6.3.1937 im Münster in Ulm. Die Predigt wurde gedruckt als Ein Wort zu den kirchlichen Wahlen; *der Schluß lautet*[51]:

...Darum wird die Kirche ihren Auftrag weiterführen müssen: Führet die Menschen auf die grünen Auen und zum frischen Wasser[52], helft ihnen, daß sie nicht irre werden am Sinn der Welt, sondern sich bergen in dem überschwenglichen Erbarmen Gottes, in der Gewißheit, daß Gott als der Letzte über dem Staube steht und allen ein Erlöser wird. Hätten wir diesen Ausblick nicht, so wären wir verloren. Das ist der Auftrag der Kirche, dadurch schafft sie die Verantwortlichkeit, die Grundlage, die Vor-

---

51 Erschienen im Quell-Verlag der Evang. Gesellschaft Stuttgart: »Christus, Christentum, Kirche. Ein Wort zu den kirchlichen Wahlen.« Der oben zitierte Schluß: S. 13 f. des Druckes; vgl. Niemöller, Kampf, S. 392. Wurm predigte außerdem in diesen Wochen in Heilbronn, Ludwigsburg, Reutlingen, Weimar, Eisenach, Halle, Gießen, Darmstadt und Mannheim (Wurm, Erinnerungen, S. 136).
Vgl. auch den Artikel Wurms in der »Allgemeinen Evang.-Luth. Kirchenzeitung« in der Ausgabe vom 13.3.1937; Auszüge daraus bei Niemöller, Kampf, S. 387 f. und Dipper, S. 161.
52 Vgl. Ps. 23.

aussetzung für die Gemeinschaft und den Sinn für all das Große, was es noch zu bewältigen gibt. Darum haben wir ein so gutes, ein so ganz gutes und ruhiges Gewissen, wenn wir all den Versuchen gegenüber, das Evangelium verändern zu wollen, aus ihm ein nationalistisch beschränktes Evangelium zu machen (wie es die Juden hatten), Widerstand entgegensetzen. Unser Volk weiß, daß ein echter politischer und ein echter religiöser Glaube nicht in Widerspruch kommen. Sehet die Freiheitskriege an und all die herrlichen christlichen Persönlichkeiten in ihnen. Sie waren nationalistisch und sammelten doch ihre Kräfte im Christlichen. Wenn aber politische Mächte benützt werden, um die Kirche irgendwelchen Zeitbestrebungen untertan zu machen, dann leisten wir Widerstand, wie im Herbst 1934! Damals sagte ein schlichter Mann aus dem Volk: »Jetzt wollen die Leute in der Kirche befehlen, die nicht in die Kirche gehen.« Es war nahe daran, daß wieder ein solcher Weg beschritten wurde. Dank sei dem Führer, daß er den Weg suchte, der Kirche die Freiheit der Entscheidung zu ermöglichen. Wir sind heute noch nicht sicher, ob der Weg so gegangen wird, wie er gemeint ist, ob nicht allerlei durchkreuzende und störende Einflüsse sich geltend machen. Wir halten uns aber an diese Zusage. Wir erklären: Die Kirche ist kein Verein, der durch Mehrheitsabstimmung seiner Mitglieder seine Satzung verändern kann. Es kann festgestellt werden, wie groß die Zahl derer ist, die wirklich von der Kirche und in der Kirche leben wollen. Die, die eine andere Kirche wollen, sollen sie haben, aber sie sollen die, die auf dem Boden der Reformation stehen, nicht zu vergewaltigen suchen. Es ist nicht möglich, in einer Kirche beide zusammenzufassen: Die Menschen, die keine Erlösung brauchen, weil sie von Natur Gemeinschaft mit Gott zu haben meinen, und die, die eine Erlösung brauchen und sie finden in Jesus Christus. Es gibt Leute, die meinen, wenn die Kirche in diesem Sinne weitergeführt wird, werde das Volk am Horizont verschwinden. In den wenigen Wochen seit der Ankündigung einer kirchlichen Wahl haben wir den Eindruck bekommen, daß unser Volk erst recht zur Kirche kommt, ja ins Zentrum der Kirche hineingeht und sich das Evangelium verkündigen läßt. Unsere Hoffnung ruht aber nicht auf dem Volk, sondern auf dem Herrn, von dem es in der Heiligen Schrift heißt: Jesus Christus, gestern und heute und derselbe auch in Ewigkeit![53] Amen.

---

53 Hebr. 13,8.

Über einen Gottesdienst mit Landesbischof D. Wurm in der Stiftskirche in Stuttgart am 7. März wurde in Nr. 2/1937 des Mitteilungsblattes der Evang. Landeskirche in Württemberg *am 18.3.1937 mitgeteilt*[54]*:*

Es war wirklich ein Fest-Gottesdienst, der am letzten Sonntagabend in der Stiftskirche mit Übertragung in die Hospital- und Leonhardskirche gehalten wurde: die drei großen alten Kirchen in Stuttgarts Innenstadt waren dicht gefüllt von einer nach Tausenden zählenden Gemeinde, die um ihren Landesbischof sich scharte und in einmütiger Geschlossenheit zu dem Evangelium sich bekannte, wie es von den Aposteln und Reformatoren bezeugt ist. In der weiträumigen Stiftskirche war schon lang vor Beginn des Gottesdienstes kaum ein Stehplatz mehr zu finden. Die Posaunen- und Kirchenchöre machten den Anfang: »Verleih uns Frieden gnädiglich, Herr Gott zu unsern Zeiten. Es ist doch ja kein andrer nicht, der für uns könnte streiten, denn du unser Gott alleine.«[55] Prälat Dr. Lempp sprach das Eingangsgebet und verlas Worte der Heiligen Schrift. Dann predigte der Herr Landesbischof eindringlich, klar und packend. Jeder Zuhörer mußte es merken: Hier wird nicht für oder gegen Menschen gekämpft, hier geht es nicht um Theologengezänk oder eigensinnige dogmatische Haarspaltereien, sondern um Gott und seinen Christus, um die ewige Wahrheit der Bibel. Auf Grund von drei Worten aus dem Johannes-Evangelium antwortete der Landesbischof auf die drei Fragen: Wer ist Christus? (Joh. 1,18: Der eingeborene Sohn...) Was ist Christentum? (Joh. 3,5: Geboren aus Wasser und Geist...) Was ist der Auftrag der Kirche? (Joh. 21: Weide meine Lämmer – folge mir nach). Vom festen biblischen Grunde aus ging er offen, mit großem Ernst und mit überzeugender Klarheit auf die unsere Zeit bewegenden Fragen ein, zum Beispiel warum Jesus mehr sei als ein vorbildlicher, edler Mensch oder ein religiöses Genie, ob das Heil von den Juden komme, was unter Freiheit und Eigenständigkeit der Kirche zu verstehen sei. In lautloser Stille lauschten die Tausende der eineinhalbstündigen Predigt, die gewiß allen, die sie hörten, Klärung, Stärkung und neue Zuversicht für die großen Entscheidungen dieser Wochen gebracht hat. Die Gemeinde antwortete mit Luthers Gebetslied: »Gott der Vater wohn uns bei.«[56] Das Schlußgebet sprach

---

54 LKA Stuttgart, D 1, Bd. 75; vgl. auch den Bericht über eine Predigt des Landesbischofs am Mittwoch, 17.3.1937, in der Stadtkirche in Göppingen, die wegen Überfüllung dieser Kirche in die Göppinger Oberhofenkirche übertragen werden mußte (LKA Stuttgart, D 1, Bd. 70).
55 EKG 139.
56 EKG 109.

Prälat Schrenk, und die gottesdienstliche Feier wurde beschlossen mit dem gemeinsamen Gesang: »Erhalt uns Herr bei deinem Wort!«[57]

In der Zeitschrift Die Volkskirche. Evang. Monatsblatt für Württemberg *schrieb Prälat D. Schoell*[58]*:*

Zum ersten geht es um den Glauben. »Kirchenchristen« – man gestatte der Kürze halber diesen Ausdruck – und »Deutsche Christen«, wenigstens die Radikalen unter ihnen, stehen sich gegenüber. Nicht so, als wollten die Deutschen Christen den christlichen Glauben überhaupt ablehnen, umgekehrt auch nicht so, als wollten die Kirchenchristen leugnen, daß das deutsche Christentum gemäß unsrer Volksart ein anderes Gepräge hat als das Christentum anderer Völker. Es geht um den Vollgehalt der evangelischen Verkündigung. Jenen Deutschen Christen ist der Vorwurf zu machen, daß sie das Christentum am Maßstab des Deutschtums messen. Das mag bei den einzelnen in verschiedenem Maße der Fall sein, wird aber auf die Bewegung im ganzen zutreffen... Die Losung heißt Germanisierung des Christentums. Erhofft wird davon, daß das Christentum dem deutschen Volk mundgerechter wird und es insbesondere auch in eine innigere Verbindung mit dem neu erwachten nationalen Bewußtsein gebracht werde. Demgegenüber machen die »Kirchenchristen« mit Nachdruck geltend, daß dieses »Christentum deutsch« eine Entleerung des wirklichen, biblischen und reformatorischen Christentums darstelle. Nicht habe das Christentum sich nach dem Deutschtum, sondern das Deutschtum in Dingen des Glaubens sich nach dem Christentum zu richten... Auch wer wie unsereiner der Meinung ist, daß nicht alles und jedes, was in der Bibel steht, unmittelbares Wort Gottes ist, muß doch in jener Art von Germanisierung des Christentums eine unzulässige Einbuße am Vollgehalt des Evangeliums sehen und darum bei der kommenden Wahl für die zu erhoffende breite kirchliche Front eintreten.

Zum andern geht es um die Erhaltung der christlichen Grundlage unseres gesamten Volkslebens. Das ist gegen diejenigen gesagt, die im Christentum nur eine Episode, einen dazwischen hereingekommen, jetzt aber gründlichst zu beseitigenden Fremdkörper sehen wollen. Es sei, um kein Mißverständnis aufkommen zu lassen, ausdrücklich gesagt, daß auch die Deutschen Christen nicht dieser Meinung sind. Es sind aber einflußreiche Kreise in unserem Volk, die sich in der Herabsetzung des Chri-

---

57 EKG 142.
58 Ausgabe vom 11.3.1937; der Artikel von Prälat D. Schoell wurde am 3.3.1937 abgeschlossen.

stentums nicht genug tun können. Von der Wahl erhoffen wir, daß sie zu einer klaren und unüberhörbaren Kundgebung eines entschlossenen Volkswillens wird, an den christlichen Grundlagen unseres Volkslebens unter allen Umständen festzuhalten. Wir rechnen darauf, daß auch solche, die persönlich sich nicht zu den bewußten Christen zählen, die unermeßliche Bedeutung der hier zu treffenden Entscheidung erkennen...

Zum dritten geht es um die Kirche. Wir stecken den Kopf nicht in den Sand. Wir wissen wohl, wieviel berechtigte und unberechtigte Kritik an der Kirche geübt wird. Es geht uns auch nicht darum zu verteidigen, was nicht zu verteidigen, und festzuhalten, was nicht festzuhalten ist. Wir bauen an der Kirche der Zukunft. Eines aber muß klar gesagt werden: Es ist jetzt nicht an der Zeit, daß jede Gruppe und Richtung innerhalb der kirchlichen Kreise eigenwillig ihre Sondermeinung verficht; dazu wird in der Generalsynode, wenn sie einmal da ist, noch Gelegenheit genug sein. Was jetzt not tut, ist ein geschlossenes Zusammenstehen aller derer, die überhaupt eine evangelische Kirche im Vollsinn des Wortes wollen... Zum Wesen der Kirche gehört, daß sie an Gottes Wort gebunden ist. Sie ist nicht ein Verein, der sich Satzungen geben kann, wie er gerade will; sie ist gebunden, und auch eine Generalsynode könnte sie nicht von dem Gehorsam gegen das Evangelium entbinden. Und die Kirche muß in ihren inneren Angelegenheiten frei sein; sie darf sich nicht von außen her vorschreiben lassen, was sie zu glauben, zu lehren und zur Ausrichtung ihres gottbefohlenen Dienstes an kirchlichen Einrichtungen zu treffen hat. Dabei läßt die Kirche, sofern sie Volkskirche sein und bleiben will, einen weiten Spielraum. Einheitlichkeit und Gleichförmigkeit ist zweierlei... Nicht handelt es sich um Gebundenheit oder Freiheit, sondern um Gebundenheit und Freiheit in echt evangelischer Verbindung. In einer Zeit wie der jetzigen, wo alte und neue theologische und kirchliche Strömungen miteinander ringen, ist es doppelt nötig, daß wir einander verstehen und voneinander lernen...

Näheres hoffen wir später noch vor der Wahl ausführen zu können; vorläufig genügt es zu sagen, daß und warum ich für eine breite kirchliche Front eintrete und die Leser bitte, etwaige Bedenken im jetzigen Zeitpunkt zurückzustellen, vielmehr aufs ganze zu sehen und mitzuhelfen, daß die Kirche Kirche bleibt und es noch besser wird: gebunden an das Evangelium, innerlich selbständig, getragen von der Mitarbeit aller evangelisch Gesinnten, volksverbunden und zu ehrlichem Dienst am Staatswohl bereit.

In seiner Sitzung am 22.2.1937 besprach der Landesbruderrat Hitlers Wahlerlaß und die dadurch geschaffene gesamtkirchliche Lage[59]*:*

Der Entwurf Dippers mit den beiden Möglichkeiten einer »kirchlichen« Wahl unter Berücksichtigung der Qualifikationsbestimmungen und einer »politischen« Wahl als Volksentscheid zwischen Kirche und Nichtkirche werden eingehend besprochen, die Äußerungen der Kirchenführer-Versammlung und der Vorläufigen Leitung werden besprochen. Die Haltung des Landesbruderrats wird übereinstimmend mit den Vertretern der Sozietät festgelegt und im Anschluß an die Sitzung dem Herrn Landesbischof vorgetragen. Außerdem soll eine Handreichung von Fausel für die Bekenntnisgottesdienste versendet werden.

Eine kurze Besprechung des Modus des kirchlichen Vorgehens schließt sich an. Bezirksvertreterversammlungen, Einsatz auswärtiger Redner an den bedrohten Punkten, Versammlungen in jeder einzelnen Gemeinde zur Aufklärung über das, um was es geht. Unterbau für die Abwehr einer gegnerischen Schlagwortpropaganda.

Der Besprechung im Landesbruderrat lag eine Ausarbeitung von Pfr. Dipper vom 20.2.1937 zugrunde[60]*:*

Durch den Entschluß der höchsten Reichsstelle, eine kirchliche Wahl anzuordnen, sind offenbar alle Beteiligten überrascht worden, die Bekennende Kirche ebenso wie die DC und das Reichskirchenministerium. Noch am Samstag, 13. Februar, wurde von Herrn Reichsminister Kerrl ein Gesetz angekündigt, das praktisch weithin eine Verstaatlichung der Kirche bedeutet hätte. Zweifellos bedeutet die angeordnete Wahl gegenüber diesen Tendenzen einen völlig neuen Einsatzpunkt. Man möchte offenbar zunächst auf den Versuch verzichten, durch diese Art offener Gewaltmaßnahmen die Kirche dem Staat zu unterstellen.

Andererseits wird nach allem, was in den letzten Jahren vorausgegangen ist, die Tendenz dieses neuen staatlichen Schrittes nicht zweifelhaft sein. Dementsprechend ist der neue Erlaß auch ein völlig einseitiger Akt des Staates, der ohne jede vorherige Fühlung mit den kirchlichen Stellen erfolgte. Dieser Akt ist umso schwerwiegender, als die neue Generalsynode eine neue Verfassung schaffen soll. Die Anordnung der Wahl bedeutet

---

59 LKA Stuttgart, D 1, Bd. 96: Protokoll der Sitzung.
60 LKA Stuttgart, D 1, Bd. 70; vgl. auch die Äußerung von Pfr. Dipper bei der Sitzung des Beirats der Württ. Kirchenleitung am 19.2.1937, S. 87 f., und das Rundschreiben Nr. 3/ 1937 des Freudenstädter Kreises vom 30.3.1937, ebenfalls von Pfr. Dipper verfaßt (LKA Stuttgart, D 1, Bd. 100).

also im Prinzip die Aufhebung des bestehenden kirchlichen Rechtszustandes in der Kirche durch den Staat. Die Zustimmung zu dieser Wahl bedeutet die Zustimmung zur Beseitigung des bisherigen Rechtszustandes durch die kommende Synode. Es wird nach dieser Zustimmung künftig niemand mehr das bestehende positive Recht gegenüber den Maßnahmen der Synode geltend machen können. Die Tendenz dieser neuen Maßnahme ist ferner dadurch charakterisiert, daß die zur Zeit bestehenden Kirchenleitungen anerkannt werden, daß heißt, es werden außer den bestehenden bekenntnisgebundenen Leitungen auch die Kirchenleitungen der Volkskirchenbewegung DC anerkannt. Das bedeutet für die Wahl, daß auch diese als gleichberechtigte kirchliche Richtung sich an der Wahl beteiligen dürfen. Die kommende Synode wird also praktisch einer kirchlichen Bekenntnisgrundlage entbehren. Ob sie sich theoretisch oder praktisch eine neue andersartige Bekenntnisgrundlage schaffen wird, mag zunächst dahingestellt bleiben.

Da – von den Voraussetzungen dieses Denkens her gesehen – die Synode unter diesen Umständen nur mit einer starken absoluten Mehrheit überhaupt arbeitsfähig werden wird, werden sehr viele Leute ein großes Interesse daran haben, diese absolute Mehrheit auf jede mögliche Weise zu erreichen. Mehr wird man zunächst nicht sagen können und dürfen. Es wäre trotz aller bisherigen üblen Erfahrungen (1933!) und, obwohl man mit Bestimmtheit sich mindestens auf Eingriffe untergeordneter Stellen gefaßt machen muß, falsch, von vornherein die gewährte Wahlfreiheit in Zweifel zu ziehen. Wir würden uns damit nur ins Unrecht setzen und den Eindruck erwecken, als haben wir vor einer freien Entscheidung Angst. Wir werden vielmehr zunächst dabei bleiben müssen, daß man nun tatsächlich – endlich! – die evangelische Gemeinde selbst zur Entscheidung ruft und daß man – jedenfalls zunächst – von der andern Seite her den Wahlausgang freigibt. Soviel zu dem Tatsächlichen der angeordneten Wahl!

Wie haben wir uns nun dazu zu stellen? Können wir überhaupt auf diese Wahl, die einseitig durch den Staat verfügt wird, eingehen? Es ist zweifellos eine Sache von großer Tragweite, wenn wir dazu unsere Zustimmung geben, daß der Staat von sich aus im Prinzip das bestehende Recht der Kirche aufheben kann. Wir sehen an diesem Vorgang, wie labil alles kirchliche Recht geworden ist und wie wir mehr und mehr uns einzig auf das Bekenntnis und nicht mehr auf das positive Recht werden stützen können. Trotzdem wäre es wohl verkehrt, mit unserem Widerstand bei dem ohnehin brüchig gewordenen positiven Recht einzusetzen. Wir werden es nicht hindern können, daß der Staat uns immer wieder in anderer Art den rechtlichen Raum umschreibt, in dem wir innerhalb der öffentlichen Ordnung leben können. Die Eigenständigkeit der Kirche liegt in ihrem Bekenntnis; daran wird sich alles kirchliche Recht ausweisen müssen, ob es nun in geordneter Kontinuität sich erhält oder ob es von irgendeiner Seite her erschüttert oder neu geschaffen wird.

Überprüfen wir vom Bekenntnis der Kirche her die durch den neuen Staatsakt geschaffene Lage, so wird man zunächst sagen müssen, daß durch eine Wahl wirklich unbereinigte Dinge in der Kirche bereinigt werden können. Es ist ein auf die Dauer unerträglicher Zustand, daß innerhalb der rechtlich geordneten Kirche sich Menschen befinden, die gegen den Auftrag der Kirche nicht nur gleichgültig sind, sondern die kirchliche Botschaft geradezu ablehnen und bekämpfen. Die Zugehörigkeit zur Kirche wird von ihnen dazu benützt, um die Kirche in ihre Gewalt zu bekommen und sie ihren Zwecken dienstbar zu machen. Wenn hier durch eine Wahl geklärt wird, wer sich zur Kirche hält und wer sich zur »Nicht-Kirche« rechnet, so werden wir vom Bekenntnis der Kirche aus dagegen keine Einwendungen erheben dürfen. Es vollzieht sich hier ein Stück jener Scheidung, die am Evangelium entsteht, wenn man so will, ein Stück kirchlicher Zucht. Das einzige Anliegen, das wir hier mit Recht geltend machen können, ist die loyale Durchführung der Wahl. Die Einschaltung der politischen Propaganda und eines direkten oder indirekten politischen Drucks wird für diejenigen, die sich zwar zur Kirche halten, aber doch in ihrem Glauben nicht gefestigt sind, von verheerender Wirkung sein. Das hat für sie selbst, für Kirche und Volk ernste Folgen. Denn praktisch wird durch ihre negative Abstimmung die Verbindung zwischen ihnen und der Kirche weithin abgeschnitten sein, und im übrigen wird der Raum, in dem die Kirche wirken kann, dadurch sehr verkürzt. Es muß deshalb die Forderung erhoben werden, daß jede unsachliche Beeinflussung in dem eben erwähnten Sinn vermieden wird. Von dieser Voraussetzung wird man die Zustimmung zur Wahl und später dann die Anerkennung der Wahl abhängig machen müssen.

Zu dieser formalen Voraussetzung kommt die sachliche. Denn diese Unterscheidung zwischen Kirche und Nichtkirche ist ja für die bevorstehende Wahl gerade nicht vorgesehen. Es sollen ja gerade die verschiedenen innerkirchlichen Gruppen, zu denen auch die DC gerechnet werden, die neue Generalsynode wählen, und diese soll dann der Kirche ihre neue Verfassung geben. Diese Lage erfordert von uns eine eindeutige Stellungnahme.

Diese kann sich in doppelter Form vollziehen. Entweder fordern wir, daß die Wahl eine kirchliche Wahl werde. Dann müssen wir für das aktive und für das passive Wahlrecht solche Qualifikationsbestimmungen aufstellen, daß die Nichtkirche (DC der Thüringer Richtung, andere gibt es ja kaum mehr) ausgeschlossen bzw. nicht wählbar ist (passives Wahlrecht!). Die Aufstellung und die Handhabung solcher Qualifikationsbestimmungen ist aber nicht leicht. Außerdem werden sie vom Staat bestimmt nicht angenommen, so daß an dieser Frage das ganze Wahlunternehmen dann scheitern muß. Selbstverständlich wird dann die widerspenstige Kirche für dieses Scheitern verantwortlich gemacht werden. Wir werden das aber nicht allzusehr zu fürchten haben; wenn der Staat kirchlich klare Qualifikationsbestimmungen ablehnt, so wird dadurch offenbar, daß er eine politisierte Kirche will und eine Kirche ablehnt, die sich kompromißlos auf ihr Bekenntnis stellt. Ebenso würde offenbar, daß die Kirche nicht »um einer Speckseite willen bereit ist, ihr Bekenntnis zu verleugnen«, sondern daß sie um ihres Bekenntnisses willen zu allem bereit ist. In dieser Hinsicht ist also dieser Weg in keiner Weise zu fürchten. Dagegen ist es sehr ernst zu nehmen, daß auf diese Weise eben die Bereinigung nicht erreicht wird, die wir so dringend wünschen müssen. Der Staat wird auch nach dem Scheitern der Wahl bzw. nach der Erzwingung einer Wahl nach seinem Geschmack, an der sich die Bekennende Kirche nicht beteiligt, Kirche und Nichtkirche als ein Ganzes behandeln.

Darum wird sich der zweite Weg für unsere Stellungnahme mehr empfehlen: Wir erklären von vornherein in unmißverständlicher Weise, daß wir nicht bereit sind, mit den Vertretern der Nichtkirche zu einer Generalsynode zusammenzutreten, und zwar ganz unabhängig von dem Ausgang der Wahl, ob wir es nun mit vielen oder mit wenigen Abgeordneten der nationalkirchlichen Bewegung zu tun haben werden. In diesem Fall nehmen wir die Wahl an, verzichten aber auf ihren kirchlichen Charakter und lehnen das Ziel der Wahl, eine gemeinsame Generalsynode für Kirche und Nichtkirche, ab. Die Wahl bekommt dann den Charakter einer Entscheidung des evangelischen Kirchenvolks zwischen Kirche und Nichtkirche. Die Qualifikationsbestimmungen haben dann nur für die Kandidaten der Bekennenden Kirche Bedeutung. Auf Grund dieser Entscheidung kann dann nachher die Kirchentrennung vollzogen werden, wobei freilich auf viele vermögensrechtliche Ansprüche zugunsten der Nichtkirche verzichtet werden müßte. Eine solche Entscheidung würde uns tatsächlich einen Schritt vorwärts bringen. Vermutlich wird sich der Staat auch dazu nicht bewegen lassen, aber er setzt sich dann ebenso wie im andern Fall ins

Unrecht und verbaut jede Möglichkeit, die kirchlichen Dinge zu bereinigen. Wir haben also auch diese Ablehnung von seiten des Staats nicht zu fürchten. Dagegen setzt diese Lösung auf unserer eigenen Seite allerlei voraus. Wir verzichten mit der Zulassung dieser Entscheidung auf die »volkskirchliche« Ideologie, als ob eine dem Volk dienende Kirche möglichst das ganze nichtkatholische »Volk« umfassen müßte. Wir müssen also den Glauben an das Wort und damit den Mut zur kleinen Zahl und zum Verzicht auf mancherlei noch bestehende Möglichkeiten der Verkündigung um der Wahrhaftigkeit willen aufbringen. Wir müssen in unserem Handeln dem Staat gegenüber ganz offen sein, dürfen also nicht jetzt die Wahl annehmen unter Verzicht auf die oben angegebene erste Möglichkeit, um dann nachher zu erklären: Wir lehnen eine aus Kirche und Nichtkirche zusammengesetzte Generalsynode ab. In diesem Fall könnte sich der Staat mit Recht darüber beklagen, daß wir zuerst die von ihm angegebenen Voraussetzungen und das Ziel der Wahl bejaht haben und nun doch eine andere Haltung einnehmen. Es könnte uns insbesondere auch bei einem schlechten Ausgang der Wahl vorgeworfen werden, daß es sich bei uns gar nicht um eine grundsätzliche Ablehnung handelt, daß wir nur mit dem Ausgang der Wahl nicht zufrieden seien und deshalb nicht mittun wollen. Es muß deshalb von Anfang an volle Klarheit geschaffen werden, und wie wir hiezu die Kraft der am Bekenntnis bleibenden Entscheidung bedürfen, so auch fort und fort nach der Wahl, wo zweifellos von allen Seiten die Versuchung an uns herantritt, nun doch irgendwie auf die Unterscheidung zwischen Kirche und Nichtkirche um allerlei äußerlicher Vorteile willen zu verzichten.

In der Richtung dieser beiden Möglichkeiten wird von unsrer Seite her die Stellungnahme zur Wahl erfolgen müssen. Da über den einzuschlagenden Weg innerhalb der Bekennenden Kirche bis jetzt eine Entscheidung noch nicht gefallen ist und die Lage durch die Stellungnahme der andern Seite auch fortgesetzt verändert werden kann, werden wir uns zunächst mit dieser Besinnung begnügen müssen. Eines ist auf alle Fälle deutlich, welcher Weg nun auch von unsrer Seite her oder von der andern Seite beschritten wird: Es geht bei der kommenden Wahl um die letzte Entscheidung für oder wider Christus. Die Äußerung eines Politikers in leitender Verantwortung, »bei dieser Wahl werden die Christen ausgezählt werden«, scheint mir das Richtige zu treffen. Es handelt sich nicht um eine Wahl, wie wir sie in den zurückliegenden Zeiten der Kirche hatten, sondern um eine grundlegende Entscheidung, wie sie in der Zeit der Reformation und der Gegenreformation gelegentlich getroffen werden mußte. Es ist durchaus möglich, daß mit dieser Wahl das Ende der jahrhundertelangen, staatskirchlichen Entwicklung mit allen, ins persönliche Leben tief eingreifenden Konsequenzen gekommen ist. Diese Lage verpflichtet uns, möglichst rasch der Gemeinde den ganzen Ernst der von uns geforderten Entscheidung deutlich zu machen. Gott helfe uns allen, den erstverantwortlichen Männern der Kirche und der Gemeinde, daß wir der von uns geforderten Entscheidung nicht ausweichen, sondern sie mit entschlossener Kraft vollziehen. Was für ein weithin sichtbares Zeichen kann bei dieser Wahl durch ein eindeutig kirchliches Handeln in unserem Volke aufgerichtet werden! Wie furchtbar wäre es umgekehrt, wenn wir uns später anklagen müßten, daß wir die Stunde der Entscheidung versäumt haben und unserem Volke das Bekenntnis zu unserem Herrn schuldig geblieben sind! Wie schwer wäre es, nach solcher Verleugnung den Weg zu einer klaren Bekenntnishaltung und zur Sammlung im Bekenntnis zurückzufinden!

Auch die Kirchlich-theologische Sozietät besprach in einer Ausschußsitzung am 22.2.1937 die neue Lage[61]:

Nach Besprechung mit VL, Landesbruderrat und Landesbischof sehen wir, in wesentlicher Übereinstimmung mit allen Beteiligten, die Lage folgendermaßen:

Der überraschende Umschwung zwischen dem am Samstag, 13. Februar, geplanten »Verordnungswerk« und dem Wahlausschreiben vom Montag, 15. Februar, ist nur ein Wechsel in der Methode, nicht im Ziel. Die Rede Kerrls vom Samstag wird als Kommentar dieser Zielsetzung sehr zu beachten sein. Es bleibt für uns dabei: Wir wollen eine Wahl, die die Kirche ordnet, aber nicht eine solche, die eine Ordnung schafft, die man nachher Kirche nennen will, die aber nicht Kirche ist. Für eine solche kirchliche Wahl ist die Voraussetzung, daß die durch die Bekenntnissynoden in Auslegung der Schrift und der reformatorischen Bekenntnisse vollzogene Scheidung zwischen Kirche und Nichtkirche als verpflichtend anerkannt wird. Art. 1 der Verfassung vom Juli 1933, der den stiftungsgemäßen Auftrag der Kirche zur allein bestimmenden Grundlage aller kirchlichen Ordnung macht, kann selbstverständlich nicht Gegenstand, sondern muß anerkannte Voraussetzung der Wahl sein. Er kann vom Staat weder aufgehoben noch für die Wahl suspendiert werden. Das ist den staatlichen Stellen gegenüber sowohl durch die Vorläufige Leitung als auch durch die »Kirchenführer« zum Ausdruck gebracht worden.

61 LKA Stuttgart, D 1, Bd. 112.

Von da aus ist zu der im Wahlausschreiben genannten Zielsetzung der Wahl zu sagen: Es kann sich nur um eine Einigung auf der Grundlage der tatsächlichen Geltung des Art. 1 handeln, das heißt, um eine Einigung des Teiles des »Kirchenvolks«, das auf dieser Grundlage zu stehen gewillt ist.

Unsere Vorbereitung der Gemeinden für die Wahl hat auf dieser Grundlage zu erfolgen, gleichgültig dagegen, ob und wie weit die noch nicht bekannte Wahlordnung dieser Voraussetzung Rechnung trägt. Es ist zu erwarten, daß die Bearbeitung der öffentlichen Meinung unter irgendwelchen unsachgemäßen Fragestellungen geschieht (z. B. für Gewissensfreiheit gegen Ketzerrichterei und Hexenglauben; für Deutschkirche gegen Judenkirche; für die Einheit gegen den inneren Streit oder ähnliches), weshalb es dringend nötig ist, daß wir die Initiative behalten mit unserer Fragestellung: Kirche Jesu Christi oder Nichtkirche. Parolen für die Wahl selbst können noch nicht ausgegeben werden, da die Pläne des Kirchenministeriums noch nicht bekannt sind. Es werden in unseren Kreisen zwei Möglichkeiten erwogen, unter denen wir an der Wahl teilnehmen können:

1. Die »kirchliche Wahl« wird zugestanden, das heißt die entsprechenden Wahlfähigkeitsbestimmungen für das aktive und passive Wahlrecht werden in die Wahlordnung aufgenommen.

2. Wir erklären vor der Wahl, daß wir, völlig unabhängig von ihrem Ausgang, ihre Zielsetzung, eine gemeinsame Generalsynode für Kirche und Nichtkirche, ablehnen. Die Wahl bekommt dann den Charakter einer Entscheidung des Kirchenvolks zwischen Kirche und Nichtkirche. Die Wählbarkeitsbestimmungen werden für die Kandidaten der Bekennenden Kirche angewandt. Für den Staat wäre das eine Art Bestandsaufnahme für die dann auch juristisch zu vollziehende Kirchentrennung, während sie für uns eventuell eine Grundlage für den Neuaufbau der kirchlichen Ordnung geben würde.

Ob der Staat eine dieser beiden Möglichkeiten zuläßt, wissen wir nicht, können uns aber nicht denken, wie er sonst die kirchlichen Dinge bereinigen will. Wir übersehen aber auch nicht, welche Gefahren diese beiden Möglichkeiten für uns selbst in sich bergen.

Zu 1.: Die Fassung der Qualifikationsbestimmungen ist sehr schwierig, besonders bei uns in Württemberg, wo man noch nie »kirchliche« Wahlen hatte und das fast völlige Fehlen solcher Bestimmungen in der Wahlordnung sich nur deshalb bisher nicht allzu katastrophal auswirkte, weil kein Interesse an der Wahl vorhanden war.

Zu 2.: Hier besteht die Gefahr, daß gewisse »volkskirchlich« interessierte Kreise sich auf diese Weise eine Beteiligung an der Wahl ermöglichen, ohne aber die vorher geforderte Ablehnung der Zielsetzung des Wahlausschreibens deutlich und unbedingt verpflichtend auszusprechen. Wir haben es nun so oft erlebt, wie man die feierlichsten Erklärungen nachher anders auszulegen und abzuschwächen verstand, so daß man mit der Möglichkeit rechnen müßte, daß die Betreffenden nachher doch bereit wären, unter irgendeinem Vorwand, etwa dem der »Aufräumungsarbeit«, mit der Nichtkirche zur Generalsynode zusammenzutreten... Für unsere Arbeit in der Gemeinde ist zunächst nicht wesentlich, ob eine dieser beiden Möglichkeiten uns erlauben wird, an der Wahl teilzunehmen, oder ob wir ihr fernbleiben müssen. Wir haben nur die Grundentscheidung klar zu machen, von der aus es dann nicht mehr wesentlich ist, welche konkrete Wahlparole wir ausgeben werden.

Für diese Arbeit werden den Pfarrern in den nächsten Tagen Richtlinien zugehen. I. A. Hermann Diem.

Am 2.3.1937 teilte die Sozietät ihren Mitgliedern ihre Stellungnahme mit[62]:

Zur Lage

Unsere Freunde im Land sind sehr besorgt über die neueste Entwicklung der Dinge. Die Kirchentage vom Sonntag und die gestrigen Pfarrkränze mit den Berichten von der Stuttgarter Sitzung vom 26.2.1937 scheinen die in unserem Ausschreiben vom 23.2.1937 ausgesprochenen Befürchtungen zu bestätigen; man stürzt sich auf die zweite der genannten Möglichkeiten, den »Volksentscheid« des gesamten Kirchenvolkes ohne Einschränkungen, aber ohne vorher die bindende Erklärung abzugeben, daß wir nicht zur Synode gehen. Wir waren uns zusammen mit Landesbischof und Landesbruderrat darüber klar, daß dieser Weg für uns der schwerere wäre, weil er von uns verlangte, uns eindeutig von etwaigen Erfolgsaussichten der Wahl freizumachen, uns auf die »christliche Gemeinde« und nicht aufs »Kirchenvolk« zu verlassen und öffentlich zu bekennen, daß wir das Wahlausschreiben nach Voraussetzung und Ziel nicht anerkennen können. Nun zeigt sich aber, daß die Vertreter der »breiten Front« diese Möglichkeit des Volksentscheides als den leichtesten Weg ergreifen, weil er auch ohne sofortige Entscheidung gangbar ist und für später alles offen läßt. Wir kommen dadurch in die größten Schwierig-

---

62 LKA Stuttgart, D 1, Bd. 112; das in dem Ausschreiben genannte Informationsmaterial konnte nicht festgestellt werden.

keiten: man verlangt von uns »kirchliche Disziplin«, was man »kirchliches« Handeln nennt, und spannt uns damit in eine »Einheitsfront« ein, in der wir nichts zu suchen haben. Ich hielt mich daher für verpflichtet, heute dem Herrn Landesbischof die folgenden Bedenken vorzutragen, für die er volles Verständnis zeigte:

Der hauptsächlich auf die Gewinnung der kirchlichen »Randsiedler« abgestellte und nach den Gesichtspunkten der politischen Wahlen aufgezogene Propagandaapparat verträgt sich nicht mit der Losung »Kirche Jesu Christi oder Nichtkirche«. Wir müssen uns entscheiden: Sollen wir Evangeliumsverkündigung treiben, auch in den »Flugblättern« usw., oder »Wahlpropaganda«; sollen wir die christliche Gemeinde zum Bekenntnis ihres Glaubens aufrufen oder sollen wir an die christlichen Reminiszenzen des Kirchenvolkes appellieren; soll die Sorge um die Klarheit der Entscheidungen oder die Sorge um die möglichst große Zahl unser Handeln bestimmen; sollen wir geistlich oder taktisch handeln?

Es ist unehrlich, die Gemeinde und den Staat über unsere Stellung zur geplanten »Generalsynode« im unklaren zu lassen. Der »Aktionsausschuß« will sich ausdrücklich die Entscheidung, ob und in welcher Form wir uns an der Synode beteiligen können, für später vorbehalten. Man erwägt die Möglichkeiten, wenigstens zu »Liquidationsverhandlungen« zusammenzutreten. Im Land wird das Bild gebraucht: zur Ehescheidung müssen die Partner auch vor Gericht zusammentreten, wobei dann offen bleibt, ob die geplante Synode dem »Sühneversuch« entspricht, der die Partner noch einmal zusammenbringen will und der bekanntlich oft gelingt. Der Eifer, mit dem man die Entscheidung vertagen will, ist verdächtig. Wir möchten mit der Synode nicht eine Neuauflage des Reichskirchenausschusses erleben: Man ertrug ihn mit der Begründung, er sei ja keine Kirchenleitung und habe nur »Aufräumungsarbeit« zu leisten, man müsse juristische und geistliche Leitung unterscheiden, wobei man dann von Fall zu Fall auch wieder feststellte, daß sich beides nicht trennen lasse, usw. usw. Dieses Schaukelspiel läßt sich mit der Synode wiederholen: Wir möchten wissen, ob man hingeht oder nicht, und statt darauf zu antworten, sagt man, die Synode werde ja keine eigentliche Synode sein. Es geht jetzt nicht mehr an, den geforderten Entscheidungen durch Interpretationskünste auszuweichen. Außerdem ist nicht einzusehen, was Kirche und Nicht-Kirche miteinander zu verhandeln hätten. Das Bild von der Ehescheidung ist sehr gefährlich, weil es Kirche und Nicht-Kirche als Partner ansieht, die etwas unter sich zu teilen haben. Es kann sich keinesfalls um eine Aufteilung des volkskirchlichen Erbes handeln, nicht einmal vermögensrechtlich. Sonst geben wir ja den Anspruch der Kirche auf und machen uns selbst zur Gruppe. Wir sind auf der ganzen Linie Rechtsnachfolgerin der Landeskirche, falls diese in der jetzigen Form zu bestehen aufhören sollte, und haben lediglich mit dem Staat darüber zu verhandeln, ob er diesen Anspruch anerkennt oder nicht. Sollte er es nicht tun, so kann das an unserem Anspruch nichts ändern, nur [...][63] Kirche und Nicht-Kirche willigen: den Wahrheitsanspruch der Kirche hat es dann so oder so aufgegeben.

Leider hat das »Wort zur Lage« des Herrn Landesbischof vom 22. 2. 1937 weithin die Neigung zu einer »schiedlich-friedlichen« Lösung, bei welcher der Wahrheitsanspruch der Kirche preisgegeben würde, befördert. Es wird von zwei »weit auseinandergehenden religiösen Gemeinschaften« geredet, die, wie am Beispiel der Katholischen Kirche gezeigt wird, »im Frieden« leben könnten, sobald sie nicht mehr in demselben Raum beieinander sein müßten. Das erinnert an den Vertrag, den im Jahre 1929 die Württ. Landeskirche mit der Evang. Gemeinschaft auf dem Boden der Gleichberechtigung abgeschlossen hat[64], wodurch sich unsere Kirche selbst als Sekte betrachtete. Vielleicht würde man heute nicht mehr soweit gehen wie damals, wo man sogar Doppelmitgliedschaft zwischen Kirche und Nicht-Kirche erlaubte, weil wir inzwischen besser gelernt haben, was Kirche ist, aber grundsätzlich liegt die Parole »schiedlich-friedlich« in derselben Linie. Freilich haben wir auch ein Interesse daran, daß »die religiösen Auseinandersetzungen nicht mehr einen für den Staat und die Volksgemeinschaft bedrohlichen Charakter haben«. Aber ist es erlaubt, dem Staat diese Lösung unter diesem Gesichtspunkt zu empfehlen? Entweder glauben wir selbst daran. Dann bedeutet das, daß wir bereit sind, uns nachher mit der Rolle der Sekte abzufinden, die innerhalb des ihr zugewiesenen Raumes unbehelligt bleibt, dafür aber auch sich mit dem Vorhandensein der nichtchristlichen Welt vor ihren Toren sowie anderer »Religiöser Gemeinschaften« – so muß man dann freilich sagen – abgefunden hat, ohne einen Ausfall zu wagen. Es ist durchaus denkbar,

63 Die Vorlage hat hier einen Textverlust von ca. 2. Zeilen.
64 Bekanntmachung des Evang. Oberkirchenrats über die neueren Religionsgesellschaften des öffentlichen Rechts, insbesondere die Bischöfliche Methodistenkirche und die Evang. Gemeinschaft vom 10. 12. 1928; Verordnung des Kultministeriums über die neueren Religionsgesellschaften des öffentlichen Rechts vom 14. 7. 1928; Verordnung des Justizministeriums über die Verrichtungen der Standesbeamten beim Austritt aus einer Religionsgesellschaft des öffentlichen Rechts vom 9. 8. 1928; Verordnung des Evang. Oberkirchenrats über das Inkrafttreten einer Vereinbarung mit dem Landesverband der Evang. Gemeinschaft in Württemberg vom 20. 12. 1928; Abl. Bd. 23, S. 355–365.

daß der Staat dieser Lösung als der für ihn günstigsten zustimmen würde. Das wäre in der Tat ein Friedensschluß, und wir wären in derselben Lage wie heute die Sekten, die doch nicht nur deshalb unbehelligt bleiben, weil der Staat ihnen gegenüber keine finanziellen Verpflichtungen hat – das wäre sehr oberflächlich betrachtet –, sondern weil sie keinen Öffentlichkeitsanspruch erheben. Es ist erstaunlich, wie schnell die »Volkskirchler« von gestern heute diesen Weg in die Sekte zu gehen bereit sind, nachdem mit dem Wegfall des staatlichen Schutzes der Volkskirche zu rechnen ist. Das zeigt deutlich genug, welche Interessen hinter dem Kampf um die Erhaltung der »Volkskirche« standen: Es ging um die Erhaltung eines möglichst großen und vom Staat garantierten Raumes für die Kirche im Volk, aber nicht um die Aufrechterhaltung des totalen Anspruches der christlichen Verkündigung auf die ganze Welt und damit auch auf das ganze Volk, denn dieser Anspruch gilt unabhängig davon, wieviel Raum die Kirche hat und in welcher Form sie ihr Verhältnis zum Staat regelt. Halten wir diesen Anspruch fest, wollen wir also Kirche bleiben, dann können wir nicht an die Friedlichkeit dieser Lösung glauben. Wir betrügen aber den Staat, wenn wir ihm das nicht von vorneherein sagen. Wir können dem Staat keine »friedliche« Lösung anbieten, denn diese könnte allein darin bestehen, daß unser Volk zu Christus käme, was zu erreichen weder in der Hand des Staates noch der Kirche liegt. Wir müssen ehrlicherweise sagen, daß wir nicht aufhören können, den totalen Anspruch Christi auf unser ganzes Volk zu seinem einzigen Heil, ihm zu verkündigen, von welchem »Winkel« aus wir das auch werden tun müssen. Das muß ehrlich gesagt und von beiden Seiten mit all seinen Folgen ehrlich getragen werden.

Die angekündigten »Richtlinien« sind allen Pfarrern in Form einer sinngemäßen Zusammenstellung von Lutherworten zugegangen. Auf demselben Wege wird ein Gemeindevortrag über »Die Bedeutung der Kirchenwahl« folgen. Das beste Material, das nicht dringend genug empfohlen werden kann, ist der Vortrag »Kirche oder Sekte«, der vor allem den Amtsbrüdern bekannt gemacht und interpretiert werden muß.

Hermann Diem.

Der Ausschuß der Sozietät faßte am 22. 3. 1937 folgende Entschließung[65]*:*
Es besteht die dringende Gefahr, daß die für die Wahl ausgegebene Losung »Kirche Jesu Christi oder Nicht-Kirche« in den Reihen der

---

65 LKA Stuttgart, D 1, Bd. 112.

Bekennenden Kirche selbst nicht ernst genommen wird. Man behält sich sowohl für die Wahl selbst als auch für unser Verhalten nach der Wahl Möglichkeiten vor, die ausgeschlossen bleiben müßten, wenn es sich wirklich um die Entscheidung zwischen Kirche und Nicht-Kirche handelt.

1. Warum haben wir uns heute zwischen Kirche und Nicht-Kirche zu entscheiden? Wir sind nicht etwa gefragt, ob wir mit irgendeiner kirchlichen Denomination in Nordamerika oder Australien in Kirchengemeinschaft treten wollen. Wir haben deshalb auch nicht die für uns akademische Frage zu entscheiden, ob wir eine dieser Denominationen als Kirche anerkennen können oder nicht. Wir haben auch nicht etwa Erörterungen darüber anzustellen, ob die in der Schweiz im vorigen Jahrhundert gefundene Lösung eines »Kirchenbundes« als Dachorganisation für verschiedene Gruppen kirchlich tragbar und für uns vorbildlich ist. Wir müssen es vielmehr ablehnen, durch die Erörterung dieser und ähnlicher Fragen die von uns heute konkret geforderte Entscheidung durchkreuzen und verdunkeln zu lassen, wie das bereits weithin geschieht. Die Frage nach der Kirchengemeinschaft ist immer durch eine bestimmte Situation gestellt. Sie kann deshalb weder abstrakt, das heißt nur aus einer Lehre von der Kirche heraus, noch durch die vergleichende Konfessionskunde gültig entschieden werden, sondern jeweils nur durch bekennendes Handeln im konkreten Fall, durch welches die Kirche dem ihr tatsächlich Begegnenden die Kirchengemeinschaft gewährt oder versagt und damit feststellt, wo die Grenzen der Kirche heute liegen. Wir erinnern uns dabei an die Situation des 1. Johannesbriefes. Dort ist die Gemeinde durch eine unter dem Einfluß von Zeitströmungen aufgebrochene Irrlehre über Christus genötigt worden zu bekennen, »daß Jesus Christus ist in das Fleisch gekommen« ([1. Joh.] 4,2). An diesem Bekenntnis mußten sich die Geister scheiden. Wer es ablehnte, hatte sich von Christus und seiner Kirche getrennt ([1. Joh.] 2,19) und damit gezeigt, daß er »nicht von Gott« ([1. Joh.] 4,3) gewesen ist.

Zu einer solchen Entscheidung sind wir heute gefordert. Wir stehen nicht mehr im Jahre 1933, sondern haben 4 Jahre Kampf um die Kirche hinter uns und müssen zu dem stehen, was wir in dieser Zeit bekannt und in unserem Predigtamt verkündet haben. Die Frage, wer zur Kirche gehört, ist die Frage, wer zu Christus steht und sich zu ihm bekennt. Was das Bekenntnis zu Christus angesichts der heute drohenden Formen des Unglaubens bedeutet, hat die Kirche in Auslegung der Heiligen Schrift und der reformatorischen Bekenntnisse in den von ihr geforderten und gefällten Entscheidungen bekannt. Nun ist sie durch das Wahlausschreiben erneut vor die Frage gestellt, ob sie jene, welche diese Entscheidungen gar nicht oder aber gegen die Kirche gefällt haben, über Regiment und Ordnung der Kirche mitbestimmen lassen und ihnen ein Amt in der Kirche übertragen kann. Die Kirche kann dazu auch heute nichts Anderes sagen, als was sie bisher bekannt hat, solange sie nicht durch die Heilige Schrift eines Besseren belehrt wird. Damit wird niemand die kirchliche Gemeinschaft gekündigt, der sich zu den Entscheidungen der Kirche noch nicht bekennen kann, insbesondere nicht jenen Gemeindegliedern, die aus irgendwelchen Gründen zu jenen Entscheidungen nicht imstande sind. Zu einem Ausschluß aus der Kirchengemeinschaft wird aber dieses Bekenntnis der Kirche für diejenigen werden, welche Verkündigung, Amt und Ordnung der auf dieses Bekenntnis ausgerichteten Kirche bekämpfen, sei es, daß sie als Amtsträger in dieser Kirche ein anderes Evangelium verkündigen oder ein anderes Regiment durchsetzen wollen, sei es, daß sie als Gemeindeglieder in dieser Kirche keine »Heimat« mehr finden zu können meinen, weil sie das Predigtamt dieser Kirche und ihr Evangelium ablehnen und sich »nach ihren eigenen Lüsten selbst Lehrer aufladen, nach dem ihnen die Ohren jücken« (2. Tim. 4,3).

2. Was bedeutet das für die Wahl? Auf dem Boden des Wahlausschreibens vom 15. Februar kann die Wahl nicht zu einer Entscheidung zwischen Kirche und Nichtkirche werden: Die Kirche wird mit dem »Kirchenvolk« gleichgesetzt, das nach seinem Willen das Wesen der Kirche bestimmen soll. Daß die Ansetzung der Wahl und der Erlaß der Wahlordnung in der Hand einer außerkirchlichen Stelle liegt, welche sich nicht an die durch die Bekenntnissynoden in der Kirche gefallenen Entscheidungen gebunden weiß, bedeutet schon eine Vorentscheidung gegen unsere Entscheidung: Kirche Jesu Christi oder Nichtkirche. Wenn diese, uns allein gebotene und erlaubte Entscheidung uns aber unmöglich gemacht wird, können wir uns an der Wahl nicht beteiligen. Wenn trotzdem die Beteiligung an der Wahl von der Bekennenden Kirche nicht von vornherein abgelehnt wurde, so ließ man sich dabei von dem Bestreben leiten, dem Staat einen Weg zu zeigen, der uns – allerdings nicht auf dem Boden des Wahlausschreibens – eine Teilnahme ermöglichen würde. Wir müssen uns freilich darüber klar sein, wie hypothetisch alle unsere Erwägungen sind, da wir auf die Gestaltung der Wahlordnung keinen Einfluß haben und kaum zu erwarten ist, daß der Boden des Wahlausschreibens noch geändert werden wird. Mit all diesen Vorbehalten ist zu sagen: Die Entscheidung zwischen Kirche und Nichtkirche könnte bei der Wahl in doppelter Weise vollzogen werden: 1. Entweder fällt die Entscheidung schon

bei den Qualifikationsbestimmungen für das aktive und passive Wahlrecht, so daß nur die christliche Gemeinde wählt, oder 2. wählt nach dem Willen des Gesetzgebers das ganze »Kirchenvolk«, das dann aber nicht eine gemeinsame Vertretung für alle »Richtungen« und »Gruppen« wählen würde, sondern sich zwischen der Kirche und der Nichtkirche zu entscheiden hätte. Die Kirche könnte unter Umständen, falls in der dem Wähler vorgelegten Fragestellung die zu fällende Entscheidung wirklich zum Ausdruck käme, auch die zweite Möglichkeit der Wahl annehmen, da für sie auch in diesem Fall nur der Wille des Teiles des »Kirchenvolkes« maßgebend ist, der sich für die Kirche entschieden hat. Es dürfte dann aber schon vor der Wahl sowohl bei der Gemeinde als bei dem Staat kein Zweifel darüber bestehen, daß es für uns um die Entscheidung Kirche oder Nichtkirche geht und daß wir deshalb mit den Vertretern der Nichtkirche nachher nicht zu einer »Synode« oder irgend einem anderen Gremium zusammentreten werden, das über Angelegenheiten der Kirche zu verhandeln und zu beschließen hat. Eine Wahl kann für die Kirche nur den Sinn haben, daß bei ihr die kirchliche Gemeinde, welche bewußt Kirche sein und ebenso bewußt die Nichtkirche aus der Kirche fernhalten will, sich eine Ordnung gibt, welche der Verkündigung des reinen Evangeliums dient, und Männer ins Regiment der Kirche wählt, welchen sie den Auftrag geben kann, über diese Ordnung zu wachen.

Zusammenfassend ist also zu sagen:

3. Was bedeutet das für die Auseinandersetzung mit der Nichtkirche? Da die Kirche von der Wahl nicht mehr die Möglichkeit zu einem Zusammengehen mit der Nichtkirche erwarten kann, wird gefragt, ob und in welchem Sinn etwa eine unter Umständen auch ohne und gegen uns durchgeführte Wahl die Grundlage für die Auseinandersetzung der beiderseitigen Ansprüche liefern könnte. Im Bestreben, eine möglichst friedliche Lösung zu finden, wird auch in der Bekennenden Kirche gefragt, ob es möglich wäre, der Nichtkirche einen Teil der kirchlichen Einrichtungen abzutreten, wobei man allerdings erwartet, daß diese auf Grund des Wahlergebnisses nur einen verhältnismäßig geringen Teil beanspruchen könnte, und zum Zweck dieser Auseinandersetzung mit den Vertretern der Nichtkirche sogar zur »Synode« zu gehen, oder wie man diese Versammlung dann auch bezeichnen würde. Nun bestünde ja immerhin die Möglichkeit, daß bei entsprechender Fragestellung und Wahlhandhabung wir selbst ohne unsere Beteiligung aus unseren Kirchen hinausgewählt würden und nichts mehr »abzutreten« hätten, sondern uns selbst »abfinden« lassen müßten. Wollte man freilich die Bereitwilligkeit zu

einer solchen »schiedlich-friedlichen« Lösung der Frage des Kirchengutes von unserer Stellungnahme zur Wahl abhängig machen, so müßten wir fragen, wie man solche Willigkeit vor der Kirche zu verantworten gedenkt. Das Kirchengut gehört nicht uns, sondern der Kirche, und ist von uns allein unter dem Gesichtspunkt zu verwalten und zu gebrauchen, wie es am besten der Ausrichtung des Auftrages der Kirche dient. Die Nichtkirche hat auf dieses Kirchengut keinen Anspruch, weil sie es nicht zum Dienste des Christus gebraucht, was doch allein auch rechtlich sein stiftungsmäßiger Zweck sein kann. Wenn wir in eine solche Teilung willigten, würden wir grundsätzlich den Anspruch des nichtkirchlichen Teiles des Kirchenvolkes als zu Recht bestehend anerkennen. Wir würden damit also die Scheidung zwischen Kirche und Nichtkirche rückgängig machen. Wenn wir in der Frage des Kirchengutes uns verpflichtet fühlten, aus irgendwelchen Billigkeitsgründen den Ansprüchen der Nichtkirche nachzugeben, dann wäre nicht einzusehen, wie wir ihren Anspruch an die Kirche in geistlichen Dingen noch bestreiten können. Es kann sich überhaupt nicht um eine Auseinandersetzung mit der Nichtkirche handeln. Wir haben mit dem, der sich von Christus und seiner Kirche trennt, in allen Fragen, welche die Kirche angehen, und dazu gehört auch die Frage, wie das Kirchengut im Dienst der Kirche zu gebrauchen ist, nichts zu verhandeln. Sonst geben wir ja den Anspruch der Kirche auf und machen uns selbst zur Sekte. Wir sind auf der ganzen Linie Rechtsnachfolgerin der Landeskirche, falls diese in ihrer jetzigen Form zu bestehen aufhören sollte, und haben lediglich mit dem Staat, soweit er über das Kirchengut verfügen kann – aber nicht mit der Nichtkirche – darüber zu verhandeln, ob er diesen Anspruch anerkennt oder nicht. Sollte er das nicht tun, so kann das an unserem Anspruch nichts ändern.

I. A. Hermann Diem.

Die Entschließung *vom 22. März teilte der Vorsitzende der Sozietät, Pfarrer Diem, am 23.3.1937 dem Landesbischof mit*[66]*:*

Sehr verehrter Herr Landesbischof!

In der Beilage erlaube ich mir, Ihnen eine Entschließung zu schicken, die unser Ausschuß gestern gefaßt hat und die auch dem Vorsitzenden des Wahlausschusses zugegangen ist. Wir haben darin noch einmal zu klären versucht, was die Losung »Kirche oder Nichtkirche« bedeuten muß, wenn

---

66 LKA Stuttgart, D 1, Bd. 112.

sie ernst genommen wird. Sie werden sehen, daß wir darin auch zu den Fragen Stellung genommen haben, die Sie in Göppingen aufgeworfen haben. Welche Sorgen in unserem Kreise vorhanden sind, habe ich Ihnen ja schon gesagt. Sie sind auch gestern wieder sehr stark zum Ausdruck gekommen. Wir möchten alles vermeiden, was die Gemeinsamkeit des Handelns erschweren könnte, geraten dabei aber immer wieder in Gefahr, Dinge gutheißen zu müssen, die aus einer mangelnden Besinnung auf das Wesen der Kirche kommen und Zweckmäßigkeitsgründe über das christlich Gebotene stellen. Und wir fürchten, daß das auch im entscheidenden Augenblick so sein wird, wenn es sich darum handelt, die Wahlordnung anzunehmen oder abzulehnen. Darum haben wir in dieser Entschließung noch einmal gesagt, wofür wir die Verantwortung mittragen können und was wir ablehnen müssen. Wir dürfen Ihnen diese Sorgen und Bedenken vortragen, weil wir annehmen zu dürfen glauben, daß sie weithin auch die Ihrigen sind.

Mit ergebenem Gruß Ihr Hermann Diem.

Über die Wahlen zur Generalsynode schrieben die Pfarrer D. Paulus, Kilchberg, und Kull, Tübingen, am 6.3.1937 an den Landesbischof[67]:

Hochverehrter Herr Landesbischof!

Die unterzeichneten Pfarrer fühlen sich durch Gewissen und Amtsgelübde verpflichtet, dem Herrn Landesbischof über ihre innere Stellung in Sachen Bekenntniskirche und Deutschkirche und die damit verbundenen Anliegen ehrerbietigst und vertrauensvoll vorzutragen in der durch die Lage gebotenen Kürze.

Bei aller Notwendigkeit klarer kurzer Losungen und eindeutiger Abgrenzungen liegt es uns schwer auf der Seele, daß, so viel wir sehen können, in den Kundgebungen unsrer Landeskirche, auf deren Boden wir stehen, 1. die Deutschkirche als Nichtkirche oder als »neue, völkisch religiös bestimmte Religionsgemeinschaft« bezeichnet wird und damit ein Zusammentritt in einer Generalsynode als Ergebnis der Wahl von vornherein abgelehnt erscheint, ohne mildernde, ein Gespräch mit dort offen-

---

67 LKA Stuttgart D 1, Bd. 70; das Schreiben der beiden Pfarrer wurde von Dekan Stockmayer, Tübingen, am 8.3.1937 dem Landesbischof mit einem Beischreiben übersandt; dieses schließt: »Ich wäre, ohne daß ich den Inhalt des Schreibens in vollem Umfang mir zu eigen mache, auch meinerseits dankbar, wenn die unter Punkt 1 und 2 vorgebrachten Anliegen eine Berücksichtigung finden könnten, die mit Wesen und Auftrag der Kirche vereinbar und nach Lage der Dinge möglich ist.«

lassende Näherbestimmungen; 2. bei der Bezeichnung der christlichen Offenbarung als in der ganzen Heiligen Schrift gegeben (mit berechtigtem und notwendigem Einschluß des Alten Testaments) das Mißverständnis nicht vermieden erscheint, als könne trotz der neueren Bibelforschung die H. Schrift ohne Einschränkung oder Näherbestimmung als göttliches Offenbarungswort bezeichnet werden.

Wir glauben im Sinn des Evangeliums und der Grundhaltung Luthers in seinen folgerichtigsten Äußerungen in der H. Schrift Gottes Wort an uns nur erblicken zu dürfen, sofern und soweit sie »Christum treibt«, eingeschlossen die Auslegung des göttlichen Handelns in Natur und Geschichte in der Richtung auf die Christusoffenbarung hin (vgl. die Herausarbeitung einer »offenbarungsgeschichtlichen Linie« in der Bibel bei Georg Wehrung, »Geschichte und Glaube«. 1933, S. 190 ff.). Wir glauben ferner auf Grund mannigfacher Wahrnehmungen, daß trotz bedauerlicher Entgleisungen und trotz größter Gefahr des Abgleitens in eine vorwiegend national bestimmte Religiosität in der Deutschkirche vielfach Christus in ehrlicher Absicht gesucht und verkündigt wird, ihn den völkisch bestimmten Menschen so zu bringen, wie sie ihn fassen können. Sollte nicht das Ringen um die Seelen Tausender von Volksgenossen, die aufrichtig Christen sein und bleiben wollen, irgendwie die Anerkennung fordern, daß auch dort Kirche, ob auch schwer gefährdete und irrende Kirche sei, mindestens sein könne, daß jedenfalls wir Menschen bei aller Entschiedenheit über unsern eigenen Weg über die Gewissen der andern nicht Richter sein können? War nicht auch zur Zeit der Gnosis die Abgrenzung zwischen Kirche und Nichtkirche im konkreten Einzelfall sehr schwierig, der Tatbestand außerordentlich abgestuft?

Wir sind überzeugt, daß mit uns viele auf dem Boden unsrer Landeskirche stehende Kirchenglieder nur unter den angedeuteten Voraussetzungen guten Gewissens in der Entscheidung und in der Mitarbeit an ihr stehen können. Im Blick auf unser aller Mitverantwortung für die Seelen der Brüder hüben und drüben möchten wir die herzliche und inständige Bitte an den Herrn Landesbischof richten, auch dieser inneren Einstellung in der Zurüstung zur Wahl Rechnung tragen zu wollen. Wir fürchten, daß wertvolle Glieder unsrer Kirche, die aufzugeben wir kein Recht haben, sonst in das andere Lager getrieben werden, wenn sie die Sache der Evangelischen Kirche in einseitiger Weise vertreten sehen.

Pfarrer D. Paulus, Kilchberg; Stadtpfarrer Kull, Tübingen.

Pfarrer Lachenmann, Stuttgart, schrieb Anfang März 1937 einen Rundbrief an seine Gemeindeglieder[68]*:*

Liebe Gemeindeglieder!

Diesmal habt Ihr länger als sonst auf einen Gemeindebrief warten müssen. Die Gründe der Verspätung wird wohl jedermann verstehen: Bevor ich im Dezember dazu kam, den Gemeindebrief abzufassen, starb unser Herr Stadtpfarrer Schauffler und, da wir infolge des großen Mangels an Theologen zunächst keinen Ersatz bekamen und zudem zur selben Zeit der Konfirmanden-Unterricht begann und die Grippe-Epidemie einsetzte, konnte ich vorerst keine Zeit finden, den geplanten Brief zu schreiben.

Inzwischen sind in unserer evangelischen Kirche wichtige Ereignisse eingetreten, die uns vor ungeheure Entscheidungen stellen. Der Reichskirchen-Ausschuß hat seinen Rücktritt erklärt, da er mit dem ihm aufgetragenen Werk der Befriedung der Evang. Kirche nicht mehr vorwärts kommen konnte. Und nun ist durch den Erlaß des Führers und Reichskanzlers vom 15. Februar eine Kirchenwahl angekündigt worden. Wann und in welcher Form diese Wahl stattfinden wird, ist jetzt, da ich diesen Brief schreibe, noch nicht bekannt geworden. So kann ich auch auf die mancherlei Fragen, die neuerdings häufig an uns gerichtet werden, nur Folgendes vorläufig zur Antwort geben.

1. Es handelt sich um keine Kirchenwahl im früher üblichen Sinn. Das geht schon daraus hervor, daß die Wahl von staatlicher Seite angeordnet ist. Vielmehr liegt das Besondere dieser Wahl eben darin, daß der Staat die evang. Kirchenglieder zu einer wichtigen Entscheidung aufruft. Jedenfalls sind wir gefragt, und darum sollen wir Antwort geben.

2. Und zwar handelt es sich, wie aus den Ereignissen der letzten Jahre deutlich hervorgeht, um die Frage: Soll die evang. Kirche auch künftighin Kirche des Evangeliums von Jesus Christus bleiben, wie es uns in der heiligen Schrift bezeugt und in den reformatorischen Bekenntnissen neu ans Licht getreten ist, oder sollen wir eine »Nationalkirche« bekommen, in der dieses Evangelium nach dem Maßstab einer »nordischen Rassenseele« zurechtgelegt und gedeutet wird?

3. Für mich persönlich ist mein Weg durch meine Glaubensüberzeugung sowie durch meine Amtsverpflichtung und durch mein Ordinationsgelübde klar vorgeschrieben. Auch weitaus die meisten meiner würt-

---

68 LKA Stuttgart D 1, Bd. 70.

tembergischen Amtsbrüder sind sich darüber völlig klar, daß die Kirche auf ihrem Bekenntnis unverrückt bleiben muß, wenn sie nicht unglaubwürdig werden will. Aber nun sind auch unsere Gemeinden in aller Form aufgerufen, zu bekennen, wo sie stehen und zu stehen gedenken.

4. Diese Entscheidung ist heute viel leichter als im Herbst 1934. Damals konnten manche noch meinen, es gehe im »Kirchenstreit« nur um Personenfragen oder Machtfragen. Heute ist es auf beiden Seiten deutlich geworden, daß es wirklich um eine grundlegende Glaubensfrage geht.

5. Nach dem Erlaß des Führers und Reichskanzlers soll diese Entscheidung »in voller Freiheit nach eigener Bestimmung des Kirchenvolkes erfolgen«. An diese Zusage von höchster Stelle dürfen wir uns halten. Niemand darf also einen Druck oder Zwang ausüben!

6. Eine »Nationalkirche«, die alle Deutschen umfaßt, wird auf keinen Fall zustande kommen. Die Römisch-Katholische Kirche ist durch das Konkordat gesichert und verfügt über mancherlei Verbindungen mit den Ländern, mit denen unsere Regierung in Frieden und Freundschaft zusammenarbeitet wie Italien, Spanien (nationale Regierung), Österreich und Polen. Die Deutschgläubigen der verschiedensten Schattierungen von Graf Reventlow bis zum Hause Ludendorff würden sich bestimmt nicht in eine Zwangs-Einheitskirche einordnen lassen, zumal Gewissensfreiheit und Toleranz zu den Grundsätzen unseres Staates gehören. Die Errichtung einer Nationalkirche hätte also nur die Sprengung der evang. Kirche zur Folge. Diese Folge dürfte auch in politischer Hinsicht kein Gewinn sein.

7. Eine solche »Nationalkirche« könnte auch unseren zahlreichen auslandsdeutschen Glaubensgenossen, die vielfach in einem harten Kampf um Glauben und Volkstum stehen, nicht den Rückhalt bieten, den eine wirklich evangelische Kirche zu bieten vermag. Es ist undenkbar, daß zum Beispiel die deutsch-evangelischen Gemeinden Polens in ihrem Bestand staatlicherseits geduldet würden, wenn sie einer deutschen Nationalkirche angehören würden. Wie sollen sie sich aber ohne die Verbindung mit der deutschen Mutterkirche in ihrem Kampf halten können?

8. Außerdem würden wir durch eine solche Nationalkirche die Glaubensgemeinschaft mit den evangelisch-lutherischen Christen der skandinavischen Länder Schweden, Norwegen, Dänemark verlieren. Diese Christen sind mindestens so germanisch und nordisch wie wir und halten trotzdem unverrückt an ihrer Evang.-Luth. Kirche fest. Wir würden gewiß nicht in ihrer Achtung steigen, wenn wir im Mutterland der Reformation unseren Bekenntnisgrund verlassen würden.

9. Eine Kirche, die anfangen würde, durch Abstimmung darüber entscheiden zu lassen, was für ein Evangelium als göttliche Wahrheit verkündigt und geglaubt werden soll, hätte aufgehört, Kirche zu sein. Deshalb kann die bevorstehende Abstimmung nur dann für die Kirche ein Segen sein, wenn sich hiebei unsere evangelischen Gemeindeglieder möglichst geschlossen zu den Grundlagen unserer Evangelischen Kirche bekennen, damit unsere Kirche hinfort in Frieden und Freiheit ihren Dienst an unserem Volk ausrichten kann.

10. Wir können also ein gutes Gewissen darüber haben, daß wir auch als Deutsche unserer Pflicht nichts vergeben, wenn wir beim Bekenntnis der evangelischen Kirche bleiben wollen. Wenn Männer wie Luther, E. M. Arndt, Frhr. vom Stein, Adolf Stöcker, Bismarck, Hindenburg und andere gute Deutsche und gute Evangelische gewesen sind, dann bereiten wir gewiß unserem deutschen Namen keine Unehre und brauchen uns nicht als Judenknechte zu fühlen, wenn wir dem Glauben und der Kirche unserer Väter unentwegt die Treue halten.

Ich bitte die lieben Gemeindeglieder, diese Ausführungen einmal als mein persönliches Bekenntnis hinzunehmen und sich in den nächsten Wochen darüber zu besinnen, ob sie sich diesen Standpunkt nicht auch zu eigen machen und dann bei der Wahl zum Ausdruck bringen können. »Wachet, stehet im Glauben, seid männlich und seid stark.«[69]

Euer Stadtpfarrer Lachenmann.

Zur Vorbereitung der Wahlen wurden in den Kirchenbezirken Außerordentliche Kirchenbezirkstage abgehalten. Die Versammlung des Kirchenbezirks Ludwigsburg beschloß ein Wort an die Gemeinden[70]*:*

Der Herr Landesbischof hat zur Beratung über die bevorstehende Wahl einer neuen Generalsynode einen außerordentlichen Kirchenbezirkstag für alle Kirchenbezirke angeordnet. Wir haben diesen Kirchenbezirkstag am Sonntag, 7. März, nachmittags in der Stadtkirche zu Ludwigsburg gehalten. Neben den Abgeordneten der Kirchengemeinderäte waren dabei Vertreter und Vertreterinnen aller Evangelischen Arbeiten und Dienste in den Gemeinden zu einer Versammlung von über tausend Seelen vereinigt. Der Kirchenbezirkstag hat einstimmig beschlossen, die nachstehende Ansprache an die Gemeinden zu richten. Im Auftrag des Kirchenbezirkstags bringen wir sie allen Gemeindegliedern, denen ihre

---

69 1. Kor. 16,13.
70 LKA Stuttgart, D 1, Bd. 70.

Kirche am Herzen liegt, zur Kenntnis und bitten, sie zu beherzigen und weiter mitzuteilen.

Mit deutsch-evangelischem Gruße. Der Kirchenbezirksausschuß: Dekan Dr. Dörrfuß, Pfarrer Seeger, Bezirksnotar Wirth.

Ansprache des Kirchenbezirkstags vom 7.3.1937 an die Gemeinden

Der Führer hat am 16.[!]Februar einen Erlaß über die Einberufung einer verfassunggebenden Generalsynode der Deutschen Evang. Kirche herausgegeben. In »voller Freiheit und nach eigener Bestimmung des Kirchenvolks« soll die Kirche selbst sich eine neue Verfassung und damit eine neue Ordnung geben. Der Führer stellt damit ein Doppeltes fest:

1. Es handelt sich nicht um eine politische, sondern um eine kirchliche Wahl. Der Kirchenbezirkstag bittet die Gemeinden, unter Hinweis auf das klare Wort und den klaren Willen des Führers, alle Versuche abzulehnen, die politische Gesichtspunkte in diese Wahl hineintragen möchten. Die Treue zu Führer und Staat steht der Evang. Kirche vom Worte Gottes her fest. Sie steht auch hinter dem Schritt zur Wahlurne. Bei der Wahl selber aber geht es schlechterdings um nichts Politisches. Es geht rein darum, ob die Deutsche Evang. Kirche Kirche des Evangeliums bleiben soll oder nicht.

2. Die Wahl soll in voller Freiheit nach eigener Bestimmung des Kirchenvolks erfolgen. Der Kirchenbezirkstag bittet die Gemeinden, wieder unter Berufung auf dieses Führerwort, das kein Drehen und Deuteln erlaubt, jeden Versuch abzuweisen, der die Freiheit in der Vorbereitung und im Vollzug der Wahl einschränken möchte. Der Kirchenbezirkstag dankt dem Führer von Herzen, daß er diesen Weg verkündet hat, der einen lang gehegten Wunsch der Deutschen Evang. Kirche erfüllt und, wenn er nach dem Wort und Willen des Führers begangen wird, zu einer Bereinigung in der Deutschen Evang. Kirche führen kann.

Die Gemeinden aber weist der Kirchenbezirkstag darauf hin, daß die Deutsche Evang. Kirche durch die bevorstehende Wahl vor eine Entscheidung folgenschwerster Art gestellt wird:

1. Es wird sich entscheiden, ob die Deutsche Evang. Kirche die Kirche bleibt, in der das Evangelium von Jesus Christus, dem Versöhner und Erlöser, dem Mittler und Heiland, dem König und Herrn, die einzige Grundlage des Glaubens und Lebens ist, oder ob menschliche Gedanken und Grundsätze in ihr leitend werden sollen.

2. Es wird sich entscheiden, ob die Kirche des Evangeliums zeigen kann, daß sie noch viele Herzen hinter sich hat. Nur wenn sie das zeigen

kann, wird sie eine Kirche der Öffentlichkeit bleiben können, wird sie ein Schwergewicht in die Waagschale werfen können für die religiöse Unterweisung und Sammlung ihrer Jugend, für die Erhaltung ihrer Glaubens- und Liebeswerke, für die Geltung christlicher Grundsätze im Leben unseres Volkes, für die Vertretung evangelischen Glaubens und Wesens gegenüber den antichristlichen Mächten.

Es ist heilige Pflicht jedes evangelischen Christen, wenn es zur Wahl kommt, seine Stimme für die Kirche des Evangeliums abzugeben und andere heranzuführen. Wir bitten unsere Gemeindeglieder, dieser Pflicht zu gedenken. Gott aber lasse die bevorstehende Entscheidung zum Segen für unsere Evang. Kirche und für unser ganzes Volk werden.

Bis Anfang März waren noch keine Anweisungen für die Durchführung der am 15. Februar angeordneten Wahl erschienen; der Oberkirchenrat teilte deshalb am 5.3.1937 den Dekanatämtern mit[71]:

Bis zur Stunde ist eine Mitteilung darüber noch nicht möglich, nach welcher Ordnung die vom Führer und Reichskanzler angeordneten Wahlen zur Generalsynode zu vollziehen sind. Da nach Erscheinen der Wahlordnung unter Umständen nur kurze Zeit für die Wahlvorbereitung übrigbleibt, werden die Pfarrämter ersucht, schon jetzt, soweit möglich, die Wahl nach der technischen Seite vorzubereiten und insbesondere für die Anlage der Wählerliste die nötigen Vorbereitungen zu treffen. Im einzelnen ist auf Folgendes hinzuweisen:

1. Die Wählerliste von 1933 ist daraufhin durchzusehen, ob sie nach vorgenommener Berichtigung und Ergänzung für die Wahl zur Generalsynode verwendet werden kann.

2. Für die Anlage der Wählerliste sollte schon jetzt festgestellt werden: a) Welche in der früheren Wählerliste genannten Personen seit 23.7.1933[72] infolge Austritts aus der Kirche, Todes oder Wegzugs oder aus anderen Gründen das kirchliche Wahlrecht in der Gemeinde verloren haben; b) welche Personen seit dem genannten Zeitpunkt infolge Eintritts

---

71 Nr. A 2560; vgl. auch die Mitteilung des Evang. Gemeindedienstes vom 11.3.1937 an die Pfarrämter, in der Gemeindeversammlungen als Vorbereitung für die Wahl angeregt werden und dazu Material angeboten wird, und den Druck der Predigt des Landesbischofs vom 28.2.1937 (siehe S. 103 f.; LKA Stuttgart, D 1, Bd. 70); vgl. ferner den Bericht zur Lage in Nr. 2/1937 des »Mitteilungsblattes der Evang. Landeskirche in Württemberg« vom 18.3.1937 (LKA Stuttgart, D 1, Bd. 75).

72 Zeitpunkt der »Wahlen« für die Landessynode und Kirchengemeinderäte; vgl. Bd. 2, S. 294–345.

in die Kirche, Erreichung des wahlmündigen Alters, Zuzugs u. a. das kirchliche Wahlrecht in der Gemeinde erworben haben.

Dabei ist zunächst von den in § 16 KGO aufgestellten Voraussetzungen für die Ausübung des kirchlichen Wahlrechts und von dem bisherigen Wahlalter auszugehen, obwohl die näheren Bestimmungen hierüber noch nicht feststehen.

3. Soweit Vertrauensleute, Helfer und Helferinnen für den Gemeindedienst in der Gemeinde bestellt sind, legt es sich nahe, diese zur Feststellung der wahlberechtigten Gemeindeglieder ihres Bezirks heranzuziehen und möglichst rasch vorbereitende Listen der Wahlberechtigten durch sie herstellen zu lassen. Dabei werden die Vertrauensleute auch Gelegenheit haben, die Gemeindeglieder auf die Bedeutung der bevorstehenden Wahl für die Evang. Landeskirche hinzuweisen.

4. Da für größere Städte unter Umständen auch die Vorschrift einer Anmeldung zur Wählerliste für die Ausübung des Wahlrechts in Frage kommen kann, werden die 1. Stadtpfarrämter der Städte mit mehr als 10 000 Evangelischen ersucht, sich darüber zu äußern, inwieweit eine solche Vorschrift notwendig ist, um in wenigen Wochen die Anlage einer ordnungsmäßigen Wählerliste zu ermöglichen.

Abschrift vorstehenden Erlasses ist den Pfarrämtern alsbald mitzuteilen. I. V. Müller.

VORSCHRIFTEN DES STAATES UND DER PARTEI FÜR DIE VORBEREITUNG DER WAHL

Über die pressepolizeiliche Behandlung der kirchlichen Propaganda für die Kirchenwahl gab die Geheime Staatspolizei Stuttgart am 12.3.1937 den Landräten folgende Anweisung[73]*:*

Die kirchliche Propaganda für die bevorstehenden Kirchenwahlen hat in Württemberg bereits in großem Umfang eingesetzt. Die pressepolitische Behandlung der kirchlichen Presse hat vorläufig nach folgenden Richtlinien zu erfolgen:

---

73 LKA Stuttgart, D 1, Bd. 71 Ziffer 1, Inhalt, entspricht einer Anordnung des Leiters des Reichsverbandes der Evang. Presse vom 19.2.1937 (LKA Stuttgart, D 1, Bd. 70). Vgl. auch die Mitteilung des Verbandes der Deutschen evang. Sonntagspresse, Berlin, vom 27.2.1937, nach der »bei strenger Wahrung der von der Fachschaft ausgegebenen Hinweise... die grundsätzliche Stellungnahme zu Fragen der Wahl und die sachliche innerkirchliche Auseinandersetzung durchaus zugelassen« sei und daß »die Formen... auch christlichen Forderungen entsprechen müssen« (LKA Stuttgart, D 1, Bd. 70).

1. Inhalt

Nach den vom Reichsverband der Evang. Presse an seine Mitglieder herausgegebenen Richtlinien für die Ausgestaltung der Kirchenblätter wird bei Vermeidung des Ausschlusses aus dem Stand als standeswidrig bezeichnet: a) Den Entschluß des Führers zur Ansetzung der Urwahl in irgendeiner Form zu kritisieren; b) Partei und Staat durch Meldungen oder Kommentare irgendwelcher Art in den Wahlkampf hineinzuziehen; c) in irgend einer Form Wahlsabotage zu betreiben, z. B. durch Aufforderung zur Nichtbeteiligung an den Wahlen und dergleichen; d) über die Wahlordnung zu diskutieren. Diese Richtlinien gelten sinngemäß auch für Flugblätter. Bei Verstößen gegen diese Anordnung ersuche ich um polizeiliche Sicherstellung der in Frage kommenden Blätter und um beschleunigten Bericht unter Vorlage von 10 Exemplaren.

2. Verteilungsform

Soweit unter Beachtung der obigen Richtlinien inhaltlich nicht zu beanstandende Flugblätter ausschließlich in kirchlichen und gottesdienstlichen Räumen zur Verteilung kommen, ist von einer polizeilichen Maßnahme abzusehen. Werden Flugblätter aber außerhalb dieser Räume verteilt, so sind sie ohne Rücksicht auf ihren Inhalt polizeilich sicherzustellen. Die Zustellung der Flugblätter durch die Post oder Austräger an die Gesamtheit der Gemeindeglieder gilt als öffentliche Verbreitung und ist untersagt. In diesem Falle ist entsprechend zu verfahren.

In Zweifelsfällen ersuche ich um vorherige Anfrage bei der Geheimen Staatspolizei, Staatspolizeileitstelle Stuttgart. I. V. Dr. Harster.

Das Geheime Staatspolizeiamt Berlin verfügte am 22.3.1937 Richtlinien für kirchliche Wahlversammlungen, die von der Geheimen Staatspolizei Stuttgart am 23.4.1937 an die Landräte, Polizeidirektionen und Polizeiamtsvorstände, von dort den Bürgermeistern und Landjägerstationskommandos weitergegeben wurden[74]*:*

Bis zur Bekanntgabe des Termins der Wahl einer Evang. Generalsynode ist auf kirchenpolitischem Gebiet nach folgenden Richtlinien zu verfahren:

1. Wahlversammlungen dürfen nur in Kirchen und kircheneigenen Gebäuden stattfinden. Sollte jedoch eine kirchliche Gruppe allein im Besitz dieser Gebäude sein, ist diese durch geeignete Maßnahmen zu veranlassen, der Gegenseite ebenfalls ihre Räume zur Verfügung zu stellen

---

74 LKA Stuttgart, D 1, Bd. 70; Mitteilung an die Pfarrämter durch den Wahldienst der Württ. Landeskirche.

mit der Androhung, daß im Weigerungsfalle weltliche Räume freigegeben würden. Von einer tatsächlichen Überweisung derartiger Räume an die Oppositionsgruppe ist jedoch vorerst Abstand zu nehmen.

2. Die Anordnung von Schutzhaft, Ausweisungen, Redeverboten bedarf meiner vorherigen Zustimmung.

3. Vernehmungen von und Durchsuchungen bei Geistlichen sowie Abgabe von Vorgängen an die Staatsanwaltschaft können in eigener Zuständigkeit erfolgen.

4. Durch diese Anordnung werden die Vorführungen vor dem Richter oder vorläufige Festnahmen auf Grund des § 127 der Strafprozeßordnung nicht berührt. Mein FS-Erlaß vom 8. März ist hiermit aufgehoben. Dieser Erlaß ist den Kreis- und Ortspolizeibehörden bekanntzugeben.

Heydrich.

Ein Bürgermeisteramt hatte dem zuständigen Evang. Pfarramt den ersten Abschnitt dieses Erlasses der Geheimen Staatspolizei mitgeteilt mit der Bitte um Meldung, welche Räume für Wahlversammlungen zur Verfügung gestellt werden, um dadurch jedem Angehörigen der Evang. Landeskirche gleiches Recht zu gewährleisten.

Der Oberkirchenrat wies das Pfarramt auf dessen Anfrage am 3.5.1937 auf die Rechtslage bei der Verfügung über kirchliche Räume hin[75]*:*

Dem Evang. Oberkirchenrat ist eine Anordnung der Geheimen Staatspolizei betreffend Einräumung von Kirchen und kircheneigenen Gebäuden nicht bekannt. Über die Benützung kirchlicher Räume (Kirche, Gemeindesaal, u.a.) kann nach bestehendem Recht nur eine kirchliche Instanz entscheiden. Jeder Versuch einer außerkirchlichen Stelle, sich in die inneren Angelegenheiten der Kirche zu mischen, wäre aufs schärfste zurückzuweisen. Ebenso unterliegt es ausschließlich kirchlicher Beurteilung, welche »Gruppen« als »kirchliche« anzusprechen sind. Irgend ein Bedarf, kirchliche Räume zu anderen als nach der örtlichen Gottesdienstordnung vorgesehenen oder von zuständiger kirchlicher Stelle im einzelnen zu bestimmenden Zwecken zur Verfügung zu stellen, kann für NN nicht anerkannt werden. Es hat vielmehr in NN wie im ganzen Bereich der Württ. Landeskirche jeder Angehörige der Evang. Landeskirche das Recht, sich der kirchlichen Ordnung gemäß am evangelischen Gemeindeleben zu beteiligen. Dafür zu sorgen ist nicht Sache der Ortspolizeibehörde.

75 Nr. A 4673; der Erlaß des Oberkirchenrats wurde sämtlichen Dekanatämtern zur Mitteilung an die Pfarrämter übersandt.

Vorstehendes ist dem Kirchengemeinderat NN zu eröffnen. Im übrigen ist nach Erlaß vom 19.4.1937 Nr. A 3363 zu verfahren. Im vorliegenden Fall genügt die vom Pfarramt dem Bürgermeisteramt übersandte Abgabenachricht. I. V. Müller.

Die Reichspropagandaleitung der NSDAP ordnete am 3.5.1937 für die Gliederungen der Partei Zurückhaltung bei allen Wahlveranstaltungen an[76]*:*
Ich bitte Sie, ab sofort darauf zu achten, daß alles unterbleibt, was den Eindruck erwecken könnte, als ob die NSDAP, ihre Gliederungen und angeschlossenen Verbände Partei für irgendeine kirchliche Wahlgruppe im Rahmen des kirchlichen Wahlkampfes ergreift. Insbesondere ist die offizielle Teilnahme an kirchlichen Wahlversammlungen oder die Veranstaltung von Aufmärschen zugunsten der einen oder anderen Gruppe verboten.

Heil Hitler! Hugo Fischer, Stabsleiter.

Über eine Besprechung der Kirchenfrage, die in einer Versammlung der Partei am 27.4.1937 in Esslingen stattfand, wurde dem Oberkirchenrat berichtet[77]*:*
In dieser Versammlung sei ausgiebig zur Kirchenfrage Stellung genommen worden und unter ausdrücklichem Hinweis auf eine vom Führer neuerdings ergangene strikte Anordnung Folgendes gesagt worden:
»Die Parteigenossen werden hiemit verpflichtet zu größter Zurückhaltung in der gegenwärtigen Auseinandersetzung bzw. Vorbereitung für die Wahl zu einer Generalsynode. Es sei keinem Parteigenossen gestattet, ›im Namen der Partei‹ gegen irgend eine kirchliche Richtung Stellung zu nehmen. Auch nicht für die DC! Die kirchliche Stellungnahme sei Privatsache. Es sei auch durchaus unerwünscht, daß die Presse Pro oder Contra Stellung nehme. Als Grund sei unter anderem angegeben worden, es gelte die in der ausländischen Presse allgemein aufgestellte Behauptung zu widerlegen, daß die angeblich freie Kirchenwahl doch unter politischem Druck erfolge und daß die Partei die Wahlen mache. Diese Wahl müsse im Gegenteil die demokratischste aller Wahlen werden. Kirchenaustritt der Parteigenossen sei nicht erwünscht, es dürfe auch nicht dazu aufgefordert

---

76 LKA Stuttgart, D 1, Bd. 71; Rundschreiben Nr. 45/37 an die Ortsgruppen- und Ortspropagandaleiter; vgl. KAW 1937, S. 102.
Am 13.5.1937 verbot die Geheime Staatspolizei Stuttgart mit einer Verfügung an den OKR die Bekanntgabe ihrer Erlasse an die Pfarrämter durch den Wahldienst der Württ. Landeskirche (Nr. A 5179 vom 14.5.1937).
77 LKA Stuttgart, D 1, Bd. 71.

werden. Es gebe etliche Gegenden in Deutschland, wo es in besonderer Weise erwünscht sei, wenn die Parteigenossen noch Mitglieder der Kirche seien, da in diesen Gegenden die aus der Kirche ausgetretenen Parteigenossen nicht mehr angesehen seien und nichts mehr gelten.«

Der Zeuge ist mir bekannt; er ist voll vertrauenswürdig und hat in Esslingen eine angesehene Stellung. Pressel.

DER WAHLDIENST DER WÜRTT. LANDESKIRCHE

Zur Vorbereitung der kirchlichen Wahlen wurde im März 1937 ein Wahldienst geschaffen, der der Landesstelle des Evang. Gemeindedienstes angegliedert war und unter der Leitung von Prälat Schlatter, Ludwigsburg, stand.

Der Wahldienst der Württ. Landeskirche stellte zahlreiche Aufrufe und Informationsschriften zur Vorbereitung der kirchlichen Wahlen zur Verfügung, die zum Teil in hohen Auflagen verbreitet werden konnten. Im März 1937 wurden zwei Flugblätter hergestellt[78]:

Zur Kirchenwahl

Der Führer hat angeordnet, daß die evangelische Kirche in voller Freiheit durch eine Generalsynode ihre Angelegenheit ordne.

Um was geht es? Geht's darum, wieviele Sitze und Stimmen die Bekennende Kirche oder die Deutschen Christen haben sollen? Wie die kirchlichen Besitztümer, kirchlichen Rechte dahin – dorthin verteilt werden?

Es geht um viel mehr! Diese Wahl ist eine Entscheidung, bei der gefragt wird: Deutschland ein christliches Volk? Deutschland kein christliches Volk?

Wer wirbt um Dich?

Die Kirche Jesu Christi. Sie weiß sich verpflichtet vor Gott und ihrem Volk, mit allen Kräften dafür einzutreten, daß der auferstandene Herr das Schicksal des deutschen Volkes weiterhin begleitet, wie Er's segnend begleitet hat ein Jahrtausend.

Die Christuslosen. Sie reden wohl vom Glauben – aber sie glauben nicht an den, der gesagt hat: »Niemand kommt zum Vater denn durch

---

78 LKA Stuttgart, D 1, Bd. 74; nach der noch vorhandenen Rechnung der Druckerei Gottlieb Holoch, Stuttgart, vom 19.3.1937 wurden 320 000 Exemplare zum Preis von RM 894.– geliefert. Es konnte allerdings nicht festgestellt werden, ob diese Lieferung nur eine 1. Auflage betraf und ob weitere Auflagen folgten; diese Bemerkung gilt auch für alle folgenden Hinweise auf Rechnungen.

mich.«[79] Sie wollen, daß das deutsche Volk künftig ohne Christus seinen Weg geht. Sie wollen, daß das deutsche Volk nicht durch Christus erlöst, sondern daß das deutsche Volk von Christus erlöst, das heißt frei wird. Sie werden zusehends von Tag zu Tag mehr in den Christushaß hineingetrieben.

Die Volkskirchenbewegung der Deutschen Christen (»Nationalkirche«). Sie haben nicht den Mut und den Willen, Ja zu sagen zu dem, was der Kirche Jesu Christi aufgetragen ist. Sie haben nicht den Mut und den Willen, ein entschiedenes Nein zur Christusfeindschaft der zweiten Gruppe zu sagen. Sie entstellen willkürlich die Botschaft der Bibel und lösen sich von den reformatorischen Bekenntnissen. Sie sind der »Riß in der Mauer«, durch den die Christusfeindschaft wie der Sturm des wilden Heeres in die Kirche eindringen will, damit das Christuszeugnis in Deutschland verstumme.

Nun bist Du zur Entscheidung gefordert! Gib bei der Wahl eine deutliche, recht evangelische Antwort, daß unser Volk es höre!

Zur Verteilung in Männerkreisen war ein kurzer Ruf zur Entscheidung *bestimmt*[80]*:*

Liebe evangelische Glaubensgenossen!

»Die kommende Wahl legt auf uns alle eine ernste Verantwortung. Wir alle sind dazu aufgerufen, für die Sache unseres Herrn Jesu Christi uns mit einzusetzen. Wenn ich bei der bevorstehenden Wahl meine Stimme für die Bekennende Kirche abgebe, so geht es mir um folgende wichtige Anliegen:

Ich möchte dafür eintreten, daß in unserer Deutschen Evang. Kirche auch weiterhin das Evangelium von Jesus Christus unverfälscht und unverkürzt, frei von irgendwelcher feinen oder groben Beeinflussung in voller Freiheit verkündigt werden kann. Ich möchte dafür eintreten, daß unsre Kinder in vollem Umfang christlich erzogen werden, ohne daß ihnen die Heilige Schrift oder doch Teile derselben verächtlich gemacht werden. Nur dann, wenn die Kraftquellen der ganzen Heiligen Schrift und der volle Reichtum unserer evangelischen Kirchenlieder uns erhalten bleiben und wir uns freudig dazu in aller Öffentlichkeit bekennen können, werden wir den Dienst recht und freudig ausrichten können, den wir als christliche Gemeinde unserem Volk zu leisten haben.

---

79 Joh. 14,6.
80 LKA Stuttgart, D 1, Bd. 74; laut Rechnung vom 17.3.1937 wurden 2 000 Exemplare zum Preis von RM 18.– geliefert.

In meinem Leben im In- und Ausland habe ich erkannt, daß alle menschlichen Stützen und Hilfen in wirklichen Notzeiten restlos versagen. Nur Gottes Wort bleibt und stärkt uns im Leben und macht uns fähig zu sterben. Als Christ, als Deutscher, als Vater muß ich aus meinem Innersten heraus das sagen.«

So lautet das Wort eines Mannes aus unseren Männerkreisen zur Kirchenwahl! Wir bitten unsere Männer, in ähnlicher Weise für die Sache der Kirche zu sprechen!

Ebenfalls für Männerkreise war der ausführlichere Aufruf gedacht[81]*:*
An die Männerkreise in unseren evangelischen Gemeinden
Liebe evangelische Männer!

Durch die bevorstehende Wahl sind wir alle vor eine ernste und große Entscheidung gestellt. Wir wissen: Es geht bei dieser Wahl nicht um persönliche Meinungsverschiedenheiten oder gelehrte Streitereien. Es geht vielmehr um die letzte und entscheidende Frage: Für oder wider Christus.

Die Glieder unserer Evangelischen Kirche werden bei dieser Wahl gefragt: Wollt ihr euch zu Jesus Christus bekennen, dem Sohn Gottes, der für uns gekreuzigt und auferstanden ist, oder wollt ihr euch von ihm abwenden zu dem selbstgemachten Bild eines Helden von unserer menschlichen Art, der uns doch nichts helfen kann? Wollt ihr bei der Heiligen Schrift Alten und Neuen Testaments bleiben, die uns diesen Christus verkündigt, oder wollt ihr euch einem neuen Evangelium zuwenden, in dem nicht mehr Christus im Mittelpunkt steht, sondern die Botschaft von der Erlösung durch unser eigenes Blut und unsre eigene Kraft? Wollt ihr euch zu der Kirche halten, die ihre Predigt, ihr inneres und äußeres Leben allein aus dem Worte Gottes schöpft, oder entscheidet ihr euch für eine religiöse Vereinigung, die auf menschliche Meinungen, auf jenes neue Evangelium gegründet ist?

Das ist die Entscheidung, in die unsere Evangelische Kirche geführt ist. Es ist uns eine tiefe Not, daß diese Entscheidungsfrage in unserer Kirche überhaupt gestellt werden muß. So manche Glieder unsrer Gemeinden sind in der Gefahr, sich für immer von Christus und seiner Kirche zu scheiden. Wir sitzen über sie nicht zu Gericht. Vielmehr fragen wir uns selbst, ob wir an ihnen alles getan haben, um sie zu Christus zu führen,

---

81 LKA Stuttgart, D 1, Bd. 96; für die Abfassung des Aufrufs war die Abteilung Männerdienst des Evang. Gemeindedienstes verantwortlich.

oder ob wir ihnen aus Bequemlichkeit und Menschenfurcht diesen Dienst schuldig geblieben sind. Aus unsrer Not und Schuld aber sehen wir auf zu dem Herrn der Kirche, von dessen Vergebung wir alle täglich leben. Aus seiner Hand nehmen wir diese Stunde der Entscheidung und freuen uns, daß wir nun einmal in Gemeinschaft mit allen evangelischen Christen Deutschlands vor unsrem ganzen Volk uns zu Christus bekennen dürfen. In diesem Zeugnis sind wir verbunden mit den früheren Geschlechtern, mit allen Glaubenszeugen, die je in deutschen Landen das Evangelium verkündigt und für das Evangelium gelitten haben, mit unseren christlichen Vätern und Müttern, mit unseren Pfarrern und Lehrern, die uns durch ihr Zeugnis zu Christus geführt haben. Durch dieses Zeugnis tun wir den entscheidenden Dienst der Kirche an unserem Volke und richten auch über den kommenden Geschlechtern sichtbar das Zeichen auf, daß wir unserem ganzen Volke, unseren Kindern und Enkeln die lautere Verkündigung des Wortes Gottes erhalten möchten. In diesem Zeugnis stehen wir in der Gemeinschaft der ganzen Christenheit in aller Welt, die in diesen Tagen fürbittend hinter uns steht und auf ein klares, einmütiges Zeugnis der deutschen evangelischen Christenheit wartet.

Möchte uns diese entscheidende Stunde der Kirche nun auch zum ganzen Einsatz bereit finden! Sie ruft uns ins Gebet, daß wir fort und fort für die ganze Kirche, für unsre Gemeinden und alle ihre Glieder, auch für alle Unsicheren und Schwankenden die klare Erkenntnis, die Kraft zum Glauben und zum Zeugnis erbitten. Sie ruft uns in die Gemeinde, daß wir es in diesen Tagen vor allen Menschen deutlich sichtbar machen: Auch wir zählen uns zu der Schar derer, die den Namen Jesu Christi bekennen. Sie fordert von uns das Opfer von Kraft und Zeit, daß wir unermüdlich auch den einzelnen nachgehen und sie zur Entscheidung für Christus aufrufen. Sie fordert von uns die Bereitschaft, unserem Herrn auf dem Weg zum Kreuz nachzufolgen. Es wird uns nicht immer und nicht überall leicht werden, den Namen Jesu zu bekennen, und wir wissen nicht, ob nicht nach der Wahl der Weg der Kirche erst recht schwer und opfervoll werden wird. Aber wir werden einmal nicht gefragt werden, ob wir bequem und unangefochten durch diese Zeit hindurchgekommen sind, sondern ob wir es gewagt haben, aus der Front der Unbeteiligten herauszutreten und uns zu unserem Herrn und seiner Gemeinde zu bekennen. Darum wollen wir diesen Weg der Entscheidung im Aufblick zu unserem Herrn gehen in der getrosten Zuversicht, daß er uns täglich nahe ist und daß wir auf diesem Wege nichts verlieren, sondern durch seine Güte überreich beschenkt werden.

In diesem Sinn bitten wir unsre Männer, die folgenden Richtlinien für die Ausrichtung unseres Dienstes in der kommenden Zeit der Wahlvorbereitung zu beachten:

1. Wir stehen, bis die Entscheidung gefallen ist, in einer Zeit erhöhter Dienstverpflichtung.

2. Wir wissen uns verpflichtet, die kirchlichen Schulungsabende in unseren Gemeinden zu besuchen und auch andere, die zur Mitarbeit bereit sind, zur Beteiligung an diesen Schulungsabenden zu gewinnen. Wir werden nur dann zu unserem Dienst recht ausgerüstet sein, wenn wir uns selbst eingehend über die bei der Wahl zur Entscheidung stehenden Fragen unterrichten und unsre Erfahrungen bei der Wahlvorbereitung austauschen.

3. Wir bereiten die gottesdienstlichen Gemeindeversammlungen durch einen eingehenden Besuchsdienst vor und halten uns bereit, auch unsererseits bei diesen Versammlungen ein Wort zu der bevorstehenden Wahl zu sagen. Es muß in allen Versammlungen deutlich werden, daß wir selbst, die Glieder der Gemeinde, von Herzen und mit einem ganzen freudigen Einsatz die bevorstehende Entscheidung mittragen.

4. Wir machen überall in unserer Familie, in unserer Nachbarschaft, unter unsern Berufsgenossen auf die Bedeutung der bevorstehenden Wahl aufmerksam und halten uns auch für besondere persönliche Aufträge im Dienst der Gemeinde bereit. Gerade diesem Dienst von Mensch zu Mensch kommt unter den heutigen Verhältnissen für die Kirche die allergrößte Bedeutung zu. Wir haben in diesen Tagen die seltene Gelegenheit, gerade auch den Fernerstehenden die Botschaft auszurichten, der wir uns dankbar verpflichtet wissen und die auch sie zur Entscheidung ruft. Wir denken bei diesem Dienst insbesondere auch an die vielen, die durch irgend welche Bindungen, durch die Einflüsse ihrer Umgebung oder aus Ängstlichkeit in Gefahr sind, ihren Glauben zu verleugnen.

5. Wir wollen bei den Opfern in unseren Versammlungen auch daran denken, daß die Durchführung der Wahl von uns allen finanzielle Opfer erfordert. Es wird darauf geachtet werden, daß mit den Geldern sorgfältig und sparsam umgegangen wird. Eben darum sollten aber nun auch unsre Gemeindeglieder mit dazu beitragen, daß aus den für die Wahl notwendigen Ausgaben nicht bleibende Sorgen entstehen.

6. Wir vermeiden bei all unsrem Reden das politische Gebiet. Unser Kampf hat nichts zu tun mit der politischen Ordnung unseres Volkes, dem wir in Treue und Opferbereitschaft angehören. Er gilt vielmehr der Erhaltung der reinen Verkündigung des Evangeliums und der Abwehr jener

neuen Religion, die in unsrer Kirche nicht nur Daseinsrecht, sondern sogar die Herrschaft beansprucht.

7. In dem allem aber wollen wir nie vergessen, daß wir es nicht sind, welche die Kirche erhalten. Christus selbst führt seine Sache, auch in diesen Tagen. Das hilft uns zur Ruhe, auch wenn nun viel Arbeit auf uns wartet. Daraus schöpfen wir Freudigkeit zu jedem Dienst, auch wenn er uns zu Menschen führt, die unser Wort nicht annehmen.

Th. Dipper.

Vom Frauenwerk der Württ. Landeskirche wurde am 5.3.1937 ein Flugblatt zusammengestellt, das kostenfrei von dessen Geschäftsstelle bezogen werden konnte[82]*:*

Evangelische Frau und Mutter, du bist zur Entscheidung gerufen!

Der Aufruf des Führers zur Kirchenwahl stellt uns evangelische Frauen vor eine ernste Frage. Es geht darum, daß die Botschaft vom gekreuzigten und auferstandenen Christus unserem Volk erhalten bleibt. Diese Botschaft gibt auch unserem Frauenleben den höchsten Wert. Christus ruft uns in Sein Reich und in Seinen Dienst! Aus Gottes Wort Alten und Neuen Testaments dürfen wir uns täglich Kraft holen für die großen Aufgaben in Haus und Beruf, in Kirche und Volk.

Weil wir wissen, daß nur durch diese Kraftquelle unser Volk in Zukunft erhalten bleiben kann, muß es unser heißes Verlangen sein, daß unsere Kinder im Geiste Christi erzogen werden. Wir haben unsere Kinder zur Taufe gebracht. Das verpflichtet uns, sie beten zu lehren, ihnen die biblischen Geschichten zu erzählen und dafür einzutreten, daß ihnen in Kindergarten, Schule und Kirche das Evangelium lauter und rein verkündigt und die Lieder unseres Gesangbuchs als bleibender Besitz ins Leben mitgegeben werden. Wir leisten unserem Volk den besten Dienst, wenn

---

82 LKA Stuttgart, D 1, Bd. 70; den Pfarrämtern wurde vom Wahldienst der Württ. Landeskirche am 18.3.1937 ein Muster dieses Flugblattes übersandt; in diesem Beischreiben heißt es u.a.: »Es sind Zweifel aufgetaucht, ob eine Frau bei einer gottesdienstlichen Versammlung in der Kirche oder in sonst einem kirchlichen Raum als Sprecherin auftreten darf (1. Kor. 14,34 f.; 1. Tim. 2,14). Wir können nur dankbar sein, wenn wir Frauen als Rednerinnen in Frauenversammlungen gewinnen und wenn eine Frau in der Versammlung der Gemeinde ein schlichtes, tapferes Bekenntnis zum Herrn Christus ablegt.«

Vgl. auch die ausführliche »Ansprache an Frauen«, die ebenfalls vom Wahldienst herausgegeben wurde und die vor allem betonte: »Wir lassen uns das Alte Testament nicht nehmen!« (LKA Stuttgart, D 1, Bd. 74).

wir unsere Jugend im Geist des Evangeliums erziehen. Damit erziehen wir sie auch zu echter deutscher Treue und Opferbereitschaft für Volk und Vaterland!

Deshalb wollen wir uns für die Frohbotschaft von Jesus Christus bei der Kirchenwahl einsetzen!

> Es gilt ein frei Geständnis in dieser uns'rer Zeit,
> Ein offenes Bekenntnis bei allem Widerstreit;
> Trotz aller Feinde Toben, trotz allem Heidentum
> Zu preisen und zu loben das Evangelium.[83]
> Frauenwerk der Evang. Landeskirche in Württemberg.

Gegen Tendenzen der Deutschen Christen wandte sich folgender Aufruf[84]*:*

Sturmsignale! Evangelische Kirche – soll das dein Weg sein?

Tagungsergebnis der maßgebenden und einflußreichsten nationalkirchlichen Deutschen Christen im Rheinland 1936:

»1. Unter ›antiquierten‹ Glaubensformen, durch die die Entchristlichung bzw. Entkirchlichung unsres Volkes verschuldet sein soll, wird nicht etwa eine unzeitgemäße Verkündigung in Predigt, Unterricht und Seelsorge, also nicht etwas Methodisches verstanden, sondern das Judenbuch der Bibel und ihr Wunderglaube einschließlich des geschichtlichen Zeugnisses über Jesus Christus.

2. Hitlers Wort ist Gottes Gesetz und hat darum in seiner Entfaltung in Anordnungen und Verfügungen göttliche Autorität. Weil der Führer aber als einziger hundertprozentiger Nationalsozialist allein das Gesetz erfüllt, so werden alle anderen an diesem göttlichen Gesetz schuldig. Hier ist darum der Ansatzpunkt für die Bestimmung und Wirklichkeit der Sünde.

3. Die Entscheidung über die Echtheit nationalsozialistischer Gesinnung und Haltung fällt für jeden einzelnen an der Rassefrage. Der völkisch und politisch notwendige Kampf gegen das Judentum darf deshalb nicht haltmachen vor dem Alten Testament, sondern fordert dessen Ablehnung. Das Alte Testament ist in seiner gesamten Wesenheit schlecht, wobei sich der Begriff Altes Testament nicht auf den Kanon beschränkt, sondern auch ins Neue Testament hineingreift. Wer aber heute noch das Alte

---

83 Philipp Spitta, O komm, du Geist der Wahrheit, Strophe 4 (EKG 108).
84 LKA Stuttgart, D 1, Bd. 71; vgl. auch die Auseinandersetzungen mit Staat und Partei (S. 399 ff.) und die Auseinandersetzung in »Mitteilungen« des Wahldienstes mit den Angriffen deutsch-christlicher Publikationen gegen dieses Flugblatt »Sturmsignale« (LKA Stuttgart, D 1, Bd. 71).

Testament nicht ablehnt oder es gar noch anerkennt, der ist schon ›vom Juden aufgefressen‹.

4. In dem geschriebenen Wort steckt immer eine Dämonie. Der Teufel ist es, der auf geschriebene Blätter Wert legt und sie zur verpflichtenden Unterschrift hinreicht, während Gott seine Hand darreicht. Die Juden waren die ersten, die ihren Glauben aufgeschrieben haben. Jesus hat das nie getan. Es darf nie vergessen werden, daß das Testament nicht die Sache selbst ist.

5. Frau Mathilde Ludendorffs Kritik an der Bibel (›Das große Entsetzen‹) findet Zustimmung, Streichers Verurteilung des Alten Testaments wird als notwendig und berechtigt empfunden.

6. Aus praktischen Gründen können manche Artikel heute noch nicht in die (deutsch-christliche Zeitschrift) ›Kommende Kirche‹ aufgenommen werden...«

Das ist der Weg der Nationalkirche!

Evangelischer Glaubensgenosse! Die Verkündigung der Kirche deiner Väter soll auch die deiner Kinder sein und bleiben. Du hast eine große Verantwortung vor der Geschichte. Bekenne dich zur Kirche der Reformation!

Von der Kirchlich-theologischen Sozietät wurde eine grundsätzliche Äußerung zur Grundlage der Kirche erarbeitet und ebenfalls vom Wahldienst zur Verteilung angeboten[85]*:*

Um was geht es?

Bei der kommenden Kirchenwahl geht es um die Grundlage der Kirche: »Die unantastbare Grundlage der Deutschen Evangelischen Kirche ist das Evangelium von Jesus Christus, wie es uns in der Heiligen Schrift bezeugt und in den Bekenntnissen der Reformation neu ans Licht getreten ist.« So lautet der Artikel 1 der Verfassung der Deutschen Evang. Kirche vom 11.7.1933. Mit diesem Artikel steht und fällt die Evangelische Kirche: »Einen andern Grund kann niemand legen, denn der gelegt ist, welcher ist, Jesus Christus«.[86] Nun geschieht aber das Merkwürdige, daß alles, was sich heute Evangelische Kirche in Deutschland nennt, auf diesen Artikel sich beruft. Das war schon 1934 so und ist bis heute nicht viel anders geworden.

---

85 LKA Stuttgart, D 1, Bd. 71.
86 1. Kor. 3,11.

Gegen alle Verfälschung und gegen allen Mißverstand dieses Artikels hat nun die Bekennende Kirche Panier aufgeworfen. Dies geschah in Barmen auf der Bekenntnissynode im Jahre 1934. Dieses Panier wurde im Gehorsam gegen den Herrn der Kirche aufgeworfen. Es hat die Bekenner Christi gesammelt und hat seine scheidende Kraft gegenüber den die Kirche verwüstenden und sprengenden Irrtümern der »Deutschen Christen« bewiesen. Das Zeugnis von Barmen ist und bleibt das Panier der Bekennenden Kirche. Es ist das Bekenntnis zu der Alleinherrschaft Jesu Christi in der Kirche.

So lasset uns diese Fahne aufs neue entrollen und sie im Kampf der Kirche, der jetzt in sein entscheidendes Stadium eingetreten ist, vorantragen, damit an ihr sich die Scheidung der Geister und die Sammlung der bekennenden Gemeinde aufs neue vollziehe.

Die Sätze von Barmen lauten ...[87]

Anfang April 1937 erschien ein von Prälat D. Schoell verfaßter Text, der in erster Linie für die Gebildeten und kirchlichen Randsiedler *bestimmt war*[88]*:*

Mittun! Ein Wort an die Bedenklichen

Die Kirchenwahl steht vor der Tür. Es soll Ordnung werden in der Kirche. Wir wollen Einigkeit und Frieden. Freilich keinen Frieden um den Preis der Verleugnung dessen, was wahrhaft evangelisch ist, und keine Einigkeit auf Kosten des Gewissens und der Wahrheit. Wir wollen eine Kirche, die sich tapfer zu Jesus Christus ihrem Herrn bekennt und an den großen Überzeugungen der deutschen Reformation festhält. Jeder soll wählen, dem an der Evangelischen Kirche etwas liegt. Auch du sollst wählen.

Sag nicht, ich brauch die Kirche nicht, ich kann auch ohne sie fromm sein. Es ist ja gar nicht wahr, es wäre denn, du wärest der platteste Alltagsmensch. Auch du lebst, mehr als du weißt, vom christlichen Vätererbe und hast den Schaden, wenn dies verschleudert wird.

Sag nicht, ich will in die Kirchenhändel nicht hineingezogen werden. Mag sein, daß es theologische Auseinandersetzungen gibt, die dem schlichten Gemeindeglied kaum mehr verständlich sind. Jetzt aber geht es nicht um »Händel«, sondern um die Kirche selber. Da darf sich keiner um Stellungnahme und Verantwortung drücken.

---

87 Es folgen die 6 Sätze der Theologischen Erklärung von Barmen in vollem Wortlaut.
88 LKA Stuttgart, D 1, Bd. 71; die Zielgruppe des Aufrufs wird in einer Mitteilung des Wahldienstes vom 3.4.1937 genannt.

Sag nicht, ich kann nicht zu allem Ja sagen, was die Kirche lehrt und tut. Sie hängt mir zu sehr am Alten, begreift nicht die Zeichen der Zeit, ist mir zu eng. Das freilich kannst du nicht verlangen, daß die Kirche das Evangelium verflacht, bis es jedem mundgerecht ist. Ohne wesentliche Übereinstimmung im Glauben gibt es keine Glaubensgemeinschaft, keine Kirche. Aber ist es nicht gerade die Evangelische Kirche, die ihre Glieder nicht an den Buchstaben, sondern an Christus und sein Evangelium bindet, und die Mannigfaltigkeit in der Einheit anerkennt und pflegt? Die Volkskirche, wie wir sie haben und wollen, verträgt keinen engherzigen Geist.

Sag nicht, ich will nicht in Widerstreit kommen zu Volk und Staat. Als ob das irgend jemand von uns wollte. Kein Kenner der Vergangenheit kann der Evangelischen Kirche das Zeugnis versagen, daß sie nach Volksverbundenheit gestrebt und in ihrem Teil am allgemeinen und Staatswohl redlich mitgearbeitet hat. Das wird auch in Zukunft nicht anders sein.

Schließlich laß dir auch nicht einreden, die Kirche sei nach Herkunft und Geist »verjudet« oder sie predige statt eines Christentums der Tat nur »leeren Dogmenkram« oder sie sei nur ein Werk selbstsüchtiger »Pfaffen« und was dergleichen aufreizende Reden mehr sind. Man muß doch dem wirklichen Leben der Kirche schon arg entfremdet sein, um so etwas sagen oder glauben zu können! Also mittun und nicht so viel Bedenklichkeiten haben! Es geht um ganz entscheidende Fragen, an denen jeder Evangelische beteiligt ist.

Erste Frage: Wollen wir ein christliches Volk sein oder ein unchristliches? Ganz christlich sind wir freilich nie gewesen, so wenig wie irgendein anderes Volk. Aber doch haben christliche Denkweise, christlicher Glaube, christliche Grundsätze die Richtung gewiesen und sich auf allen Gebieten, bald mehr, bald weniger, ausgewirkt, im Einzel- und Familienleben, auch im staatlichen, wirtschaftlichen, wissenschaftlichen und künstlerischen Leben. Soll das jetzt anders werden? Soll das Christentum nur eine vorübergehende Episode im deutschen Volkstum gewesen sein? Es gibt Leute, die so denken und mit Bewußtsein auf eine Entchristlichung unsres Volkes hinarbeiten. Dagegen wehren wir uns. Was soll denn an die Stelle treten? Etwa ein sogenannter deutscher Glaube, von dem niemand weiß, wie er aussieht und welche Kraft er hat? Ist man sich klar, was für einen unermeßlichen Schaden an seelischer, religiöser und sittlicher Kraft eine solche Entchristlichung nach sich ziehen müßte? An Christus entscheidet sich das Schicksal der Völker. Man sieht ja, an welchen Abgrund die abendländische Welt gerade auch dadurch gekommen ist, daß sie so christusfern, so gottesfern geworden ist. Wir wollen das Band zwischen Christentum und Deutschtum nicht zerreißen lassen. Wir kämpfen darum, daß das evangelische Christentum nicht bloß bewahrt, sondern noch besser verstanden, angeeignet und beherzigt wird. Wer gleichen Sinnes ist, der tue mit!

Zweite Frage: Wollen wir den ganzen Christus oder nur einen halben? Einen halben Christus nennen wir es, wenn man am Evangelium alles wegstreicht, was angeblich zu der deutschen Art nicht paßt. Wir leugnen nicht, daß das Christentum von der jeweiligen Volksart eine besondere Prägung bekommt, und halten unser deutsches evangelisches Christentum hoch. Aber es muß das volle Christentum sein. Dazu gehört auch das, was dem natürlichen Sinn schwer eingeht: Sünde und Gnade, Versöhnung und Erlösung durch Christi Leben und Sterben, Demut vor Gott und tätige Nächstenliebe bis hin zu den Schwachen und Feinden. Wir glauben an die Offenbarung Gottes in Christus. Dann haben wir aber auch kein Recht, Gottes Wort zu halbieren und nach irgendwelchem außerchristlichem Maßstab auszumachen, was davon gelten und nicht gelten soll. Evangelische Christen können in vielem verschiedener Meinung sein, nur nicht im Bekenntnis zu Christus dem Herrn, als »Weg, Wahrheit und Leben«.[89] Wer gleicher Meinung ist, tue mit!

Dritte Frage: Wollen wir eine Kirche, die wirklich Kirche ist und die im Wesentlichen einheitlich ist? Zum Wesen der Kirche gehören Wort Gottes, Sakrament und Gemeinschaft. Darin ist die Kirche gebunden und kann sich von außen her keine Vorschriften machen lassen. Nur eine innerlich selbständige Kirche kann der Welt den Dienst leisten, um dessetwillen allein sie da ist. Nur eine solche kann »eine Gemeinde des lebendigen Gottes, ein Pfeiler und Grundfeste der Wahrheit« (1. Tim. 3, 15) und das allezeit wache Gewissen der Menschenwelt sein. Wie oft es die Kirche selber an unerschrockenem Zeugnis und brüderlicher Gemeinschaft hat fehlen lassen, wie ständig auch sie von der Gefahr der Verweltlichung bedroht ist, wissen wir. Darum wollen wir ja auch eine kirchliche Erneuerung, eine Selbstbesinnung der Kirche auf ihre eigentliche Aufgabe und auf bessere Ausrichtung ihres Dienstes. Wir ehren das Erbe der Vergangenheit und bauen an der Kirche der Zukunft.

Diese Kirche aber soll wesentlich einheitlich sein. Allerdings eine überkonfessionelle Einheit, eine Katholiken und Evangelische gleichermaßen umfassende deutsche »Nationalkirche«, wie sie die Deutschen Christen

---

89 Joh. 14,6.

der Thüringer Richtung wollen, lehnen wir, weil unmöglich, ab. Aber daß sich die Evangelischen unter sich zu einer wesentlich einheitlichen deutschen evangelischen Kirche zusammenschließen, das ist möglich und bitter nötig. Auch aus einem rechtlichen Grund. Nachdem die Länder aufgehoben sind, können auch die Landeskirchen nicht mehr in der alten Weise fortbestehen. Aber was wäre rechtliche Vereinheitlichung ohne innere Einheit! Wir müssen aus Zersplitterung und unchristlichem Widereinander heraus. Mit einer verlogenen Einheit wäre allerdings niemand gedient. Aber sollten evangelische Kirchenleute nicht wirklich so viel Gemeinsames in Glauben und Leben haben, daß sie in gegenseitigem Voneinanderlernen und Rücksichtnehmen einträchtig zusammenstehen könnten, wo es um das evangelische Christentum überhaupt und um den ganzen Bestand der Evangelischen Kirche geht? Wohl kann und darf man das Ringen der Geister nicht verbieten, aber wehe uns, wenn uns nicht einmal die gemeinsame Gefahr dazu bringt, einander die Hand zu gemeinsamem Um- und Aufbau einer einheitlichen Deutschen Evang. Kirche zu reichen. Hüten wir uns vor Eigenbrödelei und unchristlichem Richtgeist! Seien wir »fleißig, zu halten die Einigkeit im Geist durch das Band des Friedens«.[90] Wer ebenso denkt, helfe mit, daß ehrlich Friede werde!

Wir wollen eine allein an Christus und sein Evangelium nach reformatorischem Verständnis gebundene, in ihren inneren Angelegenheiten selbständige, von der verantwortlichen Mitarbeit aller evangelisch Gesinnten getragene, volksverbundene und zu ehrlichem Dienst am Staatswohl gemäß dem Evangelium bereite Deutsche Evangelische Kirche. Sag Ja und tu mit!

Wir bitten um freudiges Mittun.

Präsident Dr. Aichele
Landgerichtsdirektor Baur, Heilbronn
Architekt Behr
Küfermeister Degeler, Heidenheim
Rechtsanwalt Drescher
Professor D. Faut
Ministerialrat Dr. Fraas
Gutsbesitzer Dr. Franck, Oberlimpurg
Frau Elise Gminder, Reutlingen

Frau Helene Gminder, Reutlingen
Gustav Groß d. Ä., Reutlingen
Glasermeister Gutekunst, Reutlingen
Weingärtner Heinrich Haag, Heilbronn
Dr. med. Hähnle, Reutlingen
Oberregierungsrat Hagenmeyer
Kaufmann W. Hagenmeyer, Heilbronn
Oberlandesgerichtsrat Haid

Fürst zu Hohenlohe-Langenburg
Oberreallehrer a. D. Kiefner,
  Reutlingen
Frau Martha Krockenberger
Fabrikant Emil Lilienfein
Ephorus a. D. Dr. Mettler
Oberverwaltungsgerichtsrat Dr. Nebinger
Generalleutnant a. D.
  Niethammer, Calw
Staatsrat a. D. Rau
Weingärtner Riepert, Reutlingen
Fabrikant Fritz Roser
Oberverwaltungsgerichtsrat Rupp
Amtsgerichts-Direktor a. D.
Sandberger, Tübingen

Fabrikant Karl Schilling,
  Heilbronn
D. Schoell, Prälat a. D.
Metzgermeister Söhner, Heilbronn
Kontrolleur Stockebrand
Ingenieur Karl Wagner,
  Reutlingen
Schriftsetzer Walz, Reutlingen
Oberrechnungsrat Walz,
  Reutlingen
Hochschulprofessor
Dr. Weizsäcker
Professor Dr. Karl Weller
Fabrikant Gustav Werwag,
  Reutlingen

Wo der Ortsname fehlt, ist Stuttgart gemeint. Daß nicht auch noch aus anderen Gemeinden Namen genannt sind, hat zufällige Gründe. Es bleibt den Bezirken überlassen, je aus dem eigenen Bezirk noch Namen beizufügen.

Mitte Mai 1937 erschien in hoher Auflage ein Aufruf zur Entscheidung[91]*:*

Evangelischer Christ, entscheide Dich!

Entweder: Wir heiligen den Namen Gottes und halten mit Luther das 2. Gebot. »Das heißt Gottes Namen mißbrauchen, wenn man Gott den Herrn, in welcherlei Weise es immer geschehen mag, zu Lüge oder Untugend nennt... Zu den Lügnern gehören auch die Lästermäuler, nicht nur die ganz groben, jedermann wohlbekannten, die ohne Scheu Gottes Namen schänden, sondern auch die, welche die Wahrheit und Gottes Wort öffentlich lästern.«

»Irret euch nicht! Gott läßt sich nicht spotten« (Gal. 6,7).

---

91 LKA Stuttgart, D 1, Bd. 71; zu den Zitaten aus Schriften von Schairer und Schneider siehe Bd. 4, S. 701–705. 721–749, und zu den Luther-Zitaten vor allem dessen Großen Katechismus. Laut Rechnung der Druckerei Holzinger und Co., Stuttgart, vom 5.4.1937 wurden 250 000 Exemplare zum Preis von RM 1 660.– hergestellt; 80 000 Exemplare wurden von der Geheimen Staatspolizei bei der Druckerei beschlagnahmt.
Vgl. auch den allgemeinen Aufruf unter dem Motto des Bibelwortes »Unser Glaube ist der Sieg, der die Welt überwunden hat« (1. Joh. 5,4; LKA Stuttgart, D 1, Bd. 71).

Oder: Wir lästern Gott mit Stadtpfarrer Dr. Schairer: »Die Mißgeburt eines Gottes. Gott als Mordbrenner. Gott als Massenschlächter. Gott als Rauschvergifter. Gott als Frauenschänder... Ja, das ist der Gott der Juden, der Gott der Bolschewisten!... Im Untergrund aller alttestamentlichen Frömmigkeit, auch der prophetischen, steht ein aus dem jüdischen Urschleim entstandenes Gottungetüm satanischer Art, das als verheerende Macht aus der Erde zu seiner Selbstverherrlichung ein Leichenfeld schaffen will und nur dem Judenvolk gnädig ist« (Deutscher Sonntag, Jg. 4, Nr. 46–49, Artikel »Das Gottgespenst des Alten Bundes«).

[Entweder:] Wir bekennen den Christus der Bibel und glauben mit Luther, »daß allein der Glaube an Christum vollkömmlich vor Gott gerecht und selig mache«.

Christus spricht: »So alsdann jemand zu euch wird sagen: ›Siehe, hier ist Christus!‹ oder ›da!‹ so sollt ihr's nicht glauben. Denn es werden falsche Christi und falsche Propheten aufstehen« (Matth. 24, 23–24). – »Sehet zu, daß euch niemand beraube durch die Philosophie und lose Verführung nach der Menschen Lehre und nach der Welt Satzungen, und nicht nach Christo. Denn in ihm wohnt die ganze Fülle der Gottheit leibhaftig« (Kol. 2, 8–9).

[Oder:] Wir verfälschen den Christus der Bibel mit Stadtpfarrer Schneider: »Es dürfte außer Zweifel sein, daß Jesus im Gegensatz zu den Schriftgelehrten, die ihn ans Kreuz schlugen, die ›nordische Gottschau‹ verkörperte« (Völkische Reformation, S. 63). »Der Heiland steht in den deutschen Märchen tiefer, leuchtender und reiner da als in den jüdischen Büchern... das Deutsche Märchen ›treibt Christus‹ (Luther) vernehmlicher als irgendeine messianische Weissagung aus dem Alten Testament« (Neuland Gottes, S. 12). – mit Stadtpfarrer Dr. Schairer: »Weil seine (Jesu) Mutter wahrscheinlich Jüdin war, könnte man ihn höchstens einen Halbjuden nennen« (Deutscher Sonntag, Jg. 4, Nr. 15, Artikel »Frage und Bescheid«).

Entweder: Wir haben's mit Luther »auf den Mann, den Herrn Christum, Gottes Sohn, gewaget, der wird uns gewißlich nicht lassen. Unser Leib und Leben stehet auf ihm; wo er bleibt, da werden wir auch bleiben, sonst weiß ich nichts, darauf ich trotzen könnte.«

Christus spricht: »Ich bin der Weg und die Wahrheit und das Leben; niemand kommt zum Vater denn durch mich« (Joh. 14, 6).

Oder: Wir geben um den Preis einer Nationalkirche Christus und das Christentum dran mit dem führenden Thüringer Nationalkirchler Leutheuser: »Wer dies Gesetz (ihr Deutschen sollt ein Volk werden) vernommen, der würde lieber alle Frömmigkeit seiner Kindertage, Protestantismus und Katholizismus, ja Jesus selbst drangeben, könnte er damit die Zäune und Mauern zwischen den deutschen Herzen niederbrechen und mit seinem deutschen Bruder und mit seiner deutschen Schwester den einen Himmel finden« (Die deutsche Christusgemeinde, S. 20). − mit Stadtpfarrer Dr. Schairer: »Würde unser Herz uns eines Tages überzeugen, es sei richtiger, dem Christentum den Abschied zu geben, so würden wir uns wieder ohne Zögern dazu entschließen« (Deutscher Sonntag, Jg. 4, Nr. 23, Artikel »Denen, die mit Ernst Christen sein wollen«).

[Entweder:]Wir gründen uns auf die Schrift Alten und Neuen Testamentes und beten mit Luther: »Erhalt uns, Herr bei deinem Wort«[92] und wissen, daß »das mündliche Wort Gottes alle Schwärmer und Ketzer verachten, aber wir sollen uns davon nicht abführen lassen... Es ist dem Teufel nur darum zu tun, daß er uns das Schwert von der Seiten abgürte; aber die Heilige Schrift saget: ›Gürte dein Schwert an deine Seiten, du Held, zeuchs aus und schlage getrost um dich‹[92a]«. − »Wir finden in der Schrift keine Kirche bezeugt, die wider und über Gottes Wort sei, sondern allein die, so Christo untertan ist und unter Gottes Wort sich hält.« − »Man muß so sehr am Wort hängen, daß ich, wenn ich alle Engel sehen und etwas anderes als die Schrift reden hörte, ich nicht nur nicht vom Glauben auch nur an eine einzige Schriftstelle weggebracht werden dürfte, sondern auch Augen und Ohren verschließen und sie nicht einmal des Ansehens und Anhörens würdigen dürfte.«

Christus spricht: »Suchet in der Schrift; denn ihr meinet, ihr habt das ewige Leben darin; und sie ist's, die von mir zeugt« (Joh. 5, 39).

[Oder:]Wir geben der Heiligen Schrift Alten und Neuen Testaments den Abschied mit Reichsvikar Engelke: »Auf das Alte Testament müssen wir ohnehin verzichten, und auch Paulus und Johannes werden in den Hintergrund treten... Ich habe auf alles verzichtet, radikal alles; auf jede Theologie, auf jedes Bekenntnis, auf jede Kirche und Schule, auch auf die Bibel, und habe mich in gewaltigem Glauben vor Gott gestellt, er möge alles neu machen« (am 1. 2. 1937 in Jagstfeld). − mit Stadtpfarrer Dr. Schairer: »Man kann (und muß) auch eine Menge ablehnen, Kleines und Großes. Aber die Hauptsache ist: Der Geist des Alten Testaments ist tot, toter, am totesten! So gut oder noch mehr als der von Weimar. Und

[92] EKG 142.
[92a] Ps. 45,4.

das stellen wir nun als abschließend fest: Den alttestamentlichen Geist lehnen wir ab, laut und leise, im einzelnen und im ganzen mit Haut und Haaren« (Deutscher Sonntag, Jg. 4, Nr. 32, Artikel »Wir lehnen radikal den alttestamentlichen Geist ab«). – mit Stadtpfarrer Schneider: »Wir brauchen auch nicht ein Neues Testament, uns genügt das Evangelium... Wir können nicht mehr mit Pathos vor das Volk hintreten und die Bibel hochhalten und dann erklären: Das ist das Wort Gottes! Denn es mag sein, daß Gott durch das Leben häufig besser spricht als durch Buchstaben, welche Menschen zusammengefügt haben« (Neuland Gottes, S. 29. 45). – mit Pfarrer Häcker, Uhingen: »Heute wird dieser Blödsinn behauptet, das Alte Testament sei die Heilige Schrift. Wenn wir vor 500 Jahren einen Menschen gehabt hätten, der uns über das Alte Testament aufgeklärt hätte, so wäre dem deutschen Volk viel erspart geblieben« (am 2. 3. 1937 in Weilimdorf).

Entweder: Wir nehmen des Menschen Sünde und Christi Erlösungstat ernst und glauben mit Luther, »daß Jesus Christus... sei mein Herr, der mich verlorenen und verdammten Menschen erlöset hat, erworben und gewonnen von allen Sünden, vom Tod und von der Gewalt des Teufels«.
Christus spricht: »Tut Buße!« (Matth. 4, 17). – »Des Menschen Sohn ist nicht gekommen, daß er sich dienen lasse, sondern daß er diene und gebe sein Leben zu einer Erlösung für viele« (Matth. 20, 28).

Oder: Wir setzen uns über unsere Sünden und Christi Erlösungstod hinweg mit Stadtpfarrer Dr. Schairer: »Darum und demzufolge plagen uns auch – wir müssen das gestehen – unsre vielfachen Sünden und Fehler nicht so sehr. Fehler sind dazu da, daß man sie das nächste Mal nicht mehr macht« (Deutscher Sonntag, Jg. 4, Nr. 44, Artikel »So hat uns Luther gemacht«). – mit Reichsbischof Ludwig Müller: »Opfertod, Blut und all so'n Kram ist gar nicht nötig« (am 14. 6. 1936 in Güstrow). – mit Pfarrer Häcker, Uhingen: »Paulus findet die glückliche Lösung, daß Gott seinen eigenen Sohn opfert. Das ist eine Wahnsinnslehre« (am 2. 3. 1937 in Weilimdorf).

[Entweder:] Wir spenden und empfangen die Sakramente nach der Ordnung und Einsetzung unseres Herrn Jesus Christus. Wir bekennen mit Luther, daß »die Taufe ein göttlich Ding sei, nicht von Menschen erdacht, noch erfunden«.
Christus spricht: »Gehet hin, lehret alle Völker und taufet sie auf den Namen des Vaters und des Sohnes und des heiligen Geistes« (Matth. 28, 19).

Wir glauben mit Luther, »daß uns im Sakrament (Abendmahl) Vergebung der Sünden, Leben und Seligkeit gegeben wird«.

Christus spricht: »Nehmet, esset; das ist mein Leib... Trinket alle daraus; das ist mein Blut des Neuen Testaments, welches vergossen wird für viele zur Vergebung der Sünden« (Matth. 26, 26–27).

[Oder:] Wir entstellen die Stiftung Christi, gestalten seine Sakramente nach menschlichem Gutdünken und machen aus ihnen völkische Feiern.

Wir verkehren die Taufe mit Stadtpfarrer Schneider: »Wir sollen hineingetaucht werden in die Gemeinschaft des Volkes, in die Weltanschauung des Führers« (in Schorndorf am 6. 12. 1936). – »Wir sind hineingestellt durch Gottes Willen in das Volk, dann mag man uns noch 10 oder 20 Tage nach der Geburt in eine Kirche hineinstellen. Das ist Menschenwerk« (am 10. 12. 1936 in Böblingen).

Wir verdrehen das Abendmahl mit Stadtpfarrer Schneider in »das große heilige deutsche Mahl«: »... In den nächsten Monaten soll an bestimmten Sonntagen in jeder Familie ein Eintopfgericht gekocht werden... Wäre ein solch heiliges Mahl nicht viel wunderbarer, als das was wir durch Schuld einer Fehlentwicklung der christlichen Kirche heute als hinterweltliches Mirakel haben?« (Deutsches Christentum, S. 176 ff.).

Entweder: Wir bleiben dabei, daß Christus Leben und Ordnung der Kirche durch sein Wort bestimmt und sagen frei mit Luther: »Satan bleibt ein Widersacher. Unter dem Papst hat er die Kirche in das weltliche Regiment gemischet. Zu unseren Zeiten will er das weltliche Regiment unter die Kirche mischen. Allein wir widersetzen uns mit Gottes Hilfe und beweisen uns nach allen Kräften, die Berufssache unvermischt zu lassen.«

Christus spricht: »Wo zwei oder drei versammelt sind in meinem Namen, da bin ich mitten unter ihnen« (Matth. 18, 20).

Oder: Wir lassen aus der Kirche eine Fachschaft der politischen Organisation im Dritten Reich machen mit Landesbischof Sasse, Thüringen: »Die Ordnung und Verwaltung der Deutschen Evang. Kirche wird dem deutschen Staat zu treuen Händen übergeben« (am 23. 2. 1937 in Friedrichsroda). – mit Landesbischof Coch, Sachsen: »Auch die Deutschen Christen können keine Bewegung bleiben neben der politischen Bewegung« (in Ludwigsburg am 13. 2. 1937). – mit Kirchenrat Lehmann, Thüringen: »Wie im 4. und 16. Jahrhundert, so wird auch heute die Staatsgewalt der in einer weltgeschichtlichen Zeitenwende ihr von Gott übertragenen Aufgabe den ungeheuren Propaganda-Apparat der christlichen Kirchen dienstbar machen und ihn kategorisch auf gleiche Richtung mit der politischen Propaganda einstellen müssen, um alle Widerstände gegen die Erfüllung der gottgegebenen Aufgabe des Staates endgültig zu brechen« (»Der Todeskampf der Christentümer und die gegenwärtige Wiedergeburt des Urchristentum im deutschen Volk«, S. 14 f.).

Für die Kirche gilt: »Erbaut auf den Grund der Apostel und Propheten, da Jesus Christus der Eckstein ist, auf welchem der ganze Bau ineinandergefügt wächst zu einem heiligen Tempel in dem Herrn« (Eph. 2, 20–21).

Entweder: die Kirche des unverfälschten biblischen Evangeliums von Jesus Christus und damit die Kirche der Reformation, in der unsere Väter geglaubt, gebetet und bekannt haben, in der Christus auch uns und unsere Kinder selig macht.

Oder: ein Zusammenschluß aller religiös interessierten Deutschen unter Ausschluß von Christus und unter Ablehnung der Botschaft, die uns in der Heiligen Schrift bezeugt und in der Reformation neu ans Licht getreten ist.

Evangelischer Christ! Es geht um Christus, es geht um sein Evangelium, es geht um seine Herrschaft in der Kirche, es geht um Deine Seligkeit! Entscheide Dich!

Zur Vorbereitung der kirchlichen Wahlen wurden vom Wahldienst auch Materialsammlungen erarbeitet, die eine umfassende Information über die Auseinandersetzungen ermöglichen sollten. Mitte April erschien ein Schulungsblatt[93]*:*

Um das Bekenntnis der Kirche. Schulungsblatt zur Kirchenwahl

Bei der bevorstehenden Wahl geht es entscheidend darum, ob die Kirche bei dem Wort Gottes und bei den Bekenntnissen der Väter bleibt oder ob ihre Glieder sich von ihrem Herrn und seinem Wort abwenden und aus der Kirche eine religiöse Vereinigung menschlicher Art machen. Darum wird in folgendem die Frage der Bindung der Kirche an Schrift und Bekenntnis erörtert.

1. Warum gründet sich die Kirche
auf die Heilige Schrift als ihre unantastbare Grundlage?

Die Kirche ist nicht eine von Menschen gemachte, religiöse Vereinigung, die nach ihrem eigenen Gutdünken festsetzen kann, was sie glauben

---

[93] LKA Stuttgart, D 1, Bd. 71; laut Rechnung der Druckerei vom 9.4.1937 wurden 9 850 Exemplare zum Preis von RM 120.– geliefert.

will und was nicht. Die Kirche ist Stiftung Jesu Christi. Christus ist ihr Herr. Durch diesen ihren gekreuzigten und auferstandenen Herrn empfangen die Glieder der Kirche die Vergebung der Sünden und den Anteil an seinem ewigen Reich. Zu Christus kommen wir aber nur durch die Heilige Schrift, die ihn bezeugt: »Der Glaube kommt aus der Predigt, die Predigt durch das Wort Gottes« (Röm. 10). So ist die Kirche erbaut auf den Grund der Apostel und Propheten, da Jesus Christus der Eckstein ist (Eph. 2,20). Weicht die Kirche von diesem Grund, so ist sie nicht mehr Kirche.

2. Warum wirft man der Kirche vor, daß sie verjudet sei?

Eben deshalb, weil sie sich auf die Heilige Schrift Alten und Neuen Testaments gründet, die von Juden geschrieben ist und nach Meinung der Deutschen Christen jüdischen Geist in sich trägt. Als jüdisch wird das Alte Testament verworfen. Seine Gottesverkündigung zeige Gott in einem unüberbrückbaren Abstand von den Menschen, zugleich aber habe dieser Gott so zauberhafte (Wundergeschichten) und so menschliche, ja sogar unedle und grausame Züge, daß sie dem deutschen Gottesempfinden nicht entspreche, sondern als Erzeugnis der jüdischen Rassenseele anzusehen sei. Dasselbe gelte von der Frömmigkeit des Alten Testaments, die eine knechtische und gesetzliche Art habe und auf die Verherrlichung und den Vorteil des Volkes Israel aus sei. Ebenso widerspreche die Sittlichkeit des Alten Testaments dem germanischen Sittlichkeitsempfinden.

Auch das Neue Testament wird weithin und zwar gerade in seiner zentralen Verkündigung als dem germanischen religiösen Empfinden widersprechend abgelehnt (siehe unten).

Die Kirche bezeugt demgegenüber: Die ganze Hl. Schrift Alten und Neuen Testaments ist Urkunde der Offenbarung Gottes und damit Gottes Wort. Das Thema der Schrift ist: Wie Gott, der Allmächtige, Heilige und Barmherzige sich um die von ihm abgefallene Menschheit annimmt und sich durch sein Erlösungswerk die neue Menschheit schafft, die ihm untertan ist in seinem ewigen Reich. Es ist der Christenheit das seligste Wunder, daß sie Gott als den erkennen darf, der aller Kreatur als ihr Herr schlechthin überlegen ist, und zugleich als den, der sich zu uns sündigen Menschen herabläßt und in seiner Heilsgeschichte vorbereitend zunächst das Volk Israel und dann in vollkommener Weise durch Christus die ganze Menschheit unter die Botschaft seines Gerichts und seiner Gnade stellt. Von diesem Gesichtspunkt der Heilsgeschichte Gottes aus will die ganze Heilige Schrift gelesen sein. Sie will nicht die Verherrlichung des

Menschen, weder der arischen noch der semitischen Rasse, sondern die Verherrlichung Gottes. Sie verhüllt und beschönigt deshalb auch nicht die Sünde der Menschheit, sondern enthüllt, richtet und überwindet sie in ihrer ganzen Furchtbarkeit und Tiefe, in ihren religiösen und sittlichen Verirrungen.

3. Was ist von der Herausstellung eines Urevangeliums durch die Nationalkirchliche Bewegung zu halten?

Die Nationalkirchliche Bewegung behauptet, daß das ursprüngliche Evangelium, die Worte und das Lebensbild Jesu bereits in den Evangelien und Briefen des Neuen Testaments nicht mehr in seiner ursprünglichen Reinheit erhalten sei. Es sei vielmehr von den Jüngern, die sich vom jüdischen Geist nicht losmachen konnten, jüdisch übermalt und entstellt worden. Zu diesen Übermalungen rechnet sie das Zeugnis von der einzigartigen Gottessohnschaft Jesu, die in den Evangelien berichteten Wunder, soweit sie sich nicht natürlich erklären lassen, die Verkündigung von der Versöhnung des Menschen mit Gott durch das stellvertretende Leiden Jesu, die Verkündigung vom auferstandenen, erhöhten und wiederkommenden Herrn. Aus dieser Übermalung des ursprünglichen Evangeliums Jesu seien die Bekenntnisse der Kirche hervorgegangen. Die Kirche habe das eigentliche Bild Jesu vergessen und sei an dem Rahmen, den man später um das Bild herumgemacht habe, hängen geblieben.

Auf Grund der wissenschaftlichen Forschung ist hiezu Folgendes zu sagen: Der Versuch, aus dem Zeugnis des Neuen Testaments von Christus, dem gekreuzigten, auferstandenen und erhöhten Herrn der Menschheit, ein andersartiges ursprüngliches Evangelium auszuscheiden, das Jesus selbst verkündigt haben soll, ist seit über 50 Jahren unternommen worden und ist heute als restlos gescheitert anzusehen. Es sind dabei keinerlei feststehende Forschungsergebnisse erzielt worden. Die auf Grund dieser Forschungen herausgestellten Bilder des Lebens Jesu widersprechen einander und tragen jeweils den Stempel der privaten religiösen Überzeugung des betreffenden Forschers. Es ist weder Schneider noch jenen Erforschern des Neuen Testaments gelungen, die überlieferten Worte Jesu ohne gewaltsame Abstriche und Entstellungen in dieses Lebensbild einzufügen. Es bleibt völlig unverständlich, wie aus diesem angeblichen Evangelium Jesu durch jüdische Übermalung unmittelbar nach dem Tod Jesu (1. Pfingstfest) eine ganz andersartige Verkündigung entstehen konnte, die von den Juden blutig verfolgt wurde, wie die Jünger um dieses selbstgemachten Messiasbildes willen auf alles verzichten und ihr Leben diesem »Herrn« opfern konnten, wie die Jünger dazu kamen, die nahe Wiederkunft dieses »Herrn« zu erwarten. Der Versuch, ein antisemitisches Urevangelium Jesu herauszustellen, vermag also die neutestamentlichen Tatbestände nicht zu erklären und ist deshalb als wissenschaftlich gescheitert zu betrachten.

Die Kirche hat diesem Versuch gegenüber zu bezeugen: Durch das einheitliche Christuszeugnis des Neuen Testaments hat der Heilige Geist von Anfang an die Gemeinde berufen, gesammelt, erleuchtet und geheiligt und sie bis auf diesen Tag im Glauben an Christus erhalten.[94] Die Geschichte der Kirche hat erwiesen: Die Zeiten, in welchen dieses Zeugnis lauter und mit lebendiger Überzeugung verkündigt wurde, sind Zeiten geistlicher Erneuerung mit reichen Segenswirkungen für die ganze Christenheit gewesen. Wurde dieses Zeugnis in der Kirche entstellt oder verhüllt, irrten die Glieder der Kirche oder ganze Bewegungen von diesem Zeugnis ab, so verfielen sie in Schwärmerei und Erstarrung und gingen der inneren und äußeren Auflösung entgegen. Auch die DC-Bewegung trägt deutlich diese Merkmale an sich. Die Kirche muß bei dem Zeugnis der Apostel und Propheten bleiben, da Jesus Christus der Eckstein ist.[95] Sie vertraut jenen ersten Zeugen, daß sie geleitet vom Heiligen Geist die Verkündigung und das Werk Jesu im Zusammenhang der Heilsgeschichte recht erkannt und verkündigt haben. Allein aus ihrer Verkündigung ist ein Gesamtverständnis des Lebens und Sterbens Jesu und seiner Verbundenheit mit der werdenden Gemeinde wissenschaftlich möglich.

4. Eignet sich die ganze Heilige Schrift zur Unterweisung für die Jugend?

Die Bibel ist ein Lebensbuch für die Christenheit, nicht in jeder Hinsicht ein Schulbuch für die Hand der Kinder. Deshalb gibt die Kirche den Kindern zunächst die Biblische Geschichte und später die Schulbibel in die Hand. Aber auch die ganze Bibel, in der die Sünde nicht nur ans Licht gezogen, sondern auch gestraft und überwunden wird, eignet sich besser für die Kinder als etwa der »Stürmer« und ähnliche Zeitungen, welche insbesondere die Sünde wider das 6. Gebot, soweit sie von Juden verübt wird, zynisch und aufreizend darstellen und damit einen entsittlichenden Einfluß auf die Jugend ausüben.

---

94 Luther, Großer Katechismus, Erklärung zum Dritten Glaubensartikel.
95 Eph. 2,20.

5. Bedarf die Kirche
neben der Heiligen Schrift auch noch irgend welcher Bekenntnisse?

Die Bekenntnisse der altchristlichen Kirche und die Bekenntnisse der Reformation, welche in den evangelischen Kirchen in Geltung sind, sind nicht willkürlich von der Kirche gemacht und als zweite Bekenntnisgrundlage neben die Heilige Schrift gestellt. Vielmehr war die Kirche im Abwehrkampf gegen die immer wieder einbrechenden Irrlehren genötigt, das biblische Zeugnis diesen Irrlehren gegenüber zu entfalten und so auf Grund der Heiligen Schrift diese Irrlehren abzuwehren. So sind die Bekenntnisse der Kirche entstanden. Sie sind also nicht eine zweite Bekenntnisgrundlage neben der Heiligen Schrift, sondern eine Auslegung der Heiligen Schrift, die von der Gemeinde als biblisch richtig anerkannt worden ist. Erwiese es sich, daß die Bekenntnisse mit der Schrift nicht übereinstimmen, so könnten sie nicht weiterhin Geltung in der Kirche haben.

6. Wird die Kirche durch die Bindung
an Schrift und Bekenntnis nicht engherzig, unduldsam und lieblos?

Die Kirche kann auf die Unterscheidung zwischen Wahrheit und Irrtum nicht verzichten. Jesus bezeugt: Ich bin der Weg, die Wahrheit und das Leben, niemand kommt zum Vater, denn durch mich.[96] Darum muß die Kirche um der Seelen Seligkeit willen darüber wachen, daß sie Christus als den einen Weg zu Gott unvermischt und unverkürzt verkündigt. Darum muß sie auch alle anderen Verkündigungen, die auf Grund menschlicher Meinungen, Weltanschauungen und Erlebnisse neben dem biblischen Evangelium oder unter dem Namen Christi in die Kirche eingeführt werden, als Irrlehren verwerfen. Denn diese Irrlehren zeigen nicht den Weg zum Heil Gottes, sondern führen ins Gericht Gottes, also zum Verderben der Menschen. Die Freiheit der Kirche und ihrer einzelnen Glieder besteht nicht darin, daß in der Kirche alles verkündigt werden darf, sondern darin, daß sie im biblischen Evangelium von Jesus Christus allein ihr Leben hat und befreit ist von allem Menschenwahn, auch von aller Beeinflussung und allem Druck, der um solcher Menschenmeinungen willen auf die Kirche und ihre Glieder ausgeübt wird.

Freilich sind mit der Ausübung der Lehrzucht in der Kirche auch Gefahren verbunden. Das Neue Testament zeigt uns gerade in der Einheit des Bekenntnisses der Jünger zu Jesus, ihrem gekreuzigten, auferstande-

---

[96] Joh. 14,6.

nen und erhöhten Herrn, eine reiche Mannigfaltigkeit der Lehrbildungen. Es ist möglich, daß im Kampf um die Reinerhaltung der Verkündigung auch einmal eine besondere, individuelle Ausprägung des einen Bekenntnisses zu dem Herrn der Kirche als entscheidend für die Stellung zu Christus herausgehoben und dadurch eine Trennung angerichtet wird unter solchen, die Christus und seiner Kirche angehören. Solche Nöte müssen dann in gemeinsamem Hören auf das Wort Gottes in aller Geduld durchgekämpft und überwunden werden. Auch abgesehen von dieser Schwierigkeit in der Unterscheidung von Wahrheit und Irrtum wird die Kirche bei der Ausübung der Lehrzucht sehr viel Geduld und Liebe walten lassen müssen. Sie muß bei ihrer heutigen volkskirchlichen Gestalt damit rechnen, daß in ihrer Mitte auch Glieder sind, die zwar Christus suchen, aber noch nicht zum vollen Glauben an ihn durchdrungen [!] sind. Diesen Gliedern hat sie unermüdlich Christus als den Weg zum Vater vor Augen zu stellen. Auch den Deutschen Christen gegenüber ist diese Geduld reichlich geübt worden. Solche Geduld und Rücksicht darf die Kirche aber nie dazu verführen, diesen Brüdern ein halbes Evangelium zu verkündigen, als ob sie auch durch ein verkürztes Evangelium Christus finden könnten. Vollends aber kann die Kirche unter keinen Umständen ihre Zustimmung dazu geben, daß unter Berufung auf die Toleranz die Irrlehre Gastrecht oder Heimatrecht in der Kirche bekommt. Sie darf der Irrlehre nicht die Kanzel einräumen und darf sie nicht in Synode und Kirchenleitung an der Leitung und Ordnung der Kirche mitwirken lassen.

7. Können die in der Kirche bestehenden
Bekenntnisunterschiede (Konfessionen) überwunden werden?

Die Einheit der Kirche kann nicht mit irgend welchen menschlichen Mitteln künstlich gemacht werden. Sie ist trotz aller äußerlichen Trennungen in der Christenheit bereits vorhanden, denn durch Christus sind alle die zu der einen heiligen christlichen Kirche verbunden, die an Christus als ihren gekreuzigten und auferstandenen Herrn glauben. Sichtbar wird diese Einheit der Kirche in der Einheit des Zeugnisses, das diesen Herrn verkündigt. Darum lehrt das Augsburgische Glaubensbekenntnis: »Die Kirche ist die Versammlung aller Gläubigen, bei welchen das Evangelium rein gepredigt und die heilige Sacrament laut das Evangelii gereicht werden« (Artikel VII). Wo diese Gemeinschaft im Glauben an den einen Herrn gegeben ist, da sind wir auch verpflichtet, »zu halten die Einigkeit im Geist durch das Band des Friedens« (Eph. 4,3). Wir haben dann auch die äußerlichen Trennungen zu überwinden und einander die volle kirchliche Gemeinschaft zu schenken.

Mit der Klage über die konfessionelle Spaltung in Deutschland ist die Trennung zwischen der Evangelischen und der Katholischen Kirche gemeint. Außer dieser konfessionellen Trennung ist aber auch noch der konfessionelle Unterschied zwischen der Lutherischen und der Reformierten Kirche innerhalb der deutschen Christenheit bedeutsam. Was den letzteren Bekenntnisunterschied betrifft, so bedürfen die Lehrunterschiede dieser beiden evangelischen Konfessionen dringend einer erneuten sorgfältigen Überprüfung im gemeinsamen Hören auf die Heilige Schrift. Unleugbar sind die beiden evangelischen Kirchen im Hören auf das Wort der Schrift und im Zeugnis von dem einen Herrn der Kirche weithin miteinander verbunden. Darum ist es die Hoffnung vieler Christen in beiden Kirchen, daß diese Kirchentrennung durch gemeinsames ehrliches Ringen um die Wahrheit der Schrift überwunden werde.

Anders ist das Verhältnis von Evangelischer und Katholischer Kirche. Auch in der Katholischen Kirche ist noch vieles vom ursprünglichen Evangelium erhalten. Aber neben dem Evangelium stehen mit gleichem Recht die späteren Überlieferungen der Kirche und die »unfehlbaren« Lehrentscheidungen der Päpste. Dadurch ist das Evangelium in der Katholischen Kirche weithin verdunkelt. Wenn wir auch glauben, daß es in der römischen Kirche durch das Evangelium rechtgläubige Christen gibt, so werden wir auf Grund der Heiligen Schrift zum Bekenntnis der römischen Kirche niemals unsre Zustimmung geben können, sondern müssen auch heute bezeugen, daß dieses Bekenntnis im Ansatzpunkt und in den einzelnen Stücken weithin Irrlehre ist. So unüberwindlich dieser Gegensatz zunächst scheint, so werden wir uns doch für die Führungen Gottes bereit halten müssen, der zu seiner Stunde in Gericht und Gnade auch aus der Evangelischen und aus der Katholischen Kirche in der Einheit des Glaubens die zusammenführen kann, die ihm gehören. Inzwischen werden wir auch den Gliedern der Katholischen Kirche, mit denen wir ins Gespräch kommen, das Evangelium bezeugen, durch das wir selig zu werden hoffen. Das ist das einzige, was wir in der Not der konfessionellen Spaltung zwischen der Evangelischen und der Katholischen Kirche zu tun vermögen. Wenn heute so oft über die konfessionelle Spaltung in Deutschland geklagt wird, so müssen wir Christen uns darunter beugen, daß durch den Abfall vom reinen Evangelium so viel Not für unser deutsches Volk entstanden ist. Darüber darf aber nicht vergessen werden, daß diese Spaltung sehr wesentlich auch durch politische Einflüsse so verheerende Folgen in unserem deutschen Volk gehabt hat. An und für sich muß die Glaubensspaltung sich nicht notwendig zerstörend in der Volksgemeinschaft auswirken, wie das Beispiel anderer Völker und auch des zurückliegenden Krieges beweist. Das Nebeneinander der beiden Konfessionen hat sich deshalb tatsächlich auch segensreich für unser Volk ausgewirkt, indem beide Konfessionen durch das geistige Ringen miteinander genötigt waren, ihre besten Kräfte zu entfalten.

Im übrigen erscheint es wenig sinnvoll, sich über die konfessionelle Spaltung zu beklagen und gleichzeitig der evangelischen Kirche vorzuwerfen, daß sie »romhörig« sei.[97] Dieser Vorwurf trifft die Evangelische Kirche nicht, denn das Verhältnis der Evangelischen Kirche zur Katholischen Kirche hat sich in keiner Weise geändert. Dagegen verbirgt sich unter diesem Vorwurf allerdings die richtige Erkenntnis, daß die beiden christlichen Konfessionen in unserem deutschen Volke trotz ihrer Verschiedenheit einander noch näher stehen als der deutsch-christlichen Bewegung mit ihrer völkischen Religion und ihren nationalkirchlichen Zielen. Wie kann man die deutsche Nation im Glauben einigen wollen, indem man eine Glaubensspaltung anrichtet, die alles übertrifft, was es bisher an Glaubensspaltung in unserem deutschen Volke gegeben hat!

8. Wird die Gemeinde durch die Betonung des Bekenntnisses nicht in starkem Maße von den Theologen abhängig?

Die Kirche wird der theologischen Arbeit nicht entbehren können. Aber gerade in den grundlegenden Bekenntnisentscheidungen der Kirche hat es sich gezeigt, daß die Gemeinde durch sie aufs tiefste bewegt wurde. Wenn es um die Entscheidung für oder wider Christus geht, so ist jeder aufgerufen, ob Theologe oder Laie. Darum ist auch das heutige Ringen in unserer Kirche und in unserem Volke durchaus nicht eine Angelegenheit der Theologen, vielmehr ist die ganze Christenheit in unserem Volke gefragt, ob sie ihrem Herrn treu bleiben will oder nicht. Möchte sie darauf die Antwort finden, die einstens jene Laien gefunden haben, die Jesus um sich scharte: »Herr, wohin sollen wir gehen, du hast Worte des ewigen Lebens und wir haben geglaubt und erkannt, daß du bist Christus, der Sohn des lebendigen Gottes« (Joh. 6,69).

---

97 Vgl. Rosenbergs Schrift von den »Protestantischen Rompilgern« (siehe S. 692–697).

Zur Besprechung in kleineren Kreisen *war ein Überblick über die Haltung der Volkskirchenbewegung Deutsche Christen gedacht*[98]:

Die Irrlehre der Thüringer DC, die neue Grundlage der Kirche?

1. Zum Ganzen

Von der Botschaft der Bibel sind nur noch die alten Ausdrücke übrig. Hinter ihnen steht eine schwärmerische nationale Religiosität, in deren Mittelpunkt Deutschland als Heiland und Messias der Welt steht. Alle aus dem überlieferten Christentum entnommenen Worte dienen nur dazu, um dieses Geheimnis der Welterlösung in der Geschichte Deutschlands zu beschreiben. Deutschland ist der Christus, der leidet und aufersteht, Deutschland ist das Gottesreich, dem die Erlösungssendung für die Welt aufgetragen wird.

2. Zum Einzelnen

a) Sünde: Damit, daß der höchste Wert dieses Glaubens der mystische Begriff vom heiligen Deutschland ist, tritt das Volk an die Stelle Gottes. Man kennt also nur noch eine Sünde gegen das Volk und gegen das nordische Blut, nicht mehr aber eine Sünde gegen den persönlichen Gott. Man weiß infolgedessen nichts mehr davon, daß auch der rassenreine und völkisch gesinnte Deutsche vor Gott ein verlorener und verdammter Mensch ist.

b) Jesus Christus wird wie in der ganzen Deutschreligion umgedeutet in eine Heldenfigur. Die Hauptsache an ihm ist aber nicht seine Person, sondern die Idee vom Leiden und Auferstehen. Darum wird sein Opfer am Kreuz, seine Auferweckung nicht verstanden als eine Tat Gottes, die ein für allemal zu unserem Heil geschieht, sondern als ein »Mythos mit fabelhafter Symbolik«, der in der Weltgeschichte in gewissen Abständen immer wieder verwirklicht wird.

c) Infolgedessen wird das Leben Jesu völlig auf eine Stufe gestellt mit der Geschichte Deutschlands. Deutschland hat 1918 sein Golgatha und 1933 seine Auferstehung. Es hat wie Jesus seine Heilandssendung für die

---

98 LKA Stuttgart, D 1, Bd. 70; vgl. auch »Material für Vorträge und Schulungen« (Zitate von DC-Autoren zu den Themenkreisen »Der Gott des Alten Testaments«; »Christus«; »Die Hl. Schrift«; »Sünde und Gnade«; »Kirche«; »Sakramente«; »Reformation«; »Rasse«; »Zur Wahl«); ferner eine »Wegweisung und Handreichung zur Vorbereitung der kommenden Kirchenwahl nach Worten von D. Martin Luther«; den Entwurf für einen Gemeindevortrag »Die Bedeutung der Kirchenwahl« (LKA Stuttgart, D 1, Bd. 70).

Völker, und sein Dasein hat, wie das Leben Jesu, erlösende Kraft für die Welt. Es wird also kurzerhand alles, was im Leben Jesu geschieht, auf Deutschland übertragen. Deutschland ist eine Verkörperung des ewigen Christus. Mit dieser Gleichsetzung ist die Haupt- und Grundlehre unserer Kirche geleugnet, die sagt, daß wir nicht durch irgendeinen Menschen oder durch die Geschichte irgendeines menschlichen Reiches, sondern nur durch den einen Mann Christus erlöst und selig werden. Hier muß das »Christus allein« der Reformation stark betont werden.

d) Da im Mittelpunkt dieses Glaubens nicht Gott, sondern das Volk steht, tritt die Versöhnung mit Gott zurück hinter der Versöhnung mit dem Menschen, das heißt hinter der Schaffung der Volksgemeinschaft. Es wird wohl noch von Vergebung geredet, aber es handelt sich nicht mehr um die Vergebung, die Gott schenkt, sondern um die, die wir als Volksgenossen üben sollen.

e) Der Opfertod Jesu wird entwertet. Denn er steht nun auf einer Stufe mit dem Opfertod der nationalen Kämpfer. Sein Opfertod ist nur noch Vorbild und Spiegelbild der im Kampf um Deutschland Gefallenen. Die Schrift sagt: »Gott war in Christo und versöhnte die Welt mit ihm selber.«[99] Hier aber wird geleugnet, daß Gott in Christus in anderer und einzigartiger Weise gegenwärtig war als etwa in den Gefallenen des Weltkrieges. Auch hier wird deutlich, das Entscheidende an Christus ist nicht mehr seine einmalige Tat, sondern seine Idee.

f) Darum verstehen die Thüringer DC auch etwas ganz anderes unter Glauben. Für sie ist Glaube einfach Glaube an Deutschland und seine göttliche Sendung. Der Christ aber glaubt an Christus und sein Kreuz.

g) Folgerichtig müssen die Thüringer auch unter dem heiligen Geist etwas anderes verstehen als die Kirche. Für sie ist der Hl. Geist nichts anderes als die Begeisterung für Deutschland. Sie verwechseln Gottes Geist mit politischer Begeisterung.

3. Die Nationalkirche

a) Die Lehre, an der der Irrtum der DC am handgreiflichsten wird, ist der Gedanke der Nationalkirche. Auch hier liegt wieder die Gleichsetzung zugrunde: das deutsche Reich ist das Reich Gottes auf Erden. Volk und Kirche fallen zusammen. Nach Thüringer Lehre hat Gott dem deutschen Volk die Sendung der Kirche übertragen, das Reich Gottes auf Erden zu verwirklichen. Darum muß die Kirche im Volk aufgehen. Die Kirche darf

---

99 2. Kor. 5,19.

keine Grenzen haben, durch die Volksgenossen innerhalb und Volksgenossen außerhalb der Kirche geschieden werden. Alle Grenzen und Zäune müssen fallen. Infolgedessen müssen auch die geschichtlichen Konfessionen verschwinden. Es darf nur noch eine einzige Nationalkirche geben als die religiöse Zusammenfassung des ganzen Volkes, so wie der Staat die äußere Zusammenfassung des Volkes ist. Sie heißt darum gelegentlich auch Volkskirche oder Volksgemeinschaftskirche.

b) Wer hat die Nationalkirche bisher gewollt? Der Gedanke der Nationalkirche ist ein ausgesprochenes Erzeugnis des Liberalismus des 19. Jahrhunderts. Am deutlichsten wurde er zuerst ausgesprochen von Lagarde, einem liberalen Professor. Er vertritt den Gedanken, eine neue Nationalkirche für alle Deutschen entstehen zu lassen und die christlichen Bekenntniskirchen durch Entzug der Staatsgelder auszuhungern. Als Lehre dieser Nationalkirche denkt man sich in der Regel ein aufgeklärtes, undogmatisches Tatchristentum nach der alten liberalen Parole: Edel sei der Mensch, hilfreich und gut [Goethe]. Der Gedanke der Nationalkirche wurde dann aufgegriffen von der völkischen Religion (Rosenberg). Auch der Deutschglaube in seiner radikalsten Form predigt den Gedanken der heidnischen Nationalkirche, aus der jede Erinnerung an das Christentum verschwunden ist (Prof. Bergmanns Buch »Die deutsche Nationalkirche«). Schließlich ist unverkennbar, daß der Gedanke der Nationalkirche charakteristische jüdische Züge trägt. Es gehört zur Eigenart des jüdischen Denkens, daß Volk und Kirche in eins gesetzt werden und dem eigenen auserwählten Volk ein Messiasauftrag zur Erlösung der ganzen Welt beigelegt wird. So ist die Idee der Nationalkirche durchaus nicht deutsch oder arisch, am wenigsten christlich, sondern ein Rückfall in jüdische Spekulationen und Zukunftshoffnungen.

c) Wie soll es zur Nationalkirche kommen? Es gibt vier Wege: Entweder werden alle Volksgenossen katholisch. Diese Möglichkeit scheidet von vornherein aus. Oder sie werden alle evangelisch, auch dies ist unmöglich. Dann bleiben nur noch zwei Möglichkeiten: entweder in der neuen Nationalkirche herrscht eine willkürliche Mischreligion, aus der sich jeder heraussuchen kann, was ihm paßt. Oder das Evangelium wird ganz preisgegeben und es herrscht mehr oder minder ungeschminkt ein schwärmerischer Deutschglaube. In dieser letzteren Weise stellen es sich die Thüringer vor. Einer ihrer Führer, Julius Leutheuser schreibt: »Wer dieses Gesetz (ihr Deutschen sollt ein Volk werden) vernommen, der würde lieber alle Frömmigkeit seiner Kindertage, Protestantismus und Katholizismus, ja Jesus selbst drangeben.« Welche Religion in dieser Nationalkirche herrschen würde, zeigt auch das Wort von Pfarrer Schneider, Stuttgart, über das Abendmahl: »In den nächsten Monaten soll an bestimmten Sonntagen in jeder deutschen Familie ein Eintopfgericht gekocht werden;... wäre ein solch heiliges Mahl nicht viel wunderbarer als das, was wir durch Schuld einer Fehlentwicklung der christlichen Kirche heute... haben?«

d) Unser Urteil: Eine solche Nationalkirche würde, gleichviel in welcher Form, die Zerstörung der christlichen Kirche und die Abschaffung des biblischen Evangeliums bedeuten, ob in ihr nun ein moderner Mischglaube oder das pure Heidentum in christlichem Gewand gepredigt wird. Auf jeden Fall muß die christliche Kirche diesen Versuch mit aller Kraft abwehren. Auch heute muß sie auf der Wacht sein gegen einen Religionsmischmasch. Für unsere Kirche gilt das Wort der Schrift eindeutig[100]: Niemand kommt zum Vater denn durch mich. – Niemand kann zwei Herren dienen. – Es ist in keinem andern Heil. – Ich bin der Weg und die Wahrheit und das Leben.

4. Gesamturteil

Wir wollen niemand nachstehen im Einsatz für unser Volk. Hier aber wird die Begeisterung für Deutschland zur Religion erhoben. Die Kirche Jesu Christi bekennt mit Luther den Glauben an den Schöpfer- und Erhaltergott. Sie läßt am Zweiten Glaubensartikel nicht rütteln: »Ich glaube, daß Jesus Christus... sei mein Herr!«[101] Sie weiß sich nur als Kirche des Dritten Glaubensartikels, wonach sie durch die Kraft des Heiligen Geistes und nicht durch Menschenweisheit berufen ist und gesammelt wird.

»Wir wollten auch, daß Deutschland recht herzlich einträchtig wäre und einen beständigen guten Frieden und Recht hätte. Daß wir aber darum die christliche Lehre ändern sollen und wiederum mancherlei Abgötterei willigen und bestätigen, das können wir für unsere Person nicht tun.« (Luther).

Besonders zur Besprechung im kleineren Kreis zu verwerten!

Am Sonntag, 18. April, sollten in verschiedenen Gemeinden des Landes ausgewählte Pfarrer im Einvernehmen und mit Zustimmung des Evang. Oberkirchenrats *zur Frage* Kirche in der Entscheidung *sprechen.*[102] *Am Donnerstag,*

---

100 Joh. 14,6 b; Matth. 6,24; Apg. 4,12; Joh. 14,6 a.
101 Luther, Großer Katechismus, Erklärung zum Zweiten Glaubensartikel.
102 Nr. A 3809 vom 8.4.1937.

8.4.1937, hatte in der Stiftskirche in Stuttgart schon Generalsuperintendent D. Dibelius, Berlin, einen Vortrag gehalten über dasselbe Thema; der Gottesdienst wurde auch in die Stuttgarter Leonhardskirche übertragen.[103]

Über tatsächliche Behinderungen der Wahlvorbereitungen und über Einmischung der Partei gab der Wahldienst am 16.3.1937 bekannt[104]:

»In voller Freiheit.« Ein Beitrag zu der Frage, wie der Wille des Führers beachtet wird.

Am 16. Februar fand in Urach ein Schulungsabend der NS-Frauenschaft statt, bei dem die Rednerin, Frau Rothweiler aus Esslingen, in unverantwortlicher Weise den christlichen Glauben angriff. Wie verschiedene Teilnehmerinnen voll Entrüstung mitteilen, hat sie dem »starren« Christenkreuz, das jüdischen Ursprungs sei, das Deutsche Sonnenrad entgegengestellt als etwas Lebendiges. Besondere Entrüstung riefen ihre verhöhnenden Ausführungen über die Lehre von der Jungfrauengeburt hervor. Die Leiterin der Versammlung erhob gegen die Verunglimpfung des Christentums keinen Einspruch.

Der Kreisleiter von Freudenstadt nahm am 1. März in einer Amtswalterversammlung zur Kirchenwahl folgendermaßen Stellung: Bekennende Kirche komme für ihn persönlich nicht in Frage, Deutsche Christen Rehmscher Richtung, darüber wolle er nichts weiter sagen, die Richtung Schneider käme für ihn allein in Betracht, und wer Nationalsozialist sei, der werde, wenn er wähle, wissen, was seine Pflicht als Nationalsozialist sei.

Aus Cannstatt wird berichtet, daß dort in einer NS-Frauenschaftsversammlung von der Vorsitzenden gesagt worden sei: Da der Führer selbstverständlich die Nationalkirche wolle, wählen nationalsozialistische Frauen selbstverständlich in der Kirchenwahl Schneider oder Schneiders Richtung.

Am Abend des Heldengedenktags (21.2.1937) wurde in Alpirsbach in der Versammlung des dortigen Kriegervereins von dem Vorsitzenden in kirchengegnerischem Sinn zur Kirchenwahl gesprochen.

Das 1. Stadtpfarramt der Petruskirche in Stuttgart-Gablenberg hatte auf Freitag, 5. März, eine gottesdienstliche Versammlung ausgeschrieben

---

103 Vgl. Niemöller, Kampf, S. 391; Dipper, S. 158.
104 LKA Stuttgart, D 1, Bd. 70; vgl. auch die weitere Ausarbeitung »In voller Freiheit II« vom 27.4.1937 mit ähnlichem Inhalt (LKA Stuttgart, D 1, Bd. 96).

mit dem Thema »Einen andern Grund kann niemand legen[105], die kommenden Kirchenwahlen ein Bekenntnis zu Christus«. Eine öffentliche Absage der gottesdienstlichen Versammlung wegen der kurz zuvor angesagten Großkundgebung der NSDAP war aus technischen Gründen nicht mehr möglich. Am Donnerstag, den 4. März, abends zwischen 8 und 9 Uhr fuhr der Großlautsprecherwagen der Partei durch die Straßen von Gablenberg, gab zuerst die Großkundgebung bekannt und brachte sodann die Mitteilung: »Achtung! Achtung! Die gottesdienstliche Versammlung in der Petruskirche findet am Freitag Abend nicht statt.« Irgend eine Mitteilung an das zuständige Stadtpfarramt oder eine vorherige Fühlungnahme in der Sache mit einer kirchlichen Stelle war nicht erfolgt. Dieser widerrechtliche und willkürliche Eingriff in das gottesdienstliche Leben der Gemeinde rief unter den Gemeindegliedern große Empörung hervor. Vom Ortsgeistlichen wurde verlangt, er solle die Versammlung trotzdem abhalten, was er jedoch aus äußeren und inneren Gründen ablehnte. Trotz der Lautsprechermitteilung und der alsbald kirchlicherseits noch weithin mündlich weitergegebenen Mitteilung vom Nichtstattfinden der gottesdienstlichen Versammlung sind am Freitag um 8 Uhr etwa 250 Personen, meist Frauen, in die Kirche gekommen, so daß die beiden unteren Kirchensäle gedrängt voll waren. Der Ortsgeistliche machte der Versammlung in Kürze Mitteilung von dem Geschehen und schloß nach einer halben Stunde mit Gesang und Gebet.

Am 28. Februar fand in Hausen/Zaber eine politische Versammlung der Ortsgruppe Dürrenzimmern statt mit dem Thema »Kampf gegen den Weltbolschewismus«, Redner: Bürgermeister Ettwein von Bad Cannstatt. Die Rede war eine einzige Propaganda für die Nationalkirche. Ettwein sagte, in den Himmel, in den die Juden kämen, wolle er nicht hinein. Warum sagt Euch Euer Pfarrer nicht, daß Luther eine Schrift gegen die Juden geschrieben hat? Die frühere württembergische Kirchenregierung sei immer dagegen gewesen, daß den Juden in Württemberg mehr Rechte eingeräumt werden, heute aber werde die Evangelische Kirche von den Juden geführt. Zu den innerkirchlichen Fragen machte er die Bemerkung, das seien die verschiedenen Konfessionen, die gegeneinander beten und verdammen. Wieviel Telefonnummern der liebe Gott wohl haben müsse, daß ihn alle die verschiedenen Richtungen anrufen könnten. In verzertem Bild wurde dem kirchlichen Glauben der Glaube des Führers entgegengestellt, der ein Glaube sei, der Berge versetzt.[106] Es wurde darauf hin-

105 1. Kor. 3,11.
106 Vgl. Matth. 17,20.

gewiesen, daß der Führer am Tag von Potsdam in keine Kirche zum Gottesdienst ging, sondern bei den Toten auf dem Friedhof weilte.[107] Landesbischof Meiser habe mit dem früheren Zentrumspolitiker, Kardinal Faulhaber, Flugblätter gegen den Staat herausgegeben. Der ganzen Evangelischen Kirche warf Ettwein ihre Beziehungen zum Ausland vor. Auf dem Umweg über das Ausland hätte die Kirche bis jetzt gegen den Staat gearbeitet. Die ganzen Ausführungen weisen auf eine Nationalkirche hin, innerhalb derer die Evangelischen und die Katholiken je in ihren eigenen Gottesdienst gehen könnten. Die Hetze gegen die eigene Kirche wurde von Gemeindegliedern, die wußten, daß Ettwein früher Pfarrer war, übel aufgenommen. Ein zwanzigjähriges BDM-Mädel sagte nachher, er habe es so hingestellt, daß es als Angehörige des BDM ihre Pflicht sei, für die Nationalkirche einzutreten.

Ähnlich äußerte sich Ettwein auch in anderen Versammlungen, so zum Beispiel in Kleingartach am 28. Februar, wo er nach dem Bericht der »Zaberwacht« vom 3.3.1937 Nr. 52 »gegen Schluß ganz groß in Fahrt kommend mit verjudeten Kirchendienern abrechnete und im Gegensatz dazu den Glauben des Nationalsozialismus offenbarte... Wer nicht auf dem Boden unserer Weltanschauung steht, ist unser Gegner... Der Bolschewismus als Gefolgsmann des Judentums ist absolut kein Freund der Kirche, deshalb können wir auch nicht begreifen, daß die Kirche des Auslands und auch der politische Katholizismus in Deutschland mit dem Bolschewismus paktieren... Die Deutsche Schule[108] ist nicht mehr die konfessionelle Lernschule, sondern Erziehungsschule. Die deutsche Jugend ist heute nicht mehr konfessionell zerrissen... Alles in allem: Wir sind ein Volk geworden, nur eine Spaltung trennt uns noch, die Konfessionen. Wir müssen in jedem Deutschen den Bruder sehen und nicht den konfessionellen Feind. Deshalb können wir den politischen Katholizismus nicht dulden, aber auch nicht den Protestantismus, der den andern nicht kennen will. Denn zuerst wird man als Deutscher geboren, dann erst wird man getauft, der eine evangelisch, der andere katholisch, und zwar ganz zufällig, da man sich seine Eltern nicht auslesen kann. Und wenn einzelne Geistliche gern den Märtyrer spielen wollen, dann mögen sie nach Rußland gehen, dort ist ihnen eher Gelegenheit dazu geboten als im nationalsozialistischen Deutschland, wo ihnen kein Haar gekrümmt wird. Wenn sie aber mit unsern Gegnern im Ausland in Verbindung stehen, dann sind sie Staats- und Volksfeinde, auch wenn sie im schwarzen Gewand einher-

---

107 Vgl. Bd. 1, S. 257–279.
108 Vgl. S. 698–719.

gehen. Und wenn die Kirche zerfallen würde, so wäre nicht der Nationalsozialismus schuld, sondern allein die Kirche, weil sie sich nicht zum Volk einstellen kann. Das Heilige Land ist für uns nicht Palästina, sondern Deutschland, und die Geschichte des Deutschen Volkes hat mehr Propheten, die uns etwas zu sagen haben, als die des Jüdischen.«

Am Samstag, den 27. Februar, fand im Gasthaus zur »Rose« in Onolzheim eine Kundgebung der NSDAP statt, in der außer sämtlichen Gliederungen der Partei auch viele sonstige Männer der Gemeinde teilnahmen. Der Ortsgeistliche hatte auf Einladung des politischen Leiters am Rednertisch Platz genommen. Der Redner des Abends, HJ-Führer Uhland, stellte als politische Notwendigkeit hin, daß das deutsche Volk, um wieder treu und ehrliebend werden zu können, »in die Zeit vor Bonifatius zurück müsse«. Nach Beendigung des Vortrags fragte der Ortsgeistliche in privatem Gespräch den Redner, ob er mit seinem Hinweis auf die Zeit vor Bonifatius habe sagen wollen, daß das deutsche Volk seinen christlichen Glauben abschütteln solle. Auf die Bejahung der Frage hin hielt der Ortsgeistliche ihm vor, daß er sich damit auf das religiöse Gebiet begeben habe, was bekanntlich gegen den ausdrücklichen Willen des Führers sei. Der HJ-Führer verbat sich in heftigem Ton, daß der Geistliche ihm Vorschriften machen wolle. Er solle seinen Mund halten. Als der Ortspfarrer auf seinem Widerspruch verharrte, sprang der Redner von seinem Stuhl auf und schrie so laut, daß der ganze Saal aufmerksam wurde: »Ich werfe Sie hinaus.« Auch der Ortspfarrer hatte sich erhoben, während der Redner mit zum Schlag ausholender Faust dicht vor ihm stand. Im letzten Augenblick hielt er jedoch inne, vielleicht scheute er sich, gegen einen Frontkämpfer tätlich zu werden, oder wurde er sich doch bewußt, daß er auf diese Weise ein schlechtes Vorbild in der soeben von ihm selbst so laut verkündeten Form von Volksgemeinschaft und Kameradschaft gebe. Die Erregung über das gehässige Benehmen des politischen Propagandaredners ist in der Gemeinde groß. Der Besuch des Sonntagsgottesdienstes am andern Morgen zeigte, daß die große Mehrheit der Gemeinde hinter ihrem Pfarrer steht und entschlossen ist, ebenso treu wie zum Führer des Volkes zur Kirche zu stehen.

Aus dem Waiblinger Bezirk wird gemeldet, daß auf höheren Befehl eine beträchtliche Zahl von Abonnenten auf die »Flammenzeichen«[109] untergebracht werden müsse. Wer keine Abonnenten findet, muß die auf ihn entfallende Stückzahl selbst bezahlen. Das Oberamt hat an die ihm unterstellten Beamten ein Rundschreiben ergehen lassen, wonach allen, die

---

109 Vgl. S. 592 f. 640–661.

den Eid auf Adolf Hitler geschworen haben, verboten sei, sich innerhalb der kirchlichen Organisationen zu betätigen. Tatsächlich erklärte die Frau eines Angestellten, die sich immer eifrig und aus innerster Überzeugung für die Kirche einsetzte, mit tiefer Betrübnis, sie könne leider im Gemeindedienst nicht mehr mittun. Wenn ein Beamter sich für die Bekennende Kirche einsetze, werde er fristlos entlassen.

Aus mehreren Bezirken wird mitgeteilt, daß die Namen der Konfirmanden nicht mehr in der Presse veröffentlicht werden dürfen. Einem Geistlichen ging von der betreffenden Redaktion folgende Mitteilung zu: »Sehr geehrter Herr Pfarrer! Wir haben vor kurzem und auch heute wieder von der Landesstelle Württemberg-Hohenzollern des Reichsministeriums für Volksaufklärung und Propaganda die Mitteilung bekommen, daß die Konfirmandenlisten gesperrt sind. Die Liste der Schulentlassenen dürfen dagegen gebracht werden.«

Am 28. Februar fand in Gaildorf eine Versammlung aller Beamten des Bezirks statt. Anschließend an diese Versammlung kamen noch die Vorstände der einzelnen Fachschaften zusammen. Dabei wurde amtlich erklärt: Diese Versammlung vorhin ist der Stoßtrupp für die Kirchenwahlen, Sie haben alles einzusetzen für die DC.

Der Arzt des Krankenhauses in Creglingen, Dr. Schoff, ließ dem dortigen Stadtpfarrverweser telefonisch mitteilen, daß er ihm wegen seines ganz flegelhaften Benehmens bei der Versammlung der Volkskirchenbewegung DC mit sofortiger Wirkung das Betreten des Krankenhauses verbiete. Er habe den Kreisleiter sofort davon verständigt und dieser habe seine Einwilligung gegeben! Als »flegelhaftes Benehmen« wurde dem Stadtpfarrverweser ausgelegt, daß er auf die Bemerkung des Redners »Sie werden ja heute den Eindruck bekommen haben, daß bei uns ein ganz anderer Geist herrscht, als bei den andern« mit »So?!« geantwortet habe. Wegen dieser Bemerkung wurde der Stadtpfarrverweser aus dem Saal gewiesen. Er leistete dieser Aufforderung erst Folge, als der Redner geendet hatte, ohne zu wissen, daß die Versammlung gleichzeitig mit einem »Sieg Heil« geschlossen wurde. Anscheinend wurde ihm das auch als politische Gegendemonstration gewertet.

In einer großen Zahl von Stuttgarter Häusern sind mit Erlaubnis der Hausbesitzer die bekannten Blätter der Stuttgarter Plakatmission angebracht. Ein Hausverwalter erhielt nun von seiner zuständigen politischen Stelle eine Rüge, er habe in seinem Haus einen Rahmen mit christlichen Sprüchen hängen, damit zeige er, daß er in keiner Weise die NS-Weltanschauung erfaßt habe.

Bei der Versammlung der NSDAP im Kursaal in Bad Cannstatt am 5. März führte Staatssekretär Waldmann unter anderem aus: »Die Evangelische Kirche verdreht Luther, Luther hat den Primat des Staates vor der Kirche anerkannt. Der Staat ist das Primäre, die Kirche ist das Sekundäre (Hinweis auf Römer 13,1–9). Der Christ soll selbst einer wunderlichen Obrigkeit untertan sein.« Die nationalsozialistische Obrigkeit sei aber nicht wunderlich, sondern großmütig. Sie könnte ja das, was die Kirche bietet, ersetzen.[110] An Stelle der Konfirmation eine Feier beim Übergang von Jungvolk zu HJ, die Hochzeit könne auf dem Standesamt feierlich gestaltet werden. »Der Gottesdienst ist durch Morgenfeiern der SA, HJ usw. zu ersetzen, aber es geht nicht, zur Morgenfeier der SA zu gehen und am Abend in die Exerzitien, wie es vorgekommen sein soll. Wenn die Feiern Eingang gefunden haben im Volk, dann wird die Kirche zu einem bedeutungslosen Verein. Das Wort ›Man muß Gott mehr gehorchen als den Menschen‹[111] gilt für uns nie.« Der Redner bezweifelt, daß es in der Bibel steht. »Luther lehrt uns: ›Volksdienst ist Gottesdienst.‹ Wozu dann noch das Kirchenspringen? Wozu überhaupt noch Kirche? Wir haben unsere Weltanschauung. Wer ohne sie nicht auskommt, kann ja noch in die Kirche. Es soll keiner gehindert werden, es soll jeder nach seiner eigenen Fasson selig werden. Ich bin jedenfalls ausgetreten aus der Kirche!«

Ein Gemeindebeamter schreibt: »Ich mußte dieser Tage von Partei wegen eine Versammlung der Volkskirchenbewegung DC besuchen und es tat mir wirklich weh, in welcher lieblosen, ja geradezu gemeinen Weise über die Kirchenchristen und besonders über Gemeinschaften und Pietisten geredet wurde.«

Bei einer offiziellen Amtswalterversammlung der NSDAP in Marbach am Samstag, den 6. März, wurde in längerer Ausführung Stellung zu den Kirchenwahlen genommen. Ein Redner hat die Bekennende Kirche in der Weise angegriffen, daß er verschiedene Äußerungen von Bekenntnispfarrern, die angeblich gegen den Staat gerichtet seien, benützte, um darzulegen, daß die Bekennende Kirche gegen den heutigen Staat gerichtet sei. Am Schluß der langen Ausführungen zur Kirchenwahl wurde die Parole an die Amtswalter gegeben: »Weitere Befehle sind abzuwarten.«

Im ganzen Land werden, teilweise von politischen Stellen, Zettel verteilt, auf denen man den Eintritt in die Volkskirchenbewegung DC erklären und den »Deutschen Sonntag« bestellen solle. Ein Beispiel dafür, wie

110 Vgl. S. 674–692.
111 Apg. 5,19.

einem amtlichen Bericht zufolge die Unterschriftensammlung sich auswirkt: Eine Frau, die vom Winterhilfswerk unterstützt wird, erzählt: »Wir können doch den Kreisleiter nicht fortschicken, sonst kommen wir um die Unterstützung.«

In dem Wort an die Konfirmanden und ihre Eltern (Stadtausgabe) heißt es gegen Schluß: »Wir sind dem Führer unseres Volkes dankbar, daß er will: die Kirche soll sich allein auf kirchlichen Grundlagen und in voller Freiheit ihre Verfassung und Ordnung geben.« Dazu bemerkt ein Herr [...][112]: »Ganz falsch! Der Erlaß lautet ganz anders! Ihr könnt nicht lesen und habt in 4 Jahren nichts gelernt und alles vergessen. Nicht die Kirche, das ›Kirchenvolk!‹ (Pg.) macht eine neue Verfassung ohne kirchliche Grundlage, sondern auf nationalsozialistischer Grundlage. Warum hat denn der Staat die Vorbereitung in der Hand???? Nur die Wahl soll in voller Freiheit vor sich gehen, für die Zeit nach der Wahl ist keine ›Freiheit‹ versprochen.«

Am Mittwoch, den 17. März, predigte der Herr Landesbischof in der überfüllten Stadtkirche in Göppingen.[113] Die Oberhofenkirche, wohin der Gottesdienst übertragen wurde, war ebenfalls dicht besetzt. Während der Predigt des Herrn Landesbischof wurde das Übertragungskabel von Lausbubenhand durchschnitten. Die Unterbrechung konnte, da die schadhafte Stelle gleich entdeckt wurde, bald beseitigt werden.

In Sachsen wurde das Gerücht verbreitet, bei einem Sieg der Bekenntnisfront würden nach einer Äußerung von Landesbischof D. Wurm die Gemeinschaften verboten. Darauf schrieb der Landesbischof am 24.2.1937 an den Landeskirchenrat in Dresden[114]:

Auf Grund Ihrer Mitteilung vom 19. dieses Monats, die erst heute in meine Hände gekommen ist, ermächtige ich Sie, Folgendes bekannt zu machen:

Wie ich höre, ist in landeskirchlichen Gemeinschaftskreisen in Sachsen die Behauptung verbreitet worden, es sei von mir geäußert worden, wenn die Bekenntnisfront siege, so würden alle Gemeinschaften verboten. Dies ist eine zum Zweck des Stimmenfangs von den DC erfundene Lüge. Mein persönliches Verhältnis zu den württembergischen Gemeinschaftskreisen, die im Jahre 1929 mit besonderem Nachdruck für meine Wahl zum Kir-

---

112 Hier wurde versehentlich der Name des Betreffenden genannt, der nach einer späteren Mitteilung zu streichen ist.
113 Vgl. S. 103–106.
114 LKA Stuttgart, D 1, Bd. 71.

chenpräsidenten eingetreten sind, ist das denkbar beste; aber auch die württembergische Kirchenleitung weiß sich in ihrer Haltung zu den heute die Kirche bewegenden Fragen und in ihrem Kampf für bekenntnismäßige Verkündigung und Ordnung in der Kirche von dem Vertrauen aller auf landeskirchlichem Boden stehenden Gemeinschaftskreise getragen. Umgekehrt wird es ihr von den DC radikaler Richtung in Wort und Schrift zum Vorwurf gemacht, daß sie mit den Gemeinschaften, deren Frömmigkeit kurzweg als Pharisäismus gebrandmarkt wird, im Bunde stehe. Stadtpfarrer Schneider und seine Freunde wissen gut, daß ihre Ablehnung alles dessen, was in dem biblischen Wort vom »Lamm Gottes« liegt, gerade bei dem württembergischen Pietismus auf schärfsten Widerspruch stößt. Die württembergische Kirche war die erste deutsche lutherische Kirche, die schon vor zweihundert Jahren den privaten Erbauungsgemeinschaften Raum gewährt hat.[115] Es ist überall bekannt, wieviel Segen sie von der Pflege eines nüchternen, auf dem Grund von Schrift und Bekenntnis stehenden Pietismus gehabt hat. Deshalb wäre es geradezu Wahnsinn, wenn ein württembergischer Landesbischof sich für eine Unterdrückung der Gemeinschaften aussprechen würde. Es muß schlecht um die deutschchristliche Sache stehen, wenn sie zu einer so dummen Agitationslüge ihre Zuflucht nimmt. Wurm.

WAHLAUFRUFE DEUTSCHCHRISTLICHER GRUPPEN

An den Vorbereitungen der kirchlichen Wahlen beteiligten sich auch die beiden Gruppierungen der Deutschen Christen.
Der Leiter der Reichsbewegung Deutsche Christen, Studienrat Rehm, ließ folgende Entschließung der Reichsbewegung Deutsche Christen zur Kirchenwahl vom 25.2.1937 *verbreiten*[116]:

---

115 Vgl. das sog. Pietisten-Reskript vom Jahr 1743.
116 LKA Stuttgart, D 1, Bd. 70; der Aufruf enthält am Schluß eine Liste der Gauobmänner (für Württemberg ist Studienrat Krauß, Stuttgart, genannt) und eine Liste von Referenten.
Vgl. auch den Aufruf »An die evang. Pfarrer Deutschlands« von Pastor Timm, Reinshagen, der als »Bund der Mitte« einen Weg zwischen der »Bekennenden Kirche Dahlemer Richtung und ... der Thüringer DC« vorschlug zusammen mit dem Gutachten von Prof. Dr. Bultmann, Marburg, vom 11.8.1937 zu diesem Aufruf (LKA Stuttgart, D 1, Bd. 71 und Bd. 73). Aus diesem Zusammenschluß entwickelte sich der »Wittenberger Bund« unter Domprediger Hans Schomerus, Braunschweig, mit dem »Laienausschuß« unter Freiherr von Ledebur, Berlin. Beide Zusammenschlüsse erlangten in Württem-

Die Reichsbewegung »Deutsche Christen« hat ihrer Bestimmung entsprechend von Anfang an für die Erneuerung der Kirche gekämpft. Das Evangelium von Jesus Christus ist die Grundlage unseres Glaubens. In unserer nationalsozialistischen Haltung wird uns dieser Glaube zur Tat. Von Luther her fordern wir endlich die Herstellung der Ordnung in der Deutschen Evang. Kirche als einer Kirche im Dritten Reich. Deshalb ist es das Gebot der Stunde, die neue Kirche zusammen mit allen Nationalsozialisten zu bauen, die auf dem Boden des Evangeliums von Jesus Christus stehen.

Wir können aber Kirche nur werden, wenn wir das Erbe Martin Luthers für unser Volk heute fruchtbar machen. Die Reichsbewegung »Deutsche Christen« sieht ihre besondere Aufgabe jetzt darin, alle Kräfte zu sammeln, die religiös vom Evangelium und weltanschaulich vom Nationalsozialismus ergriffen sind. Sie weiß sich als die Bewegung aller Evangelischen, die treu zu Führer und Volk stehen, und aller Nationalsozialisten, die zum evangelischen Christentum sich halten. Darum reichen wir allen nationalsozialistischen evangelischen Volksgenossen in echter Kameradschaft die Hand. Wir kämpfen für die judenfreie, deutsche evangelische Reichskirche.

    Rehm, Leiter der Reichsbewegung »Deutsche Christen«.
Kein Flugblatt. Nur persönliche Mitteilung.

Am 21. Mai hatten Pfr. Wittmann, Onstmettingen, und Pfr. Leitz, Horb, eine Aussprache mit Landesbischof D. Wurm wegen der Kirchenfrage. Im Anschluß daran schrieb Pfr. Wittmann am 25.5.1937 an den Landesbischof [117]:

Verehrter Herr Landesbischof!

Es drängt mich, zu der Aussprache, die wir am vergangenen Freitag mit Ihnen haben durften und für die ich herzlich danke, noch einige ergänzende Ausführungen zu machen.

Es hat mich stark bewegt, insbesondere aus den Ausführungen des Herrn Oberkirchenrats Pressel entnehmen zu müssen, daß viel entscheidender, als ich es mir seither vorstellte, der Oberkirchenrat auf dem

berg keine Bedeutung, der OKR informierte die Pfarrer der Landeskirche am 10./27.12.1937 über den »Wittenberger Bund« (Nr. A 11 306; vgl. auch Hermelink, Kirche im Kampf, S. 391 und 419; Wenschkewitz, S. 126 f.; Meier, Kirchenkampf II, S. 371–378).

117 LKA Stuttgart, D 1, Bd. 71.

Standpunkt steht, daß Staat und Partei sich für einen antichristlichen Kurs entschieden haben. Also ganz nüchtern ausgedrückt: Das Dritte Reich und die sie tragende Bewegung ist antichristlich. Von dieser Position aus kann ich erst mit voller Deutlichkeit erkennen, warum trotz weitgehender theologischer und kirchlicher Gemeinsamkeit doch ein solcher grundsätzlicher Gegensatz zwischen der Auffassung der Württ. Landeskirche und der Reichsbewegung DC herrscht.

Ich halte es für notwendig auszusprechen, daß diese Frage der Ausgangspunkt aller Schwierigkeiten ist, die Sie mit uns Pfarrern der Reichsbewegung gehabt haben und haben werden. Denn ich kann bei aller Nüchternheit und bei allem Verständnis für die Schwierigkeiten der gegenwärtigen kirchlichen und kulturpolitischen Lage dies nicht als Tatsache anerkennen, daß Staat und Bewegung sich für einen antichristlichen Kurs entschieden hätten. Wenn ich auch selbstverständlich unumwunden zugeben muß, daß starke anti- und achristliche Kräfte in der derzeitigen Kulturpolitik, in der Forderung der Entkonfessionalisierung usw. lebendig wurden und mit unheimlicher Kraft am Werk sind, so ist doch mein Vertrauen zu dem vom Führer gegebenen Wort so stark, daß ich diese Erscheinungen als bedauerliche Entgleisungen schwerster Art, aber nicht als Symptom ansehen kann. Ich könnte die Frage, die Herr Pressel an uns richtete, nämlich mit welchen guten Gründen wir an unsrem Optimismus festhalten, zurückgeben mit der Gegenfrage, mit welchen einwandfreien Gründen er die Ehrlichkeit des vom Führer gegebenen Wortes bezweifle.

Die Stellungnahme von Herrn Pressel müßte aber, sofern sie mit der der gesamten Kirchenleitung identisch wäre, außerordentlich schwerwiegende Folgen haben. Es müßte doch zum Beispiel ein absolut bindender Befehl an sämtliche Pfarrer ausgegeben werden, sofort soweit nötig aus dieser antichristlichen Partei auszuscheiden und jede Tätigkeit innerhalb der Partei aufzugeben. Immer unter der Voraussetzung, daß dies wirklich die Ansicht der Kirchenleitung ist, müßte diese Ansicht doch wohl in aller Offenheit ausgesprochen werden und der daraus mit Sicherheit entstehende offene Kampf im Namen der Wahrheit ohne Rücksicht auf die Folgen geführt werden. Es erscheint mir aber in unsrer evang. Kirche ganz und gar unmöglich, eine politische Ansicht, das heißt eine bestimmte Anschauung politischer Geschehnisse und Kräfte, für alle Geistliche verbindlich zu machen und aus dieser Verbindlichkeit die schwerwiegendsten Folgen zu ziehen wie Redeverbot, den Vorwurf der Vernebelung der Gemeinden usw. Dieses Vorgehen scheint mir eng zusammenzuhängen mit der immer stärker werdenden Tendenz, den sehr wesentlichen Unterschied zwischen der Ecclesia visibilis und invisibilis[118] zu verwischen. Wenn etwa die Landeskirche von Y göttliche Stiftung selbst ist, dann ist die wegen einfacher Gehorsamsverweigerung erfolgte Verhaftung eines ihrer Geistlichen Angriff auf Christus selbst, und ich als Geistlicher bin zu Protest, Fürbitte und Anruf der Gemeinde verpflichtet. Ich kann aber nicht einsehen, daß ich meine Gemeinde vernebele, wenn ich sie in einem solchen Fall nicht zum Protest aufrufe, sondern nur, so gut ich es vermag, in Predigt, Unterricht und Seelsorge Evangelium verkünde. Ich kann es auch nicht als Vernebelung ansehen, wenn ich gegebenenfalls meiner Gemeinde sage, daß ich die Verhaftung dieses oder jenes Pfarrers vielleicht wohl als übertriebene Härte, vielleicht auch als Unrecht, nicht aber als Angriff auf Kirche und Evangelium ansehen kann. Ich wäre sehr dankbar, wenn ich klar sehen würde, inwieweit diese Ansicht, Staat und Partei seien antichristlich, Privatmeinung einzelner Herren oder Ansicht der Kirchenleitung selbst ist.

Dann gestatten Sie, Herr Landesbischof, noch ein persönliches Wort, das freilich eng mit den sachlichen Fragen zusammenhängt: Ich habe in den vergangenen Monaten mich dann und wann um eine andere Pfarrstelle beworben. Der Grund liegt nicht darin, daß es mir in Onstmettingen nicht gefällt. Wenn es auf mich allein ankäme, würde ich gerne hier bleiben, da ich hier in einer Gemeinde, die bei allen kirchlichen Kämpfen doch eine Einheit geblieben ist, immer Arbeitsmöglichkeit haben werde. Ich bin aber gezwungen, an einen Wechsel zu denken [...][119] Wenn nun die Lage tatsächlich so wäre, wie sie mir als Ergebnis unsrer Aussprache vor Augen steht, ist an die Übertragung einer neuen Stelle, die auch Schulmöglichkeit für meine 5 Kinder bietet, nicht zu denken. Ich habe, um wenigstens im Pfarramt, an dem ich hänge, bleiben zu können, mich schon mit dem Kirchlichen Außenamt in Verbindung gesetzt, mußte aber erfahren, daß wegen meiner großen Familie eine Verwendung im Außendienst ausgeschlossen ist. Ehe ich nun, schweren Herzens, aber schließlich notgedrungen, andere Schritte unternehme, möchte ich doch noch einmal mir die Frage erlauben, ob es tatsächlich so ist, daß die Übertragung einer anderen angemessenen Stelle der Württ. Landeskirche ohne Bindungen besonderer Art nicht mehr möglich ist. Sie waren, verehrter Herr Landesbischof, vor einiger Zeit so freundlich, mir durch Herrn Dekan Pfleiderer die

118 Der Unterschied zwischen der sichtbaren und unsichtbaren Kirche.
119 Im Original werden hier Familienangelegenheiten erwähnt zur Begründung des Wunsches nach einem Wechsel der Pfarrstelle.

beruhigende Mitteilung zu geben, daß Sie an meine Sorge denken. Ich war dankbar für diese Mitteilung, stehe aber immer wieder vor der durchaus ernsten Frage, ob überhaupt noch eine Möglichkeit für einen Deutschen Christen heute besteht. Denn, das muß ich aussprechen, ich kann meine Gesinnung nicht wechseln oder grundsätzlich darauf verzichten, das auszusprechen und zu vertreten, was ich für notwendig und richtig halte.

Für eine gelegentliche Antwort bin ich sehr dankbar und begrüße Sie in aufrichtiger Verehrung mit Heil Hitler! Ihr sehr ergebener Pfarrer Wittmann.

Pfr. Leitz schrieb am 26.5.1937 an den Landesbischof[120]*:*

Hochverehrter Herr Landesbischof!

Auf Grund der Besprechung, die Sie am 21. dieses Monats Wittmann und mir gewährt haben, möchte ich versuchen, auf die uns gestellten Fragen eine Antwort zu formulieren.

Frage I: Warum schließen Sie sich für die Wahl nicht vorbehaltlos der kirchlichen Front an?

Antwort: 1. Wir erkennen durchaus an, daß es bei der Wahl vordringlich um die Klärung des Verhältnisses der DEK zu Thüringen geht. Wir halten es aber für ein tragisches Verhängnis, daß die DEK nicht Zeit hat, eine in der heutigen geistigen Lage unvermeidliche innere Auseinandersetzung (betreffend Infizierung der kirchlichen Verkündigung durch den völkischen Idealismus) in Ruhe auszumachen, sondern sie in einem bestimmten Augenblick äußerlich zur Entscheidung bringen muß. Das kann nur Scheidung geben, und diese wird zu bittern Folgen für den Protestantismus in und außer Deutschland führen. Aber es ist nun so. Wir bejahen dabei völlig die Parole: Keine Alterierung des Evangeliums! Wir werden keinesfalls für Thüringen stimmen.

2. Es geht aber bei der Wahl nicht nur um die Klärung gegen Thüringen. Darauf stoße ich in allen Gesprächen mit Gemeindegliedern. Vor dem Kirchenvolk, voran seiner Bildungsschicht steht mit der gleichen Dringlichkeit die andre Frage: Wie wird die DEK nach Absetzung von Thüringen sich ausgestalten? Hiebei steht aber nicht die Frage nach dem Verhältnis zum Staat im Vordergrund. Unser Volk fühlt, daß hiefür verschiedene Möglichkeiten gegeben sind und verschiedene Wege sich geschichtlich gangbar erwiesen haben und rings in der Welt erweisen, von

120 LKA Stuttgart, D 1, Bd. 71.

der Staatskirche bis zu freikirchlichen Formen, und es erkennt an diesem Punkte sicherlich keine Orthodoxie. Aber dringlich ist ihm die Frage, ob die DEK eine geistige Verengerung erfahren wird im Sinne der Bekenntnisfront in einem Sinn, die nicht nur den Pfarrstand, sondern auch die Gemeinden absolut an »Schrift und Bekenntnis« bindet bis zur Abhängigmachung der kirchlichen Rechte wie Wahl, Ämter und Dienste von Erklärungen der Bekenntnistreue im neuorthodoxen Sinne. Dadurch fühlen sich viele Gemeindeglieder beunruhigt, weil überfordert, und fürchten ihre Heimat in der Kirche zu verlieren. Ich habe dies schon vor Wochen an Herrn Pressel geschrieben und möchte es Ihnen, Herr Landesbischof, als Gemeindepfarrer in aller Form berichten: Unsrem Kirchenvolk geht es bei der Wahl um diese Frage ebenso wie um das Verhältnis zu Thüringen. Jeder Gemeindepfarrer, der Augen und Ohren offen hat, wird Ihnen dies bestätigen. Darum erscheint es uns gefährlich, die kirchliche Wahlparole ganz einseitig auf die Absetzung von Thüringen einzustellen. Eine kirchliche Front von Dahlem bis an Rehm hin erweckt die Frage: Wer ist hier ausschlaggebend? Und es wäre ehrlicher und daher auch klüger, schon beim Aufmarsch zur Wahl in Erscheinung treten zu lassen, daß hier verschiedene Meinungen miteinander ringen. Das wird aber nur anschaulich, wenn die kirchliche Front sich in Gruppen gliedert. Nur dadurch bringen wir das evangelische Volk an die Urne. Ich höre sehr oft sagen, wie ich fast auch selber sagen muß: Für Thüringen stimme ich sicher nicht, aber für die Bekenntnisfront einschließlich Dahlem kann ich eigentlich auch nicht stimmen; ich werde mich also enthalten.

3. Daher fühlt Rehm auch etwas ganz Richtiges, wenn er in seinen Aufrufen betont, daß es nicht nur gegen Thüringen, sondern ebenso gegen die der DEK durch Barmen-Dahlem drohende Verengerung der Kirche geht. Seine Ausdrucksweise ist dabei scharf, oft ungerecht, aber er hat den Finger richtig auf eine wunde Stelle der kirchlichen Wahlvorbereitung gelegt. Es sollte irgendwie zum Ausdruck kommen, daß man nicht gesonnen ist, Dahlem maßgebend sein zu lassen und die DEK geistig von Dahlem formen zu lassen. Unmißverständlich wird das aber bei einer Wahl nur durch Gliederung in Gruppen zum Ausdruck gebracht.

4. Je nach der Wahlordnung möchten wir Leute der RBDC daher auf eine eigene Reichsliste abstimmen. Wir möchten uns jetzt, da man die Wahlordnung noch nicht einmal kennt, nicht binden. Wir geben alle Gewähr gegen eine Wahlverbindung mit Thüringen, und Rehm hat diesbezüglich starken Versuchungen widerstanden. Könnte das nicht dem OKR als Kriterium kirchlicher Haltung genügen?

Frage II: Woher nehmt Ihr den Optimismus, die Kultur-, Religions- und Kirchenpolitik des heutigen Staats günstiger zu beurteilen als wir?
Antwort: 1. Wir sehen in der Kultur-, Religions- und Kirchenpolitik des Dritten Reichs bis jetzt noch keine klare Linie, sondern, wie Wittmann sich ausdrückte, eine weitgehende Anarchie. Eben deswegen kann man zu einem endgültigen Urteil heute nicht gelangen.
2. Die pessimistische Beurteilung, wie sie insbesondere Herr Pressel wiederholt entwickelt hat, hat zur Voraussetzung, daß man den zahlreichen günstiger lautenden Führerworten, von denen erst kürzlich eines als Plakat verbreitet wurde und auch im Dienstgebäude des OKR aushängt, völligen Unglauben entgegensetzt. Hiezu können wir uns nicht entschließen. Noch ist es denkbar, in letzter Stunde an den Führer zu appellieren, und in allerletzter a duce male informato ad ducem melius informandum.[121] Ehe die Führerworte zurückgenommen oder durch andre ersetzt sind, halten wir uns nicht für berechtigt, die Entscheidung der nationalsozialistischen Regierung für die Entchristlichung Deutschlands als Tatsache zu behaupten.
3. Die Kirchenpolitik des Staats scheint uns übrigens überwiegend dadurch bestimmt, daß die Evang. Kirche dem Staat den politischen Anschluß in der Art, wie ihn Schule, Handwerk, Kunst, Wissenschaft etc. etc. vollzogen haben, verweigert hat. Vielleicht hätte ein solcher Anschluß 1933 von den vorhandenen Kirchenleitungen rasch und besonnen vollzogen werden sollen aus der politischen Erkenntnis, daß nur so die hergebrachte öffentliche Stellung der Kirche erhalten bleiben kann. Wäre dies rasch geschehen, so hätte der mehr tumultuarische Versuch der DC-Bewegung und des DC-Kirchenregiments, den Anschluß zu erzwingen, gar nicht stattfinden müssen. Die Kirche hat den Anschluß nicht vollzogen, und ich enthalte mich darüber hier des Urteils; es war aber dann doch ohne weiteres klar, wie der Staat sich verhalten werde. Die politisch für den Staat nicht gesicherte Kirche wird dann aus der bisher noch bestehenden Verbindung mit dem Staat und Zusammenarbeit mit staatlichen Aufgaben herausgelöst. Dieser Prozeß ist im Gang. Die Evang. Kirche wird jetzt nicht mehr mit politischen Vorrechten als Volkskirche gestützt, sondern ist Volkskirche nur in dem Ausmaß, als sie Volk hat, und das ist seit langem nur in eingeschränkter Weise der Fall. Sie steht dann auf sich selbst. Ihr Einfluß im Volk entspricht genau ihrer inneren Kraft in freiem Wettbewerb mit andern religiösen Vereinigungen. Die Staatsführung

121 Appell an den nicht richtig informierten Führer mit dem Ziel, ihn umfassender und richtig zu informieren.

wird dabei nie zugeben, daß sie die Kirche schlecht behandle, nur daß sie sie nicht mehr künstlich stütze. Sie wird auch nicht zugeben, daß sie das Volk entchristliche, sondern nur, daß sie die Glaubensdinge dem freien Spiel der geistigen Kräfte überlasse. Und vom Denken des Staatsmanns aus ist es ein Widerspruch, wenn die Kirche die »Gleichschaltung« verweigert und dann doch um öffentlichen Einfluß auf Staatsdinge wie Schule, Fürsorge und ähnliches mit ihm ringt. Es liegt auch in der Konsequenz der politischen Enthaltsamkeit der Kirche, wenn der Staat nun auch den Bestrebungen auf Mythisierung der staatstragenden politischen Weltanschauung nicht viel Widerstand entgegensetzt. Rosenbergs »Privatarbeit« wird mehr als Privatarbeit, sobald es keine privilegierte Evang. Kirche mehr gibt.

Retrospektive Betrachtungen haben freilich keinen Wert mehr. Nachdem die politische Chance von 1933 verpaßt ist – oder, wenn Sie lieber wollen: nachdem ihre Benützung der Evang. Kirche aus Gewissensgründen nicht möglich war und nie möglich sein wird –, so müssen wir den Mut der Konsequenz haben und uns in der gegebenen Lage zurechtfinden. Haben wir wirklich »im Gehorsam gegen den Herrn der Kirche« den politischen Weg verschmäht, so können wir dabei auch ruhig sein. Die Weiterführung ist dann auch Sache des Herrn. Der Kampf mit dem Staat um Öffentlichkeitswirkung halb politischer Natur in Schule, Fürsorge etc. kann nur noch schaden und verzehrt unsre Kraft. Nehmen wir die uns verbleibende Stellung im Vertrauen auf das »Wort«, das wir so leidenschaftlich bezeugt und um dessen Reinheit wir die politische Chance geopfert haben! Wir müssen dabei mit rechnen, daß nicht wenige Volksgenossen auf geraume Zeit dem Mythus als Religionsersatz verfallen. Dagegen hülfe aber auch die günstigste öffentliche Stellung der Kirche nicht viel. Gegen den Mythus der marxistischen Sozialdemokratie ist die Kirche trotz ihrer äußern Machtstellung im Zweiten und im Zwischenreich wenig wirksam gewesen: Ihre privilegierte Stellung hat ihr dabei eher geschadet. Im Grunde hatten wir auch damals nur das Wort und das priesterliche Herz, das den entlaufenden Hörern in Geduld nachging und nicht auf kirchliche Scheidung von ihnen drängte. Umsonst war das Wort auch nicht. Auch wenn der neue, völkische Mythus nicht lediglich auf seine eigene Anziehungskraft gestellt sein, sondern sich mittelbarer Förderung durch offizielle Stellen erfreuen sollte, ändert das nicht viel. Der Deutsche bezieht seine geistige Nahrung mit Vorliebe eben nicht von der machtmäßigen politischen Führung; eine autoritativ eingebläute »Weltanschauung« erhält von selbst Gegenströmung. Das Wort, das die Kirche zu verkündigen hat, wird sicherlich auch gehört werden, wenn sie nicht in staatlichen Aufgaben die Hände mit drin hat, und der Staat wird dieses Wort in dem Maße freigeben müssen, als die Kirche nicht um halbstaatlichen Einfluß mit ihm kämpft. Ich sehe hier ein hartes Entweder-Oder. Entweder »politisierte« Kirche oder wirklich unpolitische Kirche. Im Grunde ist die Entscheidung für das letztere schon gefallen. Die Thüringer allein verfechten noch die erste These, und man wird ihnen das zubilligen müssen, daß sie einen politisch diskutablen Gedanken haben und vielleicht heute noch ernst zu nehmen wären, wenn sie nicht meinten, auch die Verkündigung der Kirche politisieren zu müssen.

III. Frage: Wollten Sie nicht in aller Form und Öffentlichkeit in die Kampfgemeinschaft der BK eintreten, um Staat und Partei eindrücklich zu zeigen, daß auch hundertprozentige Nationalsozialisten sich von der Kirchen- und Religionspolitik gewissenshalber abwenden müssen?

Antwort: 1. Diese Frage steht nicht im Einklang mit der geringen Einschätzung unsrer gegenwärtigen öffentlichen Bedeutung, die Herr Pressel offen aussprach und die wir im übrigen teilen. Der Eindruck wird nicht so groß sein, wie auch unsre Aktion von 1936 wenig Eindruck nach dieser Seite machte.

2. Nach den Ausführungen zu Frage II sehen wir die Aufgabe der Kirche nicht ganz so wie die BK als die eines Kampfes mit den taktischen Mitteln der Behauptung hergebrachter Stellungen. Wir sehen sie mehr seelsorgerlich: Bezeugung des Evangeliums auf den verbliebenen Wegen unter tunlichster Kameradschaft mit dem Volke in seiner jetzigen schweren geistigen Lage. So ferne wir dabei von einer Überschätzung unsrer Bewegung sind, so scheint es uns doch nicht unwichtig, ja das Nötigste und Verheißungsvollste zu sein, wenn auch als kleine Gruppe dem deutschen Volke zur Anschauung zu bringen, daß echter Nationalsozialismus nicht Kirchen- und Christusfeindschaft bedeuten muß und Christentum nicht NS-Feindschaft. Daß es auch Pfarrer gibt, die als Christen die Hand hinüberbieten möchten ins völkische Lager. Wir möchten das tun, solange irgend etwas davon zu hoffen ist, und wir machen doch in unsern Gemeinden immer wieder die Erfahrung, daß dies nicht ganz umsonst ist. Einige unsrer Kameraden bringen es doch fertig, daß die Parteigliederungen sich am ortskirchlichen Leben beteiligen und die Feste mit einem allgemeinen Gottesdienst beginnen und daß dies keineswegs auf Kosten des Evangeliums geschieht. Allerdings nicht unter taktischen, aber unter seelsorgerlichen Gesichtspunkten könnte doch auch die Landeskirche darin einen Hoffnungs-, einen Zukunftswert erkennen. Ist die taktische Geschlossen-

heit so unbedingt wichtig, daß es gerechtfertigt ist, um ihretwillen die Arbeit von Männern zu zerschlagen, die doch nichts andres wollen, als den Volksgenossen die weitgehendste seelsorgerliche Liebe zu erweisen?

Hier ist die Stelle, wo wir uns tiefer als durch alle Fragen der Taktik und Kirchenpolitik, ja selbst der Dogmatik und der Verkündigung in der BK nicht heimisch fühlen können. Ich könnte Ihnen, hochverehrter Herr Landesbischof, ergreifende Äußerungen von Volksgenossen berichten, die sich beklagen, in unsrer Kirche sei ob dem Eifer um das reine Wort die Liebe erstorben. Es ist ja soweit, daß man in Pfarrerskreisen ausgelacht wird, wenn man für die Weitherzigkeit seelsorgerlicher Liebe eintritt und die wörtliche Antwort bekommt: Die größte Liebe, die ich dem irrenden Volksgenossen erzeige, kann die sein, daß ich ihn aus der Kirche ausschließe. Das ist eine Dialektik, deren Urheber sich damit über eine innere Gewissensunruhe hinweghelfen will. In derselben Linie liegt der Fall Roßwälden, der am 21. dieses Monats auch gestreift wurde. Einem Volks- und Kirchengenossen wird von seinem Ortspfarrer die Bitte verweigert, sich von seinem leiblichen Bruder trauen zu lassen, und dazu sagt Herr Pressel, bei der unklaren Haltung Däubles könne er das verstehen.[122] Als ob bei einer Trauung das kirchenpolitische Denken irgendwie in Frage käme. Das ist einfach Lieblosigkeit aus Doktrinarismus, und ich treffe immer wieder auf Kollegen in der BK, denen solche Erscheinungen Gewissensnot bereiten. Ist Däuble und sein Bruder, wenn sie auf die gewünschte Trauung verzichteten und sie sogar dem Ortspfarrer übertrugen, nicht viel größer und christlicher als der Eiferer? Diese Dinge sind Terror und Gewissenszwang, den politischen Gewaltmethoden der DC im Kirchenkampf völlig ebenbürtig, und wenn sie von einer ganzen Bezirkskollegenschaft gedeckt werden und die Kirchenleitung dagegen nicht einschreitet, so wird uns bange um den ganzen Geist, in den die BK geraten ist. Hier können wir nicht mit, und es ist uns unmöglich, förmlich und öffentlich der BK beizutreten, solange wir Gefahr laufen, dadurch vor dem Volk als Gesinnungsgenossen solcher Bekenntnispfarrer zu erscheinen.

Frage IV: Wollen Sie es darauf ankommen lassen, daß die Landeskirche Sie als Gegner behandeln muß?

Antwort: 1. Aus Liebe zu unsrem Volk möchten wir eine freie Bewegung bleiben, bemüht vor allem um die Nationalsozialisten, mit der Liebe,

---

[122] Vom Ortspfarrer sollte durch Verweigerung des sogenannten Dimissoriale die Trauung durch einen zur Volkskirchenbewegung Deutsche Christen neigenden Pfarrer entsprechend den Richtlinien des OKR (vgl. Bd. 4, S. 715–717) verhindert werden.

die sich nicht erbittern läßt und alles hofft.[123] Und wir möchten eine freie Bewegung in der Landeskirche sein. Wir haben schmerzlich erfahren, daß wir es nicht fertig bringen, wie unsre einstigen Kameraden von der heutigen VKBDC unsre Landeskirche radikal zu bekämpfen. Wir möchten bei der unheilvollen Entwicklung, die Volk und Kirche von beiden Seiten auseinanderreißt, in den Riß treten. Wir erbitten von der Kirchenleitung die Freiheit, dieses Anliegen vertreten zu dürfen. Dazu bedürfen wir das Recht, es jedem zu sagen, der darauf hört, und die Volksgenossen zu sammeln, die sich um dieses Anliegen sammeln lassen. Dazu bedürfen wir das Recht, den Volksgenossen, die uns wünschen, bei Kasualien zu dienen. Ob unsre Versammlungen in kirchlichen Räumen stattfinden oder nicht, ist Nebensache.

2. Ist diese Tätigkeit für die Kirche untragbar, so bitten wir, uns das zu eröffnen. Ist sie tragbar, so bitten wir, dies den anfragenden Dekanen und Geistlichen kund zu tun.

3. Kommt die Kirchenleitung zu dem Entschluß, daß sie uns als Gegner behandeln muß, so bitten wir um der Klarheit willen, uns Pfarrern der RBDC jede Tätigkeit außerhalb unsrer Gemeinden und für unsre Bewegung zu untersagen. Es kann nicht dauernd um die einzelnen von uns gehen, daß einer als tragbar bezeichnet wird und der andre nicht; es muß zu unsrer Sache Stellung genommen werden. Die Disziplinargewalt über den einzelnen steht dem Oberkirchenrat im Einzelfall immer noch zu.

3. Über den Bescheid des OKR werden wir beraten. Es ist möglich, daß einzelne von uns dann noch zu Schneider übergehen; die meisten von uns werden es nicht können. Wir werden dann aber Entschluß zu fassen haben, ob wir im Pfarrdienst bleiben können. Eigentlich kann man ja nicht wohl ein kirchliches Amt führen, wenn man in seinem kirchlichen Denken offiziell abgelehnt ist. Ich glaube, daß keinem von uns das Predigtamt bloß die Kuh ist, die ihn mit Butter versorgt, und daß er es freien Herzens weiterführen kann, wenn er als Gegner behandelt und mit Zwang zum Schweigen gebracht wird. Denn daß durch das Schweigen sich an unsrem Denken nichts ändert, ist klar.

Ich schließe diese Eingabe, die nun leider eine kleine Denkschrift geworden ist, mit dem Ausdruck aufrichtiger persönlicher Verehrung.

Stadtpfarrer G. Leitz.

---

123 1. Kor. 13,5.

Die Landesführung der Volkskirchenbewegung Deutsche Christen gab am 2.3. 1937 das Rundschreiben Nr. 4 / 1937 heraus [124]:

Liebe Kameraden!

I. Gerüchte um die Wahl

Wie zu erwarten, laufen in Sachen der Kirchenwahl die unglaublichsten Gerüchte um. So soll zum Beispiel die Abhaltung der Wahl überhaupt noch zweifelhaft sein. Daran ist natürlich kein wahres Wort. Ferner wird vom 4. April als dem Termin gesprochen. Auch das ist äußerst unwahrscheinlich, da die amtlichen Vorbereitungen bis zu dem dann notwendigen nahen Termin kaum abzuschließen sind. Es wird auch von Bemühungen der »anderen Seite« gesprochen, einen großen Block der Mitte zu bilden aus Evangelischem Bund, Innere Mission und Deutschen Pfarrervereinen. Mögen solche Versuche immerhin gemacht werden. Alle Anzeichen sprechen dafür, daß die breite Masse des Kirchenvolks der alten kirchlichen Machthaber endgültig überdrüssig ist und über ihre geschichtlich erwiesene Unzulänglichkeit klar zu urteilen vermag. Da die um die Kirchenwahl kreisenden Gerüchte gelegentlich doch Schlüsse zulassen auf die Wünsche oder Besorgnisse der anderen Seite, bitten wir, uns von allen Gerüchten stets sofort kurz Mitteilung zu machen.

II. Pfarrers- oder Volkskirche

In dem Erlaß des Führers vom 15. 2. 1937 betreffend die Wahl zu einer verfassungsgebenden Generalsynode der Deutschen Evang. Kirche kommt unmißverständlich zum Ausdruck, daß »die Kirche in voller Freiheit nach eigener Bestimmung des Kirchenvolkes sich selbst die neue Verfassung und damit eine neue Ordnung geben« soll. Kaum ist dieser Erlaß heraus, da melden sich schon wieder die zünftigen Oberpriester eines vergehenden alten Kirchenwesens und bemühen sich, diese vom Führer gewollte freie Entscheidung des Kirchenvolkes durch »kirchliche« Sicherungen einzuengen und auf den von diesen Kirchenführern gewünschten Kurs hinzulenken. Das deutsche Volk hat von der von Jahr zu Jahr in einem katastrophalen Maße zunehmenden Unzulänglichkeit und Bedeutungslosigkeit dieser alten Kirchenführung einen viel zu deutlichen Eindruck, als daß man fürchten müßte, daß erhebliche Teile des Kirchenvolkes auf die Wünsche dieser durch die Geschichte als unzuständig und unfähig erwiesenen kirchlichen Oberen noch großes Gewicht legen wer-

---

124 LKA Stuttgart, D 1, Bd. 80.

den. Durch diese Wünsche wird kaum ein Volksgenosse sich betören und in seiner Entscheidung beeinflussen lassen. Immerhin aber ist es von Bedeutung zu wissen, wie diese genannten Kreise ihre alten Kirchenideale auch durch diese Volksentscheidung hindurchzuretten bemüht sind. Sicherem Vernehmen nach haben die maßgebenden »Kirchenführer« alter Observanz beschlossen, nur dann diese Kirchenwahlen als eine »echte« Kirchenwahl anzuerkennen und darin mitzumachen, wenn folgende Voraussetzungen erfüllt werden:

1. Es soll nach Landeskirchen gewählt werden. (Wahrscheinlich deshalb, weil man nur auf diese Weise den Propaganda-Apparat der alten Kirche genügend einzusetzen vermag und damit die Hoffnung hat, dann wenigstens einige Kirchengebiete als geschlossene Blocks der alten Kirche in eine neue Zeit hinüberzubringen, als eine ständige Stütze aller jener Kräfte, die das rollende Rad der Geschichte aufhalten wollen.)

2. Die Wahl soll »auf kirchlichem Boden durch kirchliche Organe« vollzogen werden. (Wahrscheinlich in dem Wunsch, auf diese Weise die der derzeitigen Kirche mit berechtigtem Mißtrauen gegenüberstehenden Kreise vom Betreten dieses »kirchlichen Bodens« zurückzuhalten und auf diese angenehme und einfache Weise die Stimme der in eine neue Zukunft Drängenden auszuschalten.)

3. Als Wähler sollen nur solche Kirchenglieder zugelassen werden, deren kirchliche Zuverlässigkeit durch schriftliche Treuebekenntnisse zum Dogma zuvor nachzuweisen ist. (Damit würden also nur die Mitglieder der sogenannten »Bekenntnisfront« wahlberechtigt sein.)

4. Gewählt werden sollen nach dem Wunsche dieser Kreise nur solche Menschen, die sich »im kirchlichen Leben bewährt« haben. (Danach müßte jemand also mindestens als Posaunenbläser, Gemeindehelfer, Kirchenvorsteher oder Generalsuperintendent tätig gewesen sein, ehe er die Ehre genießen soll, dem Volke als Kandidat präsentiert zu werden. Auch dies fein ausgeklügelt zu dem Zweck, nur die in den letzten vier Jahren ausgesiebten Vertreter des alten Kirchensystems aufs neue in der Ausübung der Macht zu befestigen.)

5. Die als »radikal ›unermüdlich diffamierte sogenannte‹ Thüringer Richtung« der Deutschen Christen soll überhaupt von der Wahl ausgeschlossen bleiben, weil diese den Boden des Evangeliums und der Evangelischen Kirche verlassen habe. Dabei zählen schon heute Hunderttausende von bewußten christlichen Volksgenossen zu dieser Kirchenbewegung Deutsche Christen, ohne daß sie bisher aus der alten Kirche ausgetreten wären.

Von allen diesen Machenschaften, den Willen des Führers nach einer vollständigen freien Gewissensentscheidung des Kirchenvolkes zu sabotieren, heben sich entscheidend ab die Wünsche, die vom Bund für Deutsches Christentum, der Zusammenfassung aller Deutschen Christen des Reiches, in diesen Tagen an maßgebender Stelle zur Frage der Durchführung der Wahl vorgetragen wurden:

1. Da das Kirchenvolk als solches aufgerufen ist, die verfassungsgebende Generalsynode zu wählen, erscheint es uns selbstverständlich, daß jede besondere kirchliche Qualifikation als Voraussetzung für das Wahlrecht ausscheiden muß, daß namentlich keine irgendwie gearteten Verpflichtungen oder Erklärungen zu dem Wahlakt, wie sie von der Beratenden Kammer der DEK für Verfassungsangelegenheiten für künftige Wahlen vorgesehen waren, in Frage kommen können. Vielmehr müssen grundsätzlich alle Mitglieder der Kirche wahlberechtigt sein, denen das Wahlrecht für die politischen Wahlen zusteht. Auch für die Wählbarkeit dürften keine Einschränkungen über die für politische Wahlen geltenden Bestimmungen hinaus vorzusehen sein, da für einen kirchlichen Neubau unter Umständen gerade auch solche Volksgenossen als wertvolle Mitarbeiter in Frage kommen werden, die sich unter den bisherigen Verhältnissen begreiflicherweise nicht haben »kirchlich bewähren« können.

2. Die Besonderheit der Wahl liegt darin, daß sie auf einem Erlaß des Führers beruhend, unmittelbar dem Kirchenvolk Gelegenheit geben soll, das Organ zu schaffen, dem die Neuordnung der kirchlichen Verfassung übertragen wird. Bei dieser Sachlage dürfte nur unmittelbare Wahl der Abgeordneten in Frage kommen. Schon die mittelbare Wahl durch Wahlmänner wäre nicht gerechtfertigt. Erst recht aber scheint uns der Gedanke, etwa Gemeinde- und Landeskirchenorgane und erst durch diese nach dem sogenannten Siebsystem die Generalsynode wählen zu lassen, mit dem Sinn des Erlaßes völlig unvereinbar.

3. Da nach den äußeren Verhältnissen in der Kirche notgedrungen vom Bestehen verschiedener Gruppen ausgegangen werden muß, halten wir die Verhältniswahl mit gebundenen Listen für das geeignete Wahlsystem. Die Zahl der Unterschriften, die für das Einreichen eines Wahlvorschlages erforderlich sind, sollte nicht zu hoch bemessen werden, um den verschiedenen Abstufungen in der Stellung zu den Bekenntnisfragen die Möglichkeit zum selbständigen Auftreten zu geben. Die Zahl der Abgeordneten, falls sie festgesetzt wird, dürfte deshalb nicht zu niedrig sein, damit ein getreues Abbild der tatsächlich bestehenden Mannigfaltigkeit in der Bekenntnishaltung möglich wird.

4. Jeder Wahlvorschlag muß eine Sachbezeichnung tragen, die deutlich erkennen läßt, welche ihn von anderen Wahlvorschlägen unterscheidende Besonderheit seine Aufstellung rechtfertigen soll. Über die Zulassung der Wahlvorschläge müßte der Herr Minister entscheiden.

5. Gewählt wird zweckmäßig in Wahlkreisen. Jede Gruppe, die in mindestens zwei Wahlkreisen einen Wahlvorschlag aufstellt, kann zugleich einen Reichswahlvorschlag einreichen, auf dem alle Stimmen ausgewertet werden, die auf den Wahlkreisvorschlägen nicht zum Zuge kommen.

6. Um der Gefahr vorzubeugen, daß die theologisch gebundenen Meinungen der Geistlichen zu einseitig die Haltung der Synode bestimmen könnten, was zweifellos dem volkskirchlichen Geist des Verfassungswerkes entscheidenden Abbruch tun würde, müßten mindestens doppelt soviel Laien wie Geistliche der Synode angehören.

7. Um eine unparteiische Handhabung der Wahlordnung zu gewährleisten, sind alle Wahlorgane vom Staat zu bestellen und ihm verantwortlich. Namentlich scheint es uns geboten, daß der Ortspfarrer von jeder Mitwirkung in amtlichen Wahlorganen ausgeschlossen bleibt.

Ein Blick auf diese vorstehende Gegenüberstellung von Wünschen zur Kirchenwahl zeigt, welche von beiden Gruppen Anlaß zu haben scheint, eine wirklich freie Entscheidung des Kirchenvolkes zu fürchten, wie der Führer sie ausdrücklich angeordnet hat! Der »Völkische Beobachter« schreibt in seinem Leitartikel vom 17.2.1937 dazu: »Die Stunde der Evangelischen Kirche ist da! Es liegt bei ihr, wie sie die große Gelegenheit zu nutzen versteht. Der Staat leistet seinen letzten Hilfsdienst in der Ausschreibung einer Wahlordnung und in der einstweiligen Anerkennung der bisherigen Kirchenleitungen aller Richtungen. Die Evangelische Kirche muß sich in dieser bedeutsamen Stunde – das ist allgemeine Hoffnung – ihrer großen Entstehungsgeschichte bewußt sein. Niemand in Deutschland verkennt, daß ihr Anfang vor 400 Jahren einer der entscheidenden Wendepunkte deutscher Geschichte war. Die evangelische Lehre war das Aufbegehren des Deutschtums gegen eine schier heillose Überfremdung des geistigen und politischen Lebens. Die heroische Tat des jungen Luther löste im ganzen Volk, das sich bei seinem Anruf zum erstenmal als solches empfand, jenen Gleichklang der Herzen aus, ohne den eine historische Stunde spurlos vorübergehen muß! Es ist nicht die Aufgabe der Evangelischen Kirche von heute, ein Feuer zu entzünden, das – bereits brennt.[125] Es ist aber ihre deshalb nicht gering zu achtende Pflicht,

---

125 Vgl. Luk. 12,49.

sich in die weltanschauliche Front aller Deutschen vorbehaltlos und guten Willens einzureihen und den religiösen Bezirken jenen Inhalt und jene Form zu geben, die das Kirchenvolk will. Der Erlaß des Führers birgt alle Voraussetzungen, die es der Evangelischen Kirche ermöglichen, nunmehr endgültig und allumfassend in ihren Reihen Frieden zu stiften. Das deutsche Volk wird die Evangelische Kirche danach beurteilen, wie sie die Regelung der innerkirchlichen Fragen in Einklang zu bringen weiß mit dem Umbruch unserer Zeit.«

Die Deutschen Christen stehen damit vor einer gewaltigen, die Zukunft der Kirche bestimmenden Aufgabe. Ungeheuer ist die Verantwortung, die auf unserer Bewegung und auf unserer Arbeit liegt. Die Aufforderung des Führers, die Neuordnung der Kirche durch die Wahl einer verfassungsgebenden Generalsynode durchzuführen, wird in uns ungeahnte Kräfte loslösen. Mann für Mann und Frau für Frau werden wir in ernster Verantwortung vor Gott und dem Heiland, vor Martin Luther und dem deutschen Volk und seinem Führer die Arbeit durchführen. Von der Leitung des Bundes für Deutsches Christentum wird alles geschehen, um alle Kräfte deutsch-christlicher Art in Deutschland zu einer nie erreichten Stoßkraft zusammenzuschließen. Die Leitung hat dafür Sorge getragen, daß die gesamte Wählarbeit des Deutschen Christentums in Organisation und Propaganda einheitlich und kraftvoll zusammengefaßt ist. Ich freue mich, mitteilen zu können, daß Superintendent Klein mit seinem gesamten Bund der Evangelischen Pfarrer im Dritten Reich sowie Lic. Hermenau mit seinem Evangelischen Frauendienst (250 000 Frauen) sich dem Bund für Deutsches Christentum angeschlossen haben. Dagegen konnte sich der Leiter der »Reichsbewegung Deutsche Christen«, Studienrat Rehm, nicht entschließen, mit unserem Bund für Deutsches Christentum gemeinsam zu kämpfen. Die Lage hat sich dadurch noch mehr geklärt. Wir bedauern diese Entschließung nicht, denn wir sind nun mit der ganzen unglücklichen Entwicklung der DC seit 1933 nicht mehr belastet.

III. Zur Lage in Württemberg

Wie zu erwarten war, hat die Kirchenleitung in Württemberg und die Bekenntnisfront in bester Verbrüderung den Wahlkampf bereits begonnen. Landesbischof Wurm hielt zu diesem Zweck einen Festgottesdienst in der Stiftskirche [in Stuttgart], Wahlaufrufe werden vom OKR versandt, überall ist erhöhte Rednertätigkeit (Evang. Wochen, Männerabende usw.) zu beobachten. Wir sehen dieser Entwicklung mit Ruhe und Zuversicht entgegen. Die anderen haben die Macht, das Geld, eine Unmenge von Rednern, Presse, und können alle Kirchen und den Namen Jesu zu ihren kirchenpolitischen Zwecken mißbrauchen. Wir haben nichts außer einem unbändigen Glauben an unsere heilige Sache des Deutschen Christentums und den Willen zum Sieg. Und am Schluß wollen wir sehen, wer Sieger bleibt!

IV. Wahlordnung

Sobald Näheres bekannt geworden ist (wohl im Laufe dieser Woche), werden wir ein neues Rundschreiben hinausgeben. Von der Reichswahlkampfleitung »Deutsche Christen« wurde für den Wahlkreis Württemberg-Hohenzollern als Wahlkampfleiter der Unterzeichnete bestimmt. Damit habe ich die Verantwortung für die gesamte Wahlpropaganda übernommen. Ich kann die Arbeit nur leisten, wenn sich alle Kampfgenossen restlos zur Verfügung stellen. Die Gemeindegruppenobmänner bestimmen jetzt schon die Obleute für die Flugblattpropaganda. Die Kreisgruppenobmänner werden erneut gebeten, dafür zu sorgen, daß in jeder Gemeinde ihres Kreises sich Vertrauensmänner unserer Bewegung befinden und daß kein größerer Ort ohne Versammlung bleibt. Die Organisation muß unbedingt stehen.

V. Dr. Weissler nicht mehr am Leben

Wie wir seinerzeit mitgeteilt haben, war der Verwaltungsdirektor der Vorläufigen Kirchenleitung »Bekennende Kirche«, Landgerichtsdirektor a. D. Dr. Weissler, verhaftet worden, weil er in dem dringenden Verdacht stand, jene Denkschrift an das Ausland abgegeben zu haben, die durch die Bekennende Kirche im Frühsommer 1936 an den Führer gerichtet war.[126] Wie wir zuverlässig erfahren, ist Dr. Weissler am 20. 2. 1937 früh in seiner Zelle tot aufgefunden worden.

In treuer Kampfverbundenheit. Heil Hitler! I. A. Dix, Geschäftsführender Landesführer.

Als Flugblatt wurden folgende Aufrufe verbreitet[127]*:*
Parole der Volkskirche Nr. 2

Wider die kirchlichen Separatisten! Für die herzensmäßige Einigung der Deutschen!

---

126 Vgl. Bd. 4, S. 852.
127 LKA Stuttgart, D 1, Bd. 70. Zur »Parole der Volkskirche Nr. 3« vgl. Karl Barth, Theologische Existenz heute. Alte Folge, Heft 1. München 1934. Barth will nicht »zur Lage«, sondern »zur Sache« reden.

Zur Aufklärung für unsere Mitglieder!

Wollen die Theologen nicht endlich Vernunft annehmen!?

Mit unchristlichen Ketzerparolen verdummen und verdammen die verschiedenen theologischen Richtungen heute einander. Hört das nicht auf!? Unsere Kirche hatte noch niemals eine einheitliche theologische Auffassung, wie man jetzt heuchlerisch tut, als ob alle dasselbe glaubten oder glauben müßten. Das haben die Theologen noch gar nie getan, seitdem es sie gibt. Bisher galt: Wenn nur auf allerlei Weise Christus verkündigt wird.[128] Heute aber soll die Kirche Luthers in papistische Unduldsamkeit zurückgeführt werden. Ketzergerichte, Lehrzuchtverfahren sind der Ausdruck der »christlichen Nächstenliebe« gegen ehrliche deutsche Christenmenschen. Man will keinen Frieden, keine Verträglichkeit, keine Anerkennung unter gegenseitiger Achtung. Es muß verdammt werden! Getaufte Juden duldet man auf den Kanzeln; deutsche Männer beurlaubt man und enthebt sie ihres Amtes. Judenchristen liebt man; deutsche Christen haßt man. Aber, du Kirchenvolk, du denkst in deinen gesunden Teilen gesünder als jene Ängstlichen, aus denen man vollends einen Bund verjudeter Kopfhänger machen und das dann »Kirche« heißen will.

Das Volk wünscht, daß die kommende Generalsynode den Frieden bringe; endlich, nach vier verlorenen Jahren der Zwietracht. Das alte Kirchensystem wünscht Spaltung. Wir lassen uns aber nicht spalten und trennen vom Werke Luthers und vom Werke Deutschland. Nach Äußerungen der kirchlichen Systemkreise soll jene Generalsynode »die finanziellen Folgen« einer solchen Scheidung regeln. Um des Geldes, um der Pfarrgehälter und der Bischofsbezüge willen aber wählt kein Deutscher!

Wir wählen, damit Ruhe und Ordnung und Dienstbereitschaft sich durchsetze. Es geht nicht um die Frage, wer »die Kirche des Evangeliums verlassen« will, sondern darum, daß die Kirche mit dem echten Evangelium willig und treu unserem Volksaufschwung diene. Es geht nicht um die Parole »Für oder wider Christus«, sondern um neue Verkündigung des ewigen Evangeliums. Wir wollen im Namen Jesu nicht den Andersdenkenden verketzern und verdammen, sondern mit ihm gemeinsam den Weg zu Gott suchen und mit ihm im Volke stehen. Ist das nicht besser, christlicher?! Unser Volk hat den Parteien- und Klassenkampf überwunden. Es wird auch den Theologenkampf und den Konfessionsparteienzwist überwinden. Wir wollen nicht die Zertrümmerung der Kirchen wie in Spanien,

---

128 Vgl. Phil. 1,18.

aber die Einigung der Kirchen untereinander und mit dem Volk. Es geht uns nicht um Theologenbekenntnisse, sondern um die Einheit des Volkes. Es geht uns nicht um Sonderlehren, sondern um den gemeinsamen Glauben. Es geht uns nicht um Gedanken über Christus, sondern um den rechten Gottgehorsam. Nicht Lehren und Worte, sondern Taten und Kraft! Nicht streitbare Theologen, sondern helfende Seelsorger, die des Volkes Bestes, seine Gemeinschaft suchen.

Ein Volk – Ein Glaube – Alles für Deutschland!

Parole der Volkskirche Nr. 3

Zur Aufklärung für unsere Mitglieder

Wir kennen keine Konfessionen mehr, nur noch Volksgenossen und Christen!

Warum wir eine Erneuerung der Kirche wollen: Es soll in den Kirchen alles beim Alten bleiben. Es soll in ihnen weitergewirtschaftet werden, auch nach 1933, »als ob nichts geschehen wäre«. Das ist der Wille der antiquarischen Kreise der Kirche. Der unsere ist es nicht. Keine Stimme dem alten Kirchensystem!

Warum?

1. Um des Christentums willen. Der Kredit des Christentums sinkt bloß infolge des Mißbrauchs durch seine Bekenner von Monat zu Monat in ganz Deutschland nachweisbar. Das ist uns leid. Aber am wehesten tut es uns, daß das Mißtrauen weitester Kreise sich allmählich auch auf Jesus selbst, unsern Heiland, bezieht. »Wenn einer solche Nachbeter und Bekenner hat...!« Das muß anders werden, und zwar bald! Wir wollen eine christliche Kirche, die dem Namen Gottes wieder Ehre macht.

2. Um des Judentums willen. Unser ganzes Volk wird durch die völkische Weltanschauung über die verheerenden Einflüsse des Judentums in rassischer und geistiger Beziehung aufgeklärt. Das ist notwendig. Unerträglich ist, daß daneben die Kirchen sich selbst auf jüdischen Grundlagen aufbauen, dem Juden volle Gleichberechtigung zusichern, den Arierparagraphen für die Pfarrer ablehnen und heimlich doch noch »alles Heil von den Juden«[129] erwarten. Wir wollen die judenfreie Kirche.

3. Um des Deutschtums willen. Die wesentlichen Grundlagen der deutschen Revolution, Blut und Boden und Erbtum und Rasse, werden

---

129 Joh. 4,22.

von der Kirchenlehre teils abgelehnt, teils bezweifelt, ja als Quelle der »Erbsünde« angesehen. Diese Entwertung, die bis zu einem Kampf gegen den »deutschen Idealismus« geht, schadet auf die Dauer und schwächt. Wir wollen eine Kirche, die von Gott aus die schöpfungsgemäßen Grundlagen des Deutschtums und Volkstums voll bejaht, eine deutsche Kirche.

4. Um der Nation willen. Mehr und mehr gleitet auch die bisherige Evangelische Kirche in eine internationale Organisation, den »Weltprotestantismus«, hinein und gerät damit in Beziehung zu den übrigen internationalen Mächten. Wir wollen eine nationale Kirche.

5. Um unseres Volkes willen. Wir kennen keine »Kirche, die Kirche bleibt« nur um ihrer selbst willen und sich künstlich in einen »Sonderraum« verkriecht. Auch für die Kirche gilt: sowohl ihr Platz als ihr Schutz als ihre Aufgabe liegt im Volke. Wir verstehen die Deutschen, die sagen: »Lieber wollen wir Heiden werden als Verräter an unserem Volk!« Aber wir wollen noch lieber Christen sein und doch dem Volke dienen in einer wahren Volkskirche ohne Priesterherrschaft und Theologenvorrecht. Denn stürbe einmal unser Volk, wo wollte die Kirche bleiben?! Dann ist es mit ihr zuallererst vorbei (siehe Spanien, wo bereits 10 000 Kirchen zerstört sind!).

6. Um der übrigen Welt willen. Das in der Weltjudenpresse geflissentlich wiedergegebene Gejammer über die »Christenverfolgungen in Deutschland« – von wem geht das aus?? – schadet uns ungemein. Die angebliche Kirchenfeindschaft erschwert die Lage unseres Volks in seiner härtesten Daseinsprobe. Das muß aufhören! Wir wollen eine dankbare Kirche, die auch vor dem Ausland das Verdienst des Führers auch um die Rettung der Kirchen und der Pfarrer restlos anerkennt.

7. Um des Evangeliums willen. Luther stand gegen Rom und Juda klar und hart. Die heutige Evang. Kirche »hat nichts gegen Rom«, ja geht in manchem Hand in Hand mit dem Katholizismus. Sie hat ihre Salzkraft verloren.[130] Wir wollen eine klare Parole gegen Klerikalismus und Jesuitismus. Wir wollen eine romfreie Kirche.

8. Um des Glaubens willen. Von gewissen christlichen und theologischen Kreisen geht Mißmut, Unzufriedenheit, Zweifel und Angst in unser Volk hinein. Das muß aufhören. Wir wollen eine gläubige Kirche, die ihrem Gott vertraut. Wehe dem, der nicht glaubt!

9. Um der Liebe willen. Unser Volk braucht Bruderschaft und Gemeinschaft bis ins Letzte. Darum weg mit der Konfessions- und Sekten-

---

130 Vgl. Mark. 9, 50.

spalterei, die heute sinnloser ist denn je. Die Kirche soll Liebe predigen und Achtung und Geduld, nicht Haß und Ketzerrichterei an Volksgenossen!

10. Um des Friedens willen. Es gibt Kirchenkreise, die immer neue Spaltungen wünschen und planen. Damit zersetzen sie sogar das Familienleben, die Keimzelle des Volks. Wir wollen religiösen Frieden in Deutschland!

11. Um der Freiheit willen. Kirchliche Neuaufrichtung von Glaubenszwang und Bekenntniszwang ist undeutsch; Luther hat so herrlich von der »Freiheit des Christenmenschen« gesprochen. Wir wünschen Duldsamkeit und Geduld in Glaubensdingen mit einem jeden, der ehrlich Gott sucht und an ihn glaubt, wo immer er stehe. Wenn er nur deutsch steht!

12. Um unserer Jugend willen. Nicht bloß »ein paar alte Weiber« gehören zur Kirche, sondern 95 Prozent der deutschen Jugend steht in rund 20 Millionen von Religions- und Kirchenstunden im Jahr unter dem Einfluß des kirchlichen Lebens und der Pfarrer. Wir wollen sorgen, daß die Jugend Deutschlands den Kirchenwirren entwächst und in einer neuen deutschen Kirche Christi eine einheitliche Heimat findet; wie sie in der Volksgemeinschaftsschule beisammen aufwächst, so in der Volksgemeinschaftskirche.

13. Um unseres Geldes willen. Der einzelne Deutsche und die Staaten bezahlen jährlich viele Millionen für die Existenz der Pfarrer und der Kirchen. Daraus leiten wir Recht und Pflicht ab, uns um die Verwendung dieser Summen zu kümmern. Werden sie für oder gegen das deutsche Volkstum, für oder gegen die Volksgemeinschaft der Deutschen verwendet? Kirchengut ist Volksgut; Kirchengelder sind Volksgelder! Wir sind Rechenschaft schuldig, und zwar unserem Volk, das gewiß nichts übrig hat für volksfremde Zwecke. Darum:

Keine Stimme denen, die tun,»als ob nichts geschehen wäre«! Keine Stimme einer Museumskirche, die das Leben erstickt! Jede Stimme der deutschen Volksgemeinschaftskirche, die kommen wird, weil sie kommen muß!

Ein Volk – Ein Glaube – Alles für Deutschland!

Einen Spendenaufruf verteilte der Zellenobmann der Gemeindegruppe Gänsheide in Stuttgart im März 1937 *in seinem Bezirk*[131]*:*

---

131 LKA Stuttgart, D 1, Bd. 70.

Volkskirche Deutsche Christen

Die bevorstehenden Kirchenwahlen der Evangelischen Kirche sind von größter Bedeutung! Wir wenden uns an die Mitglieder und Förderer unsrer Bewegung und werben um Unterstützung für die Volkskirche Deutscher Christen (nicht zu verwechseln mit der Richtung Rehm), welche die Grundsätze des nationalsozialistischen Staates vorbehaltlos bejaht, im Gegensatz zur Evangelischen Landeskirche.

Es wird Ihnen vielleicht später einmal lieb sein, wenn Sie heute die kommende Volkskirche mit einem größeren Geldbetrag unterstützt haben. Ich werde mir erlauben, in wenigen Tagen mit der Spenderliste vorzusprechen und bitte, Ihre Spende rechtzeitig vorzubereiten.

NB: Bitte besuchen Sie unsere Gottesdienste in der Schloßkirche, Näheres siehe Kirchennachrichten!

Heil Hitler! Für die Gemeindegruppe Gänsheide: Zellenobmann.

Gegen eine Benachteiligung der Volkskirchenbewegung Deutsche Christen wandte sich dessen Landesführung am 25.3.1937 an den Oberkirchenrat. Der Oberkirchenrat teilte daraufhin am 19.4.1937 den Dekanatämtern mit[132]*:*

Der eingetragene Verein »Volkskirchenbewegung im Bund für Deutsche Christen« hat unter dem 25.3.1937 folgendes Schreiben an den Oberkirchenrat gerichtet:

»Nach dem Willen des Führers soll die kommende Kirchenwahl ›in voller Freiheit nach eigener Bestimmung‹ des Kirchenvolks durchgeführt werden. Zu diesem Zweck ist es nötig, daß für die Wahlzeit die unsere Bewegungsfreiheit hemmenden kirchlichen Erlasse aufgehoben werden. Nur dann, wenn tatsächlich alle beteiligten Gruppen unter gleichen Voraussetzungen im Raume der Kirche zum Kirchenvolk sprechen können, ist eine freie Willensbildung möglich. Solange nur eine bestimmte Gruppe die Autorität des Kirchenraums für sich in Anspruch nimmt und die andere durch den Ausschluß von diesem Kirchenraum in den Augen des Volkes religiös diffamiert bleibt, könnte von einer in voller Freiheit sich vollziehenden Wahl nicht geredet werden. Wir stellen daher bei dem Oberkirchenrat den Antrag: 1. daß mindestens einmal in jeder evangelischen Kirche Württembergs während der Wahlzeit einer unserer Redner in einer Gemeindeversammlung sprechen darf; 2. daß dort, wo andere kirchliche Gruppen in kirchlichen Räumen mehrere öffentliche Gemein-

---

132 LKA Stuttgart, D 1, Bd. 71.

deversammlungen veranstalten, wir in den betreffenden Räumen gleich häufig ebenfalls zur Kirchenwahl sprechen dürfen. In der Erwartung, daß Sie diesen loyalen, die Parität fordernden und damit erst die Grundvoraussetzungen zu einer in voller Freiheit vor sich gehenden Wahl schaffenden Antrag bereitwilligst genehmigen, haben wir unsere Gemeindegruppen angewiesen, Anträge um Überlassung von Kirchen bei den zuständigen Pfarrämtern zu stellen. Abschriften von diesem Antrag erlauben wir uns staatlichen Stellen zugehen zu lassen.«

Mit Erlaß vom 4. 9. 1936 Nr. A 9445 hat der Oberkirchenrat seinerzeit Folgendes festgestellt: »Einer Organisation, die glaubensmäßig nicht auf dem Boden der Evang. Kirche steht oder ihrer Vertretung, kann... eine Legitimation zur Erhebung von Beschwerden in rein kirchlichen Angelegenheiten nicht zugebilligt werden.« Dasselbe gilt für den vorstehenden Antrag. Der Oberkirchenrat wird daher auf dieses Schreiben weder mündlich noch schriftlich antworten. Dekanat- und Pfarrämter werden ersucht, gegenüber ähnlichen Ansinnen sich in gleicher Weise zu verhalten. Der Zweck des vorstehenden Antrags ist im Blick auf die Schlußbemerkung so durchsichtig, daß sich eine weitere Bemerkung hierüber erübrigt. Mit dem gleichen Recht könnten etwa deutsch-kirchliche oder deutschgläubige oder auch andere gegenkirchliche und antichristliche Vereinigungen bei der Kirchenleitung entsprechende Anträge stellen, sofern in ihren Mitgliederlisten Namen enthalten sind, deren Träger ihre rechtliche Zugehörigkeit zur Evangelischen Landeskirche nicht gelöst haben.

Die DC fordern Parität. Sie haben seit Jahr und Tag die Möglichkeit, ungehindert öffentliche Räume zu benützen, halten regelmäßig Gottesdienste in kirchlichen Räumen, die ihnen auf staatliche Veranlassung hin zur Verfügung gestellt worden sind, und holen sich aus allen Teilen des Reichs ihre Redner, während zu Veranstaltungen der Landeskirche grundsätzlich jeder nichtkirchliche Raum verweigert und der Landesbischof mit einem Rede- und Aufenthaltsverbot belegt wird, wenn er anläßlich einer Evangelischen Woche in einer Kirche in Darmstadt eine Predigt halten soll!

Die DC fordern Parität, während sie gleichzeitig zum Kirchensteuerstreik auffordern und sich damit der Erfüllung einer selbstverständlichen kirchlichen Pflicht entziehen.

Die DC fordern Parität, während ein nicht geringer Teil ihrer Anhänger aus der Kirche ausgetreten ist, ein anderer Teil der Evangelischen Kirche noch nie angehört hat.

Die DC fordern Parität und scheuen sich nicht, im selben Augenblick in Reden und Presseäußerungen Landesbischof, Kirchenleitung und Pfarrstand unter Entstellung und Verdrehung von Äußerungen und Tatbeständen in nicht wiederzugebenden Ausdrücken in volksverhetzender Weise zu beschimpfen und zu diffamieren.

Die DC fordern Parität, um gleichzeitig ein anderes Evangelium zu verkündigen und eine neue, evangeliumswidrige Ordnung einzuführen.

Sie fordern Parität, da man nach dem Wort eines ihrer Führer Kirchenfenster von außen nicht einwerfen könne.

Sie reden von »freier Willensbildung«, um die Kirche zu einem Sprechsaal der verschiedensten menschlichen Meinungen zu erniedrigen. Dabei kann es geschehen, daß eine ihnen eingeräumte Kirche für eine deutschgläubige Eheweihe zur Verfügung gestellt und zu dieser Handlung das Bild des Gekreuzigten vom Altar entfernt wird.

Sie sagen »volle Freiheit« und meinen Herrschaft und Macht in der Evangelischen Kirche.

Für überzeugte, evangelische Christen kann darüber heute kein Zweifel mehr bestehen, daß die im Bund für Deutsche Christen zusammengeschlossenen Vereinigungen als solche mit ihren Ansichten nicht mehr auf dem Boden der Heiligen Schrift und der reformatorischen Bekenntnisse stehen. Wenn einzelne, der genannten Vereinigung angehörende Pfarrer erklären, daß ihre persönliche Einstellung zu Bekenntnis und Verkündigung der Kirche eine andere und positivere sei, als sie etwa im »Deutschen Sonntag« und in sonstigen Äußerungen führender Deutscher Christen zum Ausdruck kommt, so ist die damit unter Beweis gestellte zwiespältige und gebrochene Haltung zur Kirche des Evangeliums erst recht geeignet, die Geister in den Gemeinden zu verwirren. Diese Zwiespältigkeit macht die ganze Haltung und Zielsetzung der genannten Vereinigung nur noch unglaubwürdiger. Im übrigen ist zu bemerken, daß es den einzelnen Mitgliedern der Volkskirchenbewegung, die der Landeskirche angehören, nicht verwehrt ist, der kirchlichen Ordnung gemäß am evangelischen Gemeindeleben teilzunehmen.

Die Pfarrämter werden ermächtigt, von vorstehenden Ausführungen zur Aufklärung der Gemeindeglieder in geschlossenen Versammlungen in geeigneter Weise Mitteilung zu machen. Wurm.

Gegen einen Wahlaufruf des Wahldienstes der Württ. Landeskirche wandte Pfarrer Schilling, Bad Liebenzell, sich am 14.4.1937 in einer Mitteilung an seine Gemeindeglieder[133]*:*

Mitteilung an alle Gemeindeglieder!

Ein hier verteiltes Flugblatt der Evang. Landeskirche »Evangelischer Christ, entscheide dich!«[134] enthält allerschwerste Vorwürfe gegen die Deutschen Christen. Die Gemeinde weiß, daß ich Deutscher Christ bin. Trotz aller Vorwürfe hat mich die Kirchenleitung in meinem landeskirchlichen Amt belassen. Im Auftrag der Landeskirche, die uns Deutsche Christen so verdächtigt, muß ich am nächsten Sonntag die Kanzel zur Verkündigung des Evangeliums besteigen. Aus Gründen der Wahrhaftigkeit kann ich das nicht tun, ohne vorher in vollster Öffentlichkeit und mit feierlichem Ernst Protest gegen die ungeheuerlichen Beleidigungen und Verdächtigungen dieses Flugblatts zu erheben.

Ich habe den Gemeindegliedern als ordnungsmäßiger Inhaber des 1. Stadtpfarramts Folgendes mitzuteilen:

I

1. Die in dem Flugblatt gegen die DC erhobenen Vorwürfe sind falsch, unwahr und damit dem Evangelium widersprechend! Als Mitglied des Landesführerrings der DC und Landesobmann im theologischen Amt der DC kenne ich unsere Mitkämpfer und unser Wollen besser und richtiger als die Kirchenleitung. Keiner unserer Mitglieder und Redner vertritt in Wahrheit die in dem Flugblatt uns unterstellten Gedanken oder Absichten.

2. Unser einziges Ziel ist die Verkündigung des Evangeliums im Dritten Reich. Wir haben als Menschen des Dritten Reiches in fast allen Punkten ein anderes Verständnis des Evangeliums als die Kirchenleitung. Wir sehen den Herrn Jesus neu, wir haben ein neues Verständnis von Sünde und Gnade, wir haben eine andere Stellung zur Schrift, ein neues Verständnis der Sakramente und denken über das Verhältnis von Kirche und Staat anders. Aber in keinem Punkt vertreten wir die uns unterschobenen, unchristlichen Gedanken. Niemals haben theologisch anders denkende Volksgenossen das Recht, uns zu verleumden und unsere Ziele entstellt darzustellen, nur deshalb, weil sie eine andere theologische Meinung haben!

133 LKA Stuttgart, D 1, Bd. 71.
134 Siehe S. 146–151.

II

1. Die angeblichen Beweise des Flugblatts für unsere »Irrlehren« sind ohne jede Beweiskraft, a) Äußerungen unserer Freunde sind völlig aus dem Zusammenhang herausgerissen und damit in ihrem Sinne vollkommen entstellt oder ins gerade Gegenteil der Meinung des Verfassers gedeutet! b) Völlig unkontrollierte Nachzeichnungen aus Vorträgen unserer Freunde sind ebenfalls aus dem Zusammenhang gerissen und als Beweis angeführt. Alle diese Aufzeichnungen wurden gemacht von Menschen, die uns nicht verstehen und die uns nur hören, um Waffen zum Kampf gegen uns zu sammeln (Mark. 3,2; Matth. 22,15). Wir wurden nie gefragt, ob unsere Nachschreiber uns auch richtig verstanden haben. Auf Grund der Erfahrung der letzten 3 Jahre sind wir gezwungen, alle angeblichen Wiedergaben aus Reden als tendenziös entstellt abzulehnen.

2. Folgende Tatsache nimmt dem Flugblatt jede Beweiskraft: Hätten die angegebenen Äußerungen und Stellen den im Flugblatt unterschobenen Sinn, so wäre es heilige Pflicht des Herrn Landesbischofs gewesen, uns DC-Pfarrer alle unseres Amtes zu entheben. Die Macht dazu hätte er bis zum 15.2.1937 gehabt. Wir haben ihn sogar dazu aufgefordert! Ich schrieb dem Herrn Landesbischof am 4.9.1935: »... haben wir Pfarrer, die wir zur Volkskirchenbewegung DC gehören, tatsächlich gegen das Evangelium verstoßen, dann ist es ein Unrecht des Herrn Landesbischof, den Gemeinden auch nur einen Tag zuzumuten, daß wir ihre Seelsorger sind...« Darauf erfolgte keine Antwort! Nur gegen eines unserer Mitglieder, Stadtpfarrer Schneider, Stuttgart, wurde ein Lehrzuchtverfahren eingeleitet. Er wurde im Juli 1936 zunächst beurlaubt. Erst 2 Monate später wurde das Disziplinarverfahren gegen ihn eröffnet. Obwohl für dasselbe rund 6 Monate zur Verfügung standen, kam es über die Voruntersuchung überhaupt nicht hinaus! Warum? Es erwies sich als unmöglich, vor Richtern, die unparteiisch beide Teile hörten, die Anklagen nachzuweisen, die gegen uns erhoben wurden! Die meisten Anklagen erwiesen sich in der erhobenen Form als unhaltbar, sobald auch der Beschuldigte gehört wurde! Angesichts dieser Tatsache konnte die Kirchenleitung die Konsequenzen nicht ehrlich und offen ziehen, die sie doch hätte ziehen müssen, wenn ihre Anklagen wirklich haltbar gewesen wären!

Die Kirchenleitung wählte nun einen anderen Weg: Sie ging vor die Gemeinden, vor denen sich die Angeschuldigten nicht verteidigen konnten. Mit entstellten und verzerrten Äußerungen wurden nun Anklagen über Anklagen gegen die DC erhoben in der Hoffnung, die Gemeinden würden sich erheben und rufen: Hinweg mit diesen![135] Dieser Weg war bequemer als ein geordnetes Verfahren. Aber vor dem allmächtigen Gott und vor der Weltgeschichte hat sich die Württ. Kirchenleitung mit diesem agitatorischen, parteiischen Verfahren für immer ins Unrecht gesetzt!

III

Auf Grund aller Vorgänge der letzten Jahre und des letzten Flugblatts bin ich zu folgender Feststellung gezwungen:

1. Die Württ. Kirchenleitung hat den Boden des Rechts und der Wahrheit verlassen. Sie hat damit auch den Boden des Evangeliums verlassen (2. Tim. 2, 19 b). Sie hat bewiesen, daß bei ihr der Herr Christus eben nicht Leben und Ordnung der Kirche durch sein Wort bestimmt. Denn das Wort Christi untersagt Verleumdung und Beugung der Wahrheit. Sie hat die Gemeinden verwirrt. Sie hat in einem Flugblatt vom 25. 2. 1937 als Grundlage der Kirche »das Wort Gottes Alten und Neuen Testaments und die Bekenntnisse der Väter« bezeichnet, während die Kirchenverfassung als Grundlage ausdrücklich nur das Evangelium von Jesus Christus nennt. Sie hat damit selbst die Verfassung der Kirche gebrochen und verändert.

2. Die Kirchenleitung hat mit ihrem Verhalten eine schwere Schuld vor dem deutschen Volk auf sich geladen. Sie lenkt die Aufmerksamkeit unseres Volkes von der Lebensfrage für Kirche und Volk, Überwindung des Weltjudentums, weg auf zweitrangige theologische Menschenmeinungen. Sie beraubt damit unser Volk der einzigen gottgeschenkten Waffe im Kampf um Deutschlands und der Kirche Leben: Der Einigkeit und Geschlossenheit des Volkes. Wer der Kirchenleitung Glauben und Vertrauen schenkt, macht sich mit ihr wenn auch in bester Meinung, der Verletzung des Evangeliums und der Versündigung am Volkstum schuldig.

IV

Eine Abschrift dieser Mitteilung geht an den Evang. Oberkirchenrat, das Dekanatamt Calw, das Reichskirchenministerium und einige staatliche Stellen.

V

Das mir übertragene Pfarramt werde ich in Treue zum Evangelium und getreu meinen Gelübden weiterführen. Die Gemeinde bitte ich, in

---

135 Vgl. Luk. 23, 18.

Treue zu mir zu stehen und im Gebet und Dienen für Führer und Volk nicht nachzulassen. Der Gottesdienst am kommenden Sonntag sowie jeder Gottesdienst, den ich zu halten habe, soll Zeugnis davon ablegen, daß wir Deutschen Christen nur Gottes Ehre suchen. Wir halten es für ungenügend, nur zu sagen: Christus ist der Herr. Es geht uns darum, daß Jesu Wille tatsächlich getan wird. Stadtpfarrer Schilling.

Wegen der in der Mitteilung von Pfr. Schilling enthaltenen Angriffe auf die Leitung der Württ. Landeskirche wurde er beurlaubt; dies teilte der Oberkirchenrat am 26.4.1937 dem Evang. Dekanatamt Calw mit[136]:

Stadtpfarrer Schilling hat unter dem 14.4.1937 und unter der Amtsbezeichnung: »I. Evang. Stadtpfarramt Bad Liebenzell« eine vervielfältigte »Mitteilung an alle Gemeindeglieder« durch Postwurfsendung hinausgegeben. Er wendet sich darin mit einem »Protest« gegen einen vor kurzem vom »Wahldienst der Evang. Landeskirche in Württemberg« verbreiteten Wahlaufruf »Evangelischer Christ, entscheide Dich!« Es ist Sache des Wahldienstes, die gegen seinen Wahlaufruf von Stadtpfarrer Schilling erhobenen Vorwürfe zu beantworten. In der genannten Mitteilung beschränkt sich Stadtpfarrer Schilling aber nicht etwa darauf, zu diesem Wahlaufruf Stellung zu nehmen, er greift vielmehr plötzlich und unvermittelt die Kirchenleitung an und dies in einer geradezu beispiellos heftigen, jedes Maß übersteigenden Weise. Er erklärt unter anderem, die Württ. Kirchenleitung habe sich »vor dem allmächtigen Gott und vor der Weltgeschichte« mit einem »agitatorischen, parteiischen Verfahren für immer ins Unrecht gesetzt«; sie habe »den Boden des Rechts und der Wahrheit«, »damit auch den Boden des Evangeliums verlassen«; sie habe bewiesen, daß bei ihr der Herr Christus eben nicht Leben und Ordnung der Kirche durch sein Wort bestimme; denn das Wort Christi untersage »Verleumdung und Beugung der Wahrheit«. Die Kirchenleitung habe »die Gemeinden verwirrt«; sie habe »selbst die Verfassung der Kirche gebrochen und verändert«; sie lenke »die Aufmerksamkeit unseres Volkes von der Lebensfrage für Kirche und Volk, Überwindung des Weltjudentums, weg auf zweitrangige theologische Menschenmeinungen«; sie beraube »unser Volk damit der einzigen gottgeschenkten Waffe im Kampf um Deutschlands und der Kirche Leben: der Einigkeit und Geschlossenheit des Volkes«. Wer der Kirchenleitung Glauben und Vertrauen

---

136 LKA Stuttgart, D 1, Bd. 72. Vgl. dazu auch die Entgegnung des Wahldienstes vom 14.5.1937 »Eine notwendige Klarstellung« (LKA Stuttgart, D 1, Bd. 71).
Für die 1. Pfarrstelle in Bad Liebenzell wurde vom OKR ein Pfarrverweser bestellt.

schenke, mache sich mit ihr der Verletzung des Evangeliums und der Versündigung am Volkstum schuldig.

Diese Angriffe von Stadtpfarrer Schilling stehen in seltsamem Widerspruch zu seiner Behauptung, das einzige Ziel der von ihm vertretenen Richtung der Deutschen Christen sei »die Verkündigung des Evangeliums im Dritten Reich«. Dabei wird allerdings bemerkenswerter Weise zugegeben, daß »in fast allen Punkten ein anderes Verständnis des Evangeliums«, »ein neues Verständnis von Sünde und Gnade«, »eine andere Stellung zur Schrift, ein neues Verständnis der Sakramente« gemeint ist.

Das Vorgehen von Stadtpfarrer Schilling bedeutet den Versuch, die Ordnung unserer Landeskirche durch Verächtlichmachung der verantwortlichen Kirchenleitung zu zersetzen. Es braucht nicht daran erinnert zu werden, was etwa einem Beamten oder Parteigenossen widerfahren würde, der auch nur entfernt in ähnlicher Weise gegen das Staatsregiment oder die Parteiordnung angehen würde. Dazu kommt, daß Stadtpfarrer Schilling mit Erklärung vom 9.9.1935 ähnliche maßlose Vorwürfe gegen die Kirchenleitung (Ungerechtigkeit, Demütigung, Verleumdung, Schikanen, Rechtsverdrehungen, Vertrauensmißbrauch) »als nicht haltbar« unterschriftlich zurückgenommen hat. Mit den Erlassen vom 4.11. und 4.12.1935 Nr. A 10990 und 12322 wurde Stadtpfarrer Schilling der Weitergabe eines verleumderischen, den Namen des Führers mißbrauchenden Gerüchts mit Beziehung auf den Landesbischof überführt. Er hat damals sein Bedauern ausgesprochen, die beanstandeten Äußerungen getan zu haben. Darüber hinaus hätte der Oberkirchenrat, wenn er nicht Nachsicht geübt hätte, gegen Stadtpfarrer Schilling mehrfach wegen Verbreitung ungebührlicher Rundschreiben einschreiten können. Stadtpfarrer Schilling deutete diese Zurückhaltung des Oberkirchenrats anscheinend falsch, wenn er nunmehr alles überbot, was von seiner Seite bisher geschehen war.

Nachdem Stadtpfarrer Schilling bei einer Vorladung am 24. April dieses Jahres mündlich erklärt hat, daß er keinen Anlaß habe, von seinen Ausführungen in den Mitteilungen vom 14.4.1937 irgend etwas zurückzunehmen, wird er unter gleichzeitiger Einleitung einer dienstlichen Untersuchung mit sofortiger Wirkung beurlaubt (vgl. Art. 23 Kirchliches Disziplinargesetz und Art. 114 Beamtengesetz von 1912[137]). Damit wird ihm die Vornahme von Amtshandlungen im Bereich der Evang. Landeskirche in Württemberg untersagt.

137 Die Beurlaubung erfolgte also nach württ. Recht, nicht nach der Disziplinarordnung der DEK vom Jahr 1936.

Vorstehendes wurde Herrn Stadtpfarrer Schilling unmittelbar eröffnet. Wurm.

Gegen seine Beurlaubung erhob Pfr. Schilling am 27.4.1937 beim Oberkirchenrat Rechtsverwahrung, gleichzeitig legte er beim Reichskirchenministerium Beschwerde ein.[138] *Der Oberkirchenrat erhielt deshalb einen* Schnellbrief *des Reichskirchenministeriums vom 28.4.1937*[139]*:*

Wie mir mitgeteilt wird, hat der Oberkirchenrat den Stadtpfarrer Schilling in Liebenzell aus kirchenpolitischen Gründen seines Amtes enthoben. Die Maßnahme verstößt gegen § 4 der Verordnung vom 20.3.1937 (RGBl. I, S. 333)[140] und ist daher unzulässig und rechtsunwirksam. Ich ersuche um Aufhebung der Amtsenthebung und um Unterrichtung über Ihre Maßnahmen. In Vertretung Dr. Muhs.

Am 30.6.1937 beschwerte Pfr. Schilling sich bei der Kreisleitung der NSDAP Calw über die Untätigkeit des Reichskirchenministeriums in seiner Sache[141]*:*

Der Reichs- und Preuß. Minister für die kirchlichen Angelegenheiten hat zwar meine Beurlaubung für unzulässig und rechtsunwirksam erklärt. Der Evang. Oberkirchenrat hat sich jedoch an die Verordnung und Entscheidung des Reichskirchenministeriums nicht gekehrt und meine Beurlaubung aufrecht erhalten und den mit der Führung der Geschäfte des 1. Stadtpfarramts beauftragten Stadtpfarrverweser hier belassen. Seitens des Reichskirchenministeriums ist bis heute nichts geschehen und veranlaßt worden, um die Verordnung vom 20.3.1937 auch gegenüber dem Oberkirchenrat zur Durchsetzung zu bringen. Seit 2 Monaten sind für eine Pfarrstelle also 2 Amtsinhaber nebeneinander da! Das Reich hat praktisch nichts getan, um seiner Verordnung Geltung zu verschaffen! Die Kirchenleitung konnte ungehindert und ohne Folgen zwei Monate lang

---

138 LKA Stuttgart, D 1, Bd. 72. Am 3.5.1937 teilte auch der Württ. Kultminister dem OKR mit, daß er die Beurlaubung von Pfr. Schilling nicht anerkenne (Nr. A 4776).
139 LKA Stuttgart, D 1, Bd. 72.
140 13. Verordnung zur Durchführung des Gesetzes zur Sicherung der Deutschen Evang. Kirche, § 4: »Disziplinar- und sonstige Personalmaßnahmen in kirchenpolitischen Angelegenheiten ruhen« (Gesetzblatt der DEK 1937, S. 11 f.); zur 13. Verordnung siehe auch S. 218–221.
141 LKA Stuttgart, D 1, Bd. 72; diese Beschwerde wurde Dekan Hermann, Calw, von der Kreisleitung zur Stellungnahme übersandt, der sie dem OKR zugänglich machte. Vgl. auch die Beschwerde von Pfr. Schilling an den Landrat in Neuenbürg vom 13.7.1937 über die Stellungnahme des Evang. Dekanatamts Calw vom 9.7.1937 zu der Beschwerde an die Kreisleitung der NSDAP (LKA Stuttgart, D 1, Bd. 72).

einer Reichsverordnung gegenüber ungehorsam sein. Die Folgen sind besonders in Unterlengenhardt verheerende. Ich bin nicht mehr in der Lage, mein Amt weiter zu versehen, wenn nicht umgehend klare Entscheidungen getroffen werden.

Ich berichte kurz folgende Stimmungsbilder aus Unterlengenhardt:

1. Bürgermeister Kugele hat dem Pfarrverweser des Oberkirchenrats zunächst mitgeteilt, daß er ihm das Betreten der gemeindeeigenen Schulsäle zur Abhaltung von Gottesdiensten verbiete. Es erhob sich darauf ein solcher Sturm der Entrüstung in der Gemeinde, daß der Bürgermeister auf Rat des Oberamts Neuenbürg genötigt war, seine Verordnung aufzuheben und dem Pfarrverweser des Oberkirchenrats den Zutritt zur Schule zur Abhaltung von Gottesdiensten wieder zu genehmigen. Der Bürgermeister hatte ihn vorher aufgefordert, auf Ausübung seines Amtes als 1. Stadtpfarrer zu verzichten, bis die Beurlaubung von Stadtpfarrer Schilling auch durch den OKR aufgehoben sei. Stadtpfarrverweser Widmann erklärte darauf: Ich habe Weisung vom OKR, mein Amt weiterzuversehen, ganz gleich ob das Reich die Beurlaubung von Stadtpfarrer Schilling für rechtsunwirksam erklärt! Ich versehe das Amt des 1. Stadtpfarrers, bis ich verhaftet werde!

2. In der Gemeinde werden folgende Stimmen laut: Frau A[142], Unterlengenhardt, [...] sagt: Der Herr Stadtpfarrverweser ist nur seiner »Obrigkeit« untertan! B, Unterlengenhardt, sagt: Der Staat darf in kirchliche Dinge überhaupt nicht eingreifen! Das weiß ich von Herrn C in Bad Liebenzell! Die Beurlaubung von Stadtpfarrer Schilling ist deshalb rechtsgültig! So stellt sich das ganze Dorf bis auf wenige Nationalsozialisten auf den Standpunkt: Rechtmäßige Obrigkeit, der wir allein folgen, ist der Oberkirchenrat. Die Anordnung des Reiches ist Unrecht und ungültig.

3. Bürgermeister Kugele, ein Mann von guter Gesinnung, hat dem Stadtpfarrverweser zur Bedingung gemacht, daß er sich bei den Gottesdiensten im Schulsaal aller kirchenpolitischen Bekanntmachungen zu enthalten habe. Wie die Kirche auf jede staatliche Anordnung pfeift, geht daraus hervor, daß Stadtpfarrverweser Widmann im Anschluß an den Gottesdienst des 27.6.1937 die Eltern der Schüler zu einer Besprechung im Schulsaal zurückbehielt und eine Stunde lang mit ihnen eine Besprechung abhielt. Was er mit ihnen besprach, wurde mir nicht bekannt und wäre noch zu erheben. Es handelte sich wohl um die Frage der Abmeldung der Kinder von dem staatlichen, von mir erteilten Religionsunterricht in

---

142 Die Namen einzelner Gemeindeglieder wurden hier und unten getilgt.

Unterlengenhardt. Das war die Antwort des Pfarrverwesers auf die Erlaubnis, den Schulsaal wieder zu Gottesdiensten benützen zu dürfen, und auf die Auflage des Bürgermeisters, in diesem mir genehmigten Gottesdienst keine kirchenpolitischen Abkündigungen zu halten.

4. Frau A hat vor mir ihr Haus abgeschlossen, als ich ihren kranken Vater besuchen wollte. Sie erklärt im Dorf, sie wolle nicht, daß ein Deutscher Christ ihr Haus betrete. Ihr Mann ist [...] Die Familie hat also ihren Lebensunterhalt von dem Nationalsozialistischen Staat, der die Volksgemeinschaft predigt. Die Frau zerreißt die Volksgemeinschaft und will nicht, daß ein Volksgenosse auch nur ihr Haus betritt, der Deutscher Christ ist.

5. Gemeinderat D, der bei Bürgermeister Kugele die Forderung vorbrachte, daß der Bekenntnisgemeinschaft der Schulsaal zur Abhaltung von Gottesdiensten wieder zur Verfügung gestellt werde, hat im Laufe des Gesprächs ungefähr folgende Äußerung getan: Kürzlich war eine Schweizerin bei mir, die sagte mir, daß es in katholischen Gegenden ganz schlimm aussehe und daß die Stellung des Nationalsozialismus gar nicht so fest sei, wie man meine. Offenbar hat die »Mitteilung« einer Ausländerin den Unterlengenhardtern Mut gemacht, auch ihrerseits zu versuchen, sich über die Autorität des Reichs hinwegzusetzen und dem Oberkirchenrat mehr Autorität einzuräumen (siehe noch Nachtrag nächste Seite).

Diese Streiflichter mögen die Lage in Unterlengenhardt genügend beleuchten, und ich bitte auf Grund dieses Tatbestands den Herrn Kreisleiter um Folgendes:

1. Der Herr Kreisleiter möge in einer baldmöglichst anzusetzenden Sitzung des Gemeinderats Unterlengenhardt, unter Beiziehung aller politischen Leiter, Walter und Warte der Gliederungen die Stellung von Staat und Partei darlegen und die Position des Bürgermeisters stärken.

2. Es sollte baldmöglichst eine Entscheidung darüber getroffen werden, ob die Verordnung vom 20.3.1937 Reichsgesetzblatt S.333 nur auf dem Papier steht und ob das Reich keine Mittel hat, eine Beachtung dieser Verordnung zu erzwingen; in diesem Falle sollte mir die Erlaubnis erteilt werden, mein Amt niederzulegen und den unter den jetzigen Umständen aussichtslosen Kampf abzubrechen und auf einer anderen Position weiterzuführen. Oder ob auch der Oberkirchenrat Verordnungen des Reiches beachten muß und bei Gehorsamsverweigerung bestraft werden kann.

Aus psychologischen und tatsächlichen Gründen bitte ich von einer Bestrafung des jungen Pfarrverwesers abzusehen und das Dekanat Calw und den Oberkirchenrat zur Rechenschaft und zur Verantwortung zu ziehen. Wäre dies in eindeutiger und rascher Weise möglich, so wäre ich bereit, die Stellung hier zu halten. Ich kann aber nicht länger als 14 Tage hier halten, wenn nichts geschieht. Jeder Tag, an dem die Rebellion des Oberkirchenrats stillschweigend geduldet wird, bringt eine Verschlechterung meiner Stellung.

Heil Hitler! E. Schilling, Stadtpfarrer.

Nachtrag: Gemeinderat D, Leiter der Gemeinschaft, äußerte mir gegenüber: »Wenn wir nicht in den Schulsaal dürfen, dann werden wir eben alle bei E (Blockleiter der NSDAP) kein Brot mehr kaufen und F wird dann keinen Auftrag mehr bekommen, anzustreichen.« Ich verwies ihm diese gemeine Gesinnung. Trotzdem sagte er einige Tage darauf zum Polizeidiener und Schuhmacher G, der für mich eintrat: »Wir können unsere Schuhe ja auch irgendwo anders machen lassen!« Diese gemeinen Brüder sagen: Es geht uns nur um den Glauben, und dabei handeln sie in der gemeinsten, brutalsten Weise gegen ihren Glauben. Ein besonders fanatischer, verbohrter Gegner des Dritten Reiches ist Kirchenpfleger Kappler in Unterlengenhardt. Wegen seiner staatsfeindlichen Äußerungen bitte ich SA-Mann H in Bad Liebenzell zu vernehmen, der mit ihm im Krankenhaus lag. Kappler ist der Schwager des Bürgermeisters von Unterlengenhardt. Er ist Judenfreund und verkehrt heute noch geschäftlich mit Jude J, Calw. Er sollte unbedingt überwacht werden!

Am 17.8.1937 übersandte das Reichskirchenministerium dem Oberkirchenrat 4 Aktenstücke zum Fall Schilling und drohte mit staatlichen Zwangsmaßnahmen[143]*:*

Urschriftlich mit 4 Anlagen unter Rückgabe an den Evang. Oberkirchenrat in Stuttgart mit dem Bemerken übersandt, daß die Beurlaubung des Stadtpfarrers Schilling in Bad Liebenzell als gegen die 13. Verordnung vom 20.3.1937 verstoßend, rechtswidrig und daher nichtig ist. Ich nehme Bezug auf mein Schreiben vom 2.6.1937 – G J 13583/37.[144] Falls nunmehr dem Betreffenden durch irgend welche Maßnahmen Ihrerseits weitere Schwierigkeiten gemacht werden sollten, werde ich zur Aufrechterhaltung staatlicher Ordnung jeden Widerstand gegen diese Ordnung mit staatlicher Macht brechen. In Vertretung: Dr. Muhs.

---

143 LKA Stuttgart, D 1, Bd. 72.
144 Nr. A 6050 vom 5.6.1937.

Das Schreiben des Reichskirchenministeriums vom 17. August beantwortete der Oberkirchenrat am 2.9.1937[145]*:*

Den Eingang des Schreibens vom 17.8.1937, in dem Gewaltmaßnahmen angedroht werden, bestätigen wir und erwidern hierauf Folgendes:

1. Stadtpfarrer Schilling hat in seinem Flugblatt vom 14.4.1937 in der Öffentlichkeit allerschwerste Vorwürfe gegen die Württ. Kirchenleitung erhoben. Dies haben sogar seine eigenen Gesinnungsgenossen im Kirchengemeinderat Bad Liebenzell zugegeben und eine Verantwortung hiefür in einer Erklärung vom 27.4.1937 abgelehnt. Die Feststellung des Oberkirchenrats in seinem Schreiben an das Reichskirchenministerium vom 7.5.1937 Nr. A 4776, daß die von Stadtpfarrer Schilling erhobenen Vorwürfe gröbste Beschimpfungen und Beleidigungen enthalten und die kriminellen Tatbestände der §§ 185 ff. StGB verwirklichen, ist in keinem der uns zugegangenen Schreiben des Reichskirchenministeriums entkräftet worden.

2. Im Falle einer öffentlichen Beschimpfung einer vorgesetzten Behörde gibt es in rechtsstaatlichen Verhältnissen nur zwei Möglichkeiten: entweder nimmt der Betreffende seine Äußerungen mit dem Ausdruck des Bedauerns zurück, oder muß er die Folgen seiner disziplinwidrigen Handlungsweise tragen. Es ist dem Stadtpfarrer Schilling durch die Vorladung auf den 24.4.1937 Gelegenheit gegeben worden, die formalen Beleidigungen zurückzuziehen; er hat dies nicht getan. Infolgedessen mußte die Beurlaubung verfügt werden. Hiedurch haben wir vor der Gemeinde zum Ausdruck gebracht, daß es in der Württ. Landeskirche nicht angängig ist, üble Nachrede, Verleumdung und sonstige Beleidigungen öffentlich auszustreuen, ohne hiefür zur Verantwortung gezogen zu werden. Die Liebenzeller Gemeinden haben hiefür volles Verständnis gezeigt. Eine gegenteilige Haltung unsererseits hätte das schlichteste Anstands- und Gerechtigkeitsgefühl weiter Bevölkerungskreise nur verletzen müssen. Vollends unverständlich wäre es aber diesen Leuten, daß sogar eine Verordnung des Reichskirchenministeriums die Möglichkeit bieten soll, ungestraft anderen öffentlich die Ehre abzuschneiden.

3. Ohne dem Oberkirchenrat Gelegenheit zur Äußerung zu geben, hat das Reichskirchenministerium in seinem Schnellbrief vom 28.4.1937[146] lediglich auf die Beschwerde von Stadtpfarrer Schilling hin einseitig die

---

145 LKA Stuttgart, D 1, Bd. 76. Ebenfalls am 2.9.1937 teilte der OKR den Vorgang auch dem Rat der Evang.-Luth. Kirche Deutschlands mit sowie Reichsstatthalter Murr, Stuttgart.
146 Siehe S. 606–608.

Beurlaubung auf Grund der 13. Durchführungsverordnung für rechtsunwirksam erklärt. Ohne auf die grundsätzliche Frage der Rechtsgültigkeit dieser Verordnung einzugehen, möchten wir annehmen, daß es doch nicht Absicht dieser Verordnung sein kann, von jetzt an Injurien bei kirchlichen Auseinandersetzungen für straflos zu erklären. Das Reichskirchenministerium hätte sonst seine 16. Verordnung vom 25. 6. 1937[147], wodurch die Abhaltung von Wahlversammlungen in kirchlichen Gebäuden verboten worden ist, nicht erlassen können. In der DNB-amtlichen Pressemitteilung zu dieser Verordnung ist ausdrücklich unter anderem »Hetze« als Grund für diese Verordnung genannt worden (vgl. Stuttgarter NS-Kurier vom 1. 7. 1937, Nr. 299). Es dürfte nicht zu bestreiten sein, daß die von Stadtpfarrer Schilling gegen den Oberkirchenrat gerichteten Beschimpfungen unter den Begriff »Hetze« fallen.

4. Stadtpfarrer Schilling ist unter Fortbezug seines vollen Gehalts beurlaubt; er steht nach wie vor im Genuß der Dienstwohnung. Unter Berufung auf das Reichskirchenministerium übt er auch die Tätigkeit eines Pfarrers aus, ohne daß wir ihn daran hindern könnten, da uns ja zur Durchsetzung unserer Verfügung staatliche Gewaltmittel nicht zu Gebote stehen. Stadtpfarrer Schilling handelt bei seiner Tätigkeit aus eigenem Antrieb, allerdings mit Unterstützung des Reichskirchenministeriums. Wenn ihm dabei trotzdem Schwierigkeiten begegnen, so haben diese ihren Grund in der Ablehnung, die Stadtpfarrer Schilling besonders seit seiner Entgleisung vom April dieses Jahres in weiten Kreisen der Gemeinde findet. In der Filialgemeinde Unterlengenhardt ist sein uns übersandtes Beschwerdeschreiben an die Kreisleitung Calw schon längere Zeit bekannt. Es wird dort als ein besonders eines Geistlichen unwürdiges Denunziantenschreiben gewertet. Auch diese Tatsache dient selbstverständlich nicht zur Festigung der Stellung eines Pfarrers in einer Kirchengemeinde. Stadtpfarrer Schilling schildert in seinem Beschwerdeschreiben zum Teil selbst sehr anschaulich, auf welches Maß von Ablehnung er in der Gemeinde stößt. Es war seiner freien Entschließung überlassen, sich in eine solche Lage zu begeben. Es ist auch seine Sache, wenn er zur vermeintlichen Hebung des Besuchs seiner Gottesdienste unter dem 16. 6. 1937 eine Einladung öffentlich anschlagen läßt, in der es unter anderem heißt: »Ich erwarte insbesondere, daß alle diejenigen Gemeindeglieder, welche in den letzten 8 Jahren in allerlei Nöten und Anliegen den Weg zu mir gefunden haben, um bei mir Rat, Trost und Hilfe zu holen, nun

---

147 Siehe S. 209.

wenigstens einmal den Weg auch in meine Kirche finden.« Ebenso ist es auch seine Sache, wenn ihn in seinem Filialort etwa drei Viertel aller ansässigen Familien als Seelsorger ablehnen und seine Gottesdienste nicht besuchen. Diese Schwierigkeiten können wir nicht beseitigen, glauben allerdings auch nicht, daß Gewaltmaßnahmen an diesen Tatsachen etwas ändern können. Man kann sich gegenüber diesen Tatsachen verschieden verhalten. Die eine Möglichkeit wäre, sie einfach nicht zu beachten. Dies scheint uns zugemutet werden zu wollen. Die Folge wäre aber eine Preisgabe und Lähmung vorhandenen kirchlichen Lebens und wahrscheinlich eine Abwanderung bisher kirchlicher Menschen zu irgend einer Sekte, eine Gefahr, die in unseren Schwarzwaldgemeinden besonders groß ist. Wir würden gerne annehmen, daß eine solche Entwicklung auch dem Reichsministerium für die kirchlichen Angelegenheiten unerwünscht wäre. Die andere Möglichkeit ist, diesen Tatsachen Rechnung zu tragen und für Abhilfe zu sorgen. Dies glauben wir pflichtgemäß getan zu haben. Verordnungen, die solches verbieten wollen, können unseres Erachtens nicht der Sicherung der Deutschen Evang. Kirche dienen.   I. V. Müller.

Am 20.9.1937 teilte Pfr. Schilling dem Oberkirchenrat seinen Austritt aus der Volkskirchenbewegung Deutsche Christen mit[148]*:*

Ich teile dem Evang. Oberkirchenrat mit, daß ich am 19.8.1937 meinen Austritt aus der Volkskirchenbewegung Deutsche Christen erklärt und meine sämtlichen Ämter in dieser Bewegung niedergelegt habe. Gleichzeitig habe ich das Kreisschulungsamt der NSDAP im Kreise Calw ehrenamtlich übernommen. Ich erwarte, daß ich in Zukunft in keiner Weise mehr mit den Deutschen Christen identifiziert und in den Streit zwischen derzeitiger Kirchenleitung und Volkskirchenbewegung Deutsche Christen hineingezogen werde. Ich stelle ausdrücklich fest, daß die vom Evang. Oberkirchenrat gegen die Volkskirchenbewegung DC und die DC-Pfarrer erlassenen Verbote der Stellvertretung und Ausstellung von Erlaubnisscheinen für mich keine Gültigkeit mehr haben können, nachdem ich meine Beziehungen zu dieser Bewegung gelöst habe.

Stadtpfarrer Schilling.

Nach weiteren schriftlichen und mündlichen Verhandlungen wurde Pfr. Schilling auf 1.3.1938 auf seinen Antrag hin aus dem landeskirchlichen Dienst entlassen. Im Jahr 1949 wurde er wieder in den Unständigen Kirchendienst übernommen und war ab 1951 Pfarrer in Dapfen.

148 LKA Stuttgart, D 1, Bd. 72.

DAS ABRÜCKEN VON STAAT UND PARTEI
VON DEM WAHLERLASS

Trotz Hitlers Wahlerlaß vom 15. Februar erschienen bis zum Sommer 1937 keine Durchführungsvorschriften, ein Termin für die Wahlen wurde nicht genannt.

In den Monatsblättern der Reichspropagandaleitung der NSDAP Unser Wille und Weg *erschien in Heft 84 im März 1937 ein grundsätzlicher Artikel über die Kirchenwahlen*[149]*:*

Als bedeutsamstes Ereignis des Februar für die Innenpolitik des Dritten Reiches hebt sich aus allen anderen Geschehnissen deutlich heraus der Erlaß des Führers zur Abhaltung von Urwahlen für eine Generalsynode der Deutschen Evang. Kirche. Dies gibt Veranlassung, das Verhältnis von Partei, Staat und Kirche einmal näher zu beleuchten. Die Verworrenheit der kirchenpolitischen Lage ist neben einer Reihe anderer Umstände zu einem kleinen Teil auch mit darauf zurückzuführen, daß in der ersten Zeit nach der Machtergreifung zahlreiche übereifrige Parteigenossen glaubten, von sich aus, aber oft im Namen der Partei, in die kirchlichen und religiösen Angelegenheiten eingreifen zu müssen. Sie kommandierten ihre örtlichen Parteiformationen zu Gottesdiensten oder gar zur Werbung für bestimmte kirchliche Richtungen, organisierten kirchliche Massentrauungen und Masseneintritte in die Kirche, versuchten von außen her Gleichschaltungsmaßnahmen in ihrem örtlichen Bereich, kurz, sie erweckten den Anschein, als ob es Aufgabe der Partei sei, nun auch die Kirche in ihrem Sinne zu reformieren. Dies alles, obwohl der Führer eine gänzlich entgegengesetzte Haltung einnahm und schon immer eingenommen hatte. Stets hat der Führer betont, daß es nicht Aufgabe der Partei ist, sich in religiöse Streitigkeiten einzumischen. Gewiß hat der nationalsozialistische Staat dann versucht, auf eine Vereinfachung der rein äußerlichen, in 28 verschiedenen Landeskirchen zersplitterten Organisationen der Evang. Kirche hinzuwirken, da diese Zersplitterung auch für den Staatsorganismus nachteilig ist. Niemals aber hat er sich in die ihn gar nicht interessierenden Dogmenstreitigkeiten eingemischt.

Nach wie vor muß also daran festgehalten werden, daß die Partei sich unter allen Umständen von religiösen Auseinandersetzungen fernzuhalten hat. Das gilt nicht nur von den Auseinandersetzungen innerhalb der christlichen Kirche, sondern auch gegenüber den verschiedenen nicht-

---

149 LKA Stuttgart, D 1, Bd. 72; der hier folgende Auszug wurde vom Wahldienst der Württ. Landeskirche den Pfarrämtern mitgeteilt.

christlichen und antichristlichen Glaubensbewegungen. Keine religiöse Organisation oder Bewegung hat das Recht, sich auf die Partei zu berufen oder gar auf den Führer. Ebenso hat kein Parteigenosse das Recht, sich im Namen der Partei für eine dieser religiösen Richtungen einzusetzen. Wer glaubt, die Weltanschauung des Nationalsozialismus nach der religiösen Seite hin ergänzen zu müssen oder diese Ergänzung in einer der bestehenden religiösen Bewegungen und Organisationen zu finden, der soll dies als Privatmann tun, er kann dabei aber nicht oft und scharf genug betonen, daß es sich um seine private Meinung und nicht um die der Partei als solche handelt. Die Partei hat in rein religiösen Fragen überhaupt keine Meinung, jedenfalls nicht, solange nicht der Führer eine solche im Namen der Partei geäußert hat. Daß freilich weder die Partei noch der Staat politische Bestrebungen religiöser Organisationen dulden können, ist bei dem politischen Totalitätsanspruch des Nationalsozialismus selbstverständlich.

Nachdem die Evang. Kirche dann zu keiner inneren Konsolidierung gekommen war, ja maßgebende Teile von ihr in offener oder versteckter Weise sogar gegen den nationalsozialistischen Staat Front zu machen und sich in politische Angelegenheiten einzumischen begonnen hatten, glaubten viele Parteigenossen, ihren Austritt aus der Kirche erklären zu müssen. Aber auch hier gilt wieder das gleiche, wie bei der religiösen Betätigung überhaupt: Jeder Parteigenosse hat diese Frage mit sich selbst als Privatmann abzumachen. Die Partei als solche fragt nicht nach der Kirchen- und Religionszugehörigkeit ihrer Mitglieder. Es darf also auch unter keinen Umständen durch Rundschreiben von Parteiorganisationen oder in Versammlungen oder überhaupt im Namen der Partei zum Kirchenaustritt aufgefordert werden. Der einzelne Parteigenosse aber wird seine Entscheidung nicht nur unter religiösen, sondern auch unter politischen Gesichtspunkten zu treffen haben. Die Erwägung, ob er der Partei durch seine Handlungen nützt oder schadet, darf kein Parteigenosse jemals außer acht lassen. Umgekehrt wird die Partei auch niemals einen Parteigenossen zur Zugehörigkeit zu irgend einer Kirche oder religiösen Gemeinschaft zwingen.

Nachdem es nun dem Reichskirchenausschuß nicht gelungen war, eine Befriedung innerhalb der Evang. Kirche zu erzielen, gab es nur zwei Möglichkeiten: Entweder der Staat nahm die Ordnung der Kirche selbst in die Hand, oder es wurde dem Kirchenvolk, dem das »Pfaffengezänk« längst zuwider war, die Gelegenheit gegeben, durch direkte Urwahlen von sich aus dazu Stellung zu nehmen. Die erste Möglichkeit fiel bei der oben gezeichneten Haltung von Partei und Staat gegenüber religiösen Fragen von selbst fort. Daher ordnete der Führer die Urwahlen zur Generalsynode an. Da eine autoritäre Kirchenleitung, die eine Wahlordnung hätte aufstellen können, nicht vorhanden ist, stellte der Staat der Kirche alle Mittel zur Durchführung der Wahl einschließlich der Wahlordnung zur Verfügung. Im übrigen aber werden Partei und Staat auf jede auch nur kleinste Einflußnahme auf die Kirchenwahlen verzichten, sich vielmehr aufs äußerste zurückhalten. Die Wahlen und der Wahlkampf finden nur auf kirchlichem Boden statt. Die gesamte nicht evangelisch-kirchliche Presse hält sich von dem Wahlkampf vollkommen fern, während andrerseits der Staat auf jede Einflußnahme auf die Art der Durchführung des Wahlkampfes in der evangelisch-kirchlichen Presse verzichtet hat. Wenn also von gewissen Auslandszeitungen voreilig behauptet wurde, diese Wahlen fänden unter dem Druck des nationalsozialistischen Staates statt, so ist dem entgegenzuhalten, daß es sich vielmehr um die demokratischsten Wahlen der Welt handelt. Der Staat und die Partei sind an ihrem Ausfall vollkommen desinteressiert. Aufgabe der gewählten Generalsynode wird es dann sein, sich auf eine Verfassung für die Deutsche Evang. Kirche zu einigen. Gelingt diese Einigung, ganz gleich auf welcher Grundlage, so wird der Staat davon befriedigt sein, denn er hat dann einen verhandlungsfähigen Faktor vor sich, mit dem er auch seinerseits zu einer Einigung gelangen kann und wird. Der Deutschen Evang. Kirche ist somit also vom Führer noch einmal eine letzte Chance geboten worden; es liegt an ihr, sie zu nutzen.

Die Partei hat in diesem kirchlichen Wahlkampf nur eine einzige Aufgabe: Unter allen Umständen zu vermeiden, daß auch nur der Schein entsteht, als ob sie irgendwelchen Einfluß auf den Ausgang der Wahlen nehmen wolle. Diesen Grundsatz müssen sich alle politischen Leiter in den nächsten Wochen immer und immer wieder eindringlich vor Augen halten. Ein Verstoß dagegen könnte unabsehbare Folgen für Staat und Partei wie auch für den schuldigen Parteigenossen selbst nach sich ziehen.

Innerhalb der gesamten Evang. Kirche verschärfte sich durch verschiedene Maßnahmen von Staat und Partei die Lage bis zum Sommer 1937.[150] *Der Reichsbruderrat*

---

150 Vgl. S. 503–524.; vgl. Niemöller, Kampf, S. 397 f. und die Mitteilung der Kirchlich-theologischen Sozietät vom 29.6.1937, die eine Möglichkeit für eine Beteiligung an der Wahl nur sieht, wenn diese tatsächlich »in voller Freiheit« durchgeführt wird (LKA Stuttgart, D 1, Bd. 72).

übernahm deshalb am 23.6.1937 ein Wort des Bruderrats der Altpreußischen Union und bat um folgende Verkündigung im Gottesdienst[151]*:*

Abkündigung

Die am 15.2.1937 angekündigte Kirchenwahl soll dem Vernehmen nach am Sonntag, dem 27.6.1937, stattfinden. Eine solche überraschend angesetzte Wahl würde der Zusage im Erlaß des Führers, daß »die Kirche in voller Freiheit nach eigener Bestimmung des Kirchenvolkes sich selbst die neue Verfassung und damit eine neue Ordnung geben« solle, nicht entsprechen. Der Reichsbruderrat stellt fest, daß sich die gesamte Bekennende Kirche Deutschlands darin einig ist, daß die Beteiligung an dieser Wahl kirchlich nicht verantwortet werden kann. Er fordert deshalb alle evangelischen Christen auf, dieser Wahl fernzubleiben.

Der Reichsbruderrat der Deutschen Evangelischen Kirche.

Mit dieser Abkündigung ist der Lutherische Rat (Marahrens, Meiser, Wurm) vollinhaltlich einverstanden und steht dazu.

Am 25.6.1937 erschien die 16.Verordnung zur Durchführung des Gesetzes zur Sicherung der Deutschen Evang. Kirche[152]*; nach § 1 war die Benützung von Kirchen zu Wahlzwecken, nach § 2 waren öffentliche Veranstaltungen zur Vorbereitung der Wahl sowie die Herstellung und Verbreitung von Flugblättern bis zur Veröffentlichung des Wahltermins verboten. Die Wahlvorbereitungen kamen dadurch zum Erliegen. Schließlich sprach es dann auch der Reichskirchenminister aus, daß es keine kirchliche Wahlen geben werde, die Bekennende Kirche habe sie unmöglich gemacht.*[153] *Der Staat hatte in der Zwischenzeit auf anderem Wege versucht, die kirchliche Lage in seinem Sinn zu bereinigen.*

---

151 LKA Stuttgart, D 1, Bd. 72. Als mögliche Frage für die Kirchenwahl wurde im Ausland gerüchteweise folgende Formulierung genannt: »Billigst du, deutscher Mann, und billigst du, deutsche Frau, daß die Deutsche Kirche eine deutsche Kirche sei« (StA Ludwigsburg, K 110, Bd. 10: SD-Dienststellen in Württemberg, Presseberichte Nr. 44 vom 14.9.1937).
152 Vgl. auch Hermelink, Kirche im Kampf, S. 398.
153 Vgl. die Reden Kerrls in Fulda und in Hagen Ende November/Anfang Dezember 1937; siehe S. 277.

DIE VERSUCHE EINER EINIGUNG DER BEKENNENDEN KIRCHE IN DEUTSCHLAND

DIE BILDUNG EINER ARBEITSGEMEINSCHAFT ZWISCHEN VORLÄUFIGER LEITUNG UND LUTHERISCHEM RAT

Bevor der Reichskirchenausschuß am 12.2.1937 den Beschluß zum Rücktritt faßte, zeigte er in einer für das Reichskirchenministerium bestimmten Denkschrift die entstehenden Folgerungen für das Rechtsleben der Deutschen Evang. Kirche auf.[1] *Ebenfalls am 12. Februar tagte die Konferenz der Landeskirchenführer; als Ergebnis der Besprechungen erklärte sie dem Reichskirchenminister*[2]:

Unter Bezugnahme auf die Erklärungen des Reichskirchenausschusses vom heutigen Tage überreichen wir in der Anlage die Protokolle, in denen die Beschlüsse der Kirchenführer-Konferenz vom 12.2.1937 betreffend die durch den Rücktritt des RKA notwendig gewordene Bestellung einer neuen Leitung der DEK niedergelegt sind.

Wir erklären hierzu in völliger Einmütigkeit: Die Ordnung in der DEK kann nur auf der Grundlage der geltenden vom Führer des Reiches ausdrücklich gewährleisteten Verfassung vom 11.7.1933 wieder hergestellt werden. Maßgebender Grundsatz der Verfassung ist, daß die Kirche auf Schrift und Bekenntnis aufgebaut wird. Infolgedessen müssen wir um des Gewissens willen alle Maßnahmen ablehnen, durch die die Geltung des Bekenntnisses in den einzelnen der DEK zugehörigen Kirchen in Frage gestellt würde. Wir müssen deshalb auch gegen eine Neuordnung stehen, die geistliche Leitung und kirchliche Verwaltung in einer dem Wesen der Kirche widersprechenden Weise auseinanderreißt.[3] Bei dem Ernst der augenblicklichen Lage halten wir uns verpflichtet, dies in aller Ehrerbietung, aber zugleich mit allem Nachdruck auszusprechen.

Zimmermann, Schmidt, Martin, Altpreußen; Ficker, Sachsen; Marahrens, Hannover (luth.); Wurm, Württemberg; Meiser, Bayern; Drechsler, Hamburg; Johnsen, Braunschweig; Happich, Hessen-Kassel; Zentgraf, Nassau-Hessen; Henke, Schaumburg-Lippe; Neuser, Lippe-Detmold; Horn, Hannover (reformiert); Kühlewein, Baden.

1 Zum ganzen Zusammenhang siehe auch S. 52–57.
2 LKA Stuttgart, D 1, Bd. 135; zu den Anlagen siehe S. 77–79.
3 Vgl. die Einrichtung von sogenannten Finanzabteilungen, S. 299–310. 995–1002.

Den grundsätzlichen Ausführungen der Herren Kirchenführer stimmen wir zu: Beste, Bekennende Kirche Mecklenburg; Kühl, Bekennende Kirche Lübeck; Otto, Bekennende Kirche Thüringen; Bürgermeister Spitta, Bekennende Kirche Bremen.

Die dem Reichsbischof und dem Geistlichen Ministerium in der Verfassung der Deutschen Evang. Kirche übertragenen Aufgaben wies die Konferenz der Kirchenführer einem besonderen Gremium zu, als dessen Vorsitzenden sie Dr. Lilje, Berlin, benannte; dazu kam je ein Mitglied der unierten, lutherischen und reformierten Kirche.[4]

Bei der nächsten Sitzung der Landeskirchenführer am 18./19.2.1937 in Berlin mußte Dr. Lilje mitteilen, er habe bisher den Auftrag des Gremiums nicht durchführen können, da es vom Minister noch nicht anerkannt sei. Die an den Reichskirchenminister beschlossene Eingabe teilte der Oberkirchenrat noch am 19.2.1937 den Pfarrämtern mit[5]:

Zu der in Aussicht genommenen Einberufung einer Generalsynode der DEK haben die am 18./19. dieses Monats in Berlin versammelten Kirchenführer von Altpreußen, Baden, Bayern, Braunschweig, Hamburg, Hannover (luth.), Hannover (ref.), Hessen-Kassel, Lippe-Detmold, Nassau-Hessen, Sachsen, Schaumburg-Lippe und Württemberg, denen sich Vertreter der Bekennenden Kirche von Bremen, Lübeck, Mecklenburg und Thüringen angeschlossen haben, in einer Eingabe an den Herrn Reichs und Preußischen Minister für die kirchlichen Angelegenheiten folgende Stellung eingenommen:

»Der Erlaß des Führers und Reichskanzlers über die Einberufung einer Generalsynode der DEK vom 15. Februar stellt fest, daß es ›dem RKA nicht gelungen ist, eine Einigung der kirchlichen Gruppen der DEK herbeizuführen‹, und bestimmt, daß ›nunmehr die Kirche in voller Freiheit

---

4 Siehe S. 51.
5 Nr. A 1999; vgl. das Protokoll der Sitzung vom 18./19.2.1937 (LKA Stuttgart, D 1, Bd. 135); vgl. auch Niemöller, Kampf, S. 407 f; Hermelink, Kirche im Kampf, S. 379–382; die Rede Kerrls vom 13.2.1937, S. 57–62; zum Wahlerlaß Hitlers vom 15.2.1937 siehe S. 63.
Am 26.2.1937 schrieb Dr. Lilje ein zweites Mal an den Reichskirchenminister, um »zu den in dem Schreiben vom 29. dieses Monats behandelten Fragenkreisen nochmals eingehender Stellung zu nehmen«. Am 3.3.1937 folgte ein drittes Schreiben von Dr. Lilje (LKA Stuttgart, D 1, Bd. 135).
Das auf 25.2.1937 datierte Antwortschreiben des Reichskirchenministeriums, in dem das Gremium Lilje endgültig abgelehnt wurde, traf erst ein nach dem 20.3.1937; vgl. KJb., S. 167 f. und S. 218 f.

nach eigener Bestimmung des Kirchenvolkes sich selbst die neue Verfassung und damit eine neue Ordnung geben soll‹. Er ermächtigt den Reichsminister für die kirchlichen Angelegenheiten, ›zu diesem Zweck die Wahl einer Generalsynode vorzubereiten und die dazu erforderlichen Maßnahmen zu treffen‹. Die unterzeichneten Landeskirchenführer begrüßen es dankbar, daß nach dem Willen des Führers von staatlichen Eingriffen in die innere Ordnung der evang. Kirche abgesehen und die Entscheidung über ihre Verfassung und Ordnung der Kirche selbst in voller Freiheit überlassen werden soll. Wir erklären dazu:

1. Wir sind überzeugt, daß die Einigung der in den letzten Jahren in der DEK hervorgetretenen Richtung entscheidend deshalb nicht gelungen ist, weil nicht alle ›Gruppen‹ die in Art. 1 der Verfassung der DEK vom 11.7.1933 festgestellte ›unantastbare Grundlage‹, nämlich ›das Evangelium von Jesus Christus, wie es uns in der Heiligen Schrift bezeugt und in den Bekenntnissen der Reformation neu ans Licht getreten ist‹, gewahrt haben; sie haben vielmehr zum Teil das Ziel einer von dieser Grundlage gelösten, nicht mehr bekenntnisbestimmten ›Deutschen Nationalkirche‹ aufgerichtet. Die Bemühungen des RKA sind wesentlich deshalb gescheitert, weil er entschlossen war, keine Preisgabe dieser Grundlage zuzulassen, jedoch verhindert wurde, den Aufbau der DEK auf dieser Grundlage durchzuführen.

2. Auch für eine neue Verfassung bleibt diese Grundlage unaufgebbar, weil sie mit der religiösen Offenbarung Gottes in Jesus Christus, die zu verkündigen der stiftungsmäßige Auftrag der evang. Kirche ist, unveräußerlich gesetzt ist. Wir sind gewiß, daß gerade durch die unverkürzte Ausrichtung dieses ihres göttlichen Auftrages die evang. Kirche unserem deutschen Volk den Dienst leistet, zu dem sie berufen und bereit ist. Dafür die erforderlichen Voraussetzungen zu schaffen, ist die Aufgabe aller kirchlichen Ordnung und somit auch die der neu zu berufenden Generalsynode. Sie wird von dem ernsten Willen zur Einheit geleitet sein müssen; sie wird sich aber gegebenenfalls um der Wahrheit willen der schmerzlichen Notwendigkeit nicht entziehen dürfen, eine Ordnung zu schaffen, nach welcher diejenigen, welche auf der biblischen und reformatorischen Grundlage der 1933 errichteten DEK beharren wollen, sich scheiden von denen, die diese Grundlage auflösen, und die damit gegebenen Fragen zu regeln.

3. Nach der geltenden Verfassung gliedert sich die DEK in Kirchen, die in Bekenntnis und Kultus selbständig sind (Art. 2). Auch dieser Grundsatz bleibt unaufgebbare Grundlage jeder Neuordnung der DEK,

weil er den geschichtlichen Bekenntnisstand zum Ausdruck bringt, den abzuändern eine Generalsynode der DEK nicht befugt ist. Beschlüsse einer Generalsynode der DEK bedürfen daher für ihre kirchliche Rechtsgeltung der Anerkennung durch die bekenntnisbestimmten Kirchen.

4. Dafür wären die Voraussetzungen gegeben, wenn die geplante Generalsynode durch die Synoden dieser bekenntnisbestimmten Kirchen gebildet würde, wie es ja auch die geltende Verfassung vorsieht. Es würden dann zunächst die Landes- bzw. Provinzialsynoden neu zu bilden sein, was angesichts der Auflösung der bisherigen kirchlichen Rechtsordnung in mehreren Landeskirchen ohnehin unaufschiebbar erscheint. Da das Bekenntnis der Kirche als Bekenntnis zu ihrem Glauben einer Mehrheitsabstimmung nicht unterliegen kann, können Wahlen kirchlichen Charakters nur getätigt werden von Gliedern der Kirche, welche in diesem Bekenntnis stehen und seine Geltung in der Kirche zu wahren entschlossen sind. Es würde daher auf entsprechende Wahlfähigkeitsbestimmungen für das aktive und passive Wahlrecht Bedacht zu nehmen sein.

5. Die volle Freiheit kirchlicher Entscheidung, die der Erlaß des Führers und Reichskanzlers zusagt, ist nur gewährleistet, wenn die gesamte Durchführung der Wahlen in die Hände der kirchlichen Organe gelegt wird und alle Eingriffe nichtkirchlicher Stellen in die Wahlen sowie in die Verhandlungen und Entscheidungen der Synoden unterbunden werden und wenn eine freie, sachliche Aussprache gesichert wird. Dies erfordert die Beseitigung von jetzt der kirchlichen Presse und der kirchlichen Versammlungstätigkeit aufgelegten Beschränkungen. Dies erfordert weiter, daß alle Maßnahmen, die im Zusammenhang mit den kirchlichen Auseinandersetzungen von staatlichen oder kirchlichen Stellen gegen einzelne Personen oder Gemeinden um ihres Kampfes für das Bekenntnis der Kirche willen verhängt worden sind und diesder Ausübung ihrer kirchlichen Rechte und Pflichten behindern, sofort aufgehoben werden.

6. Wir sind willens, die Verhandlungen für die Wahlordnung mit dem Herrn Reichsminister für die kirchlichen Angelegenheiten einheitlich zu führen.« Wurm.

Angesichts der sich zuspitzenden Lage in der Deutschen Evang. Kirche beschloß der Reichsbruderrat bei einer Tagung in Berlin am 3.3.1937, eine Fühlungnahme der leitenden Gremien der Bekennenden Kirche anzuregen; diese Initiative wurde vom Rat der Evang.-Luth. Kirche am 5.3.1937 aufgenommen.

Schon am 3.3.1937 war eine Arbeitsgemeinschaft zwischen der Vorläufigen Leitung der Deutschen Evang. Kirche und dem Rat der Evang.-Luth. Kirche gebildet

*worden.*⁶ *Über diese sich anbahnende Verständigung informierte der Oberkirchenrat am 8.3.1937 die Pfarrämter*⁷*:*
Im Nachfolgenden geben wir den Geistlichen Kenntnis von den neuesten Vorgängen.

I

Am Mittwoch, 3.3.1937, tagte nach längerer Pause in Berlin wieder der Reichsbruderrat. Er faßte nach eingehender Beratung unter dem Vorsitz von Präses D. Koch folgenden Beschluß:
»1. Der Reichsbruderrat hält ein einheitliches Handeln der gesamten Bekennenden Kirche Deutschlands für geboten und für möglich. Er ist einmütig entschlossen, sich erneut für solches Handeln einzusetzen.

2. Der Reichsbruderrat fordert die Vorläufige Leitung der Deutschen Evang. Kirche und den Rat der Evang.-Luth. Kirche Deutschlands auf, miteinander Fühlung zu nehmen, insbesondere vor Herausgabe aller grundsätzlich wichtigen Verlautbarungen, um das einheitliche Handeln der Bekennenden Kirche zu gewährleisten.

3. Der Reichsbruderrat fordert die Vorläufige Leitung der Deutschen Evang. Kirche und den Rat der Evang.-Luth. Kirche Deutschlands auf, einen bevollmächtigten Arbeitsausschuß herauszustellen, der für die Bekennende Kirche in den nächsten Wochen die Verhandlungen mit staatlichen Stellen über die mit der Wahl zusammenhängenden Fragen zu führen hat.

4. Der Reichsbruderrat beschließt ein Wort an die Gemeinden, in welchem diese auf die Grundfrage der kommenden Entscheidungen hingewiesen werden.«

II

Oberkirchenrat Breit bemerkt dazu in den Mitteilungen des Luth. Rats vom 5.3.1937:
»... Am Mittwochabend, den 3. März, fand die von mir angeregte Besprechung statt. Teilnehmer: Müller, Dr. Böhm, Dr. v. Thadden, Ewerbeck, Dr. Lilje, D. Fleisch, Breit. Das Ergebnis dieser Besprechung war die Bildung eines Ausschusses, in dem Müller und Dr. Böhm die Vorläufige

---

6 Es wurde ein Arbeitsausschuß eingesetzt unter der Leitung von Pfr. Müller, Berlin-Dahlem, und Oberkirchenrat Breit; in der Verlautbarung heißt es: »In den von der Evang. Kirche Deutschlands heute geforderten Entscheidungen werden beide Kirchenleitungen gemeinsam vorgehen« (LKA Stuttgart, D 1, Bd. 135). Vgl. Hermelink, Kirche im Kampf, S. 392 f.

7 Nr. A 2641; vgl. Zipfel, S. 95.

Leitung vertritt, Breit und Flor den Luth. Rat, Dr. Lilje die Kirchenführerkonferenz, D. Knak die diakonischen und missionarischen Verbände (zunächst mit dem Vorbehalt, daß er dazu ermächtigt wird). Dieser Ausschuß hat eine sachlich und zeitlich begrenzte Aufgabe zu erfüllen: Er soll einmal dem Staat gegenüber die Forderungen und das Interesse der Kirche wahrnehmen und sodann die für die Wahl erforderlichen Schritte zur Bildung eines größeren Ausschusses tun, in dem alle diejenigen Gruppen zu Wort kommen, die wie wir erkennen, daß die bevorstehende Wahl Entscheidungscharakter hat, und die mit uns jeglichen DC-Irrtum ablehnen. Heute schon kann man feststellen, daß dieses hier getroffene Übereinkommen stärkste Wirkung gezeitigt hat...«

III

Der Beschluß des Reichsbruderrats vom 3. März, dessen Wurzeln in weiter zurückliegenden Bemühungen und Verhandlungen und zuletzt in der freien Entschließung des Luth. Rats und der VKL zu suchen sind, und die sofortige Bildung des bevollmächtigten Arbeitsausschusses am Abend des 3. März wird in der ganzen Bekennenden Kirche und darüber hinaus mit Dank und Freude aufgenommen werden. Es wird viel zur Entspannung und zur Festigung der innerkirchlichen Lage und zu geschlossenem Einsatz der Kräfte beitragen. Wir geben der Erwartung Ausdruck, daß dieses Zusammengehen und Zusammenstehen in der gemeinsamen Verantwortung für die ganze DEK sich bewähren möge in den ganz konkreten Fragen, vor die wir uns gestellt sehen. Dieser Zusammenschluß der Bekennenden Kirche im Blick auf die bevorstehende Wahl soll im übrigen in keiner Weise die dringend notwendige Sammlung über die Bekennende Kirche hinaus hindern oder erschweren. Es müssen alle gewonnen werden und alle zusammenstehen, die die Erhaltung und Erneuerung der DEK auf dem Grund des biblisch-reformatorisch verstandenen Evangeliums erstreben und sich von der die Kirche der Reformation zerstörenden Irrlehre geschieden wissen.

IV

Der Luth. Rat hat sich im Zusammenhang mit dem Beschluß des Reichsbruderrats mit folgendem Schreiben unter dem 5.3.1937 an die VKL gewendet:

»Sehr verehrte Herren und Brüder! Wir haben mit Befriedigung von dem Beschluß des Reichsbruderrats vom 3. März dieses Jahres Kenntnis genommen, der auf eine engere Fühlungnahme zwischen der Vorläufigen

Leitung der DEK und dem Rat der Evang.-Luth. Kirche Deutschlands abzielt, umsomehr, als es auch unser Bestreben war, im Blick auf die vom Staat vorgelegte Entscheidung zu einer geordneten Wiederaufnahme der gegenseitigen Beziehungen zwischen VKL und Luth. Rat zu kommen. Wir begrüßen es dankbar, daß die Besprechungen, die am vergangenen Samstag, den 27.2.1937, und am Mittwoch, den 3.3.1937, zwischen dem Vorsitzenden der VKL und dem Vorsitzenden des Luth. Rats in Anwesenheit je eines weiteren Vertreters beider Teile und anderer Vertreter der Kirche stattgefunden haben, einen möglichen Weg eröffnet haben. Wir sind uns dabei bewußt, daß, unbeschadet aller zwischen uns noch zu klärenden grundsätzlichen kirchlichen und theologischen Fragen, die heute von allen, die Jesus Christus als ihren Herrn bekennen, gemeinsam zu treffenden Entscheidungen in brüderlicher Verbundenheit und in kirchlicher Würde getroffen werden müssen. Über die nächsten Maßnahmen werden wir uns baldmöglichst verständigen. Mit amtsbrüderlichem Gruß! Breit.«   I. A. W. Pressel.

Im Zusammenhang mit den sich anbahnenden Kontakten hatte der Rat der Evang.-Luth. Kirche schon am 17.2.1937 seine Stellungnahme zur Theologischen Erklärung von Barmen umschrieben. Ebenfalls am 8.3.1937 wurde auch dies den Pfarrämtern mitgeteilt[8]:

Nachstehend geben wir den Geistlichen Kenntnis von der unter dem 17.2.1937 ausgesprochenen Stellungnahme des Rats der Evang.-Luth. Kirche Deutschlands zur Theologischen Erklärung der Ersten Bekenntnissynode von Barmen. Diese Stellungnahme hat die Zustimmung der dem Luth. Rat angeschlossenen Kirchenleitungen einschließlich der Leitung der Bekennenden Kirche von Sachsen, Mecklenburg, Thüringen, Braunschweig und Lübeck gefunden:

Stellungnahme des Rates der Evang.-Luth. Kirche Deutschlands zur Theologischen Erklärung der Bekenntnissynode von Barmen 1934

Die Theologische Erklärung der Ersten Deutschen Bekenntnissynode von Barmen, der auch Vertreter evang.-luth. Kirchen zugestimmt haben, hat das Evangelium von Jesus Christus als die Grundlage der DEK als eines Bundes bekenntnisbestimmter Kirchen gegen die in allen Kirchen der Reformation mächtig gewordenen Irrlehren der Deutschen Christen neu bezeugt. Sie hat damit alle Kirchen, die sich um das Evangelium sam-

---

8 Nr. A 2648.

meln, aufgerufen, ihre Bekenntnisse in den Entscheidungen unserer Zeit ernst zu nehmen und alles abzutun und abzuwehren, was die einmalige und vollkommene Offenbarung des lebendigen Gottes in Jesus Christus, unserem Herrn, gefährdet, verdunkelt oder zu zerstören droht.

Darum erkennen wir in den Barmer Sätzen auch weiterhin eine Theologische Erklärung, die wegweisend sein will in den heute von jeder Kirche, die das Evangelium bekennt, von ihrem Bekenntnis aus geforderten Entscheidungen. Dabei ist die lutherische Kirche gehalten – und die Beschlüsse von Barmen unterstützen diese Aufgabe –, die Barmer Sätze an ihrem Bekenntnis zu prüfen und durch das Bekenntnis auszulegen. Da die Barmer Sätze bewußt keine Entscheidung über die Wahrheit des lutherischen oder des reformierten Bekenntnisses treffen und auch weder das eine noch das andere Bekenntnis bestätigend aufgreifen, sind sie selbst einer maßgeblichen Auslegung auf Grund der Bekenntnisse der Kirchen bedürftig.

So lehnen wir es ab, aus der Tatsache, daß Lutheraner, Reformierte und Unierte die Theologische Erklärung gemeinsam abgegeben haben, zu folgern, daß hierdurch ein neues Bekenntnis als Grundlage einer neuen Kirche entstanden sei. Mit Dank aber stellen wir fest, daß durch die Theologische Erklärung auch jede Kirche der lutherischen Reformation daran gemahnt ist, daß sie ihr Bekenntnis nur dann wirklich ernst nimmt, wenn sie sich »in ihrer Lehre, ihrer Gestalt und ihrer Ordnung von der Heiligen Schrift und den lutherischen Bekenntnisschriften bestimmen läßt und damit bezeugt, daß sie durch ihr Bekenntnis allezeit zum Bekennen aufgerufen ist« (Erklärung des Deutschen Lutherischen Tages von Hannover 1935[9]). Wurm.

Bei einer Besprechung zwischen Vertretern der Vorläufigen Leitung der Deutschen Evang. Kirche und des Rats der Evang.-Luth. Kirche am 16.3.1937 in Berlin wurde klar, daß der Bruderrat der Evang. Kirche der Altpreußischen Union wegen des noch im Amt befindlichen preußischen Landeskirchenausschusses und der Provinzialkirchenausschüsse die eigenen kirchenleitenden Funktionen nicht für beendet erklären konnte; deshalb ergaben sich Schwierigkeiten für die am 3. März beschlossene Arbeitsgemeinschaft zwischen der Vorläufigen Leitung der Deutschen Evang. Kirche und dem Rat der Evang.-Luth. Kirche.[10]

9 Siehe Bd. 4, S. 249–251.
10 Vgl. Protokoll der Sitzung der Konferenz der Landeskirchenführer am 12.3.1937 in Berlin (LKA Stuttgart, D 1, Bd. 135). Eine Versammlung Märkischer Pfarrer hatte bei einer Versammlung am 11.2.1937 Generalsuperintendent i. R. D. Zoellner, dem Vorsitzenden

DIE 13. VERORDNUNG KERRLS UND DIE BEMÜHUNGEN
DER KONFERENZ DER LANDESKIRCHENFÜHRER

Ohne jede Rücksprache mit Vertretern der Kirche erschien am 20.3.1937 die 13. Verordnung[11] zur Durchführung des Gesetzes zur Sicherung der Deutschen Evang. Kirche[12], nach der die Bearbeitung der laufenden Verwaltungsangelegenheiten der Deutschen Evang. Kirche vom Leiter der Deutschen Evang. Kirchenkanzlei übernommen und die Ausübung der kirchenleitenden Funktionen der im Amt befindlichen Kirchenregierungen auf die Führung der laufenden Geschäfte beschränkt wurde. Damit gab es keine voll verantwortliche kirchliche Leitung mehr. Außerdem sollten Disziplinar- und andere Personalmaßnahmen in kirchenpolitischen Angelegenheiten ruhen.

Am 8.4.1937 legte Landesbischof D. Marahrens dem Reichskirchenminister die in der Sitzung am 2. April beschlossene und am 8. April endgültig genehmigte Stellungnahme der Konferenz der Landeskirchenführer vor, in der die Verordnung als nicht vollziehbar bezeichnet wurde.[13]

Am 12.4.1937 erwiderte der Reichskirchenminister diese Stellungnahme der Konferenz der Landeskirchenführer mit dem Hinweis, daß die 13. Durchführungsverordnung staatliches Recht setze und deshalb bindend sei; eine Verkündigung in den kirchlichen Amtsblättern wurde verboten.[14]

In der Sitzung der Landeskirchenführer am 2./3.4.1937 in Berlin wurde auch die seit der 13. Durchführungsverordnung vom 20. März in der Deutschen Evang. Kirche entstandene Lage besprochen. Nachdem Anfang April das auf 25. Februar datierte Schreiben Kerrls bekanntgeworden war, mit dem er das Gremium Lilje endgültig

des (zurückgetretenen) Reichskirchenausschusses, als den Mann für eine Sammlung der Bekennenden Kirche genannt; dies erschwerte die Zusammenarbeit mit der Vorläufigen Leitung erheblich und wurde von Oberkirchenrat Breit bedauert. Vgl. auch den Schriftwechsel zwischen Pfr. Müller, Berlin-Dahlem, und Superintendent Zimmermann, Berlin, vom März 1937 (LKA Stuttgart, D 1, Bd. 135).

11 Vgl. auch den Aufruf der Vorläufigen Leitung der DEK vom April 1937 »An die Evangelische Christenheit in Deutschland« (KJb., S. 166 f.) sowie die Stellungnahme der Rheinischen Bekenntnissynode vom Frühjahr 1937 (KJb., S. 174–181); vgl. ferner KAW 1937, S. 54; Brunotte, S. 92–98.
12 Vgl. Bd. 4, S. 433 f.
13 LKA Stuttgart, D 1, Bd. 136; Protokoll der Sitzung. Vgl. KJb., S. 171–173.
14 KJb., S. 173.

ablehnte[15]*, wurde zur* Frage der Leitung der Deutschen Evang. Kirche *folgender Beschluß gefaßt*[16]*:*
Das am 12.2.1937 eingesetzte Gremium Dr. Lilje, Landessuperintendent Henke, Superintendent Gramlow, Pfarrer Langenohl tritt zurück. Es hat die vom Minister erbetene staatliche Anerkennung nicht erlangt: Die Frage einer neuen Leitung wird nach eingehender Aussprache dahingehend entschieden, daß die Kirchenführer zunächst nicht auf der Grundlage des Notrechts eine Leitung der DEK ohne staatliche Genehmigung aufstellen werden. Vielmehr beauftragen sie den dienstältesten Landesbischof in Gemeinschaft mit drei anderen im leitenden Amt einer Landeskirche stehenden Herren, die »Gesamtheit der auf dem Boden des Art. 1 der Verfassung der DEK stehenden Landeskirchen in ihren kirchlichen Aufgaben zusammenzufassen und insofern die DEK zu vertreten«. Dieser Auftrag wird dem Landesbischof D. Marahrens, Hannover, Landesbischof D. Wurm, Stuttgart, Landessuperintendent D. Dr. Hollweg, Aurich, und Präsens Zimmermann, Berlin, zuteil. Mit der VKL sollen Verhandlungen geführt werden, die auf einen Modus vivendi in Altpreußen abzielen sollen. Für den Fall einer Vereinbarung ist in Aussicht genommen, daß ein Vertreter der BK zu den 4 Beauftragten hinzutritt. Die Beschlüsse und die entsprechenden Schreiben sollen von den 4 Beauftragten in endgültiger Fassung festgestellt und dem Minister sowie anderen staatlichen Stellen übersandt werden.

An die Gemeinden wurde folgendes Wort entworfen[17]*:*
Die im leitenden Amt stehenden Führer der Landeskirchen haben sich in ihrer Zusammenkunft vom 2. April mit der 13. Verordnung zur Durchführung des Gesetzes zur Sicherung der Deutschen Evang. Kirche beschäftigt. Sie haben anerkannt, daß die Lage der Kirche in der gegenwärtigen Übergangszeit besondere Schwierigkeiten in sich trägt. Sie

---

15 KJb., S. 167 f; vgl. S. 211. Vgl. auch das Votum der Landeskirchenführer, das Marahrens als Antwort auf dieses Schreiben Kerrls vom 25. Februar am 3.4.1937 an das Reichskirchenministerium sandte, KJb., S. 169–171; Hermelink, Kirche im Kampf, S. 390–394.
16 LKA Stuttgart, D 1, Bd. 136; Protokoll der Sitzung, Ziffer 3.
17 LKA Stuttgart, D 1, Bd. 136. Vgl. in diesem Zusammenhang auch die vom 1. bis 4.4.1947 in Darmstadt geplante Evang. Woche, bei der unter anderem Landesbischof D. Wurm und Pfr. Asmussen, Berlin, Referate halten sollten, aber Rede- und Aufenthaltsverbot für Hessen erhielten. Da Pfr. Busch, Essen, trotz desselben Verbots seinen Vortrag hielt, wurde er in Schutzhaft genommen. Die Konferenz der Landeskirchenführer befaßte sich am 3. April mit dieser Frage und lehnte die ausgesprochenen Verbote als Eingriff in das innerkirchliche Leben ab; am 9.4.1937 protestierte Landesbischof D. Marahrens deshalb beim Reichskirchenministerium. Vgl. auch Zipfel, S. 114 f.

haben sich erneut bereit erklärt, mit dem Herrn Kirchenminister die erforderlichen besonderen Maßnahmen zu erwägen.

Die gegenwärtige Verordnung ist ohne jede Fühlung mit der Kirche erlassen worden. Sie greift so tief in das Leben der Deutschen Evang. Kirche und der Landeskirchen ein wie keine der bisher ergangenen Verordnungen. Sie nimmt keine Rücksicht auf Wesen und Art der Kirche und beseitigt weithin mit einem Federstrich vom Staat anerkanntes und gewährleistetes kirchliches Recht. Die durch die Presse verbreiteten Auslegungen sind vielfach irreführend und unzutreffend. Die Kirchenführer müssen diese Verordnung ablehnen.

Im einzelnen haben sie zu erklären:

I

Von der Deutschen Evang. Kirche als der Zusammenfassung der Landeskirchen sagt die Verordnung: »Die Bearbeitung der laufenden Verwaltungsangelegenheiten der Deutschen Evang. Kirche wird von dem Leiter der Deutschen Evang. Kirchenkanzlei übernommen.«

Diese Bestimmung macht jedwede eigenständige kirchliche Leitung der DEK unmöglich. Sie überträgt die verantwortliche Leitung einer Stelle der kirchlichen Bürokratie, die nach der Verfassung der Deutschen Evang. Kirche niemals die Leitung haben darf. Die Rechtmäßigkeit ihrer gegenwärtigen Besetzung ist außerdem zu verneinen. Seit Jahren ist sie völlig untätig und bedeutungslos. Die Kirche wird auf unbestimmte Zeit der Bürokratie ausgeliefert. Dabei ist die Möglichkeit einer eigenständigen kirchlichen Leitung vorhanden. Die im leitenden Amt stehenden Führer der Landeskirchen hatten in Ausübung der ihnen verfassungsmäßig zustehenden Verantwortung einen Ausschuß bestellt, der in der Übergangszeit die Leitung der Deutschen Evang. Kirche ausüben sollte, und hatten den Minister um die staatliche Anerkennung gebeten. Er hat diesen Beschluß der Kirche ohne Angabe von Gründen nicht anerkannt und damit kundgetan, daß er nicht gewillt ist, die Entscheidungen der Kirche zu achten. Die Verordnung schließt die Führer der Landeskirchen, die doch die Deutsche Evang. Kirche erst geschaffen haben, von der Mitarbeit vollends aus.

II

Von den Landeskirchen sagt die Verordnung: »Die kirchenregimentlichen Befugnisse in den Landeskirchen werden durch die im Amt befindlichen Kirchenregierungen ausgeübt. – Die Ausübung der kirchenregimentlichen Befugnisse bleibt auf die Führung der laufenden Geschäfte beschränkt.«

Dazu ist zu sagen: Wo Kirchenleitungen rechtmäßig und unbestritten im Amt sind, wird ihnen ohne Rücksicht auf kirchliche Ordnung und staatlich anerkanntes Recht ihre kirchliche Autorität genommen. Die letzten Reste eigenständigen kirchlichen Rechtes in den Landeskirchen werden beseitigt. Wo rechtswidrige Kirchenregierungen amtieren, die im offenen Widerspruch zu Schrift und Bekenntnis stehen, werden sie durch die Verordnung bestätigt. Die Zerstörung der schrift- und bekenntnismäßigen Grundlage der Kirche wird geschützt. Die Gewissen der Gemeinden und Geistlichen werden weiterer Vergewaltigung preisgegeben. Die Reinhaltung der kirchlichen Lehre und Verkündigung wird unmöglich gemacht. Vorstöße gegen die kirchliche Ordnung dürfen nicht mehr geahndet werden. Geschehenes Unrecht wie in Lübeck, Mecklenburg und Thüringen wird nicht beseitigt.[18] Das Empfinden und die Stimme der Kirchen und der Gemeinden werden mißachtet.

III

In der Deutschen Evang. Kirche und in den Landeskirchen werden durch die Verordnung die vom Staat abhängigen Finanzabteilungen selbständig gemacht. Das Vermögen der Kirche wird in staatliche Verwaltung übernommen. Rechtmäßigen Kirchenleitungen wird die Verfügung über das Vermögen der Kirche entzogen, ja ihre Mitwirkung bei seiner Verwaltung ausgeschaltet. Rechts- und bekenntniswidrige Kirchenleitungen werden nicht betroffen, weil bei ihnen keine Finanzabteilungen bestehen. Auf dem Weg über die Vermögensverwaltung wird die Herrschaft des Staates auch über die inneren Angelegenheiten der Kirche aufgerichtet.

Da in der am 2. April beschlossenen Leitung der Deutschen Evang. Kirche mit Superintendent Zimmermann, Berlin, ein Mitglied des vom Staat eingesetzten Landeskirchenausschusses der Evang. Kirche der Altpreußischen Union vorgesehen und da der Bruderrat dieser Kirche an den Verhandlungen nicht beteiligt war, lehnte der Bruderrat der Evang. Kirche der Altpreußischen Union diese Leitung der Kirche ab.[19]

18 Siehe Mitteilungsblatt der Deutschen Evang. Kirche 1937, Nr. 2, S. 11.
19 Vgl. das Rundschreiben des Bruderrats der Evang. Kirche der APU vom 6.4.1937 mit der Weisung: »Die Bekennende Kirche ist nicht befugt, die von den ›Kirchenführern‹ herausgestellte ›Kirchenleitung‹ anzuerkennen«; vgl. ferner das Schreiben der VL vom 7.4.1937 an Landesbischof D. Meiser, München, und an Landesbischof D. Marahrens, Hannover, vom 8.4.1937 (LKA Stuttgart, D 1, Bd. 136).

Über die Bedenken, die gegen die am 2. April beschlossene Leitung der Deutschen Evang. Kirche bestanden, schrieb Pfr. Asmussen am 5.4.1937 an Landesbischof D. Wurm als Mitglied des vorgesehenen Leitungsgremiums[20]:

Sehr verehrter, lieber Herr Landesbischof!

Ich habe den Plan, den Sie mir am Freitag Abend entwickelten, Müller, Niemöller und Böhm mitgeteilt, nachdem Breit noch einmal mit mir darüber gesprochen hatte. Ich bin nun nicht in der Lage, Ihnen eine amtliche Antwort auf den entwickelten Plan zu geben. Es liegt mir aber daran, daß ich Ihnen vorläufig meine persönliche Meinung übermittle, da ich ja nun einmal eingeschaltet worden bin. Wollen Sie bitte, was ich Ihnen schreibe, lediglich als meine private Meinung ansehen.

Je länger ich über diesen Plan nachdenke, habe ich ihm gegenüber in steigendem Maße Bedenken. Meine Bedenken beziehen sich sowohl auf den Weg des neuen Gremiums als auch auf die Stellung, welche die Ausschüsse und die Berneuchener durch diesen Plan bekommen, als auch endlich auf die Stellung, die der Bekennenden Kirche durch diesen Plan zugewiesen wird. Ich halte es für ungeschickt, daß die Vorläufige Leitung, nach alledem, was geschehen ist, wieder einmal vor einer vollendeten Tatsache steht, so daß ihr die Einflußnahme in schwebenden Fragen unmöglich gemacht ist. Ich fürchte, daß dieser Tatbestand für die Väter dieses Planes unliebsame Folgen nach sich ziehen wird. Es ist ja möglich, daß ich die kürzlich gegründete Arbeitsgemeinschaft zwischen Lutherischem Rat und Vorläufiger Leitung nicht richtig einschätze, aber ich habe bisher dieser Arbeitsgemeinschaft in meinen Gedanken immer eine solche Stellung eingeräumt, daß alle wichtigen Beschlüsse, die hüben und drüben dabei gefaßt werden, erst innerhalb dieser Arbeitsgemeinschaft besprochen werden, ehe sie Außenstehenden zur verantwortlichen Stellungnahme vorliegen können. Ich muß meiner Befürchtung dahin Ausdruck geben, daß die Bedeutung, die man bei uns bisher jener Arbeitsgemeinschaft zugemessen hat, durch die jüngsten Ereignisse sehr sinken wird. Denn in der Öffentlichkeit wird der Plan einer neuen Kirchenleitung nicht mehr als Plan gelten, sondern als ein unabänderlicher Beschluß.

Dazu kommen nun schwerwiegende sachliche Bedenken. Es ist Ihnen bekannt, wie sehr für unsere Sicht das ganze Problem der Ausschüsse hineinspielt in die Frage der Leitung der Deutschen Evang. Kirche. Wir haben in den letzten Wochen und Monaten, wie ich mich bestimmt erin-

---

20 LKA Stuttgart, D 1, Bd. 136.

nere, viel darum gebeten, daß die Kreise des Luth. Rates doch nicht mehr die Ausschüsse stützen. Nun hat man es für richtig gehalten, diesen unseren Bitten nicht nachzukommen. Das bedeutet, daß die Reste der Ausschüsse in der Öffentlichkeit dastehen als Verbündete der Bischöfe und damit von den Bischöfen sanktioniert werden. Es ist nicht anzunehmen, daß Zimmermann und Hollweg[21] als Glieder einer Leitung der Deutschen Evang. Kirche eine andere Politik treiben werden als in ihren Landeskirchen, d. h. sie treiben eine gegen die Bekennende Kirche gerichtete Politik. Sie werden verstehen, daß es uns unmöglich sein wird, eine Politik zu unterstützen, die unsere Arbeit zerstört und untergräbt. Es ist mir bekannt, daß man in Ihren Kreisen der Überzeugung ist, wir beurteilten sowohl Hollweg wie auch Zimmermann nicht positiv genug. Immerhin wird doch auch Ihnen die Tatsache zu bedenken geben, daß Hollweg sich kürzlich weigerte, Albertz in Aurich zu empfangen. Müssen Sie nicht doch selbst sagen, daß es etwas zu viel verlangt ist, wenn man hofft, daß wir selbst eine solche Einstellung stützen sollen?

Dazu kommt die Tatsache, daß Marahrens an die Spitze dieses Gremiums gestellt ist. Ich kann nicht beurteilen, wie weit Ihnen bekannt ist, daß die Hannoversche Landeskirche sich der Bekennenden Kirche gegenüber praktisch ablehnender verhält als den Deutschen Christen gegenüber. Aber wir haben es erlebt, welche intensiven Bemühungen von Hannover aus unternommen worden sind, um unsere Mitwirkung an der Evang. Woche in Bremen zu unterbinden. Finden Sie es angemessen, wenn man uns zumutet, daß wir diese Bestrebungen stützen? Außerdem gehört zu den Grundsätzen unserer Arbeit von Anfang an, daß wir uns mit den Verfolgten brüderlich verbunden wissen. Hierin fühlen wir uns seit 1934 von Marahrens nicht unterstützt. Selbstverständlich ist es möglich, daß wir ihn unterschätzen. Aber ich kann nur sagen, daß wir vergeblich sehnsüchtig darauf gewartet haben, daß Marahrens sich selbst und seine Landeskirche vor die Wehrlosen und Verfolgten stellt. Sage ich etwas Unrechtes, wenn ich zum Ausdruck bringe, daß in der Hannoverschen Landeskirche so wohl die Namen der Verfolgten wie erst recht das Gebet für sie unbekannt ist?

Sollte es nun vollends wahr sein, daß zum Chef des Berliner Büros Mahrenholz gewählt ist, dann würde das nur bestätigen, daß sich in dem neu entstandenen Gremium die bisherige Ausschußpolitik fortsetzen wird. Wir haben jetzt lange genug durch diese Politik und die dahinter

---

21 Beide waren Mitglied von Kirchenausschüssen.

stehende Berneuchener Sicht der Dinge die Gemeinde verwirrt, so daß ich vielleicht wohl die Vernichtung meiner eigenen Arbeit tragen könnte, wenn ich dazu ein Recht hätte, nicht aber die weitere Verwirrung der Gemeinden und Pfarrer. Und das bedeutet nun für mich der Name Mahrenholz, wenn es wahr sein sollte, daß ihm erneut eine so einflußreiche Stellung zugebilligt wird.

Endlich lassen Sie mich darauf aufmerksam machen, daß der neue Plan die Bekennende Kirche in eine unmögliche Stellung bringt. Von den bisher genannten Namen kann ich als Vertreter der Bekennenden Kirche eigentlich nur Sie, Herr Landesbischof Wurm, anerkennen. Da Sie am weitesten weg sind, bedeutet praktisch ein Vertreter der Bekennenden Kirche außer Ihnen in diesem Gremium die Stellung eines Konzessionschulzen, von dem nicht anzunehmen ist, daß er Raum hat zu einer Fortführung der bisherigen in der Bekennenden Kirche geleisteten Arbeit. Darüber hinaus aber habe ich die schwersten Bedenken, wenn man versucht, die Politik Zimmermanns und Fritz Müllers parallel zu schalten. Ich halte es für nicht verheißungsvoll, wenn etwa diese beiden in einem Gremium nebeneinander arbeiten, wobei der eine die Deutschen Christen auf die Kanzel bringt und der andere sie dort nicht haben will. Würden wir in diese Parallelschaltung einwilligen, dann sehe ich nicht, wie wir den Anschein vermeiden könnten, als ob wir unsere eigene bisherige Arbeit grundsätzlich verurteilen. Für die Bekennende Kirche wird dann vielleicht noch ein ähnlicher Raum zur Verfügung stehen wie für den Gustav-Adolf-Verein und hundert andere Vereine. Sie kann dann vielleicht noch in irgendeiner harmlosen Hinsicht Pastoren- und Volksmission treiben, aber nur so, daß sie preisgibt, was ihr bisher gegeben wurde.

Ich möchte zum Schluß noch einmal darauf aufmerksam machen, daß ich nur meine eigenen Gedanken hier niederlege, die eine amtliche Stellungnahme der Vorläufigen Leitung noch erfordern. Ich bitte, daß das bei Benutzung meines Briefes ausdrücklich gesagt wird.

Mit freundlichem Gruß Ihr ergebener Asmussen.

Im Anschluß an die Sitzung der Landeskirchenführer am 8. April in Berlin fanden verschiedene Besprechungen mit der Vorläufigen Leitung der Deutschen Evang. Kirche statt. Am 10.4.1937 schrieb Landesbischof D. Wurm an Pfr. Müller, Berlin-Dahlem, den Vorsitzenden der Vorläufigen Leitung[22]:

---

22 LKA Stuttgart, D 1, Bd. 71; vgl. auch das Schreiben, das Marahrens am 6.4.1937 an Müller richtete (Protokoll der Sitzung vom 8.4.1937, LKA Stuttgart, D 1, Bd. 136).

Lieber Bruder Müller!

Unter dem Eindruck dessen, was Sie gestern ausführten, möchte ich Ihnen im Aufblick zu dem Herrn, dem wir mit ganzem Herzen dienen wollen, und unter der Verantwortung der Stunde, in der wir stehen, Folgendes ans Herz legen:

1. Die Absicht der Beschlüsse der Kirchenführerkonferenz vom 2. und 3. April war keineswegs die, die VKL auszuschalten, im Gegenteil, sie einzuschalten und zur Teilnahme an der Leitung der Kirche und der Verantwortung heranzuziehen.

2. Ehe eine Beschlußfassung über die Bildung einer neuen Vertretung der DEK möglich war, mußte die Antwort auf das Schreiben des Ministers Kerrl an den dienstältesten Landesbischof betr. Wahlordnung und die Stellungnahme zu der 13. Verordnung beraten und beschlossen werden. Beide überaus wichtige Gegenstände nahmen trotz grundsätzlicher Übereinstimmung in allen wesentlichen Punkten soviel Zeit für die Formulierung in Anspruch, daß eine Möglichkeit, in zwischenliegenden Pausen eine Fühlungnahme mit der VKL herzustellen, erschwert war.

3. Trotzdem wäre es zweifellos richtig gewesen, vor der Beratung des 3. Punktes der Verordnung mit Ihnen ins Gespräch zu kommen; ich bedaure, daß es unterblieben ist. Als Herr Missionsdirektor Knak uns aufsuchte, war die Zeit schon so weit vorgerückt, es war ein Samstag, daß wegen der bevorstehenden Abreise der meisten Mitglieder die Sache nicht noch einmal von vorn begonnen werden konnte. Wie sich aus Ihren gestrigen Ausführungen ergibt, wären auch in diesem Zeitpunkt Ihre Einwände so grundsätzlicher Art gewesen, daß ein Ergebnis an diesem Tag nicht hätte erzielt werden können.

4. Auf meine Bemerkung, daß wir die Tatsache nicht ignorieren können, daß in Preußen diejenigen, die nicht DC-Kirche wollen, sich in zwei Gruppen unter zwei Leitungen befinden, erwiderten Sie: Die Ausschüsse sind im Grunde doch nur getarntes DC-Regiment. Ich erinnere Sie daran, daß von Ihrer Seite auch dem Regime Zoellner im Grunde dieselbe Charakteristik zuteil wurde und daß trotzdem nach dem Rücktritt Zoellners Herr Pfarrer Niemöller Zoellner sein Bedauern darüber aussprach, daß die Kirchenführer ihn abgehängt hätten.[23] Ich erkläre mir das so: Niemöller fühlte in dem Augenblick des Rücktritts, daß hier doch ein »Katechon« weggefallen war, und bedauerte dies, während er uns vorher nicht scharf genug die Hilfestellung für Zoellner zum Vorwurf machen konnte. Die

---

23 Siehe dazu den Brief Niemöllers an Wurm vom 17.4.1937, S. 233.

ganze Zeit über, seit Einführung der Ausschüsse, war das unser Eindruck: Auf Ihrer Seite, auch bei Ihren speziellen Freunden in Württemberg, ist man zu sehr geneigt, nur die Passivposten zu sehen und die Aktivposten zu übersehen. Bitte verstehen Sie es, wenn ich sage: Falls eine Verständigung nicht zustande käme und dann infolgedessen die Sache der Bekennenden Kirche einen unübersehbaren Schaden erlitte, dann würden Sie nachträglich dieselbe Empfindung haben, die Niemöller zu dem Rücktritt Zoellners äußerte. Wir werden allerseits gut tun, solche nachträglichen Empfindungen des Bedauerns über dahingefallene Möglichkeiten von vornherein dadurch überflüssig zu machen, daß wir keine jetzt noch vorhandene Rechtsposition zerstören lassen. Es muß ein Weg gefunden werden, der es ermöglicht, daß die beiden Gruppen in der Altpreußischen Union, die wahre Kirche wollen, mit uns eine Notgemeinschaft bilden, die in keiner Weise einer künftigen Herstellung der Leitung der DEK vorgreifen darf. Voraussetzung dazu würde sein, daß sofort in Verhandlungen zwischen Bruderrat und Landeskirchenausschuß der Altpreußischen Union eine Verständigung darüber erstrebt wird, wie ein förderliches Verhältnis zwischen beiden Instanzen hergestellt werden kann, was nach manchen Anzeichen im Bereich der Möglichkeit liegen dürfte.

In herzlicher Verbundenheit Ihr Landesbischof D. Wurm.

Pfr. Müller antwortete am 11.4.1937[24]*:*

Hochverehrter Herr Landesbischof!

Für Ihren Brief vom 10. dieses Monats sage ich meinen besten Dank. Ich beantworte ihn umgehend, weil ich hoffe, daß es dadurch möglich ist, vor der bevorstehenden Entscheidung noch einige Mißverständnisse auszuräumen, die die Lage erschweren könnten.

1. Die Absicht der Kirchenführerkonferenz, die Vorläufige Leitung der Deutschen Evang. Kirche einzuschalten und zur Teilnahme an der Leitung der Kirche und der Verantwortung heranzuziehen, konnte nur dann zutage treten und aussichtsreich sein, wenn man die VKL als einen mit bestimmenden Faktor gewertet hätte. Das neue Gremium enthält neben drei Führern intakter Kirchen einen Ausschußvertreter, der sich als Vertreter einer tatsächlich mit Zulassung des Kirchenministers amtierenden Kirchenregierung als intakt ansieht, nämlich als Vertreter einer rechtlich geordneten Kirche, die er vertritt. Neben diese vier Vertreter geordneter

---

24 LKA Stuttgart, D 1, Bd. 136. Zum Schreiben von Pfr. Müller an Landesbischof D. Meiser siehe S. 221.

Kirchen, die sich im Bewußtsein ihrer staatlichen Legalität zusammensetzen und auf dem Boden dieser Legalität gemeinsam handeln, soll die Vorläufige Leitung »zur Teilnahme an der Leitung der Kirche und der Verantwortung« herangezogen werden.

Nun aber ist für die Vorläufige Leitung der Deutschen Evang. Kirche die Leitung der Kirche und die Verantwortung für die Kirche nicht etwas, wozu sie »herangezogen« werden müßte. Das ist ihr vielmehr von der Bekenntnissynode aufgetragen worden. Der Auftrag der Leitung, den die Vorläufige Leitung der Deutschen Evang. Kirche übernehmen müßte, schließt es aus, daß sie sich an einem irgendwie anders gebildeten Organ der Leitung beteiligen und ihre Verantwortung dahin verlagern könnte. Sonst müßte die Vorläufige Leitung vorher aufgelöst werden. Ich glaube nicht, daß eine Bekenntnissynode anerkennen kann, daß das in Frage stehende neue Gremium der Leitung der Deutschen Evang. Kirche die bekenntnismäßigen und rechtlichen Anforderungen erfüllt, das Notkirchenregiment der Bekennenden Kirche zu erübrigen.

2. Ich nehme gern erneut davon Kenntnis, daß durch Verhandlungen über die Antwort auf den Ministerbrief und die Stellungnahme zur 13. Durchführungsverordnung eine Möglichkeit außerordentlich erschwert war, in den dazwischen liegenden Pausen eine Fühlungnahme mit der VKL herzustellen. Ich bedaure nur, wenn man meint, es wäre eine Fühlungnahme in den Pausen irgendwie der Wichtigkeit der Sache angemessen oder zur Behebung der Schwierigkeiten ausreichend gewesen. Man hat doch vermutlich nicht ohne ausreichende Begründung es abgelehnt, einen Vertreter der VKL verantwortlich in das Gespräch mit der Kirchenführerkonferenz zu ziehen und dadurch wenigstens die Bereitwilligkeit zu zeigen, die VKL als einen gleichberechtigten Gesprächspartner zu behandeln.

3. Unsere grundsätzliche Haltung wäre dabei allerdings klar herausgekommen. Es wäre nicht zur Bildung eines neuen Organes der Leitung der DEK unter der geplanten zusätzlichen Beteiligung der VKL gekommen. Aber vielleicht hätte man auf dieses rechtlich unbegründete und tatsächlich unzureichende Gremium verzichtet.

4. Sie haben recht, sehr verehrter Herr Landesbischof, daß wir die Ausschüsse in Altpreußen und Nassau-Hessen nicht anders beurteilen als den Reichskirchenausschuß D. Zoellners. Aber Ihre Berufung auf Niemöller geht von falschen Voraussetzungen aus. Niemöller hat Zoellner nie als ein Katechon angesehen. Er hat ihn auf Grund früherer persönlicher Beziehungen, die er hatte ruhen lassen, solange D. Zoellner Vorsitzender des

RKA war, nach dessen Rücktritt angerufen und auch besucht. Dabei hat er ihm rein menschlich sein Bedauern darüber ausgesprochen, daß sich D. Zoellner in seinem Vertrauen auf das ihm nach seiner Behauptung erteilte kirchliche Plazet der Kirchenführerkonferenz getäuscht sah, wie ja auch jetzt zumindest Superintendent Gramlow keinen Hehl daraus gemacht hat, wie unerträglich es für ihn sei, erst vor kurzem von der Kirchenführerkonferenz beauftragt und nun wieder fallen gelassen zu sein. Niemöller hat D. Zoellner weiterhin gesagt, er freue sich, daß D. Zoellner noch verhältnismäßig billig aus seinem Amte gekommen sei. Alle anderen Schlüsse gehen an dem mir teils aus eigenem Erleben, teils durch Niemöllers Schilderung bekannten Inhalt seines Gesprächs mit D. Zoellner vorbei.

5. Ich weiß mich mit Ihnen, sehr verehrter Herr Landesbischof, in dem Bemühen einig, einen Weg zu finden, das hergestellte und nun so stark gefährdete gemeinsame Handeln innerhalb der Bekennenden Kirche wiederzugewinnen. Dabei ist es auch meine Meinung, daß wir nicht etwa vorhandene Rechtspositionen aufgeben dürfen. Innerhalb der DEK sind solche Rechtspositionen nicht mehr vorhanden. Die Legalität der Kirchenführerkonferenz ist und bleibt ein Phantom. Die Meinung, daß die ihr angehörenden Männer mit ihren Kirchenregierungen auf Grund des Art. 1 der Verfassung ständen, trifft für die Altpreußischen Ausschüsse nicht zu. Wir lehnen es ab, unseren Kirchenausschüssen zuzubilligen, daß sie wahre Kirche wollen. Sie lassen nicht ab, ihre unechten kirchenregimentlichen Ansprüche im Kampf gegen die Bruderräte zu behaupten. In der am meisten umstrittenen Gemeinde Oberschlesiens sind gerade jetzt der Bürgermeister und der deutschgläubige Ortsgruppenleiter zu Gemeindebevollmächtigten eingesetzt worden! Demgegenüber bleiben alle schönen Worte einzelner Ausschußmitglieder kraftlos!

Die Rechtspositionen, die nicht preisgegeben werden dürfen, liegen heute nur innerhalb einzelner Landeskirchen. Wir wären die Letzten, die etwa der Württ. Kirche raten könnten, ihre Rechtspositionen aufzugeben. Aber in Altpreußen bestehen solche unaufgebbaren Rechtspositionen nicht. Unsere Ausschüsse sind keine Kirchenregierung nach dem Bekenntnis. Sollten wir sie durch ein gemeinsames Handeln unsererseits öffentlich sanktionieren? Wähnt man, sie zu einem Verzicht auf den Anspruch kirchlicher Legitimität zu bewegen, wobei sie aber den Anspruch auf staatliche Legalität aufrecht erhalten würden? Ich hatte gehofft, daß die auch für mich sehr eindrücklichen Ausführungen des Präses Dr. v. Thadden die Unmöglichkeit eines solchen Verlangens deutlich gemacht hätten.

Ich würde es bedauern, wenn die Herren Landesbischöfe zu dem Ende kämen: Wir lassen nicht von unserer Verbindung mit dem Altpreußischen Landeskirchenausschuß, weil man dort auch »wahre Kirche will«. Aber ich möchte darum bitten, uns diesen Kampf in der Öffentlichkeit nicht aufzuzwingen. Wenn man uns mit der Begründung ins Unrecht setzen möchte, daß man dort bei den Ausschüssen auch »wahre Kirche will«, so werden die Bruderräte dem die Fülle des erdrückenden Materials entgegensetzen. Ich fürchte nur, daß der etwa so uns erneut aufgezwungene Kampf gegen die Ausschüsse und die sie stützende Kirchenführerkonferenz dann vor den Mitgliedern der Kirchenführerkonferenz nicht halt macht, mit denen wir eben nicht im Kampf stehen möchten. Die Herren Landesbischöfe berufen sich immer darauf, daß sie in die schwierigen Altpreußischen Verhältnisse nicht eingreifen möchten. Aber ein gleichzeitiges öffentliches Handeln mit den nach wie vor bekenntniswidrigen Ausschüssen stellt für uns den stärksten Eingriff in die Altpreußischen Verhältnisse dar, weil daraus die Ausschüsse ihre kirchliche Legitimation nachweislich immer wieder ableiten.

Es geht ja nicht um persönlich gute oder auch nur persönlich erträgliche Beziehungen zwischen Zimmermann und Müller, es geht um das Bekenntnis, das nicht nur innerhalb lutherischer Kirchen, sondern auch innerhalb der Evang. Kirche der Altpreußischen Union Erfordernisse an ein Kirchenregiment stellt, das die Ausschüsse eben nicht erfüllen. Es bleibt nur der Weg einer klaren Entscheidung der Herren Landesbischöfe, entweder für die papierene Legalität der Ausschüsse, die meines Erachtens der Legalität der Herren Landesbischöfe heute weniger hinzufügt als je, oder für ein auch in Altpreußen bekenntnisgebundenes Kirchenregiment, das die Bruderräte als Notkirchenregierungen ausüben.

In dieser Richtung bewegen sich meine Ihnen bekannten Bitten an Herrn Landesbischof D. Meiser. Es stehen uns keine taktischen Möglichkeiten offen, die uns bekenntnismäßig verschlossen sind und die, wenn wir von ihnen Gebrauch machen würden, den gesamten Weg der Bekennenden Kirche und ihrer Organe bisher zu einer bewußten Irreführung der Gemeinde stempeln würden. Darum kann ich Sie, sehr verehrter Herr Landesbischof, nur noch einmal darum bitten, für die in meinem Schreiben an Herrn Landesbischof D. Meiser dargelegte Lösung einzutreten. Nur dadurch könnten Sie dazu verhelfen, daß die so ernstlich durch das Vorgehen der Kirchenführerkonferenz gefährdete Zusammenarbeit der gesamten Bekennenden Kirche wieder gefestigt wird, anstatt zu zerbrechen. Wenn Ihre Bemühungen, sehr verehrter Herr Landesbischof, in dieser Hinsicht mit meinen sich decken, dann seien Sie meines herzlichen Dankes gewiß. Nehmen Sie aber bitte auch das nicht als eine Unbescheidenheit meiner Person. Es kommt nicht darauf an, ob ich mit Ihnen und Sie mit mir zufrieden sein können. Es kommt darauf an, daß wir alle, die wir zu verantwortlichen Entscheidungen gerufen sind, nicht auf äußerst zweifelhaften äußeren Machtzuwachs, sondern auf die Klarheit des Weges schauen. Der Weg ist die Einheit der Bekennenden Kirche im alleinigen Gehorsam gegen ihren Herrn allein. Ein Teil des Verständnisses über die kirchliche Unmöglichkeit Altpreußischer Ausschüsse ist uns seitens der Herren Landesbischöfe unzweideutig genug bezeugt worden. Die nähere Fühlung der letzten Wochen hat manches günstige Vorurteil bereits gewandelt. Ich erinnere an die Urteile über Herrn D. Eger und Herrn v. Schewen, die doch im Gegensatz zu vielen anderen noch in der Macht befindlichen Ausschußmitgliedern für sich in Anspruch nehmen, daß sie »wahre Kirche wollen«. Die in Altpreußen und in den Provinzen ausschlaggebenden Männer sind den Herren Landesbischöfen nach meiner Überzeugung bis jetzt noch nicht in ihrer die Kirche zerstörenden Wirksamkeit bekannt. Aber sie regieren mit Hilfe der Ausschüsse, deren Glieder sie sind und bleiben.

Ich hoffe, daß die jetzt notwendig gewordene Entscheidung der Herren Landesbischöfe, ob sie mit den Ausschüssen oder den Organen der Bekennenden Kirche gehen wollen, die von allen, die nun wirklich »wahre Kirche wollen«, ersehnte Einheit des Handelns der Bekennenden Kirche herbeiführt.

In der Gewißheit gemeinsamen Wollens im Gehorsam gegen den Herrn der Kirche grüßt Sie, sehr verehrter Herr Landesbischof, Ihr stets sehr ergebener Müller, P.

Über ein Gespräch mit Pfr. Müller berichtete Generalsuperintendent D. Dr. Dibelius am 12.4.1937 an Landesbischof D. Wurm[25]*:*

Verehrter lieber Herr Landesbischof!

Ich habe gestern mit Bruder Müller, Dahlem, gesprochen. Unsere Unterredung konnte nur verhältnismäßig kurz sein, da er nach Schlesien mußte und ich mich ebenfalls nur für kurze Zeit frei machen konnte. Er hat mir den Schriftwechsel vorgelegt, den er in der bewußten Sache geführt hat, auch den Brief, den er noch am Sonnabend an Sie geschrieben hat. Es

25 LKA Stuttgart, D 1, Bd. 136.

ergab sich, daß unsere Gedanken nicht sehr weit voneinander entfernt lagen. Das Entscheidende ist, daß wir uns von einem Gremium reichskirchlicher Leitung im eigentlichen Sinne des Wortes zur Zeit nichts versprechen können. Nicht nur, daß verschiedene Leitungsansprüche gegeneinander stehen; sondern es wird zur Zeit so wenig zu leiten sein, daß es sinnlos wäre, diese Ansprüche gerade jetzt zu verhandeln. Es wird entscheidend darum gehen, daß unter dem Gesichtspunkt der angekündigten Wahl diejenigen Kräfte zusammengefaßt werden, die sich irgendwie zusammenfassen lassen. Das würde dann dazu führen, daß man zwischen der rechtlichen Kontinuität auf Grund der Verfassung von 1933 und zwischen der Notwendigkeit gemeinsamen Vorgehens in bestimmten praktischen Fragen unterscheidet.

Ich will nun, um es kurz zu machen, einen Vorschlag skizzieren, der einer weiteren Aussprache zugrundegelegt werden könnte. Ich entwerfe ganz aus Eigenem; mit Müller habe ich über diese Einzelheiten nicht gesprochen.

1. Die Kirchenführerkonferenz in der von D. Zoellner inaugurierten Gestalt tritt während der Dauer des Arbeitsabkommens nicht mehr zusammen.

2. Die Landesbischöfe von Hannover und Württemberg führen den ihnen erteilten Auftrag in soweit aus, als sie auf Grund der Verfassung von 1933 über dem Recht der im leitenden Amt stehenden Männer der Kirche wachen. Auf die Bildung eines Not-Ministeriums wird zur Zeit verzichtet.

3. Statt dessen tritt allwöchentlich ein Arbeitsausschuß zusammen, der besteht aus a) einer Vertretung der lutherischen Kirche; b) einer Vertretung der Bekennenden Kirche; c) einer Vertretung der freien Verbände; d) einer Vertretung der hinter den Ausschüssen stehenden Geistlichen und Gemeinden; e) einer reformierten Vertretung, falls das als erforderlich angesehen wird.

Zu einem solchen Arbeitsausschuß kann man sowohl von der bisherigen Linie des Arbeitsausschusses gelangen wie von dem zuletzt herausgestellten Gremium aus. Von dem ersteren würde er sich unterscheiden, daß mehr als bisher auf Persönlichkeiten der ersten Linie Bedacht genommen würde, wobei vorbehalten bleiben könnte, daß der eine oder andere von den Chefs sich in den laufenden Geschäften vertreten läßt.

4. Während Landesbischof Marahrens weiterhin im Lutherischen Rat den Vorsitz führt und bei der Wahrnehmung der Rechte von der Verfassung von 1933 her die Feder führt, könnte er sich in dem Arbeitsausschuß dauernd vertreten lassen, und zwar am besten wohl durch Herrn Breit,

damit der Lutherische Rat auch als solcher beteiligt ist, was ich für sehr wünschenswert halten würde. Dabei könnte er sich vorbehalten, bei wichtigen Entscheidungen den Vorsitz selbst zu übernehmen. In seiner Abwesenheit würde der Vorsitz m. E. von Ihnen geführt werden müssen und, wenn auch Sie verhindert sind, von Müller, Dahlem.

5. D. Knak würde in diesem Gremium als Vertreter der freien Verbände fungieren, Zimmermann als Exponent der hinter den Ausschüssen stehenden Kreise, nicht als »Kirchenführer«, was er nicht ist. Wer dann neben Müller, Dahlem, die Bekennende Kirche vertritt, lasse ich dahingestellt. Ich halte Dr. Böhm für sehr geeignet. Die Frage ist nur, ob ein anderer Name etwa noch mehr Autorität hineinbringen könnte. Die gleiche Frage würde ich in Bezug auf die Person von Hollweg stellen. Ich kenne ihn nicht und weiß nicht, wieviel sein Name bei den Reformierten gilt.

6. Dieser Arbeitsausschuß würde also nicht den Anspruch erheben, Geistliches Not-Ministerium zu sein. Wohl aber würde er alles, was in bezug auf die Wahl zu tun ist, in die Hand zu nehmen haben. Es könnte eine gegenseitige Vereinbarung darüber getroffen werden, daß die Beteiligten in diesem Punkte nicht ohne den Arbeitsausschuß zu handeln gewillt sind. Es müßte der Zukunft überlassen bleiben, ob sich aus dieser regelmäßigen gemeinsamen Arbeit schließlich etwas entwickelt, was noch weiterführen kann.

7. Mit Zimmermann müßte noch darüber Fühlung genommen werden, ob er bereit ist, in einem solchen Ausschuß mitzuarbeiten. Am Sonnabend Nachmittag ist sein Sohn, der auf der Berliner Geschäftsstelle der Bekennenden Kirche mitarbeitet, verhaftet worden. Ich nehme an, daß man ihn sehr bald wieder freilassen wird, da es sich wohl nur um Drucksachen handelt, die er in Auftrag gegeben hat und die ohne Angabe des Druckers herausgekommen sind. Aber es mag wohl sein, daß der Vater im Augenblick etwas verärgert ist, daß man den Sohn an eine verhältnismäßig exponierte Stelle gestellt hat, was aber gewiß nicht Böswilligkeit eines Bruderrats ist, sondern dem Wunsch des Sohnes entspricht, der zu den entschlossenen Verfechtern der Dahlemer Richtung gehört. Ich möchte daher heute und morgen mit Zimmermann lieber nicht in Fühlung treten, sondern abwarten, wie sich die Sache mit dem Sohn entwickelt. Ich halte es aber für erreichbar, von ihm eine ausreichende Zusicherung zu erlangen, wenn ihm sowohl von den Landesbischöfen, wie von Knak und uns das Nötige mit Dringlichkeit gesagt wird.

Das sind meine Vorschläge. Ich unterbreite Sie Ihnen ganz persönlich und bitte Sie, diesen Brief nicht zur offiziellen Grundlage einer Besprechung zu machen. Es genügt, daß, soviel ich sehen kann, Müller, Dahlem, für eine Lösung dieser Art wohl zu haben sein würde. Ich selbst empfinde diese Lösung keineswegs als befreiend, sondern wünschte mir in mancher Beziehung etwas ganz anderes. Aber ich halte es für meine Pflicht, die Möglichkeiten abzutasten, die sich ergeben, ohne mit dem, was bisher nun einmal getan worden ist, einfach zu brechen.

Mit herzlicher Begrüßung Ihr aufrichtig ergebener Dibelius.

Über den Brief Wurms an Müller vom 10. April schrieb Pfr. Niemöller am 17.4.1937 an den Landesbischof und zeigte damit schon im Stil, wie stark die Spannungen zwischen den Bruderräten und den Landeskirchen tatsächlich waren[26]:

Sehr geehrter Herr Doktor!

Soeben erhalte ich Kenntnis von Ihrem Brief an Herrn Pfarrer Müller vom 10.4.1937. Soweit Sie darin an meiner Haltung zu Herrn D. Zoellner exemplifizieren, befinden Sie sich in einem grundlegenden Irrtum: Ich habe Herrn D. Zoellner lediglich meine menschliche Teilnahme ausgesprochen, daß »er den lutherischen Bischöfen Glauben geschenkt habe und nun sitzen gelassen sei; ich hätte ihm das vorher sagen können«. Sie sehen daraus, daß ich im »Reichskirchenausschuß« kein Katechon gesehen habe; sonst hätte ich vorher sachlich gewarnt und nicht hinterher menschlich kondoliert. Im übrigen begrüße ich den Zusammenbruch aller falschen und unechten »kirchlichen« Fronten, den Zusammenbruch der »Kirchenführer«-Konferenz nicht minder wie den des RKA mit aufrichtiger Genugtuung!

Mit freundlicher Begrüßung Niemöller.

Am 14.4.1937 kam es in München zu einer Besprechung zwischen Landesbischof D. Meiser, Pfr. Müller, Berlin-Dahlem, und Präses Jacobi, Berlin, bei dem vor allem das Verhältnis der am 2. April beschlossenen Leitung der Deutschen Evang. Kirche zu den Landeskirchenausschüssen behandelt wurde.[27]

Die Anliegen der Evang. Bekenntnisgemeinschaft in Württemberg zu den Einigungsbestrebungen innerhalb der Deutschen Evang. Kirche trug Pfr. Dipper am 15.4.1937 dem Landesbischof vor[28]:

---

26 LKA Stuttgart, D 1, Bd. 71.
27 LKA Stuttgart, D 1, Bd. 136; Protokoll der Besprechung.
28 LKA Stuttgart, D 1, Bd. 96.

Sehr verehrter Herr Landesbischof!

Darf ich Ihnen, da Sie heute Vormittag stark besetzt waren, auf diesem schriftlichen Wege die Anliegen des Landesbruderrats zur kirchlichen Lage mitteilen. Da Sie unmittelbar vor der Abreise stehen, ist es mir nur noch möglich, diese Anliegen zu nennen, ohne daß ich sie im einzelnen ausführlicher begründen könnte.

Der Landesbruderrat hat mit Bestürzung von der bedrohlichen Entwicklung des Verhältnisses von Lutherischem Rat und Vorläufiger Kirchenleitung Kenntnis genommen und ist dem Herrn Landesbischof sehr dankbar, wenn er in der Richtung des Briefes von D. Dibelius einen Ausweg aus dieser Schwierigkeit sucht. Wir halten es für dringend notwendig, daß bei der Konstituierung des Kirchenführerministeriums alles vermieden wird, was die Frage der Kirchenleitung kompliziert. Wäre es nicht möglich, in Ergänzung des Vorschlags von D. Dibelius die Übergangsregelung in der Richtung zu suchen, daß der Anspruch der VKL und des Luth. Rats auf die geistliche Leitung der DEK durch die Neueinrichtung nicht berührt wird?

Ein weiteres Anliegen des Landesbruderrats geht dahin, daß nun auch von seiten der intakten Kirchen und der zerstörten dem Luth. Rat zugeordneten Kirchen das Verhältnis zu den Bruderräten der zerstörten, der VKL zugeordneten Kirchen neu geordnet werden möchte. Es würde die ganze Lage stark entgiften, wenn in der Kirchenführerkonferenz auch die Vorsitzenden dieser Bruderräte vertreten wären. Jedenfalls wäre es dringend erwünscht, daß diese Brüder es wirksam zu verspüren bekommen, daß die intakten Kirchen ihnen näher stehen als den Kirchenausschüssen, die ja nach dem Erlaß des Ministers und nach dem Rücktritt des Reichskirchenausschusses auch formal juristisch, nicht nur geistlich eine kirchenregimentliche Autorität nicht mehr beanspruchen können.

Endlich hat der Landesbruderrat davon gehört, daß eventuell in der Wahlangelegenheit nunmehr dem Staat gegenüber Schritte unternommen werden sollen. Der Landesbruderrat möchte seinerseits davor warnen, daß dem Staat ein Ultimatum für die Durchführung der Wahl gestellt wird. Die Bekennende Kirche war bisher dem Staat gegenüber dadurch in einer günstigen Lage, daß sie zu den angekündigten Wahlen bisher weder Ja noch Nein gesagt hat. Stellt die Bekennende Kirche nunmehr ein Ultimatum, so läuft sie Gefahr, einem Diktat des Staates in Sachen der Wahlordnung sich unterwerfen zu müssen. Der Landesbruderrat hält es deshalb für richtiger, dem Staat gegenüber noch einmal mit allem Nachdruck die Forderung einer kirchlichen Wahl, aufsteigend von den Kirchengemeinderäten zur Landes- und Reichssynode, auszusprechen. Es kann jetzt, nachdem der Staat offenbar selbst die Schwierigkeit seines eigenen Wahlprojekts zu erkennen beginnt, mit aller Deutlichkeit klar gemacht werden, daß jeder andere Wahlmodus notwendig zu einer Politisierung der Wahl führt, wodurch die Bekennende Kirche genötigt wäre, die Wahl und ihre Ergebnisse abzulehnen. Zugleich müßte in diesem Zusammenhang energischer Protest gegen die vielfache Beeinträchtigung der Freiheit der Wahlvorbereitung eingelegt werden. Je deutlicher in dieser Hinsicht auf Grund des vorliegenden Materials jetzt gesprochen wird, desto leichter wird es uns nachher, wenn nötig, die Folgerungen daraus zu ziehen.

Diesem Wort an den Staat könnte man dadurch Nachdruck verleihen, daß man nunmehr in der Bekennenden Kirche zu Vorabstimmungen schreitet. Die DC machen ja zum Teil Ähnliches, indem sie die Leute veranlassen, sich in Listen einzutragen. Man könnte sich die Vorabstimmung in einem doppelten Akt denken. Man läßt zunächst einmal die Pfarrer abstimmen, so daß es deutlich wird, wieviele Pfarrer sich zur Bekennenden Kirche halten und die Kirchengemeinschaft mit den Thüringern ablehnen. Dann könnte man in gleicher Weise nach genügender Vorbereitung die Gemeinden zu einer solchen Vorabstimmung veranlassen. Sollte der Staat dann immer noch zögern, so könnte auf Grund der Vorabstimmung dann schließlich etwa vor der Urlaubszeit, also etwa Mitte Juni, eine Wahl der kirchlichen Organe von unten aufbauend vorgenommen werden. Der Landesbruderrat hat diese Dinge im einzelnen gestern nicht durchberaten können. Er bittet aber dringend, nunmehr kirchlicherseits in dieser Richtung die Initiative zu ergreifen.

In Ehrerbietung grüßend für den Landesbruderrat: Th. Dipper.

Bei der Sitzung der Landeskirchenführer am 21.4.1937 in Berlin wurde den Kirchenführern vom Präsidenten der Kanzlei der Deutschen Evang. Kirche mitgeteilt, der Reichskirchenminister erkenne die am 2. April beschlossene Leitung nicht an; einer Generalsynode dürfe nicht vorgegriffen werden. [29]

Über diese Vorgänge informierte der Landesbischof die Mitglieder des Ausschusses des Beirats der Kirchenleitung bei einer Sitzung am 26.4.1937[30]:

29 Schreiben Kerrls an Marahrens vom 21.4.1937 (LKA Stuttgart, D 1, Bd. 136); vgl. auch das Schreiben von Marahrens an das Reichskirchenministerium vom 21.4.1937 (KJb., S. 174).
30 LKA Stuttgart, D 1, Bd. 71; die in der Sitzung verlesenen Beilagen befinden sich nicht mehr bei den Akten. Das Protokoll weist an einigen Stellen offenkundige Hörfehler auf, die ohne Hinweis berichtigt sind.

In einem einleitenden Bericht stellt der Herr Landesbischof folgende Punkte zur Besprechung auf:
1. Folgen des Rücktritts des Reichskirchenausschusses und des Wahlerlasses vom 15.2.1937
2. 13. Verordnung zur Sicherung der kirchlichen Verhältnisse und das Schreiben des Reichskirchenministers an Landesbischof Marahrens
3. Verhältnis von VKL zum Lutherischen Rat
4. Wahlordnung
5. Verschiedenes: Antwort des Reichskirchenministers Kerrl auf den Protest des Evang. Oberkirchenrats wegen Einräumung der Schloßkirche. Eidliche Verpflichtung der Geistlichen, die Religionsunterricht erteilen.

1. Am 13. Februar hat der Reichskirchenausschuß seinen Rücktritt erklärt, weil der Vorsitzende, Generalsuperintendent D. Zoellner, durch Gewaltanwendung gehindert wurde, sich pflichtgemäß um die Geistlichen und Gemeinden der Bekennenden Kirche in Lübeck[31] anzunehmen. Die Lage des Reichskirchenausschusses war außerdem dadurch schwierig geworden, weil das Reichskirchenministerium seine Hilfe versagte zu dem Versuch, die kirchlichen Verhältnisse in den zerstörten Kirchengebieten zu ordnen. Das Reichskirchenministerium stellte sich im Gegenteil immer mehr auf seiten der DC-Kirchenregierungen. Die Kirchenführer haben es an der nötigen Unterstützung des Reichskirchenausschusses und seines Vorsitzenden nicht fehlen lassen. Es war in Aussicht genommen, im Fall der Auflösung des Reichskirchenausschusses nicht etwa dem Reichskirchenausschuß als solchem, sondern seinem Vorsitzenden, dem Generalsuperintendenten D. Zoellner, einen kirchlichen Auftrag zu geben. Diese Absicht wurde durch zwei Gründe unmöglich gemacht. Der Reichskirchenausschuß wurde nicht aufgelöst, sondern er trat zurück. Außerdem wären die Verhältnisse auch nicht besser geworden, wenn der ganze Reichskirchenausschuß ohne Änderungen in der personellen Besetzung neu legitimiert worden wäre. Es hätte sich nur darum handeln können, daß Zoellner selbst gebeten worden wäre, die Geschäfte weiter zu führen. Die zweite Schwierigkeit war die: Die Kirchenführer hatten den Eindruck, daß Zoellner nicht das Maß von Vertrauen und Festigkeit besaß, das unbedingt nötig gewesen wäre. So hatte Zoellner eine Entschließung, die die Kirchenführer Ende November gefaßt hatten, durch die Kanzlei der DEK in wichtigen Punkten abändern lassen und bei der Mitteilung an staatliche Stellen einen durchaus ungeeigneten Beibericht (Verdächti-

---

31 Vgl. Mitteilungsblatt der Deutschen Evang. Kirche 1937, Nr. 2 S. 11.

gung der VKL) gegeben.³² Das hat das Vertrauen zu Zoellner auch in den Kreisen der Kirchenführer schwer erschüttert. Es wurde nach dem Rücktritt des Reichskirchenausschusses daher beschlossen, das Gremium Lilje aufzustellen. Kerrl berief am 13. Februar die Vorsitzenden der Ausschüsse zu sich und hielt die bekannte Rede, wo er in unverhüllter Weise für die DC Partei nahm und eine Ordnung zur Bildung der Staatskirche ankündigte. Überraschend kam dann der Wahlerlaß, der auf der einen Seite der Kirche anscheinend Freiheit gibt, andererseits aber in die innerkirchliche Ordnung deutlich eingreift. Trotzdem hat der Wahlerlaß weithin erfreuliche Folgen gezeitigt. Die Kirchenführer einschließlich der Vorsitzenden der Landeskirchenausschüsse haben sich zu gemeinsamem Handeln zusammengefunden. Auch mit der VKL und mit dem Bruderrat wurde in wesentlichen Punkten ein Einverständnis erzielt. Die Folge war die Bildung des Arbeitsausschusses mit einer Arbeitsgemeinschaft zwischen VKL und Lutherischem Rat Anfang März. In München fand dann in der Karwoche eine Besprechung statt, bei der der Kreis noch weiter gezogen wurde. Die Beteiligten kamen zu einer völlig einmütigen Beurteilung der Lage.

2. Der Herr Landesbischof gibt den Wortlaut der 13. Verordnung zur Sicherung der kirchlichen Verhältnisse in der DEK bekannt. Mit dieser Ordnung will der Reichskirchenminister das erreichen, was er in seiner Rede vom 13. Februar angesagt hatte: Der eigentliche Herr in der Kirche soll der Reichskirchenminister sein, in dessen Auftrag der Vorsitzende der Kanzlei der DEK (Präsident Dr. Werner) zu fungieren hätte. Die Kirchenführer sind bald nach der Veröffentlichung der Ordnung zusammengetreten (Verlesung der die Verordnung ablehnenden Stellungnahme der Kirchenführer vom 20.3.1937³³). An diese Kundgebung hat sich ein weiterer Schriftwechsel angeschlossen, in dessen Verlauf die Kirchenführer erneut die Verordnung ablehnen.

Nebenher ging eine andere Aktion: Ende Februar haben die Kirchenführer in zwei Schreiben dem Reichskirchenminister in der Frage der Aufstellung einer Wahlordnung und der Durchführung einer Wahl ihre Äußerungen zugehen lassen, wobei in erster Linie auf eine »kirchliche Wahl« abgehoben, aber auch ein sogenannter »Volksentscheid« nicht abgelehnt wurde. Diese Schreiben waren damals gezeichnet von Lilje im Auftrag der Kirchenführer. Das Antwortschreiben des Ministers datierte vom 25. Februar, kam aber erst rund 4 Wochen später in die Hand des dienstältesten Landesbischofs Marahrens. Die Kirchenführer haben dieses

32 Dokumente des Kirchenkampfes II, 2, Nr. 398 und Nr. 405, S. 1154–1177.
33 Siehe KJb., S. 171–173.

Schreiben am 3. April beantwortet (wird verlesen).[34] Die Kirchenführer waren einstimmig der Meinung, daß nach der Nichtanerkennung des Gremiums Lilje seitens des Staates an dessen Stelle nun die Kirchenführerkonferenz, die in der Verfassung verankert ist, zu treten habe. Außerdem wurde beschlossen, mit der VKL in Verbindung zu treten. Die Aufnahme der Verbindung vor Abfassung der Beschlüsse in der Kirchenführerkonferenz war aus Zeitmangel nicht möglich, während eine private Besprechung des Herrn Landesbischof mit Asmussen vorausgegangen war. Es war übrigens auch schwer, bei der unsicheren Rechtslage damals schon die einzelnen Kompetenzen klar abzugrenzen.

3. Dies hat nun zu neuerlichen Spannungen zwischen Kirchenführerkonferenz und VKL einerseits und Luth. Rat und VKL andererseits geführt. Es sind zwei Einzelfragen, die aufgetreten sind. Die VKL hatte es übel genommen, daß die Kirchenführer zusammen mit einem Vorsitzenden bzw. mit einem Mitglied der Landeskirchenausschüsse zusammenarbeiten, das heißt damit die Ausschüsse anerkennen, während sie (VKL) mit ihrem Anspruch auf alleinige Leitung der DEK diese Ausschüsse ablehnen muß (Landesbischof verliest seinen Brief an Müller, Dahlem, und eine Erklärung der Preußischen Provinzialkirchenausschüsse, in der tatsächlich die Anerkennung von Barmen ausgesprochen ist: »Sammlung bedeutet Scheidung«).[35] Die Antwort, die Müller, Dahlem, dem Herrn Landesbischof übermittelt, sucht zwar angebliche Mißverständnisse auszuräumen, bleibt aber bei der Ablehnung der Ausschüsse (»da sie nicht wahre Kirche wollen«) und bei der Ablehnung des neuen Gremiums mit Marahrens an der Spitze als Vertretung der Bekennenden Kirche. Der Ton des Schreibens ist wesentlich loyaler und in der Form weniger zu beanstanden als ein Brief von Niemöller an den Herrn Landesbischof (Anrede: »Sehr geehrter Herr Doktor!«), in der er die Tatsache, daß die Kirchenführer mit dem Rücktritt von Zoellner einverstanden waren bzw. Zoellner nicht zum Bleiben veranlaßten, als Treulosigkeit hinstellt. Landesbischof Meiser hat von Niemöller einen noch mehr zu beanstandenden Brief erhalten. Niemöller begrüßt eben mit Freuden einen Zusammenbruch der DEK, um dann volle Freiheit zu haben, genau wie das Kirchenministerium und die Thüringer DC; so arbeiten die extremen Flügel zusammen. Der tiefste Gegensatz zwischen VKL und uns liegt wohl darin, wir fühlen uns verantwortlich gegenüber der Kirche vom Jahre 1530, Niemöller und die VKL nicht. Für sie besteht nur die Kirche von Dahlem. Es

34 Siehe KJb., S. 169–171; Hermelink, Kirche im Kampf, S. 390–394.
35 Der Text des Protokolls ist hier wohl nicht ganz zuverlässig.

ist uns ja nicht um die Ausschüsse zu tun, sondern daß die große Zahl preußischer Pfarrer, die mit den DC, aber auch mit der VKL nicht einverstanden sind, einbezogen sind in die große Front der Bekennenden Kirche. Auch Generalsuperintendent D. Dibelius würde keinen Anstoß nehmen, wenn in den Arbeitsausschuß etwa ein Mann wie Zimmermann als Vertreter dieser Kreise hineinkäme. Zimmermann ist ja kein im Amt stehender Kirchenführer.

Eine weitere Komplikation ist eingetreten durch Zusammentritt der Verfassungskammer[36], die durch den Vorsitzenden, Vizepräsident Meinzolt, München, vor einiger Zeit einberufen wurde. Es ist richtig, daß es an sich keinen Sinn hat, wenn die Kammer jetzt noch, wie wenn nichts geschehen wäre, nach Belieben zusammentritt, aber man kann es den Mitgliedern der Verfassungskammer nicht verwehren, gemeinsam zu tagen und sich ihre Gedanken über die Wahl, Wahlordnung usw. zu machen.

Am 23. April hatten die Landesbischöfe Wurm und Meiser eine ausgedehnte Besprechung mit Vertretern der VKL. Die Männer der VKL wurden dringend um ihre Mitarbeit gebeten, sei es als legitimierte Mitglieder in der Kirchenführerkonferenz, sei es als Gäste. Es kann angenommen werden, daß in den nächsten Wochen weitere Aussprachen in dieser Richtung stattfinden, wenn auch kaum eine Hoffnung zu einem gemeinsamen Handeln besteht.

4. Wahlfrage. Die Vereinbarung, die in der Karwoche in München zustande kam, ist als grundsätzlich maßgebend anzusehen. Diese Zusammenkunft war noch durch andere Momente veranlaßt worden. Die Sätze von München sollten staatlichen Stellen zugehen, weil man der Meinung ist, wir sollten formulierte Anträge stellen, von dem Gedanken eines »Volksentscheids« absehen und den ganzen Nachdruck auf die Forderung einer »kirchlichen Wahl« legen. Der Entwurf zu einer »kirchlichen Wahl« liegt vor. Die Not ist nun die, daß die VKL einen Zusammentritt des Arbeitsausschusses ablehnt, weil die Vorfragen noch nicht geklärt seien. Nun könnte es sein, daß wir durch eine staatliche Verordnung überrascht werden und dann nicht einig und nicht gerüstet sind. Die Lage der Kirche war nie so notvoll und trostlos wie heute.

Bei der sich anschließenden Aussprache berichtet zunächst Pfarrer Dipper über die Information bei der VKL am 21. April: a) Die Stimmung bei der Besprechung sei gemäßigt, nicht aggressiv gewesen. b) Das sachliche Anliegen sei gewesen: Wer hat in dieser Sache zu sprechen, die

---

36 Die vom Reichskirchenausschuß am 13.12.1935 gebildete Kammer für Verfassungsangelegenheiten (Gesetzblatt der DEK 1935, S. 137 f.).

Arbeitsgemeinschaft VKL und Luth. Rat oder die Kirchenführerkonferenz. c) Das Verhältnis zwischen den Kirchenleitungen und den intakten Kirchen und den Bruderräten der zerstörten Kirchen müsse bereinigt werden. Die Kirchenausschüsse müßten an zweite Stelle treten, sie könnten höchstens Rechtshilfe gewähren.

Prälat Dr. Lempp stellt fest, daß die Herausstellung des neuen Gremiums (Marahrens, Wurm, Hollweg, Zimmermann) doch daher komme, daß das Reichskirchenministerium das Gremium Lilje ablehnt, während Marahrens als dienstältester Landesbischof anerkannt wird. Es ist ein ganz wichtiger Gesichtspunkt, daß jemand da ist, der verhandlungsfähig ist. Endlich brauchen wir jemand, der an Stelle des zurückgetretenen Reichskirchenausschusses die Kirchenleitung übernimmt, das aber kann wiederum nicht ein Arbeitsausschuß sein. Die Kirchenführerkonferenz wird ihrerseits nicht versäumen, mit dem Arbeitsausschuß in Fühlung zu bleiben und mit ihm die anfallenden Fragen und Geschäfte zu besprechen. Wir müssen jedenfalls eine gemeinsame Front und ein gemeinsames Vorgehen haben.

Prälat Schlatter beleuchtet die gegenwärtige Lage mit 3 Kurzberichten: a) In der Gegend von Heidelberg verschickt die Partei persönliche Einladungen zu einer Kundgebung. In dieser Kundgebung wird dann eine Resolution am Schluß gefaßt etwa des Inhalts, daß die Bevölkerung den Führer bittet, von einer Wahl abzusehen und der Kirche eine staatliche Ordnung zu geben. b) Von staatlicher Seite ist eine Verordnung zu erwarten, wonach alle Kirchenräume den Deutschen Christen zu Versammlungen einzuräumen sind. c) Eine bekannte Persönlichkeit aus der Wirtschaft äußerte sich mit Sorge dahin, daß ähnlich wie bei den Abstimmungen über Bekenntnisschule die Bevölkerung, wenn sie unter Parteidruck gesetzt sei, absolut unzuverlässig sei. Es sei jedoch gewiß, daß der Druck der Partei nicht ausbleibe.

Auch Bauer Stoos glaubt einer kommenden Wahl ziemlich skeptisch entgegensehen zu müssen. Das Volk sei unberechenbar, die gut besuchten Gottesdienste dürften nicht täuschen. Wir hätten den 51%igen Sieg nicht auf der Hand.

Pfarrer Dipper begrüßt es, daß der Nachdruck auf eine kirchliche Wahl gelegt wird; bemerkenswert sei, daß Oberheyd sich gegen eine Wahl einsetze, weil es unvermeidbar sei, daß es eine politische Wahl gäbe. Die einzige Möglichkeit zu einer nicht politisierten Wahl ist die sogenannte »kirchliche Wahl«, dann aber müssen Qualifikationsbestimmungen aufgestellt werden. Ein »Volksentscheid« könne niemals dazu führen, daß man über geldliche Fragen sich auseinandersetze. Wenn der Staat uns die Staatszuschüsse kürze zugunsten der DC, dann kann er das, wir müssen jedenfalls es ablehnen, in einer solchen Frage mitzuwirken.

In der Frage der Qualifikationsbestimmungen ist man sich darüber einig, daß der Staat im gegenwärtigen Augenblick bei einer »kirchlichen Wahl« die Aufstellung verschärfter Qualifikationsbestimmungen ablehnen würde, daß es darum nötig sei, die bestehenden Qualifikationsbestimmungen, die an sich in der gegenwärtigen Zeit nicht genügen, ordnungsgemäß und in enger Auslegung anzuwenden. Der Herr Landesbischof wünscht ein Eingehen auf die inneren Fragen und führt aus, daß die Ausschüsse zwar eine gewisse Paritätspolitik verfolgt hätten, daß es aber andererseits den Ausschüssen in Sachsen und Hessen-Nassau gelungen sei, eine beträchtliche Zahl von Gemeinden und Pfarrern zu sammeln. Die Forderung der VKL, mit den Kirchenführern der Kirchenausschüsse nicht mehr zusammenkommen zu dürfen, ist nicht in Ordnung. Wir sind mit den Ausschüssen nicht verhängt, aber wir wollen, daß die Mitte mit vertreten ist. Die Bruderräte sollten etwas mehr Vertrauen haben auf die Stärke ihrer Position.

Landesbischof: Wir sehen uns in die konkrete Situation als verantwortliche Führer unserer Kirche hineingestellt. In solch einer Lage kommt man mit dem dogmatischen Prinzip allein nicht durch.

Bauer Stooss kann es nicht verstehen, daß die VKL der Einladung der Kirchenführer keine Folge leistet.

Pfarrer Dipper ist bedrückt, daß die Sicht von dorther bestimmt ist: Wie stellen wir dem Staat eine Front hin; die Hauptfrage müsse vielmehr die sein nach dem Fundament und nach der Wahrheit. Die VKL kann nicht mit denen zusammengehen, die man als Irrlehrer ablehnen muß. Im entscheidenden Augenblick bricht die Front auseinander. Dipper glaubt nach einem Zusammensein in der Sozietät, daß die Wahlgemeinschaft sich nicht mehr lange halten läßt. Auch Laien würden in starkem Selbständigkeitsgefühl von der Kirche abwandern.

Der Herr Landesbischof weist die Meinung zurück, als ginge es den Kirchenführern nicht um Wahrheit und um Fundament, sondern nur um eine gemeinsame Organisation und Front. Er erinnert in diesem Zusammenhang an die Erklärung der Preußischen Landeskirchenausschüsse, die doch dem Anliegen der VKL und der Bruderräte weithin Rechnung trägt.

Bei der Besprechung des vorgelegten Entwurfs eines Reichsgesetzes zur Neubildung der kirchlichen Körperschaft der evangelischen Kirche hat

Seeger das Bedenken, daß hier eine Generalsynode gewählt wird, in der auch die DC Sitz und Stimme haben. Er schlägt vor, von vornherein festzustellen, daß die Richtung Schneider nicht als kirchliche Gruppe anerkannt werden könne.

In der weiteren Aussprache ist man sich einig darüber, daß die Aufstellung von Qualifikationsbestimmungen solange sinnlos sei, solange die subjektive Ehrlichkeit der Wähler und der zu Wählenden anzuzweifeln ist.

Eine weitere Schwierigkeit liegt in der Frage der Begrenzung der kirchlichen Zugehörigkeit. Wie sollen die Leute ausgeschieden werden, die nicht auf dem Boden des Art. 1 der Verfassung stehen? Es ist kein Weg zu sehen, wie dies praktiziert werden kann. Ferner: Wie können wir auf eine kirchliche Wahl hinarbeiten und einen Vorschlag dem Staat vorlegen, ohne daß das Problem der Scheidung von vornherein durchgeführt wird? Wir müssen uns damit begnügen, durch das passive Wahlrecht den anzuerkennen, der bereit ist, das Gelübde abzulegen. Der Wortlaut des Gelübdes wäre vor der Wahl zu veröffentlichen. Es muß erreicht werden, daß Wahlvorschläge einzureichen sind und ein Wahlausschuß bestellt wird, der kirchlich entscheiden kann. Dann sind bei strenger Auslegung der bisherigen Qualifikationsbestimmungen immerhin wirkungsvolle Sicherungen gegeben.

Obwohl der Konferenz der Landeskirchenführer vom Reichskirchenminister die Legitimation abgesprochen und dieser Konferenz vom Präsidenten der Kanzlei der Deutschen Evang. Kirche die bisher für die Sitzungen benutzten Räume der Kirchenkanzlei auf Weisung des Ministers verweigert wurden, tagte die Konferenz am 7.5.1937 wiederum, und zwar in den Räumen des Rats der Evang.-Luth. Kirche.

Über eine Fortführung der Kontakte innerhalb der Bekennenden Kirche wurde beschlossen[37]*:*

Es wird beschlossen, mit den Kreisen, die uns nahestehen, in solchen Landeskirchen Fühlung aufzunehmen, die bei der Kirchenführerkonferenz nicht vertreten sind. Landesbischof D. Wurm berichtet von einer Besprechung mit Fricke, Veit und Kübel in Frankfurt. Er wird gebeten, mit diesen Herren und mit Zentgraf weiterzuverhandeln. Ähnliche Verhandlungen sollen auch mit Oldenburg (Kloppenburg) aufgenommen werden, wenn auch die Verhältnisse dort anders liegen. In Anhalt haben sich die Pfarrer der Bekennenden Kirche und der Mitte zu einem Vertrauensrat zusammengeschlossen, der ca. 90 % der Pfarrer umfaßt. Das Ziel

---

37 LKA Stuttgart, D 1, Bd. 137; Protokoll der Sitzung, Ziffer 7 und 8.

ist, die auf dem Boden des Art. 1 stehenden Kreise aus allen Kirchengebieten zusammenzufassen und zur Kirchenführerkonferenz hinzuzuziehen, wobei unter Umständen bei gelegentlichen Beschlüssen der Block der legalen Kirchenführer für sich abstimmen muß und die anderen sich anschließen. Der vorhandene Bestand an Legalität soll nicht aufgegeben werden.

Die nächste Kirchenführerkonferenz soll erst nach Trinitatis stattfinden (grundsätzlich in der Marchstraße 2[38]). Landesbischof D. Wurm wünscht ein offenes Wort an den Staat wegen der Verzögerung der Wahl, Nichtbeteiligung der Kirche und wegen der völlig einseitigen Haltung des Kirchenministeriums; desgleichen ein einheitliches Wort an die Gemeinden in dem Sinne, daß die Wartezeit eine Zeit der inneren Zurüstung sein müsse und der größten Aktivität in geistlichen Dingen.

Bei der Sitzung der Konferenz der Landeskirchenführer am 12.5.1937 kam dann wieder das Verhältnis zum Bruderrat der Evang. Kirche der Altpreußischen Union zur Sprache[39]*:*

Es wird über die Frage der Vertretung von Altpreußen bei der Kirchenführerkonferenz gesprochen. Es wird erstrebt, daß eine Vereinbarung zustandekommt, nach der Ausschuß und Bruderrat gemeinsam Altpreußen vertreten. Zur Zeit muß aber die Klärung zwischen Landeskirchenausschuß und Evang. Oberkirchenrat in Altpreußen vorhergehen. Es bleibt auch abzuwarten, was für ein Ergebnis die Altpreußische Bekenntnissynode in Halle hat.

Auf Grund eines Entwurfs von Landesbischof D. Wurm wurde ein Wort an die Reichsregierung *vorbereitet. Bei der folgenden Sitzung am 25.5.1937 einigte man sich aber darauf, dieses Wort nicht schriftlich vorzulegen, sondern* den Weg persönlicher Vorstellungen zu wählen. *Das Wort lautet*[40]*:*

Aus der Verantwortung für die Evang. Kirche und aus der Sorge um Staat und Volk heraus fühlen wir uns gedrungen, der Reichsregierung das Folgende vorzutragen:

---

38 Tagungsort der Konferenz der Landeskirchenführer, Sitz der Kanzlei der Deutschen Evang. Kirche.
39 LKA Stuttgart, D 1, Bd. 137; Protokoll der Sitzung, Ziffer 6. Zur Bekenntnissynode der Altpreußischen Union in Halle, 10.–13.5. 1937, siehe Meier, Kirchenkampf II, S. 152.
40 LKA Stuttgart, D 1, Bd. 137; Protokoll der Sitzung. Vgl. Hermelink, Kirche im Kampf, S. 394–396.

Der Erlaß des Führers vom 15. Februar, der eine in voller Freiheit sich vollziehende Wahl in Aussicht stellte, ist in weiten Kreisen mit großen Hoffnungen begrüßt worden. Man sah darin eine grundsätzliche Abkehr von einem durch den Herrn Reichsminister Kerrl angekündigten Versuch, die Evang. Kirche kurzerhand auf dem Verordnungsweg unter staatliche Leitung zu stellen. Man hoffte, daß nunmehr endlich der Gedanke zur Durchführung kommen sollte, die Kirche ihre Angelegenheiten selbst ordnen zu lassen und die Entscheidung über die schwebenden kirchlichen Fragen lediglich mit kirchlichen Kräften und Mitteln einer Lösung entgegenzuführen.

Wie sehr diese Aussicht das evangelische Volk in Bewegung brachte, zeigte sich sofort in den ersten Versammlungen, die im Hinblick auf die Wahl veranstaltet wurden. Einen solchen Zudrang zu kirchlichen Versammlungen und eine solche Bereitschaft, sich über die Kirche und ihren Auftrag belehren zu lassen, haben wir noch nie erlebt. Dieser Zustrom und dieses Interesse hat auch heute nach Verfluß eines Vierteljahres noch nicht nachgelassen.

Die im leitenden Amt stehenden Führer der Landeskirchen, für die das in der Verfassung vom 11. 7. 1933 bezeugte Bekenntnis maßgebend bleibt, haben sofort in mehreren schriftlichen Äußerungen dem Herrn Minister für die kirchlichen Angelegenheiten ihre Äußerungen zu der angekündigten Wahl und der zu erlassenden Wahlordnung übermittelt und sich auch zu mündlicher Aussprache zur Verfügung gestellt. Wir haben jedoch keinerlei Antwort und keinerlei Aufforderung zur Aussprache erhalten. Auch ein Gesuch des bayerischen und württembergischen Landesbischofs um einen Empfang durch den Stellvertreter des Führers ist vergeblich geblieben. Zutritt zu dem Kirchenministerium haben nur noch solche, die dem Bund für Deutsches Christentum angehören.

Ohne daß mit uns Fühlung genommen wurde, hat der Herr Minister für die kirchlichen Angelegenheiten am 20. März eine Verordnung erlassen, die die Kirchen für die Zeit bis zu den Wahlen völlig der staatlichen Leitung unterstellen und die rechtmäßigen Kirchenleitungen in ihren Befugnissen in einer völlig rechts- und bekenntniswidrigen Weise auf die Erledigung laufender Geschäfte beschränken will. Wir haben in ernsten sachlichen Ausführungen gegen diese Verordnung Einsprache erhoben und dem Herrn Minister erklärt, daß wir sie nicht anerkennen und nicht in unseren Amtsblättern veröffentlichen können. Der Herr Minister hat diese Verordnung nicht nur aufrecht erhalten, sondern auch den Landeskirchenführern das Recht bestritten, in die durch den Rücktritt des

Reichskirchenausschusses entstandene Lücke zu treten und die gemeinsamen Angelegenheiten der hinter ihnen stehenden Landeskirchen wahrzunehmen. Er hat sogar dem Leiter der Kirchenkanzlei Anweisung gegeben, den Kirchenführern in dem durch die Beiträge der Landeskirchen erbauten Hause Marchstraße 2, dem Sitz der Kirchenkanzlei, für ihre Beratungen keine Räume zur Verfügung zu stellen. Man wird die Frage aufwerfen müssen, ob jemals im Mutterland der Reformation die Evang. Kirche so unwürdig behandelt worden ist.

Wir haben sehr gerne Kenntnis genommen von Artikeln der Korrespondenz des Propagandaministeriums, in denen völlige Zurückhaltung der Partei und ihrer Gliederungen von der Wahl gefordert wird.[41] Zu unserem größten Bedauern müssen wir aber feststellen, daß sehr viele Maßnahmen den Eindruck erwecken müssen, daß nicht bloß örtliche Stellen, sondern auch das Ministerium für die kirchlichen Angelegenheiten selbst fortfahren, Staat und Partei für die Deutschen Christen radikaler Richtung einzusetzen und das Vertrauen des evangelischen Volkes zu einer unparteiischen Durchführung der Wahl zu untergraben. Flugblätter der Bekennenden Kirche werden beschlagnahmt, Bischöfe und Pfarrer der Bekennenden Kirche erhalten auf Betreiben des Ministeriums von den Polizeibehörden einzelner Länder Rede- und Aufenthaltsverbote. Öffentliche Säle werden den Deutschen Christen eingeräumt, während sie für die Bekennende Kirche gesperrt sind. Es ist kein Wunder, daß unter diesen Umständen sich unserer Gemeinden aufs neue Unruhe und Mißtrauen bemächtigt.

Da der Herr Minister für die kirchlichen Angelegenheiten bis jetzt keinerlei Geneigtheit gezeigt hat, auf die Darlegungen der Kirchenführer, die auf dem Boden von Bekenntnis und Verfassung stehen und im Namen der weitaus größten Zahl der zur Kirche sich haltenden evangelischen Volksgenossen reden können, einzugehen, erlauben wir uns, der Reichsregierung Kenntnis zu geben von den grundsätzlichen Forderungen und praktischen Einzelheiten, die wir in unserem Schreiben vom 3. April an den Herrn Minister zur Frage der Wahlordnung dargelegt haben. Wir glauben, daß es auch im Interesse des Staates ist, wenn dem evangelischen Volk mitgeteilt werden kann, daß die verantwortlichen Träger des kirchlichen Amtes zur Frage der Wahlordnung gehört worden sind und daß keine Wahlordnung erlassen wird, gegen die von seiten dieser Amtsträger grundsätzlicher Widerspruch erhoben werden müßte.

41 Siehe S. 206–208.

Wir bitten dringend, dem evangelischen Volk das Vertrauen zu einer sachlichen und gerechten Behandlung der kirchlichen Fragen durch die Staatsführung, das durch den Erlaß des Führers gestärkt war, nun aber durch die erwähnten Vorkommnisse wieder erschüttert ist, wiederzugeben und auf die Herstellung eines würdigen Verhältnisses zwischen dem Staat und der Evang. Kirche, wie es deutscher Tradition entspricht, hinzuwirken. Die Staatsregierung wird uns bei diesem Ziel zu jeder Mitarbeit bereit finden.

Bei der Sitzung des Beirats der Kirchenleitung am 7.6.1937 sprach der Landesbischof über die kirchliche Lage im Reich und in Württemberg, Oberkirchenrat Breit, München, über den Lutherischen Rat[42]*:*

Nach kurzer Andacht zu Beginn der Sitzung gedenkt der Herr Landesbischof mit warmen Worten des verstorbenen Mitglieds, Stadtpfarrer Weismann, und begrüßt dessen Nachfolger, Stadtpfarrer Buder, Stuttgart. Beim Verlesen der Präsenzliste wird sodann mitgeteilt, daß aus bestimmten Gründen Pfarrer Fischer vom Landesverband der Inneren Mission in den Beirat berufen worden sei.

Hierauf spricht der Herr Landesbischof über die kirchliche Lage im Reich und in Württemberg.

Die derzeitige Lage sei bestimmt durch die 13. Verordnung des Reichskirchenministeriums, die überraschend und ohne Fühlungnahme mit den bekenntnisgebundenen Amtsträgern herausgegeben worden sei. Es seien darin sämtliche gegenwärtige Kirchenregierungen vom Staat anerkannt, aber in ihrer Tätigkeit auf die laufenden Geschäfte beschränkt. Im Blick auf die Wahl könne damit Ruhe und Stille erreicht werden. Die Verordnung sei aber trotz ihres für den einfachen Leser harmlosen Aspektes der tiefste Eingriff in Recht und Freiheit der Kirche. Die Landesbischöfe seien nurmehr auf Abruf in ihrem Amt, daß sie rechtmäßig in ihrer Stellung seien, gelte nicht mehr. Die Auswirkung der Verordnung zeige sich schon im Fall Schilling[43], wo der Reichskirchenminister nach Anhören von nur einer Seite entschieden habe, wozu dann noch komme, daß es im Dritten Reich keine Berichtigungen gebe. Gegen diese Verordnung, die dasselbe anstrebe, was in der seinerzeit nicht veröffentlichten Verordnung des

---

42 Oberkirchenrat Stuttgart, Registratur, Generalia Bd. 115 h; zu der Diskussion um die Grundbestimmungen der Evang.-Luth. Kirche vgl. S. 855–894. Zur allgemeinen Lage vgl. auch das Rundschreiben des Wahldienstes der Württ. Landeskirche an die Pfarrer vom 29.5.1937 (LKA Stuttgart, D 1, Bd. 70).

43 Siehe S. 194–205.

RKM vor dem Wahlerlaß erstrebt worden sei, hätten die Kirchenführer Einspruch erhoben, denn schärfste Kritik sei hier am Platze. Dieselben Stellen, die den Kirchenführern vorwerfen, sie hinderten den Zusammenschluß, zerstörten durch diese Verordnung das Werk von 1933. Dementsprechend sei auch das, was in Beziehung auf die Wahl geschehen bzw. nicht geschehen sei. Von seiten der Kirchenführer sei vieles unternommen, aber nichts erreicht worden. Angesichts der Stellungnahme des RKM der Bekenntnisfront gegenüber sei man in diesen Dingen lediglich auf Gerüchte angewiesen. Die Furcht der Thüringer, die Wahl könne auf das religiöse Geleise geschoben werden, zeige deren Mentalität in erschreckender Weise. Neben dieser Behandlung oder Nichtbehandlung der Wahl gingen die mannigfachen Angriffe gegen christlich-kirchliche Kreise, die vielfach in der offiziellen Wiedergabe der Reden in der Presse unterschlagen würden. Die gemeinen, auch von den Thüringern propagierten Behauptungen von der überragenden Beteiligung von Kommunisten und Marxisten in der Bekennenden Kirche sollten einmal von den Vertretern der Gemeinden zurückgewiesen werden. Unerträglich sei die übliche Gleichsetzung von Evangelischer und Katholischer Kirche, unglaublich die Verwehrung des Rundfunks für den Landesbischof, schmerzlich die Behinderung der Teilnahme an der ökumenischen Konferenz in Oxford[44], letzteres wohl dem Einfluß und der Furcht der DC vor dem Schreckgespenst des Internationalismus zu verdanken. Dazu komme die falsche Darstellung des Bischofsbesuches in Washington, die Versagung des Sammeltages für die Innere Mission.

Die Lage in Württemberg zeige die Fortsetzung der DC-Politik des Kultministers, beginnend mit Entziehung der Schloßkirche, Kündigung der Garnisonskirche, Herausgabe anderer Kirchen an die DC, fortgesetzt mit dem moralisch und juristisch untragbaren Erlaß über die Kirchensteuern der DC[45], der Behandlung des Falles Stark[45a], und endend in dem Erlaß über den Inhalt des Religionsunterrichts.[46] Es sei eine bisher in Verfassung und Verträgen unbedingt gültige Auffassung gewesen,

---

44 Siehe S. 569.
45 Siehe Bd. 4, S. 756–759.
45a Pfr. Reinhold Stark, Dobel, gehörte der Volkskirchlichen Richtung der Deutschen Christen an (vgl. dessen Broschüre »Der Nationalsozialismus vor der religiösen Entscheidung«. Stuttgart 1937). Am 23. 8. 1935 bat er um Beurlaubung aus dem Kirchendienst zur Übernahme einer Studienratsstelle in Ludwigsburg; im Jahr 1936 schied er endgültig aus dem kirchlichen Dienst aus. Über seinen in Ludwigsburg erteilten deutschchristlichen Religionsunterricht liefen beim OKR Beschwerden von Eltern ein.
46 Siehe S. 737–755.

daß die Kirche über den Inhalt des Religionsunterrichts bestimme, und es habe bisher der unangefochtene Zustand gegolten, daß der Religionsunterricht ordentliches Lehrfach im Auftrag des Staates, der Religionslehrer Beauftragter des Staates sei und daß die Lehrbücher und die Unterrichtsgestaltung den Grundsätzen der Kirche entsprächen. Bei Umwandlung der Schulen sei ausdrücklich erklärt worden, daß daran nichts geändert werde. Wohin die vorsichtigen Methoden des Staates, die der Auffassung der DC entsprächen, in ihrer Konsequenz führten, zeige sich nun erschreckend. Aus dem falschen Ansatz ergebe sich das entsprechende Resultat. Gewiß könnten den geistesgeschichtlichen Perioden entsprechend auch die Gesichtspunkte für die Betrachtung und Beurteilung des Alten Testamentes wechseln und daraus diskutierbare Anliegen entstehen. Aber ohne Fühlungnahme mit kirchlichen Stellen in einer solchen Frage staatlicherseits eine Entscheidung herbeizuführen, sei das stärkste Stück, das sich das Württ. Kultministerium bisher geleistet habe. Eine Berufungsinstanz gegen diese Maßnahme gebe es trotz der persönlich vortrefflichen Referenten im RKM nicht, vielmehr herrsche in Dingen der Schule die reinste Anarchie. Von seiten des Kultministeriums würden die evangelischen Schulen bewußt kaputt gemacht, während man politische Bekenntnisschulen eröffne.

In derselben Weise werde trotz Jugendvertrag[47] die kirchliche Jugendarbeit behandelt. Die Genehmigung des Steuerbeschlusses werde jedem germanischen Sittlichkeitsempfinden widersprechend zum Handelsobjekt in Sachen der Jugendarbeit gemacht. Dabei scheine auch eine gewisse Verärgerung über die Wirksamkeit evangelischer Jugendarbeit mitzuspielen.

Es wäre der tiefste Wunsch, daß dem Aneinandervorbeireden von Staat und Kirche ein Ende gemacht werden könnte und die Gnade der Begegnung im echten Gespräch geschenkt wäre. »Das rechte Gespräch hat nicht begonnen, das ist unsre Not.«

In einem zwar verminderten Maß zeige sich diese Not auch innerhalb der BK, und an dieser Situation dürfe nicht aus Klugheitserwägungen vorbeigegangen werden. Die inneren Auseinandersetzungen in der nach 1934 zusammengeschlossenen VKL seien durch die Bildung des RKM und der Ausschüsse im allgemeinen und besonders in der Altpreußischen Union verschärft worden. Oeynhausen habe dann die Ablösung der 2. VKL und den Zusammenschluß der lutherischen Kirchen gebracht.[48]

47 Siehe Bd. 3, S. 673–696.
48 Siehe Bd. 4, S. 560–625.

Der Kritik und den Befürchtungen, die durch den Anschluß Württembergs an den Luth. Rat geäußert worden seien, könne entgegengehalten werden, daß den Kirchen ihre besondere Eigenart zugesichert sei und besonders Württemberg aus seinem Wirken mit Basel und im Gustav-Adolf-Verein sowie aus der Abendmahlsgemeinschaft mit den Reformierten keine Mißdeutung erwachsen werde. Nur unter diesen Voraussetzungen habe sich Württemberg angeschlossen, einer Führung folgend, die nicht gemacht worden sei. Sei in Württemberg Kirchenvolk und Pfarrerschaft in vergangenen Jahrhunderten von Pietismus und Idealismus bestimmt worden, warum sollte nicht auch das lutherische Erbe wieder bewußter erfaßt werden, indem man nicht repristinieren, aber Wahrheitsmomente, die gefehlt hätten, aufnehmen wolle. Dieses Wiedererwachen eines lutherischen Verständnisses könne niemals als Grund einer Vergrößerung der Not angesehen werden.

Auch die reformierte Kirche des Westens sei bewußt als reformierte Kirche vorgegangen und hätte es verstanden, ihre reformierte Auffassung durchzusetzen, die besonders aus einem Aufsatz aus diesen Kreisen klipp und klar hervorgehe. Das was uns zu Dank aufgefordert habe, der Zusammenschluß der Bekennenden Kirchen, werde dort als unorganisch und inkonsequent bezeichnet, ja die Rückkehr der lutherischen Bischöfe sei für manche eine unangenehme Überraschung gewesen, weil dadurch die Entwicklung ihrer konstruktiven Gedanken gestört worden sei. Diesem reformierten Denken in Reinkultur entspreche auch das Denken der Sozietät. Aber es sei nicht die Meinung des Luth. Rates und auch nicht die der Landeskirche, dem einen lutherischen Konfessionalismus gegenüberzustellen. Vielmehr werde das Gespräch zwischen VKL und Luth. Rat dauernd neu gesucht.

Ein störendes Moment hiebei sei allerdings die Altpreußische Union. 48 % evangelischer Deutscher seien in einer erschreckenden Zerrissenheit. Hier seien gewiß zuerst die Kräfte gegen die DC aufgetreten und die Stellung diesen gegenüber sei festzuhalten. Die Divergenz zwischen den staatlich eingesetzten Ausschüssen und den Bruderräten habe es dort leider noch zu keinem fruchtbaren Verhältnis zwischen beiden Größen kommen lassen, wie dies etwa in Sachsen und Hessen-Kassel der Fall sei. Dabei hätten gewiß auch persönliche Gründe mitgespielt, aber auch die (nur scheinbare?) Neutralitätspolitik Zoellners und der Ausschüsse hätte eine Einigung bis jetzt verhindert. Auch nach dem Rücktritt Zoellners, der ja in anderen Fällen eine entschiedene Haltung bekundet habe, seien die Versuche der Kirchenführer, die Differenzen zu beheben, Ausschüsse und

Räte zu gegenseitiger Anerkennung und Aufnahme ihrer Vertreter in die Kirchenführerkonferenz zu bestimmen, an verschiedentlichem, juristisch und finanziell begründetem Widerstand der Ausschüsse gescheitert. Ohne den Luth. Rat als Sammel- und Wachstelle, als Punkt der organischen Verbindung der Landeskirchen, seien diese überhaupt nicht mehr verbunden. Die Beziehungen seien daher auszubauen und auch Baden und Hessen-Kassel einzubeziehen. Der Beitritt sei unter der Voraussetzung der Eigenart zu vollziehen. Eine feindliche Haltung gegen Reformierte sei damit nicht verbunden. Notwendig sei es aber unbedingt, daß Luth. Rat und reformierte Arbeitsgemeinschaft in allen Lebensfragen zusammenstehe.

OKR Schaal berichtet über die Notwendigkeit einer Hilfsaktion für die Innere Mission, nachdem der Volkstag für die IM abgestellt und ein Appell beim Führer negativ ausgefallen sei. Man habe den Volkstag nicht der Ernte wegen für bedeutsam gehalten, sondern vor allem deshalb, weil es eine Gelegenheit gewesen sei, die Leistung der IM und des praktischen Dienstes der Liebe zu zeigen. Diese Möglichkeit sei nun genommen. Das Anerbieten, daß den Anstalten aus Mitteln des WHW Entschädigungen gegeben würden, sei fragwürdig durch die damit verbundenen Voraussetzungen, nämlich Einblick in die Finanzgebarung zu geben und es der Beurteilung der staatlichen Stellen zu überlassen, welche Anstalt öffentliches Interesse im Sinn der Planwirtschaft habe. Entscheidende Einrichtungen wie Kindergärten und Schwesternstationen würden für das Anerbieten nicht in Betracht kommen. Ein Verbot an die Anstalten, ein Gesuch einzureichen, sei nicht möglich, wohl aber könne gewarnt und der Rat gegeben werden zu verzichten. Dann aber müsse etwas getan werden. Deshalb solle zu einem kirchlichen Hilfstag im Juli aufgerufen werden. Bayern und Baden verträten in dieser Sache denselben Standpunkt wie die Württ. Landeskirche. Die Abgeordneten seien gebeten, in ihren Bezirken für diesen Hilfstag einzutreten.

Pfarrer Fischer berichtet, daß Gaben unaufgefordert aus allen Kreisen für den Ausfall kommen, und man könne darin die Stimme der Gemeinde vernehmen.

Der Aufruf für den kirchlichen Hilfstag findet die Zustimmung des Beirats.

OKR Breit: Die Lage der Kirche sei gar nicht ernst genug zu denken, und danach habe sich jeder in seinem Wort, seinen Fragen und Klagen zu richten. Es sei dabei nicht gefordert, seine Überzeugung zurückzuhalten, der Wahrheit und der eigenen Erkenntnis etwas abzubrechen, aber man möge bei allem die Verpflichtung gegen die Kirche nicht vergessen, nicht unverantwortlich reden, da jedes unverantwortliche Wort die Kirche unglaubwürdig mache. Die Kirche sei in babylonische Gefangenschaft gesetzt und der Staat entschlossen, das Vorgenommene durchzusetzen. Der weltanschauliche Interpret des Staates verbitte es sich, von mittelalterlicher Kultur, zu der auch die Kirche gehöre, die weltanschauliche Begründung des Staates sich nehmen zu lassen. In dieser Feststellung liege für die Kirche eine Aufforderung zur Nüchternheit und Illusionslosigkeit über ihre Lage. Sie habe nicht zu schweigen, sondern sich auf ihre wesentliche Aufgabe zu besinnen. Wenn auch die Gewinnung des Staates aus den Erwägungen auszuscheiden habe, so sei doch in konkreten Fällen der Staat zu überzeugen, daß er den Nerv der Kirche verletzt habe...[49]

Stadtpfarrer Buder nimmt Stellung zum Schulerlaß des Kultministers mit der Feststellung, wie dieser Eingriff in die Rechte der Kirche zum hemmungslosen Angriff auf Altes Testament, Pfarrer und christliche Lehrer werden könne. Es sei ein Rechts- und ein Wortbruch, der aus Verantwortung für Volk und Staat nicht hingenommen werden könne, weil hier der Weg zur weltlichen Schule betreten sei. Der Kampf sei von den Eltern und Gemeinden zu führen und den Lehrern sei Beistand zu leisten. Das Eintreten des Luth. Rats in dieser Sache bei den Reichsstellen sei erwünscht. Eine Entschließung wird vorgetragen, die nach verschiedentlich geäußertem Wunsch noch redigiert und an die Gemeinden gegeben werden soll. Stadtpfarrer Zeller, Ludwigsburg, berichtet über den Fall Stark und bittet um die Annahme einer Entschließung. Mehrere Redner weisen unter anderem auch auf die methodische Verwirrung im Schulkampf hin und auf die Folgen einer Entziehung des Religionsunterrichts im Zusammenhang mit dem neuen Erlaß des Kultministeriums...[49]

DAS KASSELER GREMIUM

Im Sommer 1937 verschärfte sich die Lage in der Deutschen Evang. Kirche, die Zahl der verhafteten Pfarrer nahm zu; damit war ein neuer Anstoß für eine Zusammenarbeit der leitenden Gremien der Bekennenden Kirche gegeben.[50]
Bei der Sitzung der Kirchenführerkonferenz am 2.7.1937 in Berlin wurde auf 5. Juli eine weitere Sitzung angesagt, zu der »einige Persönlichkeiten... außerdem

---

49 Ausgelassen sind 2 Abschnitte, die den Luth. Rat betreffen.
50 Vgl. die Sitzung des Reichsbruderrats am 23.6.1937 in Berlin; KJb., S. 193 f.

eingeladen« werden sollten.[51] *So trat am 5.7.1937 das sogenannte Kasseler Gremium zusammen: Vertreter des Rats der Evang.-Luth. Kirche Deutschlands, der Reformierten Arbeitsgemeinschaft, der Vorläufigen Leitung der Deutschen Evang. Kirche, der Innern Mission und des Gesamtverbandes der Deutschen Pfarrvereine.*[52]

Am 7.7.1937 richtete das Kasseler Gremium ein Wort An den Führer und Reichskanzler[53]**:**
Als die Auseinandersetzungen in der Deutschen Evang. Kirche über die Kirche hinauszuwirken begannen, erließ der Führer und Reichskanzler das Gesetz zur Sicherung der Deutschen Evang. Kirche vom 24.9.1935. Dieses Gesetz ermächtigte den Herrn Reichsminister für die kirchlichen Angelegenheiten, die zur Sicherung des Bestandes der Deutschen Evang. Kirche und zur Herbeiführung der Ordnung in der Kirche erforderlichen Maßnahmen zu treffen, mit dem Ziele, die Kirche in den Stand zu setzen, zu gegebenem Zeitpunkt in voller Freiheit und Ruhe ihre Glaubens- und Bekenntnisfragen selbst zu regeln. Zur Durchführung der ihm gestellten Aufgabe erließ der Herr Reichsminister für die kirchlichen Angelegenheiten zwölf Verordnungen; die Bildung von Kirchenausschüssen und Finanzabteilungen sollte dazu helfen, das Ziel zu erreichen. Der erwartete Erfolg blieb diesen Maßnahmen versagt.
Am 15.2.1937 verkündete der Führer und Reichskanzler den Erlaß über die Einberufung einer verfassunggebenden Generalsynode der Deutschen Evang. Kirche. Danach soll die Kirche in voller Freiheit nach eigener Bestimmung des Kirchenvolkes sich selbst die neue Verfassung und damit eine neue Ordnung geben. Die alsbald von kirchlichen Stellen eingereichten Vorschläge zur Durchführung der Wahl blieben bisher ohne Antwort; dagegen erließ der Herr Minister vier weitere Durchführungsverordnungen. Diese letzten, insbesondere die 15. Durchführungsverordnung, greifen so tief in Wesen und Leben der Kirche ein, daß ihr dadurch Freiheit und eigene Bestimmung genommen werden. Wegen der 15. Durchführungsverordnung gestatten wir uns auf die Anlage Bezug zu nehmen. Begleitet wurden diese Verordnungen von einer großen Zahl

---

51 LKA Stuttgart, D 1, Bd. 137; Protokoll der Sitzung.
52 Siehe KJb., S. 196 f.; Niemöller, Kampf, S. 409 f.; Hermelink, Kirche im Kampf, S. 409–411; Brunotte, S. 99; Meier, Kirchenkampf II, S. 149–154. Vgl. das Protokoll der 19. Vollsitzung des Luth. Rats in Kassel am 6.7.1937 (LKA Stuttgart, D 1, Bd. 186).
53 LKA Stuttgart, D 1, Bd. 137; vgl. auch den Brief Wurms an Lammers vom 23.7.1937 und dessen Eingangsbestätigung vom 9.8.1937 (LKA Stuttgart, D 1, Bd. 72). Die Anlage befindet sich nicht bei den Akten.

polizeilicher Maßnahmen gegen die Lebensäußerungen der Kirche und gegen führende Männer aus ihrer Mitte. Es häufen sich Zwangsmaßnahmen aller Art gegen evangelische Geistliche und Gemeindeglieder, die sich für Rechte und Pflichten der Kirche einsetzen. Die Verhaftungen, Ausweisungen, Redeverbote, Beschlagnahme von Schriften und Geldbeträgen, Behinderungen von Versammlungen lassen bei Gemeinden und Geistlichen das drückende Gefühl aufkommen, als Volksgenossen minderen Rechts behandelt zu werden. Auf diesem Wege wird das Ziel der Ordnung und Befriedung der Kirche niemals erreicht. Wohl aber wird dadurch der innere Frieden des Staates gefährdet und die Einheit der Volksgemeinschaft bedroht. Wir unterbreiten daher der Reichsregierung die ehrerbietige Bitte, der Evang. Kirche im deutschen Volk die für ihr Leben und ihren Dienst unentbehrliche Selbstbestimmung nach ihrem Bekenntnis zu gewähren.

Die beiden angeführten grundlegenden Erlasse des Führers und Reichskanzlers erkennen das Lebensrecht der Kirche innerhalb der Volksgemeinschaft an. Es gilt, dieses Lebensrecht so zu gestalten, daß über den vorhandenen Spannungen die Volksgemeinschaft nicht Schaden leidet. Wir glauben, daß der Weg dazu nicht durch einseitiges Handeln des Staates, sondern nur durch Zusammenwirken von Staat und Kirche gefunden werden kann. Die Geschichte unseres Volkes und der Verlauf der letzten vier Jahre haben das eindeutig bewiesen.

Die Voraussetzungen für ein ersprießliches Zusammenwirken zur Wiederherstellung der Ordnung in der Deutschen Evang. Kirche scheinen uns folgende zu sein:

1. Es wird vom Staat anerkannt, daß der Auftrag der Kirche, das Evangelium von Jesus Christus, wie es uns in der Heiligen Schrift bezeugt und in den Bekenntnissen der Reformation neu ans Licht getreten ist[54], in Wort und Tat zu verkünden, nicht in Widerspruch steht zum Auftrag des Staates, die deutsche Volksgemeinschaft zu sichern und auszubauen. Die Erfüllung dieses Auftrages der Kirche darf nicht durch politische Mittel gehemmt werden. Die Kirche ihrerseits ist sich bewußt, keinen politischen Auftrag zu besitzen.

2. Es wird anerkannt, daß die Einheit der Kirche auf der Einheit des Glaubens beruht und die Kirche nur selbst entscheiden kann, wer zu ihr gehört und wer sie zu leiten hat. Versuche, die Einheit der Kirche von außen auf der Grundlage der Einheit der äußeren Ordnung herbeizufüh-

---

[54] § 1 der Verfassung der DEK vom Jahr 1933.

ren, müssen scheitern. Wir wollen die Kirche keineswegs der rechtmäßigen Aufsicht des Staates entziehen, aber wir können es nicht tragen, daß unter dem Titel der Aufsicht der Staat die Kirche leitet, ja sich selbst an ihre Stelle setzt. Dabei sind wir willens und entschlossen, den in der Verfassung der Deutschen Evang. Kirche vom 14.7.1933 angebahnten Zusammenschluß weiter auszubauen.

Die Unterzeichneten haben sich auf dem Boden der vorstehenden Grundsätze zu gemeinsamem Handeln vereinigt. Sie glauben, daß auf dem vorgeschlagenen Wege des Zusammenwirkens von Staat und Kirche das Ziel der Herbeiführung der Ordnung in der Evang. Kirche auf deutschem Boden erreicht werden kann, und sind bereit, mit der Reichsregierung, deren Mitgliedern wir diese Eingabe ehrerbietigst vortragen, in eine nähere Erörterung der schwebenden Fragen einzutreten. Zur Führung der Verhandlungen ermächtigen wir die Herren Landesbischof D. Maraharens, Hannover, Oberkirchenrat Breit, Berlin, und Pfarrer Müller, Dahlem.

Albertz, Superintendent Lic., Berlin-Spandau, Mitglied der Vorläufigen Leitung der Deutschen Evang. Kirche; Bauer, Pfarrer, Gotha, 2. Vorsitzender des Landesbruderrats der Thüringer Evang. Kirche, stellvertretendes Mitglied des Rats der Evang.-Luth. Kirche Deutschlands; Bender, D. Oberkirchenrat, Karlsruhe, Oberkirchenrat im Evang. Oberkirchenrat Karlsruhe, Stellvertreter des Landesbischofs der Vereinigten Evang.-Prot. Landeskirche Badens; Dr. Beste, Pastor, Neubukow, Vorsitzender des Bruderrats der Bekennenden Evang.-Luth. Kirche in Mecklenburg, Mitglied des Rats der Evang.-Luth. Kirche Deutschlands; Bosse, Superintendent, Stolzenau, Mitglied der Kirchenregierung der Evang.-Luth. Landeskirche Hannover; Breit, Oberkirchenrat, München-Berlin, Oberkirchenrat im Evang.-Luth. Landeskirchenrat München, Vorsitzender des Rats der Evang.-Luth. Kirche Deutschlands; D. Burghart, Vizepräsident i. R., Berlin, i. V. für Präses Zimmermann; Ficker, Superintendent, Dresden, Vorsitzender des Landeskirchenausschusses für die Evang.-Luth. Landeskirche Sachsens, Mitglied des Rats der Evang.-Luth. Kirche Deutschlands; D. Fleisch, Vizepräsident, Hannover-Berlin, Vizepräsident im Evang.-Luth. Landeskirchenamt Hannover, Mitglied des Rats der Evang.-Luth. Kirche Deutschlands; Forck, Pastor, Hamburg, Mitglied der Vorläufigen Leitung der Deutschen Evang. Kirche; Fricke, Pfarrer Lic., Frankfurt/Main, Mitglied des Landesbruderrats der Evang. Landeskirche Nassau-Hessen; Hänisch, Pastor, Lemgo, Vorsitzender der Lippischen Landessynode; Hahn, Superintendent, Dresden, Vorsitzender des Landesbruderrats der Bekennenden Evang.-Luth. Kirche Sachsens, Mitglied des Rates der Evang.-Luth. Kirche Deutschlands; D. Happich, Pfarrer, Treysa, Vorsitzender des Landeskirchenausschusses der Evang. Landeskirche von Kurhessen-Waldeck; Henke, Landessuperintendent, Bückeburg, Landessuperintendent der Evang.-Luth. Landeskirche von Schaumburg-Lippe, Mitglied des Rates der Evang.-Luth. Kirche Deutschlands; D. Dr. Hollweg, Landessuperintendent, Aurich, Landessuperintendent der Evang.-Ref. Landeskirche der Provinz Hannover, Mitglied des Arbeitsausschusses der Ref. Kirche Deutschlands; Horn, Kirchenpräsident, Nordhorn, Vorsitzender des Landeskirchenausschusses der Evang.-Ref. Landeskirche der Provinz Hannover, Vorsitzender des Arbeitsausschusses der Ref. Kirchen Deutschlands; Dr. Johnsen, Landesbischof, Wolfenbüttel, Landesbischof der Braunschweigischen Evang.-Luth. Landeskirche, Mitglied des Rats der Evang.-Luth. Kirche Deutschlands; Klingler, Kirchenrat, Nürnberg, Reichsbundesführer der deutschen Evang. Pfarrervereine; Kloppenburg, Pastor, Wilhelmshaven-Rüstringen, Präses der Bekenntnissynode der Evang.-Luth. Kirche in Oldenburg, Mitglied der Vorläufigen Leitung der Deutschen Evang. Kirche; D. Koch, Präses, Oeynhausen, Präses der Bekenntnissynode der Deutschen Evang. Kirche; Kramer, Amtsgerichtsrat, Aurich, juristisches Mitglied des Landeskirchenrats der Evang.-Ref. Landeskirche der Provinz Hannover; Kühl, Pastor, Lübeck, Vorsitzender des Bruderrats der Bekennenden Kirche Lübecks, Mitglied des Rates der Evang.-Luth. Kirche Deutschlands; Lachmund, Pfarrer, Blankenburg/Harz, Vorsitzender des Bruderrats Braunschweig, Mitglied des Rats der Evang.-Luth. Kirche Deutschlands; D. Marahrens, Landesbischof, Hannover, Dienstältester Landesbischof, Landesbischof der Evang.-Luth. Landeskirche Hannovers, Mitglied des Rats der Evang.-Luth. Kirche Deutschlands; Dr. Meinzolt, Vizepräsident, München, Vizepräsident im Landeskirchenrat der Evang.-Luth. Landeskirche in Bayern rechts des Rheins; D. Meiser, Landesbischof, München, Landesbischof der Evang.-Luth. Kirche in Bayern, rechts des Rheins, Mitglied des Rates der Evang.-Luth. Kirche Deutschlands; Neuser, Landessuperintendent, Detmold, Landessuperintendent, Vorsitzender des Landeskirchenamts der Lippischen Landeskirche; Niemann, Oberlandeskirchenrat, Hannover, Oberlandeskirchenrat im Evang.-Luth. Landeskirchenamt Hannover; Niesel, Pfarrer Lic., Berlin, Mitglied des Bruderrats der Evang. Kirche der Altpreußischen Union; Ernst Otto, Pfarrer, Eisenach, Leiter des Landesbruderrats der Thüringer Evang. Kirche, Mitglied des Rates der Evang.-Luth. Kirche Deutschlands; Peters, Superintendent, Salzuflen, Superintendent der Luth. Klasse der Lippischen Landeskirche, Mitglied des Rates der Evang.-Luth. Kirche Deutschlands; Dr. Schmidt-Knatz, Frankfurt/Main, Mitglied des Arbeitsausschusses der Ref. Kirchen Deutschlands, Präses, Ältester der Franz.-ref. Gemeinde Frankfurt/Main; Dr. Spitta, Bürgermeister, Bremen, Mitglied des Vertrauensausschusses der Kirchlichen Arbeitsgemeinschaft Bremen; Tramsen, Pastor, Innien, Vorsitzender des Landesbruderrats der Evang.-Luth. Landeskirche Schleswig-Holstein, Mitglied des Rats der Evang.-Luth. Kirche Deutschlands; D. Wurm, Landesbischof, Stuttgart, Landesbischof der Evang. Kirche in Württemberg, Mitglied des Rates der Evang.-Luth. Kirche Deutschlands.

Außerdem wurde eine Botschaft an die Gemeinden beschlossen, die der Landesbischof am 7.7.1937 den Pfarrämtern zur Verlesung im Gottesdienst am 11. Juli übersandte[55]*:*

Auf Grund einmütigen Beschlusses einer Versammlung, in der sämtliche auf dem Boden von Bekenntnis und Verfassung stehenden Kirchen und kirchlichen Vereinigungen vertreten waren, ist im Gottesdienst am nächsten Sonntag, 7. nach Trinitatis, 11. Juli, das folgende Wort an die evangelischen Gemeinden in Deutschland bekanntzugeben. Es wird empfohlen, das Wort in Verbindung mit der Schriftlesung oder unmittelbar vor der Predigt zu verlesen.   Wurm.

»Die in der Kirchenführerkonferenz, der Vorläufigen Leitung der Deutschen Evang. Kirche und dem Luth. Rat zusammengeschlossenen Kirchen, Gemeinden und Verbände wenden sich mit folgendem Wort an alle evangelischen Gemeinden in Deutschland:

Liebe Glaubensgenossen!

Gebunden an den Herrn der Kirche und an den Auftrag, den wir erhalten haben, wenden wir uns in dieser Stunde schwerer Not unserer Kirche an alle evangelischen Gemeinden Deutschlands. Wir haben uns zu gemeinsamem Wort und gemeinsamem Handeln zusammengeschlossen. Als Glieder der christlichen Kirche und unseres deutschen Volkes haben wir ein Wort an den Staat gerichtet. Wir mußten darauf hinweisen, daß auf den bisher eingeschlagenen Wegen ein geordnetes Verhältnis zwischen Staat und Kirche nicht zustande kommen kann. Im Blick auf die

---

55 Nr. A 7117; KJb., S. 196 f.; Hermelink, Kirche im Kampf, S. 409 f.

von uns unternommenen Schritte versagen wir es uns, heute alle die ernsten Anliegen aufzuzählen, die Euch und uns bewegen.

Wir bezeugen einmütig und feierlich, daß wir unseren Dienst in Kirchenregiment und Gemeinde nach der Heiligen Schrift und den Bekenntnissen unserer Kirchen weiter ausüben werden. Wir dürfen uns keiner Maßregel unterwerfen, die uns an der Ausübung dieses Dienstes hindert. Wir nehmen unsere Pfarrer, Ältesten und Gemeindeglieder erneut in die Pflicht des Gelübdes, das sie bei ihrer Konfirmation und bei der Übernahme ihres kirchlichen Amtes abgelegt haben, und fordern sie auf, gemeinsam mit uns in dem Kampf, der uns verordnet ist[56], dem Herrn Jesus Christus als dem alleinigen Herrn der Kirche die Treue zu halten.

Betet für unsere Regierung, daß sie ihre schwere Aufgabe zum Wohl des deutschen Volkes erfülle und daß sie Gott gebe, was Gottes ist[57]! Betet für die Herstellung eines ehrlichen Friedens zwischen Staat und Kirche! Betet für alle verhafteten Brüder und Schwestern und für die bedrückten und verwaisten Gemeinden! Betet auch für uns, daß wir allezeit die Ehre unseres Herrn Jesu Christi vor Augen haben und der Obrigkeit geben, was sie nach Gottes Ordnung von uns fordern kann. Wir bitten die Gemeinden in besonderen Abendgottesdiensten zur Fürbitte sich zu vereinigen.

Unser Herr Jesus Christus hat uns die Verheißung gegeben: »Ihr seid das Salz der Erde.«[58] Luther hat uns gesagt, daß Gottes Wort und der Christen Gebet die Welt erhält. An der Christenheit, die betet, hängt die Zukunft unseres Volkes. Wir kämpfen für Christus und seine Herrschaft in unserem Volke. Lasset uns festhalten am Bekenntnis und nicht müde werden! »Unser Glaube ist der Sieg, der die Welt überwunden hat.«[59]

Landesbischof D. Marahrens. Pfarrer Müller, Dahlem. Oberkirchenrat Breit.

Durch ein Schreiben an den Reichsinnenminister versuchte der Landesbischof am 11.8.1937, ausgehend von der Verfassung der Deutschen Evang. Kirche den Kontakt zu einer staatlichen Stelle wieder zu knüpfen[60]:

---

56 Hebr. 12,1.
57 Vgl. Matth. 22,21.
58 Matth. 5,13.
59 1. Joh. 5,4.
60 LKA Stuttgart, D 1, Bd. 72; vgl. auch den Runderlaß des Oberkirchenrats Nr. A 8318 vom 13.8.1937, in dem den Pfarrämtern mitgeteilt wurde, daß auf alle Schritte des Kasseler Gremiums bisher keine Antwort erfolgte.

Sehr verehrter Herr Reichsminister!

In dem wechselvollen Gang der Beziehungen zwischen Staat und Kirche in Deutschland, wie er sich seit 1933 gestaltet hat, durfte bisher als ein fester und unangefochtener Ausgangspunkt die Verfassung der DEK vom 11.7.1933 und das diese Verfassung anerkennende Reichsgesetz vom 14.7.1933 gelten. Von all den Kirchenregierungen, die sich bewußt auf diese Verfassungsgrundlage gestellt haben und auf ihr geblieben sind, ist auch der Wahlerlaß des Führers vom 15. Februar dieses Jahres nicht als Aufhebung dieser Verfassung ausgelegt worden, sondern als Abwehr einer vom Ministerium für die kirchlichen Angelegenheiten geplanten Verstaatlichung der Evang. Kirche und als Ankündigung eines neuen Wegs zu einer von allen Seiten ersehnten Bereinigung der schwebenden kirchlichen Fragen.

Zu meinem größten Bedauern muß ich aber darauf hinweisen, daß die Stellungnahme des Reichskirchenministeriums zu allen Äußerungen und Vorschlägen, die seither von den auf dem Boden der Verfassung vom 11.Juli stehenden Kirchenregierungen gemacht worden sind, um eine dem Wohl des Ganzen dienende Ausführung des Wahlerlasses des Führers zu ermöglichen, eine völlig negative gewesen ist. Das Ministerium hat nicht bloß auf keines der ihm zugegangenen Schreiben eine Antwort erteilt, sondern es hat auch eine Reihe von Verordnungen erlassen, die mit der Verfassung vom 11.Juli unvereinbar sind. Wir müssen daraus den Schluß ziehen, daß das Ministerium für die kirchlichen Angelegenheiten die Verfassung als aufgehoben betrachtet und sich selbst als die auch für die innerkirchlichen Angelegenheiten maßgebende Instanz betrachtet. In dieser Annahme bestärkt uns die Tatsache, daß das Ministerium auch auf das von einer Versammlung von Kirchenvertretern in Kassel am 7.Juli beschlossene und sämtlichen Mitgliedern der Reichsregierung zugegangene Wort noch keinerlei Antwort erteilt hat. Wenn ich hinzunehme, daß den auf dem Boden der Verfassung stehenden Kirchenführern das durch die Beiträge der Landeskirchen erbaute Haus Marchstraße 2, in dem sich die Räume der Kirchenkanzlei befinden, auf Befehl des Herrn Ministers für die kirchlichen Angelegenheiten für ihre Beratungen gesperrt worden ist, so muß ich zu meinem großen Schmerz sagen, daß die Evang. Kirche noch niemals so unwürdig behandelt worden ist.

Herr Minister, uns ist unvergeßlich der Augenblick, in dem Sie die Kirchenführer nach der Annahme der Verfassung empfingen und Ihre Freude über das Einigungswerk aussprachen. Wir glauben uns deshalb gerade an Sie wenden zu dürfen mit der Anfrage, ob diese Verfassung noch zu recht besteht oder ob sie durch einen einseitigen staatlichen Akt ohne Befragung der kirchlichen Organe, die sie beschlossen haben, außer Kraft gesetzt worden ist. Landesbischof D. Wurm.

Am 20.8.1937 trat das Kasseler Gremium in Berlin wieder zusammen; irgend eine Reaktion von seiten des Staates auf die Vorstellungen vom Juli war nicht erfolgt, eine Besprechung mit dem Reichskirchenministerium war abgelehnt worden. Ein Ausschuß des Gremiums sollte nun Vorschläge machen für eine neue Verfassung der Deutschen Evang. Kirche, bei der nationalkirchlichen oder bekenntniskirchlichen Minderheiten innerhalb einer Kirchengemeinde das Recht der Abmeldung beim örtlich zuständigen Pfarramt zugestanden werden sollte. Weiterhin wurde eine Botschaft an die Gemeinden besprochen, die der Landesbischof am 23.8.1937 den Pfarrämtern ankündigte[61]:

Liebe Amtsbrüder!

Wie seinerzeit den Pfarrämtern und Gemeinden mitgeteilt wurde, sind am 5. und 6. Juli in Kassel kirchliche Vertreter aus fast allen Landeskirchen zusammengetreten, um über die Lage der Evang. Kirche in Deutschland zu beraten. Das Ergebnis dieser Beratungen war eine Eingabe an die Reichsregierung und den Führer, in der die Unmöglichkeit, auf dem von dem Ministerium für die kirchlichen Angelegenheiten beschrittenen Weg weiterzukommen, dargelegt und Verhandlungen über die Neuordnung des Verhältnisses zwischen Staat und Kirche angeregt wurden.

Als nach vier Wochen außer einer Empfangsbestätigung von seiten der Reichskanzlei und der Mitteilung, daß die Eingabe dem zunächst zuständigen Kirchenministerium übergeben worden sei, nichts erfolgt war, wurde von den drei in Kassel zu Verhandlungspartnern bestimmten Männern (Landesbischof D. Marahrens, Oberkirchenrat Breit und Pfarrer Müller, Dahlem) unter Zuziehung weiterer kirchlicher Vertreter beschlossen, noch eine weitere Frist von 14 Tagen verstreichen zu lassen und die positiven Vorschläge für die mündlichen Verhandlungen vorzubereiten. Kurz nach diesem Beschluß ereigneten sich die unerhörten Vorgänge in Sachsen[62], wo der Staatssekretär im Kirchenministerium die bisherige Kirchenleitung, die dem Landeskirchenausschuß seit Herbst 1935

---

61 LKA Stuttgart, D 1, Bd. 72.
62 Ohne Fühlungnahme mit dem sächsischen Landeskirchenausschuß erfolgten schwere Eingriffe in die Leitung dieser Kirche; am 9.8.1937 wurde der Landeskirchenausschuß vom Reichskirchenministerium abberufen, die Leitung des Landeskirchenamts wurde Oberkirchenrat Klotsche übertragen (ausführlicher Bericht bei Nr. A 8318 vom 13.8.1937 und bei Nr. A 8499 vom 28.8.1937).

übertragen war, abberief und wo sich bei der Vertreibung des Kirchenausschusses aus dem Dienstgebäude geradezu unwürdige Szenen abspielten. Auch nach diesen Ereignissen gelang es nicht, eine Unterredung mit dem Kirchenminister oder dem Staatssekretär zu erreichen. Ein am 21. August an den Führer gerichtetes Telegramm ist ebenfalls bis jetzt ohne Antwort geblieben.

Man wird deshalb den Kirchenführern nicht den Vorwurf machen können, daß sie vorschnell handeln, wenn sie nun eine Botschaft an die Gemeinden erlassen, die die wirkliche Lage ohne Beschönigung schildert und den Sinn des Kampfes, in dem die Evang. Kirche steht, vom Evangelium her darlegt. Die Schilderung der Lage bringt insofern immer Schwierigkeiten mit sich, als die einzelnen Kirchengebiete von Maßnahmen und Einrichtungen, die für die Kirche drückend sind, in verschiedenem Maß berührt werden, und daß Vorgänge, die in einer Landeskirche großes Aufsehen erregen, anderswo unbekannt geblieben sind. Die Gesamtlage erfordert es jedoch, Einzelnes zurückzustellen und Wesentliches hervorzuheben.

Diese Botschaft ist nicht als Kanzelverkündigung gedacht, sondern soll im Hauptgottesdienst am 29. August, 14. post Trinitatis, den Mittelpunkt der Wortverkündigung bilden. Es wird sich empfehlen, von der Sonntagsepistel, 2. Kor. 4, 7–10, die als Schriftlesung dienen kann, auszugehen, sie in Kürze auszulegen und im Anschluß daran die Botschaft zu verlesen. Die Verlesung wird auf ihren Höhepunkten, das heißt, nach dem Vortrag der Katechismuserklärungen zu den Hauptartikeln durch Gemeindegesang unterbrochen werden, dazu werden sich Lieder wie: 1, 2, 3, 4, oder 12, 1, 2, 3 am besten eignen; an den Schluß wird 240, 1–3[63] zu stellen sein.

Ich bitte die Amtsbrüder, mit der Botschaft sich vorher so vertraut zu machen, daß der Vortrag das tiefste Anliegen, das uns bewegt, deutlich zum Ausdruck bringt und der Eindruck einer Polemik vermieden wird. Wir werden uns mit dem Gedanken vertraut machen müssen, daß wir neue Angriffe und vielleicht auch polizeiliche Maßnahmen uns zuziehen, wenn wir dieses Zeugnis ablegen; aber wir sind es dem Herrn der Kirche, der Gemeinde und der Obrigkeit schuldig, daß wir in einer entscheidenden Stunde noch einmal unsere Stimme erheben. Der Landesbischof wird wie seine Amtsbrüder in den anderen Landeskirchen die Botschaft selbst auf einer Kanzel des Landes zur Verlesung bringen. Gott der Herr lasse sie

---

63 Württ. Gesangbuch, Ausgabe 1912. Lied Nr. 1: Nikolaus Decius, Allein Gott in der Höh' sei Ehr; Lied Nr. 12: Martin Luther, Wir glauben all an einen Gott; Lied Nr. 240: Martin Luther, Erhalt uns, Herr, bei deinem Wort.

aufmerksame Hörer finden; er wolle es in seiner Gnade so fügen, daß dieses Wort auch dort, wo man uns bisher nicht hören wollte, Verständnis findet.

Am nächsten Sonntag ist auch eine Erklärung in der Gelöbnisfrage[64] zu verlesen. Da die Ferien zu Ende gehen, ohne daß eine Änderung der Lage erreicht werden konnte, müssen die Gemeinden in einer Sache, die sie wegen der Erteilung des Religionsunterrichts so nahe angeht, unterrichtet werden. Diese Mitteilung ist im Rahmen der Verkündigungen zu machen. Mit amtsbrüderlichem Gruß: Wurm.

Die Botschaft an die Gemeinden *ging dann den Pfarrämtern am 26.8.1937 zu; sie war am 29. August im Vormittagsgottesdienst zu verlesen. In der Stiftskirche in Stuttgart verlas sie an diesem Tag der Landesbischof selber*[65]*:*

Die Not und der Ernst der gegenwärtigen kirchlichen Kämpfe haben am 5. und 6. Juli Vertreter fast aller deutschen Landeskirchen in Kassel zusammengeführt. Dieselben richteten gemeinsam eine Eingabe an die Reichsregierung und baten um persönliche Verhandlung, weil die gegenwärtig von staatlicher Seite eingeschlagenen Wege nicht zu einer Befriedung der Kirche führen, sondern im Gegenteil die Gegensätze immer mehr verschärfen. Auf diese Eingabe ist bis zur Stunde eine Antwort nicht erfolgt, die Möglichkeit zu persönlichen Verhandlungen bis zur Stunde nicht gegeben. Das Verlangen der Gemeinden nach Klarheit über das, was vorgeht, ist so dringend und unabweisbar, daß die unterzeichneten Kirchenvertreter beschlossen haben, die folgende Botschaft den Gemeinden zu übergeben.

I

Unser Volk steht mitten in Entscheidungen, durch die es bis in seine tiefsten Fundamente erschüttert wird. Es ist die Not und die Würde der gegenwärtigen Zeit, daß es vor den Lebensfragen unseres Volkes kein Ausweichen gibt, sondern daß sie durchgekämpft und durchgelitten werden müssen. Jedes Ausweichen vor diesen Fragen ist Untreue gegen unser Volk, jedes Ernstnehmen dieser Fragen, auch wenn es zu Auseinandersetzungen, Kämpfen und Erschütterungen führt, ist Treue gegen unser Volk.

Es ist ganz selbstverständlich, daß je länger desto mehr die Frage aller Fragen ergriffen wird, die Frage des Glaubens, die Frage nach Gott. Der mit leidenschaftlicher Wucht vorgetragene Anspruch von Volk und Staat

64 Siehe S. 795 f.
65 Nr. A 8638 vom 26.8.1937; vgl. KJb., S. 197–201.

begegnet dem Anspruch Gottes, den zu bezeugen die christliche Kirche berufen ist. Volk und Staat können nach einer schweren Zeit des Zerfalls und der Zersetzung, die uns dicht an den Rand des Volkstods geführt hatten, nur genesen und erstarken, wenn jedes Glied des Volkes bis in die letzten Tiefen beansprucht und erfaßt wird. Der christliche Gottesglauben aber verkündet die Botschaft von dem Gott, der den Menschen ganz und gar als sein Eigentum beansprucht. Unser Volk muß zu der Lösung der Frage gelangen, wie der politische Anspruch und der Anspruch des lebendigen Gottes sich zueinander verhält. Wie sollte das besser geschehen als auf dem Weg des Kampfes und des Leidens? Der Ernst der Entscheidungen, die hier gefordert werden, verheißt reiche Frucht und Segen. So geht dieser Kampf, der alles andere ist als ein müßiges Gezänk, in Wahrheit um den Glauben und damit um die Zukunft unseres deutschen Volkes.

II

Wo gekämpft wird, wird Staub aufgewirbelt, und nur zu leicht verhüllen die Staubwolken die klaren Fronten. Darum erheben wir unsere Stimme und bezeugen über allen Staub und Lärm des Tageskampfes hinweg, worum es eigentlich geht.

a) Es geht um Gott, um den ewigen, den lebendigen Gott. »Ich bin der Herr, dein Gott: du sollst keine anderen Götter neben mir haben.«[66] Dieses alte Gebot, das erste der 10 Gebote, steht heute im Brennpunkt des deutschen Geschehens. So weit auch der Sieg des jungen Deutschlands über den Geist einer versinkenden Epoche vorgetragen ist, so lebt weithin noch in unserem Volk nicht entkräftet und nicht überwunden der Geist des Freidenkertums, das da meint, Gottes entraten und spotten zu können. Dieser billige Spott kostet Menschen und Völkern das Leben. Wer sich gegen den lebendigen Gott auflehnt, muß daran sterben.

Wohl geht eine Welle neuer Gläubigkeit durch unser Volk, vor allem durch unsere Jugend. Wir dürfen und wir wollen wieder glauben, so singen und sagen sie. Glaube an Deutschland, Glaube an unser Volk, Glaube an unser Blut und seine ursprüngliche Kraft, das sind in der Tat starke Kräfte, die ein Volk aus der Müdigkeit, aus dem Kapitulieren vor Not und Alter herausreißen können. Aber haben sie die Kraft, den Unglauben, die Gottlosigkeit wirklich zu überwinden? Nein. Als Christen wissen wir, das kann allein der Glaube an den lebendigen Gott. Kann man nur dadurch

66 2. Mose 20,3.

dem Volk, dem Blut, der Rasse die rechte Ehre erweisen, daß man sie an die Stelle des lebendigen Gottes rückt? Muß ein treuer Sohn des Volkes Deutschland auf den Thron erheben, der dem lebendigen Gott gehört? Das ist die Frage, die uns unausweichlich gestellt ist. Die Heilige Schrift bezeugt, wer dem Geschöpf mehr Ehre gibt und mehr dient als dem Schöpfer, verwandelt die Wahrheit in Lüge. Darum verkündigen wir in dieser Stunde des Kampfes unseren Gemeinden und unserem Volk die Botschaft von dem Gott, der allein der Herr ist.

Wir bekennen: »Ich glaube an Gott Vater, den Allmächtigen, Schöpfer Himmels und der Erde. – Ich glaube, daß mich Gott geschaffen hat samt allen Kreaturen, mir Leib und Seele, Augen, Ohren und alle Glieder, Vernunft und alle Sinne gegeben hat und noch erhält; dazu Kleider und Schuh, Essen und Trinken, Haus und Hof, Weib und Kind, Äcker, Vieh und alle Güter beschert, mich mit aller Notdurft und Nahrung dieses Leibes und Lebens reichlich und täglich versorgt, wider alle Fährlichkeit beschirmt und vor allem Übel behütet und bewahrt. Und das alles aus lauter väterlicher, göttlicher Güte und Barmherzigkeit, ohn all mein Verdienst und Würdigkeit, des alles ich ihm zu danken und zu loben und dafür zu dienen und gehorsam zu sein schuldig bin. Das ist gewißlich wahr.«[67]

b) Es geht um Christus. Gottgläubig – Ja! Christusgläubig – Nein! So hallt es als Kampfruf durch unser Volk. Sie wollen wieder glauben an Gott, gewiß! Aber Christus ist ihnen fremd. Fremd sein Gewand und Blut, fremd seine Lehre, fremd sein wehrloses Leiden, fremd sein schmachvoller Kreuzestod, fremd die in ihren Augen unglaubwürdige Botschaft von seiner Auferstehung. Sie suchen und finden Gott in den Wundern der Natur, in dem Rauschen unseres Blutes, in der Gemeinschaft unseres Volkes, in der heimlichen Stimme in der eigenen Brust. Sie fragen: Will wirklich die Kirche unserem Volk, das nach langer Überfremdung zu eigener Art sich durchringt, den fremden Christus noch immer aufzwingen? Wir antworten: Nein, nicht fremden Zwang, sondern frohe Botschaft bringen wir unserem Volk. Alles Suchen nach Gott in der Natur, im Volk, in der eigenen Brust findet ihn niemals, den allmächtigen, lebendigen, barmherzigen Gott. Denn zwischen Gott und uns Menschen steht wie eine unübersteigbare Mauer die Sünde. In tiefstem Grunde wissen wir alle von ihr, von dieser unheimlichen Macht der Auflehnung gegen den lebendigen Gott in menschlicher Selbstherrlichkeit und Selbstgerechtigkeit. Warum will man von der Sünde nichts wissen? Weil man gegen diese tiefste Not des Men-

---

67 1. Artikel des Glaubensbekenntnisses mit Luthers Erklärung.

schen keinen Rat und keine Hilfe weiß. Wer die Sünde eingesteht, gesteht ja damit seine Ratlosigkeit und Hilflosigkeit ein. Das aber darf nicht sein. So zwingt der falsche Stolz den Menschen zur Lüge über sich selbst.

Wir aber kennen den, der allein von aller Sünde und Schuld errettet. Jesus Christus ist gekommen im Namen Gottes und ist den Sündern der Bruder geworden, ist uns zugut gestorben und auferstanden, damit wir Gottes Kinder würden. Diese frohe Botschaft gilt allen Menschen, gilt allen Völkern, gilt auch unserem deutschen Volk. An Jesus Christus soll es genesen zu wahrer Freiheit und Kraft. Ohne ihn gibt es keine Rettung, in seinem Namen ist das Heil. Darum gebietet uns die Liebe und Treue gegen unser deutsches Volk, daß wir ihm diese frohe Botschaft bezeugen: Jesus Christus, dein Heiland, dein Herr, dein König. Darum bekennen wir: »Ich glaube, daß Jesus Christus, wahrhaftiger Gott, vom Vater in Ewigkeit geboren, und auch wahrhaftiger Mensch, von der Jungfrau Maria geboren, sei mein Herr, der mich verlorenen und verdammten Menschen erlöst hat, erworben und gewonnen von allen Sünden, vom Tod und von der Gewalt des Teufels, nicht mit Gold oder Silber, sondern mit seinem heiligen, teuren Blut und mit seinem unschuldigen Leiden und Sterben, auf daß ich sein eigen sei und in seinem Reich unter ihm lebe und ihm diene in ewiger Gerechtigkeit, Unschuld und Seligkeit, gleichwie er ist auferstanden vom Tod, lebet und regieret in Ewigkeit. Das ist gewißlich wahr.«[68]

c) Es geht um die Kirche. Schon ist es dahin gekommen, daß das Wort Kirche einen häßlichen Beigeschmack hat. Kirche, das klingt für viele deutsche Ohren wie Eigenbrödelei, wie religiöse Selbstsucht, wie Sonderung, die der großen Gemeinschaft sich entzieht, wie politischer Vorbehalt, wie völkische Treulosigkeit, wie Reaktion. Da wird gefragt: Darf es in der Gemeinschaft von Volk und Reich noch so etwas geben wie Kirche, in der deutsche Menschen ihre Heimat finden, aus der sie ihre Kraft für den Kampf mit Schuld, Not und Tod sich holen?

Wer als ein Sünder erschrocken vor dem heiligen Gott steht, der weiß, daran hängt meine Rettung, daß Gott in seiner Barmherzigkeit zu mir kommt; daran hängt mein Heil, daß Gott sein Wort gesprochen hat zu aller Welt und darum auch zu mir. Sein Wort hat Gestalt gewonnen in der Heiligen Schrift und ist Fleisch geworden in Jesus Christus, ist lebendige Gegenwart in der christlichen Kirche. Die Kirche bezeugt uns das Wort, das wir nicht in uns selbst haben, sondern das gnadenreich zu uns kommt.

---

68 2. Artikel des Glaubensbekenntnisses mit Luthers Erklärung.

Sie reicht die Heilige Schrift weiter von Geschlecht zu Geschlecht, sie lehrt uns beten, sie sagt uns die Botschaft von Christus, sie schenkt uns seine Gemeinschaft in Taufe und Abendmahl, sie singt ihn mit ihren Liedern uns ins Herz hinein. Sie sammelt uns zur Gemeinde, zur Gemeinschaft ihres Glaubens, ihrer Liebe, ihrer Hoffnung. Diese Kirche bezeugen wir unserem Volk. Ist das Sonderung, muß das unsere politische Zuverlässigkeit verdächtig machen? Nein, das ist Treue gegen unser Volk, ihm diese Kirche zu erhalten, zu bewahren, zu erneuern.

Diese Kirche ist heute Gegenstand des Kampfes. Übereifer meint, dann würde die Kirche unserem Volk und Reich am besten dienen, wenn auch sie, wie Wirtschaft und Kultur, ganz den politischen Gewalten unterworfen würde. Wir aber wissen, nur dann ist unserem Volk mit der Kirche gedient, wenn sie wirklich und ganz »Kirche« ist, wenn sie den lebendigen Gott verkündet, der der Herr über alle Herren ist, wenn sie wirklich verkündet, daß Christus der Heiland und Herr ist auch für unser Volk, wenn sie der Macht des Heiligen Geistes vertraut, der sie in alle Wahrheit leitet. Wenn die Kirche diese Botschaft verschwiege oder irgend einer weltlichen Gewalt unterordnete, dann wäre sie nicht mehr bekennende Kirche, dann wäre sie wahrhaft untreu gegen ihr Volk, dann übte sie in Wahrheit, was man so leichtfertig ihr vorwirft, Verrat am Volk. So steht die Kirche nicht im Kampf um die Macht, nicht im Kampf gegen völkische Kräfte, sondern sie kämpft darum, daß sie ungeschmälert in voller Freiheit die frohe Botschaft dem deutschen Volk ausrichten kann. Sie tut das in der Kraft des Heiligen Geistes, der sie in alle Wahrheit leitet. Darum bekennen wir: »Ich glaube, daß ich nicht aus eigener Vernunft noch Kraft an Jesus Christus, meinen Herrn, glauben oder zu ihm kommen kann; sondern der Heilige Geist hat mich durch's Evangelium berufen, mit seinen Gaben erleuchtet, im rechten Glauben geheiligt und erhalten; gleichwie er die ganze Christenheit auf Erden beruft, sammelt, erleuchtet, heiligt und bei Jesus Christus erhält im rechten, einigen Glauben; in welcher Christenheit er mir und allen Gläubigen täglich alle Sünden reichlich vergibt und am Jüngsten Tage mich und alle Toten auferwecken wird und mir samt allen Gläubigen in Christus ein ewiges Leben geben wird. Das ist gewißlich wahr.«[69]

III

Es ist eine unheilvolle Entwicklung, daß der Kampf um Christus, in den nach Gottes Willen unser deutsches Volk hineingeführt worden ist, so

---

[69] 3. Artikel des Glaubensbekenntnisses mit Luthers Erklärung.

entstellt und verzerrt wird. Dieser Kampf bringt Gegensätze und Spannungen mit sich, aber jeder, der in ihm steht, muß ihn in der Verantwortung vor Gott für unser Volk führen. Statt dessen ist es dahin gekommen, daß eine ihres Auftrags bewußte Kirche in weiten Teilen unseres Vaterlandes behandelt wird wie ein Feind, der zurückgedrängt und vernichtet werden muß. Es sind Verordnungen ergangen, die da, wo sie durchgeführt werden, der Kirche eine wesensfremde Ordnung aufzwingen und Handhabe geben zu Eingriffen in das innerste Leben der Kirche. Eine weit verbreitete Presse schürt hemmungslos das Mißtrauen und den Haß gegen Christentum und Kirche, ohne daß es der Kirche und ihren Dienern möglich ist, auf solche Angriffe in der Öffentlichkeit zu antworten. Auch das gottesdienstliche Leben ist von Eingriffen, besonders auf dem Gebiet des Kollektenwesens nicht frei geblieben. Verhaftungen von Pfarrern und Gemeindegliedern, die für das Recht der Kirche eingetreten sind, sind in manchen Gebieten in großer Zahl vorgekommen. Diener der Kirche werden in wichtigen Bereichen des öffentlichen Lebens als Staatsbürger zweiter Klasse behandelt. Junge Theologen sind aus Formationen, denen sie mit Hingabe angehört haben, ausgeschlossen worden; anderen, die sich in kirchlicher Ausbildung auf ihr Amt rüsten wollten, wurde der weitere Besuch ihrer Hochschule verwehrt. Die Jugendarbeit der Evang. Kirche, die sich gewissenhaft an alle staatlichen Bestimmungen hält, wird vielerorts gestört und gehindert. Wer kann angesichts solcher Tatsachen der Bitterkeit wehren? Je länger desto mehr geht ein unheilvoller Riß durch unser Volk.

IV

In dieser Lage ermahnen und bitten wir die Gemeinden, die Ältesten, die Pfarrer: Laßt Euch nicht erbittern, werdet nicht müde in der Treue des Dienstes, laßt Euch keine Leiden und Opfer zu viel werden, vergeßt es keine Stunde, daß wir unserem Volk die frohe Botschaft schuldig sind. Der Gehorsam gegen Gott den Herrn, die Dankbarkeit gegen Christus den Heiland, die Treue zu unserer Kirche, die leidenschaftliche Liebe zu unserem Volk zeichnen uns den Weg vor, den wir bis ans Ende zu gehen haben: »Gehe du aber hin und verkündige das Reich Gottes.«[70]

Wir wollen miteinander Buße darüber tun, daß wir nicht noch viel treuer gewesen sind in unserem Dienst. Wir wollen den Herrn der Kirche bitten, daß unsere Botschaft freudiger, unser Gehorsam williger, unsere

---

70 Luk. 9,60.

Liebe reiner, das Zeugnis unseres Wortes und unseres Lebens kräftiger werde.

O Land, Land, Land, höre des Herrn Wort.[71]

Im Zusammenhang mit den Beratungen des Kasseler Gremiums im August 1937 erarbeitete der Direktor im Oberkirchenrat, Dr. Müller, Vorschläge zur Entspannung der Lage innerhalb der Deutschen Evang. Kirche, in denen die späteren Überlegungen einer Simultanlösung bereits enthalten sind[72]:

1. Auf der Grundlage der Kasseler Erklärung der Kirchenführer vom 7.7.1937 soll eine Änderung der inneren Verhältnisse der Evang. Kirche in Deutschland und ihres Verhältnisses zum Staat vollzogen werden.

2. Dabei soll der Evang. Kirche die für ihr Leben und ihren Dienst unentbehrliche Selbstbestimmung nach ihrem Bekenntnis gewährt, das Lebensrecht der Kirche innerhalb der Volksgemeinschaft aber so gestaltet werden, daß über den vorhandenen Spannungen die Volksgemeinschaft nicht Schaden leidet.

3. Zunächst soll eine vorläufige Ordnung getroffen werden, die gelten soll für die Zeit, bis die vom Führer und Reichskanzler angeordneten Wahlen zu einer Verfassunggebenden Generalsynode der DEK ohne Schaden für die Volksgemeinschaft durchgeführt werden können, längstens für drei Jahre. Sie soll die endgültige Lösung der Kirchenfrage vorbereiten und dazu beitragen, daß die kirchlichen Auseinandersetzungen sachlich und ohne Anwendung ungeistlicher Mittel geführt und Spannungen möglichst gemildert werden.

4. In dieser Zwischenzeit soll eine Lösung der Gemeinschaft zwischen der Bekenntniskirche und der nationalkirchlichen Bewegung noch nicht vollzogen, vielmehr die bisherige Gemeinschaft in der Form einer Verwaltungsgemeinschaft fortgeführt werden.

5. Das Ziel bleibt der Ausbau des in der Verfassung vom 11.7.1933 angebahnten Zusammenschlusses der Landeskirchen zu einer geeinten Deutschen Evang. Kirche, die ihre Angelegenheiten als Kirche und Körperschaft des öffentlichen Rechts vorbehältlich des staatlichen Aufsichtsrechtes selbständig ordnet und verwaltet.

Für die vorläufige Ordnung werden folgende Vorschläge gemacht:

---

71 Jer. 22,29.
72 LKA Stuttgart, D 1, Bd. 186; Schreiben vom 16.8.1937.

I. Pfarrer der Minderheit

1. Pfarrer nationalkirchlicher oder bekenntniskirchlicher Richtung, die einer die andere Richtung vertretenden Kirchenleitung aus Gewissensgründen nicht mehr Gefolgschaft zu leisten vermögen, haben dies innerhalb einer bestimmten Frist ihrer bisherigen Kirchenleitung anzuzeigen und dabei anzugeben, welcher Organisation sie sich zu unterstellen gedenken.

2. Pfarrer, die diese Anzeige ordnungsmäßig erstattet haben, scheiden damit aus der Lehraufsicht ihrer bisherigen Kirchenleitung aus und unterstehen fortan der Lehraufsicht derjenigen Organisation, der sie sich unterstellt haben. Die allgemeine Dienstaufsicht über sie übt an Stelle der bisherigen kirchlichen Behörde der für die Landeskirche bestellte Schlichtungsausschuß (unter III, 3) aus.

3. Hinsichtlich der Dienstbezüge und Versorgungsrechte tritt für die Minderheitspfarrer eine Änderung nicht ein.

4. Ist ein solcher Pfarrer bisher von der Kirchenleitung beurlaubt oder zur Ruhe gesetzt worden, so verbleibt es dabei. Eine aus kirchenpolitischen Anlässen erfolgte vorläufige Dienstenthebung kann in Beurlaubung umgewandelt werden.

5. Wird die Lage eines Minderheitspfarrers in seiner Gemeinde unhaltbar, so kann er vom Schlichtungsausschuß beurlaubt oder in den einstweiligen Ruhestand versetzt werden.

6. Dem Minderheitspfarrer steht es frei, abgemeldeten Gemeindegliedern einer Richtung (vgl. unter II, 1) als Geistlicher zu dienen, ohne daß er hiefür besonderer Erlaubnis bedürfte.

II. Gemeindeglieder und Gemeinden der Minderheit

1. Gemeindeglieder nationalkirchlicher oder bekenntniskirchlicher Richtung, die sich aus Gewissensgründen nicht zu der Kirchengemeinde zu halten vermögen, der sie ordnungsmäßig zugewiesen sind, haben dies innerhalb einer bestimmten Frist dem zuständigen Ortsgeistlichen anzuzeigen und dabei anzugeben, von welcher anderen Organisation sie sich künftig kirchlich bedienen lassen wollen.

2. Die Abmeldung hat die Wirkung, daß für den Abgemeldeten a) seine Mitgliedschaftsrechte innerhalb seiner bisherigen Parochialgemeinde ruhen; b) die Organisation, der er zugehörte, die kirchliche Bedienung übernimmt; c) die Ortskirchensteuerpflicht ruht, wogegen die Landeskirchensteuer weiter zu entrichten ist.

3. Dem gottesdienstlichen Gebrauch für die Pfarrer und Gemeindeglieder der Minderheit dienen die bisher ihrer Organisation zur Verfügung stehenden gottesdienstlichen Räume. Wenn in einer Gemeinde mehr als 500 Gemeindeglieder zu ein und derselben Organisation kirchlich abgemeldet sind und ihnen ein gottesdienstlicher Raum nicht zur Verfügung steht, kann ihnen ein solcher zum Mitgebrauch zugewiesen werden. Kommt hierüber eine Vereinbarung nicht zustande, so kann der Schlichtungsausschuß eine Verfügung treffen.

4. Für Beerdigungen von Gemeindegliedern der Minderheit wird das kirchliche Grabgeläute gewährt, auch wenn die Beerdigung von einem anderen als dem Parochialgeistlichen vorgenommen wird.

III. Landeskirchenleitung

1. Die kirchenregimentlichen Befugnisse innerhalb der Landeskirche werden, soweit sich nicht aus dem Folgenden etwas anderes ergibt, durch die im Amt befindlichen Kirchenregierungen weiterhin ausgeübt, ohne daß diese auf die »laufenden Geschäfte« beschränkt bleiben.

2. Mit der Lehraufsicht über die Minderheitspfarrer wird von der beteiligten Organisation eine besondere Persönlichkeit oder ein Ausschuß betraut.

3. Zur Schlichtung von Streitigkeiten zwischen der Landeskirche und ihren Organen einerseits und der Minderheitsorganisation andererseits wird für eine oder mehrere Landeskirchen zusammen ein Schlichtungsausschuß eingesetzt, der aus einem staatlichen Vertreter und je 1 bis 2 von der Landeskirche und der Organisation der Minderheit vorgeschlagenen Personen besteht und im Einvernehmen mit den Kirchenbehörden vom Minister für die kirchlichen Angelegenheiten bestellt wird. Der Schlichtungsausschuß trifft seine Entscheidung auf Grund des geltenden Rechts und, soweit dieses keine Bestimmung enthält, nach billigem Ermessen. Seine Entscheidungen sind für alle Fälle bindend.

4. Die Kirchenleitung ist nicht gehindert, Disziplinar- oder sonstige Personalmaßnahmen zu treffen. Jedoch können disziplinäre Verfügungen gegenüber Minderheitspfarrern, soweit nicht das Disziplinargericht zuständig ist, nur durch den Schlichtungsausschuß erlassen werden.

5. Die Kirchenleitung ist auch befugt, Änderungen in der Zusammensetzung der Kirchenbehörde, die sich als notwendig erweisen, vorzunehmen.

6. Arbeitsunfähige kirchliche Körperschaften (Kirchenvorstände, Kreis-, Provinzial- und Landessynoden) können von der Kirchenleitung

aufgelöst und für die jetzige Klärungszeit neu gebildet werden. Die Neubildung hat auf Grund des geltenden Verfassungsrechts zu geschehen. Jedoch sollen Landes- und Provinzialsynoden nicht auf dem Weg der unmittelbaren Wahl, sondern der Wahl durch die nächstunteren Körperschaften gebildet werden.

7. Soweit bei den Landeskirchen Finanzabteilungen eingerichtet sind, bleiben sie mit ihrer bisherigen Zuständigkeit vorläufig weiter bestehen. Jedoch sollen ihre Befugnisse sobald als möglich an die verfassungsmäßigen Organe der Landeskirchen zurückgegeben werden. In den Kirchengebieten, in denen Finanzabteilungen bisher nicht bestanden haben, werden solche nicht mehr eingerichtet.

8. Kirchenleitung und Ausschüsse wirken dahin, daß die kirchlichen Auseinandersetzungen rein sachlich geführt werden und Beleidigungen und Beschimpfungen des kirchenpolitischen Gegners in Zukunft unterbleiben.

9. Vorbehalten bleibt, diese Vorschläge den besonderen Verhältnissen in Altpreußen und in den Kirchengebieten mit Landeskirchenausschüssen anzupassen oder für diese Sonderbestimmungen zu treffen.

IV. Leitung der DEK

Vorbemerkung: Wenn der in der DEK vollzogene Zusammenschluß der Evang. Kirche Deutschlands nicht vollständig verkümmern soll, muß neben Kirchenkanzlei, Finanzabteilung und Kirchlichem Außenamt wieder ein Organ vorhanden sein, das die gesamtkirchlichen Aufgaben der DEK vertritt. Die Bildung eines solchen Organs aus Vertretern der bekenntniskirchlichen und nationalkirchlichen Richtung zusammen ist nicht möglich, da die wesentlichen Grundlagen für eine ersprießliche kirchliche Zusammenarbeit fehlen. Ebensowenig kann die Bildung zweier verschiedener Vertretungen der DEK, einer bekenntniskirchlichen und einer nationalkirchlichen, in Betracht kommen. So bleibt nichts übrig, als durch die Mehrheitsrichtung in den Landeskirchenleitungen, etwa durch die auf dem Boden von Schrift und Bekenntnis stehenden Kirchenführer zusammen mit den Bruderräten, einen Ausschuß wählen zu lassen, der die DEK in der jetzigen Übergangszeit vertritt. Es wird sich um ein Gremium handeln, wie etwa das in Kassel herausgestellte.

1. Zur Leitung und Vertretung der DEK in der jetzigen Übergangszeit wird von den die Mehrheit repräsentierenden Landeskirchenleitungen, die auf dem Boden von Schrift und Bekenntnis stehen, ein 3 bis 5 köpfiger

Ausschuß gewählt, der diese Aufgaben im Rahmen der Verfassung der DEK wahrnimmt.

2. Den Landeskirchen nationalkirchlicher Richtung steht es frei, zusammen mit der Organisation der nationalkirchlichen Bewegung einen Ausschuß zur Wahrung ihrer gesamtkirchlichen Interessen zu bilden.

3. Dem nach Ziffer 1 zu bildenden Ausschuß bei der DEK steht ein Gesetzgebungs- und Verordnungsrecht in der jetzigen Zwischenzeit nicht zu. Ernennungen und Entlassungen von Beamten der Deutschen Evang. Kirche kann er nur im Einvernehmen mit dem Reichsminister für die kirchlichen Angelegenheiten vornehmen. Zur Beratung gemeinsamer Angelegenheiten kann der Ausschuß Vertreter der angeschlossenen Kirchen und kirchlichen Verbände zu einer Kirchenführerkonferenz einberufen.

4. Die Zuständigkeit des kirchlichen Außenamts bleibt unberührt.

5. Die Bearbeitung der laufenden Verwaltungsangelegenheiten der DEK wird von der Deutschen Evang. Kirchenkanzlei besorgt. Mit der Leitung der Kirchenkanzlei wird Herr...[73] betraut. Der nach Ziffer 1 gebildete Ausschuß kann die Kirchenkanzlei für seine Verwaltungsgeschäfte in Anspruch nehmen.

6. Die Verwaltung und Vertretung der DEK in allen vermögensrechtlichen Angelegenheiten im Rahmen der Verfassung der DEK nimmt die bei der Kirchenkanzlei gebildete Finanzabteilung allein wahr.

7. Umlagepflichtig für die DEK bleiben alle in der DEK vereinigten Landeskirchen.

V. Staat und Kirche

Zur Verwirklichung dieser Vorschläge bedarf es in mehrfacher Hinsicht staatlicher Rechtshilfe. Diese könnte in der Form gewährt werden, daß der Reichsminister für die kirchlichen Angelegenheiten auf Grund des Gesetzes zur Sicherung der DEK vom 24. 9. 1935 eine Verordnung erläßt, die die Aufgabe hätte:

1. Die zur Durchführung der Vorschläge Ziffer III, 3 in Verbindung mit I, 2 und 5, II, 3 und III, 4, sowie der Vorschläge III, 6 und IV, 1 und 3 erforderlichen staatsgesetzlichen Bestimmungen zu erlassen.

2. Die §§2 Ziffer 2 sowie 3 und 4 der 13. Verordnung zur Sicherung der DEK vom 20. 3. 1937 aufzuheben.

3. Die Durchführung der 15. Verordnung zur Sicherung der DEK vom 25. 6. 1937 dahin einzuschränken, daß a) in Kirchengebieten, in denen

---

73 Auslassung im Entwurf.

bisher keine Finanzabteilung bestanden hatte, keine solche eingerichtet wird; b) in den anderen Kirchengebieten grundsätzlich nur Beamte der allgemeinen kirchlichen Verwaltung zu Mitgliedern der Finanzabteilung bestellt werden; c) der Reichsminister für die kirchlichen Angelegenheiten den Finanzabteilungen über die Verwendung der Staatsleistungen und der Kirchensteuermittel nur insoweit Anweisungen gibt, als dies zur Sicherung der Zweckbestimmung solcher Mittel erforderlich ist, auch sonst seine Einflußnahme auf die Vermögensverwaltung der Kirchen auf die Ausübung des staatlichen Aufsichtsrechts beschränkt; d) sobald es geschehen kann, die Finanzabteilungen aufgehoben und ihre Geschäfte den verfassungsmäßigen (?) kirchlichen Organen zurückgegeben werden.

4. Die besonderen für die Kirchen und kirchlichen Organisationen verfügten Einschränkungen des Versammlungsrechts, der sonstigen Öffentlichkeitsarbeit und des Kollektenwesens der Kirche aufzuheben. Sodann müßten die nötigen Anordnungen getroffen werden, daß

5. die anläßlich der kirchlichen Auseinandersetzungen erfolgten Verhaftungen, Ausweisungen, Redeverbote, Beschlagnahmen, soweit es sich nicht um Verstöße gegen die allgemeinen Strafgesetze handelt, aufgehoben werden und eine weitgehende Amnestie für Verfehlungen im kirchenpolitischen Kampf eintritt;

6. die Organe des Staats und der Partei sich künftig jeglicher Parteinahme für eine der kirchlichen Richtungen enthalten. Müller.

Im Auftrag des Rats der Evang.-Luth. Kirche schrieb Dr. Gauger am 30.9.1937 an Direktor Müller zur Frage eines Simultaneums[74]*:*

Hochverehrter Herr Direktor!

Erst heute komme ich dazu, auf Ihr Schreiben vom 16. August und auf das parallele von Herrn Landesbischof D. Wurm vom 19.8.1937 betreffend die von Ihnen erarbeiteten Ordnungsvorschläge einzugehen. Ich bitte, die Verzögerung mit der auch durch Urlaubsvertretungen gesteigerten nicht geringen Belastung meiner Person gütigst entschuldigen zu wollen. Da ich der einzige Jurist unserer Stelle bin, so ist eine Vertretung für mich nicht leicht sofort greifbar.

Die Frage von Simultaneen ist schon im Jahre 1935 berührt worden, und ich habe selbst damals, noch bei der alten Vorläufigen Leitung der DEK befindlich, entsprechende Vorschläge auszuarbeiten gesucht. Wenn

---

74 LKA Stuttgart, D 1, Bd. 186; das Schreiben Wurms an Gauger vom 19.8.1937 befindet sich nicht bei den Akten.

jetzt durch die Ihren Vorschlägen parallelen Entwürfe der Herren Vizepräsident Dr. Meinzolt und Professor Otto Weber in Göttingen die Frage erneut in Fluß gekommen ist, so werden die alten Bedenken, die gegen derartige Vorschläge sprechen, neuerdings zu erheben sein. Es ist nämlich meines Erachtens nicht möglich, geistesgeschichtliche Auseinandersetzungen, welche tiefgreifende, auch verwaltungsmäßige Folgewirkungen haben, einfach durch ein von außen, nämlich von staatlichen Bedürfnissen her herangetragenes Ordnungsschema zu erledigen oder auch nur zu mäßigen. Gewiß ist in dem durch die Reformation entstandenen Streit schließlich auch eine Beruhigung eingetreten und man hat sich dann veranlaßt gesehen, in manchen Teilen Deutschlands, wie insbesondere in Jülich, Cleve und Berg Simultaneen zu schaffen. Auch das konfessionell ja eigentlich ganz festgelegte Heilige Römische Reich hat solche Simultaneen entwickeln müssen. Diese Vorgänge traten aber nach einer verhältnismäßig sehr langen Zeit der Entwicklung erst ein. Ob man nun schon mit dem Jahr 1555 beginnen will oder, wie es mir richtig scheint, erst mit dem Jahr 1648, in jedem Fall sind die verwaltungsmäßigen Formen für die steckengebliebene Reformation erst lange Zeit nach Ausbruch der Streitigkeiten gefunden worden. Daß wir heute bereits in Deutschland soweit wären, wird billig bezweifelt werden müssen.

Es ist zwar durchaus richtig, daß ein Teil der Gruppen, welche auf Artikel 1 der Verfassung der DEK stehen, bereit wären, in rechtsstaatlichen Formen mit den deutsch-christlichen Kirchensteuerzahlern und ihren Vertretungen Verträge zu schließen und diese zu halten. Die Deutschen Christen selbst jedoch sind Anhänger einer dynamischen Rechtsauffassung, welche zwar ihnen wohl erlaubt, einen solchen Vertrag zu schließen, sie aber nicht verpflichtet, einen solchen Vertrag zu halten. Wir haben diesbezüglich in den Landeskirchen von Mecklenburg und Thüringen ganz eingehende Erfahrungen gemacht und glauben nicht, daß sich in der Mentalität dieses Gegners bisher irgend etwas geändert hätte. Im Gegenteil! Es wäre zwar wohl möglich, daß durch Zwang des Staates auch die genannten deutsch-christlichen Vertretungen zu vertragstreuem Verhalten veranlaßt werden könnten; indessen haben sachkundige und ruhige Beurteiler in die diesbezüglich zu hegenden Erwartungen Zweifel setzen zu sollen geglaubt. Noch immer sind manche Parteistellen von der Überzeugung nicht zurückgekommen, daß sich bei der »Bekennenden Kirche« eine Vereinigung von Staatsfeinden befinde, und es wird in dieser Hinsicht durchaus kein Unterschied gemacht zwischen den verschiedenen Abschattungen der auf Artikel 1 der Verfassung der DEK stehenden

Gruppen. Wenn man etwa das Buch des Reichsleiters Rosenberg[75], welcher mit der gesamten weltanschaulichen und kulturellen Schulung der Partei beauftragt ist, aufschlägt, so bemerkt man, daß sowohl Pastor Niemöller wie Landesbischof D. Marahrens, sowohl Pfarrer Stoll wie Lic. Dr. Künneth mit Vorwürfen bedacht werden. Auch Landesbischof D. Meiser ist solchen Vorwürfen nicht entgangen. Unter diesen Umständen ist die Befürchtung nicht von der Hand zu weisen, daß im täglichen verwaltungsmäßigen Leben Behinderungen derjenigen Kreise, welche sich auf Artikel 1 der Verfassung der DEK weiter stützen wollen, eintreten werden. Man braucht nur etwa an ländliche Verhältnisse zu denken, in denen die Bevölkerung durch untere politische Instanzen aufs genaueste überwacht wird und in denen ein Festhalten an der bekenntnismäßigen Grundlage sehr leicht als Betätigung staatsfeindlicher Gesinnung böswillig ausgedeutet werden kann.

Der ganze Gedanke der Simultaneen geht von der Annahme aus, als sei für die die Kirchenpolitik des Staates verantwortenden Stellen die Behinderung und Erschwerung des verwaltungsmäßigen Ablaufs besonders hinderlich, während andere, wie mir scheint, richtigere Beurteilungen umgekehrt die Meinung vertreten, als sei diesen Stellen das Vorhandensein einer ihres Bekenntnisses bewußten Kirche überhaupt ärgerlich. Gewiß werden auch diese Stellen durchaus den von führender Seite des Staates und der Partei gegebenen Losungen zustimmen, daß die religiöse Überzeugung jedes einzelnen seine Privatsache sei; indessen betrachten dieselben Leute die Betätigung der privaten religiösen Überzeugung als öffentliche Angelegenheit. In diesem Zusammenhang kann das bekannte Wort angeführt werden, daß der Partei das Diesseits, den Kirchen das Jenseits gebühre. Da nun Menschen auf dieser Erde im Jenseits schlechterdings nicht zu leben vermögen, würde die Rezeption dieses Satzes für die ganze Partei ja das Aufhören jeder lebendigen Kirche bedeuten.

Indem ich diese grundsätzlichen Bedenken gegen die von Ihnen, hochverehrter Herr Direktor, ausgearbeiteten Vorschläge angemeldet habe, verkenne ich durchaus nicht, daß ein hohes Interesse daran besteht, daß man aus der Negation zum Positiven vorschreitet. Indessen sind, soviel ich sehe, in dieser Richtung auch die Vorschläge in unserem Lager durchaus geklärt. Ein Kirchenfriede ist sofort möglich, sowie der Staat und die Partei den politischen Totalitätsanspruch eingrenzt, also ebenso wie der italienische Ministerpräsident Mussolini in den Lateranverträ-

---

75 Vgl. S. 692–697.

gen⁷⁶ der Kirche den ihr zukommenden Platz zugesteht. Geschieht dies nicht, so wird die Auseinandersetzung weitergehen müssen. Geschieht dies, so sind die Deutschen Christen erledigt, weil damit ihre Glaubensgrundlage hingefallen ist. Eines Simultaneums bedarf es dann gar nicht mehr. Es liegt also durchaus in der Hand des Staates, ob er den Kirchenfrieden will.

Daß die Gespaltenheit und die organisatorische Unübersichtlichkeit der Evang. Kirchen in Deutschland nicht der Anlaß zu der Fehde gegen sie sein kann, ergibt sich beweiskräftig aus dem Hinweis auf die Römisch-katholische Kirche, die an Geschlossenheit und organisatorischer Übersichtlichkeit ja nicht überboten werden kann. Wenn ihr gegenüber behauptet wird, sie müsse bekämpft werden, weil sie »politischen Katholizismus« vertrete, so ist demgegenüber auf die einfache Tatsache hinzuweisen, daß der Nuntius Doyen des Diplomatischen Corps ist. Wenn etwas, dann dürfte das Diplomatische Corps eine politische Einrichtung sein. Für mein Gefühl ist damit der politische Katholizismus anerkannt, und zwar nicht nur als Erbschaft aus vergangenen Tagen, sondern aus freiem Entschluß des Führers und Reichskanzlers, der ja am 20.7.1933 mit dem Heiligen Stuhl ein Konkordat hat paraphieren und es am 12.9.1933 im Reichsgesetzblatt Teil II, S.679 hat verkünden lassen.

Wir werden, wie wir hoffen, in der nächsten Zeit im Sekretariat zu der Frage der Simultaneen auch noch schriftlich ausführlich Stellung nehmen. Ich wollte diese Äußerung aber nicht zu lange verzögern und bitte, zu entschuldigen, daß sie so skizzenhaften Charakter trägt.

Abdruck habe ich Herrn Landesbischof D. Wurm auf dessen Schreiben vom 19.8.1937 geglaubt übermitteln zu sollen.

Mit dem Ausdruck aufrichtiger Verehrung im Auftrage Dr. Gauger.

Am 19.10.1937 berichtete der Landesbischof dem Beirat der Württ. Kirchenleitung auch über den Zusammenschluß der Bekennenden Kirche... *und die von den Kirchen und Kirchenführern unternommenen Versuche zu einer Verständigung mit dem Staat*[77]:

---

76 Vertrag zwischen dem Heiligen Stuhl und der italienischen Regierung (Mussolini) vom 11.2.1929: Die »Vatikanische Stadt« wird als selbständiges Gebiet unter der Souveränität des Papstes anerkannt.

77 Oberkirchenrat Stuttgart, Registratur, Generalia Bd. 115 h; Protokoll der Sitzung. Vgl. auch verschiedene Lageberichte vom Herbst 1937 (LKA Stuttgart, D 1, Bd. 74 und 97). Durch Beschluß des Beirats vom 19.10.1937 wurde der Ausschuß des Beirats von 7 auf 14 Mitglieder erweitert (Nr. A 10869 vom 21.10.1937).

Man könne sich dabei des Eindrucks nicht erwehren, daß unsere Gemeinden die unternommenen Schritte (erste und zweite Kasseler Konferenz) nicht so aufgenommen hätten, wie dies eigentlich hätte erwartet werden dürfen. Man frage hier nach den tieferen Gründen und habe den Eindruck, daß die Kundgebungen der Kirche im Gottesdienst auf wenig Verständnis stoße. Auf der einen Seite erwarte man ein kräftiges Wort von uns, insbesondere auch in Norddeutschland, andererseits wolle man aber in Württemberg nicht darunter leiden.

Am 29.8.1937 erließ Himmler ein Verbot gegen die Ausbildung und Prüfung von Theologen durch Organe der sogenannten Bekennenden Kirche.[78] *Dagegen protestierte das Kasseler Gremium am 26.10.1937 in einem Schreiben an Himmler.*[79]
Der Rat der Evang.-Luth. Kirche besprach im Dezember Möglichkeiten, Studenten und Kandidaten der zerstörten Kirchen auf die intakten Landeskirchen zur Prüfung zu verteilen.[80]
Zum Reformationsfest 1937 erließ das Kasseler Gremium einen feierlichen Protest gegen die Schriften von Alfred Rosenberg.[81]

Über Gerüchte, die im Herbst 1937 von einem neuen Schlag gegen die Kirche wissen wollten, schrieb die Neue Zürcher Zeitung *Mitte Oktober*[82]*:*

Ein Reichskirchengesetz

In der Auseinandersetzung zwischen dem Staat und der Evang. Kirche bereitet sich wieder ein großer Szenenwechsel vor. Das Versprechen vom 15. Februar, daß das Kirchenvolk »in voller Freiheit nach eigener Bestimmung« eine verfassunggebende Generalsynode wählen soll, ist in Vergessenheit geraten und scheint jetzt, nachdem acht Monate nicht mehr von den Kirchenwahlen die Rede war, endgültig begraben zu sein. Dafür planen die Regierungsstellen den Erlaß eines Reichskirchengesetzes, das die zerrütteten Verhältnisse durch staatliche Machtvollkommenheit ordnen soll. Dieses Projekt läuft auf die Oktroyierung einer Kirchenverfassung durch die Reichsregierung hinaus. Mit der Neuordnung, die die Kirchen

78 KJb., S. 209; der Erlaß wurde erst im September 1937 veröffentlicht.
79 KJb., S. 209–212.
80 Siehe Rundschreiben des Luth. Rates vom 27.11.1937; LKA Stuttgart, D 1, Bd. 186.
81 Siehe S. 261–267.
82 LKA Stuttgart, D 1, Bd. 73; der Artikel liegt in einer Abschrift bei den Akten.

vollständig vom Staat abhängig macht, wird wahrscheinlich ein groß angelegter Versuch zur Vernichtung der Bekenntniskirche verbunden sein. Eine Festlegung auf dogmatische Punkte wird der staatliche Gesetzgeber zu vermeiden suchen, da es ihm vor allem um die äußere Organisation und die Gleichschaltung zu tun ist. Der Versuch zur Schaffung einer Reichskirche, der 1933 und 1934 kläglich gescheitert ist, wird also in einer neuen Form wiederholt. Man rechnet mit der Möglichkeit, daß später, wenn die neue Staatskirchenverfassung schon in Kraft gesetzt ist, eine »Abstimmung« des evangelischen Kirchenvolkes veranstaltet wird, die eine überwältigende Zustimmung ergeben soll.

In zwei Reden, die Reichsminister Kerrl am 23.11.1937 in Fulda und am 1.12.1937 in Hagen hielt, kündigte er an, daß vorläufig keine kirchlichen Wahlen stattfinden werden, daß der Staat die Gewissens- und Glaubensfreiheit des einzelnen nicht antasten werde, daß es aber Sache der Gläubigen sei, die Kirche finanziell zu befriedigen.[83]

Zu diesen Reden schrieben die von Rosenberg herausgegebenen Mitteilungen zur weltanschaulichen Lage *am 10.12.1937:*

Weltanschauung und Religion
Ein Wort zur kirchenpolitischen Lage

Die Rede, die der Reichsminister für die kirchlichen Angelegenheiten Kerrl am 23.11.1937 in Fulda gehalten hat, wird, darüber ist schon jetzt kein Zweifel möglich, in den kirchenpolitischen Erörterungen der nächsten Zeit eine nicht unbedeutende Rolle spielen. Dies umsomehr, als die kirchenpolitischen Streiter zur Zeit nur ein einziges Thema abzuhandeln haben: Alfred Rosenbergs »Protestantische Rompilger«. Man macht sich die Auseinandersetzung mit dem in dieser Kampfschrift vorgelegten Material sehr leicht. Statt auf die Gründe, die Alfred Rosenberg zu seinem Angriff veranlaßt haben, wirklich einzugehen, verkündet man mit zunehmender Tonstärke, der Verfasser der »Protestantischen Rompilger« verstehe nichts von Luther und dem Protestantismus. Nicht Luthers kämpferischer Einsatz, seine Lehre sei entscheidend. Und diese Lehre, gemeint ist die orthodoxe Heilstatsachentheologie, sei das Fundament einer wahrhaft »bekennenden« Kirche. Die von Alfred Rosenberg aufgeworfene Frage, ob die kirchliche Erbsündendogmatik nicht am Ende ein typisches

---

83 EPD, Ausgabe B. Nr. 46 vom 24.11.1937 (LKA Stuttgart, D 1, Bd. 73); KAW 1937, S. 181 und 188; Niemöller, Kampf, S. 415; Hermelink, Kirche im Kampf, S. 425–429; Wenschekwitz, S. 123 f.

Erzeugnis des vorderasiatisch-orientalischen Geistes ist, diese Frage zusammen mit der anderen Frage, inwieweit sich nicht tatsächlich im Rahmen des heute gültigen Kopernikanischen Weltbildes die kirchliche Heilstatsachentheologie, die ohne die Erde als Mittelpunkt des Weltalls nicht zu denken ist, von selbst erledigt, wird von den Männern der Kirche gar nicht gehört, geschweige denn beantwortet. Infolgedessen sagen sie nun schon seit Wochen immer dasselbe. Noch bevor der kirchliche Winterfeldzug gegen Alfred Rosenberg recht begonnen hat, ist er bereits langweilig geworden, weil man es geflissentlich unterläßt, nicht immer nur die kirchliche Dogmatik, sondern endlich Alfred Rosenberg selbst zu Worte kommen zu lassen. Da hilft nun die Rede des Reichsministers Kerrl den streitenden Kirchenpolitikern aus der Verlegenheit. Nun haben sie wieder etwas, worüber sie reden können.

Die »Allgemeine Evang.-Luth. Kirchenzeitung« hat bereits durchblicken lassen, wie man sich zur Rede Kerrls zu stellen gedenkt. Sie meint, der Minister schiebe der Kirche die Schuld daran zu, wenn die Kirchenwahlen jetzt ausgesetzt werden mußten. Sie stellt die Frage, ob denn nicht die ursprüngliche Meinung des Ministers die gewesen sei, daß die Wahlen nur dem Zwecke dienen sollten, festzustellen, wofür sich das Kirchenvolk nun entscheiden wolle. Erst nach erfolgter Entscheidung nach dieser oder jener Richtung sei es möglich gewesen, gegebenenfalls die Schuldfrage aufzurollen. Das ist ja nun offensichtlich Spiegelfechterei! Denn: Um Wahlen zustandezubringen, müßten Wahllisten vorliegen. Gerade diese erste Voraussetzung war aber tatsächlich unerfüllbar, weil sich die in Betracht kommenden kirchenpolitischen Gruppen gegenseitig das Recht absprachen. Wer sollte also wählen, und wie sollte man wählen? Daß diese Fragen bis heute unbeantwortet gelassen werden müssen, das ist in der Tat Schuld der Kirche. Der Schluß ist nach der Lage der Dinge unausweichlich: Die Wahlen müssen ausgesetzt werden. Aus diesen Darlegungen geht hervor, daß der Kirchenstreit in gewisser Weise an seinem toten Punkt angelangt ist. Natürlich sind die »bekenntnisgebundenen« Fanatiker nach wie vor noch immer eifrig am Werke. Allein von höherer Warte aus betrachtet, büßt ihr Treiben tagtäglich mehr an innerer Überzeugungskraft ein, weil ihre immer wieder neu aufgelegten wenig zahlreichen Platten eben auch einmal abgespielt sind. Nur Menschen, die am Rande des großen deutschen Geschehens der Gegenwart leben, weil sie zu wenig oder nichts von dem weltanschaulichen Aufbruch des nationalsozialistischen Volkes gespürt haben, ist es auf die Dauer zuzumuten, sich die ewig wiederholenden kirchenpolitischen Melodien anzuhören.

Niemanden ist es verwehrt, seiner persönlichen religiösen Meinung Ausdruck zu verleihen. Nur geht es nicht an, daß sie als Schießeisen gegen die nationalsozialistische Weltanschauung oder auch als ein Hilfsmittel für die religiöse Rechtfertigung und Untermauerung unserer Weltanschauung benutzt wird. Selbstverständlich wird jemand, der sich auch in religiöser Beziehung seine Meinung gebildet hat, diese gelegentlich offen aussprechen. Ein klares Beispiel dafür liefert die Fuldaer Rede Kerrls, in der der Minister mehrfach seiner persönlichen religiösen Überzeugung Ausdruck gegeben hat. Nur darf niemals übersehen werden, daß es sich in solchen Fällen um eine ganz persönliche Meinungsäußerung handelt. Wer die nationalsozialistische Weltanschauung angreift und bekämpft, muß sich darüber klar sein, daß er schärfster Abwehr begegnet. Und wer glaubt, die nationalsozialistische Weltanschauung konfessionell rechtfertigen und untermauern oder auch verklären zu müssen, dem sei gesagt, daß unsere Weltanschauung diese »Hilfestellung« nicht braucht. Wer sie trotzdem versucht, macht sich einer Verfälschung der nationalsozialistischen Weltanschauung schuldig. So betrachtet, rücken die ewig sich wiederholenden kirchenpolitischen Manöver und Erklärungen in die allein richtige Beleuchtung. Ihr Grundfehler besteht darin, daß hier persönliche religiöse Meinungen und politische Überzeugungen hoffnungslos durcheinandergebracht sind. Das gilt von allen kirchenpolitischen Gruppen.

Bei der Bekenntnisfront liegen die Dinge klar. Sie erhebt, wie sie sagt, »um des Glaubens willen« den kirchlichen Öffentlichkeitsanspruch. Das aber heißt: Sie sieht nicht oder will nicht sehen, daß der von ihr verkündete Glaube immer nur persönliche Sache des einzelnen, nicht aber etwas ist, das man einem ganzen Volke vorschreiben könnte. Die Bekenntnisfront will dem Volke aber Glaubensvorschriften machen. Darum greift sie die Träger der nationalsozialistischen Weltanschauung als einer politischen Idee immer wieder öffentlich vom Standpunkt ihrer Bekenntnisschriften aus an. Darum fordert sie auch die Konfessionsschule und anderes mehr. So stellt sich der Glaube der Bekenntnisfront als etwas im nationalsozialistischen Reich völlig Unmögliches und Unerträgliches heraus, als politischer Glaube, das heißt, als ein religiöser Glaube, der politische Ansprüche stellt. Weil Partei und Staat derartige Ansprüche nicht zulassen können und um des Gesamtvolkes willen auch nicht zulassen dürfen, ist der Zusammenstoß zwischen Partei und Staat auf der einen Seite und der Bekenntnisfront auf der anderen Seite unter heutigen Bedingungen unvermeidlich.

Immer schwieriger liegen die Dinge bei den »Deutschen Christen« aller Art. Zunächst scheinen sie sich insofern zu gestalten, als die »Deutschen Christen« Rehmscher, Thüringer, Weidemannscher, Wieneckescher und sonstiger Prägung positiv zum nationalsozialistischen Staat und der Partei stehen. Und doch verhält es sich gerade mit den »Deutschen Christen« anders, als es den Anschein hat. Ihre politische Zuverlässigkeit steht besonders, was ihre Führerschaft betrifft, außer Frage. Wie aber kommen die »Deutschen Christen« mit der nationalsozialistischen Weltanschauung, also mit dem entscheidenden Merkmal der Partei zurecht? Diese Frage bedarf grundsätzlicher Klarstellung. Allgemein ist zunächst zu sagen, daß gerade die »Deutschen Christen« dazu neigen, persönliche religiöse Meinungen besonders dann, wenn sie nicht mit dem Nationalsozialismus in Konflikt geraten, dabei aber auch mit dem Kirchenglauben einigermaßen zurechtkommen und vielleicht sogar gelegentlich von mehr offizieller Seite zum Ausdruck gebracht werden, als nationalsozialistische Verlautbarungen aufzufassen. Gewiß ohne es zu wollen, laden aber die »Deutschen Christen« gerade damit die schwere Schuld gegenüber dem Nationalsozialismus auf sich, daß sie den privaten kirchlich-religiösen Bezirk auf diese Weise mit dem politischen Bereich der nationalsozialistischen Weltanschauung durcheinanderbringen. Das Ende ist, daß kirchlich-religiöse Dinge als nationalsozialistisch ausgegeben werden und umgekehrt. Im einzelnen entstehen dadurch außerordentliche Erschwernisse, daß die »Deutschen Christen« aller Schattierungen einschließlich der Thüringer Richtung es bis heute verabsäumt haben, alles, was sie denken, glauben und tun, an dem allein verbindlichen Maßstab der rassischen Weltanschauung, also dessen, was das Parteiprogramm »Moralgefühl der germanischen Rasse« nennt, zu messen. Sie verkünden ihren Glauben, den sie in einen gewissen inneren Ausgleich mit nationalsozialistischem Gedankengut gebracht haben, aber sie denken nicht daran und können ihren Voraussetzungen nach auch nicht daran denken, zuerst einmal das Wesen der rassischen Weltanschauung zu erfassen, um aus ihm ohne Seitenblicke die entsprechenden Folgerungen zu ziehen. Die »Deutschen Christen« Thüringer Richtung sind bisher auf diesen entscheidenden Gedanken noch gar nicht gekommen. Und die »Deutschen Christen« um Rehm, auch um Weidemann und besonders um Wienecke sind sich zwar klar darüber, daß nationalsozialistische Weltanschauung und Kirchenglaube zwei verschiedene Dinge sind, sie huldigen aber der merkwürdigen Auffassung, Volk und Parteigenossenschaft müßten eines Tages neben der nationalsozialistischen Weltanschauung den deutsch-christlichen Kirchenglauben annehmen.

Praktisch nähern sich die »Deutschen Christen« damit dem Standpunkt der Bekenntnisfront, mit der gemeinsam sie zutiefst, wenn auch bei anderen Voraussetzungen der politischen Gesinnung, den gleichen Anspruch stellen, nämlich den konfessionellen Öffentlichkeitsanspruch. Auch die Thüringer Deutschen Christen, die sich um die Beseitigung der Konfessionen zugunsten einer deutsch-christlichen Nationalkirche bemühen, kommen darum nicht herum, kirchliche Ansprüche an das Gesamtvolk zu stellen. Ja, es ist sogar so, daß gerade die Thüringer Christen diese Ansprüche stellen müssen. Damit haben wir wieder das bekannte Bild: nationalsozialistische Weltanschauung und Kirchenglaube, in welcher Gestalt auch immer, werden durcheinandergewirbelt. Auf diese Weise wird aber, wenn gewiß auch ohne böse Absicht, der nationalsozialistischen Idee nicht genutzt, sondern nur geschadet. Diese vielleicht bittere Erkenntnis muß in aller Offenheit und Eindeutigkeit ausgesprochen werden.

Die Kirchen, ob unter katholischer, bekenntnis-christlicher oder deutsch-christlicher Führung, das gilt hier gleich, haben im Grunde, wenn sie ihrem religiösen Auftrag, der ihr einziger Auftrag ist, treu bleiben, nur die eine Aufgabe, diejenigen Menschen, die davon angesprochen werden, mit dem kirchlichen Jenseitsglauben bekannt zu machen. Die Erde, auf der wir leben, also das, was kirchlich »Diesseits« heißt, geht die Kirchen schlechterdings nichts an. In diesen Dingen und auf diesem Gebiet ist für uns allein der Nationalsozialismus maßgebend. Es geht die Kirchen aber auch nichts an, wenn es Volksgenossen gibt, die sich von dem kirchlichen Jenseitsglauben nicht ansprechen lassen, weil er ihnen nichts sagt. Glauben die Kirchen, solche Volksgenossen als »Irrlehrer« und »Heiden« herabsetzen zu dürfen, dann muß ihnen allerdings mit gebotener Härte entgegengehalten werden: Es geht nicht an, daß die Kirchen aus ihrem religiösen Auftrag einen solchen politischer Prägung machen, indem sie der Meinung Vorschub leisten, als hätten sie dem Gesamtvolk Vorschriften zu machen. Die Kirchen haben ihre Kirchen-Gemeinden. Das Volk in seiner Gesamtheit gehört dem Führer und seiner Bewegung, womit es unter den Anspruch der nationalsozialistischen Weltanschauung gestellt ist. Kirchenführer, die verlangen, daß auch sie sich wie die nationalsozialistische Weltanschauung an das Gesamtvolk wenden dürfen, überschreiten damit ihren rein religiösen Bezirk. Ihre Verkündigung hat sich an den einzelnen zu wenden, dessen ganz persönliche Angelegenheit es ist, das Wort der Kirche zu hören. Die nationalsozialistische Weltanschauung als völkisch gegründete Weltanschauung, die Träger einer politischen Bewegung ist, wendet sich dagegen immer an das ganze Volk ohne jeglichen Unterschied. Das gehört genau so zu ihrem Wesen, wie die Begrenzung der kirchlichen Einflußsphäre zum Wesen des religiösen Auftrags der Kirche gehört, schon allein durch die Tatsache vieler Konfessionen. Auf ihn und zwar auf ihn allein wird sie von Staat und Partei verwiesen. Bis heute ist diese Einsicht weder der Römisch-Katholischen, noch auch der Evang. Kirche mit allen ihren kirchenpolitischen Gruppen bekenntnis-christlicher und deutsch-christlicher Prägung aufgegangen. Oder vielmehr, die Kirchen wollen diese Erkenntnis nicht wahrhaben. Das liegt, wie gezeigt, an ihren heimlichen und gelegentlich auch unheimlichen politischen Ansprüchen, deren Ende nun freilich im Dritten Reich der Deutschen gekommen ist.

Damit sind die Bereiche Religion und Weltanschauung gegeneinander klar abgegrenzt. Die Kirchengeschichte bisherigen Stils hat sich erschöpft. Die Geschichte des deutschen Gesamtvolkes ist an ihre Stelle getreten. Im Zeichen der nationalsozialistischen Weltanschauung, der Gesetze von Rasse und Boden, mit einem Wort: im Zeichen des deutschen Mythus hat sie ihren Gang angetreten. Er wird umso siegreicher sein, je gläubiger die sind, die an der Verantwortung vor der deutschen Geschichte mittragen, seien sie Führer oder Gefolgsmann.

Das Kasseler Gremium leitete seine Stellungnahme zu den beiden Reden Kerrls am 28.12.1937 den angeschlossenen und verbundenen Kirchenleitungen *zu*[84]:

Zu den in Fulda und Hagen erfolgten programmatischen Erklärungen des Herrn Reichs- und Preußischen Ministers für die kirchlichen Angelegenheiten nehmen die unterzeichneten Vertreter der Deutschen Evang. Kirche Stellung:

I

In seiner Rede in Hagen am 1.12.1937 hat der Herr Kirchenminister nach DNB-Bericht ausgeführt: »Dem nationalsozialistischen Staat geht es ausschließlich um die Gewissens- und Glaubensfreiheit des einzelnen. Keiner soll darin beschränkt werden, sich seine Konfession auszusuchen.

---

[84] Nr. A 13124; durch Runderlaß vom Oberkirchenrat den Dekanatämtern zur mündlichen Bekanntgabe an die Pfarrer am 8.1.1938 mitgeteilt; vgl. KJb., S. 228–230; Hermelink, Kirche im Kampf, S. 425–429. Vgl. die Mitteilung des Kasseler Gremiums vom 13.12.1937 an die angeschlossenen Kirchenleitungen mit dem Entwurf einer Antwort an das Reichskirchenministerium (LKA Stuttgart, D 1, Bd. 138) und die Stellungnahme dazu des Oberkirchenrats vom 14.12.1937 (Nr. A 12661).

Ganz allein soll der einzelne entscheiden, welchem religiösen Glauben er angehören wolle. Daraus soll ihm weder ein Vorteil noch ein Nachteil erwachsen«.

Dazu erklären wir: Daß in Zukunft nach diesen Grundsätzen verfahren wird, ist eine wesentliche Voraussetzung der Befriedung des Verhältnisses von Kirche und Staat. Wenn der einzelne nicht darin beschränkt werden soll, sich seine Konfession zu wählen, dann muß er das auch in der tätigen Teilnahme an allen Dingen seiner Konfession beweisen dürfen. Er darf nicht länger der freien öffentlichen Meinungsäußerung in Bezeugung seines Glaubens und in Abwehr öffentlicher Angriffe auf ihn beraubt sein. Er darf nicht der Verächtlichmachung seines Glaubens wehrlos preisgegeben bleiben, indem sein vom Glauben her bestimmtes Handeln als staatsfeindlich und die Volksgemeinschaft störend mißdeutet wird. Er muß künftig vor allen politischen und wirtschaftlichen Zwangsmaßnahmen gesichert sein, die ihn wegen seiner Konfessionszugehörigkeit in seiner bürgerlichen Ehre oder wirtschaftlichen Existenz mindern. Auch die, die von parteiamtlichen Organisationen, besonders der Jugend, Erfaßten, auch die Staatsbeamten müssen künftig die Freiheit erhalten, sich ungehindert innerhalb ihrer Kirche (z. B. als Mitglieder kirchlicher Körperschaften, als Mitarbeiter im evangelischen Männerdienst, der evangelischen Frauenhilfe, der evangelischen Jugendarbeit, dem Kindergottesdienst usw.) zu betätigen und ihren evangelischen Glauben auch innerhalb ihres bürgerlichen Lebens zu bezeugen.

II

In der gleichen Rede hat der Herr Kirchenminister hervorgehoben: »Der nationalsozialistische Staat denkt nicht daran, irgendeine Konfession zu einer Staatskirche zu machen... Das Ziel der nationalsozialistischen Kirchenpolitik ist die völlige Gleichstellung der verschiedenen Religionsgemeinschaften untereinander.«

Dazu erklären wir: Die innerhalb der Kirche ausgebrochenen Glaubenskämpfe müssen vom Staat in Zukunft als rein innerkirchliche Angelegenheiten behandelt werden. Freiheit der Konfession schließt ein, daß es der Kirche nicht länger verwehrt werden darf, ihre Lehre und ihre Ordnung gemäß den ihr Wesen begründenden unaufgebbaren Voraussetzungen zu gestalten. Innerhalb der Deutschen Evang. Kirche halten die von uns vertretenen Kirchen an diesen in der Heiligen Schrift gegebenen und in ihren Bekenntnissen bezeugten Grundlagen fest. Es muß ihnen daher in Zukunft unverwehrt bleiben, die auf dieser unaufgebbaren Grundlage stehenden Gemeindeglieder in Gemeinden zu sammeln und zu ordnen, sowie auf allen Stufen des kirchlichen Aufbaus in synodalen Organen dem von Schrift und Bekenntnis bestimmten Willen der Gemeinde Ausdruck und Wirksamkeit zu verleihen (Neubildung der kirchlichen Organe, Gestaltung der künftigen Verfassung), ihre Ämter zur Ausrichtung der Verkündigung und zur Aufrechterhaltung der Ordnung mit von der Kirche bestimmten und der Kirche verantwortlichen Trägern zu besetzen; die künftigen Diener am Wort in kirchlicher Verantwortung auszubilden und zu prüfen, zu ordinieren und zu bestellen; die freiwilligen Dankopfer der Gemeinde für die Gabe des Wortes Gottes (Kollekten) für die kirchliche Arbeit und für kirchliche Werke in eigener Verantwortung auszuschreiben, zu sammeln und zu verwenden.

Die Freiheit der Konfessionen schließt hinsichtlich der Deutschen Evang. Kirche und der Evang. Landeskirchen aus, daß die staatliche Kirchenpolitik auch weiterhin kirchliche Instanzen, besonders die Organe der kirchlichen Selbstverwaltung entmächtigt, für nicht bestehend erklärt und durch staatlich bestellte Organe mit unbegrenzten staatlichen Machtbefugnissen ersetzt. Die Berufung auf das staatliche Aufsichtsrecht darf nicht dazu führen, daß der Staat durch das Kirchenministerium oder andere von ihm gesetzte oder ihm allein verantwortliche Organe in die innerkirchlichen Angelegenheiten eingreift. Wir können es auch nicht unterlassen, darauf hinzuweisen, wie wenig es in allen Kreisen des deutschen Volkes verstanden wurde, wenn der Evang. Kirche in der Ordnung und Verwaltung ihrer Angelegenheiten stärkere staatliche Bindungen auferlegt würden als der Katholischen Kirche. Es könnten sich hieraus, gerade in überwiegend katholischen Gegenden, Folgerungen ergeben, die vom Standpunkt der deutschen Volksgemeinschaft aus durchaus unerwünscht sein müßten.

III

Der Herr Kirchenminister hat in seiner Fuldaer Rede ausgeführt: »Es ist an sich nicht die Aufgabe der nationalsozialistischen Regierung, die Erhaltung von Kirchen durch Zuschüsse und durch Steuern von sich aus zu sichern. Das ist die Aufgabe der Gläubigen, denen es obliegen muß, für die Kirche zu sorgen, zu der sie gehören wollen. Wenn dies auch nicht sofort durchgeführt wird, so steht es doch als Ziel fest.«

Dazu erklären wir: Die Gläubigen haben stets für die Kirche gesorgt, zu der sie gehören. Das haben sie nicht nur durch Abgaben und Spenden, sondern auch durch Stiftung von Kirchengut getan. Wir setzen, gestützt

auf die feierlichen Zusagen des Führers, voraus, daß der Kirche das Kirchengut verbleibt und sie allein über seine Nutzbarmachung für kirchliche Zwecke bestimmt. Im Gebrauch der Kirche befindliche staatseigene Gebäude dürfen ihrer bisherigen kirchlichen Benutzung nicht entzogen werden. Bei der Einziehung von Kirchengut übernommene Verpflichtungen bilden vielfach die Rechtsgrundlage der heutigen Staatsleistungen an die Kirchen. Diese sind im übrigen nur die Gegenleistung für die kulturellen und charitativen Leistungen der Kirche an Volk und Staat. Über eine auf Recht und Billigkeit gestützte Ablösung, die einen angemessenen Ausgleich für die bisherigen Leistungen vorsieht, sind wir zu Verhandlungen bereit. Wir nehmen zur Kenntnis, daß auch der Herr Kirchenminister seine Fuldaer Ausführungen in Hagen dahin ergänzt hat, daß die Zurückführung der Religionsgemeinschaften auf die Opfer ihrer Gläubigen nicht als eine plötzliche Entziehung der Staatszuschüsse zu verstehen sei. Kirchensteuern, die auch bisher Abgaben der Gläubigen für ihre Kirche darstellen, müssen der Kirche auch fernerhin zur Befriedung der ihr notwendigen Bedürfnisse verbleiben. Soweit bisher der Staat bei der Erhebung der Kirchensteuern Dienste geleistet hat, sind sie ihm von der Kirche in vollem Umfang vergütet worden. Über eine die Kirche stärker beteiligende Änderung des Kirchensteuerwesens zu verhandeln, sind wir bereit. Hinsichtlich der freiwilligen Beiträge der Konfessionsangehörigen für kirchliche Zwecke müßten die Hemmungen fortfallen, die durch die Vorschriften des Sammlungsgesetzes bzw. seine Handhabung entstehen.
                 Marahrens. Müller. Breit.

Auf Grund der beiden Reden des Reichskirchenministers vollzog Pfr. Leitz, Horb, seinen Austritt aus der Reichsbewegung Deutsche Christen[85]*:*

Hochverehrter Herr Landesbischof!

Nach den letzten Reden des Kirchenministers über die kirchliche Lage habe ich die Überzeugung gewonnen, daß der ursprüngliche kirchliche Gedanke der Deutschen Christen, die Evang. Kirche könne geistige und religiöse Heimat der deutschen Nationalsozialisten werden, auf absehbare Zeit keine Aussicht auf Verwirklichung hat und seine kirchenpolitische Vertretung weder dem Volk noch der Kirche mehr nützen kann. Ich habe daher heute meinen Austritt aus der Reichsbewegung Deutsche Christen vollzogen.

85 Oberkirchenrat Stuttgart, Registratur, Generalia, Bd. 115 g.

Die DC-Bewegung ist gescheitert an der Unmöglichkeit, einerseits bei der politischen Bewegung, andererseits bei der Evang. Kirche die Bedingungen zu schaffen, unter denen ein ehrliches und fruchtbares Bündnis möglich gewesen wäre. Für dieses Bündnis eingetreten zu sein, werde ich nie bereuen; daß es gescheitert ist, haben nicht nur die DC-Leute, sondern der gesamte deutsche Protestantismus zu beklagen. Es wäre der letzte Weg zur Erhaltung volkskirchlich-protestantischer Arbeit in Deutschland gewesen. Die Abwägung der Verantwortung für das Scheitern des DC-Gedankens wird erst einer späteren Zeit möglich sein.

Der vorstehenden Mitteilung habe ich noch hinzuzufügen, daß ich auch nach Austritt aus der DC-Bewegung skeptisch bin gegen die »neugeschenkten kirchlichen Erkenntnisse«, die in der »Bekennenden Kirche« verkörpert und für sie konstitutiv sind, zum mindesten gegen ihre Brauchbarkeit zu einer nachdrücklichen und umfassenden volkspädagogischen Wirksamkeit der Kirche. Die theologischen Anschauungen über Kirche, Gemeinde und Pfarramt, die heute herrschen, sind mir nicht ohne weiteres als die einzig richtigen, möglichen und segensreichen überzeugend, und ihre praktische Anwendung im täglichen Dienst wird mir oftmals sehr schwer. Auch nach der Loslösung von der RBDC, die mich nur von einem problematischen Verhältnis zur Kirchenleitung befreit, bin ich nicht gewiß, ob ich der aus einer Volkskirche in eine Bekenntniskirche umgewandelten Württ. Landeskirche auf ihrem künftigen Weg freudig folgen und dienen kann. Wollte ich im einzelnen darstellen, an welchen Punkten und aus welchen Gründen ich zu den kirchlich-theologischen Prinzipien der Bekennenden Kirche eine kritische Stellung einnehme, so gäbe dies eine lange Neujahrsbetrachtung, mit der ich Ihnen nicht lästig fallen darf. Die Fragen, die mich bewegen, werden jedoch in unserer Pfarrerschaft bald ans Licht drängen, sobald nämlich die bisher vordringliche Frage der Stellung zum DC-Gedanken vollends erledigt sein wird und es um die endgültige Gestaltung, Einrichtung und Arbeitsweise der Deutschen Evang. Kirche selber geht.

Verehrungsvoll grüßend und mit aufrichtigen Segenswünschen für das Neue Jahr: Leitz, Stadtpfarrer.

Nachdem durch Sistierung der kirchlichen Wahlen die Aussicht auf eine Synode geschwunden war, mußte der Reichskirchenminister durch eine 17. Verordnung vom 10.12.1937 die im Amt befindlichen Kirchenleitungen entgegen der 13. Verordnung wieder grundsätzlich bestätigen[86]; *in der Evang. Kirche der Altpreußischen Union, in Sachsen, Schleswig-Holstein und in Hessen-Nassau sollte aber die Kirchenleitung bei dem obersten Leiter der Verwaltungsbehörde liegen. Die Kirchenkanzlei der Deutschen Evang. Kirche erhielt das Recht, Verordnungen in äußeren Angelegenheiten zu erlassen. Gegen diese Verordnung legte das Kasseler Gremium mit einem Schreiben vom 23.12.1937 Protest beim Reichskirchenministerium ein.*[87]

Zu dem Entwurf einer Verordnung zur Gewährung der Rechtseinheit unter den Landeskirchen auf dem Gebiete der Verwaltung und Rechtspflege, *der dem Oberkirchenrat am 31.1.1938 von der Kanzlei der Deutschen Evang. Kirche zugestellt wurde und am 6.3.1938 Rechtskraft*[88] *erlangte, schrieb der Oberkirchenrat am 8.2.1938 an die Kanzlei der Deutschen Evang. Kirche*[89]*:*

Der Leiter der Deutschen Evang. Kirche, Kirchenkanzlei, hat uns den Entwurf einer Verordnung mitgeteilt, der zur Gewährleistung der Rechtseinheit unter den Landeskirchen auf dem Gebiete der Verwaltung und Rechtspflege die Bestimmung treffen soll, daß die Landeskirchen Gesetze und Verordnungen, soweit sie nicht lediglich Fragen des Bekenntnisses und des Kultus betreffen, sowie Anordnungen, die eine Veränderung in dem Aufbau und der Organisation der Landeskirchenverwaltung vorsehen und bedingen, nur erlassen können, nachdem der Leiter der Deutschen Evang. Kirchenkanzlei erklärt hat, daß gegen sie im Hinblick auf Art. 2 Abs. 4 der Verfassung der Deutschen Evang. Kirche keine Bedenken zu erheben seien. Diese Verordnung soll gemäß §1 Abs.1 und 2 der 17. Verordnung zur Durchführung des Gesetzes zur Sicherung der Deutschen Evang. Kirche und in Verfolg von Art. 2 Abs. 4 und Art. 3 Abs. 1 der Verfassung der Deutschen Evang. Kirche erlassen werden.

Es entspricht durchaus unserem Willen, daß die Rechtseinheit unter den Deutschen Evang. Landeskirchen auf dem Gebiet der Verwaltung und Rechtspflege gepflegt und gefördert werden soll. Aus diesem Grunde haben wir uns an den von der Finanzabteilung der Deutschen Evang. Kirche eingeleiteten Vorarbeiten, die der Vereinheitlichung auf gewissen Gebieten der Verwaltung dienen sollen, durch Entsendung von Vertretern beteiligt. Wir erklären auch ausdrücklich, daß wir an der Verfassung der Deutschen Evang. Kirche vom 11.7.1933 und an dem darin ausgesprochenen Grundsatz festhalten, wonach die DEK die Rechtseinheit

---

86 Zum Zusammenhang vgl. S. 218.
87 Hermelink, Kirche im Kampf, S. 429–435.
88 Gesetzblatt der DEK 1938, S. 19.
89 Nr. A 1316.

unter den Landeskirchen auf dem Gebiet der Verwaltung und Rechtspflege fördern und gewährleisten soll. Allein, wir können an der Tatsache nicht vorübergehen, daß die im Juli 1933 geschaffene DEK sich zur Zeit in einer ernsten Krise befindet und daß innerhalb der DEK einzelne Landeskirchen den Artikel 1 der Verfassung der DEK nicht mehr als Grundlage des Zusammenschlusses der Landeskirchen und des gesamtkirchlichen Handelns anerkennen. Da die genannte Verfassungsbestimmung aber die Grundlage jedes Ausbaus der Verfassung und der Schaffung einer Rechtseinheit unter den Landeskirchen bildet, scheint es uns im jetzigen Zeitpunkt unmöglich, durch eine Verordnung, wie sie vom Leiter der Kirchenkanzlei vorgesehen ist, die Rechtseinheit unter den Landeskirchen zu gewährleisten, zumal jede rechtliche Ordnung einer Kirche durch die Bekenntnisgrundlage, auf der sie steht, mitbestimmt wird. Außerdem bestehen ernstliche Zweifel, ob der Leiter der Deutschen Evang. Kirchenkanzlei zur Erlassung einer solchen Verordnung auf Grund des §1 der 17. Verordnung vom 18.12.1937 legitimiert ist. In einer eingehenden Darlegung an den Herrn Reichskirchenminister wurde namens einer größeren Anzahl von Landeskirchen unterm 23.12.1937[90] gegen Inhalt und Rechtsgültigkeit der genannten Bestimmung Einsprache erhoben und erklärt, die beteiligten Landeskirchen können nicht anerkennen, daß die Leitung der DEK bei dem Leiter der Kirchenkanzlei liege. Nach dem dort dargelegten Standpunkt würde die jetzt in Aussicht genommene Verordnung des Leiters der Kirchenkanzlei nicht als rechtsgültig anerkannt werden. Schon bisher sind die Gesetzblätter der Landeskirchen nach Erscheinen der DEK, Kirchenkanzlei, vorgelegt worden. Die Kirchenkanzlei ist also jederzeit in der Lage zu prüfen, ob die, übrigens zur Zeit seltenen, Gesetze und Verordnungen, die von den Landeskirchen erlassen werden, unter dem Gesichtspunkt der Rechtseinheit zu beanstanden sind, und dies gegebenenfalls geltend zu machen. Um darüber hinausgehende Bestimmungen zu treffen, fehlt es unseres Erachtens der DEK zur Zeit an einem mit der inneren Legitimität und Autorität ausgestatteten Organ.

I.V. Müller.

Unter dem Eindruck des Prozesses gegen Pfr. Niemöller und dem immer deutlicher werdenden Bestreben von Staat und Partei, die Kirche aus der Öffentlichkeit zu verdrängen, beriet das Kasseler Gremium am 12.2.1938 in Berlin[91]*:*

90 Hermelink, Kirche im Kampf, S.429–435.
91 LKA Stuttgart, D 1, Bd. 142; Protokoll der Sitzung. Anwesend waren: Oberkirchenrat Breit; Landesbischof D. Marahrens; Landesbischof D. Meiser; Landesbischof D. Wurm;

Präses D. Koch eröffnet die Sitzung, die anläßlich einer Zusammenkunft von Mitgliedern des Reichsbruderrats in Kassel, an der aber die Reichsbruderratsmitglieder aus den Kirchen des Lutherrats nicht teilgenommen haben, in Aussicht genommen wurde. Die heutige Besprechung soll feststellen, ob man eine Reichsbruderratssitzung einberufen kann, ob eine Bekenntnissynode möglich ist oder ob eine ähnliche Zusammenkunft der BK stattfinden kann, damit die Gemeinden unterrichtet und gestärkt werden. D. von Soden ist gebeten, die Besprechung einzuleiten. Er führt aus:

Die vorangegangenen Besprechungen und auch die heutige haben zur Grundlage die Schätzung des Kasseler Gremiums und zum Ziel seine Erhaltung und Stärkung zu neuer Aktion. Wie kann man aber den Gedanken des Kasseler Gremiums auf eine breitere Grundlage stellen? Folgende Gesichtspunkte sind zu berücksichtigen: Wir haben heute (1937/1938) eine gegen die Zeit der Synoden von Barmen und Dahlem veränderte Lage. Die Fronten haben sich verschoben. Damals gab es einen »Rechtswalter« der DEK, heute gibt es staatliche Finanzabteilungen als »Treuhänder des Staates«, in denen nicht einmal mehr kirchliche Beamte sitzen müssen. Auch wenn der Kampf gegen die Kirche immer noch unter dem Titel Recht, Ordnung usw. geführt wird, so geht er in Wirklichkeit gegen den Bekenntnischarakter der Kirche. Nun ist aber ein Unterschied zur Zeit vor 4 Jahren festzustellen, daß die Bekennende Kirche eine größere Ausdehnung erfahren hat, allerdings auch starke innere Differenzierungen. Man findet in weiten Kreisen volle inhaltliche Zustimmung zur Bekennenden Kirche, dabei aber Ablehnung dieses oder jenes Bruderrates. Der Gegner rechnet schon mit der Möglichkeit einer Spaltung zwischen denen, die Legalität haben, und denen, die sie nicht haben (vgl. Wincklers heuchlerischen Artikel im »Evang. Westfalen« mit seiner Kritik an Kassel!). Die Situation wird durch die Verschleppungstaktik des Gegners gefährlich. Es sind über 60 Redeverbote und Ausweisungen. Das kann auf die Dauer nicht ertragen werden, da meist die führenden Leute der Bekennenden Kirche betroffen sind. Geschützt sind eigentlich nur noch die, welche in einem lokalen Gemeindepfarramt stehen. Die Ausweisungen und Redeverbote wirken sich aus als Verbot der Verkündigung. Dagegen ist Stellung zu nehmen. Alle Versuche, sich bei den maßgebenden Stellen Gehör zu verschaffen, sind vergeblich. Im großen und ganzen

Präses D. Koch; Prof. Dr. v. Soden; Pfr. Asmussen; Pfr. Müller; Pfr. Kloppenburg; Pfr. Stoll. Die erwähnten Berichte befinden sich nicht bei den Akten.

positiv ausgelaufen ist der Kampf um die Kollekten. Weithin herrscht nun aber der Eindruck, daß das seinerzeit in Kassel begonnene Werk stecken geblieben ist. Die Frage ist wirklich dringend, ob irgend eine neue Aktion möglich ist. Dabei muß es sich um eine wirkliche Solidarität aller Beteiligten handeln. So kam es zur Anregung einer neuen Bekenntnissynode bzw. der Einberufung der Bekenntnissynode. Läßt sich eine neue Bekenntnissynode bilden? Kann Verlauf und Ergebnis soweit gesichert werden, daß Spaltungen ausgeschlossen sind? Oeynhausen muß repariert werden.[92] Es muß an die Tradition angeknüpft werden: Barmen. Läßt sich die Konfessionsfrage ausschalten oder beheben? Wie steht es mit der Lage der VKL und ihrem Anspruch? Was ist die DEK? Existiert sie noch? Oder ist sie nicht mehr vorhanden, wie der Minister zu erkennen gibt? Wenn keine Synode möglich ist, ist dann eine Parallelaktion möglich? Ist dafür Sicherung zu schaffen, daß wirklich parallel geredet wird und nicht gegeneinander? Hier liegt eine besondere Verantwortung der sogenannten intakten Kirchen. Denn bei ihnen ist nur scheinbar eine größere Sicherung vorhanden. Sie dürfen sich nicht in die Lage hineinbringen lassen, daß sie dem Untergang der Bruderräte zugesehen haben. Vom Lutherrat hat man nicht den Eindruck gewonnen, daß er eine wirklich starke Vertretung ist. Wir hätten gern gesehen, daß hier irgend etwas wie eine Blockbildung zustande gekommen wäre, die vom Kleineren zum Größeren hätte wachsen können. Es ist doch eine eindrückliche Sache, daß es dem Lutherrat nicht gelungen ist, in Mecklenburg, Thüringen und Sachsen eine wirkliche Hilfe zu leisten. Haben sich denn die bestehenden Formen verbraucht und sind nicht neue zu suchen? Schließlich: Es ist gar nicht zu vermeiden, daß die intakten Kirchen einen gewissen Verkehr mit Werner haben. Damit stützen sie aber eine Front, die zugleich auch die Front der Gegner ist, die die Bekennende Kirche zerstören wollen. Solche Personalunionen sind auf die Dauer nicht möglich. Wir müssen uns hier die Frage nach der DEK angelegen sein lassen. Wir dürfen den Fehler von 1933 nicht wiederholen. Vielleicht ist eine Rahmenordnung für Wahlen möglich. Denn staatskirchenrechtlich ausgedrückt: Wo ist die Vertretung der Steuerzahler? Wie steht es mit der Religionsfreiheit? Was bedeutet eigentlich die Autonomie der Kirche, sofern sie eine Glaubensgemeinschaft ist? Es ist gefährlich, in das neue Jahr weiter hineinzugehen und zu sagen: wir warten. Also: Ist die Bekenntnissynode möglich, wenn nicht, was dann?

92 Siehe Bd. 4, S. 560–569.

Auf Antrag D. Kochs wird Pastor Kloppenburg gehört, der Folgendes ausführt: Bei einer Zusammenkunft in Dortmund mit Brüdern der Bekennenden Kirche wurde dringend erbeten, es solle sich in der gegenwärtigen Situation die Gesamtheit der Kirche an die Kirche und das ganze deutsche Volk wenden. Unter Weglassung all der Dinge, die heute nicht geklärt werden konnten, solle sich eine Anzahl von Persönlichkeiten in einer Kundgebung an die Öffentlichkeit wenden. Es wurde darüber geklagt, daß eine Gesamtleitung der DEK wenig in Erscheinung trete. Andererseits aber habe man den Eindruck, daß von seiten des Staates die Dinge in Fluß gekommen sind und daß wir nun sagen müssen: Wir sind als Kirche da! Das kann in einem Geistlichen Wort geschehen. Es geht ein Gerücht um, wonach am 27. März eine Befragung des Volkes wegen der Außenpolitik stattfinde. Darum muß bald geredet werden, um falschen Schein zu meiden. Kloppenburg liest einen Brief von D. Humburg an Präses D. Koch vor, in dem um ein Geistliches Wort aus der Tiefe der Hl. Schrift zur Stärkung der Gemeinden gebeten wird. Man dürfe es nicht bei Beratungen bewenden lassen. Kloppenburg bringt einen Antrag zur Kenntnis (Verfasser Iwand-Stratenwerth), in dem ein Zusammenschluß der Bekennenden Kirche in einer neuen Leitung gefordert wird. Nassau-Hessen hat sich diese Bitte zu eigen gemacht. Es ist an der Zeit, daß alles, was an Eingaben geschehen ist, zusammengefaßt wird in ein paar Sätzen zum Zeugnis dafür, daß die Kirche in dieser Lage da ist.

Müller bittet um Zusammentritt des Kasseler Gremiums und bedauert, daß es bisher nicht dazu gekommen sei, auch ein naher Termin (17. Februar) sei fraglich geworden. In dieser Lage müßte eine Zusammenkunft möglich sein.

D. Marahrens will heute noch einmal dazu Stellung nehmen.

D. Koch leitet nach einem kurzen Bericht über die Schwierigkeiten bei den theologischen Prüfungen (Anspruch, daß jeder ordentliche Professor an der Prüfung teilnehmen kann) zum Thema zurück: Bekenntnissynode oder nicht?

D. Marahrens: Für mich ist eine Wiederholung von Oeynhausen ausgeschlossen. Mit Oeynhausen ist ein bestimmter Entwicklungsgang abgeschlossen. Von hier aus war etwas Neues zu suchen. Was ist uns mit »Kassel« gegeben? Nicht eine irgendwie geartete neue Leitung. In Kassel haben sich die Kirchenführerkonferenz, der Lutherrat und die VKL zusammengefunden, um gemeinsam zu handeln, wo gemeinsames Handeln geboten erscheint. Für viele besteht der Gedanke nach wie vor weiter, daß wir versuchen wollen, soweit es geht, die Reste der Legalität der DEK festzuhalten. Wir dürfen den Boden, auf dem wir stehen, nicht unsicherer machen, als er ist. Eine Bekenntnissynode ist nicht möglich. Nach der Überzeugung, wie sie im Kreise der Kirchenführer besteht, muß man den Aufbau der Lutheraner, der Reformierten, der Unierten festhalten. Der bestehende lutherische Zweig hat das Recht zu einer Synode, mit den andern zusammen geht aber keine Synode. Dabei taucht immer das Problem der VKL auf. Die Bruderräte als solche gehen hoffentlich nicht unter. Was ich aber für umwandlungsfähig halte, ist die VKL. Wie das geschieht, ist die Sache der VKL. Der Anspruch der VKL, die Leitung der DEK zu sein, ist nicht aufrechtzuerhalten. Bei den Fragen, die uns heute bewegen, ist mir das eine sicher, daß man nichts machen soll, was ein Zurückfallen in eine abgeschlossene Entwicklung ist, darum nicht Synode, wohl aber eine Versammlung. Das Gelingen dieser Versammlung hängt davon ab, ob man den Versuch macht, die anderen heranzuholen, die jetzt noch abseits stehen. Ich denke damit speziell an das Altpreußische Problem. Es bleiben auch weiter gewisse Spannungen: Finanzabteilung, ganz äußere Dinge der Verwaltung. Also: Es ist nicht möglich eine Bekenntnissynode, wie wir sie hatten, es ist möglich, daß der Lutherrat eine Synode macht und daß die in »Kassel« Vertretenen etwas Paralleles machen oder eine gesamtkirchliche Repräsentantenversammlung.

Asmussen: Auf dem Wege des Reichsbruderrats liegt für den Lutherrat eine große Chance. Denn er ist der einzige Punkt, an dem er Wünsche, die er gegen die VKL hat, auszusprechen in der Lage ist, da der Reichsbruderrat das Organ ist, das über der VKL irgendwie die Aufsicht führt. Wenn das nicht geschieht, dann kommt es aus innerer Zwangsläufigkeit zu Entwicklungen, die weder Ihnen noch uns angenehm sein können. Ich glaube, daß es auch den Interessen des Lutherrats mehr entspricht, wenn er durch seine Auftraggeber sich selbst beteiligt, als wenn er das allein der VKL überläßt. Die Frage der Rechtmäßigkeit ist zurückzustellen. In Kassel hat man seinerzeit über den Grad der Rechtmäßigkeit bewußt nicht geredet. Diese Situation müssen wir aufrechterhalten; denn eine Klärung dieser Verhältnisse sehe ich im Augenblick nicht. Der zweite Gesichtspunkt von Kassel, nämlich die Vereinigung in sachlicher Arbeit, kann uns weiterführen. Dabei würde ich aber nicht den Gesichtspunkt hereintragen, wonach in Ausübung dieser sachlichen Arbeit eine gewisse Garantie dafür gegeben sein müsse, daß die Kreise der Mitte hereingenommen werden. Es bedrückt uns, daß es in Sachsen nicht gelungen ist, die Mitte zu fassen, sondern die Mitte in Sachsen ist vielmehr abgesprungen. Wir können uns darum nicht gut sagen lassen: Ihr habt Wesentliches übersehen, wenn Ihr die Mitte nicht hereinzieht. Was die Zusammenfassung der DEK anbelangt, müssen wir so großzügig sein wie nur immer. Eine »Ulmer Versammlung«[93] kann sich auf einige primitive Sätze beschränken. Schon die Existenz einer solchen Kundgebung ist wichtig. Alle unsere Bemühungen um die Aufstellung eines Kirchenregiments aber krankten bisher daran, daß wir es unterlassen haben, auf weite Sicht den Unterbau für ein Kirchenregiment zu schaffen. Wie könnte das geschehen? In Sachsen fehlt ein Kirchenregiment. Der Lutherrat hat das irgendwie zu setzen. Wie in der Alten Kirche werden dabei die »umwohnenden« Kirchen irgendwie dabei sein. Sie bestätigen damit, daß sie sich an diese Kirchenleitung halten wollen. In Preußen wird dann analog verfahren werden. Auch hier sind dann die »umwohnenden« Kirchen da und bestätigen: Hier ist Kirchenregiment. Diese Frage gewinnt eine sehr praktische Bedeutung angesichts der primitiven kirchlichen Handlungen. Sind wir in der Kirche bereit, einen Ring von Amtsträgern zu schaffen, für die alle Kirchen in Deutschland bereit sind einzustehen: Hier ist rechtmäßiges Pfarramt? Hier ist rechte Taufe, Trauung usw.? Das könnten wir gemeinsam festlegen, um einen Ring zu schaffen, der ein kommendes Kirchenregiment unterbaut.

D. Koch: Bevor der neue Ulmer Kreis zusammentritt, muß vorbereitet sein, was gesagt wird, denn lange wird uns kaum Zeit gelassen werden.

D. Marahrens: Wer wird eingeladen? Wie ist es mit Stoltenhoff und Zänker?

Asmussen: Als meine Meinung würde ich sagen: Letztlich tragen in diesem Fall Sie die Verantwortung.

Marahrens: Woher hat der Reichsbruderrat, an dessen Beteiligung irgendwie gedacht wird, seine Berufung? Von Oeynhausen her? Für uns ist eine Beteiligung von Oeynhausen her unmöglich.

Müller: Der RBR wurde seinerzeit ordnungsgemäß zusammengesetzt; denn die Synode ist bis zu Ende eine rechtmäßige Synode gewesen. Die VKL ist vom Reichsbruderrat gebildet, und zwar ordnungsgemäß. Die Vertreter Ihrer Kirchen haben nicht widersprochen, sondern sich der Stimme enthalten. Im RBR ist immerhin noch eine Körperschaft vorhanden, die wir nicht auflösen wollen. Was soll im gegenwärtigen Augenblick geschehen? Die VKL hat den Zusammentritt des RBR erbeten, der Gesprächsmöglichkeiten geben soll. Es ist rein menschlich schon eine Schwierigkeit, daß die VKL als Bittstellende auftritt. Wir haben es bedau-

---

93 Der Bekenntnistag von Ulm; siehe Bd. 3, S. 239–261.

ert, daß es nicht möglich war, eine Sitzung des RBR zusammenzubringen. Nicht einmal eine Vorbesprechung war möglich. Das Experiment, eine Reichsbekenntnissynode zusammenzurufen, ist unmöglich, wenn man an die Augsburger Zusammensetzung denkt. Die Schwierigkeiten in Altpreußen sehen wir. Es gehen hier zwei Linien durcheinander, a) die dogmatische (Berufung auf Artikel 1 der Verfassung), b) die rechtliche (Berufung auf die Legalität). Die Stärke der Kirchenführerkonferenz besteht in der Legalität. Aber auch die Legalitäten werden verschieden gesehen. Es gibt neue »Legalitäten«, zum Beispiel die Legalität des Herrn Werner. Nun aber lehnen zum Beispiel sämtliche Konsistorialpräsidenten in Preußen Herrn Werner ab, indem sie auf das unevangelische Führerprinzip hinweisen. Dann gibt es Leute, die auf Artikel 1 stehen, aber aus »Legalität« mit Herrn Werner zusammenarbeiten. Man will heute die Bekennende Kirche in Deutschland in aller Form zerschlagen (zum Beispiel Apologetische Zentrale, vgl. Redeverbot Dipper in Württemberg).[94] Auf Schritt und Tritt sind wir in dieselbe Front gedrängt. Von da her ist die Frage zu verstehen, ob nicht der Reichsbruderrat sich mit diesen Dingen befassen müßte. Wir können die Brüder im RBR nicht aus ihrer Verantwortung entlassen. Meine Bitte ist darum, den RBR zusammentreten zu lassen.

D. Koch: Wenn das, wie es den Anschein hat, zu schwierig ist, sollte man dann nicht den »Ulmer« Kreis zusammenrufen?

Müller: Das ist doch wohl nicht leichter als die Versammlung des Reichsbruderrats.

D. Koch: Es ist eine ganz einfache Lage: Wir sehen uns einem Staat gegenüber, der die »Diktatorenkirche« will. Alle, die diese Kirche ablehnen, gehören mit uns zusammen. Wenn die gemeinsam sprechen, hat es auch eine Bedeutung für den Staat.

Breit: Dem Ziel und der Aufgabe, die eben geschildert sind, wird von allen Seiten zugestimmt. Doch möchte ich eine kleine Einschränkung machen bezüglich der Erwartung, die an die Darstellung der ganzen Kirche geknüpft wird. Ich möchte Sie zu einer recht nüchternen Vorstellung von dem überreden, was etwa ein Tag wie der Ulmer zur Folge haben wird. Die geschilderte Aufgabe wird aber von uns allen irgendwie aufgenommen werden müssen. Die Gemeinden, die Laien erwarten es. Das Gesicht des Gegners, der gegen die Kirche steht, wird immer klarer. Weiter: Wir alle, die in der christlichen Kirche verbunden sind, haben eine gemeinsame christliche Verantwortung. Darum müssen wir die Ausspra-

---

94 Siehe S. 696 und S. 524–538.

che über das, was kommen soll, in großem Ernst und großer Verantwortung führen. Es handelt sich offenbar um zwei Fragen: 1. Um die Frage der Entlastung der VKL (das hängt eng mit der Frage nach ihrer Vokation zusammen); 2. Ist es möglich, daß die gesamte Bekennende Kirche in der vorgeschlagenen Form vorgeht? Wir haben noch nicht tief genug geschürft. Ich komme nicht ganz vorüber an der Sorge, wir möchten uns heute dazu überreden, alle im Laufe der letzten Jahre aufgebrochenen Gegensätze zu überhören. Allerdings darüber scheint Klarheit zu bestehen, daß eine Einberufung der Bekenntnissynode nicht statthaben kann. Aber haben wir uns nun nicht mehr mit all den Fragen zu beschäftigen, die uns trennen? Ich möchte das ablehnen. Wir müssen auf eine ganz klare Grundlegung dringen. Was kontrovers bleibt, muß auch so gesehen werden. Erst wenn das geschieht, kommt es zu einer klaren Verbindung. Dann können wir miteinander unsere Verbundenheit öffentlich bezeugen. Verschiedene Wege sind hier angegeben. Wenn ein Reichsbruderrat möglich ist, dann auch eine Bekenntnissynode. Das kann ich nicht unterscheiden. Der Reichsbruderrat hat mit Kassel sein Ende gefunden. (Zwischenruf Asmussen: In Kassel hat auch der Lutherrat sein Ende gefunden!) Breit: Ich eile; auch der Totalitätsanspruch der VKL hat in Kassel sein Ende gefunden. Sonst wird alles da capo wiederholt. Ich habe Verständnis dafür, daß der Anspruch aufrecht erhalten wird, es sind allerlei Gründe, auch psychologische Gründe dafür zu nennen. Aber bleibt dieser Anspruch, dann kriegen wir nie Ruhe in der Kirche in Deutschland. Dann bleibt die Existenz der VKL die immer wirksame Unruhe der Bekennenden Kirche. Ich habe Verständnis dafür, daß sie eine Unruhe vom Bekenntnis aus bleiben soll, die »andere« Unruhe aber verhindert es, den anderen Kreis derer in sich aufzunehmen, die »Formen« innerlich aufgenommen haben. Dieser Anspruch bringt es immer wieder dazu, daß neue Bitterkeiten entstehen, neue Erregungen. Das ist nur eine der Fragen, die bereinigt werden müssen. Bei Beschränkung und Zusammenfassung kommt wieder Bewegung in die Bekennende Kirche nach vorwärts. Heute kann Kerrl noch von den 55% Pfarrern sprechen, die nicht zur Bekennenden Kirche gehören. Über den Weg nach »Ulm« bin ich etwas beruhigt durch das, was Asmussen gesagt hat: Zusammensetzung auf Grund des Kasseler Gremiums. Gefährlich ist eine Wiedererweckung des Reichsbruderrats und der Bekenntnissynode. Ich würde es im Unterschied zu den letzten Andeutungen des Herrn von Soden für sehr erwünscht halten, daß wir nicht neue Formen suchen, schon aus Gründen der geschichtlichen Kontinuität. Ich fürchte, wenn wir hier leichtfertig oder rasch oder aus

Gründen einer Gemütsbewegung zu einem Akkord kommen, daß dann das Neue wieder nicht haltbar ist. Glauben Sie doch nicht, daß jetzt mit einem Mal der Grund, aus dem alle diese Spannungen hervorgebrochen sind, dann für alle Zeiten zugeschüttet ist. Es wird alsbald aus solchem Grund neue Not hervorbrechen. Es müssen ungeheure innere Entfremdungen erst überwunden werden, wenn wir jetzt in christlicher Verantwortung zusammentreten wollen (vgl. den von der Württ. Sozietät erhobenen Vorwurf der Reservatio mentalis gegen Breit und andere in bezug auf ihre Teilnahme an »Barmen«). Ich kann mir eine Verbindung nur denken auf Grund einer klaren Scheidung und Unterscheidung.

Müller: Ich bin in Kassel nicht dabei gewesen; aber es ist dort ausgesprochen worden, daß man an das Zustandekommen von Kassel nicht die Forderung geknüpft hat, die VKL müsse auf ihre Ansprüche verzichten.

Zwischen D. Koch und Breit wird kurz geklärt, daß Breit die Aufgabe des Anspruchs der VKL in Kassel nicht so verstanden hat, als habe die VKL nach ihrer eigenen Meinung auf den Anspruch seinerzeit verzichtet.

Asmussen: Was hier verlangt wird, geht über Kassel hinaus. Es ist unmöglich zu sagen: »Hier haben die Bruderräte eine große Schuld« (Erweiterung nach der Mitte), wo Ihr, liebe Brüder, im eigenen Gebiete den Zusammenbruch in Sachsen erlebt habt. Darum möchte ich dringlich bitten, diese Fragen nicht zu überspitzen. Der VKL bleibt nach dem, was Breit gesagt hat, nichts anderes übrig, als nun selbst zu handeln. Ich würde aber noch einmal bitten, ein »neues« Ulm im Auge zu behalten. Setzen Sie eine doppelte Vorbereitungskommission dafür ein: a) für die sachliche Aufgabe, b) für die technischen Vorarbeiten. Denken Sie auch daran, wie soll die VKL das gute Gewissen für ihre Arbeit haben!

D. Meiser: Eine Klärung des Anspruchs der VKL ist nötig, denn das Korrelat zu diesem Anspruch ist der Gehorsam derer, über die sie sich zur Leitung berufen weiß. Sonst verführen Sie die Ihnen zugetanen Brüder dazu, daß sie mit den eigenen Kirchenregierungen in Konflikt kommen. Die Befehlsverhältnisse müssen klargestellt werden. Sie schreiben immer noch an die »angeschlossenen Kirchen«! Eine brüderliche Besprechung der Schwierigkeiten muß doch möglich sein. Seit Oeynhausen ist doch eine große Anzahl neuer Schwierigkeiten zu den vorher schon bestehenden hinzugekommen. Denken Sie an Dahlem! Dann Reichsbruderrat! Hätten wir nach Oeynhausen ganz konsequent sein wollen, dann hätten wir uns nicht mehr daran beteiligen dürfen, aber wir wollten Ihnen brüderlich entgegenkommen. Es dürfen nicht nachträglich den Dingen Gewichte angelegt werden, die wir von Anfang an nicht angenommen haben. Vgl. auch Bekenntnissynode von Barmen. Wir sind auch heute bereit zu tun, was möglich ist. Für möglich halte ich eine Darstellung dessen, was Kirche ist. Es ist ein elementares Bedürfnis vorhanden nach einer Gesamtzusammenfassung, aber nicht nach Unterstellung unter die Bruderräte (vgl. Bericht Klinglers). Einen Anspruch über alle anzumelden, auch die sich nicht unterstellt haben, ist päpstlich. Ich meinerseits wäre froh, wenn ich meine DC ausscheiden könnte. Eine Leitungsbefugnis über Kreise ausüben zu wollen, die sich bewußt der Leitung entziehen, ist päpstlich. Nun drängen sich diese Kreise an uns heran: Macht doch Ihr etwas, laßt die Bruderräte fahren. Wir haben Ihnen bisher die Treue gehalten. Wir können aber auf die genannten Kreise starken Einfluß gewinnen. Wenn auf Sachsen hingewiesen wurde, so bewegt uns das sehr, aber es ist doch nicht an dem, als sei das Handeln des Lutherrats falsch gewesen. Daß in Sachsen kein kämpferischer Geist herrscht, liegt nicht bei uns. Wir sind ja heute zusammen, um uns über die ganze Breite der Fragen auszusprechen. Wir müssen der tatsächlichen Lage gerecht werden.

Die Aussprache (Koch, Müller, Meiser, Marahrens) geht auf einzelne Schwierigkeiten ein (Versuche verschiedener Aussprachen zwischen Lutherrat und VKL, als kein Ergebnis erzielt werden konnte, Wille zu praktischer Arbeit, keine böse Absicht, wenn dann und wann Leute aus dem Kreise um die VKL in Kirchen des Lutherrats gearbeitet haben, zum Beispiel Sachsen, Thüringen, Mecklenburg, Württemberg). D. Meiser weist darauf hin, daß beim Respektieren der Kirchenleitungen Anschreiben nur an diese gesandt werden können, nicht an Bruderräte und einzelne. Zwischen Müller und D. Marahrens wird kurz über die Möglichkeit einer DEK verhandelt (DEK als Kirche, als Kirchenbund, als staatskirchenrechtlicher Begriff).

D. Koch lenkt die Aussprache zurück zur Sache: ein neues Ulm. Die Erwartung der Gemeinden stellt eine große Forderung an uns. Ein neues Ulm hätte eine große aufrichtende Kraft.

D. v. Soden: Grundsätzlich ist der Breitsche Weg der Bereinigung der beste Weg, und ich bin bereit, auch auf diesem Weg mitzuarbeiten. Aber ist dieser Weg jetzt möglich? Dürfen wir das Notwendige verschieben, weil unser Weg nicht völlig sauber ist? Die Hauptfrage bei unseren Überlegungen sind nur die Gemeinden. Den Gemeinden ist es völlig schnuppe, was für einen Anspruch die VKL erhebt. Es ist heute einfach die Frage, ob die Außenpolitik oder die Innenpolitik den Primat haben soll. Zur Sache nur ganz Weniges! Wenn Breit gemeint hat, die Tatsache von Kassel geht über den Anspruch der VKL hinweg, dann ist das richtig. Die VKL hat selbst darein gewilligt, daß ihr Anspruch nicht diskutiert wurde, ebensowenig wie andere Ansprüche zur Diskussion standen. Ferner: es ist völlig untragbar, daß in den intakten Kirchen Kreise vorhanden sind, die im Konfliktsfall der VKL gehorchen. Sie müßten bei Verweigerung des Gehorsams gegen ihre Kirchenleitung Gewissensnöte angeben, nicht aber die Bindung an die VKL. Wenn Sie der Meinung sind, daß nach Teil 1 der Breitschen Ausführungen erst alle Fragen, die Not machen, zu klären sind, so bin ich bereit dazu, aber dann liegt Neu-Ulm noch in weiter Ferne. Einige Punkte lassen sich klären. So halte ich den Standpunkt von Müller (Gleichwertigkeit der alten und neuen VKL) nicht für richtig. Aber das ist für mich kein Grund, um zu sagen, ich mache nun mit der VKL auch nicht das Notwendige. Ich stimme Breit platonisch zu, aber ich kann nicht verantworten, daß dann praktisch nichts geschieht. Ein Letztes: wenn Sie vom Lutherrat sagen, wir können den Anspruch der VKL nicht anerkennen, dann können Sie auf die Dauer nicht um die Entscheidung herumkommen, ob es eine DEK gibt oder nicht.

D. Marahrens schlägt nach Rücksprache mit Breit vor, am 17. Februar vormittags 9 Uhr in die Räume des Lutherrats das Erweiterte Kasseler Gremium einzuberufen. Das wird angenommen. D. Marahrens reist ab.

Asmussen: Ich möchte das Fazit ziehen. RBR kommt nicht in Frage, Bekenntnissynode kommt nicht in Frage, Neu-Ulm ist sehr fraglich. Nebenbei: Repräsentation ist ein unkirchliches Wort. Was wird uns von heute mitgegeben? Nichts! Ich muß sagen, daß ich mich nicht recht getraue, das meinen Brüdern mitzuteilen. Die erste VKL war ja auch nicht ohne Widerspruch da. Der Protest war damals auch eingelegt. Es scheint mir nicht schlüssig zu sein, daß VKL und Bruderräte ihren Anspruch in allen Punkten nunmehr aufgeben um der Tatsache willen, daß die Brüder in den intakten Kirchen Schwierigkeiten haben. Wollen wir schon diese Dinge klären, dann bedarf kein Gremium so der Klärung wie die Kirchenführerkonferenz. Denn durch sie erhalten die Kreise faktisch Unterstützung, die uns ausgeliefert haben. Die innere Konsequenz ist: Wir geben unseren Kampf in den zerstörten Kirchen völlig preis. Ich habe größtes Verständnis dafür, daß die Frage der Kirchenleitung geklärt werden muß. Was ich nun sage, ist meine Privatmeinung: Ich wäre dafür, daß die Bruderräte den Württemberger Oberkirchenrat anerkennen, nicht aber dafür, daß der Württ. Oberkirchenrat Herrn Zimmermann anerkennt. Der Titel des Lutherrats ist ein dauernder Angriff auf uns. Als Lutheraner Altpreußens stehen wir nicht unter dem Lutherrat! Denn der Lutherrat befindet sich an entscheidenden Stellen im Widerspruch zum lutherischen Bekenntnis. – Wenn an ein ad hoc gerichtetes Handeln gedacht wird, dann nur so, daß die Dinge durch Akte geklärt werden.

D. Meiser: Ich möchte die Partie nicht so stellen, Bruder Asmussen, daß wir unsere Autorität als Kirchenleitung von Ihnen haben. So geht es nicht, daß Sie etwa unsere bayerischen Pfarrer erst an uns weisen müssen. In Preußen liegen die Dinge ja vielfach anders. Die Schwierigkeit in Preußen ist die, daß hier große Teile der Kirche vorhanden sind, die wir nicht ohne weiteres unter das Verdikt stellen können, daß sie nicht mehr Glieder der Kirche sind.

Breit: Ich könnte mir denken, daß wir am Donnerstag auf dem Boden von Kassel uns vereinigen, aber die grundsätzlichen Fragen müssen dann weitergetrieben werden.

Es entspinnt sich noch eine Debatte darüber, ob am Donnerstag noch »Kassel« reden soll oder ein neuer Zusammenschluß. v. Soden weist dabei hin auf eine Äußerung von D. Marahrens, der unter einem neuen Wort nur die Unterschriften von einzelnen Männern der Kirche will. Asmussen gibt der Befürchtung Ausdruck, ob dieses Vorgehen nicht ein Zurücktreten in eine neue Unverbindlichkeit ist. D. Meiser: Es ist wirklich kein Fortschritt, wenn man nachts das Gewebe wieder auflöst, das am Tage gesponnen ist. Koch: Was notwendig ist, ist vor allem ein handfestes Wort.

Die Sitzung am Donnerstag soll eine Vorlage bekommen. D. Wurm will seinerseits einen Entwurf mitbringen, auch Breit will dafür sorgen. von Soden schlägt eine Vorbesprechung vor. Da Mittwoch abend nicht geht, soll der Donnerstag vormittag dazu dienen. Die Sitzung wird dann auch am Nachmittag fertig werden können. Das Wort soll an die Gemeinden gerichtet sein, der Inhalt in der Hauptsache gegen die »diktatorische« Kirche unter Hinweis darauf, daß der Kirche keine anderen Waffen zur Verfügung standen als das Wort. Eine Redaktionskommission wird nicht eingesetzt. Wer um 9 Uhr vormittags zusammenkommen soll, bleibt ungeklärt.

DIE ERRICHTUNG VON FINANZABTEILUNGEN

In der 14. und 15. Verordnung zur Durchführung des Gesetzes zur Sicherung der Deutschen Evang. Kirche hatte der Reichskirchenminister am 10.6.1937 und 25.6.1937 die Schaffung von Finanzabteilungen bei der Kanzlei der Deutschen Evang. Kirche und bei den Verwaltungsbehörden der deutschen Landeskirchen angeordnet. Damit schien ein neuer Einbruch der Reichskirche auch in Württemberg bevorzustehen.

In einer Gemeinde der Württ. Landeskirche wurde am Sonntag, 4.7.1937, verkündet[95]*:*

Die Gemeindeglieder haben am Donnerstag, 1. Juli, die beiden Verordnungen des Herrn Reichsministers für die kirchlichen Angelegenheiten durch die Zeitung empfangen. Das Wesentliche ist zum leichteren Verständnis auch an der Tür der Kirche angeschlagen. Die erste dieser Verordnungen spricht eine völlige Bindung der Kirche mit Hilfe der Finanzabteilungen aus. Diese Knebelung der Evang. Kirche durch den Staat - Verfügung über die gesamte kirchliche Verwaltung und Leitung, und damit über das gesamte kirchliche Leben - ist für die Kirche untragbar. Sie kann die Verfügung über die Pflege des christlichen Jugendwerks, des Evang. Gemeindedienstes, der christlichen Jugendunterweisung, der Ausbildung der Pfarrer und der gesamten kirchlichen Arbeit nicht und niemals dem Gebot des Staates ausliefern. Eine solche Unterordnung der Kirche unter den heutigen Staat setzt an die Stelle der Kirche Christi die Nationalkirche. Jesus Christus aber spricht: Gebet dem Kaiser, was des Kaisers ist, und Gott, was Gottes ist![96]

Wir Pfarrer des Bezirks haben unsern Herrn Landesbischof gebeten, die Kirchenleitung möge ihre gegenwärtigen Entschließungen ohne Rücksicht auf die Gehalte der Pfarrer treffen. Wir wissen auch diese Dinge in Gottes Händen. Gott helfe uns, Pfarrern und Gemeinden, im Glauben stehen im Sinn des Wortes unseres Herrn und Meisters: Trachtet am ersten nach dem Reich Gottes und nach seiner Gerechtigkeit, so wird euch das Übrige alles zufallen.[97]

Wann und wie die in der Zweiten Verordnung berührte kirchliche Entscheidung sich vollziehen wird, wissen wir nicht. Seid nüchtern und wachet! Lasset euch nicht das Ziel verrücken![98]

Der Landesbischof bereitete folgendes Wort an die Gemeinden vor[99]*:*

Liebe Glaubensgenossen!

Ein schon seit längerer Zeit drohender Einbruch in die Ordnung der Württ. Landeskirche ist geschehen. Im Widerspruch nicht bloß zu vielen feierlichen Erklärungen des Führers und anderer Staatsmänner, sondern

---

95 LKA Stuttgart, D 1, Bd. 97.
96 Matth. 22,21.
97 Matth. 6,33.
98 1. Petr. 5,8; Kol. 2,18.
99 LKA Stuttgart, D 1, Bd. 72.

auch zum Gesetz und Recht ist der Württ. Landeskirche eine Finanzabteilung aufgedrängt worden, die die gesamte kirchliche Verwaltung in die Hand nimmt und damit den Landesbischof und den Oberkirchenrat aus seiner verfassungsmäßigen Stellung und Aufgabe verdrängt. Die Zusammensetzung dieser Finanzabteilung zeigt, daß wie in anderen Landeskirchen nun auch in Württemberg die Kirche nach nationalkirchlichen Anschauungen regiert werden soll; das heißt nichts anderes, als daß nicht mehr das reine biblische Evangelium, sondern eine Mischreligion die Richtschnur für die kirchliche Verkündigung und das kirchliche Handeln bilden soll. Gebunden an Gottes Wort, wie es die Heilige Schrift uns darbietet und die Bekenntnisse der Reformation auslegen, haben die Träger des verfassungs- und bekenntnisgemäßen Kirchenregiments sich geweigert, diese Finanzabteilung anzuerkennen und mit ihr dienstlich zu arbeiten. Wir erklären hiemit, daß wir diese Haltung unbedingt unterstützen und nach wie vor lediglich den Weisungen des rechtmäßigen Landesbischofs D. Wurm Folge leisten. Wir sind wie die Leitung unserer Landeskirche zu jedem Opfer bereit, wenn es gilt, der Kirche die Grundlage, auf der sie gebaut ist, Jesus Christus und sein Evangelium zu erhalten.

Laßt uns allen Drohungen und Lockungen begegnen mit dem Wort des Reformators in entscheidender Stunde: Hie stehe ich, ich kann nicht anders, Gott helfe mir! Amen. Wurm.

Am 3.7.1937 äußerte sich Pfr. Dipper als Vorsitzender des Landesbruderrats zu den neuen Verordnungen[100]:

Gegenüber der 15. Verordnung des Reichskirchenministeriums vom 25.6.1937 möchten wir Folgendes geltend machen:

1. Alle Geldmittel der Kirche dienen dazu, daß die Kirche ihren Auftrag erfüllen und das ihr anvertraute Evangelium ausrichten kann. In der 15. Verordnung dagegen wird wiederholt ausgesprochen, daß die Finanzabteilung für eine den öffentlichen Belangen entsprechende ordnungsmäßige Verwaltung Sorge zu tragen habe. Damit wird die Finanzverwaltung der Kirche grundsätzlich einer Stelle übertragen, welche dem Bekenntnis der Kirche nicht verantwortlich ist. Tatsächlich ist diese Stelle aber nicht nur dem Bekenntnis der Kirche gegenüber indifferent, vielmehr untersteht sie ausdrücklich dem Anspruch eines Staates, der auch in der Kirche seinen politischen und weltanschaulichen Totalitätsanspruch durchsetzen will. Das ist unter »öffentlichen Belangen« zu verste-

---

100 LKA Stuttgart, D 1, Bd. 72.

hen, wofür wir uns auf wiederholte Äußerungen des Reichskirchenministeriums selbst berufen können. Es soll hier also in der Kirche selbst die Herrschaft der neuen Weltanschauung aufgerichtet und die kirchliche Verkündigung und das kirchliche Handeln dieser neuen Weltanschauung unterworfen werden.

2. Im einzelnen sind für die möglichst wirksame Durchführung dieser die Kirche zerstörenden Fremdherrschaft der Finanzabteilung die mannigfachsten Möglichkeiten gegeben:

a) Die Finanzabteilung ist kein selbständiges Organ, sondern in ihren Entscheidungen an die Weisungen des Reichskirchenministeriums gebunden, welches ausdrücklich rechtsverbindliche Anordnungen erlassen und jederzeit durch Ausübung der Finanzaufsicht in die einzelne Landeskirche eingreifen kann.

b) Die Bestimmung § 9 Satz 4: »Die Finanzabteilungen haben für Beachtung der Anweisungen zu sorgen, die der Reichsminister für die kirchlichen Angelegenheiten für die Verwendung der Staatsleistungen und der Kirchensteuermittel erteilt« ist so allgemein gehalten, daß es dadurch möglich wird, jeglichen finanziellen Druck auf eine den Prinzipien des Reichskirchenministeriums nicht gefügige Landeskirche auszuüben.

c) Sämtliche irgendwie mit Kosten verbundenen Anordnungen und Maßnahmen der Kirchenleitung unterstehen der Kontrolle der Finanzabteilung. Da jede Sitzung, jede Reise, jeder Runderlaß Kosten verursacht, ist dem Kirchenregiment auf diese Weise alle Bewegungsfreiheit genommen. Die Kirchenleitung geht also faktisch an die Finanzabteilung mit ihrem fremden Herrschaftsanspruch über.

d) Der Finanzabteilung ist jede Möglichkeit gegeben, auch in die einzelnen Gemeinden einzugreifen, durch Regelung des Haushalt- und Kollektenplans, durch Einsetzung von Kommissaren gegenüber Pfarrern und Kirchengemeinderäten, die staatliche Bestimmungen oder Anordnungen der Finanzabteilung nicht einhalten, durch gesetzliche Bestimmungen über die Dienst- und Versorgungsbezüge der Pfarrer, der Kirchengemeindebeamten und der Büroangestellten, das heißt dann aber auch durch Sonderbestimmungen gegenüber solchen, die Widerstand leisten.

3. Die praktischen Auswirkungen dieser Verordnung sind unübersehbar. Alle kirchliche Arbeit zur christlichen Erziehung ihrer Jugend (Kindergärten, kirchliche Jugendarbeit, Maßnahmen zum Ersatz des ausfallenden oder ungenügenden Schulreligionsunterrichts) ist bedroht. Ebenso die Gemeindedienstarbeit in allen ihren Zweigen. Die Bestimmungen für

das staatliche Beamtenrecht werden auch auf die Pfarrer übertragen werden (Arierparagraph, Beamteneid). Für den Religionsunterricht wie für die sonstige Verkündigung der Kirche wird das germanische Rasseempfinden zum Wertmaßstab gemacht und ein Widerspruch dagegen nicht geduldet werden. Die Maßnahmen gegen die Deutschen Christen werden aufgehoben, die entscheidenden kirchlichen Ämter mit DC freundlichen Männern besetzt werden. Jeder Widerspruch auf Grund des Bekenntnisses der Kirche wird durch die entsprechenden finanziellen Maßnahmen notfalls unter Mitwirkung der politischen Polizei lahmgelegt und jede freie Bewegung der Gemeinde durch das Sammlungsgesetz (Kollektenverbot) unterdrückt werden. Kurz: Die Gleichschaltung der Kirche, gegen die wir uns vier Jahre lang gewehrt haben, wird vollzogen, die Kirche wird zu einem Instrument des Staates, die bibelgläubige Gemeinde aber wird aus der Kirche vertrieben.

Der Landesbruderrat bittet darum die Kirchenleitung und alle, die hier mitzuberaten und mitzuentscheiden haben, inständig, dieser 15. Verordnung ein entschlossenes Nein entgegenzusetzen und alle Konsequenzen zu übernehmen in gleicher Weise wie seinerzeit gegenüber dem Gewaltregiment der Herren Müller und Jäger. Ein Protest, der die faktische Zusammenarbeit mit einer solchen Finanzabteilung nicht ausschließt, muß eine papierene Sache bleiben und wird unser ganzes kirchliches Handeln mehr und mehr verunreinigen und dem fremden Anspruch ausliefern. Daraus müssen für die ans Wort gebundene Gemeinde unabsehbare Konflikte entstehen. Aller menschlichen Voraussicht nach wird dadurch nicht nur die Bekennende Kirche im Reich, sondern auch unsere Landeskirche zerrissen werden. Der Hinweis, daß man ja schon vorher unter staatlicher Kontrolle gestanden sei, trifft nicht zu, denn die 15. Verordnung bietet viel mehr Möglichkeiten als die bisherige staatliche Kirchenaufsicht. Auch die Finanzabteilungen in andern Kirchengebieten, die von der Bekennenden Kirche nie anerkannt wurden, sind mit dem jetzigen Institut der Finanzabteilungen nicht in jeder Hinsicht zu vergleichen, da die Befugnisse der Finanzabteilungen mit der 15. Verordnung erweitert werden und übrigens zu jedem beliebigen späteren Zeitpunkt noch mehr erweitert werden können. Daß die Gemeinde über das wahre Gesicht dieser Finanzabteilungen nicht verständigt werden könnte, trifft nicht zu. Die Gemeinde steht weitgehend unter dem Eindruck, daß der weltanschauliche Totalitätsanspruch des Staates die Verkündigung der Kirche sich selbst unterordnen und damit vernichten will. Sie hat deutlich vor Augen, wie das Versprechen des Führers in Sachen der Kirchenwahl in sein

Gegenteil umgekehrt wurde, wie in Sachen des Religionsunterrichts, in der Gelöbnisfrage, in der Kollektensache das kirchliche Anliegen unterdrückt wird. Sie sieht, wie mit Gewaltmaßnahmen gegen führende Männer der Bekennenden Kirche, die ihr Vertrauen haben, und ebenso in der Sache der Staatszuschüsse gegen ihre Pfarrer vorgegangen wird. Es kann darum nicht schwer sein, der Gemeinde den wahren Sinn dieser neuen Maßnahme zu zeigen. Wir müssen es auch jetzt wieder wagen, die Gemeinde zum ganzen Einsatz aufzurufen, wie im Jahre 1934, auch wenn dieser Einsatz für den einzelnen heute ein ganz anderes Wagnis bedeutet und ganz andere Opfer erfordert wie damals. Daß man keinen Weg sehe, wie man die Sache durchhalten könne, ist kein kirchlich berechtigtes Argument. Bei keiner großen Tat des Glaubens war der Weg für die Durchführung dieser Glaubenstat im voraus sichtbar. Voraussetzung für die Durchführung dieses Kampfes ist nur, daß man sich wie bei der Verteidigung des irdischen Vaterlandes zum völligen Opfer von Gut, Leben und Familie bereit macht. Das muß im voraus klar gestellt werden. Wer sich für ein solches Opfer nicht bereit halten kann, soll lieber sich von Anfang an auf diesen Kampf nicht einlassen. Wir haben es bisher erfahren dürfen, daß der Herr mit uns ist, wenn wir uns ihm anvertrauen. Wir sind dessen gewiß, daß er auch für die Zukunft seine Verheißung an uns wahr machen wird, und wir freuen uns, daß in diesem Glauben viele Brüder draußen im Land mit uns einig sind. Auch wenn in diesem Kampf keineswegs die große Zahl entscheidende Bedeutung haben kann, so sind wir dessen gewiß, daß auch in der heutigen Lage viele sich hinter unsern Herrn Landesbischof stellen werden, wenn er zur Tat des Glaubens ruft.

Lasset uns halten an dem Bekenntnis der Hoffnung und nicht wanken, denn er ist treu, der sie verheißen hat![101] Wir stehen in unermüdlicher Fürbitte hinter den Männern, die in diesen Tagen der Entscheidung die leitende Verantwortung in der Kirche tragen.

Für den Landesbruderrat: Th. Dipper.

Im Auftrag der Kirchlich-theologischen Sozietät stellte Pfr. Fausel, Heimsheim, ein Gutachten zusammen zur 15. Verordnung des Reichskirchenministers und zur Sperre der Staatsleistungen durch das Württ. Kultministerium auf 1. Juli.[102]

---

101 Hebr. 10,23.
102 LKA Stuttgart, D 1, Bd. 76; zu den Staatsleistungen siehe S. 808–823.

Zunächst wurden keine Schritte unternommen, in der Württ. Landeskirche eine Finanzabteilung einzurichten. Im Dezember 1937 erschien jedoch in der Zeitschrift Flammenzeichen folgender Artikel:

Weihnachtsgeschenk an Wurm. Einen staatlichen Finanzausschuß für die Evang. Kirche. So etwa stellen wir uns das vor.

Vor einigen Monaten war in einem Gemeindeblatt zu lesen, wie man es machen müsse, damit man bei Beerdigungen Geldbeträge für kirchliche Zwecke sammeln könne, ohne mit dem staatlichen Sammelverbot in Konflikt zu kommen. Das Rezept lautete: Man stelle eine Opferbüchse unter die Tür der Kirche, an der die Menschen vorbeikommen, und mache im Gottesdienst auf die Opferbüchse aufmerksam, dann werden die Gläubigen gerne diesen kleinen Umweg über die Kirchentüre und um das Sammelverbot herum machen. Wir wollen uns nicht darüber auseinandersetzen, ob das ganz ehrlich ist, aber wir sehen jedenfalls an diesem Schulbeispiel, daß die Kirche sehr, sehr Geld braucht. Wir verstehen das nicht ganz. Denn soviel wir unterrichtet sind, hat sie vor nicht allzulanger Zeit sehr große Waldungen angekauft, um ihr Geld in Grund und Boden sicher anzulegen.[103] Wir wollen nun mal nicht fragen, ob das christlich ist, so ums Irdische zu sorgen, obwohl es doch in der Bibel heißt: Ihr sollt euch nicht Schätze sammeln auf Erden, denn wo euer Schatz ist, da ist auch euer Herz![104] Wir wollen also nicht Seelsorge am Seelsorgeinstitut der Kirche üben, obwohl das angesichts dieser Sachlage manchem nicht unangebracht scheinen könnte.

Aber wir fragen ganz offen: Wofür braucht denn die Kirche so viel Geld? Und da stoßen wir immer wieder auf Dinge, die nach unserer Meinung besser nicht wären, weil sie nicht im Dienst der Volksgemeinschaft stehen. Da kommen die konfessionellen Kindergärten mit ihrem Anspruch, sie allein könnten die Kinder betreuen, da ist konfessionelle Fürsorge mit eigenen Erholungsheimen, und da existiert schließlich ein Gemeindedienst, für den eine eigene Umlage erhoben wird.

Wir wollen keine Scheidung der Kinder in den Kindergärten, weil diese Kinder im Leben später auch nicht in konfessionellen Abteilungen der und der Firma beschäftigt werden; wir brauchen ebensowenig konfessionelle Erholungsheime, weil die Erholung des Menschen mit der Konfession nichts zu tun hat, wir können auch auf den sogenannten Gemeindedienst herzlich gern verzichten, weil er mit einer politischen Organisa-

103 Siehe S. 445 f.
104 Matth. 6,19–21.

tion gelegentlich verdammte Ähnlichkeit hat und die Aufstellung einer politischen Organisation nicht Sache der Kirche ist.

Und wir können die Kirche trösten, wenn sie Sorge um das Christentum oder das Evangelium hat: Denn schließlich ist der Nationalsozialismus mit seinen sämtlichen Organisationen der Retter des Christentums geworden, weil die Kirchen dazu nicht fähig waren, und darum ist heute nach der Meinung von vielen Millionen von Volksgenossen der Nationalsozialismus auch der beste Garant für die Erhaltung eines echten, positiven Christentums. Wenn nun die Kirche so sehr in Not und Sorge ist, daß der Herr Landesbischof, wie wir hören, kein anderes Mittel mehr weiß, als noch etwas viel Schrecklicheres zu tun als das, was der Württembergische Staat schon getan hat, nämlich die Gehälter seiner Pfarrer empfindlich zu kürzen, so geht uns das sehr zu Herzen, da wir das Wehklagen dieser Herren noch zu sehr in den Ohren haben, als sie im Juli dieses Jahres nicht wie sonst ihr Gehalt erhielten. Aus diesem Grunde wüßten wir für den Herrn Landesbischof ein passendes Weihnachtsgeschenk, das ihn aller Sorge enthebt: einen staatlichen Finanzausschuß! Nach unserer Meinung ist es endlich an der Zeit, daß der Staat sich dieser Not der Kirche erbarmt, damit auch für die Kirche Weihnachten eine »fröhliche Zeit« werde.

Wegen des Artikels in den Flammenzeichen *wandte der Oberkirchenrat am 12. 1. 1938 sich an das Reichskirchenministerium und protestierte grundsätzlich gegen die Einrichtung von Finanzabteilungen.* [105]

Entgegen allen Befürchtungen wurde der Württ. Landeskirche schließlich keine Finanzabteilung aufgezwungen.

Am 7. 1. 1938 informierte der Landesbischof die Prälaten und Dekane über Die kirchliche Lage in Württemberg[106]:

Die von dem Reichsminister für die kirchlichen Angelegenheiten erlassene 17. Durchführungsverordnung vom 11. 12. 1937 hatte in Württemberg insofern eine Beruhigung geschaffen, als sie die Rechtmäßigkeit der bestehenden Kirchenleitung in vollem Umfang anerkannt hatte. Man war geneigt anzunehmen, daß nunmehr die Versuche, diese Kirchenleitung zu entmächtigen oder zu stürzen, wie sie auf Betreiben der kleinen Minderheit der »Volkskirchenbewegung Deutsche Christen« (unter 1 500 Geistlichen ca. 20, unter 1 700 000 Kirchengenossen ca. 25 000) immer wieder gemacht worden sind, vom Kirchenministerium aufgegeben worden

105 Nr. A 414.
106 LKA Stuttgart, D 1, Bd. 76.

seien. Wenn der Staat so ausdrücklich, wie es in den Reden des Herrn Ministers in Fulda und Hagen geschah, eine deutsch-christliche Staatskirche ablehnte, so glaubte man eine weitere Einmischung des Staates in die kirchlichen Angelegenheiten zugunsten der DC als ausgeschlossen ansehen zu dürfen.

Leider ist das Vertrauen der kirchlichen Kreise auf eine Revision einer auch von Parteigenossen als verfehlt beurteilten Kirchenpolitik wieder enttäuscht worden. Zwar hat der Herr Minister wenigstens die persönliche Fühlung mit Vertretern der Bekennenden Kirche wieder aufgenommen und den Pastor von Bodelschwingh sowie den Vorsitzenden des Luth. Rats, Oberkirchenrat Breit, empfangen. Aber schon die Zusage, daß er vor dem Erlaß weiterer gesetzlicher Bestimmungen Vertreter der Bekennenden Kirche hören wolle, ist nicht eingehalten worden. Die 17. Verordnung ist ohne jede Fühlung mit den bekenntnismäßig eingestellten Kirchenführern erlassen worden, und der Entwurf einer 18. Verordnung, die noch nicht erschienen ist, wurde lediglich den Vertretern der DC zur Begutachtung vorgelegt. Auf diesem Wege wird man schwerlich zu dem allerseits erwünschten Ziele einer Verständigung zwischen Staat und Kirche kommen. Entgegen den Ausführungen des Herrn Ministers in seinen jüngst gehaltenen Reden muß festgestellt werden, daß an der Nichtausführung des Wahlerlasses des Führers vom 15. Februar nicht die Evang. Kirche die Schuld trägt. Vielmehr die positiven Vorschläge der Kirchenführer sind nicht einmal zur Erörterung zugelassen und eine feierliche Erklärung sämtlicher Gruppen der Bekennenden Kirche vom 6. Juli in Kassel, die in durchaus positiver Weise die Grundlagen für eine Verständigung aufzeigte, einfach als nicht vorhanden behandelt worden. Wenn jetzt wieder in ähnlicher Weise vorgegangen wird, so werden die Absichten des Führers ebensowenig zur Ausführung gelangen wie in der Zeit nach dem Wahlerlaß.

Wenn das, was jetzt gegen die Württ. Landeskirche geplant ist, zur Ausführung gelangt, so wird ein die Seele des evangelischen Volkes aufwühlender Kampf entbrennen, den keine Friedensrede beenden kann, sondern nur eine Friedenstat. Wie wir erfahren haben und auch einem Artikel in den »Flammenzeichen« entnehmen mußten, war schon vor Weihnachten geplant, ohne daß irgend eine Rücksprache mit der Württ. Kirchenleitung stattgefunden hätte, für die Württ. Kirche eine Finanzabteilung im Sinn der 15. Durchführungsverordnung vom 25.6.1937 zu errichten. Begründet sollte diese Maßregel damit werden, daß die finanzielle Lage der Landeskirche zur Zeit eine mißliche ist. Dies trifft zweifellos zu; aber sie ist lediglich die Folge davon, daß der Württ. Staat seit 1934 nicht bloß seine Zuschüsse, zu denen er rechtlich verpflichtet ist, dauernd verringert hat, sondern mitten im Rechnungsjahr 1937/1938, so daß also der Haushaltsplan auf diese Kürzung gar nicht Rücksicht nehmen konnte, weitere RM 300 000.– nicht mehr ausbezahlt hat. Man wird nicht zu weit gehen, wenn man ein solches Verfahren, bei dem ein Vertragspartner sich einseitig von einer Verpflichtung lossagt, als ungewöhnlich bezeichnet und die Frage aufwirft, ob es mit den Grundsätzen des Rechts und der Billigkeit übereinstimmt. Jedenfalls ist festzustellen: Der Württ. Kultminister hat mit Zustimmung des Reichskirchenministers durch plötzliche Streichung von RM 300 000.– die Landeskirche in finanzielle Verlegenheit gebracht, und der Kirchenminister nimmt diese Verlegenheit zum Anlaß, die Landeskirche unter finanzielle Kuratel zu stellen und damit die Kirchenleitung, der er soeben volle Regierungsgewalt zuerkannt hat, weitgehend zu entmächtigen. Es gebe einen viel einfacheren Weg, der Landeskirche zu helfen und sie in den Stand zu setzen, die Pfarrgehälter wieder im bisherigen Umfang auszuzahlen, nämlich die Erstattung der einbehaltenen RM 300 000.–. Der Oberkirchenrat, die Pfarrerschaft und die Gemeinden werden eine derartige Begründung für die Einsetzung einer Finanzabteilung niemals als sachlich gerechtfertigt und sittlich einwandfrei anerkennen, sondern sie als eine kirchenpolitische Gewaltmaßregel bezeichnen, die lediglich dazu bestimmt ist, ein im Sinne des evangelischen Glaubens und Bekenntnisses handelndes Kirchenregiment zu stürzen und einer kleinen, nicht mehr auf dem Boden des evangelischen Bekenntnisses stehenden Minderheit die Gleichberechtigung in der Evang. Landeskirche zu verschaffen.

Soviel uns bekannt geworden ist, sollte noch vor Weihnachten die Finanzabteilung eingesetzt und durch eine Rundfunkansprache angekündigt werden. Man wird annehmen dürfen, daß in einem ähnlichen Gedankengang, wie er in den Ausführungen des Pressereferenten des Kirchenministeriums vom 6. dieses Monats enthalten ist, dargelegt werden sollte, es handle sich nur um eine Maßnahme der äußeren Ordnung, nicht um eine Antastung des bekenntnismäßigen Charakters der Landeskirche. Nach allen bisherigen Erfahrungen würde eine derartige Erklärung keine Beruhigung schaffen. Man weiß ja doch, wie die Finanzabteilungen in einer Reihe von Landeskirchen die ihnen verliehene Macht lediglich im Sinne der völligen Neutralisierung des Bekenntnisses anwenden. Wenn eine Kirchenleitung bei der Aufstellung ihres Haushaltsplans und bei jeder einzelnen Ausgabe an die sachliche Zustimmung einer nicht auf das kirchliche

Bekenntnis verpflichteten Behörde gebunden ist, so kann sie bei allen Entscheidungen mit finanzieller Auswirkung nicht mehr ungehindert den kirchlichen Erfordernissen Rechnung tragen. Die Trennung der kirchlichen Verwaltung von der geistlichen Leitung bedeutet in Württemberg einen Bruch der Verfassung vom 24.7.1920, auf die der Landesbischof und der Oberkirchenrat verpflichtet sind, die sich gerade in der von jeher gewohnten Zusammenfassung der geistlichen und verwaltungsmäßigen Leitung bewährt hat. Wir bezweifeln das Recht, auf Grund der dem Kirchenminister im Gesetz vom 25.9.1935[107] verliehenen Vollmacht, eine solch grundstürzende Maßnahme in der Württ. Kirche vorzunehmen. Die Absicht dieses Gesetzes zur Sicherung der DEK war ausgesprochenermaßen die, in den Kirchengebieten, in denen die Ära Müller/Jäger die Rechtsordnung zerstört hatte, mit staatlicher Hilfe wieder geordnete Zustände herzustellen. Zu diesen Kirchen gehört die Württ. Kirche nicht; die Rechtmäßigkeit ihrer Leitung ist nach den vorübergehenden Wirren im Herbst 1934 durch den Empfang des Landesbischofs seitens des Führers und Reichskanzlers ausdrücklich in aller Öffentlichkeit anerkannt worden. Der Satz in der Regierungserklärung vom 23.3.1933: »Die Rechte der Kirchen werden nicht geschmälert, ihre Stellung zum Staate nicht geändert« hat eine über das Gesetz vom 24.9.1935 übergreifende Bedeutung; auch dieses Gesetz wollte diese grundsätzliche Erklärung nicht zurücknehmen, sondern ihr durch vorübergehende Rechtshilfe in zerstörten Kirchen zur Auswirkung verhelfen. Die Württ. Landeskirche bedarf zumal, nachdem ihre wichtigsten synodalen Organe arbeitsfähig geworden sind, dieser Rechtshilfe nicht.

Die vom Kirchenministerium beabsichtigte Maßnahme hat nur dann einen Sinn, wenn die Staatsgewalt den Deutschen Christen radikaler Prägung in der Württ. Landeskirche eine Position verschaffen will, die sie aus eigener Kraft nicht erringen können. Trotzdem das deutsch-christliche Schrifttum in jeder Hinsicht begünstigt ist, während dem Oberkirchenrat sogar ein amtliches nichtöffentlich erscheinendes Informationsorgan verboten wurde und die kirchlich gesinnte Presse einer sehr scharfen Zensur unterliegt[108]; trotzdem den deutsch-christlichen Bischöfen die weitgehendste Rede- und Versammlungsfreiheit auch in öffentlichen Sälen zugestanden ist, während den lutherischen Bischöfen in einzelnen Ländern Redeverbot erteilt ist und in der eigenen Landeskirche der Rundfunk, der den DC zur Verfügung steht, verweigert wird; trotzdem den DC die Ver-

107 Gesetz zur Sicherung der DEK vom 24.9.1935.
108 Siehe S. 455–460.

weigerung der Kirchensteuer bei gleichzeitigem Verbleiben in der Landeskirche staatlicherseits ermöglicht wird[109], werden die DC von der überwältigenden Mehrheit der wirklich am kirchlichen Leben teilnehmenden Volksgenossen entschieden abgelehnt, so daß die ausgesprochenen für diese Richtung tätigen Pfarrer nicht einmal ihre eigenen Gemeinden hinter sich haben. Welchen Gewinn soll Staat und Partei davon haben, daß eine Begünstigung, die schon zur Auslieferung von sechs landeskirchlichen aber in staatlichem oder städtischem Besitz befindlichen Kirchengebäuden an die DC geführt hat, noch weiter bis zum Bruch der Kirchenverfassung getrieben wird? Eine derartige Begünstigung steht in schroffem Widerspruch zu den vielfachen Zusicherungen, daß der Staat sich nicht in die Fragen des Glaubens und Bekenntnisses einmische. Es ist uns wohl bekannt, daß der Staat gerade in Württemberg seine Maßregeln zugunsten der DC damit begründet, daß er für die politisch zuverlässigen Volksgenossen sorgen müsse. Demgegenüber erklären wir feierlich, daß unser Gegensatz zu den DC nicht ein politischer, sondern ein rein glaubensmäßiger ist. Es zeigt sich immer deutlicher, daß die Konsequenz der Anpassung an die Rosenbergsche religiöse Auffassung, wie sie die DC vollziehen, die Ablehnung der Mittlerschaft Christi ist. Es besteht aber kein Zweifel darüber, daß nicht bloß in der Heiligen Schrift, sondern auch in der Reformation die Mittlerschaft Christi den Mittelpunkt bildet, ja daß das Pathos der Reformation gegen römisches Christentum und Kirchentum aus der Überzeugung von dem alleinigen Mittlertum Christi und der Ablehnung aller menschlichen Heilsvermittlung herrührt. Wenn der Staat eine Religiosität, die Christus nur eine Heroenverehrung zubilligt, als im Volksinteresse liegend ansieht und deshalb zu fördern sucht, so können wir ihn daran nicht hindern; er sollte aber durch seine eigenen feierlich verkündeten Grundsätze sich verpflichtet fühlen, dies außerhalb der auf dem reformatorischen Bekenntnis stehenden Kirchen zu tun und nicht die bestehenden Kirchen zu zwingen, einer solchen Religiosität, deren einzelne Vertreter sehr wertvolle Volksgenossen sein können, die Gleichberechtigung in der Kirche zu gewähren. Gegen einen solchen Zwang uns zu wehren, ist unser gutes Recht und unsere Pflicht, und wir stellen schon heute für den Fall, daß das geplante Eingreifen des Kirchenministeriums erfolgt, fest, daß damit die Staatsgewalt zu staatsfremden Zwecken benützt würde. Wurm.

---

109 Siehe S. 446–455.

WÜRTT. BEKENNTNISGEMEINSCHAFT UND SOZIETÄT

DIE KONTROVERSE ZWISCHEN LANDESBRUDERRAT UND SOZIETÄT UM DIE GEISTLICHE LEITUNG DER LANDESKIRCHE

Die während der kirchlichen Auseinandersetzungen des Jahres 1933/1934 aus der Kirchlich-theologischen Arbeitsgemeinschaft entstandene Bekenntnisgemeinschaft hat von Anfang an »den Weg des Landesbischofs D. Theophil Wurm mit ihrem Wort ehrerbietig und kritisch zugleich ... begleitet«. Die Differenzen zum Landesbischof und zur Kirchenleitung der »intakt« gebliebenen Landeskirche entsprangen aus der Stellung zur Ordnung der Kirche: Während die Kirchenleitung »Recht und Ordnung des überkommenen Kirchentums ... in die neue Zeit hinüberzuretten« suchte, betrachtete die Bekenntnisgemeinschaft und die Sozietät, ein freier Zusammenschluß von Pfarrern in Form einer theologisch-kirchlichen Arbeitsgemeinschaft auf der gemeinsamen Basis der Theologie von Karl Barth, das »alte Kirchentum«, die Kirche in der Gestalt einer volkskirchlich-obrigkeitlichen Körperschaft, grundsätzlich als zerstört. Diese Zerstörung war durch den Kirchenkampf vollends deutlich geworden, die Ursachen dafür lagen tiefer und reichten weiter zurück. Es mußte deshalb die Frage auftauchen, ob man die bekennenden Gemeinden »ganz auf sich selbst« stellen, ob man deren »Betreuung den verfaßten Instanzen völlig abnehmen und in einem radikalen Neubau die Leitung der Kirche durch Bruderräte ... in die eigene Hand nehmen« sollte. Dazu kam »die theologische Differenz im Verständnis dessen, was als ›Bekenntnis‹ ... sich als die Macht der Machtlosen erwiesen hatte«[1] und was wichtiger schien als alle Ordnung im althergebrachten Sinn und als alle Loyalität gegenüber dem Staat. In der Ablehnung des Nationalsozialismus war man sich einig.

Die theologisch und kirchlich völlig verschiedenen Standpunkte, die auch aus dem Unterschied der Generationen herrührten, führten zu schweren Spannungen zwischen Bekenntnisgemeinschaft und Sozietät einerseits und dem Landesbischof und der Kirchenleitung andererseits. Einen Höhepunkt erreichten diese Spannungen in den Jahren 1937/1938.

---

1 Wolfgang Metzger im Vorwort zu Dipper, S. 10–12.

In der Sitzung des Landesbruderrats am 22.2.1937 berichtete dessen Vorsitzender, Pfr. Dipper, Über die innerwürttembergische Lage[2]:
Die Voraussetzung, daß der LBR die Zustimmung des Oberkirchenrats zu seiner Arbeit habe, ist nicht mehr vorhanden. Dipper erläutert das erstens an der Aussprache über den Gemeindedienst im Oberkirchenrat, wo der Vorwurf einer mangelnden Planmäßigkeit und apologetischen Haltung und organisatorischen Verfestigung erhoben wurde[3]; zweitens an der Aussprache über die Eingabe des LBR im Landesbeirat, wo man das Anliegen des LBR überhaupt nicht versteht; drittens an dem Verlauf der Dekanskonferenz, wo zwar der Beirat, nicht aber die Vertrauensleute und der LBR eingeladen war und wo dem LBR das Wort an die Brüder im Norden und zugleich seine Finanzgebahrung vorgeworfen wurde.

Die Aussprache im LBR bestätigt im wesentlichen das von Dipper gezeichnete Bild.

Der Vorschlag Dippers, angesichts dieser Tatsachen den Weg zur freien Bewegung zu suchen und die kirchenpolitische Mitverantwortung in Zukunft abzulehnen, wird nach seinem Für und Wider hinsichtlich des Verhältnisses zur Kirchenleitung und zur Sozietät diskutiert. Die meisten Stimmen votieren für das Weiterbestehen des jetzigen Zustandes, obwohl durch die Entleerung des Vertrauensleute-Instituts und durch die Ablehnung von seiten des Oberkirchenrats die Grundlage der derzeitigen Arbeit allgemein als erschüttert betrachtet wird. Dipper stellt die Fragen zur späteren Bereinigung zurück, da die augenblickliche Lage nunmehr einen Neueinsatz fordere.

Der Wahlerlaß Hitlers und die 13. Durchführungsverordnung Kerrls zum Gesetz zur Sicherung der Deutschen Evang. Kirche ließen nach der Meinung der Sozietät die alte Forderung nach kirchlich begründetem Handeln innerhalb der Kirche mit hoher Dringlichkeit deutlich werden; damit verbunden war die Frage nach einer geistlichen Kirchenleitung in Württemberg.

---

2 LKA Stuttgart, D 1, Bd. 96; Protokoll der Sitzung, Ziffer 3. Zum Verhältnis Oberkirchenrat – Bekenntnisgemeinschaft vgl. auch das Schreiben des Landesbruderrats an den Landesbischof vom 5.2.1937, S. 10–16.
3 Siehe Protokoll der Besprechung vom 8.10.1936 »in Sachen Gemeindedienst« (OKR Stuttgart, Registratur, Generalia Bd. 117 a).

In einem Schreiben vom 27.4.1937 an den Landesbruderrat bat die Sozietät, Pfarrer und Gemeinden zu sammeln und Organe zu bilden, die die notwendigen neuen kirchlichen Ordnungen schaffen sollten[4]*:*

Als Ergebnis der Beratungen in unserer gestrigen Ausschußsitzung legen wir dem Landesbruderrat Folgendes vor:

1. Die Lage in unserer Landeskirche

Die chronischen Schwierigkeiten, die in dem ungekürzten Verhältnis unserer Landeskirche zu der Bekennenden Kirche liegen, sind in ein akutes Stadium getreten:

a) Die Anforderungen, welche die Wahlarbeit an die Kirchenleitung stellt, verlangen von dieser ein eindeutig kirchliches Handeln. Sie versucht, dem dadurch Rechnung zu tragen, daß der von ihr beauftragte Wahldienst sich in Aufrufen und Flugblättern an die Gemeinde wendet, in denen er, sehr zum Unterschied von der bisherigen Haltung der Kirchenleitung, die Landeskirche mit der Kirche Jesu Christi gleichsetzt. Es ist uns freilich wohl bekannt, daß daneben nicht wenige Äußerungen und Handlungen stehen, welche diese Voraussetzung wieder aufheben; aber das zeigt nur, daß man mit jeder »radikalen« Losung einen Wechsel aufgibt, den man nicht einlösen kann und, auf die Gesamtheit der verantwortlichen Männer der Kirchenleitung gesehen, auch gar nicht einlösen will. Vor der Gemeinde wird aber dadurch der Anschein erweckt, als ob unsere Landeskirche in ihrer verantwortlichen Leitung zur Bekennenden Kirche gehörte. Dabei hat die Kirchenleitung wiederholt erklärt, daß die Landeskirche als solche nicht an Barmen gebunden sei. Wenn auch der Herr Landesbischof und andere Mitglieder des Oberkirchenrats »persönlich« die Barmer Erklärung mit verantwortlich abgegeben haben, so wissen sie sich dadurch in ihrem landeskirchlichen Amt nicht verpflichtet. Das wurde nicht nur vom Herrn Landesbischof immer wieder ausgesprochen, z.B. bei unseren verschiedenen Auseinandersetzungen über das Verhältnis von formalrechtlicher und bekenntnismäßiger Gebundenheit des Kirchenregiments, sondern wird durch die gesamte kirchenregimentliche Praxis bestätigt. Daß darin auch neuerdings keine Änderung eingetreten ist, zeigt – abgesehen von der Tatsache, daß Schairer seine Gotteslästerungen noch immer im kirchlichen Amt verkündigen darf – die Behandlung der Rehmschen Richtung der DC: Der Wahldienst hat Anweisung, sie nicht abzulehnen und sich nur gegen die »Thüringer« zu wenden; der

---

4 LKA Stuttgart, D 1, Bd. 71; vgl. Dipper, S. 174–178.

Oberkirchenrat fällt Bekenntnispfarrern in der eigenen Gemeinde in den Rücken; es geschieht, daß ein DC-Pfarrer mit ausdrücklicher Genehmigung des Wahldienstes an Stelle eines Bekenntnispfarrers in einer Gemeinde spricht und sich dabei natürlich die Gelegenheit nicht entgehen läßt, vor der Gemeinde seinen Vortrag als die landeskirchlich angeordnete Wahlaktion darzustellen. Solche ungeheuerliche Gewissensverwirrung der Gemeinden kann keinen Tag länger geduldet werden.

b) Dazu kommt, daß dieser Kirchenleitung, welche sich nur auf die Reste der kirchenrechtlichen Legalität, aber auf keine im Bekenntnis begründete geistliche Autorität für ihr Handeln berufen kann, auch noch diese Legalität durch die 13. Verordnung Kerrls abgesprochen worden ist. Ob unsere Kirchenleitung die Gültigkeit dieser Verordnung anerkennt oder nicht – sie hat sie übrigens in dem Schreiben des Oberkirchenrats an den Herrn Kultminister vom 24.3.1937[5] bereits anerkannt –, so ändert das nichts daran, daß sie, abgesehen von den »laufenden Geschäften« keine, im Sinn des sie bisher allein legalisierenden Kirchenrechts gültigen kirchenregimentlichen Handlungen mehr vollziehen kann. Von einer »intakten« Kirche kann nunmehr nicht einmal mehr im Sinn der formalrechtlichen Legalität der Leitung geredet werden. Ob und wie das Kirchenministerium über seinen indirekten Einfluß durch die Finanzabteilung hinaus auch direkt in die Leitung unserer Landeskirche eingreift, so wie das in anderen Landeskirchen auf Grund der 13. Verordnung bereits geschehen ist, steht bei diesem. Unsere Kirchenleitung hat keine Möglichkeit, sich dagegen zu wehren, weil sie über eine geistliche Autorität, wie sie in den Ordnungen und leitenden Organen der Bekennenden Kirche vorhanden ist, nicht verfügt. Die in den letzten Jahren geübte Unterscheidung zwischen »intakten und zerstörten« Kirchen ist hinfällig geworden, bzw. sind heute die bisher »intakten« Kirchen in besonderem Sinn als »zerstörte« Kirchen anzusehen, da sie nicht einmal über eine im Bekenntnis begründete Ordnung neben ihrem Verwaltungsapparat verfügen.

c) Wie sich unsere Kirchenleitung in ihrem landeskirchlichen Regiment trotz dieser Zerstörung bisher nicht um eine bekenntnismäßig legitime kirchliche Ordnung bemüht hat, so hat sie auch in ihrem Verhältnis zur DEK nicht den einzig möglichen und erlaubten Weg beschritten, nämlich die Vorläufige Leitung der DEK anzuerkennen, die nicht nur die einzig kirchlich legitime, sondern überhaupt die einzige noch vorhandene

---

5 Siehe S. 809–812.

Leitung der DEK ist. Daß es eine andere Leitung der DEK nicht mehr gibt, hat Herr Reichsminister Kerrl in seinem Schreiben an Herrn Landesbischof D. Marahrens ausdrücklich festgestellt. Als Antwort auf dieses Schreiben hat die »Kirchenführerkonferenz« unter Umgehung der Vorläufigen Leitung und auch des von den Bischöfen selbst beauftragten Lutherischen Rats ein neues kirchenleitendes Gremium für die DEK unter Leitung von Marahrens herausgestellt, zu dem auch unser Landesbischof gehört.[6] Dieses vom Minister natürlich ebenfalls nicht anerkannte Gremium besitzt weder irgendwelche rechtliche Legalität noch irgendwelche kirchliche Legitimität. Es ist als reines Privatunternehmen aber nicht mehr imstande, irgendwelche kirchliche Ordnung zu schaffen, sondern hat in der kurzen Zeit seines Bestehens nur dazu gedient, das Handeln der Bekennenden Kirche erneut zu lähmen, Pfarrer und Gemeinden in Verwirrung zu bringen und allen denen neuen Auftrieb zu geben, die den Entscheidungen der Bekennenden Kirche auszuweichen suchen.

2. Was ist angesichts dieser Lage zu tun?

Die Sammlung der Bekennenden Kirche in Württemberg ist unverzüglich in Angriff zu nehmen. Jede Verzögerung könnte nicht wieder gutzumachenden Schaden anrichten. Die Sammlung hat zunächst bei den Pfarrern einzusetzen mit dem Ziel, weiterhin die Gemeindeglieder und möglichst die geschlossenen Gemeindevertretungen zu erfassen, und zwar auf der Grundlage der Theologischen Erklärung von Barmen als der für uns maßgeblichen Auslegung der reformierten Bekenntnisse.

Jedem württ. Pfarrer ist die Frage vorzulegen, ob er sich auf Barmen verpflichtet weiß. Diese Erklärung muß außerdem enthalten als Punkt 2: die Anerkennung der durch Barmen und die folgenden Synoden bestellten und legitimierten leitenden Organe der DEK, also der Bekenntnissynode der Vorläufigen Leitung und des Rates der DEK; und als Punkt 3: die ausdrückliche Absage an sämtliche Richtungen der DC, sowie die Ablehnung sämtlicher Kirchenausschüsse im Reich, die nicht durch die Organe der Bekennenden Kirche anerkannt sind. Punkt 2 und 3 ist an sich schon in Barmen selbst enthalten, muß aber unter den heutigen Umständen ausdrücklich genannt werden, wenn der verpflichtende Charakter von Barmen eindeutig anerkannt werden soll. Barmen ist nicht eine allgemeine Wahrheit, sondern ein kirchenbildendes Faktum. Die Synode hat nicht nur eine theoretische Erklärung über Lehre und Ordnung der Kirche und

---

6 Siehe S. 219.

die unlösliche Zusammengehörigkeit von beidem abgegeben, sondern sie hat, indem sie als Synode in Verantwortung vor der ganzen christlichen Kirche handelte und die Synodalen auf diese Erklärung verpflichtete, zugleich die Kirche um diese reine Lehre gesammelt, die von ihr gelehrten Ordnungen eingerichtet und die Organe ins Wächteramt über diese Lehre und zur Erhaltung dieser Ordnung berufen und autorisiert. Es kann deshalb keine Zustimmung zu Barmen geben, die nicht zugleich ein Eintritt in die Gemeinschaft der in Lehre, Ordnung und Amt sichtbaren Bekennenden Kirche wäre, welche diese Erklärung abgegeben hat.

Das muß weiter zur Folge haben, daß die heute um die Barmer Erklärung zu sammelnde württ. Pfarrerschaft nicht nur eine freie Bewegung sein kann, die sich die Wahrheit von Barmen zu eigen macht, um, wie man sagt, das »Anliegen« der Bekennenden Kirche zu wahren. Da die Gesammelten mit ihrer Erklärung in die Gemeinschaft der Bekennenden Kirche von Barmen eintreten, müssen sie sich auch selbst die kirchlichen Ordnungen und Organe geben, welche über der faktischen Geltung dieser Wahrheit zu wachen und deren Anspruch an die gesamte Kirche Württembergs zu erheben haben.

Wir haben damit nicht nur einen abstrakt konstruierten »Kirchbauplan« entwickelt, sondern nur das gesagt, was sofort in dem Augenblick zu tun gewesen wäre, als sich in der Württ. Landeskirche irgend jemand zu der Barmer Erklärung bekannte, falls dieses Bekenntnis ernst gemeint war.

3. Unsere Frage an den Landesbruderrat

Das Ansuchen, zu dieser Sammlung zu rufen, wird an die Sozietät von Pfarrern und Gemeinden immer dringender gestellt. Wir geben hiermit dieses Ansuchen an den Landesbruderrat weiter, der als die berufene Leitung der Bekennenden Kirche in Württemberg unseres Erachtens verpflichtet ist und schon seit seinem Bestehen verpflichtet gewesen wäre, die Sammlung in Angriff zu nehmen. Dabei sind wir uns bewußt, daß der Landesbruderrat bisher schwerwiegende Gründe hatte, diese Sammlung nicht zu vollziehen. Sie liegen vor allem darin, daß mit dieser Sammlung sofort die Frage nach der geistlichen Kirchenleitung in Württemberg aufgeworfen ist. Um unnötige Auseinandersetzungen zu vermeiden, sehen wir jetzt von der Frage ab, ob der Landesbruderrat schon bisher hätte anders handeln können, und bitten den Landesbruderrat dringend, auch seinerseits allein den Blick auf das zu richten, was jetzt zu tun ist und getan werden kann. Wir können uns nicht oft genug gegenseitig daran erinnern, daß wir an die Vergebung der Sünden und die Auferstehung des Fleisches glauben dürfen und daß darum nichts, was wir gestern falsch gemacht haben, uns heute daran hindern darf, das Richtige zu tun. Wir bitten den Landesbruderrat herzlich, mit uns dieser Verheißung und Mahnung zu gedenken, damit uns nichts an der Erfüllung des Dienstes hindert, zu dem wir gefordert sind.

Wir haben zunächst nicht zu fragen, in welchem Sinn die Maßnahmen des nach unserem Vorschlag handelnden Bruderrates von seiten des Oberkirchenrates als »kirchenregimentliches Handeln« angesehen und beanstandet werden könnten; und wir dürfen unser Handeln nicht durch den Gesichtspunkt bestimmen lassen, wie derartige Konflikte zu vermeiden sind. Der Oberkirchenrat übt eine geistliche Leitung der Kirche faktisch nicht aus, und wir sind einfach gefragt, ob wir es noch länger verantworten können, Pfarrer und Gemeinden ohne kirchliche Leitung zu lassen. Wenn die Gemeinden in ihrer Not uns fragen, wo denn die Kirche ist, die ihnen mit Vollmacht sagt, auf welches Evangelium sie leben und sterben können, weil es ihnen um ihre ewige Seligkeit geht, dann können wir ihnen, etwa angesichts des oberkirchenrätlich geduldeten Skandals der Rehmschen DC-Propaganda, nicht nur sagen: Eure berufenen Hirten liefern euch leider dem Wolf aus, ich selbst und so und soviele Pfarrer sagen euch etwas anderes, aber die Kirche, die mit Vollmacht bindet und löst, ist zur Zeit leider nicht vorhanden. Wir müssen dann vielmehr für die Gemeinde die Stelle sichtbar machen, die in der Verantwortung vor der christlichen Kirche und gebunden an ihr Bekenntnis bezeugt, was Wahrheit und was Lüge ist, die Weisungen erteilt und die Gemeinde vor dem Wolf schützt und all das mit der Verbindlichkeit tut, die nicht nur erlaubt, sondern gefordert ist durch den Anspruch, im Auftrag der Kirche Jesu Christi zu handeln.

Wie sich dann der Oberkirchenrat zu diesem Anspruch stellt und wie dieser mit dem juristischen Anspruch des Oberkirchenrats in Einklang zu bringen ist, kann erst eine viel spätere Sorge sein. Es ist auch nicht zuerst zu fragen, in welchem Umfang die Sammlung eine Inanspruchnahme der von dem Oberkirchenrat bisher ausgeübten kirchenregimentlichen Funktionen durch den Bruderrat bedeuten würde, und ein möglichst vollständiges Programm dafür zu entwerfen. Wir bitten den Landesbruderrat, uns endlich nicht mehr in diesem Sinn mißzuverstehen. Der Bruderrat hat jeweils das zu tun, was ihm vor die Hand kommt: dort, wo er gefragt ist, geistlich zu antworten und das Evangelium zu bezeugen. Und weil er das in der Bindung an Gottes Wort und in der Verantwortung vor dem

Bekenntnis der Kirche tut, kann er nicht anders, als die Gültigkeit seines Handelns für die gesamte Kirche zu bezeugen. Es handelt sich zunächst nur darum, Barmen bei uns in Geltung zu setzen, aber noch nicht darum, sofort auch den Weg zu Dahlem, das heißt zum Verdikt über ein falsches Kirchenregiment weiterzugehen. Ob wir diesen nächsten Schritt einmal werden tun müssen, hängt von dem Oberkirchenrat selbst ab. Wenn er, was durchaus denkbar ist, in Erkenntnis seiner tatsächlichen Unfähigkeit, die Kirche geistlich zu leiten, was man keinem einzelnen Mitglied des Oberkirchenrats persönlich zum Vorwurf machen darf, auf die Ausübung der geistlichen Leitung verzichtet und seinen Verwaltungsapparat der Bekennenden Kirche unterordnet und zur Verfügung stellt, was er dem Sinn der Verfassung nach durchaus tun müßte, und heute, nachdem deren formal-juristische Geltung vom Staat ohnehin suspendiert ist, auch ohne die für ihn sonst so gewichtigen juristischen Hemmungen tun könnte, dann braucht es zu dem Schritt von Dahlem unserer Kirchenleitung gegenüber nie zu kommen. Es ist dann der auch praktisch einzig mögliche Weg beschritten, der aus dem Zusammenbruch wieder in einer Weise herausführen kann, bei dem nichts von dem zerstört und preisgegeben werden muß, was noch vorhanden ist. Sollte allerdings der Oberkirchenrat seine kirchenregimentlichen Ansprüche auch im Gegensatz zu bestimmten Entscheidungen des Bruderrats aufrecht erhalten, so muß ihm in Gottes Namen widerstanden werden, ohne die geringste Rücksicht auf die etwaigen Folgen.

Wir wissen, daß den Landesbruderrat bei all dem die Sorge bewegt, ob er damit den »schwachen Brüdern« unter den Pfarrern Entscheidungen auferlegen muß, die von diesen »noch nicht« getragen werden können. Wir bitten ihn aber doch, ernstlich zu bedenken, wie er es vor dem Wort Gottes verantworten will, aus angeblicher Barmherzigkeit gegen solche Pfarrer die Gemeinden an sie auszuliefern. Es ist uns bekannt, daß es erstaunlicherweise immer noch Pfarrer gibt, die meinen, man könne die Wahrheiten von Barmen unterschreiben und zugleich Mitglied bei den DC sein. Eben um diesen Irrtum zu entlarven, muß zu der geforderten Erklärung über Barmen der Punkt 2 hinzugefügt werden: Die Einordnung in die sichtbare Gemeinschaft der Kirche von Barmen, das Bekenntnis zu Barmen als Faktum. Sollte es freilich jemand geben, der trotzdem noch nicht einsehen würde, daß man sich hier eben entscheiden muß, und sollte der Landesbruderrat meinen, es sei eine »gesetzliche« Überforderung, einem solchen Bruder diese Entscheidung »schon« abzuverlangen, so müßten wir daran erinnern, daß das Bekenntnis, ebenso wie das Wort

Gottes selbst, eben auch Gesetz ist. Wir muten z. B. jedem Pfarrer das »natus ex Maria virgine« im Credo zu, obwohl es nicht sehr viele Pfarrer geben wird, die sich diesen Satz heute aus eigener theologischen Einsicht zu eigen machen können; jedenfalls braucht es dazu sehr viel mehr theologische Erkenntnis als zu der Einsicht, daß man nicht Barmen und DC-Theologie zugleich predigen kann. Trotzdem wird es in diesem Fall auch dem Landesbruderrat nicht einfallen, die Geltung des Credo von der theologischen Einsicht oder dem guten Willen oder der Entscheidungsfähigkeit oder Entscheidungswilligkeit des einzelnen Pfarrers abhängig zu machen. Wir sind der Meinung, daß der Landesbruderrat, wenn ihm diese »gesetzliche« Überforderung Schwierigkeiten macht, seine Lehre von »Gesetz und Evangelium« im allgemeinen und vom Bekenntnis im besonderen überprüfen müßte.

Um der unaufschiebbaren Dringlichkeit der Sache willen wären wir dem Landesbruderrat dankbar, wenn er uns möglichst bald auf unsere Frage antworten würde. Jedenfalls sollten wir die Antwort auf unserer Tagung in der Woche nach Pfingsten unseren Freunden vorlegen können. Wir bitten den Landesbruderrat auch, den Brief von Harald Diem an Wolfgang Metzger vom 17.2.1937[7] als unsere Antwort auf die »Stellungnahme« des Landesbruderrats zur Sozietät zur Kenntnis zu nehmen.

Dieses Schreiben geht gleichzeitig in Abschrift an den Oberkirchenrat in Stuttgart und an die Vorläufige Leitung der DEK.

Und nun: »Tut um Gottes Willen etwas Tapferes«!

Im Auftrag der Sozietät: Hermann Diem.

Dem Oberkirchenrat hatte Pfr. Diem das Schreiben an den Landesbruderrat vom 27. April zur Kenntnisnahme mitgeteilt. Daraufhin richtete der Oberkirchenrat am 5.5.1937 folgenden Erlaß an das Evang. Dekanatamt Göppingen[8]:

Der Leiter der Theol. Sozietät, Pfarrer Diem in Ebersbach, hat ein Schreiben an den Landesbruderrat gerichtet, worin er dem Landesbischof und dem Oberkirchenrat sowohl die formalrechtliche als die geistliche Autorität abspricht und den Landesbruderrat auffordert, die geistliche Leitung der Württ. Landeskirche zu übernehmen. Dem Oberkirchenrat droht er für den Fall, daß er sich ein entsprechendes Vorgehen des Landes-

---

7 Bei den Akten nicht vorhanden.
8 Nr. A 4573, den übrigen Dekanatämtern zur Kenntnisnahme und zur mündlichen Mitteilung an die Pfarrer übersandt. Gegen diese »Veröffentlichung« des Schreibens vom 27. April protestierte Pfr. Diem am 16.5.1937 in einem Schreiben an den Oberkirchenrat (Nr. A 5260 vom 18.5.1937).

bruderrats nicht gefallen läßt, mit der Erklärung des Notrechts und der öffentlichen Scheidung von der Kirchenleitung.

Wenn auch nicht zu erwarten ist, daß der Landesbruderrat die ihm zugedachte Rolle übernehmen wird, so sieht sich der Oberkirchenrat doch veranlaßt, auf diesen ungewöhnlichen Schritt einzugehen.

Zur Begründung dieses Aufrufs zur Auflehnung gegen die rechtmäßige Kirchenleitung beruft sich der Leiter der Sozietät im wesentlichen auf einige Vorfälle, die in dem Schreiben ungenau dargestellt sind, und auf die 13. Verordnung des Ministers für die kirchlichen Angelegenheiten vom 20. März dieses Jahres.

Es wird dem Oberkirchenrat vorgeworfen, daß er Bekenntnispfarrern in der eigenen Gemeinde in den Rücken falle. Diese Behauptung bezieht sich darauf, daß ein zur Sozietät gehörender Pfarrer einem auswärtigem Amtsbruder, der zu der Reichsbewegung DC gehört, den Erlaubnisschein zur Trauung seines Bruders verweigert hat unter Hinweis auf die Erklärung von Barmen. Der Oberkirchenrat konnte in diesem Fall eine so rigorose Behandlung der Frage des Dimissoriale nicht billigen. Angesichts der nahen Verwandtschaft des auswärtigen Amtsbruders mit einem Gemeindeglied hätte die Angelegenheit so erledigt werden können, wie es in diesem Fall sachlich gerechtfertigt werden kann und dem Herkommen entspricht.

Es ist ferner nicht zutreffend, daß der landeskirchliche Wahldienst einem zur Reichsbewegung DC gehörenden Pfarrer die Abhaltung einer Wahlversammlung übertragen hat. Der betreffende Pfarrer hat in der Gemeinde eines ihm nahestehenden Amtsbruders auf dessen Bitten hin einen Vortrag über die kirchliche Lage gehalten, der nicht offiziell angeordnet war. Im übrigen sind in anderen Kirchengebieten auch von seiten einzelner Bruderräte Bestrebungen im Gange, auch die Mitte mit Einschluß von Geistlichen, die der Reichsbewegung DC angehören, zu gemeinsamem Vorgehen in der Wahl zu sammeln. Es ist nicht einzusehen, warum die im Schreiben der Sozietät kritisierten Fälle einen Verrat an dem Bekenntnis bedeuten sollen, zumal die Württ. Kirchenleitung bei ihren Bemühungen um die Zurückführung von zur Reichsbewegung DC gehörenden württ. Geistlichen in die kirchliche Gemeinschaft gegenüber der Leitung der Reichsbewegung DC keinerlei Bindung eingegangen ist.

Das Schreiben des Vorsitzenden der Sozietät beruft sich mehrfach auf die 13. Verordnung des Reichsministers für die kirchlichen Angelegenheiten, die von sämtlichen auf dem Boden von Verfassung und Bekenntnis stehenden landeskirchlichen Regierungen als Eingriff in innerkirchliche Angelegenheiten abgelehnt wird und deren Veröffentlichung in den Amtsblättern dieser Kirchen deshalb verweigert worden ist. Die Sozietät macht sich in ihrer sichtlichen Freude darüber, daß ihre anscheinend längst gehegte Hoffnung auf die Zerstörung der »intakten« Kirchen in Erfüllung zu gehen scheint, zum Bundesgenossen derer, die staatliche Eingriffe in die Kirche wünschen und vollziehen. Sie hat dadurch das Recht verwirkt, im Namen des Bekenntnisses aufzutreten und die Sorge um eine wahrhaft geistliche Leitung der Kirche für sich in Anspruch zu nehmen.

Es ist bedauerlich, daß ein derartiger Störungsversuch in der württ. Kirche in einem Augenblick gemacht wird, in dem die Kirchenleitung sich in ernsten Auseinandersetzungen um das Lebensrecht der Kirche mit der VKBDC wie auch mit staatlichen Stellen befindet. Das Vorgehen der Sozietät, das nur den Feinden der Kirche zugute kommen kann, ist umso unverständlicher, als der Landesbischof ständig und nicht ohne Erfolg bemüht ist, die zwischen VKL und der Kirchenführerkonferenz schwebenden Verhandlungen zu einem guten Ergebnis zu führen.

Dies ist Herrn Pfarrer Diem zu eröffnen. Wurm.

Zu dem Brief der Sozietät an den Landesbruderrat schrieb Dekan Haug, Herrenberg, am 14.5.1937[9]*:*

Lieber Freund!

Gestern bekam ich die Erklärung Diems an den Landesbruderrat. Ich schicke sie Dir gleichzeitig mit Dank zurück. Da wir uns wohl in nächster Zeit nicht sehen, möchte ich einige schriftliche Bemerkungen dazu machen im Anschluß an unser Zusammensein am Montag.

Hätte ich Diems Schreiben schon gehabt, so hätte ich Eurer Kritik am Erlaß des Oberkirchenrats noch anders entgegentreten müssen. Man kann sich fragen, ob es richtig war, die Dekanatämter von dem Vorgehen Diems sofort zu benachrichtigen. Doch kann der Oberkirchenrat mit einem gewissen Recht sagen: Wenn die Mitglieder der Sozietät das Schreiben vervielfältigt bekommen, dann muß auch der Oberkirchenrat dazu Stellung nehmen. Vielleicht sind auch unmittelbare Verhandlungen vorhergegangen, die wir nicht kennen. Jedenfalls sollten sie auch jetzt noch, trotz aller Erschwerung, aufgenommen werden.

---

9 LKA Stuttgart, D 1, Bd. 71. Der Empfänger des Briefes ist nicht genannt; wahrscheinlich handelt es sich um Pfr. Höltzel, Hildrizhausen, der zur Sozietät gehörte.

Ich könnte mir den Erlaß »seelsorglicher« denken, verstehe aber, daß es nicht geschah. Ich wagte jedenfalls aus der Ferne ohne Kenntnis aller Vorgänge nicht, es unter allen Umständen zu fordern.

Zum ganzen muß ich sagen: Der Sinn des Diemschen Schreibens ist nach meinem Verständnis in dem Erlaß richtig wiedergegeben. Ich wundere mich darüber, daß Du das Schreiben als nicht besonders scharf bezeichnet hast. Schärfer kann man den Oberkirchenrat und damit den verantwortlichen Leiter, den Landesbischof, eigentlich nicht verurteilen, als es in dem Schreiben geschieht. Ich denke z. B. an den Satz: »Wenn der Oberkirchenrat, was durchaus denkbar ist, in Erkenntnis seiner tatsächlichen Unfähigkeit, die Kirche geistlich zu leiten, ... auf die Ausübung der geistlichen Leitung verzichtet und seinen Verwaltungsapparat der BK unterordnet und zur Verfügung stellt ..., dann braucht es zu dem Schritt von Dahlem unserer Kirchenleitung gegenüber nie zu kommen.« Der Zwischensatz »was man keinem Einzelmitglied des Oberkirchenrats persönlich zum Vorwurf machen darf«, bedeutet bei dem Ineinander von Persönlichem und Sachlichem nur eine geringe Milderung. Hier ist einfach Auflehnung gegen die Kirchenleitung. Hier wird der Kirchenleitung wirklich in den Rücken gefallen in einem ernsten Augenblick. Das darf ein evangelischer Christ nur, wenn es um das allerletzte geht und alle Mittel erschöpft sind. Ist diese Lage gegeben? Wenn das ganze Schreiben nur den Charakter eines Vorstoßes haben soll, der die Aussprache wieder in Fluß bringt, dann wäre zunächst ein anderer Weg notwendig gewesen.

Du weißt, daß ich mit Dir an manchen Punkten ein klareres, entschiedeneres Vorgehen des Oberkirchenrats sehr wünschte (z. B. Schairer) und unter gewissen Entschließungen und Erlassen, wie Du, leide. Ich suche in meinem Teil beim Oberkirchenrat immer dahinzuwirken, daß diese berechtigten Wünsche und Anstände gehört werden. Aber ich bin mir dabei bewußt, wie schwer es ist, in einer verantwortlichen Kirchenleitung heute Entschlüsse zu treffen. Und ich möchte nie vergessen, was insbesondere der Herr Landesbischof in den letzten Jahren für die BK tatsächlich bedeutet hat. Ist ein Schreiben wie das Diems, das nur negative Kritik ausübt, wirklich aus dem Geist Jesu Christi heraus geboren?

Nun noch Einzelnes zu dem Schreiben.

1. Wenn ich recht sehe, meint der Wahldienst mit dem Reden von der Kirche Jesu Christi nur dies, daß in der Landeskirche das Evangelium im neutestamentlichen Sinn verkündigt wird. Das ist keine neue Haltung. Es ist nur immer deutlicher herausgekommen, daß wir in der Thüringer

DC »Nicht-Kirche« vor uns haben. Dabei ist die Unvollkommenheit jedes kirchlichen Handelns selbstverständlich mit eingeschlossen.

2. In dem Schreiben wird Barmen über alle Bekenntnisschriften hinaus, ja ich muß sagen mehr als das Neue Testament gewertet. Gewiß ist Barmen ein sehr wichtiger Meilenstein in der Entwicklung gewesen. Aber das, was jetzt in der Sozietät und sonst daraus gemacht wird, geht weit über den ursprünglichen Sinn hinaus. Hier wird ein falsches Joch auf der Jünger Hälse gelegt.[10] Zur BK gehört für mich, wer das Evangelium Jesu Christi bekennt. Das sind nicht nur Leute, die heute in der BK organisiert sind, obwohl die Organisation notwendig ist. Geistige Autorität hat der Kirchenführer, der das Wort Gottes recht verkündigt und auf Grund des Neuen Testamentes handelt. Deshalb ist für mich unser Landesbischof geistliche Autorität, auch wenn ihm formal rechtlich oder von der Vorläufigen Leitung aus diese Autorität abgesprochen wird. Die tatsächliche Autorität des Landesbischofs im württ. Kirchenvolk beruht nicht auf Barmen, sondern auf seiner neutestamentlichen Haltung.

3. Der Standpunkt der Sozietät führt zwangsläufig auf eine verhältnismäßig kleine Freikirche. Wer heute noch in irgend einem Sinn Volkskirche will, der kommt etwa zu der Stellung, die Zoellner ja einnimmt nach seinen schmerzlichen Erfahrungen im Reichskirchenausschuß (vgl. seine Frankfurter Rede).

Luther hat seine neutestamentlichen Erkenntnisse über die Kirche lange nicht in die Wirklichkeit umsetzen können. Er hatte nicht die Leute dazu. Haben wir sie?

Die Gemeinschaften und Freikirchen leben immer wieder von der Fiktion, als könnte es doch in irgend einer Form Gemeinde der Heiligen geben. Ihr habt die Fiktion, als gebe es eine hundertprozentig sichere, allgemein verpflichtende Theologie und im Zusammenhang mit ihr eine unzweideutig festzustellende, allgemein gültige Ordnung der Kirche. Wer sie nicht anerkennt, ist in Euren Augen schon Irrlehrer, von dem Ihr Euch scheiden müßt. Hier liegt für mein Erkennen ein Stück gefährliche Schwärmerei. Die Geschichte zeigt, daß es *die* Theologie und *die* Ordnung nicht gibt. Die »reine Lehre« ist nur da heilvoll und für die Gemeinde fruchtbar, wo sie zugleich zu einer geistigen Erweckung führt. Wo sind heute die Zentren der deutschen Kirche? Nicht in Wittenberg oder in Leipzig, den ehemaligen Zentren der reinen lutherischen Lehre. Sondern im ganzen in den Gegenden, die der Pietismus befruchtet hat. Das gibt doch zu denken.

10 Apg. 15,10.

4. Ich habe stark den Eindruck: Wenn Paulus heute käme, so würde er bei Euch auch keine Gnade finden und zu den »Kompromißlern« gehören. Ich denke etwa daran, daß er Timotheus beschneiden ließ und den Juden zulieb ein Gelübde auf sich nahm.[11] Dabei hat Paulus das gehabt, was ich der BK wünschte: Nicht nur die scharfe klare Scheidung vom Judaismus (Galaterbrief, 1. Teil), sondern die Liebe zum irrenden Bruder, den er mit sanftmütigem Geist zurecht weist (2. Teil des Galaterbriefs), und das ernsthafte Suchen nach jeder möglichen Anknüpfung (2. Teil der Apostelgeschichte). Damit komme ich zu dem Bemühen der Kirchenleitung um einzelne DC. Ist es nicht völlig berechtigt und notwendig, solange keine Bindung der ganzen Richtung gegenüber damit verbunden wird? Leitz war neulich etliche Stunden bei mir. Ich könnte nie zwischen mir und ihm einen Schnitt machen, trotzdem gewisse Unterschiede deutlich herauskamen. Auch aus seiner Gemeinde höre ich durch Gemeindeglieder über seine Arbeit wirklich Gutes. Was er in der Wahlversammlung gesagt hat, müßte erst genauer festgestellt werden, da heute leider die Berichterstattung zum unsichersten in der Kirche gehört.

5. Diem schreibt: »Wenn die Gemeinden in ihrer Not uns fragen, wo denn die Kirche ist, die ihnen mit Vollmacht sagt, auf welches Evangelium sie leben und sterben können«, so kann ich seit der Ausschreibung der Kirchenwahl viel ruhiger, wenn auch in aller Schwachheit, auf unsere Kirche hinweisen. Denn in diesen Wochen ist etwas vom Evangelium in ihr nicht ohne Vollmacht verkündigt worden. Mir ist noch keine Gemeinde begegnet, die durch die Kirchenleitung so in Not kam, wie es nach dem Schreiben scheint. Die Gemeinde – auch in ihren ernsten Vertretern – kann im Gegenteil die theologischen Auseinandersetzungen der letzten $1\,^1/_2$ Jahre nicht verstehen und ist froh, daß sie jetzt die Entscheidung klarer vor sich sieht.

6. Ich sehe die heutige Lage so: Es ist etwas vom biogenetischen Grundgesetz auf geistigem Gebiet sichtbar geworden. Zuerst hatten wir im Kirchenkampf wirkliche Jung-Reformatoren. Die Sozietät und ihre Freunde gehören für mich zu den Nach-Reformatoren, die bei aller persönlichen Lauterkeit und Mannhaftigkeit trotz ihrer guten Theologie durch ihre einseitige starre Haltung das geistige Leben in der damaligen Kirche hemmten.

Gegenüber dieser Orthodoxie haben die Gedanken, wie sie in der Gruppenbewegung ausgesprochen werden, dem einstigen Pietismus ähn-

---

11 Apg. 16,3; Apg. 18,18.

lich, ihre Berechtigung. Nun sollten wir aus der Geschichte lernen, daß keine dieser 3 (heute gleichzeitigen) Bewegungen für sich allein das Heil bringt, sondern erst dann, wenn ihre berechtigten Anliegen dem ganzen eingeordnet sind. Ich muß bei der Sozietät an das Wort denken: »Wenn der ganze Leib Auge wäre, wo bliebe das Gehör?... Nun hat aber Gott die Glieder gesetzt, ein jedes sonderlich im Leibe[11a].« Ich möchte für mich, soweit es die Gruppe angeht, darnach leben und handeln, daß sie ihre besondere Gabe der Seelsorge und der Anknüpfung für den modernen Menschen nutzbar macht in der Kirche, die heute um die Wahrheit des Evangeliums kämpft. Wenn die Sozietät (wie die Dahlemer überhaupt) wohl unter mancher Selbstverleugnung, unter Aufgabe falscher Herrschaftsansprüche, ein Stoßtrupp in derselben Kirche wäre und unentwegt und unverdrossen vorwärtstriebe, das wäre schon zu Zeiten des RKA ein wahrhaft großer Dienst gewesen und wäre es heute wieder. So aber fürchte ich, daß das heutige, noch sehr gnädige Gericht über die Kirche erst abgelöst werden muß von strengen Schlägen Gottes, bis wir uns zusammenfinden. Haug.

Die Pfarrerschaft des Kirchenbezirks der Stadt Stuttgart befaßte sich ebenfalls mit dem Brief der Sozietät an den Landesbruderrat und mit einer von der Sozietät geäußerten Anregung, in Stuttgarter Kirchen Vorträge von Pfarrern der Sozietät halten zu lassen. Der Stuttgarter Pfarrkonvent faßte folgende Entschließung[12]:

Der Stuttgarter Pfarrkonvent hat in Abwesenheit seiner zwei der Reichsbewegung DC angehörigen Mitglieder beraten über die Bitte des Herrn Pfarrer Diem, Ebersbach, das Stadtdekanatamt möge der Sozietät Gelegenheit geben, in einer Stuttgarter Kirche der Stuttgarter Gemeinde 6 Vorträge über die Sätze von Barmen zu halten. Wir Stuttgarter Pfarrer haben in überwältigender Mehrheit das Anliegen von Barmen uns zu eigen gemacht und in der Verkündigung und bei sonstigen Gemeindeveranstaltungen der Gemeinde ans Herz gelegt, wenn auch meist ohne direkte Bezugnahme auf die Barmer Sätze, über deren Wortlaut im einzelnen nicht alle unter uns ganz der gleichen Auffassung sein mögen. Gerade

---
11a 1. Kor. 12,16.
12 LKA Stuttgart, D 1, Bd. 71; das Stück ist nicht datiert. Die Entschließung wurde von Stadtdekan Dr. Lempp am 10.5.1937 den zur Bekennenden Kirche gehörenden Pfarrern des Stadtdekanatsbezirks Stuttgart übersandt mit der Bitte, der Gemeinde keine Mitteilung zu machen, damit keine Verwirrung ausgerichtet wird (LKA Stuttgart, D 1, Bd. 71). Die Vorträge fanden dann vom 14. bis 19.6.1937 in der Reformierten Kirche in Stuttgart statt (OKR Stuttgart, Registratur, Generalia Bd. 115 f).

im heutigen Augenblick steht uns die Trennung von der schwarmgeistigen Irrlehre im Vordergrund, und wir tun, was wir können, um die Gemeinde im Sinn von Barmen für die kommende Entscheidung zu rüsten.

Aus dem Schreiben der Sozietät an den Landesbruderrat, von dem uns der Oberkirchenrat Kenntnis gegeben hat, und aus den Worten der beiden Herren Diem am 3. Mai im Furtbachhaus haben wir jedoch ersehen, daß es sich bei der geplanten Vortragsreihe nicht um eine Evangelisation, sondern um eine Aktion gegen die Württ. Kirchenleitung handelt. Eine solche Aktion lehnt der am 4. Mai versammelte Stuttgarter Pfarrkonvent einmütig ab (2 Stadtvikare haben sich bei dieser Entschließung der Stimme enthalten). Wir können eine solche Aktion, vollends im gegenwärtigen Augenblick nur als einen unverantwortlichen Schlag gegen die Bekennende Kirche ansehen, über den alle ihre Feinde jubeln werden, als eine Aktion, die weder von der Schrift, noch von dem ursprünglichen Sinn von Barmen her begründet werden kann. Der Pfarrkonvent ist befremdet über das Hereintragen dieser Aktion in die Stuttgarter Gemeinde, in der der Leiter der württ. Kirche ein besonderes Maß von Vertrauen genießt. Eine solche Aktion von außen her, zudem ohne Fühlungnahme mit Stuttgarter Pfarrern, ist in unserer Kirche ein Unrecht und kann von uns, die wir in fest geschlossener Einheit den schweren Kampf um unsere Kirche führen und uns unserer besonderen Verantwortung bewußt sind, nur als ein Eingriff in ein fremdes Amt bezeichnet werden, wahrlich nicht bloß vom Gesichtspunkt der äußeren Ordnung aus. Wir müssen darum auch dem Stadtdekan nahelegen, daß er die Bitte des Herrn Pfarrer Diem ablehnt.

Was heute in dieser besonders ernsten Stunde nottut, ist nicht Disziplinlosigkeit und unbiblische Aufwiegelung der Gemeinde gegen ihre rechtmäßigen, ans Evangelium gebundenen Leiter um angeblicher Häresien der Lehre und der Ordnung willen, sondern treue, aus Gottes Geist und Kraft erbetene Führung des uns aufgetragenen Amtes.

Am 12.5.1937 hatte der Landesbruderrat das Anliegen der Sozietät telefonisch mit der Vorläufigen Leitung der Deutschen Evang. Kirche besprochen; die Stellungnahme der Vorläufigen Leitung ist in folgender Notiz festgehalten[13]*:*
Äußerung der Vorläufigen Leitung zu der Kontroverse Landesbruderrat – Sozietät in Württemberg

---

13 LKA Stuttgart, D 1, Bd. 71; die telephonische Auskunft wurde von Dr. Böhm gegeben (Dipper, S. 179).

1. Es erscheint der Vorläufigen Leitung für gänzlich unmöglich, vom Landesbruderrat jetzt zu verlangen, die geistliche Leitung der Württ. Landeskirche zu übernehmen.
2. Die Forderung der Sozietät widerspricht der Entwicklung in Berlin, wo alles darauf drängt, daß man sich zusammenfindet. Ein neuer Bruch sollte wenn irgend möglich vermieden werden.
3. Es ist der VKL fraglich, ob die Kirchl.-Theol. Sozietät die Vollmacht hat, die geistliche Leitung zu übernehmen, ob sie mit ihrem Handeln sich wirklich auch am Gewissen der Gemeinde bezeugt.
4. Es erscheint der VKL dringend erwünscht, wenn der Landesbruderrat sich größere Bewegungsfreiheit verschafft und sich zu einer freien Bewegung zurückfindet. Damit wäre bereits ein wesentlicher Schritt vorwärts getan.
5. Eine eingehende Stellungnahme der VKL würde eine genaue Kenntnis der inneren württembergischen Verhältnisse voraussetzen und kann deshalb im Augenblick nicht gegeben werden.

Nach sorgfältiger Beratung am 12. Mai beantwortete der Landesbruderrat am 14.5.1937 das Schreiben der Sozietät vom 27. April[14]:

Die Kirchl.-Theol. Sozietät hat an den Landesbruderrat unter dem 27. April ein Schreiben gerichtet, in welchem der Landesbruderrat aufgefordert wird, die Bekennende Kirche Württembergs neu zu sammeln und die geistliche Leitung in der Württembergischen Landeskirche zu übernehmen. Hierzu erklärt der Landesbruderrat Folgendes:

1. Die Aufforderung der Kirchl.-Theol. Sozietät geht von der Feststellung aus, daß die Württ. Kirchenleitung eine geistliche Leitung faktisch nicht ausübe. Diese Behauptung bedeutet in dieser Einseitigkeit eine ungerechtfertigte Kränkung der Kirchenleitung. Auch wenn die Frage bisher immer offen geblieben ist, wie die kirchliche Entscheidung von Barmen innerhalb der rechtlichen Ordnung unserer Landeskirche zur Geltung gebracht werden kann, so ist doch die Sache, um die es in Barmen ging, vom Landesbischof als dem verantwortlichen Leiter der Landeskirche immer wieder in entscheidenden Stunden den staatlichen Behörden und der Reichskirche gegenüber wie auch innerhalb unserer Landeskirche geltend gemacht worden. Zudem bezeugt er diese Sache fort und fort in seiner Eigenschaft als Landesbischof durch seine ausgedehnte Predigttä-

---

14 LKA Stuttgart, D 1, Bd. 71; vgl. Dipper, S. 181–184. Das Gutachten der Sozietät vom 12.6.1936 siehe S. 40–50.

tigkeit vor der Gemeinde. Es kann unter diesen Umständen über die grundsätzliche Haltung des Landesbischofs in der Gemeinde kein Zweifel bestehen. Der Landesbischof besitzt darum auch, im Gegensatz zu der Behauptung der Kirchl.-Theol. Sozietät, eine große geistliche Autorität in unserer Württ. Landeskirche. Die Gemeinde sieht in ihm den Mann, der die erste Verantwortung in der Landeskirche trägt, und ihr mit Vollmacht sagt, auf welches Evangelium sie leben und sterben kann.

Gewiß ist in vielen Einzelfragen, -äußerungen und -entscheidungen nicht das klare Wort und die durchgreifende Lösung im Sinne der Barmer Erklärung gefunden worden. Oft hat der Landesbruderrat Wege zu zeigen versucht, wie unter den gegebenen Verhältnissen dem Bekenntnis der Kirche Geltung verschafft werden könne, und mußte dabei die schmerzliche Erfahrung machen, daß es in unserer Landeskirche und auch in unserer Kirchenleitung offenbar starke Kräfte gibt, die einer klaren Bekenntnisbindung der Kirche widerstreben. Man darf aber um solcher Enttäuschung und um der Nöte willen, die daraus in der Kirche entstehen, nicht alles übersehen, was der Gemeinde positiv durch die Haltung der Kirchenleitung gegeben worden ist.

Zudem überschreiten die Forderungen, welche die Kirchl.-Theol. Sozietät an die Kirchenleitung stellt, das Maß dessen, was heute kirchlich verantwortet und geleistet werden kann. So legt es die Kirchl.-Theol. Sozietät der Kirchenleitung fortgesetzt nahe, das geltende kirchliche Recht durch ihre Maßnahmen zu überschreiten und damit ihrerseits außer Kraft zu setzen. Das ist bisher nirgends in der Bekennenden Kirche geschehen, vielmehr hat sich die Bekennende Kirche durchgängig auf das geltende Recht berufen. Nach Meinung des Landesbruderrats müßten zunächst einmal innerhalb des geltenden Rechts alle Möglichkeiten ausgeschöpft werden, um der Gemeinde das reine Evangelium zu bringen und sie vor der Irrlehre zu bewahren. Ähnlich verhält es sich mit der Forderung nach Schaffung einer geistlichen Kirchenordnung, deren Verwirklichung die Kirchl.-Theol. Sozietät doch in verhältnismäßig naher Zukunft für möglich hält (vgl. Gutachten der Kirchl.-Theol. Sozietät vom 12.6.1936 »Gibt es Rechtshilfe ...«). Die Kirchl.-Theol. Sozietät hat bis jetzt noch keinen Weg gezeigt, wie man bei dem derzeitigen inneren Stand auch unserer für das Wort Gottes aufgeschlossenen Gemeindeglieder zu kirchlichen Organen kommt, die in wahrhaft geistlicher Vollmacht die Schritte zu tun vermögen, die mit der Zeit zu einer geistlichen Kirchenordnung führen. Es ist bestimmt anzunehmen, daß keine Kirchenleitung, wohl auch nicht eine aus den Mitgliedern der Kirchl.-Theol. Sozietät selbst gebildete, das zu leisten vermag, was die Kirchl.-Theol. Sozietät von der Kirchenleitung fordert.

2. Obwohl der Landesbruderrat somit dem Urteil der Kirchl.-Theol. Sozietät über die geistliche Autorität der Kirchenleitung nicht zustimmen kann, da zum mindesten der Landesbischof eine solche Autorität besitzt, sieht auch der Landesbruderrat darin eine akute, immer bedrohlicher werdende Not, daß das Bekenntnis in unserer Württ. Landeskirche keinen Träger hat. Während in anderen Landeskirchen, die sich der Bekennenden Kirche zugeordnet halten, z. B. in Sachsen und in Hessen-Kassel, die Landeskirche mit Hilfe der Bekennenden Kirche, das heißt mit der an der Barmer Erklärung orientierten Kirche aufgebaut wird und die Landeskirche somit in der Bekennenden Kirche den Träger des Bekenntnisses hat, kam es in unserer Württ. Landeskirche leider nicht dazu, was notwendig zur inneren Auflösung der Bekenntnisgemeinschaft und damit des Trägers des Bekenntnisses führen mußte. Der Landesbruderrat hat sich deshalb zu dem Rundschreiben an die Amtsbrüder der Württ. Bekenntnisgemeinschaft entschlossen, das diesem Schreiben beiliegt. In diesem Rundschreiben wird zur Sammlung unter dem in der Kirche sichtbar aufgerichteten Zeichen der Barmer Bekenntnisentscheidung aufgerufen. Der Landesbruderrat, der einstweilen die aus der neuen Sammlung hervorgehende Leitung vertritt, ist bereit, in der Bindung an das Bekenntnis der Kirche sein Zeugnis zu den konkreten kirchlichen Entscheidungen abzulegen und damit den Gliedern der Bekenntnisgemeinschaft, der Landeskirche und der gesamten Bekennenden Kirche zu dienen. Er glaubt, daß durch diese Predigt des Wortes, die nie ein unverbindliches Reden ist, auch in unserer Landeskirche das Zeichen aufgerichtet wird, um das die ans Wort gebundene Gemeinde mit ihren Pfarrern sich sammeln kann. Der Landesbruderrat möchte damit den geistlichen Auftrag wahrnehmen, den jedes Gemeindeglied, insonderheit jeder Prediger des Evangeliums hat, daß in der Verbindung mit dem Haupt der Gemeinde, mit Christus, ein Glied dem andern Handreichung tut[15] nach dem Maß, das einem jeglichen gegeben ist. Er lehnt es aber ab, mit diesem geistlichen Handeln in die Befugnisse der Leitung der Kirche einzugreifen. Er möchte der Kirchenleitung dienen, nicht sie seinem eigenen Regiment unterwerfen. Er steht mit seinem Zeugnis in der Gemeinschaft der gesamten Bekennenden Kirche Deutschlands und hält brüderliche Fühlung mit ihren Organen; er lehnt es aber ab, sich unter Umgehung der Württ. Kirchenleitung anderen

---

15 Eph. 4,16.

Organen der Leitung zu unterstellen. Der Landesbruderrat sieht in der Württ. Bekenntnisgemeinschaft eine freie Bewegung, die in Gemeinschaft mit der gesamten Bekennenden Kirche Deutschlands in ihrem Teil dazu beitragen will, daß dem verpflichtenden Anspruch des Bekenntnisses auch in unserer Württ. Landeskirche Raum geschaffen wird.

3. Die weitergehenden Forderungen der Kirchl.-Theol. Sozietät sind in einer Wertung der Bekenntnissynode von Barmen begründet, welcher sich der Landesbruderrat nicht anschließen kann. Der Landesbruderrat ist der Überzeugung, daß grundsätzlich Entscheidungen über die Lehre eine andere Dignität besitzen als Entscheidungen über die Ordnung der Kirche. Es ist uns mindestens zweifelhaft, ob und wie weit die Bekenntnissynode in Barmen die von ihr gelehrten Ordnungen eingerichtet und die Organe ins Wächteramt über diese Lehre und zur Erhaltung dieser Ordnung berufen und autorisiert hat. Sonst hätte sie sich am Schluß ihrer Theologischen Erklärung nicht beschränken können auf die Mahnung, es möchten diejenigen, die sich ihrer Erklärung anschließen können, bei ihren kirchenpolitischen Entscheidungen dieser theologischen Erkenntnisse eingedenk sein. Auf alle Fälle muß festgestellt werden: Ein Konsensus über die Einheit von Lehre, Ordnung und Amt in der Bekennenden Kirche ist in Wirklichkeit nie erreicht worden. So schmerzlich diese Tatsache ist, so dringlich die Überwindung dieses Zustands gefordert ist, die Tatsache des hier bestehenden Dissensus läßt sich durch theologische Konstruktionen über Lehre, Ordnung und Amt nicht aus der Welt schaffen. Die Entscheidung von Barmen ist dadurch durchaus nicht entleert. Wie es in der Reformationszeit gemeinsame Lehrentscheidungen und Bekenntnisakte von Kirchen gegeben hat, die in ihrem Kirchenregiment voneinander getrennt waren, so ist auch heute eine gemeinsame verpflichtende Lehrentscheidung innerhalb der Deutschen Evang. Kirche möglich, auch wenn es bis jetzt noch nicht gelungen ist, eine gemeinsame Leitung für die gesamte Deutsche Evang. Kirche herauszustellen. Übrigens wäre auch eine solche Leitung an die Verfassung der Deutschen Evang. Kirche vom 11.7.1933 gebunden und damit an die Bestimmung, daß die Landeskirchen in Bekenntnis und Kultus selbständig sind. Dementsprechend hat sich die VKL z. B. in ihrem Osterwort nicht mit Weisungen, sondern mit Bitten an die Landeskirchenregierungen gewendet. Der Landesbruderrat bleibt also mit seiner Haltung durchaus in der Gemeinschaft der Bekennenden Kirche. Das zeigt auch der ähnliche Vorgang in Baden. Wenn es dort unter den doch wesentlich anderen Verhältnissen für die VKL bisher tragbar gewesen ist, daß die Badische Bekenntnisgemeinschaft dem Kir-

chenregiment ihrer Landeskirche unterstellt blieb und sich nicht direkt dem Kirchenregiment der VKL unterstellte, so wird für die Württ. Bekenntnisgemeinschaft dasselbe zutreffen.

4. Da der Landesbruderrat glaubt, auf dem von ihm eingeschlagenen Weg in unserer Württ. Landeskirche den Dienst ausrichten zu können, der durch die Bekennende Kirche in Württemberg geschehen muß, so möchte er die Kirchl.-Theol. Sozietät bitten und mahnen, von ihren weitergehenden Plänen Abstand zu nehmen. Der Landesbruderrat hält das Vorgehen der Kirchl.-Theol. Sozietät für äußerst bedenklich, zumal im jetzigen Augenblick. Die Kirche führt heute einen harten Kampf für die Freiheit ihres Glaubens und für ihr Recht, das der Ausrichtung ihres Auftrags dienen soll. Darum hat die Vorläufige Leitung der Deutschen Evang. Kirche anläßlich der Informationsbesprechung am 21. April erklärt, daß sie nicht einen Zipfel noch bestehenden positiven Rechts preisgeben wolle. Im Gegensatz dazu nimmt das Schreiben der Kirchl.-Theol. Sozietät merkwürdigerweise gleichsam zustimmend Kenntnis von der 13. Verordnung des Ministers Kerrl, welche die formale Legalität der Kirchenleitung aufhebt. Die Kirche ist dazu berufen, den ihr auferlegten Kampf in der Gemeinschaft des Glaubens zu führen. Darum wird in der Bekennenden Kirche im Reich alles versucht, um die bestehenden Schwierigkeiten zu überwinden und eine Zusammenarbeit innerhalb der gesamten Bekennenden Kirche zu ermöglichen. Gleichzeitig aber unternimmt die Kirchl.-Theol. Sozietät in Württemberg einen Schritt, der in seinen Auswirkungen mit Notwendigkeit die Zusammenarbeit unter denen aufheben muß, die sich dem Bekenntnis verpflichtet wissen. Wir möchten umgekehrt von seiten der Kirchl.-Theol. Sozietät gerne einmal ein Wort hören, wie sie die Gemeinschaft mit denen zu halten gedenkt, denen der Gehorsam gegen Christus und sein Wort nicht abgesprochen werden kann und die doch theologisch und kirchenpolitisch den Weg der Kirchl.-Theol. Sozietät nicht mitgehen können.

Die Kirchl.-Theol. Sozietät hat uns über die biblische Begründung ihrer Lehre vom Kirchenregiment noch nie eine zureichende Auskunft gegeben. Ist es recht, um solcher theologischer Lehrmeinungen willen zu trennen, was in Christus eins sein sollte, zumal angesichts der heutigen Bedrohung der Kirche?

Richten wir willkürliche Trennungen an, so werden wir es nicht verhindern können, daß Mißtrauen, Verdächtigung und geistliche Vergewaltigung in der Gemeinde ihren Einzug halten. Wir müssen in diesem Zusammenhang auf die von der Kirchl.-Theol. Sozietät vorgebrachten Einzelheiten eingehen. Es ist nicht richtig, daß der Wahldienst Anweisung erhalten hat, sich nicht gegen die Rehmschen Deutschen Christen zu wenden. Es ist nicht richtig, daß ein Redner der Rehmschen Deutschen Christen mit Genehmigung des Wahldienstes an Stelle eines Bekenntnispfarrers in einer Gemeinde reden durfte. Es ist nicht richtig, daß die Kirchenleitung die Propaganda der Rehmschen Deutschen Christen duldet oder, wie es in dem Schreiben wohl gemeint ist, sie mit ihrer Autorität irgendwie deckt, vielmehr hat sie dieser Propaganda gegenüber zur äußersten Zurückhaltung aufgefordert. In der Angelegenheit Veil-Däuble hat sich der Landesbruderrat hinter Pfarrer Veil von Roßwälden gestellt. Er glaubt aber nicht, daß sich mit dieser Sache der Vorwurf begründen läßt, daß es in unserer Württ. Landeskirche keine geistliche Leitung gäbe.

Brüder! Wir wissen, daß Euch die Sorge um die Kirche auf dem Herzen brennt. Aber so könnt Ihr der Kirche nicht helfen. Wir reden nun nicht aus eigener Sicherheit, wenn wir Euch bezeugen: Wir können nicht glauben, daß dieser Weg ein Weg des Gehorsams ist, auf dem Christus Euch seinen Segen geben wird! Wir können nicht glauben, daß dieses Handeln sich am Gewissen der Gemeinde bezeugt! Wir fürchten vielmehr, daß eine Zerstörung entsteht, an der sich nur die Feinde der Kirche freuen können. So müssen wir Euch vor Gott, vor seinem Wort, um seiner Gemeinde willen bitten: Stehet ab von diesem Wege!

Im Auftrag des Landesbruderrats: Th. Dipper.

Ebenfalls am 14.5.1937 wandte der Landesbruderrat sich mit einem Rundschreiben An die Pfarrer der Württ. Bekenntnisgemeinschaft. *Da der Landesbruderrat die Bitte der Sozietät, die geistliche Leitung der Württ. Landeskirche zu übernehmen, ablehnen mußte, stellte sich die weitergehende Frage, ob der Landesbruderrat die aus den Verhältnissen gewachsene, rechtlich aber nie fixierte Stellung neben der offiziellen Kirchenleitung aufgeben solle, die zu der Bitte der Sozietät Anlaß gegeben hatte. Das Rundschreiben lautet*[16]*:*

Die Verantwortung, die der Württ. Landesbruderrat vor Gott und der Kirche übernommen hat, nötigt ihn, ein Wort zur innerkirchlichen Lage in unserer Württ. Landeskirche zu sagen. Dieses Wort geht Ihnen in der Anlage zu.[17]

Es möchte ein Wort der Besinnung sein, das uns hinweist auf das eine Anliegen der Bekennenden Kirche, daß wir in schlichtem Gehorsam dem

---

16 LKA Stuttgart, D 1, Bd. 71; das Rundschreiben wurde vom Landesbruderrat ebenfalls in seiner Sitzung am 12.5.1937 beschlossen; vgl. Dipper, S. 184 f.
17 »Der Leib Christi«; siehe S. 334–343.

Worte Gottes die Herrschaft in der Kirche einräumen. Auch wenn wir keinen Wert auf menschliche Sätze und Formulierungen als solche legen, erkennen wir in der Theologischen Erklärung der Bekenntnissynode in Barmen das in der Kirche aufgerichtete Zeichen, das uns in den Entscheidungen unserer Zeit verpflichtend zu diesem Gehorsam ruft.

Das Wort des Landesbruderrats möchte aber zugleich auch ein Ruf zur Sammlung sein. Auch wenn wir keinen Wert auf menschliche Organisation und Gremien als solche legen und ihnen gegenüber immer wieder die Freiheit des an Gottes Wort gebundenen Gewissens geltend machen müssen, so verpflichtet uns das Bekenntnis zu Christus zur Gemeinschaft, daß wir in sichtbarem Zusammenschluß die Verantwortung für die rechte Ausrichtung dieses Zeugnisses tragen. Für die Württ. Landeskirche bedeutet das, daß wir zur Sammlung in der Bekenntnisgemeinschaft rufen und als freie Bewegung in unsrem Teil mit diesem Zeugnis unserer Landeskirche dienen.

In diesem Sinne bezeugen wir Folgendes als Grundlage der Württ. Bekenntnisgemeinschaft:

1. Die Bekenntnisgemeinschaft weiß sich der Bekenntnisentscheidung für die Alleinherrschaft Christi in seiner Kirche verpflichtet, wie sie in der Theologischen Erklärung der Bekenntnissynode in Barmen bezeugt ist.

2. Die Bekenntnisgemeinschaft ist willens, die Gemeinschaft mit allen Brüdern in der Deutschen Evang. Kirche zu halten, die zu dieser Entscheidung von Barmen stehen.

3. Die Bekenntnisgemeinschaft setzt sich dafür ein, daß die durch die Theologische Erklärung von Barmen verworfene Irrlehre der Deutschen Christen von der Gemeinde fern gehalten wird.

In diesem Sinne legen wir Ihnen die Frage vor: Erkennen Sie dieses Zeugnis als für die Kirche verpflichtend an und sind Sie bereit, in der Bekenntnisgemeinschaft als einer freien Bewegung die Verantwortung für die Ausrichtung dieses Zeugnisses mitzutragen? Auch als freie Bewegung der ans Bekenntnis Gebundenen braucht die Bekenntnisgemeinschaft eine Leitung, die wir gemeinsam neu zu ordnen haben werden. Wir setzen Ihr Einverständnis voraus, daß der Landesbruderrat bis zur Neuordnung der Leitung der Württ. Bekenntnisgemeinschaft die Geschäfte weiterführt.

Der Landesbruderrat: Theodor Dipper, Pfarrer in Stuttgart; Julius Eichler, Pfarrer in Stuttgart; Wolfgang Metzger, Pfarrer in Rohr; Alfred Brecht, Dekan in Langenburg; Walter Buder, Stadtpfarrer in Stuttgart;

Friedrich Degeler, Küfermeister, Heidenheim; Albrecht Eissler, Dr. Rechtsanwalt in Oberndorf; Martin Haug, Dr. Kirchenrat in Stuttgart; Reinhold Haussmann, Pfarrer in Neubronn; Johannes Hermann, Dekan in Calw; Paul Lechler, Fabrikant in Stuttgart; Friedrich Lutz, Inspektor in Fellbach; Paul Lutz, Stadtpfarrer in Gablenberg; Martin Maier, Fabrikant in Frommern; Christian Mezger, Pfarrverw. in Friolzheim; Otto Mörike, Stadtpfarrer in Kirchheim/Teck; Otto Seiz, Kirchenrat in Stuttgart; Wilhelm Schmolze, Dr. med. in Ergenzingen; Friedrich Stein, Stadtpfarrer in Heilbronn; Gotthilf Weismann, Stadtpfarrer in Stuttgart.

Dem Rundschreiben des Landesbruderrats vom 14. Mai lag eine am 12.5.1937 vom Landesbruderrat gebilligte Ausarbeitung von Pfr. Dipper bei[18]*:*

Der Leib Christi. Zur innerkirchlichen Lage in Württemberg

Die Verantwortung, die der Württ. Landesbruderrat vor Gott und der Kirche übernommen hat, nötigt ihn, ein Wort zur innerkirchlichen Lage in Württemberg zu sagen. Er richtet dieses Wort an alle die Pfarrer, die bisher auf Grund ihres Amtsgelübdes den Weg der Bekennenden Kirche mitgegangen sind, und bittet sie, ihre persönliche Stellungnahme dazu mitzuteilen.

1

Über alles menschliche Begreifen und Hoffen hinaus ist unsrer evangelischen Kirche in den Kämpfen der letzten Jahre etwas Großes von Gott gezeigt und anfangsweise neu geschenkt worden, – etwas Großes, das festzuhalten einen ganzen Einsatz von Treue von uns fordert, damit uns nicht wieder genommen werde, was wir anvertraut bekamen.

Das Eine, um das es sich hier handelt, ist uns allen überwältigend deutlich geworden, weil wir es an unsrem eigenen Herzen erfuhren und im gesamtkirchlichen Geschehen sich verwirklichen sahen: Das Wort Gottes erwies sich wieder als lebendige Macht. Gegenüber allen Versuchungen, neben dem Wort Gottes auch noch andere Ereignisse und Mächte, Gestalten und Wahrheiten als Gottes Offenbarung anzuerkennen, begann Christus aus dem Wort der Heiligen Schrift zu uns zu reden als der Sohn des Vaters, der unser Bruder wurde, in dem allein unser Heil beschlossen ist,

---

18 LKA Stuttgart, D 1, Bd. 71; vgl. auch Dippers Entwurf I und II zu dieser Ausarbeitung vom 8.4./4.5.1937 mit den Änderungen, die in der Sitzung am 12. Mai beschlossen wurden (LKA Stuttgart, D 1, Bd. 71). Vgl. ferner das Rundschreiben Nr. 4/1937 des Freudenstädter Kreises vom 13.5.1937 (LKA Stuttgart, D 1, Bd. 71).

und als der Herr der Gemeinde, der allein durch sein Wort seine Gemeinde aus der Welt heraus ruft, sie zu seinem Dienst inmitten des irdischen Lebens heiligt und sie für sein Reich gegenüber allen Mächten der Welt bewahrt.

Das andere unzertrennlich mit dem ersten Verbundene ist nicht überall so deutlich und allgemein erkannt worden: Der Leib Christi wurde wieder in seinen Zeichen sichtbar. Während man bisher unter Berufung auf die unsichtbare Kirche den Bekenntnisentscheidungen in der sichtbaren Kirche nur allzuleicht ausgewichen war, wurde die Kirche in der Entscheidung für Christus wieder erkennbar. Das Wort Gottes wurde zu einem in der Gemeinde aufgerichteten Zeichen. Nach diesem Wort fragte die Gemeinde. Mit diesem Wort wehrte sie sich gegen alle Überfremdung ihrer Verkündigung und ihrer Ordnung, in diesem Wort sammelte sie sich zur Bruderschaft der miteinander und füreinander Bekennenden, Opfernden und Leidenden. Es wurde zugleich deutlich, daß die Sache der Kirche nicht eine Sache der Theologen ist, sondern der durch das Wort Gottes verpflichteten und durch den Geist Gottes mündigen Gemeinde.

Auch in unserer Württ. Kirche durften wir beides mit Dankbarkeit wahrnehmen. Der gewohnte Lauf des kirchlichen Lebens wurde zwar im allgemeinen nicht unterbrochen, aber irgendwie erweitert: Zu der regelmäßigen Wortdarbietung in den Gottesdiensten des Sonntags und in den Bibelstunden des Werktags gesellten sich die eindringlichen Zeugnisse in den Bekenntnisgottesdiensten und Gemeindeversammlungen, wo neben dem kirchlichen Amt auch Laien zu Wort kamen. Die volksmissionarische Arbeit zusammen mit der Schulung der Gemeindeglieder und den Arbeitsgemeinschaften der Pfarrer rief die Gemeinde zur Sammlung und zum Aufbau auf dem Grund des Wortes Gottes. Da und dort schlossen sich kleinere oder größere Kreise zusammen und nahmen die kirchliche Not auf das eigene Herz: Bibelstundengemeinden, Helferkreise fanden sich in den Häusern hin und her um das Wort Gottes und zum Gebet zusammen. Man lernte aufs Wort hören, sich durchs Wort leiten zu lassen und mit dem Wort in der Gemeinschaft mit den Brüdern einen ganzen Einsatz zu wagen. So entstand die Württ. Bekenntnisgemeinschaft und wurde zum geistlichen Widerstandszentrum gegen die drohende Überfremdung der Kirche. Der Herr Landesbischof stand durch seine Vertrauensleute mit ihr in enger Verbindung, während der Landesbruderrat als ständige Vertretung der Bekenntnisgemeinschaft ihre Anliegen der Kirchenleitung gegenüber zum Ausdruck brachte, in geistlicher Verantwortung dem Ganzen der Bekenntnisgemeinschaft zu dienen und ihrer Verbundenheit mit der gesamten Bekennenden Kirche Deutschlands durch Wort und brüderlich helfende Tat Ausdruck zu geben versuchte.

2

Leider sind wir im Laufe der Jahre aber auch deutlich an Grenzen geführt worden. Zwar wird in unserer Württ. Landeskirche der Grundsatz weithin anerkannt, daß die Kirche im Wort Gottes allein ihr Leben hat, daß sie auch ihre Ordnung und Verfassung vom Wort Gottes her gestalten und sich aller Überfremdung erwehren muß. Wir können dankbar feststellen, daß die Frage nach der biblischen Begründung alles kirchlichen Handelns aufs ganze gesehen heute viel dringlicher aufgeworfen wird als früher.

Und doch will es scheinen, als seien wir wieder zurückgesunken, als sei uns nicht mehr in dem Maße Freudigkeit geschenkt wie zu Beginn unseres Kampfes. Hat sich in unserem Reden und Handeln jene Gewissheit und Vollmacht erhalten, die aus dem schlichten Gehorsam gegen Gottes Wort entspringt? Hat sich die Gemeinschaft, die uns in der Bekennenden Kirche verbindet, nicht gelockert? Sind wir in der Fürbitte für die Kirche, für die Brüder im Amt der Leitung, für die bedrängten Brüder und Gemeinden treu geblieben? Sind wir zum Opfer und Einsatz für sie bereit?

Alle diese Fragen weisen auf innere Nöte unserer Bekenntnisgemeinschaft hin. Der Weg der Kirche, die allein nach der Führung Gottes in seinem Wort fragt, erscheint vielen im Blick auf die äußeren Nöte und inneren Schwierigkeiten der Bekennenden Kirche als zu schwierig und gefährlich. Viele bemühen sich gar nicht mehr, sich über diesen Weg vom Worte Gottes her Klarheit zu verschaffen, sondern überlassen die Verantwortung hiefür der Führung der Kirche. Viele Gemeindeglieder aber stehen einsam in ihrem täglichen Kampf gegen die Gewalten, die sie von Christus wegreißen wollen, und verlangen nach Trost und Mahnung einer im Worte Gottes kräftigen Kirche. Zugleich haben sie nicht mit Unrecht das Gefühl, aus dem Ringen um die Erneuerung der Kirche ausgeschaltet zu sein. Kein Wunder, daß auch die Organisation der Bekenntnisgemeinschaft erschlafft ist und ihre Organe für das offizielle kirchliche Handeln weithin bedeutungslos geworden sind.

Wir sind uns wohl bewußt, daß es zur Behebung dieser Nöte der Bevollmächtigung von oben bedarf, die sich kein Mensch geben kann. Der Landesbruderrat möchte aber diesen Nöten gegenüber im Folgenden den Anliegen den Ausdruck geben, die er bisher schon immer vertreten hat. Zwar sind wir alle zur Zeit stark in Anspruch genommen durch die Vorbereitung der Wahl, die unter Umständen für die Stellung der Kirche im Volk von entscheidender Bedeutung ist. Trotzdem dürfen wir diese Frage nach dem inneren Stand unserer Kirche nicht totschweigen.

3

Die Bekennende Kirche ist davon ausgegangen, daß sie in schlichtem Gehorsam dem Worte Gottes die Herrschaft über sich eingeräumt hat. Darum hat die Bekenntnissynode in Barmen bezeugt: Die Kirche ist in ihrer Verkündigung und in ihrer Ordnung einzig und allein Eigentum ihres Herrn und Heilandes Jesus Christus. Wer in der Kirche anders lehrt und handelt, der trennt sich von Christus und seiner Gemeinde. In dieser Entscheidung hat sich die Kirche um Christus als ihren rechten Hirten gesammelt und sich der Irrlehre, die sie von Christus scheiden wollte, erwehrt. Solange uns kein besseres Wort gegeben ist, das mit derselben Klarheit den Nebel zu zerstreuen und uns der Irrlehre gegenüber unter die Macht der Wahrheit zu stellen vermag, sind wir an dieses in der Kirche aufgerichtete Zeichen gebunden.

Diese Erkenntnis ist auch für uns in unserer Württ. Landeskirche verpflichtend. Wir alle, Gemeinden und Pfarrer, sind fort und fort in Versuchung, neben dem Wort Gottes fremden Gewalten maßgebenden Einfluß auf unser kirchliches Reden und Handeln einzuräumen. Dieser Versuchung gegenüber gilt es immer neu in ungeteiltem Gehorsam zu der Barmener Entscheidung für die Alleinherrschaft Christi in seiner Kirche zurückzukehren. Das bedeutet für die Verkündigung, daß wir uns fort und fort zu prüfen haben, ob wir das Evangelium in seinem ganzen Anspruch und in seiner ganzen Verheißung in konkreter Beziehung auf die Gegenwart dem Menschen unserer Zeit verkündigen, oder ob wir uns in unserer Verkündigung auch durch fremde Rücksichten bestimmen und beschränken lassen. Das bedeutet für die kirchliche Gemeinschaft, daß wir mit all denen zum Leib Christi verbunden sind, die sich in solcher Bindung zu Christus bekennen und für Christus leiden, daß wir um alle die Brüder uns mühen, die schwach und schwankend in Gefahr sind, sich von dem Herrn der Kirche zu lösen, daß wir uns von all denen lösen, die sich entgegen dem Bekenntnis der Kirche in ihrer Verkündigung und in ihrem Handeln fremden Bindungen unterwerfen. Das bedeutet für das Kirchenregiment, daß die Frage nach dem einen Auftrag der Kirche allen anderen Gesichtspunkten übergeordnet ist und auch innerhalb des kirchlichen Rechts zur Geltung gebracht werden muß. Das bedeutet für unser kirchen-politisches Handeln, daß wir uns unter diesem Zeichen sammeln und alle unechten

Sammlungen taktischer Art vermeiden. Nur wenn wir so dem unter uns aufgerichteten Zeichen der biblischen Wahrheit Geltung verschaffen, empfängt die Gemeinde das klare Wort, durch das ihr Hirte mit ihr redet, sie um sich versammelt und ihr Leben und volles Genügen schenkt[19].

4

Ist mit der Theologischen Erklärung von Barmen die Bindung der Kirche an Christus und sein Wort neu erkannt, so gilt es, das Leben der Kirche und ihre theologische Arbeit in das rechte Verhältnis zueinander zu bringen. Das Leben der Kirche entspringt aus der Verkündigung des Wortes, in dem Christus uns anspricht und uns zum Glauben ruft. Für diese Verkündigung hat die Theologie eine große Aufgabe. Sie hat darüber zu wachen, daß die Verkündigung dem Worte Gottes entspricht, und hat die saubere Abgrenzung von der Irrlehre verpflichtend zu vollziehen. Gerade heute ist das Ringen um gesunde Lehre und um das einheitlich ausgerichtete Zeugnis ein brennendes kirchliches Anliegen. Wir können die Erkenntnis des Wortes Gottes, wie es uns in Gesetz und Evangelium gegeben ist, nicht als Selbstverständlichkeit voraussetzen, heute weniger als je. Ohne gründliche theologische Besinnung werden wir das Zeugnis von der Alleinherrschaft Christi in der Kirche weder in der Verkündigung noch im Handeln der Kirche recht ausrichten können. Darum haben wir uns in lebendiger, verpflichtender Arbeitsgemeinschaft von der Schrift her um die vollgültige Ausrichtung dieses Zeugnisses zu bemühen. Wer heute die Theologie ächtet, tut der Kirche einen schlechten Dienst.

Die theologische Arbeit tut aber diesen Dienst in den ihr gesetzten Grenzen. Sie darf sich nie mit dem Worte Gottes selbst identifizieren. Denn sie vermag das Leben der Kirche, das aus der Verkündigung des Wortes entspringt und in der Verbundenheit mit Christus liegt, nicht zu schaffen und nicht zu erhalten. Es ist wohl ihre Aufgabe, die Mannigfaltigkeit christlicher Verkündigung daraufhin zu überprüfen, daß wirklich Christus als der alleinige Weg zum Heil gepredigt werde, aber es ist nicht ihre Aufgabe, den ganzen Reichtum der biblischen Verkündigung in ein System zusammenzufassen und die Glieder der Kirche auf dieses Lehrsystem zu verpflichten. Sie hat in dem Organismus des Leibes Christi nicht eine alles andere beherrschende, sondern eine dienende Funktion. Bläht sich die Erkenntnis auf[20], beansprucht ein theologisches System die Herrschaft über die Kirche, so bleiben wir nicht in der Wahrheit Christi; dann

19 Joh. 10,11.
20 1. Kor. 4,18.

werden die Gewissen vergewaltigt und Scheidungen unter denen herbeigeführt, die zum Leib Christi gehören und Christus als den einen Herrn der einen, heiligen, allgemeinen, apostolischen Kirche bekennen.

Dieses Anliegen muß gegenüber dem neu erwachten Konfessionalismus in der Bekennenden Kirche geltend gemacht werden. Die Scheidung zwischen den drei evangelischen Konfessionen ist heute mehr und mehr als eine Zertrennung des Leibes Christi offenbar geworden. In dieser Erkenntnis weiß sich der Landesbruderrat mit unzähligen Gliedern der Bekennenden Kirche verbunden. Gewiß haben die in der Bekennenden Kirche zusammengeschlossenen Landeskirchen die Pflicht, treu zu bewahren, was Gott ihnen und ihren Vätern an besonderer Erkenntnis geschenkt hat. Vor jeder vorschnellen Union müssen die zwischen den evangelischen Konfessionen bestehenden Unterschiede im Gehorsam gegen die Wahrheit überprüft werden. Aber es darf, von vielem anderem abgesehen, nicht übersehen werden, daß die heute sichtbar gewordene Scheidelinie in dem Ringen für oder wider Christus quer durch alle drei evangelischen Konfessionen hindurchgeht und daß die Vertreter Lutherischer, Unierter und Reformierter Kirchen sich in dem Bekenntnis für den einen Herrn der Kirche und im Leiden für diesen Herrn gegen seine Feinde zusammengefunden haben. Darum hat sich der Landesbruderrat der lutherischen Sonderpolitik und der konfessionellen Aufspaltung der Bekennenden Kirche widersetzt; und dieses Anliegen wird auch dann geltend gemacht werden müssen, wenn die Konstituierung einer von den andern gesonderten Lutherischen Kirche ein nicht mehr rückgängig zu machendes Faktum sein sollte. Aus demselben Grunde hat sich der Landesbruderrat von Anfang an ernstlich bemüht, die Spaltung zwischen der Vorläufigen Kirchenleitung und dem Lutherischen Rat zu überwinden und eine entsprechende Aufspaltung der Württ. Bekenntnisgemeinschaft zu verhindern.

Dasselbe Anliegen muß aber auch gegenüber der neuen Theologie des Wortes geltend gemacht werden, wenn sie den Absolutheitsanspruch nicht bloß, wie es recht ist, für das Wort Gottes erhebt und die Verkündigung daraufhin prüft, sondern für ihre eigenen konstruktiven Gedanken die Herrschaft in der Kirche beansprucht. Dann wird die gute Gabe, die Gott dieser Theologie anvertraut hat, verdorben. Anstatt eine Hilfe für die an Gottes Wort gebundene Gemeinde zu sein, entsteht dann aus ihr Gewissensnot, statt zur Einheit im Bekenntnis des Namens Christi zu helfen, trennt sie dann die, die als Glieder am Leibe Christi eins sein sollen.[21]

21 Joh. 17,11.

Statt zum Aufbau der Kirche zu helfen, wirkt sie dann mit an ihrer Zerstörung. Christus tritt nun einmal seine Herrschaft über die Kirche auch nicht an eine Theologie ab. Er selbst baut seine Kirche und schenkt ihr durch das Evangelium seinen Heiligen Geist, durch welchen die Gemeinde zum Glauben berufen, zum Bekenntnis seines Namens geheiligt, in aller Anfechtung getröstet und vor allem Bösen bewahrt wird zum ewigen Leben. Wenn wir mit der Bindung an Gottes Wort Ernst machen, dann müssen wir ihm und seinem Wirken und den an sein Wort gebundenen Gewissen Raum geben. Sonst zerstören wir die Einheit des Leibes Christi.

5

Ist mit der Theologischen Erklärung von Barmen in der Kirche das sichtbare Zeichen aufgerichtet, um das die Gemeinde in der heute von ihr geforderten Entscheidung sich sammelt, so entsteht die Frage, in welchem Verhältnis die Ordnung der Kirche zum Wachstum des Leibes Christi steht. Zum Bekenntnis des Namens Christi gehört die Gemeinde als Träger dieses Bekenntnisses und das geordnete Predigtamt, um welches sich die Gemeinde schart. Zur Sichtbarkeit der Kirche gehört also auch die kirchliche Ordnung, die sich vom Wort Gottes her gestaltet, und die Kirchenleitung, die über der rechten Ausrichtung des Auftrags der Kirche wacht. Wenn eine geistliche Ordnung und Leitung der Kirche fehlt, kommt die Gemeinde in Not. Dann ist niemand verantwortlich dafür, daß in der Gemeinde das Evangelium recht verkündigt, die Gemeinde im Wort Gottes erbaut, vor der Irrlehre gewarnt und zum Dienst in der Welt zugerüstet wird. Und doch hat auch das Amt der Leitung und die geistliche Ordnung eine dienende, nicht eine herrschende Funktion im Leibe Christi. Auch sie kann das Leben der Kirche weder schaffen, noch erhalten, noch garantieren. Das Leben der Kirche, das aus der Verkündigung des Wortes Gottes entsteht, und die Leitung der Kirche sind nicht dasselbe, vielmehr ist das Zweite dem Ersten dienstbar. Aus der Verkündigung des Wortes Gottes entstehen dem Wachstum des Leibes Christi entsprechend jeweils auch die Ordnungen, durch welche der Dienst in der Gemeinde geregelt wird. Es ist uns zwar verheißen, daß das Wort Gottes in Ewigkeit bleibt[22]; aber die Ordnung der Kirche wird trotz unseres Strebens nach Erhaltung der Kontinuität immer wieder dem Wechsel ausgesetzt sein.

Daraus ergibt sich in unseren heutigen Verhältnissen das dringende Anliegen, daß unserer Kirche an Stelle einer vielfach formalen Ver-

---

22 1. Petr. 1,25.

waltung ein wahrhaft geistliches Regiment und eine geistliche Kirchenordnung geschenkt werde. Eine solche Kirchenordnung kann nicht von oben her »gemacht« werden, sondern muß von der Gemeinde her durch treue Predigt und durch ein kirchliches Handeln, das den konkreten Entscheidungen nicht ausweicht, im Zusammenhang mit dem Wachstum des Leibes Christi sich aufbauen. Der Landesbruderrat hat in diesem Sinne alles geistliche Handeln der Kirchenleitung dankbar unterstützt, wenn er auch umgekehrt gegen alles rein formale kirchliche Handeln seine Stimme erhoben und sich den Organisationstendenzen widersetzt hat, die mit Hilfe einer Ordnung ein Leben erzeugen wollten bzw. vortäuschten, wo keines war. Er hat die Verheißung der Kirche nicht in der organisatorischen Zusammenstellung von Kampftrupps, sondern in der Arbeit des Säens erblickt, wofür freilich Geduld nötig ist, die von den Gesetzen des Wachstums weiß. In demselben Sinne aber muß sich der Landesbruderrat auch gegen alles konstruktiv-theologische Denken über das Kirchenregiment wenden, das einem Versagen der Kirchenleitung gegenüber keine andere Hilfe kennt, als auf Grund von CA XXVIII das kirchliche Notrecht geltend zu machen. Es ist in einer solchen Lage nicht unsere Aufgabe, vom Gedanken des kirchlichen Notrechts aus in ultimativer Weise mit dem Kirchenregiment zu reden und selbständig neben ihm Pfarrer und Gemeinden geistlich zu leiten. Vielmehr haben wir auch der Kirchenleitung gegenüber das zu tun, was wir der Gemeinde gegenüber zu tun haben: Durch ein klares Zeugnis vom Worte Gottes her auf die bestehenden Nöte aufmerksam zu machen und Schritt für Schritt um Überwindung dieser Nöte zu ringen. Nur wenn wir diesen Weg des geduldigen Zeugnisses gehen, werden wir auch der Gemeinde in ihren Nöten die Hilfe bringen, deren sie bedarf.

Gewiß gibt es Stunden äußerster kirchlicher Not. Nicht etwa, wenn ein Kirchenregiment sich eben nur unsern kirchenregimentlichen Konstruktionen entzieht oder sich, wie wir alle, als schwach und fehlbar erweist, wohl aber wenn es sich eindeutig auf die Seite der Irrlehre stellt, muß ihm gegenüber das kirchliche Notrecht nach CA XXVIII geltend gemacht werden. Dieses Notrecht aber läßt sich nur dann, wenn wirklich zuvor das Äußerste versucht wurde, mit der Vollmacht handhaben, die sich am Gewissen der Gemeinde bezeugt. Nur dann wird die uns anvertraute Gabe eine helfende Macht in der Gemeinde sein. Reißen wir eigenmächtig das Amt der Leitung an uns, so wird von unserem Reden und Handeln der Geist des Herrschens ausgehen und nicht der Geist des Dienens, der Geist des Richtens und nicht der Beugung in der Solidarität der Schuld.

Dieser Geist aber zerstört die Gemeinde, anstatt sie zu bauen. Aus diesem Geist erwächst in der Gemeinde unendliche Zwietracht und entsteht ein ständiger Streit um das Kirchenregiment, aus dem immer neue Kirchenleitungen mit dem Absolutheitsanspruch des Wortes Gottes hervorgehen. Wer weidet dann die Gemeinde? Wer begegnet dann in der Barmherzigkeit Gottes den vergewaltigten, erschrockenen, angefochtenen Gewissen? Wer bricht dann in der Vollmacht des Wortes Gottes die Mauern der Ungerechtigkeit, der Verdächtigung, des Hasses, die mitten in der Gemeinde aufgerichtet sind, nieder? Muß dann nicht gerade das geschehen, was man so sehr vermeiden möchte, daß die Treuen sich aus dieser Welt eines fremden Geistes zurückziehen und die Kirche in unzähligen kleinen Kreisen und Sekten ein verborgenes Dasein weiterführt? Darum muß der Landesbruderrat davor warnen, aus dem kirchlichen Notrecht das Recht zur dauernden Revolution in der Kirche herzuleiten, anstatt den zunächst gewiesenen Weg des unermüdlichen geduldigen Zeugnisses zu gehen.

Wo aber im rechten Gebrauch des Notrechts gegenüber der offenbaren, jeder Ermahnung unzugänglichen Irrlehre des DC-Regiments kirchliches Notregiment gebildet worden ist, das die Kirche im Worte Gottes leitet und der Zerstörung durch die Irrlehre und kirchenfremde Gewalten entgegentritt, da ist die Gemeinde gehalten, sich zu diesem ihrem Kirchenregiment zu stellen. Darum hat der Landesbruderrat die Gemeinschaft mit den Bruderräten in den zerstörten Gebieten gehalten und ihnen bezeugt, daß sie ihren kirchenregimentlichen Auftrag festhalten müssen, solange sie ihn nicht an ein bekenntnismäßig eindeutiges, das heißt an der Theologischen Erklärung von Barmen orientiertes Organ der Leitung übergeben können. Auch hinsichtlich der Leitung der gesamten Deutschen Evang. Kirche ist es der sehnliche Wunsch des Landesbruderrats, daß auf der Grundlage der Erklärung von Barmen diese Leitung so gebildet werde, daß sich alle in der Bekennenden Kirche vereinigten Landeskirchen ihr mit Freudigkeit unterstellen können.

6

Diese Anliegen hält der Landesbruderrat für unaufgebbar. Wer soll sie in Zukunft in unserer Württ. Landeskirche vertreten? Sie können ihrem Wesen nach nur vertreten werden von Menschen, die in der Freiheit der Bindung allein an Christus und sein Wort so stehen, daß ihnen die Einheit des Leibes Christi verpflichtende Gewißheit, die Erkenntnis des Glaubens in der theologischen Arbeit Mittel gemeinsamen Dienstes, die Gestaltung der Gemeinde durch die Ordnung der amtlichen Organisation Hilfeleistung der Liebe ist. Darum kann, das haben wir alle vor Augen, als Träger des Bekenntnisses in unserer Württ. Landeskirche nicht die ganze volkskirchliche Menge der Kirchenglieder, ja nicht einmal die Gesamtheit der Hörer der kirchlichen Verkündigung angesprochen werden. Auch die Amtsträger der Landeskirche können dieser Aufgabe nicht genügen. Wir sind herzlich dankbar für alle Kräfte der Bewahrung und Erneuerung, die uns in den letzten Jahren geschenkt worden sind; trotzdem ist es deutlich, daß nicht alle Amtsträger sich diese Anliegen verpflichtend zu eigen machen können. Und sich auf die landeskirchliche Organisation als solche oder auf ein einzelnes landeskirchliches Organ zu verlassen, entspricht nicht einem wirklich kirchlichen Denken. Zudem sind solche Gedanken gerade unter den heutigen Verhältnissen gefährlich, wissen wir doch nicht, wie lange uns noch die Organe und die Organisation der Landeskirche erhalten bleiben. Auch eine halbamtliche Organisation kann nicht leisten, was hier geleistet werden sollte. Die Württ. Bekenntnisgemeinschaft, ursprünglich eine freie Bewegung, ist seit Jahren eine solche halbamtliche Organisation. Sie hat dabei dasselbe Schicksal erlitten, wie so manche andere freie Bewegung, die in den amtlichen Apparat eingefügt wurde: Sie konnte je länger, je weniger ihren Dienst in unserer Württ. Landeskirche und in der gesamten Bekennenden Kirche ausrichten. Die Möglichkeiten dieses Weges sind nach Meinung des Landesbruderrats in jeder Hinsicht erschöpft.

So scheint uns also nur der Weg zu bleiben, daß die Bekennende Kirche in Württemberg zurückfindet zu ihrer ursprünglichen Form einer grundsätzlich freien Bewegung, die sich als ganze und in ihren einzelnen Gliedern dem Bekenntnis der Kirche verpflichtet weiß und durch ihr Zeugnis ihren Gliedern, der Landeskirche und der gesamten Bekennenden Kirche dient.

Selbstverständlich muß im Zusammenhang mit dieser Neuordnung der Bekenntnisgemeinschaft auch der Landesbruderrat neu konstituiert und autorisiert werden. Er betrachtet sich in dieser Übergangszeit als der Platzhalter einer kommenden Neuordnung und hat nur den einen brennenden Wunsch, daß, gleichviel wie sich seine eigene Zukunft gestaltet, auch fernerhin die notwendigen Anliegen des Leibes Christi in Württemberg nach allen Seiten hin im Geiste der Wahrheit und der Liebe vertreten werden möchten, besser noch, als ihm selber das in der Kraft und Zeit verzehrenden Arbeit der letzten drei Jahre möglich gewesen ist.

Für den Landesbruderrat: Th. Dipper.

Das Schreiben des Landesbruderrats an die Sozietät vom 14. Mai und das Rundschreiben an die württ. Pfarrer teilte Pfr. Dipper am 15.5.1937 dem Landesbischof mit[23]*:*

Sehr verehrter Herr Landesbischof!

In der Anlage erlauben wir uns, Ihnen die Antwort des Landesbruderrats auf das Schreiben der Sozietät vom 27. April und das Wort des Landesbruderrats an die Pfarrer der Bekenntnisgemeinschaft zu überreichen. Der Landesbruderrat hat das Vorgehen der Sozietät sehr bedauert und hat dies in dem Schreiben deutlich zum Ausdruck gebracht. Zugleich suchten wir dem Wort aber auch eine solche Fassung zu geben, daß die Brüder dort sehen können: Wir wollen sie nicht fahren lassen und möchten ihr positives Anliegen voll aufnehmen.

Das Wort des Landesbruderrats an die Pfarrer der Bekenntnisgemeinschaft, das übrigens als Entwurf bereits vorlag, ehe das Schreiben der Sozietät beim Landesbruderrat einging, nimmt dieses Anliegen auf. Wir sehen mit Freude und Dank, daß unsre Kirche im ganzen sich gegenüber früheren Zeiten sehr verinnerlicht und vertieft hat. Wir sehen aber auch mit ernster Sorge, daß diese Neuorientierung unserer Kirche noch nicht zu einer Sammlung der Pfarrer und Gemeinden geführt hat, in der das Bekenntnisanliegen verankert ist und die das Zeugnis für die Alleinherrschaft Christi in seiner Kirche gegen alle Überfremdung der Kirche auch dann lebendig weiterträgt, wenn die Leitung der Kirche oder der behördliche Apparat der Kirche durch irgend welche besonderen Umstände lahmgelegt sind. Unser Schreiben an die Amtsbrüder möchte ein erster Schritt zu einer solchen Sammlung auf einer klaren Grundlage sein. Dabei sind wir uns bewußt, daß nicht alle Amtsbrüder, die zu der in Barmen gefallenen Entscheidung stehen, sich in die Bekenntnisgemeinschaft hereinstellen werden. Wir wissen uns auch ihnen verbunden und möchten uns dienend in den Kreis all derer stellen, die Christus angehören. Es geht nicht um die Bekenntnisgemeinschaft als solche, sondern um die Sache Jesu Christi, der wir in der Bekenntnisgemeinschaft und als Bekenntnisgemeinschaft in der Landeskirche dienen möchten. So möchten wir uns auch Ihnen, Herr Landesbischof, wie bisher mit unserem Dienst zur Verfügung stellen. Wir hoffen zu Gott, daß eine solche Sammlung, wenn sie im Geist der Wahrheit, der Liebe und der Zucht geschieht[24] für Sie nicht eine Hemmung bedeutet, sondern daß Sie dadurch in Ihrem wesentlichen und

---

23 Nr. A 9139 vom 10.9.1937; das Stück wurde erst am 7.9.1937, als die Krise der Lösung zuging, von OKR Pressel »zu den Akten« geschrieben.
24 Vgl. 2. Tim. 1,7.

entscheidenden Wollen kräftig unterstützt werden und in der Bekenntnisgemeinschaft eine Frucht auch Ihrer Arbeit und Ihres Kampfes sehen können.

Mit ehrerbietigem Gruß Ihr ergebener Th. Dipper, Pfarrer.

Auf das Rundschreiben des Landesbruderrats vom 14. Mai schrieb Dekan Mildenberger, Leonberg, am 26.5.1937 dem Landesbischof im Namen des Diözesanvereins Leonberg[25]*:*

Hochverehrter Herr Landesbischof!

Der Diözesanverein Leonberg hat sich bei seiner Zusammenkunft am 24. Mai dieses Jahres mit der innerkirchlichen Lage beschäftigt. Er ging dabei aus von dem Schreiben der Sozietät und von dem Schreiben des Bruderrats an die Pfarrer der Bekenntnisgemeinschaft. Da der Vertreter der Sozietät[26] wegen einer Beerdigung nicht anwesend sein konnte, kamen die Anliegen der Sozietät kaum zum Ausdruck. Dagegen wurde eingehend über den Versuch des Bruderrats, durch Verpflichtung auf die Sätze von Barmen den Weg zu einer »freien Bewegung« zurückzufinden, gesprochen. Es wurde durchaus anerkannt, wieviel unsre Württ. Landeskirche dem Bruderrat und den Vertrauensmännern in dem so lange sich hinziehenden Kirchenkampf verdanke. Aber es kamen auch allerlei Bedenken zur Aussprache, z. B. über die Art seiner Konstituierung und über seine Behandlung der Tübinger Thesen.[27] Auch könne man eine Bewegung nicht ohne weiteres schaffen, sondern sie müsse uns geschenkt werden wie in der Kampfzeit 1934. Zu der vorliegenden Frage der Verpflichtung auf die Barmer Theologische Erklärung wurde darauf hingewiesen, daß es für uns als evangelische Christen und Theologen seit 1519 eigentlich keine Verpflichtung auf ein Konzil mehr geben könne, also auch nicht auf Barmen. Die Erklärung könne nur im Sinne einer Wegweisung für die Bekennende Kirche gewertet und daher nicht eine Verpflichtung auf den Wortlaut im einzelnen verlangt werden. Dagegen wurde nachdrücklich hervorgehoben, daß die bekennende Gemeinde auch in Zukunft den Bruderrat oder eine ähnliche Einrichtung als ihren Mund gegenüber der Gemeinde wie auch der Kirchenleitung nicht entbehren könne. Es wurde aber die

---

25 LKA Stuttgart, D 1, Bd. 71; vgl. auch das persönliche Schreiben von Dekan Mildenberger an den Landesbischof vom 30.5.1937, das dem offiziellen beilag (LKA Stuttgart, D 1, Bd. 71).
26 Pfr. Fausel, Heimsheim.
27 Siehe Bd. 4, S. 678–683.

Befürchtung ausgesprochen, die Folge des jetzigen Vorgehens des Bruderrats werde nicht Sammlung, sondern neue Spaltung sein. Allgemein war man sich aber über die unbedingte Notwendigkeit der ferneren Einigkeit klar, besonders im Blick auf die Kirchenwahl oder eine andere drohende Wendung der kirchlichen Lage. Es wurde daher dem Vorschlag zugestimmt:

Der Diözesanverein beauftragt drei seiner Mitglieder, dem Herrn Landesbischof die Bitte vorzutragen, der Herr Landesbischof möchte bei der verworrenen Lage in unsrer Kirche selbst eingreifen und das Steuer fest in der Hand behalten. Er möge noch einmal die Leiter der verschiedenen Gruppen zu einem Gespräch einberufen, bei dem die mancherlei Anliegen in aller Wahrheit, aber auch in aller Liebe vorgetragen werden können. Er möge erneut versuchen, den vorgetragenen Wünschen und Bedenken Rechnung zu tragen und die einzelnen Gruppen und Richtungen zu gemeinsamem, zuchtvollem Handeln zusammenzuschließen.

Es ist ja, verehrter Herr Landesbischof, wie Sie dies in beweglicher Weise auf der Missionskonferenz an Pfingsten ausgeführt haben, Ihnen selbst herzlichstes Anliegen, eine wirkliche Einigung in unsrer Kirche herbeizuführen und zu erhalten. Der Wunsch, den wir vorbringen, ist Ihnen gewiß schon öfter vorgetragen worden. Wir wagen es trotzdem, ihn nochmals auszusprechen mit der herzlichen Bitte, daß Sie als Leiter der Württ. Landeskirche, dem von allen Seiten soviel Vertrauen entgegengebracht wird, erneut eingreifen, um die auseinanderstrebenden Gruppen im Kampf zusammenzuhalten. Die Kampflage der Kirche erfordert geschlossene Einigkeit, und unsre Laien, unsre Gemeinden tragen schwer an der innerkirchlichen Uneinigkeit. Wir können keine Einzelvorschläge machen, aber wir haben das Zutrauen zu Ihnen, verehrter Herr Landesbischof, daß es Ihnen geschenkt wird, durch eine ernste Aussprache und Ihre danach getroffene Entscheidung wieder eine geschlossene Front der Bekennenden Kirche herzustellen.

Im Auftrag des Diözesanvereins: Mildenberger, Leonberg; P. Fritz, Gerlingen; H. Rieber, Eltingen.

Auf die Rundfrage des Landesbruderrats vom 14. Mai antworteten am 17.6.1937 zwölf württ. Pfarrer, die zur Volkskirchlichen Arbeitsgemeinschaft gehörten; sie stellten in der Anwort die Frage nach der Möglichkeit ihrer weiteren Zugehörigkeit zur Württ. Bekenntnisgemeinschaft[28]:

28 LKA Stuttgart, D 1, Bd. 96; das Schreiben wurde zusammen mit dem folgenden Aufruf auch als Flugblatt verbreitet.

Sehr geehrter Herr Dipper!

Sie erhalten in der Anlage unsre Antwort auf die Anfrage des Landesbruderrats vom 14. 5. 1937. Wir bitten um raschen Bescheid, ob Sie uns auf Grund derselben auch weiterhin als gleichwertige und vollberechtigte Mitglieder Ihrer Bekenntnisgemeinschaft führen wollen. Zugleich teilen wir Ihnen mit, daß wir unsre Antwort gleichzeitig unsrem Herrn Landesbischof vorlegen und nach Rücksprache an zuständiger Stelle auch allen ständigen und unständigen Gliedern unsres württ. Pfarrstandes zugehen lassen, die nicht zum Bund für Deutsches Christentum gehören.

Mit freundlicher Begrüßung Hermann Kull, Pfarrer.

Pfarrer Dr. Baur in Buoch; Pfarrer Benner in Mährigen; Pfarrer Elsässer in Pfrondorf; Stadtpfarrer Kappus in Betzingen; Pfarrer Kostelezky in Herbrechtingen; Stadtpfarrer Lang in Rottenburg; Pfarrer Martin in Kusterdingen; Pfarrer D. Paulus in Kilchberg; Stadtpfarrer Schaal in Tübingen; Gefängnispfarrer Sigel in Rottenburg; Stadtpfarrer Völter in Heilbronn.

Antwort auf die am 14. Mai an uns gerichtete Anfrage auf Zustimmung zu der vom Landesbruderrat bezeugten Grundlage der Bekenntnisgemeinschaft als einer freien Bewegung

A

In den uns übersandten Schriftstücken sind drei Punkte, denen wir vorbehaltlos zustimmen können:

1. Unsre erste kirchliche Aufgabe ist heute die Abwehr des DC-Irrtums; hier sehen auch wir die Bedeutung und das zeitgeschichtliche Recht der Barmer Erklärung.

2. Wir billigen die Entschiedenheit, mit der sich der Bruderrat gegen die Verschärfung der starren konfessionellen Unterschiede wendet, und begrüßen ebenso die damit übereinstimmende Erklärung, daß keine noch so vortreffliche Theologie dem Glaubensgut des Evangeliums gleichzusetzen sei.

3. Wir freuen uns angesichts des für jede evang. Kirche verhängnisvollen Spiels mit dem geistlichen Notregiment über die Zurückweisung des von der Sozietät an Sie gestellten Ansinnens.

B

In zwei anderen Punkten aber weicht unsre Anschauung von der des Bruderrats ab:

I. Der Landesbruderrat, der infolge einer drohenden inneren Auflösung der von ihm geführten Bekenntnisgemeinschaft diese jetzt als freie Bewegung neu begründen will, erhebt den Anspruch, der in unserer Kirche angeblich fehlende Träger des Bekenntnisses zu sein. Drei Gründe lassen uns diesen Anspruch als unberechtigt erscheinen:

1. In dem Versuch, eine freie Bewegung als Trägerin des Bekenntnisses aufzustellen, liegt, wahrscheinlich unbewußt, ein Mißtrauen gegen die geistliche Leitung unsrer Landeskirche durch unsern Landesbischof, für das eine sachliche Begründung nicht vorliegt. Wenn gesagt wird, daß es einem wirklich kirchlichen Denken nicht entspricht, sich auf die landeskirchliche Organisation als solche oder auf ein einzelnes landeskirchliches Organ zu verlassen, so muß gefragt werden, warum es einem wirklich kirchlichen Denken besser entsprechen soll, sich auf eine freie Vereinigung von Pfarrern und Laien zu verlassen.

2. Schon als der Landesbruderrat sich im Sommer 1934 begründete, ist ihm nicht verborgen gewesen, daß er nicht berechtigt ist, im Namen aller Pfarrer und Laien, die zum Notbund gehörten oder in der Bekennenden Kirche im Kampf mit den DC stehen, zu reden und zu handeln. Das gilt heute mehr als damals. Er mag für sich selbst das Bewußtsein haben, die Bekennende Kirche darzustellen. Wir aber stellen fest, daß er weder von der Kirchenleitung noch von der ganzen Bekennenden Kirche je dazu ermächtigt wurde und daß man zu der Bekennenden Kirche Württembergs gehören und im Gehorsam gegen unsern Bischof seine Pflicht vollkommen erfüllen kann, ohne einer vom Bruderrat geleiteten besonderen Bekenntnisgemeinschaft anzugehören.

3. Weil der Bruderrat im Widerspruch zu vielen Gliedern unserer Bekennenden Kirche den Anspruch erhebt, der Träger des Bekenntnisses für die ganze Kirche zu sein, muß er ungewollt die dringend notwendige Einheit unsrer Kirche im Kampf gegen die DC gefährden oder sogar auflösen. Diese Verantwortung können wir nicht mittragen.

II. Die Theologische Erklärung von Barmen ist für den Landesbruderrat das in der Kirche sichtbar aufgerichtete Zeichen, der Prüfstein für die Zugehörigkeit zur Bekennenden Kirche. Bei aller Anerkennung der zeitgeschichtlichen Bedeutung dieser Erklärung halten wir aus folgenden Gründen doch den Versuch für falsch, sie zum Rang eines verpflichtenden, kirchlichen Bekenntnisses in dem Sinne zu erheben, daß sich aus der Bekennenden Kirche ausschließe, wer sie nicht als solches anerkennt.

1. Sehr viele Aussagen der Erklärung sind mißverständlich und lassen verschiedene Deutungen zu, besonders wenn man sie nicht aus der außer-

gewöhnlichen Lage des Jahres 1934 versteht, sondern ihnen eine zeitlose Geltung zuspricht. Tatsächlich sind verschiedene Aussagen seit 1934 schon verschieden gedeutet und dadurch Ursache verhängnisvoller Auseinandersetzung und Verwirrung geworden. Wir denken an die grundsätzliche Ablehnung einer staatlichen Rechtshilfe an die in einer Notlage befindliche Kirche, obwohl sich sowohl lutherische als reformierte Kirchen vom Staat haben nicht bloß Leiter, sondern sogar Bekenntnisse geben lassen, ohne deshalb, wie unser Bischof einmal ausführte, aufzuhören, rechte Kirchen zu sein; oder an die auf Amt, Lehre und Ordnungen begründete Gleichsetzung einer sichtbaren Kirche mit der Kirche Jesu Christi, als ob nicht auch Konzilien irren oder unsre Ordnungen je ein Jus divinum sein könnten; oder an die unbiblische und unreformatorische Verengerung und Verhärtung der Lehre von der göttlichen Offenbarung.

2. Die Erklärung wird auch den der evang. Kirche in der Gegenwart gestellten Aufgaben nicht gerecht. Die kirchliche Aufgabe den DC gegenüber ist gewiß auch jetzt noch in erster Linie die, ihren Irrtum aufzudecken und unschädlich zu machen. Diese Aufgabe erschöpft sich aber nicht in Verwerfung und Trennung, sondern schließt das Verständnis für die berechtigten Anliegen der DC ein und verpflichtet dazu, das Ziel einer neuen, tiefer begründeten Gemeinschaft immer festzuhalten. Beides wird erschwert, wenn man die Barmer Erklärung zum verpflichtenden Bekenntnis erhebt. Dem Staat gegenüber kann die evang. Kirche das richtige Verhältnis nicht finden, solange sie seine Vollmacht auf Recht und Befriedung beschränkt; er hat als göttliche Stiftung auch eine eigene Würde und in der Volkspflege einen weiteren großen Aufgabenkreis.

Aus allen diesen Gründen ist die Barmer Erklärung als verpflichtendes, kirchliches Bekenntnis mit ausschließender Wirkung nicht zu gebrauchen.

Möchte es unsrer armen Deutschen Evang. Kirche durch Gottes Gnade erspart bleiben, daß neben dem Gegensatz der BK und der DC, neben der Trennung in lutherisch, reformiert und uniert auch noch innerhalb der Bekennenden Kirche eine neue Kluft aufgerissen werde!

Die Antwort der zwölf Pfarrer versandte Pfr. Kull am 17.6.1937 auch als Flugblatt, dem folgender Aufruf beigefügt war[29]:

29 LKA Stuttgart, D 1, Bd. 96.

An alle ständigen und unständigen Glieder des württ. Pfarrstandes, die nicht zum Bund für Deutsches Christentum gehören

Der Landesbruderrat hat am 14. Mai an diejenigen unter uns, die sich bisher zu der von ihm geleiteten Bekenntnisgemeinschaft gehalten haben, eine Anfrage gerichtet. Die Konferenz der Dekane hat seither am 2. Juni[30] unsern Landesbischof im Namen der Pfarrerschaft ihrer vertrauensvollen Gefolgschaft aufs neue versichert, indem sie die Sache des Landesbruderrats stillschweigend auf die Seite schob. Wir sind unsern Dekanen für ihre Haltung sehr dankbar. Trotzdem halten wir es für unsere Pflicht, dem Landesbruderrat auf seine Anfrage noch eine eigene Antwort zu geben. Wir müssen seine Anfrage ernst nehmen; er fühlt sich um der Kirche willen verpflichtet, die von ihm geleitete Bekenntnisgemeinschaft als den Träger des Bekenntnisses in einer freien, in sich geschlossenen Bewegung neu zu begründen; er möchte und soll wissen, im Namen wie vieler Pfarrer der Bekennenden Kirche er dabei handeln darf; wir selber, die wir sicher zum großen Teil von Anfang an zur Bekennenden Kirche gehören, möchten und müssen wissen, welches unser künftiges Verhältnis zu dieser Bekenntnisgemeinschaft sein wird.

Ehe wir daran gingen, unsre Antwort allgemein zu versenden, haben wir uns an zuständiger Stelle erkundigt, ob gegen ihre Versendung keine Bedenken vorliegen. Wir wissen ja selbst, daß unsrer Kirche heute nichts so not tut wie die Einigkeit im Geist durch das Band des Friedens[31] und daß auch der Beirat in seiner Tagung am Montag, 7. Juni[32], in voller Einmütigkeit den dringenden Wunsch nach Beendigung der Auseinandersetzungen in unsrem Stand ausgedrückt hat. Unsre Antwort ist in Bezug auf Form und Inhalt das Ergebnis wochenlanger, gewissenhafter Arbeit, an der außer Pfarrern Vertreter der Evang.-theol. Fakultät und der Religionslehrer teil hatten. Sie will nicht dem Streit, sondern nur der Klärung und Beruhigung dienen; ja wir glauben, daß wir mit ihrer Bekanntgabe vielen zur Bekennenden Kirche gehörigen Amtsbrüdern und damit dieser selbst einen wirklichen Dienst erweisen. Es hat doch schon bisher Amtsbrüder gegeben, die, in der Abwehr des DC-Irrtums mit uns einig, sich wegen der Barmer Erklärung und der von ihr ausgegangenen Wirkungen vom Landesbruderrat und der Bekenntnisgemeinschaft ferngehalten haben und heimatlos gewesen sind. Es ist damit zu rechnen, daß durch diese Befragung die Zahl solcher Amtsbrüder noch größer werden wird. Auch sie sollen nicht ohne Gemeinschaft bleiben.

30 Siehe S. 370 f.   31 Eph. 4, 3.   32 Siehe S. 246–251.

Wir fordern deshalb alle Amtsbrüder, die gleich uns die Anfrage des Bruderrats nicht vorbehaltlos zu beantworten vermögen, auf, sich mit uns in Verbindung zu setzen. Hermann Kull, Pfarrer.

Die Anfrage an den Landesbruderrat der zwölf Pfarrer beantwortete Pfr. Dipper am 23.7.1937[33]*:*

Sehr geehrter Herr Stadtpfarrer!

Sie haben in Ihrem Antwortschreiben vom 17. Juni Ihre Bedenken gegen die Theologische Erklärung von Barmen und gegen den Landesbruderrat geäußert und fragen an, ob Sie auf Grund dieser Antwort auf die Umfrage des Landesbruderrats auch weiterhin als gleichberechtigtes und vollwertiges Mitglied der Bekenntnisgemeinschaft anerkannt werden. Wir antworten darauf Folgendes:

1. Zur Theologischen Erklärung von Barmen

Der Landesbruderrat hat in seinem Rundschreiben vom 15. Juni noch einmal eingehend erläutert, in welchem Sinn er die Theol. Erklärung von Barmen als für die Kirche verpflichtendes Zeugnis versteht: Die Theol. Erklärung von Barmen will nicht ein neues Bekenntnis sein, das die alten Bekenntnisse ersetzen oder ergänzen oder den Vollgehalt der biblischen Verkündigung in sich zusammenfassen möchte. Sie will vielmehr eine Auslegung der in Geltung stehenden Bekenntnisse der Kirche für die heute von der Kirche geforderte Entscheidung sein und die Grenze zeigen, jenseits deren wir weder auf der Heiligen Schrift, noch auf den Bekenntnissen der Kirche stehen. Sie sagen, diese Grenzziehung sei nicht klar, es seien vielmehr verschiedene Deutungen der Aussagen des Barmener Zeugnisses möglich. Demgegenüber möchten wir fragen: Gibt es irgendwo ein christliches Zeugnis, welches nicht für die Theologen, die es nachträglich bearbeiten, verschiedene Fragen offen läßt? Wollten wir warten, bis uns ein Wort geschenkt wird, das nach allen Richtungen hin jedes Mißverständnis ausschließt, so würden wir überhaupt nie dazukommen, ein Wort zu reden, welches die Geister scheidet. Und doch ist die Kirche um der Seelen Seligkeit willen gefordert, ihr Zeugnis wider den Irrgeist abzulegen. Gott hat uns seine Wahrheit nicht verhüllt, sondern hat sie uns in Christus offenbart. Darum gilt es, diese Wahrheit in ihrem klaren »Sic

---

33 LKA Stuttgart, D 1, Bd. 72; vgl. auch den Entwurf zu diesem Schreiben (LKA Stuttgart, D 1, Bd. 97). Die bei den Akten liegende Kopie des Schreibens ist Bruchstück; der Schluß wird nach dem Entwurf gegeben, der Text schließt aber nicht unmittelbar an.

et non« zu bezeugen. Ein solches Zeugnis ist freilich immer ein Wagnis des Glaubens, und wir haben uns deshalb jederzeit dem Urteil der Schrift zu beugen, denn jederzeit ist die Möglichkeit des Irrens gegeben. Solange wir aber nicht durch Gründe der Heiligen Schrift überwunden werden, haben wir uns an das zu halten, was uns in solch einem Zeugnis an biblischer Erkenntnis geschenkt ist.

Sie glauben, in dreifacher Hinsicht eine Unklarheit der Barmer Theol. Erklärung feststellen zu können:

a) Unter Berufung auf Barmen sei seinerzeit in biblisch nicht zu rechtfertigender Weise die Rechtshilfe des Staates abgelehnt worden. Dies trifft nicht zu. Die Bekennende Kirche hat die Rechtshilfe des Staates nicht grundsätzlich abgelehnt, sie hat vielmehr im September 1935 wiederholt personelle Vorschläge für die Besetzung der staatlichen Kirchenausschüsse gemacht und war bereit, diese personell von ihr bestimmten Organe als Kirchenleitung anzuerkennen. Die Vorschläge der Bekennenden Kirche wurden aber alle abgelehnt und die Ausschüsse mit Männern besetzt, welche die in Barmen vollzogene Scheidung von der Irrlehre der DC nicht anerkannten. Wäre die Frage der staatlichen Rechtshilfe in der Bekenntnissynode von Barmen bereits erörtert worden, so hätte es der Synode von Oeynhausen nicht mehr bedurft.

b) Auch die Frage, wie die sichtbare Kirche zur Kirche Jesu Christi sich verhalte, ist in der Theol. Erklärung von Barmen nicht erörtert. Der Artikel 3 der Theol. Erklärung von Barmen schließt sich an CA VII an und geht von der Voraussetzung aus, daß die Kirche Jesu Christi in Wort und Sakrament ihre sichtbaren Zeichen hat. Zur rechten Ausrichtung des Worts gehört das geordnete Predigtamt. Auch wenn die Ordnung der Kirche nicht juris divini ist, so ist sie doch auch kein Adiaphoron, sondern hat, wie immer sie sich im einzelnen gestaltet, der rechten Verkündigung des Wortes zu dienen.

c) Was endlich den Offenbarungsbegriff betrifft, so geht die Barmer Theol. Erklärung von der biblischen und reformatorischen Erkenntnis aus, daß durch das Kreuz Christi alle natürliche Erkenntnis von Gott und Welt gerichtet ist. Der christliche Glaube ist deshalb in keiner Weise identisch mit dem völkischen Idealismus, er ist nicht Ergänzung oder Krönung unserer natürlichen Gotteserkenntnis, vielmehr ist er als Glaube an den Dreieinigen Gott Neuschöpfung durch den Heiligen Geist, der allein durch das Wort der Heiligen Schrift uns geschenkt wird. Darum ist die Quelle der Verkündigung der Kirche einzig das biblische Zeugnis von dem Dreieinigen Gott, und nicht irgend eine natürliche Gotteserkenntnis.

An diesem Zeugnis müssen wir unverbrüchlich festhalten, auch wenn wir wissen, daß dadurch nicht allein die Irrlehre der Deutschen Christen, sondern überhaupt eine weithin verbreitete theologische Haltung früherer Zeiten verworfen wird, in welcher »die Vernunft oder die Kultur oder das ästhetische Empfinden oder der Fortschritt« als Quelle und Norm für die Verkündigung neben die Heilige Schrift getreten sind (Synodalbericht von Barmen, S. 17).

Was endlich das Wort der Theol. Erklärung über den Auftrag des Staates betrifft, so ist dort die eigene Würde des Staates als einer Setzung Gottes für die gefallene Welt in keiner Weise bestritten. Man kann darüber streiten, ob der Auftrag des Staates, wie er in den Bekenntnisschriften formuliert und von der Barmer Erklärung übernommen ist, in jeder Hinsicht voll umschrieben ist. Doch ändert diese Überlegung nichts an der Grenzziehung zwischen dem Auftrag des Staates und dem Auftrag der Kirche, auf die es in diesem Zusammenhang wesentlich ankommt.

2. Zum Selbstverständnis der Bekenntnisgemeinschaft

Sie richten die Frage an uns, ob wir Sie auf Grund Ihrer Antwort als gleichwertige und vollberechtigte Mitglieder unserer Bekenntnisgemeinschaft führen wollen, wobei Sie gleichzeitig in ihrer Antwort dem Landesbruderrat das Recht, die Bekenntnisgemeinschaft zu leiten, absprechen. Wir müssen diese Frage an Sie selbst zurückgeben. Denn darüber, ob Sie Mitglied der Bekenntnisgemeinschaft sind, entscheiden nicht wir, sondern Sie selbst. Die Bekenntnisgemeinschaft ist eine Bewegung, hervorgerufen durch die göttliche Bewegung zu uns hin, die unsere Antwort im Glauben und Gehorsam des Bekennens zu Christus fordert. Und wer »Mitglied« einer Bewegung ist, weist das nur dadurch aus, daß er sich tatsächlich mit in die Sache hereinstellt. Ob Sie also zu uns gehören, entscheidet sich daran, ob Sie mit uns bereit sind, in den von uns geforderten Entscheidungen auf den Christus zu hören, der in der Heiligen Schrift zu uns redet und dessen Alleinherrschaft über uns in der Kirche durch die Erklärung von Barmen in Übereinstimmung mit den Bekenntnissen der Väter bezeugt ist. Wir sind dabei nicht der Meinung, als ließe sich der Weg der Bewegung, in die wir uns versetzt sehen, einfach statutarisch festlegen. Wir sind durchaus offen für das Gespräch mit allen, die sich vom Worte der Schrift her um den richtigen, bekenntnismäßigen Weiterweg der Kirche[34] ...

---

34 Hier endet die Kopie des Originals; es folgt der Schluß des Entwurfs.

Diese Gemeinschaft setzt freilich voraus, daß Sie bereit sind, in Gemeinschaft mit uns ernstlich auf das Wort der Schrift zu achten und die biblischen Anliegen zu hören, die wir eventuell Ihnen gegenüber geltend machen müssen. Es müßte auch Ihrerseits deutlich werden, daß Sie mit uns Gemeinschaft halten wollen. Dies geht aus Ihrem Schreiben noch nicht klar hervor. Denn einerseits fragen Sie danach, ob Sie als gleichwertige und vollberechtigte Mitglieder geführt werden, andererseits aber stellen Sie sich in B I 2 sehr distanziert uns gegenüber, und es wird aus Ihrer übrigens verzeichneten Darstellung der Geschichte des Landesbruderrats deutlich, daß Sie die Arbeit des Landesbruderrats noch nie vom Worte Gottes her ernst genommen haben, obwohl dies die Voraussetzung jeder Brüderlichkeit in der Kirche ist. An dieser Stelle sind wir genötigt, Ihnen selbst die an uns gerichtete Frage zurückzugeben.

Im übrigen aber haben wir den Eindruck, daß uns heute auch ganz ohne unser menschliches Zutun die Entscheidungsfrage gestellt wird, ob für uns die Kirche Jesu Christi in die Sichtbarkeit hereinragt, so daß es zu konkreten Entscheidungen für Christus kommt. Gott schenke uns allen dieses entschlossene Ja für Christus und seine Sache und bewahre uns vor Abfall und Verleugnung. Wenn uns gemeinsam dieses Ja geschenkt ist, dann sind wir Brüder in Christus und werden uns auch theologisch miteinander verständigen können.

Dekan Pfisterer, der württ. Vertreter beim Rat der Evang.-Luth. Kirche Deutschlands, stellte als Antwort auf die Rundfrage des Landesbruderrats vom 14. Mai eine Denkschrift zusammen[35]*:*

Der Württ. Landesbruderrat hat unter dem 14. Mai dieses Jahres an die Pfarrer der Württ. Bekenntnisgemeinschaft unter der Überschrift »Der Leib Christi. Zur innerkirchlichen Lage in Württemberg« ein Wort der Besinnung ergehen lassen. Es soll die Empfänger hinweisen »auf das eine Anliegen der Bekennenden Kirche, daß wir in schlichtem Gehorsam dem Worte Gottes die Herrschaft in der Kirche einräumen«. Es soll zugleich ein Ruf zur Sammlung in der Bekenntnisgemeinschaft sein, die als freie Bewegung mit ihrem Zeugnis der Württ. Landeskirche dienen will.

Das eine Anliegen, das den Landesbruderrat bewegt, ist durchaus auch das meinige. Die Aufgabe der Bekenntnisgemeinschaft habe ich stets in

---

35 LKA Stuttgart, D 1, Bd. 96; vgl. auch den Brief von Dekan Pfisterer an Pfr. Dipper vom 12.6.1937, dem das Gutachten beilag (LKA Stuttgart, D 1, Bd. 96). Dekan Pfisterer war der Beauftragte der Württ. Kirchenleitung beim Rat der Evang.-Luth. Kirche Deutschlands.

dem Dienst gesehen, den sie mit ihrem Zeugnis unserer Landeskirche zu leisten hat. Es bestünde somit für mich kein Anlaß, etwas anderes als meine Zustimmung zu äußern, wenn das Ausschreiben nicht Ausführungen wider den »Konfessionalismus« enthielte, die zu einem förmlichen Angriff wider den auch von der Württ. Landeskirche vollzogenen Zusammenschluß der Bekennenden Lutherischen Kirchen verwendet werden. Hiegegen muß ich als Mitglied und Vertrauensmann der Württ. Bekenntnisgemeinschaft wie als derzeitiger Mitarbeiter im Sekretariat des Lutherrats Einspruch erheben. Gewiß gibt es einen Konfessionalismus, der der Heiligen Schrift das kirchliche Bekenntnis faktisch überordnet und dadurch sowohl dem Fortschritt biblischer Erkenntnis wie der Verbundenheit der Glieder evangelischer Konfessionskirchen im Leib Christi gefährliche Hindernisse bereitet. Aber die Furcht, daß dieser Konfessionalismus bestimmend sei für die Bildung und Tätigkeit des Lutherrats, muß ich nach meiner Kenntnis der Dinge für grundlos erklären und dem LBR um der brüderlichen Verbundenheit willen erwidern, daß er mit dieser unrichtigen Beurteilung und den von ihm daraus gezogenen Folgen eine gesunde kirchliche Entwicklung aufhält und einen unnötigen Zwiespalt in die Bekenntnisgemeinschaft hineinträgt.

Zur Begründung führe ich Folgendes aus:

1. In dem ganzen Ausschreiben des LBR, das doch dem Bekenntnisanliegen gilt, ist auffallenderweise mit keinem Wort davon die Rede, daß unsere Landeskirche an das lutherische Bekenntnis gebunden ist. Ebenso wird auch die Tatsache übergangen, daß das Geschenk Gottes, das wir in einer mit neuem Ernst erfaßten Bindung der Kirche an Gottes Wort erkennen, vermittelt wurde durch die Neubelebung der reformatorischen Theologie. Auf diese Weise kommt der LBR dazu, den Zusammenschluß der Bekennenden Lutherischen Kirchen zu sehen im Lichte eines »Konfessionalismus«, der den Reichtum der biblischen Verkündigung in ein System zusammenfaßt, die Glieder der Kirche auf dieses System verpflichtet und eine Aufblähung der Erkenntnis wie eine Zertrennung des Leibes Christi bedeutet. Schon im Februar des Jahres hat der Landesbruderrat diesen Vorwurf erhoben und im ganzen Land verbreitet[36], in dem er zugleich mit einer Kundgebung für die Barmer Theologische Erklärung einen Sonderabdruck aus dem »Evangelischen Kirchenblatt« gegen den Konfessionalismus an alle Vertrauensleute sandte. Dieser Aufsatz wendet sich wider die beherrschende Stellung der Rechtfertigungsbotschaft in der luthe-

---

36 Vgl. S. 10–16.

rischen Kirche. So werden bewußt oder unbewußt die feierlichen Erklärungen Luthers im Schmalkalder Bekenntnis und Melanchthons in der Apologie, wonach an der wiedergewonnenen biblischen Erkenntnis von der Versöhnung und Rechtfertigung die ganze Existenz nicht nur der reformatorischen Bewegung, sondern überhaupt der Kirche Christi und jedes Christen hängt, als überholte und unerlaubte theologische Verengung und Vergewaltigung des Evangeliums beurteilt und verurteilt. Mit anderen Worten: Was für Reformatoren die von Christus erworbene und geschaffene, vom Heiligen Geist ihnen neu gezeigte Grundstellung des begnadigten Sünders vor Gott ist, von der aus er sein Leben als Kind Gottes und als Glied am Leibe Christi führt und die Entscheidung in allen Lebensfragen wie den Halt in allen Lebenslagen findet, wird herabgesetzt zu einem bloß theologischen Gedanken, der dem fleischlichen Verstandestrieb nach philosophischer Systematisierung der göttlichen Wahrheit dient. Dieses Fehlurteil wiegt um so schwerer, als Bindung an das lutherische Bekenntnis zugleich grundlegende Bindung an die Botschaft von der Versöhnung und Rechtfertigung bedeutet und als die Bindung an die Bibel in unserer Kirche nach den ausdrücklichen Erklärungen der Reformatoren durch die Bindung an diese lebendige Mitte der ganzen Heiligen Schrift bedingt ist. Ich möchte es bis auf weiteres nicht glauben, daß der LBR im Ernst diese Scheidelinie verlassen will, die den evangelischen, von unseren württembergischen Vätern vertretenen Biblizismus von allem richtungslosen und falsch gerichteten, deshalb gesetzlichen und sektiererischen Biblizismus abgrenzt. Wenn der LBR diese Scheidelinie aber tatsächlich innehalten will, weshalb anerkennt er dann nicht, daß unsere Kirche vom lutherischen Bekenntnis her ihre biblische Bindung so hat verstehen lernen?

2. Die Nichtbeachtung dieser Tatsache hat den Landesbruderrat folgerichtig zu einer einseitigen Bewertung der Barmer Theologischen Erklärung geführt, die deren ausgesprochenem Selbstverständnis direkt widerstreitet. Die Barmer Erklärung sagt, bei der Geltung der fremden Voraussetzungen, die nachher in den sechs Sätzen abgewehrt werden, höre die Kirche »nach allen bei uns in Kraft stehenden Bekenntnissen auf Kirche zu sein«. Sie sagt von ihrer Kundgebung: »Gerade weil wir unseren verschiedenen Bekenntnissen treu sein und bleiben wollen, dürfen wir nicht schweigen.« Außerdem hat die Bekenntnissynode die Theologische Erklärung als christliches biblisch-reformatorisches Zeugnis erklärt und in ihre Verantwortung genommen. Sie hat also das deutlich ausgesprochen, was der LBR in seinem Ausschreiben nicht sagt, daß nämlich ihre Erklärung

aus dem reformatorischen Schriftverständnis geschöpft sei. Die Theologische Erklärung soll demnach Bewahrung, Auslegung und zeitgemäße Anwendung der geltenden Bekenntnisse sein, nicht aber die bahnbrechende, grundlegende Bedeutung derselben in Schatten stellen oder gar an ihre Stelle treten. Die Kundgebungen des LBR vom Februar und Mai des Jahres aber begünstigen die Meinung, als ob das letztere allmählich geschehen soll. Während sie erfüllt sind von der Unterstreichung der Barmer Theologischen Erklärung, ist vom lutherischen Bekenntnis unserer Kirche nur mit folgenden andeutenden Worten die Rede: »Gewiß haben die in der Bekennenden Kirche zusammengeschlossenen Landeskirchen die Pflicht, treu zu bewahren, was Gott ihnen und ihren Vätern an besonderer Erkenntnis geschenkt hat. Von jeder vorschnellen Union müssen die zwischen den evangelischen Konfessionen bestehenden Unterschiede im Gehorsam gegen die Wahrheit überprüft werden.« Diese Sätze werden aber durch die allgemeine Haltung der beiden genannten Kundgebungen des LBR unwirksam gemacht. Die von den lutherischen Bekenntnissen besonders herausgearbeitete zentrale Bedeutung der Versöhnungs- und Rechtfertigungsbotschaft wird, wie oben gezeigt, durch den vom LBR verbreiteten Aufsatz gegen den Konfessionalismus bekämpft. Die vorschnelle Union aber wird durch die Zurückstellung der Gebundenheit unserer Kirche an das lutherische Bekenntnis hinter die Barmer Theologische Erklärung und durch den Kampf gegen den Zusammenschluß der Bekennenden Lutherischen Kirchen in nachdrücklicher Weise gefördert.

Es ist angesichts der Tatsache von Barmen schon recht gewagt, wenn der LBR erklärt: »Die Scheidung zwischen den drei evangelischen Konfessionen ist heute mehr und mehr als eine Zertrennung des Leibes Christi offenbar geworden.« In einer Kirche, die seit mehr als einem Jahrhundert das Zusammenwirken der drei evangelischen Konfessionen in der Basler Mission miterlebt, sollte man solche Behauptungen nicht aufstellen. Die Barmer Erklärung sagt genau das Gegenteil. Sie spricht es mit Dank gegen Gott aus, daß die drei evangelischen Konfessionen gerade von ihren Bekenntnissen aus dies gemeinsame Wort gefunden haben. Der LBR weist ja doch selber auf diese Tatsache hin und widerlegt damit sich selber. Und wenn, wie er betont, die Scheidelinie heute quer durch alle drei evangelischen Konfessionen hindurchgeht, so ist doch damit nicht die Überlebtheit der alten Bekenntnisse erwiesen, sondern lediglich die Tatsache, daß sie nicht automatisch durch ihr Dasein wirken, so wenig wie die Barmer Theologische Erklärung oder auch die Heilige Schrift selber. Aus dieser

Erkenntnis sucht ja doch der LBR die Bekenntnisgemeinschaft als »Träger des Bekenntnisses« in unserer Landeskirche neu zu bilden.

Wenn aber der LBR von der Barmer Theologischen Erklärung schreibt: »Das bedeutet für die kirchliche Gemeinschaft, daß wir mit all denen zum Leib Christi verbunden sind, die sich in solcher Bindung zu Christus bekennen und für Christus leiden«, wenn »mit der Erklärung von Barmen in der Kirche das sichtbare Zeichen aufgerichtet ist, um das die Gemeinde in der heute von ihr geforderten Entscheidung sich sammelt«, so läßt sich mit dem Wortlaut dieser Sätze zwar ein unanfechtbarer Sinn verbinden, aber näher gelegt ist durch die Gesamthaltung des Ausschreibens die Auffassung, daß jene Sätze zugleich auch bedeuten: Für die Gemeinschaft in der organisierten Kirche sollte die Bejahung der Barmer Theologischen Erklärung allein maßgebend sein. Geradezu genötigt aber wird man zu der Auffassung, daß die Barmer Theologische Erklärung die geltenden reformatorischen Bekenntnisse für den LBR in den Hintergrund stellt, wenn man seine Antwort an die Sozietät vom 14. Mai des Jahres liest. Dort ist durchweg diese Erklärung als »Das Bekenntnis«, als »Das Bekenntnis der Kirche« behandelt. Von der Bindung unserer Landeskirche an die Bekenntnisse der Reformation laut Artikel 1 ihrer Verfassung, somit an das lutherische Bekenntnis, ist überhaupt nicht die Rede. Gegenüber dieser Haltung muß bemerkt werden, daß auch Methodisten, Baptisten und andere, die die Barmer Erklärung bejahen, uns als Bundesgenossen im Kampf gegen die Irrlehren der Deutschen Christen willkommen sein können, aber mit uns nicht in der Gemeinschaft derselben bekenntnisbestimmten organisierten Kirche stehen und auch nicht stehen wollen. Die Barmer Theologische Erklärung selber verwischt die Grenzen der Bekenntniskirche nicht, sondern enthält den ebenso nüchternen wie hoffnungsfreudigen Satz: »Wir befehlen es Gott, was dies (Aussprechen eines gemeinsamen Worts) für das Verhältnis der Bekenntniskirchen untereinander bedeuten mag.« Dieselben Gedanken hat die Barmer Synode in ihrem Aufruf an die evangelischen Gemeinden und Christen in Deutschland der Öffentlichkeit vorgelegt und von den Verfassern der Theologischen Erklärung gesagt: »Sie wollten weder eine neue Kirche gründen, noch eine Union schaffen. Denn nichts lag ihnen ferner als die Aufhebung des Bekenntnisstandes unserer Kirchen.«

3. Nach all dem ist es ein bedauerlicher Fehlgriff, wenn der Landesbruderrat den Zusammenschluß der Bekennenden Lutherischen Kirchen unter Berufung auf die Barmer Erklärung als »unechte Sammlung taktischer Art« beurteilt und erklärt: »Darum hat sich der Landesbruderrat

der lutherischen Sonderpolitik und der konfessionellen Aufspaltung der Bekennenden Kirche widersetzt, und dieses Anliegen wird auch dann geltend gemacht werden müssen, wenn die Konstituierung einer von den andern gesonderten lutherischen Kirche ein nicht mehr rückgängig zu machendes Faktum sein sollte.« Damit steuert der LBR unverkennbar dem Programm einer vorschnellen Union zu, mit dem er der organischen kirchlichen Entwicklung, der Barmer Erklärung und sich selbst widerspricht. Die organische kirchliche Entwicklung gebietet, daß der Zug der Einigung in der Deutschen Evang. Kirche ihrer vorhandenen konfessionellen Gliederung folgt. Auf dem weltweiten evangelischen Missionsfeld vollzieht sich seit Jahrzehnten die kirchliche Einigung mit sichtbarem Segen nach dem Gesetz der Bekenntnisgemeinschaft. Warum soll dasselbe Vorgehen in Deutschland falsch sein und den Leib Christi zertrennen? Und warum soll es lutherische Sonderpolitik sein, wenn innerhalb der Bekennenden Kirche lutherische Kirchen dasselbe tun unter selbstverständlicher Anerkennung entsprechender engerer Zusammenschlüsse der anderen beiden Konfessionen? Die Barmer Erklärung läßt sich dagegen nicht ins Feld führen. Sie bezeichnet ausdrücklich die Deutsche Evang. Kirche nach ihrer Verfassung als einen »Bund der aus der Reformation erwachsenen gleichberechtigt nebeneinander stehenden Bekenntniskirchen«, hebt fast in jedem Satz ihrer Einleitung deren Bekenntnisbestimmtheit hervor und betont, daß ihre Unterzeichner ihren verschiedenen Bekenntnissen treu sein und bleiben wollen. Die Barmer Synode hat denn auch ihre Theologische Erklärung den Bekenntniskonventen zur Erarbeitung verantwortlicher Auslegung von ihren Bekenntnissen her übergeben, eine Aufgabe, deren Lösung die Mißdeutungen von Barmen hätte beseitigen müssen. Vor allem aber muß geltend gemacht werden, daß die Bekenntnissynode von Barmen den Weg des Lutherrats geradezu vorgezeichnet hat. In ihrer Erklärung zur Rechtslage der Deutschen Evang. Kirche heißt es unter Nr. 5: »Ihre echte Einheit kann die Deutsche Evang. Kirche nur auf dem Wege gewinnen, daß sie die reformatorischen Bekenntnisse wahrt und einen organischen Zusammenschluß der Landeskirchen und Gemeinden auf der Grundlage ihres Bekenntnisstandes fördert.« Es ist unbegreiflich, wie der LBR an dieser völlig unzweideutigen Willensmeinung der Barmer Bekenntnissynode vorübergehen und das, was diese als Weg echter Einheit bezeichnet hat, trotz aller sonstigen Berufung auf Barmen als unechten Zusammenschluß brandmarken kann. Mindestens an diesem Punkt müsse dem LBR klar werden, welch einseitiger, sachwidriger Deutung er die Theologische Erklärung von Barmen unterworfen hat.

4. Somit ist es durchaus unbegründet, wenn die Bekenntnisbewegung dem Lutherischen Zusammenschluß entgegengestellt wird. In Barmen hat die Bekennende Kirche gesprochen, und zwar verbindlich, aber es ist in Barmen nicht eine die Bekenntniskirchen aufhebende »Bekennende Kirche« gebildet worden. Die letztere Illusion herrscht zwar vielfach, aber sie dient nicht zur Einigung des Leibes Christi und zur Klärung der kirchlichen Verhältnisse. Gewiß muß unterschieden werden zwischen formalrechtlichem Bekenntnisstand und aktuell Bekennender Kirche. Gewiß geht die Bewegung der Bekennenden Kirche quer durch die drei innerevangelischen Konfessionen und hat zu einem wirksamen und handlungsfähigen Bewußtsein der Bekenner, gemeinsam Glieder am Leibe Christi zu sein, geführt. Aber sie hat die inneren evangelischen Konfessionsunterschiede noch nicht überwunden, was ja doch auch der LBR zugibt; sie hat deshalb auch noch nicht die Voraussetzung für die Zusammenfassung der bisherigen organisierten Bekenntniskirchen oder wenigstens der ihnen angehörenden Bekenner in einer konfessionell einheitlichen organisierten Kirche geschaffen. Sie hat vielmehr weithin die Geistlichen, Gemeindeglieder und Kirchenleitungen aufgerufen, die Bekenntnisse ihrer Kirchen ernst zu nehmen. Dazu gehört auch, daß das Gespräch zwischen den innerevangelischen Konfessionen mit neuem Ernst in Gang gekommen ist. Aber es widerspricht dem Gehorsam des Glaubens, die uns zur Zeit gezogenen kirchlichen Grenzen und so auch die in der Barmer Theologischen Erklärung festgestellte Doppelheit der Bindung sowohl an die besonderen reformatorischen Bekenntnisse wie auch an ihre gemeinsame Auslegung im Blick auf die Irrlehren unserer Zeit gewaltsam durchbrechen zu wollen. Andererseits liegt es durchaus innerhalb der Grenzen des uns jetzt Gegebenen und ist durch die Barmer Synode ausdrücklich gefordert, daß die lutherischen Kirchen, die ihr Bekenntnis im Sinne von Barmen ernst nehmen, sich besonders zusammenschließen und so innerhalb der Gemeinsamkeit der Bekennenden Kirche eine eigene kirchliche Organisation neben anderen bilden. Als sich die reformierten Kirchen und Gemeinden in gleicher Weise zum Reformierten Arbeitsausschuß zusammentaten, hat sich in dem bekannten freundschaftlichen Abkommen zwischen demselben und dem Lutherrat sofort gezeigt, daß diese konfessionelle Gliederung die Gemeinschaft der Bekennenden Kirche in keiner Weise erschwert, sondern wesentlich erleichtert. Seitens des reformierten Mitglieds der derzeitigen Vorläufigen Leitung der Deutschen Evang. Kirche wird der besondere Zusammenschluß der bekennenden reformierten Gemeinden eifrig betrieben und selbst in den Ausbildungsstätten der VL

wird an der besonderen konfessionellen Gliederung und Verpflichtung für die jungen Theologen festgehalten (Reformierte Kirchenzeitung Nr. 17 vom 25.4.1937). Entgegen der vom Landesbruderrat ausgesprochenen Behauptung, daß solche konfessionellen Zusammenschlüsse innerhalb der Bekennenden Kirche eine Zertrennung des Leibes Christi bedeuten, hat die Barmer Synode am Schluß ihrer Erklärung zur Rechtslage bezeugt: »Im Gehorsam gegen den Herrn der Kirche liegt eine so starke einigende Kraft, daß wir trotz der Verschiedenheit der reformatorischen Bekenntnisse zu einem einheitlichen Wollen und Handeln innerhalb der Deutschen Evang. Kirche zusammenstehen können.«

Die vom LBR ausgesprochene Absicht, auf die Auflösung des lutherischen Zusammenschlusses hinzuarbeiten, läßt sich daher kirchlich nicht verantworten. Es mag unerörtert bleiben, in wieweit der Unterschied in der Struktur und Lage der sogenannten intakten Kirchen einerseits und der zerstörten Kirchen andererseits nach der Oeynhausener Synode den Rückgriff auf den Gedanken eines lutherischen Zusammenschlusses nahegelegt hat. Auf jeden Fall muß der äußere Anlaß des Zusammenschlusses von der inneren kirchlichen Notwendigkeit desselben unterschieden werden. Bereits im Mai 1933 ist zu Würzburg der lutherische Zusammenschluß unter ganz anderen Verhältnissen nahezu perfekt geworden, und heute sind Kirchen jeder Struktur, intakte Kirchen, eine »Ausschuß-Kirche« und drei von den bedrängtesten Bruderratskirchen im Lutherischen Bund vereinigt. Daß dieser eine lutherische Sonderpolitik betreibe, ist ein beweislos erhobener Vorwurf. Wie wäre es sonst möglich, daß wie der Reformierte Arbeitsausschuß so auch die unierten Kirchen von Baden und Hessen-Kassel bei ihm Anlehnung suchen? Und wie hätte sonst der Lutherrat in eingehender Darlegung sein Ja zur Barmer Theologischen Erklärung begründen können, während doch deren Prägung durch die reformierte Theologie von reformierter Seite unterstrichen wird (Reformierte Kirchenzeitung Nr. 17 vom 25.4.1937)? Die vom LBR ausgesprochene Absicht aber, auf den Austritt Württembergs hinzuwirken, läßt befürchten, daß der gegebene Weg zu einem echten Zusammenschluß verbaut, die Verwirrung in der Deutschen Evang. Kirche und in unserer Landeskirche gesteigert, letztere in unfruchtbarer Weise isoliert, das Ansehen ihrer Kirchenleitung beeinträchtigt und eine von einem kirchlichen Denkfehler beherrschte vorschnelle Unionspolitik vom LBR begünstigt wird, die der bestimmten Weisung der Barmer Synode direkt widerspricht und keine Verheißung hat. Daß der Anschluß Württembergs an den Lutherrat auf echt bekenntnismäßigen Gründen beruht, ist in dessen Vollsitzung am 24. Mai von unserem Landesbischof nochmals nachdrücklich betont worden. Der als Gast anwesende Leiter der Kirche Hessen-Kassels, Dr. Happich, versicherte, daß in der Glaubwürdigkeit des echt kirchlichen Motivs die starke Anziehungskraft liegt, die der Lutherrat auf andere Kirchengebiete ausübt. Vielleicht gibt auch das diesjährige Rummelsberger Wort der bayerischen Pfarrbruderschaft, die ihre anfänglichen Bedenken gegen den Lutherrat offenbar überwunden hat, auch dem LBR zu denken. Es heißt dort in Absatz 2 über die Barmer Theologische Erklärung: »In dieser Scheidung von den Irrtümern der Zeit ist sie für uns verbindlich. Eine Überheblichkeit aber wäre es, durch sie die Bekenntnisse der christlichen Kirchen verdrängen oder gar im Tage von Barmen die Erneuerung der urchristlichen Kirche sehen zu wollen. Wer von Barmen eine neue Kirche herleitet oder wer vergißt, daß wir das Zeugnis von Barmen der Kirche verdanken, die uns von unseren Vätern überkommen ist, verfällt genau dem gleichen Wahn.«

Nach alle dem muß ich den LBR dringend bitten, sich noch einmal auf Grund des Selbstverständnisses von Barmen zu überlegen, ob er nicht seine Bewertung der Barmer Theologischen Erklärung in ihrem Verhältnis zum Bekenntnisstand unserer Kirche einer gründlichen Revision zu unterziehen hat. Für unbedingt geboten halte ich es, daß er seine Erklärung gegen den lutherischen Zusammenschluß als der Willensmeinung der Barmer Bekenntnissynode direkt widersprechend vor der Württ. Bekenntnisgemeinschaft offen zurückzieht. Damit wäre dann auch der Zweifel beseitigt, ob in der neu zu bildenden Bekenntnisgemeinschaft wir, die wir den lutherischen Zusammenschluß für einen echt kirchlichen Weg halten, überhaupt willkommen sind. Eine eingehende sachliche Aussprache über den Lutherrat bei der nächsten Landesversammlung der Bekenntnisgemeinschaft zu ermöglichen, ist offenbar eine Notwendigkeit.

Unter diesen Voraussetzungen, die als unerläßliche Richtigstellung geltend gemacht werden mußten, hoffe ich, daß der Schritt des Landesbruderrats zur Sammlung und nicht zu einer Zertrennung der Bekenntnisgemeinschaft führt. Der Ablehnung des Mißbrauchs kirchlichen Notrechts kann ich durchaus zustimmen. Mein Einverständnis aber mit dem zentralen Anliegen des Landesbruderrats darf ich zum Schluß mit den Worten des Barmer Aufrufs an die evangelischen Christen in Deutschland aussprechen: »Die Einigkeit der evangelischen Kirchen Deutschlands kann nur werden aus dem Worte Gottes im Glauben durch den Heiligen Geist. So allein wird die Kirche erneuert.« Dekan Pfisterer.

Das Echo, welches das Schreiben der Sozietät vom 27. April an den Landesbruderrat gefunden hatte, besprach die Sozietät bei einer Vollversammlung am 18./ 19.5.1937.[37] *Die Vollversammlung der Sozietät beschloß einen weiteren Brief an den Landesbruderrat*[38]*:*

Liebe Brüder,

Ihr habt uns als Brüder angeredet, und wir dürfen Euch heute noch ebenso antworten, weil Eure Sammlung noch nicht vollzogen ist. Ihr habt uns gebeten, Euren Ruf zur Sammlung zu hören als den Ruf des Herrn der Kirche, und wir müssen Euch antworten, daß wir darin den Ruf eines Fremden gehört haben. Laßt uns das, wie alles Weitere, das sich daraus ergibt, so nüchtern und eindeutig sagen, wie es in dieser Stunde gefordert ist. Wir lassen es uns jetzt verboten sein, an jene zu denken, die als irgendwie interessierte Zuschauer unseres Kampfes die Ungesichertheit unseres Redens gegen uns ausbeuten werden, weil wir von Bruder zu Bruder reden und nicht für die Hyänen des Schlachtfeldes.

Ihr ruft nicht zur Kirche Jesu Christi, die in Barmen sich zum Wort Gottes bekannt hat, sondern zu einer »freien Bewegung«, die nicht selbst Kirche, sondern eine Gruppe innerhalb der Kirche sein will. Die Kirche selbst überlaßt Ihr ihrem Schicksal, das heißt dem Schwergewicht von Bürokratie und Tradition, das Euch vielleicht noch eine Zeit lang den Raum verschafft, innerhalb dessen Eure Bewegung leben und die Illusion haben kann, selbst die wahre Kirche Christi zu sein. Damit ruft Ihr nicht zur Kirche, sondern fordert auf zur Preisgabe der Kirche an fremde Mächte und Gewalten und rettet Euch selbst in die Sekte. Was Ihr tut, stammt nicht aus dem Glauben an den Dritten Artikel, sondern aus der Verzweiflung über die in Lehre, Ordnung und Amt sichtbare Kirche Christi.

Was Euer Vorgehen kirchengeschichtlich gesehen bedeutet, habt Ihr selbst eindeutig gesagt mit folgenden Worten Eures Aufrufs: »Die Württ. Bekenntnisgemeinschaft, ursprünglich eine freie Bewegung, ist seit Jahren eine solche halbamtliche Organisation. Sie hat dabei dasselbe Schicksal erlitten wie so manche freie Bewegung, die in den amtlichen Apparat eingefügt wurde: Sie konnte je länger, je weniger ihren Dienst in unserer Württ. Landeskirche und in der gesamten Bekennenden Kirche ausrichten.« Das ist die Wiederholung der Flucht des Pietismus und der christli-

---

[37] LKA Stuttgart, D 1, Bd. 71; Einladung und Protokoll der Versammlung.
[38] LKA Stuttgart, D 1, Bd. 112; vgl. auch das Beischreiben von Pfr. Diem »An unsere Freunde in der württ. Pfarrerschaft« vom 27.5.1937 (LKA Stuttgart, D 1, Bd. 112).

chen Verbände aus der Kirche, weil man die zur Bürokratie gewordene organisierte Kirche fürchtet, sie flieht und einer anderen »Amtlichkeit« überläßt, anstatt sie zur Ordnung unter das Amt der Kirche zu rufen, das die Versöhnung predigt.

Zu Eurer »freien Bewegung« können wir nicht kommen, weil wir verloren sind, wenn wir die Kirche preisgeben. Ihr selbst habt es uns in Eurem jahrelangen qualvollen Ringen um Eure richtige Stellung innerhalb unserer Landeskirche vorgelebt, wie man auf diesem Weg innerlich zerbrechen muß, wie eine falsche und christlich nicht erlaubte Selbstbescheidung in die unfrohe Müdigkeit und Verzweiflung führt. Wir sehen die erschrekkende Resignation gerade der Besten unserer Amtsbrüder und Gemeindeglieder, die sich mit diesem Zustand der Kirche abgefunden und darauf verzichtet haben, noch von den Ämtern der Kirche zu erwarten, was diese allein ihnen geben können, nämlich das mit der Vollmacht Jesu Christi verkündigte reine Evangelium, mit dem allein Sünden vergeben und behalten werden. Wir können zu Eurer »freien Bewegung« nicht kommen, weil wir uns nicht mitschuldig machen wollen, daß wir alle miteinander die Kirche verlieren.

Ihr habt aber zur Sammlung um Barmen gerufen, und soweit das geschehen ist, wollen wir gerne kommen, weil wir hier die Stimme unseres Hirten hören. Wir hätten gewünscht, daß Ihr diesen Ruf Barmens nicht durch Euer eigenes Reden verdeckt hättet, indem Ihr zur »freien Bewegung« anstatt zur Kirche ruft, können das aber nicht ändern. Wenn wir miteinander bei Barmen stehen wollen, so dürft Ihr keinen Augenblick darüber im Zweifel sein, daß wir selbst in Barmen den Ruf zur Kirche gehört haben und darum bei der Kirche zu sein glauben (credimus), die andern zur Kirche rufen werden und unermüdlich und mit allem Nachdruck Euch sagen werden, daß die Stimme eines Fremden durch Euch redet, wenn Ihr zur »freien Bewegung« ruft und Euch als solche betätigt.

Wir werden Euch also, um nur einen konkreten Punkt zu nennen, sofort fragen müssen, ob Ihr unsere Kirchenleitung, und zwar als Kirchenleitung und nicht als einzelne Pfarrer, in Eure Sammlung einbeziehet oder nicht. Wird sie einbezogen, so heißt das, daß Ihr Barmen auch für das Handeln der Kirchenleitung verbindlich macht und sie nicht aus der Entscheidung für oder gegen Barmen im ganzen und in jedem einzelnen Fall entlassen dürft. Wird die Kirchenleitung nicht einbezogen, so laßt Ihr sie außerhalb der Kirche stehen, was wir nicht dulden werden. Sie kann nur sich selbst außerhalb der Kirche stellen, indem sie selbst sich der Verbindlichkeit von Barmen entzieht.

Wir wissen nicht, ob Ihr uns unter diesen Umständen mit bei Eurer Sammlung haben wollt. Nach dem Wortlaut Eures Sammlungsaufrufes und Eurer Antwort auf unser Schreiben vom 27. April schließt Ihr uns faktisch aus. Zugleich aber ruft Ihr uns zu kommen. Wir mußten Euch deshalb zuerst noch einmal sagen, unter welchen Voraussetzungen wir allein kommen können. Wollt Ihr uns mit dabei haben, so hat das zur Folge, daß wir vor der Pfarrerschaft, die Eurem Ruf folgen und zusammenkommen wird, um den Landesbruderrat neu zu autorisieren, Euch und die Amtsbrüder vor die Frage stellen werden, die vor jedem weiteren Schritt entschieden sein muß, ob Ihr zur Kirche von Barmen ruft und damit Euren Aufruf zur Sammlung widerruft, oder ob Ihr bei der »freien Bewegung« um Barmen bleibt und damit uns aus der zu sammelnden Bekenntnisgemeinschaft ausschließt.

Es müßte auch, ehe wir zusammenkommen, entschieden sein, ob der Landesbruderrat sich das Verdikt des Oberkirchenrats über uns zu eigen macht. Der Oberkirchenrat hat mit Schreiben vom 5. Mai, das amtlich allen Pfarrämtern zur Kenntnis gebracht werden soll, mit Unterschrift des Herrn Landesbischof erklärt: »Die Sozietät hat das Recht verwirkt, im Namen des Bekenntnisses aufzutreten und die Sorge um eine wahrhaft geistliche Leitung der Kirche für sich in Anspruch zu nehmen.« Sie hat uns damit auf eine Stufe mit den Thüringer DC gestellt. Wir müssen den Landesbruderrat ersuchen, dazu Stellung zu nehmen, weil Ihr in Eurem Schreiben an uns gesagt habt, daß in dem Herrn Landesbischof der Mann zu sehen ist, »der die erste Verantwortung in der Landeskirche trägt und ihr mit Vollmacht sagt, auf welches Evangelium sie leben und sterben kann«, daß also »mindestens der Landesbischof die geistliche Autorität der Kirchenleitung besitzt«. Deshalb müßt Ihr sagen, ob der Herr Landesbischof in diesem Fall mit der Vollmacht seines Auftrages geistlich geurteilt hat oder sein Urteil zurücknehmen muß. Ihr könnt nicht einerseits uns und andererseits die Kirchenleitung als Eure Brüder ansehen, solange diese uns die Bruderschaft abgesprochen hat.

Im Auftrag der Sozietät: Hermann Diem.

Nach einer Besprechung mit dem Oberkirchenrat am 25. Mai gab Pfr. Diem am 27. 5. 1937 folgende Erklärung an den Oberkirchenrat ab[39]:

39 LKA Stuttgart, D 1, Bd. 112; Wurm bemerkte handschriftlich auf dem Aktenstück: »Ich kann mit dieser Erklärung nichts anfangen. An dem Tatbestand, daß versucht wurde, den OKR auf die Prüfung der Verwaltung zu beschränken, ändert sich dadurch nichts.« Vgl. auch die Mitteilung der Sozietät vom 25. 6. 1937 »An unsere Freunde in der württ.

Auf Grund einer Aussprache mit Herrn Direktor Dr. Müller, Prälat Lic. Schlatter, Oberkirchenrat Pressel, zu der ich am 25. Mai auf den Oberkirchenrat geladen war, gebe ich für die Sozietät folgende Erklärung ab:

In der Einladung an unsere Freunde vom 13. Mai sagten wir, daß in dem Erlaß des Oberkirchenrats Nr. A 4573 vom 5. Mai dieses Jahres unsere Verhandlungen mit dem Landesbruderrat »in völlig entstellter Weise« der Pfarrerschaft bekanntgemacht wurden. Diese Behauptung gründet sich darauf, daß aus dem Erlaß unsere Intentionen nicht erkennbar waren und darum bei den von der Sache ununterrichteten Pfarrern ein völlig falsches Bild von unserem Vorgehen entstehen mußte. Der Zweck dieses Schreibens an den Landesbruderrat war, die Sammlung der Bekennenden Kirche um Barmen in Württemberg einzuleiten. Diesen Zweck, von dem aus alles, was wir sagten, allein zu verstehen war, erwähnt der Erlaß mit keinem Wort. Dadurch ist alles, was wir einerseits zur Begründung für die Notwendigkeit dieser Sammlung und andererseits über die Folgen dieser Sammlung für das Verhältnis von Bruderrat und Kirchenleitung sagten und was nur in diesem sachlichen Zusammenhang sinnvoll war, falsch verstanden worden.

1. Die Notwendigkeit der Sammlung hatten wir begründet a) mit der Feststellung, daß eine an Barmen gebundene geistliche Leitung in unserer Landeskirche faktisch nicht ausgeübt wird, b) mit der 13. Verordnung des Ministers Kerrl.

Zu a) Was wir über das Fehlen einer geistlichen Leitung in unserer Kirche sagten, muß verstanden werden von der theologischen Voraussetzung aus, daß unsere Landeskirche die Kirche Jesu Christi in Württemberg ist, nicht im Blick auf ihren Personenkreis, was schwärmerisch wäre, sondern im Blick auf das von ihr bekannte und verkündigte Evangelium, was lutherisch ist. Sie soll also nicht erst Kirche Jesu Christi werden; sie soll auch nicht eine irdische Erscheinungsform der im Unsichtbaren verharrenden »idealen« Kirche sein, neben der es dann natürlich beliebig viele andere Erscheinungsformen geben könnte, sondern sie glaubt, in der Sichtbarkeit ihrer Lehre, Ordnungen und Ämter die eine heilige christliche Kirche in unserem Land zu sein. So hat die Theol. Erklärung von Barmen in Auslegung der reformatorischen Bekenntnisse die Allein-

---

Pfarrerschaft« über die für sie unbefriedigende Besprechung mit dem Oberkirchenrat am 25. Mai (LKA Stuttgart, D 1, Bd. 112). Eine weitere Besprechung mit Pfr. Diem fand am 16.6.1937 statt, die aber ebenfalls nicht zu einem endgültigen Ergebnis führte (Nr. A 6510 vom 19.6.1937).

herrschaft Christi in seiner Kirche bekannt, die er ausübt durch seine Gegenwart in Wort und Sakrament durch den Heiligen Geist. Die Alleinherrschaft Christi in seiner Kirche ist nicht ein fernes Ideal, sondern gilt als Gebot und Verheißung heute; deshalb muß positiv dafür gesorgt werden, daß das reine Evangelium verkündigt, daß der Gemeinde Weisungen und Ermahnungen in den ihr konkret gestellten Fragen gegeben werden, und negativ, daß die Irrlehre in den Ämtern der Kirche nicht geduldet und die den Glauben der Gemeinde bedrohenden Einbrüche des Wolfes in die Herde abgewehrt werden. Wir haben nie bestritten, daß all das von unserer Kirchenleitung je und je »auch« getan wurde und sie also insofern »auch« geistlich handelt. Aber sie tut das nur je und je und nur insofern, als es auf Grund ihrer Deutung der jeweiligen Umstände »schon« ratsam erscheint und nur insoweit, als es ihre anderweitigen Bindungen jeweils zulassen. Wir haben aber bei den Reformatoren gelernt, daß auf das »Allein« alles ankommt und daß deshalb ein Handeln, das nicht allein an Schrift und Bekenntnis gebunden ist, die Alleinherrschaft Christi in seiner Kirche nicht ernst nimmt und darum überhaupt kein bekenntnisgebundenes Handeln ist. Es ist dabei freilich möglich, daß wir manchmal eine geistlich begründete Weisung unserer Kirchenleitung bekommen, aber wir können uns nie darauf verlassen, daß wir eine solche bekommen werden, wenn wir sie erbitten; und zwar liegt das nicht an der Fehlsamkeit alles menschlichen Handelns, die einer Kirchenleitung natürlich auch zugestanden werden muß, sondern daran, daß die Kirchenleitung nicht aus jener alleinigen Bindung heraus handelt, und wir deshalb stets gewärtig sein müssen, daß ihre Antwort durch andere Bindungen bestimmt ist oder daß sie unverbindlich oder überhaupt nicht antwortet und Pfarrer und Gemeinden in ihren Nöten allein läßt.

Ob eine geistliche Leitung ausgeübt wird, entscheidet sich also nicht daran, wieviel einzelne Fälle nach geistlichen Gesichtspunkten behandelt werden. Es ist darum durchaus abwegig, wenn den wenigen Fällen, die wir nur als Symptome für das Fehlen einer geistlichen Leitung angeführt haben, so und soviele andere Fälle entgegengestellt und dagegen aufgerechnet werden. Wir können Tausend solcher Fälle anführen und damit für diese quantitierende Betrachtungsweise doch nie den »Beweis« für das Fehlen der geistlichen Leitung erbringen. Es handelt sich hier um kein Rechenexempel. Mit dieser quantitierenden Betrachtungsweise hängt auch der Vorwurf zusammen, wir seien Idealisten, die nicht mit den Möglichkeiten der praktischen Verwirklichung rechnen, also das, was man im bürgerlichen Sinn »Schwärmer« nennt (woraus dann unter der Hand der

Vorwurf des Schwärmertums im theologischen Sinn wird). Das unerfreuliche Ende der Auseinandersetzung ist dann unvermeidlich immer dasselbe, daß nämlich die Kirchenleitung unsere Argumente »ungenügend« findet, den Vorwurf, sie übe keine geistliche Leitung aus, moralisch versteht und sich gegen diese »Verleumdung« wehrt.[40]

Zu b) Die uns besonders verübelte Berufung auf die 13. Verordnung ging aus von dem unbestreitbaren Faktum, daß mit dieser Verordnung der Staat der Ausübung kirchenregimentlicher Funktionen durch die Landeskirchenregierungen den Rechtsboden im Sinn des vom Staat anerkannten und geschützten kirchlichen Rechts entzogen hat. Die Kirche kann darum nicht mehr rechtswirksam gegen staatliche Eingriffe in die Kirchenleitung, die auf Grund dieser Verordnung schon in verschiedenen Landeskirchen erfolgt sind und jederzeit auch bei uns erfolgen können, protestieren. Wir verweisen unter anderem auf den Brief des zuständigen Reichsministers Kerrl an den Landesbischof D. Marahrens vom 12. April, in dem es heißt, »daß diese Verordnung staatliches Recht setzt und deshalb für den Bereich, in dem sie gilt, auch bindend ist, unabhängig von der Anerkennung kirchenpolitischer Gruppen, auch wenn ihre Mitglieder den Regierungen einiger Landeskirchen angehören«. Es ist ein Unterschied, ob man diesen staatlichen Eingriff für rechtmäßig hält und sich womöglich noch darüber freut, wie der Erlaß des Oberkirchenrats uns unterstellt, oder ob man nüchtern die Tatsache feststellt, daß uns keine Rechtsmittel gegen diesen gewaltsamen Eingriff zur Verfügung stehen. Die Annahme, daß unsere Erwähnung der 13. Verordnung im ersteren Sinn geschah, hätte für den Oberkirchenrat, abgesehen von der inneren Unmöglichkeit, schon deshalb ausscheiden müssen, weil wir mit Schreiben vom 8. April dieses Jahres unsererseits dem Oberkirchenrat zum Vorwurf machten, daß er in seinem Schreiben an den Herrn Kultminister vom 24. März sich gegen den Staat auf die 13. Verordnung berief und sie damit im Rechtsverkehr mit dem Staat anerkannte. Es ist nicht verständlich, wie der Oberkirchenrat annehmen kann, wir könnten am 8. April ihn auf die schweren Folgen einer solchen Anerkennung hinweisen und sie am 27. April selbst vollziehen. Wenn unsere Berufung auf die 13. Verordnung selbstverständlich im zweiten Sinn geschah, so mußte diese Verordnung für uns ein wesentliches Argument sein für die Notwendigkeit der Sammlung der Bekennenden Kirche.

40 Gestrichen ist hier gegenüber dem Entwurf der Satz: »Aus diesem Mißverständnis heraus ist wohl die Entrüstung zu erklären, mit welcher in dem genannten Erlaß über unsere Beurteilung der geistlichen Leitung in unserer Landeskirche gesprochen wurde.«

2. Die Folgen dieser Sammlung für das Verhältnis von Bruderrat und Kirchenleitung.

Nach dem, was wir oben über den Zustand der geistlichen Leitung in unserer Landeskirche sagten, kann es nicht in Frage kommen, daß diese Sammlung etwa um die Ordnungen und Organe der Landeskirche oder auch um die Personen der Kirchenleitung vollzogen werden könnte. Im Jahre 1934 konnte der staatliche Eingriff nicht durch den kirchlichen Apparat abgewehrt werden, da dieser durch seine personelle Zusammensetzung sowie durch seine juristischen Bindungen verhindert war, bekenntnismäßig zu handeln. Daran hat sich in der Zwischenzeit nichts wesentliches geändert. Bei Versuchen zu einer inneren Reaktivierung der kirchlichen Verwaltung von Schrift und Bekenntnis her, welche diese zu einer Kirchenordnung umgestaltet hätte, die auch arbeitsfähig wäre, abgesehen von der staatlichen Anerkennung, sind auch in den letzten Jahren keine nennenswerten Fortschritte erzielt worden. Der im Jahr 1934 beschrittene Weg einer Sammlung um die Person des Herrn Landesbischofs mit Hilfe freier Kräfte aus Pfarrerschaft und Gemeinde könnte vielleicht im Ernstfall zunächst noch einmal Erfolg haben. Aber eine solche demonstrative Abwehr irgendwelcher Eingriffe von außen her führt, wie auch die Erfahrungen nach 1934 zeigen, zu keinem vom Bekenntnis her geordneten Neubau der Kirche. Deshalb haben wir den Landesbruderrat als die berufene Vertretung der Bekennenden Kirche gebeten, diese Sammlung in Angriff zu nehmen, und zwar auf der Grundlage von Barmen und darum in Gemeinschaft des Bekenntnisses, der Ordnung und der Ämter mit der Bekennenden Kirche Deutschlands.

Am schwierigsten, auch in den Augen des Landesbruderrats, erscheint bei dieser Sammlung die Frage nach dem Verhältnis der neu zu errichtenden geistlichen Leitung, welche Barmen für die Württ. Landeskirche verbindlich zu bezeugen hat, zu der bestehenden Kirchenleitung des Oberkirchenrats. An eine »Revolution«, welche den Oberkirchenrat durch den Bruderrat ersetzen sollte, hat niemand von uns gedacht. Andererseits waren wir uns klar darüber, daß eine Sammlung, welche den Oberkirchenrat nicht in den Anspruch von Barmen mit einbezieht, die uns mit Barmen gestellte Aufgabe nicht ernst nimmt und deshalb keine Hilfe für die Not unserer Kirche ist. Diese Einbeziehung des Oberkirchenrats brauchte nicht notwendig zu einem Konflikt zu führen. Unser Schreiben nennt ausdrücklich die Möglichkeit, daß der Oberkirchenrat sich den geistlichen Entscheidungen des Bruderrats anschließt und sich für deren Ausführung zur Verfügung stellt. Da der Oberkirchenrat ja auch auf das

Bekenntnis verpflichtet ist, können hier sachliche Schwierigkeiten nicht geltend gemacht werden. Es war von uns auch nicht so gedacht, daß der Bruderrat selbst irgendwelche Positionen im Oberkirchenrat besetzt. Er sollte nur sofort für die fehlende geistliche Leitung eintreten in all den Fällen, in denen er dazu gefordert ist. Schließt sich der Oberkirchenrat ihm darin an, so wird daraus Schritt für Schritt eine kirchliche Neuordnung und eine Überführung der kirchlichen Verwaltung in die Bekennende Kirche erfolgen, ohne daß irgendwelche noch bestehenden Ordnungen zerstört würden. Sollte freilich der Oberkirchenrat sich der Mitarbeit versagen, so dürfte die Sammlung daran nicht scheitern.

Diese Erklärung zu unserem Schreiben an den Landesbruderrat gebe ich ab in dem Bewußtsein, damit genau das gesagt zu haben, was wir schon mit unserem Schreiben sagen wollten. Ich gebe zu, daß unser Brief, der die Ergebnisse einer Besprechung mit Mitgliedern des Landesbruderrats zusammenfaßte und dessen Ausdrucksweise durch diese Besprechung bestimmt war, für den in die Einzelheiten nicht eingeweihten Oberkirchenrat zu Mißverständnissen Anlaß geben konnte, die vielleicht hätten vermieden werden können, wenn der Oberkirchenrat uns vor Herausgabe des Erlasses gehört hätte. Ich nehme zur Kenntnis, daß der Oberkirchenrat in der Besprechung erklärte, er habe mit der Herausgabe des Erlasses vom 5. Mai nicht die Absicht gehabt, uns »vor der Pfarrerschaft zu diffamieren«, wie wir in unserem Schreiben an den Oberkirchenrat vom 16. Mai erklärten; er habe den Erlaß auch nicht »zum Zweck der Propaganda gegen uns« herausgegeben, wie wir in der Einladung an unsere Freunde vom 13. Mai aussprachen. Die vorliegende Erklärung gebe ich ab auf Grund der Zusicherung des Oberkirchenrats, daß er eine Berichtigung seines Erlasses zusammen mit dieser Erklärung in derselben Weise wie den Erlaß selbst veröffentlichen wird. Diem.

Am 2. Juni befaßt die Dekanskonferenz sich mit der durch das Schreiben der Sozietät vom 27. April ausgelösten Kontroverse. Der Oberkirchenrat teilte am 3.6.1937 die Erklärung der Dekanskonferenz *den Dekanatämtern mit*[41]*:*

Die Konferenz der Dekane beschloß am 2.6.1937 einmütig folgende Erklärung, durch die das Vertrauen zur Führung des Herrn Landesbischof zum Ausdruck gebracht wurde:

---

41 Nr. A 6003.

»Die Stunde fordert von der Kirche mehr denn je ein einmütiges und tapferes Zusammenstehen. Wir wissen uns dem Evangelium von Jesus Christus, wie die Reformatoren es neu verkündeten, mit all unsrem Tun verbunden. Wir wissen uns dankbar als Glieder und Diener einer lutherischen Kirche. Wir wissen uns durch den Ruf von Barmen in den Kampf gegen alle moderne Verfälschung des Evangeliums gerufen. Wir lehnen jeden Versuch, die Autorität des Herrn Landesbischofs herabzusetzen und eine andere geistliche Leitung aufzurichten, als eine schwere Gefährdung der Bekennenden Kirche ab. Wir sprechen unsrem Herrn Landesbischof herzlichen Dank aus für all den unermüdlichen Dienst, den er unserer Landeskirche und der Bekennenden Kirche Deutschlands getan hat, und bitten ihn, auch künftig, gestützt auf das Vertrauen seiner Pfarrerschaft, die geistliche Leitung unsrer Kirche zu führen.«

Den Herren Dekanen wird anheimgegeben, hievon den Pfarrämtern in geeigneter Weise Kenntnis zu geben.   I. V. Müller.

Am 10.6.1937 beantwortete der Landesbruderrat den Brief der Sozietät vom 19. Mai durch ein Schreiben an Pfr. Diem[42]:

Liebe Brüder!

Ihr schreibt uns, daß Ihr aus unserem Schreiben vom 14. Mai nicht den Ruf des Herrn der Kirche, sondern den Ruf eines Fremden gehört habt und daß Ihr uns nicht mehr als Eure Brüder erkennen könnt, wenn wir den Ruf zur Sammlung in einer »freien Bewegung« nicht zurücknehmen. Diesen schweren Vorwurf, der die kirchliche Gemeinschaft unter uns in Frage stellt, begründet Ihr damit, daß diese Sammlung nicht der Weg der Kirche, sondern der Weg der Sekte sei, die aus der Kirche fliehe. Der Landesbruderrat gebe damit die in Lehre, Ordnung und Amt sichtbare Kirche preis. Er wolle in der Art eines Konventikels eine scheinbare kirchliche Existenz weiterführen unter dem Schutz der landeskirchlichen Organisation, die er ruhig sich selbst, das heißt den Mächten der Bürokratie und der Tradition überlasse. Er werde aber dieses Weges niemals froh werden. Wer dem Anspruch des Wortes Gottes an die ganze Kirche ausweiche und ihn auf einen kleinen Kreis beschränke, der handle im Unglauben und kapituliere in Wirklichkeit vor den fremden Mächten, welche die Kirche bedrohen. Die befreiende Macht des Glaubens werde nur der erfahren, der

---

42 LKA Stuttgart, D 1, Bd. 112.

sich allein auf das Wort Gottes gründet und sich im Gehorsam gegen das Wort löst von allen irdischen Bindungen.

Wir wundern uns, daß Ihr uns so mißverstehen konntet. Mit unserem Ruf zur Sammlung in der Bekenntnisgemeinschaft als einer freien Bewegung geschieht das, was Ihr selbst von uns immer wieder gefordert habt: Wir lösen die Bekenntnisgemeinschaft aus den offiziellen Bindungen heraus, die ihren Dienst bisher so sehr erschwerten bzw. unmöglich machten. So wenig wie einst die Sozietät selbst, als sie sich zusammenschloß, Privatinteressen zu pflegen gedachte, so wenig rufen wir mit der Parole der Sammlung zu einem Konventikel, der einer privaten Frömmigkeit dienen will; vielmehr möchten wir in unsrem Teil zusammen mit allen, die sich von diesem Ruf erreichen lassen, das Zeugnis der Kirche ausrichten. Wir ziehen uns darum mit diesem Ruf nicht aus der Kirche zurück, sondern treten dienend in sie hinein und suchen einen Weg, um für die ganze Kirche hörbar das uns alle begnadigende und verpflichtende Wort Gottes auszurichten.

Dieses Wort vom Angebot der Kindschaft Gottes an alle Welt ist uns in Barmen als das Wort vom alleinigen Heil in Christus und von der alleinigen Herrschaft Christi in der Kirche neu bezeugt worden. Wenn wir dieses Zeugnis weitergeben, so können wir von ihm niemand ausgeschlossen sein lassen. Es gilt der ganzen Kirche, der Gemeinde und ihren besonderen Ämtern. Die Gemeinde soll sich zur Sammlung gerufen wissen um dieses Wort. Und den Ämtern soll der Anspruch dieses Wortes bezeugt werden, konkret gesprochen den Amtsträgern im besonderen Amt der kirchlichen Predigt, wie den Amtsträgern im besondern Amt der Kirchenleitung. Wenn wir dieses Wort in Gemeinschaft mit allen Brüdern aus der Bekennenden Kirche in Deutschland bezeugen, so richten wir damit nicht ein »Amt« auf, das neben die vorhandenen Ämter oder an ihre Stelle träte. Sondern wir erfüllen damit nur den Auftrag, welcher der ganzen Kirche gegeben ist, in unsrem Teil. Wir rufen nicht zur Sammlung um uns oder zur Sammlung in einer kirchenpolitischen Gruppe, geschweige denn zur Sammlung um einen einzelnen »höheren« oder »niedereren« kirchlichen Amtsträger. Sondern wir rufen zur Sammlung um den Christus, dessen Wort die alleinige Quelle der Verkündigung in der Kirche ist; wir wollen nichts tun, als der Gemeinde mit diesem Zeugnis den Punkt der Sammlung zeigen und zugleich von dieser ums Zeugnis gesammelten Gemeinde aus die Ämter der Kirche an ihre Verantwortung immer neu erinnern.

Euch scheint freilich die Ausrichtung dieses Zeugnisses gegenüber der Gemeinde und ihren Ämtern nicht zu genügen. Ihr seht in dem, was uns

Gehorsam gegen den Auftrag der Kirche ist, schon ein »Amt« in dem spezifischen Sinn des Wortes. Ihr könnt Euch, obwohl Ihr doch selbst als Societas innerhalb der Kirche bisher wenigstens praktisch keine andere Stellung eingenommen habt, die Ausrichtung dieses Zeugnisses nur in Form eines »Amtes«, kraft eines Anspruchs auf geistliche Leitung, denken. Nach Eurer These können »die Ämter der Kirche allein das mit der Vollmacht Jesu Christi verkündigte reine Evangelium geben«, und wenn irgendwo ein Amt der Verkündigung oder der Leitung versagt, so seid Ihr durch dieses These genötigt, alsbald notrechtlich an Stelle des versagenden Amtes ein neues, nicht versagendes zu rücken. Und darum fordert Ihr von uns, daß wir das Amt der geistlichen Leitung übernehmen, weil uns in Württemberg ein solches fehle.

Wir können diese Eure These nicht für richtig halten. Wir können nicht, was dem Worte zukommt, von wem es auch ausgerichtet wird, nur dem »Amt« des rite vocatus bzw. des notrechtlich sich selbst darein Setzenden zuschreiben. Wir halten dafür, daß die Gemeinde auf dem Wort, und nicht auf den Ämtern erbaut sei, und sehen in den Ämtern zwar wichtige Arbeitsmittel für die Ausrichtung des Auftrags der Kirche, nicht aber den Faktor, von welchem das Leben des Leibes Christi ausginge. Wir meinen zu sehen, daß der Heilige Geist sich an das Postulat von der Alleinwirksamkeit der Ämter nicht gebunden habe; wir glauben, daß er auch heute noch Charismata wirke, die den Anspruch eines »Amtes« nicht erheben, sondern am Auftrag der Kirche soweit mitwirken, als einem jeden gegeben ist. Wir glauben, daß »die Vollmacht Jesu Christi«, in der das Wort ausgerichtet werden muß, nicht eine Sache des Amtes, nach Eurem Verständnis des Amtes, sondern des Geistes ist. Wir wissen vom schmerzlichen Versagen des »Amtes« nicht nur dort, wo es in Predigt und Leitung neben Christus noch andere Ereignisse und Mächte, Gestalten und Wahrheiten als Offenbarung Gottes anerkannte, sondern auch dort, wo es mit feierlich erhobenem Anspruch reine Lehre verkündigte und auch dementsprechend Leitung ausübte.

Und darum möchten wir nicht vom Boden des »Amtes«, sondern vom Boden der vom Wort gerufenen und beauftragten Gemeinde aus zur Sammlung ums Wort aufrufen als vom »Amt« »freie Bewegung«. Dann rechnen wir aber zugleich damit, daß nicht allen in der Gemeinde Jesu Christi das gleiche Maß der Erkenntnis und nicht dasselbe Maß des Glaubens geschenkt ist. Dann rechnen wir »sogar« damit, daß auch bei den Amtsträgern der Kirche Jesu Christi, also bei den von der Gemeinde berufenen Personen, nicht dasselbe Maß des Glaubens und nicht dasselbe Maß der Erkenntnis vorhanden ist. Wir suchen eben darum mit dem, was uns anvertraut und gegeben ist, auch ihnen zu helfen, sind uns aber dabei dessen bewußt, daß die uns gegebene Erkenntnis und Gabe für uns nicht bloß eine Verpflichtung zum Dienst, sondern auch zugleich eine Einsicht in unsere Schranke bedeutet. Das heißt: Wir mahnen, warnen, bitten mit unsrem Zeugnis; und wir rechnen mit der Kraft, die dem Zeugnis von Gottes Wort innewohnt. Aber wir wissen auch davon, daß wir nicht fordern und nicht zwingen können, was allein der Heilige Geist schaffen kann: Daß unsre Erkenntnis sich durchsetzt. Wir müssen ins Auge fassen, daß alles innerhalb der Gemeinde Jesu Christi, die seine Erscheinung lieb hat, unsre Sünde und Schwäche auch uns gewisse Seiten der einen Wahrheit Christus verbirgt und daß auch den Amtsträgern der Kirche die Augen gehalten sind. Wir dürfen jedoch gleichzeitig auch damit rechnen, daß die Bewegung, in welche das Wort und der Geist Christi seine Gemeinde versetzt, weiterführen kann in der Erkenntnis und im Glauben und Gehorsam, daß es also nicht bloß Stillstand, auch nicht bloß Verhärtung und Rückschritt, sondern auch Wachstum im Glauben und in der Erkenntnis gibt. Und darum sehen wir uns zu anhaltendem und treuem Immer-wieder-Sagen, zum immer erneuten Bitten und Rufen gefordert, und wie wir selber auch denselben Dienst von unsern Brüdern in der Gemeinde erbitten und seiner bedürfen, so möchten wir mit dem, was uns gegeben ist, diesen Dienst tun und so mitten in der Gemeinde drin die Sammlung um den einen Christus und seine Liebe bezeugen.

Weil wir nicht zu uns und nicht zu unsrer Organisation rufen, sondern zur Sache der Kirche, das heißt zur Gemeinschaft unter der gnädigen Herrschaft Christi in seinem Wort, darum können wir auch mit denen Gemeinschaft halten, die zwar diesem Worte erschlossen sind, aber doch irgend welche Hemmungen haben, sich in unsre Sammlung derer hineinzustellen, die sich für die Ausrichtung dieses Zeugnisses verpflichtet wissen. Geschieden wissen wir uns nur von denen, welche die Alleinherrschaft Christi in seiner Kirche nicht anerkennen, nicht von denen, die, wie auch wir selbst, durch viel Torheit und Kleinglauben und Ungehorsam zwar ihren Herrn betrüben, aber gleichwohl ihn als ihren alleinigen Heiland lieben und an ihm als ihrem alleinigen Herrn bleiben möchten. Im Kreise dieser durchaus nicht vollkommenen Gemeinde und ihrer durchaus nicht vollkommenen Amtsträger möchten wir dazu mithelfen, daß alle an ihrem Ort Christus seine Ehre und sein Recht über uns lassen und insbesondere die Amtsträger den ihnen gewordenen Sonderdienst der Gemeinde ausüben, wie sie durch den allen gemeinsamen Auftrag der Kirche gehalten sind.

Nur so werden wir Wahrheit, Liebe und Zucht des Wortes Gottes ungetrennt lassen und im Gehorsam frei und froh unsres Weges gewiß werden können.

Ihr habt uns nun noch die besondere Frage vorgelegt, wie wir uns zu der zwischen Euch und der Kirchenleitung ausgebrochenen Kontroverse stellen. Wir meinen, die Antwort hiezu bereits grundsätzlich gegeben zu haben:

1. Wir können Eurem Urteil über die Kirchenleitung nicht zustimmen. Dieses Urteil beruht wesentlich mit darauf, daß die Kirchenleitung sich nicht, wie Ihr sagt, »in die Kirche von Barmen« hineingestellt hat, das heißt in die rechtmäßige Deutsche Evang. Kirche, die nicht nur in der Lehre, sondern auch in Ordnung und Amt ihre Einheit sichtbar macht. Wir können Eure These nicht für richtig erkennen, als sei in der Kirche mit dem gemeinsamen Zeugnis sofort auch die Einheit von Ordnung und Amt verbindlich gefordert. Aus der gemeinsamen Bindung an das Wort folgert weder, daß man einem und demselben Prediger hörig sein müßte (Paulus oder Apollos), noch daß man einem und demselben leitenden Organ (VKL oder Luth. Rat) unterworfen sein müßte.

2. Ebensowenig aber können wir dem von Euch erwähnten Schlußsatz des Schreibens der Kirchenleitung vom 5. Mai zustimmen, in welchem erklärt wird, die Sozietät habe das Recht verwirkt, im Namen des Bekenntnisses aufzutreten und die Sorge um eine wahrhaft geistliche Leitung in der Kirche für sich in Anspruch zu nehmen. Dieses Urteil wird begründet mit dem Hinweis auf die Stellungnahme der Sozietät zur 13. Verordnung des Reichsministers Kerrl. Hier scheint uns die Kirchl.-Theol. Sozietät durch einen ungeschickten sprachlichen Ausdruck ein sehr peinliches Mißverständnis hervorgerufen zu haben, das sich aber unseres Erachtens in einem Gespräch leicht klären lassen müßte. Abgesehen davon aber haben wir einander in der Gemeinde Jesu Christi nicht das Recht abzusprechen, mit unsern Gaben zu dienen und allesamt ernstlich für rechte Ausrichtung des Wortes und um wahrhaft geistliche Leitung der Kirche besorgt zu sein.

Solange uns die Klammer des verpflichtenden Wortes vom Christus Jesus zusammenhält und er uns mit all unsern Unzulänglichkeiten, Irrtümern und Sünden in seine Kirche stellt, solange können wir weder Euch noch die Kirchenleitung von dem Bande gelöst sehen, durch das wir in Christus miteinander verbunden sind.

Im Auftrag des Landesbruderrats: Dipper.

Auf die Antworten, die dem Landesbruderrat auf sein Rundschreiben vom 14. Mai zugingen, stellte der Landesbruderrat in einem weiteren Rundbrief An die Pfarrer der Württ. Bekenntnisgemeinschaft *am 15.6.1937 seine Haltung und sein Anliegen dar*[43]:

Die Rundfrage des Landesbruderrats hat in den Bezirken vielerlei Fragen und Besprechungen ausgelöst, die sich in den vielen Zuschriften an den Landesbruderrat widerspiegeln. Wir danken von Herzen für jedes Wort brüderlichen Zuspruchs und auch für alle die Fragen, die an uns gerichtet wurden. Sie haben uns aufs neue zur Besinnung über den Weg der Bekenntnisgemeinschaft gerufen. Da wir nicht allen einzeln Antwort geben können und auch zu denen sprechen möchten, die sich nicht direkt an uns gewendet haben, suchen wir durch dieses Schreiben die an uns gerichteten Fragen zu beantworten.

1. Wir werden gefragt: Welche Bedeutung soll die Theologische Erklärung von Barmen für unsre Verkündigung und für unser ganzes kirchliches Handeln haben? Wird mit dieser Erklärung der Kirche ein neues Lehrgesetz auferlegt? Soll sie als neues Bekenntnis an die Stelle der alten Bekenntnisse treten? Schließt sie die ganze Fülle der biblischen Verkündigung in sich oder bedarf sie von dort her der Ergänzung oder Berichtigung? Wir stehen doch selbstverständlich auf unserem Ordinationsgelübde und damit auf § 1 unserer Kirchenverfassung. Wozu dann noch die Theologische Erklärung von Barmen?

Wir glauben, in Punkt 4 unserer Denkschrift »Der Leib Christi« auf diese Fragen im wesentlichen schon Antwort gegeben zu haben. Es ist nicht wohlgetan, wenn wir der Frage nach unserer Verkündigung und nach der biblischen Begründung unseres kirchlichen Handelns mit dem Hinweis ausweichen, daß wir doch »selbstverständlich« auf dem § 1 unserer Verfassung stehen. Gerade wenn wir es damit ernst nehmen, dann wissen wir, daß die rechte Verkündigung und das rechte kirchliche Handeln für keinen von uns eine Selbstverständlichkeit ist und ebensowenig für die Kirche in ihrer Gesamtheit. Die Not der vergangenen Jahre hat uns doch gerade das Eine besonders deutlich vor Augen gestellt, daß es in der Kirche an einer uns alle verpflichtenden Erkenntnis weithin fehlte und daß das biblische Zeugnis oft genug mit anderen Wahrheiten und Erkenntnissen verwechselt wurde. Wären wir alle wirklich in dem einen Wort der Schrift und im Bekenntnis unserer Väter verwurzelt gewesen, so hätte es nie zu dem deutsch-christlichen Irrtum kommen können; weil dies

---

43 LKA Stuttgart, D 1, Bd. 72; die Antworten auf das Rundschreiben befinden sich zum größten Teil nicht bei den Akten.

nicht der Fall war, wurde die Theologische Erklärung von Barmen notwendig. Sie möchte in keinem Satz etwas anderes sagen, als was bereits die Bekenntnisse der Reformation bezeugen. Sie möchte mit diesem Bekenntnis unserer Väter nur an der Stelle ernst machen, an der wir heute zur Entscheidung gerufen sind. Darum erhebt sie auch gar nicht den Anspruch, alles zu sagen, den ganzen Reichtum der Schrift zu entfalten, vielmehr soll in der Bezeugung der Alleinherrschaft Christi in der Kirche hier eine Grenzlinie gezogen werden: Wer mit seiner Verkündigung und mit seinem kirchlichen Handeln jenseits dieser Grenzlinie steht, der kann sich nicht mehr auf das Bekenntnis der Väter berufen und ebensowenig auf das Zeugnis der Heiligen Schrift, der räumt neben Christus noch anderen Gestalten und Mächten die Herrschaft in seiner Kirche ein.

Die Barmer Theologische Erklärung steht also wie jedes andere christliche Zeugnis unter dem Urteil der Bekenntnisse der Kirche und mit den Bekenntnissen zusammen unter dem Urteil der Schrift. Es ist uns freilich nicht bekannt, daß von Schrift und Bekenntnis her einmal etwas wirklich Stichhaltiges gegen dieses Zeugnis von Barmen geltend gemacht worden wäre. Wenn wir recht sehen, so ist es nicht immer der Inhalt der Theologischen Erklärung von Barmen, der den Widerspruch gegen sie wachruft, vielmehr scheint dieser oft genug in dem Erschrecken darüber begründet zu sein, daß hier Menschen es glaubend wagen, eine Scheidelinie zwischen Wahrheit und Irrtum zu ziehen. Aber liegt in dem Ja zu Christus nicht immer zugleich das Nein gegen alles eingeschlossen, was uns von ihm wegziehen will? Geht es nicht in jeder Predigt darum, daß dieses Ja und jenes Nein recht bezeugt werde? Wie kann die Gemeinde anders aus unserem Wort die Stimme ihres Hirten vernehmen, der ihr das Leben schenkt? Müssen wir dann aber nicht dankbar sein für den Dienst der Barmer Theologischen Erklärung, die uns entsprechend dem Bekenntnis unserer Väter zeigt, wo in der Entscheidung unserer Zeit die Grenze zwischen diesem Ja und jenem Nein liegt? Wir gestehen jedem zu, daß an dem Ja alles liegt, aber das Ja wird ohne das Nein niemals deutlich werden. Müssen wir es nicht wieder wie unsere Väter lernen, deutlich und vor dem Angesichte Gottes verbindlich zu sagen, was wir glauben und bekennen, auf was wir leben und sterben? Was für ein Segen könnte für unsere Kirche daraus entspringen, daß wir damit, in Furcht und Zittern, aber in dem Glauben an den Gott, der uns in Christus seine Wahrheit geoffenbart hat, wieder ernst machen.

2. Aber entsteht daraus nicht Spaltung in der Kirche, Spaltung auch unter denen, die »guten Willens zu Christus und seinem Wort« sind? Es ist

heute offensichtlich, daß das Wort Gottes scheidende Kraft hat.[44] Wollen wir dem Worte Gottes nicht widerstreben, so müssen wir die Scheidung von denen vollziehen, die der Gemeinde ein neues Evangelium bringen wollen. Daß diese Scheidung uns Schmerzen und viel Anfechtung bringt, erfahren wir täglich. Wird aber diese Not nicht noch viel größer, wenn wir die Frage, die wir jenen andern vorhalten, auch an uns selbst richten, an die, die guten Willens sind? Müssen wir nicht fürchten, daß unsere Gemeinschaft an dieser Frage zerbricht? Wie können wir dann noch »in geschlossener Front dem Feind der Kirche begegnen«? Wir werden da und dort heftig angegriffen, weil wir durch diese Frage angeblich die Gemeinschaft der Kirche gefährden. Demgegenüber möchten wir aber ernstlich fragen: Gibt es wahre christliche Verbundenheit im Dienst und im Kampf ohne das Ringen um die Einheit im Glauben, in der Erkenntnis und im Bekenntnis? Dürfen wir die Gemeinschaft im Glauben als »selbstverständlich« voraussetzen, um uns dem praktischen kirchlichen Handeln zuzuwenden? Gewiß sind wir zum Handeln berufen und können damit nicht warten, bis wir in Glauben und Erkenntnis völlig eins geworden sind. Aber weil es sich im Handeln der Kirche immer um die Bezeugung unseres Glaubens handelt, dürfen wir nie um des gemeinsamen Handelns willen der entscheidenden Frage nach dem Fundament unserer Gemeinschaft ausweichen.

Es ist freilich viel leichter, sich in Negationen zu einigen und sich zur Abwehr des Gegners mit organisatorischen Mitteln zur geschlossenen Front zusammenzufinden als im Worte Gottes selbst die echte Gemeinschaft der Kirche zu suchen. Der hinter uns liegende Weg der Bekennenden Kirche zeigt zur Genüge, wie wenig Übung und Erfahrung wir darin haben und von wieviel Not und Gefahr das Handeln umdroht ist, das allein in Christus und seinem Wort die Einheit, die Kraft und den Schutz der Kirche sucht. Wir haben aber nicht die Freiheit zu wählen, ob wir den geistlichen Weg gehen wollen oder den organisatorischen. Es gibt für die Glieder am Leibe Christi nur die eine Möglichkeit, sich unter dem Wort zusammenzufinden in gegenseitiger Geduld und helfender, zurechtbringender Liebe. Nur dann, wenn wir dem Worte Gottes wirklich Raum geben, die Nöte unserer Gemeinschaft nicht verdecken, sondern sie uns aufdecken lassen und im Worte Gottes gemeinsam die Heilung dafür suchen, werden wir jene Vollmacht empfangen, deren wir zur Bezeugung des Evangeliums, zum Dienst untereinander und zur Abwehr der Feinde

---

44 Hebr. 4,12.

des Evangeliums bedürfen. Darum können wir es nicht als kirchlich berechtigt ansehen, wenn man uns den Vorwurf macht, wir spalten durch die Geltendmachung des Zeugnisses von Barmen die Bekenntnisgemeinschaft auf. Entweder ist die Bekenntnisgemeinschaft im Worte Gottes verbunden, dann kann sie durch eine solche Frage nicht aufgespalten werden; oder aber sind hier ernstliche Nöte unserer Gemeinschaft, dann ist es gut, daß diese Nöte ans Licht kommen und um ihre Überwindung gerungen wird.

3. Für manche entsteht aber die Schwierigkeit mehr am zweiten Teil unserer Rundfrage, der die organisatorische Seite betrifft, an unserem Ruf zur Sammlung in der Bekenntnisgemeinschaft als einer freien Bewegung, die in ihrem Teil die Verantwortung für die Ausrichtung des die Kirche verpflichtenden Zeugnisses mitträgt. Wird durch diese Sammlung nicht zwangsläufig Spaltung verursacht? Löst man dadurch nicht doch die Gemeinschaft mit denen auf, die guten Willens zum Worte Gottes sind, die sich vielleicht die Theologische Erklärung von Barmen ganz zu eigen machen wollen, aber doch irgend welche Hemmungen haben, sich in diese Sammlung der Bekenntnisgemeinschaft hereinzustellen? Teilt man nun in der Kirche nicht doch ein zwischen vollwertigen und halbwertigen Gliedern, zwischen solchen, die man nur duldet, und solchen, an denen man wirklich eine Freude hat?

Auch uns hat diese Frage stark bewegt. Und doch können wir auf den Ruf zur Sammlung unter dem Wort nicht verzichten. Es ist hier nicht unsere Aufgabe, die mancherlei geistlichen Nöte unserer Bekenntnisgemeinschaft näher zu erörtern. Die Aussprachen im Amtsbruderkreis, die anläßlich unserer Umfrage in den Bezirken hin und her stattfanden, haben diese Nöte zur Genüge offenbar gemacht. Wir bedürfen des brüderlichen Dienstes, der uns hilft, mit dem Anspruch des Wortes Gottes in unserem Amtsbruderkreis und in unseren Gemeinden wirklich ernst zu machen. Die ans Wort gebundene Gemeinde braucht einen Mund, durch den sie ihre Anliegen der Kirchenleitung sagt, und sie bedarf der persönlichen Verbindung mit den Brüdern der Bekennenden Kirche in den anderen Kirchengebieten Deutschlands. Der Ausrichtung dieses Dienstes, zu dem wir alle mit berufen sind und den niemand stellvertretend für die Gemeinde tun kann, gilt unser Ruf zur Sammlung. Geschieht dieser Dienst nicht, so wird es mehr und mehr an den entscheidenden Voraussetzungen für unser gemeinsames Handeln fehlen, so wird auch die Kirchenleitung in ihrem besonderen Amt nicht den Rückhalt in der Gemeinde finden, dessen sie für ihr Handeln bedarf. Darum halten wir diesen Dienst für eine notwendige Sache und rufen dazu alle, die sich dem Anspruch des Wortes Gottes für die Alleinherrschaft Christi in seiner Kirche verpflichtet wissen.

Das bedeutet nicht, daß wir uns von denen trennen oder gar uns über die erheben wollten, die guten Willens zum Worte Gottes sind, aber aus irgend welchen Hemmungen heraus sich in unsere Sammlung nicht hereinstellen können. Auch wenn wir um des Dienstes willen zur Sammlung rufen müssen, so geht es uns dabei nicht um unsere Organisation, sondern um die Sache Jesu Christi, durch dessen Gnade wir alle füreinander verpflichtet sind. Darum wissen wir uns nur von denen geschieden, die wie die Vertreter der Deutsch-Christlichen Irrlehre in ihren verschiedenen Schattierungen ohne oder neben Christus noch anderen Herren letzte Verfügungsgewalt über die Kirche oder ihre Glieder einräumen und trotz aller Mahnung auf diesem Wege verharren. Mit denen, die sich von Christus offensichtlich scheiden, hört die kirchliche Gemeinschaft auf. Mit allen anderen aber, ob sie sich in unsere Sammlung hereinstellen oder nicht, wissen wir uns in voller amtsbrüderlicher Gemeinschaft des Gebens und Nehmens verbunden. Dies gilt trotz der Not, die sie uns bereiten, ausdrücklich auch von den Brüdern in der Kirchl.-Theologischen Sozietät, deren Anliegen wir ernstlich hören und vor dem Worte Gottes prüfen sollten. So scheint uns der Ruf zur Sammlung und die Freiheit für diejenigen, welche den Weg in diese Sammlung nicht finden können, wohl vereinbar innerhalb unserer amtsbrüderlichen Gemeinschaft. Mag auch organisatorisch das Verhältnis des Kreises der Amtsbrüder, die bisher in der Bekenntnisgemeinschaft zusammengeschlossen waren, zu der neuen Sammlung zunächst noch Schwierigkeiten machen, so glauben wir, daß sich auch in dieser Frage ein gangbarer Weg finden läßt.

4. Durch denselben Auftrag, mit dem Worte Gottes in unserem Teil dem Ganzen der Kirche zu dienen, wissen wir uns auch unserer Kirchenleitung verpflichtet. Ihr besonderer Auftrag ist es, im Worte Gottes die Kirche zu leiten, durch ihre Maßnahmen für die rechte Verkündigung des Evangeliums zu sorgen und gegenüber aller Verirrung und Bedrohung der Kirche in Verbindung mit der ans Wort gebundenen Gemeinde kirchliche Entscheidungen zu treffen. In der Bindung an das Wort Gottes sind wir ihr allen Gehorsam und alle Ehrerbietung schuldig. Durch dieses besondere Amt der Kirchenleitung ist aber der Auftrag, welcher der ganzen Kirche in allen ihren Gliedern gegeben ist, sich gegenseitig mit dem Worte zu dienen, nicht aufgehoben. Diesen Auftrag der gegenseitigen Hilfe durch die Bezeugung des Worts und nicht durch das Amt der Leitung möchten

wir in unserem Teil wahrnehmen, auch den Brüdern gegenüber, die im Amte der Leitung stehen. Wir möchten glauben, daß ein solcher Dienst, wenn er in der Wahrheit, in der Liebe und in der Zucht geschieht, für die Kirchenleitung eine Hilfe ist, die sie nicht entbehren kann. Auf wen könnte sich die Kirchenleitung im Ringen um die Erneuerung der Kirche oder in Zeiten ernster kirchlicher Entscheidungen eher stützen als eben auf die Glieder der Kirche, die sich schon immer in ihrem Anteil an der Verantwortung für die Kirche um die rechte Bezeugung des Evangeliums bemüht haben? Die ganze Geschichte der hinter uns liegenden Kämpfe wäre ohne dieses positive Verhältnis von Kirchenleitung und Bekenntnisgemeinschaft undenkbar.

Angesichts dieser grundsätzlichen und tatsächlichen Haltung des Landesbruderrats berührt uns unter allen Anschuldigungen, die gegen uns erhoben werden, der Vorwurf eines kirchlichen Nebenregiments am wenigsten. Wir haben nicht erst durch unsere Stellungnahme zu dem Antrag der Kirchl.-Theologischen Sozietät, sondern schon lange zuvor durch unsere unermüdliche, oft völlig vergeblich erscheinende Arbeit gezeigt, daß wir mit unserem Zeugnis nicht herrschen, sondern dienen wollen. Daß durch solchen Zeugendienst auch Schwierigkeiten entstehen können im Verhältnis zur Kirchenleitung, daß es nicht nur zum Dank, sondern auch zur Bitte und Warnung, ja selbst einmal zur Ablehnung einer konkreten Entscheidung kommen kann, ist noch kein Gegenbeweis gegen die Notwendigkeit und Ersprießlichkeit eines solchen Dienstes. Zu allen Zeiten mußten die wesentlichen kirchlichen Entscheidungen in solchen Spannungen erkämpft werden. Eine Kirche, die den Anspruch des Wortes Gottes in den kirchlichen Entscheidungen ernst nimmt, wird sich gegenüber ihrer Leitung nicht im Sinne des Führerprinzips, sondern im Sinne verantwortlicher Mitarbeit verpflichtet wissen. Nur über einem solchen Wege steht die Verheißung Gottes.

Wenn man uns aber sagt: Ihr dürft Euch mit dem Zeugnis nicht begnügen, Ihr müßt Eurer Warnung und Mahnung immer auch die Tat folgen lassen und notfalls das Gesetz des Handelns an Euch nehmen, so möchten wir darauf erwidern: Daß geistliche Erkenntnisse sich durchsetzen, können wir mit unsrem Zeugnis nicht erzwingen. Doch gibt es auch in Stunden kirchlicher Not viele – bisher noch wenig versuchte – Wege brüderlichen Rates und brüderlicher Hilfe, auch ohne daß man in das Amt der Leitung greift. Diese Wege möchten wir suchen und finden. Auch gilt es ernstlich zu prüfen, wie wir Gott recht gehorsam werden, auf dem Wege der drängenden Ungeduld oder auf dem Wege der Fürbitte und der geduldigen Beständigkeit, die der Macht des Wortes Gottes vertraut. Eine in Jahrhunderten befestigte kirchliche Gewöhnung wird nicht von heute auf morgen auf ein neues Fundament gestellt. Darunter leiden die Männer im Amte der Leitung mehr als wir, die wir diese Nöte nicht in diesem Maße kennen. Weil sie aber wirklich Brüder sind, Menschen, die mit uns dem Worte Gottes gehorsam sein wollen, darum ist bis auf den heutigen Tag die Gemeinschaft in der Bekennenden Kirche nicht zerbrochen. Dürfen wir dafür dem Herrn der Kirche nicht von Herzen dankbar sein? Ist es nicht besser, auf dieses Zeichen der Führung Gottes zu achten, als fortgesetzt mit der Gefahr des völligen Zerbruchs der Gemeinschaft zu spielen? Im übrigen stehen unsere Wege nicht in unserer Hand. Wir können die künftigen Entscheidungen ruhig in die Hand dessen befehlen, durch dessen bewahrende Macht es in Deutschland und in Württemberg noch immer Bekennende Kirche gibt.

5. Mit der Frage nach dem Verhältnis zur Kirchenleitung ist zugleich auch die andere Frage gestellt, welcher Leitung der Bekennenden Kirche im Reich wir uns zugeordnet halten wollen, der VKL oder dem Luth. Rat. Rechtlich ist diese Frage sehr einfach zu beantworten: Es gibt für uns kein Verhältnis der unmittelbaren Unterordnung unter irgend eine Stelle im Reich, da wir in unserer Württ. Landeskirche eine rechtmäßige Kirchenleitung haben, die sich dem Bekenntnis der Kirche verpflichtet weiß. Was aber die grundsätzliche Seite dieser Sache betrifft, so halten wir es insbesondere angesichts der heutigen Bedrohung der Kirche für ein dringendes kirchliches Anliegen, die einzelnen Landeskirchen nicht sich selbst zu überlassen, sondern eine gemeinsame Leitung der Deutschen Evang. Kirche herzustellen, die im Sinne der Barmer Theologischen Erklärung auf Schrift und Bekenntnis gegründet ist. Wie ganz anders würde die Kirche nach außen und innen dastehen, wenn sie unter einer solchen Leitung in Aufbau und Abwehr ihre Kräfte einheitlich zum Einsatz bringen könnte. Leider ist es aber bis jetzt noch nicht gelungen, eine Leitung herauszustellen, der sich alle in der Bekennenden Kirche vereinigten Kirchengebiete mit Freudigkeit unterstellen können. Auch wenn wir mit tiefem Schmerz alle die Nöte sehen, die durch den Zwiespalt in der Leitung der Deutschen Evang. Kirche entstehen, werden wir mit dieser Tatsache rechnen müssen; und es hat darum wenig Verheißung, sich immer neu mit dem Anspruch auseinanderzusetzen, der von beiden Leitungen erhoben wird. Ebenso scheint uns auch die Überwindung der innerhalb der evangelischen Konfessionen bestehenden Lehrunterschiede oder die Bemühung um Fernziele der künftigen Gestaltung der Deutschen Evang. Kirche

nicht das entscheidende Anliegen zu sein, um das es heute in der Kirche geht. Wir werden es Gott überlassen müssen, wie er uns durch die Entscheidungen, die wir heute zu treffen haben, in diesen Fragen weiterführen wird.

Auf was es aber für uns heute ganz entscheidend ankommt, das ist die Tat des Bekennens selbst. Diese Tat gilt es Schritt für Schritt ohne falsche Rücksicht auf taktische Gesichtspunkte und juristische Hemmungen im Gehorsam zu vollziehen. Diejenige Leitung, welche der Gemeinde darin vorangeht und ihr darin beisteht, erweist sich als wahrhaft geistliche Leitung. Je mehr wir uns in dieser Tat die Hände reichen, je treuer wir in stiller und öffentlicher Fürbitte füreinander einstehen, je klarer wir unsere Solidarität mit allen kämpfenden und leidenden Brüdern betätigen, je deutlicher wir gemeinsam der Irrlehre und ihrem zerstörenden Werk in der Gemeinde wehren, desto mehr wird sich die Lage innerhalb der Bekennenden Kirche entspannen, desto ruhiger und sachlicher wird die Frage der Leitung geregelt werden können. Darum scheint uns heute in der Frage VKL oder LR diese gemeinsame Tat des Bekennens das Entscheidende zu sein. Nicht durch die endlose Erörterung der Frage nach der rechtmäßigen Leitung, sondern durch möglichste Beseitigung aller Hindernisse gemeinsamen Handelns tun wir den für die Kirche wesentlichen Dienst.

Wir hoffen, mit dieser Antwort manche noch offenen Fragen geklärt zu haben, und möchten sie, wenn die Lage innerhalb unserer Württ. Bekenntnisgemeinschaft einigermaßen übersichtlich geworden ist, auf einer theologischen Konferenz zu einer noch eingehenderen Klärung bringen. Inzwischen wiederholen wir unsere Bitte, daß die Pfarrer der Bekenntnisgemeinschaft uns nun möglichst rasch ihre (positive oder negative) Antwort zukommen lassen. Der unübersichtliche Übergangszustand ist für unsere Kirche sicher nicht heilsam. Dürfen wir Sie deshalb bitten, uns möglichst bis 30. Juni Ihre Antwort zukommen zu lassen.

In der Verbundenheit des Glaubens für den Landesbruderrat: Dipper.

Ende Juni 1937 fand in Stuttgart eine Besprechung zwischen dem Landesbruderrat und der Sozietät statt, die von dem Mitglied der Vorläufigen Leitung der Deutschen Evang. Kirche, Pfr. Müller, Dahlem, geleitet wurde. Die bestehenden Gegensätze konnten nicht überwunden werden, es kam aber insoweit zu einer Annäherung, daß die Sozietät sich bereit erklärte, die Zusammenarbeit mit dem Landesbruderrat in den praktischen Entscheidungen auch weiterhin zu versuchen.

Pfr. Dipper berichtet über die Besprechung und über die dabei klar zutage getretenen Differenzen[45]:

Die KTA, in der Männer aus der späteren Sozietät und Bekenntnisgemeinschaft zusammenarbeiteten, war seinerzeit in der Auseinandersetzung mit der Verwaltungskirche entstanden. Man hatte Geduld und ertrug nicht ohne Widerspruch im einzelnen das vielfach formal handelnde Kirchenregiment und suchte durch gemeinsame Erkenntis- und Willensbildung unter dem Wort in Verkündigung, Ordnung und Leben der Kirche zu einem gemeinsamen geistlichen Handeln zu kommen. Dabei hoffte man, daß sich dies mit der Zeit auch auf das Kirchenregiment auswirken werde. Nun hatte sich inzwischen das »Faktum von Barmen« ereignet, in dem, wie die Sozietät sagte, die Kirche Jesu Christi in Lehre, Ordnung und Amt sichtbar geworden war. Von diesem Augenblick an hörte für die Sozietät die Zeit der Geduld mit der Verwaltungskirche auf. In ihr sah die Sozietät die eigentliche Bedrohung für die Kirche des Evangeliums. Von nun an galt es, sich zu dieser »Kirche von Barmen« zu bekennen, ihre Bekenntnisentscheidungen mit zu vollziehen, die Gemeinschaft der in Barmen konstituierten Kirche auch für die Landeskirche in Geltung zu setzen und den behördlichen Apparat der durch die Gemeinschaft von Barmen bestimmten geistlichen Leitung zu unterwerfen. Der Kampf um diese Kirche war für die Sozietät die *eine* Aufgabe der bekennenden Gemeinde und Pfarrerschaft. An dieser Front war die Sozietät zum letzten Einsatz bereit...

Der LBR wiederum konnte sich nicht davon überzeugen, daß diese Theologie von der in Lehre, Ordnung und Amt sichtbar gewordenen Kirche richtig ist. Es war ihm auch mit gutem Grund zweifelhaft, ob die maßgebenden Männer der BK im Reich darin mit der Sozietät übereinstimmten. Er konnte aus den Bekenntnisschriften nicht ersehen, daß Ordnung und Amt zu den sichtbaren Zeichen der Kirche gehören...

Mit der ganzen BK und mit der württ. Kirchenleitung zusammen war für den LBR die entscheidende Front im Kirchenkampf irgendwo anders. In diesem Kampf ging es nach der Meinung des LBR... um die Abwehr der Bedrohung und Verführung von Kirche und Volk, der Gemeinden und ihrer einzelnen Glieder durch die widerchristlichen Mächte der Zeit, als deren Zentrum sich mehr und mehr der totalitäre Gewaltstaat selbst herausstellte...

---

45 Dipper, S. 187 f.

DIE NEUWAHL DES LANDESBRUDERRATS

Nach den Auseinandersetzungen vom Frühjahr und Sommer 1937 ergab sich die Notwendigkeit, den mit Billigung des Landesbischofs gebildeten Landesbruderrat und die Bekenntnisgemeinschaft neu zu organisieren.
Bei der Landestagung der Kirchlich-theologischen Arbeitsgemeinschaft im Juli 1934 in Bad Boll hatte die Württ. Bekenntnisgemeinschaft als lockere Organisation ohne persönliche Mitgliedschaft sich gebildet. Der Landesbruderrat und die Vertrauensmänner in den Bezirken wurden von der Kirchenleitung gerne als von ihr abhängige, weisungsgebundene Organe betrachtet; diese Tendenz verstärkte sich dadurch, daß die Württ. Landeskirche in ihrer äußeren Ordnung »intakt« und nach ihrem Verständnis bekenntnistreu blieb, die Kirchenleitung brauchte keine das Bekenntnis betonende Nebenregierung und konnte eine solche nicht anerkennen. Die Bekenntnisgemeinschaft selber verstand sich als kritischer Partner der Kirchenleitung, der in seinen Entscheidungen jedoch unabhängig bleiben mußte. Die Forderung der Sozietät, der Landesbruderrat als Vertretung der württ. Pfarrer und Gemeinden solle die geistliche Leitung der Landeskirche übernehmen, machte die schon seit langem schwelende Krise deutlich. Der Landesbruderrat konnte seine Aufgabe in der Situation des Jahres 1937 nicht so weit gespannt sehen; dazu kam die Ablehnung der Forderung der Sozietät durch große Teile der württ. Pfarrerschaft. So blieb für die Bekenntnisgemeinschaft, wenn sie nicht zerbrechen wollte, nur die Möglichkeit, in Zukunft als freie, von der Kirchenleitung ausdrücklich unabhängige Bewegung zu wirken.
Diese neuen Grundlagen wurden in Leitsätzen *formuliert, die der Landesbruderrat am 23.7.1937 beschloß*[46]:

1. Die Grundlagen der Bekenntnisgemeinschaft, ihr Charakter als freie Bewegung, ihr Dienst im Ganzen der Landeskirche, ihr Verhältnis zur Kirchenleitung sind in den beiden Rundschreiben des Landesbruderrats vom 14.5. und 15.6.1937 zusammengefaßt. Außerdem ist in den beiden Schreiben an die Kirchl.-Theologische Sozietät vom 14.5. und 10.6.1937 das Verhältnis des Landesbruderrats zur Kirchenleitung grundsätzlich klargelegt. Die Notwendigkeit der Bekenntnisgemeinschaft ist darin begründet, daß keine Kirche des aktiven und freien Einsatzes ihrer Glieder in der Abwehr der Irrlehre und in dem steten Ringen um die Erneuerung der Kirche entbehren kann. Zu dieser allgemeinen Überlegung kommen die besonderen kirchlichen Nöte der Gegenwart: Das Fehlen der synodalen Organe und die Bedrohung der landeskirchlichen Organisation. In

---

46 LKA Stuttgart, D 1, Bd. 97.

dieser Not muß unablässig daran gearbeitet werden, daß Pfarrerschaft und Gemeinden sich im Bekenntnis der Kirche vereinigen und so in gemeinsamer Erkenntnis und in gemeinsamem Einsatz das Handeln der Kirche mittragen und im Falle der Zerschlagung der kirchlichen Organisation selbständig im Auftrag der Kirche weiter zu handeln und sich neu zu vereinigen in der Lage sind.

2. Um diesen Dienst auszurichten, bedarf die Bekenntnisgemeinschaft wenigstens eines Minimums von Organisation. Der Landesbruderrat wird durch die Versammlung der Bezirksvertrauensleute als Leitung der Bekenntnisgemeinschaft autorisiert, die Bezirksvertrauensleute bedürfen der Ermächtigung durch die zur Bekenntnisgemeinschaft gehörigen Amtsbrüder in den Bezirken.

3. Aufgabe des Landesbruderrats ist es, in den die Kirche bewegenden Fragen vom Worte Gottes her seine Stimme zu erheben und damit der Kirchenleitung zu dienen, die Pfarrer und Gemeindeglieder im Hören auf Gottes Wort zusammenzuführen und für die kirchlichen Entscheidungen auszurüsten und die Gemeinschaft mit der gesamten Bekennenden Kirche Deutschlands zu pflegen.

4. Aufgabe der Vertrauensleute ist es, mit dem Landesbruderrat zusammen um Klarheit in den die Kirche bewegenden Fragen zu ringen, die Verbindung zwischen Landesbruderrat und Pfarrerschaft und Gemeinden herzustellen, in den Bezirken für die Anliegen der Bekennenden Kirche einzutreten und in Fällen kirchlicher Not helfend mit einzuspringen.

5. Eine klare Abgrenzung des Mitgliederstandes der Bekenntnisgemeinschaft innerhalb der Pfarrerschaft und in den Gemeinden wird zunächst nicht überall möglich und auch nicht überall kirchlich richtig sein. Doch scheint uns wichtiger als die Frage des Mitgliederstandes der Dienst der Bekenntnisgemeinschaft selbst zu sein. An diesem Dienst wird es sich von selbst entscheiden, wer mit uns zusammen auf das Wort zu hören bereit ist und wer nicht.

6. Die Bekenntnisgemeinschaft möchte nicht Kirche in der Kirche sein, sondern als Glied der Kirche dem Ganzen der Kirche dienen. Gewiß ist der Weg der Bekenntnisgemeinschaft von verschiedenen Gefahren umdroht, doch scheint uns dieser Weg des freien Dienstes am ehesten die so notwendige gegenseitige brüderliche Hilfe zu ermöglichen.

Der Landesbruderrat.

Die Wahl eines neuen Landesbruderrats durch die Vertrauensleute der Bezirke und die damit verbundene Neukonstituierung der Bekenntnisgemeinschaft wurde in einem Rundschreiben von Pfr. Dipper vom 28.7.1937 vorbereitet[47]*:*

Liebe Freunde!

Noch immer gehen Antworten auf die Rundfrage des Landesbruderrats in Sachen der Bekenntnisgemeinschaft ein. Doch können wir nun nicht mehr länger warten, sondern müssen die notwendigen Schritte zur Neukonstituierung des Landesbruderrats tun. Es sind insgesamt etwa 350 Zuschriften auf die Rundfrage des Landesbruderrats eingegangen, darunter etwa 330, die sich zustimmend äußern. Es fehlen weithin die Stimmen der unständigen Amtsbrüder, offenbar auch deshalb, weil sie in der Vikarsbruderschaft die für sie zuständige Organisation der Bekennenden Kirche sehen. Auch die Stimmen der Kirchlich-Theologischen Sozietät fallen großenteils aus, da diese dem Landesbruderrat gegenüber eine abwartende Haltung einnimmt. Eine größere Anzahl von Amtsbrüdern hat sich nicht ausdrücklich geäußert, obwohl sie zur Sache der Bekenntnisgemeinschaft stehen möchten. Über die Fragen, die durch die Rundfrage des Landesbruderrats aufgebrochen sind, wird das Gespräch weitergeführt. So soll in den nächsten Tagen eine Aussprache zwischen Kirchenleitung und Bruderrat zur Klärung des Verhältnisses von Landeskirche und Bekenntnisgemeinschaft stattfinden. Ebenso sind auch Verhandlungen mit der Sozietät im Gange, durch die zwar der theologische Gegensatz nicht überwunden wurde, die es aber doch aller Voraussicht nach ermöglichen, in einer geordneten Arbeitsgemeinschaft die praktischen Fragen miteinander zu bearbeiten. Vor allem aber möchten wir möglichst noch im September die Wahl des Landesbruderrats durch die Vertrauensleuteversammlung vornehmen lassen. Bei dieser Gelegenheit sollen in größerem Kreis die uns bewegenden Fragen durchgesprochen werden.

Inzwischen müssen auch die Vertrauensleute für ihren Dienst neu bestellt werden. Hiebei werden folgende Gesichtspunkte beachtet werden müssen:

1. Die Vertrauensleute werden künftig nicht mehr den halbamtlichen Charakter haben wie bisher. Aber auch ohne daß sie im geltenden Recht der Landeskirche verankert oder durch einen Auftrag des Herrn Landesbischofs bevollmächtigt sind, werden sie für ihr Wort soweit Gehör erwarten dürfen, als es im Worte Gottes begründet ist. Denn in diesem Worte sind wir ja alle füreinander verpflichtet.

47 LKA Stuttgart, D 1, Bd. 97.

2. Darum ist es notwendig, daß diejenigen, die als Vertrauensleute bestellt werden sollen, in der Bindung an den Christus der Schrift und der Bekenntnisse das Zeugnis von Barmen als die Kirche verpflichtendes Zeugnis anerkennen und bereit sind, in ihrem Dienst als Vertrauensleute der Bekenntnisgemeinschaft für die rechte Ausrichtung dieses Zeugnisses Sorge zu tragen.

3. Die Bestellung der Vertrauensleute erfolgt durch Wahl seitens der zur Bekenntnisgemeinschaft gehörenden Amtsbrüder in den Bezirken. Da die Verhältnisse in den Bezirken nicht überall geklärt sind, ist es nicht möglich, für alle Bezirke eine einheitliche Regelung des Wahlvorgangs zu treffen. Wir schlagen vor, daß diejenigen, welche die Anfrage des Landesbruderrats bejahend beantwortet haben, den Wahlvorschlag aufstellen, daß aber auch alle anderen Amtsbrüder, welche sich zur Bekenntnisgemeinschaft halten wollen, gefragt werden, ob sie diesem Vorschlag ihre Zustimmung geben können. Wir bitten, die Wahl des Vertrauensmanns anfangs September vorzunehmen und uns bis 15. September über die Wahl und ihr Ergebnis Bericht zu erstatten. Sollte die Wahl des Vertrauensmanns in einem Bezirk Schwierigkeiten machen, so bitten wir, sich sofort an den Landesbruderrat zu wenden. Wo die Aufstellung eines Vertrauensmanns noch nicht möglich ist, wird der Landesbruderrat von sich aus zunächst einmal einen Verbindungsmann bestellen. Die neugewählten Vertrauensleute bitten wir, sich für eine zweitägige Konferenz in der letzten Septemberwoche bereit zu halten. Wir legen großen Wert darauf, daß zu dieser Konferenz die Vertrauensleute selbst erscheinen und sich nicht durch Ersatzleute vertreten lassen.

In der Verbundenheit des Glaubens Th. Dipper.

Zu der notwendig gewordenen Neuaufstellung von Vertauensleuten teilte die Sozietät am 16.9.1937 ihren Freunden in der württ. Pfarrerschaft *mit*[48]*:*

Wie wir erst jetzt erfahren haben, beabsichtigt der Landesbruderrat, in den Bezirken Vertrauensleute aufstellen zu lassen, welche in einer konstituierenden Versammlung in nächster Zeit die Neubildung des LBR vollziehen sollen. Nachdem bekanntlich der LBR im Mai dieses Jahres die Fortführung seiner Arbeit in der bisherigen Weise für unmöglich erklärt und sein Amt der Bekenntnisgemeinschaft zur Verfügung gestellt hat, ist diese Neukonstituierung notwendig geworden. Der Ruf zur neuen Samm-

---

48 LKA Stuttgart, D 1, Bd. 112; vgl. auch das Protokoll der Arbeitstagungen der Kirchlich-Theologischen Sozietät am 20./21.9.1937 und am 8./9.11 1937 in Stuttgart (LKA Stuttgart, D 1, Bd. 112).

lung der Bekenntnisgemeinschaft war ein ausgesprochener Ruf zu Barmen. Wir erwarten deshalb von dieser Neubildung, daß sie nunmehr die Stelle bildet, welche Barmen auch für das Handeln unserer Landeskirche verbindlich macht. Bisher hat die Sozietät notgedrungen dieses Amt ausüben müssen. Wir hoffen von dem neu zu bildenden LBR, daß er in Zukunft selbst dieses Amt wahrnimmt und uns von jenem Notdienst befreit. Die Sache der Kirche verlangt, daß wir alles versuchen, um uns allen das kirchenpolitische Nebeneinander von LBR und Sozietät in Zukunft zu ersparen. Wir bitten deshalb unsere Freunde dringend, soweit sie noch die Möglichkeit dazu haben, bei der Auswahl geeigneter Vertreter für ihre Bezirke dieses Ziel einer um und durch Barmen geeinten Bekenntnisgemeinschaft zur Geltung zu bringen und sich selbst einer etwaigen Berufung nicht zu entziehen.

I. A. Hermann Diem.

Die Herbsttagung der Vertrauensleute der Bekenntnisgemeinschaft fand vom 26. bis 29.10.1937 in Ludwigsburg statt; Vertreter der Sozietät waren eingeladen. Pfr. Lang, Reutlingen, referierte über die Bekenntnisgrundlage der Bekenntnisgemeinschaft, *Pfr. Metzger, Stuttgart-Rohr, über den* Gemeinschaftsauftrag der Bekenntnisgemeinschaft, *Pfr. Haußmann, Neubronn, über den* Bekenntnisauftrag der Bekenntnisgemeinschaft. *Pfr. Dipper sprach über den* Weg des Landesbruderrats und der Bekenntnisgemeinschaft[49]:

1. Die Bekenntnisgemeinschaft sieht sich berufen, wahre Kirche Jesu Christi zu sein (Matth. 18,20). Sie weiß, daß Christus auch außer ihr Menschen hat, die ihm angehören. Aber sie will sich ihm als dienstbereite Schar zur Verfügung stellen für den Bekenntnisauftrag und Gemeinschaftsauftrag, den er der Kirche erteilt hat. Weil und soweit sie die Zeichen der Kirche Christi bei sich hat und wahrnimmt, weiß sie sich berechtigt, für die ganze Kirche zu sprechen, ohne Reflexion auf ihren zahlenmäßigen Bestand.

2. Ihr Verhältnis zur Leitung der Kirche sieht die Bekenntnisgemeinschaft in folgender Weise: Gebunden an den Christus der Schrift achtet sie das geordnete Amt der Leitung. Als Stimme der ans Wort gebundenen Gemeinde spricht sie zu den kirchlichen Entscheidungen, vor die das

---

49 LKA Stuttgart, D 1, Bd. 97; dort auch z. T. Thesen zu den einzelnen Referaten. Vgl. Dipper, S. 189–191. Vgl. auch den Bericht der Sozietät über die Ludwigsburger Tagung vom 31.10.1937 und die Kontroverse über diesen von Mitgliedern des alten Landesbruderrats zu einseitig empfundenen Bericht, die zu einem ergänzenden Schreiben der Sozietät vom 27.11.1937 führte (LKA Stuttgart, D 1, Bd. 73 und 112).

geordnete Amt der Leitung gestellt ist. Sie betet um eine Leitung, die ihre Entscheidung ganz vom Worte her vollzieht. Sie gehorcht dem Amte der Leitung in allen Stücken, die nicht wider das Wort gehen. Sie versucht helfend einzugreifen, wo ein solcher Charakter der Entscheidungen bedroht ist. Sie beugt sich leidend unter die Schuld von falschen Entscheidungen.

3. Ihr Verhältnis zur Pfarrerschaft ordnet die Bekenntnisgemeinschaft in ganz entsprechender Weise. Sie macht das Wort der Schrift, das den lebendigen Christus bezeugt, für die amtsbrüderliche Gemeinschaft und für das Handeln der Pfarrer in Kirche und Gemeinde geltend. Sie weiß sich allen verpflichtet, auch den schwachen Gliedern. Sie sucht den Gehorsam gegen den Bekenntnisauftrag der Kirche zu üben. Sie sucht das Verständnis für die Solidarität der kirchlichen Gemeinschaft der ganzen Bekennenden Kirche zu pflegen. Sie scheidet sich von denen, welche sich von Christus scheiden.

4. Ihr Verhältnis zur Gemeinde sucht die Bekenntnisgemeinschaft durch möglichstes Heranziehen von Gemeindegliedern in ihre Gemeinschaft zu gestalten. Sie macht das Wort der Schrift, das den lebendigen Christus bezeugt, für das persönliche Leben der Gemeindeglieder, für ihre Gemeinschaft untereinander und für ihr Handeln gegenüber der Welt geltend. Sie weiß sich insbesondere zum brüderlichen Mitanstehen gerufen, wo eine Bekenntnisnot in einer Gemeinde ist, und sie sucht das Verständnis für die Solidarität der ganzen Bekennenden Kirche auch in der Gemeinde zu wecken.

5. Ihr Verhältnis zur übrigen Bekennenden Kirche in Deutschland regelt die Bekenntnisgemeinschaft nach dem Gedanken der Solidarität in Verkündigung und Gemeinschaft. Sie weiß sich, als ans Wort Gottes gebunden, verpflichtet für die Not und den Auftrag der gesammten Bekennenden Kirche. Sie ist nicht bereit, sich durch organisatorische Maßnahmen von den Brüdern scheiden zu lassen, handle es sich um die Brüder aus den Kirchen des Lutherischen Rates, oder um die Brüder aus den Kirchen der Vorläufigen Leitung. Sie weiß sich gehalten, dafür zu sorgen, daß die Bekenntnispflicht der Bekennenden Kirche nicht versäumt wird.

6. Ihr Verhältnis zur Volkskirche sieht die Bekenntnisgemeinschaft unter dem Gesichtspunkt einer dankbar gewerteten Arbeitsmöglichkeit. Sie kann den Missionsauftrag Christi an das ganze Volk nicht fahren lassen, kann ihn aber auch nicht an das Vorhandensein der volkskirchlichen Organisation gebunden sehen. Sie kann weder an einer Auflösung volkskirchlicher Bestände sich aktiv beteiligen, noch auch kann sie sich durch

Rücksichten auf diesen Bestand abhalten lassen, notwendige, das heißt vom Worte des Christus geforderte Schritte wirklich zu tun.

Im Anschluß an diese Referate kam es zu keiner Übereinstimmung zwischen Sozietät und Bekenntnisgemeinschaft in den grundsätzlichen Fragen. Die Stellungnahme der Vertrauensleute faßte Pfr. Dipper folgendermaßen zusammen[50]*:*
Es wurde anerkannt, daß die VKL von den Entscheidungen der Bekenntnissynoden her einen, wenn gleich nicht intakten Rechtsanspruch besitzt, daß sie für die Kirchengebiete, die sich ihr zugeordnet halten, den notwendigen Dienst der Leitung erfülle, daß sie im ganzen der Bekennenden Kirche eine sehr bedeutsame geistliche Autorität besitze und sich durch ihr Handeln immer wieder als entscheidender Faktor der geistlichen Leitung erwiesen habe. Es wurde von uns bestritten, daß die Unterstellung unter den Lutherrat seitens unserer Kirchenleitung oder die Zustimmung zu dieser Unterstellung durch Mitglieder unserer Württ. Bekenntnisgemeinschaft eine Verletzung des Bekenntnisses darstelle. Daraus ergibt sich, daß wir nicht die Möglichkeit haben, die Anerkennung des Leitungsanspruchs der VKL von unserer Kirchenleitung zu verlangen. Es bleibt unter diesen Umständen allein übrig, daß wir innerhalb der ganzen Bekennenden Kirche auch innerhalb der Kirchengebiete des Lutherrates um die Inkraftsetzung und Aufrechterhaltung der kirchlichen Entscheidung von Barmen ringen, daß wir die Solidarität mit allen um des Bekenntnisses willen bedrängten Brüdern halten und daß wir in diesem Sinn wie bisher in brüderlicher Fühlung mit der VKL und dem Lutherrat bleiben. Je mehr wir uns in der gesamten Bekennenden Kirche und vor allem auch in den Kirchengebieten des Lutherrates in dieser Richtung bemühen, desto mehr werden wir innerlich aneinander rücken, desto eher wird die schwierige Konfessionsfrage sachlich behandelt werden können, ohne daß sie für die Einheit der Bekennenden Kirche zur Gefahr wird, und desto leichter wird auch die Leitungsfrage so geregelt werden können, daß sich die einzelnen Kirchengebiete mit Freudigkeit der Gesamtleitung unterstellen können.

Die Vertrauensleute faßten folgenden Beschluß[51]*:*
1. Die Vertrauensleuteversammlung beauftragt den Landesbruderrat, für die Geltung der Theologischen Erklärung von Barmen in unserer Landeskirche Sorge zu tragen und die Gemeinschaft mit den Brüdern in der ganzen Bekennenden Kirche im Reich zu halten.

50 Dipper, S. 190.   51 Dipper, S. 190 f.

2. Die Vertrauensleuteversammlung richtet an den Oberkirchenrat die Bitte, zusammen mit dem Landesbruderrat für die Geltung der Theologischen Erklärung von Barmen in unserer Württ. Landeskirche zu sorgen.

3. Der Landesbruderrat nimmt die Vertrauensleute in Pflicht, für die Geltung der Barmer Theologischen Erklärung im Kreis der Amtsbrüder und darüber hinaus in den Gemeinden ihrer Bezirke Sorge zu tragen.

Am 28.10.1937 wurde dann von der Versammlung der Vertrauensleute ein neuer Landesbruderrat gewählt; ihm gehörten an[52]*:*

Hausvater Betsch, Korntal; Küfermeister Degeler, Heidenheim; Pfarrer Diem, Ebersbach; Pfarrer Dipper, Stuttgart; Pfarrer Eichler, Stuttgart; Stadtpfarrer Fausel, Heimsheim; Rektor Gengnagel, Ludwigsburg; Dr. med. Hartmann, Herrenberg; Dekan Hermann, Calw; Fabrikant Lechler, Stuttgart; Inspektor Lutz, Fellbach; Stadtpfarrer Lutz, Gablenberg; Pfarrer Metzger, Rohr; Stadtpfarrer Mörike, Kirchheim/Teck; Schuhmachermeister Mühleisen, Echterdingen; Stadtpfarrer Dr. Sannwald, Dornhan; Stadtpfarrer Schmidt, Esslingen/Neckar.

In der ersten Sitzung des neuen Landesbruderrats am 10.11.1937 wurde Pfr. Dipper wiederum zum Vorsitzenden, Pfr. Diem zum stellvertretenden Vorsitzenden und Pfr. Metzger zum Schriftführer gewählt.[53]

Am 5. Dezember fand eine weitere Aussprache der Kirchenleitung mit Vertretern der Sozietät statt; das Ergebnis faßte der Oberkirchenrat am 27.12.1937 in einem Erlaß an das Evang. Dekanatamt Göppingen zusammen[54]*:*

52 LKA Stuttgart, D 1, Bd. 97; Notiz vom 2.11.1937. Gegenüber der von Dipper, S. 191, gegebenen Liste fehlt hier der Name Buchrucker, Ludwigsburg; wahrscheinlich nahm Dr. Hartmann, Herrenberg, die Wahl nicht an, so daß an seiner Stelle Buchrucker in den LBR kam.

53 LKA Stuttgart, D 1, Bd. 97. Vgl. auch die Bestellung eines Theologischen Ausschusses des LBR im November 1937 (Mitteilung von Pfr. Dipper an die in Aussicht genommenen Theologen vom 26.11.1937; LKA Stuttgart, D 1, Bd. 97).
Vgl. auch das Schreiben Dippers an Wurm vom 18.11.1937, in dem er für die »Grüße und Segenswünsche« des Landesbischofs für die Arbeit des LBR dankte und um Fortsetzung der Gespräche zwischen der Kirchenleitung und der Sozietät bat (Nr. A 11971 vom 25.11.1937).

54 Nr. A 12969; vgl. auch das Schreiben Diems vom 8.12.1937 an den Landesbischof über die Rolle der einzelnen Gesprächspartner bei dieser Aussprache (LKA Stuttgart, D 1, Bd. 112).

In Verfolg der am 5.12.1937 im Dienstzimmer des Herrn Landesbischof zwischen dem Herrn Landesbischof, Prälat Lic. Schlatter, Oberkirchenrat Pressel, Kirchenrat Dr. Eichele, sowie den Herren Diem, Stadtpfarrer Fausel, Pfarrer Stöffler stattgefundenen längeren Aussprache hat der Oberkirchenrat wunschgemäß noch einmal den Entwurf eines unter dem 27.5.1937 an den Oberkirchenrat gerichteten Schreibens der Sozietät überprüft. Nachdem die Vertreter der Sozietät bei jener Besprechung den Inhalt dieses Entwurfschreibens als allein maßgebliche Auslegung des vom Oberkirchenrat mit Erlaß Nr. A 4573 vom 5.5.1937 an das Evang. Dekanatamt Göppingen beanstandeten Anschreibens der Sozietät an den Landesbruderrat vom 27.4.1937 bezeichnet haben, stellt der Oberkirchenrat fest:

1. Er nimmt gerne von dieser Erklärung der Sozietät zu dem Erlaß des Oberkirchenrats Nr. A 4573 vom 5.5.1937 und der darin enthaltenen Feststellung Kenntnis, wonach jenes ganze vom Oberkirchenrat zurückgewiesene Schreiben der Sozietät an den Landesbruderrat vom 27.4.1937 allein von dem eigentlichen Zweck des Schreibens aus zu verstehen sei: Sammlung der Bekennenden Kirche in Württemberg um Barmen; Ringen darum, daß das Handeln der Kirchenleitung allein an Schrift und Bekenntnis gebunden sei; Feststellung, daß mit der 13. (inzwischen aufgehobenen) Verordnung des Kirchenministers den Landeskirchen kein Rechtsmittel gegen Gewaltmaßnahmen mehr zur Verfügung stehe; Bemühen um einen vom Bekenntnis her geforderten Neubau der Kirche.

2. Was das im Schreiben der Sozietät an den Landesbruderrat vom 27.4.1937 behandelte Verhältnis des Landesbruderrats zur Kirchenleitung sowie die dabei gemachten Vorschläge und Forderungen anlangt, so wird nun in dem obigen Entwurf eines Schreibens der Sozietät an den Oberkirchenrat vom 27. Mai, zu welchem sich die Vertreter der Sozietät in der Besprechung vom 5.12.1937 ausdrücklich bekannten, erklärt, daß es sich hiebei nicht um die Absicht einer kirchlichen Revolte und Ersetzung des Oberkirchenrats durch den Landesbruderrat gehandelt habe, sondern um Einbeziehung des Oberkirchenrats in die Sammlung um Barmen und um die Aufforderung an den Landesbruderrat, beim Versagen des Oberkirchenrats »für die fehlende geistliche Leitung einzutreten«. Hiezu ist zu bemerken, daß jede Einbeziehung in die Sammlung um Barmen die Klärung des Verständnisses von Barmen voraussetzt. Nachdem feststeht, daß das von der Sozietät vertretene Verständnis der Theologischen Erklärung von Barmen sich z.B. in wesentlichen Stücken von dem Verständnis unterscheidet, das von einem Verfasser dieser Erklärung selbst vertreten

wird, kann die Auffassung der Sozietät nicht als die maßgebende Auslegung Barmens für die Bekennende Kirche angesehen werden. Entsprechend kann auch der Oberkirchenrat nicht das Verständnis Barmens, wie es die Sozietät vertritt, als das allein gültige und bindende ansehen oder sich von ihrer Auslegung Barmens her unterweisen lassen, wann und wo er in der Ausübung der geistlichen Leitung »versagt« habe. Dieses Urteil steht nur der gesamten Bekennenden Kirche und nicht einem kleinen Kreis in ihr zu. Wenn auch gerade in diesem Punkt diese Erklärung der Sozietät vom 27.5.1937 und gewisse darin geäußerte Formulierungen noch nicht alle sachlichen Bedenken des Oberkirchenrats zu zerstreuen geeignet sind, so nimmt der Oberkirchenrat doch auch von dieser im ganzen einschränkenden Erklärung der Sozietät gerne Kenntnis.

3. Der Oberkirchenrat möchte nach dieser zusätzlichen Erklärung vom 27. Mai, auf die die Vertreter der Sozietät in der Besprechung vom 5.12.1937 sich ausdrücklich bezogen haben, den in seinem Erlaß Nr. A 4573 vom 5.5.1937 ausgesprochenen, von der Sozietät als besonders schwer empfundenen Vorwurf nicht aufrecht erhalten, wonach »die Sozietät (durch ihre Berufung auf die 13. Verordnung des Reichsministers Kerrl) das Recht verwirkt hat, im Namen des Bekenntnisses aufzutreten und die Sorge um eine wahrhaft geistliche Leitung der Kirche für sich in Anspruch zu nehmen«. Er muß aber deutlich aussprechen, daß er damit dieses Recht nicht der Sozietät allein zuerkennt, sondern es für alle Glieder der Bekennenden Kirche wie auch für sich selbst in gleicher Weise in Anspruch nehmen muß.

4. Was die von den Vertretern der Kirchlich-Theologischen Sozietät in der Besprechung vom 5.12.1937 gewünschte Erklärung des Oberkirchenrats über sein Selbstverständnis anlangt, so verweist der Oberkirchenrat in dieser Hinsicht auf die Ausführungen und Erklärungen in seinem Schreiben an das Dekanatamt Göppingen Nr. A 10665 vom 3./12.12.1936, besonders Ziffer II ff. und Ziffer III.[55]

Dies ist Herrn Pfarrer Diem in Ebersbach zu eröffnen. W[urm].

Als Vorsitzender des neuen Landesbruderrats ging Pfr. Dipper in einem Brief an den Landesbischof vom 22.12.1937 noch einmal auf die Auseinandersetzungen mit der Sozietät und auf die Aufgaben des Landesbruderrats ein[56]:

55 Siehe Bd. 4, S. 845–852.
56 LKA Stuttgart, D 1, Bd. 97.

Sehr verehrter Herr Landesbischof!

Mit herzlichem Dank haben wir davon gehört, daß Sie mit einigen Herren der Kirchenleitung zusammen eine Aussprache mit Amtsbruder Diem und seinen Freunden hatten. Zugleich waren wir freilich schmerzlich davon bewegt, daß dieses Gespräch offenbar nicht zu dem gewünschten Ergebnis geführt hat. Ich kann mir denken, wie es auf Sie wirken muß, wenn Sie auf die Fragen, ob die derzeitige Kirchenleitung als rechtmäßige Kirchenleitung anerkannt und ob Sie selbst als zur Bekennenden Kirche gehörig gerechnet werden, keine präzise positive Antwort bekommen.

Ich hatte inzwischen mit Diem ein Gespräch, bei welchem übrigens auch Pfarrer Metzger von Rohr und Herr Inspektor Lutz anwesend waren. Aus diesem Gespräch ging hervor, daß die Aussprache mit Diem deshalb so schwierig ist, weil er vom Kirchenbegriff der Bekenntnisschriften ausgehend erst da Kirche anerkennt, wo die Kirche in Lehre, Ordnung und Amt sichtbar ist. Von hier aus ergeben sich selbstverständlich gegenüber dem, was bisher im allgemeinen »Kirche« und »Kirchenregiment« hieß, auch gegenüber dem, was heute »Bekennende Kirche« heißt, erhebliche Bedenken. Diem sagt: Was hat es für einen Wert, jemand zu sagen, daß er zur Bekennenden Kirche gehöre, oder einer Leitung gegenüber anzuerkennen, daß sie rechtmäßige Kirchenleitung sei, wenn gar nicht klar ist, was mit diesen Begriffen gemeint ist? Es komme doch auf die Sache und nicht auf den Namen an. Als wir dann aber die konkrete Gegenfrage stellten, ob er sich denn nicht der Württ. Kirchenleitung als seiner geordneten Leitung unterstellen wolle und ob er denn wirklich Sie nicht zu dem rechnen wolle, was gegenwärtig Bekennende Kirche heißt, sagte er: »Davon ist doch nicht die Rede und das ist doch nicht gemeint.« Diese Aussagen bedeuten meines Erachtens doch eine sehr starke Entlastung. Es geht daraus hervor, daß Diem nicht darauf aus ist, eine neue Leitung neben der jetzt bestehenden zu errichten; wenn ich ihn recht verstehe, möchte er vielmehr, soweit es bekenntnismäßig möglich ist, in Unterordnung unter die derzeitige Leitung sich dafür einsetzen, daß unsere Landeskirche an Haupt und Gliedern das werde, was er Kirche heißt. Ebenso werden Sie nicht allein durch seine Aussage über die Zugehörigkeit zur Bekennenden Kirche betroffen, sondern wir alle mit (dieser Folgerung hat Diem nicht widersprochen), ich möchte hinzufügen, daß man auch die Mitglieder der Kirchlich-Theologischen Sozietät unter diesen Gesichtspunkten nicht als Glieder der Bekennenden Kirche ansprechen kann, sondern sie mit allen andern zusammen als solche bezeichnen muß, die auf dem Weg zur Bekennenden Kirche sind.

Vielleicht ist es mir gelungen, durch diesen Versuch des Dolmetschens einige Hindernisse aus dem Wege zu räumen. Diem meint, wenn er einmal eine ganz private und persönliche Aussprache mit Ihnen hätte, so wäre es viel leichter möglich, sich zu verständigen. Er fühlt sich insbesondere in der Gegenwart von Herrn Oberkirchenrat Pressel nicht frei, da er fürchtet, es möchten irgendwelche von ihm gesprochenen Worte nachher in einem von ihm nicht gemeinten Sinn in der Öffentlichkeit gegen ihn verwendet werden. Ob er mit dieser Befürchtung recht hat oder nicht, mit der Tatsächlichkeit dieser Mentalität wird man rechnen müssen. Wenn Sie, Herr Landesbischof, diesem Wunsch entsprechen können, so ist es natürlich eine Freude. Vor allem aber haben wir den Wunsch, es möchte nun einmal der praktische Versuch der Zusammenarbeit gemacht werden. Daß ich mit schwerem Herzen der unvermeidlichen Begegnung mit der Sozietät entgegenging und mit noch schwererem Herzen mich für den neuen Landesbruderrat zur Verfügung stellte, ist Ihnen bekannt. Ich muß aber nach unserer bisherigen gemeinsamen Arbeit sagen, daß ich ganz überrascht bin, wie wertvoll bisher in verschiedenen Stücken die gemeinsame Arbeit war. Wenn Gott es uns schenkt, daß wir so weiter machen dürfen, dann ist der jetzige Zustand viel fruchtbarer als der frühere. Soll diese Möglichkeit einer neuen Zusammenarbeit auch in der Pfarrerschaft sich auswirken, so ist dazu freilich notwendig, daß die Aufgeschlossenheit für diese Möglichkeit auch in der Pfarrerschaft zunimmt. Wenn Sie, Herr Landesbischof, etwa bei der Dekanskonferenz im Januar in der Richtung auf diese Aufgeschlossenheit für neue Möglichkeiten des Zusammenarbeitens ein Wort sagen würden, so wäre damit der Sache selbst sicher ein Dienst getan. Das auf der Sozietät seit Ihrem Wort vom letzten Frühjahr liegende Verdikt wäre damit stillschweigend beseitigt. Die Mentalität des Mißtrauens, die jeden positiven Schritt hindert, wäre aufgelockert. Und die notwendige Vorsicht, die keiner Entscheidung vorgreift, wäre eingehalten.

Darf ich nun noch zu der gestrigen Zusammenkunft im Kreise der Laien etwas sagen. Einer der anwesenden Nichttheologen sagte mir ins Ohr: Es besteht in dieser Versammlung keine Klarheit darüber, ob es um das Bekenntnis der Kirche oder nur um eine Verwaltungsfrage in der Auseinandersetzung mit dem Staat geht. Geht es nur um das letztere, so ist es nicht verständlich, warum die ganze Auseinandersetzung einen solchen Umfang annehmen konnte. Geht es aber um das Bekenntnis, so haben alle Loyalitätserklärungen keinen Wert. Ich habe mich über diese Bemerkung, die den Kernpunkt der Sache trifft, herzlich gefreut. Sie gibt zugleich aber auch einen Fingerzeig für die Schritte, die weiter unternommen werden müssen. Es ist gewiß sehr gut, wenn unsre Nichttheologen bei den staatlichen Stellen vorsprechen. Doch ist hier große Sorgfalt geboten, daß dies in der rechten Weise geschieht. Wenn die abgeordneten Nichttheologen nicht klar sehen, daß es um das Bekenntnis der Kirche geht und daß darin die Wurzel aller Auseinandersetzungen zu suchen ist, so werden ihre eigenen Bedenken, die sie der Führung ihrer Kirche gegenüber haben, sich gelegentlich sehr nahe berühren mit den Vorwürfen gegen die zänkischen Pfarrer, die sie von seiten der politischen Stellen zu hören bekommen. Auch den Vorwurf einer reaktionären Haltung der Kirche werden sie dann nicht entkräften können. Die Folge davon ist, daß am Schluß der Unterredung nicht ganz gewiß ist, ob die Abordnung sich im Dienste des Evangeliums eingesetzt hat oder ob sie nicht vielmehr durch ihre Zugeständnisse die Politiker in ihrer kirchenpolitischen Haltung bestärkt hat. Die Abordnung muß einen ganz klaren und unerbittlich harten Willen zur Sache zeigen. Sie darf sich weder durch technische noch durch Ablenkungsmanöver von dieser Sache abdrängen lassen. Dieser Wille zur Sache muß aber vom Evangelium her bestimmt sein und darf unter keinen Umständen vom Gesichtspunkt der Macht bestimmt sein. Es hat zweifellos große Bedeutung, wenn ein Mann von Geltung sich für diese Sache einsetzt, aber er darf es in keiner anderen Macht tun als in der Vollmacht des Evangeliums. Nur das gibt dem Handeln die durch keine irdische Mächtigkeit ersetzbare Durchschlagskraft, die hier notwendig ist. Unter diesen Gesichtspunkten müßte die Abordnung sorgfältig ausgelesen werden. Man müßte dann auch sehr genau überlegen, welche konkreten Forderungen vorgebracht werden sollen. Eine gründliche Instruktion über die vorzubringenden Argumente und auch über die etwa zu erwartenden Möglichkeiten und Hindernisse auch technischer Art müßte vorausgehen, so daß der Stoß mit möglichstem Nachdruck und in möglichster Geschlossenheit geführt werden kann.

In meiner eigenen Sache kann ich jetzt noch nicht sehr viel sagen.[57] Die Entschließungen, die heute in der Sitzung des Oberkirchenrats getroffen worden sind, sind mir noch nicht bekannt; auch möchte ich mich selbst vollends zur Klarheit durchringen, ehe ich mit bestimmten Entscheidungen heraustrete. Denn es kann in dieser Sache nicht um einen Weg meines eigenen mutigen oder verzagten Willens gehen, sondern um den Weg des Gehorsams. Ich kann bis jetzt nur soviel sagen: Je mehr ich mir die Sache überlege, desto mehr werde ich dazu gedrängt, Sie, verehrter Herr Lan-

---

57 Es handelt sich um das über Pfr. Dipper verhängte Redeverbot; siehe S. 524–538.

desbischof, um den ausdrücklichen Befehl zu bitten, daß ich weiterhin tun solle, was meines Amtes ist. Alles Weitere steht dann in Gottes Hand. Doch hat die Entscheidung hierüber ja noch etwas Zeit.

Nun entschuldigen Sie bitte gütigst, daß ich Sie mit diesem langen Schreiben aufhalte. Vielleicht kann es doch in der Sache etwas weiter helfen. Gott schenke Ihnen in dieser Festzeit seine Gnade, die überreich ist in all unsrer irdischen Armut und Not, und seine überschwengliche Freude, die auch unter lastenden Sorgen unser Herz ganz frei und weit macht!

In Ehrerbietung grüßend Ihr ergebener Th. Dipper.

DER ALLTÄGLICHE KAMPF UM DAS KIRCHLICHE LEBEN

KIRCHLICHE ARBEIT

Trotz der Auseinandersetzungen mit Staat und Partei und trotz der Spannungen zwischen den verschiedenen Gruppen innerhalb der Landeskirche kam die kirchliche Arbeit nicht zum Erliegen: Seelsorge, Gottesdienste, Kasualien, Gemeindearbeit fanden statt; Gegenstand einer Dokumentation können sie im ganzen nicht sein.

Die Arbeit in einzelnen Gruppen der Gemeinde wurde vom Evang. Gemeindedienst im allgemeinen vorbereitet und unterstützt. Am 8.11.1937 gab der Oberkirchenrat den Dekanatämtern Berichte über die Tätigkeit des Gemeindedienstes weiter[1]*:*

Der Evang. Oberkirchenrat hat dankbar von der ausgedehnten Arbeit Kenntnis genommen, die der Evang. Gemeindedienst auch im Winter 1936/1937 durch volksmissionarische Wochen, in Rüstzeiten und Bibelkursen für die Männer wie für die Frauen und in zahlreichen Vorträgen hin und her geleistet hat. Er hat damit, dank der Mitarbeit vieler freiwilliger Mitarbeiter und Helferinnen, wesentlich geholfen zur Sammlung unserer Gemeinden um das Wort und zur Weckung und Stärkung brüderlicher Verbundenheit.

Der Oberkirchenrat hat freilich mit Bedauern gesehen, daß nicht nur manche der Amtsbrüder in der Ausfüllung und Rücksendung der ausgegebenen Fragebogen säumig sind, sondern auch in manchen Gemeinden die Arbeit des Gemeindedienstes noch nicht oder nicht ernsthaft genug in Angriff genommen ist. Er spricht die Erwartung aus, daß im kommenden Winter die zur Belebung und Stärkung unserer Gemeinden so notwendige Arbeit mit neuem Ernst aufgenommen wird.

Beiliegend werden den Herren Dekanen die Arbeitsberichte über die volksmissionarische Arbeit, die Männerschulung und die Frauenhilfe zugestellt mit dem Ersuchen, das Wesentliche daraus in einem Wort auf dem Diözesanverein zu verwerten und darüber hinaus ständig darauf bedacht zu sein, die Arbeit des Gemeindedienstes in ihrem Bezirk im

---

1 Nr. A 11625. Vgl. dazu die Mitteilung des SD Württemberg-Hohenzollern vom 3.9.1937, der Gemeindedienst stelle »Hauswarte«, die zu überwachen seien (StA Ludwigsburg K 110, Bd. 35).

Zusammenwirken mit dem Bezirksvertreter und der Bezirksvertreterin, wo sie noch fehlt, anzuregen, wo sie schwach ist, zu fördern, wo sie mit Freude getrieben wird, zu unterstützen.

Ein weiterer Abdruck der 3 Arbeitsberichte wolle dem Bezirksvertreter des Gemeindedienstes und der Bezirksvertreterin der Frauenhilfe zugestellt werden. Wurm.

Zu Beginn der Volksmissionswochen im Winter 1937/1938 richtete der Landesbischof folgendes Grußwort *an die Gemeinden*[2]*:*

Zu Beginn der Volksmissionswoche, zu der wir alle Glieder unserer Gemeinde herzlich und dringend rufen, entbietet der Herr Landesbischof seinen Gruß mit folgender Ansprache:

Höret Gottes Wort: Ich bin der Herr, dein Gott![3]

Ihr Männer und Frauen! Liebe evangelische Gemeinde!

In unsrer entscheidungsreichen Zeit sind wir alle stets aufs neue vor die Frage gestellt: Wer hilft uns zur Klarheit in unserem Suchen nach rechtem, beständigem Glauben? Wo finden wir einen festen Grund, einen sicheren Halt für unser, unsres Volkes und unsrer Kirche Leben? Woher nehmen wir die Kraft und die bleibende Treue zu dem brüderlichen Dienst, den wir uns untereinander schuldig sind?

Ihr wißt, wie mannigfach die Antworten heut lauten. Da ist der Dünkel derer, die unter Verachtung der biblischen Botschaft aus ihrem eigenen Verstand heraus die letzten Fragen meinen lösen zu können; ihr Wort bleibt Menschenwahn. Da ist der Versuch, durch völkische Predigt das für alle Zukunft gültige Wort des Glaubens zu sprechen; solch selbsterdachter Glaube trügt. Da ist mancherlei Ersatz, der uns und unsern Kindern anstelle der Gottesoffenbarung in Jesus Christus aufgedrängt werden soll; damit ist uns nicht geholfen.

Vergesset es nicht: Das Haus, das auf Sand gebaut ist, bricht im Sturmwind zusammen.[4] Darum suchen wir den Felsgrund! Und den finden wir allein bei dem wahren, lebendigen Gott und Vater unseres Herrn Jesus Christus. Unter sein Wort seid ihr in dieser Woche gerufen, daß euch daraus Klarheit und Halt und Kraft gegeben werde. So tretet in Ehrfurcht vor den heiligen Gott und bittet Ihn: Herr, führe uns aus aller Verwirrung zu Deiner Wahrheit, laß uns Deine Offenbarung schauen und schenke uns Dein Heil! Er aber, der die Menschenherzen lenkt wie die Wasserbäche[5],

2 LKA Stuttgart, D 1, Bd. 73.   4 Vgl. Matth. 7, 26.
3 2. Mose 20, 2.   5 Vgl. Ps. 33, 15.

lasse euch und uns alle erfahren, daß Sein Wort gilt: Ich bin der Herr dein Gott. Ihm sei Ehre und Preis in Ewigkeit! Amen.

Der Bericht des Evang. Gemeindedienstes Zur Volksmissionsarbeit im Winter 1936/1937 *vom 22.5.1937 lautet*[6]*:*
Volksmission wurde in 248 Gemeinden gehalten (3–10tägig; meistens etwa 5tägig). 31 Bezirke haben als Bezirk diese Arbeit unternommen, das heißt daß eine Reihe von Pfarrern, wenigstens 5, sich zur Vorbereitung und Durchführung solcher Volksmission im Bezirk zusammengeschlossen haben. In einzelnen Bezirken (so Schorndorf und Calw) wurden möglichst alle Gemeinden bei der Durchführung der Volksmission erfaßt, dort ist auch der Kreis der mitarbeitenden Pfarrer ziemlich erweitert worden. Wo sich der Bezirk nicht gemeinsam an die Durchführung einer Volksmission machte, haben die einzelnen Gemeinden von sich aus, meist in Fühlung mit der Landesstelle des Gemeindediensts, eine Volksmissions-Woche angesetzt. In der Regel kam der Anstoß zur Durchführung einer Volksmission nicht eben nur vom Ortspfarrer (»jetzt macht man halt einmal das, weil die andern es auch machen«), sondern aus Besprechungen zwischen Pfarrer, Kirchengemeinderat und Gemeindegliedern, durch die das Bedürfnis nach solch einer volksmissionarischen Sammlung der Gemeinde in heutiger Zeit laut wurde. Der Besuch war meist recht gut.

Die Vorbereitung wurde weithin durch einen Helferkreis (Gemeindediensthelfer und -helferinnen, Kirchengemeinderat, Frauengruppe, Männer und Jungmänner) mitgetragen. Das Grußwort des Herrn Landesbischof, zum Beginn der Volksmission ausgegeben, war erwünscht und ließ die Einzelgemeinden ihre Zugehörigkeit zur Gemeinschaft der Landeskirche merken. Als Themen bei der Volksmission wurden vor allem die durchs ganze Land hin ausgegebenen Themen über »Jesus der Herr« bearbeitet, besonders da, wo die Volksmission als Bezirksarbeit gestaltet wurde. Andere wertvolle Themenreihen behandelten die Bibel, die Sakramente und kirchlichen Handlungen, die 10 Gebote, Kirchengeschichte (»Die Gemeinde Jesu in den Stürmen der Zeit«), Gegenwartsfragen.

Die Durchführung der Volksmission geschah in verschiedener Weise:
a) Die Volksmissions-Abende wurden von 1 Sprecher (in Verbindung mit dem Ortspfarrer) gehalten. Er war meist durch die Landesstelle des

---

6 Beilage zu Nr. A 11625 vom 8.11.1937. Vgl. auch die Berichte über die Männerarbeit und über die Arbeit der Evang. Frauenhilfe im Winter 1936/1937 (ebenfalls Beilage zu Nr. A 11625 von 8.11.1937); vom 21. bis 24.4.1937 fand in Stuttgart eine Männerwoche statt.

Gemeindediensts vermittelt. Er blieb über die ganze Zeit der Volksmission in der betreffenden Gemeinde. Da und dort hielt dieser Volksmissionar nachmittags auch Bibelstunde.

b) Die Volksmissions-Abende wurden durch 1 Sprecher gehalten, der tagsüber in seine eigene Gemeinde zurückkehrte und nur abends kam.

c) Die Volksmissions-Abende, fortlaufend in 1 Woche oder in mehreren Wochen je 1 Abend, wurden unter mehrere Sprecher verteilt (etwa 5 Sprecher, jeder Abend ein anderer). Die Sprecher kamen dann nur auf 1 Abend in die Gemeinde. So wurde besonders die Bezirksarbeit durchgeführt (vor allem da, wo möglichst alle Gemeinden erfaßt werden sollten).

d) Im Anschluß an den Volksmissions-Abend war Aussprachemöglichkeit angeboten im größeren Kreis oder unter 4 Augen. Davon wurde recht unterschiedlich Gebrauch gemacht, es läßt sich dabei ja auch nichts erzwingen. Solche Seelsorge ist eigentlich nur bei der Form a) möglich.

Beurteilung der Volksmissions-Arbeit:

Die mitarbeitenden Pfarrer haben biblisch-theologische Förderung gewonnen. Nicht immer konnte dabei ein voller Consensus hergestellt werden; doch ergab sich beim gemeinsamen Schaffen stets auch ein Aufeinanderhören und Voneinanderlernen. Die mitarbeitenden Pfarrer wurden in ihrer Amtsbruderschaft erneut und verstärkt verbunden. Zum Teil wurde ja der volksmissionarische Einsatz auf gemeinsamen Pfarrersrüstzeiten vorbereitet. Die Pfarrer lernen fremde Gemeinden, Nachbargemeinden aus dem eigenen Dekanatsbezirk, kennen. Die Pfarrer eines Bezirks übernehmen gemeinsam Verantwortung für die einzelnen Gemeinden ihres Bezirks und deren besondere Anliegen. Gegenüber dem Versuch in anderen deutschen Kirchengebieten, Volksmission mit einer Art Stoßtrupp (20–30 vorgeschulte Pfarrer) fast ausschließlich zu treiben, legen wir in Württemberg großen Nachdruck darauf, daß gerade bei dieser Volksmissions-Arbeit möglichst viele Amtsbrüder mit herangezogen werden, daß sich keiner ohne Not zurückgesetzt und ebensowenig über den andern erhaben fühlen kann und daß die Gemeinschaft untereinander im Dienst für den Herrn der Kirche und so füreinander wachse. Doch besteht auch in Württemberg ein besonderer Pfarrerkreis (ca. 45), der sich für Volksmission einsetzt.

Die Gemeinden sind zum Ursprung unseres Christenglaubens, zu Jesus Christus, und zur Grundlage christlicher Verkündigung, zur Bibel, eindringlich hingewiesen worden. Dafür waren sie gerade in heutiger Zeit durchweg dankbar. Kritische (und durchaus beachtliche) Stimmen wurden von der Gemeinde her nur in Richtung auf Außendinge laut: Der und der Pfarrer ist als Sprecher bei der Volksmission fehl am Platz; der Abend war in der zeitlichen Begrenzung u. a. nicht richtig durchgeführt usw. Aufs ganze gesehen wurden die treuen Gemeindeglieder erreicht; der Name »Volksmission« sagt eigentlich zu viel. Doch ist das gekennzeichnete Ergebnis heute von größter Wichtigkeit! Diese treuen Gemeindeglieder sind doch nachher wieder die Boten der Kirche für ihre Umwelt und dies oft unter außerordentlich schwierigen Umständen im öffentlichen Leben. Entfremdete kamen nur in kleinerer Zahl, allerdings ist auch das schon wieder bedeutungsvoll, wenn sie nicht überhaupt ausfallen. Die Männer waren je nach den kirchlichen Verhältnissen der betreffenden Gegend ordentlich oder auch recht schwach vertreten. Besonders spärlich war der Besuch der jüngeren Männer (zwischen 20 und 35 Jahren ungefähr). An die Männer heranzukommen ist heute wegen der starken zeitlichen, dienstlichen, weltanschaulichen Beanspruchung der Männer schwer. Hier muß die Männerarbeit des Gemeindedienstes immer neu ansetzen. Wo durch Hausbesuche, gründlich mit dem Ortspfarrer vorbesprochen, die Volksmission vorbereitet oder während der Durchführung ergänzt wurde, ließ sich eine Verstärkung der Beteiligung an den Volksmissions-Abenden und eine Vertiefung der gesamten Wirkung durchaus feststellen. Der Dienst der »Gruppe« bei solchem Einsatz ist da und dort besonders dankbar anerkannt worden. Mehr Mitarbeit von Laien wäre notwendig! Da die Volksmission nicht eigentlich auf die Jugend eingestellt ist, ist es weniger verwunderlich, daß die Jugend weithin fehlte. Geboten scheint es allerdings, irgendwie die Verbindung mit der Gemeindejugend zu suchen, entweder durch Zusammenarbeit mit den Mitarbeitern der Landesjugendstelle (doch ist eine zeitliche Vereinbarung von Landesstelle zu Landesstelle nicht so leicht zu treffen; das muß mehr von der betreffenden Gemeinde her geplant und gefördert werden) oder durch Veranstaltung eines besonderen Gemeindejugendnachmittags während der Volksmissions-Woche.

Eine Volksmission braucht zeitige, eifrige, im Gebet gegründete Vorbereitung in der Gemeinde. Sonst ist sie in der Gefahr, zur religiösen Propaganda abzusinken. Eine Volksmission erfordert treue und stete Nacharbeit im regelmäßigen Dienst des Pfarrers. Den angefaßten Gemeindegliedern muß der Weg zu den Männer- und Frauen- und Jugendkreisen der Gemeinde, zur Bibelstunde und zur Hausgemeinschaft um die Bibel gewiesen werden. Die Sammlung in solchen Kreisen ist unerläßlich. Wo keine Nacharbeit geschieht, bleibt eine Volksmissions-Woche nur zu leicht in ihrer Wirkung so vergänglich wie eine aufleuchtende Rakete, die schnell wieder erlischt.

Die Bestimmung der Verwertung des Opferertrags blieb den Gemeinden überlassen, die eine Volksmission bei sich durchführten. Vereinzelt haben Gemeinden oder auch einmal ein Bezirk durch eine Teilüberweisung aus dem Opferertrag an die Landesstelle des Gemeindediensts ihre Verbundenheit und Dankbarkeit für die von der Landesstelle her getane Arbeit zum Ausdruck gebracht.

Besondere kristische Beobachtungen: Die Gefahr des Betriebmachens steht immer über der Arbeit einer Landesorganisation, wie es der Gemeindedienst ist, auch über der Volksmissions-Arbeit. Doch hilft dagegen die ernstliche und gründliche Vorbereitung der ganzen Volksmissions-Arbeit, wie sie von der Landesstelle aus in Verbindung mit bewährten Gemeindepfarrern und in einem besonders geschulten Mitarbeiterkreis (etwa 45 Pfarrer) auf zweimal im Jahr stattfindenden Arbeitstagungen getan wird. Und dazuhin schaltet die echt schwäbische gesunde Zurückhaltung jeder »Überforderung« gegenüber noch reichlich Hemmungen ein. Wesentlich ist freilich auch für den einzelnen Pfarrer, der eine Volksmission wünscht, daß er überprüft, ob und wie er damit seiner Gemeinde einen wirklichen Dienst tut und ob und wie er mit seiner ganzen vorangehenden Gemeindearbeit die Gemeinde zu dieser besonderen Wortverkündigung hinführt. Mancher Pfarrer klagt, daß er durch den Einsatz bei der Volksmission oder durch Mitarbeit auf anderen Gebieten des Gemeindedienstes von dem Dienst an seiner eigenen Gemeinde stark abgezogen werde. Dem kann vielleicht durch zeitige Vorbereitung des Volksmissions-Dienstes und in Verbindung damit durch vorausschauende Zeiteinteilung gesteuert werden. Vielleicht ist es auch noch mehr möglich, dafür zu sorgen, daß die Pfarrer von mancherlei Dienst entlastet werden, der ihnen die Zeit für ihre pfarramtlichen Aufgaben eigentlich nicht schmälern dürfte (Steuersachen, Ariernachweise und anderes). Jedenfalls ist der Volksmissions-Dienst, bei dem ein Pfarrer seine eigene Gemeinde wenige Tage hintansetzen oder verlassen muß, eine anerkannt notwendige Aufgabe, die im Grund jedem Pfarrer im Blick auf das Ganze der Kirche mitaufgetragen ist.

Besonders zu erwähnen ist der Dienst der Schriftenmission, der neben der Volksmission hergeht. Durch Auslegen auf Tischen im Vorraum der Kirche, auch schon durch Verwendung eines Schriftenkastens sind im vergangenen Winter reichlich Schriften in die Gemeinden gebracht worden. Doch läßt sich dieser Dienst noch wesentlich fruchtbarer gestalten.

Aus den Fragebogen ergibt sich, daß neben der von der Landesstelle des Gemeindediensts geförderten Volksmissions-Arbeit mehr als 40 Evangelisationen (durch freie Evangelisten, in der früher als Regel üblichen Art) durchgeführt wurden. Diese Arbeit nicht zu würdigen, liegt für uns »Volksmissionare« keinerlei Grund vor, auch wenn wir heute bewußt in anderer Weise von der Kirche und der Pfarrergemeinschaft her arbeiten. Wir wünschten nur, es gäbe viel mehr wirkliche Evangelisten! Ferner wurden viele einzelne Vorträge volksmissionarischer Art in den Gemeinden gehalten (von den männlichen Geschäftsführern der Landesstelle des Gemeindediensts allein etwa 130 neben Volksmission und Schulungsarbeit her).

Erfahrungen, die festzuhalten sind: Auch wenn der Name »Volksmission« im Erfolg dieser Arbeit nicht ohne weiteres der Wirklichkeit entspricht, ist diese Arbeit zur Stärkung der Gemeinden notwendig und wird von den Gemeindegliedern weiterhin dringend gewünscht. Um eine ruhige und gründliche Vorbereitung für den Volksmissions-Einsatz im nächsten Winter zu ermöglichen, soll die aus den einzelnen Bezirken beschickte vorbereitende Volksmissions-Landestagung schon vor den Sommerferien stattfinden. Für die Durchführung der Volksmission läßt sich kein zwingendes Schema aufstellen. Doch ist es nach Möglichkeit zu fördern, daß 1 Specher alle Volksmissions-Vorträge hält und über die ganze »Woche« in der von ihm betreuten Gemeinde bleibt. So kann freilich nur eine kleinere Zahl von Gemeinden bedient werden. Der Volksmissions-Dienst der Bezirke geht dahin, daß sie neben den größeren auch die kleinen Gemeinden besuchen, die oft die spürbare Gemeinschaft mit dem Bezirk bzw. der ganzen Kirche so sehr ersehnen. Die kleineren Gemeinden zu besuchen, ist übrigens auch ein Anliegen für die Geschäftsführer des Gemeindediensts. Diese kleinen Gemeinden bezahlen stets ihre Beiträge an die Landesstelle, so sollen sie auch nach Möglichkeit von dort her einmal einen persönlichen Dienst erfahren. Im Sommer vor allem läßt sich dies nicht selten verwirklichen. Dringend zu fordern ist: Wo Volksmission gehalten wird, dürfen keine anderen kirchlichen Veranstaltungen im Mutterort oder im Filial gleichzeitig angesetzt werden. Erwähnenswert ist, daß Dr. Wenzel, der erfahrene Volksmissionar der Provinz Brandenburg, schon erfolgreich den Versuch gemacht hat, durch das Bürgermeisteramt oder den Ortsgruppenleiter zu erreichen, daß neben der Volksmission auch keine politischen oder sonstigen Gemeindeveranstaltungen abgehalten werden. Ob dies in Württemberg Erfolg hätte?? Die Schriftenmission ist nachdrücklich zu fördern.

Herzlich dankbar bin ich, dies möchte ich abschließend sagen, für die freudige und opferwillige Mitarbeit des besonderen Volksmissionskreises innerhalb unserer Pfarrerschaft (noch sind allerdings dabei trotz mehrfacher Bitten nicht alle Bezirke vertreten) und der Amtsbrüder, die innerhalb der Pfarrbruderschaft ihres Dekanatsbezirks neben den heute vermehrten und gegenüber früher lastenderen Aufgaben ihres Gemeindepfarramts diesen besonderen Dienst in der Volksmission für andere Gemeinden noch auf sich nehmen. Eichler.

Über Matth. 8,23–24 hielt der Landesbischof eine Ansprache bei der Jahrestagung des Frauenwerks der Evang. Landeskirche in Württemberg am 24.10.1937[7]*:*

Liebe evangelische Frauen!

Das Schriftwort, das wir soeben gehört haben, schildert uns die Lage unserer Kirche und unsre eigene Lage mit wenig Worten besser, als es der längste Bericht tun könnte. Die Zeiten der Ruhe sind vorüber, und die Wogen kommen hoch einher. Mit vollster Offenheit, ohne jede Verschleierung, wie sie früher üblich war, sagt man uns heute: Die Zeit des Christentums ist vorbei. Unsere Weltanschauung verträgt sich nun einmal nicht mit eurem Glauben an Christus, den Sohn Gottes und den Heiland der Welt, und darum muß dieser Glaube weichen und wir werden dafür sorgen, daß das nachwachsende Geschlecht von den Quellen dieses Glaubens möglichst abgeschnitten wird. Nur das Tatchristentum darf bestehen bleiben, und was Tatchristentum ist, das bestimmen wir.

Nun, wir sind dem Tatchristentum ganz gewiß nicht feind. Gestern bekam ich eine Gedenkschrift der Anstalt Mariaberg in die Hand. Diese Anstalt besteht seit 90 Jahren; sie hatte aber eine Vorgängerin in einer Anstalt in Wildberg, die 10 Jahre zuvor, also jetzt vor 100 Jahren, von dem dortigen Stadtpfarrer Haldenwang gegründet worden war. Wer waren die Bahnbrecher der Wohlfahrtspflege, in der unser Land schon in der ersten Hälfte des 19. Jahrhunderts führend war, anders als Pfarrer, christliche Ärzte, Beamte, Lehrer und Frauen? Ich habe es schon oft gesagt und sage es auch heute wieder: Die christlichen Sozialpolitiker früherer Zeiten, Wichern, Viktor Aimé Huber, Stöcker, Naumann würden sich von Herzen freuen, wenn sie sehen würden, wie der heutige Staat alle Kräfte des Volkes heranzieht und dem wirtschaftlichen Egoismus zu Leibe geht. Aber gar nicht würden sie sich freuen darüber, daß man dieses Tatchri-

---

7 LKA Stuttgart, D 1, Bd. 73, Bruchstück; vgl. auch den Vortrag, den Oberkirchenrat Daumiller, München, bei derselben Tagung hielt: »Die Kirche der Reformation« (LKA Stuttgart, D 1, Bd. 73). Der Oberkirchenrat rief am 24.4.1937 mit Nr. A 4635 auf, Möglichkeiten für Müttererholung zu schaffen.

stentum dem Christenglauben entgegenstellt; denn aus diesem Glauben, aus der Gewißheit, daß die Liebe Gottes in Christo uns geoffenbart ist und daß auch der Geringste im Volk etwas wissen und erfahren sollte von dieser Liebe, ist doch ihr ganzes Werk, ist ihre Hingabe an diese Geringsten, ist ihr flammender Aufruf an die Christenheit zum Dienst der Liebe geflossen. Zum Tatchristentum würde nach ihrer Anschauung auch gehören das unerschrockene Bekennen des Namens Jesu vor denen, die ihn schmähen. Darum haben sie so gerne biblische Namen gewählt für die Häuser, die sie erbauten, und sie würden schwerlich eine christliche Tat darin sehen, daß man Namen wie Bethlehem entfernt.

Aber das ist nun unsere Not, daß wir mit all unsern Gegenvorstellungen nicht durchdringen, sondern, weil wir nicht schweigend der Zurückdrängung des Christentums zusehen können, als Friedensstörer angesehen werden. Aber die noch größere Not besteht darin, daß wir wie die Jünger uns vor den hohen Wellen fürchten; daß wir die Menschen mehr fürchten als den Herrn und aus lauter Sorgen um die Zukunft das Gebot der Stunde nicht zu erfüllen wagen. Wir wissen ganz gut, was das Gebot der Stunde ist, aber wir drücken uns so gern darum. Dazu soll eine solche Versammlung dienen, daß wir dieses Gebot,...

Der Bundesausschuß des Württ. Evang. Jungmännerbunds berichtete am 10.3. 1937 über seine Arbeit in einem Rundschreiben[8]*:*

Freunde, Brüder!

Unser Bundesausschuß trat gestern zu einer wichtigen Beratung zusammen. Bei all den ernsten Fragen, die uns bewegten, stand uns immer wieder die eine große Sorge vor Augen, die Sorge um unsere Kirche und ihren Dienst am Evangelium in unserem Volk. Deutlich trat zutage, was wir als Erbe unserer Väter überkommen haben, daß wir in unserem Werk nicht irgendwie neben der Kirche stehen, sondern ganz und gar ein Glied an ihr sind. Das hat sich ja in den letzten Jahren in mancher ernsten Stunde erwiesen, das muß sich auch jetzt wieder deutlich zeigen. Wir können niemals irgendwie auf der Seite stehend abwarten, wie die Dinge sich entwickeln, um dann mit der Zeit uns so oder so zu entscheiden, sondern wir gehören mit hinein in die eine Front derer, die zur Gemeinde Jesu gehören. Ihre Not ist unsere Not, ihre Schuld unsere Schuld, ihre Zukunft ist unsere Zukunft und ihren Dienst, das Evangelium zu verkündigen,

8 LKA Stuttgart, D 1, Bd. 70.

haben wir mit zu tun. Darum wissen wir auch, was wir jetzt zu tun haben. Es geht ja nicht nur um Sein oder Nichtsein einer auf dem Evangelium von Jesus Christus gegründeten und an der ganzen heiligen Schrift festhaltenden Kirche, sondern es geht um die Verkündigung des Evangeliums überhaupt, es geht um unseren Christenglauben. Nicht als ob wir den verteidigen müßten! Aber dafür müssen wir eintreten, daß er rein und lauter in unserem Volk verkündigt werden darf.

Ist es not, daß wir nun jedem einzelnen in unseren Reihen sagen, was er dabei zu tun hat in einer entscheidungsreichen Zeit? Es wird für jeden eine Selbstverständlichkeit sein, daß er sich an seinem Ort freudig mit in den Dienst stellt. Es wird in der nächsten Zeit sehr viel darauf ankommen, daß in Gottesdiensten und Versammlungen ganz deutlich gesagt wird, um was es geht. Hier haben wir alle unsere Aufgabe, daß wir durch Werben und Einladen, durch Übernahme von irgendwelchen Diensten dabei mithelfen. Es ist selbstverständlich, daß der Jungmännerkreis an dem Ausschuß, der die Wahl vorbereitet, sich beteiligt und überall gerne mit Hand anlegt. Nicht weniger wichtig ist das andere, daß wir von Mund zu Mund das weitergeben, was wir wissen, daß wir unter unseren Mitarbeitern, wo es auch sei, reden von dem, was auf dem Spiel steht. Das können wir bloß, wenn wir in den wichtigen Fragen guten Bescheid wissen. Dazu müssen wir uns im Kreis der Freunde zurüsten, müssen uns Aufschluß verschaffen über die Strömungen und Richtungen, die unsere Kirche einen andern Weg als den biblischen weisen wollen. Material dazu ist ja unschwer zu beschaffen, vor allem durch die Pfarrämter; aber es wird nicht so einfach sein, wirklich zur vollen Klarheit zu kommen und Wahrheit vom Irrtum, der sich meist ein sehr harmloses Gewand geben kann, zu unterscheiden. Wir wollen nicht Schlagworte nachsprechen, wir wollen ein klares Zeugnis ablegen. Darum muß sich jeder mühen. Nur dann können wir auch andern von dem sagen, um was es geht. Helfen wir einander zu solcher Klarheit! Dabei haben wir noch eine Pflicht. So groß auf der einen Seite die Gefahr ist, daß wir lau und träg den Dingen den Lauf lassen, feig die Wahrheit preisgeben und so dem Herrn der Kirche untreu werden, so groß ist auch die andere Gefahr, daß wir aufgeregt werden und meinen, es liege nun alles an unserem Betrieb, wenn das Evangelium erhalten bleiben soll. Jesaja hat in einer schweren Stunde dem König, der noch schnell die Mauern einer Stadt verbessern wollte, in seine Aufgeregtheit und Verzagtheit hinein gesagt: Glaubet ihr nicht, so bleibet ihr nicht! Durch Stillesein und Hoffen werdet ihr stark sein.[9] Darum handeln wir jetzt nach dem

9 Jes. 7,9; Jes. 30,15.

Wort Jesu aus Lukas 18: Sollte Gott nicht auch retten seine Auserwählten, die zu ihm Tag und Nacht rufen? Ich sage euch, er wird sie erretten in einer Kürze!

Laßt uns eine betende junge Gemeinde sein! Dann werden wir auch eine treu dienende, kämpfende, zum Einsatz bereite Gemeinde sein.

Für den Bundesausschuß: Th. Kübler.

In einem Erlaß vom 15.12.1937 An sämtliche Dekanatämter *suchte der Oberkirchenrat das tägliche Bibellesen zu fördern*[10]*:*

Es gehört zu den wichtigsten seelsorgerlichen Aufgaben, die gute Sitte täglichen Bibellesens zu erhalten und zu festigen, wo sie verloren ging, sie wieder zu gewinnen. Die Hast und Zersplitterung des heutigen Lebens macht den Familien die Durchführung einer Hausandacht, in der Eltern und Kinder und die übrigen Glieder des Haushalts sich um die Bibel sammeln und aus der Bibel für ihre Aufgaben stärken, vielfach recht schwer. Umsomehr werden die Pfarrämter eine wichtige Aufgabe darin sehen, Wollen und Freudigkeit zur Hausandacht zu stärken und auf geeignete Hilfsmittel hinzuweisen (Lesung der Bibel selbst, vielleicht nach der dreibändigen oder einbändigen Zusammenstellung unserer Bibelanstalt »Die Bibel in der Hausandacht« oder etwa nach der Jugend- und Familienbibel; Verwendung guter Andachtsbücher und Abreißkalender).

Eine wertvolle Hilfe für das Bibellesen bei der Familienandacht oder für die stille Lesung des einzelnen ist es, wenn dafür ein einheitlicher Plan zugrunde gelegt wird. Es sei hier an das kürzlich den Pfarrämtern zugegangene Plakat erinnert: »Deine Bibel will zu Dir reden!«, das eine Reihe erprobter Hilfsmittel nennt. Es ist nicht entscheidend, welches dieser Hilfsmittel benützt wird; sie wollen alle, mehr oder weniger ausführlich, in gleicher Weise zum täglichen Stillwerden vor Gottes Wort helfen. Aber das ist wichtig, daß die Bibellese weit mehr noch als im letzten Jahre in die Hände junger und alter Gemeindeglieder kommt. Die Pfarrämter werden gerne dazu helfen, daß eine solche Bibellese in möglichst viele Häuser ihrer Gemeinden kommt und dann im stillen Bibellesen oder in gemeinsamer Andacht treulich benützt wird.

Gegenüber der Gefahr, nach einem Anlauf in der Treue des Bibellesens zu erlahmen, ist es eine Hilfe, wenn der Ortspfarrer im Gottesdienst immer wieder einmal auf die Bibellese hinweist, am Sonntag etwa den Wochenspruch verwendet, in Betstunden oder in Kasualfällen den Text

10 Nr. A 12 734.

der Bibellese benützt und so einen lebendigen Zusammenschalt um das gleiche Gotteswort in der großen Gemeinschaft des Glaubens und Betens durch die ganze Deutsche Evangelische Kirche hin fördert. Der Belebung der Hausandacht dient es, wenn die Kinder den Monatsspruch oder Wochenspruch lernen und gemeinsam sagen und so zugleich den Schatz ihrer Sprüche mehren.

Den vielen, die eine ganz kurze Losung in ihren Tageslauf hineinnehmen möchten, kann neben dem bewährten und weit verbreiteten Losungsbüchlein der Brüdergemeinde in besonderer Weise das kleine, handliche Heftlein »Waffen des Wortes« (Eichenkreuz-Verlag, Kassel-Wilhelmshöhe) dienen, das für jeden Tag einen Spruch und einen Liedervers bietet, wenn es auch in erster Linie unsern Soldaten und Arbeitsmännern zugedacht ist. Wurm.

Am 17.7.1936 wurde Pfr. Georg Schneider, der Inhaber der 3.Pfarrstelle an der Stuttgarter Leonhardskirche, beurlaubt, da er »den Boden des biblisch-reformatorisch verstandenen Evangeliums verlassen« habe[11]*; die Vornahme von Amtshandlungen im Bereich der Württ. Landeskirche wurde ihm untersagt. Diese Art der Dienstenthebung, die dem Oberkirchenrat unter den damaligen Verhältnissen als die einzig mögliche Lösung erschien, hatte zur Folge, daß bis zu einer endgültigen Entscheidung durch ein kirchliches Gericht Pfr. Schneider weiterhin seine Dienstbezüge erhielt und nominell Inhaber der Pfarrstelle blieb, diese also nicht neu besetzt werden konnte. Dieser Zustand dauerte 10 Jahre bis nach dem Zweiten Weltkrieg; erst im Jahr 1947 wurde Pfr. Schneider aus dem Dienst der Landeskirche entlassen.*

Schon seit dem Beginn seiner Tätigkeit an der Leonhardskirche in Stuttgart im Jahr 1931 wurde die Eigenart und Initiative von Pfr. Schneider deutlich. Am 18.3.1937 verhandelte der Kirchengemeinderat der Leonhardskirche über den Vorschlag Schneiders, besondere Gottesdienste zur Vorbereitung des Abendmahls einzuführen. Im Kirchengemeinderat fanden des öftern Aussprachen statt über die Schriften, die Pfr. Schneider seit 1933 erscheinen ließ und die den theologischen Weg Schneiders erkennbar werden ließen.[12]

Am 5.2.1934 befaßte der Kirchengemeinderat sich mit der »Werbetätigkeit« von Pfr. Schneider; er wurde gebeten, um des Friedens willen seine Werbetätigkeiten zu unterlassen und die 2. Auflage seines Buches [»Deutsches Chri-

---

11 Siehe Bd. 4, S. 720–758.
12 Kirchengemeinderat der Evang. Leonhardsgemeinde Stuttgart, Protokollbuch (Archiv des 1. Evang. Pfarramts der Leonhardskirche Stuttgart).

stentum. Der Weg zur dritten Kirche«] bis auf weiteres zurückzustellen. *Daraufhin erklärte Pfr. Schneider in der nächsten Sitzung des Kirchengemeinderats, daß er sich über den Termin der Herausgabe der 2. Auflage seines Buches vom Kirchengemeinderat keine endgültigen Vorschriften machen lassen kann und will.*

Als im Jahr 1934 der Kirchengemeinderat der Leonhardsgemeinde des öfteren über den geistlichen Kommissar der Landeskirche sprach, fehlte Pfr. Schneider bei den Sitzungen.

Ende 1934 mußte der Kirchengemeinderat wiederum über Veröffentlichungen von Pfr. Schneider verhandeln; es wurde beschlossen, den Oberkirchenrat um eine Lösung zu bitten.

Am 1.1.1935 beschloß der Kirchengemeinderat, neben den von Pfr. Schneider gehaltenen Bibelstunden Parallel-Bibelstunden zu schaffen, denn die... Bibelstunden-Gemeinde würde zerflattern, wenn Pfr. Schneider... allein Bibelstunden halten würde. Damit gab es seit Anfang 1935 an der Leonhardskirche neben der landeskirchlichen Gemeinde praktisch eine Sondergemeinde von Pfr. Schneider; dies kam auch in der Konfirmationsfeier zum Ausdruck.

Nach der Beurlaubung von Pfr. Schneider im Sommer 1936 wurde Pfarrverweser Epting mit der Versehung der 3. Pfarrstelle an der Leonhardskirche beauftragt. Da Pfr. Schneider in seiner bisherigen Dienstwohnung verblieb, mußte für den Amtsverweser eine Mietwohnung beschafft werden. Mit Wirkung vom 16.8.1937 wurde Pfr. Epting die Pfarrei Schäftersheim übertragen, in der er aber nie Dienst tat; damit wurde Pfr. Epting in den ständigen Dienst der Landeskirche übernommen. Abgesehen von kriegsbedingten Stellvertretungen und Unterbrechungen war er bis zum Jahr 1946 mit der Versehung des 3. Pfarramts an der Leonhardskirche in Stuttgart beauftragt.

Pfarrer Epting hatte nun die Aufgabe, die Gemeindearbeit im 3. Bezirk der Leonhardskirche wieder in geordnete Bahnen zu lenken. In seinem Visitationsbericht vom 4.9.1941 schrieb Pfr. Epting[13]*:*

Der dritte Bezirk der Leonhardsgemeinde, den ich seit der Amtsenthebung von Stadtpfarrer Schneider (1.8.1936) zu versehen habe, ist innerhalb der Leonhardsgemeinde der größte und umfaßt nach der neuesten Zählung 4726 Glieder. Sozial ist er außerordentlich stark gemischt und enthält alle möglichen Verhältnisse von den Hinterhäusern der Gerberstraße bis zur Intelligenz in der Alexanderstraße!

Die besonderen pfarramtlichen Fragen und Schwierigkeiten, mit denen ich während der letzten Jahre zu tun hatte, sind wesentlich durch die Tätigkeit meines Amtsvorgängers bedingt gewesen. Da ich annehme, daß

---

13 OKR Stuttgart, Registratur, Ortsakten Stuttgart.

im Bericht vom Stadtpfarrer Lempp die grundsätzliche Bedeutung des Falles Schneider für die Leonhardsgemeinde dargestellt wird, bleibt mir vor allem die menschlich-persönliche Seite zu schildern. Als ich August 1936 den Bezirk übernahm, bildete er keine Einheit mehr, die sich an den zuständigen Geistlichen hielt, sondern zerfiel in mehrere Gruppen. Da waren zunächst die ganz entschiedenen Parteigänger Schneiders, die sich sofort aus dem Gemeindeleben zurückzogen und heute wohl geschlossen aus der Kirche ausgetreten sind. Für die meisten von ihnen ist die Schneidersche DC nur der Übergang zur rein politischen »Gottgläubigkeit« gewesen. Dann gab es die Gruppe derer, die Schneider nur persönlich verbunden waren. Von ihr haben viele den Weg zur Gemeinde zurückgefunden. Den kirchlich tragenden Teil des Bezirkes bildete die Schar derer, die sich aus grundsätzlicher Ablehnung der Schneiderschen Verkündigung von ihm abgemeldet und Bezirk I oder II angeschlossen hatten. Angesichts der jahrelang ungeklärten Lage ließen sie sich nicht sofort von dem eingesetzten Vertreter betreuen. Sie mußten Familie um Familie zurückgewonnen werden; eine ganze Reihe von ihnen arbeitet bis heute in den Helferkreisen I und II mit und fällt damit als »Stützpunkt« für die Arbeit im eigenen Bezirk aus. Endlich wäre, um die Zersplitterung vollständig vorzuführen, noch die Gruppe derer zu nennen, die sich zum Teil aus persönlichen Gründen, zum Teil wohl auch aus Neutralität in der entscheidenden Zeit zur Markuskirche hielten.

Was zwischen diesen Gruppen keine kirchliche Heimat hatte, war die mir zunächst anvertraute Gemeinde! Deshalb brauchte und braucht es verständlicherweise viel Zeit, um diesen zertrennten Bezirk wieder zu sammeln. Der Helferkreis mußte neu aufgebaut werden, da gut die Hälfte zur DC austraten. Denen, die an Schneiders persönlicher Art hingen, mußte unermüdlich klar gemacht werden, daß Person und Sache zu unterscheiden seien, daß es uns um seine Verkündigung gehe und nicht um seine »gewinnende Art« und seine »soziale Gesinnung«. Vor allem mußte es sich auch in der Konfirmandenjugend herumsprechen, daß der Unterricht des andern Pfarrers zum Aushalten sei, obwohl man bei ihm Fragen lernen müsse (es wird ein nicht zu schlagender Vorteil des DC-Unterrichtes sein, daß er keine Forderungen an die Jugend stellt!). Zwei äußere Umstände erschwerten zunächst meine Arbeit sehr stark: Der dem Bezirk zugeordnete Stadtmissionar hatte sich auch zur DC gehalten und mußte sich das Vertrauen des kirchlichen Teiles erst wieder gewinnen. So konnte er für die erste Übergangszeit gerade keine Hilfe sein. Andrerseits hinderte es nicht unerheblich, daß Schneider im Pfarrhaus der Gemeinde wohnen blieb und unbedenklich jederzeit Amtshandlungen annahm, die gar nicht für ihn bestimmt waren.

Bei dieser Lage versteht es sich von selbst, daß die kriegsbedingten Vertretungen (September 1939–1940 Stadtpfarrer i. R. Marquardt; Oktober 1940–April 1941 Epting, zugleich mit Schwaikheim beauftragt; April 1941–Juli 1941 Stadtpfarrer Lang) den Eindruck einer stetigen Betreuung nicht gestärkt haben. Meine Konfirmanden haben seit Frühjahr 1940 jetzt den 5. Wechsel des Unterrichtenden gehabt! So kann ich auch nicht beurteilen, ob in diesen fünf Jahren die Schäden der gemeindezerstörenden Wirksamkeit Schneiders in Leonhard III überwunden worden sind. Immerhin scheinen mir die Schwierigkeiten, mit denen ich es heute zu tun habe, ähnlich denen in andern Gemeinden zu liegen, wie ich bei den Vertretungen in Schwaikheim und Marbach beobachtet habe: Die Zahl der Kirchenaustritte von Beamten und Parteileuten ist sehr stattlich; die Jugend muß zum kirchlichen Unterricht herangeholt werden; mit den Männern der Gemeinde ist es schwer ins Gespräch zu kommen, seitdem die wirklich feine Ausmarschiertenarbeit unterbunden ist und anderes mehr.

Trotzdem möchte ich zusammenfassend feststellen: Der Kampf um die Verkündigung von Stadtpfarrer Schneider hat dem inneren Leben in diesem Bezirk sicher genützt und das Werden wirklicher Gemeinde gefördert. Es gibt doch manchen, dem es unter schweren Kämpfen aufgegangen ist, daß es beim Pfarrer nicht auf das Wie, sondern auf das Was seiner Verkündigung ankommt. Der Helferkreis hat mindestens anfangsweise gelernt, selbständig zu urteilen, mitzudenken und sich für die Gemeinde mitverantwortlich zu fühlen, gerade wenn der zuständige Pfarrer nicht da ist. Endlich ist der dritte Bezirk auch im Blick auf den Opferwillen derjenige, in dem gut die Hälfte der Beiträge für Gemeindezwecke überhaupt aufgebracht werden; die Opferfreudigkeit ist durch die Entwicklung der letzten Jahre beträchtlich gewachsen. Grundsätzlich muß hinzugefügt werden, daß besonders diese letzten Aussagen, aber auch der übrige Bericht unter der Voraussetzung von Kol. 3,3 b gilt: Euer Leben ist verborgen mit Christo in Gott.

Mit der Volkskirchenbewegung Deutsche Christen kam es immer wieder zu heftigen Auseinandersetzungen.[14] Da der Oberkirchenrat seit Sommer 1936 die Amtshandlungen der zur Volkskirchenbewegung Deutsche Christen gehörenden Pfarrer nicht mehr anerkannte und eine Antwort auf die Beschwerde der Volkskirchenbewegung vom 26.8.1936[15] noch nicht erfolgt war, schrieb Pfr. Schilling, Bad Liebenzell, im Dezember 1936 an den Oberkirchenrat[16]:

Der Evang. Oberkirchenrat in Stuttgart hat auf eine Beschwerde der Volkskirchenbewegung DC an den Ständigen Ausschuß des Landeskirchentags vom 26.8.1936 bis heute keine Antwort gegeben und eine Behandlung dieser Beschwerde in dem verfassungsmäßig dafür allein zuständigen Ständigen Ausschuß des Landeskirchentags zu verhindern gesucht.

Wir sehen in diesem Verhalten des Evang. Oberkirchenrats eine Verletzung der Kirchenverfassung.

Der Evang. Oberkirchenrat hat sein verfassungswidriges Verhalten unter Erlaß Nr. A 9445 vom 4.9.1936 an den Reichskirchenausschuß zu rechtfertigen versucht. Er begründet die Nichtbehandlung und Nichtbeachtung der Beschwerde der Volkskirchenbewegung DC damit, daß er in dem genannten Erlaß die Behauptung aufstellt, die Volkskirchenbewegung DC sei eine Organisation, welche nicht auf dem Boden der DEK oder der Württ. Landeskirche stehe. Einer solchen Organisation könne keine Legitimation zugebilligt werden, Beschwerden in rein kirchlichen Angelegenheiten zu erheben. Wir stellen zu dieser Behauptung des Oberkirchenrats, die der Reichskirchenausschuß sich zu eigen gemacht haben soll, Folgendes fest:

Wir erheben gegen die ungeheuerliche Behauptung des Evang. Oberkirchenrats, die Volkskirchenbewegung DC stehe nicht auf dem Boden der DEK oder der Württ. Landeskirche, feierlich Protest. Wir können

---

14 Vgl. in diesem Zusammenhang die Auseinandersetzungen um das Wort des Landesbischofs auf Neujahr 1937 (Bd.4, S.912–914); Nr.A 3359 vom 27.4.1937; Schreiben von Pfr.Schilling, Liebenzell, vom 4.1.1937 an den Landesbischof (LKA Stuttgart, D 1, Bd.70).

Im Jahr 1937 schlossen sich die verschiedenen deutsch-christlichen Gruppen in Deutschland zusammen zum Bund für Deutsches Christentum; vgl. die Aufrufe dieses Bundes »Deutscher evangelischer Pfarrer, bleib dir treu« und »Die neue Kirche im neuen Staat« vom Sommer 1937 (LKA Stuttgart, D 1, Bd.72 und 73).

15 Siehe Bd.4, S.717–719.

16 Erstes Schreiben vom 11.12.1936 (LKA Stuttgart, D 1, Bd.69,1); vgl. auch das Schreiben von Pfr. Schilling vom 14.12.1937 an den Landesbischof (LKA Stuttgart, D 1, Bd.69,1).

darin, daß der Reichskirchenausschuß sich diese Stellung des Württ. Oberkirchenrats angeeignet und sie gebilligt hat, keinerlei Legitimation dieser Behauptung erkennen. Eine rechtliche Bedeutung dieser Behauptung des Evang. Oberkirchenrats werden wir nie anerkennen.

Wir sprechen dieser Behauptung aber auch jede innere kirchliche Berechtigung ab, weil sie der Wahrheit widerspricht.

1. Erlaß Nr. A 9445 wirft der Volkskirchenbewegung vor, sie mache die Gotteskindschaft »zu einer Selbstverständlichkeit, die der nordische Mensch als solcher besitze«. Wir fordern vom Evang. Oberkirchenrat einen Beweis für seine Behauptung aus dem Schrifttum der Volkskirchenbewegung. Uns ist irgend eine Äußerung dieses Sinnes von einem unserer Mitglieder nicht bekannt. Der Evang. Oberkirchenrat hat uns eine Meinung untergeschoben, die wir nie vertreten haben oder vertreten.

Wir müssen gegen den Evang. Oberkirchenrat den Vorwurf der falschen Beschuldigung und der Verleumdung unserer Bewegung erheben, wenn unsere Forderung auf Beweis dieser Beschuldigung nicht erfüllt wird. Wir sind gerne bereit, unseren Vorwurf zurückzunehmen und uns als nicht auf dem Boden der DEK stehend behandeln zu lassen, wenn der Oberkirchenrat uns aufzeigt, der nordische Mensch besitze als solcher »vermöge seiner hohen rassischen Eigenschaften« (Stadtdekan Lempp) die Gotteskindschaft. Kann der Oberkirchenrat diesen Nachweis nicht erbringen – und wir DC wissen von einer solchen Lehre nichts –, so müssen wir den Vorwurf der Wahrheits- und damit auch der Bekenntnisverletzung durch den Evang. Oberkirchenrat sowie durch den Reichskirchenausschuß in feierlicher Weise erheben.

2. Es ist unzweifelhaft, daß zwischen uns und den Angehörigen der Bekenntnisgemeinschaft Unterschiede bestehen, Jesus zu sehen und darzubieten. Unsere Gedanken über die Bedeutung des Todes Jesu und über sein Mittlertum, unsere Vorstellungen von seiner Gottessohnschaft sind von denen der Bekenntnisfront verschieden. Wir bestreiten aber die These des Oberkirchenrats, »wir wüßten nichts von der Schwere der Schuld des Menschen«. Wir berufen uns für unsere Art Jesus zu sehen auf die Heilige Schrift. Das Johannes-Evangelium z. B. weiß nichts von einem Versöhnungstod Jesu und von der versöhnenden Wirkung seines Blutes. Es berichtet nichts vom Abendmahl, sondern rühmt das Blut Jesu in dem Sinne der Lebensgemeinschaft und Durchdringung des ganzen Menschen mit Gottes Willen und Gottes Kraft (Joh. 6. u. 15.). Andere Verfasser neutestamentlicher Schriften sehen Jesus anders. Wir schmähen sie deshalb nicht. Wir erkennen die Bedeutung des Apostels Paulus und verkennen

nicht, welche tiefe Wirkung seine Art, Jesus zu sehen, in der Kirchengeschichte ausgelöst hat. Wir lehnen aber die Erhebung der Paulinischen Theologie zum Gesetz der Kirche aus neu-testamentlichen Gründen ab. Wir werfen der Bekennenden Kirche vor, daß sie Bekehrung nicht als Bekehrung zu dem lebendigen Gott und zu seiner in Christus geoffenbarten Gnade predigt, sondern als Bekehrung zu den theologischen Ansichten des Apostels Paulus. (Vgl. Amtsblatt der Bayerischen Landeskirche: »zur Einheit der Kirche gibt es nur einen Weg: Bekehrung zu dem einen Evangelium von dem Christus, der da gestorben ist, für die Sünden nach der Schrift und begraben und auferstanden am dritten Tag nach der Schrift«.) Wir lassen jedem die Freiheit, Christus so zu sehen, wie Paulus im Korintherbrief. Aber wir fordern das biblische Recht, Jesus zu sehen als das Leben, als das Licht, als das Wort, als den Sohn, wie ihn Johannes sieht. Wir stellen fest, daß die Bekennende Kirche, in dem sie nur die Paulinische Art, Jesus zu sehen, als kirchlich anerkennen will, ein anderes Evangelium predigt, das Paulus selbst nicht kannte, ein Evangelium, das ins Gesetz der rechten Lehre und damit aus der Lebens- und Glaubensgemeinschaft mit Gott herausführt.

3. Der Erlaß des Oberkirchenrats beruft sich auf ein Schreiben des Herrn Landesbischofs an sämtliche Geistlichen vom 30.6.1936 Nr. A 7372[17], in dem »klar ausgesprochen gewesen sei, daß so verschiedene Arten, Jesus zu sehen und darzubieten, nicht in einer Kirche Raum haben können«. Wir ersuchen den Herrn Landesbischof, uns zu sagen, auf welche Aussage des Neuen Testament der Herr Landesbischof diese folgenschwere Feststellung gründen will. Wir stellen fest, daß weder das Neue Testament noch das Bekenntnis verschiedene Kirchen kennt. Die Schrift kennt nur den einen Leib Christi, in welchem die verschiedenen Glieder zu einem Lebensorganismus durch den lebendigen Gottesgeist zusammengefügt sind. Ausdrücklich stellt die Schrift fest, daß es in dem einen Leib Christi sehr verschiedene Gaben gibt (1. Kor. 3; Röm. 12; 1. Kor. 12; Synoptiker und Joh.). Sie weiß auch von den Spannungen, die zwischen den verschiedenen Gaben, Christus zu sehen und darzubieten, in der Gemeinde entstehen (1. Kor. 3, Acta 11 u. 15). Sie tritt drohenden Spaltungen mit aller Vollmacht der göttlichen Botschaft des Evangeliums entgegen. Der Herr Landesbischof kann sich für seine folgenschwere »klare« Feststellung vom 30.6.1936 auf kein Wort des Herrn berufen, im Gegenteil, hat er mit dieser Behauptung, verschiedene Arten Jesus zu

---

17 Siehe Bd. 4, S. 697–699.

sehen, hätten in einer Kirche keinen Raum, klaren Befehlen der Heiligen Schrift entgegen gehandelt. Wir sind zu der feierlichen Feststellung gezwungen: Der Herr Landesbischof hat damit den Boden des Bekenntnisses verlassen. Er hat sich in der Leitung der Kirche Befehle erteilen lassen und hat diese sogar noch als klar bezeichnet, die nicht von dem alleinigen Herrn der Kirche kommen. Wir sind gerne bereit, diesen Vorwurf zurückzunehmen und das Urteil des Herrn Landesbischof als richtig anzuerkennen, wenn er uns ein klares Wort des Herrn Christus nennt, daß es verschiedene Kirchen dadurch geben müsse, daß wir Christen den Herrn Christus verschieden sehen und darbieten. Wir betonen ausdrücklich: Es interessiert uns in dieser Frage keine theologische Ansicht und keine menschliche Meinung, auch nicht die Ansicht des Reichskirchenausschusses. Entscheidend ist allein das Wort und der Wille des Herrn. Solange der Herr Landesbischof uns ein solch klares Wort für seine Meinung nicht nennen kann, müssen wir unseren Vorwurf aufrecht erhalten, der Herr Landesbischof habe den Boden des Evangeliums verlassen und sei dem alleinigen Herrn der Kirche ungehorsam geworden. Wir können diesen Vorwurf erst dann zurücknehmen, wenn der Herr Landesbischof sich von dem fremden Willen, dem er am 30.6.1936 folgte, löst und sich zu dem Willen des alleinigen Herrn bekehrt.

4. Der Behauptung des Oberkirchenrats vom 4.9.1936 liegt eine Auffassung von der Kirche zugrunde, die Kirche vom Menschen her bauen will. Denn ausschlaggebend soll für die Zugehörigkeit zu einer Kirche ja nicht der Glaube an Jesus Christus sein, sondern die Art, wie ihre Glieder Jesus sehen oder darbieten. Damit ist ein Weg beschritten, der unvermeidlich zu einer Verherrlichung des Menschen und seines Bekenntnisses und seiner Gedanken über Gott führen muß. Dieser Weg kann vom Menschen nur unter Verletzung der Ehre des allmächtigen Gottes beschritten werden. Aus Gewissensgründen können wir dem Herrn Landesbischof und auch dem Reichskirchenausschuß auf diesem Weg nicht folgen, weil dies ein Weg gegen Gott ist, an dessen Willen wir allein gebunden sind (Dritte Bitte). Der Evang. Oberkirchenrat und der Herr Landesbischof verleugnen mit ihrer Haltung die göttliche Führung der Kirche und das Walten des Heiligen Geistes in der Evang. Kirche in den letzten zweihundert Jahren. Die von uns vertretenen theologischen Meinungen sind nicht neu. Zahlreiche namhafte Geistliche der Evang. Kirche, Dichter von Gesangbuchliedern haben vor uns Jesus mehr so gesehen wie Johannes und weniger so wie Paulus. Wenn der Herr Landesbischof eine evangelische Kirche bauen will, die, wie er sagt, frei ist von rationalistischer Verflachung des

Evangeliums, so fordern wir ihn um der Wahrheit willen auf, folgende Konsequenzen seiner Haltung zu ziehen, die unerbittlich nötig sind, wenn der Herr Landesbischof gerecht sein und ehrlich handeln will:

a) Der Herr Landesbischof hat nachträglich Lehrverfahren gegen alle verstorbenen Theologen des Rationalismus einzuleiten, damit die Gemeinde erfährt, wie sehr die rationalistische Verflachung des Evangeliums durch Jahrhunderte in der Evang. Kirche Eingang gefunden hatte. Es wäre ein Index solcher Schriften zu bilden, deren Verfasser den Herrn Jesus anders gesehen haben als der Apostel Paulus. Neben unseren Namen wären alle Namen aufzunehmen, die sich derselben »Verfälschung des Evangeliums« schuldig gemacht haben wie wir, von Gellert und Klopstock über Baur, Harnack, Tröltsch, Heitmüller, Weiß bis zu Theologen der Gegenwart, die heute auf Seite der Bekenntnisfront stehen.

b) Die Pensionen von Prälaten, Dekanen und Pfarrern, von welchen nachgewiesen wird, daß sie während ihrer Dienstzeit sich ebenfalls einer rationalistischen Verflachung des Evangeliums schuldig gemacht haben, sind zur Ehre Gottes und zum Heil der Kirche zu streichen. Ebenso ist mit den Witwen-Pensionen der Prälaten, Dekane und Pfarrer zu verfahren, von denen nachgewiesen wird, daß sie sich zu Lebzeiten so an der Kirche versündigt haben.

c) Es ist umgehend gegen alle 35 DC-Pfarrer ein Lehrverfahren wegen Irrlehre zu eröffnen.

d) Ebenso ist ein Lehrverfahren gegen sämtliche Pfarrer der Württ. Landeskirche zu eröffnen, welche früher Freunde der Gruppe 2[17a] gewesen sind. Denn das dürfte dem Herrn Landesbischof wie uns bekannt sein, daß sehr zahlreiche Geistliche, die heute aus Vorsicht bei der Bekenntnisgemeinschaft stehen, in ihrer Theologie bezüglich Versöhnungstod Jesu, wirkliche Gottessohnschaft Jesu und Mittlertum Jesu uns sehr nahe stehen, ja daß sogar Dekane der Bekenntnisfront unter sich sagen, wir hätten ja eigentlich recht. Der Herr Landesbischof wird mit uns darin einig gehen, daß eine Kirche, die mit zweierlei Maß mißt, den Herrn Christus verleugnet. Man kann heute im Herzen liberaler Theologe sein, ohne damit anzustoßen, wenn man nur mit seiner Meinung recht vorsichtig ist und sich zur Bekenntnisgemeinschaft hält. Wenn man aber seine Gewissensüberzeugung offen sagt, so wird man verleumdet. Eine Kirche, die einen solchen Zustand in ihrer Mitte duldet, muß unerbittlich dem göttlichen Gericht verfallen.

17a Die frühere Volkskirchliche Gruppe im Württ. Landeskirchentag.

6. Der Evang. Oberkirchenrat greift in dem Erlaß, mit dem er seine Meinung begründet, einige theologische Äußerungen unserer Kameraden Megerlin und Schneider aus dem Zusammenhang ihrer Schriften heraus. Er behauptet, mit diesen Äußerungen sei das Evangelium rationalistisch verflacht. Er will damit nachgewiesen haben, daß die ganze Volkskirchenbewegung nicht auf dem Boden der DEK stehe. Wir stehen in Treue und Kameradschaft zu unseren Kameraden Megerlin und Schneider und zwar um so fester, je mehr ihnen nach unserer Meinung vom Evang. Oberkirchenrat und vom Reichskirchenausschuß Unrecht geschieht. Wir stellen aber fest, daß die dem Oberkirchenrat besonders anstößigen Sätze reine Privatmeinungen unserer Freunde sind. Sie haben für die Volkskirchenbewegung keinerlei Bekenntnischarakter. Weder Gemeindegruppen noch DC-Pfarrer sind irgendwie auf diese theologischen Meinungen unserer Freunde festgelegt. Es ist eine leichtfertige Darstellung des Oberkirchenrats, den Reichskirchenausschuß und die Öffentlichkeit glauben machen zu wollen, die ganze Volkskirchenbewegung DC sei mit diesen theologischen Ansichten identisch. Wir fordern den Oberkirchenrat auf, zur Begründung seines Urteils nachzuweisen, durch welchen Beschluß der DC-Landesleitung oder des DC-Gaukirchentags unsere Bewegung auf diese vom Oberkirchenrat besonders beanstandeten Sätze unserer Freunde verpflichtet worden sein soll. Wir lehnen eine theologische Identität untereinander grundsätzlich ab; solange der Oberkirchenrat den geforderten Nachweis nicht bringen kann, sind wir gezwungen, gegen ihn den Vorwurf zu erheben, er habe durch Erlaß Nr. A 9445 vom 4.9.1936 in leichtfertiger ungerechtfertigter Weise ein Willkürurteil über die Volkskirchenbewegung DC abgegeben, welches wir aus Gründen der Wahrhaftigkeit niemals als richtig und evangeliumsgemäß anerkennen können.

7. Wir stellen allen Verleumdungen zum Trotz fest: Die Volkskirchenbewegung steht im Einklang mit Artikel 1 der Reichs- und Württ. Landeskirchenverfassung. Wir bekennen uns zu dem Werk Gottes, daß der Glaube an ihn und das Vertrauen auf seine Gnade und Kraft in uns wirke. Wir bekennen uns zu Jesus Christus, der uns Bürge und Offenbarer der Frohbotschaft von Gottes Herrschaft ist. Wir stellen fest, daß keiner unserer Freunde der Meinung ist, die Gotteskindschaft sei eine Selbstverständlichkeit, die der nordische Mensch als solcher kraft seiner hohen rassischen Eigenschaften besitze. Solche Behauptungen über uns sind Entstellungen, die der Wahrheit entbehren. Wir bekennen uns im Bewußtsein menschlicher Schranken dazu, daß alles Wissen von Gott und alles Erkennen von Gott Stückwerk ist (1. Kor. 13). Keiner unter uns hat eine Gottes-

erkenntnis, die alleinige Norm unserer Gemeinschaft sein könnte. Wir geben zu: Unsere Theologie ist Stückwerk. Wir fügen hinzu: Die Theologie der Bekenntniskirche ist ebenso Stückwerk. Auch die Theologien des Herrn Landesbischof und des Generalsuperintendenten Zoellner sind Stückwerk. Wir freuen uns, wenn durch die Stückwerkpredigt des Herrn Landesbischofs Volksgenossen gesegnet werden. Wir freuen uns aber ebenso, wenn durch die Stückwerkspredigt unserer DC-Pfarrer Menschen im Glauben an Gott gestärkt und zu ihm berufen werden. Wir DC halten untereinander brüderliche Gemeinschaft über alle Schranken unserer Arten, Jesus zu sehen, hinweg und erleben so in unserer Mitte Kirche Jesu Christi. Wir sind nach dem Willen des Herrn fleißig zu halten die Einigkeit im Geist durch das Band des Friedens.[18] Wenn einige unserer früheren Freunde um theologischer Meinungen willen diesem Willen des Herrn ungehorsam wurden und sich von uns trennten, so konnte das für uns keine Aufforderung zu demselben Ungehorsam sein. Unsere Gemeinschaft über alle theologischen Verschiedenheiten hinweg ist Gottes Werk und Gottes Wille. Wir können dem Herrn Landesbischof und dem Reichskirchenausschuß zulieb nicht Gott ungehorsam werden.

8. Der Evang. Oberkirchenrat beruft sich für seine Meinung darauf, daß der Reichskirchenausschuß mit ihm übereinstimme. Wir stellen fest, der Reichskirchenausschuß hat im Juli dem Gutachten einiger Professoren in seinen amtlichen Mitteilungen Nr. 2 vom 16. 7. 1936 ohne jede rechtliche Grundlage, ohne jede biblische Begründung plötzlich Bekenntnis-Charakter zugeschrieben. Nach diesem Gutachten soll nun eine Scheidung in der DEK durchgeführt werden. Ein Gutachten ist eine mehr oder weniger achtenswerte Privatäußerung ihrer Verfasser. Durch keine kirchliche Stelle oder Leitung kann einem solchen Gutachten irgendeine Lehrverbindlichkeit zugeschrieben werden. Das Gutachten kam außerdem unter Umständen zustande, durch welche der Reichskirchenausschuß das Recht verwirkt hat, fernerhin als kirchliche Leitung im geistlichen Sinne angesehen zu werden. Christus schreibt Matth. 18 vor, daß bei »Sündigen eines Bruders« eine Aussprache stattfinde, ehe ein Urteil über diesen Bruder in der Öffentlichkeit verkündigt wird. Acta 11 u. 15 weiß von brüderlichen Besprechungen beim Auftreten schwerer Meinungsverschiedenheiten in der Kirche. Demzufolge hatte der Reichskirchenausschuß die Pflicht, mit den Thüringer DC zu reden, ehe er irgend eine Maßnahme gegen sie traf. Der Reichskirchenausschuß gab auch das Versprechen zu

---

18 Eph. 4,3.

einer brüderlich-offenen Aussprache mit den Thüringern. Der Reichskirchenausschuß hat aber sein Wort nicht gehalten und ist damit dem Willen des Herrn ungehorsam gewesen. Das Gutachten gegen die Thüringer ist als unrecht zu bezeichnen, indem es den Thüringer DC Meinungen unterlegt, die diese nicht vertreten. Wir können diesem Gutachten keinerlei geistliche oder kirchliche Bedeutung oder gar rechtliche Gültigkeit zuerkennen. Wir sind zu der Feststellung gezwungen, daß wir im Reichskirchenausschuß seit Juli 1936 kein bekenntnismäßiges Kirchenregiment mehr sehen können.

9. Die Maßnahme des Reichskirchenausschusses sowohl [wie] die Maßnahme des Württ. Oberkirchenrats seit Juli 1936 widersprechen dem göttlichen Willen, dem klaren Zeugnis der Schrift und dem Gesetz zur Sicherung der Deutschen Evang. Kirche vom 24.9.1935. Denn alle diese Maßnahmen sind nichts anderes als Maßnahmen zur Auflösung der Deutschen Evang. Kirche unter kirchenbehördlicher Anordnung und unter Benützung der vom Staat den Kirchen übertragenen Vollmachten.

Auf Grund der vorstehenden Ausführungen erklären wir uns aus Gewissensgründen als nicht mehr in der Lage, im Württ. Evang. Oberkirchenrat und im Reichskirchenausschuß ein Kirchenregiment zu erblicken, das mit kirchlicher Autorität ausgestattet wäre.

Eine Abschrift dieses Schreibens geht an den Reichskirchenausschuß, an die Mitglieder des Ständigen Ausschusses des Landeskirchentags und an das Reichskirchenministerium.

Heil Hitler! Geschäftsführender Landesführer: Dix. Für das Theologische Amt der Volkskirchenbewegung DC: Stadtpfarrer Schilling.

In einem Erlaß vom 4.5.1937 nahm dann der Oberkirchenrat grundsätzlich Stellung zu dem Recht des Landesbischofs, über die Amtshandlungen der zur Volkskirchenbewegung Deutsche Christen gehörenden Pfarrer und damit über deren mit der Verfassung der Landeskirche nicht übereinstimmende theologische Haltung zu entscheiden [19]:

Verschiedene Angehörige der Volkskirchenbewegung DC haben seinerzeit beim Landeskirchenausschuß Beschwerde gegen die Erlasse des Oberkirchenrats vom 14. und 28.8.1936 Nr. A 8813 und 9446 eingelegt, die den württ. Geistlichen die Ausstellung von Erlaubnisscheinen zur Vornahme von Amtshandlungen (Dimissoriale) an Pfarrer der Volkskirchenbewegung DC (Richtung Schneider) untersagten. Bei der Beratung der

[19] Nr. A 4328, An sämtliche Dekanatämter; vgl. auch den Erlaß Nr. A 10442 vom 21.12.1937.

Beschwerden im Landeskirchenausschuß ist von zwei Mitgliedern des Landeskirchenausschusses eine Aufhebung der genannten Erlasse beantragt worden, ohne daß es übrigens zu einer förmlichen Beschlußfassung gekommen wäre. Der Landesbischof hat die Zuständigkeit des Landeskirchenausschusses zu einer Entscheidung im Sinne des Antrags nach § 38 Abs. 2 KV[20] verneint und festgestellt, daß es auch vom Standpunkt der obersten Kirchenleitung aus geboten sei, der die Gemeinden verwirrenden Werbung der Volkskirchenbewegung DC durch Vornahme von Amtshandlungen außerhalb ihres Amtsbereichs und der Zerstörung unserer kirchlichen Ordnung durch sie entgegenzutreten, indem ihnen die Erteilung eines Erlaubnisscheins versagt werde. Kraft des dem Kirchenpräsidenten nach § 31 KV zustehenden Rechts der obersten Leitung der Landeskirche bestimmt der Landesbischof, daß die Geistlichen nach wie vor Erlaubnisscheine zur Vornahme von Amtshandlungen außerhalb des Amtsbereichs an Pfarrer der Volkskirchenbewegung DC nicht erteilen dürfen. Bei Vorliegen naher verwandtschaftlicher Beziehungen zwischen den Beteiligten bleibt Vorlage an den Evang. Oberkirchenrat anheimgegeben. Wurm.

Für das Geläute bei Beerdigungen durch deutsch-christliche Pfarrer empfahl der Oberkirchenrat in einem Erlaß vom 28. 5. 1937 die Beachtung seelsorgerlicher Gesichtspunkte[21]*:*

Gemäß Erlaß Nr. A 1936 vom 3. 2. 1925 (Abl. 22, S. 12 ff.) ist das Grabgeläute ein Bestandteil der kirchlichen Begräbnisfeier und demgemäß eine kirchliche Angelegenheit. Es wird für die Regel gewährt bei der kirchlichen Beerdigung von Gliedern der Landeskirche (vgl. KGO § 27, Ziff. 2, Abs. 2). Über die Benützung der Kirchenglocken für diesen Zweck entscheidet unbeschadet des Aufsichtsrechts des Evang. Oberkirchenrats der Kirchengemeinderat, dem das Verfügungsrecht über die ortskirchlichen Einrichtungen zusteht (§ 27 KGO). Ziff. II, Absatz 2 des Erlasses vom 3. 2. 1925 bezieht sich zunächst auf solche, die einer andern christlichen Gemeinschaft angehören. Hier ist das Geläute zu versagen bei solchen, »die der evangelischen Kirche gegenüber eine ausgesprochen unfreundliche Haltung einnehmen«. Inwieweit dies im einzelnen Fall bei den DC zutrifft, hat der Kirchengemeinderat zu entscheiden. In allen Zweifelsfällen ist auf dem kürzesten Weg die Entschließung des Evang. Oberkirchen-

---

20 Recht der Beschwerde gegen Entscheidungen des Oberkirchenrats (nicht des Kirchenpräsidenten) an den Landeskirchenausschuß.
21 Nr. A 5113, An sämtliche Dekanatämter.

rats einzuholen, doch möchte der Oberkirchenrat eine rigorose Behandlung dieser Angelegenheit nicht befürworten. Wurm.

Bei der Jahresversammlung des Evang. Pfarrvereins in Württemberg am 31.3. 1937 in Stuttgart hielt der Landesbischof folgende Ansprache[22]:

Verehrte liebe Amtsbrüder!

In einer für unsere evang. Kirche besonders entscheidungsreichen Stunde entbiete ich Ihnen den Gruß der Kirchenleitung. Wie am 15. Februar der Entschluß des Führers, das evangelische Volk durch eine Wahl über die künftige Gestaltung der Kirche entscheiden zu lassen, bekannt geworden ist[23], sind allüberall in Nord und Süd, in West und Ost die Gemeinden in Bewegung geraten. Weithin ist das Gefühl vorhanden, daß diese Wahl entweder eine Periode unerquicklicher Kämpfe sowohl innerhalb der Kirche als auch zwischen Staat und Kirche beenden oder aber neue noch viel tiefer greifende Auseinandersetzungen hervorrufen wird.

Von ganzem Herzen wünschen wir, daß die zuerst erwähnte Möglichkeit verwirklicht wird. Denn der verkennt völlig die Sachlage, der sich der Meinung hingibt, als wäre es für Kirchenleitungen und Pfarrstand ein Vergnügen oder ein Bedürfnis, sich mit den politischen Kräften im Streit zu befinden und Angriffe in der Öffentlichkeit über sich ergehen zu lassen. Man wird nicht einen Fall anführen können, wo die evangelische Kirche ihrerseits auf ein ihr fremdes Gebiet übergegriffen hätte. Daß sie sich darum sorgt, daß die heranwachsende Jugend mit dem Evangelium und der christlichen Sitte und Überlieferung unseres Volkes vertraut bleibt, das kann kein Vergehen gegen den Staat sein, da ja der Führer bei der Machtergreifung ausdrücklich die Erziehungsaufgabe der christlichen Kirchen anerkannt hat.

Der ganze Kampf ist ja nur dadurch entstanden, daß in steigendem Maß innerhalb der politischen Bewegung sich Strömungen geltend gemacht haben, die auch die Verkündigung der Kirche von politischen Anschauungen abhängig machen und von ihrer Botschaft nur soviel zulassen wollen, als es Rosenberg in seinem bekannten Buch für möglich

---

22 KAW 1937, S.49f.; vgl. auch den Jahresbericht vom Vorsitzenden des Pfarrvereins, Pfr. Schnaufer; KAW 1937, S.50–53.
23 Siehe S.63.

erklärt.²⁴ Daß wir hiegegen uns mit allem Nachdruck wehren, ist unser gutes Recht und unsre Pflicht...

Zum neuen Jahr wandte der Landesbischof sich am 30.12.1937 An die Geistlichen der Landeskirche²⁵*:*
»Die Wege des Herrn sind eitel Güte und Wahrheit denen, die seinen Bund und Zeugnisse halten.« Mit diesem Psalmwort (Ps. 25,10) möchte ich euch, liebe Amtsbrüder, und die euch anbefohlenen Gemeinden grüßen. Es ist ein Wort getroster Zuversicht, geschöpft aus der Erfahrung derer, die auf Gottes Führungen achten, für die Gemeinde Jesu Christi tausendfach bestätigt durch die neutestamentliche Verkündigung und den Gang des Evangeliums durch die Welt. Je mehr wir uns mit der Erkenntnis durchdringen, daß auch die Wege, die der Herr mit unserer Kirche heute geht und die uns oft gar nicht gefallen wollen, Güte und Wahrheit sind, das heißt seinem guten und heiligen Willen entspringen und dienen, desto ruhiger können wir den Weg gehen, der uns durch den Gehorsam gegen Gottes Wort und die Verpflichtung gegen die Kirche der Reformation auferlegt ist. Dieser Weg ist heute ein dornenvoller; der Pfarrstand muß gerade in diesem Augenblick große Opfer bringen, und auch an die Gemeinde sind größere Anforderungen als bisher zu stellen. Die fortgesetzten Verdächtigungen unserer Staats- und Vaterlandstreue berühren uns schmerzlich besonders deshalb, weil sie in ununterrichteten Kreisen Verwirrung stiften. Wir wissen aber, daß in allen großen Entscheidungszeiten mit solchen Waffen gekämpft worden ist und daß solche Waffen sich auf die Dauer immer als stumpf erwiesen haben. Große Geisteskämpfe, wie sie heute auszutragen sind, werden auch nie durch äußere Maßnahmen entschieden, sondern durch die Macht der Wahrheit und die Hingabe und Bewährung derer, die sich für die Wahrheit einsetzen. Darum wollen wir uns an all den vielen Einzelheiten der besonders auch im Bereich unserer Landeskirche entstandenen Schwierigkeiten nicht aufhalten, sondern alle Kraft daran setzen, die uns geschenkte und anvertraute Wahrheit der christlichen Heilsbotschaft so kraftvoll und freudig,

---

24 Vgl. S. 692-697.
25 Nr. A 13 173; eigenhändiger Schreibmaschinenentwurf Wurms. Vgl. auch die auf Jahresschluß 1937 von Pfr. Dr. Scheuermann im Auftrag des Evang. Gemeindedienstes zusammengestellte Denkschrift »Der Stand der weltanschaulichen Auseinandersetzung« und die Denkschrift »Von der babylonischen Gefangenschaft der Kirche« (LKA Stuttgart, D 1, Bd. 73) sowie das Wort des Landesbischofs an die württ. Pfarrer vom 29.10.1937 (LKA Stuttgart, D 1, Bd. 73; vgl. Hermelink, Kirche im Kampf, S. 423-425).

wie es die Schrift uns am Beispiel der Apostel aufzeigt, vorzutragen. Unsere Gemeindeglieder sollen insbesondere auch bei den seelsorgerlichen Besuchen spüren, daß wir nicht von einem leidenschaftlichen Kampfgeist erfüllt sind, sondern jenen Frieden in uns tragen, den der Herr in der Abschiedsstunde seinen Jüngern verheißen hat, jenen Frieden, der höher ist denn alle Vernunft.[26] Unsere Jugend soll es in den Unterrichtsstunden merken, daß wir sie nicht mit unverstandenen Worten und Begriffen einer »vergangenen religiösen Epoche« plagen, sondern daß die Liebe zu ihr uns treibt, sie in die Herrlichkeit des unvergänglichen Evangeliums, der biblischen Gedankenwelt und der Geschichte der Gemeinde Jesu einzuführen. Wenn uns allerlei Böses angetan wird, so soll stets die Mahnung des Apostels vor uns stehen: Laß dich nicht vom Bösen überwinden, sondern überwinde das Böse mit Gutem.[27] So halten wir seinen Bund und seine Zeugnisse[28], und so können wir dahin kommen, daß wir eitel Güte und Wahrheit in seinen Wegen erblicken[29]. Der Herr sei mit uns allen! Amen.

Die Geistlichen sind ermächtigt, dieses Wort auch den Gemeinden bekanntzugeben. Wurm.

STAATLICHE MASSNAHMEN UND KIRCHLICHE REAKTIONEN

Einzelne Regelungen und einzelne Proteste

Mit einem Erlaß An sämtliche Pfarrämter *mußte der Oberkirchenrat am 10.3.1937 das Verbot des Reichsinnenministeriums weitergeben, Kirchenaustritte namentlich bekanntzumachen*[1]:

Nachstehender Erlaß des Reichs- und Preußischen Ministers des Innern wird hiemit den Pfarrämtern bekanntgegeben:

»Kirchenaustritte. Auf Grund der VO des Reichspräsidenten zum Schutz von Volk und Staat vom 28.2.1933 wird im Einvernehmen mit dem Reichs- und Preußischen Minister für die kirchlichen Angelegenheiten jede öffentliche Bekanntgabe der Namen von Personen, die aus der Kirche ausgetreten sind, verboten. Insbesondere ist es danach untersagt,

---

26 Phil. 4,7.
27 Röm. 12,21.
28 Vgl. 5. Mose 6,17.
29 Ps. 25,10.
1 Nr. A 2421 (Runderlaß des Reichs- und Preußischen Ministers des Innern vom 18.2.1937); vgl. KJb., S. 194–196.

die Namen solcher Personen von der Kanzel herab zu verlesen. Zuwiderhandlungen werden nach der VO vom 28.2.1933 mit Gefängnis nicht unter einem Monat oder mit Geldstrafe von RM 150.- bis zu RM 15000.- bestraft.«

Die Verordnung des Reichspräsidenten zum Schutz von Volk und Staat vom 28.2.1933 ist seinerzeit »zur Abwehr kommunistischer staatsgefährdender Gewaltakte« erlassen worden.   I.V. Müller.

Die Bauabteilung des Württ. Finanzministeriums teilte am 2.11.1937 mit Erlaß Nr. XI B 10787 dem Oberkirchenrat mit, daß in staatlichen Pfarrhäusern keine neuen Räumlichkeiten für kirchliche Zwecke mehr geschaffen werden dürfen[2]*:*

Der Herr Reichsstatthalter hat angeordnet, daß künftighin bauliche Änderungen an staatlichen Pfarrhäusern sowie an sonstigen staatlichen Gebäuden, die den Kirchen zur Benützung überlassen sind, vorläufig nur noch insoweit zugelassen werden dürfen, als dadurch keine neuen Räumlichkeiten für kirchliche Zwecke geschaffen werden. Auch hat bis auf weiteres jede Veräußerung, Verpachtung und Vermietung von staatlichen Gebäuden und Grundstücken an die beiden Kirchen zu unterbleiben.

Ich bin daher hienach nicht mehr in der Lage, die beantragten oder schon vorgelegten Planungen für den Einbau von Gemeindesälen in staatlichen Pfarrhäusern weiterzubehandeln. Soweit schon solche Einbauten im Gang sind, werden sie zu Ende geführt werden. Auch kann ich den Verkauf der Pfarrhäuser in Hengen und Ernsbach an die dortigen Kirchengemeinden sowie den Verkauf des Forstamtsgebäudes in Urach an die Kirchengemeinde Urach bis auf weiteres nicht weiter verfolgen.
   I.V. Daiber.

Auch nachdem der Württ. Kultminister die Schloßkirche in Stuttgart der Volkskirchenbewegung Deutsche Christen zur Verfügung gestellt hatte, versuchte der Oberkirchenrat, diese Entscheidung rückgängig zu machen. Auf eine Eingabe vom 30.3.1937 schrieb der Reichskirchenminister am 21.4.1937 an den Oberkirchenrat[3]*:*

Die Maßnahmen der Württ. Regierung dienen dazu, einem Teil der evangelischen Bevölkerung die Freiheit für ihr kirchliches und gottes-

---

2 Nr. A 11248/37 vom 3.2.1938. Der Oberkirchenrat bat bei der Mitteilung dieses Erlasses an die Dekanatämter, die Kirchengemeinden, bei denen die Beschaffung eines eigenen Gemeinderaumes dringlich ist, sollten prüfen, ob sie ein geeignetes Gelände aus Privatbesitz ankaufen oder auf eigenem Grund und Boden einen Gemeindesaal erbauen können.
3 Nr. A 4449.

dienstliches Leben sicherzustellen. Sie stellen keinen Eingriff in Lehre und Verkündigung der Kirche dar. Lehre und Verkündigung der Kirche können ungestört weitergehen, und die kirchliche Versorgung der Gemeindeglieder wird durch die Maßnahmen der Staatsregierung in keiner Weise beeinträchtigt. Sie ist lediglich durch die agitatorische Behandlung gestört worden, die die Pfarrerschaft unter Billigung des Oberkirchenrats dem Falle hat angedeihen lassen und durch die die Sache auf die Ebene des politischen Machtkampfes gegen die Württ. Staatsregierung geschoben worden ist. Diese Form der Politisierung der Kirche macht eine Zurücknahme der vom Oberkirchenrat abgelehnten Maßnahmen erst recht unmöglich. Sie läßt im übrigen die Behauptungen der Kirchenbehörden, sie verfolgten keine politischen Ziele, unglaubwürdig erscheinen und muß der Kirche je länger je mehr schaden.

Wenn der Oberkirchenrat durch einseitige Bekanntgabe amtlicher Schreiben an die Pfarrämter die Gemeinden beunruhigt, so muß ich das im Interesse der Württembergischen Staatsregierung und im Interesse der Bevölkerung auf das schärfste rügen. Nachdem es aber geschehen ist, ersuche ich zwecks Richtigstellung abschließend auch dieses mein Schreiben gleichen Orts bekanntzugeben. Kerrl.

Daraufhin legte der Oberkirchenrat am 27.4.1937 in einem Schreiben an den Reichskirchenminister noch einmal den Standpunkt der Kirchenleitung dar[4]:

Den Bescheid, der uns auf die verschiedenen Eingaben betreffend die Auslieferung von Kirchengebäuden in Württemberg an die Volkskirchenbewegung DC erteilt worden ist, werden wir sehr gerne unsern Pfarrämtern und Gemeinden bekanntgeben, da er die vom Oberkirchenrat, vom Stadtdekanat Stuttgart und von Kirchengemeinderäten vorgebrachten Prosteste voll zu rechtfertigen geeignet ist. Wir bedauern nur insofern, diese Stellungnahme des Herrn Ministers bekanntgeben zu müssen, als dadurch das Vertrauen der kirchlich gesinnten Bevölkerung zu einer sachlichen und gerechten Behandlung der kirchlichen Fragen, das durch den Führererlaß vom 15. Februar eine sichtliche Stärkung erfahren hatte, aufs neue erschüttert wird.

Der Herr Minister steht auf dem Standpunkt, daß das Vorgehen der

---

4 Nr. A 4449, eigenhändiger Schreibmaschinenentwurf Wurms; den Dekanatämtern zur Kenntnisnahme und Bekanntgabe an die Pfarrer mitgeteilt. Das Schreiben des Stadtdekanatamts Stuttgart an das Kultministerium siehe LKA Stuttgart, D 1, Bd. 69,1. Vgl. auch das Schreiben des Oberkirchenrats an das Reichskirchenministerium Nr. A 838 vom 30.3.1937.

Württ. Regierung keinen Eingriff in Lehre und Verkündigung der Kirche darstelle. Wir erlauben uns, darauf hinzuweisen, daß die Gründe, die die Württ. Kirchenleitung zu ihrem Einschreiten gegen Stadtpfarrer Schneider und zu ihrer Stellungnahme zu der sogenannten Volkskirchenbewegung DC veranlaßt haben, lediglich auf dem Gebiet der Lehre und Ordnung der Kirche liegen. Nur weil Stadtpfarrer Schneider in seinen Schriften biblische Grundwahrheiten geleugnet und die Kirche deshalb, weil sie das Wort Christi und der Apostel als maßgebende Grundlage ihrer Verkündigung festhält, in unerhört verletzender und herabwürdigender Weise angegriffen hat, ist gegen ihn eingeschritten worden. Stadtpfarrer Schneider und seiner Bewegung ist die Schloßkirche, die als die erste für den evangelischen Gottesdienst in der Reformationszeit erbaute Kirche und als Predigtstätte hervorragender Kirchenmänner dem evangelischen Volk besonders teuer ist, eingeräumt worden, um ihm zu ermöglichen, seine Meinungen in der Kirche als kirchliche Verkündigung zu propagieren. Diese Tatsache und die seither erfolgte Überlassung weiterer gottesdienstlicher Räume wie z. B. die als Ausbildungsstätte den evangelischen Theologiestudierenden dienende Schloßkirche in Tübingen ist in der evangelischen Bevölkerung nicht anders aufgefaßt worden als eine Erklärung der Regierung, daß sie im Gegensatz zu der Kirchenleitung die Lehrmeinungen des Stadtpfarrers Schneider als mit der Lehre der Evang. Landeskirche vereinbar halte. Damit hat die Regierung eine Entscheidung in Sachen des Glaubens und der Lehre gefällt und sich, wie der Reichskirchenausschuß mit Recht in seinem Schreiben vom 4. November festgestellt hat, in Widerspruch zu dem Erlaß des Stellvertreters des Führers vom 14. 11. 1935 und zu vielen feierlichen Erklärungen von Staat und Partei gestellt.

Der Herr Minister ist der Auffassung, daß die Maßnahmen der Wütt. Regierung dazu dienen sollen, einem Teil der evangelischen Bevölkerung die Freiheit für ihr kirchliches und gottesdienstliches Leben sicherzustellen. Wie schon der Landesbischof in seinem Schreiben an den Herrn Reichsstatthalter vom 22. 10. 1936[5] betont hat, bestreitet die Württ. Kirchenleitung dem Staat nicht das Recht, andere Religionsgemeinschaften als die, die auf dem Boden des reformatorischen Bekenntnisses stehen, so zu fördern, wie er es im Blick auf allgemeine Bedürfnisse für angemessen hält; aber dagegen muß sie Einsprache erheben, daß diese Förderung auf Kosten der Landeskirche erfolgt durch Abzüge von den Staatsleistungen

---

5 Siehe Bd. 4, S. 750–752.

und durch Überlassung von kirchlichen Räumen, die dem landeskirchlichen Gottesdienst geweiht und gewidmet sind.

Wenn es in dem Schreiben weiter heißt, daß Lehre und Verkündigung der Kirche ungestört weitergehen und die kirchliche Versorgung der Gemeindeglieder durch die Maßnahmen der Staatsregierung in keiner Weise beeinträchtigt werde, so können wir auch diesen Satz nicht unwidersprochen lassen. Die Entscheidung der Württ. Regierung hat selbstverständlich der Agitation der Volkskirchenbewegung Auftrieb gegeben, und die damit verbundene Aufhetzung von Volksgenossen gegen Lehre und Ordnung der Kirche schafft vielfach Unruhe, wenn es auch überall nur ein kleiner Prozentsatz der evanglischen Bevölkerung ist, der sich gewinnen läßt. Der Kampf gegen die Evang. Landeskirche hat zweifellos durch die Maßnahmen der Württ. Staatsregierung eine staatliche Approbation erhalten, was in Veröffentlichungen der Volkskirchenbewegung DC ausdrücklich bezeugt wird. Daß auch die kirchliche Versorgung der durch die Wegnahme der Schloßkirche betroffenen Stiftskirchengemeinde, die diese Kirche regelmäßig zu Gottesdiensten und kirchlichen Amtshandlungen benützt hat, beeinträchtigt ist, läßt sich nicht leugnen; vollends aber würde die Wegnahme der Garnisonskirche, die Ende dieses Jahres erfolgen soll, eine 4000 Seelen zählende Gemeinde ihres Gotteshauses berauben und eine schwere Störung der kirchlichen Ordnung und Versorgung in Stuttgart herbeiführen. Es müßte geradezu als eine juristische Ungeheuerlichkeit bezeichnet werden, wenn der zwischen Staat und Gesamtkirchengemeinde Stuttgart auf 30 Jahre abgeschlossene Vertrag über die Einräumung der Garnisonskirche, der nur bei Benötigung dieser Kirche für Landeszwecke gekündigt werden kann, tatsächlich als aufgehoben betrachtet würde. Welcher Landeszweck soll durch Übergabe einer größeren Gemeindekirche an eine separatistische Bewegung gefördert werden?

Der Herr Minister erhebt den Vorwurf, daß durch eine agitatorische Behandlung von seiten der Pfarrerschaft die ganze Angelegenheit auf das Gebiet des politischen Machtkampfes geschoben worden sei. Es hat wahrhaftig nicht an Anstrengungen gefehlt, durch mündliche Besprechungen und durch schriftliche Vorstellungen die Staatsregierung von diesem verhängnisvollen Schritt zurückzuhalten; nachdem sie vergeblich waren, mußte die tiefe Erregung der Gemeinde einen Ausdruck finden. Daß dies in würdigster Weise geschehen ist, beweist ein Bericht des Stadtdekanatamts an das Württ. Kultministerium vom 28. Oktober[6], der in Abschrift

---

6 Siehe Bd. 4, S. 754 f.

beiliegt und von jeder politischen Note frei ist. Wir müssen uns darüber wundern, daß im selben Augenblick der Vorwurf der Politisierung der Kirche erhoben wird, wo einer so ausgesprochen politisch orientierten und ihre Abhängigkeit von politischen Instanzen offen rühmenden Richtung wie der Volkskirchenbewegung DC staatliche Unterstützung gewährt wird, und daß die Abwehr der Politisierung der Kirche als ein politischer Akt gewertet wird. Noch größeres Erstaunen freilich muß es hervorrufen, daß die notgedrungene Verwahrung einer Kirchenleitung gegen so schwere Eingriffe in Recht und Ordnung der Kirche, wie sie in Württemberg vorgekommen sind, zum Anlaß genommen wird, ihr politische Ziele zu unterstellen. Wir hätten gerne angenommen, daß von einer hohen amtlichen Stelle diese verrostete Waffe, die die DC seit vier Jahren erfolglos geschwungen haben, nicht in die Hand genommen würde. Sie wird in den jetzigen Auseinandersetzungen sich ebenso untauglich erweisen wie in früheren. Die Gegenwehr der Württ. Kirchenleitung gegen die Übergriffe und Rechtsbrüche des Systems Müller – Jäger im Jahre 1934, dem damals staatliche Stellen auch ihre Unterstützung geliehen haben, ist nachträglich als völlig gerechtfertigtes kirchliches Handeln erwiesen worden; der Landesbischof erinnert sich auch, im Kirchenministerium über die damaligen Vorgänge sehr scharfe Urteile gehört zu haben. Wir sind völlig gewiß, daß diese Rechtfertigung uns auch im vorliegenden Fall früher oder später zuteil werden wird.

Wir geben dieses Schreiben gleichzeitig mit dem Schreiben des Herrn Ministers bekannt; ebenso lassen wir es dem Stellvertreter des Führers, dem Herrn Reichsstatthalter und dem Herrn Ministerpräsidenten zugehen.
Wurm.

Über die Verteilung von Flugblättern bei Gottesdiensten auf Friedhöfen am Totensonntag teilte der Rat der Evang.-Luth. Kirche am 5.11.1937 mit[7]:

Bekanntlich ist im vorigen Jahr in nicht wenigen Fällen die Verteilung von Flugblättern auf Friedhöfen am Totensonntag auf Grund nicht mehr bekannt gewordener Verbotsbestimmungen staatspolizeilich verhindert worden. Es ist damit zu rechnen, daß auch in diesem Jahr die Verteilung von Flugblättern auch rein geistlichen Inhalts behindert werden wird. Ob dies allerdings in allen Fällen geschehen wird oder ob nur in den Fällen, in denen etwa bei örtlich vorhandenen scharfen Kontroversen zwischen Blättern deutsch-christlichen, deutschgläubigen und andererseits be-

---

[7] LKA Stuttgart, D 1, Bd. 73. Der Oberkirchenrat empfahl wegen dieser Schwierigkeiten, die Flugblätter in der Kirche aufzulegen (Nr. A 11308 vom 10.11.1937).

kenntnismäßigen Inhalts eingegriffen werden soll, läßt sich noch nicht absehen. Es sind, soviel wir wissen, etwa 3 Flugblätter schon angezeigt, nämlich (1) ein Flugblatt des Evang. Preßverbandes in Berlin; (2) ein Flugblatt des Evang. Pfarrervereins (Seyler, Westfalen); (3) ein Flugblatt der Berliner Stadtmission. Ferner erstrebt die Deutsche Evang. Kirche ein Flugblatt, welches unter der Verantwortung des Professors Lic. Ellwein im Wichern-Verlag in Berlin-Spandau als Bildblatt erscheinen würde. Das letztere ist noch nicht fertig.

Nach den Anordnungen des Herrn Präsidenten der Reichspressekammer vom 13. 12. 1933 und 12. 8. 1937 ist die Aufforderung zum Pflichtbezug eines Flugblattes unzulässig. Auf der anderen Seite könnte der Fall eintreten, daß nur das von der Deutschen Evang. Kirche hinauszugebende Flugblatt staatspolizeilich genehmigt würde. Wir sind mit der Klärung der hier in Betracht kommenden Fragen noch befaßt und werden uns bemühen, zunächst über den Inhalt des von der DEK geplanten Flugblattes Genaueres zu erfahren. Breit.

Wegen einer Morgenfeier am 26. Dezember, die entgegen der Ankündigung von einem Mitglied der Reichsbewegung Deutsche Christen gehalten wurde, protestierte der Oberkirchenrat am 28.12.1937 bei Intendanten des Reichssenders Stuttgart, Dr. Bofinger[8]*:*

Am 2. Christfeiertag, Sonntag 26. Dezember dieses Jahres, hatte das Programm des Reichssenders Stuttgart eine evang. Morgenfeier angekündigt, bei der Landesbischof D. Kühlewein, Karlsruhe, der Leiter der Badischen Landeskirche, die Ansprache übernommen hatte. Tatsächlich wurde jedoch die Ansprache nicht von Landesbischof D. Kühlewein gehalten, sondern von einem Stuttgarter Redner, der, wie schon aus dem Inhalt seiner Ansprache sich ergab, auch wenn sein Name nicht genannt wurde, der »nationalkirchlichen« Bewegung zugerechnet werden mußte. Nachträglich konnte festgestellt werden, daß der Redner Studienassessor (Religionslehrer) Grüninger aus Stuttgart war.

Schon der Ersatz des im Programm bekanntgegebenen, über Baden hinaus bekannten und geschätzten Landesbischofs unsrer Badischen Nachbarkirche durch einen jungen ehemaligen Geistlichen der Württ. Landeskirche, der nicht mehr im Kirchendienst steht, war, wie aus zahlreichen Anfragen und Beschwerden, die bei uns einkommen, zu entnehmen ist, eine peinliche Überraschung und ein schlechter Dienst für die

---

8 Nr. A 13095; den Dekanatämtern zur mündlichen Bekanntgabe an die Pfarrämter und zur Unterrichtung der Kirchengemeinderäte am 31.12.1937 mitgeteilt.

vielen Rundfunkhörer. Vollends aber muß es bedauert und verurteilt werden, daß die Sendeleitung sich nicht einmal veranlaßt gefühlt hat, die Programmänderung und den Wechsel des Redners vor, oder wie es üblich ist, nach der Feier im Rundfunk bekannt zu geben. Dadurch wurden die Hörer, gewollt oder ungewollt, auf dem Glauben gelassen, daß der Badische Landesbischof der Redner und damit verantwortlich sei für das, was als christliche Weihnachtsbotschaft in dieser Morgenfeier weitergegeben wurde. Diese Irreführung der Öffentlichkeit ist umso schwerwiegender, als bekanntlich die kirchlichen Morgenfeiern des Stuttgarter Senders besonders auch im benachbarten deutschen Elsaß und in der Schweiz viel gehört und beachtet werden.

Gegen dieses Verhalten der Sendeleitung, das in weitesten Kreisen Befremden und Empörung hervorrufen muß, müssen wir schärfsten Protest erheben. Wir glauben nicht, daß dieses Vorgehen von Ihnen, Herr Intendant, gedeckt oder gebilligt wird. Wir sind genötigt, unsere Pfarrämter und Gemeinden, die schon jetzt, besonders über die Fernhaltung der Landesbischöfe vom Rundfunk, beunruhigt sind, alsbald über den Sachverhalt aufzuklären, möchten jedoch vorher Sie um Ihre Äußerung bitten; auch wäre es uns wertvoll zu erfahren, welche Stelle seit Jahren in einer völlig parteiischen Weise über die religiösen Rundfunksendungen verfügt.

Wurm.

Der Vervielfältigungsapparat des Evang. Oberkirchenrats wurde im Herbst 1937 zeitweilig außerhalb des Dienstgebäudes, wohl beim Evang. Gemeindedienst, verwendet; das Gerät wurde deshalb von der Geheimen Staatspolizei vorläufig beschlagnahmt. Der Landesbischof schrieb deshalb am 15.11.1937 an die Geheime Staatspolizei, Staatspolizeileitstelle Stuttgart[9]:

Nachdem ich mich seit letzten Samstag über die Vorgänge, die mit der Unterbringung des Vervielfältigungsapparates außerhalb des Dienstgebäudes des Oberkirchenrats zusammenhängen, habe unterrichten lassen, habe ich angeordnet, daß der Apparat wieder in das Dienstgebäude zu verbringen ist.

Grundsätzlich habe ich noch Folgendes zu erklären: Eine etwaige Beschlagnahme des Apparates müßte ich als einen ungerechtfertigten Eingriff in den Dienstbetrieb des Oberkirchenrats bezeichnen und hievon auch den Pfarrämtern Kenntnis geben. Die Ursache der Haussuchung am letzten Freitag und Samstag war das Bekanntwerden eines Erlasses einer

---

9 LKA Stuttgart, D 1, Bd. 73.

politischen Formation[10], der von dem Christentum als einer »uns fremden Weltanschauung« spricht und eine gegen die christlichen Kirchen gerichtete Feiergestaltung am Sonntag Vormittag anstrebt. Nun bekennt sich aber nicht bloß die NSDAP in § 24 ihres Programms zu dem positiven Christentum, sondern der Führer hat in der Erklärung bei der Übernahme der Regierung ausdrücklich die beiden christlichen Konfessionen ohne Einschränkung als Träger des Christentums im deutschen Volk und Staat anerkannt. Die in § 24 des Parteiprogramms ausgesprochene Bezugnahme auf das germanische Sittlichkeitsempfinden kann sich also nicht gegen die Lehre der christlichen Kirchen richten. Solange der § 24 des Parteiprogramms und die feierlichen Erklärungen bei der Machtübernahme nicht zurückgezogen sind, handelt also staatsfeindlich nicht derjenige, der für die Erhaltung des Christentums in unserem Volk eintritt, sondern derjenige, der es bekämpft und seine Auswirkung zu verhindern sucht. Eine kirchliche Behörde, die sich gegen Anschläge auf das Christentum wendet, kann also deshalb nicht zur Verantwortung gezogen werden. Ein polizeiliches oder gerichtliches Vorgehen sollte sich vielmehr gegen diejenigen richten, die christlichen Glauben und christliche Sitte verächtlich machen, wie es leider in letzter Zeit mehrfach in voller Öffentlichkeit geschehen ist.

Die bei der Haussuchung mitgenommenen Akten, die mit der Angelegenheit gar nichts zu tun haben, bitte ich umgehend zurückgeben zu wollen.   Wurm.

Wegen der im Herbst 1937 ausgebrochenen Maul- und Klauenseuche ordnete der Oberkirchenrat am 19.11.1937 Beschränkungen für die kirchlichen Veranstaltungen an[11]:

Es ist für die Kirchenleitung ein selbstverständliches Anliegen, auch ihrerseits nach Kräften zur Sicherstellung der Ernährung unseres Volkes und zur Verhütung unabsehbarer volkswirtschaftlicher Schäden beizutragen. Erfreulicherweise ist die Maul- und Klauenseuche in Württemberg nur in ganz wenigen Orten aufgetreten. Um einer Verbreitung der Seuche vorzubeugen, wird in Ergänzung und Wiederholung früherer Bestimmungen im Einvernehmen mit den staatlichen Stellen Folgendes angeordnet:

1. Im Sperrbezirk (Seuchenorte) fallen über die Zeit der Sperre sämtliche kirchlichen Veranstaltungen aus.

---

10 Es handelte sich um die Vervielfältigung von Richtlinien der Obersten SA-Führung über Feiergestaltung in der SA; siehe S. 676 f. Vgl. Nr. A 359 vom 9.2.1938.
11 Nr. A 11780, Erlaß an sämtliche Pfarrämter.

2. Ebenso im Beobachtungsgebiet (Nachbarorte), sofern es die Seuchenpolizei für notwendig erachtet.

3. Im 15 km Schutzgebiet und 14 weiteren nachbenannten Kreisen können bis auf weiteres nur die rein örtlichen kirchlichen Veranstaltungen stattfinden. Die Abhaltung von Bezirksveranstaltungen ist untersagt. Es handelt sich um die politischen Kreise Mergentheim, Crailsheim, Öhringen, Hall, Heilbronn, Backnang, Vaihingen/Enz, Ludwigsburg, Waiblingen, Leonberg, Esslingen, Böblingen, Calw, Freudenstadt; und um die Gemeinden Botnang, Degerloch, Hedelfingen, Kaltental, Hofen, Mühlhausen, Münster, Heumaden, Rohracker, Sillenbuch, Uhlbach. Der Herr Landesbischof hat seinen in diesen Kreisen bzw. Gemeinden in Aussicht genommenen Besuch bereits abgesagt. Die Dekanatämter werden angewiesen, auf die genaue Einhaltung vorstehender Bestimmungen zu achten. Zugleich wird der Erlaß vom 8.11.1937 Nr. A 11348 in Erinnerung gebracht. I. V. Müller.

Trotz der Anordnung des Oberkirchenrats vom 19. November richtete die Presse Angriffe gegen die Kirche. Das Evang. Dekanatamt Ludwigsburg mußte sich deshalb am 8.12.1937 in einer Mitteilung an die Pfarrämter des Kirchenbezirks Ludwigsburg gegen solche Pressemitteilungen zur Wehr setzen. [12]

In einzelnen Gemeinden kam es zu schweren Auseinandersetzungen wegen der durch evangelische Schwestern betreuten Krankenpflegestationen. Aus Auenstein-Abstatt berichtete das Evang. Pfarramt am 5.5.1938 dem Oberkirchenrat[13]:

Am 1. August werden es 10 Jahre, daß der Krankenpflegeverein Auenstein-Abstatt gegründet und zu seiner Betreuung eine Haller Diakonisse eingesetzt wurde. Seine Mitgliederzahl betrug am 1.1.1938: 330, seine Vermögensverhältnisse sind geordnet, der Dienst der jeweiligen Diakonisse wurde von der Gemeinde immer gerne in Anspruch genommen. Vorstand des Vereins ist der jeweilige Ortspfarrer; der kirchliche Charakter des Vereins ist einwandfrei in den Satzungen festgelegt. Den Dienst an den Kranken versahen in den letzten 10 Jahren die folgenden Haller Diakonissen: Berta Kötzle 1928–1932, Marie Schanz 1932–1935, Luise Griesinger 1935–1938, und seit 14.4.1938 Rösle Hannemann.

12 LKA Stuttgart, D 1, Bd. 73.
13 LKA Stuttgart, D 1, Bd. 77; vom Oberkirchenrat am 10.5.1938 den Dekanatämtern zur Kenntnisnahme mitgeteilt. Die Beilage befindet sich nicht mehr bei den Akten.

Die seitherige segensreiche Arbeit des kirchlichen Krankenpflegevereins Auenstein-Abstatt wurde nun aber plötzlich durch die Eingriffe des Ortsgruppenleiters der NSDAP in Auenstein, Wilhelm Rosenberger, gestört. Als Schwester Luise Griesinger durch ihr Mutterhaus auf 1. April noch Rottweil versetzt und an ihre Stelle Schwester Rösle Hannemann nach Auenstein beordert wurde, versuchte Herr Rosenberger zuerst, den Schwesternwechsel beim Mutterhaus rückgängig zu machen, wozu sich aber das Mutterhaus Hall nicht entschließen konnte. Darauf versuchte er, den Ortspfarrer in einem Gespräch unter vier Augen durch Drohungen zu bestimmen, den Vorsitz des Krankenpflegevereins niederzulegen und die Satzungen dahin zu ändern, daß der Verein seinen kirchlichen Charakter verliere, was aber der Ortspfarrer unter Hinweis auf seine Amtspflichten und die Verantwortung gegenüber seiner kirchlichen Aufsichtsbehörde ablehnen mußte. Unter anderem führte Herr Rosenberger aus: Verträge, Statuten, Paragraphen und Erlasse seien Fetzen Papier, wenn die Partei es anders wolle. Der Kampf gegen unsern kirchlichen Krankenpflegeverein müsse geführt werden, wenn nicht fair, dann eben unfair. Das Vermögen des Krankenpflegevereins (RM 800.–) könne ja auch beschlagnahmt werden, wenn nicht nachgegeben werde; er müsse bloß mit Rücksicht auf die Reichstagswahl des 10. April noch etwas zuwarten usw.

Als aber Herr Rosenberger sah, daß er mit diesen Drohungen nichts ausrichte, ging er am Ostersamstag, den 16. April, mit Gewalt gegen den Ortspfarrer vor. Er »setzte« ihn im Auftrag des Herrn Kreisleiters Drauz von Heilbronn »wegen politischer Unzuverlässigkeit« als Vorstand des Krankenpflegevereins Auenstein-Abstatt »ab«, verbot ihm jede weitere Amtstätigkeit und verlangte die Auslieferung der Bücher und des Vermögens des Vereins bis zum Ostermontagabend (vgl. Beilage). Der Evang. Oberkirchenrat, dem der Ortspfarrer von diesem Ansinnen Bericht erstattete, ließ jedoch Herrn Rosenberger mitteilen, daß jener seiner kirchlichen Behörde für seine Amtsführung als Vorsitzender des Krankenpflegevereins verantwortlich sei und innerhalb der bestehenden gesetzlichen Bestimmungen nur von kirchlichen Stellen Weisung entgegenzunehmen habe, was Herr Rosenberger zur Kenntnis nahm.

Was den Vorwurf der politischen Unzuverlässigkeit betrifft, so muß ich Folgendes feststellen: Es handelt sich dabei lediglich um den Eid bzw. das Gelöbnis, das der Herr Reichserziehungsminister im Jahr 1937 für die Geistlichen als Religionslehrer angeordnet hatte und das ich zusammen mit 700 andern württ. Pfarrern wegen der durch Herrn Ministerpräsident Mergenthaler getroffenen Bestimmungen über den Inhalt des Religionsunterrichts nicht ablegen konnte. Wie diese Angelegenheit von seiten der NSDAP beurteilt wird, mag daraus hervorgehen, daß den Pfarrern, die Parteigenossen sind und dieses Gelöbnis nicht ablegen konnten, der ehrenvolle Abschied aus der Partei gewährt wurde. Ich muß daher den gegen mich erhobenen Vorwurf der politischen Unzuverlässigkeit aufs entschiedenste zurückweisen.

Als Herr Rosenberger nun auch den zweiten Versuch, den Krankenpflegeverein Auenstein-Abstatt in seine Hände zu bekommen, fehlschlagen sah, trug er den Kampf in die Gemeinde hinein. Von den bisherigen Vorgängen hatten auf beiden Seiten nur wenige Kenntnis. Dies wurde in dem Augenblick anders, als bei der Feier von Führers Geburtstag die seitherige Diakonisse Luise Griesinger den Parteigenossen als künftige »einzige Gemeindeschwester« vorgestellt wurde. Diese hatte nämlich der Versetzung durch ihr Mutterhaus keine Folge geleistet, sondern vielmehr ihren Dienst in Hall gekündigt, hatte aber zunächst die Gemeinde verlassen. Nun kam sie wieder in die Gemeinde, um im Auftrag des Ortsgruppenleiters als NS-Schwester ihr seitheriges Mutterhaus Hall und ihre seitherige Haller Mitschwester Rösle Hannemann, die am 1. April ihren Dienst aufgenommen hatte, aus Auenstein hinauszudrängen. Darin mußte die Gemeinde einen Verstoß gegen die guten Sitten sehen, und es ist kein Wunder, daß die Schwester auch in den Augen vieler, denen sie vorher allerlei Hilfeleistungen erwiesen hatte, ein großes Maß an Achtung und Ansehen verlor. Es ist weder einer Diakonisse noch einer NS-Schwester würdig, gegen die einfachsten Regeln des Anstandes in dieser Weise zu verstoßen. Da ihre Nachfolgerin eine außerordentlich tüchtige Pflegerin ist und sich in den wenigen Wochen ihres Wirkens das Vertrauen der Gemeinde erworben hat, fällt der Vergleich nur noch mehr zu ungunsten der NS-Schwester aus.

Durch alle diese Erwägungen und Bedenken, die die Gemeindeglieder bewegten, war eine große Unruhe in der Gemeinde entstanden. Diese wuchs noch, als bekannt wurde, es sei für den 23. April eine Versammlung geplant, bei der über das weitere Schicksal des Krankenpflegevereins Beschluß gefaßt werden solle. Zu dieser Versammlung wurde teils durch Handzettel, teils mündlich eingeladen. Ich selber wurde übergangen: Der älteste Parteigenosse von Helfenberg (einem Teilort von Auenstein), Gemeinderat und Kirchengemeinderat Otto Bauer, der entschloßen war, ein Wort für unsern kirchlichen Krankenpflegeverein zu sagen, wurde vor Beginn der Versammlung hinausgebeten und gefragt, ob er eine Einladung erhalten habe. Als er dies wahrheitsgemäß verneinte und darauf hinwies, die Versammlung sei doch schon am 20. April als Ortsgruppenversammlung angekündigt worden, bedeutete man ihm, er möge sich die Erlaubnis zur Teilnahme beim Ortsgruppenleiter einholen, worauf er aber den Saal verließ.

In der Versammlung selber teilte der Ortsgruppenleiter mit, es werde ein neuer Krankenpflegeverein gegründet, er befehle den Parteigenossen, in diesen Verein einzutreten und aus dem seitherigen Verein auszutreten; wer nicht unterschreibe, werde »innerhalb 24 Stunden dem Kreisleiter gemeldet«. Um die ganze Versammlung einzuschüchtern, drohte er: Es sind Kanonen aufgestellt; es wird auch geschossen, wenn die Sache nicht klappt; aber ich hoffe, daß es nicht nötig ist. Ferner behauptete er, innerhalb zweimal 24 Stunden müsse die Haller Diakonisse die Gemeinde verlassen. Wenn die Sache nicht so schlagartig vor sich gehe, könnten die kirchlichen Behörden einen Prozeß anstrengen und bis vors Reichsgericht treiben. Im übrigen sollen die Anwesenden dafür sorgen, daß das Vermögen des seitherigen Krankenpflegevereins nicht vertan werde.

Am Sonntagmorgen (24. April) gingen nun des weiteren die politischen Leiter von Haus zu Haus, um die Gemeindeglieder zum Unterschreiben zu veranlassen. Schon vor dem Gottesdienst und während des Gottesdienstes wurden die einzelnen bearbeitet. Man sagte den Leuten, der seitherige Krankenpflegeverein habe sich aufgelöst, die Haller Schwester werde nach 24 Stunden nicht mehr im Ort sein, sie müßten schnell machen, bevor der Pfarrer komme. Es wurde gebeten, gedroht, überrumpelt; die Frau zur Unterschrift veranlaßt, solange der Mann im Stall war; vor einer Erklärung, um was es gehe, die Unterschrift verlangt. Ich bin nun schon 5 ½ Jahre Pfarrer in Auenstein, aber ich habe in dieser ganzen Zeit noch nie einen solchen Sturm in der Gemeinde erlebt. Die Frauen machten den Männern Vorwürfe und umgekehrt, Verwandte und Nachbarn gerieten aneinander; in ihrer Gewissensnot kamen und schickten manche zu mir, sie hätten unterschrieben, aber man habe ihnen nicht die Wahrheit gesagt. Tagelang gab es überhaupt kein anderes Gesprächsthema als den Krankenpflegeverein und was damit zusammenhängt. Nicht wenige machten mir den Vorwurf, ich hätte am Tag vorher eine Aufklärungsversammlung abhalten sollen, damit man beide Seiten gehört hätte. Doch habe ich nach reiflicher Überlegung darauf verzichtet. Ich wußte ja von der Erregung in der Gemeinde; es hätte mit Unruhen gerechnet werden müssen, wenn die Leute in der Versammlung des 23. April Widerpart gehalten hätten. Ich habe nichts unternommen, damit es vor aller Augen klar sein sollte, wer den Kampf eröffnet, wer die Unruhe gestiftet hatte.

Mit den oben geschilderten Methoden ist es Herrn Rosenberger gelungen, von den 330 Mitgliedern etwa 150 abwendig zu machen. Es sind aber bereits wieder eine ganze Anzahl von Mitgliedern zurückgekehrt, so daß wir bereits wieder über 200 Mitglieder haben. Da ihnen nicht die Wahrheit gesagt worden ist, erklären viele ihre Unterschrift für nichtig, und unsere Diakonisse ist nach wie vor voll beschäftigt.

Nun setzt der Kampf um die einzelnen Familien von neuem ein. Ein Geschäftsmann, der nur gezwungenermaßen seinen Austritt aus unserem kirchlichen Krankenpflegeverein erklärt hat und wieder zurückkehren wollte, wurde erneut vom Ortsgruppenleiter selber mit Boykott der Partei bedroht. Wer irgendwie in abhängiger Stellung ist, hat Bedrückung zu gewärtigen. Aber alle, die die geschilderten Methoden des Vorgehens gegen eine blühende Arbeit, die seither zur vollen Zufriedenheit der ganzen Gemeinde getan wurde, verurteilen und ablehnen, halten zu unserem kirchlichen Krankenpflegeverein. Ohne daß ein Wort davon gesprochen wurde, haben sich einzelne Gemeindeglieder zur Zahlung eines erhöhten Mitgliederbeitrags bereit erklärt und ansehnliche Spenden in Aussicht gestellt. Sie bedauern es tief, daß durch solche Gewaltakte die Volksgemeinschaft gestört worden ist. Sie wehren sich dagegen, daß der Ortsgruppenleiter ihre Zustimmung zu seinem Vorgehen gegen den kirchlichen Krankenpflegeverein und den Pfarrer unter Hinweis auf ihre Treuepflicht gegen den Führer zu erpressen versucht. (Er hat schon am 20. April ausgesprochen, nun wolle er sehen, wer seinen Eid auf den Führer wirklich halten werde.) Außerdem ist es für sie unverständlich, daß nun die öffentliche Hand beträchtliche Zuschüsse zu dem neuen Krankenpflegeverein, dem »Gemeindekrankenpflegeverein«, gewährt, während der kirchliche Krankenpflegeverein sich bisher selber getragen hat und von den bürgerlichen Gemeinden Auenstein und Abstatt im ganzen Jahr nur je RM 75.– Beitrag erhalten hat. Des weiteren ist es ihnen unverständlich, wie angesichts des großen Mangels an Pflegepersonal in Deutschland in einer Gemeinde mit insgesamt 1500 Seelen zwei Schwestern tätig sein sollen, während andere Gemeinden überhaupt keine Schwester erhalten können. Es ist zwar jetzt noch keine Station für den »Gemeindekrankenpflegeverein« errichtet; es sind noch keine Möbel für die Schwester beschafft; es sind noch keine Krankenpflegemittel (Charlottenkasten) für sie vorhanden. Da die »Gemeindeschwester« zugleich mit ihrer Kündigung am 1. April den Gehorsam gegen ihr Mutterhaus verweigert und ohne Einhaltung einer Kündigungsfrist aus ihrem Mutterhaus ausgeschieden ist, sind wohl auch die rechtlichen Verhältnisse ihrer Anstellung in Auenstein und ihrer

Zugehörigkeit zur NS-Schwesternschaft noch nicht geklärt. Doch sei dem wie ihm wolle: Durch die Gewaltakte des Ortsgruppenleiters und das unwürdige Vorgehen der »Gemeindeschwester« Luise Griesinger sind alle rechtlich Denkenden abgestoßen worden. Sie könnten es nicht verstehen, wenn durch eine Verewigung des gegenwärtigen Zustandes das Ansehen der Partei und der deutschen Schwesternschaft so aufs Spiel gesetzt würde.

Als der Ortsgruppenleiter feststellen mußte, daß aus diesen Gründen sogar Parteigenossen, die in den neuen Verein eingetreten waren, den Dienst der Diakonisse in Anspruch nehmen, versuchte er, die letztere auf die Familien zu beschränken, die ihren Austritt aus dem kirchlichen Krankenpflegeverein nicht erklärt haben. Doch lehnte sie dieses Ansinnen ab mit der Begründung, sie werde ihren Dienst niemand versagen, der sie darum bitte.

Von den persönlichen Beleidigungen und Verunglimpfungen, die meine Frau und ich erfahren mußten, will ich schweigen. Wir haben darauf verzichtet, gerichtlich gegen die Verleumder vorzugehen, um die Unruhe in der Gemeinde von unserer Seite nicht noch zu vermehren. Wir haben auch darauf verzichtet, Anzeige gegen den oder die zu erstatten, die in der Nacht zum 1. Mai auf dem Birnbaum im Pfarrgarten, der vor unserem Schlafzimmerfenster steht, den jüdischen Sechsstern, mit einer Sichel und einem roten Tuchfetzen verziert, angebracht haben. Wir sind arischer Abstammung und haben noch nie mit Juden Geschäfte gemacht. Ebensowenig haben wir je mit dem Kommunismus zu tun gehabt. Unsere Gemeinde weiß, daß wir seit Jahr und Tag wie keine andere Familie im Ort unsere Pflicht gegen Volk und Kirche erfüllt haben, und wir sind entschlossen, sie auch weiterhin nach besten Kräften zu tun.

Pfarrer Berner.

Über die weitere Entwicklung in Auenstein-Abstatt liegt noch ein Bericht des Evang. Pfarramts vom 18.7.1938 vor[14]*:*

In einer Ortsgruppenversammlung der Ortsgruppe Auenstein-Abstatt der NSDAP am 16. Juli dieses Jahres kam der Ortsgruppenleiter Wilhelm Rosenberger erneut auf den Kampf um die Schwesternstation zu sprechen. Nachdem er Mitgliedsbücher und -karten ausgeteilt hatte, erinnerte er die Pg. an ihren Eid auf den Führer, der sie dazu verpflichte, in der Schwesternsache unbedingt auf seiten der Partei zu stehen. Danach

---

14 LKA Stuttgart, D 1, Bd. 77.

erklärte er, was er jetzt sage, bedeute einen gewissen Vorgriff, aber er müsse darauf zu sprechen kommen: Wenn das Vorständle (des kirchlichen Krankenpflegevereins, der Ortspfarrer) nicht pariere, dann werde man zu einer Demonstration vor dem betreffenden Haus schreiten; er selber werde vorausgehen; und dann forderte er die Anwesenden auf, ihre Bereitwilligkeit zur Beteiligung an dieser Demonstration durch Erheben von ihren Plätzen zum Ausdruck zu bringen. Er begnügte sich jedoch nicht damit, von seinem Platz aus zu beobachten, wer wirklich aufgestanden war, sondern ging an den einzelnen Tischen entlang, um dies genau festzustellen. Wie der Amtsdiener von Auenstein, Gottlob Assenheimer, nach der Versammlung einem Teilnehmer sagte, sei über diese Aktion gegen den Ortspfarrer bereits die Heilbronner SS unterrichtet. Er berief sich für diese Behauptung auf seinen 19jährigen Sohn Karl, der Mitglied der SS ist und der ihm davon erzählt habe.

Da der Ortsgruppenleiter der NSDAP in Auenstein wiederholt schon damit gedroht hat, er schlage in Auenstein noch ein paar tot (vgl. meinen Bericht vom 9. Juni dieses Jahres), ist mit ernsten Verwicklungen in der Gemeinde zu rechnen. Im Fall einer Demonstration der Partei vor dem Pfarrhaus wollen sich die Bauern mit Mistgabeln bewaffnen, und was dann geschieht, läßt sich nicht übersehen. Ich selber fürchte mich nicht und bin bereit, alle aus meiner Haltung im Kampf um die Auensteiner Diakonissenstation sich ergebenden Folgen für mich und meine Familie zu tragen. Aber ich bitte den Oberkirchenrat, alles zu tun, was in seinen Kräften steht, um ein Unglück in Auenstein zu verhüten.

Es ist nicht bloß meine persönliche Befürchtung, daß der Kampf um die Diakonissenstation künftig mit brachialer Gewalt geführt wird, sondern diese Befürchtung wird von weiten Kreisen der Gemeinde geteilt. Nicht weniger als 5 Beleidigungsklagen sind durch den Schwesternkampf bei den Gerichten anhängig geworden. (Gegen die NS-Schwester Luise Griesinger wurde ein Strafbefehl von RM 40.– erlassen.) Aber der Ortsgruppenleiter hat daran noch nicht genug. Er will geradezu Tumulte. Er hat es in der Versammlung des 16. Juli selber ausgesprochen, es sei ihm viel zu ruhig geworden; je stürmischer es in der Gemeinde zugehe, desto lieber sei es ihm. Nachdem er sein Ziel, die Diakonisse aus der Gemeinde hinauszudrängen, weder auf gesetzlichem Weg noch mit den Mitteln des persönlichen Drucks durch die Partei erreicht hat, scheut er sich auch vor einem Landfriedensbruch nicht, um seinen Willen durchzusetzen. Es geht ihm gar nicht mehr um die Versehung des Krankenpflegedienstes in unserer Gemeinde, sondern um die Zerstörung der Diakonissenanstalt um jeden Preis. Da aber die Gemeinde trotz allen Terrors entschlossen ist, die Diakonissenstation festzuhalten (nicht einmal ein Drittel der früheren Mitglieder des Krankenpflegevereins steht hinter dem Ortsgruppenleiter), wird erst dann die Ruhe wieder einkehren, wenn die NS-Schwester Luise Griesinger aus der Gemeinde abberufen und der Ortsgruppenleiter in die Schranken gewiesen wird. Wenn die Ruhe unter Vermeidung von Gewalttaten wieder hergestellt wird, so ist damit unserer ganzen Gemeinde ein großer Dienst getan. Berner.

Das Erscheinungsfest war in Württemberg nach einer Verordnung über den Schutz kirchlicher Feiertage vom 24.6.1935[15] *ein staatlich geschützter kirchlicher Feiertag. Da dieser Schutz Ende 1937 in Frage gestellt schien, gab der Oberkirchenrat am 7.12.1937 vorsorglich Anweisung für die Feier des Erscheinungsfestes am 6. Januar 1938*[16]:

Obwohl bis jetzt noch nicht feststeht, ob das Erscheinungsfest 1938 in Württemberg staatlicherseits wie im Vorjahr als schulfreier und für Behörden dienstfreier Tag behandelt wird, wird das Erscheinungsfest, das in der Evang. Landeskirche in Württemberg seit dem Jahr 1553 als kirchlicher Feiertag begangen wird und mehr und mehr der kirchliche »Tag der Heidenmission« geworden ist, nach bisheriger Ordnung als kirchlicher Feiertag allgemein durch Gottesdienste begangen, zu denen die Gemeindeglieder und die Jugend durch Kanzelverkündigung einzuladen sind. Das Fest wird am Vorabend eingeläutet. Im Blick auf die teilweise Einschränkung der Arbeitsruhe sind Nachmittagsgottesdienste, wo solche üblich sind, auf den Abend (etwa 8 Uhr) zu verlegen und können auch als Gemeindevortrag über die Heidenmission gestaltet werden. Der Hauptgottesdienst soll wie bisher vormittags stattfinden; nur wo seiner Abhaltung am Vormittag ganz besondere Schwierigkeiten entgegenstehen, kann er nach Anhörung des Kirchengemeinderats ausnahmsweise auf den Abend verlegt werden. Eine besondere »Handreichung« für die Gestaltung der Gottesdienste wird den Pfarrämtern durch die Dienststellen der Basler Mission zugehen.[17]

---

15 Vgl. Nr. A 6648 vom 1.7.1935; vgl. auch KAW 1937, S. 164 und 181.
16 Nr. A 12203. Am 22.12.1937 konnte dann mit Erlaß Nr. A 12962 mitgeteilt werden, daß der Feiertagsschutz für das Erscheinungsfest erhalten blieb. Vgl. auch den Erlaß Nr. A 14478 vom 18.12.1936 für das Erscheinungsfest 1937.
17 Den Pfarrämtern ging ein Bericht des Kamerunmissionsvereins über die Mission in Kamerun zu.

Das Opfer am Erscheinungsfest kommt nach alter Übung dem Werk der Basler Mission in unsern früheren Kolonien Kamerun und Togo zugute, in denen die Missionsarbeit in erfreulichem Fortschreiten begriffen ist. Ein Teil des Opfers wird wie bisher der Deutschen ärztlichen Mission zugewandt werden. Der Ertrag des Opfers ist unverzüglich an die Bezirkssammelstellen und von diesen gesammelt an die Kasse des Evang. Oberkirchenrats (Postscheckkonto 9050) einzusenden.

I. V. Mayer-List.

Die Staatsleistungen

Wegen der Kürzung der Staatsleistungen an die Evang. Landeskirche in den Jahren 1934 und 1935 legte der Oberkirchenrat im März 1935 Rechtsbeschwerde beim Württ. Verwaltungsgerichtshof ein. Über die Zurückweisung dieser Rechtsbeschwerde gab der Oberkirchenrat am 12.10.1936 bekannt[18]:

1. Wie bekannt, sind die Staatsleistungen an die Evang. Kirche für Besoldungs- und Versorgungsbezüge der Pfarrer im Rechnungsjahr 1934 um rund RM 300000.–, im Rechnungsjahr 1935 um weitere rund RM 500000.– gekürzt worden. Gegen die letztere Kürzung hat der Oberkirchenrat im März 1935 Rechtsbeschwerde beim Verwaltungsgerichtshof eingelegt. Dieser hat seine Entscheidung am 4.9.1936 gefällt und die Rechtsbeschwerde zurückgewiesen...[19]

Bei allen dem öffentlichen Recht angehörigen Leistungen ist... bei Meinungsverschiedenheiten zunächst zu prüfen, ob der Leistungsempfänger einen Anspruch, ein sogenanntes subjektives Recht auf die Leistung besitzt. Nur für diese Fälle ist die Rechtsbeschwerde an den Verwaltungsgerichtshof zugelassen. Demgemäß hatte auf die vom Oberkirchenrat eingelegte Rechtsbeschwerde der Verwaltungsgerichtshof in erster Linie zu prüfen, ob der Kirche auf die Staatsleistungen im ganzen ein subjektives Recht in dem angegebenen Sinn zustehe. Nur diese Frage hat der Verwaltungsgerichtshof in seinem Urteil vom 4.9.1936 rechtskräftig entschieden und im allgemeinen (abgesehen von gewissen besonderen Rechtstiteln) verneint...[20]

3. Da der Verwaltungsgerichtshof die oben in Ziff. 1 erwähnte Frage verneint hat, hatte er über den Umfang der Rechtspflicht des Staats zu

18 Nr. A 11015; Amtsblatt Bd. 27, S. 11 ff.
19 Hier folgt ein Absatz über den Unterschied von öffentlichem und privatem Recht.
20 Hier folgen Auszüge aus der Urteilsbegründung.

Leistungen für die Kirche gar nicht zu entscheiden. Er hat dies auch nicht getan. Im Urteil ist vorausgesetzt, daß die maßgebenden Rechtsgrundlagen in § 63 Abs. 3 Satz 2 der Württ. Verfassung[21] und Art. 173 der Reichsverfassung[22] nach wie vor in Geltung sind und für den Staat rechtliche Verpflichtungen begründen. Auch Einzelfragen, deren Entscheidung für die Beantwortung der angegebenen Frage nicht erforderlich war, ließ der Verwaltungsgerichtshof unentschieden... Sehr zu beachten ist jedoch das Anerkenntnis des Verwaltungsgerichtshofs, daß bei Auslegung der Worte »nach den bisher geltenden Bestimmungen« zugunsten des kirchlichen Standpunkts ins Gewicht falle, daß nach der Vorschrift des § 63 Abs. 3 Satz 2 »die Bedürfnisse der Kirchen den Maßstab für die Staatsleistungen bilden sollten, womit eine Beschränkung dieser Leistungen etwa auf sogenannte Pflichtleistungen oder kraft besonderen Rechtstitels dem Staat obliegende Leistungen nicht wohl vereinbar wäre.

4. Zusammenfassend ist zu sagen, daß nach vorstehendem Urteil die Evang. Landeskirche zwar kein subjektives, das heißt bei einer gerichtlichen Instanz einklagbares Recht auf Leistungen des Staats zur Deckung ihrer Bedürfnisse besitzt. Wohl aber besteht auch nach der Auffassung des Verwaltungsgerichtshofs eine auf die Einziehung des Kirchenguts[23] zurückgehende, von der Württ. Landesverfassung anerkannte Verpflichtung, die auch von keiner Württ. Staatsregierung in Abrede gestellt wor-

21 Verfassung des Volksstaates Württemberg vom September 1919, § 63:
  (1) Als Abfindung ihrer Vermögensansprüche an den Staat erhalten die Evangelische und die Katholische Kirche eine unveränderliche Geldrente. Die Renten sind unter Berücksichtigung der Mitgliederzahl beider Kirchen nach ihren bestehenden Bedürfnissen zu bemessen. Streitigkeiten über die festgesetzten Renten entscheidet der Verwaltungsgerichtshof.
  (2) Die Gebäude und Grundstücke des Staates, die derzeit kirchlichen Zwecken dienen, werden in das Eigentum der Kirchen übertragen.
  (3) Ein Gesetz regelt das Nähere. Bis zu dessen Inkrafttreten werden die Bedürfnisse beider Kirchen nach den bisher geltenden Bestimmungen aus der Staatskasse bestritten.
  (4) Diese Bestimmungen gelten unter dem Vorbehalt einer abweichenden gesetzlichen Regelung durch das Reich.
22 Verfassung des Deutschen Reichs vom Jahr 1919, § 173:
  Bis zum Erlaß eines Reichsgesetzes gemäß Artikel 138 bleiben die bisherigen auf Gesetz, Vertrag oder besonderen Rechtstiteln beruhenden Staatsleistungen an die Religionsgesellschaften bestehen.
23 Das Kirchengut der Kirche des Herzogtums Württemberg wurde im Jahr 1806 mit dem Staatsvermögen vereinigt; der König übernahm deshalb auch die Pflichten des alten Kirchenguts auf den Staat. Auf diese Einziehung des Kirchenguts gehen die Leistungen des württ. Staats an die Landeskirche zurück, die sich in der Hauptsache auf Beiträge zur Besoldung der Pfarrer und auf die Baulast an Pfarrhäusern beziehen.

den ist, daß die Bedürfnisse der evang. Kirche nach den bisher geltenden Bestimmungen aus der Staatskasse bestritten werden. I. V. Müller.

Auf Bitte des Oberkirchenrats erstattete Prof. Dr. Liermann, Erlangen, am 26.4.1937 ein ausführliches Gutachten zu der Entscheidung des Württ. Verwaltungsgerichtshofs. Er bejahte zwar im Gegensatz zum Urteil des Verwaltungsgerichtshofs ein der Landeskirche erwachsenes Gewohnheitsrecht auf die Leistungen des Staates, sah aber bei der Entscheidung über die Höhe des an die Kirche zu leistenden Betrags einen großen Ermessungsspielraum für den Staat. In einer Stellungnahme zu dem Gutachten von Prof. Dr. Liermann kam Rechtsanwalt Dr. Natter, Stuttgart, in einem Schreiben vom 15.5.1937 an Direktor Dr. Müller zu demselben Schluß[24]*:*

Das Gutachten des Kirchenrechtslehrers Liermann, das ich wieder anschließe, habe ich mit großem Interesse gelesen. Es behandelt die im Urteil des Verwaltungsgerichtshofs vom 4. 9. 1936 entschiedene Frage von einer höheren Warte aus und kommt auf anderem Wege zu demselben Ergebnis wie ich, nämlich daß sich in Württemberg ein Gewohnheitsrecht für die Leistungen des Staats an die Kirche gebildet hatte, das bis 1918 dauernd in Geltung war. Dieser Rechtszustand ist durch Art. 173 RV aufrecht erhalten worden. Abgesehen von den besonderen Verhältnissen in Württemberg, vgl. hiezu auch Senatspräsident i. R. Dr. Seeger in »Württ. Zeitung« 1937, S. 101 ff., wird dieses Gewohnheitsrecht aus der gesamtdeutschen Rechtsentwicklung gefolgert. Diese Frage wurde vom Verwaltungsgerichtshof überhaupt nicht geprüft.

Das Gewohnheitsrecht hat aber nur den Inhalt, daß dem Staat die subsidiäre Pflicht auferlegt wird, den Bedarf der Kirche zu decken, sog. Bedarfsleistung. Die Festsetzung des Bedarfs ist in weitem Umfang Sache der Staats. Aus dem Bestehen eines objektiven Gewohnheitsrechts folgert das Gutachten mit Recht ein subjektives öffentliches Recht der Kirche auf diese Leistungen und, wenn man ein solches nach der neuesten Rechtsentwicklung ablehnen wollte, das Bestehen einer Rechtsstellung der Kirche, welche zur Klage beim Verwaltungsgerichtshof berechtigt.

Wenn eine neue Kürzung der Staatsleistungen kommen sollte, so ist der Erfolg einer Klage vor dem Verwaltungsgerichtshof aus zwei Gründen zweifelhaft:

1. Die Entscheidung der Frage, ob durch die Kürzungen der Bedarf der Kirche nicht mehr gedeckt wird, ist vorwiegend Sache des Ermessens. Es wird daher nur dann eine Verletzung der Pflicht zur Deckung des Bedarfs

---

24 Nr. A 5290.

angenommen werden können, wenn durch die Kürzung eine ganz erhebliche Herabsetzung der Bezüge der Geistlichen und ihrer Hinterbliebenen notwendig wird, so daß beim Vergleich mit den staatlichen Beamten ein krasses Mißverhältnis entsteht. In diesem Fall läge Ermessens-Mißbrauch vor, der vom Verwaltungsgerichtshof zu beseitigen ist.

2. Außerdem ist, solange die Besetzung des Verwaltungsgerichtshofs im wesentlichen dieselbe ist, kaum anzunehmen, daß er von seiner grundsätzlichen Entscheidung vom 4.9.1936 abgehen wird.

Immerhin wird es sich empfehlen, bei jeder Kürzung den Rechtsstandpunkt der Kirche zum Ausdruck zu bringen, auch wenn man sich zu einer Klage nicht entschließt. Natter.

Der Oberkirchenrat verzichtete deshalb darauf, in dieser Angelegenheit weitere gerichtliche Schritte zu unternehmen.

Dagegen versuchte der Oberkirchenrat, über die wirkliche Finanzlage der Landeskirche und über die Grundlage der Staatsleistungen zu informieren, wenn in unsachgemäßer Weise davon die Rede war. Wegen seiner Äußerungen bei einer Parteiversammlung in Stuttgart-Bad Cannstatt schrieb so der Oberkirchenrat am 12.3.1937 an Forstmeister Böpple, dem Kreisleiter der NSDAP in Herrenalb[25]*:*

Sie haben am 5.3.1937 in Bad Cannstatt bei einer Parteiversammlung im Jägerhaus mit Beziehung auf die Württ. Landeskirche Ausführungen gemacht, die in der uns berichteten Form den Tatsachen weithin widersprechen.

Die Gehälter der württ. Geistlichen sind infolge der wiederholten Kürzung der Staatsleistungen nicht etwa lediglich um 3%, sondern um 5% gekürzt (kinderreiche Familien 2%). Die Kirche hat auch nicht die Möglichkeit, jährlich für Millionen (!) Wälder zu kaufen. Bei dem von Ihnen erwähnten Waldkauf bei Michelbach, der 1935 abgeschlossen wurde, handelt es sich um pflichtmäßige Anlage von Grundstocksmitteln, die nach den Ihnen vermutlich bekannten Grundsätzen jeder geordneten Verwaltung als solche erhalten bleiben müssen und nicht zur Deckung laufender Ausgaben verwendet werden dürfen. Es wird Ihnen auch bekannt sein, daß bei einem Teil dieses Erwerbs der Staat Eigentümer geworden ist und daß der Herr Reichsstatthalter, nachdem er mit auf Ver-

---

25 Oberkirchenrat Stuttgart, Registratur, Generalia Bd. 115 c; das Schreiben wurde unter anderem dem Stellvertreter des Führers, Reichsminister Heß, und Reichsstatthalter Murr zur Kenntnisnahme mitgeteilt. Vgl. auch die Sperre und Kürzung der Staatsleistungen ab Mitte 1937; siehe S. 808–823.

anlassung des Oberkirchenrats von diesem Kauf unterrichtet worden war, hiegegen »ausnahmsweise ... nichts einzuwenden« hatte. Unrichtig ist, daß die erworbenen Grundstücke den geforderten Preis nicht wert gewesen seien. Bei diesen Grundstocksmitteln handelte es sich zum größten Teil um Gelder, die von Vermögensstücken des früheren Kirchenguts herstammen. Seit der Mitte des vorigen Jahrhunderts wurden sie beim Staatsgrundstock verwaltet; sie unterlagen der Aufwertung in Höhe von 35% und wurden in den letzten Jahren vereinbarungsgemäß an die Kirche zurückbezahlt, wobei staatlicherseits zugesagt wurde, der Kirche bei der ordnungsmäßigen Anlage dieser Grundstocksmittel behilflich sein zu wollen. Wenn heute die Kirche wegen der Anlage dieser Mittel öffentlich angegriffen wird, so steht dies im Widerspruch zu diesen früheren Zusagen. Vor allem ist übrigens darauf hinzuweisen, daß die Erträgnisse dieses Grundstocksvermögens vom Staat auf die Staatsleistungen an die Kirche angerechnet werden.

Wir sehen in Ihren Ausführungen einen Versuch, die kirchliche Verwaltung in den Augen der Volksgenossen herabzusetzen und dadurch mittelbar die in Aussicht stehenden kirchlichen Wahlen zu beeinträchtigen. Diese Wirkung Ihrer Ausführungen steht im Widerspruch zu dem im Erlaß des Führers und Reichskanzlers vom 15.2.1937 zum Ausdruck gebrachten Willen des Führers, daß die Wahl »in voller Freiheit«[26] vonstatten gehen soll.

Wir haben hievon verschiedenen Stellen Kenntnis gegeben.

I.V. Müller.

Die Kirchensteuerpflicht der Deutschen Christen

Gegen die Kirchensteuerbescheide der Kirchengemeinden erhoben zahlreiche Mitglieder vor allem der Volkskirchenbewegung Deutsche Christen Einspruch auf einem einheitlichen Formular[27]:

Aus nationalsozialistischer Grundhaltung erhebe ich Einspruch gegen die mir zugemutete Zahlung der Kirchensteuer und ersuche, auf den Ein-

---

26 Vgl. S. 63.
27 LKA Stuttgart, D 1, Bd. 74,1; das Formular stammt vom Anfang des Jahres 1937.
  Vgl. die grundsätzliche Stellungnahme des Oberkirchenrats im Schreiben Nr. A 17379 vom 23.4.1937 an das württ. Kultministerium. Es wird der Entscheidung der einzelnen Mitglieder der VKBDC überlassen, ob sie Glied der Kirche bleiben wollen; wer Glied der Kirche bleibt, ist aber auch kirchensteuerpflichtig. Vgl. weiterhin das Rundschreiben der VKBDC vom 28.11.1936 (LKA Stuttgart, D 1, Bd. 80).

zug meiner Kirchensteuer zu verzichten. Gewissenshalber bin ich dazu gezwungen, weil

1. die derzeitige Kirchenleitung durch die verschärfte Fortführung des Kirchenstreits die deutsche Volksgemeinschaft gefährdet;

2. die derzeitige Kirchenleitung einen Kampf gegen die von Führer und Volk gewollte einige Deutsche Evang. Kirche bis zu ihrer Vernichtung geführt hat;

3. die Kirchenleitung einen der evangelischen Kirche völlig fremden Dogmenzwang eingeführt hat, so daß heute in weiten Kreisen von einer katholisch gewordenen evanglischen Kirche gesprochen wird;

4. die Kirchenleitung heute Geistliche, die mit deutschem Mannesmut für eine große deutsche Kirche eintreten, entrechtet und diese im Disziplinarweg zu vernichten sucht;

5. die Kirchenleitung unsere Volkskirchenbewegung diffamiert und ihren Anhängern ein Heimatrecht in der Kirche abspricht;

6. die Mehrzahl der Pfarrer sich der Verpflichtung auf unseren Führer mit jesuitischen Ausflüchten entzogen hat;

7. wir mit Alfred Rosenberg auf dem Standpunkt stehen, daß die Kirche der »protestantischen Rompilger« »Verrat an Luther« übte und als »Staatsopposition« betrachtet werden muß;

8. daher die Kirchensteuerforderung jeglicher sittlichen Grundhaltung entbehrt.

Falls Sie meinem Ersuchen nicht nachkommen, beantrage ich Stundung, bis die Frage des Kirchensteuereinzugs rechtskräftig entschieden ist.

Heil Hitler! Vor und Zuname.

Ein Mitglied der Volkskirchenbewegung Deutsche Christen aus Stuttgart hatte seinen Antrag, ohne Austritt aus der Landeskirche von der Kirchensteuerpflicht befreit zu werden, gerichtlich klären lassen. Über das Verfahren und über das Urteil des Württ. Verwaltungsgerichtshofs vom 8.7.1938 stellte der Landesbischof am 30.7. 1938 eine Denkschrift zusammen[28]:

28 Nr. A 7366; am 1.8.1937 den Dekanat- und Pfarrämtern mitgeteilt zur Unterrichtung der Kirchengemeinderäte und »interessierter Gemeindeglieder«. Der Erlaß war nicht an die Pfarrer der VKBDC zu versenden. Vgl. auch den Erlaß Nr. A 4256 vom 3.5.1939 mit Anweisungen an die Kirchengemeinden über die Art der Zurückweisung der Einsprüche gegen die Kirchensteuer von Mitgliedern der VKBDC.
Das Reichskirchenministerium hatte es abgelehnt, sich zu der Frage der Kirchensteuerpflicht der DC zu äußern (Nr. O 4865 vom 16.6.1937).
Am 30.7.1938 übersandte Wurm die Denkschrift auch an den Reichsführer SS Himmler mit einem eigenhändig entworfenen Anschreiben.

Eine bedeutungsvolle Entscheidung

Am 8. Juli dieses Jahres hat der Württ. Verwaltungsgerichtshof in einer Kirchensteuersache ein Urteil gefällt, dessen Inhalt und Begründung die Beachtung aller am Verhältnis zwischen Staat und Kirche interessierter Kreise weit über Württemberg hinaus verdient.

Im Oktober 1936 waren bei dem Württ. Kultministerium Gesuche von Anhängern der »Volkskirchenbewegung Deutsche Christen« (jetzt DC, Nationalkirchliche Einung, Landesgemeinde Württemberg-Hohenzollern) um Befreiung von der Kirchensteuer bei gleichzeitigem Verbleiben in der Landeskirche eingegangen. Diese Gesuche waren damit begründet, daß die Kirchenleitung kurz zuvor den Stadtpfarrer Schneider in Stuttgart wegen seiner öffentlichen, die evangelische Kirche, ihre Leitung und ihre schriftgemäße Verkündigung herabwürdigenden Angriffe im Disziplinarweg beurlaubt hatte. Das Württ. Staatsministerium hatte zu diesem schwebenden Verfahren insofern Stellung genommen, als es die seit Jahrhunderten dem landeskirchlichen Gottesdienst dienende, im Staatseigentum befindliche Schloßkirche dem Stadtpfarrer Schneider und der von ihm geführten Volkskirchenbewegung Deutsche Christen eingeräumt hatte. Gegen diesen Eingriff hatte die Gesamtkirchengemeinde Stuttgart in Gemeindeversammlungen, die in allen Kirchen stattfanden, Einspruch erhoben und dabei ein Flugblatt verteilen lassen, das die von den DC vertretene Auffassung als Menschenlehre im Gegensatz zu Gottes Wort kennzeichnete und den Anhängern dieser Lehre nahelegte, eine Kirche zu verlassen, zu der sie innerlich nicht mehr gehören.

Der Württ. Kultminister glaubte aus Billigkeitserwägungen diesen Gesuchen dadurch entgegenkommen zu sollen, daß er den Polizeipräsidenten von Stuttgart und die Landräte anwies, bei DC-Steuerpflichtigen, die sich als solche ausweisen und Beschwerde erheben, die Aussetzung der Vollziehung des Steuerbescheids anzuordnen. Ein der Volkskirchenbewegung angehörender Steuerpflichtiger in Stuttgart, dessen Einspruch gegen den von dem Steuerausschuß der Geamtkirchengemeinde Stuttgart ihm zugegangenen Steuerbescheid abgewiesen wurde, wandte sich beschwerdeführend an den Polizeipräsidenten von Stuttgart, wobei er seine Weigerung im wesentlichen mit dem angeblichen Kampf der Württ. Kirchenleitung gegen die Deutsche Evang. Kirche und gegen die Volkskirchenbewegung DC begründete. Der Polizeipräsident entschied dahin, daß der Beschwerdeführer nicht zur Bezahlung der Kirchensteuer verpflichtet sei.

Der Steuerausschuß der Gesamtkirchengemeinde erhob am 29. 10. 1937 gegen diese Entscheidung Rechtsbeschwerde bei dem hiefür zuständigen Württ. Verwaltungsgerichtshof. Dieser gab dem Kultminister Gelegenheit, sich an dem Rechtsbeschwerdeverfahren zu beteiligen, was auch geschah. Nach mehrfachem Austausch von Schriftsätzen, wobei auch der Kultminister seinen Standpunkt ausdrücklich durch den Hinweis auf das angebliche staatsfeindliche Verhalten der Württ. Kirchenleitung begründete, hat der Verwaltungsgerichtshof folgendes Urteil gefällt: »Die Beschwerdeentscheidung des Polizeipräsidenten wird abgeändert. Der Rechtsbeschwerdegegner wird für das Steuerjahr 1936 zur Bezahlung von RM 30.– Landeskirchensteuer und RM 25.50 Ortskirchensteuer verpflichtet.«

Aus den Urteilsgründen sei Folgendes angeführt: Der Verwaltungsgerichtshof untersucht zunächst die Frage, ob die Auslegung des maßgebenden Württ. Staatsgesetzes über die Kirchen vom 3.3.1924 nach nationalsozialistischer Weltanschauung den von der Volkskirchenbewegung DC und dem Kultminister vertretenen Standpunkt betreffend Verweigerung der Kirchensteuerpflicht ermögliche, kommt aber zu dem Ergebnis, daß die von dem Polizeipräsidenten getroffene Entscheidung nicht eine Auslegung des geltenden Rechtssatzes sei, sondern einen neuen, nicht im Gesetz begründeten Rechtssatz aufstelle. Ferner wird festgestellt, daß die Aufbringung der Mittel für die Kirche durch Steuern der Mitglieder, wie aus Rechtsentscheidungen und aus Erklärungen des Reichskirchenministers hervorgehe, den Grundsätzen der nationalsozialistischen Weltanschauung völlig entspreche. Sehr ausführlich geht der Verwaltungsgerichtshof auf die Behauptung ein, daß das Verhalten der Württ. Kirchenleitung den DC das Recht zur Kirchensteuerverweigerung gebe. Dabei wird mit aller Deutlichkeit festgestellt, daß es auch nach der vom nationalsozialistischen Staat vertretenen Auffassung lediglich Sache der Kirchenleitung sei, darüber zu entscheiden, ob die Lehre eines Pfarrers oder einer kirchlichen Richtung mit dem Bekenntnis der betreffenden Kirche vereinbar sei, und daß diejenigen, die mit der Haltung ihrer Kirchenleitung in theologischer oder kirchenpolitischer Hinsicht nicht einverstanden seien, sich der Kirchensteuerpflicht jederzeit durch Austritt aus der Kirche entziehen können, daß aber das Verbleiben in irgend einem privaten oder öffentlich-rechtlichen Verband bei gleichzeitiger Verweigerung der Erfüllung der Beitragspflicht wohl nirgends geduldet werde. An sich wäre die Staatsregierung in der Lage, durch ein Gesetz anzuordnen, daß die Kirchensteuerpflicht der DC vorübergehend ruhe; aber wenn die politische Führung gegen einen so weitreichenden Eingriff, der natürlich auch auf die Bekenntnisminderheiten in den deutschchristlich geleiteten Landeskirchen

Anwendung finden müßte, Bedenken habe, so sei ein Gerichtshof erst recht nicht in der Lage, hierin eine Änderung zu treffen; damit würde das Wesen eines Rechtsstaates gefährdet. Ebenso weist der Verwaltungsgerichtshof die gegen das politische Verhalten der Württ. Kirchenleitung gemachten Vorwürfe zurück. Er weist nachdrücklich darauf hin, daß die Rechtmäßigkeit des Württ. Kirchenregiments durch verschiedene Verordnungen des Reichskirchenministers anerkannt sei.

Da in den Äußerungen des Württ. Kultministers gegen die Württ. Kirchenleitung der Vorwurf staatsfeindlichen Verhaltens wiederholt erhoben worden ist, hat sich der Verwaltungsgerichtshof auch damit beschäftigt. Wir geben seine diesbezüglichen Ausführungen wörtlich wieder: »Mit Ausnahme der Angelegenheit Melle[29], der Vereidigungsfrage[30], der Fürbitte für Pastor Niemöller und andere Geistliche[31] sowie des Erlasses der Finanzabteilung[32] sind bestimmte Tatsachen zum Beweis dieses schweren Vorwurfs nicht vorgebracht worden. Was die nicht in jeder Beziehung geklärte Angelegenheit Melle angeht, so ist ohne weiteres zuzugeben, daß der Erlaß des Oberkirchenrats an die Dekanatämter vom 7.9.1937 zu Mißdeutungen Anlaß geben konnte. Aber der Verwaltungsgerichtshof vermag in der Angelegenheit Melle einen Beweis für die Staatsfeindlichkeit der Kirchenleitung nicht zu erblicken. Ebensowenig in der Vereidigungsfrage, bei der doch wohl auf beiden Seiten Mißverständnisse unterlaufen zu sein scheinen. Daß es sich bei der Fürbitte für Pastor Niemöller und andere evangelische Geistliche um eine Handlung gegen den Staat handelt, erscheint dem Verwaltungsgerichtshof als nicht erwiesen. Bei dem Erlaß betreffend Errichtung einer Finanzabteilung dürfte der Herr Landesbischof die Grenzen seiner Befugnisse nicht überschritten haben. Im übrigen verwahrt sich der Oberkirchenrat mit allem Nachdruck gegen den Vorwurf der Staatsfeindlichkeit und der Bekämpfung der nationalsozialistischen Bewegung. Über das, was der Oberkirchenrat mit tiefem Ernst zur Erklärung und Rechtfertigung seines Standpunktes vorbringt, kann sich der Verwaltungsgerichtshof nicht einfach wegsetzen. Wäre der Herr Reichsminister für die kirchlichen Angelegenheiten der Auffassung, die Württ. Kirchenleitung sei staatsfeindlich, so hätte er ohne jeden Zweifel nicht in der (nach der Angelegenheit Melle erlassenen) 17. Durchführungsverordnung vom 10.12.1937 die Württ. Kirchenleitung in allen ihren Befugnissen bestätigt.«

Hiezu ist nur noch zu bemerken, daß die Württ. Kirchenleitung die

29 Siehe S. 569–634.
30 Siehe S. 984–995. 1003–1073.
31 Siehe S. 503–524.
32 Siehe S. 995–1002.

Angelegenheit Melle in ihrer Erwiderung auf den öffentlichen Angriff des Reichskirchenministers und noch ausführlicher in einer an die Staatsanwaltschaft gerichteten Darlegung klargelegt hat und daß ihre Ausführungen weder vom Reichskirchenministerium noch von einer anderen Stelle widerlegt worden sind. Wenn von Seiten des Reichskirchenministers eine formelle Zurücknahme der in dem bekannten, durch Rundfunk und Presse am 28. 10. 1937 veröffentlichten Schreiben erhobenen Anschuldigungen nicht erfolgt ist, so darf auch nach den Ausführungen des Verwaltungsgerichtshofs mit Recht angenommen werden, daß die staatsrechtliche Anerkennung der Württ. Kirchenleitung durch die 17. Durchführungsverordnung auch die Zurücknahme des erhobenen Vorwurfs einer staatsfeindlichen Haltung in sich schließt.

In seiner Beschwerde gegen den Steuerbescheid des Steuerausschusses der Gesamtkirchengemeinde hatte der steuerverweigernde Angehörige der DC unter anderem behauptet: »Nach der Verfassung der Deutschen Evang. Kirche ist die Grundlage der Kirche ›das Evangelium des Neuen Testaments‹. Nach dem Dogma der Bekenntnisfront, das die Württ. Kirchenleitung sich zu eigen gemacht hat, ist die Grundlage das Evangelium des ›Alten und Neuen Testaments‹. Die Württ. Kirchenleitung hat sich damit in Gegensatz zur Verfassung der Württ. Landeskirche gestellt. Sie steht also außerhalb dem Recht, noch Steuern erheben zu können.« Hiezu sagt der Verwaltungsgerichtshof: »Auch diese Einwendung ist nicht begründet. Art. 1 der Verfassung der Deutschen Evang. Kirche vom 11. 7. 1933 bestimmt: ›Die unantastbare Grundlage der Deutschen Evang. Kirche ist das Evangelium von Jesus Christus, wie es uns in der Heiligen Schrift bezeugt und in den Bekenntnissen der Reformation neu ans Licht getreten ist.‹ § 1 der Verfassung der Evang. Landeskirche in Württemberg vom 24. 6. 1920 bestimmt: ›Die Evangelisch-lutherische Kirche in Württemberg, getreu dem Erbe der Väter, steht auf dem in der Heiligen Schrift gegebenen, in den Bekenntnissen der Reformation bezeugten Evangelium von Jesus Christus. Dieses Evangelium ist für die Arbeit und Gemeinschaft der Kirche unantastbare Grundlage.‹ Die grundlegende Bestimmung der Verfassung der Deutschen Evang. Kirche und die der Verfassung der Evang. Landeskirche in Württemberg stimmen in allem Wesentlichen, zum Teil sogar im Wortlaut überein. Es ist in keiner Weise ersichtlich, daß die Württ. Kirchenleitung sich in Gegensatz zu den beiden Verfassungen gestellt haben sollte.«

Wir dürfen hinzufügen, daß diese fast wörtliche Übereinstimmung kein Zufall ist, sondern daß bei der Fassung des Art. 1 der Verfassung der DEK einzelne Formulierungen des § 1 der Württ. Kirchenverfassung bewußt übernommen worden sind. Es kann nicht unbemerkt bleiben, mit welch dürftiger Beweisführung man auf nationalkirchlicher Seite gerade in diesem Punkt versucht hat, die eigene Ablehnung des Alten Testaments als in der Kirchenverfassung begründet erscheinen zu lassen.

Das Urteil des Württ. Verwaltungsgerichtshofs läßt eindeutig erkennen, daß ein Angriff auf die Bekenntnisgrundlage der evang. Kirche auch ein Angriff auf ihre Rechtsgrundlage ist. Daraus sollte die Folgerung gezogen werden, daß die vom Bekenntnis abweichenden Richtungen entweder sich eine neue Rechtsform schaffen oder aber auf den Boden des reformatorischen Bekenntnisses der DEK und der Landeskirchen zurückkehren. Es wäre ja auch um des inneren Friedens willen höchst notwendig, daß diese Spaltungsversuche aufhören und daß alle an der Kirchenfrage beteiligten Stellen die Hoffnung aufgeben, durch Förderung solcher Bestrebungen die evangelische Kirche im Widerspruch zu ihrem Wesen und zum Recht »ordnen« zu können. Wurm.

Über den Fortgang der Kirchensteuersache berichtete Kirchenrat Dr. Weeber am 27.8.1938 Pfr. Dr. Seifert an der Ursprungschule in Schelklingen[33]:

Lieber Herr Doktor!

Es freut mich, daß Sie sich für den Fortgang der Kirchensteuersache interessieren. Sie ist ja auch von grundsätzlicher rechts- und staatspolitischer Bedeutung.

Wie Sie wissen, ist durch das Urteil des Wütt. Verwaltungsgerichtshofs vom 8. Juli dieses Jahres die Kirchensteuerpflicht eines nationalkirchlichen DC-Beschwerdeführers rechtskräftig festgestellt worden. Der normale Verlauf der Dinge wäre danach, daß die Kirchensteuer von denen, die ihre Bezahlung bisher verweigert hatten, entweder dem Urteilsspruch Rechnung tragend freiwillig bezahlt oder von der Kirchenpflege im Weg der Zwangsvollstreckung beigebracht würde. Die Einwendungen, die gegen die Kirchensteuerpflicht erhoben worden sind, hat der Verwaltungsgerichtshof nicht für begründet angesehen. Auch der Württ. Kultminister, der sich im Verfahren vor dem Verwaltungsgerichtshof dem nationalkirchlichen Beschwerdegegner angeschlossen hat, ist mit seinen Einwendungen, die denen des nationalkirchlichen Beschwerdegegners entsprachen, unterlegen. So konnte z. B. in diesem Verfahren die wegen infla-

---

33 LKA Stuttgart, D 1, Bd. 78; die Beilage befindet sich nicht bei den Akten.

tionistischer Überbeanspruchung allmählich abgegriffene Phraseologie von der »Staatsfeindlichkeit« des Württ. Oberkirchenrats auch dadurch keinen Wahrheitsgehalt gewinnen, daß diese Propagandaerfindung auch von dem Vertreter des Württ. Kultministeriums geltend gemacht wurde. Auch die auf innerkirchlichem Gebiet liegenden Einwendungen des nationalkirchlichen Beschwerdegegners wurden vom Verwaltungsgerichtshof nicht für stichhaltig angesehen. Auf jeden Fall wurde (wiederum auch gegen den Vertreter des Württ. Kultministeriums) klargestellt, daß nach den öffentlichen Erklärungen der maßgebenden Vertreter der staatlichen Kirchenpolitik der Staat sich in diese mit Glaubensfragen eng verbundenen Dinge nicht einmischen könne.

Schon in der mündlichen Verhandlung vor dem Verwaltungsgerichtshof hat nun der Vertreter des Württ. Kultministeriums im Auftrag seines Ministers unter anderem erklärt: »Mit einer formalen juristischen Entscheidung des Rechtsstreits ist nämlich die Angelegenheit nicht erledigt. Ihre politische Tragweite findet sie erst im Stadium der Zwangsvollstreckung, die für jeden Nationalsozialisten eine Unmöglichkeit darstellt, eine Auffassung, die in dem Verhalten einzelner nationalsozialistisch geleiteter Vollstreckungsbehörden bereits ihren praktischen Ausdruck gefunden hat.«

Diese Ankündigung hielt ich zunächst mehr oder weniger für ein Rückzugssignal, denn es schien mir ganz ausgeschlossen, daß im Deutschen Reiche, das nach dem erklärten Willen seines Führers ein Rechtsstaat sein soll, bei einer verantwortlichen Stelle die ernste Absicht bestehen könnte, den Urteilsspruch des höchsten Württ. Verwaltungsgerichtshofs zu einer zwar interessanten, im übrigen aber nur zeit-, kraft- und geldvergeudenden Schreiberangelegenheit zu machen. Die Sache ist nun aber doch ernster zu nehmen:

Am 2. August erhielt die Kirchenpflege Göppingen vom Bürgermeisteramt Göppingen 38 Kirchensteuermahnungen ohne unterzeichnete Vollstreckungsverfügung zurück. Oberbürgermeister Dr. Pack, Göppingen, ist nach mündlichen Äußerungen bereit, alle Vollstreckungsverfügungen wegen verfallener Kirchensteuer dann zu unterzeichnen, wenn seine Dienstaufsichtsbehörde ihm hiezu ausdrücklichen Befehl erteilt. Von sich aus müsse er es ablehnen. In Stuttgart hat die Kirchenpflege bei der Vollstreckungsbehörde (Gemeindegericht Stuttgart) Antrag auf Erlaß von Vollstreckungsverfügungen für die Kirchensteuerrückstände des Jahres 1936 und 1937 gestellt. Rund 1100 Zwangsvollstreckungen wurden am 17. August verfügt. Als am 19. August weitere rund 500 Fälle dem Gemeindegericht vorgelegt wurden, erklärte der zuständige Beamte, er habe Weisung, zunächst keine weiteren Vollstreckungsverfügungen für die Kirche zu erlassen. Der Vorstand des Gemeindegerichts, Rechtsrat Dr. Meyer, eröffnete dem Oberrechnungsrat Wagner von der Stuttgarter Kirchenpflege, der Herr Oberbürgermeister habe verfügt, daß Vollstreckungsverfügungen bezüglich der Kirchensteuer bei Mitgliedern der nationalkirchlichen DC insolange unterbleiben sollen, bis der Herr Reichskirchenminister über eine an ihn gerichtete Eingabe entschieden habe. Auf den Einwand, das Urteil des Verwaltungsgerichtshofs habe die Steuerpflicht festgestellt, erklärte Rechtsrat Dr. Meyer, er kenne zwar das Urteil nicht (!), der Verwaltungsgerichtshof habe aber wohl formal juristisch entschieden, hier handle es sich um eine politische Frage (vgl. hierzu die Ausführungen des Vertreters des Württ. Kultministers!). Die Kirchenpflege wünschte einen schriftlichen Bescheid, der unter dem 19.8.1938 erteilt wurde, Abschrift füge ich Ihnen bei. Bemerkenswert ist die Ausdehnung der Vollstreckungsverweigerung von Deutschen Christen auch auf sonstige Volksgenossen, »die aus weltanschaulichen Gründen die Bezahlung der Kirchensteuer ablehnen«! Das ist Auflösung des Rechts in Willkür.

Es handelt sich für den, dem der rechtsstaatliche Charakter unseres Reiches am Herzen liegt, um die Frage, ob Einwendungen gegen die Kirchensteuerpflicht, die in einem richterlichen Urteil rechtskräftig und verbindlich für unbegründet erklärt worden sind, in der Vollstreckungsinstanz wieder geltend gemacht werden dürfen und die Vollstreckungsorgane berechtigt sind, auf diese Einwendungen zu hören und dem Urteilsspruch des Richters den Vollstreckungsschutz zu verweigern. Nach rechtsstaatlichen Grundsätzen, die existenziell wesentlich sind, ist die Frage rundweg zu verneinen. Wollte man die Frage bejahen, so wäre damit das ganze Gerichtswesen ein bedeutungsloser Formelkram; Urteile wären in diesem Fall je nachdem nur geeignet, die Vollstreckungsbehörden in eine peinliche Lage zu versetzen, sofern diese sich durch Ignorierung des Urteilsspruchs dem Vorwurf der Rechtsverweigerung, Rechtsbeugung, der Amtspflichtverletzung, kurz der Willkür aussetzen. Das ist die »politische Frage«, die durch ein »formal juristisches« Urteil aufgeworfen wird! Man kann hier nur sagen: Videant consules. Es wäre ein Irrtum zu meinen, daß eine Verletzung so elementar rechtsstaatlicher Organisationsprinzipien auf kirchenpolitischem Gebiet ihre schädlichen Wirkungen »nur« auf dieses Gebiet beschränken wird. Die sittlichen und moralischen Kräfte des Rechts können ohne lebensschädliche Wirkungen in einem Gemeinwesen nicht, auch nicht teilweise oder vorübergehend suspendiert werden. Wenn der Schaden sich nicht sogleich zeigt, so wirkt er sich mit Sicherheit später aus.

Mit den besten Wünschen für den Urlaub!

Heil Hitler Ihr [Weeber].

Evang. Presse und Publizistik

Im Rahmen des beim 8. Reichsparteitag der NSDAP in Nürnberg (8.–14. September 1936) verkündeten neuen Vierjahresplanes wurden der kirchlichen Presse Einsparungen an Papier auferlegt. Der Quell-Verlag der Evang. Gesellschaft in Stuttgart, der das Evang. Gemeindeblatt herausgab, mußte deshalb am 16.1.1937 den Evang. Pfarrämtern in Stuttgart folgende Vertrauliche Mitteilung *zugehen lassen*[34]*:*

Zur Durchführung des neuen Vierjahrsplanes ist es notwendig geworden, auch den Papierverbrauch der Zeitungen und Zeitschriften wirksam einzuschränken. Wir sind veranlaßt, ab 1.1.1937 den Umfang des »Evang. Gemeindeblattes« vorläufig um 10 % zu verkleinern. Das bedeutet, daß die noch im 1. Quartal 1937 erscheinenden Nummern des Gemeindeblattes ab sofort je um zwei volle Seiten gekürzt werden müssen. Alle Teile des Blattes – allgemeiner Textteil, Gemeinde- und Vereinsnachrichten, Anzeigen – und alle am Gemeindeblatt beteiligten Einzelgemeinden werden diese Kürzung gleichmäßig tragen müssen. So sind wir genötigt, unsere wiederholt vorgebrachte Bitte, die in dankenswerter Weise von einer Reihe von Gemeinden schon erfüllt worden ist, heute mit vermehrter Dringlichkeit auszusprechen: daß die Gemeindenachrichten, deren Wichtigkeit wir wohl zu würdigen wissen, recht kurz und knapp gefaßt werden, daß nur die wirklich notwendigen Mitteilungen, Ankündigungen und Berichte aus dem Leben der Einzelgemeinde gebracht werden, daß dabei möglichst oft der Telegrammstil verwendet werde, daß Betrachtungen allgemeiner Art in der Regel dem allgemeinen Teil überlassen bleiben; für Mitarbeit an diesem allgemeinen Teil ist der Herausgeber stets dankbar.

Dürfen wir überdies noch darauf hinweisen, daß der sogenannte gemischte Schriftsatz der Gemeindenachrichten ganz besonders teuer ist, wie er ja auch für keines der anderen im Quell-Verlag erscheinenden Gemeindeblätter des Landes mehr verwendet werden kann. Endlich: Es kann doch wohl billigerweise die Einschränkung, die sich einzelne Gemeinden auferlegen, nicht von anderen Gemeinden zu umso umfang-

---

34 LKA Stuttgart, D 1, Bd. 70; zum ganzen Zusammenhang vgl. auch EKBlW 1937, Register »Vom Bau der Kirche«, Nr. 9; Sauer, S. 124–137.

reicheren Mitteilungen benützt werden. Deshalb bitten wir herzlich, daß die jetzt neu gebotene Kürzung von allen Beteiligten schon von der nächsten Nummer an berücksichtigt werden wolle.

Mit aufrichtigem Dank für alle bisherige freundliche Mitarbeit
Evang. Gemeindeblatt für Stuttgart
Der Herausgeber   Quell-Verlag
Pfeifle   der Evang. Gesellschaft

Durch Anweisungen der Reichspressekammer und deren untergeordneten Stellen wurde die evang. Presse auf eine einheitliche, Staat und Partei genehme Linie festgelegt. Am 13.2.1937 gab der Reichsverband der evang. Presse als Fachschaft der Reichspressekammer eine streng vertrauliche Anweisung weiter[35]:

Der Präsident der Reichspressekammer teilt mit:

Das »Gesetzblatt der Deutschen Evang. Kirche« enthält häufig Artikel und Beilagen, die nicht für die Öffentlichkeit bestimmt sind. In Zukunft dürfen alle Beiträge aus dem »Gesetzblatt der Deutschen Evang. Kirche« erst abgedruckt werden, wenn die Veröffentlichung vom Deutschen Nachrichten-Büro übernommen ist oder wenn die ausdrückliche Genehmigung des Herrn Reichsministers für Volksaufklärung und Propaganda vorliegt. Die Schriftleiter sind von uns noch nicht benachrichtigt. Wir bitten, die Schriftleiter unverzüglich in Kenntnis zu setzen. Allgemeines Rundschreiben folgt.

Heil Hitler! Reichsverband der evangelischen Presse. Fachschaft der Reichspressekammer. Geschäftsstelle.

Die Landesstelle Württemberg des Reichsministeriums für Volksaufklärung und Propaganda teilte am 2.4.1937 dem Evang. Presseverband Stuttgart mit[36]:

Im Auftrag des Herrn Reichsministers für Volksaufklärung und Propaganda teile ich Ihnen mit, daß nach der Aussprache zwischen dem Führer und General Ludendorff alle Angriffe gegen den General zu unterbleiben haben. Von dieser Anweisung an die Presse sind die Kirchenblätter nicht ausgenommen. Ich gebe Ihnen dies zur Kenntnis und ersuche um Beachtung dieser Anweisung.   Im Auftrage: Drewiz.

---

35 LKA Stuttgart, D 1, Bd. 70.
36 LKA Stuttgart, D 1, Bd. 71; diese Anordnung ist beispielhaft für zahlreiche andere »Sprachregelungen«. Vgl. auch die Anweisung des SD zur Überwachung der konfessionellen Presse (Rundschreiben vom 24.3.1937; StA Ludwigsburg, K 110, Bd. 35).

Einzelne Artikel, die trotz der allgemein ausgeübten Zensur schon einmal erschienen waren, durften in anderen Veröffentlichungen nicht nachgedruckt werden. Der Reichsverband der Evang. Presse verfügte am 25.11.1937[37]*:*
Auf Veranlassung des Herrn Reichsministers für Volksaufklärung und Propaganda teilen wir mit, daß die Übernahme des in der Zeitschrift »Kommende Kirche« Nr. 46 vom 14.11.1937 erschienenen Artikels »Eine Horst-Wessel- und Hindenburg-Gedächtnis-Kirche« untersagt ist. Eine Lockerung des Nationalheldenerlasses[38] ist nicht eingetreten, wie etwa nach dem Artikel über Walter Flex im Bildblatt der DEK und dem oben genannten Artikel erscheinen könnte.
Reichsverband der evangelischen Presse. Fachschaft der Reichspressekammer. Die Geschäftsstelle.

Von der Landesstelle Württemberg des Reichsministeriums für Volksaufklärung und Propaganda erhielt der Evang. Presseverband Württemberg am 5.8.1937 folgende Anweisung[39]*:*
Ich ersuche Sie, sämtliche evangelische Kirchenblätter Württembergs dahingehend zu informieren, daß die Botschaft der Weltkirchenkonferenz an die deutsch-evangelische Kirche in der Kirchenpresse im vollen Wortlaut abgedruckt werden kann, aber nur im Zusammenhang mit einem längeren Kommentar im Sinne des DNB-Kommentars und unter Abdruck der Erwiderungen der deutschen Vertreter. Die Erklärung des Landesbischofs Marahrens an die Oxforder Kirchenkonferenz ist nicht zu veröffentlichen. Diese Mitteilungen sind nicht für die Öffentlichkeit bestimmt. Bei Nichteinhaltung meiner Anweisungen würde ich mich gezwungen sehen, dem Herrn Reichsminister für Volksaufklärung und Propaganda Meldung zu erstatten. Die Kirchenblätter sind aufzufordern, der Landesstelle Württemberg des Reichsministeriums für Volksaufklärung und Propaganda sofort nach Erscheinen Belegexemplare einzusenden.

Das Reichspropagandaamt Württemberg befahl demgegenüber am 19.8.1937 in einem Schreiben an den Schriftleiter des Stuttgarter Evang. Sonntagsblattes, Pfr. Kammerer, die Aufnahme eines Artikels in die Zeitschrift[40]*:*
Der Bischof von Gloucester hat Deutschland besucht und mit einer Reihe von evangelischen Kirchenmännern Fühlung genommen. Die Ein-

---
37 LKA Stuttgart, D 1, Bd. 73.
38 Vgl. Anm. 41, S. 458.
39 LKA Stuttgart, D 1, Bd. 72; vgl. auch den »Fall Melle«, S. 569–634.
40 LKA Stuttgart, D 1, Bd. 78.

drücke des englischen Bischofs über seinen Besuch in Deutschland werden in beiliegendem Artikel dargestellt. Den Abdruck dieses Artikels in der nächst erreichbaren Nummer Ihrer Zeitschrift mache ich Ihnen zur Auflage. Zwei Belegexemplare wollen Sie sofort nach Erscheinen an das Lektorat des Reichspropagandaamts Württemberg senden.
Heil Hitler! Im Auftrage: Dr. Frommel, Lektor.

Das Reichskirchenministerium verbot durch einen Runderlaß vom 10.8.1937 die ungenehmigte Berufung auf Reden und auf Hitlers Mein Kampf; *damit war auch die Möglichkeit genommen, Staat und Partei auf frühere Äußerungen festzulegen. Der Oberkirchenrat gab diese Verfügung am 26.8.1937 den Dekanatämtern zur Mitteilung an die Pfarrämter bekannt*[41]:

Das Geheime Staatspolizeiamt in Berlin hat in einer an alle Staatspolizeistellen und Staatspolizeileitstellen gerichteten und abschriftlich den Herren Ober- und Regierungspräsidenten mitgeteilten Verfügung vom 9.4.1937 – II P. 3.1511/c – auf Folgendes hingewiesen:

»In letzter Zeit konnte im zunehmenden Maße beobachtet werden, daß kirchliche Gruppen in ihren Druckschriften auf den Führer und die Bewegung Bezug nehmen und teilweise sogar wörtlich aus ›Mein Kampf‹ und andere aus dem Zusammenhang gerissene Abschnitte aus Reden des Führers zitieren. Dieses Verhalten gibt Veranlassung, erneut darauf hinzuweisen, daß Führer und Bewegung mit den kirchenpolitischen Auseinandersetzungen nichts zu tun haben und eine Berufung auf sie daher unzulässig ist, sofern nicht nachgewiesen werden kann, daß eine ausdrückliche Genehmigung zur Verwendung der gebrachten Zitate vorliegt.«

---

41 Nr. A 8601. Wegen eines Verstoßes gegen diese Verfügung wurde Nr. 24 des Evang. Gemeindeblattes für Stuttgart beschlagnahmt (Nr. A 6873 vom 7.7.1937; Mitteilung der Geheimen Staatspolizei, Staatspolizeileitstelle Stuttgart, an den Oberkirchenrat; von dort den Dekanatämtern zur Bekanntgabe an Pfarrer, die Gemeindeblätter herausgeben, mitgeteilt): Am 22.7.1937 wurde auch Nr. 1/1937 des »Mitteilungsblattes der Evang. Landeskirche in Württemberg« beschlagnahmt; der Oberkirchenrat protestierte dagegen »bei den zuständigen Reichsstellen« (Nr. A 5599 vom 1.6.1937). Vgl. auch die Beschlagnahmung von Nr. 7–8/1937 des »Evang. Gemeindeblatts Ilshofen« wegen einer Anspielung auf das Horst-Wessel-Lied durch das Reichsministerium für Volksaufklärung und Propaganda am 25.9.1937 (LKA Stuttgart, D 1, Bd. 97).
Vgl. weiterhin das Reichsgesetz zum Schutz von Bezeichnungen der NSDAP vom 7.4.1937 (RGBl. 1937 Teil I, S. 442), das alle Bezeichnungen und Symbole der Partei unter Schutz stellte und ausschließlich der Partei vorbehielt; vom Oberkirchenrat mit Erlaß Nr. A 6334 am 30.7.1937 den Pfarrern zur Kenntnis gebracht; vgl. auch Nr. A 1864 vom 21.2.1938.

Ich bringe dies zur Beachtung in Kenntnis. Von einer Veröffentlichung ist abzusehen. In Vertretung: Muhs.

Am 10.3.1938 erteilte das Reichsministerium für Volksaufklärung und Propaganda dem Schriftleiter des Stuttgarter Evang. Sonntagsblattes, Pfr. Kammerer, wegen verschiedener Artikel wiederum einen scharfen Verweis.[42]

Auf ein Protestschreiben von Pfr. Kammerer teilte das Ministerium am 6.5.1938 abschließend mit[43]*:*

Auf Ihr Schreiben vom 15.3.1938 teile ich Ihnen mit, daß eine nochmalige Prüfung der beanstandeten Artikel keine Möglichkeit ergeben hat, den ausgesprochenen Verweis zurückzunehmen. Insbesondere ist der Artikel »Bruder Räuber«[44], der lebhaft an die Methoden der Systemzeit erinnert, in keiner Weise zu entschuldigen. Die Notiz über Rosemeyers Beerdigung wurde, soweit sie zur Kenntnis meiner Dienststelle gekommen ist, auch bei anderen Blättern beanstandet.[45] Es ist kein Grund ersichtlich, weshalb in diesem einzelnen Todesfalle die Tatsache der kirchlichen Beerdigung besonders betont werden mußte, es sei denn, daß man durch diesen Artikel in gehässiger Form auf die SS, der Rosemeyer angehörte, hinweisen wollte. Was den Artikel »Des Pfarrers Auftrag«[46] betrifft, so kann ich den Hinweis, daß er in einem anderen Blatt unbeanstandet veröffentlicht wurde, nicht als Entschuldigung gelten lassen, da jeder Schriftleiter für den Inhalt seines Blattes selbst verantwortlich ist. Bei der Fülle der erscheinenden Kirchenblätter kann es vorkommen, daß nicht alle zu beanstandenden Artikel meinem Ministerium zur Kenntnis kommen. Die überaus geringe Anteilnahme Ihres Blattes an der Vereinigung Österreichs mit dem Reich und der damit zusammenhängenden Wahl vom 10. April[47] steht in starkem Gegensatz zur übergroßen Mehrheit der evangelischen Kirchenblätter und zeugt soweit von einem starken Mangel an nationaler und staatsbejahender Einstellung der Schriftleitung.

42 LKA Stuttgart, D 1, Bd. 76.
43 LKA Stuttgart, D 1, Bd. 77.
44 Dieser Artikel verstoße gegen das Sittlichkeits- und Moralgefühl der Germanischen Rasse.
45 Beim Begräbnis des bekannten Rennfahrers Bernd Rosemeyer fand eine kirchliche Feier statt auf Wunsch seiner Frau Elli geb. Beinhorn, die als Fliegerin ebenfalls bekannt und allgemein beliebt war; vgl. KAW 1938, S. 23.
46 Dieser Artikel zeige eine staatsfeindliche Einstellung, da er die Schwere der Aufgabe des Pfarrers in der Gegenwart zeigt.
47 Siehe S. 923.

Über die Schwierigkeiten bei der Zusammenstellung von Veröffentlichungen berichtet ein Rundschreiben des Landesverbandes der Inneren Mission in Württemberg vom 10.9.1937[48]:

Im Auftrag des Quell-Verlags darf ich Ihnen den »Immergrün-Kalender 1938« überreichen. Sein äußeres Gewand hat gewechselt. Es soll dadurch eine bewußte kirchlich-evangelische Haltung sichtbar werden. Das gilt von der Einführung der neuen Kopfleisten aus der christlichen Symbolik und von der Bibellese, die sich an diejenige des Reichsverbands für die Evang. Jugend anschließt. Es ist, wie Ihnen bekannt, nicht leicht, gerade heute diese bewußt kirchlich evangelische Linie zu halten. Es ist bei der zweimaligen Prüfung beispielsweise ein von Kirchenrat Dölker geschriebener Bericht »Wandernde Kirche« ohne Begründung abgelehnt worden. »Er darf in dem Kalender nicht veröffentlicht werden. Die an dieser Stelle zu bringende Ersatzarbeit entnehmen Sie am besten irgend einem nationalpolitischen Stoff.« Der Aufsatz wurde durch einen solchen von Schnerring aus der württ. Geschichte ersetzt. In dem Bericht von Dekan Scheurlen »Graf Ferdinand von Zeppelin« stand die Bemerkung, daß im Religionsunterricht und in der Darstellung der biblischen Geschichte der Schwerpunkt des erziehenden Einflusses überhaupt liege. Dazu bemerkte die Parteiamtliche Prüfungskommission: »Obwohl es sich hier nur um ein veraltetes Zitat handelt, müssen wir Sie bitten, die entsprechende Stelle in diesem Beitrag zu streichen und uns die Durchführung dieser Streichung zu bestätigen.«

Namens der Verlags und persönlich möchte ich die Bitte aussprechen, den »Immergrün-Kalender« unter Hervorhebung dieser Neuerung in Ihrem Blatt zu besprechen und wenn möglich zu empfehlen. Es ist für die Innere Mission nicht unwesentlich, daß gerade heute der Kalender gekauft wird und damit für den Dienst der Evang. Gesellschaft ein Zuschuß sich ergibt. Die wichtigste Aufgabe wird aber bleiben, daß der Kalender auch seinen missionarischen Dienst tut und hinweist auf die Wirklichkeit und Kraft des Evangeliums in Wort und christlichen Persönlichkeiten.

Für Wünsche und Vorschläge bin ich besonders dankbar und grüße mit amtsbrüderlicher Verbundenheit als Ihr Fischer.

---

48 LKA Stuttgart, D 1, Bd. 72.

Im Frühjahr 1938 wurde die 2. Auflage des vom Calwer Verlagsverein herausgegebenen Calwer Kirchenlexikons *während der Herstellungsarbeiten beschlagnahmt. Der Landesbischof wandte sich deshalb am 14.5.1938 an den Staatssekretär im Auswärtigen Amt, Frhr. v. Weizsäcker*[49]*:*

Gestatten Sie mir, Sie in einer unsere Württ. Kirche betreffenden Angelegenheit um Ihre Fürsprache zu bitten.

Eines der ältesten und bewährtesten Verlagsunternehmen in Württemberg ist der vor mehr als 100 Jahren von dem Missionsmann Dr. Barth gegründete Calwer Verlagsverein. Er hat nach gut württembergischer Tradition wertvolle Werke biblischer, kirchengeschichtlicher und dogmatischer Art veröffentlicht, ohne sich einseitig einer Richtung zu verschreiben, so daß Namen wie Haering und Schlatter nebeneinander stehen.

Eines seiner wertvollsten Werke umfassender Art ist das im Jahr 1890 zum erstenmal erschienene »Calwer Kirchenlexikon«, ein enzyklopädisches Werk, das über alle wichtigen Dinge in Kirche und Theologie Auskunft gibt. Der Verlag hat sich vor einigen Jahren entschlossen, dieses zwei Bände mit je ca. 1200 Seiten umfassende Lexikon in neuer Auflage herauszugeben; die Herausgabe ist bis zum ersten Drittel des 2. Bandes gediehen. Erst nachdem der erste Band in 8 Einzellieferungen vollständig erschienen war, wurden einzelne Artikel beanstandet. Der Verlag erklärte sich sofort zu einer Umarbeitung bereit, die die Anstöße beseitigen sollte. Trotzdem wurde die Beschlagnahme ausgesprochen und die Einstampfung verfügt. Zwei Versuche, die Aufhebung dieser Maßnahmen zu erreichen, sind fehlgeschlagen. Wenn es bei dieser Beschlagnahme bleiben sollte, so wäre nicht bloß das Erscheinen eines wertvollen, auf schwäbischer Gelehrsamkeit beruhenden und weiten Kreisen zugute kommenden Werkes verhindert, sondern der Verlag selbst, der den Verlust des für die Neuherausgabe investierten Kapitals finanziell kaum überstehen könnte, wäre aufs schwerste gefährdet. Da die Landeskirche ein erhebliches Interesse sowohl am Erscheinen des Werks als am Fortbestehen des Verlags hat, habe ich mich entschlossen, alles zu versuchen, um diesem ganz ungerechtfertigten Vorgehen einer parteiamtlichen Prüfungsstelle wirksam entgegenzutreten.

Ich wäre Ihnen, Herr Staatssekretär, sehr dankbar, wenn Sie mir Gelegenheit geben würden, in mündlicher Aussprache nähere Einzelheiten

---

49 LKA Stuttgart, D 1, Bd. 77; vgl. auch das Protestschreiben Pfr. Metzgers vom 7.3.1938 (LKA Stuttgart, D 1, Bd. 76). Das »Calwer Kirchenlexikon« konnte schließlich gerettet werden; Band 1 erschien mit der Angabe »Stuttgart 1937«, Band 2 im Jahr 1941. (Einzelheiten fehlen, das Archiv des Calwer Verlags wurde im Zweiten Weltkrieg zerstört.)

darzulegen und Ihren Rat für das weitere Vorgehen zu erbitten. Ich darf ja, auch wenn diese Angelegenheit nicht in Ihre unmittelbare Berufsaufgabe fällt, sicher sein, daß Sie aus kulturellen Gründen Ihre Anteilnahme nicht versagen werden. Mit großem Dank erinnere ich mich der Aussprache in Ihrem schönen Haus an der Aare vor drei Jahren. Die kirchliche Lage ist seither nicht leichter geworden. Ich erlaube mir aber zwei Schriftstücke beizulegen[50], die Ihnen zeigen, daß wir trotz aller Gegenwirkungen den Faden nicht abreißen lassen wollen.

Mit den besten Wünschen für Ihr und Ihrer Frau Gemahlin Wohlergehen verbleibe ich Ihr ergebener [Wurm].

In derselben Angelegenheit schrieb der Landesbischof am 27.5.1938 auch an den Reichsführer SS, Himmler[51]:

Sehr geehrter Herr Himmler!

Gestatten Sie mir, meinem Telegramm betreffend das »Calwer Kirchenlexikon« einige nähere Mitteilungen anzufügen.

Das »Calwer Kirchenlexikon« ist ein Unternehmen des sogenannten Calwer Verlagsvereins, der seinerzeit von einem originellen schwäbischen Theologen in der kleinen Stadt Calw im Schwarzwald ins Leben gerufen wurde, nun aber schon lange seinen Sitz in Stuttgart hat. Eine größere Zahl bedeutender theologischer Werke hauptsächlich von schwäbischen Autoren ist in diesem schon mehr als 100 Jahre bestehenden Verlag erschienen. Insbesondere hat er auch enzyklopädische Werke herausgegeben, und zu ihnen gehört das Kirchenlexikon, das in zwei Bänden von je etwa 1200 Seiten über alle wichtigen Dinge in Kirche und Theologie Auskunft gibt. An seiner ersten Auflage haben alle irgendwie in Betracht kommenden württ. Theologen – teilweise auch soweit kirchenrechtliche Fragen behandelt wurden, Laien – mitgearbeitet. In der neuen, im Jahre 1932 in Angriff genommenen Auflage ist es ebenso. Es ist also ein sehr großer Kreis, der durch das Verbot des Erscheinens ganz unmittelbar betroffen wird, von der Leserschaft in Pfarrhäusern und kirchlichen Familien der Bildungsschicht ganz abgesehen.

Gewiß darf nicht verschwiegen werden, daß der Verlagsleitung ein bedauerliches Versehen passiert ist; die Herausgabe wurde nicht angezeigt. Immerhin wird man dieses Versehen angesichts der Tatsache, daß das Werk schon 1932 in Angriff genommen wurde und daß der über 80jäh-

50 Die Beilagen befinden sich nicht bei den Akten.
51 LKA Stuttgart, D 1, Bd. 77.

rige Leiter in die neuen Bestimmungen sich erst einleben mußte, nicht allzuhoch, jedenfalls nicht als böse Absicht bewerten dürfen. Die Folge des Versehens ist nun, daß, nachdem die acht Lieferungen des ersten Bandes unbeanstandet hinausgegangen waren und sogar schon das erste Drittel des zweiten Bandes erschienen war, die amtliche Prüfungsstelle eingriff und zuerst nur einige Artikel beanstandete, zu deren Überarbeitung der Verlag sich sofort bereit erklärte, dann aber die Haltung des ganzen Werks verurteilte und deshalb die Einstampfung anordnete.

Ich muß gegen eine derartige Behandlung des evangelischen Schrifttums den allerschärfsten Protest anmelden. Wenn das »Calwer Kirchenlexikon«, weil es selbstverständlich in allen Fragen den positiven evangelischen Standpunkt vertritt, aber dabei keinerlei politische Tendenz verfolgt, im Dritten Reich unmöglich ist, dann ist jede Lebensäußerung evangelischen Denkens unmöglich. Wenn Herr Rosenberg das Monopol auf religiös-ethisches Schrifttum hat, dann muß mit der gesamten ernsthaften christlichen Literatur aufgeräumt werden. Aber es steht doch gottlob so, daß amtlich immer wieder erklärt wird, daß die Rosenbergschen Anschauungen, soweit sie Polemik gegen das Christentum enthalten, seine Privatsache seien; auch das oberste Parteigericht hat kürzlich ein hocherfreuliches Urteil gefällt, wonach einem Pg., der Pfarrer ist, sein Kampf gegen die von Rosenberg vertretenen Anschauungen nicht als Verstoß gegen die Partei angerechnet werden dürfe. Nichts ist schlimmer als die fortdauernde Unklarheit darüber, ob zur nationalsozialistischen Weltanschauung der Kampf gegen das auf die Heilige Schrift gegründete Christentum gehört oder nicht; denn aus dieser Unklarheit ziehen die Extreme auf beiden Seiten Nutzen und hindern jede doch so wünschenswerte Entspannung, die den führenden Männern auf beiden Seiten so sehr am Herzen liegt. Wir haben uns trotz einer gerichtlichen Verfolgung, die uns eine Kundgebung gegen Rosenberg zugezogen hat, und trotz der schwerer zu nehmenden Schließung der Apologetischen Zentrale in Spandau, die ja nichts anderes war als eine Strafmaßnahme gegen ihren Leiter wegen seiner literarischen Bekämpfung Rosenbergs, nicht von unserer Linie abdrängen lassen, aber wir können es nicht hindern, daß weite kirchliche Kreise nachgerade ganz pessimistisch denken – und das ist nicht gut, das bringt dem Staat keinen Segen. Wenn ich daran denke, wie absolut zuverlässig unsere christlichen Kreise in Württemberg in allen großen Krisen Deutschlands waren und wie sie jetzt geplagt werden dürfen von Leuten und Kreisen, die vor 20 Jahren sich nicht regten oder auf ganz anderer Seite standen, so erfaßt mich tiefer Schmerz. Ich kann nur bitten:

Setzen Sie Ihren ganzen Einfluß dafür ein, daß solchen Schädigungen des Ansehens des Staates ein Riegel vorgeschoben wird, und treten Sie dafür ein, daß der altbewährte Satz, der ganz dem germansichen Sittlichkeitsempfinden entspricht,»Eines Mannes Rede ist keine Rede, man soll sie hören alle beede«, auch den kirchlich gesinnten Volksgenossen gegenüber angewendet wird.

Die Durchführung der Einstampfung eines Werkes, zu dessen Neuherausgabe ein Kapital von RM 50000.- investiert wurde, würde eine so schwere finanzielle Schädigung des Verlags bedeuten, daß dessen Fortbestehen in Frage gestellt erscheint. Es wäre bestimmt kein Ruhmesblatt für die nationalsozialistische Staatsführung, wenn eine Werkstätte ehrlicher deutscher Geistesarbeit, die auch bei den evangelischen Auslandsdeutschen bekannt ist, geschlossen werden müßte.

Heil Hitler! Ihr ergebener [Wurm].

Der Vorsitzende des Evang. Pfarrvereins in Württemberg, Pfr. Schnaufer, bat am 18. 5. 1938 Reichsstatthalter Murr, Stuttgart, um sein Eingreifen[52]*:*

Herr Reichsstatthalter!

Der 1. Band des »Calwer Kirchenlexikon« wurde laut Verfügung der Geheimen Staatspolizei Staatspolizeistelle Stuttgart vom 22. 2. 1938 Nr. XXXII P 308/2511 für Württemberg und Hohenzollern beschlagnahmt und eingezogen.

Die parteiamtliche Prüfungskommission zum Schutze des NS-Schrifttums, Berlin W 35, schreibt an die Calwer Vereinsbuchhandlung Stuttgart am 23. 3. 1938, daß dem Wunsch auf Freigabe des Werkes nicht stattgegeben werden könne, weil die politisch zu beanstandende Haltung des Werkes das Gesamtbuch durchziehe.

Mit der Beschlagnahme des Werkes ist nicht nur der altberühmte »Calwer Verlag«, auch nicht nur der Herausgeber und die Mitarbeiter, sondern sind auch die evang. Pfarrer in Württemberg schwer getroffen. Der Calwer Verlag besteht seit 1836, er hat sich von jeher verdient gemacht durch Herausgabe theologischer Werke, besonders auch für Württemberg. Ich erinnere nur an die erst in den allerletzten Jahren von ihm herausgegebenen zwei Bände württembergischer Kirchengeschichte, denen noch zwei weitere Bände folgen sollen. Das »Calwer Kirchenlexikon«, um dessen Beschlagnahme es sich handelt, kam in 2 Bänden erstmals

---

52 LKA Stuttgart, D 1, Bd. 77.

1891–1893 heraus. Es ist vergriffen und durch die wissenschaftliche Forschung der Zwischenzeit überholt. So wurde eine neue Bearbeitung sehnlich erwartet, ihr Erscheinen 1937 freudig begrüßt. Der Herausgeber ist ein allgemein geschätzter württembergischer Theologe in leitender Stellung, Dekan Keppler, Weikersheim. Die 38 ständigen Mitarbeiter an dem Werke sind mit einer Ausnahme lauter württembergische Theologen. Auch die 102 Sachverständigen, die einen oder mehrere Sonderartikel lieferten, sind zum weitaus größten Teil württembergische Pfarrer und Laien, darunter Namen vom Gewicht des verstorbenen Generalstaatsanwalts D. Röcker. So kann das Werk als eine Gemeinschaftsarbeit württembergischer Pfarrer bezeichnet werden.

Das Werk kommt einem dringenden Bedürfnis der wissenschaftlichen Forschung entgegen. Es gibt kein neueres Werk, in dem wir württembergischen Pfarrer uns so zuverlässig und kurz über alle Fragen der wissenschaftlichen Forschung der Gegenwart, soweit sie Kirche und Theologie betrifft, unterrichten können, wie dies »Calwer Kirchenlexikon«. Einige größere theologische Werke, die aber nicht so gegenwartsgemäß sind, sind für die meisten von uns württ. Pfarrer unerschwinglich. Die Beschlagnahme des Werkes ist nicht nur eine schwere Enttäuschung, sondern auch eine schwere Schädigung der wissenschaftlichen und kirchlichen Arbeit für die württ. Pfarrer.

Das Werk geht aber, wie alles, was der bekannte Verlag herausgibt, über die Grenzen unseres engeren Heimatlandes weit hinaus. Die Calwer Vereinsbuchhandlung hat in ganz Deutschland einen so guten Ruf von jeher, daß z. B. wir jungen Studenten in Straßburg das »Calwer Kirchenlexikon« bei seinem Erscheinen in den neunziger Jahren des vorigen Jahrhunderts unbesehen bestellten, nur weil es dieser bewährte, volles Vertrauen verdienende Calwer Verlag herausgab. So ist es heute noch und heute wieder bei dem in diesem Verlag erscheinenden Kirchenlexikon. Es wird nicht bloß von der württembergischen, sondern von der ganzen deutschen Pfarrerschaft nicht verstanden werden, wenn dieses Werk nun ausgerechnet für Württemberg und Hohenzollern von der Geheimen Staatspolizei beschlagnahmt wird. Die Bedeutung des »Calwer Kirchenlexikons« geht aber auch noch über die Grenzen des Deutschen Reiches hinaus. Vor allem in England, Schweden, Norwegen, Holland, aber auch in Übersee ist der Calwer Verlag schon seit 100 Jahren, schon durch den Namen des »alten Gundert« von Calw angesehen als bewußter und geschätzter Vertreter des deutschen Protestantismus. Ich glaube, sagen zu dürfen: Es ist geradezu eine »Blamage« für Württemberg, wenn dieses württembergische Werk nicht hinausgehen darf, das Württemberg, wo es hinkommt, nur Ehre bringt, das auch in den Veröffentlichungen des Deutschen Auslandinstituts günstig besprochen wird.

Was ist nun der Grund der Beschlagnahme? »Die das Gesamtbuch durchziehende Haltung« des Werkes wird politisch beanstandet. Hiezu ist zu sagen: Die Gesamthaltung des Buches ist evangelisch und ist kirchlich. Wenn freilich evangelische und kirchliche Haltung eines Werkes nicht geduldet werden kann, dann wird alle Mühe um Freigabe des Werkes umsonst sein. Ich kann das aber nicht glauben. Das stünde ja im Widerspruch zu allem, was der Führer in bedeutungsvollsten Stunden der Geschichte des Dritten Reiches feierlich verkündigt hat. Die Aufrechterhaltung der Beschlagnahmung könnte allerdings die Vermutung stärken, daß eben doch ein Werk von solch bewußt evangelischer und kirchlicher Gesamthaltung eben aus diesem Grunde politisch zu beanstanden sei. Dies zu glauben, wehre ich mich als württembergischer evangelischer Pfarrer und werde dem entgegentreten, solange ich nicht vom Gegenteil überzeugt bin. Helfen Sie bitte, Herr Reichsstatthalter, daß wir evangelischen Pfarrer, daß ich als Leiter des Evang. Pfarrvereins in Württemberg dem entgegentreten kann, es sei ein Buch um seiner evangelischen und kirchlichen Haltung willen verdächtig.

Über viele Einzelfragen in dem großen Werk sind wir Pfarrer und ist die theologische Forschung nicht gleicher Meinung. Das liegt im Wesen eines wissenschaftlichen Werkes. Es hat die Fragestellung aufzuwerfen, es hat die Lösungsversuche zu berichten, die in der wissenschaftlichen Entwicklung dargeboten wurden, und es hat die Gründe für und wider abzuwägen; aber es hat keine Patentlösung zu geben. Als Beispiel greife ich die Frage heraus: War Jesus Arier? Diese Frage ist Gegenstand der Forschung. Darüber hat das Werk zu berichten, den Stand der wissenschaftlichen Forschung darzulegen. Der Verfasser des betreffenden Artikels wird vielleicht auch seinen eigenen Standpunkt aussprechen. Wenn das nicht mehr geschehen dürfte, wäre dies das Ende der wissenschaftlichen Forschungsarbeit. Es wäre nicht zu verstehen, wenn ein Werk deshalb beschlagnahmt wird, weil die Auffassung dieses und jenes Artikels nicht allen Referenten und Lesern paßt.

So komme ich zu der Bitte: Herr Reichsstatthalter! um der Ehre Württembergs willen, im Blick auf die württembergische Pfarrerschaft, die eben im Begriff ist, den Eid auf den Führer abzulegen[53], aus innen- und außen-

53 Siehe S. 984–995. 1003–1073.

politischen Gründen, legen Sie bitte Ihren starken und maßgebenden Einfluß dafür in die Wagschale, daß nicht eine Maßnahme aufrecht erhalten bleibt, die nicht Ehre, aber mannigfachen Schaden bringen würde.
Heil Hitler! Der Vereinsleiter.

Kirchliche Unterweisung, Konfirmation, Dienst in der Hitler-Jugend

Um den Besuch des Zuhörer- und Konfirmandenunterrichts neben dem Dienst in der Hitler-Jugend zu ermöglichen, versuchte der Oberkirchenrat zu einer Regelung zu kommen; er teilte am 13.1.1937 den Pfarrämtern mit[54]*:*

I. Seit Monaten ist der Oberkirchenrat bzw. die Landesjugendstelle bemüht, durch direkte Fühlungnahme mit der Gebietsführung eine Reihe von schwebenden Fragen hinsichtlich der ganzen kirchlichen Jugendarbeit zu klären und zu einer Vereinbarung zu kommen. Nach langen vergeblichen Bemühungen war eine unmittelbare Aussprache mit der Gebietsführung endlich am 7.1.1937 möglich. Es handelte sich dabei um die Frage des Konfirmandenunterrichts, der Sonntage und Werktage im Zusammenhang mit der durch Aufhebung des Staatsjugendtags für die HJ notwendig gewordenen Neuverteilung ihres Dienstes (vgl. den Erlaß Nr. A 72 vom 5.1.1937 an sämtliche Pfarrämter). Die Gebietsführung erklärte hiebei Folgendes:

»1. Sie betrachte sich nicht mehr gebunden an die von seiten der evangelischen Kirche mit der Gebietsführung getroffene Abmachung vom 16.2.1934[55], wonach ›die Zuhörer und Konfirmanden während der Dauer des Zuhörer- und Konfirmandenunterrichts auf ihren Wunsch vom HJ-Dienst beurlaubt werden‹.

2. Infolge der mit Erlaß des Herrn Kultministers vom 22.12.1936 erfolgten Aufhebung des Staatsjugendtags[56] werde der Jungvolkdienst in Zukunft am Mittwoch- und Samstag-Nachmittag sowie am 1. und 3. Sonntag nachmittags von 14 bis 18 Uhr abgehalten.

---

54 Nr. A 486; Erlaß an alle Pfarrämter. Die Hitler-Jugend war seit 1.12.1936 Staatsjugend (Reichsgesetzblatt 1936, Teil I, S. 993), die Mitgliedschaft für die 10 bis 18 jährigen Pflicht (10 bis 14 Jährige: Jungvolk bzw. Jungmädel, 14 bis 18 Jährige: Hitler-Jugend im engeren Sinn bzw. BDM). Vgl. auch den ergänzenden Erlaß Nr. A 529 vom 14.1.1937.
55 Vgl. Bd. 3, S. 673–696.
56 Der Samstag war als Staatsjugendtag für die Angehörigen der HJ schulfrei, der Dienst der HJ fand an diesem Tag statt, der Sonntag blieb damit dienstfrei (vgl. VO des württ. Kultministers vom 2.8.1934).

3. Die HJ werde in Zukunft der Reichsregelung angeglichen, demzufolge sie für ihren Dienst ab 1.1.1937 den 1., 3. und 5. Sonntag beanspruche.«

II. Der Oberkirchenrat stellt hiezu fest:

Auch wenn die Württ. Gebietsführung hiebei nur ausführendes Organ ist, so muß doch festgestellt werden, daß diese neue Diensteinteilung der HJ von der Reichsjugendführung selbst ohne jegliche vorherige Fühlungnahme mit der evangelischen Kirche und ohne Rücksicht auf die geltenden Abmachungen erfolgt ist.

a) Der Jugendvertrag[57] einschließlich der hiezu seinerzeit durch den Obergebietsführer Nabersberg erlassenen Ausführungsbestimmungen ist in wesentlichen Punkten einseitig abgeändert worden. Nach diesen Ausführungsbestimmungen kommt für das Alter unter 14 Jahren »je nur ein vorbehaltsloser Werktagnachmittag und nur ein Sonntag im Monat« in Frage. Jetzt aber soll das Jungvolk an 2 Nachmittagen und an 2 Sonntagnachmittagen Dienst tun!

b) Die im Oktober 1933 mit der Württ. Gebietsführung getroffene Abmachung (vgl. Erlaß Nr. A 8326 vom 23.10.1933), wonach die HJ »für ihre Ausmärsche und Treffen den 2. und 4. Sonntag im Monat, der BDM den 1. und 3. Sonntag belegt«, ist mit Wirkung vom 1.1.1937 einseitig abgeändert worden. Die Landesjugendstelle wurde davon erst am 11.1.1937 von der Gebietsführung schriftlich in Kenntnis gesetzt.

III. Die evangelische Kirche wird dadurch zunächst genötigt, dort, wo die Christenlehre bei getrennter Unterweisung für die männliche Jugend bisher am 1. u. 3., für die weibliche Jugend am 2. und 4. Sonntag stattfand, in der Weise zu tauschen, daß die Christenlehre für die männliche Jugend auf den 2. und 4., für die weibliche Jugend auf den 1. und 3. Sonntag verlegt wird. In Gemeinden, in denen die Christenlehre für die männliche und weibliche Jugend gemeinsam erteilt wird, müssen im Bedarfsfall sofort durch direkte Besprechungen mit den zuständigen HJ- und BDM-Stellen örtliche bzw. bezirksweise Regelungen getroffen werden. Dasselbe gilt für Doppelpfarreien bzw. Pfarreien mit Filialen. Bei diesen Verhandlungen ist unter anderem auch auf den in Abschrift beiliegenden Abschnitt aus der im Rundfunk gehaltenen Rede des Reichsjugendführers abzuheben.

Kinder- und Jugendgottesdienst sind wie bisher abzuhalten. Hinsichtlich des Konfirmandenunterrichts ist in Verhandlungen mit den Schullei-

---

57 Amtsblatt Bd. 26, Beiblatt zu Nr. 25, S. 5–20.

tern darauf zu dringen, daß nach Aufhebung des Staatsjugendtags und infolge der Inanspruchnahme des Mittwoch-Nachmittags durch die HJ ein weiterer Nachmittag (Dienstag oder Freitag) für den Konfirmandenunterricht freigemacht werde.[58] Diese Regelung ist da und dort bereits getroffen worden. I.V. Müller

In der Passionszeit 1937 veranstaltete die Hitler-Jugend mehrtägige Geländespiele. Vom Führer des Jungbanns 125, Schönbuch, wurde dem Oberkirchenrat am 4.3.1937 mitgeteilt[59]*:*

Ich teile Ihnen mit, daß die Konfirmanden der Oberämter Tübingen, Reutlingen, Vaihingen, Böblingen, Herrenberg, Rottenburg und Urach, die an der Jungbannfehde teilnehmen, in der Zeit vom 22. bis 25. März keinen Konfirmandenunterricht (Vorbereitung zur Beichte und zum Abendmahl) besuchen können. Wir bitten Sie, nötigenfalls die Verlegung dieser Stunden zu veranlassen.

Heil Hitler! Der Führer des Jungbanns 125, Schönbuch. I.V. Brandstätter, Jungzugführer.

In diesem Zusammenhang wandte der Oberkirchenrat sich am 2.3.1937 an die Württ. Gebietsführung der Hitler-Jugend in Stuttgart[60]*:*

Aus dem ganzen Land kommen Anfragen und Berichte an den Evang. Oberkirchenrat über Ansetzung eines mehrtägigen Geländespiels durch die Jungvolkführung, teils über Palmsonntag (21. März), teils von Palmsonntag bis Gründonnerstag, teils über den Karfreitag. Mag nun der offizielle Beginn dieser für das ganze Land angeordneten Geländespiele einige Tage früher oder später gelegt sein, so zeigen doch die aus dem ganzen Land an den Oberkirchenrat gelangenden Proteste deutlich, daß der offi-

---

58 Vereinbarung zwischen der Ministerialabteilung für die Höheren Schulen und dem Evang. Oberkirchenrat einerseits und dem Evang. Konsistorium andererseits hinsichtlich des Konfirmationsunterrichts vom 12.8.1921 (Amtsblatt Bd. 19, S. 407–409); dort ist in Ziffer 1 a–1 e vereinbart, daß 1 normale Religionsstunde zugunsten des Konfirmationsunterrichts ausfallen kann und daß die Schule für den Konfirmationsunterricht genügend zeitlichen Spielraum gibt.
59 LKA Stuttgart, D 1, Bd. 96. Vgl. zu dem ganzen Zusammenhang auch den Erlaß des württ. Kultministers vom 13.2.1937, wonach Kinder unter 14 Jahren durch Organisationen nicht in Anspruch genommen werden dürfen (vom Oberkirchenrat den Dekanatämtern mitgeteilt mit Erlaß Nr. A 6034 am 4.6.1937). Schulkindern unter 10 Jahren war nach einem Erlaß des Reichserziehungsministers vom 27.2.1935 die Beteiligung an Vereinen oder Verbänden verboten (vom Oberkirchenrat den Dekanatämtern mitgeteilt mit Erlaß Nr. A 5248 am 8.5.1936).
60 Nr. A 2447.

zielle Plan, zeitlich und räumlich ausgedehnte Geländespiele ausgerechnet in die Zeit der Konfirmation und Karwoche zu legen, von weiten evangelischen Volkskreisen mit Entrüstung aufgenommen wird. Der Evang. Oberkirchenrat weist darauf hin, daß in einer ganzen Anzahl von Gemeinden aus besonderen Gründen die Konfirmation auf 21. 3. 1937 (Palmsonntag) verlegt werden mußte, daß das Konfirmandenabendmahl in diesen Gemeinden an einem der Abende der Passionswoche oder am Karfreitag stattfindet, daß außerdem in all diesen Gemeinden in der Karwoche der Vorbereitungsunterricht auf das Konfirmandenabendmahl stattfindet.

Wir erheben nachdrücklichst Einspruch gegen die Veranstaltung dieses Geländespiels in der vorgesehenen Zeit. Wir müssen darin eine wehtuende Verletzung der religiösen Empfindungen des christlichen Volksteils und eine Mißachtung der kirchlichen Sitte sehen. Wir glauben, daß es der Gebietsführung möglich sein wird, auf die Jungvolkführung dahingehend einzuwirken, daß die Ansetzung des geplanten mehrtägigen Geländespiels in der Passionszeit auch mit Rücksicht auf den mit Sicherheit zu erwartenden Widerstand der christlichen Elternschaft und auf die dadurch hervorgerufene Störung der Volksgemeinschaft unterbleibt und daß hiefür eine andere Zeit gewählt wird. Sollte sich die Jungvolkführung nicht entschließen können, darauf Rücksicht zu nehmen, so würden wir uns zu unserem Bedauern gezwungen sehen, unsererseits die nötigen Maßnahmen zu ergreifen und gleichzeitig uns unter Berufung auf die Ausführungen des Herrn Reichsjugendführers vom 9. 12. 1936 an die Reichsjugendführung zu wenden.

Wir bitten Sie um gefälligen baldigen Bescheid. I.V. Müller.

Den Pfarrämtern teilte der Oberkirchenrat am 15. 3. 1937 mit[61]*:*
Der Oberkirchenrat hat sich unter dem 2. 3. 1937 wegen der von der Jungvolkführung geplanten mehrtägigen Geländespiele (Jungbannfehden) unmittelbar an die Gebietsführung mit einem nachdrücklichen Einspruch gewandt. Unter dem 4. März hat die Jungbannführung 125, Schönbuch-Tübingen, dem Oberkirchenrat mitgeteilt, daß vom 22. bis 25. März in mehreren Oberämtern kein Konfirmandenunterricht stattfinden könne! Unter dem 11. 3. 1937 hat die Gebietsjungvolkführung dem Oberkirchenrat unter anderem geschrieben, daß eine Verlegung der Termine beim besten Willen nicht mehr möglich sei, daß an den Fehden nur etwa $1/6 - 1/7$ des württ. Jungvolks teilnehmen, daß keiner dazu befohlen

---

61 Nr. A 2762.

sei, daß alle sich freiwillig melden konnten, daß aber die Verpflichtung mit der freiwilligen Meldung beginne. Die Termine seien:

Jungbann 119 gegen Jungbann 180: 22.–24. März. (119 ist Stuttgart, Stuttgart/Land; 180 umfaßt die Kreise Ludwigsburg, Marbach, Maulbronn, Vaihingen, Leonberg.)

Jungbann 119 gegen Jungbann 125: 22.–25. März. (125 umfaßt die Kreise Tübingen, Reutlingen, Böblingen, Herrenberg, Rottenburg, Pfullingen.)

Jungbann 120 gegen Jungbann 365: 22.–25. März. (120 umfaßt die Kreise Ulm, Blaubeuren, Münsingen, Ehingen; 365 umfaßt die Kreise Esslingen, Nürtingen, Kirchheim, Göppingen, Geislingen.)

Jungbann 121 gegen Jungbann 122: 27.–31. März. (121 umfaßt die Kreise Heilbronn, Neckarsulm, Brackenheim, Besigheim; 122 umfaßt die Kriese Mergentheim, Gerabronn, Künzelsau, Öhringen, Hall, Crailsheim.)

Jungbann 123 gegen Jungbann 364: 22.–25. März. (123 umfaßt die Kreise Ellwangen, Aalen, Neresheim, Gmünd, Heidenheim; 364 umfaßt die Kreise Waiblingen, Backnang, Gaildorf, Welzheim, Schorndorf.)

Jungbann 124 gegen Jungbann 366: 29. März – 2. April. (124 umfaßt die Kreise Ravensburg, Tettnang, Wangen, Leutkirch; 366 umfaßt die Kreise Biberach, Laupheim, Riedlingen, Saulgau, Waldsee.)

Jungbann 126 gegen Jungbann 127: 27.–30. März. (127 umfaßt die Kreise Balingen, Rottweil, Spaichingen, Hechingen, Sigmaringen, Tuttlingen; 126 umfaßt die Kreise Wildbad, Neuenbürg, Calw, Nagold, Freudenstadt, Horb, Sulz, Oberndorf.)

Daraus geht hervor, daß gerade in den ausgesprochen katholischen Bezirken (vgl. Jungbann 124 gegen Jungbann 366: 29. März bis 2. April) die nötige kirchliche Rücksicht genommen wurde.

Nachdem unseren berechtigten und rechtzeitig zur Kenntnis gebrachten kirchlichen Anliegen und Forderungen nun leider nicht Rechnung getragen wurde und nachdem die Jungbannfehden im größten Teil des Landes ohne Rücksicht auf die 2. Konfirmation und den Vorbereitungsunterricht für Beichte und Abendmahl und ohne Rücksicht auf die Karwoche durchgeführt werden sollen, sieht sich der Oberkirchenrat aus Gründen seelsorgerlicher Verantwortung und um der kirchlichen Ordnung willen genötigt zu folgender Stellungnahme:

Diese Veranstaltung verletzt das christliche Empfinden und mißachtet den besonderen Charakter der Karwoche und die kirchliche Ordnung; sie steht unserer Einsicht auch in grundsätzlichem Widerspruch zu der

Rundfunkrede des Reichsjugendführers vom 9.12.1936. In dieser Rede führte der Reichsjugendführer unter anderem aus, daß »an den Sonntagen während der Kirchzeit grundsätzlich kein Dienst angesetzt wird, so daß jedem [Jugendlichen] Gelegenheit gegeben ist, die Kirchen seiner Konfession besuchen zu können..., daß im Rahmen der nun entstehenden großen Reichsorganisation alle Führer und Führerinnen sich jeglicher Äußerung im Sinne der vergangenen Auseinandersetzungen zu enthalten und dafür zu sorgen haben, daß der sonntägliche Gottesdienst und auch sonstige von der Konfession vorgeschriebenen, rein religiösen Veranstaltungen nicht durch den Dienst in der HJ beeinträchtigt werden«.

Der Oberkirchenrat hält grundsätzlich die Teilnahme von Konfirmanden an diesen Jungbannfehden in der Karwoche für kirchlich nicht erwünscht. Soweit Konfirmanden, die am 21. März konfirmiert werden sollen, sich bereits zur Teilnahme an diesen Jungbannfehden bereit erklärt haben, haben sie sich unter Zustimmung ihrer Eltern und unter gleichzeitiger entsprechender Mitteilung an die Jungvolkführung kirchlicherseits zu verpflichten, daß sie an dem auf die Konfirmation folgenden Vorbereitungsunterricht zur Beichte und Abendmahl sowie am Konfirmandenabendmahl teilnehmen. Andernfalls können sie nicht zur Konfirmation zugelassen werden. Es wird den Pfarrämtern empfohlen, die örtlichen Stellen der HJ davon sofort in Kenntnis zu setzen und auf Befreiung aller Konfirmanden von den Jungbannfehden zu dringen. Im übrigen sind in allen in Betracht kommenden Gemeinden die christlichen Eltern der Jungvolkmitglieder aufzufordern, bei den zuständigen Parteistellen sich mit Entschiedenheit gegen derartige Veranstaltungen in der Karwoche zu wenden.

Dies wird hiemit den Evang. Pfarrämtern und den Kirchengemeinderäten eröffnet. I.V. Müller.

Über die religiöse Erziehung der Jugend außerhalb der Hitler-Jugend äußerte der Reichsjugendführer Baldur v. Schirach sich am 9.12.1936 im Rundfunk[62]:

62 Beilage zu Erlaß Nr. A 2762 vom 15.3.1937. Vgl. auch den Befehl des Stabsführers der HJ, Lauterbacher, vom 15.12.1935:
Nicht nur für alle Führerinnen, sondern auch für alle Mädel verbiete ich ab sofort die Hilfeleistung in irgendeiner Form in konfessioneller Arbeit (Helferin für Kindergottesdienst usw.). Die Führerinnen sind mir für die Durchführung dieser Anordnung verantwortlich. Lauterbacher, Stabsführer.
Vgl. dazu weiterhin das Schreiben des Reichskirchenministeriums vom 23.7.1936 an den Reichskirchenausschuß, in dem festgestellt wird: »In obriger Angelegenheit teilt die Reichsjugendführung mit: ›Die Reichsjugendführung hat keine Anordnung gege-

Was nun die Konfessionen an sich anbetrifft, kann ich als Jugendführer des Deutschen Reiches, da wir nun einmal mehrere Konfessionen besitzen, keine bestimmte als für die Jugend verbindlich erklären. Wie ich überhaupt alles vermeiden muß, was in die Jugend Zwiespalt und Uneinigkeit hineintragen könnte. Ich überlasse es also den Kirchen, die Jugend im Sinne ihrer Konfession religiös zu erziehen, und werde ihnen auch in diese Erziehung niemals hineinreden. Mein Auftrag wurde mir vom Deutschen Reich gegeben. Ich bin dem Reich dafür verantwortlich, daß die gesamte Jugend im Sinne der nationalsozialistischen Staatsidee körperlich, geistig und sittlich erzogen wird. Für die Durchführung dieser erzieherischen Maßnahmen wird ein bestimmter Dienst angesetzt werden. Und ich habe nichts dagegen, daß außerhalb dieses Dienstes jeder Jugendliche religiös dort erzogen wird, wo das seine Eltern wollen oder er selber will. An den Sonntagen wird während der Kirchzeit grundsätzlich kein Dienst angesetzt werden, so daß jedem Gelegenheit gegeben ist, die Kirchen seiner Konfession besuchen zu können. Nachdem durch das Gesetz vom 1. Dezember der Streit zwischen der Hitler-Jugend und den konfessionellen Jugendverbänden beendet ist, ist es für mich eine selbstverständliche Konsequenz, wenn ich anordne, daß im Rahmen der nun entstehenden großen Reichsorganisation alle Führer und Führerinnen sich jeglicher Äußerungen im Sinne der vergangenen Auseinandersetzungen zu enthalten und dafür zu sorgen haben, daß der sonntägliche Gottesdienst und auch sonstige von der Konfession vorgeschriebenen, rein religiösen Veranstaltungen nicht durch den Dienst in der Hitler-Jugend beeinträchtigt werden...

Bei der Konfirmation gab es auch im Jahr 1937 wieder mannigfache Schwierigkeiten. Am 14.4.1937 berichtete das Evang. Pfarramt Frickenhofen dem Evang. Dekanatamt Gaildorf[63]:

> ben, wonach allen Mädeln und Jungen der Helferdienst in konfessioneller Arbeit verboten wird, sondern lediglich die Obergauführerin von Schlesien hat eine derartige Anordnung veröffentlicht. Es stimmt also nicht, was der Reichskirchenausschuß mitteilt, daß der Stabsführer Lauterbacher sich einen Eingriff in das kirchliche Leben geleistet hätte.‹ «
> (Archiv der EKD, A 4, 77).
> Siehe auch das Schreiben des Evang. Oberkirchenrats Nr. A 7787 vom 23.7.1937 an das württ. Kultministerium, mit dem Protest erhoben wurde gegen einen Erlaß des Kultministers, der den Grundschülern die Teilnahme an den Jugendabenden des Evang. Jugendwerks verboten hatte.

63 LKA Stuttgart, D 1, Bd. 71.

Ein Konfirmand der Schule in Birkenlohe hatte zum Hersagen bei der Konfirmation die Frage Nr. 3 des württ. Konfirmationsbüchleins zugeteilt bekommen. Diese Frage hat folgenden Wortlaut: »Wer bist du denn? Antwort: Ich bin ein Christ.« Herr Hauptlehrer Rothfuss hat nun nach dem einstimmigen Zeugnis der Konfirmanden sowie der Eltern der Schüler den Konfirmanden im Unterricht unter Anerbieten von RM 5.– zu veranlassen gesucht, auf die Frage »Wer bist du denn« folgende Antwort zu geben: »Ich bin ein Deutscher Christ«. Der Schüler ist auf dieses Ansinnen seines Lehrers nicht eingegangen. Dieser Vorfall hat jedoch bei Bekanntwerden in weiten Kreisen der Gemeinde große Empörung hervorgerufen, und die Gemeinde hat zum Ausdruck gebracht, daß sie vom Kirchengemeinderat einen deutlichen Einspruch gegen ein solches Verhalten erwarte.

Der versammelte Kirchengemeinderat sieht in diesem Verhalten des Lehrers:

1. Einen Mißbrauch des Erzieherberufes zu kirchenpolitischer Agitation, die das innere Miterleben der Konfirmanden bei der Konfirmationsfeier stark beeinträchtigen muß.

2. Ein charakterlich äußerst bedenkliches Verhalten eines Lehrers und Erziehers. Es ist nach Meinung des Kirchengemeinderates leichtfertig, gewissenlos und verabscheuungswürdig, wenn ein Erzieher unter gleichzeitigem Anerbieten von RM 5.– einen Konfirmanden von seinem Konfirmationsbekenntnis abspenstig zu machen versucht. Es muß der Eindruck entstehen, daß offenbar nach Ansicht dieses Erziehers eine Herzensüberzeugung für RM 5.– käuflich bzw. verkäuflich oder veränderlich sei.

3. Einen offensichtlich unerlaubten Eingriff des Herrn Hauptlehrer Rothfuß in das innere Leben der Kirche.

Der Kirchengemeinderat wollte durch eine kirchliche Verkündigung im Hauptgottesdienst der Gemeinde dieses Verhalten des Lehrers unter den angegebenen 3 Gesichtspunkten deutlich zurückweisen und den Schmerz zum Ausdruck bringen, daß in dieser Weise die Gewissen der Kinder durch einen Erzieher verwirrt werden. Der Vorsitzende schlägt jedoch vor, vorerst noch von einem solchen öffentlichen Schritt Abstand nehmen zu wollen und zunächst eine Stellungnahme der vorgesetzten Behörde des Herrn Hauptlehrer Rothfuß zu diesem Vorfall zu erbitten und abzuwarten, in der Hoffnung, daß damit die Sache bereinigt und eine Wiederholung eines solchen oder ähnlichen Verhaltens in Zukunft unmöglich gemacht wird. Der Kirchengemeinderat geht auf diesen Vorschlag des Vorsitzenden ein.

Demgemäß bitte ich das Dekanatamt um Weitergabe dieses Berichtes und um Veranlassung des weiteren. Pfarrer Dr. Seifert.

Über eine Konfirmationsfeier in Stuttgart schrieb der NS-Kurier *in seiner Ausgabe vom 17.3.1937*[64]*:*

»Du sollst nicht töten.«

In Stuttgart und im ganzen Lande Württemberg wurde am vergangenen Sonntag Konfirmation gefeiert. Dieses alljährlich wiederkehrende Ereignis selbst bietet an sich keinen Anlaß zu einer Stellungnahme unsererseits, wohl aber die Umstände, unter denen heuer diese kirchliche Feier vor sich ging. Wenn wir dabei einen besonderen Fall herausgreifen, so sind wir uns dabei bewußt, daß dieser unrühmliche, um nicht zu sagen skandalöse Einzelfall keine Verallgemeinerung zuläßt, und wir stellen gerne fest, daß in dem größten Teil der Stuttgarter Kirchen die Feier in dem althergebrachten Rahmen erfolgte, wie ihn die protestantische Konfession vorschreibt. In dem Falle, den wir jedoch im Auge haben, scheint man sich des Unterschiedes zwischen einer religiösen Feier und einer politischen Demonstration nicht ganz bewußt gewesen zu sein. Eine klare Abgrenzung der Begriffe scheint hier dringend am Platze, um eine Wiederholung der Vorgänge unmöglich zu machen, die sich vergangenen Sonntag in einer hiesigen Kirche ereignet haben.

Kurz der Tatbestand: Ein Konfirmand, den der betreffende Geistliche als Angehörigen der Hitlerjugend kennt und der auch am Konfirmationstage selbst in seinem braunen Ehrenkleid in der Kirche erscheint, wird die Frage nach dem 5. Gebot gestellt. Sie lautet bekanntlich: »Du sollst nicht töten!«[65] Nun, unser Hitlerjunge sagt sein Sprüchlein auf, obgleich es ihm und der ganzen versammelten Kirchengemeinde verwunderlich erscheint, daß man gerade ihn, den Hitlerjungen, durch die Fragestellung zu dieser Antwort nötigt. Bis dahin mag man noch versucht sein, an keine böse Absicht des betreffenden Geistlichen zu glauben; als dann aber am Schlusse der Feier jedem einzelnen sein sogenannter Denkspruch mitgegeben wird, den er sein ganzes Leben beherzigen und zur Richtschnur seines Handelns dienen lassen soll, da wird auch dem Naivsten klar, worauf man abzielt, denn der Spruch für den Hitlerjungen, der nicht töten soll, lautet: »Kämpfe den Kampf des ewigen Glaubens.«[66]

64 LKA Stuttgart, D 1, Bd. 71.
65 2. Mose 20, 13.
66 1. Tim. 6,12.

Man beachte die sinnige Zusammenstellung: Erst das Gebot »Du sollst nicht töten«, und daran anschließend die Aufforderung, den Kampf des ewigen Glaubens zu kämpfen. Man komme uns nicht mit spitzfindigen theologischen Auslegungen und versuche damit, die angebliche Harmlosigkeit dieser Angelegenheit nachzuweisen. Der Zweck ist so klar, daß sich in diesem Falle jede Auseinandersetzung erübrigt. Es entzieht sich unserer Kenntnis, ob der verantwortliche Pfarrer die Ansicht vertritt, als bilde der Dienst in der Jugend des Führers nur ein Training zum Massenmord. Nach der Fragestellung scheint dies zuzutreffen, denn eine Warnung oder eine Mahnung läßt man doch gemeinhin nur jenem zukommen, hinter dem man Absichten solcher Art vermutet. Die Aufforderung, den allerdings unblutigen »Kampf des ewigen Glaubens zu kämpfen«, bestätigt nur den durchsichtigen Zweck der Übung. Wenn die Kirche ihre Anhänger auffordert, für den ewigen Glauben zu kämpfen, unter dem sie natürlich ihren Glauben versteht, so ist das ihre Privatangelegenheit, und kein Mensch – auch der Staat nicht – wird ihr dies verwehren. Es sollte jedoch auch bis zu den Amtsstuben der Geistlichkeit vorgedrungen sein, daß sich der Nationalsozialismus zu dem Grundsatz bekennt, jeden nach seiner Fasson selig werden zu lassen. Entscheidend allein ist für uns der Glaube an das ewige Deutschland und seinen Führer, und diesen Glauben in die Herzen der deutschen Jugend unverrückbar zu verpflanzen, ist unsere höchste und heiligste Aufgabe. Wir können und werden nicht dulden, daß auf die oben geschilderte, typisch-jesuitische Art ein Zwiespalt in den Herzen der Jugend aufgerissen wird, der sie unter Umständen von der Erfüllung ihrer elementarsten Pflicht gegen Volk und Nation abhalten könnte.

Wäre es nicht ungleich schöner und segensreicher, dem jungen Menschen, der nun hinaustreten soll ins Leben, einen Leitspruch mitzugeben, aus dem er erkennt, daß er der allmächtigen Vorsehung dient, wenn er sich bemüht, ein vollwertiges Mitglied der Gemeinschaft des Volks zu sein, mit dem er unlöslich verbunden ist durch den Strom des gemeinsamen Blutes? Man sollte darüber an verantwortlicher Stelle einmal in besinnlichen Stunden nachdenken...

Der Wahldienst der Landeskirche teilte dazu am 5.4.1937 die Stellungnahme des Gemeindepfarrers mit[67]*:*
Der in dem Artikel angeführte Hitlerjunge ist..., Sohn des SS-Oberführers... Ich war am Nachmittag des Konfirmationstages von der Fami-

---

67 LKA Stuttgart, D 1, Bd. 71.

lie, die im selben Hause mit mir wohnt, beim Kaffee eingeladen. Ein Verwandter äußerte seine Freude darüber, daß der Konfirmand gerade an das 5. Gebot gekommen sei, weil der Vater ein leidenschaftlicher Jäger ist und seinen Sohn häufig auf die Jagd mitnimmt. Die Bemerkung des Verwandten wurde vom Vater mit Lächeln aufgenommen, und er sagte mir dann, er habe sich über den schönen Denkspruch gefreut, den ich seinem Sohn gegeben habe. Ich erwiderte, daß es ein Zufall gewesen sei, daß der Sohn gerade an das 5. Gebot kam, weil die Fragen der Reihe nach zugeteilt werden, daß ich aber die Denksprüche für jeden einzelnen Konfirmanden ausgesucht habe. Im Laufe der Unterhaltung hat der Vater noch einmal seine Befriedigung über den Denkspruch geäußert. Als er am Mittwoch den Artikel im »NS-Kurier« las, rief er mir auf der Stelle vom Amt aus an und sagte meiner Frau, da ich abwesend war, er lese eben im »NS-Kurier« einen Artikel, der sich auf meine Konfirmation beziehe und in dem ich »ziemlich im Dreck herumgezogen sei«; wiederholt betonte er, daß er mit dem Artikel nichts zu schaffen habe. Er hat sich auch von sich aus mit dem »NS-Kurier« in Verbindung gesetzt. Es dürfte seinem Einwirken mit zu verdanken sein, daß am nächsten Tag eine freilich recht mangelhafte Berichtigung erfolgte.

Der NS-Kurier *brachte in seiner Ausgabe vom 18.3.1937 folgende Berichtigung*[68]*:*
In einer Zuschrift des Evang. Stadtdekanatamtes Stuttgart auf den in Nr. 127 des »NS-Kurier« erschienenen Artikel wird nachgewiesen, daß der betreffende Geistliche keinerlei politische Demonstration beabsichtigte, als er das biblische Wort »Du sollst nicht töten« mit dem Denkspruch »Kämpfe den guten Kampf des Glaubens« in Verbindung brachte. Dieses rein zufällige Zusammentreffen hätte sich aus der kirchlichen Konfirmationsordnung ergeben. Wir nehmen diese Erklärung zur Kenntnis, möchten dabei aber doch anregen, in Zukunft solche Zufälligkeiten nach Möglichkeit zu vermeiden, um Mißverständnisse auszuschließen, die sich in solchen Fällen zwangsläufig ergeben.

---

68 Vgl. LKA Stuttgart, D 1, Bd. 71.

Über den Konfirmandenunterricht von Dekan Dr. Dörrfuß, Ludwigsburg, erschien im Schwarzen Korps, *der Zeitung der SS, am 11.3.1938 folgender Artikel*[69]*:*

Esel oder Mercedes-Benz?

Im württembergischen Ludwigsburg verbreitet der Dekan Dr. Dörrfuß die Morallehren der bekennenden Wüstenprediger im spärlichen Kreise der konfirmationsbeflissenen Jugend. Am 25. Januar dieses Jahres wartete er mit folgendem Gleichnis auf: »Ein König ist umgeben von seinem Hofstaat, der Führer von seinen Reichsleitern mit glänzenden Uniformen und Sternen, Jesus dagegen ging einfach gekleidet im Kreise seiner Jünger einher. Sein Beförderungsmittel war ein Esel.« Nachdem der Dekan noch mehr Erbauliches in die Seelen der Jugendlichen geträufelt hatte, vor allem eingehende Schilderungen über die Art und Weise, wie die »Germanenweiber« an den Opfersteinen gestanden hätten, um den armen Römern die Gurgeln durchzuschneiden, stülpte er die einem Jünger Jesu ungewohnte Melone auf den Kopf und entschwand – nicht auf einem Esel, sondern am Steuer seines Autos.

Wenn wir ihm so sinnend nachblicken, wird er uns irgendwie sympathisch. Man soll Leute seines Schlages nach der Wirkung einschätzen, die sie auf ihre Zuhörer ausüben. Und Dörrfuß wirkt positiver, als er sich's träumen läßt. Die von ihm so »gutgemeint« staatsfeindlich beeinflußten Jugendlichen stellten eindeutige Betrachtungen darüber an, wie es sich wohl ausnähme, wenn der Führer mit seinen Reichsleitern auf Eseln gen Nürnberg zum Reichsparteitag geritten käme, und ihre Betrachtungen führten einhellig zu der Schlußfolgerung, daß der Esel dem Jünger Dörrfuß wohl doch besser zu Gesicht stände, besser als ein Automobil.

Und dann schrieb jemand an »Das Schwarze Korps«. »Das Schwarze Korps« kann diese Betrachtung weiterspinnen. Wenn jemand sich geistig

---

69 Vgl. dazu auch den Bericht von Dr. Dörrfuß vom 14.3.1938 an den Oberkirchenrat, in dem er mitteilt, daß nach Erscheinen dieses Artikels im NS-Kurier sein Wagen mutwillig beschädigt wurde (LKA Stuttgart, D 1, Bd. 76). Vgl. auch das Rundschreiben des SD Württemberg-Hohenzollern vom 20.8.1936 mit der Anordnung, für alle evang. Pfarrer einschließlich der Vikare Fragebogen auszufüllen, »um ein genaues und scharf umrissenes Bild vom Charakter und der weltanschaulichen Einstellung... zu erhalten«, sowie das vertrauliche Rundschreiben des SD vom 21.5.1937 mit der Anordnung, zur Überwachung »scharfer BK-Pfarrer« Verbindungsmanöver zu suchen und einzusetzen (StA Ludwigsburg, K 110, Bd. 34 u. 35).
Vgl. weiterhin den Bericht vom Dr. Dörrfuß über seine erste Konfirmanden-Unterrichtsstunde nach Erscheinen des Artikels (LKA Stuttgart, D 1, Bd. 76).

in der syrischen Wüste tummelt und ihre mannigfache Kargheit ihn zu hämischen Vergleichen mit der Machtäußerung einer selbstbewußten germanischen Weltanschauung veranlaßt, dann macht es sich allerdings schlecht, wenn er auf kirchensteuerbezahlten Super-Ballon-Reifen durch die Landschaft braust, statt auf sandalenbewehrten Dörrfüßen durch den Staub dieses Jammertals zu latschen. Wir wären ja gern bereit, Überzeugungen zu achten, auch solche, die jeder Äußerung des germanischen Geistes die Distelphilosophie syrischer Wüstenheiliger entgegenstellen. Wir dürften nur erwarten, daß die Vertreter dieser Richtung selbst auf Eseln reiten, härene Gewänder um ihre Lenden schwingen, die Heuschrecken den Brathühnchen vorziehen und so lange Wasser trinken, bis es sich allenfalls durch ein Wunder in Wein verwandelt. Wäre dem so, würden sich die alttestamentarischen Eiferer mehr an ihre Lehren halten, so brauchten sie nicht einen achtbaren Kraftwagenbestand, keine landauf und landein berühmten Speisekammern und Weinkeller und in den Städten nicht die schönsten Wohnungen in den teuersten Gegenden und vor allem brauchten sie nicht mit tausenderlei Mätzchen hinter den Kirchensteuern kirchenflüchtiger »Heiden« herzujagen...

Die hämisch gemeinte Gegenüberstellung – hier der Führer mit seinen Reichsleitern »mit glänzenden Uniformen und Sternen«, dort Jesus mit seinen Jüngern in schlichtesten Konfektionsanzügen a la mode des Jahres 30 nach Christi – wendet sich in jedem Fall gegen jene, die heute in Vertreterschaft Jesu für sich in Anspruch nehmen. Es ist uns nicht erinnerlich, daß Jesus sich jemals gegen die äußere Machtentfaltung des Staates gewandt hätte, wohl aber wandte er sich gegen das prunkvolle, schwatzende und lästernde Pharisäerpack, das vorgab, im Sinne Gottes zu wirken. Man kann sich unschwer vorstellen, was er zu seinen gegenwärtigen »Stellvertretern« auf Erden sagen würde. Der eine in Rom erstickt beinahe in einer Anhäufung von irdischem Prunk und ist um irdische Macht so sehr besorgt, daß er zusieht, wie seine Schäflein nicht dem Kaiser geben, was des Kaisers ist.[70] Die andern aber, die vielen kleinen Päpste des »papstfreien« Protestantismus, ringen mit falschem Zungenschlag ausschließlich um Pöstchen und Pfründen und rechnen nicht mit Seelen, sondern mit Kirchensteuereingängen.

Wir meinen, Jesus Christus würde sie allesamt erst einmal auf Esel setzen und auf Heuschreckenrationen begrenzen, um ihnen die Grundbegriffe einer entsagenden Religion beizubringen.

---

70 Matth. 22,21.

Die Flammenzeichen *hatten schon in ihrer Nr. 9 im Februar 1938 folgende Glosse veröffentlicht:*
Wir hören
... daß Dekan Dr. Dörrfuß in Ludwigsburg, mit einem Seitenhieb auf die Bewegung, immer die Einfachheit von Jesu Christi darlegt, dabei aber selbst geschwollen Auto fährt.
Der Heiland schlicht – reist' stets per pedes,
der Dörrfuß protzig – fährt Mercedes.

Wegen des Artikels im NS-Kurier *über Dekan Dr. Dörrfuß protestierte der Vorsitzende des Evang. Pfarrvereins in Württemberg am 6. 4. 1938 bei Reichsstatthalter Murr*[71]:

Herr Reichsstatthalter!
Im Stuttgarter »NS-Kurier« Nr. 115 vom 10. 3. 1938 kommt auf der ersten Seite ein Artikel mit der Überschrift »Esel oder Mercedes-Benz«. Der Artikel enthält wahrheitswidrige Behauptungen und verletzende Ausführungen gegen einen evang. Geistlichen in Württemberg und gegen unseren evang. Glauben und seine Verkündigung. Wahrheitswidrig sind die Ausführungen, wonach Herr Dekan Dr. Dörrfuß in Ludwigsburg »im spärlichen Kreise der konfirmationsbeflissenen Jugend am 25. Januar mit folgendem Gleichnis aufgewartet habe« usw.
Dekan Dr. Dörrfuß hat am Dienstag, 25. Januar dieses Jahres, überhaupt keinen Konfirmandenunterricht gehalten, kann also an diesem Tage die ihm zur Last gelegten Ausführungen auch nicht getan haben. Aber nicht bloß der Tag, auch der angebliche Inhalt der Ausführungen ist wahrheitswidrig.
Von den evang. Pfarrern wird in dem Artikel als den kleinen Päpsten des romfreien Protestantismus gesprochen, die mit falschem Zungenschlag ausschließlich um Pöstchen und Pfründen ringen und nicht mit Seelen rechnen, sondern mit Kirchensteuereingängen. Es wird auf die landauf und landein bekannten Speisekammern und Weinkeller und auf die Wohnungen der Pfarrer in den teuersten Gegenden der Städte hingewiesen, auf die Superballonreifen, die aus Kirchenmitteln bezahlt werden. Hier reiht sich für jeden, der die Wirklichkeit kennt, eine Unwahrheit an die andere; aber auf die breite Masse wirken solche Ausführungen, und darauf sind sie ja wohl auch berechnet. Unsere evang. christliche Verkün-

---

71 LKA Stuttgart, D 1, Bd. 76.

digung wird als »Morallehren der bekennenden Wüstenprediger« bezeichnet, wie ja der ganze Ton des Artikels ein hämischer und herabwürdigender ist.

Im Namen des Evang. Pfarrvereins in Württemberg, dem über 1500 ständige, unständige und Ruhestandsgeistlichen angehören, erhebe ich Beschwerde gegen den Stuttgarter »NS-Kurier«. Ich bitte zu veranlassen, daß der verantwortliche Schriftleiter gerügt und ähnliche Auslassungen gegen einzelne Pfarrer, den evang. Pfarrstand und gegen unseren evang. Glauben unterbleiben, die ebenso wahrheitswidrig wie verletzend sind und den Schein aufkommen lassen können, als dürfte in Württemberg ungeahndet verächtlich gemacht werden, was Millionen im Deutschen Volke, Hunderttausenden in Württemberg heilig und teuer ist.

Seit ich den Evang. Pfarrverein in Württemberg leite (Frühjahr 1935), erst recht in diesen bedeutungsvollen letzten Wochen und Tagen, arbeite ich unermüdlich und ohne mich durch unerfreuliche Erfahrungen irre machen zu lassen daran, daß von uns Pfarrern alles geschehe, damit zwischen Staat und Kirche in Württemberg das richtige Verhältnis bestehe oder wieder werde. Die Mitgliederversammlung des Württ. Pfarrvereins, die ich am 22. April dieses Jahres hier abhalten werde, ist ganz auf dieses Mühen eingestellt, auch durch das Thema des Hauptvortrags »Kirche und Staat nach lutherischer Auffassung«.

Ich wäre überaus dankbar, wenn ich an diesem Tage den Hunderten von Pfarrern, die da sein werden, sagen könnte: Unser Herr Reichsstatthalter hat dafür gesorgt, daß solche Verunglimpfungen in der Öffentlichkeit, wie sie in dem Artikel des »NS-Kuriers« sich finden, sich nicht mehr wiederholen werden. Heil Hitler! [Schnaufer.]

In Nr. 12 vom März 1938 brachten dann die Flammenzeichen *abschließend eine neue Glosse:*

Wir hören

... daß Dekan Dörrfuß, Ludwigsburg, nicht einen Mercedes-Benz, sondern einen DKW fährt, was wir nach telefonischer Rücksprache gerne berichtigen.

Demnach liebt diese Kirchengröße
das Fahren in der Zweitaktchaise.

Zur Teilnahme an mehrtägigen kirchlichen Veranstaltungen wurde von der Hitler-Jugend nach einer Verfügung des Reichsjugendführers vom 18.6.1937 Urlaub erteilt.

Die Landesjugendstelle der Landeskirche teilte diese Richtlinien am 29.6.1937 den Dekanatämtern und Bezirksjugendwarten mit.

Am 14.7.1937 konnte den Teilnehmern der evangelischen Jugendlager von der Landesjugendstelle mitgeteilt werden[72]*:*

Die Gebietsführung der Hitlerjugend hat mir heute früh folgende Mitteilung über die Beurlaubung von evang. Jugendlagern zugesandt:

»Wie ich Ihnen mündlich bereits mitgeteilt habe, erteilen wir zu den evang. Jugendlagern, die zur Zeit stattfinden, den dazu nötigen Urlaub. Der Urlaubsantrag ist im Einzelfalle auf dem vorgedruckten Formular auf dem Dienstweg beim Bannführer zu stellen und die Urlaubsgenehmigung abzuwarten. Der vorgedruckte Urlaubsantrag kann beim Bannführer angefordert werden.

Heil Hitler! Der Leiter der Personalabteilung und der Verbindungsstelle: Haug, Bannführer.«

Demzufolge wird also der Urlaub zu unseren Jugendlagern ohne weiteres gewährt, wenn dieser beantragt wird. Irgend welche örtliche Schwierigkeiten sind mir sofort zu melden. Die Gebietsführung hat mir zugesagt, daß sie für beschleunigte Erteilung des Urlaubs durch die Bannführer Sorge tragen wolle.

Heil Hitler! Dr. Manfred Müller, Landesjugendpfarrer.

Wegen der Teilnahme seines Sohnes an einem Ferienbibellager wurde ein württembergischer Lehrer von der zuständigen Kreisleitung der NSDAP zur Stellungnahme aufgefordert[73]*:*

Als Mitglied des NS-Lehrerbundes haben Sie sich seinerzeit durch Ablegung Ihres Eides verpflichtet, sich für die Ziele der Bewegung und der Weltanschauung des National-Sozialismus einzusetzen und somit alles zu vermeiden, was zur Trennung des Volkes in irgendeiner Hinsicht beiträgt. Wenn auch dem einzelnen Volksgenossen freisteht, seine Kinder in derjenigen religiösen Richtung zu erziehen, die er selbst für die richtige hält, so muß vom national-sozialistischen Erzieher doch erwartet werden, daß ihm heute der Unterschied zwischen Religion und Konfession allmählich

---

72 LKA Stuttgart, D 1, Bd. 72; vgl. auch das Rundschreiben der Landesjugendstelle an die Dekanatämter vom 29.6.1937 mit einzelnen Angaben über Voraussetzungen und Handhabung des Urlaubs (LKA Stuttgart, D 1, Bd. 72) und den Bericht von Oberkirchenrat Pressel vom Sommer 1937 über die Durchführung der evang. Jugendlager (LKA Stuttgart, D 1, Bd. 78).

73 LKA Stuttgart, D 1, Bd. 78; abschriftliche Mitteilung an den Oberkirchenrat ohne Nennung von Namen.

klar geworden ist und daß er somit nicht selbst noch dazu beiträgt, jene Kreise, die an der Stärkung des konfessionellen Zwiespalts das größte Interesse haben, dadurch zu unterstützen, daß er seine Kinder in konfessionelle »Lager« schickt.

Es gibt heute Möglichkeiten genug, sein Christentum, das im Laufe der Zeit erst sich zu konfessionellen Organisationen entwickelte, mit der Tat zu beweisen: Ich erinnere dabei nur an die sozialen Einrichtungen der NSV oder des WHW, als daß es von einem national-sozialistischen Erzieher verstanden werden könnte, daß die Ferien dazu benützt werden, die Kinder konfessionellen Lagern zuzuführen. Mehr als je verlangt der schwere Daseinskampf unseres Volkes die Vermeidung alles dessen, was sich trennend zwischen die Volksgenossen stellt, und die Betonung dessen, was zur Einigung beiträgt. Diese klare Erkenntnis muß aber in erster Linie in der deutschen Jugend durchgesetzt werden, um sie für den Gedanken der Einigkeit zu mobilisieren. Wer aber bereit ist, an diesem das Schicksal unseres Volkes bestimmenden Werk der Einigung mitzuwirken, muß es ablehnen, seine Kinder in konfessionelle Lager zu schicken, wenn er sich nicht zugleich außerhalb der Organisation stellen will, der er als Mitglied des NSLB angehört.

Ich ersuche um alsbaldige Mitteilung, was Sie nach diesem Hinweis auf Ihre Pflicht als Mitglied des NSLB zu tun gedenken.

Heil Hitler! [Unterschrift.]

Der Lehrer beantwortete die Anfrage seiner Kreisleitung mit folgendem Schreiben[74]:
Lieber Kamerad...!

Ich bestätige Ihnen den Empfang Ihres Schreibens vom... Erlauben Sie, daß ich Ihnen persönlich antworte. Ich war in den letzten Tagen in meiner Heimat, darum kann meine Antwort erst heute erfolgen.

Mein Bub ist am letzten Montag in das Lager abgefahren; er hatte entsprechend der Weisung der Reichsjugendführung Urlaub dazu eingegeben und diesen Urlaub von der Jungbannführung bekommen. Da war alles in Ordnung zugegangen. Wenn man einem Vater, der nach den in jeder Zeitung veröffentlichten Zusicherungen des Reichsjugendführers von diesem Angebot Gebrauch macht, nachher einen Strick daraus drehen will, so nennt ein deutscher Mann solches Verhalten weder offen noch gerade. Es ist ja eine ganze Reihe von Vätern, die auch außerhalb des

---

[74] LKA Stuttgart, D 1, Bd. 78; Wurm vermerkte handschriftlich unter dem Stück: »Ausgezeichnet«. Im zweiten Teil des Schreibens sind einzelne Namen getilgt.

NSLB in Abhängigkeit von staatlichen oder halbstaatlichen Stellen stehen, in dieser Sache unter Druck gesetzt wurden, also nehme ich an, daß dieses Schreiben nicht vom NSLB, geschweige denn von Ihnen selber ausgeht.

Sie haben mir Ihre persönliche Auffassung vom Christentum vorgetragen und geglaubt, mich an meinen als Mitglied des NSLB abgelegten Eid erinnern zu müssen. Ich habe nicht nur als Beamter und Mitglied des NSLB dem Führer meinen Treueid geschworen, sondern außerdem als Sturmführer (wovon ich auch nach meiner ehrenvollen Entlassung mich nicht entbunden betrachte) und als Reserveoffizier der neuen Wehrmacht, und ich gedenke meinen Eid zu halten. Aber ich habe nie geschworen, daß ich Ihre Auffassung von Christentum zur meinigen machen werde. Mein Christentum ist eben ein anderes als das Ihre, und für den Bereich unserer Familie bestimmen wir, ich und meine Frau, welches Christentum zu gelten hat. Für uns ist Wort und Weisung Christi und seiner Apostel bestimmend; und die befehlen Unterweisung der Jugend und Pflege der Gemeinschaft. Beides ist heute nach meiner und meiner Frau Meinung nötiger als je. Erzählung der Märchen vom Sterntaler und Rotkäppchen, die meine Kinder alle aus ihrer vorschulischen Zeit auswendig wissen, ist in unsern Augen ebensowenig Religionsunterricht als Gezerfe mit 11-jährigen Bürschchen, ob David oder Goliath stärker bewaffnet waren. Ich habe nicht nur dem Führer den Treueid geleistet, sondern auch bei Taufe meiner 6 Kinder gelobt, sie im Glauben der evang. Kirche zu erziehen. Und ich gedenke auch dieses Gelöbnis zu halten. Niemand anders als der Führer hat dem deutschen Menschen das Recht der freien Religionsübung zugestanden. A, mit dem ich kurz über Ihr Schreiben sprechen konnte, hat mich ausdrücklich gebeten, Ihnen in meinem Antwortschreiben mitzuteilen, daß er voll und ganz meine Ansicht teilt, daß wir Christen das Recht haben, unsere Kinder in dieses Lager zu schicken.

Daß ich die HJ-Lager nicht ablehne, geht schon daraus hervor, daß Y das JM-Lager in ... besuchen wird. Und zwar ist es der 3. Sommer, daß sie in einem JM-Lager ist, obwohl die ersten beiden, gelinde gesagt, sehr primitiv waren. X, Y und Z werden eine Fahrt in die Ostmark machen; alle drei waren schon in verschiedenen Lagern. Für diese besteht aber dieses Jahr die letzte Gelegenheit zu einer gemeinsamen Fahrt, weil X, der Älteste, im Frühjahr die Reifeprüfung macht und dann für solche Fahrten ausscheidet. Auch W wird in Zukunft HJ-Lager besuchen, aber den Zeitpunkt bestimme ich, da unser X vom 1. Jungvolklager, das er mitmachte, schwer krank heimgeholt werden mußte.

Ganz energisch muß ich Ihrer Behauptung entgegentreten, die evang. Kirche »habe das größte Interesse an der Stärkung des konfessionellen Zwiespalts«. Das gilt weder für die Gemeindeglieder noch für unsere Pfarrer. Ich war 6 Jahre lang Vorstand des ... hier und weiß das. Und Sie waren, wie mir B sagte, dessen Frau eine geborene C ist, auch lange Jahre Leiter des evang. Kirchenchors dort. Also gehörten Sie auch einmal dieser evang. Kirche an, hatten gerade in dieser Stellung genügend Fühlung mit Pfarrern und Gemeindegliedern, um zu wissen, daß die evang. Kirche sich ganz auf die Abwehr der Übergriffe von kath. Seite beschränkt, daß, und zwar nicht erst seit 5 Jahren, von uns nichts geschieht, um den konfessionellen Zwiespalt zu schüren, daß es besonders auf dem Lande, aber auch in der Stadt eine große Zahl treuer, gläubiger Glieder der evang. Kirche gibt, daß ein evang. Gemeindeglied noch nie durch seinen Glauben daran gehindert wurde, seine Pflicht gegen Volk und Staat restlos zu erfüllen. Wir lassen uns von gar niemand in der Einsatzbereitschaft für Volk und Vaterland, in der Treue gegen den Führer übertreffen, und wenn Sie mir den Nachweis erbringen, daß in dem Lager in ... auch nur im geringsten gegen Volksgemeinschaft getan oder gesagt wird, bin ich der erste, der seinen Buben holt und nie mehr hinläßt. Aber das wird Ihnen nicht gelingen, ich habe mich der Leitung versichert. Alles, was Sie sonst sagen, zielt auf Zerstörung meiner Kirche bzw. Änderung meiner Überzeugung ab. Ich lege diese nicht ab wie ein schmutziges Hemd.

Sie drohen mir in versteckter Form mit dem Ausschluß aus dem NSLB. Ich kann Sie natürlich nicht daran hindern. Aber vielleicht sprechen Sie vorher mit D, Ihrem Vorgänger, der mich kennt. Ich selber bin natürlich zu einer mündlichen Aussprache bereit, ich bin fast die ganzen Ferien in ..., sei's, daß Sie mir Ort und Zeit vorschlagen, sei's, daß Sie bei mir vorbeikommen.

Heil Hitler! [Unterschrift.]

Am 26. 9. 1937 fand innerhalb der Württ. Landeskirche der jährliche Jugendsonntag statt. Den Pfarrämtern wurde für den vorausgehenden Sonntag folgende Verkündigung aufgetragen[75]*:*

Am nächsten Sonntag, den 26. 9. 1937, findet im ganzen Land der kirchliche Jugendsonntag statt. Die gesamte Jugend wird mit der ganzen Gemeinde hiezu herzlich eingeladen.

[75] Nr. A 7942 vom 9./6. 9. 1937.

Durch staatliche Verfügung ist es der Landeskirche verwehrt worden, für die kirchliche Jugendarbeit Kirchensteuermittel im erforderlichen Umfang bereitzustellen. Nach dem Missionsbefehl des Herrn ist aber die christliche Kirche verpflichtet, der ganzen getauften Jugend mit dem Evangelium zu dienen und ihr in jugendgemäßer Form den zu bezeugen und vor Augen zu stellen, der ihr Herr und Heiland ist. Dazu gehört auch die Sammlung der Jugend unter dem Evangelium in den besonderen Veranstaltungen der Gemeinde für ihre Jugend. Wir betreiben diese kirchliche Arbeit unter der Jugend auf dem Boden der Gemeinde im Rahmen der seinerzeit erlassenen staatlichen Bestimmungen für kirchliche Jugendarbeit. Die Gemeinde würde ihre Pflicht versäumen, wenn sie nicht alles tun würde, um diesen notwendigen kirchlichen Dienst an unserer Jugend auszurichten.

Es wird daher das gesamte Opfer des nächsten Sonntags für die (landes-)kirchliche Jugendarbeit bestimmt. Wir bitten die ganze Gemeinde um eine kräftige Beisteuer zur Erhaltung und Fortführung unseres Dienstes an der Jugend. Außer dem Opfer, das in die Opferbüchsen eingelegt wird, können noch besondere Gaben in die an den Ausgängen zur Verteilung kommenden Opfertaschen eingelegt und gleich anschließend in der Sakristei beim Ortspfarrer abgegeben oder auch noch am nächsten Sonntag in die Opferbüchsen eingelegt werden.

Laßt uns das Wort Martin Luthers beherzigen: »Es ist eine ernste und große Sache, daran Christo und aller Welt viel liegt, daß wir dem jungen Volk helfen und raten. Damit ist dann auch uns allen geholfen und geraten.« Wurm.

Der Landesbischof wandte sich am Jugendsonntag 1937 mit einem Wort an die Jugend sowie an die Eltern und Paten[76]:

Wort des Landesbischofs zum Jugendsonntag 1937

»Du aber gehe hin und verkündige das Reich Gottes!« Luk. 9,60 (Jahreslosung der evang. Jugend)

Liebe evangelische Jugend!

Gott, der Herr, hat euch in eine große und entscheidungsreiche Zeit hineingestellt. Gewaltig ist das völkische Geschehen unserer Tage, gewaltig das religiöse Ringen der Geister. Freut euch, daß gerade ihr diese Zeit miterleben dürft! Freut euch insbesondere, daß eure Generation aufgeru-

---

76 Beiblatt zu Amtsblatt Bd. 28, S. 11. Vgl. auch die Mitteilung der Landesjugendstelle vom 18.10.1938 für den auf 23.10.1938 angesetzten folgenden Jugendsonntag.

fen ist, sich für oder wider Christus zu entscheiden! Das kann nicht geschehen ohne Kampf. Ich weiß um die innere und äußere Bedrängnis, in der viele von euch stehen, weil sie rechte Deutsche und ganze Christen sein wollen. Werdet nicht müde, euch immer wieder aus Gottes Wort Klarheit im Wirrwarr der Meinungen und Kraft in allen Anfechtungen zu holen.

Verkündiget das Reich Gottes! Das bedeutet für euch alle, daß ihr euch immer neu unter Gottes Willen stellt; denn nur der kann sein Bote sein, der ihn als Herrn über sein Leben anerkennt.

Verkündiget das Reich Gottes! Das mahnt euch, allezeit dankbar und gehorsam zu gebrauchen, was Gott an guten Gaben euch anvertraut hat, und zu halten, was ihr einst gelernt und gelobt habt. Kommt darum treu und regelmäßig zum Kindergottesdienst, zum kirchlichen Unterricht, zur Christenlehre, zum Gottesdienst der Gemeinde und zu den besonderen Veranstaltungen der evangelischen Gemeindejugend!

Verkündiget das Reich Gottes! Das verlangt von euch ganzen und selbstlosen Einsatz im Beruf und in den Formationen, in denen ihr steht. Niemand soll euch nachsagen dürfen, daß ihr eure Pflichten nicht freudig und vorbildlich erfüllt. Eure Haltung wird für das Urteil eurer Kameraden über unsere Kirche und unseren Glauben vielfach entscheidend sein.

Verkündiget das Reich Gottes! Das fordert von euch ein tapferes und fröhliches Bekenntnis zu dem Herrn Jesus Christus und zu eurer evangelischen Kirche. Demütig vor Gott und aufrecht vor Menschen, so zeigt ihr, daß Gottes Herrschaft in eurem Leben angebrochen ist; so werbt ihr für seine Sache. So stehet in seinem Dienst!

»Drum aufwärts froh den Blick gewandt und vorwärts fest den Schritt, Wir gehn an unsres Meisters Hand und unser Herr geht mit.«[77]

Euer Landesbischof D. Wurm.

Wort des Landesbischofs an die Eltern und Paten zum landeskirchlichen Jugendsonntag 1937

Liebe Eltern und Paten!

Der kirchliche Jugendsonntag erinnert euch christliche Väter, Mütter und Paten in besonderer Weise an die große Gabe Gottes, die euch in euren Kindern gegeben ist. Neben der Gabe aber steht die Aufgabe, die ihr in der heiligen Taufe übernommen habt: »Weiset meine Kinder und das Werk meiner Hände zu mir!«[78] spricht der Herr. Wir müssen einst vor dem Herrn aller Herren Rechenschaft ablegen über unsere Kinder. Da-

---

77 August Hermann Francke, Nun aufwärts froh den Blick gewandt, Str. 5 (EKG 472).
78 Jes. 45,11.

rum sollen wir alle so glauben, so leben, so kämpfen, daß unsere Kinder täglich an unserem Vorbild sehen, was es heißt, Jesus seinen Herrn zu nennen. Nur wer sich selbst immer neu unter seine Herrschaft stellt, kann andere zum Glauben führen.

Darum darf kein evangelisches Haus ohne christliche Hausordnung sein. Wie wichtig ist es, daß wir schon frühe mit den Kindern zusammen die Hände falten und daß die im Kindergarten auch das Beten lernen! Die Andacht, das Morgen- und Abendgebet, der gemeinsam gesungene Choral, das Tischgebet, der Besuch des Gemeindegottesdienstes, das alles gehört zur festen Ordnung unseres Lebens.

Unsere Kinder müssen es uns anspüren, daß unseres Alltags Kraft und Adel darin besteht, daß wir alle Arbeit zu Gottes Ehre tun. Wenn es uns eine Selbstverständlichkeit ist, den Sonntag mit der Gemeinde in der Kirche zu feiern, dann wird es ihnen am ehesten selbstverständlich, regelmäßig Kindergottesdienst, Jugendgottesdienst oder Christenlehre zu besuchen. Wenn wir uns treu zur Gemeinde halten, so werden auch sie den Weg finden zur evangelischen Gemeindejugend und ihren Veranstaltungen. Dort werden sie unter Gottes Wort gestellt und in jugendfroher Gemeinschaft innerlich zugerüstet.

Laßt euch nicht entmutigen und verwirren, wenn ihr wegen der christlichen Erziehung eurer Kinder angegriffen oder verdächtigt werdet! Tretet um so treuer und fester ein für die Ehre Gottes und bekennet euch mit Wort und Wandel zur Sache des Herrn Jesus Christus! Laßt euch nicht irre machen durch solche, die behaupten, der Besuch des Gottesdienstes und die tätige Anteilnahme am Gemeindeleben seien nicht nötig, denn man könne auch ohne das fromm sein. Setzt euch vielmehr unerschrocken dafür ein, daß eure Kinder Zeit und Gelegenheit zur Heiligung des Sonntags und zum Besuch des Gottesdienstes behalten! Endlich aber laßt nicht ab in der Fürbitte für die euch anvertrauten Kinder! Bedenkt die Wahrheit jenes Satzes: »Wenn wir mehr mit Gott über unsere Kinder reden würden, müßten wir weniger mit unseren Kindern über Gott reden.«

Unsere Jugend steht an der Wegscheide. Mögen wir ihr allezeit klare Wegweiser sein zu unserem Herrn Jesus Christus!

Euer Landesbischof D. Wurm.

Grundsätze für die kirchliche Unterweisung der Jugend gab der Oberkirchenrat in einem Erlaß vom 31.8.1937[79]:
Die auf dem Gebiet der religiösen Jugendunterweisung entstandene Lage macht eine Durchsicht und Neuordnung der bisherigen Einrichtungen und Veranstaltungen notwendig. Die Kirche hat die Pflicht, die vorhandenen kirchlichen Einrichtungen auszubauen, sie einheitlich und zielstrebig zusammenzufassen, für eine geordnete Verteilung des Stoffs zu sorgen und, wo nötig, nach neuen Formen und Wegen der religiösen Unterweisung zu suchen. Angesichts der wachsenden Unwissenheit über die biblischen Wahrheiten und des unleugbaren Schwunds an biblischem Wissenstoff bei der heranwachsenden Jugend bleibt mehr denn je als Hauptaufgabe der kirchlichen Unterweisung die elementare Einführung in die Bibel und die Vermittlung einer grundlegenden Kenntnis von Bibel, Katechismus und Gesangbuch.

Wir halten daran fest, daß der evangelische Religionsunterricht in den staatlichen Schulen (Volks-, Handels-, Forbildungs-, ländliche und hauswirtschaftliche Berufsschule und höhere Schule) gemäß Verfassung und geltendem Recht ordentliches Lehrfach ist. Wir werden uns aber gleichzeitig auf neue Möglichkeiten einstellen müssen. Insbesondere ergibt sich eine neue Lage überall, wo die Geistlichen nicht mehr zum Religionsunterricht zugelassen sind[80]. Wegen der allgemeinen und besonderen Schwierigkeiten (Zeit, Raum, Lehrkräfte) und wegen der Inanspruchnahme der Jugend durch die Schule und die Staatsjugend kann der notwendige Ausbau der kirchlichen Unterweisung im gegenwärtigen Zeitpunkt nur in vorläufiger Weise und Schritt für Schritt erfolgen. Mit um so größerer Sorgfalt und Treue müssen in jeder einzelnen Gemeinde alle Möglichkeiten nicht bloß erwogen, sondern auch gewagt und ergriffen werden. So hat sich z. B. in einigen Gemeinden die religiöse Unterweisung durch den Geistlichen in Privathäusern (unter Teilnahme der Hausge-

---

79 Nr. A 8585. Der beiliegende Rahmenplan gibt eine Stoffverteilung und Themenvorschläge für Kinderkirche, Zuhörerunterricht, Konfirmandenunterricht und Christenlehre (Unterweisung der konfirmierten Jugend). Vgl. die Neuregelung des Zuhörer- und Konfirmandenunterrichts ab 1938 (Nr. A 1202 vom 15.2.1938); den Beginn des kirchlichen Unterrichts auch durch einen besonderen Gottesdienst (Nr. A 3393 vom 5.4.1938); den Versuch, die frühere Kinderlehre durch einen Katechismusgottesdienst zu erneuern (Nr. A 8135 vom 5.8.1937); die Vorschrift, die sog. Christenlehre in der Form eines Gottesdienstes zu halten (Nr. A 353 vom 17.1.1936). Zur Konfirmation vgl. KAW 1937, S. 27 und die Vorschläge für eine Neugestaltung dieser Feier (Nr. A 1700 vom 12.2.1937).
80 Vgl. das Gelöbnis der Religionslehrer und dessen Folgen; siehe S. 755–798.

meinde und der Nachbarschaft) überraschend gut eingeführt und zu einer starken Belebung der Gemeinde geführt.

Der angeschlossene Rahmenplan für die kirchliche Jugendunterweisung will in erster Linie Handreichung für die Stoffverteilung geben. Wo der Religionsunterricht in der Schule durch den Geistlichen erteilt wird, ist sinngemäß zu verfahren. Der Plan soll künftig der gesamten kirchlichen Unterweisung zu Grunde gelegt und zunächst praktisch erprobt werden. Soweit örtlich oder bezirksweise bereits Regelungen eingeleitet worden sind, sind sie diesem Plane anzupassen.

Die Zukunft der Kirche hängt, soweit sie in menschlicher Verantwortung ruht, von der klaren Erkenntnis und der tatkräftigen Erfüllung des Dienstes ab, der der Kirche am heranwachsenden Geschlecht von der heiligen Taufe her aufgetragen ist. Die Formen, in denen dieser unaufgebbare Dienst sich vollzieht, mögen sich ändern; der Auftrag bleibt. Wir vertrauen darauf, daß die Seelsorger wie auch die Kirchengemeinderäte, Eltern und Gemeindeglieder nichts versäumen werden, um das christliche Glaubensgut unserer Väter ungeschmälert den Kindern unseres Volkes weiterzugeben. I. V. Mayer-List.

In einer wohl Ende 1937 gefertigten Denkschrift wird die Lage der evangelischen Jugendunterweisung grundsätzlich dargestellt und ein besonderer Beauftragter für die evang. Jugendunterweisung gefordert[81]*:*

I

Der neuheidnische Angriff auf die evangelische Jugend

Nachdem in Deutschland der Kampf zwischen Christentum und Heidentum begonnen hat, wird zweifellos die deutsche Jugend einen Hauptangriffspunkt der neuheidnischen Agitation und Propaganda bilden. Dabei wird die Jugend, verglichen mit der älteren Generation, die durch größere Lebenserfahrung und mehr oder weniger bewußte Verwachsenheit mit christlicher Sitte den neuheidnischen Religionsversuchen eher zu begegnen vermag, einen harten Stand haben. In religiöser Hinsicht selbst noch im Werden und Wachsen begriffen, hat sie im Blick auf das Christentum selbst unter günstigen Bedingungen während ihrer ganzen Entwicklungszeit stufenweise um Erkenntnis, Verständnis, innere Erfahrung, Gehorsam und Glaubensgewißheit zu ringen, während ihr auf der andern Seite die an den Selbstbehauptungstrieb und das Geltungsbedürfnis des

---

81 LKA Stuttgart, D 1, Bd. 74.

natürlichen Menschen appellierende neuheidnische Religion in vielem anziehend erscheint, besonders wenn neben den rein blutmäßigen auch die idealistischen Züge darin betont werden. Nicht unterschätzt werden darf dabei auch, daß es auf die in der Staatsjugend organisierte männliche und weibliche Jugend nicht ohne Eindruck bleiben kann, wenn das Neuheidentum sich gegenüber dem Christentum als die eigentliche religiöse Erfüllung nationalsozialistischen Wollens gebärdet.

II
Der bisherige Stand der evangelischen Jugendunterweisung

Der Ernst der Lage zwingt die evangelische Kirche, sich der religiösen Unterweisung der von ihr getauften Kinder mit größter Hingabe anzunehmen, soll sie nicht dem Urteil verfallen, daß sie die ihr vom Herrn der Kirche selbst auferlegte Pflicht gegenüber der ihr anvertrauten Jugend versäumt habe. Nun wird man von der evangelischen Kirche in Württemberg sagen dürfen, daß auf ihrem Boden viel treue und redliche Arbeit an der Jugend und für die Jugend getan worden ist. Wenn Württemberg heute als eines der kirchlichsten Gebiete unsres Vaterlandes gilt, so darf darin nicht mit Unrecht auch eine Frucht hingebungsvoller christlicher Betreuung der Kinder und Jugendlichen erblickt werden.

All die hier geleistete religiöse Erziehungsarbeit vollzog sich in einzelnen Teilgebieten, die infolge der zeitlichen Verschiedenheit ihrer Inangriffnahme und der Verschiedenheit der sie tragenden Personen und Kreise wenig oder gar keinen Zusammenhang untereinander hatten: die Familienerziehung und die Kinderkirche, der Religionsunterricht der Schule und der Zuhör- und Konfirmandenunterricht der Kirche, die Christenlehre und die Jugendverbandsarbeit gingen im großen ganzen ihre eigenen Wege. Die darin liegenden sachlichen Schwierigkeiten machten sich solange verhältnismäßig wenig bemerkbar, als die religiöse Erziehungsarbeit inmitten eines auf christlichen Grundlagen ruhenden Lebens- und Kulturzusammenhangs erfolgte, der durch sein bloßes Vorhandensein eine nachträgliche Verbindung der in den einzelnen Gebieten geleisteten Erziehungsarbeit gewährleistete. Durch den offenen Angriff der neuheidnischen Religion ist hier jedoch mit einem Schlag eine völlig andere Lage geschaffen worden. Der christliche Lebens- und Kulturzusammenhang in unserem Volk ist zerbrochen, und damit ist auch die von außen wirkende verbindende Kraft dahingegangen, die der religiösen Erziehungsarbeit an der evangelischen Jugend bisher zugute gekommen war.

III
Die Notwendigkeit der inneren Verbindung aller evang. Jugendarbeit

Diese Sachlage bedeutet für die Arbeit der religiösen Unterweisung unserer evangelischen Jugend die unbedingte Nötigung, von sich aus auf eine organische Verbindung ihrer einzelnen Teilgebiete hinzuarbeiten. Es geht nicht an, diese Frage einfach sich selbst zu überlassen. Dieser Gedanke könnte in kleineren Verhältnissen seinen Rückhalt finden, wo mehrere Arbeitsgebiete in der Hand eines und desselben Mannes liegen, so daß durch diese Personalunion ein gewisser Ausgleich von selbst geschaffen wird. Doch muß schon hier z. B. aus dem Dasein der ohne Rücksicht aufeinander aufgestellten Lehrpläne für Religionsunterricht und Kinderkirche mancherlei Schwierigkeit erwachsen. Und vollends, wo sich die Arbeit auf verschiedene Personen verteilt, wird es auf diesem Weg günstigstenfalls zu einem reibungslosen Nebeneinander, öfter aber zu einem reibungsvollen Durcheinander verschiedener Zielrichtungen und Arbeitswege kommen. Der andere Gedanke, die Lösung der Frage den zentralen Stellen in Berlin zuzuschieben, die auf dem Weg über Reichskirche, Reichserziehungsministerium und Reichsjugendverbände die nötigen Schritte tun sollen, vergißt, daß dieser Weg, falls er nicht zu hoffnungslosen Erlassen vom grünen Tisch her führen soll, praktische Versuche und Erfahrungen in Kirchengebieten voraussetzt, die ihrer Größe wie ihrer inneren Struktur nach dazu geeignet sind. Darunter aber gehört ohne Zweifel die Landeskirche in Württemberg.

IV
Die Bestellung eines Beauftragten für evang. Jugendunterweisung

Die Verwirklichung des Gedankens einer organischen Verbindung und Zusammenfassung aller auf dem Boden der Württ. Landeskirche geleisteten religiösen Erziehungsarbeit darf nicht mit den primitiven Methoden einer schematischen Organisationswut erzwungen werden. Nicht angängig ist z. B. eine Zerschlagung der bestehenden Einrichtungen und Verbände zugunsten einer Zentralstelle für religiöse Erziehung; dies hieße lebendige Organismen zugunsten einer toten Schablone töten. Auch eine Degradierung der betreffenden Stellen zu bloßen Agenturen einer übergeordneten Behörde kann nicht in Frage kommen; dies müßte die mit jeder Eigenverantwortlichkeit gegebene Schaffensfreude und Initiative lähmen, auf die gerade auf diesem Gebiet am wenigsten verzichtet werden kann. Dagegen müßte ein Beauftragter der Württ. Landeskirche für das ganze Gebiet der evangelischen Jugendunterweisung aufgestellt werden, von dem und zu dem Verbindungsfäden zu allen bestehenden Arbeitsgebieten auf dem Feld der religiösen Erziehung laufen. Von Amts wegen hätte er sich darüber auf dem Laufenden zu halten, was auf dem Gebiet der Kinderkirche getan und geplant wird, wie es mit Stoff und Methode des Schulreligionsunterrichts bestellt ist, was an Vorschlägen für die Gestaltung der Christenlehre vorliegt, welche neuen Aufgaben dem kirchlichen Konfirmandenunterricht zugewiesen werden müssen usw. In Einzelbesprechungen mit Fachleuten jeden Gebiets und in Gesamtbesprechungen mit Vertretern aller Gruppen wären die Erfahrungen und Wünsche der einzelnen Arbeitsfelder festzustellen und auszutauschen. Und in stetiger Fühlungnahme mit dem Oberkirchenrat hätte der Beauftragte konkrete Vorschläge und Richtlinien für Ziel und Methode der einzelnen Erziehungsfaktoren auszuarbeiten und, soweit es sich um kirchliche Arbeit im engeren Sinn handelt, grundsätzliche Maßnahmen zu treffen.

V
Der Aufgabenkreis des Beauftragten für evang. Jugendunterweisung

Auf die einzelnen Arbeitsgebiete gesehen, hätte sich die Aufmerksamkeit des Beauftragten vor allem folgenden Einzelaufgaben zuzuwenden:

a) Familienerziehung: Einrichtung von Elternabenden, Abhaltung von Mütterkursen, Bereitstellung von Schulungsmaterial, kleinen Handbüchlein usw.

b) Kindergarten: Austausch der Erfahrungen mit dem Elternhaus, Verbindung mit der Kinderkirche, Stoffvermittlung.

c) Schulunterweisung: Arbeitsgemeinschaften für Religionslehrer, Sorge für geeignete Hilfsmittel, Vorschläge für Lehrplanreform, Prüfung von Memorierstoff- und Methoden, Einführung der Schulwochenandacht, Aufgabe der religionspädagogischen Fortbildung, Beseitigung der Lehrplananarchie in der Fortbildungsschule.

d) Kinderkirche: Festsetzung des Verhältnisses zur Schularbeit, Betonung der »Kinderkirche« gegenüber der »Sonntagsschule«, Frage der Vorbereitung, Überprüfung des Gruppensystems, Textplan, Bilderbeschaffung, Raumfragen.

e) Zuhör- und Konfirmandenunterricht: Konfirmandenbüchlein, Ausarbeitung eines verbindlichen Leitfadens mit Freiheit im einzelnen, zeitliche und räumliche Ansetzung des Unterrichts, die Konfirmationsfeier.

f) Christenlehre: Organisatorische und inhaltliche Überholung, Frage des Besuchszwangs, Lebensbilder und Lebensfragen als Behandlungsstoff.

g) Pfarrers-Jugendarbeit: Konfirmiertenabende, Singarbeit, Bibelbesprechungen.

h) Vereinsjugendarbeit: Hilfe zur Gemeindeverbundenheit, Anregungen.

i) Jugend und Gemeinde: Mitwirkung bei Gemeindefeiern. Katechismussprechen im Gottesdienst. Heranziehung zu Dienstleistungen.

VI
Die Stellung und Person des Beauftragten für evang. Jugendunterweisung

Die Stellung des Beauftragten muß ihm angesichts der Mannigfaltigkeit seiner Aufgaben und Beziehungen Bewegungsfreiheit lassen. Mitgliedschaft im Oberkirchenrat ist nicht erforderlich. Eine Übernahme von Referaten bleibt wegen der damit verbundenen Belastung mit untergeordneten Verwaltungsangelegenheiten außer Betracht. Dagegen ist dauernde Fühlung mit den einzelnen Referenten unbedingte Pflicht. Auch Teilnahme an entsprechenden Sitzungen ist vorzusehen. Eine Einfügung des Beauftragten in die Landesjugendstelle sollte ebenfalls außer Betracht bleiben, weil die Aufgaben weit über den Rahmen der Landesjugendstelle hinausgreifen. Wesentlich bleibt unter allen Umständen, daß Zeit und Möglichkeit für ruhige Besinnung, literarisches Studium, religionspädagogische Fortbildung, Beratung mit Sachverständigen, Teilnahme an reichskirchlichen Besprechungen, einerseits und Aufstellung von Richtlinien, Besuchsreisen, Leitung von Schulungskursen, Abfassung von Artikeln und Schriften andererseits gegeben bleibt. An persönlichen Qualitäten wären unter allen Umständen zu fordern: religionspädagogische Begabung, organisatorisches Geschick und reiche Erfahrung auf möglichst vielen der zu betreuenden Arbeitsgebiete.

Opfer und Sammlungen

Die bei gottesdienstlichen Veranstaltungen anfallenden Opfer und besondere Kollekten konnten herkömmlicherweise von den Kirchen und Kirchengemeinden erbeten und verwendet werden; aus solchen Mitteln wurde die Arbeit der Bekennenden Kirche besonders im Gebiet der Altpreußischen Union finanziert. Am 9.6.1937 verbot nun der Reichsinnenminister in einem Erlaß[82] *die Aufstellung von Kollektenplänen durch* ein-

---

82 Zum sog. Kollektenerlaß des Reichsinnenministers vgl. Niemöller, Kampf, S. 395 f. u. KJb., S. 201 f.

zelne kirchliche Gruppen; *nur die von den* ordentlichen vorgeordneten Kirchenbehörden *angeordneten Kollekten galten noch als genehmigungsfreie Sammlungen*[83].

Für die Württ. Landeskirche war dieser Erlaß von geringerer Bedeutung; über die Anwendung und Durchführung des Erlasses und über die Vorschriften für Sammlungen im allgemeinen informierte der Oberkirchenrat am 17.8.1937 die Dekanatämter[84]:

In teilweiser Zusammenfassung früherer Erlasse (vgl. die Erlasse an alle Dekanatämter vom 23.10. und 31.12.1935 Nr. A 10287 und 13075, vom 6.5.1936 Nr. A 3785 und vom 26.4.1937 Nr. A 4367) mit neuen Veröffentlichungen liegt Anlaß vor, auf Folgendes hinzuweisen.

I. Kirchenopfer

1. Das Sammlungsgesetz [vom 5.11.1934] gilt nach § 15 Ziff. 4 nicht für Sammlungen und sammlungsähnliche Veranstaltungen, bei denen folgende drei Voraussetzungen zusammentreffen: Sie müssen durchgeführt werden a) von einer christlichen Religionsgesellschaft des öffentlichen Rechts; b) bei einem Gottesdienst (einschließlich Bibelstunden, liturgischen Feiern und ähnliches); c) in Kirchen oder kirchlichen Versammlungsräumen.

2. Über den Begriff der kirchlichen Versammlungsräume liegt jetzt für die Verwaltungsbehörden eine maßgebende Auslegung vor in dem Runderlaß des Herrn Reichs- und Preußischen Ministers des Innern vom 5.4.1937. Danach sind kirchliche Versammlungsräume »allseitig umschlossene Räume, in denen üblicherweise kirchlich-religiöse Handlungen vorgenommen werden. Die im Eigentum der Kirchengemeinde stehenden Gemeindehäuser gelten als kirchliche Versammlungsräume, nicht dagegen die Friedhöfe.« a) Danach ist die bisher zum Teil bestrittene Gleichstellung der kirchlichen Gemeindehäuser mit den Kirchengebäuden für das Gebiet des Sammlungsgesetzes jetzt anerkannt. b) Für die Sakristei wird neuerdings die Eigenschaft als kirchlicher Versammlungsraum bestritten. Nach dem angegebenen Runderlaß kommt es darauf an, ob in ihr üblicherweise (also nicht bloß gelegentlich) kirchlich-religiöse Handlungen vorgenommen werden. Als solche gelten jedenfalls Taufen, Trauungen und andere Kasualhandlungen, aber auch Übertritte. c) Säle

---

83 Vgl. auch die Stellungnahme des Kasseler Gremiums vom 26.10.1937.
84 Nr. A 7925; vgl. auch den Hinweis auf die verschiedene Anwendung des Erlasses im Erlaß Nr. A 10901 vom 27.10.1937.

in Pfarrhäusern und anderswo, in denen üblicherweise Bibelstunden oder dergleichen oder Konfirmationsunterricht (mit Gesang und Gebet) stattfinden, sind kirchliche Versammlungsräume. d) Das Amtszimmer des Pfarrers als solches ist kein kirchlicher Versammlungsraum. e) Nach dem bisherigen Recht (§ 48 des Württ. Gesetzes über die Kirchen vom 3.3.1924) durfte auch bei solchen kirchlichen Feiern, die außerhalb der kirchlichen Räume z. B. auf dem Friedhof stattfinden, ein Opfer eingesammelt werden. Das hat sich nach obigem Erlaß geändert. Soweit nicht Beerdigungsgottesdienste schon bisher im Kirchengebäude (einschließlich Friedhofskapelle!) stattfinden, haben also die Kirchengemeinden im Rahmen der staatlichen Bestimmungen nur die Wahl, entweder auf Erhebung eines Opfers zu verzichten oder einen Teil der Beerdigung in die Kirche zu verlegen.

Selbstverständlich gilt das Sammlungsgesetz in gleicher Weise für die bürgerliche Gemeinde; es ist also unzulässig, wenn ein Bürgermeister der Kirchengemeinde die Aufstellung eines Opfertellers auf dem Friedhof verbieten, aber selbst einen Opferteller für die bürgerliche Gemeinde aufstellen wollte.

3. Über den zu ersammelnden Gegenstand führt der angeführte Runderlaß vom 5.4.1937 Folgendes aus: »§ 15 Ziff. 4 des Sammlungsgesetzes stellt die sogenannten Kirchenkollekten von der Genehmigungspflicht frei. Wenn auch der Begriff der Kirchenkollete an sich durch die Art ihres Ertrages (Geld, Sachspenden oder geldwerte Leistungen) nicht begrenzt ist, so ist doch davon auszugehen, daß die Kirchenkollekte üblicherweise eine Geldsammlung ist. Diese Sammlungsart wird daher durch § 15 Ziff. 4 in erster Linie erfaßt. Sammlungen von Sachspenden oder geldwerten Leistungen in der im § 15 Ziff. 4 bestimmten Form gelten nur dann als Kirchenkollekten im Sinne dieser Vorschrift, wenn sie beim Inkrafttreten des Sammlungsgesetzes (1.11.1934) als Sammlungen bei Gottesdiensten in Kirchen oder in kirchlichen Versammlungsräumen ortsüblich waren und tatsächlich durchgeführt wurden, was der Veranstalter in Zweifelsfällen nachzuweisen hat.« Danach ist damit zu rechnen, daß die Sammlung von Eiern und dergleichen für die Äußere Mission, soweit sie nicht schon bisher üblich war, künftig auch dann beanstandet wird, wenn sie im kirchlichen Raum und im Zusammenhang mit einem Gottesdienst stattfindet. Der Erlaß vom 26.4.1937 Nr. A 4367 ist entsprechend abgeändert. Auch die öffentliche (z. B. die von der Kanzel oder im Gemeindeblatt erfolgende) Aufforderung zu Naturalgaben für die Weihnachtsfeier der Kinderschule (Ziff. 5 des Erlasses an alle Dekanatämter vom

31.12.1935)[85] wird künftig wohl beanstandet werden; dagegen wird gegen die bisher übliche Aufforderung im Gottesdienst zur Spende von Naturalgaben beim Erntedankfest nichts eingewendet werden können.

4. Bezüglich des Opfers bei außerordentlichen Gottesdiensten sind der Runderlaß des Herrn Reichsinnenministers und des Herrn Reichsministers für die kirchlichen Angelegenheiten vom 9.6.1937 und der hiezu ergangene Erlaß des Oberkirchenrats an alle Dekanatämter vom 6.7.1937 Nr. A 6576 zu beachten. Es ist damit zu rechnen, daß nicht sachkundige Beurteiler übersehen, daß der Erlaß der beiden Reichsminister offenkundig von den anders gearteten Verhältnissen anderer Kirchengebiete ausgeht. Der Oberkirchenrat hält die in seinem Erlaß vom 6. Juli dieses Jahres gegebenen Hinweise für nicht anfechtbar; sie sind genau zu beobachten.

II. Andere Sammlungen

1. Zu einer Sammlung gehört zweierlei: Die Aufforderung zu Gaben (Werbung) und die Entgegennahme solcher. Die Empfangnahme von Spenden, denen keine (öffentliche) Aufforderung vorausging, ist zulässig.

2. Die Sammlungen (§ 1 des Gesetzes) und sammlungsähnlichen Veranstaltungen (§§ 2 bis 5) bedürfen der Genehmigung dann, wenn sie öffentlich sind. Der Begriff der Öffentlichkeit ist in III 1 des Runderlasses des Herrn Reichsinnenministers vom 14.12.1934[86] eingehend umschrieben, ohne daß dadurch volle Klarheit erreicht wäre. Als unzulässig wird angesehen die Werbung von Haus zu Haus, im Gemeindeblatt oder durch Versendung eines gedruckten oder sonst mechanisch vervielfältigten Aufrufs an eine größere Zahl von Personen und zwar auch dann, wenn es sich hiebei ausschließlich um Gemeindeglieder handelt. Zulässig ist die Werbung »von Mund zu Mund« (also die gelegentliche Werbung).

3. Die Aufforderung von der Kanzel zu Gaben ist zulässig im Rahmen des vorstehenden Abschn. I. Die Gaben müssen also in einem kirchlichen Versammlungsraum (I 2) abgegeben werden und im Zusammenhang mit einem Gottesdienst (mit demselben Gottesdienst, in dem die Aufforderung erfolgte, oder mit einem anderen).

4. Aufforderungen außerhalb der Kirche oder kirchlicher Versammlungsräume zur Abgabe von Spenden in der Kirche verstoßen nach Ansicht einer Parteistelle gegen das Gesetz.

85 Nr. A 13075.
86 Amtsblatt Bd. 27, S. 22: Durchführungsverordnung zum Sammlungsgesetz vom 5.11.1934.

5. Andere Sammlungen, die in der Kirche durchgeführt werden, stehen nach dem Sammlungsgesetz den Opfersammlungen gleich.

III. Werbung von Mitgliedern für einen Verein

Bei der Aufforderung des Beitritts zu einem kirchlichen Verein ist damit zu rechnen, daß sie den Bestimmungen des Sammlungsgesetzes unterstellt wird (siehe Abschn. II). Sie darf also nur von Mund zu Mund oder durch Aufforderung von der Kanzel geschehen; im letzteren Fall sollte auch die Entgegennahme des Beitritts zum Verein im Zusammenhang mit dem Gottesdienst und in einem kirchlichen Versammlungsraum erfolgen. Bei den Mitgliedern können die Beiträge im Haus eingezogen werden. Die Sammlung von sogenannten Freundeskreisen zur finanziellen Unterstützung gewisser Zwecke ohne die feste Form eines Vereins gilt als unerlaubt.

IV. Allgemein ist noch Folgendes beizufügen

Bezüglich der Steigerung des Kirchenopfers wird auf Ziffer 3 des Erlasses vom 6.5.1936 Nr. A 3785 Bezug genommen.

Wenn auch den Geistlichen eine Kasuistik der dargelegten Art vielfach fern liegt, so ist es doch unumgänglich, daß sie sich mit diesen Gedanken vertraut machen, damit, wenn ein zweifelhafter Fall an sie herantritt, ihnen die möglichen Folgerungen zum Bewußtsein kommen. Durch ein ausführliches Sonderrundschreiben der Gauamtsleitung Stuttgart der NS-Volkswohlfahrt vom 7.7.1937 betreffend »Nichtrechtmäßige Kirchensammlungen« sind alle der Gauamtsleitung unterstellten Dienststellen angewiesen, sämtliche Sammlungen und sammlungsähnliche Veranstaltungen zu beobachten und bei allen Verstößen entweder unmittelbar Strafanzeige zu erstatten oder der Gauamtsleitung Vorlage zu machen. Die Geistlichen haben somit mit ständiger Überwachung zu rechnen. Sobald einem Geistlichen die Einleitung eines Verfahrens gegen ihn bekannt wird, sollte er schon in seinem eigenen Interesse unverzüglich dem Oberkirchenrat berichten.

Mehrabdrucke für die Pfarrämter liegen bei. I.V. Schaal.

Der Kollektenerlaß des Reichsinnenministers machte die Erhebung eines Kirchenopfers bei einer kirchlichen Begräbnisfeier genehmigungspflichtig und damit praktisch unmöglich. Der Oberkirchenrat schrieb deshalb am 4.10.1937 an den Württ. Innenminister[87]:

[87] Nr. A 9716; den Dekanatämtern zur Kenntnisnahme mitgeteilt »mit dem Anheimgeben geeigneter Mitteilung an die Geistlichen des Bezirks«.

Nach § 15 Abs. 1 Nr. 4 des Sammlungsgesetzes vom 5.11.1934 gilt das Sammlungsgesetz nicht für öffentliche Sammlungen und sammlungsähnliche Veranstaltungen, die von einer christlichen Religionsgesellschaft des öffentlichen Rechts bei Gottesdiensten in Kirchen und in kirchlichen Versammlungsräumen durchgeführt werden. Zu den Gottesdiensten gehören auch die kirchlichen Begräbnisfeiern. Die Kirchengemeinden haben daher Friedhöfe, gleichviel, ob sie im Eigentum einer Kirchengemeinde oder einer bürgerlichen Gemeinde stehen, bisher als kirchliche Versammlungsräume im Sinn der genannten Bestimmung betrachtet. Nun ist durch Erlaß des Herrn Reichsministers des Innern vom 5.4.1937[88] ausgesprochen worden, daß Friedhöfe nicht als kirchliche Versammlungsräume gelten. Hienach würde die Erhebung eines Kirchenopfers bei einer kirchlichen Begräbnisfeier der Genehmigung der zuständigen Behörde bedürfen.

Es ist in der christlichen Kirche seit alters Übung, daß bei den Gottesdiensten von den Gemeindegliedern Opfergaben gespendet werden. Das Kirchenopfer bildet einen wesentlichen Bestandteil des christlichen Gottesdienstes und es vollzieht sich in ihm ein Stück christlichen Gemeindelebens. Dies gilt gleicherweise vom Opfer bei kirchlichen Begräbnisfeiern. Die Erhebung eines Kirchenopfers aus Anlaß einer kirchlichen Begräbnisfeier auf dem Friedhof ist denn auch in Württemberg seit Jahrhunderten üblich und entspricht altem Herkommen. Schon in den ältesten Ordnungen der Württ. Evang. Landeskirche ist dieses Opfer erwähnt. Das bestehende Recht war bisher in § 48 Abs. 1 des Württ. Gesetzes über die Kirchen vom 3.3.1924 ausdrücklich anerkannt. Diese Bestimmung besagte, daß die kirchlichen Körperschaften befugt sind, in oder vor den kirchlichen Räumen, bei kirchlichen Feiern oder durch öffentlichen Aufruf für kirchliche oder milde Zwecke zu sammeln. Auch ist im Zusammenhang mit der Ausscheidung des Kirchengemeindevermögens aus dem örtlichen Stiftungsvermögen in Württemberg auf Grund des Gesetzes vom 14.6.1887 von der überwiegenden Mehrzahl derjenigen bürgerlichen Gemeinden, die aus Anlaß dieser Vermögensausscheidung Eigentümer der Begräbnisplätze wurden, durch ausdrückliche schriftliche Vereinbarung mit den Kirchengemeinden diesen das Recht zuerkannt worden, bei Begräbnisfeiern auf dem Friedhof ein Kirchenopfer zu erheben.

Die Untersagung des Opfers bei kirchlichen Begräbnisfeiern bedeutet hienach einen Eingriff in die bestehende Gottesdienstordnung. Der christlichen Gemeinde wird damit ein Stück ihres Gottesdienstes genommen.

88 Reichsministerialblatt 1937, S. 561.

Unsere Gemeindeglieder empfinden dies sehr stark, wie eine Reihe uns zugegangener Berichte aus dem Lande zeigt. Der Wegfall des Opfers bei kirchlichen Begräbnisfeiern bedeutet für die Kirchengemeinden außerdem einen fühlbaren Einnahmeausfall, der mit ein Drittel bis ein Sechstel der bisherigen gesamten jährlichen Opfereinnahme der einzelnen Kirchengemeinde nicht zu nieder veranschlagt ist. Sogar kleinere Kirchengemeinden berechnen den ihnen entstehenden jährlichen Einnahmeausfall auf einige Hundert Reichsmark. Die Kirchengemeinden sind heute ganz besonders auf die ungeschmälerte Erhaltung ihrer Einnahmequellen angewiesen. Ein Einnahmeausfall kann nur durch Erhöhung der Ortskirchensteuer ersetzt werden.

Wir haben nichts einzuwenden, wenn zur dauernden Anbringung fester Opferstöcke auf den Friedhöfen eine besondere Genehmigung gefordert wird. Dagegen müssen wir bitten, den Kirchengemeinden das Recht zum Bereithalten von Opferbecken bei den einzelnen kirchlichen Begräbnisfeiern auf dem Friedhof auch weiterhin ganz allgemein zu belassen. Das Opfer bei kirchlichen Begräbnisfeiern unterscheidet sich von den üblichen Sammlungen ohnedies dadurch, daß eine öffentliche Ankündigung nicht erfolgt und ein unmittelbares Einwirken von Person zu Person (vgl. § 1 des Sammlungsgesetzes und Ziffer IV 2 des Runderlasses des Herrn Reichs- und Preußischen Ministers des Innern vom 14. 12. 1934 zum Vollzug des Sammlungsgesetzes und der Durchführungsverordnung) nicht stattfindet. Bei den kirchlichen Begräbnisfeiern werden lediglich Opferbecken aufgestellt, und es bleibt jedem Teilnehmer an der Feier überlassen, ob er eine Opfergabe einlegen will oder nicht. Es ist ferner darauf aufmerksam zu machen, daß es sich bei den Teilnehmern an einer kirchlichen Begräbnisfeier in der Regel um einen begrenzten und durch eine besondere Beziehung des Berufs, der persönlichen Bekanntschaft und sonstiger ähnlicher Begrenzungen fest abgeschlossenen Personenkreis handelt.

Wir bitten den Herrn Württ. Innenminister, die Erhebung eines Opfers bei kirchlichen Begräbnisfeiern auf den Friedhöfen durch die Kirchengemeinden aus den dargelegten Gründen auch für künftig zuzulassen oder, falls die Zuständigkeit des Herrn Innenministers nicht gegeben ist, bei dem Herrn Reichsinnenminister dafür einzutreten, daß die Opfer bei kirchlichen Begräbnisfeiern als nicht unter das Sammlungsgesetz fallend anerkannt werden.   I.V. Müller.

Am 11.7.1937 fand in der Württ. Landeskirche ein Tag der Inneren Mission statt, dessen Opfer den Anstalten der Inneren Mission zugute kommen sollte[89]*:*

Erlaß des Evang. Oberkirchenrats über den »Tag der Inneren Mission«

Das weitverzweigte, gesegnete Werk der Inneren Mission in unserem Land bedarf für seine vielen Anstalten und Einrichtungen, nachdem die Haus- und Straßensammlung, die in den letzten Jahren jeweils am »Volkstag der Inneren Mission« gestattet war, in Wegfall gekommen ist, außer den beim Ernte- und Herbstdankfest dargebotenen Opfergaben einer besonderen Hilfeleistung, um seine Arbeit weiterführen zu können. Diese Hilfe, zu der die Kirchengemeinden im Gottesdienst aufgerufen werden, soll zugleich bekunden, daß unsere evangelische Kirche sich verantwortlich weiß für die Arbeit und den Bestand der Inneren Mission, in der zugleich der Glaube zum Ausdruck kommt, der in der Liebe tätig ist. Unsere Landeskirche veranstaltet daher in sämtlichen Kirchengemeinden am Sonntag, 11. Juli dieses Jahres (7. Sonntag nach dem Dreieinigkeitsfest) einen kirchlichen »Tag der Inneren Mission«. Für die Gottesdienste dieses Tages, die unter den Gedanken zu stellen sind »Die Innere Mission ist missio ecclesiae«, wird der Landesverband der Inneren Mission sämtlichen Pfarrämtern Handreichung und weitere Mitteilung zugehen lassen. In beschränktem Umfang können von ihm für diesen Sonntag auch Prediger vermittelt werden. Es ist zweckmäßig, wenn schon die kirchlichen Veranstaltungen der vorausgehenden Woche – Bibelstunden, Gemeindedienstabende, Vorbereitung auf den Kindergottesdienst usw. – zur Hinleitung auf den »Tag der Inneren Mission« benützt werden.

Das Opfer in sämtlichen Gottesdiensten des 11. Juli wird für das Liebeswerk der Inneren Mission in unserem Lande bestimmt. Es ist am vorausgehenden Sonntag zu verkündigen und der Gemeinde nachdrücklich zu empfehlen. Der Ertrag des Opfers ist alsbald an die Bezirkssammelstelle und von dieser gesammelt an die Kasse des Oberkirchenrats (Postscheckkonto Nr. 90 50 Stuttgart) zu überweisen. I.V. Müller.

Innerhalb der Deutschen Evang. Kirche wurde am 19.9.1937 ein allgemeiner Tag der Inneren Mission veranstaltet. Eine Haus- und Straßensammlung, die früher bei dieser Gelegenheit üblich war, wurde abgelehnt[90]*:*

89 Nr. A 6272 vom 14.6.1937; Amtsblatt Bd. 28, S. 46. Zum Tag der Inneren Mission 1938 siehe Nr. A 7533 vom 30.8.1938 (Amtsblatt Bd. 28, S. 303f.); vgl. auch KAW 1938, S. 134 f.
90 KAW Ausgabe vom 8.4.1937, S. 55.

Der Volkstag der Inneren Mission für 1937 ist abgelehnt.

Der Volkstag der Sammlung für die Innere Mission, der die einzige Möglichkeit war, die Werke der Inneren Mission durch Opfer und Gaben zu erhalten, ist für das Jahr 1937 vom Reichs- und Preußischen Ministerium des Innern abgelehnt worden. Die Genehmigung, so heißt es, zur Veranstaltung einer Haus- und Straßensammlung im ganzen Reichsgebiet kann nicht erteilt werden, weil die starke Gebefreudigkeit aller Volkskreise durch das Winterhilfswerk eine möglichst weitgehende Einschränkung der Sammlungen während der Sommermonate erfordert.

Über das Kirchenopfer an diesem allgemeinen Tag der Inneren Mission teilte der Kirchliche Anzeiger für Württemberg *mit*[91]*:*

Der Tag der Inneren Mission, der fast in allen Landeskirchen am 19. September veranstaltet wurde, hat sich als ein überwältigendes Bekenntnis der Gemeinden zu der Liebesarbeit der Kirche erwiesen. Mit großer Gewissenhaftigkeit war dieser Tag in den Gemeinden vorbereitet worden. Nächst den Landes- und Provinzialverbänden hatte besonders die kirchliche Presse hieran wesentlichen Anteil. Trotzdem übertraf die Beteiligung der Gemeinden die Erwartungen, die man mit Recht auf diesen Tag setzen konnte. Der Besuch der Gottesdienste war in vielen Gemeinden wie an den großen Festtagen, und die Gemeindeabende, die in Bild und Wort von dem Wirken der Inneren Mission berichteten, waren mancherorts überfüllt. Man hatte den Eindruck, daß eine Gemeinde da ist, die für die Liebesarbeit der Kirche einsteht und die die Sache der Inneren Mission nicht als eine Vereinsangelegenheit, sondern als ihre eigene Sache trägt. Die größte Überraschung aber brachte das Ergebnis der Kirchenkollekte, die auf diesen Sonntag ausgeschrieben war. Kann man schon allgemein eine wachsende Opferwilligkeit der Gemeinden beobachten, so wurde hier der Beweis erbracht, daß die Gemeinden bei außergewöhnlichen Anlässen auch entsprechende Opfer zu bringen bereit sind. Die Ergebnisse, die dem Evang. Pressedienst bisher vorliegen, sind örtlich verschieden. Zahlreiche Gemeinden haben das Zehn-, ja das Fünfzigfache des üblichen Kollektenertrages erzielt. In einer Großstadt des Westens wurde ein Gesamtergebnis erreicht, das dem Ertrag gewöhnlicher Kirchenkollekten der größten deutschen Landeskirche nahekommt. Aufs ganze gesehen bestätigt sich die Erfahrung, die schon vor einigen Wochen in Württemberg und Ostpreußen aus dem gleichen Anlaß gemacht wor-

---

91 Ausgabe vom 7.10.1937, S. 151.

den ist: Noch nie hat in unseren Gemeinden eine Kirchenkollekte ein so reiches Ergebnis gehabt. »Die Gemeinden haben sich selbst übertroffen«, schreibt ein Landesverband der Inneren Mission. Für die Arbeit der Inneren Mission und für alle, die in ihrem Werke stehen, bedeutet dieser Tag eine innere und äußere Stärkung. Der Herr der Kirche segne diesen Tatbeweis des Glaubens in und an seiner Gemeinde.

Verhaftungen und Maßregelungen von Mitgliedern der Bekennenden Kirche

Nach dem Rücktritt des Reichskirchenausschusses und seit den Verordnungen vom Frühjahr und Sommer 1937, die vor allem die Bekennende Kirche im Gebiet der Altpreußischen Union treffen sollten, nahm die Zahl der Mitglieder der Bekennenden Kirche rasch zu, die vorübergehend in Haft waren und rechtskräftig verurteilt wurden.
Am 1.7.1937 wurde Pfr. Martin Niemöller von der Geheimen Staatspolizei verhaftet.[92]

Am 10.7.1937 teilte Pfr. Dipper namens der Evang. Bekenntnisgemeinschaft in Württemberg den Pfarrern ein Schreiben der Vorläufigen Leitung der Deutschen Evang. Kirche mit[93]*:*
Die Nachricht von der Verhaftung unseres Bruders, des Pfarrers Niemöller, ist von einer Erläuterung begleitet gewesen, gegen die wir vor Gott und Menschen feierlich Verwahrung einlegen.
1. Es ist gesagt worden, daß Pfarrer Niemöller in Gottesdiensten Hetzreden geführt habe. Hunderttausende haben Pfarrer Niemöller predigen hören in allen Teilen des deutschen Vaterlandes. Viele seiner Predigten sind gedruckt und weit verbreitet. Sie sind so gedruckt, wie er sie gehalten hat. So sind ungezählte deutsche Männer und Frauen dessen Zeuge, daß Pfarrer Niemöller in seinen Gottesdiensten nie etwas anderes getan hat, als Gottes Wort lauter und rein zu verkündigen.
2. Es ist gesagt worden, daß Pfarrer Niemöller führende Persönlichkeiten des Staates und der Bewegung verunglimpft habe. Freilich ist Pfarrer

---

[92] Siehe KJb., S. 192–197; Wurm, Erinnerungen, S. 140; Niemöller, Kampf, S. 399–404; Niemöller, Handbuch, S. 195 f.; Hermelink, Kirche im Kampf, S. 402–408; Dipper, S. 169 f.; Zipfel, S. 99–104. Vgl. vor allem die Kanzelabkündigung des Bruderrats der Kirche der APU vom 2.7.1937 (KJb., S. 196) und das »Wort an die Gemeinden« des Kasseler Gremiums auf 11.7.1937 (S. 256 f.).
[93] LKA Stuttgart, D 1, Bd. 97.

Niemöller nie davor zurückgeschreckt, Angriffe gegen den christlichen Glauben und gegen die christliche Kirche zurückzuweisen, auch unter Nennung von Namen. Immer aber hat er dabei in der seelsorgerlichen Verantwortung seines Amtes gehandelt. Was er sagte, das sagte er in Abwehr des großen Angriffes auf den christlichen Glauben, der uns von allen Seiten umgibt.

3. Es ist Pfarrer Niemöller die Absicht unterstellt worden, die Bevölkerung zu beunruhigen. Die evangelische Bevölkerung ist beunruhigt, seit der Staat im Frühjahr 1933 zum ersten Mal in das innere Leben der Kirche eingriff. Diese Beunruhigung ist unter den weiteren staatlichen Eingriffen ständig gewachsen. Um die Freiheit der evangelischen Verkündigung hat Pfarrer Niemöller unerschrocken gekämpft, in der Gewißheit, damit auch seinem deutschen Volk den entscheidenden Dienst zu tun. Wer diesem deutschen Mann niedrige Beweggründe unterstellt, der richtet sich selbst.

4. Es ist gesagt worden, daß Pfarrer Niemöller unwahre Behauptungen über staatliche Maßnahmen verbreitet habe. Wir wissen nicht, worauf sich das bezieht. Wir wissen nur, daß es der evangelischen Christenheit Deutschlands durch das Verbot, kirchliche Dinge öffentlich zu erörtern, unsagbar schwer gemacht ist, auch nur über die allerwichtigsten Vorgänge und Maßnahmen Klarheit zu erlangen. Und wir bezeugen, daß Pfarrer Niemöller immer bereit gewesen ist, Irrtümer, wie sie unter solchen Verhältnissen unterlaufen können, richtig zu stellen, wenn sie ihm nachgewiesen werden konnten.

5. Es ist darauf hingewiesen worden, daß seine Ausführungen zum ständigen Inhalt der ausländischen Presse gehört hätten. Darauf ist zu sagen, daß das Schicksal des Christentums in Deutschland eine Angelegenheit ist, die auch andere Völker auf das ernsteste bewegt. Denn es hängt für die ganze Menschheit Ungeheures davon ab, ob im Mutterland der Reformation die Verkündigung des Evangeliums weiter frei geschehen kann oder nicht. Und daß in einer Zeit, in der so viel Feigheit sich breit macht, die Augen der ganzen Welt sich auf einen Mann richten, der ohne Menschenfurcht seinen Herrn Christus bezeugt, versteht sich von selbst. Im übrigen weiß jeder, der Pfarrer Niemöller kennt, mit welcher Gewissenhaftigkeit gerade er es alle Zeit vermieden hat, dem Ausland Nachrichten zur Verfügung zu stellen.

Es ist den Predigern des Evangeliums in Gottes Wort gesagt, daß sie um ihres Zeugnisses willen Schmach und Verfolgung[94] leiden werden. Es

---

94 Vgl. Apg. 5,41.

ist ihnen aber auch gesagt, daß aus ihrem Leiden ein Segen wachsen soll für viele. An diese Verheißung halten wir uns. Wir danken Pfarrer Niemöller und den andern Brüdern und Schwestern für das, was sie um unser aller willen auf sich genommen haben. Wir vereinigen uns mit ihnen in dem Bekenntnis zu dem Herrn, dem wir mit Freuden sein Kreuz nachtragen.[95] Wir rufen die Gemeinden auf zu treuer Fürbitte für unsere Gefangenen. Gott aber helfe uns, daß wir allezeit bezeugen können, was die Heilige Schrift von uns fordert:

»Wir sind nicht von denen, die da weichen und verdammt werden, sondern von denen, die da glauben und die Seele erretten!«[96]

Im Juli 1937 veranstaltete die Bekennende Kirche in ganz Deutschland eine Sammlung von Unterschriften, um die Verbundenheit mit Pfr. Niemöller zu zeigen. Für diese Unterschriftensammlung galten folgende Richtlinien[97]*:*

1. Diese Erklärung ist gedacht als eine Tat der Deutschen Evang. Pfarrerschaft. In erster Linie werden die Pfarrer der BK ihre Unterschrift dazu geben, darüber hinaus soll aber seitens der BK-Pfarrer im persönlichen Einsatz der Versuch gemacht werden, möglichst viele Brüder zu dieser Erklärung willig zu machen.

2. Die Erklärung ist entstanden auf Grund des weitverbreiteten Wunsches vieler Amtsbrüder, in dieser entscheidungsvollen Stunde an die Seite Bruder Niemöllers zu treten. Einst hat Bruder Niemöller zur Bildung des Pfarrernotbundes aufgerufen. Nun scharen sich die Brüder aus dem ganzen Reich um ihn.

3. Von der Tatsache der Erklärung und ihrem Ergebnis soll zu gegebener Zeit sowohl der Gemeinde als auch staatlichen Stellen Mitteilung gemacht werden.

4. Die Unterschriften sind demgemäß in den Kirchengebieten zu sammeln. Über das Ergebnis ist baldmöglichst an die VKL zu berichten. Es empfiehlt sich, bei der Aktion den Postweg nicht zu benutzen.

5. Die Erklärung soll einzeln unterschrieben werden. Sie muß zu diesem Zweck in den Kirchengebieten vervielfältigt und den Brüdern ausgehändigt werden. Unterschreiben können Pfarrer, Hilfspfarrer und Vikare.

6. Über den Gang der Aktion wird fortlaufend berichtet werden.[98] Da der letzte Prozeßtag der 16. August ist[99], ist die Unterschriftensammlung nach Kräften zu beschleunigen.

95 Luk. 23,26.   97 LKA Stuttgart, D 1, Bd. 74.
96 Hebr. 10,39. 98 Insgesamt gingen 729 Unterschriften ein (vgl. Dipper, S. 169).
99 Der Prozeß fand erst im Februar 1938 statt.

Die Erklärung *hatte folgenden Wortlaut*[100]*:*
Seit Wochen ist unser Bruder, Pfarrer M. Niemöller, in Untersuchungshaft. Die öffentliche Gerichtsverhandlung gegen ihn steht bevor. Was zu seiner Anklage geführt hat, ist sein Kampf um die öffentliche Geltung des Evangeliums in Deutschland. Im Vertrauen auf das Wort des Führers, daß der christliche Glaube in Deutschland seinen Schutz finden und die Rechte der Kirche unangetastet bleiben sollen, ist er den Gegnern des Christentums in aller Öffentlichkeit entgegengetreten und hat die große Gemeinde, die auf ihn hörte, vor dem Abfall von Jesus Christus gewarnt. Dieser Kampf ist der gesamten evangelischen Kirche befohlen. Er ist insbesondere uns Pfarrern durch unser Ordinationsgelübde befohlen. So erkläre ich meine Verbundenheit mit Pfarrer M. Niemöller im Gehorsam vor dem Herrn der Kirche. Gott erhalte unser deutsches Volk bei seinem Wort.
Unterschrift, Name, Wohnort.

Am 24.8.1937 berichtete Friedrich Lutz als Mitglied des Landesbruderrats über die Unterschriftensammlung in Württemberg den Vertrauensleuten der Evang. Bekenntnisgemeinschaft in Württemberg[101]*:*

Liebe Freunde!
Es ist Ihnen in Aussicht gestellt worden, daß Sie über den Gang der Unterschriftensammlung für Pfarrer Bruder M. Niemöller näheren Bericht erhalten werden. Es sind bis heute von unseren württ. Geistlichen 649 unterzeichnete Erklärungen eingegangen. Verschiedene Bezirke haben noch nichts von sich hören lassen. Auch sonst vermissen wir noch so manche Namen von solchen, bei denen wir mit Bestimmtheit annehmen dürfen, daß sie in dieser Sache mittun. Wir bitten Sie darum herzlich und dringend, doch weiter zu werben. Auch von den im Urlaub befindlichen Amtsbrüdern ist wohl noch manche Unterschrift zu erwarten. Von den meisten Bezirken ist uns bis jetzt nur die Zahl der unterzeichneten Erklärungen zugegangen. Wir bitten sehr, uns baldigst die unterzeichneten Erklärungen selbst zu übersenden, wenn möglich nicht auf dem Postweg. An Stelle des zugesandten Formulars kann auch eine kürzere selbst verfaßte zustimmende Erklärung abgegeben werden.
Im Zusammenhang mit den bis jetzt abgegebenen Erklärungen sind so mancherlei Bedenken und Sorgen laut geworden. Ich hielt es für meine

100 LKA Stuttgart, D 1, Bd. 97.
101 LKA Stuttgart, D 1, Bd. 97.

Pflicht, diese Bedenken zur Kenntnis der VKL zu bringen. Von Pastor Forck, der noch einer von den wenigen Brüdern der VKL ist, die sich noch in Freiheit befinden, ist mir daraufhin der in Abschrift beigefügte Brief zugegangen[102]. Ich gebe Ihnen Kenntnis von diesem Brief in der Gewißheit, daß er für manchen unter uns eine wertvolle Hilfe ist. Daß unser Herr Landesbischof von der Aktion wußte, sei nur noch kurz beigefügt für diejenigen Freunde, die darnach gefragt haben. Es war ihm lieb, daß der Landesbruderrat die Sache in die Hand nahm.

Mit herzlichem Gruß. Für den Vorsitzenden des Landesbruderrats: Friedr. Lutz.

Am 7.2.1938 begann vor dem Sondergericht des Landgerichts Berlin der Prozeß gegen Pfr. Niemöller.[103]

Über den Verlauf des Prozesses berichtete die Evang. Bekenntnisgemeinschaft in Württemberg am 11.3.1938 den Pfarrern[104]:

Am 7. Februar begann der Prozeß gegen Pfarrer Niemöller, Dahlem, der sich seit dem 1.7.1937 unter der Anklage des Kanzelmißbrauchs und anderer im Gesetz zum Schutz von Volk und Staat genannter Vergehen im Gerichtsuntersuchungsgefängnis Moabit befand.

Die kirchliche Bedeutung des Prozesses beruht auf der Persönlichkeit des angeklagten Pfarrers Niemöller, andererseits darauf, daß er zu den führenden Männern der »Bekennenden Kirche« gehört und daß er nicht nur wegen seiner deutlichen Äußerungen in Vorträgen usw., sondern teils um solcher Handlungen willen unter Anklage stand, die er im Namen und Auftrag der Bekennenden Kirche und der ihr angeschlossenen Gemeinde Dahlem beging. Der Konflikt der BK mit dem nationalsozialistischen

---

102 Die Beilage befindet sich nicht bei den Akten.
103 Siehe KJb., S.235f.; Niemöller, Kampf, S.426–432; Niemöller, Handbuch, S.246f. Vgl. besonders die Kanzelverkündigung der VKL auf 13.3.1938 (KJb., S.235f.) und die Bitte des Luth. Rats, einen Beobachter zu dem Prozeß entsenden zu dürfen, die abgelehnt wurde, da der Prozeß weitgehend unter Ausschluß der Öffentlichkeit stattfand (LKA Stuttgart, D 1, Bd. 76). Vgl. weiterhin Artikel der Basler National-Zeitung in Presseberichten des SD Nr. 2–4, 22.1.1938–25.2.1938 (StA Ludwigsburg, K 110, Bd. 12).
104 LKA Stuttgart, D 1, Bd. 72. Vgl. auch den Bericht der Bekenntnisgemeinschaft an die Vertrauensleute vom 7.3.1938 (LKA Stuttgart, D 1, Bd. 98). Vgl. weiter die bei den Akten liegenden verschiedenen nicht gezeichneten Berichte zum Prozeßverlauf und Stellungnahmen zur Verbringung Niemöllers in ein Konzentrationslager (LKA Stuttgart, D 1, Bd. 72, 74, 76, 78).

Staat besteht bekanntlich darin, ob der Staat über sein Aufsichtsrecht hinaus die Ordnung der Kirche in eigene Hand nimmt und die Predigt des neuen Mythus gleichberechtigt und schließlich vorberechtigt gegenüber der Predigt des Evangeliums in der Kirche macht. Die Persönlichkeit Niemöllers lernt kennen, wer sein Buch »Vom U-Boot zur Kanzel« liest. Er gehört zu den besten U-Bootkommandanten des Weltkriegs und zu den hervorragendsten aktiven nationalen Führern im Kampf gegen den kommunistischen Aufstand des Ruhrgebiets. Das für ihn abgelegte Leumundszeugnis hervorragender Männer im Verlauf seines Prozesses ist der Öffentlichkeit leider unzugänglich, weil der Prozeß unter der Begründung der »Gefährdung der staatlichen Sicherheit« unter Ausschluß der Öffentlichkeit stattfand.

Der Prozeß fand vor dem Sondergericht des Landgerichts 2 Berlin-Moabit statt. Das Urteil wurde am 2. März verkündigt. Der Angeklagte wurde zu 7 Monaten Festungshaft und zwei Geldstrafen in Höhe von RM 500.– und RM 1 500.– und zur Tragung der Gerichtskosten verurteilt. Die Festungshaft und die eine Geldstrafe von RM 500.– gelten als durch die Untersuchungshaft verbüßt. Dieses Urteil ist durch die deutsche Presse ausnahmslos unvollständig bekannt gemacht worden; es wurde fortgelassen, daß die Festungshaft und die RM 500.– verbüßt sind, daß also Pfarrer Niemöller noch am Tage des Urteilspruchs aus dem Gefängnis hätte entlassen werden müssen. Auch wäre zu dem Sondergerichtsurteil zu bemerken, daß nach § 20 des StGB in seiner neuen Fassung auf Festungshaft nur erkannt werden darf, »wenn die Tat sich nicht gegen das Wohl des Volkes gerichtet und der Täter ausschließlich aus ehrenhaften Beweggründen gehandelt hat«.

Nach der Verkündigung des Urteils in den Mittagsstunden des 2. März geschah nun Folgendes: Pfarrer Niemöller wurde nicht aus dem Gerichtsgefängnis entlassen. Die Geheime Staatspolizei erreichte, daß Pfarrer Niemöller am Abend des Urteilstages in Staatspolizeihaft überführt wurde. Pfarrer Niemöller ist dann in das Konzentrationslager Sachsenhausen bei Oranienburg gebracht worden. Nach achtmonatlicher Untersuchungshaft und der unerhörten seelischen Belastung der Prozeßverhandlungen des letzten Monats, bei denen Niemöller unter Ausschluß der Öffentlichkeit ohne die seelische Stärkung zuhörender Freunde und Glaubensgenossen sich vor Gericht zu verantworten und Zeugnis für den evangelischen Glauben abzulegen hatte, müssen seine Freunde und die Freunde der Bekennenden Kirche in Deutschland und alle rechtlich empfindenden Deutschen das Schlimmste befürchten.

Der Prozeßverlauf

Der erste Tag begann wie üblich mit der Aufnahme der Personalien und der Verlesung der Anklageschrift, dies alles natürlich in aller Öffentlichkeit. Unter der zahlreichen Zuhörerschaft waren auch die führenden Leute der Bekennenden Kirche, aber, so viel bekannt ist, keine ausländischen Pressevertreter. Sofort nach den erwähnten Formalien kam der erste Vorstoß des Staatsanwaltes: Er beantragte Ausschluß der Öffentlichkeit für die ganze Dauer der Verhandlungen; auch die Begründung für diesen Antrag könne er wegen Gefährdung der Staatssicherheit nur unter Ausschluß der Öffentlichkeit geben. Daraufhin mußte der Saal geräumt werden; das Gericht beschloß dann, dem Antrag zu willfahren, und es wurde nun darum gekämpft, wer im einzelnen doch noch zugelassen werden solle. Die Zulassung von Frau Pfr. Niemöller wurde abgelehnt, was für uns alle und für sie im besonderen ein großer Schmerz war; dagegen wurden auf Wunsch von Martin Niemöller nicht nur Vertreter der (von ihm und der gesamten BK in ihrer Rechtmäßigkeit bestrittenen) staatskirchlichen Kirchenbehörden, sondern auch Vertreter der Kirchenleitungen der Bekennenden Kirche zugelassen (Dr. Böhm von der Vorläufigen Kirchenleitung, Präses Scharf vom Brandenburgischen Bruderrat, Superintendent Diestel, und Pfr. Link, Berlin). Das vom Staatsanwalt beantragte Schweigegebot wurde abgelehnt. So war das Ergebnis dieses ersten Tages zwar im Blick auf Frau Pfr. Niemöller eine große Enttäuschung, aber im Blick auf die Aussichten des Prozesses und seiner ganzen Bedeutung für die ganze kirchliche Entwicklung nicht unbefriedigend. Der übrige Tag verlief dann innerhalb der geschlossenen Verhandlung mit der beginnenden Vernehmung des Angeklagten, der einen sehr eindrucksvollen Lebenslauf gegeben haben muß.

Die Verhandlung des zweiten Tages begann, wie man hört, mit einem erneuten Vorstoß des Staatsanwalts: Er beantragte Ausschluß der BK-Vertreter, da erfahrungsgemäß die Verbindungen der Bekennenden Kirche und der Verteidigung zum Ausland so gut seien, daß keine Garantie gegeben sei, daß der Inhalt der Verhandlungen nicht sofort in die Auslandspresse berichtet werde. Zum Beweis legte er, so meldeten englische Zeitungen, ein Pariser Emigrantenblatt vor, das irgend eine intime Meldung über den Prozeß enthalten zu haben scheint. Daraufhin erklärte Niemöller, wenn seine Kirchenleitung ausgeschlossen sei, werde er sich auch nicht mehr verteidigen, und entband seine Verteidiger (Dr. Holstein, Dr. Koch und Justizrat Hahn) ihres Mandats. Als er sich zu diesem Zweck mit den Verteidigern zur Beratung zurückzog, rief er wartenden Freunden zu: »Wir sind hindurch!«, und als er wieder zurückkam, seiner Frau: »Kopf hoch!« Er war schon am vorhergehenden Tage und so auch an diesem trotz seiner anfänglichen Blässe sehr frisch und fröhlich. Das Gericht gab dann dem Antrag des Staatsanwalts statt, schloß die Vertreter der Bekennenden Kirche aus und verhängte über alle Beteiligten ein strenges Schweigegebot, so daß am Nachmittag, als Frau Pfr. Niemöller mit den Verteidigern zusammenkam, sie von diesen nicht das Geringste erfahren konnte, nicht einmal, ob denn nun eigentlich die Verhandlungen weiter gingen oder nicht. Erst daran, daß die Verteidiger nicht mehr besetzt waren, konnte man erkennen, daß der Prozeß abgebrochen war. Alles hier über den 2. Verhandlungstag Berichtete ist Gerücht, das zwar große Sicherheit hat, aber von den stummen Verteidigern nicht bestätigt wird. Niemöller hatte Offizialverteidiger gestellt bekommen, die aber, ihrer zwei, nacheinander den Auftrag abgelehnt hatten, bis sich schließlich ein Dritter zur Übernahme bereit fand, während Niemöller nach wie vor ablehnte, mit einem Offizialverteidiger zusammenzuarbeiten.

Von dem ganzen Prozeß hatte die deutsche Presse, die damals im Sommer 1937 jene Meldung von der Verhaftung wegen Kanzelmißbrauchs usw. gebracht hatte, nichts verlauten lassen, dagegen brachte nun die Auslandspresse eine Meldung des DNB, die besagte, daß Niemöller infolge seiner Unbeherrschtheit einen Zusammenstoß mit seiner Verteidigung gehabt und ihr infolgedessen das Mandat entzogen habe. Kein Wort davon ist wahr! Das Verhältnis Niemöllers zu seinen Verteidigern war nach wie vor ungetrübt und besser denn je.

So vergingen einige Tage in gänzlicher Ungewißheit. Schließlich löste sich der Konflikt so, daß die schriftliche Begründung des Gerichts für den Ausschluß der BK-Vertreter nicht mehr jene angeblichen Auslandsverbindungen waren, an denen auch der Staatsanwalt nicht mehr festzuhalten schien, sondern nur die Tatsache, daß sie keine staatlich anerkannten Kirchenregierungen zu vertreten hatten. Superintendent Diestel wurde doch noch zugelassen als Superintendent von Niemöllers Kirchenkreis, das Schweigegebot blieb bestehen, und am 18. Februar wurden die Verhandlungen mit den alten Verteidigern fortgesetzt. Wie man hört, verging der 18. und 19. noch mit der Vernehmung Niemöllers, der 21. und 22. mit Zeugenvernehmungen, der 23. und 25. mit den Plädoyers der Staatsanwälte und der Verteidiger, der 26. brachte die Schlußworte, und damit war hinter hermetisch verschlossenen Türen dieser Prozeß wenigstens in seinem Verhandlungsteil in unerwarteter Kürze zu Ende gebracht. Über die Aussichten ließ sich gar nichts sagen. Die Haltung des Gerichts war, wie man hört, vornehm und korrekt.

Der Information der Bekenntnisgemeinschaft vom 11.3.1938 lag eine Aufforderung zur Fürbitte für Pfr. Niemöller bei[105]*:*

Was können wir für unseren Bruder Martin Niemöller tun?

1. Die beste und wirksamste Hilfe ist die tägliche Fürbitte für ihn, für seine Familie und für alle bedrängten Brüder in der Hausgemeinde, in den Gemeindekreisen und im öffentlichen Gemeindegottesdienst (Apostelgeschichte 12,5).

2. Wir bezeugen seiner Frau unsere Teilnahme (Berlin-Dahlem, Cecilienallee 61) und suchen ebenso Niemöller selbst auf dem Postweg zu erreichen (Schutzhaftlager Sachsenhausen bei Oranienburg). Auch ein kurzer Gruß auf offener Postkarte macht Freude und zeigt unsere brüderliche Verbundenheit.

3. Es ist ferner unsere Pflicht, auch den verantwortlichen Männern in unserem Volke zu sagen, was sich uns in dieser Sache nahelegt (Psalm 94,15, Sprüche 14,34).

4. Wie wir hören, kommen in verschiedenen Kirchengebieten die Gemeinden auch zu besonderen Gottesdiensten zusammen. In unserer Landeskirche sind ja ohnehin monatlich wiederkehrende besondere Gottesdienste angeordnet (Erlaß des OKR Nr. A 1136 vom 5.2.1938). Im Anschluß an diese Aufforderung können wir also auch in dieser besonderen Weise vor Gott und in der Gemeinde unseres Bruders Niemöller und der andern bedrängten Brüder gedenken. Es sollte dabei insbesondere auch auf die besondere Not in Thüringen und Sachsen hingewiesen werden. Die hart betroffenen Brüder in diesen Kirchengebieten bedürfen in besonderer Weise der Fürbitte und des Opfers der Gemeinde.

5. In unsern Gemeinden erinnern die Glockenzeichen daran, daß die Gemeinde zum regelmäßigen Gebet aufgerufen ist. Es wäre schön, wenn die häusliche Fürbitte für Niemöller und die bedrängten Brüder auf eine bestimmte Gebetsstunde, etwa auf die Zeit des Abendläutens gelegt werden könnte. In manchen anderen Kirchengebieten werden die Gemeindeglieder an diese Zeit der gemeinsamen Fürbitte durch die Verdoppelung der sonst üblichen Dauer des Läutens erinnert.

---

105 LKA Stuttgart, D 1, Bd. 72; vgl. auch den Erlaß des Oberkirchenrats Nr. A 2474 vom 17.3.1938, der Fürbitte für Niemöller empfahl.

Am 6.4.1938 richtete der Oberkirchenrat wegen der Verbringung Niemöllers in ein Konzentrationslager ein Schreiben An die zuständige Oberste Reichsstelle[106]:
Wir haben uns nach der öffentlichen, teilweisen Bekanntgabe des Urteils des Sondergerichts Berlin in Sachen Niemöller Bericht erstatten lassen, wie diese Verurteilung in unseren Gemeinden aufgenommen worden ist. Dabei ergab sich zunächst, daß weite kirchliche Kreise überrascht waren durch Art und Höhe der Strafe. Die Überraschung ist darauf zurückzuführen, daß bei der Verhaftung Niemöllers im Juli 1937 der Öffentlichkeit ein Bild von den gegen ihn erhobenen Beschuldigungen gegeben worden ist, das schwere ehrenrührige Freiheitsstrafen als wahrscheinlich hat erwarten lassen. Weiterhin war besonders in den vergangenen Monaten immer wieder die propagandistische Behauptung von der Staatsfeindlichkeit der Bekennenden Kirche zu hören gewesen. Nun wurde durch ein Sondergericht zum Ausdruck gebracht, daß ein besonders aktiver Vertreter dieser Richtung aus ehrenhaften Motiven gehandelt und nichts getan hat, was gegen das Wohl des Volkes gerichtet war. Diese Tatsache erweckte ein Gefühl der Erleichterung. Als aber bekannt wurde, daß Niemöller trotz Strafverbüßung nicht in Freiheit gesetzt, sondern in ein Konzentrationslager verbracht worden ist, entstand in weiten Kreisen der Eindruck völliger Rechtlosigkeit. Es wird nicht verstanden, daß ohne Angabe von Gründen der Spruch eines Sondergerichts durch Maßnahmen von Polizeibehörden desselben Staates zu praktischer Bedeutungslosigkeit herabgedrückt werden kann, ohne daß es eine Stelle geben würde, die die Berechtigung eines solchen Vorgehens in einem rechtlich geordneten Verfahren nachprüfen müßte. Es kann in diesem Zusammenhang von einer Vertrauenskrise gesprochen werden, von der fraglich ist, ob sie durch die großen Geschehnisse unserer Tage nicht nur vorübergehend überdeckt werden kann. Neben dem Gefühl tiefer Enttäuschung wird auch mehr und mehr ein Gefühl der Bitterkeit sich neben der Freude und der Dankbarkeit für die Leistungen des Staats auf vielen Gebieten des öffentlichen Lebens regen.
Wir glauben, mit diesem Bericht neben der Vertretung eines kirchlichen Anliegens dem ... auch einen Dienst erwiesen zu haben.

Wurm.

---

106 Nr. A 3380. Das bei den Akten liegende Stück trägt keine genaue Angabe, an wen es gerichtet war; das Schreiben wurde am 30.4.1938 den Dekanatämtern zur Kenntnisnahme und zur mündlichen Bekanntgabe an die Pfarrer mitgeteilt.

Am 10.5.1938 fand in Tübingen ein Verfahren gegen 3 Theologiestudenten statt, die Flugblätter verteilt hatten, in denen gegen die Verbringung von Pfr. Niemöller in ein Konzentrationslager protestiert wurde[107]*:*

In der Akademischen Strafsache gegen die Studierenden der evangelischen Theologie

1. Horst Pipping, geb. am 20.4.1915 in Chemnitz;
2. Siegfried Ranft-Hollenweger, geb. am 28.4.1915 in Juanchow/China,
3. Ernst Koffmane, geb. am 16.12.1916 in Vendorf, Kreis Liegnitz

hat der Dreierausschuß in seiner Sitzung am 10.5.1938 in folgender Zusammensetzung

Prof. Dr. Hoffmann, Rektor,

Oberarzt Dr. Schwenk, Leiter der Dozentenschaft,

cand. jur. Schmid, stellv. Studentenführer,

unter Mitwirkung des Universitätsrats, Oberregierungsrat Dr. Knapp als Vertreter der Anklage und des Verwaltungsassistenten Mayer als Protokollführer für Recht erkannt:

Es werden bestraft

1. der Beschuldigte Pipping gem. Stück 4d der Strafordnung mit Entfernung von der Hochschule, verbunden mit Nichtanrechnung des Sommersemesters 1938;

2. u. 3. die Beschuldigten Ranft-Hollenweger und Koffmane gem. Stück 4d der Strafordnung mit schriftlichem Verweis unter Androhung der Entfernung von der Hochschule.

Gründe

Dem Beschuldigten Pipping sind nach seiner glaubhaften Aussage unbestellt und von unbekanntem Absender aus Leipzig 2 Sendungen Flugblätter mit der Überschrift »Martin Niemöller im Konzentrationslager« zugegangen. Die erste Sendung hat er am 2. Mai im Hörsaal 9 im Anschluß an eine Vorlesung an ihm bekannte Kommilitonen verteilt, die zweite, die erst später eintraf, hat er noch in seinem Besitz, will sie aber an die Geheime Staatspolizei abliefern.

Auf seine Bitte war ihm der Beschuldigte Ranft-Hollenweger beim Verteilen der Flugblätter im Hörsaal behilflich. Ranft-Hollenweger nahm aber auch einige Flugblätter an sich und heftete zwei davon am Schwarzen Brett in der Durchgangshalle der Universität, das in der Regel zu wichti-

---

107 LKA Stuttgart, D 1, Bd. 77; bei den Akten liegt nur eine Abschrift ohne nähere Angaben.

gen und eiligen Bekanntmachungen des Rektors verwendet wird, an. Dabei war ihm der Beschuldigte Koffmane behilflich.

Keiner der Beschuldigten hatte vorher die Genehmigung des Rektors zum Verteilen und Anheften der Flugblätter nachgesucht. Es kann mit Bestimmtheit angenommen werden, daß sie sich bewußt waren, daß diese Genehmigung erforderlich war und daß sie nicht erteilt worden wäre.

Das Flugblatt beschäftigt sich mit Martin Niemöller. Die Beschuldigten, insbesondere Ziffer 1, geben an, daß ihnen nur daran gelegen habe, über das Schicksal Niemöllers aufzuklären, weil auch in Theologenkreisen vielfach falsche und ihn schwer belastende Gerüchte im Umlauf seien. Durch das Flugblatt werde Niemöller insbesondere von dem Vorwurf des Landesverrats befreit und seine Ehre wieder hergestellt, da vom Sondergericht gegen ihn auf Festungshaft erkannt worden sei, was eine ehrenhafte Gesinnung voraussetze. Dagegen wollen sie sich über den weiteren Inhalt dieses Flugblattes und seine Auswirkungen keine Gedanken gemacht haben. Es ist aber offensichtlich und kann auch den Beschuldigten nicht entgangen sein, daß das Flugblatt teils direkt, teils indirekt scharfe Kritik an Maßnahmen der Regierung übt. Es kann aber unmöglich geduldet werden, daß immatrikulierte Studenten sich an der Verbreitung solcher Nachrichten, deren Richtigkeit von ihnen nicht geprüft werden kann, beteiligen. Sie verstoßen damit schwer gegen die Pflichten, die sie bei der Aufnahme in die Gemeinschaft einer deutschen Hochschule übernommen haben und die von ihnen erhöhte Bereitschaft im Dienste für Volk und Staat fordern. Durch Flugblätter wie das vorliegende wird ein Keil zwischen Volk und Regierung und zwischen Volksgenossen getrieben. Dem Flugblatt haftet auch noch der üble Beigeschmack an, daß es anonym erschienen ist. Als solches war es ohne Rücksicht auf seinen Inhalt zu beanstanden.

Es steht somit fest, daß die Beschuldigten ohne Erlaubnis des Rektors in der Universität ein Flugblatt verteilt und am Schwarzen Brett angeheftet haben, obwohl sie wissen mußten, daß ihnen die Erlaubnis nicht erteilt worden wäre und daß sein Inhalt nicht zur Beruhigung sondern zu weiterer Erregung führen werde. Die Hauptschuld trifft den Beschuldigten Pipping, zu dessen Gunsten bemerkt werden soll, daß er sich zu seiner Tat bekannt und aus freien Stücken auch die volle Verantwortung für die beiden anderen Beschuldigten übernommen hat. Dies zeugt von einer anständigen Gesinnung, kann ihn aber nicht davor bewahren, daß vom Dreierausschuß sein weiteres Verbleiben in Tübingen als unerwünscht angesehen wird. Der Dreierausschuß hat deshalb gegen ihn auf Entfernung von der Universität Tübingen unter Nichtanrechnung des Sommersemesters 1938 gem. Stück 4d der Strafordnung erkannt, während er bei den anderen Beschuldigten einen schriftlichen Verweis unter Androhung der Entfernung von der Hochschule gem. Stück 4d der Strafordnung für genügend erachtete. Hoffmann. Schwenk. Ernst Schmid.

Im Januar 1938 wurde Notariatspraktikant Alfred Leikam aus Korb, der zum Freundeskreis der Kirchlich-Theologischen Sozietät gehörte, verhaftet und in ein Konzentrationslager verbracht; ähnlich wie Martin Niemöller war er in einem Prozeß zwar zu Haft verurteilt worden, die aber durch die Untersuchungshaft als abgebüßt gelten sollte; erst im Herbst 1943 wurde er wieder freigelassen. [108]

In verschiedenen Erlassen bat der Oberkirchenrat die Pfarrer um Fürbitte im Gottesdienst der Gemeinde für die inhaftierten und ausgewiesenen Amtsbrüder [109]*:*
Die Lage im Bereich der Bekennenden Kirche hat eine neue Verschärfung erfahren. Die Zahl der in Haft befindlichen oder von ihrem Amt entfernten oder ausgewiesenen Geistlichen ist neuestens infolge einer Reihe von neuen Verhaftungen, besonders auch von führenden Männern der Altpreußischen Kirche gestiegen. Es muß daher allen Geistlichen, denen die Erhaltung einer lebendigen evangelischen Kirche am Herzen liegt, ein Anliegen sein, in der Fürbitte für die Amtsbrüder, die um ihres Glaubens willen bedrängt werden oder Verfolgung leiden, fortzufahren und auch die Gemeinde dazu aufzufordern (vgl. Apg. 12,5). Für den kommenden

---

108 Vgl. Niemöller, Kampf, S. 432; Niemöller, Handbuch, Register. Vgl. auch die Aktennotiz vom 11.6.1938 über eine Vernehmung von Pfr. Lang, Reutlingen, durch die Geheime Staatspolizei, da er eine Eingabe für Leikam unterzeichnet hatte (LKA Stuttgart, D 1, Bd. 101). Ein Interview mit Alfred Leikam ist enthalten in dem Sammelband »Interviews mit Überlebenden, Verfolgung und Widerstand in Südwestdeutschland«. Stuttgart 1980, S. 120–141.
109 Als Beispiel wird hier der Erlaß Nr. A 6674 vom 24.6.1937 wiedergegeben; vgl. auch Nr. A 1581 vom 11.2.1938. Zum Zusammenhang vgl. Niemöller, Handbuch, S. 299–310. Vgl. auch die »Fürbittenlisten«, mit denen der Oberkirchenrat regelmäßig die Namen der in Haft befindlichen oder ausgewiesenen Pfarrer aus dem Gebiet der gesamten Evang. Kirche in Deutschland mitteilte (Oberkirchenrat Stuttgart, Registratur, Generalia Bd. 192: Gottesdienst, und Bd. 210: Opfer), und das »Wort an die Gemeinden zur Gefangenschaft unserer Brüder über Weihnachten«, das von VKL im Dezember 1937 herausgegeben wurde (LKA Stuttgart, D 1, Bd. 73).

Sonntag, 27. Juni, wird empfohlen, zwischen dem Schlußgebet und Vaterunser die nachstehende besondere Fürbitte einzuschalten.

I.V. Mayer-List.

Einschaltung nach dem Schlußgebet

Der Gemeinde muß mitgeteilt werden: Die Lage im Bereich der Deutschen Evang. Kirche hat in den letzten Tagen eine neue, tiefbedauerliche Verschärfung erfahren durch eine Reihe weiterer Verhaftungen von Geistlichen und Gemeindegliedern, insbesondere von führenden Männern der Altpreußischen Kirche. Nach den bisher eingelaufenen Nachrichten sind zur Zeit mehr als 60 Geistliche und etliche Gemeindeglieder in Schutzhaft oder im Gefängnis, von ihrem Amt entfernt oder ausgewiesen.

Liebe Gemeinde! Die Not, die über einzelne Diener der Kirche wegen ihres Eintretens für das lautere Evangelium und für eine lebendige evangelische Kirche kommt, ist eine Not, die unsere ganze Kirche trifft; wenn ein Glied leidet, so leiden alle andern mit[110]. Wir schließen uns daher als betende Gemeinde zusammen zu treuer Fürbitte für die Geistlichen, die um des Evangeliums willen leiden müssen, für die Familien, die in schwerer Sorge sind, für die Gemeinden, die ihrer Hirten beraubt sind, für alle, die um ihres Glaubens willen Bedrängnis und Anfechtung erfahren.

Alles, was uns im Blick auf diese Not unsrer evangelischen Kirche bewegt, bringen wir fürbittend vor Gott und beten (gemeinsam) im Namen und Auftrag unsres Heilands Jesus Christus: Unser Vater…

Zur Fürbitte für die Verhafteten und Gemaßregelten teilte die Evang. Bekenntnisgemeinschaft in Württemberg im April 1938 mit[111]*:*

Zur Fürbitte der Gemeinde für ihre bedrängten Brüder

Wir werden immer wieder gefragt, ob die Brüder und Schwestern, die auf der Fürbitteliste stehen, auch wirklich nur um des Evangeliums willen in Bedrängnis geraten sind oder ob sie nicht etwa mit Recht um politischer Vergehen willen bestraft sind.

Wird die Frage so gestellt, so kann sie freilich nie eindeutig beantwortet werden. In der ganzen Kirchengeschichte ist noch nie ein Christ ausdrücklich wegen seines Glaubens von der weltlichen Macht verfolgt worden, sondern immer nur deswegen, weil der Staat, mit Recht oder Unrecht, sich in seinem politischen Willen durch die Haltung des Gläubigen angegriffen oder gestört fühlte. Die Anklage lautete deshalb stets auf politische

110 1. Kor. 12,26.
111 LKA Stuttgart, D 1, Bd. 76.

Vergehen, auch in jenen Grenzfällen zwischen Politik und Religion, in denen der Staat um seiner eigenen Apotheose willen die Christen verfolgte. All das gilt schon von Christus selbst. Gerade in diesem Grenzfall, mit dem wir es ja heute wieder zu tun haben, ist es für den Christen besonders schwer, das Wort Jesu richtig zu befolgen: Gebet dem Kaiser, was des Kaisers ist, und Gott, was Gottes ist (Matth. 22, 21), das heißt der Obrigkeit den schuldigen Gehorsam zu leisten, ohne das Erste Gebot zu übertreten. Der Christ wird es nicht vermeiden können, daß in den Augen des Staats jeder Ungehorsam als politischer Widerstand gewertet wird. Umsomehr wird sich der Christ zu bemühen haben, bei seinem Handeln, auch wenn dies sich auf der politischen Ebene auswirken muß, sich nicht von politischen Erwägungen leiten zu lassen und sich an keinen politischen Obstruktionsbestrebungen gegen die Obrigkeit zu beteiligen.

Die für die Fürbittenliste verantwortlichen Bruderräte und Kirchenleitungen stehen immer wieder vor der Frage, ob sie z. B. auch einen Bruder auf die Fürbittenliste setzen sollen, der diese Grenze mindestens insofern nicht eingehalten hat, als er in unnötiger und unbesonnener Weise bei den politischen Stellen Anstoß erregt hat. Wir wollen uns in dieser Frage von folgenden Erwägungen leiten lassen:

1. Die Fürbittenliste ist kein Heiligenkalender. Solange wir die Rechtfertigung des Sünders verkündigen, können wir nicht verlangen, daß die Märtyrer Heilige sein müssen, die um der Reinheit ihres Bekennens willen schon geheiligt wären.

2. Da wir uns die Bekenntnissituation nicht selber wählen, sondern diese uns aufgezwungen wird, können wir nicht warten, bis sie uns ein eindeutiges und unmißverständliches Bekenntnis erlaubt. Es gibt keine »reinen« Bekenntnissituationen. Wir müssen es uns deshalb gefallen lassen, daß der Gegner uns dort zu fassen sucht, wo unser Handeln zweideutig und vielleicht auch nach unserem eigenen christlichen Urteil anfechtbar ist.

3. Gerade in diesen Fällen, wo der Betroffene durch Selbstvorwürfe angefochten ist, wird er in besonderem Maße der fürbittenden Hilfe der Kirche bedürfen, die sich zu ihrem schwachen Bruder bekennt.

4. Wenn die Kirche zu besonderer öffentlicher Fürbitte für ihre um des Glaubens willen verfolgten Glieder aufruft, so darf sie darüber die Fürbitte für ihre aus andern Gründen rechtmäßig bestraften Glieder nicht vergessen. Dabei kann die Grenze zwischen beiden manchmal fließend werden. Für die Aufnahme in die Fürbittenliste wird maßgebend sein müssen, ob die Verfolgung, ungeachtet aller menschlichen Fehlsamkeit des Beken-

nenden, letzten Endes um des Evangeliums willen geschah. Auch im Fall einer staatsrechtlich eindeutigen Situation wird sich die Kirche nicht darin beirren lassen dürfen, daß die Entscheidung über die Frage, ob das Evangelium verfolgt wird oder nicht, ihr allein zusteht.

5. Bei all diesen Entscheidungen, und noch mehr bei ihrer Kritik!, ist zu beachten, daß die Fürbitte nicht als Demonstration gegenüber der Obrigkeit oder als Mittel zur Aufputschung der Gemeinde angesehen und betätigt werden darf, vielmehr auftragsgemäß von der Kirche in stellvertretendem Dienste für ihre bedrängten Glieder und Gemeinden vollzogen werden muß. Es gibt keine irdische Instanz, welche die Kirche Christi von diesem auftragsgemäßen Dienste entlasten könnte, sie ist vielmehr gehalten, diese Fürbitte allezeit auszuüben und sich durch niemand darin hindern zu lassen, da sie solchermaßen ihren Gehorsam gegen ihr Haupt und die Verbundenheit der Glieder untereinander bezeugt. Wird die vollzogene Fürbitte zu einer Frage an den Staat und zu einer Aufforderung für ihn, die Rechtmäßigkeit seiner Urteile nachzuprüfen, so wird die Kirche jede Wiederherstellung verletzten Rechts mit Dankbarkeit gegen Gott entgegennehmen, wie sie andrerseits ebenso bereit ist, Unrecht zu leiden und durch ihr Leiden Gott zu verherrlichen.

Zu den in Haft befindlichen Pfarrern aus dem Gebiet der Altpreußischen Union versuchte die Württ. Bekenntnisgemeinschaft, wenigstens brieflich Kontakte herzustellen und auch ihnen finanziell etwas zu helfen.

Nach der Entlassung aus der Haft dankte Pfr. Selke aus der Evang. Kirche der Altpreußischen Union am 20. 10. 1937 Pfr. Dipper für die Anteilnahme und Glaubensverbundenheit, die er erfahren hatte[112]*:*

Lieber Bruder Dipper!

Es war mir eine herzliche Freude, als Ihr lieber Brief vom 5. Oktober im Namen der Evang. Bekenntnisgemeinschaft Württemberg eintraf, aber das Schönste war es doch, die Anteilnahme und Glaubensverbundenheit zu spüren. Und für das alles lassen Sie mich Ihnen herzlich danken. Auch bitte ich Sie, diesen Dank weiterzugeben an die, die mit Ihnen hinter Anteilnahme und Gedenken für mich stehen.

Sie möchten nun gern etwas Näheres über das, was mir widerfahren ist, wissen. Es ist nicht meine Art, viel darüber zu sprechen, aber in etwas will ich gern Ihren durchaus verständlichen Wunsch erfüllen.

112 LKA Stuttgart, D 1, Bd. 97.

Meine Gemeinde Striche ist eine Grenzgemeinde. Wir liegen 1 km von der polnischen Grenze entfernt im Kreise Schwerin/Warthe. Die selbständige Kirchengemeinde Striche ist entstanden infolge der polnischen Grenze nach dem Weltkrieg. Durch die Osthilfe waren eine neue Kirche und Pfarrhaus erbaut worden. Die Kirche wurde im Mai 1935 eingeweiht. Ich als Pfarrer von Striche hatte die Aufgabe der Gemeindebildung. Mit Gottes Hilfe und als Gottes Gnadengeschenk ist mir hier manches gelungen. Insbesondere entwickelte sich eine rege, kirchliche Jugendarbeit... Wie das nun aber bei einer lebendigen und tätigen Gemeinde nicht anders sein konnte, standen wir vom Beginn an mitten im Kirchenkampf. Wir waren und blieben Bekenntnisgemeinde. Darum auch blieb die Gegnerschaft nicht aus. Und diese hat schließlich dazu geführt, daß ich, nachdem ich schon oft angezeigt, staatspolizeilich vernommen und auch verwarnt worden war, am Pfingstsonnabend 1937 in Schutzhaft genommen wurde. Begründung: staatsfeindlche Betätigung, Verführung der Jugend. Als unmittelbare Veranlassung zu meiner Verhaftung nahm man eine Predigt von mir am 9.5.1937, in der ich zum Blutvergießen aufgereizt haben sollte. In Wirklichkeit hatte ich über Joh. 15 Schluß und 16, 1–4 gepredigt und dabei den Satz ausgesprochen, daß Jesus Seinen Jüngern kein bequemes Leben verheißen, sondern ihnen sogar Not und Tod vor Augen gestellt hätte; umsomehr, darauf kam es mir an, brauchen wir den Geist von oben her und dürfen auf ihn warten und wollen um ihn bitten... Ich wurde als Schutzhäftling nach Schneidemühl, der Provinzialhauptstadt, gebracht und blieb dort im Polizei-Gefängnis 4 Monate. Gott hielt seine Hand über mir und half mir von Tag zu Tag. Oft war es sehr schwer durchzuhalten. Besonders schwer war es noch für mich, meine 2 Kinder (9 und 6 jährige Mädchen) unter fremden Menschen wissen zu müssen, da meine liebe Frau vor Jahresfrist in die Ewigkeit heimgegangen ist. Doch Gott half und ließ mich völlig unerwartet und ohne weitere Begründung am 2. September freikommen. Allerdings bin ich ausgewiesen aus der Provinz Grenzmark Posen-Westpreußen. Die Opferwilligkeit der BK ermöglichte mir einen Erholungsaufenthalt in Lohme auf Rügen zusammen mit meinen Kindern. Jetzt sind meine Kinder wieder in Striche, und ich suche ein Unterkommen. Und Gott kann und wird es mir schenken... Meine Gemeinde ist mit einem BK-Hilfsprediger versorgt. Sie steht treu und fest da, trotzdem ihr nach mir noch zwei meiner Vertreter verhaftet wurden.

Das wären so einige Mitteilungen, lieber Herr Bruder. Nun nochmals herzlichen Dank und Gott befohlen!

Ihr K. Selke.

Am 5.3.1938 gab der Rat der Evang.-Luth. Kirche Deutschlands den ihm angeschlossenen Kirchenleitungen einen Überblick über die Lage in der Evang.-Luth. Kirche Sachsens, in der die deutsch-christliche Kirchenleitung in besonderem Maße rigoros vorging. Der Evang. Oberkirchenrat gab diesen Bericht am 7.3.1938 den Dekanatämtern bekannt und ergänzte ihn durch Berichte über weitere Kirchengebiete[113]*:*

Bericht über die Lage in den Kirchen von Thüringen, Mecklenburg, Sachsen und über den Fall Niemöller

1. Thüringen: Die leitenden Männer der Thüringischen Bekenntnisgemeinschaft, Pfarrer Otto in Eisenach und Pfarrer Bauer in Gotha, sind durch Verfügung des Landeskirchenrats ihres Amtes enthoben worden. Das förmliche Dienststrafverfahren mit dem Ziel der Entfernung aus dem Kirchendienst ist gegen sie eingeleitet. Die Thüringer, ganz nationalkirchlich eingestellte Kirchenleitung hat außerdem mit einem Kirchengesetz vom 30.1.1938 die ca. 12 Oberpfarrer, Männer der Mitte, lahmgelegt durch Neueinteilung der Thüringer Landeskirche in 24 Kirchenkreise unter neuen, aus je 3 Männern bestehenden, vom Landeskirchenrat ernannten Kreiskirchenämtern; gleichzeitig werden durch dieses Gesetz die Kirchengemeinden weiter entmündigt und die Konzentration noch straffer zu Gunsten des nationalkirchlichen Landeskirchenrats durchgeführt. Außer den oben genannten beiden Amtsbrüdern sind noch weitere 17 Pfarrer und Hilfspfarrer inzwischen amtsenthoben worden (vgl. auch Fürbittenliste vom 4.3.1938).

2. Mecklenburg. Ein Einzelfall: Seit 1929 wirkt in der nahe der Hannoverschen Grenze gelegenen Gemeinde Eldena, einem der größten Dörfer Mecklenburgs mit 1400 Einwohnern, Pastor Hübener. Seit Herbst 1934 bemüht sich eine kleine DC-Gruppe in E. um seine Entfernung. Um ihn zu verdrängen, wird der DC-Diakon Runge vom Mecklenburgischen Oberkirchenrat als »Nachfolger« in E. eingesetzt. Am 1.7.1935 soll H. weichen auf eine andere Pfarrei. Er weigert sich. Daraufhin nimmt sich die Tagespresse und die Ortsgruppe des Falls an. Er wird öffentlich des Volksverrats bezichtigt. Der Oberkirchenrat verbietet ihm alle Amtshandlungen. Seitdem hält H. in E. regelmäßig Gottesdienste im Pfarrhaus und in der Pfarrscheune. Daran nahmen anfangs 40 Erwachsene teil, heute stehen 600 treu und fest zu ihm. Am 1.9.1935 wird der Gottesdienst im Pfarrhaus durch handfeste Männer gewaltsam gestört, H. u. ein assistierender han-

---

113 Nr. A 2329.

noverscher Pfarrer werden blutig geschlagen, Chorrock und schwarzer Rock ihnen vom Leibe gerissen. H. und sein ältester Sohn, Kandidat der Theologie, kommen für 1 Tag ins Gefängnis. Nach Rückkehr finden sie Kirchenbücher und Kirchenkassen geraubt. Diesem Überfall auf das Pfarrhaus folgen eine lange Reihe von Einzelakten und Drohungen. Am 28.9.1935 wird über H. eine völlige Gehaltssperre wegen seiner »Disziplinlosigkeit« verhängt. Die Gemeinde Hübeners bittet mehrfach den Reichskirchenminister um Hilfe; ohne Erfolg. Ein neuer Abschnitt des Kampfes um und für die Gemeinde E. beginnt im Juni 1937. Diakon Runge muß weichen, weil von der Gemeinde abgelehnt. Er wird durch einen DC-Vikar ersetzt. Das Reichskirchenministerium verlangt auf dieses »Entgegenkommen« des Schweriner Oberkirchenrats, daß H. freiwillig auf eine andere Gemeinde sich versetzen lasse. H. ist hiezu bereit, sofern sein Nachfolger getreu der Heiligen Schrift und dem Bekenntnis die Gemeindearbeit fortführe, obwohl ihm das Verlassen seiner Gemeinde, die in ihrer überwiegenden Mehrheit zu ihm steht, nicht leicht fällt. Doch verfügt der Schweriner Oberkirchenrat nicht über einen solch geeigneten Nachfolger. Am 8.8.1937 wird H. von der Gestapo verhaftet wegen Vergehens gegen das Sammlungsgesetz und wegen Widersetzlichkeit gegen die staatliche Obrigkeit. Er wird 8 Tage in Untersuchungshaft behalten. Am 3.11.1937 bekommt H. seine Ausweisung mit der Auflage, binnen 48 Stunden den Kreis Ludwigslust zu verlassen. Daraufhin wird H. von der Gestapo im Auto abgeholt. Diese Schutzhaft wird verhängt unter gleichzeitiger Mitteilung, daß sie erst aufgehoben werde, wenn H. freiwillig E. verlasse. H. ist dazu bereit unter der Bedingung, daß ein Pastor der Bekennenden Kirche sein Nachfolger werde. Am 15.11.1937 wird H. in das Lager für politische Gefangene nach Strelitz überführt. Alle vielfältigen Bemühungen um seine Freilassung sind bisher ohne Erfolg geblieben. Er schreibt am 12.12.1937 an seine Frau: »Matth. 11,2! ... Diese Adventszeit wird uns allen unvergeßlich bleiben. Gott helfe uns mit der Tat beweisen, daß wir weder ›ein Rohr im Wind noch Männer in weichen Kleidern‹ sind, sondern Boten des Heilands, ein jeder an seinem Platz. Gottes Wort ist nicht gebunden...«! – Aus einem weiteren Brief: »... Bitte, bemühe Dich nicht um meine Freilassung. Laßt uns beten um die Befreiung der Kirche. Die Kirchennot ist ein Berg, den wir hinwegbeten sollen. Mark. 11,12...«

3. Sachsen: Das Regiment Klotsche-Kretzschmar versucht auf alle Weise sich gegen den Widerstand der am Bekenntnis festhaltenden Pfarrerschaft und Gemeinden durchzusetzen. Es werden rigorose Disziplinarmaßnahmen ergriffen: 1. Es wurden vom Superintendentenamt enthoben

die Herren: Ficker-Dresden, von Kirchbach, Lindner, Hammerschmidt, Oberkirchenrat Dr. Meyer, Hahn, Gerber, Berg, Lösche, Semm und Meinel (11). 2. Es wurden vom Dienst beurlaubt unter Einleitung eines Disziplinarverfahrens und Gehaltskürzung um 50 %: Pfarrer Hänichen, Pfeiffer, Adam, Voigt, sowie die Superintendenten Hahn, von Kirchbach, Berg, Hammerschmidt. Gegen Geheimrat Kotte wurde ein Disziplinarverfahren eingeleitet (Gehaltskürzung um 50 %). 3. Mit Geldstrafen wurden belegt: Superintendent Krömer mit RM 500.–, fast 40 Pfarrer aus der Superintendentur von Hahn mit einer Geldstrafe von zusammen über RM 8000.–, letztere, weil sie sich anläßlich der Beurlaubung von Superindendent Hahn mit diesem solidarisch erklärten. 4. Es wurden aus dem Dienst der Sächsischen Landeskirche entlassen: 20 Pfarrer, 14 Vikare und 1 Diakon.

Gleichzeitig wird das nationalkirchliche DC-Regiment auf alle Weise gefördert. Die Bemühungen einer großen Anzahl von sächsischen Laien, persönlich beim Kirchenministerium vorstellig zu werden und auf Abhilfe zu dringen, bleiben ohne Erfolg, auch als z. B. in der Woche vom 21. bis 26. Februar annähernd 200 Gemeindeglieder in Berlin vorstellig wurden. Es wurde ihnen mitgeteilt, daß das Haus für sächsische Besucher gesperrt sei und daß das Auftreten sächsischer Laien als eine unerlaubte Demonstration empfunden werde.

4. Fall Niemöller. Bruder Niemöller ist am 1. 7. 1937 verhaftet worden. Dem Vernehmen nach wurde gegen ihn der Vorwurf erhoben, er habe sich durch eine Anzahl Äußerungen gegen § 130a StGB (Kanzelparagraph) und gegen Art. 1 § 1 und 2 des Reichsgesetzes gegen heimtückische Angriffe auf Staat und Partei und zum Schutze der Parteiuniformen vom 20. 12. 1934 vergangen. Nach Absetzen des bereits auf 10. und 12. 8. 1937 anberaumten Termins zur Hauptverhandlung wurde Mitte Januar 1938 gegen Niemöller eine Nachtragsanklage eingereicht wegen des Vorwurfs einer Übertretung von § 13 Nr. 1 des Sammlungsgesetzes, sowie weiter wegen des Verdachts eines Verstoßes gegen § 4 der Notverordnung des Reichspräsidenten zum Schutz von Volk und Staat vom 28. 2. 1933, sowie betreffend Verbot der Bekanntgabe von Namen von aus der Kirche Ausgetretenen. Am 7. 2. 1938 begann die Hauptverhandlung, wobei die Öffentlichkeit sofort ausgeschlossen wurde. Zunächst wurde jedoch den Vertretern des Luth. Rats, der VKL, des Brandenburgischen Bruderrats, des Patronats, des Konsistoriums, des Preuß. Oberkirchenrats, der Kirchenkanzlei und dem zuständigen Superintendenten der Zutritt gestattet. Außerdem nahmen an der Hauptverhandlung noch eine große Anzahl

von Vertretern von Staats- und Parteistellen teil. Am zweiten Verhandlungstag wurde jedoch den zugelassenen kirchlichen Vertretern, mit Ausnahme des Vertreters des Preuß. Konsistoriums und des Preuß. Oberkirchenrats und der Kirchenkanzlei, die Zulassung zur nichtöffentlichen Sitzung entzogen. Zugleich wurde noch sämtlichen verbleibenden Teilnehmern an der Verhandlung gemäß § 174 Abs. 2 GVG die Geheimhaltung von Tatsachen durch Beschluß zur Pflicht gemacht. Kurze Zeit später kam es zu einer längeren Vertagung, weil dem Vernehmen nach die drei Verteidiger des Angeklagten die Verteidigung niedergelegt hatten. Am 18. Februar wurde die Verhandlung jedoch wieder fortgesetzt, nachdem die 3 Verteidiger (Justizrat Dr. Hahn, Rechtsanwalt Dr. Holstein und Rechtsanwalt Dr. Koch) die Verteidigung wieder übernommen hatten. Von da an wurde auch der zuständige Superintendent wieder zugelassen. Über das Urteil berichtet das »Zwölf-Uhr Blatt« Nr. 53 vom 3. 3. 1938: »Am 7. Februar begann vor dem Berliner Sondergericht ein Prozeß gegen den Pfarrer Martin Niemöller aus Berlin-Dahlem wegen Gefährdung des öffentlichen Friedens, Kanzelmißbrauchs und Anreiz und Aufforderung zu Zuwiderhandlungen gegen Anordnungen der Reichsregierung. Der Angeklagte wurde am 2. März wegen fortgesetzten Vergehens gegen § 130 a Abs. 1 StGB zu sieben Monaten Festungshaft und wegen eines Vergehens gegen § 4 der Verordnung vom 28. 2. 1933 zu einer Geldstrafe von 500 Mark, sowie wegen eines weiteren gleichen Vergehens, teilweise in Tateinheit mit Vergehen gegen § 130 a, Abs. 2 StGB, zu einer Geldstrafe von 1500 Mark, im Nichtbeitreibungsfalle zu einer Gefängnisstrafe von 3 Monaten, verurteilt.« Der Zeitungsbericht ist insofern unvollständig, als darin nicht erwähnt wird, daß das Gericht diese 7 Monate Festungshaft und 500 Mark von der Geldstrafe als durch die Untersuchungshaft verbüßt erklärt hat.

Zu der Urteilsformel wird uns noch mitgeteilt: § 130 a StGB droht wahlweise neben Gefängnis auch Festungshaft an. Festungshaft ist dem Inhalt nach die leichteste Freiheitsstrafe, weil sie keinen Arbeitszwang, sondern nur eine Beaufsichtigung der (frei gewählten) Beschäftigung und Lebensweise der Gefangenen kennt. Die Festungshaft ist eine custodia honesta. Nach § 20 StGB in der Fassung von Art. I Ziff. 3 des Reichsgesetzes vom 26. 5. 1933 (RGBl. I S. 295) darf, wo das Gesetz die Wahl zwischen Zuchthaus oder Gefängnis und Festungshaft gestattet, »auf Festungshaft nur dann erkannt werden, wenn die Tat sich nicht gegen das Wohl des Volkes gerichtet und der Täter ausschließlich aus ehrenhaften Beweggründen gehandelt hat«. Inzwischen ist seitens der Geheimen Staatspolizei auf Grund der ganz allgemeinen Ermächtigung, die die Geheime Staatspolizei in § 1 der Notverordnung des Reichspräsidenten zum Schutze von Volk und Staat vom 28. 2. 1933 erblickt, gegen Pfarrer Niemöller Schutzhaft verhängt worden. Er wurde im Laufe des 3. März in das Konzentrationslager Sachsenhausen bei Berlin überführt.

Wir gedenken all der schwer ringenden Kirchengebiete und der bedrängten Amtsbrüder, insbesondere auch Bruder Niemöllers, seiner Familie und seiner Gemeinde in herzlicher Fürbitte.

Am 16. 12. 1937 wurde gegen den Leiter des Evang. Gemeindedienstes und Vorsitzenden des Landesbruderrats, Pfr. Dipper, von der Geheimen Staatspolizei ein Redeverbot verhängt[114]*:*

Auf Grund von § 1 der Verordnung des Herrn Reichspräsidenten zum Schutze von Volk und Staat vom 28. 2. 1933 untersage ich Ihnen hiemit das Auftreten als Redner und Prediger bei öffentlichen und geschlossenen Veranstaltungen. Das Verbot gilt für kirchliche und profane Räume. Bei Zuwiderhandlungen gegen vorstehende Verfügung erfolgt Bestrafung nach § 4 der obengenannten Verordnung.

In Vertretung: Fehlis, Regierungsassessor.

Dagegen wandte Pfr. Dipper sich am 23.12.1937 in einem Schreiben an die Geheime Staatspolizei, Stuttgart[115]*:*

Durch Verfügung der Geheimen Staatspolizei vom 16. 12. 1937 Nr. II B/D 371/16 ist mir das Auftreten als Redner und Prediger bei öffentlichen und geschlossenen Veranstaltungen in kirchlichen und profanen Räumen untersagt worden. Das Verbot beruft sich auf die Verordnung des Herrn Reichspräsidenten zum Schutze von Volk und Staat vom 28. 2. 1933, die gegen kommunistische Umtriebe gerichtet ist. Eine Begründung dieses Verbots wird nicht angegeben.

Ich muß gegen diese Verfügung schärfsten Protest erheben. Mit kommunistischen oder marxistischen Umtrieben habe ich nie etwas zu tun gehabt und habe mich nie politisch gegen den heutigen Staat betätigt. Ich habe in meinem Amt das Evangelium verkündigt und seine Wahrheit, wo es not tat, gegenüber allem Antichristentum bezeugt, frei und öffentlich und mit gutem Gewissen auch meiner Obrigkeit gegenüber. Da ich wie jeder Deutsche und jeder Christ für das Recht in unsrem deutschen Volke

114 LKA Stuttgart, D 1, Bd. 73; vgl. Dipper, S. 196–200; Sauer, S. 193 f.
115 LKA Stuttgart, D 1, Bd. 73.

mitverantwortlich bin, muß ich verlangen, daß in der Verfügung die Gründe für dieses mich in meiner beruflichen Existenz vernichtende Verbot angegeben werden. Sie haben mir mit Ihrer Verfügung die Verkündigung des Wortes Gottes verboten. Diese Verkündigung aber ist mir als Prediger des Wortes Gottes befohlen. In meinem Ordinationsgelübde habe ich vor Gott und der christlichen Gemeinde gelobt, dieses Amt redlich auszurichten. Von dieser Verpflichtung kann mich kein Mensch entbinden. Ich muß mir daher gegenüber dieser Verfügung alle Freiheit vorbehalten. Dipper.

Über die Beschuldigungen, die zu dem gegen Pfr. Dipper verhängten Redeverbot führten, und über die Verhandlung vor der Geheimen Staatspolizei berichtete Pfr. Dipper am 25.1.1938 dem Oberkirchenrat[116]:
Wie mir am 23.12.1937 in einer mündlichen Unterredung von der Geheimen Staatspolizei mitgeteilt wurde, wird das Redeverbot mit meinem Vortrag in Böckingen am 10.10.1937[117] begründet. Über diesen Vortrag bin ich am 22. November von der Geheimen Staatspolizei verhört worden. Es wurden mir bei diesem Verhör Auszüge aus einem der Geheimen Staatspolizei vorliegenden Stenogramm des Vortrags vorgelesen und dabei Folgendes beanstandet:
1. Ich habe gesagt, Rosenberg hätte den Nationalpreis ursprünglich nicht bekommen sollen, sondern ein anderer. Er habe dann im letzten Augenblick den Nationalpreis für die von ihm auf den Reichsparteitag herausgebrachte Schrift gegen die Bekennende Kirche erhalten.
2. Es seien während des Vortrags Zwischenrufe gefallen, z.B. ob Rosenberg auch im Feld gewesen sei. Von 2 Seiten sei gerufen worden: »Spitzbuben!«
3. Es seien in dem Vortrag persönlich herabwürdigende Bemerkungen gegen Rosenberg gemacht worden, z.B. über die »charakterlose Geschichtsbetrachtung Rosenbergs«, oder die Bekennende Kirche kämpfe »gegen die Sünde Rosenbergs«, oder »Rosenberg und seine Gesellen«. Auch sei gesagt worden, die Gegenreformation habe eine Geschichte voll Blut und Tränen, dem entspreche die heutige Behandlung der Kirche im weltanschaulichen Kampf.
4. Die Stimmung der Versammlung sei ausgesprochen staatsfeindlich gewesen, wie besonders auch nach meinem Vortrag in meiner Abwesenheit zum Vorschein gekommen sei.

116 Nr. A 927.
117 Vgl. den Bericht in den »Flammenzeichen« in Nr. 48/1937.

Hiezu möchte ich mich folgendermaßen äußern:

Zu Punkt 1: Die Bemerkung über den Nationalpreis habe ich in der Einleitung meines Vortrags in folgendem Zusammenhang gemacht: Ich sagte, man könne im Zweifel sein, ob eine Auseinandersetzung mit dem Büchlein »Protestantische Rompilger« notwendig sei. Doch handle es sich hier nicht nur um den Angriff eines Unbekannten auf die evangelische Kirche. Vielmehr habe dieses Büchlein Rosenberg zum Verfasser, den weltanschaulichen Schulungsleiter der Partei. Weiter sei das Büchlein auf dem diesjährigen Reichsparteitag erschienen. Rosenberg habe an diesem Reichsparteitag den Nationalpreis erhalten (soviel ich mich erinnere, habe ich nicht gesagt, daß Rosenberg für dieses Büchlein den Preis bekommen habe). Dabei sei bemerkenswert, daß der Nationalpreis ursprünglich einem andern zugedacht gewesen sei und daß er erst im letzten Augenblick Rosenberg zuerkannt worden sei. Rosenberg habe dann auch auf dem Reichsparteitag selbst offen seine Angriffe gegen die Kirche wiederholen dürfen, was bisher auf einem Reichsparteitag noch nicht geschehen sei. Es ging mir bei diesem Abschnitt um den Nachweis, daß es sich bei diesem Büchlein nicht nur um eine theoretische Auseinandersetzung mit der Haltung der evangelischen Kirche handelt, daß dieses Büchlein vielmehr eine Teilerscheinung eines umfassenden Angriffs ist, der mit Unterstützung höchster Stellen gegen die evangelische Kirche vorwärts getragen wird. Die in diesen Beweisgang eingefügte Bemerkung über den Nationalpreis sollte zeigen, daß offenbar auch die höchste Stelle an dieser Aktion ein starkes und betontes Interesse hat. Dieses betonte Interesse an der Preiszuteilung an Rosenberg wurde übrigens auch gelegentlich in der Presse hervorgehoben. Es wäre besser gewesen, sich darauf zu berufen anstatt auf diese Nachricht, die offenbar nicht so stichhaltig verbürgt ist, wie ich zunächst annahm. Jedoch hat noch niemand den Versuch unternommen, zu behaupten oder zu beweisen, daß diese Nachricht sachlich unzutreffend ist. Auch ist mir weder bei dem Verhör am 22. November noch bei der Unterredung am 23. Dezember deutlich gemacht worden, inwiefern diese Bemerkung die Autorität der Staatsführung gefährdet.

Zu Punkt 2: Daß Zwischenrufe gemacht wurden, ist richtig. Doch wurde die Frage, ob Rosenberg im Feld gewesen sei, wie das Stenogramm selbst bemerkt, durch die Entgegnung eines andern erledigt: Rosenberg sei damals zu jung gewesen. Den Zwischenruf »Spitzbuben« habe ich nicht gehört, ich hätte ihn energisch zurückgewiesen. Die Zwischenrufe waren mir selbst sehr unangenehm. Ich kann mich weder für sie verantwortlich machen lassen noch kann ich zugeben, daß ich mich selbst in Ton und Haltung meines Vortrags dadurch hätte beeinflussen lassen.

Zu Punkt 3: Abgesehen von der zuletzt erwähnten Bemerkung kann ich mir nicht denken, auf welchen Teil meiner Ausführungen sich diese mir fremden Angaben des Stenogramms beziehen könnten, und muß sie deshalb in Abrede stellen. Über die Geschichte der Gegenreformation habe ich im Anschluß an das Wort Rosenbergs von der »römisch-protestantischen Gegenreformation« gesprochen. Ich habe hier ausgeführt, daß die einstige römische Gegenreformation durchaus nicht nur ein Kampf mit geistigen Waffen gewesen sei, vielmehr habe dabei Lockung und Drohung und zuletzt auch die Anwendung unmittelbarer Gewalt die entscheidende Rolle gespielt. Es ist möglich, daß ich in diesem Zusammenhang auch die Wendung »Blut und Tränen« gebraucht habe, wenn ich mich auch daran nicht erinnere. Ich habe diesem Geschichtsbild dann die Gegenwart gegenübergestellt und darauf hingewiesen, daß nicht auf seiten der Kirche, sondern auf der Gegenseite solche Mittel heute in Anwendung gebracht werden. Das ist eine Tatsache, die leicht nachzuweisen ist.

Zu Punkt 4: Leider war es mir nicht möglich, bis zum Schluß der Versammlung da zu bleiben, da ich meine schwer kranke, am nächsten Tag dann verstorbene Mutter besuchen wollte. So ging ich unmittelbar nach dem Vortrag weg. Was nach meinem Vortrag geschehen ist, weiß ich nicht; ich kann dafür auch keine Verantwortung übernehmen.

Im ganzen bemerke ich noch Folgendes: Das Stenogramm wurde von einem, mir namentlich bekannten Beamten der Stuttgarter Geheimen Staatspolizei gefertigt. Die Überwachung des Vortrags erfolgte also unmittelbar von Stuttgart aus, obwohl dies auch von Heilbronn aus gewiß leicht hätte geschehen können.

Die gegen mich erhobenen Beschuldigungen beziehen sich nur auf den Vortrag, der in einem Kreise besonders Eingeladener stattfand, nicht auf die unmittelbar vorausgegangene Predigt im Hauptgottesdienst in Bökkingen. Trotzdem wurde mir ein »Rede- und Predigtverbot« auferlegt. Aus beiden Umständen geht hervor, daß dieses Verbot offenbar noch andere Gründe haben muß, die mir verschwiegen wurden. Die schriftliche Verfügung der Geheimen Staatspolizei verzichtet aber auf jede Begründung des Verbots. Die Begründung des Verbots ist also nach wie vor undurchsichtig. Ich kann angesichts dieses Tatbestandes nur wiederholen, daß ich mir nicht bewußt bin, dem Staat berechtigten Grund zum Einschreiten gegeben zu haben. Liegt eine solche Sache gegen mich vor, so hat der Staat jede Möglichkeit, diese Sache in einem geordneten gerichtlichen Verfahren zu klären und eventuell zu bestrafen. Ich muß freilich auf Grund all der bisherigen Erfahrungen annehmen, daß der Staat keine Anklage gegen mich erheben kann, die ich als berechtigt anerkennen könnte, daß er vielmehr auch in diesem Fall die Sache selbst treffen möchte, die ich im Auftrag der Kirche kraft meines Amtes als Prediger des Evangeliums zu vertreten habe. In dieser Sache aber gibt es kein Ausweichen und Nachgeben. Auch kann dem Staat keineswegs das Recht eingeräumt werden, mit seiner Strafgewalt über das Amt der Kirche zu verfügen, vielmehr ist die Verwaltung des Predigtamts ausschließlich eine Angelegenheit der Kirche und muß von dieser in geistlicher Zuchtübung überwacht werden. Dipper.

Am 22.12.1937 wandte der Oberkirchenrat sich wegen des gegen Pfr. Dipper verhängten Redeverbots an die Geheime Staatspolizei Stuttgart[118]*:*
Von Pfarrer Th. Dipper, der in landeskirchlichem Auftrag als einer der Geschäftsführer des Evang. Gemeindedienstes tätig ist, wird uns Ihre Verfügung vom 16.12.1937 Nr. II B/D 371/16 vorgelegt, durch die ihm auf Grund des § 1 der Verordnung des Herrn Reichspräsidenten zum Schutze von Volk und Staat vom 28.2.1933 das Auftreten als Redner und Prediger bei öffentlichen und geschlossenen Versammlungen, in kirchlichen und profanen Räumen untersagt wird. Da mit dieser Verfügung die gesamte Berufstätigkeit des Pfarrer Dipper in Frage gestellt wird, dürfen wir voraussetzen, daß allgemeinen rechtsstaatlichen Grundsätzen entsprechend die Begründung der Verfügung dem Betroffenen und uns als seiner vorgesetzten Behörde nicht vorenthalten wird. Wir bitten um Mitteilung der einzelnen für festgestellt erachteten Tatsachen, um unsererseits zur Sache Stellung nehmen zu können. Die Sache ist für uns von größter Bedeutung; wir bitten daher um baldmöglichsten Bescheid. I.V. Müller.

Über die mögliche Art und Weise einer Reaktion auf das Redeverbot schrieb Pfr. Dipper am 2.1.1938 an den Oberkirchenrat[119]*:*
Wie ich bereits am 21.12.1937 berichtet habe, wurde durch Verfügung vom 16. Dezember von der Geheimen Staatspolizei ein Redeverbot über

---

118 Nr. A 12959.
119 LKA Stuttgart, D 1, Bd. 76; »nach Beratung im Kollegium« wurde der Bericht von Pfr. Dipper durch Prälat Schlatter ohne weitere Bemerkung »zu den Akten« geschrieben. Vgl. auch die weiteren Proteste des Oberkirchenrats gegen das Redeverbot an die Geheime Staatspolizei vom 10.1.1938 (Nr. A 37) und an den Württ. Innenminister vom 19.2.1938 (Nr. A 700).

mich verhängt. Diese Maßnahme wird, wie mir nachträglich mündlich mitgeteilt wurde, hauptsächlich mit meinem Vortrag in Böckingen am 10.10.1937 begründet. Dabei konnte mir freilich nicht angegeben werden, was denn das politisch so schwer Belastende an diesem Vortrag war. Inzwischen habe ich festgestellt, daß zur Überwachung des Böckinger Vortrags eigens ein Beamter der Stuttgarter Geheimen Staatspolizei entsandt wurde, obwohl dies auch von Heilbronn aus leicht hätte geschehen können. Ich muß daher annehmen, daß das Redeverbot schon vorher beabsichtigt war und daß man den Böckinger Vortrag nur zum Anlaß nahm, um diese Absicht auszuführen. Dabei lasse ich die Frage offen, ob der Beamte, der mir beim Verhör als ausgezeichneter und zuverlässiger Stenograph gerühmt wurde, objektiv niederschreiben wollte, was er gehört hat, oder ob von ihm gewisse Bemerkungen, die politisch belastend sind und die ich nicht gemacht habe, mit Absicht ins Stenogramm aufgenommen wurden. Die nunmehr durchgeführte Maßnahme richtet sich wohl kaum gegen mich persönlich, sondern gegen den Gemeindedienst und vor allem gegen die Männerarbeit, die beide als eine Art politisch-kirchenpolitische Kampforganisation angesehen werden. Ich habe gegen die Verfügung der Geheimen Staatspolizei Beschwerde eingelegt und mir alle Freiheit vorbehalten.

Über den nunmehr einzuschlagenden Weg möchte ich mich, da ich dazu aufgefordert bin, folgendermaßen äußern:

1. Die nächstliegende Möglichkeit scheint die zu sein, daß man gegen das Redeverbot zwar protestiert, es aber doch praktisch befolgt. Der Staat, die Landeskirche und der durch das Verbot Betroffene haben auf diese Weise am wenigsten Unannehmlichkeiten. Theologisch könnte man dieses Verhalten unter Berufung auf Röm. 13,1 zu begründen suchen: Die Obrigkeit hat ihr Amt von Gott. Darum haben auch die Christen ihren Anordnungen Folge zu leisten nicht erst, wenn diese mit Gewalt durchgesetzt werden, sondern auch dann, wenn sie als schriftliche Verfügungen vorliegen. Vergreifen sich diese Verfügungen am Amt der Verkündigung des Evangeliums, so ist dieses Unrecht klar zu bezeugen, aber im übrigen muß es leidend ertragen werden. Diese Begründung ist aber theologisch nicht haltbar. Es ist etwas Anderes, ob den Christen persönlich durch solche Maßnahmen Unrecht angetan wird (1.Petr. 2,18ff.) oder ob das Amt der Verkündigung des Wortes Gottes dadurch betroffen wird. Nach dem einhelligen Zeugnis des Alten und Neuen Testaments wird die der Kirche befohlene Predigt des Wortes Gottes nirgends von der Zustimmung menschlicher Instanzen abhängig gemacht, vielmehr wird immer

wieder das öffentliche Bekenntnis gefordert und das Leiden um des Bekenntnisses willen in Aussicht gestellt. Es kann umgekehrt aus keiner Schriftstelle deutlich gemacht werden, daß die Unterwerfung unter ein obrigkeitliches Verbot der Evangeliumsverkündigung als ein Leiden um Christi willen anzusehen ist. Demzufolge konnten auch die Apostel sich durch das Redeverbot ihrer Obrigkeit nicht für gebunden halten, sondern mußten bezeugen: Man muß Gott mehr gehorchen denn den Menschen (Apg. 4,19; 5,29).

Diese Freiheit ihres Amtes darf die Kirche unter keinen Umständen preisgeben, auch dann nicht, wenn sie gegenüber einem Staate, der guten Willens zum Evangelium ist, in einzelnen Fällen auf die Durchführung ihres Widerstandes glaubt verzichten zu können. Gibt die Kirche diese Freiheit preis, so liefert sie das Amt, das die Versöhnung predigt[120], dem Zugriff irdischer Mächte aus und verurteilt damit alle die Christen, die je und je im Stande der Verfolgung diese Freiheit behauptet haben. Die Alte Kirche hätte demnach das von ihr geforderte Opfer für den römischen Kaiser leisten müssen. Die Hugenotten hätten ebenso wie heute die russische Christenheit auf die Wanderpredigt, auf die Verwaltung der Sakramente, auf die kirchlichen Handlungen und auf das geschriebene Wort verzichten müssen. Die evangelische Christenheit Deutschlands hätte in den Jahren 1933 und 1934 sich dem Regiment der Deutschen Christen unterwerfen müssen und müßte heute auf ein bekenntnisgebundenes Kirchenregiment, auf eine bekenntnisgebundene kirchliche Verwaltung, auf die Kollektenfreiheit, auf die kirchliche Betreuung des theologischen Nachwuchses, auf die Abwehr der Irrlehre und auf das öffentliche und stille Zeugnis gegen den Mythus der völkischen Staatsreligion verzichten. Damit würde die Kirche das Wort, das ihr anvertraut ist, preisgeben und sich dem Anspruch der neuen Staatsgottheit unterwerfen. Sie würde ihre irdische Existenz finden, aber ihren Herrn verlieren. Aus diesen Gründen kann ich einer grundsätzlichen Unterwerfung unter dieses Verbot keineswegs zustimmen, da damit unter Berufung auf Gottes Gebot die Freiheit des Amtes der Kirche preisgegeben wird. Ich kann in diesen Erwägungen, auch wenn sie in letztem Ernst vor Gott vorgebracht werden, keine Hilfe, sondern nur eine gefährliche Versuchung erkennen. Die Bereitschaft, gegen das Unrecht zu protestieren, ändert an diesem Tatbestand nichts, da ja trotzdem die grundsätzliche Unterwerfung unter ein solches Verbot gefordert wird.

120 2. Kor. 5,18.

Man könnte aber auch unter voller Anerkennung der Freiheit des kirchlichen Amtes im einzelnen Fall zu der Entscheidung kommen, daß die praktische Durchführung des Widerstandes nicht notwendig sei, da die der Freiheit der Verkündigung drohende Gefahr auch auf andere Weise überwunden werden könne. Man wird, namentlich wenn der Staat guten Willens zum Evangelium ist, nicht in jedem Fall die kirchlichen Erschütterungen, Arbeitsbehinderungen und persönlichen Nöte eines Bekenntniskampfes verantworten können. Im vorliegenden Fall aber hat es ernste Bedenken, sich an das staatliche Verbot zu halten. Denn der Staat, der diese Maßnahme getroffen hat, ist ja eben nicht guten Willens zum Evangelium, sondern fordert im Prinzip von allen Staatsbürgern die Anerkennung der von ihm geschaffenen Staatsreligion. Darum wird ein konzentrischer Angriff gegen das biblische Evangelium und gegen die Kirche dieses Evangeliums vorgetragen mit dem Ziel der Vernichtung des biblischen Christentums. Im Rahmen dieses Angriffs ist das über mich verhängte Redeverbot nicht eine Einzelmaßnahme, vielmehr wird die Waffe des Redeverbots und der Ausweisungen nunmehr seit mehreren Jahren in immer stärkerem Maße angewandt. Es sollen auf diese Weise gerade die Männer getroffen und lahmgelegt werden, die dem Staat bei der Durchführung seiner religionspolitischen Maßnahmen in besonderer Weise hinderlich sind. Unter allen Kampfmitteln des Staates hat sich dieses als eines der wirksamsten erwiesen insbesondere auch deshalb, weil die Bekennende Kirche bei der Mannigfaltigkeit der Verhältnisse und bei der Verschiedenartigkeit der Verbote bis jetzt noch nicht zu einem Handeln nach einheitlichen Gesichtspunkten in dieser Sache gelangt ist. Je mehr aber die Kirche an dieser Stelle nachgibt, je geringere Schwierigkeiten die Durchführung eines solchen Verbots macht, desto mehr wird sich der Staat veranlaßt sehen, von dieser bequemen Waffe Gebrauch zu machen.

Unter diesen Umständen ist die Kirche auch an dieser Stelle zum Bekenntnis gefordert. Sie hat auch hier die Pflicht, ihr Zeugnis gegenüber allem Widerspruch der Menschen vollgültig und in sichtbar werdenden Entscheidungen auszurichten. Darum wird sie in aller Deutlichkeit und Öffentlichkeit durch die Amtsträger der Kirche in der Gemeinde Zeugnis wider diesen Eingriff in das Amt der Kirche ablegen müssen. Dieses Zeugnis wird aber nur dann voll glaubwürdig sein, wenn die Kirche sich auch praktisch dem Verbot nicht unterwirft. Es ist unmöglich, jahrelang bei den verschiedensten Anlässen die Freiheit des kirchlichen Amtes gegenüber allen menschlichen Zugriffen zu bezeugen und dann doch an so entscheidender Stelle sich dem Zugriff menschlicher Gewalt zu beugen. Es ist keine Frage, daß ein solches Handeln unter Umständen neue Schwierigkeiten für die Landeskirche und ihre Leitung mit sich bringen kann. Man kann ernstlich fragen, ob dadurch nicht die Kirchenleitung selbst oder einzelne Einrichtungen oder Amtsträger der Landeskirche ernstlich gefährdet werden. Doch darf demgegenüber, wenn man schon taktischen Erwägungen Raum geben will, auch geltend gemacht werden, daß ein Nachgeben an einem Punkt, wo wir zur bekennenden Entscheidung gefordert waren, bisher stets tiefgreifende weitere Schädigungen im Gefolge gehabt hat, daß dagegen umgekehrt eine starke Haltung sich bis jetzt immer als bewahrende Macht für unsere Landeskirche ausgewirkt hat. Man könnte also umgekehrt fragen, ob die Nachgiebigkeit an dieser Stelle nicht eine ernste, nicht wieder gutzumachende Gefährdung unserer Landeskirche mit sich bringt. Doch fällt an dieser Frage nicht die Entscheidung, sondern einzig an der Erwägung, wie wir den uns gewordenen Auftrag vollgültig ausrichten. Dabei trägt die Württ. Landeskirche insofern noch eine besondere Verantwortung innerhalb der Bekennenden Kirche, als ihre noch verhältnismäßig geordneten Verhältnisse ihr größere Möglichkeiten des Widerstands eröffnen.

2. So bleibt, wenn man sich dem Verbot weder grundsätzlich noch praktisch unterwerfen kann, nur die Möglichkeit, gegen das Verbot das Zeugnis der Kirche auszusprechen und die praktischen Konsequenzen daraus zu ziehen. Die Durchführung dieser Entscheidung ist insofern schwierig, als im Einzelfall schwer zu sagen ist, was unausweichlich zu den Aufgaben meines Amtes gehört. Es müssen zwei Abwege vermieden werden, einerseits daß die Weiterführung meines Amtes und damit der Widerstand gegen das Verbot unsichtbar wird, andererseits daß in provozierender Weise gehandelt wird. Unter Beachtung dieser beiden Gesichtspunkte legen sich folgende Möglichkeiten der Weiterführung meines Amtes dar:

a) Ich führe die Männerarbeit in vollem Umfange weiter. Dabei wird die Arbeit, um unnötigen Anstoß zu vermeiden, zwischen meinen Mitarbeitern und mir so verteilt, daß sie, soweit möglich, die Vortragsarbeit und eventuell die Predigtarbeit leisten, während ich vor allem das Lehrgespräch führe. Damit verbleibt mir die entscheidende Aufgabe in der Bibelarbeit und in der systematischen Arbeit, bei den Rüstzeiten und in der Betreuung der örtlichen Männerkreise. Zugleich würde es mir durch eine gewisse Zurückhaltung in der Predigttätigkeit und in der Vortragsarbeit vielleicht möglich, mich auch literarisch um die Handreichung für die

Arbeit in den einzelnen Männerkreisen mehr als bisher anzunehmen. Daneben ginge die Vorbereitungsarbeit, die Organisation der Männerarbeit, die Zurüstung der Mitarbeiter, der Dienst in der Pfarrerschaft in vollem Umfang weiter. Damit die Zurückhaltung in Predigt- und Vortragstätigkeit nicht falsch verstanden wird, müßte sie zeitlich begrenzt sein. Außerdem müßten mir innerhalb dieser Frist von Zeit zu Zeit konkrete Predigtaufträge in Gemeinden, in denen ein auswärtiger Prediger sprechen sollte, gegeben werden.

b) Ich führe meine Arbeit in der bisher gewohnten Weise auch in Predigt und Vortrag weiter, übe aber eine gewisse Zurückhaltung gegenüber Aufträgen, bei denen eine spezifisch polemische Auseinandersetzung notwendig ist. Die Kirchenleitung macht aber ihre Nichtbeachtung des staatlichen Verbots dadurch sichtbar, daß sie bei einem Anlaß, der insbesondere die Geschäftsführer des Gemeindedienstes in Anspruch nimmt, etwa bei den im Januar geplanten Bittgottesdiensten oder bei der Volksmission in Stuttgart im Februar mir persönlich einen Auftrag gibt, der die Nichtbeachtung des Verbots öffentlich sichtbar macht. Dabei ist es aber dann notwendig, daß die Kirchenleitung sich persönlich bei der Durchführung dieses Auftrags mitbeteiligt, damit sichtbar wird, daß die Kirche in ihrem Amt, nicht ein Pfarrer in seinem persönlichen Eigensinn durch das Verbot betroffen ist.

Von den beiden vorgeschlagenen Möglichkeiten ist die erste dem Staat gegenüber mehr schonend, auch die Kirchenleitung ist hiebei weniger unmittelbar exponiert, doch ist damit die Gefahr verbunden, daß man in der praktischen Durchführung doch auf die Verkündigung des Wortes Gottes in Predigt und Vortrag verzichtet und damit den Widerstand in einem wesentlichen Stück unsichtbar macht. Dabei ist wenig Aussicht vorhanden, daß die Staatspolizei die Fortführung der Schulungsarbeit in katechetischer Form duldet. Die Zurückhaltung wird im Endergebnis sich vermutlich wenig anders auswirken als eine Haltung, die auch jeden Schein einer Halbheit vermeidet. Die andere Möglichkeit hat den Vorzug einer unbedingt klaren, eindeutigen Haltung. Sie bedeutet keine Provozierung, da es sich um einen Dienst handelt, der normalerweise einem Geschäftsführer des Gemeindedienstes zufällt. Die Beteiligung der Kirchenleitung könnte in einer Weise geschehen, daß alles Demonstrative dabei wegfiele. Der auch bei der ersten Möglichkeit wohl unvermeidliche Zusammenstoß mit der Staatspolizei käme hier sehr rasch, aber in Verbindung mit einem für die Kirche sichtbar aufgerichteten Zeichen. Die Kirchenleitung würde sich in diesem Fall allerdings mehr exponieren. Es müßte aber auch in diesem Falle wie im vorhergehenden die Bereitschaft da sein, den der Kirche aufgezwungenen Kampf ohne Kompromiß durchzustehen.

3. Der nächste Schritt müßte in beiden Fällen die Mitteilung an die Staatspolizei sein, daß die Kirchenleitung das ohne Angabe der Gründe erfolgte Redeverbot mit Protest zurückweise und mich beauftragt habe, meines Amtes weiterhin zu walten. Ein dringendes Erfordernis ist ein entsprechendes Wort an die Gemeinde. Dieses Wort müßte grundsätzlich die Freiheit des Amtes der Verkündigung gegenüber allen menschlichen Zumutungen, Geboten und Verboten bezeugen, es müßte sich mit dem besonderen landeskirchlichen Auftrag des Gemeindedienstes befassen und müßte aussprechen, daß das Verbot mir die Ausübung dieses Auftrags in meinem Amt als Geschäftsführer des Gemeindediensts unmöglich zu machen suche. Demgegenüber wird auch vor der Gemeinde ausdrücklich ausgesprochen, daß die Kirchenleitung mich mit der Weiterführung meines Amtes beauftragt hat und daß die Gemeinde um ihre Fürbitte gebeten wird. Für die beiden Worte, an die Staatspolizei und an die Gemeinde, darf ich noch die dringende Bitte aussprechen, daß als Verkündigung des Wortes Gottes nicht nur meine Predigttätigkeit in Anspruch genommen und dadurch meine Vortrags- und Schulungsarbeit entscheidend entwertet wird. Es wäre für meine ganze Arbeit wenig gewonnen, wenn etwa die Predigt nachträglich von dem Redeverbot ausgenommen würde. Es geht um die Verkündigung des Wortes Gottes in Predigt, Vortrag und Lehrgespräch. Die einseitige Hervorhebung der Predigttätigkeit bedeutet auch eine Entwertung und Gefährdung der Vortragstätigkeit der andern Geschäftsführer des Gemeindedienstes. Ich spreche daher diese Bitte zugleich auch in ihrem Namen aus.

Wenn ich mit diesem Schreiben die Bitte an den Oberkirchenrat richte, mich trotz des Verbots mit der Weiterführung meines Amtes zu beauftragen, so geht es mir dabei nicht um die Romantik und die Selbstbehauptung eines gesuchten Märtyrertums, sondern einzig darum, den Weg des Gehorsams zu gehen, der allein Verheißung hat. Ich bin mir freilich bewußt, daß die Not, die jetzt über mich kommt, ein Gericht Gottes ist, das ich tausendmal verdient habe nicht nur in meinem persönlichen Leben, sondern auch in der Ausübung meines Predigtamtes. Ich habe mir zwar alle Mühe gegeben, das Amt eines christlichen Predigers redlich auszurichten und die Wahrheit und Barmherzigkeit Gottes dem Menschen unserer Zeit in seine konkreten Verhältnisse hinein zu verkündigen. Doch kann ich nicht sagen, daß ich dabei von jeder fleischlichen Regung, von jeder falschen Weichheit und von jeder falschen Schärfe frei gewesen bin. Dabei bin ich mir freilich nicht bewußt, dem Staat berechtigten Grund zur Klage gegeben zu haben. Liegt eine solche Sache gegen mich vor, so stehe ich ja dem Staat für ein gerichtliches Verfahren zur Verfügung. Auch bin ich nur dankbar, wenn von seiten des Oberkirchenrats das gegen mich vorliegende Material eingefordert wird, damit ich mich dazu äußern kann. Ich muß freilich auf Grund all der bisherigen Erfahrungen annehmen, daß der Staat keine Anklage gegen mich erheben kann, die ich als berechtigt anerkennen könnte, daß er vielmehr eben auch in diesem Fall die Sache selbst treffen möchte, die ich im Auftrag der Kirchenleitung kraft meines Amtes als Prediger des Evangeliums zu vertreten habe. Wird aber diese Sache bekämpft, so darf es kein Nachgeben und kein Ausweichen geben. Denn es muß mit Gottes Hilfe auch von der heutigen Christenheit gelten, was der Hebräerbrief in der heutigen Sonntagsepistel der Gemeinde zuruft: »Wir sind nicht von denen, die da weichen und verdammt werden, sondern von denen, die da glauben und ihre Seele erretten« (Hebr. 10,39).

Dipper.

Am 17.1.1938 schrieb der Landesbruderrat wegen des Redeverbots ebenfalls an die Geheime Staatspolizei Stuttgart[121]*:*

Am 16.12.1937 hat die Geheime Staatspolizei, Staatspolizeileitstelle Stuttgart, dem Geschäftsführer des Evang. Gemeindedienstes, Pfarrer Th. Dipper in Stuttgart, das Auftreten als Redner und Prediger bei öffentlichen und geschlossenen Versammlungen in kirchlichen und profanen Räumen auf Grund § 1 der Verordnung des Herrn Reichspräsidenten zum Schutze von Volk und Staat vom 28.2.1933 untersagt. Damit ist einem von der Landeskirche beauftragten Pfarrer die Ausübung seines Amtes als Prediger des Evangeliums ohne nähere Begründung verboten und wird die von ihm im besonderen wahrgenommene Arbeit an den evangelischen Männern unserer Landeskirche bedroht. Der Landesbruderrat der Württ. Bekenntnisgemeinschaft kann diese Verfügung nur aufs schärfste ablehnen, da sie ohne sachlich-rechtliche Begründung Pfarrer Dipper die Redefreiheit nimmt und durch das Verbot der Verkündigung des Wortes Gottes in die Freiheit des kirchlichen Amtes eingreift.

---

121 LKA Stuttgart, D 1, Bd. 76; vgl. auch die Beratung dieses Falles in der Sitzung des LBR am 21.3.1938 (LKA Stuttgart, D 1, Bd. 98). Am 27.1.1938 hatte die Versammlung der Vertrauensleute der Württ. Bekenntnisgemeinschaft den Oberkirchenrat gebeten, Pfr. Dipper zu ermächtigen, seinen Dienst ohne Rücksicht auf das Redeverbot in vollem Umfang auszuüben (Nr. A 1158 vom 31.1.1938).

1. Die Verfügung beruft sich auf die Verordnung des Herrn Reichspräsidenten zum Schutze von Volk und Staat vom 28. 2. 1933. Diese Verordnung ist gegen kommunistische Umtriebe gerichtet. Mit kommunistischen Umtrieben hat Pfarrer Dipper, wie der Geheimen Staatspolizei bekannt ist, nie etwas zu tun gehabt. Auch die Äußerungen in Böckingen, die ihm anläßlich einer persönlichen Unterredung zum Vorwurf gemacht wurden, haben mit kommunistischen Umtrieben nichts zu tun. Diese Äußerungen hat Pfarrer Dipper zum Teil gar nicht getan. Soweit sie aber richtig wiedergegeben wurden, ist weder erwiesen worden, daß sie der Wahrheit nicht entsprechen, noch daß sie die Autorität der Staatsführung gefährden. Die schriftliche Verfügung verzichtet denn auch auf diese Begründung. Pfarrer Dipper weiß sich wie jeder Christ durch das Wort der Heiligen Schrift zum Gehorsam gegen die Obrigkeit verpflichtet. Hat er sich gegen diese Verpflichtung in staatsgefährdender Weise vergangen, so muß dies in geordnetem Verfahren geklärt werden. Solange dies nicht geschehen ist, muß die ungeheuerliche Beschuldigung, die durch die Berufung auf die Kommunistenverordnung gegen Pfarrer Dipper erhoben ist, um der Wahrheit, um des Rechtes, um seines Amtes und um seiner Ehre willen mit aller Entschiedenheit zurückgewiesen werden.

2. In seiner Ordination wurde Pfarrer Dipper die Verkündigung des Wortes Gottes befohlen, wie es in der Heiligen Schrift bezeugt ist. Dieses Wort bietet allen das ewige Heil Gottes in Jesus Christus an. Es verwirft eben darum aber auch unzweideutig alle Versuche, den Menschen und seinen Mythus zu verherrlichen. Dem Prediger des Evangeliums ist darum beides befohlen, die Verkündigung der allumfassenden Barmherzigkeit Gottes und die Enthüllung der Kräfte, die im Menschen gegen die Wahrheit Gottes streiten. Will ein christlicher Prediger unter den heutigen Verhältnissen seinen Auftrag recht ausrichten, so muß er unvermeidlich auch der Weltanschauung Alfred Rosenbergs mit dem Zeugnis des Wortes Gottes begegnen und der Gemeinde zeigen, durch welche Kräfte und auf welchen Wegen diese Weltanschauung ihren Angriff gegen den christlichen Glauben vorwärts trägt. In diesem Kampf, der der christlichen Gemeinde und ihren Predigern aufgezwungen ist, geht es einzig darum, daß die christliche Gemeinde vor dem Abfall bewahrt und unser deutsches Volk zu Christus gerufen werde. Die evangelische Christenheit in Deutschland kämpft nicht gegen das deutsche Volk, sondern um das deutsche Volk, zu seinem Heil und zu seiner Rettung. Das ist ihre Pflicht vor Gott. Sie hat dazu aber auch nach der bestehenden staatlichen Ordnung und nach den bisher unwiderrufenen öffentlichen und feierlichen Erklä-

rungen der führenden Männer des deutschen Volkes das Recht. Leider aber weisen die vielen Verhaftungen, Ausweisungen, Redeverbote und sonstigen Bedrückungen evangelischer Pfarrer und Gemeindeglieder darauf hin, daß das freie und öffentliche Zeugnis der Christenheit gegen den Anspruch der neuen Weltanschauung als Staatsfeindschaft angesehen und gewaltsam unterdrückt wird.

3. Durch die Verfügung der Geheimen Staatspolizei ist Pfarrer Dipper die Verkündigung des Wortes Gottes verboten worden. Die Verkündigung des Wortes Gottes aber ist der Kirche von ihrem Herrn Jesus Christus befohlen. In diesem Befehl des Herrn, der die ganze Welt regiert, ist die Freiheit des Amtes der Verkündigung des Wortes Gottes gegenüber allen menschlichen Gewalten begründet. Die Kirche darf deshalb den Inhalt ihrer Verkündigung nicht von menschlichen Wünschen und von der Zensur menschlicher Instanzen abhängig machen. Sie hat vielmehr in ihrer Predigt uneingeschränkt das zu sagen, was ihr durch die Heilige Schrift befohlen und gemäß der Heiligen Schrift im Bekenntnis der Kirche bezeugt ist. Die Kirche darf sich die Verkündigung des Wortes Gottes auch nicht verbieten, aufschieben oder unterbinden lassen. Auch wenn die Kirche dadurch Unrecht und Verfolgung zu leiden hat, ist sie trotzdem verpflichtet, das Wort wirklich auszurichten ohne Scheu. Es gilt hier das Wort der Apostel: Man muß Gott mehr gehorchen als den Menschen (Apg. 5,29). Die Kirche muß vielmehr im Auftrag ihres Herrn allen menschlichen Instanzen gegenüber die Freiheit der Verkündigung und die Freiheit des Glaubens fordern. Denn niemand hat Recht und es ist auch niemand geraten, dem Befehl Gottes zu widerstehen und den Menschen das Wort zu entziehen, durch das allen die Rettung geboten wird.

Da Pfarrer Dipper seine Arbeit völlig im Rahmen dieses Generalauftrags der Kirche treibt, ist mit dem Versuch einer Lahmlegung seiner Arbeit nicht bloß ein zufälliger und schließlich auch entbehrlicher Zweig evangelischer Verkündigung getroffen, sondern die kirchliche Verkündigung als ganze bestritten. Wir müssen darum der Erwartung Ausdruck geben, daß die Verfügung gegen Pfarrer Dipper alsbald rückgängig gemacht und die immer wieder zugesagte Freiheit der Verkündigung wieder hergestellt werde.

Das Redeverbot gegen Pfr. Dipper wurde nicht aufgehoben, es wurde während des Krieges nur etwas gelockert; so konnte Pfr. Dipper seine Aufgaben im Evang. Gemeindedienst praktisch nicht mehr wahrnehmen. In einem Schreiben vom 13.4.1938 an die Geheime Staatspolizei Stuttgart stellte der Oberkirchenrat eine Versetzung von Pfr. Dipper auf eine Gemeindepfarrstelle in Aussicht[122]*:*

Durch die Ableistung der aktiven Wehrpflicht, die in Württemberg nahezu sämtliche Theologen der betreffenden Jahrgänge trifft, ist der Bedarf an Geistlichen außerordentlich groß geworden. Dazu kommt, daß während der Sommermonate zahlreiche Geistliche zu Wehrmachtsübungen eingezogen sind. Den Wehrmachtsdienststellen gegenüber mußte in der letzten Zeit in einer Reihe von Fällen die Unabkömmlichkeit von Geistlichen mangels verfügbarer Kräfte zur Stellvertretung geltend gemacht werden. Angesichts dieser Tatsache kann es der Oberkirchenrat nicht verantworten, wenn eine Kraft wie Pfarrer Dipper monatelang für den kirchlichen Dienst ausgeschaltet ist. Auf Grund der bisherigen Besprechungen glaubt der Oberkirchenrat annehmen zu dürfen, daß einer Verwendung von Pfarrer Dipper in einem Gemeindepfarramt die Verfügung der Geheimen Staatspolizei vom Dezember 1937 nicht entgegensteht. Der Oberkirchenrat hat sich daher entschlossen, Pfarrer Dipper nach Ostern mit der Versehung eines durch Beurlaubung zum Wehrdienst unbesetzten Gemeindepfarramts zu beauftragen.   I.V. Müller.

Pfr. Dipper wurde schließlich im Frühjahr 1938 die Pfarrstelle in Reichenbach/ Fils übertragen.[123]

---

122 Nr. A 3262. Vgl. die von Dipper zitierte Äußerung Wurms: »Wir haben unsere Pfarrer nicht so übrig, daß wir uns so etwas [völlige Mißachtung einer staatlichen Maßnahme mit der Gefahr der Verhaftung des Betroffenen] leisten könnten« (Dipper, S. 200) und den Entschluß Dippers, sich der Entscheidung des Oberkirchenrats zu fügen (siehe S. 528–535.).
123 Vgl. auch die Auseinandersetzungen im Frühjahr 1938 zwischen Oberkirchenrat und Bekenntnisgemeinschaft (siehe S. 960–984.) und die Verlegung des Büros der Bekenntnisgemeinschaft aus den Räumen des Evang. Gemeindedienstes in die Privatwohnung Dippers am 2.5.1938. Am 28.4.1938 hatten die Vertrauensleute der Bekenntnisgemeinschaft der vom Oberkirchenrat beschlossenen Lösung mit der Versetzung von Pfr. Dipper auf eine Gemeindepfarrstelle zugestimmt (Dipper, S. 229f.).

Kirchliche Anordnungen bei nationalen Anlässen

Im Gottesdienst am 18. April war des Geburtstages des Führers und Reichskanzlers zu gedenken. Der Oberkirchenrat ordnete am 13.4.1937 an[124]:

Des Geburtstags des Führers und Reichskanzlers, der in diesem Jahr auf Dienstag, 20. April fällt, gedenken wir im Gottesdienst des vorausgehenden Sonntags Jubilate. Für das Schlußgebet an diesem Sonntag wird nachstehend eine besondere Fürbitte in doppelter Fassung dargeboten. Am 20. April sind die kirchlichen Gebäude zu beflaggen. Wurm.

Fürbitte anläßlich des Geburtstags des Führers

1. Als Einschaltung in das Schlußgebet: Wir gedenken heute vor dir besonders unseres Führers und bitten dich: Schenke ihm auch für das neue Lebensjahr, in das er in der kommenden Woche eintritt, Gesundheit und Kraft. Leite ihn durch deinen Geist und segne sein Beginnen und Werk.

2. Als Einschaltung zwischen Schlußgebet und Vaterunser: Wir gedenken heute in besonderer Fürbitte unseres Führers, der übermorgen in ein neues Lebensjahr eintritt: Gott möge ihn schirmen und bewahren und ihm sein Werk in Gnaden gelingen lassen. Wir bitten weiter für unser Volk und unser Vaterland, für unsere Obrigkeit, für die Wehrmacht, für die Früchte des Feldes, für Handel und Gewerbe, für alle redliche Arbeit in Stadt und Land. Wir bitten für unsere Kirche und unsere Gemeinden, für unsere Kirchenleitung und für alle, denen die Verkündigung des Evangeliums aufgetragen ist. Alles, was wir von Gott erbeten haben, schließen wir ein in das Gebet des Herrn und bitten im Namen Jesu: Unser Vater...

Für die kirchliche Feier des Tages der Nationalen Arbeit am 1. Mai wurde vom Oberkirchenrat am 22.4.1937 eine flexible Form vorgesehen[125]:

Auf Grund der Erfahrungen in den Vorjahren anläßlich der kirchlichen Feier des 1. Mai als des Nationalen Feiertags des deutschen Volkes wird davon abgesehen, hiefür eine allgemeine Anordnung zu geben. Unsre Kirche muß daran festhalten, Gottes Wort auch an diesem Tage, vor allem auch zu diesem Tage zu verkünden. Es wird daher empfohlen, überall, wo es gewünscht wird und wo eine würdige Durchführung als gesichert gelten kann, am 1. Mai, in diesem Fall in einer Frühstunde und in gekürzter

---

124 Nr. A 4008.
125 Nr. A 4213; vgl. auch die ähnliche Regelung für die Feier des 1. Mai im Jahr 1938 (Nr. A 3947 vom 27.4.1938). Vgl. weiterhin die Regelung für die Feiern des Heldengedenktages 1937 (Amtsblatt Bd. 28, S. 8) und 1938 (Amtsblatt Bd. 28, S. 155).

Form, oder am Vorabend einen Gottesdienst abzuhalten. Auf jeden Fall soll im Kirchengebet des folgenden Sonntags Rogate (2. Mai) der Arbeit unsres Volkes in Stadt und Land fürbittend gedacht werden. Die Gottesdienste am 1. Mai werden ordnungsgemäß durch Geläute eröffnet. Ein allgemeines kirchliches Geläute findet nicht statt.   I. V. Müller.

Im Zusammenhang mit dem Bürgerkrieg in Spanien wurde am 25. Mai das Panzerschiff »Deutschland« von Fliegern der republikanischen Seite beschossen; 31 deutsche Matrosen wurden getötet, 75 verwundet. Der Oberkirchenrat empfahl deshalb für Sonntag, 6. Juni, eine besondere Fürbitte.[126]

Über die Seelsorge an Flüchtlingen aus Spanien teilte der Oberkirchenrat am 3. 5. 1937 den Dekanatämtern mit[127]*:*

In dem Bericht eines Pfarramts über die Seelsorge bei den Spanienflüchtlingen heißt es unter anderem:

»Anfänglich war die Betreuung unmöglich gemacht durch das Verhalten der Nagolder Kreisleitung, die den Flüchtlingsobleuten bedeutet hatte, daß jede konfessionelle Betreuung unerwünscht sei. So war anfänglich Seelsorge nur an solchen möglich, die sich ohnedies zur Kirche hielten oder anläßlich von Krankenhausbesuchen in das Blickfeld der Kirche gerieten. Erst nach dem Besuch der auslanddeutschen Pfarrer Mohr (Madrid) und Gründler (Barcelona) änderte sich die Sachlage. An Hand der von ihnen gelieferten Listen aller, auch der katholischen Spanienflüchtlinge gelang es, bei mittäglichen Besuchen in den Speiselokalen der Flüchtlinge die Trennung in Evangelische und Katholiken vorzunehmen und das Gemeindeblatt und die erwähnten Einladungskarten zu verteilen. In den wenigen Fällen, wo es möglich war, kamen schon anläßlich dieser ersten Fühlungnahme Aussprachen zustande. In fast allen Fällen gelang jedoch wenigstens die Personenstandsaufnahme.

Aber selbst nach der durch den Mohr-Gründlerschen Besuch zustandegekommenen Überbrückung der anfänglichen Gegensätze begegneten immer wieder Obleute, die solche Besuche nur unter ausdrücklicher Zustimmung der Kreisleitung vorgenommen wissen wollten. Es erübrigt sich darauf hinzuweisen, wie sehr schon durch solche coram publico vorgenommenen Zurechtweisungen von vornherein die Atmosphäre vergiftet war bei den nun einmal völlig abhängigen Flüchtlingen. Der Erfolg dieser kirchlichen Werbung war dementsprechend. Zur Kirche hielten sich nur die, die es ohnedies getan hätten. Die Madrider waren dabei stärker ver-

[126] Nr. A 5897 vom 1.6.1937; vgl. KAW 1937, S. 95.
[127] Nr. A 868.

treten als die Barcelonesen, was wohl nicht nur durch die Tatsache bedingt ist, daß Barcelona Hafenstadt ist, sondern vor allem an der leichteren Beeinflußungsmöglichkeit durch antichristliche Propaganda aus Deutschland infolge lokaler Nähe und besserer Verbindung liegen wird. Es sind Barcelonesen gewesen, bei denen ich immer wieder die ›Flammenzeichen‹ auf den Tischen fand, bei ihnen fiel mir auch die Durchsetzung mit Ludendorffschen Gedankengängen auf. Die Fühlungnahme mit den Madridern war dagegen leichter und besser. Bei Aussprachen mit diesen trat leider zu Tage, daß bedauerlicherweise die Partei der strikt erteilten Weisung zur Neutralität in den Glaubenskämpfen der Gegenwart keine Folge leistet. Eine alte Dame z. B. ist durch regelmäßig verabfolgte Schulungsbriefe mit Angriffen gegen das Alte Testament in völlige Glaubensverwirrung geraten und klagte mir ihr Leid. Ein Madrider meinte, die Kirche habe wohl selber Schuld, wenn man ihr heute mit Zurückhaltung begegne.

Staatsrat Spaniol habe anläßlich eines Vortrags vor den Flüchtlingen erklärt, daß im Winter 1933 der Staat händeringend die Kirche gebeten habe, die Führung des Winterhilfswerks zu übernehmen. Die Kirche habe aber boshafterweise ihre Mitarbeit versagt. So habe der Staat auch diese Last zu anderen hinzu tragen müssen. Und nun komme die Kirche und verlange Beteiligung am Winterhilfswerk! Solche Greuelmärchen werden von sonst kirchlichen Menschen geglaubt, wieviel mehr ausgenützt als Waffe gegen die Kirche von Abseitsstehenden. Ein anderer Redner soll in Altensteig die Parteifeindlichkeit der württ. Kirche dadurch unter Beweis gestellt haben, daß er beklagte, daß man die Partei noch nicht einmal anläßlich der Jubiläumsfeier des Tübinger Stifts geladen habe. Dieser Redner ist der Leiter der Deutschen Schule in Barcelona gewesen.

Abgesehen von dieser allgemeinen Hetzkampagne gegen die Kirche ist eine mehr lokale in Nagold selbst im Schwange, die sich gegen die beiden Ortsgeistlichen richtet. Man kolportiert Aussprüche der beiden, die auf der Kanzel gefallen sein sollen und gegen HJ und Partei gerichtet waren, wie sie in dieser Form eine bare Unmöglichkeit vorstellen. Aber da keine Gegenwirkung möglich war, wurden diese Aussprüche teils wehen, teils erbitterten Herzens geglaubt. Eine gebildete Dame Thüringer Richtung verstieg sich mir gegenüber sogar zu der Äußerung, die vielleicht nur von anderer Seite aufgegriffen war, man solle die beiden Ortsgeistlichen doch im Flugzeug nach Spanien verfrachten und den Bolschewisten vor die Füße werfen, damit sie einmal sähen, was der Nationalsozialismus für Deutschland bedeute. Immer und immer wird der glaubensmäßige

Gegensatz auf die politische Ebene verschoben und auf dieser dann auch Terrain für den Glaubenskampf gewonnen.

Wie schwierig angesichts dieser hintergründigen Gegensätze die seelsorgerliche Betreuung der Flüchtlinge ist, läßt sich ermessen. Trotzdem sind auch erfreuliche Ausnahmen zu verzeichnen. Gegen Ende meines Aufenthaltes beteiligten sich sogar am Jugendabend zwei Flüchtlinge. Zuletzt darf noch auf einen anderen Umstand verwiesen werden, der nicht unwesentlich zur kirchlichen Lahmlegung der Spanienflüchtlinge beiträgt. Die meisten von ihnen sind Mischehen eingegangen, bei denen ja bekanntlich nur der evangelische Teil leidet.«   I. V. Müller.

Feiern und Veranstaltungen der Volkskirchenbewegung
Deutsche Christen. Die Beurlaubung von Pfr. Dr. Schairer

Die Konfirmation der Volkskirchenbewegung Deutsche Christen nahm Pfr. Dr. Schairer am Sonntag, 20.3.1938 in der Stuttgarter Schloßkirche vor[128]:

Äußerer Eindruck: Die Schloßkirche war überfüllt. Jeder Unvoreingenommene mußte zur Überzeugung kommen, daß es sich um eine absolut unkirchliche Masse handelt, die sich da am Sonntag Vormittag in der Schloßkirche eingefunden hatte. Lautes Gespräch, Zurufe und dergleichen, wie im Theater- oder Konzertsaal! Dr. Schairer zog mit seinen 41 Konfirmanden (25 Buben und 16 Mädchen) ein, während die Besucher die Hand zum Deutschen Gruß erhoben.

Dr. Schairer: »Wir beginnen im Glauben an den allmächtigen Gott und im Gehorsam gegen den Führer.« Sodann wurden 2 Strophen des Liedes »Nun danket alle Gott« gesungen (die übrigen Lieder siehe auf dem beigefügten Liedblatt!). Dann sprach Dr. Schairer das Vaterunser.

---

128 LKA Stuttgart, D 1, Bd. 76; das Liedblatt befindet sich nicht bei den Akten. Vgl. auch KAW 1937, S. 47 und die Materialsammlung »über die nationalkirchliche Konfirmation« vom Frühjahr 1938 (LKA Stuttgart, D 1, Bd. 78). In dem Erlaß Nr. A 474 vom 14.1.1937 betonte der Oberkirchenrat noch einmal, daß die von der VKBDC vollzogene Konfirmation »kirchlich nicht anerkannt werden kann«; vgl. auch das seelsorgerliche Wort der Pfarrer des Kirchenbezirks Blaubeuren vom 16.1.1937 über die Konfirmation der VKBDC in Ulm (LKA Stuttgart, D 1, Bd. 70).
Die VKBDC gab Mitte August 1937 die Namen von »Kreispfarrern« bekannt, die Amtshandlungen im Sinne der Bewegung vornahmen; der Oberkirchenrat dagegen ordnete die Versorgung der Gemeinden, in denen noch Pfarrer der VKBDC tätig waren, durch Pfarrer der Landeskirche (Nr. A 5105 vom 12.5.1937).

Die Konfirmationsansprache, die als Text Luk. 10,24 f. hatte, lautete etwa folgendermaßen:

Liebe Glaubensgenossen, insbesondere liebe deutsche Jugend! Dieses Wort gilt ganz besonders heute. Wie haben ein Luther, ein Ulrich von Hutten, ein Friedrich der Große usw. sich darnach gesehnt, das zu sehen und das zu hören, was ihr heute sehen und hören dürft: Das Großdeutsche Reich!... Und wenn wir an euren Entwicklungsgang denken, so waren die Jahre 1923 auf 1924, als ihr in der Wiege lagt, die furchtbarsten für unser Vaterland: Krieg verloren, Ehre verloren, Geld verloren, Einigkeit verloren. Wie haben wohl eure Eltern euch in eure unschuldigen Äuglein gesehen, wo noch nichts von der Not und dem Elend draußen zu lesen war! (In diesem rührseligen Tenor ging es dann unter allgemeinem Tränenrinnsal weiter.) An euch, ihr lieben Verwandten, die ihr zu unserer Feierstunde gekommen seid, richte ich ein besonderes Grußwort. Da sind die Großmütter und Paten, die wahrscheinlich noch nicht bei uns waren, aber wohl schon allerlei über die Deutschen Christen gehört haben. Etwa davon, daß in der Schloßkirche das Kreuz vom Altar entfernt worden sei.[129] Überzeugt euch, daß es hier auf diesem Ehrenplatz noch steht! Wahrscheinlich seid ihr auch überzeugt, heute bei einer heidnischen Konfirmation dabei sein zu können, aber ihr werdet hoffentlich merken, daß dem nicht so ist. Wenn auch bei uns nicht so sehr viel Bibelsprüche in den Mund genommen werden, wenn auch etwa nicht bei uns die Sprache Kanaans anzutreffen ist, so ist doch der Geist ein männlicher und deutscher. Nicht als ob wir die Sprache Kanaans nicht verstehen würden; o, die lernen wir Pfarrer ja alle auf der Universität! Wir wollen in deutschen Gottesdiensten nicht jüdisch oder zionistisch beten, sondern deutsch! Und so kommen wir heute zu einer deutschen Feierstunde zusammen.

In der alten Kirche versprach der Konfirmand, ein »kleiner Heiliger« zu werden. Kein Wunder, daß dieses Gelübde darum vielfach auf den Menschen als eine Last und Bürde lag. Auch in der alten Kirche erhoben sich Stimmen, die Konfirmation umzugestalten, man sagte: Den jungen Menschen kann man zu diesem Zeitpunkt noch kein solches Versprechen abverlangen. Im Alter von 13, 14 Jahren ist man noch zu unreif hierfür. Was ist für uns Deutsche Christen hingegen der Sinn der Konfirmation? Wir trauen unsern Kindern zu, daß sie zu einem Versprechen nicht zu unreif und zu jung sind, nämlich in das Große der Volksgemeinschaft aufgenommen zu werden und im Gehorsam gegen Volk und Führer zu han-

[129] Vgl. S. 690.

deln. Den Schritt, den unsre Söhne und Töchter darum heute tun, möchten wir so bezeichnen: Mit Willen und Bewußtsein sollen unsre Kinder in die große Volksgemeinschaft aufgenommen werden. Es ist das Gleiche, was in der Geburt eigentlich unbewußt bereits geschah. Wir ergänzen den Ruf »Ein Führer, ein Volk, ein Reich!« durch eigentlich etwas Selbstverständliches: Ein Herrgott! Das beweist sich eigentlich bereits hier an diesen Kindern. Es sind katholische Kinder, evangelische Kinder, solche die keiner Konfession angehörten und keine konfessionelle Erziehung genossen haben, und dennoch sind sie alle Kinder Gottes!

Nach einem Liedvers stellt Schairer 4 Fragen, die im Sprechchor (frei nach Starks Konfirmandenbüchlein) beantwortet werden. Inhalt: 1. Gott ist Liebe; 2. Liebe zum Nächsten; 3. Reinhaltung des Blutes; 4. Treue zum Volk. Sodann treten die Konfirmanden paarweise zum Altar, wo sie von Dr. Schairer mit erhobenen Rechten ihren sogenannten Denkspruch erhalten. Bemerkenswert ist, daß keiner ein Bibelwort mit auf den Weg bekam. Unter den zum Teil außerordentlich banalen, zum Teil in Reimen gebotenen Denksprüchen sind die folgenden die bezeichnendsten: Ein Junge bekam diesen: »Bange machen gilt nicht!« Ein anderer: »Die Fahne hoch, die Reihen dicht geschlossen.« – Ein Mädchen: »Unsre Aufgabe in der Welt ist nicht glücklich zu werden, sondern glücklich zu machen.« Ein weiteres Mädchen: »Vater, wir lassen nicht von dir, du bist uns Heimat und Frieden, ewiges Leben hinieden, Hort, wenn uns alle verrieten!« Mit freiem Gebet und Lied schloß diese vernebelnde DC-Konfirmation, die in die Zeit vor 1933 durchaus würdig als freireligiöse Jugendweihe gepaßt hätte. Scheuermann.

Am Karfreitag, 15.4.1938, hielt Pfr. Schneider den Vormittagsgottesdienst in der Stuttgarter Schloßkirche[130]:

Der Karfreitagsgottesdienst in der vollen Schloßkirche wurde von Stadtpfarrer Schneider gehalten. Er stach angenehm von den in letzter Zeit hier gehaltenen Feierstunden ab. Das Liedgut der Thüringer DC kam nur in zwei Liedversen zur Geltung; dagegen wurden die in der Evang. Kirche üblichen Passionslieder gesungen. Es wurden diesmal keine Sprüche großer Männer zitiert oder der Predigt zugrunde gelegt, sondern Bibelworte. Aufs ganze gesehen war die Feiergestaltung gut, die Predigt

---

130 LKA Stuttgart, D 1, Bd. 76; der Berichterstatter ist nicht bekannt. Vgl. auch den Bericht über einen Gottesdienst von Pfr. Häcker, Uhingen, in der Schloßkirche am 6.1.1937 (LKA Stuttgart, D 1, Bd. 70) und über die Vereidigung von Pfarrern der VKBDC am 3.5.1938 ebenfalls in der Schloßkirche (LKA Stuttgart, D 1, Bd. 77).

warm, jedoch eine gefährliche Verneblung und Verzerrung der biblischen Wahrheit über das Kreuz.

Schneider begann die Feierstunde mit einem gereimten Eingangsspruch. Sodann wurden vier Gesangbuchverse von dem Lied Nr. 184[131] (Herzliebster Jesu...) gesungen. Es schloß sich die Schriftlesung der Passionsgeschichte an, nach deren Beendigung die Orgel leise »O Haupt voll Blut und Wunden« spielte. Es folgte die Ansprache, der Luk. 23, 46 zugrunde gelegt war. Der erste Teil war Abgrenzung gegenüber einer Karikatur der kirchlichen Auffassung vom Kreuz und gegenüber der deutschgläubigen Verachtung des Kreuzes; im zweiten Teil entwickelte Schneider die deutschchristliche Lehre vom Kreuz. Er führte etwa Folgendes aus:

Als Menschen stehen wir heute unterm Kreuz. In Ehrfurcht beugen wir uns vor seinem Geheimnis. Dieses Kreuz steht im Brennpunkt auch der großen geistigen Auseinandersetzung. Wieviele haben in unserem Volk das Kreuz geachtet! All die deutschen Menschen, die unsere Dome bauten, hehre Dichterwerke schufen, sie arbeiteten in allen Jahrhunderten im Kreuzeszeichen. Freilich sagen einige: Gerade diese 1 000 bis 1 200 Jahre müssen in unserer Geschichte gestrichen werden; wir müssen heute wieder anknüpfen bei der Zeit, die das Kreuz nicht kannte. Die Frage ist berechtigt: Was bedeutet das Geheimnis des Kreuzes für uns? Als Schlageter seinen Todesweg in der Golzheimer Heide beschritt, fiel er mit dem Kreuz in der Hand. Jene österreichischen Brüder, die im Zusammenhang mit der Junirevolte 1934 ihr Leben aushauchten, umfaßten das Kreuz und bestiegen so gestärkt den Galgen und riefen ein letztes Heil Hitler! Man sage nicht: Das war bloß Form. Ich bin überzeugt, daß im Angesicht des Todes leere Formen fallen. Freilich, die bisherige Betrachtung des Kreuzes ist für uns unmöglich geworden: Gottes Herz soll durchs Kreuz, durch ein Opfer am Kreuz gewandelt worden sein. Nein! Gott ist unwandelbar. Bisher wurde uns das Geheimnis des Kreuzes so erklärt: Am Kreuz seien die größten Leiden, die grausamsten Qualen und furchtbarsten Schmerzen, die je ein Mensch durchlitten habe, ertragen worden. Gewiß: Wir stehen in Ehrfurcht vor den seelischen und körperlichen Leiden Jesu am Kreuz. Aber es gibt größere! Als wir in der vergangenen Woche einen Kameraden auf dem Waldfriedhof begruben, der über zwei Jahrzehnte lang ein entsetzliches Leiden durch einen Wirbelbruch erdulden mußte, da wußten wir: Es gibt dem Ausmaß nach härteres Leiden als

---

131 Gesangbuch für die Evang. Kirche in Württemberg, Ausgabe 1912.

das Kreuz. Oder wenn wir an die vielen denken, die ein furchtbares Leiden soldatisch tragen: Ein Soldat gehorcht einem Befehl und fragt nicht nach dem Warum! Soldatisches Leidtragen ohne nach dem Warum zu fragen: Lerne leiden, ohne zu klagen. Nein, das ist nicht das größte am Kreuz, daß hier der größte Schmerz ertragen werden mußte! Bisher wurde uns weiter erklärt: Am Kreuz leidet ein Reiner für Unschuldige. Das war eine dogmatische Aussage. Gewiß war Jesus ein reiner Mensch. Aber nirgends hat sich der Heiland als Sündloser feiern lassen, nie hat er gelten lassen wollen, daß man so von ihm sprach. Im Gegenteil, als einmal einer zu ihm sagte: »Guter Meister«, fuhr ihn Jesus an und sagte: »Niemand ist gut denn der einige Gott!«[132] Wer vom Glauben durchglüht ist und dafür sein Leben zu opfern bereit ist, der steht in einer Reihe mit dem Heiland: Die 2 Millionen Kreuze des Weltkrieges und der Opfer für Deutschlands Wiedergeburt! Andere wieder sagen: Jesus und sein Kreuz war ein Sonderfall jenes Gesetzes, daß die Künder der Wahrheit hierfür sterben müssen. Ein Erstling, der seine Predigt von der Wahrheit mit dem Tod bezahlte. Einer wie alle jene vielen Entdecker und Erfinder, die dafür sterben müssen. Wir können auf ihn verzichten! Nein; damit, daß du etwa als Deutschgläubiger zugibst, daß Jesus ein Sonderfall war, kannst du ihn nicht beiseiteschieben; denn damit gestehst du zu, daß auch hier ein göttliches Gesetz waltet.

Nicht das Äußere des Todes des Heilands ist für uns ausschlaggebend, sondern das Innerste! Das Einzigartige ist nicht etwa darin zu sehen, daß er am Kreuz nicht flucht! Denken wir an den Führer. Für ihn gab es einen 9. 11. 1923; er hätte bitter werden können und fluchen können, weil er nicht verstanden und seine Stimme nicht gehört wurde. Auch daß Jesus in seiner Todesstunde die Mutter dem Jünger anbefiehlt, ist unwesentlich. Ich bin überzeugt, es könnte gut die Mutter eines Erschossenen gegeben haben, die von dessen Kameraden aufgenommen ward. Das alles ist es nicht! Aber in seiner Todesstunde ruft er: Vater. Er ruft nicht zu einem Dämon, nicht zum Richter, nicht zu einem Teufel. Er bekennt sich zu dem, den er ein Leben lang verkündigt hat, zum Vater! Wenn einer vom Christentum nichts weiter hätte als diese beiden Worte: Unser Vater, so hätte er genug! Wenn einer in seiner Todesstunde nichts anderes sagte als dies: Vater in deine Hände befehle ich meinen Geist[133], so wäre es gut. Alles weitere könnten wir getrost Gott überlassen. Ich bin überzeugt: Als die Jünger das erste Mal nach Jesu Tod das Vaterunser beteten, da taten sie es anders als vorher. Denn da hatten sie Jesu Todesstunde vor Augen.

132 Matth. 19. 17.
133 Luk. 23,46.

Und wer im Weltkrieg ein Vaterunser am Grab des gefallenen Kameraden gesprochen hat, der vergißt das sein Leben lang nie. Unser Vater, und dann wird weiter gekämpft, weiter geglaubt und weiter gesiegt! Das ist der Glaube, mit dem unseres Volkes Auferstehung gelang. Jesus sagte nicht: Ich sterbe jetzt, und dann ist's aus! Nein, er sagt: Vater. Und damit bekennt er sich zum Leben. Das liegt aber in allen Völkern als Keim eingesenkt. Als die Boten des Evangeliums zu unserem Volk einst kamen, da konnte ihnen gesagt werden: »Unsere Seele war schon stets Christin!« Für uns deutsche Christenmenschen ist darum Karfreitag nicht Gedenken an den Tod Jesu, sondern an den Glauben Jesu. Wir wollen uns nicht über die Deutung des Todes Jesu herumstreiten. Denen, die heute häufig sagen: Wir glauben an den Führer, möchten wir die Ermahnung geben: Glaubt einmal wie der Führer! Am Kreuz dürfen wir die Liebe des Vaters trotz Not und Tod erfahren.

Nach einem Liedvers wurde ein freies, gereimtes Gebet und das Vaterunser gesprochen. Im Anschluß daran wurde eine deutsch-christliche Abendmahlsfeier vorgenommen.

Im Anschluß an den Karfreitagsgottesdienst der nationalkirchlichen DC in der Schloßkirche in Stuttgart fand eine seit längerem angekündigte deutsch-christliche Abendmahlsfeier statt. Sie stellt eine Verquickung eines Konfirmandenabendmahls mit einer völkischen Gemeinschaftsfeier dar.

Zu Eingang wird das Lied »Herr, das ist alles deine Huld« gesungen, sodann hielt Schneider, diesmal ohne Talar, die Ansprache. Er führt darin unter der Losung »Ich-Gemeinschaft« unter anderem etwa Folgendes aus: »Wir wollen uns dessen bewußt werden, daß wir als Deutsche Christen die Feier des Heiligen Abendmahles begehen. Wir wollen uns über den Sinn dieser Feier klar werden. Ehe das Ich war, war die Gemeinschaft. Man mag uns fragen, warum haltet ihr eure Abendmahlsfeier nicht als Familienfeiern. Wir antworten: Das Volk ist mehr als die Familie. Darum feiern wir die Gemeinschaft, die die herzensmäßige Einigung der Deutschen vor Gott darstellt. Nietzsche hat einmal das Wort geprägt: Das deutsche Wesen ist noch nicht da; es ist im Werden. Was zur volkmäßigen Einigung gehört, ist unbedingt unsre Gemeinschaft, die den großen deutschen Dom der Zukunft ausmachen wird. Darum können wir uns nicht über den Sinn unsrer deutsch-christlichen Abendmahlsfeier herumstreiten. Der einstige Streit ums Abendmahl war abwegig und vom Teufel. Für uns ist maßgeblich: Nicht wie die Elemente gewandelt, sondern wie unser Herz gewandelt wird. Wir feiern das Hl. Abendmahl mit deutschem Brot und deutschem Wein. Wir benutzen nicht die jüdische Oblate, das Abbild des israelitischen Matzen. So wie nun aus tausend Körnern das Brot gebacken ward, wie aus tausend Beeren der Wein zusammenfloß, so möge auch unsres Volkes Einung vor sich gehen.

Nach der Ansprache folgt die Abendmahlsfrage: »Wollt ihr in euch verdammen, was nächtig und schuldhaft ist, alles, was euch von Gott und Bruder scheidet? Wollt ihr in Christus neue Kraft empfangen, und glaubt ihr, daß Gott trotz unsrer Schuld sich zu uns bekennt und mitten unter uns sein will? Wollt ihr unsren Kampf als gute Kameraden führen, wollt ihr euch aufs neue Treue zuschwören und wollt ihr den Geist Christi aufs neue in eurem Volk zur Wirklichkeit bringen, als die Liebe, die allein Herzen bindet, und als den Glauben, der die Welt überwindet? Ist dies euer Gelöbnis, so sprecht: Ja.« Darnach spielt die Orgel leise »Gott ist gegenwärtig«. Sodann entsteht ein tolles Durcheinander, da Schneider auffordert, je 16 Mann hoch den Chor zu betreten, wo die Austeilung vorgenommen wird. Während der Austeilung wird das Lied »Herz und Herz vereint zusammen« gesungen. Beteiligung: Etwa 120 Abendmahlsgäste.

Wie ich nachträglich feststellen konnte, wurde sowohl diese Abendmahlsfeier wie der Karfreitagsgottesdienst bis hinein ins Predigtthema in engster Anlehnung an »Die Gottesfeier, Entwürfe und Hilfe zur Feiergestaltung in den Gemeinden Deutscher Christen nationalkirchlicher Einung« gehalten.

Über die bei der Taufe der Volkskirchenbewegung Deutsche Christen verwendete Formel berichtete Pfr. Hinderer, Gailenkirchen[134]*:*

Der Bericht hat recht: »Pfarrer Hinderer hat am 7. November im Anschluß an die in der Spitalkirche in Hall stattfindende DC-Feierstunde eine Taufe unter Verzicht auf die trinitarische Taufformel vorgenommen.«

Diese trinitarische Taufformel wird in ihrer seitherigen Form auch fernerhin bei DC-Taufen wegbleiben. Denn sie hat bei sehr vielen Volksgenossen ihre Symbolkraft verloren und wirkt als leere Formel, kann also der Taufhandlung in ihrem Ernst nur schaden. Zudem sind DC-Taufen, denen die landeskirchliche Anerkennung von vornherein versagt ist, dann auch an die landeskirchliche Ordnung nicht gebunden.

Die verwendete Formel lautete: »So taufen wir dich auf den Namen Gottes, der dich ins Leben gerufen hat und als dessen Kind du nach den

---

134 LKA Stuttgart, D 1, Bd. 73.

Weisungen unseres Heilandes leben sollst.« Die trinitarische Formel hätte sich im Rahmen der ganzen Feierstunde, in welche die Taufe organisch eingebaut war, als Fremdkörper abgehoben. Pfarrer Hinderer.

Bei einer Veranstaltung der Volkskirchenbewegung Deutsche Christen am 18.3.1937 in Waiblingen hielt Pfr. Dr. Schairer ein grundsätzliches Referat[135]*:*
Auf zur Arbeit, auf zum Dienen, der Weg des Aufbruchs ist erschienen, Zerbrochen ist der böse Bann, Gott ließ uns diese Stunde schlagen, Wer will dem Rufe sich versagen, wir wollen folgen wie ein Mann.

Es freut uns, wenn Sie sich wenigstens die Mühe nehmen, uns zu hören, trotz aller Warnungen, trotz aller Abratungen. Diese Volksgenossen sind doch ehrlich genug... Prüfet alles... Wir kennen keine Gegner, wir kennen nur Volksgenossen. Wir können nichts dafür, sie sind entsprechend aufgeklärt, aufgehetzt, sie selber sind unschuldig an diesem Haß, an diesem Widerwillen, der in ihnen wohnt. Wir achten und ehren in jedem Gegner einen Volksgenossen, der mit uns strebt und schafft. Wir kennen keine Gegner, keine Konfessionen, nur Volksgenossen. Wir reichen ihnen die Hand und suchen mit ihnen den rechten Weg. Das geht manchmal nicht leicht, aber da wollen wir uns an das Wort unseres Heilandes halten: Vergeltet nicht Böses mit Bösem.[136] Es gibt solche, die in ihrem Herzen vielleicht auch das Rechte suchen und nur nicht finden. Wir müssen zusammenstehen, zusammengehen für Christus, für Deutschland, für unseren Führer. Es gibt nur ein Volk, einen Führer, einen Glauben, einen Gott, und wenn die Gegner manchmal so sehr widerwillig und verbohrt sind, dann müßt ihr eben denken, daß es auch geistesschwache Leute gibt, die nicht gleich kapieren. Unsereiner hat auch jahrelang gebraucht. Sie machen die Kämpfe 6 bis 8 Jahre später durch wie wir und ringen mit dem Althergebrachten, was man in sich trägt von Grund auf. Auch wir haben unsre schlaflosen Nächte gehabt und sind prüfend vor Gott und dem Gewissen gestanden: Was muß man festhalten als Substanz, was kann man fahren lassen. Mit suchenden, ringenden Menschen wollen wir gewiß Geduld haben, wie man auch mit uns Geduld haben muß. Wir wollen in

---

135 LKA Stuttgart, D 1, Bd. 70; Nachschrift eines unbekannten Teilnehmers an der Versammlung; die Versammlung fand im Zusammenhang mit der von Hitler angeordneten Kirchenwahl statt. Vgl. auch die weiteren bei den Akten liegenden Berichte über Veranstaltungen der VKBDC in den Jahren 1937 und 1938 (LKA Stuttgart, D 1, Bd. 72; 77; 78; 96) und über den Gaukirchentag am 18./19.6.1938 in der Stuttgarter Stadthalle mit einem Referat vom Oberregierungsrat Leffler (LKA Stuttgart, D 1, Bd. 77).
136 1. Petr. 3,9.

ihnen nicht nur Gegner sehen, und wenn dann die Sachen zu dumm werden, für die Dummheit können die Leute nichts, man muß auch da Geduld haben. Wenn z. B. das Rotkäppchen gegenwärtig aufmarschiert und herumgetragen wird... Dieses Märchen ist plötzlich so berühmt geworden. Es geht von Freiburg bis Königsberg im deutschen Wald spazieren und schaut sich um und weiß nicht recht, was los ist... Man sagt von diesem Rotkäppchen, es müsse der Heiland für uns Deutsche Christen sein. Wir stellen es bald auf den Altar in der Schloßkirche in Stuttgart. Das Kreuz, so heißt es, schaffen wir jetzt ab. Dazu haben wir ja jetzt die beste Gelegenheit, da wir ja die Schloßkirche selber bewohnen. Der Mesner hat mir erzählt, es kämen immer wieder Leute, die bei ihm klingeln und die Schloßkirche besichtigen möchten. Und nun werfen sie einen Blick auf den Altar, machen große Augen und meinen, das Kreuz sei weg. Aber es steht die Woche über in einem eisernen Verschlag und wird nur Sonntags herausgeholt. Daheim sagen sie, es war kein Kreuz da. Nun geht dieses Gerede durch ganz Württemberg, das Kreuz sei weg. Am Sonntag kommen sie nicht, aber sie haben mit eigenen Augen gesehen, daß das Kreuz weg ist. Auch früher war das Kreuz immer weg, weil es ein sehr wertvolles altes Stück ist. Sonntags ist es da und grüßt die Gemeinde...

Am 4. Advent hielt mein Kamerad Schneider eine Predigt in der Schloßkirche: »Gott will, daß allen Menschen geholfen werde.«[137] Er führte an, daß der Teufel will, daß alle Menschen verdorben werden. Er kam auf die Sündenfallgeschichte... Man könnte gut verstehen, was die Macht des Bösen ist: Gott will doch, daß allen Menschen geholfen werde und wie er es hinausführt... So ungefähr war die Predigt. Es ist gewiß nichts Unrechtes dabei gewesen. Sie müssen doch zugeben, daß auch auf den Kanzeln Beispiele erzählt werden, und man kann verschiedener Meinung sein, ob die Geschichten alle wahr sind. (Folgt dummes Beispiel.)

Schneider macht sich kein Gewissen daraus, es sollten sich lieber die Zeitgenossen ein Gewissen daraus machen, wenn sie das Rotkäppchen durch ganz Deutschland tragen. Also, das wissen ja alle: Man kann alles so ansehen und kann's auch so ansehen. So sagt man mir auch, der Schneider würde seinen Glauben wechseln wie ein Hemd. Wenn man heute von mir verlangen würde, daß ich aus der Kirche austreten soll, wenn man uns befiehlt, wir müssen gehen, so gehen wir eben. Ich glaube, die meisten Anwesenden werden das mit mir auch denken, wenn sie uns hinauswerfen, dann gehen wir.

137 1. Tim. 2,4.

Am Sonntag vor 8 Tagen sagte ein sehr bekannter Geistlicher in Stuttgart: Zündet lieber alle Kirchen an, als daß ihr sie den DC gebt. Ich meine, da könnten sich manche eher aufregen und sich wundern, was das ist. Soll man unsre eigenen Leute auch auffordern, die Kirchen anzuzünden? (Es folgen unwesentliche Ausführungen.) Vor ein paar Tagen sagte eine fromme Frau, der Schneider gehört von der Kanzel heruntergeschossen; wir regen uns aber nicht auf. Ehe die Frau selber schießt, wird noch manches Wässerlein den Neckar hinunter gehen. Vor der Machtübernahme im Jahre 1931/1932 waren es etwa 30 kommunistische Weiber, die hätten mir gerne den Bauch aufgeschnitten. Jetzt sind es 30 christliche Weiber, die so etwas machen könnten. Da betrübt's einen schwer, weil das christliche Leute sind, sein wollen, und dazu noch ein frommes Wesen an den Tag legen. Wir wollen versöhnlich sein und die Hände reichen, da soll's an uns nicht fehlen. (Weitere unwesentliche Ausführungen.) Unsere lieben Gegner können nichts dafür. Wenn sie uns aus Christentum haßen, dann wollen wir sie aus Christentum lieben. Dann möchte ich noch ein Wort vorausschicken über die Gleichgültigen in Deutschland. Unsere Gegner sind nicht einmal die Schlimmsten, die Schlimmsten sind die Gleichgültigen, die das Urteil aussprechen: Um den ganzen Kirchenschwindel kümmere ich mich nicht mehr. Diese gleichgültigen Menschen gilt es im Blick auf die Wahl zu erreichen. Es gehen nicht bloß ein paar alte Weiber in die Kirche, und ich möchte die alten deutschen Volksgenossen nicht verachten. Diejenigen, die geringschätzig von den alten Weibern schwätzen, haben nicht recht. Unter unsern alten Volksgenossen haben wir die treuesten Verfechterinnen. Unsere gesamte deutsche Jugend, 95%, geht noch in den Unterricht. Es sind weit über 20 Millionen Religionsstunden im Jahr. Es geht nicht nur um die alten Weiber, sondern es geht um die deutsche Jugend. Wenn der Führer hingestanden wäre mit den Händen in den Hosentaschen, dann hätten wir heute kein Drittes Reich. Unser Führer hat die Hände aus der Tasche getan und hat sie erhoben. Diese Hand leuchtete wie eine Fackel. Ein Volk, ein Glaube, alles für Deutschland. Wir regen uns nicht auf, sondern wir setzen uns ein, um unsrer Jugend willen, unseres Führers und um unseres Heilands willen.

Warum wünschen wir eine Erneuerung der Kirche? Es gibt zwei Mächte, die wünschen keine Erneuerung der Kirche. Die eine Macht wünscht keine Erneuerung der Kirche, weil sie will, daß die Kirche verrecke. Es gibt weite Kreise in Deutschland, die wären befriedigt, wenn es eines Morgens hieße: Die Pfarrer sind weg, man hat den Schwindel los. Die Kirche Jesu Christi stirbt nicht, auch nicht die Kath. Kirche, wenigstens vorläufig nicht. Wir wünschen eine Erneuerung oder Reformation. Es gibt wieder andre, die wollen keine, die wollen keine Erneuerung. Sie sagen: Jetzt laßt alles, wie es gewesen ist. Es muß alles beim alten bleiben. Diese Kreise sind sehr mächtig, wehren sich und fürchten sich, es könnte irgend etwas abgeändert werden. Wenn diese Kreise maßgebend gewesen wären, hätten wir ja keine Reformation gehabt. M. Luther hat 5 Sakramente abgeschafft, hat die Maria herunter geholt, hat den Meßkelch weggetan. Denket einmal daran, wie Luther um sich gegriffen hat. So viel ist heute nicht mehr da, wie Luther abgeschafft hat. Jene Kreise waren damals auch nicht maßgebend, sonst wären wir heute noch katholisch. Das ist der Grundsatz bei der alten Kirche, alles beim alten zu lassen. Wir sagen: Erneuerung ist immer wieder in unsres Herrgotts Sinn. Das Evangelium ist immer umwälzendes (...?). Wenn es auch ein paar Jahrhunderte in alten Schläuchen gewesen ist[138], so springen jetzt die Schläuche. Wiedergeburt, Erneuerung aus tiefstem Grund, das ist Evangelium; und darum wünschen [wir] eine Erneuerung der Kirche. Nun will ich Ihnen auch noch die Gründe dafür anführen, warum wir eine Erneuerung der Kirche wünschen und warum wir dem alten System keine Stimme geben werden.

1. Um des Christentums willen. Ich stelle mit Absicht das voraus, weil es mir das Wichtigste ist. Man sagt uns nach, es gehe uns um Politik. Das ist uns wichtig. Aber wir wissen sie in guten Händen bei unsrem Führer. Uns geht es um das Christentum. Der Kredit des Christentums sinkt in ganz Deutschland und zwar von Monat zu Monat..., es sinkt der Kredit der Pfarrer. Die Pfarreraktien stehen z. Zt. um 30, die Pfarrer haben 70% an Kredit verloren, das Christentum steht vielleicht auf 50, der Kredit der Kirche steht vielleicht auf 40. Es sollte auf 100 oder 150 stehen. Nun besinnen wir uns, warum ist denn das so? Warum traut man den Pfarrern nicht mehr so recht. Es gibt Kreise, die haben eine gute Auskunft: Wenn's nämlich der Kirche und den Pfarrern nicht gut geht, dann schieben sie immer gleich die Schuld auf die andern. Sie sagen, da ist die Jugend schuld, die SA und SS usw. Alles andere ist schuld. Man jammert über die Jugend, über den Teufel, die SA, SS... und jammert und jammert, und eines denkt man nicht, daß man auch selber schuldig sein kann. Man darf die Schuld nicht auf andre schieben. Immer bloß die andern sind schuldig, das macht sich nicht gut, insbesondre bei Pfarrern nicht. Um sich selber geht man herum, das ist nun der große Unterschied zu uns Deutschen Christen. Wir wollen eine bußfertige Kirche, wir wollen das Schimpfen lassen und bei

---

138 Vgl. Matth. 9.17.

uns selber anfangen. Mit dem Kredit der Kirche geht auch der Kredit des Herrn Jesus Christus davon. Viele Leute werden an ihm, dem Allmächtigen Gott irre, daran sind wir schuldig. Sie sagen, wenn dieser Jesus von Nazareth solche Bekenner hat, ja dann schließt man eben von den Knechten auf den Herrn und die Leute werden allmählich auch irre an der maßgebenden (...?) und Gerechtigkeit unseres Herrn und Heilandes, des Sohnes Gottes. Auch da will ich nicht auf die Steine werfen. Auch das wollen wir auf uns nehmen. Das ist das Schwerste, daß viele Leute an Jesus Christus irre geworden sind und zwar durch Schuld der Christen. Das tut mir weh, wenn gegenwärtig gesagt wird, es geht um Jesus Christus, das stimmt. Aber habt ihr nun das Zutrauen, daß diese alten Kirchen das Vertrauen zu unsrem Herrn und Heiland zum Christentum, zu der Kirche und zu ihrer Verkündigung der Pfarrer wieder herstellen werden? Ich habe das Vertrauen leider nicht, sondern ich bin der Überzeugung, daß in einigen Jahren der Kredit der Pfarrer vollends auf Null sinkt, und dann geht's ans Christentum, und dann ist die Aktie ein Fetzen Papier. Wenn ich mich ehrlich prüfe und frage, kann ich dem alten System die Stimme geben? – dann muß ich erwägen, daß es langsam aber sicher untergeht. Wir wünschen eine Erneuerung der Kirche.

2. Wir wollen einmal bei uns selbst anfangen. Was heißt Buße tun? In sein eigen Herz und Gewissen gehen. Dies wollen wir auch bei uns herzlich anwenden. Buße tun heißt: Die Sünden erkennen; wenn die Kirche eine bußfertige Kirche wird, dann wird auch wieder die Gnade gegeben. Wir haben nicht das Vertrauen, daß es auf die alte Weise gehen kann. Wir müssen bei uns anfangen, wir wollen eine bußfertige Kirche, wer nicht damit fertig ist, kann die alte Kirche wählen. Aber dann muß er auch die Folgen helfen tragen. Es muß irgendwie anders werden.

Das Judentum. Wenn ich daran denke, dann weiß ich, daß ich etwas sehr Schwieriges berühre. Unser ganzes völkisches Erwachen ist die gesamte rassische Erneuerung unseres Volkes, hängt damit zusammen, daß wir gelernt haben, den Juden zu durchschauen und zu überwinden, denn der Jude und der Judenchrist ist ein Verderbnis für die Rasse unseres Volkes. Der »Stürmer« sagt deutlich und klar: Judengeist ist Gift. Nun geht es nicht mehr lange an, daß daneben in diesem Volk große Institutionen sind und eine Menge Sekten, die alle miteinander den Juden heben, tragen und erretten und an die Judenkreise sich klammern und von den Juden das Heil erwarten.[139] Meine lieben Deutschen! Die Kirche hat bis

---

139 Vgl. Joh. 4,22.

zum heutigen Tag keine Arierparagraphen. Um diese Frage dreht sich alles noch. Unser Herr und Heiland hat selbst den jüdischen [Geist] als unzuträglich bezeichnet und hat eine Gerechtigkeit gegründet, die Gerechtigkeit des Glaubens. Wie hat Luther die Juden durchschaut! Es sagen zwar meine lieben Amtsbrüder, wo der Luther die Bücher geschrieben hat, sei er nicht mehr ganz zurechnungsfähig gewesen. Luther hat schon damals gesagt, die Juden seien eine Saubande. Wir haben gefordert, jetzt sollen die Judenpfarrer einmal sämtlich verschwinden und in die Stille gehen, und dann haben wir gebeten, die Judenchristen möchten doch untereinander eine eigene Gemeinschaft bilden, nicht daß sie jetzt mitwählen und mitabstimmen. Das hat man uns verweigert und will einfach nicht daran. Man wehrt sich für diese Judenchristen, daß es eine Art hat. Der Reichskirchenausschuß hat an die Reichsleitung der NSDAP einen großen Brief geschrieben. Er hat sich verwendet für einen Judenpfarrer Katz. Der RKA hat eine Eingabe gemacht, daß Katz auch gerne die Hakenkreuzfahne heraushängen wolle und daß er gerne ein Dienstmädchen unter 45 Jahren haben möchte. Für diese 2 Punkte hat der Reichskirchenausschuß einen großen Brief nach München gesandt, dies ist nicht genehmigt worden. So war der Reichskirchenausschuß tätig für die Judenpfarrer. Die Kirche sagt, sie habe mit den Juden nichts zu tun. Nun möchte ich das Eine sagen, es geht nicht so weiter, wir müssen Klarheit haben, wir wollen nicht die Frage des AT aufrühren. Händel werden wir wegen dem AT nicht bekommen. Die Händel sind nichts nütze. Wenn wir unseren Heiland haben, unser NT, unsere Gerechtigkeit, die vor Gott gilt, dann weiß ich ganz gewiß, dann können wir selig werden durch unsern Herrn Jesus Christus und sein Kreuz. Dazu brauchen wir den Moses nicht. In Stuttgart habe ich ein feines Mädchen getroffen, die hat geweint, weil sie ein Kapitel des AT auswendig lernen mußte. Wenn auch noch so heftige Liebhaber des AT da sind, das Kind wird mehr oder weniger selig, wenn es diese Amalekiter auswendig lernt. Das ist unnötig! Wir haben jetzt in der deutschen Geschichte so viel zu lernen, daß wir ruhig sagen können, zum Seligsein sind diese Dinge nicht nötig. Aber es ist auch vieles im AT, das notwendig zur Seligkeit gehört. Wenn wir unsern Heiland im Herzen haben, dann wollen wir doch das AT an den Platz stellen, wo der Heiland es selber hingestellt hat, und wollen sein Wort vornehmen: »Von mir zeugt die Heilige Schrift«[140] und nicht von Mose. Es geht nicht, daß man vom Judentum das Heil erwartet, wenn wir unklar sind, daß der Judengeist die Welt

---

140 Joh. 5,39.

vergiftet hat. Die Grundwerte des Deutschtums, Blut, Boden und Rasse, Gottgeschaffene Dinge werden von den Pfarrern mit recht kritischen Augen angesehen. Aber es ist einfach so, und das geht nicht, daß man das Judentum hochhält und das Deutschtum verachtet. Uns gibt man den Rat, möglichst bald zu gehen, Judenchristen aber müssen als berechtigte Hausgenossen bei uns bleiben. Wir wünschen eine judenfreie Kirche und eine deutsche Kirche. Die Kirche muß bußfertig werden und muß auf das Deutschtum einen Wert legen, sie muß deutsche evangelische Kirche werden und nicht bloß so heißen, um unsrer Nation willen.

Dann möchte ich noch sagen: Wir wünschen eine Erneuerung der Kirche um des Evangeliums willen im Sinne Martin Luthers. Luther war der Kämpfer gegen Rom und Juda. Er hat Juda durchschaut. Heute kann man hören, gegen die Katholische Kirche haben wir augenblicklich nichts. Der kath. Herr Stadtpfarrer und der evangelische sind ganz lieb miteinander. Ludendorff: er hat dem deutschen Volk gesagt: Deutsches Volk, hüte dich vor Rom und Juda. Um des Glaubens willen müssen wir eine Erneuerung der Kirche wünschen, weil auf der andern Seite gesagt wird: Der Glaube ist in Gefahr. Man sagt ja jetzt uns DC nach, die DC zerstören den Glauben. Wenn ich das höre, dann bin ich einerseits ein wenig betrübt und muß andererseits lächeln. Welche von Ihnen wissen vielleicht, was unsereiner, was meine Amtsbrüder, meine Mitglieder durchzumachen haben, wie wir alles verloren haben, was uns vorher Gemeinschaft bot. Wir dürfen nicht mehr in unsre Pfarrkonferenzen, wir dürfen keine Leute taufen, trauen und konfirmieren. Man grüßt uns nicht mehr. Einem von uns haben sie es so gemacht, daß er in seiner eigenen Gemeinde nicht mehr Brot kaufen durfte. Wenn wir nicht einen Glauben hätten, dann stünde ich heute nicht hier, einen ganz massiven Gottesglauben, einen festen kindlichen Glauben an Gott, an die ewige Gerechtigkeit, an eine Erlösung und Versöhnung unsrer Schuld und an den Sieg der Wahrheit und des Lichts und einen Heilandsglauben, der täglich zu uns spricht. Wir rühmen uns dieses Glaubens nicht, er ist uns geschenkt. Wenn wir diesen Glauben nicht hätten, dann wäre die deutsche Christenbewegung längst in hunderttausend Fetzen zerrissen. Nichts als unser Glaube hat uns durchgeholfen; ein ganz bestimmter, massiver Heilsglaube, an Gott durch Christus! Man sagt, die Deutschen Christen schaffen den Glauben ab. Die Deutschen Christen schaffen den Glauben nicht ab. Wir wären Narren, wenn wir den Glauben nicht hätten, das ist das, wovon wir leben; nicht aus Deutschlands Hoffnung und Vernunft. Wo schafft man denn den Glauben ab, wo wird denn mehr geseufzt, gejammert und geklagt als in gewissen gläubigen Kreisen. Ich habe keine Zeit, den Teufel an die Wand zu malen, bei mir heißt es »Sollt ich meinem Gott nicht singen...«, nicht »Aus tiefer Not schrei ich zu Dir!«.[141] Wir wollen eine dankbare Kirche.

Wo hat man keinen Glauben mehr? Auf den Kanzeln, da geht die Welt unter. Liebe Freunde, wenn ihr nichts mitnehmen wollt, so dies, daß wir eine dankbare Kirche haben müssen um Gottes und der Kirche willen. Die Kirche der Dankbarkeit, der Liebe, der Einheit. Wir wollen keinen Konfessionshaß, wir wollen eine bußfertige Kirche, wir wollen eine judenfreie Kirche, eine deutsche, eine artgemäße, wir wollen eine evangelische, seelisch kräftige Kirche. Der Führer erwartet etwas von uns. Ich erwarte nicht mehr viel von den Kirchen. Jetzt hat er noch einmal eine Erwartung ausgesprochen. Liebe Deutsche, er erwartet es nicht mehr von den Pfarrern, sondern von dem Kirchenvolk. Diese Uneinigkeit, diese Judenwirtschaft, oder wollt ihr's anders bezeichnen, da müßt ihr jetzt so oder so sagen, auf euch wird nachher die Verantwortung, aber auch der Segen kommen. Wenn durch eure Ansicht die Kirche bußfertig, dankbar und gläubig wird und judenfrei und deutsch und einig, dann wird wenigstens langsam der Name unseres hochgelobten Herrn und Heilands Jesus Christus zu Ehren kommen, auch wenn es erst in 15 oder 20 Jahren ist, und das haben dann mindestens eure Kinder. Der Führer erwartet von Euch, daß ihr der Einigkeit zustrebt und im Glauben und der Liebe. Was wollen wir dem Führer antworten im Blick auf die Wahl[141a], wenn er sagt, ich erwarte etwas von dir, du Kirchenvolk, dann wollt ihr doch mit mir sagen, umsonst sollst du nicht auf uns warten!

Zu verschiedenen Artikeln, die Pfr. Dr. Schairer im Deutschen Sonntag *veröffentlicht hatte, verlangte der Oberkirchenrat am 22.2.1937 eine Stellungnahme*[142]*:*

Stadtpfarrer Dr. Schairer ist nunmehr schon mehrere Jahre verantwortlicher Schriftleiter des »Deutschen Sonntags«. Durch diese Tätigkeit gab er der Kirchenleitung mehrfach Anlaß zu Beanstandung, zu Mahnung und Verweis. Dem Kampf gegen die evangelische Kirche und die Kirchenleitung wurde vom Schriftleiter in der Zeitschrift ein breiter Raum gewährt. Es war in diesem Zusammenhang auch ein Strafverfahren gegen

---

141 EKG 233 und 195.   141a Vgl. S. 63.
142 Nr. A 1692; den Dekanatämtern zur Kenntnisnahme und Unterrichtung der Pfarrer mitgeteilt. Vgl. auch die verschiedenen bei den Akten liegenden Materialsammlungen zur Theologie der VKBDC (LKA Stuttgart, D 1, Bd. 73, 77, 78).

Dr. Schairer anhängig. Inwieweit auch die zuständigen Presseaufsichtsorgane Anlaß hatten, sich mit dem Schriftleiter zu befassen, kann hier dahingestellt bleiben. Sache der Kirchenleitung ist es vor allem zu prüfen, ob die Tätigkeit von Dr. Schairer als verantwortlichem Schriftleiter des nunmehrigen Kampfblatts der Volkskirchenbewegung DC, des »Deutschen Sonntags«, mit den Amtspflichten eines württembergischen Geistlichen vereinbar ist. In letzter Zeit hat Dr. Schairer besonders mit dem Artikel »Denen, die mit Ernst Christen sein wollen« schweres Ärgernis gegeben.[143] Es muß das Vertrauen in die Glaubwürdigkeit eines evangelischen Pfarrers erschüttern, wenn er sich bereit erklärt, auf Wunsch seinen Christenglauben preiszugeben, wie es unverhüllt in dem angeführten Artikel geschieht (»Deutscher Sonntag«, Nr. 23/1936).

Der Oberkirchenrat stand angesichts der hetzerischen Gesamthaltung des Blatts schon geraume Zeit vor der Frage, ob die gegenüber Dr. Schairer bisher gezeigte Geduld länger verantwortet werden kann. In den Nummern 46–49/1936 hat Dr. Schairer nunmehr eine Artikelreihe unter der Überschrift »Das Gottgespenst des Alten Bundes« veröffentlicht, in der er einzelne von ihm ausgewählte alttestamentliche Stellen aneinanderreiht mit unter anderem folgenden Überschriften: Die Mißgeburt eines Gottes; Gott als Mordbrenner; Gott als Massenschlächter; Gott im Blutrausch; Gott als Rauschvergifter; Gott als Frauenschänder. Er spricht von politischen Hetzmethoden dieses Gottes und kommt zu dem Ergebnis, das sei der Judengott, der Gott der Bolschewisten; dieser Gott lebe noch. Unter der Schlagzeile »Der Judengeist in der christlichen Dogmatik« führt Dr. Schairer aus, merkwürdigerweise tauche in der christlichen Dogmatik »jenes Ungetüm wieder beherrschend auf«. »Die ganze christliche Dogmatik« fuße »auf dem Fortleben dieses Zorn- und Rachegottes«. Nach Dr. Schairer ist die von ihm gezeichnete »Gottesvorstellung« diejenige, die »sich am zähesten behauptet und am grellsten durchschlägt«. Er erklärt daher zusammenfassend: 1. Im Untergrund aller alttestamentlichen Frömmigkeit, auch der prophetischen, steht ein aus dem jüdischen Urschleim entstandenes Gottungetüm satanischer Art, das als verheerende Macht aus der Erde zu seiner Selbstverherrlichung ein Leichenfeld schaffen will und nur dem Judenvolk gnädig ist. 2. Dieser »Gott« läßt sich wohl religionsgeschichtlich als eine »überwundene Vorstellungsstufe« erklären. Aber Tatsache ist: Er lebt noch beherrschend a) in der Frömmigkeit und Praxis des Weltjudentums und des Bolschewismus; b) in der

---

143 Siehe Bd. 4, S. 701 f.

christlichen Dogmatik, obwohl er dort durch das tägliche Meßopfer und das »Blut seines Sohnes« mühsam gebändigt und »versöhnt« erscheint.

Dieser von Dr. Schairer selbst gezeichneten Gottesvorstellung, die angeblich sogar die christliche Dogmatik beherrsche (!), wird dann zum demagogischen Abschluß entgegengesetzt: 3. Es ist vollkommen undenkbar, ja frevelhaft zu behaupten, dieser Widergott des Alten Testaments, den er selbst als »Teufel« bezeichnet, sei der Gott Jesu Christi gewesen. 4. So häßlich und untermenschlich jener Gott des Zorns und der Rache sich darstellt, so hoch und heilig und über alles Maß erhaben ist der von Jesus geoffenbarte Gott der Liebe und der Gnade, der »Vater« aller Menschen.

Der Oberkirchenrat stand vor der Entscheidung, bei dieser bewußt entstellenden und damit wahrheitswidrigen Hetze Dr. Schairer zur Verantwortung zu ziehen. Es ist immerhin kennzeichnend, daß selbst in dem eigenen Lager des Verfassers (Hossenfelder-Bewegung, »Des deutschen Volkes Kirche«, Nr. 1/1937) erklärt wird, es handle sich um »einen geschmacklosen Kampf«, eine »derartige Schreibweise« werde abgelehnt, für sie habe »der ernste Bibelleser kein Verständnis«, sie gleite »im Fahrwasser berüchtigter Boulevard-Presse«; zur Kritik an der Auffassung auch des Alten Testaments gehöre »Ernst und Würde«. Demgegenüber findet Dr. Schairer für seine Ausführungen die volle Billigung extrem antichristlicher Kreise. So schreibt Ludendorff im »Heiligen Quell« (Nr. 20/1937) unter anderem: »Ich traute meinen Augen nicht, als ich in den Folgen... des ›Deutschen Sonntag, Organ der Deutschen Christen Württemberger Richtung für Bayern, Württemberg und Hohenzollern‹ Abhandlungen las, die überschrieben waren ›Das Gottgespenst des Alten Bundes‹.« Ludendorff befaßt sich sehr eingehend und wohlwollend mit Dr. Schairers »Enthüllungen«. In behaglicher Breite gibt er Ausführungen des »Deutschen Sonntag« über »Gott als Mordbrenner«, »als Massenschlächter«, »als Frauenschänder« wieder und fährt fort: »Ich habe diese Stellen angeführt, so wie sie der ›Deutsche Sonntag‹ bringt, weil auch viele freie Deutsche die Bibel noch nicht kennen. Ich glaube aber, sie werden an diesen Stellen, die, um mit den Worten des eben genannten Blattes der DC zu sprechen, ›das Gottgespenst des Alten Bundes‹ erstaunten Christen mitteilen sollen, genug haben.« Dr. Schairer habe den Jahwe des Alten Testaments richtig geschildert. Ludendorff fragt: »Was sagt nun der größte Teil der christlichen Priesterkaste zu solchen so ernsten und wahren Feststellungen eines ihrer Glieder? Wie würde ich geschmäht werden, stammten sie von mir, wie würden sie da nach dem Staatsanwalt schreiben!?... Es wird die Zeit kommen, wo der ›Deutsche Sonntag‹ und seine Mitarbeiter auch einmal das Neue Testament in ernstem Wahrheitswillen mit erschreckten Augen studieren.« Hiezu ist zu vergleichen, was Dr. Schairer in Nr. 4/1937 des »Deutschen Sonntag« von Ludendorff sagt: »... Wir sind dem ehrwürdigen General für etliche seiner Erkenntnisse und Warnungen so dankbar, daß wir uns hüten würden, ihm und seinem Schaffen irgend ablehnend gegenüberzutreten.« Dr. Schairer hat die Artikelreihe neuerdings kaum verändert in einem Sonderdruck als Broschüre erscheinen lassen, die er im »Deutschen Sonntag« anpreist. Dazu kommt, daß in der kirchlichen Bevölkerung es weithin nicht verstanden wird, wie ein Mann, dessen Ausführungen in der Gemeinde als Gotteslästerung verstanden werden, noch im Dienst der von ihm zudem bekämpften Kirche stehen kann. Es wäre unverantwortlich, bei diesen Verhältnissen weiter zuzuwarten.

Wie sehr Dr. Schairer jedes Maß verloren zu haben scheint, zeigt auch, daß er keine Scheu empfindet, die Herausgabe des vom Württ. Pfarrverein den Kriegsgefallenen des Pfarrhauses gewidmeten »Gedenkblatts« im »Deutschen Sonntag« Nr. 3/1937 mit Hohn und Spott zu begutachten.

Es wird Herrn Dr. Schairer hiemit Gelegenheit geboten, auf dem Dienstweg gegenüber dem Oberkirchenrat zu Vorstehendem sich zu äußern. Der Vorlage des Berichts wird bis 1.3.1937 entgegengesehen.

Wurm.

Die Stellungnahme vom Februar 1937 von Pfr. Dr. Schairer lautet[144]*:*
Den ernsthaften Beanstandungen des genannten Erlasses gebe ich gerne ernsthafte Antwort.

Vorab stelle ich als mein treibendes Bestreben seit vier Jahren fest: 1. das echte Christentum und womöglich auch den Bestand der Kirche durch die gegenwärtige und kommende Brandung der Zeit durchretten zu helfen (soweit das bei Menschen liegt); 2. mitzusorgen, daß unser Volk und sein neues Einswerden keinen Schaden erleide; daß seine Gemeinschaft vom Evangelium her nicht gestört, sondern gefördert werde. Wollte ich mein Innerstes sagen, so könnte es nur heißen, daß ich meinem Heiland dienen möchte. Daß die Auffassungen, wie das zu geschehen habe, und die Wege dazu verschieden sind und sein werden, ist nicht zu ändern. Es mag dem einen als Irrtum erscheinen, was dem anderen als Pflicht. Diesem Zwiespalt war noch keine Zeit, kein Mensch, auch keine Kirchen-

144 LKA Stuttgart, D 1, Bd. 70.

geschichte je entnommen. Ersterem Ziel sollte, soll und wird auch das von mir geleitete Blatt »Deutscher Sonntag« dienen; wie es auch dem zweitgenannten Problem nie entgehen wird.

Begonnen wurde es rein mit dem Wunsche, den »Christen«, denen im Jahr 1933 der Nationalsozialismus noch fremd war, Einführung in dessen innerliche Seiten zu geben; sodann den rein völkisch Bestimmten das Evangelium in einer Art zu bieten, die ihnen missionarisch entgegenkam. Leider wurde erstere Aufgabe mir durch die sehr bald einsetzenden und organisierten Verfehmungen des Blattes mehr und mehr unmöglich gemacht; und damit trat die zweite in den Vordergrund. Wodurch wohl die immer mehr spürbare Entfremdung vom Hergebrachten in Art, Sprache, Anfassung des Stoffes kam. Seit Jahren war das Blatt unter oft undurchsichtigsten, schwierigsten Verhältnissen herauszugeben, die in der Kirche jedermann, besonders aber die Pressetätigen kennen. Um so mehr wird sich jeder Schriftleiter unter Jakobus 3,2 beugen. Und die Tätigkeit wäre überhaupt unmöglich, wenn man nicht unter der Gewißheit des Gottes stünde, der auch und gerade durch unsere Schwachheiten und Sünden Gutes schafft. Ich muß leider erwarten, daß solche Aussagen meinerseits wieder als Phrasen oder rhetorische Wendungen entwertet werden; muß sie aber dennoch geben.

Daß der bestehenden Kirche das Blatt widerwärtig ist, kann bedauert, aber sehr wohl verstanden werden. Denn naturgemäß billigt es die insgesamte Haltung der bisherigen Kirche zum völkischen Neuwerden, mindestens ihre Taktik nicht. Es sieht darin Nachteile sowohl für das Gedeihen des Volkstums als auch, in den Auswirkungen, Erschwerungen für das segensreiche Fortwirken des Christentums in Deutschland. Daß beidem mit aller Kraft entgegengewirkt wird, muß zugegeben werden. Diese Auffassungsdifferenzen lassen sich auch hier nicht bereinigen.

Der Oberkirchenrat nun glaubt, daß in sehr vielen Einzelheiten des Blattes die Verfolgung solcher Ziele in unwürdiger, anstößiger, mißverständlicher, ja bösartiger Weise geschehen sei. Er führt vor allem drei Fälle (aus sicher vielen) an, die ich kurz besprechen muß:

1. Vorwurf aus »Denen, die mit Ernst...«: Der Verfasser habe angedeutet, daß er bereit wäre, seinen Christenglauben fahren zu lassen, wenn... Dem halte ich entgegen, daß klar und scharf und unmißverständlich der Satz da steht, als sozusagen einziger unverrückbarer Punkt: Daß es von Christus selbst keine Trennung gebe! Also ist hier genau der Punkt festgelegt, der bleibt, wenn alles andere wanken würde. Es war rein nur denen, die im »Christentum« ohne weiteres und restlos eine Volkszerstö-

rung sehen, gesagt: Wenn wir das tatsächlich auch so sähen, wenn wir wüßten, mit unserem Christentum unser Volkstum zu ruinieren, dann wären wir auch Manns genug, ein solches Christentum wegzulegen. Das ist ein Standpunkt, den ich von jedem ehrlichen Deutschen erwarte. Wie man mir aber unterstellen kann: Ich sei bereit, meinen Christenglauben aufzugeben, ist mir nach Obigem unklar.

2. Die kleine Studie zum alttestamentlichen Gottesbegriff: a) Dieselbe enthält, was ein ernsthafter Leser (auch Ludendorff) sehr wohl empfindet, zunächst eine durchaus positive Schätzung mancher Seiten der AT-Gottesoffenbarung, die ich, wenn es schon ernst ist, nicht unterschlagen wissen möchte. b) Die Tendenz des Schriftleins ist durchaus die: das Überragende der NT-Offenbarung herausleuchten zu lassen. Daß die vor- und die christliche Gottesoffenbarung, daß Moses und Christus verschieden sind, gehört doch zu den Grundtatsachen der paulinischen und reformatorischen Theologie. Heute ist es vielen wichtig, das Übereinstimmende und Zusammenhängende zwischen beiden, zwischen alt- und neutestamentlichem Gott zu unterstreichen. Aber wenn schon verschieden, dann muß es auch gestattet sein, andererseits die Verschiedenheit einmal grell zu zeigen. c) Das Gottesbild, das ich als »Gespenst« bezeichne, ist als eines von mehreren, allerdings als nie ganz ausgerottetes dargestellt. Siehe Volz, »Das Dämonische in Jahveh«! Wenn nun schon hier zugestandenermaßen Erschreckliches ans Licht gehoben ist, so geschah das nicht aus Bosheit oder Freude am Gemeinen, sondern aus der Erkenntnis: Es gibt Anstände gegen das Christentum, die am besten dadurch entwaffnet werden, daß man sie selbst sagt und nicht immer nur den Gegnern als Material überläßt. Das mag wehe tun, ist aber zuträglicher als ein Sich-blind-stellen.

Zu diesen notwendigerweise heute zuzubilligenden Wahrheiten zählt die ehemals allgemein anerkannte theologische Errungenschaft, es gebe im AT Dinge, Anschauungen, Züge und Regungen, von denen man sich, weil sie zeitgeschichtlich und menschlich bedingt sind, lösen dürfe, ja müsse.

Selbst Proksch, Erlangen, der sich über meine kleine Schrift auch sehr erregte, erkennt in einer Besprechung voll an, daß jene von mir berührten Gottesbilder Reflexe menschlicher Regungen, gewisser Schreckszenen aus der assyrischen Kriegführung seien. Zu anderen Zeiten hätte jeder ehrliche Theologe anerkannt, daß natürlich jene dämonisch-gespensterhaftgrausamen Züge eines Zorn- und Rachegottes nicht bloß überholt, sondern unterchristlich seien. Während manche sich heute zu deren Verfechtern machen!

Wenn die Beanstandung des Oberkirchenrats auch diesen Schein vermeidet, so klagt sie die Auffassung an: Es liege das Bild eines derart »zornigen« Gottes auch gewissen Lehren der christlichen Theologie noch zugrunde; der Gedanke eines jederzeit zu richten, zu strafen, zu verdammen und sich zu rächen gesonnenen Gottes sei also trotz des NT noch lebendig. Ich brauche nicht an die populäre Laientheologie bloß zu erinnern, die diesen Schreck- und Gespenstergott mit seiner Racheneigung noch sehr wohl kennt. Sondern ich stelle fest, daß die ganze Anselmsche Satisfaktionslehre geradezu organisch auf der vorausgesetzten Tatsache eines an sich zornigen, gerichtsbeflissenen Gottes aufbaut, der nur durch »Blut« zu versöhnen ist, der seine Rache, sein Genüge haben muß. Und ich kann auch die übliche protestantische Theologie und Erbauung nicht davon freisprechen, daß sie diesen Zorn- und Rachegott immer im Hintergrunde bereit hält und auch ihrerseits Christus als einen jenen Gotteszorn Besänftigenden darstellt.

Im Umkreis der theologischen Begriffe von »Zorn und Gnade« Gottes liegen sicher die religiösen Differenzen, die die Mißbilligung dem »Deutschen Sonntag« eintragen. Ich bekenne hier, daß mir die Anschauung eines vor Christus zornigen und nach dem Kreuz versöhnten, gnädigen Gottes schon mit Joh. 3, 16 unvereinbar erscheint; daß nach meiner Kenntnis auch Jesus selbst nirgends diese Vorstellung als grundlegende ausspricht. Mein allerdings nun schärfer, theologischer Kampf entspringt aus dem Wunsch und enthält die flehende Bitte, daß doch Evangelium, das heißt die Botschaft von dem in Christus gnädigen Gott gegeben und nicht jenes heillose Zwitterschweben zwischen Angst und Vertrauen als unser »Glaube« aufgefaßt werde. Da bis jetzt auf kirchlicher Seite niemand diesem Rufe Beachtung schenkte, sondern unser Ringen um volles, reines Evangelium bloß verspottet wurde, könnte es Folge jener kleinen Schrift sein, daß doch der genannten Bitte nachgedacht wird.

Daß auf völkischer Seite (Ludendorff und andere) jenem Aufsatz nachgegangen wurde, wird mir zum Vorwurf gemacht. Ich halte das nicht bloß für einen [!] Schaden, sondern sehe darin einen wenn auch kleinen Fortschritt, wenn man dortseits sich überhaupt wieder einmal mit etwas, was Kirche und Pfarrer heißt, ernsthaft abgibt. Alles andere wird ja nur negativ aufgenommen. Es werden noch Zeiten kommen, wo man nicht mit Forderungen und großen Worten, sondern mit solch kleinen Anknüpfungen und Möglichkeiten wird arbeiten müssen! An Ludendorff persönlich werde ich persönlich, wie erwähnt und beanstandet, stets dankbar schätzen, daß er die Augen vieler Deutscher für die römisch-jesuitisch-freimaurerisch-jüdische Weltgefahr geöffnet hat und offen hält. Bei der sichtlich ansteigenden Macht des Jesuitismus und Roms wird ein solcher Warner und Mahner wichtig sein! Dafür dürfte auch ein Evangelischer Oberkirchenrat einmal Verständnis haben; wenn nicht jetzt, so später.

3. Noch ein Punkt der Beanstandung: Ich hätte die Gefallenenehrung des Pfarrstands mit Hohn und Spott übergossen. In der Tat machte sich im letzten Jahr da und dort in Zeitschriften und Blättern eine Tendenz bemerkbar, die »Leistungen« des Pfarrstands auch im Kriege in Vordergrund zu rücken. Teils spürbar, teils offen zugegeben steckte die Absicht, mindestens Hoffnung dahinter, dadurch auf die allgemeine Stimmung und die kirchenpolitische Lage Einfluß zu nehmen. Gerade nun, weil ich in tiefer Ehrfurcht vor den Gefallenen unseres Standes stehe, betrübte es mich tief, daß ihr Andenken nun so zweckhaft wirken sollte. Nicht nur, daß ich zweifele, ob das in all jener Sinn wäre; nicht nur, daß andere Berufsstände und Volksgruppen mit Kopfschütteln dies Vorgehen als »Propaganda« empfanden. Nein, an sich ist mir ein solcher Wert, wie es unsere Gefallenen sind, zu heilig, um nun in einer bestimmten Lage mit mehr oder weniger Absichtlichkeit (die man selbstverständlich teilweise auch ableugnen wird) beigeholt zu werden. Wenn man aus den Äußerungen des »Deutschen Sonntag« Spott und Hohn heraushörte, so bedaure ich das sehr.

4. Nicht erwähnt, aber sicher vorhanden ist die Ablehnung des Oberkirchenrats meiner Auffassung von der »Verjudung und Entjudung« unseres Gottverhältnisses und mein Verdacht, daß sich auch in die christliche Religion noch sehr viel Jüdisch-Mosaisch-Gesetzliches eingeschlichen und da bis heute Lebensrecht habe. Man hört das heute nicht gern, ist aber doch darauf gestoßen, ja gezwungen, diese Probleme, die schon in der ursprünglichen christlichen Verkündigung, bei Jesus selbst, bei Paulus, dann bei Luther, eine entscheidende Rolle spielten, nicht zu übersehen. Wenn die offizielle Kirche zur Zeit daran verhindert zu sein scheint, die Linie Paulus-Luther gegen das Werkgesetzliche fortzuführen, so muß das eben eine Richtung innerhalb der Kirche tun und für diese durchaus nicht abseitige, sondern zentrale Parole »Nicht Moses, sondern Christus!« auch Lebensrecht und Freiheit fordern. Die evang. Kirche schädigt sich und das Christentum ja selbst, wenn sie hier rückläufig wird. Das ist unsere klare Erkenntnis, und darum können wir auch hier nicht schweigen. Die Kirche hätte einen einfachen, deutlichen Weg, sich hier jeden Verdacht zu ersparen: wenn sie entweder selbst diesen Kampf gegen judaistische Verdrehungen in Auffassung von Gott, Kirche, Glaube usw. führte oder wenigstens uns denselben unbehindert führen ließe.

Zum Abschluß will ich, da diese meine Äußerung ja doch wohl nicht nur über den »Deutschen Sonntag« entscheiden wird, sondern auch über mich selbst, doch die Grundlinien meiner persönlichen Stellung und theologischen Haltung darstellen:

1. Ich leugne nicht die Gnade Gottes, sehe im Gegenteil in ihr, ihrem reinen, unverdienten, vorausgehenden Wert nicht bloß eine Hilfe, sondern die entscheidende, einzig »wirkliche« Voraussetzung und Umschließung unserer gesamten, persönlichen, völkischen, zeitlichen und ewigen Existenz.

2. Ich leugne nicht die Sünde, sondern weiß und bekenne, daß diese Gnade uns Sündern zugute kommt, nicht als »Gerechten«. Das heißt: rein unverdient und unverdienbar.

3. Ich sehe in Sünde auch nicht bloß einen Existenzmangel, eine Unvollkommenheit, sondern die eigentlich tragische Verkettung von Schuld ohne Maß.

4. Ich sehe in Gnade nicht bloß eine allgemeine Schöpfervorsorge, sondern einen wirklichen Liebesentschluß des Vaters.

5. Ich sehe diese Gnade unmittelbar und unablösbar mit Christus, seinem Werk, seinem Wort, seinem Leben, Sterben und Auferstehen verbunden. Ohne ihn wäre sie nicht da. Wenn sie »verdient« ist, dann nur durch ihn.

6. Aber seit seinem Heilswerk besteht sie auch unerschütterlich, schwankt nicht, wird nicht zweifelhaft, so daß also Sünde ist, an ihr zu zweifeln oder sie zweifelhaft zu machen, wer immer das tue! Glaube ist mir nicht die Bedingung, sondern die Frucht der Gnade. Kirche nicht das Mittel der Gnade, sondern ihr Geschenk. Christus ist mir »Wort Gottes«, und die Bibel soweit, als sie dies »Wort« gibt. In der paulinischen Erkenntnis von der »Rechtfertigung aus lauterer Gnade« sehe ich den richtigen Schlüssel zur Erfassung Christi und zur Erlangung seines Heils; habe das auch oftmals deutlich bekannt. Ich habe mein Möglichstes getan, Christus und seine Realität nicht in Moral oder »Lehre« oder flachen Aufklärich abgleiten zu lassen, sondern die entscheidende Kraft des Heils in ihm zu zeigen; den »Grund unseres Glaubens«.

Unterscheiden will und werde ich mich von der bisherigen Kirchenlehre in drei Punkten:

1. In der Deutung, Auslegung und Erfassung des Neuen Testaments, vom Alten her; ich sehe den Weg genau umgekehrt.

2. Im Begriff der Kirche, die mir nicht congregatio sanctorum, das heißt, eine Summe von Menschen, ein Gebilde von heiligen Leuten, sondern eine Setzung und Stiftung der Gnade Gottes für alles Volk ist.

3. In der Erkenntnis und Erfahrung, es gebe nicht nur persönliche Schuld und persönliches Heil vor Gott, sondern auch Volkssünde, Gesamtschuld, Volksverderben, Rassesünden, ebenso Volksrettung, Gnade Gottes über einer ganzen Rasse, Heil in und für menschliche, völkische Gemeinschaften. Sodann weiche ich scheint's ab, daß ich anhand von Luk. 17,22–32 und auf Grund von Matth. 24 auf einen kommenden Erweis der Christusherrlichkeit, mindestens einen »Tag des Menschensohns« warte.

Wenn diese persönlichen Glaubensüberzeugungen ausreichen, um einen zu einem Ketzer und Heiden zu stempeln, des Christennamens und des Pfarramts unwürdig zu machen, dann werde ich dieses Schicksal zu tragen haben.

Nicht um ihm zu entgehen, sondern um der Wahrhaftigkeit und Klarheit willen gebe ich noch an: Es ist kein Satz im I. Artikel einschließlich luth. Erklärung, den ich nicht als Ausdruck meines Glaubens und Predigens aufnehmen könnte. Es ist kein Satz im II. Hauptartikel samt luth. Erklärung (die ja eine Lehre vom »zornigen« Gott durchaus nicht aufweist!), den ich auf dem Weg und bei der Wegweisung zum Heil in Christus und seiner Liebe nicht als Fingerzeig dankbar und ernst nehmen könnte. Es ist kein Satz im III. Hauptartikel einschl. Erklärung, den ich ablehnen müßte oder von dem ich mich entbunden fühlte.

Um die Lage noch besser zu erklären und zu verstehen, wäre auch all das entgegen zu halten, was an namenloser Entwürdigung, Entrechtung, Ausstoßung und Schmähung in den letzten 4 Jahren über uns und die Unserigen verhängt worden ist, und zwar von den Gliedern und Trägern der Kirche. Und wie wir die »christliche Liebe« am eigenen Leibe erfahren haben! Alles, was an erlaubter und unerlaubter Gegenwehr von uns Ketzern dagegen ergangen ist, reicht nicht von weitem an das von unseren Mitchristen an uns Verübten heran. Ich sage das nicht als Klage, sondern nur als Teil des Tatbestandes. Trotzdem haben wir immer noch und immer wieder den Wunsch nach Gemeinschaft mit unseren Volksgenossen in den anderen Konfessionslagern im Herzen getragen. Daß er nicht erfüllt wurde, daß eher noch Weiteres an Zerspaltung und Ausstoßung zu erwarten ist, tut mir persönlich bitter leid. Ich habe nur anzuführen, daß ich rechtzeitig, bereits im Februar 1933 den Herrn Landesbischof bei einer Unterredung auf eben diese drohende Katastrophe als ferne Gefahr hingewiesen habe.   Stadtpfarrer Dr. Schairer.

Am 26.4.1937 bat der Oberkirchenrat die Evang.-theol. Fakultät der Universität Tübingen um ein Gutachten zu den Veröffentlichungen von Pfr. Dr. Schairer, das der Dekan der Fakultät am 4.5.1937 übersandte[145]:

Auf die dortige Anfrage betreffend die Schrift von Dr. Schairer gestattete ich mir Folgendes zu berichten:

Der Verfasser gibt sich den Anschein (S. 1.6.24.) einer gewissenhaften wissenschaftlichen Untersuchung; in Wirklichkeit ist die Schrift getragen von einer einseitigen bis in Stil und Ton hinein durchsichtigen Tendenz, die den Ernst wissenschaftlicher Überlegung vermissen läßt. Dies geht schon daraus hervor, daß Verfasser das Problem des Nebeneinander verschiedener Züge in der alttestamentlichen Gottesvorstellung damit abtut, daß er in einigen kurzen Bemerkungen die »achtbaren und wertvollen« Seiten des alttestamentliche Gottesbildes mit absichtlicher Zurückhaltung nur oberflächlich erwähnt, dagegen mit breiter Ausführlichkeit die angeblich typischen Züge herausstellt, die den alttestamentlichen Gott als einen »Teufel« erscheinen lassen sollen, um damit die alttestamentliche Gottesvorstellung überhaupt zu erledigen. Den religionsgeschichtlichen Wurzeln des Problems und den theologischen Folgerungen daraus, die er unschwer aus der von ihm benutzten Schrift von Volz, »Das Dämonische in Jahwe« (1924), aus der ein gut Teil seines Materials entnommen ist, hätte ersehen können, geht er überhaupt nicht nach, weil er über die von ihm ins Auge gefaßte Seite der Gottesauffassung von vornherein das Urteil gefällt hat. Wie eine wissenschaftliche Behandlung der hierher gehörenden Fragen sowohl nach der religionsgeschichtlichen als auch nach der theologischen Seite aussehen müßte, kann der Vergleich mit der genannten Schrift von Volz zeigen.

Es gehört ebenso zur Tendenz des Verfassers, und darin sind seine Aussagen objektiv falsch, daß er die dämonischen Seiten Jahwes als nur gegen die Heiden gerichtet hinstellt und in einer leichtfertigen Verwischung des Unterschiedes religionsgeschichtlicher und theologischer Fragestellung dies alles von Anfang an als Stellung Jahwes »zu uns« mißdeutet (S. 5).

So kommt man zu dem Ergebnis, daß der Verfasser die Fähigkeit zu wissenschaftlicher und theologisch ernster Behandlung der hier in Frage stehenden Probleme entweder überhaupt nie besessen hat oder daß sie ihm durch seine tendenziöse Einstellung verloren gegangen ist. Der Charakter der Schrift als Pamphlet ist so offenbar, daß sich eine wissenschaftliche Einzelerörterung erübrigt. Weiser.

145 LKA Stuttgart, D 1, Bd. 71.

Wie Pfr. Schneider, so wurde auch Pfr. Dr. Schairer am 8.6.1937 beurlaubt[146]:

I

Gegenüber dem Erlaß des Oberkirchenrats vom 22.2.1937 Nr. A 1692 hat Stadtpfarrer Dr. Schairer sich in der Weise zu rechtfertigen versucht, daß er die gegebenen Tatbestände verharmlost oder entstellt hat.

1. Der gegen Dr. Schairer im Zusammenhang mit seinem Artikel »Das Gottgespenst des Alten Bundes« erhobene Vorwurf der »bewußt entstellenden und damit wahrheitswidrigen Hetze« ist durch seine Rückäußerung nicht entkräftet. Von theologisch wissenschaftlicher Seite wurde unter anderem festgestellt: »So kommt man zu dem Ergebnis, daß der Verfasser die Fähigkeit zu wissenschaftlicher und theologisch ernster Behandlung der hier in Frage stehenden Probleme entweder überhaupt nie besessen hat oder daß sie ihm durch seine tendenziöse Einstellung verloren gegangen ist. Der Charakter der Schrift als Pamphlet ist so offenbar, daß sich eine wissenschaftliche Einzelerörterung erübrigt.«

2. Der Artikel »Denen, die mit Ernst Christen sein wollen« (»Deutscher Sonntag«, Nr. 23/1936) wird von Dr. Schairer dahin verharmlost: »Es war rein nur denen, die im ›Christentum‹ ohne weiteres und restlos eine Volkszerstörung sehen, gesagt: Wenn wir das tatsächlich auch so sähen, wenn wir wüßten, mit unserem Christentum unser Volkstum zu ruinieren, dann wären wir auch Manns genug, ein solches Christentum wegzulegen.« Jeder, der Wortlaut, Aufbau und Art der Wiedergabe des genannten Artikels im »Deutschen Sonntag« kennt, wird vergeblich im Wortlaut und Wortsinn diese fragwürdige Auslegungsmöglichkeit suchen, sich aber bei dieser Deutung umsomehr über die außergewöhnliche Wendigkeit des Verfassers wundern.

3. Dr. Schairer erklärt unter anderem: »Es ist kein Satz im I. Artikel einschließlich luth. Erklärung, den ich nicht als Ausdruck meines Glaubens und Predigens aufnehmen könnte. Es ist kein Satz im II. Hauptartikel samt luth. Erklärung (die ja eine Lehre vom ›zornigen‹ Gott durchaus nicht aufweist!), den ich auf dem Weg und bei der Wegweisung zum Heil in Christus und seiner Liebe nicht als Fingerzeig dankbar und ernst nehmen könnte. Es ist kein Satz im III. Hauptartikel einschließlich Erklärung, den ich ablehnen müßte oder von dem ich mich entbunden fühlte.«

Vergleicht man mit dieser Erklärung den Gesamtinhalt des »Deutschen Sonntags«, für den Stadtpfarrer Dr. Schairer verantwortlich zeich-

---

146 LKA Stuttgart, D 1, Bd. 72; den Dekanatämtern zur Kenntnisnahme und Unterrichtung der Pfarrämter mitgeteilt.

net, so findet man einen, für einen geradlinigen Charakter unlösbaren Widerspruch. Entweder: Es ist ehrliche Überzeugung, was unter der Verantwortung von Dr. Schairer im »Deutschen Sonntag« an Verflachung, Verkürzung und Entstellung des Evangeliums von Jesus Christus den Lesern öffentlich dargeboten wird, dann ist es unwahrhaftig, daneben in einem dienstlichen Schreiben eine Bindung an sämtliche 3 Glaubensartikel der christlichen Kirche einschließlich Luthers Erklärung zu behaupten. Oder: Es ist nicht ehrliche Überzeugung, was dergestalt im »Deutschen Sonntag« verbreitet wird, dann handelt es sich um eine Täuschung, indem den Lesern etwas als Inhalt der Bibel und als evangelische Wahrheit dargestellt wird, was es in Wirklichkeit nicht ist. Es ist eine zu harmlose Deutung dieser Irreführung, wenn Stadtpfarrer Dr. Schairer meint, das Bestreben des »Deutschen Sonntag« sei gewesen, »den rein völkisch Bestimmten das Evangelium in einer Art zu bieten, die ihnen missionarisch entgegenkam«. Dasselbe gilt, wenn er die gegenkirchliche zersetzende Arbeitsweise des »Deutschen Sonntag« mit einer »immer mehr spürbaren Entfremdung vom Hergebrachten in Art, Sprache, Anfassung des Stoffes« verwechselt. Aus Gründen der Wahrhaftigkeit sollte es einem Mann unmöglich sein, im amtlichen Dienste einer Kirche zu stehen, deren Lehre, Verkündigung und Haltung er außeramtlich in schärfster Form bekämpft und beschimpft oder dies durch andere in dem von ihm geleiteten Blatt zuläßt. Die Kirchenleitung jedenfalls muß davon absehen, für die Landeskirche die Dienste des Herrn Stadtpfarrer Dr. Schairer länger in Anspruch zu nehmen, solange diese Widersprüche ungeklärt bestehen bleiben.

4. Zu dem allem kommt, daß sich der Oberkirchenrat verpflichtet weiß, gegenüber den ehrenrührigen Angriffen des »Deutschen Sonntag« (Dr. Schairer), insbesondere in den Artikeln über das Gedenkblatt für die Kriegsgefallenen und die Pfarrerbeichte (vgl. Nr. 3 und 7 bis 13/1937) sich schützend vor die Ehre des evangelischen Pfarrstandes und Pfarrhauses zu stellen. Der Evang. Pfarrverein in Württemberg hat kürzlich in diesem Zusammenhang Stadtpfarrer Dr. Schairer unter allgemeiner Zustimmung der Mitgliederversammlung aus seinen Reihen ausgeschlossen. Auch hier sollte man meinen, daß ein Mann, der die Ehre des evang. Pfarrstandes und Pfarrhauses öffentlich mit Füßen tritt, selbst darauf verzichtet, sich zu diesem Stand zählen zu lassen.

5. In dem Artikel im »Deutschen Sonntag« vom 14. 2. 1937 mit der Überschrift »Kirchenstreit in Polen« ist Stadtpfarrer Dr. Schairer, obwohl angeblich sein »treibendes Bestreben seit 4 Jahren« ist, »das echte Chri-

stentum und womöglich auch den Bestand der Kirche durch die gegenwärtige und kommende Brandung der Zeit durchretten zu helfen«, der Deutschen Evang. Kirche Polens und damit weithin dem Deutschtum in Polen in seinem Existenzkampf in den Rücken gefallen und hat damit tiefste Entrüstung in deutsch gesinnten Kreisen hervorgerufen.[147]

II

Das ganze Verhalten von Stadtpfarrer Dr. Schairer in und außer dem Amt zeigt solch schwere Charakterfehler, insbesondere einen solchen Mangel an Ehrlichkeit und Wahrhaftigkeit, daß es im Blick auf die Gemeinde und das Amt der Kirche nicht möglich ist, dem länger stillschweigend zuzusehen. Stadtpfarrer Dr. Schairer erweist durch sein Verhalten sich der Achtung und des Vertrauens unwürdig, die sein Beruf erfordert. Er wird daher mit sofortiger Wirkung vorläufig unter Weiterreichung seiner Bezüge beurlaubt. Damit wird ihm zugleich die Vornahme von Amtshandlungen im Bereich der Evang. Landeskirche in Württemberg untersagt (Art. 1,23 Kirchliches Gesetz vom 18. 7. 1895/21. 1. 1901 in Verbindung mit Art. 114 Beamtengesetz von 1912).

Dies ist Herrn Stadtpfarrer Dr. Schairer zu eröffnen. Wurm.

Pfr. Dr. Schairer bestritt gegenüber dem Oberkirchenrat die Rechtmäßigkeit seiner Beurlaubung, ließ sich dann aber nach der Klärung finanzieller Fragen auf 1. 2. 1939 in den Ruhestand versetzen.

DER »FALL MELLE«

Vom 12. bis 26. 7. 1937 tagte in Oxford die Weltkonferenz für praktisches Christentum. *Ein langes Tauziehen, ob neben Vertretern der Deutschen Evang. Kirche in einer zweiten Delegation auch Vertreter der Vorläufigen Leitung der Deutschen Evang. Kirche nach Oxford fahren würden, wurde dadurch entschieden, daß 5 von den 7 vorgesehenen Delegierten die Pässe entzogen wurden und daß Hitler eine Teilnahme der Deutschen Evang. Kirche verbot. Das Reichskirchenministerium gestattete aber 2 Vertretern der Freikirchen, darunter Bischof Dr. Melle von der Methodistenkirche, die Teilnahme.*[1]

---

147 Vgl. dazu die Stellungnahme von Pfr. Lic. Lempp, Stuttgart »Und dies in der Stadt der Auslanddeutschen« (LKA Stuttgart, D 1, Bd. 70).

1 Zum ganzen Zusammenhang siehe jetzt Boyens, S. 144–170.

Die Konferenz nahm am 19. Juli einstimmig eine Botschaft an die Deutsche Evang. Kirche an[2], *die von einer Abordnung nach Deutschland überbracht werden sollte; in dieser Botschaft war die Bedrohung der christlichen Freiheit in Deutschland deutlich beim Namen genannt.*

Einen Tag nach der Annahme der Botschaft kamen offenkundig Bischof Dr. Melle Bedenken wegen des Inhalts; nach Rücksprache mit der Deutschen Botschaft in London gab er am 22. Juli vor der Vollversammlung eine Erklärung ab, in der er von der Freiheit sprach, welche die Kirchen in Deutschland genießen, und vom Versagen der Kirchen.

Über diese Erklärung berichtete der Stuttgarter NS-Kurier *am 24.7.1937*[3]:

Die Weltkirchenkonferenz auf Abwegen

Eine merkwürdige Kunde kommt von der Kirchenkonferenz in Oxford. Sie hat eine Botschaft an die Deutsche Evang. Kirche beschlossen, zu deren Einführung der Lordbischof von Chichester das Wort ergriff. Er hob zunächst die furchtbare Lage der Kirche in Rußland hervor. Bei seinen Darlegungen über die Abwesenheit der Delegation der Deutschen Evang. Kirche gedachte er des Heimganges des Reichsgerichtspräsidenten Dr. Simons und des Generalsuperintendenten Dr. Zoellner... Der Lordbischof sprach den dringenden Wunsch aus, daß der Kirchenkonflikt beendet werde, und forderte eine Verkündigung in voller Freiheit. Diese Botschaft solle lediglich kirchlichen Charakter tragen.

In der Erklärung wird die Abwesenheit der Delegation der Deutschen Evang. Kirche bedauert und auf die angeblichen Schwierigkeiten der Kirche bei ihrer Verkündigung (!) hingewiesen. Es wird dabei auch der Römisch-katholischen Kirche gedacht und der Hindernisse, die angeblich der christlichen Jugenderziehung entgegenstünden. (!) Die Botschaft schließt mit einem feierlichen Gelöbnis der Glaubensverbundenheit...

Es ist sehr bemerkenswert, daß der zwischen den Zeilen zu lesende Vorwurf gegen Deutschland, der aus dem Text der Oxforder Botschaft spricht, von den Vertretern der deutschen Freikirchen selbst sofort zurückgewiesen wurde, eine begrüßenswert nationale Haltung. Die Vertreter der deutschen Freikirchen erklärten: »Die evangelischen Freikirchen in Deutschland sind dankbar für die uneingeschränkte Freiheit des

---

2 Vgl. dazu KAW 1937, S. 113–115; vgl. auch Niemöller, Kampf, S. 423–425, sowie Hermelink, Kirche im Kampf, S. 421–425.

3 Vgl. auch die Glosse in derselben Ausgabe des »NS-Kuriers« »Auf falschem Weg« und den Bericht der Londoner »Times« vom 19.7.1937, der in Übersetzung bei den Akten liegt (LKA Stuttgart, D 1, Bd. 137).

Evangeliums von Christo und für die Gelegenheit, die sie in Deutschland haben, ihren Dienst in Evangelisation, Seelsorge, sozialer Fürsorge und Gemeindeaufbau tun zu können... Wir sehen uns nach sorgfältiger Prüfung des Textes, der uns leider erst während der Sitzung zugänglich gemacht wurde, genötigt, zu erklären, daß wir nicht zustimmen können.«

Ferner hielt der deutsche Methodistenbischof Melle am Donnerstag eine Rede, in der er ebenfalls den deutschen Standpunkt zum Ausdruck brachte. Er betonte nochmals, daß die in der Vereinigung evangelischer Freikirchen zusammengeschlossenen Kirchen (Baptisten, Methodisten, Evangelische Gemeinschaft und der Bund freier evangelischer Gemeinden) volle Freiheit der Verkündigung des Evangeliums in Deutschland hätten und daß sie die nationale Erhebung des deutschen Volkes als eine Tat göttlicher Vorsehung betrachteten. Sie seien dankbar, daß ihnen Gott in dem Führer einen Mann gesandt habe, der unser Volk vor dem Bolschewismus gerettet, vom Abgrund zurückgerissen und aufwärts geführt habe. Bischof Melle schloß: Ich wünschte zu Gott, die Kirchen hätten nicht versagt. Der innerkirchliche Konflikt im Protestantismus sei bedauerlich, er hoffe aber, daß aus diesem Ringen eine heilsame Frucht hervorwachsen werde...

In der Abendausgabe vom 24./25.7.1937 des NS-Kurier *wurde in einem Leitartikel noch einmal die Konferenz von Oxford besprochen; es heißt dort:*

... Man hat also in geistlicher Sorge sich darüber ausgelassen, wie dringend es zu wünschen sei, daß der »Kirchenkonflikt« beendet werde. Sie waren offenbar nicht darüber im Bilde, daß das deutsche Volk die Auffassung hat, daß entartete Geistliche und politisierende Kanzelredner nicht die Ehre genießen, unter dieser Bezeichnung firmieren zu können.

Und übrigens: Haben wir die internationale Versammlung gebeten, ihre zusammengelesene Meinung uns als Rat anzubieten?

Wir danken für jegliche Einmischung. Des weiteren forderte man Verkündung »in voller Freiheit«. Es ist nun nicht bekannt, welche Freiheit sie meinen. Eine »Schimpffreiheit« und eine antinationalsozialistische »Freiheit« wird es die nächsten Jahrhunderte nach unserem Willen und Glauben nicht geben... Man darf – mit staatlichen Zuschüssen! – Kirchen bauen und das, obwohl bei uns keine zerstört wurden. Unsere Pfarrer stehen blühend lebendig in unserer Mitte. Sie können die Bibel nach allen Seiten kommentieren und verkündigen mit der kleinen Einschränkung, daß eben niemand mehr glaubt, die Juden seien das auserwählte Volk und gewisse alttestamentliche Geschichten seien »heilig«. Diese Einschränkung macht aber nicht das Auge der Gestapo, sondern das deutsche Volk... Wir werden mit unseren Sorgen allein fertig. Auch mit denen der »christlichen Jugenderziehung«... Wichtig allein ist, daß die geistlichen Konferenzteilnehmer in Oxford einen Einmischungsversuch in deutsche Verhältnisse unternommen haben, der aufs schärfste zurückzuweisen ist. Sie haben, weiß der Teufel, Sorgen, die wichtiger sind, als ein arbeitsames, friedliches und gläubiges Volk, das ihnen den Bolschewismus vom Halse gehalten hat, mit den Produkten ihrer Langeweile oder den Elaboraten durchsichtiger politischer Manöver zu belästigen.

Es ist notwendig, sie in ihre Schranken zurückzuweisen...

Auf die Pressenotiz vom 24. Juli schrieb Dekan Fischer, Urach, an den ihm bekannten Prediger der Methodistenkirche Bäuerle, Heilbronn, am 26.7.1937[4]:

Sehr geehrter Herr Bäuerle!

Nach dem Bericht des »NS-Kuriers« vom 24. Juli morgens hat Ihr Herr Bischof Melle auf der Weltkirchenkonferenz in Oxford im Namen der Freikirchen Worte gesprochen, die die auf dem Boden des Evangeliums stehenden landeskirchlichen Pfarrer tief betrübt haben. Herr Melle spricht von der vollen Freiheit in der Verkündigung des Evangeliums in Deutschland, die die Freikirchen hätten. Wir in der Landeskirche haben sie auch. Was nützt aber diese Freiheit, wenn die Jugend und die Parteiorganisationen angehörenden Männer und Frauen durch Ansetzung von Dienst auf die gottesdienstlichen Stunden und durch systematische Verhetzung von der Verkündigung des Evangeliums ferngehalten werden? Diese Tatsachen sind dem evang. Ausland wohl bekannt, und Herrn Melles Erklärung wird dort mit Achselzucken, bei uns mit Entrüstung aufgenommen. Wir sagen: Ist Herr Melle blind, daß er nicht sieht, was gegen das Evangelium geschieht in Deutschland? oder will er's nicht sehen, um an gewissen Stellen wohl daran zu sein? Ferner hat Herr Bischof Melle das völlig unverständliche Wort vom Versagen der Kirchen gesprochen (»Ich wünschte zu Gott, die Kirchen hätten nicht versagt«). Was soll das heißen? Wir hätten den »Mythus« Rosenbergs mit dem Evangelium vermischen, die Landeskirchen von der Partei aus regieren lassen sollen, so daß, wie auf allen übrigen Gebieten, auch in der Kirche die Politik tonange-

---

4 Nr. A 7827 vom 6.8.1937. Dekan Fischer übersandte seinen Brief dem Oberkirchenrat zur Kenntnisnahme; Wurm dankte Fischer »für dieses treffende Wort« und stellte in Aussicht, eine Abschrift an Bischof Dr. Melle zu senden. Vgl. auch den Brief vom 21.8. 1937 von Dekan i. R. Eytel, Heilbronn, an Bischof Dr. Melle (LKA Stuttgart, D 1, Bd. 72).

bend geworden wäre, die Kirche ein Bezirk des NS-Staates? Wenn wir das gemacht, die Kirche völlig an den Staat bzw. die Partei ausgeliefert hätten, dann wären wir lieb Kind, dann wären wir landeskirchlichen Pfarrer überall vornedran, statt wie jetzt als »Schweinehunde, Lumpen, Landesverräter« (wörtlich in Reutlingen vor Tausenden gesprochen) angepöbelt zu werden (Matth. 5,11). Was würden dann aber die Gemeinschaften und Freikirchen rufen? »Seht diese Pfarrer, wie sie um äußere Vorteile willen den Herrn Christus verraten haben!« Nun wir aber treu sind unserer Überzeugung, Kirche und Politik auseinanderhalten, ohne dem Staat zu verweigern, was des Staats ist, sagt man uns nach, wir hätten »versagt«. Das heißt, uns in unserem Kampf auch für die Freikirchen nämlich, um die Herrschaft Christi im deutschen Volk in den Rücken fallen. Herr Bischof Melle hat, wenn die Zeitungsberichte wahr sind, der Sache des Evangeliums einen schlechten Dienst geleistet. Jetzt wird man überall in Deutschland hören: Herr Melle hat's den Kirchen bescheinigt, daß ihr Kampf ein unnötiger, also verwerflicher ist. Das hätten wir, die wir glauben, für die beste Sache zu streiten, die es gibt, wahrlich nicht von ihm und den Freikirchen erwartet.

Wenn Sie Gelegenheit haben, Herrn Bischof Melle meine Ansicht mitzuteilen, bin ich Ihnen dankbar. Wir württembergischen Pfarrer haben in den letzten Wochen Schweres durchgemacht, da kam dieser Bericht von Oxford wie ein Schlag ins Gesicht!

Mit freundlichem Gruß Ihr ergebener [Fischer].

Da Bischof Dr. Melle auf die an ihn gerichteten Anfragen wegen seiner Erklärung in Oxford nicht eindeutig Stellung bezog, schien es dem Oberkirchenrat geboten, zunächst von der Teilnahme von Pfarrern der Landeskirche an gemeinsamen Versammlungen mit der Bischöflichen Methodistenkirche abzusehen. Am 7.9.1937 ging während eines Urlaubs des Landesbischofs der folgende Erlaß an die Dekanatämter zur Bekanntgabe an die Pfarrämter[5]*:*

Die bekannte, durch die Presse verbreitete Erklärung, die Bischof Melle als Vertreter der Deutschen Methodisten in Oxford über die kirchliche Lage in Deutschland abgegeben hat, mußte von der gesamten Bekennenden Kirche als bedauerliche Verkennung der tatsächlichen Lage verstanden werden. Solange keine ausreichende Richtigstellung erfolgt, ist es um der Wahrhaftigkeit und Ehre willen geboten, daß die Geistlichen und

5 Nr. A 9025.

die Kreise der Bekennenden Kirche sich von gemeinsamen Veranstaltungen mit Vertretern der Bischöflichen Methodistenkirche fernhalten. Die Geistlichen werden daher ersucht, bis auf weiteres an den da und dort üblichen »Allianzversammlungen« nicht teilzunehmen, ihre Gemeinden in würdiger und sachlicher Weise über die Gründe des Fernbleibens aufzuklären und von einem Hinweis der Gemeinde im Gottesdienst auf solche Veranstaltungen abzusehen. I.V. Mayer-List.

Nach diesem Erlaß gingen die Bemühungen einzelner Pfarrer weiter, mit Bischof Dr. Melle in ein Gespräch zu kommen. Darüber und über den Erlaß vom 7. September schrieb Pfr. Lang, Heilbronn, am 11.10.1937 an den Landesbischof[6]:

Hochverehrter Herr Landesbischof,

gestatten Sie, daß ich nicht in einer offiziellen Eingabe, sondern in einem Brief mich in der mich stark bewegenden Allianzsache an Sie wende!

Ich hatte die Hoffnung gehegt, daß Bischof Dr. Melle sich zu einer Aussprache in kleinem Kreis in Heilbronn, wo durch die persönlichen Verbindungen eine gewisse Voraussetzung geschaffen wäre, bereit fände, und ich hatte im Sinn zu bitten, daß etwa Herr Prälat Gauß als Mittelsmann zum Oberkirchenrat dazu zu kommen beauftragt würde. Wie ich jetzt höre, ist Bischof Melle zwar bereit, mit einzelnen zu sprechen, aber nicht, sich irgend einem Gremium zu stellen; er hat vielmehr im Sinn, mit Herrn Landesbischof selbst in Verbindung zu treten.

Ich muß es offen aussprechen, daß mir noch nie eine Verfügung des Oberkirchenrats so viel zu schaffen gemacht hat wie der Erlaß vom 7. September. Die Form schon, die gewählt wurde und die nicht dem Bund deutscher Freikirchen, der Melle und P. Schmidt entsandt hatte, sondern den Methodisten allein die Schuld gab, mußte die Wirkung haben, diese wie einen Mann mit ihrem Bischof zusammenzuschließen, obwohl unter ihnen solche waren, die Bedenken gegen Melles Verhalten hatten. Die Wirkung wird, wenn nicht irgendwoher eine Lösung kommt, in Heilbronn die sein, daß ein Werk der Glaubensvertiefung und Evangelisation, die Allianzkonferenz, vielleicht noch nicht so sehr in diesem Jahr, aber weiter hinaus empfindlich gestört werden wird und viele, die sie bisher mit Segen besucht haben, in einen schweren, inneren Konflikt kommen werden. Das, was mir eigentlich Not macht, ist aber, daß ich den Eindruck nicht los

---

6 LKA Stuttgart, D 1, Bd. 73.

werde, daß die Bekennende Kirche Württembergs die Linien der Bergpredigt nicht eingehalten, sondern für einen Schlag einen kräftigen zweiten ausgeteilt hat, und noch weniger die Linien von Matth. 18,15.16 eingehalten wurden. Man hat oft in der Erklärung solcher Jesusworte gesagt, sie gelten für die Jünger Jesu untereinander, aber ich habe freilich nicht bloß diesmal den Eindruck, daß sie da besonders schwer anzuwenden sind.

Ich habe hier in Heilbronn Melle mehrmals gehört und glaube auch, für seine Schranken nicht blind zu sein. Immerhin ist ein Mann, der sich in Südslawien in schwierigen Umständen die Sporen verdient hat, einem Seminar vorstand, das Blatt »Der christliche Abstinente« jahrelang mit Geschick leitete und in amerikanischen christlichen Kreisen weite Beziehungen hat, nicht zu unterschätzen. Wir müssen es so ansehen, daß er an der Not der Bekennenden Kirche vorübergegangen ist und die Situation verzeichnet hat. Er versichert, wie ich höre, daß er angesichts der angelsächsischen Mentalität – der Wortlaut der Resolution sei im Büro der konservativen Partei in England festgelegt worden – gewissensmäßig nicht anders habe handeln können. Daß er in einer schwierigen Lage war, ist außer Frage. Hätte man ihn nicht doch vorher hören sollen, ehe man ihn so vor der Öffentlichkeit verurteilte?

Könnte nicht jetzt noch die Form, wie die Nichtteilnahme vor der Gemeinde begründet werden soll, vom OKR festgelegt werden? Mir ist gesagt worden, ein Pfarrverweser habe bereits auf der Kanzel gesagt, die Methodisten hätten den Herrn Jesus verleugnet.

Bei einer Besprechung in Allianzkreisen in Heilbronn trat mir ein rührendes Vertrauen entgegen, der Herr Landesbischof werde die Sache in Ordnung bringen, er habe als Prälat einst gesagt: »Wir (die Landeskirche und Freikirchen) brauchen einander.« Der Heilbronner Allianzkreis hat darauf verzichtet, einen Pfarrer etwa der badischen oder hessischen Landeskirche an Stelle von Dekan Haug als Redner zu gewinnen, so einfach dies an der Grenze gewesen wäre; man sieht daraus ein ehrliches Bestreben, den Riß nicht zu vertiefen.

Vielleicht ist es doch von Bedeutung, daß Ihr Name bis jetzt mit dem Erlaß nicht verquickt worden ist. Ich wage die herzliche Bitte, Sie möchten doch über den sich verbreitenden Graben weg in ein Gespräch mit Melle kommen, das ihn – vielleicht – überzeugt oder ihm die Haltung der Landeskirche verständlicher macht, als es ein kurzer amtlicher Erlaß tun kann. Daß ich meinerseits bemüht bin, da wo sich Gelegenheit gibt, auf den eigentlichen Sinn des Kirchenkampfs und die Gefahr eines verharmlosenden Optimismus hinzuweisen, bitte ich mir zu glauben. Ich habe ja

auch schon im August in diesem Sinn an Melle geschrieben und die Korrespondenz am 9. September dem OKR vorgelegt.
Mit ergebenster Begrüßung Ihr G. Lang.

Am 18.10.1937 schrieb Pfr. Jehle, Stuttgart, in derselben Angelegenheit an den Landesbischof einen vertraulichen Brief[7]*:*

Lieber Freund!

Einzig die Hochzeit einer Nichte mit darauffolgender Nachtfahrt nach Leipzig zur Predigt und die Herrnhuter Missionswoche haben mich abgehalten, Dir einen Wunsch des hiesigen Allianzausschusses vom vorhergehenden Tag vorzutragen.

Wir hatten eine gründliche Aussprache, in der die Methodisten auch von den anderen Freikirchen nicht geschont wurden. Allgemein wünscht man eine Regelung der Angelegenheit, und ich wurde gebeten, das Meinige zu tun. Als günstig wurde angesehen, daß der Erlaß nicht Deinen Namen trägt. Der alte Möller, den Du von Heilbronn her kennst, sagte: Wenn Du da gewesen wärest, hätte die Behörde anders entschieden. Ich habe ihn auf dem Glauben gelassen. Ein anderes Moment ist der schwere faux pas, daß Melle namens der Methodisten geredet habe. Schaal hätte sich doch vorher genauer erkundigen sollen, ehe er einen Erlaß herausgab. Tatsächlich redete ja Melle für die Vereinigung evang. Freikirchen in Deutschland. Ich habe Schaal geschrieben, ich fürchte, der Erlaß störe die Auseinandersetzung innerhalb der Freikirchen, die gewaltig mit Melle rangen, wie ich aus Briefen von Nagel und Kroeker weiß. Und Lang hat darauf aufmerksam gemacht, daß unsere Leute nach wie vor zur großen Allianzkonferenz nach Heilbronn gehen werden, aber dort eben dann nur noch von Freikirchlern bedient werden. Inzwischen haben in Siegen und Berlin Allianzversammlungen stattgefunden mit Beteiligung von Pastoren.

Hat der Erlaß des OKR die Lage nach der einen Seite hin verschärft, so der Aufruf der DC in Berlin nach der andern. Es sollte etwas geschehen. Aber was? Ich erfahre, daß Melle bereit sei, mit einzelnen zu reden, aber nicht mit einem Gremium. Die Methodisten behaupteten sogar, er wäre bereit, mit Dir zu reden. Dürfte ich ihm schreiben, er solle doch eine Aussprache mit Dir nachsuchen? In der Sitzung habe ich den OKR in Schutz genommen und gesagt, er wolle nur Melle zu öffentlicher Richtigstellung

---

7 LKA Stuttgart, D 1, Bd. 73.

veranlassen. Als einer Freund Römer vorhielt, er würde in Oxford auch nicht anders haben reden können, da er sonst bei der Rückkehr sofort verhaftet und ins Gefängnis gelegt worden wäre, sagte er ruhig: 134 Pfarrer sitzen drin.
Bitte dieses Schreiben vertraulich zu behandeln. Ich möchte keine Verstimmung Schaals.
Herzlichen Gruß Dein A. Jehle.

Wegen des Erlasses vom 7. September richtete dann der Reichskirchenminister am 27. 10. 1937 einen Brief an den Landesbischof, der von der Presse veröffentlicht wurde[8]*:*

Kerrl gegen Stuttgarter Oberkirchenrat. Bekennende Kirche »ausgesprochener Feind des Deutschen Reiches«

Der Evang. Oberkirchenrat in Stuttgart hat unter dem 7. 9. 1937 an alle nachgeordneten Dienststellen einen Runderlaß betreffend Teilnahme an Allianzversammlungen herausgegeben, in dem es unter anderem heißt: »Die bekannte, durch die Presse verbreitete Erklärung, die Bischof Melle als Vertreter der Deutschen Methodisten in Oxford über die kirchliche Lage in Deutschland abgegeben hat, mußte von der gesamten Bekennenden Kirche als bedauerliche Verkennung der tatsächlichen Lage verstanden werden. Solange keine ausreichende Richtigstellung erfolgt, ist es um der Wahrheit und Ehre willen geboten, daß die Geistlichen und die Kreise der Bekennenden Kirche sich von gemeinsamen Veranstaltungen mit Vertretern der Bischöflichen Methodistenkirche fernhalten.«

Ich stelle fest, daß der Evang. Oberkirchenrat, der gleichzeitig behauptet, für die gesamte Bekennende Kirche zu sprechen, mit dieser Erklärung einen aufrechten deutschen Mann, der in vorbildlicher Weise böswilligen Verleumdungen seines Vaterlandes entgegengetreten ist, völlig ungerechtfertigterweise diffamiert. Mit dieser Erklärung stellen sich sowohl der Evang. Oberkirchenrat wie auch die Bekennende Kirche an die Seite der ausgesprochenen Feinde des Deutschen Reiches und unterstützen sie im Kampfe gegen das eigene Vaterland. Ein derartiges Verhalten kann ich nicht hingehen lassen, ohne es auf das schärfste zu mißbilligen. Kerrl.

8 Zum Beispiel »Völkischer Beobachter«, Ausgabe vom 28.10.1937, danach auch der Stuttgarter »NS-Kurier«; bei den Akten liegt z. B. ein Ausschnitt aus der »Deutschen La Plata-Zeitung«, Buenos Aires, vom 28.10.1937 (LKA Stuttgart, D 1, Bd. 73). Vgl. auch den Kommentar des »NS-Kuriers« zu dem Brief Kerrls in der Ausgabe vom 28.19.1937.

Wegen der Veröffentlichung des Briefes des Reichskirchenministers in der Presse mußte der Oberkirchenrat rasch reagieren; am Reformationsfest hatten die Pfarrer der Landeskirche im Hauptgottesdienst eine Kanzelverkündigung des Landesbischofs zu verlesen[9]*:*

Die Pfarrämter werden ersucht, die nachstehende Mitteilung des Oberkirchenrats in den Verkündigungen des Hauptgottesdienstes am Reformationsfest in würdiger Weise der Gemeinde bekanntzugeben. Weitere aufklärende Mitteilungen werden den Pfarrämtern in bälde zugehen.

Wurm.

Kanzelverkündigung

Durch Rundfunk und Presse wurde in den letzten Tagen ein Schreiben des Herrn Reichsministers Kerrl an unsern Landesbischof veröffentlicht, in welchem dem Oberkirchenrat wegen eines Erlasses vom 7.9.1937 der ungeheuerliche Vorwurf gemacht wird, er stelle sich an die Seite der ausgesprochenen Feinde des Deutschen Reiches und unterstütze sie im Kampf gegen das eigene Vaterland.

Wir teilen der Gemeinde hiezu Folgendes mit:

1. Mit Rücksicht auf die bekannten Ausführungen des Methodistenbischofs Melle auf der Konferenz in Oxford hatte der Oberkirchenrat auf Anfragen die Geistlichen in einem innerdienstlichen Erlaß ersucht, sich bis auf weiteres von gemeinsamen Veranstaltungen mit Vertretern der Bischöflichen Methodistenkirche fern zu halten, bis eine ausreichende Richtigstellung von seiten des Herrn Bischofs Melle erfolgt sei.

2. Der Herr Landesbischof selbst ist an diesem Ausschreiben des Oberkirchenrats, das während seines Urlaubs erging, nicht beteiligt.

3. Der Oberkirchenrat hat bei den zuständigen Stellen schärfste Verwahrung eingelegt gegen die in der Öffentlichkeit erhobenen grundlosen, ungeheuerlichen Vorwürfe.

Eine weitere Stellungnahme des Oberkirchenrats zu dem Brief des Reichskirchenministers ging den Pfarrämtern am 29.10.1937 zu[10]*:*

In der Tagespresse des Donnerstag, 28. Oktober, wird ein schon am vorhergehenden Abend durch den Rundfunk verbreitetes Schreiben des

---

9 Nr. A 10921.
10 Nr. A 10921. Die Pfarrer informierten z. T. ihre Gemeinden ausführlich über die Hintergründe des Briefes des Reichskirchenministers; vgl. den Rundbrief des Evang. Pfarramts Mössingen vom 30.10.1937 an die »Glieder der Bekennenden Kirche« (LKA Stuttgart, D 1, Bd. 73).

Herrn Reichskirchenministers an den Landesbischof veröffentlicht. In diesem Schreiben wird ein Teil eines vom Oberkirchenrat an die Dekanatämter ergangenen Erlasses betreffend Teilnahme an Allianzversammlungen vom 7. September dieses Jahres zitiert, der die bekannte Erklärung des Bischofs Melle in Oxford über die kirchliche Lage in Deutschland als bedauerliche Verkennung der tatsächlichen Lage bezeichnet und feststellt, solange keine ausreichende Richtigstellung erfolge, sei es um der Wahrheit und Ehre willen geboten, daß die Geistlichen und die Kreise der Bekennenden Kirche sich von gemeinsamen Veranstaltungen mit Vertretern der Bischöflichen Methodistenkirche fernhalten. Der Herr Reichskirchenminister spricht in seinem Schreiben aus, mit dieser Erklärung stelle sich sowohl der Oberkirchenrat wie auch die Bekennende Kirche an die Seite der ausgesprochenen Feinde des Deutschen Reiches und unterstütze sie im Kampf gegen das eigene Vaterland; ein solches Verhalten könne er nicht hingehen lassen, ohne es aufs schärfste zu mißbilligen.

Hiezu ist festzustellen:

1. Der erwähnte Erlaß des Oberkirchenrats, der während der Urlaubszeit des Herrn Landesbischofs ergangen ist, ist in dem Schreiben des Herrn Reichskirchenministers nicht vollständig wiedergegeben. Der Erlaß schließt mit dem Ersuchen an die Geistlichen, bis auf weiteres an den da und dort üblichen Allianzversammlungen nicht teilzunehmen und ihre Gemeinden über die Gründe ihres Fernbleibens aufzuklären. Der durch Anfrage von Geistlichen veranlaßte Erlaß beschränkt sich also darauf, den in Betracht kommenden Geistlichen zu raten, bis auf weiteres, das heißt, bis zur gewünschten Klärung des Tatbestands Allianzversammlungen nicht zu besuchen. In die Öffentlichkeit kann übrigens dieser rein innerdienstliche Erlaß nur auf unrechtmäßige Weise gelangt sein.

2. Die gewünschte Klärung des Tatbestandes durfte um so eher erwartet werden, als dem Oberkirchenrat bekannt geworden war, daß namhafte Persönlichkeiten und Kreise aus dem Lager der Freikirchen selber wie auch Freunde der Allianz sich nicht hinter Bischof Melle stellen konnten und ihm wegen seiner der tatsächlichen Lage in Deutschland nicht gerecht werdenden Erklärung Vorhalt gemacht haben. In der Rede, die Bischof Melle auf der Weltkirchenkonferenz in Oxford am 22. Juli dieses Jahres gehalten hatte, heißt es unter anderem wörtlich:

»Oft wurde ich in diesen Tagen gefragt: Wie ist denn eure – der Freikirchen – Stellung zum nationalsozialistischen Staat? Darauf kann ich nur antworten, daß die in der Vereinigung evangelischer Freikirchen verbundenen Kirchen dankbar sind für die volle Freiheit der Verkündigung des Evangeliums von Christo und für den Dienst in Evangelisation, Seelsorge, Fürsorge und Gemeindeaufbau. Sie haben die nationale Erhebung des Deutschen Volkes als eine Tat göttlicher Vorsehung betrachtet, ihre Gemeinden in den kritischen Tagen des Umbruchs auf die grundlegenden Worte des Apostels Paulus über die Stellung der Christen zum Staat in Römer 13 hingewiesen und sie ersucht, in treuer Fürbitte für die Obrigkeit anzuhalten. Mit der Fürbitte haben wir den Dank verbunden, daß Gott in seiner Vorsehung einen Führer gesandt hat, dem es gegeben war, die Gefahr des Bolschewismus in Deutschland zu bannen und ein 67 Millionen-Volk vom Abgrund der Verzweiflung, in den es durch Weltkrieg, Vertrag von Versailles und dessen Folgen geführt worden war, zurückzureißen und ihm anstelle der Verzweiflung einen neuen Glauben an seine Sendung und seine Zukunft zu geben. Ich wünschte zu Gott, die Kirchen hätten nicht versagt, daß Gott sie hätte gebrauchen können, einen ähnlichen Dienst zu tun. In dem Konflikt, der in den deutschen Volkskirchen selbst ausbrach über die Frage, wie man die 28 Volkskirchen in eine Reichskirche zusammenschließen könnte, blieben wir neutral, auch als der Konflikt später eine andere Richtung nahm. Wir litten und leiden aber selbstverständlich innerlich mit unter den Folgen des Konflikts und beugen uns mit den Brüdern anderer Kirchen und allen ernsten Christen wegen der Versäumnisse der Christen, die zu solch einem Gericht führten.«

Aus nachträglichen privaten Erklärungen des Bischofs Melle, die zur Kenntnis des Oberkirchenrats kamen, ist zu schließen, daß er seine Oxforder Erklärung, insbesondere den Satz »Ich wünschte zu Gott, die Kirchen hätten nicht versagt«, anders aufgefaßt wissen will, als aus der Wiedergabe in der Presse zu entnehmen ist. Mit der angeführten Äußerung habe er nicht die deutschen Kirchen, sondern die Kirchen der Welt überhaupt im Auge gehabt.

3. Diese nachträglichen privaten Äußerungen des Bischofs Melle ändern nichts an der Tatsache, daß in der amtlichen Presse vor der gesamten deutschen Öffentlichkeit seine Rede durchaus im Sinn einer schweren Anschuldigung der Deutschen Evang. Kirchen unter Verkennung ihres religiösen Anliegens aufgefaßt und verwertet wurde (vergleiche »NS-Kurier« vom 24. 7. 1937, Nr. 339). Bis zur Klärung des Tatbestands wurde durch den Erlaß des Oberkirchenrats den Geistlichen geraten, um der Wahrheit und Ehre willen von der Teilnahme an den Allianzversammlungen abzusehen.

4. Zu der angeblichen »uneingeschränkten Freiheit der Verkündigung des Evangeliums von Christo« in Deutschland (vergleiche »NS-Kurier« vom 24. 7. 1937) ist zu sagen:

a) In der deutschen Presse ist heute unter den Augen der zuständigen amtlichen Stellen jede Beschimpfung des Christentums, der christlichen Kirche und ihrer Verkündigung möglich, obwohl nach dem im Jahre 1933 erlassenen Schriftleitergesetz »die religiösen Empfindungen anderer« nicht verletzt werden sollen; dagegen wurde die kirchliche Presse wegen Kleinigkeiten diszipliniert.

b) In öffentlichen Versammlungen und in Schulungen können heute Beschimpfungen des Evangeliums ausgestoßen, ja geradezu gotteslästerliche Reden geführt werden. Anfangs Juli 1937 wurde in großen Parteiversammlungen in Reutlingen vom Hoheitsträger der Partei erklärt: »Wir lassen unsere Jugend nicht biblisch versauen!« Bei der Gautagung des NS-Lehrerbunds in der Stadthalle in Stuttgart am 10. Oktober dieses Jahres[11] wurde in Gegenwart höchster Staatsstellen und Vertreter von Staatsrat Boerger, Köln, dem Symbol des Nationalsozialismus, den aufsteigenden Adler, als Symbol des Christentums das »Schaf« gegenübergestellt und in Zusammenhang mit dem Weg Deutschlands nach Versailles gebracht.

c) In einem Befehl der Obersten SA-Führung vom 1. 7. 1937 über die kulturelle Dienstgestaltung[12] wurde empfohlen, »Appelle des Glaubens zweckmäßig auf die Sonntagvormittage zu legen; es entwickle sich hieraus ein Brauch, der für die Bevölkerung Gewohnheit werde, wie früher der regelmäßige Gang zum Dienst einer uns fremden Weltanschauung«. Dieser offenkundige Versuch der Aushöhlung des sonntäglichen Gottesdienstes der christlichen Kirche ist kein Zeichen der »Freiheit des Evangeliums von Christo in Deutschland«. Wenn in demselben Befehl als zu verhüllende oder zu beseitigende »Symbole einer vergangenen Zeit« nebeneinander genannt werden »Gipsbüsten früherer Herrscher, Bilder von Heiligen, Kruzifixe, Bierschänken usw.«, so ist auch dies nicht ein Zeichen der Freiheit des Evangeliums.

d) In Württemberg wurden ohne Gesetzesänderung im Widerspruch zum Recht aus evangelischen Schulen Gemeinschaftsschulen gemacht.[13] Später wurde die hiebei öffentlich gegebene Zusage über den evangelischen Religionsunterricht, der wie bisher gegeben werden sollte, gebrochen und das »germanische Sittlichkeitsempfinden« zum Maßstab für

11 Siehe S. 614.
12 Siehe S. 676.
13 Siehe S. 698–719.

Auswahl und Behandlung des religionsunterrichtlichen Stoffes erhoben. Nunmehr werden auch die Geistlichen aus dem Religionsunterricht der Schule entfernt (vergleiche Erlaß des Reichserziehungsministeriums vom 1.7.1937, der allerdings nicht veröffentlicht werden darf!). Die vom Schulreligionsunterricht abgemeldeten Kinder werden mit einem zusätzlichen sogenannten »Weltanschauungsunterricht« bestraft, der auch von solchen Lehrern erteilt wird, vor deren gegenchristlicher Weltanschauung die Eltern ihre Kinder gerade bewahren wollten.

e) Während Reichsleiter Rosenbergs Polemik gegen die Evang. Kirche (»Protestantische Rompilger«) in einer Auflage von Hunderttausenden von Exemplaren vertrieben werden darf, hat die Geheime Staatspolizei die Herausgabe einer würdigen und sachlichen Erwiderung von evangelischer Seite verboten.[14]

f) Hervorragende Lehrer der evangelischen Theologie werden bis in die neueste Zeit (z.B. Schniewind, Schreiner) von ihren Lehrstühlen entfernt.

g) Die volksmissionarische Arbeit der »Deutschen Evang. Wochen« ist seit Anfang 1937 verboten.

h) Zahlreiche Geistliche, darunter im Amt stehende lutherische Bischöfe, werden mit Rede- und Aufenthaltsverbot für einzelne Kirchengebiete oder sogar für das ganze Reich belegt, während Verfälscher des Evangeliums von Christo offenbar uneingeschränkt reisen und reden dürfen.

Auf andere Beschränkungen der Freiheit der Verkündigung des Evangeliums von Christo in Deutschland, besonders auf dem Gebiet der kirchlichen Presse und des Informationsdienstes sowie der christlichen Liebestätigkeit und der kirchlichen Jugendarbeit weisen wir nur hin.

5. Der in dem Schreiben des Herrn Reichskirchenministers gegen den Oberkirchenrat erhobene Vorwurf, er stelle sich mit seinem Erlaß vom 7. September dieses Jahres an die Seite der ausgesprochenen Feinde des Deutschen Reiches und unterstütze sie im Kampf gegen das eigene Vaterland, ist so ungeheuerlich, daß er nicht widerlegt zu werden braucht. Der Oberkirchenrat hat diesen Vorwurf gegenüber dem Herrn Reichskirchenminister aufs schärfste zurückgewiesen und den Führer und Reichskanzler um den Schutz seiner Ehre gebeten.

Vorstehender Tatbestand wird hiemit zur Kenntnis der Pfarrämter gebracht. Da die kirchlichen Kreise ein Recht auf Aufklärung haben, wer-

14 Siehe S. 795.

den die Pfarrämter aufgefordert, hievon die Kirchengemeinderäte und die Gemeinden in geeigneter Weise zu unterrichten.   Wurm.

An den Reichskirchenminister schrieb der Landesbischof am 30.10.1937[15]*:*
In dem durch Rundfunk und Presse verbreiteten Schreiben des Herrn Reichs- und Preußischen Ministers für die kirchlichen Angelegenheiten vom 26.10.1937 an Landesbischof D. Wurm wird dieser und der Evang. Oberkirchenrat wegen eines am 7. September dieses Jahres an die Dekanatämter gerichteten Erlasses betreffend Teilnahme an Allianzversammlungen angegriffen und der Vorwurf erhoben, mit dieser Erklärung stelle sich sowohl der Evang. Oberkirchenrat wie auch die Bekennende Kirche an die Seite der ausgesprochenen Feinde des Deutschen Reiches und unterstütze sie im Kampfe gegen das eigene Vaterland. Der Evang. Oberkirchenrat weist diesen unerhörten Vorwurf als völlig unbegründet aufs schärfste zurück und stellt zur Beurteilung des Tatsächlichen Folgendes fest:

1. Die da und dort, z. B. in Stuttgart und Heilbronn üblichen Allianzversammlungen führen Glieder der Landeskirche und der landeskirchlichen Gemeinschaften mit Gliedern der in unserem Lande vertretenen Freikirchen zu Bibelauslegung und Gebet zusammen. Der Evang. Oberkirchenrat gestattete die Mitwirkung von Geistlichen an diesen Allianzversammlungen unter anderem auch deshalb, damit die in England und Amerika entstandenen religiösen Gruppen (Methodisten, Evang. Gemeinschaft, Baptisten, Darbysten) für das Wesen der Deutschen Evang. Volkskirche Verständnis gewinnen können. Gemeinsames Beten setzt aber ein wirkliches Einigsein voraus.

2. Der Erlaß des Oberkirchenrats vom 7. September dieses Jahres war veranlaßt durch Anfragen verschiedener Pfarrämter, ob sie sich angesichts der gegenwärtigen Lage an Allianz-, das heißt Gebetsversammlungen (gemeinsam mit Bischöflichen Methodisten) beteiligen sollen. Der hierauf ergangene Bescheid wurde den Dekanatämtern zur Kenntnis mit-

---

15 Nr. A 10925. Das Schreiben ging den Dekanatämtern zur Kenntnisnahme und zur mündlichen Mitteilung an die Pfarrer zu. Vgl. auch den Brief Wurms an den Reichsaußenminister Frhr. von Neurath vom 1.11.1937, dem das Schreiben an Kerrl zur Kenntnisnahme beilag, und die Korrespondenz zwischen dem Landesbischof, Fürst Ernst zu Hohenlohe-Langenburg und Frhr. von Pechmann in derselben Angelegenheit. Die VKL drückte in einem Schreiben vom 4.11.1937 an den Landesbischof ihre Verbundenheit mit ihm aus und wies den Vorwurf der Staatsfeindschaft für die Bekennende Kirche zurück; der Erlaß des Oberkirchenrats vom 7. September wolle nur der Wahrheit dienen (LKA Stuttgart, D 1, Bd. 73).

geteilt und ist auf ungeklärte Weise in die Öffentlichkeit gekommen. Der Erlaß nimmt nur auf württembergische Verhältnisse Bezug und enthält keine Stellungnahme der Leitung der gesamten Bekennenden Kirche. Der Landesbischof war zur Zeit der Herausgabe des Erlasses im Urlaub und auch an seiner Beratung nicht beteiligt. Selbstverständlich stellt sich aber der Landesbischof vor den Oberkirchenrat.

3. Der Erlaß beschäftigt sich in keiner Weise mit der Botschaft der Oxforder Weltkirchenkonferenz, die im Schreiben des Herrn Reichskirchenministers mit den ausgesprochenen Feinden des Deutschen Reiches in Zusammenhang gebracht wird. Diese Botschaft bildete nicht Gegenstand der Beratung des Oberkirchenrats. Der Erlaß »diffamiert« deshalb auch nicht, wie es in dem genannten Schreiben heißt, »einen aufrechten deutschen Mann, der in vorbildlicher Weise böswilligen Verleumdungen seines Vaterlandes entgegengetreten« sei. Der Oberkirchenrat beschäftigte sich in seinem Erlaß mit innerkirchlichen Verhältnissen in Württemberg. Bischof Melle, der durch den Erlaß »diffamiert« sein soll, hat übrigens am 28. 10. 1937 (nach Veröffentlichung des Schreibens vom 26. 10. 1937) erklärt, daß er sich gerne zu einer Besprechung mit Landesbischof D. Wurm zur Verfügung stelle.[16]

4. Der Erlaß gab dem in Anfragen von verschiedenen Pfarrämtern ausgedrückten Empfinden Folge, daß es ihnen zur Zeit innerlich unmöglich sei, mit Bischof Melle an Allianz-, das heißt Gebetsversammlungen teilzunehmen, nachdem dieser, wie die amtliche deutsche Presse mitteilte (»NS-Kurier« vom 24. 7. 1937, Nr. 339), vom Standpunkt der Freikirchen aus die »uneingeschränkte Freiheit des Evangeliums von Christo« in Deutschland dargelegt, für die Evang. Landeskirchen dagegen nach dem presseamtlichen Bericht nur die Bemerkung übrig gehabt hat: »Ich wünschte zu Gott, die Kirchen hätten nicht versagt.« Diese Darstellung ist, wie uns bekannt geworden ist, auch innerhalb der Freikirchen selber als bedauerliche Verkennung der tatsächlichen Lage verstanden worden und hat zu lebhafter Kritik an Bischof Melle geführt, an der wir uns nicht beteiligt haben. Dagegen konnte es, solange eine Richtigstellung nicht erfolgt, nach Auffassung des Oberkirchenrats Pfarrern und Gemeindegliedern, die um der »Freiheit des Evangeliums von Christo« willen mancherlei zu er-

---

16 Zu den Vermittlungsversuchen vgl. den Brief von Dekan i. R. Eytel, Heilbronn, vom 8. 11. 1937 an den Landesbischof, den Brief von Pfr. Lang vom 11. 12. 1937 an Oberkirchenrat Pressel, den Bericht über die Dikussion im Kirchenbezirk Freudenstadt vom 13. 12. 1937 sowie die EPD-Meldung vom 18. 11. 1937 über eine Entschließung volksdeutscher Kirchen zu Oxford (LKA Stuttgart, D 1, Bd. 73).

leiden haben, aus Gründen der Wahrheit nicht zugemutet werden, zu gemeinsamer Danksagung, Bitte und Fürbitte vor Gott mit solchen zusammenzutreten, die diese Tatsachen nicht zu kennen behaupten.

5. Soviel uns mitgeteilt wird, hat Bischof Melle in privaten Äußerungen nachträglich erklärt, daß sich seine Bemerkung über das Versagen der Kirchen nicht auf die Kirchen in Deutschland, sondern die Kirchen der ganzen Welt bezogen habe. Diese nachträgliche Erklärung ändert jedoch nichts an der Tatsache, daß durch die amtliche deutsche Presse in der gesamten Öffentlichkeit seine Rede und Erklärung durchaus als schwere Anschuldigung der Deutschen Evang. Kirchen dargestellt wurde (vergleiche zum Beispiel »NS-Kurier« vom 24. 7. 1937, Nr. 339).

6. Zu der angeblichen »uneingeschränkten Freiheit des Evangeliums von Christo« in Deutschland (»NS-Kurier« vom 24. 7. 1937, Nr. 339) bemerken wir Folgendes: Wir wünschen zwar nicht, daß eine internationale Kirchenkonferenz über die deutschen kirchlichen Fragen Entscheidungen fällt, wir weisen aber darauf hin, daß sich deutsche evangelische Kirchenführer und deutsche evangelische Kirchengenossen seit Jahren bemühen, ihre ernsten Anliegen in bezug auf die kirchlichen Verhältnisse in Deutschland immer wieder an die zuständigen Staats- und Parteistellen zu bringen. Zuletzt haben sich am 7. Juli dieses Jahres die in Kassel versammelten Vertreter aus allen Deutschen Evang. Landeskirchen und der großen kirchlichen Verbände mit der Bitte an die Reichsregierung gewandt[17], der Evang. Kirche im deutschen Volke die für ihr Leben und ihren Dienst unentbehrliche Selbstbestimmung nach ihrem Bekenntnis zu gewähren. Sie haben ihre Bereitschaft ausgesprochen, auf dem Wege des Zusammenwirkens von Staat und Kirche das Ziel der Herbeiführung der Ordnung in der Evang. Kirche zu erreichen. Weder auf diese Eingabe noch auf viele andere ist der Evang. Kirche eine Antwort gegeben worden. Statt dessen ist in der deutschen Presse heute unter den Augen der amtlichen Stellen jede Beschimpfung des Christentums, der christlichen Kirche und ihrer Verkündigung möglich. Auch in öffentlichen Versammlungen und Schulungen können heute Beschimpfungen des Christentums ausgestoßen, ja geradezu gotteslästerliche Reden geführt werden, ohne daß der Kirche die Möglichkeit gegeben wäre, ihrerseits dazu in derselben Öffentlichkeit Stellung zu nehmen. Auf andere Vorgänge, die Beschränkungen der Freiheit des Evangeliums von Christo in Deutschland darstellen, zum Beispiel auf dem Gebiet des Religionsunterrichts in der Schule, der kirchli-

---

17 Siehe S. 256 f.

chen Jugendarbeit, der Ausbildung des theologischen Nachwuchses, der kirchlichen Presse weisen wir ergänzend mit Nachdruck hin.

Angesichts dieser Tatsachen entspricht die von der deutschen Presse berichtete Behauptung von der »uneingeschränkten Freiheit des Evangeliums von Christo« in Deutschland nicht der Wirklichkeit. Den Vorwurf, daß wir uns an die Seite der ausgesprochenen Feinde des Deutschen Reiches gestellt hätten, weisen wir mit Entrüstung schärfstens zurück. Wir achten jeden aufrechten deutschen Mann, der in vorbildlicher Weise böswilligen Verleumdungen seines Vaterlandes entgegentritt. Wir verurteilen aber unrichtige Meldungen über die tatsächliche Lage des Christentums und der christlichen Kirche in Deutschland ebenso wie den Versuch, durch unsachliche öffentliche Kundgebungen andere zu diffamieren. Wir müssen für die Evang. Kirche und ihre Arbeit eine gerechtere Beurteilung und eine gerechtere Behandlung in Anspruch nehmen, als die Evang. Kirche sie seit langem zu erfahren hat. Wurm.

Am 29.10.1937 telegrafierte Pfr. Schnaufer, der Vorsitzende des Evang. Pfarrvereins in Württemberg, an Hitler [18]*:*

Mein Führer!

Herr Reichsminister Kerrl bezeichnet in einem gestern der Öffentlichkeit übergebenen Schreiben Landesbischof D. Wurm und seine Mitarbeiter als auf seiten der Feinde des Deutschen Reiches stehend. Dieser Vorwurf ist ebenso unberechtigt, wie im Herbst 1934 der Vorwurf der Geldverschiebung sich als haltlos erwiesen hat. Nicht einmal seine Gegner glauben das, geschweige denn das württembergische Kirchenvolk und die württembergische Pfarrerschaft, die beide in überwältigender Mehrheit zu ihrem Landesbischof stehen. Als Leiter des Württ. Pfarrvereins, dem über 1 500, also fast alle evangelischen Pfarrer und Ruhestandsgeistlichen angehören, bitte ich Sie, mein Führer, zu veranlassen, daß die öffentlich herabgesetzte Ehre dieser deutschen Männer ebenso öffentlich wiederhergestellt wird. Ad. Schnaufer, Pfarrer.

Am 28.10.1937 sandte Pfr. Schnaufer ein Telegramm an Reichsminister Kerrl [19]*:*
In Ihrem heute der Öffentlichkeit übergebenen Schreiben bezeichnen Sie Landesbischof D. Wurm und seine Mitarbeiter als auf seiten der Feinde des Deutschen Reiches stehend. Gegen diese unerhörte Unterstel-

18 LKA Stuttgart, D 1, Bd. 73.
19 LKA Stuttgart, D 1, Bd. 73.

lung lege ich als Leiter des Evang. Pfarrvereins in Württemberg entschiedene Verwahrung ein. Die evang. Pfarrerschaft steht wie das evang. Kirchenvolk in Württemberg in überwältigender Mehrheit zu ihrem Landesbischof.

Heil Hitler! Pfarrer Schnaufer.

Am 4.11.1937 fand in Berlin eine Aussprache zwischen Landesbischof D. Wurm und Bischof Dr. Melle statt. Daraufhin schrieb Dr. Melle noch einmal an D. Wurm, der ihm am 9.11.1937 antwortete[20]:

Sehr geehrter Herr Bischof!

Mit bestem Dank bestätige ich den Empfang Ihres Schreibens vom 5. dieses Monats und der Beilagen. Auf Grund Ihrer mündlichen Darlegungen und des Briefs an Herrn Prediger Nagel vom 9. August gewinnt das Wort vom Versagen der Kirchen in Ihrer Rede am 22. Juli einen anderen Sinn, als er dem ganzen Context zu entnehmen war. Ich zweifle nicht im geringsten daran, daß Sie auch am 22. Juli das zum Ausdruck bringen wollten, was Sie einige Tage zuvor der Versammlung zu bedenken gaben, daß nämlich die Kirchen in der großen Weltkrise nicht den Beitrag zum Frieden, zur Gerechtigkeit und Wohlfahrt der Völker geleistet haben, den man von ihnen erwarten durfte, und daß sie insbesondere dem niedergetretenen deutschen Volk in keiner Weise geholfen haben. Aber so, wie der Wortlaut Ihrer Rede auch in der Veröffentlichung des Allianzblatts wiedergegeben ist, bedarf es in der Tat einer sehr eingehenden Exegese, um diesen Sinn zu finden, während die andere Auslegung sich unmittelbar nahelegt: »Während wir, die Freikirchen, die große Tat Adolf Hitlers restlos anerkannt haben und darum auch voller Freiheit in unserer Arbeit uns erfreuen, haben die Landeskirchen dem nationalen Befreiungskampf keine Sympathie entgegengebracht, ihn vielmehr behindert, und durch ihre Unfähigkeit sich zu einigen, die Lage herbeigeführt, in der sie sich befinden.« Das ist das, was die Parteipresse herausgelesen hat: Ihre Worte waren ihr eine willkommene Bestätigung der Anklagen, die sie längst gegen uns gerichtet hat. Weil Ihre Rede die Fiktion, als ob es in Deutschland keine von maßgebender Seite geförderte Christentumsfeindschaft gebe, aufrecht zu erhalten schien, darum waren Sie der gerechte Mann, und weil der Oberkirchenrat mit dem Wort von der Verkennung der Lage sich gegen diese Fiktion gewandt hat, wurde er und ich verdammt.

---

20 LKA Stuttgart, D 1, Bd. 73; bei den Akten liegt nur dieses Schreiben.

Wenn Sie sich darüber beklagen, daß der Oberkirchenrat nicht vor dem Erlaß Sie oder einige der Ihnen näherstehenden Pfarrer gehört hat, so will ich das Recht zu dieser Beschwerde nicht bestreiten; aber daß aus dem dem Oberkirchenrat vorliegenden Text etwas Anderes herauszulesen war als eine Anklage gerade gegen die deutschen Kirchen, das sollten nun Sie auch zugeben! Es war Ihnen nicht gegeben, die Überlegungen, die Sie in Ihrer früheren Rede ausgesprochen haben, auch in den Text der Rede am 22. Juli hineinzubringen.

Ihre Bemerkungen über die Unterredung mit Herrn Staatssekretär Muhs sind mir nicht ganz verständlich. Es soll wohl heißen: Eine Zurücknahme des Vorwurfs, daß wir auf seiten der Feinde des Vaterlands stehen, kommt nie in Frage, auch wenn der Oberkirchenrat auf Grund einer Erklärung von Ihrer Seite entsprechend dem zweiten Satz des Erlasses vom 7. September die Voraussetzungen für die Teilnahme an den Allianzversammlungen als gegeben bezeichnen würde. Aber noch wichtiger wäre mir zu erfahren, ob Sie dem Herrn Staatssekretär von Ihrer Exegese des angefochtenen Satzes Kenntnis gegeben haben und wie der Herr Staatssekretär die von Ihnen uns gegenüber vertretene Deutung aufgenommen hat. Vielleicht können Sie darüber den beiden Amtsbrüdern, die Sie morgen aufsuchen, Auskunft geben.

Mit ergebenster Begrüßung D. Wurm.

Nach verschiedenen Vermittlungsversuchen und einer Besprechung landeskirchlicher, der Allianz nahestehender Pfarrer mit Bischof Dr. Melle hob der Oberkirchenrat am 20.1.1938 das Verbot der Teilnahme an Allianzversammlungen für die Pfarrer der Landeskirche wieder auf. [21]

Wegen des Vorwurfs staatsfeindlicher Äußerungen, der im Brief des Reichskirchenministers vom 27.10.1937 enthalten war, wurde nach einer Mitteilung der Staatsanwaltschaft des Sondergerichts Stuttgart vom 3.1.1938 gegen den Landesbischof ein Verfahren eingeleitet. [22]

Über die erste Vernehmung von Landesbischof D. Wurm am 3.1.1938 liegt folgendes Protokoll vor [23]*:*

Dem auf fernmündliche Ladung erschienenen Beschuldigten Wurm wurde zunächst der Gegenstand der Beschuldigung bekannt gemacht. Es

21 Nr. A 782.   22 LKA Stuttgart, D 1, Bd. 116,5.   23 LKA Stuttgart, D 1, Bd. 116,5.

wurde ihm bedeutet, daß bezüglich der in dem Runderlaß des Oberkirchenrats vom 7.9.1937 enthaltenen Behauptung, daß die volle Freiheit der Verkündigung des Evangeliums in Deutschland nicht bestehe, ein Vergehen im Sinn des §1 Heimstückegesetz in Frage komme und bezüglich des Schreibens des OKR an den Reichskirchenminister Kerrl vom 30.10.1937 in Verbindung mit dem Begleitschreiben des OKR an die verschiedenen Behörden vom 5.11.1937 ein Vergehen im Sinn des §2 Heimstückegesetz und ein Vergehen im Sinn des §130 a Abs. 2 StGB.[24]

Der Beschuldigte erklärt hiezu: Ich möchte zunächst bemerken, daß der Leiter der gesamten Bekennenden Kirche Deutschlands Marahrens wegen der gegen mich in dem Schreiben des Reichskirchenministers vom 27.10.1937 erhobenen Vorwürfe, von denen sich die gesamte Bekennende Kirche getroffen gefühlt hat, selbst beim Führer eine Untersuchung beantragt hat und daß eine solche durchaus meinem eigenen Wunsche entspricht. Zur Sache selbst kann ich zunächst nur ganz allgemein Folgendes sagen:

Ich halte mich rechtlich für den Runderlaß des OKR vom 7.9.1937 gar nicht verantwortlich, da ich damals im Urlaub war und der Erlaß ohne meine Mitwirkung ergangen ist. Der Erlaß ist von Prälat Mayer-List unterschrieben. Ich erkläre jedoch ausdrücklich, daß ich den OKR mit meiner Person decke. Sodann ist in dem veröffentlichten Schreiben des Reichskirchenministers der Runderlaß des OKR vom 7.9.1937 gar nicht vollständig angegeben. Es fehlt darin der letzte mir sehr wichtig erscheinende Satz. Zudem hat Melle in Oxford gar nicht in dem Sinne gesprochen, wie es in der Presse dargestellt wird. Ich weiß dies von Melle selbst, mit dem ich nach dem Schreiben des Reichskirchenministers vom 26.10.1937 eine Unterredung in Berlin gehabt habe. Auch ist seine Stellungnahme in Oxford, wie sie in der Presse gekommen ist, in Methodistenkreisen weithin nicht gebilligt worden. Im übrigen bin ich auf die gegen mich erhobenen Beschuldigungen naturgemäß nicht vorbereitet. Ich habe auch das mir zur Verfügung stehende Material jetzt nicht zur Hand und ich halte es deshalb nicht für möglich, daß ich im Rahmen dieser Vernehmung zu den Vorwürfen erschöpfend Stellung nehme. Ich möchte dies bei der prinzipiellen Bedeutung der Sache jedoch tun und bitte deshalb, mir Gelegenheit zu einer schriftlichen Äußerung zu geben. Ich würde hiezu um eine Frist von 14 Tagen bitten.

24 Mißbrauch der Redefreiheit des Kanzelredners (»Kanzelparagraph«).

Dem Beschuldigten wurde hierauf die Auflage gemacht, binnen 14 Tagen eine schriftliche Äußerung vorzulegen. Eine ergänzende Vernehmung nach Eingang der Äußerung bleibt vorbehalten.

Die Äußerung von Landesbischof D. Wurm zu dem gegen ihn eingeleiteten Verfahren wurde am 14.2.1938 dem Oberstaatsanwalt beim Landgericht Stuttgart übersandt. Diese Stellungnahme ergab für die Württ. Kirchenleitung die Möglichkeit, in sehr umfassender und ausführlicher Weise auf die Gefährdung des öffentlichen Rechtsfriedens durch den Staat hinzuweisen[25]*:*

In der Anlage übermittle ich in 5-facher Fertigung eine Stellungnahme der Württ. Kirchenleitung zu dem Erlaß des Oberkirchenrats vom 7.9.1937 Nr. A 9025 und seinen Folgen. Es ergibt sich aus ihr die völlige Haltlosigkeit der gegen die Württ. Kirchenleitung in diesem Zusammenhang erhobenen Beschuldigungen, ohne daß es erforderlich wäre, hiezu nähere Erläuterung zu geben. Ich fühle mich verpflichtet, allgemein zu bemerken, welches Befremden es auslösen muß, wenn eine inneramtliche, sachlich begründete Abwehr unerhörter öffentlicher Beschimpfungen einer evangelischen Oberkirchenbehörde, die vorher nicht einmal gehört worden ist, heute staatsanwaltschaftliche Ermittlungen wegen angeblicher heimtückischer Vergehen gegen den Staat und wegen angeblichen Verstoßes gegen den Kanzelparagraphen zur Folge hat. Der öffentliche Friede ist durch die inneramtliche Abwehr des Oberkirchenrats gegenüber den ihm gemachten ungeheuerlichen Vorwürfen nicht gefährdet worden. Eher dürfte es als eine Gefährdung des öffentlichen Rechtsfriedens empfunden worden sein, als die öffentliche Verurteilung einer obersten Kirchenbehörde ohne vorherige Anhörung durch Rundfunk und Presse bekanntgemacht worden ist. Wurm.

Der vom Landesbischof dem Oberstaatsanwalt übersandte Schriftsatz hat folgenden Wortlaut[26]*:*

Am 7.9.1937 hat der Evang. Oberkirchenrat in Abwesenheit des im Urlaub befindlichen Landesbischofs einen Erlaß an das Dekanatamt Neuenstadt gerichtet, der in Abschrift auch den anderen Dekanatämtern zur Kenntnis gebracht wurde (vergleiche Beilage 1). Dieser Erlaß, mit dem der Oberkirchenrat lediglich einen Bescheid auf an ihn gerichtete Anfragen gegeben, aber keine kirchenpolitische Aktion eingeleitet hat, ist

---

25 Nr. A 1693.

26 Die Stellungnahme ist vom damaligen Justitiar des Oberkirchenrats, Kirchenrat Dr. Weeber, erarbeitet.

von einer Seite, die damit politische Geschäfte machen wollte, der jedoch von vornherein die Voraussetzungen für ein sachliches Verständnis, zum Beispiel Wesen und Bedeutung der Allianzversammlungen, fehlte, in die Öffentlichkeit gezerrt worden. Die heftigen Angriffe, die sich daran anschlossen, erreichten schließlich in einer durch Rundfunk und Presse verbreiteten, gegen den Landesbischof, den Oberkirchenrat und die ganze auf dem Bekenntnis stehende Kirche (Artikel 1 Reichskirchenverfassung, §1 Landeskirchenverfassung) gerichteten Erklärung des Herrn Reichsministers für die kirchlichen Angelegenheiten ihre aufsehenerregende Spitze. Die Württ. Kirchenleitung wurde vorher nicht gehört. Wie wir den uns zugegangenen Presseausschnitten entnehmen konnten, wurde die Kenntnis von diesem öffentlichen Angriff gegen die Württ. Kirchenleitung auch in die Auslandspresse bis nach Ostasien und Südamerika geleitet.

Es war ein Gebot der Ehre und Selbstachtung und eine amtliche Pflicht gegenüber der gesamten Evang. Kirche, daß der Oberkirchenrat unter Feststellung des wahren Sachverhalts gegen diesen Angriff Verwahrung einlegte. Dies geschah in dem an die Pfarrämter gerichteten Erlaß vom 29. 10. 1937 Nr. A 10921 (Beilage 2[27]) und in dem Schreiben des Landesbischofs an den Herrn Reichskirchenminister vom 30. 10. 1937, Nr. A 10925 (Beil. 3[28]), das in Abschrift mit Schreiben vom 5. 11. 1937 Nr. A 11260 (Beil. 4[29]) auch einigen amtlichen Stellen des Staats, der Partei und der Deutschen Evang. Kirche zuging. Es ist bedauerlich, daß eine öffentliche Erwiderung auf einen derartigen Angriff heute in Deutschland der Kirche verwehrt ist. Wir haben das Deutsche Nachrichtenbüro und das Propagandaministerium um Veröffentlichung einer nachträglichen Stellungnahme des Oberkirchenrats gebeten, haben jedoch keine Antwort erhalten. Auch in einem autoritären Staat sollte es dem Staatsbürger ermöglicht sein, seine öffentlich angegriffene Ehre in der Öffentlichkeit zu verteidigen, zumal wenn dieser Staat auf Grund der von ihm vertretenen Weltanschauung in der Ehre einen Höchstwert erblickt. Es ist auch außergewöhnlich, wenn derartige Vorwürfe von hoher staatlicher Seite durch Presse und Rundfunk dem Adressaten bekannt gemacht werden und ihm nicht einmal Gelegenheit geboten wird, zu den Anschuldigungen vorher sich zu äußern. Rechtsstaatliche Behörden geben sonst sogar Verbrechern diese Möglichkeit. Wir glauben, daß es dem Ansehen Deutschlands sehr

27 Siehe S. 578.
28 Siehe S. 583–586.
29 Nur Beischreiben.

förderlich wäre und den Feinden unseres Volkes und Vaterlandes manche Waffe aus der Hand schlagen würde, wenn den kirchlichen Behörden dieselbe Möglichkeit zur Verteidigung und Berichtigung in der Öffentlichkeit eingeräumt würde, die staatliche und kommunale Stellen als ein selbstverständliches Recht beanspruchen und ausüben. Da dieses Recht gegenwärtig der Kirche nicht gewährt wird, hat der dienstälteste Landesbischof D. Marahrens, Hannover, seinerzeit sofort in einem Telegramm an den Führer eine Untersuchung beantragt, um die völlige Haltlosigkeit des von dem Herrn Reichskirchenminister erhobenen Vorwurfs vaterlandsloser Gesinnung des Württ. Oberkirchenrats und der Bekennenden Kirche vor der deutschen Öffentlichkeit darzutun. Der Württ. Landesbischof hat sich gleichfalls sofort telegraphisch mit der Bitte um Ehrenschutz an den Führer gewandt, erhielt allerdings lediglich den Bescheid, daß die Sache »auftragsgemäß« an den Herrn Reichskirchenminister übermittelt worden sei, während der Landesbischof gerade um Schutz gegen Ehrenkränkung seitens des Herrn Reichskirchenministers gebeten hatte. Vom Reichskirchenministerium ist für die Württ. Kirchenleitung zur sachlichen Aufklärung der Angelegenheit nichts geschehen. Es ist der Kirchenleitung deshalb erwünscht, die Tatsachen und Verhältnisse darzulegen, die zu einer derartigen Komplikation geführt haben.

I

Wodurch ist der Erlaß des Oberkirchenrats vom 7.9.1937 hervorgerufen worden? Soviel bekannt, hat man im Reichskirchenministerium den Erlaß des Oberkirchenrats als eine Parteinahme für die Oxforder Weltkirchenkonferenz und ihre gegen die Kirchenpolitik des Dritten Reichs gerichtete »Botschaft an die Deutsche Evang. Kirche« angesehen und diesen Erlaß in Zusammenhang mit einer gegen das Dritte Reich gerichteten »kirchlichen Internationale« gebracht. In diesem Sinn ist der Erlaß sofort, nachdem er in den »Flammenzeichen« veröffentlicht worden war, in der deutschchristlichen Presse, insbesondere von Studienrat Rehm im »Positiven Christentum« unter beleidigenden Ausfällen gegen den Landesbischof und OKR gedeutet und ausgewertet worden. Es ist bemerkenswert, daß in einem Rundschreiben der Kreisleitung Stuttgart der NSDAP vom 13.11.1937 Nr. 258–37 zu einer Werbeaktion für die »unabhängige Wochenschrift« »Flammenzeichen« aufgefordert wird, die »wiederholt beachtliche Erfolge erzielt« habe; so sei »zum Beispiel der Verweis des Reichsministers Kerrl an den Landesbischof Wurm auf die Initiative und fortlaufende Berichterstattung der ›Flammenzeichen‹ zurückzuführen«.

Die unabhängigen »Flammenzeichen«, die nach dem genannten Rundschreiben »hinsichtlich ihres weltanschaulichen Inhalts vom Gauschulungsleiter durchgesehen werden und deren Nachrichten aus dem Gaugebiet stets durch die Zensur des betreffenden Kreisleiters« gehen, berichteten in ihrer Septembernummer 39/37 über den Erlaß des Oberkirchenrats vom 7.9.1937. Das RKM hätte sonach vom September ab reichlich Zeit gehabt, den nur auf innerkirchlichem Gebiet liegenden Anlaß und die wahre Bedeutung dieses Erlasses in Erfahrung zu bringen. Statt dessen übernahm das RKM ohne ordnungsmäßige Nachprüfung die Verdächtigungen der »Flammenzeichen«. Eine sachliche Nachprüfung hätte ihm allerdings die Gelegenheit zu dem Angriff genommen. Man wäre bei vorheriger Anhörung des OKR gezwungen gewesen, zu dem Stellung zu nehmen, was im Folgenden auszuführen sein wird. Gerade diese Stellungnahme wurde aber bis heute stets vermieden.

Zunächst muß festgestellt werden, daß der Erlaß des OKR vom 7.9.1937 weder tatsächlich noch gedankenmäßig mit irgend einer Silbe für die Oxforder Weltkirchenkonferenz oder ihre »Botschaft an die Deutsche Evang. Kirche« Partei genommen hat, er hat sich vielmehr ausschließlich mit der Erklärung des Bischofs Melle befaßt. Die Ausführungen des methodistischen Bischofs Melle in Oxford wurden in der deutschen Presse in einer Weise bekannt gemacht, daß auf seiten der evangelisch-kirchlichen Bevölkerung, die in die Entwicklung der evangelisch-kirchlichen Dinge Einblick hat, größtes Befremden entstehen mußte. Dies kam deutlich zum Ausdruck in mündlichen und schriftlichen Meinungsäußerungen, die unter den heutigen Verhältnissen selbstverständlich die Öffentlichkeit nicht erreichen konnten. War doch der kirchlichen Presse die Auflage gemacht, wenn schon, dann die hier in Frage kommenden Oxforder Vorgänge nur im Sinne der DNB amtlichen Mitteilung zu kommentieren![30] Die evangelisch-kirchliche Presse hat dies, soweit bekannt, unterlassen. Zur Kennzeichnung der Aufnahme der Berichte über die Melleschen Äußerungen in kirchlichen Kreisen sei auf den beiliegenden Brief des ehrwürdigen, bald 80-jährigen Dekans i.R. Eytel vom 21.8.1937 an Bischof Melle hingewiesen (Beilage 5[31]). Auch in Kreisen, die Melle nahestanden, insbesondere aus Allianz-, auch freikirchlichen Kreisen selbst wurde auf Grund der Pressemitteilungen starke Kritik an Bischof Melle laut. Weder der Landesbischof noch der Oberkirchenrat haben sich aber damit befaßt.

30 Vgl. S.457.
31 LKA Stuttgart, D 1, Bd.72.

Der Erlaß des OKR vom 7.9.1937 war veranlaßt durch einen Bericht des Inhabers des Dekanatamts Neuenstadt vom 2.9.1937, in dem unter Hinweis auf Vorbesprechungen über die im Spätherbst 1937 in Heilbronn unter Beteiligung des Bischofs Melle geplanten sogenannten »Allianzversammlungen« unter Bezugnahme auf die durch die Presse bekannt gewordenen Oxforder Erklärungen Melles mitgeteilt wurde, das Dekanatamt beabsichtige seinen Bezirk von dieser Sache zu distanzieren. Es wurde ferner gebeten, dafür zu sorgen, daß bei den Allianzversammlungen »jede Mitarbeit landeskirchlicher Pfarrer aus Gründen der Ehre und Wahrhaftigkeit« unterbleibe. Der Erlaß des OKR beantwortete sonach allein die Frage, ob landeskirchliche Pfarrer und Gemeindeglieder an den an einigen Orten in Württemberg üblichen »Allianzversammlungen«, das heißt gemeinschaftlich mit Mitgliedern der Freikirchen stattfindenden religiösen Versammlungen auch diesmal teilnehmen sollten, obgleich der methodistische Bischof Melle in Oxford nach der in der deutschen Presse veröffentlichten Wiedergabe seiner Rede, an die wir uns zunächst zu halten hatten, den in den deutschen Landeskirchen seit vier Jahren unter viel Anfechtung und Verkennung um Inhalt, Recht und Freiheit der vollen kirchlichen Verkündigung geführten Kampf als eine belanglose Sache hingestellt und von einem angeblichen »Versagen der Kirche« gesprochen hatte.

Es muß zum Verständnis der ganzen Lage darauf hingewiesen werden, daß die Teilnahme landeskirchlicher Pfarrer an Allianzversammlungen in Württemberg keine Selbstverständlichkeit ist. Denn die Art, wie sowohl die bischöflichen Methodisten als auch die »Evang. Gemeinschaft« im Bereich der Württ. Landeskirche seit den 60er Jahren des vorigen Jahrhunderts als ein ausländisches, auf amerikanischem Boden entstandenes Gewächs sich ausgebreitet und gelegentlich einen gehäßigen Kampf gegen die Landeskirche und ihre Diener geführt hatten, ist der älteren Generation der Pfarrer und Gemeindeglieder noch wohlbekannt. Nach anfänglicher weitgehender Duldung mußte sich das damalige, übrigens staatskirchliche Konsistorium im Jahr 1880 zu dem sogenannten »Methodistenerlaß« vom 12.2.1880 (Amtsblatt des Württ. Evang. Consistoriums Nr. 338 von 1880) entschließen, durch den die Möglichkeit der Doppelmitgliedschaft aufgehoben und die Übertragung von Amtshandlungen an methodistische Prediger mit dem Ausscheiden aus der Landeskirche verbunden wurde. Ganz allgemein sprach man damals nicht von »Freikirche«, sondern von »Sekte«. Daß diese Gegensätze sich später etwas abschliffen und ein freundlicheres Verhältnis entstand, hängt mit der ganzen Entwicklung nach dem Weltkrieg zusammen. Der gegenwärtige Landesbischof, der als Dekan in Reutlingen von 1920 bis 1927 mit der Leitung des dortigen Predigerseminars der methodistischen »Evang. Gemeinschaft« in freundliche persönliche Beziehungen trat und der während seiner Wirksamkeit als Prälat von Heilbronn von 1927 bis 1929 den Vorgang der Teilnahme eines Mitglieds des Oberkirchenrats an einer Allianzversammlung schuf, darf mit das Verdienst für sich in Anspruch nehmen, auf eine Revision der Bestimmungen des Erlasses von 1880 hingewirkt zu haben, die im Jahr 1928 unter dem Kirchenpräsidenten D. Merz zustande kam und zu einer Vereinbarung der Landeskirche mit dem Landesverband der »Evang. Gemeinschaft« führte[32], die die Doppelmitgliedschaft unter gewissen Voraussetzungen wieder zuließ, die beiderseitigen Amtshandlungen anerkannte und zur Entspannung wesentlich beigetragen hat. Nachdem schon 1924 der damalige Leiter des freikirchlichen Predigerseminars in Reutlingen in den Dienst der Landeskirche als Gemeindepfarrer übergetreten war, sind seither eine Anzahl früherer Zöglinge dieses Seminars als Geistliche und Hilfsgeistliche in den Dienst der Landeskirche getreten, ohne daß dadurch Schwierigkeiten entstanden wären. Leider ist die bischöfliche Methodistenkirche, die damals unter der Leitung des Schweizer Bischofs Nuelsen, heute unter der von Bischof Melle steht, dieser Vereinbarung nicht beigetreten, sondern in ihrer ablehnenden Haltung geblieben. Eben deshalb ist es immer nur einem kleinen Teil der Pfarrer der Landeskirche möglich gewesen, sich an der sogenannten Allianz zu beteiligen, und der Oberkirchenrat mußte damit rechnen, daß die meisten Geistlichen die Stellungnahme des Neuenstadter Dekans teilten. Die Antwort des Oberkirchenrats auf die Anregung des Dekanatamts Neuenstadt war der Erlaß vom 7.9.1937 Nr. A 9025. Aus Gründen »der Wahrhaftigkeit und der Ehre« wurde es, »solange keine ausreichende Richtigstellung erfolgt«, vom OKR für geboten erachtet, »daß die Geistlichen und die Kreise der Bekennenden Kirche sich von gemeinsamen Veranstaltungen mit Vertretern der Bischöflichen Methodistenkirche fern halten«. Als gemeinsame Veranstaltungen kamen nur die erwähnten, vereinzelt üblichen Allianzversammlungen in Betracht.

Allianzversammlungen haben nun einen Sinn nur dann und sind überhaupt auf evangelischem Boden nur möglich, wenn alle Teilnehmer auf dem Boden der Wahrheit zusammenkommen. Diese Wahrheit ist aber

---

32 Vereinbarung zwischen der Evang. Landeskirche und dem Landesverband der Evang. Gemeinschaft in Württemberg, in Kraft getreten am 20.12.1928; Amtsblatt Bd. 28, S. 361–365.

damals verletzt erschienen, sofern durch die Presseberichterstattung von den Melleschen Ausführungen ungefähr folgendes Bild gezeichnet worden war: In Deutschland besteht volle Freiheit der Verkündigung. Die Evang. Landeskirchen sind selber schuldig, wenn ihnen nicht mehr wie den Freikirchen die volle Freiheit der Verkündigung, der christlichen Liebesarbeit und der konstruktiven Gemeindearbeit geboten ist, sie haben sich nicht zusammenschließen können, sie haben überhaupt versagt! Damit war aber auch die weitere Voraussetzung einer »Allianz« verletzt, nämlich die gegenseitige Ehrerbietung. Man vergleiche wie zum Beispiel im »Völkischen Beobachter« (Süddeutsche Ausgabe vom 24.7.1937, Nr.205) im Anschluß an den Bericht über die Erklärungen Melles mit deutlicher Spitze gegen die Bekennende Kirche die üble Nachrede verbreitet wird, »daß sich in der Deutschen Evang. Kirche eine Richtung breitzumachen versucht, die sich in Staatsfeindlichkeit übt«! Der OKR hat trotz alledem in seinem Erlaß vom 7.9.1937 die Möglichkeit einer anderen Deutung der Melleschen Erklärungen durch eine »Richtigstellung« offen gelassen. Es ist auch zu beachten, daß von der Teilnahme an den Allianzversammlungen nicht grundsätzlich, sondern nur »bis auf weiteres« abgeraten wird. Gerade diese Einschränkung, die eine Wiederherstellung des früheren Zustandes nach erfolgter Richtigstellung offen läßt, wurde aber bei der Wiedergabe des Schreibens des RKM vom 26.10.1937 in der Presse auffallenderweise weggelassen. Obgleich dieser Satz eine wichtige Einschränkung der getroffenen Anordnung bedeutet, wurde diese der Öffentlichkeit nicht bekanntgegeben! Es erübrigt sich, dieses Verfahren zu kennzeichnen.

Es muß also festgestellt werden: Der Erlaß vom 7. September ist nicht veranlaßt worden durch die schon am 22. Juli gehaltene Mellesche Rede in Oxford und das Bedürfnis, im Gegensatz zu Bischof Melle die »Botschaft« der Oxforder Weltkirchenkonferenz an die DEK zu verteidigen, sondern lediglich durch die am 3. September beim OKR eingegangene Anfrage über Teilnahme an den im Spätherbst in Heilbronn bevorstehenden Allianzversammlungen. Der Oberkirchenrat konnte nicht damit rechnen, daß seine Antwort auf diese Anfrage eine so abwegige politische Ausdeutung erfahren könnte. Hätte er der Sache nicht nur untergeordnete innerkirchliche Bedeutung zugemessen, so wäre mit der Beantwortung der am 3. September eingegangenen Anfrage zugewartet worden, bis der Landesbischof aus seinem bis 15. September dauernden Urlaub zurückgekehrt war. Es war nicht vorauszusehen, daß sich auf diesen Erlaß gewisse Interessenten wie auf eine verlockende Beute stürzen würden! Seien doch

Exemplare dieses Erlasses sofort verschiedenen Reichsministern zugegangen! Allein schon der Abstand zwischen dem 24. Juli, wo die Rede Melles bekannt wurde, und dem 7. September beweist, daß die Beschuldigung, der Oberkirchenrat hätte einen um sein Vaterland verdienten Mann diffamieren wollen, völlig haltlos ist. Dazu hätte er vorher, nachdem ihm die das Verhalten Melles verurteilenden Stimmen bekannt geworden waren, reichlich Gelegenheit gehabt.

II

Es wird dem Oberkirchenrat vorgeworfen, daß er in seinem Erlaß die Erklärung von Bischof Melle als »bedauerliche Verkennung der tatsächlichen Lage« bezeichnet hat. Ehe auf die Tatsachen eingegangen wird, die ein solches Urteil rechtfertigen, das ja formell im Verhältnis zu den Vorwürfen, die der Kirche gemacht zu werden pflegen, sehr zurückhaltend ist, muß festgehalten werden, daß der in der Presse veröffentlichte Wortlaut der Rede des Herrn Bischof Dr. Melle in landeskirchlichen Kreisen als ein von hinten kommender Angriff auf die Haltung der auf dem Boden des reformatorischen Bekenntnisses stehenden deutschen Kirchen aufgefaßt worden ist. Die Sätze in der Rede des Bischofs Melle, die besonders beanstandet worden sind, lauten: »Ich wünschte zu Gott, die Kirchen hätten nicht versagt, daß Gott sie hätte gebrauchen können, einen ähnlichen Dienst zu tun. In dem Konflikt, der in den Deutschen Volkskirchen selbst ausbrach über die Frage, wie man die 28 Volkskirchen in eine Reichskirche zusammenschließen könnte, blieben wir neutral, auch als der Konflikt später eine andere Richtung nahm.« Die Wendung »Die Kirchen hätten versagt« konnte in dem Zusammenhang, in dem sie stand – unmittelbar vorher ist davon die Rede, daß die nationalsozialistische Erhebung unter Führung von Adolf Hitler dem deutschen Volk den Glauben an seine Sendung wiedergegeben habe –, kaum anders verstanden werden als die Wiederaufnahme des oft gehörten Vorwurfs, die Deutschen Evang. Landeskirchen seien der nationalsozialistischen Freiheitsbewegung verständnislos gegenüber gestanden und hätten deshalb auch nicht die rechte Stellung zum nationalsozialistischen Staat gefunden. Diese Auffassung legte sich um so näher, als der folgende Satz ebenfalls einen oft erhobenen Vorwurf wiederholt: Die Kirchen hätten sich wegen der Frage des Zusammenschlusses zu einer Reichskirche entzweit. Von einem Mann, der in einer deutschen Freikirche ein leitendes Amt bekleidet, darf und durfte man erwarten, daß er über die Ursachen des schweren Kampfes, der innerhalb und um die Evang. Kirche in Deutschland ausgebrochen ist, etwas genauer informiert ist, als es in dieser an der Oberfläche bleibenden Wendung zum Ausdruck kommt. Ein freikirchlicher Bischof in Deutschland muß wissen, daß der Zusammenschluß der deutschen Landeskirchen zu einer unter einem Reichsbischof stehenden Deutschen Evang. Kirche schon am 11. 7. 1933 mit Zustimmung sämtlicher Kirchenführer zustande kam und daß der Kampf nur deshalb ausbrach, weil die Persönlichkeit, die, um eine gute Zusammenarbeit mit dem Staat zu ermöglichen, zum Reichsbischof gewählt wurde, sich nicht imstande zeigte, eine wirklich geistliche und bekenntnismäßige, übrigens auch rechtliche Führung zu gewährleisten. Als dann der Reichsbischof die völlig unpolitische, auf ethischen und religiösen Erwägungen beruhende Ablehnung seiner Führung durch eine rechtswidrige Gesetzgebung und durch politische Diffamierung zu brechen suchte, kam es zu dem Konflikt, der sowohl vom staatlichen als vom kirchlichen Standpunkt aus tief zu beklagen ist, der aber nicht mit Gewalt von außen, mit Mundtotmachen und mit weiterer Diffamierung, sondern nur durch Ermöglichung eines Wiederaufbaus mit rein kirchlichen Mitteln zu beseitigen ist. Die Enttäuschung über die Art, wie sich Bischof Melle zu dem Kirchenkampf in Deutschland äußerte, kam sofort in spontanen Zuschriften zum Ausdruck. Das Schreiben des Dekans Eytel, dessen ruhige vermittelnde Haltung in allen kirchlichen Kämpfen bekannt ist, ist schon oben erwähnt. Ebenso hat Dekan Fischer in Urach unter dem frischen Eindruck der ungeheuerlichen Beschimpfungen, denen die Geistlichen in Reutlingen wegen der Gelöbnisangelegenheit ausgesetzt waren, sich einem methodistischen Prediger gegenüber über die völlige Verletzung dessen, was bisher gemeinsam von landeskirchlichen und freikirchlichen Geistlichen gegenüber dem Ansturm des Antichristentums verteidigt wurde, ausgesprochen.[33]

Vor allem aber ist darauf hinzuweisen, daß in den freikirchlichen Kreisen selbst Verwunderung, um nicht zu sagen Bestürzung entstand über die Äußerung von Bischof Melle. Schon am 8. August hatte Bischof Melle Veranlassung, an einen führenden Mann im deutschen Zweig der »Allianz«, die übrigens genauso eine Veranstaltung der »protestantischen Internationale« ist wie die Weltkirchenkonferenz, an den freikirchlichen Prediger Nagel in Altona zu schreiben: »In unserer gestrigen Unterredung auf dem Lehrter Bahnhof stelltest Du die Frage, wie wohl der Satz in meiner Oxforder Rede »Wollte Gott, die Kirchen hätten nicht versagt, daß Gott sie zu einem ähnlichen Dienst hätte gebrauchen können«, gemeint

---

33 Siehe S. 572 f.

gewesen sei. Du fügtest hinzu, der Satz hätte Anstoß erregt, es gäbe Brüder, die hier eine Verletzung der Allianzgesinnung wahrzunehmen meinten.«

Im August 1937 fand die alljährlich tagende Allianzkonferenz in Blankenburg statt. Ein freikirchlicher Teilnehmer berichtete am 17. September an einen württembergischen Geistlichen, der sich an der Allianz beteiligt, über die diesjährige Konferenz folgendermaßen: »Du kannst Dir denken, mit welch einem innerlichen Druck ich in diesem Jahre nach Blankenburg ging. Melle nimmt jedoch in der Frage einen ganz anderen Standpunkt ein als die meisten der anderen Brüder. Trotz unseres gemeinsamen Ringens konnte kaum ein Sichverstehen in der Frage gefunden werden... Ob der von uns in Aussicht genommene Versuch, in einem erweiterten Kreis von führenden Männern des kirchlichen Lebens die Frage noch einmal durchzusprechen, wird verwirklicht werden können, weiß ich nicht... Ihr dürft jedoch wissen, daß mehrere auch im Blankenburger Komitee Eure Sorge voll und ganz teilen.«

Das offizielle Organ der Allianz, das »Evang. Allianzblatt«, schreibt in Nr. 19 vom 15. 10. 1937 in einer Umschau, die sich mit der Oxforder Weltkirchenkonferenz beschäftigt: »Hiebei sei erwähnt, daß in einer Reihe von deutschen Blättern sich ein Satz einer von einem deutschen Vertreter gehaltenen Ansprache fand, der so lautete: ›Ich wünschte zu Gott, die Kirche (oder die Kirchen) hätten nicht versagt.‹ Dieser Satz hat allerlei Erörterungen veranlaßt. In der Tat wäre er, wenn er auf die deutschen Kirchen in ihrer gegenwärtigen Lage sich bezogen hätte, vom Allianzstandpunkt aus nicht tragbar und nicht vertretbar gewesen. Nun erklärt aber der Redner, daß dieser Satz den beabsichtigten Sinn nicht richtig wiedergebe. Er habe hier nicht von einem Teil der heutigen Krise, sondern von der Gesamtkrise gesprochen. So sei denn auch nicht eine bestimmte Kirche, sondern das gesamte Kirchentum der Welt einschließlich der Freikirchen von ihm gemeint gewesen.«

Schon aus diesen Äußerungen geht deutlich hervor, daß durchaus kein »politisches« oder kirchliches Vorurteil vorhanden sein mußte, wenn die Art, wie sich Bischof Melle geäußert hat, als eine Unfreundlichkeit gegen die deutschen Landeskirchen und als ein Verschweigen wichtiger Tatsachen empfunden wurde. Dies umsomehr, als in den Kommentaren, mit denen die Nachricht des DNB über die Erklärung der Oxforder Konferenz am 24. Juli von der Presse begleitet wurde, auch eine andere Äußerung Melles in ein falsches Licht gerückt wurde. Melle hatte hervorgehoben, daß die Freikirchen keinerlei Behinderung in ihren religiösen und sozialen

Veranstaltungen zu erfahren hätten. Diese Erklärung wurde von der Presse weithin in dem Sinn verwertet, als ob er in Abrede stellen wollte, daß die Landeskirchen in Deutschland, soweit sie nicht unter deutschchristlicher Leitung stehen, unter erheblichen Einschränkungen ihrer Bewegungsfreiheit zu leiden haben. Es sollen auch noch einige Sätze aus einem dem Landesbischof übersandten Schreiben eines hervorragenden Mitglieds der »Evang. Gemeinschaft« vom 18.8.1937 angeführt sein: »Ich darf sagen, daß ich von maßgebender Seite ermutigt worden bin, unsere landeskirchlichen Brüder wissen zu lassen, daß die anstößigen Sätze, die in der deutschen Presse als freikirchliche Meinungsäußerung verbreitet worden sind, vorbehältlich weiterer Rektifizierung natürlich, nicht von uns, das heißt, der Evangelischen Gemeinschaft getragen werden können.«

III

Diese Rektifizierung ist von Bischof Melle in einer Reihe von schriftlichen und mündlichen Erklärungen inzwischen vorgenommen worden. In dem oben erwähnten, dem Oberkirchenrat aber nicht vor dem 7. September bekannt gewordenen Brief von Bischof Melle an Prediger Nagel in Hamburg heißt es: »Der Satz (Wollte Gott, die Kirchen hätten nicht versagt) enthält übrigens Überzeugungen, die ich schon oft, in Deutschland und außerhalb Deutschlands, in den Jahren seit dem Kriege ausgesprochen habe. Hätten die ›Kirchen Jesu Christi‹ in ihren Gliedern mehr Licht- und Salzkraft gehabt, mit anderen Worten, wären sie wirklich Organe Jesu Christi gewesen, hätte wohl im nationalen und internationalen Leben manches anders gehen müssen! Aber ich will nicht so weit ausholen. Die unmittelbare Veranlassung, daß ich diesen Satz in meiner kurzen Diskussionsrede von 7 Minuten mitsagte, war eine Aussprache in Sektion II, kurz vorher, in der das Thema ›Kirche und Staat‹ behandelt wurde. Die aufgestellten Thesen hatten, wenn auch unausgesprochen, Deutschland im Hintergrund. Man war überhaupt ziemlich festgefahren. Auch wir beiden Freikirchler aus Deutschland beteiligten uns an der Debatte. Ich sagte, daß meiner Meinung nach ein anderer Ausgangspunkt gesucht werden müsse. Eine Weltkirchenkonferenz sollte so sprechen, daß alle Kirchen, alle Staaten, welche Form sie auch hätten, und alle Regierungen sie hören könnten. Nur so könnten unsere Worte wirken. Wir sollten uns hüten, den Mantel des Pharisäers anzuziehen; denn auch die Kirchen, das schloß natürlich immer alle ein, hätten alle Ursache, Buße zu tun. Sie hätten oft versagt. In Deutschland müßten wir zum Beispiel immer hören, daß die Kirchen kein Wort gegen Versailles gefunden hätten. Noch auf der Weltkonferenz in Stockholm 1925 hätte die deutsche Delegation nicht erreicht, daß man etwas gegen den Paragraphen der Kriegsschuldlüge gesagt hätte etc. Es war merkwürdig, wie man auf diesen Gedanken einging. Dr. Brown von New York und Professor Brunner, doch ganz gewiß keine Anhänger des »totalen Staates«, spannen ihn weiter. Wie denn überhaupt schließlich der Bericht dieser Sektion mit zu den besten wurde, was die Konferenz hervorbrachte. Als ich den in Frage stehenden Satz in meiner Rede aussprach, standen jene Stunden ernsten Ringens und, das darf ich wohl auch sagen, aufrichtiger Beugung (für mich eine der angenehmen Erinnerungen an die Tage von Oxford) hinter diesen Worten. Daß ich dabei die Freikirchen mit eingeschlossen dachte, wird jeder annehmen, der mich nur einigermaßen kennt. Sind doch wohl rein zahlenmäßig die Freikirchen in Oxford sehr stark vertreten gewesen. Und was Deutschland anbetrifft, so glaube ich kaum, daß es jemand gibt, der dem Wort vom ›Versagen‹ der ›Kirchen‹ nicht zustimmen kann, so daß es wohl nicht nötig ist, hierzu weitere Erläuterungen zu geben. Der nachfolgende Absatz zeigt, wie ich durchaus auch uns deutsche Freikirchen in den allgemeinen Bußgedanken mit einschließe, und ich kann nur hoffen, daß auf dem Boden der evangelischen Allianz der Bußruf nicht verstummen möge.«

In einem Schreiben, das Bischof Melle nach einer am 4.11.1937 in Berlin stattgefundenen Aussprache mit dem Württ. Landesbischof an diesen richtet, nahm Bischof Melle auf dieses an Prediger Nagel gerichtete Schreiben als Beilage Bezug und setzte hinzu: »Ich wies (bei dieser Aussprache) darauf hin, daß ich in meiner Diskussionsrede weder über die allgemeine religiöse noch über die allgemeine kirchliche Lage in Deutschland sprach. Das hätte ich in 7 Minuten unmöglich tun können. Es erschien mir aber, wie uns freikirchlichen Vertretern überhaupt, als ein Gebot der Stunde, daß wir kurz und schlicht ein Zeugnis ablegen von der Stellung der Freikirchen in unserem neuen Staat und von der Freiheit für die Verkündigung des Evangeliums, sowie für den Dienst in Seelsorge, sozialer Arbeit und Gemeindeaufbau, die wir genießen. Diese Pflicht fühlten wir als Freikirchler, als Christen und als Deutsche. Wie ich aus meiner Korrespondenz und manchen Besprechungen weiß, hat das Wort vom ›Versagen der Kirchen‹ da und dort zu allerlei Mißverständnissen geführt. Ich habe dabei, wie das Schreiben an Prediger Nagel zeigt, in erster Linie an die Weltkirchen gedacht, die in Oxford wieder einmal in Gefahr standen, über Deutschland den Stab zu brechen, die aber, man denke an Weltkrieg, Vertrag von Versailles, Kriegsschuldlüge etc., recht eindrücklich versagt haben. Das Wort sollte eine Mahnung zur Besinnung und zur Buße sein, an Staatskirchen, Landeskirchen, Volkskirchen und Freikirchen zugleich gerichtet, die von uns vertretenen nicht ausgeschlossen. Daß ich dabei auch an die Kirchen im heutigen Deutschland, evangelische und katholische, gedacht habe, ist selbstverständlich.«

In einer Besprechung, die zwischen Bischof Dr. Melle und einigen landeskirchlichen der Allianz angehörenden Pfarrern am 3. Januar dieses Jahres stattgefunden hat, wurde von Bischof Melle die aus der Beilage 6 (Runderlaß vom 20.1.1938 Nr. A 782) ersichtliche Erklärung abgegeben.[34] Wenn es auch richtiger gewesen wäre zu erklären, daß der Redner von den Verhältnissen in den Landeskirchen nicht habe sprechen wollen, gesprochen hat er tatsächlich von ihnen in dem Satz, der sich mit dem Zusammenschluß der Landeskirchen beschäftigte, so konnte doch auf Grund dieser Erklärung das Hindernis für ein Zusammenwirken mit den Methodisten auf dem Boden der Allianz als beseitigt gelten, was der Oberkirchenrat schon am 21. Dezember in einem Erlaß an das Dekanatamt Heilbronn ausgesprochen und neuerdings in einem Runderlaß an sämtliche Dekanatämter vom 20.1.1938 Nr. A 782 (vergleiche Beilage 6) unter Anführung der Melleschen Richtigstellung bestätigt hat.

Aus allen diesen Äußerungen des Bischofs Melle geht deutlich hervor, daß er in zwei wichtigen Punkten der Deutung, die sowohl die Presse als weite landeskirchliche und freikirchliche Kreise seiner Rede gegeben haben, entgegentritt. Erstens: Er will nur für die Freikirchen die völlige Freiheit der Verkündigung in Deutschland festgestellt haben, nicht für die Landeskirchen. Zweitens: Sein Wort vom »Versagen der Kirchen« bezog sich nicht, wie man es allgemein auffaßte, auf das Verhalten der deutschen Kirchen seit 1933, sondern auf das Verhalten sämtlicher Kirchen seit dem Weltkrieg, insbesondere auch gegenüber dem deutschen Volk. Dazu wäre nur zu sagen, daß in der Tat auch die internationalen Freikirchen zu der das deutsche Volk so schwerbelastenden Kriegsschuldlüge geschwiegen haben; es ist auch nicht bekannt, daß der deutsche Zweig der Methodistischen Freikirche im Kampf gegen die Kriegsschuldlüge hervorgetreten wäre, während von landeskirchlichen Stellen, insbesondere von dem Deutschen Evang. Kirchenausschuß, aber auch von der Württ. Kirchenleitung, und nicht ohne Erfolg!, immer wieder dagegen Protest erhoben wurde. Aber die nachträgliche Auslegung, die Bischof Melle selber seiner

---

34 Aufhebung der Empfehlung der Nicht-Teilnahme an Allianzveranstaltungen und Zusammenfassung von Äußerungen Melles; vgl. S. 588.

Oxforder Rede gab, ist ein Beweis dafür, daß er die Deutung, die die Presse und das RKM seiner Rede gegeben hat, nicht zu vertreten in der Lage ist. Damit ist aber auch der Standpunkt des Oberkirchenrats gegenüber der Verwertung der Melleschen Rede in der Presse gerechtfertigt.

IV

Der außerordentlich schwere Vorwurf, der von dem Herrn Reichskirchenminister öffentlich gegen den Württ. Landesbischof und Oberkirchenrat erhoben worden ist, beruht darauf, daß der Erlaß des Oberkirchenrats als eine Parteinahme für die Erklärung der Oxforder Konferenz gegen die deutsche Kirchenpolitik und als ein Angriff gegen den freikirchlichen deutschen Vertreter, der dieser Erklärung nicht zustimmte, gedeutet worden ist. Um dies aber hat es sich nicht gehandelt. Der Ausdruck »bedauerliche Verkennung der tatsächlichen Lage« in dem Erlaß vom 7.9.1937 war gewählt, weil durch die Rede des Bischofs Melle, wie sie in der Presse wiedergegeben und verwertet wurde, der Schein erweckt worden ist, als ob Melle ein Versagen der Deutschen Evang. Kirchen und die Freiheit der Verkündigung und des sozialen Wirkens, die er bei den Freikirchen glaubte feststellen zu können, auch für die Landeskirchen habe behaupten wollen. Haben die Landeskirchen tatsächlich unter Eingriffen, die ihren Dienst in Predigt, Jugendunterrricht, Seelsorge, Gemeindeaufbau, charitativen und sozialen Veranstaltungen hemmen könnten, ebensowenig zu leiden wie die Freikirchen? Ist die Leitung der Landeskirchen und die Funktion ihrer Organe ebensowenig in ihren Entschlüssen und Veranstaltungen gehemmt, wie dies offenbar in den Freikirchen zur Zeit der Fall ist? Ob diese Frage mit Ja oder Nein beantwortet werden muß, das ist entscheidend für die Frage, ob der Oberkirchenrat in seinem Erlaß »eine unwahre oder gröblich entstellte Behauptung tatsächlicher Art« aufgestellt hat.

Ohne daß hier eine vollständige Darstellung gegeben werden könnte – das hieße die Geschichte des Kirchenkampfes schreiben –, muß doch Folgendes angeführt werden:

Sofort nachdem die Verfassung der Deutschen Evang. Kirche am 11.7.1933 von den 28 damals bestehenden Landeskirchen bzw. ihren bevollmächtigten Vertretern angenommen war, wurden im Widerspruch zum geltenden Recht (Art. 137 III der Reichsverfassung), wonach die Ausschreibung kirchlicher Wahlen den kirchlichen Instanzen zukommt, von der Reichsregierung im Gesetz über die Verfassung der Deutschen Evang. Kirche vom 14.7.1933 (RGBl. 1933 I, S.471) mit ganz kurzem

Termin auf 23.7.1933 Wahlen angeordnet, die unter stärkstem politischem Druck vor sich gingen und fast überall eine große Mehrheit für die »Deutschen Christen« erbrachten. Über die Art der parteiamtlichen Einmischung gibt das abschriftlich beiliegende Rundschreiben (Beil. 7[35]) der Württ. Gauleitung vom 18.7.1933 Nr. 20/33 Auskunft. Durch dieses Rundschreiben ist die Behauptung von der Nichteinmischung der NSDAP in innerkirchliche Dinge urkundlich widerlegt. Die große Zahl von Beschwerden, die im Zusammenhang mit dieser Wahl bei dem Reichsinnenministerium einliefen, wurde nicht beachtet. Infolge dieser Wahlen wurde der bisherige Wehrkreispfarrer Ludwig Müller preußischer Landesbischof; die Nationalsynode, die ebenfalls infolge dieser Wahlen eine große DC-Mehrheit erhalten hatte, wählte ihn zum Reichsbischof. Auch die kirchlich anders gerichteten Kirchenführer wählten ihn, um nicht von vornherein in einen Gegensatz zur Partei zu kommen, in der Hoffnung, daß es gelingen werde, in ernster Zusammenarbeit die Gegensätze zum Wohl von Volk und Kirche zu überwinden. Schon nach wenigen Monaten zeigte sich jedoch, daß Ludwig Müller weder die theologischen noch die sonstigen Voraussetzungen für dieses führende Amt in der Kirche zu erfüllen in der Lage war. Er versuchte den begründeten Widerstand gegen seine Maßnahmen durch eine mit der Verfassung im Widerspruch stehende autoritäre Gesetzgebung zu brechen und die am längsten standhaltenden Kirchenregierungen von Württemberg und Bayern durch einen Gewaltstreich zu beseitigen (Herbst 1934). Dieser Versuch scheiterte. Trotzdem er seine ganze Gesetzgebung widerrufen mußte und trotzdem er von der Mehrzahl der Landeskirchen, fast sämtlichen Theologieprofessoren und den großen kirchlichen Verbänden zum Rücktritt aufgefordert wurde, blieb er in seinem Amt. Die Bemühungen der auf dem Boden des Bekenntnisses stehenden Kirchenregierungen, im Einvernehmen mit der Regierung durch eine »Vorläufige Leitung« die Ordnung in der DEK wiederherzustellen, wurden von staatlicher Seite nicht unterstützt. Im Sommer 1935 wurde ein Ministerium für die kirchlichen Angelegenheiten gebildet, das zur Wiederherstellung der Ordnung »Kirchenausschüsse« einsetzte. Anfangs wurden zum Teil beachtliche Fortschritte erzielt; als jedoch der Reichskirchenausschuß in der Thüringer und Mecklenburgischen Kirche, die deutschchristliche, teilweise auf zweifelhafter kirchlicher Rechtsgrundlage stehende Kirchenregierungen haben, ebenfalls die Verhältnisse ordnen wollte, wurde ihm von seiten des Kirchenmi-

---

35 Siehe Bd. 2, S. 307 f.

nisteriums die Unterstützung versagt. Schließlich sah sich im Februar 1937 der Reichskirchenausschuß zum Rücktritt genötigt. Bemerkenswerte Einblicke in die damalige Situation gibt das abschriftlich beiliegende Rücktrittsschreiben des Provinzialkirchenausschusses der Provinz Sachsen (nicht »Bekenntnisfront«!) vom 4.6.1937 (Beil.8).[36] Es gipfelt in der Feststellung, daß das RKM als Auftraggeber den Ausschuß an der Durchführung des Auftrags gehindert habe! Seit dem Rücktritt des Reichskirchenausschusses besteht eine aus kirchlich bewährten Männern zusammengesetzte geistliche Leitung der DEK überhaupt nicht mehr. Die Vorschläge für eine Neuordnung, die insbesondere im Zusammenhang mit dem Wahlerlaß des Führers vom 15.2.1937 von den Organen der bekenntnisbestimmten Kirchen gemacht worden sind, wurden keiner Beachtung gewürdigt. Die vom Führer gewünschte Kirchenwahl wurde nicht durchgeführt, angeblich weil die Kirchen sie selbst nicht wünschten. Die Evang. Landeskirche in Württemberg hat einen derartigen Wunsch nie ausgesprochen. Im Gegenteil! Die Aussicht, aus der gegenwärtigen Situation herauszukommen, brachte Bewegung und Leben in unsere Gemeinden. Außer den Landeskirchen von Baden, Bayern, Braunschweig, Hannover, Hessen-Kassel, Pfalz und Württemberg und den beiden kleinen reformierten Kirchen in Hannover und Lippe stehen die meisten deutschen evang. Kirchen heute unter Leitung von Juristen, die dem Kirchenminister unterstehen, so daß entgegen allen öffentlichen Zusicherungen vor allem die größte deutsche Evang. Landeskirche der Altpreußischen Union völlig staatskirchlich regiert wird. Das geistliche Notregiment, das sich 1933/1934 in den zerstörten Kirchen gebildet hat, konnte eine staatsrechtliche Anerkennung nicht erlangen. Der letzte schwere Eingriff fand im August 1937 in Sachsen statt, wo der einst von dem Minister berufene Landeskirchenausschuß trotz seines erfolgreichen, dem Frieden dienenden Wirkens in geradezu brutaler Weise sogar mit Revolverdrohungen zugunsten eines juristischen DC-Regiments beseitigt wurde. Seit dem Rücktritt des Reichskirchenausschusses verfolgt das RKM im Widerspruch auch zu der im Gesetz zur Sicherung der DEK vom 24.9.1935 (RGBl. 1935 I, S.1178) ihm erteilten treuhänderischen Ermächtigung in seiner Kirchenpolitik eine nicht befristete durchaus staatskirchliche Linie. Mit der 13. Durchführungsverordnung vom 20.3.1937 (RGBl. 1937 I, S.333) wurde der Versuch gemacht: a) die mit guten Gründen angefochtenen DC-Kirchenregierungen zu legalisieren; b) sämtliche Kirchenleitun-

---

36 Vgl.S.77.

gen auf die Erledigung der »laufenden Geschäfte« zu beschränken, das heißt, auch die rechtmäßigen Kirchenleitungen zu entmächtigen. Was »laufende Geschäfte« sind, wurde nicht gesagt. Darüber entschied das RKM nach freiem Ermessen. Disziplinar- und Personalmaßnahmen in »kirchenpolitischen Angelegenheiten« sollten ruhen. Die Praxis zeigte, daß Maßnahmen der DC-Kirchenregierungen gegen Geistliche der Bekennenden Kirche als Ordnungsmaßnahmen, Ordnungsmaßnahmen der nicht DC-Kirchenregierungen aber als »kirchenpolitische« angesehen wurden. Dieser Standpunkt wurde sogar bis zu der Folgerung vertreten, daß unseren Prälaten und Dekanen das ihnen zustehende Recht auf die Kanzeln in ihrem Bezirk vom RKM mit Berufung auf die 13. Verordnung bestritten und ihre Gemeindebesuche kurzerhand als kirchenpolitische Kundgebungen, ja sogar als Wahlveranstaltungen mißdeutet und damit zu verhindern versucht wurden. Das ist nichts Anderes als Eingriff in die Freiheit der Verkündigung. Die begründete ablehnende Beurteilung der 13. Verordnung durch die evang. Kirchen ergibt sich aus dem abschriftlich beiliegenden Schreiben der Versammlung leitender Amtsträger der Landeskirchen an den Herrn Reichskirchenminister (Beil. 9).[37] Die Grenzen der Rechtmäßigkeit dieser Verordnung ergeben sich ferner aus dem abschriftlich angeschlossenen Gutachten des Evang. Kirchlichen Disziplinargerichts unserer Landeskirche (Beil. 10).[38] Die 13. Verordnung führte zu ganz unhaltbaren Zuständen. Nach ihrer Veröffentlichung erhielten wir vom RKM wiederholt sogenannte »Schnellbriefe«.[39] Es mußte auffallen, daß wir Schnellbriefe nie erhielten, wenn wir irgend ein dringendes kirchliches Anliegen dem RKM vorgetragen hatten. Schnellbriefe trafen beim OKR vielmehr nur ein, wenn sich einer der in Opposition zum OKR befindlichen Pfarrer beim RKM über den OKR beschwert hatte. Wenn der OKR in einer Gemeinde eines nicht zu den DC gehörenden Pfarrers nach dem Rechten gesehen hat, gab es nie Schwierigkeiten. Wir nehmen an, daß in solchen Fällen das RKM nicht um sein Eingreifen gebeten worden ist. Es mußte auch auffallen, daß Schnellbriefe stets auf Grund einseitiger Unterrichtung von DC-Seite ergangen sind. Sie beschränkten sich aber nicht etwa darauf, eine Stellungnahme des OKR zu einer Sache einzuholen, sie brachten vielmehr jeweils sogleich eine Entscheidung, mindestens eine Stellungnahme des RKM zur Sache zum Ausdruck. Das Recht des beiderseitigen Gehörs wurde uns somit regelmäßig versagt und auch

37 LKA Stuttgart, D 1, Bd. 136.
38 LKA Stuttgart, D 1, Bd. 73.
39 Vgl. die diesbezügliche Aktennotiz vom 8. 12. 1937 (LKA Stuttgart, D 1, Bd. 72).

dann nicht gewährt, als wir hierauf aufmerksam gemacht haben. Dafür wurde uns ohne Anführung einer Begründung einmal der Vorwurf gemacht, wir würden einseitig kirchenpolitisch gebundene Entscheidungen treffen. Diese auf Grund einseitiger Unterrichtung ergangenen Schnellbriefe, die, wie gesagt, jeweils eine Stellungnahme oder Entscheidung des RKM, stets gegen die Kirchenleitung, vorwegnahmen, wurden nun nicht nur dem Oberkirchenrat, sondern gleichzeitig auch den beschwerdeführenden Pfarrern unmittelbar übersandt. Die Folge war, daß sich die betreffenden Pfarrer vom RKM unter allen Umständen gedeckt fühlten und statt zur Ordnung gerufen nur noch unbotmäßiger zu werden versuchten.

Die den Pfarrern unmittelbar übersandten Entscheidungen bzw. Stellungnahmen des RKM wurden von interessierter Seite vervielfältigt und andern Interessenten zugestellt. Die Folge war eine Förderung, Ermutigung und Stärkung der gegebenenfalls offen oder heimlich gegen die Kirchenleitung betriebenen Obstruktion nationalkirchlicher Kreise. Dies trat noch deutlicher in Erscheinung, als das Reichskirchenministerium unmittelbar ihm vorgelegte Anfragen einzelner Pfarrer über kirchliche Ordnungsfragen ohne vorherige Stellungnahme der verantwortlichen Kirchenleitung gegenüber den Anfragern ebenso unmittelbar beantwortete (z. B. Anfragen wegen Übernahme von Kasualien), während uns in einem Fall Gewaltmaßnahmen angedroht wurden.[40] Die Antwort des RKM wurde von interessierter Seite vervielfältigt und an die in Betracht kommenden Interessenten verschickt. Von diesem Versuch einer organisierten Zersetzung der kirchlichen Ordnung haben wir durch Zufall Kenntnis erhalten.

Diese Praxis ließ es uns fraglich erscheinen, ob es überhaupt einen Zweck hat, jeweils auf eine uns zur Stellungnahme übersandte Sache näher einzugehen, zumal doch das RKM ohne uns schon entschieden und seine Stellungnahme schon bekannt gemacht hatte. Diese Zweifel wurden jeweils bestätigt durch die Beobachtung, daß über unsere nachträglichen, auch ausführlich begründeten Äußerungen kurzerhand ohne Eingehen auf unsere Darlegungen hinweggegangen wurde. Während Pfarrer, die sich aktiv gegen die Württ. Landeskirche betätigten, soweit wir sehen, auf ihre Schreiben an das RKM alsbald Antwort und außerdem von ihrem Standpunkt aus günstigen Bescheid erhielten, mußten wir beobachten, daß auf unsere dem RKM vorgetragenen Beschwerden oder Anliegen,

40 Siehe S. 199.

wenn überhaupt, so nur außergewöhnlich verzögerte und dann nur ausweichende, nichtssagende oder ablehnende Antworten eingingen. Erst kürzlich wurde das Eingehen auf eine unserer Beschwerden abgelehnt, weil sie vom Oberkirchenrat gekommen ist!

Zu diesen eigenen Erfahrungen kamen aber noch die Nachrichten aus anderen Kirchengebieten, die durchaus den Eindruck erwecken mußten, daß das RKM eine grundsätzliche Entscheidung gegen die bekenntnisbestimmten Evang. Kirchen getroffen hat und mehr und mehr den nationalkirchlichen Bestrebungen zugeneigt ist. Es muß bemerkt werden, daß die einzelnen, auf Grund der 13. Verordnung getroffenen Maßnahmen des RKM uns gegenüber nicht von dem Herrn Minister selbst, sondern vom Minister-Stellvertreter unterzeichnet waren, dessen Berufung zur Stellvertretung von vornherein eine schwere Belastung für normale Beziehungen zur evang. Kirche bedeutete, weil er unmittelbar zuvor im Begriff war, aus der evang. Kirche auszutreten. Die 13. Verordnung ist inzwischen durch die 17. Verordnung vom 10.12.1937 (RGBl. 1937 I, S. 1346) für aufgehoben erklärt worden. Aber auch in dieser 17. Verordnung wird die Linie fortgesetzt, daß vom RKM beauftragte Juristen berufen werden, evang. Kirchen nach dem Führerprinzip zu leiten. Eine eingehende Stellungnahme der bekenntnisbestimmten Evang. Kirche zu dieser Verordnung ist angeschlossen (Beil. 11).[41]

Ergibt sich schon aus dem bisher Gesagten, in welch hohem Maße der Evang. Kirche Beschränkungen staatskirchlicher Art auferlegt worden sind, so wird dies noch deutlicher bei Erwähnung des Gesetzes über das Beschlußverfahren in Rechtsangelegenheiten der DEK vom 26.6.1935 (RGBl. 1935 I, S. 774). So gewiß die Rechtsunsicherheit in weiten Gebieten der DEK einer Ordnung bedarf und die ordentlichen Gerichte überfordert wären, wenn man ihnen die Lösung der Schwierigkeiten überlassen würde, so muß es doch als ein für rechtsstaatliche Begriffe außergewöhnlicher Vorgang angesehen werden, wenn bei einer Verwaltungsinstanz eine »Beschlußstelle« errichtet wird, die nicht an das bestehende Recht verwiesen ist, sondern im Zusammenhang mit einem Zivilrechtsstreit allgemein verbindliche Normen aus freiem kirchenpolitischem Ermessen soll setzen können (vgl. Prof. Weber im »Württ. Regierungsanzeiger« 1935, Nr. 112). Dadurch erhielt dieses Gesetz geradezu den Charakter eines Ausnahmerechts für die Evang. Kirche und dies schon zu einer Zeit, als das Ermächtigungsgesetz vom 24.9.1935 noch nicht ergangen war.

---

41 Stellungnahme des Kasseler Gremiums vom 6.1.1938 (LKA Stuttgart, D 1, Bd. 142).

Am weitesten gediehen sind die Eingriffe in die kirchliche Vermögensverwaltung. Zunächst erging ein preußisches Gesetz über die Vermögensverwaltung der Preußischen Landeskirchen. Dadurch wurden bei den Kirchenbehörden staatliche »Finanzabteilungen« errichtet, die mit Beamten der allgemeinen kirchlichen Verwaltung zu besetzen waren. Soweit streitig war, wer in den durch die Maßnahmen des Reichsbischofs Müller und seines Rechtswalters zerstörten Kirchen zur Vermögensverwaltung rechtlich legitimiert war, konnte dies als einleuchtender Grund zur Einsetzung dieser Organe angeführt werden. Mit der 15. Verordnung zur Durchführung des Gesetzes zur Sicherung der Deutschen Evang. Kirche vom 25.6.1937 (RGBl. 1937 I, S.697) ging aber das RKM darüber in mehrfacher Hinsicht weit hinaus. Darnach sollen in allen Landeskirchen, auch in den rechtlich intakten, solche Finanzabteilungen eingesetzt werden. Der Herr Reichskirchenminister ist nach dieser Verordnung nicht mehr wie bisher in der Auswahl der Mitglieder einer Finanzabteilung auf »Beamte der allgemeinen kirchlichen Verwaltung« beschränkt. Er kann vielmehr jeden Beliebigen berufen. Auch das Bekenntnis oder die Kirchenzugehörigkeit ist nach der Verordnung nicht Voraussetzung. Zur Begründung wird unter Hinweis auf das sogenannte landesherrliche Kirchenregiment der längst widerlegte Irrtum dienen, daß nach lutherischer Auffassung für die Ordnung der äußeren Angelegenheiten der Kirche der Staat allein zuständig sei. Es wird bewußt unerwähnt gelassen, daß es sich zur Reformationszeit um konfessionell geschlossene, eindeutig christliche, nicht religiös neutrale, nicht einmal paritätische , Staaten gehandelt hat. Außerdem hat die Lutherforschung längst dargetan, daß Luther selbst in dem Übergang des Kirchenregiments auf die Fürsten in ihrer Stellung als praecipua membra ecclesiae nur eine Notlösung gesehen hat. »Äußere« Angelegenheiten, zu denen die ganze Vermögensverwaltung gehören soll, lassen sich von »innerkirchlichen« Fragen nicht beziehungslos trennen. Es wäre interessant zu erfahren, welche Antwort demjenigen gegeben würde, der etwa mit ähnlicher Begründung der NSDAP einen früher aus der Partei Ausgetretenen oder einen gegenüber dem Ideengut des Nationalsozialismus Gleichgültigen als Schatzmeister zumuten würde. Nach der 15. Verordnung aber, die lediglich »zur Vereinheitlichung des Rechts der Finanzabteilungen« erlassen worden sein soll, haben die staatlichen vom RKM vollständig abhängigen, nicht irgendwie kirchlich verpflichteten Finanzabteilungen die Möglichkeit, mit Hilfe des Geldes die Evang. Kirche praktisch zu regieren. Alle Maßnahmen des Kirchenregiments, die »mit finanzieller Auswirkung verbunden sind, bedürfen der Zustimmung der Finanzabteilung«. Sonach könnte keine Anstellung, Ernennung, Versetzung, Zurruhesetzung, Entlassung in der Kirche erfolgen ohne das Placet der staatlichen Finanzabteilung. Ja, es könnte kein Telefongespräch geführt, kein Brief frankiert, keine Dienstreise gemacht werden, wenn es der staatlichen Finanzabteilung nicht gefällt. Derartiges wurde von der sächsischen Finanzabteilung praktiziert. Es braucht kaum gesagt zu werden, daß die Verordnungen des Herrn Reichskirchenminister sämtlich ohne Einvernehmen oder auch nur Anhörung der evang. Kirche ergangen sind. Auch die 17. Verordnung erging ohne eine Fühlungnahme mit der evang. Kirche. Das Ergebnis ist die Aufrichtung eines Staatskirchenregiments. Derartige Maßnahmen stehen in schroffem Widerspruch zu der nur treuhänderischen Ermächtigung im Gesetz vom 24. 9. 1935, ebenso aber auch zu der Regierungserklärung des Führers vom 23. 3. 1933, wonach die Stellung der Kirchen zum Staat nicht geändert und ihre Rechte nicht geschmälert werden sollen. Sie widersprechen auch den Erklärungen des Herrn Reichskirchenministers in Hagen ausgangs November 1937, wonach der nationalsozialistische Staat nicht daran denke, »irgend eine Konfession zu einer Staatskirche zu machen«, wonach das Ziel der Kirchenpolitik sei: »Die völlige Gleichstellung der Religionsgemeinschaften untereinander« (»Völkischer Beobachter«, Süddeutsche Ausgabe, Nr. 336 vom 2. 12. 1937). Aber weder den Freikirchen noch der Katholischen Kirche wurde je einmal Derartiges zugemutet.

Wir stehen also vor der Tatsache, daß, während die Katholische Kirche und die Freikirchen unangetastet in ihrer Ordnung und Verfassung dastehen, die zur DEK zusammengeschlossenen Landeskirchen weithin in einen Zustand der Unordnung gebracht wurden und daß alle Versuche, diese Unordnung auf rein kirchlichem Weg zu beseitigen, zuerst durch Bildung der Vorläufigen Leitung Ende 1934 und dann durch Bildung des Rats der Lutherischen Kirche Deutschlands April 1936, mißachtet wurden.

Selbstverständlich mußten sich diese Zustände für den ganzen Bereich des kirchlichen Lebens verhängnisvoll auswirken, vor allem dort, wo ein rücksichtsloses DC-Regiment die Bekenntniskirche unterdrückte oder wo das Fehlen eines Kirchenregiments willkürliche Akte hervorrief; aber auch in den sogenannten intakten Landeskirchen wirkte sich das Fehlen einer verantwortlichen Leitung der DEK und die Tatsache, daß im Kirchenministerium in steigendem Maß eine durchaus einseitige Kirchenpolitik zugunsten der nationalkirchlichen DC getrieben wurde, immer verhängnisvoller aus.

Gleichzeitig mit dieser Verwirrung und Fesselung in der Deutschen Evang. Kirche wird das Programm der sogenannten »Entkonfessionalisierung des öffentlichen Lebens« durchgeführt. Es ist selbstverständlich, daß dieses Ziel mit einer staatskirchlich regierten DEK leichter zu erreichen ist als mit einer ihren Auftrag ungehindert verrichtenden Kirche. Die Entkonfessionalisierung der Politik ist in einem Staat, in dem jeder nach eigener Façon soll selig werden können, eine von der Evang. Kirche durchaus begrüßte Selbstverständlichkeit. Was aber die »Entkonfessionalisierung des öffentlichen Lebens« an Begleiterscheinungen mit sich brachte, kommt dem Versuch einer Entchristlichung des Volkes nahe. Unter dem Schlagwort »Entkonfessionalisierung« gewannen Christentum und kirchenfeindliche Strömungen in Staat und Partei und ihren Gliederungen immer größeren Einfluß. Wir stehen in diesem Zusammenhang heute vor der erschütternden Tatsache, daß Widersprüche bestehen zwischen grundsätzlichen Ausführungen des Führers und der Entwicklung der gegen die Grundlagen der christlichen Kirche geführten Auseinandersetzung. Es seien nur einige Beispiele angeführt: In »Mein Kampf« (S. 293) spricht der Führer in eindrücklicher Weise über die Notwendigkeit der dogmatischen Grundlagen der einzelnen Kirchen. Der Angriff gegen sie gleiche sehr stark dem Kampf gegen die allgemeinen gesetzlichen Grundlagen des Staats, und so wie dieser sein Ende in einer vollständigen Anarchie finden würde, so der andere in einem wertlosen religiösen Nihilismus. Was ist demgegenüber in den letzten Jahren gegen die »mittelalterlichen« »welt- und lebensfernen Dogmen«, gegen die »Zwangsglaubenssätze«, gegen die »dogmatisierenden Kirchen«, insbesondere von dogmatisierenden Politikern gesagt worden! »Mein Kampf« (S. 127): »Dem politischen Führer haben religiöse Lehren und Einrichtungen seines Volkes immer unantastbar zu sein, sonst darf er nicht Politiker sein, sondern soll Reformator werden, wenn er das Zeug dazu besitzt. Eine andere Haltung würde vor allem in Deutschland zu einer Katastrophe führen.«

Demgegenüber steht z. B. der Aufruf Dr. Leys zum 1. 5. 1936 für die NS-Gemeinschaft Kraft durch Freude[42]: »Da spricht der törichte Mensch vom Jammertal dieser Erde, von ewiger Sünde und Schuld, von zerknirschender Buße und knechtseliger Gnade.« Oder: Stuttgarter »NS-Kurier« vom 11. 12. 1935: »Das Taufwasser hat gar nichts zu sagen. Genau so wenig, wie man aus einem Hering, den man unter die Wasserleitung hält, eine Forelle macht, wird aus einem getauften Juden ein Christ.«

---

42 Siehe Bd. 4, S. 619.

Oder: Der haßerfüllte Kampf gegen das Alte Testament, der amtsbekannt ist und im einzelnen nicht belegt zu werden braucht. Man lese den »Stürmer«, insbesondere etwa die Septemberausgabe Nr. 36 von 1936.

»Mein Kampf« (S. 124): »Wer über den Umweg einer politischen Organisation zu einer religiösen Reformation kommen zu können glaubt, zeigt nur, daß ihm auch jeder Schimmer vom Werden religiöser Vorstellungen oder gar Glaubenslehren und deren kirchlichen Auswirkungen abgeht.« [»Mein Kampf«] (S. 379): Die Aufgabe der Bewegung »ist nicht die einer religiösen Reformation, sondern die einer politischen Reorganisation unsres Volkes. Sie sieht in beiden religiösen Bekenntnissen gleich wertvolle Stützen für den Bestand unsres Volkes...«

Man vergleiche dazu das »Glaubensbekenntnis«, mit dem am 29. 9. 1935 eine Rundfunkmorgenfeier aus Leipzig unter Mißbrauch des christlichen Glaubensbekenntnisses geschlossen wurde (»Katholisches Kirchenblatt« Nr. 40 vom 6. 10. 1935): »Ich glaube an die Gemeinschaft aller Deutschen, an ein Leben im Dienst dieser Gemeinschaft. Ich glaube an die Offenbarung der göttlichen Schöpferkraft im reinen Blute, im Krieg und Frieden vergossen von den Söhnen der Gemeinschaft des deutschen Volkes, begraben in der dadurch heiligen Erde, wiedererstanden und lebendig in allen, für die es zum Opfer gebracht wird. Ich glaube an ein ewiges Leben dieses vergossenen und wiedererstandenen Blutes auf Erden in allen, die den Sinn dieser Opfer erkannt und zu unterwerfen sich bereit erklärt haben. So glaube ich an einen ewigen Gott, an ein ewiges Deutschland und an ein ewiges Leben.« Oder: Gauleiter Kube vor der märkischen HJ unter Mißbrauch eines Bibelworts (»Lutherische Kirche« Nr. 16, 15. 11. 1934): »Adolf Hitler, gestern, heute und in aller Ewigkeit! Sieg Heil!« Oder: Gauwalter der DAF in Frankfurt bei einer DAF- und HJ-Kundgebung: »Christus war groß, Adolf Hitler war größer« (»Katholisches Kirchenblatt« Nr. 42 vom 20. 10. 1935). Oder: Reichsstatthalter Hildebrandt, Mecklenburg (»Doberaner Nachrichten«, 16. 6. 1935): »Wir haben kein Interesse daran, eine neue Religion aufzurichten; unsere Religion ist unsere nationalsozialistische Weltanschauung, und unser Testament ist das Buch ›Mein Kampf‹ unseres Führers Adolf Hitler.« usw.

Regierungserklärung vom 23. 3. 1933 im Reichstag: »Die nationale Regierung sieht in den beiden christlichen Konfessionen die wichtigsten Faktoren zur Erhaltung unseres Volkstums.«

Demgegenüber: Staatssekretär Waldmann in Mergentheim (»Tauberzeitung« Nr. 171 vom 21. 7. 1936): »Im Frühjahr 1933 haben wir mit der Arbeit im Staat begonnen, Stein auf Stein gefügt und gleichgeschaltet, nur eines nicht, die Kirchen. Diese sind bisher ein Pfahl in der Volksgemeinschaft, der beseitigt bzw. überwunden werden muß.«

»Mein Kampf« (S. 124) über die Pfarrer im Krieg: »Ob protestantischer Pastor oder katholischer Pfarrer, sie trugen beide gemeinsam [unendlich]bei zum so langen Erhalten unserer Widerstandskraft.«

Demgegenüber stehen die übelsten Hetzreden und Beschimpfungen gegen den Pfarrstand: Öffentliche Ehrenkränkungen wie Pfaffen, Saupfaffen, konfessionelle Hetzer, Bekenntnisscheißkerle, Landesverräter usw., abgesehen von der geradezu systematischen allgemeinen Diffamierung der auf dem Boden des Bekenntnisses ihrer Kirche stehenden Pfarrer. Gegen alle diese Angriffe versagt der öffentliche Ehrenschutz, obwohl die Ehre nach nationalsozialistischer Anschauung als Höchstwert angesehen wird.

Ist es nicht ungeheuerlich, daß wohl derartige Widersprüche zu den Erklärungen des Führers öffentlich laut werden können, daß aber zum Beispiel der kirchlichen Presse die Zitierung der Erklärungen des Führers verboten ist![43] Aus alledem müssen sich der Kirche offene Fragen aufdrängen, die auch nicht durch Punkt 24 des Parteiprogramms gelöst werden. Denn auch über seine Auslegung und damit über die Grenzen des Totalitätsanspruchs hört man ganz verschiedene, ja entgegengesetzte Meinungen. Was man zur Zeit der Schaffung des Parteiprogramms als »positives Christentum« gemeinhin verstanden hat, erklären Rosenberg und andere für »negatives Christentum«. Die einen betonen die Totalität des Nationalsozialismus auf dem politischen Gebiet, die anderen dehnen den Totalitätsanspruch aus in den rein religiösen Bereich und sprechen von einer »Staatsreligion«. Von daher wird dann der beliebte Vorwurf der Staatsfeindschaft der christlichen Kirche erhoben. Dazu kommt, daß seit Juli 1937 ein schlüssiger Beweis für gegenchristliche Propaganda in einer großen Gliederung der Partei vorliegt in dem Befehl der Obersten SA-Führung vom 1.7.1937 Chef Nr. 11111 N.F.D. Verteiler V Nr. 16. Der hier bekannt gewordene Auszug ist in Beil. 12 angeschlossen.[44] Das Christentum wird konsequent als »eine uns fremde Weltanschauung« bezeichnet. Wie verhält sich dazu Punkt 24 des Parteiprogramms? Auf Anfragen des Rats der Evang.-Luth. Kirche Deutschlands hat die Oberste SA-Führung am 24.1.1938 unter anderem mitgeteilt, daß »die Auszüge... nicht den gültigen Entwürfen entnommen und so aus dem Zusammenhang herausgerissen« seien, daß eine »mißverständliche Deutung erzielt« worden sei. Die sachliche Richtigkeit selbst wurde nicht bestritten.

43 Siehe S. 458 f.
44 Siehe S. 676 f.

Dazu kommt ferner: Beförderung des Kirchenaustritts in politischen Formationen, feindselige Einstellung zum Christentum in Presseorganen, Bedrängen christlich gesinnter und zur Bekennenden Kirche sich haltender Persönlichkeiten im Beamtenstand; zahllose leidenschaftliche und höhnische Angriffe auf christlichen Glauben und Kirche in öffentlichen Versammlungen wurden geduldet. Organe wie die »Flammenzeichen« geben an höhnischen und giftigen Angriffen auf das, was dem Christen heilig ist, den marxistischen Organen der Systemzeit nichts nach. In Stuttgart durfte ein Parteiredner, Staatsrat Boerger aus Köln, in der Stadthalle beim V. Gautag der schwäbischen Erzieher am 10. 10. 1937 sagen: Wir haben als Sinnbild den aufsteigenden Adler, die andern das »Schaf«, ohne daß eine Rektifikation bekannt geworden wäre, obwohl es sich um eine gotteslästerliche Bemerkung handelt.[45] Die Bibel nennt Christus das Lamm Gottes, das der Welt Sünde trägt (Joh. 1, 29. 36).

Schon diese Tatsachen zeigen, daß das Verhältnis von Staat und Partei zur evang. Kirche und zum bekenntnismäßigen Christentum mindestens ungeklärt ist. Das ist aber die Situation, in der die evang. Kirche, nicht die Katholische, nicht die Freikirchen, weithin staatskirchlich regiert werden soll. Es ist aber auch geradezu komisch, wenn die Bekennende Kirche in dieser Situation beschuldigt wird, dem Ausland Stoff zu Angriffen auf unser Vaterland zu liefern. Fast jede Nummer des »Stürmer«, der »Flammenzeichen«, des »Durchbruch« und ähnlicher Organe liefern solchen Stoff; und keine Beredsamkeit ist groß genug, um die Eindrücke, die das Ausland aus diesen Organen fortlaufend erhält, zu verwischen. Auf Artikel, wie der im Dezember 1937 im »Schwarzen Korps« (Folge 46) erschienene »An die Kirchen« mit der schnöden Parodie »Ein' feste Burg ist unser Gold« stürzt sich das uns übelwollende Ausland und wertet sie gegen Deutschland aus.

Wenn die oft betonte religiöse und konfessionelle Neutralität durchgeführt würde, so müßten entweder derartige Angriffe verboten oder aber der Kirche das Recht zur Gegenwehr eingeräumt werden. Aber, und damit kommen wir zu einem besonders wichtigen Punkt, die Kirche ist sowohl in der Gegenwehr wie in der positiven Arbeit aufs schwerste gehemmt. Sie hat in der Tat nicht die uneingeschränkte Freiheit der Verkündigung, des Gemeindeaufbaus, der charitativen Sozialarbeit, deren sich bis jetzt die Freikirchen rühmen.

Wenn dieser Punkt berührt wird, so wird gewöhnlich darauf hingewie-

---

45 Siehe S. 581.

sen, daß doch die Gottesdienste ungehindert vor sich gehen und daß die Pfarrer das reine Evangelium von der Kanzel verkündigen können; daß ihnen nicht, wie manche Ausländer gegenüber Bischof Melle meinten, Text und Inhalt der Predigt vorgeschrieben werde, wie es in den Vereinten Staaten während des Weltkriegs geschah. Soweit sind wir allerdings in Deutschland nicht! Aber die Verkündigung des Evangeliums umfaßt mehr als die sonntägliche Predigt; sie schließt in sich die Unterweisung und Pflege der getauften Jugend, deren Eltern eine christliche Erziehung wünschen, die außerordentliche Wortverkündigung in besonderen Veranstaltungen (Volksmission, Evangelisation, »Evang. Wochen«), das periodische Schrifttum und einzelne Schriften, und vor allem auch die Vorbereitung der Theologen auf den Dienst der Wortverkündigung auf den Hochschulen und Predigerseminaren. Die Beschränkung der Evang. Kirche in der Verkündigung, in der Gemeindearbeit usw. erstreckt sich zum Beispiel auf folgende Punkte:

1. Minderung der Volksmission in Kirchen, weltlichen Räumen und Rundfunk, polizeiliche Freiheitsbeschränkungen, Hinderung des Gemeindeaufbaus;

2. Behinderung des evang. Schrifttums in der periodischen Presse, im kirchlichen Informationsdienst, in der Herausgabe einzelner Schriften, Unterdrückung kirchlicher Gegenwehr gegen öffentliche Angriffe und Falschmeldungen, und Abweisung von Klagen kirchenamtlicher Persönlichkeiten;

3. Erschwerung eines bekenntnismäßigen Religionsunterrichts in Höheren und Volksschulen, Einführung der Gemeinschaftsschule, Besetzung von Religionslehrerstellen und Erschwerung der Abmeldung der Kinder aus einem anstößigen Religionsunterricht; Eingriff in kirchliche Jugendarbeit;

4. Zersetzung theologischer Fakultäten, Behinderung des akademischen Nachwuchses und Unterdrückung von Ersatzeinrichtungen.

Dieses Kapitel ist ebenfalls so umfangreich, daß die Darstellung sich auf eine verhältnismäßig kleine Auswahl erstrecken muß, die sich im wesentlichen auf Württemberg beschränkt. Wenn diese durch den öffentlichen Angriff gegen die Kirchenleitung notwendig gewordenen Ausführungen wie eine Anklage klingen, so ist dies nicht beabsichtigt; aber es dient vielleicht besser dem Wohl des Volkes und Staates, wenn offenkundige Tatsachen einmal im Zusammenhang vorgeführt werden.

Seit 1933 ist fortlaufend eine einseitige Begünstigung der »Deutschen Christen« durch amtliche Stellen im großen wie im kleinen zu beobachten.

Zu Veranstaltungen der DC wird heute noch von Parteiorganen eingeladen oder der Besuch befohlen trotz der offiziellen Nichteinmischungs- und Neutralitätsparole. Als die Württ. Kirchenleitung im Oktober 1936 gegen einen Stuttgarter Stadtpfarrer aus Gründen der inneren und äußeren kirchlichen Ordnung einschreiten mußte, hat ihm das Württ. Kultministerium zwei Stuttgarter Kirchen öffnen wollen. Eine wurde ihm tatsächlich sofort übergeben.[46] In mündlichen Besprechungen wurde seitens des Kultministeriums auf die Unterlassung der Disziplinierung gedrängt. Die geplante und zum Teil durchgeführte Entziehung der beiden Kirchen wurde in einer Veröffentlichung des Gaupresseamts der NSDAP vom 29.10.1936 (vergleiche »Schwäbischer Merkur« Nr. 354 vom 30.10.1936) als Folge der Haltung der Kirchenleitung bezeichnet, die jenem Stadtpfarrer das Recht, in der Leonhardskirche zu predigen, entzogen habe.

Vom Kultministerium werden seit längerer Zeit nur noch »Deutsche Christen« als hauptberufliche Religionslehrer an Höheren Schulen berufen, ohne, wie es Recht und Ordnung entsprechen würde, die Kirche zu hören. Im Haushaltsplan des Landes Württemberg für 1937 hatte das Kultministerium RM 75 000.– für den eingetragenen Verein »Volkskirchenbewegung DC (nationalkirchliche Bewegung)« vorgesehen, unter entsprechender Kürzung der Staatsleistungen für die Evangelische und Katholische Kirche.[47] Diese Begünstigung mußte später rückgängig gemacht werden, ohne daß die rechtspflichtwidrige Kürzung aufgehoben worden wäre. Die »Volkskirchenbewegung DC« ist ein Weltanschauungsverein, dem Dissidenten und Glieder der Katholischen und Evangelischen Kirche angehören. Neuerdings unterstützt das Württ. Kultministerium das Bestreben von Mitgliedern des eben genannten Weltanschauungsvereins, unter Aufrechterhaltung ihrer Mitgliedschaft in der Evang. Landeskirche die Bezahlung der Kirchensteuern zu verweigern.[48] Das Kultministerium hat, um diesen Plänen zum Sieg zu verhelfen, in ein zur Zeit beim Württ. Verwaltungsgerichtshof anhängiges Rechtsbeschwerdeverfahren als Anschlußkläger gegen die Kirchengemeinde Stuttgart eingegriffen. Kennzeichnend für die Gesamthaltung ist, daß vom Kultministerium dem Studienrat (Religionslehrer) Rehm zur Verfolgung der kirchenpolitischen Ziele der DC mehrere Jahre lang Urlaub gewährt worden ist, während den beiden früher dem Kultministerium unterstehenden Beamten, die im Jahre 1935 und 1936 in den OKR berufen wurden, kein auch nur kurzer

---

46 Die Schloßkirche wurde Pfr. Schneider zur Verfügung gesellt; vgl. Bd. 4, S. 720–758.
47 Siehe S. 442–446.
48 Siehe S. 446–455.

Urlaub gewährt, vielmehr alsbald die Einreichung eines Dienstentlassungsgesuchs anheimgegeben wurde. Diese einseitige Begünstigung der DC, deren nationalkirchliche Richtung den §1 der Württ. Landeskirchenverfassung längst preisgegeben hat, bedeutet eine fortgesetzte Stellungnahme in innerkirchlichen Glaubensfragen. Trotzdem lautet die immer wieder vorgetragene These: Der Staat und die Partei mischen sich nicht in Glaubens- und Bekenntnisfragen der Kirchen, die Dogmen gehen sie nichts an. Wir wissen nicht, ob die freikirchliche Predigt und Evangelisation tatsächlich sich über nichts zu beschweren hat; daß aber die Not der Evang. Kirche gerade auf diesem Gebiet besonders groß ist, ist leicht nachzuweisen:

1. Seit den 80er Jahren ist vor allem durch das Verdienst von Männern wie Elias Schrenk, Samuel Keller und anderen die ordentliche Wortverkündigung der Evang. Kirche durch eine außerordentliche ergänzt worden. Diese besteht darin, daß ein hiezu befähigter Redner, Theologe oder Laie, in einer Gemeinde 8 oder 14 Tage hintereinander Vorträge hält, meist mit Themen, die darauf berechnet sind, die Menschen vom Evangelium her auf ernste Lebens- und Wahrheitsfragen aufmerksam zu machen. Daneben werden meist Vorträge zur Einführung in biblische Schriften gehalten. Ursprünglich von freien Vereinigungen, meist kirchlichen Gemeinschaftskreisen getragen, sind solche Veranstaltungen (Evangelisationen) in steigendem Maß auch von kirchenamtlichen Stellen ausgegangen, um die pfarramtliche Wortverkündigung zu ergänzen und dem kirchlichen Gemeindeleben, wie der Tätigkeit der Pfarrer, Anregungen zuzuführen. Je stärker schon vor dem Weltkrieg und vollends in der Nachkriegszeit die christentumsfeindliche Propaganda der marxistischen Freidenkerkreise wurde, desto größer wurde das Bedürfnis, diese mehr erbaulichen und erwecklichen Vorträge zu ergänzen durch apologetische, das heißt belehrende Vorträge, die auf die gegnerischen Einwendungen eingehen und die Wahrheit des christlichen Glaubens in Auseinandersetzung mit den Argumenten der Gegner darlegen. Eine Organisation, die beide Aufgaben in musterhafter Weise zusammenfaßte, war zum Beispiel der frühere »Evang. Volksbund in Württemberg«, der, um die Jahreswende 1918/1919 entstanden, das evangelische Volk zur Abwehr aufrief und dem es gelang, in kurzer Zeit in Württemberg mehr als 300 000 evangelische Volksgenossen zu sammeln. Wenn schon die Frage aufgeworfen wurde: Was hat die Evang. Kirche, was hat der evangelische Pfarrstand für das Volk getan in den Zeiten, wo die marxistische Hochflut uns zu verschlingen drohte?, so darf darauf hingewiesen werden, daß die weltan-

schauliche Abwehr in den Jahren, wo die nationalsozialistische Bewegung erst kleine Kreise erfaßt hatte, vor allem durch die heute so verpönten konfessionellen Organisationen getragen wurde. Zwischen ihnen und der politischen Linkspresse spielte sich die ganze Zeit bis zur Machtergreifung des Nationalsozialismus ein zuweilen sehr lebhafter Kampf ab.

Es wurde in allen evangelischen Kreisen mit großer Freude und aufrichtigem Dank begrüßt, daß im Jahr 1933 mit einem Male diese gegnerische Front wegfiel und die Möglichkeit zu einer neuen religiösen Durchdringung des Volksganzen gegeben erschien. Eben um dieser Möglichkeit willen wurde auch in Württemberg der ernstliche Versuch gemacht, gemeinsam mit nationalsozialistischen Pfarrern und Laien eine neue Volksmission ins Leben zu rufen. Dieser Versuch mußte mißlingen, weil es sich bald herausstellte, daß führende DC unter den nationalsozialistischen Pfarrern dabei Wesentliches vom Glaubensinhalt und insbesondere die reformatorische Wertung der Hl. Schrift preisgaben. Während noch im Oktober 1933 der damalige DC-Bischof Hossenfelder aus Berlin in einer öffentlichen Versammlung in Stuttgart erklärte, kein Blatt der Bibel dürfe herausgerissen werden, eröffnete in der berüchtigten Berliner Sportpalastversammlung vom 13.11.1933[49] der DC-Studienrat Krause unter stillschweigender oder bekundeter Zustimmung der anwesenden im Kirchenregiment sitzenden DC den Angriff vor allem auf das Alte Testament im Sinne und der Art des Rosenbergschen »Mythus des 20. Jahrhunderts«.[50] Der Reichsbischof Ludwig Müller bekam durch die darauf einlaufenden Proteste einen solchen Schrecken, daß er am 16.11.1933 in einem Erlaß befahl, sämtliche Mitglieder der kirchlichen Vertretungen und der kirchlichen Vereine auf Bibel und Bekenntnis zu verpflichten! Heute steht er wie Hossenfelder im Kreise der Thüringer nationalkirchlichen DC und leistet in rationalistischer Verwässerung des Evangeliums von Christus und in der Preisgabe der Bekenntnisse das Menschenmögliche. Der Kampf, der nun in der Kirche entbrannte, hätte wohl das ganze deutschchristliche Kirchenregime hinweggefegt, wenn nicht in diesem Augenblick der Tagespresse die Berichterstattung über kirchenpolitische Vorgänge verboten worden wäre. Ein Jahr später wurde zur Rettung des Reichsbischofs Müller nach dem Zusammenbruch seiner sogenannten Eingliederungspolitik das Verbot auch auf die kirchliche Presse ausgedehnt. Die lange Dauer und die Schärfe des »Kirchenstreits« kommen daher, daß zugunsten der »Deutschen Christen«, die von der übergroßen

---

49 Siehe Bd. 2, S. 828–850.
50 Siehe Bd. 2, S. 828–849.

Mehrheit der Pfarrer, der akademischen Theologen und der im kirchlichen Leben stehenden Volksgenossen abgelehnt wurden, immer wieder politische Gewalten zuerst durch solche Verbote, dann durch Setzung neuen Rechts eingriffen.

Der Gedanke der kirchlichen Volksmission wurde aber von den auf dem Boden des reformatorischen Bekenntnisses stehenden Kirchen und kirchlichen Kreisen trotzdem nicht fallen gelassen, sondern erlebte einen neuen Aufschwung in den von einer freien Vereinigung veranstalteten »Evang. Wochen«, deren erste im Sommer 1935 in Hannover gehalten wurde und die sich dann bis Ende 1936 in großen und mittleren Städten in allen Teilen unseres Vaterlandes wiederholten. Die Vorträge hatten keinerlei kirchenpolitischen Inhalt, sondern beschäftigten sich, wie zum Beispiel die in Stuttgart im Juli 1936 gehaltenen[51] und auch in Buchform erschienenen Vorträge beweisen, mit den verschiedensten Fragen christlichen Glaubens und Lebens und zogen eine Menge Menschen an, so daß regelmäßig die zwei größten Stuttgarter Kirchen Abend für Abend gefüllt waren. Es war bezeichnend für die Schwenkung, die im Reichskirchenministerium seit der Berufung des Staatssekretärs Muhs vor sich gegangen war, daß erstmals die Evang. Woche Anfang Januar 1937 in vier Städten verboten wurde, ohne daß Gründe angegeben worden wären, meist mit Berufung auf die Kommunistenverordnung vom 28.2.1933, deren Anwendung auf kirchliche Persönlichkeiten und Vorgänge juristisch unhaltbar ist und eine maßlose Beleidigung der Evang. Kirche bedeutet. Auf die anliegende Denkschrift über das Verbot der Evangelischen Woche wird hingewiesen; sie ist ein Dokument der Rechtlosigkeit dieses Zweigs evangelischer Volksmission (Beil. 13).[52] Um der Stimmung der Bevölkerung willen hat Anfang 1937 der Nürnberger Polizeipräsident die Abhaltung einer solchen Woche in Nürnberg noch durchgesetzt. In Darmstadt (Anfang April 1937) mußte sie abgebrochen werden, in Dresden (im August 1937) konnte sie verlegt werden.

Für das Gebiet des Landes Thüringen, wo ein nationalkirchliches DC-Kirchenregiment herrscht, erhielten die lutherischen Landesbischöfe von Bayern, Braunschweig, Hannover und Württemberg, wiederum mit Berufung auf die erwähnte Kommunistenverordnung, ein Aufenthalts- und Redeverbot; auch eine Predigt des Bischofs D. Meiser in Dresden wurde unter beleidigenden Ausfällen gegen ihn vom dortigen Reichsstatthalter verboten. Wir haben also die Tatsache vor uns, daß unbescholtene

---

51 Siehe Bd. 4, S. 812–814.
52 LKA Stuttgart, D 1, Bd. 74,1.

deutsche Staatsbürger, die schon vor der Machtergreifung gegen die bolschewistische Zersetzung unsres Volkes gekämpft haben und die von ihren evangelischen Volksgenossen zu hohen kirchlichen Ämtern berufen worden sind, ähnlichen Polizeimaßnahmen unterliegen wie Schwerverbrecher. Das sind Eingriffe in die Freiheit der Verkündigung der evang. Kirche! Den deutschchristlichen aktiven oder entmächtigten Bischöfen steht es frei, überall zu reden. Wenn sie die Volksgenossen gegen die Leitung der betreffenden Landeskirche aufhetzen und sich wie Ludwig Müller den Schein einer besonderen Legitimation seitens des Führers geben, so scheint kein staatliches Interesse bedroht, auch der religiöse Friede nicht gefährdet zu sein.

Dazu kommt die ganze tieftraurige Geschichte der fortgesetzten Freiheitsbeschränkungen.

Als im Frühjahr 1935 ein Wort gegen das deutschgläubige sogenannte »Neuheidentum« von den Kanzeln verlesen wurde[53], sind in Preußen ca. 700 Pfarrer verhaftet worden, ohne daß eine strafbare Handlung vorgelegen hätte. Auch bisher reihten sich Hunderte von Verhaftungen, Ausweisungen, Predigt- und Redeverbote gegen evangelische Pfarrer aneinander, auch ohne daß stets gerichtliche Verfahren eingeleitet worden wären oder unabhängige Gerichtsbehörden die Berechtigung der Freiheitsbeschränkungen nachgeprüft hätten. Ja, es konnte geschehen, daß aus gerichtlicher Haft entlassene Pfarrer an der Pforte des Gefängnisses von der Polizei in Empfang genommen und weiter in Gefangenschaft gehalten wurden.[54] Mit Berufung auf die Kommunistenverordnung wurde Ende 1937 durch die Geheime Staatspolizei Stuttgart dem Stuttgarter Pfarrer Dipper – ohne Angabe von Gründen! – ein Predigt- und Redeverbot in öffentlichen und geschlossenen Versammlungen in kirchlichen und weltlichen Räumen auferlegt, das heißt, die Berufsausübung unmöglich gemacht.[55] Dem OKR wurde trotz wiederholter Anfrage über die Gründe bis heute keine Antwort gegeben. Ohne Rechtsgrund wurden vor kurzem von der Gestapo Stuttgart der Kirchenleitung der Vervielfältigungsapparat gewaltsam weggenommen, desgleichen eine Schreibmaschine mit Schreibmaschinentisch, ebenso Akten. Auf Beschwerde wurde keine Antwort gegeben.[56]

Unter der Beschuldigung einer Zuwiderhandlung gegen das Sammlungsgesetz[57] hat die Gestapo Stuttgart vor kurzem in der Hospitalkirche in Stuttgart im Anschluß an einen Gottesdienst Beitritts- und Beitragser-

---

53 Siehe Bd. 4, S. 371.   54 So Pfr. Niemöller; vgl. S. 512.   55 Siehe S. 524–538.
56 Siehe S. 432 f.   57 Siehe S. 494–503.

klärungen zum Evang. Gemeindedienst der Kirchengemeinde Stuttgart beschlagnahmt. Die Beschlagnahmung wurde auf Beschwerde durch das Amtsgericht Stuttgart I aufgehoben, da keine Übertretung des Sammlungsgesetzes vorliege. Die Gestapo verweigert dennoch die Herausgabe! Mündlich wurde von ihrer Seite erklärt, auf alle Fälle könnte man die Erklärungen auf Grund der Kommunistenverordnung dabehalten. Diese Verordnung erlangte in der Behandlung der Evang. Kirche geradezu staatsgrundgesetzlichen Rang! Ein kirchlicher Gemeindeverein, der um die Eintragung ins Vereinsregister nachsuchte, konnte wegen Einsprache der Gestapo, der Verein sei überflüssig, nicht eingetragen werden. Auf Beschwerde – keine Antwort! Deutschchristliche Vereinsgründungen begegnen, soviel bekannt, keinen Schwierigkeiten.

Auf zahlreiche Verhaftungen von Pfarrern wegen angeblicher Übertretung des Sammlungsgesetzes, die wegen Mangels der rechtlichen Voraussetzungen im Beschwerdeverfahren aufgehoben wurden, sei nur hingewiesen (zum Beispiel OLG Naumburg/Saale in Sachen Pfr. Johannes Anz, Lebusa; AG Breslau 68 Gs 1668/37, Pfr. Notz; OLG Königsberg 4 As 196/37, Superintendent Krüger, Pfarrer Goronzy; OLG Naumburg, Pfr. Schapper 3 WS 288/37; LG Guben, Pfr. Schlegel, 5 Qs 102/37 und viele andere mehr).

Ausgesprochene Parteilichkeit waltet ferner auf dem Gebiet des Rundfunks. Zu den religiösen Ansprachen werden fast nur Geistliche, die den DC angehören, zugelassen. Der Landesbischof von Baden wurde kürzlich, nachdem sein Vortrag schon angekündigt war, durch einen nationalkirchlichen DC-Studienassessor ersetzt, ohne daß die Sendeleitung den Hörern vorher oder nachher den Wechsel bekanntgegeben hätte.[58] Dem Württ. Landesbischof war es seit 1.10.1933 nicht mehr möglich, zu den evangelischen Volksgenossen in Württemberg im Rundfunk zu sprechen; auf Vorhalt erklärt die Sendeleitung regelmäßig, sie sei von anderer Seite zu dieser ablehnenden Haltung gegenüber dem Landesbischof genötigt. Von wem, wird aber nicht gesagt!

2. Ein wichtiger Zweig der Wortverkündigung der Kirche war von jeher das evangelische Schrifttum, vor allem die periodische Presse. Als in den dreißiger Jahren des vorigen Jahrhunderts in dem von den Juden Heine und Börne geführten »Jungen Deutschland« zum erstenmal eine ätzende Kritik am Christentum sich in der Öffentlichkeit breitmachte und gleichzeitig der Junghegelianismus in Männern wie Strauß und Vischer

---

58 Siehe S. 431 f.

zu einem systematisch, auch wissenschaftlich ernst zu nehmenden Angriff auf das Glaubensgut der evang. Kirche ausholte, war es in Württemberg besonders »Der Christenbote«, der den Kampf aufnahm und von den besten Kräften im Pfarrstand unterstützt siegreich führte. Ein Mann wie Wichern, der zur »Inneren Mission« im Sinn einer großzügigen Volksmission in derselben Zeit aufrief, hat ebenfalls das Mittel der Presse zu empfehlen und zu gebrauchen gewußt. Aber während früher solche Blätter völlige Freiheit in der Auseinandersetzung mit gegnerischen Anschauungen und in der Darlegung kirchlicher Fragen und Aufgaben hatten, sind ihnen heute sehr enge Schranken gesetzt. Eine auch nur richtigstellende Besprechung öffentlicher Reden, die sich mit kirchlichen Fragen befassen, ist ihnen unmöglich gemacht. Sie dürfen von politischer Seite ausgehende Angriffe auf die evang. Kirche wohl abdrucken, aber nicht abwehren, dürfen auch falschen Angaben keine Berichtigung entgegensetzen. Die ganze Auseinandersetzung mit den Anschauungen von Rosenberg ist, obgleich dieser versichert, daß der »Mythus des 20. Jahrhunderts« und seine weiteren Schriften »Privatarbeit« seien, außerordentlich erschwert. Was schon gegen den Mythus geschrieben und was auf die neuesten Schriften entgegnet wurde, kann die kirchliche Presse ihren Lesern nur in sehr dünnen Auszügen mitteilen. Die erste Gegenschrift von Dr. Künneth auf die »Protestantischen Rompilger« durfte gar nicht erscheinen, eine zweite wurde hintendrein beschlagnahmt. Selbst ein feierliches Wort der evangelischen Kirchenführer auf das Reformationsfest, das sich selbstverständlich ganz auf der religiösen Ebene bewegte, wurde als »Angriff auf den Staat« behandelt.[59] Wie kann noch von Freiheit der Verkündigung geredet werden, wenn trotz eines Ministeriums für die kirchlichen Angelegenheiten die Kirchen gehindert werden, zu den aktuellsten Vorgängen auf religiösem Gebiet Stellung zu nehmen! Den Höhepunkt erreichte die Aktion zugunsten der »Privatansicht« Rosenbergs dadurch, daß die »Apologetische Zentrale« in Spandau, eine nach dem Weltkrieg gegründete Anstalt zur Einführung der Theologen in die Methoden apologetischer Arbeit, die dem Zentralausschuß für Innere Mission unterstellt ist, auf Veranlassung des Reichskirchenministeriums polizeilich geschlossen und aufgelöst wurde. Diese Maßnahme ist wohl besonders gegen ihren Leiter, den schon erwähnten wissenschaftlichen Hauptgegner Rosenbergs, dessen ritterliche Kampfesweise Rosenberg selbst anerkannt hat, Dr. Künneth, gerichtet. Wie kann man noch von einem »ritterlichen«, einem »funkelnden

---

59 Siehe S. 693.

Weltanschauungskampf« (Rosenberg) reden[60], wenn man den Gegner nicht bloß nicht zum Kampf zuläßt, sondern ihn auch seines Rüstzeugs beraubt! Und das alles soll keine Einmischung des Staates in kirchliche Glaubensfragen sein, das alles soll sich nur gegen eine »politisierende Kirche« richten? Politisieren heißt in diesem Sprachgebrauch offenbar: in der Öffentlichkeit für das biblische Evangelium eintreten. Bischof Melle und seine kleine Methodistenkirche ist wohlgelitten, weil sie sich in diesem Kampf um die Wahrheit des Evangeliums zurückhält oder nicht ins Gewicht fällt; sie kann sich das leisten, solange andere sich einsetzen, wie die Etappe Feste feiern kann, während die Front blutet. Die evang. Kirche und ihre einzelnen Teile, die Landeskirchen, haben nun einmal von der Reformation her, von dem auch von Rosenberg gepriesenen Martin Luther her, auch von dem kürzlich durch den Herrn Reichsinnenminister gefeierten Gustav Adolf her einen Auftrag an das deutsche Volk, nicht bloß an einen Konventikel, den Auftrag, das evangelische Glaubensgut, das nach den treffenden Worten des Herrn Reichsinnenministers Frick in Stockholm europäisches Geistesgut geworden ist, zu verkünden und auch zu verteidigen, wie es Gustav Adolf auch verteidigt hat.

Die parteiische Haltung, die auf dem Gebiet des Schrifttums herrscht, kommt auch darin zum Vorschein, daß den nationalkirchlichen Deutschen Christen kaum eine Schwierigkeit in den Weg gelegt zu sein scheint, neue Blätter erscheinen zu lassen, die auch öffentlich feilgeboten werden, während kaum ein Organ der bekenntnisbestimmten Evang. Kirchen öffentlich angeboten wird. Die DC-Kirchenregierung in Mecklenburg oder Thüringen kann in ihrem Informationsorgan alles besprechen, was ihr zur Unterrichtung der Glieder ihrer Landeskirche geeignet erscheint. Sämtlichen lutherischen Kirchen aber ist ihr amtliches Informationsorgan verboten worden. Wenn ein Pfarrer im Lokalteil seines Gemeindeblatts seine Gemeindeglieder ermahnt, auch in geschäftsreichen Zeiten »die Reihen dicht geschlossen« im Gottesdienst zu erscheinen, so bekommt der Herausgeber einen scharfen Verweis[61]; wenn aber ein Blatt wie der deutschgläubige »Durchbruch« im Hinblick auf Versendung volksmissionarischer Schriften als Beilagen zu pfarramtlichen Ariernachweisen schreibt »Wir verwahren uns dagegen, daß unsere Mütter und Urmütter, weil die Jungfrau Maria anscheinend nicht mehr zieht, als Animierdamen im Ausschank zum Heiligen Geist mißbraucht werden«, so hört man nichts von einer Presseaufsicht (vergleiche aber § 14 des Schrift-

60 Siehe Bd. 3, S. 458 f.
61 Vgl. S. 458.

leitergesetzes vom 4.10.1933, RGBl. 1933 I, S.713, wonach »die religiösen Empfindungen anderer« nicht verletzt werden dürfen). Sollte kein Staatsinteresse vorliegen, einen solchen das deutsche Volk erniedrigenden und vor dem Ausland bloßstellenden Hohn, wie ihn gewisse Organe gerade auch in Württemberg anzuschlagen belieben, zu verhindern? Keine Beschimpfung von Geistlichen und auch von führenden Kirchenmännern durch solche Organe wird gesühnt. Wenn Klage erhoben wurde, so wurde regelmäßig das »öffentliche Interesse« an der Strafverfolgung verneint.

3. Ein besonders wichtiger Zweig der kirchlichen Arbeit ist von jeher die religiöse Unterweisung der Jugend in der Schule und die kirchliche Pflege der noch nicht schulpflichtigen und der schulentlassenen Jugend gewesen.

In der Regierungserklärung vom 23.3.1933 hieß es: »Die nationale Regierung wird in Schule und Erziehung den christlichen Konfessionen den ihnen zukommenden Einfluß einräumen und sicherstellen.« Zumal in Württemberg haben demgegenüber in den letzten beiden Jahren sich Vorgänge abgespielt, die dem Rechtsempfinden der evangelischen Bevölkerung ins Gesicht schlugen und den den Konfessionen zukommenden Einfluß nicht sicherstellten, sondern zu vernichten suchten.[62] Das im Jahre 1909 erlassene (1920 geänderte) und bis zum heutigen Tag noch nicht aufgehobene Volksschulgesetz in Württemberg (Regierungsblatt 1909, S.178, 1920, S.293) legt den konfessionellen Charakter der Volksschule fest. Der Württ. Kultminister beseitigte nacheinander die konfessionelle Lehrerbildung, den konfessionellen Charakter der Oberschulbehörden, der Bezirksschulämter und ließ dann durch Befragung der Eltern eine gesetzlich nicht vorgesehene Art von Abstimmung der Erziehungsberechtigten vor sich gehen, die bei der Art der Durchführung das gewünschte Ergebnis erzielte. Es wird nicht zu viel gesagt sein, daß seit den Tagen der Gegenreformation im 16. und 17. Jahrhundert evangelische Gemeinden nicht mehr in eine solche Gewissensbedrängnis gebracht worden sind. Es handelt sich dabei vielfach um Bevölkerungskreise, die durch ihre Abstimmung bei den politischen Wahlen seit 1930 in steigendem Maß ihre Hinneigung zur nationalsozialistischen Freiheitsbewegung bekundeten und bei der Wahl im Frühjahr 1933 den Sieg entschieden. Das evangelische Süddeutschland, das ist leicht nachzuweisen, hat damals den Durchbruch des nationalsozialistischen Gedankens entschieden und zwar

---

62 Siehe S. 698–719.

vor allem aus dem Grund, weil man im Nationalsozialismus die stärkste politische Abwehr gegen Rom und Moskau gesehen hat. Wer hätte damals die evangelische Bekenntnisschule, die in der Diaspora eine wesentliche Stütze der evangelischen Gemeinden bildete, für bedroht gehalten? Bedroht war sie bisher gewesen durch Demokratie und Sozialdemokratie; nun konnte man sie für gesichert halten. Mit blutendem Herzen haben viele evangelische Volksgenossen, die bisher einen Konflikt zwischen ihrer Staatstreue und Kirchentreue nie gekannt hatten, ihre evangelische Schule fallen lassen müssen.

Als im April 1936 deutlich wurde, daß die Abschaffung der Bekenntnisschule sich nicht aufhalten ließ, gab die Kirchenleitung die Abstimmung den der Evang. Kirche angehörenden Eltern frei, nachdem der christliche, bekenntnismäßige Charakter des Religionsunterrichts Kirche und Elternschaft feierlich zugesichert worden war. Das Kultministerium gab Zusicherungen dieses Inhalts sofort in mehreren öffentlichen Erklärungen; auch wurde ausdrücklich zugestanden, daß der Unterricht wie bisher und im selben Umfang erteilt werde. Schon nach einem halben Jahr wurde die für den Religionsunterricht zur Verfügung stehende Zeit dadurch verkürzt, daß das Choralsingen, dem bisher eine besondere halbe Stunde gewidmet war, in die Zeit des biblischen Unterrichts einbezogen wurde. Sodann aber wurde in der Folgezeit der größte Teil der geistlichen Religionslehrer aus der Schule hinausgedrängt: Im Frühjahr 1937 ordnete das Reichserziehungsministerium an, daß alle Religionslehrer wie Angestellte des Staates ein Treuegelöbnis zum Führer abzulegen hätten. Die einzelnen Länder stellten sich verschieden zu dieser Anordnung. Bayern erklärte, daß die Geistlichen, die im Nebenamt Religionsunterricht erteilen, nicht als Angestellte des Staates zu betrachten seien; infolgedessen unterblieb in Bayern die Ablegung dieses Treuegelöbnisses von seiten der geistlichen Religionslehrer. In Baden und Württemberg forderte dagegen die Staatsregierung die Ablegung des Gelöbnisses. Die Geistlichen in Württemberg wären ebenso wie diejenigen in Baden ohne weiteres dazu bereit gewesen, wenn nicht im Mai 1937 ein Erlaß des Württ. Herrn Kultministers vom 28.4.1937 bekannt gegeben worden wäre (Amtsblatt des Württ. Kultministeriums 1937 S.93)[63], der Vorschriften über Inhalt und Stoff des Religionsunterrichts besonders im Alten Testament enthielt. Dieser Erlaß bedeutete nicht nur eine Überschreitung der Zuständigkeit des Kultministers, die nach dem auch heute noch geltenden Recht sich gerade

63 Siehe S. 737 f.

auf dieses Gebiet nicht erstreckt, sondern auch einen grundsätzlichen unmittelbaren Eingriff in Lehre und Bekenntnis der Evang. Kirche, nach deren Grundsätzen der Religionsunterricht dem Gesetz und den Zusagen gemäß zu geben ist (vergleiche hiezu die Rede des Führers vom 27.8.1934 bei der Saarkundgebung auf dem Ehrenbreitstein: »Kein Eingriff in die Lehre und Bekenntnisfreiheit der Konfessionen hat stattgefunden oder wird jemals stattfinden«).[64] Über die Beurteilung dieses Erlasses des Württ. Herrn Kultministers durch die Evang. Kirche gibt das beiliegende Schreiben des OKR an das Kultministerium vom 3.6.1937 Nr. A 6053 (Beil. 14)[65] Auskunft. Es mußte befürchtet werden, daß diesem Erlaß des Herrn Kultministers weitere folgen werden, die dem Religionsunterricht inhaltlich noch strengere staatliche Bindungen auferlegen und die Geistlichen als Religionslehrer mit ihrem Ordinationsgelübde in Widerspruch setzen würden. Um den im Gewissen bedrängten Geistlichen trotzdem eine ehrliche Ablegung des Treuegelöbnisses zu ermöglichen, richtete der OKR am 2.6.1937 ein Schreiben an das Reichserziehungsministerium[66], worin er darauf aufmerksam machte, »daß der Geistliche als Diener am Wort an die Heilige Schrift gebunden« sei. Der Kultminister, dem von diesem Schreiben ebenfalls amtlich Mitteilung gemacht wurde, ließ daraufhin die Bezirksschulämter ohne Kenntnisgabe an den Oberkirchenrat anweisen, bei der Ablegung des Treuegelöbnisses eine Berufung der Geistlichen auf diese Kundgebung des OKR nicht gelten zu lassen, und verharrte auf diesem Standpunkt, obgleich das Reichserziehungsministerium in einem Schnellbrief an das Kultministerium vom 3.7.1937 (E II a 2096/ M(b)) den Herrn Kultminister anwies, dem OKR die beruhigende Erklärung abzugeben, daß die nationalsozialistische Staatsführung Gewissensfreiheit und kirchliche Lehrfreiheit gewährleiste. Diese beruhigende Erklärung des Reichserziehungsministeriums ist vom Kultministerium weder dem Oberkirchenrat weisungsgemäß mitgeteilt noch sonst bekannt gegeben worden, obwohl dadurch die Schwierigkeiten beseitigt und die Geistlichen in den Stand gesetzt worden wären, das Gelöbnis abzulegen. Später wurden sogar Pfarrer nicht zum Gelöbnis zugelassen, die auf der Grundlage des eben erwähnten Schnellbriefs des Reichserziehungsministeriums das Gelöbnis ablegen wollten! Die Angelegenheit entwickelte sich dann so, daß in der Mehrzahl der Bezirke die Schulräte jede Erklärung der Geistlichen als »Vorbehalt« ablehnten und die Geistlichen nicht

64 Domarus I, S. 445.
65 Siehe S. 738–742.
66 Siehe S. 755 f.

zur Ablegung des Gelöbnisses zuließen, während in anderen Bezirken unter Abgabe einer Erklärung im Sinne des Schreibens des Oberkirchenrats das Gelöbnis von den Geistlichen geleistet werden konnte. Die 700 Geistlichen, die infolge der Haltung des Kultministeriums bzw. der ihm unterstellten Schulräte das Gelöbnis nicht ablegen durften, wurden in der Presse offiziell als »Eidesverweigerer« beschimpft. Die Fiktion, daß diese 700 einen anderen Standpunkt einnehmen als die 400, die das Gelöbnis geleistet haben, wird bis zum heutigen Tag aufrecht erhalten. Als durch Verhandlungen mit staatlichen Stellen anfangs Juli 1937 eine Beilegung der Schwierigkeiten bevorzustehen schien, berief sich der Herr Kultminister auf einen nicht zur Veröffentlichung freigegebenen Erlaß des Herrn Reichserziehungsministers vom 1.7.1937, worin unter Bezugnahme auf den Stellvertreter des Führers angeordnet wurde, daß grundsätzlich der staatliche Religionsunterricht nicht mehr den Geistlichen, sondern, soweit möglich, Lehrern übertragen werden sollte.[67] Der Herr Kultminister stellte sich nun auf den Standpunkt, daß er die 700 Geistlichen nicht mehr brauche, und lehnte alle Versuche des Oberkirchenrats, die im Einvernehmen mit dem Herrn Reichsstatthalter die üble Lage beseitigen wollten, ab. Auch die öffentliche üble Nachrede der »Eidesverweigerung« wurde nicht korrigiert. Pfarrer, die als Soldaten, Offiziere, Parteigenossen zum Teil wiederholt auf den Führer vereidigt worden sind und alle diese Eide ohne weiteres geleistet haben, werden heute noch als »Eidesverweigerer« diffamiert und, soweit sie Parteigenossen sind, schimpflich aus der Partei ausgeschlossen (vergleiche Beil. 15).[68] Für Gewissensfreiheit und Gewährleistung kirchlicher Lehrfreiheit ist in diesem Zusammenhang nichts getan worden. Im Gegenteil! Die Sache steht nun so: In den Ländern, wo entweder das Gelöbnis gar nicht gefordert (Bayern), oder wie in Baden und Hessen ohne eine Komplikation, wie sie in Württemberg durch den Erlaß des Herrn Kultministers vom 28.4.1937 entstanden war, abgelegt werden konnte, wird der Religionsunterricht in der Volksschule nach wie vor von den Geistlichen erteilt. Nur in Württemberg wurde er in den Gemeinden der 700 Geistlichen den Lehrern übertragen. Er erhielt dadurch teilweise einen Charakter, der mit dem Wesen eines auf evangelisch-konfessioneller Grundlage zu gebenden Unterrichts nicht vereinbar ist. Die Abmeldung der Kinder aus einem solchen Religionsunterricht, die von den Eltern aus Gewissensgründen vollzogen wurde, wurde möglichst erschwert und mit der Erteilung eines besonderen »Welt-

---

67 Siehe S. 798 f.
68 Vgl. S. 798.

anschauungsunterrichts«, zu dem nur die abgemeldeten Kinder gezwungen wurden, bestraft. Der »Weltanschauungsunterricht« wurde auch von solchen Lehrern erteilt, vor deren religiösen Einflüssen die Eltern ihre Kinder durch die Abmeldung gerade bewahren wollten.

In welchem Maß die bei Einführung der Gemeinschaftsschule den Eltern gegebenen Zusagen in der Folgezeit nicht gehalten wurden, ergibt sich aus der beiliegenden Antwort des Oberkirchenrats vom 4.11.1937 Nr. A 11258 (Beil. 16[69]) auf eine Presseveröffentlichung des Kultministeriums, die dieser Tatsache entgegenzutreten versucht. Der OKR hat auf seine Darstellung keine Entgegnung erhalten. Eine Zusammenstellung der öffentlich gegebenen Zusagen ist in Beilage 17[70] angeschlossen. Der Plan des Kultministeriums, die 700 nebenamtlichen Religionslehrer durch hauptamtliche Religionslehrer, wie sie bisher nur an Höheren Schulen verwendet wurden, zu ersetzen, ist bisher nur in ganz bescheidenem Umfang (soweit bekannt in 2 Fällen) verwirklicht worden. Trotzdem sind die RM 300 000.– Staatsleistungen, die angeblich zur Verwirklichung dieses Plans mitten im Rechnungsjahr 1937/1938 der Landeskirche rechtspflichtwidrig entzogen worden sind, bis jetzt nicht zurückerstattet worden.[71] Durch die Art, wie in Württemberg auf dem Gebiete des Schulreligionsunterrichts vorgegangen wurde, ist die Arbeit der Kirche in der Schule aufs schwerste geschädigt und außerdem die Rechtsordnung und die Rechtsgleichheit besonders im Verhältnis zu den andern süddeutschen Ländern verletzt worden.

Auf die Entwicklung der Verhältnisse um die kirchliche Jugendarbeit sei nicht näher eingegangen. Auch hier zeigt sich das Bestreben zur Zurückdrängung der christlichen Kirche. Zuerst (Juni 1933): Zusammenarbeit und Anerkennung der kirchlichen Jugendverbände. Später (Dezember 1933) wird der Anspruch erhoben, daß diese Verbände zu verschwinden haben. Im Januar 1934 erfolgt die sogenannte Eingliederung in die IIJ. Der bisherige Führer der evangelischen Jugendverbände, D. Stange, wurde vom Reichsjugendführer aus dem Jugendführerring ausgeschlossen. Der Reichsbischof Ludwig Müller berief einen DC-Pfarrer Zahn zum »Reichsjugendpfarrer«. Schon nach 12 Monaten seiner Tätigkeit sieht sich Zahn zu energischen Protesten gegen antichristliche Strömungen veranlaßt. Man vergleiche etwa »Völkischer Beobachter« vom 14.9.1935 die Äußerung des stellvertretenden Reichsjugendführers Lau-

---

69 Siehe S. 827–831.
70 Diese Beilage befindet sich nicht bei den Akten.
71 Vgl. S. 808–821.

terbacher: »Die Jungen und Mädel unserer Gemeinschaft, die nicht erst angekränkelt und beeinflußt von einer unheilvollen Vergangenheit unserer Erziehung unterworfen sind..., werden nicht mehr Spielball... bestehender artfremder Heilslehren sein können. Sie alle werden nur Deutschland und den mit ihm untrennbar verbundenen Führer kennen und nur daran glauben.« In Übereinstimmung damit äußerte sich Bannschulungsleiter Anacker laut »Meininger Tageblatt« vom 20. 4. 1935: »Das Primäre für uns ist die Weltanschauung. Sie gründet sich auf den Glauben an unseren Führer, frei von jedem semitischen und römischen Einfluß. Wir kennen kein heiliges Evangelium in unserer Weltanschauung, kein heiliges Land; unser Land heißt Deutschland. Wir kennen keinen Heiligen Geist, als den Geist des Führers, der gibt uns Stärke, ist uns Mission. Unsere Fahne leuchtet uns voran; ihr folgen wir unbeirrt, denn: Leben wir, so leben wir Deutschland; sterben wir, so sterben wir Deutschland. Darum, wir leben oder sterben, wir sind Deutschland!«[72] usw. Bei alledem ist zu beachten, daß der Reichsjugendführer am 5. 11. 1934 offiziell den Weg Rosenbergs als den der deutschen Jugend bezeichnet hat. In der Presse wurden aber am 30. 11. 1934 (also vor den oben angeführten Äußerungen) verschiedentlich Aufrufe von HJ-Führerstellen veröffentlicht, wonach in der HJ jede Werbung für christentumsfeindliche Lehren verboten sei.

In Württemberg wurden der kirchlichen Jugendarbeit besondere Beschränkungen durch den Herrn Kultminister auferlegt. Nach §17 und §23 des Staatsgesetzes über die Kirchen vom 3. 3. 1924 (Regierungsblatt, S. 93) sind die Kirchengemeinden, Kirchengemeindeverbände wie die Kirchen berechtigt, »für ihre Bedürfnisse« mit bestimmten Maßgaben Steuern zu erheben. Im Widerspruch zu diesem Recht und unter unbegründeter Ausdehnung des staatlichen Aufsichtsrechts beschränkte der Württ. Herr Kultminister in einem Erlaß vom 24. 6. 1937 Nr. 10832 an die Oberämter das kirchliche Besteuerungsrecht auf Ausgabenposten für »gottesdienstliche Zwecke oder solche Zwecke..., die der Staat... in sinngemäßer Anwendung des § 8 Abs. 5 KG diesen Zwecken gleichstellt«. Zu dieser »sinngemäßen Anwendung« des § 8 Abs. 5 Staatskirchengesetzes fehlt jede Voraussetzung. Ausgaben für Kindergärten, Jugendfürsorge, Jugendpflege, Kranken- und Armenpflege, somit kirchliche Jugend- und praktische Liebestätigkeit durften nicht mehr mit Kirchensteuermitteln gedeckt werden. Ähnliche rechtlich unbegründete Einschränkungen wur-

---

72 Vgl. Röm. 14,8.

den seitens des Kultministeriums schon im Vorjahr 1936 vorgenommen. Im Jahre 1937 wurde sogar vom Kultministerium verlangt, im landeskirchlichen Haushaltplan die für die Landesjugendstelle eingesetzten Mittel vollständig zu streichen, das heißt, die Zentralstelle der Landeskirche für ihre Jugendarbeit aufzulösen. Dieses Ansinnen ist gleichbedeutend mit dem Versuch, die Kirche von der Jugend durch organisatorische Verkümmerung abzudrängen.

Welche Anstrengungen wurden in den letzten Jahren seitens der NSV gemacht, die seit 100 Jahren blühende kirchliche Kindergartenarbeit zu erschweren, kirchliche oder christlich geleitete Kindergärten zu beseitigen und Neugründungen zu verhindern![73] Als der Wille der christlichen Elternschaft unbeirrt an christlich geleiteten Kindergärten festhielt und auch offensichtliche »Konkurrenzunternehmungen« nicht den gewünschten Erfolg zeitigten, wurde durch württembergisches Gesetz über die Kindergärten vom 8.11.1937 (Regierungsblatt, S.109) die Prüfung der Bedürfnisfrage für neue Kindergärten mit rückwirkender Kraft bis 1.4.1937 eingeführt. Die Voraussetzungen der Anerkennung eines Bedürfnisses werden staatlicherseits reguliert. In diesem Zusammenhang erinnern wir an einen Erlaß des Kultministeriums an die Oberämter vom 29.5.1936 Nr. 8433 über die Ortskirchensteuer 1936, wonach »die Errichtung, Unterhaltung oder Unterstützung eines Kindergartens... nur insoweit als Bedürfnis einer Kirchengemeinde anerkannt werden« kann, »als weder die bürgerliche Gemeinde noch die NS-Volkswohlfahrt die Aufgabe übernimmt«.

In diesem Zusammenhang sollen auch die vielerlei Versuche der Beseitigung von Diakonissenstationen und ihre Ersetzung durch NSV-Schwestern wenigstens erwähnt sein.[74]

4. Besonders tiefe Eingriffe in das innere Leben der Evang. Kirche sind auf dem Gebiet der Heranbildung des theologischen Nachwuchses gemacht worden. Während die freikirchlichen Predigerseminare unbehelligt ihren Aufgaben nachkommen, sind die Ausbildungsstätten für evangelische Theologen nicht von schweren Eingriffen verschont geblieben. Im November 1934 forderten unter anderem auch die Theologischen Fakultäten den Reichsbischof Ludwig Müller zum Rücktritt auf. Die Forderung wurde von 120 theologischen Dozenten an deutschen Hochschulen unterzeichnet. Insgesamt gab es etwa 140; dabei ist zu beachten, daß die unter Führung von Karl Barth stehende Bonner Fakultät sich aus unbekannt gebliebenen Gründen, sicher nicht aus Anhänglichkeit an Ludwig Müller,

73 Vgl. S. 843–853.
74 Vgl. S. 434–441.

an dieser Kundgebung nicht beteiligt hatte. Von seiten des Reichserziehungsministeriums wurde von da ab planmäßig auf eine andere Besetzung der Theologischen Fakultäten hingearbeitet. Eine Reihe bewährter, teilweise hervorragender Forscher und Lehrer wurde beseitigt, darunter Karl Barth, Otto Schmitz, Heinrich Hermelink, Iwand, Schniewind, Schreiner, Ulmer, Mulert, Schmidt, Lieb. Nur bei einer Minderzahl der Entlassenen konnte man sagen, daß ihre bisherige politische Haltung mitgewirkt haben könnte. Ein theologisch gleichwertiger Ersatz wurde nicht beschafft. Dagegen ist hervorragenden jüngeren Dozenten wie den früheren Tübinger Dozenten Engelland und Rengstorf die Fortführung akademischer Tätigkeit unmöglich gemacht worden, während ein zu wissenschaftlich theologischer Arbeit nicht zureichender hannoverscher Pfarrer nicht bloß der Ratgeber im Reichserziehungsministerium bei der Umbesetzung theologischer Lehrstühle war, sondern selbst auch einen Lehrstuhl bei der Theologischen Fakultät Berlin erhalten konnte, dessen Verpflichtungen er sich allerdings durch jahrelange Beurlaubung entzog. Neuerdings ist ihm ein Lehrstuhl für Volkskunde an der Universität Göttingen übertragen worden.

Es ist begreiflich, daß in den Landes- und Provinzialkirchen, deren Fakultäten durch diese Maßnahmen schwer geschädigt wurden, das Bedürfnis nach einer besseren kirchlichen Heranbildung des Pfarrernachwuchses sich regte. Es sollte befriedigt werden durch Errichtung freier theologischer Seminare und Kurse. Diese sind aber auf Veranlassung des Ministeriums für die kirchlichen Angelegenheiten im Herbst 1937 wiederum mit unbegründeter Berufung auf die Kommunistenverordnung vom 28. 2. 1933 durch die Geheime Staatspolizei verboten worden. Auch das schon längst bestehende Theologische Seminar der Reformierten Kirche in Elberfeld ist geschlossen worden. Es haben also auch auf diesem Gebiet Eingriffe des Staats in die Verkündigung der Kirche stattgefunden, die mit der Versicherung der Unparteilichkeit in kirchlichen Glaubensfragen im Widerspruch stehen.

V

Diese Darstellung könnte beliebig erweitert werden. Wenn angesichts der geschilderten Angriffe, Eingriffe und Beschränkungen des kirchlichen Lebens von Freiheit der Verkündigung, von Freiheit des Gemeindeaufbaus und der charitativ-sozialen Tätigkeit der Kirche gesprochen werden will, so kann dies nur unter »bedauerlicher Verkennung der tatsächlichen Lage« geschehen.

Nachdem inzwischen Bischof Melle ausdrücklich erklärt hat, daß er von dieser Freiheit lediglich im Blick auf freikirchliche Verhältnisse gesprochen habe, kann diese Kritik als erledigt gelten. Damit fällt aber auch der von dem Herrn Reichskirchenminister ausgesprochene Vorwurf weg, der Oberkirchenrat habe Bischof Melle diffamiert und sich auf die Seite der Staatsfeinde gestellt. Es könnte sich eher fragen, ob nun nach dieser Deutung seiner Ausführungen nicht auch Bischof Melle unter das Verdikt des Herrn Reichskirchenministers fällt.

Der Vorwurf, die Feinde des Vaterlandes im Kampf gegen das eigene Volk unterstützt zu haben, ist ein so ungeheuerlicher, daß dem Angegriffenen, dem nicht einmal Gelegenheit gegeben war, zu den Anschuldigungen vorher sich zu äußern, jede sachliche Abwehr erlaubt sein muß. Man möge bedenken, was dieser Vorwurf dem Württ. Landesbischof gegenüber zu bedeuten hat, der seit seinen Jugendjahren, schon als Student, sich im Sinne nationaler Politik in Wort und Schrift betätigt hat, gerade in einem Lande, in dem Demokratie und Sozialdemokratie im Verein mit dem Zentrum die politische Haltung der übergroßen Mehrheit der Bevölkerung bestimmten. Als im Jahre 1913 eine ausgesprochen national gerichtete Zeitung mit zweimaliger Tagesausgabe, die »Süddeutsche Zeitung«, geplant war, wurde der damalige Stadtpfarrer Wurm von dem Leiter des Unternehmens, dem Reichs- und Landtagsabgeordneten Kraut, um Übernahme des Schriftleiterpostens für den württembergischen Teil gebeten. Mit Rücksicht auf sein Alter und seine innere Verwachsenheit mit dem kirchlichen Amt lehnte er ab, übernahm aber die Redaktion der Beilage »Kirche und Schule«. In Auseinandersetzung mit der stark agitierenden pazifistischen Bewegung verfaßte er einen größeren Artikel »Pfarrstand und Friedensbewegung«, der die wärmste Zustimmung hoher Militärs fand und von General Keim in der Zeitschrift des Deutschen Wehrvereins veröffentlicht wurde. Nach dem Zusammenbruch 1918/1919 wurde er von der Rechten zum Landtagsabgeordneten gewählt. Wenn er auch das Mandat im Zusammenhang mit der Beauftragung mit einem sehr geschäftsreichen kirchlichen Amt niederlegte, blieb er doch mit der nationalen Bewegung stets eng verbunden. Vor kurzer Zeit wurde daran erinnert, daß der damalige Dekan Wurm schon 1923 geäußert habe, vielleicht werde Adolf Hitler unser Retter. In seiner Eigenschaft als Kirchenpräsident seit 1929 hat der Landesbischof mehrmals im Landeskirchentag scharf gegen Versailles Stellung und die nationalsozialistische Bewegung gegen ungerechte Kritik in Schutz genommen, obgleich dies ihm da und dort sehr verdacht wurde. Ein Verbot der Beteiligung von Pfarrern an der politischen Wahlagitation im Herbst 1932, das in Parteikreisen stark kritisiert wurde, erstreckte sich auf alle Pfarrer ohne Unterschied der politischen Richtung und war hervorgerufen durch Klagen aus den Gemeinden über die mißlichen Auswirkungen auf die kirchliche Gemeindearbeit, die von öffentlicher gegenseitiger Bekämpfung politisch stark hervortretender Pfarrer ausgingen.[75] Im Jahre 1933 fand die politische Haltung des Landesbischofs offene Anerkennung sowohl von seiten des Herrn Reichsstatthalters und des Herrn Kultministers wie von seiten der Deutschen Christen. Als der bisherige Kirchenpräsident D. Wurm einem Antrag des Ständigen Ausschusses des Landeskirchentags entsprechend am 8.7.1933 die Amtsbezeichnung »Landesbischof« annahm, schrieb der damalige Landesleiter der Württ. Deutschen Christen im Namen des nationalsozialistischen Kirchenvolks im Stuttgarter »NS-Kurier« Nr. 160 vom 12.7.1933 Folgendes: »Als ganz besondere Gunst und Gnade Gottes schätzen wir es, daß in unserem Lande ein Mann diese Würde erstmals übertragen erhält, der ihrer vor anderen würdig ist, der verdient, sie gerade jetzt zu tragen.« Wurm sei »kraftvoll national«. »Das war bei ihm nie Konjunktur oder Anpassung; nein, gerade in den Jahren, als in unserem Volke das Wort ›Vaterland‹ verpönt war, zog er als Abgeordneter der Deutschnationalen in unseren Landtag ein und stand als wackerer Streiter auf dem fast verloren scheinenden Posten.« Wurm habe stets Verständnis für die nationalsozialistischen Pfarrer bewiesen und jetzt auch den Weg zu Hitler gefunden. »Dem nationalsozialistischen Kirchenvolk ist es Herzensbedürfnis, dem unter der Leitung des neuen Landesbischofs nun auch in Württemberg beginnenden kirchlichen Neubauwerk ehrlich beizutreten und seine besten Kräfte zur Verfügung zu stellen. Denn es besitzt in dessen ehrwürdiger Gestalt einen Führer, der auch den tiefen völkischen Bestrebungen aller Art warme Förderung wird angedeihen lassen und der aus den echtesten Tiefen deutsches Christentum lebt.«

Wenn die Württ. Kirchenleitung im Verlauf des Kirchenkampfes trotzdem immer wieder politisch verdächtigt wurde, so ändert dies an der Tatsache nichts, daß lediglich die Notwendigkeit der Verteidigung wesentlicher kirchlicher und glaubensmäßiger Anliegen zu den tiefbedauerlichen Schwierigkeiten und Gegensätzen geführt hat. Wo irgend möglich, hat insbesondere der Landesbischof in den vergangenen Jahren was in seinen Kräften stand zur Versöhnung der Gegensätze aufgeboten. Angesichts all dieser Tatsachen muß es als eine unerhörte Beleidigung bezeichnet wer-

75 Bd. 1, S. 177f.

den, wenn der Württ. Kirchenleitung vorgeworfen wurde, sie habe sich auf die Seite der Feinde des Reichs gestellt. Landesbischof D. Wurm.

Am 26.8.1938 teilte der Oberstaatsanwalt beim Sondergericht des Oberlandesgerichtsbezirkes Stuttgart dem Landesbischof mit[76]*:*
Ich teile Ihnen hiedurch mit, daß das Verfahren gegen Sie durch Beschluß vom 2.8.1938 eingestellt worden ist.
Im Auftrag: Wendling, Staatsanwalt.

PROTESTE GEGEN ÄUSSERUNGEN DER PARTEI.
DAS VERHÄLTNIS VON PFARRERN ZUR PARTEI

Ein zu den Deutschen Christen gehörender Pfarrer und Parteigenosse stellte Anfang 1937 eine Denkschrift für staatliche Stellen über die Behandlung der Kirchenfrage zusammen[1]*:*
Vorbemerkung: Der nachfolgende Bericht beruht auf einer Fülle von Einzelgesprächen mit Privatpersonen aller Stände und Lebensschichten; Gespräche mit Personen, die auch nur vermutungsweise antinationalsozialistisch eingestellt sind, sind nicht in Betracht gezogen. Es ergibt sich aus diesen Gespächen folgendes Bild der Gesamtlage.

I. Die Vertrauenskrise

Die Taktik der Regierung und der Partei wird ausnahmslos so beurteilt, daß man alle offiziellen Verlautbarungen zu bestimmten Problemen des öffentlichen Lebens in Linie der religiösen Frage nur für Tarnungsmanöver hält, hinter denen sich die eigentliche Absicht verbirgt. Man ist weithin davon überzeugt, daß die programmatischen Sätze des NS hinsichtlich des »positiven Christentums« und der Religionsfreiheit praktisch außer Kraft gesetzt sind und daß der Staat und die Bewegung eine ausgesprochene antichristliche und antikirchliche Richtung befördern. Diese Überzeugung wird bestärkt durch die Beobachtung, daß z. B. die gesamte SS sowie die Reichsjugendführung schärfstens antichristlich eingestellt sind und daß trotzdem von Zeit zu Zeit durch die Öffentlichkeit Bekanntmachungen gehen, wonach die genannten Organisationen jedem ihrer Mitglieder volle Gewissensfreiheit und Religionsfreiheit zugestehen. Niemand glaubt mehr an diese Versicherungen. Jedermann weiß, daß diese

76 LKA Stuttgart, D 1, Bd. 116,5.
1 LKA Stuttgart, D 1, Bd. 70.

Versicherungen in striktem Gegensatz stehen zu der Praxis in diesen Organisationen. Es ergibt sich der eigentümliche Zustand, daß jedermann diese Zustände kennt, daß man aber außer in ganz privaten Kreisen nicht wagt, diese Zustände offen zu schildern, da man dann sofort unter Hinweis auf die offiziellen Kundgebungen der NS-Organisationen wegen böswilliger Verleumdung angeklagt wird. Der Erfolg dieser Taktik ist ein absoluter Vertrauensschwund in christlichen und kirchlichen Kreisen und ein brutaler Zynismus in antichristlichen Kreisen.

»Der Nationalsozialismus hat die Aufgabe, den christlichen Glauben in Deutschland auszurotten. Wenn der Führer und andere Parteistellen offiziell den Kampf gegen das Christentum ablehnen, so dienen auch diese Äußerungen dem Ziel, das Volk zu entchristlichen. Diese Äußerungen sind nur für das Ausland berechnet, oder sie dienen als Handhabe, um Pfaffen, die es wagen, auf unsere Taktik aufmerksam zu machen, das Handwerk zu legen. Wir kämpfen gegen das Christentum, aber wenn ein Pfaffe das seinen Gemeindegliedern sagt, dann können wir ihn auf Grund solcher Äußerungen des Führers einsperren.«

Das ist eine in den verschiedensten Versionen umlaufende Erläuterung des gegenwärtigen Zustandes, der fast überall bei Christen und Antichristen als der wirklichen Lage entsprechend angesehen wird. Als Beispiel für diese Taktik mag folgender verbürgter Fall gelten: In einer Ortsgruppe redet ein Schulungsleiter (SS-Angehöriger) zu religiösen Fragen und ergeht sich in beleidigenden Ausfällen gegen die Person Christi. Es sei eine Beleidigung für jeden deutschen Mann und jede deutsche Frau, vor dem Bilde eines jüdischen Hurenkindes zu knieen. Darauf erklärte ein anderer anwesender Schulungsleiter, er teile die Ansichten des Redners nicht, sondern lehne sie schärfstens ab und mit ihm die Mehrzahl seiner Parteigenossen. Mit NS habe das gar nichts zu tun, denn der NS stehe auf dem Boden des positiven Christentums. Darauf wurde der christliche Schulungsleiter seines Amtes enthoben unter dem Vorwand, er habe die Gauschule nicht besucht. An seine Stelle trat ein anderer Schulungsleiter, der auch die Gauschule nicht besucht hat, der aber einwandfrei antichristlich war. Diese Beispiele ließen sich beliebig vermehren.

Aus dem allen entsteht der Eindruck, der jetzt überall herrschend ist, daß alle kulturellen Maßnahmen der Partei gegen das Christentum gerichtet sind und daß alle anders klingenden Äußerungen des Führers unglaubhaft seien. Dieser Eindruck wird verstärkt durch die bei der Kirchenaustrittspropaganda im Dezember und Januar umlaufende Parole der Gegner, der Führer verlange den Austritt aus der Kirche, er dürfe es des Auslands und der RW wegen nur nicht öffentlich sagen. Man mißt diese Parole an den Äußerungen der Partei von 1933 und stellt fest, daß diese Bewegung eine völlig andere Richtung eingeschlagen hat. Es sind mir eine große Anzahl alter Pg. bekannt, die bitter feststellen, daß diese neue Richtung sich innerlich in nichts vom Bolschewismus unterscheidet. Ungeheuer viel wertvolle Kräfte aus der Kampfzeit sind heute mit der Bewegung innerlich fertig; sie fühlen sich in ihrem tiefsten Vertrauen getäuscht und sind zum großen Teil seelisch zerbrochen.

II. Die seelische und sittliche Zersetzung

Es ist unleugbar, daß die früheren marxistischen und kommunistischen Kreise das Feld für ihre zersetzende Tätigkeit frei finden in der antichristlichen Tendenz der Gruppen, die in der NS-Bewegung und Partei arbeiten. Die früher marxistischen und kommunistischen Kreise sammeln sich schon nicht mehr in radikal kirchlichen Gruppen, sondern in antichristlichen Kreisen und Organisationen bis weit in die Partei selbst hinein. Jeder, der von der zynischen antichristlichen Propaganda erfaßt wird, ist damit schon anfällig für den Bolschewismus. Von Volksgemeinschaft ist weithin überhaupt nicht mehr die Rede. Der Christ ist faktisch infolge der Praxis großer NS-Organisationen ein Volksgenosse zweiten Ranges, während antichristliche und antikirchliche Betätigung schon als Ausweis deutscher Gesinnung zu genügen scheinen. Es gibt ungezählte Christen und Pastoren, die sich während der Kampfzeit für die Bewegung eingesetzt haben. Sie sind innerhalb der Partei, was ihren Glauben betrifft, rechtlos. Die Führer der Deutschen Glaubensbewegung und anderer Organisationen sind dagegen fast ausnahmslos vor der Machtübernahme politische Gegner des NS gewesen. Sie haben aber das Recht, sich heute auf den Führer und die Bewegung zu berufen. Sie werden offiziell weithin unterstützt. Der Erfolg dieser Lage ist dieser: Wer heute bewußter Christ ist, ist innerhalb der Partei schärfsten Anfeindungen ausgesetzt. Er weiß, daß er die schwersten Opfer für seinen christlichen Glauben bringen muß. Wer trotzdem an seinem christlichen Glauben festhält, hat eine Probe bestanden, die ihn vor sich selbst und vor jedem anständigen Menschen legitimiert. Für die Partei ist er aber jetzt meist verloren, da er mit der Kameradschaftstreue seiner Parteigenossen die schlimmsten Erfahrungen gemacht hat. Er ist nämlich wegen seiner christlichen Haltung sehr oft gerade von »jüngeren Pg.« verdächtigt und beiseite geschoben worden. Andererseits sind es gerade die labilen Charaktere, die die augenblickliche antichristliche Konjunktur in der Partei ausnützen und sich unentbehrlich machen. Das Resultat ist eine faktische charakterliche Zersetzung der Bewegung. Diese Verschiebung der seelischen und sittlichen Kräfte kommt zwar keineswegs der heutigen Kirche oder sonstigen christlichen Bewegungen zugute, sie geht aber zweifellos auf Kosten der seelischen und sittlichen Geschlossenheit und Sauberkeit der Partei und Bewegung. Es ist heute weithin damit zu rechnen, daß Partei und Bewegung stark mit charakterlich und damit politisch unsicheren Elementen durchsetzt ist. Die Volksstimme drückt sich hinsichtlich dieser Zustände aus in den weitverbreiteten Ausdrücken »Braune Pfaffen«, »NS-Jesuiten«. Es sind heute nicht die Verbitterten und Verhetzten allein, die an der Bewegung und ihrer deutschen Sendung verzweifeln, sondern gerade die Kreise, in denen ein starker sittlicher Fonds vorhanden ist. Wiederum sammeln sich in antichristlich orientierten Gruppen nicht eine jugendliche und vorwärts weisende Generation, sondern gerade die Entwurzelten und Konjunkturritter. Hierzu kommt, daß in der Öffentlichkeit weithin der Eindruck entstanden ist, die offensichtliche Unwahrheit der antichristlichen Propaganda werde von der Partei und dem Staate geschützt, während der Kirche verwehrt sei, sich gegen öffentliche Geschichtsfälschung in derselben Öffentlichkeit zu wenden. Es entsteht dadurch eine Atmosphäre der Verleumdung, die sich auf die Dauer als sittlich zersetzend auswirken muß und sich tatsächlich auch schon weithin ausgewirkt hat. Der Zynismus der antichristlichen Kreise spottet jeder Beschreibung. In antichristlichen Kreisen hat man sich damit abgefunden, daß die Ehre des christlichen Glaubens in Deutschland völlig ungeschützt ist. Unter der Parole »Entkonfessionalisierung der Öffentlichkeit« erscheint jeder Angriff auf den christlichen Glauben und die christliche Geschichte erlaubt. Jede Abwehr solcher Angriffe als »Konfessionalismus« wird unterdrückt. So ist z. B. zu Weihnachten innerhalb der Partei Weihnachtsfeiern jede Anlehnung an den christlichen Sinn des Festes ausdrücklich verboten worden, nicht dagegen antichristliche Propaganda. Bei ungezählten Feiern ist daher ja auch antichristliche Propaganda in schärfster Tonart getrieben worden. In einer Feier hat der christlich gesinnte Redner nach seiner Ansprache erklärt, er habe befehlsgemäß über den Sinn der altdeutschen Weihnachtsfeier gesprochen, ohne auf den christlichen Sinn einzugehen. Er aber für seine Person feiere Weihnachten seit seiner Kindheit als das Fest der Geburt Christi und gedenke das auch bis an seinen Tod zu tun. Schon diese Erklärung hat ihm erhebliche Drohungen eingetragen. Dagegen ist niemals bekannt geworden, daß die unerhörten Angriffe auf die christlichen Weihnachtsfeiern, die in ungezählten Ortsgruppen stattfanden und tiefste Empörung der christlichen Nationalsozialisten erregten, auch nur in einem einzigen Falle gerügt wurden. Es ist klar, daß eine derartige Taktik zersetzend auf das moralische Niveau der Öffentlichkeit wirken muß. Wir sind der festen Überzeugung, daß in der Folge dieser Taktik ein wesentlicher Teil der deutschen Öffentlichkeit in höchstem Maße anfällig ist für die Gottlosigkeit und den Bolschewismus. Wir sind der festen Überzeugung, daß auf die Dauer, das heißt bei Fortsetzung dieser Taktik Deutschland die Führung im Kampfe gegen den Bolschewismus an andere Länder abgeben wird und selber stärkstens in die bolschewistische Gefahrenzone hineingerät.

Der Wahldienst der Württ. Landeskirche gab im März 1937 eine Äußerung der Reichsfrauenführerin weiter. Nach der Verlesung des Abschnitts in einem Gottesdienst schrieb Pfarrverweser Schweickhardt, Gomaringen, am 27.3.1937 an den Wahldienst[2]:

Anläßlich eines der vom Evang. Oberkirchenrat angeordneten Wahlgottesdienstes in Gomaringen am 17. dieses Monats verlas ich im Anschluß an den von einem auswärtigen Amtsbruder gehaltenen Vortrag noch einiges von dem mir von Ihnen bzw. durch das Dekanatamt Reutlingen oder von Herrn Stadtpfarrer Lang, Reutlingen, zugesandten und auszuwertenden Material. Neben dem Dibelius-Brief[3] verlas ich unter anderem die Mitteilung aus dem mit den Worten »Die Überwindung der bolschewistischen Lehre...« beginnenden Blatt, Abschnitt C, die besagt, daß Frau Scholtz-Klink auf einer Tagung von Unterführerinnen des BDM in Düsseldorf im Januar folgende Äußerung gemacht habe: »In diesem Jahr haben sich die deutschen Frauen zwischen Christus und Hitler zu entscheiden.«

Diese Mitteilung hat hier ungeheuer Aufsehen erregt, besonders unter den Frauen der NS-Frauenschaft, die zum Teil noch zur Rehm-DC gehören. Da ich Pg. bin, haben sich, wie es scheint, auch die Dienststellen der Partei für diese meine Äußerung interessiert.

Nunmehr wurde mir von Frau Fabrikant Dölker telefonisch mitgeteilt, daß in einem Schreiben der Rehm-DC stehe, Rehm habe sich in dieser Sache an die Reichsleitung der NS-Frauenschaft gewandt und diese habe mitgeteilt, Frau Scholtz-Klink habe niemals eine solche Äußerung ge-

---

2 LKA Stuttgart, D 1, Bd. 70; vgl. auch das Schreiben vom 28.3.1937 von Pfr. Lang, Reutlingen an Oberkirchenrat Pressel, dem eine Abschrift der Anfrage Schweickhardts beilag.
3 Siehe S. 230–233.

macht. Es handle sich hier um übelste Brunnenvergiftung seitens der BK, die nun der Lüge überführt sei. Ich wurde daraufhin aufgefordert, von der Kanzel meine Äußerung wieder zurückzunehmen. Ich lehnte dies ab mit dem Vermerken, daß ein Dementi der NS-Frauenschaft mir noch nicht der Beweis sei, daß die Frau Scholtz-Klink diese Aussage tatsächlich nicht gemacht habe. Die Äußerung sei eben vielleicht nicht für die Öffentlichkeit bestimmt gewesen und müsse, da sie eben nun doch öffentlich bekannt geworden sei, wohl oder übel dementiert werden, da sie den Grundsätzen der Partei widerspreche oder auch weil die deutsche Öffentlichkeit für solche Erkenntnisse noch nicht »reif« sei. Ich versprach jedoch, da ich den Vorwurf der Brunnenvergiftung nicht auf mir sitzen lassen kann bzw. auf der Landeskirche und der BK, dieser Mitteilung auf den Grund zu gehen.

Ich bitte daher um beschleunigte Anfrage bei der Stelle, von der Sie diese Mitteilung erhalten haben, wie sie diese ihre Behauptung zu beweisen gedenkt. Ich muß mich auf die Nachrichten, die ich von seiten der BK erhalte, unbedingt verlassen können. Das ist für mich als Pg., der ich mich in der Partei in wiederholten Verfahren, die in den letzten Jahren gegen mich angestrengt worden sind, immer mit Erfolg auf das Programm der Partei und die Äußerungen des Führers berufen konnte, außerordentlich wichtig. Ich denke, was wir an offenkundigen religionspolitischen Entgleisungen seitens Hoheitsträger der Partei und des Staates bisweilen hören müssen, sollte genügen, so daß wir nicht noch auf zweifelhafte Quellen angewiesen sind. Ich bin aber nach wie vor eher der Überzeugung, daß diese Äußerung der Frau Scholtz-Klink tatsächlich gefallen ist. Ich bitte nur um eindeutige Bestätigung dieser Nachricht. Sollte jedoch die Äußerung nicht gefallen sein, fühle ich mich verpflichtet, sie öffentlich zurückzunehmen. Schweickhardt.

Wegen derselben Äußerung der Reichsfrauenführerin bat Pfr. Wittmann, Onstmettingen, die Reichsleitung der Reichsbewegung Deutsche Christen um Aufklärung über den genauen Wortlaut. Die Geschäftsleitung der Reichsfrauenführerin hatte darauf am 17.3.1937 der Reichsbewegung Deutsche Christen mitgeteilt[4]:

Im Auftrag der Reichsfrauenführerin teilen wir Ihnen auf Ihr Schreiben vom 12.3.1937, mit dem Sie uns die Anfrage des Pfarrers Wittmann, Onstmettingen, vom 11.3.1937 übersandten, mit, daß Frau Scholtz-Klink nie eine derartige Äußerung getan hat. Die Einstellung unserer Reichsfrauenführerin zu dieser Frage ist aus der Rede, die sie am 19.10.1936 auf

4 LKA Stuttgart, D 1, Bd. 70.

einer Tagung der NS-Frauenschaft in München gehalten hat, ersichtlich. Die diesbezüglichen Ausführungen finden Sie auf Seite 20ff. der im Junker- und Dünnhauptverlag in der Schriftenreihe der Deutschen Hochschule für Politik unter dem Titel »Verpflichtung und Aufgabe der Frau im nationalsozialistischen Staat« erschienenen Broschüre, die im Buchhandel erhältlich ist.

Heil Hitler! Warnecke, Abteilungsleiterin.

Unter den nationalsozialistischen Blättern ragten besonders die in Stuttgart erscheinenden Flammenzeichen *durch antichristliche und antikirchliche Artikel hervor. Am 16.1.1937 übersandte der Oberkirchenrat sämtlichen Dekanatämtern eine Zusammenstellung über die Haltung dieser Zeitschrift*[5]:

Die »Flammenzeichen«

I. Angriffe und Methoden

Grundsätzlich muß festgestellt werden, daß trotz aller Bemühungen des Reichskirchenausschusses, trotz der am 17.7.1936 vom Reichskirchenministerium in Aussicht gestellten Maßnahme gegen das Blatt und trotz der ultimativen Verwarnung des Hauptschriftleiters Dr. Krotsch durch den Reichspropagandaminister (laut Schreiben des Reichskirchenausschusses vom 19.10.1936 an den Evang. Oberkirchenrat) in der grundsätzlichen Einstellung des Blattes und in den Methoden keine Änderung eingetreten ist. Nach unseren Ermittlungen wurden allein in dem Zeitraum vom April bis Dezember 1936 rund 60 persönliche Angriffe gegen Vertreter der Evangelischen Kirche in den »Flammenzeichen« gezählt. Es gibt keine Nummer ohne solche Angriffe und Diffamierungen. Zu diesen persönlichen Angriffen kommen noch zahlreiche polemische Artikel, die sich in mehr oder weniger unsachlicher Weise mit der Verkündigung und den Lebensäußerungen der Evangelischen Kirche befassen. Nimmt man hinzu, daß auch die Katholische Kirche und ihre Amtsträger in gleicher Weise von den »Flammenzeichen« bekämpft werden, dann kann man ermessen, welchen breiten Raum die antikirchliche und antichristliche Tendenz in diesem Blatt einnimmt.

Es würde zu weit führen, hier die oben genannten rund 60 Fälle einzeln darzulegen. In diesen Fällen wurden jeweils Erkundigungen bei den An-

---

5 Nr. A 202.

gegriffenen eingezogen. Das Ergebnis ist immer wieder dasselbe: Meist handelt es sich um an sich völlig harmlose Tatbestände, die durch eine manchmal groteske Verdrehung mit einer politischen, antinationalsozialistischen Tendenz versehen wurden. Gelegentlich wurde auch mit völlig freier Erfindung gearbeitet. Nicht selten handelte es sich um mehr oder weniger persönlich gefärbte Racheakte, für die sich das Blatt zur Verfügung stellte. Der Mangel an verantwortlichem Wahrheitsernst, den die Schriftleitung aufweist, wird daran deutlich, daß sie ohne Nachprüfung ehrenrührige Artikel aufnimmt.

Eine Erklärung für diese verantwortungslose Leichtfertigkeit dürfte neben den in späterem Zusammenhang genannten Hintergründen die Tatsache bilden, daß gerade solche persönlichen Hiebe das Blatt in weiten Kreisen »interessant« machen und zur Steigerung des Absatzes beitragen. Zwischen der Skandalpresse vor 1933, die sich in zahlreichen Großstädten ausgebreitet hatte, und den »Flammenzeichen« legen sich Vergleiche nahe. Beide »enthüllen« bedenkenlos, zerren persönliche Dinge ans Tageslicht, machen gehässige oder schmutzige Sensationen daraus, treten die Wahrheit mit Füßen; damals diente ein moralisches Mäntelchen zur Rechtfertigung der Skandalberichterstattung; heute tarnen sich die »Flammenzeichen« politisch, indem sie behaupten, damit angeblich Ziele des Nationalsozialismus zu vertreten. Damals war die Schmutzpresse eine Schrittmacherin kommunistischer Bestrebungen, heute erweisen sich die »Flammenzeichen« als wirksame Zerstörerin der Volksgemeinschaft, ganz abgesehen von dem sittlich bedenklichen Einfluß, den das Blatt durch breite Behandlung sexueller Dinge in Wort und Bild und durch Untergrabung von Autorität und Ehrfurcht ausübt.

Zur Charakterisierung seiner Stellung gegenüber Christentum und Kirche und kirchlichen Amtsträgern seien nur wenige Beispiele kurz wiedergegeben.

1. Gegen Pfarrer Gruner, Lustnau. Im Briefkastenteil der »Flammenzeichen« 46 vom 16.11.1935 wurde folgende Notiz veröffentlicht:

»H. H. Lustnau: Beruhigen Sie sich. Auch Pfr. Gruner hat sicherlich schon eine Hakenkreuzfahne bestellt. Daß er sie bisher noch nicht gehisst hat, lag wahrscheinlich nur an dem Mangel an Gelegenheit«. Dazu teilte Stadtpfarrer Gruner mit: »Durch Kirchengemeinderatsbeschluß vom 13.8.1933 wurden 4 Reichsfahnen für Kirche und Pfarrhaus beschafft. Dieselben sind seitdem jederzeit genau nach Vorschrift gehisst bzw. eingezogen worden. Bestätigung bzw. Nachprüfung durch den Ortsgruppenleiter der NSDAP hier, Herrn Pfarrer i. R. Schwab, ist nur erwünscht.«

2. Gegen Pfarrer Dr. Hutten, Stuttgart. Unter der Überschrift »Jetzt: ›Männerkreis‹?« wird in den Flammenzeichen 46 vom 16.11.1935 ein Artikel in der Monatsschrift »Die Männergemeinde« (Nr. 10) vorgenommen, der organisatorische Fragen behandelte. Die »Flammenzeichen« schreiben: »In einem Schrieb des Schriftleiters Dr. K. Hutten, Stuttgart, wird zwar Kenntnis genommen von der zum Wohle der Nation und der Kirchen erfolgten Beschränkung der Kirchen auf kirchliche Angelegenheiten. Wozu aber soll an Stelle der Evang. Arbeitervereine, die sich bekanntlich selbst aufgelöst haben, weil sie ›immer treue Mitarbeiter am Aufbau der deutschen Volksgemeinschaft sein wollen‹, das ›Evang. Männerwerk‹ treten, dessen Aufgabe Dr. Hutten folgendermaßen umschreibt: ›Es ist kein Verband, sondern eine neue Arbeitsform der Kirche, durch welche die männlichen Gemeindemitglieder zu tätigem Dienst in der Kirche aufgerufen werden. Unsere Männerkreise dienen rein religiösen Zwecken, fern von Standesinteressen oder politischen Aufgaben...‹ Dagegen ist bestimmt nichts zu sagen. Aber es heißt weiter: ›Wo etwa von früher her bestehende Arbeitervereine noch nicht restlos aufgelöst und in die neue Form des Offenen Männerkreises übergeführt sein sollten, mir ist allerdings ein solcher Fall nirgends bekannt, ist dies sofort nachzuholen... Es muß mit aller Kraft dafür gesorgt werden, daß die früher in den Evang. Arbeitervereinen gesammelten Männer sich nicht verlaufen...‹ Der Hirte sammelt seine Herde. Das soll ihm unbenommen bleiben. Warum aber gerade die ehemaligen Mitglieder des Evang. Arbeitervereins gesondert sammeln? Wie wäre es, wenn die Kirchen das Beispiel des Staates nachahmten und den Unternehmer neben den Arbeiter setzten, beide sind vor Gott ja auch gleich! Wir werden jedenfalls diese ›Offenen Männerkreise‹ im Auge behalten: Ob sie ›positive Volksgemeinschaft‹ betreiben, oder ob sie in die Sünden des Christlichen Volksdienstes zurückfallen. Denn darauf kommt es an!«

Diese Ausführungen bilden ein Schulbeispiel für die Unwahrhaftigkeit, mit der in den »Flammenzeichen« gearbeitet wird. Denn in dem oben genannten Zitat aus der »Männergemeinde« wurde ausgerechnet der Satz unterschlagen, der die ganze Haltlosigkeit dieses Angriffes deutlich gemacht hätte. Nach den Worten »...sich nicht verlaufen« heißt es nämlich weiter: »Zugleich soll dieser Kreis (nämlich der neu zu bildende Männerkreis, der an die Stelle des aufgelösten Arbeitervereins treten soll) darüber hinaus auch die Männer zu erfassen suchen, die dem früheren ›Verein‹ nicht angehörten.« Damit ist klar ausgedrückt, daß die Männerkreise keine getarnte Fortsetzung einer konfessionellen Standesorganisation sein sollen, sondern Männer aus allen Kreisen und Berufen der Gemeinde sammeln wollen, wie dies von Anfang an die Absicht des Evang. Männerwerks war. Auf ein Schreiben an die Schriftleitung der »Flammenzeichen«, das auf diesen Sachverhalt hinwies, lief folgende Antwort ein: »Wir haben Ihr Schreiben vom 16. dieses Monats mit Interesse zur Kenntnis genommen, müssen Ihnen aber zu unserem Bedauern mitteilen, daß wir durch Ihre Ausführungen nicht zu einer Änderung unserer Meinung über Ihre Männergemeinde bewogen worden sind. Die Tatsache allein, daß Sie dem aufgelösten Evang. Arbeiterverein (wir erinnern an die Begründung dieser Auflösung) einen Nachfolger unter anderem Namen geben, macht uns schon mißtrauisch, und wenn Sie darüber hinaus auch noch die Männer zu erfassen suchen, die dem ›Verein‹ nicht angehörten, fühlen wir uns erst recht veranlaßt, die Öffentlichkeit auf diese ungewöhnliche Aktivität aufmerksam zu machen, zumal da früher von einer solchen Aktivität nicht viel zu spüren war. Im übrigen müssen wir uns gegen Ausdrücke wie unterschlagen, leichtfertig und sachlich unbegründet mit allem Nachdruck verwahren. Wir wissen nämlich genau, was wir wollen, und sind auch durchaus in der Lage, jedes Wort, das wir schreiben, vor unserem Gewissen und vor unserem Volk zu verantworten.«

3. Gegen Dekan Gerhardt, Freudenstadt. »Dekan Gerhardt aus Freudenstadt z. B. zeichnet verantwortlich für den ›Allgemeinen Teil‹ der meisten Gemeindeblätter Württembergs. Auch er scheint zu glauben, den lieben Gott nach seinem Bilde geschaffen zu haben, und verlangt deshalb von seinen Gläubigen, daß sie den lieben Gott sehen, wie er, der Herr Dekan, es haben möchte. Und da er zur Abfassung des Bekenntnisses der NSDAP zum positiven Christentum nicht beigezogen worden war, scheint er auch gewisse ›Aversionen‹ zu haben. Zum mindesten scheint er es nicht verwinden zu können, daß diese Partei, seitdem sie die Staatsführung übernommen hat, den Urgrundsatz der christlichen Lehre ›Liebe deinen Nächsten!‹ in der vollendetsten Form verwirklicht. Denn sonst dürfte es ihm nicht geschehen, daß in der Oktober-Ausgabe zahlreicher evangelischer Gemeindeblätter Verse von »T. G.« (vielleicht der Herr Dekan selbst?) erscheinen, die den glücklich überwundenen Gegensatz zwischen Städter und Bauer ersetzen wollen durch den zwischen dem ›Redner‹ (Kunststück, zu erraten, wer damit gemeint sein soll!) und dem Bauer. Aber unsere Leser mögen selbst urteilen:

›Der Redner: Nun liegt das liebe Brot so frisch/Dem deutschen Volk auf seinem Tisch/Das hat der treue Bauersmann/mit Saat- und Erntewerk getan;/Drum Stadt und Land, ein jedes sag/dem Bauern Dank am Erntetag/.

Der Bauer: Ha jo, i hau mei Aerbet g'het;/s'Sach wachse lasse haun i net:/Dr Herrgott hot do's Bescht dra do/Drum moin i: mer soll ällweil no/ Dia Feschter feira wia die Alte/Und Gott des Erntedankfest halta!«

Es paßt dem Herrn Dekan also nicht, daß der Städter dem Bauern für Saat- und Erntewerk dankt. Dem Allmächtigen, der die Ernte der deutschen Bauern gesegnet hat auch in diesem Jahr, haben Führer und Reichsbauernführer auf dem Bückeberg zuerst Dank gesagt. Aber dieser Allmächtige ist vermutlich nicht nach dem Bilde des Herrn Dekans. Wie wäre es aber, wenn der Herr Dekan seinen Schriftleiterberuf an den Nagel hinge, der auch nicht nach dem Bilde deutscher Schriftsteller geschaffen ist, und die Abstattung des Dankes an seinen Gott übernähme? Er wäre gewiß der Berufenste dazu. Denn die Redner beim Erntedankfest waren und sind ja Politische Leiter der NSDAP.« (Aus »Flammenzeichen« 49 vom 7.12.1935.)

Es wird ein Grund zur Polemik gegen evang. Pfarrer um jeden Preis gesucht. Ist er nicht gegeben, dann zieht man ihn an den Haaren herbei, indem man in klare Sätze irgend etwas Staatsfeindliches hineinliest. Der Sinn des oben wieder gegebenen Zitats aus der Landausgabe des Württ. Gemeindeblatts ist völlig eindeutig: Hier wird auf den religiösen Gehalt des Erntedankfestes hingewiesen, wie er von jeher in der Kirche verkündigt wurde. Wer aus diesen Sätzen den Versuch herausliest, »den glücklich überwundenen Gegensatz zwischen Städter und Bauer« in neuer Form wieder aufleben zu lassen, der muß schon mit allen Mitteln nach einem Grund zum Streiten suchen.

4. Gegen Pfarrer Lawton, Ohmenhausen. »Pfarrer Lawton, Ohmenhausen, hat jedenfalls den ›Geist der Zeit‹ besser erfaßt. Er ›schaltet‹ sich in das wieder wehrfähig gewordene Deutschland ein. Am 20. September dieses Jahres schrieb der Herr Pfarrer an die Rekruten des Jahrgangs 1914/ 1915: ›Liebe Kameraden! Als aktiv bei der Garde Gedienter... Und er lud die ›lieben Kameraden‹ ein, Samstag, den 21. September, eine Besprechung bei ihm abzuhalten und eine Woche darauf nach Tübingen zu kommen. Und als er mit seinen Schäflein durch Tübingen marschierte, da waren etliche darunter, die auf den Rat des ›aktiv bei der Garde gedienten‹ Pfarrers in der Tracht des CVJM marschierten. Eigentlich sollte Pfarrer Lawton – ›als aktiv bei der Garde Gedienter‹ – ja wissen, daß die Seelsorge der Rekruten Militärpfarrern obliegt. Außerdem braucht das Deutsche Reich schon seit dem Dreißigjährigen Krieg ›evangelische‹ Soldaten nicht

mehr. Sondern bloß deutsche Soldaten, die ihren Schädel auch dann hinhalten werden, wenn der Herr Pfarrer längst wieder vergessen hat, daß er ›aktiv bei der Garde gedient hat‹. Übrigens: Hat er sich auch vor dem Januar 1933 schon gerne erinnert, daß er ›aktiv bei der Garde gedient‹ hat?« (Aus »Flammenzeichen« 49 vom 7. 12. 1935.)

Pfarrer Lawton berichtet hiezu unter anderem »Entsprechend einem Einladungsschreiben vom 16. September dieses Jahres zu einer Rüstzeit für einrückende Mannschaften hatte ich laut nachstehender Einladung vom 20. 9. 1935 die hiesigen Rekruten von 1914 und 1915 eingeladen, so wie es kurz darauf im Erlaß vom 4. 10. 1935 Nr. A 9975 auch der Evang. Oberkirchenrat von den Pfarrämtern erwartete. Das hat nun den von Grund aus verlogenen und gemeinen Artikel in den ›Flammenzeichen‹ vom 7. 10. 1935 zur Folge gehabt. Auf meine Einladung vom 20. September dieses Jahres kamen am Samstag Abend, den 21. September, alle geladenen Rekruten, mit Ausnahme des Junglehrers und einem, der sich wegen Arbeit entschuldigen ließ. Ich habe den jungen Leuten, die sich am Schluß bedankten, von der aktiven Dienstzeit, meiner Kriegszeit und der Tätigkeit in der Soldatenheimarbeit ausgehend, kurz von der Wochenend-Rüstzeit erzählt und sie nach Tübingen eingeladen. Wer gerne gehen wolle, möge dies in einigen Tagen mir sagen lassen. Zwei taten dies. Sie haben auch einen Teil davon mitgemacht. Weiter weiß ich von der Tübinger Rüstzeit nichts. Alles andere ist aus den Fingern gesogen. Wieder einmal ein Beweis, wie man lügen kann. Der Schluß des Artikels ›Kleine Anfänger und Dilettanten‹ betreffend meiner Person ist eine Gemeinheit. Ich bin seit 1908 Mitglied des Kriegervereins, habe niemals ein Hehl daraus gemacht, auch nicht in kommunistischen und freidenkerischen Zeiten in Steinheim, habe vom Evang. Pfarrkriegsdienst aus in der Gemeinde gearbeitet, ich bin 1934 mit dem Ehrenschild des Württ. Kriegerbundes durch ein Schreiben des Generalleutnants von Maur ausgezeichnet worden. Trotzdem muß man sich so bewerten lassen, ohne sich wehren zu können.«

Das Einladungsschreiben von Pfarrer Lawton: »An die Rekruten vom Jahrgang 1914 und 1915. Liebe Kameraden! Als aktiv bei der Garde in Berlin Gedienter und als 3 ½jähriger Frontsoldat rede ich Euch so an und lade Euch alle auf morgen, Samstag, 21. September, zu einer ganz kurzen Besprechung ins Pfarrhaus ein. Die beiden Kriegskameraden, Oberkirchenrat Schaal und Wehrkreisoberpfarrer Schieber in Ludwigsburg, haben mir soeben geschrieben, wir sollten Euch alle zu einem Wochenend auf Samstag–Sonntag, 28. und 29. September (Beginn Samstag Abend

8 Uhr) nach Tübingen als Gäste einladen. Das möchte ich als alter Frontsoldat mit Euch ganz kurz besprechen, und so erwarte ich Euch alle ganz bestimmt am Samstag um ½ 8 Uhr. Mit deutschem Gruß Heil Hitler! Euer Pfarrer Lawton.«

5. Achtung vor dem christlichen Glauben? Die »Flammenzeichen« schreiben: »... Es ist uns wohl bekannt, daß gewisse politisierende Kuttenträger das ›gemeine Hetzblatt‹ – welcher Ehrenname für die ›Flammenzeichen‹ aus diesem Munde – überall und mit allen Mitteln anzuschwärzen versuchen. Es wird nichts nützen. Wir werden die religiösen Einrichtungen der Katholischen Kirche ebenso achten wie die religiösen Institutionen der 1500 Millionen Andersgläubigen auf dieser Erde... Hieraus geht klar hervor, daß die ›Flammenzeichen‹ sich auch herausnehmen müssen, undeutsche Erscheinungen auf allen Gebieten entsprechend zu kennzeichnen, auch wenn sie religiös bemäntelt sein sollten. Kein vernünftig denkender Mensch kann darin einen Angriff auf religiöse oder konfessionelle Einrichtungen sehen... Als unabhängiges Blatt fühlt es sich lediglich dem deutschen Volke verpflichtet. Es wirbt nicht um Dank, sondern um die Herzen. In der kurzen Zeit seines Ausbaues ist der Erfolg schon ein so erstaunlich großer gewesen, daß uns diese Entwicklung an sich schon eine Verpflichtung bedeutet, es zu einer irgendwie erreichbaren Höhe zu führen. Unsere Zehntausende von Freunden mögen diese Erklärung als Erhärtung unseres Bekenntnisses auffassen, unsere Feinde aus ihr die Erkenntnis ziehen, daß sie an der Lauterkeit unseres Wollens sich die Schädel einrennen werden.«

Tatsächlich zeigen die Artikel der »Flammenzeichen« immer wieder, daß der Angriff nicht nur gegen Personen oder einzelne Entgleisungen geht, sondern gegen die Grundlagen des christlichen Glaubens selbst. So wenn überhebliche Urteile über das Alte Testament gefällt werden: Ein Jude in Nürnberg war wegen rasseschänderischer Beziehungen und Kuppelei zu 6 Monaten Gefängnis verurteilt worden. Dazu bemerken die »Flammenzeichen« (Nr. 43 vom 26. 10. 1935): Schweinereien des ›heiligen‹ Alten Testamentes.«

In derselben Nummer der »Flammenzeichen« heißt es: »Zur Aufklärung: In der heute noch für viele Theologen heiligen Schrift des Alten Testaments steht unter 5. Moses 23,21, daß Wucher bei einem jüdischen Rassegenossen verboten sei, dagegen bei Fremden erlaubt sei. Eine schöne Heilige Schrift, ein schöner Glaube, für die Juden...«

Ebenfalls in Nr. 43 heißt es: »In Brandenburg ließ ein Pfarrer am Altarkreuz von den Buchstaben INRI die beiden letzten entfernen. Der Mann fühlte ganz richtig, daß ein König der Juden wohl nicht gut der Heiland der Welt sein kann.«

6. Gegen Pfarrer Dolde, Triensbach. Unter der Überschrift »Versäumter Platz im Zentrumshimmel« heißt es in den »Flammenzeichen« 50 vom 14.12.1935: »Hochwürdiger Herr Pfarrer in Triensbach! Daß Sie Pfarrer statt Politiker geworden sind, wollen wir Ihnen nicht vorwerfen. Daran sind die schuld, die in völliger Verkennung ihrer Aufgaben Sie Pfarrer werden ließen, statt Sie umweglos in den Reichstag des Novemberstaates zu entsenden. Was wir Ihnen aber, im Interesse Ihres eigenen Ansehens!, nicht verzeihen können, ist, daß man uns gelegentlich einer Spazierfahrt in Ihre Gegend nicht ohne unverhohlene Schadenfreude erzählte, daß Sie am 17. Oktober dieses Jahres Ihrer ganzen Gemeinde Anlaß zum Lächeln gegeben haben. Damals sollte nämlich der Reichsstatthalter von Württemberg in Crailsheim sprechen und Sie haben, in plötzlicher Verkennung Ihres Amtes als Seelsorger, gerade für die gleiche Zeit einen Sondergottesdienst festgesetzt. Nun hat aber der Herr Reichsstatthalter erst zwei Tage später kommen können. Das soll Ihnen sehr peinlich gewesen sein, Herr Pfarrer! Aber für ›so fromm‹ haben nicht einmal Sie Ihre Schäflein gehalten, daß Sie es gewagt hätten, schon wieder einen ›Sondergottesdienst‹ anzusetzen. Und darum verließ Sie auch der zwei Tage vorher noch so starke ›Bekennermut‹! Umständehalber sabotierten Sie die Versammlung des Reichsstatthalters am 19. Oktober nicht, obwohl Sie damit einen Platz im Heiligenhimmel des Zentrums restlos verpaßt haben«.

Pfarrer Dolde teilte hiezu mit: »1. Am 17. Oktober hat hier kein ›Sondergottesdienst‹ stattgefunden, dagegen ein Vortrag, den aber nicht ich, sondern ein österreichischer Theologiestudent über das Thema ›Evangelium in Österreich‹ gehalten hat. (Es dürfte auch dort bekannt sein, daß die Evangelischen in Österreich nicht nur um ihres Glaubens, sondern auch um ihrer positiven Stellung zum Nationalsozialismus willen gerade vom Zentrum übel angefeindet und verfolgt werden.) 2. Dieser Vortrag wurde nicht von mir angeordnet, sondern schon am 2. September bei einer Besprechung der Pfarrer des Bezirks nach einem für den ganzen Bezirk aufgestellten Plan festgesetzt. Er war also schon 4 Wochen, ehe die Versammlung des Herrn Reichsstatthalters bekanntgemacht wurde, festgelegt. Übrigens auch der Gemeinde schon vorher bekanntgegeben. Ich hatte keinen Grund, diesen Vortrag abzusagen, vor allem auch deshalb nicht, da ja die Versammlung des Herrn Reichsstatthalters von diesem Tag auf den Samstag verschoben wurde. An eine Sabotage dieser Versammlung konnte deshalb kein Mensch in hiesiger Gemeinde denken. Die

Behauptung, daß ich meiner ›ganzen Gemeinde Anlaß zum Lächeln gegeben habe‹, ist eine Verleumdung, die jeglichen Grundes entbehrt und die ich aufs entschiedenste zurückweisen möchte. Ich möchte dagegen behaupten, daß meine ganze Gemeinde empört wäre, wenn sie von dem Artikel Kenntnis erhalten würde. Meine persönliche Glaubensüberzeugung wird in einer Weise in Zweifel gezogen, die ich mir als Deutscher und Christ verbitten muß. Ich möchte feststellen, daß es dem Schreiber des Artikels ein Leichtes gewesen wäre, den tatsächlichen Sachverhalt zu erfahren. Ich halte es für unverantwortlich, wenn man Volksgenossen, die ein öffentliches Amt innehaben, auf diese Weise verächtlich macht. Als Deutscher, der sich in heißer Liebe seinem Volk und Vaterland verbunden weiß und dem das eine Selbstverständlichkeit ist, habe ich auch eine Ehre und dürfte eigentlich erwarten, daß diese nicht ohne Grund in einer Zeitung heruntergerissen wird. Die in meinem Fall erfolgte Art der Berichterstattung kann meines Erachtens niemals die Volksgemeinschaft helfen bauen, sondern nur zerstörend wirken.«

7. Gegen Stadtpfarrer Fischer, Reutlingen. Aus »Flammenzeichen« vom 10. 3. 1936: »Auch Stadtpfarrer Fischer in Reutlingen kann es nicht lassen, zu sticheln und zu schüren und beispielsweise die Konfirmanden gegen die nationalsozialistische Weltanschauung zu beeinflussen. Für ihn sind ›nur Bismarck und Hindenburg fromm gewesen‹ und haben es deshalb weitergebracht als – ja das sagt er nicht, aber man kann sich's denken, worauf er hinzielt, wenn er anschließend von den ›dunklen Mächten‹ spricht, ›durch die man sich nicht drausbringen lassen solle‹, aus dem Glauben nämlich. Natürlich erzählt er auch, daß die Konfession unterdrückt werde und daß man ihr, der Evang. Kirche, die Jugend entreißen wolle. Außerdem weiß er, daß man es ›durch die heutige nationalsozialistische Erziehung nicht so weit bringen könne‹ (wie durch die konfessionelle?), und gibt dann großmütig zu, daß wir ›durch das Blut verbunden sind‹, aber das genügt natürlich nicht, man müsse ›dazu auch Christ‹ sein. Denn wir seien ›erst Deutsche, wenn wir Christen seien‹. Der Herr Stadtpfarrer hat durch diese und ähnliche lichtvolle Ausführungen unseres Wissens nicht ganz das erreicht, was er erreichen wollte, nämlich die Jugend gegen den Nationalsozialismus aufzuwiegeln, denn einige seiner jungen Zuhörer wollten zum Protest gegen ihn schon aus der Kirche weglaufen, haben die Sache dann aber lieber uns erzählt, um ihrem Protest stärkeren Ausdruck zu verleihen. Und so kommt es, daß Stadtpfarrer Fischer seinen Namen in den ›Flammenzeichen‹ lesen kann, was nicht unsere Schuld ist...«

Stadtpfarrer Fischer teilte hiezu mit: »1. Zu den äußeren Umständen ist Folgendes festzustellen: a) Die Denunziation geht nicht von meinen eigenen Konfirmanden aus. Sowohl die Söhne wie die Töchter haben mir sowohl durch den Mund ihrer ranghöchsten Führer als auch einmütig bestätigt, daß ich in meinem Unterricht nie versucht habe, sie gegen den Nationalsozialismus zu beeinflussen, sondern daß ich immer für den Nationalsozialismus eingetreten sei. b) Der Angriff bezieht sich auf die Predigt, die ich am 8.1.1936 am Eröffnungsgottesdienst für den Konfirmanden-Unterricht in der Marienkirche vor sämtlichen Konfirmanden von Reutlingen und deren Angehörigen gehalten habe. Auch sämtliche Pfarrer waren dabei anwesend. Der Angriff geht wahrscheinlich von Konfirmandeneltern eines anderen Bezirks aus. 2. Zum Inhalt des Angriffs ist festzustellen: a) Wie aus der beigelegten Predigt hervorgeht (sie wurde wirklich so gehalten, wie ich sie vorher aufgeschrieben hatte), wurde mit Ausnahme des Ausdrucks ›dunkle Mächte‹ keine einzige Wendung so gebraucht, wie sie in den ›Flammenzeichen‹ durch die Anführungszeichen als wirklich gesagt gekennzeichnet wurden. Ebensowenig sprach ich von der ›Unterdrückung‹ der Konfessionen oder davon, daß ›man‹ der Evang. Kirche die Jugend entreißen wolle. Was die ›Flammenzeichen‹ berichten, ist also glatte Lüge. b) Der Ausdruck ›dunkle Mächte‹ bezieht sich nach dem Zusammenhang eindeutig auf die Macht der Sünde, ›welche in und über uns Gewalt gewinnen will‹. Auch meine Konfirmanden, denen ich diesen Abschnitt noch einmal vorlas, haben es ohne weiteres so aufgefaßt. Die Darstellung der ›Flammenzeichen‹ ist deshalb im besonderen eine mit Worten nicht zu charakterisierende Verleumdung.«

8. Gegen Professor D. Schlatter, Tübingen. Eine besonders schmähliche Behandlung ließen die »Flammenzeichen« dem Theologieprofessor D. Schlatter in Tübingen widerfahren. Das Blatt griff ihn zweimal an wegen der Broschüre »Wird der Jude siegen?« Ton und Gehalt des Angriffs ist beide mal derselbe. In Nr. 5 (Februar 1936) heißt es: »Und diese (nationalsozialistische) Weltanschauung paßt ihm eben nicht, dem lieben Mann, obwohl er keine Bedenken trägt, sich von dem Staate erhalten zu lassen, der diese Weltanschauung vertritt. Aber so sind sie, diese alten Knaben! Sie haben ihr ganzes Leben in einer volksfremden Gedankenwelt verbracht, haben sich in Haarspalterei geübt, um Worte gestritten und haben über dieser ›fruchtbaren‹ Beschäftigung den Anschluß an das wirkliche Leben versäumt. Und nun stehen die dem Neuen und Großen, das um sie werden will, verständnislos gegenüber und wissen sich über die Tatsache, daß niemand mehr auf sie hören will, nur dadurch zu

trösten, daß sie laut und vernehmlich meckern und alberne Vergleiche ziehen. Ein Glück für diese Tappergreise (sie sind nicht immer über sechzig), daß sie ihr Schicksal in Deutschland geboren werden ließ und nicht in einer österlicheren Gegend, wo der Jude wirklich mehr Rechte hat als der Christ und wo man mit Theologieprofessoren, zumal dann, wenn sie schwatzhaft werden, verdammt wenig Federlesens macht. Möchten Sie sich dieses Land nicht einmal ansehen, Herr Professor D. Schlatter, damit Sie endlich begreifen, wie vornehm man Ihresgleichen in Deutschland behandelt?«

In Nr. 7 bittet das Blatt »die zuständigen Behörden, besagten Prof. Dr. Schlatter unter Denkmalschutz zu stellen, nachdem er ohnehin auf Grund dieser gedruckt erschienenen Schrift jederzeit den § 51 für sich geltend machen kann. Außerdem empfehlen wir den Stuttgartern, wenn sie wieder einen Karnevalsprinzen auf dem nicht mehr ungewöhnlichen Wege einer Zeitungsanzeige suchen, sich die Unkosten zu ersparen und Professor D. Schlatter aus Tübingen zu nehmen. Er scheint uns durchaus der Richtige und Geeignetste dafür. Die Prinzengarde können dann gewisse Pastoren der Bekenntnisfront bilden.«

Bemerkenswert ist, daß dieser oben wiedergegebene Abschnitt aus Nr. 7 der »Flammenzeichen« vom Schweizer Evang. Pressedienst (Nr. 10 vom 10. 3. 1936) in seine Mitteilungen an die Presse übernommen und mit einigen Erläuterungen versehen wurde. Die Angriffe der »Flammenzeichen« sind auf diese Weise in die Auslandspresse gedrungen.

9. Stadtpfarrer Jäckh, Göppingen, nannte im Religionsunterricht den Namen des früheren Reichsbischofs Müller, aber ohne kirchenpolitischen Hintergrund, und kam in anderem Zusammenhang auf Rosenbergs Auffassung von Jesus zu sprechen. Das veranlaßte die »Flammenzeichen« (Nr. 16, 1936) zu einem scharfen Angriff auf Jäckh, »der uns als Prototyp des politisierenden Hetzgeistlichen geschildert wird«. Es folgen einige Sätze über die oben genannten Punkte; dann fährt das Blatt fort: Man wolle ihm dies gar nicht zu sehr verübeln; »aber wenn er gegenüber den jungen Mädchen sich das Unglaubliche herausnimmt, auch über den Führer gehässige, in ihrer Gemeinheit gar nicht wiederzugebende Äußerungen zu machen, dann muß man wohl sagen: Dieser Mann hat in einer deutschen Schule nichts mehr zu tun!«

Stadtpfarrer Jäckh stellt dazu fest: »An dieser Behauptung ist kein Wort wahr. Es haben mir gestern die von mir befragten Schülerinnen auf dringendes Befragen bestätigt, daß sie sich keiner einzigen solchen Äußerung erinnern und daß ich die ganzen Klassen befragen könnte und von sämtlichen Schülerinnen ihre Aussage bestätigt bekommen würde.«

10. Stadtpfarrer Lic. Lempp von der Leonhardskirche in Stuttgart, der lange Jahre segensreich in Stanislau (Zöcklersche Anstalten) gewirkt hat und sich in seiner Stuttgarter Gemeinde größten Ansehens erfreut, mußte pflichtgemäß zu den deutschkirchlichen Lehren von Stadtpfarrer Georg Schneider Stellung nehmen, umso mehr, als Schneider an der gleichen Gemeinde wirkte und mancherlei Verwirrung in ihr hervorrief[6]. Die ganze Auseinandersetzung Lempps erfolgte, wie es seine Art ist, durchaus ernst, würdig und sachlich. Vom Willen zur Friedfertigkeit geleitet, hatte er lang gezögert, bis ihn die Verantwortung seines Amtes zu einer offenen Erklärung über die bibel- und bekenntniswidrigen Lehren Schneiders in der Bibelstunde zwang. Die »Flammenzeichen« (Nr. 32) schreiben dazu folgende schnoddrigen Sätze: »Stadtpfarrer Lic. Lempp scheint... den Ehrgeiz zu haben, als Original wirken zu wollen. Er macht das natürlich nicht so, daß er Lederhosen zum Frack trüge oder über die Bäffchen einen grünen Schlips hinge. Er vergißt bloß das Rasieren des Geistes. Und so kommen seine geistigen Sprösslinge mit einem Bart auf die Welt, daß er beim nächsten Cannstatter Volksfest sogar das Doppelte des üblichen Eintrittspreises verlangen könnte, wenn er sie dort ausstellte. Am 1. Juli dieses Jahres wurde dieser Bart besonders sorgfältig behandelt. Mit dem Mut eines Friseurlehrlings (womit nichts gegen die Gilde der Haarpfleger gesagt sein will), der vor der Entscheidung steht, ob er oder ein anderer Sieger im Reichsberufswettkampf werden soll, bestieg er in der Bibelstunde die Kanzel und schmiß eine Waggonladung antiquarischer Rasierklingen seinem Amtsbruder, Stadtpfarrer Schneider, an den Kopf, der es gewagt hatte, von der gleichen Kanzel herunter einige Bärte zurechtzustutzen.« Weiter hieß es in dem Artikel, daß »die Bäffchen unseres Lizentiaten von Entrüstung bibern wie ein Dackelschweif in Erwartung einer Wurst«.

11. Pfarrer Hess, Trichtingen, hatte in einer Erntebetstunde das Unwetter in der Erntezeit unter Gottes Wort gestellt: »Es ist Gottes gewaltige Hand. Und wir lernen wieder einmal, daß man gegen diese gewaltige Hand machtlos ist, ja, daß ein ganzes Volk nichts wider sie vermag. Wie ein Berg liegt sie da und läßt sich nicht auf die Seite schieben.« Gott bringt sich denen, die ihn vergessen haben, wieder in Erinnerung. Er widersteht den Hoffärtigen[7] und bezeugt sich vor jedem als der, welcher spricht: Ich bin der Herr, dein Gott. Die weiteren Ausführungen riefen dazu auf, sich

---

6 Vgl. S. 410–413.   7 1. Petr. 5,5.

vor Gott zu beugen und Buße zu tun; denn Gott will nicht verderben, sondern wieder zurechtbringen.

Die »Flammenzeichen« (Nr. 34/1936) dagegen werfen Pfarrer Hess vor, er habe die Erntebetstunde »zur argen Miesmacherei mißbraucht«. Viele Leute hätten sich »über das unangebrachte Geschwätz von einer Mißernte weidlich geärgert«. Es sei nicht Aufgabe des Priesters, »den Teufel an die Wand zu malen und durch üble Miesmacherei Unruhe in die Bevölkerung zu tragen«.

12. Stadtpfarrer Seybold, Biberach, wirkte früher in Hausen/Zaber. Mit dieser Gemeinde verbanden ihn und seine Familie noch viele Fäden der Erinnerung und Gemeinschaft. In den Sommerferien weilten 2 seiner Söhne bei einem befreundeten Bauern und Kirchengemeinderat in Hausen, um in der Ernte zu helfen. Während dieser Zeit wurde am Anschlagbrett der NSDAP in Hausen ein rotumrandeter Artikel der »Flammenzeichen« angeschlagen, der Stadtpfarrer Seybold wegen seiner angeblichen Ablehnung der Gemeinschaftsschule angriff. Einer der beiden Buben schrieb den Artikel ab und sandte ihn seinem Vater in der Annahme, daß dieser ihn noch nicht kennt. Dieser schrieb zurück, daß ihm der Artikel schon bekannt sei und er möge sich nicht aufregen. Bald darauf waren die Ferien zu Ende, und die beiden Söhne reisten wieder heim.

Aus diesem Tatbestand machten die »Flammenzeichen« (Nr. 34/1936) einen von persönlichen Verunglimpfungen erfüllten und weithin erlogenen Bericht. Stadtpfarrer Seybold habe als Pfarrer in Hausen seine Hauptaufgabe »darin gesehen, mit Hilfe seiner Frau die Gründung einer BDM-Gruppe zu hintertreiben (das Gegenteil ist wahr! Seybold empfahl im evanglischen Mädchenkreis den Eintritt in den BDM, was aber den in Frage kommenden Mädchen von deren Eltern nicht gestattet wurde). Die Bewohner von Hausen haben ihn also noch in ›dankbarer‹ Erinnerung. Trotzdem schickte unser Pfarrer seine Kinder nach Hausen, wo sie bei einem Bauern ihre Ferien verbringen sollten. Und nun wollte es der Himmel, daß gerade in Hausen die Nummer der bösen ›Flammenzeichen‹ angeschlagen war, in der wir von dem schlechten Gewissen der Diaspora-Bekenntnisfrondeure berichtet hatten. Der eine Sohn hat nun den Artikel abgeschrieben und seinem Vater geschickt. Zwei Tage darauf kam ein Brief, der die Kinder eilends nach Biberach zurückrief und die Armen um ihre Ferien brachte. Offenbar befürchtete Stadtpfarrer Seybold, daß seine Nachkommenschaft in Hausen mit der Luft auch ein wenig nationalsozialistischen Geist einatmen könnten. Und das wäre doch schrecklich, nicht wahr, Herr Stadtpfarrer!«

Seybold schreibt über den Angriff: »Der Artikel ist in jedem Satz eine Lüge mit dem Zweck, mich zu verleumden und mir bei der Partei Schwierigkeiten zu machen.«

13. Sielmingen. Bei einem Kirchengesangstag in Sielmingen fand ein Festgottesdienst statt, der sich in folgende thematische Teile gliederte: Allein Gott in der Höh sei Ehr – Aus tiefer Not schrei ich zu dir – Christ lag in Todesbanden – Mitten wir im Leben sind mit dem Tod umfangen. Für diese Themen waren entsprechende Chöre, lauter alte evangelische Choräle, ausgewählt worden. Aus diesem rein der Erbauung und Verkündigung dienenden Festgottesdienst machten die »Flammenzeichen« (Nr. 39/1936) Folgendes: »Wir sind ja nachgerade gewöhnt, daß die Bekennende Kirche jede Gelegenheit beim Schopf ergreift, um in Eingaben, Rundschreiben, Predigten usw. über angebliche Bedrückung der Kirche zu jammern; aber es bleibt natürlich angesichts der spanischen Greuel immer eine Herausforderung des Nationalsozialismus, wenn sie im glücklichen Deutschland die Gemeinde unentwegt › aus tiefer Not‹ zu Gott schreien läßt. Wären die evangelischen Seelsorger in Barcelona oder Madrid tätig, dann könnten wir den Notschrei ja verstehen, aber hier bei uns…? Und dann: weiß man in jenen Seelsorgerkreisen noch immer nicht, daß wir keine Ursache haben, uns für »Israel rechter Art« zu begeistern oder mit Bläsern und Orgel um die Erlösung Israels zu flehen, die uns deutschen Menschen zum mindesten gleichgültig sein kann?«

14. Altbach. Bei einer von der Partei veranstalteten Erntedankfeier in Altbach waren vervielfältigte Blätter auf den Tischen ausgelegt, ein Gedicht aus dem »Stürmer« enthaltend, das gegen die Juden gerichtet war und dabei auch üble Bemerkungen über den Jehova des Alten Testaments machte: »Juda ist ein Volk von Teufeln, von Jehova ausgesandt… Rache speit der Wüstengötze, Tod bringt er, Verwesung, Grauen, frißt das Volk, das ihm vertraute, schächtet Kinder, schändet Frauen… Gehet hin in alle Welt und lehrt alle Völker sehen, daß vom Judengott vergebens sie für sich das Heil erflehen.« Pfarrer Hornberger, der sich an der Feier beteiligen wollte, beschwerte sich beim Stützpunktleiter über diese Verletzung der religiösen Gefühle vieler Gemeindeglieder und verließ die Versammlung, als dieser eine Abhilfe verweigerte.

Die »Flammenzeichen« (Nr. 43/1936) bemerken dazu unter anderem: »Als Pfarrer Hornberger ein Aufklärungsschriftchen zur Judenfrage erblickte, das für die deutschen Bauern Altbachs auf den Tisch gelegt worden war, fühlte er sich im Namen aller Juden beleidigt, als frommer Christ natürlich, und verlangte, daß die Schrift eingezogen werde. Als ihm dies abgeschlagen wurde, verließ er indigniert die Gemeinschaftsfeier seiner Gemeinde und zog sich gekränkt hinter die selbstgewählte Trennungslinie zwischen Volk und Bekenntnisfront zurück, wo er aus Veranlagung und als Folge verkehrter Erziehung wahrscheinlich auch bleiben wird, denn was bisher von ihm erzählt wurde, läßt stark vermuten, daß ihm ›die ganze Richtung‹ nicht paßt.«

15. Das Pfarramt Kirchheim-Benzenzimmern sandte anläßlich der Anmeldung der Kinder zum Konfirmandenunterricht ein Schreiben an die Eltern. Um den Ernst der Konfirmation zu schützen und diese kirchliche Handlung vor weiterer Entwertung zu bewahren, sollten sich die Eltern unterschriftlich verpflichten, die Kinder 3 Jahre lang regelmäßig in die Christenlehre zu schicken und bei begründeter Abhaltung ordnungsmäßig zu entschuldigen, sowie die Kinder zum möglichst regelmäßigen Gottesdienst- und ortsüblichen Abendmahlsbesuch anzuhalten.

Die »Flammenzeichen« (Nr. 47/1936) erklären dazu: »Wir sehen in diesem Dokument ein merkwürdiges Zeichen geistlicher Seeleninquisition, wobei die Menschen von vornherein zum Wortbruch aufgefordert werden. Es ist eines Nationalsozialisten unwürdig, eine derartige Verpflichtung zu unterschreiben, und wir hoffen deshalb auch, daß die Formulare, die das Pfarramt vorgelegt hat, ohne Unterschrift zurückgegeben werden.«

16. Pfarrer Richter, Mössingen. In besonders hässlicher Weise wurde in den »Flammenzeichen« (Nr. 47/1936) Pfarrer Richter, Mössingen, behandelt. Den Anlaß bot eine Pflichtversammlung der Deutschen Arbeitsfront. Der Redner äußerte sich in einer tief verletzenden Weise über religiöse Fragen. Er gebrauchte die Ausdrücke »Libanontiroler« und »Jenseitsbrüder«. Es gäbe auch anständige Geistliche, aber diese bekämen von Landesbischof Wurm »eins auf den Zylinder«. Keinem Geistlichen sei es um das Seelenheil seiner Leute zu tun usw. Richter wandte sich mit einer Beschwerde an verschiedene amtliche Stellen und gab davon auch Gemeindegliedern Kenntnis. Darauf der Angriff der »Flammenzeichen« mit der Überschrift »Der Unruhestifter von Mössingen«.

Einige Sätze zur Probe: »Die ganze Beschwerde mit ihren haltlosen Beschuldigungen ist also in unseren Augen wiederum nichts anderes als ein Akt pharisäischer Heuchelei, eine Meinung, der die Bewohner von Mössingen sicherlich zustimmen werden, weil sie unter den Umtrieben ihres Pfarrers, der kürzlich erst den alten Kirchenchor aus reiner Rechthaberei zerstört hat, arg zu leiden haben. Wir sind überzeugt, daß viele Mössinger schon mit uns die Frage gestellt haben: ›Wie lange werden wir diesen Unruhestifter noch dulden müssen?‹... Was hat Pfarrer Richter dadurch schon für Wirbel in seiner Gemeinde hervorgerufen! Aber mit Kindern kann er eben nicht umgehen, das zeigt auch der Fall des Ferienkindes, das ihm die NSV wieder wegnehmen mußte, weil er allzu grob mit ihm umging und das sich dann bei anderen Volksgenossen so gut aufführte und so wohl fühlte, daß es dort nicht den geringsten Anstand gab. Aber das liegt wohl auch an der Frau Pfarrer, die ›keine Zeit hat, Kinder zu gebären‹, weil sie ›ihrem Manne helfen müsse‹. Beim Unruhestiften wahrscheinlich, das der Herr Pfarrer so großartig versteht!«

Dazu schreibt Pfarrer Richter unter anderem: »Was sind das für ›Wirbel‹ in der Gemeinde, die angeblich durch den Fall mit dem Ferienkind hervorgerufen wurden? Das Kind wurde in meiner Abwesenheit vom Ortswalter der NSV, zugleich damals Ortsleiter der DC, aus dem Haus geholt und zwar deshalb, weil das Kind, das nicht aus Not, sondern nur zum Vergnügen von zuhause in die Ferien geschickt war, gerne in einem anderen, einem reichen Hause, bei einer Freundin sein wollte. Sie benützte dazu den Vorwand, ›man‹ sei grob zu ihr gewesen, weil man sie nämlich zur Einhaltung der Hausordnung anhielt. Ich glaube, daß diese Sache die Gemeinde nicht sehr ›durcheinandergewirbelt‹ hat. Einige Tage später kam das Ferienkind, das im Jahr vorher aus Hannover bei uns gewesen war, zum zweitenmal und zwar auf ihr persönliches Drängen hin auf einige Wochen zu uns und fühlte sich da sehr wohl... Die Worte, die unter Anführungszeichen meiner Frau in den Mund gelegt werden, stellen wohl die gemeinste der vielen Lügen dar, welche der Artikel enthält. So darf also ungestraft die Ehre einer deutschen Frau in den Schmutz gezogen werden!« Weiter: »Wie sehr die Bewohner von Mössingen unter den Umtrieben ihres Pfarrers zu leiden haben, zeigt sich daran, daß sie seit dem Bekanntwerden des Artikels die Gottesdienste und Veranstaltungen der Kirche auffallend stärker besuchen. Die Empörung über diesen Schmähartikel ist allgemein groß bis hinein in gewisse Kreise, die natürlich nach außen anders denken müssen. Es ist mir ein ganz großes Geschenk, daß im Zusammenhang mit diesen Umtrieben frühere Gegner zur Einsicht kommen und auf meine Seite treten. Groß ist auch die Verwunderung darüber, daß ein derartiges Hetz- und Schmutzblatt, das ist die eigene Entdeckung anständiger Gemeindeglieder, ungestraft die Ehre deutscher Männer und Frauen in den Schmutz ziehen darf.«

II. »Moskau diktiert«

Als Hauptschriftleiter der »Flammenzeichen« zeichnet Dr. Franz Krotsch, Stuttgart. Es ist Österreicher und war früher Schriftleiter des »Salzburger Volksblatts«. 1931/1932 machte er eine Studienreise durch Sowjet-Rußland, deren Frucht ein 1932 im Verlag »Das Bergland-Buch« Graz erschienenes Buch »Moskau diktiert – Reisebeobachtungen in Rußland« war. Einige Zitate aus der »Salzburger Chronik« mögen zeigen, in welchem Sinn und Geist dieses Buch geschrieben wurde: In der Ausgabe vom 17. 8. 1936 spricht das Blatt von der »Aera Krotsch, des bekannten Kommunistenlobredners und späteren Nazi und jetzigen Emigranten«. In der Ausgabe vom 25. 11. 1936 wirft die »Salzburger Chronik« dem »Salzburger Volksblatt« vor, daß es »nach dem Urteil weiter Kreise das kommunistische Experiment in Rußland mit offenkundiger Lässigkeit verfolgte. Hat man die Aera Krotsch schon vergessen, dessen begeistertes Buch für Rußland, für Sowjetrußland, noch heute wacker weiterhin angekündigt wird?«

Der Befund des Buches von Krotsch bestätigt die oben wiedergegebenen Urteile. Nicht als ob sich Krotsch offen zu den bolschewistischen Ideen bekannt hätte, er begibt sich immer wieder vorsichtig in die Distanz und betont seine völlige Objektivität und Unvoreingenommenheit. Aber das ganze Buch wirkt als eine offenkundige Werbung für das bolschewistische System. Wenige Beispiele: Krotsch wendet sich wie folgt gegen die Berichterstattung über den Bolschewismus: »Rußland, das steht für viele fest, ist das Land des Terrors, die Leute, die es regieren, sind Narren oder Verbrecher, die Bevölkerung verhungert, alle Kunst- und Kulturwerte sind zerstört, alle sittlichen Bindungen sind aufgehoben und wenn irgendwo etwas von wirtschaftlichen Erfolgen erzählt wird, so ist das natürlich plumper Schwindel... Und es kann auch nicht mehr lange dauern, bis die ganze Herrlichkeit ein Ende hat.« Diese Berichterstattung ist aber nach Krotschs Meinung »zum mindesten gefärbt, wenn nicht gar gefälscht«. Diese »blutrünstigen Schilderungen« sollten heute »nicht mehr gebracht und nicht mehr geglaubt werden«. Tatsache ist vielmehr, »daß die Verhältnisse in Rußland dort ungefähr so liegen, wie ich sie geschildert habe« (S. 365 f.).

Wenn in der deutschen Presse, wenn vor allem beim Parteitag 1936 in Nürnberg immer wieder betont wurde, daß das russische Volk von einer landfremden, verbrecherischen Minderheit vergewaltigt wird, von Spitzeln der GPU durchsetzt ist, unter schlimmsten, blutigstem Terror ausgesaugt und versklavt wird, so behauptet der Schriftleiter der »Flammenzeichen« das gerade Gegenteil. Immer wieder spricht er davon, daß »die Jugend, die vom Staat und für den Staat erzogen ist, die neue Ordnung enthusiastisch bejaht« (S. 47; auch S. 103. 213). Politische Gedankengänge, die vom bolschewistischen Dogma abweichen, werden nach Krotsch nicht etwa mit Gefängnis und Todesstrafe verfolgt, vielmehr: »Man bekämpft sich wohl, aber mit Tatsachen und Argumenten, nicht mit Fäusten und Messern. Und man hält es offenbar auch nicht für notwendig, gegen zweifellos aufrührerische Ansichten nach der Staatsgewalt zu rufen. Man schlägt sich nicht den Schädel ein, sondern bemüht sich, einander zu überzeugen« (S. 50).

Von den blutigen Grausamkeiten der russischen Gewaltherrschaft, den Verbannungen, Zwangsarbeitslager und Massenmorden schreibt Krotsch: »Ich zweifle nicht im geringsten daran, daß die russische Revolution zahllose Grausamkeiten mit sich gebracht hat... Aber der unbefangene Beobachter, der das Rußland von heute studiert, wird unbedingt zu dem Eindruck gelangen, daß das Gewaltsystem, das in den ersten Jahren nach der Revolution geherrscht hat, gegenwärtig schon recht wesentlich gemildert ist. Das mag vor allem daran liegen, daß der Bolschewismus heute in Rußland schon ganz fest verankert ist, und zwar viel fester, als man bei uns gewöhnlich glaubt« (S. 113).

Der Schriftleiter der »Flammenzeichen« berichtet: »Denn die unerhörte Propagandatätigkeit des Staates, die ungeheure Erziehungsarbeit, die er bereits geleistet hat, ist wirksam geworden, so wirksam, daß sich die Jugend dem herrschenden System bedingungslos verschrieben hat und daß der sozialistische – lies kommunistische – Staat die beste aller Staatsformen sei« (S. 213).

Der bolschewistische Staat wird nach Krotsch »durch einen einheitlichen, zielbewußten und erfolgsicheren Willen regiert«. Und die dafür geschaffene Organisation »ist in ihrer Art bewundernswert« (S. 201).

Der Gesamteindruck des Schriftleiters der »Flammenzeichen« ist denn auch, daß in Rußland auf allen Gebieten ein »starker Aufbauwille« am Werk ist, dem die Erfolge entsprechen: »Man muß die mächtigen Betriebe sehen, aber auch die Erholungsstätten der Arbeitenden, die Speisehallen, Klubs, Nachtsanatorien und Sportstadien, in denen ein neues, gesundes Geschlecht herangezogen wird. Man muß durch Schulen wandern, in denen eine fröhliche, ganz auf das Neue, auf Arbeit und Tempo eingestellte Jugend herangebildet wird, man muß in die neuen Spitäler gehen, in denen der Staat seinen kranken Bürgern Rat und Hilfe zuteil werden läßt...« (S. 109). Im Badeort Jalta ist man »von fröhlichen, hoffnungsvollen Gesichtern umgeben und lernt vielleicht mehr als in den Klubs, Kindergärten, Museen und ähnlichen Instituten verstehen, daß das russische System für den arbeitenden Menschen nicht nur Belastungen kennt« (S. 161). »Der Fortschritt gegenüber den früheren Verhältnissen ist unverkennbar« (S. 193). Man darf die tatsächlichen Leistungen des bolschewistischen Systems nicht verkleinern, »die für jeden, der das alte Rußland einmal gesehen hat, doch ans Wunderbare grenzen« (S. 219). Auch die Bauern fühlen sich durch den Staat beachtet. Ausgerechnet von einer jüdischen Kommune hat Krotsch »den denkbar besten Eindruck«. Die Juden haben sich hier so geändert, daß sie sich auf »den ersten Blick kaum mehr von anderen russischen Landleuten unterscheiden.« Die Bauern gewordenen Juden treten »den Fremden nicht anders als der russische Bauer entgegen, mit freundlichem, aber nicht mehr devotem Gruß. Man hat den Eindruck, die neue bäuerliche Existenz und die damit geschaffene Beziehung zur Natur, die der Jude früher nie gekannt hat, habe den ganzen Menschen irgendwie von Grund auf verändert« (S. 312f.).

Auch Wissenschaft und Schulwesen zeugen »von einem starken Aufbauwillen« (S. 339). Theater, Musik und Film haben »eine ganz erstaunliche kulturelle Höhe erreicht« (S. 345). Von den in unserer Presse berichteten Schattenseiten Rußlands, etwa dem Kinderelend, weiß Krotsch nichts. Er hat verwahrloste Kinder »weder in Leningrad, noch in Moskau, sondern erst auf den Bahnhöfen im Süden des Landes gesehen und auch da nur als vereinzelte Erscheinungen, nicht in den Massen, die ich erwartet hatte. Sie machen gar keinen so üblen Eindruck, diese Jungen, die sich da auf den Bahnhöfen herumtreiben, obwohl sie natürlich nur in Lumpen gekleidet sind, aber sie sehen gesund und keineswegs verhungert aus und ihre Augen schauen frisch und fröhlich in die Welt... Man hat mit dem Kinderelend in Rußland bei uns viel propagandistischen Mißbrauch getrieben«; aber diese Darstellungen sind falsch. Die Zahl der verwahrlosten Kinder ist verschwindend klein geworden.

Und die geschlechtliche Zügellosigkeit? Krotsch staunte »über die Sachlichkeit und den verantwortungsbewußten Ernst der Antworten, die zwar erkennen ließen, daß man in Rußland über sexuelle Dinge weit freier denkt als bei uns, aber doch auch zeigten, daß man Freiheit und Zügellosigkeit nicht gleich setzen will. Aus den Fragen spricht vor allem die sexuelle Not der Jugend, aber man geht darüber nicht mit der billigen Berufung auf Moralbegriffe hinweg, sondern sucht der Jugend durch Rat und Warnung auch wirklich zu helfen. Unsere Ärzte könnten, wenn sie auf die gleiche Weise gefragt würden, kaum anders antworten als ihre russischen Kollegen« (S. 247).

Und die Auflösung von Ehe und Familie? Es ist nach Krotsch nicht wahr, daß die leichte Auflösbarkeit der Ehe zum Ende der Dauerehe geführt hat, »daß die jungen Männer ihre Frauen wie die Wäsche wechseln« (S. 330). Auch die Liebe ist nicht zugunsten der biologischen Betrachtung des Geschlechtslebens ausgeschaltet. Endlich: »Das russische Eherecht ist vor allem auf den Schutz des Kindes, und, was nicht zu übersehen ist, auf den Schutz der Mutter zugeschnitten« (S. 331).

Auch mit der Gottlosenpropaganda und Christenverfolgung ist es nach dem Bericht des Schriftleiters der »Flammenzeichen« gar nicht so schlimm! Die bolschewistischen Diktatoren hätten an sich die Kirche ganz in Ruhe gelassen, »wenn sich diese nicht hindernd ihren Plänen in den Weg gestellt hätte« (S. 318). Der antichristliche Terror hat also lediglich politische Gründe und wurde durch die Kirche selbst herausgefordert. Allerdings, die Sowjetleute »suchten dem Wirken der Geistlichkeit, das ihre Tendenzen gefährdete, die Grundlage zu nehmen, indem sie den Kampf gegen die Institution der Kirche durch den noch unerbittlicheren Kampf gegen die Religion überhaupt ergänzten«. Aber daneben hat der Staat »sogar durch die Gründung einer Reformkirche dafür gesorgt, daß die Hauptkirche Rußlands, die Orthodoxe, in einer ihm ungefährlichen Form erhalten bleibe«, ganz abgesehen davon, daß er auch sonst die einzelnen Religionsbekenntnisse und die Ausübung gottesdienstlicher Verrichtungen duldet und nur auf der Trennung von Kirche und Staat besteht (S. 319 f.). Die Gottlosenpropaganda ist sehr geschickt und wird vom Staat unterstützt. »Von einer rohen oder gewaltsamen Art des Kampfes gegen Kirche und Religion habe ich während meines Aufenthaltes in Rußland dagegen nichts gesehen.« Kirchen, die zerstört wurden, mußten zum Teil aus verkehrstechnischen Gründen beseitigt werden. Im übrigen beginnen die Kirchen selbst zu zerfallen. »Denn Religion ist Privatsache geworden und die Gemeinde der Gläubigen wird von Tag zu Tag kleiner« (S. 324). »Ich glaube nicht, daß es brutale Gewalt ist, die die Menschen Rußlands aus gläubigen Christen, Juden und Mohammedanern zu Gottlosen macht, ich glaube auch nicht an die Erzählungen von den blutigen Christenverfolgungen der bösen Bolschewiken, wenigstens für die Gegenwart nicht, was früher, im Bürgerkrieg und in der ersten Zeit nachher geschehen sein mag, entzieht sich meiner Kenntnis, aber die Propaganda der Gottlosenverbände wirkt, weil sie es verstanden hat, sich der Jugend zu versichern« (S. 325).

Diese Auszüge aus dem Buch mögen genügen. Sie zeigen die Tendenz: Verharmlosung oder Verleugnung des dämonischen Hasses, der Rußland in seine Gewalt gebracht hat; Hervorkehrung der »Verdienste« des Bolschewismus, die dadurch noch glaubwürdiger werden sollen, daß gelegentliche kritische Bemerkungen des Verfassers den Eindruck der unparteiischen Beurteilung erwecken.

Umso unfaßlicher ist es, daß der Verfasser dieses Buchs heute in Deutschland als Hauptschriftleiter einer Zeitschrift tätig sein kann. Der Schriftleiter der »Flammenzeichen« bringt es fertig, heute genau das Gegenteil dessen zu schreiben, was er in dem auch jetzt noch in Österreich angepriesenen Buch »Moskau diktiert« geschrieben hat. Nur Eines ist auffallend: Die von ihm angewendeten oder mit seinem Namen und seiner Verantwortung gedeckten Methoden der Zersetzung, Hetze und Unwahrhaftigkeit, mit denen die »Flammenzeichen« die Kirche bekämpfen, sind den von ihm berichteten ähnlich. Sie sind uns auch aus der kommunistischen Gottlosenpropaganda der Systemzeit geläufig. Bei diesem Tatbestand ist es ungeheuerlich, daß das Blatt an zahlreichen offiziellen Aushängetafeln der Partei ähnlich wie der »Stürmer« im ganzen Land angeschlagen wird. Schüler werden eingesetzt, um das Blatt zu verkaufen.

In dem Anschreiben eines Blockleiters in M. vom 14. 11. 1936 heißt es: »Die Erkenntnis, daß viele Volksgenossen noch immer nicht die Feinde unseres Vaterlandes und des anständigen Deutschen erkennen, sei es, weil sie sich keine Zeit nehmen, aufklärende Zusammenkünfte der NSDAP zu besuchen und auch keine Gelegenheit haben, solche Zeitungen zu lesen, die sich nicht scheuen, unseren Feinden die Maske gründlich vom Gesicht zu reißen, hat den Herrn Ortsgruppenleiter der NSDAP veranlaßt, bestimmte Zeitungen in Umlauf zu setzen. Im Zuge der Neueinteilung der gebietlichen Ortsgruppe werden bestimmte Häuser je in einer Häusergruppe zusammengefaßt. In jeder Häusergruppe wird auf weiteres die Zeitung ›Flammenzeichen‹ in Umlauf gegeben. Wir empfehlen jedem Volksgenossen, diese Zeitung eingehend zu studieren und dann der nächsten Familie in ihrem Block weiterzugeben...«

Auch die Deutsche Arbeitsfront müht sich um die Verbreitung des Blattes. So machte die Kreiswaltung R. in einer Tageszeitung vom 27.8. 1936 Folgendes bekannt. »Die unabhängige Wochenschrift ›Flammenzeichen‹ beweist immer mehr, daß sie in kämpferischer Weise für das nationalsozialistische Deutschland eintritt und all die versteckten Volksschädlinge und Feinde des Dritten Reiches in offenster Weise entlarvt und dem Volke vor Augen führt. Einem solchen Wochenblatt können wir nur weiteste Verbreitung wünschen, weshalb wir uns entschlossen haben, in den Ortswaltungen und Betrieben eine Groß-Werbung durchzuführen. Wir hoffen, daß recht viele unserer Mitglieder ihre Bestellungen beim Betriebswalter aufgeben werden.«

Angesichts dieser Förderung ist es nicht verwunderlich, wenn das Blatt es wagt, fortgesetzt gegen die Bestimmungen des Schriftleitergesetzes zu handeln, die den Schriftleiter unter anderem zur Wahrheit verpflichten und ihm gebieten, alles fern zu halten, »was die Ehre oder das Wohl eines anderen widerrechtlich verletzt, seinem Rufe schadet, ihn lächerlich oder verächtlich macht«.

Wegen eines Artikels, den der Stuttgarter NS-Kurier *in seiner Ausgabe vom 19.2.1937 veröffentlichte, protestierte der Oberkirchenrat am 23.2.1937 bei Reichsstatthalter Murr*[8]*:*

Der »NS-Kurier« berichtet in Nr. 83 vom 19.2.1937 unter der Überschrift »Das Märchen vom geistlichen Märtyrertum« über eine Erklärung des Herrn Reichsstatthalters bei der Bauernkundgebung in Stuttgart am 16.2.1937 unter anderem Folgendes:

»Es ist uns Nationalsozialisten Ernst mit absoluter Toleranz. Es ist auch kein Fall in Württemberg bekannt, daß irgendeinem Pfarrer verboten wurde, in der Predigt seine Auffassung von Gott in voller Freiheit darzustellen. Wenn aber im Gegensatz dazu von kirchlicher Seite immer wieder von geistlichem Märtyrertum und Katakomben gesprochen wird, so müssen wir erklären, daß dies ein unverantwortliches, durch nichts begründetes Gerede ist. Wenn weiterhin der Bevölkerung als Märtyrertum ein dreiprozentiger Gehaltsabzug der Geistlichkeit entgegengehalten wird, so müssen wir darauf hinweisen, daß die finanzielle Lage der Kirche dennoch gesichert sein muß, sonst wäre es nicht möglich, große Ländereien, Grund, Boden und Wald zu erwerben, wie es gerade im Lauf der letzten Monate geschehen ist. Ein Beweis für die freie Entwicklung der Kirche sind auch die vielen neuen Kirchenbauten, die allenthalben im

---

8 Nr. A 2108. Vgl. auch die Proteste vom Pfr. Kirn, Rottweil, vom 5.3.1937 gegen Äußerungen von Staatssekretär Waldmann in der Verwaltungsakademie Rottweil (LKA Stuttgart, D 1, Bd. 70) und den Bericht von Dekan Matthes, Crailsheim, vom 15.4.1937 über eine Rede des Stellvertretenden Gauleiters Schmidt in Crailsheim (LKA Stuttgart, D 1, Bd. 71). Vgl. schließlich das Schreiben des Bischöflichen Ordinariats Rottenburg vom 18.3.1937 an Murr, in dem ebenfalls gegen einen Artikel im »NS-Kurier« protestiert wird (LKA Stuttgart, D 1, Bd. 70).

Lande entstehen. Angesichts solcher Tatsachen stellt sich die Klage der Geistlichkeit über Märtyrertum als falsch und verantwortungslos heraus.«

Dazu dürfen wir Folgendes feststellen:

1. Es ist uns nicht bekannt, von welcher kirchlichen Seite immer wieder von geistlichem Märtyrertum und Katakomben als einer gegebenen Tatsache gesprochen wird. Wir wissen, daß es allein in Gottes Hand steht, ob es dazu kommen kann.

2. Es ist uns ferner nicht bekannt, wo »der Bevölkerung als Märtyrertum ein dreiprozentiger Gehaltsabzug der Geistlichkeit entgegengehalten wird«. Richtig ist, daß die württ. evangelischen Geistlichen neben der 20–22 %igen Kürzung, wie sie auch im sonstigen öffentlichen Dienst üblich ist, noch eine zusätzliche weitere Kürzung von 5 % (kinderreiche Familien 2 %) sich gefallen lassen müssen. Diese besondere Kürzung war notwendig, um die finanzielle Lage der Kirche sicherzustellen, nachdem in Württemberg in den Jahren 1934 und 1935 wiederholt die Staatsleistungen an die Kirche gekürzt worden sind.

3. Die Evangelische Kirche hat »im Lauf der letzten Monate« keine »großen Ländereien, Grund, Boden und Wald« erworben; sie hat seit Ende 1935 keine Grundstücke gekauft, sondern nur solche verkauft[9]. Ende 1935 wurde ein größeres zusammenhängendes Waldrevier erworben. Der Herr Reichsstatthalter ist hievon auf Veranlassung des Evang. Oberkirchenrats unterrichtet worden; er hatte hiegegen mit Erlaß an das Staatsministerium vom 29. 11. 1935 Nr. M 4/25 »ausnahmsweise... nichts einzuwenden«. Bei einem Teil dieses Erwerbs ist übrigens der Staat Eigentümer geworden. Wie dem Herrn Reichsstatthalter bekannt ist, hat es sich bei dem Erwerb lediglich um die nicht mehr aufschiebbare pflichtmäßige Anlage von Grundstocksmitteln gehandelt, die nach den Grundsätzen jeder geordneten Verwaltung als solche erhalten bleiben müssen. Es waren zum größten Teil Gelder, die von Vermögensstücken des früheren Kirchenguts herstammen. Seit der Mitte des vorigen Jahrhunderts wurden sie beim Staatsgrundstock verwaltet. Sie unterlagen der Aufwertung in Höhe von 35 % und wurden in den letzten Jahren vereinbarungsgemäß an die Kirche zurückbezahlt, wobei staatlicherseits zugesagt wurde, der Kirche bei der ordnungsmäßigen Anlage dieser Grundstocksmittel behilflich sein zu wollen. Kirchensteuermittel sind zum Erwerb nicht verwendet worden. Vor allem ist aber darauf hinzuweisen, daß die Erträgnisse dieses

---

9 Vgl. S. 445 f.

Grundstocksvermögens vom Staat auf die Staatsleistungen an die Kirche angerechnet werden.

4. In dem Zeitungsbericht wird zum Beweis für die freie Entwicklung der Kirche von »vielen neuen Kirchenbauten, die allenthalben im Lande entstehen« gesprochen. Hiezu möchten wir nur bemerken, daß die Kirchenbauten mit dem Wachstum der Bevölkerung keineswegs gleichen Schritt halten konnten. Die Kirchenbauten selbst waren Sache der Kirchengemeinden und deren Opferfreudigkeit, nicht aber Sache der Landeskirche. Insbesondere aber ist hervorzuheben, daß für die Frage der freien Entwicklung der Kirche entscheidend ist, welche Freiheit ihrer Verkündigung in der Öffentlichkeit gewährt wird. Dazu dürfen wir die Aufmerksamkeit des Herrn Reichsstatthalters auf die Tatsache lenken, daß unter anderem die Versammlungsfreiheit für die Kirche in weltlichen Räumen unter Berufung auf die Verordnung zur Abwehr kommunistischer Gewalttakte (!) in außergewöhnlichem Maße schon längere Zeit beschränkt ist, während gleichzeitig z. B. die deutsch-gläubigen Gegner des Christentums und der christlichen Kirche Beschränkungen in solchem Umfang nicht unterliegen. In Wort und Schrift ist die christliche Verkündigung und die Kirche schwersten, auch ehrenrührigsten Angriffen ausgesetzt, ohne daß sie die Möglichkeit hätte, zu solchen Angriffen in der weitesten Öffentlichkeit Stellung zu nehmen oder auch nur die notwendigste Berichtigung anzubringen. Besonders im letzten Jahr haben diese Angriffe auch Eingang in die Schulungsarbeit der Partei gefunden. Die Beschränkung der Kirche in ihrer Verkündigung an die getaufte Jugend ist gleichfalls außergewöhnlich. Dabei zeigt sich gerade auch dort immer aufs neue, wie stark diese Jugend in gegenchristlichem Geiste beeinflußt wird. Es würde hier zu weit führen, wollten wir in diesem Zusammenhang alles erwähnen, was zu sagen wäre. Wir halten uns aber für verpflichtet, dem Herrn Reichsstatthalter angesichts des Berichts im »NS-Kurier« wenigstens Vorstehendes mitzuteilen.

Wir haben hievon dem Herrn Reichsinnenminister und verschiedenen anderen Stellen Kenntnis gegeben. Wurm.

Am 9./10. Oktober 1937 fand in Stuttgart der 5. Gautag des NS-Lehrerbundes statt. Bei Reichsstatthalter Murr protestierte der Landesbischof am 21.10.1937 wegen einer Äußerung eines Parteiredners bei dieser Tagung[10]:

10 LKA Stuttgart, D 1, Bd. 73; vgl. auch den Bericht des Oberkirchenrats über die Tagung in einem Rundschreiben an die Dekanatämter vom 25.10.1937 und die Entschließung der Pfarrer des Stadtdekanatbezirks Stuttgart vom 23.10.1937 (LKA Stuttgart, D 1, Bd. 73).

Sehr geehrter Herr Reichsstatthalter!

Am Sonntag, den 10. Oktober, ist in einer Versammlung in der Stadthalle von einem offiziellen Redner die Wendung gebraucht worden: Wir haben als Sinnbild den Adler, die andern das Schaf. Ein Lehrer gab der Empörung über dieses Wort spontanen Ausdruck, wurde aber hinausgeworfen. Wir dürfen annehmen, daß diese schwere Entgleisung, die in Ihrer Gegenwart erfolgt ist, von Ihnen mißbilligt wird. Für die christliche Bevölkerung bedeutet dieser Ausruf nicht bloß eine Verhöhnung von Volksgenossen auf Grund ihres religiösen Bekenntnisses, sondern eine Lästerung dessen, den die Heilige Schrift das Lamm Gottes nennt, das der Welt Sünde trägt[11]. Beides sollte durch die staatlichen Gesetze und die Grundsätze der NSDAP ausgeschlossen sein. Wir müssen unserem tiefen Schmerz darüber Ausdruck geben, daß der weltanschauliche Kampf sich immer deutlicher gegen das Christentum wendet und in Formen geführt wird, die die heiligsten Gefühle verletzen müssen.

Heil Hitler! Ihr ergebener D. Wurm.

Am 3. 7. 1937 teilte die Kirchenkanzlei der Deutschen Evang. Kirche den Kirchenleitungen einen Erlaß des SS-Hauptamts über das Verhältnis der SS zur Kirche mit[12]:

Dem dortigen Wunsche, innerhalb der SS nochmals das Verhältnis der Schutzstaffel zur Kirche klarzustellen, ist bereits Rechnung getragen. Mit Schreiben vom 15. 4. 1937 wurden sämtliche SS-Oberabschnitte auf Grund einer Anfrage eines evangelischen Pfarrers von dem unveränderten Standpunkt des Reichsführers SS in Kenntnis gesetzt, daß es jedem SS-Mann frei stünde, in der Kirche zu sein oder nicht und daß dies die persönliche Angelegenheit jedes einzelnen sei, die er nur vor Gott und seinem Gewissen zu verantworten hat.

Es darf erwähnt werden, daß diese Bekanntmachung nicht etwa erfolgte, weil Verstöße von SS-Angehörigen gegen die zum Ausdruck gebrachten Anschauungen des Reichsführers SS festgestellt waren, sondern weil wiederholt Anfragen von Geistlichen sowohl beim Reichsführer

---

11 Joh. 1,29.
12 Nr. A 7094; vom Oberkirchenrat am 8. 7. 1937 den Dekanatämtern zur Kenntnisnahme mitgeteilt. Vgl. auch das Schreiben des Reichsführers SS vom 11. 3. 1937 an einen evang. Pfarrer in Halberstadt, das zu derselben Frage in demselben Sinn Stellung nimmt und am 13. 4. 1937 von der Kirchenkanzlei der DEK den Kirchenleitungen zur Kenntnisnahme mitgeteilt wurde (LKA Stuttgart, D 1, Bd. 136).

SS als auch bei anderen Dienststellen der SS einliefen. Jeder Beschwerde, ob sie von Pfarrern und Kirchenstellen direkt oder über den Herrn Reichsminister für die kirchlichen Angelegenheiten vorgebracht wurde, ist von hier aus nachgegangen worden. In keinem Falle wurde festgestellt, daß SS-Angehörige auf Befehl oder unter Druck von SS-Vorgesetzten aus der Kirche ausgetreten seien. Alle Befragten erklärten vielmehr eindeutig, nur auf Grund eigener Überzeugung gehandelt zu haben. Unter diesen Umständen kann die im dortigen Schreiben vom 11.6.1937 erwähnte Beobachtung nicht für zutreffend gehalten werden, wonach in einer immer zunehmenden Zahl von Fällen Angehörige der SS der Meinung waren, einen Befehl oder Wunsch ihrer örtlichen Führer zum Kirchenaustritt zu befolgen.

Es hat sich dagegen einer Anzahl von SS-Führern eine berechtigte Erbitterung darüber bemächtigt, daß sie auf Grund von Beschwerden kirchlicher Stellen umfangreichen Verfahren ausgesetzt waren, welche die Haltlosigkeit der ihnen gemachten Vorwürfe ergaben, ohne daß sie hinterher die Möglichkeit hatten, die Verleumder festzustellen und zur Rechenschaft zu ziehen. Zum Beispiel bat der Evangelisch-lutherische Landeskirchenrat München das SS-Hauptamt mit Schreiben vom 29.1.1937 um Einschreiten gegen einen Schulungsleiter, der höchst herabsetzende Äußerungen über das Christentum gemacht habe. Auf Grund der Mitteilung »mehrerer zuverlässiger Ohrenzeugen« wurden die angeblich gefallenen Äußerungen teilweise wörtlich wiedergegeben. Als die Untersuchung ergeben hatte, daß die hauptsächlich beanstandeten Sätze weder wörtlich noch sinngemäß gefallen sind und der Rest teils grob entstellt, teils aus dem Zusammenhang gerissen wiedergegeben war, wurde von hier um Namhaftmachung der zuverlässigen Ohrenzeugen gebeten. Der Evangelisch-lutherische Landeskirchenrat München tat dies jedoch nicht, sondern erwiderte lediglich, daß ein Angriff auf die Ehre des Redners seines Ermessens nicht vorläge.

Es wird daher gebeten, die dort unterstellten Kirchenbehörden oder Geistlichen anzuweisen, hinfort Beschwerden nur unter voller Namensnennung der Gewährsmänner vorzubringen.

Heil Hitler! Der Chef des SS-Hauptamtes. I.V. [Unterschrift], SS-Oberführer und Chef der SS-Zentralkanzlei.

Der Stellvertreter des Führers, Reichsminister Rudolf Heß, verbot in mehreren Erlassen Politischen Leitern und Führern der Partei, in einer religiösen Glaubensgemeinschaft ein Amt zu bekleiden. Daraufhin legten Lehrer, die bisher den Organisten-

dienst versehen hatten, diesen Dienst nieder. Der Oberkirchenrat schrieb deshalb am 3.10.1938 an Reichsstatthalter Murr[13]:

Neuerdings mehren sich die Fälle, in denen Lehrerorganisten, die jahrelang den Organistendienst ihrer Gemeinde versehen haben und mit ihm eng verbunden waren, diesen Dienst plötzlich niederlegten. Besonders im Bezirk Crailsheim sind solche Amtsniederlegungen in letzter Zeit mehrfach vorgekommen. Einer der Organisten, die dort den Dienst niederlegten, erklärte bei diesem Anlaß, daß ihm ab 1. Oktober dieses Jahres die Möglichkeit genommen sei, ein kirchliches Neben- oder Ehrenamt zu führen.

Nun ist uns wohl bekannt, daß vom Stellvertreter des Führers, Stabsleiter, am 1.6.1938 unter Nr. 63/38 eine Verfügung ergangen ist, daß es in Zukunft allen Politischen Leitern, Führern und Unterführern der Gliederungen und angeschlossenen Verbände untersagt sei, gleichzeitig mit diesem Amt eine leitende Stellung in einer religiösen Glaubensgemeinschaft zu bekleiden. Unter diesen Erlaß fällt aber zweifellos der Organistendienst nicht, da er eine leitende Stellung in einer Religionsgesellschaft nicht begründet. Soweit wir unterrichtet sind, hat auch in Baden neuerdings die Frage eine Erörterung gefunden, inwieweit die Ausübung des Organistendienstes mit der Bekleidung eines Parteiamts vereinbar sei. Die Gauleitung der NSDAP Baden in Karlsruhe soll zu dieser Frage in einem Schreiben vom 13. Juli dieses Jahres Br.B.Nr. 1782/83 in dem Sinn Stellung genommen haben, daß die Parteidienststellen verständigt wurden, daß gegen die Ausübung des Organistendienstes durch Parteigenossen wie auch durch Politische Leiter nichts einzuwenden sei. Wir wären dankbar, wenn auch seitens der Württ. Gauleitung eine Stellungnahme in diesem Sinn erfolgen und die Parteistellen hievon unterrichtet werden würden.

Um eine gefällige Mitteilung der Stellungnahme des Herrn Reichsstatthalters und Gauleiters dürfen wir ergebenst bitten. I.V. Müller.

Die Kreisleitung Göppingen der NSDAP teilte in ihrem Rundschreiben Nr. 18 vom 8.4.1937 Grundsätze für die Aufnahme neuer Mitglieder in die Partei mit[14]:

... Bei der Auswahl dieser Mitgliedschaftsanwärter ist vor allem darauf zu achten, daß jüngere aktive Kräfte bevorzugt werden, die vor allem die

---

13 Nr. A 9017; vgl. auch das Rundschreiben des Verbandes der evang. Kirchenmusiker Deutschlands, Landesverband Württemberg, vom 27.12.1938 an die Pfarrämter der Landeskirche (LKA Stuttgart, D 1, Bd. 78). Zu den Erlassen von Heß: solche ergingen am 3.1.1938, 1.6.1938 und 23.1.1939. Zum Zusammenhang siehe auch Zipfel. S. 106–110.

14 LKA Stuttgart, D 1, Bd. 71.

Gewähr dafür bieten, daß sie als Parteigenossen in jeder Beziehung die Pflichten erfüllen, die sie mit ihrer Mitgliedschaft zur NSDAP auf sich zu nehmen haben. Stand, Beruf, Herkunft und Konfession soll in keiner Weise irgendwie ausschlaggebend sein, im Gegnteil, es wird besonderer Wert darauf gelegt, daß gerade in den ländlichen Ortsgruppen die Landwirte und Bauern prozentual mehr in die Partei hereingenommen werden als dies im Frühjahr 1933 der Fall war. Geistliche aller Richtungen sind, wenn irgend möglich, als Mitgliedschaftsanwärter nicht aufzunehmen.

Der Kreisbeauftragte des Winterhilfswerks für den Kreis Calw erließ am 21.10.1938 ein Sammelverbot bei den Herren Pfarrern, die sich außerhalb der Volksgemeinschaft stellen[15]:

Es sind in unsrem Kreis eine Anzahl Geistliche, die sich durch ihr Verhalten außerhalb der Volksgemeinschaft stellen, sei es durch Nichtbeitreten zur Großorganisation der Deutschen Volksgemeinschaft oder Austritt aus derselben oder durch ein Verhalten, das eines deutschen Menschen unwürdig ist... [Es wäre] ein beschämendes Gefühl, bei diesen Leuten mit der Sammelbüchse oder der Liste für eine Sammlung [erscheinen zu sollen], die allein aus der Opfer- und Volksgemeinschaft geboren ist... [Es ist] eine Streichung [dieser Leute] in den Sammellisten vorzunehmen. Die jeweiligen Sammler sind darauf hinzuweisen, daß dort nicht mehr gesammelt wird.

Die Vertrauensleute der Evang. Bekenntnisgemeinschaft in Württemberg befaßten sich am 30.7.1936 in einer vertraulichen Entschließung über das Verhältnis zur NS-Volkswohlfahrt[16]:

I.

1. Zu der Frage, ob die Amtsbrüder, welche Amtswalter in der NSV sind, dieses Amt niederlegen sollen.

a) Bei der gegenwärtigen Gesamthaltung der NSV können wir nicht raten, die Mitverantwortung hiefür weiterhin durch aktiven Dienst in der NSV zu übernehmen. Die Amtsniederlegung sollte möglichst im Zusammenhang mit einem Anlaß im Bezirk erfolgen.

b) Sollte es bei besonderen örtlichen Verhältnissen noch irgendwo möglich sein, in Zusammenhang mit dem Amtswalteramt in der NSV

---

15 LKA Stuttgart, D 1, Bd. 78; bei den Akten liegt eine auszugsweise Abschrift der Verfügung.
16 LKA Stuttgart, D 1, Bd. 95.

kirchlichen Anliegen Gehör und Raum zu verschaffen, so wird es ratsam sein, mit der Amtsniederlegung vorläufig noch zuzuwarten.

2. Zu der Frage, ob die Amtsbrüder weiterhin in der NSV verbleiben können.

a) Da die Zugehörigkeit zu der NSV eine persönliche Angelegenheit des einzelnen ist, können wir nicht empfehlen, den Kampf der Kirche gegen die weltanschaulichen Bestrebungen der NSV mit einer gemeinsamen, vielleicht gar öffentlichen Aktion des persönlichen Austritts der Pfarrer aus der NSV zu verbinden. Es ist aber selbstverständliche Pflicht der Amtsbrüder, auch ihr persönliches Verhältnis mit der grundsätzlichen Auseinandersetzung zwischen Kirche und NSV in Einklang zu bringen.

b) Wir müssen deshalb die Amtsbrüder bitten, ernstlich vor Gottes Angesicht zu prüfen, ob sie unter den gegenwärtigen Umständen noch länger Mitglieder der NSV bleiben können.

c) Da die weltanschaulichen Bestrebungen der NSV noch nicht überall erkannt sind, halten wir es für richtig, etwaige Austritte aus der NSV möglichst im Anschluß an Vorgänge in der Gemeinde und im Bezirk zu vollziehen.

3. Wir bitten alle Amtsbrüder, die auf Grund von Punkt 1 oder 2 irgendwelche Schritte tun möchten, sich vorher mit Amtsbrüdern der Bekenntnisgemeinschaft zu beraten, die im Sinn dieser Entschließung ihr Amt in der NSV niederlegen bzw. aus der NSV austreten.

II.

Zu der Frage, wie die Kirche dem gegenwärtigen weltanschaulichen Angriff der NSV zu begegnen habe.

1. Wir sind der Überzeugung, daß nach aller menschlichen Voraussicht die Kirche in kürzester Frist genötigt sein wird, ein Wort zu sprechen, das unserem Volk die Wahrheit des Wortes Gottes gegenüber allen diesen Bestrebungen der NSV bezeugt und die Gemeinde zum glaubenden Einsatz aufruft; doch scheint im jetzigen Augenblick die Lage hiefür noch nicht ganz reif zu sein.

2. Schon jetzt aber haben wir die Aufgabe, unsere Amtsbrüder und die Vertrauenskreise der Bekenntnisgemeinschaft auf den Ernst der ganzen Lage aufmerksam zu machen. Auch die Predigt der kommenden Sonntage sollte die Gemeinde zurüsten und stärken für die zu erwartenden Entscheidungen.

Wir wissen uns zur Fürbitte berufen für alle, die in dieser Sache besondere Verantwortung tragen und besonderen Einsatz wagen müssen, insbesondere auch für unsern Herrn Landesbischof und Herrn Kirchenrat Dölker.

Ein Pfarrer der Landeskirche, der im Jahr 1933 in die NSDAP eingetreten war, erklärte in einem Schreiben vom 5.4.1937, das an die zuständige Ortsgruppenleitung gerichtet war, seinen Austritt aus der Partei[17]*:*

Als ich im Jahre 1933 der Partei beitrat, geschah es in dem auf § 24 des Parteiprogramms sich gründenden Glauben, daß sich die Zugehörigkeit zur Partei und die Mitarbeit in ihr mit der mir selbstverständlichen Treue zu meiner Kirche und ihrer unveräußerlichen Glaubensgrundlage wohl vereinigen lasse. Ich habe die Mitgliedschaft über die Jahre des sogenannten Kirchenstreites bis heute aufrecht erhalten, obwohl mich vieles in der Haltung der Partei und ihrer Presse mit Schmerz und Sorge erfüllt hat. Ich habe mir gesagt: Solange von dir nichts verlangt wird, was gegen dein Gewissen geht, brauchst du die Verbindung nicht zu lösen. Inzwischen ist mir aber immer klarer geworden, daß meine Stellung zu den kirchlichen und religiösen Fragen der Gegenwart und zu den bevorstehenden Entscheidungen sich so weit von den Anschauungen der Partei entfernt, daß es Unehrlichkeit wäre, das weiter zu verschleiern oder einfach in der Schwebe zu lassen.

Es ist unmöglich auf alle Einzelheiten einzugehen. Ich nenne nur folgende Punkte.

1. Ich lehne die Bewegung der DC (Volkskirchenbewegung) nicht bloß vom religiösen Standpunkt aus wegen ihrer liberalistischen Verflachung und Entleerung der christlichen Botschaft ab, sondern ich sehe in ihr wegen ihrer Zerspaltung und Zersetzung unsrer evang. Gemeinden, in die sie als neue Sekte eindringt, und wegen ihrer illusorischen Zielsetzung einer Nationalkirche eine ganz schwere Gefahr für die Volksgemeinschaft. Diese Bewegung wird aber von der Partei nicht nur geduldet, sondern gerade in Württemberg von den höchsten Stellen in jeder Weise gefördert, was in seltsamem Widerspruch zu der immer versicherten Nichteinmischung in innerkirchliche Dinge steht.

2. Das Wort des Reichsjugendführers am 9.12.1936 über die Stellung der NS-Jugendführung zu den Konfessionen ist von der evang. Elternschaft dankbar begrüßt worden. Aber was hat es zu bedeuten, wenn es tatsächlich in keiner Weise durchgeführt wird und wenn in den Führer-

---

17 LKA Stuttgart, D 1, Bd. 71; der Name des Pfarrers ist hier getilgt. Er übersandte das Schreiben im Oktober 1945 dem Oberkirchenrat mit der Bemerkung: »Es ist mir auf diese Austrittserklärung nie eine Antwort zugegangen.«

schulungen gesagt wird, den Eltern gegenüber müsse man zwar den Schein wahren, tatsächlich werde aber das Christentum abgelehnt?

Aus meiner Seelsorge weiß ich, daß Angehörigen der SS-Formationen offen gesagt wurde, wenn sie weiterkommen wollen, müssen sie aus der Kirche austreten. Es wird kein unmittelbarer Zwang ausgeübt, in der weltanschaulichen Schulung wird aber Christus eindeutig abgelehnt, während die verschiedenen deutschgläubigen Richtungen empfohlen werden.

3. Den unter der Parole »Entkonfessionalisierung des öffentlichen Lebens« unter anderem gegen die christlichen Kindergärten geführten Kampf kann ich nur ansehen als einen schweren Eingriff in das Recht der Kirche, ihre Glieder christlich zu erziehen. Drei meiner Kinder besuchen die hiesige evang. Kinderschule, die selbstverständlich immer auch den katholischen Kindern der Gemeinde offensteht und von ihnen auch besucht wird. Daß hier die Volksgemeinschaft Schaden leidet, wird im Ernst niemand behaupten.

4. Am 3. April fand hier eine Versammlung statt mit einem Vortrag von Gauamtsleiter Kling. Was mir darüber von meiner Frau und von andern Teilnehmern berichtet worden ist, hat mich darin bestärkt, daß man heute als Pfarrer keiner Parteiversammlung mehr anwohnen kann, ohne daß man auf schwere offene und versteckte Angriffe auf die Kirche gefaßt sein muß. Wenn in dieser Versammlung von dem verewigten Generalfeldmarschall als »dem alten Herrn« in einer Weise gesprochen wurde, die innere Empörung auslöste, wenn die »Flammenzeichen« unter Berufung auf den Führer gedeckt und verteidigt wurden, ein Blatt, dessen Hauptschriftleiter Krotsch noch 1932 ein Buch mit positiver Würdigung des Bolschewismus geschrieben hat[18], dann ist für mich der Punkt gegeben, wo ich nicht mehr mitgehen kann. Es ist ja doch anzunehmen, daß ein solcher Redner, der im Auftrag der Partei Vorträge hält, auch die offizielle Meinung der Partei vertritt. Die im letzten Jahr vollzogenen Kirchenaustritte führender Männer der Partei sowie die zum Teil erfolgten Massenaustritte in Formationen und auf Ordensburgen haben ja auch von der Seite der Partei her deutlich gemacht, daß zwischen ihr und der Kirche ein Gegensatz klafft, der eine Scheidung notwendig macht.

Da der Partei naturgemäß an Mitgliedern, die nicht ihren ganzen Kurs vorbehaltlos mitmachen können, nichts gelegen sein kann, da ich andererseits keine Möglichkeit sehe, mit meinen Anliegen irgendwie Gehör zu

---

18 Siehe S. 656–661.

finden oder verstanden zu werden, so erkläre ich aus Gründen der Ehrlichkeit und der inneren Sauberkeit hiemit meinen Austritt und lege meine Mitgliedskarte bei. Ich habe verlernt, mir das Zeugnis der Treue zu meinem Vaterland von einer andern Instanz als von meinem Gewissen ausstellen zu lassen. Auch dieser Schritt ändert für mich nichts an dieser Treue gegen mein Volk, die mir als evangelischem Christen eine Selbstverständlichkeit ist gerade auch dort, wo ich aus Gewissensgründen widersprechen muß.

Über die Probleme und Konsequenzen, die aus dem Verweigern des Dienstes in der Hitler-Jugend für junge Menschen sich ergaben, schrieb Oberkirchenrat Sautter am 15.12.1937 in einem Privatbrief an Pfarrer Lawton, Ohmenhausen [19]*:*

Sehr geehrter, lieber Herr Pfarrer!

Nach dem Besuch von Frau Pfarrer habe ich mich umgehend an die maßgebende Stelle gewandt und dort erfahren, daß der Bericht des Rektorats heute früh eingelaufen sei. Nach ausführlicher Darlegung des Falls erhielt ich die erwartete Antwort: Bei aller Achtung vor der persönlichen Überzeugung und vor der aufrechten Haltung Ihrer Tochter werde der Herr Minister mit Gewißheit entscheiden, daß eine Zulassung zur Reifeprüfung nicht in Frage komme; einen solchen Entschluß rückgängig zu machen oder in diesem Fall das Reichserziehungsministerium um eine Aufhebung zu bitten, werde unmöglich sein; ebenso die Ablegung der Reifeprüfung an einer anderen Anstalt des Deutschen Reiches, da jede Schule den Nachweis des seitherigen Schulbesuchs brauche und mit diesem Nachweis auch die Nichtzulassung zur Reifeprüfung in Reutlingen und deren Begründung erfahren würde.

Es ist mir geraten worden, Ihre Tochter doch meinerseits zum Eintritt in den BDM zu ermuntern, da auch der Oberkirchenrat nichts in dieser Sache erreichen könne. Ich habe nicht die Freiheit, mehr zu tun, als Ihnen diesen Bescheid zu übermitteln. Schon mit Rücksicht auf die Mädchen von Ohmenhausen, die auch mit einer religiösen Begründung abgelehnt haben, wird es jetzt schwer sein, einen anderen Standpunkt einzunehmen. Freilich, die sämtlichen Seminaristen unserer Theol. Seminare sind Mitglieder der Staatsjugend, ebenso, soviel ich weiß, alle in Frage kommenden Kinder der Mitglieder des Oberkirchenrats selbst; dabei muß ich von

---

[19] LKA Stuttgart, D 1, Bd. 73; die Mitgliedschaft in der HJ war Pflicht, seit diese zur Staatsjugend erklärt worden war, und wurde im Schulzeugnis vermerkt.

meinen Kindern sagen, daß ihr religiöses Gefühl bis jetzt nie verletzt worden ist. Ja, noch diesen Sommer mußte eine im Rahmen ihrer Abteilung an dem Sonntagvormittaggottesdienst in Denkendorf teilnehmen. Auf der anderen Seite ist es unabstreitbar, daß viele der Führer und Führerinnen der Staatsjugend ganz offen kirchliche Einrichtungen bekämpfen, vom Besuch der Kinderkirche, der Christenlehre und des Gottesdienstes überhaupt abraten oder diesen Besuch durch Ansetzung von Dienst unmöglich machen. Ein Hinweis auf solche Vorgänge würde freilich als Übergriff staatlicher Instanzen bezeichnet werden mit der Aufforderung, sich im einzelnen Fall dagegen zu wehren. Das tut der Oberkirchenrat, wo er kann, und hat auch Bericht, daß zahlreiche Jungen und viele Eltern in dieser Richtung, aber innerhalb der Staatsjugend, sich einsetzen.

Ich werde morgen in Berlin den Fall im Reichserziehungsministerium berichten, erwarte aber keine andere Stellungnahme. Ich kann nur raten, entweder in den BDM einzutreten mit der ausdrücklichen Bemerkung, daß ich mich darauf berufe, daß die nationalsozialistische Staatsführung nach den neusten Reden der Reichsminister Dr. Frick in Stockholm und Kerrl in Hagen[20] ausdrücklich die Gewissensfreiheit und Religionsfreiheit jedes einzelnen Deutschen gewährleiste.

Andernfalls bliebe nur der Ausweg, daß die Eltern ein Gesuch über das Rektorat an den Herrn Kultminister richten, in dem unter genauer Darlegung der Verhältnisse samt dem Hinweis z. B. auf die regelmäßige Sammeltätigkeit im VDA und im WHW dargelegt wird, daß die für ein christliches Gewissen unerträgliche Form der Aufforderung zum Eintritt, wie sie dem Appell in Ohmenhausen am 25. November zugrunde lag, es einer aufrechten Christin nicht ermöglicht hätte, sich bei dieser Gelegenheit zum Eintritt in den BDM zu melden. Die Eltern bitten, auf die klare Haltung dieses einzigen und ganz im Elternhaus verankerten Kindes Rücksicht zu nehmen. Es handle sich bei dieser Stellungnahme nicht um politische, sondern um religiöse Gründe, die in schweren inneren Kämpfen erwogen wurden. Wenn der Eintritt in den BDM eine gesetzliche Vorschrift wäre, wäre auch Margarethe Lawton eingetreten.

Ich kann mir allerdings von einem Gesuch wenig versprechen. Die staatlichen Stellen werden nicht einmal den Eindruck haben, daß sie eine Verantwortung auf sich nehmen, sondern nur in der Überzeugung bestärkt, daß sie einer ganz unmöglichen Stellungnahme gegenüber sich nicht von ihrem Weg abdrängen lassen. Möge der Herr Ihnen und Ihrer

---

20 Siehe S. 610 und 623.

Tochter den rechten Weg zeigen. Er ist ein Werk des Gewissens und der Gnade.

Mit herzlichen Grüßen Ihr ergebener Sautter.

Die Freie Volkskirchliche Vereinigung stellte in einer Aussprache mit dem Landesbischof im November 1937 über die Auseinandersetzungen der Kirche mit Staat und Partei ihre Anliegen in einem Memorandum zusammen[21]:

Die Bemühungen des Herrn Landesbischof, die verschiedenen Richtungen in unserer Kirche zusammenzuhalten, haben wir in unserer Vereinigung stets dankbar empfunden, und wir möchten deswegen den Herrn Landesbischof ausdrücklich unseres Vertrauens und unserer innersten Teilnahme an seiner schweren Aufgabe versichern. Was uns zu dieser Aussprache veranlaßt, ist die Befürchtung, daß die extremen Richtungen in Theologie und Kirche sich angesichts der unverhohlenen schroffen Kampfesstellung gegen die Kirche immer mehr Einfluß auf die Kirchenleitung verschaffen möchten.

Wir haben deswegen zwei Bitten vorzutragen:

1. Die Kirchenleitung möge die rechtsradikalen Theologen nach wie vor daran erinnern, daß sie nicht die Vertreter von Theologie und Kirche sind. 2. Sie möge die offene und versteckte Polemik gegen den Staat in Predigt und Unterricht nach Möglichkeit zu verhindern suchen.

Zu Punkt 1

a) Die Gegenwart verlangt einen Zusammenschluß aller überzeugten evang. Christen, welche Ausprägung sie auch ihrem Glauben geben mögen. Wir können deshalb weder die erneute Betonung der Konfessionalität, lutherisch, reformiert verstehen, noch die aggressive Haltung der Neuorthodoxie gut heißen. Wer heute innerhalb der evang. Kirche Gräben zieht und den Ketzerrichter spielt, der besorgt die Geschäfte der Kirchenfeinde, die die Kirche in kleine, einflußlose Sekten zerspalten möchten.

b) Aufgabe der Theologie ist es heute, die elementaren Grundwahrheiten unseres Glaubens in möglichst einfacher und klarer Form herauszustellen. Als solche Grundwahrheiten können wir weder die Gleichung Bibelwort = Gotteswort, noch die andere Altes Testament = Neues Testament gelten lassen. Man müßte mit diesen Fragen endlich eine deutliche Sprache reden.

21 LKA Stuttgart, D 1, Bd. 73.

Zu Punkt 2

a) Wenn seitens der Gegner der Unterschied von Politik und Religion nicht mehr erkannt wird, so darf ihnen die Kirche hierin nicht folgen. Solange sich die staatlichen Maßnahmen nicht gegen die Verkündigung des Evangeliums richten, muß man sich ihnen fügen. Wird die Kirche daran gehindert, in der Öffentlichkeit zu wirken, so hindert sie das wohl an der Erfüllung ihres Auftrags. Aber sie hat keine Machtmittel, etwas zu erzwingen, und trägt deshalb auch keine Verantwortung, wenn sie ihren Auftrag nicht in vollem Umfang ausrichten kann.

b) Jedenfalls ist der Kleinkrieg in Predigt und Unterricht wertlos. Die Gemeindeglieder, die sich zur Kirche halten, werden dadurch nicht erbaut; viele, die die Lage nicht kennen, werden verärgert. Die Pfarrer bedürfen in ihrer bedrückenden Lage dauernden seelsorgerlichen Zuspruchs.

c) Der gegen die Kirche erhobene Vorwurf der Staatsfeindschaft lastet schwer auf allen Staats- und Gemeindebeamten, die sich zur Kirche halten. Es müßten alle Mittel versucht werden, die Organe von Staat und Partei, die diesen Vorwurf erheben, zu einer Begründung zu zwingen.

Mit der Erklärung, daß der Staat keine Staatskirche wolle, sind für den Augenblick manche Befürchtungen behoben. Um so notwendiger ist heute die Erfüllung der der Kirche verbliebenen und noch möglichen positiven Aufgaben. Faut.

FEIERN DER PARTEI

Über die weltanschauliche Schulung der SS teilte der Reichsführer SS am 14.12.1937 mit[1]*:*

Für die weltanschauliche Schulung der Ordnungs-Polizei gelten nachstehende Ausbildungsrichtlinien, die im Auszug den SS-Ausbildungsrichtlinien entnommen sind.

Es ist strengstens darauf zu achten, daß die Schulung über unsern weltanschaulichen Kampf nicht in sinnlose Verneinung des Christentums oder gar in persönliche Angriffe gegen die Person Christi ausartet. Niemals darf das Glaubensgut oder das religiöse Bekenntnis andrer Volksge-

---

1 LKA Stuttgart, D 1, Bd. 97; bei den Akten liegt eine Abschrift der Richtlinien. Zum Zusammenhang vgl. Zipfel, S. 107f.; Bollmus, S. 104–113.

nossen angegriffen, lächerlich oder verächtlich gemacht werden. Über den Kampf gegen die politische Kirche und den Sittenzerfall in den Klöstern und andere kirchliche Einrichtungen bringt die NS-Tagespresse, allem voran das »Schwarze Korps« eine Fülle von Material, über das sich jeder SS-Mann unterrichten kann und muß. Es ist nicht Aufgabe unsrer Schulung, sich mit dieser negativen Auseinandersetzung mit dem Christentum zu befassen. Die Schulung soll vielmehr das Positive unsrer Weltanschauung lehren, das Wissen um unsre völkische Herkunft in den Männern lebendig werden lassen und sie damit zur Achtung vor der Vergangenheit unsres Volkes, zur Ehrfurcht vor unsern Ahnen erziehen. Weiß der SS-Mann, daß er aus Geschlechterfolgen stammt, die schon Jahrtausende vor der Zeitrechnung einem hochentwickelten Kulturvolk zugehörten, kennt er ihr uraltes Brauchtum, ihre Sitten und ihre Totenehrung, so hat er damit eine sichere Grundlage gewonnen, die ihn allen artfremden Einflüssen unzugänglich macht. Kirchenaustritt lediglich aus einer verneinenden Grundhaltung heraus ohne positive weltanschauliche Grundlage ist gefährlich und bedeutet praktisch Atheismus, der mit aller Schärfe abgelehnt werden muß.

Die Schulungsredner und Schulungslehrer bei der Ordnungspolizei sind anzuhalten, nach diesen Richtlinien zu verfahren.

In Vertretung: Daluege.

Der Stuttgarter NS-Kurier *berichtete in seiner Ausgabe vom 23.6.1937 über eine Feierstunde der SS und der Hitler-Jugend:*

»In unseren Fahnen lodert Gott!« Nächtliche Feierstunde der SS und der Hitlerjugend

... Die Art der Durchführung brachte es mit sich, daß die Feier nicht zu einer Kundgebung schlechthin wurde, sondern zu einer wirklichen Feierstunde. Im weiten Viereck stehen die Formationen angetreten. 800 Mann der SS, 700 der HJ und des BDM. Zahlreich hat sich zu der Feier die Bevölkerung eingefunden... Bannführer Mayer spricht kurze Worte. Spricht von der endlosen Kette durch Generationen, die von Ewigkeit zu Ewigkeit reicht, in der wir nur ein kleines Glied sind. Aber doch hat jeder seine bestimmten Aufgaben und Pflichten. Für Freiheit, Ehre und Mut wird heute das Schwert gezogen gegen die Dogmen einer fast zweitausendjährigen Geschichte, gegen Dogmen, die dem deutschen Volk artfremd, dieses immer wieder in die schwersten inneren Kämpfe stürzte. Heute stehen wir am Beginn einer großen Zeitenwende...

Nur für den Dienstgebrauch *gab die Oberste SA-Führung am 1.7. 1937* Richtlinien für die kulturelle Dienstgestaltung in der SA[2]:

Ich erlasse mit beifolgender Druckschrift die »Richtlinien für die kulturelle Dienstgestaltung der SA«. Diese Richtlinien sollen nicht nur den Sachbearbeitern dieses Aufgabengebietes, sondern allen Einheitsführern eine Handhabe sein, damit die kulturelle Dienstgestaltung innerhalb der SA ein einheitliches Gepräge erhält. Der Stabschef Lutze.«

S. 9: »Vor einer Verwendung von Formen, die kirchlichen Feiern ähnlich sind, wollen wir uns hüten. Diese Formen sind tot. Und unsere NS-Weltanschauung ist nicht Ersatz, sondern etwas Neues... In der gesamten kulturellen Dienstgestaltung soll die Kraft unserer Gemeinschaft und die Gemeinsamkeit unseres Glaubens... zum Ausdruck kommen...«

S. 12: »... so ergibt heute die Praxis vor allem 2 Angelegenheiten persönlicher Art, die wir aus unserer SA-mässigen Verbundenheit heraus ›kulturell‹ gestalten müssen. Es sind dies: Die Eheschließung und die Bestattung.«

S. 13: »Die Leitgedanken der ›Kleinen Appelle‹ sind enger abzugrenzen. Hier können sie sein: Kameradschaft, Pflicht, Deutscher Glaube, der Führer...«

S. 16: »... abgesehen davon verträgt sich der Begriff ›Weihnachtsfeier‹ in einem ›Evangelischen Gemeindehaus‹ ebensowenig mit unserer Weltanschauung wie das Singen von Weihnachtsliedern wie ›O du fröhliche‹ und ähnliche.«

S. 24: »So muß ein Appell einer Sonnenwende so gestaltet sein, daß die Bevölkerung von der Stärke unseres Glaubens und von der Kraft unseres Volkes ergriffen und mitgerissen wird. Das Volk soll erleben, daß die SA hier nichts Willkürliches unternimmt, sondern aus ihrem inneren Erlebnis etwas gestaltet, was einem ›Glaubens-Dienst‹ gleichkommt... Doch kann es aus unserem kämpferischen Geist heraus richtig sein, wenn wir einen Appell unseres Glaubens an einer Stätte abhalten, die eine uns fremde Weltanschauung sich in unserer deutschen Landschaft angeeignet hatte. Wir verdrängen hier durch die Stärke unseres Glaubens den fremden Geist... Zu beachten ist hier, daß wir diese fremden Weltanschauungen nie angreifen, indem wir sie erwähnen oder ihr Brauchtum einer öffentlichen Kritik unterziehen. Wir verdrängen sie durch die Kraft unseres Glaubens, die sich in unserem Brauchtum, das wir in der kulturellen Dienstgestaltung [!]. ausdrückt... Appelle des Glaubens, der Heimat,

2 LKA Stuttgart, D 1, Bd. 73; dem Oberkirchenrat vom Rat der Evang.-Luth. Kirche Deutschlands zur Kenntnisnahme auszugsweise mitgeteilt.

des Kampfes und dergleichen legt man zweckmäßig auf einen Sonntagvormittag. Hierdurch erhält der Sonntagvormittag mit der Zeit seine bestimmte Bedeutung für die SA und darüber hinaus für das Volk. Es entwickelt sich hieraus ein Brauch, der für die Bevölkerung Gewohnheit wird, wie früher der regelmäßige Gang zum Dienst einer uns fremden Weltanschauung. Wir beanspruchen damit die Zeit, in der die Menschen ›festlich‹ und ›feierlich‹ gestimmt sind. Welcher Art der Ruf zu unseren Appellen an Sonntagen sein wird, muß sich aus den Notwendigkeiten und Erfahrungen entwickeln. Ob es ein Werbemarsch mit klingendem Spiel oder mit Gesang sein wird oder ob wir einen anderen Aufruf zum gemeinsamen Appell verwenden werden, ist heute noch nicht zu sagen. Jedenfalls haben wir die Pflicht, eindringlich zum Glaubensdienst unserer Weltanschauung zu rufen, ebenso wie es eine uns fremde Weltanschauung mit ihren Glocken tut. Es bedarf wohl kaum noch des Hinweises, daß die Träger und Vertreter fremder Weltanschauungen bei unseren Appellen und bei unseren Veranstaltungen nichts zu suchen haben, geschweige bei uns zu Worte kommen dürfen. Auch ist es selbstverständlich, daß sich weder SA-Einheiten und Musikzüge noch einzelne SA-Männer in den Dienst einer uns fremden Weltanschauung stellen.«

S. 26: »Bei der Herrichtung eines Raumes für einen Appell ist in der Regel Folgendes zu beachten: ... Zunächst sind bei der Herrichtung eines Raumes für einen Appell alle Symbole einer vergangenen Zeit zu verkleiden oder zu entfernen. Hierzu gehören Gipsbüsten früherer Herrscher, ... Bilder von Heiligen, Kruzifixe, Bierschänken ... usw.«

S. 29: »So sind bei Appellen und Veranstaltungen nicht am Platz: Studentenlieder, Gesangsdarbietungen ... Vertreter fremder Weltanschauungen (Pfarrer usw.) dürfen bei uns nicht zu Worte kommen. Wir kennen daher auch keine ›Feldgottesdienste‹.«

S. 30: »Neben unsere alten Kampflieder sind heute die neuen Bekenntnislieder getreten.«

Dem Rat der Evang.-Luth. Kirche Deutschlands, der sich wegen dieser Richtlinien an die Oberste SA-Führung gewandt hatte, teilte der Chef des Erziehungshauptamts der SA am 24.1.1938 mit[3]:

In Beantwortung Ihrer Anfrage vom 24.11.1937 und 10.1.1938 I A 3289/37 teilen wir Ihnen mit, daß die im Flugblatt der Kirche angeführten Auszüge aus den Richtlinien für die kulturelle Dienstgestaltung

---

3 LKA Stuttgart, D 1, Bd. 73.

der SA nicht den gültigen Entwürfen entnommen und so aus dem Zusammenhang herausgerissen sind, daß eine mißverständliche Deutung erzielt wurde.

Es hat die Oberste SA-Führung sehr merkwürdig berührt, daß diese Auszüge bereits in Form eines Flugblattes in großen Mengen innerhalb der Kirche zur Verteilung gelangten, bevor eine Anfrage nach der Richtigkeit dieser Auszüge bei der Obersten SA-Führung erfolgte. Dies ist umso mehr der Fall, als die Entwürfe, denen die Auszüge entnommen sind, ausdrücklich »Nur für den Dienstgebrauch« gekennzeichnet waren und somit nur durch Mißbrauch in der vorliegenden Form ausgenutzt werden konnten. Die SA entwickelt für die Gestaltung ihres »feierlichen Dienstes« einen eigenen Stil. Wenn hierbei die Worte »Bekenntnis« und »Glaube« gebraucht werden, so bringen diese Worte die Stärke unserer Überzeugung zum Werk des Führers zum Ausdruck. Hierin eine Kundgebung gegen die Religionsgesellschaften sehen zu wollen, ist durchaus abwegig und nicht zu begründen.

Wir erwarten, daß nach dieser Aufklärung die weitere Verbreitung der Flugblätter unterbleibt.

Heil Hitler! Der Chef des Erziehungshauptamtes: Luyken, Obergruppenführer.

Die Landesstelle des Evang. Gemeindedienstes teilte am 17.12.1937 den Pfarrämtern Richtlinien für die Feiergestaltung der NS-Frauenschaft zu Advent und Weihnachten mit[4]*:*

Wir geben den Amtsbrüdern in der Anlage die Richtlinien der NS-Frauenschaft in Württemberg für die Feiergestaltung zu Advent bzw. Weihnachten zur Kenntnis. Wir bitten, die Gemeinden auf die Versuche, den Sinn des Christfestes umzufälschen, aufmerksam zu machen und sie zu mahnen, demgegenüber sowohl in ihren Familien als in der Öffentlichkeit der Gemeinden für eine Bewahrung des christlichen Sinnes der Weihnachtsfeier einzutreten.

Mit amtsbrüderlichem Gruß Pfarrer Dr. Scheuermann.

1. Vorschlag

Einleitung. Instrumentenmusik: »Wach Nachtigall, wach auf!«

Mittwinternacht – Weihnacht! Es ist eine zaubervolle Zeit. Selbst die versunkenen Glocken lassen es sich nach dem Volksglauben in der »gro-

---

4 LKA Stuttgart, D 1, Bd. 73.

ßen Mutternacht« nicht nehmen, unter der Erde zu erklingen. Ihr Klang schwingt mit in das Singen und in den Jubel aller Weihnachtsglocken, die uns diese heiligste Nacht auf Erden einläuten. Ein stiller Zauber liegt in der Welt und umfängt jedes Menschenherz. Man sieht es jedem an, daß auch er weiß um das Wunderbare des Naturgeschehens. Auch die Tiere können sich dem nicht entziehen, denn mit der Mittwinternacht beginnen jene zwölf heiligen Rauhnächte, in denen sie »sprechen« und den Menschen weissagen können. Selbst die Pflanzen, überhaupt jedes lebende Wesen wird von dem erlösenden Friedensatem der Zeit »zwischen den Jahren« ergriffen.

Bewußt oder unbewußt empfindet man den Stillstand des Sonnenlaufs, das tiefe Atemholen zum Neugeborenwerden. Die Sonne lebt es uns vor, oder besser gesagt, weiß uns deutlich das Urgesetz alles Lebens zu zeigen, vor allem in der den Germanen so heiligen »Mondranacht«, der Mutternacht, in der wir sozusagen den Geburtstag des Sonnenkindes feiern. Diese Nacht verheißt allen neues Leben, und daher wurde sie stets in aller Gemeinsamkeit in der Familie und in der Volksfamilie freudig und feierlich begangen. Die Sonne bildet und vollendet den Kreislauf eines Jahres und weist uns so auf das Urgesetz des Seins, Werdens und Vergehens zum Neuerstehen hin. In der Weihnacht wendet die Sonne ihren Lauf. Das Julrad beginnt von neuem sich zu drehen.

Sprecherin spricht das folgende Gedicht von Schirach:

> Siehe, es leuchtet die Schwelle,
> Die uns vom Dunkel befreit.
> Hinter ihr strahlet die Helle,
> Herrlicher, kommender Zeit.
>
> Die Tore der Zukunft sind offen,
> Dem, der die Zukunft bekennt,
> Und im gläubigen Hoffen
> Heute, die Fackeln entbrennt.
>
> Stehet über dem Staube!
> Ihr seid Gottes Gericht.
> Hell erglühe der Glaube
> An die Schwelle im Licht.

Das Wahrzeichen dieses Wendepunktes in der Natur ist im Brauchtum unsres Volkes der Tannenbaum, der Weihnachtsbaum. Viel tiefer und enger, als wir glauben, ist der Mittwinterbaum sinnbildlich mit diesem großen Geschehen verbunden. Denn unsere Vorderen nahmen ihn bei allen wichtigen Wendepunkten, sei es im Leben des einzelnen oder im Geschehen des Jahreslaufs, als wegweisendes Sinnbild. Ihre Kulthandlungen an diesen bedeutsamen Tagen weisen auf großen Ernst hin und auf die große innere Verbundenheit mit der Natur.

Lied

> Am Weihnachtsbaum die Lichter brennen,
> Wie glänzt er festlich, lieb und mild,
> Als spräch er: Wollt in mir erkennen
> Getreuer Hoffnung stilles Bild.

Die Führerin spricht:

Nun stehen wir mitten drin in der Vorweihnachtszeit, und unsre Herzen sind voller Erwartung auf dieses schönste der deutschen Feste. In uns ist eine freudige Stimmung und die Bande, die die Familie umschließen, sind stärker als je. Das spürt besonders der, der in der Fremde weilt. Nie ist die Sehnsucht zur Familie stärker als zur Weihnachtszeit und das Heimweh größer.

Lag auch noch so große Notzeit über Deutschen Landen, deutsche Weihnacht wurde immer gefeiert. Manche von Euch haben die Zeit miterlebt, andere wissen's aus Erzählungen, daß selbst der deutsche Soldat im Großen Krieg sich seine deutsche Weihnacht nicht hat nehmen lassen. Wenn wir daran denken, daß manches Tannenbäumlein unter Einsatz des Lebens in den Schützengraben geholt wurde, dann steigt in uns die Frage auf: Wie kommt es, daß der deutsche Mensch so stark das innere Gebot spürt, diese Zeit zu feiern? Und wenn wir dann sagen, das liegt uns im Blut, so sprechen wir damit eine ganz tiefe Wahrheit aus, denn soweit wir unsre Ahnenreihe zurückdenken können, feierten unsre Vorfahren schon zur Weihnachtszeit ihr höchstes Fest. Das Weihnachtsfest ist nicht eine vom Christentum eingeführte Sitte, an die wir uns gewöhnt haben, sondern das Christentum mußte dies alte Fest der Germanen, das so fest in ihren Herzen verwurzelt war, in seine Feste einbeziehen. Weihnacht mit Lichterbaum und trauten Liedern im engsten Familienkreise ist ein uraltes deutsches Fest. In dieser Form den Engländern und Franzosen und anderen Christen unbekannt. Es ist so recht ein Fest des deutschen Gemüts, das uns im Blut liegt. Es ist entstanden aus dem Fest der Wintersonnenwende, und das Licht ist sein hohes Symbol. Wir wissen von unseren Ahnen im hohen Norden, daß ihr Leben innig mit der Natur verbunden war. Der Urglaube des nordischen Menschen wurzelt in dem Glauben an den unsichtbaren Weltengott, der sich in den Naturgesetzen offenbart.

Die größte Offenbarung für den nordisch-germanischen Menschen war darum das Erlebnis der Wintersonnenwende. Wenn die Tage immer kürzer werden, die Sonne dann tagelang am Horizont nicht zu sehen war, und es schien, als ob ewige Nacht werden wolle, dann müssen wir uns hineindenken, welch ein Erlebnis es für unsre Ahnen war, wenn dann die Sonne wieder erschien und aus dem Sterben ein Werden wurde. Diese Werdenzeit im Mittwinter bedeutet unsern Vorfahren den Sieg des Lichtes über die Finsternis und symbolisch den Sieg des Guten über das Böse. Wieviele deutsche Sagen und Märchen kennt ihr, die alle diesen Gedanken versinnbildlichen, die Tiere sprechen und die Toten erwachen können. Die Götter halten ihre Umzüge, um den Menschen nahe zu sein, den Quellen entströmen Wein, und Berge sollen sich öffnen können, um den Menschen in dieser Nacht ihre verborgenen Schätze zu zeigen, dem Suchenden offenbare sich die Zukunft und in den »Zwölfen« haben die Menschen die Fähigkeit, das Wetter des ganzen kommenden Jahres vorauszuschauen. Dieser Volksglaube spricht von einem wunderbaren Geschehen.

Die Singgruppe singt: »Hohe Nacht der klaren Sterne.«

Sprecherin:
>   Es wächst viel Brot in der Winternacht,
>   Weil unter dem Schnee frisch grünet die Saat,
>   Erst wenn im Lenz die Sonne lacht,
>   Spürst du, was Gutes der Winter tat.
>
>   Und deucht die Welt dir öd und leer
>   Und sind die Tage rauh und schwer,
>   Sei still... und habe des Winters acht:
>   Es wächst viel Brot in der Winternacht.
>
>   Weber

Nicht nur in der Mittwinternacht wird die Tanne als Sinnbild geschmückt und mit Lichtern besteckt. Auch bei Bauernhochzeiten wurde sie mancherorts als Wahrzeichen dem Hochzeitszug und dem Wagen, welcher das Brautpaar führte, vorangetragen. Ist das Ehebündnis doch für die jungen Leute eine große Lebenswende. Wenn es zum Tanze geht, werden die Lichter der Hochzeitstanne von der Jugend unter Lachen und Scherzen ausgelöscht. Das Leben, das Werden beginnt. Noch viele Beispiele könnten angeführt werden, daß unsere Vorderen den Baum im engen Zusammenhang mit wichtigen Geschehnissen durch Feiern oder Kulte verknüpften. Denken wir nur an den Mai- und Gildenbaum im

Frühling, an den Rosenbaum zur Sommersonnenwende und an den kleinen Richtbaum am Giebel eines neuerbauten Hauses. Nicht immer wurden die Bäume entwurzelt ins Dorf oder in die Stube getragen. Vielfach wanderten die Menschen hinaus in den Wald. Die Linde, die Eiche oder Birke wurde von ihnen festlich geschmückt, und in der Mittwinternacht erhielt die Tanne von ihnen viele kleine Lichter. Ist es heute noch Brauch, um die Mitternachtsstunde am 24. Julmond in die Christmette zu gehen, so hielten sich in alten Zeiten wohl unsre Vorfahren in ihrem Heiligen Haine auf, um dort mit den Tieren und Bäumen des Waldes die Wintersonnenwende zu erleben. Wie bedeutsam war ihnen die große Wende im Sonnenlauf, wie hoffnungsvoll erfüllte sie das Wissen, daß nun die Stunde da ist, in der der Sonnenbogen anhebt zu steigen.

Liedergruppe singt nach dem Satz von Bach

> Kein Hälmlein wächst auf Erden,
> Der Himmel hat's betaut,
> Und kann kein Blümlein werden,
> Die Sonne hat's erschaut.
>
> Wenn Du auch tief beklommen
> in Waldesnacht allein,
> Einst wird von Gott Dir kommen
> Dein Tau und Sonnenschein.
>
> Dann sproßt, was Dir indessen
> Als Keim im Herzen lag.
> So ist kein Ding vergessen,
> Ihm kommt ein Blütentag.

Alle Glocken wissen es den Menschen zu künden, wenn die heilige Nacht anbricht und während die Schneeflocken die Erde einbetten, erstrahlen das tiefe Dunkel der Mittwinternacht unendlich viele kleine Sonnwendmale an immergrünen Bäumen. Der Weihnachtsbaum brennt uns als Gruß, aus grauer Vorzeit verkündend den »Willen zur Geburt«.

2. Vorschlag

Der Raum ist festlich mit Tannenzweigen geschmückt. Vor jedem Platz steht ein Teller mit Backwerk und eine Kerze, als Lichthalter ein Apfel. Musik. Zwei Mädel bringen den Lichterkranz herein oder entzünden die Lichter am Tannenbaum.

Lied

O Tannenbaum, o Tannenbaum, wie grün sind deine Blätter.
Du grünst nicht nur zur Sommerszeit,
Nein auch im Winter, wenn es schneit.
O Tannenbaum, o Tannenbaum, wie grün sind deine Blätter.
O Tannenbaum, o Tannenbaum, du kannst mir sehr gefallen.
Wie oft hat nicht zur Winterszeit
Dein grünes Kleid mich hoch erfreut.
O Tannenbaum, o Tannenbaum, du kannst mir sehr gefallen.
O Tannenbaum, o Tannenbaum, dein Kleid will mich was lehren.
Die Hoffnung und Beständigkeit
Gibt Mut und Kraft zu jeder Zeit.
O Tannenbaum, o Tannenbaum, dein Kleid will mich was lehren.

Sprecherin:

  Wo immer das Leben erklommen,
  Da will es als Flamme stehn,
  Wir wissen, woher wir kommen,
  Wir wissen, wohin wir gehn.

  Wir bleiben dem Ew'gen verbunden
  Ein jeder nach Volkesart,
  Drum stehn in den hohen Stunden
  Wir hell um das Licht geschart.

  Die Flamme leuchtet und kündet,
  So soll unser Leben sein,
  Im Ewigen ward's entzündet,
  Ins Ewige wandert's hinein.

So finden wir noch heute allerorts in deutschen Landen als einen Gruß aus grauer Vorzeit den Brauch des Weihnachtsbaumes. Am Tore vor dem Hause und in der Stube brennen seine Lichter. Ihn zu schmücken und der Kinderwelt als geweihten, heiligen Baum, als den Lebensbaum des Jahres zu gestalten, liegt nach wie vor in den Händen der Frau und Mutter, welche auch hier, wie in allem Brauchtum, sich als die stärkste Übermittlerin und Erhalterin erwiesen hat. Dieses unser Weihnachtsfest ist uralt, so alt, wie das ewige Wiedergeborenwerden. Es ist das Fest der Wintersonnenwende, von dem schon Tacitus uns zu berichten weiß. Mitte Dezember hätten unsre Vorderen ihr »Tonfanalfest« gefeiert, bei welchem man Tannenzweige in Händen getragen hätte. Alle Arbeit habe in dieser Festhochzeit geruht. Selbst das Schwert wurde beiseite gelegt. Hören wir dann auch weiter nichts mehr von dem Baum der Mittwinternacht, als erst im 16. oder 17. Jahrhundert, aus denen uns Urkunden übermitteln, daß der Weihnachtsbaum langsam in jede Stube Eingang gefunden hätte, so darf darüber wohl kein Zweifel herrschen, daß gerade der Tannenbaum als Wahrzeichen dieser Nacht in fernste Zeiten zurückreicht und dem Brauchtum unserer Väter entstammt. Irgend einen Zusammenhang des immergrünen Baumes mit der Wintersonnenwende begegnen wir überall in deutschen Gauen. Daher berührt es seltsam festzustellen, daß es fast in jedem Jahrhundert heißt, die Sitte des Lichterbaums sei erst hundert Jahre alt. Bedenken wir nur , wie sehr der Germane dem Waldkult huldigte! Ihm galt die Tanne als Sinnbild ernster, hoher Würde, gefeit und gebannt gleich der Eiche aus dem heiligen Haine. Denn aus ihr strömte das Blut, sobald man sie verletzte. Sie lebte dort, wo unsere Vorderen ihre heiligen Stätten hatten, ihre Halgodome, ihre Malstätten und Tings. Die Tanne lebte im Walde, das heißt in der göttlichen Waltung. Ihr immergrünes Kleid läßt gerade sie als Bild des Lebensbaumes in der dunkelsten Zeit des Jahres zum Wahrzeichen der Ewigkeit werden.

Gesang: »O Tannenbaum, o Tannenbaum, wie grün sind deine Blätter!«

Und so muß auch ihr Name »Tanne« dieses Bild wiedergeben, hält sie doch ihre Nadeln im unerschütterlichen Glauben fest in den lichten wie in den dunklen Zeiten. Tanne bedeutet »Wille zur Geburt«, und so vermittelt sie dem Menschen die »Himmelsfeuerzeugungstat«, die Geburt des Sonnenkindes, worüber nach dem Vergehen des Herbstes dem hoffnungslosen Dunkel die Menschen in ein Freuen verfallen. In diesen nun anbrechenden heiligen zwölf Nächten ruhen sie von ihrer Jahresarbeit aus, pflegen gemeinsam der Ruhe und des Friedens. Schon der Name »Wille zur Geburt« gibt uns Kunde, daß die Tanne bereits in Urzeiten als Baum der Mittwinternacht galt und diese Hochzeit im engsten Zusammenhang mit dem Lauf der Sonne stand, so wie der Väterglaube aus reinsten Naturkenntnissen einstmals geboren ward. Immer wieder begegnen wir in der Göttermär den Sagen und den Märchen unserer Vorfahren dem Baume im engen Zusammenhang mit einschneidenden Zeitwenden, sei es im Jahreslauf oder auch im Lebensgeschehen gesehen. Dieser Glaube des Volkes, daß immer in den dunkelsten Zeiten des Lebens der im Jahresring gesehenen Wintersonnenwendzeit neues Leben sich Bahn bricht, spiegelt sich rührend im heute noch lebenden Volksglauben wieder. Sollen doch die Bäume in der dunkelsten, aber der heiligsten Nacht des Jahres blühen.

Denkt nur an Brunhild und Siegfried, an die Märchen vom Froschkönig, Rapunzel, Dornröschen und viele mehr. Überall der gleiche Gedanke: Licht und Leben wird in Banden gehalten und erst, wenn die Zeit um ist, kommt der Held zur Befreiung.

So ist es auch gut zu verstehen, daß das nächtliche Feuer zur Wintersonnenwende unsrer Ahnen in der Gemeinschaft diesen Gedanken vom »Stirb und Werde« verkörperte. Auch am Baum wird der ewige Kreislauf des Lebens sichtbar, und es ist kein Wunder, daß unsre Ahnen Baumzweige in ihr Heim holten und immergrüne Tannen oder Misteln nahmen als Zeichen der ewigen Lebenskraft. Vorhin haben wir gesungen: »O Tannenbaum« und »Am Weihnachtsbaum die Lichter brennen«, versteht ihr jetzt, daß aus den Liedern auch das uralte Wissen um diese ewigen Naturgesetze klingt und daß der Anblick des Lichterbaumes in uns Gefühlswerte auslöst, die uns durch das Blut von einer unendlichen Geschlechterreihe überkommen sind. In manchen Gegenden bringt der Lichterkranz den Gedanken des »Stirb und Werde« zum Ausdruck. Der Lichterkranz als Sinnbild des Jahresrings, wie wir es auch im Sonnenrad und Hakenkreuz kennen. Ihr wißt, wir haben Hakenkreuze gefunden, die 5000 Jahre alt sind. Wir müssen wieder lernen, uns auf unsre Art zu besinnen, es muß uns wieder ganz klar werden, daß seit ungezählten Jahrtausenden nicht einmal der Blutstrom in unsrer Geschlechterfolge unterbrochen worden ist, denn sonst wären wir nicht da. Wohl ist das Brauchtum in den germanischen Stämmen später verschieden, aber ob es nun das zur Wintersonnenwende entzündete Feuer ist oder der Lichterkranz oder aber als Symbol die Tanne, deren Stamm die Weltachse versinnbildlichte, ihre Spitze der Polarstern war, immer waren es Symbole des ewigen Naturgesetzes vom »Stirb und Werde«.

Gibt es aber etwas, das dem Menschen eine größere Offenbarung Gottes ist als das Werden des Kindes im Mutterschoß? Seht, so ist mit dem Lichtgedanken der Muttergedanke tief verwurzelt in der deutschen Volksseele. Ihr wißt von den Sachsen, wie heiß sie um ihre germanische Art gekämpft haben Von ihnen berichtet der angelsächsische Mönch Beda, daß sie zur Zeit der Wintersonnenwende ihr höchstes Fest feierten, das sie Mondranacht« nannten, das heißt die Nacht der Mütter. Sie war die höchste der »wihen Nachten«, das heißt der heiligen Nächte. Vor der Nacht der Mütter stellten unsre Ahnen eine schöne Tanne am Herdfeuer auf, steckten an die Ebereschen auf dem Weg zum »Bethaus«, wo die heiligen Mütter, »die Beten« verehrt wurden, Kienspäne, die dann in der Nacht der Mütter angezündet wurden. In den zwölf heiligen Nächten ruhte die

Arbeit, und es war eine Zeit der Besinnung auf sich selbst und auf das Schicksal der Geschlechterfolge. Besonders der Toten wurde dann gedacht, aber nicht in Trauer, denn für den Germanen war der Tod keine Erlösung, sondern Erfüllung. Der Tote lebte ja im Blute der Geschlechterfolge ewig weiter. Eine symbolische Handlung war es, wenn die Sippe in der Nacht zum »Bethaus« ging und dort in das »Kar«, das Grab der Ahnen hinabstieg, um dann symbolisch als Neugeborene aus dem dunklen Schoß der Erde aufzusteigen. Zu Hause wurde dann das Herdfeuer neu entzündet in dem Gedanken, dem Otto Fersch Ausdruck gibt:

>Brenne, leuchte, heil'ge Flamme
>Im Herd des Hauses.
>Der Sippe verbunden schließe den Ring!
>Wache, warne das Haus und die Sippe,
>Wenn Stürme drohen
>Und Fremdes umherschleicht,
>Heimlich und lichtscheu.
>Vernichte, zerstöre zornige Flamme
>In diesem Hause,
>Was faul ist und morsch.
>Heilige Flamme, dem Hause verschworen
>Durch Ewigkeiten:
>Behüte, vermehre das Haus und die Sippe!

Und die heiligen Mütter, was verehrten unsre Ahnen in ihnen? Sie sahen in ihnen die 3 Urmütter, in manchen Gegenden versinnbildlicht in den drei Nornen oder in den »Perchten«, bei den Sachsen als die drei »Beten«, »Ambet, Berbet und Wilbet« verehrt, Sinnbilder für Erde, Sonne und Mond, diese 3 ewigen Mächte, denen die Ahnen als Bauerngeschlechter so viel zu verdanken hatten. Die Erde: sie spendet ja die Frucht, von der Mensch und Tier leben, die Sonne, sie wärmt, spendet Licht und bringt die Saat zum Reifen. Und die Mondmutter haben sie verehrt als die eigentliche Lebensweckerin, sahen sie doch, daß über Nacht auf ihrem Acker die Saat aufgegangen und die Knospen aufgebrochen waren. So war die Mondfrau, die Mondmutter als Hüterin des werdenden Lebens verehrt, so sind die drei Mütter auch Sinnbilder des Lebens selbst und sind ewig!

Lied: »Hohe Nacht der klaren Sterne...«

Und nun die Nacht der Mutter? Da kam mit der Mondmutter die Sonnenmutter wieder. Die Erde erwachte aus ihrem Schlaf, und aus der Erde erwachte neues Leben. Heilig war den Germanen die Mutterschaft, und es ist ein tiefer Sinn darin, daß die Weltenesche im Urbrunnen, dem Sinnbild des Mutterwassers, wurzelt. Darum spricht auch das Märchen davon, daß die kleinen Kinder aus dem Brunnen kommen. Versteht ihr nun, warum das Christentum das Fest der Geburt Jesu in die Zeit der Heiligen Nächte legte? Unsre Ahnen sahen darin nur eine Umformung uralten Brauchtums, war doch den Germanen das tiefste Naturgeheimnis die Geburt. Waren die feierlichen Handlungen beendet, der Toten gedacht, dann folgte das frohe Feiern als Ausdruck der Lebensfreude. Julzeit ist eine Kette festlicher Tage: Wir sagen ja auch von der Festzeit Weihnachten, nicht nur Weihnacht. Schon mit dem 6. Dezember, der einmal Wuotanstag hieß, kam die Vorfreude. Wotan oder Odin, in dem unsre Ahnen das Sinnbild sahen für den Ewig nach Weisheit suchenden Menschen, der sogar, um Weisheit zu gewinnen, sein eines Auge geopfert hatte. Er war der Weltenwanderer, der wilde Jäger, Sinnbild des faustischen Menschen. Ihm gehört der 6. Dezember, an dem er von Haus zu Haus wandert und anfragt, ob die Kinder ihre Pflicht getan haben. Für die Braven hat er Nüsse und Äpfel, die Sinnbilder des Lebens, denn in ihnen ruhen die Kerne, die Lebenskeime. Dem Pelzmärte, Knecht Rupprecht oder Weihnachtsmann, der niemand anders ist als Wotan, bringen die Kinder ihre Wunschzettel. Und dann in der folgenden Zeit geht im Haus ein Putzen an und ein Backen für die Festtage. Wenn ihr auf eurem Teller eine Bretzel liegen habt, wißt ihr auch, daß sie die Odilsrune bedeutet? Wißt ihr, daß das Eßle die Hälfte des Hakenkreuzes ist, versteht ihr jetzt, daß das Gebäck in Gestalt von Rad, Tieren und Kind alles nur ein Sinnbild ist für den Gedanken des Lebens.

Uns ist der Sinn für diese tiefe, blutsmäßige Verwurzelung der heiligen Zeit der Weihnachten lange verschüttet gewesen. Wir aber stehen in der Geburtsstunde des neuen Jahrtausend und wollen lernen, die Offenbarungen der ewigen Naturgesetze zu erkennen. Wir wollen wieder den Sinn unsrer Weihnacht erfassen und wollen die Weihe, mit der sie uns umfängt, auf uns wirken lassen, so wie es in diesem Gedicht zum Ausdruck kommt:

> Wenn der Schnee liegt und die Rehe stehen draußen im Wald
> Und der nordische Winter zeigt seine Gestalt.
> Und die Sterne ziehen gerüstet in glitzernder Pracht:
> Das ist Weihnacht. Das ist Heilige Nacht.
>
> Wenn im Stubenofen die rote Glut
> flackert. Und jeder vor dem andern heimlich tut

Und die Kinder tuscheln noch in ihren Betten sacht:
Das ist Weihnacht. Das ist Heilige Nacht.
Wenn die Kinder uns quälen mit ihrem Raten und Fragen
Und kein Erwachsener will ihnen die Wahrheit sagen
Und jeder eine versteckte Miene macht:
Das ist Weihnacht. Das ist Heilige Nacht.
Und sei es immer, wie es auch sei,
in den Heiligen Nächten Gott-Vater ist näherbei.
Sein Knecht Rupprecht brummt in den Bart und lacht:
Das ist Weihnacht. Das ist Heilige Nacht.
Friede in Deutschland. Freundlich Licht bei Licht.
Friede in Deutschland. Gläubig Gesicht bei Gesicht.
Der Führer wacht. Und die schimmernde Wehr sie wacht:
Das ist Weihnacht. Das ist Heilige Nacht.

Hermann Claudius

Schön wärs, wenn während dies Gedicht gesprochen wird eine oder mehrere Geigen ganz leise dazu spielen würden.

Über die Völkische Lebensweihe *in Schwäbisch Hall informierte der Oberkirchenrat am 14.8.1937 die Dekanatämter*[5]*:*

Geburtsweihe

In Anwesenheit eines engeren Kreises der Haller Parteigenossen wurde am Donnerstag mit einer würdigen Feier in dem schön geschmückten Festsaal der Kreisleitung der neugeborene Sohn eines alten Parteigenossen in den Kreis der Volksgemeinschaft aufgenommen. Auf den beiden Seiten des Saales hatten BDM und Jungmädel mit ihren Wimpeln Aufstellung genommen. Mit einem musikalischen Vorspiel begann die Feier. Dann erklang aus den Reihen des BDM ein Vorspruch: »Ich bin ein Span von deinem Stamme.« Die letzten Worte des Vorspruchs »Zu jeder Stunde eins mit dir und tief verwandt, bist du mir und ich in dir, mein deutsches Volk und Land« leiteten über zu dem nun folgenden Lied des BDM, das mit dem Glaubenswort schließt, daß Leben stärker ist als der Tod. Kreisleiter Bosch begann seine Weiherede mit einem Wort des Führers, der einmal sagte, daß kein Volk an den Verlusten eines Krieges zerbricht, sondern nur dann dem Untergang geweiht ist, wenn in ihm der Gedanke der Erneuerung der Blutsgemeinschaft verloren gegangen ist. Genau so wie das Gesetz der ewigen Schöpferordnung in der Natur durch Licht und

---

5 Nr. A 8171; Abschrift eines Berichts des »Haller Tagblatts« vom 7.8.1937.

Erwärmung immer neutreibende Kräfte schafft, so ist im Menschenleben der ewige Wechsel von neuem Leben und Tod nicht Zeichen des Verfalls und der Vernichtung. Immer bleibt die Gemeinschaft und durch sie der Keim zu neuem Leben. Die ewigen Gesetze verkünden es, daß wir unser Leben nicht für uns allein leben, sondern für die Gemeinschaft, daß wir herausgeboren werden aus früheren Generationen mit den Gaben unseres Volkes, die niemand verleugnen kann. Der Führer hat uns wieder den Weg dieser Lebensgesetzlichkeit gewiesen, daß wir unser Leben in diese ewige Naturordnung hineinzustellen haben als Zwischenglied in der ewigen Kette des Volkes. So haben wir den Willen, in unsern Kindern fortzuleben, nicht aus dem Bewußtsein, daß nach einem Leben der eigenen Arbeit sich dieses Leben erschöpft, sondern aus der Erkenntnis, daß in dem Kinde Eltern und Vorfahren weiterleben als Mitglied der Sippe und des gleichen Blutstroms. Deshalb ist es eine Freude für die Gemeinschaft, wenn ihr ein neues Glied geschenkt wird, weil es zeigt, daß die Gemeinschaft des Volkes ewig ist in der Erneuerung unseres Blutes und unserer Rasse.

Dann folgte als symbolischer Weiheakt die Übergabe des neuen Volksgenossen durch die Eltern an die Gemeinschaft und seine Übernahme in die Gemeinschaft durch die BDM-Führerin. Vertreter der NS-Frauenschaft, BDM, JM, der Politischen Leiter, JV, SA, NSKK und SS brachten durch einen kurzen Spruch ihre Glückwünsche unter Überreichung von Blumen und Geschenken dar, und dann wurde das Kind seinen Eltern zur Erziehung für Volk und Bewegung zurückübergeben. Das Schlußwort des Kreisleiters brachte noch einmal den Wunsch der Gemeinschaft zum Ausdruck, das Kind zum Wohle des Volkes, zur Einsatzbereitschaft für den Führer, zur innigen Freundschaft für die Eltern und zum Glauben an die ewigen Werte gut zu erziehen.

Nach einem Lied des BDM klangen als Abschluß in feierlicher Form die Klänge des Deutschlandliedes und des Horst Wessel-Liedes auf, die die Gäste stehend mit erhobener rechter Hand anhörten.

Mit einem Erlaß vom 17.3.1937 leitete der Oberkirchenrat den Pfarrämtern einen Bericht über eine Eheweihe *in der Schloßkirche in Stuttgart zu*[6]*:*

6 LKA Stuttgart, D 1, Bd.74,1; vgl. auch einen weiteren Bericht über eine Eheweihe im Erlaß Nr. A 8463 vom 26.8.1937. Am 20.3.1937 protestierte das Evang. Stadtdekanatamt Stuttgart in einem Schreiben an das Württ. Staatsministerium Stuttgart gegen die Verwendung der Schloßkirche zu einer nichtchristlichen Feier (LKA Stuttgart, D 1, Bd. 70).

Nach vorliegenden Berichten fand am Samstag, den 6. März, nachmittags 4 Uhr, die Trauung der Jungmädel-Untergauführerin des Untergau 119 Stuttgart H. B. in der Schloßkirche statt. Jungmädel bildeten dichtes Spalier von der Sakristei bis hinaus auf die Straße. Die Teilnahme war dienstlich befohlen. Nachdem das Brautpaar in die Sakristei gekommen war, rückte der eine Teil Jungmädchen ab, der andere, in die Kirche beordert, suchte dort seinen Platz auf. Eine BDM-Führerin ging zum Altar, der reich und schön geschmückt war und über dem das Zeichen der Volkskirchenbewegung DC hing, und nahm mit heftiger Geste das Kreuz vom Altar, um es hinter den Altar auf den Boden zu stellen. Hierbei löste sich der Sockel des Kruzifixes, das auch noch an einer andern Stelle eine kleine Beschädigung aufweist. Da und dort standen Neugierige auf den Bänken. Unten im Schiff der Kirche war HJ und BDM im Halbkreis mit Orchester. Die »Eheweihe« war in einen musikalischen Rahmen eingebaut. Den Eingang bildeten die Hochzeitskantate von Spitta mit dem Lied: »Wo immer das Leben erglommen, da soll es als Flamme stehen, wir wissen, woher wir kommen, wir wissen, wohin wir gehen...« und etliche Feiersprüche. Dann kam die Rede des HJ-Führers R. (ehemaliger Stiftler und stud. theol., jetzt aus der Kirche ausgetreten) in Uniform, der vor dem Altar stand und die Weihe vornahm. Er führte, nachdem er seiner Freude und Genugtuung darüber Ausdruck gegeben hatte, daß man nun einen Raum für kultische Feiern der Bewegung habe, ungefähr Folgendes aus: Zwei Menschen haben sich das Jawort gegeben, nicht zu ihrem Vergnügen, sondern im Gedanken an Volk und Land und Führer. Sie haben damit eine ganz neue große und heilige Aufgabe bekommen, dem Volk zu neuem Leben zu verhelfen. Zwei Menschen, die sich bis jetzt ganz ihrem Dienst geopfert haben, müssen sich noch mehr wie vorher selbst aufgeben und zusammenwachsen in dem heiligsten Dienst für das Volk. Sie werden ein Fleisch sein. Und wenn einmal die Tage kommen, die Not und Verzweiflung bringen, dann soll sie die Fahne mit dem Sonnensymbol, dem Zeichen des Kampfes und Sieges mit neuem Mut beseelen. Der Gedanke an den Führer, der nie den Glauben verlor und in den trübsten Tagen mit Zähigkeit ausgehalten hat, soll von neuem die Kraft geben, den Kampf zu bestehen. Wenn zwei Menschen sich das Jawort gegeben haben, sind sie bereit, sich ganz dem Dienst unseres Volkes hinzugeben und ihm nach den heiligsten Wachstumsgesetzen zu neuem Leben zu verhelfen. Es gibt keinen schöneren Gottesdienst als die ganze heilige Hingabe im ehelichen Leben. Das Brautpaar wechselt die Ringe, währenddes die Orgel das HJ-Lied spielt: »Wo wir stehen, steht die Treue...« Mit dem Schluß der Hochzeitskantate war die Feier beendet. Nachher wurde das Kreuz wieder auf den Altar gestellt.

Die ganze Feier, namentlich die brüske Wegnahme des Kreuzes in einer von ihrem Stifter ausschließlich dem evangelischen Gottesdienst gewidmeten Kirche hat große Empörung hervorgerufen. Über die Weiherede urteilt ein Teilnehmer: »Wenn man nach Sinn und Gehalt suchte, fand man ein großes Fragezeichen.«

Der Vorläufigen Leitung der Deutschen Evang. Kirche war die Abschrift eines Geheimbefehls des Jungbanns 306 des Deutschen Jungvolks über die weltanschauliche Beeinflussung der 7 bis 14 Jährigen bekannt geworden; am 13.1.1937 teilte sie ihn den ihr angeschlossenen Kirchenleitungen und den Landesbruderräten mit, damit die Eltern aufgeklärt werden konnten[7]:

Betrifft: Bubenrudel

Wie ich bereits in der Führertagung vom 4. und 5. Juli ausgeführt habe, soll zukünftig das Bubenrudel weiter ausgebaut werden, um den Abwehrkampf gegen die Zersetzungsarbeit der Kath. Aktion besser führen zu können. Da hierbei äußerst vorsichtig zu Werke gegangen werden muß, darf in der Auswahl der Führer keine Vorsichtsmaßnahme außer acht gelassen werden. Nur solche Führer, die vom SD überprüft wurden und außerdem, soweit es sich um Lehrer handelt, vom NSLB als geeignet beurteilt wurden, können für diese Arbeit verwendet werden.

Die Arbeit, die ihnen zufällt, ergibt sich aus der Aufgabe:

1. Unmerkliches Überwachen des Religionsunterrichts bzw. der sogenannten Bibelstunden unter Feststellung der jeweiligen täglichen Tendenzen.

2. Gründung sogenannter Erzählerkreise zur Erfassung derjenigen Altersstufen (7–9jährige), die durch die Gegenarbeit weltanschaulich am meisten gefährdet sind (freiwillig, je besser der Erzähler, desto größer sein Zuhörer-Kreis).

3. Entgegenwirkung einer Minderwertigkeitstendenz in der Bibelstunde am Vormittag durch Erzählen von Anekdoten, Sagen, Kurzgeschichten aus der Bewegung und der deutschen Geschichte nachmittags, die in der gleichen Weise heroische Weltanschauung vertreten.

4. Damit verbunden: Spiele, Bastelarbeit, Singen von Klotzliedern usw.

5. Auftreten als Autoritätsperson gegenüber den Eltern als Ausgleich des Einflusses des Gegners. Deshalb einwandfreie Lebensführung und

---

7 LKA Stuttgart, D 1, Bd. 70.

absolutes Vorbild für die Kleinen im Hinblick auf die schwere Verantwortung. Zwang darf in keiner Weise angewendet werden.

Die Beauftragten sehen sich um geeignete Leute um, holen über dieselben bei oben bezeichneten Stellen vertrauliche Beurteilung ein. Behörden und sonstige Stellen sind unter gar keinen Umständen mit dieser Sache vertraut zu machen. Bei dieser Gelegenheit möchte ich anführen, daß alle Beobachtungen, auch die kleinsten, über die Arbeit der Kath. Aktion an mich persönlich unter Umgehung des Dienstweges von allen Führern zu melden sind. Von mir aus werden sie dann allen in Frage kommenden Stellen zusammengestellt zugeleitet... Nur belegte Ereignisse sind brauchbar...

Dieses Rundschreiben ist absolut vertraulich zu behandeln.

Der Führer des Jungbannes 306.

AUSEINANDERSETZUNGEN MIT ALFRED ROSENBERG. REFORMATIONSFEST

Gegen die Kritik an seinem im Jahr 1930 erschienenen Hauptwerk Der Mythus des 20. Jahrhunderts *veröffentlichte Alfred Rosenberg im August 1937 eine neue Schrift* Protestantische Rompilger. Der Verrat an Luther und der Mythus des 20. Jahrhunderts. *Damit mußte in der Evang. Kirche die Auseinandersetzung mit Rosenberg wieder neu einsetzen.* [1]

Walter Künneth, der Leiter der Apologetischen Zentrale in Berlin, hatte schon im Jahr 1935 seine Antwort auf den Mythus *geschrieben, in der er sachlich die Gedanken Rosenbergs diskutierte. In seinem* Wort zu Rosenbergs Protestantischen Rompilgern *wies Künneth*[2] *dann mit deutlichen Worten darauf hin, daß Rosenbergs Weltanschauung das Ende des christlichen Glaubens bedeutet:* Die Stunde ist da, die Stunde des Glaubenskampfes, der Glaubensentscheidung.

Gegen Rosenbergs antichristlichen Kurs wandte sich das Kasseler Gremium in einer Erklärung, die am 29.10.1937 an Hitler gesandt und mit einer großen Anzahl von Unterschriften von Vertretern der Kirche verbreitet wurde.[3]

---

[1] Zum ganzen Zusammenhang vgl. EKBIW 1937, Register, »Im Ringen um die Welt«, Nr. 4; Niemöller, Handbuch, S. 373–375; KAW 1937, S. 143; Baumgärtner, S. 206–231; Bollmus, s. 113–119.

[2] Walther Künneth, Evangelische Wahrheit. Ein Wort zu Alfred Rosenbergs Schrift »Protestantische Rompilger«. Berlien 1937; vgl. Baumgärtner, S. 218f.

[3] KJb., S. 215–217; vgl. Hermelink, Kirche im Kampf, S. 419–421. Dieses Wort des Kasseler Gremiums war für das Reformationsfest 1937 bestimmt. Nachdem die Geheime Staatspolizei eine Kanzelverkündigung verboten hatte, übersandte der Oberkirchenrat

Nach einer Mitteilung des Rats der Evang.-Luth. Kirche Deutschlands vom 23.10.1937 sollte der Gottesdienst am Reformationsfest 1937 in einen feierlichen Bekenntnisakt ausklingen. Eine besondere Kanzelverkündigung wurde nicht empfohlen, als Abschluß den Gottesdienstes wurden 3 Vorschläge angeboten. Für die Predigt stellte der Luth. Rat einen Entwurf zusammen[4], *der mit folgenden Worten schloß:* Wir haben die Herrlichkeit Gottes gesehen.[5]

Die Flammenzeichen griffen den Landesbischof an, weil er den Predigtentwurf an die Pfarrämter weitergegeben hatte, in dem Rosenbergs Sicht der Reformation als falsch hingestellt wurde[6]:

Am Worte kleben, die Tat vermeiden. Zur Reformationspredigt

»Wir wollen nicht einen Entwurf zur Reformationspredigt hinausgeben, den man mit kleinen Zutaten und Dolmetschungen der Gemeinde vorsetzen könnte. Wir wollen nur die besondere Aufgabe klären, die Gefahren aufzeigen, die Verantwortung ganz groß machen und vor allen Dingen die Freudigkeit stärken, die Gemeinde mit der Predigt nicht nur in den Vorhof, sondern ins Allerheiligste führen.«

So beginnt ein Rundschreiben, das Landesbischof Wurm zur Reformationspredigt herausgegeben und nach bekannter Art mit allerlei Hinterhältigkeiten gespickt hat. Den Verrat an Luther, den man der Bekenntnisfront heute mit Recht vorwirft, weist er darinnen entrüstet zurück und behauptet selbstverständlich auch, daß »die Angriffe auf die Evangelische Kirche« samt und sonders »auf irrigen Behauptungen beruhen, die nicht stimmen«. Was wohl eine Rechtfertigung für die Intrasingenz der aufrechten Bekenner und ihrer für jeden ehrlichen Deutschen einfach unverständlichen Haltung sein soll. Interessant ist dabei, daß er in diesem Zusammenhang zu nachstehender Folgerung gelangt: »Luther lebt für Deutschland, aber nicht aus Deutschland. Der Antrieb zu seiner Reformation

---

das Wort den Pfarrämtern »zu geeigneter Mitteilung an die Gemeinden« (Nr. A 11291 vom 9.11.1937).
4 LKA Stuttgart, D 1, Bd. 186.
5 Vgl. Joh. 1,14.
6 »Flammenzeichen« Nr. 48 vom November 1937. Am Reformationsfest (7.11.1937) fand wie in den vergangenen Jahren die Feier der Evang. Gesamtkirchengemeinde Stuttgart in der Stuttgarter Stadthalle statt; Landesbischof i. R. D. Schöffel, Hamburg, sprach über das Thema »Wir stehen zu Luther, dem deutschen Kämpfer« (Bericht des EPD vom 8.11.1937, LKA Stuttgart, D 1, Bd. 73).
Vgl. auch die Feiern des 125jährigen Bestehens der Württ. Bibelanstalt im September 1937 (Nr. A 9024 vom 7.9.1937; KAW 1937, S. 14, 39, 129, 134).

kommt aus dem Gefangensein im Evangelium, aber nicht aus dem deutschen Willen.« Mit anderen Worten heißt das, daß wir Nationalsozialisten die Reformation falsch sehen. In den Augen des Bischofs nämlich, der wie andere auch am Worte klebt und den lebendigen Strom des Blutes (des deutschen Blutes) noch nie gespürt hat oder nicht mehr spürt, das »Wort« gilt ihm und seinesgleichen eben mehr als das Leben, denn »mit Worten läßt sich trefflich streiten, mit Worten ein System bereiten, an Worte läßt sich trefflich glauben, von einem Wort läßt sich kein Jota rauben«.[7] Und so werden wohl die Predigten, die nach der bischöflichen Anweisung zum Reformationsfeste gehalten wurden, ein wunderbares Spiel mit dem »Wort« und mit Worten gewesen sein, in dem vom Geiste Luthers kein Hauch zu fühlen war. Denn unseren Bekennern fehlt die grundlegende Erkenntnis, daß die befreiende, die erlösende Tat niemals aus dem Gefangensein (im Evangelium oder sonst in etwas) kommen kann, sondern immer nur aus dem Willen, der aus dem Blute erwächst. Deshalb ist es auch müßig, über die bischöflichen Anweisungen zur Reformationspredigt noch ein Wort zu verlieren. Nicht einmal über die taktischen »Schlußbemerkungen« würde sich eine weitere Erörterung lohnen. Nur eines wollen wir noch bemerken: Wir glauben nicht, daß auch nur ein einziger Gläubiger aus Predigten nach dem bischöflichen Schema den Eindruck gewinnen kann, er habe »die Herrlichkeit Gottes gesehen«.

Im Evang. Gemeindeblatt für Stuttgart *schrieb Dr. Kurt Hutten im November 1937 über Rosenbergs* Protestantische Rompilger[8]*:*

»Potestanstantische Rompilger«

Von der Schrift Rosenbergs »Protestantische Rompilger, der Verrat an Luther und der Mythus des 20. Jahrhunderts« befindet sich wenige Wochen nach ihrem Erscheinen schon das 271.–470. Tausend im Druck – ein Beweis für die ungeheure Verbreitung, die sie gefunden hat. Die Auflagenhöhe des »Mythus« beträgt 573000, die der Gegenschrift Rosenbergs gegen die kath. Angriffe auf den Mythus (»An die Dunkelmänner unserer Zeit«) 620000. Diese Zahlen erhellen, daß es sich bei der Auseinanderset-

---

7 Goethe, Faust I.
8 Vgl. dazu auch die beiden Schriften vom Kurt Hutten: »Christentum oder Deutschglaube«. Stuttgart ²1935 – »Ein neues Evangelium? Zur Forderung der ›völkischen Reformation‹ der Kirche. Stuttgart 1936.

zung, die hier im Gange ist, um etwas Entscheidendes handelt, an dem weite Kreise unseres Volkes beteiligt sind.

Wenn man als evangelischer Christ die Schrift Rosenbergs liest, dann steht man zunächst unter dem erschütternden Eindruck: Wie weit sind diese beiden Welten voneinander entfernt!... Diese letzten Unterschiede und Gegensätze lassen sich schwerlich ausgleichen. Hier verfangen nicht mehr Gründe und Schlagworte. Hier hat nur noch das Zeugnis des allein Gott verantwortlichen Gewissens seinen Platz...

Worin besteht der in den obigen Worten Rosenbergs ausgedrückte Gegensatz? Darin, daß die Evangelische Kirche sich in ihrem Glauben und ihrer Verkündigung einzig an den biblischen Christus bindet und daß für sie die Fleischwerdung des Wortes, das Kreuz und die Auferstehung Jesu tatsächlich die »Fakta«, das heißt die einmaligen geschichtlichen Wirklichkeiten sind, auf denen allein ihr Glaube ruht. Rosenberg dagegen vertritt eine religiöse Haltung, die in ihrem Wesen nicht von der Bibel, sondern von den mythischen Kräften der nordischen Seele bestimmt ist. Er kann deshalb zwar noch einige Stücke des biblischen Christusbildes gebrauchen, aber nur soweit sie sich eben in den Rahmen des Mythus einfügen lassen... Wer hat recht? Seien wir uns klar, daß es sich hier um letzte religiöse Entscheidungen handelt. Dahin reichen keine »wissenschaftlichen« Beweise oder Gegenbeweise mehr. Sondern da hat allein der Glaube das Wort. Der Glaube aber entzündet sich nicht durch Überredungen, Gründe oder Diskussionen. Der Glaube des Christen hat seinen Ursprung in einem Angerührtsein durch die Wahrheit in Christus. Dieser Christus der Bibel ist eine lebendige Wirklichkeit, nicht nur eine literarische Figur...

Bei den bisher genannten Fragen (Jesus die alleinige Offenbarung Gottes, Sünde, Altes Testament) handelt es sich um Grundpfeiler christlichen Glaubens. Sie können nicht aus der Bibel herausgestrichen werden. Sie bilden den Grundbestand der evangelischen Verkündigung. Sie sind die Fundamente, auf denen die Reformation Luthers ruht... Begeht unsere Kirche mit ihrer Glaubensstellung einen Verrat an Luther? Wäre Luther heute, wenn er wiederkäme, ein Anhänger des Mythus oder des biblischen Glaubens? Es ist eine müßige Sache, hier Wahrscheinlichkeitsberechnungen anzustellen... Wir können uns nur an den geschichtlichen Luther halten und an das klare, unzweideutige Zeugnis seines Glaubens. Er hat von seinem Glauben an Christus so oft und klar gesprochen, daß hier kein Zweifel besteht...

Über einen Vortrag von Dr. Kurt Hutten, der sich ebenfalls mit Rosenberg beschäftigte, liegt eine Zusammenfassung vor[9]:

Der inwendige Gott

Einen Zugang zum Verständnis des Deutschglaubens in seinem innersten Kern gewinnt man, wenn man den Gehalt des von Rosenberg viel gebrauchten Begriffs »Mythus« untersucht.

1. Was heißt Mythus? Es ist eine menschliche Geistesschöpfung, um Leben und Welt zu deuten, nicht bewußt ersonnen, sondern aus der geheimnisvoll schaffenden Geistestiefe geboren... Er ist nicht mehr Frucht menschlichen Schaffens, sondern wird mit der Rassenseele geboren. Er steht also über dem Menschen als dessen tragende und formende Macht... In jeder Rasse stellt sich das Göttliche anders dar. Der Mythus der germanischen Seele ist dadurch bestimmt, daß in ihm die Ehre und die Freiheit der Seele den Höchstwert bilden, um den alles andere kreist...

2. Die Religion der Ehre und Freiheit der Seele. Der germanische Mythus will sich heute neu in unserem Volk darstellen und will die schaffende Macht sein, die sich überall verwirklicht: im staatlichen Aufbau, in Form und Geist der politischen Bewegung, in Kunst, Wissenschaft, Moral und – in der Religion... Richtung und Kern dieser neuen Mythusreligion sind in der Verkündung des Meisters Eckehart gegeben. Er ist der »Apostel der Deutschen«...

3. Zwischen dem Mythusglauben und der Christusbotschaft besteht ein Gegensatz bis zu den tiefsten Wurzeln. Das wird zum Beispiel an folgenden Punkten deutlich: Der Christ kennt keine Gleichsetzung zwischen Mensch und Gott... Wer das Ineinander und die Gleichheit von Mensch und Gott lehrt, der leugnet die von Schuld und Gottesfeindschaft belastete Wirklichkeit des Menschen. Wer den Menschen in den Mittelpunkt der

---

9 LKA Stuttgart, D 1, Bd. 74,1. Bei den Akten befinden sich außerdem zahlreiche Ausarbeitungen und Thesen zur Auseinandersetzung mit Alfred Rosenberg, u.a. von Prof. D. Volz, Tübingen (LKA Stuttgart, D 1, Bd. 72, 73, 97).
Zur Auseinandersetzung mit Rosenberg vgl. auch dessen Rede bei der Eröffnung des Wintersemesters der Universität Wittenberg am 4.11.1938 über § 24 des Programms der NSDAP (Nr. A 10176 vom 5.11.1938; KAW 1938, S. 199).
Die Apologetische Zentrale unter der Leitung von Dr. Künneth in Berlin-Spandau, die sich besonders mit den Auseinandersetzungen um Rosenberg befaßt hatte, wurde am 10.12.1937 durch die Geheime Staatspolizei verboten und geschlossen (Mitteilung an den Rat der Evang.-Luth. Kirche Deutschlands durch Dr. Künneth vom 30.12.1937 – LKA Stuttgart, D 1, Bd. 73; Mitteilung des Oberkirchenrats an die Dekanatämter mit Nr. A 151 vom 12.1.1938; vgl. Hermelink, Kirche im Kampf, S. 421).

Religion stellt und seine Selbstverherrlichung als Ziel und Sinn der Frömmigkeit verkündigt, der verweigert dem lebendigen Gott den Gehorsam und entzieht sich seinem fordernden Anspruch. So gibt es zwischen Christusglauben und Mythusglauben nur ein unerbittliches Entweder – Oder...

4. Die entscheidende Frage lautet: Wo ist Gottes Offenbarung und Wahrheit, im Rassenmythus oder in Christus? Diese Frage steht heute bestimmend über dem religiösen Ringen Deutschlands. Die Entscheidung läßt sich nicht mehr mit den Mitteln klarer Beweise oder Widerlegungen gewinnen. Sie muß vom Glauben gefällt werden. Nach unserer christlichen Überzeugung ist es das Werk des Heiligen Geistes, der die Menschen zu Christus beruft und erleuchtet.

SCHULE, RELIGIONSUNTERRICHT, KINDERGARTEN

DIE EINFÜHRUNG DER DEUTSCHEN GEMEINSCHAFTSSCHULE

Die Erziehung der heranwachsenden Generation und die damit mögliche Beeinflussung im Sinne des Nationalsozialismus war in ihrer Bedeutung von Staat und Partei natürlich von allem Anfang an erkannt. Die Lehrer waren massiven Schulungsmaßnahmen von seiten der Partei und des NS-Lehrerbundes ausgesetzt. Damit mußten sich auf dem Gebiet der Schulpolitik schwere Auseinandersetzungen mit der Kirche ergeben, die in den Jahren 1936 und 1937 in Württemberg sich zunächst auf die Einführung der Deutschen Gemeinschaftsschule statt der bisher nach Konfessionen getrennten Volksschule und auf die Gestaltung des Religionsunterrichts konzentrierten.[1]

Die 4. Bekenntnissynode der Deutschen Evang. Kirche in Oeynhausen vom 17. bis 22. Februar 1936 hatte eine umfangreiche Denkschrift zur Schulfrage[2] erarbeitet; dort wurde deutlich gesagt, daß zwar nach den geltenden Gesetzen ... der christliche Charakter des deutschen Schulwesens bis heute unverändert *ist, in Wirklichkeit sei es* aber dahin gekommen, daß die christliche Grundlage des deutschen Schulwesens aufs äußerste bedroht und in einigen nicht unwesentlichen Lücken bereits beseitigt ist. *Gott aber habe es der Kirche* zur Pflicht gemacht, darum zu kämpfen, daß ... auch die Schule in allen ihren Lebensäußerungen vom Geiste Jesu Christi beherrscht *ist.*

Um die deutsche Schule ringen zwei einander ausschließende Glaubenshaltungen. *Die Synode verabschiedete auf der Grundlage dieser Denkschrift ein* Wort an die Gemeinden.

Der Referent des Reichskirchenausschusses für Schulfragen, Oberkonsistorialrat Prof. Lic. Ellwein, stellte dann im Gegensatz zu diesen Beschlüssen der Synode von Oeynhausen eine Denkschrift Kirche und öffentliche Schule[3] zusammen, *gegen die die Vorläufige Leitung der Deutschen Evang. Kirche sich am 14.9. 1936 in einem*

---

1 Zur Kürzung der für den Religionsunterricht zur Verfügung stehenden Stunden und zum Entzug des Rechts auf Erteilung von Religionsunterricht bei einzelnen Pfarrern siehe Bd. 4, S. 270–281 und Dipper, S. 133–135. Vgl. auch EKBlW 1936: Aus der Welt der Schule; KAW 1937, S. 65 und 73 (Beitrag von Martin Haug).
2 Mitgeteilt im Informationsdienst des Oberkirchenrats vom 29.4.1936 (LKA Stuttgart, D 1, Bd. 75, 1).
3 Dokumente des Kirchenkampfes II, Teil 2, Nr. 361, S. 1035–1040.

Rundschreiben[4] *an die ihr angeschlossenen Kirchenleitungen und Landesbruderräte wandte, denn sie gibt* ... praktisch und grundsätzlich die bekenntnisgebundene christliche Schule preis. Über die Pflicht zur evangelischen Erziehung *richtete dann die Vorläufige Leitung der Deutschen Evang. Kirche am 21.10. 1936 ein Wort* An die Gemeinden, Lehrer und Erzieher und an die deutsche Obrigkeit.[5]

In eingehenden Verhandlungen befaßte sich auch der Reichskirchenausschuß mit der Schulfrage und übersandte dem Reichsminister für Wissenschaft, Erziehung und Volksbildung am 20.11.1936 eine programmatische Erklärung[6], *in der er zwar eine einheitliche schulische Erziehung, aber auch die Bereitschaft forderte,* die erziehlichen Kräfte christlichen Glaubens lebendig mit einzubeziehen.

Im Einvernehmen mit den Landeskirchen wurden Richtlinien für den evangelischen Religionsunterricht an der Volksschule *erarbeitet, die der Reichskirchenausschuß am 17.12. 1936 billigte und am 21.12. 1936 dem Reichserziehungsminister überreichte.*[7] *Schließlich übersandte der Rat der Evang.-luth. Kirche Deutschlands am 30.12. 1936 dem Reichskirchenausschuß 8 Thesen zur Schulfrage*[8]*; die Kirche forderte für ihre getauften Kinder grundsätzlich die evangelische Erziehungsschule, für die der Staat den äußeren Rahmen zu schaffen hat;* über den Inhalt des Religionsunterrichts kann nur die Kirche entscheiden.

Die Tendenzen der württ. Schulpolitik von Kultminister Mergenthaler können hier nur an Beispielen aufgezeigt werden. Im Herbst 1935 verbot er sämtlichen Lehrern die Zugehörigkeit zur Evang. Lehrergemeinschaft[9]:

Zugehörigkeit zur Evang. Lehrergemeinschaft verboten

Nachdem die Evang. Lehrergemeinschaft von der ihr wiederholt gebotenen Gelegenheit, sich freiwillig aufzulösen, keinen Gebrauch machen zu müssen glaubte, verbietet der Kultminister in einem Erlaß an die drei Ministerialabteilungen sämtlichen Lehrern und Lehrerinnen an den Schulen des Landes die Zugehörigkeit zu dieser Gemeinschaft. Entgegen dem Vorbringen des Vorstands der Evang. Lehrergemeinschaft handelt es sich bei ihr nicht um eine religiöse Gemeinschaft schlechthin, sondern um

---

4 Dokumente des Kirchenkampfes II, Teil 2, Nr. 360, S. 1033–1035.   5 Ebenda, Nr. 378, S. 1090–1104.   6 Ebenda, Nr. 399, S. 1159–1165.   7 Ebenda, Nr. 422, S. 1212–1217; vgl. Mitteilungsblatt der DEK 1937, S. 11–13.   8 Ebenda, Nr. 429, S. 1251–1253. Vgl. auch Jörg Thierfelder, Die Auseinandersetzungen um Schulform und Religionsunterricht... in Württemberg; in Manfred Heinemann, Erziehung und Schulung im Dritten Reich, Teil 1. Stuttgart 1980.
9 Notiz aus dem »Schwäbischen Merkur«, Ausgabe vom 24.11.1935.

eine konfessionelle Standesorganisation, die geeignet ist, die durch den NS-Lehrerbund entsprechend dem Totalitätsanspruch der nationalsozialistischen Bewegung geschaffene einzige Gemeinschaft aller Lehrer ohne Rücksicht auf Stand und Konfession des einzelnen zu beeinträchtigen. Solche Gemeinschaften haben aber im nationalsozialistischen Staat kein Daseinsrecht mehr... Daß die Evang. Lehrergemeinschaft nicht nur der religiösen Erbauung dient, sondern auch politische Funktionen erfüllt, zeigt ihre wiederholte öffentliche Stellungnahme auf Tagungen und in ihrem Organ »Der Lehrerbote« zu Fragen der staatlichen Jugenderziehung.

Bezeichnend für den Versuch des Staates, Kirche und Schule voneinander zu trennen, ist ein Erlaß des Württ. Kultministers vom 18.1. 1936, der es den Religionslehrern verbot, die Schüler auf den Besuch des Gottesdienstes anzusprechen. Der Oberkirchenrat versuchte vergeblich, für den Erlaß eine annehmbare Interpretation zu erreichen; er teilte am 20.2. 1936 den Dekanatämtern Folgendes mit[10]*:*

Der Oberkirchenrat hat durch verschiedene Pfarrämter Kenntnis erhalten von einem Erlaß des Herrn Kultministers vom 18. 1. 1936 Nr. 783, der den Geistlichen und Religionslehrern zur Unterschrift vorgelegt wurde und folgenden Wortlaut hat: »Es haben Feststellungen über den Besuch oder Nichtbesuch des Gottesdienstes im Religionsunterricht der Schule grundsätzlich zu unterbleiben. Vorstehender Erlaß ist sämtlichen Lehrpersonen und Religionslehrern sowie nebenamtlichen Lehrkräften zu eröffnen. Die Schulleiter sind dafür verantwortlich, daß jede Übertretung dieses Erlasses der Ministerialabteilung für die Volksschulen (Höhere Schulen) gemeldet wird.«

Wie eine Reihe von gleichzeitig eingelaufenen Anfragen und Beschwerden zeigt, wird der Erlaß nicht nur etwa auf nachträgliche, inquisitorische Feststellungen über den Besuch oder Nichtbesuch des Gottesdienstes bezogen, sondern er wird vielfach in dem Sinn aufgefaßt, daß überhaupt jedes Fragen, Ermahnen und Einladen zum Gottesdienst schlechthin als unter Verbot stehend betrachtet wird, wobei dies von Lehrerseite nicht nur auf den Religionsunterricht, sondern sogar schon auf den kirchlichen Konfirmandenunterricht bezogen wurde. Eine solche Handhabung des Erlasses müßte natürlich einen schweren, nicht tragbaren Eingriff in die Freiheit der kirchlichen Verkündigung und eine grundsätzliche Änderung des Lehrziels des evang. Religionsunterrichts bedeuten (vgl. Abl. 22, S. 36 Abs. 1).

10 Nr. A 1674.

Der Oberkirchenrat hat sich darum alsbald an den Herrn Kultminister mit der Bitte gewandt, dem Erlaß eine Auslegung geben zu wollen, die die Befürchtungen der Geistlichen und der kirchlichen Kreise als unbegründet erweist und die den allgemeinen erzieherischen und rechtlichen Bedenken, die sich bei Durchführung dieses Erlasses erheben müssen, Rechnung trägt. Der Oberkirchenrat hat dem Herrn Kultminister gegenüber zum Ausdruck gebracht, er wäre dankbar, wenn er den Geistlichen die Antwort des Herrn Kultministers vor Beginn des neuen Schuljahrs bekannt geben könnte.
Abschrift vorstehenden Erlasses ist den Pfarrämtern zuzuleiten.

I. V. Müller.

Seit Herbst 1935 waren in Württemberg Bestrebungen im Gang, für die Volksschule die Deutsche Gemeinschaftsschule einzuführen. Am 11.2.1936 teilte der Oberkirchenrat den Dekanatämtern mit, das Reichserziehungsministerium habe sich für die Beibehaltung der Bekenntnisschule als alleinige Schulform in Württemberg entschieden[11]*:*

Das Reichserziehungsministerium hat, wie uns mitgeteilt wird, als die zuständige Stelle dahin entschieden, daß in Württemberg die Bekenntnisschule als alleinige Schulform der Volksschule beibehalten wird. Es mehren sich jedoch die Fälle im Land, in denen versucht wird, den Grundsatz der Bekenntnisschule zu durchbrechen, indem zunächst kleine Bekenntnisschulen mit größeren Schulen der anderen Konfession zu einer »Deutschen Gemeinschaftsschule« vereinigt werden sollen.

Angesichts dieser Versuche ist es die Kirchenleitung ihren Geistlichen und den Gemeinden schuldig, in dieser Frage ein klares Wort zu sprechen. Sie hält an der Forderung und am Grundsatz der Bekenntnisschule fest. Sie kann sich weder den Gründen gegen die Bekenntnisschule noch dem einseitigen Lob für die Gemeinschaftsschule anschließen. Wenn auch praktisch die evang. Bekenntnisschule oft weit hinter ihrem Ideal zurücksteht, so ist sie doch unter den obwaltenden Umständen immer noch die beste Gewähr dafür, daß unsere Kinder zu Bibelkenntnis und Bibelglauben geführt werden. Die evang. Bekenntnisschule verdient für die evange-

---

11 Nr. A 1629. Am 5.8.1935 legte das Württ. Kultministerium dem Württ. Staatsministerium den Entwurf eines Erlasses zur Einführung der Deutschen Gemeinschaftsschule in Württemberg vor, gegen den das Reichserziehungsministerium Bedenken erhob. Mergenthaler verzichtete darauf auf eine rechtlich fixierte Grundlage für die Durchführung seiner Pläne (Sauer, S. 211–213).

lischen Eltern den Vorzug vor allen anderen Schularten. Eine Schule des gemeinsamen Glaubens kann weit besser charakterbildend wirken als eine Schule, in der die Verschiedenheit der inneren Einstellung die gemeinsame Haltung gegenüber den letzten Fragen des Lebens unmöglich macht. Die Bekenntnisschule ist die Schule, in welcher die höchsten Werte in einheitlicher Ausrichtung an das Kind herangebracht werden, in der es lernt, das Ewige und das Zeitliche im rechten Verhältnis zueinander zu sehen.

Wenn die Gemeinschaftsschule als die einzige Schulform bezeichnet wird, die einer wirklichen Volksgemeinschaft angemessen sei, so ist demgegenüber darauf zu verweisen, daß die evang. Bekenntnisschule in Württemberg in einer langen, gesegneten Geschichte den Erweis dafür erbracht hat, daß sie die Pflegestätte unerschütterlicher Staatstreue und lebendigen Einsatzes für das Volksganze ist. Sowohl die Leistungen der württembergischen Truppen in den vier Kriegsjahren als auch die Geschichte der nationalsozialistischen Bewegung, die unter dem evang. Teil unseres Volkes die ersten und treuesten Anhänger gefunden hat, legen für den nationalen Charakter der evang. Bekenntnisschule ein klares Zeugnis ab.

Was die Kirche bestimmt, aufs nachdrücklichste an der Forderung der Bekenntnisschule festzuhalten, ist die klare Erkenntnis, daß, vielen Verfechtern der Gemeinschaftsschule sicher nicht bewußt, das angestrebte Endziel bei dieser Schulentwicklung nicht eine Gemeinschaftsschule im alten Sinne ist, in der christlicher Religionsunterricht noch unbestritten Recht und Raum hatte, sondern daß das Endziel eine deutschgläubige Konfessionsschule ist. Zwar wird das längst nicht von allen ihren Verfechtern gesehen und von anderen nicht zugegeben. Auch wird jetzt noch Raum und Zeit für den christlichen Religionsunterricht innerhalb dieser Gemeinschaftsschule zur Verfügung gestellt. Daß dieses Zugeständnis jedoch nur als Durchgangsstadium gedacht ist, geht deutlich aus den maßgeblichen Äußerungen der Deutschen Glaubensbewegung hervor, die die »Deutsche Gemeinschaftsschule« ausdrücklich als ihre eigene Schule für sich in Anspruch nimmt. Ein Ja zu dieser geforderten Gemeinschaftsschule würde im jetzigen Zeitpunkt der weltanschaulichen Auseinandersetzung ein Nein zur christlichen Schule bedeuten. In einer solchen Schule würden sowohl die christlichen Lehrer als auch die christlichen Schüler ihr Heimatrecht verlieren. Ein Hinweis auf die in Baden bestehende Gemeinschaftsschule ist dabei nicht stichhaltig. Die badische Gemeinschaftsschule hat eine 60jährige Tradition, während bei uns durch das Fehlen dieser Tradition die Schule bei einer etwaigen Umwandlung viel leichter und widerstandsloser in die deutschgläubige Linie gedrängt werden könnte. Wenn gesagt wird, daß nur die Gemeinschaftsschule die wirklich deutsche Schule sei, so bedeutet das eine durch nichts gerechtfertigte Herabsetzung der evang. Schule. Eine solche Gegenüberstellung verkennt vor allem die Wahrheit, daß es eine wirklich deutsche Schule ohne christlichen Charakter gar nicht geben kann. Die Forderung der entkonfessionalisierten Gemeinschaftsschule übersieht die Tatsache, daß das geschichtlich gewordene Deutschtum entstanden ist durch das Zusammentreffen der beiden Mächte: Germanentum und Christentum. Eine Entchristlichung unseres öffentlichen Lebens und damit auch der Schule müßte notwendig zu einem radikalen Bruch mit der seitherigen deutschen Geschichte führen.

Rechtlich gesehen ist die Lage die, daß das Württ. Volksschulgesetz vom 17.8. 1909 abgesehen von bestimmten, gesetzlich festgelegten Ausnahmen nur konfessionelle Volksschulen kennt (Art. 57 Abs. 2 und 68, sowie Schüz-Hepp (1910), S. 131).[12] Grundsätzliche Änderungen des Schulcharakters können darum nur in Frage kommen im Rahmen einer das ganze Land betreffenden Neuregelung des Volksschulwesens. Solche Änderungen würden aber ausschließlich in die Zuständigkeit des Reichserziehungsministeriums fallen. Es ist weiter darauf hinzuweisen, daß die katholische Bekenntnisschule durch das Konkordat geschützt ist, so daß die benachteiligte Seite allein der evangelische Volksteil wäre. Aus alle dem folgt, daß jeder Versuch einer Änderung des Charakters der Schule, der von irgend welchen örtlichen oder Bezirksinstanzen ausgeht, mit dem geltenden Recht nicht in Einklang steht. Die Pfarrämter wollen jedem Versuch in dieser Richtung aus kirchlichen und rechtlichen Gründen entgegentreten und gegebenenfalls an den Oberkirchenrat alsbald berichten.

Die evang. Gemeinde hat in der Bekenntnisschule ein köstliches Gut. Sie ruft deshalb ihre Glieder auf, sich eine Schule nicht nehmen zu lassen, die den Geschlechtern vor uns, auf deren Schultern wir stehen, reichen Segen gebracht hat. Nur eine christliche Schule vermag eine Jugend zu erziehen, die, in voller Verantwortung vor Gott stehend, die Aufgaben des Lebens erkennt und erfüllt.

Obiger Erlaß ist an die Pfarrämter zur Kenntnisnahme und zur Eröffnung an die Kirchengemeinderäte zu verteilen. Wurm.

---

12 Württ. Volksschulgesetz vom 17.8.1909 (Abl. Bd. 15, S. 368 und 373) Kommentar zu diesem Gesetz.

Daraufhin kam es zu einer scharfen Kontroverse mit dem Kultminister und mit der Partei. Am 19.2. 1936 wandte der Leiter der Reichsbewegung Deutsche Christen, Rehm, sich an den Reichskirchenausschuß[13]*:*
Landesbischof Wurm hat am 11.2. [1936] folgenden Erlaß des Württ. Oberkirchenrats an die Württ. Pfarrämter herausgegeben:
»Das Reichskirchenministerium hat, wie uns mitgeteilt wird, als die zuständige Stelle dahin entschieden, daß in Württemberg die Bekenntnisschule als alleinige Schulform der Volksschule beibehalten wird. Es mehren sich jedoch die Fälle im Land, in denen versucht wird, den Grundsatz der Bekenntnisschule zu durchbrechen, indem zunächst kleine Bekenntnisschulen mit größeren Schulen der anderen Konfession zu einer Deutschen Gemeinschaftsschule vereinigt werden sollen. Die Pfarrämter wollen jedem Versuch in dieser Richtung aus kirchlichen und rechtlichen Gründen entgegentreten und alsbald an den Oberkirchenrat berichten. Wurm.«

Wie mir vom Reichsministerium für Wissenschaft, Erziehung und Volksbildung mitgeteilt wurde, entspricht die in dem Erlaß aufgestellte Behauptung Wurms über die Entscheidung des Reichsministeriums für Wissenschaft, Erziehung und Volksbildung nicht den Tatsachen. Das Württ. Kultministerium hat deshalb den Oberkirchenrat ersucht, den Erlaß zurückzunehmen, was aber der Oberkirchenrat verweigert hat.

Ich habe festzustellen, daß mit diesem Erlaß Landesbischof Wurm in unglaublicher Weise die Pfarrer seines Landes zu einer Aktion mobil macht, die gegen die Intentionen des Dritten Reichs gerichtet ist. Er hat durch diesen Erlaß erneut bewiesen, daß er ein offenkundiger Schädling des Dritten Reichs und der nationalsozialistischen Weltanschauung ist. In der Präambel der Disziplinarordnung der Deutschen Evang. Kirche vom 8.2. 1936 heißt es, daß die Geistlichen und Beamten sich so verhalten müssen, wie es nach dem Gebot der Heiligen Schrift Kirche, Obrigkeit und Volk entsprechend den Grundsätzen der neugewordenen Volksordnung fordern können. Landesbischof Wurm hat sich mit diesem Erlaß sowohl gegen die Gebote der Heiligen Schrift als auch gegen die Grundsätze der neugewordenen Volksordnung versündigt. Ich stelle deshalb in

---

[13] Archiv der EKD, A 4, 185. Vgl. auch das weitere Schreiben Rehms vom 13.3.1936 an den Reichskirchenausschuß, in dem es heißt: »... Ich gebe nun zum letzten Mal die Erklärung ab, daß Landesbischof Wurm als verantwortlicher Kirchenführer für die evangelischen Nationalsozialisten Württembergs untragbar ist.« Mit einem Schreiben vom 29.7.1936 an den Reichskirchenausschuß zog Rehm sein Schreiben vom 19. Februar »betreff Disziplinierung des Landesbischofs Wurm« zurück (Archiv der EKD, A 4, 185). Vgl. schließlich den Artikel Rehms in der Zeitschrift »Positives Christentum«, Ausgabe vom 23.2.1936.

aller Form den Antrag, diese Angelegenheit Wurms sofort dem Disziplinarhof der Deutschen Evang. Kirche zur Untersuchung und zur Aburteilung zu übergeben.

Heil Hitler! Rehm, Leiter der Reichsbewegung »Deutsche Christen«.

Da eine Antwort des Württ. Kultministers auf die Vorstellungen des Oberkirchenrats nicht einging, bat der Oberkirchenrat am 22.2.1936 das Reichserziehungsministerium, dem Versuch der Einführung der Gemeinschaftsschule in Württemberg entgegenzuwirken[14]:

Dem Reichserziehungsministerium beehren wir uns in der Anlage Kenntnis zu geben von einem Erlaß, den der Evang. Oberkirchenrat an sämtliche Dekanat- und Pfarrämter in der Frage der evang. Bekenntnisschule in Württemberg hinausgegeben hat. Dem Oberkirchenrat ist bekannt, daß bereits im Herbst vorigen Jahres ein Antrag des Württ. Kultministeriums beim Reichserziehungsministerium gestellt worden ist, der darauf abhebt, in Württemberg neben der Bekenntnisschule auch die Möglichkeit der Gemeinschaftsschule zu schaffen. Der Oberkirchenrat erfuhr ferner, daß dieser gestellte Antrag im Sinne des ersten Satzes unseres Erlasses Nr. A 1629 beschieden worden sei.

Der Oberkirchenrat bringt auch dem Reichserziehungsministerium gegenüber zum Ausdruck, daß er und mit ihm ein großer Teil der evang. Bevölkerung die schulpolitische Entwicklung in Württemberg mit großer Sorge verfolgt. Mit einer grundsätzlichen Preisgabe der evang. Bekenntnisschule im konfessionell gemischten Süden des Reichs würde jedenfalls im jetzigen Augenblick erreicht, daß nicht nur der evangelische Volksteil, der in unserem Land als einzigem in Süddeutschland eine klare Mehrheit darstellt, aufs schwerste enttäuscht würde, sondern es besteht auch die ernste Gefahr, daß zugleich innerhalb der Schule ein Geist Raum gewinnen würde, der den christlichen Gottesglauben grundsätzlich ablehnt. Ferner ist es nach Lage der Dinge in Süddeutschland jedenfalls zur Zeit gar nicht möglich, eine Gemeinschaftsschule zu schaffen; denn die Schule der katholischen Gebiete bleibt trotz allem nach wie vor eine katholische Konfessionsschule, so daß etwaige Neuerungen lediglich zu Lasten der evangelischen Bevölkerung gehen würden.

Aus allen diesen Gründen bitten wir das Reichserziehungsministerium, dem Versuch, die bestehende Schulordnung in Württemberg grundsätzlich zu ändern, entgegentreten zu wollen. Wurm.

---

14 Nr. A 1734; dem Schreiben lag der Erlaß Nr. A 1629 vom 20.2.1936 bei.

In einem Schreiben des Oberkirchenrats an das Württ. Kultministerium vom 11.3. 1936 wurden die Vorgänge zusammenfassend dargestellt[15]:

Der Evang. Oberkirchenrat hat am 11. Februar dieses Jahres einen Erlaß an sämtliche Dekanatämter ausgegeben, der mit dem Satz beginnt: »Das Reichserziehungsministerium hat, wie uns mitgeteilt wird, als die zuständige Stelle dahin entschieden, daß in Württemberg die Bekenntnisschule als alleinige Schulform der Volksschule beibehalten wird.«

Das Württ. Kultministerium hat hierauf dem Oberkirchenrat am 14. Februar Folgendes mitgeteilt: »Unter Bezugnahme auf die fernmündlichen Besprechungen teile ich mit, daß der zuständige Abteilungsleiter im Reichserziehungsministerium auf Anfrage fernmündlich erklärt hat, daß von Verhandlungen im Reichserziehungsministerium mit Herren des Oberkirchenrats nichts bekannt sei. Er sei als zuständiger Abteilungsleiter allein befugt, Erklärungen über Schulfragen abzugeben. Er sei aber nicht gefragt worden. Eine solche Entscheidung, wie sie im ersten Satz des Erlasses des Oberkirchenrats behauptet werde, sei nicht ergangen, und irgendeine Berufung auf das Reichserziehungsministerium sei abwegig und unzulässig.«

Der Oberkirchenrat hat am 20. Februar folgendes Schreiben an das Württ. Kultministerium gerichtet[16]: »Der Oberkirchenrat bestätigt den Empfang des Schreibens des Württ. Kultministeriums vom 14. dieses Monats und hat von der in dieser Sache fernmündlich abgegebenen Erklärung des zuständigen Abteilungsleiters im Reichserziehungsministerium Kenntnis genommen. Da die Weitergabe des Schreibens des Kultministeriums vom 14. dieses Monats an die Pfarrämter und Kirchengemeinderäte lediglich neue Mißverständnisse hervorrufen würde, haben wir davon abgesehen, das Schreiben an die genannten Stellen weiterzuleiten. Wir möchten aber ausdrücklich erklären, daß der Oberkirchenrat selbstverständlich bereit ist, eine etwaige Unklarheit oder gar Unrichtigkeit in seinem Erlaß vom 11. dieses Monats Nr. A 1629 denjenigen Stellen gegenüber richtig zu stellen, denen der Erlaß eröffnet worden ist. Zu der Angelegenheit möchten wir noch Folgendes vortragen: Dem Oberkirchenrat ist von verschiedenen Seiten bekannt geworden, daß bereits im Herbst vorigen Jahres ein Antrag des Württ. Kultministeriums dem Reichserzie-

---

15 Nr. A 2885. Vgl. dazu die Presseberichte über die Opposition der luth. Bischöfe gegen die Deutsche Gemeinschaftsschule des SD und dessen Rundschreiben vom 12.2.1937 wegen der Überwachung der kirchlichen Agitation gegen die neue Schulform (StA Ludwigsburg, K 110, Bd. 6 und 35).

16 Weggelassen ist der letzte Abschnitt des Schreibens.

hungsministerium vorgelegt worden ist, der darauf abhebt, in Württemberg die Möglichkeit der Einrichtung der Gemeinschaftsschule neben der Bekenntnisschule zu schaffen. Sodann hatte der Oberkirchenrat davon Kenntnis erhalten, daß der gestellte Antrag im Sinn des ersten Satzes unseres Erlasses Nr. A 1629 beschieden worden sei. Die letztere Nachricht war bestätigt worden in einer Aussprache, die 4 Vertreter von Landeskirchen im Reichserziehungsministerium hatten. Um den aus dieser Tatsache und der fernmündlichen Erklärung vom 14. dieses Monats sich ergebenden Widerspruch zu klären, bittet der Oberkirchenrat, wenn möglich ihm eine Abschrift des Schreibens zur Kenntnisnahme zu übergeben, in welchem das Reichserziehungsministerium seinerzeit zu dem Antrag des Württ. Kultministeriums Stellung genommen hat.«

Auf diese Zuschrift hat der Oberkirchenrat keine Antwort erhalten. Dagegen hat der Herr Kultminister nach dem Bericht des »Regierungsanzeigers für Württemberg« vom 7. 3. 1936 in öffentlicher Versammlung[17] zu der Angelegenheit Stellung genommen und hiebei die oben angeführten Schreiben im Wortlaut mitgeteilt, jedoch von dem letzten Schreiben des Oberkirchenrats vom 20. Februar nur den ersten Teil bekannt gegeben, dagegen den zweiten, die Haltung des Oberkirchenrats begründenden Teil weggelassen, so daß der Hörer und Leser einen ganz falschen Eindruck von der Antwort des Oberkirchenrats erhalten mußte. Der Herr Kultminister hat weiterhin folgende Erklärung abgegeben: »Der Oberkirchenrat hat einen Erlaß an seine Dekanatämter usw. gegeben, der der Wahrheit völlig zuwiderläuft, und hat es bis jetzt nicht für nötig gefunden, der Wahrheit die Ehre zu geben, sondern sich in jesuitischer Dialektik um eine ehrliche, anständige Berichtigungserklärung herumgewunden.« Diese Ausführungen sind weithin in der württ. Presse verbreitet worden und haben einer Zeitung Anlaß gegeben, den Oberkirchenrat der Lüge zu bezichtigen.

Wenn der in dem Schreiben vom 11. Februar dieses Jahres an die Dekanatämter angeführte Satz insofern eine Unrichtigkeit enthält, als das Reichserziehungsministerium nach den uns inzwischen gegebenen Aufklärungen noch keine definitive Entscheidung in der Frage der Bekenntnisschule in Württemberg getroffen hat, so liegt hier ein Mißverständnis vor. Wir berichtigen insoweit den ersten Satz unseres Erlasses vom 11. Februar dieses Jahres. Das Mißverständnis hat seinen letzten Grund darin, daß das Kultministerium dem Oberkirchenrat von seinen, die Inter-

---

17 Die Versammlung fand in Heilbronn statt.

essen der Landeskirche aufs tiefste berührenden Absichten und Schritten keine Kenntnis gegeben hat und der Oberkirchenrat infolge davon auf andere Informationen angewiesen war. Der Oberkirchenrat hat, wie das Schreiben vom 20. Februar beweist, sich bereit erklärt, eine etwaige Unklarheit oder gar Unrichtigkeit richtig zu stellen. Falls Bedenken vorlagen, uns den Erlaß, in welchem das Reichserziehungsministerium zu dem Antrag des Württ. Kultministeriums Stellung genommen hat, abschriftlich mitzuteilen, wäre es möglich gewesen, in anderer Form uns die nötigen Aufklärungen über noch vorhandene Widersprüche zu geben. Es hätte kein Anlaß bestanden, gegen den Oberkirchenrat in der Öffentlichkeit Vorwürfe zu erheben, die seine Ehre aufs tiefste verletzen.

Der Oberkirchenrat erhebt gegen die ihm zugefügte Ehrverletzung entschiedensten Widerspruch. Da ihm die Möglichkeit abgeschnitten ist, dies in der Öffentlichkeit der Presse oder einer Versammlung zu tun, wird eine Abschrift dieses Schreibens an die obersten Reichs- und Staatsbehörden sowie an die Pfarrämter zur Mitteilung an die Kirchengemeinderäte gegeben. Wurm.

In einer Besprechung mit einem Referenten des Kultministeriums wurden dem Landesbischof am 13. 3. 1936 daraufhin beruhigende Erklärungen abgegeben, so daß der Landesbischof am 16. 3. 1936 an Mergenthaler schrieb[18]*:*

Sehr geehrter Herr Ministerpräsident!

Die näheren Darlegungen, die mir Ihr Vertreter mündlich gegeben hat, haben mich überzeugt, daß die Nachrichten über die Stellungnahme des Reichserziehungsministeriums in der Bekenntnisschulfrage, die ich auf Grund von Erkundigungen im Reichserziehungsministerium erhalten habe, nicht zutreffend sind. Ich werde heute die Empfänger meines Erlasses vom 11. Februar dieses Jahres hievon in Kenntnis setzen. Ich brauche wohl nicht zu betonen, daß ich die Nachricht in bestem Glauben weitergegeben habe, und bitte versichert zu sein, daß der Grund, aus dem sich die Berichtigung verzögert hat, lediglich in Mißverständnissen liegt, die durch die Unterredung behoben sind.

Heil Hitler! Ihr ergebener Wurm.

---

18 LKA Stuttgart, D 1, Bd. 66. Der Oberkirchenrat informierte die Dekanatämter am 16. 3. 1936 durch Erlaß Nr. A 2885.

Noch am 16.3. 1936 antwortete der Kultminister dem Landesbischof[19]*:*
Von Ihrem heutigen Schreiben über die beabsichtigte Mitteilung an die Pfarrämter und Kirchengemeinderäte habe ich mit Genugtuung Kenntnis genommen. Ich betrachte damit diese Angelegenheit als erledigt. Heil Hitler! Mergenthaler.

Parallel zu den Beschwichtigungen des Kultministeriums gingen die Bestrebungen weiter, die Gemeinschaftsschule einzuführen; am 18.2. 1936 hatte der Völkische Beobachter *schon gemeldet:*
Nachdem sich 96 Prozent in Balingen von der katholischen Elternschaft für eine gemeinschaftliche Balinger Volksschule ausgesprochen haben, hat der Bürgermeisteramtsverweser nach Anhören der Ratsherren beim Kultministerium Antrag auf Einführung einer gemeinschaftlichen Volksschule gestellt. Diesem Antrag hat das Kultministerium bereits entsprochen, so daß ab 1.4. 1936 nur noch eine Volksschule in Balingen vorhanden sein wird.

Nach einer Befragung der Eltern wurde in den Monaten März und April in zahlreichen Orten in Württemberg die Bekenntnisschule abgeschafft und die Deutsche Gemeinschaftsschule eingeführt.

Am 4. April gab dann Kultminister Mergenthaler bei der Einweihung der neu erbauten Hans-Schemm-Schule in Stuttgart-Weilimdorf öffentlich die vollzogene Einrichtung von Gemeinschaftsschulen bekannt. So mußte der Oberkirchenrat am 24.4. 1936 die Dekanatämter über die neue Lage in der Schulfrage unterrichten[20]*:*
In der Schulfrage geht den Pfarrämtern folgende Mitteilung des Oberkirchenrats zu:

---

19 LKA Stuttgart, D 1, Bd. 66; vgl. auch die Notiz im »Regierungsanzeiger für Württemberg«, Ausgabe vom 17.3.1936.
Nach einer Aktennotiz wurde in einer Besprechung zwischen Kultministerium und Oberkirchenrat folgender Text für das Antwortschreiben Mergenthalers entworfen (LKA Stuttgart, D 1, Bd. 66): »Von der beabsichtigten Mitteilung an die Pfarrämter und Kirchengemeinderäte habe ich mit Genugtuung Kenntnis genommen. Nach den Darlegungen, die Sie bei der heutigen Aussprache meinem Vertreter gegeben haben, stehe ich nicht an, die Aufrichtigkeit Ihrer Absicht anzuerkennen, und ermächtige Sie gerne, von dieser Erklärung den Pfarrämtern und Kirchengemeinderäten Kenntnis zu geben.«
20 Nr. A 4647; vgl. auch die Mitteilung des Kultministeriums an den Oberkirchenrat vom 22.4.1936 über die Besprechung vor allem über die Frage des Religionsunterrichts in der neuen Gemeinschaftsschule (Nr. A 5012 vom 4.5.1936).

Die Kirche trägt, gebunden an ihren Auftrag, die Verantwortung dafür, daß das Evangelium von Jesus Christus an das kommende Geschlecht weitergegeben wird. Es ist darum ihre Pflicht, darüber zu wachen und dafür einzutreten, daß das Recht und die Möglichkeit christlicher Jugendunterweisung in der Schule erhalten bleibt. Daß ihr dieses Anliegen in einer diesen Namen verdienenden Bekenntnisschule am besten gewährleistet erscheint, ist selbstverständlich. Eine aus einer einheitlichen religiösen Grundhaltung kommende Erziehung vermag dem so wichtigen Gesichtspunkt der »Ganzheitserziehung« am ehesten Rechnung zu tragen. Obwohl auch die Kirche weiß, daß die Wirklichkeit der Bekenntnisschule oft weit von ihrem Ideal entfernt war, war es deshalb ihre Pflicht, gestützt auf das geltende Volksschulgesetz von 1909, sich für die Beibehaltung der seitherigen Schulform einzusetzen und sich gegen die zu Beginn des Jahres einsetzenden und zunächst lokalen und privaten Charakter tragenden Elternabstimmungen zugunsten einer Simultanschule zu wenden. Die damaligen Versuche, die Gemeinschaftsschule an Stelle der Bekenntnisschule einzurichten, erfüllten die Kirchenleitung und die evangelische Elternschaft besonders auch darum mit Sorge, weil der Begriff der Gemeinschaftsschule keineswegs eindeutig ist. Diese Sorge war in erster Linie begründet durch die Tatsache, daß auch die Deutsche Glaubensbewegung und andere Kreise ihre Forderung der »Entfernung jeglichen Konfessionsunterrichts aus sämtlichen deutschen Schulen« (»Deutscher Glaube«, Nr. 8/1935) anmeldet unter dem schulpolitischen Programm der »Deutschen Gemeinschaftsschule«.

Eine neue Lage wurde geschaffen, als der Herr Kultminister selbst anläßlich der Einweihung der Hans-Schemm-Schule in Weilimdorf am 4. April bekanntgab, »daß im Einvernehmen mit dem Oberbürgermeister die Hans-Schemm-Schule als Gemeinschaftsschule eingerichtet wird. Im Gebiet von Groß-Stuttgart werden mit Beginn des neuen Schuljahrs eine Reihe von weiteren Gemeinschaftsschulen errichtet« (»Schwäbischer Merkur«, Nr. 82 vom 7. April). Den oben genannten Besorgnissen gegenüber hat der Herr Kultminister in seiner Verlautbarung vom 6. April dieses Jahres ausdrücklich erklärt: »Die religiöse Erziehung ist auch an der Deutschen Volksschule gewährleistet. Der Religionsunterricht wird im gleichen Umfang wie an der Bekenntnisschule nach Bekenntnissen getrennt erteilt. Für die Erfüllung sonstiger religiöser Verpflichtungen wird die nötige Zeit gewährt werden.«

Der weiteren Klärung dieser Fragen dienten Besprechungen zwischen Vertretern des Kultministeriums und des Oberkirchenrats. Im Vertrauen auf eine loyale Durchführung der in der Presse und in den mündlichen Verhandlungen gegebenen Zusicherungen ermächtigte der Oberkirchenrat die ersten Geistlichen von Stuttgart und Bad Cannstatt zu der auch in der Presse bekanntgewordenen Erklärung[21], die in den Gottesdiensten zur Verteilung gelangte. Die Erklärung faßt das Ergebnis der Besprechungen mit folgenden Worten zusammen: Es wurde »die ausdrückliche Zusicherung gegeben, daß der Religionsunterricht in gleichem Umfang wie bisher und in Übereinstimmung mit den Grundsätzen der Evang. Kirche gegeben werde. Ferner dürfen wir auf Grund der uns gegebenen Erklärungen die bestimmte Erwartung hegen, daß im übrigen Unterricht alles unterbleibt, was die religiöse Überzeugung evangelischer Kinder und ihrer Eltern zu verletzen geeignet wäre.« Der Wortlaut der Erklärung wurde dem Kultministerium vor der Drucklegung am Vormittag des 9. April mitgeteilt und erhielt dessen ausdrückliche Zustimmung. Über die Verhandlungen, die noch nicht abgeschlossen sind, kann mitgeteilt werden, daß sie sich erstrecken auf folgende Fragen: Die Erteilung des Religionsunterrichts auch an der Gemeinschaftsschule auf Grund der »Vereinbarung« vom 5.8.1921 (Abl. 19, S. 404 ff.), die Frage der den Religionsunterricht erteilenden Lehrpersonen und der von der Kirche zu fordernden Sicherungen für die inhaltliche Gestaltung des Religionsunterrichts, das Schulgebet, den Choralgesang, die Bekenntnisschulen der Diaspora.

Der Oberkirchenrat hat dem Kultministerium gegenüber die dringende Bitte ausgesprochen, es möchten in Bälde in allen diesen Fragen im Einverständnis mit dem Oberkirchenrat allgemein verbindliche Richtlinien ausgearbeitet und bekanntgegeben werden. Wurm.

In Stuttgart wurde als Flugblatt eine Erklärung verteilt, in dem die Entscheidung für oder gegen die Gemeinschaftsschule den Eltern freigestellt wurde[22]:

Liebe evangelische Glaubensgenossen!

Wir sind durch die Kirchenleitung ermächtigt, Folgendes zu erklären:

Durch die Aufrufe zur Gründung von Deutschen Volksschulen ohne bekenntnismäßigen Charakter sind zahlreiche evangelische Eltern in eine nicht leichte Entscheidung gestellt. Jeder, der eine wirklich in evangelischem Geist geleitete Volksschule oder Höhere Schule besucht hat, ist sich

---

21 Siehe das folgende Stück.
22 LKA Stuttgart, D 1, Bd. 67.

dessen dankbar bewußt, wie viel Segen daraus für ihn und für viele andere Volksgenossen geflossen ist. Wir möchten diesen Segen, der sich gerade in Zeiten schwerer Erschütterung und Heimsuchungen auch für das Volksganze ausgewirkt hat, unserem Volk und Vaterland nicht entzogen wissen.

Nunmehr hat sich der Staat entschlossen, neben den bestehenden Bekenntnisschulen auch Gemeinschaftsschulen einzurichten und die Eltern vor die Wahl zu stellen, in welche Schule sie ihre Kinder schicken wollen. Im Blick auf die geistige Lage der Gegenwart erhob sich dabei für die evangelische Elternschaft die Frage, ob in der Gemeinschaftsschule die christliche Unterweisung in ausreichendem Maße gewährleistet und gesichert sei. Diesen Besorgnissen gegenüber hat das Kultministerium in der Presse und in einer Besprechung mit Vertretern des Oberkirchenrats die ausdrückliche Zusicherung gegeben, daß der Religionsunterricht in gleichem Umfang wie bisher und in Übereinstimmung mit den Grundsätzen der Evang. Kirche gegeben werde. Ferner dürfen wir auf Grund der uns gegebenen Erklärungen die bestimmte Erwartung hegen, daß im übrigen Unterricht alles unterbleibt, was die religiöse Überzeugung evangelischer Kinder und ihrer Eltern zu verletzen geeignet wäre. Auf diese Zusicherungen hin ist die Evang. Kirche in der Lage, ihre Bedenken gegen die Gemeinschaftsschule zurückzustellen und die Wahl der Schulform für die evangelischen Kinder der gewissensmäßigen Entscheidung der Eltern anheimzugeben.

Der Prälat von Stuttgart: Schrenk.
Der Stadtdekan von Stuttgart: Dr. Lempp.
Der Dekan von Bad Cannstatt: Roos.

Mit der Einführung der Deutschen Gemeinschaftsschule war vor allem auch die Frage des Religionsunterrichts verbunden. Dazu teilte der Oberkirchenrat am 11.6. 1936 den Dekanatämtern mit[23]*:*

Über den Inhalt des Stuttgarter Flugblattes hinaus, dessen den Religionsunterricht betreffende Teile vom Kultministerium ausdrücklich bestätigt und anerkannt wurden, kann in der Schulfrage auf Grund eines

---

23 Nr. A 6663; vgl. auch die Erklärung des Diözesanvereins Ludwigsburg vom 4.5.1936 zum Religionsunterricht und die Äußerung des Stuttgarter Vikarskonvents von Mitte 1936 zur Gemeinschaftsschule (LKA Stuttgart, D 1, Bd. 94). Vgl. weiterhin die Denkschrift über den Religionsunterricht von Mitte 1936 (LKA Stuttgart, D 1, Bd. 94).

Schreibens des Kultministeriums an den Oberkirchenrat vorläufig Folgendes bekanntgegeben werden:

1. Hinsichtlich der Erteilung des Religionsunterrichts durch die Geistlichen und Lehrer bleibt es auch in der Gemeinschaftsschule grundsätzlich bei der seitherigen Ordnung. Es wird hierzu festgestellt: »Das Kultministerium steht zu der Vereinbarung vom 5.8.1921, wonach der Religionsunterricht an der ausgebauten Volksschule an den Klassen 6 bis 8 grundsätzlich durch den Geistlichen, an den Klassen 1 bis 5 durch den Lehrer erteilt wird (vgl. Abl. 19, S. 404 ff.).

2. Wo die Umstände es nötig machen, kann bei der Erteilung des Religionsunterrichts mit dem Prinzip des Klassenlehrersystems gebrochen und der Religionsunterricht einem Lehrer an verschiedenen Klassen zugeteilt werden. Es wird festgestellt: Das Kultministerium hat nichts dagegen einzuwenden, wenn einzelne Lehrer den Religionsunterricht an mehreren Klassen übernehmen.

3. Es wurde zwischen dem Oberkirchenrat und dem Kultministerium darin Übereinstimmung festgestellt, daß die Möglichkeit des Schulgebets, so wie in den Höheren Schulen, auch in der Deutschen Volksschule zugesichert bleibt.

4. Der Oberkirchenrat hat darauf hingewiesen, daß sich aus der grundsätzlichen Mischung der Konfessionen in der Schule, namentlich in den größeren Städten, unter Umständen stundenplantechnische Schwierigkeiten ergeben für die Erteilung des Religionsunterrichts. Diese Schwierigkeiten werden erleichtert, wenn nach dem Vorgang der Höheren Schulen bei Parallelklassen auch solche Klassen gebildet werden, in denen nur Schüler einer Konfession sind. Darauf wurde geantwortet: Es ist grundsätzlich notwendig, sämtliche Klassen konfessionell zu mischen. Es ist jedoch beabsichtigt, dieses Prinzip nicht so starr durchzuführen, daß der Erteilung des Religionsunterrichts unüberwindliche Schwierigkeiten erwachsen, insbesondere wenn in einer Schule nur wenige Kinder der Minderheitskonfession vorhanden sind.

5. Ein besonderes Anliegen sind der Kirche die Diasporaschulen, namentlich die evangelischen Schulen der ländlichen Diaspora, und zwar um ihrer lebenswichtigen kirchlichen Bedeutung willen. Das Kultministerium hat sich zu dieser Frage dahingehend geäußert, daß eine grundsätzlich andere Behandlung der Diasporaschulen nicht möglich sei. Es sei jedoch noch keine Schule aufgehoben worden ohne Übernahme des betreffenden Lehrers. Es sei zu beachten, daß das Kultministerium keinen Zwang zum Besuch freiwilliger Konfessionsschulen ausüben kann und wird.

6. In der Frage des Choralsingens ist eine endgültige Regelung noch nicht getroffen.
Wurm.

Die Sozietät wandte sich in einer Entschließung vom 3.6.1936 gegen die Haltung der Kirchenleitung[24]:
Die Württ. Kirchenleitung hat in der Frage der Gemeinschaftsschule einer Lösung zugestimmt, die bei vielen Pfarrern und Gemeinden schwere Bedenken hervorgerufen und seit ihrem Bekanntwerden schon sehr viel Kritik erfahren hat. Wir halten uns nicht für berufen zu fragen, ob diese Lösung nach vorhergehender Fühling mit den Kirchen getroffen wurde, die bis heute in schwerem Kampf um die Bekenntnisschule liegen, insbesondere mit der bayrischen Nachbarkirche, mit welcher sich unsere Kirchenleitung doch zu gemeinsamem geistlichem Handeln verbunden wissen möchte; wir begnügen uns vielmehr mit der Feststellung, daß die getroffene Lösung in offenem Widerspruch zu der Erklärung der Synode von Oeynhausen zur Schulfrage steht, welcher die württ. Synodalen einmütig zugestimmt haben. Wir beklagen, daß eine so weittragende Entscheidung, die eine große Anzahl von Unsicherheitsfaktoren in sich schließt, in der bekannten, überraschenden Weise getroffen worden ist. Wir weisen ferner darauf hin, daß es das Amt der Kirchenleitung erfordert hätte, nicht einfach die gesamte Verantwortung auf die Eltern abzuwälzen, sondern zum mindesten den Versuch zu machen, ob nicht, wenn auch in bescheidener Form, eine evang. Bekenntnisschule hätte erreicht werden können. Die Entscheidung, um welche es ging, war ja nicht die Entscheidung zwischen der bisherigen ausgehöhlten »Bekenntnisschule« und der neuen Gemeinschaftsschule, sondern die Entscheidung zwischen einer in ihrem ganzen Aufbau weltlichen Gemeinschaftsschule mit geduldetem christlichen Religionsunterricht, wie wir sie jetzt haben, und einer neuen evangelisch geprägten Bekenntnisschule, um die man mindestens hätte kämpfen müssen, ehe man sie als unerreichbar bezeichnen konnte. Wir fragen vor allem, ob es nötig war, die vom Staat geplante Neuregelung noch zu empfehlen und dadurch viele treue Lehrer und evangelische Eltern bitter zu enttäuschen, ganz abgesehen von dem peinlichen Gegensatz, in dem sich die Kirchenleitung zu ihrem eigenen Erlaß Nr. 1629 vom 11. Februar dieses Jahres gesetzt hat, anstatt gegen die Neuregelung Stellung zu nehmen oder sie mindestens schweigend zu erdulden, wenn man sich nicht dagegen wehren wollte oder wenn ein Protest aus Zeitgründen

---

24 Dokumente des Kirchenkampfes II, Teil 2, Nr. 262, S. 747 f.

für unmöglich gehalten wurde. Wir beklagen insonderheit die grundsätzliche und praktische Unsicherheit, die in dieser Entscheidung darin zutage tritt, daß die Kirchenleitung die Initiative vollständig dem Staate überlassen hat. Es ist dadurch deutlich geworden, daß die Württ. Kirchenleitung weder ihre volkskirchlichen Ziele, wie sie sich aus der Vergangenheit der Landeskirche ergeben hätten, ernsthaft durchzusetzen gewillt war, noch daran dachte, aus ihrer Zugehörigkeit zur Bekennenden Kirche Deutschlands im entscheidenden Augenblick die nötigen Folgerungen zu ziehen.

Wir treffen diese Feststellung, um zu zeigen, welche Folgerungen aus den nunmehr nicht gefallenen Entscheidungen zu ziehen sind: Solange die Kirche noch Unterricht im Raum der weltlichen Schule erteilt, ist sie gehalten, die volle Verantwortung für den ganzen Religionsunterricht auf sich zu nehmen, das heißt den Religionsunterricht in vollem Umfang zu verkirchlichen. Dazu gehört einmal, daß der Inhalt des Religionslehrstoffes allein von der Kirche festgesetzt wird. Dazu gehört weiter, daß sämtliche den Religionsunterricht erteilenden Lehrkräfte allein von der Kirche berufen werden, einer Bestätigung durch eine weltliche Schulaufsichtsbehörde oder durch ein politisches Amt nicht bedürfen und in Ausübung ihres Amtes von der Kirche visitiert werden. Dazu gehört weiter die dem Staate gegenüber abzugebende Erklärung, daß die Kirche durch ihren Auftrag gebunden ist, die Verantwortung für den Religionsunterricht der von ihr getauften Kinder allein zu tragen.

Die Frage des Religionsunterrichts, die mit der Einführung der Deutschen Gemeinschaftsschule in neuer Form verschärft gestellt war, brach zunächst auf an der Teilfrage des Choralgesangs. In der früheren Bekenntnisschule war es möglich gewesen, die im Lehrplan vorgesehenen Choräle während des allgemeinen Unterrichts, also nicht ausschließlich im Religionsunterricht einzuüben. Nun aber wies das Kultministerium am 27. 8. 1936 das Singen von Chorälen dem Religionsunterricht zu; im lehrplanmäßigen Musikunterricht in den Volksschulen sollten aus dem Gebiet des Kirchengesangs nur noch 9 Lieder eingeübt werden, die als gemeinsames religiöses Gut anerkannt waren.[25]

---

[25] Nr. A 9663 vom 2. 9. 1936; vgl. auch das Separatschreiben Wurms an den Ministerialdirektor im Württ. Kultministerium, Dr. Meyding, vom 22. 5. 1936 (LKA Stuttgart, D 1, Bd. 67).

Gegen diese Belastung und Erschwerung des Religionsunterrichts protestierte am 18.9.1936 der Oberkirchenrat beim Kultministerium[26]*:*
Wir bestätigen den Empfang des Schreibens Nr. 13675 vom 27.8.1936. Zu der vom Kultministerium vorgesehenen Regelung des Choralsingens in der Volksschule haben wir, in Wahrung des Standpunkts, den unsere Vertreter in der Besprechung im Kultministerium am 23. Mai dieses Jahres und in der Sitzung im Gebäude der Ministerialabteilung für die Volksschulen am 29. Mai dieses Jahres eingenommen haben, vorzutragen:

Im Schreiben des Herrn Kultministers vom 22. April dieses Jahres Nr. 7079 Abs. 5 ist in Beantwortung unserer Vorschläge vom 20. April erklärt: »Eine Zuweisung des Choralgesangs an den Religionsunterricht ist nicht beabsichtigt.« Das Kultminiserium hat sich nun aber trotzdem dazu entschlossen, das Choralsingen dem Religionsunterricht zuzuweisen. Es geschah mit dem Hinweis darauf, daß die Choräle einen »Bestandteil des besonderen bekenntnismäßigen Unterrichts bilden«, eine Tatsache, die sich aus dem Wesen des Chorales ergibt.

Die Durchführung dieser Regelung bedeutet, daß an den Oberklassen der Volksschule grundsätzlich die Geistlichen das Choralsingen übernehmen. Zu dieser vorgesehenen Regelung müssen wir allerdings feststellen, daß einer nicht geringen Zahl von Geistlichen, namentlich unter der älteren Generation, die technischen Voraussetzungen für die Erteilung von Gesangsunterricht jedenfalls zur Zeit noch fehlen. Im Unterschied vom seminaristisch geschulten Lehrer, der in der Methodik des Gesangsunterrichts ausgebildet ist, haben die Geistlichen diese Ausbildung nicht. Da ferner Tasteninstrumente in den Schullokalen in der Regel fehlen, ist der Gesangslehrer, sofern er ein Instrument braucht, auf die Violine angewiesen. Auch hier sind die Geistlichen im Unterschied zu den Lehrern vielfach nicht genügend ausgebildet. Der Fall liegt demnach praktisch so, daß eine große Zahl von Geistlichen, weil für die Aufgabe des Gesangsunterrichts nicht vorgebildet, von der in Abs. 5 des Schreibens vom 27. August vorgesehenen Sonderregelung Gebrauch machen müssen und auf die Unterstützung eines fachlich geschulten Lehrers angewiesen sind.

Hinsichtlich der bei der Neuregelung entstehenden Zeitfrage bestimmt Abs. 3 des Schreibens Nr. 13675: »Eine Verlängerung der dem Religionsunterricht zugewiesenen Unterrichtszeit ist wegen der ohnehin starken Belastung der Schüler nicht möglich. Die Zeit zur Einübung der Choräle

---

[26] Nr. A 9663; vgl. auch den Protest des Kirchenbezirks Marbach vom 26.9.1936 an das Württ. Kultministerium wegen der tatsächlichen Verkürzung des Religionsunterrichts in der Gemeinschaftsschule (Nr. A 10633).

und Kirchenlieder muß dadurch gewonnen werden, daß der sonstige religiöse Lehr- und Übungsstoff im Rahmen des geltenden Lehrplans in geeigneter Weise gesichtet und beschränkt wird.« Gegen die hier vorgesehene Regelung müssen wir aus den nachgenannten Gründen Einspruch einlegen.

Wenn in der Gemeinschaftsschule der Choralgesang aus dem allgemeinen Gesangsunterricht herausgenommen und dem Religionsunterricht bzw. einem besonderen konfessionellen Gesangsunterricht zugewiesen werden soll, so ist es eine billige Forderung, daß diejenige Zeit, die seither im allgemeinen Gesangsunterricht für das Einüben der Choräle verwandt wurde, nunmehr dem Fach zugewiesen wird, dem auch die Aufgabe zufällt. Es handelt sich also bei der von uns geforderten Einräumung der nötigen Zeit für den Choralgesang nicht um eine Mehrbelastung der Schüler, sondern nur um eine Neuverteilung der Zeit, entsprechend der Neuverteilung der Unterrichtsaufgaben. Der amtliche Lehrplan von 1928 sieht für den Gesangsunterricht an der achtklassigen Bekenntnisschule vor, daß etwa 65 weltliche Lieder, sowie als Minimum 63, als Maximum 76 Choräle geübt werden. Wenn also nunmehr ein so wesentlicher Teil des Unterrichtspensums des seitherigen Gesangsunterrichts einem andern Fach zugewiesen werden soll, so ist dies nur möglich, wenn gleichzeitig auch die nötige Zeit durch Abtrennung vom allgemeinen Gesangsunterricht zur Verfügung gestellt wird.

Den Vorschlag, die Zeit zur Einübung der Choräle und Kirchenlieder dadurch zu gewinnen, »daß der sonstige religiöse Lehr- und Übungsstoff im Rahmen des geltenden Lehrplans in geeigneter Weise gesichtet und beschränkt wird«, müssen wir als untragbar bezeichnen. Abgesehen davon, daß der Religionsunterricht an den Oberklassen der ausgebauten Schulen bereits eine empfindliche Sonderkürzung von 3 auf 2 Stunden erfahren hat und daß ferner der Religionsunterricht so wie die andern Fächer auf Kurzstunden verwiesen wurde, steht diese neue Forderung, den Stoff zu sichten und zu beschränken, im Widerspruch zu den Versicherungen, die anläßlich der Umbildung der württ. Bekenntnisschulen in Gemeinschaftsschulen feierlich und öffentlich bekannt gegeben wurden. Die amtliche Verlautbarung vom 6. April dieses Jahres hatte den Wortlaut: »Die religiöse Erziehung ist auch an der Deutschen Volksschule gewährleistet. Der Religionsunterricht wird im gleichen Umfang wie an der Bekenntnisschule nach Bekenntnissen getrennt erteilt. Für die Erfüllung sonstiger religiöser Verpflichtungen wird die nötige Zeit gewährt werden« (»NS-Kurier«, Nr. 161 vom 6. 4. 1936). Diese Versicherungen wurden den Vertretern des Oberkirchenrats gegenüber am 8. und 14. April dieses Jahres im Kultministerium wiederholt und bestätigt. Sie fanden auch ihren Niederschlag in dem Flugblatt in Groß-Stuttgart vom 9. April, das in seinem Wortlaut die ausdrückliche Zustimmung des Vertreters des Herrn Kultministers erhalten hatte. Ferner ließ der Herr Kultminister unter Hinweis auf die oben genannte amtliche Verlautbarung in dem Schreiben Nr. 7079 an den Oberkirchenrat vom 22. April dieses Jahres erklären: »Welcher Art die geplante und zum Teil nun auch eingeführte Gemeinschaftsschule sein soll, geht aus den amtlichen Veröffentlichungen eindeutig hervor. Das Kultministerium wird zu den dort gegebenen Erklärungen selbstverständlich stehen.« Endlich wurde im Zusammenhang mit der Umbildung der noch restlichen Bekenntnisschulen in den konfessionell geschlossenen Gebieten in einem der gesamten württ. Presse von zuständiger Seite zugegangenen Artikel am 18. Juli dieses Jahres versichert: »Zu allem Überfluß möge auch in diesem Zusammenhang noch einmal ausdrücklich betont werden, daß die religiöse Erziehung in diesen Schulen genau so gesichert ist wie in den Bekenntnisschulen« (»Stuttgarter Neues Tagblatt« Nr. 332 vom 18. 7. 1936).

Im Vertrauen auf diese feierlichen, öffentlichen Zusicherungen hat die evangelische Elternschaft ihre Zustimmung zu der Umbildung der Schule gegeben. Wir sehen uns daher nicht in der Lage, einer Regelung zuzustimmen, die im Widerspruch zu diesen Zusicherungen eine Sichtung und Beschränkung des Religionsunterrichtsstoffs von uns fordert. Wir ersuchen das Kultministerium vielmehr dringend und erneut, die Frage einer Lösung entgegenzuführen, die, wie in andern Ländern mit Gemeinschaftsschulen, dem Interesse der Schule und der Kirche in gerechter Weise Rechnung trägt, indem monatlich 1 Stunde vom allgemeinen Gesangsunterricht abgetrennt und für die Erteilung des Choralsingens zur Verfügung gestellt wird. Um baldige Bescheidung dieses Gesuchs dürfen wir bitten. I. V. Müller.

Die Dekanat- und Pfarrämter wurden vom Oberkirchenrat am 17. 9. 1936 über die neue Lage und über den Standpunkt der Kirchenleitung informiert.[27]

Abschließend teilte der Kultminister an den Oberkirchenrat am 21. 9. 1936 mit[28]*:*
Es ist richtig, daß ich ursprünglich nicht die Absicht hatte, den Choral-

27 Nr. A 10366.
28 Nr. A 10777 vom 28. 9. 1936; vgl. auch die Mitteilung dieser Regelung an die Dekanatämter durch den Oberkirchenrat am 9. 10. 1936 (Nr. A 10777).

gesang an der Volksschule dem Religionsunterricht zuzuweisen; ich beabsichtigte vielmehr, die Einübung der Choräle wie bisher dem Musikunterricht zu überlassen. Da aber die beiden Oberkirchenbehörden erklärt haben, daß andere als die in meinem Erlaß vom 27. August dieses Jahres Nr. 13675 bezeichneten Choräle nicht gemeinsam von den Kindern beider Bekenntnisse gesungen werden können, und da ich es grundsätzlich ablehnen muß, die Schüler der Deutschen Volksschule in anderen Fächern als im Religionsunterricht nach Bekenntnissen zu trennen, so ergab sich nach reiflicher Überlegung aller Möglichkeiten die angeordnete Regelung, von der ich nicht abgehen kann. Diese Regelung steht nicht im Widerspruch zu der Zusicherung, daß an der Deutschen Volksschule der Religionsunterricht in gleichem Umfang wie an der Bekenntnisschule nach Bekenntnissen getrennt erteilt werde; denn unter den Worten »Umfang des Religionsunterrichts« ist selbstverständlich die Zahl der ihm zugeteilten Wochenstunden verstanden. Den Vorwurf, daß ich gegebene Zusicherungen nicht gehalten habe, muß ich schärfstens zurückweisen. Derartige unwahre Behauptungen sind nicht geeignet, ein gedeihliches Zusammenarbeiten mit dem Evang. Oberkirchenrat zu fördern.

Im übrigen bemerke ich, daß nach Mitteilung der zuständigen Unterrichtsverwaltungen auch in anderen Ländern mit Simultanschulen (so in Baden, Hessen und im preußischen Regierungsbezirk Wiesbaden) die Kirchenlieder im Religionsunterricht durch den Religionslehrer eingeübt werden. Mergenthaler.

Am 5.8.1936 hatte der Oberkirchenrat das Kultministerium gebeten, in der Diaspora die Bekenntnisschule beizubehalten. Am 31.8. 1936 lehnte das Kultministerium eine Sonderregelung ab[29]:

Den Vorschlag des Oberkirchenrats, in der Diaspora den Eltern die Wahl zu lassen, ihre Kinder in die Volksschule des Wohnorts oder in eine benachbarte Schule zu schicken, kann ich aus grundsätzlichen Erwägungen nicht annehmen, da er dem Gedanken der Deutschen Volksschule widerspricht. Um aber dem berechtigten Wunsch, die Erteilung des Religionsunterrichts zu erleichtern, zu entsprechen, habe ich die Bezirksschulämter angewiesen, in allen in Betracht kommenden Fällen das Notwendige zu veranlassen, damit die Schüler der Minderheitskonfession an einem besonderen Nachmittag an einer Schule ihren Religionsunterricht bekommen können. I. V. Meyding.

29 LKA Stuttgart, D 1, Bd. 95.

DER SACHVERSTÄNDIGE FÜR EVANG. RELIGIONSUNTERRICHT.
STOFFPLÄNE FÜR DEN RELIGIONSUNTERRICHT

Am 27.6. 1936 bat der Landesbischof den Kultminister, Studienrat Sautter von der Stuttgarter Friedrich-Eugens-Oberrealschule vorläufig zu beurlauben, da er ihn als fachkundigen Bearbeiter für Schulfragen in den Oberkirchenrat zu berufen gedenke.[30] *Sautter wurde dann zum Sachverständigen für den evang. Religionsunterricht an den Höheren Schulen und an den Volksschulen auch vom Kultminister bestellt*[31] *und hatte in den folgenden Jahren die Hauptlast bei den Auseinandersetzungen in der Schulfrage zu tragen.*

Seit Mitte des Jahres 1937 wurde Oberkirchenrat Sautter in der Ausübung seiner dienstlichen Obliegenheiten als Sachverständiger für den evangelischen Religionsunterricht vom Kultminister gehindert. In einer Denkschrift vom 1.8. 1938 wird dazu festgestellt[32]:

Am 9.7. 1937 erfolgte die Übersendung eines Umdrucks, den das Kultministerium ohne jede Fühlungnahme mit dem Oberkirchenrat an die Leiter der Höheren Schulen hinausgegeben hatte, wonach die Aufsicht über den Religionsunterricht der hauptamtlichen Religionslehrer an Höheren Schulen ausschließlich der Ministerialabteilung zustehe. Der Prüfende (Fachaufseher oder Mitglied der Ministerialabteilung) habe deshalb dem Sachverständigen für den Religionsunterricht eine Einladung zu übermitteln, jeweils bei der Prüfung in Religion anwesend zu sein. Eine Anfrage des Oberkirchenrats vom 29.7. 1937 Nr. A 7905, welcher sachliche Grund zu dieser Änderung der seitherigen Ordnung vorgelegen habe, blieb unbeantwortet. Der Sachverständige ist inzwischen noch in keinem Fall zur Teilnahme an einer Prüfung eingeladen worden, so daß jede sachgemäße Aufsicht über den Religionsunterricht der Vollanstalten seither fehlt. Diese Anordnung des Kultministeriums steht im Widerspruch zur Bestimmung der Ministerialverfügung vom 1.4. 1922 über den Religionsunterricht an den Höheren Schulen § 6 Abs. 1 (Amtsblatt des Kultministeriums Nr. 22, S. 39 f.), wonach zur Fachaufsicht über den von hauptamtlichen Religionslehrern erteilten Religionsunterricht und zur Beratung der Ministerialabteilung für die Höheren Schulen auf Vorschlag der Oberkirchenbehörde und nach Anhörung der Ministerialabteilung ein Sachverständiger für den Religionsunterricht beigegeben ist. Das

---

30 LKA Stuttgart, D 1, Bd. 67.
31 Nr. A 12867 vom 9.11.1936.
32 LKA Stuttgart, D 1, Bd. 78.

Vorgehen des Kultministeriums steht also im Widerspruch zu dem bestehenden Recht.

Am 31.1. 1938 bat Sautter den Kultminister um eine Besprechung; daraufhin wurde ihm am 7.2. 1938 von der Kanzleidirektion des Kultministeriums mitgeteilt, der Kultminister sei dazu nicht in der Lage, es stehe ihm frei, dienstliche Angelegenheiten schriftlich zu unterbreiten. Dies geschah dann am 14.2. 1938 durch ein Schreiben Sautters[33]*:*

Hochzuverehrender Herr Ministerpräsident!

Nach einer Mitteilung der Kanzleidirektion des Kultministeriums habe ich nicht die Möglichkeit, eine Angelegenheit, die ihrem ganzen Wesen nach einer mündlichen Darlegung bedarf, dem Herrn Ministerpräsidenten persönlich vorzutragen. Wenn ich im folgenden versuche, mein Anliegen schriftlich vorzubringen, so darf ich dabei die Bitte vorausschikken, meine geschriebenen Worte so aufzunehmen, als hätte ich die Möglichkeit gehabt, in persönlicher Aussprache auf Rückfragen und Richtigstellungen einzugehen.

Alle meine Bemühungen um eine Neuordnung des evangelischen Religionsunterrichts in Württemberg gehen von der persönlichen Überzeugung aus, die ich am besten in die Worte des Anatomen und Physiologen Rudolf Wagner fassen kann: »Das ist gewiß die wunderbarste Eigentümlichkeit der Schrift, daß sie gegen den, der sich mit wahrhaftiger ernster und eindringlicher Hingabe in sie vertieft und seine inneren und äußeren Erlebnisse an ihr prüft, die Überzeugung ihres göttlichen Ursprungs in unerschütterlicher Weise feststellt.« Aus solcher Überzeugung heraus hat der italienische Staatschef Mussolini schon vor einigen Jahren das Neue Testament an sämtliche Lehrer und Lehrerinnen Italiens verteilen lassen mit der Anweisung, dieses Buch gründlich zu lesen und seine Worte der italienischen Jugend zu übermitteln. Aus solchen Erwägungen heraus zieht Mussolini den italienischen Klerus zur Erziehung der Jugend ebenso heran wie zur Durchführung sonstiger staatspolitisch wichtiger Aufgaben. Persönliche Erlebnisse und seelsorgerliche Erfahrungen in früheren und neuesten Zeiten bestätigen mir diese Erkenntnis in einem Maß, daß ich mir nicht bloß in kirchlicher, sondern auch in nationaler Hinsicht die größten Vorwürfe machen müßte, wenn ich nicht alles daran setzen würde, um der evangelischen Jugend unseres Volkes eine gründliche Ein-

---

33 LKA Stuttgart, D 1, Bd. 76.

führung in das Wort Gottes zu erhalten, oder wo notwendig, neu zu gewinnen. Selbst Gegner des Evangeliums werden die Notwendigkeit nicht bestreiten, daß unsere Jugend in die Lage versetzt werde, sich selbst zu entscheiden; das kann sie aber nur, wenn sie statt eines Zerrbildes eine echte Kenntnis der Heiligen Schrift erhält, nach dem Grundsatz des großen Historikers Johannes von Müller: »Lerne durch die Bibel die Bibel, das Alte durch das Neue Testament, beide aus den Bedürfnissen deines Herzens verstehen.« Wie zur Bestätigung dieser Erkenntnis hat Major Hesselmann in der »Zeitschrift für Wehrpsychologie« erst vor wenigen Wochen versichert, die religiösen Regungen stehen an der Spitze der Kräfte, die dem unter dem Eindruck des Trommelfeuers entstehenden seelischen Schwächegefühl entgegenwirken. Gerade in den schwersten Lebenslagen ... bildet der religiöse Glaube die tiefste Quelle der seelischen Widerstandskraft. Und zwar nicht ein allgemein religiöser, sondern der christliche Glaube.

Solche Erwägungen müssen es logischerweise auch gewesen sein, die im Frühjahr 1936 Staat und Partei im schwäbischen Gau veranlaßten, bei Einführung der Gemeinschaftsschule den evangelischen Eltern feierlich zu versichern, daß der Religionsunterricht in keiner Weise angetastet werde. Im April und Mai brachte die parteiamtliche Presse verschiedentlich »aus berufener Feder ... zur Beseitigung der letzten Unklarheiten« folgende Zusicherung: »Die Deutsche Volksschule gibt der religiösen Erziehung denselben Raum wie die Bekenntnisschule. Der Religionsunterricht wird nach Bekenntnissen getrennt im gleichen Umfang erteilt wie in den Bekenntnisschulen; auch für die Erfüllung sonstiger religiöser Verpflichtungen wird die notwendige Zeit gegeben. Auch wird der Religionsunterricht selbstverständlich nach den Grundsätzen der Evang. und Kath. Kirche erteilt, so daß man ruhig sagen kann, daß die religiöse Erziehung in diesen Schulen genau so gesichert ist wie in den Bekenntnisschulen.« Bei der Einweihung der Deutschen Schule in Weilimdorf, also in einer besonders bedeutsamen Stunde der Schulreform, hat sich der Herr Ministerpräsident an die anwesenden Eltern gewendet: »Ihr Väter und Mütter dürft beruhigt sein: Trotz der Gemeinschaftsschule wird der Religionsunterricht wie bisher konfessionell getrennt im Einvernehmen mit den Kirchen erteilt« (»Stuttgarter Neues Tagblatt« Nr. 161 vom 6. 4. 1936).

Solche Zusagen wurden nicht nur der Kirche, sondern auch den Eltern gegeben; deshalb können auch Meinungsverschiedenheiten zwischen Staat und Kirche keinerlei Begründung für eine Zurückdrängung des Religionsunterrichts in der Schule bilden, zumal der Herr Kultminister selbst nach dem »Fränkischen Grenzboten« vom 2.3. 1937 in Crailsheim versichert hat, er werde niemals das Recht der Kirchen zum Geben des Religionsunterrichts antasten. Ich bemerke dazu, daß uns von kirchlicher Seite nur daran gelegen ist, unserer Jugend das Evangelium, wie es uns die Reformation überliefert hat, nahezubringen. Wenn wir in manchen Kreisen bis jetzt kein Verständnis für unseren Standpunkt gefunden haben, so müssen wir das tragen, ohne uns in dem uns aufgetragenen Dienst an unserem deutschen Volk irgend erschüttern zu lassen. Eine spätere Zeit wird unseren Standpunkt besser verstehen und gerechter beurteilen, wie mir vor kurzem erst aus dem Munde eines bedeutenden Künstlers bestätigt wurde.

Nach einer Aufstellung des Kultministeriums haben im Dezember 1935 die evang. Geistlichen an den Volksschulen 9338 Wochenstunden Religionsunterricht erteilt, eine Zahl, die sich seit 1921, besonders seit 1933 stark erhöht hatte, weil die Lehrer teilweise aus inneren Gründen, teilweise aus schultechnischen Erwägungen auch im Blick auf die sonstige Inanspruchnahme eine Beibehaltung des Religionsunterrichts für unmöglich erklärten. Kennzeichnend dafür ist das Schreiben des Bezirksschulamts Biberach vom 19.2. 1935 Nr. 287 an das Evang. Dekanatamt Biberach: »Durch die große und vielseitige amtliche Inanspruchnahme meiner Volksschullehrer ist deren volle und ungeteilte Kraft für den weltlichen Unterricht notwendig. Ich habe deshalb bestimmt, daß ab 1.4. 1935 der Religionsunterricht an Unter- und Mittelklassen von Geistlichen zu erteilen ist.« Diese Gründe bestehen weiter, ja sie haben an Gewicht noch gewonnen, weil inzwischen ein erheblicher Lehrermangel eingetreten ist. Nach einer Mitteilung im NS-Lehrerbund fehlen heute schon 120 Volksschullehrer, und es werden, wenn der Besuch der Hochschule für Lehrerbildung in Esslingen sich nicht noch steigern läßt, jährlich weitere 170 Lehrkräfte fehlen. Darum ist eine Weitererteilung des Religionsunterrichts »im seitherigen Umfang« nur möglich, wenn andere Fächer zurückgedrängt oder die Geistlichen im seitherigen Umfang wieder zur Erteilung des Religionsunterrichts beigezogen werden. Das Letztere entspricht nicht bloß dem verschiedentlich durch spontane Unterschriftensammlungen festgestellten Willen der Elternschaft, sondern auch dem Tatbestand, daß die Geistlichen für eine religiöse Unterweisung die am besten vorgebildeten Lehrkräfte sind. Das hat nach uns zugegangenen Berichten das Badische Kultministerium veranlaßt, gegenüber dem Erlaß des Reichserziehungsministeriums vom 1.7. 1937[34] zu erklären, daß dieser in Baden

---

34 Siehe S. 798 f.

nicht durchgeführt werden könne, weil die notwendige Zahl dazu geeigneter und bereiter Lehrer fehle. Diesen Weg läßt der Erlaß vom 1.7. 1937 ausdrücklich offen, denn er besagt, daß Geistlichen der schulplanmäßige Religionsunterricht nur insoweit zu übertragen sei, als Lehrkräfte, die dazu auf Grund der vorgeschriebenen Prüfung befähigt und zur Übernahme dieses Unterrichts bereit seien, für den Religionsunterricht zur Verfügung stehen. Es ist unbestreitbar, daß dieser Fall auch in Württemberg vorliegt. Nun soll der Herr Kultminister nach uns zugegangenen Mitteilungen bestimmt haben, daß der Religionsunterricht der Lehrer ein wirklicher, nach Konfessionen getrennter Religionsunterricht sein solle und daß er in keiner geringeren Stundenzahl erteilt werden dürfe wie seither. In Wirklichkeit ist das aber nicht möglich, und in zahlreichen Fällen findet deshalb, wie uns zuverlässig berichtet ist, der Religionsunterricht nur noch in ganz vereinzelten Stunden statt und so, daß entweder auf die biblischen Geschichten oder auf das Memorieren vollständig verzichtet wird.

Dazu kommt, daß in diesem »Religionsunterricht« bzw. in dem neu eingerichteten »Weltanschauungsunterricht«[35] in nicht seltenen Fällen die religiösen Gefühle der Eltern und Kinder auf das schwerste verletzt werden, so daß in einzelnen Bezirken und Gemeinden eine begreifliche Beunruhigung, ja Empörung über solche Mißstände entstanden ist. Welche Not muß in den Herzen kleiner Kinder entstehen, wenn zu ihnen gesagt wird: Ich möchte lieber vom Affen abstammen als von Adam und Eva; oder wenn über den Durchgang durchs Rote Meer[36] bemerkt wird, das sei gar kein Wunder gewesen, sondern Mose war ein gerissener Spitzbube, der schon etwas von Flut und Ebbe wußte. Wie werden die religiösen Gefühle zerstört, aber auch die Achtung vor unseren großen deutschen Meistern Dürer und Rembrandt in den Staub getreten durch Bemerkungen wie etwa, Abraham sei der größte Lump gewesen, er sei bei der Opferung Isaaks[37] mit seinen Watschelfüßen den Berg hinaufgestiegen; Pharao hätte sollen eine Schnur an seine Türe spannen, daß der Lump Mose hingeflogen wäre[38], und ihm dann recht den Ranzen verhauen; die Buben sollen einmal an den Bach gehen und warten, ob ihnen ein Rabe Brot bringe[39], so könnten sie am besten sehen, wie verlogen die Geschichte sei;

35 Siehe Bd. 6.
36 2. Mose 14, 10–31.
37 1. Mose 22, 1–19.
38 2. Mose 5.
39 1. Könige 17, 1–7.

der Walfisch sei ein Antisemit gewesen, Jona habe so gestunken, daß er ihn gerne ausgespien habe[39a]; fraget nur eure Väter, wie der liebe Heiland das gemacht habe, daß er mit 5 Broten und 2 Fischschwänzen 5000 Leute gespeist habe[40]; der arme Lazarus sei der gleiche Lump gewesen wie der reiche Mann[41]; die Himmelfahrt[42] sei ein Blödsinn, da man nicht wisse, wo Christus gestartet sei und er nach dem Schema der Lichtjahre noch gar nicht an seinem Ziel angelangt sein könne; die Bibel müsse noch dünner werden als ein Spruchbuch, was an der Bibel brauchbar sei, gehe auf 2 Seiten. Es könnten noch weitere Beispiele solcher uns berichteter Entgleisungen angeführt werden. Mit Genugtuung ist festzustellen, daß nicht bloß die Eltern, sondern vielfach auch die Kinder selbst sich mannhaft gegen einen solchen religiösen Bolschewismus wehren. Für mich ist dabei besonders erschütternd, daß solche Äußerungen vielfach gar nicht aus eigener Überzeugung gemacht werden, sondern aus dem Gefühl heraus, es werde eine derartige Stellungnahme an maßgebenden Stellen gerne gesehen. Ich brauche nicht zu versichern, daß jeder Freund unseres Volkes mit tiefstem Bedauern eine derartige Zerrüttung der christlichen Unterweisung, die zugleich eine Zerrüttung der Volksgemeinschaft bedeutet, beobachten wird; der Wille des evangelischen Volkes, die Achtung vor dem biblischen Evangelium zu bewahren und sich schützend vor die Seelen der Kinder zu stellen, wird sich demgegenüber, des bin ich sicher, verstärken.

In diese Lage trifft nun die Nachricht, die auf Absichten in der Richtung einer völligen Zerstörung jedenfalls des evang. Religionsunterrichts hinweist: Es sollen auf 1. 4. 1938 auch die Geistlichen, die den Religionsunterricht noch erteilen, aus der Schule verdrängt werden, und es sollen die Eltern der Schulneulinge, aber auch der Schüler nötigenfalls unter Zuhilfenahme von Organisationen zur Abmeldung aus dem Religionsunterricht und zur Anmeldung in einen Weltanschauungsunterricht veranlaßt werden. Die erste Behauptung findet Nahrung in der Beobachtung, daß seit Juli letzten Jahres eine ganze Reihe von Geistlichen aus dem Religionsunterricht verdrängt wurde, obwohl sie das Gelöbnis abgelegt haben. Für die zweite Behauptung liegen uns aus Ulm einwandfreie Berichte vor, die gleichzeitig einen erschütternden Einblick in die innere Not vieler Eltern geben. Eine neue, schwere Beunruhigung wird dadurch in unserem Volk hervorgerufen. Die Kirche trifft dabei keine Verantwortung. Die Kirche

---

39a Jona 1–2.
40 Matth. 14,13–21.
41 Luk. 16,19–31.
42 Apg. 1,9–11.

wird alles tun, die Einheit in unserem Volk zu erhalten und zu fördern, wenn sie ihrem Auftrag und ihrer biblisch-reformatorischen Bindung nicht ungehorsam zu werden braucht. Ich halte auch heute noch an der Hoffnung fest, es möchte von staatlicher Seite dasselbe Verständnis für unsere kirchlichen Aufgaben sich einstellen, wie ich versichern kann, daß auf kirchlicher Seite ein solches für die großen staatlichen Sorgen und Aufgaben besteht. Ich kenne aus der Geschichte Österreichs und Frankreichs keine größere Not, als wenn ein williges und frommes Volk vor die Alternative gestellt wird, ob es dem Staat, auch soweit er einen religiösen Anspruch erhebt, oder dem Evangelium die Treue halten soll. Die Geschichte möge uns vor weiteren schweren Erschütterungen durch Glaubenskämpfe bewahren. Die Kirche würde gerne hoffen, daß das Wort des Führers (»Mein Kampf«, S. 127) von allen Verantwortlichen beherzigt würde: »Dem politischen Führer haben religiöse Lehren und Einrichtungen seines Volkes immer unantastbar zu sein, sonst darf er nicht Politiker sein, sondern soll Reformator werden, wenn er das Zeug dazu besitzt! Eine andere Haltung würde vor allem in Deutschland zu einer Katastrophe führen.« In ähnlichem Sinne hat sich der italienische Staatschef ausgesprochen, wenn er die Staatsmänner mit ernsten Worten vor jedem Kampf gegen die Kirche warnte, da ein solcher, wie die Geschichte von Diokletian bis Bismarck lehre, stets mit der Niederlage des Staates geendet habe. Kampf gegen die Kirche sei Kampf gegen das Unfaßbare, das Unberührbare, sei offener Krieg gegen den Geist, wo dieser am tiefsten und innerlichsten sei. Es bleibe für alle Zeiten erwiesen, daß selbst die schärfsten vom Staat in diesem Kampf gebrauchten Waffen unfähig sind, der Kirche tödliche Wunden beizubringen. Die Kirche, vor allem die Katholische Kirche gehe unverändert und siegreich auch aus jahrzehntelangen schwersten Kämpfen hervor, was die Kapitulation Napoleons und Bismarcks im Kampf gegen die Kirche beweise. Die alberne Idee, eine Staatsreligion zu schaffen oder die Religion dem Staate untertan machen zu wollen, habe überhaupt nie das Vorzimmer seines Gehirns passiert. Es sei nicht die Aufgabe des Staates, sich in neuen Evangelien oder neuen Dogmen zu versuchen, die alten Gottesbegriffe zu stürzen, um sie durch neue zu ersetzen. Hinsichtlich des Verhältnisses von Staat und Kirche gebe es rein theoretisch zwei Möglichkeiten: entweder ignorierende Indifferenz nach amerikanischem Muster oder friedliche Vereinbarung mit der Kirche. In Italien wurde die zweite Möglichkeit gewählt und damit das beste Ergebnis erzielt. Es habe sich eine Zusammenarbeit herausgebildet, in der bei aller Betonung der Totalität des faschistischen Staates die Souveränität der Kirche in ihrem eigenen Bereiche gewahrt werde. Es mag vorkommen, daß die beiden Mächte sich in ihrer Tätigkeit begegnen; in diesem Falle sei eine Zusammenarbeit wünschenswert, leicht durchführbar und fruchtbringend. Ein Staat, der jeden geistigen Zwiespalt und jede Entzweiung der Bürger vermeiden wolle, müsse sich vor jeglicher Einmischung in rein religiöse Fragen hüten. Alle Staaten, die gegen diese Wahrheit sündigen, müßten früher oder später ihren Irrtum einsehen.

Indem ich die Bitte um eine persönliche Aussprache über diese dringenden Fragen wiederhole, verbleibe ich

Heil Hitler! Des Herrn Ministerpräsidenten ergebener Sautter.

Auf das Schreiben Sautters vom 14. Februar erging am 16.2. 1938 folgender Bescheid An den Sachverständigen für evang. Religionsunterricht in Württemberg[43]:

Der Herr Minister weist die Vorwürfe und Verdächtigungen, die in Ihrem Schreiben vom 14.2.1938 ausgesprochen werden, ohne Namen zu nennen und ohne den Beschuldigten Gelegenheit zur Stellungnahme zu geben, schärfstens zurück. Er lehnt es angesichts eines solchen Verhaltens erneut ab, Sie persönlich zu empfangen, und verbittet sich in Zukunft jede persönliche Zuschrift von Ihnen. I. A. Deyhle.

Wegen der Ablehnung Sautters durch das Schreiben des Kultministers vom 16. Februar schrieb der Landesbischof am 12.3. 1938 an den Kultminister[44]:

Der Oberkirchenrat entnimmt dem Bericht des Sachverständigen für Religionsunterricht, daß dieser am 31.1.1938 angesichts der Lage des evang. Religionsunterrichts in den Schulen in Württemberg pflichtmäßig dem Herrn Kultminister die Bitte vorgelegt hat, persönlich über die Verhältnisse auf dem Gebiet des evang. Religionsunterrichts Bericht erstatten zu dürfen. Diese Bitte wurde am 7.2.1938 abgelehnt und schriftliche Darlegung freigestellt. Der Sachverständige für Religionsunterricht hat daraufhin unter dem 14. Februar dieses Jahres seine Anliegen schriftlich dem Herrn Kultminister unterbreitet mit der ausdrücklichen Bitte, die geschriebenen Worte so aufzunehmen, als hätte der Berichterstatter die Möglichkeit gehabt, sie mündlich vorzutragen und dabei auf Rückfragen und Richtigstellungen einzugehen. Dieser Bericht wurde durch Schreiben vom 16.2.1938 schärfstens zurückgewiesen mit der Begründung, es seien in ihm Vorwürfe und Verdächtigungen enthalten, »ohne Namen zu nen-

43 LKA Stuttgart, D 1, Bd. 76.
44 Nr. A 2364.

nen und ohne den Beschuldigten Gelegenheit zur Stellungnahme zu geben«.

Wir bemerken dazu: Neben den anderen Anliegen mußte der Sachverständige auf die unleugbaren Mißstände in der heutigen religiösen Unterweisung der Schule pflichtgemäß hinweisen; er konnte das nur an Hand einiger Beispiele tun. Die Namen der betreffenden Lehrkräfte wurden nicht genannt, da es dem Sachverständigen nicht darauf ankam, über einzelne Lehrer, über deren Äußerungen wir Bericht erhalten haben, Beschwerde zu führen, sondern nur darauf, pflichtgemäß die Aufmerksamkeit des Herrn Ministerpräsidenten auf die allgemeine Situation hinzulenken, die unsere evanglische Elternschaft stark bewegt und eine vermeidbare, tiefe Entfremdung zwischen Schule und Elternhaus zur Folge haben müßte.

Der Sachverständige für evang. Religionsunterricht hat unseres Erachtens nur seine Pflicht getan und hat keine Möglichkeit versäumen wollen, um auf die schweren Folgen hinzuweisen, die aus der gegenwärtigen Lage unter Umständen entstehen müssen. Die Art, wie dieses Anliegen mit Schreiben vom 16.2.1938 beantwortet wurde, können wir nur aufs tiefste bedauern. Wir bitten, diesem ernsten Anliegen in einer der Bedeutung der Sache entsprechenden Weise gerecht zu werden. Wurm.

Die Berufung Sautters zum Sachverständigen für evang. Religionsunterricht wurde vom Kultministerium schließlich am 11.8. 1939 widerrufen[45]*:*

Im Hinblick auf seine landauf landab gehaltenen hetzerischen und verleumderischen Reden und Vorträge widerrufe ich mit sofortiger Wirkung die Bestellung des Oberkirchenrats Sautter zum Sachverständigen für den evang. Religionsunterricht an den Höheren Schulen und an den Volksschulen. Mergenthaler.

Am 26.1. 1937 stellte Oberkirchenrat Sautter Richtlinien für den evang. Religionsunterricht an Höheren Schulen *zusammen, die dem Reichserziehungsministerium eingereicht wurden*[46]*:*

---

45 Nr. A 7500 vom 12.8.1939. Vgl. auch den Erlaß Nr. A 9587 vom 18.10.1939, in dem der Oberkirchenrat versuchte, Sautter vor der Landeskirche zu rehabilitieren.
46 LKA Stuttgart, D 1, Bd. 70. Vgl. auch die Vorschläge für eine »Vorläufige Regelung des evang. Religionsunterrichts an der Deutschen Schule«, die der Oberkirchenrat am 17.3.1937 dem Württ. Kultministerium übersandte (Nr. A 3089) und den Singplan für Volks- und Mittelschulen vom 17.3.1937 (Abl. Bd. 28, S. 17–20).

Vorbemerkung

Der evang. Religionsunterricht in der nationalsozialistischen deutschen Schule sieht Lehrer und Schüler in den geschichtlichen Wirklichkeiten von Blut und Boden, Volk und Staat, Familie und Geschlecht und erkennt darin gottgegebene Ordnungen und Bindungen, in denen der einzelne wie die Gesamtheit ihren Dienst auszurichten haben.

A. Die Aufgabe

1. Im Mittelpunkt des Religionsunterrichts steht die Offenbarung Gottes in Jesus Christus, wie sie in der Heiligen Schrift bezeugt, in den Bekenntnissen der Reformation wieder zu rechtem Verständnis gebracht und als der allein tragende Grund einer lebendigen evangelischen Kirche anzusehen ist.[47]

2. Das biblische Evangelium ist überzeitlich, wird aber in den Anschauungsformen verschiedener Zeiten, Völker und Kulturen gepredigt. Der im Evangelium wurzelnde Glaube ist nur der eine Glaube an Christus, aber er wirkt sich aus in verschiedenen zeitlich und völkisch bedingten Formen.

3. Der Religionsunterricht stellt die deutschen Prägungen evangelischen Glaubens, wie sie in Lutherbibel und deutschem Choral ihren unvergleichlichen Ausdruck gefunden haben, in den Dienst gegenwartsnaher Verkündigung. Die Lebensäußerungen der Kirche in Gottesdienst und Kirchenordnung, Brauch und Sitte, Kunst und Musik sind immer auch völkisch geprägt.

B. Stoffgebiete

I. Die Heilige Schrift. Erste und wichtigste Aufgabe des Religionsunterrichts ist die Einführung in das Verständnis der Heiligen Schrift (Lutherbibel) als der Urkunde der Offenbarung. Der evang. Religionsunterricht muß sich stets bewußt bleiben, daß evangelischer Glaube sich auf Gottes Wort gründet. Der Religionsunterricht hat der Jugend insbesondere das Neue Testament vertraut und wert zu machen.

1. Das Kernstück des Religionsunterrichtes ist mithin das Neue Testament. An der Offenbarung Gottes in Jesus Christus sind alle früheren und späteren Erscheinungen biblischen Glaubens und christlicher Lehre zu messen. Darum ist es die wichtigste Aufgabe des Religionsunterrichts, daß

---

47 Vgl. §1 der Verfassung der Württ. Landeskirche vom 24.6.1920.

Lehrer und Schüler gemeinsam die Person und das Werk des Heilandes Jesu Christi glaubend und erkennend erfassen.

Auf der Unterstufe wird der Erzählstoff der Evangelien zu einem möglichst vollständigen Bild des Wirkens Jesu dienen und dieses namentlich in der Prägung der Sprache Martin Luthers auch dem Gedächtnis der Schüler vermitteln müssen.

Auf der Mittelstufe wird die zusammenhängende Lektüre eines synoptischen Evangelisten das vorher gewonnene Bild vertiefen und Jesus im Kampf mit den dem Evangelium feindlichen Mächten der Selbstgerechtigkeit und Lieblosigkeit zeigen müssen. Dabei ist sorgfältig darauf zu achten, daß nicht durch moralische Nutzanwendungen das Verständnis der Evangelien verflacht wird. Die Apostelgeschichte ist auf der Mittel- und Oberstufe in einer entsprechenden Auswahl zu lesen.

Auf der Oberstufe steht die Lektüre einer Auswahl des Johannesevangeliums sowie zusammenhängender Stücke aus den Briefen im Vordergrund. An ihnen ist das Missionswerk der Apostel, wie es sich im Kampf gegen judaistische Verengung und gegen heidnischen Aberglauben durchsetzt, deutlich zu machen. Evangelien und Briefe sind auch die unentbehrliche Grundlage für das Verständnis der Reformation und für lebendiges evangelisches Kirchentum der Gegenwart.

2. Das Alte Testament ist nur als Vorbereitung der im Neuen Testament gegebenen Offenbarung zu behandeln. Daher muß aus seinem Inhalt eine sorgfältig erwogene Auswahl getroffen werden. Die Erzählungen aus der Urgeschichte und Frühzeit sind nicht als historische Vorgänge zu werten, sondern sie verkünden Gott, den Schöpfer Himmels und der Erde, und die Auflehnung des Menschen gegen ihn. Ihre Gestalten sind nicht als moralische Vorbilder zu betrachten, sondern als Menschen, in deren von Spannungen zwischen Gottes Gesetz und menschlicher Sünde bestimmtes Leben Gott immer wieder gnädig und richtend eingreift. Die Beschäftigung mit der Geschichte des Volkes Israel soll nicht der Vermittlung von Kenntnissen oder gar moralischen Auffassungen dieses Volkes dienen, sondern hat an einigen ausgewählten Beispielen klar zu machen, wie das Leben der Völker unter Gericht und Gnade Gottes steht. Die Propheten mit ihrer volksnahen und unbestechlichen Deutung des göttlichen Willens in Geschichte und Heilsgeschichte sind in ausgewählten Abschnitten auf der späteren Mittelstufe und Oberstufe zu behandeln. Psalmen und andere Stücke aus der religiösen Dichtung (Hiob), die auch deutsche Dichtung und Musik (Luther, Bach, Händel, Klopstock, Goethe) stark beeinflußt haben, sind ein wichtiger Bestandteil des Religionsunterrichts.

II. Kirchengeschichte

1. Die Kirchengeschichte soll zum Verständnis des Lebens der Kirche, ihrer Bekenntnisse, Gottesdienstformen und gegenwärtigen Einrichtungen führen. Der kirchengeschichtliche Unterricht dient in erster Linie nicht der Einprägung geschichtlichen Wissens, sondern er hat es mit Ereignissen zu tun, deren Träger sich auf die Offenbarung Gottes in Jesus Christus beriefen, also kirchenbildend wirkten oder wirken wollten. Er wird diese Ereignisse von dem Verständnis des Wortes Gottes her zu sehen und zu werten haben. Infolgedessen wird die Einführung in die Geschichte der Kirche die Jugend zum Verständnis erziehen für den Dienst, den sie in der Gegenwart ihrer Kirche und ihrem Volk schuldet.

Aus der Kirchengeschichte ist nur heranzuziehen, was Ursprung, Auftrag und Wesen der Kirche veranschaulicht sowie alles, was den Blick für die gegenwärtige Lage der Evang. Kirche und ihre Aufgabe im deutschen Volke schärft.

2. Der kirchengeschichtliche Unterricht wird sich daher davor hüten müssen, eine fortlaufende Darstellung aller Ereignisse bieten zu wollen; er wird nur solche Vorgänge und Gestalten auswählen, die uns in unserer Lage und Aufgabe etwas Bedeutsames zu sagen haben. Die dogmatischen Streitigkeiten früherer Jahrhunderte, die politischen Kämpfe der Päpste und Kaiser, die verschiedenen Wege der Scholastik und des Mönchstums usw. kommen nur soweit zu Wort, als die hier zugrunde liegende Fragestellung noch heute die Kirche angehen. Der kirchengeschichtliche Unterricht muß dabei in Verbindung mit dem Geschichtsunterricht beachten, wie die Kirche die Entwicklungen entscheidender deutscher Lebensäußerungen in Politik, Kultur und Wirtschaft vielfach veranlaßt und beeinflußt hat. Er muß aber auch auf die Gefahren hinweisen, welche die Kirche in ihrer eigentlichen Aufgabe, Verkündigung des Wortes Gottes, bedrohten, so oft sie politische, kulturelle und wirtschaftliche Sonderaufgaben in den Vordergrund stellte. Dabei ist der unheilvolle Zwiespalt zu betonen, der so zwischen Staat und Kirche entstehen mußte.

3. Der kirchengeschichtliche Unterricht wird in Zusammenarbeit mit dem Deutsch- und Geschichtsunterricht auf das Verhältnis des christlichen Glaubens zu der nordisch germanischen Frömmigkeit eingehen. Er wird dem Schüler die Erkenntnis vermitteln, daß das Evangelium zur Entstehung mannigfacher Kirchengebilde je nach Rasse, Landschaft und Volkstum geführt hat. Er wird an den großen Gestalten und Bewegungen der Kirchengeschichte zeigen, wie trotz aller verschiedenen Ausprägungen des Christentums die eine ewige Kraft des Evangeliums wirksam ist.

Der kirchengeschichtliche Unterricht muß deutlich machen, wie bei der Bekehrung der Germanen Christentum und Deutschtum sich gegenseitig gefunden haben, wie die ewigen Lebens- und Erlöserkräfte des Evangeliums für den deutschen Menschen in den Kündern deutschen Christentums vom Heliand, von Parsifal und Eckehart über die deutsche Reformation Martin Luthers, über Paul Gerhardt und Johann Sebastian Bach bis zur Gegenwart hin sichtbar werden. Die heimatliche Kirchengeschichte ist unter Berücksichtigung von kirchlicher Heimat, Kunst, Sitte und Brauch besonders zu pflegen.

4. Im Vordergrund des kirchengeschichtlichen Unterrichts steht jedoch auf allen Stufen Martin Luther als Prophet der deutschen Reformation. An Martin Luther ist immer wieder deutlich zu machen, wie die Offenbarung Gottes in Jesus Christus einen deutschen Mann erfaßte und wie Volk und Kirche unter Wahrung der beiderseitigen Aufgaben in ein fruchtbares Verhältnis treten sollen und können.

5. Die Innere und Äußere Mission sowie die Arbeit in der deutschen Diaspora werden weiterhin durch den kirchengeschichtlichen Unterricht als notwendige Äußerungen des christlichen Glaubens zur Darstellung kommen.

III. Der Katechismus

1. Die Behandlung des lutherischen Katechismus hat sich der Gesamtaufgabe des Religionsunterrichtes lebendig einzufügen. Seine einzelnen Teile werden an entsprechende Unterrichtsstoffe sinngemäß angeschlossen. Gerade beim Katechismusunterricht ist die unmittelbare Beziehung zum wirklichen Leben und zu den kirchlichen Lebensformen der Gegenwart unerläßlich. Die Schüler sollen im Katechismus des deutschen Reformators Halt und Richtung für ihre Lebensführung finden.

Gebote, Glaubensbekenntnis und Vaterunser sind in der Fassung des lutherischen Katechismus zu behandeln. Sie sollen aber nicht nur einzeln als Anschlußstoffe herangezogen werden, sondern müssen als Lebensäußerungen der Kirche und Ausdruck ihrer Bereitschaft zum Gehorsam gegen Gott gelegentlich auch im Zusammenhang zur Geltung kommen. Das evangelische Verständnis der Gebote ist den Schülern aus der Bergpredigt, den Erklärungen Luthers im Kleinen und Großen Katechismus, den biblischen und reformatorischen Schriften zu vermitteln. Das dritte Hauptstück soll dazu dienen, in Verbindung mit geeigneten biblischen Abschnitten, dem ersten und zweiten Hauptstück, sowie den großen Gestalten der Kirchengeschichte, den unlöslichen Zusammenhang zwischen Gebet und evangelischen Glauben aufzuweisen. Den Schülern soll zum Bewußtsein kommen, daß die Lebenskraft evangelischen Glaubens sich im Gebet ständig erneut. Das vierte und fünfte Hauptstück werden zweckmäßig dem kirchlichen Unterricht überlassen.

2. Vom ersten Hauptstück und ersten Artikel des zweiten Hauptstücks sind Luthers Erklärungen ganz zu lernen, vom dritten Hauptstück einzelne besonders wertvolle Stücke. Wo der Heidelberger Katechismus gebraucht wird, bleibt dem kirchlichen Unterricht seine Behandlung vorbehalten.

IV. Choral und Kirchenmusik

1. Der deutsche Choral ist im Religionsunterricht als Ausdrucksform der den Gottesdienst tragenden und gestaltenden Gemeinde, wie sie sich in Schule und Kirche zur Andacht sammelt, zu werten und zu erarbeiten.

2. Eine nach Text und Weise sorgfältig getroffene Auswahl deutscher Choräle muß gelernt und dem Gedächtnis der Jugend unverlierbar eingeprägt werden. Dabei sind unter Zurückstellung aller süßlichen Ich-Lieder die Glaubenslieder reformatorischer Prägung sowie die für die kirchlichen und völkischen Feste bedeutsamen Choräle in Anlehnung an den Jahreslauf zu bevorzugen und auswendig zu singen.

3. Überhaupt soll der Choral nicht bloß persönliches Besitztum des einzelnen, sondern vor allem lebendiges Bekenntnis einer singenden Gemeinde werden. Dieser gemeinschaftsbildende Wert wird am besten gewonnen, wenn erarbeitete Choräle zu Beginn oder Schluß einer Unterrichtsstunde gesungen oder gemeinsam gesprochen werden. Auch kann dann und wann eine ganze Unterrichtsstunde als Choralsingstunde ausgestaltet werden.

4. Darüber hinaus soll, gerade in den Oberklassen, das Gesangbuch als Quellenbuch deutscher Frömmigkeit herangezogen werden.

5. Auch die deutsche Kirchenmusik, die in den Dienst der Verkündigung des Evangeliums tritt, ist während des ganzen Religionsunterrichts der wachsenden Reife der Schüler entsprechend in bewußter Anlehnung an den Choral sorgfältig zu würdigen. Schütz, Bach und Händel als »Evangelisten« müssen dem Schüler irgendwie nahegebracht werden. Gelegenheit dazu bieten die Andachten, die Feste der Schule in Zusammenarbeit mit dem Musikunterricht; auch musikalische Arbeitsgemeinschaften, gemeinsamer Besuch von Kirchenkonzerten und liturgischen Gottesdiensten und gelegentliche Zusammenlegung einer Religionsstunde mehrerer Klassen zu kirchenmusikalischen Feierstunden unter Mitwirkung dazu besonders befähigter Lehrer und Schüler werden dieser großen Aufgabe dienen können.

V. Bildende Kunst

Die Verkündigung des Evangeliums hat von Anfang an auf deutschem Boden gerade auch in der Kunst Ausdruck gesucht und gefunden. An dem Schatz kirchlicher Kunst darf gerade der Religionsunterricht nicht vorübergehen. Der innige Zusammenhang zwischen lebendigem Glauben und echter Kunst, den die künstlerische Gestaltung biblischer und kirchlicher Stoffe durch die deutsche Kunst besonders eindrucksvoll aufzeigt (zum Beispiel Dürer, Rembrandt), ist den Schülern viel mehr als bisher anschaulich nahezubringen; gerade die kirchliche Baukunst, die religiöse Malerei und Plastik in Deutschland kann für sie zu einer Predigt des Evangeliums werden. Die deutschen Kunstschöpfungen von der Frühzeit bis in unsere Tage müssen dem Schüler in Anlehnung an die Behandlung der biblischen und geschichtlichen Stoffe durch Abbildungen und Erklärungen, möglichst durch Besuch an Ort und Stelle, recht vertraut werden. nicht etwa nur als Vertreter kunstgeschichtlicher Epochen und Stilarten, auch nicht bloß die Denkmäler der Frömmigkeit des deutschen Volkes, sondern als heute noch sprechende Zeugen evangelischer Verkündigung.

VI. Kirchliches Brauchtum

Heimatkirchliches und völkisches Brauchtum ist vielfach untrennbar miteinander verknüpft. Es wird Aufgabe des Religionsunterrichtes sein, gerade das dem Anliegen der Verkündigung in irgendeiner Form dienende Brauchtum in Volk und Kirche nicht allein in seinen oft bis in vorchristliche Zeit hineinreichenden völkischen Ursprüngen aufzudecken, sondern vor allem seine Lebendigerhaltung und Deutung bei den Schülern zu fördern. Beispielsweise werden hier Weihnachtsbräuche, Osterbräuche, Erntebräuche, Totenbräuche, insbesondere auch das kirchliche Laienspiel im Rahmen des Kirchenjahres oder der einzelnen Glaubensartikel vom Religionsunterricht beachtet werden müssen.

VII. Zusammenfassungen

Alle Zweige des Religionsunterrichtes stehen im Dienst der höchsten Aufgabe, die christliche Botschaft in reformatorischer Ausprägung den Schülern nahezubringen. Doch kann eine besonders zusammenfassende Behandlung nicht entbehrt werden. Das geschieht in einfacherer Form in der U[nterstufe] II, aus der viele Schüler in das Berufsleben treten, in vertiefter Gestalt, im Blick auf die geistigen Mächte, die unsere heutige deutsche Kultur geformt haben, auf der Oberstufe. Bei dem Bemühen um die Darstellung klarer evangelischer Lehre muß der Religionslehrer sich vor einer überspitzten Systematik und vor einer im Formalen stecken bleibenden Behandlungsweise hüten, die über die Köpfe der Schüler hinweggeht und der Gefahr unterliegt, das Geheimnis des Glaubens mit den Mitteln menschlicher Vernunft aufzulösen. Diese zusammenhängende Besprechung einer evangelischen Lehre muß dem Schüler dazu helfen, fest auf dem Boden gottgegebenen deutschen Volkstums stehend, die Offenbarungen Gottes in Jesus Christus in allen Lebensgebieten (zum Beispiel Volkstum, Rasse, Gesundheit, Ehre, Kameradschaft) ernst zu nehmen.

C. Stoffauswahl und Stoffbehandlung

1. Bei der Auswahl der Stoffe im einzelnen sind zwei entscheidende Gesichtspunkte zu beachten: Gegenstand des Religionsunterrichts kann grundsätzlich nur sein, was seinem letzten Anliegen, der Verkündigung des Wortes Gottes an die deutsche Jugend, dienlich ist. Dabei ist sorgfältig darauf zu achten, daß die Lehrstoffe der Empfänglichkeit der verschiedenen Altersstufen angepaßt sind.

2. Beachtung erfordern auch die verschiedenen Schularten sowie der Unterschied der Geschlechter. Die Anordnung der Lehrstoffe hat auch die Unterrichtsgegenstände der anderen Fächer im Auge zu behalten, ohne doch das Bestreben nach Querverbindungen zu übertreiben und in mechanischen Schematismus zu verkehren.

3. Der gesamte Gedächtnisstoff ist so auszuwählen (Katechismus, Choral, Spruchgut, Psalmen und andere zusammenhängende Stellen aus der Lutherbibel), daß er den christlichen Glauben und seine Forderungen in einprägsamer Form umfaßt und geeignet ist, immer wieder einmal in Gottesdienst und Leben wirksam zu werden. Hinsichtlich des Lernstoffes für die am Konfirmandenunterricht teilnehmenden Jahrgänge wird zweckmäßig eine örtliche Vereinbarung mit dem Ortspfarrer erfolgen, um Doppelarbeit oder Leerlauf zu vermeiden. Der heutige Drang zu fester Form und die durch die nationale Erhebung wiedergefundene Ehrfurcht vor großer Vergangenheit werden dem Lehrer starke Helfer sein, auch im Religionsunterricht im Gegensatz zu früherer Zeit wertvolle Stücke evangelischer und reformatorischer Wahrheit lernen und gemeinsam sprechen zu lassen.

4. So hoch auch die Vorzüge der Methode des Arbeitsunterrichts geschätzt werden müssen, so kann es doch im evangelischen Religionsunterricht sich nicht darum handeln, aus vorgelegten Stoffen durch die Arbeit des Schülers religiöse Wahrheiten abzuleiten. Der Religionslehrer hat vielmehr dafür zu sorgen, daß im Religionsunterricht Ehrfurcht als selbstverständliche Grundhaltung da ist und so die in dem Worte Gottes enthaltene Botschaft überhaupt gehört werden kann. Die Aufgabe der

gemeinsamen Arbeit ist es, in das Verständnis der Botschaft einzudringen. Aber auch hier muß verhindert werden, daß die Schüler im Religionsunterricht oder auch sonstigen Unterricht den evangelischen Glauben ihrer Väter auf Grund persönlicher Voreingenommenheit herabsetzen. Der evang. Religionsunterricht darf nie die Ehrfurcht vor Gottes Wort vermissen lassen. Der Mensch kann sich nur um das Verständnis dieses Wortes bemühen und behält die Freiheit, sich ihm zu erschließen oder auch zu verschließen.

5. So ist eine bestimmte Methode für den Religionsunterricht nicht festzulegen. Sie muß sich jeweils dem Unterrichtsgegenstand sowie der verschiedenen Reife und der seelischen Lage der Schüler lebendig anpassen. In der Unterstufe, des öfteren auch noch in der Mittelstufe, ist eine anschauliche, verständniserweckende Erzählung des Lehrers angezeigt, so gewiß auch hier schon den Fragen und dem Unterrichtsgespräch Raum zu geben ist. Bei den biblischen Geschichten wird der Lehrer die knappe und sparsame biblische Ausdrucksweise durch Fortführung der biblischen Motive verdeutlichen, ohne durch willkürliche Erfindungen die Hauptsache zu verdunkeln oder durch falsche Psychologisierung die Ehrfurcht vor dem Geheimnis anzutasten. Von der Mittelstufe an wird die Erzählung des Lehrers zurücktreten vor der quellenmäßigen Lektüre; gedankliche Durchdringung und gemeinsame Erarbeitung des Stoffes werden stärker Platz greifen. Während die Kinder der Unterklassen naturgemäß die feste Führung des Lehrers suchen, werden die heranwachsenden Schüler in steigendem Maße zur verantwortlichen Mitgestaltung des Unterrichts herangezogen.

6. In den oberen Klassen ist den Schülern (auch in besonderen Fragestunden) Gelegenheit zu geben, ihre Fragen und Bedenken freimütig auszusprechen. In gemeinsamer Klassenarbeit sind dann unter Führung des Religionslehrers, gegebenenfalls auch unter Heranziehung der entsprechenden Fachlehrer diese Fragen vom Evangelium her zu beleuchten. Die Schüler müssen es dem Lehrer anmerken, daß der Lehrer aus lebendigem Glauben heraus zu ihnen spricht, sich mit ihnen unter die Botschaft Gottes beugt. Nur dann wird der Religionsunterricht für den jungen Menschen mehr sein können als bloße Vermittlung von Kenntnissen.

7. In enger Verbindung mit dem Religionsunterricht steht die Schulandacht. Es wird daher ein besonderes Anliegen des Religionslehrers sein, daß in ihr Lehrer und Schüler als lebendige Gemeinde unter Gottes Wort treten. In Arbeitsgemeinschaft von Lehrer und Schülern, gegebenenfalls unter Beteiligung des Musikunterrichts, kann auch die Vorberei-

tung der Andacht und ihrer Texte und Lieder ein Stück lebendigen Religionsunterrichts werden. So kann sich gerade auch das Gedächtnisgut dem Schüler von einer ganz anderen Seite, nämlich in seinem unmittelbaren liturgischen Reichtum erschließen.

Weder die Richtlinien für den Religionsunterricht an Höheren Schulen noch die Vorschläge für die Deutsche Schule wurden in den Ministerien endgültig bearbeitet; eine Antwort erfolgte nicht.[48]

DIE NEUEN RICHTLINIEN FÜR DEN RELIGIONSUNTERRICHT VOM 28. APRIL 1937

Der entscheidende Angriff gegen den christlichen Religionsunterricht erfolgte durch einen Erlaß des Kultministers vom 28.4. 1937, der das Sittlichkeitsempfinden der germanischen Rasse zum Maßstab für Stoffauswahl und -behandlung auch im Religionsunterricht machte; die weltanschaulich einheitliche nationalsozialistische Erziehung war damit Ziel der Schule.[49] *Der Erlaß war sehr allgemein gehalten, so daß er ein breites Feld für die Auslegung und Durchführung ließ; er lautet*[50]:

Die Erziehung der deutschen Jugend hat einheitlich im Geiste des Nationalsozialismus zu erfolgen. In der Schule ist diesem Grundsatz in allen Fächern Rechnung zu tragen. Es darf nicht sein, daß durch Einflüsse, die der nationalsozialistischen Weltanschauung entgegenstehen, irgend ein Zwiespalt in die Seelen der jungen deutschen Menschen hineingetragen wird.

Da Religion ordentliches Lehrfach der Schule ist, ist dieser Notwendigkeit auch im Religionsunterricht Rechnung zu tragen. Das hat zur Folge, daß Stoffe, die dem Sittlichkeitsempfinden der germanischen Rasse widersprechen, im Unterricht nicht zu behandeln sind.[51] Gewisse Teile des

---

48 Vgl. das Protokoll einer Besprechung zwischen Mergenthaler und Sautter am 9.4.1937, wo auch die Frage der Richtlinien gestreift wurde; Mergenthaler erklärte, die gegenwärtige Zeit mit ihrer religiösen Unruhe lasse eine endgültige Regelung nicht zu (LKA Stuttgart, D 1, Bd. 71). Vgl. weiterhin die Denkschriften »Der evang. Religionsunterricht in Württemberg 1936/1937« (LKA Stuttgart, D 1, Bd. 76) und »Der Stand der religiösen Unterweisung im Bereich der Evang. Landeskirche in Württemberg« vom 1.8.1938 (LKA Stuttgart, D 1, Bd. 78).
49 Zum ganzen Zusammenhang vgl. Wurm, Erinnerungen, S. 138; Dipper, S. 135 f. und 164–166; Sauer, S. 192 f. und 215 f.
50 LKA Stuttgart, D 1, Bd. 71.
51 Vgl. § 24 des Parteiprogramms der NSDAP.

Alten Testaments können daher für den Unterricht nicht in Frage kommen, andere werden stark in den Hintergrund treten müssen.

Da heute nicht der Zeitpunkt gekommen ist, eine ins einzelne gehende stoffliche Regelung für den Religionsunterricht zu treffen, muß ich von den nationalsozialistischen Schulleitern und Lehrern sowie den Geistlichen, denen die deutsche Volksgemeinschaft als hohes Gut am Herzen liegt, erwarten, daß sie in der Schule den richtigen Weg finden zur Neugestaltung der religiösen Unterweisung im nationalsozialistischen Sinne.

Soweit veraltete Bestimmungen dem entgegenstehen, gelten diese als aufgehoben. Mergenthaler.

Der Erlaß vom 28. April wurde dem Oberkirchenrat erst durch das Amtsblatt des Kultministeriums bekannt; er wandte sich deshalb am 3.6. 1937 an das Kultministerium und verwies auf das geltende Recht, das durch diesen Erlaß verletzt war[52]*:*

Der Oberkirchenrat hat aus dem Amtsblatt des Kultministeriums vom 21.5.1937 Kenntnis erhalten von dem Erlaß des Herrn Kultministers vom 28.4.1937 Nr. 7399. In diesem Erlaß werden über die »Gestaltung des Religionsunterrichts« Anordnungen getroffen, die sich nicht auf Fragen der äußeren Ordnung beschränken, sondern tief in seinen inneren Bestand eingreifen. Der Oberkirchenrat muß demgegenüber aus seiner kirchlichen Verantwortung heraus feststellen, daß es nach bestehendem Recht der staatlichen Schulaufsichtsbehörde nicht zusteht, in dieser Weise über Auswahl und Anordnung des Religionslehrstoffs von sich aus zu verfügen. Das Volksschulgesetz vom 17.8.1909, Art. 69 (Reg. Bl. vom 27.8.1909) in der Fassung des Gesetzes vom 17.5. 1920, Artikel 13 (Reg. Bl. vom 22.5. 1920), das bis heute noch nicht aufgehoben ist, bestimmt: »Der Religionsunterricht wird in Übereinstimmung mit den Grundsätzen der

---

52 Nr. A 6053: »Den Dekanatämtern zur Kenntnisgabe an die Pfarrämter mitgeteilt. Nach dem bestehenden Recht sind die seitherigen Religionslehrpläne dem Religionsunterricht zugrunde zu legen, da das Kultministerium bisher Bedenken getragen hat, die vom Oberkirchenrat ausgearbeiteten und dem Kultministerium mit der Bitte um Veröffentlichung vorgelegten Entwürfe eines Religionslehrplans für die Volksschulen und einer Stoffauswahl und Stoffverteilung für den Religionsunterricht an den Höheren Schulen hinauszugeben. Eine Abschrift des Erlasses des Herrn Kultministers vom 28. April ist angefügt.«

Das Schreiben vom 3.6.1937 wurde auch dem Reichserziehungsministerium zur Kenntnisnahme übersandt.

Vgl. auch das Schreiben Sautters an den Württ. Kultminister vom 10.5.1937 über Ausführungen Mergenthalers bei einer Tagung der Leiter Höherer Schulen Anfang Mai 1937 (LKA Stuttgart, D 1, Bd. 71).

betreffenden Religionsgemeinschaft unbeschadet des Aufsichtsrechts des Staats erteilt. Die Auswahl und Anordnung des Unterrichtsstoffes für den Religionsunterricht sowie die Bestimmung der Religionshandbücher und der Katechismen erfolgt im Einvernehmen mit der staatlichen Schulverwaltung und unter ihrer Aufsicht durch die Oberkirchenbehörden.« Für die Höheren Schulen bestimmt die Ministerialverfügung vom 1.4. 1922 Nr. 4602 § 6 (1) (Amtsblatt des Kultministeriums vom 7.4. 1922): »Der Religionsunterricht wird gemäß Artikel 149 Abs. 1 der Reichsverfassung in Übereinstimmung mit den Grundsätzen der betreffenden Religionsgesellschaft, unbeschadet des Aufsichtsrechts des Staates erteilt. Darüber, ob dies der Fall ist, hat ausschließlich die Religionsgemeinschaft selbst zu befinden.« Der Herr Kultminister hat anläßlich der Einführung der Deutschen Schule sowohl der Kirchenleitung als den Eltern gegenüber wiederholt, so in der Verlautbarung vom 6.4. 1936, erklärt, daß der Religionsunterricht in der Deutschen Schule im gleichen Umfang wie an der Bekenntnisschule nach Bekenntnissen getrennt erteilt werde. Diese Erklärung entsprach dem Willen des Führers; er schreibt in »Mein Kampf«: »Ohne den klar begrenzten Glauben würde die Religiosität in ihrer unklaren Vielgestaltigkeit für das menschliche Leben nicht nur wertlos sein, sondern wahrscheinlich zur allgemeinen Zerrüttung beitragen«, und bekräftigte am 26.8. 1934 bei der Saar-Treuekundgebung[53]: »Kein Eingriff in die Lehre und Bekenntnisfreiheit der Konfessionen hat stattgefunden und wird jemals stattfinden.« Der Erlaß des Herrn Kultministers vom 28.4. 1937 steht im Widerspruch zu den oben genannten gesetzlichen Bestimmungen und zu diesen öffentlichen, wiederholt feierlich gegebenen Versprechungen. Wir stellen fest, daß die Oberkirchenbehörde keine Gelegenheit hatte, zu der mit dem Erlaß aufgeworfenen Frage vorher Stellung zu nehmen. Wir müssen es deshalb nachträglich tun, lehnen aber damit auch die Verantwortung für die notwendigen Folgen aus dieser Sachlage ab. Die Kirchenleitung kann diesen Erlaß als einen unmittelbaren, schweren und grundsätzlichen Eingriff in die Lehre und das Bekenntnis der Evang. Kirche, nach deren Grundsätzen der Religionsunterricht erteilt werden soll, nicht anerkennen. Der Erlaß wird auch, wie zahlreiche mündliche und schriftliche Äußerungen jetzt schon beweisen, in unseren evangelischen Gemeinden mit aller Entschiedenheit abgelehnt, zumal mit ihm ein unerträglicher Gewissenszwang für Eltern und Religionslehrer verbunden ist.

---

53 Domarus I, S. 445.

Für den Inhalt des evangelischen Religionsunterrichts kann es nur eine Richtschnur und nur eine Quelle der Kraft und der Wahrheit geben: Das Wort Gottes, wie es aus der Heiligen Schrift Alten und Neuen Testaments zu uns spricht. Über der unverfälschten und unverkürzten Verkündigung des Wortes Gottes zu wachen, hat die Kirche Pflicht und Amt, und niemand kann ihr diese Verantwortung abnehmen. Die Kirche steht dabei im Sturme der Anschauungen zwar heute in Gefahr, daß ihre Haltung von mancher Seite her mißverstanden wird, aber es kommt die Stunde, da auch die Gegner des lauteren Evangeliums ihr danken werden, daß sie fest und treu geblieben ist. Der Erlaß vom 28. 4. 1937 macht den Versuch, von staatswegen den Rassegedanken zum Richter über das Wort Gottes zu machen und das germanische Sittlichkeitsempfinden zum Maßstab zu nehmen für das, was aus der Heiligen Schrift für den christlichen Glauben noch gelten soll und was nicht. In Wahrheit ist, und davon wird die Kirche nie weichen, das Wort Gottes für jede Rasse ein Spiegel, in dem sie ihre Mängel erkennt, und für jedes Volk ein Gericht, in dem sich sein Schicksal entscheidet.

Im Erlaß wurde darauf verzichtet, eine ins einzelne gehende stoffliche Regelung für den Religionsunterricht zu geben, da er nur von gewissen Teilen des Alten Testaments spricht, die für den Unterricht nicht mehr in Frage kommen, während andere stark in den Hintergrund treten müssen. Da dieser Tatbestand seither schon vorlag, wie ja im Religionsunterricht bekannterweise eine Auswahl aus der Bibel, nämlich das Biblische Lesebuch benützt wurde, scheint bei oberflächlicher Betrachtung sich nichts wesentlich geändert zu haben, während in Wirklichkeit grundsätzlich gesehen der evangelische Maßstab, »was Christus treibet«, verlassen ist zu Gunsten einer rein menschlichen Willkür, die sich bei jedem Eingriff auf die nationalsozialistische Weltanschauung, auf den Rassegedanken berufen würde. Damit stünden wir am Anfang des Wegs, in der Schule den Totalitätsanspruch vom politischen auch auf das religiöse Gebiet auszudehnen und unter der unrichtigen Bezeichnung »evang. Religionsunterricht« eine neue völkische Religiosität, die letztlich mit Christentum oder gar positivem Christentum nichts mehr zu tun hat, in die Schule einführen.

Schultechnisch legt der Erlaß den nationalsozialistischen Schulleitern und Lehrern eine Verpflichtung auf, die der Kirche zusteht und die nur gründliche Kenntnis des Alten Testaments zu erfüllen vermag. Dabei hat das Kultministerium den von der Oberkirchenbehörde vorgelegten Entwurf eines Religionslehrplans für die Volksschule und ebenso den Entwurf einer Anweisung über Stoffauswahl und Stoffverteilung für den Religionsunterricht an den Höheren Schulen am 7.5. 1937 unter Nr. 5040 bzw. am 18.5. 1937 unter Nr. 7661 abgelehnt und außerdem am 19.5. 1937 die Bitte, Fortbildungslehrgänge für Religionslehrer an Höheren Schulen abhalten zu lassen, zurückgewiesen, 3 Vorschläge, die, wie dem Kultministerium bekannt, von einer gesunden religiösen und religions-pädagogischen Basis aus gerade dem Zweck der Erneuerung des evang. Religionsunterrichts dienen sollten.

Die Begründung, daß nicht »irgend ein Zwiespalt in die Seelen der jungen deutschen Menschen hineingetragen wird«, hat die Kirche immer sich zu eigen gemacht, aber mit tiefem Bedauern beobachten müssen, wie gerade von anderer Seite vor breitester Öffentlichkeit im Kampf gegen die bekenntnismäßigen Grundlagen der Kirche schwerste seelische Konflikte in unsere deutsche Jugend hineingetragen wurden. Dabei liegt unseren evang. Pfarrern in ihrer Gesamtheit die deutsche Volksgemeinschaft als hohes Gut am Herzen, was sie in der deutschen Geschichte wahrlich hinreichend unter Beweis gestellt haben.

Der letzte Abschnitt des Erlasses (»soweit ältere Bestimmungen dem entgegenstehen, gelten diese als aufgehoben«) ist höchsten geeignet, die durch den Erlaß hervorgerufene Verwirrung mit einer scheinbaren Legalität zu umkleiden, während in Wirklichkeit der ganze Erlaß in Widerspruch zum Rechte steht. Mit seiner allgemein gehaltenen, unbestimmten Fassung wird er auch nur die Folge haben, daß der evang. Religionsunterricht in einen Zustand innerer Unordnung versetzt wird, weil jeder ihn nach eigenem Gutdünken handhaben zu können glauben wird. Dafür hat der Oberkirchenrat zu seinem tiefsten Bedauern schon nach diesen wenigen Tagen Beweise in Händen, sofern Schulvorstände unter Berufung auf diesen Erlaß rechtswidrig in den evang. Religionsunterricht eingreifen, in den leichteren Fällen, indem die Geistlichen ersucht werden, dem Schulleiter eine Übersicht einzureichen, welche Stoffe künftighin ausgeschieden, welche verkürzt dargeboten werden, in den schwereren, indem die Schulleiter von sich aus die Behandlung bestimmter Erzählungen untersagen wollen. Daß ein solches Vorgehen der einzelnen Schulleiter in kurzer Zeit zu unhaltbaren Zuständen führen muß, wird niemand bestreiten können.

Der Oberkirchenrat sieht sich daher angesichts der drohenden Unordnung gezwungen, das Kultministerium dringend zu bitten, die unter Nr. A 3089 und A 4422 dem Ministerium vorgelegten Religionslehrpläne, die den Wünschen einer gewissen Beschränkung des Alten Testaments Rechnung tragen, als Richtlinien für die künftige Gestaltung des evang. Reli-

gionsunterrichts insolange hinauszugeben, bis die vom Reichskirchenministerium in Aussicht gestellte einheitliche Regelung des evang. Religionsunterrichts für das ganze Reichsgebiet durchgeführt werden kann.
                                                                    Wurm.

Eine Abordnung von Eltern aus Ludwigsburg versuchte, am 25.5.1937 dem Kultminister den Wunsch nach der Fortführung eines christlichen Religionsunterrichts vorzutragen. Über den Besuch wurde folgender Bericht zusammengestellt[54]:

Die Abordnung begab sich am 25.5.1937 vormittags in der Stärke von 7 Männern und 4 Frauen auf das Kultministerium und wurde nach ihrer Anmeldung von dem Referenten angehört, der versprach, ihr Anliegen dem Herrn Ministerpräsidenten vorzutragen. Die Abordnung bat darauf, ihre Sache dem Herrn Kultminister selbst vortragen zu dürfen, da die persönliche Darlegung der unmittelbar Beteiligten doch noch einen anderen Eindruck vermitteln könne als der Bericht eines Dritten. Die Abordnung wurde daraufhin dem Herrn Ministerpräsidenten angemeldet und begab sich nach Anweisung in die vor dem Vorzimmer liegende Diele. Nach 8 bis 10 Minuten trat der Herr Ministerpräsident aus seinem Zimmer, schritt an der Abordnung vorbei auf das Zimmer des Hausinspektors zu mit dem Ruf: »Nagel, sorgen Sie dafür, daß das Haus innerhalb von 5 Minuten geräumt wird!« Im Zurückgehen schrie der Herr Ministerpräsident mit ziemlichem Stimmaufwand die Anordnung an: »Wenn Sie nicht innerhalb von 5 Minuten das Haus verlassen, lasse ich die Polizei rufen!« Darauf entgegnete einer der Sprecher der Abordnung: »Herr Ministerpräsident, wir wollten Ihnen nur eine Bitte vortragen.« Der Herr Ministerpräsident herrschte ihn an: »Schweigen Sie! Das ist ja unglaublich, das ist ja eine Massendemonstration. Wenn Sie nicht sofort das Haus verlassen, lasse ich Sie abführen wegen Hausfriedensbruch!« Darauf der Sprecher: »Herr Ministerpräsident, wir gehen von selbst.« Die Rufe des Herrn Ministerpräsidenten wurden weithin gehört; allenthalben öffneten sich die Zimmertüren. Die Abordnung verließ das Ministerium, nachdem ihr Sprecher noch dem Referenten Mitteilung von dem Vorfall gemacht hatte, mit dem Hinzufügen, die Mitglieder der Abordnung hätten erwartet, gehört zu werden; sie seien keine Kommunisten, sondern hätten lediglich aus Gewissenspflicht gehandelt.

54 LKA Stuttgart, D 1, Bd. 71.

Auch der Beirat der Württ. Kirchenleitung befaßte sich mit der durch den Erlaß vom 28. April geschaffenen Lage; er faßte folgende Entschließung[55]:
Der Beirat hat mit größtem Befremden Kenntnis genommen von dem Erlaß des Kultministeriums vom 28.4. 1937 Nr. 7399, in dem wider alle rechtliche Ordnung und gegen die feierlich und öffentlich gegebenen Zusagen versucht wird, den Inhalt des evang. Religionsunterrichts, besonders hinsichtlich des Alten Testaments, von staatswegen zu bestimmen. Dabei soll das Wort Gottes sich ausrichten nach der nationalsozialistischen Weltanschauung und nach dem Sittlichkeitsempfinden der germanischen Rasse, während in Wirklichkeit das Wort Gottes allen Rassen gegeben ist und alle Rassen zur Rechenschaft zieht. Darüber hinaus soll ein Großteil der Verantwortung für den Inhalt des Religionsunterrichts Stellen übertragen werden, denen zur Erfüllung einer solchen Aufgabe weithin die Voraussetzungen fehlen. Das müßte in kurzer Zeit zur Auflösung jeder Ordnung führen.

Der Beirat spricht der Kirchenleitung seinen Dank dafür aus, daß sie diesem Vorgehen entgegengetreten ist und die Veröffentlichung der kirchlich bearbeiteten Religionsstoffpläne gefordert hat. Die Kirchenleitung wird auch bei der künftigen Verteidigung ihres Standpunkts gegen derartige Übergriffe den Beirat geschlossen hinter sich haben.

Am 4.6. 1937 beriet der Landesbruderrat über den Erlaß vom 28. April; an demselben Tag ging folgendes Schreiben an den Oberkirchenrat[56]*:*
Der Landesbruderrat und der vom Landesbruderrat bestellte Sonderausschuß für Erziehungsfragen haben sich in ihrer Sitzung vom 3. bzw. 4.6. 1937 mit dem Erlaß des Württ. Kultministers vom 28.4. 1937 Nr. 7399 beschäftigt. Dabei haben sich uns folgende Gesichtspunkte ergeben, die wir uns erlauben, dem Evang. Oberkirchenrat vorzulegen als unseren Beitrag zu den in dieser entscheidenden Stunde zu treffenden Maßnahmen der Kirche.

1. Der Erlaß des Kultministers verstößt gegen das geltende Recht und ebenso gegen die im April 1936 feierlich und öffentlich gegebenen Zusagen. Er ist zwar in eine sehr harmlose Form gekleidet: Es wird der An-

---

55 Oberkirchenrat Stuttgart, Registratur, Generalia, Bd. 115 h; vgl. das Schreiben von Stadtdekan Dr. Lempp vom 14.6.1937 an den Oberkirchenrat, in dem er sein Einverständnis zur Entschließung »nur schweren Herzens geben« kann, da er vor allem über deren Verwendung noch im unklaren ist; von einer Kanzelverkündigung rät er ab (a.a.O.). Die Entschließung wurde dem Reichserziehungsministerium zugeleitet.
56 LKA Stuttgart, D 1, Bd. 96.

schein erweckt, als schließe man sich an die bisherige Praxis der Kirche an; und viele Lehrer werden bis jetzt schon ihren Unterricht in diesem Sinn gegeben haben. Tatsächlich stellt der Erlaß einen entscheidenden Schritt in Sachen des Religionsunterrichts dar. Er gibt dem Religionsunterricht eine neue Grundlage: Anstelle der biblischen Verkündigung soll die nationalsozialistische Weltanschauung die Grundlage des Religionsunterrichts sein. Dabei kann die Frage, die ohne Zweifel an uns gestellt werden wird, ob wir zwischen der biblischen Verkündigung und der nationalsozialistischen Weltanschauung den einen grundsätzlichen inhaltlichen Gegensatz sehen, hier ganz außer Betracht bleiben; denn die Tatsache, daß dem Religionsunterricht eine andere als die biblische Grundlage gegeben werden soll, ist hinreichend, um dem Religionsunterricht seinen christlichen Charakter zu nehmen. Der Schluß des Erlasses (»Da heute ...«) schiebt die Entscheidung im einzelnen den Lehrern, Schulvorständen und Pfarrern zu: Für den gewissenhaften Mann eine schwere Belastung, tatsächlich gegebenenfalls für den Lehrer ein Freibrief zu einem ganz unbiblischen Unterricht, für einen Schulvorstand eine Ermächtigung, einen biblischen Unterricht zu verhindern.

2. Wenn noch eine Aussprache mit dem Herrn Kultminister möglich ist, dann kämen wohl dafür auch die folgenden Gesichtspunkte in Betracht, abgesehen von dem Hinweis auf den Bruch des Rechts und des 1936 gegebenen Wortes. a) Der Nationalsozialistische Staat hat 1933 die weltlichen Schulen aufgehoben, weil sie keinen christlichen Religionsunterricht hatten. Wenn nun jetzt etwa beabsichtigt wäre, an den Schulen einen sogenannten Religionsunterricht einzurichten, der alle ihrer Verantwortung bewußten christlichen Eltern nötigen müßte, ihre Kinder von diesem Religionsunterricht abzumelden, dann würde das in bedenkliche Nähe der weltlichen Schule führen und zudem einen großen Teil der Schüler in einem wichtigen Stück der Gemeinschaftsschule entziehen. Eine Abmeldung unmöglich zu machen, stände im schroffen Gegensatz zu dem oft betonten Grundsatz der Religionsfreiheit. b) Es müßte versucht werden, den staatlichen Stellen zu sagen, daß die Bibel nicht nur von jemand ausgelegt werden kann, der innerlich ihrer Verkündigung fremd ist, so wenig die NSDAP das Parteiprogramm von einem Nichtnationalsozialisten authentisch auslegen ließe! Vielmehr ist es die Aufgabe der Kirche, die ihr niemand abnehmen kann, um das rechte Verständnis der biblischen Verkündigung immer neu zu ringen. Maßstab dabei kann nicht zum Beispiel das germanische Rasseempfinden, sondern einzig der Inhalt der Bibel selber sein. c) Die Kirche ist bei ihrem Widerspruch nicht von

irgend einem Machtstreben geleitet, sondern einzig von der Verantwortung, die sie für die rechte Ausrichtung der göttlichen Botschaft hat und die ihr niemand, auch kein Machtspruch des Staats, abnehmen kann. Entscheidend ist auch nicht der Gesichtspunkt des Rechts, so gewiß auch dieser das Vorgehen des Kultministeriums verurteilt, sondern die Treue, zu der die Kirche gegen ihren Herrn und gegen die ihr aufgetragene Verkündigung verpflichtet ist. So schwierig es erscheinen mag, diese Gesichtspunkte zu vollem Verständnis zu bringen, so könnte es doch vielleicht gelingen, auf der anderen Seite wenigstens ein ahnendes Verständnis dafür zu wecken, auf was für einer Ebene die Kirche steht. d) Sollte das Kultministerium sich zu einer Berichtigung seines Erlasses entschließen, was auch wir bezweifeln, so muß zu unserem Bedauern ausgesprochen werden, daß eine mündliche Zusage nicht genügen würde, sondern zu fordern wäre, daß im Amtsblatt des Kultministeriums eine berichtigende Erklärung erfolgt.

3. Wir sind dankbar, daß der Herr Landesbischof an die Pfarrer die Weisung ergehen läßt, den Erlaß nicht anzuerkennen und nicht zu befolgen und daß er sich jetzt schon in einem vorläufigen Wort an die Gemeinden wendet, und wenn, wie zu erwarten steht, die Verhandlungen mit dem Kultministerium erfolglos sind und die noch einmal dargebotene Hand der Verständigung zurückgewiesen wird, sich mit einem weiteren Wort klaren Zeugnisses an die Gemeinde wenden wird. Was dieses Wort an die Gemeinden betrifft, so ist beachtenswert, daß der Erlaß, wie es scheint, nur in einem Teil der Tagespresse (zum Beispiel nicht im Stuttgarter »NS-Kurier!«) veröffentlicht worden, also wohl der Gemeinde weithin gar nicht genau bekannt ist. Die Gemeinden wären daher wohl dankbar, wenn der Inhalt des Erlasses mitgeteilt und erläutert würde. Vor allem aber bedürfen die Gemeinden und besonders die Eltern der vollen Klarheit darüber, was ein christlicher Religionsunterricht ist und was nicht: Daß ein christlicher Religionsunterricht nicht die Verkündigung der NS-Weltanschauung ist, sondern die Verkündigung des biblischen Evangeliums von Jesus Christus, der selber das Alte Testament vorausgesetzt und seine Sendung dort vorbereitet gesehen hat. Die Gemeinde muß erkennen, daß sie, und ja nicht nur die Pfarrer, aufgerufen ist, daß die Stunde der Entscheidung gekommen ist darüber, ob unsere Kinder in den Schulen auch fernerhin in der biblischen Wahrheit unterrichtet werden sollen oder nicht, und daß die Gemeinde sich voll hinter alle Bemühungen der Kirchenleitung zu stellen hat, für einen christlichen Religionsunterricht zu sorgen.

4. Mit großer Sorge und Teilnahme denken wir an die christlichen Lehrer, die durch den Erlaß und seine zu erwartenden Folgerungen in große innere Not kommen müssen. Ihnen zu helfen, ihnen zu zeigen, daß sie nicht allein stehen, ist ein ernstes Anliegen der Kirche. a) Um der seelsorgerlichen Pflicht gegen alle Lehrer, die evang. Religionsunterricht zu erteilen haben zu genügen, bitten wir den Herrn Landesbischof, an alle Lehrer des evang. Religionsunterrichts ein seelsorgerliches Wort zu richten, das den Lehrern etwa durch ihre Pfarrer persönlich überbracht werden könnte. Den Lehrern gegenüber könnte, um ihren Konflikt nicht zu vermehren, der Hinweis auf den Bruch des geltenden Rechts und des 1936 gegebenen Wortes zurücktreten hinter den grundsätzlichen Gründen. Wir möchten folgende Gesichtspunkte als wesentlich ansehen: aa) Die Kirche spricht ihr Wort zu dem Erlaß und seinen Auswirkungen nicht aus einem Machtanspruch heraus, sondern weil sie dem alleinigen Herrn der Kirche verantwortlich ist für die rechte Ausrichtung seiner Botschaft, gerade auch an die Jugend. bb) Christliche Unterweisung ist nur da, wo Christus verkündigt wird. Was im Religionsunterricht vom Religionslehrer zu sagen ist, bestimmt sich daher nicht an irgendwelchen andern Maßstäben wie etwa Rasse und Blut, sondern allein an der biblischen Botschaft von Jesus Christus. cc) Ein christlicher Religionslehrer hat also seine Verantwortung vor Christus, von der ihn niemand, auch keine staatliche Stelle entbinden kann.

b) Den Lehrern, die einen christlichen Religionsunterricht erteilen wollen, sollte aber auch praktisch geholfen werden. Wir erlauben uns, hier auf zwei Anregungen zurückzukommen: aa) Wo es noch nicht zu spät dazu ist, sollte eine persönliche Fühlungnahme und Zusammenarbeit zwischen Pfarrern und evang. Religionsunterricht erteilenden Lehrern erstrebt werden, wie sie z. B. in Ludwigsburg seit Jahren besteht unter der Leitung von Stadtpfarrer Bauer und Rektor Gengnagel. Die Sache ist allerdings, wie es scheint, jetzt dadurch erschwert, daß, wie man hört, die Bezirksschulräte daran gehen, Arbeitsgemeinschaften einzurichten, die den Religionsunterricht nach den Grundsätzen des Erlasses ordnen sollen. bb) Für die Lehrer, die sonst ganz einseitig beeinflußt werden und dadurch gerade auch über das Alte Testament ohne Klarheit bleiben, sollte von der Kirche her eine Handreichung geschaffen werden, in Form eines Handbuchs für den evang. Religionsunterricht, das eine theologische und pädagogische Besinnung über die in der Volksschule vom Lehrer zu behandelnden biblischen Stoffe darbietet.

Diese beiden Anregungen sind ja auch auf der Zusammenkunft der evang. Religionslehrer an Höheren Schulen am 14. April dieses Jahres von Herrn Kirchenrat Sautter und der Versammlung aufgenommen worden.

5. Das Vorgehen des Kultministeriums deutet darauf hin, daß über kurz oder lang an den staatlichen Schulen ein wirklich christlicher Religionsunterricht unmöglich sein wird. Die Kirche muß sich für diesen Fall rüsten. Wieweit für einen außerhalb der Schule zu erteilenden Religionsunterricht die an den staatlichen Schulen angestellten Lehrer dann noch verfügbar sein werden, ist fraglich. Daher scheint uns das Beispiel wertvoll, das die Gossnersche Missionsgesellschaft in Berlin gibt mit ihren Kursen für freiwillige Katecheten aus der Gemeinde. Hier werden seit einiger Zeit Jugendpfleger, Gemeindehelfer und ähnliche, sowie andere geeignete Gemeindeglieder in freiwilligen Abendkursen für die religiöse Unterweisung der Jugend geschult, auch im Blick auf die vorauszusehende Entwicklung der Dinge in den Staatsschulen.

6. In diesem Zusammenhang ist uns auch wieder die Frage des Konfirmandenunterrichts von neuem brennend geworden. Wäre nicht eine längere Dauer des Unterrichts zu wünschen? (Auch die Heranziehung der auf die Konfirmation vorzubereitenden Kinder in den Jugendgottesdienst in den Städten wäre so erleichtert.) Wir verkennen die Schwierigkeiten nicht! Sodann: Wenn der Religionsunterricht in den Schulen so oder so seiner eigentlichen Aufgabe nicht mehr genügt und wenn ein kirchlicher Religionsunterricht aus naheliegenden Gründen sich mit einer geringen Stundenzahl wird begnügen müssen, ist dann eine wahllose Zulassung der Kinder in den Konfirmationsunterricht und zur Konfirmation künftig möglich? Wir sind angesichts der durch den Erlaß gegebenen Lage von neuem von diesen Fragen bewegt.

7. Wir verkennen nicht, daß ein entschlossener Kampf für einen christlichen Religionsunterricht ernste Folgen haben kann für die äußere Stellung der Kirche im Staat (Haushaltplan, Staatszuschüsse und anderes). Wir sind für die Worte des Herrn Landesbischofs dankbar, die den entscheidenden Gesichtspunkt, den Gehorsam des Glaubens, der Frage nach den äußeren Dingen, auch der Ordnung der finanziellen Verhältnisse überordnen. Der wahre Schutz der Kirche ist doch das Wort Gottes und der Herr dieses Wortes. Im übrigen sprechen auch Gründe menschlicher Klugheit für den mutigeren Weg. Eine Kirche, die sich ihrem Herrn anvertraut und damit bezeugt, daß sie in und von einer den Mächten dieser Welt unzugänglichen Wirklichkeit lebt, wird stärker dastehen und auch viel mehr an die Opferwilligkeit ihrer Glieder appellieren können.

Vielleicht kann gerade die jetzt mit dem Haushaltplan[57] bestehende Schwierigkeit dazu benützt werden, um mit der Gemeinde auch in finanzieller Hinsicht einen Schritt weiter zu gehen. Wäre es nicht möglich, falls die Genehmigung des Haushaltsplans noch länger verzögert wird, auch dies den Gemeinden bekannt zu geben und sie zum freiwilligen Opfer für ihre Kirche aufzurufen? Beispiele im kleineren Maßstab ermutigen: Die Johannesgemeinde in Stuttgart hat, soviel uns bekannt ist, nach dem Verbot der Sammlung für ihre Diakonissenstation durch ein daraufhin veranstaltetes Kirchenopfer eine größere Summe aufgebracht als früher. Es wäre etwas ganz Entscheidendes gewonnen, wenn die Feinde der Kirche sehen müßten, daß die Gemeinde in freudiger Opferbereitschaft die Mittel aufbringt, die sie der Kirche vorenthalten möchten.

8. Endlich möchte der Landesbruderrat bitten, daß bei diesem entscheidenden Kampf die Gemeinschaft der Kirche auch über die Grenzen unserer Württ. Landeskirche hinaus bestätigt und in Anspruch genommen wird: Es wäre dringend erwünscht, daß eine Äußerung des Lutherischen Rats eingeholt wird. Zugleich könnte dann auch in anderen Kirchengebieten ein Entlastungskampf für unsere Württ. Kirche geführt werden.

Für den Landesbruderrat: Der Vorsitzende.

Anmerkung (zu 2. und 4. a) aa): Die Kirche darf zwar niemals einen Anspruch auf eigene Macht und Größe vertreten. Wohl aber hat sie das Wort zu verkündigen, durch welches Gott alle Menschen beruft und alle Menschen für sich in Anspruch nimmt. Sie muß es deshalb den Vertretern der weltlichen Obrigkeit bezeugen, daß sie niemals im Segen Gottes ihres Amtes walten können, wenn sie die Verkündigung des Wortes Gottes durch ihre Maßnahmen verhindern oder verfälschen. Dem deutschen Volke, für das sie in erster Linie verantwortlich sind, wird durch solche Maßnahmen keineswegs genützt. Vielmehr leidet es dadurch Schaden an seiner Seele[58], an seiner Gemeinschaft und sicherlich mit der Zeit auch an seinem äußeren Fortkommen. Das Vorgehen des Württ. Kultministeriums bedeutet zugleich einen Bruch des Rechts und eines feierlich gegebenen Worts. Auch dagegen muß die Kirche ihre Stimme erheben. Denn Gott ist ein Gott des Rechts und der Wahrheit. Werden in einem Volke Recht und Wahrheit zerbrochen, so kann es auf die Dauer nicht bestehen. Wenn die Kirche also in der Bindung an ihren Auftrag für die rechte Ver-

---

57 Vgl. S. 808–823.
58 Matth. 16, 26.

kündigung des Wortes Gottes in der Unterweisung der Jugend und für Recht und Wahrheit eintritt, so kämpft sie damit nicht für ihre eigene Macht, sondern hilft in ihrem Teil mit zur Wohlfahrt des Volkes.

Der Erlaß vom 28. April verlangte nach Ansicht der Lehrerschaft neue Bestimmungen über den Inhalt des Religionsunterrichts. In einem Erlaß an die Dekanatämter vom 29. 7. 1937 setzte der Oberkirchenrat sich gegen Versuche zur Wehr, auf der Ebene eines Bezirks oder eines Ortes solche Stoffpläne zu erarbeiten[59]*:*

Aus allen Teilen des Landes gehen dem Oberkirchenrat Anfragen zu des Inhalts: Die Herren Schulleiter und Schulvorstände bitten einzelne Dekanatämter und Pfarrämter, ihnen gemäß Erlaß des Kultministers vom 28. 4. 1937 Nr. 7399 über Gestaltung des Religionsunterrichts Vorschläge hinsichtlich Stoffwahl und Stoffverteilung zu unterbreiten.

Die gesetzlichen Bestimmungen in dieser Frage lauten in Art. 69 des Volksschulgesetzes von 1909: Die Leitung des Religionsunterrichts an den Volksschulen und an den Lehrerbildungsanstalten einschließlich der Bestimmung der Katechismen und Religionshandbücher kommt unbeschadet des dem Staat zustehenden Oberaufsichtsrechts den Oberkirchenbehörden zu. Die Ministerialverfügung vom 1. 4. 1922 Nr. 4602 (Abl. 20, S. 29 f.) besagt in § 5: Die Auswahl und Anordnung des Unterrichtsstoffs sowie die Bestimmung der Katechismen und der Lehrbücher steht den Oberkirchenbehörden zu. Die von diesen aufgestellten Religionslehrpläne werden vom Standpunkt des staatlichen Aufsichtsrechts einer Prüfung unterzogen und im Falle der Zustimmung den amtlichen Lehrplänen angefügt. § 6: Der Religionsunterricht wird gemäß Art. 149 Abs. 1 der Reichsverfassung in Übereinstimmung mit den Grundsätzen der betreffenden Religionsgesellschaft unbeschadet des Aufsichtsrechts des Staates erteilt. Darüber, ob dies der Fall ist, hat ausschließlich die Religionsgesellschaft selbst zu befinden: »... es erstreckt sich das Aufsichts- und Disziplinarrecht der staatlichen Behörde ... nicht aber auf die innere Seite des Unterrichts«.

Demgemäß hat nach dem bestehenden Recht weder der Schulleiter die Befugnis zu einer solchen Aufforderung, noch der Geistliche die zu deren Erfüllung. Solange die dem Reichserziehungsministerium vorgelegten Religionslehrplanentwürfe für die Höheren Schulen und für die Volksschulen noch nicht in Kraft getreten sind, muß es bei den seitherigen Lehrplänen bleiben. Im übrigen ist zu bemerken, daß die in dem Erlaß

---

59 Nr. A 6332.

bekämpfte übermäßige und wahllose Heranziehung alttestamentlicher Stoffe im evang. Religionsunterricht nie festzustellen war und daß der evang. Religionsunterricht hinsichtlich der Erziehung zu deutsch denkenden Männern und Frauen sich nie einen berechtigten Vorwurf zugezogen hat.   I. V. Pressel.

Die Auseinandersetzungen um den Erlaß des Kultministers vom 28. April mündeten dann ein in die Auseinandersetzungen um das Gelöbnis der Religionslehrer, die im Juli 1937 ihren Höhepunkt erreichten.

Da verschiedene Lehrer sich weigerten, den Religionsunterricht nach dem Erlaß vom 28. April und in der vom Kultministerium beabsichtigten Weise zu erteilen, wurden sie gemaßregelt.

Über die Maßnahmen gegen Studienrat Faber, Heidenheim, liegt folgender Bericht vom 12.10. 1937 bei den Akten[60]*:*

Am 17. 9. 1937, 20 Uhr, fand im Bahnhofhotel-Saal in Heidenheim eine von der Schulleitung einberufene Elternversammlung der Deutschen Oberschule für Jungen statt. Die Versammlung war sehr gut besucht. Der Schulleiter, Oberstudiendirektor Dr. Honold, hielt eine Ansprache, in der er von der machtlüsternen Kirche sprach, über die eidesverweigernden Pfarrer[61] schalt, seine Anschauungen über das Alte Testament und über das Dogma von der Erbsünde preisgab und schließlich dazu überging, die Gestaltung des neuen, nationalsozialistischen Religionsunterrichts grundsätzlich und methodisch zu erörtern. Die Versammlung, die diese Ausführungen mit eisigem Schweigen aufgenommen hatte, spendete zum Schluß einen schwachen Höflichkeitsbeifall. Nach der Aufforderung, sich zum Wort zu melden, fragte der Religionslehrer der Anstalt, Studienrat Faber, den Schulleiter persönlich, ob er sich zum Wort melden dürfe; als dieser es bejahte, meldete sich Studienrat Faber zum Wort und erhielt es.

Studienrat Faber führte aus, daß er als Religionslehrer sich für verpflichtet halte, ein Wort zu sagen, da es sich um den Religionsunterricht handle. In seinem Religionsunterricht stehe im Mittelpunkt Christus, und damit er nicht mißverstanden werde, wolle er es ausdrücklich sagen: Christus allein. Dieser Christus hat vom Alten Testament gesagt, daß es das Wort seines Vaters sei und daß man darin ihn selber finde. Deshalb kön-

---

60 LKA Stuttgart, D 1, Bd. 78; Bericht über eine Elternversammlung in Heidenheim des Evang. Dekanatamts Heidenheim.
61 Vgl. S. 754 f. u. 775–777.

nen wir das Alte Testament auch im Religionsunterricht nicht entbehren. Im übrigen werden im Alten und Neuen Testament nicht die Menschen verehrt, weder Abraham noch Joseph, noch David, weder Petrus, noch Paulus, sondern Gott allein. Es heiße deshalb nicht: Ihr sollt vollkommen sein, wie Abraham vollkommen war, sondern wie Euer Vater im Himmel vollkommen ist.[62] Wenn er einen anderen Standpunkt einnehmen würde, so könnte er nicht mehr vor die Schüler treten, sondern müßte zusammenpacken und gehen. Stürmischer Beifall dankte ihm. Darauf meldeten sich 5 Väter zum Wort, lauter angesehene Männer der Gemeinde, die im selben Sinne gegen die Angriffe auf Kirche und Heilige Schrift Stellung nahmen und einen wahrhaft evang. Religionsunterricht im Sinne der Kirche forderten. Die Redner wurden teilweise von stürmischem Beifall unterbrochen. Von der andern Seite meldete sich niemand zum Wort. Unter Hochspannung begann dann der Schulleiter das Schlußwort, er wolle auch noch einige Worte sagen. Die Schüler sollen nicht so viel Brotreste wegwerfen, er habe zu diesem Zwecke überall Körbe aufstellen lassen; die Schüler sollten nicht so viele Fahrräder mit in die Schule bringen, sonst müßte er besondere Räume mieten; nur von auswärts oder aus den entlegeneren Stadtteilen dürften sie künftighin auf Fahrrädern zur Schule kommen. Endlich möchte er die Eltern bitten, die Schule bei ihren Aufgaben auch finanziell zu unterstützen. Ohne Sieg Heil und ohne Nationalhymne schloß der Abend, eine klare, aber verdiente Niederlage des Schulleiters und ein einwandfreies Bekenntnis der Eltern zu Evangelium und Kirche.

Am andern Morgen, den 18. September, ließ der Schulleiter den Studienrat Faber zu sich kommen und teilte ihm mit, daß er nach seinen gestrigen Äußerungen nicht auf dem Boden des Erlasses vom 28. April stehe; er müsse das nach Stuttgart melden. Am 21. September wurde Studienrat Faber mitgeteilt, daß ihm das Recht zur Erteilung von Religionsunterricht entzogen sei; sein Gehalt werde ihm weiter gereicht werden bis zum Abschluß des gegen ihn eröffneten Disziplinarverfahrens.

Auf 26. September, den Jugendsonntag, hatte Studienrat Faber, der in der evang. Gemeindejugend eifrig sich betätigt, die Predigt in der Stadtkirche übernommen, eine Abmachung, die lange vor der Elternversammlung schon getroffen war. Der Besuch dieses Gottesdienstes war ungewöhnlich stark; das Opfer betrug über RM 1000,–. Der Kirchengemeinderat hatte einstimmig folgende Erklärung beschlossen, die durch Kir-

---

62 Matth. 5,48.

chengemeinderat Degeler vorgelesen werden müsse und vorgelesen wurde:

»In einer kürzlich vom Rektorat der Horst-Wessel-Oberschule einberufenen Elternversammlung war unter stärkster Zustimmung unmißverständlich zum Ausdruck gebracht worden, daß die evangelische Elternschaft Heidenheims in ihrer weit überwiegenden Mehrheit für ihre Kinder eine unverkürzte biblische Unterweisung wünscht, daß im Mittelpunkt dieses Unterrichts Christus stehen muß, um den es nicht nur im Neuen Testament geht, sondern auf den auch schon das Alte Testament hinweist, und daß der Religionslehrer allein an dieses Schriftwort gebunden ist und nicht an irgendwelche Verordnungen, die dem Sinn und Zweck der Bibel nicht gerecht werden. Als Antwort auf diese Kundgebung wurde dem Religionslehrer der Anstalt, Studienrat Faber, mit sofortiger Wirkung das Recht auf Unterricht entzogen, seine Beurlaubung verfügt und ihm ein Disziplinarverfahren angekündigt. Der Evang. Kirchengemeinderat glaubt nicht bloß im Sinn der betroffenen Eltern und Schüler, sondern im Sinn der ganzen evang. Gemeinde zu handeln, wenn er dem Studienrat Faber sein volles Vertrauen ausspricht. Zugleich aber müssen wir es der gesamten evang. Gemeinde, vornehmlich den Eltern, die noch Kinder in der Schule haben, zur Pflicht machen, mit aller Entschiedenheit dafür einzutreten, daß unserer Jugend nicht Teile der Bibel in der Schule verächtlich gemacht und sie nicht von unserem christlichen Glauben, dessen einzige Quelle und Richtschnur die Heilige Schrift ist, weggeführt wird. Das lautere, unverkürzte und unverfälschte Evangelium ist der Grund, auf dem unsere Väter seit D. Martin Luther gestanden haben. Auf diesem Grund wollen wir und sollen auch unsere Nachkommen bleiben, zum wahren Heil unseres Deutschen Volkes. Das helfe uns Gott!«

Das Dekanatamt hatte die Tatsache dieses Beschlusses Studienrat Faber mitgeteilt; dieser lehnte es ab, Einsicht in den Wortlaut der Erklärung zu nehmen und bat nur, jede Kritik am Staat zu unterlassen. Auch die Verlesung der Erklärung selbst hörte Studienrat Faber nicht mit an, da Dekan Lic. Schönhuth die Liturgie übernommen hatte, so daß Studienrat Faber nach seiner Predigt Kirche und Sakristei verlassen konnte und nach Hause ging.

Am 28. September begann das Disziplinarverfahren mit einem vorläufigen Verhör durch den Vertreter der Ministerialabteilung, Dr. Hoch. Es wurde zunächst nach dem Grund gefragt, warum Studienrat Faber dem Oberkirchenrat einen Bericht über die Elternversammlung habe zugehen lassen. Dann sollte er seine Stellung zum Erlaß vom 28. April erklären.

Dieser Erlaß bedeute nur eine Anregung, aber der Herr Kultminister erwarte, daß man sich auch an seine Anregungen halte. Faber lehnte es ab, auf Grund des germanischen Sittlichkeitsempfindens eine Auswahl aus dem Alten Testament zu treffen, und erklärte, er behandle aus dem Alten Testament das, was für das Kind besonders wertvoll sei. Auf die Frage nach seiner Stellung zum Eid erklärte Studienrat Faber, daß der Erlaß des Kultministers nicht unter die Eidespflicht falle. Es wurde ihm dann eröffnet, daß er unbedingt weg müsse; wenn er sich nicht freiwillig auf eine Kirchenstelle melde, werde er nach § 3 des Beamtengesetzes[63] weichen müssen; das sei nur noch eine formal juristische Angelegenheit. Studienrat Faber erklärte, daß er die Freiheit zu einer Meldung nicht habe, da er nicht zugeben könne, daß er sich etwas hätte zuschulden kommen lassen; auch sei nach § 24 des Parteiprogramms die Verkündigung des Christentums im Dritten Reich nicht verboten. Solange evang. Religionsunterricht erteilt werde, müsse er als evangelischer Religionsunterricht gegeben werden.

Nachmittags erfolgte dann ein Verhör durch die Gestapo, die inzwischen den Kirchengemeinderat Degeler verhört und bis zum andern Morgen inhaftiert hatte. Die Anklage umfaßte die Behauptung, er habe den Widerstand an dem Elternabend organisiert und er habe in seiner Predigt am Sonntag gehetzt mit den Worten: Die evangelische Jugend, obwohl verboten, marschiert; es sei nicht wahr, daß die evangelische Jugend keine guten Deutschen seien, im Gegenteil, sie seien besonders gute Deutsche; auch trage er die Verantwortung dafür, daß die evangelische Jugend uniformiert in den Gottesdienst gekommen sei. Alle diese Anklagepunkte wurden aber fallen gelassen, vor dem Elternabend war nachgewiesenermaßen gar nichts organisiert worden; die Worte »im Gegenteil« hatte kein Zuhörer als Hieb gegen die HJ aufgefaßt, und im Gottesdienst waren nur die Jugendlichen, die bei der Liturgie einen Sprechchor bildeten, in weißen Hemden und kurzen Hosen, aber mit verschiedenen Strümpfen erschienen. Im übrigen hatte die HJ auf die Gottesdienstzeit dieses Jugendsonntags Dienst angesetzt und damit die meisten am Gottesdienstbesuch überhaupt verhindert. Der Beamte fragte zum Schluß noch unter 4 Augen: »Glauben Sie, daß Sie klug gehandelt haben?« Studienrat Faber antwortete, das stehe nicht zur Debatte, sondern nur, ob es recht ist oder nicht recht. Auf die Frage, ob er nicht immer so unterrichtet habe, warum er dann das Wort ergriffen habe, erklärte Studienrat Faber, wenn es sich

---

63 Deutsches Beamtengesetz vom 26.1.1937.

bei Oberstudiendirektor Dr. Honold um eine einmalige Entgleisung gehandelt hätte, so hätte er das Wort nicht ergriffen; es handle sich aber um einen fortgesetzten Kampf gegen eine wirklich evang. Unterweisung, und da habe er als Religionslehrer in diesem Falle nicht schweigen können. Im übrigen habe er durchaus loyal gehandelt, und wenn seine Schüler ihn etwas gefragt hätten, immer die Aussprache sofort abgebrochen, sobald der Name Honold gefallen sei.

Das Verfahren gegen Studienrat Faber ist noch nicht abgeschlossen; Kirchengemeinderat Degeler ist als Innungsmeister seines Amtes enthoben, und der Kirchengemeinderat Pg. Hartmann, der der Erklärung zugestimmt hatte, wurde vom Kreisleiter vor die Wahl gestellt, entweder aus der Partei oder aus dem Kirchengemeinderat auszuscheiden.

Dies der Stand von heute.

Über die Maßregelung von Rektor Gengnagel, Ludwigsburg, berichtet eine Denkschrift vom 1.8. 1938[64]*:*

Rektor Gengnagel, 1. Schulvorstand in Ludwigsburg, einer der befähigsten und angesehensten Volksschullehrer unseres Landes, sah in dem Erlaß vom 28.4. 1937 eine Anregung, wurde aber am 9.7. 1937 vom Bezirksschulamt Ludwigsburg zu einem Bericht aufgefordert, was im Sinne dieses Erlasses bis jetzt geschehen sei (vgl. dessen Schreiben an das Reichserziehungsministerium vom 19.10. 1937). Am 14. Juli brachte er die begründete Bitte vor, von einer neuen, einseitigen und trotzdem für alle verbindlichen Lehrplanaufstellung im evang. Religionsunterricht bis auf weiteres absehen zu wollen. Durch Erlaß des Kultministeriums vom 2. September wurde er daher ohne jede Vernehmung seines Amtes als Schulleiter und 1. Schulvorstand enthoben und zur Übernahme einer Grundschulklasse nach freier Wahl aufgefordert. Bei der mündlichen Eröffnung wurde dem 56jährigen, geistig und körperlich durchaus gesunden Mann, Vater von 6 Kindern, nahegelegt, um eine Zurruhesetzung einzukommen. Als er sich dazu auf Grund weiterer Forderungen hinsichtlich der religiösen Unterweisung bereit erklärte, weil er unter solchen Umständen nicht Lehrer bleiben könne, wurde der Versuch gemacht, ihn aus gesundheitlichen Gründen nach § 73 DBG zur Ruhe zu setzen. Dagegen verwahrte er sich mit Recht aus Gründen der Wahrhaftigkeit, denn es mußte der Eindruck entstehen, daß das Kultministerium einer grundsätzlichen Entscheidung ausweichen wolle. Als dann auf Grund des

---

64 LKA Stuttgart, D 1, Bd. 78.

§ 71 DBG gegen ihn vorgegangen werden sollte, mußte Rektor Gengnagel gegen das ungeheuerliche Urteil des Kreisleiters, daß er »in Zeiten der Not und Gefahr nicht wert sei, für den nationalsozialistischen Staat, das heißt für sein Vaterland einzustehen«, schärfsten Protest zu Protokoll geben. Dagegen legte Rektor Gengnagel beim Kultministerium schriftlich Verwahrung ein, seinem Einspruch blieb ein Erfolg versagt.

DAS GELÖBNIS DER RELIGIONSLEHRER UND DIE VERDRÄNGUNG DER PFARRER AUS DEM RELIGIONSUNTERRICHT

Schon im Frühjahr 1937 ordnete das Reichsministerium für Wissenschaft, Erziehung und Volksbildung eine Verpflichtung der Pfarrer an, die Religionsunterricht an staatlichen Schulen erteilten.[65]

Da dem Oberkirchenrat bis Anfang Mai noch keine amtliche Mitteilung über die Anordnung des Reichserziehungsministeriums zugegangen war, mußte er am 5. 5. 1937 die Pfarrer bitten, vor der Übernahme einer Verpflichtung den Wortlaut der Verpflichtung zu berichten und weitere Weisung abzuwarten.[66]

Nachdem der Erlaß des Reichserziehungsministeriums bekannt geworden war, wies der Oberkirchenrat am 2.6. 1937 das Ministerium darauf hin, daß das Ordinationsgelübde eines Pfarrers jeder anderen Verpflichtung vorgehe[67]*:*
Der Herr Reichs- und Preußische Minister für Wissenschaft, Erziehung und Volksbildung hat durch Erlaß vom 18. 3. 1937 Z IIa 3084/36 für die Geistlichen, die ohne Berufung in das Beamtenverhältnis an öffentlichen Schulen Unterricht erteilen, folgende Verpflichtungsformel vorgeschrieben: »Ich verpflichte mich, meine Dienstobliegenheiten gewissenhaft und uneigennützig zu erfüllen und die Gesetze und sonstigen Anordnungen des nationalsozialistischen Staates zu befolgen.«
Diese Formel umreißt die Pflichten, die jeder Staatsbürger zu übernehmen hat und die deshalb auch der Geistliche als Religionslehrer übernehmen wird; jedoch hält die Kirchenleitung sich für verpflichtet, das Reichserziehungsministerium darauf aufmerksam zu machen, daß der Geistliche als Diener am Wort an die Heilige Schrift gebunden ist und daß diese Bindung bei letzten Entscheidungen sowohl für den Geistlichen als für

---

65 Vgl. Stuttgarter »NS-Kurier«, Ausgabe Nr. 185 vom 22.4.1937.
66 Nr. A 4464.
67 Nr. A 5956; den Pfarrämtern zur Kenntnisnahme mitgeteilt.

seine Gemeindeglieder jeder anderen Verpflichtung vorgeht. Die Kirchenleitung hielt es für dringend erforderlich, hievon ihren Geistlichen im Zusammenhang mit Anfragen Kenntnis zu geben. Wurm.

Daraufhin teilte das Kultministerium am 14.6. 1937 mit, für die Pfarrer, die an öffentlichen Schulen Religionsunterricht erteilen, käme nicht die Verpflichtung, sondern das umfassendere Gelöbnis in Frage. In einem Schreiben an das Reichserziehungsministerium vom 15.6. 1937[68] *teilte der Oberkirchenrat diese Wendung mit, nahm aber die im Schreiben vom 2. Juni betonte Vorrangstellung des Ordinationsgelübdes auch in bezug auf das Gelöbnis nicht zurück.*

Den Wortlaut des geforderten Gelöbnisses teilte der Oberkirchenrat ebenfalls am 15.6. 1937 den Dekanatämtern mit; er ging davon aus, daß der Hinweis auf das Ordinationsgelübde anerkannt werden würde, und empfahl, das Gelöbnis ohne weitere persönliche Erklärung abzulegen[69]:

Das an Stelle der ursprünglich mitgeteilten Verpflichtungsformel tretende Gelöbnis hat laut Kultministerialamtsblatt vom 11.6. 1937 folgenden Wortlaut: »Ich gelobe, ich werde dem Führer des Deutschen Reiches und Volkes, Adolf Hitler, treu und gehorsam sein und meine Dienstobliegenheiten gewissenhaft und uneigennützig erfüllen.«

Das Gelöbnis ist von Geistlichen, die nur an einer Volksschule oder an einer Volksschule und an einer Höheren Schule Unterricht erteilen, vor dem Bezirksschulrat, von den Geistlichen, die nur an einer Höheren Schule Unterricht erteilen, vor dem Schulleiter abzulegen. Gemäß Erlaß des Herrn Reichs- und Preuß. Ministers für Wissenschaft, Erziehung und Volksbildung wird das Gelöbnis durch Nachsprechen des Wortlauts und Handschlag abgelegt und darüber eine von den Geistlichen und dem verpflichtenden Beamten zu unterzeichnende Niederschrift aufgenommen.

Der Oberkirchenrat hat dem Reichserziehungsministerium durch Schreiben vom 2.6. 1937 Nr. A 5956, das in Abschrift den Pfarrämtern mitgeteilt worden ist, eine grundsätzliche Erklärung abgegeben, welche den Sinn dieser Verpflichtung nach evangelischer Auffassung für alle Geistlichen klarstellt und durch obenstehendes Schreiben ausdrücklich auch das jetzt geforderte Gelöbnis einschließt. Der Oberkirchenrat glaubt, daß auch diejenigen Geistlichen, die religiös begründete Bedenken gegen die vorgesehene Verpflichtung hegten, das Gelöbnis ablegen können, nachdem die Kirchenleitung grundsätzlich dem Reichserziehungsministerium gegenüber Sinn, Begründung und Begrenzung jeder Verpflich-

68 Nr. A 6391.
69 Nr. A 6391.

tung festgestellt hat, und nimmt an, daß alle Geistlichen das Gelöbnis ohne eine weitere persönliche Zusatzerklärung ablegen.

Dies ist den Geistlichen, welche auf dem Boden der Landeskirche stehen, sofort zu eröffnen. Wurm.

Die Pfarrer der Sozietät sahen sich nicht in der Lage, das geforderte Gelöbnis abzulegen, bevor der vom Oberkirchenrat am 2. Juni dem Reichserziehungsministerium mitgeteilte Vorbehalt vom Staat ausdrücklich anerkannt sei. Unseren Freunden in der Württ. Pfarrerschaft *empfahl Pfr. Diem, die vom Oberkirchenrat vorgeschlagene Kanzelerklärung*[70] *am Sonntag, 20. Juni, im Gottesdienst zu verlesen und vorläufig die Ablegung des Gelöbnisses zu verweigern, falls der Oberkirchenrat weder eine* Sistierung des Gelöbnisses noch die Verlesung der Kanzelerklärung *anordne*[71]*:*

Wir sind dankbar, daß der Oberkirchenrat in seinem Schreiben an das Reichserziehungsministerium vom 2.6. 1937 Nr. A 5956 ausdrücklich erklärt hat, daß es für einen Christen keinen vorbehaltlosen Eid gibt. Zu der in dem Erlaß vom 15. Juni Nr. A 6391 ausgesprochenen Annahme des Oberkirchenrats, daß alle Geistlichen das von ihnen als Religionslehrer geforderte Gelöbnis nunmehr ohne eine weitere persönliche Zusatzerklärung ablegen können und werden, erlauben wir uns mitzuteilen, daß dies für uns aus folgenden Gründen nicht zutrifft:

1. Der Staat hat wiederholt öffentlich erklärt, daß er nur einen bedingungslosen Gehorsam kennt, das heißt, daß für ihn Eidesvorbehalte nicht existieren.

2. Völlig ungeklärt ist, wer dem Religionslehrer seinen Auftrag gibt und zu einzelnen Weisungen an ihn befugt ist.

3. Es besteht zur Zeit zwischen Staat und Kirche ein offener Konflikt über den Inhalt des Religionsunterrichts.

4. Es ist Tatsache, daß aus dem rein formalen Aufsichtsrecht des Staates eine beamtenrechtliche Stellung des Pfarrers als Religionslehrer abgeleitet wird, aus der außerordentliche Folgerungen gezogen worden sind und noch viel mehr, insbesondere hinsichtlich der neuen Gestaltung des Unterrichtsplans, zu erwarten sind.

Unter diesen Umständen kann es nicht genügen, daß die in der Kirche gültige Überordnung der Bindung von Pfarrern und Gemeindegliedern an das Evangelium dem Reichsministerium für Erziehung mitgeteilt wurde und daß diese Mitteilung bisher ohne Antwort geblieben ist. Es besteht jetzt die große Gefahr, daß die Pfarrerschaft überrumpelt und dadurch

---

70 Siehe S. 759.
71 LKA Stuttgart, D 1, Bd. 72; Mitteilung an den Oberkirchenrat vom 16.6.1937.

gespalten wird, was dem Oberkirchenrat weitere notwendig werdende Schritte ungeheuer erschweren würde.

Wir bitten daher dringend, daß der Oberkirchenrat unverzüglich sämtliche Geistliche ersucht, vorläufig von der Eidesleistung Abstand zu nehmen, bis der Oberkirchenrat eine Stellungnahme des Staates in dieser Sache herbeigeführt hat und den Gemeinden mitteilen kann, daß der Staat die Erklärung der Kirche unwidersprochen zur Kenntnis genommen hat. Nach bisheriger Erfahrung werden alle derartigen Erklärungen vom Staat ignoriert. Die notwendige sofortige Stellungnahme des Staates kann aber so herbeigeführt werden, daß dem Staat Inhalt und Zeitpunkt einer beabsichtigten diesbezüglichen Kanzelerklärung mitgeteilt wird, mit dem ausdrücklichen Anfügen, daß die Kirche die Zulassung der Erklärung als Anerkennung ihres Vorbehalts auffassen und der Gemeinde mitteilen würde. Diese Kanzelerklärung müßte folgenden Inhalt haben:

Der Staat verlangt von den Pfarrern als Religionslehrern folgendes Gelöbnis: »Ich gelobe, ich werde dem Führer des Deutschen Reiches und Volkes, Adolf Hitler, treu und gehorsam sein und meine Dienstobliegenheiten gewissenhaft und uneigennützig erfüllen.« Wir sind als Christen an das Wort der Heiligen Schrift gebunden, und diese Bindung geht bei allen Entscheidungen für Pfarrer wie für Gemeindeglieder als Regel und Richtschnur jeder anderen Verpflichtung vor. Aus dieser Bindung heraus konnten wir, wie der Gemeinde bekannt ist, bestimmte Anordnungen des Kultministeriums für den Religionsunterricht schon seither nicht befolgen und müssen uns dies auch für die Zukunft vorbehalten. Wir müssen das ausdrücklich erklären, da die Gefahr besteht, daß wir durch die geforderte Eidesleistung einem noch stärkeren Druck als bisher ausgesetzt werden, zumal eine staatliche Neuregelung des Religionsunterrichts zu erwarten ist. Aus diesen Gründen hat die Kirchenleitung dem Staat erklärt, daß der Eid nur mit dem christlichen Vorbehalt geleistet werden kann. Da jeder Eid im Angesicht Gottes geschworen wird, dem auch die Obrigkeit untertan ist, sind wir nur imstande, den geforderten Eid als Religionslehrer zu leisten, wenn der Staat den christlichen Vorbehalt anerkannt hat.«

Könnte sich der Oberkirchenrat zu der vorgeschlagenen Mitteilung an den Staat und zur Herausgabe einer Kanzelerklärung obigen Inhalts entschließen, so würden wir darin die notwendige Folgerung aus dem Schritt des Oberkirchenrats vom 2. Juni erkennen. Andernfalls müßten wir unsere Freunde bitten, von sich aus obige Kanzelerklärung am nächsten Sonntag, 4. p. Trin., zu verlesen und die Eidesleistung zu sistieren.

I. A. Hermann Diem.

Wegen der vielen Anfragen, die dem Oberkirchenrat zugingen, stellte er es am 18.6. 1937 den Pfarrern frei, in einer Erklärung vor der Gemeinde die Stellungnahme der Landeskirche zur Frage des Gelöbnisses bekanntzumachen[72]:

I

Soweit im Zusammenhang mit der bevorstehenden Ablegung des Gelöbnisses der Geistlichen als Religionslehrer das Bedürfnis besteht, vor der Gemeinde hiezu Stellung zu nehmen, wird anheimgegeben, folgende Erklärung in die Predigt oder unter die Verkündigungen des nächsten Sonntags aufzunehmen:

»In diesen Tagen haben die Pfarrer, die Religionsunterricht erteilen, vor den Schulbehörden zu geloben, daß sie dem Führer des Deutschen Reichs und Volkes treu und gehorsam sein und ihre Dienstobliegenheiten gewissenhaft und uneigennützig erfüllen werden. Dieses Gelöbnis umfaßt die Pflichten, die jeder Staatsbürger zu übernehmen hat und die deshalb auch der Geistliche als Religionslehrer übernehmen wird. Wenn in diesem Zusammenhang die Frage aufgeworfen worden ist, ob nicht von den Pfarrern unter Berufung auf das geleistete Gelöbnis verlangt werden könnte, den Inhalt der christlichen Unterweisung von außerkirchlichen und außerbiblischen Maßstäben abhängig zu machen, so wird dem gegenüber der Gemeinde auch an dieser Stelle bezeugt, was jedes Gelöbnis und jeder Eid für uns evangelische Christen bedeuten. Wir bekräftigen damit eine von uns geforderte Verpflichtung vor Gott, wir erbitten Gottes Hilfe für ihre Erfüllung und stellen den Ernst der göttlichen Strafe im Falle der Nichterfüllung uns vor Augen. Darin ist unmittelbar eingeschlossen, daß vor Gott nichts versprochen und bekräftigt und zu nichts seine Hilfe erbeten werden kann, was seinem geoffenbarten Willen widerspricht. Für jeden evangelischen Religionslehrer bleibt daher allein die Heilige Schrift Alten und Neuen Testaments maßgebend für die religiöse Unterweisung der Jugend.«

II

Über die durch den Erlaß des Herrn Kultministers vom 28.4.1937 Nr. 7399 aufgeworfene Frage der Gestaltung des Religionsunterrichts wird weitere Mitteilung und Weisung erfolgen, sobald die Stellungnahme des Herrn Kultministers zu unserem Schreiben vom 3.6.1937 Nr. A 6053 bekannt geworden ist.   I. V. Mayer-List.

---

[72] Nr. A 6284. Vgl. auch Nr. A 6445 vom 17.6.1937; dieser Erlaß gibt es den Dekanen anheim, die beiden Erklärungen des Oberkirchenrats vom 2.6.1937 und vom 15.6.1937 »den das Gelöbnis abnehmenden Beamten ... zur Kenntnis zu bringen«.

Angesichts der allgemeinen kirchlichen Lage und des Erlasses des Kultministers vom 28. April standen die Pfarrer in schwerstem Gewissenskonflikt, als ihnen im Juni nun die Forderung nach einem Gelöbnis vorgelegt wurde. Der Landesbruderrat versuchte durch ein Rundschreiben An die Pfarrer der Württ. Bekenntnisgemeinschaft am 17.6. *1937, ein helfendes Wort zu sagen; er fügte dem Rundschreiben ein Gutachten bei, das schon im Jahr 1935 bei der Verweigerung des staatlichen Beamteneides durch Karl Barth zusammengestellt worden war und nun in den abschließenden Teilen entsprechend der neuen Situation abgeändert wurde*[73]:

Das beiliegende Gutachten über »Die Stellung des Christen zum staatlichen Gehorsamseid« wurde vom Landesbruderrat im Sommer 1935 im Blick auf die Gewissensnot vieler Gemeindeglieder an die damalige VKL abgegeben mit der Bitte, öffentlich im Sinne dieses Gutachtens Stellung zu nehmen. Den äußeren Anlaß dazu gab die Vereidigung von Professor Barth. Wir hoffen, daß dieses Gutachten auch in den gegenwärtigen Entscheidungen da und dort eine Hilfe geben kann. In Abschnitt 3 dieses Gutachtens scheint uns allerdings in der Formulierung eines Satzes eine Unklarheit vorzuliegen, die zu Mißverständnissen Anlaß geben könnte. Wir fassen deshalb, was wir in diesem Abschnitt sagen wollten, noch einmal folgendermaßen zusammen:

Die Kirche ist verpflichtet, der Obrigkeit ihre Auffassung vom Eid hörbar zu bezeugen. Sie kann vom Staat nicht erwarten, daß er sich die christliche Auffassung vom Eid zu eigen macht. Auch wenn der Staat den Eid anders versteht als die Kirche, können die Glieder der Kirche den staatlichen Gehorsamseid leisten unter der Voraussetzung, daß seine Formulierung das christliche Verständnis nicht ausschließt und daß dem Staat von dem christlichen Verständnis des Eides deutlich Kenntnis gegeben wurde.

In der jetzigen Entscheidung werden wir auf Grund des Gutachtens folgende Gesichtspunkte beachten müssen:

1. Das Gelöbnis muß so formuliert sein, daß das christliche Verständnis nicht ausgeschlossen ist. Wir sind der Meinung, daß der uns mitgeteilte Wortlaut einer christlichen Deutung fähig ist.

2. Es ist notwendig, daß den staatlichen Behörden vor Ablegung des Gelöbnisses von dem uns als Christen selbstverständlichen Verständnis dieser Verpflichtung zuverlässig Mitteilung gemacht wird. Eine ausdrückliche Bestätigung der Kenntnisnahme von dieser Mitteilung halten wir nicht für unbedingt erforderlich.

---

73 LKA Stuttgart, D 1, Bd. 72; vgl. auch das von Dipper, S. 166, erwähnte Gutachten vom 21.6.1937, das sich aber nicht bei den Akten befindet.

3. Da es sich um eine Frage handelt, welche die Glaubwürdigkeit des Pfarrers und damit das Verhältnis des Pfarrers zu seiner Gemeinde grundlegend berührt, ist es notwendig, auch vor der Gemeinde in ganzer Klarheit den christlichen Vorbehalt zu bezeugen. Dies ist umso dringlicher, als viele Gemeindeglieder schon lange in Gewissensnot hinsichtlich der Frage der Eidesleistung sind. Dies sollte freilich möglichst rasch geschehen.

In der Verbundenheit des Glaubens für den Landesbruderrat: Dipper.

Die Stellung des Christen zum staatlichen Gehorsamseid

1. Der Gehorsam des Christen gegen die Obrigkeit

Der Christ ist zum Gehorsam gegen die Obrigkeit durch Gottes Gebot verpflichtet. Diese Verpflichtung ist eine ungleich stärkere und umfassendere als die Verpflichtung durch jedes Staatsgesetz, denn sie geschieht »um des Herrn willen« (1. Petr. 2, 13). Als »Knecht Gottes« (2, 16) dient der Christ der Obrigkeit, und darum »nicht allein um der Strafe willen, sondern auch um des Gewissens willen« (Röm. 13, 5) und »nicht allein den gütigen und gelinden, sondern auch den wunderlichen Herren« (1. Petr. 2, 18).

Dieser Gehorsam geschieht in völliger Freiheit und unabhängig von allen Erwägungen politischer Klugheit oder persönlicher Zweckmäßigkeit, unabhängig von jedem positiven oder negativen Urteil über die jeweils Regierenden. Der Christ hat die Freiheit zu diesem Gehorsam, weil er jeder Obrigkeit gegenüber sprechen kann wie Jesus zu Pilatus: »Du hättest keine Macht über mich, wenn sie dir nicht wäre von oben herab gegeben« (Joh. 19, 11). Er weiß sich auch da, wo er als Bürger seines irdischen Vaterlandes dessen Gesetzen gehorcht, in Gottes Welt und in Gottes Hand.

Gott hat der Obrigkeit einen ganz bestimmten Auftrag gegeben. Sie ist »Gottes Dienerin, eine Rächerin zur Strafe über den, der Böses tut« (Röm. 13, 4); darum lehren auch die Bekenntnisschriften unserer Kirche, »quod legitimae ordinationes civiles sint bona opera Dei« (CA XVI; vgl. Apol. XVI). Weil Gott durch diese Ordnung die ganze Welt bis zum Anbruch seines Reiches erhalten will, gilt Röm. 13, 1 ff.: »Jedermann sei untertan der Obrigkeit, die Gewalt über ihn hat, denn es ist keine Obrigkeit ohne von Gott; wo aber Obrigkeit ist, da ist sie von Gott verordnet. Wer sich nun wider die Obrigkeit setzt, der widerstrebt Gottes Ordnung.« Dieses Wort hat nichts zu tun mit jenem allgemein anerkannten Grundsatz des Staatsrechts, daß jede Obrigkeit, die sich durchsetzt und die Macht im Staat errungen hat, geltendes Recht schaffen und Gehorsam verlangen kann. Es will keineswegs eine göttliche Bestätigung für den jeweiligen politischen Erfolg oder Mißerfolg geben, sondern will einfach sagen, daß der Christ, unbeirrt durch den Wechsel der Personen und Formen der jeweiligen Obrigkeit dem von Gott zu seinem Heil eingesetzten und nicht ohne Gottes unerforschliche Weisheit gerade so und nicht anders besetzten Amt der Obrigkeit Gehorsam schuldet.

Wo der Staat seinen göttlichen Auftrag überschreitet, haben Pflicht und Freiheit zum Gehorsam ihre Grenze. Dieser Fall tritt dort ein, wo der Staat von der Kirche oder vom einzelnen eine Tat oder Haltung fordert, welche die Verleugnung des Glaubens an die alleinseligmachende Offenbarung Gottes in Christo Jesu zur Voraussetzung hat. »Die Seele steht nicht in Kaisers Gewalt« (Luther). Dabei muß in der heutigen Lage ausdrücklich gesagt werden, daß die Kirche aus dieser Begrenzung des staatlichen Auftrags kein Recht zu einem »Kulturkampf« ableiten darf, das heißt das Recht, dem staatlichen Kulturwillen durch ein eigenes »christliches Kulturprogramm« Konkurrenz zu machen (in Erziehung, Wissenschaft, Wohlfahrt, Recht usw.). Wo der Staat nicht auf Grund des christlichen Glaubens von Obrigkeit und Untertanen der Kirche solche Aufgaben freiwillig überträgt, darf sich die Kirche keines Machtmittels bedienen, und sei es auch nur des Druckes der öffentlichen Meinung, um kulturelle Positionen zu erlangen oder zu behaupten. Der Christ hat nicht nur Pflicht und Freiheit zum Gehorsam gegen alle Gesetze, die das staatliche, wirtschaftliche und privatrechtliche Leben ordnen, ferner zum Lebenseinsatz, der zur Erhaltung der öffentlichen Ordnung und zum Schutz des Landes gefordert ist, sondern er hat seine Freiheit zu Dienst und Selbstverleugnung auch zu beweisen durch fördernde Mitarbeit an der durch die staatliche Gesetzgebung erstrebten Willensbildung in Hinsicht auf soziale, geistige und körperliche Ertüchtigung (Gemeinnutz, Fleiß, Ehrlichkeit, Sauberkeit, Rechtssicherheit, Disziplin usw.).

Verlangt der Staat über diese Verpflichtung zur Mitarbeit hinaus vom Christen eine gläubige, das heißt die Bejahung unbedingter Geltung einschließende Anerkennung heidnischer Prinzipien, mit welchen ein bestimmter staatlicher Kulturwille zu rechtfertigen versucht wird, so hat der Christ diese Forderung durch offenes Zeugnis zurückzuweisen, ebenso wie er diesen Kulturwillen selbst nicht summarisch bejahen kann, sondern verpflichtet ist, in jedem Einzelfall zu prüfen, ob eine von ihm geforderte Zustimmung die Anerkennung jener Prinzipien einschließt und dadurch der Gehorsam gegen den offenbaren Gotteswillen, wie er in der Heiligen Schrift bezeugt ist, verboten wird. Dieser Fall wäre insbesondere dann gegeben, wenn der Staat in Verkennung des Wesens der Kirche diese (als »Religionsgesellschaft« behandeln und als solche) zum Gegenstand seiner kulturellen Einflußsphäre und Gesetzgebung machen würde. Das könnte sich etwa in der Zumutung an die Kirche äußern, im Bekenntnis ihres Glaubens tolerant zu sein, andersgläubige Prediger in der Kirche zu dulden, die Kirche nach nichtevangelischen Grundsätzen zu ordnen, vom Staat aufgestellte neue Glaubenssätze in ihrer Verkündigung aufzunehmen (Glaube an Blut und Rasse, Leugnung der Erbsünde, Glaube an die Offenbarung Gottes in den Erfolgen oder Mißerfolgen menschlicher Zielsetzungen, Annahme einer interkonfessionellen Weltanschauung oder ähnliches) oder in dem Verbot der freien Versammlung zu Predigt und Sakramentsverwaltung und christlicher Jugendunterweisung. In diesen Fällen hat die Obrigkeit ihren göttlichen Auftrag überschritten. Der Christ kann dann seinen Gehorsam und die Anerkennung des Amtes der Obrigkeit nur noch darin betätigen, daß er die Zustimmung verweigert und die etwaigen Folgen mit gutem Gewissen trägt. Die Pflicht zu diesem leidenden Gehorsam gilt für den Christen ohne Einschränkung, dagegen darf er sich zu einem unbeschränkten aktiven Gehorsam, das heißt zu einer unbedingten Befolgung aller Gebote keinesfalls verpflichten.

Diese Stellung des Christen zur Obrigkeit vollendet und erfüllt sich in der Fürbitte, die nach 1. Tim. 2, 1 ff. »für alle Menschen, für die Könige und für alle Obrigkeit« zu geschehen hat und in der ganzen Schrift allezeit für Obrigkeit und Volk vollzogen wird (2. Mose 32, 32; Jer. 29, 7; Röm. 10, 1).

2. Der Christ und der Eid

Weil der Christ sich in seinem Gewissen vor Gott gebunden weiß, kennt er an sich und für sich eine feierliche Verpflichtung durch Schwur und Eid nicht: »Ich aber sage euch, daß ihr allerdinge nicht schwören sollt ... Eure Rede aber sei: Ja, ja, nein, nein; was darüber ist, das ist vom Übel« (Matth. 5, 35, 37). Ebenso Jak. 5, 12: »Vor allen Dingen aber, meine Brüder, schwöret nicht, weder bei dem Himmel, noch bei der Erde, noch mit keinem anderen Eid ...«. Für den Christen besteht der Unterschied zwischen einer beschworenen und darum zuverlässigen und einer nicht beschworenen und darum unzuverlässigen Verpflichtung nicht. Das Gesetz Christi verlangt die Heilighaltung der Wahrheit in einer solchen Weise, daß schon die Tatsache des Schwörens als solche Ungehorsam verrät. Daß geschworen wird, ist eine durch die Sünde bedingte Gewohnheit der Welt, die keinen Platz hat in der Ordnung, unter die der Herr des kommenden Gottesreiches das ganze Leben der Seinen stellt.

Nun verlangt aber der Staat um der menschlichen Unzuverlässigkeit willen einen Eid, und der Christ muß sich diese Anzweiflung seiner Wahrhaftigkeit so gut wie jeder andere gefallen lassen. Er kann sich also nicht einfach, wie es die Schwärmer tun, darauf berufen, daß er in einer Ordnung lebt, in der das Evangelium als Gesetz ihm generell die Eidesleistung als solche verbiete. Er kann aber ebenso wenig sich dadurch von der Forderung des Evangeliums dispensieren, daß er die Verantwortung für die Eidesleistung der Obrigkeit zuschiebt, die den Eid von ihm verlangt. Hier wäre auch zu fragen, ob Luther es biblisch begründen kann, wenn er das Schwörenlassen unter die Funktionen der Obrigkeit rechnet, welche dieselbe zu Recht ausübt kraft ihres Amtes, in dem sie nur das Gesetz vollstrecken und sich qua weltliche Obrigkeit nicht vom Evangelium leiten lassen muß. Diese wie andere Aussagen Luthers selbst und noch viel mehr des »Luthertums« über die Stellung des Christen zu den weltlichen Ordnungen stammen nicht aus der Bibel, sondern haben ihren Grund darin, daß er, übrigens ebenso wie Calvin, an der Konzeption von den beiden Reichen festhält, die in dem einen Corpus Christianum zusammenbestehen, wie sie in der Kirchengeschichte seit Konstantin sich entwickelt hat. Die Folge dieser Konzeption von den beiden Reichen oder den beiden Gewalten ist, daß die Obrigkeit als solche vor dem Evangelium gleichsam in Sicherheit gebracht wird und in ihrem Amt trotzdem gerechtfertigt wird, weil sie es unmittelbar von Gott hat. Für den einzelnen Christen bedeutet das, daß er aus der Verantwortung entlassen wird, unter welche die Forderung des Evangeliums ihn stellt; er hat nur zu gehorchen, und die Obrigkeit hat das, was sie von ihm verlangt, selbst vor Gott zu verantworten.

Die Bibel kennt dieses Welt und Kirche umfassende Corpus Christianum nicht; sie weiß nur, daß ta panta in Christo synesteken (Kol. 1,17), daß also im Glauben und für den Glauben alle exousiai und archai dem Herrschaftsbereich Christi unterworfen und eingeordnet sind. Diese Ordnung läßt sich nicht in einem System stabilisieren, das auch außerhalb des Glaubens an sich gültig wäre, daß also dem Reich Christi das Reich der Welt in einer unmittelbar zu Gott seienden Selbständigkeit und Eigengesetzlichkeit gegenüberstünde. Vielmehr lebt die Welt in ihrem ganzen Bereich ausschließlich von dem Gericht und der Verheißung des Wortes Gottes in Christus, das die Kirche der Welt verkündigt als die göttliche anoche. Und der Christ bekommt aus diesem Wissen um die anoche Gottes die Freiheit zum Dienst an dieser Welt und kann diesen freien Dienst nur betätigen in der ganzen Positivität des Wartens auf die Parousie Christi.

Für den Gehorsam des Christen gegenüber der Obrigkeit im konkreten Fall bedeutet das, daß er niemals in dem Gebot der Obrigkeit als solcher unmittelbar Gottes Willen erkennen kann, dem unbedingt zu gehorchen wäre. Die exousiai hyperechousai von Röm. 13 sind leitourgoi theou nicht an sich, sondern als tetagmenai in die diatage Gottes, in ihrem Unterworfen- und Eingeordnetsein in die durch Christus hergestellte ordination, die Ausrichtung der Gewalten auf das Werk Christi, welche diese dem Bereich eines Demiurgen entnimmt. Es gibt hier kein summarisches Urteil, daß eine Obrigkeit sich in dieser Ordnung stehend weiß oder nicht und ihr deshalb summarisch zu gehorchen wäre oder nicht. Das Handeln des Christen der Obrigkeit gegenüber muß dieser diese ordinatio Gottes bezeugen, weshalb der Christ sich jedem konkreten Gebot der Obrigkeit gegenüber fragen muß, ob hier dieses Bezeugen durch Gehorsam oder etwa durch Ungehorsam geschehen muß. Diese Verantwortung kann dem Christen durch nichts und durch niemand abgenommen werden.

Für die Eidesfrage bedeutet das, daß der Christ nicht einfach generell den von der Obrigkeit geforderten Eid leisten kann, sondern sich in jedem konkreten Fall fragen muß, ob er sich hier die Anzweiflung seiner Wahrhaftigkeit gefallen lassen und darum in der Solidarität der Schuld mitschwören muß, also hier die Konsequenz der Sünde um seiner eigenen Sünde willen auf sich nehmen muß. Das wird etwa beim Zeugeneid im allgemeinen ohne weiteres der Fall sein. Beim staatlichen Gehorsamseid wird die Frage wesentlich schwieriger sein. Der Christ verpflichtet sich hier nicht nur zum Gehorsam gegen ein bestimmtes Gebot, sondern gegen alle Anordnungen dieser bestimmten Obrigkeit. Nun kann er sich aber zu einem unbedingten, aktiven Gehorsam allen Geboten gegenüber, wie wir gesehen haben, keinesfalls verpflichten, da er sich die Möglichkeit des Bezeugens der christlichen Forderung durch Ungehorsam allen einzelnen Geboten gegenüber vorbehalten muß. Er kann also den Eid nur unter diesem Vorbehalt schwören. Er bringt mit seinem Eid zum Ausdruck, daß er den eigentlichen Grund seiner Gehorsamspflicht, und zwar gleichgültig, ob er unter ausdrücklicher Anrufung des Namens Gottes schwört oder nicht, denn die Schwurformel selbst ist unwesentlich, abgesehen von allen staatsrechlichen und politischen Gründen, in dem in der Heil. Schrift bezeugten Gebot Gottes sieht, daß er dieses Werk in der Solidarität der Schuld auf sich nimmt und daß die ihn verpflichtende Obrigkeit ebenfalls vor diesem Gott Rechenschaft ablegen muß und daß der von ihm verlangte Gehorsam in dem offenbaren Willen Gottes begrenzt ist.

Diese im Wesen des vor Gott geschworenen Eides liegende Einschränkung für Obrigkeit und Untertanen kann nicht in Form eines »quantitativen Vorbehalts« einem »bloß weltlichen Eid« hinzugefügt werden, sondern sie ist als »qualitativer Vorbehalt« in jedem von ihm geschworenen Eid immer schon enthalten. Abzulehnen ist der Versuch, sich gegen eine Überforderung im Eid durch Hinzufügung eines »qualitativen Vorbehalts« zu sichern, sei es in der individualistischen Form (»soweit mein Gewissen es erlaubt«), sei es in der kirchenrechtlichen Form (»soweit es die Gesetze meiner Kirche erlauben«). Für beide Formen ist gemeinsam, daß sie für ein Teilgebiet des Handelns auf die christliche Begründung und Begrenzung verzichten, indem sie meinen, für dieses ohne Vorbehalt sich verpflichten zu dürfen. Dem entspricht dann der weitere Irrtum, daß man die Grenze des umstrittenen und deshalb zu sichernden Gebietes der Willkür der eigenen subjektiven oder kirchlichen Auslegung überläßt. Man will damit nicht den Totalitätsanspruch Gottes auf alles menschliche Handeln sichern, sondern nur die persönliche Gewissensfreiheit oder die kulturelle Einflußsphäre einer Kirche gegenüber der Macht des Staates. Wird nun durch die Form, in der ein Eid verlangt, oder durch die Auslegung, die einem Eid zuteil wird, jener »qualitative Vorbehalt« angetastet, so ist dem Christen damit das Ablegen und Halten eines solchen Eides unmöglich gemacht. Die Frage, ob man im konkreten Fall den Eid schwören kann, wird sich also an der Frage der Auslegung des Eides durch die Obrigkeit entscheiden.

3. Der Christ und die Auslegung des Eides

Unsere Auffassung des Eides gilt für den Christen unabhängig davon, welche Bedeutung die ihn verpflichtende Obrigkeit ihm beilegt. Er kann nicht verlangen, daß die Obrigkeit seinen Glauben und damit seine Auffassung vom Eid teilt, da die Obrigkeit ein weltliches Amt ist, das Gott Christen und Nichtchristen überträgt. Er muß aber die Gewißheit haben, daß die Obrigkeit weiß, mit welcher Begründung und Begrenzung er schwört. Läßt sie ihn schwören, auch wenn sie selbst die Begründung anders versteht, so geht das auf ihre Verantwortung.

Warum kann der Christ auf diese Vergewisserung nicht verzichten? Der entscheidende und nicht genug zu betonende Grund ist der, daß andernfalls der Christ die ihm gebotene Bezeugung des Evangeliums der Obrigkeit gegenüber schuldig bleibt. Das wird immer wieder übersehen, wenn man, wie es leider üblich ist, die Eidesfrage immer nur unter dem Gesichtspunkt behandelt, wie man am leichtesten der Eidesforderung der Obrigkeit nachkommen und trotzdem sein Gewissen salvieren kann.

Der klassische Fall für diese falsche Praxis ist die katholische Lehre vom Eid, wie sie der Codex juris canonici enthält: »Jusjurandum stricte est interpretandum secundum jus et secundum intentionem jurantis aut, si hic dolo agat, secundum intentionem illius, cui juratur« (Can. 1321). Dieser Grundsatz erlaubt es dem katholischen Christen, jeden vom Staat geforderten Eid zu schwören, ohne einen Vorbehalt zu machen und ohne sich über dessen Auffassung zu vergewissern. Der Eid ist ja zu interpretieren nach seiner eigenen Auffassung bzw. der Rechtsauffassung seiner Kirche, nach welcher Kirchenrecht jederzeit weltliches Recht bricht. Er hat also dem Staat gegenüber gar nichts beschworen, was ihm nicht die Kirche ohnehin gebietet, sondern sich im Grund nur feierlich zu seinem Kirchenrecht bekannt. Der Eventualfall, daß die Auslegung dessen gelten würde, cui juratur, tritt nicht ein, da ja diesem das Kanonische Recht mindestens der Möglichkeit nach bekannt ist und deshalb beim Schwörenden kein dolus vorliegt.

Die heute landläufige Eidespraxis der Protestanten unterscheidet sich von dieser katholischen nur darin, daß sie tatsächlich noch viel unsittlicher ist, weil einerseits der Empfänger des Eides von dieser Reservatio mentalis nichts weiß und diese andererseits auch gar nicht praktisch wirksam werden kann, während der Katholik immer noch mit einem gewissen Recht sagen könnte, daß er den Staat über seinen Vorbehalt nicht im unklaren gelassen hat und daß auch der Fall durchaus denkbar ist, daß die Kirche eines Tages den Katholiken mit Berufung auf diesen Satz des Kirchenrechts von der beschworenen Gehorsamspflicht entbindet. Die katholische Praxis wäre also immer noch in gewissem Sinn eine Bezeugung des Evangeliums gegenüber dem Staat, was man von der protestantischen nicht mehr sagen kann, wenn ohne jene Vergewisserung nur mit einem stillschweigenden Vorbehalt geschworen wird.

Der Vergewisserung über das Verständnis des Eides bedarf der Christ grundsätzlich jeder Obrigkeit gegenüber. Man sollte sich nicht einlassen auf die Fragestellung, ob der Eid auf eine verfassungsmäßig gebundene Regierung eher christlich tragbar sei als der Eid auf den Willen eines absoluten Herrschers, denn eine konstitutionelle Regierung garantiert letzten Endes ebensowenig wie eine absolute, daß sie sich durch Gottes Gebot in ihren Maßnahmen begrenzen läßt. Die Vergewisserung kann aber unter Umständen in besonderer Weise dadurch gefordert sein, daß der Staat selbst dem von ihm geforderten Eid eine Formulierung und Auslegung gibt, welche die dem Christen selbstverständliche Begrenzung auszuschließen scheint. Der damit eintretende Gewissenskonflikt war für viele Christen bei dem vom Dritten Reich geforderten Gehorsamseid vorhanden und damit die Gefahr, daß sie den Eid nur gezwungen und mit schlechtem Gewissen schwören konnten, sondern daß er für sie seines Wertes und Inhalts beraubt wurde.

Konnte die Kirche vielleicht bei den früheren Eidesleistungen mit Recht oder Unrecht annehmen, daß der Staat um die christliche Begrenzung des Eides wisse und sie dulde, so durfte sie das doch in dem Augenblick nicht mehr stillschweigend tun, wo der Staat selbst mit Nachdruck die völlige Andersartigkeit des von ihm verlangten Eides gegenüber den bisherigen betonte. Jetzt war die notwendige Vergewisserung zu einer Gewissensfrage und damit zu einem Anliegen öffentlichen Bekennens geworden. Hier mußte die Kirche eingreifen. Da der Christ in Fragen des Glaubens nie als einzelner, sondern immer als Glied der Kirche mit dem Staat zu tun hat, war es Pflicht der Kirche, durch ein öffentliches Bekenntnis jene Gewißheit zu schaffen. Das war sie sowohl ihren Gliedern wie auch dem Staat schuldig. Sie durfte sich ihren Gliedern gegenüber dieser Forderung nicht etwa mit der Begründung entziehen, daß es nur wenige »schwache« Gewissen seien, welche Bedenken gegen die Eidesleistung haben, während fast alle den Eid ohne Bedenken leisteten. Es sei dahingestellt, ob diese es auf Grund ihres »starken« Gewissens getan haben. Aber selbst wenn es sich bei jener geforderten Vergewisserung nur um die Sorge der »schwachen« Gewissen gehandelt hätte, wäre das für die Kirche ein zwingender Grund zum öffentlichen Bekennen gewesen (vgl. Mark. 9, 24; Röm. 14, 13; 1. Kor. 8, 11). Solange die Kirche schwieg, konnten sich die einzelnen Christen das christlich immer geforderte gute Gewissen dadurch verschaffen, daß sie vor der Eidesleistung jene Begrenzung und Begründung aussprachen. Dies ist da und dort geschehen, etwa in der Weise, daß der betreffenden Behörde gegenüber zu Protokoll gegeben wurde: »Ich schwöre bei dem Gott Abrahams, Isaaks und Jakobs, dem Vater unseres Herrn Jesu Christi«; oder konnte man, wie es durch Karl Barth geschehen ist, zuerst um Auskunft darüber bitten, ob die conditio christiana tacita nach der Auffassung des Staates zulässig sei. Schließlich hat die Vorläufige Kirchenleitung am 12. 12. 1934 eine entsprechende Erklärung an die Regierung abgegeben, die am 14. 12. 1934 im kirchlichen Nachrichtendienst, nicht aber in der öffentlichen Presse erschien. Der Staat hat diese Erklärung damals durch die Zurruhesetzung Karl Barths und die dem Urteil beigegebene Begründung praktisch zurückgewiesen. Aber selbst wenn sich der Staat mit jener Begründung des Urteils nicht identifizierte, so hat er die Erklärung der Kirche jedenfalls nicht förmlich entgegengenommen und die Kenntnisnahme bestätigt, was schon angesichts der in den Augen des Staates bestrittenen Zuständigkeit jener kirchlichen

Stelle notwendig gewesen wäre, wenn man diese Erklärung als die geforderte Vergewisserung sollte betrachten können.

Die Kirche hat also um ihrer Zeugenpflicht gegenüber dem Staat und um der Gewissensnot ihrer Glieder willen erneut die Pflicht, dem Staat zu erklären, daß ihre Glieder den Eid nur christlich, das heißt nur mit der in der Anrufung Gottes enthaltenen Bindung und Begrenzung leisten werden. Sie hat weiterhin die Pflicht, an den Staat die offizielle Anfrage zu stellen, ob er diesen christlichen Vorbehalt zur Kenntnis nehmen will oder nicht. Solange der Staat diese Kenntnisnahme verweigert bzw. sie nicht öffentlich bestätigt, muß die Kirche von jedem ihrer Glieder verlangen, daß der Schwörende selbst den christlichen Vorbehalt vor der Eidesleistung ausspricht und, falls dieser zurückgewiesen wird, den Eid nicht leistet.

All das gilt grundsätzlich für jeden Untertaneneid, ob der Schwörende ihn als Beamter, Soldat, Parteigenosse oder Angehöriger irgend einer Formation schwört, gleichgültig ob die Eidesformel die Anrufung Gottes enthält oder nicht. Dabei bleibt aber immer noch die Frage, ob nicht die verlangte Eidesformel durch ihren Inhalt trotzdem eine Verweigerung des Eides fordert. Ein Eid »bei den Toten der Bewegung« kann zum Beispiel von einem Christen kaum geschworen werden. Hier wird die Bezeugung der Herrschaft des kommenden Gottesreiches kaum mehr anders als durch Eidesverweigerung möglich sein.

Eine besondere Frage ist nun die Eidesleistung des Pfarrers. Neben all den bisherigen Gesichtspunkten ist hier noch die Frage zu berücksichtigen, ob der Pfarrer die Anzweiflung der Wahrhaftigkeit seines Gehorsams gegen die Obrigkeit in der Ausübung seines Predigtamtes gefallen lassen und in der Solidarität der Schuld schwören darf und muß. Auch diese Frage läßt sich nicht generell, sondern nur im konkreten Fall, das heißt im Blick auf die den Eid fordernde bestimmte Obrigkeit beantworten. Würde eine Obrigkeit diesen Eid fordern, deren Männer selbst sich als Christen gebunden wissen, so wäre die Eidesforderung verhältnismäßig unbedenklich und eine Bezeugung durch Eidesverweigerung kaum angebracht. Wird dieser Eid aber gefordert, wie es heute der Fall ist, um den Pfarrer für seinen Amtsbereich, zunächst also einmal für den Religionsunterricht, an die Weisungen des Staates zu binden und geschieht das in einem Augenblick, in dem ein offener Kampf zwischen Staat und Kirche darüber besteht, wie dieser Religionsunterricht erteilt werden soll, so ist die Verweigerung des Eides die einzig mögliche Form der Bezeugung des Herrschaftsanspruchs Christi.

Es muß dabei auch bedacht werden, daß die Kirche durch ihr bisheriges Schweigen in der Eidesfrage schon eine ungeheure Schuld auf sich geladen hat. Sie hat nun noch einmal Gelegenheit, aus Anlaß des von den Pfarrern geforderten Eides zur Frage des Untertaneneides überhaupt Stellung zu nehmen und ihren im Gewissen furchtbar bedrängten Gliedern zu helfen. Versagt sie hier und üben ihre Pfarrer dieselbe unchristliche Praxis, welcher man die Gemeindeglieder bisher auslieferte, so haben wir die Kirche Christi und sein Evangelium wieder einmal an die Welt verraten und mitgeholfen, die uns anvertrauten Seelen zu morden, die endlich, endlich auf ein christliches Zeugnis gegen den Herrschaftsanspruch des totalen Staates warten.

»Mir ist, ich höre es durch die Welt gehen wie ein großes Seufzen in tausend Stimmen, in allen Völkern und Ländern und Menschen: Stürzt uns nicht länger in die Sünde! Werft uns nicht weiter unter das Gesetz! Gebt uns endlich das Evangelium! Es ist im Grunde immer das eine gleiche gemeint, wo immer die Menschen, durch die große Erschütterung unseres heutigen Lebens bewegt, klagen, streiten, weinen – die Welt, ja, die Welt draußen wartet auf die Kirche, daß sie ihr gebe, was sie sich selber nicht geben kann: Jesus den Christus in seinem Worte« (Thurneysen, »Die Bergpredigt«, S. 53). Ob wir der Welt Christus bezeugen, darum allein handelt es sich, wenn wir schwören oder nicht schwören.

Am 18.6.1937 ordnete der Württ. Kultminister an, die Ablegung des Gelöbnisses habe ohne jeden Vorbehalt zu erfolgen. Der Erlaß wurde trotz der Bitte der Kirchenleitung nicht veröffentlicht, sie erfuhr nur durch Zufall davon[74]:

Ich ersuche, den ... Dienststellen sofort mitzuteilen, daß die Ablegung des Treuegelöbnisses durch Geistliche ohne jeden Vorbehalt zu erfolgen hat. Erklärungen mit Vorbehalten sind nicht entgegenzunehmen, vielmehr ist in allen Fällen sofort Meldung zu machen. Ich beabsichtige, jedem Geistlichen, der einen Vorbehalt im Sinne des Erlasses des Oberkirchenrats macht, den Religionsunterricht sofort zu entziehen. Darum ist in allen Fällen, in denen versucht wird, einen Vorbehalt zu machen, durch die zuständige Stelle die Übertragung des Religionsunterrichts an die Lehrer, wenn nötig in verkürzten Stundentafeln, vorzubereiten.

74 Denkschrift vom 27.7.1937; LKA Stuttgart, D 1, Bd. 72.

Angesichts der beginnenden Abnahme des Gelöbnisses und der Verwirrung im ganzen Land schrieb die Sozietät am 21.6. 1937 an ihre Freunde in der württ. Pfarrerschaft[75]:

Im Land gehen Gerüchte, daß das Schreiben des Oberkirchenrats vom 2. Juni von den staatlichen Stellen zur Kenntnis genommen und damit der christliche Vorbehalt anerkannt worden sei. Das ist nicht wahr. Vielmehr scheint neuerdings sicher zu sein, daß der Staat keinen Vorbehalt anzuerkennen gewillt ist. Nach den Nachrichten über heute vorgenommene Vereidigungen hat sich dies bestätigt. Da uns dies nicht offiziell zur Kenntnis gebracht worden ist, haben wir selber die Klärung herbeizuführen. Wir können nun nicht mehr mit Berufung auf die von der Kirche abgegebene Erklärung persönlich auf die Vergewisserung über die Stellung des Staates zum christlichen Vorbehalt verzichten; sondern es ist unter diesen Umständen unerläßlich, daß jeder einzelne vor der mündlichen Ablegung des Eides erklärt, daß er den Eid nur unter dem nachbezeichneten Vorbehalt, den er auch in dem Revers mit aufnehmen werde, ablegt.

Der Vorbehalt wäre folgendermaßen zu formulieren: Als evangelischer Christ erkläre ich, daß die vorliegende Verpflichtung durch die Bindung an Gottes Wort bestimmt und begrenzt wird.

Es versteht sich von selbst, daß wir nach unserer Kanzelerklärung der Gemeinde auch von dem Ausgang der Sache Mitteilung machen.

Der Ausschuß der Sozietät.

Wichtig

Nachtrag: Inzwischen ist uns der betreffende Erlaß des Kultministeriums an die Schulräte vom 18.6. 1937 bekannt geworden, der jeden Vorbehalt ausschließt.

Ebenfalls am 21.6. 1937 gab der Oberkirchenrat in einem Erlaß den Dekanatämtern Richtlinien für den Fall, daß jede Erklärung der Pfarrer vor Ablegung des Gelöbnisses abgelehnt wird[76]:

In Ergänzung der fernmündlichen Anweisung an die Dekanatämter vom 21. Juni dieses Jahres faßt der Oberkirchenrat besonders für diejenigen Geistlichen, die noch vor der Ablegung des Gelöbnisses stehen, seine Stellungnahme in dieser Frage noch einmal folgendermaßen zusammen:

---

75 LKA Stuttgart, D 1, Bd. 112,1; vgl. auch die Mitteilung der Sozietät vom 29.6. 1937, an der Lage und infolgedessen an der Haltung der Sozietät habe sich nichts geändert (LKA Stuttgart, D 1, Bd. 112, 1).
76 Nr. A 6284.

1. Das vom Herrn Reichserziehungsminister am 18.3. 1937 für die an öffentlichen Schulen Religionsunterricht erteilenden Geistlichen vorgesehene Gelöbnis: »Ich gelobe, ich werde dem Führer des Deutschen Reichs und Volkes, Adolf Hitler, treu und gehorsam sein und meine Dienstobliegenheiten gewissenhaft und uneigennützig erfüllen«, umreißt die Pflichten, die jeder Staatsbürger zu übernehmen hat und die deshalb auch der Geistliche als Religionslehrer zu übernehmen bereit ist.

2. Inzwischen hat der Erlaß des Herrn Kultministers vom 28.4. 1937 (Ministerial-Amtsblatt vom 21.5. 1937) Anordnungen für die Gestaltung des Religionsunterrichts getroffen, die tief in die Lehre und das Bekenntnis der Evangelischen Kirche eingreifen. Dieser Erlaß vermehrt die Besorgnis, es könnte das vom Herrn Reichserziehungsminister angeordnete Gelöbnis von irgend welcher Seite dahin ausgelegt werden, daß die Geistlichen dadurch auch hinsichtlich des Inhalts ihrer religiösen Unterweisung statt an Gottes Wort an menschliche Maßstäbe gebunden werden könnten.

3. Deshalb hielt sich die Kirchenleitung für verpflichtet, am 2.6. 1937 den Herrn Reichserziehungsminister darauf aufmerksam zu machen, daß »der Geistliche als Diener am Wort an die Heilige Schrift gebunden ist und daß diese Bindung bei letzten Entscheidungen sowohl für den Geistlichen als für seine Gemeindeglieder jeder anderen Verpflichtung vorgeht«.

4. Es besteht nun Grund zu der Annahme, daß den Geistlichen bei der Verpflichtung von den Schulräten oder Schulleitern erklärt wird, daß keinerlei Erklärung oder Vorbehalt bei der Ablegung des Gelöbnisses berücksichtigt werden könne. In diesem Fall ist zu erwidern, daß es sich bei der vom Oberkirchenrat am 2.6. 1937 dem Herrn Reichserziehungsminister gegenüber abgegeben Erklärung um keinen Vorbehalt handelt, sondern um eine Klarstellung, was ein Gelöbnis vor Gott für einen evangelischen Christen bedeutet, und daß der Geistliche deshalb an dieser Erklärung festhalten muß.

5. Sollte das Gelöbnis in diesem evangelischen Verständnis von den staatlichen Stellen nicht angenommen werden, so werden die Geistlichen erklären, daß sie das Gelöbnis nicht anders ablegen können und es den staatlichen Stellen überlassen müssen, ob sie ihr Gelöbnis annehmen wollen oder nicht. I.V. Müller.

Die Abnahme des Gelöbnisses begann am 19. Juni; in den einzelnen Bezirken wurde verschieden verfahren[77]:

77 Denkschrift vom 27.7.1937; LKA Stuttgart, D 1, Bd. 72.

In 30 Bezirken gaben die Geistlichen die Erklärung des Oberkirchenrats oder eine eigene Erklärung desselben Sinnes ab und wurden darauf nicht zum Gelöbnis zugelassen; in 12 Bezirken gaben die Geistlichen die Erklärung des Oberkirchenrats oder eine eigene Erklärung desselben Sinnes ab und wurden zum Gelöbnis zugelassen, meist nach einer längeren Aussprache über die Bedeutung des Gelöbnisses und über den Sinn der Erklärung. In 4 Bezirken kam es zu längeren Auseinandersetzungen, in deren Verlauf ein Teil der Geistlichen, weil ja gegen den Wortlaut des Gelöbnisses selbstverständlich keine Einwände erhoben werden konnten und wollten, zum Gelöbnis zugelassen wurden, während ein anderer Teil auf der Erklärung beharrte und um Aufschub bat. Eine genaue Nachprüfung hat auf Grund schriftlicher Mitteilungen der Pfarrämter ergeben, daß, von den DC-Pfarrern abgesehen, nahezu alle übrigen Pfarrer, die das Gelöbnis ablegten, auf dem Boden der Erklärung des Oberkirchenrats stehen; einige wenige erklärten, sie wollten lieber einen Gewissenskonflikt tragen als auf die religiöse Unterweisung ihrer Schulkinder verzichten. Auf jeden Fall muß festgestellt werden, daß die Haltung der evangelischen Geistlichen durchaus geschlossen ist und nur das verschiedene Verhalten der Schulräte die scheinbare Spaltung in solche, die das Gelöbnis ablegten, und in solche, die zum Gelöbnis nicht zugelassen wurden, hervorrief. Es hätten darum bei gleichmäßiger Durchführung entweder alle zum Gelöbnis zugelassen oder alle nicht zugelassen werden müssen. Dabei sei ausdrücklich bemerkt, daß die Schulräte mit ganz wenig Ausnahmen alles taten, um das Gelöbnis ohne Schwierigkeit ablegen zu lassen. In einem Fall hat ein Schulrat von 3 1/2 Uhr bis 6 3/4 Uhr die Geistlichen einzeln bearbeitet, um sie zur Annahme des Gelöbnisses zu überreden. Es läßt sich nicht vermeiden, Einzelheiten anzuführen: Ein Schulrat hat am 19. und 21. Juni bis abends 5 Uhr Erklärungen entgegengenommen und darauf das Gelöbnis vollzogen; unter diesen Erklärungen befindet sich folgende:

1. Ich lege das Gelöbnis ab, weil die Heilige Schrift befiehlt, jedermann sei untertan der Obrigkeit, die Gewalt über ihn hat, denn es ist keine Obrigkeit ohne von Gott; wo aber Obrigkeit ist, die ist von Gott.

2. Ich lege das Gelöbnis ab, weil die Heilige Schrift ordnet: Denn die Obrigkeit ist Gottes Dienerin, eine Rächerin, zu strafen den, der Böses tut.[77a]

3. Ich lege das Gelöbnis ab, weil ich auf dem Boden der Heiligen Schrift des Alten und Neuen Testaments stehe, die für mich Inhalt und Grenze der staatlichen Gewalt bestimmt.

[77a] Ziffer 1 und 2: Römer 13, 1.4.

4. Ich lege das Gelöbnis ab, weil ich darin zum lebendigen Gott spreche, der sich im Alten und Neuen Testament als der Vater unsres Herrn Jesu Christi und der Schöpfer der Welt geoffenbart hat.

5. Ich lege das Gelöbnis ab, weil ich mich auf die Worte des Führers berufe: a) Ohne den klar begrenzten Glauben würde die Religiosität in ihrer Vielgestaltigkeit für das menschliche Leben nicht nur wertlos sein, sondern wahrscheinlich zur allgemeinen Zerrüttung beitragen. b) Kein Eingriff in die Lehre und Bekenntnisfreiheit der Konfessionen hat stattgefunden und wird jemals stattfinden.[77b]

Plötzlich, am 21. Juni, abends 6 Uhr, wies derselbe Schulrat jede Erklärung ab und ließ die Geistlichen nicht zum Gelöbnis zu; am 25. Juni nahm er wieder Erklärungen entgegen. In einem Fall hatten die Geistlichen sich auf die Erklärung des Oberkirchenrats berufen und waren abgewiesen worden; einige Tage später wurden sie noch einmal zusammengerufen: Eine Berufung auf die Erklärung sei nicht angängig, aber mündlich könne der Schulrat erklären, daß sich das Gelöbnis nicht auf den Religionsunterricht beziehe; darauf wurden alle zum Gelöbnis zugelassen. In einem anderen Bezirk hatte der Schulrat eine Erklärung angenommen und darauf das Gelöbnis vollzogen; einige Tage später fragte er bei den Geistlichen an, das Protokoll werde nicht mit der Erklärung angenommen, ob er die Erklärung nicht weglassen dürfe. Die Geistlichen antworteten, der Bericht sei seine Angelegenheit; das müsse er verantworten; aber er müsse sich klar darüber sein, daß durch einen mit dem Tatbestand nicht ganz übereinstimmenden Bericht die Tatsache nicht aus der Welt geschafft werde, da sie das Gelöbnis mit einer Klarstellung abgegeben hätten und fest entschlossen seien, es zu halten. In einem Falle wies der Schulrat zwar die Erklärung zurück; auf die Frage, ob ein Geistlicher auch nach Ablegung des Gelöbnisses noch das Recht habe, etwa gegen die Forderung, Christus nicht mehr als Sohn Gottes zu verkündigen, zu protestieren, gab er die Antwort, nicht bloß das Recht, sondern die Pflicht; daraufhin wurde das Gelöbnis abgelegt. Während in einem Bezirk der Schulrat erklärte, durch das Gelöbnis werde der Geistliche selbstverständlich auch zum Gehorsam gegenüber dem Religionsunterrichtserlaß des Kultministers verpflichtet, hieß es in einem anderen Bezirk, es handle sich lediglich um einen Akt des Vertrauens gegenüber dem Führer; ein Eingriff in die Erteilung des Religionsunterrichts komme nicht in Frage; ein evangelischer Geistlicher erteile selbstverständlich den evangelischen Religions-

---

[77b] Vgl. S. 709–711.

unterricht wie bisher. So wurden die Gewissensbedenken vielfach zerstreut, indem zwar die Erklärung der Geistlichen abgelehnt, dafür aber seitens des Schulrats eine Erklärung abgegeben wurde, die demselben Ziel diente.

Über die Verpflichtung der Religionslehrer in Reutlingen, die am 29.6. 1937 stattfand, liegt ein ausführlicher Bericht vom 30.6.1937 vor [78]*:*
Es waren anwesend die evang. und kath. Geistlichen und Religionslehrer (soweit sie auch an Volksschulen Unterricht erteilen). Als Vertreter der Behörden waren erschienen Herr Schulrat Kienle, die Rektoren Hirschburger und Feller, Kreisleiter Sponer (sämtlich in Uniform). Herr Schulrat eröffnet die Sitzung und stellt die Anwesenheitsliste fest. Dann führt er aus: »Ich habe Sie hier zusammengerufen, damit Sie in Ihrer Eigenschaft als Religionslehrer das Treuegelöbnis auf unsren Führer Adolf Hitler ablegen. (Der Wortlaut wird mitgeteilt.) Sie wissen, was ein solches Gelöbnis für den Nationalsozialismus bedeutet. Sie verpflichten sich damit zu bedingungslosem Gehorsam ohne jede Einschränkung gegenüber dem Führer und allen seinen Beauftragten. Ich sage Ihnen im Auftrag des Kultministeriums, daß irgend eine Erklärung oder ein Vorbehalt nicht angenommen wird. Das Schreiben der Evang. Oberkirchenbehörde an das Reichserziehungsministerium kann für uns keine Gültigkeit haben. Es gibt für uns keine Kompromisse. Es wird niemand gezwungen, das Gelöbnis abzulegen. Wer es freilich verweigert oder nicht ohne Einschränkung leisten kann, muß die Folgen tragen. Er verliert die Fähigkeit, ein öffentliches staatliches Amt zu bekleiden. Ist unter den Anwesenden jemand, der dazu etwas sagen oder einen Vorbehalt geltend machen möchte?«

Herr Dekan Friz führt Folgendes aus: »Ein Doppeltes liegt uns in dieser Stunde am Herzen: 1. Unsre Arbeit in der Schule an der Jugend unsres Volkes ist uns ans Herz gewachsen, und wir möchten nicht leichthin auf sie verzichten. Wir möchten unsrem Volk und dem Führer in Treue dienen. 2. Wir sind hiehergekommen, um das Gelöbnis abzulegen. Wir sind als Geistliche hiehergerufen worden, und wir können selbstverständlich unser Gelöbnis nur als Christen ablegen, das heißt mit der innersten Bin-

---

78 LKA Stuttgart, D 1, Bd. 72; Bericht von Pfr. Lang, Reutlingen. Vgl. auch die Kanzelverkündigung in der Reutlinger Marienkirche am 11.7.1937 und die Versammlung der NSDAP am 3.7.1937 in Reutlingen mit der »Abrechnung mit den geistlichen Eidesverweigerern« (LKA Stuttgart, D 1, Bd. 72).

dung an Gottes Wort, an die Gottesoffenbarung in Christus, die für unsren ganzen Dienst und auch für unsren Religionsunterricht richtunggebend bleibt. Dies spricht ja auch die Erklärung unsrer Kirchenleitung aus, die ich schon vor einiger Zeit Ihnen, Herr Schulrat, übermittelt habe. Sie sprachen damals im Telephongespräch die Hoffnung aus, daß wir auf dieser Grundlage bei der Verpflichtung miteinander ins reine kommen.« (Schulrat Kienle unterbricht: »Ich habe nur den Wunsch ausgesprochen, die Verpflichtung möchte sich reibungslos vollziehen.«) Dekan Friz: »Wenn man uns nicht als Christen mit der darin liegenden innersten Haltung und Bindung das Gelübde vollziehen läßt, werden die wenigsten Amtsbrüder es ablegen wollen.«

In gleichem Sinn äußert sich nachher Stadtpfarrer D. Frohnmeyer: »Ich möchte als Christ in meinem ganzen Leben vor Gott stehen und in diesem Sinn auch ein Treuegelöbnis vollziehen. Anders kann ich es nicht, sonst müßte ich mich vor mir selber schämen.«

Schulrat Kienle: »Ich betone noch einmal: »Wir können solche Erklärungen und Vorbehalte nicht annehmen. Sie müssen sich entscheiden: Entweder bedingungslose Verpflichtung oder Ablehnung!«

Auch eine Erklärung des kath. Stadtpfarrers Keicher, die er namens seiner Kollegen verliest, wird verworfen.

Ein evang. Kollege aus dem Münsinger Bezirk erklärt sich bereit zu bedingungslosem Geloben: »Ich bin schon 6 mal auf den Führer vereidigt oder verpflichtet worden und werde auch jetzt geloben. Ich weiß, der Führer verlangt nichts Ungesetzliches, der Führer hat immer recht. Wer anders denkt, der verrät dadurch ein heimliches, schreckliches Mißtrauen gegen den Führer!«

Als Kollege Schweikhardt, Gomaringen, sich als Pg. gegen diese politische Diffamierung wehren will, wird ihm vom Herrn Schulrat das Wort verweigert: »Ich lasse keine Aussprache mehr zu! Ich frage: Wer ist nicht bereit, in dem von mir genannten Sinne zu geloben? Es gibt nur ein unbedingtes Ja oder ein Nein!«

Auf diese Frage erhebt sich die große Mehrzahl der Amtsbrüder. Dann nehmen wir wieder Platz und werden einzeln aufgerufen. Soviel ich mich erinnere, haben 17 evang. Geistliche mit »Nein« geantwortet und 6 (einschließlich des Münsinger Kollegen) mit »Ja«. Die 4 kath. Geistlichen antworten alle mit »Nein«.

Schulrat Kienle: »Den Herren, welche mit ›Nein‹ geantwortet haben, eröffne ich hiemit: Sie sind mit sofortiger Wirkung vom Religionsunterricht ausgeschlossen. Die Sitzung ist für Sie beendet.«

Wir grüßen und verlassen den Saal. Zu meiner Freude gehört zu uns auch Kollege Rathgeb, der bis vor einem Jahr DC war. Dagegen ist es mir sehr schmerzlich, daß andererseits Amtsbrüder, die zur »Bekenntnisgemeinschaft« gehören wollen, sich von uns geschieden haben. Uns zwei Pfarrer der Leonhardskirche, Frohnmeyer und mich, trifft das gleiche Los. Gott sei Dank, daß er uns vor eine so klare Lage gestellt hat. Es war mir vorher bange, es könnte Unklarheiten und falsche Kompromisse geben. Nun ist uns der Weg deutlich gewiesen worden.

Wegen der Ungewißheit, ob das Reichserziehungsministerium den vom Oberkirchenrat in seinem Schreiben vom 2. Juni und 15. Juni mitgeteilten allgemeinen Hinweis auf das Ordinationsgelübde anerkennen würde, bat der Oberkirchenrat am 22.6. 1937 das Württ. Kultministerium, die Verpflichtung der Religionslehrer bis zur Klärung der grundsätzlichen Frage zu vertagen.[79]

Am 23.6. 1937 bat dann der Oberkirchenrat das Reichserziehungsministerium um eine Klärung der Lage, die in Württemberg vor allem auch durch den Erlaß des Kultministeriums über den Religionsunterricht vom 28. April verschärft worden war.[80]

Über eine mündliche Besprechung im Reichserziehungsministerium am 28.6. 1937 liegt folgende Notiz vor[81]*:*

Der dortige Referent nahm Kenntnis von dem seitherigen Verlauf der Verpflichtungen in Württemberg, hatte auch volles Verständnis dafür, daß Geistliche, die als Religionslehrer verpflichtet werden sollen, unter dem Eindruck eines solchen Erlasses über Gestaltung des Religionsunterrichts die Frage aufwerfen, ob sie durch eine solche Verpflichtung zum Gehorsam auch gegen derartige Erlasse gezwungen seien. Auf der andern Seite suchte er den genannten Erlaß als verhältnismäßig mild hinzustellen und wies darauf hin, daß er auf keinen Fall mit dem Gelöbnis in Beziehung gesetzt werden dürfe. Doch werde das Reichserziehungsministerium, nachdem es nun Kenntnis von der Lage bekommen habe, seinerseits alles tun, um die Angelegenheit zu bereinigen; dazu sollten Oberkirchenrat und Kultministerium miteinander ins Benehmen treten. Der Oberkirchenrat hatte das in allen Stadien der Angelegenheit immer wieder versucht; sein Vertreter konnte den festen Willen zu einer solchen Fühlungnahme bezeugen.

79 Nr. A 6284.
80 Nr. A 6665: »Eilt sehr«.
81 Denkschrift vom 27.7.1937; LKA Stuttgart, D 1, Bd. 72.

Eine Bitte des Schulreferenten des Oberkirchenrats, Oberkirchenrat Sautter, vom 30. Juni um eine mündliche Besprechung im Kultministerium wurde am 1.7. 1937 abgelehnt.

Weil sie das Gelöbnis nur unter Hinweis auf das Ordinationsgelübde abzulegen bereit waren, wurde bis Anfang Juli etwa 700 Pfarrern das Recht zur Erteilung des Religionsunterrichts in öffentlichen Schulen entzogen. Über die Erteilung des Religionsunterrichts durch Lehrer hatte das Kultministerium schon am 30.6. 1937 angeordnet[82]:

Den Schulleitern wird zur Pflicht gemacht, bei der Wahl der Lehrer für den Religionsunterricht dafür zu sorgen, daß diese Unterrichtsstunden als Religionsstunden gegeben und von Lehrkräften übernommen werden, die eine einwandfreie nationalsozialistische Haltung haben. Es wird weiter darauf hingewiesen, daß etwaige Abmeldungen von Schülern vom Religionsunterricht, der nunmehr von weltlichen Lehrern anstelle der treueidverweigernden Pfarrer gegeben werden muß, als eine politische Aktion und als Sabotage an staatlichen Maßnahmen zu betrachten sind und nicht entgegengenommen werden dürfen. Auf strenge Beachtung dieses Erlasses wird hingewiesen.

Damit war eine schwerwiegende Verschärfung der Lage eingetreten. Der Oberkirchenrat zog aber die Kanzelerklärung, welche die Pfarrer am 4.7. 1937 im Hauptgottesdienst verlesen sollten, »auf dringenden Wunsch von staatlicher Seite« wieder zurück; diese Erklärung lautete[83]:

Über kirchliche Vorgänge der letzten Woche müssen wir unseren Gemeinden Folgendes mitteilen:

Wir Pfarrer sollten auf Anordnung des Reichserziehungsministeriums als Religionslehrer an staatlichen Schulen das Gelöbnis ablegen, dem Führer des Deutschen Reiches und Volkes Adolf Hitler treu und gehorsam zu sein und unsere Dienstobliegenheiten gewissenhaft und uneigennützig zu erfüllen. Wie wir jeden Sonntag für den Führer beten und sein Werk der Gnade Gottes befehlen, so waren wir auch bereit, das Gelöbnis zu leisten, denn wir wissen uns als christliche Staatsbürger durch Gottes Wort dem Führer des Deutschen Reiches als unserer Obrigkeit mit und ohne Gelöbnis zu Treue und Gehorsam verpflichtet.

---

82 LKA Stuttgart, D 1, Bd. 72; Abschrift ohne nähere Kennzeichnung. Vgl. auch »NS-Kurier«, Ausgabe vom 3.7. 1937.
83 Nr. A 6934.

Nun hatte aber das Württ. Kultministerium am 21.5. 1937 [!] einen Erlaß über die Gestaltung des Religionsunterrichts hinausgegeben, in dem das Sittlichkeitsempfinden der germanischen Rasse zum Maßstab dafür gemacht wurde, was von dem biblischen Stoff im Unterricht noch behandelt werden dürfe. Da dieser Erlaß tief in die Lehre und das Bekenntnis der Evang. Kirche eingreift, konnte er von Kirchenleitung und Pfarrerschaft nicht angenommen werden.

Hinsichtlich der Verpflichtung aber mußten wir nun befürchten, das angeordnete Gelöbnis könne nachträglich als Handhabe dazu benützt werden, um uns Pfarrer zu zwingen, unsere religiöse Unterweisung im Unterricht statt an Gottes Wort an menschliche Maßstäbe zu binden. Deshalb legte der Oberkirchenrat dem Reichserziehungsministerium eine Erklärung vor, die einen solchen Mißbrauch des Gelöbnisses verhindern sollte. Zu unserer Überraschung wies nun ein Erlaß des Kultministeriums die Schulleiter und Schulräte an, eine derartige Erklärung als einen Vorbehalt zu betrachten und abzulehnen. Dadurch kamen wir in folgende Lage:

Wir waren bereit, mit dem ganzen Volk die Treue zum Führer und zum Deutschen Staat zu bekräftigen; wir mußten aber auch aussprechen, daß wir dieses Gelöbnis vor Gott aussprechen und deshalb nie etwas geloben können, was gegen das Wort Gottes ist. Daraufhin nahmen einzelne Schulräte und Schulleiter auch das Gelöbnis entgegen; in den meisten Bezirken aber wurden die Geistlichen auf ihre Erklärung hin nicht zum Gelöbnis zugelassen und ihnen der Religionsunterricht entzogen. Die Behauptung, wir hätten das Gelöbnis verweigert, weisen wir in aller Öffentlichkeit zurück. Wir stellen im Gegenteil fest, wir waren und sind jederzeit bereit, das Gelöbnis abzulegen, sobald wir die Gewähr haben, daß auch nach Ablegung des Gelöbnisses die Heilige Schrift Alten und Neuen Testaments allein für den Inhalt des evangelischen Religionsunterrichts in der Schule wie für unsere gesamte Verkündigung maßgebend bleiben soll.

Wir bitten unsere Gemeinden, in diesen Zeiten der Entscheidung treu zur Kirche zu halten und die Schritte, die getan werden müssen, um in der religiösen Unterweisung unserer Jugend nichts zu versäumen, im Aufblick auf den Herrn der Kirche furchtlos mitzugehen. Wurm.

Am 5. Juli erfuhr der Oberkirchenrat mündlich von einem Schnellbrief des Reichserziehungsministeriums an das Kultministerium vom 3.7. 1937. Dieser Erlaß bot einige Tage später die Möglichkeit, die Lage wieder zu entschärfen, da die in Württemberg zustande gekommene Verbindung der Frage des Gelöbnisses mit dem Problem des Erlasses vom 28. April über die Gestaltung des Religionsunterrichts nicht mehr zu bestehen schien. Der Erlaß des Reichserziehungsministeriums, dessen Wortlaut dem Oberkirchenrat zunächst vom Kultministerium nicht mitgeteilt wurde, lautete[84]*:*

Zur Vermeidung weiterer Beunruhigung halte ich es für angezeigt, den Evang. Oberkirchenrat in Stuttgart darauf hinzuweisen und dabei zum Ausdruck zu bringen, daß die nationalsozialistische Staatsführung die Gewissensfreiheit und kirchliche Lehrfreiheit gewährleistet, von jedem Jugenderzieher aber die unbedingte Bejahung des nationalsozialistischen Staates und das rückhaltlose Gelöbnis der Treue zu Führer und Reich verlangen müsse.

Am 6. Juli wurde in einer mündlichen Besprechung im Kultministerium dem Vertreter des Oberkirchenrats mitgeteilt, der Kultminister gedenke in der Frage des Gelöbnisses nichts Weiteres mehr zu unternehmen und auch mit den Kirchen nicht in Fühlung zu treten.

Die weiteren Bemühungen um eine Lösung sind dann in einer Denkschrift Sautters vom 27. 7. 1937 dargestellt[85]*:*

Am 7. Juli wandte sich der Oberkirchenrat, da das Kultministerium jeden Verkehr in dieser Angelegenheit ablehnte, an die Reichsstatthalterei und trug dort die ganze Lage und ihre Ursachen vor. Dieser Schritt war nicht zu umgehen, da sich zum Beispiel im Anschluß an eine Parteiver-

---

84 LKA Stuttgart, D 1, Bd. 72.
85 LKA Stuttgart, D 1, Bd. 72. Zur Haltung Murrs im Kirchenkampf vgl. dessen Schreiben an den Reichskirchenminister vom 19. 7. 1935. Eingangs bittet er darin um einen Empfang Rehms durch den Minister und fährt dann fort:
»Ich darf diese Gelegenheit dazu benützen, um Ihnen wenigstens in Kürze auch einen eigenen Wunsch vorzutragen. Nach meiner Auffassung kann der evangelische Kirchenstreit nur auf 3 Wegen gelöst werden: 1. Der Führer bürgt gegenüber der Bekenntnisfront dafür, daß der christliche Glauben nicht vernichtet wird, und verlangt andererseits Unterwerfung unter den Reichsbischof. Dabei müßte in einer solchen geeinigten evang. Reichskirche genau wie in der Vergangenheit Raum sein für Volksgenossen, die mehr oder weniger weit gehen im Glauben. Auf diese Dinge näher einzugehen möchte ich mir hier ersparen. 2. Ein Gesetz, das bestimmt, daß die Leistungen der einzelnen Verwaltungsgebiete Deutschlands, heute noch Länder genannt, vom Reich als dem Rechtsnachfolger der Länder unmittelbar an die einzige anerkannte evang. Reichskirche abgeführt werden mit der Auflage, aus diesen Leistungen die einzelnen der Reichskirche angeschlossenen Landeskirchen zu dotieren. 3. Als äußerster Ausweg: Trennung von Kirche und Staat. Der erste Weg wäre mir der liebste. Der zweite noch gangbar, den dritten Weg möchte ich nur als Notbehelf bezeichnen« (HStA Stuttgart, E 140, Bd. 70).

sammlung am 3.Juli in Reutlingen abends[86], in der die zum Gelöbnis nicht zugelassenen Geistlichen öffentlich mit Namen genannt und verhöhnt worden waren, eine immer stärkere Erregung im ganzen Land zeigte, zumal die Entziehung des Religionsunterrichts tief in das Leben der einzelnen Gemeinden einschnitt. Dabei wurde der Vorschlag gemacht, die entscheidenden Sätze aus dem Erlaß des Reichserziehungsministeriums unseren Pfarrämtern mitzuteilen mit der Aufforderung, das Gelöbnis auf dieser Grundlage ohne Erörterung abzulegen; gleichzeitig müßten freilich auch die Schulräte und Schulleiter eine entsprechende Anweisung von seiten des Kultministeriums erhalten. Die mangelnde Fühlung zwischen Kirchenbehörde und Kultministerium habe die ganze Verworrenheit der Lage verursacht; der Oberkirchenrat trage aber daran keine Schuld, denn er habe es an persönlichen Vorstellungen nicht fehlen lassen und dem Kultministerium auch die Schreiben an das Reichserziehungsministerium nicht vorenthalten...

An den folgenden Tagen fanden wiederholt Besprechungen sowohl in der Reichsstatthalterei als im Kultministerium statt, die alle das Ziel hatten, auf der Grundlage der Erklärung des Reichserziehungsministeriums sämtliche Geistlichen zu einer baldigen Ablegung des Gelöbnisses zuzulassen. Daraufhin konnte am 9.Juli dem Herrn Reichsstatthalter mitgeteilt werden, daß Besprechungen und Erkundigungen bei den zuständigen staatlichen Stellen ergeben haben, daß der Ablegung des Gelöbnisses durch die Geistlichen kein Hindernis im Wege stehe, nachdem unser religiöses und kirchliches Anliegen staatlicherseits aufgenommen wurde. Der Herr Reichsstatthalter werde gebeten, dahin wirken zu wollen, daß die den Treueeid abnehmenden Stellen entsprechende Weisung erhielten zur Zulassung sämtlicher noch nicht verpflichteter Geistlichen und daß die im Zusammenhang mit der Ableistung des Gelöbnisses gegen die Geistlichen staatlicherseits verfügten Maßnahmen in vollem Umfang aufgehoben werden. Der Herr Reichsstatthalter teilte dem Oberkirchenrat unter dem 13.7.1937 mit, daß er davon Kenntnis genommen habe, daß die Geistlichen, die bisher das Gelöbnis nicht abgelegt haben, über die Dekanatämter zur Ablegung des Gelöbnisses ohne weitere Erörterung aufgefordert werden; das Kultministerium sei hievon benachrichtigt und werde von sich aus das Weitere veranlassen.

---

86 Vgl. S. 581.

Schon am 8.7. 1937 teilte der Oberkirchenrat den Dekanatämtern die sich anbahnende Wende mit und bat, weitere Termine für die Ablegung des Gelöbnisses durch solche Pfarrer zu beantragen, die zunächst auf einem Hinweis auf das Ordinationsgelübde bestanden hatten.[87]

Am Sonntag, 11.7. 1937, konnten nun auch die Gemeinden durch eine Kanzelverkündigung über die Frage des Gelöbnisses der Religionslehrer unterrichtet werden[88]*:*

Es sind vor einigen Tagen in der Presse und sonst in der Öffentlichkeit gegen die württ. Pfarrer schwere Vorwürfe erhoben worden, sie hätten dem Führer das Treuegelöbnis verweigert. Wir müssen diese Vorwürfe als völlig unberechtigt zurückweisen. Wie wir für den Führer beten und sein Werk der Gnade Gottes befehlen, so waren wir auch bereit, das Gelöbnis zu leisten, denn wir wissen uns als christliche Staatsbürger durch Gottes Wort dem Führer des Deutschen Reichs als unsrer Obrigkeit mit und ohne Gelöbnis zu Treue und Gehorsam verpflichtet.

Nach einer staatlichen Verfügung über die Gestaltung des Religionsunterrichts mußte befürchtet werden, das angeordnete Gelöbnis könne als Handhabe dazu benützt werden, die Pfarrer in ihrer religiösen Unterweisung statt an Gottes Wort an menschliche Maßstäbe zu binden. Der Oberkirchenrat hatte dem Reichserziehungsministerium eine Erklärung vorgelegt, die eine für das christliche Gewissen nicht tragbare Bindung verhindern sollte. Diese Erklärung wurde von den das Gelöbnis abnehmenden Stellen verschieden behandelt. So wurde in einzelnen Bezirken das Gelöbnis der Pfarrer angenommen, in anderen zurückgewiesen.

Es hat nun in dieser Angelegenheit die maßgebende staatliche Reichsstelle unser Anliegen aufgenommen und auch für die Erteilung des Religionsunterrichts den Grundsatz der Gewissensfreiheit und kirchlichen Lehrfreiheit ausdrücklich anerkannt. Auf dieser Grundlage sind die Geistlichen bereit, das Gelöbnis abzulegen, nachdem sie die Gewähr haben, daß die Heilige Schrift allein für den Inhalt des evangelischen Religionsunterrichts in der Schule wie für die gesamte Verkündigung maßgebend bleiben soll.

Unseren Gemeinden, die in diesen schweren Tagen so treu für ihre Pfarrer und den kirchlichen Religionsunterricht eingetreten sind, danken wir und bitten sie, den Ernst der Stunde nicht zu verkennen und alles zu

---

87 LKA Stuttgart, D 1, Bd. 72.
88 LKA Stuttgart, D 1, Bd. 72; die Kanzelverkündigung wurde von Wurm am 8.7.1937 unterschrieben. Im Entwurf war im Schlußabschnitt ein ausdrücklicher Dank an den Reichserziehungsminister und Reichsstatthalter für die Vermittlung eingeschoben.

tun, daß in Kirche, Schule und Haus nichts versäumt werde, unsere Jugend zum Heiland zu führen. Wurm.

Bevor der Erlaß des Oberkirchenrats vom 8. Juli den Pfarrämtern bekannt sein konnte, hatte die Sozietät sich am 8.7. 1937 an den Oberkirchenrat gewandt; Pfr. Diem teilte dies am 9.7. 1937 den Freunden in der württ. Pfarrerschaft *mit*[89]:

Wie wir hören, sieht der Oberkirchenrat durch eine neuerliche Stellungnahme des Reichserziehungsministers die Möglichkeit, daß die Pfarrer nunmehr das Gelübde als Religionslehrer ablegen. Da uns der betreffende Erlaß noch nicht im Wortlaut bekannt ist, können wir nicht feststellen, ob er tatsächlich, wie wir unter allen Umständen fordern müssen, die Erklärung des Oberkirchenrats vom 2. Juni gelten läßt. Wir würden es aber jedenfalls für bedenklich halten, wenn der Oberkirchenrat von seiner eigenen Fragestellung abginge und darauf verzichten würde, eine Stellungnahme des Staates zu seiner Erklärung zu verlangen. Es müßte also ausdrücklich festgestellt werden, daß durch den betreffenden Erlaß des Reichserziehungsministeriums der Staat die Erklärung vom 2. Juni unwidersprochen zur Kenntnis genommen hat und daß darin das neue Faktum liegt, das es uns ermöglicht, das Gelöbnis abzulegen. Wir können es dem Staat auf gar keine Weise ersparen, daß er die Änderung seiner Haltung ausdrücklich zugibt; wir müssen ferner verlangen, daß das in derselben Öffentlichkeit geschieht wie jene Zeitungsnachricht über unsere Eidesverweigerung, da sonst die Änderung unserer Haltung schwerstes Ärgernis anrichten würde.

Für die Kanzelerklärung, in der wir der Gemeinde die Änderung der Lage mitteilen, erlauben wir uns folgenden Vorschlag zu machen, über den wir uns mit dem Landesbruderrat geeinigt haben:

»In der Frage der Verpflichtung der Geistlichen als Religionslehrer an staatlichen Schulen ist durch das Eingreifen des Reichserziehungsministeriums eine neue Lage entstanden: Der Oberkirchenrat hatte am 2. Juni dem Reichserziehungsministerium mitgeteilt, daß wir auch als Religionslehrer bereit sind, die Pflichten zu übernehmen, die jeder Staatsbürger zu übernehmen hat, und das zu geloben, daß jedoch ›der Geistliche als Diener am Wort an die Heilige Schrift gebunden ist und daß diese Bindung bei letzten Entscheidungen sowohl für den Geistlichen als für seine Ge-

---

89 LKA Stuttgart, D 1, Bd. 72.

meindeglieder jeder anderen Verpflichtung vorgeht«. Diese Erklärung, die nur das ausspricht, was für jeden Christen in jedem Eid selbstverständliche Voraussetzung ist, wurde vom Württ. Kultministerium zurückgewiesen und denen, die an ihr festhielten, das Gelöbnis nicht abgenommen und der Religionsunterricht entzogen. Nunmehr hat das Reichserziehungsministerium folgendermaßen entschieden (folgt der Wortlaut des betreffenden Erlasses). Damit hat der Staat unsere Erklärung vom 2. Juni unwidersprochen zur Kenntnis genommen und uns die Ablegung des Gelöbnisses ermöglicht.«

Diese Kanzelerklärung müßte vorher dem Staat im Wortlaut vorgelegt werden mit der Anfrage, ob er gegen ihren Inhalt und gegen ihre Verlesung etwas einzuwenden hat. Ohne seine Zustimmung darf die Kanzelerklärung nicht verlesen werden, da sonst ihr Inhalt nicht stimmt und für uns die Voraussetzungen für die Ablegung des Gelöbnisses nicht gegeben sind. Wir müssen eine Conditio sine qua non darin sehen, daß diese Stellungnahme des Staates herbeigeführt wird.

Für den Ausschuß der Sozietät: Hermann Diem.

Nach der Kenntnis der Kanzelerklärung auf 11. Juli schrieb Pfr. Diem an demselben Tag ein zweites Mal an den Oberkirchenrat[90]:

Wir nehmen Bezug auf unser Schreiben von heute morgen. Leider fehlen in der uns inzwischen bekannt gewordenen Kanzelerklärung auf den 11. Juli eine Reihe von Punkten, die wir für unerläßlich halten:

1. Der Wortlaut des Erlasses des Reichserziehungsministeriums ist nicht genannt. Nach unserer Kenntnis desselben bedeutet der Erlaß noch keine neue Lage, da einmal die Stellungnahme des Württ. Kultministeriums als der für uns zunächst maßgeblichen Instanz zu dem Erlaß noch nicht bekannt ist, und zum andern aus seinem Wortlaut nicht die unwidersprochene Kenntnisnahme der Erklärung des Oberkirchenrats vom 2. Juni zu entnehmen ist.

90 LKA Stuttgart, D 1, Bd. 72. Vgl. auch die Predigt Diems am 11.7.1937 in Ebersbach über Matth. 5,33–37 »Eure Rede sei Ja, ja – Nein, nein« (Diem, S. 71–77; LKA Stuttgart, D 1, Bd. 112); es heißt dort: »Es ging um die Frage, ob unsere Obrigkeit überhaupt einen Eid entgegennehmen will, wie ihn der Christ allein leisten kann; ob sie es zuläßt, daß wir da, wo sie Gehorsam von uns verlangt, den Gott zum Zeugen anrufen, der uns das Gebot gegeben hat: ›Ich bin der Herr, dein Gott; du sollst keine anderen Götter neben mir haben‹... Es ging darum, ob sie es sich sagen lassen will, daß wir gebunden sind an das offenbare Wort unseres Gottes, wie es uns gegeben ist in der Heiligen Schrift Alten und Neuen Testamentes, und daß diese Bindung für uns jeder anderen Verpflichtung vorgeht.«

2. Wir vermissen in der Kanzelerklärung die ausdrückliche Einbeziehung der Gemeindeglieder, für welche bei der Eidesleistung die Bindung an die Heilige Schrift und damit an das 1. Gebot ebenso verpflichtend ist wie für den Pfarrer. In der Erklärung des Oberkirchenrats vom 2. Juni waren die Gemeinden noch einbezogen.

3. Unter diesen Umständen erscheint es uns als gefährlich, die Bereitschaft zur Eidesleistung schon jetzt vor der Gemeinde auszusprechen, ehe die Stellungnahme des Württ. Kultministeriums zu dem Erlaß des Reichserziehungsministeriums und damit auch eine Änderung seiner Stellung zu der Erklärung vom 2. Juni erfolgt ist.

4. Die Abgabe der vorliegenden Kanzelerklärung würde deshalb für uns die Ablegung des Gelöbnisses noch nicht ermöglichen, selbst wenn die Erklärung, wie wir gewünscht haben, vorher dem Staat vorgelegt und von ihm nicht beanstandet worden wäre.

Wir müssen den Oberkirchenrat dringend bitten, zur Herbeiführung einer eindeutigen Stellungnahme des Württ. Kultministeriums diesem mitzuteilen, daß 1. die Kirche in dem Erlaß des Reichserziehungsministeriums eine widerspruchslose Kenntnisnahme der Erklärung vom 2. Juni sehen muß und daß 2. damit der Erlaß des Kultministeriums über die Gestaltung des Religionsunterrichts vom 28. April und ähnliche Erlasse nicht gelten. Erst wenn diese Stellungnahme des Württ. Kultministeriums vorliegt, kann der Frage der Eidesleistung noch einmal näher getreten werden.

Wir können es nicht verstehen, daß der Oberkirchenrat jetzt mit dieser Eile in dieser völlig ungeklärten Lage auf die Eidesleistung hindrängt. Von allen Seiten hören wir, wie sehr die Gemeinde fürchtet, ihre Pfarrer könnten wieder umfallen. Die Glaubwürdigkeit der Kirche wäre vernichtet, und wir könnten uns gegen die Vorwürfe nicht wehren, unser Gewissen verkauft zu haben. Alle Rechtfertigungsversuche würden uns nicht helfen, weil in statu confessionis, wie die Konkordienformel lehrt, eine constans et perspicua confessio gefordert ist.

Für den Ausschuß der Sozietät: Diem.

Die Pfarrer des Kirchenbezirks Kirchheim/Teck faßten am 9. 7. 1937 folgende Entschließung[91]:

Wir versammelten Pfarrer des Kirchenbezirks (15 von 20 anwesenden) halten es nicht für tragbar, daß die Kanzelverkündigung auf 11. Juli mit

---

91 LKA Stuttgart, D 1, Bd. 72; die Erklärung ist vom Dekan von Kirchheim/Teck nicht mitunterzeichnet.

den Ausführungen des 3. Absatzes gelesen wird. Wir halten für notwendig, daß vor einem Treuegelöbnis ausgesprochen wird: Unsere christliche Erklärung im Sinne des Schreibens vom 2.Juni besteht zurecht. Wenn das nicht geschieht, wird eine unheilvolle Verwirrung auch in den Gemeinden angerichtet. Es ist unmöglich, auf eine unverbindliche Erklärung des Reichserziehungsministers hin betreffend kirchliche Lehrfreiheit den Eid abzulegen, ohne daß öffentlich der Erlaß des Kultministers vom 28. April und die Zeitungsnotiz vom 2./3.Juni zurückgenommen werden. Dann aber wird das Treuegelöbnis der 650 zurückgewiesenen Pfarrer voraussichtlich unmöglich werden und auch die übrigen 400 Pfarrer aus dem Religionsunterricht ausscheiden müssen. Die weiteren Folgen sind unabsehbar und gehen die ganze Deutsche Evang. Kirche an.

Wir bitten deswegen, die Angelegenheit des Treuegelöbnisses der württ. Pfarrer der Gesamtvertretung der Deutschen Evang. Kirche (Marahrens-Müller-Breit) zu übergeben und einstweilen von weiteren Schritten in Württemberg abzusehen. Wir tun diesen Schritt im Bewußtsein großer Verantwortung, im Gehorsam und Glauben, und befehlen den Ausgang Gott.

Veil, Roßwälden; Rapp, Owen/Teck; Kieser, Neidlingen; Mayer, Bissingen/Teck; Strebel, Jesingen; Groß, Gutenberg; Mildenberger, Schopfloch; Gerok, Nabern; Schempp, Kirchheim/Teck; Hartkäse, Dettingen; Goes, Ohmden; Knapp, Zell u.A.; v.Jan, Oberlenningen; H.Kinzler, Kirchheim; O. Mörike, Kirchheim.

Nach einer Besprechung von Oberkirchenrat Sautter mit dem Regierungsrat im Württ. Kultministerium Dr. Deyhle am 15.Juli und nach einer Besprechung des Landesbischofs im Reichserziehungsministerium gab der Oberkirchenrat am 21.7.1937 den Dekanatämtern einen zusammenfassenden Überblick über seine Bemühungen in der Frage des Gelöbnisses der Religionslehrer seit Anfang Juli[92]:

Am 9.7. 1937 hatte der Landesbischof dem Herrn Reichsstatthalter mitgeteilt, er beabsichtige, den Dekanatämtern zu eröffnen, daß Besprechungen und Erkundigungen bei den zuständigen staatlichen Stellen ergeben hätten, daß der Ablegung des Gelöbnisses durch die Geistlichen kein Hindernis im Wege stehe, nachdem unser religiöses und kirchliches Anliegen staatlicherseits aufgenommen worden sei. Der Landesbischof beabsichtige, die Geistlichen auf dieser Grundlage zur Ablegung des Gelöbnis-

[92] Nr. A 7603; vgl. auch Nr. A 7459 vom 16.7.1937. Zum Erlaß des Reichserziehungsministeriums vom 1.7.1937 siehe S.798f.

ses ohne weitere Erörterung zu veranlassen, und bitte den Herrn Reichsstatthalter, dahin wirken zu wollen, daß die den Treueeid abnehmenden Stellen entsprechende Weisung erhielten zur Zulassung sämtlicher noch nicht verpflichteter Geistlicher und daß die im Zusammenhang mit der Ableistung des Gelöbnisses gegen die Geistlichen staatlicherseits verfügten Maßnahmen in vollem Umfang aufgehoben werden. In seinem Antwortschreiben vom 13.7. 1937 teilte der Herr Reichsstatthalter mit, er habe von dieser Erklärung Kenntnis genommen; das Kultministerium sei benachrichtigt und werde von sich aus das Weitere veranlassen.

Nachdem sodann der Herr Landesbischof bei einer Besprechung im Reichserziehungsministerium sich davon hat überzeugen können, daß der den Dekanen auf der Dekanskonferenz am 5.7. 1937 mitgeteilte Wortlaut zutreffe, teilte der Landesbischof dem Kultministerium mit, daß er von der Auffassung des Reichserziehungsministeriums Kenntnis erhalten habe, wonach für die das Gelöbnis ablegenden Geistlichen Gewissensfreiheit und kirchliche Lehrfreiheit ausdrücklich gewährleistet sei; auf dieser Grundlage könnten die Geistlichen das Gelöbnis ohne weitere Erörterung ablegen; es sei bestimmt, die Dekanatämter in diesem Sinne anzuweisen, wobei der Oberkirchenrat von der Voraussetzung ausginge, daß sämtliche Geistlichen die Möglichkeit erhielten, das Gelöbnis abzulegen; es wurde gebeten, die entsprechende Anweisung an die Bezirksschulräte und an die Schulleiter so zu beschleunigen, daß die Gelöbnisablegung noch vor Beginn der Ernteferien stattfinden könne. Am 19. Juli hat der Oberkirchenrat fernmündlich erfahren, der Herr Minister wolle dem Reichserziehungsministerium die Frage vorlegen, ob sämtliche Geistlichen zu einer zweiten Ablegung des Gelöbnisses zugelassen werden sollen oder ob jetzt schon mit der Durchführung der Neuregelung begonnen werden soll, wonach nur noch in Ausnahmefällen Geistliche mit der Erteilung des Religionsunterrichts an den staatlichen Schulen beauftragt werden sollen (Erlaß des Reichserziehungsministeriums vom 1.7. 1937, der aber nicht für die Öffentlichkeit bestimmt ist).

Wir wissen nun, daß ein Teil der Geistlichen sich auf den Standpunkt stellt, die in diesem Erlaß angedeutete Regelung liege im Zuge der Bestrebungen, die schon seit Jahren dahin gehen, jeden kirchlichen Einfluß aus der Öffentlichkeit zu verbannen; es wäre deshalb das Beste, auf das Gelöbnis zu verzichten und ohne Zaudern einen kirchlichen Religionsunterricht außerhalb der Schule einzurichten. Dieser Erwägung gegenüber dürfen wir aber nicht verkennen, daß eine rein kirchliche Unterweisung schon der Zeit nach kaum unterzubringen wäre, wenn sie irgend welche größeren

Teile der Jugend erfassen soll. Das Reichserziehungsministerium hat mit seiner Stellungnahme vom 1.7.1937 unsere im Schreiben vom 2. Juni zum Ausdruck gebrachte grundsätzliche Erklärung in der Gelöbnisfrage hinsichtlich des Religionsunterrichts nunmehr ausdrücklich aufgenommen. Es wird unser Bestreben sein müssen, die Ablegung des Gelöbnisses durch sämtliche Geistlichen zu erreichen und damit die Voraussetzung zur Erteilung von Religionsunterricht an staatlichen Schulen festzuhalten. Dann werden wir uns dafür einzusetzen haben, daß die Geistlichen wieder wie bisher den Religionsunterricht in der Schule erteilen. Es würde weder von unseren Gemeindegliedern noch vom Staat verstanden werden, wenn wir, nachdem wir auf unser Ersuchen eine ausreichende Erklärung des Reichserziehungsministeriums erhalten haben, plötzlich viel weitergehende Bedenken anmelden würden. Ein völliger Verzicht auf die Ablegung des Gelöbnisses würde uns von der seither eingehaltenen Linie abdrängen. Wir bitten die Herren Dekane, in diesem Sinne die Amtsbrüder zu beraten.

Wo der Religionsunterricht den Geistlichen entzogen wurde, ist durch die Dekanatämter insbesondere in den Gemeinden, in denen nach Überzeugung des Kirchengemeinderats und der Elternschaft die mit dem Religionsunterricht beauftragten Lehrkräfte nicht in der Lage oder nicht willens sind, den Religionsunterricht nach den Grundsätzen der Kirche zu erteilen, alsbald zu berichten. Gleichzeitig sind Vorschläge zur Einrichtung einer kirchlichen Unterweisung zur Genehmigung vorzulegen. Für den Zuhörer- und Konfirmandenunterricht folgt noch nähere Anweisung.

Sobald sich die Lage weiter geklärt hat, wird den Dekanatämtern neuer Bescheid zugehen. Wurm.

Am 22.7.1937 wandte der Landesbischof sich mit einem Wort an die Pfarrer[93]:
Liebe Amtsbrüder!

Es ist mir ein Bedürfnis, den Amtsbrüdern zur Gelöbnisfrage Folgendes mitzuteilen und ans Herz zu legen:

Bei einer Besprechung im Reichserziehungsministerium habe ich mich davon überzeugen können, daß das Reichserziehungsministerium unsere in den Schreiben vom 2. und vom 30. Juni abgegebene grundsätzliche

---

93 LKA Stuttgart, D 1, Bd. 97. Vgl. auch das »Wort an die Gemeinde«, das der Landesbischof für 25.7.1937 dort zur Verlesung anbot, wo die Abkündigung am 11. Juli nicht vorgenommen worden war; der Inhalt ist eine Zusammenfassung der auf 11. Juli bestimmten Abkündigung und des Wortes an die Pfarrer (LKA Stuttgart, D 1, Bd. 97).

Erklärung zur Kenntnis genommen und das darin enthaltene Anliegen aufgenommen hat. Den Geistlichen, die Religionsunterricht erteilen, ist Gewissensfreiheit und kirchliche Lehrfreiheit ausdrücklich gewährleistet. Durch diese Stellungnahme des Reichserziehungsministeriums, von der die staatlichen Stellen in Württemberg Kenntnis erhalten haben, ist den Bedenken Rechnung getragen, die im Zusammenhang mit der Ablegung des Gelöbnisses der Religionslehrer in besonderer Weise entstanden sind. Sollten die auf dieser Grundlage noch im Gange befindlichen Verhandlungen mit den staatlichen Stellen zu dem von uns gewünschten Ergebnis führen, so werde ich rechtzeitig den Geistlichen entsprechende Weisung zugehen lassen. Bis dahin bitte ich dringend, in der Gelöbnisfrage von allen Einzelaktionen abzusehen.

Wir haben den uns verordneten Kampf immer auf der Grundlage geführt, daß wir nach Römer 13 das Recht obrigkeitlicher Anordnungen anerkennen. Solcher Gehorsam hat aber für den evangelischen Christen dort seine Grenze, wo die Wahrheit und Freiheit der evangelischen Verkündigung und das Lebensrecht der Kirche ernstlich bedroht ist. Den Eingriff des Kultministeriums in die Substanz des Religionsunterrichts, wie er in dem Erlaß vom 28.4.1937 vorlag und im Amtsblatt des Kultministeriums vom 21. Mai bekannt gemacht wurde, hat der Oberkirchenrat schon in seinem Schreiben vom 3.6.1937 zurückgewiesen. Eine Abschrift dieses Schreibens ist jedem Pfarramt zugegangen.

Selbstverständlich geht das Ringen um die Abgrenzung staatlicher und kirchlicher Befugnisse sowohl auf dem Gebiet des Religionsunterrichts wie auf dem Gesamtgebiet der kirchlichen Arbeit weiter. Der hocherfreuliche, am 6. Juli in Kassel vollzogene Zusammenschluß aller auf Bekenntnis und Verfassung stehenden kirchlichen Gruppen der DEK[94] will nichts Anderes, als in offenem und ehrlichem Gespräch mit den verantwortlichen staatlichen Stellen klarlegen, daß der Staat keinen kirchlichen und die Kirche keinen staatlichen Auftrag hat, um auf dieser Grundlage eine Beseitigung der vorhandenen Mißstände und Nöte anzubahnen. Dabei sind wir uns natürlich der Tatsache voll bewußt, daß es sehr einflußreiche Kreise und Persönlichkeiten gibt, die den politischen Totalitätsanspruch bewußt auf das religiöse Gebiet ausdehnen. Wir wollen nicht müde werden, Verständnis dafür zu wecken, daß diese Tendenzen in Wirklichkeit den Kampf gegen die Kirche und in der Kirche verschuldet und alle Bemühungen um seine Beendigung zum Scheitern gebracht haben.

94 Siehe S. 251–257.

Während die Kirchenleitung noch um die Anerkennung der für unser Gelöbnis als Religionslehrer erforderlichen Klarstellung rang, ergab sich eine neue Schwierigkeit. Am 1.7. 1937 verfügte ein nicht zur Veröffentlichung bestimmter Erlaß des Reichserziehungsministeriums, daß der Religionsunterricht an den staatlichen Schulen künftig in der Regel durch die Lehrer und nur noch in Ausnahmefällen durch Geistliche erteilt werden soll.[95] Diese Maßnahme, die in Norddeutschland keinerlei Änderung des jetzigen Zustands bedeutet, schneidet in das Schulwesen der süddeutschen Länder und besonders auch in das württembergische Schulwesen tief ein. Es ist der feste Wille der Kirchenleitung, an der bewährten Ordnung der religiösen Unterweisung, wie wir sie im Bereich unserer Landeskirche seit Jahrhunderten haben, auch fernerhin festzuhalten. Wir sagen das nicht, als würden wir nicht auch neue Wege der religiösen Unterweisung finden. Aber wir müssen uns klar darüber sein, daß sowohl die Einrichtung eines ganzjährigen Zuhörer- und Konfirmandenunterrichts oder einer Katechismusstunde als auch die Wiedereinführung der Mittwochmorgenbetstunde und der Wochenkinderlehre ganz erheblichen inneren und äußeren Schwierigkeiten begegnen wird.

Wir sind dankbar, daß unsere Reihen in den bewegten Wochen, die hinter uns liegen, so geschlossen geblieben sind: Der Unterschied zwischen den Geistlichen, die das Gelöbnis ablegten, und denen, die nicht zum Gelöbnis zugelassen wurden, hat von verschwindenden Ausnahmen abgesehen seinen Grund nicht in einer verschiedenen Haltung der Geistlichen, sondern wesentlich in einem verschiedenen Verhalten der Schulräte und Schulleiter. Diese Geschlossenheit wollen wir mit Gottes Hilfe auch in Zukunft beibehalten und unsere Gedanken nicht durch Überlegungen verwirren lassen, die jenseits unserer Macht stehen und die wir deshalb getrost der göttlichen Führung überlassen dürfen.

Ich bitte die Amtsbrüder, unausgesetzt der Gemeinde die Wichtigkeit und Bedeutung des Ringens der Kirche um die Wahrheit und Freiheit der Verkündigung und um den Frieden in der Kirche deutlich zu machen. Nach Maßgabe der Lage sind daher auch weiterhin, wo es irgend möglich ist, Bittgottesdienste abzuhalten. Vor zwei Extremen wird sich jedoch unser Reden vor der Gemeinde hüten müssen: Davor, daß wir den Schein einer kleinlichen Polemik erwecken, und davor, daß wir tun, als ob nichts geschehen wäre oder geschehen würde. An Leben und Wirklichkeit vorbeizureden ist ein ebenso großes Unrecht gegen die Gemeinde wie ein

---

95 Siehe S. 798 f.

Reden aus Zorn oder eitler Ehre. Der Grundton all unseres Zeugnisses wird mehr denn je sein müssen die tiefe Beugung unter so viel Glaubens- und Lieblosigkeit in Kirche und Welt wie die freudige Zuversicht und die lebendige Hoffnung des Glaubens, ebenso der innigste Dank für so viel Barmherzigkeit und Hilfe, die wir erfahren haben und erfahren dürfen. Gott will gepriesen sein durch den Gehorsam gegen sein Gebot und durch den Glauben an seine Verheißungen.

Die Kirchenleitung dankt für die tapfere und würdige Haltung des Pfarrstandes, die er gerade auch in der gesteigerten Not der letzten Wochen wieder aufs neue bewiesen hat, und bittet in der Einigkeit des Glaubens treu zusammenzustehen und in der Fürbitte für die bedrängten Kirchengebiete und für die verhafteten und ausgewiesenen Brüder und Schwestern in Gottesdienst und Hausandacht nicht müde zu werden. (Wie inzwischen den Pfarrämtern mitgeteilt worden ist, ist jetzt die Frage der Kürzung der Staatsleistungen von der Gelöbnisfrage durch die staatlichen Stellen selbst losgelöst worden.)[96]

Gott ist unsere Zuversicht und Stärke, unsere Hilfe in den großen Nöten, die uns getroffen haben.[97]

In der Verbundenheit des Glaubens: Wurm.

Gegen die von der Kirchenleitung in der Gelöbnisfrage vertretene Haltung wandte sich die Sozietät in einem Rundschreiben vom 26.7.1937 an ihre Freunde in der württ. Pfarrerschaft[98]:

Im Land gehen Gerüchte um, die Sozietät habe ihre Stellung in der Gelöbnisfrage geändert. Dazu teilen wir den Freunden Folgendes mit:

1. Der Religionsunterrichtserlaß des Württ. Kultministeriums vom 28.4.1937 war der konkrete Anlaß, der eine Klarstellung des Charakters der Verpflichtung erforderte. Durch die Erklärung des Oberkirchenrats vom 2. Juni, welche für alle Gemeindeglieder die primäre Bindung an Gottes Wort bei jeder Verpflichtung betonte, und durch die Zurückweisung dieser Erklärung seitens der verpflichtenden Stellen weitete sich die Ange-

---

96 Siehe S. 808–823.
97 Ps. 46,2.
98 LKA Stuttgart, D 1, Bd. 72. Vgl. dazu auch die Entschließung, die ein Teil der Pfarrer des Kirchenbezirks Marbach am 11.8.1937 faßte, und die Erklärung desselben Kreises vom 9.8.1937 sowie den Brief von Pfr. Jäckh, Göppingen, vom 10.8.1937 an den Landesbischof, in dem er es bedauert, daß die württ. Pfarrer bei der Frage des Gelöbnisses nur zur Disziplin ermahnt, aber nicht vorher gefragt wurden (LKA Stuttgart, D 1, Bd. 72). Der Oberkirchenrat wies solche Befürchtungen und Anfragen durch seinen die bekannten Tatbestände in Erinnerung rufenden Erlaß Nr. A 7825 vom 2.8.1937 zurück.

legenheit aus zu einer allgemeinen Aufrollung der Eidesfrage. Das Faktum, daß im Verlauf der Ereignisse 700 evang. Pfarrern die Ablegung des Gelöbnisses unmöglich gemacht wurde, ist zu einem Zeichen geworden, das für Staat und Kirche unausweichbar die Geltung des 1. Gebotes für alle Gebiete des Lebens bezeugte. Es werden wohl alle Beteiligten die Tragweite ihres Handelns nicht von Anfang an übersehen haben; aber nachdem das Zeichen dasteht und, wie wir in unseren Gemeinden sehen, sich an den vielfach schwer bedrängten Gewissen als ein Trost des Evangeliums bezeugt, dürfen wir glauben, daß es nicht nur Hominum confusione, sondern auch Dei providentia aufgerichtet worden ist. Wir wollten keineswegs jede Eidesleistung unserer Obrigkeit gegenüber ablehnen, wie wir zum Teil mißverstanden worden sind; aber die Ereignisse drängten uns dazu, nicht bloß durch unser Reden, sondern in diesem Fall auch durch unser Handeln das der Kirche gebotene Zeugnis abzulegen, daß der offenbarte Gotteswille jede Gehorsamsverpflichtung bestimmt und begrenzt.

2. Die Verhandlungen, welche unsere Kirchenleitung jetzt in dieser Sache mit den staatlichen Stellen führt, haben in weiten Kreisen der Pfarrerschaft stärkstes Befremden und ernste Besorgnisse hervorgerufen. Unser dringendstes Anliegen müßte doch nunmehr sein, unverzüglich die kirchliche Jugendunterweisung auszubauen. Daß ganz abgesehen von der Gelöbnisfrage an eine Rückkehr in die Schule für die Dauer nicht zu denken ist, weil der Staat um der Einheitlichkeit seiner Erziehung willen auch den Religionsunterricht in die Hand nehmen will, zeigt, neben den sonstigen deutlichen Anzeichen (zum Beispiel der Rede des Oberschulrats Kimmich vor der Stuttgarter Lehrerschaft), besonders der Erlaß des Reichserziehungsministeriums vom 1.7.1937, nach welchem der Religionsunterricht in Zukunft nur noch in Ausnahmefällen von Geistlichen gegeben werden soll. Selbst wenn, was der Oberkirchenrat anscheinend hofft, die Geltung dieses Erlasses für Württemberg noch einmal für einige Zeit ausgesetzt würde, so könnte das die Enwicklung nicht mehr aufhalten, die mit der Aufhebung der Bekenntnisschule einsetzte, mit den Erlässen über den Choralgesang, den Gottesdienstbesuch, den alttestamentlichen Unterricht und ähnliches für jedermann sichtbar weitergetrieben wurde und so auch künftig, wie schon bisher, über alle Zusicherungen zwangsläufig hinweggehen wird. Zur Aufmunterung teilen wir den Freunden mit, daß die Einführung des zweijährigen Konfirmandenunterrichts überall, wo sie sofort in Angriff genommen wurde, trotz aller Schwierigkeiten zu einem unerwartet guten Erfolg führte.

3. Wir können es unter diesen Umständen nicht verstehen, daß der Oberkirchenrat jetzt durch eine nachträgliche Ablegung des Gelöbnisses uns die Möglichkeit zur Rückkehr in die Schule verschaffen will und dabei sogar so weit geht, daß er zuerst die Geistlichen verpflichten lassen will, um dann auf Grund dieser Tatsache zu versuchen, den Religionsunterricht für sie wieder zu bekommen. Dabei ist noch kein einziger der Erlasse, die in den Inhalt des Religionsunterrichts eingreifen, offiziell zurückgenommen; auch sind die angeblich befriedigenden Kommentare des Reichserziehungsministeriums zu diesen Erlassen nicht veröffentlicht worden! Wir können uns in einer Angelegenheit, die in diesem Ausmaß zum Gegenstand öffentlichen Bekennens geworden ist, nicht mit unverbindlichen Referentenmeinungen und mit ungreifbaren Zusicherungen, die auf dem Wege der Geheimdiplomatie ausgehandelt sind, begnügen.

4. Unsere Gemeinden haben das Zeichen, das aufgerichtet wurde, gesehen und verstanden. Wir würden ihnen aber auf keine Weise verständlich machen können, warum wir jetzt auch anders handeln können, wenn nicht der Staat durch ein öffentliches Faktum zum Ausdruck gebracht hat, daß er unser Zeugnis gehört und seine Haltung geändert hat. Wir könnten nicht bestreiten, daß wir selbst das Zeichen widerrufen hätten und zu dem, was wir gesagt und getan haben, nicht mehr zu stehen wagten. Wenn unsere Kirchenleitung wüßte, wie es in den Gemeinden aussieht, würde sie keine solche Zumutungen an uns stellen. Wir haben in dieser Sache nicht nur unsere persönliche Glaubwürdigkeit zu verlieren, sondern mit dieser auch die Glaubwürdigkeit der Kirche und ihres Evangeliums in unserem Volk.

5. Wir müssen es besonders schmerzlich bedauern, daß unsere Kirchenleitung in dieser so tief in das Gewissen der Pfarrer eingreifenden und für deren Amtsführung so entscheidenden Angelegenheit zuerst mit dem Staat verhandelt und ihm bereits mitgeteilt hat, daß sie ihren Pfarrern Weisung geben wolle, nunmehr das Gelöbnis abzulegen, ohne die Pfarrer vorher zu fragen und ohne sich vorher zu vergewissern, ob sie diesen Weisungen auch folgen können.

6. Wir bitten unsere Freunde dringend, überall dafür einzutreten, daß wir bei unserer bisherigen Entscheidung stehen bleiben und daß, wenn die Frage unserer Verpflichtung noch einmal aufgerollt werden sollte, die Initiative dazu vom Staat ausgehen müßte. Wir können noch mitteilen, daß wir uns in dieser Haltung mit vielen Amtsbrüdern weit über unsern Kreis hinaus in erfreulicher Weise einig wissen dürfen. Eine der besorgten Zuschriften, die wir in dieser Sache bekamen, schließt mit den Worten:

»Es fällt vielleicht ins Gewicht, wenn recht betont wird, daß nicht nur Leute der Sozietät, Barthianer, Junge, festbleiben wollen, sondern auch Ältere, dem Pietismus Nahestehende, sonst für Milde, Mäßigung, Einigkeit Eintretende, wie ich und andere, einfach weil es wie noch nie bisher im Kirchenkampf eine Gewissensfrage ist.«

Der Ausschuß der Sozietät.

Bei einer Besprechung am 13.8. 1937 erklärte der Referent des Württ. Kultministeriums dem Vertreter des Oberkirchenrats, der Kultminister werde von sich aus keine weiteren Pfarrer mehr zum Gelöbnis zulassen.[99]

Da in Württemberg kein Fortschritt in der Frage des Gelöbnisses zu erwarten war und da Teile der Pfarrerschaft die Voraussetzungen für die Ablegung des Gelöbnisses noch nicht als geklärt ansehen konnten, bat der Oberkirchenrat am 23.8. 1937 noch einmal das Reichserziehungsministerium um Bestätigung der vom Oberkirchenrat dem Schnellbrief vom 3. Juli gegebenen Deutung[100]:

Unsere am 2.6. 1937 in der Gelöbnisfrage an das Reichserziehungsministerium abgegebene Erklärung spricht nichts Anderes aus, als daß ein Christ, der einen Eid ablegt, nach wie vor zum Gehorsam gegen den in der Heiligen Schrift geoffenbarten Willen Gottes verpflichtet ist und daß ebenso auch ein Pfarrer, der das Treuegelöbnis ablegt, nach wie vor an das Wort Gottes gebunden bleibt, dessen Diener er ist.

Wir sind nun der Auffassung, daß das Schreiben des Reichserziehungsministeriums an das Württ. Kultministerium vom 3.7. 1937 E II a 2096/ M (b) mit seiner Zusage der Gewissensfreiheit und kirchlichen Lehrfreiheit das hier ausgesprochene Anliegen aufgenommen hat und daß demnach das Reichserziehungsministerium bereit ist, das Gelöbnis der auf dem Boden dieser Erklärung stehenden württ. Geistlichen entgegenzunehmen, falls es in der vorgeschriebenen Form ohne sonstige Zusatzerklärung abgelegt wird.

Angesichts der heillosen Verwirrung, die in Württemberg durch das Vorgehen des Württ. Kultministeriums entstanden ist, bitten wir das Reichserziehungsministerium dringend, uns mitzuteilen, ob diese unsere

---

99 Protokoll der Besprechung zwischen Dr. Deyhle und Oberkirchenrat Dr. Eichele; LKA Stuttgart, D 1, Bd. 72.
100 Nr. A 8540; den Dekanatämtern zur Kenntnisnahme mitgeteilt. Vgl. auch das weitere Schreiben des Oberkirchenrats an das Reichserziehungsministerium Nr. A 8586 vom 13.9.1937.

Auffassung zutreffend ist. Wir sehen in einer solchen Mitteilung den einzig noch möglichen Weg, um den in der Gelöbnisfrage in Württemberg entstandenen Knäuel von Gewissensnot, Verwirrung, Verbitterung, Enttäuschung und Diffamierung zu beseitigen und die Gelöbnisfrage nach diesen schweren Wochen endlich auch in Württemberg zur Klärung zu bringen. Wir werden unsere Dekanatämter anweisen, daß bis zum Eintreffen der Antwort des Reichserziehungsministeriums, um deren Beschleunigung wir bitten, am jetzigen Zustand nichts geändert wird. Wurm.

In einer Kanzelabkündigung für 29.8.1937 wollte der Oberkirchenrat den Gemeinden mitteilen, daß die Frage des Gelöbnisses noch zu keinem Abschluß gekommen war [101]*:*

In der Frage des Gelöbnisses der Geistlichen als Religionslehrer ist der Gemeinde Folgendes mitzuteilen:

Gegen alles Erwarten konnte die Gelöbnisfrage bis heute noch nicht zur Klärung gebracht werden. Statt dessen wird noch immer die Behauptung aufrecht erhalten, die Pfarrer seien Eidesverweigerer und hätten es abgelehnt, ein Gelöbnis auf den Führer abzulegen. Die daran angeschlossenen öffentlichen Angriffe auf die Ehre des Pfarrstandes sind bis heute noch nicht zurückgenommen worden und noch immer ist rund 700 württ. Pfarrern der Religionsunterricht entzogen! Dies macht es nötig, unsere Gemeinden, die ein Recht auf Klarstellung des Tatbestands haben, über den Stand der Dinge zu unterrichten.

Die württ. Pfarrer waren und sind bereit, das geforderte Treuegelöbnis gegenüber dem Führer zu leisten. Ein besonderer staatlicher Erlaß über die Gestaltung des Religionsunterrichts an staatlichen Schulen machte es aber nötig, dem Staat gegenüber auszusprechen, daß ein Christ, der einen Eid ablegt, nach wie vor zum Gehorsam gegen den in der Heiligen Schrift geoffenbarten Willen Gottes verpflichtet ist und daß ebenso auch ein Pfarrer, der das Treuegelöbnis ablegt, nach wie vor an das Wort Gottes gebunden bleibt, dessen Diener er ist. Dies wurde in einer Erklärung des Oberkirchenrats an das Reichserziehungsministerium vom 2.6.1937 mit den Worten ausgesprochen, »daß der Geistliche als Diener am Wort an die Heilige Schrift gebunden ist und daß diese Bindung bei letzten Entschei-

---

101 LKA Stuttgart, D 1, Bd. 72; Entwurf; vgl. auch die Stellungnahme von Pfr. Lic. Fuchs, Winzerhausen, zu dieser Erklärung (LKA Stuttgart, D 1, Bd. 72). Mit Rücksicht auf eine Ende August in Stuttgart stattfindende Tagung von Auslandsdeutschen verbot die Geheime Staatspolizei die Verlesung dieser Erklärung; vgl. auch die ebenfalls am 29.8.1937 zu verlesende Botschaft des Kasseler Gremiums (siehe S. 261–267).

dungen sowohl für den Geistlichen als für seine Gemeindeglieder jeder anderen Verpflichtung vorgeht«. Nachdem diese Erklärung abgegeben war, waren die Geistlichen bereit, das Gelöbnis in der vorgeschriebenen Form abzulegen.

Zu unserer Überraschung wies nun jedoch ein Erlaß des Kultministeriums die Schulleiter und Schulräte an, diese Erklärung als einen unstatthaften Vorbehalt zu betrachten und das Gelöbnis der Geistlichen, die auf dem Boden dieser Erklärung stünden, nicht entgegenzunehmen. Die Geistlichen ihrerseits waren jedoch nicht in der Lage, den Boden dieser Erklärung zu verlassen, da sie sonst ihrem Ordinationsgelübde zuwidergehandelt hätten. Dies wurde von den auf dem Boden der Landeskirche stehenden Geistlichen bei der Gelöbnisablegung auch zum Ausdruck gebracht. Daraufhin nahmen einzelne Schulräte und Schulleiter das Gelöbnis entgegen. In den meisten Bezirken aber wurde die Abnahme des Gelöbnisses verweigert und den Geistlichen der Religionsunterricht entzogen. Die Verweigerung ging also nicht von den Pfarrern aus, die bereit waren, ihr Gelöbnis auf christlicher Grundlage abzulegen, sondern von staatlichen Stellen, die sich weigerten, ein auf christlicher Grundlage abgelegtes Gelöbnis anzunehmen. Für den evang. Christen ist die Lage klar: Anders als auf christlicher Grundlage kann kein evang. Christ und kein evang. Pfarrer ein Gelöbnis ablegen.

Nachdem es einem kleinen Teil der Pfarrerschaft durch die zuständigen Schulräte ermöglicht wurde, das Gelöbnis auf christlicher Grundlage abzulegen, sollte erwartet werden, daß dem noch nicht verpflichteten und darob angegriffenen größeren Teil der Pfarrerschaft dies ebenfalls möglich gemacht wird. Der Oberkirchenrat hat sich in dieser Sache erneut an das Reichserziehungsministerium gewandt.

Wir bitten die Gemeinden, die über den weiteren Verlauf der Gelöbnisfrage wieder Mitteilung erhalten werden, das hier sichtbar gewordene Gewissensanliegen der christlichen Kirche auf betendem Herzen mitzutragen.

Nachdem alle Bemühungen, in der Frage des Gelöbnisses einen Fortschritt im Sinn der Kirche zu erzielen, im Zusammenhang mit dem Erlaß des Reichserziehungsministeriums vom 1. Juli über die allgemeine Zurückziehung der Pfarrer aus dem Religionsunterricht als gescheitert betrachtet werden mußten, schrieb der Oberkirchenrat am 21.9.1937 noch einmal an das Württ. Kultministerium[102]:

102 Nr. A 8742; den Dekanatämtern zur Kenntnisnahme mitgeteilt. Am 8.9.1937 wurden die Dekanatämter mit Erlaß Nr. A 10184 gebeten, die Pfarrer, die nach Ablegung des

Der Herr Kultminister hat am 27.8.1937 unter Nr. 14141 dem Oberkirchenrat mitgeteilt, der Herr Reichserziehungsminister habe bestimmt, daß Geistliche zum Gelöbnis nur insoweit zugelassen werden sollen, als sie bei der Erteilung des schulplanmäßigen Religionsunterrichts durch Lehrer nicht ersetzt werden können. Damit ist unsere wiederholte Bitte, auf Grund der Erklärung des Herrn Reichserziehungsministers vom 3.7.1937 sämtlichen Geistlichen Gelegenheit zu geben, das Gelöbnis auf den Führer ohne jede Erklärung abzulegen, abgelehnt.

Demgegenüber stellen wir noch einmal fest: Unsere Geistlichen waren bereit, das Gelöbnis auf den Führer ohne jede Erklärung abzulegen. Sie hatten aber angesichts des Erlasses des Herrn Kultministers vom 28.4.1937 über die Neugestaltung des Religionsunterrichts die Befürchtung, die sich leider inzwischen als nicht unbegründet erwiesen hat, sie möchten durch das Gelöbnis auch an die Durchführung von solchen Anordnungen gebunden werden, die in den Inhalt des Religionsunterrichts eingreifen und damit dem Ordinationsgelübde der evangelischen Geistlichen zuwiderlaufen; dieses anerkennt als alleinige Richtschnur für die religiöse Unterweisung die Heilige Schrift. Wo deshalb die Schulräte nicht von sich aus eine beruhigende Erklärung abgaben oder eine entsprechende Erklärung der Geistlichen entgegennahmen, konnte gewissenshalber das Gelöbnis nicht abgelegt werden. Das war jedem einzelnen schmerzlich, ergab sich aber für aufrechte Männer mit Naturnotwendigkeit, nicht nur aus dem Erlaß des Herrn Kultministers, sondern auch aus den öffentlichen Ausführungen, die zu dem Erlaß an maßgebenden Stellen gemacht worden sind.

Unter Verschweigung des wahren Beweggrundes wurden nun die 700 betroffenen Geistlichen, ohne daß sie sich dagegen wehren konnten und ohne daß sie von seiten des Kultministeriums irgendwelchen Schutz fanden, in der Öffentlichkeit in gröbster Weise beleidigt und verleumdet, freilich mit dem Ergebnis, daß sie in den Augen der ernsten Glieder der Gemeinden als Männer erscheinen, denen der Auftrag ihres Herrn ein heiliges Anliegen ist.

Nun ist durch die Erklärung des Herrn Reichserziehungsministers vom 3.7.1937 es sämtlichen Geistlichen möglich geworden, das Gelöbnis abzulegen. Sie sind, wie inzwischen vorgenommene Verpflichtungen beweisen, dazu in ihrer weitaus überwiegenden Mehrheit bereit. Es ist ein selbstverständliches Gebot der Wahrhaftigkeit und der Ehre, daß ihnen auch sämt-

Gelöbnisses weiterhin Religionsunterricht erteilen durften, und diejenigen, denen dieses Recht entzogen war, listenmäßig zu erfassen.

lich Gelegenheit gegeben wird, durch die Ablegung des Gelöbnisses unwahren Behauptungen, die gegen den ganzen Pfarrstand ausgestreut werden, zu widerlegen. Der württ. Pfarrstand steht hinter dem badischen Pfarrstand, der einhellig das Gelöbnis abgelegt hat, an Staatstreue gewiß nicht zurück. Eine Anordnung, die nur einzelnen Geistlichen die Ablegung des Gelöbnisses nach Auswahl des Kultministeriums ermöglichen würde, muß die Lage in Württemberg weiter verschärfen, da es angesichts alles Vorgefallenen einzelnen Pfarrern nicht möglich sein wird, sich ohne die übrigen Amtsbrüder verpflichten zu lassen. Wir müssen deshalb dringend bitten, eine Regelung zu treffen, die es unseren Geistlichen ermöglicht, aus evangelischem Glauben und aus deutscher Ehre heraus zu handeln. Wurm.

Verschiedene Pfarrer, die Mitglied der NSDAP waren, aber das Gelöbnis als Religionslehrer nur unter Hinweis auf das Ordinationsgelübde abzulegen bereit waren, wurden aus der Partei ausgeschlossen. Zur Klärung des Tatbestandes schrieb der Oberkirchenrat am 18. 8. 1937 an die Gauleitung der NSDAP in Stuttgart. [103]

Die Bemühungen des Oberkirchenrats und der Einspruch verschiedener Pfarrer gegen den Ausschluß aus der Partei führten schließlich zu der Regelung, daß ein ehrenvolles Ausscheiden aus der Partei zugestanden wurde. [104]

Gerade in den Tagen, als in Württemberg die Auseinandersetzungen um das Gelöbnis der Religionslehrer auf einem Höhepunkt waren, verfügte der Reichserziehungsminister am 1.7.1937, daß der Religionsunterricht in erster Linie von den Lehrern, nicht mehr von den Pfarrern zu erteilen sei [105]:

Bei der Erteilung des schulplanmäßigen Religionsunterrichts durch Geistliche haben sich in letzter Zeit in zunehmendem Maße Unzuträglichkeiten ergeben. Um den dabei festgestellten Störungen des geordneten Schulbetriebes sowie den daraus folgenden Beschwerden und Auseinandersetzungen in Zukunft vorzubeugen, ordne ich unter Bezugnahme auf den Runderlaß vom 7.10.1935 (E II a 1800) an:

1. An allen Schulen sind zur Erteilung des schulplanmäßigen Religionsunterrichts in erster Linie die dazu auf Grund der vorgeschriebenen

---

103 Nr. A 8450; das Schreiben erwähnt den Erlaß des Württ. Kultministers vom 28. April und die verschiedenen Erklärungen zur Frage des Gelöbnisses.
104 Vgl. Nr. A 3464 vom 8. 4. 1938.
105 LKA Stuttgart, D 1, Bd. 72; vgl. auch das Schreiben Sautters vom 14. 2. 1938, S. 721–727.

Prüfungen befähigten und zur Übernahme dieses Unterrichts bereiten Lehrer und Lehrerinnen heranzuziehen.

2. Geistlichen ist der schulplanmäßige Religionsunterricht nach Maßgabe des vorbezeichneten Runderlasses nur insoweit zu übertragen, als Lehrkräfte der zu 1. bezeichneten Art für den Religionsunterricht nicht zur Verfügung stehen.

Ich ersuche, im Laufe des Schuljahres 1937/1938 sorgfältig zu prüfen, inwieweit hiernach im schulplanmäßigen Religionsunterricht Geistliche durch Lehrkräfte ersetzt werden können, und danach die etwa erforderlichen Maßnahmen zu treffen. Zum 1.11.1937 ist mir über das Veranlaßte zu berichten. Dieser Erlaß ist nicht zu veröffentlichen. Rust.

Gegen diesen neuen Angriff auf einen nach dem Auftrag der Kirche erteilten Religionsunterricht protestierte der Oberkirchenrat am 14.7.1937 beim Reichserziehungsministerium[106]*:*

Der Württ. Herr Kultminister hat uns Abschrift des Erlasses des Herrn Reichserziehungsministers vom 1.7.1937 zugehen lassen, wonach Geistlichen der schulplanmäßige Religionsunterricht nur insoweit zu übertragen ist, als andere Lehrkräfte für den Religionsunterricht nicht zur Verfügung stehen. Der Erlaß wird in seiner Auswirkung die einzelnen Länder in ganz verschiedenem Maß treffen. Große Gebiete des Deutschen Reiches haben die Ordnung, daß die Geistlichen keinerlei Religionsunterricht in der Schule erteilen, so daß sich ihre Mitwirkung bei der religiös-sittlichen Unterweisung auf den Konfirmandenunterricht beschränkt. Für diese Gebiete bedeutet der Erlaß somit keine Veränderung. Ganz anders in Württemberg.

I. Die bisherige Lage

»Die evangelische Volksschule in Württemberg«, so setzt ihr Geschichtsschreiber ein, »wurde um des Religionsunterrichts willen gegründet«, sind doch meist in der Stadt, durchweg auf den Dörfern die Prädikanten der Reformationszeit die Väter und ersten Lehrer der Volksschulen gewesen. Entsprechend ist dann auch nach der Entstehung eines selbständigen Lehrerstands die Verantwortung für die gesamte religiös-sittliche Ausbildung der Schuljugend den Geistlichen verblieben. Dies kam vor

---

[106] Nr. A 7261; dem Reichsaußenminister Frhr. von Neurath und dem Reichsfinanzminister Graf von Schwerin-Krosigk zur Kenntnisnahme übersandt. Zur württ. Schulgeschichte siehe E. Schmid, Geschichte des Volksschulwesens in Altwürttemberg. Stuttgart 1927, S. 5f.

allem in dem Schulgesetz von 1836 zum Ausdruck. Dort ist in Artikel 2 Absatz 2 bestimmt – eine gesetzliche Vorschrift, die heute noch in Geltung steht –, daß der Religionsunterricht in allen Volksschulen, soweit nicht in besonderen Fällen die Oberschulbehörde etwas anderes anordnet, unter angemessener Teilnahme der Lehrer von dem Ortsgeistlichen zu erteilen ist. Auch nach den Neuregelungen durch die Volksschulgesetze von 1907 und 1920 blieb den Geistlichen in geschlossenen Pfarreien mit einklassigen Schulen der gesamte Religionsunterricht zugewiesen, während an den übrigen Orten der Geistliche mit Rücksicht auf die wachsende Zahl der Schulklassen nur noch an den drei obersten Schuljahren den Religionsunterricht zu erteilen hatte. In den Filialschulen war ihm die Übernahme von 2 Wochenstunden vorgeschrieben. Außerdem gab und gibt der Geistliche in Württemberg noch 10 Jahresstunden Religionsunterricht an der Fortbildungs- bzw. ländlichen Berufsschule. Entsprechend bereitet die methodische und didaktische Vorbildung des Lehrers im früheren Lehrerseminar und auf der jetzigen Lehrerhochschule den Lehrer lediglich auf den Religionsunterricht an den Unterklassen vor. An den Höheren Schulen sind eine größere Anzahl von hauptamtlichen Religionslehrern angestellt, jedoch wird in weitem Umfang vor allem in sämtlichen unausgebauten Höheren Schulen der Religionsunterricht von nebenamtlichen Religionslehrern erteilt, die großenteils aus der Zahl der Geistlichen genommen und im Einvernehmen zwischen Schulbehörde und Kirchenbehörde bestellt werden.

In den letzten Jahren hat nun eine steigende Zahl von Lehrern von dem Recht, den Religionsunterricht abzulehnen (Gesetz vom 17.5.1920), Gebrauch gemacht, so daß die Geistlichen teilweise weit über das ihnen zugedachte Maß hinaus Religionsunterricht zu erteilen hatten. Sie taten das aber sehr gerne und im ganzen gewiß auch recht gut. Das zeigte sich besonders in den letzten Jahren, wo in zahlreichen Fällen der Religionsunterricht des Geistlichen sich trotz der von Lehrerseite her kommenden Schwierigkeiten durchsetzte.

II. Die Auswirkung des Erlasses

Wenn nun nach dem Erlaß des Reichserziehungsministeriums vom 1.7.1937 der Religionsunterricht den Geistlichen genommen und den Lehrern zugeteilt werden soll, so müßte das in Württemberg unter den gegebenen Verhältnissen zu den größten Schwierigkeiten führen. Unsere Gemeinden hängen mit ganzer Liebe und Treue an der religiösen Unterweisung der Jugend durch den Pfarrer, dessen Arbeit in Kinderkirche,

Kinderlehre, Konfirmationsunterricht und Christenlehre wesentlich erleichtert wird dadurch, daß er die Kinder auch im Religionsunterricht betreut. Was ist sinngemäßer, als daß der Mann, der sich mit religiösen und theologischen Fragen infolge seines Studiums am eingehendsten beschäftigt hat, die religiöse Unterweisung in der Hand hält; was könnte weniger verstanden werden, als wenn man sie gerade ihm entgegen altem Brauche wegnähme? Auf der anderen Seite ist den Gemeinden bekannt, daß die Lehrer bisher einer Übernahme von Religionsunterricht sehr kritisch gegenüberstanden, sei es, daß sie sich der Behandlung mancher Fragen nicht gewachsen fühlten, sei es, daß sie der Spannung zwischen Anforderungen des NS-Lehrerbundes und den Wünschen der Eltern entgehen wollten. Dazu kam, daß sich manche Lehrer gerade auf religiösem Gebiet mit einem starken Mißtrauen der Elternschaft belastet hatten. Deshalb ist auch die Erregung unserer Gemeinden über die im Zusammenhang mit der Gelöbnisfrage verhängte Entziehung des Religionsunterrichts und dessen Übertragung an die Lehrer groß. Sie wird durch das im Widerspruch zu geltenden Bestimmungen erlassene Verbot des Kultministers, die Kinder vom Religionsunterricht des Lehrers abzumelden, noch verschärft.

Wir bitten deshalb dringend, im Sinne des Erlasses selbst »sorgfältig zu prüfen«, wieweit die geplante Zuteilung des Religionsunterrichts in Württemberg an die Lehrerschaft tunlich ist, zumal ein erheblicher Lehrermangel besteht und ein noch erheblicherer droht. Es wird sich zeigen, daß ein großer Teil unserer Gemeinden nicht versteht, warum man etwas erprobtes Gutes zerschlagen will, um etwas in jeder Hinsicht Erzwungenes an seine Stelle zu setzen. Die geplante Änderung würde bei uns Kirche und Schule in einer dem Volksempfinden unbegreiflichen Weise trennen und eine steigende Verbitterung in unsere Gemeinden tragen. Wir haben darüber hinaus schon eine Reihe von Berichten, aus denen deutlich wird, daß die Jugend selbst den vom Pfarrer erteilten Religionsunterricht wünscht. Das wird, darüber darf man sich nicht täuschen, in steigendem Maße der Fall sein; denn unsere christlich gesinnten Eltern legen großen Wert darauf, daß ihre Kinder einen Unterricht erhalten, der ihnen das mitgibt, was sie im Kampf des Lebens notwendig brauchen.

Schließlich darf auch nicht unerwähnt bleiben, daß die Dozentenstelle für evang. Religionsunterricht an der Lehrerhochschule in Esslingen nicht mit der vom Oberkirchenrat vorgeschlagenen Persönlichkeit besetzt wurde und daß der Oberkirchenrat auch trotz seiner Bitte keinerlei Einfluß auf die Prüfung in evangelischer Religion und keinerlei Einblick in die

Geeignetheit der abgehenden Kandidaten zur Erteilung des evang. Religionsunterrichts erhält. Es fehlen sonach in Württemberg die Voraussetzungen dafür, daß nach Durchführung des genannten Erlasses die religiös-sittliche Unterweisung der Jugend die Höhenlage behält, die nach dem Zeugnis hervorragender Kenner des schwäbischen Volkes dem gesamten Geistesleben in Württemberg zugute kam. Es fehlt auch die vom Reichserziehungsministerium als selbstverständlich vorausgesetzte Gewähr dafür, daß der Religionsunterricht des Lehrers tatsächlich nach den Grundsätzen der Evang. Kirche erteilt werden wird.

Wenn erst vor einem Monat die Gauleitung der NSDAP des Gaues München-Oberbayern der Elternerklärung zur Abstimmung über die Gemeinschaftsschule folgenden Wortlaut gab: »Ich will, daß in der Deutschen Volksschule, der Schule der Volksgemeinschaft, der Religionsunterricht in derselben Stundenzahl von den gleichen Religionslehrern nach Bekenntnissen getrennt gegeben wird«, so können wir uns nicht vorstellen, wie sich die geplante Änderung mit einer derartig feierlich kundgegebenen grundsätzlichen Haltung vereinigen läßt.

Aus den oben dargelegten, grundsätzlichen Erwägungen heraus, wie auch um der vorauszusehenden Folgen willen, bitten wir deshalb dringend, von der Durchführung des Erlasses in Württemberg abzusehen.

Wurm.

Über den Anteil der Geistlichen am Religionsunterricht der Volkschulen in Württemberg und über die aus dem Erlaß des Reichserziehungsministeriums vom 1. Juli entspringenden Schwierigkeiten berichtet eine Denkschrift von Oberkirchenrat Sautter vom Ende des Jahres 1937[107]:

I. Geschichtliche Entwicklung

Soweit der Unterricht in den ersten Jahrhunderten nach der Reformation nicht überhaupt in der Hand eines Geistlichen lag und der Geistliche nicht als verantwortlicher Leiter der Schule gerade dem Religionsunterricht ratend und beispielgebend besonderes Augenmerk schenken mußte, läßt sich bis zum Generalsynodalreskript vom 28. 11. 1809 und der Generalverordnung über die evang. Elementarschulen in Württemberg vom 26./31. 12. 1810 keine Beteiligung der Pfarrer am Religionsunterricht der Volksschule nachweisen. Erst in den genannten Verordnungen und dann im Volksschulgesetz vom 29. 9. 1836 Artikel 2 wird eine solche Beteiligung

---

[107] LKA Stuttgart, D 1, Bd. 74, 1.

gefordert; es muß aber in der praktischen Durchführung bis 1870 eine große Unsicherheit und Ungleichheit bestanden haben; erst der Normallehrplan vom 21. 5. 1870 und der Konsistorialerlaß vom 5. 7. 1870 schufen klare und geordnete Verhältnisse.

II. Die heutige Rechtslage

Sie ist bestimmt durch die Vereinbarung zwischen dem Evang. Konsistorium und dem Evang. Oberschulrat vom 5. 8. 1921 Nr. 10945 und 13402 (Abl. 19, S. 404 ff.). Nach dieser Vereinbarung erteilt der Geistliche den Religionsunterricht an Schuljahr 6, 7 und 8 in je 3 Wochenstunden. Diese Regelung gilt für die ausgebaute Schule des Mutterorts; wo es nicht anders möglich ist, ist der Geistliche verpflichtet, wenigstens an Schuljahr 7 und 8, in großen Gemeinden an so vielen 6., 7. und 8. Klassen den Religionsunterricht zu erteilen, als ohne ernstliche Gefährdung der übrigen Amtspflichten übernommen werden kann. An der 3 bis 6-klassigen Schule: die Klassen, die das 6., 7. und 8. Schuljahr umfassen, erforderlichenfalls die 2 obersten Unterrichtsabteilungen; an zweiklassigen Schulen die Oberklasse, erforderlichenfalls beide Klassen; an der einklassigen Schule der geschlossenen Pfarreien: sämtliche Abteilungen; in Pfarreien mit Filialen, die eigene Schulen haben, die Abteilungen III und IV, wobei an ein- und zweiklassigen Schulen Wünsche des Lehrers auf Zuteilung von weiteren Stunden Religionsunterricht berücksichtigt werden können; an Filialschulen 2 weitere Stunden. Die seitherige Zweigeleisigkeit des Unterrichts ist vermieden.

Diese Regelung enthält eine wohl abgewogene Verteilung, die das Pfarramt gebührend heranzog, aber nicht überlastete und dem Lehrer die Gelegenheit ließ, dieses ehemals schönste Lehrfach weiterhin selbst in der Hand zu haben. So fanden sich die beiden wesentlichen Kulturträger des Dorfes in gemeinsamer Arbeit an der Jugend, ohne daß der Pfarrer dem Lehrer seinen Führungsanspruch in der Schule streitig gemacht hätte, und so, daß der Lehrer sich in einem wichtigen und nicht immer leichten Fache von einem Fachmann unterstützt wußte. Es darf nicht übersehen werden, wie häufig auf dem Dorfe Pfarrer und Lehrer sich in Krankheitsfällen gegenseitig aushalfen oder wenigstens durch Austausch von Literatur sich gegenseitig förderten, ein schöner Beweis wirklicher Volksgemeinschaft.

Die zahlenmäßige Beteiligung der evang. Geistlichen geht aus einer Aufstellung des Kultministeriums vom Dezember 1935 hervor, wonach 3 193 evang. Lehrer 9 043 Wochenstunden erteilten, während die Geistlichen 6 338 Wochenstunden gaben (gegenüber 275 Wochenstunden kath. Religionsunterricht von 233 Lehrern neben 7 180 Wochenstunden der kath. Geistlichkeit).

III. Veränderungen von 1933 bis 1936

Die Verschiebung gegenüber der gesetzlichen Regelung von 1921 erfolgte zunächst in der Richtung, daß von seiten der Schule versucht wurde, die Geistlichen in viel größerem Umfange zum Religionsunterricht heranzuziehen. Diese Wünsche und Bitten gingen zum Teil weit über das gesetzliche Maß und auch über die Arbeitskraft des Geistlichen hinaus und konnten deshalb nicht in allen Fällen durch die Oberkirchenbehörde genehmigt werden. Begründet wurden die Anträge meist damit, daß die Stunden sonst ohne den für die Gemeinden kostspieligen und vielfach kaum tragbaren Abteilungsunterricht stundenplanmäßig nicht unterzubringen seien. Gelegentlich wurden methodische Schwierigkeiten, vor allem im Alten Testament, oder innere Hemmungen gegenüber dem ganzen Religionsunterricht vorgebracht. Das Bezirksschulamt Biberach schrieb am 19. 2. 1935 unter Nr. 287 dem Evang. Dekanatamt Biberach: »Durch die große und vielseitige amtliche Inanspruchnahme meiner Volksschullehrer ist deren volle und ungeteilte Kraft für den weltlichen Unterricht notwendig. Ich habe deshalb bestimmt, daß ab 1. 11. 1935 der Religionsunterricht an Unter- und Mittelklassen von Geistlichen zu erteilen ist.« Diese dritte Begründung wird wohl in einer ganzen Reihe von Fällen mitgewirkt haben. Dieser Haltung entspricht auch die Stellungnahme des Bezirksschulamts Stuttgart, das nicht wünschte, daß eine Lehrerin (Pfarrerstochter) den Religionsunterricht an ihrer eigenen Klasse, einer 6. Mädchenklasse in Cannstatt, übernahm. (Nr. A 2545 vom 15. 3. 1935.)

Im einzelnen wurde beantragt [...][108]

Es ist also eine ganz klare Entwicklung, wobei Schulleiter, Bezirksschulämter und Oberschulrat bzw. Ministerialabteilung für die Volksschulen in einer Richtung wirksam werden und die Kirche den Wünschen nach Möglichkeit entspricht. Nur ein Dekanatamt der Diaspora (Nr. A 1731 vom 22. 2. 1935), nämlich Biberach, meldet Bedenken an: »Ich sehe in einer solchen systematischen, nicht vom einzelnen Lehrer, sondern vom Bezirksschulamt ausgehenden Loslösung des Lehramts von kirchli-

---

108 Es folgt hier eine Aufzählung von 27 Fällen aus den Jahren 1933 bis 1936, in denen die Übernahme von Religionsunterricht durch den Pfarrer beantragt wurde.

chen Funktionen eine nicht in jeder Beziehung erfreuliche Tatsache, sondern eine Erweichung der evang. Grundlage der Volksschule. Die Aufforderung zur Abgabe des Religionsunterrichts an den Pfarrer ist mir auch darum befremdlich, weil mir weder von hier, noch von anderen evang. Gemeinden des Kreises Laupheim irgendwelche Reibungen zwischen Pfarrern und Religionsunterricht erteilenden Lehrern bekannt ist. Es ist mir darum auch fraglich, ob die Verhinderung solcher Reibungen der entscheidende Grund für dieses Vorgehen ist oder ob nicht weltanschauliche Gründe hiefür bestimmend gewesen sind. Ich bin mir darüber nicht ganz klar, ob es richtig ist, von kirchlicher Seite aus durch allzugroße Bereitwilligkeit in der Übernahme des Religionsunterrichts die Erweichung der evang. Grundlage der Volksschule mitzufördern, oder ob die Übernahme des Religionsunterrichts nicht eben einfach die unvermeidliche Konsequenz einer leider schon weithin vorhandenen Tatsache ist.«

Im übrigen ist deutlich, daß es als notwendig erscheint, die Lehrer zu entlasten, um sie für neue Schulaufgaben und sonstige staatlichen Verpflichtungen frei zu machen, Tatbestände, die selbstverständlich auch heute noch fortbestehen.

IV. Der Umschwung

Die Gegenbewegung setzte damit ein, daß das Kultministerium am 5. 10. 1936 unter Nr. 15749 dem Bischöflichen Ordinariat mitteilte, es wolle zur Beseitigung des Mißverhältnisses gegenüber der evang. Schule (s. oben) vom Schuljahr 1937/1938 ab auch auf katholischer Seite mehr als bisher Lehrer und Lehrerinnen zur Erteilung des Religionsunterrichts heranziehen. Eine weitere Begründung zu dieser Maßnahme fehlte; ob sie im Interesse des kath. Religionsunterrichts selbst erfolgte, wurde auf katholischer Seite bezweifelt. In derselben Richtung wirkten die zahlreich verhängten Entziehungen des Rechts zur Erteilung des Religionsunterrichts, die einer Mehrbeteiligung der Lehrer und Lehrerinnen am Religionsunterricht gleichkamen, derselben Lehrer und Lehrerinnen, die man in den vorausgehenden Jahren aus doch wohl ernsthaften Gründen vom Religionsunterricht zu befreien gesucht hatte. Als dann im Zusammenhang mit der Gelöbnisfrage 700 evang. Geistliche aus dem Religionsunterricht der Schule ausschieden, mußten unhaltbare Zustände eintreten. Diese Lage wurde noch dadurch verschärft, daß das Kultministerium anordnete, daß ein einmal in die Hand eines Lehrers übergegangener Religionsunterricht niemehr in die Hand eines Geistlichen zurückkehren dürfe, auch wenn etwa ein Stellvertreter oder Nachfolger zum Gelöbnis zugelassen wäre und somit das Recht zur Erteilung des Religionsunterrichts besaß.

Bei solchen Maßnahmen ist es nicht verwunderlich, daß (Nr. A 12892 vom 20. 12. 1937) wiederholt in Ulmer Lehrerkreisen gesagt wurde, vom 1. 4. 1938 an werde kein Pfarrer mehr in der Schule Religionsunterricht haben. Und doch hat die Ministerialabteilung für die Volksschulen noch am 19. 11. 1937 unter Nr. P 19375 dem Oberkirchenrat mitgeteilt, daß es wegen des bestehenden Lehrermangels nicht möglich sei, Volksschullehrer als hauptamtliche Religionshilfslehrer abzugeben. Die Erteilung des Religionsunterrichts sei anderweitig zu regeln.

V. Schlußfolgerung

Soweit der Tatbestand. Es gibt keine andere Deutung: Entweder sind, und das ist doch wohl kaum anzunehmen, alle unter III aufgeführten Bitten und Anträge der Ministerialabteilung, der Bezirksschulämter und der Schulvorstände von 1933 bis 1936 auf eine weitere Übernahme von Religionsunterricht durch Geistliche unbegründet gewesen, oder ist es nicht möglich, ohne Mitwirkung der Geistlichen und ohne Verkürzung der sonstigen Schulleistungen der Lehrer den Religionsunterricht, wie versprochen, in seinem bisherigen Umfang durchzuführen. Dem Erlaß des Stellvertreters des Führers und des Reichserziehungsministeriums vom 1. 7. 1937 gegenüber hätte das Württ. Kultministerium auf Grund seiner Zusagen vom Frühjahr 1936 und angesichts der tatsächlichen Lage die Pflicht gehabt, Einspruch zu erheben. Denn entweder werden die Geistlichen wieder etwa in dem seitherigen Umfang zum Religionsunterricht zugezogen oder die religiöse Unterweisung unserer Jugend muß schwer notleiden. Wir würden im letzteren Fall Zustände bekommen wie in den Vereinigten Staaten von Amerika, wo nur noch ein Teil der Jugend religiös unterwiesen wird, wo man aber jetzt den Religionsunterricht wieder eingeführt hat, weil die Erfahrungen dazu zwangen. Kirche und Elternschaft sind in gleicher Weise verpflichtet, der drohenden Entwicklung sich entgegenzustellen und das Recht der Jugend auf die Verkündigung des Evangeliums mit allem Nachdruck zu wahren.

Auch der Ständige Ausschuß des Württ. Landeskirchentages befaßte am 20. 7. 1937 sich mit der Frage des Religionsunterrichts und ließ folgenden Entwurf für eine Eingabe beim Kultministerium fertigen[109]*:*

109 LKA Stuttgart, D 1, Bd. 72; ob die Eingabe abgesandt wurde, ist nicht ersichtlich. Einen Erfolg hatten die Bemühungen nicht.

Der Ständige Ausschuß des Württ. Evang. Landeskirchentags beehrt sich dem Herrn Kultminister die Bitte zu unterbreiten, der deutlich geäußerten Erwartung einer großen Anzahl von Evang. Kirchengemeinden und der sich immer stärker zeigenden Gewissensnot vieler Kinder, Eltern und Lehrer Rechnung zu tragen durch Wiedereinsetzung ihrer Pfarrer in den ihnen bisher zugewiesenen Religionsunterricht an den staatlichen Schulen.

Mit Bedauern stellt der Ständige Ausschuß fest, daß rund 700 Geistlichen, die bisher Religionsunterricht in den Schulen erteilten, das Gelöbnis der Treue zum Führer nicht abgenommen und ihnen im Zusammenhang damit das Recht zur Erteilung des Religionsunterrichts entzogen wurde. Der Ständige Ausschuß ist auf Grund der Berichte zu der Überzeugung gekommen, daß die Gewissensbedenken, zu denen die Gelöbnisfrage Anlaß gab, bei den württ. Pfarrern nicht aufgetreten wäre, wenn sie von Anfang an darüber Klarheit gehabt hätten, daß sie mit Ablegung des Gelöbnisses sich nicht in Widerspruch zu ihrem Ordinationsgelübde setzen würden. Außerdem hat der Ständige Ausschuß sich darüber vergewissert, daß die Erklärung des Evang. Oberkirchenrats an das Reichserziehungsministerium vom 2.6.1937 nur dazu dienen wollte, diesen Gewissensbedenken Rechnung zu tragen und den Geistlichen die Ablegung des Gelöbnisses ohne eine besondere persönliche Erklärung zu ermöglichen. Sollte die gegenwärtige Notlage im Schwabenlande nicht erfordern, alle die Fälle, die besondere Schwierigkeiten nach sich gezogen haben, nachzuprüfen und durch eine neue Entscheidung des Herrn Kultministers, die den Wünschen des Großteils der württ. evang. Bevölkerung Rechnung trägt, zu einer befriedigenden Lösung zu bringen?

Der Erlaß des Herrn Reichserziehungsministers vom 1.7.1937 sieht zwar vor, daß die Geistlichen beider Konfessionen in ihrem Religionsunterricht an den staatlichen Schulen durch Lehrer und Lehrerinnen abgelöst werden sollen. Diese Umstellung bedarf aber gerade in Württemberg, wie es auch der genannte Erlaß selbst vorsieht, einer sorgfältigen Vorbereitung, wenn sie nicht zu einer starken Entfremdung zwischen der evang. Elternschaft und der Schule führen soll. Der Ständige Ausschuß hält es darum für unumgänglich notwendig, daß diese Neuregelung auf Grund einer freien, von gegenseitigem Vertrauen getragenen Vereinbarung zwischen Staats- und Kirchenregierung getroffen wird, einer Vereinbarung, die staatlicherseits die religiösen Werte des evang. Glaubens anerkennt und Zeit und Raum für eine religiöse Unterweisung nach dem Willen der evang. Elternschaft frei läßt. Sollte die Stunde für jede Verständigung durch die Ereignisse des letzten halben Jahres verpaßt sein?

Wir wenden uns vertrauensvoll an den Herrn Ministerpräsidenten und bitten ihn, den Wünschen des Großteils der evang. Bevölkerung Württembergs in Stadt und Land Rechnung zu tragen.

DIE KÜRZUNG DER STAATSLEISTUNGEN

Die Kürzung der Staatsleistungen im Frühjahr 1937

Durch den Erlaß vom 17.3.1937 kürzte der Kultminister die Staatsleistungen für die Evang. Landeskirche in Württemberg, um Pfarrer der Volkskirchenbewegung Deutsche Christen zu unterstützen[110]*:*

Im Entwurf des Staatshaushaltsplans für 1937 beabsichtige ich, einen Verfügungsbetrag »Für kirchliche Zwecke« von RM 75 000.– einzustellen, aus dem die Volkskirchenbewegung im Bund für Deutsche Christen, Gaugemeinde Württemberg, unterstützt werden soll. Für diesen Verfügungsbetrag werden von dem bisherigen Plansatz Kap. 32 Tit. 1 Nr. 3 (Aufbesserungen und neuere Verwilligungen) RM 50 000.– übertragen werden.

Die Erläuterungen des Verfügungsbetrags lauten: »Die Aufnahme eines Verfügungsbetrags für kirchliche Zwecke in das bisher freie Kap. 36 soll die Möglichkeit geben, dem württ. Teil der Gaugemeinde Württemberg-Hohenzollern der Volkskirchenbewegung im Bund für Deutsche Christen zu den nicht aus der Kasse des Evang. Oberkirchenrats bestrittenen Ausgaben für ihre Geistlichen einen Zuschuß zu geben. Die Dienst- oder Versorgungsbezüge, die Geistliche der Bewegung aus der Kasse des Oberkirchenrats beziehen, sollen durch den Staatszuschuß entsprechend der derzeitigen Beteiligung des Staats an dem Pfarrbesoldungsbedarf der Evang. Landeskirche auf etwa zwei Drittel des Bedarfs ergänzt werden, während das übrige Drittel durch Mitgliederbeiträge zu decken ist.«

I. V. Meyding.

---

110 LKA Stuttgart, D 1, Bd. 70. Nach einer handschriftlichen Randbemerkung von Oberkirchenrat Sautter handelt es sich bei den zur VKBDC gehörenden Pfarrern um 20 Aktive, 1 Unständigen und 3 Ruheständler.
Zum ganzen Zusammenhang vgl. Abl. Bd. 28, S. 50–53 (Vorläufiges kirchliches Gesetz über den Landeskirchlichen Haushaltplan und Steuerbeschluß für das Rechnungsjahr 1937) und Abl. Bd. 28, S. 183–186 (desgl. für 1938).

Gegen diese Kürzung der Staatsleistungen protestierte der Oberkirchenrat am 24.3.1937 in einem Schreiben an den Kultminister[111]*:*
Nach dem Schreiben vom 17. dieses Monats beabsichtigt der Herr Kultminister, in den Entwurf des Staatshaushaltsplans für 1937 einen Verfügungsbetrag »Für kirchliche Zwecke« von RM 75 000.– einzustellen, aus dem die Volkskirchenbewegung im Bund für Deutsche Christen, Gaugemeinde Württemberg, unterstützt werden soll. Für diesen Verfügungsbetrag sollen von dem Plansatz für das Diensteinkommen der evang. Geistlichen (Kap. 32) RM 50 000.– abgezweigt werden. Die neue Forderung wird in dem Haushaltsentwurf damit erläutert, daß der Herr Kultminister die Möglichkeit erhalten soll, dem württ. Teil der Gaugemeinde Württemberg-Hohenzollern der Volkskirchenbewegung im Bund für Deutsche Christen zu den nicht aus der Kasse des Evang. Oberkirchenrats bestrittenen Ausgaben für ihre Geistlichen einen Zuschuß zu geben. Die Dienst- oder Versorgungsbezüge, die Geistliche der Bewegung aus der Kasse des Oberkirchenrats beziehen, sollen durch den Staatszuschuß entsprechend der derzeitigen Beteiligung des Staats an dem Pfarrbesoldungsbedarf der Evang. Landeskirche auf etwa zwei Drittel des Bedarfs ergänzt werden, während das übrige Drittel durch Mitgliederbeiträge gedeckt werden soll. Nach dem weiteren Schreiben vom gleichen Tag Nr. 4358 sind die regelmäßigen staatlichen Monatsleistungen an die landeskirchliche Kasse schon für den Monat April 1937 um die entsprechende Quote gekürzt worden. Wir müssen aus den beiden Schreiben schließen, daß die Vorstellungen, die wir auf mündliche Ankündigung der geplanten Maßregel sofort erhoben, bisher ohne Wirkung geblieben sind. Wir haben deshalb Folgendes festzustellen:
1. Zur Zeit sind die der Volkskirchenbewegung DC angehörigen Geistlichen, deren Zahl einschließlich der Pensionäre bei einer Gesamtzahl von ca. 1500 etwa 20 beträgt, Geistliche oder Pensionäre der Landeskirche; ihre Gehälter und Versorgungsbezüge werden demgemäß aus der landeskirchlichen Kasse bestritten. Auch die kleineren Staatsleistungen an die Landeskirche kommen den Pfarrern der Volkskirchenbewegung, die sie in Anspruch nehmen, grundsätzlich in gleicher Weise zugut wie anderen Geistlichen. Im ganzen haben 4 Geistliche der Volkskirchenbewegung DC einen finanziellen Nachteil erlitten, 2 durch die gesetzlich vorgeschriebene Gehaltskürzung bei Einleitung des förmlichen Disziplinarverfah-

---

111 Nr. A 3015; den Dekanatämtern »zur Verständigung der Pfarrämter, soweit sie nicht mit Pfarrern besetzt sind, die der VKBDC nahestehen. Die Pfarrämter haben das Schreiben den Kirchengemeinderäten zur Kenntnis zu bringen«.

rens, 2 weitere infolge ihrer Zurruhesetzung durch das Evang. kirchliche Disziplinargericht. Nachdem die beiden Zurruhesetzungen durchgeführt sein werden, wird die fiananzielle Einbuße aller 4 Geistlichen zusammen den Betrag von RM 7 800.– jährlich ausmachen. Die neu vorgesehene Staatsdotation an die Volkskirchenbewegung DC geht also über einen Ausgleich für die Folgen von Maßregelungen weit hinaus. Da die Staatsleistungen aller Art für die Evang. Kirche, mit Ausschluß derer für das Stift, die Theol. Seminare, die Ruhestands- und Hinterbliebenenversorgung der Geistlichen, wofür die Volkskirchenbewegung jedenfalls zunächst keinen Aufwand haben dürfte, auf eine Pfarrstelle gerechnet weniger als RM 4 000.– ausmachen, kommt eine Staatsdotation von RM 75 000.– an die Volkskirchenbewegung DC der Dotierung der Geistlichen der Volkskirchenbewegung DC aus der Staatskasse etwa in derselben Höhe gleich, wie sie der Landeskirche für alle Geistlichen zukommt.

2. Nach obiger Mitteilung soll künftig im Staatshaushaltsplan hinter den Kap. 30–32 betreffend die Staatsleistungen für die Evang. Kirche und den Kap. 33–35 betreffend die Staatsleistungen für die Kath. Kirche in dem Kap. 36, in dem bis 1933 die Staatsleistung für die Rabbiner und Vorsänger der Israelitischen Religionsgemeinschaft mit schließlich RM 25 000.– angefordert war, eine Staatsleistung für die Volkskirchenbewegung DC eingestellt werden. Das ist die folgerichtige Fortsetzung früherer Maßnahmen, durch die der Volkskirchenbewegung DC einige Kirchen zur Verfügung gestellt wurden, die bis dahin dem landeskirchlichen Gottesdienst gewidmet waren und durch die ferner die Anhänger dieser Bewegung ermuntert wurden, in Stuttgart und an anderen Orten, in denen kein Geistlicher der Volkskirchenbewegung sein Amt ausübt, die Bezahlung der rechtmäßig angesetzten evang. Landes- und Ortskirchensteuer zu verweigern. Das Land Württemberg erkennt damit de facto die Volkskirchenbewegung DC als dritte Konfession neben den beiden großen christlichen Kirchen an und stellt sich in einen schroffen Gegensatz zu all den Erklärungen staatlicher Stellen, wonach sich Staat und Bewegung nicht in Glaubensdinge und Bekenntnisfragen einmischen. Die geplante neue Maßregel wird daher in weiten Kreisen des evang. Volksteils, die durch die Verordnung des Führers und Reichskanzlers vom 15. 2. 1937 über die Einberufung einer Generalsynode der DEK[112] zum Aufmerken gebracht wurden, starkes Aufsehen erregen. Selbstverständlich müßte auch die Evang. Kirche aus einer solchen Maßregel ihrerseits die Folgerungen ziehen.

112 Siehe S. 63.

3. Waren die Pfarrer der Volkskirchenbewegung DC in den Mitteln ihres Kampfes gegen die Evang. Landeskirche schon bisher wenig wählerisch, so ist, wenn ihnen nun eine unmittelbare Dotation aus Staatsmitteln winkt, damit zu rechnen, daß sie die letzten Hemmungen aufgeben werden, gerade auch in der eingeleiteten Wahlbewegung. Die Aussetzung einer solchen Dotation bedeutet also gerade im jetzigen Zeitpunkt die unmittelbare staatliche Unterstützung der Volkskirchenbewegung DC, die in Württemberg als kleine, die Evang. Landeskirche und ihre rechtmäßige Leitung auf jede Weise bekämpfende Gruppe angesehen werden muß. Es ist uns nicht deutlich, wie diese Maßregel mit dem Befriedungswerk des Führers vom 15.2.1937 und den hiezu ergangenen amtlichen Verlautbarungen in Einklang zu bringen ist. Die beabsichtigte Maßregel entspricht dem Vorgehen, das der Herr Reichsminister für die kirchlichen Angelegenheiten am 13.2.1937[113] bei einem Empfang von Vertretern der Kirchenausschüsse gegenüber den Kirchen angekündigt hat. Der Führer und Reichskanzler ist jedoch in der Verordnung vom 15.2.1937 diesen Vorschlägen nicht gefolgt. Die Aussetzung einer Staatsdotation an die Volkskirchenbewegung DC würde ferner als unmittelbare kirchenpolitische Parteinahme des Staats zugunsten dieser Bewegung in Widerspruch stehen zu der Verordnung des Herrn Reichsministers für die kirchlichen Angelegenheiten vom 23.3.1937, wonach bis nach dem Zusammentritt der Generalsynode den Landeskirchen Veränderungen kirchenpolitischer Art und ähnliche Maßnahmen untersagt sind, also an dem am 15.2.1937 bestehenden Zustand eine Änderung in kirchenpolitischer Hinsicht nicht eintreten soll.

4. Die Staatsleistungen für die Evang. Kirche gehen im wesentlichen auf die Einziehung des Evang. Kirchenguts zum Staatsgut zurück und haben ihre rechtliche Grundlage in den vom Staat übernommenen Verpflichtungen zugunsten der Evang. Kirche, wie sie wiederholt teils gesetzlich festgelegt, teils durch maßgebende Erklärungen der Regierungen Württembergs staatlicherseits bestätigt worden sind. Mit dieser Rechtspflicht würde es nicht im Einklang stehen, wenn der Staat einer Bewegung, die sich zu einer neben der Evang. Kirche stehenden Sekte entwickelt hat, einen Teil der Staatsleistungen für die Evang. Kirche zuwenden würde.

5. Sollte der Herr Kultminister seine Absicht durchführen, so müssen wir Wert auf eine Bestimmung dahin legen, daß durch die Leistung von

113 Siehe S. 57–62.

Dienst- oder Versorgungsbezügen aus Kap. 36 an Geistliche der Volkskirchenbewegung DC die bisher ihnen gegenüber bestehende Verpflichtung der landeskirchlichen Kasse entfällt. Ohne eine solche Bestimmung wäre die Lage die, daß diese DC-Geistlichen zwar unter dem Schutz des Staats sich allen Verpflichtungen gegenüber der Landeskirche nach Belieben entziehen können, gleichzeitig aber alle Rechte der landeskirchlichen Geistlichen in Anspruch nehmen dürfen. Auch finanziell bedarf die landeskirchliche Kasse, wenn ihr nun ab 1.4.1937 wieder ein Jahresbetrag von RM 50 000.– entgehen soll, dringend einer Entlastung, da sie die auf 1.4.1934 und 1935 eingetretenen Kürzungen der Staatsleistungen mit zusammen rund RM 800 000.– noch nicht überwunden hat. Wir haben kürzlich unter Anschluß der Rechnungshauptbücher nachgewiesen, daß infolge dieser Kürzungen, die ja nur zum Teil im Wege der Gehaltskürzung auf die Besoldungs- und Versorgungsempfänger abgewälzt wurden, die landeskirchlichen Vermögensreserven im Rechnungsjahr 1935 um nicht weniger als RM 394 000.– abgenommen haben und daß auch für die Rechnungsjahre 1936 und 1937 eine weitere Schwächung der Reserven unvermeidlich ist. Da jedoch bei der geringen Höhe der Reserven diese Finanzgebarung nicht länger fortgesetzt werden kann, würde jede weitere Kürzung der Staatsleistungen, die nicht durch eine entsprechende Ersparnis an Ausgaben ausgeglichen wird, zu unerwünschten weiteren außerordentlichen Maßnahmen zum Zweck der Sicherung des landeskirchlichen Haushalts zwingen.

6. Hienach müssen wir die Verantwortung für die Folgen der zu Kap. 32 und 36 des Staatshaushaltsplans geplanten Maßregel durchaus dem Herrn Kultminister überlassen.

Abschrift dieses Schreibens geht dem Herrn Reichsminister für die kirchlichen Angelegenheiten und einigen kirchlichen Stellen zu.

Wurm.

In einem Schreiben vom 8.4.1937 an den Oberkirchenrat trug die Sozietät ihre Bedenken gegen die Argumentation des Oberkirchenrats im Schreiben vom 24. März vor[114]*:*

Wir halten uns für verpflichtet, unsere schweren Bedenken gegen das vom Herrn Landesbischof selbst unterzeichnete Schreiben an den Herrn Kultusminister zum Ausdruck zu bringen.

Leider wird erst in Absatz 4 festgestellt, daß sich die Volkskirchenbe-

---

114 LKA Stuttgart, D 1, Bd. 112.

wegung DC »zu einer neben«, das heißt außerhalb »der Evang. Kirche stehenden Sekte entwickelt hat« und es mit der Rechtspflicht des Staates nicht vereinbar ist, wenn er dieser Sekte einen Teil der Staatsleistungen zuwendet, auf welche die Kirche einen Rechtsanspruch aus dem vom Staat eingezogenen Kirchengut hat. Indem der Oberkirchenrat aber nicht allein geltend macht, daß das Kirchengut bzw. der Ertrag desselben der Kirche gehört und ihrer Arbeit dienen muß, sondern seinen Anspruch durch andere Argumente bekräftigen will, gibt er ihn tatsächlich preis.

In Absatz 1 stellt der Oberkirchenrat zunächst fest, daß der vorgesehene Verfügungsbetrag von RM 75 000.–, zu dem von den Staatsleistungen für die Evang. Landeskirche RM 50 000.– abgezweigt werden sollen, viel zu hoch ist, da die finanzielle Einbuße der disziplinierten vier DC-Geistlichen zusammen nur RM 7 800.– jährlich ausmacht. Aber selbst wenn der Staat die Bereitstellung dieses Verfügungsbetrages und die entsprechende Kürzung der Staatsleistungen an die Kirche damit begründet, daß er den finanziellen Ausgleich für die Folgen der Maßregelungen übernehmen will, so hätte ihm die Kirche erklären müssen, daß dieser Ausgleich grundsätzlich nicht auf Kosten des Kirchengutes geschehen darf; sie hätte sich aber nicht zugleich auf eine Auseinandersetzung über die Richtigkeit der Kostenberechnung einlassen dürfen. Entweder gilt das eine oder das andere Argument. Im übrigen ist die Berechnung des Staates nicht einmal falsch, falls er damit rechnet, daß auch die übrigen DC-Geistlichen im Lauf des Rechnungsjahres noch aus ihren kirchlichen Ämtern entfernt werden, was er nach den feierlichen Verlautbarungen der Kirche eigentlich erwarten müßte. Es wird ihm merkwürdig vorkommen, wenn die Kirche sich gegen die geplante Kürzung mit der Begründung wehrt, daß die Staatsleistungen ja den DC-Geistlichen »grundsätzlich in gleicher Weise zugutkommen wie anderen«. Damit gibt der Oberkirchenrat selbst das freie, das heißt nur an das Bekenntnis der Kirche gebundene Verfügungsrecht über das Kirchengut preis und hat sich im voraus für sein Handeln gegenüber den DC gebunden. Der Staat brauchte jetzt bloß die Kirche beim Wort zu nehmen und daraufhin die Kürzung rückgängig zu machen, so wäre der Oberkirchenrat durch die Begründung seines Einspruchs verpflichtet, von allen Maßnahmen mit finanzieller Auswirkung gegenüber den DC abzusehen. Mit dieser Feststellung wollen wir keineswegs die Disziplinarmaßnahmen des Oberkirchenrates gutheißen, insbesondere nicht nach ihrer finanziellen Seite. Es geht in unserem Zusammenhang nur um die Frage, ob die Kirche das freie Verfügungsrecht über das Kirchengut behält.

Zu Absatz 2 und 3 möchten wir nur bemerken, daß der Oberkirchenrat sich dem Staat gegenüber auf das »Befriedungswerk des Führers vom 15.2.1937« und die »Verordnung des Reichsministers für die kirchlichen Angelegenheiten vom 23.3.1937« beruft und damit die Geltung dieser Gesetze für die Kirche anerkennt. Was das bedeutet, brauchen wir nicht näher auszuführen.

Die Ausführungen in Absatz 5 und 6 lassen vermuten, daß der Oberkirchenrat seinen rein grundsätzlichen Einspruch darum nicht festhält, weil ihm die neue Regelung insofern gar nicht ungelegen kommt, als sie ihm die Auseinandersetzung mit den DC-Geistlichen erleichtert, indem sie die Schwierigkeiten beseitigt, die sich aus den beamtenrechtlichen Ansprüchen dieser Geistlichen an die Landeskirche ergeben. Es muß aber beachtet werden, daß diese Erleichterung erkauft wäre durch den Verzicht der Kirche auf die freie Verfügung über das Kirchengut und durch die Einwilligung in eine paritätische Verteilung desselben an Kirche und Nichtkirche durch den Staat. Würde die Kirche jetzt in diese Lösung willigen, weil es sich nur um 20 von 1500 Geistlichen und dementsprechend nur um einen relativ geringen Teil des Kirchengutes handelt, so wäre das von unabsehbaren Folgen für die kommende Auseinandersetzung zwischen Kirche und Nichtkirche. Wir erlauben uns, für diese Frage auf unsere Entschließung vom 22. März zu verweisen.

I. A. Hermann Diem.

Die Sperre und Kürzung der Staatsleistungen im Sommer 1937

Im Zusammenhang mit dem Gelöbnis der Religionslehrer ließ der Kultminister die auf 1. Juli fällige Rate der Staatsleistungen nicht anweisen. Wegen der dadurch entstandenen finanziellen Schwierigkeiten bat der Oberkirchenrat am 30.6.1937 das Reichserziehungsministerium dringend um rasches Eingreifen[115]:

Der Herr Württ. Kultminister hat ohne irgend welche Begründung die Staatsleistungen für die auf 1. Juli fälligen Gehalts- und Pensionsbezüge der Geistlichen in Württemberg mit über einer halben Million nicht zur Zahlung angewiesen. Mangels anderer Mittel konnten die Bezüge von der Kasse des Oberkirchenrats für Juli nur hälftig ausbezahlt werden. Für kommende Monate ist jede Gehaltszahlung in Frage gestellt. Bei der Einziehung des Altwürttembergischen Kirchenguts 1806 hat der Staat dessen Verbindlichkeiten feierlich übernommen[116], seine Verpflichtungen zur

---

115 Nr. A 6923. Vgl. dazu das Rundschreiben des SD vom 2.7.1937 wegen der gespannten Lage (StA Ludwigsburg, K 110, Bd. 35).
116 Reyscher, Sammlung der württembergischen Gesetze, Bd. 9. Tübingen 1835, S. 54.

Bestreitung kirchlichen Aufwands auch gesetzlich und verfassungsmäßig wiederholt anerkannt und seither die Bezüge der Geistlichen zum größten Teil bezahlt. Die jetzige Rechtsverletzung bringt von heute auf morgen über 2 000 evang. Pfarrer, Pfarrwitwen und kirchliche Beamte mit ihren Familien in eine Notlage. Diese wird umso größer, als die Vollziehbarkeitserklärung für den landeskirchlichen Steuerbeschluß, die bei dem Herrn Kultminister seit Anfang März beantragt ist, noch immer nicht vorliegt. Insolange kann die Kirchensteuer nicht erhoben werden. Damit sind 94 % aller landeskirchlichen Einnahmen gesperrt. Die Betriebsmittel sind nahezu erschöpft.

Wenn uns auch trotz mehrfacher Anfragen ein Grund für diese plötzliche Sperrung der Staatsleistungen nicht genannt worden ist, so haben wir doch Anlaß zu der Annahme, daß sie mit Vorgängen auf dem Gebiet des Religionsunterrichts zusammenhängt. Der Herr Reichserziehungsminister hat durch Erlaß vom 18.3.1937 angeordnet, daß die Geistlichen, die als Religionslehrer tätig sind, ein Gelöbnis der Treue und des Gehorsams gegen den Führer abzulegen haben. Ehe dieser Erlaß in Württemberg amtlich bekannt gegeben wurde (Abl. des Württ. Kultministeriums Nr. 8 vom 11. Juni), hatte der Herr Kultminister in seinem Amtsblatt Nr. 7 vom 21. Mai einen Erlaß über die Gestaltung des Religionsunterrichts vom 28. April veröffentlicht, der einen Eingriff in den Inhalt der religiösen Unterweisung bedeutet. Dieses Zusammentreffen mußte in der württ. Pfarrerschaft die Befürchtung erwecken, das Treuegelöbnis zum Führer könnte als Handhabe benützt werden, Gehorsam gegen diese und etwaige weitere staatliche Weisungen über den Inhalt der religiösen Verkündigung zu verlangen. Um solche Befürchtungen zu entkräften und den Weg für die Ablegung des Gelöbnisses zu ebnen, hat der Oberkirchenrat am 2. Juni dem Reichserziehungsministerium eine grundsätzliche Erklärung abgegeben, worin der Sinn des Gelöbnisses für den Christen klargestellt wurde[117]; er hat auch am 15. Juni hievon den Geistlichen Mitteilung gemacht und die Erwartung ausgesprochen, daß alle Geistlichen das Gelöbnis ohne weitere persönliche Zusatzerklärung ablegen. Leider wurde die Lage dadurch erneut erschwert, daß nach einem uns im Wortlaut nicht bekanntgewordenen Erlaß des Herrn Kultministers vom 18.6.1937 die Geistlichen annehmen mußten, daß jede Bezugnahme auf die Erklärung des Oberkirchenrats von dem das Gelöbnis abnehmenden Schulrat abgelehnt werde. Infolgedessen fühlten sich die Geistlichen

---

117 Siehe S. 755f.

gedrungen, bei der Ablegung des Gelöbnisses Erklärungen abzugeben, durch die sie ihre Bindung an die schriftgemäße Grundlage des Religionsunterrichts sichern wollten. Wo die Geistlichen solche Erklärungen abgaben, wurden sie in der Mehrzahl der Fälle von den Schulräten zur Ablegung des Gelöbnisses nicht zugelassen. Allen diesen Geistlichen ist nunmehr das Recht zur Erteilung des Religionsunterrichts entzogen. Wie wir aus neuesten Mitteilungen entnehmen müssen, will das Kultministerium das abgelegte Treuegelöbnis da, wo die Schulräte Erklärungen entgegengenommen haben, nachträglich nicht anerkennen. Würde auch diesen Geistlichen der Religionsunterricht entzogen, so würde fast das ganze Land von dieser Maßregel betroffen.

Zweifellos wird diese Maßnahme für sich allein schon in unserem von jeher kirchlichen Lande große Erregung hervorrufen. Die gleichzeitige Sperrung der Staatsleistungen mit ihren Auswirkungen auf weite Kreise wird diese Erregung noch steigern. Diese völlig unhaltbare Lage kann nur dadurch beseitigt werden, daß den Geistlichen durch eine Äußerung des Herrn Reichserziehungsministers, wonach staatliche Eingriffe in den Inhalt des christlichen Religionsunterrichts nicht stattfinden sollen, ermöglicht wird, das Gelöbnis, zu dem sie als Staatsbürger gerne bereit sind, ohne jede Gewissensbelastung abzulegen.

Wir bitten den Herrn Reichserziehungsminister dringend, auf diesem Wege eine Beseitigung der vorhandenen Schwierigkeiten herbeizuführen.

Wurm.

Über die Konsequenzen, die sich durch die Sperre der Staatsleistungen ergaben, mußte der Oberkirchenrat am 7. 7. 1937 die Dekanatämter informieren[118]:

1. Wie den Dekanatämtern am 26. vorigen Monats vorläufig mitgeteilt wurde, hatte der Herr Kultminister damals ohne vorgängige Ankündigung die Überweisung der gesamten Staatsleistungen für den Monat Juli mit über RM 500 000.– gesperrt. Da aus der Staatsleistung rund zwei Drittel des laufenden Bedarfs für Gehalts- und Versorgungsbezüge zu bestreiten sind und der Ausfall nicht ausgeglichen werden konnte, konnten zunächst nur die halben Monatsbezüge bezahlt werden. Am 3. dieses Monats konnte weiter mitgeteilt werden, daß von der Staatsleistung für die Dienstbezüge der Geistlichen ein Teilbetrag von RM 161 000.–, die übrigen Staatsleistungen voll zur Zahlung angewiesen seien. Gesperrt

118 Nr. A 7116.

sind jedoch von der Staatsleistung für die Dienstbezüge auch jetzt noch rund RM 185 000.–. Die verfügbaren Mittel reichen jetzt aus, um den Ruhestandsgeistlichen und den Pfarrwitwen und -waisen die vollen Versorgungsbezüge für Juli zu bezahlen und den Geistlichen im Dienst Abschlagszahlungen in Höhe von zwei Dritteln der Nettobezüge zu machen.

Mit der teilweisen Sperre der Staatsleistungen trifft zusammen, daß der dem Herrn Kultminister schon am 4. März vorgelegte landeskirchliche Steuerbeschluß bis heute noch nicht für vollziehbar erklärt wurde, obwohl er die Zustimmung des Ständigen Ausschusses des Landeskirchentags gefunden hat, den Steuerbeschlüssen der Vorjahre genau nachgebildet ist und auch der ihm zugrunde liegende Haushaltsplan nur unbedeutende Änderungen gegen früher aufweist. Es kann also zunächst für 1937 Landeskirchensteuer nicht erhoben werden.

Zu allem hin hat die landeskirchliche Kasse infolge der seit 2 Jahren erfolgten Kürzung der Staatsleistung um jährlich RM 800 000.– in diesen 2 Jahren zusammen rund RM 700 000.– ihres Betriebskapitals eingebüßt; dieser Betrag entspricht etwa der Summe, die von der Kürzung der Staatsleistungen nicht durch die Sonderkürzung der Gehalts- und Versorgungsbezüge auf die Geistlichen abgewälzt wurde. Bei der beschränkten Gehaltszahlung, die unter diesen Umständen allein möglich ist, sind erhebliche Härten leider unvermeidlich. Zum teilweisen Ausgleich derselben hat der Württ. Pfarrverein sich bereit erklärt, eine Aufforderung an seine Mitglieder zu richten.

2. Es ist nun großer Wert darauf zu legen, bald weitere Betriebsmittel für die landeskirchliche Kasse zu erhalten. a) Dem Vernehmen nach ist für den landeskirchlichen Steuerbeschluß die Vollziehbarkeitserklärung demnächst zu erwarten. Von diesem Zeitpunkt an können Vorauszahlungen auf die Landeskirchensteuer 1937 bei den Kirchengenossen angefordert werden. b) Die Anweisung des Herrn Kultministers über die Ortskirchensteuer des Rechnungsjahrs 1937 ist den Landräten mit Datum vom 24.6.1937 jetzt zugegangen. Den Pfarrämtern wird ein entsprechender Erlaß des Evang. Oberkirchenrats in den nächsten Tagen zugehen. Es sind alle Maßregeln zu treffen, daß der ortskirchliche Steuerbeschluß unverzüglich gefaßt und dem Landrat zur Vollziehbarkeitserklärung bzw. Genehmigung vorgelegt werden kann. c) Einzelne Kirchengenossen, denen die finanzielle Lage der Kirche bekannt geworden ist, haben das Bedürfnis zu freiwilligen Beiträgen. Solche sind in Empfang zu nehmen und dem Dekanatamt abzuliefern. Jede öffentliche Aufforderung zu sol-

chen (z. B. im Gemeindeblatt oder von der Kanzel) sollte jedoch wegen des Sammlungsgesetzes[119] unterbleiben.

3. Es ist dringend erwünscht, daß die Kirchengemeinden andere von ihnen flüssig zu machende Gelder der Geldvermittlungsstelle der Kirchengemeinden zur Verfügung stellen, die weit über ihre Einlagen hinaus Darlehen an Kirchengemeinden ausgegeben hat. Es muß erwartet werden, daß Kirchengemeinden, die Anlagen bei der Kreissparkasse oder sonstwo unterhalten, sie so rasch als zulässig kündigen und an die Geldvermittlungsstelle abführen. Selbstverständlich muß sein, daß Kirchengemeinden, die Darlehen von der Geldvermittlungsstelle erhalten haben und zur Zahlung von Zins- oder Tilgungsbeträgen vor dem Termin in der Lage sind, diese Leistungen machen.

4. Außer den Gehalts- und Versorgungsbezügen der Geistlichen in dem aus Ziffer 1 sich ergebenden Umfang werden die Gehaltsbezüge der aus dem Lehrerstand stammenden Religionslehrer, ferner Ausgleichs- und Trennungszulagen, Mietzuschüsse, Entschädigungen für Naturalbezüge und für Lehrvikare sowie Unterstützungen in voller Höhe ausbezahlt. Im übrigen wird die landeskirchliche Kasse bis auf weiteres hinsichtlich der Art der Zahlungen unterscheiden. Die üblichen Umzugskostenbeiträge an Geistliche werden voll, von den verfallenden Filialreisekosten der Geistlichen und den Dienstaufwandsentschädigungen der Dekane wird zunächst voraussichtlich die Hälfte ausbezahlt werden. Der laufende Dienst soll auch im übrigen (Pfarrseminar, Pfarrversammlungen und anderes) möglichst nicht unterbrochen werden.

Neue landeskirchliche Beiträge irgend welcher Art oder Darlehen an Kirchengemeinden können bis auf weiteres nicht in Aussicht gestellt werden; solche Baugesuche, die von landeskirchlichen Beiträgen oder Darlehen abhängen, sind daher zurückzustellen. Doch soll die baupolizeiliche Behandlung der bereits laufenden Baueingaben zunächst nicht unterbrochen werden. Die bereits im Gang befindlichen Bauten, die von landeskirchlichen Zuschüssen oder Darlehen abhängen und nicht unmittelbar vor der Vollendung stehen, werden insoweit eingestellt werden, als dies nach Lage der Sache möglich ist. Die betreffenden Kirchengemeinden erhalten hierüber besondere Mitteilung. Soweit der Fortbetrieb einer Einrichtung (zum Beispiel eines Kindergartens) von dem Eingang eines früher in Aussicht gestellten landeskirchlichen Beitrags abhängt, wird der Beitrag geleistet werden. Es ist erwünscht, wenn auch die Kirchengemein-

---

119 Siehe S. 494 f.

den bei ihren Ausgaben eine engere Wahl treffen und, zunächst ohne den Abbau bestehender bewährter Einrichtungen, die dadurch frei werdenden Beträge bereit halten.

5. Für die Pfarrämter, deren Inhaber hinter dem Herrn Landesbischof stehen, liegen Mehrfertigungen bei. I.V. Müller.

In einem Wort An die Pfarrer der Württ. Landeskirche *rief der Vorsitzende des Evang. Pfarrvereins in Württemberg, Pfr. Schnaufer, am 7.7.1937 auf, die Not gemeinsam zu tragen* [120]*:*

Liebe Brüder!

Wir sind uns doch darüber klar und einig: Es würde unserer Ehre, unserer Zusammengehörigkeit als Pfarrer und unserer christlichen Haltung widerstreiten, wenn die Ungleichheit, die bei der Ablegung des Gelöbnisses in Erscheinung trat und die teilweise Streichung des staatlichen Zuschusses zu der Besoldung der aktiven Geistlichen zur Folge hatte, auch eine schwere Ungleichheit der Bezüge zur Folge hätte der Art, daß diejenigen Geistlichen, denen das Gelöbnis abgenommen wurde, ihren Gehalt ganz bekämen, während diejenigen, denen es nicht abgenommen wurde, durch starke Kürzungen ihrer Bezüge mit ihren Familien in bittere Not kämen.

Laßt uns vielmehr gemeinsame Not auch gemeinsam tragen, auch die Kürzung der Staatsleistung, die für die Geistlichen im Dienst eingetreten ist! Zu dieser Gesinnung und dem daraus folgenden Handeln rufe ich die Amtsbrüder auf.

Gruß! Heil Hitler! Adolf Schnaufer.

Mit einem Erlaß vom 2.7.1937 an die Ministerialkasse ließ der Kultminister dann eine Abschlagszahlung in Höhe von RM 161 000.– auf die fällige Rate der Staatsleistungen an die Landeskirche ausbezahlen. [121]

---

120 LKA Stuttgart, D 1, Bd. 97. Dem Aufruf lag ein Formular für eine Verpflichtungserklärung bei, mit der diejenigen Pfarrer, die das Gelöbnis abgelegt hatten, sich bereit erklären konnten, zugunsten der Pfarrer, die das Gelöbnis nicht ablegen konnten, auf ein Drittel des Juligehaltes zu verzichten.
121 LKA Stuttgart, D 1, Bd. 72.

Am 8.7.1937 teilte der Kultminister dem Oberkirchenrat die Aufhebung der Sperre mit; gleichzeitig wurde eine allgemeine Kürzung der Staatsleistungen angekündigt[122]*:*

Die Sperrung des Staatsanteils an der Besoldung der Geistlichen, die das vorbehaltlose Gelöbnis auf den Führer abgelehnt haben, wird mit Wirkung vom 1.8.1937 aufgehoben. An die Stelle tritt eine allgemeine Kürzung der Staatsleistungen zum Diensteinkommen der Geistlichen. Bestimmend war hiefür der in Abschrift angeschlossene Erlaß des Herrn Reichserziehungsministers vom 1.7.1937 E II a 1194, E III d, E IV, E V, M (a), der für den Religionsunterricht in den Schulen eine ganz neue Sachlage schafft. Ich weise darauf hin, daß dieser Erlaß des Herrn Reichserziehungsministers nicht veröffentlicht werden darf. Der an den Staatsleistungen für Juli einbehaltene Betrag wird auf die künftige allgemeine Kürzung der Staatsleistung zum Diensteinkommen der Geistlichen angerechnet. Diese wird infolge des Mehrbedarfs an Lehrern für die Erteilung des Religionsunterrichts notwendig. Die seitherige Maßnahme der Entziehung des Religionsunterrichts bei den das vorbehaltlose Gelöbnis ablehnenden Geistlichen bleibt bestehen. Mergenthaler.

Am 20.7.1937 beriet der Ständige Ausschuß des Landeskirchentags über die Kürzung der Staatsleistungen[123]*:*

Der Ständige Ausschuß des Landeskirchentags ist heute zur Beratung der Lage zusammengetreten, wie sie durch die anfängliche Sperre aller Staatsleistungen auf 1. Juli, durch die darauf folgende Kürzung der Staatsleistungen zum Diensteinkommen der Geistlichen im Juli um RM 185 000.– und durch die angekündigte weitere Kürzung im Rechnungs-

---

[122] Nr. A 7261 vom 10.7.1937. Vgl. auch die Mitteilung dieser Regelung durch den Oberkirchenrat mit Nr. A 7261 vom 14.7.1937 an die Dekanatämter und der Protest des Oberkirchenrats gegen diese Regelung an das Württ. Kultministerium (a.a.O.); vgl. weiterhin das Schreiben Wurms an den Württ. Finanzminister Dr. Dehlinger vom 23.7.1937 (LKA Stuttgart, D 1, Bd. 72).
Nach Nr. A 7496 vom 17.7.1937 betrug im Rechnungsjahr 1937 die Kürzung der Staatsleistungen zum Diensteinkommen der Pfarrer insgesamt RM 300 000.–.
Am 18.12.1937 teilte der Oberkirchenrat die Regelung für 1938 mit: Einbehaltung von 1 Sechstel des Brutto-Grundgehalts (Nr. A 12913). Die Kirchensteuer mußte um 15 % erhöht werden; vgl. KAW 1938, S. 127; Dipper, S. 194 f. Die Zahl der Pfarrstellen wurde verringert, indem kleine Pfarreien zu Pfarrverwesereien herabgestuft wurden (vgl. Nr. A 714 vom 18.1.1938 und Nr. A 130 vom 1.2.1938). Die Bekenntnisgemeinschaft arbeitete im Dezember 1937 einen Vorschlag zur Deckung des Defizits der landeskirchlichen Kasse aus (vgl. Dipper, S. 194).
[123] LKA Stuttgart, D 1, Bd. 72.

jahr 1937 um weitere RM 115 000.- für die evang. Kirche entstanden ist.

Bei der außerordentlich knappen Finanzlage der Kirche, deren beide letzte Jahresrechnungen mit einem erheblichen Abmangel abschlossen, war eine unmittelbare Rückwirkung der staatlichen Maßnahmen auf das Einkommen aller Pfarrfamilien unausweichlich. Die Pfarrer sind gegenüber den Beamten mit akademischer Vorbildung ohnehin stark im Nachteil durch die geringere Zahl von Vorrückungsstellen und durch die Sondergehaltskürzung von 2 bis 5 %, die infolge der früher verfügten Kürzung der Staatsleistungen nötig war und ist. Dazu kommen bei den meist auf dem Lande lebenden Pfarrern besonders hohe Kosten für die Beschulung ihrer Kinder, und sie fallen umso mehr ins Gewicht, weil der Pfarrstand als einziger akademischer Stand noch immer kinderreich ist. Nicht wenige Pfarrer kämpfen seit Jahren um das Durchkommen ihrer Familie. Umso schwerer sind sie von der überraschend verfügten Kürzung der Staatsleistungen getroffen worden. Viele Geistliche haben Wochen schwerer Sorge um den künftigen Unterhalt ihrer Familien hinter sich.

Die Staatsleistungen zum Diensteinkommen der Geistlichen beruhen im wesentlichen nicht etwa, wie es in der Presse hieß, auf nationalsozialistischen Steuergeldern, sondern auf dem vom Staat eingezogenen Vermögen der Kirche. Auf Grund dieser Einziehung hat der Staat die nie bestrittene, vielmehr wiederholt, auch in der Württ. Verfassung von 1919 gesetzlich anerkannte Pflicht zur Bestreitung des überwiegenden Teils des kirchlichen Aufwands, insbesondere also zu einer bedeutenden Leistung zum standesgemäßen Unterhalt der Geistlichen. Diese Pflicht ist durch staatliche Maßnahmen der vergangenen Wochen in Frage gestellt.

Der Ständige Ausschuß des Landeskirchentags bittet die zuständigen staatlichen Stellen dringend, von der angekündigten Kürzung der Staatsleistungen abzusehen.

Gegen eine Initiative des Ständigen Ausschusses des Landeskirchentags in der Frage der Staatsleistungen wandte sich der Leiter der Reichsbewegung Deutsche Christen, Rehm, am 20.10.1937 in einem Schreiben an den Präsidenten des Landeskirchentags, Pfr. Dr. Steger[124]:

Auf der heutigen Tagung des Ständigen Ausschusses des Landeskirchentags ist sowohl von den Vertretern des Evang. Oberkirchenrats als

---

124 LKA Stuttgart, D 1, Bd. 73; vgl. auch das Rundschreiben Rehms an die »Amtsträger der Reichsbewegung Deutsche Christen« Nr. 7/1937 vom 2.11.1937 (LKA Stuttgart, D 1, Bd. 80).

auch von Ihnen auf die katastrophale finanzielle und kirchenpolitische Lage der Württ. Evang. Landeskirche mit der Aufforderung hingewiesen worden, der »Ständige Ausschuß«, als letzte verfassungsmäßige Instanz der Evang. Landeskirche, möchte in einheitlicher Geschlossenheit sich beim Staat dafür einsetzen, daß derselbe betreffend die Kürzungen der Staatsleistungen an die Kirche, die Untersagung des Religionsunterrichts an öffentlichen Schulen für Pfarrer, welche das Gelöbnis auf den Führer verweigerten, die ergangenen Maßnahmen zurücknehme. Ich muß meine Zustimmung zu dieser von Ihnen im Einvernehmen mit dem Evang. Oberkirchenrat geplanten Aktion verweigern, worin mich auch die Ihnen zustimmende Haltung des Vertreters der Thüringer Volkskirchenbewegung nicht irre machen kann.

Um der Wahrheit willen stelle ich fest, daß die Schuld an der katastrophalen finanziellen und allgemeinen Entwicklung der Lage der Württ. Evang. Landeskirche nicht, wie heute mehrfach behauptet wurde, der Staat, sondern allein die Kirchenerrichts in der Deutschen Volksschule. Es wird behauptet, es sei bei der Einführung der Deutschen Volksschule zugesagt worden, der Unterricht werde nach den Grundsätzen der Evang. und Kath. Kirche erteilt, und dieser Erlaß weiche von diesen Grundsätzen ab. Es ist selbstverständlich, daß der Kultminister nichts zulassen kann, was gegen den Nationalsozialismus und gegen den Artikel 24 des Parteiprogramms verstößt. Die Behandlung von Stoffen, die dem Sittlichkeitsempfinden der germanischen Raltung unterhält, werden Sie diese gegenchristlichen Kräfte niemals überwinden können. Der von Ihnen unternommene Versuch könnte nur dann unsererseits unterstützt werden, wenn die Württ. Landeskirchenleitung grundsätzlich sowohl nach der sachlichen, als auch nach der personellen Seite hin ihr hinlänglich bekanntes System ändern würde. Daß dazu aber trotz des katastrophalen Ergebnisses der bisherigen Politik der Landeskirchenführung nicht der geringste Wille besteht, haben die heutigen Ausführungen des Herrn Landesbischofs D. Wurm und seiner diversen Berichterstatter einwandfrei ergeben.

Mit Verwunderung mußte ich ferner feststellen, daß Sie gegenüber dem Oberkirchenrat, welcher begreiflicherweise eine Diskussion über seine verfehlte bisherige Politik nicht gern sah, viel zu wenig die Rechte der Abgeordneten des Landeskirchentags wahrnahmen, sondern ebenso bestrebt waren, eine solche Diskussion möglichst zu unterbinden. Eine Kirchenleitung, die sich offiziell mit der »Bekennenden Kirche« identifiziert, wird trotz aller etwaiger Bemühungen des »Ständigen Ausschusses«

nie ein positives Verhältnis zum Staat und zum nationalsozialistischen evang. Volk gewinnen. Außerdem widerstreitet es der Ehre der von mir geleiteten Bewegung, ein Kirchensystem zu unterstützen, das am laufenden Band in unqualifizierbarer Weise die Pfarrer der Reichsbewegung Deutsche Christen drangsaliert und degradiert nur deshalb, weil sie Nationalsozialisten sind... Da der Evang. Oberkirchenrat nicht bereit ist, mit dem bei ihm herrschenden System und mit den diesbezüglichen unwahrhaftigen kirchenpolitischen, das Volk beunruhigenden Methoden grundsätzlich Schluß zu machen, sehe ich mich zu meinem Bedauern nicht in der Lage, es Ihnen zu ermöglichen, gegenüber dem Staat die von Ihnen und dem Oberkirchenrat gemeinsam erstrebte Einheit des »Ständigen Ausschusses« zugunsten des Evang. Oberkirchenrats zu demonstrieren.

Wenn man noch einen Funken von Anstand besitzt, dann tritt man nach dem heute offen zugegebenen finanziellen und sachlichen Bankrott der bisherigen Politik des Evang. Oberkirchenrats zurück und versucht nicht, auf Umwegen eine Bewegung, die man geflissentlich bekämpfte und in Zukunft zu bekämpfen gewillt ist, zur Unterstützung seiner unfähigen Kirchenpolitik zu gewinnen.

Heil Hitler! Rehm, Leiter der Reichsbewegung »Deutsche Christen« Reformatorische Reichskirche.

DIE WEITEREN AUSEINANDERSETZUNGEN UM DEN RELIGIONSUNTERRICHT

Die Auseinandersetzungen um den Religionsunterricht gingen ab Herbst 1937 an einzelnen Orten und an einzelnen Fragen weiter. [125]

Am 30.9.1937 schrieb der Oberkirchenrat an das Reichserziehungsministerium über einen Vorfall in Bernhausen [126]*:*
Der Oberkirchenrat erhielt dieser Tage einen Bericht über eine von Bürgermeister und Schulleiter einberufene Elternversammlung, die in

---

125 Vgl. Nr. A 8223 vom 7.8.1937 über den Religionsunterricht an Hauswirtschaftlichen und ländlichen Berufsschulen.
126 Nr. A 9922; den Dekanatämtern zur Kenntnisnahme mitgeteilt. Die Beilage befindet sich nicht bei den Akten.

N. N. wegen des Religionsunterrichts gehalten worden ist. Der Versammlungsverlauf gibt ein deutliches Bild, wie sich der Erlaß des Württ. Herrn Kultministers vom 28. 4. 1937, der immer schroffer durchgeführt zu werden scheint, in der Elternschaft auswirkt. Wir dürfen daran erinnern, daß wir diesen Erlaß aus grundsätzlichen Erwägungen ablehnen mußten und nicht versäumt haben, den Herrn Reichserziehungsminister rechtzeitig und seither wiederholt über die Folgen dieses, dem geltenden Recht widersprechenden Eingriffs in den Inhalt des Religionsunterrichts zu berichten.

In N. N. waltet ein älterer, bewährter und ruhiger Pfarrer seines Amts; er ist in allen Kreisen der Bevölkerung sehr geachtet. Dieser Ortsgeistliche hatte bei Anlaß des Gelöbnisses nach reiflicher Überlegung und nach Rücksprache mit den kirchlich führenden Männern seiner Gemeinde sich auf den Standpunkt gestellt, daß er als Religionslehrer angesichts des Erlasses des Württ. Herrn Kultministers über Neugestaltung des Religionsunterrichts das Gelöbnis nur ablegen könne auf Grund der Erklärung des Oberkirchenrats vom 2. 6. 1937. Demgemäß wurde er am 28. 6. 1937 zur Ablegung des Gelöbnisses nicht zugelassen. Der Religionsunterricht wurde ihm entzogen. Er gab hievon lediglich dem Kirchengemeinderat Kenntnis, ohne sonst mit irgend jemand aus der Gemeinde über die Angelegenheit zu reden. Am darauffolgenden Sonntag, den 6. Juli, war die Kirche übervoll: die Gemeinde erwartete anscheinend vom Pfarrer ein Wort zur Gelöbnisfrage. Aber der Pfarrer hielt es für richtig, nichts darüber zu sagen, um die Verhandlungen in der Gelöbnisfrage nicht zu stören. Der Religionsunterricht ging in Hände über, die dazu nicht berufen sind. Viele Eltern erklärten, sie wollten ihre Kinder aus diesem »Religionsunterricht« abmelden, aber auch gleichzeitig aus der HJ austreten lassen. Der Ortsgeistliche bat, wo er konnte, dringend und mit Erfolg, dies zu unterlassen, da der Herr Reichserziehungsminister wohl in Bälde für eine Regelung dieser Angelegenheit sorgen werde. Auch am Sonntag, den 11. Juli, hielt es der Ortsgeistliche wieder für angemessen, nichts über die Gelöbnisfrage in der Kirche zu sagen. Auch bei seinen Kranken- und Gemeindebesuchen vermied er es, in der Erwartung einer baldigen Gesamtregelung, auf diese Frage einzugehen.

Während des Urlaubs des Ortsgeistlichen und dessen Ortsabwesenheit wurde nun von seiten der bürgerlichen Gemeinde und der Schule eine Elternversammlung einberufen. Redner war K[immich]. Der Besuch der Versammlung war über alles Erwarten gut; etwa 800 Personen füllten die Turnhalle. Der Redner erwähnte einleitend den Ortsgeistlichen, den er auch schätze, der aber leider in der Gelöbnisfrage unsicher geworden und einem jüngeren Amtsbruder nachgelaufen sei. Es erhob sich ein Sturm von Zwischenrufen, die die Richtigkeit dieser Ausführungen in landesüblichen Wendungen bezweifelten. Bei diesen geradezu tumultuarischen Vorgängen wollten die Zuhörer den Versammlungsraum verlassen. Der in N. N. allgemein geachtete A., eine Vertrauensperson der Gemeinde, fragte daraufhin, ob er nachher ein Wort sagen dürfe. Als dies bejaht wurde, beruhigte er mit Erfolg die Versammelten: Sie sollen dableiben und den Redner anhören.

K. erläuterte nun unter Berücksichtigung des Erlasses des Württ. Herrn Kultministers vom 28. 4. 1937, wie in Zukunft der Religionsunterricht erteilt werden solle, der nationalsozialistisch gestaltet werden müsse und das Sittlichkeitsempfinden der germanischen Rasse nicht durch bestimmte biblische Abschnitte verletzen dürfe. Als Beispiele dienten in der allmählich zum Überdruß bekannten Weise die Gestalten Abrahams, Josephs und Davids. Wiederum brach ein Sturm der Entrüstung nach dem andern los. Der Redner, ein an sich ruhiger und geschätzter Schulmann, steigerte sich immer mehr in die Auffassung des Erlasses hinein, bis schließlich die Versammlung rief: Jetzt haben wir genug, wenn es so aussieht, so ist das der Antichrist; jetzt wollen wir, daß unser Redner spricht! (A. war durch sein besonnenes Auftreten in der Versammlung zum Wortführer der Eltern geworden!) Dieser führte sachlich und ruhig aus, wie er die Geschichten des Alten Testaments seinen Kindern erzähle; komme er zum Beispiel an die Lüge Jakobs, so sage er, was für Folgen sie gehabt habe; das sei in der Gegenwart besonders wichtig, daß die Menschen zur Wahrheit erzogen werden und ähnliches. Er erntete mit seinen Darlegungen stürmischen Beifall. K. rief dazwischen: Dann erziehen Sie Ihre Kinder ja jüdisch. A. entgegnete: Wenn man das jüdisch nenne, dann erziehe er seine Kinder eben jüdisch; er nenne es biblisch. K. erhob den Vorwurf der Staatsfeindlichkeit. A.: Dann bin ich eben ein Staatsfeind; die ersten Christen sind auch als Staatsfeinde angesehen worden. K. entgegnete, dann gehöre A. ins Gefängnis. A.: Dann gehöre ich eben ins Gefängnis, der Apostel Paulus ist auch im Gefängnis gewesen. Es erhob sich ein allgemeiner Tumult, in dem die Versammlung schließlich unterging. Die Anwesenden verließen voll Entrüstung bis auf ganz wenige den Versammlungsraum. Einige Tage später erhielt der Bürgermeister ein Schreiben, wonach A. von seinen Vertrauensämtern sofort entbunden sei. Dieser sagte: »Das muß ich eben auf mich nehmen; die ganze Gemeinde weiß, wie freudig ich allezeit mitgearbeitet habe im Staate Adolf Hitlers.«

Am 2.8.1937 kam der Ortsgeistliche aus seinem Urlaub zurück und fand seine Gemeinde in einer ungemeinen Erregung. Am Sonntag, den 8. August, verlas der Ortsgeistliche dann eine Erklärung, die wir in Abschrift beilegen, da sie ein eindrucksvolles Bild der Lage vermittelt. Wurde die Gemeinde N.N., in allerdings rauher Weise, durch den Verlauf der Elternversammlung über den Ernst der kulturpolitischen Lage aufgeklärt, so erhielt sie nunmehr auch noch eine anschauliche Aufklärung über gewisse Methoden des gegen die christliche Kirche geführten Kampfes. In der »Unabhängigen Zeitschrift« »Flammenzeichen« erschien dieser Tage ein von unwahren Behauptungen strotzender Artikel über die Vorgänge.

Der Oberkirchenrat bittet wie schon wiederholt, den im Schnellbrief des Herrn Reichserziehungsministers vom 3.7.1937 ausgesprochenen Grundsatz, daß im nationalsozialistischen Staat »Gewissensfreiheit und kirchliche Lehrfreiheit ausdrücklich gewährleistet« werde, gegenüber den entgegenstehenden Anordnungen der württ. Schulbehörde durchzusetzen, damit die evangelische Jugend unseres Landes den Religionsunterricht erhält, auf den sie rechtlich Anspruch hat und den die evangelischen Eltern unseres Landes fordern. I.V. Müller.

Zur Gestaltung des Religionsunterrichts erschien im Regierungsanzeiger für Württemberg *am 2.11.1937 folgender Bericht:*
... Es wird neuerdings der Versuch gemacht, diesen Erlaß[127] in Gegensatz zu setzen zu den Zusicherungen über die Erteilung des Religionsunterrichts in der Deutschen Volksschule. Es wird behauptet, es sei bei der Einführung der Deutschen Volksschule zugesagt worden, der Unterricht werde nach den Grundsätzen der Evang. und Kath. Kirche erteilt, und dieser Erlaß weiche von diesen Grundsätzen ab. Es ist selbstverständlich, daß der Kultminister nichts zulassen kann, was gegen den Nationalsozialismus und gegen den Artikel 24 des Parteiprogramms verstößt. Die Behandlung von Stoffen, die dem Sittlichkeitsempfinden der germanischen Rasse widersprechen, würde einen solchen Verstoß bedeuten. Eine Zusicherung in dieser Hinsicht könnte von einem nationalsozialistischen Minister darum auch gar nicht gegeben werden. Darüber hinaus erging aber seinerzeit anläßlich der Verhandlungen mit der Evang. Kirche über die Einführung der Deutschen Volksschule folgende mündliche und schriftliche Mitteilung an den Oberkirchenrat: »Der Religionsunterricht wird in Übereinstimmung mit den Grundsätzen der Evang. Kirche erteilt.

127 Gemeint ist der Erlaß Mergenthalers vom 28.4.1937.

Da aber heute nicht eindeutig festgelegt ist, welches diese Grundsätze sind und da in der Evang. Kirche verschiedene Richtungen vorhanden sind, muß möglichste Freiheit gefordert werden, insbesondere auch gegenüber der Stellungnahme zum Alten Testament.«

Es steht also eindeutig fest, daß der Erlaß vom April dieses Jahres sich durchaus im Rahmen dessen bewegt, was der Kirche bei der Einführung der Deutschen Volksschule erklärt worden war. Jede andere Darlegung widerspricht den Tatsachen und stellt eine Irreführung der Öffentlichkeit dar.

Wegen der Ausführungen im Regierungsanzeiger *schrieb der Oberkirchenrat am 4.11.1937 an das Reichserziehungsministerium* [128]:

In einer im »Regierungsanzeiger für Württemberg« vom 2.11.1937 veröffentlichten Verlautbarung zur Gestaltung des Religionsunterrichts erklärt der Herr Kultminister, sein Erlaß vom 28.4.1937 betreffs Neugestaltung der religiösen Unterweisung im nationalsozialistischen Sinn bewege sich durchaus im Rahmen dessen, was der Kirche bei der Einführung der Deutschen Volksschule erklärt worden sei. Jede andere Darlegung widerspreche den Tatsachen und stelle eine Irreführung der Öffentlichkeit dar [...][129]

Hiezu ist Folgendes zu bemerken:

1. Die Frage der Einführung der Deutschen Volksschule in Württemberg trat in ihr entscheidendes Stadium, als am 4.4.1936, am Samstag vor der Karwoche, der Herr Kultminister anläßlich der Einweihung der Hans Schemm-Schule in Weilimdorf in offizieller Weise erklärte, daß nunmehr die Möglichkeit der Gemeinschaftsschule gegeben sei und daß der Anfang in Stuttgart gemacht werde. Am 6. April, Montag der Karwoche, erschien eine gemeinsame amtliche Bekanntmachung des Herrn Kultministers und des Herrn Oberbürgermeisters von Stuttgart, in welcher die Einrichtung der Gemeinschaftsschule für das neue Schuljahr angekündigt und es den Eltern freigestellt wurde, in welche Schule sie ihre Kinder schicken wollten. Es erging ein Aufruf der Stuttgarter Kreisleitung an die Elternschaft, und die Werbung für die Gemeinschaftsschule wurde in der Karwoche bei den Eltern der schulpflichtigen Kinder in Stuttgart von Haus zu Haus durchgeführt. Daraufhin wurden sofort Besprechungen zwischen Vertretern des Kultministeriums und des Evang. Oberkirchenrats aufgenommen; in ihnen wurde am 8.4.1936 vom Vertreter des Kultministe-

---

128 Nr. A 11258; den »Dekanatämtern zur Kenntnisgabe an die Pfarrämter« mitgeteilt.
129 Hier wird der Artikel im »Regierungsanzeiger« referiert.

riums zugesichert, es werde dafür Sorge getragen, daß der Religionsunterricht in Übereinstimmung mit den Grundsätzen der Evang. Kirche erteilt wird.

2. Am Nachmittag des 8. April wurde vom Kultministerium dem Sachbearbeiter des Oberkirchenrats fernmündlich mitgeteilt, der Herr Kultminister müsse zu diesem Punkt noch einschränkend erklären, »er möchte betont haben, daß über die Grundsätze der Evangelischen Kirche keine allgemeine Übereinstimmung bestehe; es gebe zum Beispiel innerhalb der Evang. Kirche verschiedene Auffassungen des Alten Testaments«. Diese Erklärung war nach mündlicher Erläuterung im Sinne der Toleranz gegenüber den verschiedenen Lehrauffassungen innerhalb der Evang. Kirche zu verstehen. Der Grundsatz selber, daß der Inhalt des Religionsunterrichts in Übereinstimmung mit den Grundsätzen der Evang. Kirche erteilt wird, blieb vom Kultministerium durchaus anerkannt.

3. Dies wurde am folgenden Tag im Zusammenhang mit den Stuttgarter Vorgängen erneut bestätigt. Für die evangelische Elternschaft Stuttgarts wurde nämlich das Ergebnis der genannten Besprechungen in einer von den ersten Geistlichen von Stuttgart und Bad Cannstatt am 9. April abgegebenen und am Karfreitag, den 19. April, im Gottesdienst als Flugblatt[130] verteilten Erklärung dahin zusammengefaßt, das Kultministerium habe »die ausdrückliche Zusicherung gegeben, daß der Religionsunterricht in gleichem Umfang wie bisher und in Übereinstimmung mit den Grundsätzen der Evang. Kirche gegeben werde«. Der Wortlaut dieses Stuttgarter Flugblatts wurde vor der Drucklegung dem zuständigen Vertreter des Kultministeriums mitgeteilt und fand dessen ausdrückliche Zustimmung. Nur auf diese zur öffentlichen Verbreitung bestimmten Zusicherungen hin war die Evang. Kirche in der Lage, ihre Bedenken gegen die Gemeinschaftsschule zurückzustellen und die Wahl der Schulform für die evangelischen Kinder der gewissensmäßigen Entscheidung der Eltern anheimzugeben.

4. Nach dieser öffentlichen Erklärung an die evangelische Elternschaft formulierte das Kultministerium dem Oberkirchenrat gegenüber am 14.4.1936 mündlich und in einem am 4. Mai beim Oberkirchenrat eingegangenen Schreiben vom 22.4.1936 auch schriftlich seine Zusage hinsichtlich der inhaltlichen Gestaltung noch einmal in folgender Weise: »Der Religionsunterricht wird in Übereinstimmung mit den Grundsätzen der Evang. Kirche erteilt. Da aber heute nicht eindeutig festgelegt ist, wel-

---

130 Siehe S. 711f.

ches diese Grundsätze sind, und da in der Evang. Kirche verschiedene Richtungen vorhanden sind, muß möglichste Freiheit gefordert werden, insbesondere auch gegenüber der Stellungnahme zum Alten Testament.« Diese Zusatzerklärung war wie die vorausgegangene vom 8. April im Sinne der Toleranz gegenüber den verschiedenen Lehrauffassungen innerhalb der Evang. Kirche gedacht. Sie wurde wie die vorausgegangene Erklärung vom Oberkirchenrat zur Kenntnis genommen und zur Abgrenzung gegenüber allen nichtevangelischen Lehren vom 20. April dahin beantwortet, »daß in der gesamten Evang. Kirche darin Übereinstimmung herrscht, daß das Alte Testament als Urkunde der vorbereitenden Offenbarung heilsgeschichtliche Bedeutung für die christliche Kirche hat«.

Daß mit der Zusatzerklärung des Kultministeriums keine Zurücknahme der in ihrem ersten Satz noch einmal ausdrücklich ausgesprochenen Zusage der Übereinstimmung des Religionsunterrichts mit den Grundsätzen der Evang. Kirche gemeint war, ergibt sich aus der Tatsache, daß auch in der Folgezeit bei der Werbung für die Deutsche Schule vor der evangelischen Elternschaft im Lande dieser Grundsatz unverkürzt aufrecht erhalten wurde. So wurde am 6. 5. 1936 in Tuttlingen in einem parteiamtlichen Aufruf an die evangelischen Eltern ausdrücklich erklärt: »... Auch wird der Religionsunterricht selbstverständlich nach den Grundsätzen der Evang. und Kath. Kirche erteilt, so daß man ruhig sagen kann, daß die religiöse Erziehung in diesen Schulen genau so gesichert ist wie in den Bekenntnisschulen.« Ebenso erklärte Herr Oberregierungsrat Dr. Drück beim 4. Gautag der schwäbischen Erzieher in Stuttgart am 10. 10. 1936: »Der Religionsunterricht wird selbstverständlich nach Konfessionen getrennt und nach kirchlichen Grundsätzen gegeben.«

5. Angesichts dieses Tatbestands wird in der Tat mit Recht »behauptet, es sei bei der Einführung der Deutschen Volksschule zugesagt worden, der Unterricht werde nach den Grundsätzen der Evang. und Kath. Kirche erteilt« (»Regierungsanzeiger« vom 2. 11. 1937).

6. Allen diesen Zusagen gegenüber schuf der Erlaß des Kultministeriums vom 28. 4. 1937 über die Neugestaltung des evang. Religionsunterrichts eine völlig neue Lage. Kurz vor Herausgabe dieses Erlasses waren dem Kultministerium neue Stoffpläne für den Religionsunterricht zugegangen, die der gesetzlichen Vorschrift entsprechend vom Oberkirchenrat ausgearbeitet und der staatlichen Schulverwaltung als Aufsichtsbehörde zur Veröffentlichung übergeben waren und den Wünschen nach einer gewissen Beschränkung des alttestamentlichen Stoffes Rechnung trugen.

Unter völliger Übergehung dieser Vorschläge und unter Hinwegsetzung über die bestehenden Gesetzesbestimmungen, wonach Auswahl und Anordnung des Unterrichtsstoffes für den Religionsunterricht durch die Oberkirchenbehörden im Einvernehmen mit der staatlichen Schulverwaltung und unter ihrer Aufsicht erfolgen, spricht der Erlaß des Kultministeriums vom 28. 4. 1937 aus, »daß Stoffe, die dem Sittlichkeitsempfinden der germanischen Rasse widersprechen, im Unterricht nicht zu behandeln sind. Gewisse Teile des Alten Testaments können daher für den Unterricht nicht in Frage kommen, andere werden stark in den Hintergrund treten müssen. Soweit veraltete Bestimmungen dem entgegenstehen, gelten diese als aufgehoben.« Damit versucht dieser Erlaß den Rassegedanken zum Richter über das Wort Gottes zu machen und das germanische Sittlichkeitsempfinden zum Maßstab zu nehmen für das, was aus der Heiligen Schrift für den christlichen Glauben noch gelten soll und was nicht. Nach den Grundsätzen der Evang. Kirche dagegen trägt die Heilige Schrift als Urkunde der heilsgeschichtlichen Offenbarung Gottes den Maßstab für den Inhalt des christlichen Glaubens in sich selber, nämlich in dem, »was Christus treibt« (Luther). Der vom Kultministerium unternommene Versuch, mit Hilfe eines außerbiblischen Maßstabes festzustellen, was im Religionsunterricht der Schule noch als christlicher Glaube gelehrt werden darf und was nicht, bedeutet darum ein deutliches Abweichen von den Grundsätzen der Evang. Kirche und steht in offenem Widerspruch zu den öffentlichen Zusagen, daß der Religionsunterricht in Übereinstimmung mit den Grundsätzen der Evang. Kirche erteilt wird.

7. Wenn die Verlautbarung im »Regierungsanzeiger« vom 2. 11. 1937 unter Berufung auf die zusätzliche Erklärung vom 14. bzw. 22. 4. 1936 nachzuweisen sucht, daß der Erlaß vom 28. 4. 1937 sich »durchaus im Rahmen dessen bewege, was der Kirche bei der Einführung der Deutschen Volksschule erklärt worden war«, so ist demgegenüber festzustellen: Jene zusätzliche Erklärung forderte unter Anerkennung der Übereinstimmung des Religionsunterrichts mit den Grundsätzen der Evang. Kirche »möglichste Freiheit, insbesondere auch gegenüber der Stellungnahme zum Alten Testament«, während der Erlaß vom 28. 4. 1937 den Religionsunterricht gerade dieser Freiheit beraubt, indem eine außerbiblische Stellungnahme zum Alten Testament dem ganzen Religionsunterricht aufgezwungen wird. Was also vor einem Jahr zur Sicherung möglichster Freiheit gefordert wurde, dient jetzt zur Begründung von Zwang und Nötigung. Was vor einem Jahr die Übereinstimmung des Religionsunterrichts mit den Grundsätzen der Evang. Kirche zur Voraussetzung hatte, wird

jetzt dazu benutzt, den ganzen Religionsunterricht in Widerspruch zu den Grundsätzen der Evang. Kirche zu bringen. Wie wenig die damals geforderte Freiheit respektiert wird, ergibt sich daraus, daß einzelne Lehrer, die die Auffassung des Kultministeriums über die Bibel nicht teilen, von der Erteilung des Religionsunterrichts ganz oder teilweise ausgeschlossen, ja sogar aus dem Staatsdienst beurlaubt oder zur Einreichung ihres Pensionsgesuchs gezwungen wurden. Und wie sehr der Erlaß vom 28.4.1937 dazu dienen muß, nicht nur den Unterricht im Alten Testament, sondern auch den im Neuen Testament und damit in der Bibel überhaupt in Widerspruch mit den Grundsätzen der Evang. Kirche zu bringen, ergibt sich aus einem neuerlichen Vorfall in Stuttgart, wo der Oberschulrat unter Überschreitung seiner Kompetenzen den neutestamentlichen Unterricht eines Pfarrers auf Grund des Aprilerlasses beanstandete und den Pfarrer zur Niederlegung des Religionsunterrichts aufforderte.

Angesichts all dieser Vorgänge und Tatbestände muß der Oberkirchenrat deshalb erklären: Es besteht ein unüberbrückbarer Gegensatz zwischen den vom Württ. Kultministerium bei Einführung der Deutschen Volksschule gegebenen Zusagen und dem Aprilerlaß über die Neugestaltung des Religionsunterrichts. Es ist daher nicht verwunderlich, daß eine tiefgehende, wachsende Beunruhigung unter den evangelischen Eltern und Gemeinden des Landes um sich greift. Es bleibt ein unaufgebbares Anliegen der Evang. Kirche und Elternschaft, darüber zu wachen, daß den evangelischen Kindern in der Schule nicht eine neue völkische Religiosität, die letztlich mit Christentum nichts mehr zu tun hat, unter der unrichtigen Bezeichnung »evangelischer Religionsunterricht« aufgezwungen wird.

Ein gleichlautendes Schreiben ist dem Herrn Reichsstatthalter und dem Herrn Kultminister in Württemberg zugegangen.   Wurm.

Wegen des Schreibens an das Reichserziehungsministerium vom 4. November kam es zu einer neuen Kontroverse mit dem Württ. Kultministerium; Oberkirchenrat Sautter schrieb am 1.12.1937 an Regierungsdirektor Dr. Drück im Württ. Kultministerium[131]*:*

Sehr geehrter Herr Regierungsdirektor!

Nach Ihrer fernmündlichen Auskunft vom 22.11.1937 habe ich das Schreiben des Oberkirchenrats an den Herrn Reichserziehungsminister

---

131 LKA Stuttgart, D 1, Bd. 73. Vgl. auch das Schreiben Sautters an Mergenthaler vom 14.2.1938, S. 721–727.

vom 4.11.1937 noch einmal einer gründlichen Durchsicht unterzogen. Ich verstehe wohl, daß diese Ausführungen schmerzlich empfunden werden können. Aber es ist doch für uns wahrlich ungleich schmerzlicher, die Enttäuschungen des vergangenen Jahres erlebt zu haben. Ich kann mir Ihre Auffassung des ja auch gleichzeitig dem Herrn Kultminister zugesandten Schreibens nur so erklären, daß es nicht als die Vertretung eines begründeten Standpunktes gewertet, sondern als unbegründeter Widerspruch gegen die nationalsozialistische Schulidee angesehen wurde. Ich darf Sie versichern, daß es dem Oberkirchenrat keine Freude war, auf die Veröffentlichung im »Regierungsanzeiger« antworten zu müssen und dabei darzulegen, wie völlig anders sich die Entwicklung der Religionsunterrichtsfrage vom Standpunkt der Evang. Kirche aus darstellt. Wenn Sie das Schreiben des Oberkirchenrats lesen, so werden Sie einräumen, daß wir uns bemüht haben, nur Tatsachen reden zu lassen. Sie werden vielleicht auch einräumen, daß diese Tatsachen zum aller geringsten Teil von kirchlicher Seite geschaffen worden sind.

Bei dieser Gelegenheit bitte ich, einiges auch schriftlich darlegen zu dürfen, was ich mündlich Ihnen gegenüber schon geäußert habe. Wie Herr Landesbischof D. Wurm auch für sein mannhaftes Eintreten auf politischem Boden schon vor dem Krieg, besonders aber seit 1918 den Dank aller nationalen Kreise verdient hat, so muß ich auf der andern Seite der Vorstellung widersprechen, als vergesse der Oberkirchenrat die großen Verdienste, die gerade der Herr Ministerpräsident im Kampf um die Befreiung unseres Volkes und um die Schaffung eines Deutschen Staates sich erworben hat. Es würde uns und mich persönlich in besonderem Maße schmerzen, wenn die Anerkennung dieses unseres Standpunktes in politischen Fragen mehr und mehr verdrängt würde durch Schlagworte wie die: »Eidesverweigerer«, »Kriegsdienstverweigerer«, »Deserteure«, »Saboteure« usw., die von der Masse ohne eigenes Urteil vielleicht noch beklatscht werden, aber auf unsere evangelischen Gemeinden schon lange keinerlei Eindruck mehr machen, denn diese wissen, welche Haltung zum Beispiel die theologische Jugend im Weltkrieg und auch im Kampf gegen den Bolschewismus eingenommen hat. (Von 318 Stiftlern sind 296 ausmarschiert und 124 gefallen; von der theologischen Studentenschaft sind 36 % gefallen, der Höchstprozentsatz eines Standes, wie er nur noch von dem der aktiven Infanterieoffiziere erreicht wird; zum Kampfe gegen den Bolschewismus in München 1919 ist das gesamte Stift ausmarschiert.) Unsere Gemeinden wissen aber auch, welche Haltung die Pfarrer während des Kriegs und vor allem in den zur Prüfung des Charakters besonders geeigneten Jahren 1919 bis 1924 eingenommen haben. Kann man ihnen den Vorwurf machen, daß sie ihren Auftrag als Pfarrer in Erbauung der Seelen, in Trost der schwer betroffenen Familien, in Aufrichtung der ausmarschierten Gemeindeglieder, bei der Mitarbeit in allen sozialen und ernährungspolitischen Aufgaben nicht mit ganzem Herzen erfüllt hätten? Wie sollte dieser neueste Umschwung in der Beurteilung des Pfarrstandes begründet werden, wenn dieser Stand in schwersten Stunden sich so gezeigt hat?

Bei der Gelöbnisfrage, ich bitte, das ganz offen sagen zu dürfen, handelte es sich doch in keiner Weise, aber auch in gar keiner Weise um das Problem, ob die Geistlichen als Staatsbürger dem Führer des Deutschen Reiches das Gelöbnis der Treue und des Gehorsams ablegen wollen oder nicht. Viele von ihnen haben als Pg., Soldaten, Reserve-Offiziere, SA-Männer, Amtswalter einer Gliederung zum Teil schon wiederholt dem Führer Treue gelobt. Sie schließen den Führer in ihr Gebet ein, das ist für uns eine so feierliche Form des Gelöbnisses, daß es weiterer Worte nicht bedarf; die Geistlichen haben ja jetzt gezeigt, daß sie nichts aus Liebedienerei, aus Sorge um ihre persönliche Zukunft tun, sondern alles, was sie tun, aus Überzeugung und mit gutem Gewissen und ehrlich tun wollen. Wenn tatsächlich 700 evang. und 210 kath. Pfarrer in Württemberg »den Eid verweigert« hätten, so wäre das ein politischer Vorgang von allergrößter Bedeutung, zumal offenkundig ist, daß die Pfarrer durch diese ihre Haltung die Zuneigung des weitaus überwiegenden Teils ihrer Gemeinden nicht verloren haben, sondern im Gegenteil in Abwehr der über sie ergehenden Angriffe erst recht gewinnen. Aber diese Annahme trifft in keiner Weise zu. Vielmehr handelte es sich, und dem haben sich auch hohe Stellen nicht verschlossen, lediglich um die Sorge, ob nicht das Gelöbnis zu einer auch den Inhalt des Religionsunterrichts betreffenden Verpflichtung herangezogen werden könnte. Diese Sorge ist nicht aus der Luft gegriffen, denn schon bei der Gelöbnisabnahme haben eine Reihe von Schulräten das ganz offen ausgesprochen, und nach der Gelöbnisabnahme hörte man die Behauptung: Dadurch, daß das Gelöbnis in die Hand eines staatlichen Beamten abgelegt worden sei, sei natürlich auch die Stellung des Religionslehrers der staatlichen Behörde gegenüber verändert, gerade auch was den Inhalt des Religionsunterrichts betreffe. Dies sind zwar Anschauungen, die dem das Gelöbnis anordnenden reichsministeriellen Erlaß nach der bekannten Stellungnahme des Reichserziehungsministeriums völlig fremd sind, aber bei der besonderen Lage in Württemberg den Religionsunterricht der Geistlichen wie der Lehrer unter schweren

Druck gesetzt haben und noch setzen. Das Reichserziehungsministerium hat ja Gewissensfreiheit und kirchliche Lehrfreiheit ausdrücklich zugesagt.

Was das in Frage stehende Schreiben selbst anbetrifft, so bin ich überzeugt, daß von einer persönlichen Ehrenkränkung Ihnen gegenüber nicht gesprochen werden kann. Vielmehr weist der Erlaß an Hand der Akten nach, daß dem Oberkirchenrat bei Einführung der Deutschen Volksschule die Zusicherung gegeben wurde, der Religionsunterricht werde auch weiterhin im selben Umfange und nach den Grundsätzen der Kirchen erteilt. Ohne diese Zusicherung wäre ja, wie Sie selbst bemerkt haben, eine Freigabe der Elternabstimmung durch die Kirchenleitung und durch die Prälatur Stuttgart gar nicht verständlich gewesen. Diese Zusicherung, die Sie laut NS-Lehrerzeitung bei der 4. Gautagung des NS-Lehrerbundes in Anwesenheit des Herrn Ministerpräsidenten abgaben und die, wie wir leicht in einer Denkschrift nachweisen können, die Bezirksschulräte draußen sowohl den evangelischen als den katholischen Eltern abgegeben haben, wurde anfänglich gegenüber dem Oberkirchenrat durch eine mündliche und später schriftliche Erklärung keineswegs eingeschränkt oder gar zurückgenommen, sondern nur in dem Sinne erläutert, daß die Grundsätze der Kirchen die maßgebenden bleiben, aber tolerant durchgeführt werden sollen, weil es verschiedene Auffassungen dieser Grundsätze gebe.

Zu dieser Erläuterung ist ein Zweifaches zu bemerken: Einmal steht bei uns in Württemberg die weitaus überwiegende Zahl unserer Gemeinden und damit, wie die Elternversammlungen in Heidenheim und Bernhausen[132] schlagend beweisen, auch die Elternschaft zur Landeskirche, wie sie getreu ihrer Überlieferung durch den Herrn Landesbischof D. Wurm geführt wird. Es wäre nicht zu verantworten, wenn kleine Splitterbildungen die Freiheit der Verkündigung bekämen, diese aber der großen Überzahl der evangelischen Glaubensgenossen versagt bliebe. Zum anderen aber ist die Andeutung, die Landeskirche habe es an dem nötigen Verständnis, an einer wahrhaft evangelischen Duldsamkeit gegenüber anderen Richtungen fehlen lassen, nicht berechtigt. Im Gegenteil: Es ist der Kirchenleitung weithin als Schwäche ausgelegt worden, daß sie gegenüber kirchen- und evangeliumsfeindlichen Äußerungen innerhalb ihres Bereichs jahrelang eine so große Geduld und Langmut an den Tag legte. Die evangelische Duldsamkeit kann niemals so weit gehen, daß auch Un-

---

132 Siehe S. 750–754 und S. 823–826.

evangelisches noch als evangelisch soll bezeichnet und gelehrt werden dürfen. Es würde nie verstanden, wenn die Kirchenleitung nicht alles daran setzen würde, für eine religiöse Unterweisung im Sinne des Evangeliums einzutreten, so deutlich und so entschieden, als sie es überhaupt tun kann. Daß der Religionsunterricht heute vielfach zu allem anderen benützt wird, nur nicht dazu, die Kinder zu Jesus zu führen, erregt steigenden Unwillen in der Elternschaft und treibt die davon betroffenen Kinder in einen seelischen Zwiespalt hinein, der schlimme Folgen haben muß. Uns bleibt heute nichts andres übrig, als dringend vor den Folgen zu warnen und unsererseits im kirchlichen Unterricht alles zu tun, damit die Kinder das reine und unverfälschte Evangelium kennen lernen.

Ich bitte dringend, uns die Echtheit unserer religiösen Überzeugung und eine gewisse Einsicht in die Folgen einer solchen Entwicklung nicht abzusprechen, sondern unseren Standpunkt so ruhig zu prüfen, wie wir ihn einnehmen. Ich persönlich werde die Hoffnung nicht aufgeben, daß die jetzt weltanschaulich und religiös so weit voneinander entfernten Volksgenossen sich doch wieder verstehen, und werde nicht aufhören, dahin zu wirken, freilich niemals unter Preisgabe des Evangeliums.

Im übrigen sind mir erst vor wenigen Tagen einige Worte Mussolinis durch die Hände gegangen, in denen er die Staatsmänner mit ernsten Worten vor jedem Kampf gegen die Kirche warnte, da ein solcher, wie die Geschichte von Diokletian bis Bismarck lehren, stets mit der Niederlage des Staates geendet habe. Kampf gegen die Kirche sei Kampf gegen das Unfaßbare, das Unberührbare, sei offener Krieg gegen den Geist, wo dieser am tiefsten und innerlichsten sei. Es bleibe für alle Zeiten erwiesen, daß selbst die schärfsten vom Staat in diesem Kampf gebrauchten Waffen unfähig sind, der Kirche tödliche Wunden beizubringen. Die Kirche, vor allem die Katholische Kirche gehe unverändert und siegreich auch aus jahrzehntelangen schwersten Kämpfen hervor, was die Kapitulation Napoleons und Bismarcks im Kampf gegen die Kirche beweise. Die alberne Idee, eine Staatsreligion zu schaffen oder die Religion dem Staate untertan machen zu wollen, habe überhaupt nie das Vorzimmer seines Gehirns passiert. Es sei nicht die Aufgabe des Staates, sich in neuen Evangelien oder neuen Dogmen zu versuchen, die alten Gottesbegriffe zu stürzen, um sie durch neue zu ersetzen. Hinsichtlich des Verhältnisses von Staat und Kirche gebe es rein theoretisch zwei Möglichkeiten: Entweder ignorierende Indifferenz nach amerikanischem Muster oder friedliche Vereinbarung mit der Kirche. In Italien wurde die zweite Möglichkeit gewählt und damit das beste Ergebnis erzielt. Es habe sich eine Zusammenarbeit herausgebildet, in der bei aller Betonung der Totalität des faschistischen Staates die Souveränität der Kirche in ihrem eigenen Bereiche gewahrt werde. Es mag vorkommen, daß die beiden Mächte sich in ihrer Tätigkeit begegnen; in diesem Falle sei eine Zusammenarbeit wünschenswert, leicht durchführbar und fruchtbringend. Ein Staat, der jeden geistigen Zwiespalt und jede Entzweiung der Bürger vermeiden wolle, müsse sich vor jeglicher Einmischung in rein religiöse Fragen hüten. Alle Staaten, die gegen diese Wahrheit sündigen, müßten früher oder später ihren Irrtum einsehen. Diese Worte des italienischen Staatschefs decken sich mit den tiefgründigen Ausführungen, die unser Führer in seinem Buch »Mein Kampf« beschrieben hat: »Auch wenn an der einzelnen Konfession noch so viel wirklich auszustellen wäre, so darf die politische Partei doch nicht einen Augenblick die Tatsache aus dem Auge verlieren, daß es nach aller bisherigen Erfahrung der Geschichte noch niemals einer rein politischen Partei in ähnlichen Lagen gelungen war, zu einer religiösen Reformation zu kommen« (Seite 128). Deshalb macht der Führer dem »gewissenlosesten Herrscherhaus« (Habsburg) den schwersten Vorwurf daraus, daß es »auch religiöse Institutionen skrupellos in den Dienst der neuen Staatsidee gestellt habe« (Seite 118), und erwähnt es als lobenswert in der christlich sozialen Partei, daß sie »jeden Kampf gegen eine religiöse Einrichtung vermeide und sich dadurch die Unterstützung einer so mächtigen Organisation sicherte, wie sie die Kirche nun einmal darstellt« (Seite 130). Die nationalsozialistische Bewegung, lesen wir Seite 379, »sieht in beiden religiösen Bekenntnissen gleich wertvolle Stützen für den Bestand unseres Volkes und bekämpft deshalb diejenigen Parteien, die dieses Fundament einer sittlich-religiösen und moralischen Festigung unseres Volkskörpers zum Instrument ihrer Parteiinteressen herabwürdigen wollen.« Ohne die »dogmatischen Grundlagen der einzelnen Kirchen ist auf dieser Welt von Menschen der praktische Bestand eines religiösen Glaubens nicht denkbar... Durch sie erst wird die schwankende und unendlich auslegbare, rein geistige Idee bestimmt abgesteckt und in eine Form gebracht, ohne die sie niemals Glauben werden könnte« (Seite 293). Versuche, in die Wesenseigenheiten einer Konfession einzugreifen, »werden auch dann nicht entschuldigt, wenn sie mit dem höheren Recht der Interessen der nationalen Gemeinschaft begründet werden, da heute religiöse Gefühle immer noch tiefer sitzen als alle nationalen und politischen Zweckmäßigkeiten. Und dies wird auch gar nicht anders dadurch, daß man nun die beiden Konfessionen in einen gegenseitigen erbitterten Krieg hineintreibt, sondern vermöchte nur anders zu werden, indem man durch beiderseitige Verträglichkeit der Nation eine Zukunft schenkte, die in ihrer Größe allmählich auch auf diesem Gebiete versöhnend wirken würde« (Seite 631). »Ich stehe nicht an, zu erklären, daß ich in den Männern, die heute die völkische Bewegung in die Krise religiöser Streitigkeiten hineinziehen, schlimmere Feinde meines Volkes sehe als im nächstbesten international eingestellten Kommunisten... Jüdisches Interesse ist es heute, die völkische Bewegung in dem Augenblick in einem religiösen Kampf verbluten zu lassen, in dem sie beginnt, für den Juden eine Gefahr zu werden ... Es konnte in den Reihen unserer Bewegung der gläubigste Protestant neben dem gläubigsten Katholiken sitzen, ohne je in den geringsten Gewissenskonflikt mit seiner religiösen Überzeugung geraten zu müssen. Der gemeinsame, gewaltige Kampf, den die beiden gegen den Zerstörer der arischen Menschheit führten, hätte sie im Gegenteil gelehrt, sich gegenseitig zu achten und zu schätzen« (S. 632).

Diese Worte, in denen sich die beiden großen Staatsmänner im Geiste die Hand reichen, sollten im deutschen Volk denselben Gehorsam finden, wie dies nach meiner eigenen Anschauung in der italienischen Nation der Fall ist. Dann würden schwere Hindernisse fallen und größere Kräfte frei für die Kämpfe, die in der Zukunft auf uns warten.

Ich bitte, an einem der kommenden Tage Gelegenheit zu einer sachlichen Aussprache über das oben genannte Schreiben zu bekommen und grüße

Heil Hitler! Ihr ergebener [Sautter].

Am 7. Dezember verbot der Kultminister den staatlich angestellten Religionslehrern die Teilnahme an Veranstaltungen, die von Vertretern des Oberkirchenrats abgehalten wurden; der Oberkirchenrat protestierte am 18.12.1937 dagegen in einem Schreiben an das Kultministerium[133]*:*

Durch den Bericht eines Dekanatamts erhielt der Evang. Oberkirchenrat Kenntnis von dem Erlaß des Herrn Kultministers Nr. 20338 vom 7.12.1937, durch den den staatlich angestellten Religionslehrern die Teilnahme an Versammlungen und Ansprachen über den Religionsunterricht, die von Vertretern des Evang. Oberkirchenrats abgehalten oder besucht werden, untersagt wurde. Begründet wird dieses Verbot durch den Hinweis, es sei in einem Rundschreiben des Oberkirchenrats vom 29.10.1937 an sämtliche Pfarrämter der Vorwurf des Rechtsbruchs und des Wortbruchs erhoben worden. Der Oberkirchenrat stellt dazu fest:

---

133 Nr. A 12798; der bei den Akten liegende Entwurf ist nicht abgezeichnet. Vgl. auch das Protestschreiben an das Reichserziehungsministerium Nr. A 12798 vom 28.12.1937.

1. Die Formulierung »Rechtsbruch« stammt nicht von uns. Daß »in Württemberg ohne Gesetzesänderung in Widerspruch zum Recht aus evangelischen Schulen Gemeinschaftsschulen gemacht werden«, ist eine durchaus objektive Darstellung des Tatbestandes. Wenn das Kultministerium diesen als »Rechtsbruch« bezeichnet, so steht uns darüber kein Urteil zu; mit der Volksmeinung wird sich das Kultministerium damit in Übereinstimmung befinden. Daran wird auch durch die Tatsache nichts geändert, daß die Landeskirche ihren Mitgliedern die Abstimmung freigegeben hat in dem Vertrauen, daß der christliche Charakter der Gemeinschaftsschule gewahrt bleibe, wie er zum Beispiel an den badischen Gemeinschaftsschulen immer gewahrt worden ist. Auf der anderen Seite kann aber nicht bestritten werden, daß innerhalb der württ. Gemeinschaftsschule während ihres 1 3/4 jährigen Bestehens so schwer und so mannigfaltig gegen das religiöse Empfinden der evangelisch gesinnten Elternschaft verstoßen wurde, daß bei einer wirklich freien Abstimmung der Eltern ein für die Gemeinschaftsschule erschütterndes Ergebnis zum Vorschein käme. Seit dem Erlaß vom 28.4.1937 und den sich daran anschließenden fortgesetzten Eingriffen in den Inhalt des Religionsunterrichts, der Unterbindung des Rechts der Eltern zur Abmeldung der Kinder vom Religionsunterricht, der Erschwerung des Gelöbnisses durch württ. Sonderbestimmungen, der Bestellung von Religionslehrern ohne Fühlungnahme mit der Kirchenleitung befindet sich der Religionsunterricht weithin in einem Zustand der Rechtlosigkeit, der den Reichsstellen nicht mehr unbekannt ist.

2. Über die Zusagen, die 1936 von seiten des Staats der Kirche gegenüber gegeben worden sind und über Nichteinhaltung derselben hat der Oberkirchenrat am 4.11.1937 in Entgegnung eines schweren Presseangriffs dem Herrn Kultminister den Tatbestand mitgeteilt. Daß wir bis jetzt hierauf keine Antwort erhalten haben, erschüttert uns nicht in unserem Standpunkt. Dieser entspricht übrigens, wie wir aus ungezählten Berichten wissen, der ausgesprochenen oder nicht ausgesprochenen Anschauung des größten Teils der württ. Bevölkerung, die gleich uns sich auf das tiefste enttäuscht und empört fühlt über die in Württemberg nicht abreißenden unbefugten Eingriffe in die geordnete kirchliche Arbeit.

3. Gegen das Verbot an die staatlich angestellten Religionslehrer, an Versammlungen und Aussprachen über den Religionsunterricht teilzunehmen, die von Vertretern des Oberkirchenrats abgehalten oder besucht werden, müssen wir schärfste Verwahrung einlegen. Nach der Auflösung des Religionslehrerverbands hat der Oberkirchenrat wiederholt um die

Genehmigung gebeten, die haupt- und nebenamtlichen Religionslehrer zu Versammlungen und Kursen einladen zu dürfen mit der Begründung, daß die Lehrer jeden Faches Anspruch auf Fühlungnahme und Fortbildung haben, daß auch für die Lehrer aller Fächer für solche Gelegenheit gesorgt sei, ausgenommen die Religionslehrer. Wir haben keine schriftliche Antwort erhalten und wurden mündlich auf den Weg rein privater Versammlungen hingewiesen. Bei den abgehaltenen Versammlungen dieses Jahres waren immer Religionslehrer aller Richtungen beisammen und haben in erfreulicher Weise zusammengearbeitet. Ein Verbot dieser Arbeit würde einer schweren Behinderung der religiösen Unterweisung an den staatlichen Schulen gleichkommen.

Immer wieder wurde versucht, die Pfarrer, die noch Religionsunterricht erteilen durften, durch eine neuerliche Verpflichtung auf eine Erteilung des Religionsunterrichts nach dem sittlichen Empfinden des germanischen Menschen festzulegen. Am 11.4.1939 gab der Oberkirchenrat folgende Empfehlung für eine Antwort auf derartige Fragen[134]*:*

Wie aus verschiedenen Berichten ersichtlich ist, wird den Geistlichen, die noch Religionsunterricht in der Schule erteilen, neuerdings durch die Bezirksschulämter bzw. durch die Schulleiter eine neue Verpflichtungsformel vorgelegt des Wortlauts:

Erklärung

Durch den Leiter der Deutschen Volksschule in... wurde mir der Erlaß des Herrn Reichserziehungsministers vom 1.7.1937 E II A 1194 und des Herrn Kultministers vom 28.4.1937 Nr. 7399 bekannt gegeben. Ich verpflichte mich, den Religionsunterricht so zu erteilen, daß er dem sittlichen Empfinden des germanischen Menschen entspricht.

Wenn diese Erklärung verlangt wird, wird den Pfarrämtern empfohlen, entsprechend Nr. A 225 vom 8.1.1939 nachfolgende Antwort zu erteilen:

Der obengenannte Erlaß des Herrn Reichserziehungsministers ist mir in seinem Wortlaut bekannt gemacht worden. Vom obengenannten Erlaß des Herrn Kultministers habe ich erneut Kenntnis genommen. In Ausübung meines Dienstes bin ich als Pfarrer an meine Dienstanweisung gebunden, wonach Quelle und Norm meiner Verkündigung in Predigt und Unterricht die Heilige Schrift ist gemäß dem reformatorischen Ver-

---

134 Nr. A 3368; vgl. auch Nr. A 255 vom 9.1.1939 mit dem Vorschlag einer ähnlichen Erklärung.

ständnis des Evangeliums. Auch alttestamentliche Stoffe werden im christlichen Religionsunterricht in einer Weise dargeboten und behandelt, daß das Sittlichkeitsempfinden der germanischen Rasse nicht verletzt wird. Meiner vorgesetzten Behörde gebe ich gleichzeitig Mitteilung von obenstehender Erklärung und meiner Stellungnahme. I. V. Müller.

Da der Religionsunterricht an den staatlichen Schulen immer mehr zurückgedrängt oder nicht mehr nach christlichen Grundsätzen erteilt wurde, bat der Oberkirchenrat in einem Erlaß An sämtliche Dekanatämter *vom 30. 5. 1938, der häuslichen Unterweisung der Kinder größere Beachtung zu widmen* [135]:

1. Es hat sich in der heutigen Lage der christlichen Unterweisung immer deutlicher als notwendig gezeigt, unseren Müttern, Großmüttern und allen Frauen, die mit der Jugend in Fühlung stehen, in zweifacher Hinsicht an die Hand zu gehen: Einmal durch eine elementare Anleitung zum Erzählen biblischer Geschichten für die jüngeren Kinder; sodann durch eine sorgsame Unterweisung in der Abwehr von Angriffen gegen den christlichen Glauben und die christliche Kirche, letztere vor allem für Gespräche mit den älteren Kindern.

2. Zu diesem Zweck hat der Oberkirchenrat mit der »Frauenarbeit der Evang. Landeskirche« Fühlung genommen, die ihrerseits vorgeschlagen hat, mit dieser Aufgabe die »Evang. Frauenhilfe« im Evang. Gemeindedienst, die schon seit Jahren in der gemeindlichen Mütterarbeit tätig ist, in erster Linie zu beauftragen (vgl. Erlaß des Herrn Landesbischofs vom 27. 2. 1933; Abl. 26, S. 205; Mitteilungen des Gemeindedienstes vom Februar 1934). Die Durchführung einer solchen Ausrüstung der Mütter liegt am besten in den Händen der Frauen; verantwortlich dafür, daß sie erfolgt, ist das Pfarramt. In größeren Gemeinden wird die Frauenhilfe im Zusammenwirken mit dem Gemeindepfarramt ohne weiteres die Ausrüstung durchführen können, in kleineren Gemeinden wird das Pfarramt in Fühlung mit der Bezirksleiterin der Evang. Frauenhilfe diese Aufgabe selbst in die Hand nehmen müssen, bis eine geeignete Kraft gewonnen ist. Wo kirchliche Einrichtungen wie Mütterabende, Frauenabende oder regelmäßige Bibelabende für Frauen und Mädchen schon bestehen, wird es keiner Änderung bedürfen oder doch nur des Hinweises, auch die oben umschriebenen Aufgaben ins Auge zu fassen. Die Vorbereitung der Leiterinnen, denen die Durchführung der Ausrüstung der Mütter anvertraut

---

[135] Nr. A 5224. Vgl. auch die Kürzung des Religionsunterrichts in der Oberstufe kleiner Volksschulen (Nr. A 5055 vom 8. 4. 1938).

ist, darf auch im Sommer nicht ruhen, vielmehr muß die Zeit ausgenützt werden, immer in Fühlungnahme mit der Evang. Frauenhilfe.

3. Um eine zeitliche Überbeanspruchung der in Betracht kommenden Frauen, besonders in kleineren und mittleren Verhältnissen, zu vermeiden, ist vorgeschlagen worden, solche Mütterabende in die Bibelstunde einzubauen oder sie an die regelmäßigen Bibelstunden anzuschließen. Dagegen ist nach reiflicher Überlegung die an sich nahe liegende Verbindung mit der Vorbereitung zur Kinderkirche abgelehnt worden, weil sonst die Mütter, Großmütter und Tanten in denselben Tagen die gleiche Geschichte erzählen würden, die auch in der Kinderkirche dargeboten wird. Auch Frauenmissions- und Gustav-Adolf-Frauenvereine, die die Dienste der Evang. Frauenhilfe in der Gemeinde tun, können solche Mütterausrüstung mit übernehmen; doch ist zu bedenken, daß gerade die jüngeren Mütter und auch solche Frauen, die dem kirchlichen Leben noch ferne stehen, eine besondere Ausrüstung brauchen. Erwünscht ist, daß die Mütterabende als selbständige Veranstaltungen durchgeführt werden.

4. Geplant ist, an jedem Abend eine biblische Geschichte ausführlich und mundgerecht darzubieten, daß die Mutter sie kindesgemäß erzählen kann, und, wo erforderlich, einen Einwand gegen Christentum und Kirche zu besprechen, um zum Schluß der Mutter eine gut formulierte Antwort mitzugeben. Zu beidem bedarf die Leiterin einer gründlichen Vorbereitung, bei der Geistliche und Laien sich ergänzen werden. Bei den biblischen Geschichten richten wir uns nach dem Plan des Mütterdienstes der Evang. Reichsfrauenhilfe für das Erzählen biblischer Geschichten. Diese Erzählungen sind noch lange nicht in ihrer ganzen Tiefe und Kraft ausgeschöpft. Eine Handreichung wird demnächst erscheinen und ist durch die Landesstelle der Evang. Frauenhilfe, Tübingerstraße 16, zu beziehen. Bei den Einwänden gegen Christentum und Kirche handelt es sich um Fragen, wie sie die beiliegende Schrift »Kirche, gib Antwort« behandelt; doch bedarf in der Praxis jede einzelne Frage einer sorgfältigen Bearbeitung.

Als Stoffsammlung für diese Arbeit seien genannt (alles zu beziehen durch die Landesstelle):

Fibel für kirchliche Mütterarbeit. Stiftungsverlag Potsdam. Kt. 1.30

Maria Weigle, Bibelarbeit. Stiftungsverlag Potsdam. Heft 1: –.90; Heft 2: 1.20

Otto Borchert, Der Goldgrund des Lebensbildes Jesu. 1. und 2. Heft. Wollermann, Braunschweig. 4.80

Jörg Erb, Der Heiland. Verlag Johann Stauda, Kassel. 1.20

Elisabeth Thimme, Vom lieben Gott I/II. Kt. –.80. Vom lieben Heiland. Kt. 1.10. Von den lieben Heiligen. Kt. 1.10. Reichsverlag des DGD, Marburg,

Fankhauser, Gottfried, Christ der Retter. Verlag Spittler, Basel. Geb. 3.10

Maria Affolter, Kommt Kindlein, hört. Oskar Günther Verlag, Dresden-A 21. Lw. 4.50

Emma Rendtorff, Biblische Geschichte im Kindergarten und Hort. Verlag Schlümpert-Püschel, Dresden-Meissen. Kt. 2.–

Rita von Gaudecker, Kinderandachten. 5 Bändchen, Stiftungsverlag Potsdam. Kt. je 1.60

Schriftenreihe für die evangelische Mutter: Hans Eyermann, Dein Kind im Kampf mit dem Zweifel. Nürnberg-A, Lorenzerplatz 10

Friedrich Hauss, Kirche, gib Antwort. Buchdruckerei Fidelitas, Karlsruhe. –.10

Kurt Hennig, Tote Dogmen. Quellverlag: –.70

5. Der Oberkirchenrat übergibt den Dekanat- und Pfarrämtern diese Anregungen zur Beachtung und erwartet, daß die 1934 durch den Erlaß des Herrn Landesbischofs über die Gründung des Gemeindedienstes bereits neu in Gang gebrachte Arbeit der Evang. Frauenhilfe in jeder Weise gefördert wird. Der Oberkirchenrat wird gleichzeitig in den beginnenden Bezirksrüstzeiten Referate über Mütterabende halten lassen; ebenso werden die in der »Frauenarbeit der Evang. Landeskirche« zusammengeschlossenen Frauenverbände von ihrer Landesleitung wie auch die Evang. Landesjugendstelle aufgefordert, ihre Kräfte der Evang. Frauenhilfe in den Gemeinden für diesen Dienst zur Verfügung zu stellen.

Wurm.

Seit Anfang 1938 wurde an verschiedenen Schulen des Landes ein sogenannter Weltanschauungsunterricht eingerichtet, der den christlichen Religionsunterricht verdrängen sollte.[136]

---

136 Siehe Band 6.

DIE AUSEINANDERSETZUNG
UM DIE EVANGELISCHEN KINDERGÄRTEN

Gleichzeitig mit den Bestrebungen des Staates zur Entkonfessionalisierung der Schule wurden auch die evangelischen Kindergärten zurückgedrängt. Am 24.3.1936 schrieb das Württ. Innenministerium in grundsätzlicher Weise an das Evang. Pfarramt Rottweil[137]:

Das Stadtpfarramt hat mir in seinem Schreiben vom 13. dieses Monats mitgeteilt, daß der Evang. Kindergarten in Rottweil durch die Streichung des städtischen Beitrags von RM 1250.– in finanzielle Schwierigkeiten geraten sei und daß sich auch dem Bestreben, diese Schwierigkeiten zu beseitigen, ernstliche Hindernisse entgegenstellen. Ich werde gefragt, was geschehen kann, um diesen Kindergarten zu halten und ob etwa der Nationalsozialismus die evang. Kindergärten nicht gerne sieht.

Ich will mich zuerst der letzteren Frage zuwenden. Der nationalsozialistische Staat betrachtet die Zusammenfassung unseres ganzen Volkes zu einer wirklichen Volksgemeinschaft als ein politisches Ziel von ausschlaggebender Wichtigkeit. Aus diesem Gesichtspunkt heraus ist die Forderung nach Entkonfessionalisierung des öffentlichen Lebens erwachsen. Dieser Forderung entspricht es, daß auch die heranwachsende Jugend möglichst von Anfang an, also schon in den Kindergärten ohne Rücksicht auf ihr Religionsbekenntnis zusammengefaßt wird, damit ihr dort das Einigende und nicht das Trennende zum Bewußtsein gebracht wird. Infolgedessen begrüßen es Staat und Partei, wenn, zumal in einer konfessionell gemischten Gemeinde wie Rottweil, neuerdings von der NSV Kindergärten geschaffen werden, in denen die vorschulpflichtigen Kinder jedes christlichen Bekenntnisses betreut werden.

Diese grundsätzliche Haltung bedeutet für die Träger konfessioneller Kindergärten allerdings keinen rechtlichen Zwang. Wenn nun in Rottweil nichtkonfessionelle Kindergärten eröffnet werden, so ist die Evang. Kirchengemeinde bis auf weiteres rechtlich nicht gehindert, ihren Kindergarten fortzuführen. Ich würde es sogar mißbilligen, wenn von dritter Seite versucht werden wollte, auf die Anhänger eines konfessionellen Kindergartens einen unzulässigen Druck auszuüben, um ihre Kinder einem anderen Kindergarten zuzuführen, setze dabei aber allerdings voraus, daß auch der evangelische für die neue Zeit und ihre Erfordernisse aufgeschlossen ist.

137 LKA Stuttgart, D 1, Bd. 94. Zum ganzen Zusammenhang vgl. Sauer, S. 208.

Was die Geldfrage anbelangt, so muß sich Ihre Kirchengemeinde damit abfinden, daß ihr der städtische Beitrag künftig nicht mehr zur Verfügung steht. Anscheinend handelt es sich nur darum, wie die noch ungedeckten RM 400.– innerhalb der Kirchengemeinde aufgebracht werden können. Von dem Gedanken einer öffentlichen Sammlung bitte ich abzusehen, da der Genehmigung einer solchen Sammlung grundsätzliche Bedenken entgegenstehen. Ich verweise Sie vor allem auf die Möglichkeit des Kirchenopfers anläßlich von Gottesdiensten (vgl. §15 Ziffer 4 des Sammlungsgesetzes vom 5.11.1934, RGBl. I, S. 1086). Auch eine Vereinsgründung zu diesem Zweck ist nach den geltenden Vorschriften nicht ohne weiteres ausgeschlossen, nur darf diese Gründung nicht eine Form annehmen, die nach §2 des Sammlungsgesetzes genehmigungspflichtig wäre, denn auch mit einer solchen Genehmigung könnte nicht gerechnet werden. Nach der Fassung des genannten §2 ist besonders das Wort »öffentlich« darin bedeutsam. Mitgliederwerbung von Mund zu Mund wäre nicht öffentlich. Ebenso würde ich es in entsprechender Anwendung des §15 Ziffer 4 a.a.O. für vertretbar halten, daß auch eine in der Kirche bei Gottesdiensten bekanntgegebene Einladung, einem solchen Verein beizutreten, die Vereinsgründung nicht genehmigungspflichtig macht.

Wenn ich im Vorstehenden auch gewisse Möglichkeiten aufgezeigt habe, den evang. Kindergarten in Rottweil finanziell durchzuhalten, so möchte ich doch nochmals zu bedenken geben, ob nicht auch für ihn die Zeit gekommen ist, einem neuen Kindergarten Platz zu machen, umsomehr wenn der Träger des katholischen Kindergartens in Rottweil sich bereits entschlossen haben sollte, seinerseits auf einen eigenen Kindergarten zu verzichten.

Eine Abschrift dieses Schreibens ist dem Oberamt Rottweil zugegangen. Dr. Schmid.

Auf eine Eingabe des Evang. Landesverbandes für Kinderpflege in Württemberg wandte sich der Reichskirchenausschuß am 25.5.1936 an das Reichskirchenministerium[138]*:*

Der Reichskirchenausschuß übersendet als Ergänzung zu seinem Schreiben vom 8.4.1936 (K.K. III 484) in der Anlage die Abschrift einer Eingabe des Evang. Landesverbands für Kinderpflege in Württemberg in Stuttgart an das Hauptamt der NSV vom 3.4.1936. Diese Eingabe enthält eine Zusammenstellung der Fälle, in denen zum Teil unter bemerkenswer-

---

138 Nr. A 6058; den Dekanatämtern zur Kenntnisnahme mitgeteilt.

ten Umständen gegen evang. Kindergärten vorgegangen wurde. Wir benutzen die Gelegenheit, um unsererseits über die Bedeutung evang. Kindergärten Folgendes zu sagen:

1. Kindergärten werden gegründet, um den Eltern, die aus irgendwelchen Gründen sich um die Beaufsichtigung und Erziehung ihrer kleinen Kinder nicht hinreichend kümmern können, eine Entlastung zu verschaffen. Die Erziehung des Kleinkindes im Kindergarten soll im Sinne der Familie geschehen, aus der dieses Kind kommt, da es sich bei der Kindergartenarbeit um eine zusätzliche Erziehung handelt. Die Erziehung des Kleinkindes in der christlichen Familie ist selbstverständlich bestimmt durch die christliche Haltung des Elternhauses, und so muß diesem Elternhaus daran liegen, daß auch die Erziehung im Kindergarten im gleichen Sinne geschieht. Würde die Kirche ihre Zustimmung dazu geben, daß die Kindergartenarbeit von der christlichen Grundlage getrennt wird, so wäre das gleichbedeutend mit einem Verzicht auf die christliche Bestimmtheit des Familienlebens. Eine Kindergartenarbeit, die auf bewußte Pflege christlichen Familienlebens ausgerichtet ist, kann daher nicht mit der Arbeit der Schule auf eine Stufe gestellt werden. Gerade wegen der Bezogenheit auf die Pflege der Familie fördert und stärkt solche Kindergartenarbeit an ihrem Teil die Keimzellen nationalsozialistischer Volksgemeinschaft.

2. Die evang. Kindergärten sind zusammengefaßt in der Vereinigung Evang. Kinderpflegeverbände Deutschlands. Über den Umfang dieser Arbeit unterrichtet eine in Abschrift beigelegte Übersicht, die die genannte Vereinigung aufstellte. Diese Vereinigung ist als Reichsfachverband dem Centralausschuß für Innere Mission angeschlossen. Der Reichskirchenausschuß hat über das Verhältnis der Inneren Mission zur Deutschen Evang. Kirche am 18.4.1936 einen Beschluß gefaßt, der die gesamte Arbeit der Inneren Mission unter die fördernde Obhut der Deutschen Evang. Kirche stellt (Gesetzblatt der Deutschen Evang. Kirche 1936, S. 53). Damit ist auch die Kindergartenarbeit unter die Obhut des Reichskirchenausschusses gestellt. Ein Eingriff in diese Arbeit widerspricht der bekannten Verfügung des Stellvertreters des Führers.

3. Evangelische Eltern müssen den Eingriff in die Kindergartenarbeit der Kirche verstehen als eine Behinderung ihres Erziehungsrechtes. Die Familie hat ein Recht, die in ihr aufwachsenden Kinder nach christlichen Grundsätzen zu erziehen. Wir müssen daher mit ernster Sorge auf die Beunruhigung hinweisen, die schon jetzt weite Kreise der evangelischen Bevölkerung ergriffen hat. Es droht die Gefahr, daß um die Kindergärten

ein Kampf entbrennt, der um der Kirche und des Volkes willen durchaus unerwünscht ist. Es sind gerade in Württemberg sehr weite Kreise der Bevölkerung, die an den Kindergärten interessiert sind. Wir haben aber auch aus anderen Gegenden Berichte über ähnliche Versuche, die auch dort größte Beunruhigung hervorgerufen haben. Aus den angeführten grundsätzlichen und rechtlichen Gründen wie auch im Blick auf die Gesamtlage müssen wir die dringende Bitte aussprechen, die Eingabe des Evang. Landesverbandes in Stuttgart zu unterstützen und eine baldige Klärung der gesamten Frage herbeiführen zu wollen.

Inzwischen sind uns weitere Berichte in dieser Sache zugegangen, die eine wesentliche Verschärfung der Lage erkennen lassen. Danach wird der Versuch unternommen, jede Neueinrichtung von konfessionellen Kindergärten zu verbieten. Wo kirchliche Stellen als Ersatz für aufgehobene Kindergärten neue einrichten, wird dieser Schritt als Sabotage gegen Staat und Partei hingestellt. Eltern werden an einer freien Wahl zwischen einem evangelischen Kindergarten und einem NSV-Kindergarten gehindert. Damit werden evangelische Eltern in einen schweren Gewissenskonflikt gebracht. Von vertrauenswürdiger Seite erhalten wir die Mitteilung, daß Anfang des nächsten Monats ein gemeinsamer Schritt... beabsichtigt ist in der Richtung auf eine völlige Auflösung der evang. Kindergartenarbeit. Wir müssen abgesehen von der oben ausgesprochenen Bitte um eine baldige Klärung der gesamten Frage dringend darum bitten, daß ein solches Vorgehen sofort verhindert wird.

Eine Abschrift dieses Schreibens übersenden wir dem Evang. Oberkirchenrat in Stuttgart und dem Centralausschuß für die Innere Mission in Berlin.   Zoellner.

Am 10.11.1936 gab der Oberkirchenrat in einem Schreiben an den Reichskirchenausschuß einen Überblick über die Lage der evangelischen Kindergärten in Württemberg[139]*:*

Trotz der nunmehr 17 Vorstellungen und Beschwerden, die wir in den letzten 10 Monaten bei dem Reichskirchenausschuß erhoben haben, geht der Kampf gegen die christlichen Kindergärten in unserem Land unentwegt weiter. Vergleiche unsere Schreiben vom 30. Januar, 26. Februar, 3., 10., 20. und 30. April, 8. und 18. Mai, 15. Juni, 10., 14., 17., 18 und 24. Juli, 6. August, 1. September und 7. Oktober 1936 – Nr. A 927, 2155,

---

[139] Nr. A 12905. Vgl. auch den eigenhändigen Schreibmaschinenentwurf Wurms für ein Schreiben an Reichsaußenminister Frhr. von Neurath (23.5.1936; LKA Stuttgart, D 1, Bd. 67).

3071, 4405, 4413, 4832, 5107, 5643, 6672, 7570, 7682, 7881, 7901, 8208, 8459, 8801 und 11317.

[1.] Nach wie vor sind die Landräte durch Verfügung des Württ. Kultministers vom 29.5.1936 angewiesen, entgegen dem Württ. Gesetz über die Kirchen vom 3.3.1924 die Einstellung von Ausgaben für Kindergärten in Haushaltsplänen von Kirchengemeinden zu beanstanden und deren Steuerbeschlüssen die Vollziehbarkeit zu versagen, wenn bürgerliche Gemeinde oder NSV zur Unterhaltung des Kindergartens bereit sind. Nach wie vor wird der Erlaß des Württ. Innenministers vom 14. Juli dieses Jahres aufrecht erhalten, wonach im Widerspruch zu den §§6 und 29 Absatz 1 des Reichsjugendwohlfahrtsgesetzes (vgl. auch die Richtlinien des Herrn Preußischen Ministerpräsidenten Göring über das Zusammenwirken von öffentlicher und freier Wohlfahrtspflege von Anfang Juni 1933) und andere Landräte und Bürgermeister »nach Möglichkeit darauf hinzuwirken« haben, daß die Gründung neuer konfessioneller Kindergärten unterbleibt.

Keine der zahlreichen von amtlicher Stelle vor einem großen Zuhörerkreis abgegebenen und durch die ganze Presse gegangenen Erklärungen gegen die konfessionellen Kindergärten ist bis jetzt in der Öffentlichkeit zurückgenommen oder abgeschwächt worden. Wir erwähnen in erster Linie die Äußerung des Herrn Reichsstatthalters Murr auf den Kreisparteitagen in Ravensburg und Friedrichshafen am 12. Juli, wonach für den nationalsozialistischen Staat die absolute Totalität auf dem Gebiet der Erziehung auch bezüglich der vorschulpflichtigen Jugend gefordert wurde. Ebensowenig wurde die Erklärung des Oberregierungsrats Dr. Drück beim Württ. Kultministerium vom 21. Juli widerrufen, es dürfe darüber kein Zweifel herrschen, daß auch für die Kindergärten das konfessionelle Prinzip zu verschwinden habe; für die Kindergärten sollen in Zukunft zuständig sein die Gemeinden und die NSV. Der Kreisamtsleiter von Stuttgart und stellvertretende Gauamtsleiter der NSV Güntner erklärte am 10. Juni in Degerloch: »In jede Ortsgruppe muß eine NS-Schwesternstation und ein Kindergarten der NSV; wir werden dieses Ziel über kurz oder lang Wirklichkeit werden lassen.« (Dabei hat kurz vorher laut Schreiben der NSDAP-Reichsleitung, Amt für Wohlfahrtspflege und Jugendhilfe, vom 26.5.1936 Nr. 23792/36 die Gauamtsleitung Württemberg-Hohenzollern erklärt, daß der Wunsch und Wille, einen geschlossenen Vorstoß gegen die konfessionellen Kindergärten zu organisieren, bei ihr nie bestanden habe!) Wir könnten die Liste von Äußerungen für ihren Kreis maßgebender Amtsträger beliebig verlängern, wollen jedoch nur noch die protokollarische Erklärung des Bürgermeisters von A. Mitte September anführen, in der Handlungsweise der Kirchengemeinde A., die die vom Bürgermeister geforderte Übergabe der von ihr im kirchlichen Raum und hauptsächlich aus kirchlichen Mitteln unterhaltenen Kindergärten ablehnte, sei »eine ganz offene Kampfansage gegen das Wollen des heutigen Staats und der Partei« zu erblicken.

Auf unsere zahlreichen Schreiben an den Württ. Kultminister, an den Württ. Innenminister, an die Gauleitung Württemberg-Hohenzollern, an das hiesige politische Landespolizeiamt (an das letztere insbesondere wegen terroristischer Äußerungen, vgl. Oßweil) ist uns von keiner Seite eine Antwort zugekommen. Noch immer muß jeder kirchliche Amtsträger, der sich der viel verlästerten konfessionellen Kindergärten annimmt, sich auf eine Anpöbelung in den sattsam bekannten »Flammenzeichen« gefaßt machen, deren verantwortlicher Schriftleiter Dr. Franz Krotzsch noch 1932 ein bolschewistenfreundliches Buch »Moskau diktiert« veröffentlicht hat.

2. Trotz alledem und trotz des starken auf die Eltern ausgeübten und mit Drohungen (mit Entziehung von Aufträgen oder der Unterstützung durchs Winterhilfswerk, Entlassung von Beamten, auch körperliche Bedrohungen und anderes) verbundenen Drucks hat sich in fast allen Gemeinden, in denen die Frage zur Entscheidung zu bringen war, der überwiegende Teil der Elternschaft klar zu Gunsten der christlichen Kindergärten ausgesprochen. Es liegen aus mehreren Gemeinden Anzeichen dafür vor, daß die Art des Kampfes gegen die christlichen Kindergärten das Gegenteil des gewünschten Erfolgs erreicht hat.

Für die Kindergärten, die vor einigen Monaten im Brennpunkt des Kampfes standen, wurden bei einer Erhebung in neuester Zeit folgende Kinderzahlen angegeben:

a) Der Katharinen-Kindergarten in Stuttgart wurde früher regelmäßig von 120 Kindern besucht. Die beiden Kindergärten, die 1936 nach Kündigung des Jahrzehnte lang innegehabten Lokals als Ersatz von kirchlicher Seite errichtet wurden, haben zusammen gleichfalls 120 Kinder. Auch für den Kindergarten, den jetzt die NSV im früheren Lokal des Katharinenkindergartens betreibt, wird eine größere Kinderzahl angegeben. Es werden also insgesamt mehr Kinder erfaßt als früher. Ein ziffernmäßig genauer Vergleich ist nicht ohne weiteres möglich, da die NSV hier angeblich schon die zweijährigen Kinder (!) aufnimmt und mitzählt.

b) In Heilbronn sind sämtliche 8 kirchlichen Kindergärten gut, zum Teil übergut besucht (bis zu 90 Kinder und darüber). Dagegen werden für die 4 Kindergärten, deren Betrieb die Stadt im Frühjahr dieses Jahres selbst übernahm bzw. an die NSV übertrug, jetzt folgende Zahlen angegeben:

Scherweg-Kindergarten	50–60 Kinder, ähnlich wie früher,
Olgahaus-Kindergarten	früher 65, jetzt 40 Kinder
Austraße 4 a	früher 70–80, jetzt 25 Kinder
Turmstr. 44	früher 70, jetzt 24 Kinder
Zusammen	früher 265, jetzt noch 144 Kinder, = 54 % der früheren Zahl

c) Aus Ludwigsburg werden für die jetzigen kirchlichen und NSV-Kindergärten, die in Konkurrenz zueinander stehen, folgende Zahlen gemeldet:

Kirchliche Kindergärten		NSV-Kindergärten	
Gartenstraße	50 Kinder	Abelstraße höchstens	30 Kinder
Weststadt	74 Kinder	Martin-Lutherstraße höchstens	25 Kinder
Vorort Oßweil	75–80 Kinder	Vorort Oßweil höchstens	40 Kinder
Zusammen	202 Kinder	Zusammen höchstens	95 Kinder

Da den Parteigenossen, den Mitgliedern der Frauenschaft, den Beamten und anderen von Partei oder Staat wirtschaftlich abhängigen Personen zweifellos zum Bewußtsein gebracht wurde, in welche Kindergärten sie ihre Kinder zu schicken haben, muß für die betreffenden Stadtgegenden von Heilbronn und Ludwigsburg angenommen werden, daß so gut wie alle Eltern ohne solche Bindung ihre Kinder in einen christlichen Kindergarten schicken oder zu Hause behalten.

d) Für einige weitere Kindergärten, bei denen die Kündigung der christlichen Kinderschwestern erst vor einigen Wochen oder Tagen wirksam wurde, verzichten wir aus diesem Grund vorläufig auf Angabe von Zahlen; die bisherigen Zahlen sind für die NSV wenig günstig. Der evang. Kindergarten in Rottweil, der im Frühjahr der NSV ausgeliefert werden sollte, ist noch von derselben Zahl von Kindern besucht wie vor 1 Jahr (etwa 53).

e) Die evang. Kindergärten an Orten ohne NSV-Konkurrenz interessieren hier nicht weiter. Anzuführen ist hier nur, daß auch diejenigen heurigen Neugründungen, die von politischer Seite angefochten wurden, andauernd sehr gut besucht sind. So zählt der Kindergarten in Ohmenhausen, Kreis Reutlingen, regelmäßig 68 Kinder =72 % aller in Betracht kommenden Kinder des Dorfs. Die weiteren Kinder setzen sich zusammen aus 8, die im Frühjahr 1937 schulpflichtig werden und ihre Freiheit nicht mehr aufgeben wollen, 4 weiteren, deren Eltern der Neuapostolischen Sekte angehören, und einigen Kindern von Parteigenossen oder Mitgliedern der NS-Frauenschaft. Der Kindergarten in Suppingen, Kreis Blaubeuren wird im wesentlichen von allen Kindern des betreffenden Alters besucht außer denen des Ortsgruppenleiters und des Ortsbauernführers.

f) Als charakteristisch für die Stimmung der Bevölkerung führen wir noch drei Fälle aus größeren Landgemeinden (2–4000 Seelen) mit industriellem Einschlag an, die uns erst in letzter Zeit von einwandfreien Gewährsmännern mitgeteilt wurden:

In B. wollte nach dem Tod der Großheppacher Kinderschwester für den von der bürgerlichen Gemeinde allein unterhaltenen Kindergarten der Bürgermeister zufolge der amtlichen Empfehlung eine NSV-Kindergärtnerin anstellen und ging zur Gauamtsleitung der NSV in Stuttgart. Dort wurde ihm unter anderem erklärt: »Sie werden ja wissen, was Sie zu tun haben... aber das sage ich Ihnen, biblische Geschichten werden im NSV-Kindergarten nicht erzählt.« Der Bürgermeister ging heim und berief seine Ratsherren, worauf einstimmig beschlossen wurde, das Mutterhaus in Großheppach wieder um Entsendung einer christlichen Schwester zu bitten. Diese hat ihren Dienst inzwischen angetreten.

In C. unterhält die bürgerliche Gemeinde einen Kindergarten mit 2 Klassen. Nach dem Tod der einen der beiden Großheppacher Schwestern stellte sie im Herbst 1935 eine NSV-Kindergärtnerin ein. Diese entfernte in ihrer Klasse alles Christliche (Bilder, Liedgut, Gebet, Weihnachtsfeier), während in dem Lokal nebenan die verbliebene christliche Schwester ihre Klasse im alten Geist fortführte. Folgendes war der Erfolg: Die bürgerliche Gemeinde zog sich von der weltlichen Klasse zurück und übergab den Betrieb an die NSV. Nachdem die erste NSV-Kindergärtnerin schon nach 6 Wochen hatte ausgeschieden werden müssen, ist der ihr folgenden wegen anmaßenden Verhaltens und der Gemeinde ungewohnten Lebenswandels jetzt gekündigt; wie es mit ihrer Nachfolgerin geht, bleibt abzuwarten. Die Gemeinde aber verlangt dringend wieder eine zweite christliche Klasse, die voraussichtlich von der Kirchengemeinde eingerichtet werden wird.

In D. beantragte der Bürgermeister den Ersatz der vorhandenen Diakonissin und der christlichen Kinderschwester durch eine NS-Schwester und eine NSV-Kindergärtnerin. Der Antrag wurde von den Ratsherren einstimmig abgelehnt und dabei erklärt, wenn der Bürgermeister es wage, die Gemeinde auf diesem Gebiet anzutasten, werde er auf einen entschlossenen passiven Widerstand stoßen und sehr an Achtung in der Gemeinde verlieren. In einer späteren Sitzung, in der der Bürgermeister seinen Antrag mit Entschiedenheit wiederholte, erfuhr dieser dasselbe Schicksal mit dem Bemerken, daß eine braune Schwester keinen Boden finden würde und vor dem Nichts stünde, ausgenommen bei etlichen Elementen, die in der Gemeinde seit alten Zeiten gut bekannt und vor dem Umsturz Anhänger des Marxismus gewesen seien.

In allen drei Fällen handelt es sich um gute Gemeinden. Auch diese Fälle zeigen, daß der Verlauf des der Bevölkerung aufgezwungenen Kampfes um ihre christlichen Kindergärten ein ganz anderer ist, als dessen Urheber wahrscheinlich erwarteten.

3. Seit unserem Schreiben vom 7. Oktober Nr. A 11317 sind von 3 weiteren Städten die Schwesternverträge mit dem Mutterhaus in Großheppach gekündigt und die bisherigen Schwestern durch NSV-Kindergärtnerinnen ersetzt worden bzw. soll dies nach Ablauf der Kündigungsfrist geschehen. In 2 dieser Fälle geschah dies unter Bruch einer früheren ausdrücklichen Vereinbarung, der zufolge das Kinderschulkomitee sein Vermögen einschließlich des Kinderschulgebäudes auf Grund der Zusage der Wahrung des evangelisch-christlichen Charakters der Anstalt an die Stadt übergab. Falls die Stadt ihre damaligen Zusagen nicht einhält, wird die kirchliche Seite den Rechtsweg zu beschreiten haben. Die 3 Fälle sind noch nicht abgeschlossen. Die Kirche wird auf ihrem Posten sein.

Welche Mittel im Kampf gegen die verhaßten christlichen Kindergärten angewandt werden, zeigt der weitere Fall der Kreisstadt Nürtingen. Der Pfarrer der Arbeitervorstadtgemeinde Oberensingen hatte seit Jahren erfolglos die Errichtung eines Kindergartens durch die Stadt angestrebt. Im Herbst dieses Jahres gelang der Kirchengemeinde der Erwerb einer sehr günstig gelegenen früheren Gaststätte, deren Saal sich ausgezeichnet zum Gemeindesaal und Kindergartenlokal eignet. Die Auflassung ist am 2. September erfolgt. In denselben Tagen besprach der Pfarrer die von der Kirchengemeinde geplante Errichtung eines Kindergartens in diesem Saal mit dem Kreisamtsleiter, dem Bürgermeister und dem Landrat, ohne Widerspruch zu finden. Dagegen erschien am 12. Oktober dieses Jahres im »Nürtinger Tagblatt« ein Rathausbericht, wonach in Oberensingen sich seit längerer Zeit das Bedürfnis nach Einrichtung eines städtischen Kindergartens zeige. Die Stadt werde hiezu einen Neubau erstellen, »sobald die größeren Aufgaben der allernächsten Zeit erledigt sind«. Vor einigen Tagen hat nun der Nürtinger Stadtrat beschlossen, spätestens in

3 Jahren (nach Erbauung der Stadthalle) in Oberensingen ein Heim zu erstellen und darin einen städtischen Kindergarten aufzumachen. Für den Fall, daß in Oberensingen jetzt ein evang. Kindergarten eröffnet werden sollte, soll sofort den 3 evangelischen Kinderschwestern in Nürtingen gekündigt und sie durch NSV-Schwestern ersetzt werden; dem Oberensinger evang. Kindergarten würde möglichst sofort durch Aufmachen eines städtischen Kindergartens in einem Notlokal einstweilen entgegengetreten werden. Die Lage in Oberensingen ist also die, daß die Eltern seit vielen Jahren auf einen Kindergarten warten. Die Stadt kann aus finanziellen Gründen mindestens für die nächsten 3 Jahre ein einwandfreies Lokal nicht stellen. Die Kirchengemeinde Oberensingen besitzt ein solches und eine Heppacher Kinderschwester. Macht sie von diesen Einrichtungen Gebrauch, so gefährdet sie unmittelbar den bisherigen evangelischen Charakter der 3 städtischen Kindergärten in Nürtingen. Verzichtet aber die Kirchengemeinde auf Eröffnung eines Kindergartens, so ist sicher, daß die Oberensinger Eltern mindestens noch 3 Jahre auf einen Kindergarten warten müssen. Für die Wünsche des Oberensinger Arbeiters haben offenbar die Nürtinger Ratsherren kein Verständnis. Sie haben offenbar bei ihrem Beschluß auch noch andere Dinge übersehen, zum Beispiel die Tatsache, daß eins der 3 Lokale, in dem die Stadt bisher einen Kindergarten betreibt, im Eigentum der Kirchengemeinde Nürtingen steht, die es an die Stadt verpachtet hat, selbstverständlich nur für einen christlichen Kindergarten. Der Fall ist noch nicht abgeschlossen.

4. Was die weitesten Volkskreise unseres Kirchengebiets wollen, ist vollständig klar. Sie lehnen die des christlichen Inhalts und der christlichen Formen entkleideten, höchstens noch mit einer christlichen Etikette versehenen Einrichtungen, die von einer NSV-Kindergärtnerin betreut werden, in Stadt und Land weithin ab und verlangen die christliche Erziehung der Kleinkinder in christlich geführten Kindergärten. Wir müssen wiederholt und in bestimmter Form die Forderung stellen, daß diesem nachdrücklichen Verlangen des Volkes Rechnung getragen wird, daß entsprechend den Grundsätzen des Reichsjugendwohlfahrtsgesetzes und der preußischen Richtlinien vom Juni 1933 die christlich-kirchliche Kindergartenarbeit der von der NSV getragenen Arbeit völlig gleichgestellt bleibt und daß insbesondere von Einführung einer Konzessionspflicht oder eines Bedürfnisnachweises abgesehen wird, die zur Schikanierung und Unterdrückung der christlichen Kindergärten benützt werden könnte. Im einzelnen beziehen wir uns auf das dankenswerte Schreiben des Reichskirchenausschusses an den Herrn Reichsminister für die kirch-

lichen Angelegenheiten vom 11. September dieses Jahres (K. K. III 2289/36).

Wir bitten den Reichskirchenausschuß dringend, diese Forderungen neuerdings bei den zuständigen Reichsstellen nachdrücklich in Erinnerung zu bringen.

Wurm.

POLITISCHE EREIGNISSE IM REICH UND DIE VERHÄLTNISSE IN DER WÜRTT. LANDESKIRCHE VON ANFANG BIS HERBST 1938

DER ZUSAMMENSCHLUSS DES LUTHERTUMS. DER RAT DER EVANG.-LUTH. KIRCHE DEUTSCHLANDS UND DIE LUTHERISCHE SYNODE

Neben der Konferenz der Landeskirchenführer bemühte sich auch der Rat der Evang.-Luth. Kirche Deutschlands um eine Stabilisierung der kirchlichen Verhältnisse.[1]

Am 22.4.1937 wurde die Schaffung des Arbeitsausschusses mit der Vorläufigen Leitung der Deutschen Evang. Kirche am 3. März noch einmal besprochen. Über den weiteren Weg der Lutherischen Kirchen wird im Sitzungsprotokoll dann festgestellt[2]*:*

In der Diskussion wird einerseits der Gedanke ausgesprochen, daß nur die entschlossene Schaffung neuer Tatsachen einige Aussicht auf Erfolg bieten könne. Die Schaffung solcher Tatsachen wird durch beispielsweise Anführung der sich hiefür bietenden Möglichkeiten (Schaffung einer Lutherischen Kirche Deutschlands; Einberufung einer Lutherischen Synode; Bestellung eines Primas der Lutherischen Kirche Deutschlands) beleuchtet. Andererseits findet die Notwendigkeit, auch die Reste der noch vorhandenen reichskirchlichen Legalität zu erhalten, nachdrücklichen Ausdruck. In diesem Zusammenhang wird insbesondere die Bedeutung der Landeskirchenführerkonferenz als Rest alter und Keim neuer Legalität zu betrachten sein...

Als vordringliche Aufgabe erscheint die Lösung des Altpreußischen Problems. Zu dem bereits anberaumten Gespräch der Landesbischöfe D. Marahrens, D. Wurm und D. Meiser werden vom Lutherrat noch die Herren Oberkirchenrat Breit und Dr. Gauger hinzugebeten...

---

1 Zunächst war OKR Pressel, dann Dekan Pfisterer, Marbach, und ab April 1938 Dekan Keppler, Weikersheim, der Vertreter der Württ. Landeskirche beim Luth. Rat (Nr. A 3775 vom 19.4.1938). Zur Vorgeschichte siehe S. 210 ff.

2 LKA Stuttgart, D 1, Bd. 185; Protokoll der Sitzung.

Die Besprechungen des Lutherischen Rats galten dann vor allem der Frage einer Grundordnung, die am 21.10.1937 endgültig angenommen wurde[3]*:*

Grundbestimmungen

Nachdem die Evang.-Luth. Landeskirchen Bayerns, Hannovers und Württembergs schon im Februar 1935 sich zu enger Zusammenarbeit innerhalb der Deutschen Evang. Kirche auf der Grundlage des lutherischen Schriftverständnisses vereinigt hatten[4] und nachdem sie zusammen mit den Evang.-Luth. Kirchen den Freistaates Sachsen, Braunschweigs und den Vertretungen der Bekennenden Evang.-Luth. Kirchen in Lübeck, Mecklenburg und Thüringen im »Rat der Evang.-Luth. Kirche Deutschlands« eine geistliche Leitung für die gemeinsamen Angelegenheiten aufgestellt haben, bilden nunmehr die Evang.-Luth. Landeskirchen von Bayern, Braunschweig, Hannover, Sachsen, Schaumburg-Lippe und Württemberg, die Lutherische Klasse der Lippischen Landeskirche sowie die Lutherischen Landeskirchen in Lübeck, Mecklenburg, Schleswig-Holstein und Thüringen in ihren Vertretungen durch die Bruderräte einen Bund Lutherischer Landeskirchen innerhalb der Deutschen Evang. Kirche. Dem Bunde ist die Evang.-Luth. Kirche Altpreußens angegliedert.

Für den Bund gelten folgende Bestimmungen:

§ 1. Zweck des Bundes ist die einheitliche Leitung der angeschlossenen Kirchen in allen Fragen von gesamtkirchlicher Bedeutung, die mit Bekenntnis und Kultus zusammenhängen. Diese Leitung wirkt sich im besonderen aus in der Herstellung einer einheitlichen Willensbildung der angeschlossenen Kirchen, in der gemeinsamen Erneuerung und Pflege des gottesdienstlichen Lebens, in der Förderung laufender theologischer und verwaltungsmäßiger Zusammenarbeit, in einheitlicher Vertretung der gemeinsamen Angelegenheiten nach außen, in gegenseitiger brüderlicher Unterstützung und Hilfeleistung. Für all dies ist die Grundlage die lebendige Beziehung auf die Bekenntnisse der Evang.-Luth. Kirche und deren tätige Bezeugung.

§ 2. Das Ziel des Zusammenschlusses ist die Ausgestaltung des Bundes zur Evang.-Luth. Kirche Deutschlands. Die Kirchen sind willens, unter der Gewährleistung ihrer Eigenart sich künftig der Evang.-Luth. Kirche

---

3 LKA Stuttgart, D 1, Bd. 186; vgl. auch die Protokolle der Sitzungen des Luth. Rates seit Frühjahr 1937 mit den Vorbesprechungen für diese Grundordnung (LKA Stuttgart, D 1, Bd. 185 und 186).

4 Siehe Bd. 4, S. 179–198.

Deutschlands als Sprengel einzufügen. Bis dahin bleibt ihre Stellung nach ihrer Kirchenverfassung und nach der Verfassung der Deutschen Evang. Kirche unberührt. Im übrigen verpflichten sich die Kirchen, die zur Erfüllung der Aufgaben des Bundes ergehenden Beschlüsse seiner Organe auszuführen.

§ 3. Organe des Bundes sind: 1. der Rat der Evang.-Luth. Kirche Deutschlands; 2. das Sekretariat des Rates der Evang.-Luth. Kirche Deutschlands; 3. die Deutsche Lutherische Synode.

§ 4. Der Rat bestimmt die Richtlinien für die Arbeit des Bundes. Er überwacht die Tätigkeit des Sekretariats.

§ 5. Stimmberechtigte Mitglieder des Rates sind die Stimmführer (§ 6) der zusammengeschlossenen Kirchen sowie der Vorsitzende und der stellvertretende Vorsitzende des Sekretariats und der gegenwärtige Generalsekretär des Lutherischen Weltkonvents, solange er nebenamtlich auch im Sekretariat Dienst tut. Die übrigen Mitglieder des Sekretariats sind zur Teilnahme an den Sitzungen berechtigt und haben für ihr Fachgebiet Stimmrecht. Aus Kirchen, für die laut Anschlußurkunde neben der Kirchenregierung (Kirchenausschuß) ein Bruderrat der Bekennenden Kirche angeschlossen ist, ist auch ein Vertreter des Bruderrates zur Teilnahme an den Sitzungen des Rates berechtigt. Über eine etwaige Hinzuziehung von Gästen entscheidet der Rat, in eiligen Fällen vorläufig das Sekretariat. Den Vorsitz führt der Vorsitzende des Sekretariats, in Behinderungsfällen sein Sellvertreter.

§ 6. Jede Kirche, deren Seelenzahl 100 000 übersteigt, hat eine Stimme. Kirchen, deren Seelenzahl eine Million übersteigt, erhalten eine Zusatzstimme und für jede weitere angefangene Million eine weitere Zusatzstimme, jedoch darf keine Kirche mehr als 4 Stimmen führen. Die Lutherische Landeskirche von Schaumburg-Lippe und die Lutherische Klasse in Lippe führen zusammen eine Stimme. Hat eine Kirche nach Abs. 2 mehrere Stimmen, so können sie von mehreren Vertretern geführt werden. Die Stimmführer werden zu Eingang jeder Sitzung benannt.

§ 7. Beschlüsse des Rates werden in den Vollsitzungen des Rates, und zwar mit einfacher Stimmenmehrheit gefaßt. Erhebt eine Kirche bei der Beratung den Einwand, daß ein Beschluß ihrer geschichtlichen Eigenart widerspreche, so ist sie vorläufig nicht verpflichtet, ihn auszuführen. Beschließt der Rat nach frühestens einem halben Jahr mit einer Mehrheit von vier Fünfteln aller satzungsmäßig vorhandenen Stimmen, dem Einwand nicht stattzugeben, so ist die Kirche vorbehaltlich der Bestimmung des § 2 Abs. 3 gehalten, den Beschluß auszuführen. Das Sekretariat kann auf Antrag einer Kirche oder aus eigenem Entschluß auch durch Rundschreiben Beschlüsse herbeiführen. Stimmen alle Kirchen der Vorlage zu, so gilt sie als vom Rat beschlossen. Sonst ruht die Angelegenheit bis zur nächsten Vollsitzung. Ist Gefahr im Verzuge, so kann das Sekretariat eine noch nicht beschlossene Maßregel den Kirchen zur Ausführung dringend empfehlen. Will eine Kirche der Ausführung widersprechen, so hat sie das umgehend dem Sekretariat mitzuteilen und eine Vollsitzung zu beantragen.

§ 8. Der Bund unterhält für den Rat ein ständiges Sekretariat in Berlin, diesem kommt die Vollziehung und Veröffentlichung der Beschlüsse des Rates und der Synode zu. Das Sekretariat, unter der Bezeichnung »Rat der Evang.-Luth. Kirche Deutschlands« handelnd, vertritt unter Beachtung von § 4 den Bund nach außen, und zwar sind der Vorsitzende und sein Stellvertreter zu dieser Vertretung selbständig befugt, die übrigen Mitglieder in der Regel nur im Rahmen ihres Fachgebietes. Das Sekretariat hat Zweck und Ziel des Bundes gemäß den grundsätzlichen Äußerungen der Synode und den vom Rat aufgestellten Richtlinien zu fördern, bei allen Entschlüssen und Arbeiten im Auge zu behalten und insbesondere ein lutherisches Kirchenregiment vorzubereiten. Das Sekretariat besteht aus einem Theologen als Vorsitzendem und den erforderlichen geistlichen und weltlichen Mitgliedern. Ein Mitglied ist Stellvertreter des Vorsitzenden. Die Mitglieder werden, soweit es sich um Theologen und Juristen handelt, in dem Status einer Landeskirche, möglichst als Mitglieder oder Hilfsarbeiter in ihrer obersten Verwaltungsbehörde geführt, und ihre Ruhegehalts- und Witwenversorgung wird durch Anschluß an die betreffenden Kassen sichergestellt. Die Mitglieder des Sekretariats werden entweder von ihrer Kirche mit Zustimmung des Rates zur Dienstleistung im Sekretariat entsandt oder vom Rat berufen. Den Vorsitzenden und seinen Stellvertreter bestimmt der Rat. Die Mitglieder sind, soweit sie nicht ordinierte Geistliche einer angeschlossenen Kirche sind, auf die Hl. Schrift und die lutherischen Bekenntnisschriften zu verpflichten.

§ 9. Das Sekretariat gibt sich eine Geschäftsordnung, die der Zustimmung des Rates bedarf.

§ 10. Die Synode hat im Rahmen der Aufgaben des Bundes zu Vorlagen, die der Rat einbringt, beratend Stellung zu nehmen. Ihre Verhandlungen können sich im Rahmen des § 1 auf alle Grundfragen der Lutherischen Kirche und ihres Lebens erstrecken. Die Synode wird vom Rat einberufen. Die Zahl der Mitglieder beträgt 65. Davon entsenden die Kirchen nach eigenem Recht 60 Mitglieder, 5 werden vom Rat berufen.

Das Nähere, insbesondere die Verteilung der den Landeskirchen zustehenden Sitze, bestimmt der Rat.

§ 11. Deutsche Lutherische Landeskirchen, die bisher dem Bunde nicht angehören, können aufgenommen werden, wenn sie 1. den Inhalt dieser Bestimmungen, insbesondere §§ 1 und 2, als für sich verbindlich anerkennen; 2. bereit sind, nach Maßgabe ihrer verfügbaren Mittel sich an den Umlagen für die Zwecke des Bundes zu beteiligen.

§ 12. Deutsche Lutherische Freikirchen können in loser Form dem Bunde angegliedert werden.

§ 13. Lutherische Werke der Äußeren und Inneren Mission und der Diasporapflege, die über das Gebiet einer Kirche hinausgreifen, können insoweit in ein in jedem einzelnen Fall zu vereinbarendes Verhältnis zum Bunde treten.

§ 14. Eine Kirche kann nur dann ihr Verhältnis zum Bunde lösen, wenn sie aus Bekenntnisgründen oder anderen Erwägungen grundsätzlicher Art glaubt, die weitere Mitverantwortung für den Weg des Bundes ablehnen zu müssen.

§ 15. Eine Kirche kann aus dem Bunde ausgeschlossen werden, wenn sie in ihren Ordnungen und ihrem Verhalten dem Bekenntnis der Lutherischen Kirche widerspricht, insbesondere ihr Kirchenregiment dem Bekenntnis zuwider zusammengesetzt ist. Zu einem solchen Beschluß des Rates bedarf es einer Mehrheit von vier Fünfteln aller satzungsmäßig vorhandenen Stimmen.

§ 16. Änderungen der Grundbestimmungen können nur mit einer Mehrheit von vier Fünfteln der anwesenden Stimmberechtigten beschlossen werden.

Schlußprotokoll

Der Rat der Evang.-Luth. Kirche Deutschlands beschließt folgendes Schlußprotokoll zu den »Grundbestimmungen«, das mit diesen gleiche Rechtskraft haben soll.

1. Die Mitarbeit der einzelnen Landeskirchen an Werken der Äußeren und Inneren Mission und der Diasporapflege, die von Angehörigen verschiedener evangelischer Konfessionen getragen werden, bleibt durch die Grundbestimmung unberührt.

2. Der Abschluß von Vereinbarungen des Bundes, wie sie mit dem Arbeitsausschuß der Reformierten Kirchen Deutschlands und der Vereinigten Evang.-Protestantischen Landeskirche Badens bereits abgeschlossen sind, entspricht dem Ziel des Bundes, die deutsche Lutherische Kirche

im Rahmen der Deutschen Evang. Kirche zu bauen. Will eine Kirche, deren Bekenntnisstand bisher nicht eindeutig lutherisch war, sich nicht mit anderen unierten Kirchen näher zusammenschließen, sondern unter Bekundung ihres Willens zur Lutherischen Kirche, dem Bunde der Lutherischen Kirche anschließen, so soll erwogen werden, ob eine lose Angliederung in einem Gastverhältnis möglich ist.

3. Lutherische Gemeinden oder Einzelpersonen innerhalb einer unierten Kirche können dem Bunde nicht angeschlossen werden, doch wird das Sekretariat ihnen zur Erhaltung ihres Bekenntnisstandes und zur Förderung ihrer lutherischen Eigenart behilflich sein.

Zur Frage einer Synode hatte der Lutherische Rat am 27.5.1937 eine Kundgebung *beschlossen*[5]*:*

Von der Synode

I

Unsere Kirche kennt nach Ausweis ihrer Bekenntnisse auf Grund der Heiligen Schrift nur ein Amt, das für den Bestand und die Mehrung der Kirche wesentlich ist, das Predigtamt. Gott selbst hat dieses Amt eingesetzt als den Dienst der Predigt des Evangeliums und der Darreichung der Sakramente (CA V). Den von der Kirche ordentlich berufenen Trägern des Predigtamtes, den Pfarrern oder Bischöfen, obliegt »nach göttlichen Rechten: das Evangelium predigen, Sünde vergeben, Lehre urteilen und die Lehre, die dem Evangelium entgegen, verwerfen und die Gottlosen, deren gottloses Wesen offenbar ist, aus christlicher Gemeinde ausschließen, ohne menschliche Gewalt, sondern allein durch Gottes Wort« (CA XXVIII, 20.21). Für die Ausübung ihres Dienstes an den Gemeinden gilt ihnen die apostolische Mahnung: »So habt nun acht auf euch selbst und auf die ganze Herde, unter welche euch der Heilige Geist gesetzt hat zu Bischöfen, zu weiden die Gemeinde Gottes, welche er durch sein eigen Blut erworben hat« (Apg. 20,28). Auch der äußere Aufbau, die Ordnung und Verfassung und das Kirchenregiment unserer Kirche dienen der rechten Erfüllung der Aufgaben des Predigtamtes.

II

Seit der Zeit der Apostel sind in der christlichen Kirche neben dem geordneten Dienst des kirchlichen Amtes zur Bezeugung des gemeinsa-

---

[5] LKA Stuttgart, D 1, Bd. 139; zu den Zitaten aus Bekenntnisschriften siehe BSLK.

men Glaubens, zur Bestätigung schriftgemäßer Lehre, zur Abwehr schriftwidriger Lehre, zur Behebung gesamtkirchlicher Notstände, zur Durchführung christlicher Zucht, zur Ordnung äußerer Angelegenheiten und durch das alles zur Mithilfe in der Leitung der Gemeinden und der Gesamtkirche Synoden oder Kirchenversammlungen zusammengetreten. Sie wußten sich als Versammlungen berufener Vertreter der Kirche für die Erfüllung aller der Kirche und ihrer Einzelgemeinden zukommenden Aufgaben verantwortlich, vornehmlich aber für die Förderung und Reinhaltung der christlichen Verkündigung. Denn wie der berufene Träger des kirchlichen Amtes verpflichtet ist zur lauteren Predigt der Heiligen Schrift und zur Abwehr falscher Lehren, so hat auf Grund der Heiligen Schrift die christliche Kirche, das ist die Versammlung aller Gläubigen, Recht und Macht, alle Lehren und Lehrer zu beurteilen (1.Joh.4,1ff.; Apg.15,22). Sie ist dabei mit den Trägern des kirchlichen Amtes gewiesen an »die einige Regel und Richtschnur, nach welcher zugleich alle Lehren und Lehrer gerichtet und geurteilt werden sollen«, nämlich an »die prophetischen und apostolischen Schriften Altes und Neues Testamentes« (F.C. Epit., De Comp. Reg. 1). Ist aber von allen Aufgaben, die einer Synode obliegen, die vornehmste das Recht und die Macht, »alle Lehren und Lehrer zu beurteilen«, dann gelten in Übereinstimmung mit der Heiligen Schrift und gemäß dem Bekenntnis unserer Kirche für eine rechte christliche Synode folgende Regeln:

1. Die Synode steht unter der Heiligen Schrift und ist an das schriftgemäße Bekenntnis der Kirche gebunden. Sie ist darum auch dessen eingedenk, daß alle ihre Beschlüsse, auch in den äußeren Angelegenheiten der Kirche der rechten Verkündigung des Evangeliums dienen sollen.

2. Da eine rechte Synode als die berufene Vertretung der Kirche als ihre vornehmste Aufgabe »alle Lehren und Lehrer zu beurteilen« hat, kann sie nur die Synode einer Kirche sein, in der alle Amtsträger auf dasselbe Bekenntnis verpflichtet sind. Denn die Einheit der christlichen Kirche in der Welt ist nur möglich auf Grund der Einheit in Lehre und Verkündigung. »Urwahlen« für eine Synode, die der bisherigen kirchlichen Übung nicht entsprechen, können nur innerhalb einer bekenntnisgebundenen Kirche für diese Kirche durchgeführt werden unter der Aufsicht der für das Bekenntnis verantwortlichen Kirchenleitung oder Notkirchenleitung. Beschlüsse und Kundgebungen kirchlicher Versammlungen von Vertretern verschiedener Bekenntniskirchen sind für eine Bekenntniskirche nur dann verbindlich, wenn die Synode dieser Kirche sie als schrift- und bekenntnisgemäß bestätigt.

3. Die Synode, die der Heiligen Schrift unterworfen und an das schriftgemäße Bekenntnis gebunden ist, verfügt nicht über das Bekenntnis. Sie kann deshalb keine neuen Artikel des Glaubens aufstellen, die nicht in der Heiligen Schrift gründen; denn »Gottes Wort soll Artikel des Glaubens stellen und sonst niemand, auch kein Engel« (Schmalkaldische Art. II, 2, 15). Die Synode hat vielmehr in Abwehr schrift- und bekenntniswidriger Irrlehre die schriftgemäße Lehre zu bestätigen, zu entfalten oder neu ans Licht zu bringen.

4. Da Lehre, Ordnung und Verwaltung der Kirche nicht zu scheiden, sondern aufeinander zu beziehen sind, können Synodalbeschlüsse über die äußere Ordnung, den Aufbau und die Verfassung der Kirche eine bekenntnisgebundene Kirche nur dann verpflichten, wenn sie nicht gegen die Heilige Schrift und das klare kirchliche Bekenntnis sind.

III

Aus den vorstehenden Sätzen folgt für die Berufung und die Zusammensetzung einer Synode:

1. Die Synode ist mit sachkundigen Leuten zu beschicken, die um der vornehmsten Aufgabe der Synode willen auch »Lehre zu urteilen« vermögen. Wohl kennt unsere Kirche auf Grund der Heiligen Schrift und ihres Bekenntnisses nicht den Unterschied von »Priestern« und »Laien«, sie weiß aber um den Unterschied des Auftrages und Berufes ihrer Glieder. Sie hält es darum für erforderlich, daß in einer Synode die Träger des kirchlichen Amtes als die von der Kirche selbst berufenen »Lehrer der Kirche« gebührend vertreten sind. Luther: »Man müßte aus allen Landen die recht gründlich gelehrten Leute in der Heiligen Schrift fordern, die auch Gottes Ehre, den christlichen Glauben, die Kirche, der Seelen Heil und der Welt Friede mit Ernst und von Herzen meinten. Darunter etliche vom weltlichen Stande (denn es geht sie auch an), die auch verständig und treuherzig wären« (Von Konzilien und Kirchen).

2. Alle Synodalen sind bei ihren Entscheidungen an Schrift und Bekenntnis gebunden. Sind dazu die Träger des geistlichen Amtes schon auf Grund ihrer Ordination verpflichtet, so ist von den übrigen Synodalen zu fordern, daß sie in der Heiligen Schrift bewandert sind, über kirchliche Fragen sachgemäß zu urteilen verstehen und das Wohl ihrer Kirche im Auge haben. Nur Gemeindeglieder, die diesen Voraussetzungen genügen, können nach kirchlicher Ordnung als Vertreter der Kirche in die Synode gewählt werden.

3. Die Einberufung einer Synode ist grundsätzlich Aufgabe der Kirche und ihrer damit beauftragten geordneten Organe oder Notorgane. In Zeiten eines kirchlichen Notstandes kann die weltliche Obrigkeit der Kirche dadurch Rechtshilfe leisten, daß sie die geordnete Berufung und Durchführung einer Synode ermöglicht. Die Art der Berufung aber, die Voraussetzungen einer kirchlichen Wahl, die Feststellung der Wählbarkeit kann allein die Kirche durch ihr Kirchenregiment oder Notkirchenregiment bestimmen. Sie ist dabei ausschließlich an ihr Bekenntnis und die geltende kirchliche Ordnung gebunden. Nur die Beschlüsse einer an das Bekenntnis gebundenen und dieser Bindung gemäß handelnden Synode verpflichten die Kirche.

Wir verwerfen darum

1. jeden Versuch, durch eine Abstimmung des »Kirchenvolkes« die Bekenntnisgrundlage der Kirche und die darauf sich gründenden Rechte und Stiftungen zu ändern, zu verfälschen oder aufzuheben. Die Kirche ist niemals zu lösen vom Grund der Apostel und Propheten, da Jesus Christus der Eckstein ist (Eph. 2, 20). Alle, die diesen Grund, welcher ist Jesus Christus, der Sohn des lebendigen Gottes, der Heiland und Herr, verwerfen, trennen sich von der Heiligen christlichen Kirche. Steht ihnen nach weltlichem Recht der Kirchenaustritt frei, so ist das »bischöfliche Amt ohnehin nach göttlichen Rechten« verpflichtet, sie aus der christlichen Gemeinde auszuschließen, ohne menschliche Gewalt, allein durch Gottes Wort (CA XXVIII, 21), wenn sie nicht umkehren und Buße tun;

2. jeden Versuch, eine Synode politischen Erwartungen und Zwecken dienstbar zu machen; denn dadurch würden der Kirche »das rechte Urteil und Erkenntnis genommen«. Sobald das aber geschieht, »kann nicht möglich sein, daß man falscher Lehre oder unrechtem Gottesdienst könnte steuern« (Schmalkaldische Art. Trakt. 51). In der Synode hat allein die Kirche zu urteilen (a. a. O., 56) und geistliche Sachen geistlich zu richten (1. Kor. 2, 13);

3. jeden Versuch, unter Absehung vom Bekenntnis eine Einheit der Kirche in Ordnung, Verfassung und Kirchenregiment zu schaffen und eine solche verwaltungsmäßige Zusammenfassung einander widersprechender Bekenntnisse und Lehrbildungen Kirche zu nennen (CA VII).

Allen diesen Versuchen hat die Kirche auf Grund ihres Bekenntnisses zu widerstehen und lieber alles zu erleiden, was ihr auch begegnen mag, als ihren Auftrag und damit ihren Herrn zu verleugnen.

Den Pfarrern und Gemeinden unserer Kirche aber gilt heute das Wort: »Wie ihr nun angenommen habt den Herrn Christum Jesum, so wandelt in ihm, und seid gewurzelt und erbauet in ihm, und fest im Glauben, wie ihr gelehrt seid, und seid in demselbigen reichlich dankbar« (Kol. 2, 6.7). Der Rat der Evang.-Luth. Kirche Deutschlands.

Zu Anfang des Jahres 1938 beriet der Rat der Evang.-Luth. Kirche die Einberufung einer Lutherischen Synode und damit verbunden die Schaffung einer straff organisierten Lutherischen Kirche[6]*:*
Die im Bunde Lutherischer Landeskirchen innerhalb der Deutschen Evang. Kirche zusammengeschlossenen Kirchenregierungen werden aufgefordert, zu einer Lutherischen Kirche innerhalb der DEK sich zu vereinigen. Das Reich wird gebeten, diesen im Sinne der Verfassung der DEK vom 11.7.1933 liegenden Zusammenschluß zu fördern, insbesondere der Lutherischen Kirche Deutschlands die Rechtsnachfolge gegenüber den Lutherischen Landeskirchen zuzugestehen.

Der Anschluß Württembergs an die Lutherischen Kirchen Deutschlands beruhte auf einer persönlichen Entschließung des Landesbischofs, in den Kreisen der Pfarrer und Gemeinden wußte man nicht viel über die laufenden Verhandlungen des Rats der Evang.-Luth. Kirche; Dipper schreibt darüber[7]*:*
Die Synode wurde in ein merkwürdiges Geheimnis gehüllt. Der Landesbruderrat, der sich erstmals am 7.12.1937 mit der Angelegenheit befaßt hatte, bat den Oberkirchenrat um Auskunft über die Synode und wurde von diesem an die Geschäftsstelle des Lutherrates, von dieser aber wieder an den Oberkirchenrat verwiesen. Als bis 17.1.1938 nichts zu erfahren war, schickte der LBR seine beiden Vorsitzenden persönlich zu dem Leiter der Geschäftsstelle des Lutherrates, Oberkirchenrat Breit. Dieser behandelte die beiden »jungen Leute« ziemlich salopp und teilte ihnen die schwerwiegenden Dinge, die er zu sagen hatte, als harmlose Selbstverständlichkeiten mit, über die es keine Diskussion mehr gebe.

---

6 LKA Stuttgart, D 1, Bd. 188; Entwurf einer Entschließung für einen Beschluß der Synode.
7 Dipper, S. 201; vgl. auch das Protokoll der Sitzung des LBR am 21.1.1938 (LKA Stuttgart, D 1, Bd. 98) und die Anfrage des LBR an OKR Breit vom 28.1.1938 zur Luth. Synode, das bei der Tagung der Vertrauensleute der Württ. Bekenntnisgemeinschaft beschlossen wurde, und die dilatorische Antwort Breits vom 2.2.1938 (LKA Stuttgart, D 1, Bd. 188). Vgl. weiterhin das Schreiben Diems an den OKR vom 26.1.1938 (Niemöller, Handbuch, S. 221).

Am 19.1.1938 erkundigte der Landesbruderrat sich bei den Bruderräten anderer Lutherischer Kirchen über deren Stellungnahme zu dem Plan einer Lutherischen Synode[8]*:*

Verehrte liebe Brüder!

Wie wir hören, möchte der Lutherische Rat im Frühjahr 1938 eine Lutherische Synode einberufen. Diese Synode soll der Evang.-Luth. Kirche Deutschlands zur Selbstdarstellung verhelfen und die besonders angefochtenen Lutherischen Kirchen in Mecklenburg, Thüringen und auch Sachsen stärken. Da diese Anliegen nicht näher umschrieben sind, können wir dazu auch noch nicht Stellung nehmen; doch verstehen wir es sehr gut, daß die besonders bedrohten Kirchengebiete den Zusammenschluß der Lutherischen Kirchen möglichst sichtbar in Erscheinung treten und möglichst kräftig sich auswirken sehen möchten. Neben diesem besonderen Anliegen der Lutherischen Kirchen steht aber das allgemeine der gesamten Bekennenden Kirche Deutschlands. Durch die Maßnahmen der staatlichen Kirchenpolitik sind ja auch die bedroht, die nicht zum Lutherischen Rat gehören. Sie bedürfen in ihren Bedrängnissen alle des Rates und der Weisung; sie bedürfen alle einer geordneten Leitung, die mit Vollmacht für die bedrängte evangelische Christenheit Deutschlands reden kann. Darum scheint uns die Neukonstituierung und Einberufung der Bekenntnissynode der Deutschen Evang. Kirche ein im Augenblick mindestens ebenso wichtiges Anliegen zu sein wie die Einberufung einer Lutherischen Synode. Aus dem Wunsche, beiden Anliegen Rechnung zu tragen und sie in ein fruchtbares Verhältnis zueinander zu bringen, sind die folgenden Fragen entsprungen, die wir anläßlich einer Einladung zur Beteiligung an der Lutherischen Synode unserer Württ. Kirchenleitung vorgelegt haben:

1. Ist die Anerkennung der Barmer Theologischen Erklärung Voraussetzung für die Lutherische Synode und wird diese Voraussetzung von der Synode ausdrücklich festgestellt werden?

2. Findet die Lutherische Synode innerhalb der Bekenntnissynode der Deutschen Evang. Kirche statt, das heißt als Tagung des Lutherischen Konvents der Bekenntnissynode oder eines Teils desselben oder ist sie ein Ersatz für dieselbe? Ist die Lutherische Synode bereit, bei der Vorbereitung und Durchführung ihrer Aufgaben jeweils die Organe der Bekenntnissynode zu verständigen, damit die übrigen Glieder der Bekenntnissynode dieselben Gegenstände bearbeiten können zur Vorbereitung einer

---

8 LKA Stuttgart, D 1, Bd. 98; die bei den Akten liegende Kopie trägt keine Unterschrift.

Tagung der Bekenntnissynode der Deutschen Evang. Kirche? Wird die Lutherische Synode bei der Vorbereitung und Durchführung der Bekenntnissynode der Deutschen Evang. Kirche mitwirken?

3. Ist die Lutherische Synode bereit, die dem Lutherischen Rat nicht angehörigen lutherischen Kirchengebiete der Deutschen Evang. Kirche in ihren geordneten Leitungen und Vertretungen zur Synode beizuziehen (den Bruderrat der Lutherischen Kirche von Oldenburg und den Lutherischen Konvent der Bekenntnissynode der Evang. Kirche der Altpreußischen Union)?

4. Bedeutet die Teilnahme an der Synode die Anerkennung des Lutherischen Rats, das heißt seiner Absicht, die Evang.-Luth. Kirche Deutschlands in Amt und Ordnung darzustellen?

Da diese Fragen nicht nur für unsere Württ. Landeskirche von Bedeutung sind, sondern in irgendeiner Form auch die Brüder in den anderen lutherischen Kirchengebieten bewegen werden, erlauben wir uns, Ihnen diese Fragen vorzulegen mit der Bitte, uns wissen zu lassen, wie Sie diese Fragen beantwortet wissen möchten. Wir hoffen, daß durch diesen Meinungsaustausch manche Schwierigkeiten, welche die Synode selbst belasten könnten, im voraus geklärt und vielleicht sogar behoben werden.

Mit brüderlichem Gruß.

Bei der Dekanskonferenz am 7.2.1938 in Stuttgart gab der Landesbischof einen Überblick über die Gesamtlage und ging auch auf den Anschluß Württembergs an den Rat der Evang.-Luth. Kirche ein[9]*:*

Wenn wir heute zum ersten Mal im neuen Jahr zusammentreten, so haben wir zuerst zu danken dafür, daß ein unmittelbar drohender Eingriff in das innere Gefüge der Württ. Landeskirche abgewendet worden ist. Sowohl unmittelbar vor Weihnachten wie kurz nach Neujahr bestand beim Ministerium für die kirchlichen Angelegenheiten die Absicht, die Württ. Landeskirche mit einer Finanzabteilung zu beglücken. Diese Finanzabteilung hätte in erster Linie die Aufgabe gehabt, durch eine sehr weitgehende Verminderung der Zahl der Pfarrstellen und durch Beseitigung all der Ausgaben, die für die außerordentliche Wortverkündigung (Gemeindedienst!) und die Pflege der Beziehungen zu den mit uns auf

---

9 LKA Stuttgart, D 1, Bd. 76; die Ausscheidung des kirchlichen Vermögens wurde in Württemberg geregelt durch ein Gesetz vom Jahr 1887. Vgl. auch das von OKR Pressel im März 1938 erarbeitete Gutachten »Unsere Zugehörigkeit zur Bekennenden Kirche«, vom OKR am 8.4.1938 mit Nr. A 3471 den Dekanatämtern zur Kenntnisnahme und Information der Pfarrer übersandt.

gleichem Boden stehenden Kirchen verwendet werden, den Haushalt der Landeskirche so einzuschränken, daß auch bei weiterer Verminderung der Staatsleistungen eine weitere Kürzung der Pfarrgehalte vermeidbar gewesen wäre. Darüber hinaus hätte die Einrichtung einer Finanzabteilung eine teilweise Aufhebung der Württ. Kirchenverfassung vom 24.6.1920 bedeutet, die die Leitung der kirchlichen Verwaltung und die geistliche Leitung in eine Hand legt. Ich kann jetzt darauf verzichten, all die Argumente zu wiederholen, die wir gegen diesen Bruch mit einer bewährten Überlieferung und Praxis in den verschiedenen Schreiben, die den staatlichen Stellen und auch Ihnen zugegangen sind, vorgebracht haben. Da man aber da und dort der Meinung begegnet, aus einer solchen Finanzfrage dürfe die Evang. Kirche keine Kabinettsfrage machen, weil ja ihre Aufgabe nicht im Geldverwalten, sondern in Verkündigung des Evangeliums bestehe, so möchte ich auf 2 Vorgänge aufmerksam machen, die zeigen, von welcher Bedeutung es ist, ob eine kirchliche Stelle unabhängig von anderen staatlichen oder kommunalen Stellen über die Aufbringung der Gelder und ihre Verwendung entscheiden kann. Es sind jetzt genau 50 Jahre her, seit in Württemberg durch staatliche und kirchliche Gesetzgebung die Ausscheidung des kirchlichen Vermögens aus dem Stiftungsvermögen der bürgerlichen Gemeinden vollzogen wurde. Welch zäher und oft ergebnisloser Kampf mußte vorher von den Geistlichen in den Stiftungsräten geführt werden, um aus den oft sehr erheblichen Vermögen eine Verwendung für gottesdienstliche oder kirchlich-karitative Zwecke zu erlangen! Als die Kirchengemeinderäte das ausgeschiedene Kirchenvermögen in die Hand bekamen, ging es auf einmal vorwärts. Man vergleiche, was in den Jahren 1870 bis 1890 und 1890 bis zum Kriegsbeginn an kirchlichen Bauten in Stadt und Land errichtet worden ist, so bekommt man ein Bild davon, wie wichtig es ist, daß die Kirche auch finanzielle Selbstverwaltung ausübt. Von 1870 bis 1890 ist in dem mächtig wachsenden Stuttgart, das 1870 nicht ganz 100000 Einwohner zählte, 1890 aber gegen 200000, eine große Kirche gebaut worden, die Johanneskirche; 1890 bis 1914 nicht weniger als 7, die Friedenskirche, die Pauluskirche, die Petruskirche, die Lukaskirche, die Markuskirche, die Erlöserkirche, die Gaisburger Kirche; die von einer Stuttgarter Familie gestiftete Gedächtniskirche habe ich hier weggelassen. Alle diese Kirchen sowie mancherlei sonstige kirchliche Räume sind aus den Steuermitteln der Kirchengemeinde erstellt worden. Hängt die furchtbare Kirchennot vieler deutscher Großstädte, insbesondere von Berlin, nicht weithin damit zusammen, daß in der Zeit der Industrialisierung und Massenanhäufung der Menschen die Landeskirchen und Kirchengemeinden nicht über kirchliche Mittel zu verfügen hatten, deshalb auch keine Kirchen gebaut, keine neuen Kirchenbezirke gebildet, keine neuen Pfarrstellen errichtet werden konnten? Man höre doch endlich einmal auf, das Wesen einer Evang. Kirche lutherischen Gepräges darin zu sehen, daß sie sämtliche Exteriora in andere Hände legt, auch wenn diese anderen Hände nicht von einem kirchlichen Willen gelenkt werden. Die Wortverkündigung der Kirche vollzieht sich nun einmal nicht in einem luftleeren Raum, sondern in der konkreten Wirklichkeit, in der alles Geld kostet.

Auf ein anderes, ganz neues Beispiel weise ich nur im Vorbeigehen hin, die Devisenzuteilung für die deutschen Missionsgesellschaften ist neuerdings dem Ministerium für die kirchlichen Angelegenheiten überwiesen worden. Es ist einer staatlichen Stelle nicht übel zu nehmen, wenn sie sich dabei nicht in erster Linie von kirchlichen Gesichtspunkten leiten läßt, sondern von staatlichen, etwa von der Erwägung, ob ein Missionsgebiet zu den Kolonialgebieten gehört, deren Rückgabe an Deutschland erhofft werden kann, nicht von der Erwägung, wo ein besonders gefährdetes oder auch in besonderem Aufschwung befindliches Gebiet der dringenden kraftvollen Hilfe bedarf. Dieselbe Verschiebung der Gesichtspunkte würde sich selbstverständlich auch in den Entscheidungen einer Finanzabteilung vollziehen.

Wenn eine so verhängnisvolle Maßregel, wie sie unserer Landeskirche und dem ganzen kirchlichen Leben gedroht hatte, abgewendet werden konnte, so ist das in erster Linie dem Eindruck der Geschlossenheit zu verdanken, der von der Haltung der kirchlichen Organe, der Pfarrerschaft und der Gemeinden, die sich im Weihnachtsopfer bekundet hat, ausging. Ich möchte deshalb allen, die sich in dieser Sache mit Wort und Schrift betätigt haben, den herzlichsten Dank der Kirchenleitung aussprechen. Diese Geschlossenheit in allem, was zu den Necessaria gehört, zu behalten und zu verstärken, muß unsere vornehmste Aufgabe sein bei der Lage, in der sich die Evang. Kirche in Deutschland befindet. Darf ich kurz zusammenfassen, worin wir, das heißt alle, die sich irgendwie zur Bekennenden Kirche rechnen, einig sind: Darin, daß für die Verkündigung der Kirche in Predigt, Jugendunterweisung und Seelsorge allein das Wort Gottes, wie es in der Heiligen Schrift Alten und Neuen Testaments der Kirche anvertraut ist, maßgebend sein darf, daß also diese Verkündigung nicht durch Wünsche, Meinungen, Forderungen, wie sie aus anderem Raum, sei es einer philosophischen oder politischen Weltanschauung, kommen können, alteriert werden darf. Wenn wir dabei speziell die Gedanken ablehnen, die von Rosenberg vorgetragen werden, so leitet uns dabei nicht irgendeine feindselige Einstellung zu dem völkisch unterbauten Staat, sondern wir sind im Gegenteil der festen Überzeugung, daß wir diesem Staat den besten Dienst leisten, wenn wir das Wort Gottes rein und lauter verkündigen, unsre Jugend im Sinne des Evangeliums von Christus erziehen und gegen die Vermischung weltlicher und geistlicher Gesichtspunkte und Befugnisse unerschrocken und unentwegt ankämpfen, wie es Luther beständig getan hat. Ich meine, auf dieser Linie haben wir uns einst im Jahre 1934, als der Kampf um die Politisierung der Kirche begann, ohne Unterschied der bisherigen theologischen und kirchenpolitischen Richtung zunächst einmal in Württemberg, dann aber auch mit den Gleichgesinnten in den anderen Landeskirchen zusammengefunden. Es war uns dabei schmerzlich zu erleben, daß manche, die wir bisher als mit uns in den zentralsten Dingen des Glaubens einig ansehen durften, die Gefahr der Politisierung der Kirche unterschätzend nicht in unsere Reihen traten, während andere, die vielleicht von Haus aus einem individualistisch gerichteten Kulturprotestantismus näher standen, die Unentbehrlichkeit kirchlicher Haltung und den Segen kirchlicher Gemeinschaft erst jetzt deutlich erkannten. Dadurch sind auch Unterschiede in der Exegese und Dogmatik vielfach erweicht, grundsätzlich aber nicht aufgehoben worden; und zwar gilt dies nicht bloß von der Württ. Landeskirche und ihrer Pfarrerschaft, sondern auch von den Kirchen und Bruderräten in Norddeutschland, die eine strenge Lehreinheit von ihren Mitgliedern bis heute nicht gefordert haben. Man wird mir entgegenhalten: Barmen! Ja gewiß, die Barmer Theologische Erklärung, die von den zur Bekennenden Kirche sich rechnenden Kirchen gemeinsam abgegeben wurde, wird teilweise zum Rang eines neuen Symbols erhoben und der Ordination zugrunde gelegt; aber die Schwierigkeiten, die dem Theologen aus der Beschäftigung mit den historischen und philosophischen Problemen erwachsen, sind durch die Barmer Erklärung kaum berührt, geschweige behoben, und auf diesem Gebiet beruhen doch vor allem die Lehrunterschiede innerhalb der Kirchen.

Wenn trotz des gemeinsamen Ausgangspunkts innerhalb der Bekennenden Kirche im Lauf der letzten drei Jahre sehr starke Meinungsverschiedenheiten und schmerzliche Spaltungen eingetreten sind, die bis heute noch nicht wirklich überbrückt werden konnten, so liegen die Ursachen hiefür vor allem in grundsätzlichen Meinungsverschiedenheiten über einen Neubau der Kirche und dem Verhältnis dieser neu zu bauenden Kirche zum deutschen Staat. Für den von Karl Barth und seinen unbedingten Anhängern geführten Flügel der Bekennenden Kirche ist dieser Neubau so vordringlich und sind die Prinzipien, nach denen er erfolgen soll, so evident aus der Hl. Schrift abzuleiten, daß ihm jede andere Haltung schon wie ein Verrat an der Kirche Jesu Christi erscheint. Umgekehrt müssen wir urteilen, daß die heutige überaus gefahrvolle Lage der Kirche besonders in den zerstörten Gebieten weithin durch die Überspitzung solcher prinzipiellen Forderungen und das praktische Versagen der auf diesem Boden stehenden Kirchenpolitik verursacht ist. Da diese Meinungsverschiedenheiten eine deutliche Beunruhigung auch in die württ. Pfarrerschaft hineingetragen haben und infolgedessen eine klare Stellungnahme der Kirchenleitung gewünscht wird, halte ich es für meine Pflicht, den Gang der Dinge seit Ende 1934 so kurz wie möglich darzulegen.

Im November 1934 nach der Wiederherstellung des rechtmäßigen Kirchenregiments in Bayern und Württemberg wurde von den Landeskirchen und Bruderräten gemeinsam eine Vorläufige Kirchenleitung bestellt, an deren Spitze zuerst Oberkirchenrat Breit und, als hiegegen Widerspruch erhoben wurde, Landesbischof Marahrens gestellt wurde. Gegen diesen Versuch, durch Zusammenwirken des Bruderrats und der bischöflichen Kirchen die Position der Kirche zu stärken und dem Staat die Möglichkeit zu geben, mit einer ohne Reichsbischof geeinten Kirche zu verhandeln und in ein geordnetes Verhältnis zu kommen, hat Karl Barth nach seinem eigenen Geständnis in der »Schweizerischen Reformierten Kirchenzeitung« schärfsten Widerspruch erhoben; er war sehr unglücklich, daß seine näheren Freunde ihm zustimmten, und er behauptet, die Landeskirchen hätten eine schon vorher von der Dahlemer Synode im Oktober 1934 eingesetzte Leitung verdrängt. Von dem Bestehen einer solchen Leitung ist uns nie etwas bekannt geworden; Bodelschwingh, den ich erst vor wenigen Tagen über die damaligen Vorgänge, die er mitgemacht hat, befragt habe, erklärte bestimmt, daß seines Wissens eine solche Leitung nicht eingesetzt worden sei. Der Widerspruch von Karl Barth hat aber immerhin die Wirkung gehabt, daß Niemöller aus seiner Abneigung gegen die VKL kein Hehl gemacht, sondern sie in kirchlichen Versammlungen offen ausgesprochen hat, so daß die staatlichen Instanzen von vornherein wußten, daß die Bekennende Kirche keine wirkliche Einheit bilde. Infolgedessen fand die VKL nicht die staatliche Anerkennung.

Das war der erste durch die Meinungsverschiedenheiten verursachte Fehlschlag. Weil auch in den folgenden Monaten des Jahres 1935 die VKL infolge innerer Hemmungen nicht zu einem entschlossenen Handeln kam, errichtete der Staat im Sommer 1935 das Ministerium für die kirchlichen

Angelegenheiten. Es bestand in den ersten Monaten die Möglichkeit für die Bruderräte, sich in die Ausschüsse und kirchlichen Behörden einzuschalten. Man konnte sich nicht dazu entschließen, vor allem mit der Begründung, daß Männer, die ein kirchliches Amt vom Staat annehmen, damit die Fähigkeit kirchlich zu handeln einbüßen. Wenn diese Auffassung zuträfe, hätte nie ein Pfarrer Religionslehrer in einer staatlichen Schule, nie ein Theologe ein Hochschulamt bekleiden dürfen.

Nachdem auch diese Gelegenheit verpaßt war und das Ministerium in steigendem Maß auch den Reichskirchenausschuß im Stich ließ, rief der Vorsitzende des Reichskirchenausschusses alle nicht deutschchristlichen Kirchenregierungen zu gemeinsamem Handeln zusammen. Auch dieser Versuch scheiterte, in erster Linie, weil zwischen dem Bruderrat der größten Landeskirche (der Altpreußischen Union) und dem Preußischen Landeskirchenausschuß keine Verständigung zustande kam. Der Reichskirchenausschuß trat zurück, weil das Ministerium ihm hindernd in den Weg trat. Ursprünglich hatten die Kirchenführer beabsichtigt, den Generalsuperintendenten Zoellner zu bitten, mit kirchlichem Auftrag weiterzuarbeiten. Im Blick auf mancherlei Versagen Zoellners, insbesondere aber in der Erwägung, daß Dahlem sich nie zu einer Zusammenarbeit mit Zoellner bereit erklären werde, wurde von diesem Plan Abstand genommen.

An der Frage der Mitarbeit mit den seinerzeit vom Minister eingesetzten, 1937 von ihm mit einer Ausnahme wieder aufgelösten Kirchenausschüssen war die im Herbst 1934 gebildete VKL gescheitert. Aus der Synode von Oeynhausen im Februar 1936 war eine nur von den Bruderräten aufgestellte VKL hervorgegangen. Die Lutherischen Kirchen, die damals mit den Ausschüssen in freier Weise zusammenarbeiteten, während die Synode von Oeynhausen dies verworfen hatte, schufen sich eine eigene Vertretung im Rat der Luth. Kirche Deutschlands. Zweifellos haben kirchenpolitische Anlässe dazu mitgewirkt, daß dieser Zusammenschluß in jenem Augenblick sich vollzog; der Gedanke aber ist älter und beruht auf der Überzeugung, daß eine echte Einigung der Evang. Kirchen in Deutschland sich auf Grund des Bekenntnisstandes der einzelnen Kirchen zu vollziehen habe, wie dies auch ausdrücklich in der Barmer Theol. Erklärung anerkannt worden war. Die Evang. Kirche Württembergs mußte sich hier anschließen, weil sie in den zwischen den Bruderräten und den Landeskirchen strittigen Fragen nach ihrer ganzen Überlieferung zu diesen sich stellen mußte; sie konnte sich anschließen, wenn ihr die Beibehaltung der Abendmahlsgemeinschaft mit den Reformierten als ein aus ihrer besonderen Führung erwachsenes Recht konzediert wurde. Das ist vor dem Eintritt und auch nachher immer wieder geschehen.

Der Rücktritt des Reichskirchenausschusses und der unmittelbar darauf folgende Wahlerlaß des Führers hat das Zusammenarbeiten der zwei Lager innerhalb der Bekennenden Kirche gefördert. Es kam zu dem Zusammenschluß von Kassel am 6.7.1937 und der Bildung des Kasseler Gremiums. Allerdings darf nicht verschwiegen werden, daß in der Altpreußischen Kirche immer noch keine Verständigung zwischen den beiden Gruppen zustande gekommen ist und daß infolgedessen diesem Zusammenschluß noch die eigentliche Wirkungskraft mangelt. Daß sich die Mächte, die der Evang. Kirche den Boden entziehen wollen, darüber freuen, ist selbstverständlich.

Werfen wir noch einen Blick auf die Lage bei uns. Von der Lage auf dem Gebiet des Religionsunterrichts und der Finanzen war schon die Rede. Es kommt mir jetzt mehr darauf an, darum zu bitten, daß allerseits alles getan wird, um eine Aufspaltung der auf dem Boden von Verfassung und Bekenntnis stehenden Pfarrerschaft zu vermeiden. Die Kirchenleitung hat sich in die Frage der Neubildung des Landesbruderrats absichtlich nicht eingemischt. Aus allerlei schriftlichen und mündlichen Äußerungen muß ich aber schließen, daß der gegenwärtige Zustand von vielen Pfarrern nicht als befriedigend empfunden wird. Der Landesbruderrat hat gewiß in bester Absicht die Theologische Sozietät zur Mitarbeit heranzuziehen gesucht. Da aber dieser Flügel nach wie vor in der auf der Synode von Oeynhausen gebildeten VKL die eigentlich maßgebende Kirchenleitung sieht, während der Landesbruderrat als Ganzes zwar, was ihm gerne zugebilligt wird, die Gemeinschaft mit Dahlem nicht aufgeben will, was wir ja auch nicht tun, aber die verfassungsmäßige Kirchenleitung in Württemberg wirklich als Leitung anerkennt, so ist es für viele Amtsbrüder nicht leicht, sich für oder gegen die Bekenntnisgemeinschaft zu entscheiden. Gegen sie sich zu entscheiden, erscheint wie ein Abrücken von der 1934 eingenommenen Stellung; für sie sich zu entscheiden, bedeutet die Billigung einer Richtung, deren prinzipielle Haltung aus anderen theologischen Voraussetzungen kommt, als man sie selber hat. Der Gedanke liegt nahe, daß diejenigen, die so empfinden, sich, wie dies in anderen Landeskirchen geschehen ist, zu einer besonderen Gruppe zusammenschließen. Ich bin dankbar, daß dies bisher nicht geschehen ist; aber ich möchte gerade deshalb der Leitung des Landesbruderrats empfehlen, sich nicht auf den Weg Dahlems drängen zu lassen, dessen Auswirkung in dem gesteigerten Druck staatlicher Gewalten auf jedes kirchliche Handeln und in dem Anwachsen einer nicht immer zu entschlossenem Widerstand bereiten Mitte offen zu Tage tritt. Der Weg Dahlems, darunter verstehe ich, daß die Sorge für das Übermorgen die Vorbereitung auf das Morgen stört und in den Hintergrund drängt, daß die Sorge um den rechten Kirchenbegriff die Sorge für die konkrete Kirche überwuchert und die Auseinandersetzungen über kirchenpolitische Lagen und Fragen den Dienst an der Gemeinde hemmen. Ich bitte, es mir nicht übel zu nehmen, wenn ich auch heute wieder darauf hinweise, daß von der rechten Ausübung des pfarramtlichen Dienstes eigentlich alles abhängt. Wenn ich nur an die gestrige Epistel denke, welche Sorgfalt braucht es, solch ein ernstes Wort so auszulegen, daß die einzelnen Gemeindeglieder in ihren Nöten durch die Predigt eine Hilfe empfangen. Wurm.

An der Dekanskonferenz am 7. Februar nahm auch Oberkirchenrat Breit teil und sprach vor allem über die Aufgabe des Luthertums[10]*:*
Vor allem darf ich wohl meine Dankbarkeit dafür aussprechen, daß ich heute vor Ihnen stehen und zu Ihnen sprechen kann. Die Württ. Landeskirche ist das Perpetuum mobile des Luth. Rats in mancher Hinsicht. Aber eben deshalb ist die Württ. Landeskirche ein besonders wertvolles und unentbehrliches Glied des Luth. Rats. Freilich nehme ich, indem ich das sage, für den Lutherrat in Anspruch, daß er, wenn auch mangelhaft, das zu sein das Recht hat, als das er sich selbst versteht und nicht als das, was er nach der Meinung seiner Widersacher zu sein hätte. Es liegt dem Lutherrat völlig fern...[11] daß man heute gar kein Recht mehr hat, sich daran zu erinnern, daß es eine Reformation in Deutschland gegeben hat und daß es überhaupt keine Kirche mehr in Deutschland heute gäbe, wenn es nicht diese Reformation, die in dem Werk Luthers besonders groß und leuchtend vor uns steht, zuvor gegeben hätte. Doch will ich auf dem Weg dieser grundsätzlichen Bemerkungen nicht weiter schreiten, sondern zunächst einmal 3 kurze Vorbemerkungen machen, die zugleich beabsichtigen, Mißverständnisse auszuschließen, die ja heute sich so leicht in jedes Wort, das in der Kirche und von der Kirche gesprochen wird, einschleichen.

Manchmal fürchte ich mich davor, überhaupt ein Wort zu sagen aus dem einfachen Grunde, weil die Atmosphäre, in die man hineinspricht, gesättigt ist mit Mißtrauen. Ich verstehe allmählich die draußen, die nicht zur Kirche gehören, etwa einen maßgebenden Vertreter der Gestapo, daß ich's einmal deutlich sage, der ja jederzeit Gelegenheit hat und nimmt,

10 LKA Stuttgart, D 1, Bd. 76.
11 Lücke in der Nachschrift.

sich über alle Vorgänge innerhalb der Kirche fortlaufend zu unterrichten, dem auch alle die Briefe bekannt sind, die hin und her geschrieben werden und die wiewohl der Anrede »Lieber Bruder« sehr unbrüderlich geschrieben sind. Ich sage, ich verstehe einen Vertreter der Gestapo, wenn er allmählich zu der Meinung kommt, um diese Kirche braucht man sich gar nicht mehr zu kümmern, die fressen sich ja selber auf. Und man braucht nicht gerade Kinder der Welt zu sein oder ein Neuheide, um manchmal mit einem ganz gründlichen Anfall von Verachtung sich abzuwenden. Und das ist das erste, was ich sagen möchte.

Ein Wort, nehmen Sie mir das nicht übel, ich sage mir das ebenso wie allen anderen, ein Wort zur Haltung, in der wir voreinander stehen und zueinander reden. Ich übertreibe nicht, wenn ich Ihnen sage, ich könnte Ihnen einen großen Akt aufmachen und kann Ihnen Briefe vorlesen, die wir bekommen haben, die um uns gelaufen sind und vielleicht irgendwo sich mit uns beschäftigten, die voller hundertprozentiger Lügen und Verleumdungen sind. Eine furchtbare Sache. Wir hatten kürzlich den Besuch der Gestapo. Warum? Ausführliche Verhöre, weil, ich möchte meinerseits nichts beitragen zur Verschärfung der Lage, darum, weil einer, der uns nicht lieb hat, einen Rundbrief an seine Freunde schrieb, und in diesem Rundbrief wird unsere Luth. Hilfskasse denunziert an die Gestapo. Es ist mir bis heute noch nicht gelungen, eine schriftliche Entschuldigung dieses Mannes zu erhalten, der eingestandenermaßen diesen Brief schrieb. Gewiß hat ihn ein Fräulein geschrieben. Das ist nur ein Beispiel von Dutzenden von Beispielen. Da fragt man sich, ob nicht im Grunde etwas faul ist. Wenn es zu solch unbrüderlichen Handlungen kommt, zu einer weiß Gott doch wirklich unchristlichen, sagen wir zu einer unmenschlichen Verachtung des andern.

Man unterstellt sich gegenseitig Meinungen, theologische Meinungen, kirchenpolitische Absichten, die sich in keiner Weise begründen lassen, aber man braucht sie eben in dem Zusammenhang der Pläne und der Ideen, die man nun einmal hat. Es hört sich so an, wie wenn ich anklagen wollte. Ich tue es nicht, weil ich zu verstehen glaube, warum es zu so unerfreulichen Erscheinungen im Kirchenkampf kam. Es hängt zum Teil mit einer gewissen Enge zusammen, in der unsere Brüder leben. Es hängt auch damit zusammen, daß sie zu wenig wissen. Man kann nichts schreiben, nichts drucken, kaum mehr reden. Infolgedessen bilden sich überall kleine Kreise, die nun versuchen, in Aussprachen, in Beurteilungen dessen, was an sie kommt, sich selbst Klarheit des Urteils zu schaffen. Man kann es wohl verstehen, daß bei dieser Lage, wo doch der einzelne Pfarrer auch gerne haben möchte, daß einmal seine Mitarbeit bis zu denen gelangt, die sie etwa umsetzen in eine größere Arbeit, oder daß die Pfarrer, die gerne zu ihrer eigenen Unterrichtung mehr wissen möchten, als ihnen zukommt, aus einer gewissen Ungeduld heraus, manchmal auch aus einer großen, heiligen Sorge heraus, ob denn wirklich alles geschieht, um das Wesen der Kirche zu wahren und gegenüber all den Widerständen zu behaupten, daß die Pfarrer eben dazu kommen, alles begierig aufzugreifen, was ihnen ins Haus fliegt. Wer sich einmal darüber klar geworden ist, welche Mächte der Kirche gegenüberstehen und mit welcher brutalen Entschlossenheit sie den Tod der Kirche schaffen wollen, der, glaube ich, müßte sich doch sagen lassen, wenn der Feuerbrand ins Haus geworfen ist, wollen wir uns nicht mehr zerzanken über die Einrichtung des Hauses, wobei ich ganz gewiß nicht die Grundlage unserer Verkündigung und die Voraussetzung aller kirchlichen Ordnung und Gestaltung, Verwaltung und Leitung zu der Ausstattung des Kirchenhauses rechne.

Nach diesen Bemerkungen darf ich zur Sache selbst übergehen und vielleicht mit einigen Sätzen versuchen, zunächst die Gesamtlage darzustellen, soweit nicht schon der Bericht des Herrn Landesbischofs darauf Bezug genommen hat. Sie wissen, daß seinerzeit der Erlaß des Führers vom Februar 1937 hinwies auf die Zerrüttung der Kirche, um deretwillen es dem Kirchenvolk anheimgegeben werden müßte, durch eine deutliche Willenskundgebung die Gestaltung der Kirche seinerseits in die Hand zu nehmen. Um so merkwürdiger ist gewesen, daß die Nichtdurchführung dieses Wahlerlasses wiederum begründet worden ist mit dem Hinweis darauf, daß die Verwirrung in der Kirche so groß sei, daß es unmöglich erscheine, durch eine Wahl dieselbe zu beseitigen. Hier sehen wir, daß die Gründe für die einstweilige Absetzung der Wahl eben Gründe sind, die uns vorenthalten worden sind. Abgesehen von dem einen Grund, der ganz klar ist und der in der anfänglichen Abneigung des Kirchenministers gegen jede Wahl liegt, werden wir wohl den Grund darin zu suchen haben, daß die »Deutschen Christen« sich außerordentlich entschieden gegen den Vollzug des Wahlerlasses erklärt haben, offenbar deshalb, weil sie keinen Gewinn für ihre eigene Sache von einer solchen Wahl erwartet haben. Als am Ende des Jahres 1937 der Reichskirchenminister in die staatliche Kirchenpolitik wieder einzugreifen begann[12], erschien es eine Weile so, als ob eine Abwendung von den Gewaltmaßnahmen bevorstünde, da sonst eine weitere Stärkung des kirchlichen Widerstandes

---

12 Siehe S. 277.

bewirkt werden könnte. Es wurde uns gesagt, im ersten Augenblick nach dieser scheinbaren Wendung in der staatlichen Kirchenpolitik: Wir haben eingesehen, daß wir mit unsrer Politik nur eure Kirchen voll gemacht haben. Die Maßnahmen des Staates wurden sehr bald klar, daß im Lager der zum offenen Angriff auf die Kirche versammelten politischen Kräfte bereits das Signal zu einem neuen Sturm auf die Bekennende Kirche gegeben war, in dem Augenblick, als die Reden des Ministers den Anbruch des Kampfes mit friedlichen Worten anzukündigen schienen. Dem Kirchenminister ist in jedem Lager ein Feind erstanden, der von den kirchenpolitischen Maßnahmen des Kirchenministeriums die Befestigung des interaktuellen, des öffentlich-rechtlichen Charakters der Kirche befürchtete. Die Kirche als nach außen hervortretende, irgendwie rechtlich geordnete, öffentliche Größe unterstehe ausschließlich dem Willen des Staates, er allein bestimme, und zwar nicht nur, was die Gestalt der Kirche, sondern auch was die Verkündigung derselben betrifft, er bestimme Art und Wirksamkeit der Kirche im Dritten Reich. Noch ist nicht klar zu sehen, ob der hier sich meldende und entwickelte politische Wille voll zur Entfaltung kommen wird. Die verschiedenen Anschauungen und Willensrichtungen, die innerhalb des Staates in punkto Kirchenpolitik um die Vorherrschaft kämpfen, haben sich voneinander noch nicht abgelöst, sondern stehen in einem Spannungsverhältnis. Nur hindert dieser Zustand keineswegs, daß die der Kirche zugestandene Freiheit immer größere Einschränkung erfährt. Durch die 17. Durchführungsverordnung ist die gesamte Kirche der staatlichen Führung in weitem Umfang ausgeliefert. Wenn in einem Rechtsgutachten [von] Professor Johannes Heckel ausgeführt wird (vom 12.7.1937), die im Zeitalter des Materialismus aufgekommene Meinung, daß der Staat...[11] sei, ist heute allgemein im Abendland aufgegeben, so ist für die Lage der Kirche in Deutschland zu sagen, daß hier nicht nur die Auswirkung der kirchlichen Rechtsbildung durch den weltlichen Bereich beaufsichtigt und soweit sie wirkliche Geltung haben soll, genauer bestimmt wird, sondern daß kirchliche Rechtsbildung grundsätzlich und...[11] versagt. Darin sieht das Kirchenministerium und seine staatlichen Widersacher eines: Daß sie jeder Religion und Konfession und darin auch jeder Kirche den Kampf ansagen müssen, durch die dogmatisch und verkündigungsmäßig bestritten wird, daß, ich zitiere Reichsminister Kerrl vom 14. Januar, die Prinzipien des Nationalsozialismus die Prinzi-

---

11 Lücke in der Nachschrift.

pien einer ewigen, unveränderlichen Religion in der Formulierung und Erfüllung der aktuellen nationalen und sozialistischen Aufgabe des Staates sei, daß es keinen anderen Weg zum ewigen Heil als den zum Heil der Nation gebe (»Frankfurter Zeitung«). Die Kirche ist damit vor die Frage gestellt, ob sie Kirche Christi sein will oder Volkskirche in dem Sinne, daß das Volk und seine Führung Verkündigung und Gestalt der Kirche in den Dienst der neuen Kulturepoche stellt, welche die politische Revolution über Deutschland heraufgeführt hat. Die »Deutschen Christen« haben sich entschieden dorthin gestellt, wo die Juden unter Berufung auf ihr Volk den Weg Jesu verlassen haben. Die Geschichte der christlichen Kirche geht hier ein in die Geschichte des Deutschen Volkes. Die Entscheidung zwingt zu einer Beurteilung, die Entscheidung, die die Deutschen Christen gewählt (?) zu einer Beurteilung der Bekennenden Kirche, die zu der Aufgabe zwingt, die Bekennende Kirche um jeden Preis und mit allen Mitteln der Vernichtung anheimzugeben. Also hier gilt auch keine moralische Hemmung mehr, sondern nur brutalste Macht. Diese kurzen Andeutungen möchten genügen, der Kirche im allgemeinen und im Luth. Rat im besonderen klar zu machen, daß Erklärungen, Proteste gegen eine unter dem Schutz des Staates und seiner maßgeblichen Förderung voranschreitenden Entwicklung nichts vermögen. Wenn der Luth. Rat nicht das Zeichen entschlossener Haltung und eines im Willen und Widerhall ausgesprochen kirchlichen Handelns aufzurichten vermag, ist es ihm um der Wahrheit willen geboten, die ursprünglich aufgenommene Aufgabe zu revidieren.

Ein Zweites. Jede kirchlich-organisatorische Zusammenfassung Lutherischer Kirchen begegnet heute der Sorge politischer Mächte, die Kirche möchte alte Ansprüche in neuen Formen aufnehmen und wirksam werden lassen. Dazu kommt, daß dieser Zusammenfassung der Rechtsbestand der Kirchen im Wege steht, dieser Rechtsbestand der einzelnen Landeskirchen, der vom Staat prinzipiell bestritten, zum mindesten angefochten ist. Darum ist ein Fortschritt in der Richtung eines aktionsfähigen Zusammenschlusses der Landeskirchen nur möglich, wenn gleichzeitig erkennbar gemacht wird, daß der Entschluß zur Vereinigung keinerlei machtpolitische Gründe oder Hintergründe hat, sondern vielmehr mit der Bereitschaft verbunden ist, anzuerkennen...[11] Darum kann es sich bei dem neuen Verhältnis von Kirche und Staat immer nur um ein kontroverses handeln. Der Staat ist entschlossen, der Kirche im Staat die Stellung

---

11 Lücke in der Nachschrift.

von öffentlichen Gesinnungsgemeinschaften anzugleichen, darum wird er von der Kirche den Verzicht bisher innegehabter Rechte und Privilegien fordern...[11] Die Kirche in Württemberg dächte doch wohl nie daran, etwa an die Einsparung von Pfarrstellen heranzugehen, wenn eben nicht der Staat ihr gesagt hätte, ich zahle das alles nicht. Daß natürlich die Erledigung dieser hier aufgeworfenen Frage, da stimme ich Ihnen völlig bei, nach rein kirchlichen Gesichtspunkten geschehen muß, versteht sich ganz von selber. Ich sage, die Kirche wird viel Verzicht sich auferlegen müssen, und ich glaube, daß die Kirche auch sehr viel beweglicher werden wird in der Zukunft, als sie es bis heute gewesen ist. Doch darf die Not dieses kontroversen Verhältnisses zwischen Staat und Kirche, aus dem wir nie mehr herauskommen werden, nicht zu einem Verzicht führen, der das Wesen und den Auftrag der Kirche alteriert (?).

Die Kirche wird sich darauf gefaßt machen müssen, daß ihr der Staat nur in dem Maße Recht zuerkennt, als sie selber für dieses Recht zu stimmen und zu opfern die Kraft hat. Andrerseits wiederum darf die Schwierigkeit, den Umfang und die Grenze des Verzichts zu bestimmen, und diese Schwierigkeit ist nämlich groß, ich sage, die Schwierigkeit und die Grenze des Verzichts zu bestimmen, zu dem die Kirche bereit sein muß, darf sie nicht zu einer Überspannung des kontroversen Verhältnisses zwischen Kirche und Staat im Sinne eines grundsätzlichen Widerstands gegen den Staat verleiten. Wir haben seither im wesentlichen auf die vom Staat der Kirche gemachten Zumutungen reagiert. Das wird auch weiterhin sorgfältig geschehen müssen. Dabei sind wir freilich oft genug der Gefahr erlegen, mehr als es gut war, uns von außen die Fragestellungen vorschreiben zu lassen und über diesen Fragestellungen die Besinnung auf den Weg zu versäumen, den die Kirche in der Welt nie verlassen darf. Die Lutherkirche, die, das sagen wir ohne Anklage, einen stark konservativen Charakter hat, meine sehr verehrten Brüder, vielleicht wird sie noch einmal um dieses Charakters willen Ruhm und Ehre ernten, sie steht besonders in der Gefahr, zu wenig aus ihrem Wesen, aus der ihr gestellten Aufgabe herauszutreten und zu handeln. Mir kommt's manchmal so vor, wie wenn die Lutherkirche in Deutschland schon immer die rechte Richtung wüßte, aber ihr Weg endet dann immer just 1 km vor dem Ziel, manchmal auch ein paar hundert Meter weniger, aber sie kommt nie ganz ans Ziel.

Das sind...[11] in die wir in unserer Kirche gestellt sind. Wir dürfen zum Trost uns sagen, daß auch die so oft kritisierte staatsfromme Gesinnung

---

11 Lücke in der Nachschrift.

der Kirche nicht immer Flucht und Leidensscheu gewesen ist, wir wollen es uns auch eingestehen, daß wir in den Worten, die wir vor dem Staat und zu ihm sprachen, zu ausschließlich vom Status quo der Kirche aus argumentierten. Der Geschichte wurde der Rang eines Gesetzes und einer Norm zuerkannt und dabei übersehen, daß die Geschichte der Kirche zum Teil nur Erkennungs(?)-Grund für die Gestalt der Kirche heute ist, insoweit die Geschichte aber diesen Charakter zeigt, ist die Kirche durch die Geschichte nicht gebunden. Die Sorge unserer kirchlichen und theologischen Jugend nehmen wir auf, es möchte auch das Reden vom Bekenntnis und die Berufung auf dasselbe Vorwand für eine kirchliche Restauration und Hindernis einer wirklichen Erneuerung der Kirche sein. Gar manchmal werden auch im Kreise der Lutherischen Kirchen Forderungen formuliert und erhoben und mit dem Hinweis auf das Bekenntnis begründet, wobei das Bekenntnis nur angeblicher, aber nicht wirklicher und unaufgebbarer Grund der Forderung gewesen ist. Wo das geschieht, fehlt das Zeugnis, oder fehlt besser dem Zeugnis der Kirche die Vollmacht. Auch dadurch ist manchmal die Wirkung unseres Wortes geschwächt worden, daß wir die Berufung auf das Grundrecht der Kirche, ihre Bekenntnisbestimmtheit mit der Verteidigung geschichtlicher und wünschenswerter Rechte verwahrten, deren Preisgabe praktisch nur mit dem wachsenden Widerstand des politischen Bekenntnisses für tragbar gehalten und faktisch auch vollzogen wird. Das gestehen wir ein, und das glaube ich, müssen wir uns alle, wohin wir in unserer Bekenntnishaltung gehören, täglich bewußt machen, daß es leichter ist, ein tapferes Wort zu sagen als ein tapferes Wort zu erfüllen. Wenn dadurch der Glaube an die Vollmacht unserer Worte gefährdet wurde, so blieb andererseits das Zeugnis der Kirche ohne Wirkung auf die Willensbildung des Staates, weil hier die gesamte Kirche nicht zu Wort kam. Hier stehe ich an einem Punkt, an dem wohl nicht nur ich, sondern auch Sie alle mit großem Schmerz feststellen, daß es bis zum heutigen Tage nicht möglich gewesen ist, die gesamte Bekennende Kirche unter eine einheitliche Leitung zu stellen und von hier aus Wille und Wort der gesamten Bekennenden Kirche vor dem Staat zum Ausdruck zu bringen.

Ich schließe zunächst diesen Abschnitt mit Folgendem: Wir wissen wohl, daß der NS-Staat seine kirchenpolitische Haltung nicht von dem bestimmen läßt, was wir als das Wesen und den unwiderruflichen Auftrag der Kirche bezeichnen. Er sucht darum auch kein Gespräch mit der Kirche, auch das, was so gemeiniglich als Mitteilung eines Gesprächs ins Land geht, etwa die Unterhaltung, zu der von Bodelschwingh und ich am

2. Dezember zugezogen wurden mit dem Reichsminister für kirchliche Angelegenheiten, Staatssekretär Muhs und Ministerialrat Stahn. War es doch nicht möglich, ein Gespräch in dem Sinne zu führen, daß etwa die Meinungsbildung des Ministers erst im Laufe des Gesprächs sich zu einer letzten Klarheit entwickelt hätte, absolut nicht, sondern wir haben ihn zunächst 3 Stunden angehört und dann ½ Stunde auch die Möglichkeit gehabt, zu reden (das Verhältnis kann zu unseren Gunsten auch etwas besser gewesen sein), aber wir konnten doch nicht den Eindruck haben, daß das, was wir sagten, ein Samen gewesen ist, der in gutes Erdreich fiel, sondern die Wirkung ist etwa dieselbe, wie wenn Sie auf diesen Parkettboden Weizenkörner ausschütten würden. Vorausgesetzt, daß der Saal weiter verwendet wird, wird keine Aussicht vorhanden sein, daß der Weizen hier aufgeht. Der Staat sucht kein Gespräch, darüber müssen Sie sich klar sein. Vielleicht frägt er bei sich selbst und bei den Ideen an, die ihre politische Mächtigkeit erwiesen haben, welche Art und welches Recht er der Kirche anzuweisen habe. Das ist die Lage. Eben weil sich der im Sieg stehende politische Gedanke als Erfüllung und Vollendung der Deutschen Geschichte und als Verwirklichung aller in ihr hervorgetretenen, in Kirche und Staat, Sehnsüchte versteht, muß er jedem kirchlichen Denken den Kampf ansagen und den Frieden kündigen, das von der Unterscheidung zwischen dem Amt der Obrigkeit und dem Amt der Kirche ausgeht. Hier ist die Luther-Reformation im Herzen getroffen und in Frage gestellt. Aber eben um deswillen ist die Luther-Kirche gefordert, von sich so zu reden, daß die Gültigkeit dieses Wortes im Wandel der kirchenpolitischen Situation unverändert bleibt. Der Blick auf die zerstörten Lutherischen Kirchengebiete macht dazu die Pflicht unabweisbar, die geistliche Kraft und den Opferwillen der bedrängten Pfarrer und Gemeinden dadurch zu stärken, daß die in ihrem Kirchenregiment unversehrten Lutherischen Landeskirchen die moralische und materielle Unterstützung bis zum höchst möglichen Maße steigern und die kirchliche Solidarität in einem Umfang und einer Tiefe entwickeln, die unter den im Stande der Verfolgung stehenden Kirchen in Trost und Ermunterung wirksam werden.

Vielleicht, erschrecken Sie nicht, muß noch einmal die Frage der Auswanderung aus den zerstörten Kirchen erwogen und geprüft werden, der Auswanderung unserer Brüder. Freilich zunächst ein ganz furchtbarer Gedanke. In Thüringen sind die Dinge diesbezüglich fast im Gange, aber auch in weiten Strecken der Altpreußischen Union. In Mecklenburg steht die Bekennende Kirche vielleicht im Augenblick in einer etwas erleichterten Lage, als die von dem dortigen Oberkirchenrat herangezogenen 125

DC-Pfarrer, Diakone, ordinierte Kaufleute, Polizeidiener, Schuster oder was das alles ist, als die 125 Pfarrer zum größten Teil vor ihren Gemeinden stehen und ihnen erklären: Liebe Gemeinde, an der bekenntnismäßigen Predigt soll es nicht fehlen, so bekenntnismäßig wie ihr wollt, predigen wir. Mit anderen Worten: Die 125 durch Gnade und Gunst des Oberkirchenrats herangeholten und zu Pfarrern erhobenen »Deutschen Christen« sind gar nicht die verlässige Gefolgschaft des Herrn Landesbischof, die er um sich zu sammeln gedachte. Es ist auch festzustellen, daß der Notbischof von Mecklenburg, D. Beste, eine ganz ausgezeichnete, ruhige, beharrliche Art hat, seine ihm anvertrauten Pfarrer und Gemeinden zu leiten. Eine ziemliche Verwirrung ist in Schleswig-Holstein, wo die Brüder zum Teil daran denken, irgendwie über die Möglichkeit eines ...[11] mit Dr. Kinder zu beraten. In den anderen Kirchen, ich will zunächst nur von den Lutherischen Kirchen, die dem Lutherrat angeschlossen sind, reden, ist die Not ganz groß. In Sachsen wissen Sie ja, daß durch den Eingriff des Herrn Klotsche, der ja leider gehindert worden ist, seine neue Pistole zu entladen, was ich sehr schmerzlich finde, ist durch dessen Eingreifen eine fast brutale Verwirrung erreicht, und es zeigt sich dort zu unserem großen Schmerz, daß die aktive Widerstandsfähigkeit der sogenannten Mitte nicht so groß ist, wie sie im Augenblick zu wünschen wäre, wenn der Widerstand in entsprechender Kraft und aussichtsvoll angetreten werden soll. Immerhin ist es möglich gewesen, durch Bemühungen – wie dem Luth. Rat freundlicher- oder unfreundlicherweise bestätigt wird, weil der Berichterstatter hier einfach nichts wußte, das Mehrteil der von uns geleisteten Arbeit (das sage ich nebenher) kann ja nicht bekannt sein, ich bin auch nicht der Meinung, daß das beste Teil der Arbeit an die Öffentlichkeit kommt, ich meine, hier bedarf es einer gewissen Zurückhaltung, denn wenn man sich an ein Werk wagt, das vorzeitig besprochen und zerfetzt ist in der gesamten DEK, ist es einfach zu keinem Gewinn zu führen – ist es nun doch gelungen, einen Widerstand vorzubereiten, der wohl in der nächsten Zeit in einer nicht ganz wirkungslosen Weise zur Geltung kommen wird. Thüringen ist augenblicklich am allerschlechtesten daran. In Thüringen arbeitet man mit einer ungestümen Leidenschaft. Hier macht sich wohl geltend, daß die Führer der Thüringer Deutschen Christen aus Bayern stammen...[11] Ich habe schon einmal darauf hingewiesen, daß der Führer der Thüringer Richtung mein früherer Stadtvikar von Augsburg gewesen ist...[11]

11 Lücke in der Nachschrift.

Der Luth. Rat hat den Beschluß gefaßt vor einiger Zeit, eine Luth. Synode einzuberufen. Die Vorbereitungen für diese Einberufung sind im Gange. Es ist natürlich eine lächerliche Unterstellung, etwa zu sagen, es handle sich, wie ich in einem Schreiben des Oberkirchenrats lese, es handle sich nur darum, eine Selbstdarstellung der Luth. Kirche hier in Erscheinung treten zu lassen. Die Unterredung, in deren Zusammenhang das Wort fiel, das habe ich unter anderem auch gesagt, hat doch sehr klar erkennen lassen, daß ich mich auf das sachliche Gebiet überhaupt nicht begebe, sondern nur im Formalen bleibe, sowohl was die Gegensätze anlangt, die zwischen Vorläufiger Leitung und Luth. Rat liegen, als auch was die Frage der Luth. Synode anlangt. Es ist ganz klar, daß, jetzt wollen wir einmal vom Theologischen ganz absehen, dem Argument Kraft und Recht innewohnt, das sagt, wie können wir uns angesichts des gemeinsamen Gegners weiterhin in Trennung gegenüberstehen. Muß nicht diese Lage allein dazu führen, daß die Bekennende Kirche sich öffentlich wieder vereinigt und in derselben Öffentlichkeit auch erkennen läßt, daß sie in dieser Wiedervereinigung sich stark und berechtigt und berufen weiß, eine gemeinsame Leitung herauszustellen. Ich kann ganz klar und massiv sagen, so wenig ich Geschichte auslöschen kann, so wenig kann ich all das, was in Oeynhausen und seit Oeynhausen sich begeben hat, austilgen. Wir haben erst in der letzten Zeit ganz gründlich diese Fragen im Sekretariat des Lutherrats durchgesprochen. Wir werden am kommenden Samstag wiederum ganz gründlich und gewissenhaft in eine Besprechung eintreten, die auf Anregung von Müller, Dahlem, und Präses Koch stattfindet und an der Asmussen und Prof. von Soden teilnimmt, außerdem die 3 lutherischen Bischöfe und ich. Wir werden in dieser Besprechung am Samstag alle die einschlägigen Fragen, die zwischen uns heute liegen, als trennende Kraft und Wirkung miteinander überlegen. Ich möchte das Ergebnis dieser Überlegung nicht vorwegnehmen, ich kann mir aber nach den mündlichen Erklärungen, die von mancher Seite zu dieser Frage bereits vorliegen, nicht denken, daß wir, ich rede vorsichtig und überlegt, in absehbarer Zeit in einer Deutschen Bekenntnissynode, welche die Fortsetzung der ersten 4 Deutschen Bekenntnissynoden wäre, zusammentreten. Keine der Fragen, die uns in Oeynhausen den einmütigen Endbeschluß der Synode verhinderte, ist inzwischen gelöst worden. Keiner der Gegensätze theologischer, kirchenpolitischer und rein kirchlicher Art, die zwischen Dahlem und den Luth. Kirchen liegen, ist überwunden. Die Vorbereitungen, die für eine nun theologisch (?) denkbare, gemeinsame Bekenntnissynode nach den Beschlüssen von Augsburg möglich wäre und dort auch ganz klar festgelegt sind, sind nicht in Angriff genommen. Es wäre ein Leichtsinn, all die Gefahren zu riskieren, die hereinbrechen müßten aus der Wiederholung der ersten 4 Bekenntnissynoden. Ich will nur ein paar Punkte herausheben und auch hier wiederum Ihre Aufmerksamkeit auf Schwierigkeiten lenken, die, wie ich zu meiner Verwunderung sehe, sehr wenig gesehen werden. Wenn Sie etwa die Beschlüsse der Vorläufigen Leitung, so wie sie am 4./5. Januar dieses Jahres in Kassel zusammengestellt worden sind, an deren Zusammenstellung auch Bruder Diem von Württemberg mitgearbeitet hat, auf sich wirken lassen, wenn Sie weiter allerlei Vorlagen, die auch für den nächsten Samstag mir zugeleitet wurden, auf sich wirken lassen, dann werden Sie immer wieder auf den einen Punkt stoßen, daß wir ja, jetzt nehmen Sie einmal die Begriffe nicht theologisch, sondern nehmen Sie sie ganz leichthin als Vokabeln, an deren Stelle im Augenblick keine besseren gesetzt werden können, daß wir ja in 2 ganz verschiedenen Kirchen leben, etwa Dahlem und etwa (?), wobei ich gar nicht an den kirchlichen Begriff denke...[11] In Dahlem sind die Gemeinden und Pfarrer zusammengefaßt, die in der Entscheidung gegen die »Deutschen Christen« sich kirchlich zusammengefunden haben. Die Württ. Landeskirche, schauen Sie einmal die äußere und innere Struktur der Württ. Landeskirche daneben, etwas völlig anderes, ist ein ganzer Kirchenkörper, ja mit allen den Mitfressern und Schönheitsfehlern, die jeder menschliche Körper aufzeigt, vielleicht da und dort in einem Glied ein wenig krank und anfällig, ein ganzer Kirchenkörper. Wenn Sie ganz widerspruchslos und unbedenklich sich Dahlem ausliefern, dann zerstören Sie damit die Württ. Landeskirche. Es kann sein, daß die Hoffnung Niemöllers noch in Erfüllung geht, daß die 3 Lutherkirchen endlich einmal in den Zustand stürzen, in dem die Altpreußische Union sich heute befindet. Ich meinerseits getraue mir nicht, diesen Zustand selber herbeizuführen. Kommt er, dann ist es ein Verhängnis von Gott, dann ist's ein Schicksal aus seinen Händen und aus seinem unerforschlichen Willen, und ich hätte vielleicht das Recht, dieses Schicksal zunächst als ein Werk seines Zornes zu leiden, bis ich durchdringe zu der Gewißheit...[11] Aber wenn Menschen, wenn auch mit großem, heiligem, eifernden Willen sich daran machen, diesen Zustand herbeizuführen, dann sage ich: »Hände weg, Ihr greift in die Regalia Gottes ein, und dazu seid Ihr nicht berechtigt.« Es sind alles Unterstellungen, wenn nun Gründe gesucht werden, die gegen die Aufgabe und Arbeit des Lutherrats ins Feld geführt werden.

11 Lücke in der Nachschrift.

Die Besinnung über all das, die setzt ein da, wo das Urteil schon fixiert ist. Wir sind hier gebundene Leute und es gibt für Sie auch gar keine andere Wahl: Entweder kämpfen Sie tapfer und treu weiter, das, was Ihnen anvertraut ist, als ein teures Vätererbe zu halten, bis Sie absolviert werden von dieser leidvollen und undankbaren Aufgabe, oder Sie öffnen die Hände, lassen los. Und dann? Schön, überlassen Sie sich im Glauben dem Willen und Werk derer, die dann auf ganz neuer Grundlage eine neue, eine geeinte, eine Deutsche Evang. Kirche bauen. Ich habe nicht den Glauben, daß wir schon, wie soll ich sagen, an diesen Punkt vorangeschritten sind oder auf diesen Punkt zurückgeworfen sind, sondern ich meine, wir sind verpflichtet, hier den Weg weiter zu gehen, den wir bisher beschritten haben. Das ist aber nicht das Letzte. Es ist ganz selbstverständlich, daß wir dabei nicht stehenbleiben. Hinter all den Mitteln, Vorschlägen, man möge in einer gemeinsamen Deutschen Bekenntnissynode sich vereinigen, steht eine richtige Erkenntnis und ein kirchliches Streben und ein starker, klarer, theologischer Wille, und wir sind gehalten, all den Mitteln und Vorschlägen, die von da her an uns kommen, uns zu erschließen und ernstlich zu überlegen, wie wenigstens vor der Welt der Riß, der durch die Bekennende Kirche geht, verdeckt werden könnte. Nicht deshalb muß irgendein Weg gesucht werden, weil ja zwischen uns und unserem gemeinsamen Widersacher ein viel geringerer Abstand liegt als zwischen den dissentierenden Brüdern der Bekennenden Kirche, sondern darum muß hier ein Weg gesucht werden, weil die von uns auf beiden Seiten bekannte exclusive Bindung an die eine Offenbarung in Jesus Christus dazu zwingt. Wir glauben aber, daß wir auf falschem Wege uns befänden, wenn wir das Wagnis einer Wiederholung der Kirchengeschichte der letzten Jahre machen. Keiner von denen, die in dieser Geschichte tätig standen, kann es auf sich nehmen, eine solche Wiederholung zu wagen. Ich glaube, es muß dabei bleiben, daß wir ein Zusammensein, ein Zueinander, ein Miteinander darstellen, das den Widersacher des Christentums, das aber auch den Staat erkennen läßt, es sind zwar Spaltungen und Gegensätze und Meinungsverschiedenheiten da, aber vor mir und für mich bedeutet das alles nichts. Das sind Glieder der christlichen Kirche in Deutschland. Weiter glaube ich, werden wir nicht kommen, und vielleicht brauchen wir auch weiter gar nicht zu kommen. Es ist kein Pfarrer einer Gemeinde gehindert, wenn etwa die große Bekenntnissynode nicht stattfinden kann, seiner Gemeinde das Evangelium rein und lauter zu verkündigen und die feiernde Gemeinde zu stärken und zu lehren durch die schriftgemäße Verwaltung der Sakramente.

Nach der Dekanskonferenz vom 7. Februar kam es am 8.2.1938 zu einer Begegnung zwischen Landesbruderrat, Landesbischof und Oberkirchenrat Breit, bei der die verschiedenen Standpunkte klar zum Ausdruck kamen[13]*:*

Er [Breit] begann das Gespräch mit der Frage, was der LBR eigentlich sei und woher er das Recht nehme, zu diesen Fragen eine eigene, von der Meinung der Kirchenleitung abweichende Stellungnahme in der Landeskirche zu vertreten. Es fiel dem LBR nicht schwer, diese Frage auf Grund der ganzen bisherigen Geschichte der BK in Württemberg zu beantworten. Hierauf beantwortete Breit in massiver Klarheit die an ihn gestellten Fragen. Der Lutherrat habe sich wiederholt zu Barmen bekannt, es komme aber nicht in Frage, daß die Theologische Erklärung von Barmen zur Grundlage der Synode gemacht werde. Der Weg der Bekenntnissynoden sei zu Ende, es werde nie wieder zu einer Bekenntnissynode der DEK kommen. Die Luth. Synode werde nicht innerhalb der Bekenntnissynode, etwa als Luth. Konvent dieser Synode tagen, dafür habe der Lutherrat ein glattes, klares Nein. Es sei auch unmöglich, daß der Württ. LBR, solange er an der Bekenntnissynode festhalte, sich an der Bildung der Luth. Synode beteilige. Die Teilnahme an der Synode bedeute selbstverständlich die Anerkennung des Lutherrates und seiner Absicht, die geeinte Evang.-Luth. Kirche Deutschlands in Amt und Ordnung darzustellen. Es sei die Aufgabe der Synode, sich um die Verwirklichung dieser Absicht zu bemühen.

In der abschließenden Aussprache mußte der LBR heftige Ausbrüche und haltlose Vorwürfe über sich ergehen lassen. Aber dies alles konnte nichts daran ändern, daß der LBR den Weg der Lutherischen Synode gewissensmäßig nicht mitgehen konnte. Der Vorsitzende des LBR erklärte deshalb abschließend, das Gespräch habe seitens des LBR nur den Sinn gehabt, das Selbstverständnis der beabsichtigten Luth. Synode zu klären. Er mache darauf aufmerksam, daß eine große Zahl von Pfarrern und Gemeindegliedern in Württemberg sich der Bekenntnissynode der DEK verpflichtet wissen. Er warnte davor, die Württ. Landeskirche durch Mißachtung dieser Tatsache zu zerreißen. Er bitte, in der Frage der Luth. Synode eine solche Lösung zu suchen, die für die Wütt. Landeskirche tragbar sei. Breit begrüßte »diese freundliche Deutung der Lage« und erklärte, es sei ihm nun erstmals die vorliegende Gewissensnot deutlich geworden.

Am Nachmittag desselben Tages fand in der auf Wunsch des Landesbischofs einberufenen Vertrauensleuteversammlung eine wesentlich ent-

---

13 Bericht von Dipper, S. 203–205.

schärfte Wiederholung dieses Gesprächs statt. Breit schloß seine Ausführungen mit der Bitte ab, die Auseinandersetzungen so zu führen, daß die Verbundenheit vor Gott nicht Schaden darunter leide. Es gehe darum, daß auch in Deutschland die Herde Christi gesammelt werde unter dem Wort ihres einigen Hirten. In der ausführlichen Aussprache erklärte Landesbischof Wurm, eine Luth. Synode dann begrüßen zu können, wenn sie 1. den Weg zu einer allgemeinen Synode nicht verbaue und 2. den bedrängten Gebieten wirkliche Hilfe bringe zur Stärkung ihres Glaubens. Auch er sehe, daß die Bekenntnissynode dann keinen Wert habe, wenn sie über das Maß von Zusammenarbeit, das wir heute haben, nicht hinauskomme. Es sei besser, keine Gemeinschaft zu erzwingen und lieber getrennte Synoden (seitens des Lutherrates und der VKL) zu haben; es sei noch genug des Gemeinsamen vorhanden, um für die DEK zu arbeiten und zu kämpfen.

Der Vorsitzende dankte ihm für diese Erklärung zur Lutherischen Synode und stellte fest, daß viele Schwierigkeiten vermieden worden wären, wenn dieser Ton bei Oberkirchenrat Breit zu hören gewesen wäre. Im übrigen ergab die eingehende Aussprache im Kreis der Vertrauensleute, bei der gerade auch die nicht zur Sozietät gehörenden Vertrauensleute zu Wort kamen, kein anderes Bild als am Vormittag.

Über das Anliegen der Bekenntnisgemeinschaft schreibt Dipper[14]*:*
Dem LBR ging es bei der Auseinandersetzung um die Luth. Synode bzw. überhaupt um die Evang.-Luth. Kirche Deutschlands nicht in erster Linie um die Frage, ob die der DEK zugehörigen Lutherischen Landeskirchen unter sich näher zusammenrücken sollten oder nicht... Aber ihm lag in erster Linie die DEK am Herzen, wie sie sich in ihren Notorganen der Bekenntnissynode und den von ihr getragenen Leitungen als geistliche und auch rechtlich verpflichtende Einheit dargestellt hatte. In dieser Gemeinschaft der Bekennenden Kirche hatten sich Vertreter lutherischer, reformierter und unierter Kirchen als Brüder in dem einen Herrn zusammengefunden, ohne dabei ihrer konfessionellen Bindung untreu zu werden. Wie notwendig und hilfreich diese übergreifende Gemeinschaft gegenüber der totalitären, den Christenglauben in allen seinen Ausprägungen bekämpfenden Staatsgewalt war, hatte sich in schweren Stunden erwiesen...
Der LBR hielt es für geboten, nunmehr die Einheit der BK wiederher-

---

14 Dipper, S. 202.

zustellen, in einer neuen, sorgfältig vorbereiteten Bekenntnissynode das in dieser Stunde allen gemeinsam gebotene Zeugnis auszurichten und eine neue VKL herauszustellen, der sich alle in den Organen der BK vereinigten Gliedkirchen der DEK in Freiheit zuordnen können. Tat man dieses nicht, so gab man die DEK, die legitim nur noch durch die nicht von allen anerkannte VKL vertreten wurde, preis zugunsten eines in seiner Gesamthaltung reichlich unbestimmten Gebildes, das nicht in der Lage war, in und mit der gesamten evang. Christenheit Deutschlands, insbesondere auch mit den schwer bedrängten Brüdern in der Kirche der Altpreußischen Union gemeinsam zu handeln. Gegenüber diesem Grundanliegen war der lutherische Zusammenschluß, sofern er sich innerhalb der durch die Bekenntnissynode bestimmten Gemeinschaft der DEK vollziehen sollte, eine Sache von untergeordneter Bedeutung. Was aber beabsichtigt, mit diesem Zusammenschluß die Gemeinschaft der Bekenntnissynode zu verlassen, so hatte der LBR in keiner Weise die Freiheit, auf diesem Weg mitzugehen.

Die Vertrauensleute berieten am 8.2.1938 dann folgende Vorschläge für einen klaren Weg[15]:
Die Versammlung stand bis zum Schluß unter der einmütigen Überzeugung, daß nichts geschehen dürfe, was den bestehenden Zwiespalt zwischen den beiden Lagern der BK noch verfestigen bzw. noch vertiefen könne. Um bei der Abhaltung der Luth. Synode dem gerecht zu werden, wurden verschiedene Vorschläge gemacht.
Erster Vorschlag: Die Luth. Synode sollte von Württemberg nur unter 3 Bedingungen beschickt werden: a) Die Barmer Erklärung, als letzte »gemeinsame« Kundgebung der BK, habe die sichtbare Grundlage abzugeben; b) der Weg zu einer Deutschen Bekenntnissynode dürfe durch die Luth. Synode nicht verbaut werden; c) der Luth. Rat dürfe von der Synode nicht als endgültige, sondern nur als vorläufige Größe betrachtet werden.
Zweiter Vorschlag: Die württ. Vertreter haben darauf zu dringen: a) Die Luth. Synode steht auf der Grundlage der Barmer Theol. Erklärung; b) die Luth. Synode darf eine kommende Bekenntnissynode nicht verbauen.
Dritter Vorschlag (Sozietät): a) Die Verpflichtung auf Barmen und die Verbindlichkeit sämtlicher dort ausgesprochenen Grundsätze für Lehre

---

15 LKA Stuttgart, D 1, Bd. 98; Protokoll der Sitzung von OKR Pressel, mitunterzeichnet von Kirchenrat Dr. Eichele.

und Ordnung der Kirche ist von der Luth. Synode mit Wort und Tat zu verkündigen; b) die Luth. Synode hat sich als Teilsynode der Deutschen Bekenntnissynode zu erklären; c) die Luth. Synode hat in praktische und theol. Zusammenarbeit mit der VKL zu treten.

Eine Abstimmung wurde nicht vorgenommen. Doch neigten die anwesenden Vertrauensleute offensichtlich dem zweiten Vorschlag am meisten zu. Der Vorsitzende des Landesbruderrats, Dipper, der dem dritten Vorschlag als einer Überforderung entschieden widersprochen hatte, betonte zum Schluß, der Landesbruderrat werde seinen Überlegungen alle 3 Vorschläge zugrunde legen.

Im Anschluß an die Besprechung am 8. Februar verfaßte der Landesbruderrat ein Wort zur Luth. Synode, in dem er die Voraussetzungen für eine Beteiligung an einer Luth. Synode formulierte und das er am 14.2.1938 den Pfarrern zustellte[16]:

Gemäß unserem Auftrag als Bruderrat der Württ. Bekenntnisgemeinschaft richten wir folgendes Wort an die Brüder.

Auf unsere Frage nach dem Verhältnis der geplanten Luth. Synode zu der Bekenntnissynode der Deutschen Evang. Kirche wurde uns gesagt, in kategorischer Weise durch den Vorsitzenden des Luth. Rats, Oberkirchenrat Breit, daß der Weg der Bekenntnissynode zu Ende sei. Mit diesem Urteil ist nicht nur die Einheit der Bekennenden Kirche in Deutschland, sondern die Deutsche Evang. Kirche selbst als Bekennende Kirche preisgegeben. Im Augenblick stärkster Bedrohung der Kirche von außen her wird damit ein Weg beschritten, der zur Zersplitterung der Kirche und zur Auslieferung ihrer Ordnung an die Willkür zufälliger Gesichtspunkte und fremder Mächte führen muß. Es könnte freilich sein, daß wir um der Wahrheit willen jenes Urteil anerkennen müßten; und kein Hinweis auf die unabsehbaren Folgen, kein Ruf zu einer Einigkeit, die dann doch nicht mehr echt sein könnte, keine Furcht vor dem Eingeständnis unserer Unglaubwürdigkeit und auch keine Ermahnung zur brüderlichen Liebe dürfte uns dann hindern, das zu tun. Wir müßten uns dem Gericht Gottes beugen, das um unserer Sünde willen über uns ergangen ist. Weil es also bei jenem Urteil über das Ende der Bekenntnissynode in dieser Weise um das Ganze der Bekennenden Kirche geht, müssen wir mit allem Ernst fragen und prüfen, wie man dieses Urteil vor Gott und seiner Heiligen Kirche verantworten kann.

1. In der Zeit eines großen Abfalles in der Christenheit ist uns in Bar-

---

16 LKA Stuttgart, D 1, Bd. 96; dem Landesbischof am 25.2.1938 zur Kenntnisnahme von Dipper übersandt. Vgl. Dipper, S. 205.

men trotz der Verschiedenheit unserer Bekenntnisse auf Grund der in ihnen gemeinsam bezeugten Schrifterkenntnis ein verbindliches Wort geschenkt worden, durch dessen Bezeugung und Anerkennung die Grenzen unserer Kirchen gegenüber dem Geist des Widerchrist (1.Joh.4,3) sichtbar geworden sind und wir mit unseren Kirchen in der einen Christenheit erhalten wurden. Wir hätten von uns aus keine Möglichkeit gesehen, die längst zutage getretene Auflösung und innere Ohnmacht unserer deutschen Landeskirchen, auch der noch relativ bekenntnisgebundenen unter ihnen, aufzuhalten, und wir haben geglaubt, daß Gott selbst das Sterben seiner Kirche aufgehalten hat, indem uns die Heilige Schrift auf unsere Fragen eine verbindliche, das heißt die Kirche bindende Antwort gab, durch welche dann auch die faktische Verbindlichkeit unserer Bekenntnisse festgestellt wurde.

Die Theologische Erklärung von Barmen sagt: »Wir, die zur Bekenntnissynode der Deutschen Evang. Kirche vereinigten Vertreter lutherischer, reformierter und unierter Kirchen, freier Synoden, Kirchentage und Gemeindekreise erklären, daß wir gemeinsam auf dem Boden der Deutschen Evang. Kirche als eines Bundes der deutschen Bekenntniskirchen stehen. Uns fügt dabei zusammen das Bekenntnis zu dem einen Herrn der einen heiligen, allgemeinen und apostolischen Kirche.« Und weil das Bekenntnis zu dem Herrn der Kirche immer in die Kirche führt und die Gemeinschaft der Bekennenden sichtbar macht gegenüber den in die Kirche eingedrungenen fremden Herren und ihren Ordnungen und Geboten, darum hat die Synode dem damaligen Reichskirchenregiment gegenüber erklärt, es habe »den Anspruch verwirkt, rechtmäßige Leitung der Deutschen Evang. Kirche zu sein«: »Im Namen der Deutschen Evang. Kirche rechtmäßig zu sprechen und zu handeln sind nur die berufen, welche an der Heiligen Schrift und dem Bekenntnis der Kirche als ihrer unantastbaren Grundlage festhalten und beidem die maßgebende Geltung in der Deutschen Evang. Kirche wieder verschaffen wollen. Die in solchem Bekenntnis einigen Gemeinden und Kirchen sind die rechtmäßige Deutsche Evang. Kirche; sie treten zur Bekenntnissynode der Deutschen Evang. Kirche zusammen. Die Bekenntnissynode hat in der gegenwärtigen kirchlichen Notlage die Aufgabe, in der Deutschen Evang. Kirche die bekennende Gemeinde zu sammeln und zu vertreten, ihre Gemeinschaft und gemeinsamen Aufgaben zu pflegen und dahin zu wirken, daß die Evangelische Kirche dem Evangelium und Bekenntnis gemäß geführt und Verfassung und Recht dabei gewahrt werden« (Erklärung der Synode zur Rechtslage der Deutschen Evang. Kirche).

Die Bekenntnissynode verstand sich also keineswegs nur als kirchliche Arbeitsgemeinschaft, die ein theologisches Gutachten gegenüber den neuen Irrlehren auszuarbeiten hatte, sondern als verantwortliche Vertretung der Kirchengebiete der Deutschen Evang. Kirche, die in ihrem Teil berufen war, für die Geltung der Bekenntnisse der Kirche in den heute geforderten Entscheidungen Sorge zu tragen. Es ist darum selbstverständlich und wurde auch lange Zeit von niemand in der Bekennenden Kirche bestritten, daß die Anerkennung der in den 6 Sätzen von Barmen ausgesprochenen Wahrheit nicht zu trennen ist von der Verpflichtung gegen die Gemeinschaft von Barmen. Daß die Synode nicht nur eine Lehrentscheidung fällte, sondern sich selbst als Synode konstituierte, um über der Geltung dieser Entscheidung in Verkündigung und Ordnung der Kirche zu wachen, war das stärkste sichtbare Zeugnis für die Wahrheit, mit der man im Jahr 1934 auch in unserer Landeskirche den Einbruch des Gegners abwehrte, daß nämlich Lehre und Ordnung der Kirche nicht getrennt werden können. Wohl war umstritten, ob und in welchem Sinn man die Theologische Erklärung von Barmen ein »Bekenntnis« im Sinn der reformatorischen Bekenntnisse nennen dürfe und, damit zusammenhängend, ob die Gemeinschaft in der Bekenntnissynode Kirchengemeinschaft im vollen Sinn des Wortes bedeuten könne. Diese Fragen waren gestellt durch das Faktum eines gemeinsamen Bekennens über die Grenzen der verschiedenen evangelischen Bekenntnisse hinweg, was in der Geschichte der Reformationskirchen keinen Vorgang hat, aber dieses Faktum selbst kann dadurch in seiner Bedeutung nicht in Frage gestellt werden, wenn man nicht das Geschehen von Barmen nachträglich einfach als ein Mißverständnis erklären will.

2. Inwiefern soll nun dieser in Barmen begonnene Weg der Bekenntnissynode heute zu Ende sein? Man weist hin auf die mannigfachen Schwierigkeiten, welche nicht nur die Tagungen der Synode, sondern besonders auch die Zusammenarbeit der einzelnen Kirchen mit den leitenden Organen der Bekennenden Kirche belasteten, und man erklärt, daß die inneren Gegensätze, welche diese Belastung verursachten, auf der letzten Tagung der Synode in Bad Oeynhausen vom 17. bis 22.2.1936 in einer solchen Weise in Erscheinung getreten seien, daß den damals Dissentierenden eine weitere Zusammenarbeit auf dem Boden der Bekenntnissynode nicht mehr zugemutet werden und überhaupt eine fruchtbare Arbeit der Synode nicht mehr erwartet werden könne. Fragt man, worin diese Gegensätze bestehen, so wird vor allem auf die durch allerlei Zwischenfälle genährten persönlichen Spannungen zwischen den führenden Männern verwiesen,

die dann wiederum auf landschaftlich und historisch gewordene Eigenart zurückgeführt werden. Trotzdem diesen Gründen das größte Gewicht beigelegt wird und sie es leider auch haben, lehnen wir es ab, uns auf sie einzulassen, da sie dieses Gewicht in der Kirche nicht haben dürfen. Es ist erschütternd zu sehen, welch breiten Raum heute in den innerkirchlichen Auseinandersetzungen das Gerede über Personen und Vorfälle einnimmt. Wir können uns hier nur gegenseitig ermahnen, »würdig dem Evangelium Christi« zu wandeln (Phil. 1, 27).

Es wird dann weiterhin auf die konfessionellen Gegensätze verwiesen, denen in der Arbeit der Bekenntnissynode nicht Rechnung getragen worden sei. Dabei wäre zunächst zu fragen, in welchen konkreten Fällen, welche die Synode oder ihre Organe zu behandeln hatten, die konfessionelle Kontroverse in einem konkreten Lehrpunkt überhaupt eine Rolle spielte. Uns ist kein einziger solcher Fall bekannt, von dem das mit Recht behauptet worden wäre. Man könnte höchstens die Abendmahlsfrage anführen, die auf der Hallenser Synode der Evang. Kirche der Altpreußischen Union vom 10. bis 13. 5. 1937 hinsichtlich der Abendmahlsgemeinschaft in einer Weise behandelt wurde, welche die Mißbilligung der Kirchen des Luth. Rates fand (vgl. dessen Stellungnahme vom 15.6.1937; »Junge Kirche« 1937, S. 595 ff.). Aber auch der hier geführten Auseinandersetzung, nicht der Abendmahlskontroverse selbst, kann kein großes Gewicht beigelegt werden, da der Luth. Rat zwar die für Altpreußen beschlossene Abendmahlsgemeinschaft ablehnte, zugleich aber dieselbe Praxis für die Württ. Landeskirche ausdrücklich, wenn auch nicht öffentlich für tragbar erklärte. Sehen wir von diesem einen Fall ab, so hat sich die konfessionelle Kontroverse besonders auf den Tagungen der Synode im wesentlichen auf die Frage beschränkt, welche Bedingungen für eine saubere Behandlung der konfessionellen Angelegenheiten hinsichtlich der Leitung und der Ordnungen der Synode erfüllt sein müssen, falls einmal die konfessionelle Kontroverse in einem konkreten Fall praktische Bedeutung für die Arbeit der Synode bekäme. Es geschieht keineswegs aus konfessioneller Indifferenz, wenn wir feststellen, daß dieser Fall bisher nicht eingetreten ist.

Die Frage, welche zu dem Dissensus auf der Synode von Oeynhausen geführt hat, die Stellung zu den staatlichen Kirchenausschüssen, ist keine konfessionelle Kontroversfrage und wurde auch auf der Synode nicht als solche angesehen. Auch wenn es richtig ist, daß der hier zutage getretene Dissensus auf Gegensätze zurückgeht, welche die Arbeit der Synode schon lange belastet haben, so läßt sich doch nicht zeigen, daß diese Gegensätze konfessioneller Art waren. Wenn wir recht sehen, ist ein anderer Grund hierfür wesentlich mitbestimmend gewesen:

Die Synode von Dahlem hatte infolge der »Vergewaltigung der süddeutschen Kirchen« das kirchliche Notrecht für die Übernahme der Leitung der Deutschen Evang. Kirche erklärt und festgestellt: »Die Verfassung der Deutschen Evang. Kirche ist zerschlagen. Ihre rechtmäßigen Organe bestehen nicht mehr... Auf Grund des kirchlichen Notrechts... schafft die Bekenntnissynode... neue Organe der Leitung...« Als kurz darauf die süddeutschen Kirchenleitungen wiederhergestellt und staatlich anerkannt wurden, entstand innerhalb der zur Bekenntnissynode der Deutschen Evang. Kirche gehörenden Kirchen insofern eine Rechtsungleichheit, als die zur Bekenntnissynode gehörenden Notleitungen zwar die kirchliche Legitimität besaßen, aber der staatlichen Legalität entbehren mußten, während die intakten Kirchenleitungen die kirchliche Legitimität und die staatliche Legalität besaßen. Daraus ergab sich eine gewisse Zurückhaltung der intakten Landeskirchen und auch ein besonderer Anspruch derselben gegenüber den Organen der Bekenntnissynode. So wurde die 1. Vorläufige Leitung nicht ausschließlich auf Grund des in Dahlem erklärten Notrechts durch den Reichsbruderrat gebildet, vielmehr kam sie durch eine Vereinbarung zwischen den legalen Kirchenleitungen einerseits und den Notorganen der Bekennenden Kirche andererseits zustande. Als dann im Herbst 1935 die staatlichen Kirchenausschüsse eingesetzt wurden, gerieten die beiden Rechtsprinzipien in einen akuten Gegensatz. Der Reichskirchenausschuß als staatlich anerkanntes, aber nicht kirchlich legitimes Organ der Leitung der Deutschen Evang. Kirche trat in Konkurrenz zu der Bekenntnissynode, dem kirchlich legitimen, aber staatlich nicht anerkannten Notorgan der Deutschen Evang. Kirche. Da in der 1. Vorläufigen Leitung diese beiden Prinzipien in einem ungeklärten Verhältnis nebeneinander wirksam waren, mußte sie an dem nunmehr akut gewordenen Gegensatz zerbrechen. Die Synode von Oeynhausen sollte die damit an die Kirche gestellte Frage klären.

Sie konnte das nicht eindeutig tun, weil ihre Beschlüsse »Von der Kirchenleitung« nicht die vorbehaltlose Zustimmung aller Synodalen fanden und überdies die Mitarbeit in den Kirchenausschüssen und die Zusammenarbeit mit ihnen nicht klar ausgeschlossen werden konnte. Immerhin ist zur Beurteilung des vorhandenen Dissensus beachtenswert, daß zum Beispiel Oberkirchenrat Breit, der die Beteiligung an der Abstimmung ablehnte, dabei unter anderem zu Protokoll gab: »Es widerspräche der Wahrheit, wenn daraus der Schluß gezogen werden sollte, daß ich in den wesentlichen Fragen, deren Lösung hier versucht und nicht endgültig gefunden wurde, mit der Bekenntnissynode nicht eins wäre« (Synodalbericht, S. 115). Und derselbe stellte nachher als Ertrag dieser Synode fest: »Ganz abgesehen von dem Consensus über das Wesen der Evang. Kirchenleitung, der alle Synodalen verband, wurden die in der Bekennenden Kirche zur Lösung drängenden Probleme so scharf gesehen wie vorher nie und damit die inneren Voraussetzungen für eine künftige echte Synode geschaffen. Daß die Bekennende Kirche lebt und auf ihrer Selbstbewegung große Verheißung liegt, erwies sich auch darin, daß die Fragen zuhauf sich einstellten, deren Lösung von uns gefordert ist« (»Allgemeine Evang.-Luth. Kirchenzeitung« Nr. 11 vom 13. 3. 1936). Das zeigt immerhin, daß die in Oeynhausen Dissentierenden den Grund der Spannung nicht in wesentlichen theologischen Gegensätzen sahen, vollends nicht in solchen Gegensätzen, die das heute gerade von Oberkirchenrat Breit gefällte Urteil rechtfertigen könnten, daß der Weg der Bekenntnissynode nach Oeynhausen nicht mehr fortgesetzt werden könne.

3. Über den Weg der Bekennenden Kirche nach Oeynhausen brauchen wir nicht viel zu sagen. Er ist im wesentlichen bestimmt durch die Gründung des Luth. Rates und durch die Versuche der ihm angeschlossenen Kirchen, neben den Organen der Bekenntnissynode und auch im Gegensatz zu diesen einen Weg der Zusammenarbeit mit den Resten der staatlich legalisierten Kirchenleitungen zu finden, also zunächst mit den Kirchenausschüssen und dann mit der »Kirchenführerkonferenz«. Das praktische Ergebnis ist, daß den leitenden Organen der Bekenntnissynode die Vollmacht zur Leitung der Bekennenden Kirche nach innen und zur Vertretung nach außen von den Kirchen des Luth. Rates bestritten wird und daß nach Ansicht dieser Kirchen die Bekenntnissynode nur noch eine »Gruppe« vertritt innerhalb des »Kasseler Gremiums«.

Wir stellen dabei fest, daß bei der Gründung des Luth. Rats in unserer Württ. Landeskirche der Beitritt zum Luth. Rat nicht mit der Verpflichtung gegen das Lutherische Bekenntnis begründet wurde. Der Erlaß des Württ. Oberkirchenrats Nr. A 3376 vom 26. 3. 1936 sagt, daß die Berliner Geschäftsstelle der Lutherischen Kirchen »insbesondere zur Vertretung landeskirchlicher Angelegenheiten bei dem Reichskirchenausschuß und dem Reichskirchenministerium berufen ist«. Nachdem aber die Kirchenausschüsse erledigt sind und nur noch die in der Hand des Kirchenministeriums befindliche Kirchenkanzlei Werner die staatlich legale Kirchenleitung der Deutschen Evang. Kirche ist, läßt sich ein sachlicher Grund nicht mehr denken, der die Kirchen des Luth. Rates hindern könnte, wieder zur Bekenntnissynode als der allein rechtmäßigen synodalen Vertretung der Deutschen Evang. Kirche zurückzukehren. Wir können alle miteinander darauf verzichten, die innere Geschichte der Bekennenden Kirche in den letzten Jahren noch einmal aufzurollen, und uns auf dem Boden von Barmen wieder zusammenfinden, wobei gegen einen besonderen, geistlich begründeten Zusammenschluß einzelner Kirchen innerhalb der Bekenntnissynode (entsprechend Artikel 5 der Rechtserklärung von Barmen) niemand etwas einzuwenden hätte. Die Fragen, welche heute die einzelnen Landeskirchen beschäftigen, sind weithin genau dieselben. Es geht um die öffentliche und kirchlich verbindliche Bezeugung des Wortes Gottes gegenüber aller Verwirrung und Verführung durch die antichristlichen Kräfte, es geht um die Abwehr des Staatskirchentums, um die Erhaltung der geordneten Verkündigung des Wortes Gottes in den besonders bedrohten Gemeinden und Kirchengebieten, um den Dienst am theologischen Nachwuchs und an der getauften Jugend der Gemeinde, um Rat und Weisung für das Verhalten bei Ausweisungen und Redeverboten. In allen diesen Fragen sollte die Bekenntnissynode Entscheidungen treffen und die von der Bekenntnissynode herausgestellte verantwortliche Leitung für die Durchführung dieser Entscheidungen Sorge tragen. Die derzeitige Vorläufige Leitung will ihren Auftrag an eine von der ganzen Bekennenden Kirche rite beschickte Synode zurückgeben, damit eine neue Leitung herausgestellt werden kann, die mit Zustimmung der ganzen Bekennenden Kirche im Namen und mit der Vollmacht Jesu Christi reden und handeln kann.

Nun erklärt die Leitung des Luth. Rates, der Weg der Bekenntnissynode sei zu Ende. Einen Grund, der zu diesem Urteil berechtigen würde, konnten wir nicht finden. Darum wissen wir uns nach wie vor der Bekenntnissynode der Deutschen Evang. Kirche verpflichtet. Denn die Bekennende Kirche in Württemberg war von Anfang an verantwortlich an den Entscheidungen der Bekenntnissynoden beteiligt. Dementsprechend haben ja auch ihre Abgeordneten auf der Synode in Oeynhausen dem mit großer Mehrheit angenommenen Beschluß zugestimmt: »Die Bekenntnissynode der Deutschen Evang. Kirche stellt um ihres Auftrags willen fest, daß sie das rechtmäßige synodale Organ der Deutschen Evang. Kirche ist.« Gemäß seinem Auftrag, »für die Geltung der Theologischen Erklärung von Barmen in unserer Württ. Landeskirche Sorge zu tragen und die Gemeinschaft mit den Brüdern in der ganzen Bekennenden Kirche im Reich zu halten«, muß deshalb der Landesbruderrat davor warnen, sich von der uns verpflichtenden Gemeinschaft der Bekenntnissynode der

Deutschen Evang. Kirche zu trennen. Es könnte freilich sein, daß hinter den bisherigen Schwierigkeiten in der Bekenntnissynode doch tiefere theologische Gegensätze stehen, als in all den Auseinandersetzungen der letzten Jahre faßbar zutage trat. Vieles spricht dafür, daß das der Fall ist und daß zum Beispiel über die Sichtbarkeit der Kirche hier und dort verschieden gelehrt wird. Aber auch dann und dann erst recht sind wir verpflichtet, vor allen weiteren Schritten diese Gegensätze in aller Klarheit aufzudecken. Solange uns die Wahrheit nicht zwingt, getrauen wir es uns nicht, die Bekenntnissynode zu verlassen, und können es auch sonst niemand raten, das zu tun. Wir können es weder vor dem Herrn der Kirche noch vor der Gemeinde verantworten, an der Auflösung der Bekennenden Kirche mitgeholfen zu haben. Darum bitten wir alle verantwortlichen Theologen der Bekenntnissynode, in gemeinsamer theologischer Arbeit die praktischen Voraussetzungen für das Zustandekommen einer Tagung der Bekenntnissynode zu schaffen oder aber, wenn das sein müßte, das Ende der Bekenntnissynode theologisch zu begründen.

Sollte die Luth. Synode in der Zwischenzeit zusammentreten, so wäre sie gehalten, ihr Selbstverständnis durch folgende Voraussetzungen bestimmt zu sehen: a) Die Lutherische Synode weiß sich in der Bindung an die Heilige Schrift und an die Lutherischen Bekenntnisse durch die Lehrentscheidung von Barmen verpflichtet. In derselben Bindung weiß sie sich auch dem auf Grund dieses Zeugnisses erfolgten Zusammenschluß in der Bekenntnissynode der Deutschen Evang. Kirche verpflichtet. Die Luth. Synode kann deshalb die Bekenntnissynode der Deutschen Evang. Kirche weder verneinen noch ersetzen. Dies wird als das Selbstverständnis der Synode ausdrücklich festgestellt. b) Die Luth. Synode als Vertretung der in ihr vereinigten Kirchen des Luth. Rates kann die Luth. Kirche nur in einer solchen Weise in Amt und Ordnung darstellen, daß dadurch die Verpflichtung gegenüber der Bekenntnissynode nicht in Frage gestellt wird. c) Die Luth. Synode versucht alles, um eine gemeinsame praktische Arbeit der zur Bekenntnissynode gehörenden Kirchen und Gemeinden wieder zu ermöglichen.

Im Auftrag: Dipper. Diem. Metzger. Lutz.

Nach einer Sitzung des Landesbruderrats schrieb Paul Lechler, der selber Mitglied des Beirats der Württ. Kirchenleitung und des Landesbruderrats war, an Oberkirchenrat Pressel über seine distanzierte Haltung zur Luth. Synode[17]*:*

Verehrter, lieber Herr Oberkirchenrat!

Darf ich mir erlauben, im Anschluß an die Besprechung vom letzten Montag noch Folgendes zu erwähnen:

Der Gedanke des Herrn Landesbischof, den Teilen der Altpreußischen Union, die nicht im Preußischen Bruderrat vertreten sind, eine Vertretung im Kasseler Gremium zu geben, hat mir deshalb gut gefallen, weil ich darin die Möglichkeit einer besseren Verständigung und einer Annäherung erblickt habe. Ich bin allem abhold, was einer Zersplitterung gleichkommt, und begrüße jede Anregung, die zum Zusammenschluß führt. Damit ein solcher Schritt nicht von Anfang an von Dahlem falsch aufgefaßt wird, dürfte eine solche Anregung meines Erachtens nur im Einvernehmen mit Dahlem erfolgen. Ich nehme an, daß der Herr Landesbischof die gleiche Auffassung hat.

Im weiteren Verlauf der Sitzung hat der Herr Landesbischof die Frage aufgeworfen, wo wir uns denn anschließen sollten wenn nicht im Luth. Rat. Diese Frage ist meines Erachtens überholt, weil der Anschluß an den Luth. Rat vollzogen wurde. Damit hat aber meines Erachtens Württemberg seine ihm durch die Geschichte geschaffene neutrale Vermittlerrolle im konfessionellen Kampf aufgegeben. Und doch schiene mir gerade diese Vermittlerrolle Württembergs bei den weiteren Auseinandersetzungen innerhalb der DEK unentbehrlich zu sein. Je mehr wir uns im Luth. Rat unter der Führung Breits binden, desto schwieriger wird die Gesamtverständigung. Ich habe den Worten des Herrn Breit in unserem Landesbruderrat als Unbefangener folgen können. Dies ist ja sehr häufig die glückliche Stellung der Laien. Ich muß Ihnen sagen, daß ich ziemlich stark mitgenommen war durch diese kalt berechnende, diplomatisch und taktisch kluge Stellungnahme des Herrn Dr. Breit. Es ist auch anderen Mitgliedern des LBR, die absolut nicht im Fahrwasser der Sozietät schwimmen, genau ebenso gegangen. Wir haben nichts gespürt von dem Wunsche einer Einigung, sondern nur dem Wunsche nach einem Machtblock.

In der Sitzung vom letzten Montag ist von einer Seite, ich glaube es war ein Laie, die Ansicht geäußert worden, man müßte allen denjenigen Pfarrern, die nicht willenlos parierten, ein Ultimatum stellen. Ich gehöre auch

---

17 LKA Stuttgart, D 1, Bd. 98.

zu den Laien, die es immer bedauerten, daß der Begriff »Disziplin« unter der Pfarrerschaft gegenüber der Leitung ihrer Kirche zu vermissen ist. Wie nötig wäre es manchmal gewesen, wenn man hätte mit dem Schwert dreinfahren können. Aber ich habe im Laufe der Jahre doch gelernt, daß der Begriff »Disziplin« in der Kirche nur bis zu einem gewissen Grade durchführbar ist.

Die Abhaltung der Luth. Synode wurde von einem der Herren damit begründet, daß die Altpreußische Union im letzten Jahr auch eine Synode abgehalten habe. Ist diese Begründung richtig? Handelt es sich im einen Fall nicht um eine Synode innerhalb einer Kirche und bei der Luth. Synode um einen Kirchenblock? Und wenn man die Abhaltung einer Synode der Altpreußischen Union für einen Fehler erachtet hat, soll man dann auf unserer Seite in den gleichen Fehler verfallen? Man erwartet von der Luth. Synode eine gewisse Machtposition dem Staat gegenüber. Was dann, wenn man sich darin täuscht? Der Weg, den der Herr Landesbischof persönlich für den besten bezeichnet hat, nämlich eine Stärkung der Einheit im Kasseler Gremium, wäre, wenn erfolgreich, von viel größerer Bedeutung dem Staate gegenüber.

Ich gebe es Ihnen anheim, ob Sie es für zweckmäßig halten, von diesen Zeilen dem Herrn Landesbischof Kenntnis zu geben. Ich bedaure es tief, daß ich nicht in allen Dingen den gleichen Weg gehen kann wie der Herr Landesbischof. Aber vielleicht ist ihm mehr gedient in dieser so schwierigen Zeit, wenn er von unabhängigen Männern auch andere Ansichten hört.

Mit herzlichem Gruß Ihr Paul Lechler.

Der Landesbischof hatte in einem Brief Paul Lechler gebeten, sich für die geplante Luth. Synode zur Verfügung zu stellen. Paul Lechler antwortete am 14.3.1938[18]*:*

Hochverehrter Herr Landesbischof!

Ihre Anfrage wegen meiner Beteiligung als württ. Abgeordneter an einer bevorstehenden Synode des Luth. Rates betrachte ich als Zeichen Ihres Vertrauens. Ich weiß dies voll zu werten und danke Ihnen besonders dafür, zumal da ich annehmen mußte, daß meine in der letzten Ausschußsitzung des Beirats vorgetragenen Bedenken eher Anlaß geben konnten, nicht mehr auf mich zurückzugreifen.

Wenn ich Sie trotz ihrer wiederholten gütigen Anfragen bitten möchte,

18 LKA Stuttgart, D 1, Bd. 188; die erwähnten Briefe von Wurm an Lechler und von Lechler an Wurm befinden sich nicht bei den Akten.

von meiner Person abzusehen und einen anderen Laien zu bestimmen, so bedaure ich dies bei meiner persönlichen Verehrung für Sie tief. Nach eingehender Selbstprüfung fehlt mir jedoch die innere Freiheit, diesmal dem Rufe der Kirche Folge zu leisten. Sie werden vielleicht vermuten, daß ich mich als Mitglied des Landesbruderrats zu einem »Nein« verpflichtet hätte. Dem ist aber nicht so. Trotzdem ich mich zu dem Brief des LBR vom 14. Februar freimütig bekenne, habe ich doch nur vor meinem eigenen Gewissen Rechenschaft abzulegen. Ich darf darauf hinweisen, daß ich schon bei meiner ersten Antwort am 12. Januar, ohne mit den Mitgliedern des LBR Fühlung genommen zu haben, meine Bedenken gegen ein einseitiges Vorgehen im Luth. Rate zum Ausdruck brachte. Dazu kam dann noch die Aussprache des Herrn Oberkirchenrat Breit im LBR am 8. Februar, die mir vollends jede Freudigkeit nahm, an einer Synode teilzunehmen, die einen Weg geht, den ich nicht für den richtigen halten kann. Im Blick auf die durch den Fall Niemöller entstandene außergewöhnliche Spannung zwingt uns das Gebot der Stunde, alle Kraft aufs Ziel der Einigung anzusetzen. Ich weiß, daß dies auch Ihr persönliches ernstes Anliegen ist, und deshalb habe ich auch Ihre darauf zielenden Anregungen, vor allem was eine Ulmer Tagung betrifft, in der letzten Sitzung warm begrüßt. Nach wie vor stehe ich aber auf dem Standpunkt, daß solange die Grundlage zu einer Synode der Deutschen Evang. Kirche fehlt, auch von der Abhaltung einer selbständigen Synode des Luth. Rates Abstand genommen werden sollte.

Aus Ihrer Anfrage habe ich ersehen, daß auf württembergischer Seite der selbstverständliche Wunsch besteht, auf der Synode des Luth. Rates die brüderliche Verbundenheit mit den übrigen Teilnehmern der Bekennenden Kirche und das Ziel einer geeinigten Deutschen Evang. Kirche nicht aus dem Auge zu lassen. Man wird aber wohl nach der von Oberkirchenrat Breit dem LBR gegenüber geäußerten Ansicht kaum damit rechnen dürfen, daß diesem Wunsche auf der Synode in verbindlicher Weise sichtbar und hörbar entsprochen wird. Sollte ich mich aber darin täuschen, dann wäre es nicht verständlich, warum die Fragen des LBR, die sich auf nichts anderes bezogen, nicht positiv beantwortet werden konnten. Könnte die Hilfe, die die dem Luth. Rat angeschlossenen zerstörten 6 Kirchengebiete so dringend benötigen, ihnen nicht auch außerhalb einer Synode dargebracht werden, weil man ja doch im voraus nie sagen kann, ob im Verlauf der Synode, zumal im Blick auf die derzeitige gespannte Lage dem Staate gegenüber, ersprießliche Arbeit wird geleistet werden können?

Ich bitte Sie, hochverehrter Herr Landesbischof, mir meine Absage nicht zu verargen. Mit einem Abgeordneten ohne innere Freudigkeit und Freiheit ist niemand gedient. Ich bedaure schmerzlich, daß diese kirchenpolitische Frage mich auf einen andern Weg weist. Ich hoffe, daß diese Meinungsverschiedenheit nur vorübergehender Art ist und daß ich bei weiteren Aufgaben innerhalb unserer Landeskirche wieder den von mir so sehr ersehnten Gleichklang meiner Ansichten mit den Ihrigen feststellen darf. Dabei bedrückt mich allerdings aufs schmerzlichste Ihre derzeitige scharfe Einstellung gegen den LBR. Ich habe die Auffassung, daß die heutige Zusammensetzung des LBR unsere Württ. Landeskirche vor einer tiefgreifenden Spaltung bewahrt hat. Wäre die Sozietät nicht im LBR vertreten, sondern stünde sie noch außerhalb, dann wäre der Bruch wohl schon längst zur Tatsache geworden. Ich glaube, daß diejenigen Kreise, die einem Ultimatum gegenüber der Sozietät oder gar dem LBR das Wort reden, die wirkliche Lage verkennen. Der LBR will nichts anderes als die Einheit in der Deutschen Evang. Kirche. Würde er ausgeschaltet, dann könnten die Auswirkungen für die Württ. Kirche verhängnisvoll werden. Ich war erstaunt, in der letzten Ausschuß-Sitzung feststellen zu müssen, daß manche Theologen und Laien seine Mitarbeit geradezu fanatisch bekämpfen. Ich möchte nur hoffen und wünschen, daß Sie, Herr Landesbischof, den LBR nicht als entbehrlich betrachten, wenngleich ich verstehe, daß seine eindringliche, bittende und oft mahnende Stimme manchmal unbequem empfunden werden kann. Der Landesbruderrat ist doch in weitem Maße Sprachrohr der jungen Generation der Theologen und der Gemeinden. Nähme man ihm das Recht, seine Meinung offen und frei zu äußern, und würde man ihn zur Untätigkeit zwingen, dann würde eine gewichtige Stimme ausgeschaltet, die zur Beurteilung der Gesamtlage von der Leitung der Kirche wohl kaum ohne schweren Schaden entbehrt werden kann.

Gestatten Sie, Herr Landesbischof, mir dieses offene Wort. Es kommt aus warmem Herzen für das Wohl unserer Kirche und auch für Sie persönlich.

In herzlicher Verehrung Ihr ergebener Paul Lechler.

Am 19.3.1938 schrieb der Landesbischof in dieser Angelegenheit noch einmal an Paul Lechler[19]*:*

---

19 LKA Stuttgart, D 1, Bd. 76.

Verehrter Herr Lechler!

Auch mir ist es sehr schmerzlich, daß in der Frage, die augenblicklich im Vordergrund der innerkirchlichen Erwägungen steht, unsere Meinungen auseinandergehen. Obwohl ich den Eindruck habe, daß Sie sich auf eine bestimmte Betrachtungsweise weitgehend festgelegt haben, möchte ich doch den Versuch machen, noch einmal um Verständnis für die Linie der Kirchenleitung zu werben.

1. Ausgangspunkt der wirklich entscheidenden Differenzen ist die Frage: Hat die Oeynhausener Synode bzw. der hernach zum Zweck der Berufung einer neuen VKL zusammengetretene Reichsbruderrat eine von Gottes Wort her begründete Entscheidung gefällt? Wer diese Frage bejaht, muß auch die andere bejahen: Ist alles, was wirklich Kirche sein will, an diese Entscheidung gebunden? Von da aus gesehen ist die heutige VKL die einzig maßgebende Kirchenleitung und ist jede Kirchenleitung, die sich ihr nicht unterstellt, »schismatisch«, wie geäußert wurde, eine schriftwidrige Separation, infolge dessen auch die Gründung des Luth. Rats eine Auflehnung gegen die Bekennende Kirche.

2. Wer diesen Standpunkt einnimmt, kann selbstverständlich nur in Opposition zur Haltung der Luth. Kirchen und der Württ. Kirchenleitung stehen. Er kann diese Opposition in verschiedenartigem Maß betätigen, so daß sie mehr in der Stille bleibt oder so, daß sie sich offen hervorwagt und auf den Sturz des gegenwärtigen Kirchenregiments hintreibt; aber er darf sich nicht darüber beklagen, wenn er von der Kirchenleitung als Gegner, als Störer der Einheit und als unfreiwilliger Bundesgenosse der Feinde der Bekennenden Kirche beurteilt wird.

3. Der Landesbruderrat ist vor die Frage gestellt, ob er diesen von der Sozietät und einigen Mitgliedern der VKL eingenommenen Standpunkt teilen und vertreten will. Er hat sich bisher nicht klar entschieden, sondern sucht eine mittlere Linie zu gehen. Diese mittlere Linie gibt es aber nicht, eben weil es um eine ganz grundsätzliche Frage geht. Wenn Sie und andere Mitglieder des Landesbruderrats mit uns der Meinung sind, daß die Oeynhausener Synode nicht aus der Vollmacht heraus geredet hat und reden konnte wie die Barmer, schon deshalb, weil es dabei nicht um eine deutliche und biblisch zu beantwortende Frage der Verkündigung ging, sondern um eine Frage kirchlich praktischen und taktischen Handelns; vielleicht auch deshalb, weil wir es als evangelische Christen ablehnen, einer Synode das Gewicht beizulegen, das der Katholik den Konzilien und dem Papst beilegen muß, so kann der Landesbruderrat in der Frage der Luth. Synode gar nicht mit dem schweren Kaliber der Gewissens- und

Glaubensüberzeugung uns beschießen, sondern muß sich ganz nüchtern überlegen, was in der heute so schwer gefährdeten Situation der Kirche seine Pflicht und Schuldigkeit vom Wort Gottes her ist, nämlich dem recht- und bekenntnismäßigen Kirchenregiment keine Schwierigkeiten zu machen durch Bearbeitung von Pfarrern und Laien, die dadurch in eine Stimmung des Mißtrauens gegen Landesbischof und Oberkirchenrat hineingeführt werden.

4. Ich kann auch den Hinweis auf die Meinung der jungen Generation nicht gelten lassen. Es war mir auf dem Höhepunkt des Kirchenkampfes eine große Freude, in lebendigem Kontakt mit der jungen Generation zu stehen; aber ich darf mich weder nach einer alten noch nach einer jungen Generation richten, sondern lediglich nach den Grundsätzen und Maßstäben, die sich mir aus einem fünfjährigen Kirchenkampf als die richtigen herausgestellt haben und in denen ich mich mit meinen Amtsbrüdern, die andere Landeskirchen zu leiten haben, einig weiß. Und wahrlich in diesen Grundsätzen konnten uns die Ergebnisse der sturen Dahlemer Kirchenpolitik nicht irre machen. Diese »Alles-oder-Nichts-Politik« hat ja lediglich Trümmerhaufen geschaffen, hat den Staat zu all den Eingriffen ermutigt, die besonders nach dem Fall des Reichskirchenausschusses eine Kirche um die andere betroffen haben und einigermaßen nur vor den von den Landesbischöfen geleiteten Kirchen Halt gemacht haben. Nur um der Uneinigkeit der Kirche willen, vor allem um der Zersplitterung der Altpreußischen Kirche willen konnten sich Kirchenministerium und Staatspolizei das herausnehmen, was sie sich geleistet haben, auch das unerhörte Vorgehen im Fall Niemöller. Wenn ich mich über eines wundere, so ist es dies, daß diese Sprache der Tatsachen so wenig gehört wird.

5. Bei der gegenwärtigen Sachlage ergibt sich für den Landesbischof die Frage: Soll er, wenn auch hochgeschätzte Männer aus der Gemeinde ihm so wenig Vertrauen schenken, daß sie von ihm eine konfessionalistische, die Verbundenheit Württembergs mit dem nichtlutherischen Deutschland gefährdende Kirchenpolitik befürchten, nicht sein Amt abgeben? Ich würde das sofort tun, 1. wenn ein Wechsel im Bischofsamt sich ohne Eingriff des Staates vollziehen ließe; 2. wenn es sicher wäre, daß ein Mann des Landesbruderrats die Pfarrerschaft geschlossen hinter sich hätte. Wenn aber der Landesbruderrat selbst der Meinung sein sollte, daß diese zwei Bedingungen zur Zeit nicht erfüllbar sind, dann sollte er sich auch sagen, daß er es der Kirche schuldig ist, dem Landesbischof nicht durch Schritte, die eben doch nach Nebenregierung aussehen, das Leben und das Amt zu erschweren.

Ich glaubte Ihnen mit derselben Offenheit schreiben zu dürfen, die Sie mit Recht in Anspruch genommen haben, und darf Sie bitten, überzeugt zu sein, daß die Wertschätzung Ihrer Person und die Dankbarkeit für all Ihre tatkräftige Hilfe und Mitarbeit durch diese gegensätzliche Beurteilung nicht im mindesten erschüttert ist. Meine Ablehnung erstreckt sich nicht auf den Landesbruderrat als solchen, vollends nicht auf seine einzelnen Mitglieder, sondern nur auf die unklare und für die Kirche gefährliche Haltung, die er augenblicklich einnimmt. Ich möchte aber die Hoffnung nicht aufgeben, daß sich wieder ein vertrauensvolles Verhältnis herstellen läßt. [Wurm.]

Bei den Diskussionen über die Luth. Synode brach erneut das Problem nach dem Selbstverständnis der Rolle der Bekenntnisgemeinschaft und des Landesbruderrats auch in der seit Herbst 1937 bestehenden neuen Zusammensetzung auf. Der Landesbruderrat hatte durch seinen Informationsbesuch bei Oberkirchenrat Breit im Januar und durch die Wiedergabe dieses Gesprächs an die Versammlung der Vertrauensleute am 8. Februar nach Auffassung des Oberkirchenrats eigenmächtig ohne Einschaltung der Kirchenleitung gehandelt. Dipper schreibt darüber[20]*:*

Der Landesbischof bestellte eine Vertretung des LBR zu sich und legte ihr am 4.3.1938 in ultimativer Form seine Forderungen bezüglich der künftigen Betätigung des LBR vor. Der LBR solle sein Selbstverständnis und sein Verhältnis zur Kirchenleitung überprüfen. Er müsse darauf verzichten, eine Nuntiatur der VKL in der Württ. Landeskirche zu sein, er habe den Lutherrat anzuerkennen und dürfe seine eigene kirchenpolitische Überzeugung wohl gegenüber der Kirchenleitung, nicht aber in der Pfarrerschaft oder in der Gemeinde äußern.

Über die Unterredung vom 4. März schrieb Pfr. Dipper am 8.3.1938 dem Landesbischof einen persönlichen Brief [21]*:*

Sehr verehrter Herr Landesbischof!

Die Unterredung am Freitag, den 4. März, hat mich mit großem Schmerz und ernster Sorge erfüllt. Die Frage, die im Schreiben des Landesbruderrats zur Luth. Synode aufgeworfen ist, wurde in diesem Gespräch freilich gelegentlich berührt. Doch ist von Ihrer Seite oder von seiten Ihrer Mitarbeiter kein Wort gesprochen worden, das uns von unsrer

20 Dipper, S. 206.
21 Dipper, S. 207–212.

Gewissensverpflichtung der Bekenntnissynode gegenüber wirklich hätte entbinden können. Gewiß gilt es, vor einem neuen Zusammentreten der Bekenntnissynode vieles zu bereinigen, damit man nicht mit Vorbelastungen oder mit der Befürchtung, majorisiert zu werden, zur Synode zusammentritt. Aber die grundsätzliche Verpflichtung der Synode gegenüber ist dadurch ja nicht aufgehoben.

Was mich aber mit besonderer Sorge erfüllt, ist die Tatsache, daß, wenn ich recht verstanden habe, diese Frage gar nicht der eigentliche Gegenstand des Gesprächs war, daß vielmehr abgesehen von dieser Frage von vornherein gewisse Forderungen festgelegt waren, die in ultimativer Weise an den Landesbruderrat gestellt werden sollten. Diese Forderungen lauteten etwa: Der Landesbruderrat hat der VKL gegenüber Zurückhaltung zu üben. Der Landesbruderrat darf sich dem Luth. Rat gegenüber, auch wenn dessen Verhältnis zur Bekenntnissynode nicht geklärt ist, nicht mehr abwartend verhalten, sondern hat den Luth. Rat anzuerkennen. Der Landesbruderrat darf seine eigene kirchenpolitische Überzeugung haben und diese auch der Kirchenleitung gegenüber äußern, er darf dafür aber nicht in der Pfarrerschaft oder gar in von ihm gesammelten Gemeindekreisen eintreten. Wenn der Landesbruderrat auf diese Forderungen nicht eingeht, so ist der Landesbischof genötigt, öffentlich den Bruch mit dem Landesbruderrat zu vollziehen und die Pfarrerschaft zur Entscheidung zwischen Kirchenregiment oder Landesbruderrat aufzurufen. Es ist mir nur recht, wenn ich mich getäuscht haben sollte, doch glaubte ich, das uns Gesagte so verstehen zu müssen. Die Kirchenleitung ist also offenbar der Meinung, daß eine Spaltung innerhalb der zur Bekennenden Kirche haltenden Pfarrerschaft nur dadurch noch vermieden werden kann, daß der Landesbruderrat und die Amtsbrüder der Bekenntnisgemeinschaft, die ihn beauftragt haben, sich entgegen ihrer Gewissensüberzeugung dem Willen der Kirchenleitung unterwerfen.

Ich weiß, daß diese Alternative nicht aus der Freude an der kirchenregimentlichen Macht, sondern aus einer großen Not entsprungen ist, die Sie wie wir alle empfinden. Als letzter Ausweg aus dieser sonst ausweglos scheinenden Not empfiehlt sich die rücksichtslose Anwendung der kirchenregimentlichen Macht, auch wenn dadurch einer Anzahl von Brüdern schwere, vielleicht unerträgliche Lasten aufgebürdet werden müssen. Ob dieser Weg freilich ein Ausweg ist, ob er nicht vielleicht noch viel tiefer in die Not hineinführt, diese Frage werden auch Sie, Herr Landesbischof, sich vorlegen und darauf kaum eine Sie befreiende Antwort wissen. Eben darum, weil es sich um Entscheidungen von großer Tragweite und von vielleicht verhängnisvollen Folgen handelt, darf ich noch einmal in dieser Sache das Wort ergreifen. Vielleicht gelingt es doch, eine Verständigung zu erreichen oder wenigstens einen Weg zu finden, der für Sie, Herr Landesbischof, und für uns gangbar ist, und damit unabsehbare Not von unserer Landeskirche abzuwenden.

Sie haben die Forderung ausgesprochen, der Landesbruderrat dürfe zwar seine eigene Überzeugung haben, er habe aber nicht das Recht, dafür in der württ. Pfarrerschaft einzutreten. Diese Forderung bereitet mir vor allem die tiefste Not, denn sie widerspricht dem biblischen Gemeindegedanken, der auch von unseren Bekenntnisschriften übernommen worden ist. Auch die Sätze 3 und 4 der Barmer Theologischen Erklärung sprechen sich in anderer Richtung aus. Durch das Wort Gottes werden wir Glieder am Leibe Christi und haben teil an der Verantwortung für das ganze kirchliche Handeln. Diese Erkenntnis ist für uns nicht nur ein Lehrsatz, den wir in äußerlichem Gehorsam übernommen hätten. Sie ist vielmehr die Wurzel, aus der die Württ. Bekenntnisbewegung längst vor dem gegenwärtigen Kirchenkampf erwachsen ist. In einer Zeit, in welcher das kirchliche Handeln weithin einen administrativen Charakter trug, drängte sich uns das entscheidende Anliegen auf, daß das kirchliche Handeln aus einer gemeinsamen Erkenntnis- und Willensbildung durch das Wort Gottes erwachsen müsse. So entstanden einst die Kirchlich-Theologischen Arbeitsgemeinschaften, die sich um eine uns gemeinsam verpflichtende biblisch-kirchliche Erkenntnis zu bemühen hatten. War diese Bemühung um gemeinsame Erkenntnis- und Willensbildung in den verhältnismäßig ruhigen Zeiten vor dem Jahre 1933 eine unbedingte Notwendigkeit, wieviel mehr jetzt, wo es gilt, in gewachsener biblischer Erkenntnis die kirchlichen Aufgaben anzufassen und der Zerstörung der Kirche entgegenzutreten. Mit großer Sorge haben wir gesehen, wie in den letzten Jahren die Pfarrerschaft mehr und mehr sich daran genügen ließ, sich über gewisse Vorgänge in der DEK informieren zu lassen, Weisungen entgegenzunehmen und Vertrauensbezeugungen auszusprechen, aber darauf verzichtete, die Fragen nun wirklich ihrerseits grundsätzlich durchzudenken. Wie soll eine solche Pfarrerschaft in der heutigen Notzeit verantwortlich den Weg der Kirche gehen? Wir müssen doch damit rechnen, daß über kurz oder lang die Organisation der Kirche zerschlagen wird, daß gerade in unserer Württ. Kirche einmal eine Zeit kommt, in der eine kirchliche Führerpersönlichkeit nicht mehr da ist. Wohin soll dann die Pfarrerschaft gehen, wenn es ihr an einer eigenen, gewachsenen Erkenntnis in den grundlegenden Fragen der Kirche fehlt? Die hier immer dringlicher zutage tretende Not war einer der entscheidenden Gründe zur Neubildung der Bekenntnisgemeinschaft im Laufe des vergangenen Jahres. Von der Bekenntnisgemeinschaft und vom Landesbruderrat fordern, daß sie auf den unausgesetzten Ruf zur Besinnung und zur kirchlichen Willensbildung in der Pfarrerschaft verzichten, heißt deshalb geradezu, sie zum Verzicht auf ihren wesentlichen Auftrag zu veranlassen. Ich kann mir nicht denken, daß dies im Ernst Ihr Wille sein kann.

In diesem Zusammenhang ist es nicht unwesentlich, aus welchem Anlaß diese Forderung gestellt wurde. Wir waren von der Kirchenleitung aufgefordert, uns als Abgeordnete an einer Synode zu beteiligen, und zwar an einer Synode, welche die bisherige Entwicklung abschließen und die Evang.-Luth. Kirche Deutschlands konstituieren, also den Ausgangspunkt einer neuen Entwicklung bilden soll. Es handelt sich also um einen kirchlichen Vorgang, der für die Zukunft entscheidende Bedeutung haben soll. Aus diesem Grunde glaubt man mit Recht, sich nicht mit internen Abmachungen der beteiligten Kirchenleitungen begnügen zu dürfen, sondern will sich der Zustimmung der Synode als der verantwortlichen Vertretung aller beteiligten Kirchengebiete versichern. Ein Ereignis von so weitreichender kirchengeschichtlicher Bedeutung wäre unter früheren Verhältnissen nicht nur in der kirchlichen Presse, sondern auch in der Tagespresse in seinem Für und Wider eingehend erörtert worden. Insbesondere aber hätten sich die Abgeordneten einer solchen Synode zuvor eingehend mit den verschiedenen kirchlichen Kreisen beraten und sich an der öffentlichen Erörterung der ganzen Angelegenheit beteiligt, um wirklich in der inneren Verbundenheit mit dem Kirchengebiet, das sie zu vertreten haben, auf der Synode handeln zu können. Alle diese Dinge sind ja heute nur in sehr beschränktem Umfang möglich. Aber auch unter den heutigen Umständen ist eine Synode die Vertretung der Pfarrerschaft und der Gemeinde und nicht der Kirchenleitung. Es ist daher schwer zu verstehen, warum es dem Landesbruderrat, aus dem ein Teil der Abgeordneten genommen ist, verwehrt sein soll, sein Verständnis von den Grundlagen einer Luth. Synode innerhalb der zur Bekennenden Kirche gehörenden Pfarrerschaft zur Sprache zu bringen. Wenn man in diesem Zusammenhang von einer »Bearbeitung der Pfarrerschaft« spricht, wenn man behauptet, die Pfarrer können die hier vorliegenden Fragen überhaupt nicht übersehen, wie kann man dann den Laien eine solche Einsicht zumuten und was für Perspektiven eröffnen sich unter solchen Voraussetzungen für die kirchliche Dignität einer solchen »Synode«? Wenn die Abordnung zur Synode lediglich eine Vertretung der Kirchenleitung ist, wenn sie in ihrer Aufgabe von vornherein durch die für die Kirchenleitung maßgebenden Gesichtspunkte gebunden ist, zu welchem Zweck benötigt man dann überhaupt die Synode? Wäre es dann nicht viel richtiger, wenn die Kirchenleitung allein die Verantwortung für das geplante Unternehmen übernähme?

Es ist mir wiederum völlig unmöglich zu glauben, daß Sie, sehr verehrter Herr Landesbischof, im Ernst einem solchen ›synodalen Handeln‹ das Wort reden wollten. Sie haben doch ganz gewiß mit uns das Anliegen, daß ein solcher Schritt vorwärts fest in der ans Wort gebundenen Gemeinde und Pfarrerschaft verankert sei. Wenn man das aber will, dann kann man eine solche Erörterung nicht abschneiden oder gar als Disziplinlosigkeit verurteilen. Dabei haben Sie ja selbst die Haltung unseres Schreibens in freundlicher Weise charakterisiert. Wir versuchten, die ganze Frage ruhig und sachlich zu erörtern und zu zeigen, wie man, ohne andere Verpflichtungen zu verletzen, weiterkommen könne. Es war ein Wort guten Willens auch zur Lutherischen Sache.

Es wurde uns nun freilich vorgeworfen, wir hätten der Kirchenleitung gegenüber unbrüderlich gehandelt, es wäre vor der Hinausgabe dieses Wortes an die Pfarrerschaft notwendig gewesen, die ganze Frage mit der Kirchenleitung zu besprechen. Dazu müssen wir leider sagen, daß wir uns in der ganzen Angelegenheit des Luth. Rats und ebenso auch in der Sache der Luth. Synode unbrüderlich behandelt fühlen. Es ist uns eine Frage, ob und wie weit seitens der Leitung des Luth. Rats die Anliegen der Württ. Kirchenleitung, von den Anliegen der Württ. Bekenntnisgemeinschaft ganz zu schweigen, ernst genommen werden. Aber auch in unserer Württ. Landeskirche werden wir mit unseren Anliegen dem Luth. Rat gegenüber nicht ernst genommen. Während man in den andern beteiligten Kirchengebieten von dem Plan einer Luth. Synode längst etwas wußte, blieb bei uns die ganze Sache unbekannt. Obwohl die Kirchenleitung wußte, daß durch diesen Plan im Landesbruderrat und in der Bekenntnisgemeinschaft viele bisher mühsam zurückgehaltenen Fragen aufgewühlt werden mußten, trat man in keinerlei Gespräch mit dem Landesbruderrat ein. Als ein Mitglied des Landesbruderrats in einem persönlichen Gespräch Ihnen, Herr Landesbischof, sagte, daß uns der Plan einer Luth. Synode schmerzlich sei, antworteten Sie darauf nur mit einem Lächeln. Als dann schließlich einige Mitglieder des Landesbruderrats aufgefordert wurden, an der Synode teilzunehmen, richteten wir unsere Fragen an die Kirchenleitung, ohne von der Kirchenleitung oder von dem Luth. Rat Antwort zu erhalten. Schließlich erreichten wir durch Entsendung einer Abordnung ein Gespräch mit Herrn Oberkirchenrat Breit, das dieser nach seinen eigenen Aussagen nicht ernst nahm. Etwa 2 Monate, nachdem die ganze Frage aktuell geworden war, traten wir mit unseren grundsätzlichen Fragen an die Vertrauensleute heran, um dann merkwürdigerweise einer falschen Berichterstattung bezichtigt zu werden. Unmittelbar darnach und ohne daß wir in Vorbesprechungen unserem ausdrücklichen Wunsch entsprechend die ganze Aussprache intern hätten vorbereiten können, wurde dann Herr Oberkirchenrat Breit gerufen, um in den verschiedenen Versammlungen das maßgebende Wort in dieser Sache zu sprechen. Die Herren Dekane erhielten ausdrücklich die Weisung, im Sinne der ihnen gemachten Mitteilungen draußen in den Bezirken über die Frage der Luth. Synode zu sprechen. Dies ist denn auch da und dort in einer Weise geschehen, bei der die persönlichen Bemerkungen Herrn Oberkirchenrat Breits über die andere Seite eine wesentliche Rolle spielten und ihre Wirkung nicht verfehlten.

Wir können die ganze Art dieses Vorgehens nicht als brüderlich bezeichnen. Trotzdem halten wir uns nicht für berechtigt, unsererseits unbrüderlich zu handeln, wenn wir unbrüderlich behandelt werden. Aber die ganze Angelegenheit war ja über das Stadium der internen Besprechungen längst hinausgewachsen und eine entscheidungsreife Sache in der Landeskirche geworden. Die Auffassung des Luth. Rats war klar dargelegt, der sachliche Dissensus lag offen zu Tage. Die entscheidenden Besprechungen in den Bezirken waren im Gang. Auch die vorgesehene Besprechung auf dem Oberkirchenrat konnte und sollte an dem Geschehen draußen nichts mehr ändern. So war der Landesbruderrat durch alle diese Vorgänge geradezu genötigt, entsprechend dem Auftrag der Vertrauensleute die Entschließung zur Luth. Synode hinauszubringen. Der Konflikt war unvermeidlich.

Damit stehen wir vor der Not, aus der es keinen Ausweg zu geben scheint. Wir verstehen es vollkommen, sehr verehrter Herr Landesbischof, daß es Ihnen unerträglich ist, in dieser Zeit größter Bedrängnis von außen einen Teil Ihrer Pfarrerschaft wenigstens in dieser Angelegenheit nicht in Ihrer Gefolgschaft zu haben. Wir bitten Sie umgekehrt, es uns zu glauben, daß es uns bittere Schmerzen macht, in diesem Konflikt mit unserem verehrten Landesbischof stehen zu müssen, dem wir so viel zu verdanken haben. Vollends erfüllt uns die Aussicht, daß dieser Konflikt zu einem offenen oder heimlichen Bruch führen, daß aus dem bisherigen Füreinander ein Widereinander werden soll, mit äußerster Sorge. Aber ist das wirklich nötig? Herr Landesbischof, wir appellieren an Sie als unseren Bischof, dem wir anvertraut sind, der uns mit dem Worte Gottes leiten soll, der uns im Worte Gottes bei unserem einigen Herrn und Hirten erhalten soll. Sie können doch Ihre Stimme nicht zur Stimme eines Fremden machen und uns etwas Unkirchliches zumuten wollen. Sie sind es auch gar nicht selbst, sondern andere sind es, die uns in unserer Württ. Landeskirche in diese ausweglose Not hineintreiben. Ist es denn nicht möglich, daß Sie sich unsere Anliegen zu eigen machen? Sie haben uns selbst in die Bekenntnissynode hineingeführt und mit uns die Verantwortung der Bekenntnissynode übernommen. Es kann Ihnen doch nichts daran liegen, daß wir uns dieser Verantwortung ohne einen vor dem Herrn der Kirche gültigen Grund entziehen. Es muß ja sonst alle Autorität der kirchlichen Ordnung, auch der des Luth. Rats und unserer eigenen Landeskirche Schaden leiden. Wir haben so weitherzig wie möglich allen Anliegen des Luth. Rats der Bekenntnissynode gegenüber Raum gegeben und nichts gefordert als die grundsätzliche Bejahung der Verpflichtung der Bekenntnissynode gegenüber. Wir haben den Luth. Rat bejaht, haben unsere Bereitschaft, die Verantwortung in der Luth. Synode mitzuübernehmen ausgesprochen unter der einen Voraussetzung, daß die Verpflichtung der Bekenntnissynode gegenüber dadurch nicht aufgehoben wird. Können wir weiter entgegenkommen? Was hindert denn den Luth. Rat, sich mit einem guten, ehrlichen Willen dem Neuaufbau der Bekenntnissynode zuzuwenden? Die Brüder auf der andern Seite sind ja für eine ehrliche Bereinigung der verschiedenen Kontroversfragen offen. Warum werden immer wieder die persönlichen Konflikte als Haupthindernis angeführt? Es ist ja doch vor Augen, daß diese Konflikte weithin aus der Frage entstanden sind, ob sich die Kirchen, die heute im Luth. Rat vereinigt sind, mit voller Bereitschaft in die Bekenntnissynode einordnen. Ist diese Bereitschaft da, so ist eine Fülle von Konfliktstoffen aus der Welt geschafft. Wir können darum nicht verstehen, warum der Luth. Rat die von der andern Seite dargereichte Hand zurückstößt und dann doch behauptet, das Ziel einer geeinten DEK nicht aus den Augen zu lassen. Diese Einigung in der DEK müßte dann doch wohl ein völlig neues Gesicht haben und könnte erst erfolgen, nachdem die Entwicklung über die heute in den andern Kirchengebieten kämpfenden Brüder hinweggeschritten ist. Glauben Sie im Ernst, Herr Landesbischof, daß diese DEK einmal werden wird? Glauben Sie, daß uns später noch einmal die Möglichkeit gegeben wird, zusammenzukommen, wenn wir uns heute, zumal unter solchen Umständen, trennen? Werden wir nicht einmal bitter bereuen, daß wir offene Wege zusammenzukommen nicht beschritten haben?

Wir haben es in unserem Wort zur Luth. Synode gesagt, daß wir eine Mitverantwortung für einen solchen Weg vor dem Herrn der Kirche nicht übernehmen können. Wenn unsere Kirchenleitung diesen Weg geht, so entsteht für uns und für viele Pfarrer und Gemeindeglieder unsrer Landeskirche eine tiefe Not. Es wird um der Wahrheit willen nicht möglich sein, diesen in die Tiefe reichenden Gegensatz zu verhüllen. Aber selbst dann noch frage ich mich, ob denn ein Bruch der kirchlichen Gemeinschaft absolut unvermeidlich ist, ob mit unbedingter Notwendigkeit aus dem bisherigen Füreinander ein Widereinander werden muß. Könnte es nicht eine Gemeinschaft des kirchlichen Handelns und des kirchlichen Arbeitens geben, die über diesen Dissensus hinüberreicht? Wir haben uns doch bisher im Landesbruderrat bemüht, die Frage des Verhältnisses zum Luth. Rat nicht ohne zwingende Not zu erörtern. Wenn wir jetzt zu einer eingehenden Stellungnahme in dieser Frage gezwungen wurden und wohl auch nach der Tagung der Luth. Synode zu ihren Beschlüssen wieder Stellung nehmen müssen, so bedeutet das doch nicht, daß wir diese Sache nunmehr zum Generalthema unseres kirchlichen Handelns und unserer kirchlichen Arbeit machen. Gibt es nicht eine ganze Fülle von Fragen und Aufgaben, die gemeinsam in durchaus fruchtbarer Weise angefaßt und gelöst werden können, auch wenn ein tiefgehender Dissensus hinsichtlich des Wegs des Luth. Rats besteht? Bleibt nicht auch für uns, die wir diesen Weg nicht mitgehen können, nach wie vor die Aufgabe, den bedrängten Brüdern in den Kirchengebieten des Luth. Rats mit aller Kraft zur Seite zu stehen? Wird nicht andererseits die Kirchenleitung veranlaßt sein, in Fragen, welche die ganze evangelische Christenheit Deutschlands betreffen, mit uns zusammen sich in den Kreis aller der Brüder zu stellen, die in Deutschland Christus bekennen? Es kann ja niemand im voraus übersehen, was dann geschieht, wenn die bittere Not dieses Konflikts tatsächlich über uns hereinbricht. Aber muß man denn schon im voraus für unsere kirchliche Gemeinschaft in Württemberg in diesem Fall alles verloren geben? Sollte dann wirklich nur die Alternative übrig bleiben: Entweder Unterwerfung unter den Luth. Rat und Verzicht auf freie kirchliche Betätigung der Bekenntnisgemeinschaft oder Bruch der Gemeinschaft des Bekennens und des kirchlichen Handelns? Könnte es nicht in Wahrheit und Liebe und in der Weisheit, die aus beiden fließt, einen vielleicht sehr notvollen und immer wieder von dunklen Mächten umdrohten, aber trotzdem verheißungsvollen Weg brüderlicher Gemeinschaft geben? Sind wir es unserer Württ. Landeskirche nicht schuldig, diesen Weg auf alle Fälle einmal zu versuchen? Und könnte daraus nicht doch, obwohl dieser Weg uns ein Weg der Selbstentäußerung und des Kreuzes zu sein scheint, noch eine ganz besondere Segensfrucht nicht nur für unsere Württ. Landeskirche erwachsen?

Das ist die Frage, die ich Ihnen, sehr verehrter Herr Landesbischof, in dieser für Sie und uns so schweren und für unsere Landeskirche so ernsten Stunde vorlegen möchte. Wollen Sie mir bitte die Freimütigkeit dieses Schreibens zugute halten, ich mußte Ihnen das, was uns bisher Not gemacht hat, und das, was uns Sorge macht, in aller Offenheit aufs Herz legen. Dieses Schreiben ist mein privates Schreiben; der Landesbruderrat hat davon nur mündlich Kenntnis erhalten. Nachdem das Schreiben von Herrn Oberkirchenrat Pressel mit den in der Unterredung vom 4. März an den Landesbruderrat gerichteten Fragen nunmehr eingegangen ist, wird der Landesbruderrat dazu noch verantwortlich Stellung nehmen.

Im Aufblick zu dem Herrn der Kirche, dem Herrn, dem Sie und ich die Treue halten möchten, grüßt Sie in Ehrerbietung Ihr ergebener Th. Dipper.

Der Landesbruderrat ging auf die neue Vertrauenskrise zwischen Kirchenleitung und Landesbruderrat am 21.3.1938 in einem Brief an den Landesbischof ein[22]:

Bei der Besprechung am 4. März sind den anwesenden Mitgliedern des Landesbruderrats verschiedene Wünsche des Herrn Landesbischofs an den Landesbruderrat mitgeteilt worden. Oberkirchenrat Pressel hat in seinem Schreiben vom 9. März diese Wünsche folgendermaßen zusammengefaßt: »1. Forderung, daß vor allen wichtigen Schritten und Ausschreiben des Landesbruderrats mit dem Landesbischof Fühlung genommen wird. 2. Verzicht auf Sammlung von Laienkreisen in der Gemeinde. 3. Verzicht auf eine ›Nuntiatur‹ der VKL. 4. Klärung des Selbstverständnisses des Landesbruderrats in seinem Verhältnis zur legitimen Kirchenleitung.«

Alle diese Wünsche lassen sich in die eine Frage zusammenfassen: Wie versteht der Landesbruderrat seinen Auftrag innerhalb der Württ. Landeskirche? Hierauf möchten wir Folgendes antworten:

1. Nach dem einhelligen Zeugnis der Heiligen Schrift und der Bekenntnisse unserer Kirche beruht die Gemeinschaft der Kirche darauf, daß wir Christus angehören und im Bekenntnis seines Namens gegenüber allen Gewalten der Welt eins sind. Wir werden also in allem kirchlichen Handeln, in unserer Verkündigung, in unserer Gemeinschaft untereinander,

22 LKA Stuttgart, D 1, Bd. 98; vgl. Dipper, S. 212.

in den Bemühungen um die Ordnung der Kirche, in der notwendigen Abwehr der Feinde des Evangeliums nur dann der Verheißung unseres Herrn uns getrösten dürfen, wenn wir in allen Dingen nach der uns verpflichtenden Wahrheit des biblischen Evangeliums fragen und uns von dort aus in unseren kirchlichen Entscheidungen bestimmen lassen. Diese der ganzen Kirche und allen ihren Gliedern gestellte Aufgabe möchte die Württ. Bekenntnisgemeinschaft mit ihren Organen in ihrem Teil wahrnehmen. Gegenüber allem rein soziologischen, rein administrativen, rein kirchenpolitischen Denken und Handeln in der Kirche möchten wir unablässig die Frage nach dem Auftrag der Kirche stellen und uns um gemeinsame am Wort Gottes ausgerichtete Erkenntnis- und Willensbildung in allen kirchlichen Entscheidungen bemühen. Wir bitten die Kirchenleitung, dieses gemeinsame Bemühen um den die Kirche verpflichtenden Auftrag nicht so verstehen zu wollen, als wollten wir eine kirchenpolitische Partei sein, die für sich, für ihre Macht, für ihre kirchenpolitischen Ziele gegen andere kirchenpolitische Mächte und Ziele kämpft und zu diesem Zweck die Pfarrerschaft mit allerlei unlauteren Mitteln beeinflußt und zu gewinnen sucht. Jedes parteiische Handeln in der Kirche, von welcher Seite immer es ausgeht, muß die Kirche zerstören. Helfen kann der Kirche allein die Wahrheit, die uns alle verpflichtet, nach der wir darum alle zu fragen haben.

2. Die Bekenntnisgemeinschaft übt diesen ihren Auftrag innerhalb der verfassungsmäßigen Ordnung unserer Württ. Landeskirche aus. Sie möchte daraus auch für unsere Kirchenleitung in keiner Weise eine Erschwerung oder Behinderung in der Ausübung ihres legitimen Auftrags sein. Dabei ist es seit Jahren das Anliegen des Landesbruderrats, daß, anders als im Landesbeirat, in verbindlicher Weise Pfarrerschaft und Gemeinde an der Verantwortung für das gesamte kirchliche Handeln beteiligt werden, wie es dem Bekenntnis der Kirche, dem Sinn unserer Kirchenverfassung und dem Abwehrkampf der Bekennenden Kirche gegenüber dem Einbruch eines kirchenfremden Führerprinzips entspricht. In diesem Sinn hat sich der Landesbruderrat im Auftrag der Württ. Bekenntnisgemeinschaft bemüht, in allen wichtigen kirchlichen Entscheidungen mit der Kirchenleitung Fühlung zu nehmen. Auch in der Frage der Luth. Synode ist dies geschehen. Erst als wir auf unsere Frage keine Antwort erhielten, haben wir sie im Kreis der Vertrauensleute erörtert. Und erst als die Stellungnahme des Luth. Rats den Bezirken mitgeteilt wurde, haben wir unser Wort zur Luth. Synode an die Amtsbrüder gerichtet. Wir möchten auch künftig durch vorausgehende interne Füh-

lungnahme alle unnötigen Schwierigkeiten nach Möglichkeit vermeiden. Doch können wir uns dadurch nicht abhalten lassen, das uns notwendig erscheinende Zeugnis rechtzeitig laut werden zu lassen. Wir können darin, daß wir die Frage nach der Verbindlichkeit der Bekenntnissynode in der Pfarrerschaft gestellt haben, keinen Angriff auf die Kirchenleitung und keinen Eingriff in ihre Befugnisse erblicken. Wenn die Kirchenleitung unsere Anliegen nicht aufzunehmen vermag, so bitten wir, doch wenigstens mit der Tatsache zu rechnen, daß die Frage des Luth. Rats in unserer Landeskirche noch nicht geklärt ist und daß es nicht wenige Glieder unserer Landeskirche gibt, welche an die Verpflichtung unserer Landeskirche gegenüber der Bekenntnissynode glauben erinnern zu müssen. Wir warnen davor, die hier vorliegenden Gewissensbindungen durch Einsatz der Autorität und der Machtmittel des Kirchenregiments oder durch parlamentarische Majorisierung unterdrücken zu wollen, und bitten, andere Wege zu suchen, um die Not dieses Dissensus zu tragen und zu überwinden. Vor allem aber bitten wir, in unserem Ruf zur Bekenntnissynode der DEK nicht einen Angriff auf die Kirchenleitung sehen zu wollen. Denn weder der Landesbruderrat, noch die Pfarrer, die mit uns die Verpflichtung gegenüber der Bekenntnissynode anerkennen, wünschen den Rücktritt des Herrn Landesbischofs.

3. Unsere Württ. Landeskirche ist durch den gemeinsamen Auftrag und durch die gemeinsame Not mit den übrigen Kirchen Deutschlands in der Bekenntnissynode der Deutschen Evang. Kirche zusammengeführt worden. Dementsprechend wissen auch wir uns mit allen Brüdern in der DEK verbunden, die den Namen Jesus Christus bekennen und für ihn kämpfen und leiden. Dies gilt sowohl für die Kirchengebiete, die sich der VKL zuordnen, wie auch für die hart kämpfenden Brüder in den Kirchengebieten des Luth. Rats. Es ist unserer Kirchenleitung bekannt, daß der Landesbruderrat eine Gesamtlösung der Leitungsfrage durch eine neue Bekenntnissynode erstrebt. Inzwischen besteht weder bei der VKL noch beim Landesbruderrat die Absicht, den Leitungsanspruch der VKL in unserer Württ. Landeskirche gegen den Willen unserer Kirchenleitung zu verwirklichen. So dringend wir eine Regelung dieser Frage wünschen möchten, so kann dies doch nicht durch den Landesbruderrat, sondern nur durch die Kirchenleitung selbst geklärt werden. Wir bitten die Kirchenleitung bedenken zu wollen, daß die Württ. Bekenntnisgemeinschaft in ihren Anfängen über die gegenwärtigen kirchlichen Auseinandersetzungen zurückreicht und daß wir von Anfang an mit den kämpfenden und leidenden Brüdern der ganzen DEK in brüderlicher Fühlung standen.

Wir bitten, uns nicht zumuten zu wollen, daß wir uns von einem Teil dieser Brüder zurückziehen und auf die persönliche Verbindung mit ihnen und ihren Anliegen und Nöten verzichten. Wir bitten aber auch, diese brüderliche Fühlung nicht so verstehen zu wollen, als habe der Landesbruderrat keine eigene kirchliche Überzeugung, sondern lasse sich in seinen Entscheidungen von Weisungen bestimmen, die von außen an ihn herangebracht werden. Der Landesbruderrat möchte seine Entscheidungen selbständig auf Grund der ihm geschenkten Erkenntnis treffen und lehnt es ab, eine Nuntiatur der VKL zu sein.

4. Die Sammlung von Laienkreisen, die der kirchlichen Haltung des Landesbruderrats verpflichtet werden, sieht der Landesbruderrat nicht als seine Aufgabe an. Wenn da und dort in einzelnen Gemeinden die Laien in kleinerem Kreis zusammengerufen und in die Mitverantwortung für den Auftrag der Kirche gestellt werden, so ist dies eine Angelegenheit des einzelnen Gemeindepfarrers. Die Kirchenleitung selbst hat zur Bildung solcher Laienkreise wiederholt Anregungen gegeben. Der Landesbruderrat ist mit der Kirchenleitung der Überzeugung, daß die Gemeinde vor allem in die uns allen gemeinsamen Aufgaben eingeführt werden sollte, während die inneren Nöte und Schwierigkeiten solang irgend möglich von der Gemeinde fern gehalten werden müssen.

Ehe eine Lösung dieser Krise möglich war, ergab der Anschluß Österreichs an das Deutsche Reich eine neue Situation.[23]

Über die Stellung der Landeskirche zu einer Lutherischen Kirche gab der Oberkirchenrat am 11.3.1938 den Dekanatämtern bekannt[24]:

Zu den gegenwärtigen Erörterungen innerhalb der Pfarrerschaft hat der Landesbischof in folgenden Sätzen Stellung genommen:

23 Vgl. auch die Auseinandersetzungen um den Hilfsverein des Rats der Evang.-Luth. Kirche Deutschlands, der ab 1.9.1937 die früher allgemein vom Pfarrernotbund geübte Unterstützung der von DC-Kirchenleitungen gemaßregelten oder verhafteten Pfarrer in den lutherischen Kirchen übernommen hatte (vgl. Niemöller, Handbuch, S. 198). Der Landesbruderrat beriet bei seiner Sitzung am 19.11.1937 neue Richtlinien für die bei ihm verbleibenden Hilfsmaßnahmen (LKA Stuttgart, D 1, Bd. 97).
Der Luth. Hilfsverein wurde im Frühjahr 1939 aufgelöst, sein Geschäftsführer, Dr. Gauger, wurde im KZ ermordet.

24 Nr. A 2505. Vgl. dazu auch das Rundschreiben Dippers an die Vertrauensleute der Württ. Bekenntnisgemeinschaft vom 17.3.1938 (LKA Stuttgart, D 1, Bd. 98).

1. Der Lutherische Charakter der Württ. Landeskirche steht nach Geschichte und Verfassung ebenso fest wie die besondere Prägung, die ihr Luthertum durch Pietismus und Biblizismus erhalten hat.

2. Aus ihrem Charakter als Luth. Kirche folgt notwendig, daß sie sich innerhalb der DEK, die einen Bund bekenntnisbestimmter Kirchen darstellt, den Luth. Kirchen zurechnet, die eine Neugestaltung der DEK unter Wahrung des Bekenntnisstandes und einen engeren Zusammenschluß der Lutherischen Kirchen unter einheitlicher Leitung erstreben.

3. Aus ihrer besonderen Führung, die sie mit reformierten und unierten Kirchen in lebendige Fühlung gebracht hat, folgt, daß sie die Wahrung der gemeinsamen Anliegen aller evang. Kirchen in Deutschland sich besonders angelegen sein läßt.

4. Dementsprechend hat sie in den theologischen und kirchenpolitischen Spannungen, die seit November 1934 die Einheit der Bekennenden Kirche gefährden und zu den Vorgängen auf der Bekenntnissynode von Oeynhausen und der Bildung einer neuen Vorläufigen Leitung ohne Mitwirkung der Landeskirchen führten, nach Möglichkeit auszugleichen und zu vermitteln gesucht. Wenn sie mit den anderen im Rat der Luth. Kirche Deutschlands zusammengeschlossenen Bekennenden Kirchen aus ernsten sachlichen Gründen die bisherige Bekenntnissynode und die aus ihr hervorgegangene Vorläufige Leitung nicht als von der gesamten Bekennenden Kirche autorisiert zu betrachten vermag, so ist sie damit natürlich nicht aus der Gemeinschaft der Bekennenden Kirche ausgeschieden.

5. Die Abhaltung der bereits in Aussicht genommenen Luth. Synode ist ebensowenig Beweis eines kirchlichen und konfessionellen Partikularismus wie die Abhaltung von unierten und reformierten Synoden im vorigen Jahr. Die Tatsache, daß der Luth. Rat mit den Reformierten Kirchen in einer Arbeitsgemeinschaft steht und daß die beiden unierten Kirchen von Kassel-Waldeck und Baden in einem Gastverhältnis zu ihm stehen und bei wichtigen Beratungen mitwirken, sollte auch nicht übersehen werden. Die Beteiligung der Württ. Kirche an der bevorstehenden Luth. Synode ist im Ausschuß des Beirats eingehend besprochen worden und hat seine Zustimmung gefunden. Wenn für die Einberufung einer die ganze DEK umfassenden Bekenntnissynode die inneren und organisatorischen Voraussetzungen im jetzigen Zeitpunkt noch nicht gegeben sind, so besteht doch bei allen Luth. Kirchen die Bereitschaft, mit sämtlichen, auf dem Boden von Bekenntnis und Verfassung stehenden Kirchen, Bruderräten und kirchlichen Gruppen baldmöglichst zu einer außerordentlichen kirchlichen Versammlung zusammenzutreten, die die entscheidenden

Grundsätze und Forderungen der Bekennenden Kirche feierlich verkündet.

6. Die Württ. Kirchenleitung darf erwarten, daß die Pfarrerschaft sich nicht durch unzureichende Informationen in ihrem Vertrauen darauf beirren läßt, daß Landesbischof und Oberkirchenrat in all diesen Fragen sowohl die besondere Lage der Württ. Kirche als auch das Wohl des Ganzen vor Augen haben und sich lediglich durch sachliche Gründe bestimmen lassen.

Dies ist den in Betracht kommenden Geistlichen zu eröffnen.

Wurm.

DER ANSCHLUSS ÖSTERREICHS UND DIE VOLKSABSTIMMUNG AM 10. APRIL

Am 12.3.1938 marschierten deutsche Truppen in Österreich ein; am 13.3.1938 wurde der Anschluß der Ostmark an das Deutsche Reich durch Reichsgesetz vollzogen, das nunmehr zum Großdeutschen Reich geworden war.

Landesbischof D. Marahrens sandte im Namen der Konferenz der Landeskirchenführer am 14.3.1938 folgendes Telegramm an Hitler[1]*:*

Den Führer und Reichskanzler grüßt die in Hannover versammelte Konferenz deutscher evang. Kirchenführer in Ehrerbietung und Dankbarkeit. Unter dem tiefsten Eindruck der weltgeschichtlichen Bedeutung dieser Tage erbittet sie für den Führer und das gesamte deutsche Volk den Segen des allmächtigen Gottes.

Dienstältester Landesbischof: D. Marahrens.

Am 16.3.1938 teilte der Oberkirchenrat den Pfarrämtern mit[1a]*:*

Das weltgeschichtliche Geschehen, das die Heimkehr Österreichs in das Reich bedeutet und das von unserem österreichischen Brudervolk als Schicksalswende erlebt wird, findet seinen Widerhall auch in den Gemeinden unserer Landeskirche, die zu allen Zeiten volksverbunden gewesen ist, und ruft uns auf, gemeinsam vor Gott zu treten und ihm in der Gemeinde zu danken. Mit diesem Dank verbinden wir die Erinnerung an die vielfachen Beziehungen, die zwischen der Württ. Landeskirche und der Evang.

---

1 Abb. 28, S. 157; vgl. dort auch die Telegramme von Marahrens, Wurm und der Konferenz der Landeskirchenführer an den Evang. Oberkirchenrat in Wien (S. 157–159); vgl. weiterhin KAW 1938, S. 47 und Gesetzblatt der DEK 1938, S. 21–28.

1a Nr. A 2643. Vgl. auch Diem, S. 68 f.; Sauer, S. 194 f.

Kirche Österreichs von den Tagen der Reformation bis zu dieser Stunde bestehen.

Diesem Dank soll am kommenden Sonntag, 20. März, sichtbar Ausdruck gegeben werden. Es wird daher angeordnet, daß im Hauptgottesdienst des 20. März anstelle der Schriftlesung eine kurze Ansprache nach Art des früheren »Auftritts« auf das Erleben der letzten Tage Bezug nimmt; hiefür wird beiliegender Entwurf dargeboten. Die Ansprache schließt mit der Aufforderung zum gemeinsamen Gesang des Liedes »Nun danket alle Gott«[2]. In den Verkündigungen könnte erwähnt werden, daß die Evang. Gemeinden in Österreich sich noch in einer offenkundigen wirtschaftlichen Not befinden und daß daher die Pfarrämter bereit sind, besondere Gaben für die Glaubensgenossen und Gemeinden in der Evang. Kirche Österreichs nach dem Gottesdienst in der Kirche entgegenzunehmen. Solche Gaben sind an den Oberkirchenrat zur Weiterleitung einzusenden. Wurm.

Für die Ansprache im Gottesdienst am Sonntag, 20. März, wurde folgender Entwurf angeboten[3]:

Liebe Gemeinde!

An der Freude des ganzen deutschen Volkes über die Heimkehr Österreichs ins Deutsche Reich nimmt unsere Evang. Kirche aus vollem Herzen Anteil. Wir stehen alle unter dem Eindruck dieses weltgeschichtlichen Ereignisses, das für unser österreichisches Brudervolk zugleich eine Schicksalswende geworden ist. Nach langen Jahren der Trennung, nach viel Not und Bedrängnis ist ihm nun sein Platz zuteil geworden, der ihm unter den andern deutschen Stämmen gebührt. Wir freuen uns von Herzen, daß Gott es dem Führer des deutschen Volkes geschenkt hat, seine Heimat zurückzugewinnen und mit dem Reich der Deutschen wieder zu vereinigen. Daß dieses geschichtlich einzigartige Werk gelang ohne Blutvergießen und ohne Erschütterung des Friedens, macht uns heute doppelt dankbar. Als treue Glieder unseres Volkes erleben wir es aus innerster Seele mit, wie die Fesseln, die durch die Friedensdiktate seinerzeit dem deutschen und dem österreichischen Volk angelegt worden sind, Stück um Stück zertrümmert wurden. Dem ewigen Gott, der in Gericht und Gnade über aller Geschichte waltet, sei Ehre und Preis in Ewigkeit!

2 EKG 228.
3 Niemöller, Handbuch, S. 223, und Dipper, S. 214 f.

Unsere Württ. Landeskirche gedenkt mit herzlicher Bewegung und Freude zugleich auch der Glaubensgenossen in Österreich, mit denen gerade sie seit Jahrhunderten besonders eng und brüderlich verbunden war. Schwäbische Pfarrer und Glaubenszeugen waren es, die in den denkwürdigen Jahren der Reformation mit in vorderster Linie standen, als das Evangelium seinen Einzug hielt in die Städte und Täler der österreichischen Lande. Die ersten Lutherbibeln, die hinüber kamen, kamen aus Württemberg. Unser Gesangbuch und unsere Gottesdienstordnung sind lange Zeit in den Evang. Gemeinden Österreichs in Gebrauch gestanden. Seit der Reformation haben, in Jahren der Verfolgung und des Friedens, viele württ. Pfarrer dort gewirkt. Das Liebeswerk des Gustav-Adolf-Vereins und des Evang. Bundes ist gerade von unserem Land aus Evang. Gemeinden in Österreich zugute gekommen. Wir freuen uns, daß durch die Befreiungstat des Führers auch für unsere Glaubensgenossen in Österreich der Weg in die Deutsche Evang. Kirche frei geworden ist. Und wir bitten Gott, daß er uns bald eine geeinte Deutsche Evang. Kirche schenke, die im Gehorsam gegen ihren Herrn Jesus Christus und in voller Freiheit ihren Dienst am Volk ausrichten darf.

Liebe Gemeinde! Der Herr hat Großes getan[4] am deutschen Volk. Dafür laßt uns ihm danken und ihm die Ehre geben. Wir erheben uns und stimmen gemeinsam das Lied an »Nun danket alle Gott...«

Am Sonntag, 3.4.1938, war im Gottesdienst der Gemeinde ein Wort des Rats der Evang.-Luth. Kirche Deutschlands zu verkündigen[5]:

Die dem Rat der Evang.-Luth. Kirche Deutschlands angeschlossenen und befreundeten Kirchenleitungen von Württemberg, Bayern, Baden, Braunschweig, Hannover, Hamburg, Kurhessen-Waldeck, Schaumburg-Lippe, sowie die Leitung der Bekennenden Kirche in Sachsen, Schleswig-Holstein, Mecklenburg, Thüringen, Lübeck und der Arbeitsausschuß der Reformierten Kirchen Deutschlands wenden sich mit folgendem gemeinsamem Wort an die Gemeinden (Gemeinde erhebt sich):

In glaubensbrüderlicher Verbundenheit grüßen wir die Evang. Kirche der ins Reich heimgekehrten deutschen Ostmark. Am kommenden Sonntag vereinen wir uns mit allen Deutschen, um unsere Treue zum neugeschaffenen Großdeutschen Reich und seinem Führer zu bekunden. Wir bezeugen zugleich unsre Entschlossenheit, unablässig daran zu arbeiten, daß Christus dem Deutschen Volk gepredigt werde. Wir rufen unsre Ge-

---
4 Luk. 1,49.
5 Nr. A 3219 vom 1.4.1938.

meinden auf, sich mit uns in dem Gebet zusammenzuschließen: Allmächtiger Gott, nimm auch ferner Volk und Führer in Deinen Schutz und segne sie aus dem Reichtum Deiner Gnade, damit uns Frieden und Einigkeit allezeit beschert sei!

Unter dem Eindruck des Anschlusses von Österreich an das Deutsche Reich schrieb der Landesbischof am 29.3.1938 an Reichsstatthalter Murr und bat um ein Gespräch zur Bereinigung des Verhältnisses zwischen Staat und Kirche[6]*:*

Sehr geehrter Herr Reichsstatthalter!

In den letzten Tagen sind von hervorragenden führenden Persönlichkeiten in Staat und Partei Äußerungen zur kirchlichen Frage erfolgt, die in kirchlichen Kreisen besondere Beachtung gefunden haben. Der vom Führer mit der Vorbereitung der Volksabstimmung in Österreich betraute Gauleiter Bürckel hat nach dem Bericht des Deutschen Nachrichtenbüros am 24. März gesagt: »Der Nationalsozialismus will sich um die völkischen Dinge kümmern und die Kirche ausschließlich um das Seelenheil. Und wenn beide guten Willen haben, muß diese Aufgabe zum Segen des Volkes gereichen. Christus hat die Aufgaben selbst verteilt, wenn er sagte: Gebt Gott, was Gottes ist, und dem Kaiser, was des Kaisers ist.«[7]

Feldmarschall Göring hat am 26. März ausgeführt: »Wir wollen keine Kirche vernichten und keinen Glauben und keine Religion zerstören. Wir wollen nur, daß eine klare Scheidung vorgenommen wird. Die Kirche hat ihre bestimmten, sehr wichtigen und sehr notwendigen Aufgaben, und der Staat und die Bewegung haben andere ebenso wichtige und ebenso entscheidende Aufgaben. Wenn sich jeder peinlich an seine Aufgabe hält, dann wird nichts passieren.«

Grundsätzlich stimmen diese Äußerungen völlig überein mit einer Darlegung, mit der die auf dem Boden von Verfassung und Bekenntnis stehenden Kirchenführer am 7. Juli vorigen Jahres an die Reichsregierung herangetreten sind. In dieser Erklärung heißt es in bezug auf das Gesetz zur Sicherung der Deutschen Evang. Kirche vom 24.9.1935 und den Wahlerlaß vom 15.2.1937: »Die beiden angeführten grundlegenden Erlasse des Führers und Reichskanzlers erkennen das Lebensrecht der Kirche innerhalb der Volksgemeinschaft an. Es gilt dieses Lebensrecht so

---

6 Hermelink, Kirche im Kampf, S. 441–443; vgl. Wurm, Erinnerungen, S. 144.
7 Matth. 22,21.

zu gestalten, daß über den vorhandenen Spannungen die Volksgemeinschaft nicht Schaden leidet. Wir glauben, daß der Weg dazu nicht durch einseitiges Handeln des Staates, sondern nur durch Zusammenwirken von Staat und Kirche gefunden werden kann. Die Geschichte unseres Volkes und der Verlauf der letzten vier Jahre haben das eindeutig bewiesen.«

Die Voraussetzungen für ein ersprießliches Zusammenwirken zur Wiederherstellung der Ordnung in der Deutschen Evang. Kirche scheinen uns Folgende zu sein:

1. Es wird vom Staat anerkannt, daß der Auftrag der Kirche, das Evangelium von Jesus Christus, wie es uns in der Heiligen Schrift bezeugt und in den Bekenntnissen der Reformation neu ans Licht getreten ist[7a], in Wort und Tat zu verkünden, nicht in Widerspruch steht zum Auftrag des Staates, die deutsche Volksgemeinschaft zu sichern und auszubauen. Die Erfüllung dieses Auftrags der Kirche darf nicht durch politische Mittel gehemmt werden. Die Kirche ihrerseits ist sich bewußt, keinen politischen Auftrag zu besitzen.

2. Es wird anerkannt, daß die Einheit der Kirche auf der Einheit des Glaubens beruht und die Kirche nur selbst entscheiden kann, wer zu ihr gehört und wer sie zu leiten hat. Versuche, die Einheit der Kirche von außen auf der Grundlage der Einheit der äußeren Ordnung herbeizuführen, müssen scheitern. Wir wollen die Kirche keineswegs der rechtmäßigen Aufsicht des Staates entziehen, aber wir können es nicht tragen, daß unter dem Titel der Aufsicht der Staat die Kirche leitet, ja sich selbst an ihre Stelle setzt. Dabei sind wir willens und entschlossen, den in der Verfassung der Deutschen Evang. Kirche vom 11. 7. 1933 angebahnten Zusammenschluß weiter auszubauen.

Bei so großer grundsätzlicher Übereinstimmung sollte es möglich sein, die Grenzen zwischen staatlichen und kirchlichen Aufgaben sauber abzustecken, geschehene Eingriffe rückgängig zu machen und künftige Eingriffe zu verhüten. Es wäre ein großer Segen für das ganze deutsche Volk und die Krönung der großdeutschen Einigung, wenn nun auch in dieser Hinsicht alles aus der Welt geschafft würde, was zu Mißhelligkeiten Anlaß gibt. Ich wäre dankbar, wenn mir der Herr Reichsstatthalter an einem der nächsten Tage Gelegenheit geben würde, ihm die Anliegen der Evang. Kirche mündlich vorzutragen.

Heil Hitler! Ihr ergebener D. Wurm.

7a Vgl. § 1 der Verfassung der DEK vom Jahr 1933.

Das Gespräch des Landesbischofs mit dem Reichsstatthalter fand am 31.3.1938 statt[8]*:*

Wurm: Staatssekretär Waldmann hat kürzlich drei Forderungen an die Kirche gestellt: Anerkennung der Erbgesundheitsgesetzgebung, Förderung des Wehrwillens und Anerkennung der rassischen Weltanschauung. In den beiden ersten Punkten ist die Stellung der Evang. Kirche durchaus positiv. In bezug auf die rassische Weltanschauung fragt es sich, ob sie vereinbar ist mit dem christlichen Standpunkt, wonach es eine von Gott geoffenbarte Wahrheit gibt, die aus keiner Rasse stammt, aber für alle Rassen gilt.

Murr: Die Kirche wird in der Judenfrage noch deutlicher Stellung nehmen müssen. Darauf kommt's uns an. Im alttestamentlichen Unterricht wird das jüdische Volk als auserwähltes Volk verherrlicht.

Wurm: Wir lesen und lehren das AT nicht unter dem Gesichtspunkt der Verherrlichung des jüdischen Volkes, sondern göttlicher Gnade und göttlichen Gerichts. Die evang. Bauern werden durch die biblischen Geschichten nicht gehindert, die Handelsjuden, mit denen sie zu tun haben, nach ihrem wirklichen Wert zu beurteilen. Der Assimilationsprozeß, der seit dem Ende des 18. Jahrhunderts eingesetzt hat, hat in freisinnigen unkirchlichen Kreisen Erfolg gehabt, während in ausgesprochen kirchlichen Kreisen die jüdische Mischehe sehr selten war.

Murr: In kirchlichen Kreisen stolpert man über Streichhölzer. Wir hindern keine Pfarrer an der Verkündigung des Evangeliums. Allerdings müssen wir von der Kirche Toleranz verlangen.

Wurm: Die ganze Entwicklung geht doch dahin, daß das Christentum als eine überlebte oder noch zu überwindende Anschauung hingestellt wird. Der Kampf gegen Rosenberg wird als staatsfeindlich beurteilt und möglichst gehindert. In weiten Kreisen scheint die Ansicht zu herrschen, daß ein vollwertiger Pg. mit Christentum und Kirche brechen müsse. Der staatliche Totalitätsanspruch wird auch auf die religiöse Einstellung ausgedehnt.

Murr: Das ist nicht die Meinung der Partei und des Führers. Niemand soll in seiner kirchlichen Betätigung gehindert sein, auch nicht die Beamten.

Wurm: Man kann heute die Meinung äußern hören, daß ein weltan-

---

8 LKA Stuttgart, D 1, Bd. 76, Protokoll des Gesprächs. Vgl. auch EKBlW 1938, S. 49; vgl. weiterhin die Aktennotiz von Wurm vom 5.4.1938 über dieses Gespräch, die für eine Mitteilung an die Pfarrer bestimmt war (LKA Stuttgart, D 1, Bd. 76).

schaulicher Vierjahresplan bevorstehe, an dessen Ende nichts mehr von den Kirchen übrig sei.

Murr: Das ist Unsinn, davon kann gar keine Rede sein.

Wurm: Wir haben den Erlaß von Mergenthaler als Eingriff in die Rechte der Kirche empfunden, die darüber zu bestimmen hat, welche biblischen Stoffe dem Unterricht zugrunde gelegt werden sollen.[9] Wenn der Herr Reichsstatthalter erklären würde, daß er den Standpunkt des REM in bezug auf kirchliche Lehr- und Gewissensfreiheit teile und dem entsprechend dem Kultministerium Anweisungen erteilen würde, so würde viel Beunruhigung verschwinden. Es ist doch auch lächerlich, daß Geistliche, die als Angehörige der Wehrmacht oder der SA den Treueid geleistet haben, nicht zum Treuegelöbnis als Religionslehrer zugelassen werden.

Murr: Diese Sache muß einmal in Ordnung gebracht werden. Es geht ja auch nicht an, daß in den einzelnen Ländern auf die Dauer so verschieden verfahren wird. Zunächst sollte noch ein Versuch gemacht werden, sich mit dem Kultministerium zu verständigen.

Wurm: Die hauptsächlichsten Schwierigkeiten kommen von der verworrenen Lage in Preußen und der negativen Haltung des Kirchenministeriums her.

Murr: Wir wollen trotzdem versuchen, in unserem Lande ein möglichst erträgliches Verhältnis herzustellen. Ich werde auf die Einstellung von Angriffen auf Glauben und Kirche hinwirken und bitte den Herrn Landesbischof, bei den Pfarrern auf Unterlassung der Polemik gegen den Staat hinzuwirken.

Wurm: Könnte nicht eine Kommission eingesetzt werden, die sich mit den konkreten Schwierigkeiten und Beschwerden befaßt?

Murr: Es wird genügen, wenn OKR Borst mit ORR Ritter solche Fälle bespricht.

Wurm: Eine Veröffentlichung darüber, daß diese Unterredung stattgefunden hat, würde jetzt vor der Wahl gut wirken. Ich wäre bereit, einen Vorschlag zu machen.

Murr: Ich bin gern bereit, einen Vorschlag entgegenzunehmen.

Wurm.

In einer Denkschrift, die am 10.4.1938 abgeschlossen wurde, versuchte der Landesbischof, zu einer Lösung der schwebenden Fragen zu finden[10]*:*

9 Siehe S. 737 f.
10 LKA Stuttgart, D 1, Bd. 142; vgl. Hermelink, Kirche im Kampf, S. 444–446.

Möglichkeit und Notwendigkeit einer sofortigen Verständigung zwischen dem deutschen Staat und der Evang. Kirche

Seit fünf Jahren leiden wir in Deutschland unter Spannungen, die sowohl für die Autorität des Staates als für das Gedeihen der kirchlichen Arbeit schädlich sind. Es soll jetzt nicht auf die Ursachen dieser Spannungen eingegangen werden, es soll auch nicht untersucht werden, warum so viele Anläufe, die von beiden Seiten zur Herstellung normaler Beziehungen und zur Befriedung innerhalb der Kirche selbst unternommen worden sind, nicht zu einem Ergebnis geführt haben. Es liegt mir lediglich daran zu betonen, daß jetzt der psychologische Augenblick gekommen ist, der von beiden Teilen zum Wohl des Ganzen benützt werden sollte, um eine saubere Lösung der schwebenden Fragen zu finden.

Das Dritte Reich und sein Führer hat einen Erfolg errungen, der in politischer, wirtschaftlicher und moralischer Hinsicht nicht hoch genug veranschlagt werden kann. Die Überlegenheit eines einheitlich geführten Staatswesens über andere Staatsformen ist glänzend erwiesen. Die Zurückgewinnung eines deutschen Landes, das unter einer nicht deutsch denkenden Führung Jahrhunderte hindurch von uns getrennt war und dessen Kräfte oft gegen die Lebensnotwendigkeiten von Gesamt-Deutschland eingesetzt wurden, hat besonders auch in bewußt evangelischen Kreisen, in denen man die verhängnisvolle Habsburger Politik kennt, größte Freude und Dankbarkeit ausgelöst. In einem solchen Augenblick ist der Wunsch des evang. Pfarrstandes und der treuen kirchlichen Kreise nach Beseitigung aller Mißhelligkeiten in den Beziehungen zwischen der politischen Bewegung und der kirchlichen Arbeit naturgemäß besonders groß. Jedes Anzeichen dafür, daß eine Entspannung kommen könnte, wird mit Freuden begrüßt, so die Unterredung, die zwischen dem Württ. Reichsstatthalter und dem Württ. Landesbischof stattgefunden hat, und die Äußerungen von Gauleiter Bürckel und Generalfeldmarschall Göring, die in Wien in bezug auf das Verhältnis von Staat und Kirche gemacht worden sind. Die Äußerung des Herrn Generalfeldmarschalls verdient besonders festgehalten zu werden: »Wir wollen keine Kirche vernichten und keinen Glauben und keine Religion zerstören. Wir wollen nur, daß eine klare Scheidung vorgenommen wird. Die Kirche hat ihre bestimmten sehr wichtigen und sehr notwendigen Aufgaben, und der Staat und die Bewegung haben andere, ebenso wichtige und ebenso entscheidende Aufgaben. Wenn jeder sich peinlich an seine Aufgabe hält, dann wird nichts passieren.«

Grundsätzlich besteht zwischen diesen Äußerungen und einer Darlegung der auf dem Boden von Verfassung und Bekenntnis stehenden Kirchenführer, deren wichtigste Ausführungen aus der Beilage zu ersehen sind, vom 7.7.1937[11] eine weitgehende Übereinstimmung. Sie ist von den Vertretern sämtlicher Gruppen der Bekennenden Kirche unterzeichnet und der Reichsregierung übergeben worden; wenn sie damals keinerlei Echo gefunden hat, da das Ministerium für die kirchlichen Angelegenheiten sie wie andere Anregungen ignorierte, so wäre sie doch auch heute noch als Ausgangspunkt für eine Aussprache geeignet.

Wenn der große Erfolg, den der Staat durch die Rückführung Österreichs ins Deutsche Reich davongetragen hat, ihm gestattet, ohne irgendwelchen Prestigeverlust Kampfverordnungen zurückzuziehen, so wird auch darauf hinzuweisen sein, daß die neue Lage die Notwendigkeit einer Verständigung nahelegt. Die schon erwähnten Äußerungen politischer Führer wie auch der Kommentar, der amtlicherseits den Erklärungen der österreichischen Bischöfe gegeben wurde, daß nun ein Schlußstrich unter die Vergangenheit gezogen werden solle, deuten darauf hin, daß man sich an führender Stelle dessen wohl bewußt ist, was der Zuwachs an 6½ Millionen Katholiken für Deutschland bedeutet. In früheren Zeiten hätte dies einen ungeheuren Machtzuwachs für das Zentrum und eine Gefahr für den süddeutschen Protestantismus bedeutet. Jetzt liegen ja die Dinge anders; aber die Frage darf man wohl aufwerfen, ob es angesichts dieses großen Zuwachses, den die Kath. Kirche erhält, nicht an der Zeit wäre, der Evang. Kirche die Möglichkeit zu geben, aus dem jetzigen Zustand herauszukommen. Man wird sich ja sicherlich auf staatlicher Seite keiner Illusion darüber hingeben, daß auf der einen Seite immer eine gewisse Bindung an eine außerdeutsche Macht vorliegt, während der evang. Pfarrstand seine Unabhängigkeit in dieser Hinsicht zu allen Zeiten unter Beweis gestellt hat.

Es wird uns immer wieder gesagt, die Evang. Kirche hätte im Jahr 1933 eine große Stunde versäumt. Darüber werden die Meinungen verschieden sein; jedenfalls ist jetzt wieder eine große Stunde gekommen und die Evang. Kirche hat trotz aller Diffamierung ihrer Führer, trotz schwerer Eingriffe auch in Fragen von Glaube und Bekenntnis in dieser Stunde sich freudig zu Volk und Führer und seinem Werk bekannt. Sollten nicht auch die verantwortlichen Führer des Staates bereit sein, mit uns die Fühlung wieder aufzunehmen und mit uns den Weg zur Befriedung zu suchen? Es

---

11 Kundgebung des Kasseler Gremiums; siehe S. 252–256.

wäre die Krönung des Großdeutschen Einigungswerks und würde seine Befestigung für spätere Zeiten bedeuten, wenn alles aus der Welt geschafft würde, was vielen treuen Deutschen auf dem Gebiet des Glaubens und der Kirche Anlaß zu bitteren Empfindungen und zu Gewissensnöten gibt.

Landesbischof D. Wurm.

Auf den Tag des Großdeutschen Reiches und der Volksabstimmung am 10.4.1938 ordnete der Oberkirchenrat am 5.4.1938 an[12]*:*

1. Aus Anlaß des »Tages des Großdeutschen Reichs« am Samstag, den 9.4.1938, wird ein besonderes Glockengeläute angeordnet. Nach der Rede des Führers, die durch den Rundfunk übertragen wird, wird das Niederländische Dankgebet gesungen. Bei den Worten des 3. Verses »Herr, mach uns frei!« sollen überall die Glocken läuten. Die Pfarrämter werden ersucht, dafür Sorge zu tragen, daß das Geläute am Samstag abend pünktlich einsetzt (Dauer: 5–8 Minuten).

2. In das Schlußgebet des Gottesdienstes am Wahltag, 10. April dieses Jahres, ist nach einem gemeinsamen Beschluß der im Luth. Rat zusammengeschlossenen Kirchen und Bruderräte nachstehende Einschaltung aufzunehmen: Wir danken Dir dafür, daß wir uns als deutsche Brüder haben zusammenfinden dürfen. Halte Du Deine Hand über dem Geschehen dieses Tages und gib, daß unserem Volke Segen daraus erwachse zur Ehre Deines Namens.

3. Im Blick auf die besondere Inanspruchnahme der Angehörigen der HJ und des BDM am Wahltag kann von einer Abhaltung der Christenlehren abgesehen werden, sofern eine Verlegung auf die frühen Morgenstunden nicht möglich ist.

Wurm.

Bei der Volksabstimmung am 10.4.1938 waren zwei Fragen gleichzeitig und zusammen mit 1 Stimme zu beantworten, die Frage nach dem Einverständnis mit der Wiedervereinigung Österreichs mit dem Deutschen Reich und die Frage nach dem Einverständnis mit der Liste des Führers. *Die Abstimmung erbrachte den erwarteten großen Erfolg für die Politik Hitlers.*

Am Tage nach der Wahl sollten abends noch einmal die Kirchenglocken eine Viertelstunde lang läuten.

---

12 Nr. A 3338; vgl. auch den Aufruf zur Volksabstimmung des Präsidenten der Kanzlei der Deutschen Evang. Kirche (KJb., S. 236). Zur Volksabstimmung vgl. weiterhin KAW 1938, S. 50 f.

Über die Volksabstimmung und deren Vorbereitung berichtete Dekan Pfisterer, Marbach, am 11.4.1938 dem Oberkirchenrat[13]*:*

Zu der Beschwerde über mangelhafte Sicherung des Wahlgeheimnisses ist noch Folgendes zu ergänzen:

In einem Ferngespräch, das der Stellvertreter des Kreisleiters der NSDAP in Ludwigsburg, Steinhilber, mit mir führte, erklärte er mir auf eine Anfrage zu dem genannten Punkt, daß es von vielen Pg. als unwürdig empfunden worden sei, ihr Bekenntnis zum Führer hinter einer spanischen Wand abgeben zu müssen. Daher sei vielfach auf Anregung der Partei die Einrichtung einer Wahlzelle unterblieben. Auf meine Anfrage, wie das mit der Vorschrift der Verfassung und den Anordnungen der Regierung vereinbar sei, erwiderte er, die Partei betrachte diese Vorschriften der Verfassung als überholt wie viele andere und habe die Vollmacht, den Volkswillen zu vollstrecken. Wer übrigens den besonderen Wunsch habe, geheim zu wählen, dem sei die Möglichkeit dazu gegeben gewesen. Der deutsche Mensch müsse aber seine Entscheidung vor jedermann vollziehen können. Demnach wäre festzustellen, daß sich Organe der Partei ermächtigt glauben, sich über die Verfassung und die Vorschriften der Regierungsorgane nach eigenem Ermessen hinwegzusetzen.

Wie es übrigens mit der Berücksichtigung des Wunsches nach geheimer Wahl steht, zeigt folgender Vorfall. Der seit 1. April dieses Jahres im Ruhestand befindliche, aber noch im Pfarrhaus Pleidelsheim wohnhafte Pfarrer Stahl hatte am Sonntag beim Betreten des Wahllokals sich vergeblich nach einer Wahlzelle umgeschaut und, als ihm das Fehlen einer solchen bestätigt wurde, bei dem Wahlausschuß gegen diese Übertretung der Wahlvorschriften Einspruch erhoben und erklärt, die Wahl anzufechten. Er verließ sodann das Wahllokal, ohne seine ursprüngliche Absicht, sich an der Wahl zu beteiligen, ausgeführt zu haben. Daher suchte ihn der genannte Herr Steinhilber auf, um ihn noch an der Teilnahme zur Wahl zu bewegen. Pfarrer Stahl verweigerte das unter Hinweis auf die offenkundige Mißachtung der Wahlvorschriften durch den Wahlausschuß und blieb dabei. Er ist anscheinend der einzige, der in Pleidelsheim nicht gewählt hat.

Herr Steinhilber hat mir zu dem Ferngespräch, das oben erwähnt ist, deshalb angeläutet, um mir mitzuteilen, daß eine Abhaltung des Dankgottesdienstes durch diesen Pfarrer untragbar sei, hat sich aber nicht einmal dadurch, daß ich das Gespräch auf die Übertretung der Wahlvorschriften

---

13 LKA Stuttgart, D 1, Bd. 76.

in Marbach brachte, veranlaßt gesehen, mir klar mitzuteilen, was den Grund der Wahlverweigerung des Herrn Pfarrers gebildet hat, sondern sprach nur davon, daß Pfarrer Stahl ihm bei der Besprechung erklärt habe, er könne die Wiedervereinigung Österreichs mit dem Reich bejahen und auch die Vertrauenserklärung für den Führer, aber nicht die Liste zum Reichstag. Darauf sagte Steinhilber nach seiner eigenen Mitteilung, hier gebe es keine Kompromisse; das Gespräch blieb ergebnislos. Der Gottesdienst morgen abend wird, wie ich heute abend persönlich in Pleidelsheim feststellte, von dem Verweser und nicht von dem pensionierten Pfarrer gehalten.

Die Sache Stahl–Steinhilber kann mich nur in der Bitte bestärken, die ich an den Oberkirchenrat gerichtet habe, er möge auf dieses Verfassung und Regierungsautorität in Frage stellende Verhalten von Parteibeauftragten die zuständigen Stellen aufmerksam machen und Gewähr gegen die Wiederholung solcher Mißbräuche fordern. Abgesehen von den bereits geltend gemachten Gesichtspunkten darf darauf hingewiesen werden, wie die kirchlichen Behörden mit ihren Aufrufen zu den Wahlen und der Anordnung von Dankgebeten dastehen, wenn solche Mißbräuche dahingehen. Es kann wohl nicht gesagt werden, die Durchführung der Vorschriften sei technisch unmöglich gewesen. Von den Wahlen weiß man seit vier ganzen Wochen; die Dekoration der Straßen Stuttgarts hat in viel kürzerer Zeit ganz andere technische Schwierigkeiten überwunden. Mit einer hundertprozentigen Wahlbeteiligung wurde von vornherein gerechnet, und die Übertretung der Vorschriften wird grundsätzlich begründet, nicht technisch. Ich bitte daher den Oberkirchenrat dringend, die Sache tatkräftig zu verfolgen. Dekan Pfisterer.

Über einen Vorgang in Meimsheim berichtete Pfr. Meyer am 18.4.1938 dem Oberkirchenrat[14]*:*
X, 68 Jahre alt, der allgemein mit vollem Recht geachtete Hahnische Stundenhalter, Landwirt, durchaus kirchlich eingestellt, hat, wie er mir selbst erzählte, nach reiflicher Überlegung für sich persönlich, ohne andere zu gleichem Verhalten aufzurufen, seine Frau folgte aus freiem Entschluß seinem Beispiel, sich so entschieden: Er beantwortete die erste Frage mit Ja, die zweite strich er durch. Er wollte dadurch ausdrücken, daß er mit der Kirchenpolitik der Regierung, mit Rosenberg insbesondere, nicht einverstanden sei. Ursprünglich wollte er das schriftlich zum

---

14 LKA Stuttgart, D 1, Bd. 76; der Name des Gemeindegliedes ist hier getilgt.

Ausdruck bringen, er kam dann aber nicht dazu, da hier wie wohl im ganzen Kreis Heilbronn offen gewählt wurde, so daß es nicht möglich war, unbeobachtet den Wahlzettel anzukreuzen.

Abends nun war eine gesellige Feier im Gasthaus. Nach derselben bildete sich ein Zug der Feiernden, zu denen auch die HJ gehörte, und zog unter großem Lärm mit den vom Samstagabend her noch übrigen Fackeln durch's Ort. Vor dem Haus von X machten sie dabei halt und riefen unter starkem Lärm die üblichen Schimpfworte »Staatsfeind«, »Volksverräter« und ähnliches. X sagte mir, es sei ihnen gegeben worden, dabei innerlich ganz ruhig zu bleiben. Bei dieser Demonstration hatte es sein Bewenden. Ich füge noch bei, daß einem Wahlzettel ein Stück Papier beilag, auf dem stand: »Aber Hände weg von Bibel und Kirche« oder so ähnlich.

Pfarrer Meyer.

Über die Abstimmung in Würtingen berichtete Pfr. Karl Dipper am 26.4.1938 dem Oberkirchenrat[15]:

Da ich infolge der Abstimmung am 10.4.1938 öffentlichen Angriffen ausgesetzt war, die eine Schädigung des Gemeindelebens fürchten lassen, halte ich es für geboten, dem Oberkirchenrat hierüber zu berichten.

Bei der Volksabstimmung am 10.4.1938 wurde in Würtingen der Wahlakt folgendermaßen gehandhabt: Vor dem Wahllokal standen zwei SA-Männer mit mannsgroßen Plakaten, auf denen ungefähr dies zu lesen stand: »Der Führer hat offen und ehrlich für Deutschland gekämpft, gib du ihm darum dein Ja offen und ehrlich.« In dem mit Menschen angefüllten Lokal selbst mußte man an einem offenen Tisch, an dem mehrere Stifte angebunden waren, unter den Augen des hiesigen Oberlehrers Domay abstimmen, der sich auf der andern Seite des Tisches, also etwa in 70 cm Entfernung aufgestellt hatte und jedem seinen Stimmschein reichte. Es ist nicht ohne Bedeutung, daß die Wahlkommission zu dieser Kontrolle gerade den Schulvorstand bestimmte, über dessen Übergriffe auf kirchlichem Gebiet übrigens vor Jahresfrist schon einmal an den Oberkirchenrat berichtet werden mußte. Am Tage nach der Wahl konnte man erfahren, es hätte sich irgendwo ein abgeschlossener Raum befunden für den, der seine Stimme geheim abzugeben wünschte.

Das Wahlergebnis in Würtingen ergab zwei Neinstimmen und zwei ungültige Stimmen; die beiden letzteren waren von mir und meiner Frau abgegeben worden. Schon am Sonntagabend konnte man, wie ich höre,

---

15 LKA Stuttgart, D 1, Bd. 76.

von der Dorfjugend in Ohnastetten auf der Gasse erfahren, wie der Pfarrer von Würtingen abgestimmt habe, und wenige Zeit nachher wußte es jedermann auf dem ganzen Kispel.[16] Ein Besuch Uniformierter im Pfarrhaus soll verhindert worden sein. Am Montag kam ein Schmähbrief eines jungen Mannes aus Reutlingen, in dem es heißt: »Wenn einer gegen den ist, der von Gott gesandt ist, so ist er ein Gotteslästerer und ist verdammt.« In der Nacht darauf wurde unsre Haustüre am Pfarrhaus verunreinigt. In der Nacht von Gründonnerstag auf Karfreitag wurde an sämtlichen vier dem Pfarrhofe zuliegenden Fenstern des Gemeindesaales je eine Scheibe mit großen Mauersteinen eingeworfen. Ebenfalls auf Karfreitag wurde im »Stürmer«-Kasten ein großer mit Plakatschrift geschriebener Aushang angebracht mit folgendem Wortlaut: »Bei der Volksabstimmung am 10.4.1938 wurden in Würtingen zwei ungültige Stimmen abgegeben. Auf die beiden Volksverräter trifft das Wort Hans Schemms zu: ›Wie könnte man von einem himmlischen Vaterland sprechen, wenn man das irdische vergißt? Wie kann man an ein himmlisches Vaterland glauben, wenn man sein irdisches verleugnet? Wer sein Volk auf Erden vergißt, dem ist darum die Türe zum himmlischen Vaterland versperrt.‹« Es ist von Bedeutung, daß der Aushang dem Scheine nach das Wahlgeheimnis wahrt, während er eben von den Männern bewerkstelligt wurde, die als Mitglieder der Wahlkommission zuerst den Wahlakt öffentlich machten, nachher das Ergebnis der Wahl mit Namen bekannt gaben und sich nun unmittelbar an der Hetze gegen das Pfarrhaus beteiligten. Daß es sich ausgesprochen um eine gegen das Pfarrhaus gerichtete, von gewisser Seite inszenierte Hetze handelte, zeigt der Umstand, daß das in dem Aushang angeführte Zitat von dem Schulmann Hans Schemm stammt und sich auf die christliche Ewigkeitshoffnung bezieht und daß die beiden Neinstimmen gar nicht erwähnt werden. Der Verfasser des Aushangs konnte nicht namhaft gemacht werden.

Die Gemeinde selbst, auch die gut kirchlichen Kreise derselben, zeigte zunächst keinerlei Verständnis für meine Handlungsweise, ja ein großer Teil der Gemeindeglieder scheint sich mitbeteiligt zu haben an der Hetze, die auch in der weiteren Umgegend eifrig betrieben wurde. Die allermeisten waren durch den Wahlaufruf im Sonntagsblatt und die andern Aufrufe von kirchlicher Seite der Meinung gewesen, es handle sich bei der Volksabstimmung lediglich um den Anschluß Deutsch-Österreichs oder jedenfalls um eine Sache, die mit dem Glauben nichts zu tun hat und zu

---

16 Gegend auf der Schwäbischen Alb um Würtingen.

der jeder Bekenntnischrist selbstverständlich und ohne weitere Besinnung ja sagen kann.

Ich muß hier erwähnen, daß ich die vom Oberkirchenrat auf 3. April angeordnete Kanzelverkündigung nicht verlesen konnte. Ich glaube, es der Kirchenbehörde schuldig zu sein, mich hiefür zu verantworten. Die Gründe sind folgende:

1. Die betreffende Kanzelverkündigung enthielt keinen Hinweis auf den Herrn, vor dessen Angesicht Christen ihre Entscheidungen treffen; sie war vielmehr ein Aufruf, sich der politischen Haltung der Kirchenleitung anzuschließen. Die Kirche hat sich bisher darauf beschränkt, Gottes Wort zu verkündigen, während sie die Entscheidung im einzelnen Fall dem von Gottes Geist geleiteten Gewissen überließ, damit die Freiheit des Hl. Geistes nicht gebunden und verdrängt werde durch Menschensatzung und die Gewissen nicht verletzt würden.

2. Wenn die Kirche trotzdem zu einer politischen Frage Stellung nimmt, was sie meines Erachtens nur in einem ganz eindeutigen Falle tun dürfte, so muß sie ihre Stellungnahme schriftgemäß begründen, sonst ist ihr Wort Menschenwort und unterscheidet sich in nichts von einem politischen Aufruf, der von irgendeiner weltlichen Seite ergeht. Eine solche Begründung wurde in der Kanzelabkündigung nicht gegeben.

3. Der Satz: »Wir bezeugen zugleich unsre Entschlossenheit, unablässig daran zu arbeiten, daß Christus dem Deutschen Volke gepredigt werde« vermeidet es, Schrift und Bekenntnis zu erwähnen und läßt damit eben die Frage offen, an der es heute zur Entscheidung und Scheidung kommt, nämlich welcher Christus dem Deutschen Volke gepredigt werden soll. Auf derselben Linie liegt es, wenn im Gebet, mit dem der Aufruf schließt, nicht darum gefleht wird, daß unser Volk bei der Wahrheit Gottes bleibt und sich, so Gott es will, unter seinem Worte einigt, sondern Friede und Einigkeit, einerlei unter welchem Vorzeichen, als das erste und letzte Ziel erscheint, auf das die Fürbitte der Kirche für unser Volk hingerichtet ist.

Es muß für die Kirchenleitung von Wert sein zu erfahren, wie die von kirchlicher Seite ergangenen Wahlaufrufe sich in den Gemeinden auswirkten, deren Pfarrer sich bei der Abstimmung aus Gründen des Gewissens zu einem Ja nicht entschließen konnten:

1. Auch die ernsten Christen in unsrer Gemeinde nahmen fast ausnahmslos die Entscheidung am 10. April als eine Selbstverständlichkeit, über die man weder Gott noch sich selbst eine Rechenschaft schuldig ist und über deren Sinn man sich keine Gedanken zu machen braucht. Diese

verantwortungslose Haltung bildete auch für die treuen Gemeindeglieder das böseste Hindernis, zu ihrem Pfarrer zu stehen, dessen andersartige Haltung sie nicht verstehen konnten und wollten.

2. Als die Wahlkommission meine Entscheidung öffentlich machte, unterließ man es nicht, unablässig darauf hinzuweisen, ich hätte mich in Gegensatz zur Bekennenden Kirche und der Kirchenleitung selbst gestellt und hätte also nicht aus Treue zum Bekenntnis, sondern aus Eigensinn gehandelt. Es sah im ersten Augenblick tatsächlich so aus, als ob das Vertrauen der Gemeinde zu ihrem Pfarrer an dieser Sache in Brüche gehe.

3. Ein Gemeindeglied hatte, nachdem es von meiner Entscheidung hörte und zugleich erfuhr, was es unterschrieben hatte und darüber nachdachte, schlaflose Nächte. Auch sonst in der Gemeinde gibt es jetzt, nachdem bei vielen eine Besinnung eingetreten ist, verletzte Gewissen.

Der Abendmahlsbesuch in der Karwoche ist in beiden Gemeinden etwas zurückgegangen. Ein Rückgang des Kirchenbesuchs ist bis jetzt nur unter den Männern in Bleichstetten bemerkbar. Die Erregung in der Gemeinde hat sich inzwischen gelegt und der Aushang im »Stürmer«-Kasten wurde auf Betreiben des Kirchengemeinderats entfernt. Da ich oft genug für die großen Erfolge und glänzenden Leistungen der Staatsführung im Gottesdienst öffentlich gedankt habe und auch immer wieder vom Gehorsam gegen die Obrigkeit predige, besteht in der Gemeinde darüber kein Zweifel, daß meine Handlungsweise nicht auf politische Unzufriedenheit zurückzuführen ist. Das Ärgernis, das die kirchlich gesinnten Gemeindeglieder nahmen, entstand lediglich daran, daß ich mit meiner Entscheidung allein und im Widerspruch zur Kirchenleitung dastand.

Wiewohl ich in der Ausübung meines Wahlrechts in keiner Weise der Leitung der kirchlichen Behörde unterstehe, will ich doch im Folgenden meine Entscheidung begründen, da die Kirchenleitung dem Anscheine nach auch in dieser rein politischen Angelegenheit Gefolgschaft erwartete: Hätte die am 10. April an das Volk gerichtete Frage gelautet »Willst du dem Führer und seinen Mitarbeitern als der rechtmäßigen Obrigkeit über Großdeutschland treu und gehorsam sein?«, so würde ich ohne Bedenken mit Ja geantwortet haben. Es handelte sich aber am 10. April nicht um einen Treueid oder Treukundgebung, sondern um eine Wahl, in der das Volk über die Liste des Führers abstimmen sollte und aufgefordert war, die Mitverantwortung für das gesamte Werk des Führers und seiner Mitarbeiter zu übernehmen. So sagte der Führer in seiner Rede am

18. März[17]: »Das deutsche Volk soll in diesen Tagen noch einmal überprüfen, was ich mit meinen Mitarbeitern in den 5 Jahren seit der ersten Wahl des Reichstags im März 1933 geleistet habe.« Zu dem Aufbauwerk, das die Staatsführung in den letzten 5 Jahren geleistet hat, gehört auch die mit großer Konsequenz und Beharrlichkeit durchgeführte Entkonfessionalisierung des öffentlichen Lebens und der deutschen Volksgemeinschaft. Diese Entkonfessionalisierung des öffentlichen Lebens, die an sich schon von keinem Pfarrer mitverantwortet werden kann, die ja in Wahrheit nichts anderes ist als die Entchristlichung unsres Volkes, machte auch vor dem Raum der Kirche nicht Halt. Darüber, daß diese planmäßige Umwälzung im kulturellen und kirchlichen Leben unsres Volkes rapide Fortschritte macht, besteht auf keiner Seite irgend ein Zweifel. Es war für mich eine unerfüllbare Zumutung, als Diener am Worte Gottes, der in der Kirche den geistlichen Totalitätsanspruch des Wortes Gottes lehrt, nun auf dem Rathaus die Mitverantwortung für dessen Beseitigung aus dem öffentlichen und kirchlichen Leben zu übernehmen. Ja, es war mir im Gegenteil ein Befehl des Gewissens, nun auch als Deutscher, nachdem mir hiezu die Gelegenheit gegeben war, die Stimme gegen die Entchristlichung unsres Volkes zu erheben, in der ich eine Krankheit zum Tode erkennen muß, über die auch die wahrhaft glänzenden Erfolge des Nationalsozialismus nicht hinwegtäuschen dürfen (Matth. 16,26). Ich ließ mich dabei von der Überzeugung leiten, daß eine einzige Stimme, wenn sie aus der Wahrheit kommt, so viel Gewicht hat wie tausend andere, und daß es in keinem Falle sinnlos ist, für die Wahrheit ein Zeugnis abzulegen.

Über die Durchführung der Abstimmung in Dörrenzimmern berichtete Pfr. Weber am 3. 5. 1938[18]*:*
In hiesiger Gemeinde war im Wahllokal quer über eine Ecke ein verstellbarer Vorhang angebracht, hinter dem ein kleines Tischchen stand, auf dem ein farbiger Bleistift lag, während sonst die gewöhnlichen schwarzen Bleistifte benützt wurden. Die Abstimmung selbst mußte aber am Tisch, an dem die Wahlkommission saß, im Angesicht des Blockleiters vollzogen werden. Derselbe reichte dem Abstimmenden Umschlag und Stimmzettel, und zwar so, daß er mit der Klappe des Umschlages auf dem Stimmzettel den kleinen Kreis für »Nein« verdeckte und so dem Abstimmenden den Zettel samt Umschlag in die Hand gab. Mehrere zugleich konnten kaum abstimmen, da immer nur einem nach dem andern Um-

17 Domarus I, S. 826–832.
18 LKA Stuttgart, D 1, Bd. 76.

schlag und Zettel verabreicht wurde, damit vor dem Blockleiter abgestimmt werden mußte. Dann und wann machte der Vorsitzende darauf aufmerksam, daß man auch hinter dem Vorhang abstimmen könne, wovon natürlich bei dieser Überwachung kaum jemand Gebrauch zu machen wagte. Es soll sogar so gewesen sein, daß der Blockleiter jungen Leuten verboten habe, hinter dem Vorhang abzustimmen.

Das Abstimmungsergebnis wurde vom Blockleiter und Wahlkommissionsvorsitzenden allein gezählt und festgestellt; die übrigen Mitglieder der Wahlkommission hatten lediglich die Aufgabe, die abgegebenen Umschläge zu zählen und darnach das Wahlprotokoll zu unterzeichnen. Stimmscheine selbst anzusehen, wurde ihnen verboten.

Stadtpfarrer Jetter, Backnang, erzählte mir, daß das Mitglied der Wahlkommission, welches an der Urne stand und den Stimmzettel entgegennahm, den Stimmzettel öffnete und nachsah, bevor er in die Urne eingeworfen wurde. Dies konnte er jedenfalls bestätigen für seine Abstimmung und für die seiner Frau.

In Künzelsau war Frau Stadtpfarrer Hartmann zusammen mit ihrer Mutter zur Abstimmung gegangen. Als sie das Wahllokal betraten, sollten ihnen vor dem hiefür aufgestellten Mann Umschläge und Stimmzettel gegeben werden. Dies erfolgte nicht, sondern die etwa lautende Bemerkung »Kommet Se, i machs Ehne glei nei«, und die darauf erfolgte Einzeichnung des Kreuzes durch den Betreffenden enthob die beiden Frauen ihrer persönlichen Abstimmung.

Angesichts dieser Tatsachen und dem allgemeinen Empfinden der Gemeindeglieder nach solchem Erleben wäre ein Dankgottesdienst unangebracht und eine innere Unmöglichkeit gewesen. Er wurde daher in hiesiger Gemeinde nicht gehalten. Weber.

Über den Ausgang der Volksabstimmung in Brettheim berichtete die Ortsgruppe der NSDAP Brettheim am 13.4.1938 in einem Rundschreiben an die Deutschen Volks- und Heimatgenossen Brettheims[19]:

Das Abstimmungsergebnis hat uns Brettheimer mit 20 Neinstimmen aufs tiefste beschämt! Ihr 334 Jasager, und nur an Euch wende ich mich

---

19 LKA Stuttgart, D 1, Bd. 76; die Namen von Gemeindegliedern wurden hier getilgt. Vgl. den Protest des OKR an die Geheime Staatspolizei Stuttgart vom 25.4.1938 über die Demonstration gegen Pfr. Issler in der Nacht vom 10./11. April, bei der in der Annahme, Pfr. Issler habe mit Nein gestimmt, vor dem Pfarrhaus gerufen wurde:
»Die Pfaffen und die Beter,
das sind die Landesverräter,

hier, werdet mit mir einig sein: 20 Vaterlandsverräter sind für unsere Gemeinde untragbar! Wir sind nicht nur in der Umgebung, sondern weit darüber hinaus die Gemeinde, die dem Führer am schlechtesten gedankt hat. Wir haben uns überall für die 20 gemeinen Gesellen zu schämen. Damit ist uns nicht geholfen. Wir nehmen geschlossen den Kampf auf gegen diese Schufte!

Unser 1. Protestmarsch richtete sich in bewußter Absicht und in ruhiger Überlegung mit ausgesprochener Provokation gegen die Häuser, wo wir nach dem seitherigen, zum Teil jahrelangen gegen unsere Bewegung gleichgültigen, ablehnenden oder feindseligen Verhalten unsere Gegner vermuten mußten. Wenn man sich durch Jahre hin mit aller Betonung fernhält von unseren Versammlungen, Feiern oder öffentlichen Veranstaltungen oder wenn man den dargebrachten Deutschen Gruß ostentativ nicht entsprechend erwidert, wenn man wie einzelne aus diesem Kreise dauernd gegen das Dritte Reich hetzt und wühlt oder wenn man seine Kinder von der Staatsjugend unseres Führers fernhält, weil sie dort verdorben würden oder, wie auch gesprochen wurde, weil sie sich damit der Hölle verschreiben würden, so muß man sich eben gefallen lassen, daß wir in diesen Leuten Gegner sahen.

Wir nahmen aber trotzdem nicht an, daß Neinstimmen in einer so großen außenpolitischen Entscheidung fallen könnten. Als dann 20 Neinstimmen vorlagen, mußten wir vermuten, daß konfessionelle Engstirnigkeit ihnen jeden Maßstab für das richtige Verhalten dem Vaterland gegenüber genommen habe. Den Weg gezeigt hat uns dann das unverständliche und die Wahlkommission beleidigende Verhalten eines jungen Volksgenossen (er hat sich inzwischen entschuldigt), der unser Ansuchen, er möge seinem behinderten Vater bei Abgabe der Stimme behilflich sein, was nach den Bestimmungen zulässig sei, in schroffer Form abgelehnt hat mit dem Hinweis, sein Vater wolle und könne nicht wählen.

Deutsche Volksgenossen von Brettheim! Wir wußten: Wenn in den von uns herausgeforderten Familien und Kreisen aufrechte deutsche Männer sind, so lassen sie sich ihre Ehre nicht nehmen, dann werden sie sich bei uns melden und werden schärfstens protestieren. Der Erfolg blieb nicht

die Pfaffen und der Bruderrat,
die treiben offenen Landesverrat« (LKA Stuttgart, D 1, Bd. 76).
Vgl. weiterhin Berichte über die Durchführung der Volksabstimmung von Dekan Keppler, Weikersheim, vom 11.4.1938, von Pfr. Stroh, Pfaffenhofen, vom 21.4.1938, von Pfr. Benzing, Aistaig, vom 6.5.1938, und vom Pfarramt Gerstetten vom Mai 1938 (LKA Stuttgart, D 1, Bd. 76).

aus, und ich stehe selbstverständlich nicht an, für diese Familien die Ehrenerklärung abzugeben, daß ich ihren Angaben, daß sie mit Ja abgestimmt haben, vollen Glauben schenke. Es sind dies die Familien X, Y, Issler und Z. Sie und wir betrachten mit dieser Erklärung ihre Ehre wiederhergestellt, sie sind weiterhin bereit, die positive Einstellung, die sie durch ihre Jastimme zum Ausdruck brachten, nun auch in ihrem äußeren Verhalten zum Ausdruck zu bringen.

Mit Pfarrer Issler haben mehrere klärende Aussprachen stattgefunden. Ich selbst hatte gegen sie die Behauptung, sie hätten mit Nein gestimmt, nicht gebraucht. Eine Aussprache vor dem Gemeinderat, die auf meinen Wunsch angesetzt wurde, hat das erhoffte Ergebnis gezeigt, es ist beiderseits die Bereitwilligkeit vorhanden, dem Kampfe mit Rücksicht auf das Wohl unserer Gemeinde jede unnötige Schärfe zu nehmen. Wir bitten auch von unserer Seite jeden Dorfgenossen, sein Teil beizutragen, soweit dies im Kampfe zweier Weltanschauungen, dem wir nicht aus dem Wege gehen werden und können, möglich ist. Wir wollen in jedem ehrlichen und offenen Gegner auf diesem Gebiet den Volksgenossen achten! Unser Kampf wird sachlich weitergeführt werden. Ich betone, daß unsere Aktion sich nicht gegen Religion oder Kirche, sondern gegen den Kreis gerichtet hat, der durch sein äußeres Verhalten den Anschein erweckte, als gäbe es für sie nur die Kirche und den Kirchenstreit und nicht auch eine Mitarbeit für den Führer und unser hartringendes Deutschland.

Unser zweiter Protestmarsch hatte keinerlei speziell auf einzelne Familien gerichteten Charakter. Er galt der Propaganda und rief die 20 Verräter zur Meldung und Verantwortung. Gemeldet hat sich bis jetzt kein einziger Neinsager, ein Beweis, daß ein Verräter immer zugleich der größte Feigling ist. Aufgestellte Behauptungen, die 20 Neinstimmen kämen von den nach Niedernhall eingezogenen Soldaten oder gar aus unseren Reihen, weise ich mit Entrüstung zurück. Daß auch die Seuche nicht schuldig sein kann, zeigt das hochachtbare hundertprozentige Ergebnis von Reinsbürg und Kleinansbach. Daß unter den Neinsagern auch persönliche Gegner meiner Person sein können, mag sein. Ich weiß aber sehr genau, in welchem Lager diese zu suchen sind. Wie erbärmlich klein und gemein sie sind, darüber haben sie sich nun für alle Zeiten ein Zeugnis ausgestellt. Denn nicht ich war zu wählen, sondern der Führer und Großdeutschland. Verantwortlich für unsere Protestmärsche in ursächlicher, sachlicher und personeller Hinsicht bin einzig und allein ich. An meine Person bitte ich sich zu wenden. Die Teilnehmer folgen nur meinem Kommando, dem sie als Mitglieder unterstellt sind. Boykottabsichten bitte ich zu unterlassen. Sie sind hier unangebracht. Helft im Gegenteil alle mit, daß die 20 Menschen ohne Vaterland und Führer gefunden werden. Sie sind Drohnen, die von den Mühen und Kämpfen des Führers profitieren und ihn zum Dank dafür verleugnen.

Heil Hitler! Euer Ortsgruppenleiter.

Wegen der Verletzung rechtsgültiger Vorschriften bei der Abstimmung protestierte der Oberkirchenrat am 27.4.1938 bei Innenminister Dr. Schmid, Stuttgart[20]*:*

Sehr geehrter Herr Minister!

Es ist Ihnen bekannt, daß die Evang. Landeskirchen Kundgebungen zu der Volksabstimmung am 10. April erlassen haben, die dem freudigen Dank für die Heimkehr der Ostmark ins Deutsche Reich Ausdruck gaben und zur Bestätigung dieser weltgeschichtlichen Tat des Führers durch das Ja des Volkes aufforderten. Auch darüber werden Sie unterrichtet sein, daß mir eine Herstellung freundlicher Beziehungen zwischen der kirchlichen Arbeit und der politischen Bewegung sehr am Herzen liegt und daß in der letzten Zeit nicht ohne Erfolg Versuche gemacht worden sind, in dieser Hinsicht vorwärts zu kommen. Ich hoffe deshalb, daß meine nachfolgenden Ausführungen nicht auf das Mißverständnis stoßen, daß an diesen Bestrebungen irgend etwas geändert werden sollte. Sie gehen im Gegenteil aus dem dringenden Wunsch hervor, einen Stein des Anstoßes gerade für weite kirchliche Kreise aus dem Weg zu räumen.

Es ist uns überaus peinlich, auf Grund von Mitteilungen amtlicher und persönlicher Art feststellen zu müssen, daß bei der Volksabstimmung am 10. April amtliche und rechtsgültige Vorschriften verletzt worden sind. In nicht wenigen Wahllokalen fehlten die Abstimmungszellen, da und dort auch die Umschläge für die Stimmzettel. Als Grund für die Verletzung der Wahlvorschriften, die die Geheimhaltung der Wahl sichern sollen, wurde geltend gemacht, daß diese Vorschriften dem heutigen Empfinden nicht mehr entsprechen und daß deshalb Parteikreise und politische Formationen den Wunsch geäußert hätten, es möchte öffentlich abgestimmt werden. Wir haben volles Verständnis für diesen Standpunkt und sind auch der Meinung, daß der Deutsche jederzeit sich offen zu seiner Überzeugung bekennen sollte. Wenn die Regie-

---

20 Nr. A 4086. Vgl. auch den Protest Wurms bei Murr vom 19. 5. 1938 wegen eines »Terrorakts in Heidenheim« auf Grund eines Berichts des Evang. Dekanatamts Heidenheim vom 12. 4. 1938 (LKA Stuttgart, D 1, Bd. 77) und den Brief von Pfr. Goes, Tuttlingen, an Gauleiter Bürckel, Wien, vom 21. 4. 1938 (LKA Stuttgart, D 1, Bd. 76).

rung diese Auffassung billigt, sollte sie aber vorher selbst die entgegenstehenden Bestimmungen beseitigen. Die offenkundige Verletzung rechtsgültiger Vorschriften ist sonst unter Strafe gestellt; wir können uns nichts Gutes für die sittliche Erziehung der jungen Generation davon versprechen, daß amtliche Organe selbst hiezu auffordern und entsprechend handeln.

Wenn aus dieser Beschwerde etwa der Vorwurf abgeleitet werden sollte, daß wir zum Schutz der Neinsager reden, so glauben wir darauf hinweisen zu dürfen, daß wir nicht bloß zum Ja aufgefordert, sondern dem Dank für das Ergebnis durch Glockengeläute und im Gottesdienst Ausdruck verliehen haben. Es ist uns im Gegenteil darum zu tun, daß das Ja vor der Entwertung, die besonders das Ausland versucht, geschützt wird. Gewiß würde es dem Sinn des Führers viel mehr entsprechen, wenn eine etwas geringere Zahl von Ja auf einwandfreiem Weg gewonnen würde, als wenn in einer Weise, die nachgerade jeder Volksgenosse belächelt, von eifrigen und auf besondere Anerkennung bedachten Funktionären nachgeholfen wird.

Wenn wir uns erlauben, auf die angeführten Vorgänge hinzuweisen, so glauben wir, damit nicht bloß eine Pflicht gegen die Kirche zu erfüllen, sondern sind uns bewußt, auch die Würde und Autorität des Staates im Auge zu haben. Wurm.

Noch am 21.6.1938 schrieb der Oberkirchenrat an den Präsidenten der Kanzlei der Deutschen Evang. Kirche, Dr. Werner, Berlin, über die Kundgebungen der Kirche zu den politischen Ereignissen im Zusammenhang mit der Handhabung der Abstimmung[21]*:*

Die Evang. Landeskirchen haben sich, wie Herr Präsident Dr. Werner in seiner Kundgebung vom 1. April mit Freuden festgestellt hat, einmütig zu Großdeutschland bekannt und den Kirchengenossen eine bejahende Haltung bei der Volksabstimmung am 10. April nahegelegt. Dieses Heraustreten aus dem Raum der rein kirchlichen Angelegenheiten verpflichtet die Kirche unseres Erachtens dazu, um der Schonung der Gewissen, um des Ansehens des Staates und ihrer selbst willen darauf zu achten, daß öffentliche Wahlhandlungen genau nach Recht und Gesetz vor sich gehen. Dies ist leider auch bei der letzten Wahl nicht überall der Fall gewesen. Es wurden zwar nicht wie 1936 auch die weißen Stimmzettel zu den Jastimmen gerechnet, aber es fehlten nicht selten die vorgeschriebenen Abstim-

---

21 Nr. A 3570.

mungszellen. Dies hat da und dort zu Schwierigkeiten geführt und kann, wenn es im Ausland bekannt wird, das Gewicht der Abstimmung nur herabdrücken.

Ich habe mich, als vor zwei Jahren der Reichskirchenausschuß ein Dankgeläute anordnete, für verpflichtet gehalten, den Reichskirchenausschuß darauf aufmerksam zu machen, daß dieses Dankgeläute von treuen und politisch zuverlässigen Kirchengenossen mit sehr gemischten Gefühlen aufgenommen worden sei, eben wegen jener Verstöße gegen die Wahlordnung.[22] Nachdem die Kirchenkanzlei diesmal nicht bloß zum Dankgeläute, sondern zu besonderen Dankgottesdiensten aufgefordert hat, kann ich nicht umhin, wieder darauf hinzuweisen, daß offensichtliche und mit dem geltenden Gesetz in Widerspruch stehende Anordnungen in bezug auf die Wahl einen öffentlichen Dank der Kirche für das Ergebnis der Wahl sehr erschweren und daß sie durch ihr öffentliches Eintreten für ein positives Ergebnis verpflichtet ist, auch für ein einwandfreies Verfahren einzutreten. Wurm.

Bei der Abstimmung am 10. April legte Pfr. Mörike, Kirchheim/Teck, folgende Erklärung ohne Unterschrift in den Wahlumschlag[23]:

Zur Wahl vom 10. April 1938

Obwohl es mir schwerfällt, mich an dieser Wahl überhaupt zu beteiligen, nachdem es bei der letzten Wahl vom 29. 3. 1936[24] offensichtlich nicht mit rechten Dingen zuging, so möchte ich doch die Gelegenheit nicht vorübergehenlassen, auch auf die Gefahr hin, daß diese Erklärung dieselbe Bewertung erfährt wie seinerzeit die leeren Stimmzettel, und erkläre Folgendes:

Auf die 1. Frage »Bist du mit der am 13. 3. 1938 vollzogenen Wiedervereinigung Österreichs mit dem Deutschen Reich einverstanden?« antworte ich mit Ja.

Auf die 2. Frage »Stimmst du für die Liste unsres Führers Adolf Hitler?« antworte ich mit Nein.

Der Führer sagte in seiner Rede vom 18. vorigen Monats[25]: »Das deutsche Volk soll in diesen Tagen noch einmal überprüfen, was ich mit mei-

---

22 Siehe Bd. 4, S. 670–674.
23 LKA Stuttgart, D 1, Bd. 76; zum ganzen Zusammenhang vgl. Dipper, S. 220–226.
24 Siehe Bd. 4, S. 670–674.
25 Hitler am 18. 3. 1938 vor dem Reichstag in Berlin (Domarus I, S. 826–832).

nen Mitarbeitern in den 5 Jahren seit der ersten Wahl des Reichstags im März 1933 geleistet habe.« Dieser Aufforderung des Führers gebe ich statt und komme nach gewissenhafter Überprüfung des vom Führer und seinen Mitarbeitern in den letzten 5 Jahren Geleisteten zu folgender Stellungnahme: Vieles Große ist in dem genannten Zeitraum geleistet worden, besonders auf sozialem und wirtschaftlichem Gebiet, wie es zuletzt noch vom Führer selbst in seiner Rede vom 20. Februar[26] aufgezählt und aufgezeigt worden ist. Ich anerkenne das mit Dank gegen Gott. Aber daneben steht, Gott sei's geklagt!, anderes, was mich und mit mir nicht wenige aufrechte deutsche Männer und Frauen mit großer Sorge um die Zukunft unsres Volkes erfüllt und wozu ich unmöglich Ja sagen kann. Es ist dies im wesentlichen Zweierlei: 1. Die Auflösung von Sittlichkeit und Recht; 2. Die Zerstörung der Kirche und die Entchristlichung unsres Volkes.

Zu 1

Als gut, recht und wahr wird heute proklamiert und praktiziert, was dem Volke nützt. Wohin dieser Grundsatz führt, kann an vielen erschütternden Beispielen deutlich gemacht werden, so zum Beispiel an der Einführung der »Deutschen Schule« in unsrem Land und anderswo, wo man sich, so besonders in der Saarpfalz und im bayrischen Franken, nicht scheute, zu allen, auch den verfänglichsten Mitteln zu greifen, auch zu Lug und Trug, nur eben, um den angestrebten Zweck zu erreichen; ferner an der Art, wie seit Jahren offiziell der Kirchenstreit dargestellt wird, was auf eine völlige Irreführung des Volkes hinausläuft, ferner an der Behandlung der evang. Presse und des evang. Versammlungswesens, an der Verkehrung des Begriffes der Freiwilligkeit in sein Gegenteil anläßlich von Sammlungen und von Werbungen zum Eintritt in Organisationen usw. An diesen wenigen Beispielen, die beliebig vermehrt werden könnten, wird deutlich, wie hier eine völkische Nützlichkeitsmoral die in Gottes Gebot geforderte Wahrhaftigkeit aufhebt.

Ferner: Deutschland bezeichnet sich selbst als Rechtsstaat. Wie geht damit zusammen, daß es immer noch Konzentrationslager gibt und daß die Maßnahmen der Geheimen Staatspolizei jeder richterlichen Nachprüfung entzogen sind? Wohin soll es führen, wenn entgegen dem klaren Gerichtsurteil, das in der Sache von Pfarrer Niemöller gefällt wurde und das Niemöller freigab, von allerhöchster Stelle die Verbringung dieses Mannes, der ein ganzer Deutscher, ein ganzer Christ, ein Ehrenmann vom

---

26 Hitler am 20.2.1938 vor dem Reichstag in Berlin (Domarus I, S. 792–804).

Scheitel bis zur Sohle ist, ins Konzentrationslager verfügt und Niemöller, der Vorkämpfer der Bekennenden Kirche, damit zum gefährlichen Volksschädling gestempelt wurde? Das ist Rechtsbeugung und klares Unrecht; solches Handeln gefährdet die Würde Deutschlands als eines Rechtsstaates.

Zu 2

Die Zerstörung der Kirche und die Entchristlichung unseres Volkes wird planmäßig auf alle mögliche Weise betrieben. Bei der weltanschaulichen Ausrichtung der Partei und ihrer Organisationen, besonders in deren Schulungslagern nimmt der oft aufs gehässigste geführte Kampf gegen Kirche und Christentum bekanntermaßen einen breiten Raum ein. Auch die Schule wird heute weithin zu diesem heillosen Kampf mißbraucht. Dazuhin erfahren Lehrer, die sich zur Kirche halten und sich zum christlichen Glauben bekennen, entgegen allen feierlichen Versicherungen von maßgebender Stelle, daß niemand um seines Glaubens und seiner kirchlichen Zugehörigkeit willen Schaden in seinem Amt leiden soll, – eine »Sonderbehandlung«. Die Inhaftierung von über 800 evang. Pfarrern und Gemeindegliedern im Jahre 1937, meist ohne gerichtliche Handhabe, die zahlreichen Ausweisungen, Redeverbote und sonstigen Maßregelungen, die über Pfarrer, Gemeindeglieder und ganze Gemeinden der Bekennenden Kirche hin und her im ganzen Reich verhängt wurden und noch verhängt sind, machen jedem Einsichtigen deutlich, daß es sich hier nicht mehr nur um bedauerliche Entgleisungen untergeordneter Instanzen, sondern um eine von Partei und Staat selbst gewollte und systematisch durchgeführte Zerstörung der Kirche und Entchristlichung des Volkes handelt.

Wenn ich zusammenfasse, komme ich zu dem Urteil: Dies beides, den Kampf gegen die Kirche und den christlichen Glauben, sowie die Auflösung von Recht und Sittlichkeit halte ich für ein Beginnen, das den Fluch Gottes und damit das Verderben unseres Landes nach sich ziehen muß. Im Kampf um und gegen das Recht und den Glauben unsrer Väter wird sich das Schicksal unseres Volkes entscheiden. Da ich aber in diesem Kampf niemals mit der derzeitigen unseligen Haltung von Partei und Staat einig gehen kann, kann ich auf die 2. Wahlfrage nur mit einem schmerzlichen, aber entschiedenen Nein antworten.

Wegen dieser Erklärung wurde Pfr. Mörike noch am 10. April nachts mißhandelt und verhaftet[27]:

27 LKA Stuttgart, D 1, Bd. 76; Mitteilung der Bekenntnisgemeinschaft vom 12.4.1937.

Pfarrer Mörike in Kirchheim, der weit über seine Gemeinde hinaus als unerschrockener Zeuge des Evangeliums und als aufrechter deutscher Mann bekannt ist, hatte sich angesichts der bevorstehenden Wahl nach langer, gewissenhafter Überlegung entschlossen, bei der Abstimmung eine schriftliche Erklärung abzugeben.

In dieser Erklärung war das Ja zum Großdeutschen Reich ausgesprochen. Ebenso wurden die großen Erfolge der nationalsozialistischen Staatsführung, insbesondere auf sozialem und wirtschaftlichem Gebiet mit Dank gegen Gott anerkannt. Im Blick auf die weltanschaulichen Kämpfe und die Entchristlichung unseres Volkes sowie auf die Rechtsunsicherheit und die Erschütterung der moralischen Grundlagen durch den Satz »Recht ist, was dem Volk nützt« sah er sich aber in bezug auf die zweite Wahlfrage zu einem schmerzlichen, aber entschiedenen Nein veranlaßt. Diese Erklärung wurde von ihm ohne Unterschrift, wie es einer geheimen Wahl entspricht, im vorgeschriebenen Wahlumschlag abgegeben. Mörike hat diesen Schritt, zu dem er sich durch die an ihn gerichtete Frage verpflichtet wußte, in rein persönlicher Entscheidung vollzogen, ohne andere in seinem Sinn zu beeinflussen. Auch aus der rein biblisch gehaltenen Predigt an diesem Sonntag konnte seine Stellungnahme zur Wahl nicht entnommen werden.

Am Sonntagabend fand in einem Kirchheimer Gasthaus eine Zusammenkunft von Angehörigen der Partei und der Organisationen statt, bei welcher der Abschied des Ortsgruppenleiters und der Wahlsieg gefeiert wurden. In dieser Versammlung wurde die Erklärung Mörikes öffentlich verlesen. Gegen 11 Uhr erschien dann der Stationskommandant bei Mörike, um ihn über die Erklärung zu vernehmen. Mörike berief sich auf das Wahlgeheimnis, stellte aber die Urheberschaft nicht in Abrede. Gegen 12 Uhr hörte man Männer im Marschschritt herankommen. Sprechchöre riefen: »Wir wollen den Verräter sehen!« – »Pfui!« – »Heraus mit dem Hund!« – »Verhauen!« und ähnliches. Die Haustüre wurde eingetreten. Eine Schar von Uniformierten brach ins Pfarrhaus ein und drang bis ins Schlafzimmer vor, wo Mörike sich eben ankleidete, während seine Frau, die schon seit Wochen immer wieder liegen muß, im Bette lag. Mörike bat, sie möchten um seiner Frau willen das Zimmer verlassen. Im Zimmer nebenan fielen sie dann über ihn her. Blutig geschlagen und mit zerrissenem Hemd kehrte er nach einiger Zeit ins Schlafzimmer zurück, um sich auf Befehl der inzwischen eingetroffenen Polizei anzukleiden. Als er abgeführt wurde, sagte einer der Anwesenden zu Frau Mörike: »Den sehen Sie nicht mehr!« Unter großem Lärm, in dem nur noch durch Pfeifensignale einige Ordnung hergestellt werden konnte, wurde Mörike dann ins Gefängnis abgeführt. Dabei haben sich die Mißhandlungen wiederholt. Die Kleidungsstücke, die Mörike bei diesem Gang trug, wurden tags darauf beschmutzt und zerrissen zurückgeschickt.[28]

Mörike ist inzwischen in das Polizeigefängnis nach Stuttgart überführt worden.

Über die Freilassung von Pfr. Mörike teilte Oberregierungsrat Dr. Ritter von der Reichsstatthalterei Stuttgart dem Oberkirchenrat mit[29]*:*

Die maßgebende Stelle in Berlin hat in der Karwoche angeordnet, daß Mörike sofort aus der Haft zu entlassen sei und sein Amt wieder anzutreten habe. Mörike ist am Gründonnerstag auf freien Fuß gesetzt worden und wird nach einem kurzen Urlaub seine Arbeit in Kirchheim wieder aufnehmen. Er befindet sich wohl.   Ritter.

Nach der Freilassung von Pfr. Mörike predigte Oberkirchenrat Sautter am Osterfest, 17. 4. 1938, in der Stadtkirche in Kirchheim/Teck[30]*:*

Christ ist erstanden!

Meine Lieben in unsrem Herrn, so klingt es heute durch die ganze Welt. Christ ist erstanden! So singen unsre Bauerngemeinden droben auf der Alb, so singen aber auch die Schwabenkolonien in Ungarn, in Jugoslawien und in Rumänien. Christ ist erstanden! jubeln die jungen Missionsgemeinden in Afrika und Asien und die modernen Großstädte in Nord- und Südamerika. Christ ist erstanden! murmeln die sterbenden Überreste der russischen Christenheit, von dem Fanatismus des bolschewistischen Terrors zertreten und zerstört; aber auch in ihrem heimlichen Ostergruß klingt es wie eine Weissagung, wie ein Sieg der Zukunft: Auch in Rußland wird einmal das Osterlied wieder erklingen; unter den blutgierigsten Verfolgern des Christentums werden auch hier seine überzeugtesten Missio-

---

28 Der Entwurf des Berichts hat ab hier folgenden Wortlaut: »Diejenigen, die das Wahlgeheimnis auf übelste Weise gebrochen, Hausfriedensbruch schwerster Art begangen, einen Wehrlosen mit etwa dreißigfacher Übermacht überfallen und in seiner eigenen Wohnung, in der Nähe von Frau und Kindern, feige mißhandelt haben, sind nach wie vor in Freiheit. Der Überfallene befindet sich in Stuttgart in Haft.«
29 LKA Stuttgart, D 1, Bd. 76. Vgl. auch die Denkschrift von Pfr. Mörike »Über die Kirchheimer Vorgänge vom 10. April 1938 und deren Folgen« vom 23. 4. 1938 (LKA Stuttgart, D 1, Bd. 98).
30 LKA Stuttgart, D 1, Bd. 76; Predigttext war 1. Petr. 1, 3–9. Wiedergegeben ist hier der 1. Teil der Predigt.

nare aufstehen, denn mag die Welt das tausendmal bezweifeln und begeifern und bestreiten; es bleibt das größte Geheimnis, aber auch die größte Tat Gottes: Christ ist erstanden!

Aber freilich, wie sollten wir in einen solchen Ruf einstimmen, wie sollten wir ein solches Fest feiern, solange noch eine Last auf unsern Herzen liegt, solange eine Spannung nicht gelöst, eine feindselige Stimmung nicht überwunden ist durch den Frieden Gottes, welcher höher ist als alle Vernunft?[31] Liebe Freunde! Das Evangelium erlaubt uns nicht, einer schwierigen Frage auszuweichen, es läßt uns aber auch in keiner schweren Entscheidung allein. Die Liebe Jesu deckt alles Ungehörige und alles Unrechte auf, sie deckt aber auch der Sünden Menge zu. So räumt das Evangelium die Schwierigkeiten aus dem Wege, die sich unserer Andacht und unserer Gemeinschaft entgegenstellen wollen, und ich bitte Gott, daß er mir in dieser Stunde diesen Dienst in Eurer Gemeinde und an Euren Seelen gelingen lasse.

Die Stellung der Evang. Kirche in der Frage der Befreiung Österreichs und der Wiedervereinigung der Ostmark mit dem Reich ist über jeden Zweifel erhaben, denn allzu tief hat sich die Leidensgeschichte unsrer evangelischen Brüder und Schwestern dort in alter und neuer Zeit nicht bloß unsrem Gedächtnis, sondern wahrlich auch unsrem Gemüte eingeprägt. Der Führer selbst hat gesagt, daß in Österreich eine neue Gegenreformation gedroht habe; und was das bedeutet, bezeugt uns die Geschichte mit lauter Stimme.

Dieser unserer Haltung wurde in Württemberg noch besonders Ausdruck gegeben, und das mit Recht; denn Württemberg ist seit den Jahren der Reformation in einer besonders nahen Beziehung zu Österreich gestanden: nach Tübingen sind junge Steiermärker und Kärntner und Krainer gekommen, um dort das Evangelium zu studieren und dann die neue Lehre in die Täler ihrer Heimat zu bringen: der steirische Landeshauptmann Hans von Ungnad liegt in der Tübinger Stiftskirche begraben. Der Empfang des Herrn Reichsstatthalters hat uns allen gezeigt, wie wertvoll der politischen Führung die klare Haltung der Evang. Kirche in dieser Stunde nationaler Entscheidung sei; und der Besuch des Herrn Landesbischof bewies, wie wichtig ihm seinerseits ein klares Bekenntnis zu unseren besonderen kirchlichen Anliegen und Aufgaben bleibe.

Was sich in Eurer Stadt zugetragen hat, wurde nach beiden Seiten der Größe dieser Stunde nicht gerecht: Wenn der Landesbischof, der die Ver-

---

31 Phil. 4,7.

antwortung trägt, sein Ja ausspricht und begründet und es nicht für richtig hält, die Bekundung unserer berechtigten Anliegen in Verbindung zu bringen mit einem außenpolitischen Akt, dann geht er davon aus, daß auch seine Geistlichen und Gemeinden zu seinem Worte stehen. Auf der andern Seite: Wenn ein Mann, der im Großen Kriege als Soldat und Offizier mit seinem Blut ein Bekenntnis abgelegt hat zu seinem deutschen Vaterland, sich gewissensmäßig nicht zu einem vollen Ja hat durchringen können, dann ist das nicht die rechte Art, ihn zu überzeugen. Achtung vor jeder Überzeugung gehört zu den Eigenschaften einer wahrhaft großen Nation; wir können eine echte Volksgemeinschaft nur dann durchführen und besitzen, wenn jeder sich dieser Achtung vor den Anschauungen des anderen befleißigt. Überdies spreche ich kein Geheimnis aus, wenn ich sage: Der Führer hat mit seiner geradlinigen, tapferen und kühnen Politik das deutsche Volk einhellig hinter sich; wenn trotzdem Neinstimmen gefallen sind, so trifft die Schuld daran nicht den Führer, sondern diejenigen, die hinter dem Rücken des Führers gegen deutsche Art und deutsche Freiheit und gegen deutsche Überzeugungstreue die Gewissen vergewaltigen und den Glauben der Väter zerstören wollen.

Liebe Freunde! Es liegt eine schmerzliche Tragik darin: Der eine erwartet aus Patriotismus, aus Begeisterung für unser Volk und seine Zukunft ein »Ja«; und der andere kann ebenfalls aus Patriotismus, aus Sorge um unser Volk und seine Zukunft sich nicht zu einem vollen Ja entschließen, solange wichtige Fragen noch nicht klar entschieden sind. Was sollen wir tun? Einander kränken und verletzen und verfolgen? Sollen wir den Riß unheilbar machen? Wären wir im Ernst treue Söhne und Töchter unseres Volkes, wären wir zuverlässige Garanten seiner Zukunft, wären wir wahre Christen, wenn wir so handelten? Oder sollen wir gemeinsam zu dem gehen, der will, daß allen Menschen geholfen werde und sie alle zur Erkenntnis der Wahrheit kommen[32]? Die Besonneneren unter uns spüren deutlich, daß man mit derartigen Vorgängen dem Führer einen schlechten Dienst erweist; die Ernsten unter uns wissen, daß es aus solchen Entzweiungen nur einen echten Ausweg gibt: Wir kommen gemeinsam vor das Kreuz, an dem der Herr für alle gestorben ist, auf daß sie alle gerettet werden, weil wir alle schuldig sind. Das wollen wir bezeugen, indem wir von dem Lied 215 den 6. Vers singen[33]:
Ich hang' und bleib' auch hangen
An Christo als ein Glied!...

32 1. Tim. 2,4.
33 Paul Gerhardt, Auf, auf, mein Herz mit Freuden (Württ. Gesangbuch, Ausgabe 1912).

Nach seiner Entlassung aus dem Gefängnis in Stuttgart war Pfr. Mörike am 19. April vor Antritt eines schon genehmigten Urlaubs noch einmal kurz in Kirchheim. Über eine Wiederholung der Demonstration gegen ihn und über die dabei erfolgten weiteren Mißhandlungen berichtet Pfr. Mörike in seiner Denkschrift[34]:

Osterdienstag, 19. April

Den ganzen Nachmittag verblieb ich im Pfarrhaus, von nur ganz wenigen Bekannten begrüßt. Ich wollte jedes Aufsehen vermeiden, zumal ich ja nur bis Mittwoch früh in Kirchheim bleiben wollte, um dann in den bereits in Upfingen eingereichten Erholungsurlaub bis 2. Mai zu gehen. Erst um ³/₄ 8 Uhr, also bei völliger Dunkelheit, verbrachte ich meinen neunjährigen Buben zu Nachbarn, die sich in freundschaftlicher Weise angeboten hatten, ihn über den bevorstehenden Urlaub zu sich zu nehmen. Von da aus ging ich mit meiner Frau in die Bahnhofstraße zu den Schwiegereltern, um meinen Schwiegervater, den ich seit 10. April nicht mehr zu Gesicht bekommen hatte und der den ganzen Tag über in Stuttgart gewesen war, noch zu begrüßen. Noch muß ich ein Doppeltes nachholen. Etwa um 4 Uhr nachmittags mag es gewesen sein, da wurde ich ans Telefon gerufen, und als ich mich meldete, kam die Rückfrage: »Ist Stadtpfarrer Mörike selbst am Telefon?«, worauf ich meinerseits um den Namen des Fragers bat, der mir hartnäckig verweigert wurde. Es fiel dann noch die Bemerkung: »Was haben Sie denn noch in Kirchheim verloren? Das ist ja unglaublich.« Und: »Nun, Sie werden ja das Weitere noch bald genug erfahren.« Auf Rat meiner Frau, der ich von dem Telefongespräch nichts mitgeteilt hatte, benachrichtigte ich um 6 Uhr abends die Polizeiwache von meinem Aufenthalt bis zum nächsten Morgen unter gleichzeitigem Hinzufügen, daß dies alles in vollem Einvernehmen mit meiner Behörde und mit der Gestapo geschehe. Schon auf dem Weg zur Bahnhofstraße wurden wir, wie mein Schwager Martin Lörcher beobachtete, der zufällig um den Weg war, von zwei jungen Leuten verfolgt. Daraufhin eilte er, nichts Gutes ahnend, auf die Polizeiwache, sie zu alarmieren. Als die Polizeiwache, 4 Mann stark, nach etwa einer Viertelstunde im schwiegerelterlichen Haus eintraf, war alles schon in vollem Gang, nämlich die Wiederholung des 10. April, nur mit dem Unterschied, daß das ganze »Theater«, dies der Ausdruck eines neutralen Zuschauers der Straße, kaltblütig und planmäßig arrangiert und vermutlich von der Partei- und SA-Leitung selbst gemeinsam inszeniert war.

34 LKA Stuttgart, D 1, Bd. 98, S. 14–16.

Mit Sprechchor setzte es wieder ein, der bald Zuzug bekam: »Wir dulden keinen Volksverräter!« »Mörike muß raus, raus, raus!« Bereits fingen auch einzelne schon wieder an, ins Haus einzudringen, wurden jedoch rasch von der Frau des Hausbesitzers Dr. Glöckler jun. hinausgewiesen. Aus den ursprünglich 10 bis 20 Leuten lauter jüngeren Alters wurden sehr schnell 50 und mehr, die durch Radiolautsprecherwagen, der durch die ganze Stadt fuhr, schnell herbeigetrommelt worden waren. Die Polizei, bald verstärkt durch den Stationskommandanten Neubig, riet mir, unter ihrem Schutz das Haus zu verlassen und mich erneut ins Gefängnis abführen zu lassen. Ich weigerte mich, weil ich keine Lust hatte, den 10. April auf meinem Kopf und Rücken wiederholen zu lassen. Es wurde der Vorschlag gemacht, ein Auto beizuschaffen. Damit erklärte ich mich einverstanden und war bereit, mich im Auto zum Gefängnis bringen zu lassen. Ein Auto war aber nirgends zu kriegen. Nun versuchte man, den stellvertretenden Landrat Maier von Nürtingen telefonisch zu erreichen, sowie den Kreisleiter Mahler. Landrat Maier erschien nicht, während Kreisleiter Mahler von Anfang an dabei gewesen zu sein scheint, auch habe er eine Ansprache an die erregte Menge gehalten. Während dem allen aber wuchs der Haufe und wuchs, und das Geschrei nahm überhand, so daß schließlich der Oberwachtmeister mir die Weisung, quasi mir den dienstlichen Befehl gab, ihm zu folgen, nachdem die SA-Führer Groß und Lechler ehrenwörtlich versichert hatten, daß mir nichts geschehen werde. Zwar gab ich, wie ich ausdrücklich betonte, auf dieses Ehrenwort nichts, aber der Weisung leistete ich Folge, machte mich fertig, verabschiedete mich und setzte mich mit den 4 Wachtmeistern in Marsch. Der Weg war diesmal gegenüber dem 10. April doppelt so weit zum Gefängnis und die johlende, brüllende, fanatisierte und dämonisierte Menge belief sich etwa auf das Zehnfache vom Sonntag, 10. April. Es war unbeschreiblich, mit welchem Stimmaufwand und mit welchen Kraftausdrücken die Meute und besonders einzelne »Patrioten« arbeiteten. Tatsächlich wurde nichts gegen mich unternommen, nur daß ich einmal von hinten angespuckt wurde. Schließlich nahm der Sprechchor, der von geschickter Hand geleitet schien, immer deutlicher die eine Fassung an: »Mörike muß aus Kirchheim raus!« Das wurde mit großer Kraft gebrüllt, immer wieder und wieder. Ich selbst war, nachdem der »Zauber« in Gang war und ich wieder mitten drin in der Teufelei, von der ganzen Sache wiederum so gut wie nicht berührt und konnte völlig ruhig und gefaßt alles über mich ergehen lassen. Um $^3/_4$ 10 Uhr war ich wieder in meiner Zelle, die ich im selben sauberen Zustand antraf, wie ich sie verlassen hatte. Geschlafen habe ich wenig in der Nacht.

Mittwoch, 20. April

Am Geburtstag des Führers im Gefängnis! Ob es wohl seine Treuesten sind, die mich dahin gebracht haben? Ob er sich wohl auf diese Schreier und Straßenterroristen verlassen kann, wenn's einmal gilt? Ich glaube es nicht, sondern all diese Leute, jetzt zum revolutionären Kampf der Straße gegen die Kirche und Pfarrer eingesetzt, sind Spreu und Flugsand, und wie der Wind weht, dahin lassen sie sich wehen. Es ist ein gefährlich Spiel, ein Spiel mit dem Feuer, in dem man selber einmal umkommen kann, wenn man seine Politik mit der Straße macht, wenn man den »funkelnden Geisteskampf« mit dem Einsatz verwerflichster Mittel, gefährlichster Instinkte, brutalster Gewalt bereitet. Das Wetter war winterlich kalt und fortwährend von Schneeschauern begleitet. Die Blüte ist wohl weithin zerstört, und der Frühling läßt auf sich warten. Auch brach nachmittags plötzlich ein Gewitter los mit starkem Blitz und Donner; manches Kirchheimer Herz mag dabei etwas schneller geschlagen haben als sonst. Mir wurde es auch recht ernst zumute.

Gegen ½ 5 Uhr nachmittags kam Dr. Köhrer von der Gestapo in meine Zelle und teilte mir wiederum meine Freilassung mit, gleichzeitig mit dem Bescheid, daß an eine Rückkehr meinerseits nach Kirchheim nicht mehr zu denken sei. Ich erwiderte, daß ich darauf nicht eingehen könne, sondern lieber im Gefängnis bleibe. Er stellte dann fest, daß es der Gestapo ganz unmöglich sei, gegen 500 Demonstranten sich durchzusetzen und Ruhe und Ordnung zu schaffen. Worauf ich erwiderte, ich wüßte einen Weg, wie in kürzester Zeit ganz leicht die gestörte Ruhe und Ordnung wieder herzustellen sei, wenn nämlich dafür gesorgt werde, daß die 2 bis 3 Rädelsführer der Affäre verhaftet und exemplarisch bestraft würden. Er meinte, das einfachste sei, wenn ich Kirchheim für immer verlasse, worauf ich zur Antwort gab, daß das für mich unter den bestehenden Umständen niemals in Frage komme und ich mir mein Kirchheimer Amt keinesfalls durch den Terror der Straße streitig machen lasse. Er schränkte nun seine Forderung dahingehend ein, daß ich »zunächst« Kirchheim verlassen solle, worauf ich um so eher eingehen konnte, als ich dies ja von jeher nicht anders geplant hatte. Darauf war ich entlassen...

Am 28.4.1938 nahm die Versammlung der Vertrauensleute der Bekenntnisgemeinschaft folgende Entschließung zum Fall Mörike an[35]*:*

Die Vertrauensmännerversammlung ist der Überzeugung, a) daß es einen vollen, auch um seiner Folgen für Staat und Kirche willen sehr

---

35 LKA Stuttgart, D 1, Bd. 98; Protokoll der Besprechung, Ziffer V.

gefährlichen Sieg des Straßenterrors bedeuten würde, wenn Amtsbruder Mörike infolge tumultuarischer Vorgänge in Kirchheim auch von der Kirchenleitung aus seinem Kirchheimer Amt entlassen würde, daß aber auch b) der bekennende Teil der Kirchheimer Gemeinde das als Preisgabe seiner selbst empfinden müßte. Bittet den OKR, den Amtsbruder Mörike unter allen Umständen in seinem Kirchheimer Amt zu halten und nötigenfalls gegen die Herrschaft der Straße den Rechtsschutz des Staates zu fordern.

Im April 1938 befaßte der Kirchengemeinderat Kirchheim/Teck sich mit dem Verhalten von Pfr. Mörike bei der Abstimmung und dessen Folgen; er übergab dem Oberkirchenrat folgende Erklärung[36]*:*
Der größte Teil der Kirchengemeinde Kirchheim hat die Predigttätigkeit, Jugendarbeit und Seelsorge von Stadtpfarrer Mörike um seines muti-

---

36 LKA Stuttgart, D 1, Bd. 76; vgl. auch den Brief von Pfr. Kinzler, Kirchheim/Teck, an Pfr. Mörike vom 20.5.1938 über das Verbleiben Mörikes in Kirchheim und über die Verhandlungen im Kirchengemeinderat; es heißt dort: »›... Leider ist es nicht nur die ›Straße‹, also das Pöbelvolk, das überall dabei ist, wenn etwas ›los‹ ist, und das mit etwas Geld und Freibier zu allem gebracht werden kann, sondern jedenfalls am 19.4. war es die Partei selbst, die das Unternehmen geplant, vorbereitet und durchgeführt hat – allerdings, aber sehr schlecht, als ›Straße‹ getarnt. Das ist ein sehr großer Unterschied, denn mit der ›Straße‹ würde die Gestapo (trotz jenem Ausspruch) und schon unser Amtsgericht fertig, aber nicht mit der Partei, die bekanntlich über dem Staat steht und ihn beherrscht. Du nennst als unsre Absicht, die uns bei jenem Beschluß geleitet habe, daß wir Dich und Deine Familie hätten schonen wollen, weisest aber solche Schonung als einen zwar wohlgemeinten, aber ungöttlichen Petrus-Rat zurück... Lieber Freund, bei diesen Deinen flammenden Ausführungen, die uns schon aus Deinem ganz ähnlichen Kampfruf vom Oktober 1936 bekannt sind, als Dir der Religionsunterricht entzogen wurde, kann ich nicht mittun. Daß Du der rechtmäßige Pfarrer von Kirchheim bist (wobei ich freilich etwas darüber lächeln muß, daß der Vocatio durch den sonst nicht so übermäßig verehrten und geschätzten Oberkirchenrat und Landesbischof auf einmal solch hoher Wert zugemessen wird, als einem ›Gesetz der Meder und Perser, das nicht gebrochen werden kann‹) und daß es ein großes Unrecht wäre, wenn Du ohne Gerichtsurteil usw. aus diesem Deinem Amt verdrängt, ›weggeekelt‹ werden solltest, das steht unter allen rechtlich denkenden Menschen fest. Aber daß es für die Sache Gottes gerade von entscheidender Bedeutung sein soll und darum wirklich ›mit allen Mitteln‹ erkämpft werden muß, daß Du gerade hier Deine Wirksamkeit ausübst, das kann ich, und nicht wenige andere, nicht einsehen. Daß wir – oder jedenfalls ich, nicht mit der Kraft und dem Feuer das Wort verkündigen können wie Du, das gebe ich gerne zu; aber das darf ich doch auch sagen: Wenn Du von Kirchheim verschwinden müßtest, so verschwindet das Evangelium nicht von hier, abgesehen davon, daß ja an Deine Stelle abermals ein rechter Zeuge Jesu Christi kommen kann. Freund Mayer von Bissingen hat dazu ein Wort von Augustin angeführt: wenn ein Prediger des Evangeliums so angegriffen werde (wie Du),

gen christlichen Zeugnisses willen immer besonders geschätzt. Stadtpfarrer Mörike ist nun von einer kleinen Anzahl von Leuten überfallen, mißhandelt, beschimpft und weggebracht worden. Dies geschah wegen einer persönlichen Gewissensentscheidung von Stadtpfr. Mörike, die er in der Wahl unter Wahrung des Wahlgeheimnisses getroffen hat. Wie man auch über die Form dieser persönlichen Entscheidung denken mag, so kann doch gegen die Sache und den Inhalt, den Mörike hier vertrat, vom Evangelium aus nichts eingewendet werden. Ein Grund, daß die Gemeinde sich von ihrem Seelsorger trennt, besteht also von hier aus nicht. Sie ist vielmehr durch die feierliche Amtseinsetzung vor 2 ½ Jahren an ihn gewiesen und er an sie. Auf Grund des ihm dort gegebenen Auftrags hält sich der Kirchengemeinderat für verpflichtet, den Oberkirchenrat zu bitten, dafür Sorge zu tragen, daß unter allen Umständen der Gemeinde ihr rechtmäßiger Pfarrer wiedergegeben wird und daß Mörike so bald als möglich wie-

> dann solle er weichen, wenn die Gemeinde auch nach seinem Abgang mit dem Evangelium versorgt werde; andernfalls solle er suchen, sich mit allen Mitteln zu behaupten. Und ich glaube, solches Verhalten mit biblischen Beispielen belegen und rechtfertigen zu können... Und jetzt komme ich an einen Punkt, der mir zu sagen schwer wird, und den ich doch der Ehrlichkeit zulieb sagen muß. Ich habe in Deiner ›Denkschrift‹ wie in Deinem Brief auf ein Wort der Buße gewartet, nämlich des bußfertigen Eingestehens, daß ein gewisser Teil des Hasses, der in so dämonischer Weise gegen Dich losgebrochen ist, von Dir selbst verschuldet ist, durch die allzu schroffe und kämpferische Art, mit der Du oft meintest, auf Deine Gegner losschlagen zu müssen und sie zu reizen, auch in Fällen, wo es das Evangelium nicht verlangt hat... Aber ich komme von dem Eindruck nicht los, daß Du manchesmal mehr aus dem alttestamentlichen Geist eines Elia den Kampf geführt hast als aus dem Geist Jesu Christi (Luk. 9,55)... In dem schweren Ringen, das uns immer wieder auferlegt ist, Wahrheit und Liebe zu verbinden, hast Du sehr stark die Wahrheit betont, und dafür sind Dir viele dankbar, auch ich selber, denn ich habe da manches von Dir gelernt; aber nach meinem Gefühl ist dabei die Liebe, die uns nach 1. Joh. 4,16 allein in Gott bleiben läßt, besonders die Liebe gegenüber den nicht wenigen zwischen Christenglauben und Parteianforderungen Drinstehenden, manchmal zu kurz gekommen; bei mir mag der umgekehrte Fehler vorliegen... Es gibt unter den rund 1000 Pfarrern auf der Bekenntnisseite (in unsrem Württemberg), besonders auch unter Dir Nahestehenden, doch ganz gewiß manche unerschrockene und tapfere Verkündiger des vollen Evangeliums, aber gegen keinen von ihnen hat sich meines Wissens bis jetzt solch ein Haßausbruch gerichtet wie gegen Dich. Ist das ein Zeichen dafür, daß Du der einzige wahre Zeuge Jesu Christ bist? oder sollte es nicht ein Fingerzeig dafür sein, daß es auch sehr stark darauf ankommt, wie man die aufgetragene Botschaft ausrichtet?... Daß wir vom Kirchengemeinderat und womöglich die ganze Gemeinde ›mit Leib und Leben‹ für Deine Rückkehr kämpfen sollen, das kann ich nicht als Gottes Willen an uns anerkennen; es ist mir auch nichts davon bekannt, daß etwa die Gemeinden der ausgewiesenen Brüder in Norddeutschland das getan und mit ihren Leibern ihre Pfarrer vor der Ausweisung beschützt hätten...« (LKA Stuttgart, D 1, Bd. 77).

der nach Kirchheim zurückkehrt. Diese Sache ist uns auch aus dem Grund so wichtig, weil der Kirche und dem Staat ein schlechter Dienst getan wäre, wenn hier ein Präzedenzfall geschaffen würde in der Art, daß ein ehrlicher aufrechter Mann durch künstlich aufgeputzte Straßendemonstrationen und Gewalttätigkeiten von seinem Amt und Wohnsitz gejagt wird. Die Folge müßte eine unabsehbare Rechtsunsicherheit sein, an der der Kirchengemeinderat nicht mitschuldig werden will.

Im Auftrag des Oberkirchenrats verhandelte Oberkirchenrat Sautter mit dem Landrat von Kirchheim / Teck über Pfr. Mörike; darüber liegt folgende Aktennotiz vom 3. 5. 1938 vor[37]*:*

Am 2. 5. 1938, nachmittags, teilte Landrat Bodmer von Kirchheim nach seiner Rückkehr von seinem Besuch beim Oberkirchenrat fernmündlich mit: Er habe nun, um sich weiter zu informieren, mit verschiedenen urteilsfähigen Männern beider Fronten gesprochen und dabei festgestellt, es habe sich schon seit langen Monaten Stoff aufgehäuft, der bei irgendeiner Gelegenheit zum Ausbruch kommen mußte. Die Form des Ausbruchs war nicht schön, aber die Stimmung infolge der schroffen Äußerungen, die Mörike in keiner Predigt und keiner Bibelstunde unterlassen konnte, hatte sich derart gesteigert, daß nach Ansicht der Masse ein gewisses Volksnotrecht entstanden war. Mörike habe, das müsse man sagen, unverantwortlich gehetzt, jede Warnung und Mahnung sei immer auf eine völlige Verständnislosigkeit bei ihm gestoßen. Landrat Bodmer selber sei oft, obwohl er inneren Anteil nehme, nach dem Gottesdienst weggegangen mit dem Entschluß, jetzt nie mehr in die Kirche zu gehen. Mörike habe jahrelang mit dem Feuer gespielt und manchmal auf der Kanzel das Einschreiten des Staates oder der Partei geradezu herausgefordert. Er sei oft mit seinem Urteil über andere Menschen hinweggegangen und dürfe sich deshalb nicht wundern, wenn nun Menschen, denen ein feineres Unterscheidungsvermögen fehle, in dieser Weise über ihn hinweggehen. Soll man dieser Masse nicht das Gefühl des Sieges lassen? Können wir es verantworten, wenn die Leute sich herumbalgen? Er als Landrat müsse es auf jeden Fall ablehnen und lege Wert darauf, die Kirchenleitung gewarnt zu haben.

Wenn Mörike zum Zweck des Umzugs hierher kommen sollte, möchte man das vorher ausdrücklich sagen; Landrat Bodmer halte es aber für das beste, wenn Mörike auch auf eine kurze Anwesenheit verzichte. Falls der

---

37 LKA Stuttgart, D 1, Bd. 77; der Brief des Evang. Dekanatamts Kirchheim an den Reichsstatthalter befindet sich nicht bei den Akten.

Brief des Dekanatamts an den Herrn Reichsstatthalter weiter verfolgt werde, würde Landrat Bodmer es für erforderlich halten, daß der Name des Dekans dabei nicht genannt werde, denn jedes Eintreten eines Bezirksangehörigen für den Verfolgten erscheine bei der heutigen Stimmung gefährlich. Es wird verabredet, daß Landrat Bodmer sich noch mit Studienrat Dilger ausspricht und in einigen Tagen persönlichen Bescheid bekommt. Sautter.

Über seine Bemühungen im Fall Mörike schrieb Oberkirchenrat Sautter am 14.5.1938 an Pfr. Stiefenhofer, Freudenstadt, der den Brief an Pfr. Mörike vermitteln sollte[38]*:*

Sehr geehrter Herr Amtsbruder!

Darf ich Sie bitten, auch diesen Brief zu lesen und dann Amtsbruder Mörike weiterzugeben.

Lieber Herr Amtsbruder!

In meinem letzten Brief habe ich Ihnen zum Schluß geschrieben, Sie werden nun noch ein Wort von mir erwarten, aber das könne ich Ihnen noch nicht mitteilen. Es ist nun notwendig, daß ich diese Ergänzung folgen lasse. Es geschieht dies rein persönlich, nicht amtlich, und ich bitte Sie, es auch so aufzunehmen. Ich spüre dazu eine besondere Verpflichtung, da ich des öfteren unter Ihrer Kanzel saß und nach jener Nebukadnezarbibelstunde nicht bloß das Lobenswerte hätte nennen sollen, sondern auch das, was meines Erachtens nicht zur Verkündigung des Evangeliums gehört. Es geht einem ja manchmal so, daß man an einer gutgemeinten Unterlassung schwer zu tragen hat. Während unser Bataillon einmal in Werwick in Ruhe lag, marschierte eines Sonntag morgens ein junger Offizierstellvertreter unseres Bataillons, ein katholischer Theologe, mit der katholischen Kirchenmannschaft an mir vorbei zum Gottesdienst; dabei gab er die vorgeschriebene Ehrenbezeugung ab, aber zu spät und in einer ganz ungenügenden Form. Ich hätte in jedem Fall einen Tadel ausgesprochen, aber ich wußte – ich war Bataillonsadjutant –, daß die Abteilung auf dem Wege zur Kirche sei. So grüße ich freundlich und ließ ihn einfach passieren. Wenige hundert Meter nachher begegnete die Abteilung dem preußischen Divisionsgeneral, der in Französisch-Werwick sein Quartier hatte, und gab dabei dieselbe Ehrenbezeugung wahrscheinlich in derselben ungenügen-

---

38 LKA Stuttgart, D 1, Bd. 77.

den Form ab. Der fremde General hielt den Führer an und meldete ihn unserer Division, so daß der arme Kerl wenige Tage später mit einer scharfen Rüge im Divisionsbefehl namentlich genannt wurde. Den größeren Teil der Schuld trug ich und habe auch nicht unterlassen, das bei der nächsten Begegnung unserem Divisionskommandeur Exzellenz Graf von Pfeil zu sagen. Ähnlich geht es mir heute, wenn ich natürlich auch nicht sagen kann, ob Sie einer Bitte oder Mahnung meinerseits Gehör gegeben hätten.

Doch nun zu unserer Frage: Sie möchten auch von mir wissen, wie ich von einer Rückkehr in Ihr Kirchheimer Amt denke und was ich Ihnen raten würde. Ich weiß nicht, ob Ihnen mein Rat von Wert ist, ich kann das nicht verlangen, vielleicht nicht einmal erwarten, muß ich mich doch von Bezirk zu Bezirk wegen meiner Kirchheimer Predigt fast verantworten gegenüber schweren Verdächtigungen, die freilich regelmäßig verstummen, sobald der Tatbestand und der Wortlaut bekannt wird; aber dem sei, wie ihm wolle. Sie haben meines Erachtens Anspruch darauf, daß wir an Sie denken und daß jeder das Seine tut, Ihnen beizustehen. Unser Gebet ist gewiß das wichtigste, denn schon in wenigen Jahren wird niemand mehr nach den Umständen, aber jedermann nach dem Willen Gottes fragen. Aber nachdenken müssen wir doch selber über die nächsten Schritte.

Ich habe meine Predigt nach jenem ersten Ausbruch des Volkswillens gegen Ihre Stellungnahme am Wahltag zu halten gehabt. Ich habe weder dem Herrn Landrat noch der Reichsstatthalterei gegenüber verschwiegen, daß ich nach dem zweiten Auflauf vor der Wohnung Ihrer Schwiegereltern eine wesentlich andere Predigt für notwendig gehalten hätte. Nicht, als würde ich mich auch bei der zweiten Predigt an etwas anderes als an das Wort Gottes gehalten haben. Aber, was in den politischen Raum zu sagen war, würde anders gelautet haben: Wir können vom Staat nicht verlangen, daß er alle kirchlichen Anliegen versteht, aber wir müssen von ihm erwarten, daß er die notwendigen Entscheidungen an einer verantwortlichen Stelle trifft. Ich hätte an beiden Stellen bemerken müssen: Nach den Vorkommnissen am Wahlsonntag sei ich der Überzeugung gewesen, daß Stadtpfarrer Mörike nicht wieder nach Kirchheim zurückkehren kann, weil er aus bester Überzeugung heraus, aber bei einer durchaus ungeeigneten Gelegenheit etwas geäußert habe, was von der begeisterten Menge nicht anders verstanden werden konnte als eine Absage gegen die Politik des Führers, dem wir doch die Befreiung des österreichischen Volkes durch eine kühne, aber wirklich große Tat verdankten. Nach dem zweiten Angriff auf Ihre Person würde es mir schwer fallen, an dieser Stellung festzuhalten. Denn jetzt wäre eine anderweitige Verwendung nicht mehr Rücksicht auf einen eben doch erheblichen Teil der Gemeinde, sondern Zurückweichen vor einer Masse, der man, aus Liebe zu ihr, nicht nachgeben, sondern Widerpart leisten muß. Ich gestehe freilich, daß diese Stellungnahme nicht rein kirchlichen und rein evangelischen Gründen entspringt – Paulus hat mit seinem Beharren auf seiner persönlichen Ehre in Philippi meines Erachtens die evangelische Linie auch verlassen –, sondern vorwiegend staatspolitischen Gedanken und Gefühlen. Von ihrer Richtigkeit bin ich allerdings überzeugt, und wer sich nicht bloß als Christ, sondern auch aus christlicher Pflicht heraus als Deutscher gebunden weiß, wird sich dieser Anschauung anschließen.

Wie rein kirchlich und rein evangelisch die Frage zu entscheiden ist, sehe ich noch nicht mit völliger Klarheit. Es gibt ernste Menschen in Kirchheim, die meinen, bei einem zweiten, wohl bestimmt mißglückenden Versuch würde so viel kirchliche Möglichkeit zerschlagen, so viel seelsorgerliche Möglichkeit auf lange Zeit hinaus zerstört, daß man um der Kirche und um des Evangeliums willen das nicht tun dürfe. Auch die treuen Anhänger wissen eben, daß Sie auf der einen Seite sachlich einen klaren und festen Standpunkt immer eingenommen haben, daß aber in der Form der Darbietung gar oft die Grenze überschritten wurde, innerhalb derer das Evangelium wirklich als Evangelium in die Seelen der Menschen gelangt. Sie können sich denken, wie schwer es einem fällt, das auszusprechen, und ich bitte Sie ausdrücklich, darüber die Dankbarkeit für Ihre tapfere Haltung nicht zu übersehen, die Dankbarkeit vor allem für Ihr ernstes Bemühen, dem Evangelium in seiner Reinheit und Einzigartigkeit zu dienen. Aber man hört doch zu häufig, als liege im Evangelium die Begründung nicht bloß einer inneren Freiheit, sondern einer vollkommenen Rücksichtslosigkeit, und doch zeigt jeder Blick in die Geschichte, daß es zwar Zeiten gibt, in denen das Evangelium zur Freiheit ruft. So war es 1517: »Wenn unser Herr und Meister Jesus Christus spricht: Tut Buße, so will er damit haben...« In der heutigen Lage der Kirche höre ich aus dem Evangelium den klaren Ruf, der doch wahrlich erprobten Führung unserer Württ. Landeskirche durch den Herrn Landesbischof zu folgen und nicht immer wieder besondere Wege zu versuchen, die nicht schriftgemäßer und nicht gewissenhafter sind als der Weg des Herrn Landesbischof, die aber bei den Gegnern des Christentums immer aufs neue den Eindruck der Zersplitterung und der Unsicherheit erwecken müssen. Ich darf das persönliche Zeugnis nicht zurückhalten: Aus einer langjährigen Erfahrung heraus darf ich sagen, daß ich kaum einen Mann kenne, der mit gleicher Gewissenhaftigkeit auch kleine Schritte tut und der mit demselben Mut den Weg geht, den er nach gewissenhafter Prüfung für den richtigen hält, als das bei unserem Herrn Landesbischof der Fall ist. Es ist, auch das bemerke ich rein persönlich, für eine Kirchenleitung ein leichter Entschluß, Sie nach Kirchheim zurückkehren zu lassen und dann denen, die diese Rückkehr forderten, die Verantwortung für alles Folgende zuzuschieben; es ist ein sehr schwerer Entschluß, Ihnen einen anderen Platz zuzuweisen und sich dadurch die Kritik aller derer zuzuziehen, die aus bestem Willen heraus zu kirchlicher Festigkeit mahnen, die Verantwortung freilich nicht zu übernehmen gewillt sind.

Ich kann deshalb keinen anderen Rat geben als den, der Anordnung des Herrn Landesbischof, die ich im einzelnen noch nicht kenne, zu folgen.

Indem ich Ihnen und Ihrer lieben Frau von Herzen wünsche, daß Sie auch den äußeren Frieden wieder finden und in eine befriedigende Arbeit da oder dort eintreten dürfen, grüße ich Sie in treuer Verbundenheit und werde jederzeit gerne zu Ihren Diensten stehen, wo immer ich etwas helfen kann.

Ihr ergebener R. Sautter.

Am 23.6.1938 berichtete Oberkirchenrat Borst an Oberregierungsrat Dr. Ritter von weiteren Besprechungen, die er in Kirchheim/Teck geführt hatte[39]:

Sehr verehrter Herr Oberregierungsrat!

Ich war gestern abend geschwind in Kirchheim, um mich mit dem dortigen Ortsgruppenleiter in der Sache Mörike zu besprechen. Ich habe den Eindruck, daß er, obwohl erst seit Mitte April mit dem neuen Amt betraut, sich doch bemüht, klar zu sehen. Er tut sich anscheinend recht schwer. Die alten Kämpfer stünden im Schmollwinkel, viele seien verärgert usw. Idealisten seien es nur wenige. So bietet die ganze Ortsgruppe kein erfreuliches Bild.

Die Behandlung von Mörike habe der Partei in Kirchheim sehr geschadet. Innerhalb der Ortsgruppe hätte es neue Differenzen und Schwierigkeiten deshalb gegeben. Der Kreisleiter, der die ganze Sache arrangiert hätte, sei zwar jetzt in Nürtingen, aber er betrachte Kirchheim immer noch als seine Domäne. Diejenigen, die nun sehen, was sie mit ihrem Vor-

---

39 LKA Stuttgart, D 1, Bd. 77.

gehen gegen Mörike angerichtet haben, hätten ein schlechtes Gewissen und würden es als einen Triumph der Gegenseite betrachten, wenn Mörike sein Amt wieder aufnehmen würde. Es seien dies allerdings weniger persönliche Gegner von Mörike als eben die Radikalen, Leute, die jede kirchliche Arbeit und christliche Verkündigung ablehnen. Andererseits gebe es in der Partei nicht wenige, er selber gehöre auch zu ihnen, die Mörike ihre Achtung nicht versagen. Mörike sei ein charaktervoller Mann. Wenn er nur solche Nationalsozialisten in Kirchheim hätte. Zum Schluß sagte der Ortsgruppenleiter ausdrücklich: »Wenn der Herr Reichsstatthalter ein Machtwort hierher spricht, dann hielte ich es für nicht ausgeschlossen, daß Mörike sein Amt wieder aufnimmt.«

Mein ganz persönlicher Eindruck war der, daß sich der Ortsgruppenleiter außerordentlich schwer tut, in seiner Ortsgruppe Disziplin zu halten. Vielleicht wirkt noch der Einfluß des früheren Ortsgruppenleiters, eines Österreich-Flüchtlings, nach, dem es aus der Erfahrung und dem Kampf in Österreich nahe lag, sich weniger in den Schranken einer legalen Aufbau- und Erziehungsarbeit zu bewegen. So scheint auch heute noch einer bestimmten Gruppe innerhalb der Ortsgruppe, die nach dem Jahr 1933 aufgenommen wurde und sich bilden konnte, der illegale Weg der sympathischere zu sein. Unter Ausnutzung dieser Zusammensetzung und politischen Stimmung innerhalb der Ortsgruppe scheint das Manöver um Mörike möglich gewesen zu sein. Die Möglichkeit besteht nach meinem Eindruck durchaus, daß die Illegalität bei einer x-beliebigen Gelegenheit wieder durchbricht. Schon aus diesem Grund dürfte ein Machtwort des Herrn Reichsstatthalters gewiß erzieherisch wirken. Der Ortsgruppenleiter hat allen guten Willen. Er wird sich bestimmt dafür einsetzen, daß der Wunsch des Herrn Reichsstatthalters auch durchgesetzt wird. Aber er braucht eine Deckung und Stützung von oben. Meines Erachtens kann die Kirchheimer Ortsgruppe innerlich und an Ansehen nur gewinnen, wenn der Druck von oben anstatt von unten kommt. Hiebei spielt es keine Rolle, was mit Mörike geschieht. Die Ortsgruppe wird nicht besser und nicht schlechter, ob Mörike bleibt oder geht. Dafür, daß die Ortsgruppe sich verhauen hat, kann weder Mörike noch die Kirche büßen. Zunächst sollte Mörike jedenfalls wieder nach Kirchheim zu seiner Frau zurückkehren. Es ist doch ein Unding, wenn ein Mann nicht seiner Frau beistehen kann, die ihr 5. Kind erwartet.

Darf ich bitten, diesen Brief vertraulich behandeln zu wollen.

Heil Hitler! Ihr ergebener [Borst].

Eine Rückkehr von Pfr. Mörike auf seine Pfarrstelle in Kirchheim/Teck schien schließlich nicht mehr möglich. Er versah vertretungsweise den Dienst in Dornhan, am 20.7.1939 wurde ihm die Pfarrei Flacht-Weissach übertragen.[40]

In Neckartailfingen wurden diejenigen, die bei der Volksabstimmung mit Nein gestimmt hatten, öffentlich bekanntgegeben und bedroht; das Evang. Pfarramt Nekkartailfingen berichtete darüber[41]*:*

Vorgänge in Neckartailfingen anläßlich der Wahl am 10. April

1. Am Dienstag, den 12. April, wurde hier in der Gemeindehalle in einer öffentlichen Gemeindeversammlung vom Ortsgruppenleiter die Richtigstellung des hundertprozentigen Wahlergebnisses mitgeteilt. Es seien 7 Nein-Stimmen gefallen. Der Grund dazu könne religiöser Wahnsinn oder Dummheit sein, er wisse es nicht. Vom SA-Führer wurde dann aufgefordert, vor die Häuser dieser veröffentlichten Volksgenossen zu ziehen, die sich selbst verraten hätten. Das Ergebnis der Hundertprozent-Wahl bleibe bestehen, die 7 Nein-Stimmen seien Nürtingen zugerechnet worden.

Nun formierte sich unter Vorantritt der SA ein Demonstrationszug, bei dem auch die Jugend vertreten war. Vor den Häusern wurde im Sprechchor gerufen: »Heraus mit den Volksverrätern!« »Es ist Zeit, daß ihr vom Erdboden verschwindet!« »Ihr bekommt eine Freikarte nach Moskau!« Es wurde bei den Geschäftshäusern zum Boykott aufgefordert. Während der Demonstration wurde mit Steinen nach den Fenstern geworfen, wobei im Haus des Gärtners X beinahe alle Fensterscheiben eingeworfen wurden, nachdem in der Nacht vom Sonntag auf Montag schon einige Fenster des Gewächshauses eingeworfen worden waren. Es sollen auch sonst in der Nacht noch allerlei Dinge passiert sein.

2. Unter diesen 7 Nein-Stimmen befinden sich nun 6 Personen, die das Nein aus religiösen Gründen abgegeben haben: Frau Y, Frl. Z (Tochter), Angestellte bei der Kreissparkasse Nürtingen, und die 4 Angehörigen der Gärtnerei X, die Eltern, Sohn und Tochter. Die ersteren konnten sich nicht entschließen, die Liste des Führers mitzuwählen, weil Namen wie Rosenberg und Kerrl in ihr enthalten waren, zu deren Kirchenpolitik und Aussagen sie nicht Ja sagen konnten; die letzteren, weil die hiesigen Partei-

---

40 Vgl. auch die vorsichtigen Ausführungen Wurms zum Fall Mörike bei der Tagung des Pfarrvereins (siehe S. 975–977).
41 LKA Stuttgart, D 1, Bd. 76; die Namen von Gemeindegliedern wurden hier getilgt.

mitglieder in ihrer Mehrzahl der Kirche gegenüber eine ablehnende Haltung einnimmt. Frl. Z hat ihren Arbeitsplatz bis jetzt noch nicht verloren. Es soll ihr auf 15. gekündigt sein, und die Eltern Y sind gewillt, den Boykott ihres Eisenwarenladens durchzuhalten. Gärtner X dagegen ist der Handel mit seiner Ware in den umliegenden Ortschaften, in die er hauptsächlich kam, verboten worden (vom Bürgermeisteramt), außer Schlaitdorf, Walddorf, die zum Tübinger Kreis gehören. Bei X fiel ins Gewicht, daß der Vater Pg. ist. Wohl wird das Nein der obigen Personen hier von niemand verteidigt, aber die Mehrzahl der Einwohnerschaft kann auch nicht die Vorgänge verteidigen, die dabei geschehen sind. Man weiß nicht, wie bei einer geheimen Wahl die Namen der Neinsager bekannt werden können. Pfr. Schütt.

Wegen des Boykotts gegen ein kleines Geschäft in Neckartailfingen versandte der Vertrauensmann der Evang. Bekenntnisgemeinschaft im Bezirk Nürtingen, Pfr. Hermann, Neckartenzlingen, am 29.6.1938 ein Rundschreiben an die Pfarrersfamilien der Umgebung[42]*:*

Sehr geehrte, liebe Frau Pfarrer! Nach Rücksprache mit Amtsbruder Schütt in Neckartailfingen teile ich Ihnen mit der Bitte um rasche Weitergabe von Mund zu Mund mit:

Herr und Frau Fr. Y, Eisen- und Kolonialwaren in Neckartailfingen (links vom Löwen, gegenüber der Neckarbrücke) sind von der Ortsgruppe der NSDAP und deren Gliederungen boykottiert. Grund: Frau Y und Tochter haben am 10. April dieses Jahres und aus ehrlicher christlicher Überzeugung mit »Nein« gestimmt, weil sie Rosenberg und Kerrl nicht wählen wollten. Sie weigern sich zu widerrufen. Die Gemeinde beugt sich leider weithin diesem rechtswidrigen Terror. Der Boykott wird fühlbar (Tage ohne Kasse).

Nun bitte ich Sie, zusammen mit Herrn Pfarrer und wackeren Gemeindegliedern, mit Takt und Tatkraft Ihre ganze Autorität einzusetzen, um dortige Gemeindeglieder an die Verbundenheit des Glaubens und an die Verpflichtung der Liebe zu erinnern und sie zu ermutigen zu öffentlichem Einkauf bei Y am hellen Tage. Eisenwaren: Beschläge, landwirtschaftliche Geräte, Email für die Küche, Küchenartikel, Öfen, Herde. Kolonialwaren (beschränkt): Kaffee, Malz, Zichorie, Zucker, Gewürz, Reis, Grieß..., Wasch- und Putzmittel.

Zweck: Öffentlich einkaufen, um 1. den Neckartailfingern am hellen

---

42 LKA Stuttgart, D 1, Bd. 77.

Tage mutig voranzugehen; 2. die eigenen Gemeindeglieder zu erziehen zum Handeln aus christlicher Solidarität ohne Menschenfurcht; 3. dem Nächsten in seiner Not beizuspringen.

Mit herzlichem Gruß und Dank! Ihr Hermann.

Während der aushilfsweisen Tätigkeit von Pfr. Dipper in Neckartailfingen wandte die von dem Boykott betroffene Frau sich an ihn als an ihren Seelsorger; er besprach dann das Rundschreiben an die Pfarrerfamilien mit Pfr. Hermann.[43]

Bei einer Hausdurchsuchung beschlagnahmte im Dezember 1938 die Geheime Staatspolizei bei Pfr. Hermann ein Exemplar des Rundschreibens; Pfr. Hermann, Pfr. Dipper, und Pfr. Weimer, Bempflingen, wurden am 15.12.1938 verhaftet. Nach einer Besprechung mit Oberkirchenrat Borst am 16.12.1938 teilte die Geheime Staatspolizei am 21.12.1938 dem Oberkirchenrat mit[44]:

Auf Grund der bei obiger Unterredung von Herrn OKR Borst im Namen des Oberkirchenrates abgegebenen Erklärung, Pfarrer Weimer werde vorerst bis zur Wiederherstellung seines Gesundheitszustandes seines Amtes enthoben und seine Rückkehr nach Bempflingen verhindert werden, habe ich Pfarrer Weimer am 16.12.1938 aus dem Polizeigefängnis Stuttgart entlassen. Sofern eine Wiederverwendung des Pfarrer Weimer im Kirchendienst nach dessen Wiederherstellung in Erwägung gezogen werden sollte, bitte ich um Mitteilung, insbesondere darüber, in welche Gemeinde derselbe versetzt wird und an welchem Tage er seine Amtsgeschäfte aufnimmt.

Als Anlage füge ich schließlich das vom Pfarrer Hermann, Neckartenzlingen, nach Besprechung mit Pfarrer Dipper, Reichenbach/Fils, verfaßte, hergestellte und verbreitete Rundschreiben in Sachen Y, Neckartailfingen, zur Kenntnisnahme bei.

Im Auftrag: [Unterschrift].

Pfr. Hermann wurde ebenfalls noch vor Weihnachten aus der Haft entlassen; wegen der fortdauernden Haft von Pfr. Dipper schrieb der Landesbischof am 22.12.1938 an Reichsstatthalter Murr[45]:

Herr Reichsstatthalter!

Pfarrer Dipper in Reichenbach/Fils befindet sich seit 15. dieses Monats auf Veranlassung der Geheimen Staatspolizei in polizeilichem Gewahr-

---

43 Vgl. die Aktennotiz von OKR Eichele vom 3.1.1939 (LKA Stuttgart, D 1, Bd. 101).
44 LKA Stuttgart, D 1, Bd. 78,1. Vgl. auch Dipper, S. 223 f. und 227.
45 LKA Stuttgart, D 1, Bd. 78,1; vgl. Nr. A 11967 vom 23.12.1938.

sam. Die Verhaftung erfolgte, wie ich höre, wegen angeblicher Beteiligung an einer Aufforderung, für die wirtschaftliche Existenz eines Neckartailfinger Kolonialwarenhändlers einzutreten, dessen Frau und Tochter am 10. April dieses Jahres mit »Nein« gestimmt hatten und deren Geschäft infolgedessen boykottiert wurde.

Über das Ergebnis der polizeilichen Ermittlungen bin ich nicht unterrichtet. Ich muß jedoch annehmen, daß die Ermittlungen abgeschlossen sind und von einer Weiterverfolgung der Angelegenheit abgesehen wird, nachdem dem Evang. Oberkirchenrat durch die Geheime Staatspolizei heute mitgeteilt wurde, es könne mit der Haftentlassung des in erster Linie beteiligten Pfarrer Hermann in Neckartenzlingen am Samstag, den 24. dieses Monats gerechnet werden. Es wurde weiter mitgeteilt, daß Pfarrer Dipper nicht freigelassen werden könne.

So sehr ich mich freue, daß Pfarrer Hermann den Heiligen Abend im Kreis seiner Familie verbringen und am Christfest seiner Gemeinde dienen darf, so wenig verstehe ich, wenn dies Pfarrer Dipper verwehrt sein soll. Pfarrer Dipper hat sich in Reichenbach auf den Dienst als Gemeindepfarrer beschränkt und sich im Gegensatz zu seiner früheren Tätigkeit eine anerkennenswerte Zurückhaltung auferlegt. Die kirchlichen Kreise von Reichenbach stehen geschlossen zu ihm.[46] Es ist ihm gelungen, manche Tür aufzutun und auch da Verständnis zu finden, wo der Dienst der Kirche von vornherein abgelehnt wurde. Es würde nicht nur in der Gemeinde Reichenbach, sondern in den kirchlichen Kreisen des ganzen Landes höchstes Befremden, ja Erbitterung erregen, wenn ein Pfarrer über Weihnachten in polizeilichem Gewahrsam gehalten wird, dem zugebilligt werden muß, daß sein ganzes Handeln lediglich von seelsorgerlichen Motiven bestimmt war und der sich keiner strafbaren Handlung schuldig gemacht hat. Wenn aber kein strafwürdiges Vergehen vorliegt, dann dürfte eine Verlängerung der Haft über die zur Ermittlung des Tatbestands hinausgehende Zeit keinesfalls gerechtfertigt sein, zumal auch die Voraussetzungen für Schutzhaft nicht gegeben sein dürften.

Ich bitte Sie, Herr Reichsstatthalter, sich dafür verwenden zu wollen, daß Pfarrer Dipper auf Weihnachten aus der Haft entlassen wird, damit er am Christfest in seiner Gemeinde den Gottesdienst halten kann.

Heil Hitler! Wurm.

---

46 Vgl. die Eingabe zugunsten von Pfr. Dipper von Gemeindegliedern von Reichenbach/ Fils vom 18.12.1938 an den OKR (LKA Stuttgart, D 1, Bd. 78,1).

Am 3.1.1939 wurde Pfr. Dipper in das Schutzhaftlager Welzheim verbracht.[47]

Wegen der Verbringung von Pfr. Dipper in ein Schutzhaftlager schrieb der Landesbischof am 13.1.1939 an den Reichsführer SS Himmler[48]*:*
Wie schon in früheren Fällen wende ich mich in einer ernsten Angelegenheit vertrauensvoll an den Herrn Reichsführer SS als obersten Chef der Deutschen Polizei.
Seit 3. Januar dieses Jahres befindet sich ein sehr tüchtiger und angesehener württ. evang. Pfarrer im Schutzhaftlager Welzheim. Pfarrer Theodor Dipper war mehrere Jahre hindurch Geschäftsführer des Gemeindedienstes in Württemberg und hatte als solcher eine volksmissionarische Aufgabe, die ihn zu Vorträgen und Schulungskursen vielfach ins Land hinausführte. Er hat sich dieser Aufgabe mit Ernst und Geschick und durchaus in kirchlichem Sinn entledigt, was ihm bei der Pfarrerschaft und den Gemeinden volle Anerkennung einbrachte. Leider ließ er sich im Herbst 1937 zu einer Äußerung über Vorgänge bei der Verleihung des Nationalpreises an Alfred Rosenberg verleiten, die über den rein kirchlichen Rahmen hinausging. Als er infolgedessen ein Redeverbot erhielt, schien es der Kirchenleitung angemessen, ihn künftig im Gemeindepfarramt zu verwenden, wogegen der Herr Reichsstatthalter und die Geheime Staatspolizei keine Einwände erhoben. Er ist seit August vorigen Jahres Pfarrer in Reichenbach/Fils, wo seine Tätigkeit die Gemeinde voll befriedigt und zu keinerlei Beanstandung von politischer Seite geführt hat.
Seine Verhaftung Mitte Dezember erfolgte wegen eines Vorkommnisses in der Gemeinde Neckartailfingen, Kreis Nürtingen, wo er im Frühjahr 1938 vorübergehend als Amtsverweser tätig gewesen war. Dort hatte bei der Reichstagswahl am 10. April die Frau und Tochter eines Geschäftsinhabers aus religiösen Gründen mit Nein gestimmt. Infolgedessen erklärte

---

47 Nr. A 144 vom 5.1.1939. Vgl. die nun dem Oberkirchenrat zugehenden Bittschriften für die Freilassung von Pfr. Dipper aus dem Bereich der gesamten Landeskirche (LKA Stuttgart, D 1, Bd. 101) und den Bericht von Pfr. Mildenberger, Stuttgart, vom 11.1.1939 über ein Verhör durch die Geheime Staatspolizei wegen der Fürbitte für Pfr. Dipper in der Stuttgarter Lukaskirche (Nr. A 455 vom 13.1.1939).
Nach einer Mitteilung des Kommandanten des KZ Welzheim vom 5.1.1939 wurde »die Sache am 25.12. nach Berlin übergeben« (LKA Stuttgart, D 1, Bd. 101).
48 LKA Stuttgart, D 1, Bd. 101; eigenhändiger Schreibmaschinenentwurf Wurms. Am Ende des Entwurfs bemerkte Wurm handschriftlich: »Hinweis auf das Eintreten von Ortsvorsteher und Lehrer für Dipper?« Vgl. auch die Eingabe von Dekan Pfisterer, dem württ. Vertreter beim Luth. Rat in Berlin, vom 16.1.1939 an die Politische Polizei Berlin (Nr. A 606 vom 18.1.1939).

die Partei den Boykott gegen dieses Geschäft. Die Frau wandte sich hilfesuchend an Pfarrer Dipper als ihren damaligen Seelsorger. Pfarrer Dipper, der selbst mit Ja gestimmt und keinerlei Einwirkung auf andere im negativen Sinn ausgeübt hatte, suchte ihr dadurch zu helfen, daß er die Amtsbrüder und ihre Familien auf die Notlage der Familie aufmerksam machte. Pfarrer Hermann in Neckartenzlingen richtete in diesem Sinn (im Auftrag von Pfarrer Dipper) ein Schreiben an die 10–12 Pfarrhäuser im Umkreis.

Es ist zuzugeben, daß dieses Schreiben als Aufforderung zu einer Demonstration gegen die Partei aufgefaßt werden kann, weshalb es auch vom Oberkirchenrat mißbilligt wird. Als dieses Schreiben im Dezember vorigen Jahres bei einer Haussuchung zur Kenntnis der Geheimen Staatspolizei kam, wurde Pfarrer Hermann verhaftet und kurz darauf auch Pfarrer Dipper als der geistige Urheber. Pfarrer Hermann ist auf Weihnachten wieder entlassen worden, während Pfarrer Dipper in der Haft verblieb und am 3. Januar ins Schutzhaftlager Welzheim überführt wurde.

Ich habe zu dem Gerechtigkeitsgefühl des Chefs der Deutschen Polizei das Zutrauen, daß er diese Art der Bestrafung für eine Handlung, die mit der Ausübung einer seelsorgerlichen Pflicht aufs engste zusammenhängt, nicht für angemessen hält. Kein Pfarrer kann sich der Pflicht entziehen, auch solchen zu helfen, die in irgendeiner Weise sich verfehlt haben. In diesem Fall liegt noch der geradezu groteske Umstand vor, daß nach amtlicher Bekanntgabe im Amts- und Parteiblatt des Kreises Nürtingen sämtliche in Neckartailfingen abgegebenen Stimmen (633) auf Ja gelautet haben. Ich glaube nicht verschweigen zu dürfen, daß derartige Dinge das sittliche Empfinden der besten Volkskreise tief verletzen und daß alle, denen an Erhaltung der inneren Front gelegen ist, für die Verhütung derartiger Unmöglichkeiten besorgt sein sollten. Auch aus diesem Grund gebe ich dem Herrn Reichsführer SS von dieser Sachlage Kenntnis und bitte ihn, die Entlassung von Pfarrer Dipper aus der Schutzhaft zu verfügen und ihm durch Freilassung die Wiederaufnahme seines Amtes zu ermöglichen.

Heil Hitler! W[urm].

Am 20. 1. 1939 wurde Pfr. Dipper aus der Haft entlassen.[49]

49 Nr. A 746 vom 20. 1. 1939. Vgl. auch den »Fall Fuchs«; Pfr. Lic. Ernst Fuchs, Winzerhausen, hatte am 9. 4. 1938 das Pfarrhaus nicht ordnungsgemäß beflaggt und sich an der Volksabstimmung nicht beteiligt; die 21 Nein-Stimmen in Winzerhausen wurden dem Pfarrer angelastet. Es kam zu Demonstrationen, das Bürgermeisteramt bemühte sich um

DER NEUE KONFLIKT
ZWISCHEN KIRCHENLEITUNG
UND BEKENNTNISGEMEINSCHAFT

Im Frühjahr 1938 war das Verhältnis zwischen Kirchenleitung und Bekenntnisgemeinschaft gespannt wegen der Bemühungen um eine Luth. Synode. In den Äußerungen der amtlichen kirchlichen Stellen zu den politischen Ereignissen ab 13. März sah der Landesbruderrat dann einen schlimmen Rückfall in die Verirrungen des Jahres 1933.[1]

Bei der Sitzung des Landesbruderrats am 21.3.1938 in Stuttgart wurde auch die vom Oberkirchenrat angeordnete Kanzelverkündigung auf 20. März und ein diesbezüglicher Vorstoß der Sozietät besprochen[2]:

Zu der gestrigen Kanzelverkündigung des OKR macht der Sozietätsausschuß eine Eingabe an den LBR und legt ein Schreiben an Pfarrer und OKR im Entwurf vor. Der LBR ist sich klar darüber, daß es sich nicht um politische Urteile handeln kann; er hat aber die seelsorgerliche Not zu bedenken, die durch solche oberkirchenrätlichen Äußerungen entstehen muß, die einen Rückfall in die Verirrungen von 1933 darstellen. Der LBR beschließt, ein positives Wort der Wegleitung an die Amtsbrüder hinauszugeben, ohne zu dem Wort des OKR direkt Stellung zu nehmen, und beauftragt den kleinen Ausschuß mit der Abfassung.

Die Pfarrer der Kirchlich-Theologischen Sozietät legten dem Landesbruderrat folgende Fragen zu der von der Kirchenleitung für 20. März vorgeschlagenen Ansprache vor[3]*:*

Zu der Anordnung für den 20. März fragen wir:

1. Hat die Kirche ein Recht, politisch günstige Ereignisse als solche als Gnadenerweise Gottes anzusehen und dafür in der Gemeinde zu danken, ohne Rücksicht auf die offenkundige Feindschaft der staatlichen Macht gegen die Freiheit der Verkündigung von Gottes Wort?

eine Versetzung von Pfr. Fuchs, seine Gemeinde stellte sich zum größten Teil hinter ihn. Nach langem Hin und Her wurde er zunächst beurlaubt, dann auf die Pfarrei Oberaspach versetzt.

1 Dipper, S. 216; zum ganzen Zusammenhang vgl. Dipper, S. 213–220. 226–232. Vgl. auch die Kanzelabkündigung, die von der VKL auf 13.3.1938 zur Haft von Pfr. Niemöller erlassen wurde (KJb., S. 235 f.).
2 LKA Stuttgart, D 1, Bd. 98; Protokoll der Sitzung, Ziffer IV. Vgl. Dipper, S. 217.
3 Dipper, S. 217 f. Vgl. auch den telegraphischen Protest von Pfr. Lic. Fuchs, Winzerhausen, beim OKR gegen diese Ansprache (Niemöller, Handbuch, S. 216).

2. Darf so getan werden, als bedeute schon die Aufhebung der politischen Grenzen das Signal zur Einigung zwischen der Evang. Kirche Deutschlands und Österreichs, wo doch diese Einheit nur in der Übereinstimmung der Evangeliumsverkündigung gesucht werden kann? Diese Frage nach der wahren Einheit wurde dadurch ignoriert, daß verschwiegen wurde, a) in welche Deutsche Evang. Kirche »für unsere Glaubensgenossen in Österreich der Weg... frei geworden ist«, ob in die Werners oder in die von Barmen; b) daß dieser eintretenden Kirche durch die ›Gleichschaltung‹ ihrer Leitung bereits der Weg in die Bekennende Kirche abgeschnitten werden sollte; c) daß die neue Vertretung dieser Kirche sich bereits öffentlich, durch Rundfunk, von dem gegenwärtigen Kampf der Deutschen Evang. Kirche um das Evangelium distanziert hat.

3. Wie kann man, auch noch mit der empfehlenden Erinnerung daran, daß unsere Landeskirche ›zu allen Zeiten volksverbunden gewesen ist‹, die Gemeinde aufrufen, als christliche Gemeinde und mit dem Dank gegen den Dreieinigen Gott ohne weiteres in den Dank des Volkes einzustimmen, und dabei ignorieren, daß unserem Volk weithin der Zugang zum Evangelium, als seinem eigenen Wohlergehen schädlich, versperrt wird?

4. Wie kann hier der Eindruck noch vermieden werden, als handle es sich bei dieser angeordneten Aktion um eine erneute und solenne Selbstrechtfertigung unserer nationalen Zuverlässigkeit gegenüber den politischen Stellen und der öffentlichen Meinung, mit der Erwartung, diese für die Belange der Kirche wieder geneigter zu stimmen? Die vorherige Abkündigung dieser Aktion in der politischen Presse hat diesen Eindruck als unvermeidbar erwiesen...

Zum Ganzen ist zu sagen, daß die vom Oberkirchenrat vorgelegte Erklärung in klarem Widerspruch zum ersten und grundlegenden Satz der Barmer Erklärung steht. Diese Erklärung ist normativ und regulativ für alles Reden der heutigen Kirche im Raum und zu den Ereignissen des heutigen Staates.

Da die Sozietät erwartete, der Landesbruderrat müsse ihre Fragen vom 20. März zur Aussprache der Pfarrerschaft mitteilen, der Landesbruderrat jedoch nur zu einer Weitergabe an den Oberkirchenrat bereit war, kam es auch innerhalb des Landesbruderrats erneut zu Spannungen.[4]

---

4 Dipper, S. 217–219.

Gegen die Kundgebung des Rats der Evang.-Luth. Kirche zum 3. April protestierte der Vorsitzende des Landesbruderrats schriftlich und telegrafisch beim Oberkirchenrat und versandte noch am 2.4.1938 ein Wort der Vorläufigen Leitung der Deutschen Evang. Kirche[5]*:*

Das untenstehende Wort der Vorläufigen Leitung zu den unser Volk bewegenden Ereignissen geben wir als ein Wort, das wir inhaltlich als schriftgemäß voll bejahen, den Amtsbrüdern zur Kenntnisnahme weiter.

In der Verbundenheit des Glaubens: Th. Dipper.

Das Geschehen der letzten Wochen, das Werden des Großdeutschen Reiches, der Entscheid des Volkes und die Wahl des ersten Großdeutschen Reichstages bewegen auch unsere Gemeinden aufs tiefste. Den uns angeschlossenen Kirchenregierungen und Landesbruderräten empfehlen wir, das nachfolgende Gebet am kommenden Sonntag oder am Wahlsonntag in das Allgemeine Kirchengebet aufzunehmen. Das Gebet kann auch gesondert gesprochen werden.

Herr, unser Gott, Du führst unser Volk durch entscheidende Tage seiner Geschichte. Du läßt unsere deutschen Brüder in Österreich in das Deutsche Reich zurückkehren. Du schenkst unserer Kirche die Vereinigung mit den evangelischen Gemeinden der deutschen Ostmark, die ihren Glauben in Jahrhunderte langem Ringen verteidigen mußte.

Herr, wir loben Deinen Namen und bitten: Leite Führer und Volk nach Deinem heiligen Willen, laß Deine Gnade groß werden über unserer ganzen Deutschen Evangelischen Kirche, gib ihren Dienern Kraft und Freudigkeit, Dein Wort lauter und ohne Scheu zu verkündigen, einige uns mit den Glaubensbrüdern in Österreich im Bekenntnis Deines Namens, lehre uns alle, daß wir allezeit unseres Landes Bestes suchen[6], daß wir unserem Volke alle Stunde im Gehorsam gegen Dich leben und jede von uns geforderte Entscheidung so treffen, daß wir heute und am Jüngsten Tage vor Dir bestehen können.

Der Vorsitzende der Vorläufigen Leitung der Deutschen Evang. Kirche: Müller.

Der Oberkirchenrat seinerseits glaubte, die Bedenken der Pfarrer gegen die positiven kirchlichen Stellungnahmen zum Anschluß Österreichs und zur Volksabstimmung

---

5 LKA Stuttgart, D 1, Bd. 98; vgl. auch den nicht unterzeichneten Rundbrief vom 30.4.1938, wohl von seiten der VKL, zum politischen Geschehen (LKA Stuttgart, D 1, Bd. 76).

6 Vgl. Jer. 29,7.

nicht teilen zu können; er schrieb deshalb am 16.4.1938 an Pfr. Dipper als Vorsitzenden des Landesbruderrats[7]*:*

Am letzten Sonntag haben zwei Geistliche der Evang. Landeskirche geglaubt, ihrer politischen Meinung einen betonten Ausdruck geben zu sollen, der eine durch sein Verhalten vor der Wahl und durch Wahlenthaltung, der andere, indem er eine längere Erklärung in den Wahlumschlag steckte. Mag im zweiten Fall der Ernst der vorgebrachten Gewissensbedenken anerkannt werden, so ist doch darauf hinzuweisen, daß die Verbindung des Protestes gegen bekannte Vorgänge auf religiösem und kirchenpolitischem Gebiet, die auch von der Kirchenleitung schon oft gegenüber staatlichen Stellen zur Sprache gebracht worden sind, mit einem politischen Akt durchaus verfehlt ist und dem auf Schrift und Bekenntnis gegründeten Bemühen, den Kampf um die Reinheit der evangelischen Verkündigung und den Anspruch der Kirche auf eine von ihr selbst bestellte Leitung mit politischer Kritik unverworren zu halten, zuwiderläuft. Derartige Vorkommnisse sind geeignet, dem vom Pfarrstand mit Recht zurückgewiesenen Gerede von seiner Staatsfeindschaft wieder Nahrung zu geben, und dies ausgerechnet in einem Zeitpunkt, wo gerade in Württemberg, aber auch anderswo Versuche gemacht werden, mit dem Staat wieder in ein ernsthaftes Gespräch zu kommen. Es muß von den Geistlichen verlangt werden, daß sie der Kirchenleitung, wenn sie aus guten Gründen hiefür den Zeitpunkt für gekommen hält, nicht in den Arm fallen. Das Pfarramt ist nun einmal ein öffentliches Amt, dessen Träger nie bloß als Einzelperson handeln kann, sondern der Lage und Aufgabe der Gemeinschaft, der er dient, Rechnung zu tragen hat. Wenn die Kirchenleitung den vielen bedrängten Gewissen der Kirchengenossen, die ihre Treue zum Staat und ihre Treue zur Kirche nicht auseinandergerissen sehen möchten, dadurch zu Hilfe kommen möchte, daß sie jede Möglichkeit benutzt, um ohne Preisgabe der kirchlichen Anliegen Verständnis für diese Anliegen zu wecken, so erfüllt sie eine Liebespflicht, die mit der gleichzeitigen Verteidigung des biblisch-reformatorischen Bekenntnisses nicht im Widerspruch steht; das Neue Testament kennt kein Zeugnis der Wahrheit, das nicht auch Zeugnis der Liebe wäre, und Liebe sind wir allen Volksgenossen schuldig, auch denen, die uns nicht verstehen, sondern bekämpfen und verleumden.

Wenn es auch nur zwei Geistliche sind, die am letzten Sonntag in einer die Kirche schädigenden Weise gehandelt haben, so können diese Fälle

---

7 LKA Stuttgart, D 1, Bd. 98. Zu den hier angedeuteten Fällen siehe die folgende Beratung des LBR.

doch nicht isoliert betrachtet werden. Es kommt hinzu, daß ein anderer Geistlicher, der über eine hervorragende theologische Bildung verfügt, sich kürzlich in amtlichen Ausführungen gegenüber seiner vorgesetzten Behörde in einer Weise geäußert hat, die die elementarsten Erfordernisse christlichen Verhaltens vermissen läßt. Dieser revolutionäre Geist ist gewiß nicht vom Landesbruderrat in die württ. Geistlichkeit hineingetragen worden, sondern hat seine bekannten Quellen; aber der Vorwurf kann dem Landesbruderrat nicht erspart werden, daß er Kundgebungen hinausgibt, die Anordnungen des Oberkirchenrats durchkreuzen und deshalb zur Untergrabung der Autorität der rechtmäßigen Kirchenleitung führen müssen. Wenn er auch keine Nebenregierung sein will, so wirkt doch die Bekanntgabe einer Kundgebung zum 10. April, die von anderer Seite kommt, als ein gegen die vom Oberkirchenrat im Verein mit den andern lutherischen Kirchen angeordnete Verlesung gerichteter Akt und wird als solcher von der Pfarrerschaft empfunden. Die politischen Stellen wissen selbstverständlich genau Bescheid, wie viele Pfarrer in solchen Fällen dem Wink des Landesbruderrats und damit den Anordnungen der VKL folgen, und können auf Grund solcher Vorgänge das Bestehen einer einheitlichen und geordneten Kirchenleitung in Württemberg bezweifeln. Ob daraus nicht Folgen erwachsen können, die auch dem Landesbruderrat unerwünscht wären, dürfte er zu überlegen haben. Die Hinausgabe einer Mitteilung an die Geistlichen in dem überaus schwierigen Fall Mörike in einem Augenblick, wo der Oberkirchenrat mit den staatlichen Stellen verhandelte, um Mörike freizubekommen, war um so peinlicher, als sie im Grunde einer Solidaritätserklärung mit Mörike gleichkommt. Wie soll ein Krieg erfolgreich geführt werden, wenn ein Teil der Gefolgschaft Befehle von einer ganz anderen Stelle als ihrer rechtmäßigen Leitung entgegennimmt?

Die Frage, ob und wie der Landesbruderrat eine Wirksamkeit ausüben kann, die mit den Erfordernissen einer einheitlichen Kirchenführung vereinbar ist, soll nach Ostern in einem kleinen Kreise von Mitgliedern des Oberkirchenrats und des Landesbruderrats besprochen werden. Ich muß aber schon heute erklären, daß ich es um des Wohls der Landeskirche willen nicht mehr zulassen kann, daß Mitteilungen oder Anordnungen, die für die Landeskirche oder deren Leitung von Bedeutung sind, vom Landesbruderrat ohne vorherige Zustimmung der Kirchenleitung hinausgegeben werden.

Ich mache den Vorsitzenden des Landesbruderrats persönlich dafür verantwortlich, daß von diesem Schreiben keine Abschrift gefertigt wird und daß es nur im Kreis des Landesbruderrats selbst zur Verlesung kommt. Wurm.

Damit war ein neuer Konflikt innerhalb des Landesbruderrats, aber auch zwischen Kirchenleitung und Landesbruderrat ausgebrochen; der Oberkirchenrat sah im Landesbruderrat wiederum die Gefahr einer kirchlichen Nebenregierung, die unabhängig von der Kirchenleitung eigenmächtige Handlungen begehe.

Das gespannte Verhältnis zur Kirchenleitung und die weiteren Schritte wurden vom Landesbruderrat in seiner Sitzung am 21.4.1938 in Stuttgart beraten[8]:

Bericht Dippers über das Verhältnis des OKR zum LBR

Der OKR ist seit einiger Zeit höchst nervös. Alle Schritte, die der LBR tut, betrachtet er als Schritte gegen sich. Insbesondere verstimmte a) die Stellungnahme des LBR zur Luth. Synode[9]; b) die Bekanntgabe des Gebetes der VL zum 10. April[10]; c) die Hinausgabe des Tatsachenberichts zum Fall Mörike und insbesondere des Begleitschreibens dazu[11]. Der Landesbischof schrieb nun am 16. April einen Brief an den Vorsitzenden des LBR; darin wendet er sich gegen die Fälle Mörike und Fuchs, wo Geistliche in verfehlter Weise die Anmeldung berechtigter kirchlicher Anliegen mit einem politischen Akte verquickt hätten. Die Kirchenleitung müsse von ihren Geistlichen Disziplin verlangen. Sie habe an die vielen zu denken, welche nicht in einen Konflikt zwischen ihren kirchlichen und staatlichen Pflichten gebracht sein möchten. Sodann weist er einen Angriff von Schempp[12] zurück. Der revolutionäre Geist habe seine Quelle in Dahlem; der LBR aber mache sich zum Werkzeug davon, und wenn er auch keine Nebenregierung sein wolle, so wirke doch sein Tun als gegen den Landesbischof gerichtet. Die Frage, wie der LBR erfolgreich wirken könne, sei nach Ostern zu besprechen. Der Landesbischof könne nicht zulassen, daß Mitteilungen oder Anordnungen ohne vorherige Zustimmung des OKR hinauskommen. Auch dieses vorliegende Schreiben sei dem LBR zur Veröffentlichung verboten.

Die Aussprache des LBR stellt fest, daß es auch andere bedrängte Gewissen gegeben habe, denen eine Hilfe nötig war und für die Mörikes

---

8 LKA Stuttgart, D 1, Bd. 98; Protokoll der Sitzung Ziffer III–VI.
9 Siehe S. 887–894.
10 Siehe S. 962.
11 Siehe S. 936–946.
12 Der »Fall Schempp« wird in Bd. 6 behandelt.

Erklärung eine Entlastung bedeutet habe. Das Schreiben des Landesbischof bejahen, hieße alle Arbeit der Bekennenden Kirche unglaubwürdig machen.

Beschluß des LBR: Die Haltung seines Vorsitzenden zu billigen. Auf den so rein säkularen Brief soll eine Antwort nicht erteilt werden, da ein Gespräch anberaumt ist. Zu dem Gespräch könne man sich die Teilnehmer nicht diktieren lassen. Bei dem Gespräch sei der Versuch einer Zensur klar zurückzuweisen. Wir müßten erklären, daß wir ganz ruhig bei unsrer alten Linie bleiben, um möglichst zu vermeiden, daß wieder eine Vernebelung Platz greift. Der OKR in seiner Angst und seinem Illusionismus sieht sich als unser Gegner; wir aber tragen mit für ihn die Verantwortung und haben dafür zu sorgen, daß er die Gemeinde nicht verwirrt. Eventuell habe man bei dem Gespräch auf die Entscheidung der Vertrauensleute zu verweisen.

Für den am morgigen Tag (drohender Zusammenstoß auf dem Boden der Tagung des Pfarrvereins) wird versucht, die Lage zu klären. Der OKR bereitet von sich aus den Friedensschluß mit dem Staate vor (Versuchsballone mit Bodelschwingh-Kandidatur, Vereidigung von seiten der Kirche, Minderheitenrecht für die DC[13]). Das ist dahin zu beurteilen, daß die Punkte der konsistorialen Denkschrift von der Kirche selbst eingeführt werden, vom Luth. Rat: Ausdrückliche Trennung von Verkündigung und Verwaltung, Abdrängung der BK in die Freikirche.

Für die morgige Tagung empfiehlt der LBR seinen Gliedern äußerste Zurückhaltung. Der OKR ist gewarnt; er weiß, daß Vertrauensleute und Sozietät da sind. Die Vertrauensleute sollen auf nachmittags 2 Uhr einberufen werden. Die Frage der Beteiligung am Abendmahl muß jedem persönlich in die Verantwortung geschoben werden.

Kritik innerhalb des LBR an dem Verhalten des LBR selbst

a) Die Sozietät sei, so berichtet Diem, sehr unzufrieden gewesen, daß der Brief des Sozietätsausschusses zur Frage der politischen Urteile des OKR nicht an die Amtsbrüder hinausgegangen sei und daß es nicht zur Versendung der Gebete für die Obrigkeit auf Passion und Ostern kam. Dipper erklärt hiezu, daß einerseits dem LBR die Möglichkeit gefehlt habe, diese Vorlagen durchzuberaten, andererseits hätte die Versendung des Briefes dem Faß den Boden ausgeschlagen.

b) Rektor Gengnagel gibt sein Votum dahin ab, daß man sich aus dem Gebiete der ständigen Reibung mit dem OKR auf das weit wichtigere

---

13 Siehe S. 1086–1094.

Gebiet der Erziehungsfragen begeben möge. Er bittet, den Bericht des Erziehungsausschusses hinauszugeben und die Ergebnisse der Berliner Erziehungstagung der VL fruchtbar zu machen.

Besprechung der Vertrauensleutetagung am kommenden Donnerstag, 28.4.1938. Von Diem und Fausel wird vorgeschlagen, nicht die kritischen Vorkommnisse um das Verhalten des OKR anläßlich des 10. April und nicht die Auflösung der inneren Disziplin des Pfarrerstandes zum Gegenstand der Besprechung zu machen, sondern positive Themen behandeln zu lassen, von welchen aus die Desorganisation überwunden werden kann. Es wird vorgeschlagen: Staat und Kirche (unter dem Gesichtspunkt der natürlichen Theologie; Barmen 5); Führerprinzip (Barmen 4). Als Referenten werden Fausel und Diem benannt; doch beschließt der LBR, die endgültige Entscheidung darüber dem kleinen Ausschuß zu überlassen.

Auch einzelne Pfarrer konnten die kirchlichen Verlautbarungen und Maßnahmen nicht verantworten und wandten sich deshalb an die Kirchenleitung. Pfr. Dilger, Nellingen Krs. Blaubeuren, schrieb Ende April unter dem Betreff Insubordination in letzter Zeit *an den Landesbischof*[14]*:*

Ich habe der Kirchenleitung zu berichten, daß ich mich sämtlichen Anordnungen der Kirchenleitung gegenüber, die sich auf die politischen Ereignisse der letzten Wochen bezogen, in fortdauernder Insubordination befunden habe, und will versuchen, meine Haltung zu begründen.

1. Mit Erlaß vom 16. März Nr. A 2643 bekamen wir die Anordnung, im Gottesdienst den Dank für das weltgeschichtliche Geschehen durch eine Ansprache zum Ausdruck zu bringen. Es war mir alsbald klar, daß ich den beigegebenen Entwurf so nicht benützen dürfe. Denn in dem Wort war gar keine Sicherung gegen die so sehr naheliegende Versuchung selbstherrlicher, hoffärtiger Benützung dieses Erfolges angebracht; zugleich war von der Evang. Kirche in einer Weise die Rede, die ein ganz irreführendes Bild geben mußte. Daß ich nicht allein stand mit diesen meinen Erwägungen, zeigte mir der Besuch meines Nachbaramtsbruders Kürschner, Machtolsheim, am 18. März, der von der gleichen Not umgetrieben war. In gemeinsamer Arbeit gaben wir dem Wort folgende Fassung, die uns schließlich die Verlesung möglich machte:

»An der Freude über die Heimkehr Österreichs ins Deutsche Reich nehmen auch wir evang. Christen von Herzen Anteil. Daß es ohne Er-

---

14 LKA Stuttgart, D 1, Bd. 76; vgl. auch die Berichte von Pfr. Vöhringer, Upfingen, und Dekan Gümbel, Nagold (Dipper, S. 219 f.)

schütterung des Friedens gelungen ist, das deutsche und österreichische Volk von den Fesseln der Friedensdiktate Stück um Stück zu befreien, erfüllt uns heute mit tiefer Dankbarkeit gegen Gott, treibt uns aber auch zu der demütigen Bitte, daß Gott unser Volk unter seinem gnädigen Schutz und im Gehorsam gegen seinen geoffenbarten Willen erhalten möge. Unsere Württ. Landeskirche gedenkt zugleich auch...[15] zugute gekommen. Möge uns nun erst recht die Gemeinschaft am reinen Evangelium vereinen zum treuen unerschrockenen Bekenntnis zu Christus, wie zu den Zeiten der Väter! Laßt uns Dank und Bitte vor Gott bringen, indem wir miteinander singen Lied 24, Vers 1, 6 bis 8.[16]

2. Schon 8 Tage vorher bekamen wir die telefonische Weisung, die schon angeordnete Fürbitte für Pfarrer Niemöller solle um der politischen Ereignisse willen zurückgestellt werden. Auch dieser Weisung konnte ich nicht nachkommen. Denn ich konnte dem politischen Geschehen niemals größere Wichtigkeit und Dringlichkeit für unser Volk zugestehen als der Frage, was aus dem Wort Gottes in unsrem Volk geschieht; und ich glaube, der Stadt Bestes[17] damit zu suchen, daß ich ohne Unterlaß und ohne jede Pause das Zeugnis der Wahrheit nach Spr. 14,34 und Matth. 16,26 ausrichte.

3. Auf den 3. April erhielten wir mit Erlaß vom 1. April Nr. A 3219 die Kanzelverkündigung des Luth. Rates mit der Aufforderung zur Beteiligung an der Volksbefragung vom 10. April. Wiederum war mir sofort klar, daß ich diesen Aufruf um meines Amtes willen nicht verlesen könne. Denn einmal: Rein grundsätzlich ist es der Kirche verwehrt, in politischen Fragen eine bestimmte Entscheidung als vom Wort Gottes gefordert auszugeben. Sodann aber war in diesem Fall vorauszusehen, daß durch die zur Abstimmung vorgelegte Doppelfrage viele in große innere Not kommen werden durch Erwägungen, die die Kirche wahrhaftig nicht als grundlos oder abwegig auf die Seite schieben durfte. Endlich war auch am 2. April der unsittliche, entsittlichende Charakter des ganzen »Wahlfeldzugs« schon offensichtlich. Sofort nach Erhalt des Erlasses teilte ich daher Herrn Dekan Hermann und auf seine Bitte unmittelbar Herrn Prälat Mayer-List vom OKR fernmündlich mit, daß ich selbst auf gar keinen Fall diesen Aufruf des Luth. Rats verlesen werde und daß ich mich verpflichtet fühle, meine Bezirksamtsbrüder um unsres gemeinsames Amtes willen vor der

---

15 Hier wurden Teile der vom OKR vorgelegten Ansprache verwendet; siehe S. 915f.
16 Paul Gerhardt, Nun danket all und bringet Ehr (Württ. Gesangbuch, Ausgabe 1912), Strophe 1, 6–8 (EKG 231).
17 Jer. 29,7.

Verlesung des Aufrufs zu warnen. Herr Prälat Mayer-List teilte mir nach kurzer Verständigung mit, daß ich nicht gegen mein Gewissen gebunden sein soll, daß es mir aber untersagt sei, meine Amtsbrüder vor Anweisungen der Kirchenleitung zu warnen. Ich gab mich damit in jener Stunde zufrieden, habe mich auch dem Verbot gefügt, erkläre aber hiemit der Kirchenleitung, daß ich mir das Recht grundsätzlich nicht nehmen lassen kann, alle Anweisungen der Kirchenleitung, zumal solche, die so unmittelbar das Amt der Verkündigung und Gemeindeleitung, das heißt das, was wir auf der Kanzel zu sagen haben, betrifft (und daß hier die Kirche als solche eine wichtige Botschaft sagen wollte, das war ja durch die besondere Feierlichkeit hervorgehoben: »Die Gemeinde erhebt sich.«) im Kreis der Amtsbrüder von Schrift und Bekenntnis zu prüfen und unter Umständen warnenden Rat zu erbitten oder zu geben.

4. Auf den 9. April erhielten wir die Anordnung, nach der Rede des Reichskanzlers zur Bekräftigung des Niederländischen Dankgebets die Glocken läuten zu lassen. Es schien mir sachlich völlig unmöglich, daß die Kirchenleitungen dieser Forderung des Reichspropagandaministeriums nachgekommen waren. Denn der Aufruf des Herrn Dr. Goebbels zum 9. April[18] führte meines Erachtens in ganz unmittelbare Nähe von Dan. 3. Ich konnte daher auch dieser Anweisung nicht nachkommen, sondern gab dem Mesner die klare Anweisung: »Es wird erst geläutet, wenn ich erscheine und den Befehl gebe.« Als ich aber die Rede am Abend mitangehört hatte, war es mir ganz klar, daß, wenn ich am nächsten Morgen mit eben diesen Glocken zur Anbetung des Gekreuzigten rufen wollte und sollte, ich jetzt nicht läuten lassen dürfe. Aber als ich ungesäumt zur Kirche eilte, fing es schon an zu läuten. Der Mesner war von den Läutbuben überrannt worden. So blieb mir nichts übrig, als das Läuten alsbald abbrechen zu lassen.

5. Und nun kam der »Wahlgang« selbst. Darüber kann ich von den hiesigen Vorgängen folgendes berichten: Schon in den Tagen vorher hörte man im Dorf das vielsagende Gerede: »Wer diesmal nicht wählt, dem geht's schlecht, schlecht!!«, ein deutliches Druck- und Einschüchterungsmittel. Am Wahltag selbst prangte rechts von der Tür zum Wahllokal ein großes Plakat: »Ein Lump, wer heute stimmt mit Nein, doch er wird auch gezeichnet sein!« Darunter ein zweites: »Wir stimmen offen und frei mit Ja für den Führer!« Im Wahllokal wurden die Leute gleich an der Tür genö-

---

18 Tag des Großdeutschen Reiches mit einer Rede Hitlers in Wien (Domarus I, S. 848–850).

tigt, ihr Ja offen einzuzeichnen. Auch waren alle Tische von Amtswaltern beherrscht. Wer sich trotzdem die Freiheit nahm, zu den Kabinen weiterzugehen, um dort seinen Stimmzettel fertig zu machen, war tatsächlich schon dadurch »gezeichnet«. Solange ich mit meinen Angehörigen in einer langen Schlange im Wahllokal war, waren wir nach meiner Beobachtung die einzigen, die so »auffielen«! Beim Wahlergebnis, das herauskam, aber konnte ich ganz bestimmt feststellen, daß betrogen worden war. Das war also die große Wahl vom 10. April. Zuerst war unser Volk durch einen fast 4wöchigen, unerhörten Wahlfeldzug in einen Rausch- und Fiebertaumel ohnegleichen versetzt worden (unter unsern nüchternen Bauern ging das Wort um: Nun bauet doch nächstens für ganz Deutschland Narrenhäuser!); beim »Wahlakt« selbst wurde unter tatsächlicher, aber raffiniert verkleideter Aufhebung der Geheimhaltung des Wahlaktes (in meinem Filial Oppingen war es noch viel offener) schlimme Erpressung und Nötigung verübt; das Wahlergebnis aber wurde gefälscht, wer weiß, in welchem Umfang? Kurzum, das Ganze war ein Geschehen, über das wir uns vor Gott und Menschen nur zu schämen haben. Der Sinn der Volksbefragung war vollständig zerstört; man wollte nur das schon vorgefaßte Ergebnis unter allen Umständen erreichen. Der Vorgang selbst aber mußte, wenn man einigermaßen gesund empfand, einen mit Ekel und Abscheu erfüllen.

Und nun kam am 11. April die telefonische Anweisung durch das Dekanatamt, am gleichen Abend sollen zum Dank für das »Wahlergebnis« die Glocken geläutet werden und in der Passionsandacht des folgenden Tages solle der Dank in würdiger Form zum Ausdruck gebracht werden. Sofort erklärte ich Herrn Dekan: Das werde ich niemals tun. Diese Anordnungen schienen mir nun wirklich die Höhe der Selbstpreisgabe der Kirche an den Baal unsrer Zeit, deren ich mich nicht teilhaftig machen konnte und wollte.

So habe ich alle diese Anordnungen der Kirchenleitung nicht beachtet oder offen durchkreuzt, weil sie sich an meinem Gewissen nicht als bekenntnismäßig bezeugt haben, obwohl ja unsre Kirchenleitung sich mit Nachdruck als bekenntnisbestimmt bezeichnet. Es war meines Erachtens dieselbe Linie wie 1933/1934: Bei gewiß voll bekenntnismäßiger Verkündigung wird doch das kirchliche Handeln durch falsche Rücksichtnahme auf außerkirchliche Mächte und Ereignisse verfälscht. Dadurch aber wird die ganze Glaubwürdigkeit der Kirche in Frage gestellt. In meiner Gemeinde wurde mir bald nach der Wahl entgegengehalten: »Sie sehen, Herr Pfarrer, es hat alles keinen Wert; die Übermacht ist zu groß. Auch

Herr D. Wurm hat ja jetzt Ja gesagt und Dankgottesdienste angeordnet.« Damit sollte gesagt sein, daß jetzt auch die Kirchenleitung sich dem Zwang der Macht und des Erfolges gebeugt und nicht mehr den Mut habe, alles allein vom geoffenbarten Wort Gottes aus zu beurteilen. Das bringt aber große Not mit sich für uns, wenn wir vor unsre Gemeinden zu treten haben. Nun weiß ich wohl, daß in diesen Wochen der Druck der öffentlichen Meinung und der politischen Gewalten sehr groß und die ganze Psychose unheimlich ansteckend war und daß daraus viel zu verstehen ist. Um so befremdlicher war es mir, daß der Herr Landesbischof noch bei der Pfarrvereinstagung am 22. April, also 12 Tage nach der Wahl und doch gewiß ohne jeden Druck von außen, ungefähr so sich geäußert hat: »... Unser evangelisches Volk hat sich freudig und mit großer Einmütigkeit in einer großen Stunde zu Führer und Volk bekannt.« Die Kirchenleitung mußte doch damals schon von dem ganzen Jammer und Abscheu der sogenannten »Wahl« wissen; sie mußte insbesondere wissen, daß gerade von denen, die wirklich in der evang. Gemeinde drin stehen und vom Evangelium aus ihr Leben führen wollen, nicht wenige (der Wahlbetrug ließ es nur nicht zum Vorschein kommen) sich nicht zu einem Ja zu der entscheidenden 2. Wahlfrage hatten entschließen können und daß von denen, die sich zu einem Ja durchgerungen hatten, viele, sehr viele es ganz gewiß nicht mit Freudigkeit, sondern mit sehr beschwertem Herzen getan hatten. Glaubte nun der Herr Landesbischof wirklich im Ernst, diese vielen seien sektenhafte Eigenbrödler, über die hinwegzugehen und sie nicht zum evang. Kirchenvolk zu rechnen er wohl das Recht habe? Oder, wenn das nicht seine Meinung war, sollte er das wider besseres Wissen gesagt haben, weil es im jetzigen Augenblick opportun erscheint, so etwas zu sagen? Beides zu denken ist schrecklich, und doch werden die Gedanken immer wieder auf diese Bahnen gelenkt und können nicht zur Ruhe kommen.

Diese ganze Not, daß wir unsrer Kirchenleitung nicht so folgen können, wie wir ihr folgen möchten und sollten, zerreibt und lähmt uns völlig, ich weiß ja, daß ich darin nicht allein stehe. Sie wird aber nicht dadurch behoben werden können, daß wir zur »Disziplin« oder einfach zum Vertrauen zur Kirchenleitung gerufen werden, daß sie sich nur von sachlichen Erwägungen leiten lasse, sondern nur dadurch, daß unsre Beurteilungen von Schrift und Bekenntnis aus als falsch nachgewiesen werden. Darum möchte ich in aller Ehrerbietung bitten.

[Dilger.]

Pfr. Karl Dipper, Würtingen, schrieb am 28.4.1938 an den Schriftleiter des Evang. Sonntagsblattes, Pfr. Kammerer[19]*:*

Lieber Herr Amtsbruder!

Jerem. 6,13 f. steht das Wort: »Propheten und Priester gehen allesamt mit Lügen um und trösten mein Volk in seinem Unglück, daß sie es gering achten sollen und sagen ›Friede! Friede!‹ und ist doch kein Friede.«

Daß kein Friede ist, beweist das Wort des neuen Präsidenten des Evang. Oberkirchenrats der Ostmark, das am 2.4.1938 in der Presse veröffentlicht wurde: »Unserer Evang. Kirche ist ihrem Wesen nach die christliche Tat, getragen von aufrichtiger Überzeugung, stets maßgebender als bloß lehrhafte Worte. Im Führer und seiner Bewegung wie in den Leistungen des deutschen Volkes erkennen wir solches Christentum. Denn der Führer hat dem vom Materialismus durchsetzten deutschen Volk vorgelebt und daher auf die wirksamste Art gelehrt, wie Liebe zum Nächsten durch die Tat verwirklicht wird...« Daß kein Friede ist, beweist ferner die in der Osternummer des »Sonntagsblatts« erwähnte Rede des Generalfeldmarschalls G[öring] vom 27.3.1938. In dieser Rede ist nicht davon die Rede, daß der Staat nunmehr der Kirche Frieden gewähren wolle, vielmehr wird der Hoffnung Ausdruck gegeben, daß die Kirche unter dem überwältigenden Eindruck des nationalen Ereignisses es für »zweckmäßig« halte, den Frieden mit dem Staat zu suchen, das heißt aber sich zu unterwerfen. Dabei wird die Schuld für den bisherigen Kriegszustand 100 % der Kirche aufgeladen und, wie schon so oft, mit der Forderung peinlicher Abgrenzung der Kompetenzen im gleichen Atemzug der Anspruch erhoben, selbst religiöse Erneuerungsbewegung, daß heißt Reformation zu sein. Daß kein Friede ist, beweist ferner der Wahlaufruf von P. Althaus, den das »Sonntagsblatt« in seiner Osternummer wiedergibt; der Vertreter der Kirche wagt es nicht zu sagen, daß es zu einem Miteinander von Staat und Kirche nur dann kommen kann und darf, wenn der Staat der Kirche die Freiheit einräumt, Kirche Jesu Christi, des Gekreuzigten und Auferstandenen, bleiben zu dürfen, vielmehr sollen »alle Mißverständnisse« vergessen sein und ein »neuer Anfang« gemacht werden, in gleicher Gesinnung wie die österreichischen Brüder, nämlich »vorbehaltlos«, wie es in den dortigen Aufrufen immer wieder heißt. Der Vertreter der Kirche weiß, daß, wenn er die Kirche ihrem rechtmäßigen

---

19 LKA Stuttgart, D 1, Bd. 76; zum Zusammenhang vgl. auch S. 455–467 (Presse). Vgl. weiterhin das Schreiben von Dekan Haug, Herrenberg, vom 12.4.1938 an den OKR (LKA Stuttgart, D 1, Bd. 76).

Herrn vorbehalten wissen will, ein solcher Vorbehalt nicht Frieden, sondern neuen Krieg bedeuten würde; darum hält er es für »zweckmäßig«, diesen Vorbehalt nicht auszusprechen. Hat der Generalfeldmarschall nicht recht, wenn er in seiner Rede darauf hinweist, daß es in der Kirche »dämmert«? Daß nicht Friede ist, zeigt auch der Satz aus dem in der Palmsonntagsnummer des »Sonntagsblatts« veröffentlichten Gruß des Pfarrers R. Engel: »Wir wollen es vor der Welt beweisen, daß wir hier in Österreich nicht nur treue evangelische Christen, sondern auch ebenso gute Nationalsozialisten sein können«; so stimmt man also unter den Glaubensgenossen der Ostmark mit ein in die politische Diffamierung der Bekennenden Kirche. Daß nicht Friede ist, beweisen zuletzt alle diejenigen Aufrufe von kirchlicher Seite, die als letztes Ziel, nachdem sich die Kirche in ihrem Bitten und Handeln ausstreckt, den Frieden nennen, den Frieden mit der Welt und nicht die Wahrheit Gottes. Diese Aufrufe sind eine öffentliche Selbstverurteilung der Kirche, die Preisgabe ihres fünf Jahre lang verteidigten Bekenntnisstandes und die Bereitschaft zu einem Frieden, den sie doch nicht halten kann und der doch kein Friede ist, sondern vielleicht ein neues höchst gefährliches Stadium eines fortschreitenden Krieges bedeutet. Diese kirchlichen Friedensaktionen haben in unsern kampfmüden Gemeinden neue trügerische Hoffnungen geweckt und Mißtrauen und Ablehnung gegen jede standhafte leidensbereite Haltung gesät. Ein Bild hievon bietet der beiliegende Durchschlag eines an den Oberkirchenrat eingereichten Berichtes. Es war mir ein großer Schmerz, daß auch das »Sonntagsblatt«, das ich sehr hochschätze und das in meinen Gemeinden zu meiner großen Freude von sehr vielen Gemeindegliedern gelesen wird, in der oben gezeichneten Weise mithalf, die Herzen zu verwirren. Ich muß dem noch hinzufügen, daß die »Kirchliche Umschau« in der Palmsonntagsnummer so tut, als ob es sich bei dem »Ja« am 10. April lediglich um die »Heimkehr Österreichs« handle, während die zweite Frage, die auf dem Stimmschein stand, ganz verschwiegen wird. Unsre Landleute, die sehr wenig zum Zeitungslesen kommen, sind dieser Irreführung erlegen. Da die Wahl diesmal mit großer Eile vorgenommen wurde, las fast niemand den Stimmschein durch. Als nun mein Wahlentscheid von der Wahlkommission veröffentlicht wurde, wußte kein Mensch etwas von der zweiten Frage auf dem Stimmschein, hatte sich auch niemand darüber Gedanken gemacht; kein Wunder, daß meine Gemeinde, die sonst immer treu zum Worte Gottes stand, zunächst der Hetze der andern Seite erlag. Das »Sonntagsblatt« hat unsern Gemeinden die Gewissensentscheidung am 10. April sehr leicht gemacht, ich glaube, daß diese Schonung der

Gewissen, die neuerdings auch in unsrer Evang. Kirche aufkommt, eine Liebe darstellt, die in der evang. Ethik keinen Raum hat und vom NT her nicht begründet werden kann. Ich kann mir denken, daß Sie, lieber Herr Kammerer, sich in diesen Wochen in einer großen Notlage befanden, die ich in meinem Amte gar nicht übersehen kann. Ich habe darum die Bitte, Sie möchten meinen Brief, obwohl ich alle die Dinge aussprechen mußte, nicht so auffassen, als ob ich Ihnen nur Vorwürfe machen wolle. Ich kann zwar wirklich die Haltung des »Sonntagsblattes« nicht billigen, aber ich weiß auch, daß ich die Schwierigkeiten, in denen Sie sich befinden, nicht übersehe. Auch bin ich mir bewußt, daß Sie schon sehr viel tun durften für die Verkündigung des Evangeliums und eine große Gemeinde haben und auch in meinen Gemeinden schon viel Segen gestiftet wurde durch das »Sonntagsblatt«. Dies alles und auch die schönen und schweren Tage unsres Zusammenseins in Isny im Jahre 1934 verbindet mich Ihnen in Dankbarkeit. Nehmen Sie diesen Brief als einen Beweis, daß ich hinter Ihnen und Ihrer Arbeit stehe und von Herzen wünsche, daß das »Sonntagsblatt« unsern Gemeinden erhalten bleibt und in unsrer entscheidungsreichen Zeit recht vielen Gemeindegliedern Wegweisung, Trost und Ausrichtung aus Gottes Wort darbieten darf.

In der Treue und Verbundenheit des Glaubens grüßt Sie Ihr K. Dipper.

Allgemein wurde dann erwartet, der Landesbischof werde nach der Verhaftung von Pfr. Mörike in Kirchheim/Teck am Osterfest selber predigen; Dipper schreibt darüber[20]:

Es hätte eine große Stunde für das Evangelium werden können, wenn der Landesbischof zu dieser Lage an dem unmittelbar folgenden Karfreitag oder an Ostern in Kirchheim selbst das Wort ergriffen und mit dem Zeugnis von dem gekreuzigten und auferstandenen Herrn, dem Retter und Richter aller Menschen, die bedrängte Gemeinde getröstet, Staat und Partei an ihre Verantwortung erinnert und die betörten Übeltäter beschworen hätte, von einem Tun abzulassen, das letztlich alle bedroht und alles in den Abgrund reißen muß. Ein solches Wort, in der Freiheit des Evangeliums gesprochen, hätte verbindend wirken können, nicht nur in der örtlichen Gemeinde, sondern in der ganzen Kirche und einer gerade damals so unheilvoll durcheinander gebrachten Pfarrerschaft, befreiend für viele verantwortungsbewußten Männer im öffentlichen Leben, klä-

---

20 Dipper, S. 224 f.; vgl. auch die Predigt Sautters am Osterfest in Kirchheim (S. 940–942).

rend und helfend auch für viele, die sich in den abscheulichen Tumulten mitreißen ließen. Es wäre eine eindringliche Warnung gewesen gegenüber den kommenden bedrohlichen Entwicklungen. Es wäre nicht zuletzt der rechte geistliche Beistand und wahrscheinlich auch ein äußerer Schutz für den betroffenen Pfarrer gewesen. Sein Zeugnis wäre aufgenommen, bestätigt und an den rechten Ort gerückt worden.

Leider konnte sich der Landesbischof zu diesem für eine geistliche Lösung entscheidenden Schritt nicht entschließen.

Die Erregung innerhalb der Landeskirche war groß, die Diskussionen waren heftig und schmerzlich; in einem Brief an den Landesbruderrat ist die Rede davon, daß das Vertrauen zur geistlichen Führung des Landes einen schweren Stoß erlitten habe.[21]

In dieser gespannten Atmosphäre fand die Jahrestagung des Pfarrvereins am 22.4.1938 in Stuttgart statt. Obwohl viele den offenen Ausbruch des Konflikts fürchteten, kam es dazu nicht; in seiner traditionellen Ansprache äußerte der Landesbischof sich sehr zurückhaltend[22]:

Verehrte, liebe Amtsbrüder!

Im Namen der Kirchenleitung entbiete ich Ihnen auch bei Ihrer diesjährigen Hauptversammlung herzlichen Gruß. Das Thema, das Sie auf die Tagesordnung gesetzt haben und für das Sie einen Referenten gewonnen haben[23], den ich herzlich willkommen heißen möchte, sagt es jedermann, daß das gewaltige Ringen um die Stellung der Evang. Kirche im totalitären Staat noch nicht zu Ende ist. Wir bekommen zuweilen Stimmen zu hören, als ob dieses Ringen nur mit dem Untergang des einen oder des andern Partners enden könne. Wir glauben trotzdem Grund zu der Hoffnung zu haben, daß es anders gehen wird. Kürzlich haben wir aus dem Munde eines der führenden Männer des Staates das Wort gehört: »Die Kirche hat ihre bestimmten sehr wichtigen und sehr notwendigen Aufgaben, und der Staat und die Bewegung haben andere ebenso wichtige

---

21 Dipper, S. 225 f. Vgl. auch den Brief von Pfr. Weber, Dörrenzimmern, dem Vertrauensmann der Bekenntnisgemeinschaft für den Kirchenbezirk Künzelsau, vom 11.5.1938 an den Landesbischof (LKA Stuttgart, D 1, Bd. 77).
22 KAW 1938, S. 65–66; vgl. auch den Jahresbericht des Vorsitzenden des Pfarrvereins, Pfr. Schnaufer (KAW 1938, S. 66–68).
23 Prof. D. Paul Althaus, Erlangen, referierte über das Thema »Kirche und Staat nach lutherischer Auffassung« (KAW 1938, S. 57).

und ebenso entscheidende Aufgaben. Wenn jeder sich peinlich an seine Aufgabe hält, dann wird nichts passieren.«[24] Halten wir mit diesem Wort die Erklärung der Kirchenführer in Kassel vom 7. Juli vorigen Jahres[25] zusammen, die ebenfalls eine klare Abgrenzung verlangt, so sollte es doch möglich sein, zu einer Verständigung zu gelangen. Jedenfalls wäre es die Krönung der Großdeutschen Einigung, wenn auf der einen Seite alles aus der Welt geschafft würde, was dem treuen evangelischen Christen, nicht bloß dem Pfarrer, Anlaß zu Gewissensnöten gibt, und wenn auf der andern Seite alles vermieden würde, was zu der Meinung führen könnte, die Kirche stehe dem großen Geschehen im politischen Raum gleichgültig oder gar feindselig gegenüber. Wir dürfen mit Freuden feststellen, daß trotz all dem Schmerzlichen, das gerade auch der Pfarrstand in Württemberg erleben mußte, trotz aller Diffamierungen kirchlicher Führer, trotz schwerer Eingriffe auch in Glaube und Bekenntnis unser evangelisches Volk sich in einer großen Stunde freudig zu Volk und Führer bekannt hat. Es war von Anfang an unser Bestreben, unsern Kampf um Inhalt und Recht der kirchlichen Verkündigung völlig unverworren zu lassen mit politischen Gedankengängen. Ich habe auf der bekannten Synode in Barmen im Jahr 1934 erklärt, daß es sich bei uns nicht um eine politische Widerstandsbewegung, sondern um eine kirchliche Erneuerungsbewegung handle, und dafür volle Zustimmung gefunden. Wir müssen dies auch dadurch glaubhaft machen, daß eine an sich berechtigte Kritik an der Religions- und Kirchenpolitik des Staates, wie wir sie schon oft in mündlichen und schriftlichen Darlegungen geübt haben, nicht mit einem politischen Akt, wie es eine Volksabstimmung ist, verbunden wird. Amtsbrüder, die in dieser Richtung andere Wege gehen, können von der Kirchenleitung nicht erwarten, daß sie gedeckt werden, wenn wir uns auch nach Kräften und mit Erfolg bemühen, ihre Lage zu erleichtern.

Konnten und durften wir bei der Rückkehr der Ostmark ins Reich nach dem Wort handeln »Freuet euch mit den Fröhlichen«[26], ohne daß wir in diesem Ereignis eine »neue Offenbarung« gesehen hätten, so wenig der Bauer, der für eine gute Ernte dankt, damit eine neue Offenbarung feststellt, so drängt es uns in diesen Tagen angesichts der furchtbaren Frostschäden das andere zu befolgen: »Weinet mit den Weinenden.« Es gibt manche Obst- und Weinbaugegenden, wo eine fleißige Bevölkerung

---

24 Generalfeldmarschall Göring am 27.3.1938 in Wien; siehe die Denkschrift Wurms vom 10.4.1938 (S. 920–923).
25 Siehe S. 252–256.
26 Röm. 12,15.

dadurch schweren Schaden erleidet. Es gehört auch zu den dunklen Rätseln, daß derselbe Gott, der in seiner Schöpferkraft diesen Reichtum an Schönheit vor unsere Augen hinzaubert, dies alles der Vernichtung preisgibt. Wie groß, wie schwer, aber auch wie nötig und lohnend ist unsere Aufgabe, solches Geschehen nun auch ins Licht der Offenbarung, nicht einer neuen, sondern der für alle Zeiten gültigen zu stellen und es nach Anleitung der Hl. Schrift als Heimsuchung verstehen zu lehren! Jetzt gilt es der Gemeinde zu sagen, was alles in einem wirklichen Gottesglauben liegt und wie notwendig zum Verständnis des Ersten Artikels der Zweite ist. Aber lassen Sie uns das tun, ohne daß irgendeine Spitze, irgendein Triumph über menschliches Versagen sichtbar wird! Wir müssen in solchen Fällen ganz in den Spuren Jesu und seines Wortes bei dem Einsturz des Turms von Siloah Luk. 13 bleiben.

Begreiflicherweise wird unsere Pfarrerschaft auch noch von anderem bewegt, von anderem, was geschieht und nicht geschieht. Ich meine die innere Lage der Kirche und die Bemühungen um Zusammenfassung aller Kräfte, die wirklich Kirche wollen und dem Zustand der Zerrissenheit ein Ende bereiten möchten. Wir sind dankbar, daß wir mit anderen lutherischen oder dem Luthertum zuneigenden Kirchen den Zusammenschluß im Luth. Rat haben, der von manchen Seiten völlig zu Unrecht als ein Hindernis auf dem Weg zur Einigung betrachtet wird. Er ist kein Hindernis, sondern eine Station auf diesem Weg. Eben deshalb sind wir auch unausgesetzt tätig, die Gemeinschaft über diesen Zusammenschluß hinaus zu pflegen, und ich hoffe, daß in allernächster Zeit ein Schritt vorwärts in dieser Richtung gemacht werden kann.

Der Bitte, auch diesmal wieder der Pfarrerschaft in einem Gottesdienst zu dienen, glaubte ich trotz vorhandener Spannungen mich nicht entziehen zu dürfen. Wir gehen zum gemeinsamen Abendmahl nicht als Menschen mit verschiedenen theologischen und kirchenpolitischen Meinungen, sondern als Christen, die vom Herrn Vergebung brauchen und als Brüder einander Vergebung schenken. Gott segne allen treuen Dienst an Volk und Kirche, er segne das schwäbische evangelische Pfarrhaus!

Ende April 1938 richtete Pfr. Diem folgenden Brief an die Pfarrer der Kirchlich-Theologischen Sozietät[27]:

27 LKA Stuttgart, D 1, Bd. 112; vgl. auch die Beratung des LBR am 28. 4. 1938 (LKA Stuttgart, D 1, Bd. 98).

Liebe Brüder!

Es ist Gefahr im Verzug: Unter dem Eindruck des österreichischen »Wunders« droht der Kirche noch einmal dieselbe Katastrophe wie im Jahr 1933. Pfarrer und Gemeinden, und leider auch Kirchenleitungen, sind der Gefahr zum Teil schon erlegen. Wir wollen uns in dieser Gefahr an das Wort des Apostels halten: »Alle eure Sorge werfet auf ihn, denn er sorget für euch«, dabei aber auch mit großem Ernste die Mahnung beherzigen, mit der er fortfährt: »Seid nüchtern und wachet; denn euer Widersacher, der Teufel, geht umher wie ein brüllender Löwe und sucht, welchen er verschlinge« (1. Petr. 5, 7 und 8).

Wachsam und nüchtern haben wir vor allem in unserer Verkündigung zu sein, deren Glaubwürdigkeit wieder einmal im ganzen Umfang auf dem Spiele steht. Wir möchten dafür einige Richtlinien geben, die sich ergeben aus unserer alleinigen Bindung an die Heilige Schrift, wie sie die 1. Barmer These unter Berufung auf Joh. 14, 6 und 10, 1 und 9 ausspricht: »Jesus Christus, wie er in der Heiligen Schrift bezeugt wird, ist das eine Wort Gottes, das wir zu hören, dem wir im Leben und Sterben zu vertrauen und zu gehorchen haben. Wir verwerfen die falsche Lehre, als könne und müsse die Kirche als Quelle ihrer Verkündigung außer und neben diesem einen Worte Gottes auch noch andere Ereignisse und Mächte, Gestalten und Wahrheiten als Gottes Offenbarung anerkennen.«

Der Dank der Kirche ist nur dann echt, wenn es uns am bösen Tage ein Trost ist, daß wir am guten Tage danken konnten. Nur so danken wir nicht Baal, der Gottheit, die sich in den Höhepunkten der Geschichte als Erfüller unserer Wünsche manifestiert, sondern dem Dreieinigen Gott, der in Gericht und Gnade über aller Geschichte waltet und auf wunderliche Weise die Welt erhält bis zum Tag Jesu Christi. Wir haben keine Möglichkeit, die Stunden der Gnade und die Stunden des Gerichtes nach unserem menschlichen Urteil auf die Höhepunkte und Tiefpunkte unseres geschäftlichen Lebens zu verteilen. Aber wir haben die Freiheit, im Glauben zu danken für die Erfüllung politischer Wünsche zweier Völker, an denen auch die Christen nach menschlicher Einsicht und Erkenntnis teilhaben, und vor allem zu danken für die gnädige Erhaltung des Friedens. Weil aber aus unserer Danksagung klar hervorgehen muß, daß unsere herzliche Dankbarkeit für die irdische Wohlfahrt, Ordnung und Glückssteigerung bestimmt ist durch das Wissen um die Geduld und Güte Gottes, die uns zur Buße ruft, darum darf 1. gerade heute nicht verschwiegen werden, daß die Botschaft vom Kreuz Christi es verbietet, politische Taten und Ereignisse unmittelbar als Erfüllung des göttlichen Willens und einer durch die Erfolge beglaubigten Offenbarung der Ziele und Absichten der Weltregierung Gottes auszugeben; 2. gerade heute nicht ungesichert geredet und so getan werden, als könne die christliche Gemeinde mit dem Dank gegen den Dreieinigen Gott ohne weiteres einstimmen in den allgemeinen Dank gegen die »Vorsehung« oder den »Allmächtigen«, der doch nicht der Vater Jesu Christi sein soll; 3. die religiöse Prophetie der Welt nicht unwidersprochen bleiben, welche in den großen Stunden unseres Volkes besondere Gnadenoffenbarungen Gottes sieht und in den Persönlichkeiten, welche die großen Taten vollbringen, Vollstrecker dieses göttlichen Gnadenwillens und Werkzeuge dieser »Offenbarung«. Vor allem darf diese menschliche Geschichtsdeutung, weder direkt noch indirekt, Gegenstand unserer eigenen Verkündigung werden, indem wir versäumen, uns gegen sie abzugrenzen, oder indem wir sie gar als positive Stützen, Hinweise und Erfüllungen unseres christlichen Glaubens ausgeben; 4. auch nicht der Schatten eines Verdachtes entstehen können, als handle es sich bei unserem Reden zu den politischen Ereignissen um einen Akt der Selbstrechtfertigung unserer nationalen Zuverlässigkeit gegenüber den politischen Stellen und der öffentlichen Meinung, mit der Erwartung, diese für die Belange der Kirche wieder geneigter zu stimmen.

Wenn wir bezeugen, daß Gottes Güte und Langmut uns zur Buße ruft, so haben wir eindeutig zu sagen, daß unser Volk in all der Förderung, die es in den letzten Jahren erfahren hat, sich gegen diesen Ruf nur immer fester verschlossen hat. Die Freiheit der Verkündigung des Evangeliums ist unter uns unerträglich beschränkt und von einem umfassenden Angriff widerchristlicher Mächte bedroht. Während unser Volk das große nationale Geschehen bejubelt, sitzen Niemöller und andere treue Zeugen des Evangeliums im Gefängnis, und andere sind sonst bedrängt und bedroht. Während die Vereinigung der Evang. Kirche in Österreich mit der DEK auch von kirchlichen Stellen nur freudig begrüßt wird, müssen wir voll Sorge fragen, in was für eine Kirche sie aufgenommen wird, und müssen sehen, wie schon jetzt alles getan wird, um ihre Vereinigung mit uns im wahren Glauben zu verhindern, und wie nunmehr auch unsere österreichischen Glaubensgenossen sich in ihrer Kirche gegen den Einbruch eines fremden Geistes werden zur Wehr setzen müssen. Diese Not darf nicht verhüllt werden, wenn die Kirche vor Gott tritt, um ihm für die Wohltaten an unserem Volke zu danken. Mit dem Dank wird sich immer die Bitte verbinden müssen, daß auch unser Volk erkenne, was zu seinem Frieden dient[28], und daß die Kirche und die bedrängten Brüder in aller

28 Luk. 19,42.

Anfechtung den Sieg gewinnen und im rechten, einigen Glauben verharren. Es wird geradezu ein Prüfstein sein für die Aufrichtigkeit, Nüchternheit, Gebundenheit und damit für die Glaubwürdigkeit der kirchlichen Rede, ob es uns möglich ist, in demselben Gottesdienst den Dank für die Wohltaten an unserem Volk und die Bitte für die Not der Kirche vor Gottes Angesicht zu bringen. Eine Kirche, welche die Möglichkeit hätte, heute die geforderte Fürbitte zu unterlassen und die Not der Kirche zu verschweigen, würde damit eingestehen, daß es ihr bei ihrem Kampf nur um »kirchliche Belange« geht, die man um der höheren und umfassenderen Interessen des Volkes willen auch einmal zurückstellen kann. Sie müßte sich dann freilich mit Recht fragen lassen, wie sie es verantworten will, sonst durch ihren Kampf die Volksgemeinschaft zu stören, wenn ihr diese Hintansetzung ihrer eigenen »Interessen« in Zeiten nationalen Hochgefühls möglich ist.

Es ist offenkundig, daß die Ereignisse der letzten Wochen unter uns eine große Unsicherheit aufgedeckt haben, nicht nur in bezug auf das richtige Reden zu den politischen Dingen, sondern in der Frage des Gehorsams gegen die Obrigkeit überhaupt. Wir waren in Gefahr, den Blick für die Königsherrschaft Christi über die Welt zu verlieren und uns auf die Ebene eines bloßen Kampfes um »kirchliche Belange« abdrängen zu lassen, sonst könnten wir jetzt nicht so unsicher darüber sein, ob wir von diesem Kampf heute schweigen dürfen. Wir waren andererseits offenbar immer noch in Gefahr, bei diesem Kampf viel zu sehr auf die jeweilige politische Konstellation zu sehen und anstatt einer Kirchenpolitik aus dem Glauben nur Politik als »Kunst des Möglichen« zu treiben, sonst brauchten wir jetzt nicht zu fürchten, daß die großen politischen Ereignisse die Kirche in dem ihr auferlegten Kampf schwächen. Daß diese Unsicherheit nun an den Tag gekommen ist, ist das verdiente Gericht darüber, daß wir uns diese Fragen in den letzten Jahren zu leicht gemacht haben. Wenn wir heute zum Staat hin so gern von der Buße reden, zu der Gottes Langmut uns leiten will[29], dann wollen wir doch ja nicht vergessen, selbst darüber Buße zu tun, daß wir über dem täglichen Kleinkrieg es versäumt haben, uns um die rechte Auslegung des Wortes zu bemühen: »Gebt dem Kaiser, was des Kaisers ist, und Gott, was Gottes ist.«[30] »Denn allein die Anfechtung lehrt aufs Wort merken«! (Jes. 28,19)

---

29 Röm. 2,4.
30 Matth. 22,21.

Die unmittelbare Folge des Konflikts war, daß die Stellung von Pfr. Dipper als Leiter des Gemeindedienstes unhaltbar geworden war. Die Kirchenleitung hatte das Vertrauen zu ihm wegen seiner Tätigkeit als Vorsitzender des Landesbruderrats verloren, die Geheime Staatspolizei hatte im Gemeindedienst eingegriffen, das Redeverbot bestand weiter.[31]

Die Vertrauensleute der Bekenntnisgemeinschaft beschlossen deshalb am 28.4.1938[32]:

Die Vertrauensmännerversammlung stellt fest, daß Dipper nicht gegen die Entscheidung des Kirchenregiments (auch wenn man diese bedauert) in den offenen Konflikt mit dem Staat treten darf durch Umgehung des Redeverbotes auf seinem Gemeindedienstposten. Darum billigt die Versammlung, daß Dipper nach der Weisung des Landesbischofs in ein Pfarramt geht, wo für ihn die Redemöglichkeit erwirkt ist.

Über das Ende seiner Tätigkeit im Gemeindedienst schreibt Pfr. Dipper[33]:

Die Lösung vom Gemeindedienst erfolgte am 2.5.1938 in unerfreulichen Formen. Auf Weisung des Oberkirchenrats wurde das Büro der Bekenntnisgemeinschaft von einer Minute auf die andere aus den Räumen des Gemeindedienstes verwiesen und in die Privatwohnung Dippers verlegt. Die Unfreundlichkeit war sicher nicht persönlich gemeint. Man wollte vermutlich die Gefährdung des Gemeindedienstes beseitigen. Wahrscheinlich rechnete man im Oberkirchenrat mit der Verhaftung des Vorsitzenden, die bald darauf erfolgte. Offiziell wurde die Maßnahme damit begründet, daß in der Vertrauensleuteversammlung zwei Schreiben ohne vorherige Mitteilung an den Oberkirchenrat ausgegeben worden seien. Dabei waren diese Schreiben 1 ½ Tage vorher dem Beauftragten des Oberkirchenrats vorgelegt und in seiner Gegenwart an die Vertrauensleute ausgegeben worden. Damit war zugleich auch der Geschäftsführer für die Männerarbeit stillschweigend verabschiedet und aus seinen Diensträumen gewiesen. Da diese Maßnahme sich aber nicht gegen die bisherige Grundlinie der Männerarbeit richtete, entstand dadurch keine tiefergreifende Krise in der Arbeit. Der Kreis der Mitarbeiter blieb erhalten und als Nachfolger wurde der schon bisher in der Männerarbeit bestens bewährte Pfarrer Paul Lutz berufen.

---

31 Vgl. Dipper, S. 229 f.
32 LKA Stuttgart, D 1, Bd. 98; Protokoll der Sitzung, Ziffer V. Vgl. auch S. 965–967.
33 Dipper, S. 230.

Nach der Entlassung aus der Haft versah Pfr. Dipper zunächst Stellvertretungsdienste in Neckartailfingen und Stuttgart-Untertürkheim; im August 1938 wurde ihm die Pfarrei Reichenbach/Fils übertragen.

Vom 10. bis 12. Mai 1938 fand in Freudenstadt eine Rüstzeit des Pfarrernotbundes statt. Im Rahmen dieser Tagung fanden, vermittelt durch Pfr. Asmussen, Berlin, auch Gespräche zwischen der Kirchenleitung und dem Landesbruderrat statt; dabei kam die gemeinsame Front für Kirchenleitung und Landesbruderrat allen Beteiligten wieder deutlich ins Bewußtsein; vorläufig trat eine gewisse Entspannung ein.

Über die Lage in Württemberg, wie sie sich bei den Gesprächen in Freudenstadt dargestellt hatte, fertigte Pfr. Asmussen ein streng vertrauliches *Gutachten*[34]:

Zur Lage in Württemberg ist nach meiner Erkenntnis das Folgende zu bedenken:

I

a) Jede Entscheidung eines Kirchenregimentes, auch eines anerkannten, schließt die Entscheidung des einzelnen Pfarrers nicht aus, sondern ein. Diese Entscheidungsmöglichkeit ist dem Pfarrer zuzubilligen. Sie darf nicht behindert werden.

b) Trifft ein Pfarrer seine Entscheidung im Gegensatz zum Kirchenregiment, dann stellt er damit das Kirchenregiment vor die Entscheidung, ob dieses ein kirchliches Disziplinarverfahren gegen ihn eröffnen will. Die Tatsache eines solchen Verfahrens, das auf Grund einer ernsten Gewissensentscheidung des Pfarrers entstehen kann, ist an sich nicht gegen Schrift und Bekenntnis. Die Disziplinargewalt des Kirchenregiments ist mit der Amtsübernahme anerkannt.

c) Die Prüfung kirchenregimentlicher Maßnahmen durch Sozietät und Landesbruderrat ist Folge des Ordinationsgelübdes. Ein Handeln gegen kirchenregimentliche Maßnahmen geschieht von vorneherein unter dem Aspekt disziplinarer Maßnahmen. Es muß aber als selbstverständlich gelten, daß Sozietät und Landesbruderrat in Fällen von Protesten gegen kirchenregimentliche Maßnahmen die gütliche Einigung mit dem Kirchenregiment versuchen.

d) Die mit dem Ordinationsgelübde gegebene Freiheit des Pfarrers erfordert in alle den Fällen, die in keiner oder nur in loser Berührung mit

---

34 LKA Stuttgart, D 1, Bd. 78; vgl. Dipper, S. 231 f.

den sachlichen Differenzpunkten stehen, eine betonte Unterordnung. Je betonter die Unterordnung in diesen Punkten ist, desto reiner wird der Protest in sachlichen Dingen erscheinen.

II

a) Die gegenwärtige Lage der Kirche in Deutschland erfordert um des Bekenntnisses zu Christus willen, daß der wesentliche Unterschied zwischen arthaften und gradhaften Differenzen deutlich sichtbar wird. Differenzen des Grades bestehen zwischen OKR und Landesbruderrat und Sozietät. Differenzen der Art bestehen zwischen OKR, Landesbruderrat und Sozietät einerseits und DC, Thüringer, Mythus andererseits.

b) Kirchenregiment und protestierende Pfarrerschaft haben sich grundsätzlich die Frage zu beantworten, ob sie bejahen, daß sie sich selbst und den mit ihnen in Auseinandersetzung stehenden Kontrahenten in Statu confessionis gegenüber der Front DC-Mythus sehen. Bejaht man diese Frage, dann ist ihre Bejahung in Wort und Tat um des Gewissens willen dem Gegner nachhaltig einzuprägen, denn ist es Sünde, den Gegner in die Lage zu versetzen, daß er den einen gegen den anderen ausspielen kann.

c) Die graduellen Unterschiede zwischen Kirchenregiment und Landesbruderrat und Sozietät sind daraufhin zu prüfen, inwiefern sie sich auf eine verschiedene Taktik beziehen und inwiefern in ihnen echtes »junges« Kirchentum gegen ein überaltertes oder echte »Nüchternheit« gegen jugendlichen Übereifer ausdrückt.

d) Die taktischen Differenzen sind keinesfalls wesenlos. Geht es wirklich um taktische Dinge, dann ist von beiden Seiten eine Übereinkunft »auf der mittleren Linie« möglich.

e) Daß aber über die taktischen Differenzen hinaus auch sachliche Differenzen vorhanden sind, wird daran sichtbar werden, daß auf seiten des OKR eine Neigung vorliegen wird, möglichst viele Differenzpunkte als »taktische« zu deklarieren, während die Pfarrerschaft geneigt sein wird, möglichst wenig die Deklaration gelten zu lassen. Der Ausgleich der so sichtbar werdenden sachlichen Differenzen ist nur in einem Gärungsprozeß möglich, der weder vermieden noch unterbrochen werden darf.

III

a) Durch den Gegensatz Luth. Rat – VKL ist zu den vorhandenen Spannungsmomenten ein neues hinzugetreten. Es ist aber irrig, dies Spannungsmoment als das eigentliche hinzustellen.

b) Bleibt das Verhältnis zwischen Luth. Rat und VKL wie bisher, so kann als sicher gelten, daß die VKL in Württemberg Kirchenleitung nur über den OKR ausüben könnte. Eine direkte Leitung kann sie nach ihren Grundsätzen nie ausüben wollen. Denn die DEK gliedert sich in Landeskirchen.

c) Ebensowenig aber kann die brüderliche Verbundenheit durch Nachrichten, theol. Austausch, brüderliche Hilfe etc. unterbunden werden. Es wird am Kirchenregiment liegen, ob es gelingt, die Verbundenheit der Pfarrer mit den Kreisen der VKL im Rahmen der Ordnung der Württ. Landeskirche zu gestalten. Es ist anzunehmen, daß die größtmögliche Freiheit in diesen Dingen zu den geringsten Reibungen führen wird.

d) Wenn es zu einer Vereinbarung zwischen VKL und Luth. Rat kommen sollte, dann ist damit zu rechnen, daß die vorhandenen sachlichen Differenzen in anderer Form wieder zum Vorschein kommen werden.

e) Für die Zeit, in welcher eine solche Vereinbarung nicht besteht, wird es unmöglich sein, die württ. Pfarrer von der Auseinandersetzung zwischen beiden fernzuhalten. Dabei ist es als ernster Konflikt zu bewerten, der möglichst ohne Zwang und ohne revolutionäre Akte bleiben muß, daß beide, OKR und protestierende Pfarrerschaft, aus Gewissensbedenken ihre Entscheidung getroffen haben. Daß dem OKR dabei nach Gottes Ordnung kirchenregimentliche Befugnisse zufallen, erleichtert ihm seine Lage dabei nur scheinbar. Hans Asmussen.

DER EID DER PFARRER UND DIE NEUE GEFAHR EINER FINANZABTEILUNG FÜR DIE WÜRTT. LANDESKIRCHE

Vorbereitungen für die Eidesleistung der Pfarrer

Am 20.4.1938 erließ der Präsident der Kanzlei der Deutschen Evang. Kirche eine Verordnung für die Vereidigung der Pfarrer.[1]

Nachdem auf Grund dieser Verordnung auch in der Württ. Landeskirche eine Vereidigung der Pfarrer zu erwarten war, erstellte die Kirchlich-Theologische Sozietät am 2.5.1938 ein Gutachten zur Frage des Beamteneides in der Kirche[2]*:*

1 KJb., S. 237; vgl. auch die »Ansprache des Evang. Oberkirchenrats [Berlin] zum Treueid« (KJb., S. 237 f.). Zum ganzen Zusammenhang vgl. KJb., S. 237–263; KAW 1938, S. 71 und 87; Niemöller, Kampf, S. 437–442; Hermelink, Kirche im Kampf, S. 449–451; Zipfel, S. 120 f.; Diem, S. 77 f.

2 LKA Stuttgart, D 1, Bd. 112. Bei den Akten liegen zahlreiche Berichte über den Stand der Vereidigung der Pfarrer in den einzelnen Kirchengebieten und Stellungnahmen von ver-

Das Deutsche Beamtengesetz vom 26.1.1937 »ermächtigt« in Artikel 174 die öffentlich-rechtlichen Religionsgesellschaften, »zur Regelung des Rechts ihrer Beamten und Seelsorger diesem Gesetz entsprechende Vorschriften zu erlassen«, also von ihnen auch den in § 4 vorgesehenen Treueid zu verlangen. Von dieser »Ermächtigung« haben zunächst die DC-Kirchenregierungen von Thüringen und Mecklenburg Gebrauch gemacht. Daß sie das in der Absicht taten, dadurch, »der großen geschichtlichen Stunde« und »einem inneren Befehl gehorchend«, die freiwillige Einordnung der Kirche in die totale staatliche Gesetzgebungsgewalt zu dokumentieren, geht zum Beispiel aus den Telegrammen hervor, mit denen Sasse, Thüringen, den Vollzug der Vereidigung dem Führer und dem Kirchenminister »meldet« (vgl. »Junge Kirche« 1938, S. 386). Werner folgte für Preußen nach, zweifellos in derselben Absicht. Durch diese Präzedenzfälle, also keineswegs durch einen direkten staatlichen Befehl veranlaßt, hat nun der Luth. Rat dieselbe Maßnahme für die ihm angeschlossenen Kirchen beschlossen, und die betreffenden Kirchenregierungen haben die Absicht, in kürzester Frist – bis zum 6. Mai! – entsprechende Gesetze zu erlassen. Was den Nichtschwörenden gegenüber geschehen soll, ist aus einer dieser Kirchen bekannt: Man will sie »seelsorgerlich« zu beeinflussen suchen, bedauert aber, sie im Fall der Weigerung entlassen zu müssen.

Wir müßten es aufs tiefste beklagen, wenn eine Maßnahme von so weittragender Bedeutung, welche geeignet ist, viele Gewissen zu vergewaltigen, und das um so mehr, als die Nichtbefolgung den Verlust des Amtes nach sich zieht, ergriffen würde, ohne die davon Betroffenen zuvor zu befragen. Wir müßten für die Zerstörung der Kirche, die daraus folgen würde, die beteiligten Kirchenregierungen voll und ganz verantwortlich machen.

Zur Sache selbst haben wir zu sagen:

1. Ausgangspunkt und Norm all unserer Erwägungen über das rechte Handeln in der Kirche ist Gottes Wort. Das Neue Testament verbietet uns Christen, daß wir einander schwören: »Ich aber sage euch, daß ihr allerdinge nicht schwören sollt... eure Rede aber sei Ja, ja, Nein, nein. Was darüber ist, das ist vom Übel« (Matth. 5,34 ff.). Ebenso Jakobus 5,12: »Vor allen Dingen aber, meine Brüder, schwöret nicht..., auf daß ihr nicht unter ein Gericht fallet.« Etwas anderes, diese Gebote Einschränkendes

---

schiedenen Seiten, u. a. von D. Hesse vom 14. 5. 1938 sowie von einzelnen Pfarrern und Gliedern der Württ. Landeskirche, u. a. von Harald Buchrucker vom 28. 5. 1938 (LKA Stuttgart, D 1, Bd. 77 und 112).

oder Ergänzendes steht nirgends! Wir, die wir nicht einmal über die Haare auf unserem Haupte Herr sind (Matth. 5,36), können auch nicht für unsere Wahrhaftigkeit einstehen. Im Raum der Kirche steht nur Christus selbst für unsere Wahrhaftigkeit ein, der das ganze Gesetz uns zu gut erfüllt hat. Legen wir uns selbst eine Menschensatzung auf, so begeben wir uns unter das unerfüllte Gesetz, sind schon gerichtet und werden notwendig mit unserem Schwören zu Heuchlern. Im Raum der Kirche herrscht nur jenes Gesetz, das, wie FC V sagt, Christus in seine Hände nimmt und geistlich auslegt, mit dem also der Übertreter nicht gerichtet, sondern auf Christus allein als den Erfüller des Gesetzes und auf seine Vergebung gewiesen ist. Wo Christus der allein Wahrhaftige selbst herrscht, kann also nicht mehr jenes Gesetz herrschen, an dem wir sterben müssen.

Wo der Staat, der die Welt mit dem Gesetz regiert, uns durch sein Eidesverlangen auf dem Gebiet der Politeia, das dem weltlichen Regiment untersteht, unter sein Gesetz zwingen will (vgl. CA XVI), da werden wir uns unter Umständen diese Anzweiflung unserer Wahrhaftigkeit gefallen lassen und in der Solidarität der Schuld mitschwören. Darüber wird noch besonders zu reden sein. Aber im Raum der Kirche herrscht das Evangelium, und darum darf hier nicht geschworen und kein Schwur verlangt werden.

2. Im Blick auf dieses neutestamentliche Verbot des Eides in der Kirche war sich die Kirche der Reformation immer bewußt, daß die in ihr üblichen Gelübde, insbesondere das Ordinationsgelübde nichts mit »aufgelegten Eiden« zu tun haben. Das Ordinationsgelübde wird nicht verlangt in Anzweiflung der Wahrhaftigkeit des Verpflichteten, um diesen damit zur Erfüllung seiner Amtspflichten zu zwingen. In diesem bezeugt vielmehr der Verpflichtete vor der Gemeinde, daß er um seine Amtspflichten weiß, gewillt ist, diese in alleiniger Bindung an Gottes Wort auszuüben, wobei Gott nicht angerufen wird als Zeuge für die Wahrhaftigkeit meines Versprechens – »so wahr mir Gott helfe«, sondern als Zeuge dafür, daß er allein mein Versprechen erfüllen kann – »ja, mit Gottes Hilfe«. Die kirchenrechtliche Praxis hat freilich das Ordinationsgelübde dennoch oft genug in die Nähe des Eides gerückt, indem sie aus dem Gelübde, das dem Pfarrer selbst in der Anfechtung helfen und der Kirchenleitung zur Ausübung der christlichen Paraklese dienen sollte, im kirchenrechtlichen Verfahren einen Fallstrick gemacht hat.

3. Man wird einwenden, daß das Schwören in unserem Fall nur die sozusagen beamtenrechtliche Seite unseres Daseins als Glieder einer Kör-

perschaft des öffentlichen Rechts betreffe; damit stünden wir, mindestens mit dieser Seite unseres Daseins, unter dem Recht des Staates. Hier ist festzuhalten, daß es diese Trennung, die der Trennung von Verwaltungsordnung und Verkündigung der Kirche entsprechen würde, nicht geben kann: Entweder sind wir auch als öffentlich-rechtliche Körperschaft Kirche; dann hat alle in diesem Bereich notwendige Rechtsordnung nur insoweit Gültigkeit, als sie dem Evangelium dient und nicht ein geistliches Handeln nach dem Evangelium unmöglich macht. Oder aber wird die Kirche der öffentlich-rechtlichen Körperschaft geopfert und hört damit auf, Kirche zu sein. Hier gibt es wirklich nur ein Entweder-Oder, da es in der Kirche neben der Potestas Jesu Christi, die er durch sein Evangelium ausübt, keine andere Potestas geben kann, die dann immer sofort von selbst zu einer Potestas über derjenigen Christi werden muß, da die geistliche Gewalt gegen die rechtliche Gewalt ohnmächtig ist.

4. Wie in unserem Fall mit der Übernahme des Beamteneides in den Raum der Kirche Christus durch das Gesetz und die Macht des Staates aus seiner Kirche vertrieben wird, ist augenscheinlich: Das Recht zur Ausübung des Predigtamtes ist nicht mehr gebunden allein an den Gehorsam gegen Gottes Wort, sondern an den Gehorsam gegen eine außerkirchliche Gewalt.

a) Das wäre schon unerträglich, wenn es sich dabei auch nur um den allgemeinen Gehorsam handeln würde, den der Pfarrer wie jeder andere Christ als Staatsbürger zu leisten hat. Damit, daß die Kirche diesen Gehorsam unter dem staatlichen Eid und als Executive der Staatsgewalt fordert, kann sie Übertretungen dieser Gehorsamspflicht nicht mehr geistlich nach dem Gesetz Christi richten, sondern sie hat das Richteramt dem Staat abgetreten, der die Übertretungen nach seinem eigenen Maßstab der »politischen Zuverlässigkeit« beurteilt und der Kirche auch die Vergebung unmöglich macht. Die Kirche liefert damit ihr Schlüsselamt in dieser Sache an den Staat aus, und das in einem Augenblick, in welchem in bezug auf den recht verstandenen Gehorsam gegen die Obrigkeit zwischen ihr und dem Staat alle Fragen offen sind.

b) Das ist aber vollends unerträglich, wenn es sich um den speziellen Gehorsam des Beamten in bezug auf »Gesetze« und »Amtspflichten« handelt. Die Kirche hat damit sowohl das geistliche Gericht über die Einhaltung ihrer Gesetze im einzelnen, als auch die geistliche Souveränität ihres Gesetzgebungsrechtes überhaupt preisgegeben und sich dem Geltungsbereich der staatlichen Gesetzgebungsgewalt unterstellt, indem sie die »Ermächtigung« zur Vereidigung dem staatlichen Beamtenrecht entnimmt. Und das tut sie in einem Augenblick, in welchem sie um die Freiheit ihrer Ordnungen gegenüber der staatlichen Gesetzgebungsgewalt und um die untrennbare Verbundenheit ihrer Ordnung mit ihrer Verkündigung dem Staat gegenüber einen Existenzkampf führen muß.

c) Sobald das Beamtenrecht in die Kirche an einem Punkt eingedrungen ist, sind auch die Punkte mitbetroffen, in welchen das Beamtenrecht in seinen Einzelheiten dem Bekenntnis der Kirche offenkundig widerspricht (z. B. Arierparagraph in der Kirche, Führerprinzip usw.). Es hängt dann nur noch vom Staat ab, wie weit er jeweils in die »Selbstverwaltung« der Kirche eingreifen will. Das ist aber alles nicht mehr entscheidend, nachdem schon die Anerkennung des staatlichen Beamtenrechts in seinem Rechtsgrund durch die Übernahme des Beamteneides praktisch über die Möglichkeit, ein Pfarramt zu bekleiden, entscheidet.

5. Aus all dem folgt, daß es uns in der Kirche verwehrt ist, und zwar durch Schrift und Bekenntnis verwehrt ist, den Körperschaftsbeamteneid zu fordern oder zu leisten. Es spielt dabei keine Rolle, ob die den Eid fordernde Kirchenleitung die Forderung erhebt auf Grund ihrer vom Staat nicht bestrittenen oder der ihr verliehenen Legalität ihrer allgemeinen Leitungsbefugnis in der Kirche oder ob sie für diese Aufgabe der Vereidigung besonders vom Staat beauftragt wird. Wir haben auch nicht darnach zu fragen, ob die vereidigende Stelle ihre kirchenleitende Tätigkeit schon bisher ausüben konnte oder ob sie sich die Befugnis dazu erst durch die Vereidigung erwerben will. Es ist gleichgültig, ob es sich um eine kirchlich legitimierte oder nicht legitimierte Kirchenleitung handelt.

6. Alle Verweise auf frühere Vorgänge haben nichts zu besagen, da die Frage offen ist, ob die Kirche in diesen Dingen früher richtig gehandelt hat, zumal angesichts der Folgen, die dieses frühere Verhalten der Kirche heute über uns bringt.

Eine ganz andere Frage ist, wie sich der Pfarrer in den Fällen zu verhalten hat, in denen er in irgendeiner staatsbürgerlichen Eigenschaft, zum Beispiel als Soldat, vereidigt werden soll. Hier ist er in derselben Lage wie die anderen Gemeindeglieder.

Eine Möglichkeit, die freilich zunächst nicht zu Debatte steht, wäre die, daß der Staat etwa in Anzweiflung unseres politischen Gehorsams eine Art »Untertaneneid« von uns fordern würde. Wie das freilich geschehen sollte, ist unerfindlich, da der Staat die Beschwörung des bloßen Untertanengehorsams als solchen nicht kennt, sondern nur Vereidigung in bezug auf konkrete, von ihm übertragene Aufgaben. Für die Erfüllung unserer Amtsaufgaben dagegen können wir uns nicht wohl vom Staat vereidigen

lassen, da er ein Aufsichtsrecht über unsere Amtsführung nicht ausüben und uns darum auch nicht darauf vereidigen kann.
Für den Ausschuß der Sozietät: Hermann Diem.

Den Inhalt des Gutachtens der Sozietät trug Pfr. Diem Anfang Mai dem Landesbischof vor; vor einer am folgenden Tag stattfindenden Dekanskonferenz übersandte er den vollen Text am 10.5.1938 dem Landesbischof[3]:

Sehr verehrter Herr Landesbischof!

In der Beilage erlaube ich mir Ihnen das Gutachten zu senden, aus dem ich am Montag die wesentlichen Punkte vorgetragen habe. Es unterscheidet sich in der sachlichen Stellungnahme nicht von dem ersten Gutachten der Sozietät, in welchem vor allem der Beamteneid und überhaupt das Schwören innerhalb des Raumes der Kirche abgelehnt wurde, sondern erweitert dieses nur im Blick auf die dort nur anhangsweise erwähnte Möglichkeit des »Untertaneneides«.

Aus der Besprechung am Montag nahm ich trotz der so sehr erfreulichen Offenheit und Brüderlichkeit der Aussprache die Befürchtung mit, es könne vielleicht doch nicht genügend deutlich geworden sein, worin sich unser Standpunkt von den sonst vorgeschlagenen Lösungen unterscheidet, und daß es uns nicht möglich ist, uns an jenen Lösungen zu beteiligen. Der Hoffnung, daß wir uns alle auf irgendeiner mittleren Linie finden könnten, wurde stärker Ausdruck gegeben, als es mir angesichts der bestehenden Differenzen schon erlaubt zu sein scheint. Deshalb darf ich vielleicht noch einmal darauf hinweisen, wo für uns die entscheidenden Punkte liegen:

1. Das Schwören des Christen ist nur möglich in einer echten und darum notwendig auch unmittelbaren Begegnung mit dem Staat, bei welcher die Eidesleistung mit der Eidesverkündigung untrennbar verbunden sein muß. Damit scheiden alle jene Verlegenheitslösungen aus, welche den »Schwierigkeiten« durch eine innerkirchliche »eidesstattliche Erklärung« oder auch durch ein Ablegen des Staatseides vor den Organen der Kirche ausweichen wollen. Wir würden damit entgegen den Weisungen unserer luth. Bekenntnisse in ein fremdes Amt fallen und weltliches und geistliches Regiment ineinanderwerfen. Damit könnten wir dann dem Staat gerade die Hilfe nicht mehr leisten, die wir ihm durch unsere Eidesleistung und Verkündigung schuldig sind.

---
3 LKA Stuttgart, D 1, Bd. 112. Vgl. auch die Mitteilung der Sozietät vom 17.5.1938 an ihre Mitglieder über den Stand der Eidesfrage in der DEK (LKA Stuttgart, D 1, Bd. 77).

2. Die von uns vorgeschlagene Eidesverkündigung entspringt gerade nicht aus irgendwelcher »Verlegenheit«, sondern muß geschehen in der Freiheit von Röm. 14,23 und kann darum allein dem Staat und den bedrängten Gewissen unserer Gemeindeglieder wirklich helfen. Sie ist Evangeliumsverkündigung! Der »Verlegenheit« aber entspricht der »Vorbehalt«, der mühsam das schlechte Gewissen verdeckt, ohne dieses doch zu heilen.

3. Wenn wir nicht mit voller Freudigkeit schwören können, ist unser Tun Sünde. Diese Freudigkeit kann aber nicht abhängen von unserer politischen Beurteilung dieses Staates oder irgendwelchen Lust- und Unlustgefühlen, sondern kann nur aus der vollen Freiheit des Glaubens kommen, der auch hier nur den Dienst des Evangeliums ausrichten will.

4. Die Entscheidung darüber, ob wir aus Verlegenheit oder aus Glauben handeln, muß schon vor der Formulierung der abzugebenden Erklärung fallen, sonst muß sie ein unmögliches Kompromiß zwischen beidem werden.

5. Die explizite Ablehnung des »Beamteneides« muß deshalb in der Erklärung enthalten sein, weil dieser Eid ein Attentat auf die Freiheit der Verkündigung ist, das nur dadurch zurückgewiesen werden kann, daß eben diese Freiheit in concreto praktiziert wird.

6. Die Erklärung muß deshalb vor der Eidesleistung abgegeben werden, weil der Staat die freie Möglichkeit haben muß, sie anzunehmen oder zurückzuweisen und damit die Freiheit der Verkündigung zu dulden oder nicht.

7. Es geht nicht »billiger«, als daß wir auf diese Weise die ganze Existenz der in ihrer Verkündigung freien Kirche in dieser Sache einsetzen. Wenn wir unser Handeln in dieser Sache oder die Formulierung der Erklärung auch nur nebenbei von der Erwägung abhängig machen, ob der Staat uns dann zurückweisen wird, dann handeln wir nicht mehr aus der Freiheit und der Bindung des Glaubens.

Vielleicht ist es Ihnen recht, wenn Sie den Herrn Dekanen morgen unser Gutachten auch zur Kenntnis bringen können. Für diesen Fall erlaube ich mir Ihnen die nötigen Exemplare mitzusenden.

Mit ergebenem Gruß: Hermann Diem.

Wohl im Zusammenhang mit der Dekanskonferenz vom 11.5.1938, bei der vor allem die Frage der Vereidigung der Pfarrer besprochen wurde, stellte Dekan Haug, Herrenberg, Einige Gedanken zum Gelöbnis *zusammen*[4]*:*

4 LKA Stuttgart, D 1, Bd. 77.

1. Ich verstehe, daß daran festgehalten wird, der Christ solle nur auferlegte Eide schwören (CA XVI). Nun ist es richtig, daß der Staat den Eid nicht unmittelbar auferlegt, aber praktisch legt er ihn doch auf, wenn auch auf Umwegen. Dazuhin sind wir durch die österreichische Kirche in eine Zwangslage versetzt, die auch als auferlegt angesehen werden muß. Lehnen wir den Eid trotzdem mit Berufung auf die Augustana ab, so tun wir es aus einem formalen Denken heraus, das der Lage nicht gerecht wird.

2. Wenn wir jetzt nicht geloben, entsteht eine für alle Außenstehenden unverständliche Lage: Wir haben voriges Jahr den vom Staat geforderten Eid nicht geschworen und sagten, wenn die Grenzen des Eids klar gestellt werden, dann seien wir bereit. Nun ist die Lage geklärt durch den Hinweis auf das Ordinationsgelübde, und wir wollen wieder nicht geloben, weil die Kirche ihn abnimmt, sind jetzt aber bereit, vor dem Staat zu schwören. Für den Staat, der unsere Gewissensbedenken nicht verstehen kann, gibt es für dieses Verhalten nur eine Erklärung: Die Pfarrer suchen sich auf alle Weise vom Eid zu drücken und treiben dazu ein unehrliches Spiel. Es ist also richtig, daß sie Staatsfeinde sind, wie wir schon von Anfang an vermuteten.

3. Diese Beurteilung dürfen wir nur dann hinnehmen mit allen Folgen, die sie hat, wenn wir durch das Geloben wirklich an den Staat verkauft werden und preisgeben, was wir 1934 erkämpft haben; nur dann, wenn das Evangelium wirklich auf dem Spiele steht. Für mich ist ganz klar: Auch wenn ich den Eid geschworen habe, kann ich den Kampf der Kirche, der vom Evangelium her gefordert ist, jeden Tag weiter führen. Und zwar mit noch besserem Gewissen als zuvor. Denn ich zeige durch mein Gelöbnis, daß ich dem Staat gebe, was er von seinen Staatsbürgern fordern darf. Dann kann ich die Grenze, die durch das Wort Gottes geboten ist, viel klarer machen und den nötigen Kampf als einen rein kirchlichen erweisen. Wenn doch Mißverständnisse kommen, ist es mir viel leichter, sie in aller Ruhe vor der Gemeinde darzutun und ihr durch mein Verhalten zu einem evangelischen Verständnis des Eids überhaupt zu helfen.

4. Es scheint mir, daß das überspitzte protestantische Gewissen uns wieder einmal einen Streich spielen will zur Freude des altbösen Feindes. Ich gelobe völlig ruhig, gebunden an Römer 13, ohne mich in der Verkündigung und der kirchlichen Arbeit irgendwie an fremde Mächte zu binden.

Haug, Herrenberg.

Als Ergebnis der Dekanskonferenz vom 11. Mai teilte der Oberkirchenrat am 14.5.1938 den Dekanatämtern Sätze zur Vereidigung der Pfarrer mit[5]*:*

5 Nr. A 4717.

Im Anschluß an die Dekanskonferenz werden folgende Sätze zur Kenntnisnahme und geeigneter Verwertung mitgeteilt.

1. Der Nationalsozialismus ist seinem Ursprung und Wesen nach nicht antichristlich und kulturkämpferisch, sondern respektiert in seinen grundlegenden Kundgebungen (»Mein Kampf«; Erklärungen vom 21.3.1933) die Religion und Ethik des Christentums und seine konfessionelle Ausgestaltung.

2. Deutsch-christliche Pfarrer haben im Jahr 1933 den Nationalsozialismus zu dem Versuch verleitet, unter ihrer Führung die Kirche gleichzuschalten, das heißt auch die kirchliche Verkündigung unter das Gebot des Staates zu stellen.

3. Den notgedrungenen Widerstand gegen die mit diesem Versuch verbundene Politisierung der Kirchenleitung und Verwässerung des Evangeliums haben sie als Staatsfeindschaft hinzustellen gewußt.

4. Die Bekenntnisbewegung ist also ihrem Ursprung und Wesen nach nicht eine politische Widerstandsbewegung, sondern eine kirchliche Abwehr- und Erneuerungsbewegung.

5. Die Auswirkungen dieses notgedrungenen Kampfes um Recht und Inhalt der Verkündigung der Kirche haben innerhalb der Partei den Kräften Auftrieb gegeben, die christentums- und kirchenfeindliche Tendenzen aus früheren geistesgeschichtlichen Epochen mit der nationalsozialistischen Rassenlehre vermischen und eine völlige Entchristlichung des deutschen Volkslebens erstreben.

6. Das Scheitern der Vermittlungsbestrebungen, wie sie hauptsächlich in der Einsetzung der Kirchenausschüsse sich geltend machten, hat diese Tendenzen noch verstärkt, andererseits auch der Abwehr schärfere Formen und den Schein eines politischen Widerstands gegeben.

7. Dennoch ist auch heute noch in Staat und Partei ein Nebeneinander von Verständigungswille und von der Tendenz zur Unterdrückung des Christentums und der Kirche festzustellen.

8. Die Kirche ist es ihren Gliedern und dem ganzen Volke schuldig, keinen Versuch zu unterlassen, der zu einer Verständigung ohne Preisgabe der christlichen Substanz führen kann.

9. Unter diesem Gesichtspunkt muß auch die jetzt beabsichtigte eidesstattliche Verpflichtung der Diener der Kirche auf die Treue zum Führer und den Gehorsam gegen die Staatsgesetze betrachtet werden.

10. Eine ihrer Verantwortung bewußte Kirchenleitung kann weder eine Verharmlosung des Problems und der tatsächlichen Lage dulden noch einem grundsätzlichen Pessimismus nachgeben; sie bleibt unbeirrt

auf dem Boden des biblischen Evangeliums und ist überzeugt, daß nur eine Kirche, die sich ihres eigensten Auftrags bewußt bleibt, dem Volk und dem Staat den Dienst leisten kann, auf den sie Anspruch haben und der ihnen zum Segen werden kann. Wurm.

Ebenfalls am 14.5.1938 unterrichtete der Landesbischof Reichsstatthalter Murr über die bevorstehende Vereidigung der Pfarrer und Beamten der Landeskirche[6]*:*

Herr Reichsstatthalter!

Das Beamtengesetz vom 26.1.1937 gibt den Kirchen die Möglichkeit, ihre Diener als Träger eines öffentlichen Amtes in entsprechender Weise wie der Staat die Beamten auf die Treue zum Führer, die Beachtung der Gesetze und die Erfüllung der Amtspflichten dem Staat gegenüber zu verpflichten. Nachdem die Evang. Kirche des Landes Österreich bei dem Eintritt in das Großdeutsche Reich ihren Dienern eine eidesstattliche Versicherung abgenommen hat, wollten die Evang. Landeskirchen im Bereich der DEK sich diesem Akt der Verbundenheit mit Staat und Volk anschließen und haben entsprechende Anordnungen entweder schon erlassen oder vorbereitet.

Auch die Evang. Landeskirche in Württemberg hat die Absicht, ihren Geistlichen und Beamten eine eidesstattliche Versicherung in dem erwähnten Sinne ohne Vorbehalt abzunehmen. Daß diese eidesstattliche Versicherung der Treue zum Führer und der Beachtung der staatlichen Gesetze die durch das Ordinationsgelübde übernommenen Pflichten in bezug auf die schriftgemäße Verkündigung des Evangeliums in Predigt, Jugendunterricht und Seelsorge grundsätzlich bestehen läßt, darf als selbstverständlich betrachtet werden.

Die Kirchenleitung hat sich zu diesem Schritt um so eher entschlossen, als sie annehmen darf, daß hiedurch Mißdeutungen, wie sie im letzten Jahr aus Anlaß der Forderung eines Treuegelöbnisses der nebenamtlichen Religionslehrer entstanden sind, beseitigt werden.

Hievon beehre ich mich, dem Herrn Reichsstatthalter Kenntnis zu geben.

Heil Hitler! Wurm.

---

6 LKA Stuttgart, D 1, Bd. 77; vgl. die Notiz im Stuttgarter »NS-Kurier« in der Ausgabe vom 16.5.1938 und das Schreiben Wurms vom 24.6.1938 an den Kommandierenden General im Wehrkreis V, General Geyer (LKA Stuttgart, D 1, Bd. 77).

Nach Absprache mit den im Rat der Evang.-Luth. Kirche zusammengeschlossenen Kirchen und nach einem theologischen Gespräch beim Oberkirchenrat ordnete der Oberkirchenrat dann am 20.5.1938 die Treueverpflichtung der Pfarrer und Beamten der Württ. Landeskirche an[7]:

Nach Beratung gemäß § 39 der Kirchenverfassung[8] wird unter Bezugnahme auf § 174 Satz 2 des Deutschen Beamtengesetzes vom 26.1.1937 (Reichsgesetzblatt I S. 39) verordnet, was folgt:

§ 1

Die Geistlichen und Beamten der Evang. Landeskirche in Württemberg und ihrer Kirchengemeinden haben als Träger eines öffentlichen Amtes folgendes Gelöbnis an Eides Statt zu leisten: »Ich gelobe: Ich werde dem Führer des Deutschen Reichs und Volkes, Adolf Hitler, treu und gehorsam sein, die Gesetze beachten und meine Amtspflichten gewissenhaft erfüllen, so wahr mir Gott helfe.«

§ 2

Die Geistlichen und kirchlichen Beamten haben das in § 1 aufgeführte Gelöbnis beim Antritt ihrer ersten Dienststelle abzulegen.

Für die bereits im Amt befindlichen Geistlichen und kirchlichen Beamten bestimmt der Oberkirchenrat den Zeitpunkt der Abnahme des Gelöbnisses.

§ 3

Die erforderlichen Ausführungsbestimmungen erläßt der Oberkirchenrat.

§ 4

Die Verordnung tritt sofort in Kraft.   Wurm.

7 Nr. A 4972 (Abl. Bd. 28, S. 175 f.); vgl. auch die Ausführungsbestimmungen zu dieser Verordnung (Abl. Bd. 28, S. 176–179).
8 Beratung des Oberkirchenrats zusammen mit den Mitgliedern des Ständigen Ausschusses des Landeskirchentags (Abl. Bd. 19, S. 207 f.).
Vgl. auch den Schriftwechsel der Nationalkirchlichen Einung Deutsche Christen mit dem Reichskirchenministerium vom 26.5. bis 15.7.1938 über die Eidesleistung der Pfarrer der Volkskirchenbewegung Deutsche Christen (Archiv der EKD, A 4, 212). Die Eidesleistung wurde von dieser Seite abgelehnt wegen des Hinweises auf das Ordinationsgelübde, damit sei »der Primat der Kirche vor dem Staat und dem Volk anerkannt«; außerdem wurde es abgelehnt, den Eid vor dem Evang. Oberkirchenrat zu leisten, dessen Mitglieder teilweise selbst nicht vereidigt seien und dessen »kirchenpolitischer Ratgeber ein aus der Partei ausgeschlossener Oberkirchenrat« sei.

Nach den Ausführungsbestimmungen war die Treueverpflichtung in der Württ. Landeskirche in folgender Form vorgesehen[9]:
Bei der Treueverpflichtung der Geistlichen wird diesen der Wortlaut des Gelöbnisses mit folgenden Worten vorgelesen: »Sie legen als Diener der Evang. Landeskirche, gebunden an Ihr Ordinationsgelübde, das Gelöbnis an Eides Statt ab: Ich gelobe: Ich werde dem Führer des Deutschen Reichs und Volkes, Adolf Hitler, treu und gehorsam sein, die Gesetze beachten und meine Amtspflichten gewissenhaft erfüllen, so wahr mir Gott helfe.« Hierauf reicht der Geistliche dem Verpflichtenden die rechte Hand und spricht: »Ich gelobe es.«

Bei einer Zusammenkunft am 23.5.1938 beschlossen die in der Kirchlich-Theologischen Sozietät zusammengeschlossenen Pfarrer, das vorgeschriebene Treuegelöbnis nicht zu leisten[10]:
Da der Christ durchs Evangelium, stärker als alle Eide bekräftigen oder garantieren können, zum Gehorsam gegen die Obrigkeit verpflichtet ist, so ist es dem Geistlichen wohl möglich, einen ihm vom Staat selber unmittelbar abgeforderten Treueid zu leisten, sofern ihm die Überordnung des Anspruchs Christi, also die Freiheit der kirchlichen Amtsausübungen zugestanden wird. Der Kirche aber ist es durch die Hl. Schrift und durch ihre Bekenntnisse verwehrt, einen Eid der Treue gegen die staatliche Obrigkeit abzuverlangen und sich damit zum verlängerten Arm des Staates zu machen. Sie ist auch nicht zu interpretieren befugt und in der Lage, was der Staat durch solchen Eid beschworen haben will. Darum lehne ich es ab, zu der vom OKR angeordneten Vereidigung zu erscheinen.

Die Errichtung einer Finanzabteilung in der Badischen Landeskirche

Mitten zwischen den Bemühungen um ein gemeinsames Vorgehen der Landeskirchen von Baden, Bayern und Württemberg in der Frage der Vereidigung der Pfarrer wurde auf Verfügung des Reichskirchenministers am 25.5.1938 in der Badischen Landeskirche eine Finanzabteilung eingerichtet.[11]

---

9 Ausführungsbestimmungen §3 (Abl. Bd. 28, S. 177).
10 LKA Stuttgart, D 1, Bd. 112; dieser Beschluß wurde am 29. de5. 1938 dem Oberkirchenrat mitgeteilt (Niemöller, Handbuch, S. 225 f.).
11 Vgl. Denkschrift Wurms vom 26.5.1938 »Ein neuer Angriff auf die süddeutschen Landeskirchen« (LKA Stuttgart, D 1, Bd. 77). Vgl. auch die 15. Verordnung zur Durchfrung des Gesetzes zur Sicherung der DEK vom 25.6.1937 (Gesetzblatt der DEK 1935, S. 33–35).

Gegen die Einrichtung einer Finanzabteilung in der Badischen Landeskirche protestierte der Landesbischof öffentlich in einer Kanzelverkündigung, die am 12. 6. 1938 zu verlesen war [12]:

Liebe Glaubensgenossen!

Meine Amtspflicht, die mir nicht bloß die Verkündigung des lauteren Evangeliums von Jesus Christus, sondern auch die Warnung der Gemeinde vor falscher Lehre auferlegt, zwingt mich zu einer ernsten Mitteilung. In der benachbarten Badischen Landeskirche wurde dieser Tage vom Reichskirchenministerium eine sogenannte Finanzabteilung eingerichtet. Dies bedeutet eine weitgehende Entrechtung des Badischen Landesbischofs und Oberkirchenrats. Die Finanzabteilung ist keiner kirchlichen Stelle verpflichtet und nicht an Schrift und Bekenntnis gebunden. Mit der Errichtung einer sogenannten Finanzabteilung ist der Weg zur Auslieferung der Evang. Kirche an die nationalkirchlichen Deutschen Christen frei, das heißt, das reine biblische Evangelium soll dann nicht mehr die Richtschnur für das kirchliche Handeln bilden.

Bei der Einsetzung der Finanzabteilung beim Badischen Oberkirchenrat wurde ausgesprochen, daß auch in der Bayerischen und Württ. Landeskirche Finanzabteilungen eingerichtet werden sollen. Ich weiß mich mit dem gesamten Oberkirchenrat, mit den Pfarrern und den Gemeinden eins in der feierlichen Ablehnung einer Maßnahme, die die volle Freiheit der Verkündigung des Evangeliums antastet und auch mit dem für unsere Evang. Kirche geltenden Recht in Widerspruch steht.

Ihr wißt, daß die Kirchenleitung sich viel Mühe gegeben hat, eine Entspannung in den Beziehungen zwischen Staat und Kirche herbeizuführen und ihre Verbundenheit mit dem Geschehen in Staat und Volk zu bekunden. Es ist gewiß kein unbilliges Verlangen, wenn wir bitten, es möchten alle verantwortlichen Stellen angewiesen werden, nach den Grundsätzen zu handeln, die vor kurzem bei der Rückkehr der Ostmark Generalfeldmarschall Göring feierlich verkündet hat[13]. Es heißt darin: »Die Kirche hat ihre bestimmten, sehr wichtigen und sehr notwendigen Aufgaben, und der Staat und die Bewegung haben andere, ebenso wichtige und ebenso entscheidende Aufgaben. Wenn jeder sich peinlich an seine Aufgabe hält, dann wird nichts passieren.«

---

12 LKA Stuttgart, D 1, Bd. 77; vgl. auch den Protest der Evang. Gesamtkirchengemeinde Stuttgart beim Reichskirchenministerium vom 14. 6. 1938 (LKA Stuttgart, D 1, Bd. 77).
13 Vgl. S. 917.

In entscheidender Stunde rufe ich euch zu: Laßt uns halten an dem Bekenntnis der Hoffnung und nicht wanken, denn er ist treu, der sie verheißen hat.[14]

Ein Gutachten des Rats der Evang.-Luth. Kirche zur Frage der Finanzabteilungen übermittelte der Oberkirchenrat am 18.6.1938 den Dekanatämtern[15]*:*
Die lutherische Kirche und die staatlichen Finanzabteilungen

I

Nach den Bekenntnissen unserer Kirche steht das Kirchenregiment allein der Kirche zu. Denn nur die Kirche selbst weiß, wie das Evangelium lauter und rein gepredigt und die heiligen Sakramente dem Evangelium gemäß dargereicht werden. Die wichtigste Aufgabe des Kirchenregiments aber ist die Sorge für die rechte Predigt des Evangeliums und die schriftgemäße Darreichung der Sakramente. Das bedeutet, daß das Kirchenregiment die Pfarrer, Bischöfe und Kirchenbeamten zu berufen und abzuberufen hat. Alle Einrichtungen und alle der Kirche gegebenen Mittel dienen dieser wichtigsten Aufgabe des Kirchenregiments. Darum rechnet der 28. Artikel der Augsburger Konfession zu den Aufgaben des Kirchenregiments auch die äußere Regierung der Kirche.

Das Kirchenregiment der Luth. Kirche kann deshalb immer nur eines sein, das sowohl für die rechte Evangeliumsverkündigung und Sakramentsverwaltung als auch für die äußere Leitung der Kirche, die Handhabung ihrer Verfassung und ihres Rechtes und die Verwaltung ihres Kirchengutes und ihrer Finanzen verantwortlich ist. Darum muß es die Luth. Kirche als bekenntniswidrig ablehnen, wenn der Staat, der seit 1848 konfessionslos ist, der Kirche Finanzabteilungen setzt, denen mehr aufgetragen ist als die Wahrnehmung der dem Staate zustehenden Aufsicht über die äußere Verwaltung der Kirche, vor allem über das Kirchengut. Das ist nicht nur ein Eingriff in ein fremdes Amt (CA XVI), sondern auch der Anspruch auf ein wesentliches Stück des Kirchenregiments (CA XXVIII). Die staatlichen Finanzabteilungen aber, deren Mitglieder an das Bekenntnis der Kirche nicht gebunden sein müssen, die sogar der Kirche und ihrer Lehre feindselig gesinnt sein können oder gar nicht mehr Glieder der Kirche zu sein brauchen, sind nicht in der Lage, die Mittel der Kirche gemäß ihrer bekenntnisgebundenen Bestimmung zu verwalten.

14 Hebr. 10,23.
15 Nr. A 5646; das Gutachten des Luth. Rats stammt vom 9.6.1938.

Da aber die geordnete Versorgung der Kirche und ihrer Gemeinden mit der lauteren Predigt des Evangeliums und mit der rechten Austeilung der heiligen Sakramente gebunden ist an die sachgemäße Verwaltung des Kirchengutes, bedeutet die Einrichtung staatlicher Finanzabteilungen einen unmittelbaren Eingriff in Lehre und Kultus und eine Behinderung der Kirche, sich nach kirchlichen Bedürfnissen zu erbauen und zu ordnen. Muß unsere Kirche demgemäß aus bekenntnismäßigen Gründen die Einrichtung staatlicher Finanzabteilungen mit kirchenregimentlichen Befugnissen ablehnen, so hat sie es bis heute nicht abgelehnt, der Obrigkeit des Staates das Recht der Aufsicht über die äußere Verwaltung der Kirche, vor allem über das Kirchengut, in dem Sinne einzuräumen, daß diese Verwaltung nach Maßgabe der alle verpflichtenden Gesetze geschieht.

II

Die Einrichtung staatlicher Finanzabteilungen bedeutet weiter einen Eingriff in die geltende Verfassung und die darin festgelegten Rechte und Pflichten des Kirchenregiments und seiner Organe. Nach der Verfassung unserer Landeskirche steht die Verwaltung der kirchlichen Finanzen...[16] zu zu. Diese Ordnung soll durch die Finanzabteilungen außer Kraft gesetzt und damit der Kirche die ihr zur Erfüllung ihrer Aufgaben notwendige Freiheit genommen werden. Nun aber hat der Führer und Reichskanzler am 23. 3. 1933 der Kirche ihre Rechte garantiert. Wir appellieren an den Führer und bitten, die der Kirche bestätigten Rechte gegen alle Angriffe zu schützen.

III

Die Einrichtung staatlicher Finanzabteilungen bedeutet schließlich eine einseitige Maßnahme zuungunsten der Evang. Kirchen. Es ist nicht bekannt geworden, daß die Kath. Kirche ähnliche staatliche Einrichtungen hätte auf sich nehmen müssen. Es ist deshalb unverständlich, wenn geordneten Evang. Kirchen, deren Finanzgebarung bisher im Rahmen der geltenden Gesetze und Verträge von den zuständigen staatlichen Stellen beaufsichtigt wurde und ohne Erinnerung blieb, Finanzabteilungen aufgezwungen werden sollen. Wir erheben Einspruch gegen diesen Versuch, unsere Evang. Kirche unter Ausnahmerecht zu stellen und sie an der freien Ausübung ihres gottgegebenen Dienstes zu hindern.

---

16 Diese Lücke des Textes sollte wohl in den einzelnen Landeskirchen entsprechend deren Recht ausgefüllt werden.

Am 22.6.1938 richtete der Landesbischof selbst einen unmittelbaren Protest an das Reichskirchenministerium [17]:

In einem Rundschreiben der kürzlich ohne vorherige Rücksprache mit der Badischen Kirchenleitung eingesetzten Finanzabteilung in Karlsruhe heißt es: »Die Finanzabteilung beim Evang. Oberkirchenrat in Karlsruhe hat als rechtliche Vertretung der Badischen Evang. Landeskirche die Zahlung obigen Beitrags (monatlich RM 250.-) mit sofortiger Wirkung eingestellt, weil nach einer Mitteilung des Herrn Reichs- und Preußischen Ministers für die kirchlichen Angelegenheiten an den Herrn Minister des Kultus und Unterrichts in Karlsruhe der Anschluß der Vereinigten Evang.-Protestantischen Landeskirche Badens an den Rat der Luth. Kirche Deutschlands zu beanstanden ist, da der sogenannte ›Lutherische Rat‹ von den beteiligten Kirchenregierungen dazu benützt wird, unter amtlichem Anschein kirchenpolitische Zwecke einseitig zugunsten einer kirchenpolitischen Richtung zu verfolgen. Dr. Lang.«

Wir gestatten uns, dazu Folgendes zu bemerken:

Der Rat der Luth. Kirche Deutschlands ist im April 1936 eingesetzt worden. Der Anlaß hiezu war, wie dem Ministerium für die kirchlichen Angelegenheiten bekannt sein dürfte, ein Beschluß der Bekenntnissynode in Bad Oeynhausen, durch den die Beteiligung von Mitgliedern der Bekennenden Kirche an den von dem Herrn Reichskirchenminister berufenen Ausschüssen grundsätzlich verworfen wurde. Die Luth. Kirchen konnten aus der ihnen durch Schrift und Bekenntnis gebotenen Grundhaltung diesen Versuch, durch Zusammenarbeit von Kirche und Staat auf eine Beendigung der Wirren innerhalb der DEK hinzuarbeiten, nicht verwerfen, sondern waren gewillt, auf dem Boden von Artikel 1 der Verfassung der DEK vom 11.7.1933 diese Bemühungen zu unterstützen. Deshalb hat der Vorsitzende des Reichskirchenausschusses, D. Zoellner, diesen Schritt der Luth. Kirchen freudig begrüßt. Die Gründung des Luth. Rats war also kirchenpolitisch gesehen keine »einseitige«, sondern eine das Ganze im Auge habende Handlung.

Aber auch das Ziel, das den Luth. Kirchen schon im Jahr 1933 vorgeschwebt hatte, nämlich innerhalb der DEK und in Übereinstimmung mit Artikel 2 der Verfassung eine einheitliche Luth. Kirche, der sich die Luth.

---

17 LKA Stuttgart, D 1, Bd. 188; die Beilagen befinden sich nicht bei den Akten. Vgl. auch Wurms Schreiben an den Reichsführer SS vom 2.6.1938 und an den Reichsaußenminister von Ribbentrop vom 3.6.1938 (LKA Stuttgart, D 1, Bd. 77 und 188) und das Schreiben der Landesbischöfe von Hannover, Württemberg, Bayern und Braunschweig vom Juli 1938 an das Reichskirchenministerium (LKA Stuttgart, D 1, Bd. 142).

Landeskirchen als Sprengelkirchen unter Wahrung ihrer auf Geschichte und Stammeseigenschaften beruhenden Eigenart eingliedern würden, zu gestalten, liegt durchaus in der Linie der vom Staat gewünschten Zusammenfassung der Einzelkirchen. Dagegen bedeutet es eine Erschwerung für alle auf Einheit und Frieden gerichteten Bestrebungen, wenn Kirchenleitungen, die den Boden des Artikels 1 der Verfassung verlassen haben, sich zu einem Volkskirchenbund zusammenschließen und für eine Vermischung des christlichen Glaubensguts mit den Gedanken des Deutschglaubens Propaganda machen. Gegen diese völlig einseitige Kirchenpolitik hat bisher das Ministerium für die kirchlichen Angelegenheiten nicht Stellung genommen, wie die Vorgänge in Sachsen, Mecklenburg, Thüringen und Baden beweisen; auch die zum Teil sehr hohen Beiträge, die einzelne Kirchenregierungen für die Finanzierung dieses Volkskirchenbundes in ihren Haushaltsplan einsetzen, werden nicht beanstandet und geben keine Veranlassung zur Einsetzung einer Finanzabteilung.

Welcher Art die Religion ist, die in der von diesen Kirchenleitungen propagierten Nationalkirche gelehrt werden soll, geht aus den beiden beigelegten Berichten über Reden des früheren Reichsbischofs Müller deutlich hervor. Mit den Argumenten, die Herr Ludwig Müller gegen den biblischen Gottesglauben und das Gebet vorbringt, hatten wir zu kämpfen, als nach dem Zusammenbruch des Jahres 1918 die Evang. Kirche wegen ihres treuen Ausharrens an der Seite des kämpfenden deutschen Volks von den internationalen und pazifistischen Elementen aufs heftigste bekämpft wurde. Mit diesen Argumenten wurde die von den proletarischen Freidenkerorganisationen in Szene gesetzte Austrittsbewegung propagiert. Ist es im Sinn des nationalsozialistischen Staates, eine derartige Verflachung der Religion, bei der das tiefste Gedankengut des Neuen Testaments und der Reformation zugunsten einer oberflächlichen Glückseligkeitsreligion verschleudert wird, zu fördern? Welcher Gewinn für Staat und Volk soll herauskommen, wenn solche Gedankengänge als die dem nationalsozialistischen Kämpfer angemessene religiöse Haltung vorgetragen werden und die amtliche Billigung erhalten? Wir bitten das Ministerium für die kirchlichen Angelegenheiten dringend, seine Aufgabe als Treuhänder für eine auf dem Boden des reformatorischen Evangeliums stehende DEK zu erkennen und zu erfüllen; es könnte dabei der loyalen Unterstützung der Luth. Landeskirchen sicher sein.

D. Wurm.

Wegen der gesamten Lage in der Deutschen Evang. Kirche im Sommer 1938 wandte der Landesbischof sich am 12.7.1938 mit einem grundsätzlichen Schreiben an Hitler[18]*:*

Mein Führer!

Die Lage der Evang. Kirche in Deutschland erfordert ein offenes Wort. Wir erbitten dafür die Aufmerksamkeit des Mannes, der in grundlegenden Ausführungen seines Hauptwerkes wie in feierlichen Erklärungen vor der Öffentlichkeit seine Anerkennung des besonderen Auftrags der Kirchen und seine Achtung vor ihren Lehren deutlich zum Ausdruck gebracht hat. Wir müssen darüber Beschwerde führen, daß die staatliche Stelle, die zur Ausführung des Willens des Führers in den kirchlichen Angelegenheiten berufen ist, diesem Willen zuwiderhandelt und die Volksgemeinschaft gefährdet.

Sie, mein Führer, haben durch das Gesetz zur Sicherung der DEK vom 24.9.1935 dem Minister für die kirchlichen Angelegenheiten eine Treuhänderaufgabe für die Evang. Kirche gegeben. Das ganze Bestreben dieses Ministeriums geht aber seit anderthalb Jahren dahin, die Kirche, die auf den Bekenntnissen der deutschen Reformation steht und deren Verfassung durch das Reichsgesetz vom 14.7.1933 anerkannt ist, nicht zu sichern, sondern zu zerstören und an ihrer Stelle eine sogenannte Nationalkirche zu errichten, die mit überwiegender Mehrheit weder die evangelischen noch die katholischen Christen wünschen. Es soll ihr deshalb durch möglichste Förderung einer unser evangelisches Volk aufspaltenden Propaganda und durch Unterdrückung der auf dem Boden des kirchlichen Bekenntnisses stehenden Kirchen, Gemeinden und Pfarrer der Weg bereitet werden. Im Widerspruch zu dem feierlich verkündeten Willen des Führers, es sei keine Staatskirche beabsichtigt, wird in einer Landeskirche nach der andern ein rein staatliches Regiment eingesetzt. In einer großen Luth. Kirche wie der Sachsens wurde im Vorjahr der das Vertrauen der weitesten kirchlichen Kreise genießende und im Frieden arbeitende Landeskirchenausschuß in brüsker Weise entlassen und das Kirchenregiment einer Persönlichkeit übergeben, die kein Vertrauen genießt. Ebenso sind in mehreren Kirchen an die Spitze der sogenannten Finanzabteilungen in letzter Zeit Männer gesetzt worden, die dem kirchlichen Leben völlig ferne stehen, teilweise nicht einmal äußerlich der Kirche angehören. Die Mißachtung der Evang. Kirche von seiten staatlicher Organe wird dadurch in verletzender und aufreizender Weise zum Ausdruck gebracht, während

18 LKA Stuttgart, D 1, Bd. 77; vgl. auch die bei den Akten liegenden Vorentwürfe.

die Kath. Kirche keinerlei Eingriff in ihre Ordnung und Lehre zu gewärtigen hat. Dies wird besonders in Süddeutschland, wo die evangelische Bevölkerung in den entscheidenden Wahlkämpfen der Jahre 1930 bis 1933 den Sieg des Nationalsozialismus herbeigeführt hat, bitter empfunden.

Es ist sinnlos, von Maßregeln, die der Einsetzung von Staatskommissariaten für die Evang. Landeskirche auf ein Haar ähneln, eine Befriedung zu erhoffen. Alles was nach gewaltsamer Begünstigung einer religiösen oder kirchlichen Richtung durch Staatsgewalt aussieht, steht mit den Grundgedanken der nationalsozialistischen Staatsführung, besonders auch mit dem Toleranzerlaß Ihres Stellvertreters vom Oktober 1933 in Widerspruch.

Wir sehen davon ab, Sie, den verantwortlichen und unausgesetzt mit den schwersten politischen Problemen beschäftigten Führer des deutschen Volkes mit weiteren Einzelheiten, insbesondere auch mit der tief das innerste Leben unseres Volkes und seine Tragkraft in Zeiten der Not berührenden schlimmen Lage des Religionsunterrichts zu behelligen. Wir haben nur das eine Anliegen: Weisen Sie, wenn Sie nicht selbst die Möglichkeit haben, uns zu empfangen, eine unparteiische hohe staatliche Stelle an, unsere Berichte über die tatsächliche Lage und unsere Vorschläge für eine Neuordnung der Deutschen Evang. Kirche zu hören und zu prüfen. Das Reichskirchenministerium besitzt diese Unparteilichkeit nicht; es ist selbst in persönlicher Herabwürdigung einzelner Kirchenführer soweit gegangen, daß mit ihm ein Gespräch, dessen Ernst und Ton der Tiefe, Größe und Schicksalsschwere des Themas »Kirche und Staat« würdig ist, zur Zeit nicht geführt werden kann.

Mein Führer! Wir können nicht glauben, daß die planmäßige Entrechtung und Zerstörung der Evang. Kirche Ihre Billigung findet. Darum bitten wir Sie, dafür Sorge tragen zu wollen, daß sachkundigen Männern möglichst bald die Möglichkeit gegeben wird, die Wege aufzuzeigen, die zur Wiederherstellung der von Ihnen verbürgten Rechte der Kirche und zu einem gedeihlichen Zusammenwirken mit dem Staat führen können. Ich bin in der Lage, hiezu Persönlichkeiten vorzuschlagen, die das Vertrauen der evangelischen kirchlichen Kreise sowohl in der Altpreußischen Union als auch in den Luth. Kirchen besitzen.

Meine Amtsgenossen, die lutherischen Bischöfe von Hannover, Bayern und Braunschweig haben mich mit diesem Schreiben beauftragt. Ich übernehme aber für die Fassung, die ich unserem Anliegen um des Ernstes der Lage willen geben mußte, die volle Verantwortung.

Heil mein Führer! [Wurm.]

Das Treuegelöbnis der württ. Pfarrer

Wegen des Treuegelöbnisses und der dagegen laut gewordenen Einwände richtete der Landesbischof zum Pfingstfest am 4.6.1938 einen Hirtenbrief an die Pfarrer der Landeskirche[19]:

Liebe Amtsbrüder!

Am Vorabend des Festes, an dem die Kirche ihrer Armut eingedenk den Reichtum des Heiligen Geistes erfleht, möchte ich aus der Verbundenheit des Glaubens und der Liebe heraus ein Wort an Euch richten.

Ich weiß aus vielen Äußerungen, die mir zugegangen sind, wie sehr die Herzen und Gewissen der Amtsbrüder bewegt sind durch die Verordnung, die der Oberkirchenrat hinsichtlich eines neu einzuführenden staatlichen Treuegelöbnisses erlassen hat. Gerne stelle ich fest, daß, wie im letzten Jahr bei der staatlichen Forderung eines Gelöbnisses der Religionslehrer, niemand in unseren Reihen das Recht der Obrigkeit, ein solches Gelöbnis zu fordern, bestreitet. Viele unserer Gemeindeglieder haben ohne Verletzung ihres Gewissens als Männer und Frauen, die in öffentlichen Ämtern oder in politischen Formationen oder im Heeresdienst stehen, einen Treueid geleistet. Auch unser Pfarramt ist bis heute ein öffentliches Amt, und die Landeskirche ist eine Körperschaft des öffentlichen Rechts, die als solche einen Vorzug vor privaten Vereinigungen genießt. Darum sehen wir es als billig an, wenn von seiten des Staates erwartet wird, daß auch die Geistlichen als Träger eines öffentlichen Amtes der Obrigkeit gegenüber dieselbe Verpflichtung auf sich nehmen, die vor 1918 in allen Landeskirchen selbstverständlich war.

Die Einwände, die erhoben worden sind, sind nicht politischer Natur. Es wird gesagt, daß man bereit sei, einen vom Staat geforderten Treueid vor einer staatlichen Stelle zu leisten, nicht aber ein von der Kirche gefordertes Gelöbnis an Eides Statt vor einer kirchlichen Behörde. Dem möchte ich entgegenhalten, daß § 174 des Beamtengesetzes die Ablegung eines dem Beamteneid entsprechenden Gelöbnisses durch die Angestellten einer Körperschaft des öffentlichen Rechts ausdrücklich offen läßt und daß durch Besprechungen in den letzten Monaten hinreichend deutlich geworden ist, daß eine Erwartung des Staates in dieser Hinsicht vorhanden ist. Ob zwischen einer Erwartung und einer formellen Forderung ein so großer grundsätzlicher Unterschied besteht, dürfte doch bezweifelt

[19] Nr. A 5465.

werden. Mir ist es immer als eine Erleichterung erschienen, daß die Fassung des § 174 des Beamtengesetzes eine gewisse Zurückhaltung des Staates erkennen läßt, ohne daß er damit ein grundsätzliches Recht preisgibt. Ich bin persönlich gerne bereit, den Amtsbrüdern, die darin eine Erleichterung sehen, eine solche Möglichkeit zu verschaffen, zweifle aber auf Grund von Äußerungen staatlicher Stellen außerhalb Württembergs, ob sich eine solche Möglichkeit finden läßt.

Schwerwiegender scheinen mir die Einwände zu sein, die aus der Erwägung kommen, es möchte mit der Ablegung eines solchen Gelöbnisses jeder Widerstand gegen Verordnungen und Maßnahmen, die das Wesen der Kirche verletzen und in Glaube und Bekenntnis eingreifen, innerlich unmöglich gemacht werden. Solche Einwände müssen naturgemäß in einem Augenblick, in dem unserer Badischen Nachbarkirche ohne jede vorherige Anhörung und Besprechung eine nicht an das kirchliche Bekenntnis gebundene Finanzabteilung aufgedrängt wird, besonders stark auftreten und könnten auch solche schwankend machen, die vorher zur Ablegung des Gelöbnisses bereit waren. Dazu möchte ich Folgendes sagen:

Grundlegend für die vom Reichskirchenministerium erlassenen Verordnungen ist das Gesetz zur Sicherung der DEK vom 24.9.1935, in dessen Einleitung es wörtlich heißt: »Von dem Willen durchdrungen, einer in sich geordneten Kirche möglichst bald die Regelung ihrer Angelegenheiten selbst überlassen zu können, hat die Reichsregierung ihrer Pflicht als Treuhänder gemäß und in der Erkenntnis, daß diese Aufgabe keiner der kämpfenden Parteien überlassen werden kann, zur Sicherung des Bestandes der Deutschen Evang. Kirche und zur Herbeiführung einer Ordnung, die der Kirche ermöglicht, in voller Freiheit und Ruhe ihre Glaubens- und Bekenntnisfragen zu regeln, das nachfolgende Gesetz beschlossen.«

Mit aller nur wünschenswerten Deutlichkeit ist hier gesagt, daß das Kirchenministerium für die auf der Verfassung vom 11.7.1933 stehende DEK und die ihr angeschlossenen Landeskirchen eine Treuhänderaufgabe hinsichtlich ihrer Ordnung übernommen habe, die Glaube und Bekenntnis unberührt läßt. Ferner bestimmt der einzige Paragraph dieses Gesetzes: »Der Reichsminister für die kirchlichen Angelegenheiten wird zur Wiederherstellung geordneter Zustände in der Deutschen Evang. Kirche und in den Evang. Landeskirchen ermächtigt, Verordnungen mit rechtsverbindlicher Kraft zu erlassen.« Darin ist mit derselben Deutlichkeit gesagt, daß die Voraussetzung für alle zu erlassenden Verordnungen für die einzelnen Landeskirchen das Bestehen ungeordneter Zustände sei.

Alle späteren Verordnungen des Kirchenministers müssen sich daraufhin prüfen lassen, ob sie mit Sinn und Wortlaut dieses grundlegenden Gesetzes übereinstimmen. Deswegen haben sämtliche auf Verfassung und Bekenntnis stehenden Landeskirchen gegen die 15. Durchführungsverordnung vom 25.6.1937, die aus den Finanzabteilungen rein staatliche Organe macht und ihre Errichtung in allen Landeskirchen ohne Rücksicht auf das Bestehen einer kirchlichen Ordnung vorsieht, Einsprache erhoben. Es gehört zur kirchlichen Amtspflicht jedes Dieners der Evang. Kirche, seinem in der Ordination gegebenen Versprechen gemäß das Recht und die Pflicht zu schriftgemäßer Verkündigung festzuhalten, sowohl in seiner eigenen Amtstätigkeit als in dem Eintreten für das Bestehen einer an Schrift und Bekenntnis gebundenen Kirchenleitung. Wenn durch die nach dem Rücktritt des Reichskirchenausschusses erlassenen Verordnungen aus dem Gesetz zur Sicherung der DEK ein Gesetz zur Sicherung der nationalkirchlichen Leitung der DEK und der einzelnen Landeskirchen gemacht werden sollte, so sind wir durch unser Treuegelöbnis verpflichtet, einer solchen Verkehrung des Willens des Gesetzgebers entgegenzutreten, auch wenn diese falsche Auslegung des Gesetzes mit dem angeblichen Willen des Führers begründet wird. Maßgebend bleiben für uns die feierlichen Erklärungen des Führers am 23.3.1933, wonach die Rechte der Kirchen ungeschmälert bleiben und ihr Verhältnis zum Staat nicht geändert werden solle. Diese Erklärungen haben durch die bekannte Äußerung des Generalfeldmarschalls Göring in Wien in jüngster Zeit erneut Bestätigung gefunden. Genau wie der Eid auf den Landesherrn in früheren Zeiten die Pflichten des Pfarrers gegen die Kirche Jesu Christi und das ihr anvertraute Evangelium nicht ausschloß, sondern einschloß, genau so gilt das auch heute; in einem Schreiben des Landesbischofs an den Herrn Reichsstatthalter ist dies ausdrücklich bezeugt worden.

Die drei Landeskirchen, die die gleichzeitige Veröffentlichung ihrer Gesetze betreffend Treueeid bzw. Gelöbnis vereinbart haben, werden auch in der Durchführung der Verordnungen möglichst gleichen Schritt halten. Wir sind es insbesondere unseren badischen Brüdern schuldig, daß wir auf ihre jetzige schwere Lage Rücksicht nehmen. Aber ich darf um der Klarheit willen keinen Zweifel darüber lassen, daß an der grundsätzlichen Bereitschaft der Württ. Landeskirche zur Ablegung des Treuegelöbnisses in möglichst naher Zeit durch die augenblicklichen Ereignisse ebensowenig etwas geändert wird, wie der Apostel Paulus seine Darlegungen in Römer 13 durch eigenes und fremdes Leiden um des Glaubens willen hat beeinflussen lassen. Ich möchte deshalb herzlich und dringend bitten, in einem so ernsten Augenblick um des Bestandes unserer Evang. Kirche willen zusammenzustehen in demselben Sinne, wie es auch die in viel größeren Schwierigkeiten stehenden bekenntnistreuen Amtsbrüder in anderen, besonders auch den zerstörten Landeskirchen tun.

Die Gemeinschaft des heiligen Geistes sei mit uns allen!

Landesbischof D. Wurm.

Ihre Stellungnahme zur Frage des Treuegelöbnisses teilte die Evang. Bekenntnisgemeinschaft am 17.6.1938 den Pfarrern mit[20]*:*

Liebe Freunde und Brüder!

Ihr wartet schon lange auf ein helfendes und klärendes Wort des Landesbruderrates in der Frage des Gelöbnisses. Leider war uns dies nicht möglich, weil wir in dieser Frage selbst keine Klarheit hatten und deshalb bis jetzt nicht einig werden konnten. Wie die Brüder von der Kirchlich-Theologischen Sozietät ihre ablehnende Auffassung schon in einer Reihe von Schreiben öffentlich begründet haben, so möchten nun auch wir unterzeichneten Mitglieder des Landesbruderrats in der Hoffnung, dadurch aufs neue in ein fruchtbares Gespräch zu kommen, unsere bejahende Stellungnahme begründen. Wir möchten Euch sagen, warum wir in dieser Stunde, da eine Treueverpflichtung der Diener der Kirche vom Staate offenkundig erwartet wird, nicht bloß meinen, mit unverletztem Gewissen den vom Württ. Evang. Oberkirchenrat gewiesenen Weg gehen zu können, sondern überzeugt sind, um des Gewissens willen diesen Weg gehen zu müssen. Wir sehen uns von dem Herrn, der in Schrift und Bekenntnis bezeugt wird, dazu gefordert, und wir meinen deutlich zu erkennen, daß die Brüder, die dieses Gefordertsein verneinen zu müssen glauben, in ihrer Berufung auf Schrift und Bekenntnis sich irren.

I

»Wir können nicht«, sagen uns unsre anders denkenden Brüder und denken hiebei zunächst an die ganz große und starke Bindung, in der sie

---

20 LKA Stuttgart, D 1, Bd. 99,1; vgl. auch die bei den Akten liegenden Vorentwürfe sowie den Artikel von Wolfgang Metzger in »Junge Kirche« 1938 und den sich anschließenden Schriftwechsel mit Pfr. Lic. Dr. Joachim Beckmann vom 20.10.1938 bis 16.1.1939 (LKA Stuttgart, D 1, Bd. 99).

sich als Glieder der Bekennenden Kirche seit 5 Jahren wissen. In dreifacher Richtung empfinden sie hier ein Gebundensein:

1. Sie haben sich in dieser konkreten Frage auf Grund ihres Verständnisses von Schrift und Bekenntnis untereinander gebunden. Sie haben sich hier gegenseitig zugesagt, den eingenommenen Standpunkt durchzustehen; sie haben wohl auch schon teilweise Gliedern ihrer Gemeinden ihre Absicht kundgetan, das vom Oberkirchenrat geforderte Gelöbnis nicht zu leisten; sie haben endlich auch schon dem Oberkirchenrat selbst von ihrer ablehnenden Haltung durch eine feierliche Erklärung Mitteilung gemacht. Solches Sich-gebunden-Haben kann eine starke Hilfe für den einzelnen sein; er richtet sich hier selbst die Hindernisse auf, die ein Abgleiten aus der vorgesehenen Bahn unmöglich machen sollen. Aber nie und nimmer kann solches Sich-gebunden-Haben bedeuten, daß nun dem einzelnen erspart bliebe nachzuprüfen, ob denn die eingenommene Haltung sich bleibend rechtfertigen lasse. Keine abgegebene Erklärung, und wäre sie auch noch so feierlich gegeben, entnimmt uns der Möglichkeit, durch bessere Einsicht zur Buße gerufen zu sein. Auch wenn mit der Buße die Pein verbunden wäre, ausgesprochene Sätze zurücknehmen zu müssen, dürfen wir sie uns nicht aus diesem Grunde ersparen. So ist denn – anders ist in der Evang. Kirche ein solches Sich-gebunden-Haben nie gemeint – immer, ob ausgesprochen oder nicht ausgesprochen, die Voraussetzung in Kraft: wenn ich durch helle Gründe aus der Schrift nicht eines Besseren belehrt werde. Diese gegenseitige Bindung untersteht also der Belehrung durch Gottes Wort.

2. Des weiteren sehen sich unsre Brüder gebunden durch den Blick auf die andern Glieder der Bekennenden Kirche, die in anderen Landeskirchen, insbesondere in der Altpreußischen Union, die Vereidigung durch ihre Kirchenbehörden ablehnen. Wiederum kommt in diesem Gesichtspunkt ein wichtiges Anliegen zutage: die Verpflichtung zu brüderlicher Solidarität ist hier kraftvoll empfunden. Aber andererseits ist festzustellen, daß kein Blick auf die Brüder uns von der eigenen Verantwortung für unsern persönlichen Weg entlastet. Wir stehen und fallen immer unserem eigenen Herrn. Auch wenn wir als Glieder der Altpreußischen Union oder der Sächsischen Kirche nicht schwören könnten, solange die dortigen kirchlichen Verhältnisse in dieser unglücklichen Weise mit dem Eid verquickt sind, ist noch keineswegs gegeben, daß wir uns in Württemberg angesichts unserer anderen Verhältnisse in gleicher Weise zu verhalten haben. Der Blick auf andere Menschen, mit denen wir uns zusammengehörig wissen, entbindet uns nicht von der Frage, wie unsere eigene Ent-

scheidung richtig falle. Es muß durchaus mit der Möglichkeit gerechnet werden, daß man bei grundsätzlich gleicher Einstellung zum Evangelium Jesu Christi praktisch sehr verschieden sich verhalten muß. Es kann aber auch sein, daß wir das andersartige kirchliche Verhalten unseres Bruders zwar billigen, aber seine theologische Begründung für falsch halten. Es gilt auf jeden Fall, daß die gegenseitige Rücksichtnahme durchaus der Belehrung durch Schrift und Bekenntnis untergeordnet bleibt.

3. Endlich sehen sich unsere anders denkenden Brüder gebunden durch feierliche synodale bzw. kirchenregimentliche Entscheidungen der Bekennenden Kirche.

Der Reichsbruderrat beschloß am 18. 9. 1934 zur Frage des Eides: »Wir wissen, daß nach evangelischer Lehre nur die weltliche Obrigkeit befugt ist, von ihren Untertanen einen Eid zu fordern. Dagegen sind wir, ganz abgesehen davon, daß wir zu diesem Kirchenregiment kein Vertrauen haben können, verpflichtet, die Ablegung eines Eides in die Hand des Kirchenregiments grundsätzlich abzulehnen, weil im Raum der Kirche der Eid nach Gottes Wort unzulässig ist, wie unser Herr Christus spricht (Matth. 5,34): ›Ich aber sage euch, daß ihr überhaupt nicht schwören sollt!‹ Darum raten wir dringend allen Amtsbrüdern und Kirchenbeamten, das Ansinnen der Reichskirchenregierung abzulehnen und den von ihr geforderten Eid weder zu leisten noch abzunehmen.«

Und in ähnlichem Sinn erklärte der Landeskirchenrat der Evang.-Lutherischen Kirche in Bayern im dortigen Amtsblatt Nr. 25, 1934:

»1. Die Kirche als Gemeinschaft der Gläubigen kennt nach dem klaren Zeugnis der Heiligen Schrift keinen Eid als christliches Gebot. Eingedenk der Worte ihres Herrn hat darum die Evang. Kirche, im Unterschied von der Römisch-katholischen Kirche, kein Eidesrecht ausgebildet. Sie hat sich je und je auch als Volkskirche gescheut, ihren Gliedern einen Eid aufzuerlegen, obschon sie als äußerlich und rechtlich verfaßte Gemeinschaft das feierliche Gelübde und die ernste Verpflichtung als Hinweise auf bestehende Bindungen kennt und festhält. Dagegen kann der Staat in seinem Bereich mit Recht von seinen Untertanen einen Eid fordern (CA XVI; FC, Sol. Decl. XII, 20). So verlangt er zum Beispiel den Eid vor Gericht, den Fahneneid auf den obersten Kriegsherrn, den Diensteid seiner Beamten. Der evang. Christ leistet diesen Eid im Gehorsam gegen die Obrigkeit als die gute Ordnung Gottes (Matth. 22,21; Röm. 13). Luther: ›Wenn er (der Eid) aus Not geschieht, ist er nicht verboten, ist auch nicht Unrecht. Dann geschieht er aber aus Not, wenn die Obrigkeit einen Eid fordert für Gericht usw. wie auch geschieht, wenn man den Fürsten huldet und schwöret, und ist recht‹ (Erlanger Ausgabe 36,88). Insofern als der Pfarrer im Dienste der Volkskirche Träger allgemeiner oder besonderer staatlich anerkannter oder verliehener öffentlicher Funktionen ist, kann der Staat einen Treueid von ihm verlangen... Wenn aber die Kirche von sich aus einen Treueid auf den Staat fordert, entgeht sie schwer dem Vorwurf, in ein fremdes Amt zu greifen (CA XVI, 28). Das Amt der Verkündigung unterscheidet sich grundsätzlich von allem weltlichen Amt und Dienst dadurch, daß es seinen Auftrag allein von Christus, dem Herrn der Kirche, hat (›Gleichwie mich der Vater gesandt hat, so sende ich euch‹, Joh. 20,21). Deshalb gibt es ›im Amt der Verkündigung für den berufenen Diener‹ keinen anderen Herrn als den Herrn Christus. Aus diesem Grunde bindet das Ordinationsgelübde in der Ausrichtung der kirchlichen Verkündigung weder an einen Menschen noch an eine kirchliche Organisation..., sondern allein an das ewige Wort Gottes, das uns in der Heiligen Schrift gegeben und durch die Bekenntnisse unsrer Kirche in seiner Reinheit zu predigen aufgetragen ist... Dadurch daß der Pfarrer an die ›geoffenbarte Lehre des heiligen Evangeliums‹ gebunden ist, weiß er sich auch der rechtmäßigen Obrigkeit in Gehorsam und Treue verpflichtet. Das Ordinationsgelübde schließt diese Verpflichtung ein (Röm. 13; 1. Petr. 2,13f.; CA XVI). Es wird in seinem Ernst mißachtet, wenn ein Kirchenregiment von sich aus neben dem Ordinationsgelübde noch einen besonderen Eid auf die Obrigkeit fordert. Durch Wortlaut und Wortstellung des Diensteides im Gesetz der DEK wird gerade für den Pfarrer, der es sowohl mit der Treue in seinem geistlichen Amt als auch mit der Treue und dem Gehorsam gegenüber dem Führer des deutschen Volkes und Staates ganz ernst nimmt, eine unerträgliche Gewissensbelastung herbeigeführt. Denn die durch die Ordination begründete Eigenschaft eines zum Amt der Verkündigung berufenen Dieners wird mit der andern Eigenschaft, nämlich der eines gehorsamen und treuen Staatsbürgers, in unlutherischer Weise verklammert. Damit unterstellt dieser Eid, wenigstens seinem Wortlaut nach, das Amt der Verkündigung dem Gebot der weltlichen Obrigkeit. Der lutherische Grundsatz, der eine klare Scheidung der beiden Ämter, des Amtes der Kirche und des Amtes des Staates festhält, erscheint hier aufgegeben (CA XVI, 28)...«

Diese beiden Verlautbarungen, die des Reichsbruderrats und die der Evang.-Luth. Kirche in Bayern, erscheinen unsern anders denkenden Brüdern als der Consensus magnus, der sie bindet. Aber auch hier wird gelten, daß nicht die Tatsache eines Reichsbruderratsbeschlusses und nicht die Tatsache einer kirchenamtlichen Verlautbarung aus Bayern jeweils als solche etwas über die sachliche Frage hinaus bedeuten können, ob die dort 1934 vollzogene Ablehnung des von der Nationalsynode auferlegten Eides auch theologisch richtig begründet ist. Es könnte sein, daß die kirchlich richtige Entscheidung mit einer theologisch unzulänglichen Begründung versehen war. Darum spitzt sich auch hier alles auf die nunmehr zu beantwortende Frage zu: Was sagen die Bekenntnisse der Lutherischen Kirche, was sagt die Heilige Schrift vom Eide des Christen?

II

Das »Wir können nicht« unserer anders denkenden Brüder geht zunächst auf die These zurück: die Bekenntnisschriften erlauben es uns nicht. Dabei ist freilich nicht so sehr an die Ausführungen der Bekenntnisschriften über den Eid selbst gedacht als vielmehr an die Unterscheidung zwischen den beiden Regimenten, der geistlichen und der weltlichen Gewalt, wie sie CA XXVIII vollzogen wird. Trotzdem aber halten wir es für notwendig, zunächst zu hören, was die Bekenntnisschriften über den Eid sagen, und dann erst auf diese Lehre im besonderen einzugehen.

1. Die grundlegende Stelle ist die Erklärung des Großen Katechismus zum 2. Gebot. Dort heißt es: »So verstehest du nun, was Gottes Namen mißbrauchen heiße: nämlich (aufs kürzeste zu wiederholen) entweder bloß zur Lügen und etwas unter dem Namen ausgeben, das nicht ist, oder zu fluchen, schwören, zaubern (lateinisch: blasphemando, exsecrando, maledicendo, incantando; da in der lateinischen Übersetzung iurando fehlt, erhält das »Schwören« des deutschen Textes seine Deutung von dem benachbarten »Fluchen« und »Schwören« im Volksmund), und Summa, wie man mag, Bosheit auszurichten. Daneben mußt du auch wissen, wie man des Namens recht brauche ... daß wiederum geboten ist, ihn zur Wahrheit und allem Guten zu brauchen, als nämlich, so man recht schwört, wo es not ist und gefordert wird (lateinisch: quando recte iuramus, cum aut necessitas postulat aut a nobis iusiurandum exigitur). Also auch, wenn man recht lehret item, wenn man den Namen anrufet in Nöten, lebt und dankt im Guten usw.... Also hast du die Summe des ganzen Gebots erklärt. Und aus diesem Verstand hat man die Frage leichtlich aufgelöst, damit sich viel Lehrer bekümmert haben: warum im Evangelium verboten ist zu schwören, so doch Christus, Sanct Paulus und andere Heiligen oft geschworen haben? Und ist kürzlich die Meinung: Schwören soll man nicht zum Bösen, das ist, zur Lügen, und wo es nicht not noch nütz ist, aber zum Guten und des Nächsten Besserung soll man

schwören. Denn es ist ein recht gut Werk, dadurch Gott gepreiset, die Wahrheit und Recht bestätiget, die Lügen zurückgeschlagen, die Laute zufrieden bracht, Gehorsam geleistet und Hader vertragen wird. Denn Gott kömmt da selbst ins Mittel und scheidet Recht und Unrecht, Böses und Gutes voneinander. Schwört ein Teil falsch, so hat es sein Urteil, daß es der Strafe nicht wird entlaufen, und ob es eine Weile lang anstehet, soll ihnen doch nichts gelingen, daß alles, so sie damit gewinnen, sich unter den Händen verschleiße und nimmer fröhlich genossen werde, wie ich an vielen erfahren habe, die ihre eheliche Gelübde verschworen haben (lateinisch: connubii fide abiurarunt), daß sie danach keine gute Stunde oder gesunden Tag gehabt haben, und also beide an Leib, Seele und Gut dazu, jämmerlich verdorben sind.«

An dieser Erklärung des Katechismus zum 2. Gebot ist bemerkenswert: a) Die Stelle, an welcher es zu Gelübden und Eiden kommt, ist durchaus nicht bloß der Ort der Berührung mit dem Staat. Die Erklärung nennt ausdrücklich beispielsweise die ehelichen Gelübde, also eine zumindest damals ganz im Raum der Kirche liegende Stelle; sie ist aber überhaupt so allgemein auf den Christenmenschen schlechthin zugeschnitten, daß von hier aus jene Gebietsteilung nicht begründet werden kann, die unsern anders denkenden Brüdern Hauptanstoß ist: Der Eid sei zwar dem Staate gegenüber erlaubt, nicht aber in der Kirche. Ohne jeden Vorbehalt bezüglich »des Raumes der Kirche« wird hier der Christenmensch über den Eid belehrt.

b) Beurteilt wird der Eid allein von seinem Zweck. Dient er zur Besserung, zum Guten, so ist er nicht bloß »erlaubt«, sondern geboten (praeceptum esse nobis arbitremur). Und zwar ist keineswegs bloß der Fall ins Auge gefaßt, daß der Eid von uns gefordert wird (a nobis iusiurandum exigitur), sondern auch der andere Fall (aut... aut...!), daß man schwört, »wo es not (bzw. nütze) ist« (necessitas postulat). Daraus geht hervor, daß die in der heutigen Diskussion hauptsächlich verwendete Definition »postulantibus magistratibus« in CA XVI nur einen Fall ins Auge faßt, den ersten nämlich, wo der Eid ausdrücklich gefordert wird. Von dem andern Fall ist dort nicht die Rede, den der Große Katechismus aber ganz ernstlich ausführt, daß der Eid sich uns durch eine Necessitas andrer Art als nötig aufdrängt. Necessitas heißt sinngemäß: Wenn wir sehen, daß wir durch einen Eid Wahrheit und Recht bestätigen, Lügen zurückschlagen (»Diffamierungen« zurückweisen), die Leute zufrieden machen (wir dürfen dieses Anliegen nicht durch den Ausdruck »anbiedern« entwerten), den zu leistenden Gehorsam verdeutlichen und Hader beilegen können, dann sind wir zum Eid gefordert, nicht weil es eine außer uns liegende »fremde« Instanz von uns verlangt, sondern weil uns die Liebe, die »das Gute und des Nächsten Besserung« sucht, dazu treibt.

2. Von dieser grundlegenden Katechismusstelle aus gewinnen die andern Stellen der Bekenntnisschriften, die sich mit dem Eid beschäftigen, ihr Licht. CA XVI redet von dem durch die Obrigkeit geforderten Eid: »Von Polizei und weltlichem Regiment wird gelehrt, daß alle Obrigkeit in der Welt und geordnete Regiment und Gesetze, gute Ordnung von Gott geschaffen und eingesetzt sind und daß Christen mögen in Obrigkeits-, Fürsten- und Richter-Amt ohne Sünde sein, nach kaiserlichen und anderen üblichen Rechten Urteil und Recht sprechen, Übeltäter mit dem Schwert strafen, rechte Kriege führen, streiten, käufen und verkäufen, aufgelegte Eide tun, Eigens haben, ehelich sein usw. Hie werden verdammt die Wiedertäufer, so lehren, daß der obangezeigten keines christlich sei... Denn das Evangelium lehret nicht ein äußerlich, zeitlich, sondern innerlich, ewig Wesen und Gerechtigkeit des Herzens und stößt nicht um weltlich Regiment, Polizei und Ehestand, sondern will, daß man solches alles halte als wahrhaftige Ordnung (Gottes) und in solchen Ständen christliche Liebe und rechte gute Werke, ein jeder nach seinem Beruf, beweise. Derhalben sind die Christen schuldig, der Obrigkeit untertan und ihren Geboten gehorsam zu sein in allem, so ohne Sünde geschehen mag. Denn so der Obrigkeit Gebot ohn Sünde nicht geschehen mag, soll man Gott mehr gehorsam sein denn den Menschen. Actor. 5, 29.«

Genau dasselbe führt die FC, Epit. XII und damit übereinstimmend Sol. Decl. XII in dem Abschnitt »Irrige Artikel der Wiedertäufer« aus. Verworfen wird der Satz der Wiedertäufer: »Quod homo christianus sana conscientia iusiurandum praestare et iuramento interposito obedientiam et fidem suo principi aut magistratui promittere nequest« oder, in der Formulierung der Sol. Decl.: »Christianos sana conscientia in foro civili iuramentum praestare aut principi ac magistratui suo fidem sub religione jurisjurandi adstringere non posse.«

Überschaut man diese weiteren Äußerungen, so geht daraus hervor:

a) Sie reden nur von den geforderten Eiden, nicht von den andern, von welchem der Große Katechismus auch weiß: den freiwillig um der Necessitas willen übernommenen. Sie reden in der Front gegen die Wiedertäufer, die einen von der Obrigkeit geforderten Eid ablehnen; daraus geht hervor, daß ihre Aussagen für unseren heutigen Fall gar nicht passen. Das »postulantibus magistratibus« kann (das verwehrt der Katechismus) exegetisch nicht dahin urgiert werden, daß er besagen soll: Nur wenn die

Obrigkeit es ausdrücklich fordert. Sondern es heißt: Die Obrigkeit, die eine Ordinatio Dei ist, hat das Recht, Eide zu fordern; fordert sie einen Eid, so hat der Christ ihn zu leisten. Einen Anhaltspunkt für die Behauptung, daß von den Trägern des geistlichen Amts »im Raum der Kirche« ein Eid nicht verlangt werden könne, gibt CA XVI nicht.

3. An keiner Stelle der auf den Eid bezüglichen Stellen der Bekenntnisschriften wird auf die uns heute bewegende Frage eingegangen, ob etwa der Eid zwar dem Staate gegenüber erlaubt oder geboten sei, dagegen im »Raume der Kirche« nicht. Der Katechismus gibt seine Weisung dem Christen schlechthin in der Einheit seiner christlichen Existenz. Die Lehre vom »Raum der Kirche« findet sich in den Bekenntnisschriften nicht. Sie ist eine abstrahierende Fortbildung der andern Lehre, die sich ausführlich in den Bekenntnisschriften findet (CA XXVIII) von der Unterscheidung der geistlichen und weltlichen Gewalt. Die Bekenntnisschriften haben dabei aber nicht zwei Gebilde »Staat« und »Kirche« vor Augen, deren Räume sie gegeneinander abgrenzen wollten, sondern sie denken an konkrete Menschen, die einen konkreten Auftrag (Mandatum) oder eine konkrete Vollmacht (Potestas) von Gott erhalten haben und diesen Auftrag richtig ausführen sollen. Als konkrete Menschen stehen sie jeweils in rebus civilibus und in rebus spiritualibus, wenn auch mit einem Sonderauftrag nach der einen oder anderen Seite. Der Träger der Potestas gladii hat den Auftrag, das Schwert zu verwalten mit Gesetzgebung, Verwaltung und Regierung; er soll das tun als ein Christ. Die reformatorische Theologie sieht aber auch die Möglichkeit vor, daß er, wenn die Necessitas eintritt, als christliche Obrigkeit auch Funktionen des andern Mandates Gottes wahrnehmen und, dem Evangelium gehorsam, in kirchlichen Dingen aktiv werden kann (die Voraussetzung Luthers, daß es in diesem Fall christliche Obrigkeit sein müsse, war allerdings im Lauf der Entwicklung bald vergessen, so kam es zum landesherrlichen Kirchenregiment). Umgekehrt hat der Träger der Potestas ecclesiastica geistliche Funktionen von der Lehre und Predigt des Wortes und der Darreichung der Sakramente bis hin zur Übung der Zucht gegenüber falscher Lehre und gegenüber den Impii. Wenn aber eine Necessitas vorliegt, so kann er auch Funktionen übernehmen, die er Iure humano hat durch Übertragung eines Stückes weltlicher Gewalt. Daß die beiden Ämter unverworren bleiben sollen, heißt offenkundig für die Bekenntnisschriften nicht, daß ein und derselbe Amtsträger nicht in beiderlei Potestatibus funktionieren kann. Es ist ausdrücklich der Fall vorgesehen CA XXVIII, 18, daß die »Episcopi habent potestatem gladii... donatam a regibus et imperatoribus ad admi-

nistrationem civilem suorum bonorum«. Die Bekenntnisschriften sehen hier also den Fall vor, daß der Staat« (um nun auch hier in moderner Abstraktheit zu reden!) der »Kirche« eine weltliche Funktion überträgt, die sie dann kraft einer donata Potestas, etwa einer im Beamtengesetz ihr gegebenen Möglichkeit, ausübt. Daß der Eid Sünde sei, wenn er in der Kirche abgenommen werde, kann auf keinen Fall aus den Bekenntnisschriften gefolgert werden. Sünde würde es nur sein, wenn sich das aus seinem Wortlaut ergäbe, wenn er zum Beispiel beanspruchen würde, zum Heil notwendig zu sein oder Vollzug und Inhalt der kirchlichen Verkündigung zu bestimmen.

4. Da die Eidesforderung durch Gesetz ein Stück kirchlicher Ordnung geworden ist, bedarf es noch eines Hinweises auf das, was die Bekenntnisschriften über den Gehorsam gegen kirchliche Weisungen sagen, sofern diese »ohne Sünde mögen gehalten werden« (CA XV). Wenn es nicht gegen das Evangelium ist (CA XXVIII, 34), dürfen die Bischöfe und Pfarrer, ut res ordinarie gerantur in ecclesia, Anordnungen treffen (CA XXVIII, 53 ff.): »Tales ordinationes convenit ecclesias propter caritatem et tranquillitatem servare eatenus, ne alius alium offendat, ut ordine et sine tumultu omnia fiant in ecclesiis (1. Kor. 14,44; cf. Phil. 2,14); verum ita, ne conscientiae onerentur, ut ducant res necessarias ad salutem ac judicent se peccare, quum villant eas sine aliorum offensione« (CA XXVIII, 55f.). Sofern es sich um eine behördliche Anordnung handelt, welche keine eigene Gerechtigkeit aufrichtet und so die Gewissen beschwert, sondern dem Nächsten hilfreich und nützlich sein will, dürfen wir nicht nur, sondern sollen wir in aller Freiheit gehorchen. Wir könnten uns an sich als freie Herren aller Dinge einer kirchlichen Anordnung entziehen, da sie nicht heilsnotwendig ist; aber in praxi, daß heißt als Knechte aller Dinge, können wir es nur soweit tun, als es sine aliorum offensione geschehen kann. Wenn also einmal feststeht, daß eine Sache in den Bereich derjenigen kirchenbehördlichen Anordnungen fällt, quae sine peccato servari possunt, dann entscheidet nicht mehr das persönliche Fürgut- oder Für-besser-Halten, sondern dann ist »um der Liebe und Friedes willen« die Ordnung zu beachten, »daß einer den andern nicht ärgere, damit in der Kirchen keine Unordnung oder wüstes Wesen sei« (CA XXVIII, 55).

So möchten wir abschließend von den Bekenntnisschriften sagen, daß sie 1. in ihren direkten Aussagen über den Eid uns nicht nur kein Hindernis bereiten, einen Eid zu schwören, sondern 2. sogar den Eid als ein gutes Werk preisen, wenn dadurch einer Lüge gewehrt werden kann usw.; daß sie 3. eine Lehre vom »Raum der Kirche« nicht kennen, vielmehr 4. dem konkreten kirchlichen Amtsträger die Versehung weltlicher Funktionen zubilligen, wenn die Ämter unvermischt bleiben; daß sie 5. uns zum Gehorsam gegen jede kirchliche Verordnung rufen, die ohne Sünde gehalten werden kann.

III

Wenn so nach unsrer Einsicht in die Dinge die Bekenntnisschriften unsern Amtsbrüdern keinen Anlaß mehr geben zu ihrem »Wir können nicht«, so bleibt als letzte und entscheidende Instanz die Heilige Schrift selbst. Nach dem Beschluß des Reichsbruderrats (siehe oben I, 3) soll der Eid »im Raum der Kirche« unmöglich sein. Da das Neue Testament einen »Raum der Kirche« in dem gemeinten Sinne nicht oder noch nicht von den anderen »Räumen« abgrenzt, kann eine spezielle Antwort auf diese These nicht vom Neuen Testament erwartet werden. Was dagegen nötig und geboten ist, ist die Wahrnehmung des exegetischen Tatbestandes, der dann immerhin deutlich genug zu der an ihn herangebrachten Frage spricht.

1. Die grundlegenden Stellen sind zweifellos Matth. 5,33 ff., Matth. 23, 16 ff. und Jak. 5,12. »Ihr habt gehört, daß zu den Alten gesagt ist: ›Du sollst keinen falschen Eid tun und sollst Gott deinen Eid halten.‹ Ich aber sage euch, daß ihr überhaupt nicht schwören sollt, weder bei dem Himmel, denn er ist Gottes Stuhl, noch bei der Erde, denn sie ist seiner Füße Schemel, noch bei Jerusalem, denn sie ist des großen Königs Stadt. Auch sollst du nicht bei deinem Haupte schwören, denn du vermagst nicht ein einziges Haar weiß oder schwarz zu machen. Eure Rede aber sei: Ja, ja; nein, nein. Was darüber ist, das ist vom Übel« (griech.: ist vom Bösen). – »Weh euch, verblendete Leiter, die ihr sagt: ›Wer da schwört bei dem Tempel, das ist nichts; wer aber schwört bei dem Gold am Tempel, der ist's schuldig.‹ Ihr Narren und Blinden! Was ist größer: das Gold oder der Tempel, der das Gold heiligt? Oder: ›Wer da schwört bei dem Altar, das ist nichts; wer aber schwört bei dem Opfer, das darauf ist, der ist's schuldig.‹ Ihr Narren und Blinden! Was ist größer: das Opfer oder der Altar, der das Opfer heiligt? Darum, wer da schwört bei dem Altar, der schwört bei demselben und bei allem, was darauf ist. Und wer da schwört bei dem Tempel, der schwört bei demselben und bei dem, der darin wohnt. Und wer da schwört bei dem Himmel, der schwört bei dem Stuhl Gottes und bei dem, der darauf sitzt.« – »Vor allen Dingen aber, meine Brüder, schwöret nicht, weder bei dem Himmel, noch bei der Erde, noch mit einem andern Eid. Es

sei aber euer Wort: Ja, das Ja ist; und: Nein, das Nein ist, auf daß ihr nicht unter ein Gericht fallet.«

Zur richtigen Beurteilung dieser Stellen ist Folgendes zu sagen: a) »Den Alten« war das Schwören ein unentbehrliches Mittel, sich der Wahrheit gegenseitig zu versichern. Das Gesetz Moses stellte den Eid unter seinen ausdrücklichen Schutz, mit dem in das Zweite Gebot eingeschlossenen Verbot des falschen Eides, mit dem Verbot des Eidbruches (Lev. 19,12), außerdem verbot es, beim Namen anderer Götter als bei dem Jahwes zu schwören (Deut. 6,13). Alles Leben unter dem Gesetz wird immer des Eides bedürfen, um der Lüge zu wehren, der Eid ist eines der charakteristischen Merkmale der Ordnung dieses Äons, in welchem die Wahrhaftigkeit nicht die gottgeschenkte Gabe des Geistes, sondern auferlegte Forderung des Gesetzes ist.

b) Wie alles Gesetz so führte auch das Gesetz, welches die Wahrhaftigkeit durch den Eid erzwingen wollte, zur Sünde und erwies sich als nicht imstande, die Gerechtigkeit zu schaffen, die es anstrebte. Auf der einen Seite wurde der Eid zwar als wirklicher Eid geschworen, aber zugunsten der Unwahrheit (Meineid). Auf der andern Seite wurde die Unwahrhaftigkeit in den Eid selbst hineingetragen, indem an die Stelle eines Schwures bei Gott der Schwur bei irgend welchen andern Größen aus der Schöpfung trat (Himmel oder Erde, Jerusalem oder der Tempel oder der Altar) und in einer schlimmen Kasuistik bestimmt wurde, wann der Eid gültig sein sollte (beim Gold des Tempels, beim Opfer) und wann nicht (beim Tempel und beim Altar). So war der Eid in sich selbst fragwürdig geworden, ohne deshalb innerhalb der alten Ordnung entbehrt werden zu können.

c) Jesus aber bringt die neue Ordnung als das Geschenk des Christus beim Anbruch der Herrschaft Gottes. Zum Wesen der neuen Ordnung, die nicht mehr ein Gesetz ist, gehört die Wahrhaftigkeit als Lebenselement. Die Jünger der neuen Ordnung sollten ganz wahr sein; ihr Wort sollte keiner Zufügung mehr bedürfen, sie sollten der Wahrheit ganz zu Dienst stehen. Darum war der Eid mitsamt der alten Ordnung, zu der er gehörte, für sie vergangen. Was die alte Ordnung vergeblich erstrebte, das erwuchs aus der Gabe des Christus.

d) Die neue Ordnung ist aber erst im Kommen. Sie bricht in die alte erst herein. Sie ruft die Menschen aus der alten Ordnung heraus in ihren Bereich hinein. Aber die Menschen, die sie ruft, sind der alten Ordnung noch keineswegs entnommen. Erstens tragen sie an ihnen selbst das der alten Ordnung verhaftete Wesen, und zweitens leben sie mit andern zusammen, die unter der alten Ordnung beharren. Das galt nicht bloß für die judenchristliche Gemeinde, für die das Fortbestehen des Gesetzes besonders evident war, sondern auch für die heidenchristliche Gemeinde, trotz dem paulinischen »Es ist alles neu geworden«[21].

e) Die Menschen, die der neuen Ordnung hörig geworden sind, inmitten der alten, stehen der alten gegenüber in der Freiheit der zur neuen Ordnung Gehörenden. Sie machen, wenn es not tut, auch vom Eid, der zur alten Ordnung gehört, Gebrauch. Jesus hat die Fortdauer des Schwörens für die Menschen, die unter der alten Ordnung stehen, keineswegs verneint. Wo der Mensch unter dem Gesetz lebt, wo er die Lüge als innerliches und äußerliches Gegenüber hat, ist der Eid unentbehrlich, und Jesus hat sich denn auch deshalb vom Hohenpriester beschwören, das heißt unter Eidesvorhalt vernehmen lassen. So wie er zum Beispiel die Tempelsteuer bezahlte oder den Sabbath hielt oder auf Schweinefleisch verzichtete, so konnte er auch denen, die unter dem Gesetz waren, den Eid leisten in der königlichen Freiheit der Kinder Gottes.

f) Der beherrschende Gesichtspunkt kann für den Jünger Jesu beim Gebrauch des Eides nur sein, der Wahrheit zum Sieg zu verhelfen. Das kann auch im Verkehr mit christlichen Brüdern, also auch innerhalb der Kirche selbst, nötig werden: man vergleiche die Eidesbeteuerungen des Paulus, etwa 2. Kor. 1,23 oder Gal. 1,20 und ähnliche. Es ist vom Neuen Testament her keine Rede davon, daß dem Jünger der Eid etwa »im Raume der Kirche« (in dem er ja immer lebt!) unmöglich, aber im Verkehr mit der Welt möglich wäre. Vielmehr wo es die Not erfordert, schwört der Jünger offenkundig auch in der Kirche selbst so gut wie im Verkehr mit der Welt; er ist nicht an begriffliche Unterscheidungen, etwa von »Staat und Kirche« gewiesen, sondern in den Dienst der Wahrheit gerufen, und wo sie der Bekräftigung durch einen Eid bedarf, wird er ihr diesen Dienst nicht verweigern. Es ist dabei völlig gleichgültig, ob er dabei einem Heiden oder einem Juden oder einem Christen gegenüber steht; es geht für die Bergpredigt um den vollen persönlichen Gehorsam der Nachfolge Jesu in Sachen der Wahrheit, nicht um einen aus dogmatischen Konsequenzen folgenden Gehorsam gegen ein Gesetz.

g) Die Vorstellungen, als sei ein »bloßes« Gelübde oder gar eine Wahrhaftigkeitsbeteuerung, die den Gottesnamen vermeidet, damit schon dem Worte Jesu gemäßer als der Eid im Vollsinn, bleiben unter der Höhe des von Jesu Gemeinten. Ebensowenig handelt es sich um ein neues Gesetz

---

21 Vgl. 2. Kor. 5,17.

unbedingter Wahrhaftigkeit, dessen Erfüllung, von Christus losgelöst, ein Stück eigener Gerechtigkeit wäre. Luthers Verständnis des Eides trifft ganz die neutestamentliche Meinung: Der Christenmensch ist durch Gottes Gnade ein freier Herr aller Dinge; er tut alles aus der Gewißheit des Glaubens ungezwungen; er braucht keinen Eid. Und er ist ein Knecht aller Dinge und unterstellt sich freiwillig der Notwendigkeit, um der andern willen den Eid auf sich zu nehmen.[22]

2. Von der Bergpredigt aus ist es dem Christen nicht möglich, mit Hilfe von Begriffsdistinktionen sich der radikalen Neuordnung der Wahrheitsfrage durch Christus zu entziehen. Der Eid ist überall unnötig geworden in Staat und Kirche für denjenigen, der durch Christus in der völligen Wahrhaftigkeit steht; und er ist zugleich überall nötig geworden (in Kirche und Staat) für denjenigen, der unter der Liebesregel Jesu steht. Die modernen Kategorien »Kirche« und »Staat« liegen der neutestamentlichen Gedankenwelt ferne. Die Vorstellung, als seien dort die Menschen zweigeteilt worden in einen Staatsbürger und einen Christen, tragen moderne Schemata in die Welt der Bibel hinein. Paulus und Petrus waren auch als Staatsbürger Christen und auch als Apostel Staatsbürger. Ihnen war durch das Evangelium die Kindschaft Gottes zugesichert, und darum wurden sie als die Freien den weltlichen Notwendigkeiten untertan. Sie zahlten Zoll und entrichteten ihre Steuer; sie erwiesen Ehre, dem Ehre, Furcht, dem Furcht gebührt.[23] Die Sorge, es könnte dem Evangelium dadurch, daß sie die Linie von Römer 13 einhielten, etwas vergeben werden, kannten sie nicht; sie waren ja bereit, gegebenenfalls dafür zu leiden, wenn ihre Freiheit, die sie in Christus hatten, bedroht wurde von irgendeiner Seite, und bekundeten eben im Leiden ihre Freiheit. Der Gedanke zum Beispiel, sorgsam einem Amt der Kirche einen Raum auszusparen, wo der Obrigkeit nicht auch die ihr gebührende Ehre und Furcht erwiesen wurde, war ihnen fremd. Der Zusammenstoß, den sie mit der säkularen und mit der geistlichen Umwelt hatten, erfolgte nicht aus ihrer Anklammerung an dogmatische Lehrsätze über das Wesen des Staats und das Wesen der Kirche, sondern entstand an dem konkreten Verbot, das Evangelium von der Freiheit der Gebundenen weiterzusagen.

Vom Neuen Testament her wäre darum angesichts der uns vorgelegten Gelöbnisforderung einzig zu fragen: Wie lautet das, was hier unter Anrufung Gottes versprochen werden soll? Ist das in der Gelöbnisformel Geforderte Sünde, oder ist die Verweigerung dieses Geforderten Sünde? Das

22 Luther, Von der Freiheit eines Christenmenschen.
23 Röm. 13,7.

scheint uns die einzig ernsthafte Frage zu sein, nicht die Modalitäten, die wir dem Akte beilegen möchten oder abstreichen wollen. Ob es gefordert wird vom Staat oder ob wir selbst aus einer Nötigung der Rücksicht und der Liebe heraus es tun, ob es im Raume des Staates oder im Raume der Kirche geleistet wird, diese Fragen entfallen vor dem neutestamentlichen Tatbestand, wie wir ihn sehen.

In der Verpflichtungsurkunde heißt es: »Sie legen als Diener der Evang. Landeskirche, gebunden an Ihr Ordinationsgelübde, das Gelöbnis an Eides Statt ab: Ich gelobe: Ich werde dem Führer des Deutschen Reiches und Volkes, Adolf Hitler, treu und gehorsam sein, die Gesetze beachten und meine Amtspflichten gewissenhaft erfüllen, so wahr mir Gott helfe.«[24]

Was ist damit gesagt und gefordert? »Als Diener der Evang. Landeskirche«, nicht als Staatsbeamter, auch nicht als Untergebener der Kirchenkanzlei, werden wir angeredet und vereidigt. Unsere Bindung an das Ordinationsgelübde wird eigens bestätigt: Das Evangelium nach Schrift und Bekenntnis zu bezeugen, bleibt nach wie vor unsere Pflicht. Ob Gelöbnis oder ob Eid, das ist eine im Sinne Jesu nicht weiter wichtige Unterscheidung, die nur für ein gesetzliches Denken Bedeutung hat. Die Einleitungsformel ist als ganze von allen jenen Gefahren ausdrücklich befreit, die uns die Ablegung des Gelöbnisses im letzten Sommer erschwerten bzw. unmöglich machten. Der Wortlaut des Gelöbnisses selbst ist das Versprechen von Fides und Oboedientia an den Leiter des Staatswesens, in dieser persönlichen Fassung der Anonymität der Weimarer Formeln vorzuziehen. Die Beachtung der Gesetze, die als Zweites eigens genannt wird, erinnert daran, daß der erstgenannte Gehorsam im Rahmen eines Staates erfolgt, der die Bejahung seiner Ordnung mit Recht von seinen Untertanen fordert. Die gewissenhafte Erfüllung der Amtspflicht bedeutet für jeden, der ein Amt hat, die Erfüllung der zu diesem betreffenden Amt gehörenden Pflichten. Um welches Amt es sich hier handle, ist in der Einleitung klar gesagt. Ein anderes, neues Amt wird nicht übernommen. Die Gelöbnisleistung erfolgt nicht als Zusatz zum Ordinationsgelübde, sondern als ausdrückliche Namhaftmachung eines dort bereits eingeschlossenen Punktes. Über das Amt verfügt weder der das Gelöbnis Abnehmende noch der das Gelöbnis Ablegende noch der, dem das Gelöbnis geleistet wird; es ist genau umschrieben als mandatum evangelii. »So wahr mir Gott helfe« – die Vorstellung, man müsse hier dem das Gelöbnis abneh-

---

24 Siehe S. 995.

menden Dekan oder Prälaten erst erläutern, daß es sich für den Schwörenden um den Gott des Evangeliums handle, dessen Diener er ist, ist abwegig. Wir alle, einschließlich der Obrigkeit, der wir das Gelöbnis leisten, unterstehen dem einen Gott, dem Vater Jesu Christi; und ist kein andrer Gott! Eine nähere Umschreibung des Gottesnamens zu fordern erübrigt sich darum.

Wir können an diesem Wortlaut kein Merkmal feststellen, durch welches er uns zur Sünde würde. Wir können ihn darum um der kirchlichen Ordnung willen, um »Liebe und Friedes willen« auf uns nehmen. Darüber hinaus sind wir der Obrigkeit um des Gewissens willen als der Dienerin Gottes untertan, und das heißt, daß wir ihr nicht bloß widerwillig geben, wenn sie fordert, sondern ihr entgegenkommen, wenn sie etwas erwartet. Und daß sie etwas erwartet, das verraten unsern anders denkenden Brüdern auch schon die Gedanken, mit welchen sie die mutmaßlichen Folgen ihres Nichtschwörens überdenken.

Auch wir teilen das Anliegen, es möchte bei der Durchführung dieser Verordnung auf unsere Brüder in den andern Landeskirchen mit ihren besonderen Schwierigkeiten Rücksicht genommen werden. Was aber die Verordnung selbst betrifft, so sind wir in unserer Überzeugung gewiß, im Gehorsam gegen Christus nach Schrift und Bekenntnis dieses Gelöbnis leisten zu sollen. Und wenn das der rechte Weg ist, so kann er auch unsern anders denkenden Brüdern nur Hilfe, nicht Schaden sein. Vielleicht hilft er auch ihnen, das »Wir können nicht« zu ersetzen durch ein seiner Sache gewiß gewordenes »Wir können«. Dazu helfe uns Gott.

In der Verbundenheit des Glaubens: Dipper; Eichler; Hermann; Lutz; Metzger; Mörike; Schmidt.

Am 27.6.1938 nahm die Sozietät in einem Schreiben An die Pfarrer der Württ. Bekenntnisgemeinschaft *Stellung zum Rundbrief der Bekenntnisgemeinschaft vom 17. Juni*[25]:
Audiatur et altera Pars!

Wir müssen es ablehnen, auf Teil I des Schreibens einzugehen, da wir uns gegen die vor der Öffentlichkeit der Bekenntnisgemeinschaft ausge-

---

25 LKA Stuttgart, D 1, Bd. 99. Die Beilage »Sic et non« faßt in der ersten Spalte die Argumente des Oberkirchenrats für eine Eidesleistung, in der zweiten die Argumente der Sozietät gegen die Eidesleistung zusammen, die in einer Aussprache zwischen Oberkirchenrat und Landesbruderrat erörtert wurden (LKA Stuttgart, D 1, Bd. 78). Vgl. auch den sich an diese Beilage anschließenden Briefwechsel zwischen Asmussen und Diem vom 24.6.1938/29.6.1938 (LKA Stuttgart, D 1, Bd. 78 und 99).

sprochene Verleumdung, wir hätten uns »gegenseitig zugesagt, den eingenommenen Standpunkt durchzustehen«, nicht zu verteidigen gedenken. Wir sind allein gebunden, dem in Schrift und Bekenntnis bezeugten Herrn zu gehorchen. Es kann sich nur darum handeln, ob diese Bindung zu Recht besteht.

Zu II 1. Aus der Katechismusstelle wird die Betrachtungsweise abgeleitet, wir seien »zum Eid gefordert«, nicht weil es eine außer uns liegende ›fremde Instanz von uns verlangt, sondern weil uns die Liebe, die »das Gute und des Nächsten Besserung« sucht, dazu treibt.

Wirklich?? Man bedenke: Die Not, der wir mit dem Eid abhelfen wollen, besteht darin, daß dem Wort von Christus widersprochen wird; diffamiert werden wir deshalb, weil unsere Gegner nicht wissen und zugeben wollen, daß das der Grund des Haders ist. Wer das bestreitet, weiß nicht, was er in den letzten 5 Jahren in der BK getan hat. Und nun wollen wir diesem Widersprechen und der dadurch bedingten Diffamierung und dem daraus folgenden Leiden durch diesen Eid ausweichen? Weiter: Wie kommt es, daß uns diese »Liebespflicht« und dieser Weg, ihr nachzukommen, ausgerechnet durch das Vorgehen der DC und durch die Entdeckung des § 174 DGB zum Bewußtsein kam? Sind wir uns dessen bewußt, was es bedeuten würde, wenn wir die in letzter Stunde glücklicherweise noch entdeckte Erklärung Luthers zum 2. Gebot etwa nur als Vorwand nehmen würden, um der sehr realen und in ihren Konsequenzen einigermaßen überschaubaren Erwartung der öffentlichen Meinung und vielleicht auch des Staates doch noch nachkommen, das heißt in Wirklichkeit sie umgehen zu können? Haben wir ein gutes Gewissen, wenn wir dieses so sehr erwünschte, uns in den Schoß gefallene Fündlein nun auch noch als besonders qualifiziertes christliches Zeugnis ausgeben und dazu auch noch den staatlichen Beamteneid als eine geeignete Form benützen wollen?

Zu II 2. Angesichts der sonderbaren Umstände, unter denen diese Liebespflicht post festum erkannt wurde, genügt den Verfassern diese eine Begründung für die Eidesleistung allein doch nicht, sondern sie nehmen die Möglichkeit noch hinzu, daß der Eid in irgendeiner, zwar nicht genau zu definierenden Art auch noch »aufgelegt« ist, wofür dann CA XVI und FC XII zuständig wären. Es handelt sich also um zwei Möglichkeiten: a) Das freiwillige christliche Zeugnis als Grenzfall der christlichen Predigt, bei dem allein die Beauftragung durch Gottes Wort den Inhalt des Zeugnisses bestimmt, und b) der von einem Partner geforderte, durch diesen inhaltlich bestimmte und nach dessen Gesetz uns bindende Eid. Es widerspricht schon dem primitivsten Gebot humaner Sauberkeit, wenn diese beiden Möglichkeiten miteinander vermischt, durcheinander ergänzt und gegeneinander ausgespielt werden. Wir halten nach wie vor und angesichts dieser neuesten Ausführungen erst recht daran fest, daß die Vermischung dieser beiden Gesichtspunkte sowohl eine grobe Irreführung des Staates als auch eine lieblose Zumutung an die Gutgläubigkeit unserer Pfarrer und Gemeinden bedeutet. Wir sind erstaunt und betroffen über dieses Maß von Selbsttäuschung, mit dem man sich auf diese Weise die Möglichkeit zum Schwören verschafft.

Zu II 3. Die CA kennt gerade nicht irgendwelche Necessitas, welche Träger des geistlichen Amtes berechtigen würde, ein Amt e Potestate gladii zu übernehmen. Sie stellt vielmehr fest, daß da, wo die Bischöfe »auf menschlichen, kaiserlichen Rechten« weltlich Regiment und Schwert »zu weltlicher Verwaltung ihrer Güter« haben, diese Gewalt »das Amt des Evangeliums gar nichts angeht« (CA XXVIII, 19). Sie lehnt also gerade die Möglichkeit einer Übertragung weltlicher Gewalt an das geistliche Amt ab, wenn sie auch die aus dem Mittelalter als Restbestand noch vorhandene Personalunion zwischen den Bischöfen als Kirchendiener und als Reichsfürsten nicht von sich aus beseitigen kann. Das Interesse und der Tenor dieser Ausführungen ist eben die reinliche Trennung des geistlichen und weltlichen Regiments, die nicht ineinander gemengt und durcheinander geworfen werden dürfen (CA XXVIII, 12). Diese Trennung geschieht um der Potestas clavium willen, das heißt um das Ministerium ecclesiasticum in seinem Inhalt und für seinen Vollzug freizumachen und freizuhalten. Wenn in diesem Zusammenhang vom »Raum der Kirche« geredet wurde, so bedeutet das nicht, einen aus der Welt ausgesparten heiligen Bezirk (»Temenos«), sondern den Ort des Predigtamtes, das aus der Welt zum Reiche Christi ruft; dieser Ort muß freigehalten werden, weil das Wort Gottes frei und nicht gebunden ist. Daß in der Kirche kein Eid aufgelegt und abgenommen werden darf, soll also bedeuten, daß die Amtsausübung in der Kirche nicht durch einen Eid gebunden werden darf, der eben das bewirkt, was die Verfasser ja auch ablehnen wollen, nämlich »Vollzug und Inhalt der kirchlichen Verkündigung zu bestimmen«, den »Vollzug« dadurch, daß die Zulassung zum Predigtamt an die Eidesableistung gebunden ist, den »Inhalt« dadurch, daß unsere Amtspflichten durch den Gehorsam gegen eine außerkirchliche Stelle mitbestimmt werden. Die verantwortlichen Hüter der Kirche waren zweifellos nicht immer wachsam genug, wenn es galt, das Danaergeschenk einer ihnen aufgezwungenen donata Potestas, wodurch sie zum Büttel des Staates wurden, abzulehnen. Es dürfte aber ein kirchengeschichtliches Novum sein, wenn heute die Kirchenleitung aus der bloßen »Ermächtigung« zur Annahme des ihr angebotenen Danaergeschenkes schon einen strikten Befehl zu seiner Entgegennahme und Verwendung entnehmen zu müssen glaubt. Das allererstaunlichste ist aber, daß eine solche Kirchenleitung dann hinterher auch noch Theologen findet, welche bereit und imstande sind, zur Rechtfertigung dieses Unternehmens die reformatorische Lehre von der notwendigen Trennung der beiden Gewalten umzudrehen in eine Lehre von ihrer notwendigen Vermischung.

Zu II 4. Weil dieses Eidesgesetz Vollzug und Inhalt der kirchlichen Verkündigung alteriert, kann es von vornherein nicht »zu Frieden und guter Ordnung in der Kirche dienen« und den Gehorsam der Kirchenordnungen von CA XV für sich beanspruchen. Da das Gesetz nicht ohne Sünde erlassen werden konnte, kann es auch nicht ohne Sünde gehalten werden. Die erste und größte Sünde in der Kirche ist, wenn ihre Diener sich gegenseitig verleiten und verleiten lassen, die Freiheit des Wortes Gottes an fremde Mächte freiwillig oder unfreiwillig, sichtbar oder unsichtbar, mittelbar oder unmittelbar zu binden. Es ist ferner völlig abwegig, die Frage nach der Gewissensbelastung durch dieses Gesetz mit dem Hinweis darauf zu erledigen, daß es sich ja nicht um eine Res necessaria ad salutem handle. Die Gewissensbelastung besteht vielmehr darin, daß der in seinem Gewissen an seinen Predigtauftrag gebundene Prediger gezwungen werden soll, einem zweiten Herrn zu dienen. Der ungeistliche Druck, durch den die Pfarrer zur Eidesleistung genötigt werden, treibt sie von der Furcht Gottes weg und in die Furcht vor Menschen hinein. Wenn nun dazu noch »geistliche Ratgeber« auftreten, welche in dieser Lage unter Berufung auf die Bekenntnisse zum Gehorchen gegen kirchliche Weisungen mahnen, so heißt das, den in Not geratenen Gewissen einen neuen Fallstrick [!] und die Seelen verführen.

Zu III. Die Verfasser kommen zu dem Ergebnis: »Luthers Verständnis des Eides trifft ganz die neutestamentliche Meinung.« Wie bei ihrer Exegese der Bekenntnisschriften haben sie dabei dauernd jene erste Möglichkeit, das »Zuschwören« im Auge, und betrachten die zweite Möglichkeit, den aufgelegten, zweiseitigen Eid, nur als Spezialfall innerhalb der ersten Möglichkeit, weshalb sie es nicht für nötig halten, nach dieser und jener Möglichkeit innerhalb des Neuen Testamentes besonders zu fragen. Es dürfte ihnen freilich auch schwer fallen, für die zweite Möglichkeit, und zwar in der zur Debatte stehenden Konkretion des Gehorsamseides des christlichen Amtsträgers als solchen gegenüber der weltlichen Obrigkeit,

Belege zu finden. Es liegt auf der Hand, daß in den Eidesbeteuerungen des Paulus, 2. Kor. 1, 23, Gal. 1, 20 und ähnlichen gerade nicht davon, sondern nur vom Zuschwören als äußerster Möglichkeit christlicher Predigt die Rede ist. Infolge davon sind sie genötigt, die zweite Möglichkeit der Eidesleistung mit den sonstigen bürgerlichen Gehorsamsäußerungen (Steuerzahlen, der Obrigkeit die schuldige Ehre erweisen usw.) in eine falsche Parallele zu setzen. Wie falsch das ist, hätte den Verfassern sofort zum Bewußtsein kommen müssen, wenn sie sich gefragt hätten, ob die Apostel etwa auch einer Aufforderung, sich am Kaiserkult zu beteiligen und sich vom Kaiser für die Ausübung ihres Apostolats in Pflicht nehmen zu lassen, mit der Berufung auf die christliche Freiheit, die sich jedermann zum Knecht machen kann, nachgekommen wären, selbst wenn ihnen dabei, aus Mißverständnis, Gutmütigkeit oder Hinterlist, die Freiheit ihrer Amtsausübung ausdrücklich zugestanden worden wäre.

Die Voraussetzung für die Freiheit der Kinder Gottes ist: »Christus hat ausgezogen die Fürstentümer und die Gewaltigen und sie schaugetragen öffentlich und einen Triumph aus ihnen gemacht durch sich selbst« (Kol. 2, 15). Das ist keine abstrakte Wahrheit, sondern ist geschehen in Christus, »denn in ihm wohnt die ganze Fülle der Gottheit leibhaftig« (Kol. 2, 9). Dieses Faktum wird verbürgt dadurch, daß Christus »das Haupt der Gemeinde ist, welche da ist sein Leib...« (Eph. 1, 22 ff.). Es kann nur geglaubt werden, »so ihr anders bleibet im Glauben, gegründet und fest und unbeweglich von der Hoffnung des Evangeliums, welches ihr gehört habt, welches gepredigt ist unter aller Kreatur, die unter dem Himmel ist, welches Diener ich, Paulus, geworden bin« (Kol. 1, 23). Der Leib Christi als der Ort, an dem die Freiheit der Gebundenen verkündigt, gehört und geglaubt wird, kann also seinerseits nicht selbst den entmächtigten Mächten dieser Welt untertan sein. Das würde sonst bedeuten, daß die in und durch Christus geschehene Tat wieder aufgehoben, durch Unterbringung der freien Verkündigung die Quelle verstopft und dadurch die Gemeinde von ihrem Haupte Christus getrennt wird. Wenn auf diese Weise die Menschwerdung Christi in einen innerseelischen Vorgang verwandelt und die Gemeinde als Leib Christi unsichtbar gemacht wird, entfällt mit dem durch das Ministerium ecclesiasticum gesicherten Verbum externum (CA V) die Möglichkeit, der Gemeinde die Rechtfertigung allein aus dem Glauben zu verkündigen und der Obrigkeit den Herrschaftsanspruch Christi zu bezeugen, der ihr in den sichtbaren Ämtern des Leibes Christi konkret begegnet. Das Anschauungsmaterial für diesen Abfall vom Neuen Testament liefern heute besonders deutlich alle Sekten und Freikirchen, welche sich ihre Scheinfreiheit innerhalb der staatlichen Ordnung durch den Verzicht auf die Sichtbarmachung des Leibes Christi und damit auf die Verkündigung von der Rechtfertigung des Sünders erkaufen. Die Kirche möge sich durch dieses Beispiel warnen lassen, auf diesem auch von ihr eingeschlagenen Wege weiterzugehen, und so diejenigen Mächte, deren Entmächtigung zu verkündigen ihr Auftrag ist, wieder selbst in eine durch Christus nicht mehr bestimmte und begrenzte Macht einzusetzen.

Wenn man auf diese Weise die Sichtbarkeit der Kirche preisgibt, wie es die Verfasser bereits getan haben, gibt es keine Möglichkeit mehr, die Dialektik von christlicher Freiheit und Dienstbarkeit anders zu verstehen denn als ein polares Spannungsverhältnis, dem der feste Bezugspunkt des »ho logos sarx egeneto«[26] fehlt, in welchem daher das Gesetz Christi niemand mehr konkret trifft und also jedermann jederzeit die Möglichkeit hat, jeweils nach seinem Ermessen auf den einen oder andern Pol auszuweichen. Es ist dann möglich, im innerkirchlichen Hausgebrauch laut von der Freiheit der Verkündigung und der Freiheit eines Christenmenschen zu reden und sobald es die »Notwendigkeit« erfordert, unter Berufung auf eben diese Freiheit sich freiwillig in die Unfreiheit zu begeben.

Nur so ist es zu erklären, daß die Verfasser zwar sagen können: »Der beherrschende Gesichtspunkt kann für den Jünger Jesu beim Gebrauch des Eides nur sein, der Wahrheit zum Sieg zu verhelfen«, dabei aber vergessen haben, daß diese Wahrheit nie etwas anderes ist als die Wahrheit Gottes, welche in ihrer Menschwerdung durch Christus das Kommen des Reiches Gottes und das Ende der Welt verkündigt. Diese Wahrheit muß ihnen darum zum Gebot der moralischen Wahrhaftigkeit zusammenschrumpfen, ebenso wie sich ihnen auch die in Christus erschienene Liebe Gottes auf eine »Liebesregel« für den menschlichen Verkehr reduziert, welche dann die Ermächtigung zu jeder Art von Domestizierung der Kirche abgibt.

Fällt aber einmal die Sichtbarkeit des Leibes Christi aus, dann werden die Fragen, wem, wo und warum der Eid geleistet wird, notwendig zu »Modalitäten« herabsinken, und man kann dann ohne weiteres sagen, daß alle die in Wirklichkeit entscheidenden Fragen »vor dem neutestamentlichen Tatbestand entfallen«. Entscheidend ist dann nur noch der formale Gesichtspunkt, ob das geforderte Gelöbnis seinem Wortlaut nach direkt und für jedermann erkennbar zur Sünde auffordert. Daß die Ver-

26 Joh. 1,14.

fasser diese Aufforderung zur Sünde bei ihrer Exegese des Wortlautes nicht heraushören, ist dann weiter nicht mehr erstaunlich. Es wird auch bei dem heutigen Stadium der Vernebelung der Fronten niemand erwarten, daß die Aufforderung zur Verleugnung Christi unverhüllt ausgesprochen wird. Wir überlassen es dem Urteil unserer Leser, auf Grund des oben Gesagten selbst festzustellen, ob die von den Verfassern begangene Exegese der Verpflichtungsurkunde möglich ist. Von uns aus wäre höchstens noch dazu zu sagen, daß die Bindung an das Ordinationsgelübde diesen Eid verbietet und deshalb diese Bindung nicht als Vorbehalt zur Ermöglichung dieses Eides mißbraucht werden kann.

Im übrigen verweisen wir auf die Beilage »Sic et non«, in der auf die auch uns nicht unbekannte Erklärung Luthers zum 2. Gebot schon eingegangen ist.   Diem. Fausel.

Gegen die von der Sozietät im Schreiben vom 27. Juni erhobenen Vorwürfe wandte die Bekenntnisgemeinschaft sich wiederum am 18. 7. 1938 in einem Rundbrief An die Pfarrer der Württ. Bekenntnisgemeinschaft[27]:

Liebe Freunde und Brüder!

Sie haben von unsern Brüdern Diem und Fausel unter dem Datum vom 27. 6. 1938 eine Erwiderung auf unser Schreiben vom 17. Juni zugesandt bekommen. Darin werden schwerste Vorwürfe gegen uns erhoben. Es erscheint uns untunlich, auf sie im einzelnen einzugehen; wir möchten uns vielmehr darauf beschränken, zu ein paar einzelnen Punkten in Kürze Stellung zu nehmen.

1. Das Schreiben wird mit dem Vorwurf eröffnet, wir hätten uns einer Verleumdung schuldig gemacht. Unsere Äußerung bezieht sich auf die Tatsache, daß eine Versammlung der Sozietät eine Stellungnahme erarbeitet und einen Beschluß bezüglich der Ablegung des Treueids gefaßt hat. Wir gingen von der Voraussetzung aus, daß diejenigen, welche diesen Beschluß miteinander gefaßt haben, sich durch diesen Consensus auch gebunden wissen. Wir möchten aber ausdrücklich erklären, daß es uns ferne lag, unsern Brüdern etwas Falsches nachzusagen, wenn wir meinten, sie hätten »sich in dieser konkreten Frage auf Grund ihres Verständnisses von Schrift und Bekenntnis untereinander gebunden«. Sie jedenfalls erklären ausdrücklich, daß sie dies nicht getan haben.

2. Die Not, der wir mit dem Gelöbnis begegnen wollen, besteht darin,

27 LKA Stuttgart, D 1, Bd. 77.

daß dem Wort von Christus mit der falschen Begründung widersprochen wird, die Kirche sei staatsfeindlich. Auch wenn keinerlei Aussicht besteht, daß der Widerspruch gegen das Evangelium durch ein solches Zeugnis beseitigt werden kann, so waren und sind die Diener der Kirche doch infolge der Mißdeutungen ihres Kampfes verpflichtet, in der Verbindlichkeit des Wortes Gottes, nicht durch unverbindliche Loyalitätserklärungen, ihre Treue zu Volk und Obrigkeit im Sinne von Röm. 13 zu bezeugen. Dies ist seit Jahren immer wieder geschehen. Durch das Vorgehen der deutschchristlichen Kirchenbehörden war in aller Öffentlichkeit an die Bekennende Kirche die Frage gestellt, ob sie bereit ist, dieses Zeugnis auch noch förmlich durch einen Eid zu bekräftigen. Daß mit dieser Frage sich auf seiten des Staates die Erwartung verband, daß der Eid geleistet werden solle, war gleichfalls bekannt. Ein Ausweichen gegenüber dieser Frage mußte als Verneinung des im Eid Geforderten verstanden werden. Nach dem Ermessen unserer Kirchenleitung lag in diesen Verhältnissen eine Nötigung, die uns das Gelöbnis zur Pflicht macht, sofern es innerhalb der Grenzen des Evangeliums geleistet werden kann. Daß in diesem Fall die beiden Möglichkeiten der Eidesleistung, der freiwillige und der geforderte Eid, nahe aneinander rücken, scheint uns kein Hindernis für die Ablegung des Gelöbnisses zu sein, da weder die Schrift noch die Bekenntnisse eine solche Möglichkeit ausschließen.

3. Daß mit dem Gelöbnis eine Vermischung der beiden Gewalten vorgenommen werde, vermögen wir nicht zu erkennen. Der Vorwurf gründet sich wohl vor allem auf die Tatsache, daß das kirchliche Gesetz sich auf §174 des Deutschen Beamtengesetzes bezieht und den Wortlaut des Beamteneides übernimmt. Es kann gefragt werden, ob es erlaubt ist, in einem Gelöbnis, das einem Huldigungseid an den Staat entspricht, die Erfüllung der Amtspflichten zu geloben, die sich doch von rein kirchlichen Gesichtspunkten her bestimmen. Im Neuen Testament kann sich hiefür kein entsprechender Vorgang finden, weil die Frage nach dem Verhältnis der staatlichen Ordnung zu dem geordneten Amt der Kirche damals noch nicht aktuell geworden war. Inzwischen aber kam es in einer über tausendjährigen Geschichte zu einer positiven Verbindung der beiden Ordnungen, in der die Kirche auch heute noch ihr Dasein hat. Die Verfassung der Deutschen Evang. Kirche einschließlich des Bekenntnisparagraphen ist vom Staat nicht nur wie eine Vereinssatzung zur Kenntnis genommen, sondern wurde vom Staatsoberhaupt unterzeichnet. Die Kirche, deren Aufgabe nach Bekenntnis und Verfassung die Verkündigung des Wortes Gottes ist, ist vom Staat als Körperschaft des öffentlichen Rechts privile-

giert. Die Geldmittel, derer die Kirche zur Erfüllung dieser ihrer Aufgabe bedarf, werden unter Mitwirkung des Staates aufgebracht. Daneben steht freilich ein ganzes System von Maßnahmen, die im Endergebnis auf die Aufhebung des Kirchenzwecks und damit auf die Vernichtung der Kirche hinauslaufen müssen. Die Bekennende Kirche aber hat sich durch diese Unklarheit in der Haltung des Staates bis jetzt noch nicht dazu veranlaßt gesehen, jene positive Verbindung zwischen der staatlichen Ordnung und dem Amt der Kirche von sich aus aufzulösen, sie hat sich vielmehr darauf beschränkt, gegenüber allen kirchlich untragbaren Maßnahmen das Bekenntnis der Kirche im Sinne von § 1 der Verfassung geltend zu machen. Genau dasselbe geschieht auch jetzt wieder. Wenn die Kirche, wozu sie keinen Anlaß hat, nicht darauf verzichtet, sich in ihrem Amt vom Staat privilegieren und finanziell unterstützen zu lassen, hat es auch keine Berechtigung, wenn die Träger dieses Amtes dem Staat das Gelöbnis der Erfüllung ihrer Amtspflichten verweigern. Beide Vorgänge schließen die Gefahr der Vermischung der beiden Gewalten in sich. Diese Vermischung tritt aber dann nicht ein, wenn wie in allen übrigen Fällen das Bekenntnis für die Ausübung des Amtes der Kirche die maßgebende Geltung behält. Darum ist das Ordinationsgelübde, in welchem unsere Amtspflichten klar umschrieben sind, ausdrücklich als die übergeordnete Bindung vorangestellt.

4. Was aber die Auslegung des Gelöbnisses betrifft, so gibt es keine menschliche Sicherung dafür, daß ein solches Gelöbnis von den beiden Partnern in seinen Konsequenzen gleich verstanden wird. Der einzig sichere Beziehungspunkt in Differenzen bei der Auslegung ist die im Eidesvorgang selbst enthaltene und grundlegende Anrufung Gottes. Da die beiden Partner beim Gelöbnisakt vor Gott treten, kann das Gelöbnis zu nichts verpflichten, was gegen Gottes Willen ist. Dagegen ist die Meinung, eine in jeder Hinsicht übereinstimmende Auslegung herstellen zu können, eine Utopie, zumal wenn es sich um Fragen der Verkündigung und des Gehorsams gegen Gottes Gebot handelt. Als Christus sich vom Hohenpriester unter Eid vernehmen ließ, wußte er, daß der Hohepriester ein ganz anderes Messiasbild hatte als er selbst; trotzdem ging er auf den Eid ein. Als Luther im Namen der Hl. Schrift der Römischen Kirche Widerstand leistete, berief er sich auf seinen Doktoreid, der ihm doch wahrlich nicht in dem Gedanken abgefordert war, daß er in ihm eine Ermächtigung zu allenfalsigem Widerstand habe. Selbstverständlich aber ist der Christ verpflichtet, bei der Eidesleistung seinerseits in Klarheit zu handeln. Durch die öffentliche Bekanntgabe der Gelöbnisverordnung im

kirchlichen Amtsblatt, durch die verschiedenen sonstigen öffentlichen Verlautbarungen sowie durch den gleichzeitigen Kampf gegen die Finanzabteilung ist niemand darüber im Zweifel gelassen, daß das Gelöbnis in Auslegung des Ordinationsgelübdes geleistet wird. Hierüber kann sich niemand »heimlich irregeführt« sehen.

5. Wider das Gewissen zu handeln, ist auf jeden Fall Sünde. Das gilt sowohl, wenn das Gelöbnis geleistet, als wenn es verweigert wird. Was ein anderer dazu sagen kann, ist immer nur ein Rat, der die Bindung des fremden Gewissens an seinen eigenen Herrn nicht aufheben kann. Die Entscheidung, ob die Freiheit des Christen das Gelöbnis um der Liebe willen fordert oder um der Sünde willen ablehnt, fällt an der jedem einzelnen gestellten Frage, ob er es ohne Sünde, das heißt aber ohne Störung seiner Gemeinschaft mit Christus und mit der Kirche Christi tun kann. Wir müssen mit der Möglichkeit rechnen, daß die Entscheidung dieser Frage auch dann verschieden gefällt werden kann, wenn wir an Schrift und Bekenntnis gebunden bleiben. In diesem Sinne wiederholen wir unsern Rat, das Gelöbnis abzulegen. Wir müssen die Brüder, die diesem Rat gemäß ihrem Verständnis von Schrift und Bekenntnis nicht folgen können, zugleich aber auch herzlich bitten, uns nicht mit allen möglichen Vorhaltungen verdächtigen zu wollen. Es hat uns geschmerzt, daß in dem erwähnten Schreiben unser Gelöbnis mit dem Kaiserkult, das heißt mit dem Götzendienst in eins gesetzt wird. Wir haben dazu keinen Anlaß gegeben. Mit einem solchen Vorwurf zusammen kann die kirchliche Gemeinschaft nicht bestehen und das, obwohl wir Brüder sind, die sich durch den Herrn der Schrift und der Bekenntnisse in Pflicht genommen wissen.

In der Not, die diese Tage über uns alle gebracht haben, grüßen wir Sie mit dem Wort der Heiligen Schrift: Der Herr, unser Gott, verlasse uns nicht und ziehe seine Hand nicht ab von uns, zu neigen unser Herz zu ihm (1. Kön. 8, 57 f.).

Dipper; Eichler; Hermann; Lutz; Metzger; Mörike; Schmidt.

Zu der Gewissensentscheidung, vor die die Pfarrer bei der Frage des Treuegelöbnisses gestellt waren, und zu den Überlegungen, die damit verbunden waren, schrieben Pfr. Epting und Stadtvikar Jetter am 6.7.1938 an den Oberkirchenrat[28]:

---

28 LKA Stuttgart, D 1, Bd. 77; vgl. auch das Schreiben von Pfr. Epting vom 10.6.1938 an Stadtdekan Dr. Lempp und von Stadtvikar Jetter vom 6.7.1938 an Kirchenrat Dr. Eichele (LKA Stuttgart, D 1, Bd. 99).

Wir halten uns für verpflichtet, dem Evang. Oberkirchenrat vor Ablegung des geforderten Treuegelöbnisses zu sagen, was uns dabei in besonderer Weise bewegt.

1. Ohne noch einmal auf den Streit über Genesis, Modalitäten und Scopus des Gelöbnisses einzugehen, halten wir daran fest, daß wir uns mit diesem Gesetz auf einem unglücklichen Weg befinden. Besonders bedrückt uns der Dissensus mit den Brüdern der BK im Norden und der Consensus mit der sogenannten »biblisch gerichteten Mitte«, in den wir durch diesen Schritt geraten und die dadurch entstehende Schwächung der Bekennenden Kirche. Wir können demgegenüber die Argumentation, als ob wir gerade um der Brüder in den anderen Kirchengebieten willen schwören müßten, nur als seltsam empfinden und beziehen uns dabei auf die Äußerungen von Superintendent Hahn am 21. Juni hier in Stuttgart. Auch die Lösung des Gutachtens (Metzger und andere) beruhigt uns sehr wenig. Das dort geforderte »schlichte Hören auf den Wortlaut« scheint uns ein allzu schlichtes Absehen von allem Drum und Dran des Gelöbnisses zu sein. Die Kirche ist heute in Statu confessionis und hat darum auch in den Dingen wachsam zu sein, die »an sich« in ihre Freiheit gestellt sein mögen.

Mit vielen andern bedauern wir, daß angesichts dieser Situation nicht durch eine hinreichend deutliche Eidesbelehrung bzw. -predigt gegenüber Staat, Pfarrern und Gemeinden klare Verhältnisse geschaffen worden sind. Dürfte in dieser Belehrung verschwiegen werden, daß schon Gesetze da sind, die wir, gebunden an unser Ordinationsgelübde und in treuer Erfüllung unserer Amtspflichten, nicht zu beachten in der Lage sind? Kann man solchen Gesetzen ernsthaft vom »Willen des Gesetzgebers« her widerstehen wollen?

2. Nachdem das Gesetz erlassen ist und seine unglücklichen Folgen sich bereits einzustellen beginnen, können wir freilich dem Gutachten Metzgers auch darin nicht folgen, daß dort leider zu beweisen versucht wird, daß man von Schrift und Bekenntnis her zum Gelöbnis nicht nur Ja sagen könne, sondern sogar Ja sagen müsse. Andererseits haben uns die Argumente aus Schrift und Bekenntnis, die gegen das Gelöbnis ins Feld geführt wurden, nicht mit dem Maß von Gewißheit gebunden und befreit, daß wir die Ordnung der Landeskirche hier um Gottes willen brechen und demzufolge die Gemeinden vor diesem falschen Weg warnen müßten. Dabei ist es uns allerdings gewiß, daß es innerhalb der Württ. Landeskirche über kurz oder lang zu einer Auseinandersetzung kommen muß, bei der die Grenze der Bekennenden Kirche sich deutlicher abheben wird. Aber wir

können nicht glauben, daß das Gelöbnis diese Bruchstelle und daß die heutige Scheidung von Gelobenden und Nichtgelobenden diese Entscheidung ist. In diesem Zusammenhang macht uns das Vorgehen gegen Pfarrer Diem, Ebersbach[29], sehr zu schaffen.

3. Es steht für uns fest, daß die Gemeinschaft mit den Nichtgelobenden unter allen Umständen deutlich festgehalten werden muß. Die demütigende Einsicht bewegt doch mit uns viele, daß wir in der Eidesfrage einander vor Gott nicht überzeugen konnten und daß nun keiner das Recht hat, sich über die Armut dieser Lage mit einer stolzen Sicherheit hinwegzutäuschen. Bedauerlich ist es, wenn die Auseinandersetzung nicht mehr über Schrift und Bekenntnis bzw. über die von dorther orientierte Sicht der Lage geführt, sondern mit moralischen Kategorien ausgetragen wird (hier »Verleumdung« – dort »Diffamierung«).

Ende Juni und Anfang Juli 1938 leistete die Mehrzahl der Pfarrer der Württ. Landeskirche das vom Oberkirchenrat am 20. Mai angeordnete Treuegelöbnis. Für eine Kanzelverkündigung stellte der Oberkirchenrat am 23.6.1938 den Dekanatämtern folgendes Wort zur Verfügung[30]:

1. In den Gemeinden, in denen es sich als notwendig erweist, den Gemeindegliedern ein Wort der Aufklärung über die Treueverpflichtung der Geistlichen mitzuteilen, werden die Pfarrämter ermächtigt, an dem auf die Verpflichtung folgenden Sonntag im Hauptgottesdienst am Schluß der Verkündigungen der Gemeinde Folgendes bekanntzugeben:

Liebe Gemeinde!

Wie in den anderen Evang. Landeskirchen, so haben in diesen Tagen auch die Württ. evang. Geistlichen, gebunden an ihr Ordinationsgelübde, das Gelöbnis an Eides Statt in die Hand ihrer kirchlichen Vorgesetzten abgelegt, daß sie dem Führer des Deutschen Reichs und Volkes, Adolf Hitler, treu und gehorsam sein, die Gesetze beachten und ihre Amtspflichten gewissenhaft erfüllen werden. Die evang. Geistlichen konnten dieses, für den evangelischen Christen selbstverständliche Treuegelöbnis um so aufrichtiger in der vom Staat erwarteten Form ablegen, als im Gegensatz zu den bekannten Vorgängen im letzten Jahr jetzt nicht bestritten wird, daß der evang. Pfarrer in seiner ganzen Amtsführung an die Heilige

---

29 Siehe S. 1052–1073.
30 Nr. A 6039. Vgl. auch den Brief von Pfr. Beßler vom 11.7.1938 an den Landesbischof, geschrieben nach der Vereidigung (LKA Stuttgart, D 1, Bd. 77).

Schrift gebunden bleibt und stets verpflichtet ist, das Evangelium nach Schrift und Bekenntnis zu bezeugen. Das unter Anrufung Gottes dem Führer Adolf Hitler geleistete Gelöbnis gibt der Treue- und Gehorsamsverpflichtung den Ernst der Verantwortung vor Gott und damit ihre rechte Begründung. Es schließt durch die Berufung auf Gott ein Tun aus, das wider das in der Heiligen Schrift bezeugte Gebot Gottes ist. Damit halten wir uns an das Wort des Herrn: »Gebt dem Kaiser, was des Kaisers ist, und Gott, was Gottes ist.«[31]

2. Es wird anheim gegeben, anschließend an diese Kanzelverkündigung die Gemeinde etwa Gesangbuchlied Nr. 24, V. 6[32] anstimmen zu lassen.

3. Diejenigen Geistlichen, die die Verlesung eines solchen Worts an die Gemeinde schon vor der Ablegung des Gelöbnisses für notwendig halten, können diese Kanzelverkündigung in entsprechender Abänderung auch schon an einem Sonntag vorher verlesen. Wurm.

Am Mittwoch, 1. Juli, wurde bei der Vereidigung der Pfarrer in der Marienkirche in Reutlingen folgende Eidespredigt gehalten[33]*:*

Ein Bote Jesu steht hier vor den Schranken des Gerichts. Schwere Anklagen sind gegen ihn erhoben worden. Man wirft ihm vor, er habe durch seine Botschaft und durch sein Verhalten die öffentliche Ruhe und Sicherheit gestört, er habe gegen die Gemeinschaft seines Volkes sich vergangen, er sei ein Rebell gegen die Obrigkeit, ein gefährlicher Staatsfeind. Es wäre nicht verwunderlich, wenn solche ehrenrührige Vorwürfe den Angeklagten in Erregung bringen würden. Aber es ist ergreifend zu sehen, mit welcher Ruhe er sich verantwortet. Es ist die Ruhe des Glaubens, der ein gutes Gewissen gibt. Er kann dem Statthalter bezeugen: »Ich übe mich, zu haben ein unverletzt Gewissen allenthalben, gegen Gott und die Menschen.«[34] Es ging ihm wahrhaftig nicht darum, die Gemeinschaft seines Volkes zu schädigen oder zu stören. Er ist in die Stadt gekommen, um eine Gabe und Hilfe zu bringen. Er ringt mit heißer Liebe um die Seele seines Volks. Er hat in einem Brief geschrieben, er möchte selbst lieber auf das Heil verzichten, das er bei Christus gefunden hat, wenn er dieses Heil seinen Volksgenossen nahebringen könnte. Und dieser Bote Jesu hat auch

---

31 Matth. 22, 21.
32 Paul Gerhardt, Nun danket all und bringet Ehr, Str. 6: Er lasse seinen Frieden ruhn (Württ. Gesangbuch, Ausgabe 1912, Nr. 24; EKG 231).
33 LKA Stuttgart, D 1, Bd. 99; Predigttext ist Apg. 24.
34 Apg. 24, 16.

ein gutes Gewissen gegenüber der Führung des Staates. Er weiß, daß der Staat nach Gottes Willen eine große Aufgabe in dieser Welt zu erfüllen hat. Er hat darüber an die Christen in der Welthauptstadt Rom geschrieben: »Jedermann sei untertan der Obrigkeit, die Gewalt über ihn hat. Denn es ist keine Obrigkeit ohne von Gott; wo aber Obrigkeit ist, die ist von Gott verordnet.«[35] Er hat dort gezeigt: Der Staat hat von Gott den Auftrag, das Böse in Schranken zu halten und das Gute zu fördern, für Recht und Frieden zu sorgen, damit ein geordnetes Zusammenleben der Menschen möglich ist und ein Geistesleben wachsen kann. Darum wird ein Christ von Herzen dem Staate geben, was des Staates ist. Warum steht aber dann Paulus dennoch als Angeklagter vor Gericht? Es ist ihm eine Botschaft aufgetragen, die freilich Aufsehen erregt und vielen ein Ärgernis ist. Er muß hinweisen auf das Ende aller Dinge und auf das zukünftige Reich Gottes. Er muß bezeugen, daß es noch etwas anderes gibt als die Welt, in der wir jetzt leben. Er muß reden von der Auferstehung der Toten und von dem letzten Gericht, bei dem Gerechte und Ungerechte vor Gott Rechenschaft geben müssen. Diese Botschaft darf er nicht verschweigen, auch wenn sie Unruhe hervorbringt. Er ist es seinem Volke und den führenden Männern schuldig, dieses Zeugnis auszurichten. Hier muß er Gott mehr gehorchen als den Menschen.[36] So steht er mit gutem Gewissen vor seinem Richter.

Damit ist uns zugleich gezeigt, wie wir heute als Christen zu unserem Volk und Staat uns stellen sollen. Auch in unsrer Zeit werden schwere Vorwürfe laut. Da und dort werden ernste Christen als Staatsfeinde oder Volksverräter verdächtigt. Was antworten wir auf solche Anklagen? Es muß uns ein heiliges Anliegen sein, daß wir mit dem Apostel sagen können: »Ich übe mich, zu haben ein unverletzt Gewissen allenthalben, gegen Gott und die Menschen.« Wir wollen gerade als Christen unsere Zugehörigkeit zu unserem Volke ganz ernst nehmen. Wir sagen im Glaubensbekenntnis nach Luthers Auslegung: »Ich glaube, daß mich Gott geschaffen hat samt allen Kreaturen.« Der Schöpfer ist für die christliche Gemeinde nicht ein blasser Gedanke, sondern der wirkliche und wirkende Herr unseres Lebens. Er hat sich uns geoffenbart in seinem Wort. Weil wir den Schöpfer kennen, darum wissen wir auch: Es ist nicht zufällig, daß wir in deutschem Land geboren sind, daß wir die deutsche Muttersprache gelernt haben, daß deutsches Blut in unsern Adern strömt. Wir sind durch Gottes Willen in dieses unser Volk hineingestellt. Es ist Gottes Gabe, daß

---

35 Röm. 13,1.
36 Apg. 5,29.

wir Deutsche sind. Gottes Gabe aber verpflichtet uns. Darum nehmen wir das Verbundensein mit unserem Volke ernst. Wir tragen sein Schicksal auf unserem Herzen. Wir tun unsere Arbeit im Beruf gewissenhaft und treu, damit sie zum Besten unseres Volkes dienen kann. Wir möchten unsere Kinder so erziehen, daß sie in Liebe an der deutschen Heimat hängen. Die leibliche und seelische Ertüchtigung der Jugend, die Pflege gesunder Familien, die Erhaltung rechter deutscher Art und Sitte, das Eintreten für Wahrheit, Gerechtigkeit und Sauberkeit auf allen Gebieten des öffentlichen wie des persönlichen Lebens, das Gedenken an unsere Volksgenossen im Ausland, das alles muß uns am Herzen liegen. Wir wollen in unserem Teil willig dazu mithelfen, daß Arbeit und Brot geschaffen wird, daß den Notleidenden geholfen wird und rechte Volksgemeinschaft wachsen kann. Ein Christ gehorcht der Obrigkeit und befolgt die Gesetze, sofern kein Ungehorsam gegen Gott von ihm verlangt wird. Er wird die Führung des Staates in ihrem gottgeordneten Amte ehren. Wir sind bereit, mit unserer Kraft, mit unserem Gut und, wo es nötig wäre, auch mit unserem Blut für Volk und Heimat einzutreten. Dieses ganze Verpflichtetsein ist deshalb so ernst, weil es für uns in Gottes Gebot gegründet ist. Es handelt sich hier nicht um persönliche Stimmungen oder Urteile. Ein Christ darf nicht sagen: Soweit eine Regierung mir gefällt und ihre Maßnahmen mich erfreuen, will ich treu und gehorsam sein; wenn ich mich aber persönlich zurückgesetzt oder verletzt fühle, dann hat meine Treue und mein Mithelfen ein Ende. Nein, es ist nicht in unser Belieben gestellt, wie wir uns zu Volk und Staat verhalten wollen. Gott befiehlt uns in seinem Wort: »Jedermann sei untertan der Obrigkeit, die Gewalt über ihn hat.« Gott läßt uns sagen: »Suchet der Stadt Bestes und betet für sie zum Herrn; denn wenn's ihr wohl geht, so geht's euch auch wohl.«[37] Darum ist die Treue unkündbar, zu der wir gerufen sind. Darum soll unsere Mitarbeit getragen sein von dem verborgenen Dienst stiller, anhaltender Fürbitte für Volk und Regierung.

Wenn wir das alles mit Klarheit bezeugen, dann müssen wir freilich ebenso deutlich das Andere sagen: Unser Volk, das wir lieben, ist nicht der letzte und höchste Inhalt unsres Lebens. Die Führung des Staates, der wir Gehorsam schulden, ist nicht die oberste Instanz für unser Tun und Lassen. Auch uns ist die Botschaft anvertraut, die der Apostel verkündigt hat: Die Botschaft vom Ende aller Dinge und von der neuen Welt Gottes. »Die Gestalt dieser Welt vergeht.«[38] Es kommt aber »die Auferstehung der

37 Jer. 29,7.
38 1. Kor. 7,31.

Toten, der Gerechten und Ungerechten«. Es kommt das letzte Gericht, wo wir dem ewigen Herrn über all unser Reden, Tun und Lassen Rechenschaft geben müssen. Das Reich Gottes ist freilich nicht von dieser Welt.[39] Es läßt sich nicht in der Erdkunde aufzeigen, nicht in Grenzen einschließen, es macht den irdischen Reichen keine Konkurrenz. Aber es will doch nicht bloß in der Innerlichkeit unsrer Gedanken eine Gestalt gewinnen. Der Gott, der sich in Christus offenbart, ist der Herr über unser ganzes Leben, über Leib und Seele, über Feiertag und Alltag. Wir sind schon jetzt, mitten in dieser vergehenden Welt, unter sein Gebot und seine Verheißung gestellt. »Wir sollen Gott über alle Dinge fürchten, lieben und ihm vertrauen.«[40] Darum können wir ihm allein einen völlig bedingungslosen Gehorsam versprechen. Darum muß es unser größtes, entscheidendes Anliegen sein: »Ich übe mich, zu haben ein unverletzt Gewissen allenthalben, gegen Gott und die Menschen.« Und so hat nun jeder Gehorsam, den wir den Menschen gegenüber versprechen, eine heilige Grenze. Im Augsburgischen Glaubensbekenntnis ist diese Grenze aufgezeigt in dem Satz: »Derhalben sind die Christen schuldig, der Obrigkeit untertan und ihren Geboten gehorsam zu sein in allem, so ohne Sünde geschehen mag.« Und Martin Luther zeigt das gleiche in seiner Schrift »Von weltlicher Obrigkeit, wie weit man ihr Gehorsam schuldig sei«. Er führt dort aus: Ein Christ soll zu seinem Fürsten sagen: »Lieber Herr, ich bin euch schuldig, zu gehorchen mit Leib und Gut, gebietet mir nach eurer Gewalt Maß auf Erden, so will ich folgen. Heißt ihr mich aber, (so oder so) glauben und Bücher von mir tun, so will ich nicht gehorchen. Denn da seid ihr ein Tyrann und greift zu hoch und gebietet, da ihr weder Recht noch Macht habt.« Zu allen Zeiten ist die Botschaft von Gottes zukünftigem, ewigem Reich, von der Auferstehung und vom Jüngsten Gericht der Kirche Jesu Christi aufgetragen. Dieses Zeugnis können wir nicht verschweigen, ob es gern oder ungern gehört wird. Wir können es auch nicht eine Zeitlang zurückstellen. Eine Kirche, die diesem Auftrag ihres Herrn untreu würde, wäre ein fadegewordenes Salz[41] und hätte kein Daseinsrecht mehr. Die Kirche tut dem Volk den besten Dienst, wenn sie von Gottes Gnade und Gericht unerschrocken zeugt. Wir sind durch die Geburt in unser deutsches Volk hineingestellt. Wir sind durch die Taufe berufen, der Kirche Jesu Christi anzugehören. Von da aus wird deutlich, was ein Christ in Bezug auf seine Haltung zu Volk und Staat versprechen und was er nicht versprechen kann.

39 Joh. 18,36. 40 Luthers Erklärung des 1. Gebots. 41 Matth. 5,13.

Von hier aus suchen wir auch Klarheit in der Frage der Treueverpflichtung, vor die wir Pfarrer jetzt aufs neue gestellt sind. Es war ja kürzlich in der Zeitung zu lesen, daß unsre Kirchenleitung jetzt die Pfarrer und kirchlichen Beamten auffordert, als Träger eines öffentlichen Amts ein Treuegelöbnis gegenüber dem Führer und dem Staat vor den kirchlichen Behörden abzulegen. Es geht nun begreiflicherweise ein Fragen durch die Gemeinden: »Wie stellt ihr Pfarrer euch nun zu dieser Aufforderung?« Ihr erinnert euch, liebe Gemeindeglieder, an die schmerzlichen Vorgänge des letzten Sommers, wo es den meisten Pfarrern in Württemberg nicht möglich war, das Gelöbnis abzulegen, das von uns als Religionslehrern gefordert war. Wir fühlen uns verpflichtet, Auskunft zu geben, wie wir heute zur Gelöbnisfrage stehen. Zunächst will ich aus dem kirchlichen Amtsblatt den Wortlaut des Gelöbnisses vorlesen, zu dem wir jetzt aufgerufen sind. Bei der Treueverpflichtung der Geistlichen wird diesen der Wortlaut des Gelöbnisses mit folgenden Worten vorgelesen: »Sie legen als Diener des Evang. Landeskirche, gebunden an ihr Ordinationsgelübde, das Gelöbnis an Eides Statt ab: Ich gelobe: Ich werde dem Führer des Deutschen Reichs und Volkes, Adolf Hitler, treu und gehorsam sein, die Gesetze beachten und meine Amtspflichten gewissenhaft erfüllen, so wahr mir Gott helfe.« Hierauf reicht der Geistliche dem Verpflichtenden die rechte Hand und spricht: »Ich gelobe es.« Und nun kann ich sagen: Wir Pfarrer in Reutlingen sind bereit, dieses Gelöbnis in die Hand unseres Herrn Dekan abzulegen. Das wird voraussichtlich schon in allernächster Zeit geschehen. Vielleicht fragen jetzt manche: Warum seid ihr Pfarrer jetzt zu einem Gelöbnis bereit und im vorigen Sommer habt ihr's nicht abgelegt?! Der Wortlaut ist doch beinahe der gleiche! Habt ihr unter dem Eindruck der fortschreitenden Entwicklung eure Ansicht geändert? Habt ihr erkannt, daß euer kirchlicher Widerstand auf falschem Eigensinn aufgebaut war? Oder seid ihr aus Furcht vor unangenehmen Folgen umgefallen? Habt ihr damals eure wahre Meinung unverhüllt geoffenbart, während ihr jetzt eure Gedanken verschleiert? Auf all diese Fragen antworten wir mit gutem Gewissen: Es geht uns heute genau um die gleiche Sache, um die es damals ging und um die es immer gehen muß. Wir haben im vorigen Sommer erklärt: Wir sind bereit, dem Führer den Gehorsam zu versprechen, den er von uns verlangen kann. Wir wollen ein solches Versprechen ganz ernst nehmen. Es soll nicht nur eine Formsache für uns sein. Gerade deshalb müssen wir auch klarstellen: Wir bleiben als Christen und Pfarrer an das Wort Gottes gebunden, das uns in der Heiligen Schrift gegeben ist. Diese Bindung geht bei den Entscheidungen unseres Lebens jeder anderen Verpflichtung vor.

Das hatte auch unsere Kirchenleitung im letzten Sommer erklärt. Leider wurde diese Klarstellung damals in den meisten Bezirken zurückgewiesen. So wurde es uns unmöglich gemacht zu geloben. Heute dagegen stehen wir vor einer anderen Lage. Bei dem jetzigen Gelöbnis wird ausdrücklich gesagt, daß wir in der Bindung an unser Ordinationsgelübde die Treueverpflichtung übernehmen. Die Ordination ist bekanntlich die feierliche Einführung eines jungen Geistlichen ins Predigtamt. Wir haben vor kurzem in der Christuskirche eine solche Ordination erlebt. Da wird von dem Predigtamtskandidaten vor der Gemeinde auch ein Gelöbnis abgelegt. Dieses Gelöbnis hat folgenden Wortlaut: »Mein lieber Bruder! Du hörst nun, daß uns Predigern und Pfarrern befohlen wird die Gemeinde Gottes, daß wir sie mit dem reinen Worte Gottes weiden und über den teuer erkauften Seelen wachen sollen. Auch für unsere Person sollen wir zuchtvoll und ehrlich leben und die Lehre Gottes, unseres Heilands, zieren in allen Stücken. Bist du nun solches zu tun bereit, so sprich: Ja, mit Gottes Hilfe!« Mit diesem Gelöbnis werden wir also vor den Herrn gestellt, der uns sein Wort anvertraut und uns in Dienst stellt in seiner Gemeinde. Da wird die höchste Instanz sichtbar, der wir verantwortlich sind. Das reine Wort Gottes, das verpflichtet uns zum bedingungslosen Gehorsam. Damit ist zugleich die Grenze aufgezeigt, die jedem Anspruch der Menschen an uns gezogen ist. Mit dieser innersten Bindung wollen wir gerne unsrem Führer und unsrem Staat die schuldige Treue geloben. Wir sind gewiß: Wir dienen gerade so unserem Volk am besten und bauen mit an seiner Zukunft, wenn wir unser Amt als Prediger des Evangeliums gewissenhaft führen, wenn wir Gottes Gebot und Verheißung allen bezeugen. Denn in diesem Gotteswort liegt das Heil beschlossen für Regierende und Regierte. An Christus entscheidet sich das Schicksal der Völker.

Wenn wir in der Bindung an unser Ordinationsgelübde das Treuegelöbnis für den Führer des Deutschen Reiches und Volkes ablegen, so ist uns damit unser Weg in die Zukunft hinein klar vorgezeichnet. Es sind schon Stimmen laut geworden, die sagen: »Wenn ihr Pfarrer jetzt schwören müßt, dann werdet ihr künftig auf euren Kanzeln doch mehr das predigen müssen, was dem Zeitgeist entspricht. Dann wird das Alte Testament wegfallen und die Botschaft der Kirche umgeformt werden.« Darauf antworten wir: Liebe Freunde, das kommt unter keinen Umständen in Frage. »Wir üben uns, zu haben ein unverletzt Gewissen allenthalben, gegen Gott und die Menschen.« Unser Gewissen würde aber im tiefsten verletzt, wenn wir Gottes heiliges Wort nach Menschengedanken oder Zeitströmungen umgestalten würden. Wir können auch in Zukunft nichts anderes predigen als das Evangelium von Jesus Christus, dem Gekreuzigten und Auferstandenen, der schon durch die Propheten bezeugt und durch die Apostel verkündet worden ist. Hier gibt es für die Kirche keine Kompromisse. Den Weg zur Seligkeit finden wir nicht durch den Adel, der etwa in unserm Blute liegt, sondern durch den Herrn, der sein Blut für uns vergossen hat. Neben diesen Herrn können wir nichts Anderes stellen. Darum kann sich die Kirche nicht in der Weise gleichschalten, daß sie ihrer Botschaft einen anderen Inhalt gibt. Und weil auch die äußeren Ordnungen der Kirche dieser Botschaft dienen sollen bis hinein in die Geldverwaltung, darum werden wir uns auch in Zukunft mit geistlichen Waffen gegen alle Versuche wehren müssen, die Ordnung der Kirche fremden Einflüssen oder politischen Mächten zu unterwerfen. Steht dieses Ringen um die Kirche, um ihre Lehre und Ordnung, in Widerspruch zu unserer Treuepflicht gegen Volk und Staat? Nein, wir stehen mit gutem Gewissen in solchem Kampf. Es ging uns auch bisher nicht darum, mutwillig dem Staat zu widerstreben, den führenden Männern Steine in den Weg zu werfen oder die Volksgemeinschaft zu hindern. Wo sich Unlauteres einschleichen will in unseren Kampf, wollen wir es uns gerne zeigen lassen. Wo wir Fehler gemacht haben, wollen wir uns nicht rechthaberisch dem Bußruf entziehen. Aber davon können wir auch in Zukunft nicht ablassen: In jeder neuen Lage neu dafür einzutreten, daß Kirche Kirche bleibt und daß der Herrschaftsanspruch des Herrn unter uns Gehör findet. Wir können es nicht überhören, daß zukünftig sei die Auferstehung der Toten, der Gerechten und Ungerechten. Es muß unser größtes Anliegen bleiben: »Ich übe mich, zu haben ein unverletzt Gewissen allenthalben, gegen Gott und die Menschen.« Und weil wir für unsre Gemeinden vor Gott Verantwortung tragen, darum müssen wir auch immer wieder deutlich hinweisen auf die Gefahren, die der Seele unsres Volkes drohen; wir müssen die um sich greifende Christusfeindschaft offen als das bezeichnen, was sie ist, müssen in aller Öffentlichkeit unser Zeugnis ablegen, Junge und Alte vor Verführung und Abfall warnen. Wir müssen ernstlich mahnen: Bleibt bei dem Herrn, auf dessen Namen ihr getauft seid und vor dessen Gericht wir alle einst stehen. Wir wollen aber bei diesem Dienst von dem Apostel lernen, der ohne Verbitterung inmitten aller Bedrängnis mit unermüdlicher, werbender Liebe um die Seele seines Volkes gerungen hat.

Vielleicht sagt ihr nun, liebe Gemeindegenossen: Ja, für euch Pfarrer ist der Weg klar und der Sinn eurer Treueverpflichtung deutlich. Aber wie steht es mit uns Gemeindegliedern? Wir haben ja kein Ordinationsgelübde, auf das wir uns berufen könnten. Wir haben keinen so besonderen

Auftrag zum Bekennen! Darauf kann die Antwort nur lauten: Die Bindung an Gottes Wort ist für den Pfarrer keine andre wie für die Gemeinde und für den einfachsten Mann und die schlichteste Frau keine andre als für einen Bischof. Es ist uns allen bei der Konfirmation ans Herz und ins Gewissen gelegt worden: Wir sollen als das Eigentum unsres Herrn ihm allein zur Ehre leben, damit wir einst »in unsrer Todesstunde freudig und getrost sprechen mögen: Herr Jesu, dir leb ich, dir leid ich, dir sterb ich, dein bin ich tot und lebendig; mach mich, o Jesu, ewig selig!«[42] Wir alle haben es zu tun mit dem Herrschaftsanspruch unsres Herrn, der uns durch sein Sterben und Auferstehen erlöst hat. Wir alle sind berufen, Bürger seines ewigen, zukünftigen Reiches zu sein. Darum gibt es für keinen Christen Urlaub von der Pflicht des Bekennens und Gehorchens. Wir bitten im Kirchengebet: »Hilf uns, in Hoffnung unsrer ewigen Heimat treue Bürger unsres irdischen Vaterlandes sein«. Wir wollen als Christen unsrem Volk in Treue dienen und der Obrigkeit gehorsam sein, aber so, daß wir nie den Blick auf die ewige Heimat verlieren. Es darf uns nie aus dem Sinn kommen: »Wir haben die Hoffnung zu Gott..., daß zukünftig sei die Auferstehung der Toten, der Gerechten und Ungerechten.«[43]

Wir sind im vierten Gebot zum Gehorsam gegen die Menschen gerufen, die uns nach Gottes Ordnung zu befehlen haben: Eltern und Herren, Staat und Obrigkeit. Aber über dem vierten und über allen andren Geboten steht das erste, das uns unter Gottes eigene Herrschaft ruft. »Wir sollen Gott über alle Dinge fürchten, lieben und ihm vertrauen.« Bei einer Treueverpflichtung oder einem Eid wird der Name Gottes angerufen: »So wahr mir Gott helfe.« Wir haben das ganz ernst zu nehmen. Und wir können keinen andren Gott zum Zeugen und Helfer anrufen als den lebendigen, dreieinigen Gott, der sich uns in seinem Wort geoffenbart hat. Dann ist es aber auch klar: Man kann im Namen Gottes nichts versprechen, was gegen Gottes Wort und Willen wäre. Weil wir vor Gott stehen, ist unser Versprechen ernst, viel bindender als wenn es nur aus unsrem augenblicklichen Vorsatz käme. Weil wir vor Gott stehen, ist unsrem Geloben zugleich jene heilige Grenze gezogen. In andrem Sinn kann kein Christ einen Eid oder irgendein Gelöbnis ablegen. Müßte nicht eigentlich der Staat selbst froh darüber sein, wenn Staatsbürger da sind, die sich über den Sinn ihres Gelobens ernstlich Rechenschaft geben und es damit nicht

---

42 Konfirmationsagende der Württ. Landeskirche.
43 1. Petr. 1,21.

leicht nehmen? Sind ihm solche Menschen nicht in Wahrheit eine treuere Stütze als manche andren, die gern den Mantel nach dem Winde hängen? Hat sich unser Deutsches Reich nicht schon oft in Stunden der Not und Gefahr auf die verlassen können, die mit Ernst Christen sein wollten?

Einer der Pfarrer, die in den letzten Jahren wegen des Kampfs um die Kirche eine Zeitlang ins Gefängnis kamen, hat aus seiner Haft heraus an seine Frau geschrieben: »Grüße bitte die treuen Gemeindeglieder, die nach mir fragen. Sage ihnen, daß ich sie grüßen lasse und daß ich sie ermahne, besonnen zu bleiben und in allen äußeren Dingen staatstreu bis auf die Knochen zu bleiben, in allen Dingen des Glaubens aber unbedingt und unbeirrt am Worte Gottes festzuhalten und Christus nicht gegenüber der neuen Religion jetzt zu verleugnen.« Diese Mahnungen gelten uns allen. Gott zeige uns Schritt für Schritt den rechten Weg. Unser Anliegen soll es immer bleiben: »Ich übe mich, zu haben ein unverletzt Gewissen allenthalben, gegen Gott und die Menschen.«

Amen.

Anfang Juli 1938 erschien in der Zeitschrift Flammenzeichen *ein Artikel über den* Eid auf den Führer:

Eine spätere Zeit wird es nicht mehr verstehen, welch großes Aufheben von der Vereidigung der Pfarrer auf den Führer gemacht wurde, so hört man heute vielfach sagen. Vielleicht aber könnte es auch sein, daß die Geschichte in gar nicht ferner Zeit feststellt, daß sich die Pfarrerschaft mit ihrer Haltung in der Eidesfrage leider ein bedenkliches Zeugnis ausgestellt habe. Die Dinge verhalten sich ja folgendermaßen: Als zum ersten Male von der Vereidigung der Pfarrer in Württemberg die Rede war, lehnte ein großer Teil der evang. Pfarrerschaft den Eid ab, wieder ein anderer legte den Eid mit Vorbehalt ab, um nicht zu erleben, daß ihm der Religionsunterricht an der Deutschen Schule entzogen werde, und ein verschwindend kleiner Prozentsatz, es waren meist Parteigenossen, die bereits vereidigt waren, beging diesen Tag der Vereidigung wie andere Volksgenossen als einen Festtag und Höhepunkt des Lebens, der Kraftquelle ist für den Beruf.

Nun ist den Pfarrern noch einmal Gelegenheit gegeben, den Beamteneid nachzuholen; und zwar wird es die letzte Gelegenheit sein. In manchen Kirchen sind die Pfarrer schon vereidigt, in Württemberg gingen die Pfarrer der Deutschen Christen mit gutem Beispiel voran. Von der Vereidigung der sogenannten landeskirchlichen Pfarrer haben wir noch nichts gehört. Wohl aber vernehmen wir, daß in gewissen Kreisen da wieder so eine Art Vorbehalt erwogen werde, etwa der Art, daß man sagt, der Eid könne nur in Verbindung mit dem Ordinationsgelübde geleistet werden. Uns wundert das einigermaßen, weil das so aussieht, als würde da die Forderung des Gehorsams gegen den Führer nicht eindeutig und rückhaltlos bejaht. Und das würde uns leid tun, und zwar um der Pfarrer willen, die damit Abstand nähmen vom deutschen Volk, das willens ist, unbedingt, und wenn es sein muß unter Einsatz von Gut und Blut, dem Führer zu folgen. Das Ordinationsgelübde des Pfarrers stand doch früher auch nicht in einer gewissen Spannung, um nicht zu sagen Widerspruch zum Eid auf den König. Staatstreue und Gehorsam gegen die »weltliche« Obrigkeit wurde also allezeit vom Pfarrer gefordert.

Es kann aber heute noch viel weniger in einem Spannungsverhältnis zu dieser Obrigkeit stehen, deren Fundament die nationalsozialistische Idee ist. Denn wer mit dem Christentum Ernst macht, muß mit dem Nationalsozialismus darin einig sein, daß der einzig wirkliche Feind des Christentums der internationale Marxismus, das heißt der Jude ist. Es ist sonnenklar, daß man nicht Christ sein und zugleich irgendwie die Belange des Judentums vertreten kann. Darum stehen die wahren Feinde des Christentums nicht in den Reihen der Nationalsozialisten, sondern in den Reihen ihrer Gegner. Und darum hieße den Eid auf den Führer ablehnen oder, was im Grunde dasselbe ist, unter irgendeinem Vorbehalt oder einer Einschränkung abzulegen, nichts anderes als gegen den Willen des Volkes die Belange des Christentums zu verraten.

Unter diesen Umständen freuen wir uns zu erfahren, »daß die Württ. Kirchenleitung (Landesbischof Wurm) nun auch ihrerseits die Leistung des deutschen Beamteneids durch die Beamten, Pfarrer und Angestellten der Landeskirche beschlossen hat...«

Ende Juli 1938 beschäftigten die Flammenzeichen *sich noch einmal mit der Vereidigung der Pfarrer der Württ. Landeskirche:*

Die Bekenner bekennen Farbe. Seltsame Eidesauffassung

Nur zögernd haben wir zur Feder gegriffen, als wir für unsere letzte Nummer den Aufsatz schrieben »Der Eid auf den Führer«. Wir dachten nämlich, es sei eigentlich kaum mehr nötig, noch viele Worte darüber zu verlieren, daß endlich auch die Pfarrer als letzte unter den Angestellten und Beamten des deutschen Volkes auf den Führer verpflichtet werden. Wir hofften ja, wie wir zum Ausdruck brachten, daß diese Verpflichtung ohne Geräusch womöglich schon in den nächsten Tagen vollzogen werde. Aber wir wollten doch die Gelegenheit benützen, ein paar ermunternde Worte zu sagen und zu unserem Teil dazu beizutragen, daß diese Sache vollends rasch in Ordnung komme, so wie es schon lange nicht nur unser Wunsch, sondern der Wunsch des ganzen deutschen Volkes ist. Aber wir haben nun leider inzwischen einen erschütternden Eindruck davon bekommen, welche inneren Hemmungen bei manchen Pfarrern gegen den Eid auf den Führer vorhanden sind.

Man staunt nämlich nicht bloß über die Geschäftigkeit gewisser Kreise, wenn man die Rundschreiben liest, die ohne Kopf und Unterschrift durch ihre Boten in die Pfarrhäuser getragen werden, man staunt noch mehr über die geistige Verworrenheit, die aus ihnen spricht. Man weiß zunächst selber nicht, ob die Köpfe tatsächlich selber so verworren sind, welche diese Rundschreiben ersonnen haben, oder ob sie die Absicht haben, möglichst viele andere Köpfe zu verwirren. Und es ist wie eine traurige Selbstironie, wenn in diesen Geistesprodukten der Bekenntnistheologen versichert wird, »daß man dankbar sei für unsere theologische klar begründete Haltung«. Denn selbst wenn man sich die Mühe macht, sich durch dieses theologische Labyrinth durchzusuchen, kommt man zu dem Schluß, daß die ganze Klarheit dieser »Haltung« in ihrer absoluten Unklarheit besteht, die mit talmudischer Rabbulistik weit mehr Ähnlichkeit hat als mit einem wirklichen selbstlosen Christentum. Es sind, um auf diese »kopflosen« Schreiben einzugehen, nach Ansicht dieser Kreise sechs verschiedene Punkte, die dagegen sprechen, daß ein richtiger Pfarrer sich auf den Führer vereidigen läßt.

1. Das Neue Testament verbietet den Eid[44]: »Eure Rede sei Ja, ja, Nein, nein... Wir, die wir nicht einmal über die Haare auf unserem Haupte Herr sind, können auch nicht für unsere Wahrhaftigkeit einstehen.« Verzeihung! Und das Volk soll dann überzeugt sein, daß Ihr die ewige Wahrheit verkündigt?

2. Das Ordinationsgelübde ist etwas anderes als der Eid auf den Führer, weil da »Gott nicht angerufen wird als Zeuge an der Wahrhaftigkeit meines Versprechens, ›so wahr mir Gott helfe‹, sondern als Zeuge dafür, daß er allein mein Versprechen erfüllen kann: ›Ja, mit Gottes Hilfe‹.« Der feine, für den »Laien« nicht ohne weiteres deutliche Unterschied bleibt nämlich darin, daß im Ordinationsgelübde der Verpflichtete vor der Gemeinde bezeugt, »daß er um seine Amtspflichten weiß, gewillt ist, diese

---

44 Matth. 5,37.

allein in der Bindung an Gottes Wort auszuüben«. Was der Verpflichtete oder vielmehr der zu verpflichtende Pfarrer bei der Verpflichtung auf den Führer will oder nicht will, davon schweigt in diesem Zusammenhang taktvoll unseres Sängers Höflichkeit.

3. Man kann nicht schwören, »weil es über der Gewalt Jesus Christus, die er durch sein Evangelium ausübt, keine andere Gewalt geben kann«. Der Pfarrer, so ist das doch gemeint, verkündigt dieses Evangelium, ist also Vollzieher dieser höchsten Gewalt, und über ihm darf es darum keine höhere Gewalt mehr geben. Nachtigall, ich hör die laufen. Hier meldet die Kirche ihre Machtansprüche an nach dem Vorbild der mittelalterlichen Päpste, daher der Name »Protestantische Rompilger«.[45]

4. Wir haben Recht mit unserer düsteren Ahnung, denn wir werden hier belehrt, daß die Ausübung des Predigtamtes im Fall des Eides an den Gehorsam gegen eine außerkirchliche Gewalt gebunden wäre. Es dient zur besonderen Beweiskraft dieses Punktes 4, daß er mit einem Punkt aus der Emigrantenliteratur belegt wird, nämlich mit dem Märchen, daß die Kirche »dem Staat gegenüber einen Existenzkampf führen muß«. Soweit die Kirche die jüdische Weltanschauung vertritt, ist das allerdings ebenso richtig wie für sie »notwendig« und die Existenz der Kirche an das sinkende Schlachtenglück Judas in Spanien gebunden. Darüber möchten wir keinen Zweifel aufkommen lassen.

5. »Aus all dem folgt, daß es uns in der Kirche verwehrt ist, und zwar durch Schrift und Bekenntnis verwehrt ist, den Körperschaftsbeamteneid zu fordern oder zu leisten«, einerlei ob die Kirchenleitung die Forderung erhebt oder ob sie vom Staat beauftragt wird. Wir möchten von uns aus nur wünschen, daß die Kirchenleitung mit aller Energie diesen mutwilligen »Krach im Hinterhaus«, den die Bekenner ihr bereiten, endlich rücksichtslos unterdrückt. Auf Wunsch stehen wir gerne mit geeigneten Vorschlägen hiefür zur Verfügung.

6. »Alle Verweise auf frühere Vorgänge haben nichts zu sagen, da die Frage offen ist, ob die Kirche in diesen Dingen früher richtig gehandelt hat.« Nach unserer Meinung ist jedenfalls längst die Frage beantwortet, ob die »Bekennende Kirche« richtig handelt.

Das sind so die Gedankengänge, die heute von diesen Kreisen in allen Gangarten durchgeritten werden, so daß wir wirklich verstehen, daß sie mit »Arbeit« überlastet sind, und nur wünschen können, daß sie einmal gründlich entlastet werden. Interessant ist dabei für uns die Entdeckung,

---

45 Vgl. die Schrift Alfred Rosenbergs mit diesem Titel; siehe S. 694 f.

daß der Stil dieser Schreiben vielfach der Stil jener Theologen ist, die früher zum Bekanntenkreis jenes berüchtigten Pfarrers Eckert von Mannheim zählten, der sich durch eine Studienreise nach Rußland endgültig zum Kommunismus bekehren ließ und dann willig als Propagandaredner der Roten Internationale diente, die ja eine ganz besondere Vorliebe für Pfarrer hat. Es ist also wirklich überflüssig, daß sie ihre Namen unter solche Rundschreiben setzen; wir kennen sie ja.

Wir haben allerdings eine ganz andere Auffassung des Eides, ganz abgesehen davon, daß wirklich nichts Unmögliches oder gar Unmenschliches von den Pfarrern verlangt werden soll, sondern nur der Gehorsam gegen den Repräsentanten des deutschen Volkes, gegen den Führer, der uns der beste Garant für die Erhaltung des Christentums und der christlichen Kultur gegen die satanischen Mächte des Bolschewismus ist. Wo stünden wir denn heute, wenn wir jenen Pfarrern gefolgt wären, die rein instinktmäßig und vielleicht mehr, als sie es selber wissen, der Stimme ihres Blutes folgend auf die Sirenenklänge von Moskau hörten und von ihnen bezaubert wurden? Es soll aber in diesem Zusammenhang noch einmal ganz deutlich darauf hingewiesen werden, was für uns der Eid bedeutet. Wir führen zwar nicht gewerbsmäßig den Namen Gottes im Mund; wenn wir aber schwören »Ich will dem Führer gehorchen, so wahr mir Gott helfe«, so ist uns das ein heiliges Anliegen und Gebet zum Allmächtigen: Herr Gott, laß mich dem Manne treu sein, den du als Retter Deutschlands in der Stunde schwerster Not gesandt hast, daß ich nichts für mich selber will, sondern wie er mein ganzes Leben selbstlos opfere für das Leben meines Volkes! Wenn ich in diesem Vorsatz schwach werden will, so laß mir sein Vorbild vor Augen treten und stärke meinen Willen, wenn ich müde werde, so gib mir Kraft zur Selbstüberwindung!

Es soll sich keiner erdreisten, uns zu sagen, ein solcher Eid sei vom Neuen Testament verboten und ein wahrer Christ oder ein Pfarrer dürfe so nicht schwören. Oder sind jene berufsmäßigen theologischen Eidesnörgler bereits so weit gekommen, daß sie nicht mehr sehen, gegen wen sich das Wort richtet, daß man »allerdinge nicht schwören« soll? Fühlen sie sich getroffen, wenn Jesus jenen Juden das Schwören verbot, für die der Eid gleichbedeutend ist mit einer Selbstverwünschung, die ihnen nur ein billiges Mittel war, ihre Verlogenheit zu maskieren und den Nebenmenschen um so raffinierter hinters Licht zu führen, genau so wie heute noch der Jude nach der Anweisung des Talmud bedenkenlos jeden Meineid schwört, die Stunde, da er nur ein Siegel drückt auf seine teuflische Verlogenheit, genau so wie für uns die Stunde, da wir dem Führer schworen, für das ganze Leben eine heilige Weihestunde ist und eine Quelle ewiger Kraft bleibt bis zu unserem letzten Atemzug.

Es liegt uns völlig ferne, jene Eidesverweigerer aus dem Lager der sogenannten Bekennenden Kirche etwa zum Eid drängen zu wollen, gerade weil wir ja wissen, was für sie »der Eid bedeutet«. Jeder muß selber wissen, wohin er gehört. Nur mögen sich solche Herrschaften nicht länger mehr der Selbsttäuschung hingeben, daß in ihnen das deutsche Volk heute noch »verordnete Diener der christlichen Kirche« erblicke, die ewige Wahrheiten zu verkündigen haben. Denn erste Voraussetzung für einen solchen Beruf sind weder Machtansprüche noch sonstige jüdische Geisteshaltung noch eine besonders ausgebildete Wühlmaustaktik und -technik, die übrigens auch der harmlose Spaziergänger gleich erkennt, sondern erste Voraussetzung hiefür bleibt der Gehorsam gegen die ewigen Gesetze, die der Führer unserem Volke neu und ehern in die Seele prägt, als es im Begriff war, durch Juda verführt, sie zu vergessen und in den Abgrund zu stürzen, aus dem es keine Auferstehung mehr gibt. Das deutsche Volk weiß, wem es zu folgen hat, und folgt ihm freudig auf dem Weg zum Leben.

In seinem Rundschreiben Nr. 87/1938 An alle Gauleiter erklärte Reichsleiter Martin Bormann am 13. 7. 1938 die Vereidigung der Pfarrer innerhalb der Evang. Kirche als bedeutungslos für Staat und Partei[46]*:*

In der letzten Zeit haben verschiedene Evang. Landeskirchen von ihren Pfarrern den Treueid auf den Führer verlangt.

Die Kirchen haben diese Anordnung von sich aus erlassen, ohne vorher die Entscheidung des Führers herbeizuführen. Dem Eid auf den Führer kommt deshalb lediglich eine innerkirchliche Bedeutung zu. Partei und Staat nehmen zu dieser Vereidigung als einer rein kirchlichen Angelegenheit keine Stellung. Es darf in der Haltung der Partei den kirchlichen Stellen oder einzelnen Angehörigen des geistlichen Standes gegenüber kein Unterschied gemacht werden, ob ein Geistlicher den Eid auf den Führer geleistet hat oder nicht. Der Herr Reichskirchenminister hat ebenfalls veranlaßt, daß auf Grund einer etwaigen Verweigerung des Eides auf den Führer keine Disziplinarverfahren gegen Geistliche eingeleitet werden sollen.

Die Haltung der Partei diesen kirchlichen Dingen gegenüber ist nach wie vor dieselbe. Die Partei kann nicht Stellung nehmen zu dieser oder jener Richtung innerhalb der einzelnen Evang. Kirchen, auch nicht wenn

---

46 LKA Stuttgart, D 1, Bd. 78.

sich diese Richtungen dadurch voneinander unterscheiden, daß die eine den Eid auf den Führer für zulässig hält, die andere aber nicht. Für die Partei spielt der Unterschied zwischen Geistlichen, die den Eid auf den Führer nach 5 Jahren nationalsozialistischer Erhebung geleistet haben, und solchen Pfarrern, die ihn nicht geleistet haben, keine Rolle. Ein Eid auf den Führer hat vielmehr für die Partei und den Staat nur dann Bedeutung, wenn er auf Anordnung des Führers von der Partei oder von dem Staat dem einzelnen abgenommen wird. M. Bormann.

Die Vereidigung der Pfarrer war vor dem Bekanntwerden der Stellungnahme Bormanns auch in der Württ. Landeskirche abgeschlossen; die zur Kirchlich-Theologischen Sozietät gehörenden Pfarrer wurden wegen der Verweigerung des Treuegelöbnisses nicht zur Rechenschaft gezogen.

Nach dem Abschluß der Vereidigung der Pfarrer stellte der Landesbischof am 28. 8. 1938 in einer Denkschrift seine Fragen an die Kirchenpolitik des nationalsozialistischen Staates zusammen[47]*:*

Cui bono? Wem nützt die heutige Kirchenpolitik?

Die Kirchenpolitik des Staates darf nicht an irgend einem kirchlichen Maßstab gemessen werden. Sie muß sich dadurch rechtfertigen, daß sie dem Staat Gewinn bringt. Dieser Gewinn kann ein innenpolitischer oder ein außenpolitischer sein oder auch beides. Wenn eine Kirchenpolitik aber gar keinen Gewinn bringt, dann ist es Zeit, sie abzubrechen.

I

Wir kennen aus der neueren Geschichte ein klassisches Beispiel verfehlter Kirchenpolitik: Es ist Bismarcks Kulturkampf. Es ist sehr lehrreich zu beobachten, durch welche Ursachen der größte Staatsmann des 19. Jahrhunderts, nachdem er soeben den großartigsten Triumph seiner Innen- und Außenpolitik erlebt hatte, in diesen schlimmsten Fehlschlag seiner ganzen Regierungstätigkeit gedrängt wurde.

Der erste Kanzler des Deutschen Reiches war von Haus aus durchaus kein Kulturkämpfer. An Windthorst, seinem gefährlichsten und erfolgreichsten Gegner, war ihm nicht der Katholik, sondern der Welfe wider-

---

47 LKA Stuttgart, D 1, Bd. 78.

wärtig. Als norddeutscher Protestant war er in Gefahr, den Katholizismus als geistige und politische Macht eher zu unterschätzen als zu überschätzen. Selbst der streitbare Bischof von Ketteler, der als westfälischer Adeliger auch preußischer Patriot war, hatte in einer mehrstündigen Unterredung mit dem Kanzler den Eindruck, daß Bismarck nicht aus eigenem Drang heraus handelte, sondern von anderen Mächten getrieben war, als er den Kampf bewußt und prinzipiell aufnahm. Sonst wäre es ihm ja auch nicht so leicht gefallen, die durch den Tod des Papstes Pius IX. geschaffene neue Konjunktur zu benützen und seinen ehrenwerten aber doktrinären Mitarbeiter Falk fallen zu lassen. Es ist ja sehr begreiflich, daß sich der Kanzler darüber ärgerte, daß gleichzeitig mit der Gründung des Reichs sich eine katholische Partei bildete, die die Wiederherstellung der weltlichen Herrschaft des Papstes verlangte und das politische Verhältnis zu dem jungen italienischen Königreich zu trüben drohte. Aber für sich allein hätte dies nicht genügt, um ihn zu einem groß angelegten Angriff auf die katholische Kirche zu veranlassen. Dieser Angriff ist daraus zu erklären, daß die konservativen Kreise in Preußen, aus denen der Kanzler selbst hervorgegangen war, sich der nationalen Einigungspolitik versagten –, wie ungern ist der preußische König Wilhelm I. deutscher Kaiser geworden! –, während der Liberalismus aller Schattierungen begeistert mitging und dem Kanzler seine reaktionären Sünden verzieh. Da der Katholizismus als Hauptstütze des Partikularismus vor allem in Bayern erschien, glaubte der Liberalismus zu einem großen Schlag gegen Rom ausholen zu sollen und verstand es, Bismarck in diese Linie hineinzubringen. Der Kanzler überwarf sich damals vollständig mit seinen konservativen Freunden, die das Verhängnisvolle einer lediglich weltanschaulich fundierten Politik sofort erkannten. Er ließ sich von seinen Ratgebern einreden, daß die Römische Kirche durch Unterstützung der kleinen Gruppe der Altkatholiken, die das vatikanische Unfehlbarkeitsdogma ablehnten, gesprengt werden könnte. Trotz aller Förderung durch den Staat kam diese Gruppe nicht vorwärts, und als der Widerstand der katholischen Geistlichkeit und des katholischen Volkes nicht zu brechen war, kehrte der Kanzler zu seiner realistischen lediglich die vorhandenen Kräfte für das Staatswohl einspannenden Politik zurück. Dieser Ausflug in die ideologische Politik hat ihn aber viel gekostet. Ein großer Teil der Bevölkerung war verärgert und ließ sich infolgedessen auch in späteren Zeiten leicht durch staatsfeindliche Agitatoren einfangen. Das Zentrum, das hätte niedergeworfen werden sollen, ging mächtig gestärkt aus dem Kampf hervor und bestimmte für Jahrzehnte den Kurs der deutschen Politik.

II

Man braucht kein Prophet zu sein um vorauszusehen, daß die durch das Reichskirchenministerium getragene Kirchenpolitik denselben negativen Erfolg haben wird. Was grundsätzlich dem Wesen des Staates widerspricht, kann auch bei vorübergehenden Erfolgen ihn auf die Dauer nur schädigen. Es widerspricht aber, das zeigt uns eben der Kulturkampf der 70er Jahre, dem Wesen des Staates, daß der Staat sich die Bekämpfung irgend einer Religion oder Religionsgemeinschaft zur Aufgabe macht und daß er, um diesen Zweck zu erreichen, eine religiöse oder kirchenpolitische Gruppe künstlich stützt und fördert, um durch sie eine ganze Kirche in die Hand zu bekommen und nach staatlichen Gesichtspunkten leiten zu können. Der Unterschied gegenüber dem Kulturkampf Bismarcks ist heute der, daß nicht die Katholische Kirche in erster Linie das Angriffsobjekt ist, sondern die Evangelische, deren Organisation leichter zu zerbrechen ist, was ja auch weithin gelungen ist. Die Erfolge auf diesem Gebiet ermuntern natürlich das Reichskirchenministerium, hierin fortzufahren und billige Lorbeeren zu ernten gegenüber einer Kirche, der der Mund verschlossen ist und der die Hände gebunden sind. Es kann es sich leisten, jeden positiven Vorschlag zur Befriedung, der von kirchlicher Seite kommt, zu ignorieren und gleichzeitig in der Öffentlichkeit die Kirche anzuklagen, daß sie die vom Führer gewollte Wahl verhindert habe. Die große Frage ist nur die: Was kommt bei dieser Knebelung der Evangelischen Kirche für den Staat heraus, innenpolitisch und außenpolitisch?

III

Zweifellos arbeitet das Kirchenministerium auf das Ziel los, das der ehemalige Reichsbischof Müller unentwegt verkündet: Die über den Konfessionen stehende und sie überwindende Nationalkirche, in der ein Evangelium verkündet werden soll, das eine mit biblischen Reminiszenzen vermischte religiöse Glorifizierung von Volk, Staat und Führer darstellt. Die Zahl derer, die in einer solchen »Kirche« ihre geistige Heimat finden, wird nie groß werden. Denn diejenigen, deren Seele ganz von den politischen und vaterländischen Werten und Zielen ausgefüllt ist, werden die christlichen Zutaten zum politischen Evangelium immer als entbehrlich und lästig empfinden. Es wird den Nationalkirchlern bei den ausgesprochen politischen Menschen ähnlich gehen wie den religiösen Sozialisten bei den klassenkämpferischen marxistischen Arbeitern, die sich auf den Standpunkt stellten: Es ist ja ganz schön, wenn es Pfaffen gibt, die in der christlichen Bevölkerung für den Marxismus werben, aber wir brauchen eine religiöse Verbrämung unserer politischen Weltanschauung nicht. Umgekehrt ertragen alle, denen die Botschaft des Neuen Testaments den Weg zur Wahrheit und zum Heil zeigt, nicht die widerwärtige Vermischung religiöser und politischer Phraseologie, wie sie fast jede Nummer des »Deutschen Sonntags« bringt; der gesunde Teil des Volkes ist sich völlig klar darüber, daß hier Dinge, die nicht zusammengehören, zu einem Brei zusammengerührt werden, der nicht schmackhaft ist. Genau wie der Altkatholizismus trotz der Begünstigung durch den mächtigsten Staatsmann jener Zeit über den Umfang einer Sekte nicht hinauskommen konnte, weil die gleichzeitige Bejahung des ganzen katholischen Dogmas und die Verwerfung der mit diesem Dogma groß gewordenen Autorität des Papsttums ein Unding ist, so wird die deutschchristliche Nationalkirche trotz aller Bevorzugung durch das Kirchenministerium und andere staatliche Stellen nie über einen Kreis von schwärmerisch veranlagten Menschen und ihrer Nachläufer hinauskommen.

Allerdings hofft man in nationalkirchlichen Kreisen, daß eines Tags, etwa wenn alle Landeskirchen in der Form einer Finanzabteilung einen staatlichen Kommissar erhalten haben, eine Wahl kommen wird, mit der von Ludwig Müller schon längst verkündeten Fragestellung: Wollt ihr Kirche mit dem Staat oder gegen den Staat? Jedoch angenommen, daß dieser Gimpelfang gelingen sollte, wo wollte man die Pfarrer herbringen, die das in dieser Kirche vorgeschriebene Evangelium mit Kraft und Hingabe verkünden würden? Man erinnere sich doch an die kirchlichen Wahlen im Juli 1933! Sie fielen unter dem Druck der Partei und unter dem Einfluß der Führerrede am Tag zuvor fast überall deutschchristlich aus. Konnte die auf diese Weise im Handumdrehen gleichgeschaltete Kirche nun auch wirklich auf eigenen Füßen stehen? War der Erfolg nicht der, daß fast überall die Gemeinden und Pfarrer einer auf diese Weise zustandegekommenen Kirchenleitung das Vertrauen versagten und daß der Staat den ihm höchst unerwünschten Kirchenkampf bekam? Wer es mit Staat und Volk und Führer gut meint, der kann nicht dringend genug vor der Wiederholung eines derartigen Experiments warnen.

Die Partei hat den Nationalkirchlern in diesem Sommer eine Chance gegeben, indem sie ihnen eine große Versammlung im Sportpalast mit entsprechender vorausgehender öffentlicher Werbung ermöglichte. Nach alledem, was man hört, haben die Politiker, die sich diese Versammlung angesehen haben, nicht gerade einen überwältigenden Eindruck mit nach

Hause genommen. Sie wurden sich wohl darüber klar, daß hier die inneren Kräfte, die eine religiöse Zusammenfassung des ganzen Volkes zustande bringen könnten, nicht zu finden seien. Warum also dem Traum einer über den geschichtlich gewordenen Konfessionen stehenden Nationalkirche noch weiter nachhängen? Von Moltke ist das Wort überliefert: Der ewige Friede ist ein Traum und nicht einmal ein schöner! Ebenso könnte man sagen: Die religiöse Uniformierung des deutschen Volkes ist ein Traum und nicht einmal ein schöner! Die schöpferische Begabung des deutschen Geistes hat sich an den Religions- und Weltanschauungsgegensätzen immer wieder entzündet, und wenn wir auch dankbar sind dafür, daß um dieser Gegensätze willen keine Schlachten mehr geschlagen und keine Länder verwüstet werden, eine Überwindung dieser Gegensätze, die nicht geistigen Tod bedeutet, müßte aus Tiefen kommen, die uns heute nicht zugänglich sind. Es ist erprobte Staatsweisheit, daß der Staat mit den Kräften rechnen muß, die vorhanden sind, nicht mit denen, die er bloß wünschen kann; wenn die dem heutigen Staat sympathischere religiöse Richtung nun einmal den Tiefgang nicht hat, der nötig wäre, und auch den Führer nicht besitzt, den sie haben müßte, dann sollte der Staat keine Kraft mehr darauf verwenden, eine kleine Sache großzupäppeln. Denn diese Leute warm zu halten, nur damit sie einen fortwährenden Unruheherd in der Kirche bilden, ist doch eines großen Staates nicht würdig.

IV

Weder innenpolitisch noch außenpolitisch hat diese Kirchenpolitik dem Staat irgendeinen Gewinn gebracht. Innenpolitisch nicht, denn sie hat Risse im evangelischen Volk hervorgerufen, die man früher gar nicht kannte, und sie hat das ungeheure Kapital von Vertrauen, das dem Staat und dem Führer nach der Machtübernahme entgegengebracht wurde, wesentlich verringert. Man wird sich nicht verhehlen dürfen, daß auch innerhalb der Partei selbst die Meinungen über die Zweckmäßigkeit von gewaltsamen Eingriffen sehr geteilt ist und daß insbesondere die dabei übliche Berufung auf die Kommunistenverordnung des früheren Reichspräsidenten dem Kopfschütteln vieler rechtlich denkender Menschen begegnet. Wenn es aber die selbstverständliche Aufgabe des Staates ist, die Einigkeit der Deutschen immer fester zu schmieden, so darf er auf einem so verkehrten Weg nicht fortfahren.

Daß die heutige Kirchenpolitik außenpolitisch keinen Vorteil bringt, darüber ist eigentlich kein Wort zu verlieren. Die wenigen Freunde, die

Deutschland in anderen Ländern hat, kommen gerade durch die Art, wie die Evang. Kirche mißhandelt wird, in die größte Verlegenheit, denn sie wissen genau, wie sehr gerade im bewußt evangelischen Volksteil das System von 1919 bis 1933 abgelehnt wurde, und fragen sich vergeblich, welches politische Interesse das Dritte Reich haben könnte, um gerade ihn vor den Kopf zu stoßen. Insbesondere hat auch das deutsche Volkstum im Ausland, das bisher so eng mit der Evang. Kirche verbunden war, unter der Auswirkung einer unverständlichen Kirchenpolitik zu leiden. Namentlich in Polen scheint man deutsche Vorgänge studiert und nachgeahmt zu haben, um den evangelischen Deutschen das Leben schwer zu machen. Mit welcher Wonne die deutschfeindliche Presse sich auf jede kirchenpolitische Affäre wirft, ist bekannt. Ein Auslandspfarrer erwähnte kürzlich, daß man überall auf die dauernde Freiheitsentziehung, die über Pastor Niemöller verhängt ist, angesprochen werde.

Außer dem feindlichen Ausland ist bis jetzt der einzige Gewinner die Kirche, deren politischen Einfluß der Staat ganz anders zu fürchten hat als den der Evang. Kirche, die Katholische. In ihr Gefüge greift niemand ein. Ihre Verwaltung wird nicht durch Verordnungen eines Ministers und durch Einsetzung von Finanzabteilungen gehindert. Ihre Einheit wird nicht angetastet. Es ist selbstverständlich, daß das Volk sich fragt: Wie kommt das? und daß ihr Ansehen steigt. Es entsteht der Eindruck, daß eben doch nur die Katholische Kirche wirklich Kirche ist und daß Luthers Werk überlebt ist.

Es wäre leicht, zur Begründung des in diesen Ausführungen vorgetragenen Standpunkts eine Menge von Führerworten zu zitieren. Da es aber heute politische Zionswächter gibt, denen Zitate von Führerworten ebenso unwillkommen sind wie den Kardinälen der mittelalterlichen Kirche Zitate von Bibelworten, so beschränke ich mich darauf, die Äußerung eines der namhaftesten Historiker der Gegenwart anzuführen[48]: »Wer in der deutschen Geschichte zu lesen versteht, kann sich der gebieterischen Forderung nicht verschließen, die auf ihren Blättern so oft mit eindrucksvoller Beredsamkeit erhoben wird: Daß auf religiösem Gebiet Duldung die Richtschnur sei, gegenseitige Duldung der Bekenntnisgruppen untereinander, Duldung jedes lebendigen Glaubens durch den Staat. Es ist der Grundsatz, der in einer der Reichsverfassung jener Tage gemäßen Form schon in den Anfängen der Reformation anklingt und im Augsburger Religionsfrieden 1555 in gewissen Grenzen anerkannt wurde, daß jeder Stand

---

48 Das Zitat dürfte von Johannes von Haller stammen, mit dem Wurm in Korrespondenz stand.

des Reiches seinem eigenen Glauben folgen dürfe. Wo immer dieser Grundsatz nicht beobachtet wurde, blieben die verhängnisvollen Folgen nicht aus. Das gilt von den Landesstaaten ebenso wie vom Reich im ganzen. Daß der brandenburgisch-preußische Staat, und zwar nicht erst seit Friedrich dem Großen sich auf diesen Standpunkt stellte, hat ihn groß gemacht, während Österreich durch das Gegenteil sich seiner besten Kräfte beraubte. Es wird auch heute und in Zukunft nicht anders sein. Nur auf der Grundlage religiöser und konfessioneller Duldung und Gleichberechtigung läßt die Einheit des deutschen Volkes sich erhalten, und die nationalsozialistische Bewegung widerspricht sich selbst, wenn sie, um der Volkseinheit willen, die Duldung verleugnet.«

Das Kirchenministerium wird in Bälde in der Lage sein, einen neuen Vorschlag zur Beendigung des Kirchenkampfes, der ebenso der Wahrheit wie dem Frieden dient, von kirchlicher Seite entgegenzunehmen. Man darf gespannt sein, ob es auch dann wieder um einer kurzsichtigen Kirchenpolitik willen die höheren Staatsnotwendigkeiten außer acht läßt.

Landesbischof D. Wurm.

Der »Fall Diem«

Ihre Weigerung, das Treuegelöbnis zu leisten, beabsichtigten die Pfarrer, die sich zur Kirchlich-Theologischen Sozietät hielten, in einer Erklärung *der Gemeinde mitzuteilen*[49]:

Wie jedermann weiß, wurde vom Württ. Oberkirchenrat angeordnet, daß die Geistlichen und Beamten der Württ. Landeskirche ein »Gelöbnis an Eides Statt« im Wortlaut des staatlichen Beamteneides ablegen sollen. Ich gebe der Gemeinde bekannt, daß ich dieser Forderung der Kirchenleitung nicht Folge leisten werde, und zwar aus folgenden Gründen:

1. Jesus Christus spricht: »Ich aber sage euch, daß ihr allerdings nicht schwören sollt ... Eure Rede aber sei: Ja, ja; Nein, nein; was drüber ist, das ist vom Übel« (Matth. 5, 34 und 37). Christus will von der Kirche, die er erlöst und geheiligt hat, daß sie sich in all ihrem Reden und Handeln in voller Wahrheit und Aufrichtigkeit ganz unter den beugt, der die Herzen prüft und in heiliger Gerechtigkeit richten wird. Wer diesem Gebot Christi treu ist, wird ohne Eid auch seiner irdischen Obrigkeit gehorchen. Verlangt aber die Kirche über diese Erfüllung des Gebotes Christi hinaus noch einen Eid, so verletzt sie damit die Strenge des göttlichen Gesetzes.

49 LKA Stuttgart, D 1, Bd. 112. Zum ganzen Zusammenhang vgl. Niemöller, Handbuch, S. 226, und Diem, S. 77–82.

Es ist der Kirche durch Christi Wort verboten, zweierlei Stufen des Gehorsams gegen ihren Herrn einzuführen, den eidlich gebundenen und den nicht eidlich gebundenen. Die Kirche, die einen Eid fordert, traut es dem Worte Gottes nicht zu, daß es uns alle stärker als tausend Eide bei unsrer Seelen Seligkeit zu dienender Selbstverleugnung verpflichtet nach dem Vorbild der Liebe Christi und uns durch seine Kraft dazu fähig macht.

2. Jesus Christus spricht: »Einer ist euer Meister, Christus; ihr aber seid alle Brüder« (Matth. 23,8). »Christus ist das Haupt des Leibes, nämlich der Gemeine; er, welcher ist der Anfang und der Erstgeborene von den Toten, auf daß Er in allen Dingen den Vorrang habe« (Kol. 1,18). Das geforderte »Gelöbnis an Eides Statt« widerspricht der klaren Verheißung des Herrn der Kirche, daß er allein das Haupt seiner Gemeinde sein will. Ihrem Haupt allein ist die Kirche verantwortlich: Ihre Diener haben keine andere Aufgabe als die Predigt des lauteren Wortes Gottes, die rechte Verwaltung der Sakramente, die Vermahnung und Tröstung im Namen Jesu und die Erhaltung der Herde beim rechten einigen Glauben. Es ist darum der Kirche verwehrt, dieses ihr Amt der staatlichen Befehls- und Zwangsgewalt zur Überwachung, Auslegung, Einschränkung und Bestimmung zu unterwerfen. Das hieße den Staat zum Richter über Gottes Wort und Reich einsetzen, wozu er nicht berufen ist, und alles vergessen was in diesen Jahrfn gegen die staatlichen Eingriffe und gegen die deutsch-christlichen Verfälschungen so oft bezeugt worden ist. Wohl wird der Geistliche bei der geplanten Eidesleistung auf die Bindung an das Ordinationsgelübde hingewiesen. Aber ist dem Staate und der Öffentlichkeit durch diesen stillen Vorbehalt in ehrlicher Weise gedient? Der Staat wird vielmehr das Gelöbnis jederzeit so auffassen wollen, daß die Kirche sich damit dem absoluten Willen der Staatsführung ein- und untergeordnet hat. Ist über den Inhalt des Beschworenen zwischen Staat und Kirche keine klare Verständigung vorausgegangen, so macht sich die Kirche einer heimlichen Irreführung des Staates schuldig. Es werden so erst recht neue Konflikte heraufbeschworen, wenn der Staat nach seiner Auffassung den eidgemäßen Gehorsam fordert und die Kirche weiterhin ihre christliche Freiheit verteidigen möchte.

3. Jesus Christus spricht: »So euch nun der Sohn frei machet, so seid ihr recht frei« (Joh. 8,36). Es ist der Kirche verwehrt, sich selbst in eigener Vollmacht neue Bindungen aufzulegen. Der Staat hat bis heute diese Vereidigung der Kirche nicht gefordert. Vielmehr hat Landesbischof Wurm von sich aus das Gesetz erlassen in der Meinung, damit dem Staate einen

Dienst zu leisten, den dieser von ihm erwarte. Es ist damit der Weg beschritten worden, auf dem zuerst die deutsch-christlichen Kirchenleitungen von Mecklenburg und Thüringen vorangegangen sind. Ihrem Beispiel glaubten auch die bisher bekenntnisgebundenen Kirchenleitungen folgen zu müssen. Damit ist die eigentliche Absicht dieser Verordnung klar: Durch sie soll die Kirche, deren Ruhm Christus allein ist, von dem Verdacht politischer Unzuverlässigkeit gereinigt werden. Damit wird das Ansehen vor der Welt über die Bindung an Gottes Wort gestellt.

4. Der Apostel Paulus schreibt: »Im Geist habt ihr angefangen, wollt ihr's denn nun im Fleisch vollenden? Habt ihr denn so viel umsonst erlitten?« (Gal. 3,3f.). Im Jahre 1934 hat eine deutsch-christliche Nationalsynode unter dem ehemaligen Reichsbischof Müller beschlossen, die Pfarrer durch die Kirchenleitungen auf den Führer vereidigen zu lassen. Damals hat der Reichsbruderrat der Bekennenden Kirche am 18.9.1934 erklärt: »Wir sind verpflichtet, die Ablegung eines Eides in die Hand des Kirchenregimentes grundsätzlich abzulehnen, weil im Raum der Kirche der Eid nach Gottes Wort unzulässig ist.« Auch die Württ. Kirchenleitung hat damals das Ansinnen der Reichskirchenregierung zurückgewiesen. Die Bayrische Landeskirche hat unter Berufung auf Art. XVI u. XXVIII des Augsburgischen Glaubensbekenntnisses erklärt: »Wenn die Kirche von sich aus einen Treueid auf den Staat fordert, entgeht sie schwer dem Vorwurf, in ein fremdes Amt zu greifen.« Wenn also heute Bischöfe der Bekennenden Kirche das Eidesverlangen stellen, so tun sie genau das, was sie damals unter Berufung auf Schrift und Bekenntnis selbst abgelehnt haben. Auch ist der Gemeinde bekannt, daß die Haltung der Kirche noch vor einem Jahr in der Frage des Religionslehrereides klarer, strenger und freier war.

5. Der Apostel Petrus schreibt: »Seid untertan aller menschlichen Ordnung um des Herrn willen... Denn das ist der Wille Gottes, daß ihr mit Wohltun verstopfet die Unwissenheit der törichten Menschen, als die Freien, und nicht als hättet ihr die Freiheit zum Deckel der Bosheit, sondern als die Knechte Gottes. Tut Ehre jedermann. Habt die Brüder lieb. Fürchtet Gott. Ehret den König« (1.Petr. 2,13. 15–17). Der Staat ist berechtigt, um der in der Welt herrschenden Sünde und Unzuverlässigkeit willen Eide zu fordern. Wenn er es für geboten hält, hat er das Recht, auch den Dienern der Kirche einen Eid aufzulegen, in dem sie als seine Untertanen Treue und Gehorsam gegen den Führer und Beachtung seines Gesetzes beschwören. Diesen Eid aufzulegen und abzunehmen kann nur Sache des Staats sein. Solchen Eid zu leisten ist jeder Untertan gehalten, auch

der Diener der Kirche, wenn gewährleistet ist, daß das Beschworene durch die Herrschaft Christi und damit des Gottes, bei dem geschworen wird, begrenzt ist, und also die Pflichten des geistlichen Amtes für den Diener der Kirche ausdrücklich ausgenommen werden. Ein solcher klar umgrenzter Eid würde das zum Ausdruck bringen, wozu der Christ durch das Wort Gottes allezeit verpflichtet ist.

Diese Gründe sind es also, die mich nach sorgfältiger Prüfung aller Einwände zwingen, den von der Kirche geforderten Beamteneid zu verweigern. Ich bitte die Gemeinde, meine Ablehnung als ein notwendiges Zeugnis für die Gültigkeit und Größe der Botschaft zu verstehen, in deren alleinigen Dienst ich durch das geistliche Amt gestellt bin. Was für Folgen das für meine Stellung zur Landeskirche haben wird, befehle ich Gott. Luther sagt: »Es ist ganz lächerlich, an der Stelle Gottes mit menschlichem Recht und auf Grund langer Gewohnheit die Gewissen zu regieren. Darum muß man hierin nach der Schrift und Gottes Wort handeln. Denn bei Gottes Wort und Menschenlehre, wenn es die Seele zu regieren gilt, kann es niemals ausbleiben, daß sie gegeneinander streiten.«

Wir bitten Gott, er möge uns alle fröhlich und getrost bei seinem Wort erhalten: »Der feste Grund Gottes besteht und hat dieses Siegel: Der Herr kennet die Seinen; und: Es trete ab von Ungerechtigkeit, wer den Namen Christi nennet« (2. Tim. 2,19).

Am 28. 6. 1938 verbot der Oberkirchenrat in einem Erlaß An sämtliche Dekanatämter die Verlesung dieser von der Sozietät verbreiteten Erklärung[50]:

Dem Oberkirchenrat ist der »Entwurf einer Erklärung vor der Gemeinde« bekannt geworden, der von seiten der Kirchl.-Theologischen Sozietät vervielfältigt einer großen Anzahl von Pfarrern zugeschickt worden ist. In dieser Erklärung wird gegen das Treuegelöbnis Stellung genommen, und zwar in einer Weise, die alle diejenigen Amtsbrüder, die bereit sind, das Gelöbnis zu leisten, in schwerster Weise diffamiert und ihr Treueversprechen durch einen Angriff auf seine Ehrlichkeit zu entwerten versucht. Die Erklärung enthält ferner objektiv unwahre Behauptungen und Mißdeutungen, die sie nicht als seelsorgerliche Hilfe für Bedenkliche, als was sie ausgegeben wird, erscheinen läßt. Eine konkrete Verantwortung für die Verfasserschaft wurde nicht übernommen, da die Vervielfältigung anonym verschickt und auch auf die Frage nach dem verantwortli-

---

50 Nr. A 6182; vgl. auch das Schreiben, das Fausel im Namen der Sozietät am 5. 7. 1938 wegen dieses Erlasses an den OKR richtete (LKA Stuttgart, D 1, Bd. 112).

chen Verfasser lediglich auf eine Versammlung von Theologen hingewiesen wurde.

Der Oberkirchenrat kann die Verlesung dieser Erklärung nicht dulden und verbietet sie hiemit ausdrücklich unter Hinweis auf die ernsten und notwendigen Folgen einer Zuwiderhandlung. Vorstehendes ist den in Betracht kommenden Geistlichen zu eröffnen, die noch nicht verpflichtet sind. Wurm.

Da Pfr. Diem trotz des Verbots des Oberkirchenrats die Erklärung am 26. Juni in seiner Pfarrei Ebersbach/Fils verlesen hatte, wurde er durch einen Erlaß des Oberkirchenrats vom 30. 6. 1938 an das Evang. Dekanatamt Göppingen beurlaubt[51]:

Pfarrer Diem hat am Sonntag, den 26. Juni dieses Jahres, im Gottesdienst in Ebersbach eine »Erklärung an die Gemeinde« verlesen und diese vervielfältigt an die Gottesdienstbesucher verteilt. In dieser Erklärung wird gegen das durch Verordnung vom 20. Mai dieses Jahres angeordnete Treuegelöbnis in polemischer Weise Stellung genommen.

Der Oberkirchenrat hat der theologischen Auseinandersetzung über Fragen kirchlicher Lehre und Ordnung stets Raum gegeben und die Austragung theologischer Meinungsverschiedenheiten mit geistlichen Waffen nie gehindert. Er kann aber nicht dulden, daß diese Zurückhaltung von einzelnen Pfarrern so ausgelegt wird, als ob sie sich über die Grundlagen jeder kirchlichen Ordnung hinwegsetzen dürften. Die von Pfarrer Diem verlesene und verbreitete Erklärung enthält unrichtige und entstellende Behauptungen tatsächlicher Art, durch die ein Großteil der Pfarrerschaft und die Kirchenleitung vor aller Öffentlichkeit diffamiert und die Aufrichtigkeit und Gewissenhaftigkeit ihres Handelns bei der Anordnung und Ablegung des Treuegelöbnisses in Zweifel gezogen werden. Die öffentliche Verbreitung einer derartigen Erklärung bedeutet einen schweren Verstoß gegen die Amtspflichten. Pfarrer Diem hat sich hiezu verantwortlich zu äußern. Wegen der öffentlichen Verbreitung dieser Erklärung wird Pfarrer Diem bis zur Klarstellung des Sachverhalts beurlaubt. Er hat sich demgemäß jeder Amtshandlung zu enthalten.

Die ist Herrn Pfarrer Diem unmittelbar eröffnet worden. Wurm.

Am 2. Juli fand ein Gespräch zwischen dem Landesbischof und Pfr. Diem in Stuttgart statt; dieser konnte sich nicht entschließen, eine den Landesbischof zufriedenstellende Erklärung abzugeben. Deshalb fand noch an demselben Tag eine Bespre-

---

51 Nr. A 6320.

chung von Mitgliedern des Oberkirchenrats mit dem Kirchengemeinderat in Ebersbach statt[52]:

Bei der Sitzung des Kirchengemeinderats Ebersbach vom 2. Juli dieses Jahres, an der zwei Beauftragte der Kirchenleitung teilgenommen haben, kam gegen Ende der Sitzung aus der Mitte des Kirchengemeinderates wiederholt der dringende Wunsch zum Ausdruck, daß Pfarrer Diem im Zusammenhang mit seiner Kanzelabkündigung vom Sonntag, den 26. Juni, eine befriedigende Erklärung abgeben möge, die es der Kirchenleitung ermöglichen würde, die mit Erlaß vom 30. Juni dieses Jahres Nr. A 6320 ausgesprochene Beurlaubung aufzuheben.

Auf Veranlassung von Kirchengemeinderäten hat Pfarrer Diem eine schriftliche Erklärung des Inhalts abgegeben, daß er nicht die Absicht gehabt habe, mit seiner Kanzelerklärung den Oberkirchenrat und die Pfarrerschaft zu diffamieren oder in ihrer Ehre zu verletzen, sondern daß er seine Erklärung lediglich abgegeben habe, um der Gemeinde gegenüber seine Ablehnung des Gelöbnisses zu begründen. Die Beauftragten des Oberkirchenrats haben von dieser Erklärung lediglich Kenntnis genommen und in Aussicht gestellt, hierüber der Kirchenleitung zu berichten. Die von Pfarrer Diem abgegebene Erklärung ist insofern nicht ausreichend, als sie lediglich auf die in seiner Kanzelerklärung enthaltene Diffamierung und Beleidigung abhebt, aber die in seiner Kanzelerklärung auch enthaltene Entwertung des Treuegelöbnisses und Anfechtung seiner Glaubwürdigkeit außer Betracht läßt.

Der Oberkirchenrat könnte sich, unbeschadet der Fortführung der dienstlichen Untersuchungen, zu einer Aufhebung der Beurlaubung nur dann entschließen, wenn Pfarrer Diem der Kirchenleitung folgende Erklärung abgeben würde: »Zu meiner Kanzelabkündigung vom Sonntag, den 26. Juni dieses Jahres, erkläre ich Folgendes: Es lag mir ferne, das Treuegelöbnis der Pfarrerschaft und Kirchenleitung durch meine Ausführungen in seiner Glaubwürdigkeit herabzuwürdigen und zu entwerten, ich beabsichtigte auch nicht, das Handeln der Pfarrerschaft und Kirchenleitung bei Anordnung und Ablegung des Gelöbnisses in seiner Ehrlichkeit in Zweifel zu ziehen.«

Vorstehendes wurde Pfarrer Diem unmittelbar eröffnet mit der Auflage, sich hiezu umgehend bis spätestens Mittwoch, den 6. Juli dieses Jahres, vormittags 12 Uhr gegenüber dem Oberkirchenrat unmittelbar schriftlich zu äußern. Wurm.

---

52 Nr. A 6387, Erlaß an das Evang. Dekanatamt Göppingen.

Am 5.7. 1938 äußerte Pfr. Diem sich gegenüber dem Oberkirchenrat über seine Verweigerung des Treuegelöbnisses[53]*:*
Nachdem ich die Ablegung des Treuegelöbnisses verweigert hatte, war es meine selbstverständliche Pflicht, diese Weigerung meiner Gemeinde bekanntzugeben und zu begründen. Ausschließlich diesem Zweck sollte die von mir im Gottesdienst am 26. Juli dieses Jahres verlesene »Erklärung an die Gemeinde« dienen. Ich hielt es außerdem für angebracht, die Erklärung den Gottesdienstbesuchern in die Hand zu geben, um, wie ich ausdrücklich von der Kanzel aus dazu sagte, einer falschen Berichterstattung und daraus entstehenden Gerüchten und Mißverständnissen vorzubeugen. Den Amtsbrüdern des Bezirkes sandte ich die Erklärung ebenfalls zu, weil sie das Recht hatten zu erfahren, was ich in dieser Sache öffentlich gesagt hatte. Von einer »öffentlichen Verbreitung« im Sinn einer Agitation gegen Kirchenleitung und Pfarrerschaft kann darum nicht die Rede sein. Man wird auch nicht sagen können, daß die Abgabe einer solchen Erklärung durch einen einzelnen Pfarrer an sich schon eine »Mißachtung der Grundlagen jeder kirchlichen Ordnung« bedeutet.

Die Frage kann also nur sein, ob im Inhalt der abgegebenen Erklärung »ein schwerer Verstoß gegen die Amtspflichten« zu sehen ist. Ein solcher wird vom Oberkirchenrat darin erblickt, daß die Erklärung »unrichtige und entstellende Behauptungen tatsächlicher Art« enthalte, »durch die ein Großteil der Pfarrerschaft und die Kirchenleitung vor aller Öffentlichkeit diffamiert und die Aufrichtigkeit und Gewissenhaftigkeit ihres Handelns bei der Anordnung und Ablegung des Treuegelöbnisses in Zweifel gezogen werden«.

Es wird nicht zu vermeiden sein, daß jede Stellungnahme in dieser Sache eine Verurteilung der entgegengesetzten Stellungnahme in sich enthält. Wenn zum Beispiel der Herr Landesbischof in seiner Kanzelerklärung vom 23. Juni dieses Jahres von »diesem, für einen evangelischen Christen stelbstverständlichen Treuegelöbnis« redet, so sagt er damit vor der Öffentlichkeit der gesamten Landeskirche, daß jeder, der dieses Gelöbnis nicht leistet, sich weigert, das für einen Christen Selbstverständliche zu tun, was immerhin ein schwerwiegendes Urteil über denselben bedeutet. Man wird aber von einer »Diffamierung« durch ein solches Urteil erst dann reden dürfen, wenn es nicht nur auf Grund von objektiv falschen Voraussetzungen, sondern auch auf Grund von bewußt unrichtigen und entstellenden Behauptungen gefällt wurde. Diese letztere Mög-

53 LKA Stuttgart, D 1, Bd. 112.

lichkeit darf wohl auch für meine Erklärung ausscheiden, so daß nur noch zu prüfen wäre, ob sie »unrichtige und entstellende Behauptungen tatsächlicher Art« enthält. Solche Behauptungen sieht der Oberkirchenrat in folgenden Sätzen: »Wohl wird der Geistliche bei der geplanten Eidesleistung auf die Bindung an das Ordinationsgelübde hingewiesen. Aber ist dem Staate und der Öffentlichkeit durch diesen Vorbehalt in ehrlicher Weise gedient? Der Staat wird vielmehr das Gelöbnis jederzeit so auffassen wollen, daß die Kirche sich damit dem absoluten Willen der Staatsführung ein- und untergeordnet hat. Ist über den Inhalt des Beschworenen zwischen Staat und Kirche keine klare Verständigung vorausgegangen, so macht sich die Kirche einer heimlichen Irreführung des Staates schuldig. Es werden so erst recht neue Konflikte heraufbeschworen, wenn der Staat nach seiner Auffassung den eidgemäßen Gehorsam fordert und die Kirche weiterhin ihre christliche Freiheit verteidigen möchte.«

Der Hinweis des Geistlichen auf die Bindung an sein Ordinationsgelübde kann die Leistung des vorgeschriebenen Eides nicht ermöglichen, sondern macht sie gerade unmöglich. Wenn ich vor der christlichen Gemeinde gelobt habe, meine Amtspflichten im alleinigen Gehorsam gegen den Herrn der Kirche und in alleiniger Bindung an die Heilige Schrift und an die Bekenntnisse der Kirche zu erfüllen, so kann ich nicht daneben auch noch der staatlichen Obrigkeit die gewissenhafte Erfüllung meiner Amtspflichten beschwören und dadurch sie zum Wächter und Richter über diese Erfüllung und damit über den Inhalt der Amtspflichten selbst einsetzen. Ich kann ferner nicht in meinem Amt als christlicher Prediger dem Staat beschwören, seine Gesetze zu beachten, während ich die wichtigsten der speziell auf meine Amtstätigkeit sich beziehenden staatlichen Gesetze schon bisher nicht beachtet habe und sie auch in Zukunft nicht zu beachten gedenke, weil mein Ordinationsgelübde es verbietet. Ich kann also nicht beschwören, die staatlichen Gesetze zu beachten, und zum Beispiel zugleich den Widerstand gegen eine auf Grund dieser staatlichen Gesetzgebungsgewalt einzurichtende Finanzabteilung ankündigen. Wenn man das dennoch tut, so kann es nur in einer Weise geschehen, daß man dabei das Ordinationsgelübde als Vorbehalt für die Eidesleistung zu Hilfe nimmt und es in derselben Weise verwendet, wie die Katholische Kirche ihr Kirchenrecht in jener bekannten Interpretation des Eides im Codex iuris canonici: »Jusiurandum stricte est interpretandum secundum ius et secundum intentionem iurantis; aut si hic dolo agat, secundum intentionem illius, cui iuratur« (Can. 1321). Dieser Grundsatz erlaubt es zum Beispiel dem katholischen Bischof, jeden vom Staat geforderten Eid zu leisten, ohne einen Vorbehalt zu machen und ohne sich über dessen Auffassung zu vergewissern. Der Eid ist ja zu interpretieren nach der Auffassung des Schwörenden bzw. nach dem Recht seiner Kirche, nach welchem das Kirchenrecht jederzeit weltliches Recht bricht. Er hat also dem Staat gegenüber gar nichts beschworen, was ihm nicht die Kirche ohnehin gebietet, sondern sich im Grunde nur feierlich zu seinem Kirchenrecht bekannt. Der Eventualfall, daß die Auslegung dessen gelten würde, dem geschworen wird, tritt nicht ein, da ja das Kanonische Recht öffentlich bekannt ist und deshalb beim Schwörenden kein Dolus vorliegt. Ebenso ist es in unserem Fall: Man bekennt sich im Grunde nur feierlich zu seinem Ordinationsgelübde; da der konkrete Inhalt dieser Bindung nicht wie beim Kanonischen Recht öffentlich und allgemeingültig bestimmt ist, wurde dem Vernehmen nach einer staatlichen Stelle gesagt, daß hier ein einschränkender Vorbehalt gemacht werde, und auch in Bezug auf einige konkrete Fragen, zum Beispiel die Finanzabteilung, erklärt, was das praktisch bedeute. Damit ist aber noch nicht einmal jenes Maß von Klarstellung erfolgt, das im katholischen Fall immerhin vorhanden ist, es sei denn, man hätte dem Staat ausdrücklich auch gesagt, daß mit dieser Vorordnung des Ordinationsgelübdes das Recht, den Inhalt des Beschworenen zu bestimmen und über seine Einhaltung zu wachen, grundsätzlich dem Staat genommen und von der Kirche bzw. dem schwörenden Pfarrer für sich selbst beansprucht wird. In diesem Fall hätte man dann freilich den Staat vorher fragen müssen, ob er den auf diese Weise nach Inhalt und Überwachungsinstanz völlig veränderten Eid noch für den von ihm erwarteten Eid gelten lasse. Und selbst wenn der Staat sich aus irgendwelchen Gründen mit diesem Austausch des Inhalts unter gleichbleibender Form des Eides einverstanden erklärt hätte, so hätte die Kirche auch in aller Öffentlichkeit sagen müssen, daß diese Auswechslung erfolgt ist, und hätte nicht noch durch Bezugnahme auf § 174 DBG in ihrer Eidesverordnung den Schein aufrechterhalten dürfen, daß der von ihr geleistete Eid dem entspreche, was der Staat erwartet habe. Solange die Kirche nicht von sich aus alles getan hat, um diesen Schein zu zerstören, muß gesagt werden, daß sie sich »einer heimlichen Irreführung des Staates schuldig« macht und daß durch den mit dem Vorbehalt des Ordinationsgelübdes geleisteten Eid dem Staat und der Öffentlichkeit nicht »in ehrlicher Weise gedient« ist. Ein christliches Zeugnis, wie es ein Eid der Pfarrerschaft sein sollte, darf nicht in sich selbst widerspruchsvoll, unklar und darum undurchsichtig sein, sonst ist er nicht die in statu confessionis noch in besonderer Weise geforderte perspicua confessio (FC, Eptiome X), mit welcher allein sowohl dem Staat als auch den bedrängten Gewissen der Pfarrer und Gemeindeglieder gedient ist.

Wenn der Oberkirchenrat in den genannten Behauptungen meiner Erklärung »einen schweren Verstoß gegen die Amtspflichten« sieht, so kann ich das solange nicht zugeben, als er mir nicht widerlegt hat, daß sie wahr sind. Ich habe lediglich einen sachlichen Vorwurf erhoben gegen die Art, wie die Eidesleistung mit dem Ordinationsgelübde verbunden wird. Das mußte ich deshalb tun, weil ich Antwort zu geben hatte auf die natürlich auch in meiner Gemeinde vorhandene Frage, warum ich nicht auch mit Hilfe des Ordinationsgelübdes schwören könnte wie die meisten Pfarrer. Ich habe damit kein Urteil über die subjektive moralische Aufrichtigkeit und Gewissenhaftigkeit der Schwörenden gefällt und kann deshalb auch nicht, wie der Oberkirchenrat will, ein solches Urteil durch eine Ehrenerklärung zurücknehmen. Auf diesem Boden kann die Sache nicht ausgetragen werden. Wie ich den Vertretern des Oberkirchenrates schon in der Sitzung des Kirchengemeinderates Ebersbach vom 2. Juli erklärte, habe ich selbstverständlich nicht die Absicht gehabt, mit meiner Kanzelerklärung den Oberkirchenrat und die Pfarrerschaft zu diffamieren oder in ihrer Ehre zu verletzen, sondern ich habe die Erklärung lediglich abgegeben, um der Gemeinde gegenüber meine Ablehnung des Gelöbnisses zu begründen.

Daß die Schwörenden und die Nichtschwörenden sich durch die Begründung ihrer Stellungnahme gegenseitig vor der Gemeinde belasten müssen, ist eine Not, die beide Teile zu tragen haben. Das möge der Oberkirchenrat auch bedenken. Hermann Diem.

Am 7.7.1938 protestierte Pfr. Diem beim Oberkirchenrat gegen seine Beurlaubung; solange sein Pfarramt ihm nicht durch seine Gemeinde entzogen werde, werde er es weiterhin ausüben.[54]

Am 11.7.1938 faßten die Pfarrer der Kirchlich-Theologischen Sozietät folgenden Beschluß zum Fall Diem[55]*:*

Dem Evang. Oberkirchenrat erlaube ich mir folgenden Beschluß zu übermitteln, den die Vollversammlung der Kirchl.-Theol. Sozietät am 11. Juli dieses Jahres gefaßt hat:

---

54 Vgl. auch den Bericht des vom OKR nach Ebersbach entsandten Stadtvikars Max Loeser vom 10.7.1938 über die Weigerung von Pfr. Diem, ihn auftragsgemäß am 10. Juli die Predigt halten zu lassen (Nr. A 6660).
55 LKA Stuttgart, D 1, Bd. 112; dem OKR übersandt.

Wie dem Oberkirchenrat bekannt ist, wurde die von Pfarrer Diem bekanntgegebene »Erklärung vor der Gemeinde« von uns beraten, inhaltlich gebilligt und, je nachdem es die Umstände erlaubten und geboten, vor der Gemeinde im Wortlaut oder sinngemäß verlesen. Wir haben das Recht und die Pflicht, vom Evang. Oberkirchenrat zu verlangen, daß er über den Inhalt dieser Erklärung in eine sachliche Auseinandersetzung mit uns eintritt, aber nicht einen von uns zur Maßregelung herausgreift.

Pfarrer Diem tat recht daran, sich in der Ausübung seines ihm im Namen des Herrn Christus übertragenen Amtes der Verkündigung des Wortes Gottes in Ebersbach nicht beirren zu lassen. Wir bitten die Kirchenleitung dringend, eine Entscheidung darüber herbeizuführen, ob unser Nichtablegen des Gelöbnisses und die Begründung dafür einen Verstoß gegen unsere Amtspflichten darstellt.

Für die Kirchl.-Theol. Sozietät: I.V. Fausel.

Da Pfr. Diem weiterhin Amtshandlungen in Ebersbach vornahm, wurde am 12.7. 1938 das förmliche Dienststrafverfahren gegen ihn eröffnet. [56]

Am 15.7. 1938 befaßte sich der Kirchengemeinderat Ebersbach mit der Beurlaubung von Pfr. Diem; am 16.7. 1938 fand daraufhin eine von Pfr. Diem einberufene Versammlung der Gemeinde statt.

Mit einem persönlichen Schreiben wandte Pfr. Diem sich am 18.7. 1938 an den Landesbischof[57]:

Sehr verehrter Herr Landesbischof!

Lassen Sie mich versuchen, in unserer Auseinandersetzung einen neuen Anfang zu machen, denn zu einem solchen Versuch darf es in der Kirche nie zu spät sein; und wenn wir ihn im Glauben an den Herrn der Kirche machen, kann er auch nie ohne Verheißung sein.

Auf dem bisherigen Weg der Auseinandersetzung sehe ich keine Möglichkeiten mehr. Was soll ich auf den letzten Erlaß des Oberkirchenrats vom 12. Juli Nr. A 6741 antworten, nachdem auch mein Brief vom selben Tag, der nachmittags um 1 Uhr in den Händen des Oberkirchenrats war, in dem Erlaß nicht einmal berücksichtigt ist? Was soll ich insbesondere zu

---

56 Nr. A 6741; den Dekanatämtern zur Kenntnisnahme mitgeteilt. Vgl. auch den weiteren Bericht von Stadtvikar Loeser vom 17.7.1938 und von Dekan Stahl, Göppingen, vom 21.7.1938 (Nr. A 6891).
57 LKA Stuttgart, D 1, Bd. 112.

den Vorwürfen sagen, daß ich mich mit meinem Vorgehen »auf die Seite der Gegner der Evang. Kirche« stelle und einen »von hinten kommenden Angriff« auf Landeskirche, Kirchenleitung und Pfarrerschaft führe? Es wird doch wohl niemand im Ernst von mir glauben, daß das meine Absicht gewesen ist, und man wird mir andererseits auch zutrauen, daß es mir nicht weniger peinlich ist als der Kirchenleitung, wenn tatsächlich die Feinde der Kirche mich als Bundesgenossen gegen sie ausspielen wollten. Wir können das freilich nicht mehr verhindern, nachdem unsere Auseinandersetzung, wahrscheinlich durch die Schuld von beiden Seiten, jetzt in dieser Öffentlichkeit geführt werden muß; aber ich glaube nicht, daß es notwendig und richtig ist, mir deshalb die genannten Vorwürfe zu machen. Ich war mir sehr wohl bewußt, daß das der heikelste Punkt der Auseinandersetzung über die Eidesfrage ist. Als deshalb vor Wochen im Kreise meiner Freunde der Vorschlag erwogen wurde, ob wir uns nicht direkt an den Staat wenden sollten, um von uns aus jene echte und unmittelbare Begegnung herbeizuführen, zu der wir die Kirchenleitung vergeblich veranlassen wollten, da wurde dieser Vorschlag von uns entschieden abgelehnt, weil wir uns darüber klar waren, daß wir damit, ob wir es wollten oder nicht, die Kirchenleitung vor dem Staat »diffamieren« müßten. Wir hielten es darum für richtiger, durch unsere Eidesverweigerung den Verdacht politischer Obstruktion beim Staat auf uns zu nehmen, als uns um solchen Preis zu decken. Nachdem der Oberkirchenrat diese Vorwürfe gegen mich erhebt, müssen Sie mir erlauben, dies auch zu sagen.

Ich sehe auch deshalb auf dem bisherigen Boden keine weiteren Möglichkeiten mehr, weil ich nunmehr etwas getan habe, was innerhalb der landeskirchlichen Rechtsordnung nicht vorgesehen ist: Ich habe unmittelbar meine Gemeinde gefragt, ob ich die Beurlaubung durch den Oberkirchenrat annehmen soll, und sie hat mich beauftragt, mein Amt weiter zu führen. Darum habe ich auch gestern gepredigt und gedenke das Amt in meiner Gemeinde auch weiterhin auszuüben. Diese Befragung geschah in der Weise, daß ich am Samstag in der ganzen Gemeinde eine Einladung zur Gemeindeversammlung auf abends 8 Uhr in der Kirche mündlich durchsagen ließ. Nach einem Gottesdienst, bei dem auch zwei meiner Freunde sprachen, gingen wir in den Gemeindesaal zur Aussprache und Abstimmung, wobei so offen wie irgend möglich vorgegangen wurde. Die Abstimmung ergab, daß die anwesenden 275 erwachsenen Gemeindeglieder einstimmig erklärten, daß ich weiterhin predigen solle. Wie sehr das dem Willen der wirklichen Gemeinde entsprach, zeigt sich auch an dem Verhalten der Gottesdienstbesucher an den beiden Sonntagen, an denen es fraglich war, ob der vom Oberkirchenrat bestellte Pfarrverweser predigen würde oder ich. Am Sonntag, den 10. Juli, wartete der größte Teil der Gemeinde vor der Kirche, bis sichtbar wurde, daß ich predigte. Bei meinem Erscheinen auf der Kanzel verließen dann lediglich 2 Männer die Kirche: ein Kirchengemeinderat, der Parteigenosse ist, und auf seine Veranlassung der Organist, Oberlehrer und Zellenleiter der PO, wobei ausdrücklich gesagt werden muß, daß die Partei als solche nach dem Willen des Ortsgruppenleiters sich nicht in die Auseinandersetzung einmischt. Am gestrigen Sonntag, an dem die Kirche wie an einem hohen Feiertag besetzt war, verließ nur ein Christenlehrpflichtiger, dessen Vater aus der Kirche ausgetreten ist und der selbst nie in die Christenlehre kommt, die Kirche.

Was gegen eine solche Befragung der Gemeinde eingewandt werden kann, weiß ich wohl. Wenn man alle Kirchensteuerpflichtigen gefragt hätte, wäre das Ergebnis natürlich nicht so eindeutig ausgefallen. Wir haben aber in der Bekennenden Kirche, besonders aus Anlaß der im letzten Jahr vorgesehenen Kirchenwahl immer wieder betont, daß in den Angelegenheiten der Kirche nur diejenigen zu entscheiden berechtigt sind, die sich zu Gottes Wort halten, wobei eben die Schwierigkeit besteht, diese wirkliche Gemeinde zur Darstellung und zum Handeln zu bringen. Ich habe in der ganzen Zeit des Kirchenkampfes nie geschlossene Versammlungen gehalten oder Gruppen innerhalb der Gemeinde gebildet, sondern habe immer vor der gesamten Gemeindeöffentlichkeit geredet und gehandelt. Dadurch hat sich nun von selbst eine »bekennende« Gemeinde gebildet, indem die andern einfach wegblieben; und die so vollzogene Sammlung und Scheidung kam auf dem in der Kirche einzig legitimen Weg zustande, daß nämlich das Wort Gottes selbst sich als die richtende Kraft erweist. Natürlich spielen dabei auch persönliche Sympathien für den Pfarrer eine unerlaubte Rolle; aber wenn ich recht sehe, ist das bei meinem Kirchengemeinderat, mit dem ich nunmehr 4 Jahre lang so gut zusammenarbeite, daß ich mich an keinen Beschluß erinnern kann, den wir nicht einstimmig gefaßt hätten, und der mir jetzt zum Nachgeben, auch um meiner selbst willen riet, mehr der Fall als bei der Gemeinde, die mich zum Bleiben auffordert, weil sie von mir weiterhin das Wort Gottes hören will.

Erlauben Sie mir, sehr verehrter Herr Landesbischof, das so ausführlich zu sagen, weil ich weiß, wie mißtrauisch man bei der Kirchenleitung aus vielen Erfahrungen bei Stellenbesetzungen usw. gegen Äußerungen des Gemeindewillens ist und vielleicht mit Recht sein muß und wie man dadurch in Gefahr kommt, in jeder solchen Äußerung von vornherein nur eine Demonstration zu sehen. Ich will auch meine Gemeinde nicht besser darstellen als sie ist, besonders weil ich sie hier ja auch als Argument in eigener Sache anführe. Aber wenn es doch unser aller Bemühen sein muß, wirkliche Gemeinden um das Wort zu sammeln, und wir das nur tun können im Glauben daran, daß das Wort nicht leer zurückkommt (Jes. 55, 10 f.), dann dürfen wir es bei aller gebotenen Vorsicht nicht von vornherein für unmöglich halten, daß das auch einmal geschehen und die Gemeinde um das Wort sichtbar werden und als solche handeln kann. Ich kann es deshalb nicht zugeben, daß Sie bei unserer letzten Aussprache meinen Hinweis auf das Gebot Jesu in Matth. 18, 15 ff. mit der Bemerkung zurückwiesen, daß man das nicht einfach auf die Landeskirche übertragen könne. Sie wissen, daß das die alte und wohl entscheidende Kontroversfrage zwischen uns ist, ob die Landeskirche die Kirche Jesu Christi ist oder nicht und ob sie deshalb nach den Geboten des Neuen Testamentes handeln muß und auch kann oder nicht. Ich will jetzt diese Frage gar nicht in ihrem ganzen Umfang aufrollen; ich möchte nur die Frage stellen dürfen, wie ich denn überhaupt Pfarrer sein soll, wenn ich meine Gemeinde nicht als Gemeinde Jesu Christi ansehen und anreden und dementsprechend mit ihr handeln darf? Und wenn ich das meiner Gemeinde gegenüber tun muß, dann kann ich doch auch den übrigen Gemeinden der Landeskirche und ihrer gemeinsamen Leitung und Vertretung gegenüber nichts anderes tun.

Es war nicht wohlgetan, daß einer Ihrer Herren vom Oberkirchenrat einem mir nahestehenden Amtsbruder am 2. Juli schrieb, daß ich mit meiner Kanzelabkündigung »den Kampf aus der Sphäre der theologischen Auseinandersetzung in die der, hart gesprochen, Machtprobe zwischen meinen Anhängern und der Landeskirche hinübergeschoben« habe, und dann zu meiner Zurückweisung der Beurlaubung bemerkt: »Mit dieser Gehorsamsverweigerung ist nun ab heute der von Freund und Feind längst erwartete Aufstand Diem contra Landeskirche Tatsache geworden.« Wenn der Oberkirchenrat die Auseinandersetzung von vornherein so angesehen hat – der betreffende Brief ist am ersten Tag des »Kampfes« geschrieben worden! –, dann konnte es freilich nicht anders gehen, als es gegangen ist; dann mußte der Oberkirchenrat auf Biegen und Brechen seine Autorität in dieser Sache durchzusetzen suchen; dann mußte er mich als Exponenten einer kirchenpolitischen Gruppe sehen, der man endlich einmal den Meister zeigen will. Dann war es dem Oberkirchenrat aber auch von vornherein unmöglich, auf meine sachliche Erwiderung zu hören; dann konnte er sich auf keine andere Lösung einlassen als auf einen Widerruf von meiner Seite; dann durfte er nicht bemerken, daß ich mit voller Absicht meine Freunde zurückhielt, in die Auseinandersetzung einzugreifen, solange das irgend möglich war, und den Oberkirchenrat veranlaßte, sich lediglich an mich und meine Gemeinde zu halten; dann konnte er dem von ihm bestellten Pfarrverweser die peinliche Aufgabe nicht ersparen, sich in meine Gemeinde und mein Amt einzudrängen; dann kann er in meinem Widerstand nur die »Gehorsamsverweigerung« und nicht die Gebundenheit des berufenen Dieners am Wort sehen; dann kann er endlich auch den Widerstand meiner Gemeinde nicht anders betrachten als die Demonstration einer zu machtpolitischen Zwecken aufgeputschten Masse. Dann ist aber auch jedes weitere Wort herüber und hinüber überflüssig, und wir können nur noch mit Schrecken auf den angerichteten und noch anzurichtenden Schaden sehen und einander weiterhin das Leben so sauer wie möglich machen.

Ich glaube nicht, daß das so sein darf, solange wir noch gemeinsam in der Kirche Christi stehen, und darum möchte ich versuchen, einen neuen Anfang zu machen. Er besteht in gar nichts Besonderem, sondern einfach darin, daß wir mit der Tatsache der christlichen Bruderschaft ernstmachen, also in einem Neuanfang, mit dem wir leider immer wieder von vorne anfangen müssen, mit dem wir aber Gott sei Dank immer wieder anfangen dürfen und für den es nie zu spät ist. Und darum lassen Sie mich einfach zu Ihnen, meinem Bischof und darum erst recht und in besonderer Weise zu meinem Bruder reden, ohne Rücksicht darauf, ob das noch jene Maßnahmen aufhalten kann, die vielleicht aus Gründen des Prestiges gegen mich zu unternehmen für notwendig erachtet werden. Ich weiß auch, was das Neue Testament an Ehrerbietung gegen die Bischöfe verlangt und daß es eine Über- und Unterordnung des mit dem größeren oder geringeren Dienste Beauftragten gibt. Darum habe ich mich zuerst zu fragen, ob ich Ihnen Unrecht getan habe und wie ich das wieder gutmachen kann. Daß ich nunmehr mich selbst das fragen kann und nicht ultimativ auf vorgelegte Erklärungen zu antworten habe, läßt mir den nötigen Raum zur Buße.

Ich habe es mir hin und her überlegt, ob es recht war, von jener »heimlichen Irreführung« zu reden und was damit gesagt sein und wie es verstanden werden konnte. Wenn man das »heimlich« so verstand, daß damit eine bewußte Verheimlichung beabsichtigt gewesen wäre, so mußte man darin eine Verletzung des achten Gebotes sehen, mindestens insoweit, als hier nicht versucht wurde, »alles zum Besten zu kehren«. Das wollte ich nicht sagen und bedaure ehrlich, wenn ich mich so mißverständlich ausgedrückt habe, daß ich so verstanden werden konnte. Was ich sagen wollte, war das, daß durch die mangelnde Klarstellung tatsächlich eine, jetzt noch nicht allen Beteiligten sichtbare und darum »heimliche« Irreführung des Staates unvermeidlich ist. Das geht auch eindeutig aus der Fortsetzung an der betreffenden Stelle hervor. Diese Feststellung kann ich nicht zurücknehmen, solange sie mir nicht durch Tatsachen widerlegt ist. Meine Feststellung könnte nur insofern zugleich einen moralischen Vorwurf enthalten, wenn man in der ungenügenden sachlichen Klarstellung einen Mangel an Pflichterfüllung sehen würde. Diese Frage könnte praktisch werden, wenn etwa der Staat hinterher bei der Interpretation des Eides in irgend einem konkreten Fall sich mit Recht beklagen könnte, man habe ihn über die Auffassung des Eides von seiten der Kirche im Zweifel gelassen. Dann könnte unter Umständen der Staat den Vorwurf der »heimlichen Irreführung« auch im moralischen Sinn erheben. Ich kann und will von mir aus nur sagen, daß die Kirchenleitung gegen einen solchen Vorwurf nicht gedeckt ist, wenn sie eben nicht die nötigen Tatsachen vorweisen kann. Über diesen Punkt unserer Kontroverse kann aber nun keine Erklärung und kein Widerruf von meiner Seite mehr hinweghelfen, sondern nur noch eine sachliche Auseinandersetzung über die ganze Eidesangelegenheit selbst.

Wenn ich nun das gesagt habe, was ich als meine Schuld bekennen muß, dann bitte ich Sie, mein Bischof und Bruder, auch das sagen zu dürfen, was ich als die Schuld der Kirchenleitung in dem bisherigen Verfahren gegen mich glaube sehen zu müssen. Am 6.5.1934 habe ich aus Anlaß des Einbruchs von Müller-Jäger in meiner Gemeinde gegen die Deutschen Christen einen Vortrag gehalten »Wie können wir Kirche bleiben?«, der nachher als ein »Wort württembergischer Pfarrer« in der »Jungen Kirche« erschien (1934, Heft 13, S. 533 ff.).[58] Ich wäre Ihnen dankbar, wenn Sie sich die Zeit nehmen könnten, diesen Artikel gerade jetzt noch einmal zu lesen, damit Sie sehen, in welchem sachlichen Zusammenhang die Sätze stehen, die ich im Blick auf unser gegenwärtiges Gespräch jetzt zitieren möchte. Ich faßte dort meine Ausführungen über die untrennbare Verbundenheit von Lehre und Ordnung in der Kirche zusammen in die Frage an die DC: »Kann eine Kirche Bibel und Bekenntnis als ihre unantastbare Grundlage erklären, kann sie ihren Pfarrern einen heiligen Eid abnehmen, mit diesem Fundament zu stehen und zu fallen, und zugleich

---

58 Siehe Bd. 3, S. 364–375.

auf dem Führerprinzip aufgebaut sein und dieses mit Gewalt handhaben, zugleich durch Menschensatzung eine äußere Einheit der Kirche erzwingen, auf die Einheit im Glauben aber verzichten, zugleich ihre getauften Glieder entmündigen und den Gemeinden gegen ihren Willen Pfarrer und Bischöfe aufzwingen oder absetzen? Soll unsere Kirche evangelisch oder päpstlich sein? Soll in ihr Gottes Wort allein oder menschliche Gewalt herrschen? Vor dieser Frage steht die Kirche heute am Scheideweg. Hier muß sie rechts oder links gehen.« Darauf stellte ich die Gegenfragte: »Wenn aber die Deutschen Christen uns weiter entgegenhalten: Was heute die Reichskirche im Großen tue, das hätten die einzelnen Kirchen, die württembergische nicht ausgeschlossen, im Kleinen längst ebenso getan. Sie hätten doch auch die Kirche auf dem Wege von außen nach innen, von oben nach unten bauen wollen, Gehorsam unter die äußeren Ordnungen und Gesetze der Kirche verlangt, aber die einzelnen Pfarrer und Gemeindeglieder predigen und glauben lassen, was sie wollten! Es komme doch auch in Württemberg bis zum heutigen Tage oft genug vor, daß auf derselben Kanzel die entgegengesetztesten Meinungen als Evangelium verkündigt werden, ohne daß das Kirchenregiment dagegen einschreite, wie ihm doch das Bekenntnis vorschreibt. Und umgekehrt sei es bis jetzt auch in Württemberg nicht möglich gewesen, daß Pfarrer und Gemeinden auf Grund von Schrift und Bekenntnis gegen eine Anordnung der Kirchenleitung Einspruch erhoben. Das sei doch dieselbe Trennung zwischen äußerlicher rechtlicher Ordnung der Kirche und ihrem Glauben und ihrer Lehre, wie wir sie jetzt bei den Deutschen Christen bekämpfen.« Ich mußte darauf antworten: »Ihr habt leider recht... Wer heute die DC bekämpfen will, der muß ihnen zuerst ehrlich zugeben, daß unsere Landeskirchen schon seit Jahrhunderten an derselben Krankheit gelitten haben, die nun im Kampf um die Reichskirche bei den DC nur besonders stürmisch zum Ausbruch kommt: Sie haben mit Hilfe von kirchenrechtlichen Zwangsmitteln die äußere Ordnung der Kirche aufrechterhalten, haben Kirchenglieder, Pfarrer und Gemeinden dadurch geistlich entmündigt, haben nicht mehr über der Reinheit ihrer Lehre und ihres Bekenntnisses gewacht und konnten deshalb auch nicht mehr darauf vertrauen, daß Gott allein durch sein Wort die Kirche schafft und erhält. Wer deshalb heute die DC nur als Störenfriede behandeln wollte, die in eine wohlgeordnete und umfriedete Kirche Kampf und Verwirrung getragen haben, der hätte kein Recht, sie im Namen der Kirche Jesu Christi abzulehnen. Wir müssen Gottes Wort frei sein lassen und ihm allein die Ehre geben, auch und in erster Linie da, wo es sich gegen uns selbst richtet.«

Mein Dekan erzählte mir damals, seine Mitteilung, daß ich diesen Vortrag in meiner Landgemeinde gehalten habe, hätte bei der Dekanskonferenz allgemeine Heiterkeit ausgelöst. Ich hielt es aber für richtig und möglich, der Gemeinde solche Dinge zuzumuten und den Kampf nicht bloß mit Skandalnachrichten zu führen. Und weil ich damals so zur Gemeinde redete, als es um die Wahrung Ihres Bischofsamtes ging, muß ich ihr heute dasselbe sagen. Damals hat sich niemand dagegen gewehrt, daß wir mit solcher Berufung auf Schrift und Bekenntnis die Kirche gegen die DC zu verteidigen halfen und unsere Gemeinden stärkten. Wenn wir heute immer noch dasselbe sagen und, da es sein muß, nun auch einmal gegen die eigene Kirchenleitung in deren eigenstem Interesse, so tun wir das deshalb, weil wir nur auf diese Weise die Möglichkeit haben, wenn es sein muß, morgen vielleicht auch wieder für diese Kirchenleitung dasselbe zu sagen. Vorletzten Sonntag sagte ich meiner Gemeinde, wenn ich mich jetzt nicht in dieser Weise um mein Predigtamt wehren würde, so hätte ich das Recht verwirkt, mich gegen irgendeinen Eingriff von der anderen Seite, etwa in Form einer Finanzabteilung, zu wehren und der Gemeinde eine Abwehr derselben zuzumuten.

Könnte denn die Kirchenleitung das, was nun in dieser törichten Weise als »Aufstand Diem contra Landeskirche« ausgegeben wird, nicht auch einmal so anzusehen versuchen? Der ganze Kinderschreck der »Nebenregierung« der Sozietät wäre hinfällig, wenn man sehen würde, daß hier ganz schlicht und selbstverständlich das geschieht, daß ein berufener Prediger des Evangeliums in der Gebundenheit an sein Amt pflichtgemäß handelt. Es würden sich dann wohl auch alle Sorgen um die Gefährdung der Ordnung und Leitung der Landeskirche durch ein solches Handeln leicht beheben lassen, wenn wir nur darin einig würden, daß unsere einzige Sorge sein darf, wie die von Ihnen geleitete Landeskirche die Kirche Jesu Christi in Württemberg bleiben kann.

Weil ich glaube, mich in dieser Sorge mit Ihnen einig zu wissen, schreibe ich Ihnen diesen Brief und grüße Sie als Deiner an dem uns allen aufgetragenen Werk. Ihr Hermann Diem.

Die Antwort auf das persönliche Schreiben von Pfr. Diem an den Landesbischof sollte zuerst nur mündlich vom zuständigen Dekan eröffnet werden; der Landesbischof schrieb am 19.7.1938 an Dekan Stahl, Göppingen[59]:

---

59 Nr. A 6993.

Verehrter Herr Dekan!

Heute früh erhielt ich von Herrn Pfarrer Diem das beiliegende Schreiben, um dessen Rücksendung ich bitte. Sie sollten aber davon Kenntnis haben, um meine Antwort zu verstehen. Ich bitte Sie, Herrn Pfarrer Diem kommen zu lassen und ihm mein Schreiben vorzulesen, Sie können es ihn auch lesen lassen; aber es soll zunächst in Ihrer Hand verbleiben. Ich bitte Sie, ihm noch einmal deutlich zu machen, daß er durch sein bisheriges Verhalten die Kirchenbehörde förmlich gezwungen hat zu Maßregeln, die wir nur sehr ungern beschlossen haben, die aber unumgänglich sind, wenn wir eine geordnete Kirche bleiben und uns nicht ein Staatskommissariat zuziehen wollen. Da der Vorschlag derselbe ist, über den er schon einmal nachzudenken Gelegenheit hatte, so halten wir eine Frist nicht für nötig; es ist vielleicht auch für ihn besser, wenn er sich sofort entscheiden muß. Fällt die Entscheidung wieder verneinend aus, so sind Sie beauftragt, ihm den beiliegenden Erlaß, der die förmliche Amtsenthebung enthält, zu eröffnen. Im andern Fall bitte ich, ihn wieder zurückzuschicken.

In der Hoffnung, daß diese Angelegenheit, die auch Ihnen das Amt erschwert und die angesichts der ungeheuer, ja bedrohlich ernsten politischen und kirchlichen Lage fast grotesk anmutet, bald in die ruhigen Bahnen einer sachlichen Bereinigung kommt, grüßt Sie herzlich

Wurm.

Die Antwort des Landesbischofs an Pfr. Diem lautete[60]*:*

Sehr geehrter Herr Pfarrer!

Sie haben sich in einem persönlichen Schreiben an mich als Ihren Bischof gewendet. Ich entnehme diesem Schreiben den Wunsch, es möchte ein Weg gefunden werden, um die gegenwärtige Lage möglichst schnell so zu ändern, daß weiterer Schade für die Kirche verhütet wird. Da dies selbstverständlich auch unser Wunsch ist, so bin ich bereit, trotzdem infolge Ihrer letzten Schritte eine weitere Verschärfung eingetreten und eine entsprechende Verfügung schon beschlossen ist, Ihnen entgegenzukommen.

Sie wissen, daß schon am Montag, den 11. Juli, Herr Rechtsanwalt M. uns einen Vorschlag unterbreitet hat, wonach Sie bereit gewesen wären, Ihre Beurlaubung faktisch anzuerkennen, während der Oberkirchenrat Ihre Gehorsamsverweigerung am Tag zuvor, an dem Sie den vom Ober-

---

[60] Nr. A 6993.

kirchenrat bestellten Stellvertreter an der Ausübung seines Dienstes verhinderten, nicht zum Gegenstand einer Untersuchung gemacht hätte. Nachdem Sie sich diesen Vermittlungsvorschlag, dem Sie zuerst zuzustimmen schienen, nicht zu eigen gemacht haben, mußte das Verfahren weitergehen. Am Samstag, den 16. Juli, wurde uns gemeldet, daß Sie, wohl unter dem Eindruck der Erklärung des Kirchengemeinderats, nun doch bereit seien, vorerst das Amt dem Stellvertreter zu übergeben. Am selben Tag änderten Sie schon wieder Ihre Meinung. Sie beriefen eine Gemeindeversammlung, in der nicht, wie zuerst beabsichtigt war, der Gemeinde die Gründe Ihres nunmehrigen Nachgebens mitgeteilt wurden, sondern von einem Ihnen befreundeten Pfarrer in außerordentlich scharfer Weise gegen den Oberkirchenrat Stellung genommen wurde. Sie ließen sich durch eine »Abstimmung« der anwesenden Gemeindeglieder, über deren rechtliche Bedeutung Sie nicht im Zweifel sein konnten, mit der Fortführung Ihres Dienstes »beauftragen«. Auf Grund dieser verschärften und ostentativen Widersetzlichkeit hat der Oberkirchenrat gestern Ihre formelle Amtsenthebung gemäß Artikel 23 des Disziplinargesetzes beschlossen. Auf Ihr Schreiben hin habe ich die Ausführung dieses Beschlusses bzw. die Absendung des entsprechenden Erlasses an das Dekanatamt Göppingen aufgehalten und gebe Ihnen noch einmal Gelegenheit, eine andere Haltung einzunehmen. Der Oberkirchenrat ist bereit, noch einmal auf den Boden des von Rechtsanwalt M. gemachten Vorschlags zu treten, indem er auch Ihre weiteren Gehorsamsverweigerungen übersehen will, wenn Sie die Amtsführung bis zur Beendigung der dienstlichen Untersuchung dem vom Oberkirchenrat bestellten Amtsverweser überlassen und ihm keinerlei Hindernisse in den Weg legen, insbesondere auch auf weitere öffentliche Stellungnahme gegen Ihre vorgesetzte Behörde verzichten.

Herr Dekan Stahl ist beauftragt, Ihnen dies durch Vorlesen meines Briefes zu eröffnen; ich muß aber erwarten, daß Sie sich sofort entscheiden und insbesondere nicht andere zu Rate ziehen, die Sie offenbar in ungünstigem Sinne beeinflussen. Wenn es Ihnen so unangenehm ist, daß von einem »Aufstand Diem contra Landeskirche« geredet wird, so können Sie diesen Eindruck nur dadurch widerlegen, daß Sie rein persönlich handeln und nicht Mitglieder einer kirchenpolitischen Gruppe in den Kampf hineinziehen und durch sie Ihre Gemeinde beeinflussen lassen.

Ich freue mich, aus Ihrem Schreiben entnehmen zu können, daß Sie die große Verantwortung, die Sie mit diesem öffentlichen Kampf gegen die Kirchenleitung übernommen haben, lebhaft empfinden, und hoffe deshalb, daß Sie die Brücke, die Ihnen noch einmal geschlagen wird, auch betreten. Die sachliche Austragung des zwischen Ihnen und der Kirchenleitung bestehenden Gegensatzes wird nur so möglich werden.

Wurm.

Da Pfr. Diem die vom Landesbischof erbetene mündliche Erklärung nicht abgab, wurde er durch Erlaß vom 18.7. 1938 vorläufig seines Dienstes enthoben.

Nach weiteren Verhandlungen war Pfr. Diem bereit, dem Oberkirchenrat die geforderte Erklärung abzugeben, Beurlaubung und Amtsenthebung wurden dadurch hinfällig. Die Erklärung von Pfr. Diem vom 21.7. 1938 lautete[61]*:*

Es lag mir ferne, das Handeln der Pfarrerschaft und der Kirchenleitung bei der Anordnung und Ablegung des Treuegelöbnisses in seiner Ehrlichkeit und Gewissenhaftigkeit in Zweifel zu ziehen. Wenn meine Erklärung so aufgefaßt werden konnte, so bedaure ich dies, muß aber an meiner grundsätzlichen Beurteilung der Einführung des Treuegelöbnisses in der Württ. Landeskirche festhalten.

Im Gottesdienst am 24.7.1938 verlas dann Dekan Stahl, Göppingen, vor der Predigt von Pfr. Diem folgendes Wort des Landesbischofs an die Gemeinde Ebersbach[62]*:*

Liebe Gemeinde!

An dieses Schriftwort sind wir alle gebunden, wenn Christen uneins werden. Wir wollen deshalb im Aufblick zu dem Herrn der Kirche, der von uns allen Rechenschaft fordert, den ernsten Versuch machen, die Schwierigkeiten zu beseitigen, die in den letzten Wochen im Verhältnis zwischen der Kirchenleitung und dem Pfarrer dieser Gemeinde, infolgedessen auch innerhalb der Gemeinde selbst aufgetreten sind.

Wie euch bekannt geworden ist, hat die Kirchenleitung ein Treuegelöbnis angeordnet, das die Pfarrer als Träger eines öffentlichen Amtes gegenüber dem Führer des deutschen Volkes abzulegen haben. Sie ist sich bewußt, dabei mit der Umsicht und Gewissenhaftigkeit vorgegangen zu sein, die eine so wichtige Angelegenheit erfordert. Sie hat nacheinander eine Reihe bewährter kirchlicher Männer, Pfarrer und Gemeindeglieder zur Beratung herangezogen. Sie hat insbesondere wie die andern auf dem Boden des Bekenntnisses stehenden Kirchenregierungen klar herausge-

---

61 Nr. A 7078 vom 22.7.1938; vgl. auch Nr. A 7295 vom 28.7.1938. Vgl. auch den persönlichen Brief vom 24.7.1938, mit dem Diem bei Wurm für die gefundene Lösung dankte (LKA Stuttgart, D 1, Bd. 112).
62 LKA Stuttgart, D 1, Bd. 77. Die Ansprache ging von Phil. 2,1–4 aus.

stellt, daß dieses Treuegelöbnis zwar dem Staate geben will, was des Staates ist, aber ihn nicht zum Herrn des von der Kirche zu verkündigenden Gotteswortes macht.

Wenn trotzdem eine kleine Anzahl württ. Geistlicher, darunter auch Herr Pfarrer Diem, der Auffassung sind, daß ihnen der Gehorsam gegen Gottes Wort die Ablegung dieses Gelöbnisses unmöglich mache, so kann zwar die Kirchenleitung nicht zugeben, daß die vorgebrachten Gründe durchschlagend sind, aber sie ehrt dem Wesen der Evang. Kirche entsprechend eine aus sorgfältiger Erwägung hervorgegangene Überzeugung. Dagegen kann sie es nicht zulassen, wenn ein Diener der Württ. Landeskirche in voller Öffentlichkeit, mündlich und schriftlich, seine abweichende Meinung in einer Weise begründet, die einen Angriff auf die Ehrlichkeit und Gewissenhaftigkeit des Handelns der Kirchenleitung und der übrigen Pfarrerschaft bedeutet. Ihr wißt, daß Herr Pfarrer Diem am 26. Juni eine Erklärung verlesen hat, in der die Kirchenleitung einen solchen Angriff sah. Sie hat deshalb eine dienstliche Untersuchung eingeleitet und zunächst die vorläufige Beurlaubung von Herrn Pfarrer Diem verfügt. Mehrfache, auch vom Kirchengemeinderat unterstützte Bemühungen um einen friedlichen Ausgleich der entstandenen Gegensätze führten zunächst nicht zum Ziel. Die für die Kirche schmerzlichen Vorgänge der vergangenen Wochen sind der Gemeinde bekannt. Am letzten Donnerstag hat nun Herr Pfarrer Diem gegenüber der Kirchenleitung zu seiner Kanzelabkündigung vom Sonntag, den 26. Juni, Folgendes erklärt[63]...

Auf Grund dieser Erklärung hat der Landesbischof bestimmt, daß die vom Oberkirchenrat angeordnete vorläufige Amtsenthebung des Herrn Pfarrer Diem nicht vollzogen und die dienstliche Untersuchung ohne gleichzeitige Beurlaubung des Herrn Pfarrer Diem fortgeführt wird. Die Kirchenleitung ist also in diesem besonderen Fall bereit, über sehr ernstzunehmende Verletzungen der Ordnung hinwegzusehen. Sie vertraut darauf, daß diese Haltung als aus dem Geist der Liebe Christi und der Fürsorge für die Gemeinden kommend verstanden wird und der Pflege rechter Gemeinschaft in unserer Evang. Kirche, auch in dieser Gemeinde, zugutekommt.

Unter Hinweis auf die von Pfr. Diem am 21. Juli abgegebene Erklärung wurde nach einem Kollegialbeschluß des Oberkirchenrats das Verfahren am 18.10. 1938 eingestellt; Pfr. Diem erhielt eine Verwarnung.[64]

63 Hier folgt der Wortlaut von Diems Erklärung vom 21. Juli.
64 Nr. A 8332.

1073

Die Trennung von Bekenntnisgemeinschaft und Sozietät

Im Lauf des Sommers trat nach der Ablegung des Gelöbnisses der Pfarrer eine gewisse Beruhigung der Lage ein. Gerade in der Frage des Gelöbnisses war aber zwischen den zur Bekenntnisgemeinschaft und den zur Sozietät gehörenden Pfarrern wieder der tiefe, grundsätzliche theologische und kirchliche Unterschied der Haltung aufgebrochen. Die Bekenntnisgemeinschaft konnte sich nur verstehen als Zusammenschluß von Pfarrern verschiedener theologischer Richtungen, die sich jedoch in der Ablehnung jeder deutsch-christlichen Theologie einig waren; die Bekenntnisgemeinschaft konnte sich nicht verstehen als »Nebenregierung« der Kirchenleitung, allerhöchstens mußte sie bei einer Lahmlegung der Kirchenleitung im Hintergrund bereit sein, in diesem Notfall geistliche Verantwortung für die Landeskirche zu übernehmen. Die Pfarrer der Sozietät auf der anderen Seite konnten keine andere als die von ihnen vertretene Richtung der Theologie und die sich daraus ergebenden Konsequenzen anerkennen. Auf diese theologische und kirchliche Linie sollte mit Hilfe der Bekenntnisgemeinschaft die Kirchenleitung und die Landeskirche festgelegt werden, die geistliche Leitung der Landeskirche sollte wie in den »zerstörten« Kirchen der Altpreußischen Union von einem Landesbruderrat übernommen werden. Die Bekenntnisgemeinschaft mußte sich nun dieser Frage stellen[65], die in der Versammlung der Vertrauensleute im Herbst 1937 in Ludwigsburg noch einmal überbrückt worden war.

Zur Klärung der Verhältnisse wurde eine neue Versammlung der Vertrauensleute der Württ. Bekenntnisgemeinschaft auf 24.10.1938 nach Stuttgart einberufen. Dipper schreibt über diese Versammlung[66]*:*

Zu Beginn der Tagung wies der Vorsitzende in seinem einleitenden Bericht darauf hin, daß in dem zurückliegenden Jahr der gemeinsamen Arbeit bis zu den Äußerungen anläßlich der Eingliederung Österreichs immerhin einiges geleistet worden sei. Allerdings sei alles mit langen theologischen Diskussionen verbunden gewesen. Infolge dieser Komplizierung der internen Arbeit des LBR sei viel liegengeblieben, zum Beispiel die Arbeit an den konkreten Fragen der Predigt, der Fürbitte und des Religionsunterrichts sowie der Besuchsdienst und die Aufbauarbeit in den Bezirken. Mit der Zeit habe aber auf seiten der Sozietät der Wille zur Zusammenarbeit nachgelassen. Schließlich habe sie sich in der Gelöbnisfrage kaum mehr um den LBR bemüht, sondern sich öffentlich festgelegt, ehe sie mit dem LBR gesprochen hatte. Auch für den Fall einer weiteren

---

65 Vgl. Rundschreiben Nr. 6/1938 des Freudenstädter Kreises vom 2.8.1938 (LKA Stuttgart, D 1, Bd. 100) und Dipper, S. 242–247.
66 Dipper, S. 243; vgl. auch S. 1077–1079.

Zusammenarbeit habe sie inzwischen in Aussicht gestellt, daß sie es auch in Zukunft in verstärktem Maß so halten wolle. Eine Weiterarbeit unter solchen Umständen sei nicht möglich. Die Vertrauensleute mögen nach einer Lösung suchen.

Zur großen Überraschung der Vertrauensleute ging die Sozietät in ihrer Erwiderung von einer Deutung des Auftrags des LBR aus, die bei der Ludwigsburger Tagung seinerzeit ausdrücklich abgelehnt worden war. Wir haben nicht getan, was wir tun sollten, wurde von seiten der Sozietät erklärt. Wir haben für die Alleinherrschaft Christi in seiner Kirche zu sorgen, die besteht in der Reinheit der Verkündigung und Übung der Zucht. Entweder müßten das die Kirchenleitung oder die Bekenntnisgemeinschaft oder beide miteinander tun. Es muß eine Stelle da sein, welche die Bekennende Kirche darstellt. Das kann nicht von den verschiedensten Seiten nebeneinander geschehen. Der LBR aber habe die Vertrauensleute nicht in einem gottesdienstlichen Akt auf Barmen verpflichtet, was er nach den Ludwigsburger Beschlüssen hätte tun müssen. Er habe keinen Versuch gemacht, sich anstelle eines Synodalorgans dem Oberkirchenrat zur Seite zu stellen. Nachdem der Oberkirchenrat sein Amt nicht ausführe, für die Alleinherrschaft Christi zu sorgen, wäre es nach den Ludwigsburger Beschlüssen die Aufgabe der Bekenntnisgemeinschaft gewesen, sich selbst als das Organ herauszustellen, in dem die BK sich darstelle und durch welches für die Haltung von Barmen in unserer Landeskirche Sorge getragen werde. Das sei nicht geschehen. Der LBR habe behauptet, eine Fahne sei hochgezogen, die in Wirklichkeit nicht oben sei. Es sei alles unverbindlich geblieben. Es müsse ehrlich eingestanden werden, daß ein Anspruch erhoben worden sei, den man nicht realisieren konnte und wollte. Darum müsse man diesen Anspruch aufgeben und der Tatsache Rechnung tragen, daß es in Württemberg keine BK gäbe. Der Bruderrat solle zurücktreten, die Bekenntnisgemeinschaft sich auflösen. Die Sozietät nehme teil an der allgemeinen Verlegenheit und werde vielleicht noch etwas mehr als bisher theologisch arbeiten, zu gewissen Dingen Stellung nehmen und sich bei zwingenden Anlässen noch stärker dem Oberkirchenrat gegenüberstellen. Jedenfalls dürfe man keinen Offenbarungseid leisten und dabei einen betrügerischen Bankrott machen, indem man nämlich unter der Hand die Geschäfte doch wieder aufnehme.

Hinter diesen Äußerungen stand als echtes Anliegen die Sorge um die nach Meinung der Sozietät in der Auflösung begriffene BK in den zerstörten Gebieten. Aber man kann füglich bezweifeln, daß diesen Brüdern durch eine Auflösung der Bekenntnisgemeinschaft und eine Intensivierung der Tätigkeit der Sozietät besser geholfen worden wäre. Jedenfalls konnten die Vertrauensleute diese unverfrorene Umdeutung der Ludwigsburger Beschlüsse, die rein negative Beurteilung der Kirchenleitung und des Bruderrats, die Forderung einer in der Württembergischen Landeskirche durch die Bekenntnisgemeinschaft zu konstituierenden Kirche von Barmen als der in Lehre, Ordnung und Amt sichtbaren BK und schließlich den, wie es schien, hinter allem stehenden Absolutheitsanspruch der Sozietät nicht anerkennen.

Die Vertrauensleute machten darauf aufmerksam, daß die Vorstellung, die Bekenntnisgemeinschaft müsse zusammen mit der Kirchenleitung oder an der Kirchenleitung vorbei die Kirche von Barmen in unserer Württ. Landeskirche zur Darstellung bringen, schon in Ludwigsburg abgelehnt worden sei. Es wurde darauf hingewiesen, daß zwar die in Barmen getroffene Lehrentscheidung exklusiv sei, nicht aber die durch die Bekenntnissynoden geschaffene Notordnung. Die Exklusivität des Bekenntnisses werde hier mit der Exklusivität der sie vertretenen Organisation verwechselt. »Wir glauben nicht, daß außerhalb der Bekenntnisgemeinschaft niemand sonst in Württemberg Barmen vertreten könne.« Dem wurde schroff entgegengehalten: »Wo Barmen ist, da ist die BK. Wir (die Sozietät) haben den Auftrag von Ludwigsburg nie anders als exklusiv gemeint.« Ebenso war auch dem Hinweis das Gehör verschlossen, daß die Bekenntnisgemeinschaft mit ihrem Zeugnis die Stimme der Bekennenden Gemeinde, nicht aber die Leitung der Kirche sein wolle. Es sei ein Unterschied, ob man im Namen der im Bekenntnis verbundenen Pfarrerschaft zu sprechen habe oder im Amt der Kirchenleitung handeln müsse. Es sei eine Hybris der theologischen und kirchlichen Haltung, wenn man in jedem Fall eines Versagens der Kirchenleitung über das dann notwendige Zeugnis hinaus in das Amt der Leitung selbst eingreifen wolle. Lasse man sich zu einem grundsätzlichen Mißtrauen verleiten, so »verbauen wir uns die Möglichkeit zu glauben, daß Gott sein Werk auch mit anderen Leuten tut, nicht nur mit uns«. Dies gelte auch für die Zusammenarbeit im LBR. Der Vorwurf einer opportunistischen Haltung sei gegen Brüder erhoben worden, die kurz vorher wegen ihrer Bekenntnishaltung im Gefängnis gewesen seien. Mörike fragte direkt: »Glaubt ihr nicht, daß wir uns im LBR ohne Ausnahme bemühten, verbindlich theologisch zu arbeiten?« Aber die Sozietät verstehe unter »Verbindlichkeit«, so führte er weiter aus, daß sie ihre theologischen Erkenntnisse den andern als Gesetz auferlege. Die gegenseitige Achtung sei keine rein humane Angelegenheit. Sie müsse dazu führen, daß man sich bemühe, die Kraft des eigenen theologischen

Denkens mit der Art und Kraft der theologischen Arbeit der andern zu einem Zusammenklang zu bringen. Erst daraus erwachse eine fruchtbare Gemeinsamkeit. Die Frage Mörikes wurde von Diem verneint: »Nein, das habt ihr weithin nicht getan«; und dann: »Ich verstehe die Angst vor dem Gesetz nicht. Wie kann Evangelium anders verbindlich werden als in Form des Gesetzes?« Schließlich wurde die präzise Frage gestellt, ob die Sozietät noch die Möglichkeit einer Zusammenarbeit mit dem LBR sehe. Darauf erwiderte Fausel: »Wenn eine Zusammenarbeit möglich sein sollte, würde das die Aufrollung und Wiederzurückrollung eines sehr erheblichen Teils der vom LBR im letzten Jahr getroffenen Entscheidungen zur Voraussetzung haben. In der Eidesfrage müßte die Mehrheit des LBR ihren bisherigen Standpunkt zugunsten des unsrigen preisgeben.«

Mit dieser Erklärung war der Schlußstrich unter eine Zusammenarbeit gezogen, bei der jeder vom anderen wissen konnte, daß es ihm um Christus ging, daß er sich von der biblischen Wahrheit leiten lassen wollte und daß er bereit war, mit seiner Person für die erkannte Wahrheit zu stehen.

Den Bezirksvertrauensleuten teilte der Vorsitzende der Bekenntnisgemeinschaft am 7.11.1938 mit[67]:

Liebe Freunde!

Wie Sie wissen, war am 24. Oktober Vertrauensleuteversammlung. Über diese Versammlung wird Ihnen seiner Zeit ein Sitzungsbericht vorgelegt werden. Inzwischen möchten wir, da nicht alle anwesend sein konnten, Ihnen wenigstens eine Nachricht zugehen lassen. Hauptgegenstand der Beratungen war die Frage nach dem Verhältnis zu den Brüdern von der Sozietät. Dieses Verhältnis wurde, wie ich in meinem Bericht zu zeigen suchte, mehr und mehr zu einer Belastung, welche die Arbeit im LBR erschwerte. Die Gründe für diese Belastung waren nicht persönlicher Art, sondern waren in der Sache begründet. Dies kam dann auch in der Aussprache im Vertrauensleutekreis deutlich zum Ausdruck. Es ging wieder wie in Ludwigsburg um die Frage, ob die Bekenntnisgemeinschaft für sich den Ausschließlichkeits-Anspruch erheben will oder nicht, ob sie ein Glied der durch die Barmener Entscheidung bestimmten Kirche ist oder ob sie selbst diese Kirche in Amt und Ordnung darstellen will. Das praktische Handeln der Bekenntnisgemeinschaft wird sehr verschieden aussehen, je nachdem man diese Frage beantwortet. Nachdem sich an dieser Stelle

67 LKA Stuttgart, D 1, Bd. 99.

deutlich ein Dissensus gezeigt hatte, faßten die Vertrauensleute dann wieder folgende Beschlüsse:

1. Die Vertrauensleute haben von der Arbeit, die der LBR im vergangenen Jahr geleistet hat, Kenntnis genommen. Sie haben sich durch die Ausführungen des Vorsitzenden und die sich anschließende Aussprache überzeugen müssen, daß der LBR in seiner jetzigen Zusammensetzung zur Führung der Bekenntnisgemeinschaft nicht mehr geeignet ist; sie entbindet ihn daher von seinem Auftrag.

2. Die Vertrauensleute sehen in dem Weiterbestehen der Bekenntnisgemeinschaft eine Notwendigkeit. Die Bekenntnisgemeinschaft ist berufen, ohne den Anspruch auf Ausschließlichkeit zu erheben, das Anliegen der Bekennenden Kirche im Sinne der Theologischen Erklärung von Barmen in unserer Württ. Landeskirche zu vertreten.

Die Sozietät hat dem ersten Antrag zugestimmt und den zweiten abgelehnt, von den übrigen wurde der erste Antrag mit allen gegen eine Stimme, der zweite mit allen gegen eine Enthaltung angenommen. Nach der Abstimmung über den zweiten Antrag verließen die Vertreter der Sozietät die Versammlung. Es ist unser Wunsch, daß die Fühlung mit der Sozietät auch fernerhin erhalten bleibt und jeweils, wenn es notwendig erscheint, auch ein gemeinsames Handeln ermöglicht wird.

Die Vertrauensleuteversammlung am 7. November hatte sich mit der Lage zu befassen, die durch die Vorgänge vom 29. Oktober entstanden ist. Hiezu wurde einmütig die beiliegende Entschließung gefaßt. Da am kommenden Freitag Dekanskonferenz ist, bitten wir, den Dekanatämtern den in Frage stehenden Entwurf der Gottesdienstordnung zuzustellen.

Wie verabredet, sollte die Frage der kirchlichen Unterweisung in nächster Zeit ernstlich durchgedacht werden. Wir warten dringend auf Äußerungen, damit wir in unserer Arbeit fortfahren können. Ferner möchte ich bitten, nunmehr überall in den Bezirken von den beiden Vertrauensleute-Versammlungen zu berichten. Voraussichtlich wird sich dies dadurch in der nächsten Woche leicht ermöglichen lassen, da die Amtsbrüder in den Bezirken nach der Dekanskonferenz ja ohnehin einberufen werden. Bis dahin können wir mit den Mitteilungen an die Amtsbrüder zuwarten. Der persönliche Weg ist immer der beste. Auf alle Fälle wollen wir bei der Weitergabe von Mitteilungen an die Amtsbrüder größtmögliche Sorgfalt walten lassen.

Es hat sich bei der letzten Vertrauensleute-Versammlung gezeigt, wie ungünstig es ist, wenn die Leitungsverhältnisse nicht ganz geklärt sind. Wir müssen deshalb möglichst rasch die Neuwahl vornehmen. Ein Wahl-

vorschlag ist bereits ausgearbeitet und wird Ihnen noch zugehen. Er soll den Amtsbrüdern zur Kenntnis gebracht werden. Dabei besteht die Möglichkeit, zusätzliche Wünsche zu äußern. Wir hoffen, daß wir dann in einigen Wochen die Wahl vornehmen können.
In der Verbundenheit des Glaubens Th. Dipper.

Die Versammlung der Vertrauensleute setzte nach der Aussprache eine Kommission ein, welche die Neuwahl des Landesbruderrats vorbereiten sollte. Die Mitglieder der Sozietät schieden aus, gewählt wurden[68]*:*

Küfermeister Degeler, Heidenheim; Pfarrer Dipper, Reichenbach/ Fils; Pfarrer Eichler, Stuttgart; Pfarrer Esche, Grafenberg; Rektor Gengnagel, Ludwigsburg; Pfarrer Gölz, Schwäb. Hall; Prokurist Heiland, Stuttgart-Degerloch; Fabrikant Ilg, Göppingen; Inspektor Lutz, Fellbach; Pfarrer Lutz, Stuttgart-Gablenberg; Pfarrer Metzger, [Stuttgart-] Rohr; Pfarrer Mörike; Pfarrer Pfizenmaier, Stuttgart; Pfarrer Dr. Sannwald, Dornhan; Dr. Scheffbuch, Stuttgart; Pfarrer Schmidt, Esslingen; Dekan Stein, Knittlingen; Pfarrer Vöhringer, Upfingen.

Vorsitzender des neuen Landesbruderrats wurde wiederum Pfr. Theodor Dipper, Schriftführer Pfr. Wolfgang Metzger.

Im Frühjahr 1939 ging die Geschäftsführung des Landesbruderrats auf Pfr. Schmidt, Esslingen, über, Pfr. Dipper wurde stellvertretender Vorsitzender.

DER VERSUCH EINES SIMULTANEUMS UND EINER ÜBERGANGSORDNUNG FÜR DIE DEUTSCHE EVANG. KIRCHE

Unter dem Eindruck des Anschlusses von Österreich an das Deutsche Reich, der am 13.3.1938 durch ein Reichsgesetz verkündet wurde, wurden die früheren Versuche fortgesetzt, für die Deutsche Evang. Kirche eine neue tragende Ordnung zu schaffen.

Über seine Stellung zwischen den verschiedenen Fronten schrieb Landesbischof D. Wurm am 23.3.1938 an Pfr. Asmussen, Berlin[69]*:*

Lieber Bruder Asmussen!

Die fortgesetzten Angriffe gegen die Württ. Kirchenleitung, als hätte sie ohne Not die Solidarität mit Dahlem aufgegeben, nötigen mich da, wo ich auf Verständnis und Diskretion rechnen kann, den wahren Grund der

---
68 Dipper, S. 247.
69 LKA Stuttgart, D 1, Bd. 142; die Beilagen befinden sich nicht bei den Akten.

innerhalb der BK bestehenden Differenzen aufzudecken. Auf Diskretion kann man allerdings nicht rechnen, wenn selbst eine in ganz geschlossenem Kreis des Württ. Evang. Frauenwerks gemachte Mitteilung sofort ihren Weg nach Norden findet. Im übrigen bitte ich Sie, sich aus den beiden Dokumenten davon zu überzeugen, wie unbrüderlich, um nicht zu sagen verächtlich, Niemöller an mich geschrieben hat.[70] Als am 14. 2. 1937 im Lutherrat die Frage verhandelt wurde, ob wir Zoellner nach seinem Rücktritt nun von der Kirche aus beauftragen sollten, war ich einer derer, die am stärksten sich dagegen aussprachen, weil ja nach allen bisherigen Erfahrungen das Zusammengehen mit Dahlem dadurch unmöglich werde. Das Telefongespräch Niemöllers mit Zoellner und dieser Brief bildeten den Dank für diese Rücksichtnahme. Zoellner selbst hat die Äußerung Niemöllers ganz in dem Sinn aufgefaßt, wie ich sie in dem Brief an Bruder Müller verstanden habe.

Für meine und der Landeskirche Stellungnahme zu der gegenwärtigen Situation Niemöllers spielt diese Sache keine Rolle. Ich hatte erst heute eine Unterredung mit einem hohen Justizbeamten über Möglichkeiten weiteren Vorgehens auf amtlichem Weg.

Mit herzlichen Grüßen Ihr D. Wurm.

Am 27. 3. 1938 schrieb Landesbischof D. Wurm ein zweites Mal an Pfr. Asmussen[71]:

Lieber Bruder Asmussen!

Was wäre mir lieber, als wenn einmal die ganze Leidenschaft der BK sich der Sache zuwendete! Wir haben schwer darunter gelitten, daß Formalismen und Konstruktionen eine so überragende Rolle spielten, daß darüber die Arbeits- und Kampfgemeinschaft der beiden ersten Jahre zerbrach. So einfach, wie Sie es meinen, ist das Vergessen all dessen, was den süddeutschen Bischöfen an Unrecht angetan worden ist, nicht. Wir sind ja als die reinen Trottel hingestellt worden, die weder theologisch etwas wissen noch charakterlich irgendeine Gewähr bieten. Die Folgen dieser unaufhörlichen Hetze zeigen sich jetzt in der Pfarrerschaft. Zum Vergessen gehört das Vergeben, und zum Vergeben gehört nach der Schrift das offene Bekenntnis des Beleidigers, daß er Unrecht getan hat. Es ist aber nie irgendein solches Wort gesprochen worden; es hat sich nie einer von

---

70 Siehe S. 233.
71 LKA Stuttgart, D 1, Bd. 76; die Gegenbriefe von Asmussen befinden sich nicht bei den Akten.

denen, mit denen wir wie mit Ihnen ununterbrochen persönliche Gemeinschaft gepflegt haben, sich getrieben gesehen, für unsere Ehre einzutreten. Es liegt seit Ende 1934 ein Bann auf der Bekennenden Kirche, weil man unser Vertrauen mißbraucht und unsern Namen verächtlich gemacht hat. Nun, nachdem man jahrelang gepredigt hat, daß das Bestehen intakter Kirchen ein Unglück sei und daß sie je eher je lieber verschwinden sollten, sucht man unsre Hilfe. Vorher konnte vor vielen Zeugen darüber gehöhnt werden, daß die Bischöfe doch sehr anlehnungsbedürftig sein müßten, wenn sie Abgesandte nach Dahlem schicken!

Wie ich schon sagte, spielen diese Dinge in der Frage, ob und wie etwas für Niemöller getan werden kann, für mich keine Rolle, obgleich, wie sich erst in den letzten Tagen gezeigt hat, unser Eintreten an staatlichen Stellen nicht gern gesehen wird. Aber wenn wir wirklich zusammenkommen sollen, dann muß ein Wort ehrlichen Bedauerns darüber, daß so oft unsre Motive verkannt und unsre Schritte falsch gedeutet wurden, zu hören sein. Es ist meine alte These, daß wir einen Oberbefehlshaber brauchen, dem wir uns willig unterstellen. Er mag kommen aus diesem oder jenem Lager der BK, wenn er die geistliche Qualität hat und Vertrauen besitzt, ist er mir recht. Mit Kriegsräten, so schrieb kürzlich Meinzolt mit Recht, ist noch nie ein Krieg gewonnen worden.

Der himmlische Vater beschütze unseren Bruder Niemöller und gebe ihn seiner Familie und seiner Gemeinde zurück; aber er lasse uns von den Fehlern des Systems, das in Niemöller seinen prominentesten Vertreter hatte, frei werden, dann wird er uns auch wieder segnen können.

[Wurm.]

Am 10.3.1938 fand zwischen der Vorläufigen Leitung der Deutschen Evang. Kirche und Vertretern des Gnadauer Verbandes eine Besprechung statt, in der eine Zusammenarbeit zur Vorbereitung einer Grundlage der Bekennenden Kirche beschlossen wurde.[72]

Am 20.6.1938 fand dann in Stuttgart eine Besprechung des Oberkirchenrats mit Vertretern der landeskirchlichen Gemeinschaften statt, bei der auch das Verhältnis der Gemeinschaften zur Vorläufigen Leitung der Deutschen Evang. Kirche behandelt wurde.[73]

---

72 Vgl. die Mitteilung der VKL vom 28.3.1938 (LKA Stuttgart, D 1, Bd. 142).
73 Vgl. das Schreiben von OKR Schaal an Missionsdirektor Buddeberg, Bad Liebenzell (LKA Stuttgart, D 1, Bd. 77).

Da Ende März 1938 nach dem Anschluß Österreichs im Zeichen breiter Zustimmung zur Politik Hitlers sich gewisse Möglichkeiten einer Normalisierung der Beziehungen zwischen Kirche und Staat abzuzeichnen schienen, versuchte der Landesbischof, auch auf der Ebene der Deutschen Evang. Kirche die Verhältnisse zu ordnen. Er verfolgte den Gedanken, Pfr. von Bodelschwingh vom Kasseler Gremium aus zu Verhandlungen zu ermächtigen [74]*:*

Von all denen, die auf unserem Boden stehen, hat er den offensten Zugang zum Staat und das größte Vertrauen in weitesten kirchlichen Kreisen. Seine Herausstellung würde nicht wie im Jahr 1933 als ein Affront, sondern eher als das Gegenteil gedeutet werden.

Am 2.4.1938 fand in der Kanzlei der Deutschen Evang. Kirche eine Aussprache über die kirchliche Lage in der Deutschen Evang. Kirche statt; nach einem Lagebericht von Landesbischof D. Marahrens sprach Landesbischof D. Wurm [75]*:*

Das Verhältnis, in dem der Staat zum Christentum steht, insbesondere die Frage, ob sich der Totalitätsanspruch des Staates auch auf den Inhalt der kirchlichen Verkündigung bezieht, ist durchaus ungeklärt. Reichsstatthalter Murr, der mich kürzlich zu einer eingehenden Unterredung empfing, verneinte diese Ausdehnung des Totalitätsanspruchs auf das bestimmteste[76]; aber die Praxis ist vielfach eine andere. Wir müssen von der Kirchenkanzlei erwarten, daß sie uns im Kampf gegen die Rosenberg-Propaganda nicht allein läßt und daß sie mit uns darauf hinarbeitet, daß der Staat sich wieder auf seine Treuhänderaufgabe gegenüber der Kirche, wie sie in den Motiven zum Gesetz vom 24.9.1935[77] festgelegt ist, besinnt und nicht die Leitung beansprucht. Was dabei herauskommt, sieht man in Sachsen; das dortige Kirchenregiment ist einfach ein Skandal. Den von den DC-Kirchenregierungen bedrängten auf dem Bekenntnis stehenden Amtsbrüdern und Gemeinden muß geholfen werden; das gegenwärtige Geldstrafensystem muß gestoppt werden. Wir sind gerne bereit, um der Befriedung willen der Frage näher zu treten, wie das Verhältnis der DC-Minderheiten in unseren Kirchen zur Kirchenleitung geregelt werden soll, wenn die Kirchenkanzlei sich dafür einsetzt, daß die bekenntnistreuen kirchlichen Gruppen in den von DC geleiteten Landeskirchen wieder zu ungestörter Arbeit gelangen; im Blick auf die Lage in unseren Landeskirchen können wir ruhig abwarten, bis der Abbröcklungsprozeß, der

---

74 LKA Stuttgart, D 1, Bd. 76; aus einem Brief Wurms an Marahrens vom 29.3.1938.
75 LKA Stuttgart, D 1, Bd. 142.
76 Siehe S. 919f.
77 Gesetz zur Sicherung der DEK.

sich nach zwei Seiten hin vollzieht, sowohl in der Richtung auf den Austritt aus der Kirche und Kirchendienst wie in der Tendenz zur Annäherung an die Kirche, weitergeht. Dringend müssen wir erwarten, daß jedenfalls keine Verordnung über unseren Kopf hinweg ergeht, sondern daß die Verhältnisse in den einzelnen Landeskirchen sorgsam geprüft werden, ehe eine allgemeine Regelung des Minderheitenproblems versucht wird.

Tatsächlich kam es im April 1938 zu Besprechungen Bodelschwinghs mit der Kanzlei der Deutschen Evang. Kirche und Vertretern der Bruderräte. Darüber berichtete Pfr. v. Bodelschwingh am 12.4.1938 an Landesbischof D. Wurm[78]*:*

Verehrter, lieber Herr Landesbischof!

Noch schulde ich Ihnen Antwort auf Ihren persönlichen Brief vom 2. April. Es schien mir richtig, einige Besprechungen in Berlin abzuwarten. Sie haben inzwischen stattgefunden. Zweimal war ich längere Zeit bei Präsident Werner. Auch fanden in meinem Beisein wiederholte Verhandlungen statt zwischen maßgebenden Vertretern des Preußischen Bruderrates und der »Preußischen Konferenz«. Beide Gruppen bekundeten dabei ihre Bereitschaft zu einer Zusammenarbeit. Jede von beiden benannte einen Sprecher, der die gemeinsamen Anliegen zunächst im EOK vertreten sollte. Den Empfang der beiden Herren habe ich bei Präsident Werner vorbereitet und angemeldet. Es zeigten sich bei den Besprechungen gewisse Grundlinien für die neue Bestellung einer Geistlichen Leitung in den Provinzialkirchen. Ich glaube nach dieser Richtung hin gangbare Wege zu sehen. Ob es aber gelingen wird, den Preußischen Bruderrat in seiner Gesamtheit für diese Gedanken zu gewinnen, ist mir noch durchaus zweifelhaft. Wohl beginnt sich manches scheinbar zu lockern. Aber die Gebundenheit an die Geschichte der letzten zwei Jahre ist noch sehr stark.

Für eine Fortsetzung meiner Besprechung mit staatlichen Stellen würde, wie mir scheint, erst dann die Zeit gekommen sein, wenn auf Grund eines festeren Zusammenschlusses positive Vorschläge gemacht werden können. Ich bin dann gern bereit, die Einleitung solcher Verhandlungen zu übernehmen, sofern und solange mir selbst die betreffenden Türen geöffnet bleiben. Das habe ich auch den Führern der beiden preußischen Gruppen auf ihre Bitte in Aussicht gestellt. Den gleichen Dienst

---

78 LKA Stuttgart, D 1, Bd. 142; vgl. Niemöller, Handbuch, S. 147.

könnte ich gegebenenfalls übernehmen, wenn die von den Kirchenführern wegen der Schaffung eines Minderheitenrechtes eingeleiteten Verhandlungen zu vorläufigen Ergebnissen gekommen sind. Doch scheint es mir auch heute noch das Gewiesene zu sein, daß ich solche Dienste nicht als offizieller Beauftragter tue, sondern dabei in der bisherigen ganz persönlichen, wenn ich so sagen darf, seelsorgerlich-diakonischen Linie bleibe. Verlasse ich sie, um mich auf kirchenpolitisches oder gar kirchenregimentliches Gebiet zu begeben, würde ich in dieser mir fremden Sphäre nichts Nützliches leisten und jene bescheidene Funktion des Türaufschließens würde auch noch verlorengehen. Im übrigen fürchte ich, daß Wert und Wirkung meiner Gespräche mit öffentlichen Stellen weit überschätzt werden. Dorthin, wo die eigentlichen Entscheidungen fallen, ist mein Wort nie gedrungen. Das wird nach Lage der Dinge auch künftig wahrscheinlich nicht möglich sein.

Darum bin ich dankbar, daß die Anregung Ihres Oberkirchenrates durch die Besprechung im Luth. Rat bereits die notwendige Einschränkung erfahren hat. Ein weitergehender Antrag hätte im Kasseler Gremium sicher nicht die Zustimmung der Dahlemer Brüder gefunden. Diese sind durchaus nicht geneigt, sich, um den Ausdruck Ihres Briefes zu gebrauchen, von mir sammeln zu lassen. Sie haben in den vergangenen Jahren zwar meine Ratschläge immer freundlich angehört, sind ihnen aber nie gefolgt. Ob das bei den jetzt neu in die Wege geleiteten Verhandlungen, von denen ich oben berichtete, geschehen wird, muß sich zeigen. Es wäre jedenfalls verkehrt, wenn man durch Gebrauch meines Namens gewissermaßen als Firmenschild etwas erzwingen wollte, was nur in der Stille wachsen kann.

Zuversichtlich hoffe ich, daß Sie meine Antwort auf Ihre Bitte nicht als eine Absage ansehen, sondern die willige Bereitschaft zur Mitarbeit spüren, sofern sie in den mir gesetzten Schranken möglich ist.

In herzlicher Verehrung Ihr treu ergebener F. Bodelschwingh.

Der Rat der Evang.-Luth. Kirche Deutschlands befaßte sich am 6./7.4.1938 bei einer Sitzung in Würzburg vor allem mit dem Verhältnis zur Vorläufigen Leitung der Deutschen Evang. Kirche[79]*:*

---

79 LKA Stuttgart, D 1, Bd. 188; das Schreiben ging an die Landesbischöfe von Bayern, Braunschweig, Hannover und Württemberg. Vgl. auch das Protokoll der Besprechung in Würzburg vom 12.4.1938 (LKA Stuttgart, D 1, Bd. 188).

Hochzuverehrende Herren!

Unter Bezugnahme auf unsere Zusammenkunft in Würzburg am 6. und 7. dieses Monats gestatte ich mir, nachfolgend das Ergebnis der Aussprache mitzuteilen, und bitte um unterschriftliche Bestätigung.

1. Übereinstimmend wurde der Überzeugung Ausdruck verliehen, daß mit der Bildung des Rates ein notwendiger Weg beschritten ist, der unter keinen Umständen mehr verlassen werden darf. Mit dem erneuten Bekenntnis zu den Grundlagen und Zielen des Rates verband sich die Aufforderung an das Sekretariat, in seiner jetzigen Zusammensetzung die Arbeit wie bisher weiterzutun und mit Entschlossenheit auf die innere Einheit der Luth. Kirche in Deutschland und ihr künftiges gemeinsames Kirchenregiment hinzuwirken. Dazu wurde als nötig erachtet, die theologische Arbeit des Sekretariats weiter zu entwickeln und durch sie eine stärkere Verbundenheit der Ratskirchen zu schaffen. In den Landeskirchen ist dafür Sorge zu tragen, daß die Verbundenheit der Landesbischöfe mit dem Lutherrat durch die Kirchenleitungen und Landeskirchenämter gleichfalls gefestigt und unterstützt wird.

2. Es wird zugesichert, daß zur Unterstützung der Arbeit des Sekretariats jede der drei großen Luth. Landeskirchen außer dem Vorsitzenden und seinem Stellvertreter einen Theologen abordnet und daß dem Justitiar ein juristischer Hilfsarbeiter beigegeben wird. Da Einmütigkeit darüber herrscht, den Jahresetat des Sekretariats möglichst klein zu halten, werden die Theologen und der Justitiar im Status einer Landeskirche geführt und mit Gehalt zur Dienstleistung im Sekretariat beurlaubt. Eine personelle Erweiterung des Sekretariats um drei Mitarbeiter wurde dem Vorsitzenden durch die Herren Landesbischöfe von Bayern, Hannover und Württemberg schon am 17. 2. 1938 zugesichert.

3. Die Geschäftsführung des Luth. Paktes wird dem Sekretariat übertragen; das schließt nicht aus, daß in den Kirchenbehörden der Paktkirchen ein Referent für den Pakt bestellt wird oder bestellt bleibt. Das Einverständnis Bayerns und Württembergs zu dieser Regelung liegt vor.

4. Der Herr dienstälteste Landesbischof ist gebeten, hinsichtlich der Landeskirchenführerkonferenz eine Entscheidung nach der Richtung zu treffen, daß die Landeskirchenführerkonferenz entweder auf die tatsächlich legalen Kirchenführer beschränkt wird oder aber eine Aufgliederung nach Bekenntnissen erfährt.

5. Die Vertretung des deutschen Luthertums gegenüber dem Luth. Weltkonvent obliegt dem Rat der Evang.-Luth. Kirche Deutschlands.

6. Die Kirchenleitungen der angeschlossenen Kirchen sind bemüht, das Sekretariat über die wichtigen Vorgänge im kirchlichen Leben auf dem laufenden zu halten, soweit sie dem Sekretariat nicht unmittelbar oder auf anderem Wege zugänglich sind. Das Landeskirchenamt der Hannoverschen Landeskirche leitet dem Sekretariat die Eingänge der DEK, der Landeskirchenrat der Bayerischen Landeskirche die des RKM in Abschrift zu.

7. Die angeschlossenen Kirchenleitungen geben der VKL gegenüber nachfolgende Erklärung ab: a) Die dem Rat angeschlossenen Kirchen stellen keine der VKL angeschlossenen Kirchen dar; b) aller Verkehr zwischen den angeschlossenen Kirchen und der VKL wird über den Lutherrat geleitet; c) der Leitungsanspruch der VKL und der ihr angeschlossenen Kreise greift in keiner Weise in die Ratskirchen ein; d) die VKL beschränkt ihren Leitungsanspruch auf die ihr tatsächlich angeschlossenen Gemeinden und Pfarrer in den Landeskirchen von Altpreußen, Anhalt, Bremen, Nassau-Hessen und Oldenburg.   Breit.

Ab 27.4.1938 arbeiteten in Essen unter der Leitung von Präses D. Koch 3 Ausschüsse der Vorläufigen Leitung der Deutschen Evang. Kirche über die Bedeutung der Theologischen Erklärung von Barmen, über das Verhältnis von Luth. Rat und Vorläufiger Leitung und über die Frage einer Übergangsordnung der Evang. Kirche der Altpreußischen Union.[80]

Im Auftrag der Konferenz der Landeskirchenführer wurden Maßnahmen zur vorläufigen Befriedung im Raum der Kirche erarbeitet, die Vizepräsident D. Fleisch am 6.5.1938 den dem Lutherischen Rat angeschlossenen und befreundeten Stellen zuleitete.

Der Direktor im Oberkirchenrat, Dr. Müller, hatte sich mit folgender Vorarbeit im Mai 1938 an diesen Bemühungen beteiligt[81]:

---

80 Vgl. Niemöller, Handbuch, S. 264. Die in Essen erarbeitete Erklärung zur Theologischen Erklärung von Barmen übersandte der Luth. Rat am 24.9.1933 den angeschlossenen Kirchen (LKA Stuttgart, D 1, Bd. 188).

81 LKA Stuttgart, D 1, Bd. 142; vgl. das Schreiben von Vizepräsident D. Fleisch vom 6.5.2938 (LKA Stuttgart, D 1, Bd. 188) und eine Vorarbeit von Direktor Dr. Müller vom 2.12.1937 (LKA Stuttgart, D 1, Bd. 73).

Zur Frage der Leitung der DEK

I

Die DEK besitzt keine geistliche Leitung mehr. Das durch die 17. Verordnung zur Durchführung des Gesetzes zur Sicherung der DEK vom 10.12.1937 (RGBl. I, S. 1346) dem Leiter der Deutschen Evang. Kirchenkanzlei übertragene Recht zur Leitung der DEK und Erlassung von Verordnungen in äußeren Angelegenheiten ist rechtlich und bekenntnismäßig angefochten und gibt dem Inhaber des Rechts weder die äußere noch die innere Autorität, um eine Neuordnung der kirchlichen Verhältnisse in der DEK herbeizuführen. Wenn aber eine solche durchgeführt und auf die Zusammenfassung der Landeskirchen in der DEK nicht einfach verzichtet werden will, muß der DEK eine Leitung gegeben werden, die die nötige Autorität besitzt, um die Neuordnung durchzuführen.

II

Es fragt sich, ob eine solche Leitung in die Hand einer Einzelperson gelegt oder ob ein Kollegium damit betraut werden soll. Aus Gründen grundsätzlicher Art wird die Herausstellung einer Einzelperson sich nicht empfehlen, vielmehr ein Kollegium mit einer geeigneten Persönlichkeit als Vorsitzenden mit der Leitung zu betrauen sein. Die neuzubildende Leitung der DEK müßte etwa aus 4 bis 5 geistlichen Mitgliedern und einem juristischen Mitglied bestehen.

III

Die Bestellung einer neuen Leitung der DEK durch den Staat begegnet sowohl politischen als kirchlichen Bedenken. Die Erfahrungen mit den Kirchenausschüssen warnen vor Wiederholung solcher Vorgänge. Die Leitung müßte vielmehr durch die Kirche selbst bestellt werden nach vorausgegangener Fühlungnahme mit dem Staat, damit die neu aufgestellte Leitung auch von staatlicher Seite anerkannt wird. Welche kirchlichen Organe die neue Leitung der DEK bestellen sollen, mag zweifelhaft sein. Eine Wahl durch die Kirchengenossen auf direktem oder indirektem Wege ist nur möglich, wenn die im Vorjahr zum Wahlerlaß des Führers gemachten Vorschläge angenommen werden. Solange damit nicht zu rechnen ist, sollte versucht werden, die Leitung der DEK durch die im kirchlichen Dienst stehenden kirchlichen Amtsträger wählen zu lassen. Eine von diesen gewählte oder bestätigte Leitung hätte, trotzdem das Fehlen der Mitwirkung der Gemeinde bei der Wahl zu beklagen wäre, immerhin soviel kirchliche Legitimität und äußere Autorität, daß sie die kirchliche Neuordnung durchführen könnte. Die Wahl müßte gemeinsam durch sämtliche kirchliche Amtsträger vorgenommen werden, gleichgültig welcher Richtung sie angehören, da ihre kirchliche Richtung nicht im voraus sicher feststeht.

IV

Die neue Leitung kann auf dem Wege einer unmittelbaren Wahl durch die kirchlichen Amtsträger bestellt werden, etwa in folgender Weise:

1. Die Wahl würde vorgenommen auf Grund von Wahlvorschlägen, die von einer größeren Zahl von Wahlberechtigten zu unterschreiben und innerhalb einer gewissen Frist beim Wahlausschuß der DEK einzureichen sind. In den Wahlvorschlägen müßten die zu wählenden Persönlichkeiten und je zwei weitere geistliche und weltliche Mitglieder benannt werden, die dann als Ersatzmitglieder in Betracht kämen.

2. Wahlberechtigt wären alle Gemeindepfarrer und die von der Landeskirche mit pfarramtlichen Funktionen betrauten Geistlichen, die Inhaber eines kirchlichen Aufsichtsamtes und die Mitglieder der kirchlichen Behörden, soweit sie am 1.1.1938 ihr Amt in einer Landeskirche oder bei der DEK ausgeübt haben.

3. Die Wahl hätte zu geschehen auf dem Weg der geheimen Stimmabgabe. Der Wähler hat in dem Stimmzettel, den er abgibt, denjenigen Wahlvorschlag zu bezeichnen, dem er seine Stimme gibt. Eine Abänderung der Wahlvorschläge ist nicht zugelassen.

4. Derjenige Wahlvorschlag, der die meisten Stimmen erhält, gilt als gewählt. Die darin in erster Linie genannten Personen würden die künftige Leitung der DEK bilden.

5. Durch entsprechende Zusammensetzung der Wahlausschüsse, sowohl bei der DEK als bei den Landes- (Provinzial-) Kirchen als bei den Kirchenkreisen, müßte Vorsorge getroffen werden, daß die Wahl vorschriftsgemäß und unbeeinflußt durchgeführt wird.

V

Die Wahl könnte aber auch mittelbar durch die kirchlichen Amtsträger vorgenommen werden. Dies etwa in der Form, daß die leitenden Amtsträger der Landeskirchen bzw. Provinzialkirchen (Kirchenführer) die neue Kirchenleitung zu wählen haben. Voraussetzung dafür wäre aber, daß die Kirchenleitungen in den zerstörten Landeskirchen und in den Kirchenprovinzen der Altpreußischen Union zuvor neu gebildet werden. Dies könnte in entsprechender Anwendung der Grundsätze in Ziffer IV geschehen. Für eine Wahl durch die Kirchenführer müßte aber das Stimmenverhältnis der kleineren zu den größeren Landeskirchen und die Frage, ob Altpreußen durch Vertreter der einzelnen Provinzialkirchen oder durch die Leitung der Altpreußischen Union vertreten wird, geregelt werden. Da die letzteren Fragen mancherlei Schwierigkeiten mit sich bringen, wird der Weg einer unmittelbaren Wahl durch die kirchlichen Amtsträger (oben Ziffer IV) vorzuziehen sein.

VI

Die neugebildete Leitung hätte die Aufgabe, eine Neuordnung der DEK durchzuführen und insbesondere auch die Frage des Verhältnisses der Kirchen und Gemeinden bekenntniskirchlicher und nationalkirchlicher Richtung zueinander zu lösen. Der neuen Leitung würden, vorausgesetzt, daß sie sich rückhaltlos auf den Boden des Artikels 1 der Verfassung der DEK vom 11. 7. 1933 stellt, die Aufgaben des Geistlichen Ministeriums und des Reichsbischofs nach Maßgabe der Verfassung der DEK bis auf weiteres zuzuweisen sein. Zur Besorgung der Verwaltungsgeschäfte würde der Leitung die Kirchenkanzlei zur Verfügung stehen. Die Befugnisse der Finanzabteilung bei der DEK-Kirchenkanzlei und die Zuständigkeit des Kirchlichen Außenamts der DEK blieben vorerst unberührt. Die Finanzabteilung hätte der neuen Leitung, wie auch einer etwaigen Leitung nach Ziffer VII, die nötigen Mittel zur Verfügung zu stellen.

VII

Bis zur endgültigen Neuordnung des Verhältnisses der Kirchen und Gemeinden bekenntniskirchlicher und nationalkirchlicher Richtung ist eine Zwischenregelung ins Auge zu fassen, die vorsieht, daß diejenige Richtung, deren Wahlvorschlag bei der Wahl nicht die Mehrheit gefunden hat, für ihre Geistlichen und Gemeinden eine selbständige Leitung bei der DEK einrichtet. Dieser könnte die entsprechende Zahl von Beamten der Kirchenkanzlei zur Verfügung gestellt werden. Zur Erledigung etwaiger Streitigkeiten zwischen beiden Leitungen müßte ein Schlichtungsausschuß eingesetzt werden. Verordnungen der Kirchenleitung (Mehrheitsleitung), die beide Teile betreffen, könnten nur ergehen, wenn der Schlichtungsausschuß seine Zustimmung dazu erteilt.

VIII

Zur Durchführung dieses Vorschlags bedarf es einer Verordnung des Reichskirchenministers auf Grund des Gesetzes zur Sicherung der DEK oder eines Reichsgesetzes. Möglichst gleichzeitig mit der Neubildung der Kirchenleitung der DEK müßte auch eine Neubildung der Kirchenleitungen in den zerstörten Gebieten durchgeführt werden, wozu gleichfalls staatliche Rechtshilfe erforderlich ist. In der staatlichen Verordnung müßte vorgesehen werden, daß nach erfolgter Neubildung der Leitungsorgane die 17. Verordnung aufgehoben wird. Müller.

Am 20. 5. 1938 konnte Vizepräsident D. Fleisch den Entwurf eines Vorschlags zu Verhandlungen über eine Übergangsregelung in der Deutschen Evang. Kirche zusammenstellen, in den Anregungen der in Essen im Auftrag der Vorläufigen Leitung arbeitenden Ausschüsse aufgenommen waren und der in einer Besprechung mit Vertretern der Bruderräte der Altpreußischen Union weiter behandelt werden sollte.[82]

Bei einer Besprechung am 29. 6. 1938 in Wiesbaden wurde auf der bis dahin erstellten Grundlage dann von Vertretern der Vorläufigen Leitung der Deutschen Evang. Kirche und des Rats der Evang.-Luth. Kirche Übereinkunft erzielt für eine Übergangsordnung zur Befriedung der Deutschen Evang. Kirche, *die in Bad Oeynhausen am 7. 7. 1938 ein weiteres Mal beraten wurde und den Kirchenleitungen und Bruderräten zur endgültigen Stellungnahme zugeleitet werden sollte*[83]:

I. Vorspruch

1. Artikel 1 der Verfassung der DEK vom 11. 7. 1933 bezeugt, daß Jesus Christus das alleinige Heil und die Heilige Schrift Alten und Neuen Testamentes die alleinige und vollkommene Grundlage aller kirchlichen Verkündigung ist. Die Kirche hat dafür Sorge zu tragen, daß ihre Bekenntnisse in den Entscheidungen unserer Zeit in Verkündigung, Ordnung und Handeln ernst genommen werden und alles abgetan und abgewehrt wird, was heute das Zeugnis von der einmaligen und vollkommenen Offenbarung des lebendigen Gottes in Jesus Christus gefährdet, verdunkelt oder zerstört. Erst durch diese Bindung an das Evangelium wird der rechte Dienst an Volk und Staat begründet und bestimmt.

82 LKA Stuttgart, D 1, Bd. 188; vgl. auch das Schreiben Wurms an Breit vom 20. 6. 1938 (LKA Stuttgart, D 1, Bd. 77).
83 LKA Stuttgart, D 1, Bd. 142; vgl. auch die Aktennotiz von Pressel vom 4. 7. 1938 (LKA Stuttgart, D 1, Bd. 142).

2. Der Auftrag der Kirche ist für die Ordnung der Kirche maßgebend. Dieser Auftrag nötigt die Kirche angesichts ihrer gegenwärtigen Gefährdung und Zerstörung durch das Eindringen eines anderen Evangeliums, alles zu tun, um den Schutz und den Wiederaufbau der kirchlichen Ordnung selbst in die Hand zu nehmen. Auch der Staat hat wiederholt in feierlichen Erklärungen die Rechte und die Freiheit der Konfessionen garantiert.

3. Es ist der DEK als einem Bunde bekenntnisbestimmter Kirchen bisher nicht gegeben worden, die rechte Form ihrer Gemeinschaft zu finden. Es sind aber immer deutlicher gemeinsame Erkenntnisse und Überzeugungen herausgetreten, die nicht mehr preisgegeben werden können und die eine Grundlage für gemeinsames kirchliches Handeln darstellen. In allen Kirchen, die an dem reformatorischen Artikel von der Rechtfertigung als Grundlage ihres Bekenntnisses festhalten, besteht Einmütigkeit darüber, daß es keine innere Gemeinschaft mit denen gibt, die die »Nationalkirche« als Vollendung der Reformation ansehen und erstreben; daß es keine Ordnung der Kirche gibt, wenn Religion und Politik miteinander vermengt und die Gewissen in der Kirche vergewaltigt werden; daß es keine heilsame Lehre in der Kirche gibt, wenn das biblische Evangelium mit den Mythen der Zeit vermischt wird.

4. Die Tatsache, daß solche Erkenntnisse uns in Klarheit geschenkt und unter vielen Opfern bis heute freudig bezeugt wurden, berechtigt uns zu der Hoffnung und zu dem Gebet, daß uns eine gemeinsame Leitung gegeben werden möchte, die, getragen vom Vertrauen der Pfarrer und Gemeinden, das schwere Werk der Sammlung und der Neuordnung in der DEK im Gehorsam gegen den Herrn der Kirche übernimmt.

II. Ordnung und Gliederung der DEK auf föderativer Grundlage

1. Die DEK »vereinigt die aus der Reformation erwachsenen gleichberechtigt nebeneinanderstehenden Bekenntnisse in einem feierlichen Bunde« (Vorspruch zur Verfassung der DEK) und gliedert sich demgemäß in Kirchen (Landeskirchen), die in Bekenntnis und Kultus selbständig bleiben (Art. 2, Ziff. 1 und 3 der Verfassung der DEK). Die DEK ist also ein Bund bekenntnisbestimmter Kirchen. Diese Einheit der DEK bildet die Grundlage für die Ordnung und Gliederung der darin zusammengeschlossenen Landeskirchen.

2. Die Ordnung der DEK ist nur da möglich, wo die gemeinsame Norm evangelischer Wahrheit für Verkündigung, Amtsführung und Verfassung in Kraft steht (vgl. I, Ziff. 1–3).

3. Die Einheit der DEK wird nur dann echt und beständig sein, wenn sie gegliedert ist. Darum gliedert sich die DEK als ein Bund bekenntnisbestimmter Kirchen auf föderativer Grundlage. Der Weg für den Zusammenschluß einzelner Landeskirchen unter Berücksichtigung der konfessionellen, geschichtlichen und territorialen Gegebenheiten steht damit offen.

III. Notwendigkeit einer Übergangsordnung

1. Die unter II, Ziff. 2 festgestellte Voraussetzung für Einheit und Ordnung der DEK ist gegenwärtig nicht vorhanden. Daher ist es notwendig, zur Sicherung der Einheit der DEK eine Übergangsordnung zu schaffen.

2. Die Landeskirchen, die die gemeinsame Norm evangelischer Wahrheit (vgl. II, Ziff. 2), wie sie in ihren Bekenntnissen festgelegt ist, als verbindlich anerkennen, garantieren in ihrem Zusammenschluß die Einheit der DEK als eines Bundes bekenntnisbestimmter Kirchen.

3. Sie bestellen zu diesem Zweck eine gemeinsame Leitung, die sich die Sammlung und den Aufbau der DEK (vgl. II, Ziff. 3) angelegen sein läßt und die Wiederherstellung verfassungsmäßiger Zustände erstrebt.

IV. Organe der Übergangsordnung und ihre Bestellung

1. Die Leitung besteht aus einem Vorsitzenden, der dem lutherischen Bekenntnis angehört, 4 Theologen und einem rechtskundigen Mitglied. Bei der Berufung der Theologen ist das in der DEK lebendige Bekenntnisgepräge zu berücksichtigen (Verfassung der DEK, Art. 7, Ziff. 2). Die Mitglieder der Leitung sind nach Möglichkeit aus leitenden Amtsträgern der Landeskirchen zu bestellen. Die Leitung hat die dem Reichsbischof und dem Geistlichen Ministerium nach der Verfassung zustehenden Funktionen soweit wahrzunehmen, als es für die Sammlung und den Aufbau der DEK und für die Wiederherstellung verfassungsmäßiger Zustände erforderlich ist. Die Zuständigkeit der Leitung erstreckt sich auf die Landeskirchen, Gemeinden und Pfarrer, die sich ihr unterstellen.

2. Da die verfassungsmäßige Bestellung der Kirchenleitung zur Zeit nicht durchführbar ist, wird die Leitung für die Übergangszeit durch Wahl der Pfarrer in folgender Weise bestellt:

a) Wahlberechtigt sind die in einem Amt der Kirche stehenden Pfarrer, welche die schriftliche Versicherung abgeben, daß sie die in I, Ziff. 1 bis 3 umschriebene Grundlage der DEK bejahen und die nach dieser Ordnung zustande kommende Leitung für die Dauer der Übergangszeit anerkennen.

b) Die Pfarrer wählen Wahlmänner, die ihrerseits die Leitung nach den unter IV, Ziff. 1 angegebenen Grundsätzen bestellen. Auf je 100 Pfarrer entfällt ein Wahlmann; wenn ein angefangenes Hundert die Zahl 50 übersteigt, gilt es als voll.

c) Jede Kirche (in Altpreußen: Provinzialkirche) stellt für die Nominierung der Wahlmänner einen Vorschlag auf, der doppelt soviel Namen enthält, als ihr an Wahlmännern zusteht.

d) Die Wahl gilt auch als vollzogen, wenn die Pfarrer einer Kirche die Nominierung der Wahlmänner ihrer Kirchenleitung überlassen.

e) Alle Wahlmänner wählen den Vorsitzenden und das rechtskundige Mitglied der Leitung. Die Wahlmänner aus den Luth. Kirchen, die lutherischen Wahlmänner aus den unierten Kirchen, die unierten Wahlmänner und die reformierten wählen je ein Mitglied ihres Bekenntnisses in die Kirchenleitung.

f) Die Durchführung des gesamten Wahlverfahrens wird einem Ausschuß übertragen, der aus den Herren Präses D. Koch, Oberkirchenrat Breit und Pfarrer Müller, Dahlem, besteht. Sie können sich durch weitere Mitglieder ergänzen.

g) Nach Durchführung der Wahl bestätigt das Kollegium der Wahlmänner das Ergebnis vor der kirchlichen Öffentlichkeit.

3. Die Leitung tritt mit der Konferenz der Landeskirchenführer zu regelmäßigen Aussprachen und Beratungen zusammen. Die Konferenz der Landeskirchenführer besteht aus den Vertretern der ihr zugeordneten Kirchen (für Altpreußen: Kirchenprovinzen).

4. Der Leitung tritt eine vorläufige Synode zur Seite, die aus 60 Mitgliedern besteht. Zwei Drittel der Synodalen werden von den durch die Leitung anerkannten synodalen Organen der Landeskirchen (für Altpreußen: Kirchenprovinzen) entsandt, ein Drittel wird von der Leitung berufen (vgl. sinngemäß Verfassung der DEK, Art. 8). Die Synode trägt gemeinsam mit der Leitung die Verantwortung für das Handeln der Kirche vor den Gemeinden und der Öffentlichkeit. Die Leitung ist der Synode verantwortlich, die Synode ist vor wichtigen Entscheidungen der Leitung zu hören. Die vorläufige Synode hat in Zusammenarbeit mit der Leitung eine endgültige Ordnung der DEK in die Wege zu leiten.

V. Verhältnis der Leitung zu den vorhandenen kirchlichen Behörden

1. Der Leitung treten diejenigen Mitglieder der Deutschen Evang. Kirchenkanzlei zur Seite, welche die in I, Ziff. 1 bis 3 umschriebene Bekenntnisgrundlage als Richtschnur für ihre Arbeit anerkennen.

2. Der Leitung sind die zur Erfüllung ihrer Aufgaben erforderlichen Mittel im Rahmen eines zwischen der Leitung und der Finanzabteilung der DEK zu vereinbarenden Haushaltsplanes zur Verfügung zu stellen.

VI. Schlußbemerkungen

1. Die deutschchristlichen, deutschkirchlichen und nationalkirchlichen Gruppen haben die Freiheit, ihr Verhältnis zur DEK in einer besonderen Ordnung zu regeln.

2. Zur Regelung gemeinsamer formalrechtlicher Angelegenheiten und zur Schlichtung von Differenzen, die sich aus dem gegenwärtigen Notstand ergeben, wird für die Übergangszeit ein paritätischer Ausschuß mit einem unparteiischen Vorsitzenden bestellt. Dieser muß die Befähigung zum Richteramt oder zum höheren Verwaltungsdienst besitzen.

3. Vorstehende Übergangsordnung bringt den ernsten und redlichen Willen der Kirche zum Ausdruck, das Ihrige dazu beizutragen, daß die Ordnung und der Friede in der DEK wiederhergestellt werden. Sie bietet durch die willige Mitarbeit der Kirchen, die diesen Befriedungsvorschlag vertreten, und durch die Weite und Toleranz der vorgeschlagenen Lösung die begründete Gewähr, daß das erstrebte Ziel erreicht wird.

Die volle Durchführung und Auswirkung dieser Übergangsordnung ist nicht möglich ohne die Mithilfe des Staates. Darum bitten wir die staatlichen Stellen um ihre Zustimmung zu dem vorgelegten Befriedungsvorschlag.

Die Beschlüsse, die am 7.7.1938 in Bad Oeynhausen gefaßt worden waren, gingen dem Oberkirchenrat am 23.9.1938 durch den Rat der Evang.-Luth. Kirche zu. Der Oberkirchenrat nahm am 1.10.1938 dazu Stellung[84]*:*

Wir bestätigen den Empfang der von uns schon längst erwarteten Stellungnahme des Sekretariats zu dem Entwurf einer Übergangsordnung zur Befriedung der DEK (Oeynhausener Beschlüsse). Diese Stellungnahme des Sekretariats stimmt weithin überein mit unserem Schreiben an den Luth. Rat vom 29.7.1938 Nr. A 7143, so daß sich eine weitere Stellungnahme unsererseits erübrigt. Eines erscheint uns freilich, auch im Blick auf den Ernst der Lage, vordringlich wichtig, nämlich daß der in der Stellungnahme des Luth. Rats Seite 1 unten erwähnte Beschluß (nicht nur »Anregung«) des Luth. Rats vom 14.7.1938 betreffend Erweiterung und

---

84 Nr. A 9161. Vgl. auch das Schreiben des OKR vom 29.7.1937 an den Luth. Rat (LKA Stuttgart, D 1, Bd. 143); die Stellungnahme des OKR ist in beiden Schreiben wiedergegeben.

Aktivierung des Kasseler Gremiums tatsächlich nunmehr auch durchgeführt wird. Wir geben dabei dem dringenden Wunsch Ausdruck, daß das Sekretariat entsprechend dem Beschluß vom 14.7.1938 seinerseits die Initiative ergreift und die erforderlichen Schritte tut, die für die Bildung und Aktivierung einer neuen bevollmächtigten Vertretung der DEK auf breiter Basis erforderlich sind. Wenn es das Anliegen des Sekretariats ist, »alle die in die Mitverantwortung hineinzuziehen, die sich bereit erklären, den Artikel 1 der Verfassung der DEK vom 11.7.1933 von aller nationalkirchlichen Verdunkelung freizuhalten«, so wäre damit die Grundlage für ein neues gemeinsames kirchliches Handeln gegeben, unter Zurückstellung von berechtigten Sonderanliegen und mit der Bereitschaft, Wege, die sich als ungangbar erwiesen haben, zu verlassen, und Aufgaben, die sich zur Zeit als undurchführbar erwiesen haben, zurückzustellen.

Von besonderer Wichtigkeit erscheint uns dabei, auch abgesehen von den notwendigen sachlichen Erwägungen, die Person des Vorsitzenden dieser neuen Vertretung. Es müßte an die Spitze ein Mann allgemeineren Vertrauens gestellt werden, bei dem sich die Einsicht in das kirchlich Notwendige mit dem Blick für das kirchenpolitisch Mögliche verbindet. Wir gehen davon aus, daß für die Übergangszeit auch ein Laie in prominenter Stellung hiefür in Betracht kommen könnte. Der Betreffende hätte sich als kirchlicher Treuhänder für eine kirchliche Übergangsordnung in der DEK zu betrachten, ohne daß dabei der endgültigen Neuordnung der DEK schon vorgegriffen werden soll. Die neue Vertretung, die aus nicht mehr als höchstens 7 Vertretern, darunter ein Vertreter der VKL, des Luth. Rats, der Landeskirchenführerkonferenz und der sogenannten Mitte bestehen und eine eigene, die verschiedenen kirchenpolitischen Gruppen als Unterabteilung in sich vereinende gemeinsame Geschäftsstelle haben sollte, hätte als vordringlich wichtige Aufgabe die Frage der Übergangsordnung, der Auseinandersetzung mit der Nationalkirche und der künftigen Neuordnung der DEK energisch anzufassen in bevollmächtigter Verhandlung mit staatlichen und kirchlichen Stellen und darüber hinaus alle großen, die Kirchen gemeinsam berührenden Fragen verantwortlich zu behandeln.

Der Zustand der Kirche, die Fülle ungelöster, brennender kirchlicher Fragen, die inzwischen eingetretene Klärung der politischen Lage verlangen gebieterisch, daß jetzt und zwar rasch gehandelt wird. Wir regen an, die Herren Marahrens, Meiser, Breit, Müller, Dahlem, Koch, von Soden, von Bodelschwingh, Präsident D. Burghart, Kirchenrat Klingler baldmöglichst zu einer Vorbesprechung einzuladen mit der Tagesordnung:

Bildung einer gemeinsamen Vertretung. Falls als Ort der Zusammenkunft Stuttgart gewählt würde, würden wir unseren Sitzungssaal zur Verfügung stellen. Wurm.

Am 25. 8. 1938 übersandte der Landesbischof An die Pfarrer der Altpreußischen Union *den von der Konferenz der Landeskirchenführer erarbeiteten Entwurf einer* Ordnung zur Bestellung einer Kirchenleitung[85]:

1. In jeder Kirchenprovinz wird für die Dauer einer Übergangszeit von 4 Jahren eine Kirchenleitung bestellt. Die Mitglieder der Kirchenleitung sind an Artikel 1 der Verfassung der DEK vom 11. 7. 1933 gebunden, welcher lautet: »Die unantastbare Grundlage der Deutschen Evang. Kirche ist das Evangelium von Jesus Christus, wie es uns in der Hl. Schrift bezeugt und in den Bekenntnissen der Reformation neu ans Licht getreten ist. Hierdurch werden die Vollmachten, deren die Kirche für ihre Sendung bedarf, bestimmt und begrenzt.« Damit ist festgestellt, daß Jesus Christus das alleinige Heil und die Hl. Schrift Alten und Neuen Testaments die alleinige Grundlage aller kirchlichen Verkündigung ist. Die Leitung der Kirche hat dafür Sorge zu tragen, daß die Kirche Jesu Christi gebaut wird, ihre Bekenntnisse in den Entscheidungen unserer Zeit in Verkündigung, Ordnung und Handeln ernst genommen werden und alles abgewehrt wird, was heute das Zeugnis von der einmaligen und vollkommenen Offenbarung in Jesus Christus gefährdet oder verdunkelt. Dies Evangelium verpflichtet die Kirchenleitung zu willigem Dienst in Volk und Staat.

2. Die Bestellung der Kirchenleitung geschieht durch die Pfarrer der Kirchenprovinz im Wege einer Wahl nach näherer Anweisung der Ziffer 3. Wahlberechtigt sind sämtliche in einem Amt der Kirche stehende Pfarrer einer Kirchenprovinz, welche die schriftliche Versicherung abgeben, daß sie die in Ziffer 1 umschriebene Grundlage der Evang. Kirche und die Aufgaben der Kirchenleitung bejahen und daß sie die nach dieser Ordnung zustande kommende Kirchenleitung für die Dauer der Übergangszeit anerkennen wollen. Wird die Versicherung nicht abgegeben, so kann eine Teilnahme an der Wahl nicht gewährt werden. Die Wahlberechtigung wird schriftlich festgestellt.

3. Für die Wahl der Kirchenleitung wird den wahlberechtigten Pfarrern einer Kirchenprovinz ein Vorschlag vorgelegt, der aus der Kirchenprovinz Namen von Pfarrern bis zur doppelten Zahl der zu Wählenden enthält. Gewählt sind diejenigen 3 bis 5 (je nach der Größe der Provinz; für

---

85 LKA Stuttgart, D 1, Bd. 78.

Mark Brandenburg mit Berlin 9) Pfarrer, welche bei dieser Abstimmung die meisten Stimmen erhalten haben. Wer wiederum unter ihnen die meisten Stimmen auf sich vereinigt hat, ist Vorsitzender der Kirchenleitung. Wenn bei der Aufstellung des Wahlvorschlags völlige Einmütigkeit besteht, kann er auf die einfache Zahl der zu Wählenden beschränkt werden. In diesem Fall bestimmen die Wählenden aus der Zahl der Vorgeschlagenen den Vorsitzenden. Zu den Gewählten treten in der erforderlichen Zahl Mitglieder aus dem Konsistorium und gegebenenfalls auch andere Theologen und Juristen hinzu, welche von den gewählten Geistlichen bestimmt werden und die in Ziffer 1 Abs. 2 und 3 bezeichnete Grundlage der Kirche und Aufgabe ihrer Leitung durch schriftliche Erklärung sich zu eigen machen. Ihnen kann von den gewählten Pfarrern Stimmrecht zuerkannt werden, wobei das Verhältnis von 3 : 2 oder 5 : 3 (9 : 5) innezuhalten ist. Die Gewählten (Ziffer 3) und die mit Stimmrecht Ausgestatteten bilden zusammen die Kirchenleitung.

5. Der Wirkungskreis der Kirchenleitung erstreckt sich a) auf alle Pfarrer, die sich nach Ziffer 2 und 3 an der Wahl beteiligt haben oder nicht bis zu einem bestimmten Stichtage ausdrücklich erklären, daß sie diese Kirchenleitung ablehnen; b) auf diejenigen Kirchengemeinden, deren Gemeindekirchenrat (Presbyterium) sich beschlußmäßig ihr zuordnen bzw. bis zu einem bestimmten Stichtage diese Kirchenleitung nicht beschlußmäßig ablehnen. In allen anderen Fällen kommen die Bestimmungen betreffend Schlichtungsausschuß und Minderheitenordnung in Anwendung. Innerhalb dieses Wirkungskreises umfaßt die Kirchenleitung sämtliche nach der Verfassung einem Generalsuperintendenten, dem Konsistorium und den Provinzialkirchenräten obliegenden Aufgaben. Der Vorsitzende bestimmt die Sachbearbeiter und regelt den Geschäftsgang, beides tunlichst im Einvernehmen mit dem Konsistorialpräsidenten. Die Ausfertigung der Anordnungen und Beschlüsse wird unter Benutzung der Einrichtungen des Konsistoriums im Namen der Kirchenleitung vom Vorsitzenden oder seinen Beauftragten vollzogen. Insbesondere liegt der Kirchenleitung ob: a) die Bildung und Leitung eines Theologischen Prüfungsamtes; b) die Erteilung der Licentia concionandi und des Wahlfähigkeitszeugnisses; c) die Ausbildung und Beaufsichtigung der Kandidaten; d) die Anordnung der Ordination; e) die Einweisung der Kandidaten und Hilfsprediger; f) die Visitation der Gemeinden und Kirchenkreise; g) die Ausschreibung provinzialkirchlicher Kollekten im Einvernehmen mit dem provinzialkirchlichen Beirat (Ziffer 7); h) die kirchenbehördliche Mitwirkung bei Besetzung von Pfarrstellen

(Bestätigung, Anordnung der Einführung, kommissarische Beauftragung usw.); i) Berufung der Superintendenten (Für Kirchenkreise, in denen eine größere Anzahl Pfarrer der Kirchenleitung nicht unterstehen, muß die Berufung von Superintendenten ausgesetzt bleiben.); k) die Dienstaufsicht und die Dienststrafgewalt über die Geistlichen, Kandidaten und Gemeindebeamten.

6. Die Kirchenleitung der Provinz arbeitet nach dem Kollegialprinzip. Sie wählt aus ihrer Mitte einen geistlichen und einen juristischen Stellvertreter des Vorsitzenden. Der Vorsitzende führt die Amtsbezeichnung Präses.

7. Der Kirchenleitung tritt ein »Beirat der Kirchenprovinz« zur Seite, der wenigstens zur Hälfte aus Laien besteht. Die zu Berufenden müssen die in Ziffer 4 bezeichnete Erklärung schriftlich abgeben. Der Beirat wird nach näherer Anweisung der Kirchenleitung von denjenigen Gemeindekörperschaften (Gemeindekirchenrat, Presbyterium und gegebenenfalls Gemeindebeirat, vgl. Minderheitenordnung Ziffer 1) gewählt, die sich der Kirchenleitung zugeordnet haben; außerdem kann die Kirchenleitung bis zu 3 Mitglieder berufen. Die Kirchenleitung hat darauf Bedacht zu nehmen, daß sie sich in Übereinstimmung mit dem Beirat der Kirchenprovinz hält. Sie hat ihm in seinen monatlichen Sitzungen Bericht zu erstatten und von ihm Anregungen entgegenzunehmen. Der Beirat kann zu seinem Vorsitzenden den Präses der Kirchenleitung bestellen.

8. Für die Evang. Kirche der Altpreußischen Union wird eine Kirchenleitung bestellt, deren Mitglieder mindestens zur Hälfte Geistliche sein müssen, die die in Ziffer 4 bezeichnete Erklärung abgegeben haben; sie werden durch die Kirchenleitungen der Kirchenprovinzen gewählt. Zu diesen treten in sinngemäßer Anwendung von Ziffer 4 als weitere stimmberechtigte Mitglieder bis zu 5 Mitglieder des Evang. Oberkirchenrats hinzu. Die gewählten Mitglieder der Kirchenleitung der Altpreußischen Union bestimmen den Vorsitzenden aus ihrer Mitte. Im übrigen gilt Ziffer 6 sinngemäß.

9. Die Kirchenleitung der Evang. Kirche der Altpreußischen Union umfaßt die Leitung und Vertretung der Kirche, soweit es sich um die Wirkungskreise der Kirchenleitungen der Kirchenprovinzen handelt. Die Aufgaben der Kirchenleitung sind im einzelnen in sinngemäßer Anwendung der in Ziffer 5 beobachteten Grundsätze zu bestimmen. Zu ihnen gehört das Recht, Verordnungen mit verbindlicher Kraft zu erlassen.

10. Der Kirchenleitung der Evang. Kirche der Altpreußischen Union tritt ein Beirat zur Seite. Er besteht aus Laien, die von den Beiräten der

Kirchenprovinzen entsprechend Ziffer 7 Abs. 1 bestellt werden, und aus den Präsides der provinziellen Kirchenleitungen. Die Zahl der Laien muß mindestens so groß sein wie die der Präsides. Ziffer 7 Abs. 2 und 3 gelten sinngemäß.

11. Die Finanzabteilungen stellen den Kirchenleitungen die zur Erfüllung ihrer Aufgaben erforderlichen Mittel im Rahmen eines zwischen den Finanzabteilungen und den Kirchenleitungen zu vereinbarenden Haushaltsplanes zur Verfügung. Die innerhalb des Haushaltsplanes sich haltenden Beschlüsse der Kirchenleitungen bedürfen der Genehmigung der Finanzabteilung nicht.

Das begleitende Schreiben des Landesbischofs vom 25. August hatte folgenden Wortlaut[86]:

Liebe Brüder!

Wir legen Ihnen hiemit den Entwurf einer Neuordnung der Leitung von Landeskirche und Provinzialkirchen vor; angeschlossen ist der Entwurf einer Minderheitenordnung. Wie Sie aus den Unterschriften sehen, haben sich der Bruderrat und die landeskirchliche Konferenz zu diesem Schritt entschlossen.

Es bedarf nicht vieler Worte, um dieses Vorgehen zu rechtfertigen. Jeder, dem es um unsere Kirche und unser Volk geht, sehnt sich aus dem heutigen Zustand heraus. Wir haben es im Gehorsam gegen den Herrn der Kirche und im Flehen um die Leitung seines Geistes gewagt, über mancherlei Meinungsverschiedenheiten hinweg zu gemeinsamem Werk uns zu vereinigen und den Versuch zu machen, den Kampf um die Kirche und in der Kirche so zu beenden, daß der Wahrheit nichts vergeben und dem Frieden gedient wird.

Wir empfinden es alle als tragisch, daß in einer Zeit, die auf allen Gebieten Einheit der Gesinnung und des Handelns verlangt, breite und tiefe Risse in der Evang. Kirche aufgebrochen sind. Der Gehorsam gegen das Wort des Herrn in der Hl. Schrift und die Auslegung dieses Wortes durch die Reformation ringt mit einem völkisch-religiösen Idealismus um die Führung in der Evang. Kirche. Der Versuch, dieses Ringen mit staatlichen Maßnahmen zu beenden, konnte und kann nicht gelingen. Er widerspricht auch dem Wesen des Staates, so wie er sich selbst versteht, und

---

86 LKA Stuttgart, D 1, Bd. 78. Die Lage innerhalb der DEK hatte sich in der Zwischenzeit wieder kompliziert, da in der Hannoverschen Landeskirche einseitig am 28. 7. 1938 eine »Verordnung zur Befriedung« (eine Simultaneumsordnung) eingeführt worden war.

schädigt die Volksgemeinschaft, für die eine völlige Neutralität der Staatsgewalt in Fragen des Glaubens und Bekenntnisses eine unentbehrliche Voraussetzung ist. Wir hoffen deshalb, daß unser Versuch, einen Weg aus den heutigen Wirren zu zeigen, auch bei den staatlichen Stellen ernste Beachtung findet.

Da wir der evangelischen Wahrheit, wie sie die Grundlage der Kirche bildet, nichts abbrechen können, zugleich aber jeder gewaltsamen Unterdrückung ehrlicher Überzeugung aus Glaubens- und Gewissensgründen wehren wollen, so schlagen wir einen Weg vor, auf dem die auf dem Boden des Bekenntnisses stehende Landeskirche wieder die schmerzlich entbehrte kirchliche Leitung erhält, den Anhängern der nationalkirchlichen Richtung aber die Möglichkeit gegeben wird, zunächst ohne formellen Austritt aus der Landeskirche eine ihren Grundsätzen entsprechende Organisation zu schaffen, in der sie Gottesdienst und Verkündigung nach ihren Anschauungen ausgestalten können. Nach Verlauf der von uns vorgeschlagenen Frist wird es sich zeigen, ob die nationalkirchliche Richtung über so starke innere Kräfte verfügt, daß sie auch äußerlich völlig von der Evang. Kirche geschieden ihren Weg zu gehen vermag. Uns ist es nicht darum zu tun, irgend jemanden zu verdammen, aber die Kirche, die wir von den Vätern ererbt haben, so zu gestalten und zu leiten, daß hinter der Mannigfaltigkeit der Lehrweise, die in der Kirche der Reformation immer da sein wird, die maßgebende Norm des biblischen Evangeliums deutlich hervortritt.

Wir hoffen, daß diese Entwürfe, die das Ergebnis eingehender seit Monaten gepflogener Beratungen sind, ein sachliches Gespräch mit dem Staat herbeiführen. Damit alle Beteiligten sowohl auf der staatlichen als auf der kirchlichen Seite sich ein Bild von der tatsächlichen Einstellung der Pfarrerschaft machen können, wären wir dankbar, wenn wir möglichst viele Äußerungen zu unseren Vorschlägen erhalten würden. Auch Kundgebungen von Gemeindekirchenräten sind uns willkommen.

Wenn dieser Weg innerhalb der Altpreußischen Union sich als gangbar erweist, wird sich auch in anderen Landeskirchen und in der DEK eine ähnliche Lösung finden lassen.

Wir befehlen diese Sache dem Herrn, dem in Wahrheit und Liebe zu dienen unser ganzes Anliegen sein muß. Zugleich dürfen wir als unsere Überzeugung aussprechen, daß eine in innerer Freiheit redende und handelnde Kirche auch Staat und Volk den Dienst leisten wird, der ihr vom Wort Gottes her befohlen ist. [Wurm.]

Beim Deutschen Pfarrertag am 28./29.9.1938 in Kiel schaltete sich auch der Reichsbund der Deutschen Pfarrvereine in die Diskussion um die Neuordnung der Deutschen Evang. Kirche ein. Die Konferenz der Landesbruderräte verwahrte sich gegen diese Einmischung einer rein berufsständischen Organisation, da ihr dazu jeder kirchliche Auftrag fehle, in einem Schreiben vom 5.10.1938 an den Vorsitzenden des Reichsbundes, Kirchenrat Klingler, Nürnberg.[87]

Am 6. 10. 1938 berieten die Landesbischöfe von Baden, Bayern und Württemberg in Stuttgart Vorschläge für eine Übergangsregelung in der Deutschen Evang. Kirche[88]*:*

A. Die Evang. Landeskirche von Baden, Bayern und Württemberg

Vorbemerkung

Für die Landeskirchen von Baden, Bayern und Württemberg liegen insofern gleiche Verhältnisse vor, als hier neben der überwiegenden Zahl von Geistlichen und Gemeinden, die hinter der im Amt befindlichen Kirchenleitung stehen, eine kleinere Zahl von Geistlichen und Gemeindeglieder vorhanden ist, die der nationalkirchlichen Richtung angehören und sich weithin von der Landeskirche und ihrer Leitung geschieden haben. Für diese Landeskirchen wird folgende einheitliche Übergangsregelung vorgeschlagen:

I. Kirchenleitung und Pfarrer

1. Die Geistlichen, die gewissensmäßig nicht in der Lage sind, der bestehenden Leitung ihrer Landeskirche Gefolgschaft zu leisten, können sich eine Stelle, im Folgenden kurz »Kirchenleitung B« genannt, schaffen, die für die ihr unterstehenden Geistlichen und deren Gemeinden in allen unmittelbar mit Bekenntnis und Kultus zusammenhängenden Angelegenheiten die Leitung ausübt, insbesondere die Leitung der theologischen Prüfung, Erteilung der Licentia concionandi und der Anstellungsfähigkeit, Ausbildung und Beaufsichtigung der Kandidaten, Anordnung und Vollzug der Ordination und die Anstellung der Geistlichen, die Aufsicht über Lehre und Wandel der Geistlichen und Kandidaten, die Berufung von Superintendenten, die Visitation und das Kollektenwesen. Einzelne dieser Befugnisse in Bezug auf die der Leitung B unterstehenden Geistlichen können nach Vereinbarung auch der Kirchenleitung A überlassen

---

87 LKA Stuttgart, D 1, Bd. 143. Vgl. auch den sich anschließenden Schriftwechsel zwischen Wurm, Koch und Klingler vom Oktober 1938 (LKA Stuttgart, D 1, Bd. 143).
88 LKA Stuttgart, D 1, Bd. 143.

bleiben. Für die mit den zu übernehmenden Aufgaben verbundene Verwaltungstätigkeit kann die Kirchenleitung B eine eigene Verwaltungsstelle einrichten.

2. Falls Geistliche, die ein kirchliches Aufsichtsamt bekleiden, sich der Kirchenleitung B unterstellen, scheiden sie aus dem Aufsichtsamt aus. Die Kirchenleitung B ist befugt, eigene Aufsichtsämter zu schaffen.

II. Gemeindeglieder

3. Gemeindeglieder, die sich nicht zu ihrem zuständigen Pfarrer, sondern zu einem der anderen Leitung unterstehenden Pfarrer, sei es an ihrem Ort oder in der Nachbarschaft, halten wollen, haben dies ihrem bisher zuständigen Pfarrer anzuzeigen mit der Wirkung, daß ihre Rechte und Pflichten als Gemeindeglieder in ihrer bisherigen Gemeinde ruhen. Die Kirchensteuerpflicht bleibt unberührt.

4. Die nach Vorstehendem abgemeldeten Gemeindeglieder können sich zu eigenen Gemeinden vereinigen oder sich einer bereits bestehenden Gemeinde anschließen.

5. Die Geistlichen dürfen Amtshandlungen nur an Gemeindegliedern vornehmen, die derselben Kirchenleitung unterstehen. Gehören Ehegatten Gemeinden an, die verschiedenen Kirchenleitungen unterstehen, so steht den Beteiligten bei Amtshandlungen die Wahl des Pfarrers frei. Der gewählte Pfarrer ist für die Amtshandlung zuständig im Sinne der kirchlichen Gesetze.

6. Für die Gemeinden, die der Kirchenleitung B unterstehen, werden besondere Kirchenbücher geführt.

III. Kirchen und kirchliche Räume

7. Kirchen und kirchliche Räume verbleiben im Simultangebrauch der den Kirchenleitungen A und B angeschlossenen Gemeinden, soweit ein solcher am 1. 1. 1938 bestanden hat. Haben in einer Gemeinde sich mindestens 30 % stimmberechtigte Gemeindeglieder der anderen Kirchenleitung zugeordnet, so ist ihnen auf Verlangen ein Mitbenützungsrecht an der Kirche, beim Vorhandensein mehrerer Kirchen in der Gemeinde an einer Kirche einzuräumen, sofern ihnen nicht ein anderer geeigneter Raum für ihre Gottesdienste zur Verfügung steht. Bei der Benützung der Räume sind die für den Simultangebrauch von Kirchen durch verschiedene christliche Religionsgemeinschaften geltenden Grundsätze zu beachten. Die übliche Hauptgottesdienstzeit steht der Gemeinde zu, in deren Besitz die Kirche ist.

8. Das Grabgeläute wird ohne Rücksicht auf die Eigentums- und Rechtsverhältnisse unterschiedslos bei der Beerdigung von allen nicht aus der Kirche Ausgetretenen gewährt.

IV. Mitgliedschaft im Kirchengemeinderat, Bezirks- und Landeskirchentag

9. Haben der Ortspfarrer oder in Gemeinden mit mehreren Pfarrstellen die Mehrzahl der in der Kirchengemeinde tätigen Geistlichen sowie die Mehrheit des Kirchengemeinderats sich derselben Leitung zugeordnet, so ruhen die Mitgliedschaftsrechte derjenigen Kirchengemeinderatsmitglieder, die sich einer anderen Kirchenleitung zugeordnet haben. Für sie sind nötigenfalls Ersatzmänner zuzuwählen. Haben sich der Ortspfarrer oder bei Kirchengemeinden mit mehreren Pfarrstellen die Mehrzahl der an der Kirche tätigen Geistlichen und die Mehrheit des Kirchengemeinderats verschiedenen Kirchenleitungen zugeordnet, so ruhen die Rechte des bisherigen Kirchengemeinderats. Dem Ortspfarrer oder der Mehrzahl der an der Kirche tätigen Geistlichen wird von ihrer Kirchenleitung ein Gemeindebeirat zur Seite gestellt, der die Aufgaben des Kirchengemeinderats wahrnimmt.

10. Die Mitgliedschaftsrechte im Bezirks- und Landeskirchentag (Kreissynode, Landessynode) bei Personen, die sich einer anderen als der Kirchenleitung A zugeordnet haben, ruhen, solange sie dieser zugeordnet sind.

11. Den Kirchenleitungen steht es frei, für die ihrer Leitung unterstehenden Gemeinden, Kreise und Kirchengebiete, Beiräte zu bestellen, sofern ein gesetzliches Vertretungsorgan für sie nicht besteht.

V. Pfarrbesetzung

12. Zur Besetzung einer Pfarrstelle nach Inkrafttreten der Neuregelung ist diejenige Kirchenleitung zuständig, der der bisherige Pfarrer zugeordnet war. Die Rechte des Patrons in bezug auf die Pfarrstellenbesetzung bleiben unberührt.

13. Haben sich in einer Gemeinde mehr als die Hälfte der stimmberechtigten Glieder nach Ziffer 3 von ihrem Ortsgeistlichen abgemeldet und der anderen Kirchenleitung zugeordnet, so ist die Pfarrstelle baldmöglichst entsprechend der Stellungnahme der Gemeinde neu zu besetzen.

14. Bei neugegründeten Pfarrstellen kommt die Besetzung grundsätzlich derjenigen Kirchenleitung zu, die die Stelle errichtet hat und die Kosten der Stelle trägt.

15. Bei Zweifeln über die Bestellungsrechte haben sich die Kirchenleitungen tunlichst zu verständigen.

VI. Finanzielles

16. Die Kirchenleitung A hat dafür Sorge zu tragen, daß a) den bisher von der Landeskirche besoldeten Geistlichen, die sich der Kirchenleitung B zugeordnet haben und unter ihr ein geistliches Amt ausüben, diejenigen Gehalts- und Versorgungsbezüge zukommen, die sie beim Verbleiben im Dienst der Landeskirche erhalten würden; b) der Kirchenleitung B für die Kosten der von ihnen übernommenen Leitungsaufgaben (vgl. oben Ziffer 1) ein angemessener Zuschuß aus Mitteln des kirchlichen Haushaltsplans gewährt wird. Voraussetzung hiefür ist aber, daß die der Kirchenleitung B unterstehenden Gemeindeglieder nach wie vor Landeskirchensteuer entrichten. Neue Pfarrstellen können von der Kirchenleitung gegründet werden im Rahmen der ihr zur Verfügung stehenden Mittel, jedoch müssen die anzustellenden Pfarrer den landeskirchlichen Vorschriften über Ausbildung entsprechen. Gemeindeglieder, die sich der Kirchenleitung B zugeordnet haben, sind von der Ortskirchensteuer frei zu lassen, sofern von ihrer Organisation die Einrichtungen der Kirchengemeinde ihres Wohnsitzes in keiner Weise benützt werden.

17. In den Eigentums- und Benutzungsrechten am kirchlichen Vermögen tritt grundsätzlich eine Änderung nicht ein. Auch eine Gemeinde, die sich der Kirchenleitung B zugeordnet hat, behält ihr Vermögen.

18. Die Aufgaben der Finanzabteilungen sind in tunlichster Bälde den verfassungsmäßigen Organen zurückzugeben. Solange bei einer Landeskirche eine Finanzabteilung besteht, stellt sie den Kirchenleitungen die zur Erfüllung ihrer Aufgaben erforderlichen Mittel im Rahmen eines zwischen der Finanzabteilung und den Kirchenleitungen zu vereinbarenden Haushaltsplans zur Verfügung. Die innerhalb des Haushaltsplans sich haltenden Beschlüsse der Kirchenleitungen bedürfen der Genehmigung der Finanzabteilung nicht.

VII. Schlichtungsausschüsse

19. Zur Vermeidung und Entscheidung von Streitigkeiten über die Anwendung vorstehender Grundsätze in Einzelfällen wird bei jeder Landeskirche ein Schlichtungsausschuß in der Weise gebildet, daß je 2 Mit-

glieder von beiden Leitungen benannt und vom Reichskirchenministerium bestellt werden. Den Vorsitz führt ein evangelisches Mitglied aus dem für den Sitz der Kirchenregierung zuständigen Oberlandesgericht, über dessen Wahl die Vertreter sich einigen. Kommt eine Einigung nicht zustande, so bestimmen die evangelischen Mitglieder desselben Oberlandesgerichts den Vorsitzenden aus ihrer Mitte. Sämtliche Mitglieder müssen die Voraussetzungen für die Wählbarkeit zum Mitglied des Kirchenvorstands (Presbyteriums, Kirchengemeinderats usw.) in ihrer Landeskirche erfüllen. Die Mitglieder der Ausschüsse sind auf unparteiische Geschäftsführung zu verpflichten und an Weisungen nicht gebunden. Sie führen ihr Amt ehrenamtlich. Auslagen vergüten die beteiligten Landeskirchen. Die Schlichtungsausschüsse entscheiden mit Mehrheit. Ihre Entscheidungen sind für alle Teile bindend.

B. Die sonstigen Landeskirchen

20. Die vorstehende Regelung kann, jeweils unter Berücksichtigung der in einer Landeskirche bestehenden besonderen Verhältnisse, grundsätzlich auch für die anderen Landeskirchen getroffen werden, in denen eine Kirchenleitung besteht, bei der klargestellt ist, ob sie auf dem Boden des Artikels 1 der Reichskirchenverfassung steht oder der nationalkirchlichen Richtung angehört. Dagegen müssen in den Kirchengebieten, in denen keine eigentliche Kirchenleitung oder eine neutrale Kirchenleitung vorhanden ist, insbesondere Alt-Preußen, Sachsen und Hessen-Nassau, klar bestimmte Kirchenleitungen zuvor bestellt werden. Dies würde am besten durch Wahl der Pfarrerschaft durchgeführt. Für Alt-Preußen sind in dieser Beziehung bereits Vorschläge gemacht. Erst auf dieser Grundlage kann dann in diesen Gebieten die Regelung des sogenannten Minderheitenrechts erfolgen.

C. Deutsche Evang. Kirche

21. Entsprechend den in den einzelnen Landeskirchen nach Vorstehendem errichteten Kirchenleitungen werden auch für die DEK Kirchenleitungen bestellt. Ob die Benennung durch die entsprechenden Kirchenleitungen der Landeskirchen oder durch Wahl der ihnen zugeordneten Pfarrer erfolgt, bleibt vorbehalten.

22. Jede nach Obigem für die DEK bestellte Kirchenleitung übt für die ihr zugeordneten Landeskirchen die Befugnisse aus, die nach der Verfassung der DEK vom 11.7.1933 dem Geistlichen Ministerium zustehen.

23. Die Kirchenkanzlei führt die Verwaltung weiter im Benehmen mit den Kirchenleitungen, wobei sie für deren Befugnisse an deren Entscheidung gebunden ist. Die einzelnen Beamten der Kirchenkanzlei können durch eine Erklärung sich einer Kirchenleitung zuordnen. Sie bearbeiten dann, abgesehen von den allgemeinen Verwaltungsangelegenheiten, die besonderen der betreffenden Kirchenleitung.

24. Solange eine Finanzabteilung bei der DEK besteht, stellt sie den Kirchenleitungen die zur Erfüllung ihrer Aufgaben erforderlichen Mittel im Rahmen eines zwischen der Finanzabteilung und den Kirchenleitungen zu vereinbarenden Haushaltsplans zur Verfügung. Die innerhalb des Haushaltsplans sich haltenden Beschlüsse der Kirchenleitungen bedürfen der Genehmigung der Finanzabteilung nicht.

25. Für Fälle, die den Bereich einer Landeskirche überschreiten, sowie für Fälle, die sich auf die Kirchenleitungen der DEK beziehen, wird ein oberster Schlichtungsausschuß gebildet. Er entscheidet auch bei etwaigen Meinungsverschiedenheiten zwischen einer Kirchenleitung und der Finanzabteilung. Die Bestellung erfolgt durch die für die DEK eingerichteten Kirchenleitungen. An die Stelle des Mitglieds eines Oberlandesgerichts tritt ein Mitglied des Reichsgerichts, das auf die gleiche Weise bestimmt wird. Die Bestimmungen Ziffer VII, Abs. 2–4 gelten auch für den obersten Schlichtungsausschuß.

Schlußbemerkung

26. Die im Vorstehenden vorgeschlagene Regelung, für die die staatliche Rechtshilfe nachzusuchen wäre, ist als Übergangsregelung für einen Zeitraum von etwa 3 bis 5 Jahren gedacht.

Die Kirchlich-Theologische Sozietät befaßte sich mit dem den Pfarrern der Evang. Kirche der Altpreußischen Union vorgelegten Entwurf einer Ordnung zur Bestellung einer Kirchenleitung und teilte am 4.10.1938 in einem Schreiben an Pfr. Müller, Berlin, ihre Bedenken gegen diesen Entwurf mit[89]:

Verehrte Herren und Brüder!

Der von Ihnen mitunterzeichnete »Entwurf einer Ordnung zur Bestellung einer Kirchenleitung« ist uns zugegangen. Daß die Leitung der Bekennenden Kirche in Preußen diesem Entwurf zustimmen konnte, ist,

89 LKA Stuttgart, D 1, Bd. 112.

gleichgültig ob er durchgeführt werden wird oder nicht, ein Ereignis von solch weittragender Bedeutung für die ganze BK in Deutschland und ein nicht mehr zu übersehendes Symptom für deren innere Lage, daß wir zu einer Stellungnahme berechtigt und verpflichtet wären, auch wenn wir uns nicht in solch besonderer Weise gerade mit Ihnen verbunden wüßten.

Wir sagen Ihnen gewiß nichts Neues mit der Feststellung, daß die Verwirklichung dieses Entwurfes das Ende der in Lehre, Amt und Ordnung sichtbaren Bekennenden Kirche in Preußen bedeuten würde. Mit diesem »Interim« gehen Sie den Weg des Augsburger Religionsfriedens von 1555, der ja auch nur als Interim gedacht war: Um der zu erhoffenden staatsrechtlichen Anerkennung willen geben Sie den Anspruch der BK auf die gesamte DEK und ihre Verpflichtung gegen dieselbe auf und machen sich selbst zu einer »Gruppe«, das heißt Sekte.

Es ist ein zweifaches Interim, in das Sie willigen, 1. mit der »Mitte«, 2. mit den »Deutschen Christen«.

Ad 1. Der Auszug aus den Barmer Sätzen, mit dem Sie den Art. 1 der Verfassung vom Juli 1933 interpretieren, ist keine Bekenntnisgrundlage, sondern eine typische interimistische Einigungsformel. Das Interesse derselben ist nicht, die Wahrheit des Evangeliums so zu fassen, daß der konkret drohende Irrtum in Lehre und Ordnung möglichst deutlich erkannt und abgewehrt werden kann, sondern man will zwischen den Anschauungen der Partner eine Synthese finden und diese so formulieren, daß ihr ein Widerspruch gegen das Evangelium nicht nachgewiesen werden kann. Man beachte zum Beispiel, was aus der 5. Barmer These in diesem Kommentar geworden ist. So pflegen sich zu allen Zeiten Bekenntnisse und interimistische Einigungsformeln zu unterscheiden. Daß dieser Kommentar sowohl nach seinem Wortlaut als auch nach seinem Zustandekommen keine Bekenntnisgrundlage ist, auf der eine kirchliche Gemeinschaft stehen und sich eine Ordnung geben könnte, würde sofort klar, wenn Sie mit Ihrem Partner, anstatt die einigende Formel zu suchen, sich konkret über eine heute wichtige Bekenntnisfrage zu einigen versucht hätten. Es ist vorauszusehen, daß Sie in diesem Bund mit der Mitte entweder allen wichtigen Entscheidungen werden ausweichen müssen oder daß es sich sehr bald zeigen wird, daß Ihre Zusammenarbeit auf einem Mißverständnis beruht. Jedenfalls haben Sie die Ordnung der BK, die von den Bekenntnissynoden autorisiert und beauftragt war, über die Einhaltung des von diesen Synoden abgelegten Bekenntnisses zu wachen, aufgegeben und statt dessen einen Neuanfang gemacht, der sich auf kein consentire de doctrina berufen kann. Sie haben damit genau das getan, was wir damals im Einverständnis mit Ihnen der Gründung des »Luth. Rates« zum Vorwurf machen mußten.

Ad 2. Ihr Simultaneum mit den DC trägt gerade nicht, wie Sie im Vorwort sagen, »der Tatsache Rechnung, daß eine Trennung von geistlicher Leitung und äußerer Verwaltung unmöglich ist«, sondern ist auf eben dieser Trennung aufgebaut. Zwar können die beiden Kirchen innerhalb des durch den gemeinsamen Schlichtungsausschuß und die gemeinsame Finanzabteilung ihnen angewiesenen Raumes ihre Leitung selbständig gestalten, also versuchen, bei dieser die Verkündigung und Verwaltung nicht zu trennen. Aber dies geschieht um den Preis der Anerkennung einer neutralen übergeordneten Verwaltungsbehörde, also gerade dieser verbotenen Trennung. Die letzte Instanz für Verwaltung und Finanzierung der Kirche ist eine den Ansprüchen des Evangeliums mit Ihrem Willen grundsätzlich entzogene Stelle; dieser wird auch die Verfügung über das Kirchengut überlassen zu paritätischer Zuteilung desselben an Kirche und Nichtkirche. Wir vermögen nicht einzusehen, inwiefern sich dieser Entwurf in Bezug auf die Anforderungen des Bekenntnisses unterscheiden soll von dem Simultaneum der Hannoveraner.

Sie geben Amt und Ordnung der an das Bekenntnis gebundenen Kirche preis, nachdem wir seit Jahren bekannt haben, daß uns das durch Schrift und Bekenntnis verboten sei, weil wir damit die freie Verkündigung des Evangeliums preisgeben. Es ist uns nicht zweifelhaft, daß Sie sich über diese Bedeutung Ihres Schrittes klar sind. Wenn Sie ihn trotzdem tun und damit das Amt, das Ihnen übertragen ist, nicht mehr ausüben, so können wir das nur so verstehen, daß Sie die Ausübung Ihres Amtes und damit die Aufrechterhaltung der Ordnung der BK für unmöglich halten, weil der von Ihnen zu erhebende Anspruch nicht mehr dem entspricht, was Sie tatsächlich tun und tun können.

Wenn wir recht sehen, so haben Sie, aufs ganze gesehen, den Kampf gegen Finanzabteilung und Konsistorium verloren, das heißt Sie haben diesen gegenüber in die verbotene Trennung von geistlicher Leitung und äußerer Verwaltung willigen müssen und befinden sich nun den Ansprüchen dieser Verwaltung gegenüber auf dem Rückzug. Dazu kommt nun das Problem der sogenannten »Mitte«. Es besteht, wenn wir recht sehen, darin, daß der vermutlich größere Teil der Pfarrerschaft zwischen den Fronten steht und Ihre Bekenntnisentscheidungen nicht als für sich verbindlich anerkennt. Da diese Mitte sich auf ihre Weise auch gegen die DC abzugrenzen versucht, glauben Sie, nicht mehr die Freiheit zu haben, ihr gegenüber Ihre Bekenntnisentscheidungen festzuhalten, weil diese unter den vorliegenden Umständen keine »echten« Scheidungen mehr zu bedeuten scheinen. Diese Freiheit muß Ihnen umso fragwürdiger werden, je weniger Sie Ihre von der Bekenntnissynode Ihnen übertragenen Vollmachten tatsächlich ausüben. An deren voller Ausübung hindert Sie aber ganz wesentlich eben das Vorhandensein der »Mitte«. Aus diesem Zirkel kommen Sie nicht heraus.

In dieser Lage haben Sie an der BK im Reich nicht bloß keinen Rückhalt, sondern Sie stoßen hier noch einmal auf das Problem der »Mitte«, bei Ihrer Zusammenarbeit mit den »Intakten«. Als man diese qua Landeskirchen in die 1. VKL aufnahm, hat man eine organisierte Mitte, die sich niemals bei Barmen behaften ließ, in die Gemeinschaft der BK als entscheidend mitbestimmenden Faktor hereingenommen. Damit war Ihnen die Möglichkeit genommen, die Mitte in Preußen noch vor Bekenntnisentscheidungen zu stellen, vor welche sich die Ihnen befreundeten intakten Kirchen im Reich ja auch nicht stellen ließen. In der Ausschußzeit standen die Intakten nicht bei Ihnen, sondern bei der preußischen Mitte; und nach Abgang der Ausschüsse kämpften Sie vergebens um eine Anerkennung der preußischen Bruderräte durch die Bischöfe. Wenn wir auf diese Anerkennung bei unserer Kirchenleitung drängten, erhielten wir die Antwort, das könne erst geschehen, wenn Sie mit Ihrer Mitte ins reine gekommen wären. Sie konnten diese Mitte aber eben deshalb nicht vor die Entscheidungen der BK stellen und damit das Verhältnis zu ihr klären, weil jene stets die Intakten gegen Sie ausspielen und damit Ihrem Bekenntnisanspruch ausweichen konnten. Die Nivellierung der BK im Reich, die mit der Fehlentscheidung vom November 1934 unaufhaltsam hereinbrach, hat die BK in Preußen in diese Situation gebracht, aus der Sie nun einen Ausweg suchen, der einfach die Ausdehnung dieser Nivellierung auch auf Preußen anerkennt.

Diese Sicht der Dinge bringt zunächst uns selbst zum Bewußtsein, welch große Mitschuld wir Glieder der BK innerhalb der intakten Landeskirchen an dieser Entwicklung tragen: Wir haben diese Nivellierung zum Beispiel in unserer Württ. Landeskirche nicht nur geschehen lassen, sondern haben, auch durch unsere Mitarbeit in »Bekenntnisgemeinschaft« und »Bruderrat«, mitgeholfen, diese Fiktion aufrechtzuerhalten, daß unsere Landeskirche Bekennende Kirche sei. Dabei ist sie auch nach Barmen nie etwas Anderes gewesen, als was Ihre Kirche nach der Durchführung des Interims sein würde: Eine nach formalrechtlichen, das heißt geistlich neutralen Gesichtspunkten geleitete Dachorganisation für Pfarrer und Gemeinden aller Richtungen von Barmen bis zur Nationalkirche, eine Organisation, die, gebunden an das staatliche Aufsichtsrecht, für eine möglichst paritätische Behandlung der Richtungen sorgt und auch deren Extreme solange duldet, als sie nicht diese Organisation selbst in Frage stellen. Da die Mitte zahlenmäßig am stärksten vertreten ist, bestimmt sie das gesamtkirchliche geistliche Reden, das aber sowohl seiner eigenen theologisch und kirchlich »mittleren« Richtung gemäß als auch wegen der gebotenen Rücksicht auf das Nebeneinander der Richtungen keine Verbindlichkeit haben kann, das heißt nicht an gefallene Bekenntnisentscheidungen gebunden ist und bindet. Das von Ihnen geplante Simultaneum geht über das bei uns bereits praktisch geübte Simultaneum nur darin hinaus, daß es für diese Praxis Grundsätze und Rechtsnormen aufstellt.

Sie könnten nunmehr erwarten, daß wir Ihnen anstelle dieses ungangbaren Weges in das Simultaneum einen anderen Weg zeigen, der Sie aus Ihren Schwierigkeiten herausführen und das Problem der Mitte lösen könnte. Was wir dazu zu sagen haben, ist freilich, an den umfassenden Konstruktionen der vorliegenden Pläne gemessen, sehr wenig. Unser brüderlicher Rat ist, daß Sie genau das Gegenteil von dem tun, was die Absicht dieser Pläne ist, also nicht um irgendwelcher zu erstrebender größeren Einheit willen Ihre Front in einem Neuanfang verbreitern, sondern umgekehrt sie verengern, indem Sie zurückgehen zu dem, was Sie bisher bekannt haben. Sie müßten dabei auf die Bundesgenossenschaft all derer verzichten, welche den Weg der Verbreiterung gehen wollen, also nicht nur auf die intakten Landeskirchen, sondern wohl auch auf manche Kreise in Ihren eigenen Reihen. Wir schlagen Ihnen damit nicht ein neues Kirchenbauprogramm vor; was wir Ihnen raten, ist vielmehr nichts Anderes als der radikale Verzicht auf jedes solche Programm, das Eingeständnis des völligen Fiaskos, das wir mit solchen Programmen erlitten haben, und das Bemühen, in der allgemeinen Auflösung und Nivellierung in der Weise wieder Boden unter die Füße zu bekommen, wie dies in der Kirche Christi allein möglich ist, indem man nämlich auf dem, was man bekennt, feststeht. Wenn Sie, wahrscheinlich mit Recht, den Eindruck haben, daß heute zwischen Ihnen und der Mitte keine echten Fronten mehr vorhanden sind, so können Sie diese sehr leicht wieder richtigstellen, indem Sie im konkreten Fall in der Bindung an die Bekenntnisentscheidungen jeweils handeln und durch das, was Sie tun, die Mitte vor die Entscheidung stellen, und nicht, indem Sie ihnen Programme vorlegen, auch wenn diese aus Bekenntnisformeln bestünden.

Es kann niemand sagen, ob auf diese Weise die Auflösung der Ordnungen und Ämter der BK, wie wir sie vor Augen haben, noch einmal aufge-

halten werden kann, oder ob Zahl und Einfluß der Pfarrer und Gemeinden, die sich auf diese Weise noch einmal sammeln, so gering sein wird, daß sie keine »Front« mehr darzustellen vermögen. Wenn es sich bei dieser Sammlung um einen »strategischen Rückzug« handeln würde, müßten die etwaigen Erfolgsaussichten erwogen und in Rechnung gestellt werden. Da es sich aber um die Versammlung der christlichen Gemeinde um das Wort Gottes handelt, gehen wir im Glauben einen vorgeschriebenen Weg und haben uns darum solche Erwägungen verboten sein zu lassen. Wo diese Versammlung geschieht, ist die Bekennende Kirche.
Für den Ausschuß der Sozietät: Hermann Diem.

Auch die Vertrauensleute der Evang. Bekenntnisgemeinschaft beschäftigten sich bei ihrer Sitzung am 24.10.1938 in Stuttgart mit der Frage eines Simultaneums mit den Deutschen Christen innerhalb der Evang. Kirche in Deutschland; sie faßten folgende Entschließung[90]*:*

Die Vertrauensleute der Bekenntnisgemeinschaft haben davon Kenntnis genommen, daß gegenwärtig Vorschläge zur Bereinigung der kirchlichen Auseinandersetzungen durch ein Simultaneum ausgearbeitet werden. Sie erlauben sich dazu in folgender Weise Stellung zu nehmen.

1. Jede simultane Regelung kirchlicher Auseinandersetzungen schließt in sich die Gefahr, daß die Unterschiede zwischen den streitenden Richtungen, das heißt aber in diesem Falle zwischen Kirche und Nichtkirche nivelliert oder aufgehoben werden. Wird diese Unterscheidung aber weiterhin ernst genommen, so bedeutet das Simultaneum die grundsätzliche Öffnung des Versammlungsraumes der Gemeinde für jeden heidnischen Gottesdienst und für jede völkische Feierstunde. Es ist also damit der entscheidende Schritt zu der von manchen ja erstrebten Säkularisierung der Kirchengebäude getan, und es läßt sich kein triftiger Grund mehr gegen das Fortschreiten der damit eingeleiteten Entwicklung geltend machen. Da die Freiheit der Verkündigung nicht an den Versammlungsraum gebunden ist, so ist es immerhin denkbar, daß die Gemeinde auch in einem Pantheon ihre Botschaft mit Vollmacht bezeugen kann. Wer ein Simultaneum befürwortet, muß jedoch wissen, welche grundsätzliche Bedeutung dieser Schritt hat und in was für eine Lage er damit die Gemeinde bringt.

2. Glaubt man trotzdem, ein Simultaneum befürworten zu müssen, so ist die Voraussetzung dafür, daß beide Teile ehrlich gewillt sind, den andern in seiner Sonderexistenz zu dulden und ihn nicht unter eine ihm

---

90 LKA Stuttgart, D 1, Bd. 78.

fremde Herrschaft zu zwingen. Dazu ist zwar die Bekennende Kirche bereit, da sie keine Vollmacht hat, dem Abfall von der Kirche und der Bildung einer religiösen Gemeinschaft der Abgefallenen mit anderen Mitteln zu begegnen als mit der Bezeugung des Wortes Gottes. Offenkundig ist dies aber auf der andern Seite nicht der Fall. Vielmehr hat sich dort immer wieder die Absicht gezeigt, die Kirche des Evangeliums in ihrer Verkündigung und in ihrer Ordnung einem ihr fremden Totalitätsanspruch gleichzuschalten. Dabei darf nicht übersehen werden, daß hinter dem Totalitätsanspruch einer äußerlich noch in der Kirche stehenden Gruppe der Totalitätsanspruch der NS-Weltanschauung steht, von dem aus jederzeit auch praktisch in die Handhabung des Minderheitenrechts eingegriffen werden kann, indem die Bildung von deutsch-christlichen Minderheitsgruppen in unseren Gemeinden begünstigt wird. Eine solche »simultane« Regelung bedeutet unter den heutigen Verhältnissen, daß das kirchliche Zeugnis gegenüber der Nichtkirche geschwächt oder unterdrückt und andererseits der Geltendmachung jenes anderen Totalitätsanspruchs in unseren eigenen Gemeinden Raum geschaffen wird. Ein unersetzlicher Verlust an Glaubwürdigkeit der kirchlichen Verkündigung, eine tiefe Entmutigung derjenigen, die bisher treu zu der Sache des Evangeliums gehalten haben, eine unabsehbare Verwirrung unserer Gemeinden, dazu immer neue Spannungen und Kämpfe zwischen den beiden »Richtungen« wären die unausbleiblichen Folgen dieses Versuches einer »Befriedung«. Eine simultane Lösung darf daher unter den gegenwärtigen Verhältnissen zum mindesten in unsern intakten Kirchen nicht gesucht und nicht angeboten werden.

3. Wenn unsere Brüder in den zerstörten Gebieten eine solche simultane Lösung befürworten und entsprechende Vorschläge ausarbeiten, so ist dies in ihrer Lage zu verstehen. Man wird einräumen müssen, daß dort die Scheidung in den einzelnen Gemeinden klarer ist wie in unseren Gemeinden. Auch ist die Bekennende Kirche dort vielfach in der Minderheit. Es ist für eine Minderheit, die sich einen Platz in der ihr zustehenden Kirche durch das Minderheitenrecht zurückgewinnt, leichter, die Bekenntnisbindung in dem eigenen Kreis geltend zu machen und der andern Seite gegenüber festzuhalten, als für eine volkskirchliche Gemeinde, die einer DC-Minderheit in ihrer eigenen Mitte Raum geben muß. Es wird also eine simultane Lösung in den zerstörten Gebieten eher befürwortet werden können wie in noch nicht zerstörten Landeskirchen, jedoch ist kaum anzunehmen, daß die Gegenseite darauf eingehen wird. Es ist doch nicht von ungefähr, daß es zum Beispiel in der Evang.-Luth.

Kirche des Freistaates Sachsen, wo ein Minderheitenrecht ja bereits besteht, noch bis vor kurzem nicht in einem einzigen Fall gelungen war, einen BK-Pfarrer auf eine DC-Kanzel zu bringen. Vermutlich wird sich daran auch bis heute noch nichts geändert haben. So ist von dem Simultaneum praktisch für unsere bedrängten Gebiete in den zerstörten Gebieten wenig zu erhoffen.

4. Unter diesen Umständen müßte ein Eingehen der intakten Kirchen auf etwaige Wünsche unserer Brüder in den zerstörten Gebieten nach einer simultanen Gesamtregelung innerhalb der DEK verheerende Folgen haben. So wenig wie man im Kriege den bedrängten Kameraden in einem anderen Frontabschnitt dadurch helfen kann, daß man den Feind in die eigenen Gräben hereinnimmt und die eigene Front dadurch schwächt, so wenig werden wir durch eine simultane Lösung in den intakten Kirchen unsern Brüdern in den zerstörten Gebieten, auf längere Sicht gesehen, etwas helfen können. Darum bitten wir, in den bevorstehenden Verhandlungen keinerlei Simultaneum unsererseits anzubieten. Sollte aber von seiten des Staates eine simultane Lösung auch für unsere intakten Kirchen gefordert werden, so wird sich der Charakter dieser Forderung alsbald enthüllen, wenn unsererseits verlangt wird, daß zunächst einmal in den zerstörten Gebieten diese Regelung durchgeführt wird. Hat sie sich dann dort bewährt, haben die Repressalien gegenüber der Bekennenden Kirche dort wirklich aufgehört und ist es ihr ermöglicht, weiterhin ihr Zeugnis mit eindeutiger Klarheit auszusprechen, so ist eine neue Lage geschaffen, die auch bei uns neue Möglichkeiten erschließt. Auch dieser Vorschlag schließt ernste Gefahren in sich. Er ist jedenfalls die äußerste Möglichkeit des Entgegenkommens unsererseits, die unter keinen Umständen überschritten werden darf.

Für die Vertrauensleute-Versammlung: Th. Dipper.

Die Verhandlungen um eine Übergangsordnung innerhalb der Deutschen Evang. Kirche kamen im Herbst 1938 am Widerstand einzelner Bruderräte und durch neue Verwicklungen zum Erliegen, die sich aus Stellungnahmen zur politischen Lage ergaben. Außerdem hatte der Reichskirchenminister zum Ausdruck gebracht, daß er die Entscheidung über eine Minderheitenregelung als Sache seines Ministeriums ansehe.

DIE SUDETENKRISE UND DIE GEBETSLITURGIE
DER VORLÄUFIGEN LEITUNG

Im September 1938 spitzte die außenpolitische Lage sich wegen der deutschen Forderung auf Abtretung des Sudetenlandes an das Deutsche Reich äußerst zu, ein Krieg schien unmittelbar bevorzustehen. Deshalb rief der Oberkirchenrat am 14.9.1938 zur Fürbitte auf[91]*:*

Der Ernst der gegenwärtigen Lage ist für unsere mit dem Leben des Volkes eng verbundene Kirche, für unsere Gemeinden und Gemeindeglieder erneut ein Ruf zu anhaltendem Gebet und treuer Fürbitte vor Gott. Die Geistlichen werden daher auch im Schlußgebet des sonntäglichen Gottesdienstes mit der Gemeinde in herzlicher Fürbitte für Führer und Volk und für die schwer bedrängten Volksgenossen jenseits der Grenzen einstehen. I. V. Mayer-List.

Eine weitere Anweisung zu Bittgottesdiensten erfolgte am 27.9.1938[92]*:*

Die entscheidungsvollen Tage, die für unser Volk angebrochen sind und die wir mit stärkster Anteilnahme durchleben, rufen die christliche Gemeinde zu ernster Beugung vor Gott und zu anhaltender Fürbitte auf. Es ist begreiflicherweise nicht möglich, für alle eintretenden Fälle eine gottesdienstliche Anweisung oder eine besondere Darbietung zu geben. Mancherorts hat das Bedürfnis nach gemeinsamer Aufrichtung und Stärkung bereits zur Einrichtung von Bittgottesdiensten geführt. Wie zahlreiche Äußerungen aus Gemeindekreisen zeigen, warten viele Gottesdienstbesucher darauf, daß das Anliegen, das uns gegenwärtig als Glieder unseres Volkes aufs stärkste bewegt, auch in den Gemeindegottesdiensten ausgesprochen wird. Eine besondere Fürbitte für Führer und Volk in der jetzigen Lage wird am besten, mit kurzer entsprechender Einführung, an den Beginn des Gottesdienstes gestellt.

Im Blick auf die beispiellose Not, die über viele tausend sudetendeutsche Volksgenossen gekommen ist, werden die Pfarrämter gebeten, zu verkündigen, daß für diesen Zweck Opfergaben von den Geistlichen in der Kirche in Empfang genommen werden oder mit besonderer Bezeichnung in die Opferbüchsen eingelegt werden können. Solche Gaben sind an die

---

91 Nr. A 8625. Zum ganzen Zusammenhang vgl. Gesetzblatt der DEK 1938, S. 81 f.; KJb., S. 263–265; Niemöller, Kampf, S. 446–448; Niemöller, Handbuch, S. 390; Hermelink, Kirche im Kampf, S. 453–458; Wurm, Erinnerungen, S. 143–146; Dipper, S. 247–254; Zipfel, S. 236 f.
92 Nr. A 8993.

Kasse des Oberkirchenrats (Postscheckkonto 9050 oder Württ. Girozentrale Nr. 531) mit der Bezeichnung »Für die Sudetendeutschen« einzusenden. Wurm.

Am 28. 9. 1938 gab der Oberkirchenrat den Dekanatämtern streng geheime Anweisungen für den Kriegsfall bekannt, die den Pfarrern alsbald, aber nur mündlich bekanntzugeben waren[93]*:*

I

1. So wie die Feldseelsorge in einem heutigen Krieg sich in weithin andern Formen vollziehen muß als 1914–1918, würde auch der kirchliche Dienst in der Heimat, die diesmal viel unmittelbarer vom Krieg in Mitleidenschaft gezogen wäre, der veränderten Lage Rechnung tragen müssen.

2. Die Aufgaben der Kriegsfürsorge würden voraussichtlich von der NSV übernommen. Der Dienst der Kirche wird ein ganz zentraler sein: Verkündigung und Betätigung der richtenden und rettenden Botschaft des Evangeliums in der durch den Krieg geschaffenen besonderen äußeren und seelischen Lage. Dabei wird die Kirche besonders das Trostamt zu verwalten haben. In der Ausführung dieses ihres zentralen Dienstes in Verkündigung und Seelsorge muß die Kirche und jeder Pfarrer angesichts der beschränkten Möglichkeiten findig und wendig sein und jede Gelegenheit benützen.

3. Es ist damit zu rechnen, daß a) aus sicherheitspolizeilichen Gründen Kirchen bei Fliegeralarm geräumt werden müssen; b) unter Umständen der örtliche Luftschutzleiter die Abhaltung von Gottesdiensten in der Zeit vom Einbruch der Dunkelheit bis zum Tagesanbruch verbieten wird. Um wenigstens die Durchführung von Bet- und Bibelstunden und notwendigen Zusammenkünften in den kirchlichen Räumen zu ermöglichen, wird für sorgfältige Abdunkelung Sorge getragen werden müssen.

4. Es ist anzunehmen, daß Gemeindehäuser früher oder später für militärische oder öffentliche Zwecke in Anspruch genommen werden.

II

1. Die Gestaltung des Erntedankfestes am 2. Oktober und die Wortverkündigung an diesem Sonntag wird sich zwangsläufig darauf einstellen müssen, wie die politische Lage sich gestaltet.[94] Einzelweisung des Oberkirchenrats ist hiefür nicht mehr zu erwarten. Im übrigen vgl. den Erlaß an alle Pfarrämter vom 27. 9. 1938 Nr. A 8993.

93 LKA Stuttgart, D 1, Bd. 78.
94 Vgl. die am 23. 9. 1938 für das Erntedankfest angeordnete Verkündigung (Nr. A 8887).

2. Im Kriegsfall wird der 1. Sonntag nach Kriegsbeginn als allgemeiner Bettag begangen, für dessen Gestaltung der Oberkirchenrat Handreichung geben wird.

3. Einrichtung von regelmäßigen (nicht zu häufigen!) Kriegsbetstunden am Morgen oder, wo dies möglich, am Abend; hiebei dem Gebet und dem Gemeindegesang reichlich Raum lassen!

4. Ständige Fürbitte für Volk, Führer, Wehrmacht am Schlußgebet wird von der Gemeinde mit Recht erwartet.

5. Müssen Kirchen aus wehrpolitischen Gründen vorübergehend geschlossen bzw. Gottesdienste eingestellt werden, so ist die Gemeinde zur üblichen Gottesdienstzeit durch Glockenzeichen zur Hausandacht aufzurufen. Verteilpredigten bei der Landesstelle des Evang. Gemeindedienstes bestellen!

6. Tagsüber, wo angängig, die Kirchen offen halten; bekanntgeben!

7. Verhalten bei Fliegeralarm während der Gottesdienste nach Weisung der örtlichen Luftschutzstellen. Darauf dringen, daß jeweils nach Gottesdienstende die Kirchplätze rasch geräumt werden. Besondere Sorge für die Kirchenfenster; wenn möglich offen halten!

8. Sorgen, daß Vasa sacra und Kirchenbücher sicher aufbewahrt sind (Keller oder feuersicherer Schrank)!

9. In den Standorten liegt die Wehrmachtseelsorge in der Hand der haupt- oder nebenamtlichen Standortpfarrer. In den übrigen Mobilmachungsorten soll der Ortsgeistliche sich um die Einrückenden im Benehmen mit dem zuständigen Kommandeur oder Standortältesten bemühen. Insbesondere sollte in kleineren zeitweiligen Standorten ein Abschiedsgottesdienst womöglich mit Abendmahlsfeier für die Ausmarschierenden stattfinden.

10. Versorgung der Ausmarschierenden oder Ausmarschierten mit Gebetsbüchlein oder Bibelteilen in Heftchenform (z. B. Quellwasser aus Gottes Wort; Biblische Betbüchlein; Befehlsworte der Heiligen Schrift; Gottes Wort für Leidende; Für müde Seelen; Deutsches Volk, höre des Herrn Wort; Bibelteile). Bestellung bei der Württ. Bibelanstalt (Bibelteile Rpf. 5 je Stück; Gebetsheftchen Rpf. 6 je Stück). Für die Beschaffung Kirchenopfer verwenden!

III

11. Die ortskirchliche Verwaltung ist geordnet weiterzuführen. Für den Fall, daß der Vorsitzende des Kirchengemeinderats an der Geschäftsleitung verhindert sein sollte, ist, soweit nicht bereits geschehen, baldmög-

lichst ein weltliches Mitglied des Kirchengemeinderats zu bestimmen, das bei Verhinderung des Vorsitzenden stellvertretend die Geschäfte leitet (§ 30 Abs. 2 KGO). Sind soviele Mitglieder des Kirchengemeinderats an der Ausübung ihres Amts verhindert, daß der Kirchengemeinderat nicht mehr beschlußfähig ist, so ist dem Dekanatamt zu berichten, das seinerseits Antrag auf Einsetzung einer kommissarischen Verwaltung beim Oberkirchenrat stellt (§ 42 KGO).

12. Für die zum Heeresdienst eingezogenen Beamten und Angestellten der Kirchengemeinden (Organist, Mesner usw.) ist, soweit dies eben möglich ist, Ersatz zu beschaffen.

13. Bargeld, Sparkassenbücher und Wertpapiere der Kirchengemeinden sind so gut zu verwahren, daß sie fremdem Zugriff oder Verlust nicht ausgesetzt sind. Die im Depot einer Sparkasse oder Bank befindlichen Wertpapiere können vorläufig dort belassen werden.

14. Die Einstellung von Bausachen, die nicht unbedingt fortgeführt werden müssen, wird sich von selbst ergeben.

Evang. Oberkirchenrat.

Voller Sorge schrieb Pfr. Daur, Stuttgart-Rohr, am 28.9.1938 an den Landesbischof[95]*:*

Hochverehrter, lieber Herr Landesbischof!

Darf ich Ihnen aus bedrängtem Herzen heraus ein paar Worte schreiben? Ich wollte Sie heute auf dem Oberkirchenrat aufsuchen, erfuhr aber, daß Sie auswärts seien. Die Frage läßt mir keine Ruhe: Wo bleibt die Kirche? Müssen wir wirklich dazu schweigen, daß unser Volk und die Menschheit in einen grauenvollen Krieg hinein treiben, der allem Anschein nach zu vermeiden gewesen wäre und noch zu vermeiden wäre, wenn der Geist der Gerechtigkeit, der Wahrheit und der Demut hüben und drüben, drüben und hüben herrschte oder endlich in letzter Stunde wiederkehrte? Wie soll der Haß der Völker überwunden werden, wenn nicht durch verstehende, vergebende Liebe? Wenn die Staatsmänner das nicht sehen, muß dann nicht die Kirche ein klares, deutliches, unerschrockenes Wort sprechen? Nicht bloß darum geht es, unsere Gemeinden zur Treue gegen Volk und Führer, zu Mitgefühl mit den schwerbedrängten Volksgenossen aufzufordern; mindestens ebenso wichtig ist, daß wir zur Buße rufen, zur Selbstprüfung, ob wir als einzelne und als Volk nicht weithin mitschuldig sind an der heutigen Lage.

95 LKA Stuttgart, D 1, Bd. 74,2.

Ich will nicht auf Einzelheiten eingehen, obwohl da unendlich viel zu sagen wäre. Ich meine auch nicht, daß wir als Kirche politische Einzelfragen aufwerfen sollten. Aber rufen, mahnen zur Gerechtigkeit, zu Verständnis und Ritterlichkeit auch gegenüber dem Gegner, zu Opferbereitschaft und Verantwortungsgefühl für den Frieden, das ist unsere ganz dringliche Aufgabe. Nach dem äußeren Erfolg haben wir dabei nicht zu fragen.

Aber vielleicht ist es doch nicht ganz aussichtslos, daß wir auch äußerlich etwas erreichen. Ich denke an jenen geschichtlichen Augenblick, wo zwischen zwei südamerikanischen Staaten (wenn ich mich recht erinnere, waren es Argentinien und Chile) der Krieg am Ausbrechen war. Da zogen in beiden Ländern die Bischöfe von Stadt zu Stadt, von Dorf zu Dorf und riefen überall: »Das darf nicht sein! Gottes Kinder dürfen nicht so mit- und aneinander handeln!« Die Regierungen wurden daraufhin gezwungen, ihren Streit einem Schiedsgericht vorzulegen, die Kanonen wurden eingeschmolzen und ein großes Kreuz daraus gegossen, das heute noch hoch oben in den Anden steht und zum ewigen Frieden aufruft.

Bitte, lieber Herr Landesbischof, verstehen Sie mich nicht falsch, als wollte ich Ihnen sagen, was Sie zu tun und zu lassen haben. Ich weiß, Sie haben einen viel weiteren Überblick und eine tiefere Einsicht in die verwickelten und schwierigen Fragen. Aber vielleicht ist es Ihnen doch eine innere Unterstützung zu wissen, daß viele hinter Ihnen stehen, wenn Sie sich jetzt wieder wie schon so manchesmal unerschrocken dafür einsetzen, daß das Wort Gottes sich als ein zweischneidiges Schwert bewähre, das verwundet und weh tut, aber das allein auch heilen und vor dem Abgrund retten kann.

Sollte es aber Gottes Wille sein, daß wir in das Grauen eines neuen Kriegs hinein müssen, dann nicht mit Hurra und Sprechchören, sondern in Demut und Stille, mit dem großen Dennoch des Glaubens, daß, wo sinnlos unbeschränkt dunkle Willkür scheint zu spielen, Liebe doch nach ew'gen Zielen die verborgenen Fäden lenkt.

Gott schenke Ihnen und uns Kraft und Weisheit, er erbarme sich unseres armen Volks und der ratlosen Menschheit!

Ihr dankbar ergebener R. Daur.

Am 28. 9. 1938 stellte der Landesbischof in einem Brief an den Staatssekretär im Auswärtigen Amt, Frhr. v. Weizsäcker, die Hilfe der Kirchenführer für die Erhaltung des Friedens in Aussicht[96]:

---

96 LKA Stuttgart, D 1, Bd. 78; vgl. auch den Antwortbrief Weizsäckers vom 4. 10. 1938 (LKA Stuttgart, D 1, Bd. 78).

Sehr verehrter Herr Staatssekretär!

In dieser ernsten Stunde bewegt mich der Gedanke, ob und wie die evang. Kirchenführer in Deutschland ihre Autorität für die Erhaltung des Friedens einsetzen können. Ich denke dabei in erster Linie an ein an England gerichtetes Wort. Der gestrigen »Times« entnehme ich, daß eine gegenüber Deutschland so kritisch gestimmte Persönlichkeit wie der Bischof von Chichester in sehr nachdrücklicher Weise für eine friedliche Lösung eintritt. Es dürfte also immerhin möglich sein, daß ein solches Wort freundliche Aufnahme findet. Selbstverständliche Voraussetzung wäre für mich, daß das Auswärtige Amt den Schritt selbst und den Wortlaut eines etwaigen Telegramms an den englischen Premierminister billigt. Die Bischöfe Meiser und Marahrens würden sich anschließen. Ich bin jederzeit unter Nummer 60153 telefonisch zu erreichen.

Verehrungsvoll Ihr ergebener D. Wurm.

In der bangen Sorge vor einem Krieg gab die Vorläufige Leitung der Deutschen Evang. Kirche ohne Fühlungnahme mit den Landeskirchen und den Landesbruderräten am 27. 9. 1938 in verbindlicher Form die Ordnung für einen Gebetsgottesdienst heraus, der am 30. September abgehalten werden sollte[97]:

Die Vorläufige Leitung ersucht die Landeskirchenregierungen – Landesbruderräte, für Freitag, den 30. September dieses Jahres, abends einen Gebetsgottesdienst anzuordnen. Für den Gottesdienst fügen wir eine besondere Ordnung bei und empfehlen, diese Ordnung, bei der eine besondere Ansprache ausdrücklich ausgeschlossen ist, verbindlich zu machen.

Müller, Pfarrer.

Gebetsgottesdienst

1. Lied: Nr. 130, Aus tiefer Not.
2. Liebe Gemeinde! In den großen Nöten, die uns betroffen haben, wenden wir uns von Herzen zu Gott, der unsere Zuversicht und Stärke ist, um sein Wort zu hören und zu ihm zu beten. So höret denn Gottes Wort, wie es geschrieben steht im 32. Psalm.
3. Gebet. Laßt uns Gott unsere Sünde bekennen und im Glauben an unseren Herrn Jesum Christum um Vergebung bitten: Herr, unser Gott,

---

97 LKA Stuttgart, D 1, Bd. 78; vgl. auch die von Dipper mitgeteilte veränderte Form dieser Liturgie, die nach Lösung der Krise von Pfr. Müller, Berlin-Dahlem, am 30. 9. 1938 in einem Gottesdienst verwendet wurde (LKA Stuttgart, D 1, Bd. 143). Vgl. auch Boyens, S. 187 f.

wir armen Sünder bekennen vor Dir die Sünde unserer Kirche, ihrer Leitung, ihrer Gemeinden und ihrer Hirten. Durch Lieblosigkeit haben wir den Lauf Deines Wortes oft gehindert, durch Menschenfurcht Dein Wort oft unglaubwürdig gemacht. Wir haben ein falsches Evangelium nur zu sehr geduldet. Wir haben nicht so gelebt, daß die Leute unsere guten Werke sehen und Dich preisen konnten. Wir bekennen vor Dir die Sünden unseres Volkes, Dein Name ist in ihm verlästert, Dein Wort bekämpft, Deine Wahrheit unterdrückt worden. Öffentlich und im geheimen ist viel Unrecht geschehen. Eltern und Herren wurden verachtet, das Leben verletzt und zerstört, die Ehe gebrochen, das Eigentum geraubt und die Ehre des Nächsten angetastet. Herr, unser Gott, wir klagen vor Dir diese unsere Sünden und unseres Volkes Sünden. Vergib uns und verschone uns mit Deinen Strafen. Amen.

4. Lied: Nr. 34, O Lamm Gottes.

5. Schriftverlesung: In diesen Zeitläufen, da der Kriegslärm die ganze Welt erfüllt, laßt uns auf Gottes Wort hören und zu Herzen nehmen, daß Gott ein Herr über Krieg und Frieden ist. Höret Gottes Wort, wie es geschrieben steht im 85. Psalm.

6. Gebet. So laßt uns denn Gott darum bitten, daß er uns und unser Land gnädig vor Krieg bewahre (vom Krieg erlöse) und uns und unseren Kindern Frieden schenke.

Stille (2 Minuten)

Herr unser Gott, wende den Krieg von uns ab! Lenke Du den Regierenden in allen Völkern das Herz. Gib, o Gott, daß sie ihr Land zum Frieden regieren! Amen.

7. Lied: Nr. 92, Es wolle Gott uns gnädig sein.

8. Schriftverlesung: Wenn (weil) aber Gott in seinem unerforschlichen Ratschluß uns mit Krieg straft, so wollen wir uns seiner Verheißung getrösten. Höret Gottes Wort, wie es geschrieben steht im 91. Psalm.

9. Gebet: Wir gedenken vor Gott aller derer, die zu den Waffen gerufen sind. Gott wolle sie stärken, wenn sie Heimat und Herd, Weib und Kind verlassen müssen, wenn sie unter mancherlei Entbehrungen vor dem Feinde liegen, wenn sie verwundet werden oder erkranken, wenn sie in Gefangenschaft geraten oder wenn der Tod sie ereilt.

Stille (2 Minuten)

Herr unser Gott, nimm Dich aller unserer Soldaten in Gnaden an. Lenke ihr Geschick. Stärke sie an Leib und Seele. Behüte sie in Gefahr. Gib ihnen gute Kameraden. Verlasse sie nicht mit Deinem Wort. Mache

Du selbst unter ihnen Menschen willig und fähig, die von Deinem Worte und Deinem Heile zeugen. Amen.

10. Lied: Nr. 305, Mitten wir im Leben sind.

11. Schriftverlesung: Wir wissen, daß ein Krieg auch für die ganze Heimat viel Sorgen und Gefahren mit sich bringt. Wir wollen uns dafür trösten lassen mit göttlichem Trost. Höret Gottes Wort, wie es geschrieben steht im Evangelium Matthäus im 6. Kapitel, Vers 25 bis 34.

12. Gebet. Wir gedenken der Mütter, die um ihre Söhne bangen, der Frauen, die auf ihren Gatten warten, der Kinder, denen der Vater fehlt. Wir bitten für die Arbeiter und Arbeiterinnen in den Kriegsbetrieben, für alle, die für des Volkes täglich Brot sorgen sollen, auch für alle Einsamen, deren Schicksal vergessen wird.

Stille (2 Minuten)

Herr, unser Gott, nimm Dich der Heimat gnädig an. Sei Du selbst der Verlassenen Vater und Berater. Erhöre die Gebete derer, die nach Dir schreien. Gib unserem Lande Frieden, o Gott, Amen.

13. Lied: Nr. 211, Wenn wir in höchsten Nöten sein.

14. Schriftverlesung. Unser Herz ist voll Sorge, wenn wir der Versuchungen gedenken, welche jeder Krieg mit sich bringt. Wir vernehmen darum mit Ernst die göttlichen Gebote, weil Gott sein Recht nicht mit Füßen treten lassen will. Höret Gottes Wort, wie es geschrieben steht im 94. Psalm, Vers 1 bis 15.

15. Gebet. Wir gedenken vor Gott der Jungen und Alten, die aus ihrem geordneten Lebensweg gerissen werden. Wir gedenken der einsamen Männer und Frauen, der unbehüteten Knaben und Mädchen. Wir gedenken aller, die in Versuchung stehen, grausam Rache zu üben und vom Haß überwältigt zu werden. Wir gedenken der Menschen, deren Land der Krieg bedroht und beten für sie alle zu Gott.

Stille (2 Minuten)

Herr, unser Gott, nimm Dich gnädig aller Gefährdeten an. Führe uns nicht in Versuchung und erlöse uns und alle Menschen von allerlei Übel Leibes und der Seelen.

16. Lied: Nr. 520, Es ist gewißlich an der Zeit.

17. Schriftverlesung: In diesen Zeitläufen hat Gott der Herr der Kirche besondere Aufgaben gegeben. Wehe jedem kriegführenden Volk, in welchem jetzt die Kirche ihre Pflicht nicht tut. Denn Gott macht sich auf, das Erdreich zu richten. Darum höret Gottes Wort, was es uns vom Ende aller Dinge zu sagen hat. Es steht geschrieben beim Evangelium St. Lukas im 21. Kapitel Vers 25 bis 36.

18. Gebet. Wir gedenken der heiligen christlichen Kirche unter allen Völkern. Wir bitten für ihre Ältesten und ihre Hirten, die das Evangelium auch jetzt ohne Scheu zu sagen haben. Wir bitten für die Kirchenleitungen, die darüber wachen wollen, daß die Wahrheit des Wortes Gottes nicht verfälscht wird. Wir bitten für die Gemeinden, daß sie in der Gemeinschaft des Wortes Gottes mit allen Christen festbleiben. Wir bitten für alle, die um Christi Willen verfolgt werden.

Stille (2 Minuten)

Gemeinsam gesprochenes Vaterunser.

Der Herr selbst läßt uns bezeugen: Offenbarung 21, 1 bis 4. Jesus Christus spricht Johannes 16, 33: »Solches habe ich mit euch geredet, daß ihr in mir Frieden habt. In der Welt habt ihr Angst, aber seid getrost, ich habe die Welt überwunden.«

Die Gnade unseres Herrn Jesu Christi...

19. Lied: Nr. 311, Wachet auf, ruft uns die Stimme.

Die Krise wurde am 29.9.1938 durch das Abkommen von München gelöst, das die wichtigen Teile des Sudetenlandes Deutschland zusprach.[98]

Für das Erntedankfest am 2.10.1938 ordnete der Oberkirchenrat einen Dankgottesdienst für die Erhaltung des Friedens an[99]*:*

Die Gottesdienste am Sonntag, den 2. Oktober (Erntedankfest), werden zugleich als Dankfeier für die Erhaltung des Friedens und die Befreiung der deutschen Volksgenossen im Sudetenland begangen. Außerdem findet aus diesem Anlaß am Sonntag, 2. Oktober, von 12 Uhr bis 12.15 Uhr ein allgemeines Glockengeläute statt. Vorstehendes ist den zuständigen Stellen zur Veröffentlichung in der Presse und Bekanntgabe durch Rundfunk übermittelt worden.   I. V. Müller.

Mit der Herausgabe der Gebetsliturgie durch die Vorläufige Leitung der Deutschen Evang. Kirche, deren Wortlaut Staat und Partei in die Hände gefallen war, entstanden schwerste Probleme für die gesamte Evang. Kirche in Deutschland. Die Mitglieder des Rats der Evang.-Luth. Kirche und der Konferenz der Kirchenführer distanzierten sich

---

[98] Vgl. die telefonische Anweisung an eine Anzahl von Dekane der Landeskirche, am 30.9.1938 einen Wochenschlußgottesdienst »für die gnädige Abwendung der Kriegsgefahr« zu halten (OKR Stuttgart, Registratur, Generalia Bd. 192). Vgl. auch KAW 1938, S. 151.

[99] Nr. A 9160.

vom Vorgehen der Vorläufigen Leitung, gegen deren Mitglieder Disziplinarmaßnahmen eingeleitet wurden. Nach einer Besprechung im Reichsinnenministerium am 19.10.1938 wurde eine vorsichtige und ausgewogene Erklärung der Kirchenführer in der Presse propagandistisch zugunsten des Staates ausgewertet.

Damit waren zunächst sämtliche Ansätze für eine Einigung der Bekennenden Kirche zerstört, die sich aus den politischen Ereignissen der Jahre 1937 und 1938 in verschiedener Weise ergeben hatten. Ein Neubeginn war notwendig.

DER 70. GEBURTSTAG VON LANDESBISCHOF D. WURM

Am 7.12.1938 feierte Landesbischof D. Wurm seinen 70. Geburtstag.[100] *Es erschienen zwei Festschriften, eine davon von D. Wurm selber verfaßt, in der er im Zusammenhang mit dem Anschluß der Württ. Landeskirche an die lutherischen Kirchen in Deutschland den lutherischen Grundcharakter seiner Landeskirche betonte.*[101] *Bei den Feiern kam die Bedeutung des Landesbischofs über den Bereich der Württ. Landeskirche hinaus zum Ausdruck.*

Für die Glückwünsche aus dem Kreis der Pfarrer der Württ. Landeskirche dankte der Landesbischof am 19.12.1938[102]*:*

An den Herrn Dekan und die Geistlichen des Kirchenbezirks...

Verehrter Herr Dekan, liebe Amtsbrüder!

Sie haben mir zu meinem 70. Geburtstag Worte dankbarer und vertrauensvoller Verbundenheit gesandt, die mich erfreut und beschämt haben; erfreut, weil sie mir zeigen, daß die Geschlossenheit des württ. evang. Pfarrstandes in den Hauptfragen, auf die es ankommt, nicht notgelitten hat; beschämt, weil ich mir wohl bewußt bin, wie sehr es oft an der Glaubens- und Liebeskraft gebricht und auch an der Weisheit und Besonnenheit, um das Schiff durch die unzähligen Klippen zu führen. Aber wir

---

100 Vgl. Wurm, Erinnerungen, S. 150 f.; KAW 1938, S. 177 und 190. Vgl. auch das Telegramm des Reichskirchenministeriums vom 7.12.1938 an den Landesbischof: »Zu Ihrem 70. Geburtstage gedenke ich Ihrer in aufrichtiger Würdigung der Arbeit, die Sie durch lange Jahre im Dienste Ihrer Landeskirche haben leisten dürfen und übermittele Ihnen die herzlichsten Segenswünsche der DEK« (Archiv der EKD, A 4, 282).
101 Der lutherische Grundcharakter der württembergischen Landeskirche. Blätter für württ. Kirchengeschichte, Sonderheft 6. Stuttgart 1938. – Für Volk und Kirche. Zum 70. Geburtstag von Landesbischof D. Th. Wurm dargeboten vom Evang. Pfarrverein in Württemberg. Stuttgart 1938. (Beiträge von Albrecht Goes, Th. Kurz, Mayer-List, Karl Heim, Gustav Bossert und Martin Remppis.)
102 LKA Stuttgart, D 1, Bd. 78.

sind darin einig, daß unser Gott nicht eine Burgruine, sondern eine wirklich feste Burg ist und daß wir das unseren Gemeinden bezeugen müssen und bezeugen dürfen. Gott segne und beschirme uns alle, auch wenn die Ausrichtung unseres Dienstes uns noch vor ganz schwere Entscheidungen stellen sollte.

In herzlicher Verbundenheit Landesbischof D. Wurm.

Pfr. Lic. Lempp widmete dem Landesbischof zu dessen 70. Geburtstag folgende Verse[103]:

Die Konferenz der deutschen Kirchenführer

Preisend mit viel frommer Rührung
Ihrer Kirche Art und Führung
Labten einst viel Kirchenfürsten
Sich mit Bier und warmen Würsten,

Und es sprach Herr Doktor Werner
(nicht ganz ohne Zähn' und Hörner):
»Preußens Kirche hat trotz Melle
Bei dem Staat die erste Stelle,
Weil halt ich an ihrer Spitze
Ganz als Mann des Staates sitze.
Zwar der Kirche rechtes Salem
– ich gesteh das – sitzt in Dahlem.
Ich beschränk mich auf Verwaltung
Und markiere stramme Haltung.
Im Gesamtbild zeigt mein Sprengel
Manche Teufel, manche Engel.
Zwischen beiden gibt es schon
Ein Jahrhundert Union.

---

103 LKA Stuttgart, D 1, Bd. 78. Das »Gedicht« lehnt sich an an Justinus Kerner, Der reichste Fürst: Preisend mit viel schönen Reden / ihrer Länder Wert und Zahl, / saßen viele deutsche Fürsten / einst zu Worms im Kaisersaal. // »Herrlich«, sprach der Fürst von Sachsen, / »ist mein Land und seine Macht; / Silber hegen seine Berge / wohl in manchem tiefen Schacht.« // ... // Eberhard, der mit dem Barte, / Württembergs geliebter Herr, / sprach: »Mein Land hat kleine Städte, / trägt nicht Berge silberschwer. // Doch ein Kleinod hält's verborgen: / daß in Wäldern, noch so groß, / ich mein Haupt kann kühnlich legen / jedem Untertan in Schoß.« // Und es rief der Herr von Sachsen, / der von Bayern, der vom Rhein: / »Graf im Bart, Ihr seid der Reichste! / Euer Land trägt Edelstein.«

Und wir halten diese Sitte
Fest in einem Bund der Mitte.
Weiter kann ich wohl nichts sagen,
Müßt erst den Minister fragen.«

    Sprach von Bayern Bischof Meiser
(und er sprach schon etwas leiser):
»Meine Herrn, mir grauet schon
Vor dem bloßen Wort Union.
Meine Kirch' hat kein Verständnis
Für Vermischung von Bekenntnis.
Wie einst nicht wich vom Tempel Hanna,
So bleibt sie bei der Augustana.
Es kann die Welt sich zehnmal drehen,
Sie bleibet fest beim alten stehen,
Richtet sich auch jetzt – das preis ich –
Nur nach Fünfzehnhundertdreißig.
Und bedauert bloß die Armen,
Die ein Bekenntnis sehn in Barmen.
Nie das Luthertum wird wanken
Bei uns in Bayern und in Franken.«

    Und es sprach der Herr von Baden[104]:
»Die Union kann uns nicht schaden,
Sie ist unanfechtbar gut,
Weil sie auf Consensus ruht.
Wir in Baden sind ganz friedlich
In der Kirche und gemütlich
Von Konstanz bis Neckarelz.
Nur haben wir'ne Laus im Pelz.
Denn leider über alles Geld
Ist mir ein Vormund jetzt bestellt.
Der gießt mir warmes Wasser ein
In meinen guten kühlen Wein.
Man tat's, daß unser Etat sich bessert,
Jedoch die Kirche ist verwässert,
Ja sie ist heut ein hölzern Eisen.
Drum kann ich uns nicht glücklich preisen.«

---

104 Landesbischof D. Kühlewein; es folgt eine Anspielung auf die Einrichtung einer Finanzabteilung in der Badischen Landeskirche.

Nun sprach der Bischof von Hannover:
»Die Kirche mein ist nicht so power.
Zwar ließ auch sie in Übereilung
Einziehen die Finanzabteilung.
Das ist gewiß auch uns verpönt,
Doch haben wir uns dran gewöhnt.
Nicht viele gibt's, die mir bereiten
In meinem Sprengel Schwierigkeiten.
Denn mit der Würde eines Zarens
Herrsch ich, Magnificenz Marahrens.
Und trotz der Schäden der Verwaltung
Wahr'n wir die nordisch stolze Haltung.
Und bleiben – da braucht's keinen Mahner –
Auf ewig gute Lutheraner.«

Herr Klotsche aus dem Sachsenland
Mit dem Revolver in der Hand,
Der sprach: »Was Luthertum, Bekenntnis!
Ich habe dafür kein Verständnis.
Unkirchlich handeln, mag's geschehn,
Darnach laß keinen Hahn ich krähn.
Wie's meiner Kirche geht? Ihr Herrn,
Was soll ich mich darum viel schern?
Und geht darüber sie kaputt,
Ist man sie los, das ist nur gut.
Und wer von euch mich drob nicht priese,
Dem sage ich: mein Herr, ich schieße!«

Von Thüringen Herr Bischof Sasse
Holt ein Glas Bier sich neu vom Fasse
und spricht dann lächelnd und in Ruh:
»Ihr Herren, ihr gesteht mir zu,
Daß in der Kirchen ganzem Vereine
Die Musterkirche ist die meine.
Im Urbild zeigt sie heut schon euch
Die kommende Kirche im Deutschen Reich.
Und sie verbürgt in ihrem Schoß
Ein Kleinod – das macht sie so groß –:
Des großen deutschen Traums Erfüller,
Den Reichsbischof, Herrn Ludwig Müller.

Ja, auch für Eurer Kirchen Thron
Hat sie die Kandidaten schon:
In Württemberg Herr Georg Schneider,
Herr Bär in Bayern und so weiter.
O seht an uns, wie schön das wird,
Wenn so ein Mann bei euch regiert.
Da wird's nicht Konfessionen geben –
Wie jeder mag, so wird er leben.
Der Kirche Einheit ist erreicht.
Sie zu regieren, ist ganz leicht,
Dieweil nur ein Departement
Des Staates sich die Kirche nennt.
Zwar die Gemeinden schwinden sehr,
Die Gotteshäuser bleiben leer,
Die Kirche die Substanz verliert.
Doch dieses mich gar nicht geniert.
Die Kirche ist mir ganz egal –
Hauptsache, wir sind national.
Und ist das Volk uns auch entschwunden,
Macht nichts. Wir sind doch volksverbunden.«

   Der Reihe nach dann sprachen weiter
Noch viele andere Kirchenleiter:
Von Braunschweig, Anhalt, die zwei Hessen,
Herr Schulz, Schwerin, nicht zu vergessen,
Herr Bischof Weidemann aus Bremen,
Sie alle tun das Wort jetzt nehmen.
Auch Hamburg, Lübeck und die Pfalz,
Dann Oldenburg spricht mit viel Schmalz.
Österreich und das Sudetenland
Ganz neu im Kreis, macht sich bekannt.
Der Brüderbischof der Herrnhuter,
Die Freikirche, die schwört auf Luther,
Es schweigt niemand vom ganzen Hauf.
Auch Reformierte stehen auf,
Obwohl vor Schauder sie fast schwitzen,
Im Kreis von Bischöfen zu sitzen,
Am Ende kommt noch Schleswig-Holstein.
Nun wird die Zahl doch endlich voll sein.

Doch nein, dort hinten in der Ecke,
Da sitzt ja noch ein deutscher Recke.
Auf ihn schaut alles jetzt voll Staunen
Und manche Zungen hört man raunen:
»Warum preist seiner Kirche Ehr'
Nicht Württembergs geliebter Herr?«
Noch sitzt er da, als ob der schlief.
Doch jetzo seufzt er auf ganz tief
Und spricht: »Ich wundere mich mächtig,
Daß bei Euch alles ist so prächtig.
Da möcht am liebsten ich ganz schweigen,
Nicht meiner Kirche Schand anzeigen.
Sie hat viel Not und auch viel Streit.
Es fehlt gar oft die Einigkeit.
Das Luthertum steht nicht ganz fest.
Mein Wort man oft nicht gelten läßt.
Ein jeder meint, er sei gescheiter
Und wär ein fromm'rer Kirchenleiter.
Ein jeder meint, er wiß' es besser,
Und sagt den Kampf mir an auf's Messer,
Droht nicht zwar mit Pistolenmündung,
Jedoch mit eigner Kirchengründung,
Wenn ich nicht sogleich ihm pariere,
Nach seinem Kopf die Kirche führe.
Oft sage ich zu der Gemahlin:
Da braucht man Nerven wie Herr Stalin.
Jedoch ein Kleinod hält's verborgen,
Mein Land, als Trost in allen Sorgen:
Daß, sei der Wirrwarr noch so groß,
Sobald im Ernst der Teufel los
Und es um Christi Sach tut gehen,
Daß dann sie alle zu mir stehen.
Darauf ich mich verlassen kann,
Da steht die Kirche wie ein Mann.
Der Württemberger meckert eben,
doch, wird es ernst, läßt er sein Leben.«

Und es spricht der Kirchenleiter
Preußens, Bayerns, und so weiter,

Ja der ganze Hauf im Chor:
»Schwabens Bischof, tretet vor!
Reich zu preisen seid alleine
Ihr, denn dort gibt's Edelsteine.
Was nützt uns das Hirtenamt,
Wenn die Herd' zum Tod verdammt?
Welchen Ruhm hat ein Dompteur,
Wenn nur Schafe bändigt er?
Ihr habt Löwen, Tiger, Affen,
Und besiegt sie ohne Waffen.
Wo viel Kampf der Ernstfall einte,
Ist lebendige Gemeinde.
Darum preisgekrönt bist Du.
Das gestehn wir alle zu.
Stehe fest im Wettersturm,
Schwabens Landesbischof Wurm!«

CHRONOLOGISCHES VERZEICHNIS DER DOKUMENTE

Im Kursivsatz angeführte Dokumente sind nur auszugsweise wiedergegeben.

DATUM	ABSENDER BEARBEITER	EMPFÄNGER ZEITUNG	INHALT DES DOKUMENTS	SEITE
1935				
19. Juli	Murr	Kerrl	*Staat und Kirche*	*780*
24. Nov.	Mergenthaler	Schwäb. Merkur	Religionsunterricht	699 f.
15. Dez.	Lauterbacher	Befehl	HJ und Kirche	472 f.
1936				
11. Febr.	OKR	Runderlaß	Bekenntnisschule	701 ff.
18. Febr.	–	Völkischer Beobachter	Bekenntnisschule	709
19. Febr.	Reichsbewegung DC	RKA	Bekenntnisschule	704 f.
20. Febr.	OKR	Runderlaß	Religionsunterricht	700 f.
22. Febr.	OKR	REM	Bekenntnisschule	705
11. März	OKR	Württ. Kultministerium	Bekenntnisschule	706 ff.
13. März	*Rehm*	*RKA*	*Landesbischof Wurm*	*704*
16. März	Wurm	Mergenthaler	Bekenntnisschule	708
16. März	Mergenthaler	Wurm	Bekenntnisschule	709
24. März	Württ. Innenministerium	Pfarramt Rottweil	Evang. Kindergarten	843 f.
24. April	OKR	Runderlaß	Gemeinschaftsschule	709 ff.
Ende April	Schrenk, Lempp, Roos	Flugblatt	Gemeinschaftsschule	711 f.
25. Mai	RKA	RKM	Evang. Kindergärten	844 ff.
3. Juni	Sozietät	Entschließung	Gemeinschaftsschule	714 f.
11. Juni	OKR	Runderlaß	Religionsunterricht	712 ff.
12. Juni	Sozietät	Gutachten	Rechtshilfe für die Landeskirche	40–50
30. Juli	Bekenntnisgemeinschaft	Entschließung	Verhältnis zur NS-Volkswohlfahrt	667 ff.
31. Aug.	Württ. Kultministerium	OKR	Bekenntnisschule	719
18. Sept.	OKR	Württ. Kultministerium	Religionsunterricht	716 ff.
21. Sept.	Mergenthaler	OKR	Religionsunterricht	718 f.
12. Okt.	OKR	Erlaß	Kürzung der Staatsleistungen	442 ff.

DATUM	ABSENDER BEARBEITER	EMPFÄNGER ZEITUNG	INHALT DES DOKUMENTS	SEITE
10. Nov.	OKR	RKA	Evang. Kindergärten	846 ff.
Dez.	Schilling	OKR	VKBDC	414 ff.
9. Dez.	Reichsjugendführer	Rundfunk	Religiöse Jugenderziehung	472 f.

1937

Anfang	–	Formular	Kirchensteuer der DC	446 f.
Anfang	Pg. und DC-Pfarrer	Denkschrift	Partei und Kirche	634 ff.
7. Jan.	Dipper	Beirat der Kirchenleitung	Wesen und Aufgaben des Beirats der Kirchenleitung	17
9. Jan.	Pressel	LBR	Wesen und Aufgaben des Beirats der Kirchenleitung	20
9. Jan.	Metzger	Dipper	Wesen und Aufgaben des Beirats der Kirchenleitung	23
10. Jan.	Gauß	Pfarrer des Sprengels Heilbronn	Neujahrsbrief	6
13. Jan.	OKR	Runderlaß	Konfirmandenunterricht	467 ff.
13. Jan.	VKL	Rundschreiben	Jugend und NS-Weltanschauung	691 f.
16. Jan.	Quell-Verlag	Rundschreiben	Evang. Gemeindeblatt	455 f.
16. Jan.	OKR	Runderlaß	Flammenzeichen	640 ff.
18. Jan.	LBR	Protokoll	Wesen und Aufgaben des Beirats der Kirchenleitung	30
19. Jan.	Lempp	LBR	Wesen und Aufgaben des Beirats der Kirchenleitung	31
21. Jan.	OKR	Rundschreiben	Staat und Kirche	4
25. Jan.	LBR	Bruderräte der APU	Lage in der DEK	9
26. Jan.	Sautter	Richtlinien	Religionsunterricht	728 ff.
28. Jan.	Walz	LBR	Wesen und Aufgaben des Beirats der Kirchenleitung	33
28. Jan.	Pressel	Mitteilungsblatt der Württ. Landeskirche	Kirchliche Lage	1
2. Febr.	LBR	Beirat der Kirchenleitung	Wesen und Aufgaben des Beirats der Kirchenleitung	35
5. Febr.	LBR	Wurm	Bekennende Kirche	10

DATUM	ABSENDER BEARBEITER	EMPFÄNGER ZEITUNG	INHALT DES DOKUMENTS	SEITE
12. Febr.	RKA	Kerrl	Gründe für Rücktritt	52 ff.
12. Febr.	Kirchenführer	Kerrl	Staat und Kirche	210
13. Febr.	Reichsverband der Evang. Presse	Anweisung	Richtlinien für Pressearbeit	456
15. Febr.	OKR	Rundschreiben	Rücktritt des RKA	51 f.
Mitte Febr.	Luth. Rat	Konferenz der Landeskirchenführer	Staat und Kirche	57 ff.
15. Febr.	Hitler	Erlaß	Kirchliche Wahlen	63 f.
16. Febr.	–	NS-Kurier	Kirchliche Wahlen	63 f.
16. Febr.	–	Times	Kirchliche Wahlen	64 f.
17. Febr.	VKL	Rundschreiben	Kirchliche Wahlen	69 ff.
17. Febr.	–	Times	Kirchliche Wahlen	65 f.
19. Febr.	OKR	Runderlaß	Kirchliche Wahlen	77 ff.
19. Febr.	Beirat der Kirchenleitung	Protokoll	Kirchliche Wahlen	79 ff.
19. Febr.	OKR	Runderlaß	Kirchliche Wahlen	211 ff.
20. Febr.	Dipper	Exposé	Kirchliche Wahlen	108 ff.
21. Febr.	Leitz	Wurm	Sitzung des Beirats der Kirchenleitung	92 ff.
22. Febr.	LBR	Protokoll	OKR und LBR	312
22. Febr.	OKR	Runderlaß	Wort zur Lage	96 ff.
22. Febr.	Sozietät	Rundschreiben	Kirchliche Wahlen	113 ff.
22. Febr.	OKR	Schairer	Theologische Haltung von Dr. Schairer	556 ff.
23. Febr.	Luth. Rat	Rundschreiben	Kirchliche Wahlen	73 ff.
23. Febr.	Wurm	Hess	Kirchliche Wahlen	95 f.
23. Febr.	Gümbel	Wurm	Wort zur Lage	99 f.
23. Febr.	OKR	Murr	Artikel im NS-Kurier	661 ff.
24. Febr.	Wurm	Landeskirchenrat Dresden	Gemeinschaften	169 f.
24. Febr.	OKR	Kanzelverkündigung	Kirchliche Wahlen	100 f.
25. Febr.	Rehm	Rundschreiben	Kirchliche Wahlen	170 f.
27. Febr.	*Verband der deutschen Sonntagspresse*	*Rundschreiben*	*Kirchliche Pressearbeit*	*130*
28. Febr.	Lempp	Evang. Gemeindeblatt für Stuttgart	Kirchliche Wahlen	101 ff.
28. Febr.	Wurm	Predigt	Kirchliche Wahlen	103 ff.
Februar	Schairer	OKR	Theologische Haltung	559 ff.
März	VKBDC	Aufruf	Kirchliche Wahlen	190 f.
März	Männerwerk	Aufruf	Kirchliche Wahlen	136 ff.
März	–	Unser Wille und Weg	Staat und Kirche	206 ff.
Anfang März	Lachenmann	Gemeindebrief	Kirchliche Wahlen	125 ff.

DATUM	ABSENDER BEARBEITER	EMPFÄNGER ZEITUNG	INHALT DES DOKUMENTS	SEITE
2. März	VKBDC	Rundschreiben	Kirchliche Wahlen	181 ff.
2. März	Sozietät	Rundschreiben	Zur Lage	115 ff.
2. März	OKR	Württ. Gebietsführung der HJ	Konfirmandenunterricht	469 f.
3. März	Schoell	Volkskirche	Kirchliche Wahlen	106 ff.
4. März	Führer des Jungbanns 125	OKR	Konfirmandenunterricht	469
5. März	Frauenwerk	Flugblatt	Kirchliche Wahlen	139 f.
5. März	OKR	Runderlaß	Vorbereitung der kirchlichen Wahlen	129 f.
6. März	Paulus und Kull	Wurm	Kirchliche Wahlen	123 f.
6. März	Kirchenbezirksausschuß Ludwigsburg	Ansprache an Gemeinden	Kirchliche Wahlen	127 ff.
8. März	*Stockmayer*	*Wurm*	*Kirchliche Lage*	*123*
8. März	OKR	Runderlaß	Luth. Rat und RBR	214 ff.
8. März	OKR	Runderlaß	Luth. Rat und Barmen	216 f.
10. März	OKR	Runderlaß	Kirchenaustritt	425 f.
10. März	Württ. Evang. Jungmännerbund	Rundschreiben	Männerarbeit	407 ff.
12. März	Geheime Staatspolizei	Erlaß	Kirchliche Wahlen	130 f.
12. März	OKR	Böpple	Kürzung der Staatsleistungen	445 f.
15. März	OKR	Runderlaß	Konfirmandenunterricht	470 ff.
Mitte März	Wahldienst	3 Flugblätter	»Zur Kirchenwahl« »Ruf zur Entscheidung« »Sturmsignale«	134 ff.
Mitte März	Sozietät	Rundschreiben	»Um was geht es?«	141 f.
16. März	Wahldienst	Flugblatt	»In voller Freiheit«	163 ff.
17. März	–	NS-Kurier	Konfirmation	475 ff.
17. März	Geschäftsleitung der Reichsfrauenführerin	Reichsbewegung DC	Partei und Kirche	639 f.
17. März	OKR	Runderlaß	Eheweihe	689 ff.
17. März	Württ. Kultministerium	Erlaß	Kürzung der Staatsleistungen	808
18. März	–	NS-Kurier	Konfirmation	477
18. März	Schairer	Referat	Ziele und Aufgaben der VKBDC	549 ff.
22. März	Sozietät	Entschließung	Kirchliche Wahlen	118 ff.
22. März	Geheime Staatspolizei	Erlaß	Kirchliche Wahlen	131 f.

DATUM	ABSENDER BEARBEITER	EMPFÄNGER ZEITUNG	INHALT DES DOKUMENTS	SEITE
23. März	Diem	Wurm	Kirchliche Wahlen	122 f.
24. März	OKR	Mergenthaler	Kürzung der Staatsleistungen	809 ff.
27. März	Schweikhardt	Wahldienst	Partei und Kirche	638 f.
31. März	Wurm	Ansprache	Kirchliche Lage	423 f.
Frühjahr	Wahldienst	Schulungsblatt	VKBDC	159 ff.
Anfang April	Schoell	Flugblatt	Kirchliche Wahlen	142 ff.
2. April	Reichsministerium für Volksaufklärung und Propaganda	Evang. Presseverband Stuttgart	Richtlinien für Pressearbeit	456
5. April	Asmussen	Wurm	Lage in der DEK	222 ff.
5. April	Wahldienst	–	Konfirmation	476 f.
5. April	–	Ortsgruppenleitung	Parteiaustritt	669 ff.
8. April	–	KAW	Tag der Inneren Mission	501 f.
8. April	NSDAP Kreisleitung Göppingen	Rundschreiben	Grundsätze für die Aufnahme von Parteimitgliedern	666 f.
8. April	Sozietät	OKR	Kürzung der Staatsleistungen	812 ff.
10. April	Wurm	Müller	Lage in der DEK	224 ff.
11. April	Müller	Wurm	Lage in der DEK	226 ff.
12. April	Dibelius	Wurm	Lage in der DEK	230 ff.
13. April	OKR	Runderlaß	Geburtstag Hitlers	539
14. April	Schilling	Rundbrief an Gemeindeglieder	Landeskirche und VKBDC	194 ff.
14. April	Pfarramt Frickenhofen	Dekanatamt Gaildorf	Konfirmation	473 ff.
Mitte April	Wahldienst	Schulungsblatt	Kirchliche Wahlen	151 ff.
15. April	Dipper	Wurm	Lage in der DEK	233 ff.
17. April	Niemöller	Wurm	Lage in der DEK	233
19. April	OKR	Runderlaß	Wahlen und VKBDC	191 ff.
21. April	OKR	Runderlaß	Kirchliche Wahlen	66 f.
21. April	Kerrl	OKR	Staat und Kirche	426 f.
22. April	OKR	Runderlaß	1. Mai	539 f.
22. April	Rat der Evang.-Luth. Kirche	–	Luth. Rat und VKL	854
26. April	OKR	Dekanatamt Calw	Beurlaubung von Pfr. Schilling	197 ff.
26. April	Wurm	Ausschuß des Beirats der Kirchenleitung	Lage in der DEK	235 ff.
27. April	Pressel	Aktennotiz	Partei und kirchliche Wahlen	133 f.
27. April	Sozietät	LBR	LBR und Sozietät	313 ff.

DATUM	ABSENDER BEARBEITER	EMPFÄNGER ZEITUNG	INHALT DES DOKUMENTS	SEITE
27. April	OKR	Kerrl	Staat und Kirche	427 ff.
28. April	RKM	OKR	Beurlaubung von Pfr. Schilling	199
28. April	Mergenthaler	Erlaß	Religionsunterricht	737 f.
Mai	Beirat der Kirchenleitung	Entschließung	Religionsunterricht	743
3. Mai	OKR	Runderlaß	Kirchliche Wahlen	132 f.
3. Mai	NSDAP	Runderlaß	Kirchliche Wahlen	133
3. Mai	OKR	Runderlaß	Seelsorge an Spanienflüchtlingen	540 ff.
4. Mai	OKR	Runderlaß	VKBDC	421 f.
4. Mai	Evang.-theol. Fakultät Tübingen	OKR	Gutachten über Pfr. Schairer	566
5. Mai	OKR	Dekanatamt Göppingen	LBR und Sozietät	319 ff.
7. Mai	Konferenz der Landeskirchenführer	Protokoll	Lage in der DEK	242 f.
12. Mai	Konferenz der Landeskirchenführer	Protokoll	Lage in der APU	243
12. Mai	LBR	VKL	LBR und Sozietät	326 f.
12. Mai	Dipper	Memorandum	»Der Leib Christi«	334 ff.
14. Mai	Haug	Höltzel (?)	LBR und Sozietät	321 ff.
14. Mai	LBR	Sozietät	LBR und Sozietät	327 ff.
14. Mai	LBR	Rundschreiben	LBR und Sozietät	332 ff.
15. Mai	Dipper	Wurm	LBR und Sozietät	344 f.
15. Mai	Natter	Müller	Kürzung der Staatsleistungen	444 f.
Mitte Mai	Wahldienst	Flugblatt	»Evang. Christ, entscheide Dich«	146 ff.
Mitte Mai	Pfarrkonvent Stuttgart	Entschließung	LBR und Sozietät	325 f.
18. Mai	3. Pfarramt Hall	OKR	Kirchliche Wahlen	67 f.
19. Mai	Sozietät	LBR	LBR und Sozietät	363 ff.
22. Mai	Gemeindedienst	Bericht	Volksmission	401 ff.
25. Mai	Wittmann	Wurm	RBDC	171 ff.
25. Mai	Konferenz der Landeskirchenführer	Reichsregierung	Staat und Kirche	243 ff.
25. Mai	–	Bericht	Religionsunterricht	742
26. Mai	Leitz	Wurm	Kirchliche Wahlen	174 ff.
26. Mai	Mildenberger	Wurm	LBR und Sozietät	345 f.
27. Mai	Diem	OKR	LBR und Sozietät	365 ff.
27. Mai	Diem	OKR	LBR und Sozietät	365 ff.
27. Mai	Rat der Evang.-Luth. Kirche	Kundgebung	Lage in der DEK	859 ff.
28. Mai	OKR	Rundschreiben	Beerdigungen	422 f.

DATUM	ABSENDER BEARBEITER	EMPFÄNGER ZEITUNG	INHALT DES DOKUMENTS	SEITE
2. Juni	OKR	REM	Gelöbnis der Religionslehrer	755 f.
3. Juni	OKR	Runderlaß	LBR und Sozietät	370 f.
3. Juni	*OKR*	*Runderlaß*	*Religionsunterricht*	*738*
3. Juni	OKR	Württ. Kultministerium	Religionsunterricht	738 ff.
4. Juni	LBR	OKR	Religionsunterricht	743 ff.
7. Juni	Beirat der Kirchenleitung	Protokoll	Kirchliche Lage	246 ff.
8. Juni	OKR	NS-Lehrerbund	Kirchliche Wahlen	68 f.
8. Juni	OKR	Runderlaß	Beurlaubung von Pfr. Schairer	567 ff.
10. Juni	LBR	Sozietät	LBR und Sozietät	371 ff.
12. Juni	Pfisterer	Denkschrift	LBR und Sozietät	354 ff.
14. Juni	OKR	Runderlaß	Tag der Inneren Mission	501
15. Juni	LBR	Rundschreiben	LBR und Sozietät	376 ff.
15. Juni	OKR	Runderlaß	Ordinationsgelübde für Pfarrer	756 f.
16. Juni	Sozietät	OKR	Gelöbnis der Religionslehrer	757 f.
17. Juni	Volkskirchliche Arbeitsgemeinschaft	LBR	Württ. Bekenntnisgemeinschaft	346 ff.
17. Juni	Kull	Flugblatt	Württ. Bekenntnisgemeinschaft	349 ff.
17. Juni	LBR	Rundschreiben	Gelöbnis der Religionslehrer	760 f.
18. Juni	OKR	Runderlaß	Gelöbnis der Religionslehrer	759
18. Juni	Württ. Kultministerium	Erlaß	Gelöbnis der Religionslehrer	770
21. Juni	Sozietät	Rundschreiben	Gelöbnis der Religionslehrer	771
21. Juni	OKR	Runderlaß	Gelöbnis der Religionslehrer	771 f.
23. Juni	RBR	Rundschreiben	Kirchliche Wahlen	208 f.
23. Juni	–	NS-Kurier	Feierstunde der SS und HJ	675 ff.
24. Juni	OKR	Runderlaß	Fürbitte	515 f.
28. Juni	OKR	Aktennotiz	Religionsunterricht	777
30. Juni	Schilling	NSDAP, Kreisleitung Calw	Beurlaubung	199 ff.
30. Juni	Lang	Bericht	Gelöbnis der Religionslehrer	775 ff.

1137

DATUM	ABSENDER BEARBEITER	EMPFÄNGER ZEITUNG	INHALT DES DOKUMENTS	SEITE
30. Juni	Württ. Kultministerium	Erlaß	Religionsunterricht	778
30. Juni	OKR	REM	Kürzung der Staatsleistungen	814 ff.
Ende Juni	Dipper	Bericht	LBR und Sozietät	383 f.
Sommer	Kreisleitung der NSDAP	–	Teilnahme an Jugendbibellager	482 f.
Sommer	–	Kreisleitung der NSDAP	Teilnahme an Jugendbibellager	483 ff.
Anfang Juli	Wurm	Wort an die Gemeinden	Finanzabteilungen	300 f.
Juli	VKL	Rundschreiben	Pfr. Niemöller	505 f.
1. Juli	REM	Erlaß	Religionsunterricht	798 f.
3. Juli	Dipper	OKR	Finanzabteilungen	301 ff.
3. Juli	Kirchenkanzlei der DEK	Rundschreiben	Partei und Kirche	664 f.
3. Juli	REM	Württ. Kultministerium	Gelöbnis der Religionslehrer	779 f.
4. Juli	Wurm	Kanzelabkündigung	Finanzabteilungen	300
4. Juli	OKR	Kanzelerklärung	Gelöbnis der Religionslehrer	778 f.
7. Juli	Kasseler Gremium	Hitler	Staat und Kirche	252 ff.
7. Juli	Kasseler Gremium	Wort an die Gemeinden	Staat und Kirche	256 f.
7. Juli	OKR	Runderlaß	Kürzung der Staatsleistungen	816 ff.
7. Juli	Schnaufer	Aufruf	Kürzung der Staatsleistungen	819
8. Juli	Wurm	Kanzelverkündigung	Gelöbnis der Religionslehrer	782 f.
8. Juli	Mergenthaler	OKR	Kürzung der Staatsleistungen	820
9. Juli	Sozietät	Rundschreiben	Gelöbnis der Religionslehrer	783 f.
9. Juli	Pfarrer des Kirchenbezirks Kirchheim/Teck	Entschließung	Gelöbnis der Religionslehrer	785 f.
10. Juli	Dipper	Rundschreiben	Pfr. Niemöller	503 ff.
11. Juli	*Diem*	*Predigt*	*Gelöbnis der Religionslehrer*	*784*
11. Juli	Diem	OKR	Gelöbnis der Religionslehrer	784 f.
14. Juli	Evang. Landesjugendstelle	Rundschreiben	Urlaub für Teilnehmer an kirchl. Jugendlagern	482
14. Juli	OKR	REM	Religionsunterricht	799 ff.
20. Juli	Ständiger Ausschuß des Landeskirchentags	Entwurf	Religionsunterricht	806 ff.

DATUM	ABSENDER BEARBEITER	EMPFÄNGER ZEITUNG	INHALT DES DOKUMENTS	SEITE
20. Juli	Ständiger Ausschuß des Landeskirchentags	Protokoll	Kürzung der Staatsleistungen	820 f.
21. Juli	OKR	Runderlaß	Gelöbnis der Religionslehrer	786 ff.
22. Juli	Wurm	Wort an die Pfarrer	Gelöbnis der Religionslehrer	788 ff.
23. Juli	Dipper	Kull	Württ. Bekenntnisgemeinschaft	351 ff.
23. Juli	LBR	Leitsätze	Württ. Bekenntnisgemeinschaft	385 f.
24. Juli	–	NS-Kurier	Bischof Melle	570 f.
24./25. Juli	–	NS-Kurier	Weltkirchenkonferenz in Oxford	571 f.
26. Juli	Fischer	Bäuerle	Weltkirchenkonferenz in Oxford	572 f.
26. Juli	Sozietät	Rundschreiben	Gelöbnis der Religionslehrer	791 ff.
27. Juli	Sautter	Denkschrift	Gelöbnis der Religionslehrer	772 ff. 780 f.
28. Juli	Dipper	Rundschreiben	Neuwahl des LBR	387 f.
29. Juli	OKR	Runderlaß	Religionsunterricht	749 f.
5. Aug.	Reichsministerium für Volksaufklärung und Propaganda	EPD Württemberg	Richtlinien für Pressearbeit	457
10. Aug.	RKM	Runderlaß	Kirchliche Pressearbeit	458 f.
11. Aug.	Wurm	Frick	Staat und Kirche	257 ff.
14. Aug.	OKR	Runderlaß	Lebensweihe	688 f.
16. Aug.	Müller	Memorandum	Befriedung der DEK	267 ff.
17. Aug.	RKM	OKR	Pfr. Schilling	202
17. Aug.	OKR	Runderlaß	Opfer und Sammlungen	495 ff.
19. Aug.	Reichspropagandaamt Württemberg	Kammerer	Richtlinien für Pressearbeit	457 f.
23. Aug.	Wurm	Wort an die Pfarrer	Staat und Kirche	259 ff.
23. Aug.	OKR	REM	Gelöbnis der Religionslehrer	794 f.
24. Aug.	Lutz	Rundschreiben	Pfr. Niemöller	506 f.
27. Aug.	Weeber	Seifert	Kirchensteuer der DC	452 ff.
29. Aug.	Kasseler Gremium	Botschaft an die Gemeinden	Staat und Kirche	261 ff.
29. Aug.	OKR	Kanzelabkündigung	Gelöbnis der Religionslehrer	795 f.
31. Aug.	OKR	Runderlaß	Evang. Jugendunterweisung	489

DATUM	ABSENDER BEARBEITER	EMPFÄNGER ZEITUNG	INHALT DES DOKUMENTS	SEITE
2. Sept.	OKR	RKM	Pfr. Schilling	203 ff.
9./6. Sept.	OKR	Runderlaß	Jugendsonntag	485 f.
7. Sept.	OKR	Runderlaß	Teilnahme an Versammlungen der Methodistenkirche	573 f.
10. Sept.	Innere Mission	Rundschreiben	Kirchliche Pressearbeit	460
16. Sept.	Sozietät	Rundschreiben	Neuwahl des LBR	388 f.
20. Sept.	Schilling	OKR	VKBDC	205
21. Sept.	OKR	Württ. Kultministerium	Religionsunterricht	796 ff.
26. Sept.	Wurm	Amtsblatt	Wort zum Jugendsonntag	486 ff.
30. Sept.	Gauger	Müller	Befriedung der DEK	272 ff.
30. Sept.	OKR	REM	Religionsunterricht	823 ff.
4. Okt.	OKR	Württ. Innenministerium	Opfer und Sammlungen	498 ff.
7. Okt.	–	KAW	Opfer für Innere Mission	502 f.
11. Okt.	Lang	Wurm	Bischof Melle	574 ff.
12. Okt.	–	Bericht	Religionsunterricht in Heidenheim	750 ff.
Mitte Okt.	–	Neue Zürcher Zeitung	Staat und Kirche	276 f.
18. Okt.	Jehle	Wurm	Bischof Melle	576 f.
19. Okt.	Wurm	Beirat der Kirchenleitung	Staat und Kirche	275 f.
20. Okt.	Selke	Dipper	Kirchliche Lage	518 f.
20. Okt.	Rehm	Steger	Kürzung der Staatsleistungen	821 ff.
21. Okt.	Wurm	Murr	Äußerung eines Parteiredners	663 f.
21. Okt.	Rat der Evang.-Luth. Kirche	Protokoll	Zusammenschluß der Luth. Kirchen	855 ff.
24. Okt.	Wurm	Ansprache	Jahrestagung des Evang. Frauenwerks	406 f.
26./29. Okt.	Dipper	Referat und Bericht	Württ. Bekenntnisgemeinschaft	389 ff.
26./29. Okt.	LBR	Protokoll	Neuwahl des LBR	391 f.
27. Okt.	Kerrl	Wurm	Nichtteilnahme an Allianzversammlungen	577
28. Okt.	Schnaufer	Kerrl	Vorwürfe gegen den Landesbischof	586 f.
29. Okt.	Wurm	Kanzelabkündigung	Teilnahme an Allianzversammlungen	578

DATUM	ABSENDER BEARBEITER	EMPFÄNGER ZEITUNG	INHALT DES DOKUMENTS	SEITE
29. Okt.	OKR	Runderlaß	Teilnahme an Allianzversammlungen	578 ff.
29. Okt.	Schnaufer	Hitler	Vorwürfe gegen den Landesbischof	586
30. Okt.	Wurm	Kerrl	Teilnahme an Allianzversammlungen	583 ff.
Nov.	Freie Volkskirchliche Vereinigung	Memorandum	Staat und Kirche	673 ff.
Nov.	–	Flammenzeichen	Predigtentwurf zum Reformationsfest	693 f.
Nov.	Hutten	Exposé	Rosenberg	694 ff.
2. Nov.	Württ. Finanzministerium	OKR	Kirchliche Räume	426
2. Nov.	–	Regierungsanzeiger	Religionsunterricht	826 f.
4. Nov.	OKR	REM	Bericht im Regierungsanzeiger	827 ff.
5. Nov.	Rat der Evang.-Luth. Kirche	Rundschreiben	Verteilung von Flugblättern	430 f.
8. Nov.	OKR	Runderlaß	Evang. Gemeindedienst	399 f.
9. Nov.	Wurm	Melle	Rede in Oxford	587 f.
15. Nov.	Wurm	Geheime Staatspolizei	Vervielfältigungsapparat	432 f.
19. Nov.	OKR	Runderlaß	Kirchliche Veranstaltungen	433 f.
20. Nov.	Hinderer	OKR	DC-Taufe	548 f.
25. Nov.	Reichsverband der Evang. Presse	Erlaß	Kirchliche Pressearbeit	457
Dez.	–	Flammenzeichen	Finanzabteilungen	305 f.
1. Dez.	Sautter	Drück	Staat und Kirche	831 ff.
7. Dez.	OKR	Runderlaß	Feier des Erscheinungsfestes	441 f.
10. Dez.	Rosenberg	Mitteilungen zur weltanschaulichen Lage	Staat und Kirche	277 ff.
14. Dez.	Reichsführer SS	Erlaß	Weltanschauliche Schulung der SS	674 f.
15. Dez.	OKR	Runderlaß	Bibellese	409 f.
15. Dez.	Sautter	Lawton	HJ	671 ff.
16. Dez.	Geheime Staatspolizei	Dipper	Redeverbot	524
17. Dez.	Evang. Gemeindedienst	Rundschreiben	Feiern der Partei	678 ff.
18. Dez.	OKR	Württ. Kultministerium	Teilnahme an kirchl. Veranstaltungen	837 ff.

DATUM	ABSENDER BEARBEITER	EMPFÄNGER ZEITUNG	INHALT DES DOKUMENTS	SEITE
22. Dez.	Dipper	Wurm	Württ. Bekenntnisgemeinschaft	394 ff.
22. Dez.	OKR	Geheime Staatspolizei	Redeverbot für Pfr. Dipper	528
23. Dez.	Dipper	Geheime Staatspolizei	Redeverbot	524 f.
27. Dez.	OKR	Dekanatamt Göppingen	Sozietät	392 f.
28. Dez.	Kasseler Gremium	Rundschreiben	Staat und Kirche	282 ff.
28. Dez.	OKR	Reichssender Stuttgart	Gottesdienstübertragung	431 f.
30. Dez.	Leitz	Wurm	Partei und Kirche	285 f.
30. Dez.	Wurm	Wort an die Pfarrer	Neujahrsgruß	424 f.
Ende 1937	–	Denkschrift	Evang. Jugendunterweisung	490 ff.
Ende 1937	Sautter	Denkschrift	Religionsunterricht	802 ff.
Winter 1937/1938	Wurm	Wort an die Gemeinden	Volksmission	400 f.

1938

Anfang	Rat der Evang.-Luth. Kirche	Entschließung	Zusammenschluß der Luth. Kirchen	863
2. Jan.	Dipper	OKR	Redeverbot	528 ff.
3. Jan.	Sondergericht Stuttgart	Protokoll	Vernehmung des Landesbischofs	588 ff.
7. Jan.	Wurm	Rundschreiben	Kirchliche Lage	306 ff.
Mitte Jan.	Dipper	Bericht	Zusammenschluß der Luth. Kirchen	863
17. Jan.	LBR	Geheime Staatspolizei	Redeverbot für Pfr. Dipper	535 ff.
19. Jan.	LBR	Rundschreiben	Zusammenschluß der Luth. Kirchen	864 f.
24. Jan.	SA-Führung	Rat der Evang.-Luth. Kirche Deutschlands	Kulturelle Dienstgestaltung der SA	677 f.
25. Jan.	Dipper	OKR	Redeverbot	525 ff.
Febr.	–	Flammenzeichen	Glosse über Dekan Dörrfuß	480
7. Febr.	Wurm	Referat	Zusammenschluß der Luth. Kirchen	865 ff.
7. Febr.	Breit	Referat	Zusammenschluß der Luth. Kirchen	872 ff.
8. Febr.	Dipper	Bericht	Zusammenschluß der Luth. Kirchen	884 ff.
8. Febr.	LBR	Protokoll	Zusammenschluß der Luth. Kirchen	886 f.

DATUM	ABSENDER BEARBEITER	EMPFÄNGER ZEITUNG	INHALT DES DOKUMENTS	SEITE
12. Febr.	Kasseler Gremium	Protokoll	Lage in der DEK	288 ff.
14. Febr.	OKR	Oberstaatsanwalt beim Landgericht Stuttgart	Vorwürfe gegen den Landesbischof	590 ff.
14. Febr.	Sautter	Mergenthaler	Religionsunterricht	721 ff.
14. Febr.	LBR	Rundschreiben	Zuammenschluß der Luth. Kirchen	887 ff.
16. Febr.	Württ. Kultministerium	Sautter	Sachverständiger für evang. Religionsunterricht	727
März	–	Flammenzeichen	Glosse über Dekan Dörrfuß	481
3. März	Lechler	Pressel	Zusammenschluß der Luth. Kirchen	895 f.
7. März	OKR	Runderlaß	Kirchl. Lage	520 ff.
8. März	Dipper	Wurm	Zusammenschluß der Luth. Kirchen	901 ff.
11. März	–	Schwarzes Korps	Glosse über Dekan Dörrfuß	478 f.
11. März	Württ. Bekenntnisgemeinschaft	Rundschreiben	Pfr. Niemöller	507 ff.
11. März	Württ. Bekenntnisgemeinschaft	Rundschreiben	Pfr. Niemöller	511
11. März	OKR	Runderlaß	Zusammenschluß der Luth. Kirchen	912 ff.
12. März	Wurm	Mergenthaler	Sachverständiger für evang. Religionsunterricht	727 f.
14. März	Lechler	Wurm	Zusammenschluß der Luth. Kirchen	896 ff.
14. März	Marahrens	Hitler	Anschluß Österreichs	914
Mitte März	OKR	Wort an die Gemeinden	Anschluß Österreichs	915 f.
16. März	OKR	Runderlaß	Anschluß Österreichs	914 f.
19. März	Wurm	Lechler	Zusammenschluß der Luth. Kirchen	898 ff.
21. März	LBR	Wurm	OKR und LBR	909 ff.
21. März	LBR	Protokoll	Kanzelverkündigung	960
23. März	Wurm	Asmussen	Lage in der DEK	1079 f.
27. März	Wurm	Asmussen	Lage in der DEK	1080 f.
29. März	Wurm	Murr	Bitte um ein Gespräch	917 f.
31. März	–	Protokoll	Gespräch Murr-Wurm	919 f.
Ende März	Scheuermann	Bericht	DC-Konfirmation	542 ff.
Ende März	Sozietät	LBR	Kanzelverkündigung	960 f.

DATUM	ABSENDER BEARBEITER	EMPFÄNGER ZEITUNG	INHALT DES DOKUMENTS	SEITE
April	Württ. Bekenntnisgemeinschaft	Rundschreiben	Fürbitte	516 ff.
April	KGR Kirchheim/Teck	OKR	Pfr. Mörike	946 ff.
April	Pfarramt Neckartailfingen	OKR	Volksabstimmung	954 f.
April	Dipper	Bericht	Pfr. Mörike	974 f.
1. April	OKR	Runderlaß	Wort des Luth. Rats an die Gemeinden	916 f.
2. April	LBR	VKL	Anschluß Österreichs	962
2. April	–	Protokoll	Lage in der DEK	1082 f.
5. April	OKR	Runderlaß	Tag des Großdeutschen Reichs	923
6. April	Schnaufer	Murr	Glosse über Dekan Dörrfuß	480 f.
6. April	OKR	–	Pfr. Niemöller	512
6./7. April	Rat der Evang.-Luth. Kirche	Rundschreiben	Lage in der DEK	1084 ff.
10. April	Wurm	Denkschrift	Staat und Kirche	920 ff.
11. April	Pfisterer	OKR	Volksabstimmung	924 f.
12. April	Württ. Bekenntnisgemeinschaft	Rundschreiben	Verhaftung von Pfr. Mörike	938 ff.
12. April	Bodelschwingh	Wurm	Lage in der DEK	1083 f.
13. April	OKR	Geheime Staatspolizei	Pfr. Dipper	537 f.
13. April	NSDAP Ortsgruppe Brettheim	Aufruf	Volksabstimmung	931 ff.
15. April	–	Bericht	DC-Feierstunde	544 ff.
Mitte April	Ritter	OKR	Freilassung von Pfr. Mörike	940
16. April	OKR	Dipper	Volksabstimmung	962 ff.
17. April	Sautter	Predigt in Kirchheim/Teck	–	940 ff.
18. April	Meyer	OKR	Volksabstimmung	925 f.
21. April	LBR	Protokoll	OKR und LBR	965 ff.
22. April	Wurm	Ansprache	Staat und Kirche	975 ff.
26. April	Dipper	OKR	Volksabstimmung	926 ff.
27. April	OKR	Württ. Innenminister	Volksabstimmung	934 f.
28. April	Württ. Bekenntnisgemeinschaft	Protokoll	Pfr. Mörike	945 f.
28. April	Dipper	Kammerer	Kirchliche Pressearbeit	972 ff.
28. April	Württ. Bekenntnisgemeinschaft	Entschließung	Redeverbot für Pfr. Dipper	981

DATUM	ABSENDER BEARBEITER	EMPFÄNGER ZEITUNG	INHALT DES DOKUMENTS	SEITE
Ende April	Mörike	Denkschrift	Volksabstimmung.	936 ff.
			Verhaftung. Freilassung	943 ff.
Ende April	Dilger	Wurm	Anschluß Österreichs	967 ff.
Ende April	Diem	Rundschreiben	Anschluß Österreichs	977 ff.
Mai	Haug	Exposé	Eid der Pfarrer	990 f.
Mai	Müller	Memorandum	Befriedung der DEK	1086 ff.
2. Mai	Sozietät	Gutachten	Eid der Pfarrer	984 ff.
3. Mai	Weber	OKR	Volksabstimmung	930 f.
3. Mai	Sautter	Landrat Kirchheim/ Teck	Pfr. Mörike	948 f.
5. Mai	Pfarramt Auenstein-Abstatt	OKR	Krankenpflegestation	434 ff.
6. Mai	Reichsministerium für Volksaufklärung und Propaganda	Kammerer	Kirchliche Pressearbeit	459
10. Mai	Universität Tübingen	Urteil gegen Theologiestudenten	Pfr. Niemöller	513 ff.
10. Mai	Diem	Wurm	Eid der Pfarrer	989 f.
14. Mai	Wurm	von Weizsäcker	Calwer Verlagsverein	461 f.
14. Mai	Sautter	Stiefenhofer	Pfr. Mörike	949 ff.
14. Mai	OKR	Runderlaß	Eid der Pfarrer	991 ff.
14. Mai	Wurm	Murr	Eid der Pfarrer	993
Mitte Mai	Asmussen	Memorandum	OKR und LBR	982 ff.
18. Mai	Schnaufer	Murr	Calwer Verlagsverein	464 ff.
20. Mai	*Kinzler*	*Mörike*	*Verhalten von Pfr. Mörike*	*946 f.*
20. Mai	Wurm	Verordnung	Eid der Pfarrer	994
23. Mai	Sozietät	OKR	Eid der Pfarrer	995
27. Mai	Wurm	Himmler	Calwer Verlagsverein	462 ff.
30. Mai	OKR	Runderlaß	Häusliche Unterweisung der Kinder	840 ff.
Anfang Juni	Wurm	Kanzelverkündigung	Finanzabteilungen	996 f.
4. Juni	Wurm	Hirtenbrief	Eid der Pfarrer	1003 ff.
Mitte Juni	Sozietät	Erklärung	Eid der Pfarrer	1052 ff.
17. Juni	Württ. Bekenntnisgemeinschaft	Rundschreiben	Eid der Pfarrer	1006 ff.
18. Juni	OKR	Runderlaß	Finanzabteilungen	997 f.
21. Juni	OKR	Werner	Volksabstimmung	935 f.
22. Juni	Wurm	RKM	Finanzabteilungen	999 f.
23. Juni	Borst	Ritter	Pfr. Mörike	952 f.
23. Juni	OKR	Runderlaß	Eid der Pfarrer	1031 f.
27. Juni	Sozietät	Rundschreiben	Eid der Pfarrer	1020 ff.
28. Juni	OKR	Runderlaß	Eid der Pfarrer	1055 f.

DATUM	ABSENDER BEARBEITER	EMPFÄNGER ZEITUNG	INHALT DES DOKUMENTS	SEITE
29. Juni	Hermann	Rundschreiben	Volksabstimmung	955 f.
30. Juni	OKR	Dekanatamt Göppingen	Pfr. Diem	1056
Anfang Juli	–	Flammenzeichen	Eid der Pfarrer	1040 f.
1. Juli	–	Predigt	Eid der Pfarrer	1032 ff.
2. Juli	OKR	Dekanatamt Göppingen	Pfr. Diem	1056 f.
5. Juli	Diem	OKR	Verweigerung des Eides	1058 ff.
6. Juli	Epting / Jetter	OKR	Eid der Pfarrer	1029 ff.
7. Juli	–	Memorandum	Befriedung der DEK	1090 ff.
11. Juli	Sozietät	OKR	Pfr. Diem	1061 f.
12. Juli	Wurm	Hitler	Lage in der DEK	1001 f.
13. Juli	Bormann	Rundschreiben	Eid der Pfarrer	1045 f.
18. Juli	Pfarramt Auenstein-Abstatt	OKR	Krankenpflegestation	439 ff.
18. Juli	Württ. Bekenntnisgemeinschaft	Rundschreiben	Eid der Pfarrer	1026 ff.
18. Juli	Diem	Wurm	Verweigerung des Eides	1062 ff.
19. Juli	Wurm	Dekanatamt Göppingen	Pfr. Diem	1069 f.
19. Juli	Wurm	Diem	Verweigerung des Eides	1070 ff.
21. Juli	Diem	Erklärung	Verweigerung des Eides	1072
24. Juli	Wurm	Wort an die Gemeinde Ebersbach	Pfr. Diem	1072 f.
30. Juli	Wurm	Denkschrift	Kirchensteuer der DC	447 ff.
Ende Juli	–	Flammenzeichen	Eid der Pfarrer	1041 ff.
1. Aug.	Sautter	Denkschrift	Religionsunterricht	720 f.
1. Aug.	–	Denkschrift	Rektor Gengnagel	754 f.
25. Aug.	Wurm	Rundschreiben	Befriedung der DEK	1096 ff.
26. Aug.	Oberstaatsanwalt beim Oberlandesgericht Stuttgart	Wurm	Einstellung des Verfahrens gegen den Landesbischof	634
28. Aug.	Wurm	Denkschrift	Kirche und Staat	1046 ff.
14. Sept.	OKR	Runderlaß	Aufruf zur Fürbitte	1114
27. Sept.	OKR	Runderlaß	Aufruf zu Bittgottesdiensten	1114 f.
27. Sept.	VKL	–	Gebetsliturgie	1119 ff.
28. Sept.	OKR	Runderlaß	Anweisungen im Kriegsfall	1115 ff.
28. Sept.	Daur	Wurm	Erhaltung des Friedens	1117 f.
28. Sept.	Wurm	von Weizsäcker	Erhaltung des Friedens	1118 f.
Ende Sept.	OKR	Runderlaß	Dankgottesdienst	1122
1. Okt.	OKR	Luth. Rat	Befriedung der DEK	1094 ff.
3. Okt.	OKR	Murr	Organistendienst	666
4. Okt.	Sozietät	VKL	Befriedung der DEK	1106 ff.

DATUM	ABSENDER BEARBEITER	EMPFÄNGER ZEITUNG	INHALT DES DOKUMENTS	SEITE
6. Okt.	Landesbischöfe von Baden, Bayern und Württemberg	Memorandum	Befriedung der DEK	1101 ff.
21. Okt.	Kreisbeauftragter des WHW Kreis Calw	Rundschreiben	Sammelverbot bei Pfarrern	667
24. Okt.	Württ. Bekenntnisgemeinschaft	Bericht	LBR und Sozietät	1074 ff.
24. Okt.	Württ. Bekenntnisgemeinschaft	Protokoll	Neuwahl des LBR	1079
24. Okt.	Württ. Bekenntnisgemeinschaft	Entschließung	Befriedung der DEK	1111 ff.
7. Nov.	Dipper	Rundschreiben	LBR und Sozietät	1077 ff.
Anfang Dez.	Lempp	–	Verse zum 70. Geburtstag Wurms	1124 ff.
7. Dez.	*RKM*	*Wurm*	*Glückwunsch zum 70. Geburtstag*	*1123*
19. Dez.	Wurm	Runderlaß	70. Geburtstag	1123 f.
21. Dez.	Geheime Staatspolizei	OKR	Verhaftung und Freilassung von Pfarrern	956
22. Dez.	Wurm	Murr	Pfr. Dipper	956 f.

1939

13. Jan.	Wurm	Himmler	Pfr. Dipper	958 f.
11. April	OKR	Runderlaß	Gelöbnis der Religionslehrer	839 f.
11. Aug.	Mergenthaler	Erlaß	Sachverständiger für evang. Religionsunterricht	728

1941

4. Sept.	Epting	Visitationsbericht	Gemeindearbeit	411 ff.

1147

VERZEICHNIS DER WICHTIGSTEN SACHBETREFFE

Abendmahl 88. 150. 162. 249. 265. 410. 415. 469ff. 547f. 654. 870. 890. 929. 966. 977. 1116
Äußere Mission 441. 496. 576. 732. 858
Altpreußische Union, Altpreußische Kirche 209f. 217. 219. 226ff. 243. 248f. 270. 287. 294. 494. 503. 515f. 518. 605. 855. 871. 879. 882. 886. 890. 895f. 900. 1002. 1007. 1074. 1086. 1088ff. 1093. 1096ff.
Apologetische Zentrale 294. 463. 622. 692. 696
Arierparagraph siehe Judenfrage
Augsburger Religionsfrieden (1555) 273. 1051. 1107

Basler Mission 357. 441f.
Beirat der Württ. Kirchenleitung, Landesbeirat 15. 17ff. 30ff. 35ff. 79f. 84f. 92. 94. 108. 235ff. 246. 250. 275. 312. 350. 743. 895f. 910. 913
Bekennende Kirche, Reichsbruderrat 2f. 5. 9f. 12ff. 16. 20ff. 24. 38. 58. 61. 66. 69ff. 75f. 91ff. 108. 111f. 114. 119ff. 134f. 142. 163. 167f. 178f. 186. 208f. 213ff. 222ff. 226ff. 231ff. 242ff. 246ff. 251. 273. 275f. 286. 289f. 292ff. 303f. 307. 313ff. 322ff. 326ff. 339. 342f. 345f. 348ff. 354ff. 368ff. 378f. 382f. 384. 386f. 390f. 393ff. 416. 494. 503ff. 508ff. 515. 519ff. 525. 531f. 573f. 583f. 595f. 606. 614. 653. 715. 822. 856. 864f. 867ff. 875ff. 884ff. 891. 897ff. 913f. 922. 929. 938. 961. 966. 973. 999. 1007ff. 1015. 1027ff. 1045. 1054. 1064. 1075ff. 1099f. 1106ff.
Bekenntnis, Bibel, Heilige Schrift 2. 4f. 6. 10ff. 16. 18ff. 21f. 31. 33. 35ff. 40ff. 47ff. 51f. 69. 71ff. 76ff. 83f. 88f. 97ff. 104ff. 109ff. 113. 116. 119f. 124ff. 135f. 139ff. 147f. 151ff. 168. 170. 175. 182f. 185. 193. 196. 198. 201. 210. 212f. 216f. 221. 229. 245. 248. 251. 253. 257. 263ff. 270. 276. 279. 281ff. 286f. 289. 291. 295. 301. 303. 308ff. 314. 317ff. 328ff. 333ff. 348f. 351ff. 367ff. 376f. 382. 384ff. 387ff. 391. 393. 395ff. 400ff. 409. 415ff. 424f. 428. 449. 451f. 460. 463. 489. 503ff. 517. 521. 529ff. 536f. 541. 543ff. 554. 558f. 561f. 564. 566. 571. 610. 612. 618f. 625f. 646. 664. 673. 691. 693ff. 701. 704. 721f. 725f. 729. 732. 736. 738ff. 750ff. 772ff. 779f. 782ff. 792. 794ff. 804. 813. 825. 827ff. 835. 839ff. 855ff. 870. 878. 888. 894. 909ff. 917ff. 926ff. 947f. 962f. 968ff. 974. 976ff. 985ff. 992ff. 999ff. 1023ff. 1042ff. 1049ff. 1065ff. 1072. 1076. 1087ff. 1096ff. 1107f.
Bekenntnissynoden der DEK, Allgemeines 12. 113. 120. 295. 864f. 881ff.
Bekenntnissynoden (in zeitlicher Reihenfolge)
1. Bekenntnissynode in Barmen, Theologische Erklärung von Barmen vom Mai 1934 (KJB., S. 63–65) 9f. 18. 71. 75. 142. 175. 216f. 238. 289f. 296f. 313ff. 323. 325ff. 333. 337ff. 344f. 347ff. 352. 355ff. 361. 363ff. 369. 371f. 375ff. 384. 389. 391ff. 864. 868. 870. 888ff. 899. 903. 961. 967. 976. 978. 1075ff. 1086. 1107ff.
2. Bekenntnissynode in Berlin-Dahlem vom 19.–20. 10. 1934 175. 289. 296. 318. 891
3. Bekenntnissynode in Augsburg vom 4.–6. 6. 1935 881

4. Bekenntnissynode in Bad Oeynhausen vom 17.–22. 2. 1936 248. 290 ff. 361. 698. 714. 870 f. 889 ff. 899. 913. 999. 1090. 1094
1. Schlesische Bekenntnissynode in Naumburg vom 1.–4. 7. 1936 22
Berneuchener Bruderschaft 222. 224
Bolschewismus 165. 541. 557. 571 f. 580. 620. 636. 638. 656 ff. 670. 725. 832. 848. 940. 1044
Bund für Deutsches Christentum 185. 191 ff. 244. 347. 350. 414
Bund Evang. Pfarrer im Dritten Reich 185. 505

Calwer Verlagsverein 461 ff.
Centralausschuß für Innere Mission 87
Codex juris canonici 766. 1059 f.
Confessio Augustana (Augsburger Glaubensbekenntnis) mit Apologie 22. 156. 238. 341. 352. 356. 617. 761. 857. 859. 862. 986. 991. 997. 1008 ff. 1021 ff. 1035. 1054

Dekan 350. 370 f. 396. 399. 418. 606. 759. 787 f. 818. 865. 872. 884. 906. 990. 1020. 1122 ff.
Deutsche Christen 15. 18. 37. 52. 58. 61. 70. 72. 74 f. 84. 92. 99. 106. 108. 110. 133 f. 140. 142. 144 f. 150. 152. 154 ff. 169 f. 174. 179. 185. 192 ff. 201. 215 f. 223 f. 235. 237. 240. 273. 275. 280. 297. 303. 307 ff. 315. 318 f. 324. 326. 333. 337. 340 ff. 352 ff. 380. 412. 430. 453 f. 530. 543. 550 ff. 576. 615 f. 633. 773. 874 ff. 880. 882. 912. 966. 996. 1021. 1040. 1067 f. 1082. 1107 f. 1111
Deutsche Evang. Kirche, Kirchenkanzlei, Simultaneum 60 ff. 218 ff. 235 f. 243. 258. 267 ff. 287 f. 299. 522 f. 664 f. 923. 935 f. 984. 1079 ff. 1093. 1099. 1101 ff. 1124
Deutsche Glaubensbewegung, Deutschglaube, Deutschkirche 76. 84. 114. 123 f. 143. 161. 192. 546. 636. 696. 702 f. 710. 1000
Deutsche Schule, Gemeinschaftsschule 165. 200 ff. 248. 251. 266. 279. 469. 489 f. 541. 650. 698 ff. 719 ff. 729. 737. 739. 744. 749 ff. 756. 775. 778 ff. 787 f. 792 ff. 799 ff. 826 f. 829 ff. 834. 838 ff. 937 f. 1040

Deutscher Evang. Kirchenbund 75. 181. 183. 185
Deutsches Nachrichtenbüro 54. 510. 591. 593. 599
Deutsches Reich, Drittes Reich, Großdeutsches Reich 453. 465 f. 473. 543. 551. 577 ff. 582 f. 584. 586. 592. 644. 660. 704. 753. 758. 767. 778. 799. 875. 914 ff. 921 ff. 929. 932 ff. 962. 967. 969. 993. 1040. 1051. 1079. 1114
Diaspora 732. 804. 858

Eid, Amtsgelübde, Gelöbnis 303 f. 334. 376. 435 f. 450. 489. 506. 525. 543. 598. 625 ff. 725. 750. 753. 755 ff. 787 ff. 794 ff. 814 ff. 819 f. 822. 824 f. 833. 838. 920. 982. 984 ff. 1003 ff. 1052 ff.
Evang. Gemeindeblatt für Württemberg 455. 458
Evang. Gemeindedienst 130. 134. 136. 167. 300. 302. 305. 312. 399 ff. 424. 432. 501. 528 f. 533 f. 537 f. 621. 678. 694. 840. 842. 865. 958. 981. 1116
Evang. Jugendwerk in Württemberg 473
Evang. Landesverband für Kinderpflege in Württemberg 844 ff.
Evang.-Luth. Kirche Deutschlands, Luth. Rat 3. 9. 12 ff. 16. 20 ff. 27 f. 30. 37. 73 ff. 203. 209 ff. 231 f. 234. 236 ff. 249 ff. 256. 272. 276. 290 ff. 295. 297 f. 315. 339. 354 ff. 359 ff. 375. 382 f. 390 f. 430 f. 507. 520. 522. 569 ff. 591. 610 f. 613. 676 f. 693. 696. 699. 748. 845. 854 ff. 884 ff. 913. 916 ff. 961 ff. 966. 968. 977 ff. 984 f. 994. 997 ff. 1080. 1082 ff. 1108. 1111 ff. 1122 f.
Evang. Presseverband 456 f.
Evang. Woche 2. 4. 185. 192. 219. 223. 582. 615. 619

Finanzabteilungen 69. 221. 252. 270 ff. 287. 289. 292. 299 ff. 305 f. 308. 314. 450. 609 f. 865. 867. 984. 995 ff. 1004 f. 1029. 1049. 1051. 1059 f. 1069. 1089. 1094. 1099. 1104. 1106. 1108
Formula Concordiae 857. 860. 986. 1008. 1012. 1021. 1060
Frauenarbeit der Evang. Landeskirche,

1149

Frauenwerk der Württ. Landeskirche 139. 283. 403. 406f. 840ff. 1080
Freikirche 117. 323. 358. 562. 569ff. 583f. 587. 594. 596ff. 610. 614. 630. 632. 858. 966. 1024. 1127

Gebet 257. 265. 335. 390. 488. 496. 511. 515ff. 534. 539f. 544. 547. 580. 583ff. 711. 713. 732f. 778. 782. 790f. 796. 833. 850. 917. 923. 928. 950. 958. 962. 965f. 969. 980. 1000. 1034. 1039. 1044. 1074. 1091. 1114ff. 1122f.
Geheime Staatspolizei 5. 101. 130ff. 146. 432. 458. 464f. 503. 508. 513. 515. 523ff. 582. 620. 631. 692. 696. 795. 931. 937. 939. 956ff. 981
Geistliche Leitung der Württ. Landeskirche 1. 11. 38f. 40ff. 61. 234. 311ff. 319ff. 327ff. 340. 347f. 363ff. 366ff. 371ff. 385. 391. 393f. 866
Gemeinde 14. 17f. 22. 24ff. 31f. 33. 36ff. 44. 48. 71. 73f. 76. 79. 83. 88. 93. 97. 99f. 105. 108f. 113f. 116. 126ff. 131. 136ff. 144. 158. 164. 172f. 175. 178. 180. 183. 193ff. 253. 256f. 259ff. 265. 268. 284. 286. 289. 294. 297. 299ff. 310. 313ff. 323f. 327f. 332. 335ff. 339ff. 358ff. 367. 369. 372ff. 377ff. 384. 386. 390. 392. 396f. 399ff. 409ff. 422ff. 426ff. 433f. 436ff. 441. 446f. 455. 470. 486ff. 511f. 516ff. 533ff. 574. 582f. 596. 625. 633. 693. 733. 739. 745. 747f. 757ff. 770. 772. 778f. 781ff. 788ff. 795ff. 807. 817ff. 832ff. 840ff. 848ff. 859. 861ff. 882ff. 893. 898ff. 914. 928f. 970ff. 978. 1003. 1007. 1022ff. 1030ff. 1049. 1052ff. 1072f. 1082. 1087ff. 1097. 1101ff. 1124
Gemeinschaften 169f. 323. 1081
Gesangbuch 103. 135. 139. 260. 489. 545. 714ff. 729. 733. 735. 792. 916. 1116
Gesetze, Verordnungen (in zeitlicher Reihenfolge)
Generalreskript betreffend die Privatversammlungen der Pietisten vom 10.10. 1743 (Reyscher 8: Kirchengesetze I. Tübingen 1834, S. 641–652) 170
Generalsynodalreskript betreffend Schulbesuche der Geistlichen, Schulvisitationen ... vom 28.11. 1809 (Reyscher 9: Kirchengesetze II. Tübingen 1835, S. 175–181) 802
Generalverordnung betreffend das deutsche Elementarschulwesen in den evangelischen Orten des Königreichs vom 26./ 31.12. 1810 (Reyscher 11,1: Schulgesetze I. Tübingen 1839, S. 229–249) 802
Württ. Volksschulgesetz vom 29.9. 1836 (Reyscher 11,1: Schulgesetze I. Tübingen 1839, S. 657–681) 800
Gesetz betreffend die Vertretung der evang. Kirchengemeinden und die Verwaltung ihrer Vermögensangelegenheiten vom 14.6. 1887 (Abl. 8, S. 3663 bis 3696) 499. 866
Kirchliches Gesetz betreffend die Behandlung dienstlicher Verfehlungen und die unfreiwillige Pensionierung der evang. Geistlichen vom 18.7. 1895 in der Fassung vom 21.1. 1901 (Abl. 12, S. 192–206) 198. 569. 1071
Württ. Gesetz betreffend die Rechtsverhältnisse der Volksschullehrer vom 8.8. 1907 (Abl. 14, S. 334–343) 800
Württ. Volksschulgesetz vom 17.8. 1909 (Abl. 15, S. 351–373) 624. 703. 710. 738. 749
Württ. Beamtengesetz vom 1.10. 1912 (Reg. Bl. 1912, S. 715–761) 198. 569
Württ. Schulgesetz vom 17.5. 1920 (Abl. 19, S. 401–414) 624. 738. 800
Reichsgesetz über die religiöse Kindererziehung vom 15.7. 1921 (Abl. 19, S. 420–422) 804
Vereinbarung zwischen dem Evang. Konsistorium und dem Evang. Oberschulrat über den Religionsunterricht der Diener der Kirche in der Volksschule vom 5.8. 1921 (Abl. 19, S. 404–407) 711. 713. 803
Reichsjugendwohlfahrtsgesetz vom 9.7. 1922 (RGBl. 1922, S. 633–648) 847
Württ. Gesetz über die Kirchen vom 3.3. 1924 (Abl. 27, S. 48–74) 40ff. 496. 499. 629. 847
Evang. Kirchengemeindeordnung vom

16.12. 1924 (Abl. 21, S. 216–237) 44. 46. 130. 422. 1117
Verordnung des Reichspräsidenten zum Schutz von Volk und Staat vom 28.2. 1933 (RGBl. I 1933, S. 83) 425 f. 522 ff. 528 f. 619. 631. 1050
Verordnung des Reichspräsidenten zur Abwehr heimtückischer Angriffe gegen die Regierung der nationalen Erhebung vom 21.3. 1933 (RGBl. I 1933, S. 135) 589
Reichsgesetz zur Abänderung strafrechtlicher Vorschriften vom 26.5. 1933 (RGBl. I 1933, S. 295–298) 523
Schriftleitergesetz vom 4.10. 1933 (RGBl. I 1933, S. 713–717) 623 f.
Reichsgesetz zur Regelung öffentlicher Sammlungen und sammlungsähnlicher Veranstaltungen (Sammlungsgesetz) vom 5.11. 1934 (Abl. 27, S. 12–18) 495 ff. 522. 620. 818. 844
Reichsgesetz gegen heimtückische Angriffe auf Staat und Partei und zum Schutz der Parteiuniformen vom 20.12. 1934 (RGBl. I 1934, S. 1269–1271) 522
Gesetz über das Beschlußverfahren in Rechtsangelegenheiten der Evang. Kirche vom 26.6. 1935 (Gesetzblatt der DEK 1935, S. 79) 45. 608
1. Verordnung zur Durchführung des Gesetzes über das Beschlußverfahren in Rechtsangelegenheiten der Evang. Kirche vom 3.7. 1935 (Gesetzblatt der DEK 1935, S. 79 f.) 45
Gesetz zur Sicherung der DEK vom 24.9. 1935 (Gesetzblatt der DEK 1935, S. 99) 252. 271. 309. 421. 605. 608. 610. 917. 1001. 1004. 1082
1. Verordnung zur Durchführung des Gesetzes zur Sicherung der DEK vom 3.10. 1935 (Gesetzblatt der DEK 1935, S. 101 f.) 53. 56
Bekanntmachung des RKA über die Bildung beratender Kammern der DEK vom 13.12. 1935 (Gesetzblatt der DEK 1935, S. 137 f.)
Disziplinarordnung der DEK vom 8.2. 1936 (Gesetzblatt der DEK 1936, S. 9 f.) 704
Reichsgesetz über die Hitlerjugend vom 1.12. 1936 (RGBl. I 1936, S. 993) 467
Deutsches Beamtengesetz vom 26.1. 1937 (RGBl. I 1937, S. 39–70) 753 ff. 985. 993 f. 1003 f. 1021. 1027. 1060
Erlaß des Führers und Reichskanzlers über die Einberufung einer verfassunggebenden Generalsynode der DEK vom 15.2. 1937 (RGBl. I 1937, S. 203) 62 ff. 211. 236. 244. 252. 258. 276. 307. 423. 427. 605. 810 f. 814. 874. 917
13. Verordnung zur Durchführung des Gesetzes zur Sicherung der DEK vom 20.3. 1937 (Gesetzblatt der DEK 1937, S. 11 f.) 199 ff. 218 ff. 225. 237. 244. 246 f. 271. 286 f. 312 ff. 320 f. 331. 366. 368. 375. 393 f. 605 ff. 814
Reichsgesetz zum Schutz von Bezeichnungen der NSDAP vom 7.4. 1937 (RGBl. I 1937, S. 442) 458
Runderlaß des Reichsinnen- und des Reichskirchenministers betr. Kirchenkollekten vom 9.6. 1937 (Gesetzblatt der DEK 1937, S. 31 f.) 494 ff.
14. Verordnung zur Durchführung des Gesetzes zur Sicherung der DEK vom 10.6. 1937 (Gesetzblatt der DEK 1937, S. 33) 299 f.
15. Verordnung zur Durchführung des Gesetzes zur Sicherung der DEK vom 25.6. 1937 (Gesetzblatt der DEK 1937, S. 33–35) 252. 271. 299 ff. 609 f. 995. 1005
16. Verordnung zur Durchführung des Gesetzes zur Sicherung der DEK vom 25.6. 1937 (Gesetzblatt der DEK 1937, S. 35) 204. 209
Württ. Gesetz über die Kindergärten vom 8.11. 1937 (Reg. Bl. 1937, S. 109) 630
17. Verordnung zur Durchführung des Gesetzes zur Sicherung der DEK vom 10.12. 1937 (Gesetzblatt der DEK 1937, S. 70) 286 ff. 450 f. 608. 875. 1087
Gnadauer Verband 1081 ff.
Gossnersche Missionsgesellschaft 747
Gottesdienst 4. 19. 47. 97. 105. 108. 132.

163 ff. 166. 168 f. 178. 185. 191 f. 197. 200 f. 204 ff. 240. 256 f. 260 f. 266. 269. 276. 305. 335. 399. 408 ff. 428 f. 430. 437. 441. 448. 472 ff. 487 f. 494 ff. 511. 515. 520. 533. 539 f. 543 ff. 574. 578. 581. 615. 620. 623. 647. 649. 653 ff. 672. 693. 700. 711. 729. 733. 735. 751. 753. 757. 790 ff. 810. 828. 844. 855. 862. 915 ff. 923 ff. 929. 931. 935 f. 948. 957. 967. 971. 977. 980. 1031. 1056. 1058. 1063. 1078. 1100. 1102. 1111. 1114 ff. 1122

Gustav-Adolf-Verein 224. 249. 623. 841. 916

Haushaltplan der Württ. Landeskirche 32. 302. 308. 630. 747 f. 812. 817. 847. 866. 1000. 1099. 1104. 1106

Hitlerjugend 168. 467 ff. 481 ff. 628 f. 671 ff. 690. 753. 824. 923. 926

Innere Mission 181. 247. 250. 252. 346. 460. 501 f. 622. 732. 845 f. 858

Judenfrage 59 f. 62. 76. 101. 104 f. 114. 127. 140 f. 143. 147 f. 152 ff. 159. 161. 163 ff. 171. 187 ff. 196 f. 202. 303. 324. 404. 439. 466. 543. 548. 553 ff. 557. 563. 571. 611. 623. 646 ff. 653. 658 f. 810. 822. 825. 837. 876. 919. 988. 1017. 1041. 1043 f.

Jugend 103. 129. 140. 154. 165. 190. 248. 262. 266. 283. 300. 302. 403. 409. 412 f. 423. 425. 441. 460. 467 ff. 481 ff. 492. 519. 542 ff. 551 f. 570. 572. 581 f. 586. 603. 615. 624. 628 ff. 648 f. 657 ff. 663. 681. 700. 703. 710. 721 f. 723. 729. 731. 733. 735. 737. 741. 746 ff. 751 ff. 759. 763. 775. 779 f. 783. 788. 792. 799 ff. 806. 826. 832. 840. 843. 847. 867 f. 878. 893. 946. 954. 993. 1034

Kamerunmissionsverein 441
Kanonisches Recht 45 f. 767. 1060
Kasseler Gremium (Juli 1937) 251 ff. 257 ff. 267. 270. 276. 282. 287 ff. 292 ff. 295 ff. 307. 495. 503. 585. 608. 692. 789. 795. 871. 882. 892. 895 ff. 922. 1082 ff. 1095
Katechismus 732 f. 735. 739. 749. 790. 1010 ff. 1021
Katholische Kirche 45. 47. 49. 58. 65. 96 f. 117. 126. 144. 148. 157 f. 161. 165. 189.
201. 247. 275. 281 f. 284. 447. 544. 551 f. 555. 570. 602. 610. 614. 616. 640. 646. 705. 722. 726. 766 f. 804 f. 810. 826. 829. 834 f. 844. 899. 922. 949. 998. 1001 f. 1008. 1028. 1047 f. 1051. 1059

Kindergarten 81. 139. 250. 302. 305. 488. 493. 629 f. 658. 670. 698. 818. 843 ff.

Kindergottesdienst 283. 468. 472. 487 ff. 501. 672. 790. 800. 841

Kirchenaustritt 2. 4. 55. 129. 133 f. 192. 207. 413. 425. 447. 449. 522. 614. 635. 665. 670. 675. 862. 1083

Kirchenbezirkstag 127 f.

Kircheneintritt 129 f. 206

Kirchengebäude 131 f. 180. 191. 209. 240. 285. 310. 426 ff. 495 f. 539. 571. 641. 661 ff. 1102. 1111. 1115 f.

Kirchengemeinderat 133. 203. 234 f. 302. 401. 410 f. 422. 427. 431. 441. 447. 472. 474. 490. 583. 641. 703. 706. 708 f. 751 f. 754. 788. 809. 824. 866. 929. 946 ff. 1057. 1061 ff. 1097 f. 1103. 1105. 1116 f.

Kirchengut, Kirchenvermögen 122. 134. 190. 221. 284 f. 301. 443. 445 f. 662. 812 ff. 821. 866. 997 f. 1104. 1116 f.

Kirchenordnung 19. 46. 49. 328. 336. 340. 352. 384. 395. 429. 471. 729. 1096

Kirchensteuer 43. 73. 190. 192. 247. 268. 272 f. 284 f. 302. 310. 404. 446 ff. 479 f. 486. 500. 616. 629 f. 662. 810. 815. 817. 820. 847. 866. 997. 1064. 1102. 1104

Kirchlich-Theologische Arbeitsgemeinschaft 29. 311. 384 f. 388. 903

Kirchlich-Theologische Sozietät 1. 17. 22. 28. 40 ff. 108. 113 ff. 118 ff. 141 f. 208. 241. 249. 296. 304. 311 ff. 319 ff. 325 ff. 344 f. 347. 358. 363 ff. 370 ff. 380 f. 383 ff. 387 ff. 391 ff. 395 f. 515. 714 f. 757. 771. 783 f. 791 ff. 812 ff. 871. 885 f. 895. 898 f. 960. 966. 977 ff. 982 ff. 995. 1006. 1020 ff. 1046. 1052 ff. 1061 f. 1074 ff. 1106 ff.

Kirchliche Wahlen 51 ff. 63. 65 f. 69 f. 72 f. 77 ff. 81 ff. 90 ff. 96. 98 ff. 104. 108 ff. 113 ff. 118 ff. 125 ff. 133 ff. 141 ff. 151 ff. 159. 163 f. 167 ff. 174 f. 181 ff. 191. 206 ff. 211 ff. 234 f. 237 ff. 244 f. 252. 276 ff. 286. 303. 320. 324. 332. 337. 346. 423. 446. 549. 603 ff.

Kirchliches Außenamt der DEK 173. 270f. 1089
Kirchliches Notrecht 12. 18f. 31. 33f. 35f. 49. 320. 341f. 362
Kollekte 266. 272. 284. 290. 302ff. 494ff. 502f. 530
Konferenz der Landeskirchenführer 210ff. 218ff. 226ff. 231ff. 238ff. 250ff. 256. 271. 291. 294. 298. 315. 321. 854ff. 914. 976. 1085f. 1093. 1095ff. 1122ff.
Konfirmation, Konfirmandenunterricht 20. 32. 37. 39f. 125. 167ff. 257. 411ff. 467ff. 489ff. 496. 542ff. 555. 648f. 654. 700. 735. 747. 788. 790. 792. 799f. 1039
Konkordat zwischen dem Deutschen Reich und dem Heiligen Stuhl vom 12.9. 1933 (RGBl. II 1933, S. 679) 275

Landeskirchen 4. 61f. 69. 71f. 75. 79. 81. 95. 98. 145. 182f. 206. 213. 219ff. 233. 244f. 250. 259. 269f. 284. 287f. 301f. 308. 314. 329. 339. 342. 357. 359. 368. 382. 449. 452. 600. 602f. 609f. 623. 699. 780. 1004f. 1007. 1049. 1085. 1087ff. 1100ff.
Landeskirchenausschuß der Evang. Kirche der APU 15. 52ff. 57. 67. 69ff. 84. 221. 229. 233. 238. 243. 259. 421f. 605. 1001
Lateranverträge zwischen dem Italienischen Staat und dem Heiligen Stuhl vom 11.12. 1929 274f.
Lehrzucht 20. 47. 156. 187. 195
Liberalismus 15. 102. 161. 418. 1047
Luth. Kirchen, Luthertum 23. 32. 48. 75. 77. 94. 157. 217. 229. 231. 292. 339. 349. 355f. 361. 371. 854ff. 870ff. 884ff. 894ff. 910ff.
Luth. Weltkonvent 856. 864. 884. 1085

Männerkreise, Männerwerk 135ff. 185. 283. 399. 401. 403. 529. 532f. 535. 642f. 981
Marxismus 177. 247. 524. 614. 617. 636. 851. 1041. 1048f.

NS, NSDAP, NS-Weltanschauung, Rassenfrage 52. 58ff. 63. 65f. 70. 76. 81. 86. 92f. 95ff. 100f. 104. 125f. 140f. 144. 153. 160ff. 171. 176ff. 185. 188. 190. 200f. 206ff. 240. 245. 251. 272. 274. 278ff. 285. 288. 300ff. 306f. 310f. 399. 406. 428. 435ff. 449. 456. 458. 463. 476. 482. 497. 522f. 536f. 541. 560. 572f. 579. 581f. 585. 591. 597. 604. 609ff. 618. 624ff. 632ff. 647ff. 653f. 656f. 666ff. 672. 674ff. 694. 698. 700ff. 722. 724. 737f. 740. 743ff. 750. 754f. 775. 778. 780. 798. 811. 822f. 825ff. 832. 836. 842ff. 867. 875. 917. 919. 924. 930. 938f. 946. 948. 952ff. 959. 973f. 992. 994. 1000ff. 1040f. 1045f. 1049ff. 1064. 1112. 1122
NS-Frauenschaft 163
NS-Lehrerbund 67f. 482ff. 581. 691. 698. 700. 723. 801. 834

Ökumenische Konferenz 247
Opfer 138. 285. 304f. 336. 404. 413. 442. 486. 494ff. 511. 515. 663. 747f. 751. 818. 844. 867. 1097. 1101. 1114ff.
Orthodoxie 277. 324. 659. 673

Pfarrbesoldung 89. 187. 190. 300. 302. 306. 308. 418. 442f. 445. 522. 808ff. 816ff. 1104
Pfarrer (siehe auch Württ. Pfarrverein) 6. 11f. 14ff. 22. 24ff. 32. 44. 47f. 50. 52. 55. 58ff. 62. 69f. 73f. 77. 83. 87. 92. 96f. 101. 115. 118. 129f. 132f. 137. 158. 162. 165ff. 172f. 178f. 184. 187ff. 192ff. 204. 214. 216f. 224. 235. 241f. 251f. 257. 259. 266. 268ff. 276. 282. 286. 289. 293. 295. 299f. 302ff. 310f. 313ff. 320. 325f. 329. 332ff. 341. 344ff. 348. 350ff. 360ff. 366f. 369ff. 376ff. 383ff. 387ff. 396f. 401ff. 412. 414. 418. 421ff. 427. 431ff. 447. 458. 464ff. 475f. 480f. 485. 489f. 498. 503ff. 512. 515f. 521. 533. 535. 551ff. 562ff. 568. 571ff. 584. 588. 594. 606f. 613ff. 620ff. 631ff. 755ff. 769ff. 775. 777ff. 781ff. 786ff. 816ff. 832f. 839. 859. 862ff. 871ff. 882ff. 896. 898ff. 910ff. 928f. 938. 958. 960ff. 974. 976ff. 1001. 1003ff. 1022f. 1030ff. 1052ff. 1076. 1080. 1088ff. 1096ff. 1108ff. 1123f.
Pfarrer-Notbund 23. 348. 912. 982
Pietismus 249. 323f. 363. 794. 913

Predigt 2. 4. 19f. 47. 54. 65. 100f. 105. 119f. 129. 136. 140. 152. 169. 173. 192. 256. 328f. 338. 340f. 352. 372f. 377. 400. 503. 508. 519. 527. 529ff. 544. 546f. 550. 576. 603. 615. 620. 649. 661. 668. 673f. 693f. 734. 751ff. 759. 763. 769. 839. 859f. 867. 872. 880. 939. 946. 948. 950. 987. 993. 997f. 1009. 1013. 1021ff. 1030. 1032ff. 1043. 1053. 1061. 1074. 1116

Presse, Reichspressekammer, Reichsverband der Evang. Presse 54f. 63ff. 67. 70. 74f. 79. 81ff. 86f. 97. 99f. 106. 130. 133. 141. 154. 167. 186. 193. 208. 213. 220. 247. 266. 276. 278. 305ff. 434. 451. 455ff. 502. 504. 508ff. 520. 526. 557. 560. 563. 573. 577ff. 582ff. 594ff. 613ff. 621f. 627. 629. 650. 656. 658. 707f. 711f. 718. 722. 745. 768. 782. 821. 838. 847. 904. 937. 961. 972. 1051. 1122f.

Reformation 55. 58. 75f. 78. 80. 86f. 97f. 101f. 104ff. 112. 125f. 135. 141f. 145. 151. 155. 159f. 212. 215. 245. 273. 276. 301. 310. 330. 349. 355ff. 359ff. 366f. 371. 377. 424. 552. 561. 578. 609. 612. 622ff. 692ff. 723. 729f. 732. 799. 802. 861f. 916. 1000. 1051. 1091. 1099f.

Reformierte Kirchen 51. 77. 87. 94. 157. 217. 231f. 249ff. 292. 325. 339. 349. 631. 673. 858. 885. 913. 916

Reichsbewegung Deutsche Christen 92. 170ff. 175. 180. 185f. 320. 325. 639f. 994

Reichsbund Deutscher Evang. Pfarrvereine 77. 1101

Reichskirchenausschuß, Landes- und Provinzialkirchenausschüsse 1f. 5. 9f. 21. 32ff. 37ff. 51ff. 57ff. 67. 69ff. 77ff. 86. 98. 116. 125. 207. 210ff. 217f. 228. 233f. 236ff. 245. 252. 315. 323. 325. 352. 414f. 417. 419ff. 428. 472. 503. 554. 602. 604f. 640. 699. 704f. 811. 844ff. 856. 870f. 891f. 900. 936. 992. 1005. 1087

Reichsministerium des Innern 425. 502. 604. 1123

Reichsministerium für kirchliche Angelegenheiten 2. 4f. 41. 45. 68. 74. 108. 114. 196. 199. 202ff. 210. 219. 235f. 240. 245. 247f. 258f. 282. 284. 287. 302. 306f. 309. 314. 421. 427. 430. 447. 451. 458. 472. 521f. 569. 592f. 596. 603. 605ff. 619. 622. 631. 640. 704. 742. 844ff. 865. 867ff. 875. 892. 900. 920. 922. 996. 999ff. 1004. 1048ff. 1086. 1105. 1123

Reichsministerium für Volksaufklärung und Propaganda 167. 456ff. 591. 640. 969

Reichsministerium für Wissenschaft, Erziehung und Volksbildung 5. 435. 492. 582. 625f. 631. 671f. 699. 701ff. 723. 728. 738. 743. 749. 754ff. 775. 777ff. 781ff. 786ff. 794ff. 807. 814ff. 823ff. 827ff. 837. 920

Religionsunterricht 200. 236. 247f. 251. 261. 302ff. 350. 425. 435f. 460. 469. 484. 489ff. 551. 581f. 585. 615. 625ff. 650. 691. 698ff. 711ff. 719ff. 769ff. 774ff. 781ff. 786ff. 795ff. 814ff. 818. 820. 822ff. 832ff. 843. 870f. 920. 946. 993. 1002. 1036. 1040. 1050. 1054. 1074

Sakrament 144. 149f. 159. 194. 198. 352. 367. 401. 530. 552. 763. 859. 883. 997f. 1013. 1053

Schmalkaldische Artikel (1537) 356. 857. 861f.

Schulwesen 46. 100. 173. 212. 581. 674. 823ff.

Schwesternstationen, Krankenpflegeverein, Diakonissenstation 250. 434ff. 630. 748. 847

Sekten 117f. 122. 159. 161. 189f. 205. 342. 363. 371. 553. 594. 673. 764. 811. 813. 850. 1024. 1049. 1107

Staatsleistungen 241. 272. 285. 302. 304f. 308. 428. 442ff. 616. 628. 662f. 747. 791. 808ff. 866. 1028

Strafgesetzbuch, Gerichtsverfassungsgesetz 132. 203. 508. 522f. 589

Taufe 88. 139. 150. 165. 265. 293. 484. 487. 490f. 495. 548f. 555. 611. 699. 715. 1035. 1068

Trauung 88. 168. 179. 193. 206. 293. 320. 495. 555. 676. 689f.

Ulmer Bekenntnistag, Ulmer Erklärung (22.4. 1934) 293 ff.

Verfassung (in zeitlicher Reihenfolge)
Verfassung des Deutschen Reiches vom 11.8. 1919 (RGBl. I 1919, S. 1383–1418) 8. 43. 45 f. 443. 444. 603. 739. 749
Verfassung des Volksstaats Württemberg vom 25.9. 1919 (Reg. Bl. 1919, S. 281 bis 292) 443. 821
Verfassung der Evang. Landeskirche in Württemberg vom 24.6. 1920 (Abl. 19, S. 199–209) 17 f. 41 ff. 196 f. 309. 376. 419. 422. 451 f. 591. 617. 729. 866. 994
Verfassung der Deutschen Evang. Kirche vom 11.7. 1933 und Reichsgesetz über die Verfassung der Deutschen Evang. Kirche vom 14.7. 1933 (RGBl. I 1933, S. 471–475) 41. 45. 48. 51 f. 55 f. 71. 75. 78. 113 f. 141. 210. 212. 219. 231. 242. 244. 247. 253 f. 258. 267. 273 f. 287 f. 294. 330. 419. 451 f. 591. 603. 863. 918. 998 ff. 1001. 1004. 1028. 1089 ff. 1095 f. 1105. 1107

Verkündigung 2. 11. 18. 36. 47. 54 f. 60. 70. 77 f. 93. 97. 99 f. 106. 112. 116. 118. 120 f. 138. 141. 152 ff. 170. 174. 178 f. 187. 194. 209. 221. 261. 281. 284. 289. 301 ff. 325. 335. 337 ff. 343. 351 f. 372 f. 376 f. 380. 384. 390. 408. 423 f. 427 ff. 480 f. 504. 525. 529 ff. 539. 572. 580 ff. 596 ff. 674. 700. 731. 733 ff. 748 f. 779. 782. 790. 860. 866 f. 893. 919. 928. 949. 960 f. 966. 974. 978 f. 991 f. 996. 1009. 1014. 1022 f. 1062. 1082. 1091. 1096. 1100. 1108 ff.

Volkskirche 47. 93. 96. 107. 112. 115. 118. 143. 158. 161. 176. 181. 184. 186. 188 ff. 286. 323. 343. 390. 492. 580. 583. 597. 602. 780. 876. 1000. 1008 f. 1068

Volkskirchenbewegung Deutsche Christen (Thüringer Richtung) 2. 5. 37. 58. 87. 91 f. 97. 101. 109. 111. 135. 159 ff. 167 f. 170. 174 ff. 179 ff. 191 ff. 205. 235. 238. 247. 280 f. 285 f. 306. 313. 317. 321 ff. 332. 345. 365. 414 ff. 421 f. 426 ff. 431. 446 ff. 542 ff. 556 f. 616. 618. 623. 669. 690. 808 ff. 821 ff. 983. 994

Volkskirchliche Arbeitsgemeinschaft 346 f.
Volksmission 29. 224. 335. 399 ff. 533. 582. 615. 618 f. 622
Vorläufige Leitung der DEK 1. 9 f. 15. 20 ff. 27 f. 69 ff. 108. 113. 175. 210 ff. 222 ff. 234. 236 ff. 248. 252. 256. 290 ff. 314 f. 319. 321 ff. 326 f. 330. 339. 360. 375. 382 ff. 390 f. 503 ff. 522. 583. 604. 610. 691 f. 698 f. 760. 768. 822. 854 ff. 869 f. 881 f. 885 ff. 891 ff. 960. 962 f. 965. 983 f. 1081 ff. 1095. 1109. 1114 ff. 1119 ff.

Wahlen und Volksabstimmungen 91 f. 108. 115. 312 f.
Westfälischer Frieden (1648) 273
Winterhilfswerk 169. 250. 483. 502. 541. 667. 848
Wohlfahrtspflege 406
Württ. Bekenntnisgemeinschaft 1. 9 ff. 15. 17 f. 20 ff. 26 ff. 32 f. 35 ff. 50. 108 ff. 113. 115. 221. 226. 228. 233 ff. 249. 270. 292. 301. 303. 311 ff. 319 ff. 325 ff. 332 ff. 339. 341 ff. 346 ff. 350 ff. 363 ff. 369 ff. 376 ff. 383 ff. 387 ff. 391 ff. 396. 415. 511. 516 ff. 535. 538. 667 ff. 691 f. 699. 743 ff. 760 ff. 783. 820. 863 ff. 871. 884 ff. 895 ff. 901 ff. 910 ff. 938. 845 ff. 960 ff. 975. 977. 981 ff. 1006 ff. 1020. 1074 ff. 1101. 1109. 1111 ff. 1119

Württ. Evang. Jungmännerbund 407 f.
Württ. Evang. Landeskirchentag 32. 36. 40 ff. 46. 49. 88. 385. 414. 418. 421. 632 f. 806 ff. 817. 820 ff. 994. 1103
Württ. Finanzministerium 426
Württ. Innenministerium 843 f.
Württ. Kultministerium 40 ff. 248. 250 f. 304. 426 ff. 446. 448 ff. 473. 616. 701. 704 ff. 712 f. 715 ff. 738 ff. 754 f. 771. 775. 777 ff. 784 ff. 794 ff. 806 ff. 814 f. 820. 827 ff. 837 ff.
Württ. Pfarrverein 181. 464. 559. 954. 966. 971. 975 ff. 1123
Württ. Staatsministerium 448. 689. 701
Württ. Verwaltungsgerichtshof 41. 442 ff. 447 ff.

Zöcklersche Anstalten 651

1155

VERZEICHNIS DER ORTE UND LÄNDER

Staaten, Länder, Landeskirchen, Kirchenbezirke, Orte, Pfarreien

Aalen 471
Afrika 940
Alpirsbach 163
Altbach Krs. Esslingen 653
Altensteig 541
Amerika 575. 583. 591. 594. 615. 726. 806.
 835. 940. 1118
Asien 591. 940
Auenstein-Abstatt 434 ff.
Augsburg 294. 880 f.
Aurich 219. 223
Australien 119

Backnang 434. 471
Bad Boll 385
Bad Liebenzell 194. 197. 199 ff.
Bad Waldsee 471
Bad Wildbad 471
Baden 58. 77. 84. 210 f. 250. 330 f. 361.
 431. 575. 605. 621. 625. 627. 666. 702. 719.
 723. 798. 838. 858. 913. 916. 995 ff. 1004.
 1101
Balingen 471. 709
Barcelona 540 f. 653
Basel 249. 507
Bautzen 77
Bayern 58. 77. 210 f. 250. 362. 558. 604 f.
 619. 625. 627. 714. 855. 869. 880. 916. 937.
 995 f. 999. 1002. 1008 f. 1047. 1054.
 1084 ff. 1101. 1125
Berchtesgaden 63 ff. 68
Berg, Grafschaft 273
Berlin 65. 67. 131. 213 f. 232. 251. 431. 458.
 463. 507 f. 511. 522. 576. 587. 589. 601.
 631. 645 f. 846. 857. 866. 940. 958. 1083.
 1097

Bernhausen 823. 834
Besigheim 471
Biberach/Riß 471. 723. 804
Bietigheim 5
Birkenlohe 474
Blankenberg 599
Blaubeuren 90. 471. 542
Bleichstetten 929
Böblingen 150. 434. 469. 471
Böckingen 525. 527. 529. 536
Bonn 630
Brackenheim 471
Braunschweig 20 f. 77. 170. 210 f. 216. 605.
 619. 855. 916. 999. 1002. 1084. 1127
Bremen 53. 61. 77. 211. 223. 1086
Breslau 621
Brettheim 931 ff.
Buenos Aires 577

Calw 196 f. 201. 204. 401. 434. 471. 667
Cleve, Grafschaft 273
Crailsheim 434. 471. 647. 666. 723
Creglingen 167

Dänemark 126
Dapfen 205
Darmstadt 103. 192. 219. 619
Denkendorf Krs. Esslingen 672
Detmold-Lippe 77. 210 f.
Dörrenzimmern 930 f.
Dornhan 954
Dortmund 291
Dresden 21. 169. 619
Dürrenzimmern 164
Düsseldorf 638

Ebersbach/Fils 319. 784. 1056ff. 1072f.
Ehingen 471
Eisenach 103
Elberfeld 631
Eldena 520f.
Ellwangen/Jagst 471
Elsaß-Lothringen 432
England 66ff. 465. 509. 575. 583. 680. 1119
Erfurt 4
Ernsbach 426
Essen 1086. 1090
Esslingen/Neckar 18. 27. 103. 133f. 163. 434. 471. 723. 801

Flacht-Weissach 954
Frankfurt/Main 21. 242. 323. 612
Frankreich 680. 726
Freudenstadt 108. 163. 334. 434. 471. 584. 982. 1074
Frickenhofen 473
Friedrichshafen 847
Friedrichsroda 150
Fulda 209. 277. 279. 282. 284f. 307

Gaildorf 167. 471. 473
Geislingen/Steige 471
Gerabronn 471
Gerstetten 932
Gießen 103
Gloucester 457
Göppingen 105. 123. 169. 319. 392ff. 453. 471. 666f. 1056f. 1071
Gomaringen 638
Großheppach 850ff.
Guben 621
Göttingen 631
Güstrow 149

Hagen 209. 277. 282. 285. 307. 610
Halberstadt 664
Halle/Saale 103. 243
Hamburg 61. 77. 210f. 916. 1127
Hannover 52. 77. 210f. 217. 223. 231. 605. 619. 655. 855. 914. 916. 999. 1002. 1084ff. 1099. 1108. 1126
Hausen/Zaber 164. 652
Hechingen 471

Heidelberg 240. 733
Heidenheim 471. 750. 752. 834. 934
Heilbronn/Neckar 6ff. 103. 434f. 440. 471. 527. 529. 574f. 583. 594ff. 602. 707. 848f. 926
Hengen 426
Herrenberg 321. 469. 471
Herrnhut 576
Hessen 219. 575. 627. 719. 1127
Hessen-Nassau 77. 210f. 227. 241. 287. 291. 1086. 1105
Holland 465
Horb 171. 471

Ilshofen 458
Isny/Allgäu 974
Italien 126. 721. 726. 835. 837. 1047

Jagstfeld 148
Jülich, Grafschaft 273
Jugoslawien 575. 940

Kamerun 441f.
Karlsruhe 666. 999
Kiel 1101
Kirchheim/Teck 471. 785. 939ff. 974
Kirchheim/Riß – Benzenzimmern 654
Kleinansbach 933
Kleingartach 165
Königsberg 621
Künzelsau 471. 931. 975
Kurhessen-Waldeck 77. 210f. 249f. 329. 361f. 605. 913. 916

Laupheim 471. 805
Leipzig 323. 513. 576. 612
Leonberg 345. 434. 471
Leutkirch 471
Lohme auf Rügen 519
London 67. 570
Ludwigsburg 103. 127f. 150. 247. 389. 434. 471. 478. 712. 742. 746. 754. 849. 1074ff.
Ludwigsburg-Oßweil 848f.
Ludwigslust 521
Lübeck 4f. 53f. 66. 77. 87. 211. 216. 221. 236. 855. 916. 1127

Madrid 540f. 653
Mannheim 103
Marbach/Neckar 168. 413. 471. 716. 791. 925
Marburg 170
Maulbronn 471
Mecklenburg 53. 58. 61. 77. 210. 216. 221. 273. 290. 297. 520. 604. 623. 855. 864. 879. 916. 985. 1000. 1054
Meimsheim 925f.
Mergentheim 434. 471. 612
Michelbach/Bilz 307. 445
Mössingen 578. 654f.
Monbachtal bei Calw 30
Moskau 954. 1044
München 65. 233. 237. 239. 554. 640. 665. 802. 1122
Münsingen 471. 776

Nagold 471. 540f.
Naumburg 621
Neckarsulm 471
Neckartailfingen 954ff. 982
Neresheim 471
Neuenbürg 199f. 471
Neuenstadt/Kocher 590. 594f.
Niedernhall 933
Nordamerika 119
Norddeutschland 4. 9f. 15. 20f. 86. 276. 312. 333. 379. 423. 790. 868. 947. 1030. 1080
Norwegen 126. 465
Nürnberg 4. 77. 455. 478. 619. 646. 656
Nürtingen 471. 851f. 952. 954ff.
Nürtingen-Oberensingen 851f.

Oberaspach 960
Oberndorf/Neckar 471
Oberschlesien 228
Öhringen 434. 471
Österreich 126. 459. 545. 647. 660. 726. 912. 914ff. 927. 934. 936. 941. 950. 953. 961f. 967f. 972f. 978f. 991. 993. 1052. 1074. 1079. 1082. 1127
Ohmenhausen 849
Ohnastetten 927
Oldenburg 53. 242. 865. 1086. 1127

Onolzheim 166
Onstmettingen 171. 173
Oppingen 970
Ostpreußen 502
Oxford 247. 457. 569ff. 584. 589. 592ff.

Paris 509
Pfalz 605. 1127
Pfullingen 471
Pleidelsheim 924f.
Polen 126. 568f. 1051
Potsdam 165
Preußen, Altpreußische Union 9. 57. 66. 77. 89f. 210ff. 225ff. 239. 293f. 298f. 620. 870. 920. 1047. 1083. 1105ff. 1124

Ravensburg 471. 847
Reichenbach/Fils 538. 956ff. 982
Reinsbürg 933
Reinshagen 170
Reutlingen 6. 103. 469. 471. 573. 581. 595. 598. 638. 648f. 671. 775. 781. 927. 1032ff.
Rheinland 94. 140. 218
Riedlingen 471
Rom 479. 555. 563. 625. 629. 1033. 1047
Roßwälden 179. 332
Rottenburg/Neckar 469. 471. 661
Rottweil 435. 471. 661. 843f. 849
Ruhrgebiet 508
Rumänien 940
Rummelsberg 362
Rußland 165. 570. 625. 656ff. 940. 1044

Saargebiet 626. 739. 937
Sachsen 53. 77. 169. 210f. 216. 241. 249. 259. 287. 290. 292f. 296f. 329. 511. 520ff. 605. 610. 685f. 855. 864. 880. 916. 1000f. 1007. 1082. 1105. 1113
Sachsen-Anhalt 53. 242
Sachsenhausen bei Oranienburg 508. 511. 524
Saulgau 471
Schaumburg-Lippe 77. 210f. 605. 855f. 916
Schlaitdorf 955
Schlesien 22. 230. 473
Schleswig-Holstein 287. 855. 880. 916. 1127

Schneidemühl 519
Schorndorf 150. 401. 471
Schwäbisch Gmünd 5. 471
Schwäbisch Hall 5. 67. 434 ff. 471. 548. 688
Schwaikheim 413
Schweden 126. 465
Schweiz 91. 119. 201. 432. 650. 869
Schwerin 521
Siegen 576
Sielmingen 653
Sigmaringen 471
Spaichingen 471
Spanien 126. 187. 189. 540 ff. 653. 1043
Steinheim/Albuch 645
Stockholm 601. 623
Straßburg 465
Strelitz 521
Striche Krs. Schwerin/Warthe 519
Stuttgart 5. 63. 103. 105. 115. 163. 167. 185. 190. 195. 236. 247. 261. 325 ff. 383. 410 f. 426 ff. 431 f. 448. 453. 462. 469. 471. 475. 477. 498. 527. 542 ff. 549 ff. 554. 581. 583. 588 ff. 614. 616. 618 ff. 650. 661. 663. 689 f. 711 f. 718. 748. 751. 795. 798. 804. 810. 827 f. 831. 834. 848. 850. 866. 925. 940. 943. 956. 958. 965. 975. 1030. 1056. 1074. 1081. 1096. 1101 ff. 1111
Stuttgart-Bad Cannstatt 163. 168. 445. 651. 711. 804. 828
Stuttgart-Botnang 434
Stuttgart-Degerloch 434. 847
Stuttgart-Gablenberg 163 f.
Stuttgart-Hedelfingen 434
Stuttgart-Heumaden 434
Stuttgart-Hofen 434
Stuttgart-Kaltental 434
Stuttgart-Mühlhausen 434
Stuttgart-Münster 434
Stuttgart-Sillenbuch 434
Stuttgart-Rohracker 434
Stuttgart-Uhlbach 434
Stuttgart-Untertürkheim 982

Stuttgart-Weilimdorf 149. 709 f. 722. 827
Sudetenland 1114 ff. 1127
Süddeutschland 4. 82. 423. 624. 705. 790. 1002
Sulz/Neckar 471
Suppingen Krs. Blaubeuren 850

Tettnang 471
Thüringen 53. 58. 61. 77. 87. 211. 216. 221. 273. 290. 297. 511. 520. 604. 619. 623. 855. 864. 879 f. 916. 985. 1000. 1054
Togo 442
Tübingen 5. 428. 469. 471. 513 ff. 541. 644 ff. 941. 955
Tübingen, Universität 2. 350. 566. 615. 630 f.
Tuttlingen 471. 829

Ulm/Donau 103. 471. 542. 725. 806. 897
Ungarn 940
Unterlengenhardt 200 f. 204
Upfingen 943
Urach 163. 426. 469

Vaihingen/Enz 434. 469. 471
Versailles 580 f. 601 f. 632

Waiblingen 166. 434. 471. 549 ff.
Walddorf Krs. Nürtingen 955
Waldhausen 90
Wangen/Allgäu 471
Washington 247
Weimar 43. 103. 148
Welzheim 471. 958 f.
Westfalen 70. 94. 431
Wien 914. 921. 976. 1005
Wiesbaden 1090
Winnenden 5
Winzerhausen 959 f.
Wittenberg 323. 696
Würtingen 926 ff.
Würzburg 361. 1084 f.

VERZEICHNIS DER PERSONEN

Berichtigungen zu Band 2

a) S. 64: Hier handelt es sich nicht um Dekan Johannes Maisch. Die hier genannte Person konnte nicht identifiziert werden.
b) S. 712 ff.: Mildenberger, Bernhard (nicht Emil Mildenberger): s. Register dieses Bandes.
c) S. 723.725.727: Vöhringer, Karl (nicht Ludwig Vöhringer): s. Register dieses Bandes.

Da fast alle Dokumente in bezug zu Wurm stehen, fehlt dieser Name im Verzeichnis.

Adam, Pfarrer in Sachsen 522
Aichele, Prof. Dr. Hellmut (1903–1975), Organist an der Leonhardskirche in Stuttgart, Kirchenmusikdirektor, Professor an den Pädagogischen Hochschulen in Stuttgart und Ludwigsburg 145
Albertz, Lic. Martin, Superintendent in Spandau (1933–1945 suspendiert, entlassen), 1934–1941 Leiter des theol. Prüfungsamtes der Kirchlichen Hochschule in Berlin, 1936 Mitglied der 2. VL 223. 254
Althaus, D. Paul, 1925 Professor in Erlangen 972. 975
Anacker, Bannschulungsleiter der HJ 629
Anselm von Canterbury 556
Anz, Johannes (geb. 1906), 1931 Hilfsprediger in Halle, 1933 Pfarrer in Lebusa, 1945 Konsistorialrat in Magdeburg 621
Arndt, Ernst Moritz 127
Asmussen, Hans, Pfarrer in Altona, Mitglied der RBR, 1945 Präsident der Kirchenkanzlei der EKD, 1948–1955 Propst in Kiel 219. 222 ff. 238. 289. 292 f. 295 f. 298 f. 881. 982 ff. 1020. 1079 ff.
Assenheimer, Gottlob, Amtsdiener in Auenstein 440
Assenheimer, Karl, Auenstein 440

Bach, Johann Sebastian (1685–1750) 682. 730. 732 f.
Bäuerle, 1937 Prediger der Methodistengemeinde in Vaihingen/Enz 572 f.
Barth, D. Christian Gottlob (geb. 31. 7. 1799), 1824 Pfarrer in Möttlingen, 1838 Gründer des Calwer Verlagsvereins 461
Barth, D. Karl, bis 1935 Professor in Bonn, 1935 in Basel 186. 311. 630 f. 760. 768. 868 f.
Bauer, Gerhard (1896–1958), 1923 Pfarrer in Gotha, 1939 in Coburg, 1940 Religionslehrer in Würzburg, Leiter der Stadtmission in Hof, 1943 Pfarrer in Stargard/Pommern, 1945 Superintendent in Stadtroda, 1949 OKR in Gera, Mitglied des LBR 254. 520
Bauer, Otto, Gemeinde- und Kirchengemeinderat in Auenstein-Helfenberg 436
Bauer, D. Paul (geb. 1905), 1932–1939 Pfarrer in Ludwigsburg, ab 1945 im Höheren Schuldienst 92. 746
Baur, Landgerichtsdirektor in Heilbronn 145
Baur, Ferdinand Christian (1792–1860), 1826 Professor in Tübingen 418
Baur, Dr. Karl (1879–1938), 1912 Professor in Stuttgart, 1931 Pfarrer in Buoch 347

Beckmann, Prof. D. Dr. Lic. Joachim, 1926 Pfarrer in Wiesbaden, 1928 in Soest, 1933 in Düsseldorf, 1945 Mitglied der Leitung der Evang. Kirche im Rheinland, 1951 Professor an der Kirchlichen Hochschule in Wuppertal, 1958 Präses der Evang. Kirche im Rheinland, 1960 Vorsitzender des Rats der EKU 1006

Behr, Architekt in Stuttgart 145

Beinhorn, Elli, Fliegerin 459

Bender, D. Ferdinand Julius, Pfarrer in Nonnenweier, 1946–1964 Landesbischof der Badischen Landeskirche 254

Benner, Friedrich (geb. 1893), 1918 Pfarrer in Dörrenzimmern, 1931 in Mähringen 347

Benzing, Martin (geb. 1902), 1928 Pfarrer in Spraitbach, 1934 in Aistaig, 1956 Pleidelsheim 932

Berg, Walther Theodor (1874–1955), 1923 Pfarrer in Bautzen, 1933 Superintendent ebd. 522

Bergmann, Ernst (1881–1945), 1916 Professor für Philosophie in Leipzig 161

Berner, Wilhelm (geb. 1907), 1932 Pfarrer in Auenstein-Abstatt, 1952 in Oberesslingen 434 ff.

Beßler, Otto (1886–1944), 1932 Pfarrer in Stuttgart-Bad Cannstatt 1031

Beste, Dr. Niklot (geb. 1901), Mitglied des RBR, 1933 Pfarrer in Neubuckow, Vorsitzender des Bruderrats der Bekennenden Kirche in Mecklenburg, 1946 Landesbischof von Mecklenburg, 1961 Mitglied des Rates der EKD, 1968 Vorsitzender der Konferenz der evang. Kirchenleitung in der DDR, 1968 Leitender Bischof 211. 254. 880

Betsch, Jakob, Hausvater am Großen Waisenhaus in Korntal 392

Bismarck, Otto Fürst von 127. 648. 726. 835. 1046 ff.

Bodelschwingh, D. Friedrich von 60. 307. 869. 878. 966. 1082 ff. 1095

Bodmer, Landrat in Kirchheim/Teck 948 f.

Böhm, Dr. Hans, 1930 Referent im OKR Berlin, 1933 beurlaubt, 1934 Kriegssiedlungspfarrer in Berlin, Mitglied der 2. VL 214. 222. 232. 326. 509

Böpple, Forstmeister, Kreisleiter der NSDAP in Herrenalb 445

Boerger, Staatsrat in Köln 581. 614

Börne, Ludwig (1786–1837) 621

Bofinger, Dr., Direktor beim Süddeutschen Rundfunk Stuttgart 431 f.

Bonhoeffer, Dietrich (1906–1945), 1931 Privatdozent und Studentenpfarrer in Berlin, 1933 Pfarrer in London, 1935 Direktor des Predigerseminars der Bekennenden Kirche in Finkenwalde 22

Bonifatius (672/73–754) 166

Bormann, Martin (1900–1945), Reichsleiter der NSDAP 1045 f.

Borst, Albert (1892–1941), 1919 Pfarrer in Waldenburg, 1930 Dekan in Langenburg, ab 1934 beim OKR 80. 920. 952 f. 956

Bosch, Rektor, Kreisleiter der NSDAP in Schwäbisch Hall 67 f. 688

Bosse, Johannes (geb. 1896), 1925 Pfarrer in Neudorf, 1936 Superintendent in Stolzenau/Weser, 1936–1939 Mitglied der VKL von Hannover 254

Brandstätter, Jungzugführer des Jungbanns 125 (Schönbuch) 469

Brecht, Alfred (geb. 1900), 1929 Pfarrer in Nagold, 1935 Dekan in Langenburg, 1943 in Calw, 1945 Ephorus in Blaubeuren, dann in Urach 333

Breit, Thomas, 1933 OKR in München, 1934–1936 Mitglied der 1. VL 73 ff. 214 ff. 218. 222. 231. 246. 250. 254. 257. 259. 282 ff. 288. 294 ff. 307. 430 f. 786. 854. 863. 869. 872 ff. 884 ff. 891 f. 895. 897. 901. 906. 1084 ff. 1090. 1093. 1095

Brown, Dr., New York 601

Brunner, Lic. D. Peter (geb. 1900), 1932 Pfarrer in Ranstadt/Hessen, 1936 Dozent für Dogmatik an der Theologischen Schule in Elberfeld, 1947 Professor in Heidelberg 601

Buchrucker, Harald (geb. 1897), Mitglied des LBR 392. 985

Buddeberg, Ernst († 1949), bis 1946 Missionsdirektor in Bad Liebenzell 1081

Buder, D. Walther (1878–1961), Pfarrer in Schwäbisch Hall, 1912 Professor für Religionsunterricht in Stuttgart, 1930 Pfarrer in Stuttgart, 1939 Prälat von Ulm 246. 251. 333

Bürckel, Josef, Gauleiter der NSDAP 917. 921. 934

Bultmann, Dr. D. Rudolf (1884–1976), 1916 Professor in Breslau, 1920 in Gießen, 1921–1961 in Marburg, Mitglied der Akademie für Wissenschaften in Heidelberg, Göttingen und Oslo, 1933 Mitglied des PNB 170

Burghart, Georg, 1927–1933 Geistlicher Vizepräsident des preußischen Oberkirchenrats 254. 1095

Busch, Wilhelm, 1924 Pfarrer in Essen-Altstadt 219

Calvin, Johannes 764
Canterbury, Erzbischof von 68
Claudius, Hermann (geb. 1878) 687 f.
Coch, Friedrich Otto, Landesbischof von Sachsen 150

Däuble, Hermann (1909–1942), Pfarrverweser, 1938 Pfarrer in Peterzell 179. 332

Daiber, Württ. Finanzministerium 426

Daluege, Kurt (1897–1946), 1933 Mitglied des Preußischen Staatsrates, 1934 Leiter des Polizeiamtes im Reichsinnenministerium, 1936–1943 General der Polizei und Chef im Hauptamt Ordnungspolizei, 1942 SS Oberstgruppenführer und Generaloberst der Polizei 674 f.

Daur, Rudolf (1892–1976), 1921 Pfarrer in Reutlingen, 1932 in Stuttgart-Rohr, 1939 in Stuttgart 1117 f.

Decius, Nikolaus (1485–(1546) 260

Degeler, Küfermeister in Heidenheim 145. 334. 392. 752 ff. 1079

Dehlinger, Dr. Alfred, württ. Finanzminister 820

Deyhle, Dr., Regierungsrat im Württ. Kultministerium 727. 786. 794

Dibelius, D. Otto, 1925 Generalsuperintendent der Kurmark 57. 163. 230 ff. 239. 638

Diehl, Ludwig, 1924 Pfarrer in Machenbach, 1933 Mitglied der Nationalsynode, 1934–1945 Landesbischof der Pfälzischen Landeskirche 56 f. 81

Diem, Dr. Harald (1913–1941), 1936 Stadtvikar in Freudenstadt, 1938 Pfarrer in Talheim bei Tübingen 319

Diem, D. Hermann (1900–1975), 1928 Pfarrer in Stuttgart, 1934 in Ebersbach, 1957 Professor in Tübingen 113 ff. 313 ff. 321 f. 325 f. 363 ff. 371 ff. 388 f. 392 ff. 757 f. 783 ff. 812 ff. 882. 887 ff. 966 f. 977 ff. 984 ff. 1020 ff. 1031. 1052 ff. 1077. 1106 ff.

Diestel, Max, Superintendent in Lichtenfelde 509 f.

Dilger, Alfred (geb. 1897), 1924 Pfarrer bei der Evang. Gesellschaft in Stuttgart, 1932 in Nellingen bei Blaubeuren, 1942 in Stuttgart-Bad Cannstatt, 1946 Heimatinspektor der Basler Mission 967 ff.

Dilger, Johannes (1889–1981), (1925) Studienrat in Kirchheim/Teck 949

Diokletian, römischer Kaiser (284–305) 726. 835

Dipper, Karl (geb. 1907), 1936 Pfarrer in Würtingen, 1949 in Stuttgart-Degerloch 926 ff. 972 ff.

Dipper, Theodor (1903–1969), 1930 Pfarrer in Würtingen, 1935 Geschäftsführer beim Evang. Gemeindedienst, 1938 Pfarrer in Reichenbach/Fils, 1945 Dekan in Nürtingen, 1959 in Ludwigsburg 11 ff. 17 ff. 23 ff. 35 ff. 40. 87. 91. 108. 136 ff. 233 ff. 239 ff. 294. 301 ff. 312. 327 ff. 344 ff. 351 ff. 371 ff. 376 ff. 384. 387 ff. 391 f. 394 ff. 503 ff. 518 ff. 524 ff. 620. 760 f. 863. 885 ff. 901 ff. 912. 956 ff. 965 ff. 974. 981 f. 1006 ff. 1026 ff. 1077 ff. 1111 ff. 1119

Dix, Karl, Postinspektor in Stuttgart, Landespropagandaleiter der DC 181 ff. 414 ff.

Dölker, Johannes (1882–1953), 1918 Pfarrer in Stuttgart, 1930 Jugendpfarrer in Stuttgart, 1934 Leiter der Landesjugendstelle, 1946 Landeswohlfahrtspfarrer 460. 669
Dölker, Frau 638
Dörrfuss, Dr. Adolf (1875–1948), 1907 Pfarrer in Neuenstein, 1916 Dekan in Weikersheim, 1926 in Crailsheim, 1931 in Ludwigsburg 85 f. 128. 478 ff.
Dolde, Hans (1905–1944), 1930 Pfarrer in Triensbach 647
Domay, Oberlehrer in Würtingen 926
Drauz, Richard, Kreisleiter der NSDAP in Heilbronn 435. 437
Drechsler, Adolf (1889–1970), 1914 Pfarrer in Hamburg-St. Pauli, 1940 Hauptpastor in Hamburg (St. Jacobi) 210
Drescher, Rechtsanwalt in Stuttgart 145
Drewiz 456
Drück, Dr. Karl, Oberregierungsrat beim Württ. Kultministerium 829. 831 ff. 847
Dürer, Albrecht 724. 734

Eckehart (ca. 1260–1327) 732
Eckert, Georg Richard Erwin, 1926 bis 1932 Pfarrer in Mannheim, religiöser Sozialist 1044
Eger, D. Karl, 1913 Professor in Halle/Saale 56. 84. 230
Eichele, D. Dr. Erich (geb. 1904), 1934 Pfarrer in Stuttgart und Hilfsarbeiter beim OKR, 1936 Kirchenrat, 1944 Oberkirchenrat, 1951 Prälat von Ulm, 1962–1969 Landesbischof der Württ. Landeskirche 393. 794. 886. 956. 1029
Eichler, Julius (1900–1977), 1930 Jugendpfarrer in Stuttgart, 1935 Geschäftsführer beim Evang. Gemeindedienst, 1947 Pfarrer in Setzingen, 1950 in Ludwigsburg, 1952 Dekan in Schwäbisch Hall 30. 333. 392. 1006 ff. 1026 ff. 1079
Eissler, Dr. Albrecht, Rechtsanwalt in Oberndorf/Neckar 334
Ellwein, Dr. Theodor (1897–1962), 1924 Studienrat in Hof, 1930 in Augsburg, 1934 Professor in Weillrey, 1936 Oberkirchenrat in der Kirchenkanzlei der DEK in Berlin, 1951 Religionslehrer in München, 1954–1961 Mitarbeiter an der Evang. Akademie in Bad Boll 431. 698
Elsässer, Gotthold (1875–1948), 1905 Pfarrer in Ravensburg, 1913 in Langenau, 1930 in Pfrondorf 347
Engel, R., Pfarrer in Österreich 973
Engelke, D. Fritz, Direktor des Rauhen Hauses in Hamburg, Reichsvikar der DEK 148
Engelland, Dr. Hans (geb. 1903), 1936 Dozent und Inspektor der Apologetischen Zentrale in Berlin-Spandau, 1938 Vorsteher des Diakonissenhauses Elisabethstift in Oldenburg, 1948 Dozent an der Kirchlichen Hochschule in Hamburg 631
Epting, Friedrich (geb. 1910), 1937 Pfarrer an der Leonhardskirche in Stuttgart, 1946 in Stuttgart-Gablenberg, 1958 Dekan in Tübingen, 1970 Prälat von Ulm 411. 413. 1029 ff.
Esche, Hans Ulrich (geb. 1905), 1934 Geschäftsführer beim Evang. Gemeindedienst, 1934 Pfarrer in Grafenberg, 1946 in Waiblingen, 1951 Dekan in Calw 1079
Ettwein, Friedrich Wilhelm (1886–1937), 1922 Pfarrer in Rudersberg, 1930 in Stuttgart-Bad Cannstatt, 1933 Wohlfahrtsreferent der Stadt Stuttgart (Bürgermeister) 164 f.
Ewerbeck, Kasimir (geb. 1891), 1924 Pfarrer in Lemgo (St. Pauli), 1934–1936 Stellvertretender Landessuperintendent von Lippe, 1942 Vorsitzender des Landesvereins für Innere Mission, Vorsitzender des Diakonissen-Mutterhauses in Detmold, Superintendent von Brake 214
Eytel, Hermann (1858–1939), 1898 Dekan in Blaufelden, 1902 in Heidenheim, 1917–1928 in Heilbronn 572. 584. 593. 598

Faber, Johannes Friedrich (1900–1958), 1930 Studienrat in Reutlingen, 1935 in Heidenheim, 1939 Amtsverweser in Ludwigsburg, 1947 Ephorus in Schöntal 750 ff.

Falk, Paul Ludwig Adalbert (1827–1900), preußischer Minister 1047

Faulhaber, Michael (1869–1952), 1917 Erzbischof von München-Freising, 1921 Kardinal 65. 165

Fausel, D. Heinrich (1900–1967), 1927 Pfarrer in Heimsheim, 1946 Ephorus in Maulbronn 108. 304. 345. 392 f. 967. 1020 ff. 1055. 1061 f. 1077

Faut, Dr. Adolf Samuel (1873–1942), 1902 Pfarrer in Nagold, 1907 Professor in Stuttgart 145. 674

Fehlis, Regierungsassessor bei der Gestapo 524

Feller, Rektor in Reutlingen 775

Fersch, Otto 686

Ficker, Adolf Johannes, 1905 Pfarrer in Planitz, 1913 in Zwickau, 1924 Superintendent in Oelsnitz, 1928 in Dresden 57. 210. 254. 522

Fischer, Hugo, Stabsleiter der NSDAP 133

Fischer, Immanuel (1888–1962), 1911 Pfarrer in Banja-Luka/Bosnien, 1919 in Hausen/Lahn, 1927 in Murrhardt, 1935 Leiter des Landesverbandes der Inneren Mission in Stuttgart, 1946 Pfarrer in Möglingen 246. 250. 460

Fischer, Dr. Max (1883–1956), 1912 Pfarrer in Asselfingen, 1918 in Schöckingen, 1925 in Bad Mergentheim, 1935 Dekan in Vaihingen/Fildern, 1937 in Urach 572 f. 598

Fischer, Richard (1900–1969), 1927 Pfarrer in Berneck, 1933 in Reutlingen, 1949 Schriftleiter des Stuttgarter Evang. Sonntagsblattes 648 f.

Fleisch, D. Paul, 1932 Geistlicher Vizepräsident in Hannover, 1933–1937 zwangspensioniert 214. 254. 1086. 1090

Flex, Walter (1887–1917) 457

Flor, Wilhelm, Reichsgerichtsrat in Leipzig 215

Forck, Bernhard-Heinrich (1893–1963), 1926 Pfarrer in Hamburg-Hamm und Horn, nach 1933 Mitglied des Bruderrats der Bekennenden Kirche in Hamburg und der 2. VL 254. 507

Fraas, Dr., Ministerialrat in Stuttgart 145

Franck, Dr., Gutsbesitzer in Oberlimpurg 145

Francke, August Hermann 487

Frick, Dr. Wilhelm, 1933–1944 Reichsminister des Innern 257 ff. 623. 672

Fricke, Lic., Pfarrer in Frankfurt 242. 254

Friedrich II. von Preußen, der Große 543. 1052

Fritz, Paul (1880–1956), 1910 Pfarrer in Hepsisau, 1917 Lazarettpfarrer in Ulm, 1927 Pfarrer in Gerlingen 346

Friz, Immanuel (1872–1941), 1903 Pfarrer in Riedlingen, 1907 in Ulm, 1927 Dekan in Reutlingen 775 f.

Frohnmeyer, Dr. Karl (1883–1968), 1912 Pfarrer in Schwäbisch Hall, 1924 OKR, 1935–1951 Pfarrer in Reutlingen 776 f.

Frommel, Dr., Lektor beim Reichspropagandaamt Württemberg 457 f.

Fuchs, D. Dr. Ernst (geb. 1903), 1932 Privatdozent in Bonn, 1934 Pfarrer in Winzerhausen, 1938 in Oberaspach, 1951 Dozent in Tübingen, 1957 Professor in Berlin, 1961 in Marburg 795. 959 f. 965

Gauger, Dr. jur. Martin, bis 1934 Assessor bei der Staatsanwaltschaft Mönchen-Gladbach, 1934 Mitarbeiter bei der 2. VL, dann Justitiar beim Luth. Rat in Berlin 272 ff. 854. 912

Gauß, Karl August Wilhelm (1869–1945), 1922 Dekan in Nürtingen, 1928 in Heilbronn, 1929 Prälat von Heilbronn 6 ff. 574

Gellert, Christian Fürchtegott (1715–1769) 418

Gengnagel, Ludwig (1881–1964), Rektor in Ludwigsburg 746. 754 f. 966. 1079

Gerber, Prof. Dr. jur. Hans, Vorsitzender des Gustav-Adolf-Vereins, 1929 Professor in Tübingen, 1934 in Leipzig 77. 522

Gerhardt, Paul (1607–1676) 732. 942. 968. 1032

Gerhardt, Theodor (1890–1966), 1918 Pfarrer in Hohebach, 1927 in Esslingen-Sulzgries, 1935 Dekan in Freudenstadt, 1947 in Heilbronn 643f.

Gerok, Otto (1879–1963), 1910 Pfarrer in Lomersheim, 1925 in Bad Überkingen, 1931 in Vöhringen, 1935 in Nabern 785f.

Geyer, Hermann, Generalleutnant in Stuttgart 993

Glöckler, Frau, Kirchheim/Teck 944

Gminder, Elise, Reutlingen 145

Gminder, Helene, Reutlingen 145

Goebbels, Dr. Joseph, 1933–1945 Reichsminister für Volksaufklärung und Propaganda 969

Gölz, Hermann (1902–1964), 1930 Pfarrer in Kaisersbach, 1936 in Schwäbisch Hall, 1947 Dekan in Brackenheim, 1953 in Kirchheim/Teck 68. 1079

Göring, Hermann, 1933 preußischer Ministerpräsident 847. 917. 921. 972f. 976. 996. 1005

Goes, D. Albrecht (geb. 1908), 1933 Pfarrer in Unterbalzheim, 1938 in Gebersheim 1123

Goes, Eberhard (1874–1958), 1905 Pfarrer in Langenbeutingen, 1919 in Göppingen, 1927–1939 in Tuttlingen 934

Goes, Helmut (geb. 1906), 1934 Vikar in Ohmenhausen, 1935 Pfarrer in Ohmden, 1950 in Stuttgart-Uhlbach 785f.

Goethe, Johann Wolfgang von (1749–1832) 161. 730

Goronzy, Pfarrer in Ostpreußen 621

Gramlow, Georg (1894–1973), 1922 Pfarrer in Weißig, 1926 in Wellmitz, 1931 in Arnswalde, später Superintendent 80f. 219. 228

Griesinger, Luise, Diakonisse beim Krankenpflegeverein Auenstein-Abstatt 434ff.

Groß, SA-Führer in Kirchheim/Teck 944

Groß, Gustav, Reutlingen 145

Groß, Maximilian Otto (1876–1945), 1907 Pfarrer in Unterheinriet, 1926–1939 in Gutenberg 785f.

Gründler, Georg, Pfarrer in Barcelona 540

Grüninger, Willy (geb. 1910), 1949 Pfarrer in Tübingen, 1962–1973 Schuldekan in Stuttgart 431

Gruner, Gustav (1885–1972), 1924–1930 und 1947–1952 Inspektor der Anstalt Winnenden, 1930 Pfarrer in Lustnau 641

Gümbel, Wilhelm (geb. 1889), 1927 Pfarrer in Schorndorf, 1935 in Nagold, 1940 in Stuttgart, 1946–1952 Dekan in Aalen 99f. 967

Güntner, Kreisamtsleiter der NSDAP in Stuttgart 847

Gundert, Dr. Hermann (1814–1893), evang. Missionar 465

Gutekunst, Glasermeister in Reutlingen 145

Haag, Heinrich, Weingärtner in Heilbronn 145

Habsburg, Otto von (geb. 1912) 836. 921

Häcker, Friedrich (geb. 1891), 1929–1938 Pfarrer in Uhingen 149. 544

Hähnle, Dr., Arzt in Reutlingen 145

Händel, Georg Friedrich (1685–1759) 730. 733

Hänichen, Pfarrer in Sachsen 522

Hänisch, Hans (1885–1954), 1922 Pfarrer in Leopoldshöhe/Lippe, 1928 in Lemgo, 1933–1946 Vorstand der Landessynode 254

Haering, Theodor (1848–1928), 1894 Professor in Tübingen 461

Hagenmeyer, Oberregierungsrat in Stuttgart 145

Hagenmeyer, W., Kaufmann in Heilbronn 145

Hahn, Dr., Justizrat in Berlin 509. 523

Hahn, Hugo, Landesbischof von Sachsen 254. 522. 1030

Haid, Adolf, Oberlandesgerichtsrat in Stuttgart 145

Haldenwang, Karl (1803–1862), 1830 Pfarrverweser in Welzheim, 1831 Redakteur am Schwäbischen Merkur, 1833

Pfarrer in Wildberg, 1845 Hospitalprediger in Giengen/Brenz, 1850 Pfarrer in Böckingen 406

Haller, Dr. Johannes, 1913 Professor in Tübingen 1051

Hammerschmidt, Karl Reinhard (1900 bis ?1945), 1924 Pfarrer in Kirschau/Sachsen, 1936 in Werdau, später Superintendent, Vorsitzender des LBR in Sachsen 522

Hannemann, Rösle, Diakonisse beim Krankenpflegeverein in Auenstein-Abstatt 434ff.

Hansis, Ch., Schneidermeister in Tübingen-Derendingen 89f.

Happich, D. Friedrich (1883–1951), 1913 Bruderlehrer in Treysa, 1923 Direktor der Anstalten Hephata, 1935 Vorsitzender des Landeskirchenausschusses 210f. 255. 362

Harnack, Theodosius, 1853 Professor in Erlangen 418

Harster, Dr., Geheime Staatspolizei 130f.

Hartkäse, Robert (geb. 1912), Pfarrer in Dettingen/Teck 785f.

Hartmann, Frau von Pfarrer Karl Hartmann in Künzelsau 931

Hartmann, Arzt in Herrenberg 392

Hartmann, Kirchengemeinderat in Heidenheim 754

Haug, Bannführer der HJ 482

Haug, D. Dr. Martin (geb. 1895), 1926 Pfarrer in Tübingen, 1930 Studienrat in Urach, 1935 Leiter des Pfarrseminars in Stuttgart, 1943 Mitglied des Oberkirchenrats, 1949–1962 Landesbischof der Württ. Landeskirche 20. 91. 334. 698

Haug, Theodor (1895–1951), 1923 Pfarrer in Tübingen, 1935 Dekan in Herrenberg, 1946 in Tübingen 321ff. 575. 972. 900f.

Haussmann, Reinhold (1906–1942), 1932 Pfarrer in Neubronn, 1938 in Göppingen 334. 389

Heckel, Johannes, 1928 Professor für Öffentliches Recht und Kirchenrecht in Bonn 875

Heiland, Prokurist in Stuttgart-Degerloch 1079

Heim, D. Karl (1874–1958), 1920 Professor in Tübingen 1123

Heine, Heinrich (1797–1856) 621

Heitmüller, Wilhelm (1869–1925), 1908 Professor in Marburg, 1920 in Bonn, 1923 in Tübingen 418

Henke, Wilhelm (1897–1981), 1924 Pfarrer in Hagenburg, 1929 in Bückeburg, ab 1933 Landessuperintendent und Präsident des Landeskirchenrats, 1948–1966 Landesbischof von Schaumburg-Lippe 81. 210f. 219. 255

Hermann, Johannes (geb. 1886), 1916 Pfarrer in Schlat, 1928 in Calw, 1933 Dekan in Calw, 1942 in Esslingen 199. 334. 392. 968. 1006ff. 1026ff.

Hermann, Ludwig (geb. 1895), 1923 Pfarrer in Göttelfingen, 1931 in Neckartenzlingen, 1949 in Bissingen/Teck 955ff. 959

Hermelink, D. Dr. Heinrich, 1916 Professor in Marburg 20f. 631

Hermenau, Lic. Hans, Leiter des Frauendienstes der DEK, 1934 Pfarrer in Potsdam 185

Hess, Friedrich (geb. 1898), 1928 Pfarrer in Trichtingen, 1938 in Unterjesingen, 1953 in Weiler zum Stein 651f.

Hess, Rudolf, Stellvertreter des Führers 68. 93. 95ff. 244. 428. 430. 445. 665f. 845

Hesse, D. Hermann Albert, Direktor des Predigerseminars in Elberfeld, Moderator des Reformierten Bundes 985

Hesselmann, Major 722

Heydrich, Reinhard (1904–1942), 1934 Leiter der Gestapo in Berlin, 1936 General der Polizei, später SS-Obergruppenführer 131f.

Hildebrandt, Friedrich (1898–1948), 1933 Reichsstatthalter von Mecklenburg-Lübeck 612

Himmler, Heinrich (1900–1945), 1936 Chef der deutschen Polizei im Reichsinnenministerium, 1939 Reichskommissar, 1944 Chef des Sicherheitsdienstes 276. 447. 462ff. 674f. 958f. 999

Hindenburg, Paul von, 1925–1934 Reichspräsident 127. 648
Hinderer, Martin (geb. 1905), 1930–1938 Pfarrer in Gailenkirchen, 1950 in Klingenberg 548 f.
Hirschburger, Rektor in Reutlingen 775
Hitler, Adolf 63. 65. 67 ff. 72 f. 77 ff. 81. 83. 86 ff. 90. 93. 95 f. 99 ff. 103 f. 108. 125 f. 128 f. 131. 133. 134. 139 f. 150. 163 ff. 169. 175 f. 181 ff. 186. 189. 206 ff. 211 f. 240. 244. 250. 252 ff. 260. 267. 275. 285. 307. 309. 312. 433. 446 f. 458. 466. 539. 549. 569. 586 f. 597. 611 f. 632 f. 638. 692. 739. 756. 758. 772. 775. 778. 782. 825. 914. 923. 936 ff. 969. 994 f. 1001 f. 1019. 1031 f. 1036. 1082
Hoch, Dr., Kultministerium Stuttgart 752
Höltzel, Friedrich (geb. 1898), 1926 Pfarrer in Tuttlingen, 1930 in Hildrizhausen, 1938 in Bad Liebenzell, 1947 Dekan in Calw, 1951 in Tübingen, 1958 Prälat von Stuttgart 321 ff.
Hoffmann, Dr., Rektor der Universität 513 ff,
Hoffmann, D. Konrad (1867–1959), 1904 Hofprediger in Stuttgart, 1925 Prälat von Heilbronn, 1927 von Ulm 88
Hohenlohe-Langenburg, Ernst Fürst zu 86 f. 146. 583
Hollweg, D. Dr. Walter (1883–1974), 1927 Superintendent der Evang.-ref. Kirche von Nordwestdeutschland, 1939 Präses in Aurich 219. 223. 232. 240. 255
Holoch, Gottlieb, Druckerei in Stuttgart 134
Holstein, Dr. Horst (1894–1945), Rechtsanwalt in Berlin 509. 522
Holzinger, Druckerei Stuttgart 146
Honold, Dr., Oberstudiendirektor in Heidenheim 750 f. 754
Horn, Eduard (1889–1959), 1927–1959 Pfarrer in Oberurbach 90
Horn, Johann Theodor (geb. 1882), 1909 Synodalvikar in Lennep, 1910 Pfarrer in Wittlich, 1913 in Nordham, 1933 Kirchenpräsident 210 f. 255
Hornberger, Paul Albert (1884–1971), 1913 Pfarrer in Adelmannsfelden, 1922 in Unterweissach, 1932 in Altbach, 1946–1951 in Willmandingen 653
Hossenfelder, Joachim, Reichsleiter der DC, Bischof von Brandenburg 558. 618
Huber, Viktor Aimé (1800–1869), Sozialpolitiker 406
Hübener, Martin Theodor Julius Friedrich Wilhelm (1881–1976), 1911 Pastor in Satow/Malchow, 1929 in Eldena, 1937 Schutzhaft in Schwerin und Strelitz, 1938 Pastor in Satow, 1945 Propst von Malchow 520 f.
Humburg, D. Paul, Pfarrer in Barmen 291
Hutten, D. Dr. Kurt (geb. 1901), 1930 zweiter Geschäftsführer beim Evang. Volksbund, 1933 beim Evang. Presseverband für Württemberg 642. 694 ff.
Hutten, Ulrich von 543

Ilg, Fabrikant in Göppingen 90. 1079
Issler, Erwin (1890–1976), 1921 Pfarrer in Heilbronn, 1929 in Stuttgart, 1945 Stadtdekan in Stuttgart 931. 933
Iwand, Hans-Joachim, 1934 Professor am Herderinstitut in Riga, 1935 Direktor des Predigerseminars der Bekennenden Kirche in Ostpreußen, 1937 Pfarrer in Dortmund 291. 631

Jacobi, D. Gerhard, 1930 Pfarrer in Berlin, 1933–1939 Präses der Bekennenden Kirche in Berlin 233
Jäckh, Eugen (1877–1954), 1921 Pfarrer in Öhringen, 1926 in Göppingen 650. 791
Jäger, August, Ministerialdirektor im Preußischen Kultministerium, Rechtswalter der DEK 80. 303. 309. 430. 1067
Jan, Julius von (1897–1964), 1925 Pfarrer in Herrentierbach, 1928 in Brettach, 1935–1940 in Oberlenningen 785 f.
Jehle, Arthur (1874–1957), 1900 bei der Basler Mission (Goldküste), 1919 Pfarrer in Ditzingen, 1925 Basler Missionssekretär in Stuttgart 576 f.

Jetter, Eberhard (geb. 1904), 1933 Pfarrer in Hollenbach, 1937 in Backnang, 1946 Studienrat in Künzelsau, 1951 Direktor der Oberschule Michelbach/Bilz, 1954 Studienrat in Geislingen, 1960–1966 Oberstudienrat in Ulm 931

Jetter, Dr. Werner (geb. 1913), 1943 Pfarrer in Buoch, 1952 in Stuttgart, 1961 Professor in Tübingen 1029 ff.

Johnsen, Dr. Helmut, 1929 Hauptpastor in Lübeck, 1934 Landesbischof von Braunschweig 21. 210. 255

Kammerer, Immanuel (1891–1958), 1921 Pfarrer in Neubronn, 1931–1942 Schriftleiter des Stuttgarter Evang. Sonntagsblatts 457. 459. 972 ff.

Kappler, Kirchenpfleger in Unterlengenhardt 202

Kappus, Eugen (1869–1945), 1900 Pfarrer in Hausen/Verena, 1901 Herausgeber der Süddeutschen evang. Arbeiterzeitung, 1909 Pfarrer in Gönningen, 1917–1937 in Reutlingen-Betzingen 347

Katz, Pfarrer 554

Keicher, katholischer Stadtpfarrer in Reutlingen 776

Keim, General 632

Keller, Samuel (1856–1925), Evangelist 617

Keppler, Friedrich (1890–1954), 1918 Pfarrer in Heidenheim, 1930 Direktor der Rheinischen Missionsgesellschaft, 1933 Dekan in Weikersheim, 1940 in Reutlingen 465. 854. 932

Kerrl, Hanns (1887–1941), 1932 Präsident im Preußischen Landtag, 1933 Reichskommissar des preußischen Justizministeriums, 1935–1941 Reichsminister für kirchliche Angelegenheiten 51 ff. 57. 63 ff. 67 f. 72. 74. 77 ff. 84. 87. 95. 98. 100. 108. 113. 184. 209 ff. 218 ff. 225 f. 235 ff. 242 ff. 252. 258. 269. 271 f. 277 ff. 282 f. 288. 295. 300. 302. 306 f. 312. 314 ff. 320. 331. 366. 368. 375. 393 f. 426 ff. 449 ff. 497. 577 ff. 582 ff. 588 f. 592. 632. 811. 875. 879. 954 f. 995

Ketteler, Wilhelm Emanuel Frhr. von (1811–1877), Bischof 1047

Kiefnfr, Oberlehrer in Reutlingen 146

Kienle, Schulrat in Reutlingen 775 f.

Kieser, Dr. Otto (1875–1950), 1907 Pfarrer in Braunau/Böhmen, 1910 in Gallneukirchen, 1913 in Ölmütz, 1920 Inspektor der Anstalten Stetten/Rems, 1930 Pfarrer in Ebingen, 1936 in Neidlingen 785 f.

Kimmich, Oberschulrat in Stuttgart 792. 824 f.

Kinder, Dr. Christian, Konsistorialrat in Kiel, 1933–1935 Reichsleiter der DC 880

Kinzler, Hermann (1882–1972), 1911 Pfarrer in Oppelsbohm, 1925 in Winnenden, 1932 in Kirchheim/Teck 785 f. 946 f.

Kirchbach, Arndt Friedrich von (1885 bis 1963), 1924 Geschäftsführer des Evang. Presseverbandes in Dresden, 1927 zweiter Domprediger, 1936 Superintendent in Freiberg, Mitglied des LBR der Evang.-Luth. Kirche von Sachsen 522

Kirn, Bernhard (1875–1941), 1905 Pfarrer in Neubronn/Aalen, 1909 in Bronnweiler, 1923 in Rottweil 661

Klein, Superintendent 185

Kling, Gauamtsleiter der NSDAP 670

Klingler, Reichsbundführer des Verbandes der Evang. Pfarrvereine und Kirchenrat 77. 255. 297. 1095. 1101

Kloppenburg, Heinz, 1932 Pfarrer in Wilhelmshaven-Heppens, 1934–1945 Leiter der Bekennenden Kirche in Oldenburg 242. 255. 289. 291

Klopstock, Friedrich Gottlieb (1724–1803) 418. 730

Klotsche, Landesbischof in Dresden 259. 521. 880. 1126

Knak, D. Siegfried, 1921–1945 Direktor der Berliner Missionsgesellschaft und stellv. Vorsitzender des Deutschen Evang. Missionsrats 215. 225. 232

Knapp, Hermann (geb. 1906), 1934 Pfarrer in Zell u. A., 1950–1972 in Plattenhardt 785 f.

Knapp, Dr. Theodor (geb. 1882), Universitätsrat in Tübingen 513
Koch, Dr., Rechtsanwalt in Berlin 509. 522
Koch, D. Karl, Oeynhausen, 1927 Superintendent des Kirchenkreises Vlotho, 1927–1948 Präses der westfälischen Provinzialsynode, 1934 der westfälischen Bekenntnissynode und der Bekenntnissynode der DEK 21. 214. 255. 289. 291. 293f. 296f. 299. 881. 1086. 1093. 1095. 1101
Köhrer, Dr., Gestapo 945
Kötzle, Berta, Diakonisse beim Krankenpflegeverein Auenstein-Abstatt 434
Koffmane, Ernst (geb. 1916), 1954 Pfarrer in Ilsfeld, 1961 in Stuttgart-Stammheim 513f.
Konstantin der Große († 337) 764
Koopmann, D. Otto, Präsident der Reformierten Kirche in Hannover 56
Kostelezky, Hermann (1877–1952), 1908 Pfarrer in Oferdingen, 1928 in Herbrechtingen, 1947 in Schömberg 347
Kotte, Geheimrat 522
Kramer, Amtsgerichtsrat in Aurich 255
Krause, Reinhold, 1933 Gauobmann der DC für Berlin, Mitglied der Provinzialsynode und der Altpreußischen Generalsynode 618
Krauß, Eberhard (1891–1944), 1934 Geistlicher Kommissar der Württ. Landeskirche, 1936 Studienrat in Stuttgart-Bad Cannstatt 170
Kraut, Reichs- und Landtagsabgeordneter in Stuttgart 632
Kretzschmar, Landeskirchenamt Dresden 521
Krockenberger, Martha, Stuttgart 146
Kroeker, Missionsdirektor 576
Krömer, Superintendent 522
Krotsch, Dr. Franz, Hauptschriftleiter der Zeitschrift »Flammenzeichen« 640. 656ff. 670. 848
Krüger, Superintendent 621
Kube, Gauleiter der NSDAP 612
Kübel, Johannes, Kirchenrat in Frankfurt/Main 242

Kübler, Theodor (geb. 1900), 1936 Bundeswart beim Evang. Jungmännerbund in Stuttgart, 1941 Pfarrer in Siglingen, 1947 Leiter des Evang. Jungmännerwerks, 1948 Pfarrer in Onstmettingen 407ff.
Kühl, Axel Werner (1893–1944), 1920 Pfarrer in Rendsburg, 1921–1928 in Lübeck 211. 255
Kühlewein, D. Julius (1873–1948), 1919 bis 1924 Mitglied der Kirchenregierung in Baden, 1924 Prälat, 1933–1945 Bischof der Badischen Landeskirche 210f. 431f. 1125
Künneth, Dr. Walter, 1932 Leiter der Apologetischen Zentrale in Berlin-Spandau, 1938 Pfarrer in Starnberg 274. 622. 692. 696
Kürschner, Ernst (geb. 1901), 1928 Pfarrer in Machtolsheim, 1949 in Zell u. A. 967
Kugele, Bürgermeister in Unterlengenhardt 200f.
Kull, Hermann (1882–1952), 1913 Pfarrer in Wolfenhausen, 1921 in Heilbronn, 1928 in Tübingen 123f. 347. 349ff.
Kurz, Theodor (1869–1952), 1900 Pfarrer in Fornsbach, 1911 in Kochendorf, 1924–1935 in Wannweil 1123

Lachenmann, Ernst (1897–1966), 1925 Pfarrer in Waiblingen, 1930 in Stuttgart, 1939 in Stuttgart-Gablenberg, 1948 Dekan in Tuttlingen, 1953 in Leonberg 125ff.
Lachmund, Heinrich (1875–1952), 1915 Pfarrer in Braunlage, 1927 in Blankenburg/Harz 255
Lagarde, Paul 161
Lammers, Dr. Hans-Heinrich, 1933 Staatssekretär (1937 Reichsminister in der Reichskanzlei) 252
Lang, Gottlob (1888–1970), 1916 Pfarrer in Maulbronn, 1922 in Calw, 1928 in Wiesbaden, 1933 in Heilbronn, 1939–1955 in Stuttgart 413. 574ff. 584
Lang, Heinrich (geb. 1900), 1929 Pfarrer in Reutlingen, 1945 in Stuttgart, 1955 De-

kan in Schwäbisch Gmünd 389. 515. 638. 775

Lang, Paul (1878–1966), 1908 Pfarrer in Niedernhall, 1914–1918 Garnisonspfarrer in Reutlingen, 1922 Pfarrer in Großheppach, 1933–1949 in Rottenburg 347

Lang, Dr. Theophil, Bürgermeister in Moosbach-Bruchsal, Mühlhausen/Elsaß, Vorsitzender der Finanzabteilung in der Badischen Landeskirche 999

Langenohl, Wilhelm August (1895–1969), 1922 Pfarrer in Opladen, 1927 in Düsseldorf, 1932 in Rheydt, 1933 Mitglied der Nationalsynode 81. 219

Lauterbacher, Stabsführer der HJ 472f. 628f.

Lawton, Margarethe 672

Lawton, Willy (1884–1949), 1914 Pfarrer in Hundersingen, 1925 in Steinheim/Heidenheim, 1935 in Ohmenhausen, 1940 in Tuttlingen 644ff. 671ff.

Lechler, SA-Führer 944

Lechler, D. Paul, Fabrikant in Stuttgart, 1948–1965 Präsident des Württ. LKT 91. 334. 392. 895ff.

Ledebur, Gisbert, Frhr. von (geb. 1899), Landwirt in Arenshorst/Osnabrück 170

Leffler, Oberregierungsrat in Stuttgart 549

Lehmann, Paul (1884–1960), Kirchenrat in Thüringen, VKBDC 150

Leikam, Alfred, Notariatspraktikant aus Korb 515

Leitz, Georg (1886–1968), 1917 Pfarrer in Roßwälden, 1927 in Tailfingen, 1936 in Horb 88f. 91ff. 171. 174ff. 285f. 324

Lempp, Dr. Richard (1883–1945), 1918 Hofprediger in Stuttgart, 1919 Geschäftsführer des Evang. Volksbundes, 1924 Dekan in Esslingen, 1933 Stadtdekan in Stuttgart 31ff. 38. 105. 240. 325f. 411. 415. 711f. 743. 1029

Lempp, Lic. Wilfried (1889–1967), 1919 Pfarrer in Stanislau, 1935 in Stuttgart, 1945 Prälat von Heilbronn 85. 101ff. 569. 651. 1124

Leube, D. Dr. Martin (1884–1961), 1930 Dekan in Kirchheim/Teck, 1946 Pfarrer in Ludwigsburg-Pflugfelden 785

Leutheuser, Julius, 1927 Pfarrer in Thüringen, 1933 Oberkirchenrat und Mitglied des Landeskirchenrats in Eisenach 147f. 161

Ley, Dr. Robert, Reichsorganisationsleiter der NSDAP 611

Lieb, Fritz (geb. 1892), 1930 Professor in Bonn 631

Liermann, Dr. Hans (1893–1976), 1926 Privatdozent in Freiburg, 1929 Professor in Erlangen 444

Lilienfein, Emil, Fabrikant in Stuttgart 146

Lilje, D. Dr. Hanns, 1924–1926 Studentenpfarrer in Hannover, 1927–1936 Generalsekretär des DCSV, 1935–1945 Generalsekretär des Luth. Weltkonvents, 1945–1947 Oberlandeskirchenrat in Hannover, 1947–1971 Landesbischof in Hannover, 1949–1967 stellv. Ratsvorsitzender der EKD 51. 80. 84. 211. 214. 218f. 237f. 240

Lindner, Pfarrer in Sachsen 522

Link, Pfarrer in Berlin 509

Lörcher, Martin 943

Lösche, Pfarrer in Sachsen 522

Loeser, Dr. Max (geb. 1909), 1939 Pfarrer in Poppenweiler, 1948 Inspektor der Liebenzeller Mission, 1950 Referent am Nordwestdeutschen Rundfunk 1061f.

Ludendorff, Erich 126. 456. 541. 555. 558f. 561f.

Ludendorff, Mathilde 141

Luther, D. Martin 59. 97. 101. 105. 124. 127. 146ff. 154. 159. 162. 164. 168. 171. 184f. 187. 189f. 249. 257. 260. 263ff. 277. 301. 323. 356. 447. 486. 543. 552. 554f. 563. 568. 609. 623. 692ff. 729f. 732f. 735. 752. 762. 764. 830. 861. 868. 872. 879. 916. 1008. 1013. 1018. 1021. 1023. 1026. 1028. 1033. 1035. 1051. 1055

Lutz, Friedrich, Missionsinspektor, Mitglied des 1., 2. und 3. LKT 334. 392. 506f. 1079

Lutz, Paul (1900–1980), 1926 Pfarrer in

Stuttgart-Gablenberg, 1939 Geschäftsführer beim Evang. Gemeindedienst, 1949 Dekan in Schorndorf, 1956 Oberkirchenrat 334. 392. 395. 887ff. 981. 1006ff. 1026ff. 1079.
Lutze, Viktor, 1934 Stabschef der SA 676
Luyken, Obergruppenführer der SA 677f.

Mahler, Kreisleiter der NSDAP 944
Mahrenholz, Prof. Dr. D. Christhard (geb. 1900), Oberlandeskirchenrat, 1931 Mitglied des Landeskirchenamts in Hannover 223f.
Maier, Stellv. Landrat in Nürtingen 944
Maier, Martin, Fabrikant in Frommern 334
Marahrens, D. August, Landesbischof von Hannover 209f. 218f. 221. 223f. 231. 235f. 237f. 240. 254f. 257. 259. 274. 282ff. 288. 291. 293. 297ff. 315. 368. 457. 589. 592. 786. 854. 869. 914. 1082. 1095. 1119. 1126
Martin, Emil (1885–1959), 1914 Religionslehrer in Stuttgart, 1920 Studienrat, 1933 Pfarrer in Kusterdingen 347
Marquardt, Friedrich (1873–1961), 1905 Pfarrer in Liebenzell, 1914 in Großeislingen, 1929–1935 in Bopfingen 413
Matthes, Otto (1880–1961), 1911 Pfarrer in Heilbronn, 1932 Dekan in Crailsheim 661
Maur, von, Generalleutnant 645
Mayer, Verwaltungsassistent in Tübingen 513
Mayer, Christoph (1878–1959), 1901 Pfarrer in Peist/Graubünden, 1903–1909 in Wiesen, 1911 in Flözlingen, 1922 in Bissingen/Teck 785f. 946
Mayer, Paul, Bannführer der HJ 675
Mayer-List, Max (1871–1949), 1900 Pfarrer in Göppingen, 1905 in Stuttgart, 1929 Oberkirchenrat und Prälat 84f. 92. 441f. 489f. 515f. 573f. 589. 759. 968f. 1114. 1123
Megerlin, Dr. Friedrich (1874–1947), 1913 Pfarrer in Stuttgart, 1919 Dekan in Neuenbürg 419
Meinel, Pfarrer in Sachsen 522

Meinzolt Dr. Hans, 1933–1944 Oberkirchenrat und Vizepräsident des Landeskirchenrats in München 239. 255. 273. 1081
Meiser, D. Hans, Landesbischof von Bayern 4. 82. 96. 165. 209f. 221. 226. 229. 233. 238f. 255. 274. 288. 296f. 299. 619. 854. 1095. 1119. 1125
Meissner, Otto, Chef der Präsidialkanzlei des Reiches 55
Melanchthon, Philipp 356
Melle, Friedrich Heinrich Otto (1875 bis 1947), 1936 Bischof der Methodistenkirche 450f. 457. 569ff. 584ff. 593ff. 615. 623. 632. 1124
Mergenthaler, Christian, 1932 Präsident des Württ. Landtags, 1933 württ. Ministerpräsident und Kultminister 435. 699ff. 708f. 718f. 727f. 737f. 742f. 770. 820. 826. 831. 920
Merz, D. Georg, 1930 Dozent an der Theol. Schule in Bethel, 1939 Pfarrer in Bethel, Leiter des Katechetischen Amtes von Westfalen 595
Mettler, Dr. Adolf (1865–1938), 1918 Rektor am Gymnasium in Stuttgart-Bad Cannstatt, 1922 Ephorus am Seminar Urach 146
Metzger, D. Wolfgang (geb. 1899), 1925 Pfarrer in Bronnweiler, 1934 Geschäftsführer beim Calwer Verlagsverein in Stuttgart, 1935 Herausgeber des Evang. Kirchenblatts für Württemberg, 1946 Oberkirchenrat und Prälat 23ff. 30. 311. 319. 333. 389. 392. 395. 461. 887ff. 1006ff. 1026ff. 1079
Meyding, Dr. Robert, Ministerialdirektor beim Württ. Kultministerium 715. 719ff. 808ff.
Meyer, Dr., Oberkirchenrat in Dresden 522
Meyer, Dr., Rechtsrat, Vorstand des Gemeindegerichts in Stuttgart 454
Meyer, Theodor (1881–1940), 1910 Pfarrer in Roigheim, 1926 in Meimsheim, 1939 in Unterensingen 925f.
Mezger, Christian (1901–1981), 1936–1941

Pfarrverweser in Friolzheim, 1950 Pfarrer in Stuttgart-Feuerbach, 1957–1964 in Stuttgart-Weilimdorf 334

Michelfelder, R., Landwirt in Wüstenhausen Krs. Ludwigsburg 85

Mildenberger, Bernhard (geb. 1898), 1926 Pfarrer in Kohlstetten, 1937 in Stuttgart, 1950–1964 Dekan in Münsingen 958

Mildenberger, Eduard (geb. 1904), 1930 Pfarrer in Schopfloch/Kirchheim/Teck, 1947 in Großheppach, 1961–1970 Schuldekan in Stuttgart-Bad Cannstatt 785 f.

Mildenberger, Emil (1872–1961), 1925 Dekan in Marbach, 1932–1944 in Leonberg 345 f.

Möller, Gemeinschaftsmann in Heilbronn 576

Mörike, Otto (geb. 1897), 1925 Pfarrer in Oppelsbohm, 1935 in Kirchheim/Teck, 1939 in Flacht, 1946 in Stuttgart-Weilimdorf, 1952 Dekan in Weinsberg 334. 392. 785 f. 936 ff. 964 f. 974 f. 1006 ff. 1076 f. 1079

Mohr, Pfarrer in Madrid 540

Moltke, Helmuth von 1050

Mühleisen, Schuhmachermeister in Echterdingen 392

Müller, Fritz, Pfarrer in Berlin-Dahlem 69 ff. 214. 218. 222. 224 ff. 229 ff. 238. 254. 257. 259. 282 ff. 289. 291. 293 f. 296 ff. 383. 881. 962. 1093. 1095. 1106 ff. 1119

Müller, Dr. Hermann (1878–1945), 1912 Mitglied des Konsistoriums, 1927 Direktor im OKR Stuttgart 68 f. 129 f. 132 f. 203 ff. 224. 267 ff. 272. 287 f. 366. 370 f. 433 f. 442 ff. 470 ff. 498 ff. 528. 537 ff. 666. 700 f. 716 ff. 771 f. 816 ff. 823 ff. 839 f. 1086 ff. 1122

Müller, D. Johannes, Schriftsteller auf Schloß Elmau/Obb. 722

Müller, Ludwig, Wehrkreispfarrer in Königsberg, 1933 Reichsbischof 70 f. 80. 149. 211. 303. 309. 430. 604. 609. 618. 620. 628. 630. 650. 780. 786. 1000. 1048 f. 1054. 1067. 1126

Müller, Dr. Manfred (geb. 1903), 1934 Landesjugendwart, 1946 Oberkirchenrat 482

Muhs, Dr. Hermann (1894–1962), 1937 Staatssekretär im RKM 4. 52. 57. 95. 199. 202. 458 f. 588. 619. 879

Mulert, D. Hermann, 1920 Professor in Kiel 631

Murr, Wilhelm, Gauleiter der NSDAP in Württemberg, 1933 Reichsstatthalter 89 f. 203. 428. 430. 445. 464 ff. 480 f. 627. 633. 661 ff. 666. 780 ff. 786 f. 831. 847. 917 ff. 934. 941. 948 f. 953. 956 ff. 993. 1082

Mussolini, Benito 274. 721. 835 f.

Nabersberg, Karl, Obergebietsführer der HJ 468

Nagel, Hausinspektor beim Württ. Kultministerium in Stuttgart 742

Nagel, Prediger 576. 587. 598. 600 f.

Napoleon III., Kaiser der Franzosen 726. 835

Natter, Dr., Rechtsanwalt in Stuttgart 444 f.

Naumann, Friedrich 406

Nebinger, Dr., Oberverwaltungsgerichtsrat in Stuttgart 146

Neubig, Leiter der Polizeistation Kirchheim/Teck 944

Neurath, Konstantin Freiherr von, Reichsaußenminister 583. 799. 846

Neuser, Wilhelm (1888–1959), 1916 Pfarrer in Siegen, 1936 Superintendent in Detmold, später Professor am Predigerseminar Herborn 210 f. 255

Niemann, Gerhard (1892–1962), 1933 Oberlandeskirchenrat in Hannover, Mitglied der Bekennenden Kirche 255

Niemöller, Martin, 1931 Pfarrer in Berlin-Dahlem, 1933 Vorsitzender des Pfarrernotbundes, 1947 Kirchenpräsident von Hessen und Nassau 20 ff. 28. 58. 84. 163. 222. 225 ff. 233. 238. 274. 277. 288. 450. 503 ff. 520. 522 ff. 869. 882. 897. 900. 937 f. 960. 968. 979. 1051. 1080 f.

Niesel, Lic. Prof. D. D. Wilhelm, 1935 Dozent in Berlin 255

Niethammer, Generalleutnant a. D. in Calw 146

Nietzsche, Friedrich 547

Notz, Pfarrer in Schlesien 621
Nuelsen, John Louis (1867–1946), Professor in Berea/Ohio, 1912 Bischof der Methodistenkirche in Zürich 595

Oberheid, Dr. Heinrich, Bischof im Rheinland 240
Otto, Ernst (1891–1941), 1920 Pfarrer in Altenburg, 1927 in Eisenach, 1933 Leiter der Bekenntnisgemeinschaft in Thüringen 211. 255. 520

Pacelli, Eugen, Nuntius in Berlin, 1939 als Papst: Pius XII. 59
Pack, Dr., Oberbürgermeister in Göppingen 453
Paulus 324. 375
Paulus, D. Rudolf (1881–1960), 1911 Pfarrer in Besigheim, 1932 in Kilchberg, 1933 Privatdozent in Tübingen 123 f. 347
Pechmann, Wilhelm Freiherr von, Direktor der Bayerischen Zentralbank München 583
Peters, Hermann (1867–1946), 1897 Pfarrer in Salzuflen, 1910 Superintendent der Luth. Klasse der Landeskirche Lippe, 1918 Mitglied des Landeskirchenrates 256
Pfeiffer, Pfarrer in Sachsen 522
Pfeiffer, Heinrich (1882–1961), 1926 Pfarrer in Stuttgart-Gablenberg, 1938–1950 in Winnenden 164
Pfeifle, Kurt (1900–1974), 1926 Pfarrer in Öhringen, 1931 in Stuttgart, 1934 Herausgeber des Evang. Gemeindeblatts für Stuttgart und Württemberg, 1945 Dekan in Backnang, 1956 Prälat von Reutlingen 455 f.
Pfeil, Karl Graf von (1712–1784) 950
Pfisterer, Heinrich (1877–1947), 1907 Pfarrer in Weinsberg, 1922 Geschäftsführer des Evang. Presseverbandes in Stuttgart, 1927 Geschäftsführer des Evang. Volksbundes, 1933 Dekan in Marbach 354 ff. 854. 924 f. 958
Pfizenmaier, Immanuel (1891–1965), 1919 Pfarrer beim Süddeutschen Jünglingsbund, 1922 Pfarrer in Markgröningen, 1927 in Göppingen, 1935 in Stuttgart, 1949 Dekan in Leonberg, 1953–1958 Prälat von Stuttgart 1079
Pfleiderer, Paul (1876–1946), 1922 Pfarrer in Tailfingen, 1927 Dekan in Balingen 60. 173
Pipping, Horst, Theologiestudent in Tübingen 513 f.
Pius, Papst IX. (1846–1878) 1047
Pressel, Wilhelm (geb. 1895), 1925 Pfarrer in Nagold, 1929 in Tübingen, 1933–1945 Oberkirchenrat 20 ff. 30. 134. 171 ff. 175 f. 178 f. 215 f. 344. 366. 393. 396. 482. 584. 638. 749 f. 854. 865. 886. 895 f. 909. 1090
Preysing, Konrad Graf von (1880–1950), 1932 Bischof von Eichstätt, 1935 von Berlin 65
Procksch, Dr. D. Otto, 1925 Professor in Erlangen 561

Ranft-Hollenweger, Siegfried, Theologiestudent in Tübingen 513
Rapp, Ernst (geb. 1898), 1926 Pfarrer in Feldstetten, 1935 in Owen/Teck, 1944 Dekan in Sulz, 1953–1964 in Freudenstadt 785 f.
Rathgeb, Anton (1893–1969), 1927 Kaplan in Ellwangen, 1933 Pfarrer in Undingen, 1940 in Tamm 777
Rau, Dr. Edmund, Staatsrat 146
Rehm, Wilhelm (1900–1948), 1926 Pfarrer in Stuttgart, 1926–1933 im Simmersfeld, 1934 Studienrat in Stuttgart, 1935 Reichsleiter der Reichsbewegung DC 37. 163. 170 f. 175. 185. 191. 280. 313. 317. 332. 592. 616. 638. 704 f. 780. 821
Rembrandt, Harmensz van Rijn (1606 bis 1669) 724. 734
Remppis, Martin (1883–1965), 1908–1910 Seemannspastor in Rotterdam, 1913 Pfarrer in Spielbach, 1923 Pfarrer in Bietigheim, 1927 Pfarrer bei der Evang. Gesellschaft in Stuttgart, später Geschäftsführer des Landesverbandes der Inneren Mission, 1935 Pfarrer in Weilheim/Teck 1123

Rengsdorf, Karl Heinrich, 1930 Privatdozent in Tübingen 5. 631
Reventlow, Ernst Graf zu, politischer Schriftsteller 126
Ribbentrop, Joachim von, Botschafter in London, 1938 Reichsaußenminister 67. 999
Richter, Theodor (1900–1978), 1926 Pfarrer in Eberdingen, 1932 in Mössingen, 1954–1967 Dekan in Brackenheim 654f.
Rieber, Hermann, 1920 Pfarrer in Neuhütten, 1929 in Eltingen, 1952–1961 in Nabern 346
Riepert, Weingärtner in Reutlingen 146
Ritter, Dr. Georg, Regierungsrat beim Württ. Staatsministerium 920. 940. 952f.
Röcker, Generalstaatsanwalt a. D., Präsident des zweiten württ. Landeskirchentags 465
Römer, Friedrich (1883–1944), seit 1911 Pfarrer in Fichtenberg, in Stuttgart und in Metzingen, Herausgeber des Evang. Kirchenblatts für Württemberg 577
Roos, Friedrich (1881–1963), 1911 Pfarrer in Welzheim, 1917 in Reutlingen, 1928 Dekan in Calw, 1932–1950 in Stuttgart-Bad Cannstatt 711f.
Rosemeyer, Bernd, Rennfahrer 459
Rosenberg, Alfred 82. 158. 161. 177. 274. 276ff. 310. 423. 447. 463. 525ff. 536. 572. 582. 613. 618. 622f. 629. 650. 692ff. 868. 919. 925. 954f. 958. 1043. 1082
Rosenberger, Wilhelm, Ortsgruppenleiter der NSDAP in Auenstein 435ff.
Roser, Fritz, Fabrikant in Stuttgart 146
Rothfuß, Hauptlehrer in Birkenlohe 474
Rothweiler, Georg, 1912 Oberreallehrer in Calw, 1916 in Stuttgart, 1924 Studiendirektor in Calw, 1931 Oberstudiendirektor in Esslingen 163
Runge, Diakon in Mecklenburg 520f.
Rupp, Oberverwaltungsgerichtsrat in Stuttgart 146
Ruppel, Dr. Erich, 1934 Oberregierungsrat in der Kirchenkanzlei, 1935 Ministerialrat im Reichskirchenministerium 57
Rust, Bernhard, Reichsminister für Wissenschaft, Erziehung und Volksbildung 798f. 807

Sandberger, Amtsgerichtsdirektor a. D. in Tübingen 146
Sannwald, Dr. Adolf (1901–1943), 1930 Pfarrer in Stuttgart, 1936 in Dornhan 392. 1079
Sasse, Martin, 1930 Oberpfarrer in Lauscha/Thüringen, 1933 im Landeskirchenrat, 1934 Landesbischof der Landeskirche von Thüringen 150. 985. 1126
Sautter, Reinhold (1888–1972), 1924 Pfarrer in Schalkstetten, 1928 Studienrat für Religionsunterricht in Stuttgart, 1936 Kirchenrat, 1937 Oberkirchenrat 68. 671ff. 720ff. 738. 747. 778. 780f. 786. 798. 802ff. 808. 831ff. 940ff. 948ff. 974
Schaal, Adolf (1890–1946), 1920 Pfarrer in Stuttgart, 1924 Kirchenrat, 1928 Oberkirchenrat 250. 490ff. 576f. 645. 1081
Schaal, Walter (1892–1948), 1922 Pfarrer in Maulbronn, 1933 in Tübingen 347
Schairer, Dr. Immanuel B. (1885–1963), 1925–1938 Pfarrer in Stuttgart-Hedelfingen 146f. 313. 322. 542ff. 549ff. 556ff.
Schanz, Marie, Diakonisse beim Krankenpflegeverein Auenstein-Abstatt 434
Schapper, Pfarrer in Thüringen 621
Scharf, Kurt, Pfarrer in der Mark Brandenburg 509
Schauffler, Dr. Gerhard (1881–1962), 1921 Mitglied des Konsistoriums bzw. OKR in Stuttgart 89. 125
Scheffbuch, Dr. Adolf (1905–1963), Ministerialrat beim Württ. Kultministerium 1079
Schemm, Hans, Bayerischer Kultminister, NS-Lehrerbund 927
Schempp, D. Paul (1900–1959), 1929 Studienassessor in Stuttgart, 1931 Pfarrer in Waiblingen, 1931 Religionslehrer in Stuttgart, 1934–1943 Pfarrer in Iptingen, 1958 Professor in Bonn 785f. 965
Scheuermann, Dr. Karl (1911–1968), 1937 Geschäftsführer der Landesstelle des

Evang. Gemeindedienstes in Stuttgart, 1945 Pfarrer in Isingen, 1950 Schriftleiter beim Evang. Gemeindeblatt für Württemberg 424. 542 ff. 678
Scheurlen, Paul (1877–1947), 1921–1947 Dekan in Biberach/Riß 460
Schewen, Karl von (1882–1954), 1924 Pfarrer in Neumark/Pommern, später Superintendent des Kirchenkreises Kolbatz, 1928 Pfarrer in Greifswald 230
Schieber, Ernst (1889–1972), 1918 Pfarrer in Asch, 1926 in Ulm, 1933 Militärpfarrer in Ludwigsburg, Kirchenrat, 1934 Heeresoberpfarrer, 1938 Wehrkreisdekan, 1948 Dekan in Ludwigsburg 645
Schilling, Erhard (geb. 1895), 1929–1938 Pfarrer in Bad Liebenzell, 1949 in Heilbronn, 1951 in Dapfen 194 ff. 246. 414 ff.
Schilling, Karl, Fabrikant in Heilbronn 146
Schirach, Baldur von, Reichsjugendführer 472 f. 481. 679
Schlatter, D. Adolf, 1898 Professor in Tübingen 649 f.
Schlatter, Lic. D. Theodor (1885–1971), 1914 Pfarrer in Tübingen, 1923 Dozent in Bethel, 1933 Dekan in Esslingen, 1937 Prälat von Ludwigsburg 134. 240. 366. 393. 461. 528
Schlegel, Pfarrer in Schlesien 621
Schmid, Ernst, stellv. Studentenführer in Tübingen 513 ff.
Schmid, Dr. Jonathan, württ. Innenminister 843 f. 934 f.
Schmidt, Rechnungsrat beim OKR 79
Schmidt, Friedrich Gottlob, stellv. Gauleiter in Crailsheim 661
Schmidt, Karl Ludwig (geb. 1891), 1921 Professor in Gießen, 1925 in Jena, 1929 in Bonn, 1933 in Basel 631
Schmidt, Martin, 1946 Dozent an der Kirchlichen Hochschule Berlin, 1948 Professor an der Universität Rostock, 1959 in Mainz 210
Schmidt, Paul (1893–1973), 1923 Pfarrer in Heidenheim, 1928 in Esslingen 392. 574. 1006 ff. 1026 ff. 1079

Schmidt-Knatz, Friedrich, Justizrat in Kassel 256
Schmitz, Otto, 1916 Professor in Münster, 1934 Leiter des Bielefelder Predigerseminars, 1938 Direktor in Wuppertal, später Professor 631
Schmolze, Dr. Wilhelm, Arzt in Ergenzingen 334
Schnaufer, Adolf (1874–1958), 1921–1949 Pfarrer in Schmiden, Mitglied des 1., 2. und 3. Württ. LKT 86 f. 423. 464 ff. 480 f. 586 f. 819. 975
Schneider, Georg (geb. 1902), 1931–1947 Pfarrer in Stuttgart 91. 146 ff. 153. 162 f. 170. 180. 195. 242. 410 ff. 419. 421. 428. 448. 544 ff. 550 f. 567. 651. 1127
Schnerring 460
Schniewind, D. Julius, 1927 Professor in Greifswald 582. 631
Schöffel, Dr. Daniel, Landesbischof von Hamburg 693
Schoell, D. Dr. Jakob (1866–1950), 1894 Pfarrer in Reutlingen, 1904 Professor für Religionsunterricht in Stuttgart, 1907 Professor am Predigerseminar Friedberg, 1918–1933 Prälat von Reutlingen 106 f. 142 ff. 146
Schönhuth, Lic. Ottmar (1872–1962), 1904 Pfasrer in Freudenstadt, 1910 Dekan in Langenburg, 1917 in Heidenheim 752
Schoff, Arzt in Creglingen 167
Scholtz-Klink, Gertrud, Reichsfrauenführerin 638 f.
Schomerus, Hans, Domprediger in Braunschweig 170
Schreiber, Adolf (1894–1945), 1931 Pfarrer in Onolzheim, 1939 in Mühlhausen/Neckar 166
Schreiner, Dr. Dr. Helmuth Moritz, 1926 Vorstand des Johannesstifts in Berlin-Spandau, 1931 Professor in Rostock, 1938–1955 Vorstand der Diakonissenanstalt in Münster 582. 631
Schrenk, Elias (1831–1913), Evangelist 617
Schrenk, Theodor (1870–1947), 1899 Pfarrer in Massenbach, 1903 Inspektor in Beuggen, 1904 Pfarrer in Grab, 1907 De-

kan in Gaildorf, 1930 Stiftsprediger in Stuttgart, 1933-1941 Prälat von Stuttgart 106. 711f.
Schütt, Benjamin (geb. 1903), 1931 Pfarrer in Pflummern, 1937 in Neckartailfingen, 1954-1968 in Walheim 954f.
Schütz, Heinrich (1585-1672) 733
Schulz, Landesbischof in Schwerin 1127
Schwab, Pfarrer i.R. in Lustnau 641
Schweickhardt, Willi (1909-1941), 1937 Pfarrverweser in Gomaringen, 1938 Pf. in Tieringen 638f. 776
Schwenk, Oberarzt und Leiter der Dozentenschaft in Tübingen 513ff.
Schwerin von Krosigk, Johann Ludwig Graf, 1932-1945 Reichsfinanzminister 799
Seeger, Hermann (1873-1949), 1911-1938 Pfarrer in Poppenweiler 128. 242
Seeger, Dr. Traugott, Senatspräsident in Stuttgart 33. 444
Seifert, Dr. Hans (geb. 1905), 1933 Pfarrer in Frickenhofen, 1947 Dekan in Neuenbürg, 1953-1969 in Ulm 452ff. 473ff.
Seiz, Otto (1887-1957), 1920 Oberechnungsrat im Württ. Kultministerium, 1935 Mitglied des OKR in Stuttgart 90. 334
Selke, K., Pfarrer in der APU 518f.
Semm, Pfarrer in Sachsen 522
Seybold, Gerhard (1892-1961), 1919 Pfarrer in Ernsbach, 1926 in Hausen/Zaber, 1935 in Biberach/Riß, 1943-1952 in Unterensingen 652f.
Sigel, Albrecht (geb. 1888), 1926 Pfarrer in Baiersbronn, 1933 am Landesgefängnis in Rottenburg 347
Simon, Dr., Reichsgerichtspräsident 570
Soden, Dr. Hans von (1881-1945), 1924 Professor in Marburg 20. 289. 295. 297. 299. 881. 1095
Söhner, Metzgermeister in Heilbronn 146
Spaniol, Staatsrat 541
Spitta, Dr., Bremen 211. 256
Spitta, Philipp 140. 690
Sponer, Kreisleiter der NSDAP in Reutlingen 775

Stahl, Fr., Dipl.-Ingenieur in Trossingen 91
Stahl, Karl (1878-1946), 1908 Pfarrer in Brenz, 1926 in Pleidelsheim 924f.
Stahl, Otto (1876-1972), 1919 Pfarrer in Reutlingen, 1928 Dekan in Göppingen 1062. 1069ff.
Stahn, Dr. Julius, 1934 Ministerialrat, 1937 Ministerialdirigent im Reichskirchenministerium 57. 879
Stange, D. Erich, Reichswart des Reichsverbandes der Evang. Jungmännerverbände Deutschlands 628
Stark, Johannes 544
Stark, Reinhold (1901-1963), 1927 Pfarrer in Dobel, 1936 Studienrat in Ludwigsburg, 1941 in Göppingen 247. 251
Steger, Dr. Karl (1889-1954), 1916 Pfarrer in Massenbach, 1929 in Friedrichshafen, 1933-1945 Präsident des 3. Württ. LKT 821ff.
Stein, Reichsfreiherr vom und zum 127
Stein, Friedrich (1879-1956), 1914 Pfarrer in Heilbronn, 1939 Dekan in Maulbronn 86. 334. 1079
Steinhilber, stellv. Kreisleiter der NSDAP in Ludwigsburg 924f.
Stiefenhofer, Arthur (1883-1971), 1922 Pfarrer in Altshausen, 1926 Direktor des Kurhauses Palmenwald in Freudenstadt 949ff.
Stockebrand, Kontrolleur in Stuttgart 146
Stockmayer, Dr. Theodor (1871-1952), 1902 Pfarrer in Geislingen/Steige, 1908 in Stuttgart, 1930 Dekan in Tübingen 123
Stöcker, Adolf 127, 406
Stöffler, Eugen (1886-1955), 1916 Pfarrer in Tuningen, 1927 in Köngen, 1947 Dekan in Kirchheim/Teck 393
Stoll, Christian, 1929 Inspektor des Predigerseminars in Nürnberg, 1932 Pfarrer an der Diakonissenanstalt in Neuendettelsau, 1936 beim Lutherrat, Mitglied des Reichsbruderrats 274. 289
Stoltenhoff, Ernst, Generalsuperintendent der Rheinprovinz 293
Stooß, Heinrich, Mitglied des Beirats der

Württ. Kirchenleitung, 1946 Landwirtschafts- und Ernährungsminister des Landes Württemberg-Baden 90. 240 f.
Stratenwerth, Gerhard, Pfarrer 291
Strauß, David Friedrich (1808–1874) 621
Strebel, Emil (1881–1965), 1911 Pfarrer in Böttingen, 1925 in Wendlingen, 1933 in Jesingen 785 f.
Streicher, Julius, Gauleiter der NSDAP 141
Stroh, Martin (geb. 1899), 1927 Pfarrer in Baiereck, 1934 in Pfaffenhofen, 1942 in Schorndorf, 1954 in Adelberg 932

Thadden-Trieglaff, D. Dr. jur. Reinhold von, 1933 MdL von Preußen, 1934 Mitglied des Pommerschen Bruderrats der Bekennenden Kirche und der Bekenntnissynode, 1936 Vizepräsident des Christlichen Studentenweltbundes 214. 228
Timm, Pfarrer in Reinshagen 170
Tramsen, Johannes, 1915 Pfarrer in Innien / Schleswig-Holstein 256
Troeltsch, Ernst (1865–1923) 418

Uhland, HJ-Führer in Onolzheim 166
Ulmer, Friedrich D. Dr. phil. (1877–1946), 1901 Pfarrer in Perlach, Adelshofen und Nürnberg, 1920 Dekan in Dinkelsbühl, 1924 Professor in Erlangen 631
Ungnad, Hans von (1493–1564) 941

Veil, Paul (1899–1945), 1928 Pfarrer in Roßwälden 332. 785 f.
Veit (?) 242
Vischer, Friedrich Theodor (1807–1887) 621
Vöhringer, Karl (geb. 1905), 1932 Pfarrer in Upfingen, 1939 in Stuttgart-Gablenberg, 1947 Studienrat am Evang.-theol. Seminar Maulbronn, 1951–1969 Dekan in Urach 967. 1079
Völter, Hans (1877–1972), 1908 Pfarrer in Baiereck, 1917 in Bietigheim, 1923 in Heilbronn, 1939 Dekan in Brackenheim 347

Voigt, Johannes (1888–1965), 1916 Pfarrer in Falkenstein, 1941–1955 in Leubnitz 522
Volz, Dr. Hans (1904–1978), 1954 Professor in Göttingen 561. 566
Volz, D. Paul (1871–1941), 1914 Professor in Tübingen 696

Wagner, Oberrechnungsrat in Stuttgart 454
Wagner, Karl, Ingenieur in Reutlingen 146
Wagner, Rudolf, Physiologe 721
Waldmann, Karl, Staatssekretär in Stuttgart 168. 612. 661. 919
Walz, Oberrechnungsrat in Reutlingen 146
Walz, Hans, Direktor bei den Bosch-Werken in Stuttgart 33 ff.
Warnecke, Abteilungsleiterin bei der Geschäftsleitung der Reichsfrauenführerinnen 639 f.
Weber, Hans (1904–1956), 1934 Pfarrer in Dörrenzimmern, 1948 in Tübingen-Lustnau 930 f. 975
Weber, Otto (1902–1966), 1933 Kirchenminister der DEK, 1934 Professor in Göttingen 273. 608
Weeber, D. Dr. Rudolf (geb. 1906), 1935 Assessor im OKR, 1936 Kirchenrat, 1944 Oberkirchenrat, 1955 Vizepräsident 68. 89. 452 ff. 590
Wehrung, D. Georg, 1931 Professor in Tübingen 124
Weidemann, Dr. Heinz, 1926 Pfarrer in Bremen, 1934 Landesbischof von Bremen 280. 1127
Weimer, Friedrich (1885–1964), 1913 Pfarrer in Winterlingen, 1922 in Holzgerlingen, 1933 in Bempflingen, 1940 in Beutelsbach 956
Weiser, D. Artur, 1930 Professor in Tübingen 566
Weismann, Gotthilf (1873–1937), 1912 Pfarrer am Missionshaus in Basel, 1930 in Stuttgart 30. 246. 334
Weiß, Johannes (1863–1914) 418
Weissler, Dr. Friedrich († 1937), 1921 am Landgericht in Halle, 1933 Landgerichts-

1177

direktor in Magdeburg, 1934 jur. Mitarbeiter in der VKL, Leiter der Kanzlei 186
Weizsäcker, Dr., Hochschulprofessor in Stuttgart 146
Weizsäcker, Ernst Freiherr von, 1933–1936 Gesandter in Bern, 1937 Ministerialdirektor im Auswärtigen Amt, 1938 Staatssekretär 461f. 1118f.
Weller, Dr. Karl, Professor in Stuttgart 146
Wendling, Staatsanwalt in Stuttgart 634
Wenzel, Dr. Theodor Rudolf (1895–1954), 1921 Prediger in Reichenberg, 1925 Pastor in Berlin 405
Werner, Dr. Friedrich (1897–1955), 1933 Präsident des Evang. Oberkirchenrats in Berlin, der Generalsynode und des Kirchensenats, rechtskundiges Mitglied des Geistlichen Ministeriums 237. 242. 245. 290. 294. 892. 935f. 961. 985. 1083. 1124
Werweg, Gustav, Fabrikant in Reutlingen 146
Wessel, Horst 689
Wichern, Johann Hinrich 406. 622
Widmann, Albert (geb. 1913), 1943 Pfarrer in Nellingen/Blaubeuren, 1956 in Esslingen, 1968–1979 Dekan in Backnang 200
Wienecke, Pfarrer in Soldin 280
Wilhelm I. (1797–1888), deutscher Kaiser 1047
Windthorst, Ludwig (1812–1891) 1046
Winckler 289
Wirth, Bezirksnotar in Ludwigsburg 128
Wittmann, Walter (geb. 1900), 1926 Pfarrer in Crispenhofen, 1931–1937 in Onstmettingen 171ff. 176. 639f.

Zänker, Otto (1876–1960), 1921 Generalsuperintendent von Breslau und Oberschlesien, 1933–1941 Bischof von Schlesien 293
Zahn, Karl-Friedrich, 1931 Pfarrer in Aachen, 1934 Oberkirchenrat und Reichsjugendpfarrer 628
Zeller, Hermann (1883–1953), 1913 Pfarrer in Aalen, 1926 Dekan in Weinsberg 92
Zeller, Wolfgang (1888–1974), 1918 Pfarrer in Dettenhausen, 1927 in Stuttgart-Zuffenhausen, 1940 in Stuttgart, 1947 in Esslingen-Mettingen 251
Zentgraf, Rudolf, Oberkirchenrat in Darmstadt 210f. 242
Zimmermann, Richard Wilhelm Louis (1877–1945), 1910 Pastor in Unterbarmen, 1919 in Falkenrehde, 1927 Superintendent in Berlin, ab 1936 Präses 210f. 218f. 221. 223f. 229. 232. 239f. 254. 298
Zoellner, D. Wilhelm, 1886 Pfarrer in Bielefeld, 1889 in Barmen-Wuppefeld, 1897 Leiter der Diakonissenanstalten Kaiserswerth, 1905 Generalsuperintendent in Westfalen 1. 20f. 54. 57. 217. 225ff. 231. 233. 236ff. 249. 323. 420. 570. 844ff. 870. 999. 1080

LITERATURHINWEISE

Diese Literaturhinweise wollen keine Bibliographie zum Kirchenkampf in Württemberg geben, es werden nur solche Titel aufgeführt, die für die Edition der Dokumente benutzt wurden. Soweit die Titel in den Anmerkungen abgekürzt zitiert sind, werden diese Abkürzungen im »Verzeichnis der Abkürzungen« aufgelöst.

Amtsblatt der Evang. Landeskirche in Württemberg. Herausgegeben vom Evang. Oberkirchenrat Stuttgart.
BAUMGÄRTNER, RAIMUND, Weltanschauungskampf im Dritten Reich. Die Auseinandersetzung der Kirchen mit Rosenberg. Veröffentlichungen der Kommission für Zeitgeschichte, Reihe B, Bd. 22. Mainz 1977.
Die Bekenntnisschriften der evang.-luth. Kirche. 4. Auflage. Göttingen 1959.
BIZER, ERNST, Ein Kampf um die Kirche. Der »Fall Schempp« nach den Akten erzählt. Tübingen 1965.
BOLLMUS, REINHARD, Das Amt Rosenberg und seine Gegner. Stuttgart 1970.
BOYENS, ARNIM, Kirchenkampf und Ökumene 1933–1939. Teil 1. München 1969.
BRUNOTTE, HEINZ, Der kirchenpolitische Kurs der Deutschen Evang. Kirchenkanzlei von 1937 bis 1945; in: Arbeiten zur Geschichte des Kirchenkampfes, Band 15. Göttingen 1965, S. 92–145.
DIEM, HERMANN, Ja oder Nein. 50 Jahre Theologe in Kirche und Staat. Stuttgart/Berlin 1974.
DIEM, HERMANN, Zur Kontroverse über den deutschen Kirchenkampf; in: Für Arbeit und Besinnung 1974, S. 260 ff.
DIEM, OTTO, Bibliographie zur Geschichte des Kirchenkampfes 1933–1945. Arbeiten zur Geschichte des Kirchenkampfes, Band 1. Göttingen 1958.
DIPPER, THEODOR, Die Evang. Bekenntnisgemeinschaft in Württemberg 1935 bis 1945. Arbeiten zur Geschichte des Kirchenkampfes, Band 17. Göttingen 1966.
Dokumente des Kirchenkampfes II. Die Zeit des Reichskirchenausschusses 1935 bis 1937. Teil 1 und 2. Herausgegeben von Kurt Dietrich Schmidt. Arbeiten zur Geschichte des Kirchenkampfes, Band 13 und 14. Göttingen 1964 und 1965.
DOMARUS, MAX, Hitler. Reden und Proklamationen 1932–1945. 2 Bände. Würzburg 1962–1963.
Evang. Kirchenblatt für Württemberg. Herausgegeben von Wolfgang Metzger.
HEINEMANN, MANFRED, Erziehung und Schulung im Dritten Reich. Teil 1: Kindergarten, Schule, Jugend, Berufserziehung. Veröffentlichungen der Historischen Kommission der Deutschen Gesellschaft für Erziehungswissenschaft, Bd. 4, 1. Stuttgart 1980.
HERMELINK, HEINRICH, Kirche im Kampf. Dokumente des Widerstands und des Aufbaus der Evang. Kirche Deutschlands von 1933 bis 1945. Tübingen und Stuttgart 1950.
HERMELINK, HEINRICH, Die Evang. Kirche in Württemberg von 1918 bis 1945; in: Blätter für württ. Kirchengeschichte 1950, S. 121 ff.
HITLER, ADOLF, Mein Kampf. 9. Auflage. München 1932.

KANTZENBACH, F. W., Widerstand und Solidarität der Christen in Deutschland 1933–1945. Einzelarbeiten aus der Kirchengeschichte Bayerns, Bd. 15. Neustadt/Aisch 1971.

Kirchlicher Anzeiger für Württemberg. Zeitschrift des Evang. Pfarrvereins. Herausgegeben von Richard Fritz.

Kirchliches Jahrbuch 1933–1944. Herausgegeben von Joachim Beckmann. Gütersloh 1948.

MEIER, KURT, Die Deutschen Christen. Arbeiten zur Geschichte des Kirchenkampfes. Ergänzungsreihe, Band 3. Göttingen 1967.

MEIER, KURT, Der evangelische Kirchenkampf. Band 1 und 2. Göttingen 1976.

NIEMÖLLER, WILHELM, Die Evang. Kirche im Dritten Reich. Handbuch des Kirchenkampfes. Bielefeld 1956.

NIEMÖLLER, WILHELM, Kampf und Zeugnis der Bekennenden Kirche. Bielefeld 1948.

Reichsgesetzblatt Teil I.

REYSCHER, A. L., Sammlung der württ. Gesetze. Tübingen 1828 ff.

RÖHM, EBERHARD und THIERFELDER, JÖRG, Evangelische Kirche zwischen Kreuz und Hakenkreuz. Stuttgart 1981.

SAUER, PAUL, Württemberg in der Zeit des Nationalsozialismus. Ulm 1975.

SCHOLTZ-KLINK, GERTRUD, Die Frau im Dritten Reich. Eine Dokumentation. Tübingen 1978.

WENSCHKEWITZ, LEONORE, Politische Versuche einer Ordnung der Deutschen Evang. Kirche durch den Reichskirchenminister 1937 bis 1939; in: Arbeiten zur Geschichte des Kirchenkampfes, Band 26. Göttingen 1971, S. 121–138.

WURM, THEOPHIL, Erinnerungen aus meinem Leben. Stuttgart 1953.

WURM, THEOPHIL, Treysa und seine Vorgeschichte; in: Für Arbeit und Besinnung 1947, S. 156 ff.

WURM, THEOPHIL, Zur Geschichte des Kirchenkampfes; in: Für Arbeit und Besinnung 1947, S. 266 ff.

ZIPFEL, FRIEDRICH, Der Kirchenkampf in Deutschland 1933–1945. Berlin 1965.